A&E [ˌeɪ ənd ˈiː] (*abk für* accident and emergency) *Br Krankenhaus:* Notaufnahme	Britisches Englisch und US-amerikanische Varianten: *Br, US*
Navi *n umg* sat-nav, *US umg* GPS	
★**cream**¹ [kriːm] **1** Rahm, Sahne, Ⓐ Schlag(-obers), Obers, ⓒⒽ Nidel; **cream cake** Sahne-	Österreichischer und Schweizer Sprachgebrauch: Ⓐ, ⓒⒽ
★**father**¹ [ˈfɑːðə] **1** Vater; **I'm going to be a father** ich werde Vater; **like father like son**	Schwarzes Sternchen markiert den englischen und deutschen Grundwortschatz: ★
★**Liebe** *f* **1** *allg.:* love (**zu** *Person meist* for, *Sache meist* of); **aus Liebe** for love; **aus Liebe zu** for	
★**goose** [guːs] *pl:* geese [giːs] Gans	Grammatikangaben in blauer Schrift:
★**see** [siː], saw [sɔː], seen [siːn] **1** sehen; **I saw him come** (*oder* **coming**) ich sah ihn kommen	geese, saw, seen, better, best, well
★**good**¹ [gʊd], better [ˈbetə], best [best], *Adverb* well [wel] **1** *allg.:* gut, ⓒⒽ *auch:* gefreut;	
dressing [ˈdresɪŋ] **1** (≈ *Salatsoße*) Dressing **2** *auf Wunde:* Verband	Erklärende Hinweise in Kursivschrift: *Salatsoße, auf Wunde, mit Skype® telefonieren*
skypen® (≈ *mit Skype® telefonieren*) skype	
sat nav [ˈsætnæv] *Br, umg* Navi	Stilebenenangaben in Kursivschrift: *umg* (= umgangssprachlich), *ironisch, förmlich*
★**prost 1** *beim Anstoßen:* cheers! **2** **na denn prost!** *ironisch* that's just great; → prosit	
★**table** [ˈteɪbl] **1** Tisch; **at the table** am Tisch; **at table** *förmlich* bei Tisch **2** *Personen:* Tisch,	
★**city** [ˈsɪtɪ] Stadt, Großstadt; **the City** die (Londoner) City (⚠ *sonst: City =* **city centre**, *US* **downtown**)	Warnzeichen bei Fehlerquellen und bei Besonderheiten in der Aussprache: ⚠
tortoise [⚠ ˈtɔːtəs] Schildkröte	

Bewerbungsfoto *n* application photo
Bewerbungsfrist *f* application deadline, deadline for applications
Bewerbungsgespräch *n* (job) interview; **ein Bewerbungsgespräch haben bei ...** have* a job interview with (*oder* at) ...

Langenscheidt Berufsschulwörterbuch Englisch

Englisch – Deutsch
Deutsch – Englisch

Neuentwicklung

Herausgegeben von der
Langenscheidt-Redaktion

Langenscheidt
München · Wien

Neuentwicklung 2017

Projektleitung: Barbara Epple, Dr. Heike Pleisteiner

Lexikografische Arbeiten extern: Dr. Helen Galloway, Nicky Reed, Veronika Schnorr
Lexikografische Arbeiten intern: Barbara Epple, Dr. Heike Pleisteiner

Basiert auf dem Langenscheidt Power Wörterbuch Englisch, erarbeitet von:
Thomas Bennett-Long, Dr. Sonia Brough, Dr. Vincent J. Docherty, Martin Fellermayer,
David Marks, Eveline Ohneis-Borzacchiello, Dr. Wolfgang Walther, Wolfgang Worsch

Neue deutsche Rechtschreibung nach den gültigen amtlichen Regeln
und DUDEN-Empfehlungen

Langenscheidt belegt lt. Marktforschungsinstitut Media Control GmbH den
1. Platz beim Verkauf von Fremdsprachen-Wörterbüchern in Deutschland.
Weitere Informationen auf www.langenscheidt.de.

Als Marken geschützte Wörter werden in diesem Wörterbuch in der Regel durch das
Zeichen ® kenntlich gemacht. Das Fehlen eines solchen Hinweises begründet jedoch
nicht die Annahme, eine nicht gekennzeichnete Ware oder eine Dienstleistung sei frei.

Ergänzende Hinweise, für die wir jederzeit dankbar sind, bitten wir zu richten an:
Langenscheidt Verlag, Neumarkter Straße 61, 81673 München
redaktion.wb@langenscheidt.de

© 2017 Langenscheidt GmbH & Co. KG, München
Typografisches Konzept: Kochan & Partner GmbH, München, und Arndt Knieper, München
Satz: preXtension, Grafrath
Druck und Bindung: Druckerei C. H. Beck, Nördlingen
Printed in Germany
Langenscheidt ISBN 978-3-468-13180-6

17010

Inhalt

Tipps für die Benutzung
   Was steht wo im Wörterbuch?   5
   Die Aussprache des Englischen   15

Englisch – Deutsch   19

Deutsch – Englisch   495

Extras
   Verbtabellen   994
   Abkürzungen   1006

Tipps für die Benutzung

Was steht wo im Wörterbuch?

1 Alphabetische Reihenfolge

Die Stichwörter sind alphabetisch geordnet. Die deutschen Umlaute ä, ö, ü werden wie a, o, u, das ß wie ss behandelt. An alphabetischer Stelle stehen auch wichtige unregelmäßige Formen, getrennt oder mit Bindestrich geschriebene Zusammensetzungen, Abkürzungen und zusammengezogene Formen (z. B. *went, gift voucher, good-looking, PC, won't*).
Nur die englischen *phrasal verbs* sind davon ausgenommen. Das sind Verben wie *get across, get up* oder *put aside, put back*, die zusammen mit einer Präposition oder einem Adverb gebraucht werden. Sie stehen nach ihrem Grundverb, z. B. *get* oder *put*, in einem angedeuteten blauen Rahmen mit der Überschrift PHRASAL VERBS. So kommt es, dass etwa getaway und get-together nach get up stehen.
Amerikanische Schreibweisen stehen als Variante nach der britischen Hauptvariante des Stichworts und damit auch nicht immer an alphabetischer Stelle (*colour, color*).

2 Rechtschreibung

Für die Schreibung der deutschen Wörter gelten die aktuellsten DUDEN-Empfehlungen. Nach neuer deutscher Rechtschreibung vorzugsweise getrennt geschriebene Verben und Adjektive wie *sitzen bleiben* oder *gut gelaunt* stehen nach ihrem Grundwort, z. B. *sitzen* oder *gut*, in einem angedeuteten blauen Rahmen mit der Überschrift GETRENNTSCHREIBUNG.

In diesem Wörterbuch wird der Bindestrich am Zeilenanfang wiederholt, wenn mit Bindestrich geschriebene Wörter an der betreffenden Stelle getrennt werden:

world-
-famous

Aha-
-Erlebnis

3 Grammatische Hinweise

Im Teil Englisch-Deutsch werden unregelmäßige Formen nach der Grundform des Stichworts angegeben. Bei Substantiven sind das unregelmäßige Pluralformen, bei Verben die Formen des *simple past* und *present perfect* und bei Adjektiven unregelmäßige Steigerungsformen:

★**mouse** [maʊs] *pl:* mice [maɪs] *Tier:* Maus *(auch am Computer)*

★**go**[1] [gəʊ], went [went], gone [gɒn] **1** *als Fortbewegung:* gehen; **go on foot** zu Fuß gehen **2** *mit Verkehrsmittel:* fahren, reisen (**to**

> ★**get** [get], got [gɒt], got [gɒt] *oder US* gotten ['gɒtn]; *-ing-Form* getting **1** *allg.*: bekommen (*auch Krankheit*), kriegen, erhalten **2** holen,

> ★**bad** [bæd], worse [wɜːs], worst [wɜːst] **1** *allg.*: schlecht; **not bad** nicht schlecht, nicht übel;

Sogar im Teil Deutsch-Englisch sind bei den englischen Übersetzungen von nicht zusammengesetzten Wörtern die unregelmäßigen Formen angegeben:

> ★**schlecht 1** *allg.*: bad (▲ **schlechter** worse, **schlechtest-** worst); **nicht schlecht!** not bad!;

> ★**Kind** *n* **1** *auch übertragen*: child *pl*: children, *umg* kid **2** (≈ *Kleinkind*) baby *pl*: babies; **ein Kind bekommen** have* a baby; **sie erwartet** (*oder* **bekommt**) **ein Kind** she's expecting (*oder* she's going to have) a baby

Damit unregelmäßige englische Verben auch als Übersetzung im deutsch-englischen Teil schnell erkannt werden, tragen sie ein Sternchen (*). Kommt ein unregelmäßiges Verb in einer bestimmten Wendung nur in seiner Grundform (Infinitiv) vor, hat es dort kein Sternchen. Die unregelmäßigen Verbformen können im Anhang in einer Übersicht nachgeschlagen werden.

Auf Angaben zur Wortart wurde verzichtet. Aus Stichwort und Übersetzung geht meist auf einen Blick hervor, um welche Wortart es sich handelt. Die Stichwörter sind im Teil Deutsch-Englisch mit Genusangaben (*m* für Maskulinum/männlich, *f* für Femininum/weiblich und *n* für Neutrum/sächlich) versehen:

> **Schildkröte** *f* **1** (≈ *Landschildkröte*) tortoise [▲ 'tɔːtəs], *US auch* (land) turtle **2** (≈ *Meeresschildkröte*) turtle, *US auch* sea turtle (*oder* tortoise)

Komplizierte Angaben zur Grammatik wurden vermieden. Stattdessen finden sich vielfach Unterstreichungen, die auf Unterschiede zwischen dem Deutschen und Englischen hinweisen, sowie Hinweise zur Verwendung des Englischen oder zur englischen Wortstellung:

> ★**Schokolade** *f* chocolate ['tʃɒklət]; **eine Tafel Schokolade** a bar of chocolate

4 Erläuternde Hinweise

Erläuternde Hinweise in kursiver Schrift und Sachgebiete erleichtern die Wahl der richtigen Übersetzung. Denn sie zeigen, in welcher Bedeutung bzw. in welchem Zusammenhang ein Wort verwendet wird. All diese Hinweise sind leicht verständlich auf Deutsch formuliert.

Kollokatoren (häufig mit dem Stichwort kombinierte Wörter) zeigen, in welchem sprachlichen Zusammenhang das Stichwort gebraucht wird. So steht zum Beispiel *glücklich* oft zusammen mit dem Kollokator *Zufall*. Zusammen bilden sie die Kollokation *ein glücklicher Zufall* (= a lucky chance). Meistens wird in diesem Wörterbuch gleich die ganze Kollokation in vollem Wortlaut angeführt. Im Teil Englisch-Deutsch findet man häufig aber auch nur Hinweiswörter auf Kollokationen in kursiver Schrift:

enjoyable [ɪnˈdʒɔɪəbl] **1** *Arbeit, Abend usw.*: angenehm, schön **2** *Film, Buch usw.*: unterhaltsam

Im Zusammenhang mit *Arbeit* wird *enjoyable* mit ‚angenehm' wiedergegeben (enjoyable work = angenehme Arbeit), im Zusammenhang mit *Abend* bedeutet es ‚schön' (an enjoyable evening = ein schöner Abend), im Zusammenhang mit *Film* bedeutet es ‚unterhaltsam' (an enjoyable film = ein unterhaltsamer Film), im Zusammenhang mit *Buch* ebenfalls ‚unterhaltsam' (an enjoyable book = ein unterhaltsames Buch).

Auch Synonyme (Wörter mit gleicher oder ähnlicher Bedeutung wie das Stichwort) und Antonyme (das Gegenteil von Synonym, also Wörter mit gegensätzlicher Bedeutung) helfen dabei, verschiedene Bedeutungen eines Stichworts voneinander zu unterscheiden.

Vor Synonymen steht das Zeichen ‚≈' für ‚ist ungefähr gleich':

fabulous [ˈfæbjʊləs] **1** *umg* (≈ *großartig*) fabelhaft **2** (≈ *mythisch*) sagenhaft

★**Gerät** *n* **1** (≈ *Vorrichtung*) device [dɪˈvaɪs], gadget [ˈgædʒɪt] **2** (≈ *Radio, Fernseher*) set **3** (≈ *Elektrogerät, Haushaltsgerät*) appliance **4** (≈ *Maschine*) machine **5** (≈ *Werkzeug*) tool **6** (≈ *Ausrüstung*) equipment (▲ *nur im sg*)

Vor Antonymen steht das Zeichen ↔:

★**right¹** [raɪt] ↔ **left 1** rechte(r, -s), Rechts... (*auch übertragen, politisch*) **2** rechts (**of** von); **turn right** (sich) nach rechts wenden, *Auto*:

★**right³** [raɪt] ↔ **wrong 1** richtig, recht; **the right thing** das Richtige; **all right** schon gut!, in Ordnung!; **guess right** richtig (er)raten **2**

Zusätzlich zeigen typische Subjekte und Objekte die Verwendungsweise von Verben. Objekte stehen in runden Klammern hinter der Übersetzung:

★**anziehen 1** draw* up (*Bein, Knie*) **2** put* on (*einen Pullover, ein Kleid usw.*) **3 sich anzie-**

★**make¹** [meɪk], made [meɪd], made [meɪd] **1** *allg.*: machen (*Bemerkung, Fehler, Reise, Vorschlag usw.*); **make a speech** eine Rede halten;

Tipps für die Benutzung Was steht wo im Wörterbuch?

Subjekte stehen in runden Klammern vor der Übersetzung:

★**laufen** **1** *allg.*: run*, *in Eile auch*: rush, race **2** (≈ *zu Fuß gehen*) walk; **laufen lernen** learn* to walk; **wir laufen viel zu Fuß** we do a lot of walking **3** (*Motor usw.*) run*, (≈ *eingeschaltet sein*) be* running, (≈ *funktionieren*) work **4**

purr [pɜː] (*Katze*) schnurren, (*Motor*) surren

Sachgebiete oder Wörter aus dem Umfeld des Stichworts zeigen den Bedeutungszusammenhang an:

★**Bildschirm** *m* **1** *allg.*: screen **2** *Computer*: monitor, screen, display [dɪˈspleɪ]

activate [ˈæktɪveɪt] **1** auslösen (*Alarm usw.*) **2** *bes. Chemie, Technik*: aktivieren

Der Sprachgebrauch wird dann extra bezeichnet, wenn ein Wort von der Standardsprache abweicht:

abwertend	*kritisch*	*im negativen Sinn*
ironisch	*umg* (= *umgangssprachlich*)	*tabu*
übertragen (*nicht im wörtlichen Sinne*)	*frauenfeindlich*	*wörtlich*
förmlich	*salopp*	
	vulgär	

5 Anwendungsbeispiele

Anwendungsbeispiele illustrieren, wie ein Wort im Satzzusammenhang verwendet wird und sich seine Bedeutung dadurch ändern kann.

Um das Erlernen eines möglichst idiomatischen Englisch zu erleichtern, sind in diesem Wörterbuch besonders viele Beispiele aufgeführt:

Satzmuster:

★**keen** [kiːn] **1** *Gefühl*: heftig, stark; **keen interest** starkes (*oder* lebhaftes) Interesse **2** *Sportler, Kartenspieler, Fan usw.*: begeistert, leidenschaftlich **3 be keen on something** von etwas begeistert sein, etwas sehr gern mögen;

★**interested** [ˈɪntrəstɪd] interessiert (**in** an); **be interested in** sich interessieren für; **I'd be interested to hear your opinion** ich würde gerne Ihre Meinung hören; **we're interested in buying a boat** *in Geschäft*: wir interessieren uns für ein Boot

★**geben** **1** *allg.*: give*; **jemandem etwas geben** give* someone something, give* something **to** someone **2** (≈ *reichen*) give*, pass, hand **3 lass dir eine Quittung** *usw.* **geben** ask for a receipt [rɪˈsiːt] *usw.* **4** have*, give*

Idiomatische Wortverbindungen und Redewendungen:

★eat [iːt], ate [et], eaten [ˈiːtn] **1** (Mensch) essen; **shall we eat at six o'clock?** wollen wir um sechs Uhr essen?; **eat out** auswärts essen, essen gehen; **you're eating us out of house and home** *scherzhaft*: du frisst uns noch die

Gute(s) *n* **1** **Gutes tun** do* good **2** **alles Gute!** all the best!

Voll ausformulierte Sätze:

fancy² [ˈfænsɪ] *Br* **1** **fancy that!** stell dir vor!, denk nur!, sieh mal einer an! **2** Lust haben auf, scharf sein auf; **I don't really fancy that job** ich bin auf diesen Job wirklich nicht scharf;

★Geburtstag *m* **1** birthday; **wann hast du Geburtstag?** when's your birthday?; **er hat heute Geburtstag** it's his birthday today; **alles Gute zum Geburtstag** happy birthday; **was hast du zum Geburtstag bekommen?** what did you get <u>for</u> your birthday?; **was wünschst**

★like³ [laɪk] **1** gernhaben, mögen; **I like it** es gefällt mir; **I like him** ich kann ihn gut leiden; **how do you like her?** wie gefällt sie dir?, wie findest du sie?; **what do you like better?** was hast du lieber?, was gefällt dir besser? **2** *mit*

Kollokationen (Ausdrücke, bestehend aus mehreren Wörtern, die häufig zusammen verwendet werden):

★fry [fraɪ], fried [fraɪd], fried [fraɪd] braten; **fried eggs** Spiegeleier; **fried potatoes** Bratkartoffeln

★Meer *n* **1** *allg.*: sea, *bes. US* ocean [ˈəʊʃn]; **am Meer** by the sea, *Urlaub auch*: at the seaside; **auf dem Meer** (out) at sea (⚠ *ohne* the) **2** **ans Meer fahren** go* to the seaside

helping² [ˈhelpɪŋ] *Essen*: Portion; **take a second helping** sich nachnehmen

erfreulich **1** pleasing **2** **eine erfreuliche Nachricht** good news (⚠ *ohne* a) **3** (≈ *ermutigend*) encouraging [ɪnˈkʌrɪdʒɪŋ]

Viele englische Stichwörter und Übersetzungen sind mit einer bestimmten Präposition verbunden. Sie sind zusammen mit ihrer deutschen Entsprechung – auch eine Präposition oder ein bestimmter Kasus (= Fall) – in Klammern angegeben:

★love¹ [lʌv] **1** Liebe (**for** zu); **be in love** verliebt sein (**with** in); **fall in love** sich verlieben (**with** in); **make love to someone** *sexuell*: jemanden

> **Ernennung** f appointment (**zu** as ohne the)

> ★**Interesse** n interest (**an, für** in); **Interesse haben** be* interested (**an** in); **das Interesse verlieren** lose* interest (▲ ohne the)

Andere Ergänzungen, zum Beispiel Konjunktionen zur Einleitung von Nebensätzen, werden erwähnt:

> **unentschlossen** ❶ undecided [ˌʌndɪˈsaɪdɪd] (**ob** as to whether) ❷ **er ist so unentschlossen** he can never make up his mind

6 Zeichen im Wörterbuch

[1,2] Hochzahlen unterscheiden entweder Wörter unterschiedlicher Wortarten (siehe *calm*), Wörter der gleichen Wortart, aber mit sehr unterschiedlicher Bedeutung (siehe *Bank*), oder Wörter unterschiedlicher Wortarten und unterschiedlicher Betonung (siehe *present*):

> ★**calm**[1] [▲ kɑːm] ❶ *allg.*: still, ruhig (*auch die See*) ❷ *Wetter*: windstill
> **calm**[2] [▲ kɑːm] ❶ Stille, Ruhe ❷ Windstille
> **calm**[3] [▲ kɑːm] beruhigen (*Baby, Ängste usw.*)

> ★**Bank**[1] f ❶ (≈ *Sitzbank*) bench ❷ (≈ *Schulbank*) desk ❸ *Wendungen*: **durch die Bank** *umg* right down the line, every one of them; **etwas auf die lange Bank schieben** shelve something for the time being
> ★**Bank**[2] f ❶ (≈ *Geldinstitut*); *bei Glücksspielen*: bank ❷ *Wendungen*: **Geld auf der Bank haben** have* money in the bank; **auf die** (*oder*

> ★**present**[1] [ˈpreznt] Geschenk
> ★**present**[2] [▲ prɪˈzent] ❶ überreichen, übergeben; **present something to someone, present someone with something** jemandem etwas überreichen ❷ bieten (*Möglichkeit usw.*),

Was steht wo im Wörterbuch? Tipps für die Benutzung • 11

1, 2, 3   Übersetzungen mit sehr unterschiedlicher Bedeutung sind mit arabischen Zahlen in hellgrauen Kästchen gegliedert:

> ★**glücklich** **1** (≈ *froh*) happy; **glücklich sein** be*
> happy, feel* happy **2** (≈ *vom Glück begünstigt*)
> lucky, fortunate ['fɔːtʃnət]; **ein glücklicher**
> **Zufall** a lucky chance; **der glückliche Ge-**

auch: *auch* kann vor Anwendungsbeispielen oder Übersetzungen stehen und bezeichnet Alternativen:

> **oddly** ['ɒdlɪ] **1** *sich benehmen*: sonderbar, seltsam **2** *auch* **oddly enough** seltsamerweise, merkwürdigerweise

Die Übersetzungen gelten für *oddly* und *oddly enough*.

> ★**unerwartet** unexpected; **es kam ganz unerwartet** *auch*: it took us all *usw.* by surprise

Die Übersetzung zeigt eine Alternative an, neben einer ebenfalls möglichen wörtlichen Übersetzung *it came unexpectedly*.

> ★**Vorsitzende(r)** *m/f(m)* chairperson, *Mann*
> *auch*: chairman ['tʃeəmən], *Frau auch*: chair-
> woman

Für beide Formen (*chairman* und *chairwoman*) kann auch die erste Übersetzung verwendet werden. Die Genusangabe *m/f(m)* zeigt an, dass es *der Vorsitzende* bzw. *ein Vorsitzender* und *die Vorsitzende* bzw. *eine Vorsitzende* heißt.

etwa: *etwa* zeigt, dass es keine direkte Entsprechung, sondern nur eine ungefähre Übersetzung gibt:

> **bankbook** ['bæŋkbʊk] *etwa*: Sparbuch

≈   steht vor Synonymen und bedeutet ‚ist ungefähr gleich'.

↔   steht vor Antonymen, dem Gegenteil des Stichworts.

Tipps für die Benutzung Was steht wo im Wörterbuch?

( ) Wörter und Buchstaben in Klammern zeigen

- Varianten von Anwendungsbeispielen:

  ★Laune f **1** (≈ *Stimmung*) mood; **gute** (*bzw.*
  schlechte) Laune haben be* in a good (*bzw.*
  bad) mood **2** *plötzliche*: whim; **aus einer**
  Laune heraus on a whim

- Wörter, die weggelassen werden können, ohne dass sich die Gesamtbedeutung ändert:

  ★einkaufen **1** buy* **2** **einkaufen (gehen)** go*
  shopping

- Alternativen mit gleicher Bedeutung:

  ★file¹ [faɪl] **1** *für Akten usw.*: Ordner **2** *Schriftstück*: Akte; **keep** (*oder* **have**) **a file on** eine
  Akte führen über; **on file** bei den Akten **3** *in*
  Computer: Datei

- verschiedene Schreibweisen:

  Reihenhaus *n* terrace(d) house, *US* row [rəʊ]
  house

- weibliche Formen oder flektierte (= gebeugte) Formen:

  ★leader ['liːdə] **1** *allg.*: Führer(in) **2** *von Partei*
  usw.: Vorsitzende(r) **3** *Sport*: Spitzenreiter(in),
  Erstplatzierte(r) **4** *bes. Br; in Zeitung*: Leitartikel

  Millionär(in) *m(f)* millionaire [ˌmɪljəˈneə], *Frau*
  auch: millionairess [ˌmɪljəˈneərɪs]

  ★Angestellte(r) *m/f(m)* (salaried) employee
  [(ˌsælərɪd)_ɪmˈplɔɪiː]

  einige(r, -s) **1** **einige** a few, (≈ *mehrere*) several
  ['sevrəl], (≈ *viele*) quite a few; **einige Mal** several times **2** **einiges** something, a few things;

Ⓐ Nach Stichwörtern bzw. vor Übersetzungen, die speziell in Österreich gebraucht werden, steht das Länderkennzeichen Ⓐ.

㏛ Nach Stichwörtern bzw. vor Übersetzungen, die speziell in der Schweiz gebraucht werden, steht das Länderkennzeichen ㏛.

→ Der Pfeil → bedeutet ‚siehe' und verweist von einem Stichwort auf ein anderes Stichwort mit abweichender Schreibweise. Dort sind die Übersetzung(en) und die ausführliche Darstellung des Stichworts zu finden.
Außerdem kann der Pfeil auf einen anderen Eintrag mit nützlichen Informationen verweisen.

7 Zusatzinformationen zum Lernen

Berufsschulrelevanter Wortschatz, also Stichwörter und Wendungen, die für Ausbildung und Beruf von besonderem Interesse sind, werden farbig unterlegt. Stichwörter sind blau, Wendungen grau unterlegt:

Bewerbungsfoto *n* application photo
Bewerbungsfrist *f* application deadline, deadline for applications
Bewerbungsgespräch *n* (job) interview; **ein Bewerbungsgespräch haben bei ...** have* a job interview with (*oder* at) ...

Stichwörter und Wendungen, die zum englischen oder deutschen Grundwortschatz gehören, sind mit einem schwarzen Sternchen markiert:

★accept [ək'sept] **1** annehmen (*Geld, Geschenk usw.*) **2** akzeptieren (*Person, Entscheidung usw.*) **3** hinnehmen, sich abfinden mit (*Tatsache, Schicksal usw.*) **4** übernehmen (*Verantwortung*)

★leisten **1** *allg.*: do*; **du hast gute Arbeit geleistet** you've done a good job **2** (≈ *vollbringen*) achieve [ə'tʃiːv], accomplish [⚠ə'kʌmplɪʃ] **3 Hilfe leisten** help **4 das kann ich mir nicht leisten** *wegen des Preises*: I can't afford

Wenn man Englisch neu lernt, ist es sehr schwierig, die Wörter im Sprachzusammenhang richtig und idiomatisch zu verwenden. Dabei passieren oft Fehler.

Deshalb sind – vor allem im Teil Deutsch-Englisch – in vielen Anwendungsbeispielen Wörter oder Wortteile unterstrichen. Sie zeigen, wo das Englische anders ist oder wie eine Redewendung idiomatisch übersetzt werden kann, und helfen so, Fehler zu vermeiden:

★**Fernsehen** *n* television ['telɪˌvɪʒn], TV [ˌtiː'viː]; **im Fernsehen** on television

hinbringen: **ich bringe Sie hin** I'll take you there (⚠ *nicht* bring)

★**Karotte** *f* ca<u>rr</u>o<u>t</u> ['kærət] (⚠ *Schreibung*)

Warndreiecke und didaktische Hinweise machen ebenfalls auf mögliche Fehlerquellen oder auf grammatische Besonderheiten aufmerksam:

★Ferien *pl* **1** holidays, *US* vacation (⚠ *sg*); **Ferien machen** go* on holiday, *US* go* on vacation (⚠ *beide sg*) **2** *Uni:* vacation, *Br umg auch* vac (⚠ *beide sg*)

Halbzeit *f* **1** *Sport:* half [⚠ hɑːf]; **in der ersten Halbzeit** in the first half; **nach der Halbzeit** in the second half **2** *Sport:* (≈ *Pause*) half-time; **zur Halbzeit steht es 3:0** the half-time score is 3-0 (⚠ *gesprochen* three nil, *US* three zero)

Manche englischen und deutschen Wörter sehen einander so ähnlich, dass man sie für gleichbedeutend halten könnte. Oft sind es aber „falsche Freunde", die eine ganz andere Bedeutung haben als vermutet. Damit diese „falschen Freunde" nicht verwechselt werden, sind sie in diesem Wörterbuch ebenfalls mit einem Warndreieck markiert:

★Handy *n* mobile (phone), *US* cell (phone) (⚠ *engl.* handy = **handlich**)

★marmalade [ˈmɑːməleɪd] (Orangen- *oder* Zitronen)Marmelade (⚠ *Erdbeermarmelade =* **strawberry jam**)

Die Aussprache des Englischen

Alle englischen Stichwörter haben Ausspracheangaben in eckigen Klammern. Die Aussprache wird mit den Zeichen der *International Phonetic Association* (*IPA*) angegeben. Viele englische Wörter werden aufgrund der sehr großen Diskrepanz zwischen Aussprache und Schreibung ganz anders ausgesprochen als erwartet. In diesen Fällen steht ein Warndreieck ▲ in der Klammer.

Auch im Teil Deutsch-Englisch gibt es Ausspracheangaben: Bei schwierig auszusprechenden englischen Wörtern steht die Lautschrift direkt nach der englischen Übersetzung.

1 Einfache Vokale

[ʌ]	wie das *a* in *Ma*tsch und *kla*tschen	much [mʌtʃ], come [kʌm]
[ɑː]	langes, dunkles *a*, etwa wie in *Ba*hn oder *Kra*m	father ['fɑːðə], after ['ɑːftə], bath [bɑːθ]
[æ]	etwa wie im Deutschen in der „sorgfältigen" Aussprache von *Kä*se, *sä*he oder im Ausrufewort *bäh*, der Mund ist weit geöffnet	bad [bæd], flat [flæt], cat [kæt]
[ə]	unbetontes *e* wie das End-*e* (Schwa) in *bitte* oder *mache*	a [ə], an [ən], butter ['bʌtə]
[e]	etwa wie *e* in *Bre*tt oder *ne*tt	bed [bed], head [hed]
[ɜː]	etwa wie *ir* in *flir*ten, aber offener, und das *r* wird nicht gesprochen	first [fɜːst], bird [bɜːd], learn [lɜːn]
[ɪ]	kurzes *i* wie in *bi*tte oder *Ki*nd	in [ɪn], city ['sɪtɪ]
[iː]	langes *i* wie in *nie* oder *lie*ben	see [siː], evening ['iːvnɪŋ]
[ɒ]	etwa wie *o* in *Go*tt oder *Lo*cke, der Mund ist aber etwas offener	shop [ʃɒp], job [dʒɒb]
[ɔː]	langes, offenes *o*, etwa wie in *Zo*rn oder *Po*st	morning ['mɔːnɪŋ], door [dɔː]
[ʊ]	kurzes *u* wie in *Mu*tter oder *Du*rst	good [gʊd], look [lʊk]
[uː]	langes *u*, etwa wie in *Schu*h oder *Ku*h, aber offener	too [tuː], shoot [ʃuːt]

2 Diphthonge

[aɪ]	etwa wie ai / ei in Mai oder Neid	my [maɪ], night [naɪt]
[aʊ]	etwa wie au in blau	now [naʊ], about [əˈbaʊt]
[əʊ]	von einem unbetonten e (Schwa) zu kurzem u gleiten	home [həʊm], know [nəʊ]
[eə]	etwa wie in Bär, der Endlaut ist ein unbetontes e	air [eə], square [skweə]
[eɪ]	etwa wie äi oder im Ausrufewort eh!	eight [eɪt], stay [steɪ]
[ɪə]	etwa wie ier in hier und Tier, der Endlaut ist ein unbetontes e	near [nɪə], here [hɪə]
[ɔɪ]	etwa wie eu in neu	boy [bɔɪ], join [dʒɔɪn]
[ʊə]	etwa wie ur in Kur oder nur, der Endlaut ist ein unbetontes e	you're [jʊə], tour [tʊə]

3 Halbvokale

[j]	wie j in jetzt	yes [jes], tube [tjuːb]
[w]	mit gerundeten Lippen ähnlich wie [u] gesprochen; kein deutsches w wie in Wein oder wo, das ja mit einem [v] gesprochen wird	way [weɪ], one [wʌn]

4 Konsonanten

[b]	wie B in Ball	back [bæk], bye [baɪ]
[d]	wie d in dann	do [duː], dad [dæd]
[f]	wie F in Farbe	father [ˈfɑːðə], fast [fɑːst]
[g]	wie G in Geld	go [gəʊ], guy [gaɪ]
[h]	wie h in haben	house [haʊs], hair [heə]
[k]	wie k in kalt	keep [kiːp], kiss [kɪs]
[l]	helles l wie l in leise; dunkles l vor Konsonanten und im Endlaut mit hochgebogener Hinterzunge gebildet	low [ləʊ], feel [fiːl]
[m]	wie M in Mann	man [mæn], mix [mɪks]
[n]	wie N in Nase	nose [nəʊz], need [niːd]

[ŋ]	wie ng in Ding	thing [θɪŋ], English ['ɪŋglɪʃ]
[p]	wie P in Park	happy ['hæpɪ], play [pleɪ]
[r]	mit hochgebogener Hinterzunge gebildet, die Lippen sind gerundet; kein gerolltes r und kein Zäpfchen-r!	room [ruːm], hurry ['hʌrɪ]
[s]	stimmloses s wie in lassen	see [siː], glass [glɑːs]
[z]	stimmhaftes s wie in lesen	zero ['zɪərəʊ], is [ɪz]
[t]	wie T in Tisch	tall [tɔːl], take [teɪk]
[ʃ]	sch wie in Fisch	shop [ʃɒp], fish [fɪʃ]
[tʃ]	tsch wie in tschüs	cheap [tʃiːp], much [mʌtʃ]
[ʒ]	stimmhaftes sch wie in Genie oder Etage	television ['telɪˌvɪʒən]
[dʒ]	wie in Job oder Gin	just [dʒʌst], bridge [brɪdʒ]
[θ]	wie ss in Fluss, aber mit der Zungenspitze hinten an den Schneidezähnen	thanks [θæŋks], both [bəʊθ]
[ð]	wie s in Saft, aber mit der Zungenspitze hinten an den Schneidezähnen	that [ðæt], with [wɪð]
[v]	etwa wie deutsches w, Oberzähne auf die Oberkante der Unterlippe	very ['verɪ], over ['əʊvə]
[x]	wie ch in ach	loch [lɒx]

5 Sonstiges

[ː]	bedeutet, dass der voranstehende Vokal lang zu sprechen ist.
[']	ist der Hauptakzent und steht vor der Stelle im Wort, die am stärksten betont wird.
[ˌ]	ist der Nebenakzent und steht vor der Stelle im Wort, die am zweitstärksten betont wird.
[‿]	bedeutet, dass gebunden gesprochen wird.

Englisch – Deutsch

A

A [eɪ] from **A to Z** umg von A bis Z
★**a** [ə], vor vokalischem Anlaut ★**an** [ən] **1** ein(e); **he's a doctor** er ist Arzt **2** half an hour eine halbe Stunde; **quite a long time** eine ziemlich lange Zeit; **many a** förmlich manche(r, -s), manch ein(e) **3** per, pro, je; **twice a week** zweimal die Woche; **he earns £300 a week** er verdient 300 Pfund pro Woche

A&E [ˌeɪ ənd 'iː] (abk für accident and emergency) Br Krankenhaus: Notaufnahme

aback [ə'bæk] **taken aback** Person: überrascht, verblüfft, bestürzt

abandon [ə'bændən] **1** verlassen (Frau usw.) **2** aussetzen (Tier, Kind) **3** aufgeben (Hoffnung usw.), einstellen (Suche) **4** Sport: abbrechen (Spiel)

abattoir [⚠ 'æbətwɑː] Schlachthof
abbess ['æbes] Äbtissin
abbey ['æbɪ] Abtei
abbot ['æbət] Abt
abbreviate [ə'briːvɪeɪt] kürzen, abkürzen, verkürzen (Wort, Geschichte usw.); **abbreviated form** Kurzform
abbreviation [əˌbriːvɪ'eɪʃn] Abkürzung
ABC [ˌeɪbiː'siː] **1** US **ABC's** pl Abc, Alphabet; (as) **easy as ABC** kinderleicht **2** übertragen Abc, Anfangsgründe **3** (abk für American Broadcasting Company) ABC (amerikanische Fernseh- und Rundfunkanstalt)
abdicate ['æbdɪkeɪt] (König usw.) abdanken
abdication [ˌæbdɪ'keɪʃn] von König usw.: Abdankung
abdomen ['æbdəmən] Körper: Unterleib
abdominal [æb'dɒmɪnl] Unterleibs...
abduct [æb'dʌkt] entführen (Kind usw.)
abhor [əb'hɔː] **abhorred, abhorred** verabscheuen
abhorrent [əb'hɒrənt] abscheulich, zuwider
abide [ə'baɪd] **I can't abide him** ich kann ihn nicht ausstehen

___PHRASAL VERBS___

abide by [ə'baɪd ˌbaɪ] sich halten an (Regeln, ein Versprechen usw.)

★**ability** [ə'bɪlətɪ] Fähigkeit; Talent, Begabung; **ability to pay/hear** Zahlungs-/Hörfähigkeit; **to the best of my ability** nach (besten) Kräften
abject ['æbdʒekt] **1** Verhältnisse: elend, erbärmlich **2** **abject poverty** bittere Armut
★**able** ['eɪbl] fähig, tüchtig, geschickt; **be able to do something** etwas tun können, imstande (oder in der Lage) sein, etwas zu tun; **able to pay** zahlungsfähig
able-bodied [ˌeɪbl'bɒdɪd] **1** kräftig **2** militärisch: tauglich
abnormal [æb'nɔːml] Verhalten, Wetter usw.: anormal, abnorm
aboard [ə'bɔːd] Schiff, Flugzeug: an Bord (+ Genitiv), **go aboard** an Bord gehen
abode [ə'bəʊd] auch **place of abode** Recht: Wohnsitz; **of** (oder **with**) **no fixed abode** ohne festen Wohnsitz
abolish [ə'bɒlɪʃ] abschaffen, aufheben (Gesetz, Institution usw.)
abolition [ˌæbə'lɪʃn] Abschaffung, Aufhebung
abominable [ə'bɒmɪnəbl] Verbrechen, auch umg Wetter, Essen usw.: abscheulich
aboriginal [⚠ ˌæbə'rɪdʒnəl], **aborigine** [ˌæbə'rɪdʒənɪ] in Australien: Ureinwohner(in)
abort [ə'bɔːt] **1** medizinisch: abtreiben (Embryo) **2** (Frau) eine Fehlgeburt haben **3** abbrechen (Raumflug, Programm usw.)
abortion [ə'bɔːʃn] Schwangerschaftsabbruch, Abtreibung; **have an abortion** abtreiben lassen
abortive [ə'bɔːtɪv] Versuch usw.: erfolglos
abound [ə'baʊnd] reichlich vorhanden sein

___PHRASAL VERBS___

abound in oder **with** [ə'baʊnd ˌɪn oder wɪð] **1** reich sein an **2** voll sein von, wimmeln von

★**about** [ə'baʊt] **1** über (Thema usw.); **talk about business** über Geschäfte reden; **what's it about?** worum geht es?, worum handelt es sich?; **what's the film about?** worum geht es (oder handelt es sich) in dem Film? **2** bes. Br, *räumlich*: herum, umher; **run about in the garden** im Garten herumlaufen; **don't leave your books lying about** lass deine Bücher nicht herumliegen ▢ *zeitlich*: um, gegen; **about noon** um die Mittagszeit, gegen Mittag ▢ *umg* ungefähr, etwa; **that's about right** das kommt so ungefähr hin; **he's about 50** er ist so um die 50 herum ▢ im Begriff, dabei; **he was about to go out** er wollte gerade weggehen; **it's about to rain** es regnet gleich ▢ **be up and about** auf den Beinen sein ▢ in der Nähe, da; **there was no one about** es war kein Mensch da ▢ **what about …?** wie wär's mit …?; **how about a drink?** wie wär's mit einem Drink?

★**above**¹ [əˈbʌv] ▢ über, oberhalb; **above sea level** über dem Meeresspiegel ▢ **above all** vor allem ▢ **be above something** über etwas stehen; **she thinks she's above doing the dishes** sie hält sich für zu gut, um abzuwaschen ▢ oben; **from above** von oben ▢ darüber (hinaus); **children aged six and above** Kinder im Alter von sechs Jahren und älter

★**above**² [əˈbʌv], **above-mentioned** [ə͵bʌv-ˈmenʃnd] obige(r, -s), oben erwähnte(r, -s)

abreast [əˈbrest] ▢ Seite an Seite; **three abreast** zu dritt nebeneinander ▢ **keep abreast of** *übertragen* Schritt halten mit

abridge [əˈbrɪdʒ] kürzen (*Buch, Rede usw.*); **abridged version** gekürzte Fassung

★**abroad** [əˈbrɔːd] ▢ im Ausland; **from abroad** aus dem Ausland; **at home and abroad** im In- und Ausland ▢ ins Ausland; **go abroad** ins Ausland gehen ▢ **on a trip abroad** auf einer Auslandsreise

abrupt [əˈbrʌpt] ▢ plötzlich, abrupt ▢ *Benehmen*: schroff

abs [æbz] *pl* (*abk für* abdominal muscles) *umg* Bauchmuskeln *pl*

abscess [⚠ ˈæbses] (≈ *Eiterbeule*) Abszess

abscond [əbˈskɒnd] sich heimlich davonmachen

absence [ˈæbsəns] ▢ Abwesenheit, Ⓐ, Ⓢ *bes. von der Schule*: Absenz ▢ Fehlen, Mangel (**of** an); **in the absence of** aus Mangel an, in Ermangelung (+ *Genitiv*)

★**absent** [ˈæbsənt] ▢ abwesend; **be absent** fehlen; **be absent from school** (*bzw.* **from work**) in der Schule (*bzw.* am Arbeitsplatz) fehlen ▢ *Blick usw.*: (geistes)abwesend

absentee [͵æbsnˈtiː] Abwesende(r)

absenteeism [͵æbsənˈtiːɪzm] häufiges (unentschuldigtes) Fehlen (am Arbeitsplatz, in der Schule)

absent-minded [͵æbsəntˈmaɪndɪd] geistesabwesend, zerstreut

absolute [ˈæbsəluːt] ▢ *allg.*: absolut ▢ *Herrscher, Macht usw.*: unumschränkt ▢ *Unsinn usw.*: vollkommen

★**absolutely** [ˈæbsəluːtlɪ] ▢ absolut, vollkommen; **absolutely fantastic** ganz toll ▢ **absolutely!** [͵æbsəˈluːtlɪ] *als Antwort*: unbedingt!

absolution [͵æbsəˈluːʃn] *in der Kirche*: Absolution

absolve [⚠ əbˈzɒlv] ▢ **absolve someone from something** jemanden von etwas freisprechen (*von einer Sünde usw.*) ▢ **absolve someone** (*Priester*) jemandem die Absolution erteilen (⚠ *nicht* **absolvieren**)

absorb [əbˈsɔːb] ▢ aufsaugen (*Flüssigkeit*) ▢ *übertragen* in sich aufnehmen (*Wissen usw.*) ▢ **be absorbed in** *übertragen* vertieft sein in

absorbent [əbˈsɔːbənt] saugfähig

absorbing [əbˈsɔːbɪŋ] fesselnd

abstain [əbˈsteɪn] ▢ **abstain (from voting)** *bei der Wahl*: sich der Stimme enthalten ▢ **abstain from smoking** *usw.* das Rauchen *usw.* unterlassen

abstention [əbˈstenʃn] **abstention (from voting)** (Stimm)Enthaltung

abstinence [ˈæbstɪnəns] *bes. von Alkohol*: Abstinenz, Enthaltsamkeit

abstract [ˈæbstrækt] *Gemälde, Begriff usw.*: abstrakt

absurd [əbˈsɜːd] ▢ (≈ *gegen jede Vernunft*) absurd ▢ *Aussehen, Situation usw.*: albern, lächerlich

abundance [əˈbʌndəns] (≈ *große Menge*) Fülle (**of** von), Überfluss; **in abundance** in Hülle und Fülle

abundant [əˈbʌndənt] *Vorräte usw.*: reich, reichlich

abuse¹ [əˈbjuːz] ▢ beschimpfen ▢ missbrauchen (*auch sexuell*) ▢ misshandeln

abuse² [⚠ əˈbjuːs] (⚠ *nur im sg verwendet*) ▢ Beschimpfungen ▢ Missbrauch; **drug abuse** Drogenmissbrauch

abusive [əˈbjuːsɪv] beleidigend; **use abusive language** jemanden beschimpfen

abysmal [əˈbɪzməl] miserabel

abyss [⚠ əˈbɪs] Abgrund (*auch übertragen*)

a/c [͵eɪˈsiː] (*abk für* account) Bank: Kto. (*Konto*)

AC [͵eɪˈsiː] ▢ (*abk für* alternating current) Wechselstrom ▢ (*abk für* air conditioning) Klimaanlage

academic¹ [͵ækəˈdemɪk] ▢ *allg.*: akademisch ▢

wissenschaftlich ▨ theoretisch
academic² [ˌækəˈdemɪk] Wissenschaftler(in), Hochschullehrer(in) (▲ *Akademiker(in)* = **university graduate**)
academy [əˈkædəmɪ] Akademie; **academy of music** Musikhochschule
accelerate [əkˈseləreɪt] ▨ *im Auto usw.:* Gas geben ▨ *(Fahrzeug usw.)* (sich) beschleunigen, schneller werden (*auch übertragen Prozess, Entwicklung usw.*)
acceleration [əkˌseləˈreɪʃn] Beschleunigung
accelerator [əkˈseləreɪtə] *Br* ▨ (*auch* **accelerator pedal**) Gaspedal; **step on the accelerator** aufs Gas treten ▨ *Physik:* Beschleuniger
accent [ˈæksnt] Akzent
accentuate [əkˈsentʃʊeɪt] hervorheben, betonen (*Gegensatz usw.*)
★**accept** [əkˈsept] ▨ annehmen (*Geld, Geschenk usw.*) ▨ akzeptieren (*Person, Entscheidung usw.*) ▨ hinnehmen, sich abfinden mit (*Tatsache, Schicksal usw.*) ▨ übernehmen (*Verantwortung*)
acceptable [əkˈseptəbl] ▨ *Leistung, Qualität usw.:* akzeptabel, ausreichend ▨ *Risiko, Benehmen usw.:* annehmbar, zu vertreten
acceptance [əkˈseptəns] ▨ Annahme, Entgegennahme ▨ **gain** (*oder* **find, win**) **acceptance** Anerkennung finden
accepted [əkˈseptɪd] allgemein anerkannt
access¹ [▲ ˈækses] ▨ Zugang (**to** zu) ▨ *Computer:* Zugriff (**to** auf) ▨ **access only** Straßenschild: Anlieger frei
access² [▲ ˈækses] *Computer:* zugreifen auf (*Datei, Informationen*)
access code [ˈækses ˌkəʊd] Zugangscode
accessible [əkˈsesəbl] (leicht) erreichbar, zugänglich
accessory [əkˈsesərɪ] ▨ *mst.* **accessories** *pl;* beim Auto usw.: Zubehör ▨ *mst.* **accessories** *pl* modisches Zubehör, Accessoires
access provider [ˈækses ˌprəˌvaɪdə] *Internet:* Provider
★**accident** [ˈæksɪdənt] ▨ Unfall, Unglück, Unglücksfall ▨ Zufall; **by accident** durch Zufall, zufällig ▨ *in Kernkraftwerk:* Störfall
accidental [ˌæksɪˈdentl] ▨ *Begegnung usw.:* zufällig ▨ *Fehler usw.:* versehentlich
accidentally [ˌæksɪˈdentlɪ] ▨ zufällig ▨ versehentlich
accident-prone [ˈæksɪdəntˌprəʊn] vom Pech verfolgt; **she's accident-prone** ihr passiert ständig etwas
acclimatize [əˈklaɪmətaɪz] sich gewöhnen (**to** an), sich eingewöhnen (**in**)
accommodate [əˈkɒmədeɪt] ▨ *in Wohnraum:* unterbringen ▨ Platz haben für, fassen (*Personen, Gegenstände*); **the hall can accommodate four hundred people** der Saal hat Platz für vierhundert Personen
★**accommodation** [əˌkɒməˈdeɪʃn], *US* **accommodations** [əˌkɒməˈdeɪʃnz] *pl* (≈ Zimmer, Quartier) Unterkunft; **look for accommodation** eine Unterkunft suchen
accompaniment [▲əˈkʌmpənɪmənt] *bes. musikalische:* Begleitung
★**accompany** [▲əˈkʌmpənɪ] begleiten (*auch musikalisch*)
accomplice [▲əˈkʌmplɪs] *bei Verbrechen:* Komplize, Komplizin
accomplish [▲əˈkʌmplɪʃ] erreichen (*Ziel, Zweck*)
accomplished [▲əˈkʌmplɪʃt] *Künstler, Vorstellung usw.:* vollendet, perfekt
accomplishment [▲əˈkʌmplɪʃmənt] Fähigkeit, Fertigkeit
accord [əˈkɔːd] **he did it of his own accord** er hat es freiwillig gemacht (▲ *nicht* **Akkord**)
accordance [əˈkɔːdns] **in accordance with your wishes** Ihren Wünschen entsprechend
according [əˈkɔːdɪŋ] **according to** laut, nach
accordingly [əˈkɔːdɪŋlɪ] entsprechend (*handeln, sich verhalten*)
accordion [əˈkɔːdɪən] Akkordeon
accost [əˈkɒst] ▨ (in eindeutiger Absicht) ansprechen (*bes. eine Frau*) ▨ anpöbeln
★**account** [əˈkaʊnt] ▨ *Bank usw.:* Konto (**with** bei); **savings account** Sparkonto ▨ Bericht; **give an account of** Bericht erstatten über ▨ **on account of** wegen; **on my account** meinetwegen; **on no account** auf keinen Fall ▨ **take into account** berücksichtigen ▨ **accounts** *pl von Firma, Verein:* (Geschäfts)Bücher; *Abteilung:* Buchhaltung; **keep the accounts** die Bücher führen, die Buchhaltung machen ▨ *online:* Account

---
PHRASAL VERBS

account for [əˈkaʊnt ˌfɔː] ▨ Rechenschaft ablegen über ▨ erklären, begründen; **there's no accounting for taste** über Geschmack lässt sich (nicht) streiten ▨ **that accounts for ...** das ist der Grund für ...

---

accountable [əˈkaʊntəbl] verantwortlich (**for** für); **hold someone accountable for something** jemanden für etwas verantwortlich machen

accountant [əˈkaʊntənt] **1** *für ein Unternehmen*: Buchhalter(in) **2** *freiberuflich*: Steuerberater(in)

account holder [əˈkaʊntˌhəʊldə] Kontoinhaber(in)

accounting [əˈkaʊntɪŋ] Buchhaltung

account number [əˈkaʊntˌnʌmbə] Kontonummer

accumulate [ʌ əˈkjuːmjəleɪt] **1** ansammeln (*Reichtümer, Schätze*) **2** (*Gegenstände, Staub, Schulden usw.*) sich ansammeln

accuracy [ʌ ˈækjərəsɪ] Genauigkeit

accurate [ˈækjərət] genau; **my watch is accurate** meine Uhr geht genau

accusation [ˌækjuːˈzeɪʃn] **1** Anklage; **bring an accusation against** Anklage erheben gegen **2** Anschuldigung **3** Vorwurf

accusative [ʌ əˈkjuːzətɪv] *auch* **accusative case** *Sprache*: Akkusativ, 4. Fall

★**accuse** [əˈkjuːz] **1** *Recht*: anklagen (**of** wegen) **2** beschuldigen (**of**; *Genitiv*); **are you accusing me of stealing?** willst du etwa sagen, dass ich gestohlen habe?

★**accused** [əˈkjuːzd] **the accused** der (*oder* die) Angeklagte, die Angeklagten *pl*

accusing [əˈkjuːzɪŋ] *Blick usw.*: anklagend, vorwurfsvoll

accustomed [əˈkʌstəmd] **be accustomed to doing something** gewohnt sein, etwas zu tun; **get accustomed to something** sich an etwas gewöhnen

ace [eɪs] **1** *Spielkarte, auch Tennis*: Ass; **ace of hearts** Herzass; **have an ace up one's sleeve** übertragen: noch einen Trumpf in der Hand haben **2** *umg* Ass, Kanone

★**ache**[1] [eɪk] wehtun, schmerzen; **my head aches**(*oder* **is aching**) mir tut der Kopf weh; **I'm aching all over** mir tut alles weh

★**ache**[2] [eɪk] Schmerz(en); **aches and pains** Wehwehchen

achieve [əˈtʃiːv] **1** erreichen (*Ziel*) **2** erzielen (*Erfolg*) **3** leisten (*Großes usw.*)

achievement [əˈtʃiːvmənt] Leistung; **sense of achievement** Erfolgserlebnis

acid[1] [ʌ ˈæsɪd] sauer

acid[2] [ʌ ˈæsɪd] Säure

acid rain [ˌæsɪdˈreɪn] saurer Regen

acknowledge [əkˈnɒlɪdʒ] **1** anerkennen (*Autorität, Gericht usw.*) **2** zugeben (*Fehler usw.*) **3** bestätigen (*Brief, Empfang usw.*)

acknowledgement, acknowledgment [əkˈnɒlɪdʒmənt] **1** Anerkennung (*für Leistung usw.*) **2** (≈ *Antwortschreiben*) Empfangsbestätigung

acne [ˈæknɪ] Akne

acorn [ʌ ˈeɪkɔːn] Eichel

acoustics [ʌ əˈkuːstɪks] *pl* Akustik; **the acoustics aren't very good** die Akustik ist nicht sehr gut

★**acquaintance** [əˈkweɪntəns] **1** *Person*: Bekannte(r) **2** Bekanntschaft; **make someone's acquaintance** jemandes Bekanntschaft machen **3** Kenntnis (**with**; *Genitiv*) (*einer Sprache usw.*)

acquainted [əˈkweɪntɪd] **1** **be acquainted with someone** jemanden kennen; **become acquainted with someone** jemanden kennenlernen **2** **be acquainted with something** mit etwas vertraut sein

★**acquire** [əˈkwaɪə] **1** erwerben (*Besitz, Vermögen usw.*) **2** sich aneignen (*Kenntnisse usw.*)

★**acquisition** [ˌækwɪˈzɪʃn] **1** Erwerb **2** Anschaffung

acquisitive [əˈkwɪzətɪv] habgierig

acquit [əˈkwɪt], **acquitted, acquitted** **1** freisprechen (*Angeklagten*) (**of** von) **2** **he acquitted himself well** er hat seine Sache gut gemacht

acquittal [əˈkwɪtl] *vor Gericht*: Freispruch

acre [ˈeɪkə] *Maßeinheit, 4047m²*: Acre

acrimonious [ˌækrɪˈməʊnɪəs] **1** *Auseinandersetzung usw.*: erbittert **2** *Worte usw.*: scharf, beißend

acrobat [ʌ ˈækrəbæt] Akrobat(in)

★**across** [əˈkrɒs] **1** (quer) über (*die Straße usw.*) **2** (quer) durch (*einen Fluss usw.*) **3** auf der anderen Seite (*der Straße usw.*) **4** hinüber; **go across** hinübergehen **5** herüber; **come across** herüberkommen **6** breit; **2 miles across** 2 Meilen breit **7** im Durchmesser (*See usw.*) **8** *im Kreuzworträtsel*: waagerecht

acrylic[1] [əˈkrɪlɪk] Acryl

acrylic[2] [əˈkrɪlɪk] Acryl..., aus Acryl

★**act**[1] [ækt] **1** (≈ *aktiv werden*) handeln **2** *Theater usw.*: spielen; **act the part of Hamlet** den Hamlet spielen; **she can't act** sie ist eine schlechte Schauspielerin **3** sich verhalten, sich benehmen; **she's always acting the martyr** sie spielt immer die Leidende **4** (*Medikament usw.*) wirken (**on** auf) **5** tätig sein; **act as** amtieren (*oder* fungieren) als

---
PHRASAL VERBS

act up [ˌæktˈʌp] *umg* **1** Theater machen **2** (*Gerät usw.*) verrücktspielen

---

★**act**[2] [ækt] **1** *Theater*: Aufzug, Akt **2** **Act (of**

Parliament, US **of Congress**) Gesetz ❸ Tat, Handlung; **an act of God** höhere Gewalt
acting¹ ['æktɪŋ] stellvertretend, amtierend
acting² ['æktɪŋ] Schauspielerei, Spielen
★**action** ['ækʃn] ❶ Handeln; **man of action** Mann der Tat; **put into action** in die Tat umsetzen; **take action** handeln, Schritte unternehmen ❷ Roman usw.: Handlung ❸ im Film usw.: Action; **where the action is** umg wo was los ist ❹ (Ein)Wirkung (**on** auf) ❺ Klage, Prozess; **bring an action against** verklagen ❻ Gefecht, Einsatz; **killed in action** gefallen
action-packed ['ækʃnpækt] Film usw.: voller Action, spannend
action replay ['ækʃn,ri:pleɪ] Br (Zeitlupen)Wiederholung (einer Spielszene)
activate ['æktɪveɪt] ❶ auslösen (Alarm usw.) ❷ bes. Chemie, Technik: aktivieren
★**active** ['æktɪv] ❶ allg.: aktiv, Vulkan auch: tätig ❷ Interesse, Beteiligung usw.: lebhaft, rege ❸ **active** (**voice**) Sprache: Aktiv, Tatform
activist ['æktɪvɪst] bes. in Zusammensetzungen: Aktivist(in), Kämpfer(in); **anti-nuclear activist** Atomgegner(in)
★**activity** [æk'tɪvətɪ] ❶ Aktivität ❷ mst. **activities** pl in Schule, Freizeit usw.: Aktivitäten, Beschäftigung
★**actor** ['æktə] Schauspieler
★**actress** ['æktrəs] Schauspielerin
★**actual** ['æktʃʊəl] ❶ wirklich, tatsächlich ❷ eigentlich (⚠ nicht **aktuell**)
★**actually** ['æktʃʊəlɪ] ❶ als Füllwort, oft nicht übersetzt: **actually, I think that's a good idea** ich halte das für eine gute Idee! ❷ eigentlich; **what did she actually say?** was hat sie eigentlich gesagt? ❸ tatsächlich; **he actually did it** er hat es tatsächlich getan ❹ sogar; **oh, he's actually ready** oh, er ist sogar fertig!
acumen ['ækjʊmən] Scharfsinn; **business acumen** Geschäftssinn
acupressure ['ækjʊ,preʃə] Akupressur
acupuncture ['ækjʊ,pʌŋktʃə] Akupunktur
acute [ə'kju:t] ❶ Gehör usw.: scharf ❷ Analyse usw.: scharfsinnig ❸ Krankheit: akut ❹ Schmerzen: stark ❺ Mangel usw.: erheblich ❻ Winkel: spitz
AD [,eɪ'di:] (abk für anno Domini) n. Chr. (nach Christus)
ad [æd] umg ❶ Anzeige, Inserat, Annonce ❷ im Fernsehen: Werbespot
adapt [ə'dæpt] ❶ anpassen (**to** an) ❷ umbauen (Auto, Gerät) ❸ bearbeiten (Text) ❹ sich anpassen (**to** an)

adaptable [ə'dæptəbl] anpassungsfähig
adaptation [,ædæp'teɪʃn] ❶ von Person, Tier: Anpassung (**to** an) ❷ Bearbeitung (eines Theaterstücks usw.)
adapter, **adaptor** [ə'dæptə] Adapter, Zwischenstecker
★**add** [æd] ❶ hinzufügen (**to** zu; **that** dass) ❷ addieren, zusammenzählen

———— PHRASAL VERBS ————

add on [,æd'ɒn] ❶ draufschlagen, zusätzlich berechnen (Betrag) ❷ anbauen (Zimmer)
add to ['æd_tə] vergrößern, noch hinzukommen zu (Schwierigkeiten usw.)
add up [,æd'ʌp] ❶ addieren, zusammenzählen ❷ (Rechnung) aufgehen, stimmen ❸ übertragen einen Sinn ergeben
add up to [,æd'ʌp_tə] ❶ sich belaufen auf, betragen ❷ übertragen hinauslaufen auf

———————————

added ['ædəd] zusätzlich
adder ['ædə] Schlange: Natter
addict ['ædɪkt] ❶ Drogen usw.: Süchtige(r) ❷ Fußball usw.: Fanatiker(in)
addicted [ə'dɪktɪd] süchtig; **be addicted to drugs** drogensüchtig sein
addiction [ə'dɪkʃn] Sucht; **addiction to alcohol** Alkoholsucht
addictive [ə'dɪktɪv] **be addictive** (Drogen, Fernsehen usw.) süchtig machen
add-in ['ædɪn] Computer: Add-in
addition [ə'dɪʃn] ❶ Zusatz, Ergänzung; **an addition to the family** Familienzuwachs ❷ Rechenart: Addition ❸ **in addition** noch dazu, außerdem; **in addition to** außer, zusätzlich zu
additional [ə'dɪʃnəl] zusätzlich
additive ['ædɪtɪv] Zusatz (bes. chemischer)
add-on ['ædɒn] für Computer: Zusatzgerät
★**address**¹ [ə'dres] ❶ allg.: Adresse, Anschrift; **what's your address?** wo wohnen Sie? ❷ Computer: Adresse ❸ vor Versammlung usw.: Ansprache, Rede ❹ **form of address** (Form der) Anrede
★**address**² [ə'dres] ❶ adressieren (Brief) ❷ mit Titel usw.: anreden; **how should I address him?** wie soll ich ihn anreden? ❸ sprechen zu (Zuhörern usw.) ❹ **address to** richten an (Worte usw.)
addressee [⚠ ,ædres'i:] Empfänger(in)
adept¹ [ə'dept] erfahren, geschickt (**at**, **in** in)
adept² ['ædept] Meister(in), Experte, Expertin (**at**, **in** in)
adequate ['ædɪkwət] ❶ ausreichend ❷ (≈ gerade genug) hinreichend ❸ angemessen

ADHD [,eɪdeɪtʃ'diː] (*abk für* attention deficit hyperactivity disorder) ADHS (*abk* Aufmerksamkeits-Defizit-Hyperaktivitäts-Syndrom)
adhere [əd'hɪə] kleben, haften (**to** an)

PHRASAL VERBS

adhere to [əd'hɪə_tə] festhalten an, bleiben bei (*Plan, Überzeugung usw.*)

---

adherence [əd'hɪərəns] Festhalten (**to** an)
adhesive[1] [əd'hiːsɪv] haftend, klebend, Haft..., Kleb(e)...; **adhesive plaster** (*US* bandage) Heftpflaster; **adhesive tape** Klebstreifen
adhesive[2] [əd'hiːsɪv] Klebstoff
adjacent [ə'dʒeɪsnt] angrenzend; **it's adjacent to the station** es befindet sich direkt neben dem Bahnhof
★**adjective** ['ædʒɪktɪv] *Sprache:* Adjektiv, Eigenschaftswort
adjoin [ə'dʒɔɪn] 1 (*Raum, Garten usw.*) grenzen an 2 (*Räume usw.*) aneinandergrenzen, nebeneinanderliegen
adjoining [ə'dʒɔɪnɪŋ] Nachbar..., Neben...
adjourn [ə'dʒɜːn] 1 vertagen (**till, until** auf; **for** um), unterbrechen 2 sich vertagen
adjust [ə'dʒʌst] 1 (richtig) einstellen (*Bremse, Zündung usw.*) 2 regulieren (*Ton, Höhe usw.*) 3 anpassen (**to** an) 4 zurechtrücken (*Hut, Krawatte usw.*) 5 **adjust to something** sich einer Sache anpassen, sich auf etwas einstellen
adjustable [ə'dʒʌstəbl] verstellbar, regulierbar
adjustable spanner [ə,dʒʌstəbl'spænə] *Br*, **adjustable wrench** [▲ə,dʒʌstəbl'rentʃ] Rollgabelschlüssel, Verstellschlüssel, verstellbarer Schraubenschlüssel
adjustment [ə'dʒʌstmənt] 1 *technisch:* Einstellung (*einer Maschine usw.*) 2 Anpassung (*an Lebensbedingungen usw.*)
ad-lib [,æd'lɪb], **ad-libbed, ad-libbed** *umg*; *Theater usw.:* improvisieren
admin[1] ['ædmɪn] *umg* Verwaltung
admin[2] ['ædmɪn] *umg* Verwaltungs...
administer [əd'mɪnɪstə] 1 verwalten 2 **administer justice** Recht sprechen 3 verabreichen (*Medizin*)
★**administration** [əd,mɪnɪ'streɪʃn] 1 Verwaltung 2 Amtsperiode, Regierung (*eines Präsidenten usw.*) 3 **administration of justice** Rechtsprechung
administrative [əd'mɪnɪstrətɪv] Verwaltungs...
administrative assistant [əd,mɪnɪstrətɪv_ə'sɪstənt] Verwaltungsangestellte(r)
administrative work [əd'mɪnɪstrətɪv_wɜːk] Büroarbeit

administrator [əd'mɪnɪstreɪtə] 1 Verwalter(in) 2 Verwaltungsbeamter, Verwaltungsbeamtin
admirable [▲'ædmərəbl] bewundernswert
admiral ['ædmərəl] Admiral
★**admiration** [,ædmə'reɪʃn] Bewunderung (**for** für)
★**admire** [əd'maɪə] 1 bewundern (**for** wegen) 2 verehren
admirer [əd'maɪərə] 1 Bewunderer, Bewunderin 2 Verehrer(in)
★**admission** [əd'mɪʃn] 1 Eintritt, Zutritt; **admission free** Eintritt frei; **admission charge** (*oder* **fee**) Eintritt(sgeld) 2 Eintritt(sgeld) 3 *zum Studium usw.:* Zulassung 4 Eingeständnis; **by his own admission** wie er selbst zugibt; **admission of guilt** Schuldbekenntnis
★**admit** [əd'mɪt], **admitted, admitted** 1 zugeben, (ein)gestehen; **he admitted breaking into the house** er gab zu, in das Haus eingebrochen zu sein 2 *ins Kino usw.:* hereinlassen (**into** in) 3 *ins Krankenhaus usw.:* aufnehmen (**into, to** in) 4 *zum Studium usw.:* zulassen
admittance [əd'mɪtns] Eintritt, Zutritt; **no admittance** Eintritt verboten
admittedly [əd'mɪtɪdlɪ] zugegebenermaßen
admonish [əd'mɒnɪʃ] ermahnen (**for** wegen)
ado [ə'duː] **without further ado** ohne weitere Umstände
adolescent[1] [▲,ædə'lesnt] Jugendliche(r) (*zwischen 13 und 16 Jahren*)
adolescent[2] [▲,ædə'lesnt] pubertär
adopt [ə'dɒpt] 1 adoptieren (**adopted child** Adoptivkind) 2 übernehmen (*Methode, Idee, Sitte usw.*) 3 einnehmen (*Haltung, Standpunkt usw.*) 4 annehmen (*anderen Namen usw.*)
adoption [ə'dɒpʃn] 1 Adoption; **give a child up for adoption** ein Kind zur Adoption freigeben 2 Übernahme (*einer Methode usw.*)
adoptive [ə'dɒptɪv] Adoptiv... (*Kind, Eltern*)
adorable [ə'dɔːrəbl] hinreißend, entzückend
adore [ə'dɔː] 1 über alles lieben (*auch übertragen Schokolade usw.*) 2 anbeten, schwärmen für (*Filmstar usw.*)
adorn [ə'dɔːn] schmücken, zieren
adornment [ə'dɔːnmənt] Schmuck, Verzierung
★**adult**[1] ['ædʌlt] Erwachsene(r); **Adults only** Nur für Erwachsene
★**adult**[2] ['ædʌlt] 1 erwachsen 2 *Film usw.:* (nur) für Erwachsene
adulterate [ə'dʌltəreɪt] 1 panschen (*Milch, Wein usw.*) 2 verfälschen (*Nahrungsmittel, Text usw.*)
adulterer [ə'dʌltərə] Ehebrecher

adulteress [əˈdʌltərəs] Ehebrecherin
adultery [əˈdʌltəri] Ehebruch
advance[1] [ədˈvɑːns] **1** *(Truppen usw.)* vorrücken **2** fördern *(Projekt, Interessen usw.)* **3** vorschießen, als Vorschuss geben *(Geld)*
advance[2] [ədˈvɑːns] **1** Vorrücken, Vormarsch **2** Vorschuss, Vorauszahlung **3 in advance** im Voraus
advance booking [ədˌvɑːnsˈbʊkɪŋ] **1** Vorbestellung **2** *Theater usw.*: Vorverkauf
advanced [ədˈvɑːnst] fortgeschritten; **advanced course** Kurs für Fortgeschrittene
advancement [ədˈvɑːnsmənt] **1** Fortschritt *(in der Forschung usw.)* **2** im Beruf: Weiterkommen, Aufstieg
advance payment [ədˌvɑːnsˈpeɪmənt] Vorauszahlung
★**advantage** [ədˈvɑːntɪdʒ] Vorteil; **gain an advantage over someone** sich jemandem gegenüber einen Vorteil verschaffen; **have an advantage over someone** jemandem gegenüber im Vorteil sein; **it has the advantage of saving time** es hat den Vorteil, Zeit zu sparen; **take advantage of someone** jemanden ausnutzen
advantageous [⚠,ædvənˈteɪdʒəs] vorteilhaft, günstig
★**adventure** [ədˈventʃə] Abenteuer; **adventure holiday** *Br* Abenteuerurlaub; **adventure playground** Abenteuerspielplatz
adventurer [ədˈventʃərə] Abenteurer(in)
adventurous [ədˈventʃərəs] **1** Leben, Reise usw.: abenteuerlich **2** Person: abenteuerlustig
★**adverb** [ˈædvɜːb] *Sprache*: Adverb, Umstandswort
adverbial [ədˈvɜːbɪəl] adverbial; **adverbial phrase** Adverbialbestimmung
adversary [ˈædvəsəri] Gegner(in)
adverse [ˈædvɜːs] **1 adverse conditions** widrige Umstände **2** ungünstig, nachteilig **(to** für)
adversity [ədˈvɜːsəti] Not, Unglück; **in times of adversity** in Zeiten der Not
advert [ˈædvɜːt] *Br, umg* **1** Anzeige, Inserat, Annonce; **advert for a job** Stellenanzeige, Stellenausschreibung **2** *im Fernsehen*: Werbespot
★**advertise** [ˈædvətaɪz] **1** Reklame machen für, werben für *(Produkt usw.)* **2** *in Zeitung*: inserieren, annoncieren; **advertise for** durch Inserat suchen
★**advertisement** [ədˈvɜːtɪsmənt] **1** Anzeige, Inserat, Annonce; **advertisement for a job** Stellenanzeige, Stellenausschreibung; **put an advertisement in the paper** eine Anzeige in die Zeitung setzen **2** *im Fernsehen*: Werbespot
★**advertising** [ˈædvətaɪzɪŋ] Werbung, Reklame; **he works in advertising** er ist in der Werbung (tätig); **advertising agency** Werbeagentur
★**advice** [ədˈvaɪs] (⚠ *kein Plural und kein unbestimmter Artikel*) **1** Rat, Ratschlag; **a piece of advice** ein Ratschlag; **on someone's advice** auf jemandes Rat hin; **take my advice and ...** hör auf mich und ...; **take medical advice** einen Arzt zurate ziehen **2** Ratschläge *pl*
advice column [ədˈvaɪsˌkɒləm] *US, umg* Kummerkasten *(einer Zeitung)*
advice columnist [ədˈvaɪsˌkɒləmnɪst] *US* Kummerkastenonkel, Kummerkastentante
advisable [ədˈvaɪzəbl] ratsam
★**advise** [ədˈvaɪz] **1** raten; **advise someone against (doing) something** jemandem von etwas abraten **2** beraten; **be well advised** gut beraten sein, gut daran tun **(to do** zu tun)
adviser [ədˈvaɪzə], *auch, bes. US* **advisor** Berater(in)
advisory [ədˈvaɪzəri] beratend
advocate[1] [⚠ ˈædvəkət] Verfechter(in), Befürworter(in)
advocate[2] [⚠ ˈædvəkeɪt] befürworten, eintreten für
aerial[1] [ˈeərɪəl] *Br* Antenne
aerial[2] [ˈeərɪəl] Luft...; **aerial photograph** Luftbild
aerobics [eəˈrəʊbɪks] (⚠ *mit -s, aber sg*) Aerobic
aerodynamic [ˌeərəʊdaɪˈnæmɪk] aerodynamisch
aeronautics [ˌeərəˈnɔːtɪks] *sg* Aeronautik, Luftfahrt
aeroplane [ˈeərəpleɪn] *Br* Flugzeug
aerosol [⚠ ˈeərəsɒl] **1** Spray **2** Spraydose
aesthetic [iːsˈθetɪk] ästhetisch
affable [ˈæfəbl] leutselig, umgänglich
★**affair** [əˈfeə] **1** Angelegenheit, Sache **2** Liebe, Politik: Affäre
affect [əˈfekt] **1** sich auswirken auf, beeinflussen, in Mitleidenschaft ziehen **2** *(Krankheit)* befallen **3** *gefühlsmäßig*: bewegen, rühren; **be deeply affected** tief bewegt sein **(by** von)
affectation [ˌæfekˈteɪʃn] *abwertend* Affektiertheit
affection [əˈfekʃn] Zuneigung, Liebe **(for** zu)
affectionate [əˈfekʃnət] liebevoll
affectionately [əˈfekʃnətli] **yours affectionately X** *Briefschluss*: in Liebe dein X
affiliated [əˈfɪlɪeɪtɪd] *Verein, Firma*: angeschlossen, angegliedert

affinity [əˈfɪnəti] **1** (geistige) Verwandtschaft **2** Neigung (**for, to** zu)

affirm [əˈfɜːm] **1** (*Beschuldigter usw.*) versichern, beteuern (*Unschuld usw.*) **2** *offiziell*: bestätigen

affirmation [ˌæfəˈmeɪʃn] **1** Versicherung, Beteuerung **2** *juristisch*: eidesstattliche Versicherung

affirmative [əˈfɜːmətɪv] bejahend, zustimmend; **answer in the affirmative** mit „ja" antworten

afflict [əˈflɪkt] plagen; **be afflicted with something** an etwas leiden

affliction [əˈflɪkʃn] **1** *Krankheit usw.*: Gebrechen **2** Not, Elend

affluent [ˈæfluənt] wohlhabend; **affluent society** Wohlstandsgesellschaft, *im negativen Sinn*: Überflussgesellschaft

★**afford** [əˈfɔːd] sich leisten; **we can't afford it** wir können es uns nicht leisten

affordable [əˈfɔːdəbl] **1** *Preis*: erschwinglich **2** *Anschaffung usw*: finanziell tragbar

affront [⚠ əˈfrʌnt] Beleidigung

Afghanistan [əfˈgænɪstæn] Afghanistan

afield [əˈfiːld] **far afield** weit weg, weit entfernt

afloat [əˈfləʊt] **be afloat** (*Boot*) schwimmen

afoot [əˈfʊt] *bes. negative Dinge*: im Gange

aforementioned [əˈfɔːmenʃənd] oben genannt

afraid [əˈfreɪd] **1 be afraid (of something)** sich (vor etwas) fürchten, Angst (vor etwas) haben; **be afraid to do something** sich fürchten, etwas zu tun **2 I'm afraid…** leider; **I'm afraid I've got to go** leider muss ich jetzt gehen; **I'm afraid so** *als Antwort*: ich fürchte ja; **I'm afraid not** *als Antwort*: ich fürchte nein

afresh [əˈfreʃ] von Neuem, von vorn

★**Africa** [ˈæfrɪkə] Afrika

★**African**[1] [ˈæfrɪkən] afrikanisch; **he's African** er ist Afrikaner

★**African**[2] [ˈæfrɪkən] Afrikaner(in)

African-American[1] [ˌæfrɪkən_əˈmerɪkən] Afroamerikaner(in)

African-American[2] [ˌæfrɪkən_əˈmerɪkən] afroamerikanisch

Afro-Caribbean[1] [ˌæfrəʊ_kærəˈbiːən] afrokaribisch

Afro-Caribbean[2] [ˌæfrəʊ_kærəˈbiːən] Afrokaribe, Afrokaribin

★**after** [ˈɑːftə] **1** *zeitlich*: nach; **after breakfast** nach dem Frühstück; **the day after tomorrow** übermorgen; **the week after next** übernächste Woche; **ten after five** *US* zehn nach fünf; **day after day** Tag für Tag **2** *räumlich*: hinter; **close the door after you** mach die Tür hinter dir zu **3** *Reihenfolge*: nach, hinter; **after you** *Höflichkeitsfloskel*: nach Ihnen **4 be after someone** (*bzw.* **something**) hinter jemandem (*bzw.* etwas) her sein **5** danach, hinterher; **shortly after** kurz darauf; **for months after** noch monatelang **6** nachdem; **after you had left I felt lonely** nachdem du gegangen warst, fühlte ich mich einsam **7 after all** schließlich, immerhin (*ist er dein Bruder usw.*), schließlich doch (*etwas tun*) **8 look after someone** sich um jemanden kümmern

aftercare [ˈɑːftəkeə] *medizinisch*: Nachbehandlung, Nachsorge

after-effect [ˈɑːftərɪˌfekt] **1** *von Medikament, Alkohol usw.*: Nachwirkung **2** *von Ereignis*: Folge

afterlife [ˈɑːftəlaɪf] Leben nach dem Tode

aftermath [ˈɑːftəmæθ] Folgen *pl*, Nachwirkungen *pl*

★**afternoon** [ˌɑːftəˈnuːn] Nachmittag; **in the afternoon** am Nachmittag; **this afternoon** heute Nachmittag; **good afternoon!** guten Tag!

afters [ˈɑːftəz] *pl Br, umg* Nachtisch

after-sales service [ˌɑːftəˈseɪlzˌsɜːvɪs] Kundendienst

aftershock [ˈɑːftəʃɒk] *bei Erdbeben*: Nachbeben

aftertaste [ˈɑːftəteɪst] Nachgeschmack (*auch übertragen*)

afterthought [ˈɑːftəθɔːt] nachträglicher Einfall

★**afterwards** [ˈɑːftəwədz] danach, nachher

★**again** [əˈgen] **1** wieder, noch einmal; **again and again** immer wieder; **not again!** nicht schon wieder! **2 as much again** noch einmal so viel **3 now and again** ab und zu

★**against** [əˈgenst] **1** gegen; **be against something** gegen etwas sein **2** *räumlich*: gegen, an; **lean against the wall** sich an die Wand lehnen **3 as against** verglichen mit, im Vergleich zu

★**age**[1] [eɪdʒ] **1** *von Person*: Alter; **at the age of** im Alter von; **she's your age** sie ist in deinem Alter; **when I was your age** als ich so alt war wie du **2** (≈ *Epoche*) Zeit, Zeitalter; **the atomic age** das Atomzeitalter **3 come of age** mündig (*oder* volljährig) werden; **under age** minderjährig, unmündig **4 ages** *pl umg* eine Ewigkeit; **for ages** *pl* seit einer Ewigkeit

★**age**[2] [eɪdʒ] alt werden, altern

aged[1] [eɪdʒd] **aged ten** zehnjährig, zehn Jahre alt, im Alter von zehn Jahren

aged[2] [⚠ ˈeɪdʒɪd] *Person*: betagt, alt

age group [ˈeɪdʒ_gruːp] Altersgruppe

ageism ['eɪdʒɪzm] Diskriminierung alter Menschen

age limit ['eɪdʒˌlɪmɪt] Altersgrenze

★**agency** ['eɪdʒənsɪ] **1** für Werbung, Nachrichten, Künstlervermittlung: Agentur; **translation agency** Übersetzungsbüro **2** einer Firma: Geschäftsstelle, Vertretung

agenda [ə'dʒendə] Tagesordnung; **be on the agenda** bei einer Versammlung: auf der Tagesordnung stehen; übertragen auf dem Programm stehen; **item on the agenda** Tagesordnungspunkt

agent ['eɪdʒənt] **1** für Künstler: Agent(in); von Arbeit: Vermittler(in); **business agent** Agent(in) **2** für Firmen: Vertreter(in) **3** für Grundstücke: Makler(in) **4** (≈ Spion) Agent(in) **5** Substanz: Wirkstoff, Mittel

aggravate ['ægrəveɪt] **1** verschlimmern **2** umg (ver)ärgern

aggravating ['ægrəveɪtɪŋ] umg **1** ärgerlich **2** Kind, Lärm: lästig

aggravation [ˌægrə'veɪʃn] **1** Verschlimmerung (einer Situation usw.) **2** umg Ärger

aggregate ['ægrɪgət] Aggregat

aggression [ə'greʃn] Aggression

aggressive [ə'gresɪv] aggressiv

aggressiveness [ə'gresɪvnəs] Aggressivität

aggressor [ə'gresə] Angreifer, Aggressor

aggro ['ægrəʊ] Br, salopp **1** Ärger; **we had so much aggro with ...** wir hatten so viel Ärger mit ... **2** Zoff; **are you looking for some aggro?** suchst du Streit?

aghast [ə'gɑːst] entgeistert, entsetzt

agile ['ædʒaɪl] beweglich, wendig

agitate ['ædʒɪteɪt] **1** aufregen, aus der Fassung bringen (Person) **2** hetzen (**against** gegen), Propaganda machen (**for** für)

agitation [ˌædʒɪ'teɪʃn] Erregung

agitator ['ædʒɪteɪtə] Agitator, Hetzer

AGM [ˌeɪdʒiː'em] (abk für annual general meeting) Br; von Firma, Verein: JHV (Jahreshauptversammlung)

★**ago** [ə'gəʊ] zeitlich: vor; **a year ago** vor einem Jahr; **long ago** vor langer Zeit; **not long ago** (erst) vor Kurzem

agog [ə'gɒg] gespannt (**for** auf); **be all agog** bei Neuigkeiten usw.: ganz aus dem Häuschen sein

agonize ['ægənaɪz] sich den Kopf zermartern (**over** über)

agonized ['ægənaɪzd] Blick, Laut usw.: gequält

agonizing ['ægənaɪzɪŋ] qualvoll

agony ['ægənɪ] Qual (auch seelisch)

agony aunt ['ægənɪˌɑːnt] Br, umg Kummerkastentante (einer Zeitung)

agony column ['ægənɪˌkɒləm] Br, umg Kummerkasten (einer Zeitung)

★**agree** [ə'griː] **1** sich einig sein, einer Meinung sein; **I agree!** der Meinung bin ich auch **2** zustimmen, einverstanden sein (**to** mit); **agreed!** einverstanden! **3** **agree on something** sich auf etwas einigen; **agree to do something** etwas (zu tun) abmachen (oder ausmachen) **4** (Aussagen usw.) übereinstimmen; **... don't agree (with each other) ...** stimmen nicht (miteinander) überein **5** **agree to differ** sich auf verschiedene Standpunkte einigen

---
PHRASAL VERBS

agree with [ə'griːˌwɪð] something doesn't agree with someone Speise, Klima usw.: etwas bekommt jemandem nicht, jemand verträgt etwas nicht

---

agreeable [ə'griːəbl] angenehm

agreed [ə'griːd] **be agreed** sich einig sein, gleicher Meinung sein

★**agreement** [ə'griːmənt] **1** Übereinstimmung **2** Vereinbarung, Abmachung **3** Einigung; **reach (an) agreement, come to an agreement** sich einigen (**on** über) **4** Politik: Abkommen, Vertrag

★**agricultural** [ˌægrɪ'kʌltʃrəl] **1** landwirtschaftlich; **agricultural machinery** Landmaschinen pl **2** Land, Reform: Agrar...

★**agriculture** ['ægrɪkʌltʃə] Landwirtschaft

aground [ə'graʊnd] **run aground** (Schiff) auf Grund laufen

ahead [ə'hed] **1** vorwärts, voraus; **ahead of** vor; **get ahead** vorwärtskommen; **be ahead of one's time** seiner Zeit voraus sein **2** **look** (bzw. **go**) **straight ahead** nach vorne schauen (bzw. gehen) **3** **be thirty metres** (bzw. **ten points**) **ahead** einen Vorsprung von 30 Metern (bzw. 10 Punkten) haben

AI [ˌeɪ'aɪ] (abk für artificial intelligence) KI (künstliche Intelligenz)

aid[1] [eɪd] **1** Hilfe, Unterstützung; **come to someone's aid** jemandem zu Hilfe kommen; **in aid of the homeless** zugunsten der Obdachlosen **2** Hilfsmittel **3** bes. politisch: Berater(in)

aid[2] [eɪd] **aid someone** jemanden unterstützen, jemandem helfen

aid agency ['eɪdˌeɪdʒənsɪ] Hilfsorganisation

aide [eɪd] bes. politisch: Berater(in)

AIDS, Aids [eɪdz] (abk für Acquired Immune

Deficiency Syndrome) Aids
AIDS victim ['eɪdz,vɪktɪm] Aidskranke(r)
ailing ['eɪlɪŋ] *Mensch*: kränkelnd (*auch übertragen Wirtschaft*)
ailment ['eɪlmənt] Gebrechen
★**aim**[1] [eɪm] **1** zielen (**at** auf) **2 aim a gun** *usw.* **at someone** einen Revolver *usw.* auf jemanden richten **3 was that remark aimed at me?** *übertragen* war diese Bemerkung gegen mich gerichtet? **4 aim to do something** beabsichtigen, etwas zu tun
★**aim**[2] [eɪm] **1** Ziel; **take aim (at)** zielen (auf) **2** *übertragen* Ziel, Absicht
aimless ['eɪmləs] ziellos
ain't [eɪnt] *salopp* **1** *Kurzform von* **am not, is not, are not; he ain't** er ist nicht *usw.* **2** *Kurzform von* **have not, has not; he ain't got it** er hat es nicht *usw.*
★**air**[1] [eə] **1** Luft; **go by air** fliegen; (*Güter*): per Flugzeug transportiert werden; **in the open air** im Freien; **get some fresh air** frische Luft schnappen **2 be on the air** *Rundfunk, TV*: auf Sendung sein **3 it's still all up in the air** es ist noch alles offen; **clear the air** die Atmosphäre reinigen **4** Miene, Gehabe; **an air of importance** eine gewichtige Miene **5 put on airs, give oneself airs** vornehm tun
★**air**[2] [eə] lüften (*Zimmer*)
airbag ['eəbæg] *im Auto*: Airbag, Luftsack
air base ['eə‿beɪs] Luftstützpunkt
airbed ['eəbed] Luftmatratze
airborne ['eəbɔːn] **be airborne** (*Flugzeug, Fluggast*) in der Luft sein, sich in der Luft befinden
★**air-conditioned** ['eəkən,dɪʃnd] mit Klimaanlage, klimatisiert
★**air conditioning** ['eə‿kən,dɪʃnɪŋ] **1** Klimatisierung **2** *System*: Klimaanlage
★**aircraft** ['eəkrɑːft] *pl*: aircraft Flugzeug
aircraft carrier ['eəkrɑːft,kærɪə] Flugzeugträger
air crash ['eə‿kræʃ] Flugzeugabsturz
air fare ['eəfeə] Flugpreis
airfield ['eəfiːld] Flugplatz
airforce ['eəfɔːs] Luftwaffe
airfreight ['eəfreɪt] Luftfracht
air gun ['eə‿gʌn] Luftgewehr
airhead ['eə,hed] *umg* Hohlkopf
★**air hostess** ['eə,həʊstes] Stewardess
airing ['eərɪŋ] **1 the room needs a good airing** das Zimmer muss anständig gelüftet werden **2 give something an airing** etwas zur Sprache bringen
air kiss ['eə‿kɪs] *humorvoll* Küsschen in die Luft (ohne gegenseitige Berührung)
airless ['eələs] **1** *Zimmer usw.*: stickig **2 it was an airless day** es wehte den ganzen Tag über kein Lüftchen
airlift[1] ['eəlɪft] **airlift something to a disaster area** etwas per Luftbrücke in ein Katastrophengebiet bringen
airlift[2] ['eəlɪft] Luftbrücke
★**airline** ['eəlaɪn] Fluggesellschaft
★**airmail** ['eəmeɪl] Luftpost
air mattress ['eə,mætrəs] *US* Luftmatratze
airplane ['eəpleɪn] *US* Flugzeug
air pocket ['eə,pɒkɪt] Luftloch
air pollution ['eə‿pə,luːʃn] Luftverschmutzung
★**airport** ['eəpɔːt] Flughafen
air pump ['eə‿pʌmp] Luftpumpe
air raid ['eə‿reɪd] Luftangriff
air-raid shelter ['eəreɪd,ʃeltə] Luftschutzkeller, Luftschutzraum
airsick ['eəsɪk] *im Flugzeug*: luftkrank
airspace ['eəspeɪs] Luftraum
air terminal ['eə,tɜːmɪnl] Terminal (*Flughafenabfertigungsgebäude*)
air ticket ['eə,tɪkɪt] Flugticket, Flugschein
airtight ['eətaɪt] *Behälter usw.*: luftdicht
air-traffic control ['eə,træfɪk‿kən'trəʊl] Flugsicherung
air-traffic controller ['eə,træfɪk‿kən'trəʊlə] Fluglotse, Fluglotsin
airy ['eərɪ] **1** *Raum*: luftig **2** *Ansichten usw.*: überspannt **3** *Art usw.*: lässig
aisle [▲ aɪl] **1** *im Flugzeug, Theater*: Gang; **aisle seat** Gangplatz **2** *Architektur*: Seitenschiff (*einer Kirche*)
ajar [▲ ə'dʒɑː] **be ajar** (*Tür*) einen Spaltbreit offen stehen
akimbo [ə'kɪmbəʊ] **with arms akimbo** die Arme in die Hüften gestemmt
akin [ə'kɪn] **1** ähnlich **2** *geistig*: verwandt
★**alarm**[1] [ə'lɑːm] **1** Besorgnis, Beunruhigung **2** Alarm; **give** (*oder* **raise**) **the alarm** Alarm geben, *übertragen* Alarm schlagen **3** Alarmanlage **4** Wecker
★**alarm**[2] [ə'lɑːm] beunruhigen
alarm call [ə'lɑːm‿kɔːl] Weckruf
★**alarm clock** [ə'lɑːm‿klɒk] Wecker
alarmist [ə'lɑːmɪst] Panikmacher
alas [ə'læs] *förmlich oder humorvoll* ach!, leider!
Albania [æl'beɪnɪə] Albanien
Albanian[1] [æl'beɪnɪən] albanisch
Albanian[2] [æl'beɪnɪən] *Sprache*: Albanisch
Albanian[3] [æl'beɪnɪən] Albaner(in)

album ['ælbəm] Album (*auch LP*)

★**alcohol** ['ælkəhɒl] Alkohol

alcohol-free [,ælkəhɒl'fri:] alkoholfrei

alcoholic[1] [,ælkə'hɒlɪk] alkoholisch

alcoholic[2] [,ælkə'hɒlɪk] Alkoholiker(in)

alcopop ['ælkəʊ,pɒp] *mst. pl, Br* süßes, alkoholhaltiges Getränk

ale [eɪl] Ale (*helles, starkes Bier*)

alert[1] [⚠ ə'lɜ:t] **1** wachsam; **be alert (to something)** (vor etwas) auf der Hut sein **2** *geistig*: aufgeweckt, (hell)wach

alert[2] [ə'lɜ:t] **1** Alarmbereitschaft; **be on (the) alert** in Alarmbereitschaft sein, *übertragen* auf der Hut sein **2** Alarm(signal)

alert[3] [ə'lɜ:t] **1** alarmieren **2** *übertragen* warnen (**to** vor)

A level ['eɪ,levl] *Br etwa*: Abitur, Ⓐ, Ⓒ︎ Matura; **take** (*oder* **do**) **one's A levels** *etwa*: Abitur machen, Ⓐ, Ⓒ︎ maturieren

algae [⚠ 'ældʒi:] *pl* Algen

algebra ['ældʒɪbrə] Algebra

Algeria [æl'dʒɪərɪə] Algerien

alias ['eɪlɪəs] Deckname

alibi ['ælɪbaɪ] **1** Alibi **2** *übertragen, umg* Ausrede, Entschuldigung

alien[1] ['eɪlɪən] **1** *Science-Fiction*: außerirdisch **2** *förmlich* ausländisch **3** *übertragen* fremd; **that's alien to him** das ist ihm wesensfremd

alien[2] ['eɪlɪən] **1** *Sciencefiction*: außerirdisches Wesen **2** *förmlich* Ausländer(in)

alienate ['eɪlɪəneɪt] vergraulen (*Wähler usw.*)

alienated ['eɪlɪəneɪtɪd] **feel alienated** sich ausgeschlossen fühlen

alienation [,eɪlɪə'neɪʃn] Entfremdung

alight[1] [ə'laɪt] **be alight** in Flammen stehen; **set alight** in Brand stecken, anzünden

alight[2] [ə'laɪt], **alighted**, **alighted** *förmlich* **1** aussteigen (**from** aus) **2** (*Vogel*) sich niederlassen (**on** auf)

align [ə'laɪn] ausrichten (**with** nach)

alike [ə'laɪk] **1** ähnlich; **they look very much alike** sie sehen sich sehr ähnlich **2** gleich; **they are all alike** sie sind alle gleich **3** gleich, in gleicher Weise; **treat all the children alike** alle Kinder gleich behandeln

alimony [⚠ 'ælɪmənɪ] Unterhaltszahlung

★**alive** [ə'laɪv] **1** lebendig, am Leben; **they are still alive** sie leben noch **2** **alive and kicking** *umg* gesund und munter **3** **be alive with** wimmeln von

alkali ['ælkəlaɪ] *pl*: **alkali(e)s** ['ælkəlaɪz] Alkali

★**all** [ɔ:l] **1** ganz; **all day** den ganzen Tag; **all the time** die ganze Zeit **2** *mit pl*: alle; **all the flowers** alle Blumen; **all of us** wir alle **3** jede(r, -s); **at all hours** zu jeder Stunde **4** ganz, völlig; **I'm all for it** ich bin voll und ganz dafür; **all in white** ganz in Weiß **5** **two all** *Sport*: zwei beide **6** *Wendungen*: **all at once** auf einmal; **all along** die ganze Zeit; **all the better** umso besser; **all over the world** überall auf der Welt; **all in all** alles in allem; **not at all** überhaupt nicht; **that's John all over** das ist typisch John

allegation [,ælɪ'geɪʃn] Behauptung

allege [ə'ledʒ] behaupten

alleged [⚠ ə'ledʒd] (≈ *vermutet*) angeblich

allegiance [ə'li:dʒəns] Treue, Loyalität

Allen key ['ælən‿ki:] Innensechskantschlüssel

allergic [ə'lɜ:dʒɪk] allergisch (**to** gegen) (*auch übertragen, umg*)

allergy ['ælədʒɪ] Allergie

alleviate [ə'li:vɪeɪt] mildern, lindern (*Schmerzen, Leid usw.*)

alley ['ælɪ] Gasse (⚠ *Allee* = **avenue**)

alliance [⚠ ə'laɪəns] Bund, Bündnis, *historisch*: Allianz

allied ['ælaɪd] verbündet, alliiert

Allies ['ælaɪz] *pl von* → **ally**[1]; **the Allies** die Alliierten

alligator ['ælɪgeɪtə] Alligator

all-night [,ɔ:l'naɪt] *Café, Bäckerei*: die ganze Nacht (*oder* durchgehend) geöffnet, *Party*: die ganze Nacht durch, bis zum nächsten Morgen

allocate ['æləkeɪt] zuteilen, zuweisen (*Geld, Wohnung*) (**to someone** jemandem)

allocation [,ælə'keɪʃn] Zuteilung

allot [ə'lɒt] **allotted**, **allotted 1** zuteilen (*Arbeit, Aufgabe usw.*) (**to someone** jemandem) **2** vorsehen (*Zeit*) **3** bestimmen (*Geld, Mittel*) (**to, for** für)

allotment [ə'lɒtmənt] **1** Zuteilung **2** Parzelle, *Br* Schrebergarten

all-out [,ɔ:l'aʊt] *umg*; *Krieg usw.*: total

★**allow** [ə'laʊ] **1** erlauben, gestatten; **be allowed to do something** etwas tun dürfen **2** geben (*Geldsumme*) **3** gewähren (*Rabatt*) **4** einkalkulieren (*Zeit*) **5** **allow in** hereinlassen; **allow past** vorbeilassen; **allow through** durchlassen

───────── **PHRASAL VERBS** ─────────

allow for [ə'laʊ‿fɔ:] berücksichtigen, einkalkulieren (*Kosten usw.*)

allowance [ə'laʊəns] **1** Zuschuss, Beihilfe **2** Zulage **3** *US* Taschengeld **4** **make allowance(s) for something** etwas berücksichtigen,

etwas einkalkulieren
alloy [ˈæloɪ] Legierung
all-purpose [ˈɔːlˌpɜːpəs] Allzweck...
★**all right** [ˌɔːlˈraɪt] **1** in Ordnung, okay **2** unverletzt, heil; **are you all right?** ist dir was passiert?, geht es dir gut? **3** ganz gut, nicht schlecht; **it's all right** es geht
all-round [ˌɔːlˈraʊnd] vielseitig, Allround...
All Saints' Day [ˌɔːlˈseɪntsˌdeɪ] Allerheiligen
all-time [ˈɔːltaɪm] **all-time high** (bzw. **low**) höchster (bzw. tiefster) Stand aller Zeiten
allude [əˈluːd] anspielen (**to** auf)
allure [əˈlʊə] Anziehungskraft, Zauber
alluring [əˈlʊərɪŋ] verlockend
allusion [əˈluːʒn] Anspielung (**to** auf)
ally[1] [ˈælaɪ] Verbündete(r); → **Allies**
ally[2] [əˈlaɪ] sich verbünden (**to**, **with** mit)
almighty [ɔːlˈmaɪtɪ] **1** allmächtig; **the Almighty** der Allmächtige **2** umg mordsmäßig
almond [ˈɑːmənd] Mandel
★**almost** [ˈɔːlməʊst] fast, beinahe
alms [ɑːmz] pl Almosen
★**alone** [əˈləʊn] **1** allein; **leave alone** allein lassen **2** **leave someone alone** jemanden in Ruhe lassen; **leave that alone** lass die Finger davon! **3** **let alone** geschweige denn
★**along** [əˈlɒŋ] **1** entlang; **along the river** am (oder den) Fluss entlang **2** weiter..., dahin...; **he came running along** er kam angelaufen **3** **along with** zusammen mit **4** **I'll be along shortly** ich bin gleich da
alongside [əˌlɒŋˈsaɪd] **1** neben **2** Seefahrt: längsseits
aloof [əˈluːf] **1** **remain aloof** Distanz wahren **2** unnahbar
aloud [əˈlaʊd] laut; **read aloud** (laut) vorlesen
★**alphabet** [ˈælfəbet] Alphabet
alphabetical [ˌælfəˈbetɪkl] alphabetisch; **in alphabetical order** in alphabetischer Reihenfolge, alphabetisch geordnet
alpine [ˈælpaɪn] **1** allg.: Alpen... **2** Klima, Pflanzen usw.: alpin, Hochgebirgs...
Alps [ælps] **the Alps** die Alpen
★**already** [ɔːlˈredɪ] schon, bereits
alright [ˌɔːlˈraɪt] → **all right**
Alsace [ælˈsæs] das Elsass
Alsatian[1] [ælˈseɪʃn] **1** Br Deutscher Schäferhund **2** Elsässer(in)
Alsatian[2] [ælˈseɪʃn] elsässisch
★**also** [ˈɔːlsəʊ] auch, ebenfalls, Ⓐ auch: weiters (nicht **also**)
also-ran [ˈɔːlsəʊræn] **be an also-ran** unter , ferner liefen' kommen (bei Wettkämpfen und übertragen)
altar [ˈɔːltə] Altar
alter [ˈɔːltə] **1** allg.: ändern **2** umändern (Kleidung) **3** sich ändern, sich verändern
alteration [ˌɔːltəˈreɪʃn] **1** Änderung, Veränderung **2** von Gebäude: Umbau
alternate[1] [ɔːlˈtɜːnət] abwechselnd; **on alternate days** jeden zweiten Tag
alternate[2] [ˈɔːltəneɪt] **1** (sich) abwechseln **2** **alternating current** Wechselstrom
alternating [ˈɔːltəneɪtɪŋ] wechselnd; **alternating current** Wechselstrom
alternation [ˌɔːltəˈneɪʃn] Abwechslung, Wechsel
★**alternative**[1] [ɔːlˈtɜːnətɪv] **1** alternativ, Ersatz... **2** andere(r, -s) (von zweien)
★**alternative**[2] [ɔːlˈtɜːnətɪv] Alternative (**to** zu); **have no alternative** keine andere Möglichkeit (oder Wahl) haben (**but to** als zu)
alternative medicine [ɔːlˌtɜːnətɪvˈmedsn] Alternativmedizin
alternative therapy [ɔːlˌtɜːnətɪvˈθerəpɪ] alternative Therapie
alternator [ˈɔːltɜːneɪtə] **1** Wechselstromgenerator **2** Auto: Lichtmaschine
although [ɔːlˈðəʊ] obwohl, obgleich
altitude [ˈæltɪtjuːd] Fliegen usw.: Höhe (über dem Meeresspiegel)
altogether [ˌɔːltəˈgeðə] **1** insgesamt **2** ganz (und gar), völlig **3** im Ganzen genommen
aluminium [ˌæləˈmɪnɪəm], US **aluminum** [əˈluːmɪnəm] Aluminium; **aluminium foil** Alufolie
★**always** [ˈɔːlweɪz] immer, stets; **as always** wie immer
★**am** [æm] **I am** ich bin
am, **AM**, auch **a.m.**, **A.M.** [ˌeɪˈem] (abk für ante meridiem) morgens, vormittags; **9 am** 9 Uhr (morgens)
amass [əˈmæs] anhäufen, aufhäufen
amateur [ˈæmətə] **1** Sportler, Maler usw.: Amateur(in) **2** im negativen Sinn: Dilettant(in)
amaze [əˈmeɪz] in Erstaunen setzen, verblüffen
amazed [əˈmeɪzd] erstaunt, verblüfft (**at** über)
amazement [əˈmeɪzmənt] Erstaunen, Verblüffung
★**amazing** [əˈmeɪzɪŋ] erstaunlich, verblüffend
Amazon [ˈæməzən] Fluss in Südamerika: Amazonas
ambassador [æmˈbæsədə] Botschafter(in) (**to** in)
amber[1] [ˈæmbə] **1** Bernstein **2** Br; Verkehrsampel: Gelb
amber[2] [ˈæmbə] **1** Bernstein... **2** bernstein-

farben ▪ *Ampel:* gelb
ambidextrous [ˌæmbɪˈdekstrəs] beidhändig, mit beiden Händen gleichermaßen geschickt
ambience [ˈæmbɪəns] Ambiente, Atmosphäre
ambiguity [ˌæmbɪˈgjuːətɪ] Zweideutigkeit
ambiguous [æmˈbɪgjʊəs] ▪ zweideutig ▪ unklar
ambition [æmˈbɪʃn] ▪ Ehrgeiz ▪ Ziel
ambitious [æmˈbɪʃəs] ehrgeizig (*auch Plan usw.*)
★**ambulance** [ˈæmbjələns] Krankenwagen, Ⓐ Rettung (⚠ *Ambulanz im Krankenhaus* = **outpatients' department**)
ambush¹ [ˈæmbʊʃ] aus dem Hinterhalt überfallen
ambush² [ˈæmbʊʃ] ▪ Hinterhalt ▪ Überfall (aus dem Hinterhalt)
amend [əˈmend] abändern (*Gesetz*)
amendment [əˈmendmənt] ▪ *Parlament:* Ergänzungsantrag, Zusatzantrag ▪ *US; der Verfassung:* Zusatzartikel
amends [əˈmendz] **make amends** es wiedergutmachen; **make amends to someone for something** jemanden für etwas entschädigen
amenity [⚠ əˈmiːnətɪ] ▪ oft **amenities** *pl eines Hauses, Hotels usw.:* Annehmlichkeiten ▪ oft **amenities** *pl einer Stadt usw.:* Freizeiteinrichtungen
★**America** [əˈmerɪkə] Amerika
★**American¹** [əˈmerɪkən] amerikanisch; **American Indian** *bes. in Nordamerika:* Indianer(in)
★**American²** [əˈmerɪkən] Amerikaner(in); **Native American** *in Nordamerika:* Indianer(in)
American football [əˌmerɪkənˈfʊtbɔːl] *Br* (American) Football
amiability [ˌeɪmɪəˈbɪlətɪ] Liebenswürdigkeit
amiable [ˈeɪmɪəbl] freundlich
amicable [⚠ ˈæmɪkəbl] ▪ *Gespräch usw.:* freundschaftlich ▪ *Regelung, Übereinkunft:* gütlich
amicably [⚠ ˈæmɪkəblɪ] gütlich (*sich einigen usw.*); **part amicably** im Guten auseinandergehen
amid [əˈmɪd], **amidst** [əˈmɪdst] mitten in (*oder* unter)
amiss [əˈmɪs] ▪ **take something amiss** etwas übel nehmen ▪ **there's something amiss** da stimmt etwas nicht
ammeter [ˈæmɪtə] Amperemeter
ammonia [əˈməʊnɪə] *Chemie:* Ammoniak; **liquid ammonia** Salmiakgeist
ammunition [ˌæmjʊˈnɪʃn] Munition
amnesia [æmˈniːzɪə] Amnesie, Gedächtnisschwund
amnesty [ˈæmnəstɪ] (≈ *Straferlass*) Amnestie
amok [əˈmɒk] **run amok** Amok laufen
★**among** [əˈmʌŋ], ★**amongst** [əˈmʌŋst] (mitten) unter, zwischen; **he's among the best swimmers** er gehört zu den besten Schwimmern; **among other things** unter anderem; **they were talking among(st) themselves** sie unterhielten sich miteinander
amorous [ˈæmərəs] *Blicke usw.:* verliebt
★**amount** [əˈmaʊnt] ▪ *einer Rechnung:* Betrag, Summe; **total amount** Gesamtsumme; **large amounts of money** Unsummen ▪ *von Waren:* Menge ▪ *an Vorsicht, Skepsis usw.:* Maß (**of** an); **an enormous amount of work** sehr viel Arbeit

---
PHRASAL VERBS

amount to [əˈmaʊnt tə] ▪ *Rechnung, Schulden:* sich belaufen auf, betragen ▪ *Verhalten:* hinauslaufen auf, gleichkommen; **it amounts to the same thing** das kommt (doch) aufs Gleiche hinaus; **he will never amount to much** aus ihm wird nie etwas werden

---

ample [ˈæmpl] ▪ *Portion, Mahlzeit:* reichlich ▪ *Figur:* üppig
amplifier [ˈæmplɪfaɪə] *Hi-Fi usw.:* Verstärker
amplify [ˈæmplɪfaɪ] ▪ verstärken (*Lautstärke usw.*) ▪ näher erläutern (*Idee usw.*)
amputate [ˈæmpjʊteɪt] amputieren
amputation [ˌæmpjʊˈteɪʃn] Amputation
amuse [əˈmjuːz] ▪ amüsieren, belustigen; **be amused by** (*oder* **at**) **something** sich über etwas amüsieren; **she wasn't amused** sie fand das gar nicht komisch ▪ unterhalten; **they amused themselves with a guessing game** sie haben sich die Zeit mit einem Ratespiel vertrieben
★**amusement** [əˈmjuːzmənt] ▪ Belustigung; **to everyone's amusement** zur allgemeinen Belustigung ▪ (≈ *Freizeitbeschäftigung*) Unterhaltung, Zeitvertreib
amusement arcade [əˈmjuːzmənt ɑːkeɪd] *Br, etwa* Spielhalle
amusement park [əˈmjuːzmənt pɑːk] *etwa:* Vergnügungspark
★**amusing** [əˈmjuːzɪŋ] lustig, unterhaltsam, amüsant
★**an** [ən] *unbestimmter Artikel vor Wörtern, die in der Aussprache mit einem Selbstlaut beginnen:* **an apple** [⚠ əˈnæpl] ein Apfel; **an hour** [⚠ əˈnaʊə] eine Stunde

anaesthetic [ˌænəsˈθetɪk] *Br* Betäubungsmittel
analyse [ˈænəlaɪz] *Br* analysieren
analysis [əˈnæləsɪs] *pl:* **analyses** [əˈnæləsiːz] **1** *von Substanzen, Situationen usw.:* Analyse; **what's your analysis of the situation?** wie beurteilen Sie die Situation?; **on (closer) analysis** bei genauerer Untersuchung **2** *seelische:* Psychoanalyse
analyze [ˈænəlaɪz] *US* analysieren
anarchist [ˌænəkɪst] Anarchist(in)
anarchy [ˌænəki] Anarchie
anatomy [əˈnætəmi] **1** *Wissenschaft, Lehrfach:* Anatomie **2** *eines Menschen usw.:* Körperbau **3** *eines Landes usw.:* Aufbau, Struktur
ancestor [ˈænsestə] Vorfahr, Ahn
ancestral [ænˈsestrəl] angestammt, Ahnen...; **ancestral home** Stammsitz
ancestry [ˈænsestri] **1** Abstammung, Herkunft; **he's of noble ancestry** er ist von vornehmer Herkunft **2** Vorfahren *pl;* **the family's Scottish ancestry** die schottischen Vorfahren der Familie
anchor[1] [ˈæŋkə] Anker
anchor[2] [ˈæŋkə] **1** ankern **2** (≈ *befestigen*) verankern **3** *TV:* moderieren
anchorman [ˈæŋkəmæn] *pl:* **anchormen** [ˈæŋkəmen] *US TV:* Moderator
anchorwoman [ˈæŋkəˌwʊmən] *pl:* **anchorwomen** [ˈæŋkəˌwɪmɪn] *US TV:* Moderatorin
anchovy [ˈæntʃəvi] An(s)chovis, Sardelle
★**ancient** [ˌeɪnʃənt] **1** *Rom, Geschichte usw.:* alt, antik **2** *Brauch, Ruine usw.:* alt, aus alter Zeit **3** *humorvoll; Person, Auto usw.:* uralt
★**and** [ænd] und; **better and better** immer besser; **he ran and ran** er lief immer weiter; **both his son and his daughter** sowohl sein Sohn als auch seine Tochter
anecdote [ˈænɪkdəʊt] Anekdote
anesthetic [ˌænəsˈθetɪk] *US* Betäubungsmittel
anew [əˈnjuː] von Neuem, noch einmal
★**angel** [ˈeɪndʒəl] Engel; **you're an angel** du bist ein Schatz
★**anger**[1] [ˈæŋgə] Zorn, Wut (**at** über)
★**anger**[2] [ˈæŋgə] verärgern, wütend machen
angina [ænˈdʒaɪnə], **angina pectoris** [ænˌdʒaɪnəˈpektərɪs] *Herzkrankheit:* Angina Pectoris (▲ *Angina* = **tonsillitis**)
angle[1] [ˈæŋgl] **1** Winkel; **at an angle** schräg; **at right angles to** im rechten Winkel zu; **at an angle of 40°** in einem Winkel von 40° **2** *übertragen* Gesichtspunkt
angle[2] [ˈæŋgl] **1** ausrichten (*Lampe usw.*) **2** im Winkel schießen/schlagen (*Schuss*)
angle[3] [ˈæŋgl] **go angling** angeln gehen
angler [ˈæŋglə] Angler(in)
Anglican [ˈæŋglɪkən] anglikanisch
anglicism [ˈæŋglɪsɪzm] *Sprache:* Anglizismus (*Übertragung aus dem Englischen*)
Anglo-Saxon[1] [ˌæŋgləʊˈsæksn] angelsächsisch
Anglo-Saxon[2] [ˌæŋgləʊˈsæksn] Angelsachse
angrily [ˈæŋgrəli] wütend (*schreien usw.*)
★**angry** [ˈæŋgri] böse, verärgert; **get angry** ärgerlich werden; **be angry with** (*oder* **at**) **someone** jemandem (*oder* auf jemanden) böse sein; **be angry at** (*oder* **about**) **something** böse über etwas sein
anguish [ˈæŋgwɪʃ] seelische Qual
angular [ˈæŋgjʊlə] **1** *allg.:* eckig **2** *Gesicht:* kantig
★**animal** [ˈænɪml] Tier
animal rights activist [ˈænɪmlˌraɪtsˈæktɪvɪst] Tierschützer(in)
animated [ˈænɪmeɪtɪd] *Unterhaltung, Diskussion usw.:* lebhaft, angeregt
animated cartoon [ˌænɪmeɪtɪdkɑːˈtuːn] Zeichentrickfilm
animosity [ˌænɪˈmɒsəti] Feindseligkeit
★**ankle** [ˈæŋkl] (Fuß)Knöchel
ankle boot [ˈæŋklˌbuːt] Stiefelette
annex[1] [əˈneks] annektieren, sich einverleiben (*Gebiet*)
annex[2], *Br* **annexe** [ˈæneks] Anbau, Nebengebäude
annexation [ˌænekˈseɪʃn] Annektierung, Einverleibung
annihilate [əˈnaɪəleɪt] vernichten
★**anniversary** [ˌænɪˈvɜːsəri] Jahrestag; **(wedding) anniversary** Hochzeitstag
annotated [ˈænəteɪtɪd] *Ausgabe usw.:* kommentiert, mit Anmerkungen versehen
annotation [ˌænəˈteɪʃn] Anmerkung, Kommentar
★**announce** [əˈnaʊns] **1** (≈ *öffentlich mitteilen*) bekannt geben **2** ankündigen (*Zukünftiges*) **3** *über Lautsprecher:* durchsagen **4** *Rundfunk, TV:* ansagen **5** *durch Zeitungsannonce:* anzeigen
announcement [əˈnaʊnsmənt] **1** (≈ *öffentliche Mitteilung*) Bekanntgabe **2** *von Zukünftigem:* Ankündigung **3** *über Lautsprecher:* Durchsage **4** *Rundfunk, TV:* Ansage **5** *durch Zeitungsannonce:* Anzeige
announcer [əˈnaʊnsə] *Rundfunk, TV:* Ansager(in)
annoy [əˈnɔɪ] ärgern; **be annoyed** sich ärgern

(at (*oder* about) something über etwas; with (*oder* at) someone über jemanden)
annoyance [əˈnɔɪəns] **1** Verärgerung **2** *Lärm, Verkehr*: Ärgernis
★annoying [əˈnɔɪɪŋ] **1** *Missstand, Störung usw.*: ärgerlich **2** *Angewohnheit usw.*: lästig, störend
annual¹ [ˈænjʊəl] **1** jährlich, Jahres...; **annual accounts** *pl* Jahresbilanz; **annual report** Jahresbericht; **annual general meeting** Jahreshauptversammlung
annual² [ˈænjʊəl] **1** einjährige Pflanze **2** *Buch*: Jahresalbum
annul [əˈnʌl] annullieren, für ungültig erklären (*Ehe, Vertrag, Gesetz usw.*)
anonymous [əˈnɒnɪməs] anonym
anorak [ˈænəræk] Anorak
anorexia [ˌænəˈreksɪə] Magersucht
anorexic¹ [ˌænəˈreksɪk] magersüchtig
anorexic² [ˌænəˈreksɪk] Magersüchtige(r)
★another [əˈnʌðə] **1** noch ein(er, -e, -s), ein weiterer, eine weitere, ein weiteres; **she had another cup of tea** sie trank noch eine Tasse Tee **2** *nur mit Zahl (und Substantiv im pl)*: noch, weitere; **another ten years** noch (*oder* weitere) zehn Jahre **3** ein anderer, eine andere, ein anderes; **another time** ein andermal
★answer¹ [ˈɑːnsə] **1** *allg.*: Antwort (**to** auf); **get an/no answer** Antwort/keine Antwort bekommen; **there was no answer** *am Telefon, auf Klingelzeichen*: es hat sich niemand gemeldet; **in answer to my question** auf meine Frage hin **2** *eines Problems usw.*: Lösung; **there's no easy answer** es gibt dafür keine Patentlösung
★answer² [ˈɑːnsə] **1** *allg.*: antworten **2** beantworten, antworten auf (*Brief, Frage usw.*) **3** **answer the door** die Tür öffnen, aufmachen; **answer the phone** ans Telefon gehen; **answer a call** am Telefon: einen Anruf entgegennehmen; **shall I answer it?** *Telefon*: soll ich rangehen?; *Tür*: soll ich hingehen?; **if the phone rings, don't answer** wenn das Telefon läutet, geh nicht ran **4** erfüllen (*Wunsch, Bitte usw.*) **5** erhören (*Gebet*)

PHRASAL VERBS

answer back [ˌɑːnsəˈbæk] *umg* (*bes. Kinder*) freche Antworten geben
answer for [ˈɑːnsə fɔː] **answer for something** für etwas die Verantwortung übernehmen
answer to [ˈɑːnsə tə] **1** *einer Beschreibung usw.*: entsprechen **2** **he answers to the name of Bob** er hört auf den Namen Bob

---

answerable [ˈɑːnsərəbl] verantwortlich (**to someone** jemandem)
answerer [ˈɑːnsərə] *US* Anrufbeantworter
answering machine [ˈɑːnsərɪŋ məˌʃiːn] Anrufbeantworter; **listen to one's messages on the answering machine** den Anrufbeantworter abhören
★answerphone [ˈɑːnsəˌfəʊn] *Br* Anrufbeantworter; **answerphone message** Ansage auf dem Anrufbeantworter; **listen to one's messages on the answerphone** den Anrufbeantworter abhören
ant [ænt] Ameise
antagonist [ænˈtæɡənɪst] Gegner(in), Gegenspieler(in)
Antarctic¹ [æntˈɑːktɪk] **the Antarctic** die Antarktis
Antarctic² [æntˈɑːktɪk] antarktisch
Antarctic Circle [æntˌɑːktɪkˈsɜːkl] südlicher Polarkreis
anteater [ˈæntˌiːtə] Ameisenbär
antelope [ˈæntɪləʊp] Antilope
antenna¹ [ænˈtenə] *pl* antennas *bes. US* Antenne; → aerial¹ *Br*
antenna² [ænˈtenə] *pl* antennae [ænˈteniː] *bes. bei Insekten*: Fühler
anthem [ˈænθəm] Hymne
anthill [ˈænt hɪl] Ameisenhaufen
anti... [ˈæntɪ] *in Zusammensetzungen*: Gegen..., Anti...
antiaircraft [ˌæntɪˈeəkrɑːft] Flugabwehr...
antibiotic [ˌæntɪbaɪˈɒtɪk] *Medizin*: Antibiotikum; **the doctor gave me antibiotics** der Arzt hat mir Antibiotika gegeben
antibody [ˈæntɪˌbɒdɪ] *Medizin*: Antikörper, Abwehrstoff
anticipate [ænˈtɪsɪpeɪt] **1** erwarten, rechnen mit (*Ärger, Regen usw.*) **2** vorhersehen, vorausahnen (*was jemand tun wird*) **3** (≈ *vorzeitig tun*) vorwegnehmen **4** *jemandem, einem Wunsch usw.*: zuvorkommen
anticipation [ænˌtɪsɪˈpeɪʃn] Erwartung
anticlimax [ˌæntɪˈklaɪmæks] Enttäuschung
anticlockwise [ˌæntɪˈklɒkwaɪz] *Br* entgegen dem (*oder* gegen den) Uhrzeigersinn
antics [ˈæntɪks] *pl* Mätzchen (*nicht* antik, Antike)
antidepressant [ˌæntɪdɪˈpresənt] Antidepressivum
antidote [ˈæntɪdəʊt] **1** Gegengift, Gegenmittel

(**for, against** gegen) ◪ *übertragen* Gegenmittel (**to** gegen)

antifreeze ['æntɪfriːz] Frostschutzmittel

antipathy [⚠ æn'tɪpəθɪ] Antipathie, Abneigung (**to, towards** gegen)

antiquated ['æntɪkweɪtɪd] veraltet, altmodisch

antique¹ [æn'tiːk] antik, alt

antique² [æn'tiːk] Antiquität (⚠ *die Antike* = **antiquity**)

antique dealer [æn'tiːk‿diːlə] Antiquitätenhändler(in)

antique shop [æn'tiːk‿ʃɒp] Antiquitätenladen

antiquity [æn'tɪkwətɪ] ◪ das Altertum, die Antike ◪ **antiquities** *pl* Altertümer (⚠ *Antiquität* = **antique**²)

anti-Semitic [ˌæntɪ‿sə'mɪtɪk] antisemitisch

anti-Semitism [⚠ ˌæntɪ'semətɪzm] Antisemitismus

antiseptic [ˌæntɪ'septɪk] *medizinisch*: antiseptisch

antisocial [ˌæntɪ'səʊʃl] ◪ *Verhalten usw.*: asozial ◪ *Mensch*: ungesellig ◪ *Miete usw.*: unsozial

anti-virus program [ˌæntɪ'vaɪrəs‿prəʊgræm] *Computer*: Virenschutzprogramm

anti-virus software [ˌæntɪ'vaɪrəs‿sɒftweə] *Computer*: Antivirensoftware

antler ['æntlə] (**a pair of**) **antlers** (ein) Geweih

antonym ['æntənɪm] Antonym (*Wort mit gegenteiliger Bedeutung*)

anvil ['ænvɪl] Amboss

anxiety [⚠ æŋ'zaɪətɪ] ◪ Angst, Sorge (**about, for** wegen, um) ◪ *Psychologie*: Beklemmung, Angstzustand

★**anxious** [⚠ 'æŋk∫əs] ◪ besorgt (**about, for** wegen, um) ◪ **I'm so anxious to meet him** ich bin so gespannt (*oder* ich freue mich darauf), ihn kennenzulernen ◪ **she was anxious to please him** sie bemühte sich sehr, es ihm recht zu machen

★**any** ['enɪ] ◪ *fragend, verneinend*: **has he got any money?** hat er Geld?; **he hasn't got any money** er hat kein Geld; **she likes grapes - do we have any?** sie isst gern Weintrauben - haben wir welche?; **any more questions?** noch weitere Fragen? ◪ *bejahend*: irgendein(e), jede(r, -s) beliebige; **at any time** jederzeit; **take any book on that subject** nimm jedes beliebige Buch zu dem Thema ◪ (noch) etwas; **any more?** noch (etwas) mehr?

★**anybody** ['enɪbɒdɪ] ◪ (irgend)jemand; **is anybody at home?** ist jemand zu Hause? ◪ jeder (beliebige); **anybody who can drive knows that** jeder, der Auto fahren kann, weiß das ◪ **hardly anybody knew him** es hat ihn kaum jemand gekannt; **isn't there anybody you can ask?** gibt es denn niemanden (*oder* keinen), den du fragen kannst?

anyhow ['enɪhaʊ] ◪ trotzdem; **they asked me not to go, but I went anyhow** sie baten mich, nicht hinzugehen, aber ich bin trotzdem hingegangen ◪ jedenfalls, wie dem auch sei; **anyhow, you're here now** jedenfalls bist du jetzt hier ◪ irgendwie; **she stuffed the things in the suitcase just anyhow** sie stopfte die Sachen völlig wahllos in den Koffer

★**anyone** ['enɪwʌn] → **anybody**

★**anything** ['enɪθɪŋ] ◪ (irgend)etwas; **isn't there anything I can do?** kann ich denn gar nichts tun?; **not for anything** um keinen Preis; **take anything you like** nimm, was du willst; **anything else?** sonst noch etwas? ◪ alles; **he'll believe anything you say** der glaubt dir doch alles; **she was anything but pleased** sie war alles andere als erfreut

★**anyway** ['enɪweɪ] → **anyhow**

★**anywhere** ['enɪweə] ◪ irgendwo(hin); **we didn't go anywhere last night** wir sind gestern Abend nirgendwo hingegangen; **hardly anywhere** fast nirgends ◪ überall; **you can get these batteries almost anywhere** man bekommt diese Batterien fast überall

apart [ə'pɑːt] ◪ auseinander; **they put the tables wide apart** sie stellten die Tische weit auseinander; **I can't tell the twins apart** ich kann die Zwillinge nicht auseinanderhalten ◪ getrennt; **live apart** getrennt leben ◪ **apart from a few mistakes** abgesehen von ein paar Fehlern; **everybody apart from her** alle außer ihr

★**apartment** [ə'pɑːtmənt] *US* Wohnung; → **flat**¹ *Br*

apartment house [ə'pɑːtmənt‿haʊs] *US* Mietshaus; → **block of flats** *Br*

apathetic [⚠ ˌæpə'θetɪk] apathisch, teilnahmslos, gleichgültig

apathy [⚠ 'æpəθɪ] Apathie, Teilnahmslosigkeit

ape [eɪp] (Menschen)Affe

apiece [ə'piːs] ◪ *Preis usw.*: pro Stück ◪ *beim Teilen*: pro Kopf, pro Person

★**apologize** [ə'pɒlədʒaɪz] sich entschuldigen (**for** für; **to** bei)

apology [ə'pɒlədʒɪ] Entschuldigung

apostle [⚠ ə'pɒsl] Apostel

apostrophe [⚠ ə'pɒstrəfɪ] Apostroph, Auslassungszeichen

app [æp] (*abk für* application) *Computer:* App
appal, *US* **appall** [▲ əˈpɔːl] **be appalled** entsetzt sein (**at, by** über)
appalling [▲ əˈpɔːlɪŋ] **1** *Verbrechen usw.:* entsetzlich **2** *umg; Essen usw.:* furchtbar, schrecklich
apparatus [ˌæpəˈreɪtəs] Apparat, Gerät; **a piece of apparatus** ein Gerät
apparent [əˈpærənt] **1** offensichtlich; **for no apparent reason** ohne ersichtlichen Grund **2** (≈ *nur dem Schein nach*) scheinbar
apparently [əˈpærəntlɪ] anscheinend
apparition [ˌæpəˈrɪʃn] *von Gespenst usw.:* Erscheinung
appeal¹ [əˈpiːl] **1 appeal to someone for something** jemanden (dringend) um etwas bitten **2 the idea doesn't appeal to me** die Idee gefällt mir nicht **3** *Recht:* Berufung (*oder* Revision) einlegen
appeal² [əˈpiːl] **1** Anziehungskraft, Reiz **2** Appell, dringende Bitte **3** *Recht:* Berufung, Revision
appealing [əˈpiːlɪŋ] **1** *Idee usw.:* reizvoll, verlockend **2** *Eigenschaften, Charakter usw.:* ansprechend **3** *Blick usw.:* flehend
★**appear** [əˈpɪə] **1** (≈ *sichtbar werden*) erscheinen **2** *unvermutet:* auftauchen **3** *im Fernsehen usw.:* auftreten **4** (≈ *sich darstellen*) (er)scheinen; **it appears to be all right** es scheint in Ordnung zu sein; **he appeared quite calm** er war äußerlich ganz ruhig **5** (*Buch*) erscheinen, herauskommen
★**appearance** [əˈpɪərəns] **1** Erscheinen; **put in an appearance** sich kurz sehen lassen **2** Auftreten; **make a public appearance** in der Öffentlichkeit auftreten **3** (äußere) Erscheinung, Aussehen, Äußeres **4** *mst.* **appearances** *pl* Anschein, (äußerer) Schein; **to all appearances** allem Anschein nach; **appearances are deceptive** der Schein trügt; **keep up appearances** den Schein wahren
appease [əˈpiːz] besänftigen, beschwichtigen (*Wut, Unzufriedenheit usw.*)
appendicitis [əˌpendɪˈsaɪtɪs] *medizinisch:* Blinddarmentzündung
appendix [əˈpendɪks] *pl* **appendixes** *oder* **appendices** [əˈpendɪsiːz] **1** *Körper:* Blinddarm **2** Anhang (*eines Buchs*)
★**appetite** [ˈæpɪtaɪt] Appetit (**for** auf); **she only had a small appetite** sie hatte nur wenig Appetit
appetizer [ˈæpɪtaɪzə] **1** (kleine) Vorspeise, Appetithappen **2** *Getränk:* Aperitif

appetizing [ˈæpɪtaɪzɪŋ] *Speise, Geruch:* appetitanregend, lecker
applaud [əˈplɔːd] applaudieren, Beifall spenden
applause [əˈplɔːz] Applaus, Beifall
★**apple** [ˈæpl] Apfel; **apple juice** Apfelsaft
apple pie [ˌæplˈpaɪ] gedeckter Apfelkuchen
apple sauce [ˌæplˈsɔːs] Apfelmus
appliance [əˈplaɪəns] Gerät
applicable [əˈplɪkəbl] **1** anwendbar (**to** auf) **2** *in Formularen:* **not applicable** entfällt; **tick** (*US* **check**) **where applicable** Zutreffendes bitte ankreuzen
applicant [ˈæplɪkənt] **1** *für Stelle:* Bewerber(in) (**for** um); **applicant profile** Bewerberprofil **2** *für Darlehen:* Antragsteller(in) (**for** auf)
★**application** [ˌæplɪˈkeɪʃn] **1** *für Stelle usw.:* Bewerbung; (**letter of**) **application** Bewerbungsschreiben **2** *von Regeln, Techniken usw.:* Anwendung **3** *von Salbe, Farbe usw.:* Auftragen **4** *für Darlehen:* Antrag (**for** auf) **5** Fleiß **6** *Computer:* Anwendung, Anwendungsprogramm
application deadline [ˌæplɪˈkeɪʃnˌdedlaɪn] Bewerbungsfrist
application documents [ˌæplɪˈkeɪʃnˌdɒkjəmənts] *pl für Job:* Bewerbungsmappe
application form [ˌæplɪˈkeɪʃn ˈfɔːm] **1** Antragsformular **2** *für Job:* Bewerbungsformular
application video [ˌæplɪˈkeɪʃnˌvɪdɪəʊ] Bewerbungsvideo
applied [əˈplaɪd] *Wissenschaft:* angewandt
★**apply** [əˈplaɪ], **applied** [əˈplaɪd], **applied** [əˈplaɪd]; *-ing-Form* **applying** **1** sich bewerben (**for** um); **apply to someone for something** *für Job, Stipendium:* sich bei jemandem um etwas bewerben; **apply within** Anfragen im Laden; **she has applied to college** sie hat sich um einen Studienplatz beworben **2 apply for something** etwas beantragen (*Zuschuss, Ermäßigung usw.*) **3** anwenden (*Kraft, Fähigkeiten usw.*) (**to** auf) **4** betätigen (*Bremse usw.*) **5** auftragen (*Salbe, Farbe usw.*) (**to** auf) **6** anlegen (*Verband*) **7** (*Theorie, Beschreibung usw.*) zutreffen, sich anwenden lassen (**to** auf); **apply oneself** (**to something**) sich (bei etwas) anstrengen; **that term can be applied to many things** dieser Begriff trifft auf viele Dinge zu
★**appoint** [əˈpɔɪnt] **1** einstellen (*Lehrer, Sekretärin usw.*) (**as** als) **2** ernennen, berufen; **he was appointed chairman** er wurde zum Vorsitzenden ernannt **3** festsetzen, bestimmen (*Termin, Zeitpunkt*)
★**appointment** [əˈpɔɪntmənt] **1** *geschäftlich,*

beim Arzt usw.: Termin; **make an appointment** einen Termin vereinbaren ❷ Ernennung, Berufung (**as** zum, zur)

appreciate [əˈpriːʃieɪt] ❶ zu schätzen wissen, anerkennen (*jemandes Fähigkeiten usw.*) ❷ dankbar sein für (*jemandes Hilfsbereitschaft usw.*) ❸ Sinn haben für (*Musik usw.*) ❹ sich bewusst sein (*eines Problems usw.*) ❺ verstehen, Verständnis haben für (*jemandes Handlungsweise usw.*)

appreciation [ə.priːʃiˈeɪʃn] ❶ Würdigung, Anerkennung ❷ Dankbarkeit (**of** für); **in appreciation of your help** zum Dank für Ihre Hilfe ❸ Sinn (**of** für) ❹ Verständnis (**of** für)

apprehension [.æprɪˈhenʃn] Besorgnis

apprehensive [.æprɪˈhensɪv] besorgt (**for** um; **that** dass); **be apprehensive that** befürchten, dass

★**apprentice**[1] [əˈprentɪs] ❶ Auszubildende(r), Lehrling, Ⓐ *Frau*: Lehrtochter ❷ **apprentice plumber** *usw.* Klempnerlehrling *usw.*

★**apprentice**[2] [əˈprentɪs] **be apprenticed to someone** bei jemandem in die Lehre gehen

apprenticeship [əˈprentɪsʃɪp] ❶ Lehre, Ausbildung; **do an apprenticeship** eine Lehre machen; **serve one's apprenticeship** seine Lehre absolvieren ❷ Lehrstelle

★**approach**[1] [əˈprəʊtʃ] ❶ sich nähern ❷ **approach someone** an jemanden herantreten, sich an jemanden wenden ❸ (*Flugzeug*) anfliegen ❹ **he's approaching 50** er geht auf die 50 zu

★**approach**[2] [əˈprəʊtʃ] ❶ (Heran)Nahen, Näherkommen ❷ *Flugzeug*: Anflug ❸ *zu einer Problemlösung*: Ansatz, Methode

approach road [əˈprəʊtʃ‿rəʊd] Zufahrtsstraße

appropriate[1] [əˈprəʊprɪət] passend, geeignet (**for, to** für)

appropriate[2] [əˈprəʊprɪeɪt] sich aneignen

approval [▲əˈpruːvl] ❶ Anerkennung, Beifall; **meet with approval** Beifall finden ❷ Genehmigung ❸ **on approval** *bei Warenbestellung*: zur Ansicht

★**approve** [▲əˈpruːv] ❶ einverstanden sein (**of** mit), zustimmen; **I don't approve of ...** ich halte nichts von ... ❷ genehmigen (*Pläne, Ausgaben usw.*) ❸ billigen (*Verhalten, Ansicht usw.*)

approx. *schriftliche abk für* → approximately

approximate [əˈprɒksɪmət] *Zahlen, Mengen usw.*: annähernd, ungefähr

approximately [əˈprɒksɪmətlɪ] *bei Zahlen, Mengen usw.*: ungefähr, etwa, circa

approximation [ə.prɒksɪˈmeɪʃn] Annäherung (**to** an)

apricot [ˈeɪprɪkɒt] Aprikose, Ⓐ Marille

★**April** [ˈeɪprəl] April; **in April** im April

April Fools' Day [.eɪprəlˈfuːlz‿deɪ] der 1. April

apron [ˈeɪprən] Schürze

apt [æpt] ❶ *Bemerkung usw.*: treffend ❷ *Geschenk usw.*: passend ❸ **be apt to do something** dazu neigen, etwas zu tun

aptitude [ˈæptɪtjuːd] Begabung (**for** für)

aptitude test [ˈæptɪtjuːd‿test] Eignungsprüfung

aquaerobics [.ækweəˈrəʊbɪks] *Sport*: Wasseraerobic

aqualung [ˈækwəlʌŋ] Atemgerät, Sauerstoffgerät (*beim Tauchen*)

aquarium [əˈkweərɪəm] *pl* aquariums *oder* aquaria [əˈkweərɪə] Aquarium

Aquarius [əˈkweərɪəs] *Sternzeichen*: Wassermann

aquatic [əˈkwætɪk] ❶ Wasser...; **aquatic sports** *pl* Wassersport ❷ *Pflanzen, Tiere usw.*: im Wasser lebend

★**Arab** [ˈærəb] Araber(in)

★**Arabia** [əˈreɪbɪə] Arabien

Arabian [əˈreɪbɪən] arabisch; **The Arabian Nights** *Märchen*: Tausendundeine Nacht

★**Arabic**[1] [▲ˈærəbɪk] arabisch

Arabic[2] [▲ˈærəbɪk] *Sprache*: Arabisch

arable [ˈærəbl] **arable land** Ackerland

arbitrary [ˈɑːbɪtrərɪ] *oft abwertend* willkürlich (*auch bei Machtmissbrauch usw.*)

arbitrate [ˈɑːbɪtreɪt] schlichten (*Streit usw.*)

arbitration [.ɑːbɪˈtreɪʃn] Schlichtung; **court of arbitration** Schiedsgericht; **go to arbitration** vor eine Schlichtungskommission gehen

arc [ɑːk] ❶ *Linie*: Bogen ❷ Lichtbogen

arcade [ɑːˈkeɪd] Arkade; **shopping arcade** Einkaufspassage

★**arch**[1] [ɑːtʃ] ❶ *Architektur*: Bogen ❷ *des Fußes usw.*: Wölbung

arch[2] [ɑːtʃ] beugen, krümmen; **the cat arched its back** die Katze machte einen Buckel

arch... [ɑːtʃ] *in Zusammensetzungen*: Erz...

archaeologist [▲.ɑːkɪˈɒlədʒɪst] *Br* Archäologe, Archäologin

archaeology [.ɑːkɪˈɒlədʒɪ] *Br* Archäologie

archaic [▲ɑːˈkeɪɪk] veraltet

archangel [▲ˈɑːk.eɪndʒəl] Erzengel

archbishop [.ɑːtʃˈbɪʃəp] Erzbischof

archeologist [▲.ɑːkɪˈɒlədʒɪst] *US* Archäologe, Archäologin

archeology [▲ ˌɑːkɪˈɒlədʒɪ] US Archäologie
archer [ˈɑːtʃə] Bogenschütze, Bogenschützin
architect [▲ ˈɑːkɪtekt] **1** Architekt(in) **2** übertragen Urheber(in), Schöpfer(in)
architecture [▲ ˈɑːkɪtektʃə] Architektur
archives [▲ ˈɑːkaɪvz] pl Archiv
archway [ˈɑːtʃweɪ] **1** zwischen Zimmern: Türbogen **2** durch ein Gebäude: Torbogen
arctic [ˈɑːktɪk] arktisch, Polar...; **Arctic Ocean** Nördliches Eismeer
Arctic [ˈɑːktɪk] **the Arctic** die Arktis
ardent [ˈɑːdnt] Verehrer, Bewunderer usw.: leidenschaftlich, glühend
arduous [ˈɑːdjʊəs] mühsam, anstrengend
are [ə, betont ɑː] **we are** wir sind; **you are** ihr seid; **they are** sie sind
★**area** [ˈeərɪə] **1** (Grund)Fläche; **20 sq metres in area** Br, **20 sq meters in area** US eine Fläche von 20 Quadratmetern **2** Gebiet, Gegend; **in the area** in der Nähe; **I'm new to the area** ich bin neu hier; **in the London area** im Londoner Raum; **protected area** Schutzgebiet; **dining/sleeping area** Ess-/Schlafbereich; **no smoking area** Nichtraucherzone; **a mountainous area** eine bergige Gegend; **the infected areas of the lungs** die befallenen Teile der Lunge **3** Sachgebiet usw.: Bereich; **his area of responsibility** sein Verantwortungsbereich; **area of interest** Interessengebiet
area code [ˈeərɪə ˌkəʊd] US Vorwahl; → **dialling code** Br
arena [əˈriːnə] Arena
aren't [ɑːnt] **1** Kurzform von **are not 2** Kurzform von **am not**; **I'm your friend, aren't I?** ich bin doch dein Freund, oder?
★**Argentina** [ˌɑːdʒənˈtiːnə] Argentinien
★**Argentinian**[1] [ˌɑːdʒənˈtɪnɪən] argentinisch
★**Argentinian**[2] [ˌɑːdʒənˈtɪnɪən] Argentinier(in)
arguable [ˈɑːgjʊəbl] **1** zweifelhaft, fraglich **2** **it's arguable that** man kann durchaus die Meinung vertreten, dass
★**argue** [ˈɑːgjuː] **1** streiten (**with** mit; **about** über); **stop arguing!** hört auf, euch zu streiten! **2** argumentieren; **argue for** eintreten für; **argue against** Einwände machen gegen
★**argument** [ˈɑːgjʊmənt] **1** Streit, Auseinandersetzung; **have an argument** sich streiten **2** Argument **3** **I don't want any arguments** ich will keine Diskussion
aria [ˈɑːrɪə] Arie
arid [ˈærɪd] Land: dürr, trocken
Aries [▲ ˈeəriːz] Sternzeichen: Widder
arise [əˈraɪz], **arose** [əˈrəʊz], **arisen** [əˈrɪzn] **1** sich ergeben, entstehen; **arise from** (oder **out of**) **something** sich aus etwas ergeben **2** (Gedanke, Zweifel, Verdacht) aufkommen
arisen [əˈrɪzn] 3. Form von → **arise**
aristocracy [ˌærɪˈstɒkrəsɪ] Aristokratie
aristocrat [▲ ˈærɪstəkræt] Aristokrat(in)
aristocratic [ˌærɪstəˈkrætɪk] aristokratisch
arithmetic [▲ əˈrɪθmətɪk] Rechnen, Arithmetik
ark [ɑːk] **Noah's Ark** die Arche Noah
★**arm**[1] [ɑːm] **1** Arm **2** **keep someone at arm's length** übertragen sich jemanden vom Leibe halten **3** von Kleidungsstück: Ärmel **4** eines Sessels: Armlehne
★**arm**[2] [ɑːm] (sich) bewaffnen, rüsten
armament [ˈɑːməmənt] Rüstung, Aufrüstung
★**armchair** [ˈɑːmtʃeə] Sessel
★**armed** [ɑːmd] bewaffnet; **armed robbery** bewaffneter Raubüberfall; **armed to the teeth** bis an die Zähne bewaffnet
armed forces [ˌɑːmdˈfɔːsɪz] pl Streitkräfte
armistice [ˈɑːmɪstɪs] Waffenstillstand
armour [ˈɑːmə], US **armor** **1** der Ritter: Rüstung **2** von Tieren, Fahrzeugen: Panzer
armoured [ˈɑːməd], US **armored** Fahrzeug: gepanzert (für Geldtransporte usw.)
armpit [ˈɑːmpɪt] Achselhöhle
armrest [ˈɑːmrest] Armlehne
★**arms** [ɑːmz] pl **1** für Kampf: Waffen **2** **be up in arms** übertragen empört sein (**about**, **over** wegen) **3** als Symbol: Wappen
arms control [ˈɑːmz kənˌtrəʊl] Rüstungskontrolle
arms race [ˈɑːmz ˌreɪs] Wettrüsten, Rüstungswettlauf
★**army** [ˈɑːmɪ] Armee, Heer; **be in the army** Soldat sein; **join the army** Soldat werden
A-road [ˈeɪrəʊd] Br; etwa: Bundesstraße
aroma [əˈrəʊmə] (≈ Geruch) Geruch, Duft
aromatherapy [əˌrəʊməˈθerəpɪ] Aromatherapie
arose [əˈrəʊz] 2. Form von → **arise**
★**around** [əˈraʊnd] **1** umher, herum; **look around** sich umsehen **2** um, um ... herum; **he had a scarf wrapped around his neck** er hatte einen Schal um seinen Hals gebunden **3** in ... herum; **walk around the garden** im Garten herumgehen; **he's been around** umg er ist ganz schön herumgekommen **4** **around the clock** rund um die Uhr **5** **all around** ringsherum **6** umg ungefähr; **it costs around five pounds** es kostet so um die fünf Pfund; **around two o'clock** so gegen zwei Uhr **7** umg in der Nähe, da, hier; **is she around?** ist

sie da?

arouse [əˈraʊz] **1** wecken **2** übertragen erregen (*Misstrauen, Begierde usw.*)

★**arrange** [əˈreɪndʒ] **1** alphabetisch usw.: (an)ordnen **2** hinstellen, aufstellen (*Bücher, Stühle usw.*) **3** arrangieren (*Blumen*) **4** organisieren (*Ausflug, Flucht, Urlaub usw.*) **5** festsetzen, festlegen (*Termin usw.*); **I'll arrange an appointment** ich mache einen Termin aus **6** verabreden, vereinbaren (*Treffen usw.*); **a meeting has been arranged for next month** nächsten Monat ist ein Treffen angesetzt; **I'll arrange for him to meet you** ich werde dafür sorgen, dass er Sie trifft; **I've arranged for her to pick us up** ich habe mit ihr abgemacht, dass sie uns abholt; **an arranged marriage** eine arrangierte Ehe; **if you could arrange to be there at five** wenn du es so einrichten kannst, dass du um fünf Uhr da bist **7** in die Wege leiten, arrangieren (*Hilfsaktion usw.*) **8** arrangieren, bearbeiten (*Musikstück*)

arrangement [əˈreɪndʒmənt] **1** (*von Stühlen, Blumen usw.*) Anordnung **2** (*von Urlaub, Flucht usw.*) Organisation **3** zeitlich: Verabredung, Vereinbarung; **by arrangement** nach Vereinbarung (*oder* Absprache); **make an arrangement** eine Verabredung treffen (**with** mit) **4** Musik: Arrangement, Bearbeitung **5** **arrangements** pl Vorkehrungen; **make arrangements** Vorkehrungen treffen

array [əˈreɪ] *von Gegenständen*: Ansammlung, (stattliche) Reihe

arrears [əˈrɪəz] pl **be in arrears** im Rückstand (*oder* Verzug) sein (*mit der Miete usw.*)

★**arrest¹** [əˈrest] verhaften, festnehmen

★**arrest²** [əˈrest] Verhaftung, Festnahme; **be under arrest** verhaftet sein

★**arrival** [əˈraɪvl] **1** Ankunft; **on arrival** bei Ankunft; **arrivals** pl, auf Fahrplan, im Flughafen: Ankunft **2** **new arrival** Neuankömmling, neues Gesicht; **a new arrival (to the family)** Familienzuwachs

★**arrive** [əˈraɪv] (an)kommen

PHRASAL VERBS

arrive at [əˈraɪv ət] kommen (*oder* gelangen) zu (*einer Entscheidung usw.*)

---

arrogance [ˈærəɡəns] Arroganz, Überheblichkeit

arrogant [ˈærəɡənt] arrogant, überheblich

★**arrow** [ˈærəʊ] Pfeil

arrow key [ˈærəʊ ˌkiː] *auf Tastatur*: Pfeiltaste

arse [ɑːs] Br, tabu Arsch; → ass US

arsehole [ˈɑːshəʊl] Br, tabu Arschloch; → asshole US

arson [ˈɑːsn] Brandstiftung

arsonist [ˈɑːsnɪst] Brandstifter(in)

★**art** [ɑːt] **1** Kunst (*auch als Fach*); **work of art** Kunstwerk; **arts and crafts** pl Kunstgewerbe **2** **arts** pl Universität: Geisteswissenschaften

artefact, **artifact** [ˈɑːtɪfækt] Archäologie: (Kunst)Gegenstand, Artefakt

art form [ˈɑːt ˌfɔːm] Kunstform

art gallery [ˈɑːtˌɡæləri] Kunstgalerie

artery [ˈɑːtəri] Arterie, Schlagader

arthritis [ɑːˈθraɪtɪs] Arthritis

artichoke [⚠ ˈɑːtɪtʃəʊk] Artischocke

★**article** [ˈɑːtɪkl] **1** in Zeitung usw.: Artikel **2** Kleidung, Möbel usw.: Gegenstand, Artikel; **article of clothing** Kleidungsstück **3** Sprache: Artikel, Geschlechtswort **4** eines Gesetzes usw.: Artikel, Paragraf

articulate¹ [ɑːˈtɪkjʊlət] redegewandt

articulate² [ɑːˈtɪkjʊleɪt] **1** deutlich (aus)sprechen **2** in Worte fassen, ausdrücken (*Gedanken usw.*)

articulated lorry [ɑːˌtɪkjʊleɪtɪdˈlɒri] Br Sattelschlepper; → **semi**

artifice [ˈɑːtɪfɪs] **1** List **2** Kunstgriff, Kniff

★**artificial** [ˌɑːtɪˈfɪʃl] **1** Blume, Beatmung, Befruchtung usw.: künstlich **2** Seide, Haar, Dünger usw.: Kunst… **3** Lächeln usw.: gekünstelt; **you're so artificial** du bist nicht echt

artificial intelligence [ɑːtɪˌfɪʃlˌɪnˈtelɪdʒəns] künstliche Intelligenz

artisan [⚠ ˌɑːtɪˈzæn] (Kunst)Handwerker(in)

★**artist** [ˈɑːtɪst] Künstler(in) (⚠ *Artist* = [**circus** *oder* **variety**] **performer**)

artistic [ɑːˈtɪstɪk] **1** Gestaltung, Form, Wert usw.: künstlerisch, Kunst… **2** künstlerisch veranlagt

★**as** [əz, betont æz] **1** bei Vergleichen: so; **as … as …** (genau)so … wie …; **as fast as I could** so schnell ich konnte; **as soon as possible** so bald wie möglich; **as far as I know** soviel ich weiß; **(as) soft as butter** butterweich; **just as good** genauso gut; **twice as big** zweimal so groß; **as if** als ob **2** bei Funktion usw.: als; **use something as a tool** etwas als Werkzeug benutzen; **work as a teacher** als Lehrer arbeiten; **appear as Hamlet** als Hamlet auftreten **3** bei Beispielen: **famous pop groups such as …** berühmte Popgruppen wie … **4** (so) wie; **as follows** wie folgt; **as requested** wunschgemäß **5** zeitlich: als, während; **as he was teaching** als er unterrichtete **6** Begründung: da, weil; **as he's late again, we'll start without him** da er wieder zu spät kommt, fangen wir ohne ihn an **7** was, wie; **as he himself admits** wie er selbst zugibt **8** **impossible as it seems, ...** so unmöglich es auch erscheint, ... **9** **as to ...** was ... (an)betrifft; **as for ...** oft im negativen Sinn: und was ... angeht; **as from ...** vor Zeitangaben: von ... an, ab ... **10** **as it is** wie die Dinge liegen; **it's bad enough as it is** es ist sowieso schon schlimm genug; **as it were** sozusagen

asap [,eɪeseɪˈpiː] (abk für as soon as possible) möglichst bald

ASBO [ˈæzbəʊ] (abk für antisocial behaviour order) Br Platzverbot

ascend [əˈsend] oft förmlich **1** (auf)steigen, ansteigen **2** besteigen (den Thron)

Ascension Day [əˈsenʃn_deɪ] Himmelfahrt, Himmelfahrtstag

ascent [əˈsent] **1** eines Bergs: Aufstieg, Besteigung **2** steile Stelle: Steigung

ascertain [,æsəˈteɪn] ermitteln, feststellen

ascetic [əˈsetɪk] asketisch

―――――――――――――――― PHRASAL VERBS
ascribe to [əˈskraɪb_tə] **ascribe something to someone** (oder **something**) jemandem (oder etwas) etwas zuschreiben
――――――――――――――――

ash¹ [æʃ] oft **ashes** pl Asche

ash² [æʃ] **1** Baum: Esche **2** Eschenholz

ashamed [əˈʃeɪmd] beschämt; **be** (oder **feel**) **ashamed** sich schämen (**of** für)

ashen [ˈæʃn], **ashen-faced** [ˈæʃnfeɪst] aschfahl, kreidebleich

ashore [əˈʃɔː] **go ashore** an Land gehen

★**ashtray** [ˈæʃtreɪ] Aschenbecher

Ash Wednesday [,æʃˈwenzdeɪ] Aschermittwoch

★**Asia** [ˈeɪʃə] Asien

Asia Minor [,eɪʃəˈmaɪnə] Kleinasien

★**Asian**¹ [ˈeɪʃn] **1** asiatisch **2** Br indopakistanisch

★**Asian**² [ˈeɪʃn] **1** Asiat(in) **2** Br Indopakistaner(in)

Asian-American¹ [,eɪʃn_əˈmerɪkən] asiatisch-amerikanisch

Asian-American² [,eɪʃn_əˈmerɪkən] Asia-Amerikaner(in), Amerikaner(in) asiatischer Herkunft

Asiatic [,eɪʃɪˈætɪk] asiatisch

★**aside** [əˈsaɪd] **1** zur Seite, beiseite **2** **aside from** bes. US abgesehen von

★**ask** [ɑːsk] **1** allg.: fragen; **ask about someone** (oder **something**) sich nach jemandem (oder etwas) erkundigen; **don't ask me!** keine Ahnung!; **you may well ask!** das ist eine gute Frage! **2** fragen nach, sich erkundigen nach (dem Weg usw.); **he asked (me) my name** er fragte nach meinem Namen **3** bitten (um); **ask (someone) for something** (jemanden) um etwas bitten; **can I ask you a favour?** kann ich dich um einen Gefallen bitten?; **it's yours for the asking** du kannst es gerne haben **4** fordern (**of** von); **that's asking too much** das ist zu viel verlangt **5** einladen; **ask someone to dinner** jemanden zum Essen einladen

―――――――――――――――― PHRASAL VERBS
ask after [ˈɑːsk,ɑːftə] **ask after someone** sich nach jemandem erkundigen

ask around [,ɑːsk_əˈraʊnd] herumfragen, sich umhören

ask for [ˈɑːsk_fə] **1** bitten um **2** **you asked for it** du hast es ja nicht anders gewollt; **that was asking for trouble** das musste ja schiefgehen

ask in [,ɑːskˈɪn] hereinbitten

ask out [,ɑːskˈaʊt] einladen, ausführen (in ein Lokal usw.)
――――――――――――――――

askance [əˈskæns] **look askance at someone** jemanden von der Seite ansehen; übertragen jemanden misstrauisch ansehen

askew [əˈskjuː] schief

asleep [əˈsliːp] **be asleep** schlafen; **fall asleep** einschlafen

asparagus [əˈspærəgəs] Spargel

aspect [ˈæspekt] Aspekt, Blickwinkel

aspen [ˈæspən] Baum: Espe

asphalt [ˈæsfælt] Asphalt

aspic [ˈæspɪk] Aspik, Gelee

aspiration [,æspəˈreɪʃn] Ambition, Streben

aspire [əˈspaɪə] streben, trachten (**to, after** nach)

Aspirin® [ˈæsprɪn] pl Aspirin oder Aspirins Aspirin®

ass [æs] US, tabu Arsch; → **arse** Br

assail [əˈseɪl] **1** angreifen **2** übertragen bestürmen (mit Fragen usw.); **assailed by doubts** von Zweifeln gepackt

assassin [əˈsæsɪn] Attentäter(in)

assassinate [əˈsæsɪneɪt] ermorden; **be assassinated** einem Attentat zum Opfer fallen

★**assassination** [ə,sæsɪˈneɪʃn] (politischer) Mord, Ermordung, Attentat

assault¹ [əˈsɔːlt] **1** Angriff (auch übertragen) **2** Recht: Körperverletzung **3** militärisch: Sturm (angriff)

assault[2] [əˈsɔːlt] **1** angreifen (*auch übertragen*) **2** *Recht*: tätlich werden gegen, herfallen über

assemble [əˈsembl] **1** sich versammeln **2** *Technik*: montieren, zusammensetzen, zusammenbauen **3** zusammenstellen (*Mannschaft*)

assembly [əˈsemblɪ] **1** *mst. politisch*: Versammlung **2** Morgenappell (*morgendliche Zusammenkunft von Schülern und Lehrern einer Schule*) **3** *Technik*: Montage

assembly line [əˈsemblɪ_laɪn] Montageband; **work on the assembly line** am Montageband arbeiten

assent[1] [əˈsent] zustimmen

assent[2] [əˈsent] Zustimmung

assert [əˈsɜːt] **1** behaupten **2** beteuern (*Unschuld*) **3** geltend machen (*Anspruch usw.*) **4** **assert oneself** sich (im Leben) durchsetzen

assertion [əˈsɜːʃn] **1** Behauptung **2** Beteuerung **3** Geltendmachung

assess [əˈses] **1** abschätzen, beurteilen **2** schätzen, taxieren (*Wert*) **3** festsetzen (*Strafe, Steuer*) **4** (steuerlich) veranlagen (*Einkommen usw.*)

assessment [əˈsesmənt] **1** Abschätzung, Einschätzung, Beurteilung; **what's your assessment of the situation?** wie sehen (*oder* beurteilen) Sie die Lage? **2** Schätzung, Taxierung **3** Festsetzung **4** *steuerlich*: Veranlagung

asset [ˈæset] **1** *in der Bilanz*: Aktivposten; **assets** *pl* Vermögen, *in der Bilanz* Aktiva **2** *bei Person, Eigenschaft*: Plus, Vorzug; **he is one of our great assets** er ist einer unserer besten Leute

asshole [ˈæshəʊl] *US, tabu* Arschloch; → **arsehole** *Br*

assiduous [əˈsɪdjʊəs] *Student, Nachforschungen usw.*: fleißig und gewissenhaft

assign [əˈsaɪn] **1** **assign someone a job, assign a job to someone** jemandem eine Aufgabe zuweisen **2** festsetzen (*Zeitpunkt usw.*)

assignment [əˈsaɪnmənt] **1** Aufgabe, Auftrag; **be on (an) assignment** einen Auftrag haben **2** *Schule*: Referat, Arbeit

assimilate [əˈsɪməleɪt] **1** aufnehmen (*Wissen*) **2** sich angleichen (**to, with** an) **3** *in eine Gemeinschaft*: aufnehmen

assimilation [əˌsɪməˈleɪʃən] **1** Aufnahme (*von Wissen*) **2** Angleichung **3** Aufnahme (*in eine Gemeinschaft*)

assist [əˈsɪst] **1** helfen (**in, with** bei) **2** *bei Operation usw.*: assistieren (**in** bei)

assistance [əˈsɪstəns] Hilfe

assistant[1] [əˈsɪstənt] stellvertretend; **assistant editor** Redaktionsassistent(in); **assistant manager** stellvertretende(r) Geschäftsführer(in)

assistant[2] [əˈsɪstənt] **1** Assistent(in), Mitarbeiter(in) **2** **(shop) assistant** *Br* Verkäufer(in); → **salesclerk** *US*

associate[1] [əˈsəʊʃɪeɪt] **1** assoziieren, (gedanklich) verbinden (**with** mit) **2** verkehren (**with** mit)

associate[2] [⚠ əˈsəʊʃɪət] Teilhaber(in), Gesellschafter(in)

association [əˌsəʊsɪˈeɪʃn] **1** *Sport usw.*: Verein, Verband **2** *zu Geschäftspartnern usw.*: Verbindung, Kontakt **3** *übertragen* Gedankenverbindung, Assoziation

assorted [əˈsɔːtɪd] *Bonbons, Kekse usw.*: gemischt

assortment [əˈsɔːtmənt] Sortiment, Auswahl (**of** an)

assume [əˈsjuːm] **1** annehmen, voraussetzen; **assuming that** angenommen (*oder* vorausgesetzt) dass **2** übernehmen (*Amt, Verantwortung usw.*) **3** annehmen (*Eigenschaft, Gestalt usw.*)

assumption [⚠ əˈsʌmpʃn] Annahme, Voraussetzung; **on the assumption that** in der Annahme (*oder* unter der Voraussetzung), dass

assurance [əˈʃʊərəns] **1** Zusicherung **2** Selbstsicherheit **3** **life assurance** *Br* Lebensversicherung

assure [əˈʃɔː] versichern; **I can assure you (that) it's true** ich kann dir versichern, dass es wahr ist; **assure someone of something** jemandem etwas zusichern

assured [əˈʃɔːd] **1** selbstsicher **2** *Zukunft*: gesichert **3** **(you can) rest assured that** Sie können sich darauf verlassen, dass

asterisk [ˈæstərɪsk] *Hinweis auf Fußnote*: Sternchen (*Zeichen* *)

asthma [⚠ ˈæsmə] Asthma

asthma attack [⚠ ˈæsmə_əˌtæk] Asthmaanfall

asthmatic[1] [⚠ æsˈmætɪk] Asthmatiker(in)

asthmatic[2] [⚠ æsˈmætɪk] **be asthmatic** Asthma haben

★**astonish** [əˈstɒnɪʃ] in Erstaunen setzen; **be astonished** erstaunt sein (**at** über)

astonishing [əˈstɒnɪʃɪŋ] erstaunlich

astonishment [əˈstɒnɪʃmənt] Erstaunen, Verwunderung; **to our astonishment** zu unserer Verwunderung

astound [əˈstaʊnd] (*etwas Unerwartetes usw.*) verblüffen, in Erstaunen versetzen

astounding [əˈstaʊndɪŋ] verblüffend

astray [əˈstreɪ] **1** **go astray** *übertragen* auf

Abwege geraten **2** **lead someone astray** *übertragen* jemanden vom rechten Weg abbringen

astride [əˈstraɪd] rittlings (*sitzen*)

astrology [▲əˈstrɒlədʒɪ] Astrologie

★**astronaut** [ˈæstrənɔːt] Astronaut(in)

astronomy [▲əˈstrɒnəmɪ] Astronomie

astrophysics [ˌæstrəʊˈfɪzɪks] (▲*im sg verwendet*) Astrophysik

astute [əˈstjuːt] schlau, gerissen

asylum [əˈsaɪləm] (*politisches*) Asyl

asylum seeker [əˈsaɪləmˌsiːkə] Asylbewerber(in)

★**at** [ət, *betont:* æt] **1** *Ort:* in, an, bei, auf; **at school** in der Schule; **at her birthday party** auf ihrer Geburtstagsparty; **I met him at the baker's** ich traf ihn beim Bäcker; **I was standing at the door** ich stand an der Tür **2** *Richtung:* auf, nach, gegen; **he threw a stone at the door** er warf einen Stein gegen die Tür **3** *Uhrzeit:* um; **at two o'clock** um zwei Uhr; **at the moment** im Moment **4** *Zeitpunkt:* **at the age of 10** im Alter von 10 Jahren; **at his death** bei seinem Tod **5** *Zeitraum:* in, bei, während; **at night** nachts; **at work** bei der Arbeit **6** *Maßeinheiten:* **at full speed** mit voller Geschwindigkeit; **at a low price** zu einem niedrigen Preis **7** *Ursache:* über; **they laughed at me** sie haben über mich gelacht **8** *Beschäftigung, Begabung:* in, bei; **she's good at knitting** sie kann gut stricken

ate [et, *bes. US* eɪt] 2. *Form von* → eat

atheism [ˈeɪθɪɪzm] Atheismus

★**atheist** [ˈeɪθɪɪst] Atheist(in)

Athens [ˈæθɪnz] Athen

★**athlete** [ˈæθliːt] **1** Athlet(in) **2** Leichtathlet(in) **3** Sportler(in)

athlete's foot [ˌæθliːtsˈfʊt] Fußpilz

athletic [æθˈletɪk] sportlich, athletisch

athletics [æθˈletɪks] *pl* (*auch als sg gebraucht*) *Br* Leichtathletik; → **track and field** *US*

Atlantic [ətˈlæntɪk], **Atlantic Ocean** [ətˌlæntɪkˈəʊʃn] Atlantik

atlas [ˈætləs] Atlas

ATM [ˌeɪtiːˈem] (*abk für* automated teller machine) *US* Geldautomat

atmosphere [ˈætməsfɪə] Atmosphäre

atom [ˈætəm] Atom

atom bomb [ˈætəmˌbɒm] Atombombe

atomic [əˈtɒmɪk] atomar, Atom...

atomic bomb [əˌtɒmɪkˈbɒm] Atombombe

atomic energy [əˌtɒmɪkˈenədʒɪ] Atomenergie

atomizer [ˈætəmaɪzə] Zerstäuber

atrocious [əˈtrəʊʃəs] **1** *Verbrechen usw.:* grauenhaft **2** *umg; Essen, Manieren usw.:* scheußlich, grässlich

atrocity [▲əˈtrɒsətɪ] **1** *eines Verbrechens:* Grausamkeit **2** Gräueltat **3** *umg; geschmackloser Gegenstand:* Scheußlichkeit

at sign [ˈæt͜saɪn] E-Mail: @-Zeichen, *umg* Klammeraffe

attach [əˈtætʃ] **1** befestigen, anbringen (**to** an) **2** beiheften (*einem Brief*), anhängen (*an eine E-Mail*); **please find attached ...** beigeheftet ...; angehängt ... **3** **attach conditions to something** Bedingungen an etwas knüpfen

────────── **PHRASAL VERBS** ──────────

attach to [əˈtætʃ͜tə] **1** beimessen (*Wert, Wichtigkeit*) **2** **be attached to someone** (*oder* **something**) an jemandem (*oder* etwas) hängen

attaché [▲əˈtæʃeɪ] (≈ *Diplomat*) Attaché

attaché case [▲əˈtæʃeɪˌkeɪs] Aktentasche

★**attachment** [əˈtætʃmənt] **1** *Technik:* Zusatzgerät **2** Anhänglichkeit (**to** an) **3** *E-Mail:* Anhang, Attachment

★**attack**[1] [əˈtæk] **1** *allg.:* angreifen **2** (*Krankheit*) befallen

★**attack**[2] [əˈtæk] **1** Angriff **2** *Krankheit usw.:* Anfall

attain [əˈteɪn] erreichen (*Ziel usw.*)

attainment [əˈteɪnmənt] **1** Erreichung (*eines Ziels usw.*) **2** **attainments** *pl* Fertigkeiten *pl*

★**attempt**[1] [əˈtempt] versuchen (*bes. erfolglos*)

★**attempt**[2] [əˈtempt] **1** Versuch **2** **an attempt on someone's life** ein Mordanschlag (*oder* Attentat) auf jemanden

★**attend** [əˈtend] **1** teilnehmen an (*Unterricht usw.*) **2** besuchen (*Vorlesungen, Kurs usw.*) **3** pflegen, (*ärztlich*) behandeln

────────── **PHRASAL VERBS** ──────────

attend to [əˈtend͜tə] **attend to someone** (*oder* **something**) sich um jemanden (*oder* etwas) kümmern

attendance [əˈtendəns] **1** Anwesenheit, Erscheinen; **attendance at school** der Schulbesuch; **attendance list** Anwesenheitsliste **2** Besucherzahl, Teilnehmerzahl

attendant [əˈtendənt] **1** Aufseher(in), Wärter(in) **2** Begleiter(in)

★**attention** [əˈtenʃn] **1** Aufmerksamkeit; **pay attention** aufpassen; **pay attention to the teacher** dem Lehrer aufmerksam zuhören; **attention, please!** Achtung, eine Durchsage! **2** **(for the) (***US* **to the) attention of Mr X** auf

Briefen: zu Händen von Herrn X
attentive [ə'tentɪv] *Zuhörer, auch Gastgeber usw.*: aufmerksam
attic ['ætɪk] **1** Dachboden, Ⓐ Estrich **2** Mansarde
attitude ['ætɪtjuːd] Einstellung (**to, towards** zu), Haltung
attn, attn. (*abk für* for the attention of) zu Händen von
attorney [▲ ə'tɜːnɪ] **1** *US* Rechtsanwalt, Rechtsanwältin **2** Bevollmächtigte(r)
attract [ə'trækt] **1** anziehen, anlocken (*Interessenten, Mitglieder usw.*) **2** auf sich ziehen (*Blicke, Interesse usw.*); **attract attention** Aufmerksamkeit erregen **3** **be attracted to someone** sich zu jemandem hingezogen fühlen **4** *Physik*: anziehen
attraction [ə'trækʃn] **1** Anziehungskraft, Reiz **2** Attraktion **3** *Physik*: Anziehung
★**attractive** [ə'træktɪv] **1** *Person*: attraktiv, gut aussehend, Ⓐ fesch **2** *Idee, Angebot*: reizvoll **3** *Physik*: anziehend **4** Ⓐ *Kandidat, Schlagwort usw.*: zügig
attribute ['ætrɪbjuːt] **1** Eigenschaft, Merkmal **2** *Sprache*: Attribut

PHRASAL VERBS
attribute to [▲ ə'trɪbjuːt_tə] **1** **they attributed his success to hard work** sie führten seinen Erfolg auf seinen großen Fleiß zurück **2** **this sonata is attributed to Bach** diese Sonate wird Bach zugeschrieben

aubergine [▲ 'əʊbəʒiːn] *Br* Aubergine
auburn [▲ 'ɔːbən] *Haar*: kastanienbraun
auction[1] ['ɔːkʃn] Auktion, Versteigerung
auction[2] ['ɔːkʃn] *mst.* **auction off** versteigern
auctioneer [ˌɔːkʃə'nɪə] Auktionator(in)
audacious [ɔː'deɪʃəs] **1** kühn, verwegen **2** *im negativen Sinn*: dreist, unverfroren
audacity [▲ ɔː'dæsətɪ] **1** Kühnheit, Verwegenheit **2** *im negativen Sinn*: Dreistigkeit, Unverfrorenheit
audible ['ɔːdəbl] hörbar
★**audience** ['ɔːdɪəns] **1** Publikum, Zuhörer *pl*, Zuschauer *pl*; **the audience was** (*oder* were) **thrilled** das Publikum war begeistert **2** Audienz (**with** bei)
audiovisual [ˌɔːdɪəʊ'vɪʒʊəl] audiovisuell; **audiovisual aids** *pl* audiovisuelle Hilfsmittel
audit[1] ['ɔːdɪt] **1** *in Firma*: Buchprüfung, Bücherrevision **2** *von Prozessen*: Audit
audit[2] ['ɔːdɪt] **1** prüfen (*Firma, Kontoführung usw.*) **2** *US* als Gasthörer belegen (*Kurs*)

audition[1] [ɔː'dɪʃn] *Theater usw.*: Vorsprechen, Vorspielen, Vorsingen
audition[2] [ɔː'dɪʃn] *beim Theater usw.*: vorsprechen, vorspielen, vorsingen
auditor ['ɔːdɪtə] **1** *Wirtschaft*: Buchprüfer(in) **2** *von Prozessen*: Auditor(in) **3** *US* Gasthörer(in) (*bei Kurs*)
auditorium [ˌɔːdɪ'tɔːrɪəm] Zuschauerraum
augment [▲ ɔːg'ment] vermehren, vergrößern (*Wert, Menge, Einkommen uw.*)
★**August** ['ɔːgəst] August; **in August** im August
★**aunt** [ɑːnt] Tante
au pair [ˌəʊ'peə], **au pair girl** [ˌəʊ'peə_gɜːl] Aupairmädchen
aura ['ɔːrə] Aura
auspices [▲ 'ɔːspɪsɪz] *pl* **under the auspices of** unter der Schirmherrschaft von
auspicious [ɔː'spɪʃəs] **1** *Zeitpunkt usw.*: günstig **2** *Start usw.*: vielversprechend
Aussie [▲ 'ɒzɪ] *umg* Australier(in)
austere [ɔː'stɪə] **1** *Person*: streng **2** *Lebensweise usw.*: asketisch **3** *Stil*: nüchtern, streng
austerity [▲ ɔː'sterətɪ] Strenge, *von Stil auch*: Nüchternheit
★**Australia** [ɒ'streɪlɪə] Australien
★**Australian**[1] [ɒ'streɪlɪən] Australier(in)
★**Australian**[2] [ɒ'streɪlɪən] australisch
★**Austria** ['ɒstrɪə] Österreich
★**Austrian**[1] ['ɒstrɪən] Österreicher(in)
★**Austrian**[2] ['ɒstrɪən] österreichisch
authentic [ɔː'θentɪk] authentisch
authenticate [ɔː'θentɪkeɪt] **1** bestätigen **2** beglaubigen (*Dokument*)
authentication [ɔːˌθentɪ'keɪʃn] **1** Bestätigung **2** *von Dokument*: Beglaubigung
★**author** ['ɔːθə] **1** Autor(in), Verfasser(in) **2** Schriftsteller(in)
authoritarian [ɔːˌθɒrɪ'teərɪən] *Regime, Verhalten*: autoritär
authority [ɔː'θɒrətɪ] **1** *allg.*: Autorität; **who's in authority here?** wer ist hier der Verantwortliche?; **you must have respect for authority** du musst Achtung gegenüber Respektspersonen haben **2** Vollmacht, Befugnis; **without authority** unbefugt, unberechtigt; **on one's own authority** auf eigene Verantwortung; **have the authority to do something** berechtigt sein, etwas zu tun; **give someone the authority to do something** jemandem die Vollmacht erteilen, etwas zu tun **3** Fachmann, Autorität (**on** in); **have something on good authority** etwas aus zuverlässiger Quelle wissen **4** *mst.* **authorities** *pl* Behörde; **the local**

authority (*oder* **authorities**) die Gemeindeverwaltung
authorization [ˌɔːθəraɪˈzeɪʃn] Genehmigung, Recht
authorize [ˈɔːθəraɪz] **1** ermächtigen, bevollmächtigen; **be authorized to do something** das Recht haben, etwas zu tun **2** genehmigen
autistic [ɔːˈtɪstɪk] autistisch
autobiography [ˌɔːtəʊbaɪˈɒɡrəfɪ] Autobiografie
Autocue® [ˈɔːtəʊkjuː] *TV*: Teleprompter®
autograph [ˈɔːtəɡrɑːf] Autogramm; **sign autographs** Autogramme geben
autograph hunter [ˈɔːtəɡrɑːfˌhʌntə] Autogrammjäger
automate [ˈɔːtəmeɪt] automatisieren
automatic[1] [ˌɔːtəˈmætɪk] automatisch; **automatic gear change** *Auto*: Automatikschaltung; **automatic ticket barrier** (*oder* **gate**) automatische Fahrkartensperre; **automatic rifle** (*oder* **weapon**) Schnellfeuergewehr
automatic[2] [ˌɔːtəˈmætɪk] *Auto*: Automatikauto
automation [ˌɔːtəˈmeɪʃn] Automatisierung
automobile [⚠ ˈɔːtəmǝbiːl] *US* Auto(mobil)
automotive [ˌɔːtəˈməʊtɪv] kraftfahrtechnisch; **automotive mechatronics engineer** Kfz-Mechatroniker(in)
autopilot [ˈɔːtəʊˌpaɪlət] Autopilot
autopsy [ˈɔːtɒpsɪ] *von Toten*: Autopsie
★**autumn** [ˈɔːtəm] Herbst; **in (the) autumn** im Herbst; → **fall**[1] 3 *US*
autumnal [ɔːˈtʌmnəl] herbstlich
auxiliary [⚠ ɔːɡˈzɪlɪərɪ] Hilfs...
auxiliary verb [⚠ ɔːɡˈzɪlɪərɪˌvɜːb] *Sprache*: Hilfsverb, Hilfszeitwort
avail [əˈveɪl] **1 be of no avail** nichts nützen, vergeblich sein **2 to no avail** vergeblich
★**available** [əˈveɪləbl] **1** verfügbar, vorhanden; **be available** vorhanden sein, zur Verfügung stehen; **make something available to someone** jemandem etwas zur Verfügung stellen **2** *Waren*: lieferbar, vorrätig, erhältlich; **is his new book available yet?** gibt es sein neues Buch schon?; **the best dictionary available** das beste Wörterbuch, das es gibt **3** *Person*: erreichbar, abkömmlich; **when will you be available to start in the new job?** wann können Sie die Stelle antreten? **;** **be available** (≈ *nicht in Beziehung*) (wieder) zu haben sein, nicht vergeben sein **4** *Zeit, Sitzplätze*: frei
avalanche [⚠ ˈævəlɑːntʃ] **1** Lawine **2** *übertragen* Flut

avarice [⚠ ˈævərɪs] Habsucht
avaricious [ˌævəˈrɪʃəs] habsüchtig, habgierig
avatar [ˈævətɑː] *Computer*: Avatar
Ave. *abk für* → **avenue**
avenge [əˈvendʒ] rächen
avenue [ˈævənjuː] **1** Allee **2** Hauptstraße
★**average**[1] [ˈævərɪdʒ] Durchschnitt; **on average** durchschnittlich, im Durchschnitt; **above average** überdurchschnittlich; **below average** unterdurchschnittlich; **an average of** durchschnittlich
★**average**[2] [ˈævərɪdʒ] durchschnittlich, Durchschnitts...; **of average height** mittelgroß
★**average**[3] [ˈævərɪdʒ] **we averaged 50 miles an hour** wir fuhren durchschnittlich 50 Stundenmeilen

PHRASAL VERBS
average out [ˌævərɪdʒˈaʊt] **1** den Durchschnitt ermitteln von **2** (*Beträge usw.*) sich ausgleichen **3 average out at** im Durchschnitt liegen bei

averse [əˈvɜːs] **I'm not averse to a cognac** einem Cognac bin ich nicht abgeneigt
aversion [əˈvɜːʃn] Abneigung, Aversion (**to** gegen)
avert [əˈvɜːt] abwenden (*auch übertragen Unglück usw.*)
avian flu [ˌeɪvɪənˈfluː] Vogelgrippe
aviation [ˌeɪvɪˈeɪʃn] die Luftfahrt
avid [ˈævɪd] (be)gierig (**for** auf); **he's an avid reader** er liest leidenschaftlich gern
avocado [ˌævəˈkɑːdəʊ] Avocado
avoid [əˈvɔɪd] **1** vermeiden; **avoid doing something** es vermeiden, etwas zu tun **2** meiden (*Ort*) **3** aus dem Weg gehen (*einer Person*) **4** ausweichen (*einem Hindernis*)
avoidable [əˈvɔɪdəbl] vermeidbar
avoidance [əˈvɔɪdns] Vermeidung, Umgehung
await [əˈweɪt] (≈ *warten auf*) erwarten
★**awake**[1] [əˈweɪk] wach; **wide awake** hellwach
★**awake**[2] [əˈweɪk], **awoke** [əˈwəʊk], **awoken** [əˈwəʊkən] **1** wecken, aufwecken **2** aufwachen **3** *übertragen* wecken (*Gefühle usw.*)
awaken [əˈweɪkən] **1** wecken, aufwecken **2** aufwachen **3** *übertragen* wecken (*Gefühle usw.*)
awakening [əˈweɪkənɪŋ] Erwachen; **a rude awakening** *übertragen* ein unsanftes Erwachen
award[1] [əˈwɔːd] verleihen (*Auszeichnung, Preis*)
award[2] [əˈwɔːd] Preis, Auszeichnung
award-winning [əˈwɔːdˌwɪnɪŋ] preisgekrönt
aware [əˈweə] **be aware of something** etwas

wissen, sich einer Sache bewusst sein; **become aware of something** etwas merken; **as far as I'm aware** soweit ich weiß

★**away** [ə'weɪ] **1** weg, fort (**from** von); **go away** weggehen **2** (weit) entfernt; **six miles away** sechs Meilen entfernt **3** weg, abwesend, verreist; **be away on business** geschäftlich unterwegs sein **4** drauflos, immer weiter; **she knitted away all afternoon** sie hat den ganzen Nachmittag pausenlos gestrickt

away match [ə'weɪ͜mætʃ] Sport: Auswärtsspiel

awe [ɔː] Ehrfurcht; **stand in awe of someone** gewaltigen Respekt vor jemandem haben

awesome ['ɔːsəm] **1** Furcht einflößend **2** Ehrfurcht gebietend **3** umg super, toll; **she's really awesome** sie ist echt cool drauf

★**awful** ['ɔːfl] **1** furchtbar, schrecklich (beide auch umg) **2 an awful lot of ...** umg ein Haufen ..., jede Menge ...

awfully ['ɔːflɪ] umg furchtbar; **awfully nice** furchtbar nett

awkward ['ɔːkwəd] **1** ungeschickt, unbeholfen **2** Situation, Frage usw.: peinlich, unangenehm **3** Gegenstand: unhandlich, sperrig **4** Zeitpunkt: ungünstig **5** unangenehm, schwierig; **be awkward** Schwierigkeiten machen; **an awkward customer** umg ein unangenehmer Zeitgenosse; **be at an awkward age** in einem schwierigen Alter sein

awning ['ɔːnɪŋ] **1** Plane **2** Markise

awoke [ə'wəʊk] 2. Form von → awake²

awoken [ə'wəʊkən] 3. Form von → awake²

awry [⚠ ə'raɪ] **1** schief **2 go awry** (Pläne usw.) schiefgehen

axe¹ [æks], US auch **ax** [æks] Axt, Beil; **get** (oder **be given**) **the axe** (Projekt) eingestellt werden

axe² [æks], US auch **ax** [æks] streichen (Projekt)

axis ['æksɪs] pl: **axes** ['æksiːz] gedachte Linie durch etwas: Achse

axle ['æksl] (Rad)Achse

aye [⚠ aɪ] im Parlament: Jastimme

B

BA [ˌbiː'eɪ] **1** (abk für **Bachelor of Arts**) akademischer Grad: BA, Bachelor der philosophischen Fakultät **2** (abk für **British Airways**) Britische Fluggesellschaft

babble ['bæbl] **1** plappern **2** (Bach usw.) plätschern

babe [beɪb] bes. US, umg (≈ Mädchen) Puppe, Kleine

baboon [bə'buːn] Affenart: Pavian

★**baby** ['beɪbɪ] **1** Baby, Säugling **2** bei Tieren: ... baby, ...junges; **baby penguin** Pinguinbaby, Pinguinjunges **3 the baby of the family** der (oder die) Jüngste in der Familie **4** bes. US, umg (≈ Mädchen) Puppe, Kleine **5 I was left holding the baby** umg ich war am Ende der Dumme

baby carriage ['beɪbɪˌkærɪdʒ] US Kinderwagen; → **pram** Br

baby food ['beɪbɪ͜fuːd] Babynahrung

babyish ['beɪbɪɪʃ] oft abwertend kindisch

babysit ['beɪbɪsɪt], **babysat** ['beɪbɪsæt], **babysat** ['beɪbɪsæt]; -ing-Form **babysitting** babysitten

babysitter ['beɪbɪˌsɪtə] Babysitter(in)

bachelor ['bætʃələ] **1** Junggeselle; **a confirmed bachelor** ein eingefleischter Junggeselle; **bachelor party** US Junggesellenabschied; → **stag night** Br **2** akademischer Grad: Bakkalaureus; **Bachelor of Arts** Bakkalaureus der philosophischen Fakultät

bachelorette [ˌbætʃələ'ret] US Junggesellin; **bachelorette party** Junggesellinnenabschied

★**back¹** [bæk] **1** Körperteil: Rücken; **back to back** Rücken an Rücken; **she bought it behind his back** übertragen sie hat es hinter seinem Rücken gekauft; **he had his back to the wall** übertragen er stand mit dem Rücken zur Wand; **I was glad to see the back of her** umg, übertragen ich war froh, sie nicht mehr sehen zu müssen; **you really have to put your back into it** übertragen man muss sich voll hineinknien **2** hinterer (oder rückwärtiger) Teil; **the back of the head** der Hinterkopf; **the back of the neck** der Nacken; **at the back of the house** hinter dem Haus, hinten im Haus **3** Rückseite; **he slapped my face with the back of his hand** er schlug mir mit dem Handrücken ins Gesicht; **she had her jumper on back**

to front sie hatte ihren Pullover verkehrt herum an **4** *von Stuhl, Sessel:* Rückenlehne **5** *von Buch:* Rücken **6** *Sport:* Verteidiger(in)

★**back²** [bæk] rückwärtig, Hinter...; **back entrance** Hintereingang

★**back³** [bæk] **1** zurück, rückwärts; **back and forth** hin und her, vor und zurück; **move back** zurückgehen **2** (wieder) zurück; **he's back (again)** er ist wieder da **3** zurückliegend, vorher; **20 years back** *umg* vor 20 Jahren; **back in 1989** damals im Jahre 1989

★**back⁴** [bæk] **1** unterstützen (*Person, Projekt*) **2** wetten auf, setzen auf (*Pferd, Sieger usw.*) **3** zurückfahren, zurücksetzen (*Auto usw.*); **back the car out of the garage** rückwärts aus der Garage herausfahren

PHRASAL VERBS

back away [ˌbæk‿əˈweɪ] **1** *aus Angst:* zurückweichen **2** *übertragen* zurückschrecken (**from** vor)

back down [ˌbækˈdaʊn] *übertragen* klein beigeben, nachgeben

back off [ˌbækˈɒf] **1** *aus Angst:* zurückweichen **2** *übertragen* nachgeben, aufhören

back out [ˌbækˈaʊt] (≈ *nicht mehr mitmachen*) abspringen (**of** von), aussteigen (**of** aus)

back up [ˌbækˈʌp] **1** unterstützen (*Person, Projekt*) **2 back someone up** jemandem den Rücken stärken **3** bestätigen (*Bericht, Theorie usw.*) **4** *Computer:* eine Sicherungskopie herstellen **5** sichern (*Datei*) **6** zurückfahren (*Auto*) **7** *Auto usw.:* zurücksetzen **8** *Verkehr:* sich stauen

backache [ˈbækˌeɪk] Rückenschmerzen *pl*; **I've got (a) backache** ich habe Rückenschmerzen

backbencher [ˌbækˈbentʃə] *Br; im Parlament:* Hinterbänkler

backbiting [ˈbækˌbaɪtɪŋ] Lästern

backbone [ˈbækbəʊn] Rückgrat (*auch übertragen*)

backbreaking [ˈbækˌbreɪkɪŋ] *Arbeit:* zermürbend, mörderisch

backchat [ˈbæktʃæt] *Br* freche Antwort (en *pl*)

backcomb [ˈbækˌkəʊm] toupieren (*Haar*)

back door [ˌbækˈdɔː] Hintertür

backer [ˈbækə] Geldgeber(in)

backfire [ˌbækˈfaɪə] **1** (*Motor*) fehlzünden **2** *übertragen* fehlschlagen; **it backfired on him** der Schuss ging nach hinten los

background [ˈbækɡraʊnd] **1** Hintergrund **2** *übertragen* (geschichtlicher *usw.*) Hintergrund, (damalige *usw.*) Umstände *pl* **3** Herkunft; **come from a poor background** aus ärmlichen Verhältnissen stammen **4** Ausbildung, beruflicher Werdegang

backhand [ˈbækhænd] *Tennis:* Rückhand (schlag)

backing [ˈbækɪŋ] Unterstützung

backlash [ˈbæklæʃ] (heftige) Reaktion (**to** auf)

backlog [ˈbæklɒɡ] **backlog of work** Arbeitsrückstand

backpack [ˈbækpæk] Rucksack

backpacker [ˈbækpækə] Rucksacktourist(in)

back seat [ˌbækˈsiːt] Rücksitz

backside [ˈbæksaɪd] *umg* Hintern

backslash [ˈbækslæʃ] *Zeichen:* Backslash, umgekehrter Schrägstrich

backspace key [ˈbækspeɪsˌkiː] *Computer:* Rücktaste

backstage [ˌbækˈsteɪdʒ] **1** hinter der (*oder* die) Bühne **2** *übertragen* hinter den Kulissen

back street [ˈbækˌstriːt] Seitenstraße

backstroke [ˈbækstrəʊk] Rückenschwimmen; **do** (*oder* **swim**) **the backstroke** rückenschwimmen

back talk [ˈbækˌtɔːk] *US, umg* freche Antwort (en *pl*)

backtrack [ˈbæktræk] *von etwas Geplantem:* einen Rückzieher machen

backup [ˈbækʌp] *Computer:* Sicherungskopie

backward¹ [ˈbækwəd] **1** *Bewegung, Blick usw.:* rückwärtsgerichtet, Rückwärts... **2** *Kind:* zurück, zurückgeblieben **3** *Land, Region:* rückständig

★**backward²** [ˈbækwəd], ★**backwards** [ˈbækwədz] **1** rückwärts; **walk backwards** rückwärtsgehen **2 I know the story backwards** *übertragen* ich kenne die Geschichte in- und auswendig

backyard [ˌbækˈjɑːd] **1** *Br* Hinterhof **2** *US* Garten hinter dem Haus

★**bacon** [ˈbeɪkən] **1** (Frühstücks)Speck **2 she brings home the bacon** *übertragen* sie verdient die Brötchen

bacteria [bækˈtɪərɪə] *pl* Bakterien

★**bad** [bæd], **worse** [wɜːs], **worst** [wɜːst] **1** *allg.:* schlecht; **not bad** nicht schlecht, nicht übel; **he's not bad-looking** er sieht nicht schlecht aus; **smoking is bad for your health** Rauchen ist ungesund; **he's bad at maths** er ist schlecht in Mathe; **I feel bad about having done that** ich habe ein schlechtes Gewissen, dass ich das getan habe; **he's in a bad way** es geht ihm schlecht **2** *Verbrechen, Erkältung, Krise usw.:*

schlimm, schwer **3** *Lebensmittel*: schlecht, verdorben; **go bad** schlecht werden, verderben **4** *Kind, Hund*: ungezogen, böse **5** **bad language** Kraftausdrücke *pl* **6** unangenehm, ärgerlich; **that's too bad** so ein Pech! **7** *salopp* (≈ *sehr gut*) geil, stark

bade [▲ bæd, beɪd] 2. *Form von* → bid³

badge [bædʒ] **1** *an Uniform, Kleidung usw.*: Abzeichen **2** *Mode*: Button

badger ['bædʒə] Dachs

bad hair day [,bæd'heə,deɪ] *umg* Tag, an dem alles schiefgeht

badly ['bædlɪ], **worse** [wɜːs], **worst** [wɜːst] **1** schlecht, schlimm; **he's badly off** es geht ihm sehr schlecht **2** dringend, sehr; **they badly need help** sie haben Hilfe dringend nötig **3** schwer; **badly wounded** schwer verwundet

badminton ['bædmɪntən] **1** *als Freizeitsport*: Federball **2** *Sportart*: Badminton

bad-tempered [,bæd'tempəd] schlecht gelaunt

baffle ['bæfl] verwirren, verblüffen; **be baffled** vor einem Rätsel stehen

★**bag** [bæg] **1** Tasche, Sack; **bags of money** *umg* jede Menge Geld **2** *aus Papier, Plastik*: Tüte **3** *zum Zuziehen*: Beutel **4** Handtasche **5** (≈ *unangenehme Frau*) Hexe, Schachtel

bagel ['beɪgl] kleines, rundes Brötchen

baggage ['bægɪdʒ] *bes. US* Gepäck

baggage allowance ['bægɪdʒ_ə,laʊəns] *bes. US; bei Flugreisen*: Freigepäck

baggage carousel ['bægɪdʒ_kærə,sel] *US* Rollband, Gepäckband

baggage cart ['bægɪdʒ_kɑːt] *US* Gepäckwagen, Kofferkuli

baggage check ['bægɪdʒ_tʃek] *bes. US* Gepäckschein

baggage checkroom [,bægɪdʒ'tʃekruːm] *US* Gepäckaufbewahrung

baggage claim ['bægɪdʒ_kleɪm] *bes. US* Gepäckausgabe

baggage label ['bægɪdʒ,leɪbl] Gepäckanhänger

baggage reclaim [,bægɪdʒ'riːkleɪm] *bes. Br* Gepäckausgabe

baggy ['bægɪ] *Hose*: ausgebeult

bag lady ['bæg,leɪdɪ] *US* Stadtstreicherin

bagpipes ['bægpaɪps] *pl* Dudelsack

bail [beɪl] Kaution; **he's out on bail** er ist gegen Kaution auf freiem Fuß

PHRASAL VERBS

bail out [,beɪl'aʊt] **bail someone out** jemanden durch Kaution freibekommen

bailiff ['beɪlɪf] **1** *Br* Gerichtsvollzieher **2** (Guts-)Verwalter **3** *US* Gerichtsdiener(in)

bait [beɪt] Köder; **take the bait** anbeißen (*auch auf verlockendes Angebot*)

★**bake** [beɪk] **1** backen **2** übertragen; *in der Sonne*: braten

baked beans [,beɪkt'biːnz] *pl* weiße Bohnen in Tomatensoße

baked potato [,beɪkt_pə'teɪtəʊ] *pl*: **baked potatoes** [,beɪkt_pə'teɪtəʊz] Ofenkartoffel

★**baker** ['beɪkə] Bäcker(in); **at the baker's** *Br* beim Bäcker; **baker's (shop)** *Br* Bäckerei

★**bakery** ['beɪkərɪ] Bäckerei

baking powder ['beɪkɪŋ,paʊdə] Backpulver

baking tray ['beɪkɪŋ_treɪ] *Br* Backblech, Kuchenblech

★**balance¹** ['bæləns] **1** Gleichgewicht (*auch übertragen*); **I tried to keep my balance** ich versuchte, das Gleichgewicht zu halten; **lose one's balance** das Gleichgewicht verlieren; **throw someone off balance** jemanden aus dem Gleichgewicht bringen; **the right balance of personalities** eine ausgewogene Mischung verschiedener Charaktere; **the balance of power** das Gleichgewicht der Kräfte **2** *bei gegensätzlichen Eigenschaften usw.*: Gegengewicht (**to** zu), Ausgleich (**to** für) **3** *von Unternehmen*: Bilanz; **balance in hand** Kassen(be)stand; **balance of payments/trade** Zahlungs-/Handelsbilanz; **balance of trade surplus/deficit** Handelsbilanzüberschuss/-defizit **4** *von Bankkonto*: Saldo, Guthaben; **balance carried forward** Saldoübertrag **5** Rest, Restbetrag (*einer Menge usw.*) **6** **be** (*oder* **hang**) **in the balance** *übertragen* in der Schwebe sein **7** **on balance we didn't do at all badly** alles in allem haben wir gar nicht schlecht abgeschnitten

★**balance²** ['bæləns] **1** balancieren (*Ball, Tablett usw.*) **2** ausgleichen (*Konten usw.*); **balance the books** die Bilanz ausgleichen; (≈ *die Endabrechnung machen*) die Bilanz ziehen (*oder* machen) **3** abwägen (*Vor- und Nachteile usw.*) (**against** gegen); **balance something against something** etwas einer Sache gegenüberstellen **4** das Gleichgewicht (*oder* die Balance) halten; **he balanced on one foot** er balancierte auf einem Bein **5** ausgeglichen sein; **the books don't balance** die Abrechnung stimmt nicht

balanced ['bælənst] *Person*: ausgeglichen

balance of power [,bæləns_əv'paʊə] *Politik*: Kräftegleichgewicht

balance sheet ['bæləns ˌʃiːt] *von Unternehmen:* Bilanz, Bilanzaufstellung

★**balcony** ['bælkənɪ] Balkon

bald [⚠ bɔːld] kahl; **go bald** eine Glatze bekommen, kahl werden

bale [beɪl] Ballen (*Heu usw.*)

Balkans ['bɔːlkənz] *pl* **the Balkans** der Balkan

★**ball¹** [bɔːl] **1** Ball; **set the ball rolling** *übertragen* den Stein ins Rollen bringen **2** *Billard usw.:* Kugel **3** *aus Wolle usw.:* Knäuel **4 ball of the foot** Fußballen

★**ball²** [bɔːl] **1** (≈ *Tanzveranstaltung*) Ball **2 have a ball** *umg* sich amüsieren

ballad ['bæləd] *Gedicht, Lied:* Ballade

ball bearing [⚠ ˌbɔːlˈbeərɪŋ] *von Maschine:* Kugellager

ballerina [ˌbæləˈriːnə] **1** Balletttänzerin **2** *Schuh:* Ballerina

ballet [⚠ 'bæleɪ] Ballett

ballet dancer [⚠ 'bæleɪˌdɑːnsə] Balletttänzer(in)

ball game [ˈbɔːlˌɡeɪm] *US* Baseballspiel; **it's a whole new ball game** das ist etwas ganz anderes

ballistic [bəˈlɪstɪk] **go ballistic** *umg* (vor Wut) ausflippen

balloon [bəˈluːn] **1** (Luft)Ballon **2** (Heißluft)Ballon **3** *in Comics:* Sprechblase

ballot ['bælət] *Politik usw.* **1** (*bes.* geheime) Wahl **2** Stimmzettel **3** Gesamtzahl der abgegebenen Stimmen

ballot box ['bælətˌbɒks] Wahlurne

ballot paper ['bælətˌpeɪpə] Stimmzettel

ballpark figure [ˌbɔːlpɑːk ˈfɪɡə] Richtzahl, ungefähre Zahl

★**ballpoint** ['bɔːlpɔɪnt], ★**ballpoint pen** [ˌbɔːlpɔɪntˈpen] Kugelschreiber

ballroom dancing [ˌbɔːlruːmˈdɑːnsɪŋ] Gesellschaftstänze

balm [⚠ bɑːm] Balsam (*auch übertragen für die Nerven usw.*)

balmy [⚠ 'bɑːmɪ] *Wind, Brise:* mild

Baltic [⚠ 'bɔːltɪk] **the Baltic (Sea)** die Ostsee

Baltic States [⚠ ˌbɔːltɪkˈsteɪts] **the Baltic States** die Baltischen Staaten

bamboo [⚠ ˌbæmˈbuː] *Pflanze:* Bambus

bamboozle [bæmˈbuːzl] *umg* betrügen (**out of** um), übers Ohr hauen

★**ban¹** ['bæn], banned, banned **1** verbieten; **he was banned from driving for a year** ihm ist für ein Jahr der Führerschein entzogen worden **2** *Sport:* sperren

ban² [bæn] **1** (amtliches) Verbot; **a total ban on smoking** totales Rauchverbot **2** *Sport:* Sperre

★**banana** [bəˈnɑːnə] **1** Banane **2 be bananas** *salopp* bekloppt sein; **go bananas** *salopp* überschnappen, durchdrehen

★**band¹** [bænd] **1** *moderne Musik:* Band **2** *herkömmliche Musik:* Kapelle

★**band²** [bænd] **1** *aus Stoff, Gummi usw.:* Band **2** *Licht, Farbton usw.:* Streifen

bandage¹ ['bændɪdʒ] **1** *für Wunde:* Verband, Binde **2** *für Gelenk:* Bandage

bandage² ['bændɪdʒ] **1** verbinden (*Wunde*) **2** bandagieren (*Gelenk*)

Band-Aid® ['bændeɪd] *US* Heftpflaster; → **plaster¹** 1 *Br*

B&B [ˌbiːˌənˈbiː] (*abk für* bed and breakfast) Zimmer mit Frühstück

bandit ['bændɪt] Bandit(in)

bandwagon ['bændˌwæɡən] **jump on the bandwagon** *übertragen* auf den fahrenden Zug aufspringen

bandy-legged [ˌbændɪˈleɡd] o-beinig

bandy legs [ˌbændɪˈleɡz] *pl* O-Beine

bang¹ [bæŋ] **1** knallen, schlagen; **he banged his fist on the table** er schlug mit der Faust auf den Tisch; **I banged my head on** (*oder* **against**) **the door** ich bin mit dem Kopf gegen die Tür geknallt **2** zuschlagen, zuknallen (*Tür usw.*)

bang² [bæŋ] Knall; **shut the door with a bang** die Tür zuknallen

banger ['bæŋə] *Br, umg* **1** Knallkörper **2** *old banger Auto:* (alter) Klapperkasten **3** (Brat)Wurst, Würstchen; **bangers and mash** Würstchen mit Kartoffelbrei

bangle ['bæŋɡl] Armreif

bangs [bæŋz] *pl US* Pony(frisur); → **fringe** *Br*

banish ['bænɪʃ] verbannen (*auch übertragen: trübe Gedanken usw.*)

banishment ['bænɪʃmənt] Verbannung

banisters ['bænɪstəz] *pl* Treppengeländer

★**bank¹** [bæŋk] *Geldinstitut:* Bank (⚠ *Sitzbank* = **bench**)

★**bank²** [bæŋk] **1 bank with** ein Bankkonto haben bei; **where do you bank?** bei welcher Bank haben Sie Ihr Konto? **2** zur Bank bringen (*Geld*)

PHRASAL VERBS

bank on ['bæŋkˌɒn] sich verlassen auf

★**bank³** [bæŋk] *eines Flusses:* Ufer

bank account ['bæŋkəˌkaʊnt] Bankkonto

bank balance ['bæŋkˌbæləns] Kontostand

bankbook ['bæŋkbʊk] *etwa:* Sparbuch

bank card [ˈbæŋk‿kɑːrd] Geldautomatenkarte
bank clerk [ˈbæŋk‿klɑːk, US klɜːrk] Bankangestellte(r)
bank code [ˈbæŋk‿kəʊd] *Br* Bankleitzahl
bank details [ˈbæŋk,diːteɪlz] *pl* Bankverbindung
banker [ˈbæŋkə] **1** Bankier, leitende(r) Bankangestellte(r) **2** *bei Glücksspielen:* Bankhalter(in)
bank holiday [,bæŋkˈhɒlɪdeɪ] *Br* gesetzlicher Feiertag
banking [ˈbæŋkɪŋ] das Bankwesen
banking hours [ˈbæŋkɪŋ,aʊəz] *pl* Banköffnungszeiten
bank manager [ˈbæŋk,mænɪdʒə] Filialleiter(in) (*einer Bank*), Bankdirektor(in)
★**bank note** [ˈbæŋk‿nəʊt] *Br* Banknote, Geldschein
bank raid [ˈbæŋk‿reɪd] Banküberfall
bankrupt [ˈbæŋkrʌpt] bankrott; **go bankrupt** Bankrott machen, in Konkurs gehen
bankruptcy [ˈbæŋkrʌp(t)sɪ] Bankrott, Konkurs
bank sort code [,bæŋkˈsɔːt‿kəʊd] *Br* Bankleitzahl
bank statement [ˈbæŋk,steɪtmənt] Kontoauszug
bank transfer [ˈbæŋk,trænsfɜː] Banküberweisung; **pay by bank transfer** den Betrag überweisen
banner [ˈbænə] **1** *bei Demonstration:* Spruchband, Transparent **2 banner headline** Balkenüberschrift, breite Schlagzeile (*einer Zeitung*) **3** Banner, Fahne (*auch übertragen*); **banner ad** *im Internet* Werbebanner
banns [bænz] *pl, für Hochzeit:* Aufgebot; **publish the banns** das Aufgebot verkünden
banquet [ˈbæŋkwɪt] Bankett, Festessen
banter [ˈbæntə] *spöttischer Dialog:* Geplänkel
baptism [ˈbæptɪzm] Taufe
baptize [⚠ bæpˈtaɪz] taufen
★**bar**[1] [bɑː] **1** Stange, Stab; **bars** *pl* Gitter; **behind bars** *im Gefängnis:* hinter Gittern **2 a bar of soap** ein Stück Seife; **a bar of chocolate** eine Tafel Schokolade; **a bar of gold** ein Goldbarren **3** Kneipe **4** *im Hotel, Flughafen usw.:* Bar **5** *in Kneipe usw.:* Theke, Tresen **6** *etwa:* Anklagebank; **prisoner at the bar** Angeklagte(r) **7** *Musik:* Takt
★**bar**[2] [bɑː], barred, barred **1** verriegeln (*Haus, Tür usw.*) **2** sperren (*Straße, Innenstadt usw.*); **they barred my way** sie versperrten mir den Weg **3 bar children from taking part** Kinder von der Teilnahme ausschließen
barbarian [bɑːˈbeərɪən] Barbar(in)
barbaric [bɑːˈbærɪk], **barbarous** [ˈbɑːbərəs] barbarisch
barbecue [ˈbɑːbɪkjuː] **1** *Ereignis:* Grillfest **2** *Gerät:* Bratrost, Grill
barbed wire [,bɑːbdˈwaɪə] Stacheldraht
barber [ˈbɑːbə] (Herren)Friseur; **at the barber's** beim Friseur
bar chart [ˈbɑː‿tʃɑːt] *für Statistik usw.:* Balkendiagramm
bar code [ˈbɑː‿kəʊd] *Supermarkt:* Strichkode, Barcode
bar crawl [ˈbɑː‿krɔːl] *US* Kneipenbummel
★**bare**[1] [beə] **1** nackt, bloß; **with bare feet** barfuß; **with one's bare hands** mit bloßen Händen **2** *Wände, Bäume usw.:* kahl **3** *Tatsache, Wahrheit usw.:* nackt, ungeschminkt **4** äußerst; **the bare necessities of life** das Allernotwendigste zum Leben
bare[2] [beə] **1** entblößen **2 the dog bared its teeth** der Hund fletschte die Zähne
bareback [ˈbeəbæk] ohne Sattel
barefaced [ˈbeəfeɪst] *Lüge usw.:* unverschämt, schamlos
barefoot [ˈbeəfʊt], **barefooted** [,beəˈfʊtɪd] barfuß, barfüßig
bareheaded [,beəˈhedɪd] ohne Kopfbedeckung
barely [ˈbeəlɪ] **1** kaum; **he had barely seen me when …** er hatte mich kaum gesehen, als … **2** spärlich (*möbliert usw.*)
★**bargain**[1] [ˈbɑːgɪn] **1** Schnäppchen; **go bargain hunting** auf Schnäppchensuche gehen; **what a bargain!** das ist aber günstig! **2** Handel, Geschäft; **strike a bargain** ein Geschäft abschließen, sich einigen; **it's a bargain!** abgemacht!; **into the bargain** noch dazu, obendrein; **I'll make a bargain with you** ich mache Ihnen ein Angebot; **keep one's side of the bargain** sich an die Abmachung halten; **you drive a hard bargain** Sie stellen ja harte Forderungen!
★**bargain**[2] [ˈbɑːgɪn] (≈ *feilschen*) handeln (**for** um)
bargain basement [ˈbɑːgɪn,beɪsmənt] *im Kaufhaus:* Niedrigpreisabteilung im Tiefgeschoss
bargain-basement [ˈbɑːgɪn,beɪsmənt] Billig…; **bargain-basement price** Tiefstpreis
bargain counter [ˈbɑːgɪn,kaʊntə] *umg; im Kaufhaus:* Wühltisch
bargain hunter [ˈbɑːgɪn,hʌntə] Schnäppchenjäger(in)
bargain price [,bɑːgɪnˈpraɪs] Sonderpreis, Schnäppchenpreis
barge [bɑːdʒ] Lastkahn, Schleppkahn

baritone ['bærɪtəʊn] *Singstimme*: Bariton
★**bark**[1] [bɑːk] **1** bellen (*auch übertragen*: brüllen); **the dog barked at the postman** der Hund bellte den Briefträger an **2** **bark up the wrong tree** *umg* auf dem Holzweg sein
★**bark**[2] [bɑːk] Bellen (*eines Hundes usw.*)
★**bark**[3] [bɑːk] (Baum)Rinde, Borke
barkeeper ['bɑːkiːpər] *US* Barkeeper
barley ['bɑːlɪ] Gerste
barmaid ['bɑːmeɪd] *Br* Bardame
barman ['bɑːmən] *pl*: **barmen** ['bɑːmən] *Br* Barkeeper
barmy ['bɑːmɪ] *Br, salopp* bekloppt, verrückt
barn [bɑːn] **1** Scheune, *bes.* Ⓐ, Ⓒ Stadel **2** (Vieh)Stall
barometer [Ⓐ bəˈrɒmɪtə] Barometer
baroque [bəˈrɒk] *Bauwerk usw.*: barock
barracks ['bærəks] Kaserne; **the barracks is** (*oder* **are**) **outside the town** die Kaserne liegt außerhalb der Stadt (Ⓐ *nicht* **Baracke**)
★**barrel** ['bærəl] **1** *aus Holz*: Fass **2** *aus Metall*: Tonne **3** *Maßeinheit*: Barrel **4** (Gewehr)Lauf
barrel organ ['bærəlˌɔːɡən] Drehorgel, Leierkasten
barren ['bærən] *Land, Lebewesen*: unfruchtbar
barrette [bɑːˈret] *US* Haarspange; → **hair slide** *Br*
barricade[1] [ˌbærɪˈkeɪd] Barrikade
barricade[2] [ˌbærɪˈkeɪd] verbarrikadieren
barrier ['bærɪə] **1** *auf Straßen usw.*: Absperrung, Barriere **2** *an der Grenze*: Schlagbaum, Schranke **3** *vor Bahngleisen*: Schranke **4** *im Bahnhof usw.*: Sperre **5** *übertragen* Hindernis (**to** für)
barrister ['bærɪstə] *in GB*: Rechtsanwalt, Rechtsanwältin (*der/die vor höheren Gerichten zugelassen ist*)
barrow ['bærəʊ] (Hand)Karre(n)
bartender ['bɑːtendə] *US* Barkeeper
barter ['bɑːtə] tauschen (*Waren usw.*, Ⓐ *aber nicht Geld*) (**for** gegen)
base[1] [beɪs] **1** *Architektur*: Fundament, Sockel **2** *einer Substanz*: Hauptbestandteil, Basis **3** *Chemie*: Base **4** *Mathematik*: Grundlinie **5** *Militär*: Stützpunkt
base[2] [beɪs] **1** **be based on** basieren auf **2** **be based in** den Hauptsitz haben in
base[3] [beɪs] *literarisch*: gemein, niederträchtig
baseball ['beɪsbɔːl] **1** *Ball*: Baseball **2** Baseball(spiel)
baseball cap ['beɪsbɔːlˌkæp] Baseballmütze
baseline ['beɪslaɪn] *Tennis usw.*: Grundlinie
★**basement** ['beɪsmənt] **1** Souterrain, Kellergeschoss, Ⓐ Kellergeschoß **2** *im Kaufhaus*: Untergeschoss, Ⓐ Untergeschoß
bases ['beɪsiːz] *pl von* → **basis**
bash[1] [bæʃ] **he bashed his head (on the door)** *umg* er hat sich den Kopf (an der Tür) angeschlagen

PHRASAL VERBS

bash in [ˌbæʃˈɪn] **1** *umg* einschlagen; **I'll bash your head in** ich schlag dir den Schädel ein **2** **be bashed in** *Auto, Kotflügel*: verbeult sein
bash up [ˌbæʃˈʌp] *umg* (ver)hauen, verprügeln

bash[2] [bæʃ] **1** *umg* Schlag **2** *Auto*: Beule, Delle **3** **I'll have a bash at it** *umg* ich probier mal
bashful ['bæʃfl] schüchtern
basic ['beɪsɪk] grundlegend, Grund...; **have a basic knowledge of ...** Grundkenntnisse in ... haben
basically ['beɪsɪklɪ] im Grunde
basics ['beɪsɪks] *pl* **the basics** *Mathematik usw.*: die Grundlagen
basil ['bæzl] Basilikum
basin ['beɪsn] **1** Schüssel, Schale **2** (Wasch)Becken **3** *Geografie*: Becken
basis ['beɪsɪs] *pl* **bases** ['beɪsiːz] Basis, Grundlage
bask [bɑːsk] **1** **bask in the sun** sich in der Sonne aalen **2** *übertragen* sich sonnen (**in** etwas)
★**basket** ['bɑːskɪt] Korb
basketball ['bɑːskɪtbɔːl] **1** *Ball*: Basketball **2** Basketball(spiel); **play basketball** Basketball spielen
Basque[1] [Ⓐ bæsk] baskisch
Basque[2] [Ⓐ bæsk] *Sprache*: Baskisch
Basque[3] [Ⓐ bæsk] Baske, Baskin
★**bass** [Ⓐ beɪs] *Musik*: Bass
bassoon [bəˈsuːn] Fagott
bastard ['bɑːstəd] **1** *salopp* Scheißkerl **2** *abwertend* (≈ *uneheliches Kind*) Bastard **3** **poor bastard** *salopp* armes Schwein
bat[1] [bæt] **1** Fledermaus **2** (**as**) **blind as a bat** stockblind
bat[2] [bæt] **1** *Baseball, Kricket*: Schlagholz **2** *Tischtennis*: Schläger **3** **off one's own bat** *Br, übertragen* auf eigene Faust
bat[3] [bæt], batted, batted *Baseball, Kricket*: schlagen
bat[4] [bæt], batted, batted; **without batting an eyelid** ohne mit der Wimper zu zucken
batch [bætʃ] **1** *Briefe, Bücher usw.*: Stapel, Stoß **2** (≈ *Gruppe von Leuten*) Schub **3** (≈ *größere Menge*) Schwung
bated ['beɪtɪd] **with bated breath** mit ange-

haltenem Atem

★**bath**[1] [bɑːθ] pl **baths** [▲bɑːðz] **1** (Wannen)-Bad; **have** (US **take**) **a bath** ein Bad nehmen, baden **2** Br Badewanne **3** Bad, Badezimmer **4** **(public) baths** pl Br Badeanstalt

★**bath**[2] [bɑːθ] Br **1** baden (Kind, Hund usw.) **2** in der Wanne: baden, ein Bad nehmen

bathe [▲beɪð] **1** Br; im Meer usw.: baden, schwimmen **2** US; in der Wanne: baden, ein Bad nehmen **3** Br baden (Wunde usw.) **4** US baden (Kind, Hund usw.)

bather [▲ˈbeɪðə] Badende(r)

bathing [▲ˈbeɪðɪŋ] **1** (das) Baden **2** Bade...

bathing cap [▲ˈbeɪðɪŋ‿kæp] Br Badekappe

bathing costume [▲ˈbeɪðɪŋˌkɒstjuːm] Br Badeanzug

bathing suit [▲ˈbeɪðɪŋ‿suːt] Badeanzug

bathing trunks [▲ˈbeɪðɪŋ‿trʌŋks] pl Br Badehose

bathmat [ˈbɑːθmæt] Bademante

bathrobe [ˈbɑːθrəʊb] **1** Bademantel **2** US Morgenrock

★**bathroom** [ˈbɑːθruːm] **1** Badezimmer; **bathroom scales** Personenwaage **2** US Badezimmer, Toilette

bath towel [ˈbɑːθˌtaʊəl] Badetuch

bathtub [ˈbɑːθtʌb] bes. US Badewanne

baton [ˈbætɒn] **1** Taktstock **2** Sport: (Staffel)-Stab **3** der Polizei: Gummiknüppel, Schlagstock

batter[1] [ˈbætə] **1** allg.: schlagen **2** misshandeln, verprügeln (Frau, Kind)

batter[2] [ˈbætə] (Pfannkuchen)Teig (auch zum Frittieren)

battered [ˈbætəd] **battered baby** (bzw. **woman**) misshandeltes Baby (bzw. misshandelte Frau)

battery [ˈbætrɪ] Batterie

battery charger [ˈbætrɪˌtʃɑːdʒə] Batterieladegerät

battery farming [ˈbætrɪˌfɑːmɪŋ] Massentierhaltung

battery hen [ˈbætrɪ‿hen] Batteriehenne

battery-operated [ˈbætrɪˌɒpəreɪtɪd] batteriegespeist

battery-powered [ˈbætrɪˌpaʊəd] batteriebetrieben

★**battle**[1] [ˈbætl] **1** Schlacht (**of** bei) **2** übertragen Kampf (**for** um)

★**battle**[2] [ˈbætl] bes. übertragen kämpfen (**for** um)

battleaxe, US auch **battleax** [ˈbætl‿æks] **1** früher: Streitaxt **2** umg; streitsüchtige Frau: (alter) Drachen

battlefield [ˈbætlfiːld] Schlachtfeld

battleship [ˈbætl‿ʃɪp] Schlachtschiff

batty [ˈbætɪ] Br, salopp bekloppt, verrückt

Bavaria [bəˈveərɪə] Bayern

Bavarian[1] [bəˈveərɪən] bay(e)risch

Bavarian[2] [bəˈveərɪən] Bayer(in)

bawdy [ˈbɔːdɪ] unflätig, obszön

bawl [bɔːl] brüllen

PHRASAL VERBS

bawl out [ˌbɔːlˈaʊt] **bawl someone out** umg jemanden zusammenstauchen

---

★**bay**[1] [beɪ] Bai, Bucht

bay[2] [beɪ] **hold** (oder **keep**) **someone at bay** jemanden in Schach halten

bay leaf [ˈbeɪ‿liːf] Gewürz: Lorbeerblatt

bay window [ˌbeɪˈwɪndəʊ] Erkerfenster

bazaar [bəˈzɑː] Basar

BBQ abk für → barbecue

BC [ˌbiːˈsiː] (abk für Before Christ) vor Christus

★**be** [biː], was [wəz, wɒz] oder were [wə, wɜː], been [biːn] **1** sein; **he's my father** er ist mein Vater; **he's a teacher** er ist Lehrer; **are you English?** Sind Sie Engländer?; **we're late** wir kommen zu spät; **who is it?** wer ist da? **2** sein, sich fühlen; **how are you?** wie geht es dir?; **she's ill** sie ist krank; **I'm hot** mir ist heiß **3** beruflich: werden; **she wants to be a doctor** sie will Ärztin werden **4** sein, sich befinden; **where's the toilet?** wo ist die Toilette?; **there's a bus stop near here** in der Nähe ist eine Bushaltestelle **5** gehören; **it's mine** es gehört mir **6** kosten; **how much is this DVD?** wie viel kostet diese DVD? **7** sein, da sein; **have you ever been to Berlin?** bist du schon einmal in Berlin gewesen? **8** da sein, existieren; **there are two of them** es gibt zwei davon; **to be or not to be ...** Sein oder Nichtsein ... **9** (Versammlung usw.) sein, stattfinden **10** **you're to see the headmaster** du sollst zum Direktor kommen; **it was not to be** es sollte nicht sein **11** zur Bildung des Passivs: werden; **the house was built in 2010** das Haus wurde 2010 gebaut **12** zur Bildung der Verlaufsform: **she's reading** sie liest gerade

★**beach** [biːtʃ] Strand; **on the beach** am Strand

beach ball [ˈbiːtʃ‿bɔːl] Wasserball

beachchair [ˈbiːtʃtʃeə] US Liegestuhl

beach holiday [ˈbiːtʃˌhɒlɪdeɪ] Br, **beach vacation** [ˈbiːtʃˌveɪkeɪʃn] US Strandurlaub

beach volleyball [ˈbiːtʃˌvɒlɪbɔːl] Beachvolleyball

beachwear ['biːtʃweə] Strandkleidung
beacon ['biːkən] *für Schiffe, Flugzeuge usw.*: Leuchtfeuer
bead [biːd] **1** *aus Glas usw.*: Perle **2** *von Schweiß usw.*: Tropfen
beak [biːk] *eines Vogels*: Schnabel
beaker ['biːkə] Becher
beam[1] [biːm] **1** *aus Holz*: Balken **2** Strahl; **beam of light** Lichtstrahl; **on full beam** *Autoscheinwerfer*: aufgeblendet
beam[2] [biːm] strahlen, strahlend lächeln; **beaming with joy** freudestrahlend
★**bean** [biːn] **1** Bohne **2** **she's full of beans** *umg* sie ist putzmunter
beanbag ['biːnbæg] Sitzsack
beansprout ['biːnspraut] (Soja)Bohnensprosse
★**bear**[1] [beə] Bär
★**bear**[2] [beə], **bore** [bɔː], **borne** [bɔːn] **1** übernehmen, tragen (*Kosten usw.*) **2** ertragen, aushalten (*Schmerz usw.*); **I can't bear him** ich kann ihn nicht ausstehen **3** zur Welt bringen, gebären (*Kind, Junges*) **4** **bear in mind** daran denken (**that** dass) **5** **bear left** (*bzw.* **right**) sich links (*bzw.* rechts) halten

―――――――――――― **PHRASAL VERBS** ――――――――――――

bear down [,beə'daun] **bear down on** bedrohlich: sich (schnell) nähern, zusteuern auf
bear out [,beər'aut] bestätigen; **I can bear you out on that** ich kann Sie darin bestätigen
bear up [,beər'ʌp] (tapfer) durchhalten; **she bore up well under the circumstances** unter den gegebenen Umständen hielt sie sich tapfer
bear with ['beə ˌwɪð] **1** Geduld haben mit **2** **if you would bear with me for a moment** wenn Sie sich bitte einen Augenblick gedulden

bearable ['beərəbl] *Klima, Umstände usw.*: erträglich
★**beard** [▲bɪəd] Bart
bearded [▲'bɪədɪd] bärtig
bearer ['beərə] Überbringer(in)
bearing ['beərɪŋ] **1** Haltung, Auftreten **2** Bedeutung (**on** für), Auswirkung (**on** auf) **3** *Technik*: (Kugel)Lager **4** **lose one's bearings** die Orientierung verlieren
beast [biːst] **1** (*auch wildes*) Tier; **beast of burden** Lasttier **2** *umg* Biest, Ekel
beastly ['biːstlɪ] *umg* gemein, scheußlich
★**beat**[1] [biːt], **beat**, **beaten** ['biːtn] **1** schlagen, (ver)prügeln **2** besiegen, schlagen (**at** in) **3** schlagen (*Eier usw.*) **4** (*Herz usw.*) schlagen **5** **beat time** den Takt schlagen **6** **that beats me** das ist mir zu hoch **7** übertreffen; **that beats everything!** das ist doch der Gipfel! **8** **beat it!** *salopp* hau ab!

―――――――――――― **PHRASAL VERBS** ――――――――――――

beat back [,biːt'bæk] zurückschlagen (*Gegner*)
beat down [,biːt'daun] **1** drücken (*Preis*), herunterhandeln (**to** auf) **2** (*Sonne*) herunterbrennen (**on** auf), (*Regen*) niederprasseln (**on** auf)
beat in [,biːt'ɪn] einschlagen (*Tür*)
beat off [,biːt'ɒf] zurückschlagen (*Angriff, Gegner*)
beat out [,biːt'aut] **1** schlagen (*den Rhythmus*) **2** ausschlagen (*Feuer*)
beat up [,biːt'ʌp] zusammenschlagen (*Person*)

★**beat**[2] [biːt] **1** Schlag (*von Herz, Trommel usw.*) **2** Takt, Rhythmus **3** Runde, Revier (*eines Polizisten usw.*)
beat[3] [biːt] (**dead**) **beat** *umg* (wie) erschlagen, fix und fertig
beaten[1] ['biːtn] 3. Form von → **beat**[1]
beaten[2] ['biːtn] **off the beaten track** abgelegen, *übertragen* ungewohnt
beating ['biːtɪŋ] **1** Prügel; **give someone a good beating** jemandem eine tüchtige Tracht Prügel verabreichen **2** *übertragen* Niederlage
beautician [▲bjuː'tɪʃn] Kosmetiker(in)
★**beautiful** ['bjuːtəfl] *allg.*: schön (▲ *bei einem Mann spricht man von* **handsome**); → **handsome**
beautify ['bjuːtɪfaɪ] verschönern
★**beauty** ['bjuːtɪ] **1** (die) Schönheit **2** *Frau*: Schönheit **3** *umg* Prachtstück
beauty contest ['bjuːtɪˌkɒntest] Schönheitswettbewerb
beauty parlour, *US* **beauty parlor** ['bjuːtɪˌpɑːlə] Kosmetiksalon
beauty queen ['bjuːtɪ ˌkwiːn] Schönheitskönigin
beauty salon ['bjuːtɪˌsælɒn], *US* **beauty shop** ['bjuːtɪ ˌʃɒp] Schönheitssalon
beauty spot ['bjuːtɪ ˌspɒt] schönes Fleckchen
beaver ['biːvə] Biber
became [bɪ'keɪm] 2. Form von → **become**
★**because** [bɪ'kɒz] weil, da; **because of** wegen (+ *Genitiv*)
beckon ['bekən] (zu)winken
★**become** [bɪ'kʌm], **became** [bɪ'keɪm], **become** [bɪ'kʌm] **1** werden; **he wants to become a doctor** er will Arzt werden **2** **what has become of him?** was ist aus ihm geworden? (▲ *bekommen* = **get**, **receive**)
★**bed** [bed] **1** Bett (*auch von Fluss usw.*); **go to**

bed ins Bett gehen (**with** mit); **make the bed** das Bett machen; **put to bed** ins Bett bringen ❷ (Garten)Beet

---
PHRASAL VERBS

bed down [ˌbedˈdaʊn], **bedded down, bedded down** sein Nachtlager aufschlagen

★**bed and breakfast** [ˌbedənˈbrekfəst] *auch* **B&B** Zimmer mit Frühstück
bedclothes [ˈbedkləʊ(ð)z] *pl* Bettwäsche
bedcover [ˈbedˌkʌvə] Bettdecke
bedding [ˈbedɪŋ] Bettzeug
bedlam [ˈbedləm] **it was sheer bedlam** es herrschte das totale Chaos
bed linen [ˈbedˌlɪnɪn] Bettwäsche
bedraggled [bɪˈdrægld] ❶ durchnässt ❷ verdreckt ❸ *Person, Erscheinung usw.*: ungepflegt
bedridden [ˈbedˌrɪdn] bettlägerig
★**bedroom** [ˈbedruːm] Schlafzimmer
bedside [ˈbedsaɪd] **at his mother's bedside** am Bett seiner Mutter; **bedside lamp** Nachttischlampe; **bedside table** Nachttisch
bedsit [ˌbedˈsɪt] *umg*, **bedsitter** [ˌbedˈsɪtə] *Br* ❶ möbliertes Zimmer ❷ Einzimmerapartment
bedspread [ˈbedspred] Tagesdecke
bedstead [ˈbedsted] Bettgestell
bedtime [ˈbedtaɪm] Schlafenszeit; **bedtime story** Gutenachtgeschichte
★**bee** [biː] ❶ Biene ❷ **have a bee in one's bonnet** *umg* einen Tick haben
beech [biːtʃ] *Baum*: Buche
★**beef**[1] [biːf] Rindfleisch
★**beef**[2] [biːf] *salopp* meckern (**about** über)
beefburger [ˈbiːfˌbɜːɡə] *bes. Br* Hamburger
Beefeater [ˈbiːfˌiːtə] *Br*; Wächter im Londoner Tower mit traditioneller Uniform
beefy [ˈbiːfɪ] *umg* bullig
beehive [ˈbiːhaɪv] Bienenkorb, Bienenstock
beeline [ˈbiːlaɪn] **make a beeline for** schnurstracks zugehen auf
been [biːn] *3. Form von* → **be**
beep[1] [biːp] **beep one's horn** *Auto*: hupen
beep[2] [biːp] Piepston (*eines Geräts*)
beeper [ˈbiːpə] *US; Gerät*: Piepser
★**beer** [bɪə] Bier
beer belly [ˈbɪəˌbelɪ] Bierbauch
beer mat [ˈbɪəˌmæt] *Br* Bierdeckel
beeswax [ˈbiːzˌwæks] Bienenwachs
beet [biːt] ❶ Rübe ❷ *US* Rote Bete
★**beetle** [ˈbiːtl] *Insekt*: Käfer
beetroot [ˈbiːtruːt] *Br* Rote Rübe, Rote Bete
★**before**[1] [bɪˈfɔː] ❶ *zeitlich*: vor; **the week before last** vorletzte Woche; **before long** in Kürze, bald ❷ *räumlich*: vor; **before my eyes** vor meinen Augen ❸ *in einer bestimmten Situation*: vor, in Gegenwart von (*oder Genitiv*)
★**before**[2] [bɪˈfɔː] *zeitlich*: vorher, zuvor; **the year before** das vorhergehende Jahr
★**before**[3] [bɪˈfɔː] bevor, ehe; **not before** erst als (*oder wenn*)
beforehand [bɪˈfɔːhænd] zuvor, voraus, im Voraus
★**beg** [beg], **begged, begged** ❶ betteln (**um**) ❷ (dringend) bitten (**for** um) ❸ erbitten; **I beg your pardon** Verzeihung!, Entschuldigung!
began [bɪˈgæn] *2. Form von* → **begin**
★**beggar** [ˈbegə] ❶ Bettler(in) ❷ *umg* Kerl; **lucky beggar** Glückspilz
★**begin** [bɪˈgɪn], **began** [bɪˈgæn], **begun** [bɪˈgʌn] beginnen, anfangen; **to begin with** zunächst (einmal), erstens (einmal)
beginner [bɪˈgɪnə] Anfänger(in); **beginner's luck** Anfängerglück
★**beginning** [bɪˈgɪnɪŋ] Beginn, Anfang; **at the beginning** am Anfang; **from the beginning** (ganz) von Anfang an
begrudge [bɪˈgrʌdʒ] ❶ **begrudge someone something** jemandem etwas missgönnen ❷ **begrudge doing something** etwas nur widerwillig tun
beguiling [bɪˈgaɪlɪŋ] betörend
begun [bɪˈgʌn] *3. Form von* → **begin**
behalf [⚠ bɪˈhɑːf] **in** (*US auch* **on**) **behalf of** für, im Namen (*oder* Auftrag) von (*oder Genitiv*)
★**behave** [bɪˈheɪv] ❶ **behave** (**oneself**) sich (gut) benehmen; **behave yourself!** benimm dich! ❷ **behave well** (*bzw.* **badly**) **to** (*oder* **towards**) **someone** sich gut (*bzw.* schlecht) jemandem gegenüber benehmen
★**behaviour**, *US* ★**behavior** [bɪˈheɪvjə] Benehmen, Verhalten; **be on one's best behaviour** sich von seiner besten Seite zeigen
★**behind**[1] [bɪˈhaɪnd] ❶ *räumlich und zeitlich*: hinter; **get something behind one** etwas hinter sich bringen ❷ *Reihenfolge, Rang*: hinter
★**behind**[2] [bɪˈhaɪnd] ❶ *bei Reihenfolge usw.*: hinten, dahinter ❷ *auf die Frage „wohin"*: nach hinten ❸ (≈ *verspätet*) im Rückstand (*oder* Verzug) (**in, with** mit) ❹ *stay usw.* **behind** zurückbleiben *usw.*, dableiben *usw.*
★**behind**[3] [bɪˈhaɪnd] *salopp* Hintern
behindhand [bɪˈhaɪndhænd] im Rückstand (**with** mit) (*Zahlungen usw.*)
beige [⚠ beɪʒ] beige
being[1] [ˈbiːɪŋ] ❶ Dasein, Existenz; **call into being** ins Leben rufen; **come into being** ent-

stehen ◨ (Lebe)Wesen, Geschöpf
being² [ˈbiːɪŋ] *-ing-Form von* → be
Belarus [ˌbeləˈruːs] Weißrussland
belated [bɪˈleɪtɪd] verspätet
belch [beltʃ] aufstoßen, rülpsen
belfry [ˈbelfrɪ] Glockenstuhl, Glockenturm
★**Belgian¹** [ˈbeldʒən] belgisch
★**Belgian²** [ˈbeldʒən] Belgier(in)
★**Belgium** [ˈbeldʒəm] Belgien
★**belief** [bɪˈliːf] ◨ Glaube (**in** an) ◧ Vertrauen (**in** auf, zu) ◨ Überzeugung
believable [bɪˈliːvəbl] glaubhaft, glaubwürdig
★**believe** [bɪˈliːv] ◨ glauben; **believe it or not!** ob Sie es glauben oder nicht!; **would you believe it!** ist das denn die Möglichkeit! ◧ **he's believed to be rich** *usw.* man hält ihn für reich *usw.*

PHRASAL VERBS

believe in [bɪˈliːv_ɪn] ◨ glauben an (*Gott usw.*) ◧ Vertrauen haben zu

---

believer [bɪˈliːvə] ◨ Gläubige(r) ◧ **be a great believer in** viel halten von
Belisha beacon [bɪˌliːʃəˈbiːkən] *Br; gelbes Blinklicht an Zebrastreifen*
★**bell** [bel] ◨ Glocke, Klingel; **was that the bell?** hat es geläutet (*oder* geklingelt)? ◧ **that rings a bell** *umg* das kommt mir bekannt vor
bellow [ˈbeləʊ] (*Rind*) brüllen
bell pepper [ˈbel.pepə] *US* Paprika(schote); → pepper¹ 2 *Br*
★**belly** [ˈbelɪ] ◨ *Körperteil:* Bauch ◧ *Organ:* Magen
bellyache¹ [ˈbelɪ_eɪk] *umg* Bauchweh; **I've got a bellyache** ich habe Bauchweh
bellyache² [ˈbelɪ_eɪk] *umg* meckern
belly button [ˈbelɪˌbʌtn] *umg* Bauchnabel
belly dance [ˈbelɪ_dɑːns] Bauchtanz
belly flop [ˈbelɪ_flɒp] *umg* Bauchklatscher
belong [bɪˈlɒŋ] gehören (**to** zu; **in** in); **he doesn't belong here** er ist hier fehl am Platz

---
PHRASAL VERBS

★**belong to** [bɪˈlɒŋ_tə] ◨ **belong to someone** *Eigentum:* jemandem gehören ◧ angehören (*einem Klub usw.*)

---

belongings [bɪˈlɒŋɪŋz] *pl* Habseligkeiten
beloved [▲ bɪˈlʌvɪd] (innig) geliebt
★**below¹** [bɪˈləʊ] ◨ unten ◧ hinunter, nach unten
★**below²** [bɪˈləʊ] unter, unterhalb (+ *Genitiv*)
★**belt** [belt] ◨ *von Hose usw.:* Gürtel ◧ *in Auto usw.:* (Sicherheits)Gurt ◨ (≈ *Gebiet*) Gürtel;

green belt Grüngürtel ◪ *Technik:* (Treib)Riemen

PHRASAL VERBS

belt up [ˌbeltˈʌp] ◨ **belt up!** *salopp* halt die Schnauze! ◧ *umg; in Auto usw.:* sich anschnallen

---

beltway [ˈbeltweɪ] *US* Umgehungsstraße; → ring road *Br*
bemoan [bɪˈməʊn] beklagen
bemused [bɪˈmjuːzd] verwirrt
★**bench** [bentʃ] ◨ (Sitz)Bank ◧ *Justiz:* Richter *pl*, Gericht; **be on the bench** Richter sein ◨ *in Werkstatt:* Werkbank, Werktisch
benchmark [ˈbentʃmɑːk] *übertragen* Bezugspunkt, Maßstab
★**bend¹** [bend], bent [bent], bent [bent] ◨ biegen, krümmen; **bend out of shape** verbiegen ◧ neigen (*Kopf*), beugen (*Knie*) ◨ sich biegen (*oder* krümmen)

PHRASAL VERBS

bend down [ˌbendˈdaʊn], **bend over** [ˌbendˈəʊvə] sich bücken

---

★**bend²** [bend] ◨ Biegung, *Straße:* Kurve ◧ **drive someone round the bend** *Br, umg* jemanden verrückt machen
beneath¹ [bɪˈniːθ] unter, unterhalb (+ *Genitiv*)
beneath² [bɪˈniːθ] ◨ unten ◧ darunter
benefactor [ˈbenɪfæktə] Wohltäter
beneficial [ˌbenɪˈfɪʃl] nützlich, günstig (**to** für)
benefit¹ [ˈbenɪfɪt] ◨ *allg.:* Vorteil, Nutzen; **be of benefit to someone** jemandem nützen ◧ *Geldleistung:* …unterstützung, …geld; **unemployment benefit** Arbeitslosenunterstützung; **sickness benefit** Krankengeld
benefit² [ˈbenɪfɪt] ◨ nützen, im Interesse (+ *Genitiv*) sein ◧ Vorteil haben (**from** von, durch), Nutzen ziehen (**from** aus)
benefit concert [ˈbenɪfɪtˌkɒnsət] Benefizkonzert
benevolent [▲ bəˈnevələnt] ◨ *Verein, Stiftung usw.:* wohltätig ◧ *Lächeln usw.:* wohlwollend
benign [bəˈnaɪn] ◨ gütig, freundlich ◧ *Klima:* mild ◨ ↔ **malignant**; *Tumor usw.:* gutartig
bent¹ [bent] 2. und 3. Form von → bend¹
bent² [bent] **bent on doing something** entschlossen, etwas zu tun
bent³ [bent] ◨ Neigung, Hang (**for** zu) ◧ Veranlagung; **musical** (*bzw.* **artistic**) **bent** musikalische (*bzw.* künstlerische) Veranlagung
bequeath [▲ bɪˈkwiːð] vermachen (**something to someone** jemandem etwas)

bequest [bɪ'kwest] Vermächtnis
bereaved [bɪ'riːvd] **the bereaved** der (oder die) Hinterbliebene, die Hinterbliebenen pl
berry ['berɪ] Beere
berserk [bə'zɜːk] **go berserk** wild werden, durchdrehen
berth [bɜːθ] **1** von Schiff: Liegeplatz, Ankerplatz **2** in Schiff: Koje **3** Eisenbahn: Schlafwagenbett **4** **give a wide berth to** einen großen Bogen machen um
beseech [bɪ'siːtʃ] beseeched, beseeched oder besought, besought anflehen (**for** um)
★**beside** [bɪ'saɪd] **1** neben **2** **be beside oneself** außer sich sein (**with** vor)
★**besides**¹ [bɪ'saɪdz] außerdem
★**besides**² [bɪ'saɪdz] außer, neben
besiege [bɪ'siːdʒ] **1** militärisch: belagern (auch übertragen) **2** übertragen bestürmen, bedrängen (**with** mit) (⚠ besiege = **defeat**)
★**best**¹ [best] Superlativ von **good** **1** beste(r, -s) **2** größte(r, -s); **the best part of** der größte Teil (+ Genitiv)
★**best**² [best] Superlativ von → **well**¹ **1** am besten **2** **like best** am liebsten mögen **3** **as best they could** so gut sie konnten **4** **best before** auf Lebensmitteln: mindestens haltbar bis; **best-before date** Br Haltbarkeitsdatum
★**best**³ [best] **1** der, die, das Beste **2** **at best** bestenfalls, höchstens **3** **do one's best** sein Möglichstes tun **4** **make the best of** das Beste machen aus **5** **all the best** alles Gute!, in Brief: viele Grüße
best man [,best'mæn] Trauzeuge des Bräutigams
bestseller [,best'selə] Buch usw.: Bestseller, Verkaufsschlager
★**bet**¹ [bet] **1** Wette; **have** (oder **make**) **a bet** eine Wette abschließen (**on** auf) **2** Wetteinsatz **3** in Wendungen: **it's a safe bet that** es steht so gut wie fest, dass; **your best bet is to take the car** umg du nimmst am besten den Wagen
★**bet**² [bet], bet, bet oder betted, betted; -ing- -Form betting **1** wetten (Geld), setzen (**on** auf); **I'll bet you £10 that** ich wette mit dir (um) 10 Pfund, dass **2** **you can bet your bottom dollar that** umg du kannst Gift darauf nehmen, dass **3** **you bet!** umg das kann man wohl sagen!, und wie!
betray [bɪ'treɪ] verraten (Land, Freund usw.) (auch übertragen)
betrayal [bɪ'treɪəl] Verrat (von Land, Freund usw.)
★**better**¹ ['betə] Komparativ von **good** besser; **I'm better** es geht mir besser (gesundheitlich), Br auch ich bin wieder gesund; **get better** besser werden, gesundheitlich: sich erholen
★**better**² ['betə] Komparativ von → **well**¹ **1** besser; **better off** besser dran, finanziell: bessergestellt **2** **think better of it** es sich anders überlegen **3** **you'd** (oder **you had**) **better go** es wäre besser, du gingest; **you'd** (oder **you had**) **better not!** lass das lieber sein!
★**better**³ ['betə] **1** das Bessere **2** **get the better of someone** jemanden unterkriegen; **get the better of something** etwas überwinden
★**better**⁴ ['betə] **better oneself** finanziell: sich verbessern
betting shop ['betɪŋ ʃɒp] Wettbüro
★**between**¹ [bɪ'twiːn] **1** räumlich und zeitlich: zwischen **2** unter; **between you and me** unter uns (oder im Vertrauen) (gesagt) **3** **we had ten pounds between us** wir hatten zusammen zehn Pfund
★**between**² [bɪ'twiːn] dazwischen; **in between** dazwischen
bevel ['bevl] Schmiege
beverage ['bevərɪdʒ] Getränk
bevvy ['bevɪ] Br, umg was zu trinken; **we went to the pub for a few bevvies** wir sind in die Kneipe was trinken gegangen
beware [bɪ'weə] sich hüten, sich in Acht nehmen (**of** vor); **beware of the dog!** Vorsicht, bissiger Hund!; **beware of pickpockets!** vor Taschendieben wird gewarnt!
bewilder [⚠ bɪ'wɪldə] irremachen, verwirren
bewilderment [⚠ bɪ'wɪldəmənt] Verwirrung
bewitch [bɪ'wɪtʃ] übertragen bezaubern
beyond [bɪ'jɒnd] **1** jenseits **2** über ... hinaus **3** **that's beyond me** umg das ist mir zu hoch, das geht über meinen Verstand
bias [⚠ 'baɪəs] Vorurteil, Voreingenommenheit
biased, biassed [⚠ 'baɪəst] voreingenommen, Recht: befangen
bib [bɪb] Lätzchen
★**Bible** ['baɪbl] Bibel
Bible belt ['baɪbl belt] Bibelgürtel (Gegend im Süden der USA, die durch evangelikalen Protestantismus geprägt ist)
biblical [⚠ 'bɪblɪkl] biblisch, Bibel...
bicep ['baɪsep] Bizeps
bicker ['bɪkə] sich zanken (**about, over** um)
★**bicycle**¹ ['baɪsɪkl] Fahrrad, Ⓐ Velo
★**bicycle**² ['baɪsɪkl] mit dem Rad fahren
bid¹ [bɪd], bid, bid; -ing-Form bidding; bei Versteigerung: bieten

bid² [bɪd] **1** *Versteigerung:* Gebot, *Ausschreibung:* Angebot **2** Versuch

bid³ [bɪd], **bade** [⚠ bæd *oder* beɪd] *oder* **bid, bidden** ['bɪdn]; *-ing-Form* **bidding; bid someone farewell** jemandem Lebewohl sagen

bidden ['bɪdn] *3. Form von* → **bid³**

bidding ['bɪdɪŋ] *bei Versteigerung:* Gebot

bide [baɪd] **bide one's time** den rechten Augenblick abwarten

bier [⚠ bɪə] (Toten)Bahre (⚠ *Bier* = *beer*)

★**big¹** [bɪg], **bigger, biggest 1** *allg.:* groß (*auch übertragen*); **the biggest party** die stärkste Partei **2** *Mensch:* groß, kräftig gebaut **3** *Kleidung usw.:* breit, weit, groß; **the coat is too big for me** der Mantel ist mir zu groß **4** *Baum usw.:* hoch, groß **5** Mords…; **big eater** starker Esser **6** *bes. zu Kindern:* (≈ *erwachsen*) groß; **you're big enough now** du bist jetzt groß genug **7** *Ereignis:* wichtig, bedeutend **8** *Mahlzeit:* ausgiebig, reichlich **9** *Wendungen:* **have big ideas** Rosinen im Kopf haben; **get too big for one's boots** *umg* größenwahnsinnig werden; **earn big money** *umg* das große Geld verdienen

★**big²** [bɪg] **act big** *umg* sich groß aufspielen; **talk big** *umg* große Töne spucken

big cheese [ˌbɪg'tʃiːz] *umg; Person:* hohes Tier

big dipper [ˌbɪg'dɪpə] *Br* Achterbahn

big-headed [ˌbɪg'hedɪd] *umg* eingebildet

bigmouth ['bɪgmaʊθ] *umg* **1** Großmaul, Angeber **2** Schwätzer

big shot [ˌbɪg'ʃɒt] *umg Person:* hohes Tier

big wheel [ˌbɪg'wiːl] *Br* Riesenrad

big wig ['bɪgwɪg] *umg Person:* hohes Tier

★**bike¹** [baɪk] *umg* **1** (≈ *Fahrrad*) Rad **2** (≈ *Motorrad*) Maschine

★**bike²** [baɪk] *umg* **1** radeln **2** (mit dem) Motorrad fahren

bikepath ['baɪkpɑːθ] *US* Radweg

biker ['baɪkə] **1** Motorradfahrer(in) **2** Radfahrer(in)

bikeway ['baɪkweɪ] *US* Radweg

★**bikini** [bɪ'kiːnɪ] Bikini

bikini bottoms [bɪˌkiːnɪ'bɒtəmz] *pl* Bikinihose, Bikinihöschen

bikini top [bɪˌkiːnɪ'tɒp] Bikinioberteil

bilberry ['bɪlbərɪ] Blaubeere, Heidelbeere

bilingual [baɪ'lɪŋgwəl] zweisprachig

★**bill¹** [bɪl] **1** Rechnung; **(could I have) the bill, please** *Br* bitte zahlen! **2** *politisch:* (Gesetzes-)Vorlage, Gesetzentwurf **3** *US* Banknote, (Geld)Schein; **five-dollar bill** Fünfdollarschein **4** Plakat **5** **bill of exchange** Wechsel; **bill of sale** Verkaufsurkunde **6** **fit the bill** *übertragen* der/die/das Richtige sein

★**bill²** [bɪl] **bill someone for something** jemandem etwas in Rechnung stellen; **we won't bill you for that, sir** wir werden Ihnen das nicht berechnen

★**bill³** [bɪl] Schnabel (*eines Vogels*)

billboard ['bɪlbɔːd] Reklametafel

billfold ['bɪlfəʊld] *US* Brieftasche

billiards ['bɪljədz] (⚠ *im sg verwendet*) Billard(spiel)

★**billion** ['bɪljən] Milliarde (⚠ *dt. Billion* = **trillion**)

billow ['bɪləʊ] *auch* **billow out** (*Segel usw.*) sich bauschen (*oder* blähen)

billy goat ['bɪlɪˌgəʊt] Ziegenbock

bin [bɪn] **1** Behälter **2** *Br, für Abfall:* Mülleimer, Mülltonne, Papierkorb; **put something in the bin** etwas wegwerfen

bin bag ['bɪnˌbæg] *Br* Müllsack

bind [baɪnd], **bound** [baʊnd], **bound** [baʊnd] **1** binden (**to** an) **2** verbinden (*Wunde*) **3** binden (*Buch*) **4** *Kochen usw.:* binden **5** (*Beton, Zement usw.*) fest werden **6** *durch Vertrag usw.:* binden, verpflichten

---
PHRASAL VERBS

bind together [ˌbaɪndˌtə'geðə] zusammenbinden

bind up [ˌbaɪnd'ʌp] verbinden (*Wunde*)

---

binder ['baɪndə] Hefter, Mappe, Ordner

binding¹ ['baɪndɪŋ] **1** (Buch)Einband **2** *Nähen:* Einfassung, Borte **3** *Ski:* Bindung

binding² ['baɪndɪŋ] *übertragen* bindend, verbindlich

PHRASAL VERBS

binge on ['bɪndʒˌɒn] sich vollstopfen mit (*Schokolade usw.*)

---

binge drinking ['bɪndʒˌdrɪŋkɪŋ] Kampftrinken, Rauschtrinken

binoculars [bɪ'nɒkjʊləz] *pl* Fernglas; **a pair of binoculars** ein Fernglas

biochemistry [ˌbaɪəʊ'kemɪstrɪ] Biochemie

biodegradable [ˌbaɪəʊdɪ'greɪdəbl] biologisch abbaubar

biodiversity [ˌbaɪəʊdaɪ'vɜːsətɪ] Artenreichtum, Artenvielfalt

bioenergy [ˌbaɪəʊ'enədʒɪ] Bioenergie

biofuel ['baɪəʊˌfjuːəl] Biokraftstoff

biography [baɪ'ɒgrəfɪ] Biografie

biological [ˌbaɪə'lɒdʒɪkl] biologisch

biological clock [baɪəˌlɒdʒɪkl'klɒk] biologische

Uhr

biological weapon [baɪə‚lɒdʒɪkl'wepən] biologische Waffe

biologist [▲ baɪ'ɒlədʒɪst] Biologe, Biologin

★**biology** [▲ baɪ'ɒlədʒɪ] Biologie

biomass ['baɪəmæs] Biomasse

biomass plant ['baɪəmæs‚plɑːnt] Biomassekraftwerk

biosphere ['baɪəsfɪə] Biosphäre

birch [bɜːtʃ] *Baum:* Birke

★**bird** [bɜːd] **1** Vogel; **bird of prey** Raubvogel **2** *frauenfeindlich* (≈ *Frau*) Biene, Mieze **3** **give someone the bird** *umg* jemanden auspfeifen

birdcage ['bɜːdkeɪdʒ] Vogelkäfig

bird sanctuary ['bɜːd‚sæŋktʃʊərɪ] Vogelschutzgebiet

birdseed ['bɜːdsiːd] Vogelfutter

bird's-eye view [‚bɜːdz‚aɪ'vjuː] Vogelperspektive

bird table ['bɜːd‚teɪbl] Vogelhäuschen

bird-watcher ['bɜːd‚wɒtʃə] Vogelkenner(in), Vogelbeobachter(in)

bird-watching ['bɜːd‚wɒtʃɪŋ] Vogelbeobachtung

biro® ['baɪrəʊ] *pl:* **biros** *Br* Kugelschreiber

★**birth** [bɜːθ] **1** Geburt; **birth certificate** Geburtsurkunde; **from** (*oder* **since**) **birth** von Geburt an; **give birth to** gebären, zur Welt bringen **2** Abstammung, Herkunft; **she's English by birth** sie ist gebürtige Engländerin **3** *übertragen* Ursprung, Entstehung

birth control ['bɜːθ‚kən‚trəʊl] Geburtenkontrolle

★**birthday**[1] ['bɜːθdeɪ] Geburtstag; **when is your birthday?** wann hast du Geburtstag?; **happy birthday!** alles Gute (*oder* herzlichen Glückwunsch) zum Geburtstag!

★**birthday**[2] ['bɜːθdeɪ] Geburtstags…; **birthday present** Geburtstagsgeschenk

birthmark ['bɜːθmɑːk] Muttermal

birthplace ['bɜːθpleɪs] Geburtsort

birthrate ['bɜːθreɪt] Geburtenziffer

★**biscuit** ['bɪskɪt] **1** *Br* Keks (▲ *nicht* Biskuit), Ⓤ Biscuit; → **cookie 1** *US* **2** *US* eine Art Brötchen

bisexual [baɪ'sekʃʊəl] bisexuell

bishop ['bɪʃəp] **1** *kirchlich:* Bischof **2** *Schach:* Läufer

★**bit**[1] [bɪt] **1** Stück(chen) (*auch übertragen*) **2** **a bit** *umg* eine Weile **3** **a bit** ein bisschen, ziemlich; **not a bit** überhaupt nicht; **a bit of a fool** ein bisschen dumm **4** **bit by bit** Stück für Stück, nach und nach **5** **do one's bit** seinen Beitrag leisten

bit[2] [bɪt] *am Pferdezaum:* Gebiss

bit[3] [bɪt] *von Bohrer:* Bohreinsatz

bit[4] [bɪt] *Computer:* Bit

bit[5] [bɪt] 2. Form von → **bite**[1]

bitch [bɪtʃ] **1** Hündin **2** *frauenfeindlich* Miststück, Schlampe **3** *vulgär* **son of a bitch** Scheißkerl, Hurensohn

bitchy ['bɪtʃɪ] **1** *Frau, Mädchen:* gehässig **2** *Bemerkung:* bissig, gehässig

★**bite**[1] [baɪt], **bit** [bɪt], **bitten** ['bɪtn] **1** beißen, zubeißen **2** (*Insekt*) beißen, stechen **3** (*Fisch*) anbeißen (*auch übertragen*)

★**bite**[2] [baɪt] **1** Biss, *eines Insekts auch:* Stich **2** Bissen, Happen **3** Biss(wunde)

biting ['baɪtɪŋ] *Kälte, Wind:* schneidend

bitten ['bɪtn] 3. Form von → **bite**[1]

★**bitter**[1] ['bɪtə] **1** bitter (*auch übertragen*) **2** *Kritik usw.:* scharf **3** *Feinde usw.:* erbittert **4** verbittert (**about** wegen)

bitter[2] ['bɪtə] *Br* dunkles Bier

bitterly ['bɪtəlɪ]: **bitterly cold** bitterkalt; **weep bitterly** bitterlich weinen

blab [blæb], **blabbed**, **blabbed**; *oft* **blab out** ausplaudern

blabbermouth ['blæbəmaʊθ] Klatschmaul, Plappermaul

★**black**[1] [blæk] *allg.:* schwarz (*auch übertragen*); **black man** Schwarzer; **beat someone black and blue** jemanden grün und blau schlagen

★**black**[2] [blæk] **1** Schwarz; **dressed in black** schwarz (*oder* in Schwarz) gekleidet; **wear black** Trauer tragen **2** Schwarze(r) **3** **be in the black** *Wirtschaft:* mit Gewinn arbeiten

---
PHRASAL VERBS

black out [‚blæk'aʊt] **1** bewusstlos werden **2** abdunkeln, *im Krieg:* verdunkeln

---

black and white [‚blæk‿ən'waɪt] **1** schwarz-weiß **2** **in black and white** schwarz auf weiß, schriftlich

black-and-white [‚blæk‿ən'waɪt] Schwarz-Weiß-…; **black-and-white television** Schwarz-Weiß-Fernsehen

blackberry ['blækbərɪ] Brombeere

blackbird ['blækbɜːd] Amsel

★**blackboard** ['blækbɔːd] (Schul-, Wand)Tafel (▲ *Schwarzes Brett* = **notice board**, *US* **bulletin board**)

blackcurrant [‚blæk'kʌrənt] Schwarze Johannisbeere

blacken ['blækən] **1** schwarz machen, schwärzen **2** schwarz werden

black eye [‚blæk'aɪ] blaues Auge

blackhead ['blækhed] *in der Haut*: Mitesser
black hole [ˌblæk'həʊl] *Astronomie*: schwarzes Loch
black ice [ˌblæk'aɪs] Glatteis
blackmail[1] ['blækmeɪl] Erpressung
blackmail[2] ['blækmeɪl] erpressen
blackmailer ['blækmeɪlə] Erpresser(in)
black market [ˌblæk'mɑːkɪt] schwarzer Markt, Schwarzmarkt
blackout ['blækaʊt] **1** *medizinisch*: Ohnmacht(sanfall), Black-out **2** *in Straße, Stadt*: Stromausfall **3** *Theater usw.*: Black-out **4** **news blackout** Nachrichtensperre
black pudding [ˌblæk'pʊdɪŋ] *Br* Blutwurst
blacksmith ['blæksmɪθ] (Huf)Schmied
bladder ['blædə] *im Körper*: Blase
blade [bleɪd] **1** Klinge (*eines Messers usw.*) **2** *Technik*: Blatt (*einer Säge, eines Ruders usw.*) **3** *Technik*: Flügel (*eines Propellers*), Schaufel (*einer Turbine usw.*) **4** *Pflanze*: Halm; **blade of grass** Grashalm
blader ['bleɪdə] *umg* Inlineskater(in)
blah [blɑː] *umg* Blabla, Geschwafel
★**blame**[1] [bleɪm] **1 blame someone for something, blame something on someone** jemanden für etwas verantwortlich machen, jemandem an etwas die Schuld geben; **he's to blame for it** er ist daran schuld; **he has only himself to blame** er hat es sich selbst zuzuschreiben **2 I don't blame you for being angry** *usw.* ich kann es gut verstehen, dass du verärgert *usw.* bist
★**blame**[2] [bleɪm] Schuld; **lay** (*oder* **put**) **the blame on someone** jemandem die Schuld geben; **take the blame** die Schuld auf sich nehmen
blameless ['bleɪmləs] schuldlos
blanch [blɑːntʃ] **1** erbleichen, bleich werden (**with** vor) **2** *Kochen*: blanchieren (*Obst, Gemüse*)
blancmange [⚠ blə'mɒndʒ] *Br* Pudding
bland [blænd] *Geschmack, Verhalten usw.*: neutral, unaufdringlich
blank[1] [blæŋk] **1** leer, unbeschrieben; **leave blank** frei lassen **2 blank cheque** Blankoscheck **3 blank CD** (CD-)Rohling **4** *Gesicht usw.*: ausdruckslos **5 look blank** verdutzt aussehen
blank[2] [blæŋk] **1** freier Raum, Lücke **2** Platzpatrone **3** *Verlosung*: Niete
blank cartridge [ˌblæŋk'kɑːtrɪdʒ] Platzpatrone
★**blanket**[1] ['blæŋkɪt] Decke, *im engeren Sinn*: Bettdecke; **blanket of snow** Schneedecke

blanket[2] ['blæŋkɪt] umfassend, Pauschal...
blare [bleə] (*Radio usw.*) plärren, (*Trompete*) schmettern
blast[1] [blɑːst] **1** *von Wind*: Windstoß **2** *von Sprengstoff*: Explosion, Detonation **3** Druckwelle (*einer Explosion*) **4** (**at**) **full blast** auf Hochtouren (*laufen oder arbeiten*)
blast[2] [blɑːst] **1** sprengen **2 blasted weather!** *salopp* verdammtes Wetter!; **blast it (all)!** *salopp* verdammt (noch mal)!
blast-off ['blɑːstɒf] Start (*einer Rakete*)
blatant ['bleɪtənt] *Ungerechtigkeit, Fehler usw.*: offenkundig, eklatant
blather ['blæðə] *Br, umg* quatschen
★**blaze**[1] [bleɪz] **1** (lodernde) Flamme **2 blaze of colour** Farbenpracht
blaze[2] [bleɪz] **1** (*Feuer*) lodern **2** leuchten, glühen (**with** vor) (*auch übertragen*)

PHRASAL VERBS

blaze up [ˌbleɪz'ʌp] **1** aufflammen, auflodern **2** *vor Wut*: aufbrausen

blazer ['bleɪzə] Blazer
blazing ['bleɪzɪŋ] glühend; **blazing hot** glühend heiß; **in the blazing sun** in der prallen Sonne
bleach[1] [bliːtʃ] bleichen
bleach[2] [bliːtʃ] Bleichmittel
bleak [bliːk] **1** *Gegend usw.*: öde **2** *Wetter usw.*: rau **3** *Dasein usw.*: trostlos **4** *Aussichten*: düster
bleary ['blɪərɪ] *Augen*: verschlafen
bleary-eyed [ˌblɪərɪ'aɪd] verschlafen, mit verschlafenen Augen
bleat [bliːt] (*Schaf*) blöken, (*Ziege*) meckern
bled [bled] 2. und 3. Form von → **bleed**
★**bleed** [bliːd], bled [bled], bled [bled] bluten; **bleed to death** verbluten
bleeding ['bliːdɪŋ] *Br, salopp* verdammt, verflucht
bleep[1] [bliːp] Piepton
bleep[2] [bliːp] **1** (*Gerät*) piepen **2** anpiepsen (*Arzt usw.*)
bleeper ['bliːpə] Piepser (*Funkrufempfänger*)
blemish [⚠ 'blemɪʃ] *übertragen* Makel
blend[1] [blend] **1** vermengen, (ver)mischen **2** *bei Tee usw.*: eine Mischung zusammenstellen aus **3** sich vermischen (**with** mit), gut passen (**with** zu) (⚠ *nicht* **blenden**)
blend[2] [blend] *Tee usw.*: Mischung
blender ['blendə] *Küchenmaschine*: Mixer
★**bless** [bles], blessed, blessed **1** segnen (*auch übertragen*) **2 be blessed with** gesegnet sein mit **3 bless you!** Gesundheit!

blessed [⚠ 'blesɪd] **1** gesegnet, selig; **the Blessed Virgin** die Heilige Jungfrau **2** *umg* verwünscht, verflixt
blessing ['blesɪŋ] Segen (*auch übertragen*)
blether ['bleðə] *Br, umg* quatschen
blew [bluː] 2. Form von → **blow**¹
blight¹ [blaɪt] schädlicher Einfluss
blight² [blaɪt] zunichtemachen, zerstören
blimey ['blaɪmɪ] *Br, salopp* verdammt!, (überrascht) Mensch, Mannomann
★**blind**¹ [blaɪnd] **1** blind (*auch übertragen* **to** gegenüber; **with** vor); **blind in one eye** auf einem Auge blind **2** *Kurve usw.*: unübersichtlich **3** **turn a blind eye** ein Auge zudrücken (**to** bei) **4** **the blind** *pl* die Blinden
★**blind**² [blaɪnd] **1** blenden **2** *übertragen* blind machen (**to** für, gegen)
★**blind**³ [blaɪnd] *Br* **1** Rollo, Rouleau **2** Jalousie
blind alley [,blaɪnd'ælɪ] Sackgasse (*auch übertragen*)
blind date [,blaɪnd'deɪt] Blind Date (*Rendezvous mit einer unbekannten Person*)
blindfold¹ ['blaɪndfəʊld] Augenbinde
blindfold² ['blaɪndfəʊld] **blindfold someone** jemandem die Augen verbinden
blink [blɪŋk] **1** blinzeln, (mit den Augen) zwinkern **2** *US* (*Licht*) blinken
blinkers ['blɪŋkəz] *pl* **1** Scheuklappen **2** *US Auto*: Blinker
blinking ['blɪŋkɪŋ] *Br, umg* verdammt
bliss [blɪs] (das) Glück, (die) Glückseligkeit
blissful ['blɪsfl] (glück)selig
blister ['blɪstə] *auf der Haut*: Blase
blizzard ['blɪzəd] Schneesturm
bloated ['bləʊtɪd] *Gesicht usw.*: aufgedunsen
blob [blɒb] Klecks
★**block**¹ [blɒk] **1** *aus Holz, Stein usw.*: Block, Klotz **2** Baustein, (Bau)Klötzchen (*für Kinder*) **3** **block (of flats)** *Br* Wohnhaus **4** *bes. US* (Häuser)Block **5** *übertragen* Block, Gruppe
★**block**² [blɒk] **1** *auch* **block up** blockieren, verstopfen **2** *Wirtschaft*: sperren (*Konto*)
blockade¹ [blɒ'keɪd] Blockade
blockade² [blɒ'keɪd] blockieren
blockage ['blɒkɪdʒ] **1** *in Rohrleitung usw.*: Verstopfung **2** *übertragen* Engpass
block and tackle [,blɒk ən'tækl] Flaschenzug
blockbuster¹ ['blɒk,bʌstə] Sensationshit, Knüller
blockbuster² ['blɒk,bʌstə] **blockbuster movie** Kinoknüller; **blockbuster novel** Erfolgsroman
blockhead ['blɒkhed] *umg* Trottel
block letters [,blɒk'letəz] *pl* Blockschrift

blog [blɒg] *Computer*: Weblog, Blog, Online-Tagebuch
blog entry ['blɒg,entrɪ] Blogeintrag
blogger ['blɒgə] *Computer*: Blogger(in) (*Verfasser eines Weblogs*)
blogosphere ['blɒgəsfɪə] *Computer*: Blogosphäre
bloke [bləʊk] *Br, umg* Kerl
★**blond** [blɒnd] blond
blonde¹ [blɒnd] blond
blonde² [blɒnd] Blondine; **you're such a blonde!** *umg* du bist ein echter Obertrottel!
★**blood** [blʌd] **1** Blut (*auch übertragen*); **blood relation** Blutsverwandte(r); **give blood** Blut spenden; **it made my blood boil** es machte mich rasend **2** Geblüt, Abstammung
blood count ['blʌd ˌkaʊnt] *medizinisch*: Blutbild
bloodcurdling ['blʌd,kɜːdlɪŋ] grauenhaft, grauenerregend
blood donor ['blʌd,dəʊnə] Blutspender(in)
blood group ['blʌd ˌgruːp] *Br; medizinisch*: Blutgruppe
blood pressure ['blʌd,preʃə] *medizinisch*: Blutdruck
bloodshed ['blʌdʃed] Blutvergießen
bloodshot ['blʌdʃɒt] *Augen*: rot, blutunterlaufen
blood sugar ['blʌd,ʃʊgə] *medizinisch*: Blutzucker
blood test ['blʌd ˌtest] *medizinisch*: Blutprobe
bloodthirsty ['blʌd,θɜːstɪ] *Film, Geschichte*: blutrünstig
blood type ['blʌd ˌtaɪp] *US medizinisch*: Blutgruppe; → **blood group** *Br*
blood vessel ['blʌd,vesl] Blutgefäß
bloody ['blʌdɪ] **1** *Messer, Schlacht usw.*: blutig **2** *Br, salopp* verdammt, verflucht
bloom¹ [bluːm] Blüte
bloom² [bluːm] blühen (*auch übertragen*)
blooming ['bluːmɪŋ] **1** blühend (*auch übertragen*) **2** *umg* verflixt
★**blossom**¹ ['blɒsəm] Blüte; **be in full blossom** in voller Blüte stehen
★**blossom**² ['blɒsəm] blühen (*auch übertragen*)
blot¹ [blɒt] **1** Klecks **2** *übertragen* Makel, Fleck
blot² [blɒt], **blotted**, **blotted** **1** mit Tinte beklecksen **2** (ab)löschen (*mit Löschpapier*)
blotch [blɒtʃ] *auf der Haut*: Fleck
blotter ['blɒtə] *US* Kladde
blotting paper ['blɒtɪŋ,peɪpə] Löschpapier
★**blouse** [⚠ blaʊz] Bluse
★**blow**¹ [bləʊ], **blew** [bluː], **blown** [bləʊn] **1** (*Wind*) blasen, wehen **2** blasen (*Suppe usw.*) **3**

(*Pfiff usw.*) ertönen **4** (*Sicherung*) durchbrennen **5** **blow one's nose** sich schnäuzen **6** salopp verpulvern (*Geld*) (**on** für) **7** salopp vergeben (*Chance*); **I blew it** ich hab's vermasselt

---
PHRASAL VERBS

blow away [ˌbləʊ‿əˈweɪ] wegblasen
blow down [ˌbləʊˈdaʊn] umwehen
blow off [ˌbləʊˈɒf] wegblasen
blow out [ˌbləʊˈaʊt] ausblasen (*Kerze usw.*)
blow up [ˌbləʊˈʌp] **1** (in die Luft) sprengen **2** explodieren (*auch übertragen Person*) **3** aufblasen, aufpumpen **4** vergrößern (*Foto*) **5** übertragen aufbauschen (**into** zu) **6** (*Sturm usw.*) losbrechen, übertragen (*Streit usw.*) ausbrechen

---

★**blow²** [bləʊ] **1** Schlag, Stoß; **come to blows** handgreiflich werden **2** übertragen Schlag, Schicksalsschlag
blow-dry [ˈbləʊdraɪ] **blow-dry someone's hair** jemandem die Haare föhnen
blow dryer [ˈbləʊˌdraɪə] Haartrockner
blown [bləʊn] 3. Form von → **blow¹**
blowout [ˈbləʊaʊt] *Auto:* Reifenpanne
blow-up [ˈbləʊʌp] **1** *Foto:* Vergrößerung **2** *umg* Krach, Streit
blowy [ˈbləʊɪ] windig
BLT [ˌbiː el ˈtiː] (*abk für* **bacon, lettuce, and tomato sandwich**) Sandwich mit Frühstücksspeck, Kopfsalat und Tomaten
blubber [ˈblʌbə] flennen, heulen
bludgeon [ˈblʌdʒən] niederknüppeln
★**blue¹** [bluː] **1** blau **2** *umg* melancholisch, traurig
★**blue²** [bluː] **1** Blau; **dressed in blue** blau (*oder* in Blau) gekleidet **2** **out of the blue** übertragen aus heiterem Himmel
blueberry [ˈbluːbəri] Blaubeere, Heidelbeere
blue cheese [ˌbluːˈtʃiːz] Edelpilzkäse
blue-collar [ˌbluːˈkɒlə] **blue-collar worker** Arbeiter (*im Gegensatz zu Büroangestellten usw.*)
blue movie [ˌbluːˈmuːvɪ] Pornofilm
blueprint [ˈbluːprɪnt] **1** *technisch:* Blaupause **2** übertragen Plan, Entwurf
blues [bluːz] *pl* **1** **have the blues** *umg* niedergeschlagen sein, seinen Moralischen haben **2** (*auch mit sg konstruiert*) *Musik:* Blues
bluff [blʌf] bluffen
bluish [ˈbluːɪʃ] bläulich
blunder [ˈblʌndə] (grober) Fehler
blunt¹ [blʌnt] **1** *Messer, Stift usw.*: stumpf **2** übertragen offen, schonungslos; → **bluntly**

blunt² [blʌnt] stumpf machen, abstumpfen (*auch übertragen* **to** gegen)
bluntly [ˈblʌntlɪ] freiheraus; **to put it bluntly** um es ganz offen zu sagen; **refuse bluntly** glatt ablehnen
blur [blɜː], **blurred, blurred** verwischen (*auch übertragen*), verschmieren (*Schrift usw.*)
blurb [blɜːb] Informationstext, *auf Buchumschlag:* Klappentext
blurred [blɜːd] **1** *Schrift:* verschmiert **2** *Foto:* verwackelt

---
PHRASAL VERBS

blurt out [ˌblɜːtˈaʊt] herausplatzen mit (*einer Neuigkeit usw.*)

---

blush [blʌʃ] erröten, rot werden
blusher [ˈblʌʃə] Schminke: Rouge
BMX bike [ˌbiːemˈeks‿baɪk] BMX-Rad
BO [ˌbiː ˈəʊ] (*abk für* **body odour**) Körpergeruch
boar [bɔː] Eber, *Wildschwein:* Keiler
★**board¹** [bɔːd] **1** Brett **2** …brett; **notice board**, *US* **bulletin board** Schwarzes Brett; **chessboard** Schachbrett **3** (Wand)Tafel **4** Kost, Verpflegung; **board and lodging** Unterkunft und Verpflegung; **full/half board** *Br* Voll-/Halbpension **5** Ausschuss, Kommission; *von Firma auch:* **board of directors** Vorstand, *einschließlich Aktionären usw.:* Aufsichtsrat; **have a seat on the board** im Vorstand/Aufsichtsrat sein; **board of examiners** Prüfungskommission **6** **on board the ship/plane** an Bord des Schiffes/Flugzeugs; **on board the bus/train** im Bus/Zug; **on board (a) ship** an Bord eines Schiffs **go on board** an Bord gehen (*eines Schiffs, Flugzeugs*), einsteigen (*in Bus, Zug*) **7** (dicke) Pappe **8** übertragen **across the board** allgemein; **go by the board** (*Vorschläge usw.*) unter den Tisch fallen; **take something on board** etwas begreifen
board² [bɔːd] **1** dielen, täfeln **2** *Schiff, Flugzeug:* an Bord gehen; **flight ZA173 now boarding at gate 13** Passagiere des Fluges ZA173, bitte zum Flugsteig 13 **3** einsteigen in (*ein Flugzeug, Schiff, einen Zug*)
boarder [ˈbɔːdə] **1** *Br* Internatsschüler(in) **2** Pensionsgast
board game [ˈbɔːdˌgeɪm] Brettspiel
boarding house [ˈbɔːdɪŋ‿haʊs] Pension
boarding pass [ˈbɔːdɪŋ‿pɑːs] Bordkarte
boarding school [ˈbɔːdɪŋ‿skuːl] Internat
★**boast** [bəʊst] prahlen (**of, about** mit)
boastful [ˈbəʊstfl] prahlerisch

★**boat** [bəʊt] Boot, *größer:* Schiff; **he's going by boat** er fährt mit dem Schiff; **we're all in the same boat** wir sitzen alle im gleichen Boot

boat train ['bəʊt‿treɪn] Zug mit Schiffsanschluss

bob[1] [bɒb] Frisur: Bubikopf

bob[2] [bɒb], **bobbed, bobbed** **1** (*Boot usw.*) sich auf und ab bewegen **2** *als höfliche Begrüßung:* knicksen

PHRASAL VERBS

bob up [ˌbɒb'ʌp] (plötzlich) auftauchen

bobbin ['bɒbɪn] *von Nähmaschine usw.:* Spule

bobby ['bɒbɪ] *Br, umg, veraltet* (≈ *Polizist*) Bobby

bobcat ['bɒbkæt] *in USA:* Luchs

bobsled ['bɒbsled], **bobsleigh** (⚠ 'bɒbsleɪ) *Sport:* Bob

bodily ['bɒdɪlɪ] körperlich; **bodily harm** *Recht:* Körperverletzung

★**body** ['bɒdɪ] **1** Körper, Leib **2** *im engeren Sinn:* Rumpf **3** (**dead**) **body** Leiche **4** *Auto:* Karosserie **5** Körperschaft, Gruppe, Gremium **6** *Physik usw.:* Körper; **celestial** (*oder* **heavenly**) **body** Himmelskörper

body clock ['bɒdɪklɒk] innere Uhr

bodyguard ['bɒdɪɡɑːd] **1** Leibwächter **2** Leibgarde, Leibwache

body language ['bɒdɪˌlæŋɡwɪdʒ] (die) Körpersprache

body odour, *US* **body odor** ['bɒdɪˌəʊdə] Körpergeruch

bodywork ['bɒdɪwɜːk] *Auto:* Karosserie

bog [bɒɡ] **1** Sumpf, Moor **2** *Br, salopp* Klo

PHRASAL VERBS

bog down [ˌbɒɡ'daʊn] **bogged down, bogged down:** be (*oder* get) **bogged down** stecken bleiben (*auch übertragen*)

bogeyman ['bəʊɡɪmæn] *Kinderschreck:* schwarzer Mann

boggle ['bɒɡl] fassungslos sein; **the mind boggles at the thought** es wird einem schwindlig bei dem Gedanken

boggy ['bɒɡɪ] sumpfig, morastig

bogus ['bəʊɡəs] **1** falsch, unecht **2** Schwindel..., Schein...

★**boil**[1] [bɔɪl] **1** (*Wasser usw.*) kochen, sieden **2** kochen (lassen) (*Wasser usw.*) **3** *übertragen* (*Person*) kochen (**with rage** vor Wut)

PHRASAL VERBS

boil away [ˌbɔɪl‿ə'weɪ] **1** vor sich hin kochen **2** verdampfen

boil down [ˌbɔɪl'daʊn] **1** einkochen **2** übertragen zusammenfassen (**to a few sentences** in ein paar Sätzen)

boil down to [ˌbɔɪl'daʊn‿tə] übertragen hinauslaufen auf

boil over [ˌbɔɪl'əʊvə] **1** (*Milch usw.*) überkochen, überlaufen **2** (*Situation usw.*) sich auswachsen (**into** zu)

★**boil**[2] [bɔɪl] **bring to the boil** zum Kochen bringen

★**boil**[3] [bɔɪl] *medizinisch:* Furunkel

boiler ['bɔɪlə] **1** *Technik:* Dampfkessel **2** Boiler, Heißwasserspeicher

boiler suit ['bɔɪləˌsuːt] Overall

boiling hot [ˌbɔɪlɪŋ'hɒt] kochend heiß

boiling point ['bɔɪlɪŋ‿pɔɪnt] Siedepunkt (*auch übertragen*); **reach boiling point** den Siedepunkt erreichen

boisterous ['bɔɪstərəs] *Person, Party usw.:* ausgelassen, wild

bold [bəʊld] **1** *Person, Tat usw.:* kühn, mutig **2** *abwertend* dreist **3** *Umrisse usw.:* scharf hervortretend **4** **bold type** Fettdruck

Bolivia [bə'lɪvɪə] Bolivien

bolster[1] ['bəʊlstə] Nackenrolle (⚠ *nicht* **Polster**)

bolster[2] ['bəʊlstə] *mst.* **bolster up** *übertragen* unterstützen

bolt[1] [bəʊlt] **1** *Technik:* Bolzen, Schraube **2** *Technik:* Riegel **3** **a bolt from the blue** *übertragen* ein Blitz aus heiterem Himmel

bolt[2] [bəʊlt] **1** (*Pferd*) durchgehen **2** verriegeln, zuriegeln (*Tor, Fenster usw.*) **3** verschrauben (**to** mit); **bolt together** verschrauben **4** (*Person*) sausen **5** *oft* **bolt down** hinunterschlingen (*Essen*)

bolt[3] [bəʊlt] **he made a bolt for the door** er machte einen Satz zur Tür

bolt[4] [bəʊlt] **bolt upright** kerzengerade

★**bomb**[1] (⚠ bɒm] Bombe; **bomb attack** Bombenanschlag

★**bomb**[2] (⚠ bɒm] bombardieren

bombard [bɒm'bɑːd] beschießen, bombardieren (*auch übertragen* **with** mit)

bombed (⚠ bɒmd] *salopp* **1** besoffen **2** (≈ *im Drogenrausch*) high

bomber (⚠ 'bɒmə] *Person:* Bombenattentäter(in)

bombshell (⚠ 'bɒmʃel] **drop a bombshell** die Bombe platzen lassen

bomb threat (⚠ 'bɒm‿θret] Bombendrohung

bonanza [bə'nænzə] *übertragen* Goldgrube

bond [bɒnd] **1** *zwischen Personen:* Bindung **2** **the bonds of love** die Bande der Liebe **3**

Wirtschaft: Schuldverschreibung, Obligation
★**bone¹** [bəʊn] **1** Knochen; **bones** *pl* Gebeine **2** (Fisch)Gräte **3 feel something in one's bones** etwas in den Knochen spüren **4 I've still got a bone to pick with him** mit ihm habe ich noch ein Hühnchen zu rupfen **5 chilled to the bone** völlig durchgefroren
★**bone²** [bəʊn] entbeinen (*Fleisch usw.*), entgräten (*Fisch*)

PHRASAL VERBS

bone up [ˌbəʊnˈʌp] **bone up on something** *umg* etwas pauken (*oder* büffeln)

bonfire [ˈbɒnˌfaɪə] **1** Freudenfeuer **2** Feuer im Freien (*zum Unkrautverbrennen usw.*)
Bonfire Night [ˈbɒnˌfaɪə‿naɪt] *Br* Feierlichkeiten, Feuerwerk usw. zum Gedenken an die Pulververschwörung vom 5. November 1605; → **Gunpowder Plot**
bonk¹ [bɒŋk] **1** *Br, salopp* bumsen (*Sex mit jemandem haben*) **2 bonk one's head** sich am Kopf schlagen
bonk² [bɒŋk] **1 give someone a bonk on the head** *umg* jemanden am Kopf schlagen **2 have a bonk** *Br, salopp* bumsen
bonkers [ˈbɒŋkəz] *Br, salopp* verrückt
bonnet [ˈbɒnɪt] **1** *Br; Auto*: Motorhaube **2** Haube (*für Baby*)
bonus [ˈbəʊnəs] **1** *Wirtschaft*: Bonus, Prämie; **bonus scheme** Prämiensystem; **bonus point** Bonuspunkt **2** *zu Weihnachten usw* Gratifikation **3** *umg* Zugabe
bony [ˈbəʊnɪ] knochendürr
boo¹ [buː] Buh(ruf)
boo² [buː] **1** buhen **2** ausbuhen (*Redner usw.*)
boob¹ [buːb] *Br, salopp* Schnitzer
boob² [buːb] *Br, salopp* einen Schnitzer machen
boobs [buːbz] *salopp* Titten
★**book¹** [bʊk] **1** Buch; **the good Book** die Bibel; **a closed book** *übertragen* ein Buch mit sieben Siegeln (**to** für) **2** Heft; **exercise book** Schreibheft, Schulheft **3** Heft(chen); **book of tickets** Fahrscheinheft **4 that's cheating in my book** *übertragen* für mich ist das Betrug; **she's in my good** (*bzw*. **bad**) **books** auf sie bin ich gut (*bzw*. nicht gut) zu sprechen **5 books** *pl Handel*: Bücher; **do the books for someone** jemandem die Bücher führen
★**book²** [bʊk] **1** bestellen (*Zimmer, Platz usw.*), buchen (*Reise usw.*); **fully booked** *Vorstellung*: ausverkauft; *Flug* ausgebucht; *Hotel*: voll belegt **2** sich vormerken lassen (*für eine Fahrt usw.*) **3** verpflichten, engagieren (*Künstler usw.*) **4** aufschreiben (*Verkehrssünder usw.*), *Sport*: verwarnen

PHRASAL VERBS

book in [ˌbʊkˈɪn] *bes. Br* sich eintragen (*im Hotel*); **book in at** absteigen in
book up [ˌbʊkˈʌp] **booked up** *Künstler, Hotel*: ausgebucht

bookcase [ˈbʊkˌkeɪs] Bücherschrank
booking [ˈbʊkɪŋ] Buchung, (Vor)Bestellung; **make a (firm) booking** (fest) buchen
booking office [ˈbʊkɪŋˌɒfɪs] **1** (Fahrkarten)-Schalter **2** *Theater usw.*: Kasse, Vorverkaufsstelle
book-keeper [ˈbʊkˌkiːpə] Buchhalter(in)
book-keeping [ˈbʊkˌkiːpɪŋ] *Wirtschaft*: Buchhaltung, Buchführung; **single-/double-entry book-keeping** einfache/doppelte Buchhaltung
booklet [ˈbʊklət] Broschüre, Bändchen
bookmaker [ˈbʊkˌmeɪkə] *im Wettbüro*: Buchmacher
bookmark [ˈbʊkmɑːk] **1** Lesezeichen **2** *Computer*: Bookmark, Lesezeichen, Textmarke
books [bʊks] *Wirtschaft*: Geschäftsbücher
bookseller [ˈbʊkˌselə] Buchhändler(in)
bookshelf [ˈbʊkʃelf] *pl*: **bookshelves** [ˈbʊkʃelvz] Bücherbord, Bücherbrett; **bookshelves** *auch* Bücherregal
★**bookshop** [ˈbʊkʃɒp] *bes. Br* Buchhandlung
bookstall [ˈbʊkstɔːl] **1** *auf dem Flohmarkt usw.*: Bücherstand **2** *Br* Zeitungskiosk, Zeitungsstand
bookstore [ˈbʊkstɔː] *US* Buchhandlung
book token [ˈbʊkˌtəʊkən] Buchgutschein
bookworm [ˈbʊkwɜːm] Bücherwurm
boom¹ [buːm] **1** (*Stimme usw.*) dröhnen **2** (*Geschütz*) donnern
boom² [buːm] *Wirtschaft* **1** Boom, Aufschwung **2** Hochkonjunktur
boom³ [buːm] *Wirtschaft*: einen Boom erleben, boomen
boom⁴ [buːm] **1** Dröhnen **2** Donnern (*von Geschützen*) **3** Brausen (*der Wellen*)
boomerang [ˈbuːməræŋ] Bumerang (*auch übertragen*)
boon [buːn] *übertragen* Segen (**to** für)
boorish [ˈbʊərɪʃ] ungehobelt
boost¹ [buːst] **1** *umg* in die Höhe treiben (*Preise*) **2** *umg* Auftrieb geben **3** ankurbeln (*Produktion usw.*) **4** *Elektrotechnik*: verstärken (*Spannung*)
boost² [buːst] *umg* Auftrieb; **give someone a boost** jemanden aufmöbeln
booster [ˈbuːstə] **1** *auch* **booster shot** Wie-

derholungsimpfung ② *auch* **booster rocket** Zusatzrakete ③ Zündstufe (*einer Rakete*)

★**boot**[1] [buːt] ① Stiefel ② **get the boot** *salopp* gefeuert werden ③ **he gave her the boot** *umg* er hat ihr den Laufpass gegeben ④ *Br*; *Auto*: Kofferraum (⚠ **Boot** = **boat**); → **trunk** *US*

★**boot**[2] [buːt] ① *umg* einen (Fuß)Tritt geben ② *auch* **boot up** *Computer*: booten, laden

booth [buːð] ① (Markt)Bude ② **phone booth** Telefonzelle ③ **polling** (*oder* **voting**) **booth** Wahlkabine

bootlace ['buːtleɪs] Schnürsenkel

bootleg copy [ˌbuːtlegˈkɒpɪ] Raubkopie

booze[1] [buːz] *umg* Alkohol (*Getränk*)

booze[2] [buːz] (≈ *sich betrinken*) saufen

booze-up ['buːzʌp] *Br*, *salopp* Besäufnis

★**border**[1] ['bɔːdə] ① (Gebiets-, Landes)Grenze ② Rand ③ Einfassung, Umrandung

★**border**[2] ['bɔːdə] ① einfassen (*Beet usw.*) ② begrenzen, grenzen (an)

borderline ['bɔːdəlaɪn] ① *übertragen* Grenze; **borderline case** Grenzfall ② Grenzlinie

bore[1] [bɔː] 2. Form von → **bear**[2]

bore[2] [bɔː] ① *Person*: Langweiler ② langweilige Sache

bore[3] [bɔː] langweilen; → **bored**

bore[4] [bɔː] bohren

bored [bɔːd] **be bored** sich langweilen; **be bored stiff** *umg* sich zu Tode langweilen

boredom ['bɔːdəm] Langeweile

★**boring** ['bɔːrɪŋ] langweilig, ⓐ fad

★**born** [bɔːn] geboren (*auch übertragen*); **be born** geboren werden; **she was born in 2000** sie ist 2000 geboren

borne [bɔːn] 3. Form von → **bear**[2]

borough [⚠ 'bʌrə] ① *Br*; *Verwaltungseinheit*: Stadt, Stadtteil, städtischer Wahlbezirk ② *US*; *Verwaltungseinheit*: Stadtteil

★**borrow** ['bɒrəʊ] (sich) (aus)borgen (*oder* leihen) (**from** von) (⚠ *jemandem etwas borgen* = **lend**)

Bosnia ['bɒznɪə] Bosnien

bosom [⚠ 'bʊzəm] Busen (*auch übertragen*)

★**boss** [bɒs] *umg* Chef(in), Boss; **OK, you're the boss** in Ordnung, du hast zu bestimmen

PHRASAL VERBS

boss about *oder* **around** [ˌbɒsəˈbaʊt *oder* əˈraʊnd] *umg* herumkommandieren

bossy ['bɒsɪ] *umg* herrisch

botanical [bəˈtænɪkl] **botanical garden** (*oder* **gardens** *pl*) botanischer Garten

botany [⚠ 'bɒtənɪ] (die) Botanik

botch[1] [bɒtʃ] *bes. Br*, *umg*, *auch* **botch job** Pfusch, Pfuscharbeit

botch[2] [bɒtʃ] *umg* ① *auch* **botch up** verpfuschen ② (≈ *schlecht arbeiten*) pfuschen

★**both**[1] [bəʊθ] beide, beides; **both (of) my brothers** meine beiden Brüder; **both of them** alle beide

★**both**[2] [bəʊθ] **both ... and ...** sowohl ... als auch ...

★**bother**[1] ['bɒðə] ① belästigen, stören; **stop bothering me!** lass mich in Ruhe! ② **I can't be bothered** ich habe keine Lust (**to do something** etwas zu tun); **I'm not bothered** das ist mir egal ③ **he doesn't bother about his family** er kümmert sich nicht um seine Familie; **don't bother** (ist) nicht nötig

bother[2] ['bɒðə] Schwierigkeiten, Ärger; **I'm in a spot of bother** ich habe Schwierigkeiten

★**bottle**[1] ['bɒtl] ① Flasche; **a bottle of wine** eine Flasche Wein ② *Br umg* Mumm

★**bottle**[2] ['bɒtl] in Flaschen abfüllen

bottle bank ['bɒtl bæŋk] *Br* Altglascontainer

bottleneck ['bɒtlnek] Engpass (*einer Straße*) (*auch übertragen*)

bottle opener ['bɒtlˌəʊpənə] Flaschenöffner

★**bottom**[1] ['bɒtəm] ① Boden (*eines Gefäßes usw.*), Fuß (*eines Bergs usw.*); **from the bottom of one's heart** aus tiefstem Herzen ② unteres Ende (*einer Seite usw.*), Ende (*einer Straße usw.*); **at the bottom of the street** am Ende der Straße ③ Unterseite (*eines Gegenstandes*) ④ *umg* Hintern, Po ⑤ Boden, Grund; **bottom of the sea** Meeresboden, Meeresgrund ⑥ **get to the bottom of something** einer Sache auf den Grund gehen (*oder* kommen)

bottom[2] ['bɒtəm] unterste(r, -s); **bottom line** letzte Zeile

bough [⚠ baʊ] Ast, Zweig

bought [bɔːt] 2. und 3. Form von → **buy**[1]

boulder ['bəʊldə] Felsblock

bounce[1] [baʊns] ① (*Ball usw.*) aufprallen, (auf)springen ② aufspringen lassen (*Ball*) ③ hüpfen, springen (**over** über) ④ *umg* (*Scheck*) platzen ⑤ *US*, *salopp*: **I gotta bounce** ich mach 'nen Abgang

PHRASAL VERBS

bounce off [ˌbaʊnsˈɒf] abprallen (von)

bounce[2] [baʊns] ① Sprung, Satz (*eines Balls*) ② *von Ball*: Sprungkraft ③ *umg*; *von Person*: Schwung

bouncer ['baʊnsə] *umg*; *in der Bar usw.*: Rausschmeißer

bouncy castle ['baʊnsɪˌkɑːsl] *für Kinder*: Hüpfburg

bound¹ [baʊnd] *2. und 3. Form von* → bind

bound² [baʊnd] **be bound to do something** etwas bestimmt tun; **it's bound to rain** es wird bestimmt regnen

bound³ [baʊnd] hüpfen, springen

bound⁴ [baʊnd] **bound for** unterwegs nach

boundary ['baʊndərɪ] Grenze

boundless ['baʊndləs] grenzenlos (*auch übertragen*)

bounds [baʊndz] *pl* **1** Grenze, *übertragen auch* Schranke; **keep something within bounds** etwas in (vernünftigen) Grenzen halten **2 out of bounds** Zutritt verboten

bountiful ['baʊntɪfl] *literarisch* **1** *Ernte usw.*: reichlich **2** *Person*: freigebig

bounty ['baʊntɪ] **1** Prämie, Belohnung (*bes. Kopfgeld*) **2** *literarisch*: Freigebigkeit

bouquet [bʊˈkeɪ] Bukett, (Blumen)Strauß

bourgeois [▲ 'bʊəʒwɑː] *mst. abwertend* (spieß)bürgerlich, spießig

bout [▲ baʊt] **1** *medizinisch*: Anfall **2** (Box-, Ring)Kampf

★**boutique** [buːˈtiːk] Boutique

★**bow**¹ [▲ baʊ] **1** sich verbeugen (**to** vor) **2** beugen, neigen (*Kopf*)

★**bow**² [▲ baʊ] Verbeugung

★**bow**³ [baʊ] **1** *Waffe*: Bogen **2** *Musik*: Bogen (*für Violine usw.*) **3** Schleife

★**bow**⁴ [▲ baʊ] *Schiff*: Bug

bowel [▲ 'baʊəl] *Körper*: Darm; **bowels** *pl auch* Eingeweide

★**bowl**¹ [baʊl] **1** Schüssel, *für Obst usw.*: Schale; **sugar bowl** Zuckerdose; **a bowl of milk** eine Schale Milch **2** Napf (*für Tiere usw.*) **3** *von WC*: Becken

★**bowl**² [baʊl] *Bowling, Kegeln*: Kugel

bow-legged [ˌbaʊˈlegɪd] o-beinig

bowler ['baʊlə] *auch* **bowler hat** *Br* Bowler, Melone

bowling ['baʊlɪŋ] Bowling, Kegeln

bowling alley ['baʊlɪŋˌælɪ] Bowlingbahn, Kegelbahn

bow tie [ˌbaʊˈtaɪ] *Schleife*: Fliege

★**box**¹ [bɒks] **1** *aus Holz usw.*: Kasten, Kiste **2** *aus Pappe*: Karton, (*groß*), Schachtel; **box of chocolates** Schachtel Pralinen **3** *aus Blech usw.*: Büchse, Dose, Kästchen **4** *Technik*: Gehäuse **5** **phone box** *Br* (Telefon)Zelle **6** *Theater usw.*: Loge **7** **witness box** *Recht*: Zeugenstand **8** *für Pferd, Auto*: Box **9** *umg* Kasten (*Fernseher*), Fernsehen; **on the box** im Fernsehen

_____ **PHRASAL VERBS**

box in [ˌbɒksˈɪn] einschließen, einsperren; **I feel boxed in** *übertragen* ich fühle mich eingeengt

★**box**² [bɒks] **1** *Sport*: boxen (mit *oder* gegen) **2 box someone's ears** jemanden ohrfeigen

★**box**³ [bɒks] **box on the ears** Ohrfeige

boxcar ['bɒkskɑː] *US* Güterwagen

boxer ['bɒksə] **1** *Sport*: Boxer(in) **2** *Hund*: Boxer

boxing ['bɒksɪŋ] Boxen, Boxsport

★**Boxing Day** ['bɒksɪŋˌdeɪ] *Br* der 2. Weihnachts(feier)tag

boxing gloves ['bɒksɪŋˌglʌvz] *pl* Boxhandschuhe

boxing match ['bɒksɪŋˌmætʃ] Boxkampf

box number ['bɒksˌnʌmbə] Chiffre(nummer)

box office ['bɒksˌɒfɪs] *Theater, Kino usw.*: Kasse

box-office ['bɒksˌɒfɪs] **box-office hit** *Theater usw.*: Kassenerfolg, Kassenschlager

box set [ˌbɒksˈset] Boxset

★**boy** [bɔɪ] Junge (*auch umg* Sohn), Knabe

boycott¹ ['bɔɪkɒt] boykottieren

boycott² ['bɔɪkɒt] Boykott

★**boyfriend** ['bɔɪfrend] Freund (*eines Mädchens*)

boyhood ['bɔɪhʊd] *eines Mannes*: Jugendzeit, Kindheit

boyish ['bɔɪɪʃ] **1** jungenhaft **2** *Frau*: knabenhaft

boy scout [ˌbɔɪˈskaʊt] Pfadfinder

bra [brɑː] BH (*Büstenhalter*)

brace¹ [breɪs] **1** *Br; für Zähne*: (Zahn)Spange **2** *Technik*: Strebe

brace² [breɪs] **brace oneself for** *übertragen* sich gefasst machen auf

★**bracelet** ['breɪslət] Armband

braces ['breɪsɪz] *pl* **1** *Br* Hosenträger **2** *US* Zahnspange

bracket¹ ['brækɪt] **1** *Mathematik, Schreiben*: Klammer; **in brackets** in Klammern; **round** (*bzw.* **square**) **brackets** runde (*bzw.* eckige) Klammern **2 age bracket** Altersgruppe; **tax bracket** Steuerklasse **3** *Technik*: Träger, Stütze

bracket² ['brækɪt] einklammern

brag [bræg], **bragged, bragged** prahlen (**about, of** mit)

braggart ['brægət] Prahler(in), Angeber(in)

braid¹ [breɪd] *bes. US* flechten (*Haar usw.*)

braid² [breɪd] *bes. US* Zopf

★**brain** [breɪn] **1** *Körper*: Gehirn **2** *oft* **brains** *pl übertragen* Verstand; **rack one's brains** sich den Kopf zerbrechen **3 he's got brains** er hat Köpfchen

brainless ['breɪnləs] hirnlos, geistlos
brainstorm ['breɪnstɔːrm] *US, umg* Geistesblitz
brainteaser ['breɪnˌtiːzə] *umg* schwieriges Rätsel
brainwash ['breɪnwɒʃ] **brainwash someone** jemanden einer Gehirnwäsche unterziehen
brainwave ['breɪnweɪv] *umg* Geistesblitz
brainy ['breɪnɪ] *umg* schlau, gescheit
braise [breɪz] *Kochen:* schmoren
brake¹ [breɪk] *Technik:* Bremse; **put the brakes on** bremsen
brake² [breɪk] bremsen
bramble ['bræmbl] **1** Brombeerstrauch **2** Brombeere
bran [bræn] *aus Getreide:* Kleie
★**branch¹** [brɑːntʃ] **1** Ast, Zweig **2** *übertragen* Zweig, Linie (*einer Familie*) **3** *übertragen* Zweig, Sparte (*einer Wissenschaft usw.*) **4** *Handel:* Zweigstelle, Filiale; **main branch** Haupt(geschäfts)stelle, *von Laden:* Hauptgeschäft; **branch manager** Filialleiter(in)
★**branch²** [brɑːntʃ] sich verzweigen

_____ PHRASAL VERBS
branch off [ˌbrɑːntʃ'ɒf] *Straße:* abzweigen

★**brand¹** [brænd] **1** *Waren:* Marke, Sorte **2** *übertragen* Sorte, Art; **his brand of humour** seine Art von Humor **3** Brandzeichen (⚠ *nicht* **Brand**)
★**brand²** [brænd] **1** mit seinem Warenzeichen versehen; **branded goods** *pl* Markenartikel **2** mit einem Brandzeichen kennzeichnen (*Vieh*) **3** (≈ *denunzieren*) brandmarken
brand name ['brænd ˌneɪm] Markenname
brand-new [ˌbrænd'njuː] (funkel)nagelneu
brandy ['brændɪ] Weinbrand
brash [bræʃ] **1** frech, unverfroren **2** *Musik, Farben usw.:* aufdringlich
brass [brɑːs] **1** Messing **2 the brass** *Musik:* das Blech (*im Orchester*), die Blechbläser **3** *Br, umg* Knete (*Geld*)
brass band [ˌbrɑːs'bænd] Blaskapelle
brassed off [ˌbrɑːst'ɒf] **be brassed off with someone** (*oder* **something**) *umg* von jemandem (*oder* etwas) die Nase voll haben
brat [bræt] *abwertend* Balg, Gör
★**brave¹** [breɪv] tapfer, mutig (⚠ *nicht* **brav**)
★**brave²** [breɪv] trotzen (*Sturm usw.*)
bravery ['breɪvərɪ] Tapferkeit, Mut
bravo¹ [ˌbrɑː'vəʊ] bravo!
bravo² [ˌbrɑː'vəʊ] *pl:* **bravos** Bravo(ruf)
brawl¹ [brɔːl] Rauferei, Schlägerei
brawl² [brɔːl] raufen, sich schlagen
brawn [brɔːn] Muskeln *pl,* Muskelkraft
brawny ['brɔːnɪ] muskulös
bray [breɪ] (*Esel*) schreien
brazen ['breɪzn] *übertragen* unverschämt, unverfroren
★**Brazil** [brə'zɪl] Brasilien
★**Brazilian¹** [brə'zɪlɪən] brasilianisch
★**Brazilian²** [brə'zɪlɪən] Brasilianer(in)
breach [briːtʃ] *übertragen* Bruch, Verletzung; **breach of confidence** Vertrauensbruch
★**bread** [bred] **1** Brot (*auch Lebensunterhalt*); (**a piece of**) **bread and butter** (ein) Butterbrot; **earn one's (daily) bread** sein Brot verdienen **2** *salopp* Knete (*Geld*)
bread bin ['bred ˌbɪn] Brotkasten
breadcrumb [⚠ 'bredkrʌm] Brotkrümel; **breadcrumbs** *pl auch* Paniermehl
breadmaker ['bredˌmeɪkə] Brotbackautomat
bread roll ['bred ˌrəʊl] Brötchen
breadth [bredθ] Breite; **measure ten yards in breadth** 10 Yards breit sein
breadwinner ['bredˌwɪnə] Ernährer (*einer Familie*)
★**break¹** [breɪk], **broke** [brəʊk], **broken** ['brəʊkən] **1** (ab-, auf)brechen, (zer)brechen; **break one's arm** sich den Arm brechen **2** zerschlagen, kaputt machen (*Gegenstand*) **3** **break the law** das Gesetz brechen **4** (*Gegenstand*) (zer)brechen, (zer)reißen, kaputtgehen **5** (*Wetter*) umschlagen **6** (*Tag*) anbrechen **7** brechen (*Vertrag usw.*) **8** knacken, entschlüsseln (*Kode usw.*) **9 break the (bad) news gently to someone** jemandem die schlechte Nachricht schonend beibringen

_____ PHRASAL VERBS
break away [ˌbreɪk ə'weɪ] **1** sich losreißen **2** abbrechen (**from** von) **3** *übertragen* sich lossagen (*oder* trennen) (**from** von)
break down [ˌbreɪk'daʊn] **1** zusammenbrechen (*auch übertragen*) **2** (*Auto*) eine Panne haben **3** (*Verhandlungen usw.*) scheitern
break in [ˌbreɪk'ɪn] **1** einbrechen **2 break in on** unterbrechen (*Gespräch*) **3** zureiten (*Pferd*) **4** einlaufen (*Schuhe*)
break into ['breɪk ˌɪntə] einbrechen in (*ein Haus usw.*)
break off [ˌbreɪk'ɒf] **1** (*Ast usw.*) abbrechen **2** abbrechen (*Verhandlungen usw.*), (auf)lösen (*Verlobung*)
★**break out** [ˌbreɪk'aʊt] (*Gefangener, Krieg usw.*) ausbrechen
break through [ˌbreɪk'θruː] durchbrechen
break up [ˌbreɪk'ʌp] **1** (*Eis usw.*) aufbrechen

2 *Br (Schule, Schüler)* aufhören *(wegen Ferien)*; **we break up for Christmas in a fortnight** in zwei Wochen beginnen die Weihnachtsferien **3** aufheben *(Sitzung usw.)*, auflösen *(Versammlung)* **4** *(Sitzung usw.)* aufgehoben werden, *(Versammlung)* sich auflösen **5** *(Ehe usw.)* zerbrechen **6** *(Ehepaar usw.)* sich trennen

★**break²** [breɪk] **1** Pause, Unterbrechung; **without a break** ohne Unterbrechung; **have** (*oder* **take) a break** Pause machen; **give me a break!** lass mich doch in Ruhe!, du nervst! **2** Bruch(stelle) **3** *übertragen* Bruch **(from, with** mit) **4 at the break of day** bei Tagesanbruch

breakable ['breɪkəbl] zerbrechlich

breakaway group ['breɪkəweɪ ˌgruːp] Splittergruppe

★**breakdown** ['breɪkdaʊn] **1** *Auto*: Panne; **breakdown service** Pannendienst **2** *von Maschine*: Betriebsschaden **3** Zusammenbruch *(auch übertragen)*; **nervous breakdown** Nervenzusammenbruch **4** *von Zahlen usw*: Aufschlüsselung

★**breakfast¹** [⚠ 'brekfəst] Frühstück, ⓈⓉ Morgenessen; **have breakfast** frühstücken; **for breakfast** zum Frühstück; **at breakfast** beim Frühstück; **breakfast TV** Frühstücksfernsehen

★**breakfast²** [⚠ 'brekfəst] frühstücken, ⓈⓉ zu Morgen essen; **he breakfasted on bacon and eggs** er frühstückte Eier mit Speck

break-in ['breɪkɪn] Einbruch *(in ein Haus)*

breakneck ['breɪknek] **at breakneck speed** mit halsbrecherischer Geschwindigkeit

breakout ['breɪkaʊt] Ausbruch

breakthrough ['breɪkθruː] *übertragen* Durchbruch

breakup ['breɪkʌp] **1** *von Ehe*: Scheitern **2** *von Freundschaft*: Bruch **3** *eines Reichs usw*: Zerfall

★**breast** [⚠ brest] *allg*.: Brust; **breasts** *pl* Busen, Brüste

breastfeed ['brestfiːd], **breastfed** ['brestfed], **breastfed** ['brestfed] stillen *(Baby)*

breast pocket [ˌbrest'pɒkɪt] Brusttasche

breaststroke ['brest ˌstrəʊk] *Sport*: Brustschwimmen

★**breath** [⚠ breθ] **1** Atem(zug); **in the same breath** im gleichen Atemzug; **be out of breath** außer Atem sein; **get one's breath back** wieder zu Atem kommen **2** *übertragen* Hauch **3** *auch* **breath of air** Lufthauch; **go out for a breath of fresh air** ein bisschen frische Luft schnappen

breathalyse *Br*, **breathalyze** *US* ['breθəˌlaɪz] ins Röhrchen blasen lassen

★**breathe** [⚠ briːð] **1** atmen **2** flüstern

breather ['briːðə] *umg* Atempause; **have** (*oder* **take) a breather** verschnaufen, (≈ sich ausruhen) eine Pause machen

breathing ['briːðɪŋ] Atmen, Atmung; **breathing space** Atempause

breathless [⚠ 'breθləs] atemlos *(auch übertragen)*

breathtaking ['breθˌteɪkɪŋ] atemberaubend

breath test ['breθ ˌtest] *für Autofahrer*: Alkoholtest

bred [bred] 2. und 3. Form von → **breed¹**

breeches [⚠ 'brɪtʃɪz] *pl* **(a pair of)** eine Kniebundhose, Reithose

★**breed¹** [briːd], **bred** [bred], **bred** [bred] **1** züchten *(Tiere, Pflanzen)* **2** *(Tiere)* sich fortpflanzen **3** *übertragen* verursachen

★**breed²** [briːd] **1** Rasse, Zucht **2** Art, (Menschen)Schlag

breeder ['briːdə] **1** Züchter(in) **2** *Physik*: Brüter

breeding ['briːdɪŋ] **1** Fortpflanzung *(von Tieren)* **2** Züchtung, Zucht *(von Tieren)* **3 (good) breeding** eine (gute) Erziehung

breeze [briːz] Brise

PHRASAL VERBS

breeze in [ˌbriːz'ɪn] *umg (Person)* hereinschneien

---

breezy ['briːzɪ] **1** *Wetter usw*.: windig **2** *Person*: heiter, unbeschwert

brethren [⚠ 'breðrən] *pl von* → **brother 2**

brew¹ [bruː] **1** brauen *(Bier)* **2** zubereiten *(Tee usw.)* **3** *(Tee)* ziehen **4 there's trouble brewing** es gibt bald Ärger **5** *(Gewitter, Unheil)* sich zusammenbrauen

brew² [bruː] Gebräu

brewery ['bruːərɪ] Brauerei

bribe¹ [braɪb] bestechen

bribe² [braɪb] Bestechungsgeld

bribery ['braɪbərɪ] Bestechung

bric-a-brac ['brɪkəbræk] Krimskrams

★**brick** [brɪk] **1** Ziegel(stein), Backstein **2** *Br; für Kinder*: Baustein, (Bau)Klötzchen; **box of bricks** Baukasten

brickie ['brɪkɪ] *Br, umg* Maurer(in)

bricklayer ['brɪkˌleɪə] Maurer(in)

bricklaying ['brɪkˌleɪɪŋ] **1** Maurerei, Mauern, Maurerarbeit **2** *Fach, Gewerbe*: Maurerhandwerk

brick trowel ['brɪkˌtraʊəl] Maurerkelle

brickwork ['brɪkwɜːk] Backsteinmauerwerk

bridal ['braɪdl] Braut...

★**bride** [braɪd] Braut
★**bridegroom** ['braɪdgruːm] Bräutigam
bridesmaid ['braɪdzmeɪd] Brautjungfer
★**bridge**¹ [brɪdʒ] **1** Brücke **2** *Schiff:* (Kommando)Brücke **3 bridge of the nose** *Körper:* Nasenrücken
★**bridge**² [brɪdʒ] **1** eine Brücke schlagen über **2** *übertragen* überbrücken
★**bridge**³ [brɪdʒ] *Kartenspiel:* Bridge
bridle¹ ['braɪdl] Zaum(zeug)
bridle² ['braɪdl] (auf)zäumen *(Pferd)*
bridle path ['braɪdl ˌpɑːθ] Reitweg
brief¹ [briːf] **1** kurz; **be brief!** fasse dich kurz! **2** kurz angebunden **(with** mit) **3 in brief** kurz(um)
brief² [briːf] instruieren
briefcase ['briːfkeɪs] Aktentasche (▲*Brieftasche* = **wallet,** *US* **billfold**)
briefing ['briːfɪŋ] Instruktionen, Anweisungen
★**briefs** [briːfs] *pl* (a pair of) ein) Slip *(kurze Unterhose)*
brigade [brɪˈgeɪd] *militärisch:* Brigade
★**bright** [braɪt] **1** hell, leuchtend, strahlend **2** *Wetter usw.:* heiter **3** *Person:* gescheit, hell **4** *Aussichten:* viel versprechend
brighten ['braɪtn] **1** *auch* **brighten up** aufhellen *(auch übertragen)* **2** *auch* **brighten up** aufheitern **3** *auch* **brighten up** *(Gesicht, Wetter usw.)* sich aufhellen, *(Augen)* aufleuchten
brightness ['braɪtnəs] Helligkeit
brill [brɪl] *Br, salopp* super, toll
brilliance ['brɪljəns] **1** Leuchten, Glanz **2** *übertragen* Brillanz, Großartigkeit
★**brilliant** ['brɪljənt] **1** leuchtend, glänzend **2** *übertragen* brillant, hervorragend
brim [brɪm] **1** Rand *(eines Gefäßes);* **full to the brim** randvoll **2** (Hut)Krempe
★**bring** [brɪŋ], **brought** [brɔːt], **brought** [brɔːt] **1** (her)bringen, mitbringen; **what brings you here?** was führt dich hierher? **2** nach sich ziehen, bewirken **3** (ein)bringen *(Gewinn usw.)* **4 I can't bring myself to do it** ich kann mich nicht dazu durchringen(, es zu tun)

───────────── **PHRASAL VERBS** ─────────────

bring about [ˌbrɪŋ əˈbaʊt] verursachen *(Veränderungen usw.)*
bring along [ˌbrɪŋ əˈlɒŋ] mitbringen
bring back [ˌbrɪŋ ˈbæk] **1** zurückbringen *(Buch usw.)* **2** wachrufen *(Erinnerungen)* **(of** an)
bring down [ˌbrɪŋ ˈdaʊn] **1** herunterbringen **2** stürzen *(Regierung usw.)*
bring forward [ˌbrɪŋ ˈfɔːwəd] vorverlegen *(Versammlung usw.)* **(to** auf)
bring in [ˌbrɪŋ ˈɪn] **1** hereinbringen **2** einbringen *(Gesetzesvorlage usw.)*
bring off [ˌbrɪŋ ˈɒf] zustande bringen
bring on [ˌbrɪŋ ˈɒn] **1** verursachen *(bes. Krankheit)* **2** *Theater:* auftreten lassen *(Person)*
bring out [ˌbrɪŋ ˈaʊt] **1** herausbringen *(auch Buch usw.)* **2 it brought her out in spots** es hat bei ihr einen Ausschlag verursacht
bring round [ˌbrɪŋ ˈraʊnd] **1** vorbeibringen **2** wieder zu sich bringen *(Ohnmächtigen)* **3** umstimmen *(Person)*
★**bring up** [ˌbrɪŋ ˈʌp] **1** heraufbringen **2** aufziehen, großziehen *(Kind)* **3** erziehen **4** zur Sprache bringen *(Thema usw.)* **5** (≈ *sich übergeben*) (er)brechen

brink [brɪŋk] Rand *(auch übertragen);* **on the brink of ruin** am Rand des Ruins
brisk [brɪsk] **1** *Schritt, Spaziergang:* flott **2** *Luft usw.:* frisch
bristle [▲ˈbrɪsl] **1** *von Bürste usw.:* Borste **2** (Bart)Stoppel
bristly [▲ˈbrɪslɪ] borstig, stoppelig
Britain ['brɪtn] Großbritannien
★**British**¹ ['brɪtɪʃ] britisch; **the British Isles** die Britischen Inseln
★**British**² ['brɪtɪʃ] **the British** *pl* die Briten
Briton ['brɪtn] Brite, Britin (▲*historisch oder Zeitungssprache*)
Brittany ['brɪtənɪ] die Bretagne
brittle ['brɪtl] spröde, zerbrechlich
broach [brəʊtʃ] anschneiden *(Thema)*
★**broad**¹ [brɔːd] **1** *allg.:* breit; **a broad smile** ein breites Lächeln **2** *Fläche, Ebene:* weit, ausgedehnt **3** *übertragen* weit reichend; **in the broadest sense** im weitesten Sinne **4 in broad outline** in groben Umrissen **5 broad hint** Wink mit dem Zaunpfahl; **in broad daylight** am helllichten Tag **6** *Akzent:* breit, stark
broad² [brɔːd] *US, frauenfeindlich* Puppe, Mieze
broadband ['brɔːdbænd] *Computer:* Breitband
★**broadcast**¹ ['brɔːdkɑːst] *Rundfunk, TV:* Sendung, Übertragung
★**broadcast**² ['brɔːdkɑːst], broadcast, broadcast **1** senden **2** im Rundfunk *(oder* Fernsehen*)* bringen, übertragen **3** verbreiten *(Nachricht),* im negativen Sinn: ausposaunen
broadcaster ['brɔːdkɑːstə] Rundfunksprecher(in), Fernsehsprecher(in)
broadcasting¹ ['brɔːdkɑːstɪŋ] (der) Rundfunk, (das) Fernsehen; **she works in broadcasting** sie arbeitet für den Rundfunk *bzw.* für das Fernsehen

broadcasting² ['brɔːdkɑːstɪŋ] Rundfunk..., Fernseh...; **broadcasting station** Sender

broaden ['brɔːdn] verbreitern; **broaden one's horizons** seinen Horizont erweitern

broadly ['brɔːdlɪ] **1** *auch* **broadly speaking** allgemein (gesprochen) **2** in groben Zügen

broad-minded [,brɔːd'maɪndɪd] großzügig, tolerant

broccoli ['brɒkəlɪ] (⚠ *im sg verwendet*) Brokkoli *pl*

brochure [⚠ 'brəʊʃə] Prospekt, Broschüre

brogue [brəʊg] irischer Akzent

broil [brɔɪl] *US* grillen

broke¹ [brəʊk] *2. Form von* → break¹

broke² [brəʊk] *umg* pleite, abgebrannt

broken¹ ['brəʊkən] *3. Form von* → break¹

★**broken²** ['brəʊkən] **1** zerbrochen, kaputt **2** *Schlaf usw.*: unterbrochen, gestört **3** *Bein, Versprechen usw.*: gebrochen **4** *Ehe usw.*: zerrüttet **5** **a broken man** ein gebrochener Mann **6** **speak broken English** gebrochen Englisch sprechen

broker¹ ['brəʊkə] *Wirtschaft*: Makler(in)

broker² ['brəʊkə] aushandeln

brokerage ['brəʊkərɪdʒ] Maklergebühr

brolly ['brɒlɪ] *Br, umg* (Regen)Schirm

bronchitis [brɒŋ'kaɪtɪs] Bronchitis

bronze¹ [brɒnz] *allg.* Bronze

bronze² [brɒnz] **1** bronzefarben **2** Bronze...; **Bronze Age** Bronzezeitalter

bronze medal [,brɒnz'medl] Bronzemedaille

bronze medallist [,brɒnz'medlɪst] Bronzemedaillengewinner(in)

brooch [⚠ brəʊtʃ] Brosche

brood¹ [bruːd] Brut (*auch übertragen*)

brood² [bruːd] brüten (*auch übertragen* **on, over, about** über)

brook [brʊk] Bach

★**broom** [bruːm] Besen

broomstick ['bruːmstɪk] Besenstiel

broth [brɒθ] (Fleisch)Brühe

brothel [⚠ 'brɒθl] Bordell

★**brother** ['brʌðə] **1** Bruder; **brothers** *pl* **and sisters** *pl* Geschwister; **Smith Brothers** *Firma*: Gebrüder Smith **2** (*pl* **brethren**) *kirchlich*: Bruder

brotherhood ['brʌðəhʊd] **1** *kirchlich*: Bruderschaft **2** Brüderlichkeit

★**brother-in-law** ['brʌðərɪnlɔː] *pl*: **brothers-in--law** Schwager

brotherly ['brʌðəlɪ] brüderlich

brought [brɔːt] *2. und 3. Form von* → bring

brow [⚠ braʊ] **1** (Augen)Braue **2** Stirn

browbeat ['braʊbiːt] **browbeat, browbeaten** einschüchtern; **browbeat someone into doing something** jemanden unter Druck setzen, bis er etwas tut

★**brown¹** [braʊn] braun; **brown bread** *etwa*: Mischbrot; **brown paper** Packpapier

★**brown²** [braʊn] Braun; **dressed in brown** braun (*oder* in Braun) gekleidet

★**brown³** [braʊn] anbräunen (*Fleisch usw.*)

brownie ['braʊnɪ] *US* Schokoladenkeks

brownie points ['braʊnɪ_pɔɪnts] **earn** (*oder* **gain**) **brownie points** *umg* Pluspunkte sammeln

browse [braʊz] **1** **browse through a book** in einem Buch schmökern **2** *im Internet*: browsen, surfen

browser ['braʊzə] *Internet*: Browser

bruise¹ [bruːz] **1** Quetschung, blauer Fleck **2** Druckstelle (*auf Früchten*)

bruise² [bruːz] **bruise one's leg** *usw*. sich das Bein *usw*. quetschen

brunch [brʌntʃ] *umg* Brunch (*spätes reichliches Frühstück*)

brunette [⚠ bruː'net] Brünette

★**brush¹** [brʌʃ] **1** Bürste **2** *zum Malen*: Pinsel **3** *zum Fegen*: Besen **4** *mit Schaufel*: Handbesen (*oder* -feger) **5** **give something a brush** etwas (ab)bürsten; **give one's hair a brush** sich die Haare bürsten **6** (≈ *Streit*) **have a brush with someone** mit jemandem aneinandergeraten

★**brush²** [brʌʃ] **1** bürsten; **brush one's teeth** sich die Zähne putzen **2** fegen, ⒶⓈ wischen **3** streifen, leicht berühren

PHRASAL VERBS

brush aside [,brʌʃ_ə'saɪd] *übertragen* abtun

brush down [,brʌʃ'daʊn] abbürsten (*Kleidung usw.*)

brush off [,brʌʃ'ɒf] **1** abbürsten (*Staub, Krümel usw.*) **2** **brush someone off** *salopp* jemandem eine Abfuhr erteilen

brush up [,brʌʃ'ʌp] aufpolieren, auffrischen (*Kenntnisse*)

★**brush³** [brʌʃ], **brushwood** ['brʌʃwʊd] Gestrüpp, Unterholz

brusque [⚠ brʊsk, bruːsk] barsch, schroff

Brussels ['brʌslz] Brüssel

Brussels sprouts [,brʌsl(z)'spraʊts] *pl* Rosenkohl, Ⓐ Kohlsprossen

brutal ['bruːtl] brutal

brutality [bruː'tælətɪ] Brutalität

brute¹ [bruːt] *Person*: Scheusal

brute² [bruːt] **brute force** rohe Gewalt

BSE [ˌbiːesˈiː] (*abk für* Bovine Spongiform Encephalopathy) *Krankheit*: BSE, *umg* Rinderwahn(sinn); → mad cow disease

bubble¹ [ˈbʌbl] (Luft)Blase; **bubble bath** Schaumbad

bubble² [ˈbʌbl] (*kochendes Wasser usw.*) sprudeln, (*Sekt*) perlen

───────── PHRASAL VERBS ─────────

bubble over [ˌbʌblˈəʊvə] *übertragen* übersprudeln (**with** vor)

bubble wrap [ˈbʌbl ˌræp] Luftpolsterfolie

buck¹ [bʌk] **1** *Reh*: Bock, *Hase*: Rammler **2** **pass the buck to someone** *umg* jemandem den schwarzen Peter zuschieben **3** *US, umg* Dollar

buck² [bʌk] (*Pferd usw.*) bocken

───────── PHRASAL VERBS ─────────

buck up [ˌbʌkˈʌp] *umg* **1** *Br* sich ranhalten; **buck up!** Kopf hoch! **2** **buck someone up** jemanden aufmuntern

★**bucket** [ˈbʌkɪt] **1** Eimer, Kübel; **a bucket of water** ein Eimer Wasser **2** **kick the bucket** *salopp* (≈ *sterben*) abkratzen, ins Gras beißen

───────── PHRASAL VERBS ─────────

bucket down [ˌbʌkɪtˈdaʊn] **it's bucketing down** *Br, umg* es gießt wie aus Kübeln

bucketful [ˈbʌkɪtfʊl] ein Eimer (voll)

buckle¹ [ˈbʌkl] *an Gürtel, Tasche usw.*: Schnalle, Spange

buckle² [ˈbʌkl] zuschnallen

───────── PHRASAL VERBS ─────────

buckle up [ˌbʌklˈʌp] **1** zuschnallen **2** *in Auto, Flugzeug*: sich anschnallen

buckwheat [ˈbʌkwiːt] Buchweizen

bud¹ [bʌd] Knospe; **be in bud** knospen

bud² [bʌd] **1** (*Pflanze*) knospen **2** **a budding poet** ein angehender Dichter

Buddhism [ˈbʊdɪzm] Buddhismus

Buddhist¹ [ˈbʊdɪst] Buddhist

Buddhist² [ˈbʊdɪst] buddhistisch

buddy [ˈbʌdɪ] *bes. US, umg* Kumpel

budge [bʌdʒ] **1** (⚠ *mst. verneint*) sich (von der Stelle) rühren **2** (vom Fleck) bewegen

budgerigar [⚠ ˈbʌdʒərɪgɑː] Wellensittich

budget¹ [ˈbʌdʒɪt] Budget, Etat

budget² [ˈbʌdʒɪt] verplanen (*Geld*), einplanen (*Kosten*)

budgie [ˈbʌdʒɪ] *Br, umg* Wellensittich

buffalo [ˈbʌfələʊ] *pl*: buffalos *oder* buffaloes Büffel

buffer [ˈbʌfə] *Technik*: Puffer (*auch übertragen*)

buffet [⚠ ˈbʊfeɪ] **1** Buffet, Büfett; **cold buffet** kaltes Buffet **2** *US* Anrichte

buffet car [⚠ ˈbʊfeɪ ˌkɑː] *im Zug*: Speisewagen

bug¹ [bʌg] **1** *bes. US; allg.*: Insekt **2** *umg* Bazillus, *übertragen auch* Fieber **3** *Ungeziefer*: Wanze (*auch umg Minispion*) **4** **bugs** *pl umg* Mucken **5** *Computer*: Programmfehler

bug² [bʌg] (bugged, bugged) **1** abhören (*Telefon, Büro usw.*) **2** *umg* nerven; **it's really bugging me** es nervt mich echt

bugbear [ˈbʌgbeə] Schreckgespenst

buggy [ˈbʌgɪ] *Br; Kinderwagen*: Buggy

bugle [⚠ ˈbjuːgl] (Wald-, Jagd)Horn

★**build¹** [bɪld], built [bɪlt], built [bɪlt] bauen, errichten (⚠ bilden = form, shape)

───────── PHRASAL VERBS ─────────

build on [ˈbɪld ˌɒn] **1** *übertragen* bauen auf **2** **build one's hopes on** seine Hoffnung setzen auf

build up [ˌbɪldˈʌp] **1** bebauen (*Gelände*) **2** aufbauen (*Geschäft usw.*) **3** *in der Presse usw.*: aufbauen (*Person*)

★**build²** [bɪld] Körperbau

builder [ˈbɪldə] **1** *bes. Br* Bauunternehmer(in) **2** Erbauer(in)

★**building¹** [ˈbɪldɪŋ] **1** Gebäude **2** (das) Bauwesen

★**building²** [ˈbɪldɪŋ] Bau...; **building contractor** Bauunternehmer(in), *Firma*: Baufirma, Bauunternehmen; **building materials** *pl* Baumaterial; **building society** *Br* Bausparkasse

building block [ˈbɪldɪŋ ˌblɒk] *Spielzeug*: Bauklotz

building site [ˈbɪldɪŋ ˌsaɪt] Baustelle, Bau; **work on a building site** auf dem Bau arbeiten

built [bɪlt] 2. und 3. Form von → build¹

built-in [ˈbɪlt ˌɪn] eingebaut, Einbau...

built-up [ˈbɪlt ˌʌp] *Br* **built-up area** bebautes Gebiet, *für Autos*: geschlossene Ortschaft

★**bulb** [bʌlb] **1** Glühbirne **2** *Pflanze*: Knolle, Zwiebel

Bulgaria [bʌlˈgeərɪə] Bulgarien

Bulgarian¹ [bʌlˈgeərɪən] bulgarisch

Bulgarian² [bʌlˈgeərɪən] *Sprache*: Bulgarisch

Bulgarian³ [bʌlˈgeərɪən] Bulgare, Bulgarin

bulge¹ [bʌldʒ] Ausbuchtung

bulge² [bʌldʒ] **1** *auch* **bulge out** sich (aus)-bauchen, hervorquellen **2** (*Taschen usw.*) vollgestopft sein (**with** mit) **3** **bulging eyes** Glotzaugen

bulimia [buːˈlɪmɪə] Bulimie

bulimic¹ [buːˈlɪmɪk] bulimisch
bulimic² [buːˈlɪmɪk] Bulimiker(in)
bulk [bʌlk] **1** Größe, Masse **2** *einer Aufgabe usw.*: Umfang **3** Großteil (*einer Arbeit usw.*), Haupteil (*von Schulden usw.*) **4 buy in bulk** en gros kaufen
bulky [ˈbʌlkɪ] **1** massig **2** unhandlich, sperrig; **bulky refuse** (*oder* **waste**) Sperrmüll
★**bull** [⚠ bʊl] **1** Bulle, (Zucht)Stier **2 like a bull in a china shop** wie ein Elefant im Porzellanladen
bulldog [⚠ ˈbʊldɒg] Bulldogge
bulldoze [ˈbʊldəʊz] *mit der Planierraupe*: planieren, räumen
bulldozer [⚠ ˈbʊldəʊzə] Bulldozer, Planierraupe
bullet [⚠ ˈbʊlɪt] *Gewehr, Pistole*: Kugel
bulletin [ˈbʊlətɪn] **1** Bulletin, offizielle Bekanntmachung; **bulletin board** *US* Schwarzes Brett **2** *medizinisch*: Krankenbericht **3** *in Firma usw.*: Mitteilungsblatt
bulletproof [⚠ ˈbʊlɪtpruːf] kugelsicher
bullfight [ˈbʊlfaɪt] Stierkampf
bullfighter [ˈbʊlˌfaɪtə] Stierkämpfer(in)
bullion [⚠ ˈbʊlɪən] (Gold-, Silber)Barren
bullock [⚠ ˈbʊlək] Ochse
bull's-eye [ˈbʊlzaɪ] *von Zielscheibe*: Zentrum, das Schwarze; **hit the bull's-eye** ins Schwarze treffen (*auch übertragen*)
bullshit [ˈbʊlʃɪt] **you're talking bullshit** *salopp* du redest Scheiß
bully¹ [⚠ ˈbʊlɪ] brutaler Kerl
bully² [⚠ ˈbʊlɪ] schikanieren, drangsalieren, mobben
bully³ [⚠ ˈbʊlɪ] **bully for you!** *ironisch*: gratuliere!
bullying [⚠ ˈbʊlɪɪŋ] **1** *in der Schule*: Schikanieren, Drangsalieren, Mobbing **2** *an der Arbeit*: Mobbing
bum¹ [bʌm] *Br, umg* Hintern
bum² [bʌm] *US* Penner, Gammler

PHRASAL VERBS

bum around [ˌbʌm_əˈraʊnd], **bummed around, bummed around** *umg* (herum)gammeln

bumbag [ˈbʌmbæg] *Br, umg* Gürteltasche
bumblebee [ˈbʌmblbiː] Hummel
bump¹ [bʌmp] **1** stoßen, prallen (**against, into** gegen, an) (*gegen Wand usw.*) **2** zusammenstoßen (**against, into** mit) (*mit Auto usw.*) **3 bump one's knee** *usw.* **against something** mit dem Knie *usw.* gegen etwas rennen

PHRASAL VERBS

bump into [ˌbʌmpˈɪntʊ] **1 bump into someone** *übertragen* jemanden zufällig treffen **2** rammen, auffahren auf (*ein Auto usw.*)
bump off [ˌbʌmpˈɒf] *salopp* (≈ umbringen) umlegen

bump² [bʌmp] **1** heftiger Stoß **2** *am Körper*: Beule **3** *Straße usw.*: Unebenheit
bumper [ˈbʌmpə] **1** *Auto*: Stoßstange **2** *US; Zug usw.*: Puffer
bumper car [ˈbʌmpə_kɑː] (Auto)Skooter
bumper crop [ˈbʌmpə_krɒp] Rekordernte
bumpy [ˈbʌmpɪ] **1** holprig **2** *Flug*: unruhig
★**bun** [bʌn] **1** süßes Brötchen **2** (Haar)Knoten **3 buns** *pl humorvoll* Hintern
bunch [bʌntʃ] **1** Bündel, Bund; **bunch of flowers** Blumenstrauß; **bunch of grapes** Weintraube; **bunch of keys** Schlüsselbund **2** *umg* Verein, Haufen
bundle¹ [ˈbʌndl] **1** Bündel, Bund **2 a bundle of nerves** *umg* ein Nervenbündel
bundle² [ˈbʌndl] **1** *oft* **bundle up** bündeln **2** verfrachten (*mst. Kinder*) (**into** in)

PHRASAL VERBS

bundle off [ˌbʌndlˈɒf] **bundle someone off** jemanden eilig fortschaffen

bung [bʌŋ] *Br, umg* werfen, schmeißen

PHRASAL VERBS

bung up [ˌbʌŋˈʌp] **my nose is bunged up** *Br, umg* meine Nase ist verstopft

bungalow [ˈbʌŋgələʊ] Bungalow
bunk¹ [bʌŋk] *Schiff*: Koje
bunk² [bʌŋk] **do a bunk** *Br, umg* verduften
bunk bed [ˈbʌŋk_bed] Etagenbett
bunker [ˈbʌŋkə] *militärisch*: Bunker
bunny [ˈbʌnɪ] Häschen
buoy [bɔɪ, *US* ˈbuːɪ] *auf dem Wasser*: Boje
buoyant [ˈbɔɪənt] **1** *auf dem Wasser*: schwimmend **2** *Stimmung*: beschwingt **3** *Handel*: rege **4** *Schritt*: federnd
burden¹ [ˈbɜːdn] Last, *übertragen auch* Bürde; **be a burden to** (*oder* **on**) **someone** jemandem zur Last fallen
burden² [ˈbɜːdn] belasten (*auch übertragen*)
bureau [⚠ ˈbjʊərəʊ] *pl*: **bureaus** *oder* **bureaux** [ˈbjʊərəʊz] **1** *Br* Schreibtisch, Schreibpult **2** *US* Kommode (*bes. für Wäsche*) **3** (≈ Agentur) Büro **4** *von Ministerium*: Amt, Abteilung
bureaucracy [⚠ bjʊˈrɒkrəsɪ] (die) Bürokratie
★**bureau de change** [⚠ ˌbjʊərəʊdəˈʃɒnʒ] *pl*:

bureaus *oder* bureaux ['bjʊərəʊz] *Br* Wechselstube
burger ['bɜːgə] *umg* Hamburger, Ⓐ Laiberl
★burglar ['bɜːglə] Einbrecher
burglarize ['bɜːgləraɪz] *US* einbrechen in
burglary ['bɜːglərɪ] Einbruch
burgle ['bɜːgl] einbrechen in; **his house was burgled** bei ihm wurde eingebrochen
burial [⚠ 'berɪəl] Begräbnis, Beerdigung
burial ground [⚠ 'berɪəl‿graʊnd] Friedhof
★burn¹ [bɜːn], burnt [bɜːnt] *oder* burned, burned **1** *allg.*: (*Feuer, Licht, Haus, Wunde usw.*) brennen **2** verbrennen; **his house was burnt** sein Haus brannte ab; **burn a hole in something** ein Loch in etwas brennen **3** (*Speise usw.*) verbrennen, anbrennen **4** verbrennen, anbrennen lassen (*Speise*) **5** **burn a CD** eine CD brennen **6** *übertragen* brennen (**with** vor); **burning with anger** wutentbrannt; **be burning to do something** darauf brennen, etwas zu tun

PHRASAL VERBS
burn down [ˌbɜːn'daʊn] abbrennen, niederbrennen

★burn² [bɜːn] **1** verbrannte Stelle **2** *medizinisch*: Verbrennung, Brandwunde
burner ['bɜːnə] *von Heizung*: Brenner
burning ['bɜːnɪŋ] brennend (*auch übertragen*); **burning sensation** *medizinisch*: Brennen
burnout ['bɜːnaʊt] Burn-out
burnt [bɜːnt] 2. und 3. Form von → burn¹
burp [bɜːp] *umg* aufstoßen
burrow¹ [⚠ 'bʌrəʊ] Bau (*eines Hasen usw.*)
burrow² [⚠ 'bʌrəʊ] (*Tier*) graben
★burst [bɜːst], burst, burst **1** (*Luftballon usw.*) (zer)platzen **2** (*Wunde usw.*) aufplatzen **3** (auf)sprengen, zum Platzen bringen; **the car burst a tyre** ein Reifen am Wagen platzte **4** **be bursting with pride** *übertragen* vor Stolz platzen

PHRASAL VERBS
burst into ['bɜːst‿ɪntə] **1** **burst into tears** in Tränen ausbrechen **2** **burst into flames** in Flammen aufgehen
burst open [ˌbɜːst'əʊpən] (*Wunde usw.*) aufplatzen, (*Tür usw.*) aufspringen
burst out [ˌbɜːst'aʊt] *übertragen* herausplatzen; **burst out laughing** (*bzw.* **crying**) in Gelächter (*bzw.* Tränen) ausbrechen

★bury ['berɪ] **1** *allg.*: begraben, beerdigen (*auch übertragen*) **2** vergraben, eingraben (*Schatz,*

Knochen *usw.*) **3** (*Lawine usw.*) verschütten
★bus [bʌs] *pl*: buses *oder US* busses Bus; **bus driver** Busfahrer(in); **bus stop** Bushaltestelle
★bush [⚠ bʊʃ] **1** Busch, Strauch **2** *Gebiet in Afrika usw.*: Busch
bushy [⚠ 'bʊʃɪ] *Schwanz usw.*: buschig
★business ['bɪznəs] **1** Beruf, Geschäft; **on business** geschäftlich, beruflich; **line of business** Branche; **do business with someone** mit jemandem Geschäfte machen; **go into/set up in business with someone** mit jemandem ein Geschäft gründen; **what line of business is she in?** was macht sie beruflich?; **be in the publishing/insurance business** im Verlagswesen/in der Versicherungsbranche tätig sein; **go out of business** zumachen **2** *Wirtschaft*: (das) Geschäft, Geschäftsgang; **how's business?** wie gehen die Geschäfte?; **business is good** die Geschäfte gehen gut; **"business as usual"** das Geschäft bleibt geöffnet; **it's business as usual** alles geht wie gewohnt weiter **3** *Wirtschaft*: Betrieb, Geschäft, Unternehmen; **a small business** ein kleines Unternehmen; **a family business** ein Familienunternehmen **4** (die) Arbeit; **you shouldn't mix business with pleasure** man sollte Geschäftliches und Vergnügen trennen **5** Angelegenheit, Sache; **get down to business** zur Sache kommen; **that's my business** das ist meine Sache; **that's none of your business** das geht dich gar nichts an **a shady business** ein dunkles Gewerbe **6** Aufgabe; **make it one's business to do something** es sich zur Aufgabe machen, etwas zu tun **7** Recht; **have no business doing something** kein Recht haben, etwas zu tun
business card ['bɪznəs‿kɑːd] Visitenkarte
business contacts ['bɪznəs‚kɒntækts] *pl* Geschäftsbeziehungen
business hours ['bɪznəs‿aʊəz] *pl* Geschäftsstunden, Geschäftszeit
business letter ['bɪznəs‚letə] Geschäftsbrief
businesslike ['bɪznəslaɪk] sachlich, nüchtern
★businessman ['bɪznəsmæn] *pl*: businessmen ['bɪznəsmən] Geschäftsmann, Unternehmer
business meeting ['bɪznəs‚miːtɪŋ] Geschäftstreffen
business park ['bɪznəs‿pɑːk] Gewerbegebiet
business partner ['bɪznəs‚pɑːtnə] Geschäftspartner(in)
business people ['bɪznəs‚piːpl] Geschäftsleute
business studies ['bɪznəs‚stʌdɪz] *pl* Wirtschaftslehre
business trip ['bɪznəs‿trɪp] Geschäftsreise

★**businesswoman** ['bɪznəs,wʊmən] *pl:* businesswomen ['bɪznəs,wɪmɪn] Geschäftsfrau, Unternehmerin

busker ['bʌskə] *Br* Straßenmusikant(in)

bus lane ['bʌs_leɪn] Busspur

bus service ['bʌs,sɜːvɪs] Busverbindung

bus shelter ['bʌs,ʃeltə] Wartehäuschen

bus station ['bʌs,steɪʃn] Busbahnhof

★**bus stop** ['bʌs_stɒp] Bushaltestelle

bust[1] [bʌst] **1** Büste **2** *Körper:* Büste, Busen; **bust size** Oberweite *(eines Kleides)*

bust[2] [bʌst] bust, bust *oder US, umg* busted, busted **1** *umg* kaputt machen **2** *US, umg* (*Ballon usw.*) platzen

bust[3] [bʌst] *umg* **1** kaputt **2** *Firma usw.:* pleite; **go bust** pleitegehen

bustle[1] [▲ 'bʌsl] **1** *auch* **bustle about** (*oder* **around**) geschäftig hin und her eilen **2** **the streets were bustling with life** auf den Straßen herrschte geschäftiges Treiben

bustle[2] [▲ 'bʌsl] geschäftiges Treiben

bustling [▲ 'bʌslɪŋ] **1** *Straße usw.:* belebt **2** *Person:* geschäftig

★**busy**[1] ['bɪzi] **1** beschäftigt; **be busy doing something** damit beschäftigt sein, etwas zu tun; **are you busy?** hast du gerade Zeit?; **I'll come back when you're less busy** ich komme wieder, wenn Sie mehr Zeit haben; **keep someone/oneself busy** jemanden/sich selbst beschäftigen **2** *Ort usw.:* belebt **3** *Straße:* stark befahren **4** *Tag usw.:* arbeitsreich, bewegt; **it's been a busy week** diese Woche war viel los; **have you had a busy day?** hast du heute viel zu tun gehabt?; **he leads a very busy life** bei ihm ist immer etwas los **5** *bes. US; Telefon:* besetzt; **busy signal** Besetztzeichen

★**busy**[2] ['bɪzi] **busy oneself** sich beschäftigen (**with** mit)

busybody ['bɪzi,bɒdi] Wichtigtuer(in), Ⓐ Gschaftlhuber(in)

★**but**[1] [bət, bʌt] **1** aber, jedoch; **but then** (**again**) andererseits **2** sondern; **not only ... but also ...** nicht nur ..., sondern auch ... **3** als, außer; **he had no alternative but to pay** ihm blieb nichts anderes übrig, als zu zahlen **4** **but for** ohne; **but for my parents** wenn meine Eltern nicht (gewesen) wären

★**but**[2] [bət, bʌt] **1** außer; **nothing but** nichts als, nur; **the last but one** der Vorletzte **2** **all but** fast, beinahe

butch [▲ bʊtʃ] maskulin

★**butcher**[1] [▲ 'bʊtʃə] Fleischer(in), Metzger(in), Ⓐ Fleischhauer(in); **at the butcher's**, *US* at **the butcher shop** beim Fleischer; **butcher's (shop)**, *US* **butcher shop** Fleischerei, Metzgerei

★**butcher**[2] [▲ 'bʊtʃə] abschlachten, niedermetzeln

butler ['bʌtlə] Butler

★**butt**[1] [bʌt] *übertragen* Zielscheibe

PHRASAL VERBS

butt in [,bʌt'ɪn] **butt in (on)** *umg* unterbrechen, sich einmischen (in)
---

butt[2] [bʌt] **1** *Zigarette usw.:* Stummel **2** *US, umg* Hintern

★**butter**[1] ['bʌtə] Butter

★**butter**[2] ['bʌtə] mit Butter bestreichen

PHRASAL VERBS

butter up [,bʌtər'ʌp] **butter someone up** *umg* jemandem schmeicheln, Honig ums Maul schmieren
---

butter dish ['bʌtə_dɪʃ] Butterdose

★**butterfly** ['bʌtəflaɪ] **1** Schmetterling **2** *auch* **butterfly stroke** *Schwimmen:* Schmetterlingsstil **3** **have butterflies in one's stomach** *umg* ein flaues Gefühl im Magen haben

butternut squash [,bʌtənʌt'skwɒʃ] Butternutkürbis, Butternusskürbis

★**buttocks** ['bʌtəks] *pl Körper:* Gesäß

★**button**[1] ['bʌtn] *allg.:* Knopf

★**button**[2] ['bʌtn] *mst.* **button up** zuknöpfen

buttonhole ['bʌtnhəʊl] Knopfloch

buxom ['bʌksəm] *Frau:* drall, üppig

★**buy**[1] [baɪ], bought [bɔːt], bought [bɔːt] **1** kaufen (**off**, **from** von; **at** bei); **buy something from someone** jemandem etwas abkaufen; **buy and sell goods** Waren an- und verkaufen **2** lösen (*Fahrkarte usw.*) **3** *umg* glauben; **I won't buy that!** das kauf ich dir *usw.* nicht ab!

PHRASAL VERBS

buy in ['baɪ_ɪn] **buy in something** *Br* sich mit etwas eindecken

buy off [,baɪ'ɒf] **buy someone off** jemanden kaufen (*oder* bestechen)

buy out [,baɪ'aʊt] **1** aufkaufen (*Firma*) **2** abfinden, auszahlen (*Teilhaber*)

buy up [,baɪ'ʌp] aufkaufen (*Grund und Boden usw.*)

★**buy**[2] [baɪ] *umg* Kauf; **a good buy** ein guter Kauf

buyer ['baɪə] Käufer(in); (≈ *Agent*) Einkäufer(in)

buying ['baɪɪŋ] Kaufen; **buying and selling** An- und Verkauf

buzz [bʌz] **1** summen, surren **2** **give someone a buzz** *umg* jemanden anrufen

---
PHRASAL VERBS

buzz off [ˌbʌz'ɒf] **buzz off!** *umg* hau ab!

buzzard ['bʌzəd] **1** Bussard **2** *US* Geier
buzzword ['bʌzwɜːd] Modewort
★**by**[1] [baɪ] **1** *örtlich*: (nahe) bei (*oder* an), neben; **side by side** Seite an Seite **2** vorbei an, an ... entlang **3** *Verkehrsmittel*: per, mit **4** *zeitlich*: bis (spätestens); **be here by 4.30** sei (spätestens) um 4 Uhr 30 hier; **by now** mittlerweile **5** *Tageszeit*: während, bei; **by day** bei Tag **6** *Menge*: ...weise; **by the pound** pfundweise **7** nach, gemäß; **it's half past ten by my watch** nach (*oder* auf) meiner Uhr ist es halb elf **8** von; **by nature** von Natur (aus) **9** mithilfe von, durch; **by listening** durch Zuhören **10** *Größenverhältnisse*: um; **(too) short by an inch** um einen Zoll zu kurz **11** *Mathematik*: mal; **6 (multiplied) by 5 is 30** 6 mal 5 ist 30 **12** *Mathematik*: durch; **20 divided by 5 is 4** 20 (geteilt) durch 5 ist 4 **13** *Fläche usw.*: **4 metres by 5** 4 Meter auf (*oder* mal) 5 Meter **14** **all by myself** *usw.* ganz allein
★**by**[2] [baɪ] **1** vorbei, vorüber; **go by** vorbeigehen **2** **by and large** im Großen und Ganzen
★**bye** [baɪ], ★**bye-bye** [ˌbaɪ'baɪ] *umg* Wiedersehen!, Tschüs!, *bes.* Ⓐ Servus!
bye-byes ['baɪbaɪz] **go (to) bye-byes** *Kindersprache*: in die Heia gehen
bygone[1] ['baɪɡɒn] **bygone days** (längst) vergangene Tage
bygone[2] ['baɪɡɒn] **let bygones be bygones** lass(t) das Vergangene ruhen
bypass ['baɪpɑːs] **1** Umgehungsstraße, Ⓐ Umfahrung(sstraße) **2** *medizinisch*: Bypass
by-product ['baɪˌprɒdʌkt] Nebenprodukt
bystander ['baɪˌstændə] Zuschauer(in)
byte [baɪt] *Computer*: Byte
byword ['baɪwɜːd] **be a byword for** stehen für, gleichbedeutend sein mit

C

cab [kæb] **1** Taxi, Taxe **2** *Zug*: Führerstand, *Lkw*: Fahrerhaus, Führerhaus
cabaret ['kæbəreɪ] *auch* **cabaret show** Varietédarbietungen (*in einem Restaurant oder Nachtklub*)
★**cabbage** ['kæbɪdʒ] Kohl
cabbie, cabby ['kæbɪ] *umg* Taxifahrer(in)
cabdriver ['kæbˌdraɪvə] *bes. US* Taxifahrer(in)
cabin ['kæbɪn] **1** *Schiff*: Kabine, Kajüte **2** *Flugzeug*: Kabine (*auch einer Seilbahn usw.*) **3** Häuschen, Hütte
cabinet ['kæbɪnət] **1** Vitrine **2** *Büro usw.*: Schrank **3** *oft* **Cabinet** *Politik*: Kabinett
★**cable**[1] ['keɪbl] **1** Kabel (*auch für Elektrik*), (Draht)Seil **2** Telegramm **3** Kabelfernsehen
★**cable**[2] ['keɪbl] telegrafieren
cable car ['keɪblˌkɑː] **1** *Br* (Draht)Seilbahn **2** *US* Straßenbahn
cable reel ['keɪblˌriːl] Kabeltrommel
cable stripper ['keɪblˌstrɪpə] Abisolierzange
cable television [ˌkeɪbl'telɪvɪʒn], **cable TV** [ˌkeɪblˌtiː'viː] Kabelfernsehen
cableway ['keɪblweɪ] *US* (Draht)Seilbahn
cab rank ['kæbˌræŋk], *US* **cabstand** ['kæbstænd] Taxistand
cache [kæʃ] **1** Versteck, geheimes Lager **2** *Computer*: Cache-Speicher
cackle ['kækl] **1** (*Huhn*) gackern, (*Gans*) schnattern **2** *übertragen* gackernd lachen
cactus ['kæktəs] *pl*: **cactuses** *oder* **cacti** ['kæktaɪ] Kaktus
caddy ['kædɪ] (Tee)Büchse, (Tee)Dose
cadet [kə'det] *militärisch*: Kadett
cadge [kædʒ] *umg* erbetteln, abstauben, schnorren (**from** bei, von)
cadger ['kædʒə] Schnorrer(in)
caesarean [⚠ sɪ'zeərɪən], **caesarean section** [sɪˌzeərɪən'sekʃn] *Br medizinisch*: Kaiserschnitt
★**café** ['kæfeɪ] Café, kleines Restaurant, Ⓐ Kaffeehaus
★**cafeteria** [ˌkæfə'tɪərɪə] Cafeteria
cafetière [ˌkæfə'tjeə] *Br* Kaffeebereiter
caffeine [⚠ 'kæfiːn] *in Kaffee, Tee*: Koffein
cage[1] [keɪdʒ] **1** Käfig **2** Kabine (*eines Aufzugs*), *Bergwerk*: Förderkorb
cage[2] [keɪdʒ] in einen Käfig sperren, einsperren
cagey ['keɪdʒɪ] *umg* verschlossen, vorsichtig
cajole [kə'dʒəʊl] **1** schmeicheln **2** **cajole**

someone into doing something jemanden beschwatzen, etwas zu tun ❸ **cajole something out of someone** jemandem etwas abbetteln

★**cake** [keɪk] Kuchen, Torte; **cake tin** Br, **cake pan** US Kuchenform; **go** (oder **sell**) **like hot cakes** weggehen wie die warmen Semmeln; **you can't 'have your cake and 'eat it** du kannst nur eines von beiden haben; **it was a piece of cake** das war ein Kinderspiel

cake shop ['keɪk_ʃɒp] Konditorei

calamity [kə'læmɪtɪ] Katastrophe

calcium ['kælsɪəm] Kalzium

calculable ['kælkjʊləbl] Kosten, Menge usw.: berechenbar

calculate ['kælkjʊleɪt] ❶ berechnen, ausrechnen (Kosten usw.) ❷ kalkulieren (Preise usw.), abwägen (Chancen usw.) ❸ US, umg vermuten, glauben (**that** dass)

calculated ['kælkjʊleɪtɪd] ❶ Handlung: gewollt, beabsichtigt ❷ Risiko: kalkuliert

calculating ['kælkjʊleɪtɪŋ] berechnend

calculation [ˌkælkjʊ'leɪʃn] mathematisch: Berechnung (auch übertragen), Kalkulation; **you're out in your calculations** du hast dich verrechnet

calculator ['kælkjʊleɪtə] (Taschen)Rechner

★**calendar** ['kæləndə] ❶ Kalender ❷ übertragen Zeitrechnung

★**calf**[1] [kɑːf] pl: **calves** [kɑːvz] ❶ Kalb ❷ Kalbsleder

★**calf**[2] [kɑːf] pl: **calves** [kɑːvz] Körper: Wade

calibre, US **caliber** ['kælɪbə] ❶ Kaliber ❷ übertragen Format (eines Menschen)

★**call**[1] [kɔːl] ❶ allg.: rufen (auch übertragen); **duty calls** die Pflicht ruft ❷ anrufen, telefonieren; **may I ask who's calling?** wer ist bitte am Apparat? ❸ rufen, kommen lassen (Arzt usw.) ❹ aufrufen zu (einem Streik usw.) ❺ einberufen (Versammlung usw.) ❻ wecken; **please call me at 8 o'clock!** weck mich bitte um 8 Uhr! ❼ nennen, bezeichnen (als); **be called** heißen, **what do you call this?** wie nennt man das?, wie heißt das? ❽ finden, halten für; **I call that stupid** ich halte das für dumm

PHRASAL VERBS

call at ['kɔːl_æt] ❶ (Schiff) anlaufen (Hafen) ❷ (Zug) halten in

call back [ˌkɔːl'bæk] ❶ Telefon: zurückrufen ❷ Br noch einmal vorbeikommen

call for ['kɔːl_fɔː] ❶ rufen um (Hilfe) ❷ (≈ **kommen lassen**) rufen (Person) ❸ **this calls for a celebration** das muss gefeiert werden! ❹ Br abholen (Person, Sache)

call in [ˌkɔːl'ɪn] ❶ hinzuziehen (Arzt usw.) ❷ **call in on someone** bei jemandem (kurz) vorbeischauen

call off [ˌkɔːl'ɒf] absagen (Streik usw.), abbrechen (Aktion usw.)

call on ['kɔːl_ɒn] ❶ **call on someone** jemanden besuchen, jemandem einen Besuch abstatten ❷ **call on someone** jemanden bitten (**to do** zu tun)

call out [ˌkɔːl'aʊt] ❶ rufen (**for help** um Hilfe) ❷ aufrufen (Namen usw.) ❸ aufbieten, alarmieren (Polizei usw.)

call up [ˌkɔːl'ʌp] ❶ bes. US; Telefon: anrufen ❷ Militär: einberufen

★**call**[2] [kɔːl] ❶ Ruf (**for** nach); **call for help** Hilferuf ❷ Telefon: Anruf; **give someone a call** jemanden anrufen; **make a call** telefonieren ❸ übertragen Ruf (der Natur usw.) ❹ **be on call** (Arzt usw.) Bereitschaftsdienst haben ❺ am Flughafen usw.: Aufruf (auch übertragen: zur Pflicht usw.) ❻ (kurzer) Besuch (**on someone, at someone's [house]** bei jemandem); **pay** (oder **make**) **a call on someone** jemanden besuchen, jemandem einen Besuch abstatten

call box ['kɔːl_bɒks] Br Telefonzelle

call centre, US **call center** ['kɔːl_sentə] Callcenter

caller ['kɔːlə] ❶ Telefon: Anrufer(in) ❷ Besucher(in)

call-in ['kɔːlɪn] US Rundfunk, TV: Sendung mit telefonischer Zuhörerbeteiligung (oder Zuschauerbeteiligung)

calling ['kɔːlɪŋ] (≈ Mission) Berufung

calling card ['kɔːlɪŋ_kɑːd] US Visitenkarte

callous [⚠ 'kæləs] übertragen gefühllos (**to** gegenüber)

call-up ['kɔːlʌp] Militär: Einberufung

callus ['kæləs] Schwiele

★**calm**[1] [⚠ kɑːm] ❶ allg.: still, ruhig (auch die See) ❷ Wetter: windstill

calm[2] [⚠ kɑːm] ❶ Stille, Ruhe ❷ Windstille

calm[3] [⚠ kɑːm] beruhigen (Baby, Ängste usw.)

PHRASAL VERBS

calm down [ˌkɑːm'daʊn] ❶ beruhigen (Person usw.) ❷ (Person usw.) sich beruhigen ❸ (Sturm, Zorn usw.) sich legen

calorie ['kælərɪ] Kalorie

calves [kɑːvz] pl von → **calf**[1] und **calf**[2]

Cambodia [kæm'bəʊdɪə] Kambodscha

camcorder ['kæmkɔːdə] Camcorder, Kamerarekorder

came [keɪm] 2. Form von → come

camel ['kæml] Kamel

★**camera** ['kæmərə] Kamera, Fotoapparat

cameraman ['kæmrəmæn] pl: **cameramen** ['kæmrəmen] Kameramann

cameraphone ['kæmərə,fəʊn] Fotohandy

camomile [⚠ 'kæməmaɪl] Kamille; **camomile tea** Kamillentee

camouflage[1] ['kæməflɑːʒ] Tarnung

camouflage[2] ['kæməflɑːʒ] tarnen

★**camp**[1] [kæmp] **1** allg.: Lager (auch übertragen Partei) **2** für Kinder: Ferienlager, Zeltlager

★**camp**[2] [kæmp] **1** zelten, kampieren **2** oft **camp out** zelten, campen

campaign[1] [kæm'peɪn] **1** Aktion; **advertising campaign** Werbekampagne; **election campaign** Wahlkampf **2** militärisch: Feldzug

campaign[2] [kæm'peɪn] übertragen kämpfen (**for** für; **against** gegen)

camp bed [,kæmp'bed] Br Campingliege

camper ['kæmpə] **1** Person: Camper(in) **2** US Wohnanhänger, Wohnmobil

campfire ['kæmpfaɪə] Lagerfeuer

campground ['kæmpgraʊnd] US Zeltplatz, Campingplatz

★**camping** ['kæmpɪŋ] Camping, Zelten; **camping equipment** (oder **gear**) Campingausrüstung; **camping ground** (oder **site**) Br Zeltplatz, Campingplatz

★**campsite** ['kæmpsaɪt] Br Zeltplatz, Campingplatz

campus ['kæmpəs] Campus (Gesamtanlage einer Universität oder eines College)

★**can**[1] [kæn] Hilfsverb **1** **I can** ich kann; **you can** du kannst usw. **2** verneint: **I can't** (oder betont **cannot**) ich kann nicht usw.;

★**can**[2] [kæn] **1** (Blech)Dose, (Konserven)Büchse; **a can of lemonade** eine Dose Limo **2** (Blech)Kanne **3** Kanister

★**can**[3] [kæn], canned, canned Lebensmittel: einmachen, eindosen

★**Canada** ['kænədə] Kanada

★**Canadian**[1] [kə'neɪdɪən] kanadisch

★**Canadian**[2] [kə'neɪdɪən] Kanadier(in)

★**canal** [kə'næl] Kanal (auch im Körper)

canary [kə'neərɪ] Kanarienvogel

Canary Islands [kə,neərɪ'aɪləndz] die Kanarischen Inseln

can bank ['kæn,bæŋk] Altmetallcontainer

★**cancel** [⚠ 'kænsl], cancelled, cancelled, US canceled, canceled **1** absagen (Verabredung usw.), ausfallen lassen (Veranstaltung usw.); **the train has been cancelled**, US **the train has been canceled** der Zug fällt aus **2** (durch)streichen (Wort, Zeile usw.) **3** Computer: abbrechen **4** rückgängig machen (Beschluss usw.) **5** kündigen (Abonnement usw.), stornieren (Auftrag) **6** entwerten (Briefmarke, Fahrschein)

PHRASAL VERBS

cancel out [,kænsl'aʊt] **1** ausgleichen **2** sich (gegenseitig) aufheben

cancellation [⚠ ,kænsə'leɪʃn] **1** Absage **2** Streichung **3** Kündigung (eines Abonnements usw.), Stornierung (eines Auftrags)

cancer [⚠ 'kænsə] Krankheit: Krebs

Cancer [⚠ 'kænsə] Sternzeichen: Krebs

candid ['kændɪd] Person, Äußerung: offen, aufrichtig

candidacy ['kændɪdəsɪ] Kandidatur

candidate ['kændɪdət] Kandidat(in) (**for** für), Bewerber(in) (**for** um)

candied ['kændɪd] Kochen: kandiert

★**candle** ['kændl] **1** Kerze **2** **he can't hold a candle to Peter** er kann Peter nicht das Wasser reichen

candlelight ['kændl͜laɪt] Kerzenlicht; **by candlelight** bei Kerzenlicht

candlestick ['kændlstɪk] Kerzenständer

candour, US **candor** ['kændə] Offenheit, Aufrichtigkeit

candy ['kændɪ] US **1** allg.: Süßigkeiten **2** Bonbon, Ⓐ Zuckerl

candyfloss ['kændɪflɒs] Br Zuckerwatte

cane[1] [keɪn] **1** Spazierstock **2** (Rohr)Stock **3** Pflanze: ...rohr; **sugarcane** Zuckerrohr

cane[2] [keɪn] (mit dem Stock) züchtigen

cane sugar ['keɪn,ʃʊgə] Rohrzucker

canister ['kænɪstə] Blechbüchse, Blechdose

canned [kænd] **1** Dosen..., Büchsen...; **canned fruit** Obstkonserven; **canned meat** Büchsenfleisch **2** **canned music** umg Musik aus der Konserve; **canned laughter** Lachen vom Band, künstliches Lachen **3** salopp betrunken

cannibal ['kænɪbl] Kannibale

cannon ['kænən] pl: **cannons** oder **cannon** militärisch: Kanone, Geschütz

cannonball ['kænənbɔːl] Kanonenkugel

★**cannot** ['kænɒt] **I cannot** ich kann nicht; **you cannot** du kannst nicht usw.

canny ['kænɪ] schlau, gerissen

canoe[1] [kə'nuː] Kanu, Paddelboot

canoe[2] [kə'nuː] paddeln

canoeing [kə'nuːɪŋ] Kanufahren; **go canoeing**

Kanu fahren
canon ['kænən] **1** Kanon (*auch kirchlich*), Regel **2** *Musik*: Kanon
can opener ['kæn,əʊpənə] Dosenöffner, Büchsenöffner
canopy ['kænəpɪ] **1** Baldachin **2** *Gebäude*: Vordach **3** *Flugzeug*: Kabinenhaube
★**can't** [kɑːnt] *Kurzform von* → cannot
cantankerous [kæn'tæŋkərəs] zänkisch
canteen [kæn'tiːn] **1** *bes. Br* Kantine, Mensa **2** *militärisch*: Feldflasche **3** Besteckkasten
canvas ['kænvəs] **1** Segeltuch **2** Zeltleinwand **3** *Malerei*: Leinwand
canvass ['kænvəs] **1** *Politik*: einen Wahlfeldzug veranstalten **2** *Politik*: um Stimmen werben bei (*Wählern*) **3** *Wirtschaft*: werben (**for** um, für), einen Werbefeldzug durchführen
canyon ['kænjən] Cañon, Schlucht
★**cap**¹ [kæp] **1** Mütze, Kappe, Haube **2** Deckel (*einer Flasche*), Verschlusskappe
★**cap**² [kæp], **capped, capped 1** oben liegen auf, bedecken **2** *übertragen* übertreffen; **to cap it all** als Krönung des Ganzen
capability [,keɪpə'bɪlətɪ] Fähigkeit; **that's within his capabilities** er ist dazu fähig; **that is beyond his capabilities** das übersteigt seine Fähigkeiten
capable ['keɪpəbl] **1** fähig, tüchtig **2** **capable of something** zu etwas fähig; **capable of doing something** fähig (*oder* imstande), etwas zu tun
capacitor [kə'pæsɪtə] *Technik*: Kondensator
capacity [kə'pæsətɪ] **1** Fassungsvermögen, Kapazität; **filled to capacity** ganz voll, *Theater usw.*: ausverkauft **2** Leistungsfähigkeit (*auch Technik*) **3** *übertragen* Auffassungsgabe; **that's beyond his capacity** das ist zu hoch für ihn **4** **in his** *usw.* **capacity as ...** in seiner *usw.* Eigenschaft als ...
cape¹ [keɪp] Cape, Umhang
cape² [keɪp] *Geografie*: Kap
caper¹ ['keɪpə] *mst.* **capers** *pl* Kapern *pl*
caper² ['keɪpə] *auch* **caper about** herumtollen, herumhüpfen
★**capital**¹ ['kæpɪtl] **1** Hauptstadt **2** (≈ *Geld, Vermögen*) Kapital **3** Großbuchstabe
★**capital**² ['kæpɪtl] **1** Kapital...; **capital crime** Kapitalverbrechen **2** **capital punishment** (die) Todesstrafe **3** Haupt..., wichtigste(r, -s); **capital city** Hauptstadt **4** **capital letter** Großbuchstabe; **capital B** großes B
capital³ ['kæpɪtl] *Architektur*: Kapitell
capital investment [,kæpɪtl ɪn'vestmənt] Kapitalanlage
capitalism ['kæpɪtəlɪzm] Kapitalismus
capitalist¹ ['kæpɪtlɪst] Kapitalist(in)
capitalist² ['kæpɪtlɪst], **capitalistic** [,kæpɪtə'lɪstɪk] kapitalistisch

---
PHRASAL VERBS

capitalize on ['kæpɪtəlaɪz ɒn] **capitalize on something** aus etwas Kapital schlagen

---

Capitol ['kæpɪtl] Kapitol (*Kongresshaus in Washington und US-Hauptstädten*)
capitulate [kə'pɪtjʊleɪt, kə'pɪtʃʊleɪt] kapitulieren (**to** vor)
★**cappuccino** [,kæpə'tʃiːnəʊ] Cappuccino
capricious [kə'prɪʃəs] launenhaft, launisch
Capricorn ['kæprɪkɔːn] Sternzeichen: Steinbock
capsize [kæp'saɪz] **1** (*Boot usw.*) kentern **2** zum Kentern bringen
capsule ['kæpsjuːl] *allg.*: Kapsel
★**captain** ['kæptɪn] **1** *militärisch*: Hauptmann **2** *Schiff*: Kapitän, *Flugzeug*: (Flug)Kapitän **3** *Sport*: (Mannschafts)Kapitän, Mannschaftsführer(in)
caption ['kæpʃn] **1** *in Buch usw.*: Bildüberschrift, Bildunterschrift **2** *in Film*: Untertitel
captivate ['kæptɪveɪt] (≈ *faszinieren*) fesseln, gefangen nehmen
captive¹ ['kæptɪv] gefangen (*auch übertragen* **to** von); **hold captive** gefangen halten (*auch übertragen*); **take captive** gefangen nehmen
captive² ['kæptɪv] Gefangene(r) (*auch übertr.*)
captivity [kæp'tɪvətɪ] Gefangenschaft
capture¹ ['kæptʃə] **1** gefangen nehmen **2** *militärisch*: erobern (*auch übertragen*) **3** kapern (*Schiff*) **4** einfangen (*Stimmung*)
capture² ['kæptʃə] **1** Gefangennahme **2** *militärisch*: Eroberung (*auch übertragen*)
★**car** [kɑː] **1** Auto, Wagen; **by car** mit dem Auto; **car allowance rebate scheme** *US* Abwrackprämie **2** *US; Eisenbahn*: Wagen, Waggon **3** *Eisenbahn*: ...wagen; **dining car** Speisewagen; **sleeping car** Schlafwagen **4** *Straßenbahn usw.*: ...wagen
carabiner [,kærə'biːnə] Karabinerhaken
carafe [⚠ kə'ræf] Karaffe
caramel ['kærəmel] **1** Karamell **2** Karamellbonbon
carat ['kærət] Karat; **18-carat gold** 18-karätiges Gold
★**caravan** ['kærəvæn] **1** *Br* Wohnwagen, Wohnanhänger, Caravan; **caravan site** Platz für Wohnwagen **2** Karawane
caraway ['kærəweɪ] Kümmel
carbohydrate [,kɑːbəʊ'haɪdreɪt] Kohle(n)hydrat

car bomb [⚠ ˈkɑː:ˌbɒm] Autobombe
carbon [ˈkɑːbən] **1** Kohlenstoff; **carbon dioxide** Kohlendioxid; **carbon capture and storage** CO₂-Abscheidung und -Speicherung; **carbon credit** Emissionsrechte; **carbon emissions** pl Kohlendioxidemissionen; **carbon footprint** Kohlendioxidfußabdruck, CO₂-Bilanz; **carbon offsetting** CO₂-Ausgleich **2** auch **carbon paper** Kohlepapier **3** auch **carbon copy** Durchschlag
carbonated [ˈkɑːbəneɪtɪd] kohlensäurehaltig
carbonic acid [kɑːˌbɒnɪkˈæsɪd] Kohlensäure
carburettor, US **carburetor** [ˌkɑːbəˈretə] Auto: Vergaser
carcass [ˈkɑːkəs] **1** Kadaver (eines Tieres) **2** humorvoll oder abwertend Leichnam
carcinogenic [ˌkɑːsɪnəˈdʒenɪk] medizinisch: krebserregend
★**card** [kɑːd] **1** allg.: Karte; **playing card** Spielkarte (⚠ aber deutsch Landkarte = **map**, Eintrittskarte, Fahrkarte = **ticket**) **2** Br Pappe
cardboard [ˈkɑːdbɔːd] Karton, Pappe; **cardboard box** Pappschachtel, Karton
card game [ˈkɑːdˌgeɪm] Kartenspiel
cardholder [ˈkɑːdˌhəʊldə] Karteninhaber(in)
cardigan [ˈkɑːdɪgən] Strickjacke, Ⓐ Janker
cardinal¹ [ˈkɑːdɪnl] kirchlich: Kardinal
cardinal² [ˈkɑːdɪnl] Haupt...
cardinal³ [ˈkɑːdɪnl], **cardinal number** [ˌkɑːdɪnlˈnʌmbə] Kardinalzahl, Grundzahl
car door [ˌkɑːˈdɔː] Autotür
cardphone [ˈkɑːdfəʊn] Kartentelefon
card reader [ˈkɑːdˌriːdə] Computer: Kartenlesegerät
★**care**¹ [keə] **1** Pflege (eines Kranken usw.); **medical care** ärztliche Versorgung, ärztliche Betreuung; **be taken into care** in Pflege gegeben werden; **care assistant** Altenpfleger(in) **2** Fürsorge, Betreuung; **take care of** aufpassen auf, (seine Familie) sorgen für **3** Kummer, Sorge; **be free from care(s)** keine Sorgen haben **4** Sorgfalt (bei einer Arbeit) **5** Vorsicht; **take care** vorsichtig sein, aufpassen (**to do** zu tun; **that** dass); **paint strippers need to be used with care** Abbeizmittel müssen vorsichtig angewandt werden; "**handle with care**" „Vorsicht, zerbrechlich" **6** **take care!** umg mach's gut! **7** **that takes care of him/it** das wäre erledigt; **let me take care of that** überlassen Sie das mir
★**care**² [keə] sich sorgen (**about** über, um); **I don't care** das ist mir egal; **I couldn't care less** das ist mir völlig egal; **what do I care?** was geht mich das an?; **for all I care** meinetwegen; **who cares?** na und?; **care about something** Wert auf etwas legen; **not to care about something** sich aus etwas nichts machen; **he cares deeply about her/the environment** sie/die Umwelt liegt ihm sehr am Herzen

_____
PHRASAL VERBS
care for [ˈkeəˌfɔː] **1** sorgen für, sich kümmern um **2** verneint oder in Fragen: Interesse haben an, gern mögen; **I don't care for ...** ich mache mir nichts aus ...
_____

career [kəˈrɪə] Karriere, Laufbahn, Beruf; **make a career for oneself** Karriere machen; **pursue a career as something** einen Beruf als etwas ausüben; **careers advice** Berufsberatung; **careers advisor, careers officer** Berufsberater(in); **a good/bad career move** ein karriereförderndernder/karriereschädlicher Schritt; **career prospects** pl Berufsaussichten, Berufschancen
carefree [ˈkeəfriː] sorgenfrei
★**careful** [ˈkeəfl] **1** vorsichtig, behutsam; **be careful!** pass auf!, gib acht!; **be careful to do** darauf achten (oder nicht vergessen) zu tun **2** (≈ gewissenhaft) sorgfältig **3** **be careful with** Br sparsam umgehen mit (Geld usw.)
carefully [ˈkeəflɪ] vorsichtig
carefulness [ˈkeəflnəs] **1** Vorsicht **2** Sorgfalt, Gründlichkeit
care home Br Pflegeheim
★**careless** [ˈkeələs] **1** Arbeit, Arbeiter usw.: nachlässig **2** Handlung usw.: unüberlegt **3** beim Autofahren usw.: unvorsichtig, leichtsinnig
carelessness [ˈkeələsnəs] **1** Nachlässigkeit **2** Unüberlegtheit **3** Leichtsinn
carer [ˈkɛərə] Br Pflegeperson; **the elderly and their carers** Senioren und ihre Fürsorgenden (oder und die, die sie pflegen)
caress¹ [⚠ kəˈres] Liebkosung
caress² [⚠ kəˈres] liebkosen, streicheln
caretaker [ˈkeəˌteɪkə] Hausmeister(in), Ⓒ, Ⓐ Hauswart(in), Ⓐ auch: Hausbesorger(in)
cargo [ˈkɑːgəʊ] pl: **cargoes** oder **cargos** Ladung, Fracht; **cargo hold** Frachtraum; **cargo ship** Frachtschiff; **cargo space** Frachtraum
cargoes, cargos [ˈkɑːgəʊz] pl, auch **cargo pants** pl Cargohose
car hire [ˈkɑːhaɪə] Br Autovermietung
Caribbean¹ [ˌkærəˈbiːən] Karibik
Caribbean² [ˌkærəˈbiːən] karibisch; **a Caribbe-**

an holiday Ferien in der Karibik
caricature ['kærɪkətʃʊə] Karikatur
caries [⚠ 'keəri:z] *medizinisch:* Karies
Carinthia [kə'rɪnθɪə] Kärnten
car mechanic ['kɑː‿mə,kænɪk] Automechaniker(in)
carnage ['kɑːnɪdʒ] Blutbad
carnation [kɑː'neɪʃn] *Blume:* Nelke
★**carnival** ['kɑːnɪvl] ◨ Karneval, Fasching ◩ Volksfest
carnivore ['kɑːnɪvɔː] *Tier:* Fleischfresser
carol ['kærəl] Weihnachtslied
carousel [,kærə'sel] *US* Karussell
★**car park** ['kɑː‿pɑːk] *Br offen:* Parkplatz, überdacht: Parkhaus (für viele Autos)
carpenter ['kɑːpəntə] Zimmermann, Tischler(in), Schreiner(in)
carpentry ['kɑːpəntrɪ] Schreinerei, Tischlerei, Zimmerhandwerk
★**carpet**[1] ['kɑːpɪt] Teppich; **fitted carpet** *Br* Teppichboden
★**carpet**[2] ['kɑːpɪt] mit einem Teppich auslegen
carpeting ['kɑːpɪtɪŋ] **wall-to-wall carpeting** *US* Teppichboden
car phone ['kɑː‿fəʊn] Autotelefon
car pool ['kɑː‿puːl] ◨ *von Privatpersonen:* Fahrgemeinschaft ◩ *von Firma:* Fuhrpark
carport ['kɑːpɔːt] *für Auto:* überdachter Abstellplatz, Carport
car rental ['kɑː,rentl] *US* Autovermietung
★**carriage** ['kærɪdʒ] ◨ Wagen, Kutsche (*von Pferden gezogen*) ◩ *Br; Eisenbahn:* Wagen ◪ Transport (*von Gütern*) ◫ Transportkosten, Fracht(gebühr)
carriageway ['kærɪdʒweɪ] *Br* Fahrbahn
carrier ['kærɪə] ◨ *auch* **carrier bag** *Br* (Plastik)Tragetasche ◩ *Unternehmen:* Spediteur, Transportunternehmen ◪ Überträger (*einer Krankheit*) ◫ *militärisch:* Flugzeugträger ◬ Gepäckträger (*am Fahrrad*)
carrier bag ['kærɪə‿bæg] *Br* (Plastik)Tragetasche
carrion ['kærɪən] Aas
★**carrot** ['kærət] Karotte, Mohrrübe
★**carry** ['kærɪ] ◨ *allg.:* tragen ◩ (*Transportmittel*) befördern, tragen ◪ (*Medien*) bringen (*Bericht usw.*) ◫ mitführen, mit (*oder* bei) sich tragen (*Ausweis usw.*) ◬ *Geschäft:* führen (*Ware*) ◮ erringen, gewinnen (*Preis usw.*) ◯ siegreich hervorgehen aus (*einer Wahl usw.*) ◰ *Parlament:* durchbringen (*Antrag usw.*); **be carried** *Antrag usw.:* durchgehen ◱ (*Stimme, Waffe usw.*) tragen (*über bestimmte Entfernung*)

◓ **carry something too far** *übertragen* etwas zu weit treiben

--- PHRASAL VERBS ---

carry about *oder* **around** [,kærɪ‿ə'baʊt *oder* ə'raʊnd] herumtragen; **carry about** (*oder* **around**) **with one** mit sich herumtragen, bei sich haben (*Pass usw.*)

carry away [,kærɪ‿ə'weɪ] ◨ wegtragen ◩ (*Sturm, Flut usw.*) wegreißen ◪ **get carried away** (*Person*) sich mitreißen lassen (*von Gefühlen usw.*)

carry off [,kærɪ'ɒf] ◨ wegtragen ◩ *umg* hinkriegen (*Aufgabe usw.*) ◪ erringen, gewinnen (*Preis usw.*)

carry on [,kærɪ'ɒn] ◨ fortführen, fortsetzen ◩ weitermachen (**with** mit) ◪ *umg* eine Szene machen (**about** wegen) ◫ betreiben (*Geschäft*)

carry out [,kærɪ'aʊt] ◨ ausführen, durchführen (*Plan usw.*) ◩ wahr machen (*Drohung*), erfüllen (*Versprechen*)

carry through [,kærɪ'θruː] durchführen (*Plan, Vorhaben*)

---

carryall ['kærɪ‿ɔːl] *US* Reisetasche
carrycot ['kærɪkɒt] *Br* Babytragetasche
carry-on[1] ['kærɪɒn] ◨ *Gepäckstück:* Bordcase ◩ *Br, umg* Theater; **what a carry-on!** so ein Theater!
carry-on[2] ['kærɪɒn] **carry-on baggage** (*bes. Br* **luggage**) Bordgepäck
carry-out ['kærɪaʊt] *US* ◨ Essen zum Mitnehmen ◩ Restaurant mit Straßenverkauf; → **takeaway** *Br*
CARS [kɑːz] (*abk für* **car allowance rebate scheme**) *US* Abwrackprämie; → **scrappage allowance** *Br*
car seat [kɑː'siːt] ◨ Autositz ◩ *US* Kindersitz
carsick ['kɑːsɪk] **she gets carsick** ihr wird beim Autofahren übel
cart [kɑːt] ◨ Karren ◩ (Hand)Wagen
carton ['kɑːtn] ◨ (Papp)Karton, Schachtel, *für Getränke:* Tetra Pak®, *für Milch:* Tüte ◩ Tüte (*Milch*) ◪ Stange (*Zigaretten*)
cartoon [kɑː'tuːn] ◨ Cartoon, (politische) Karikatur ◩ *auch* **animated cartoon** Zeichentrickfilm ◪ **cartoon character** Comicfigur
cartridge ['kɑːtrɪdʒ] ◨ *Waffe, Füllhalter:* Patrone ◩ *Fotografie usw.:* Kassette ◪ Tonabnehmer (*eines Plattenspielers*)
cartwheel ['kɑːtwiːl] ◨ Wagenrad ◩ *Turnen:* Rad; **turn cartwheels** Rad schlagen
carve [kɑːv] ◨ (in) *Holz:* schnitzen, (in) *Stein:* meißeln; **carve one's name on a tree** seinen

Namen in einen Baum schnitzen **2** zerlegen, transchieren (*Fleisch usw.*)

carving ['kɑːvɪŋ] **1** *aus Holz*: Schnitzerei, *aus Stein*: Skulptur **2** *Tätigkeit*: Schnitzen, Meißeln

carving knife ['kɑːvɪŋ ˌnaɪf] *pl*: **carving knives** ['kɑːvɪŋ ˌnaɪvz] Tranchiermesser

car wash ['kɑːwɒʃ] Autowaschanlage

cascade [kæ'skeɪd] Kaskade, Wasserfall

★**case**[1] [keɪs] Fall (*auch Recht*); **it's a case of ...** es handelt sich um ...; **in any case** auf jeden Fall, jedenfalls; **in case** falls; **in case of** im Falle von (*oder Genitiv*)

★**case**[2] [keɪs] **1** Kiste, Kasten **2** *für Kleider*: Koffer **3** *aus Pappe*: Schachtel **4** *für Brille usw.*: Etui, Futteral **5** ...mappe; **briefcase** Aktenmappe **6** ...bezug, ...überzug; **pillowcase** Kopfkissenbezug

★**cash**[1] [kæʃ] **1** Bargeld; **cash for clunkers** *US, umg* Abwrackprämie **2** Barzahlung; **for cash, cash down** gegen bar, gegen Barzahlung; **in cash** bar; **pay (in) cash** bar bezahlen; **cash in advance** Vorauszahlung; **cash on delivery** per Nachnahme **3** *umg* Geld; **short of cash** knapp bei Kasse

★**cash**[2] [kæʃ] *auch* **cash in** einlösen (*Scheck usw.*)

PHRASAL VERBS

cash in [ˌkæʃ'ɪn] **cash in on** *umg* profitieren von, ausnutzen

---

cash card ['kæʃ ˌkɑːd] Geldautomatenkarte, *etwa*: EC-Karte

★**cash desk** ['kæʃ ˌdesk] *im Warenhaus*: Kasse, Ⓐ Kassa

cash dispenser ['kæʃ dɪˌspensə] *Br* Geldautomat

cashier [kæ'ʃɪə] Kassierer(in)

cashless ['kæʃləs] bargeldlos

cash machine ['kæʃ məˌʃiːn] Geldautomat

cashmere ['kæʃmɪə] Kaschmir(wolle)

cash payment ['kæʃˌpeɪmənt] Barzahlung

cashpoint ['kæʃpɔɪnt] *Br* Geldautomat

cash price ['kæʃ ˌpraɪs] *beim Kauf*: Barzahlungspreis

cash register ['kæʃˌredʒɪstə] (Registrier)Kasse

casing ['keɪsɪŋ] *technisch*: Gehäuse, Verkleidung, Mantel

casino [kə'siːnəʊ] *pl*: **casinos** (Spiel)Kasino

cask [kɑːsk] Fass

casket ['kɑːskɪt] **1** Schatulle, Kästchen **2** *US* Sarg

casserole ['kæsərəʊl], **casserole dish** ['kæsərəʊlˌdɪʃ] Kasserolle, Schmortopf, Ⓐ Rein

cassette [kə'set] Kassette

cassette deck [kə'setdek] Kassettendeck

cassette recorder [kə'setˌrɪˌkɔːdə] Kassettenrekorder

cassock ['kæsək] *kirchlich*: Soutane

cast[1] [kɑːst], **cast**, **cast** **1** werfen; **cast light on something** *übertragen* auf etwas Licht werfen **2** *Fischen*: auswerfen (*Netz, Angel usw.*) **3** (*Schlange usw.*) abstreifen (*Haut*) **4** werfen (*Schatten usw.*) (**on** auf); **cast a glance at** einen Blick werfen auf **5** *Theater, Film*: besetzen (*Stück usw.*), verteilen (*Rollen*) (**to** an) **6** *Wahl*: abgeben (*Stimmzettel, Stimme*) **7** *Technik*: gießen, formen (*Metall, Statue usw.*)

cast[2] [kɑːst] **1** *Theater, Film*: Rollenverteilung, Besetzung **2** *Theater, Film*: (≈ *Mitwirkende*) Besetzung **3** *medizinisch*: Gips(verband) **4** *Technik*: Gussform, Produkt: Abdruck

---

PHRASAL VERBS

cast about *oder* **around for** [ˌkɑːst əˈbaʊt *oder* əˈraʊnd fə] suchen (nach), *übertragen* sich umsehen nach

cast aside [ˌkɑːst əˈsaɪd] **1** ablegen (*Gewohnheit usw.*) **2** fallen lassen (*Freund usw.*)

cast away [ˌkɑːst əˈweɪ] **be cast away** *Schifffahrt*: gestrandet sein

cast off [ˌkɑːst'ɒf] *Schiff, Boot*: losmachen

---

castaway ['kɑːstəweɪ] Schiffbrüchige(r)

casting ['kɑːstɪŋ] **1** *Technik*: Abguss, Gussstück **2** *Theater, Film*: (Rollen)Besetzung

cast iron [ˌkɑːst'aɪən] *Technik*: Gusseisen

cast-iron [ˌkɑːst'aɪən] **1** gusseisern **2** *Wille usw.*: eisern, *Alibi*: hieb- und stichfest

★**castle** [⚠ 'kɑːsl] **1** Burg, Schloss; **build castles in the air** *übertragen* Luftschlösser bauen **2** *Schach*: Turm

castoffs ['kɑːstɒfs] *pl* abgelegte Kleidung

castor ['kɑːstə] Laufrolle (*an Möbeln*)

castrate [kæ'streɪt] kastrieren

casual [⚠ 'kæʒʊəl] **1** *Art usw.*: lässig **2** *Bemerkung*: beiläufig, *Blick*: flüchtig **3** *Kleidung*: leger, sportlich; **casual wear** Freizeitkleidung **4** *Arbeit*: gelegentlich; **casual labourer** Gelegenheitsarbeiter

casualty ['kæʒʊəltɪ] **1** Verunglückte(r); **casualties** *pl* Opfer *pl* (*einer Katastrophe usw.*) **2** *militärisch*: Verwundete(r), Gefallene(r) **3** *Br auch* **casualty ward** (*oder* **department**) *Krankenhaus*: Unfallstation, Notaufnahme

★**cat** [kæt] Katze; **let the cat out of the bag** *umg* die Katze aus dem Sack lassen; **play cat and mouse with someone** mit jemandem

Katz und Maus spielen; **it's raining cats and dogs** es gießt in Strömen

catalogue[1], US auch **catalog** ['kætəlɒg] **1** Katalog **2** US; Universität: Vorlesungsverzeichnis

catalogue[2], US auch **catalog** ['kætəlɒg] katalogisieren

catalytic converter [ˌkætəlɪtɪk_kən'vɜːtə] Auto: Katalysator

catarrh [⚠ kə'tɑː] medizinisch: Katarrh

catastrophe [⚠ kə'tæstrəfi] Katastrophe

catastrophic [ˌkætə'strɒfɪk] katastrophal

★**catch**[1] [kætʃ], caught [kɔːt], caught [kɔːt] **1** allg.: fangen **2** auffangen (Blick, Flüssigkeit), (ein)fangen (Tier usw.) **3** bekommen, erwischen; **catch the train** den Zug erreichen **4** einholen (Person) **5** **catch someone lying** jemanden bei einer Lüge ertappen; **I caught him flirting with my girlfriend** ich habe ihn (dabei) erwischt, wie er mit meiner Freundin flirtete **6** sich holen (eine Krankheit), sich zuziehen (eine Erkältung usw.); **catch (a) cold** sich erkälten **7** **catch fire** Feuer fangen, in Brand geraten **8** sich verfangen, hängen bleiben (**on** in; **in** in); **my fingers got caught in the door** ich hab mir die Finger in der Tür geklemmt **9** packen, ergreifen (auch übertragen) **10** **catch someone's eye** (oder **attention**) übertragen jemandes Aufmerksamkeit auf sich lenken **11** verstehen, mitkriegen (was jemand sagt)

___PHRASAL VERBS___

catch on [ˌkætʃ'ɒn] umg **1** Anklang finden **2** **catch on to something** etwas kapieren, auf etwas kommen

catch out [ˌkætʃ'aʊt] Br ertappen (bes. bei einer Lüge)

catch up [ˌkætʃ'ʌp] **1** Br einholen (auch bei der Arbeit) **2** aufholen; **catch up with** einholen (auch bei der Arbeit); **catch up on** (oder **with**) aufholen (Arbeitsrückstand usw.); **catch up on one's sleep** Schlaf nachholen **3** **be caught up in** verwickelt sein in

★**catch**[2] [kætʃ] **1** **good catch!** bei Ballspiel: gut gefangen! **2** Fangen **3** Fang, Beute (beide auch übertragen) **4** Haken (auch übertragen), Verschluss (von Brosche usw.)

catcher ['kætʃə] Sport: Fänger (⚠ dt. Catcher = **all-in wrestler**)

catching ['kætʃɪŋ] Krankheit: ansteckend (auch Lachen, Enthusiasmus usw.)

catchment area ['kætʃmənt ˌeərɪə] Einzugsgebiet (einer Schule usw.)

catchword ['kætʃwɜːd] Schlagwort

catchy ['kætʃɪ] Melodie: eingängig

category ['kætəgərɪ] Kategorie, Klasse

cater ['keɪtə] Speisen und Getränke liefern (**for** für)

___PHRASAL VERBS___

cater for ['keɪtə_fɔː] **1** sorgen für **2** eingestellt sein auf

catering ['keɪtərɪŋ] **do the catering** für Fest usw.: Speisen und Getränke liefern; **catering service** Partyservice; **catering trade** (Hotel- und) Gaststättengewerbe

caterpillar ['kætəpɪlə] **1** Tier: Raupe **2** Fahrzeug: Raupenfahrzeug (Warenzeichen)

cat flap ['kæt_flæp] kleiner Durchlass: Katzentür

★**cathedral** [kə'θiːdrəl] Dom, Kathedrale, Münster

Catholic[1] ['kæθəlɪk] katholisch

Catholic[2] ['kæθəlɪk] Katholik(in)

Catholicism [kə'θɒləsɪzm] Katholizismus

catnap ['kætnæp] **have a catnap** ein Nickerchen machen

cat's eye ['kæts_aɪ] Br auf der Fahrbahn, am Fahrrad: Katzenauge, Rückstrahler

★**cattle** ['kætl] pl (Rind)Vieh; **the cattle are in the meadow** das Vieh ist auf der Weide

catty ['kætɪ] boshaft

catwalk ['kætwɔːk] **1** Steg **2** bei Modeschauen: Laufsteg

caught [kɔːt] 2. und 3. Form von → **catch**[1]

cauldron ['kɔːldrən] großer Kessel

cauliflower ['kɒlɪˌflaʊə] Blumenkohl, Ⓐ Karfiol

caulk [kɔːk] Dichtungsmasse

caulking gun ['kɔːkɪŋ_gʌn] Kartuschenpistole, Dichtungspistole

★**cause**[1] [kɔːz] **1** Ursache (**of** für) **2** Grund, Anlass (**for** für) **3** (≈ Ziel, Ideal) Sache

★**cause**[2] [kɔːz] **1** verursachen **2** veranlassen **3** bereiten, zufügen (Kummer usw.)

causeway ['kɔːzweɪ] Damm

caustic ['kɔːstɪk] **1** Chemikalie: ätzend **2** Bemerkung usw.: bissig

caution[1] ['kɔːʃn] **1** Vorsicht **2** Warnung **3** Br Verwarnung

caution[2] ['kɔːʃn] **1** warnen (**against** vor) **2** Br verwarnen

cautious ['kɔːʃəs] vorsichtig

cavalry ['kævlrɪ] militärisch **1** historisch: Kavallerie **2** Panzertruppe(n)

★**cave** [keɪv] Höhle

cavern ['kævən] (große) Höhle
cavity ['kævətɪ] ◼ Hohlraum ◼ *Zahn*: Loch
cavort [kə'vɔːt] *umg* herumtoben
cayenne pepper [,keɪen'pepə] Cayennepfeffer
CCTV [,siːsiːtiː'viː] (*abk für* closed circuit television) Videoüberwachungsanlage
★**CD** [,siː'diː] (*abk für* compact disc) CD
CD burner [siː'diː,bɜːnə] CD-Brenner
★**CD player** [,siː'diː,pleɪə] *Gerät*: CD-Spieler
★**CD-ROM** [,siːdiː'rɒm] (*abk für* compact disc read-only memory) CD-ROM
CD-ROM drive [,siːdiː'rɒm draɪv] *Computer*: CD-ROM-Laufwerk
CD-RW [,siːdiːɑː'dʌbljuː] (*abk für* compact disc rewritable) CD-RW (wiederbeschreibbare CD)
CD writer [,siː'diː,raɪtə] CD-Brenner
cease [⚠ siːs] aufhören (**to do, doing** zu tun)
ceasefire [⚠ 'siːs,faɪə] *militärisch*: Feuerpause, Waffenstillstand
ceaseless [⚠ 'siːsləs] unaufhörlich
cede [siːd] **cede something (to someone)** (jemandem *oder* an jemanden) etwas abtreten, (jemandem) etwas überlassen
★**ceiling** ['siːlɪŋ] ◼ Decke (*eines Raums*), ⓒ Plafond ◼ *übertragen* Höchstgrenze
★**celebrate** ['seləbreɪt] ◼ feiern, preisen ◼ *kirchlich*: zelebrieren (*Messe*)
celebrated ['seləbreɪtɪd] berühmt (**for** für, wegen), gefeiert
celebration [,selə'breɪʃn] ◼ Feier ◼ *kirchlich*: Zelebrieren (*einer Messe*)
celebrity [sə'lebrətɪ] Berühmtheit (*auch Person*)
celery ['selərɪ] Sellerie
celestial [sə'lestɪəl] himmlisch, Himmels...
celibate ['selɪbət] zölibatär, keusch
cell [sel] ◼ *allg.*: Zelle ◼ *US* Handy
★**cellar** ['selə] Keller
cellist ['tʃelɪst] *Musik*: Cellist(in)
cello ['tʃeləʊ] *pl*: **cellos** *Musik*: Cello
cellophane ['seləfeɪn] Zellophan
cell phone ['selfəʊn], **cellular phone** ['seljʊlə faʊn] *US* Mobiltelefon, Handy; **cell phone-free zone** handyfreie Zone; **cell phone cover** Handyhülle, Handytasche; → **mobile phone** *Br*
Celt [⚠ kelt] Kelte, Keltin
★**Celtic**[1] [⚠ 'keltɪk] keltisch
Celtic[2] [⚠ 'keltɪk] *Sprache*: Keltisch
cement[1] [sə'ment] ◼ Zement ◼ Kitt
cement[2] [sə'ment] ◼ zementieren ◼ kitten ◼ *übertragen* festigen
★**cemetery** ['semətrɪ] Friedhof
censor ['sensə] zensieren

censorship ['sensəʃɪp] Zensur; **censorship of the press** Pressezensur
censure[1] ['senʃə] Tadel (⚠ *nicht* **Zensur**)
censure[2] ['senʃə] tadeln (**for** wegen)
census ['sensəs] *pl*: **censuses** ['sensəsɪz] (*bes.* Volks)Zählung
★**cent** [sent] Cent (*auch Eurocent*); **thirty cents** dreißig Cent
centenary [sen'tiːnərɪ] *bes. Br* Hundertjahrfeier, hundertjähriges Jubiläum
centennial [sen'tenɪəl] *bes. US* Hundertjahrfeier, hundertjähriges Jubiläum
center ['sentə] *US* → **centre**[1], **centre**[2] *Br*
centigrade ['sentɪɡreɪd] **20 degrees centigrade** 20 Grad Celsius
centilitre, *US* ★**centiliter** ['sentɪ,liːtə] Zentiliter
★**centimetre**, *US* ★**centimeter** ['sentɪ,miːtə] Zentimeter
★**central** ['sentrəl] ◼ zentral (gelegen) ◼ Haupt..., Zentral...
Central America [,sentrəl ə'merɪkə] Mittelamerika
Central American [,sentrəl ə'merɪkən] mittelamerikanisch
Central Europe [,sentrəl 'jʊərəp] Mitteleuropa
central heating [,sentrəl 'hiːtɪŋ] Zentralheizung
centralize ['sentrəlaɪz] zentralisieren
central locking [,sentrəl 'lɒkɪŋ] *Auto*: Zentralverriegelung
central processing unit [,sentrəl'prəʊsesɪŋ ,juːnɪt] *Computer*: Zentraleinheit
central reservation [,sentrəl,rezə'veɪʃn] *Br* Mittelstreifen (*einer Autobahn*)
central station [,sentrəl'steɪʃn] Hauptbahnhof
★**centre** ['sentə] *Br* ◼ Mitte (*von Kreis, Zimmer usw.*) ◼ *von Stadt usw.*: Zentrum, Mittelpunkt (*auch übertragen*); **in** (*oder* **at**) **the centre** in der Mitte ◼ **be at the centre of attention** im Mittelpunkt des Interesses stehen ◼ **centre forward** *Fußball*: Mittelstürmer(in)

PHRASAL VERBS

centre on *oder* **round** [,sentə'ɒn *oder* 'raʊnd] *Br* (*Gedanken usw.*) sich konzentrieren auf, sich drehen um

---

centre punch, *US* **center punch** ['sentə pʌntʃ] Körner
★**century** ['sentʃərɪ] Jahrhundert
CEO [,siːiː'əʊ] (*abk für* chief executive officer) Geschäftsführer(in), Generaldirektor(in)
ceramics [sə'ræmɪks] ◼ (⚠ *mit sg verwendet*) *Kunstform*: Keramik ◼ (⚠ *mit pl verwendet*) *Gegenstände*: Keramikwaren

★**cereal** ['sɪərɪəl] **1** Getreide **2** Getreideflocken, Frühstückskost (*aus Getreide*), Cornflakes

ceremonial [ˌserə'məʊnɪəl] zeremoniell

ceremonious [ˌserə'məʊnɪəs] **1** *Anlass usw.*: feierlich **2** *Verhalten usw.*: förmlich

ceremony ['serəmənɪ] **1** Zeremonie **2** Förmlichkeit(en)

cert [sɜːt] *Br, umg* sichere Sache; **it's a dead cert (that …)** es ist todsicher (, dass …)

★**certain** ['sɜːtn] **1** *Sache usw.*: sicher, bestimmt; **it's certain to happen** es wird mit Sicherheit geschehen; **for certain** mit Sicherheit **2** *Person*: überzeugt, sicher; **make certain of something** sich einer Sache vergewissern, *auch*: sich etwas sichern; **make certain (that)** dafür sorgen, dass **3** *Wissen, Gewissheit usw.*: zuverlässig, sicher **4** (ganz) bestimmt; **a certain day** ein bestimmter Tag **5** gewisse(r, -s); **a certain Mr Brown** ein gewisser Herr Brown; **for certain reasons** aus bestimmten Gründen

★**certainly** ['sɜːtnlɪ] **1** sicher, bestimmt **2** *als Antwort*: aber sicher!, natürlich!

★**certainty** ['sɜːtntɪ] Sicherheit, Bestimmtheit

★**certificate** [sə'tɪfɪkət] **1** *vom Arzt usw.*: Bescheinigung, Attest **2** *Schule*: Zeugnis **3** *wissenschaftlich*: Gutachten

certify ['sɜːtɪfaɪ] **1** bescheinigen, attestieren; **this is to certify that** hiermit wird bescheinigt, dass **2** beglaubigen

cesarean [⚠ sɪ'zeərɪən], **cesarean section** [sɪˌzeərɪən'sekʃn] *US; medizinisch*: Kaiserschnitt; → caesarean *Br*

CFC [ˌsiːef'siː] (*abk für* chlorofluorocarbon) FCKW; **CFC-free** FCKW-frei

CGI [ˌsiːdʒiː'aɪ] (*abk für* computer-generated imagery) CGI (*Computeranimation*)

chafe [tʃeɪf] **1** wund reiben, scheuern **2** *gegen Kälte*: warm reiben, frottieren **3** **chafe at** sich ärgern über

★**chain**¹ [tʃeɪn] *allg.*: Kette (*auch übertragen*)

★**chain**² [tʃeɪn] (an)ketten (**to** an)

chain reaction [ˌtʃeɪn rɪ'ækʃn] Kettenreaktion

chainsaw ['tʃeɪnsɔː] Kettensäge

chain store ['tʃeɪn stɔː] Kettenladen

★**chair**¹ [tʃeə] **1** Stuhl, Sessel; **on a chair** auf einem Stuhl; **in a chair** in einem Sessel **2** *übertragen* Vorsitz; **be in** (*oder* **take**) **the chair** den Vorsitz führen **3** *von Gremium usw.*: Vorsitzende(r) **4** *Universität*: Lehrstuhl (**of** für) **5** *US, umg* ⚠ **the chair** der elektrische Stuhl

★**chair**² [tʃeə] den Vorsitz führen bei; **chaired by** unter dem Vorsitz von

chairlift ['tʃeəlɪft] Sessellift

★**chairman** ['tʃeəmən] *pl*: **chairmen** ['tʃeəmən] Vorsitzende(r)

chairmanship ['tʃeəmənʃɪp] **under the chairmanship of** unter dem Vorsitz von

chairperson ['tʃeəˌpɜːsn] Vorsitzende(r)

chairwoman ['tʃeəˌwʊmən] *pl*: **chairwomen** ['tʃeəˌwɪmɪn] Vorsitzende

chalet [⚠ 'ʃæleɪ] **1** Berghütte **2** *Br* Ferienbungalow

chalk [tʃɔːk] Kreide

challenge¹ ['tʃælɪndʒ] **1** herausfordern **2** infrage stellen **3** (*Aufgabe*) fordern

challenge² ['tʃælɪndʒ] **1** Herausforderung (**to** an) **2** (schwierige) Aufgabe

challenger ['tʃælɪndʒə] *bes. Sport*: Herausforderer

challenging ['tʃælɪndʒɪŋ] **1** herausfordernd **2** *Aufgabe*: schwierig, reizvoll

chamber ['tʃeɪmbə] **1** *Technik, Biologie, Politik*: Kammer **2** Sitzungssaal **3** **Chamber of Commerce** Industrie- und Handelskammer

chambermaid ['tʃeɪmbəmeɪd] Zimmermädchen

chameleon [kə'miːlɪən] Chamäleon

champ [tʃæmp] *umg; Sport*: Meister(in)

champagne [ˌʃæm'peɪn] Champagner, Sekt

★**champion**¹ ['tʃæmpɪən] **1** *Sport*: Meister(in) **2** *einer Idee usw.*: Verfechter(in) (**of** von *oder Genitiv*)

★**champion**² ['tʃæmpɪən] eintreten für

championship ['tʃæmpɪənʃɪp] *Sport*: Meisterschaft

★**chance**¹ [tʃɑːns] **1** Zufall; **by (any) chance** zufällig; **game of chance** Glücksspiel **2** *von Zukünftigem*: Möglichkeit, Wahrscheinlichkeit **3** Chance, Gelegenheit, Aussicht (**of** auf); **stand a chance** Aussichten (*oder* eine Chance) haben **4** Risiko; **take a chance** es darauf ankommen lassen, etwas riskieren (**on** mit); **take no chances** nichts riskieren (wollen)

chance² [tʃɑːns] riskieren; **chance it** *umg* es darauf ankommen lassen

───────────── PHRASAL VERBS

chance on ['tʃɑːns ˌɒn] zufällig begegnen (*oder* treffen), zufällig stoßen auf

─────────────

★**chance**³ [tʃɑːns] zufällig, Zufalls...

★**chancellor** ['tʃɑːnsələ] *Politik*: Kanzler(in); **Chancellor of the Exchequer** *Br* Schatzkanzler(in), Finanzminister(in)

chandelier [⚠ ˌʃændə'lɪə] Kronleuchter

★**change**¹ [tʃeɪndʒ] **1** *allg.*: (ver)ändern **2** (*Person*) sich (ver)ändern **3** wechseln, (ver)tauschen; **change one's shirt** ein anderes Hemd anziehen; **change places with someone** mit jemandem den Platz tauschen; **change trains** (*bzw.* **planes**) umsteigen **4** *bei Bus, Bahn, Flugzeug:* umsteigen **5** *auch* **get changed** sich umziehen (**for dinner**) zum Abendessen) **6** wechseln (*Bettzeug usw.*); **change the sheets** das Bett (*bzw.* die Betten) frisch beziehen **7** wickeln (*Baby*) **8** wechseln (*Geld*) **9** *Technik:* (aus)wechseln (*Teile*) **10** übergehen (**to zu**) (*neuen Methoden usw.*) **11** (*Verkehrsampel*) wechseln, umspringen (**from ... to** von ... auf) **12** *Br Auto:* schalten; **change into fifth** (**gear**) in den fünften Gang schalten

_____
PHRASAL VERBS

change into ['tʃeɪndʒ‚ɪntə] **1** verwandeln in **2** sich verwandeln in **3 I'll change into something more comfortable** ich werde mir etwas Bequemeres anziehen

change over [‚tʃeɪndʒ'əʊvə] **change over to** (sich) umstellen auf (*neues System*)

★**change²** [tʃeɪndʒ] **1** Veränderung; **change of air** Luftveränderung **2** Abwechslung, etwas Neues; **for a change** zur Abwechslung **3** Wechselgeld; **can you give me change for a £20 note?** können Sie mir auf zwanzig Pfund herausgeben? **4** Kleingeld; **can you give me change for a pound?** können Sie mir ein Pfund wechseln?; **small change** Kleingeld; **keep the change** der Rest ist für Sie

changeable ['tʃeɪndʒəbl] *allg.:* unbeständig, *Wetter auch:* veränderlich

changing room ['tʃeɪndʒɪŋ‚ruːm] *bes. Sport:* Umkleideraum, Umkleidekabine

★**channel** ['tʃænl] **1** *Rundfunk, TV:* Programm, Kanal; **switch channels** umschalten; **channel hopping** (*US* **surfing**) *TV:* Zappen, dauerndes Umschalten **2** **the Channel** der Ärmelkanal; **the Channel Tunnel** der Kanaltunnel

chant¹ [tʃɑːnt] **1** Gesang **2** *von Demonstranten usw.:* Sprechchor

chant² [tʃɑːnt] **1** singen **2** (*Demonstranten usw.*) in Sprechchören rufen

chaos ['keɪɒs] Chaos

chaotic [keɪ'ɒtɪk] chaotisch

chap [tʃæp] *Br, umg* Typ, Kerl

chapel ['tʃæpl] **1** Kapelle **2** Gottesdienst

chaplain ['tʃæplɪn] Kaplan

chapped [tʃæpt] **chapped lips** aufgesprungene Lippen

chapter ['tʃæptə] Kapitel (*auch übertragen*)

★**character** ['kærəktə] **1** *allg.:* Charakter **2** Ruf, Leumund **3** *Roman usw.:* Figur, Gestalt; **characters** *pl auch* Charaktere **4** Schriftzeichen, Buchstabe

characteristic¹ [‚kærəktə'rɪstɪk] typisch, charakteristisch (**of** für)

characteristic² [‚kærəktə'rɪstɪk] charakteristisches Merkmal

characterize ['kærəktəraɪz] charakterisieren

charcoal ['tʃɑːkəʊl] Holzkohle

★**charge¹** [tʃɑːdʒ] **1** berechnen (**for** für); **I won't charge you for that** ich berechne Ihnen nichts dafür **2** *Wirtschaft:* in Rechnung stellen; **please charge all these purchases to my account** bitte setzen Sie diese Einkäufe auf meine Rechnung **3** *US* mit der Kreditkarte bezahlen **4** *militärisch:* angreifen, stürmen **5** **charge someone with something** *auch Recht:* jemanden einer Sache beschuldigen **6** beauftragen (**with** mit) **7** laden (*Gewehr*), (auf)laden (*Batterie usw.*)

★**charge²** [tʃɑːdʒ] **1** Gebühr; **free of charge** kostenlos, gratis; **there's an extra charge for delivery** die Lieferung wird zusätzlich berechnet **2** **the person in charge** der (*oder* die) Verantwortliche; **be in charge of** verantwortlich sein für, leiten; **be in** (*oder* **under**) **someone's charge** von jemandem betreut werden; **put someone in charge of something** jemandem die Verantwortung für etwas übertragen, *von Abteilung:* jemandem die Leitung von etwas übertragen; **he took charge of the situation** er nahm die Sache in die Hand **3** *Person:* Schützling, Mündel **4** Beschuldigung, *auch Recht:* Anklage; **be on a charge of murder** unter Mordanklage stehen **5** *militärisch:* Angriff

charge card ['tʃɑːdʒ‚kɑːd] Kundenkreditkarte

charger ['tʃɑːdʒə] Ladegerät (*für Handy, Batterie*)

charging point ['tʃɑːdʒɪŋ‚pɔɪnt], **charging station** ['tʃɑːdʒɪŋ‚steɪʃn] Stromtankstelle, Ladestation

charitable ['tʃærɪtəbl] **1** *Verein usw.:* wohltätig **2** gütig, nachsichtig (**to** gegenüber)

charity ['tʃærɪtɪ] **1** Wohltätigkeitsverein **2** **for charity** für die Wohlfahrt **3** Nächstenliebe

charm¹ [tʃɑːm] **1** *von Person, Stadt usw.:* Charme, Zauber **2** *Spruch usw.:* Zauber, Zauberformel **3** *Gegenstand:* Talisman, Amulett

charm² [tʃɑːm] **1** bezaubern, entzücken **2** beschwören (*Schlangen*), verzaubern

★**charming** ['tʃɑːmɪŋ] **1** charmant, bezaubernd **2** **charming!** *ironisch:* wie nett!

charred [tʃɑːd] verkohlt
chart [tʃɑːt] **1** Diagramm, Schaubild, Tabelle; **on a chart** in einer Tabelle/einem Diagramm **2** ...karte; **sea chart** Seekarte **3 charts** pl Charts, Hitliste(n)
charter¹ ['tʃɑːtə] **1** Urkunde **2** politisch: Charta **3** Flugwesen usw.: Chartern
charter² ['tʃɑːtə] chartern (Flugzeug usw.); **chartered** Charter...
charter flight ['tʃɑːtə_flaɪt] Charterflug
chase¹ [tʃeɪs] **1** jagen, nachjagen (auch einem Traum usw.) **2** umg nachlaufen (einem Mädchen usw.) **3** umg rasen, rennen

---
PHRASAL VERBS
chase after ['tʃeɪs,ɑːftə] nachjagen
chase away [,tʃeɪs_ə'weɪ] verjagen

---

chase² [tʃeɪs] (Hetz)Jagd, übertragen auch: Verfolgungsjagd
chasm [⚠ 'kæzəm] Kluft (auch übertragen)
chassis ['ʃæsɪ] pl: **chassis** ['ʃæsɪz] Flugzeug, Auto: Chassis, Fahrgestell
chaste [tʃeɪst] keusch
chasten ['tʃeɪsn] übertragen ernüchtern
chat¹ [tʃæt], **chatted, chatted** **1** plaudern **2** Internet: chatten

---
PHRASAL VERBS
chat up [,tʃæt'ʌp] Br, umg anquatschen (ein Mädchen usw.)

---

chat² [tʃæt] **1** Plauderei; **have a chat** plaudern **2** Internet: Chat
chat room ['tʃæt_ruːm] Internet: Chatroom
chat show ['tʃæt_ʃəʊ] Br Talkshow
chatter¹ ['tʃætə] (Person) schnattern, plappern
chatter² ['tʃætə] Geschnatter, Geplapper
chatterbox ['tʃætəbɒks] umg Plappermaul
chatty ['tʃætɪ] **1** geschwätzig, gesprächig **2** Text: im Plauderton (geschrieben)
chauffeur¹ [⚠ 'ʃəʊfə] Chauffeur, Fahrer
chauffeur² [⚠ 'ʃəʊfə] chauffieren, fahren
★**cheap**¹ [tʃiːp] **1** billig, Billig..., minderwertig **2** Verhalten: schäbig, gemein; **feel cheap** sich schäbig vorkommen
★**cheap**² [tʃiːp] **on the cheap** billig
cheapen ['tʃiːpn] **1** (sich) verbilligen **2** übertragen herabsetzen
cheapskate ['tʃiːpskeɪt] umg Geizkragen, Knicker(in)
★**cheat**¹ [tʃiːt] **1** schwindeln, betrügen (**out of** um) (auch bei Prüfung) **2** (≈ fremdgehen) betrügen (Ehepartner); **cheat on someone** umg jemanden betrügen (seine Frau usw.)

★**cheat**² ['tʃiːt] Betrüger(in), Schwindler(in)
★**check**¹ [tʃek] **1** Kontrolle, Überprüfung; **keep a check on** unter Kontrolle halten **2** Hemmnis, Hindernis (**on** für) **3** Schach; **hold** (oder **keep**) **in check** übertragen in Schach halten **4** US Scheck (**for** über) **5** US Häkchen (auf Liste usw.) **6** US; im Restaurant: Rechnung **7** US Garderobenmarke **8** US Gepäckschein **9** Schachbrettmuster, Karomuster
★**check**² [tʃek] **1** checken, kontrollieren, überprüfen (**for something** auf etwas hin) **2** nachfragen (**with** bei), nachsehen; **I was just checking** ich wollte nur nachprüfen **3** zurückhalten (Gefühle) **4** US abhaken (auf Liste usw.) **5** US (in der Garderobe) abgeben (Mantel) **6** US (als Reisegepäck) aufgeben

---
PHRASAL VERBS
★**check in** [,tʃek'ɪn] **1** im Hotel: sich anmelden **2** am Flughafen: einchecken
check off [,tʃek'ɒf] US abhaken
★**check out** [,tʃek'aʊt] **1** aus einem Hotel: abreisen **2** sich erkundigen nach, sich informieren über **3** ausprobieren (neue Bar usw.)
check up on [,tʃek'ʌp_ɒn] nachprüfen, überprüfen, Nachforschungen anstellen über (Person)

---

checkbook ['tʃekbʊk] US Scheckbuch
check card ['tʃek_kɑːd] US Bankkarte, etwa: EC-Karte
checked [tʃekt] kariert; **checked pattern** Karomuster
checker ['tʃekə] US Kassierer(in) (bes. im Supermarkt)
checkerboard ['tʃekəbɔːd] US Schachbrett, Damebrett
checkered ['tʃekəd] US kariert
checkers ['tʃekəz] US (⚠ im sg verwendet) Dame(spiel); **checkers is my favourite game** Dame ist mein Lieblingsspiel
check-in ['tʃekɪn] **1** im Hotel: Rezeption, Anmeldung **2** Flughafen: Check-in; **check-in desk** Abfertigungsschalter
checking account ['tʃekɪŋ_ə,kaʊnt] US Girokonto; → **current account** Br
check list ['tʃek_lɪst] Checkliste
checkmate¹ ['tʃekmeɪt] (Schach)Matt
checkmate² ['tʃekmeɪt] (schach)matt setzen, übertragen: mattsetzen
★**checkout** ['tʃekaʊt] **1** auch **checkout counter** Kasse, Ⓐ Kassa (bes. im Supermarkt) **2** aus dem Hotel: Abreise; **checkout (time)** Zeit, zu der ein Hotelzimmer geräumt sein muss

checkpoint ['tʃekpɔɪnt] Kontrollpunkt (*an der Grenze*)

checkroom ['tʃekru:m] *US* **1** Gepäckaufbewahrung **2** *Theater*: Garderobe

checkup ['tʃekʌp] *medizinisch*: Untersuchung

★**cheek** [tʃi:k] **1** *Gesicht*: Backe, Wange **2** *von Gesäß*: Backe **3** *umg* Frechheit; **have the cheek to do something** die Frechheit besitzen, etwas zu tun

cheekbone ['tʃi:kbəʊn] Backenknochen

cheeky ['tʃi:kɪ] *Br, umg* frech (**to** zu)

cheep[1] [tʃi:p] piepsen

cheep[2] [tʃi:p] Pieps, Piepser (*auch übertragen*)

cheer[1] [tʃɪə] **give three cheers for someone** jemanden hochleben lassen; → **cheers**

cheer[2] [tʃɪə] **1** jubeln **2** anspornen, anfeuern **3** aufmuntern

———————————————— PHRASAL VERBS

cheer on [ˌtʃɪərˈɒn] anspornen, anfeuern

cheer up [ˌtʃɪərˈʌp] **1** aufmuntern **2** bessere Laune bekommen; **cheer up!** Kopf hoch!

————————————————

★**cheerful** ['tʃɪəfl] **1** fröhlich (*auch Lied usw.*), vergnügt **2** *Raum usw.*: freundlich

cheerfulness ['tʃɪəflnəs] Fröhlichkeit

cheerio [ˌtʃɪərɪˈəʊ] *Br, umg* tschüs!

cheerleader ['tʃɪəˌli:də] *bes. USA, Sport*: Cheerleader

cheerless ['tʃɪələs] freudlos, trüb

cheers [tʃɪəz] **1** cheers! *beim Anstoßen*: prost! **2** cheers! *Br, umg; zum Abschied*: tschüs! **3** cheers! *Br, als Erwiderung*: danke!

cheery ['tʃɪərɪ] fröhlich, vergnügt

★**cheese** [tʃi:z] **1** Käse **2 say cheese!** *Fotografie*: bitte recht freundlich!

cheesecake ['tʃi:zkeɪk] Käsekuchen

cheetah ['tʃi:tə] Gepard

chef [ʃef] Küchenchef(in), Koch, Köchin (⚠ Chef = **boss**)

★**chemical**[1] ['kemɪkl] chemisch

★**chemical**[2] ['kemɪkl] Chemikalie

chemical weapon [ˌkemɪklˈwepən] chemische Waffe

★**chemist** ['kemɪst] **1** Chemiker(in) **2** *Br* Apotheker(in), Drogist(in); **chemist's (shop)** Apotheke, Drogerie; **at the chemist's** in der Drogerie, in der Apotheke

★**chemistry** ['kemɪstrɪ] Chemie

chemo ['ki:məʊ] *umg (abk für* **chemotherapy**) Chemo

chemotherapy [ˌki:məʊˈθerəpɪ] Chemotherapie

★**cheque** [tʃek] *Br* Scheck; **a cheque for £100** ein Scheck über £ 100; **pay by cheque** mit (einem) Scheck bezahlen

cheque account ['tʃekˌəˌkaʊnt] *Br* Girokonto

chequebook ['tʃekbʊk] *Br* Scheckbuch

★**cheque card** ['tʃekˌkɑ:d] *Br* Scheckkarte

cherish ['tʃerɪʃ] **1** hegen (*Gefühl, Hoffnung*) **2** in Ehren halten (*jemandes Andenken*) **3** festhalten an (*Hoffnung usw.*) **4** liebevoll sorgen für

★**cherry**[1] ['tʃerɪ] Kirsche

★**cherry**[2] ['tʃerɪ] kirschrot

cherry tomato [ˌtʃerɪˌtəˈmɑ:təʊ, *US* ˌtʃerɪˌtəˈmeɪtəʊ] *pl*: **cherry tomatoes** Kirschtomate

chess [tʃes] Schach(spiel)

chessboard ['tʃesbɔ:d] Schachbrett

chessman ['tʃesmæn] *pl*: **chessmen** ['tʃesmen] Schachfigur

chess piece ['tʃesˌpi:s] Schachfigur

★**chest** [tʃest] **1** *Körper*: Brust(kasten); **get something off one's chest** *umg* sich etwas von der Seele reden **2** Kiste, Kasten **3** *Möbelstück*: Truhe

chestnut[1] [⚠ 'tʃesnʌt] Kastanie

chestnut[2] [⚠ 'tʃesnʌt] kastanienbraun

★**chest of drawers** [⚠ ˌtʃestəvˈdrɔ:z] Kommode

chesty ['tʃestɪ] *umg; Husten*: tief sitzend

★**chew** [tʃu:] kauen, zerkauen; **chew one's nails** an den Nägeln kauen

chewing gum ['tʃu:ɪŋˌgʌm] Kaugummi

chic [⚠ ʃi:k] schick, elegant

chicory ['tʃɪkərɪ] Chicorée

chick [tʃɪk] **1** Küken, junger Vogel **2** *umg, abwertend*: Mieze

★**chicken**[1] ['tʃɪkɪn] **1** Hühnchen, Hähnchen, Ⓐ Hendl **2** Huhn **3** *umg* Feigling

chicken[2] ['tʃɪkɪn] *umg* feig

———————————————— PHRASAL VERBS

chicken out [ˌtʃɪkɪnˈaʊt] *umg* kneifen (**of** vor)

————————————————

chickenpox ['tʃɪkɪnpɒks] *Krankheit*: Windpocken

chicken wing ['tʃɪkɪnˌwɪŋ] Hähnchenflügel

chickpea ['tʃɪkpi:] Kichererbse

★**chief**[1] [tʃi:f] **1** *eines Stammes*: Häuptling **2** *umg* Chef, Boss

★**chief**[2] [tʃi:f] **1** erste(r, -s), Ober..., Haupt...; **chief executive (officer)** Geschäftsführer(in), Generaldirektor(in) **2** wichtigste(r, -s)

chiefly ['tʃi:flɪ] hauptsächlich, vor allem

★**child** [tʃaɪld] ⚠ *pl*: **children** ['tʃɪldrən] Kind; **that's child's play** *übertragen* das ist ein Kinderspiel

child abuse ['tʃaɪldˌəˌbju:s] Kindesmisshand-

lung, *sexuell*: Kindesmissbrauch
child benefit [ˌtʃaɪld'benɪfɪt] *Br* Kindergeld
childbirth ['tʃaɪldbɜːθ] Geburt, Entbindung
childcare ['tʃaɪldkeə] Kinderbetreuung; **childcare assistant** Kinderpfleger(in); **childcare provider** *US* Tagesmutter
★**childhood** ['tʃaɪldhʊd] Kindheit; **from childhood** von Kindheit an
childish ['tʃaɪldɪʃ] **1** kindlich **2** *Erwachsener*: kindisch
childlike ['tʃaɪldlaɪk] kindlich
childminder ['tʃaɪldˌmaɪndə] *Br* Tagesmutter
childminding ['tʃaɪldˌmaɪndɪŋ] *Br* Beaufsichtigung von Kindern
childproof ['tʃaɪldpruːf] kindersicher; **childproof lock** *Auto*: Kindersicherung
children ['tʃɪldrən] *pl von* → child; **children's home** Kinderheim
child seat ['tʃaɪld ˌsiːt] *Auto*: Kindersitz
chili ['tʃɪlɪ] *US* Chili, Peperoni
chill[1] [tʃɪl] **1** kühlen (*Getränk usw.*) **2 chilled to the bone** *Person*: (völlig) durchgefroren
chill[2] [tʃɪl] **1** Erkältung; **catch a chill** sich erkälten **2** Kälte (*auch übertragen*)
chill[3] [tʃɪl] *auch* **chill out** *umg* chillen, relaxen
chillax ['tʃɪlæks] *umg* chillen
chilli ['tʃɪlɪ] *Br* Chili, Peperoni
chilly ['tʃɪlɪ] kalt, frostig (*auch übertragen*)
chime[1] [tʃaɪm] **1** (Glocken)Schlag **2** *oft* **chimes** *pl* Glockenspiel
chime[2] [tʃaɪm] (*Glocken*) läuten, (*Uhr*) schlagen
★**chimney** ['tʃɪmnɪ] Schornstein, Kamin
chimney-sweep ['tʃɪmnɪswiːp] Schornsteinfeger(in), Kaminkehrer(in)
chimpanzee [⚠ ˌtʃɪmpæn'ziː] *umg auch* **chimp** Schimpanse
★**chin** [tʃɪn] **1** Kinn **2 (keep your) chin up!** *umg* Kopf hoch!, halt die Ohren steif!
★**China** ['tʃaɪnə] China
★**china** ['tʃaɪnə] **1** Porzellan **2** *auch* **chinaware** Porzellan(geschirr)
Chinatown ['tʃaɪnətaʊn] Chinatown, Chinesenviertel
★**Chinese**[1] [ˌtʃaɪ'niːz] chinesisch
★**Chinese**[2] [ˌtʃaɪ'niːz] *Sprache*: Chinesisch
★**Chinese**[3] [ˌtʃaɪ'niːz] Chinese, Chinesin; **the Chinese** *pl* die Chinesen
chink[1] [tʃɪŋk] Riss, Ritze, Spalt
chink[2] [tʃɪŋk] **1** klirren, klimpern **2** klirren (*oder* klimpern) mit
chinwag ['tʃɪnwæg] *Br, umg* Plauderei, Plausch
chip[1] [tʃɪp] **1** *an Tasse, Teller usw.*: angeschlagene Stelle **2** *von Holz usw.*: Splitter, Span **3 chips** *pl Br* ⚠ Pommes frites **4 chips** *pl US* ⚠ (Kartoffel)Chips **5** *beim Roulette usw.*: Chip, Spielmarke **6** *Elektrotechnik*: Chip
chip[2] [tʃɪp], chipped, chipped anschlagen (*Geschirr usw.*)

────── **PHRASAL VERBS** ──────

chip in [ˌtʃɪp'ɪn] *umg* **1** *im Gespräch*: einwerfen (*Bemerkung usw.*) **2** sich einmischen (*in ein Gespräch*) **3** beisteuern (*Geld usw.*)
chip off [ˌtʃɪp'ɒf] abbrechen, abbröckeln

chipboard ['tʃɪpbɔːd] Spanholz
chipmunk ['tʃɪpmʌŋk] (amerikanisches) Streifenhörnchen
chip pan ['tʃɪp ˌpæn] *Br* Fritteuse
chippy ['tʃɪpɪ] *Br, umg* Frittenbude
chip shop ['tʃɪp ˌʃɒp] *Br* Imbissbude, Frittenbude
chirp [tʃɜːp] (*Grille*) zirpen, (*Vogel*) zwitschern
chirpy ['tʃɜːpɪ] *umg* quietschvergnügt
chisel[1] ['tʃɪzl] Meißel
chisel[2] ['tʃɪzl] chiselled, chiselled, *US* chiseled, chiseled (aus)meißeln
chit [tʃɪt] **1** *bes. in Ferienclubs*: vom Gast abgezeichnete Rechnung **2** (≈ *kurze schriftliche Nachricht*) Notiz, Zettel
chit-chat ['tʃɪt ˌtʃæt] Plauderei, Plausch
chivalrous [⚠ 'ʃɪvlrəs] ritterlich, galant
chives [tʃaɪvz] *pl* Schnittlauch
chlorinate ['klɔːrɪneɪt] chloren (*Wasser*)
chlorine ['klɔːriːn] *Chemie*: Chlor
choc-ice ['tʃɒk ˌaɪs] *Br* Eis mit Schokoladenüberzug
chock-a-block [ˌtʃɒkə'blɒk] *umg* vollgestopft (**with** mit)
chock-full [ˌtʃɒk'fʊl] *umg* zum Bersten voll (**of** mit)
chocoholic [⚠ tʃɒkə'hɒlɪk] Schokoladensüchtige(r)
★**chocolate**[1] [⚠ 'tʃɒklət] **1** Schokolade (*auch als Getränk*) **2** Praline; **chocolates** *pl* Pralinen, Konfekt **3 chocolate bar** Schokoriegel
★**chocolate**[2] [⚠ 'tʃɒklət] schokoladenbraun
★**choice**[1] [tʃɔɪs] **1** (*auch* freie) Wahl; **make a choice** wählen, eine Wahl treffen; **take one's choice** sich etwas aussuchen; **have no choice** keine andere Wahl haben **2** Auswahl (**of** an)
★**choice**[2] [tʃɔɪs] *Ware*: auserlesen, ausgesucht (gut)
★**choir** [⚠ 'kwaɪə] *Musik, Architektur*: Chor
choke[1] [tʃəʊk] **1** ersticken (**on** an) **2** würgen, erwürgen **3** *im weiteren Sinn*: ersticken (*Feuer*)

PHRASAL VERBS

choke back oder **down** [ˌtʃəʊkˈbæk oder ˈdaʊn] unterdrücken (Ärger usw.), zurückhalten (Tränen)

choke up [ˌtʃəʊkˈʌp] verstopfen, vollstopfen

choke² [tʃəʊk] Auto: Choke
cholesterol [kəˈlestərɒl] Cholesterin
★**choose** [tʃuːz], **chose** [tʃəʊz], **chosen** [ˈtʃəʊzn] ▮ (aus)wählen, (sich) aussuchen; **there are three versions to choose from** es stehen drei Ausführungen zur Auswahl ▮ **choose to do something** es vorziehen (oder beschließen), etwas zu tun
choosy, **choosey** [ˈtʃuːzɪ] umg wählerisch
★**chop¹** [tʃɒp], **chopped**, **chopped** ▮ (zer)hacken; **chop wood** Holz hacken ▮ klein schneiden (Gemüse)

PHRASAL VERBS

chop down [ˌtʃɒpˈdaʊn] fällen (Baum)

★**chop²** [tʃɒp] ▮ Essen: Kotelett ▮ Hieb, Schlag
chopper [ˈtʃɒpə] ▮ Hackmesser ▮ umg Hubschrauber
chopping board [ˈtʃɒpɪŋ ˌbɔːd] Br Hackbrett
chopstick [ˈtʃɒpstɪk] Essstäbchen
chord [▲kɔːd] Musik: Akkord
chore [▲tʃɔː] ▮ **chores** pl Hausarbeit; **do the chores** den Haushalt machen ▮ schwierige (oder unangenehme) Aufgabe
chorus [ˈkɔːrəs] ▮ Refrain (eines Liedes) ▮ Chor (auch übertragen); **in chorus** im Chor ▮ Tanzgruppe (bes. einer Revue)
chose [tʃəʊz] 2. Form von → choose
chosen [ˈtʃəʊzn] 3. Form von → choose
chowder [ˈtʃaʊdə] bes. US; dicke Suppe aus Meeresfrüchten
Christ [kraɪst] Christus (▲*Christ* = **Christian**); **before Christ** vor Christi Geburt
christen [▲ˈkrɪsn] (auf den Namen …) taufen
christening [▲ˈkrɪsnɪŋ] Taufe
★**Christian¹** [ˈkrɪstʃən] Christ(in)
★**Christian²** [ˈkrɪstʃən] christlich
Christianity [ˌkrɪstɪˈænətɪ] ▮ Christenheit ▮ Christentum
Christian name [ˈkrɪstʃən ˌneɪm] Vorname
★**Christmas** [▲ˈkrɪsməs] Weihnachten; **at Christmas** zu (oder an) Weihnachten; **merry Christmas!**, **happy Christmas!** frohe Weihnachten!
Christmas carol [ˌkrɪsməsˈkærəl] Weihnachtslied
★**Christmas Day** [ˌkrɪsməsˈdeɪ] erster Weihnachtsfeiertag
★**Christmas Eve** [ˌkrɪsməsˈiːv] Heiliger Abend
Christmas market [ˌkrɪsməsˈmɑːkɪt] Weihnachtsmarkt, Ⓐ Christkindlmarkt
Christmas pudding [ˌkrɪsməsˈpʊdɪŋ] Br Plumpudding
Christmas tree [ˈkrɪsməs ˌtriː] Christbaum, Weihnachtsbaum
chrome [krəʊm] Chrom
chronic [ˈkrɒnɪk] ▮ Krankheit: chronisch ▮ ständig, dauernd; **chronic unemployment** Dauerarbeitslosigkeit ▮ Lügner usw.: unverbesserlich ▮ Br, umg miserabel
chubby [ˈtʃʌbɪ] pummelig, rundlich; **chubby cheeks** pl Pausbacken
chuck [tʃʌk] umg ▮ schmeißen, werfen (Ball usw.) ▮ Schluss machen mit (einer Freundin usw.) ▮ hinschmeißen (Job usw.)

PHRASAL VERBS

chuck away [ˌtʃʌk əˈweɪ] wegwerfen (alte Sachen usw.)
chuck in [ˌtʃʌkˈɪn] hinschmeißen (Job usw.)
chuck out [ˌtʃʌkˈaʊt] umg ▮ rausschmeißen (aus Lokal, Firma usw.) ▮ wegschmeißen (alte Sachen)
chuck up [ˌtʃʌkˈʌp] ▮ salopp sich übergeben ▮ umg hinschmeißen (den Job)

chuckle [ˈtʃʌkl] glucksen; **chuckle (to oneself)** in sich hineinlachen
chuffed [tʃʌft] Br, umg hocherfreut, froh
chug [tʃʌg], **chugged**, **chugged** tuckern, tuckernd fahren
chum [tʃʌm] umg Kumpel
chunk [tʃʌŋk] umg Brocken, (dickes) Stück
chunky [ˈtʃʌŋkɪ] umg klobig, klotzig
Chunnel [ˈtʃʌnl] Kanaltunnel, Eurotunnel
★**church** [tʃɜːtʃ] Kirche; **at** (oder **in**) **church** in der Kirche; **go to church** in die Kirche gehen
churchgoer [ˈtʃɜːtʃˌgəʊə] Kirchgänger(in)
church wedding [ˌtʃɜːtʃˈwedɪŋ] kirchliche Trauung
churchyard [ˈtʃɜːtʃjɑːd] Kirchhof, Friedhof
churn¹ [tʃɜːn] ▮ Butterfass ▮ Br Milchkanne
churn² [tʃɜːn] auch **churn up** aufwühlen (Meer usw.)
chute [▲ʃuːt] ▮ Rutsche, Rutschbahn ▮ umg Fallschirm
CIA [ˌsiːaɪˈeɪ] (abk für **Criminal Intelligence Agency**) CIA (Auslandsnachrichtendienst der USA)
★**cider** [ˈsaɪdə] ▮ Apfelwein ▮ US Apfelmost; **hard cider** Apfelwein

★**cigar** [sɪˈgɑː] Zigarre

★**cigarette**, US auch ★**cigaret** [ˌsɪgəˈret] Zigarette

cigarette case [ˌsɪgəˈret ˌkeɪs] Zigarettenetui

cigarette end [ˌsɪgəˈret ˌend] Zigarettenstummel

cinch [sɪntʃ] umg **1** (≈ leichte Sache) Kinderspiel **2** todsichere Sache

cinder [ˈsɪndə] **burnt to a cinder** verkohlt, verbrannt

cinders [ˈsɪndəz] pl Asche

★**cinema** [ˈsɪnəmə] **1** Br Kino; **go to the cinema** ins Kino gehen **2** Filmkunst

cinnamon [ˈsɪnəmən] Zimt

★**circle**¹ [ˈsɜːkl] **1** Kreis (auch Freundeskreis usw.); **go round in circles** übertragen sich im Kreis bewegen **2** Br; Theater: Rang; **upper circle** zweiter Rang

★**circle**² [ˈsɜːkl] **1** einen Kringel machen um **2** umringen, umkreisen **3** kreisen (auch Flugzeug), die Runde machen

circuit [⚠ ˈsɜːkɪt] **1** Runde, Rundgang, Rundfahrt **2** Elektrotechnik: Stromkreis, Schaltkreis **3** Elektrotechnik: Schaltung

circuit board [⚠ ˈsɜːkɪt ˌbɔːd] Platine

circuitry [⚠ ˈsɜːkətrɪ] Schaltkreise

circular¹ [ˈsɜːkjʊlə] **1** rund, kreisförmig **2** Kreis..., Rund...; **circular letter** Rundschreiben; **circular saw** Kreissäge

circular² [ˈsɜːkjʊlə] **1** Rundschreiben, Umlauf **2** (Post)Wurfsendung

circulate [ˈsɜːkjʊleɪt] **1** zirkulieren, kreisen **2** (Geld, Nachricht usw.) im Umlauf sein, kursieren **3** in Umlauf setzen (auch übertragen), zirkulieren lassen

circulation [ˌsɜːkjʊˈleɪʃn] **1** Kreislauf (auch Blutkreislauf), Zirkulation **2** Wirtschaft: Umlauf; **put into circulation** in Umlauf setzen (auch übertragen); **withdraw from circulation** aus dem Verkehr ziehen **3** Auflage (einer Zeitung usw.)

circulatory [ˌsɜːkjʊˈleɪtərɪ] medizinisch: Kreislauf...

circumference [⚠ səˈkʌmfrəns] Mathematik: Umfang; **the tree is 10 ft in circumference** der Baum hat einen Umfang von 10 Fuß

circumscribe [ˈsɜːkəmskraɪb] **1** einschränken (Macht, Befugnisse usw.) **2** umschreiben (auch Mathematik)

circumspect [ˈsɜːkəmspekt] umsichtig

circumstance [ˈsɜːkəmstəns] **1** mst. **circumstances** pl (Sach)Lage, Umstände; **in** (oder **under**) **no circumstances** unter keinen Umständen, auf keinen Fall; **in** (oder **under**) **the circumstances** unter diesen Umständen **2** **circumstances** pl (finanzielle) Verhältnisse

circumstantial [ˌsɜːkəmˈstænʃl] **1** **circumstantial evidence** Recht: Indizien, Indizienbeweis(e) **2** Bericht usw.: ausführlich **3** nebensächlich

circus [ˈsɜːkəs] **1** Zirkus **2** Br runder, von Häusern umschlossener Platz

CIS [ˌsiːaɪˈes] (abk für Commonwealth of Independent States) GUS (Staaten der ehemaligen Sowjetunion)

cistern [ˈsɪstən] **1** WC: Spülkasten **2** Zisterne

cite [saɪt] **1** zitieren **2** Recht: vorladen

★**citizen** [ˈsɪtɪzn] **1** Bürger(in) **2** Staatsangehörige(r) (eines Staates)

citizenship [ˈsɪtɪznʃɪp] Staatsangehörigkeit

citrus fruit [⚠ ˈsɪtrəs ˌfruːt] Zitrusfrucht

★**city** [ˈsɪtɪ] Stadt, Großstadt; **the City** die (Londoner) City (⚠sonst: City = city centre, US downtown)

city break [ˈsɪtɪbreɪk] Städtetour, Städtetrip

★**city centre** [ˌsɪtɪˈsentə] Br Innenstadt, City

★**city hall** [ˌsɪtɪˈhɔːl] Rathaus

civic [ˈsɪvɪk] **1** bürgerlich, Bürger... **2** städtisch, Stadt...

civics [ˈsɪvɪks] (nur mit sg) Staatsbürgerkunde

★**civil** [ˈsɪvl] **1** (staats)bürgerlich, Bürger... **2** zivil, Zivil... (Gegensatz zu militärisch, kirchlich); **civil marriage** standesamtliche Trauung **3** Recht: zivilrechtlich; **civil case** Zivilprozess **4** höflich

civil engineering [ˌsɪvl ˌendʒɪˈnɪərɪŋ] Hoch- und Tiefbau

civilian¹ [sɪˈvɪlɪən] Zivilist(in)

civilian² [sɪˈvɪlɪən] zivil, Zivil...

civilization [ˌsɪvəlaɪˈzeɪʃn] Zivilisation, Kultur

civilize [ˈsɪvəlaɪz] zivilisieren

civil law [ˌsɪvlˈlɔː] Zivilrecht, bürgerliches Recht

civil partnership [ˌsɪvlˈpɑːtnəʃɪp] Br eingetragene Partnerschaft, Lebenspartnerschaft

civil rights [ˌsɪvlˈraɪts] pl **1** (Staats)Bürgerrechte **2** **civil rights movement** Bürgerrechtsbewegung

civil servant [ˌsɪvlˈsɜːvənt] Beamter, Beamtin

civil service [ˌsɪvlˈsɜːvɪs] Staatsdienst

civil union [ˌsɪvlˈjuːnjən] US eingetragene Partnerschaft, Lebenspartnerschaft; → **civil partnership** Br

civil war [ˌsɪvlˈwɔː] Bürgerkrieg

CJD [ˌsiːdʒeɪˈdiː] (abk für Creutzfeldt-Jakob Disease) Krankheit: Creutzfeldt-Jakob-Krankheit; → BSE

★**claim**[1] [kleɪm] **1** verlangen, fordern **2** (*Unglück*) fordern (*Todesopfer*) **3** behaupten **4** Anspruch erheben auf **5** in Anspruch nehmen (*Aufmerksamkeit usw.*)

★**claim**[2] [kleɪm] **1** Forderung (**on**, **against** gegen); **make a claim** eine Forderung erheben **2** Anrecht (**to** auf) **3** Behauptung

clam [klæm] (Klaff)Muschel

clamber ['klæmbə] (mühsam) klettern

clammy ['klæmɪ] *Wetter usw.*: feuchtkalt, *Hände, Kleider usw.*: klamm

clamorous ['klæmərəs] **1** lärmend **2** *Forderungen usw.*: lautstark

clamour, US **clamor** ['klæmə] **1** Lärm, Geschrei **2** lautstarker Protest (**against** gegen), Schrei (**for** nach)

clamp[1] [klæmp] **1** Klemme, Klammer **2** Schraubzwinge **3** *auch* **wheel clamp** *Br*; für *Auto*: Radkralle (*gegen Diebstahl*)

clamp[2] [klæmp] **1** festklemmen, (ein)spannen **2** eine Parkkralle befestigen an (*Auto*)

───────────── **PHRASAL VERBS** ─────────────

clamp down [ˌklæmp'daʊn] **clamp down on** *umg* scharf vorgehen gegen

────────────────────────────

clan [klæn] **1** *Schottland*: Clan, Stamm **2** *humorvoll* (≈ *Familie*) Sippe

clandestine [⚠ klæn'destɪn] heimlich

clang [klæŋ] Klingen, Klirren (*von Metall*)

clank [klæŋk] Klirren, Rasseln (*von Ketten usw.*)

clap[1] [klæp], **clapped, clapped** **1** klatschen **2** (Beifall) klatschen, applaudieren **3** **clap one's hands** in die Hände klatschen **4** **clap someone on the back** *usw.* jemandem auf die Schulter *usw.* klopfen

clap[2] [klæp] **1** **clap of thunder** Donnerschlag **2** (Beifall)Klatschen **3** Klaps

clapper ['klæpə] Klöppel (*einer Glocke*)

clarification [ˌklærəfɪ'keɪʃn] (Auf)Klärung, Klarstellung

clarify ['klærəfaɪ] (auf)klären, klarstellen

clarinet [ˌklærə'net] *Instrument*: Klarinette

clarity ['klærətɪ] Klarheit

clash[1] [klæʃ] **1** zusammenstoßen (**with** mit) (*auch feindlich*) **2** *übertragen* im Widerspruch stehen (**with** zu), unvereinbar sein (**with** mit) **3** *übertragen* (zeitlich) zusammenfallen (**with** mit) **4** nicht zusammenpassen (**with** mit), (*Farben*) sich beißen

clash[2] [klæʃ] **1** Zusammenstoß (*auch feindlich*), Kollision (*auch übertragen*) **2** *übertragen* Widerspruch

clasp[1] [klɑːsp] **1** *an Handtasche usw.*: Verschluss, Schloss, Schnalle **2** *mit der Hand*: Griff, Umklammerung

clasp[2] [klɑːsp] **1** ergreifen, umklammern; **clasp someone's hand** jemandem die Hand drücken, jemandes Hand umklammern **2** zuschnallen, festschnallen (*mit einer Schnalle usw.*)

★**class**[1] [klɑːs] **1** Klasse (*auch Eisenbahn, Biologie usw.*) **2** (Gesellschafts)Klasse **3** soziale Stellung **4** (Güte)Klasse; **she's in a class of her own** sie ist eine Klasse für sich **5** *umg* (≈ *Erstklassigkeit*) Klasse **6** *Schule*: (Schul)Klasse; **the class of '17** *US* die Abschlussklasse von 2017, der Jahrgang 2017 **7** *Schule*: (Unterrichts)Stunde; **attend classes** am Unterricht teilnehmen **8** *US* Kurs, Kursus

★**class**[2] [klɑːs] klassifizieren; **class someone as ...** jemanden als ... einstufen

classic[1] ['klæsɪk] **1** klassisch (*auch Literatur*) **2** *Kleidung usw.*: zeitlos, klassisch

classic[2] ['klæsɪk] Klassiker (*Person und Werk*); → **classics**

classical ['klæsɪkl] **1** *Musik*: klassisch **2** klassisch (*auch Kunst, Literatur*); **the classical languages** die alten Sprachen **3** humanistisch (gebildet); **classical education** humanistische Bildung

classics ['klæsɪks] *pl Universität*: Altphilologie, alte Sprachen

classified ad [ˌklæsɪfaɪd'æd] *auch* **classified** *in Zeitung*: Kleinanzeige

classmate ['klɑːsmeɪt] Klassenkamerad(in), Mitschüler(in)

class reunion [klɑːsriː'juːnɪən] Klassentreffen

★**classroom** ['klɑːsruːm] Klassenzimmer

classy ['klɑːsɪ] *umg* klasse, Klasse...

clatter[1] ['klætə] **1** klappern (mit) **2** poltern

clatter[2] ['klætə] Geklapper, Gerassel

clause [klɔːz] **1** *Sprache*: Satz(teil) **2** *Recht*: Klausel

claw[1] [klɔː] **1** Klaue, Kralle (*beide auch übertragen*) **2** Schere (*von Krebs usw.*)

claw[2] [klɔː] kratzen, zerkratzen

clay [kleɪ] Ton, Lehm

clay court [ˌkleɪ'kɔːt] *Tennis*: Sandplatz

★**clean**[1] [kliːn] **1** rein, sauber **2** *Wäsche usw.*: sauber, frisch (gewaschen) **3** *Substanz*: unvermischt, rein **4** makellos (*auch übertragen*) **5** *moralisch*: anständig, sauber **6** *Schnitt, Bruch*: glatt **7** *salopp* (≈ *nicht mehr drogenabhängig*) clean

★**clean**[2] [kliːn] reinigen, putzen

PHRASAL VERBS

clean out [ˌkliːnˈaʊt] (gründlich) sauber machen

clean up [ˌkliːnˈʌp] sauber machen, aufräumen

---

clean³ [kliːn] völlig, total; **I clean forgot that ...** ich hab völlig vergessen, dass ...

clean-cut [ˌkliːnˈkʌt] *bes. junger Mann*: gepflegt

cleaner [ˈkliːnə] **1** *Person*: Putzfrau, Putzkraft; **window cleaner** Fensterputzer(in); **the cleaners** *pl* das Reinigungspersonal **2** Reinigungsmittel, Reiniger

cleaner's [ˈkliːnəz] **1** *Geschäft*: Reinigung **2** **take someone to the cleaner's** *umg* jemanden ausnehmen

cleaning [ˈkliːnɪŋ] **do the cleaning** sauber machen, putzen

cleaning agent [ˈkliːnɪŋˌeɪdʒənt] Reinigungsmittel, Reiniger

cleaning lady [ˈkliːnɪŋˌleɪdi] Putzfrau

cleanliness [▲ ˈklenlɪnəs] Reinlichkeit

cleanse [▲ klenz] reinigen (**from, of** von) (*auch übertragen*)

cleanser [▲ ˈklenzə] Reinigungsmittel

★**clear¹** [klɪə] **1** *allg.*: klar **2** *Wetter*: heiter, klar **3** *Stimme usw.*: klar, rein **4** klar, verständlich; **make something clear (to someone)** (jemandem) etwas klarmachen; **make oneself clear** sich klar ausdrücken **5** *Substanz*: klar; **clear soup** *Kochen*: klare Suppe **6** *Foto usw.*: deutlich, scharf **7** klar, offensichtlich; **a clear win** ein klarer Sieg **8** in Ordnung, klar **9** frei (**of** von) (*auch übertragen*); **a clear conscience** ein reines Gewissen **10** **clear profit** *Wirtschaft*: Reingewinn

★**clear²** [klɪə] **1** **loud and clear** laut und deutlich **2** los, weg (**of** von) **3** **keep** (*oder* **steer**) **clear of** sich fernhalten von

★**clear³** [klɪə] **1** (*Wetter*) aufklaren **2** (*Nebel usw.*) sich verziehen **3** wegräumen (**from** von), abräumen (*Geschirr*); **clear the table** den Tisch abräumen **4** frei machen (*Straße usw.*), räumen (*Saal*) **5** **clear one's throat** sich räuspern **6** freisprechen (**of** von), entlasten (*Gewissen*)

PHRASAL VERBS

clear away [ˌklɪərəˈweɪ] **1** (*Nebel usw.*) sich verziehen **2** wegräumen (**from** von), abräumen (*Geschirr*)

clear off [ˌklɪərˈɒf] **clear off!** *umg* verschwinde!

clear out [ˌklɪərˈaʊt] **1** ausräumen (*Schrank usw.*) **2** ausmisten (*Kleidung usw.*) **3** **clear out!** *umg* verschwinde!

clear up [ˌklɪərˈʌp] **1** aufklären (*Verbrechen usw.*) **2** aufräumen (*Zimmer usw.*) **3** (*Wetter*) aufklaren

---

clearance sale [ˈklɪərəns ˌseɪl] *Geschäft*: Räumungsverkauf

clear-cut [ˌklɪəˈkʌt] **1** *Umrisse usw.*: scharf geschnitten **2** (≈ *verständlich*) klar, deutlich

clearly [ˈklɪəli] **1** (≈ *verständlich*) klar, deutlich; **speak clearly** deutlich sprechen **2** offensichtlich, eindeutig; **that's clearly his mistake!** das ist eindeutig sein Fehler!

cleavage [ˈkliːvɪdʒ] *von Frau*: Dekolleté

clef [klef] *Musik*: (Noten)Schlüssel

cleft¹ [kleft] Spalte (*bes. im Felsen*)

cleft² [kleft] gespalten; **cleft palate** Gaumenspalte

clemency [ˈklemənsɪ] Milde, Nachsicht

clement [ˈklemənt] mild (*auch Wetter*), nachsichtig

clench [klentʃ] **1** ballen (*Faust*), zusammenbeißen (*Zähne*) **2** fest packen

clergy [ˈklɜːdʒɪ] *kirchlich*: Klerus

clergyman [ˈklɜːdʒɪmən] *pl*: **clergymen** [ˈklɜːdʒɪmən] Geistlicher

clerical [ˈklerɪkl] **1** Schreib..., Büro...; **clerical work** Schreibarbeit, Büroarbeit; **clerical worker/assistant** Schreibkraft, Bürokraft; **clerical staff** Schreibkräfte; **clerical error** Versehen, Schreibfehler **2** geistlich

clerk [klɑːk, *US* klɜːrk] **1** (Büro)Angestellte(r) **2** Schriftführer(in), Sekretär(in) **3** *US; in Kaufhaus usw.*: Verkäufer(in)

★**clever** [ˈklevə] **1** gescheit, klug **2** *Bemerkung usw.*: geistreich **3** geschickt (**at** in) **4** *Gerät usw.*: raffiniert **5** **clever dick** *Br*, salopp Schlaumeier

click¹ [klɪk] Klicken

★**click²** [klɪk] **1** klicken; **click on something** auf etwas klicken, etwas anklicken **2** **click one's tongue** mit der Zunge schnalzen **3** **click one's heels** die Hacken zusammenschlagen **4** zuschnappen, einschnappen; **click shut** ins Schloss fallen **5** einschnappen lassen (*Schloss usw.*) **6** **it finally clicked** es hat endlich gefunkt **7** **they just clicked** *umg* sie haben sich auf Anhieb verstanden

clickable [ˈklɪkəbl] *Computer*: zum Anklicken geeignet, anklickbar

client [ˈklaɪənt] **1** *Recht*: Klient(in), Mandant(in) **2** Kunde, Kundin

★**cliff** [klɪf] Klippe, Felsen

cliffhanger ['klɪf,hæŋə] Superthriller
★**climate** ['klaɪmɪt] Klima
climate change ['klaɪmɪt‿tʃeɪndʒ] Klimaveränderung
climax ['klaɪmæks] *allg.*: Höhepunkt, *sexuell auch*: Orgasmus
★**climb**[1] [▲ klaɪm] **1** klettern **2** besteigen, klettern auf **3** (*Flugzeug usw.*) (auf)steigen **4** (*Straße usw.*) (an)steigen

---
PHRASAL VERBS

climb down [,klaɪm'daʊn] **1 climb down a tree** von einem Baum herunterklettern **2** nachgeben, zurückstecken
climb up [,klaɪm'ʌp] **climb up a tree** auf einen Baum klettern

---

★**climb**[2] [▲ klaɪm] Aufstieg
climb-down [▲ 'klaɪmdaʊn] **it was a climb-down for him** er hat arg zurückstecken müssen
climber [▲ 'klaɪmə] Kletterer(in), Bergsteiger(in)
climbing [▲ 'klaɪmɪŋ] Klettern, Bergsteigen; **go climbing** klettern, klettern (*oder* bergsteigen) gehen; **climbing harness** Klettergurt; **climbing rope** Kletterseil
clinch[1] [klɪntʃ] **1** entscheiden (*Spiel usw.*); **that clinched it** damit war die Sache entschieden **2** *Boxen*: clinchen
clinch[2] [klɪntʃ] *Boxen*: Clinch
cling [klɪŋ], **clung** [klʌŋ], **clung** [klʌŋ] **1** kleben, haften (**to** an) **2** hängen (**to** an) (*auch übertragen*) **3** sich klammern (**to** an), festhalten (**to** an) (*auch übertragen*) **4** (*Kleid usw.*) sich (an)schmiegen (**to** an)
clingfilm ['klɪŋfɪlm] *Br* Frischhaltefolie
★**clinic** ['klɪnɪk] Klinik
clinical ['klɪnɪkl] klinisch
clink[1] [klɪŋk] **1** klingen, klirren **2** klingen lassen; **clink glasses** *beim Trinken*: anstoßen
clink[2] [klɪŋk] *salopp* Kittchen
clip[1] [klɪp] ...klammer; **paper clip** Büroklammer; **hair clip** Haarklammer
clip[2] [klɪp], clipped, clipped *auch* **clip on** anklammern
clip[3] [klɪp], clipped, clipped **1** schneiden (*Hecke usw.*) **2** scheren (*Schaf usw.*) **3** lochen (*Fahrschein*) **4** *auch* **clip off** abschneiden
clip[4] [klɪp] **1** *aus Film usw.*: Ausschnitt **2 clip round the ear** Ohrfeige, Ⓐ Watsche(n)
clipboard ['klɪpbɔːd] **1** Klemmbrett **2** *Computer*: Zwischenablage
clip joint ['klɪp‿dʒɔɪnt] *salopp* Nepplokal
clippers ['klɪpəz] *pl, auch* **pair of clippers** Nagelzwicker
clipping ['klɪpɪŋ] Zeitungsausschnitt
cloak [kləʊk] (*loser*) Mantel, Umhang
cloakroom ['kləʊkruːm] **1** Garderobe; **cloakroom attendant** Garderobenfrau **2** *Br, förmlich* Toilette
clobber ['klɒbə] *umg* **1** zusammenschlagen **2** *Sport*: (haushoch) besiegen
★**clock**[1] [klɒk] **1** Uhr (*an der Wand usw.*) (▲ Armbanduhr = **watch**); (a)**round the clock** rund um die Uhr, 24 Stunden (lang); **five o'clock** 5 Uhr **2** *umg* Kontrolluhr, Stoppuhr **3** *Taxi*: Fahrpreisanzeiger, Taxameter
★**clock**[2] [klɒk] *bes. Sport* **1** stoppen **2** erreichen (*Zeit, Kilometerzahl usw.*)

PHRASAL VERBS

clock in [,klɒk'ɪn] *am Arbeitsplatz*: einstempeln
clock out [,klɒk'aʊt] *am Arbeitsplatz*: ausstempeln
clock up [,klɒk'ʌp] *bes. Sport*: erreichen (*Zeit, Kilometerzahl usw.*)

---

clock-radio [,klɒk'reɪdɪəʊ] Radiowecker
clockwise ['klɒkwaɪz] im Uhrzeigersinn
clockwork ['klɒkwɜːk] Uhrwerk; **like clockwork** wie am Schnürchen, wie geschmiert
clod [klɒd] **1** Erdklumpen **2** *übertragen* Trottel
clog[1] [klɒg] Holzschuh
clog[2] [klɒg], clogged, clogged, *auch* **clog up** verstopfen
cloister ['klɔɪstə] **1** *mst.* **cloisters** *pl Architektur*: Kreuzgang **2** Kloster
clone[1] [kləʊn] *Tiere, Pflanzen*: Klon
clone[2] [kləʊn] klonen (*Tiere, Pflanzen*)
★**close**[1] [kləʊz] **1** *allg.*: (ab-, ver)schließen, zumachen **2** sperren (*Straße usw.*) (**to** für) **3** sich schließen (*auch Wunde usw.*) **4** *übertragen*; *bei Rede usw.*: schließen (**with the words** mit den Worten)

PHRASAL VERBS

close down [,kləʊz'daʊn] **1** schließen, stilllegen (*Betrieb*) **2** (*Betrieb*) schließen, stillgelegt werden
close in [,kləʊz'ɪn] **1** sich heranarbeiten (**on** an) **2** (*Tage*) kürzer werden **3** (*Dunkelheit, Nacht*) hereinbrechen
close up [,kləʊz'ʌp] **1** *in Reihe usw.*: aufschließen, aufrücken **2** (ab-, ver)schließen, zumachen **3** schließen (*Geschäft usw.*) **4** (*Wunde*) sich schließen

---

★**close**[2] [▲ kləʊs] **1** nah; **close to tears** den

Tränen nahe **2** *Freund*: eng, *Verwandter*: nah **3** *Schrift*: eng, *Gewebe*: dicht **4** *Untersuchung usw.*: gründlich **5** *Sieg*: knapp

★**close³** [▲klǝʊs] **1** nahe, dicht; **close by** ganz in der Nähe, nahe (*oder* dicht) bei; **close at hand** unmittelbar bevorstehend **2 I came close to losing my temper** ich hätte beinahe die Beherrschung verloren

★**close⁴** [klǝʊz] Abschluss; **come** (*oder* **draw**) **to a close** sich dem Ende nähern

★**closed** [klǝʊzd] **1** geschlossen **2** gesperrt (**to** für) **3 closed circuit television** Videoüberwachungsanlage

closedown ['klǝʊzdaʊn] Schließung (*eines Geschäfts*), Stilllegung (*einer Fabrik usw.*)

close-fisted [ˌklǝʊs'fɪstɪd] geizig

close-fitting [ˌklǝʊs'fɪtɪŋ] *Kleid*: eng anliegend

★**closet¹** ['klɒzɪt] *bes. US* Wandschrank

closet² ['klɒzɪt] **closet homosexual** *usw.* heimlicher Homosexueller *usw.*

close-up ['klǝʊsʌp] *Fotografie, Film*: Nahaufnahme, Großaufnahme

closing date ['klǝʊzɪŋ ˌdeɪt] Frist, letzter Termin (**for** für)

closing time ['klǝʊzɪŋ ˌtaɪm] **1** Geschäftsschluss **2** *Br; Kneipe*: Polizeistunde

closure ['klǝʊʒǝ] Schließung (*von Betrieb*)

clot¹ [klɒt] **1** Klümpchen; **clot of blood** *medizinisch*: Blutgerinnsel **2** *Br, umg* Trottel

clot² [klɒt] clotted, clotted **1** (*Blut*) gerinnen **2** Klumpen bilden **3 clotted cream** *Br* dicker Rahm

★**cloth** [klɒθ] **1** Tuch, Stoff **2** …tuch; **dishcloth** Geschirrtuch; **tablecloth** Tischtuch **3** *zum Putzen*: Lappen

clothe [klǝʊð] **1** (be)kleiden **2** einkleiden

★**clothes** [▲klǝʊ(ð)z] *pl* Kleider, Kleidung, Ⓐ Gewand; **change one's clothes** sich umziehen

clothes hanger ['klǝʊ(ð)zˌhæŋǝ] Kleiderbügel

clotheshorse ['klǝʊ(ð)zhɔːs] **1** *Br* Wäscheständer **2** *bes. US; Person*: Modefreak

clothesline ['klǝʊ(ð)zlaɪn] Wäscheleine

clothes peg ['klǝʊ(ð)z ˌpeg] *Br*, **clothespin** ['klǝʊ(ð)zpɪn] *US* Wäscheklammer

clothes shop ['klǝʊ(ð)z ˌʃɒp] *Br*, **clothes store** ['klǝʊ(ð)z ˌstɔː] *US* Bekleidungsgeschäft

clothing ['klǝʊðɪŋ] Kleidung; **men's clothing** Männerkleidung; **women's** *od* **ladies' clothing** Damenbekleidung

★**cloud¹** [klaʊd] **1** Wolke; **cloud of dust** Staubwolke; **be on cloud nine** *umg* im siebten Himmel schweben **2 cast a cloud over** *übertragen* einen Schatten werfen auf **3** *Internet*: Cloud

★**cloud²** [klaʊd] **1** *auch* **cloud over** (*Himmel*) sich bewölken **2** *übertragen* verdunkeln, trüben **3** *auch* **cloud over** *übertragen* sich trüben

cloudburst ['klaʊdbɜːst] Wolkenbruch

cloud computing [ˌklaʊd kǝm'pjuːtɪŋ] *Internet*: Cloud-Computing

cloudless ['klaʊdlǝs] *Himmel*: wolkenlos

★**cloudy** ['klaʊdɪ] *Himmel*: wolkig, bewölkt

clout¹ [klaʊt] *umg* **1** Schlag; **give someone a clout** jemandem eine runterhauen **2** *politisch usw.*: Einfluss

clout² [klaʊt] *umg* schlagen; **clout someone one** jemandem eine runterhauen; **clout someone round the ears** jemandem eine Ohrfeige geben

clove¹ [klǝʊv] (Gewürz)Nelke

clove² [klǝʊv] **clove of garlic** Knoblauchzehe

clover ['klǝʊvǝ] **1** Klee **2 be** (*oder* **live**) **in clover** wie Gott in Frankreich leben

cloverleaf ['klǝʊvǝliːf] *pl*: cloverleaves ['klǝʊvǝliːvz] Kleeblatt

clown¹ [klaʊn] Clown (*auch übertragen*)

clown² [klaʊn] *auch* **clown about** (*oder* **around**) herumkaspern

club¹ [klʌb] **1** Klub, Verein **2** *Waffe*: Keule, Knüppel **3 golf club** *Sport*: Golfschläger **4 clubs** *pl Kartenspiel*: Kreuz, Eichel; **eight of clubs** Kreuzacht; **Jack of clubs** Kreuzbube **5 join the club!** *Br, umg* du auch?

club² [klʌb] clubbed, clubbed einknüppeln auf, (nieder)knüppeln

---
PHRASAL VERBS

club together [ˌklʌb tǝ'geðǝ] **they clubbed together to buy her some flowers** sie legten zusammen, um ihr Blumen zu kaufen

---

clubbing ['klʌbɪŋ] **go clubbing** in die Disko gehen

club sandwich ['klʌbˌsænwɪdʒ] Sandwich mit Salat, Speck und Hähnchenbruststreifen

clue [kluː] **1** Hinweis (**to** auf), Anhaltspunkt (**to** für) **2 I haven't got a clue** *umg* ich hab keinen Schimmer

clump [klʌmp] Gruppe (*von Bäumen usw.*)

clumsy ['klʌmzɪ] **1** *Gegenstand*: plump, unförmig **2** *Person*: ungeschickt, tollpatschig

clung [klʌŋ] 2. und 3. Form von → cling

cluster¹ ['klʌstǝ] Traube, Schwarm (*von Menschen, Bienen usw.*)

cluster² ['klʌstǝ] sich drängen (**round** um)

clutch¹ [klʌtʃ] **1** packen, (er)greifen **2** umklammern **3** (gierig) greifen (**at** nach)

clutch² [klʌtʃ] *Auto:* Kupplung; **let in/out the clutch** ein-/auskuppeln
clutter¹ ['klʌtə] **your books are cluttering (up) my desk** deine Bücher brauchen zu viel Platz auf meinem Schreibtisch
clutter² ['klʌtə] (unordentlicher) Kram
c/o [ˌsiːˈəʊ] (*abk für* care of) *in Adressen:* bei
Co. [kəʊ] (*abk für* company) Co.
★**coach¹** [kəʊtʃ] **1** *Br* Reisebus **2** *Br, Eisenbahn:* (Personen)Wagen **3** *Sport:* Trainer(in) **4** Nachhilfelehrer(in) **5** Kutsche **6** *US, im Flugzeug:* Economy Class, Touristenklasse, *umg* Holzklasse; **fly coach** Economy fliegen
★**coach²** [kəʊtʃ] **coach someone** jemandem Nachhilfeunterricht geben, *Sport:* jemanden trainieren
★**coal** [kəʊl] **1** Kohle **2 carry coals to Newcastle** *übertragen* Eulen nach Athen tragen
coalition [ˌkəʊəˈlɪʃn] *politisch:* Koalition; **form a coalition** eine Koalition eingehen
coal mine ['kəʊl ˌmaɪn] Kohlenbergwerk
coalpit ['kəʊlpɪt] Kohlenbergwerk
coarse [kɔːs] **1** *Sand, Zucker:* grob(körnig), *Wolle usw.:* rau **2** *Person:* ungehobelt, *Witz:* derb
★**coast** [kəʊst] **1** Küste **2 the coast is clear** *übertragen* die Luft ist rein
coaster ['kəʊstə] **1** *für Gläser usw.:* Untersatz **2** *US* Berg-und-Tal-Bahn (*im Vergnügungspark*)
coastline ['kəʊstlaɪn] Küste
coast road ['kəʊstrəʊd] Küstenstraße
★**coat¹** [kəʊt] **1** Mantel **2** Jacke, Jackett **3** *Tier:* Pelz, Fell **4** Schicht, Anstrich (*von Farbe usw.*); **give something a second coat** etwas noch einmal streichen
★**coat²** [kəʊt] (an)streichen, überziehen
coated ['kəʊtɪd] **1** überzogen (**with** mit); **sugar-coated** mit Zuckerüberzug **2** *Zunge:* belegt
coat hanger ['kəʊt ˌhæŋə] Kleiderbügel
coating ['kəʊtɪŋ] Schicht, Anstrich (*von Farbe usw.*)
coat of arms [ˌkəʊt əvˈɑːmz] Wappen
coatrack ['kəʊt ˌræk] (Wand)Garderobe
coatstand ['kəʊtstænd] Garderobenständer
coax [kəʊks] beschwatzen (**into doing** zu tun); **coax something out of** (*oder* **from**) **someone** jemandem etwas abschwatzen
cob [kɒb] Maiskolben

─────────── PHRASAL VERBS ───────────

cobble together [ˌkɒbl təˈgeðə] zusammenschustern

─────────────────────────────

cobbled ['kɒbld] **cobbled street** Straße mit Kopfsteinpflaster
cobbler ['kɒblə] Schuhmacher, Schuster
cobblestones ['kɒblstəʊnz] *pl* Kopfsteinpflaster
cobweb ['kɒbweb] Spinnennetz
cocaine [⚠ kəʊˈkeɪn] Kokain
★**cock** [kɒk] **1** *Tier:* Hahn **2** Männchen, Hahn (*von Vögeln*) **3** *Technik:* Absperrhahn **4** *vulgär* (≈ *Penis*) Schwanz
cockney ['kɒknɪ] **1** (≈ *Ostlondoner*) Cockney **2** *Sprache:* Cockney(dialekt)
cockpit ['kɒkpɪt] *Flugzeug usw.:* Cockpit
cockroach ['kɒk ˌrəʊtʃ] *Ungeziefer:* (Küchen)- Schabe, Kakerlak
cocktail ['kɒkteɪl] **1** Cocktail (*Getränk oder Speise*) **2** *übertragen* Mischung
cock-up ['kɒk ˌʌp] *Br, salopp* Mist, Scheiße; **there's been a cock-up** da hat einer Scheiße gebaut
cocky ['kɒkɪ] *umg* großspurig, anmaßend
cocoa [⚠ 'kəʊkəʊ] Kakao(pulver)
coconut ['kəʊkənʌt] Kokosnuss
cocoon [kəˈkuːn] Kokon, Puppe (*der Seidenraupe*)
★**cod** [kɒd] *pl:* cod Kabeljau, Dorsch
COD [ˌsiːəʊˈdiː] (*abk für* cash on delivery) *Sendung:* per Nachnahme
coddle ['kɒdl] verhätscheln, verzärteln
code¹ [kəʊd] **1** Kode, Chiffre; **in code** verschlüsselt; **code number** Kennziffer **2** *Recht:* Kodex (*auch moralisch*); **3** *auch* **dialling** (*oder US* **area**) **code** *Telefon:* Vorwahl(nummer)
code² [kəʊd] verschlüsseln, chiffrieren
coed ['kəʊed] *umg; Schule:* gemischt
coeducational [ˌkəʊedjuːˈkeɪʃnəl] **coeducational school** gemischte Schule
coerce [kəʊˈɜːs] (er)zwingen
coercion [kəʊˈɜːʃn] Zwang
coercive [kəʊˈɜːsɪv] Zwangs..., zwingend; **coercive measure** Zwangsmaßnahme
coexist [ˌkəʊɪɡˈzɪst] nebeneinander bestehen (*oder* leben)
coexistence [ˌkəʊɪɡˈzɪstəns] Koexistenz
coexistent [ˌkəʊɪɡˈzɪstənt] nebeneinander bestehend
★**coffee** ['kɒfɪ] Kaffee
coffee bar ['kɒfɪ ˌbɑː] *Br* Café
coffee break ['kɒfɪ ˌbreɪk] Kaffeepause
coffee capsule ['kɒfɪˌkæpsjuːl] Kaffeekapsel
coffee cup ['kɒfɪ ˌkʌp] Kaffeetasse
coffee grinder ['kɒfɪˌɡraɪndə] Kaffeemühle
coffeehouse ['kɒfɪhaʊs] Kaffeehaus, Café
★**coffee machine** ['kɒfɪ məˌʃiːn] *in Kantine usw.:* Kaffeeautomat
coffee maker ['kɒfɪ ˌmeɪkə] *bes. im Haushalt:*

Kaffeemaschine
coffee pad ['kɒfɪpæd] Kaffeepad
coffee pod ['kɒfɪpɒd] *aus Papier*: Kaffeepad, *aus Plastik*: Kaffeekapsel
coffee pot ['kɒfɪpɒt] Kaffeekanne
coffee press ['kɒfɪ_pres] *US* Kaffeebereiter; → cafetière *Br*
coffee shop ['kɒfɪ_ʃɒp] Café, Imbissstube
coffee table ['kɒfɪˌteɪbl] Couchtisch; **coffee-table book** *oft abwertend* (großer) Bildband
coffin ['kɒfɪn] Sarg
cog [kɒg] *Technik* ◼ Zahn (*eines Zahnrades*) ◼ Zahnrad
cogwheel ['kɒgwi:l] *Technik*: Zahnrad
cohere [kəʊˈhɪə] zusammenhängen
coherence [kəʊˈhɪərəns] Zusammenhang
coherent [kəʊˈhɪərənt] zusammenhängend (*auch übertragen*)
cohesion [kəʊˈhi:ʒn] Zusammenhalt
coil¹ [kɔɪl] ◼ aufrollen, aufwickeln ◼ *auch* **coil up** sich zusammenrollen
coil² [kɔɪl] ◼ Spirale (*auch medizinisch*) ◼ Rolle, Spule
★**coin** [kɔɪn] ◼ Münze ◼ **the other side of the coin** *übertragen* die Kehrseite der Medaille
coincide [ˌkəʊɪnˈsaɪd] ◼ *örtlich oder zeitlich*: zusammentreffen, zusammenfallen (**with** mit) ◼ (*Meinungen, Ideen*) übereinstimmen (**with** mit)
coincidence [kəʊˈɪnsɪdəns] Zufall; **by sheer coincidence** rein zufällig
coincidental [kəʊˌɪnsɪˈdentl] *Begegnung, Ähnlichkeit usw.*: zufällig
coin-operated [ˈkɔɪnˌɒpəreɪtɪd] *Automat usw.*: Münz...
coke¹ [kəʊk] (≈ *Kohle*) Koks
coke² [kəʊk] ◼ *umg* Cola ◼ *salopp* (≈ *Kokain*) Koks
colander [▲ ˈkʌləndə] Sieb, Durchschlag
★**cold**¹ [kəʊld] ◼ kalt; (**as) cold as ice** eiskalt; **I feel** (*oder* **I'm) cold** mir ist kalt, ich friere; **get cold feet** *umg* (≈ *Angst bekommen*) kalte Füße bekommen ◼ *Person usw.*: kalt, kühl; **it left me cold** es ließ mich kalt ◼ *Empfang usw.*: frostig, kalt
★**cold**² [kəʊld] ◼ Kälte ◼ Erkältung; (**common) cold** Schnupfen; **catch (a) cold** sich erkälten; **have a cold** erkältet sein ◼ **be left out in the cold** *übertragen* ignoriert werden
cold-blooded [ˌkəʊldˈblʌdɪd] kaltblütig
cold cuts [ˈkəʊld_kʌts] *pl US Essen*: Aufschnitt
cold-hearted [ˌkəʊldˈhɑːtɪd] kaltherzig
collaborate [kəˈlæbəreɪt] ◼ zusammenarbeiten (**with** mit; **in, on** bei) ◼ *mit Feind*: kollaborieren

collaboration [kəˌlæbəˈreɪʃn] ◼ Zusammenarbeit, Mitarbeit ◼ *mit Feind*: Kollaboration
collaborator [kəˈlæbəreɪtə] ◼ Mitarbeiter(in) ◼ *mit Feind*: Kollaborateur(in)
collapse¹ [kəˈlæps] ◼ (*Gebäude usw.*) zusammenbrechen, einstürzen ◼ *medizinisch*: einen Kollaps erleiden ◼ *übertragen* zusammenbrechen, scheitern ◼ (*Tisch usw.*) sich zusammenklappen lassen
collapse² [kəˈlæps] ◼ *von Haus usw.*: Einsturz ◼ *übertragen* Zusammenbruch ◼ *medizinisch*: Kollaps
collapsible [kəˈlæpsəbl] *Tisch usw.*: zusammenklappbar
★**collar**¹ ['kɒlə] ◼ Kragen ◼ *für Hund*: Halsband
collar² ['kɒlə] ◼ beim Kragen packen ◼ *umg* festnehmen, schnappen
collarbone ['kɒləbəʊn] *Knochen*: Schlüsselbein
★**colleague** [▲ ˈkɒli:g] Kollege, Kollegin, Mitarbeiter(in)
★**collect**¹ [kəˈlekt] ◼ (ein)sammeln (*Hefte, Bücher usw.*) ◼ auflesen, aufsammeln (*Papierfetzen usw.*) ◼ (*Leute usw.*) sich (ver)sammeln ◼ *als Hobby*: sammeln (*Briefmarken usw.*) ◼ sich ansammeln ◼ abholen (*Person, Gegenstand*) ◼ (ein)kassieren (*Geld usw.*), sammeln (*für Spenden usw.*) ◼ zusammentragen (*Fakten usw.*) ◼ (≈ *ordnen*) sammeln (*Gedanken usw.*); **collect oneself** sich sammeln (*oder* fassen)
collect² [kəˈlekt] *US* Nachnahme...; **collect call** *Telefon*: R-Gespräch
collect³ [kəˈlekt] *auch* **collect on delivery** *US* per Nachnahme; **call collect** *US; Telefon*: ein R-Gespräch führen
collected [kəˈlektɪd] ◼ **the collected works of Charles Dickens** Charles Dickens' gesammelte Werke ◼ *Person*: gefasst, ruhig
★**collection** [kəˈlekʃn] ◼ Sammlung (*von Briefmarken usw.*) ◼ (Ein)Sammeln, *von Postkasten*: Leerung ◼ Abholung ◼ Kollekte, (Geld-)Sammlung ◼ *Mode*: Kollektion ◼ Ansammlung (*von Leuten, Dingen*)
collective [kəˈlektɪv] ◼ kollektiv, gemeinsam ◼ gesamte(r, -s) ◼ **collective agreement** Tarifvertrag; **collective bargaining** Tarifverhandlungen
collector [kəˈlektə] Sammler(in)
★**college** ['kɒlɪdʒ] ◼ College; **college of education** *Br* pädagogische Hochschule; **she goes to college** sie studiert ◼ Fachhochschule, *für Kunst*: Akademie ◼ *bes. in Namen von Privat-*

schulen: **Eton College** *die Privatschule Eton*
★**collide** [kəˈlaɪd] zusammenstoßen (**with** mit), kollidieren (**with** mit) (*auch übertragen*)
★**collision** [kəˈlɪʒn] Kollision, Zusammenstoß (*beide auch übertragen*)
colloquial [kəˈləʊkwɪəl] umgangssprachlich
Cologne [kəˈləʊn] Köln
colon [⚠ ˈkəʊlɒn] ◼ *Satzzeichen:* Doppelpunkt ◼ *im Körper:* Dickdarm
colonel [ˈkɜːnl] *militärisch:* Oberst
colonization [ˌkɒlənaɪˈzeɪʃn] Kolonisation, Besiedlung
colonize [ˈkɒlənaɪz] kolonisieren, besiedeln
★**colony** [ˈkɒlənɪ] Kolonie
colossal [kəˈlɒsl] riesig, Riesen… (*auch übertragen*)
colossus [kəˈlɒsəs] *pl:* **colossi** [kəˈlɒsaɪ] *oder* **colossuses** Koloss
★**colour**[1], *US* ★**color** [ˈkʌlə] ◼ *allg.:* Farbe; **what colour is …?** welche Farbe hat …? ◼ Gesichtsfarbe ◼ Hautfarbe; → **colours**
★**colour**[2], *US* **color** [ˈkʌlə] ◼ färben ◼ sich (ver)färben ◼ *auch* **colour in** anmalen (*Schwarzweißbild*) ◼ *auch* **colour up** erröten, rot werden (**with** vor)
colour-blind, *US* **colorblind** [ˈkʌləblaɪnd] farbenblind
coloured, *US* **colored** [ˈkʌləd] ◼ farbig, bunt (*beide auch übertragen*); **coloured pencil** Buntstift, Farbstift ◼ *Mensch:* farbig; **a coloured man** ein Farbiger (⚠ *wird als abwertend empfunden*)
colourfast, *US* **colorfast** [ˈkʌləfɑːst] *Wäsche:* farbecht
★**colourful**, *US* **colorful** [ˈkʌləfl] ◼ farbenprächtig ◼ *übertragen* farbig, bunt
colouring, *US* **coloring** [ˈkʌlərɪŋ] ◼ Farbstoff (*in Lebensmitteln*) ◼ Gesichtsfarbe, Teint
colouring book, *US* **coloring book** [ˈkʌlərɪŋˌbʊk] Malbuch
colourless, *US* **colorless** [ˈkʌləlɪs] farblos (*auch übertragen*)
colours, *US* **colors** [ˈkʌləz] *pl* ◼ Farben (*als Symbol einer Mitgliedschaft*) ◼ Flagge (*eines Schiffs usw.*) ◼ **show one's true colours** *übertragen* sein wahres Gesicht zeigen
colour television [ˈkʌləˌtelɪvɪʒn], **colour TV** [ˈkʌlətiːˈviː] ◼ Farbfernsehen ◼ *Gerät:* Farbfernseher
column [⚠ ˈkɒləm] ◼ *Architektur:* Säule ◼ *auf Buchseite usw.:* Spalte; **in double columns** zweispaltig ◼ *in Zeitung:* Kolumne ◼ *von Zahlen usw.:* Kolonne

columnist [⚠ ˈkɒləmnɪst] Kolumnist(in)
coma [ˈkəʊmə] *medizinisch:* Koma
★**comb**[1] [⚠ kəʊm] Kamm (*auch des Hahns*)
★**comb**[2] [⚠ kəʊm] ◼ kämmen; **comb one's hair** sich kämmen ◼ *übertragen* durchkämmen (*Gegend*)
★**combat**[1] [ˈkɒmbæt] Kampf
★**combat**[2] [ˈkɒmbæt] bekämpfen, kämpfen gegen (*beide auch übertragen*)
combats [ˈkɒmbæts], **combat trousers** [ˈkɒmbætˌtraʊzəz] *pl* Armeehose
combination [ˌkɒmbɪˈneɪʃn] ◼ Verbindung, Kombination (*von Faktoren usw.*) ◼ Zusammenschluss (*von Organisationen usw.*)
combination pliers [ˌkɒmbɪˈneɪʃnˌplaɪəz] *pl* Kombizange
★**combine** [kəmˈbaɪn] ◼ verbinden, kombinieren ◼ sich verbinden ◼ in sich vereinigen (*Eigenschaften usw.*)
combustible[1] [kəmˈbʌstəbl] brennbar
combustible[2] [kəmˈbʌstəbl] Brennstoff
combustion [kəmˈbʌstʃən] Verbrennung; **internal combustion engine** Verbrennungsmotor
★**come** [kʌm], **came** [keɪm], **come** [kʌm] ◼ kommen; **someone's coming** es kommt jemand; **he came to see us** er besuchte uns; **come and go** kommen und gehen ◼ (dran)kommen, an die Reihe kommen ◼ kommen, gelangen (**to** zu) ◼ abstammen, kommen (**of**, **from** von) ◼ herrühren, kommen (**of** von) ◼ geschehen, sich ereignen, kommen; **come what may** komme, was da wolle; **how come …?** *umg* wie kommt es, dass …? ◼ *salopp* (≈ *einen Orgasmus haben*) kommen ◼ *vor Infinitiv:* **come to know someone** jemanden kennenlernen; **come to know something** etwas erfahren; **I've come to believe that …** ich bin zu der Überzeugung gekommen, dass … ◼ *bes. vor Adjektiv:* werden; **come true** sich bewahrheiten ◼ **in the years** *usw.* **to come** in den kommenden Jahren *usw.* ◼ **don't come the innocent with me** *Br, umg* spiel mir nicht den Unschuldigen *bzw.* die Unschuldige

───────── PHRASAL VERBS ─────────
come about [ˌkʌm‿əˈbaʊt] geschehen, passieren
come across [ˌkʌm‿əˈkrɒs] ◼ zufällig treffen (*oder* finden), stoßen auf ◼ (*Idee usw.*) *umg* (≈ *verstanden werden*) rüberkommen ◼ (*Rede usw.*) ankommen
come along [ˌkʌm‿əˈlɒŋ] ◼ **be coming along** (≈ *Fortschritte machen*) sich machen ◼

(*Chance usw.*) kommen, sich ergeben **3** mitkommen, mitgehen; **come along!** *umg* dalli!
come apart [ˌkʌm_əˈpɑːt] auseinanderfallen
come away [ˌkʌm_əˈweɪ] **1** weggehen; **come away from there!** komm da weg! **2** sich lösen, abgehen
come back [ˌkʌmˈbæk] **1** zurückkommen; **come back to something** auf eine Sache zurückkommen **2 it came back to him** es fiel ihm wieder ein **3** (*Kleidung usw.*) wieder in Mode kommen
come by [ˌkʌmˈbaɪ] **1** kriegen (*Job usw.*) **2** sich holen (*Verletzung usw.*) **3** (*Besucher*) vorbeikommen
come down [ˌkʌmˈdaʊn] **1** herunterkommen, (*Regen, Schnee*) fallen **2** (ein)stürzen, (ein)fallen **3** *umg* (*Preise*) sinken **4** *übertragen* (*Person*) herunterkommen; **she has come down in the world** sie ist ganz schön tief gesunken **5** (*Tradition usw.*) überliefert werden
come down on [ˌkʌmˈdaʊn_ɒn] (hart) rannehmen (*als Strafe*)
come down with [ˌkʌmˈdaʊn_wɪð] erkranken an; **I'm coming down with a cold** ich krieg eine Erkältung
come for [ˈkʌm_fɔː] **come for something** etwas abholen kommen
come forward [ˌkʌmˈfɔːwəd] sich (freiwillig) melden, sich anbieten
come home [ˌkʌmˈhəʊm] **1** nach Hause kommen **2 come home to someone** jemandem schmerzlich bewusst werden
come in [ˌkʌmˈɪn] **1** hereinkommen; **come in!** herein! **2** (*Nachricht usw.*) eingehen, eintreffen **3** (*Zug*) einlaufen **4 come in second** *usw. Sport*: den zweiten *usw.* Platz belegen **5 where do I come in?** welche Rolle spiele ich?
come in for [ˌkʌmˈɪn_fɔː] stoßen auf (*Kritik usw.*)
come in on [ˌkʌmˈɪn_ɒn] mitmachen bei, sich beteiligen an
come into [ˌkʌmˈɪntʊ] **1** kommen in (*Raum uw.*) **2 come into a fortune** ein Vermögen erben **3** *in Wendungen*: **come into fashion** in Mode kommen; **come into being** entstehen
come off [ˌkʌmˈɒf] **1** herunterfallen (von) **2** sich lösen, (*Knopf usw.*) abgehen **3** *umg* (*Plan usw.*) glücken **4 come off it!** *umg* hör schon auf damit!
come on [ˌkʌmˈɒn] **1 be coming on** (≈ *Fortschritte machen*) sich machen **2** *Theater*: auftreten **3 come on!** komm!, los!, *umg* na, na!
come out [ˌkʌmˈaʊt] **1** herauskommen **2** (*Buch usw.*) erscheinen, herauskommen **3** (*Wahrheit usw.*) herauskommen **4** zugeben, dass man homosexuell *bzw.* lesbisch ist **5** (*Farbe*) ausgehen, (*Fleck usw.*) herausgehen **6 come out against** (*bzw.* **for**) sich aussprechen gegen (*bzw.* für) **7** (*Foto usw.*) gut *usw.* werden; **my photos didn't come out (very well)** meine Fotos sind nicht gut geworden **8 come out on strike** *bes. Br* streiken
come out in [ˌkʌmˈaʊt_ɪn] **come out in a rash** einen Ausschlag bekommen
come out with [ˌkʌmˈaʊt_wɪð] *umg* herausrücken mit (*der Wahrheit usw.*), loslassen (*Bemerkung usw.*)
come over [ˌkʌmˈəʊvə] **1** *räumlich*: herüberkommen (*nach England usw.*) **2** (*Rede usw.*) ankommen **3** überkommen, befallen; **what has come over you?** was ist mit dir los?
come round [ˌkʌmˈraʊnd] **1** (*Bewusstloser*) wieder zu sich kommen **2** (≈ *besuchen*) vorbeikommen
come through [ˌkʌmˈθruː] **1** (*Anruf, Patient usw.*) durchkommen **2** überstehen (*Operation usw.*)
come to [ˈkʌm_tə] **1 when it comes to paying** *usw.* wenn es ans Bezahlen *usw.* geht; **when it comes to politics** *usw.* wenn es um Politik *usw.* geht **2** (*Rechnung usw.*) sich belaufen auf **3** [ˌkʌmˈtuː] (*Bewusstloser*) wieder zu sich kommen
come under [ˈkʌmˌʌndə] **1** fallen unter (*ein Gesetz usw.*) **2** geraten unter
come up [ˌkʌmˈʌp] **1** heraufkommen **2** *auch* **come up for discussion** zur Sprache kommen **3** herankommen; **come up to someone** auf jemanden zukommen **4** *Recht*: zur Verhandlung kommen
come up to [ˌkʌmˈʌp_tʊ] **1** reichen bis an (*oder* zu) **2** *übertragen* heranreichen an
come up with [ˌkʌmˈʌp_wɪð] *umg* daherkommen mit, auftischen
come upon **1** [ˌkʌm_əˈpɒn] überkommen, befallen **2** [ˈkʌm_əˌpɒn] zufällig treffen, stoßen auf

---

comeback [▲ ˈkʌmbæk] Comeback; **stage** (*oder* **make**) **a comeback** ein Comeback feiern
comedian [kəˈmiːdɪən] **1** Komiker(in) **2** Witzbold (*auch abwertend*)
comedown [ˈkʌmdaʊn] **1** beruflich, sozial *usw.*: Abstieg **2** *umg* Enttäuschung
★**comedy** [ˈkɒmədɪ] **1** Komödie (*auch übertragen*), Lustspiel **2** Komik

comely ['kʌmlɪ] *literarisch* attraktiv, schön
comfort¹ [⚠ 'kʌmfət] **1** *auch* **comforts** *pl* Komfort; **with every modern comfort** (*oder* **all modern comforts**) mit allem Komfort; **live in comfort** sorgenfrei leben **2** *gefühlsmäßig*: Trost, Beruhigung
comfort² [⚠ 'kʌmfət] trösten
★**comfortable** [⚠ 'kʌmftəbl] **1** bequem; **make oneself comfortable** es sich bequem machen; **are you comfortable?** haben Sie es bequem?, sitzen (*oder* liegen) Sie bequem?; **feel comfortable** sich wohlfühlen **2** *Leben usw.*: sorgenfrei **3** *Einkommen usw.*: ausreichend, recht gut; **be comfortable** (*oder* **comfortably off**) einigermaßen wohlhabend sein
comforter [⚠ 'kʌmfətə] **1** *Person*: Tröster(in) **2** *US* Steppdecke
comfy [⚠ 'kʌmfɪ] *umg* komfortabel, bequem
comic¹ ['kɒmɪk] komisch
comic² ['kɒmɪk] **1** *auch* **comic book** Comicheft **2** *Person*: Komiker(in) **3** **comics** *pl US* Comics
comical ['kɒmɪkl] komisch, lustig
comic strip ['kɒmɪk‿strɪp] *in Zeitung usw.*: Comicstrip
coming¹ ['kʌmɪŋ] Kommen; **the comings and goings** das Kommen und Gehen
coming² ['kʌmɪŋ] **1** zukünftig, kommend **2** nächst, kommend; **the coming week** (die ganze) nächste Woche; **coming week** nächste Woche
coming-out [,kʌmɪŋ'aʊt] Coming-out, Outing (*Bekenntnis zur Homosexualität*)
comma ['kɒmə] *Satzzeichen*: Komma, Ⓐ Beistrich
★**command¹** [kə'mɑːnd] **1** befehlen **2** *militärisch*: befehligen, das Kommando führen über **3** **command respect** Achtung gebieten
★**command²** [kə'mɑːnd] **1** Befehl (*auch in der EDV*); **at someone's command** auf jemandes Befehl **2** *militärisch*: Kommando, (Ober)Befehl **3** *Militäreinheit*: Kommando **4** **his command of English** seine Englischkenntnisse
commander [kə'mɑːndə] *militärisch*: Kommandant(in)
commanding [kə'mɑːndɪŋ] **1** *militärisch*: befehlshabend **2** *Person, Tonfall usw.*: herrisch, gebieterisch
commandment [kə'mɑːndmənt] Gebot, Vorschrift; **the Ten Commandments** *Bibel*: die Zehn Gebote
commemorate [kə'meməreɪt] gedenken (+ *Genitiv*)
commemoration [kə,memə'reɪʃn] **in commemoration of** zum Gedenken an
commence [kə'mens] *förmlich* anfangen, beginnen
commencement [kə'mensmənt] **1** *förmlich* Beginn **2** *US* Graduierungsfeier (*von Highschool, College usw.*)
commend [kə'mend] *förmlich* empfehlen, loben (*Person, Leistung usw.*)
commendable [kə'mendəbl] lobenswert
commendation [,komen'deɪʃn] **1** *offiziell*: Auszeichnung **2** *förmlich* Lob
comment¹ ['kɒment] **1** Kommentar, Bemerkung (**on** zu); **no comment!** kein Kommentar! **2** Anmerkung (**on** zu)
comment² ['kɒment] bemerken (**that** dass)

PHRASAL VERBS

comment on ['kɒment‿ɒn] einen Kommentar abgeben zu, kommentieren

---

commentary ['kɒməntrɪ] Kommentar (**on** zu)
commentator ['kɒmənteɪtə] Kommentator
commerce [⚠ 'kɒmɜːs] Handel
★**commercial¹** [kə'mɜːʃl] **1** Geschäfts..., Handels... **2** *Rundfunk, TV*: Werbe..., Reklame...; **commercial television** kommerzielles Fernsehen, *auch*: Privatfernsehen **3** kommerziell
★**commercial²** [kə'mɜːʃl] *Rundfunk, TV*: Werbespot
commercialize [kə'mɜːʃəlaɪz] kommerzialisieren, vermarkten
commercially [kə'mɜːʃəlɪ] geschäftlich, kommerziell
commission¹ [kə'mɪʃn] **1** *Wirtschaft*: Provision; **on commission** auf Provision(sbasis); **charge commission** eine Kommission berechnen **2** Auftrag (*für Arbeit*) **3** Kommission, Ausschuss
commission² [kə'mɪʃn] **1** beauftragen (*Person usw.*) **2** in Auftrag geben (*Arbeit*)
commit [kə'mɪt], committed, committed **1** begehen, verüben (*Verbrechen usw.*) **2** verpflichten (**to** zu), festlegen (**to** auf) **3** *Recht*: einweisen (**to** in) (*Anstalt usw.*)
commitment [kə'mɪtmənt] **1** Verpflichtung (*gegenüber der Familie usw.*) **2** Engagement, Einsatz (*für eine Sache*)
committed [kə'mɪtɪd] *Schriftsteller usw.*: engagiert
committee [kə'mɪtɪ] Komitee, Ausschuss; **be** (*oder* **sit**) **on a committee** in einem Ausschuss sitzen; **committee meeting** Ausschusssitzung; **committee member** Ausschussmitglied
commodity [kə'mɒdətɪ] *Wirtschaft*: Ware, (Handels)Artikel

★**common¹** ['kɒmən] **1** allgemein (bekannt), alltäglich; **it's common knowledge** (*bzw.* **usage**) es ist allgemein bekannt (*bzw.* üblich); **common name** häufiger Name; **common sight** alltäglicher (*oder* vertrauter) Anblick **2** (≈ *einfach*) gewöhnlich; **the common people** *pl* das einfache Volk **3** allgemein, gemeinschaftlich; **common to all** allen gemeinsam; **common room** *Br* Gemeinschaftsraum **4** **common cold** Erkältung

★**common²** ['kɒmən] **have something in common** etwas gemein haben; **in common with ...** ebenso wie ...; **lowest common denominator** *auch übertragen* kleinster gemeinsamer Nenner

commoner ['kɒmənə] Bürgerliche(r)

common law [,kɒmən'lɔ:] *Br* Gewohnheitsrecht (*das gewachsene englische Rechtssystem*)

commonly ['kɒmənli] gewöhnlich, im Allgemeinen

commonplace¹ ['kɒmənpleɪs] *Ereignis usw.*: alltäglich

commonplace² ['kɒmənpleɪs] **1** *abwertend* nichtssagende Redensart **2** alltägliche Sache

Commons ['kɒmənz] *pl* **the Commons** *Br*; *Parlament*: das Unterhaus

common sense [,kɒmən'sens] gesunder Menschenverstand

commonwealth ['kɒmənwelθ] **the Commonwealth (of Nations)** das Commonwealth; → CIS

commotion [kə'məʊʃn] **1** *geräuschvoll*: Aufregung **2** Lärm (*von Menschen*)

communal ['kɒmjʊnl] **1** Gemeinde... **2** *Einrichtung usw.*: gemeinschaftlich, Gemeinschafts...

commune ['kɒmju:n] Kommune

communicate [kə'mju:nɪkeɪt] **1** mitteilen (**to**; *Dativ*) **2** kommunizieren, sich verständigen (**with** mit)

communication [kə,mju:nɪ'keɪʃn] **1** Verständigung, Kommunikation **2** Mitteilung (**to** an)

communication cord [kə,mju:nɪ'keɪʃn__kɔ:d] *Br*; *Zug*: Notbremse

communicative [kə'mju:nɪkətɪv] mitteilsam, gesprächig

communion [kə'mju:nɪən] **1** (Religions)Gemeinschaft **2** **Communion** *kirchlich*: Abendmahl, Kommunion

communism ['kɒmjʊnɪzm] Kommunismus

communist¹ ['kɒmjʊnɪst] Kommunist(in)

communist² ['kɒmjʊnɪst] kommunistisch

★**community** [kə'mju:nəti] **1** soziale Gruppe: Gemeinschaft, Gemeinde **2** *die* Allgemeinheit

community service [kə'mju:nəti 'sɜ:vɪs] Gemeinschaftsdienst

commute [kə'mju:t] **1** *per Bahn usw.*: pendeln **2** *Recht*: umwandeln (*Strafe*) (**to, into** in)

commuter [kə'mju:tə] Pendler(in); **commuter train** Pendlerzug, Nahverkehrszug

compact¹ [kəm'pækt] **1** kompakt **2** *Wohnung usw.*: klein

compact² ['kɒmpækt] Puderdose

compact disc [,kɒmpækt'dɪsk] *auch* **CD** Compact Disc, CD

compact disc player [,kɒmpækt'dɪsk,pleɪə] *auch* **CD player** CD-Spieler

★**companion** [kəm'pænjən] **1** Gefährte, Gefährtin, *auf Reisen*: Begleiter(in) (*auch übertragen*) **2** (≈ *Freund[in]*) Kamerad(in) **3** Gegenstück, Pendant (*von zusammengehörenden Dingen*)

companionship [kəm'pænjənʃɪp] Begleitung, Gesellschaft

★**company¹** [▲'kʌmpəni] **1** *Wirtschaft*: Gesellschaft, Firma **2** *Theater*: Truppe **3** Gesellschaft; **keep someone company** jemandem Gesellschaft leisten; **present company excepted** Anwesende ausgenommen!; **I enjoy his company** ich bin gern mit ihm zusammen; **he's good company** seine Gesellschaft ist angenehm **4** Besuch, Gäste **5** (≈ *Freunde usw.*) Umgang; **the company he keeps** sein Umgang **6** *Militär*: Kompanie

company² [▲'kʌmpəni] Firmen...; **company car** Firmenwagen; **company director** Direktor(in); **company report** Geschäftsbericht

comparable [▲'kɒmpərəbl] vergleichbar (**with, to** mit)

comparative¹ [kəm'pærətɪv] **1** relativ **2** *Studie usw.*: vergleichend

comparative² [kəm'pærətɪv] *Sprache*: Komparativ, 1. Steigerungsstufe

comparatively [kəm'pærətɪvli] verhältnismäßig, vergleichsweise

★**compare¹** [kəm'peə] **1** vergleichen (**with, to** mit); **compared with** (*oder* **to**) im Vergleich zu **2** gleichsetzen, vergleichen; **not to be compared with** (*oder* **to**) nicht zu vergleichen mit **3** sich vergleichen lassen

★**compare²** [kəm'peə] **beyond compare** unvergleichlich

comparison [kəm'pærɪsn] Vergleich; **in comparison with** im Vergleich mit (*oder* zu)

★**compartment** [kəm'pɑ:tmənt] **1** *Zug*: Abteil **2** *in Kühlschrank usw.*: Fach

compass [⚠ ˈkʌmpəs] **1** Kompass **2** **compasses** pl, auch **pair of compasses** Zirkel

compassion [kəmˈpæʃn] Mitgefühl

compassionate [kəmˈpæʃnət] mitfühlend

compatible [kəmˈpætəbl] **1** vereinbar (**with** mit), miteinander vereinbar **2** **be compatible** (**with**) sich vertragen (mit), zusammenpassen **3** *Computer*: kompatibel

compatriot [kəmˈpætrɪət] Landsmann, Landsmännin

compel [kəmˈpel], **compelled, compelled 1** zwingen; **be compelled to do something** gezwungen sein, etwas zu tun **2** erzwingen (*Gehorsam usw.*)

compendium [kəmˈpendɪəm] pl: compendiums oder compendia [kəmˈpendɪə] **1** *Buch*: Kompendium, Handbuch **2** *von Brettspielen*: Sammlung; **compendium of games** Spielesammlung

compensate [ˈkɒmpənseɪt] **1** entschädigen (*Person*) (**for** für) **2** ersetzen, vergüten (*Verlust, Schaden usw.*) **3** kompensieren, ausgleichen (*Mangel usw.*)

―――――――――――――― PHRASAL VERBS
compensate for [ˈkɒmpənseɪt ˌfɔː] kompensieren, ausgleichen
――――――――――――――

compensation [ˌkɒmpənˈseɪʃn] **1** (Schaden)Ersatz, Entschädigung; **as** (oder **by way of**) **compensation** als Ersatz **2** **in compensation for** als Ausgleich für

compere [⚠ ˈkɒmpeə] *Br; TV usw.*: Moderator(in)

★**compete** [kəmˈpiːt] **1** *geschäftlich*: konkurrieren (**with** mit) **2** *übertragen* wetteifern (**with** mit) **3** *Sport*: (am Wettkampf) teilnehmen, *auch im weiteren Sinn*: kämpfen (**for** um; **against** gegen)

competence [ˈkɒmpɪtəns] **1** Fähigkeit, Tüchtigkeit **2** *Recht*: Zuständigkeit

competent [ˈkɒmpɪtənt] **1** fähig, tüchtig **2** *Recht*: zuständig

★**competition** [ˌkɒmpəˈtɪʃn] **1** *allg.*: Wettbewerb (**for** um), *Sport*: Wettkampf **2** Preisausschreiben **3** *Wirtschaft*: Wettbewerb, Konkurrenz; **be in competition with someone** mit jemandem konkurrieren **4** *die anderen Firmen, Sportler usw.*: Konkurrenz

competitive [kəmˈpetətɪv] **1** Wettbewerbs..., Konkurrenz... **2** *Betrieb, Preise usw.*: konkurrenzfähig; **a highly competitive market** ein Markt mit starker Konkurrenz **3** *Haltung*: vom Konkurrenzdenken geprägt; **competitive spirit** Konkurrenzgeist, *von Mannschaft*: Kampfgeist; **he's very competitive** *beruflich usw.*: er ist sehr ehrgeizig **4** *Sport*: (Wett)kampf...

★**competitor** [kəmˈpetɪtə] **1** *allg.*: Konkurrent(in); **our competitors** unsere Konkurrenz **2** *bes. Sport*: Teilnehmer(in)

compile [kəmˈpaɪl] zusammenstellen, zusammentragen (*Material usw.*)

complacency [kəmˈpleɪsnsɪ] Selbstzufriedenheit

complacent [kəmˈpleɪsnt] selbstzufrieden

★**complain** [kəmˈpleɪn] **1** sich beklagen (*oder* beschweren) (**of, about** über; **to** bei) **2** *Wirtschaft*: reklamieren

―――――――――――――― PHRASAL VERBS
complain of [kəmˈpleɪn ˌəv] klagen über (*Schmerzen usw.*)
――――――――――――――

★**complaint** [kəmˈpleɪnt] **1** Klage, Beschwerde; **make a complaint about something** sich über etwas (offiziell) beschweren **2** *Wirtschaft*: Reklamation, Beanstandung; **complaints department** Reklamationsabteilung **3** *medizinisch*: Leiden

complement¹ [ˈkɒmplɪmənt] Ergänzung (**to**; Genitiv) (*auch Sprache*)

complement² [ˈkɒmplɪment] ergänzen

complementary [ˌkɒmplɪˈmentərɪ] (einander) ergänzend; **complementary medicine** Komplementärmedizin

★**complete**¹ [kəmˈpliːt] **1** komplett, vollständig, vollzählig **2** *Arbeit*: fertig, beendet

complete² [kəmˈpliːt] **1** vervollständigen **2** *übertragen* vollkommen machen (*Glück usw.*) **3** fertigstellen, abschließen **4** ausfüllen (*Formular*)

★**completely** [kəmˈpliːtlɪ] völlig, vollkommen

completion [kəmˈpliːʃn] **1** Vervollständigung **2** Fertigstellung; **bring to completion** zum Abschluss bringen

complex¹ [ˈkɒmpleks] komplex, vielschichtig

complex² [ˈkɒmpleks] **1** (Gebäude)Komplex **2** *psychologisch*: Komplex

complexion [kəmˈplekʃn] **1** Gesichtsfarbe, Teint **2** *übertragen* Aussehen, Anstrich **3** *übertragen* (politische) Richtung

compliance [kəmˈplaɪəns] **1** Einwilligung (**with** in), Befolgung (**with**; Genitiv) **2** Fügsamkeit

compliant [kəmˈplaɪənt] entgegenkommend, *stärker*: fügsam

complicate [ˈkɒmplɪkeɪt] komplizieren

complicated [ˈkɒmplɪkeɪtɪd] kompliziert

complication [ˌkɒmplɪˈkeɪʃn] Komplikation

(*auch medizinisch*)
complicity [kəmˈplɪsəti] Mittäterschaft
compliment[1] [ˈkɒmplɪmənt] Kompliment; **pay someone a compliment** jemandem ein Kompliment machen; → compliments
compliment[2] [ˈkɒmplɪment] **compliment someone** jemandem ein Kompliment (*oder* Komplimente) machen (**on** wegen)
complimentary [ˌkɒmplɪˈmentərɪ] **1** lobend, schmeichelhaft **2** Gratis..., Frei...; **complimentary ticket** Freikarte
compliments [ˈkɒmplɪmənts] *pl* Grüße; **with the compliments of the management** *usw. in Begleitschreiben zu Geschenk:* mit den besten Wünschen der Geschäftsleitung *usw.*
comply [kəmˈplaɪ] einwilligen (**with** in); **comply with something** etwas erfüllen (*einen Wunsch usw.*), etwas einhalten (*eine Abmachung*); **comply with the rules** sich an die Regeln halten
component[1] [kəmˈpəʊnənt] (Bestand)Teil, Komponente
component[2] [kəmˈpəʊnənt] **a component part** ein (Bestand)teil; **the component parts of a machine** *pl* die einzelnen Maschinenteile
compose [kəmˈpəʊz] **1** *Musik:* komponieren **2** verfassen (*Gedicht usw.*) **3 compose oneself** *gefühlsmäßig:* sich zusammennehmen (*oder* fassen) **4 be composed of** bestehen (*oder* sich zusammensetzen) aus
composed [kəmˈpəʊzd] ruhig, gelassen
★**composer** [kəmˈpəʊzə] Komponist(in)
composite[1] [ˈkɒmpəzɪt] zusammengesetzt
composite[2] [ˈkɒmpəzɪt] Verbundstoff
composition [ˌkɒmpəˈzɪʃn] **1** *Musik, Kunst:* Komposition **2** Zusammensetzung, Beschaffenheit **3** *Schule:* Aufsatz
compost [ˈkɒmpɒst] Kompost
composure [kəmˈpəʊʒə] Fassung
compote [ˈkɒmpəʊt, ˈkɒmpɒt] Kompott
compound[1] [ˈkɒmpaʊnd] **1** *Chemie:* Verbindung **2** *Sprache:* Kompositum, zusammengesetztes Wort
compound[2] [ˈkɒmpaʊnd] **1** zusammengesetzt; **compound word** *Sprache:* zusammengesetztes Wort; **compound interest** *finanziell:* Zinseszins **2 compound fracture** *medizinisch:* komplizierter Bruch
compound[3] [kəmˈpaʊnd] verschlimmern (*Problem usw.*)
comprehend [ˌkɒmprɪˈhend] *förmlich* begreifen, verstehen
comprehensible [ˌkɒmprɪˈhensəbl] begreiflich, verständlich
comprehension [ˌkɒmprɪˈhenʃn] **1** Verstand **2** Verständnis (**of** für) **3 listening comprehension** Hörverstehen
comprehensive[1] [ˌkɒmprɪˈhensɪv] Buch, Studie *usw.*: umfassend; **comprehensive insurance** *für Auto:* Vollkasko(versicherung)
comprehensive[2] [ˌkɒmprɪˈhensɪv] *Br, auch* **comprehensive school** Gesamtschule
compress[1] [kəmˈpres] *Technik:* komprimieren (*auch übertragen*); **compressed air** Pressluft, Druckluft
compress[2] [ˈkɒmpres] *bei Verletzung usw.:* Kompresse
comprise [kəmˈpraɪz] umfassen, bestehen aus
compromise[1] [ˈkɒmprəmaɪz] Kompromiss
compromise[2] [ˈkɒmprəmaɪz] **1** einen Kompromiss schließen **2** bloßstellen, kompromittieren **3** gefährden (*Ruf usw.*)
compulsion [kəmˈpʌlʃn] Zwang
compulsive [kəmˈpʌlsɪv] zwanghaft
compulsory [kəmˈpʌlsrɪ] **1** Zwangs... **2** obligatorisch, Pflicht...; **compulsory subject** *Schule, Universität:* Pflichtfach
computation [ˌkɒmpjuˈteɪʃn] Berechnung
compute [kəmˈpjuːt] berechnen
★**computer** [kəmˈpjuːtə] Computer, Rechner; **put/have something on computer** etwas im Computer speichern/(gespeichert) haben; **it's all done by computer** das geht alles per Computer
computer-aided [kəmˌpjuːtərˈeɪdɪd] computergestützt
computer centre, **computer center** *US* [kəmˈpjuːtəˌsentə] Rechenzentrum
computer-controlled [kəmˌpjuːtəkənˈtrəʊld] computergesteuert
computer game [kəmˈpjuːtə ˌɡeɪm] Computerspiel
computer-generated imagery [kəmˌpjuːtəˌdʒenəreɪtɪdˈɪmədʒrɪ] Computeranimation
computer graphics [kəmˈpjuːtəˈɡræfɪks] *pl* Computergrafik
computerize [kəmˈpjuːtəraɪz] computerisieren, auf Computer umstellen
computer language [kəmˈpjuːtəˌlæŋɡwɪdʒ] Computersprache
computer-literate [kəmˌpjuːtəˈlɪtərət] **be computer-literate** sich mit Computern auskennen
computer program [kəmˈpjuːtəˌprəʊɡræm] (Computer)Programm
computer programmer [kəmˌpjuːtəˈprəʊ-

græmə] Programmierer(in)

computer room [kəmˈpjuːtəˌruːm] Computerraum

computer science [kəmˌpjuːtəˈsaɪəns] Informatik

computer scientist [kəmˌpjuːtəˈsaɪəntɪst] Informatiker(in)

computer skills [kəmˈpjuːtəˌskɪlz] *pl* Computerkenntnisse

computer studies [kəmˈpjuːtəˌstʌdɪz] *pl* Informatik

computer technology [kəmˌpjuːtəˈtekˈnɒlədʒɪ] Computertechnik

computing [kəmˈpjuːtɪŋ] **1** *Fach:* Informatik; **her husband's in computing** ihr Mann ist in der Computerbranche **2** *Benutzung des Computers:* Computerarbeit; **I'll do a bit of computing** ich werde ein bisschen am Computer arbeiten

comrade [ˈkɒmreɪd] **1** Kamerad(in) **2** *politisch:* Genosse, Genossin

comradeship [ˈkɒmreɪdʃɪp] Kameradschaft

con¹ [kɒn], **conned, conned** *salopp* betrügen (**out of** um), reinlegen

con² [kɒn] *salopp* Betrug, Schwindel

con³ [kɒn] → pros and cons

conceal [kənˈsiːl] **1** verbergen, verstecken (*Dinge, Gefühle usw.*) (**from** vor) **2** verheimlichen (**from** vor)

concede [kənˈsiːd] **1** zugeben, einräumen (*dass jemand recht hat usw.*); **concede defeat** *bei Spiel usw.:* sich geschlagen geben **2** abtreten (*Land, Rechte usw.*)

conceit [kənˈsiːt] Einbildung, Dünkel

conceited [kənˈsiːtɪd] eingebildet

conceivable [kənˈsiːvəbl] denkbar, vorstellbar

conceive [kənˈsiːv] **1** *auch* **conceive of** sich vorstellen, haben (*Idee*) **2** (*Frau*) schwanger werden

concentrate¹ [ˈkɒnsəntreɪt] **1** sich konzentrieren **2** *allg.:* konzentrieren (*auch Gedanken usw.*) (**on** auf)

concentrate² [ˈkɒnsntreɪt] Konzentrat

concentration [ˌkɒnsnˈtreɪʃn] *allg.:* Konzentration; **powers** *pl* **of concentration** Konzentrationsfähigkeit

concept [ˈkɒnsept] **1** Begriff **2** (≈ *Idee, Prinzip*) Gedanke, Vorstellung

conception [kənˈsepʃn] **1** Begriff, Vorstellung (**of** von) **2** *biologisch:* Empfängnis

★**concern¹** [kənˈsɜːn] **1** handeln von; **this article concerns ...** in diesem Bericht geht es um ... **2** angehen, betreffen **3** **concern oneself with** sich befassen mit

★**concern²** [kənˈsɜːn] **1** Angelegenheit, Sache; **that's no concern of mine** das geht mich nichts an; **a matter of national concern** ein nationales Anliegen **2** Unruhe, Sorge (**at, about, for** wegen, um), **3** *Wirtschaft:* Geschäft, Unternehmen (**⚠ nicht Konzern**)

concerned [kənˈsɜːnd] **1** besorgt (**about, at, for** um), beunruhigt (**about, at, for** wegen) **2** **the people concerned** die betroffenen (*bzw.* betreffenden) Leute **3** **as far as I'm concerned** was mich betrifft **4** **be concerned with** (*Bericht usw.*) handeln von

concerning [kənˈsɜːnɪŋ] betreffend, hinsichtlich, was ... (an)betrifft

★**concert** [ˈkɒnsət] *Musik:* Konzert; **concert hall** Konzertsaal

concerted [kənˈsɜːtɪd] gemeinsam

concerto [⚠ kənˈtʃeətəʊ] *pl:* concertos *Musik:* (Solo)Konzert

concession [kənˈseʃn] **1** Konzession, Zugeständnis **2** (*amtliche*) Konzession **3** *Br* Ermäßigung

conciliate [kənˈsɪlɪeɪt] **1** aussöhnen, versöhnen **2** in Einklang bringen (*verschiedene Meinungen usw.*)

conciliation [kənˌsɪlɪˈeɪʃn] Versöhnung

conciliator [kənˈsɪlɪeɪtə] Vermittler

concise [⚠ kənˈsaɪs] *Erklärung usw.:* kurz, knapp, prägnant

conclude [kənˈkluːd] **1** folgern, schließen (**from** aus); **conclude that** zu dem Schluss kommen, dass **2** beenden, beschließen (*Rede usw.*) **3** (*Veranstaltung, Geschichte usw.*) enden, schließen (**with** mit) **4** abschließen (*Vertrag usw.*)

concluding [kənˈkluːdɪŋ] abschließend, Schluss...

conclusion [kənˈkluːʒn] **1** (Schluss)Folgerung; **come to the conclusion that** zu dem Schluss kommen, dass; **draw a conclusion** einen Schluss ziehen; **jump to conclusions** voreilige Schlüsse ziehen **2** Abschluss, Ende; **in conclusion** zum Schluss **3** Abschluss (*eines Vertrags usw.*)

conclusive [kənˈkluːsɪv] *Beweis usw.:* schlüssig, eindeutig

concoct [kənˈkɒkt] zusammenstellen, zurechtzaubern (*Essen usw.*)

concoction [kənˈkɒkʃn] **1** (≈ *Getränk*) Gebräu (*auch abwertend*) **2** *übertragen* Erfindung

concourse [ˈkɒŋkɔːs] **1** freier Platz (*für Versammlungen usw.*) **2** *am Bahnhof:* Bahnhofs-

halle, *am Flughafen*: Flughafenhalle
★ **concrete¹** [ˈkɒŋkriːt] konkret
★ **concrete²** [ˈkɒŋkriːt] Beton
★ **concrete³** [ˈkɒŋkriːt] betoniert, Beton...; **concrete mixer** Betonmischmaschine
concur [kənˈkɜː], (concurred, concurred) **1** (*Ereignisse*:) zusammentreffen **2** zusammenwirken **3** übereinstimmen (**with** mit; **in** in); **concur with someone** *auch*: jemandem beipflichten
concurrent [kənˈkʌrənt] *zeitlich*: zusammentreffend
concuss [kənˈkʌs] **he's concussed** *medizinisch*: er hat eine Gehirnerschütterung
concussion [kənˈkʌʃn] **concussion (of the brain)** *medizinisch*: Gehirnerschütterung
condemn [kənˈdem] **1** verdammen, verurteilen **2** *Recht*: verurteilen (**to death** zum Tode)
condemnation [ˌkɒndemˈneɪʃn] Verdammung, Verurteilung
condensation [ˌkɒndenˈseɪʃn] **1** *physikalisch*: Kondensation **2** Kondenswasser
condense [kənˈdens] **1** *physikalisch*: kondensieren **2 condensed milk** süße Dosenmilch **3** zusammenfassen (*Bericht usw.*)
condescend [△ˌkɒndɪˈsend] **1 condescend to do something** *oft ironisch*: sich herablassen, etwas zu tun **2** herablassend (*oder* gönnerhaft) sein (**to** gegen, zu)
condescending [△ˌkɒndɪˈsendɪŋ] herablassend, gönnerhaft
condiment [ˈkɒndɪmənt] Gewürz, Würze
★ **condition¹** [kənˈdɪʃn] **1 conditions** *pl* Bedingungen, Verhältnisse; **living conditions** Lebensbedingungen; **weather conditions** Wetterverhältnisse **working conditions** Arbeitsbedingungen **2** Verfassung, Zustand (*auch gesundheitlich*); **out of condition** in schlechter Verfassung, untrainiert **3** Bedingung; **on condition that** unter der Bedingung, dass; **she makes it a condition that** sie macht es zur Bedingung, dass **4 on no condition** unter keinen Umständen, keinesfalls **5** Krankheit; **a heart condition** ein Herzleiden
★ **condition²** [kənˈdɪʃn] programmieren (*Person, Tier*) (**to, for** auf)
conditional [kənˈdɪʃnəl] **1** bedingt (**on** durch), abhängig (**on** von) **2** *Sprache*: Konditional...; **conditional clause** Konditionalsatz, Bedingungssatz
conditioner [kənˈdɪʃnə] **1** *für Haare*: Spülung **2** *für Wäsche*: Weichspüler
condo [ˈkɒndəʊ], (*pl*: condos) *umg* Kurzform

von → condominium
condolence [kənˈdəʊləns] Beileid; **please accept my condolences** mein herzliches Beileid
condom [ˈkɒndəm] Kondom, Präservativ
condominium [ˌkɒndəˈmɪnɪəm] *US* **1** Eigentumswohnung **2** Eigentumswohnanlage
conducive [kənˈdjuːsɪv] *förmlich* dienlich, förderlich (**to**; *Dativ*)
conduct¹ [kənˈdʌkt] **1** führen; **conducted tour** Führung (**of** durch) **2** führen (*Verhandlungen usw.*), leiten (*Geschäft usw.*) **3** *Musik*: leiten, dirigieren **4** *Physik*: leiten (*Strom usw.*) **5** **conduct oneself** *förmlich* sich betragen (*oder* verhalten)
conduct² [ˈkɒndʌkt] *von Person*: Betragen, Verhalten
★ **conductor** [kənˈdʌktə] **1** *Musik*: Dirigent(in) **2** *Physik*: Leiter; **lightning conductor** Blitzableiter **3** *Bus, Straßenbahn*: Schaffner(in) **4** *US* Zugbegleiter(in), Ⓐ Kondukteur(in)
conduit [ˈkɒndjuɪt, ˈkɒndɪt] **1** Leitungsrohr **2** *Elektrik*: Rohrkabel
cone [kəʊn] **1** *Geometrie und allg.*: Kegel; *auch* **traffic cone** *auf der Straße*: Leitkegel **2** Zapfen (*einer Tanne usw.*) **3** Waffeltüte (*für Speiseeis*)
confectioner [kənˈfekʃnə] Konditor(in)
confectionery [kənˈfekʃnərɪ] **1** Süßwaren **2** Süßwarengeschäft, Konditorei
confederacy [kənˈfedərəsɪ] (Staaten)Bund
confederate [kənˈfedərət] Verbündete(r), Bundesgenosse
confederation [kənˌfedəˈreɪʃn] **1** Bund, Bündnis **2** (Staaten)Bund
confer [kənˈfɜː], conferred, conferred **1** sich beraten (**with** mit) **2** verleihen (*Titel usw.*) (**on**; *Dativ*)
conference [ˈkɒnfrəns] **1** Kongress, Tagung, Konferenz; **conference room** Konferenzzimmer **2** *im kleineren Kreis*: Besprechung
★ **confess** [kənˈfes] **1** bekennen, (ein)gestehen **2** zugeben (*auch* **that** dass) **3 confess to something** etwas (ein)gestehen, sich zu etwas bekennen; **confess to doing something** (ein)gestehen, etwas getan zu haben **4** *kirchlich*: beichten (**to**; *Dativ*)
confession [kənˈfeʃn] **1** Geständnis **2** *kirchlich*: Beichte **3** *kirchlich*: Glaubensbekenntnis
confessional [kənˈfeʃnəl] Beichtstuhl
confetti [kənˈfetɪ] Konfetti
confidant [ˈkɒnfɪdænt] Vertrauter
confidante [ˈkɒnfɪdænt] Vertraute
confide [kənˈfaɪd] **confide something to someone** jemandem etwas anvertrauen

PHRASAL VERBS

confide in [kənˈfaɪd ɪn] **confide in someone** sich jemandem anvertrauen

★**confidence** [ˈkɒnfɪdəns] **1** Vertrauen (**in** auf, zu); **have confidence in** Vertrauen haben zu; **take someone into one's confidence** jemanden ins Vertrauen ziehen **2** auch **confidence in oneself** Selbstvertrauen

confident [ˈkɒnfɪdənt] **1** selbstsicher **2** zuversichtlich, überzeugt (**of** von; **that** dass), sicher (**of**; Genitiv; **that** dass)

confidential [ˌkɒnfɪˈdenʃl] vertraulich

confidentially [ˌkɒnfɪˈdenʃəlɪ] vertraulich, im Vertrauen

confine [kənˈfaɪn] **1** begrenzen, einschränken (**to** auf); **confine oneself to something** sich auf etwas beschränken (ein Thema usw.) **2** einschließen, einsperren (Tier usw.); **be confined to bed** übertragen ans Bett gefesselt sein (wegen Krankheit)

confinement [kənˈfaɪnmənt] **1** Gefängnisstrafe: Haft; **solitary confinement** Einzelhaft **2** Geburtsvorgang: Entbindung

confines [ˈkɒnfaɪnz] pl Grenzen

confirm [kənˈfɜːm] **1** bestätigen (Aussage, Verdacht usw.) **2** bekräftigen (Entschluss) **3** bestärken (**in** in) **4** kirchlich: konfirmieren, firmen

confirmation [ˌkɒnfəˈmeɪʃn] **1** Bestätigung (einer Aussage usw.) **2** kirchlich: Konfirmation, Firmung

confirmed [kənˈfɜːmd] erklärt, überzeugt; **confirmed bachelor** eingefleischter Junggeselle

confiscate [ˈkɒnfɪskeɪt] beschlagnahmen

confiscation [ˌkɒnfɪˈskeɪʃn] Beschlagnahme, Konfiszierung

★**conflict**[1] [ˈkɒnflɪkt] Konflikt; **come into conflict with** in Konflikt geraten mit; **conflict of interests** Interessenkonflikt

conflict[2] [kənˈflɪkt] kollidieren (**with** mit), im Widerspruch stehen (**with** zu)

conform [kənˈfɔːm] **1** sich anpassen (**to**; Dativ) (Zwängen usw.) **2** übereinstimmen (**to** mit) (Erwartungen usw.)

confound [kənˈfaʊnd] **1** verblüffen **2** verwirren, durcheinanderbringen (Person)

confront [kənˈfrʌnt] **1** gegenübertreten, gegenüberstehen (oft feindlich); **be confronted with difficulties** usw. Schwierigkeiten usw. gegenüberstehen **2** sich stellen (einer Gefahr usw.) **3** konfrontieren (**with** mit)

confrontation [ˌkɒnfrʌnˈteɪʃn] Konfrontation

★**confuse** [kənˈfjuːz] **1** verwirren, aus der Fassung bringen (Person) **2** verwechseln, durcheinanderbringen (**with** mit)

confused [kənˈfjuːzd] **1** Person: verwirrt, verlegen **2** verworren, wirr

confusion [kənˈfjuːʒn] **1** Gefühlszustand: Verwirrung, Unklarheit **2** Verwechslung (zweier Dinge usw.) **3** Situation: Durcheinander

congeal [kənˈdʒiːl] gerinnen, erstarren

congenial [kənˈdʒiːnɪəl] **1** (geistes)verwandt **2** sympathisch, angenehm (**to**; Dativ)

congenital [kənˈdʒenɪtl] angeboren

congested [kənˈdʒestɪd] Straßen usw.: verstopft

congestion [kənˈdʒestʃən] Verkehr: Stau, Leute: Gedränge

conglomeration [kənˌɡlɒməˈreɪʃn] Ansammlung, Häufung

★**congratulate** [kənˈɡrætʃʊleɪt] gratulieren, beglückwünschen (**on** zu)

★**congratulations** [kənˌɡrætʃʊˈleɪʃnz] pl Glückwunsch; **congratulations!** ich gratuliere!, herzlichen Glückwunsch!

congregate [ˈkɒŋɡrɪɡeɪt] sich versammeln

congregation [ˌkɒŋɡrɪˈɡeɪʃn] bes. beim Gottesdienst: (Kirchen)Gemeinde

congress [ˈkɒŋɡres] **1** Kongress, Tagung **2** **Congress** US (≈ Parlament) der Kongress

Congressman [ˈkɒŋɡresmən], pl: **Congressmen** [ˈkɒŋɡresmən] US (≈ Abgeordneter) Mitglied des Repräsentantenhauses

Congresswoman [ˈkɒŋɡresˌwʊmən], pl: **Congresswomen** [ˈkɒŋɡresˌwɪmɪn] US (≈ Abgeordnete) Mitglied des Repräsentantenhauses

conical [ˈkɒnɪkl] kegelförmig

conifer [ˈkɒnɪfə] Nadelbaum

conjecture[1] [kənˈdʒektʃə] Mutmaßung

conjecture[2] [kənˈdʒektʃə] mutmaßen

conjugal [ˈkɒndʒʊɡl] ehelich, Ehe...

conjugate [ˈkɒndʒʊɡeɪt] Sprache **1** (Verb) konjugiert werden **2** konjugieren

conjugation [ˌkɒndʒʊˈɡeɪʃn] Sprache: Konjugation, Beugung

conjunction [kənˈdʒʌŋkʃn] **1** Sprache: Konjunktion, Bindewort **2** Verbindung **3** Zusammentreffen (von Ereignissen)

conjunctivitis [kənˌdʒʌŋktɪˈvaɪtɪs] medizinisch: Bindehautentzündung

conjure [⚠ ˈkʌndʒə] zaubern

PHRASAL VERBS

conjure up [ˌkʌndʒər ˈʌp] **1** heraufbeschwören (Erinnerungen) **2** hervorzaubern, zusammenzaubern (Essen usw.)

conjurer, **conjuror** [ˈkʌndʒərə] Zauberer,

Zauberin, Zauberkünstler(in)
conjuring trick ['kʌndʒərɪŋ ˌtrɪk] Zauberkunststück, Zaubertrick
conk [kɒŋk] *Br, salopp* (≈ *Nase*) Riecher
_____ **PHRASAL VERBS**
conk out [ˌkɒŋk'aʊt] *salopp* **1** (*Fernseher usw.*) streiken, (*Motor*) absterben **2** einschlafen, zusammenklappen (*vor Erschöpfung*)

conman ['kɒnmæn] *pl*: **conmen** ['kɒnmen] *umg* Betrüger, Hochstapler
★**connect** [kə'nekt] **1** verbinden (**with** mit) (*auch übertragen*) **2** übertragen in Zusammenhang (*oder* Verbindung) bringen (**with** mit) **3** *Telefon*: verbinden (**to, with** mit) **4** *Elektrotechnik*: anschließen (**to** an), zuschalten **5** *Technik*: verbinden (**to** mit) **6** *Eisenbahn usw.*: Anschluss haben (**with** an)
connected [kə'nektɪd] **1** *Dinge*: verbunden **2** *Probleme usw.*: zusammenhängend **3** *Personen*: verwandt; **connected by marriage** verschwägert; **be well connected** gute Beziehungen haben; **he's connected with the university** er hat mit der Universität zu tun
connecting [kə'nektɪŋ] **1** Verbindungs...; **connecting door** Verbindungstür **2** **connecting flight** Anschlussflug; **connecting train** Anschlusszug
★**connection** [kə'nekʃn] **1** Verbindung **2** *an Stromnetz usw*: Anschluss (**to** an) **3** Zusammenhang; **in connection with** in Zusammenhang mit **4** *Eisenbahn, Telefon usw.*: Verbindung, Anschluss **5** **connections** *pl* Beziehungen
★**conquer** ['kɒŋkə] **1** erobern (*auch übertragen*) **2** besiegen, bezwingen
conqueror ['kɒŋkərə] Eroberer
conquest ['kɒŋkwest] **1** Eroberung (*auch übertragen Person*) **2** Bezwingung
★**conscience** ['kɒnʃns] Gewissen; **a clear** (*bzw.* **guilty**) **conscience** ein reines (*bzw.* schlechtes) Gewissen
conscientious [ˌkɒnʃɪ'enʃəs] **1** *Arbeiter(in), Schüler(in) usw.*: gewissenhaft **2** **conscientious objector** Wehrdienstverweigerer (*aus Gewissensgründen*)
conscious ['kɒnʃəs] **1** (≈ *nicht bewusstlos*) bei Bewusstsein **2** **be conscious of something** sich einer Sache bewusst sein **3** *Handlung usw.*: bewusst
consciousness ['kɒnʃəsnəs] Bewusstsein; **lose consciousness** das Bewusstsein verlieren; **regain consciousness** wieder zu sich kommen

conscript ['kɒnskrɪpt] Wehrpflichtiger
conscription [kən'skrɪpʃn] **1** Einziehung, Einberufung (*zum Militär*) **2** Wehrpflicht
consecrate ['kɒnsɪkreɪt] **1** *kirchlich*: weihen **2** *förmlich* weihen, widmen (*sein Leben usw.*) (**to**; *Dativ*)
consecutive [kən'sekjʊtɪv] **1** aufeinanderfolgend; **for two consecutive days** zwei Tage hintereinander **2** *Zahlen usw.*: (fort)laufend
consecutively [kən'sekjʊtɪvlɪ] **1** nacheinander, hintereinander **2** (fort)laufend
consensus [kən'sensəs] *auch* **consensus of opinion** (allgemeine) Übereinstimmung
consent¹ [kən'sent] **1** zustimmen (**to**; *Dativ*), einwilligen (**to** in) **2** sich bereit erklären (**to do** zu tun)
consent² [kən'sent] Zustimmung (**to** zu), Einwilligung (**to** in)
★**consequence** ['kɒnsɪkwəns] **1** Folge, Konsequenz; **in consequence** folglich, daher; **as a consequence of** infolge von (*oder Genitiv*); **take the consequences** die Konsequenzen tragen **2** **of no** (*bzw.* **little**) **consequence** *förmlich* ohne (*bzw.* von geringer) Bedeutung
consequent ['kɒnsɪkwənt] *förmlich* sich daraus ergebend, darauf folgend (⚠ *konsequent* = **consistent**)
consequently ['kɒnsɪkwəntlɪ] folglich
conservation [ˌkɒnsə'veɪʃn] **1** Erhaltung **2** Naturschutz, Umweltschutz; **conservation area** Naturschutzgebiet
conservationist [ˌkɒnsə'veɪʃnɪst] Naturschützer(in), Umweltschützer(in)
conservative¹ [kən'sɜːvətɪv] **1** *allg.*: konservativ **2** *Schätzung*: vorsichtig
conservative² [kən'sɜːvətɪv] *mst.* **Conservative** *politisch*: Konservative(r)
conservatory [kən'sɜːvətrɪ] **1** Wintergarten **2** *US* Konservatorium
conserve [kən'sɜːv] **1** erhalten, bewahren (*Natur, Bauwerk usw.*) **2** sparen (*Kraft, Energie*)
★**consider** [kən'sɪdə] **1** nachdenken über (*Problem usw.*), überlegen **2** sich überlegen, erwägen (*Jobwechsel, Umzug usw.*) (**doing** zu tun) **3** berücksichtigen (*Kosten, Fakten usw.*) **4** in Betracht ziehen (*Idee usw.*) **5** Rücksicht nehmen auf, denken an (*Gefühle usw.*) **6** betrachten als, halten für; **be considered rich** als reich gelten
★**considerable** [kən'sɪdərəbl] beachtlich, beträchtlich
considerate [kən'sɪdərət] aufmerksam, rücksichtsvoll (**to, towards** gegen)

consideration [kənˌsɪdəˈreɪʃn] **1** Rücksicht (**for, of** auf); **show consideration for** Rücksicht nehmen auf (*Gefühle usw.*) **2** Erwägung, Überlegung; **take into consideration** in Erwägung ziehen **3** **in consideration of** in Anbetracht (+ *Genitiv*)

considering[1] [kənˈsɪdərɪŋ] **1** in Anbetracht (+ *Genitiv*) **2** **considering that** in Anbetracht der Tatsache, dass

considering[2] [kənˈsɪdərɪŋ] *umg* alles in allem, eigentlich

consignment [kənˈsaɪnmənt] *Wirtschaft* **1** *auch* **consignment of goods** (Waren)Sendung; **consignment note** Frachtbrief **2** Übersendung, Zusendung

---
PHRASAL VERBS

★ **consist of** [kənˈsɪst _əv] bestehen aus, sich zusammensetzen aus

---

consistency [kənˈsɪstənsɪ] **1** Konsequenz (*von Handlung*) **2** Übereinstimmung (*von Meinungen usw.*) **3** Konsistenz, Festigkeit (*einer Substanz*)

consistent [kənˈsɪstənt] **1** *Handeln:* konsequent **2** *Leistung usw.:* beständig **3** *Meinungen usw.:* übereinstimmend, vereinbar (**with** mit)

consolation [ˌkɒnsəˈleɪʃn] Trost; **consolation prize** Trostpreis

console[1] [kənˈsəʊl] trösten

console[2] [ˈkɒnsəʊl] **1** *Elektrotechnik:* Steuerpult, Schaltpult **2** (Fernseh-, Musik)Truhe, (Radio)Schrank

consolidate [kənˈsɒlɪdeɪt] **1** festigen (*auch übertragen*) **2** *Wirtschaft:* zusammenschließen (*Gesellschaften*)

consolidation [kənˌsɒlɪˈdeɪʃn] **1** Festigung **2** *Wirtschaft:* Zusammenschluss

consommé [kənˈsɒmeɪ] (klare) Kraftbrühe

consonant [ˈkɒnsənənt] *Sprache:* Konsonant, Mitlaut

consort [ˈkɒnsɔːt] Gemahl(in); **prince consort** Prinzgemahl

conspicuous [kənˈspɪkjʊəs] **1** deutlich sichtbar **2** *Kleidung usw.:* auffällig **3** **be conspicuous by one's absence** durch Abwesenheit glänzen

conspiracy [kənˈspɪrəsɪ] Verschwörung

conspirator [kənˈspɪrətə] Verschwörer

conspire [kənˈspaɪə] sich verschwören (**against** gegen) (*auch übertragen*)

constable [▲ˈkʌnstəbl] *Br* Polizist, Wachtmeister

constabulary [kənˈstæbjʊlərɪ] *Br* Polizei (*eines Bezirks*)

Constance [ˈkɒnstəns] *Stadt:* Konstanz; **Lake Constance** der Bodensee

constant [ˈkɒnstənt] **1** *Temperatur, Geschwindigkeit usw.:* konstant, gleichbleibend **2** *Lärm usw.:* ständig, (an)dauernd

constellation [ˌkɒnstəˈleɪʃn] *Astronomie:* Konstellation (*auch übertragen*), Sternbild

consternation [ˌkɒnstəˈneɪʃn] Bestürzung

constipated [ˈkɒnstɪpeɪtɪd] **be constipated** *medizinisch:* an Verstopfung leiden

constipation [ˌkɒnstɪˈpeɪʃn] *medizinisch:* Verstopfung

constituency [kənˈstɪtjʊənsɪ] **1** Wahlbezirk, Wahlkreis **2** Wählerschaft

constituent[1] [kənˈstɪtjʊənt] **1** *Politik:* Wähler(in) **2** Bestandteil (*einer Substanz usw.*)

constituent[2] [kənˈstɪtjʊənt] **constituent part** Bestandteil

constitute [ˈkɒnstɪtjuːt] **1** ausmachen, bilden (*ein Ganzes usw.*) **2** einrichten, konstituieren (*Ausschuss, Komitee usw.*)

constitution [ˌkɒnstɪˈtjuːʃn] **1** *politisch:* Verfassung, *eines Klubs usw.:* Satzung **2** *gesundheitlich:* Konstitution **3** Zusammensetzung, (Auf)Bau **4** Einrichtung (*eines Komitees usw.*)

constitutional [ˌkɒnstɪˈtjuːʃnəl] **1** *politisch:* verfassungsgemäß, Verfassungs... **2** *politisch:* rechtsstaatlich; **constitutional state** Rechtsstaat **3** *medizinisch:* konstitutionell, anlagebedingt

constrain [kənˈstreɪn] **1** einschränken (*Möglichkeiten, Entwicklung usw.*) **2** **feel constrained to do something** sich gezwungen fühlen, etwas zu tun

constraint [kənˈstreɪnt] **1** Zwang **2** Einschränkung

construct [kənˈstrʌkt] **1** errichten, bauen **2** *Technik usw.:* konstruieren, bauen

construction [kənˈstrʌkʃn] **1** Errichtung, Konstruktion; **under construction** im Bau (befindlich) **2** Bauweise; **steel construction** Stahlkonstruktion **3** Bau(werk) **4** *Sprache:* Konstruktion

construction company [kənˈstrʌkʃn͵kʌmpənɪ] Baufirma

construction industry [kənˈstrʌkʃn͵ɪndəstrɪ] Bauindustrie

construction site [kənˈstrʌkʃn _saɪt] Baustelle

construction worker [kənˈstrʌkʃn͵wɜːkə] Bauarbeiter(in)

constructive [kənˈstrʌktɪv] konstruktiv

consul [ˈkɒnsl] Konsul

★ **consulate** [ˈkɒnsjʊlət] Konsulat

consult [kənˈsʌlt] **1** konsultieren (**about** wegen) **2** nachschlagen in (*einem Buch usw.*) **3** (sich) beraten (**about** über)

consultant [kənˈsʌltənt] **1** (fachmännischer) Berater **2** *Br* Facharzt, Fachärztin (*an einem Krankenhaus*)

consultation [ˌkɒnslˈteɪʃn] Beratung, Konsultation

consulting [kənˈsʌltɪŋ] beratend; **consulting room** *Br* Sprechzimmer

consume [kənˈsjuːm] **1** verbrauchen, konsumieren **2** in Anspruch nehmen (*Zeit usw.*) **3** aufzehren (*Energie*) **4** aufessen, vertilgen **5** (*Feuer*) zerstören, vernichten **6 be consumed with hatred** *usw.* von Hass *usw.* verzehrt werden

consumer [kənˈsjuːmə] Verbraucher(in); **consumer goods** *pl* Konsumgüter; **consumer protection** Verbraucherschutz

consummate [⚠ kənˈsʌmət] vollendet, vollkommen

consumption [kənˈsʌmpʃn] **1** Verbrauch (**of** an), Konsum **2 unfit for human consumption** nicht für den menschlichen Verzehr geeignet

★**contact**¹ [ˈkɒntækt] **1** Kontakt (*auch übertragen*), Berührung; **be in contact** in Kontakt stehen (**with** mit); **keep in contact** in Kontakt bleiben (**with** mit); **come into contact** in Berührung kommen (**with** mit); **lose contact** den Kontakt verlieren (**with** zu); **I'll get in contact** ich werde von mir hören lassen; **how can we get in(to) contact with him?** wie können wir ihn erreichen?; **make contacts** Verbindungen anknüpfen; **business contacts** *pl* Geschäftsverbindungen **2** Kontaktperson; **contacts** *pl* Kontakte

★**contact**² [ˈkɒntækt] **1** Kontakt aufnehmen mit, sich in Verbindung setzen mit; **I've been trying to contact you for hours** ich versuche schon seit Stunden, Sie zu erreichen **2** sich wenden an (*Polizei*)

contact lens [ˈkɒntækt ˌlenz] Kontaktlinse

contagious [kənˈteɪdʒəs] *Krankheit usw.*: ansteckend (*auch übertragen*)

★**contain** [kənˈteɪn] **1** enthalten **2** (*Raum usw.*) fassen **3** übertragen zügeln, zurückhalten; **contain oneself** sich beherrschen

★**container** [kənˈteɪnə] **1** Behälter **2** *Transport*: Container; **container ship** Containerschiff

contaminate [kənˈtæmɪneɪt] verunreinigen, (*auch radioaktiv*) verseuchen

contamination [kənˌtæmɪˈneɪʃn] Verunreinigung, (*auch radioaktive*) Verseuchung

contemplate [ˈkɒntəmpleɪt] **1** (≈ *tun wollen*) erwägen, beabsichtigen (**doing** zu tun) **2** nachdenken über (*den Sinn des Lebens usw.*), denken an **3** betrachten

contemplation [ˌkɒntəmˈpleɪʃn] **1** Nachdenken **2** Betrachtung

contemporaneous [kənˌtempəˈreɪnɪəs] gleichzeitig; **be contemporaneous with** zeitlich zusammenfallen mit

contemporary¹ [kənˈtemprərɪ] **1** *Autor, Kunst usw.*: zeitgenössisch, (≈ *von heute*) modern **2** *Ereignisse*: gleichzeitig

contemporary² [kənˈtemprərɪ] **1** *geschichtlich*: Zeitgenosse, Zeitgenossin **2** Altersgenosse, Altersgenossin

contempt [kənˈtempt] Verachtung

contemptuous [kənˈtemptjʊəs] verächtlich

contend [kənˈtend] **1** *bei Wettbewerb usw.*: kämpfen (**for** um) **2** behaupten (**that** dass)
———————————————————— PHRASAL VERBS
contend with [kənˈtend ˌwɪð] **have to contend with something** mit etwas fertig werden müssen (*mit Problem usw.*)
————————————————————

content¹ [kənˈtent] zufrieden (**with** mit); **be content with** sich begnügen mit

content² [kənˈtent] zufriedenstellen; **content oneself with** sich zufriedengeben mit

content³ [ˈkɒntent] **1** Gehalt, Aussage (*eines Buchs usw.*) **2** *Chemie*: Gehalt (**of** an); → **contents**

contented [kənˈtentɪd] zufrieden (**with** mit)

contention [kənˈtenʃn] **1** *förmlich* Behauptung **2** Streit, Zank; **bone of contention** *übertragen* Zankapfel

contentment [kənˈtentmənt] Zufriedenheit

★**contents** [ˈkɒntents] *pl* Inhalt (*auch einer Tasche usw.*); **(table of) contents** Inhaltsverzeichnis

contest¹ [ˈkɒntest] **1** (Wett)Kampf (**for** um) **2** Wettbewerb

contest² [kənˈtest] **1** kämpfen um **2** bestreiten (*Behauptung*), *auch Recht*: anfechten

contestant [kənˈtestənt] **1** (Wettkampf)Teilnehmer(in) **2** (Mit)Bewerber(in)

context [ˈkɒntekst] Zusammenhang, Kontext; **in this context** in diesem Zusammenhang; **out of context** aus dem Zusammenhang gerissen

★**continent** [ˈkɒntɪnənt] **1** Kontinent, Erdteil **2 the Continent** das (europäische) Festland

continental [ˌkɒntɪˈnentl] **1** kontinental **2** *mst.* **Continental** kontinental(europäisch); **conti-**

nental breakfast kleines Frühstück; **continental quilt** *Br* Federbett

continual [kənˈtɪnjʊəl] dauernd, ständig

continuation [kənˌtɪnjʊˈeɪʃn] **1** *von Vorherigem*: Fortsetzung **2** *von Tradition usw.*: Fortbestand, Fortdauer

★**continue** [kənˈtɪnjuː] **1** fortfahren, weitermachen **2** fortsetzen, fortfahren mit; **to be continued** Fortsetzung folgt **3** andauern, anhalten **4** (fort)bestehen **5 continue in office** im Amt bleiben **6 continue to do, continue doing** (auch) weiterhin tun **7 continue to be, continue being** weiterhin (*oder* noch immer) … sein

continuing development [kənˌtɪnjuːɪŋ dɪˈveləpmənt] Weiterbildung

continuity [ˌkɒntɪˈnjuːətɪ] Kontinuität

continuous [kənˈtɪnjʊəs] **1** ununterbrochen **2** kontinuierlich **3 continuous form** *Sprache*: Verlaufsform

contorted [kənˈtɔːtɪd] *Gesicht*: verzerrt (**with** vor)

contortion [kənˈtɔːʃn] **1** *bei Akrobatik usw.*: Verrenkung **2** *von Gesicht*: Verzerrung

contour [ˈkɒntʊə] Kontur, Umriss

contraband [ˈkɒntrəbænd] **1** Schmuggelware **2** Schmuggel

contraception [ˌkɒntrəˈsepʃn] *medizinisch*: Empfängnisverhütung

contraceptive¹ [ˌkɒntrəˈseptɪv] empfängnisverhütendes Mittel

contraceptive² [ˌkɒntrəˈseptɪv] *Mittel*: empfängnisverhütend

★**contract¹** [ˈkɒntrækt] Vertrag; **enter into** (*oder* **make**) **a contract** einen Vertrag abschließen; **be under contract** unter Vertrag stehen (**to** bei, mit); **temporary/permanent contract** befristeter/unbefristeter Vertrag

contract² [kənˈtrækt] **1** (*Muskel usw.*) sich zusammenziehen, (*Pupillen*) sich verengen **2** zusammenziehen (*Muskel usw.*) **3** *geschäftlich*: sich vertraglich verpflichten (**to do** zu tun; **for** zu) **4** sich zuziehen (*eine Krankheit*)

contraction [kənˈtrækʃn] **1** Zusammenziehen **2** *Wirtschaft*: Schrumpfung **3 contractions** *pl bei Geburt*: Wehen

contractor [kənˈtræktə] **1** Auftragnehmer(in); **that is done by outside contractors** damit ist eine andere Firma beauftragt **2** *im Baugewerbe*: Bauunternehmer(in)

contradict [ˌkɒntrəˈdɪkt] **1 contradict someone** (*oder* **something**) jemandem (*oder* etwas) widersprechen **2** im Widerspruch stehen zu

contradiction [ˌkɒntrəˈdɪkʃn] Widerspruch

contradictory [ˌkɒntrəˈdɪktərɪ] *Aussagen usw.*: widersprüchlich, sich widersprechend

contraindication [ˌkɒntrəˌɪndɪˈkeɪʃn] *bei Medikamenten*: Gegenanzeige

contraption [kənˈtræpʃn] *umg, oft abwertend* Apparat

★**contrary¹** [ˈkɒntrərɪ] Gegenteil; **on the contrary** im Gegenteil; **evidence** *usw.* **to the contrary** gegenteilige Beweise *usw.*

★**contrary²** [ˈkɒntrərɪ] **1** entgegengesetzt (**to**; *Dativ*) **2** gegensätzlich **3 it's contrary to …** das verstößt gegen …, das steht im Widerspruch zu …

contrast¹ [ˈkɒntrɑːst] Kontrast (*auch TV usw.*), Gegensatz (**between** zwischen); **in contrast to** (*oder* **with**) im Gegensatz zu

contrast² [kənˈtrɑːst] **1** (≈ *vergleichen*) gegenüberstellen (**with**; *Dativ*) **2** (*Farben usw.*) sich abheben, abstechen (**with** von, gegen) **3** (*Taten usw.*) im Gegensatz stehen (**with** zu)

contravene [ˌkɒntrəˈviːn] **1** übertreten (*Gesetz*), verstoßen gegen **2** im Widerspruch stehen zu

contribute [⚠ kənˈtrɪbjuːt] **1** beitragen, beisteuern (**to** zu); **contribute to** (*oder* **towards**) **the expenses** sich an den Unkosten beteiligen **2** spenden (**to** für) **3** beitragen (*Artikel*) (**to** zu) (*einer Zeitung*)

contribution [ˌkɒntrɪˈbjuːʃn] **1** Beitrag (*auch für Zeitung*); **make a contribution to something** einen Beitrag zu etwas leisten **2** Spende

contributor [⚠ kənˈtrɪbjʊtə] **1** Beitragende(r) **2** Mitarbeiter(in) (**to a newspaper** bei (*oder* an) einer Zeitung)

contrive [kənˈtraɪv] **1** zustande bringen, es fertigbringen (**to do** zu tun) **2** erfinden, sich ausdenken

★**control¹** [kənˈtrəʊl], **controlled, controlled** **1** beherrschen, die Herrschaft (*oder* Kontrolle) haben über **2** kontrollieren, überwachen (*Verkehr, Maschine*) **3** in Schranken halten; **control oneself** sich beherrschen **4** *Technik usw.*: steuern, regeln **5** leiten, führen (*Geschäft usw.*)

★**control²** [kənˈtrəʊl] **1** Kontrolle, Herrschaft (**of, over** über); **have under control** in der Hand haben, unter Kontrolle haben (*Auto, Umweltverschmutzung*); **bring** (*oder* **get**) **under control** unter Kontrolle bringen; **get out of control** außer Kontrolle geraten; **lose control of** (*oder* **over**) die Herrschaft (*oder* Kontrolle) verlieren über; **take control** die

Kontrolle übernehmen; **everything is under control** wir/sie *usw.* haben die Sache im Griff *umg*; **circumstances beyond our control** nicht in unserer Hand liegende Umstände; **have no control over** keinen Einfluss haben auf **2** *gefühlsmäßig*: Beherrschung (**of, over** *Genitiv*); **lose control of oneself** die (Selbst-)Beherrschung verlieren **3** *politisch*: Macht, Gewalt (**of, over** über) **4** *in Firma, Organisation*: Aufsicht, Kontrolle (**of, over** über); **be in control of something** etwas leiten (*oder* unter sich haben) **5** **controls** *pl Technik*: Steuerung, Steuervorrichtung; **be at the controls** am Kontrollpult sitzen **6** *Technik*: Regler

control key [kənˈtrəʊl ˌkiː] *Computer*: Steuerungstaste, Control-Taste

controller [kənˈtrəʊlə] **1** Kontrolleur(in), Aufseher(in) **2** *Wirtschaft*: Controller(in)

control panel [kənˈtrəʊl ˌpænəl] Schalttafel, *in Flugzeug, an Fernsehgerät*: Bedienungsfeld

control stick [kənˈtrəʊl ˌstɪk] *Flugzeug*: Steuerknüppel

control tower [kənˈtrəʊl ˌtaʊə] *Flughafen*: Kontrollturm, Tower

controversial [ˌkɒntrəˈvɜːʃl] strittig, umstritten

controversy [ˈkɒntrəvɜːsɪ] Kontroverse

contusion [kənˈtjuːʒn] *medizinisch*: Quetschung

conundrum [kəˈnʌndrəm] (Scherz)Rätsel

conurbation [ˌkɒnɜːˈbeɪʃn] Ballungsraum

convalesce [ˌkɒnvəˈles] gesund werden

convalescence [ˌkɒnvəˈlesns] Genesung, Genesungszeit

convene [kənˈviːn] **1** zusammenkommen, sich versammeln **2** zusammenrufen (*Leute usw.*), einberufen (*Versammlung*)

convenience [kənˈviːnɪəns] **1** Annehmlichkeit; **all (modern) conveniences** aller Komfort; **at your convenience** wenn es Ihnen passt; **at your earliest convenience** *förmlich, bes. in Geschäftsbriefen*: so bald wie möglich **2** *auch*: **public convenience** *Br* (öffentliche) Toilette

convenience food [kənˈviːnɪəns ˌfuːd] Schnellgerichte *pl*

★**convenient** [kənˈviːnɪənt] **1** bequem, praktisch **2** günstig, passend; **be convenient for someone** jemandem passen

convent [ˈkɒnvənt] (Nonnen)Kloster

convention [kənˈvenʃn] **1** Konvention, Sitte **2** Tagung, Versammlung **3** Kongress, *US* Parteiversammlung **4** Abkommen (*zwischen Staaten*)

conventional [kənˈvenʃnəl] **1** konventionell (*auch Waffen usw.*) **2** *oft abwertend* herkömmlich, unoriginell

converge [kənˈvɜːdʒ] **1** (*Straßen, Flüsse*) zusammenlaufen **2** *Geometrie*: konvergieren (*auch übertragen*) **3** übertragen sich annähern

★**conversation** [ˌkɒnvəˈseɪʃn] Konversation, Unterhaltung, Gespräch; **in conversation with** im Gespräch mit; **get into conversation with someone** mit jemandem ins Gespräch kommen; **make conversation** Konversation machen

conversational [ˌkɒnvəˈseɪʃnəl] Unterhaltungs..., Gesprächs...; **conversational English** Umgangsenglisch; **conversational tone** Plauderton

converse [kənˈvɜːs] sich unterhalten (**with** mit; **on, about** über)

conversion [kənˈvɜːʃn] **1** Umwandlung, Verwandlung (**into, to** in) **2** Bekehrung, *kirchlich*: Konversion (**to** zu) **3** Umbau (*eines Gebäudes*) (**into** zu) **4** *Technik, Wirtschaft*: Umstellung (**to** auf) **5** Umrechnung (**into, to** in)

convert [kənˈvɜːt] **1** *allg., auch chemisch*: umwandeln, verwandeln (**into, to** in) **2** sich umwandeln (*oder* verwandeln) (**into, to** in) **3** umbauen (*Gebäude*) (**into** zu) **4** *Technik, Wirtschaft*: umstellen (**to** auf) **5** umrechnen (*Maßeinheiten usw.*) (**into, to** in) **6** *kirchlich usw.*: bekehren (**to** zu) **7** sich bekehren, konvertieren, übertreten (**to** zu)

convertible[1] [kənˈvɜːtəbl] **1** verwandelbar **2** *Währung usw.*: umrechenbar

convertible[2] [kənˈvɜːtəbl] *Auto*: Kabrio(lett), Cabrio(let)

convey [kənˈveɪ] **1** befördern, transportieren (*Waren usw.*) **2** überbringen (*Grüße usw.*) **3** mitteilen, vermitteln (*Ideen usw.*)

conveyor belt [kənˈveɪə ˌbelt] *auch* **conveyor** *Technik*: Förderband, Fließband

convict[1] [kənˈvɪkt] *Recht* **1** überführen (**of**; *Genitiv*) **2** verurteilen (**of** wegen)

convict[2] [ˈkɒnvɪkt] Strafgefangene(r)

conviction [kənˈvɪkʃn] **1** *Recht*: Verurteilung **2** Überzeugung

★**convince** [kənˈvɪns] überzeugen (**of** von; **that** dass)

★**convinced** [kənˈvɪnst] überzeugt

convincing [kənˈvɪnsɪŋ] überzeugend

convoy [ˈkɒnvɔɪ] Konvoi **2** Geleit

convulse [kənˈvʌls] **be convulsed with** sich krümmen vor (*Lachen, Schmerzen usw.*)

convulsion [kənˈvʌlʃn] **1** *bes. medizinisch*: Zuckung **2** **they were in convulsions** sie krümmten sich vor Lachen

coo [kuː] gurren (*auch übertragen*)

★**cook**¹ [kʊk] **1** kochen, zubereiten **2** (*Essen*) gekocht werden, kochen; **a cooked meal** ein warmes Essen **3** *umg* (≈ *fälschen*) frisieren (*Abrechnung usw.*) **4 what's cooking?** *umg* was ist los?

PHRASAL VERBS

cook up [ˌkʊkˈʌp] *umg* erfinden, sich ausdenken (*Geschichte usw.*)

★**cook**² [kʊk] **1** Koch, Köchin **2 too many cooks spoil the broth** *Sprichwort*: viele Köche verderben den Brei
cookbook [ˈkʊkbʊk] Kochbuch
★**cooker** [ˈkʊkə] *Br* Kocher, Herd; **cooker hood** Abzugshaube
cookery [ˈkʊkərɪ] *Br* Kochen, Kochkunst; **cookery book** Kochbuch
cookie [ˈkʊkɪ] **1** *US* Keks, Plätzchen **2** *Internet*: Cookie
cookie sheet [ˈkʊkɪ ʃiːt] *US* Backblech, Kuchenblech; → **baking tray** *Br*
cooking [ˈkʊkɪŋ] **1** Kochen **2 Italian** *usw.* **cooking** die italienische *usw.* Küche
cookout [ˈkʊkaʊt] *US* Kochen am Lagerfeuer, *auch* Grillparty
★**cool**¹ [kuːl] **1** kühl, frisch; **get cool** sich abkühlen **2** *übertragen* kühl, gelassen; **keep cool** einen kühlen Kopf behalten, sich nicht aufregen; **play it cool** ganz ruhig bleiben **3** *abwertend* unverfroren, seelenruhig **4** *umg* glatt; **a cool thousand pounds** glatte tausend Pfund **5** *umg* klasse, prima; *Kleidung*: stylish
★**cool**² [kuːl] **1** (ab)kühlen, abkühlen lassen **2** kühl werden, sich abkühlen **3 cool it!** *umg* immer mit der Ruhe!, reg dich ab!

PHRASAL VERBS

cool down [ˌkuːlˈdaʊn] **1** sich abkühlen **2** *umg* sich abregen
cool off [ˌkuːlˈɒf] **1** sich abkühlen **2** *übertragen* sich beruhigen

★**cool**³ [kuːl] **1** Kühle, Frische **2** *umg* (Selbst)-Beherrschung; **lose one's cool** hochgehen; **keep one's cool** ruhig bleiben
coolbox [ˈkuːlbɒks] Kühlbox
cooler [ˈkuːlə] **1** *US* Kühlbox **2** *salopp* Kittchen
coolheaded [ˌkuːlˈhedɪd] besonnen
coolness [ˈkuːlnəs] **1** Kühle (*auch übertragen*) **2** Kaltblütigkeit
co-op [ˈkəʊɒp] *umg* Co-op (*Genossenschaft und Laden*)
cooperate [kəʊˈɒpəreɪt] **1** zusammenarbeiten (**with** mit; **in** bei) **2** mitwirken (**in** an)
cooperation [kəʊˌɒpəˈreɪʃn] **1** Zusammenarbeit **2** Mitarbeit, Hilfe
cooperative [kəʊˈɒpərətɪv] kooperativ, hilfsbereit
coordinate¹ [kəʊˈɔːdɪneɪt] koordinieren, aufeinander abstimmen
coordinate² [kəʊˈɔːdɪnət] *Geometrie*: Koordinate
coordination [kəʊˌɔːdɪˈneɪʃn] Koordinierung, Koordination
cop¹ [kɒp] *salopp* (≈ *Polizist*) Bulle
cop² [kɒp], **copped, copped** *salopp* erwischen (**at** bei)
copartner [ˌkəʊˈpɑːtnə] Teilhaber(in), Mitinhaber(in)
cope [kəʊp] zurechtkommen, fertig werden (**with** mit)
Copenhagen [ˌkəʊpənˈheɪɡən] Kopenhagen
copier [ˈkɒpɪə] Kopiergerät, Kopierer
copilot [ˈkəʊˌpaɪlət] *im Flugzeug*: Kopilot(in)
★**copper**¹ [ˈkɒpə] **1** *Metall*: Kupfer **2** *mst.* **coppers** *pl*, *Br* Kupfermünzen
★**copper**² [ˈkɒpə] *Br*, *salopp* (≈ *Polizist*) Bulle
copulate [ˈkɒpjʊleɪt] sich paaren
copulation [ˌkɒpjʊˈleɪʃn] Paarung
★**copy**¹ [ˈkɒpɪ] **1** Kopie, Abschrift; **fair** (*oder* **clean**) **copy** Reinschrift; **take** (*oder* **make**) **a copy of** eine Kopie machen von **2** Durchschlag, Durchschrift **3** Nachbildung, Kopie (*eines Kunstwerks*) **4** Exemplar (*eines Buchs usw.*) **5** *Druck*: (Satz)Vorlage **6** (Werbe)Text
★**copy**² [ˈkɒpɪ] **1** kopieren (*Brief usw.*); **copy something onto a stick** etwas auf (einen) Stick kopieren **2** nachmachen, kopieren **3** *bei Prüfung*: abschreiben (**off, from** von) **4** eine Kopie anfertigen von, überspielen (*Kassette usw.*)
copycat [ˈkɒpɪkæt] *umg* Nachahmer(in)
copy editor [ˈkɒpɪˌedɪtə] **1** (Zeitungs)Redakteur(in) **2** *im Verlag*: Lektor(in)
copy protection [ˌkɒpɪprəˈtekʃn] Kopierschutz
copyright¹ [ˈkɒpɪraɪt] *Recht*: Urheberrecht, Copyright
copyright² [ˈkɒpɪraɪt] *Recht*: urheberrechtlich schützen (lassen)
copywriter [ˈkɒpɪˌraɪtə] Werbetexter(in)
coral [ˈkɒrəl] Koralle
★**cord** [kɔːd] **1** Schnur (*auch Elektrokabel*), Kordel **2** gerippter Stoff, *bes.* Kordsamt; **cords** *pl* Kordhosen
cordial¹ [ˈkɔːdɪəl] *Br* Fruchtsaftgetränk
cordial² [ˈkɔːdɪəl] *Empfang usw.*: herzlich
cordless drill [ˌkɔːdləsˈdrɪl] Akkubohrer

cordless phone [ˌkɔːdləsˈfəʊn] schnurloses Telefon
cordless screwdriver [ˌkɔːdləsˈskruːdraɪvə] Akkuschrauber
cordon [ˈkɔːdn] Postenkette (*als Absperrung*)

PHRASAL VERBS

cordon off [ˌkɔːdnˈɒf] (*Polizei usw.*) absperren, abriegeln

corduroy [⚠ˈkɔːdərɔɪ] **1** Kord(samt), Ⓐ Schnürlsamt **2 corduroys** *pl* Kordhose
core¹ [kɔː] **1** *Apfel usw.:* Kerngehäuse **2** *übertragen* Kern, *das Innerste;* **to the core** bis ins Innerste, durch und durch
core² [kɔː] entkernen (*Obst*)
core³ [kɔː] Kern...; **core business** Kerngeschäft; **core competency** Kernkompetenz
core time [ˈkɔː ˌtaɪm] *Arbeit:* Kernzeit
★**cork** [kɔːk] **1** *Material:* Kork **2** *für Flasche:* Korken, Pfropfen
corkscrew [ˈkɔːk ˌskruː] Korkenzieher
★**corn**¹ [kɔːn] **1** *Br* Korn, Getreide **2** *US* Mais
corn² [kɔːn] *medizinisch:* Hühnerauge
corn bread [ˈkɔːn ˌbred] *US* Maisbrot
corncob [ˈkɔːnkɒb] Maiskolben
corned beef [ˌkɔːndˈbiːf] Cornedbeef, gepökeltes Rindfleisch
★**corner**¹ [ˈkɔːnə] **1** Ecke; **turn the corner** um die Ecke biegen **2** *bes. Straße:* Kurve; **take a corner** *Auto:* eine Kurve nehmen **3** Winkel, Ecke; **corner of the mouth** Mundwinkel; **look at someone from the corner of one's eye** jemanden aus den Augenwinkeln (heraus) ansehen **4** **drive** (*oder* **force**) **into a corner** in die Enge treiben; **be in a tight corner** in der Klemme sein **5** *Fußball:* Eckball, Ecke, Ⓐ, Ⓒ Corner
★**corner**² [ˈkɔːnə] **1** in die Enge treiben **2** *Auto:* eine Kurve nehmen; **corner well** (*Auto*) gut in der Kurve liegen
★**corner**³ [ˈkɔːnə] Eck...; **corner seat** Eckplatz
corner kick [ˈkɔːnə ˌkɪk] *Fußball:* Eckstoß
corner shop [ˌkɔːnəˈʃɒp] *Br* Laden an der Ecke, Tante-Emma-Laden
cornerstone [ˈkɔːnəstəʊn] Grundstein (*auch übertragen*)
cornfield [ˈkɔːnfiːld] **1** *Br* Kornfeld, Getreidefeld **2** *US* Maisfeld
cornflakes [ˈkɔːnfleɪks] *pl* Cornflakes
cornflower [ˈkɔːnflaʊə] Kornblume
Cornish [ˈkɔːnɪʃ] kornisch, aus Cornwall
corn salad [ˈkɔːn ˌsæləd] Feldsalat, Ⓐ Vogerlsalat

corny [ˈkɔːnɪ] *umg* kitschig, *Witz:* abgedroschen
coronary [ˈkɒrənərɪ] *medizinisch:* Herz...; **coronary disease** Herzkrankheit, *auch:* Herzinfarkt
coronation [ˌkɒrəˈneɪʃn] Krönung(sfeier)
coroner [ˈkɒrənə] Coroner (*Beamter, der die Todesursache in Fällen gewaltsamen oder unnatürlichen Todes untersucht*)
corp. [⚠ kɔː] *abk* → **corporation**
corporal¹ [ˈkɔːprəl] *militärisch:* Unteroffizier
corporal² [ˈkɔːprəl] körperlich, leiblich; **corporal punishment** Prügelstrafe
corporate [ˈkɔːpərət] **1** gemeinsam, kollektiv **2** *Wirtschaft:* Gesellschafts..., Firmen...; **corporate strategy** Unternehmensstrategie; **move up the corporate ladder** in der Firma aufsteigen
corporation [ˌkɔːpəˈreɪʃn] **1** *Br; Recht:* Körperschaft, juristische Person **2** *Wirtschaft:* **private corporation** Privatunternehmen; **public corporation** staatliches Unternehmen *auch* **stock corporation** *US* Kapitalgesellschaft, Aktiengesellschaft
corps [⚠ kɔː] *pl:* **corps** [kɔːz] *militärisch:* Korps
corpse [kɔːps] Leichnam, Leiche
corpulent [ˈkɔːpjʊlənt] beleibt, korpulent
Corpus Christi [ˌkɔːpəsˈkrɪstɪ] *kirchlich:* Fronleichnam
★**correct**¹ [kəˈrekt] **1** korrekt, richtig; **be correct** *Sachverhalt:* stimmen, *Person:* recht haben **2** *Benehmen:* einwandfrei, korrekt
★**correct**² [kəˈrekt] korrigieren, verbessern, berichtigen
★**correction** [kəˈrekʃn] Korrektur, Verbesserung, Berichtigung
correctness [kəˈrektnəs] Korrektheit, Richtigkeit
correlate [ˈkɒrəleɪt] **1** übereinstimmen (**with** mit) **2** in Übereinstimmung bringen (**with** mit)
correlation [ˌkɒrəˈleɪʃn] Übereinstimmung
correspond [ˌkɒrəˈspɒnd] **1** entsprechen (**to, with**; *Dativ*), übereinstimmen (**to, with** mit) **2** korrespondieren, in Briefwechsel stehen (**with** mit)
correspondence [ˌkɒrəˈspɒndəns] **1** Briefwechsel, Korrespondenz; **be in correspondence** (**with**) korrespondieren (mit); **correspondence course** Fernkurs **2** Briefe, Korrespondenz **3** Übereinstimmung
correspondent [ˌkɒrəˈspɒndənt] **1** Korrespondent(in) (*einer Zeitung usw.*); **foreign correspondent** Auslandskorrespondent(in) **2** Briefpartner(in); **I'm a bad correspondent** ich bin schreibfaul

corresponding [ˌkɒrəˈspɒndɪŋ] entsprechend, gemäß (**to**; *Dativ*)

corridor [ˈkɒrɪdɔː] Korridor, Gang

corrode [kəˈrəʊd] (*Metall*) korrodieren

corrosion [kəˈrəʊzn] *Metall:* Korrosion

corrugated [ˈkɒrəgeɪtɪd] gewellt; **corrugated iron** Wellblech

corrupt¹ [kəˈrʌpt] **1** korrupt, bestechlich **2** (moralisch) verdorben

corrupt² [kəˈrʌpt] (moralisch) verderben

corruptible [kəˈrʌptəbl] bestechlich

corruption [kəˈrʌpʃn] Korruption

corset [ˈkɔːsɪt] Korsett

cos [kəz] *umg* Kurzform von → **because**

cosine [ˈkəʊsaɪn] *Mathematik:* Kosinus

cosiness [ˈkəʊzɪnəs] Behaglichkeit, Gemütlichkeit

cosmetic [kɒzˈmetɪk] kosmetisch (*auch übertragen*); **cosmetic surgery** Schönheitschirurgie

cosmetics [kɒzˈmetɪks] *pl* Kosmetika

cosmic [ˈkɒzmɪk] kosmisch

cosmopolitan [ˌkɒzməˈpɒlɪtən] kosmopolitisch, *im weiteren Sinn:* weltoffen

cosmos [ˈkɒzmɒs] Kosmos, Weltall

★**cost**¹ [kɒst] **1** Kosten; **cost of living** Lebenshaltungskosten; **cost increase** Kostensteigerung; **at cost** zum Selbstkostenpreis; **cost price** Selbstkostenpreis, Einkaufspreis; **cut costs** die Kosten senken **2** *übertragen* Kosten; **at someone's cost** auf jemandes Kosten; **at the cost of his health** auf Kosten seiner Gesundheit **3** *übertragen* Preis; **at all costs, at any cost** um jeden Preis

★**cost**² [kɒst], cost, cost **1** kosten; **how much does it cost?** wie viel kostet es?; **it cost me one pound** es kostete mich ein Pfund **2** *übertragen* kosten; **it cost him his life** es kostete ihn das Leben; **it cost him dearly** es kam ihn teuer zu stehen **3** **it cost me a lot of trouble** es kostete mich große Mühe

co-star [ˈkəʊstɑː], co-starred, co-starred **1** **the film co-starred X** X spielte in dem Film eine der Hauptrollen **2** **co-star with** die Hauptrolle spielen neben

costly [ˈkɒstlɪ] **1** kostspielig, teuer **2** *Sieg usw.:* teuer erkauft

costume [ˈkɒstjuːm] **1** *Theater usw.:* Kostüm; **costume ball** Kostümball **2** Tracht (*eines Landes*) **3 costume jewellery** Modeschmuck (⚠ (*Damen*)Kostüm = **suit**)

cosy [ˈkəʊzɪ] *Br* behaglich, gemütlich

cot [kɒt] **1** *Br* Kinderbett **2** *US* Feldbett

cottage [ˈkɒtɪdʒ] **1** (kleines) Landhaus **2** *US* Ferienhaus

cottage cheese [ˌkɒtɪdʒˈtʃiːz] Hüttenkäse

★**cotton**¹ [ˈkɒtn] **1** Baumwolle **2** *US* Watte

★**cotton**² [ˈkɒtn] baumwollen, Baumwoll...

―――――――――― PHRASAL VERBS ――――――――――

cotton on [ˌkɒtnˈɒn] **cotton on to something** *umg* etwas kapieren

cotton to [ˈkɒtn_tuː] *US, umg* sich anfreunden mit (*einer Idee usw.*)

cotton bud [ˌkɒtnˈbʌd] *Br* Wattestäbchen

cotton candy [ˌkɒtnˈkændɪ] *US* Zuckerwatte; → **candy floss** *Br*

cotton pad [ˌkɒtnˈpæd] Wattepad

cotton wool [ˌkɒtnˈwʊl] *Br* (Verband)Watte

★**couch** [kaʊtʃ] Couch, Liege(sofa)

couchette [kuːˈʃet] *Br, Bahn:* Liegewagenplatz

couch potato [ˈkaʊtʃ_pəˌteɪtəʊ] **he's a real couch potato** *umg* er sitzt ständig vor dem Fernseher

cougar [ˈkuːgə] Puma

★**cough**¹ [⚠ kɒf] **1** husten **2** (*Motor*) stottern

―――――――――― PHRASAL VERBS ――――――――――

cough up [⚠ ˌkɒfˈʌp] **1** aushusten **2** *salopp* herausrücken (*Geld*)

★**cough**² [⚠ kɒf] Husten; **have a cough** Husten haben

cough drop [ˈkɒf_drɒp], **cough sweet** [ˈkɒfswiːt] Hustenbonbon

cough mixture [ˈkɒfˌmɪkstʃə], **cough syrup** [ˈkɒfˌsɪrəp] Hustensaft

★**could** [kʊd] **1** 2. Form von → **can**¹ **2** konditional, vermutend oder fragend: könnte usw.; **you could be right** du könntest recht haben

couldn't [ˈkʊdnt] Kurzform von **could not**

could've [ˈkʊdəv] Kurzform von **could have**

★**council** [ˈkaʊnsl] **1** Rat(sversammlung) **2** Stadtrat, Gemeinderat; **council flat** *Br* Sozialwohnung; **council estate** *Br* soziale Wohnsiedlung; **council tax** *Br* Kommunalsteuer **3** *Körperschaft:* Rat; **Council of Europe** Europarat

councillor, *US* **councilor** [ˈkaʊnslə] Ratsmitglied, Stadtrat, Stadträtin

counsel¹ [ˈkaʊnsl] **1** Rat(schlag); **take counsel with** sich beraten mit **2** *Recht:* (Rechts)Anwalt

counsel² [ˈkaʊnsl], counselled, counselled, *US* counseled, counseled **1** beraten **2** raten, einen Rat geben; **counsel someone to do something** jemandem raten, etwas zu tun

counsellor, *US* **counselor** [ˈkaʊnslə] **1** Berater(in) **2** *US* Rechtsanwalt, Rechtsanwältin

★**count**[1] ['kaʊnt] **1** (ab-, aus)zählen **2** nachzählen (*Wechselgeld*) **3** ausrechnen, berechnen (*Rechnungsbetrag usw.*) **4 she can count (up) to ten** sie kann bis 10 zählen; **counting from today** von heute an (gerechnet) **5** mitzählen, mit einrechnen; **not counting those present** die Anwesenden nicht mitgerechnet; **without** (*oder* **not**) **counting** abgesehen von **6** halten für; **count oneself lucky** sich glücklich schätzen **7** wichtig sein, zählen **8 that doesn't count** *im Spiel*: das zählt nicht

PHRASAL VERBS

count against [ˌkaʊnt_ə'genst] **1** sprechen gegen **2** sich nachteilig auswirken auf
count among ['kaʊnt_əˌmʌŋ] zählen zu
count down [ˌkaʊnt'daʊn] den Countdown durchführen (für)
count for ['kaʊnt_fɔː] **it doesn't count for much** es bedeutet nicht sehr viel
count in [ˌkaʊnt'ɪn] mitzählen, mit einrechnen; **count me in!** ich bin dabei!
count on ['kaʊnt_ɒn] zählen auf, sich verlassen auf, rechnen mit
count out [ˌkaʊnt'aʊt] **1** abzählen (*Münzen usw.*) **2** ausschließen; **count me out!** ohne mich!
count up [ˌkaʊnt'ʌp] zusammenzählen

count[2] ['kaʊnt] **1** Zählen, (Aus)Zählung; **keep count of** genau zählen, *übertragen* die Übersicht behalten über; **lose count** sich verzählen, *übertragen* die Übersicht verlieren (**of** über) **2** *Recht*: Anklagepunkt; **on all counts** in allen Anklagepunkten, *übertragen* in jeder Hinsicht
count[3] [kaʊnt] Graf
countable ['kaʊntəbl] zählbar
countdown ['kaʊntdaʊn] Countdown
countenance ['kaʊntənəns] *förmlich* Gesichtsausdruck, Miene
counter[1] ['kaʊntə] **1** Ladentisch; **sell** (*bzw.* **buy**) **under the counter** unter dem Ladentisch verkaufen (*bzw.* kaufen) **2** Theke **3** *Bank, Post*: Schalter
counter[2] ['kaʊntə] **1** *Technik*: Zähler **2** Spielmarke, Jeton
counter[3] ['kaʊntə] *auch Sport*: kontern
counter... ['kaʊntə] *in Zusammensetzungen*: Gegen..., Konter...
counteract [ˌkaʊntər'ækt] **1** entgegenwirken **2** neutralisieren (*Wirkung*)
counterbalance[1] ['kaʊntəˌbæləns] *übertragen* Gegengewicht (**to** zu)
counterbalance[2] [ˌkaʊntə'bæləns] *übertragen* ein Gegengewicht bilden zu, ausgleichen
counterclockwise [ˌkaʊntə'klɒkwaɪz] *US* entgegen dem (*oder* gegen den) Uhrzeigersinn; → **anticlockwise** *Br*
counterfeit [▲ 'kaʊntəfɪt] **1** falsch, gefälscht; **counterfeit money** Falschgeld **2** vorgetäuscht, falsch
counterfoil ['kaʊntəfɔɪl] *bes. Br* (Kontroll)Abschnitt
countermeasure ['kaʊntəˌmeʒə] Gegenmaßnahme
counterpart ['kaʊntəpɑːt] Gegenstück (**to** zu)
counterproductive [ˌkaʊntəprə'dʌktɪv] **be counterproductive** nicht zum gewünschten Ziel führen, das Gegenteil bewirken
countersign ['kaʊntəsaɪn] gegenzeichnen (*Urkunde, Formular usw.*)
countess ['kaʊntɪs] Gräfin
countless ['kaʊntləs] zahllos, unzählig
★**country**[1] ['kʌntrɪ] **1** Land, Staat; **in this country** hierzulande; **country of birth** Geburtsland; **country of origin** *Handel*: Herkunftsland, Ursprungsland **2** Land (*als Gegensatz zur Stadt*); **in the country** auf dem Land **3** Gegend, Landschaft; **flat country** Flachland
★**country**[2] ['kʌntrɪ] ländlich, Land...
country house [ˌkʌntrɪ'haʊs] Landhaus
country music ['kʌntrɪˌmjuːzɪk] Countrymusic
country road [ˌkʌntrɪ'rəʊd] Landstraße
countryside ['kʌntrɪsaɪd] **1** ländliche Gegend; **in the countryside** auf dem Land **2** Landschaft
county ['kaʊntɪ] **1** *Br* Grafschaft **2** *US* Verwaltungsbezirk
coup [▲ kuː] **1** Coup; **stage** (*oder* **pull off**) **a coup** einen Coup landen **2** Staatsstreich
coupé ['kuːpeɪ] *Br*; *Auto*: Coupé
★**couple**[1] ['kʌpl] **1 a couple of** zwei, *umg* ein paar **2** (Ehe-, Liebes)Paar, Tanzpaar
★**couple**[2] ['kʌpl] (zusammen)koppeln, verbinden (*auch übertragen* **with** mit)
coupling ['kʌplɪŋ] **1** Verbindung, Kopplung **2** *Technik*: Kupplung
coupon ['kuːpɒn] **1** Gutschein, Bon **2** Kupon, Bestellzettel (*in Zeitungsinseraten*)
★**courage** [▲ 'kʌrɪdʒ] Mut, Tapferkeit; **lose courage** den Mut verlieren; **pluck up courage** Mut fassen
courageous [▲ kə'reɪdʒəs] mutig
courgette [▲ ˌkɔː'ʒet] *Br* Zucchini
courier [▲ 'kʊrɪə] **1** Eilbote, Kurier **2** *Br*; *für Touristen*: Reiseleiter
★**course** [kɔːs] **1 of course** natürlich, selbstverständlich; '**Can I borrow your bike?**' - '(**Of**)

course you can.' „Kann ich dein Rad ausleihen?" - „Natürlich.", „Klar doch." **2** *Schule usw.*: Kurs, Lehrgang; **take an English course** einen Englischkurs besuchen; **a course of lectures** eine Vorlesungsreihe **3** *Rennsport*: Bahn, Strecke **4** *Golf*: Platz **5** *zeitlich*: Verlauf; **in the course of time** im Laufe der Zeit; **the course of events** der Lauf der Dinge **6** *in Menü*: Gang; **a four-course meal** ein Essen mit 4 Gängen **7** *von Flugzeug, Schiff*: Kurs (*auch übertragen*); **change course** seinen Kurs ändern

★**court¹** [kɔːt] **1** *Recht*: Gericht, Gerichtshof; **in court** vor Gericht; **appear in court** vor Gericht erscheinen; **go to court** vor Gericht gehen **2** *Sport*: Spielfeld, *bei Squash, Tennis usw.*: Platz **3** *von Monarch usw.*: Hof; **at court** bei Hofe **4** *auch* **courtyard** (Innen)Hof

★**court²** [kɔːt] **1** *veraltet*: den Hof machen **2** **court death** mit seinem Leben spielen; **court disaster** das Schicksal herausfordern

courteous [⚠ ˈkɜːtɪəs] *Person, Auftreten usw.*: höflich

courtesy [⚠ ˈkɜːtəsɪ] **1** *von Person, Auftreten usw.*: Höflichkeit; **courtesy call** Höflichkeitsbesuch, Anstandsbesuch **2 all quotations (by) courtesy of the author** alle Zitate mit freundlicher Genehmigung des Verfassers

court shoe [ˈkɔːtˌʃuː] *Br* Pump

courtyard [ˈkɔːtjɑːd] *von Schloss, Gebäudekomplex usw.*: (Innen)Hof

★**cousin** [ˈkʌzn] **1** *Verwandter*: Cousin, Vetter **2** *Verwandte*: Cousine

★**cover¹** [ˈkʌvə] **1** *über Bett, Sofa usw.*: Decke **2** *auf Topf usw.*: Deckel **3** *von Buch*: Einband; **from cover to cover** von der ersten bis zur letzten Seite **4** *von Kissen, Polster*: Überzug, Bezug **5** *förmlich* Umschlag **6** *militärisch und allg.*: Deckung (**from** vor); **take cover** in Deckung gehen **7** *vor Witterung usw.*: Schutz (**from** vor); **take cover** sich unterstellen; **under cover of darkness** im Schutz der Dunkelheit **8** *gegen Schäden*: Versicherungsschutz; **take out** (*oder* **get**) **cover against theft** eine Diebstahlversicherung abschließen

★**cover²** [ˈkʌvə] **1** *mit Decke, Deckel usw.*: bedecken, zudecken (**with** mit) **2** decken (*Dach*) **3** bedecken (*Oberfläche*); **the floor was covered with cigarette ends** der Fußboden war mit Kippen übersät; **we were covered with mud** wir waren von oben bis unten voller Dreck **4** (*Fläche, Großstadt usw.*) bedecken, sich erstrecken über **5** *in Presse, TV usw.*: berichten über, behandeln (*Thema*) **6** *Sport*: decken (*Gegenspieler*) **7** (*Versicherung*) abdecken (*Schäden, Krankheitskosten usw.*)

PHRASAL VERBS

cover up [ˌkʌvərˈʌp] **1** mit Decke, Deckel usw.: bedecken, zudecken (**with** mit) **2** verheimlichen, vertuschen (*Fehler, Panne usw.*) **3** **cover up for someone** jemanden decken

coverage [ˈkʌvərɪdʒ] **1** *in Presse, TV usw.*: Berichterstattung **2** *durch Versicherung*: Versicherungsschutz, Schadensdeckung

coveralls [ˈkʌvərɔːlz] ⚠ *pl US* Overall

cover charge [ˈkʌvəˌtʃɑːdʒ] *im Restaurant*: (Kosten für das) Gedeck

covering [ˈkʌvərɪŋ] **1 covering of snow** Schneeschicht **2** *Boden*: Belag

cover letter [ˈkʌvəˌletə] Begleitbrief

cover story [ˈkʌvəˌstɔːrɪ] *von Magazin*: Titelgeschichte

covert [ˈkʌvət] heimlich, verborgen

★**cow** [kaʊ] **1** *allg.*: Kuh (*auch übertragen als Schimpfwort*) **2** **till the cows come home** *umg* bis in alle Ewigkeit **3** **have a cow** *US, umg* ausrasten, Zustände kriegen

★**coward** [ˈkaʊəd] Feigling

cowardice [ˈkaʊədɪs] Feigheit

★**cowardly** [ˈkaʊədlɪ] *Person usw.*: feig

cowboy [ˈkaʊbɔɪ] Cowboy; **cowboy boots** *pl* Cowboystiefel

cower [ˈkaʊə] kauern, (zusammengekauert) hocken

co-worker [ˌkəʊˈwɜːkə] Kollege, Kollegin

cowpat [ˈkaʊpæt] Kuhfladen

cowshed [ˈkaʊʃed] Kuhstall

cowslip [ˈkaʊslɪp] **1** *Br* Schlüsselblume **2** *US* Sumpfdotterblume

cox [kɒks], **coxswain** [ˈkɒksn] *Rudern*: Steuermann, Steuerfrau

cozy [ˈkəʊzɪ] *US* behaglich, gemütlich

CPU [ˌsiːpiːˈjuː] (*abk für* **central processing unit**) *Computer*: Zentraleinheit

crab [kræb] *Meerestier*: Krabbe

★**crack¹** [kræk] **1** *Geräusch*: Krach, Knall; **a crack of the whip** ein Peitschenknall; **give someone a fair crack of the whip** *umg* jemandem eine faire Chance geben **2** *in Glas, Porzellan*: Sprung **3** *in Mauer usw.*: Riss, Spalt **4** *in Boden usw.*: Spalt, Ritze; **be open a crack** (*Tür*) einen Spaltbreit offen stehen **5** *umg* Versuch; **have a crack at something, give something a crack** es einmal mit etwas versuchen **6** *umg* Witz; **make cracks about** Witze

machen über **7** (≈ *Rauschgift*) Crack
★**crack²** [kræk] **1** (*Zweig, Gelenk usw.*) krachen, knacken; **stop cracking your knuckles** hör auf, mit den Fingern zu knacken **2** anbrechen (*Knochen*); **I've cracked a rib** ich habe mir eine Rippe angebrochen **3** (*Schuss, Peitsche usw.*) knallen **4** (*Glas, Porzellan*) springen, einen Sprung (*oder* Sprünge) bekommen **5** (*Eisfläche*) Risse bekommen **6** (*Stimme*) versagen, überschnappen (*vor Rührung usw.*) **7** **get cracking** *umg* loslegen; **let's get cracking!** auf geht's! **8** **crack a joke** *umg* einen Witz reißen **9** knacken (*Nuss, Kode, Safe usw.*)
crack³ [kræk] *umg* erstklassig; **crack tennis player** Tennisass

---
PHRASAL VERBS

crack down [ˌkræk'daʊn] hart vorgehen (**on** gegen)
crack up [ˌkræk'ʌp] **1** *vor Lachen*: zusammenbrechen **2** *vor Stress usw.*: durchdrehen

---

crackdown ['krækdaʊn] scharfes Vorgehen (**on** gegen), Durchgreifen (**on** bei)
cracked [krækt] **1** *Glas, Teller usw.*: gesprungen; **be cracked** einen Sprung haben **2** *Wand, Eisfläche usw.*: rissig **3** *umg* (≈ *verrückt*) übergeschnappt
cracker ['krækə] **1** *Gebäck*: Kräcker **2** *Feuerwerkskörper*: Kracher; **Christmas cracker** Knallbonbon **3** *Internet*: Cracker
crackers ['krækəz] *Br, umg* übergeschnappt
crackle¹ ['krækl] **1** (*Feuer usw.*) knistern, prasseln **2** (*Telefonleitung, Radio usw.*) knacken
crackle² ['krækl] **1** *von Feuer usw.*: Knistern, Prasseln **2** *von Radio usw.*: Knacken
crackling ['kræklɪŋ] *von Schweinebraten*: Kruste
crackpot¹ ['krækpɒt] *humorvoll* Verrückte(r)
crackpot² ['krækpɒt] **crackpot ideas** *usw. humorvoll* verrückte Ideen *usw.*
cradle¹ ['kreɪdl] *für Babys*: Wiege (*auch übertragen*); **from the cradle to the grave** von der Wiege bis zur Bahre
cradle² ['kreɪdl] wiegen, schaukeln (*Baby*); **cradle to sleep** in den Schlaf wiegen
craft¹ [krɑːft] *pl*: crafts [krɑːfts] **1** *künstlerisch*: Handwerk, Kunsthandwerk **2** *Wirtschaft*: Gewerbe, Handwerk
craft² [krɑːft] ▲ *pl*: craft *allg. für kleineres Wasserfahrzeug*: Boot
craftsman ['krɑːftsmən] *pl*: craftsmen ['krɑːftsmən] Handwerker, Kunsthandwerker
craftsmanship ['krɑːftsmənʃɪp] **1** *allg.*: Handwerkskunst **2** *von Person*: handwerkliches Können
craftswoman ['krɑːfts‚wʊmən] *pl*: craftswomen ['krɑːfts‚wɪmɪn] Handwerkerin, Kunsthandwerkerin
crafty ['krɑːftɪ] *Person, Plan usw.*: schlau, *umg* clever (*mst. im negativen Sinn*)
craggy ['krægɪ] **1** felsig, schroff **2** *Gesicht*: zerfurcht
cram [kræm], crammed, crammed **1** vollstopfen, vollpacken (*Koffer usw.*) (**with** mit) **2** hineinstopfen, hineinzwängen (*Personen*) (**into** in); **the train was crammed** der Zug war gerammelt voll **3** *umg*; *für eine Prüfung*: pauken, büffeln
cram-full [ˌkræm'fʊl] vollgestopft (**of** mit), zum Bersten voll
crammer ['kræmə] *Br, umg* Paukstudio
cramp [kræmp] *Medizin*: Krampf
crampon ['kræmpɒn] *zum Bergsteigen*: Steigeisen
cranberry ['krænbərɪ] *Frucht*: Preiselbeere
crane¹ [kreɪn] **1** *Vogel*: Kranich **2** *Baumaschine*: Kran; **crane driver** Kranführer(in)
crane² [kreɪn] (*a.* **crane forward**) den Hals recken; **crane one's neck** sich fast den Hals verrenken *umg*
crank [kræŋk] **1** *an Maschine*: Kurbel **2** *umg* (≈ *seltsame Person*) Spinner(in)
cranky ['kræŋkɪ] **1** (≈ *verrückt*) verschroben **2** schlecht gelaunt **3** *Maschine usw.*: wackelig, baufällig
cranny ['krænɪ] Riss, Spalt
crap¹ [kræp] *Br, vulgär* beschissen
crap² [kræp] *vulgär* Scheiße
crappy ['kræpɪ] *vulgär* beschissen
★**crash¹** [kræʃ] **1** *mit Auto usw.*: einen Unfall haben, zusammenstoßen; **he crashed the car into the wall** er knallte mit dem Auto gegen die Wand **2** (*Flugzeug*) abstürzen **3** (≈ *laut fallen, zerbersten usw.*) krachen, knallen (**against, into** gegen); **she crashed her head against the post** sie knallte mit dem Kopf gegen den Pfosten **4** **crash a party** *umg* uneingeladen zu einer Party gehen **5** (*Computer, Programm*) abstürzen **6** (*Firma, Aktienkurse*) zusammenbrechen
★**crash²** [kræʃ] **1** *von Autos*: Unfall, Zusammenstoß **2** *von Flugzeug*: Absturz (*auch von Computer*) **3** *lautes Geräusch*: Krachen **4** *von Firma*: Zusammenbruch **5** *am Aktienmarkt*: Börsenkrach
crash barrier ['kræʃ‚bærɪə] *Br; am Straßenrand*: Leitplanke

crash course ['kræʃ ˌkɔːs] Intensivkurs
crash diet [ˌkræʃˈdaɪət] radikale Schlankheitskur
★**crash helmet** ['kræʃˌhelmɪt] *für Motorradfahrer usw.*: Sturzhelm
crash-land ['kræflænd] eine Bruchlandung machen, bruchlanden
crash landing ['kræʃˌlændɪŋ] Bruchlandung
crater ['kreɪtə] *von Vulkan, auf dem Mond usw.*: Krater
crave [kreɪv] **1** sich sehnen nach (*Liebe, Aufmerksamkeit usw.*) **2** einen Heißhunger haben auf
craving ['kreɪvɪŋ] **1** Sehnsucht (**for** nach) **2** Heißhunger, starkes Verlangen (**for** nach)
crawfish ['krɔːfɪʃ] *US* Languste
crawl[1] [krɔːl] **1** (≈ *robben*) kriechen **2** (*Kleinkind, Insekt*) krabbeln **3** *im Straßenverkehr*: im Schneckentempo fahren **4** *Schwimmen*: kraulen **5 the sight of it made her flesh crawl** bei dem Anblick bekam sie eine Gänsehaut
crawl[2] [krɔːl] **1** (≈ *Robben*) Kriechen **2 go at a crawl** *im Straßenverkehr*: im Schneckentempo vorankommen **3** *Schwimmen*: Kraul, Kraulen, Kraulstil
crayfish ['kreɪfɪʃ] **1** Flusskrebs **2** Languste
crayon ['kreɪən] *zum Zeichnen*: Buntstift
craze [kreɪz] **be the craze** große Mode sein, in sein; **the latest craze** der letzte Schrei
crazy ['kreɪzɪ] **1** *allg.*: verrückt, wahnsinnig (**with** vor); **drive someone crazy** jemanden wahnsinnig machen **2** *umg* (≈ *begeistert*) scharf (**about** auf), wild, verrückt (**about** nach); **I'm crazy for** (*oder* **about**) **you** ich bin verrückt nach dir
crazy golf ['kreɪzɪ ˌɡɒlf] *Br* Minigolf
creak [kriːk] **1** (*Holzboden usw.*) knarren **2** (*Tür usw.*) quietschen
creaky ['kriːkɪ] *Bett usw.*: knarrend, quietschend
★**cream**[1] [kriːm] **1** Rahm, Sahne, ⒶSchlag(-obers), Obers, ⒸNidel; **cream cake** Sahnetorte **2** *Kosmetik*: Creme **3** *übertragen* Creme, Elite
★**cream**[2] [kriːm] **1** entrahmen (*Milch*) **2** *Kochen*: zu Schaum schlagen, schaumig rühren (*Eier usw.*) **3** pürieren (*Gemüse, Kartoffeln*) **4** eincremen (*Gesicht usw.*)
★**cream**[3] [kriːm] *Farbton*: creme(farben)
crease[1] [kriːs] **1** *in Stoff*: Falte **2** *in Papier usw.*: Knick **3** *in Hose*: Bügelfalte
crease[2] [kriːs] **1** zerknittern (*Stoff*) **2** (*Stoff*) knittern **3** falten, knicken (*Papier usw.*)
creased [kriːst] zerknittert
★**create** [kriːˈeɪt] **1** *allg.*: schaffen (*Probleme, Arbeitsplätze usw.*) **2** kreieren (*Mode, Stil usw.*) **3** verursachen (*Lärm, Unruhe*)
creation [kriːˈeɪʃn] **1** *von Arbeitsplätzen usw.*: Schaffung **2** *von Mode usw.*: Kreation **3** *von Unruhe usw.*: Verursachung **4 the Creation** *Religion*: die Schöpfung **5** *Kunst*: Werk, Kreation
creative [kriːˈeɪtɪv] **1** *Künstler usw.*: kreativ **2** *Talent usw. auch*: schöpferisch; **creative streak** kreative Ader
creator [kriːˈeɪtə] **1** Schöpfer(in), Urheber(in) **2 the Creator** (≈ *Gott*) der Schöpfer
★**creature** ['kriːtʃə] *Mensch und Tier*: Geschöpf, Lebewesen, Kreatur; **he's a creature of habit** er ist ein Gewohnheitsmensch
crèche [kreʃ, kreɪʃ] **1** *Br* (Kinder)Krippe, Kinderhort **2** *US* (Weihnachts)Krippe
credence ['kriːdns] **give** (*oder* **attach**) **credence to something** einer Sache Glauben schenken
credentials [krəˈdenʃlz] *pl, für Bewerbung usw.*: Referenzen, Empfehlungsschreiben
credibility [ˌkredəˈbɪlətɪ] *von Geschichte, Person, Politik usw.*: Glaubwürdigkeit
credible ['kredəbl] *Geschichte, Person usw.*: glaubwürdig
★**credit**[1] ['kredɪt] **1** *Wirtschaft*: Kredit; **buy on credit** auf Kredit kaufen **2** *auf Bankkonto*: Guthaben; **be in credit** im Haben sein (= *Geld auf dem Konto haben*); **the credits and debits** *pl* Soll und Haben **3** Ehre; **be a credit to someone, do someone credit** jemandem Ehre machen; **to his credit it must be said ...** zu seiner Ehre muss man sagen ...; **credit where credit is due** Ehre, wem Ehre gebührt **4** *für eine Leistung*: Anerkennung, Lob; **get credit for** Anerkennung finden für; **that's very much to his credit** das ist sehr anerkennenswert von ihm; **give someone credit for something** jemandem etwas hoch anrechnen, jemandem für etwas Anerkennung zollen
★**credit**[2] ['kredɪt] **1** Glauben schenken, glauben; **'She's got a new boyfriend.' - 'Would you credit it?'** „Sie hat einen neuen Freund." - „Ist denn das zu glauben!" **2** *auf Bankkonto*: gutschreiben (*Betrag, Scheck*) (**to** *Dativ*)

PHRASAL VERBS
credit with ['kredɪt ˌwɪð] **credit someone with something** jemandem etwas zutrauen; **I credited you with more tact** ich habe dir mehr Taktgefühl zugetraut

creditable ['kredɪtəbl] *Leistung usw.*: anerken-

nenswert
★**credit card** ['kredɪt ˌkɑːd] Kreditkarte
credit note ['kredɪt ˌnəʊt] Gutschrift
creditor ['kredɪtə] *Wirtschaft*: Gläubiger(in)
credulous ['kredjʊləs] leichtgläubig
creek [kriːk] **1** *US* Bach **2** *Br* kleine Bucht **3 be up the creek** *umg* in der Klemme sitzen
★**creep**¹ [kriːp], **crept** [krept], **crept** [krept] **1** (≈ *leise gehen*) schleichen **2** (*Insekt usw.*) kriechen, krabbeln **3** (*Auto, Zug usw.*) im Schneckentempo fahren **4 the sight made her flesh creep** *Br* bei dem Anblick bekam sie eine Gänsehaut

———————————— PHRASAL VERBS
creep in [ˌkriːpˈɪn] **1** in Zimmer usw.: sich hineinschleichen **2** *übertragen* (*Fehler usw.*) sich einschleichen

———————————————————————

★**creep**² [kriːp] **1 the sight gave her the creeps** *umg* bei dem Anblick bekam sie eine Gänsehaut; → crawl ¹ 5 **2** *umg*: als Schimpfwort: Fiesling
creepy ['kriːpɪ] gruselig
creepy-crawly [ˌkriːpɪˈkrɔːlɪ] *umg*; *Insekt usw.*: Krabbeltier
★**cremate** [krəˈmeɪt] einäschern (*Leiche*)
cremation [krəˈmeɪʃn] Feuerbestattung
crematorium [kreməˈtɔːrɪəm] Krematorium
crêpe [krep] Crêpe; **crêpe pan** Crêpe-Pfanne
crept [krept] 2. und 3. Form von → creep¹
crescent ['kreznt] Halbmond, Mondsichel
crest [krest] **1** *von Berg, Welle*: Kamm **2** *von Erfolg*: Gipfel **3** (Familien)Wappen **4** *von Vogel*: Haube, *von Hahn*: Kamm
crestfallen ['krestˌfɔːlən] niedergeschlagen, geknickt
crew [kruː] **1** *von Schiff, Flugzeug usw.*: Besatzung, Mannschaft, Crew **2** *in Firma usw. auch*: Arbeitsgruppe **3** *Sport*: Mannschaft, Crew
crew cut ['kruːˌkʌt] *Frisur*: Bürstenschnitt
crew neck ['kruːˌnek] *von Pulli usw.*: runder Ausschnitt
crib¹ [krɪb] **1** *US* Kinderbett **2** *für Tiere*: Futterkrippe **3** *Br* Weihnachtskrippe **4** *umg* (≈ *geistiger Diebstahl*) Anleihe, Plagiat **5** *umg*; *in der Schule*: Spickzettel
crib² [krɪb], **cribbed**, **cribbed** *umg*; *in der Schule*: abschreiben, spicken (**off**, **from** von)
cricket¹ ['krɪkɪt] *Insekt*: Grille
cricket² ['krɪkɪt] *Sport*: Kricket
★**crime** [kraɪm] **1** *allg.*: Verbrechen; **crime prevention** Verbrechensverhütung **2** *Mord, Diebstahl usw.*: Straftat, Verbrechen **3** *umg*,

übertragen Verbrechen, Schande
★**criminal**¹ ['krɪmɪnl] **1** kriminell, verbrecherisch (*beide auch übertragen*); **criminal act** Straftat, strafbare Handlung; **have a criminal record** vorbestraft sein **2** *Recht*: strafrechtlich, Straf…; **criminal law** Strafrecht
★**criminal**² ['krɪmɪnl] Verbrecher(in), Kriminelle(r)
crimping tool ['krɪmpɪŋ ˌtuːl] Presszange
crimson ['krɪmzn] purpurrot
cringe [krɪndʒ] **1** zurückschrecken (**at** vor) **2** schaudern (**bei** einem Gedanken) **3** *übertragen* kriechen (**to** vor)
crinkle¹ ['krɪŋkl] **1** (*Papier, Stoff usw.*) knittern **2** zerknittern
crinkle² ['krɪŋkl] **1** Falte **2** *im Gesicht*: Fältchen
crinkly ['krɪŋklɪ] **1** *Papier, Stoff usw.*: zerknittert **2** *Haar*: gekräuselt
cripple¹ ['krɪpl] *abwertend* Krüppel
cripple² ['krɪpl] **1** *durch Unfall usw.*: zum Krüppel machen, verkrüppeln **2** *übertragen* lahmlegen (*Maschine, Organisation usw.*)
★**crisis** ['kraɪsɪs] *pl*: **crises** ['kraɪsiːz] Krise; **economic crisis** Wirtschaftskrise; **crisis-proof** krisensicher
crisp¹ [krɪsp] **1** *Gebäck usw.*: knusprig, Ⓐ resch **2** *Gemüse, Obst*: frisch, knackig, fest **3** *Auftreten*: forsch, schneidig, Ⓐ resch **4** *Luft, Wetter*: frisch
crisp² [krɪsp] *Br* Kartoffelchip
crispbread ['krɪspbred] Knäckebrot
crisscross¹ ['krɪskrɒs] **crisscross pattern** Kreuzmuster
crisscross² ['krɪskrɒs] **1** kreuz und quer ziehen durch **2** kreuz und quer (ver)laufen
criterion [kraɪˈtɪərɪən] *pl*: **criteria** [kraɪˈtɪərɪə] Kriterium
★**critic** ['krɪtɪk] **1** *allg.*: Kritiker(in) (⚠ *Kritik* = **criticism**) **2** *in Zeitung auch*: Rezensent(in)
critical ['krɪtɪkl] **1** *allg.*: kritisch; **be critical of someone** jemanden kritisieren, jemandem kritisch gegenüberstehen **2** *Moment*: kritisch, entscheidend **3** *Situation*: gefährlich, bedenklich; **he's in a critical condition** *medizinisch*: sein Zustand ist kritisch; **she's critically injured** sie ist schwer verletzt
★**criticism** ['krɪtɪsɪzm] *allg.*: Kritik
★**criticize** ['krɪtɪsaɪz] **1** *allg.*: kritisieren **2** kritisch beurteilen (*Arbeit, Leistung usw.*)
critique [krɪˈtiːk] *von Buch usw.*: Kritik, kritische Analyse
croak [krəʊk] **1** (*Frosch*) quaken **2** (*Vogel, auch Person*) krächzen

Croat¹ ['krəʊæt] *Sprache:* Kroatisch
Croat² ['krəʊæt] *Person:* Kroate, Kroatin
Croatia [krəʊ'eɪʃə] Kroatien
Croatian¹ [krəʊ'eɪʃn] kroatisch
Croatian² [krəʊ'eɪʃn] *Sprache:* Kroatisch
Croatian³ [krəʊ'eɪʃn] *Person:* Kroate, Kroatin
crochet ['krəʊʃeɪ] häkeln
crockery ['krɒkərɪ] Geschirr
crocodile ['krɒkədaɪl] Krokodil
crocodile clip ['krɒkədaɪl_klɪp] Klemme
crocus ['krəʊkəs] *Blume:* Krokus
croissant [⚠ 'kwæsɑ̃] Croissant, Hörnchen
crook [krʊk] *umg* Gauner
crooked [⚠ 'krʊkɪd] **1** *Linie, Gebäude usw.:* krumm **2** *umg* betrügerisch, korrupt
★**crop** [krɒp] **1** *von Getreide, Gemüse, Obst:* Ernte; **crop failure** Missernte **2** *oft* **crops** Feldfrüchte, Getreide

_____PHRASAL VERBS
crop up [,krɒp'ʌp], **cropped up, cropped up** *(Frage, Problem)* auftauchen

cropper ['krɒpə] *Br, umg* **1 come a cropper** schwer stürzen **2 come a cropper** versagen, *bei Prüfung:* durchfallen
croquet ['krəʊkɪ, 'krəʊkeɪ] Krocket(spiel)
★**cross¹** [krɒs] **1** *Religion:* Kreuz; **the Cross** das Kreuz Christi, das Kruzifix; **make the sign of the cross** sich bekreuzigen **2** *Zeichen:* Kreuz; **mark with a cross** ankreuzen **3** *übertragen* Kreuz, Leiden; **bear** (*oder* **carry**) **one's cross** sein Kreuz tragen
★**cross²** [krɒs] **1** überqueren *(Straße, Fluss, Grenze usw.)* **2** *(Straßen, Bahnlinien usw.)* sich kreuzen **3** (miteinander) kreuzen *(Pflanzen, Tiere)* **4 cross oneself** *Religion:* sich bekreuzigen **5 cross one's arms** die Arme kreuzen (*oder* verschränken); **cross one's legs** die Beine kreuzen (*oder* übereinanderschlagen); **I'll keep my fingers crossed (for you)** *übertragen* ich drück dir den Daumen **6** *in Formular usw.:* ankreuzen **7 it just crossed my mind that ...** mir fiel gerade ein, dass ...

_____PHRASAL VERBS
cross off [,krɒs'ɒf] *auf Liste usw.:* ausstreichen, durchstreichen
cross out [,krɒs'aʊt] durchstreichen *(Wörter, Zahlen usw. in einem Text)*

★**cross³** [krɒs] *umg* böse, sauer (**with** auf)
crossbar ['krɒsbɑː] **1** *Sport:* Querlatte **2** *von Herrenfahrrad:* Stange
crosscheck¹ [,krɒs'tʃek] die Gegenprobe machen
crosscheck² ['krɒstʃek] Gegenprobe
cross-country [,krɒs'kʌntrɪ] Querfeldein...; **cross-country skiing** Skilanglauf; **cross-country run** Crosslauf, Geländelauf
crossed cheque [,krɒst'tʃek] *Br* Verrechnungsscheck
cross-examination [,krɒsɪɡ,zæmə'neɪʃn] Kreuzverhör
cross-examine [,krɒsɪɡ'zæmɪn] ins Kreuzverhör nehmen
cross-head screw [,krɒshed'skruː] Kreuzschlitzschraube
cross-head screwdriver [,krɒshed'skruː-,draɪvə] Kreuzschlitzschraubendreher
★**crossing** ['krɒsɪŋ] **1** *von Fluss, Gebirge usw.:* Überquerung **2** *mit Schiff auch:* Überfahrt; **rough crossing** stürmische Überfahrt **3** *von Straßen, Bahnlinien usw.:* Kreuzung **4** *für Fußgänger:* Straßenübergang, Überweg
cross-legged [,krɒs'legd] **1** mit übereinandergeschlagenen Beinen **2** *am Boden:* im Schneidersitz
cross reference [,krɒs'refrəns] *in Wörterbuch usw.:* Querverweis
★**crossroads** ['krɒsrəʊdz] *pl:* **crossroads 1** *von Straßen:* Kreuzung **2** *übertragen* Scheideweg
cross section [,krɒs,sekʃn] Querschnitt; **a cross section of the population** ein Querschnitt durch die Bevölkerung
cross-sector ['krɒs,sektə] branchenübergreifend
crosswalk ['krɒswɔːk] *US* Fußgängerüberweg, Zebrastreifen
crossword ['krɒswɜːd], **crossword puzzle** ['krɒswɜːd,pʌzl] Kreuzworträtsel
cross wrench [⚠ 'krɒs_rentʃ] Kreuzschlüssel, Radkreuz
crouch [kraʊtʃ] kauern, hocken; *auch* **crouch down** (≈ in die Hocke gehen) sich niederkauern
crow¹ [⚠ krəʊ] **1** *Vogel:* Krähe **2 as the crow flies, it's about 10 kilometres** Luftlinie sind es etwa 10 km
crow² [⚠ krəʊ] **1** *(Hahn, auch Baby)* krähen **2** vor Freude: juchzen **3** *mit einer Leistung usw.:* angeben; **he keeps crowing about his exam results** er gibt ständig mit seinen Examensnoten an
crowbar ['krəʊbɑː] Brecheisen
crowd¹ [kraʊd] **1** (≈ viele Menschen) Menge, Masse **2** *bei Sportveranstaltung usw.:* Zuschauer *pl* **3 the crowd** die Masse, das gemeine Volk; **go with** (*oder* **follow**) **the crowd**

mit der Masse gehen

crowd² [kraʊd] **1** (viele Menschen) zusammenströmen, sich drängen (**into** in; **round** um) **2** bevölkern (Platz, Straße usw.)

★**crowded** ['kraʊdɪd] mit Menschen: überfüllt (**with** mit), voll (**with** von); **the beach was crowded** auch: der Strand war proppenvoll

crowdfunding ['kraʊdfʌndɪŋ] Crowdfunding, Schwarmfinanzierung

crowdsourcing ['kraʊdsɔːsɪŋ] Crowdsourcing

★**crown¹** [kraʊn] **1** von Monarchen: Krone **2** **the Crown** Politik: die Krone, der König, die Königin **3** Währung: Krone **4** Zahnmedizin: Krone

★**crown²** [kraʊn] **1** krönen (Monarch[in]); **she was crowned Empress in 1712** sie wurde 1712 zur Kaiserin gekrönt **2** übertragen krönen, den Höhepunkt bilden von; **crowned with success** von Erfolg gekrönt; **to crown it all** umg zu allem Überfluss (oder Unglück) **3** Zahnmedizin: überkronen

crown jewels [,kraʊn'dʒuːəlz] pl Kronjuwelen

crucial ['kruːʃl] **1** Entscheidung, Faktor usw.: entscheidend (**to, for** für); **the crucial point** der springende Punkt **2** Moment, Zeitpunkt auch: kritisch

crucifix ['kruːsəfɪks] Kruzifix

crucifixion [,kruːsə'fɪkʃn] Kreuzigung

crucify ['kruːsɪfaɪ] kreuzigen

crude [kruːd] **1** Witz, Geste usw.: ordinär, derb **2** Person, Benehmen: ungehobelt, primitiv **3** (≈ unverarbeitet) roh; **crude oil** Rohöl

★**cruel** ['kruːəl] **1** Person, Schicksal usw.: grausam (**to** zu, gegen) **2** Entscheidung usw. auch: unmenschlich, unbarmherzig

cruelty ['kruːəltɪ] Grausamkeit; **cruelty to animals** Tierquälerei

★**cruise¹** [kruːz] **1** mit dem Schiff: kreuzen, eine Kreuzfahrt machen **2** mit dem Flugzeug (bzw. Auto): mit Reisegeschwindigkeit fliegen (bzw. fahren); **cruising speed** Reisegeschwindigkeit

★**cruise²** [kruːz] Kreuzfahrt, Seereise

cruise missile [,kruːz'mɪsaɪl] Militär: Marschflugkörper

cruiser ['kruːzə] **1** Schlachtschiff: Kreuzer **2** Kreuzfahrtschiff **3** US; von Polizei: Streifenwagen

crumb [⚠ krʌm] von Brot, Kuchen: Krume, Krümel, Brösel; **a few crumbs of information** übertragen ein paar Informationsbrocken

crumble¹ ['krʌmbl] **1** zerkrümeln, zerbröckeln (Brot, Gebäck usw.) **2** auch **crumble away** zerbröckeln, zerfallen (Haus usw.)

crumble² ['krʌmbl] mit Streuseln bestreutes, überbackenes Kompott

crumbly ['krʌmblɪ] krümelig, bröckelig

crummy ['krʌmɪ] salopp lausig, miserabel

crumpet ['krʌmpɪt] Br kleiner Pfannkuchen, der getoastet und mit Butter (und Marmelade) gegessen wird

crumple ['krʌmpl] **1** auch **crumple up** zerknittern, zerknüllen (Stoff, Papier usw.) **2** (Person) zusammenbrechen (vor Erschöpfung usw.)

crumple zone ['krʌmpl_zəʊn] von Auto: Knautschzone

crunch [krʌntʃ] **1** knirschend zerkauen, mampfen (Kekse, Nüsse usw.) **2** (Schnee) knirschen

crunchy ['krʌntʃɪ] Gebäck usw.: knusprig, knackig

crusade [kruː'seɪd] Geschichte: Kreuzzug (auch übertragen)

crusader [kruː'seɪdə] Geschichte: Kreuzfahrer, Kreuzritter

crush¹ [krʌʃ] **1** in Menschenansammlung: Gedränge, Gewühl **2** **have a crush on someone** umg in jemanden verknallt sein

crush² [krʌʃ] **1** zerquetschen, zerdrücken (Obst, Gemüse usw., bei Unfall auch Körperteil) **2** zerkleinern, zerstoßen (Gestein, Gewürze usw.); **crushed ice** zerstoßenes Eis **3** übertragen zunichtemachen (Hoffnungen usw.) **4** niederwerfen, unterdrücken (Aufstand, Rebellion usw.)

crushing ['krʌʃɪŋ] Schicksalsschlag, Nachricht usw.: niederschmetternd; **a crushing defeat** bes. im Sport: eine vernichtende Niederlage

crust [krʌst] von Brot usw.: Kruste, Rinde; **the earth's crust** die Erdkruste

crusty ['krʌstɪ] **1** Brot: knusprig **2** übertragen; Person: barsch

crutch [krʌtʃ] **1** (≈ Gehhilfe) Krücke; **walk on crutches** auf (oder) an Krücken gehen **2** übertragen Stütze, Hilfe

★**cry¹** [kraɪ] **1** allg.: Schrei, Ruf (**for** nach); **a cry for help** ein Hilferuf **2** von Baby usw.: Geschrei **3** Weinen; **have a good cry** sich (mal richtig) ausweinen

★**cry²** [kraɪ], **cried** [kraɪd], **cried** [kraɪd]; -ing--Form **crying 1** allg.: schreien, rufen (**for** nach); **cry for help** um Hilfe rufen **2** vor Schmerz, Verzweiflung usw.: weinen, umg heulen; **he cried for joy** er weinte vor Freude; **cry one's eyes out** sich die Augen ausweinen

———————————————— PHRASAL VERBS

cry out [,kraɪ'aʊt] **1** vor Schmerz usw.: aufschreien ❷ **your car's crying out for the car wash** dein Auto schreit ja geradezu nach der Waschanlage

---

crying ['kraɪɪŋ] ❶ *Unrecht usw.*: himmelschreiend; **it's a crying shame** es ist jammerschade (*oder* ein Jammer) ❷ *Bedarf, Bedürfnis usw.*: dringend

crystal ['krɪstl] ❶ *Mineral*: der Kristall ❷ *Material*: das Kristall, Kristallglas ❸ *US* Uhrglas

CS gas [,siː'es'gæs] *Br* Tränengas

cub [kʌb] *von Bär, Löwe usw.*: Junge(s)

Cuba ['kjuːbə] Kuba

cube[1] [kjuːb] ❶ *geometrische Form*: Würfel; **cube sugar** Würfelzucker; **ice cubes** *pl* Eiswürfel ❷ *Mathematik*: Kubikzahl, dritte Potenz; **the cube of 2 is 8** zwei hoch drei ist acht; **cube root** Kubikwurzel

cube[2] [kjuːb] ❶ *Mathematik*: in die dritte Potenz erheben; **2 cubed is 8** zwei hoch drei ist 8 ❷ würfeln, in Würfel schneiden (*Fleisch, Gemüse usw.*)

cubic ['kjuːbɪk] Kubik...; **cubic metre**, *US* **cubic meter** Kubikmeter

cubicle ['kjuːbɪkl] Kabine

cuboid ['kjuːbɔɪd] *Mathematik*: Quader

cuckoo ['kʊkuː] *Vogel*: Kuckuck

cuckoo clock ['kʊkuː_klɒk] Kuckucksuhr

★**cucumber** ['kjuːkʌmbə] Gurke, Salatgurke (⚠ *Gewürzgurke* = **gherkin**, *US* **pickle**)

cuddle[1] ['kʌdl] ❶ *Zuneigung zeigend*: in den Arm nehmen, *umg* drücken ❷ (*Liebespaar*) schmusen

cuddle[2] ['kʌdl] enge Umarmung; **let me give you a cuddle** lass dich umarmen

cue [kjuː] ❶ *Theater, Film usw.*: Stichwort, Einsatz ❷ *übertragen* Wink, Fingerzeig ❸ **take one's cue from someone** sich nach jemandem richten ❹ *beim Billard*: Queue

cuff [kʌf] ❶ *von Hemdsärmel*: Manschette; **cuff link** Manschettenknopf ❷ *US; von Hose*: Aufschlag ❸ **off the cuff** *umg* aus dem Stegreif

cuisine [kwɪ'ziːn] **French** *usw.* **cuisine** die französische *usw.* Küche

cul-de-sac ['kʌldəsæk], *pl*: **cul-de-sacs** Sackgasse (*auch übertragen*)

cult [kʌlt] Kult (*auch übertragen*)

cultivate ['kʌltɪveɪt] ❶ bebauen, bestellen (*Boden, Feld*) ❷ züchten, anbauen (*Pflanzen*) ❸ *übertragen* entwickeln, ausbilden (*Fähigkeit, Talent usw.*) ❹ *übertragen* kultivieren, pflegen (*Freundschaft, gute Beziehungen usw.*)

cultivated ['kʌltɪveɪtɪd] ❶ *Person*: kultiviert, gebildet ❷ *Ackerland*: bebaut

cultivation [,kʌltɪ'veɪʃn] ❶ *von Ackerland*: Bebauung, Bestellung ❷ *von Pflanzen*: Züchtung, Anbau ❸ *übertragen* Kultivierung, Pflege (*von Beziehungen, Fähigkeit, Talent*)

cultural ['kʌltʃrəl] *allg.*: kulturell; **the cultural life of Munich** das Kulturleben Münchens; **the country's cultural heritage** das Kulturerbe des Landes

★**culture** ['kʌltʃə] ❶ *allg.*: Kultur; **western culture** die westliche Kultur, der westliche Kulturkreis; **ancient cultures** antike Kulturen; **culture shock** Kulturschock ❷ *Biologie*: Kultur (*von Pilzen, Bakterien usw.*)

cultured ['kʌltʃəd] *Person*: kultiviert, gebildet

cunning ['kʌnɪŋ] schlau, listig

★**cup** [kʌp] ❶ *Gefäß*: Tasse (*auch deren Inhalt*); **can I have another cup, please** kann ich bitte noch eine Tasse haben? ❷ **that's not my cup of tea** *Br, umg* das ist nicht mein Fall ❸ *Sport*: Cup, Pokal; **cup final** Pokalendspiel

★**cupboard** [⚠ 'kʌbəd] *allg.*: Schrank, Ⓐ Kasten

cuppa ['kʌpə] *Br, umg* Tasse Tee

curable ['kjʊərəbl] *Krankheit*: heilbar

curb [kɜːb], **curbstone** ['kɜːbstəʊn] *US* Bordstein, Randstein; → **kerb**, **kerbstone** *Br*

curd [kɜːd] *oft* **curds** *pl* Quark

curdle ['kɜːdl] ❶ gerinnen lassen (*Milch*) ❷ (*Milch*) gerinnen, dick werden ❸ **the sight made my blood curdle** bei dem Anblick erstarrte mir das Blut in den Adern

★**cure**[1] [kjʊə] ❶ *Medizin*: Heilung, Heilverfahren (**for** gegen) ❷ (≈ *Arznei*) Mittel, Heilmittel (**for** gegen) (*auch übertragen*) ❸ *zur Genesung usw.*: Kur; **take a cure** zur Kur gehen

★**cure**[2] [kjʊə] ❶ *Medizin*: heilen, kurieren (*Person, Krankheit*) ❷ *übertragen auch*: kurieren, abbringen (**of** von); **I'm cured of smoking** was das Rauchen angeht, bin ich kuriert ❸ *von Lebensmitteln*: haltbar machen, *mit Rauch*: räuchern, *mit Salz*: einpökeln

cure-all ['kjʊərɔːl] Allheilmittel

curfew ['kɜːfjuː] *in Krisengebiet*: Ausgangssperre

curiosity [,kjʊərɪ'ɒsətɪ] ❶ *von Person*: Neugier ❷ *auffällige Sache oder Person*: Kuriosität, Kuriosum

★**curious** ['kjʊərɪəs] ❶ neugierig; **I'm curious to know if ...** ich möchte gern wissen, ob ...; **I'm curious to meet** (*oder* **see**) **your new girlfriend** ich bin auf deine neue Freundin neugierig ❷ (≈ *merkwürdig*) kurios, seltsam; **curiously enough** merkwürdigerweise

★**curl**[1] [kɜːl] ❶ in Locken legen (*Haare*) ❷ (*Haare*)

sich locken, sich kräuseln
★**curl**² [kɜːl] *im Haar*: Locke
curler ['kɜːlə] Lockenwickler
curly ['kɜːlɪ] *Haare*: gelockt, lockig
★**currency** ['kʌrənsɪ] (≈ *Geld eines Landes*) Währung; **foreign currency** Devisen *pl*
★**current**¹ ['kʌrənt] **1** *Monat, Woche, Ausgaben usw.*: laufend **2** *Krise, Preise, Entwicklung usw.*: gegenwärtig, augenblicklich, aktuell; **current events** *pl* Tagesereignisse
★**current**² ['kʌrənt] **1** *von Fluss usw.*: Strömung **2** *von Luft*: Luftstrom, Luftzug **3** *Elektrizität*: Strom
current account ['kʌrənt‿ə͵kaʊnt] *Br*; *auf Bank*: Girokonto
curriculum [kə'rɪkjʊləm], *pl*: **curricula** [kə'rɪkjʊlə] *oder* **curriculums** *an Schule usw.*: Lehrplan, Studienplan; **be on the curriculum** auf dem Lehrplan stehen
curriculum vitae [kə͵rɪkjʊləm'viːtaɪ], *pl* **curricula vitae** (*abk* CV) *Br* Lebenslauf
curry¹ ['kʌrɪ] *Mahlzeit*: Currygericht (⚠ *Curry als Gewürz* = **curry powder**)
curry² ['kʌrɪ] mit Curry zubereiten; **curried chicken** Curryhuhn
★**curse**¹ [kɜːs] **1** (≈ *magischer Bann*) Fluch; **there's a curse on the house, the house is under a curse** auf dem Haus lastet (*oder* liegt) ein Fluch **2** (≈ *Schimpfwort*) Fluch, Verwünschung **3** *Krankheit, Seuche*: Fluch, Plage, Unglück (**to** für)
★**curse**² [kɜːs] **1** (≈ *verwünschen*) verfluchen, mit einem Fluch belegen **2** (≈ *schimpfen*) fluchen (**at** auf, über)
★**cursor** ['kɜːsə] *Computer*: Cursor
cursory ['kɜːsərɪ] flüchtig, oberflächlich
★**curtain** ['kɜːtn] **1** *am Fenster*: Vorhang, Gardine; **draw the curtains** *je nach Situation*: die Vorhänge zuziehen (*oder* aufziehen) **2** *im Theater*: Vorhang; **the curtain rises** (*bzw.* **falls**) der Vorhang geht auf (*bzw.* fällt)
curtsey¹, **curtsy** ['kɜːtsɪ] Knicks
curtsey², **curtsy** ['kɜːtsɪ] einen Knicks machen (**to** vor)
curve¹ [kɜːv] **1** *von Straße*: Kurve (*auch mathematisch*) **2** *von Fluss*: Biegung
curve² [kɜːv] (*Fluss, Straße*) eine Biegung machen, sich winden
★**cushion**¹ [⚠ 'kʊʃn] **1** *auf Stuhl usw.*: Kissen (⚠ *Kopfkissen im Bett* = **pillow**) **2** *beim Billard*: Bande
★**cushion**² [⚠ 'kʊʃn] **1** dämpfen (*Stoß, Fall usw.*) **2** übertragen *auch*: abmildern (*Enttäuschung, Negatives*)
cushy [⚠ 'kʊʃɪ] *umg Job usw.*: gemütlich, ruhig
custard ['kʌstəd] *etwa*: Vanillesoße
custody ['kʌstədɪ] **1** *für Kind*: Sorgerecht; **the baby was put in the custody of his aunt** das Baby wurde in die Obhut seiner Tante gegeben **2** *vor Strafprozess*: Untersuchungshaft; **take someone into custody** jemanden verhaften **3** *für Wertsachen, Person usw.*: Obhut, Schutz
★**custom** ['kʌstəm] **1** (≈ *Konvention*) Sitte, Brauch **2** *von Person*: Angewohnheit; **I got up early, as was my custom** ich stand früh auf, wie ich es gewohnt war
customary ['kʌstəmərɪ] üblich, gebräuchlich
★**customer** ['kʌstəmə] **1** *in Geschäft usw.*: Kunde, Kundin; **regular customer** Stammkunde; **our customers** unsere Kundschaft **2** *umg*; *Person*: Kerl, Kunde; **strange customer** komischer Kauz
customer service(s) [͵kʌstəmə'sɜːvɪs(ɪz)] Kundendienst; **customer service department** Kundendienstabteilung
★**customs** ['kʌstəmz] *pl* Zoll; **customs clearance** Zollabfertigung; **customs duty** Zollabgabe; **customs inspection** Zollkontrolle; **go through customs** durch den Zoll gehen
★**cut**¹ [kʌt] **1** *in Papier, Stoff usw.*: Schnitt **2** *Verletzung*: Schnittwunde **3** *Frisur*: Haarschnitt; **cut and blow-dry** Schneiden und Föhnen **4** *von Gehalt, staatlichen Leistungen usw.*: Kürzung, Senkung; **tax cut** Steuersenkung **5** *Fleisch*: Stück; **cold cuts** *pl*, *US* Aufschnitt **6** *umg* Anteil (**of**, **in** an)
★**cut**² [kʌt], **cut** [kʌt], **cut** [kʌt]; -ing-Form **cutting** **1** *mit Messer, Schere usw.*: schneiden, anschneiden (*Kuchen*), abschneiden (*Stück Kuchen usw.*), durchschneiden (*Kabel, Schnur*); **cut one's finger** sich in den Finger schneiden; **cut something in half** etwas halbieren; **cut to pieces** zerstückeln **2** mähen (*Gras*), fällen (*Baum*) **3** schneiden, stutzen (*Hecke, Haar usw.*); **cut someone's hair** jemandem die Haare schneiden; **cut one's nails** sich die Nägel schneiden **4** kürzen (*Ausgaben, Löhne usw.*) **5** herabsetzen, senken (*Preise, Steuern usw.*) **6** *Film, TV*: schneiden **7** zusammenschneiden, kürzen (*Rede, Text usw.*) **8** abheben (*Karten*) **9** *beim Tennis, Fußball usw.*: anschneiden (*Ball*) **10** **cut one's teeth** (*Baby*) Zähne bekommen, zahnen; **cut one's teeth on something** *übertragen* seine ersten Erfahrungen mit etwas sammeln

cut back [ˌkʌtˈbæk] **1** zurückschneiden, stutzen (*Hecke usw.*) **2** kürzen (*Ausgaben, Lohn usw.*) **3 cut back on expenses** die Ausgaben einschränken; **cut back on smoking** weniger rauchen

cut down [ˌkʌtˈdaʊn] **1** fällen (*Bäume*), abholzen (*Wald*); **I'll cut him down to size** übertragen ich werde ihn zurechtstutzen, ich werde ihn in seine Schranken verweisen **2** verringern, einschränken (*Ausgaben*); **you really should cut down on smoking** du solltest wirklich weniger rauchen **3** kürzen (*Aufsatz, Buch usw.*)

cut in [ˌkʌtˈɪn] **1** *in Gespräch:* sich einmischen **2** *im Straßenverkehr:* schneiden; **he cut in right in front of us** er ist genau vor uns eingeschert

cut into [ˈkʌtˌɪntʊ] **1** anschneiden (*Braten, Kuchen usw.*) **2 the repair cut into our savings** die Reparatur hat ein Loch in unsere Ersparnisse gerissen; **cut into a conversation** sich in ein Gespräch einmischen

cut off [ˌkʌtˈɒf] **1** *allg.:* abschneiden **2** absperren, abdrehen (*Gas, Strom usw.*) **3** abschneiden (*Verbindung, Versorgung, Weg usw.*); **he had his electricity cut off** ihm wurde der Strom gesperrt **4** *im Gespräch, am Telefon:* unterbrechen **5 be cut off** (*Haus, Ortschaft*) abgelegen (*oder* abgeschieden) sein

cut out [ˌkʌtˈaʊt] **1** *allg.:* ausschneiden **2** herausschneiden (*Geschwür usw.*) **3 be cut out for something** für etwas wie geschaffen sein **4** weglassen, verzichten auf (*Zigaretten, Alkohol usw.*) **5 cut it out!** *umg* hör auf damit!

cut up [ˌkʌtˈʌp] **1** zerschneiden, in Stücke schneiden (*Fleisch usw.*) **2 he was pretty cut up about it** es hat ihn ziemlich mitgenommen

cutback [ˈkʌtbæk] *von Budget, Ausgaben usw.:* Kürzung

cute [kjuːt] *umg* **1** *bes. Baby usw.:* niedlich, süß **2** *US* (≈ *gerissen*) schlau, clever

cutlery [ˈkʌtləri] Besteck

cutlet [ˈkʌtlət] **1** *vom Lamm, Kalb usw.:* Kotelett (*mit Knochen*), Schnitzel (*ohne Knochen*) **2** *aus Hackfleisch:* Hacksteak

cut-price [ˌkʌtˈpraɪs], **cut-rate** [ˌkʌtˈreɪt] ermäßigt, herabgesetzt; **cut-price offer** Billigangebot

cutter [ˈkʌtə] **a pair of (wire) cutters** eine Drahtschere

cutthroat [ˈkʌtθrəʊt] Wettbewerb, Konkurrenz: mörderisch, unbarmherzig

cutting[1] [ˈkʌtɪŋ] **1** *von Pflanze:* Ableger **2** *Br* Zeitungsausschnitt

cutting[2] [ˈkʌtɪŋ] Bemerkung usw.: scharf, beißend

cutting board [ˈkʌtɪŋ bɔːd] *US* → **chopping board**

cutting edge 1 [ˈkʌtɪŋ ˌedʒ] Schneide, Schnittkante **2** [ˌkʌtɪŋˈedʒ] ⟨ *kein pl*⟩ übertragen neuester Stand (**of** *Genitiv*)

CV [ˌsiːˈviː] (*abk für* **curriculum vitae**) *Br* für Bewerbung usw.: Lebenslauf

cyberattack [ˈsaɪbərəˌtæk] Hackerangriff

cyberbullying [ˈsaɪbəˌbʊlɪɪŋ] Cybermobbing, Internetmobbing

cybercafé [ˈsaɪbəˌkæfeɪ] Internetcafé

cyberspace [ˈsaɪbəspeɪs] *Computer:* Cyberspace (*virtuelle Scheinwelt*)

cycle[1] [ˈsaɪkl] **1** *von wiederkehrenden Ereignissen usw.:* Zyklus, Kreislauf **2** *von Gedichten, Liedern usw.:* Zyklus **3** Fahrrad; **cycle lane** (*oder* **path**) *Br* Radweg

cycle[2] [ˈsaɪkl] Rad fahren, radeln

cycling [ˈsaɪklɪŋ] (Fahr)Radfahren; **go cycling** (Fahr)Rad fahren; **cycling helmet** Fahrradhelm; **cycling jersey** Radtrikot; **cycling shorts** *pl* Radlerhose; **cycling tour** Radtour

cyclist [ˈsaɪklɪst] (Fahr)Radfahrer(in)

cyclone [ˈsaɪkləʊn] Zyklon, Wirbelsturm

cylinder [ˈsɪlɪndə] *Geometrie, von Motor:* Zylinder; **a four-cylinder car** ein vierzylindriges Auto (⚠ *Zylinder* [*Hut*] = **top hat**)

cylindrical [sɪˈlɪndrɪkl] zylindrisch

cynic [ˈsɪnɪk] Zyniker(in)

cynical [ˈsɪnɪkl] zynisch

cynicism [ˈsɪnɪsɪzm] Zynismus

cypress [ˈsaɪprəs] Baum: Zypresse

Cypriot [ˈsɪprɪət], **Cypriote** [ˈsɪprɪəʊt] Zypriote, Zypriotin

Cyprus [ˈsaɪprəs] Zypern

cyst [sɪst] *Medizin:* Zyste

czar [⚠ zɑː] *Geschichte:* Zar

★**Czech**[1] [tʃek] tschechisch; **the Czech Republic** die Tschechische Republik

Czech[2] [tʃek] *Sprache:* Tschechisch

★**Czech**[3] [tʃek] Tscheche, Tschechin

D

DA [ˌdiːˈeɪ] *US* (*abk für* district attorney) Staatsanwalt, Staatsanwältin

dab[1] [dæb], **dabbed, dabbed** [1] *mit Puder usw.*: betupfen [2] *mit Watte, Tuch usw.*: abtupfen [3] leicht auftragen (*Farbe usw.*)

dab[2] [dæb] (≈ *winzige Menge*) Kleks, *Parfüm usw.*: Spritzer

dabble [ˈdæbl] [1] **dabble in** sich aus Liebhaberei beschäftigen mit [2] *im Wasser*: plan(t)schen

dabbler [ˈdæblə] Dilettant(in)

dab hand [ˌdæbˈhænd] **be a dab hand at something** *Br, umg* etwas aus dem Effeff können

★**dad** [dæd], **daddy** [ˈdædɪ] *umg* Vati, Papa

daffodil [ˈdæfədɪl] *Blume*: gelbe Narzisse, Osterglocke

daft [dɑːft] *Br, umg* doof, dämlich; **he's not as daft as he looks** er ist nicht so doof, wie er aussieht

dagger [ˈdægə] [1] *Waffe*: Dolch [2] **be at daggers drawn** auf Kriegsfuß stehen (**with** mit); **look daggers at someone** jemanden mit (finsteren) Blicken durchbohren

★**daily**[1] [ˈdeɪlɪ] [1] täglich, Tages...; **daily (news)paper** Tageszeitung; **there are two daily flights from Rome to Munich** pro Tag gibt es zwei Flüge von Rom nach München; **the pub is open daily** das Lokal ist täglich (*oder* jeden Tag) geöffnet [2] alltäglich; **the daily grind** der Alltagstrott

★**daily**[2] [ˈdeɪlɪ] Tageszeitung

dainty [ˈdeɪntɪ] zierlich

dairy [ˈdeərɪ] [1] *Milch verarbeitender Betrieb*: Molkerei; **dairy products** *pl*: Molkereiprodukte [2] *Laden*: Milchgeschäft

daisy [ˈdeɪzɪ] [1] *Blume*: Gänseblümchen [2] **be pushing up the daisies** (≈ *tot sein*) sich die Radieschen von unten ansehen

dam[1] [dæm] Staudamm, Talsperre

dam[2] [dæm], **dammed, dammed**; *auch* **dam up** stauen (*Fluss*)

★**damage**[1] [ˈdæmɪdʒ] [1] Schaden (**to** an); **the storm did a lot of damage** der Sturm hat großen Schaden angerichtet [2] **damages** *pl Recht*: Schadenersatz; **sue someone for damages** jemanden auf Schadenersatz verklagen

★**damage**[2] [ˈdæmɪdʒ] [1] beschädigen (*Sache*) [2] schaden (*Ruf, Gesundheit*)

★**damn**[1] [dæm] [1] (≈ *verfluchen*) verdammen [2] (*Kritik*) verreißen (*Film, Buch usw.*) [3] (≈ *ablehnen*) verurteilen (*Verhalten*) [4] **damn it!** *umg* verflucht!, verdammt!; **damn you!** *umg* der Teufel soll dich holen!; **I'll be damned if I do that** *umg* ich denk ja gar nicht daran, das zu tun

★**damn**[2] [dæm] [1] **I don't give a damn** *umg* das ist mir scheißegal; **not worth a damn** *umg* keinen Pfifferling wert [2] **damn!** *umg* verflucht!, verdammt!

★**damn**[3] [dæm] → damned

damnation [ˌdæmˈneɪʃn] *Religion*: Verdammnis

★**damned** [dæmd] [1] *allg.*: verdammt; **the damned** *pl Religion*: die Verdammten [2] *auch* **damn** *umg; Fluch*: verflucht, verdammt; **damned fool** Vollidiot [3] *auch* **damn** *umg, verstärkend*: **damned cold** verdammt (*oder* lausig) kalt

damp[1] [dæmp] [1] *Raum, Wand usw.*: feucht [2] *Stoff, Kleider usw. auch*: klamm [3] **damp squib** *Br, umg* Pleite, Reinfall

damp[2] [dæmp] *an Wand usw.*: Feuchtigkeit

damp[3] [dæmp], **dampen** [ˈdæmpən] [1] anfeuchten (*Stoff beim Bügeln usw.*) [2] dämpfen (*Geräusch usw.*)

dampen [ˈdæmpən] dämpfen (*Begeisterung usw.*)

damper [ˈdæmpə] [1] *Klavier*: Dämpfer [2] **the weather put a damper on our holiday** das Wetter dämpfte unsere Urlaubsfreude

dampness [ˈdæmpnəs] Feuchtigkeit

★**dance**[1] [dɑːns] [1] tanzen; **dance a waltz** einen Walzer tanzen; **dance to someone's tune** *übertragen* nach jemandes Pfeife tanzen [2] *freudig, aufgeregt usw.*: tanzen, hüpfen (**with, for** vor)

★**dance**[2] [dɑːns] [1] *allg.*: Tanz; **let's have a dance!** lass uns tanzen! [2] (≈ *Ball*) Tanzveranstaltung

dancing [ˈdɑːnsɪŋ] Tanzen; **dancing lesson** Tanzstunde; **dancing lessons** *pl* Tanzunterricht; **dancing partner** Tanzpartner(in); **dancing school** Tanzschule

dandelion [ˈdændɪlaɪən] *Blume*: Löwenzahn

dandruff [ˈdændrʌf] (⚠ *nur im sg verwendet*) (Kopf)Schuppen *pl*

★**Dane** [deɪn] Däne, Dänin

★**danger** [ˈdeɪndʒə] Gefahr (**to** für); **danger of infection** *medizinisch*: Infektionsgefahr; **our lives were in danger** wir waren (*oder* schwebten) in Lebensgefahr; **danger money**

Gefahrenzulage **"danger"** „Achtung, Lebensgefahr!", *Verkehr:* „Gefahrenstelle"
★**dangerous** ['deɪndʒərəs] gefährlich (**to, for** für)
dangle ['dæŋgl] **1** baumeln **2** baumeln lassen (*Beine usw.*) **3 dangle something before someone** jemandem etwas in Aussicht stellen
★**Danish**[1] ['deɪnɪʃ] dänisch; **Danish pastry** Plundergebäck
★**Danish**[2] ['deɪnɪʃ] *Sprache:* Dänisch
★**Danish**[3] ['deɪnɪʃ] **the Danish** *pl* die Dänen
dank [dæŋk] (unangenehm) feucht, nasskalt
Danube ['dænjuːb] *die* Donau
★**dare** [deə] es wagen, sich trauen; **how dare you!** untersteh dich!, was fällt dir ein!; **how dare you say that?** wie können Sie das sagen?; **don't you dare touch it!** rühr es nicht an!; **I didn't dare tell her the truth** ich traute mich nicht, ihr die Wahrheit zu sagen; **I dare say he'll be there** ich nehme an, dass er da sein wird
daring ['deərɪŋ] *Tat, Person:* kühn, gewagt, verwegen (*auch übertragen: Mode, Outfit*)
★**dark**[1] [dɑːk] **1** ohne Licht: dunkel, finster; **it suddenly went dark** plötzlich wurde es dunkel; **it's getting dark** es wird dunkel **2** *Farbton:* dunkel; **dark green** dunkelgrün **3 dark chocolate** Zartbitterschokolade **4** *übertragen* düster, trüb (*Aussichten usw.*); **my darkest hour** meine schwärzeste Stunde **5** *übertragen* geheim, verborgen
★**dark**[2] [dɑːk] **1** Dunkelheit, Finsternis; **in the dark** im Dunkeln; **after** (*bzw.* **before**) **dark** nach (*bzw.* vor) Einbruch der Dunkelheit **2 be in the dark** *übertragen* im Dunkeln tappen; **keep someone in the dark** jemanden im Ungewissen lassen (**about** über)
darken ['dɑːkən] **1** (*Himmel usw.*) sich verdunkeln **2** (*Miene, Gesichtsausdruck*) sich verfinstern **3** verdunkeln (*Raum*)
★**dark-haired** [ˌdɑːk'heəd] dunkelhaarig
darkness ['dɑːknəs] Dunkelheit, Finsternis; **the room was in complete darkness** im Zimmer war es stockdunkel
darkroom ['dɑːkruːm] *Fotografie:* Dunkelkammer
darling ['dɑːlɪŋ] Liebling, Schatz (*auch als Anrede*)
dart[1] [dɑːt] **1** *als Waffe:* Pfeil **2** *Sportgerät:* Wurfpfeil; **darts** (△ *im sg verwendet*) Darts (*Spiel*) **3** *Bewegung:* Satz, Sprung; **make a dart for** losstürzen auf
dart[2] [dɑːt] **1** (≈ sich schnell bewegen) sausen, flitzen; **dart to the door** zur Tür stürzen (*oder* flitzen) **2 dart a look at someone** jemandem einen Blick zuwerfen
dartboard ['dɑːtbɔːd] Dartsscheibe
dash[1] [dæʃ] **1** (≈ sich schnell bewegen) sausen, flitzen; **he dashed into the room** er stürzte ins Zimmer **2 I must dash** ich muss mich sputen **3** *gegen die Wand usw.:* schleudern (*Vase, Teller usw.*); **dash to pieces** zerschmettern **4** zerstören, zunichtemachen (*Hoffnungen usw.*)
dash[2] [dæʃ] **1** *Zeichen:* Gedankenstrich **2** winzige Menge: Schuss (*Essig, Rum usw.*), Prise (*Salz, Pfeffer usw.*) **3 make a dash for** losstürzen auf
dashboard ['dæʃbɔːd] *im Auto:* Armaturenbrett
★**data** ['deɪtə] △ *sg und pl Computer usw.:* Daten *pl*; **personal data** persönliche Angaben; **data bank** Datenbank; **data capture** Datenerfassung; **data carrier** Datenträger; **data file** Datei; **data highway** Datenautobahn; **data processing** Datenverarbeitung; **data protection** Datenschutz; **data transmission** Datenübertragung
database ['deɪtəbeɪs] *Computer:* Datenbank; **database manager** Datenbankmanager(in)
★**date**[1] [deɪt] **1** Datum, Tag; **what's the date today?** der Wievielte ist heute?, welches Datum haben wir heute? **2** Datum, Zeitpunkt; **at a later date** zu einem späteren Zeitpunkt; **to date** bis heute; **date of delivery** Liefertermin; **date of birth** Geburtsdatum **3 out of date** veraltet, unmodern; **go out of date** veralten; **up to date** zeitgemäß, modern, auf dem Laufenden; **bring up to date** auf den neuesten Stand bringen, modernisieren **4** Verabredung, Rendezvous; **I've got a date with him** ich bin mit ihm verabredet; **make a date** sich verabreden; **who's your date?** mit wem bist du verabredet?
★**date**[2] [deɪt] **1** datieren (*Brief usw.*); **a letter dated the seventh of August** ein vom siebten August datierter Brief **2 he's dating Jill** *bes. US* er geht mit Jill

---
PHRASAL VERBS

date back to [ˌdeɪt'bæk ˌtə], **date from** ['deɪt ˌfrəm] (*Kunstwerk, historisches Gebäude usw.*) stammen aus

★**date**[3] [deɪt] *Frucht:* Dattel
datebook ['deɪtbʊk] *US* Terminkalender; → diary *Br*
dated ['deɪtɪd] **1** *Kleidung, Ansichten:* altmo-

disch ■ *Wort usw.:* veraltet

date rape ['deɪt ˌreɪp] Vergewaltigung nach einem Rendezvous

dating agency ['deɪtɪŋˌeɪdʒ(ə)nsɪ] Partnervermittlung

dating website ['deɪtɪŋˌwebsaɪt] Singlebörse, Kontaktbörse

dative ['deɪtɪv] *auch* **dative case** *Sprache:* Dativ, 3. Fall

★**daughter** ['dɔːtə] Tochter

★**daughter-in-law** ['dɔːtərɪnlɔː] *pl:* daughters-in-law Schwiegertochter

daunting ['dɔːntɪŋ] *Aufgabe usw.:* beängstigend

dawdle ['dɔːdl] (herum)trödeln, (herum)bummeln

dawn¹ [dɔːn] ■ (*Morgen, Tag*) dämmern ■ (*Epoche usw.*) heraufdämmern, erwachen

PHRASAL VERBS

dawn on ['dɔːn ˌɒn] (*Gedanke, Ahnung, usw.*) dämmern, zu Bewusstsein kommen (+ *Dativ*)

---

dawn² [dɔːn] ■ Morgendämmerung; **at dawn** bei Tagesanbruch ■ *von Ära, Epoche usw.:* Beginn

★**day** [deɪ] ■ *allg.:* Tag; **by day** bei Tage, untags; **night and day, day and night** Tag und Nacht; **day after day** Tag für Tag; **the day after tomorrow** übermorgen; **the day before yesterday** vorgestern; **one** (*oder* **some**) **day I will ...** eines Tages werde ich ...; **the other day** neulich, letzthin; **let's call it a day** *umg* Feierabend!, Schluss für heute!; **have a nice day!** einen guten Tag noch! ■ (≈ *bestimmter Tag*) Termin; **day of delivery** Liefertermin ■ *oft* **days** *pl* Zeit, Zeiten, Tage; **in my student days ...** als ich Student war ...; **in my day** zu meiner Zeit; **in those days** damals; **those were the days!** das waren noch Zeiten!; **these days** heutzutage; **how are things these days?** *umg* wie geht's denn so?

daybreak ['deɪbreɪk] Tagesanbruch; **at daybreak** bei Tagesanbruch

day care ['deɪˌkeə] Tagesbetreuung

daydream¹ ['deɪdriːm] (≈ *geistig abwesend sein*) träumen

daydream² ['deɪdriːm] Tagtraum

daylight ['deɪlaɪt] Tageslicht; **by** (*oder* **in**) **daylight** bei Tag, bei Tageslicht; **in broad daylight** am helllichten Tag; **daylight saving time** US Sommerzeit

day nursery ['deɪˌnɜːsrɪ] *für Kleinkinder:* Tagesheim, Tagesstätte

day pack ['deɪˌpæk] Tourenrucksack

day return [ˌdeɪ rɪ'tɜːn] *Br Zug, Bus usw.:* Tagesrückfahrkarte

day shift ['deɪˌʃɪft] Tagschicht; **be on day shift** Tagschicht haben

day ticket ['deɪˌtɪkət] *zum Busfahren, für Skilift usw.:* Tageskarte

daytime ['deɪtaɪm] **in the daytime** bei Tag

day trip ['deɪˌtrɪp] Tagesausflug

daze [deɪz] **in a daze** benommen

dazed [deɪzd] benommen

dazzle ['dæzl] *durch Licht:* blenden (*auch übertragen*)

D-day ['diːdeɪ] *umg* der Tag X

★**dead¹** [ded] ■ *allg.:* tot; **shoot dead** erschießen; **over my dead body** *umg* nur über meine Leiche ■ *Pflanze:* abgestorben, eingegangen ■ *Brauch usw.:* ausgestorben; **dead language** tote Sprache ■ *Finger, Füße:* gefühllos, abgestorben ■ *verstärkend:* **dead certainty** absolute Gewissheit; **dead silence** Totenstille; **he's a dead loss** *umg* er ist ein hoffnungsloser Fall; **dead drunk** *umg* sinnlos betrunken; **dead slow!** *Straßenschild:* Schritt fahren!; **dead tired** *umg* todmüde; **it was dead easy** *umg* es war kinderleicht

★**dead²** [ded] ■ **the dead** *pl* die Toten ■ **in the dead of night** mitten in der Nacht; **in the dead of winter** im tiefsten Winter

dead end [ˌded'end] Sackgasse (*auch übertragen*); **come to a dead end** in eine Sackgasse geraten

dead-end ['dedend] ■ **dead-end street** Sackgasse ■ **dead-end job** Stellung ohne Aufstiegschancen

deadline ['dedlaɪn] (letzter) Termin; **set a deadline** eine Frist setzen; **meet the deadline** den Termin einhalten; **work to a deadline** auf einen Termin hinarbeiten; **deadline for applications** Bewerbungsfrist

deadlock ['dedlɒk] **reach a deadlock** (*Verhandlungen usw.*) sich festfahren

deadlocked ['dedlɒkt] *Gespräche usw.:* festgefahren

★**deadly** ['dedlɪ] ■ tödlich, Tod...; **deadly enemy** Todfeind; **deadly sin** Todsünde ■ *umg* schrecklich, äußerst; **deadly boring** sterbenslangweilig; **he was deadly serious** er meinte es todernst

★**deaf¹** [def] (≈ *gehörlos*) taub (*auch übertragen*: **to** gegen); **deaf and dumb** taubstumm; **deaf in one ear** auf einem Ohr taub; **turn a deaf ear** sich taub stellen (**to** gegenüber); **fall on deaf ears** *Warnung usw.:* auf taube Ohren stoßen

★**deaf**[2] [def] **the deaf** pl die Tauben pl
deaf-and-dumb [⚠ ,def‿ən'dʌm] taubstumm
deafening ['defnɪŋ] *Lärm:* ohrenbetäubend
deaf-mute [,def'mjuːt] Taubstumme(r)
deafness ['defnəs] Taubheit (*auch übertragen:* **to** gegen)
★**deal**[1] [diːl], **dealt** [delt], **dealt** [delt] **1** *bei Kartenspiel:* geben **2** *mit Drogen:* dealen

———————————— PHRASAL VERBS ————————————
deal in ['diːl‿ɪn] handeln mit; **she deals in antiques** sie ist Antiquitätenhändlerin
deal with ['diːl‿wɪð] **1** *mit Angelegenheit, Problem usw.:* sich befassen (*oder* beschäftigen) mit; **I know how to deal with someone like him** ich weiß, wie man mit so einem Typen fertig wird; **your problem will be dealt with** man wird sich um Ihr Problem kümmern **2** (*Buch, Film usw.*) handeln von, behandeln, zum Thema haben **3 deal with someone** mit jemandem Geschäfte machen

★**deal**[2] [diːl] **1** *geschäftlich, politisch usw.:* Abkommen; **make a deal** ein Abkommen treffen; **we've got a deal - I do the cooking, she does the dishes** wir haben eine Abmachung - ich koche, sie spült ab **2** *umg, auch* **business deal** Geschäft, Handel; **it's a deal!** abgemacht! **3 I expect a fair deal** ich erwarte eine gerechte Behandlung **4** *Kartenspiel:* Geben; **it's your deal** du musst geben
★**deal**[3] [diːl] Menge; **a great deal** sehr viel; **a good deal** eine ganze Menge, ziemlich viel
★**dealer** ['diːlə] **1** *allg.:* Händler(in); **antique dealer** Antiquitätenhändler(in) **2** *Drogen:* Dealer(in) **3** *Kartenspiel:* Geber(in)
dealing ['diːlɪŋ] *mst* **dealings** pl Beziehungen pl; **have dealings with** zu tun haben mit
dealt [delt] *2. und 3. Form von* → **deal**[1]
★**dear**[1] [dɪə] **1** lieb, teuer; **my dear wife** meine liebe Frau; **my dearest wish** mein innigster Wunsch **2** *in Briefen:* **Dear Helen** Liebe Helen; **Dear Sir,** Sehr geehrter Herr (+ *Name*), (⚠ *nächste Zeile beginnt im Englischen mit einem Großbuchstaben*) **3** *Br;* preislich: teuer, kostspielig **4 it cost him dear** *übertragen* es kam ihm (*oder* ihn) teuer zu stehen
★**dear**[2] [dɪə] **1** Liebste(r), Schatz **2 oh dear!, dear me!** du liebe Zeit!, ach je!
dearly ['dɪəlɪ] **1** von ganzem Herzen (*jemanden lieben*) **2** liebend gern; **I would dearly love to do it** ich würde es liebend gern tun **3** teuer; **I paid dearly for my mistake** ich habe für meinen Fehler teuer bezahlt

★**death** [deθ] **1** Tod; **you'll catch your death** *durch Erkältung usw.:* du wirst dir den Tod holen; **don't work yourself to death** arbeite dich (ja) nicht zu Tode **2** Todesfall; **how many deaths were there?** *bei Unfall usw.:* wie viele Tote hat es gegeben?
deathly ['deθlɪ] **deathly pale** totenbleich
death penalty ['deθ,penltɪ] Todesstrafe
death toll ['deθ‿təʊl] *bei Unfall usw.:* Zahl der Todesopfer
debatable [dɪ'beɪtəbl] *Frage, Sachverhalt usw.:* strittig, umstritten
debate[1] [dɪ'beɪt] debattieren, diskutieren (**on, about** über) (*Thema, Streitfrage usw.*)
debate[2] [dɪ'beɪt] Debatte, Diskussion; **be under debate** zur Debatte stehen
debit[1] ['debɪt] Debet, *bei Bank:* Sollsaldo; **debit account** Debetkonto; **debit and credit** Soll und Haben; **debit card** Zahlungskarte, *bei deren Nutzung das Konto sofort belastet wird,* Debitkarte; **debit entry** Lastschrift; **debit side** Sollseite
debit[2] ['debɪt] belasten (*Konto*)
debris [⚠ 'debriː, 'deɪbriː] Trümmer pl, Schutt
★**debt** [⚠ det] Schulden; **be in debt** Schulden haben, verschuldet sein; **be out of debt** schuldenfrei sein; **it will take another year to pay off all our debts** es wird noch ein Jahr dauern, bis wir alle unsere Schulden bezahlt haben; **be in someone's debt** *übertragen* in jemandes Schuld stehen; **get out of debt** aus den Schulden herauskommen; **repay a debt** eine Schuld begleichen
debtor [⚠ 'detə] Schuldner
debut [⚠ 'deɪbjuː] Debüt; **make one's debut** sein Debüt geben
decade ['dekeɪd] Jahrzehnt
decaf ['diːkæf] *umg* koffeinfreier Kaffee
decaffeinated [,diː'kæfɪneɪtɪd] *Kaffee:* koffeinfrei
decal ['diːkæl] *US* Abziehbild
decathlon [dɪ'kæθlɒn] *Sport:* Zehnkampf
decay[1] [dɪ'keɪ] **1** (*Aas, Leiche*) verwesen **2** (*Fleisch, Pflanzen usw.*) verfaulen **3** (*Holz*) vermodern, morsch werden **4** (*Zähne*) schlecht werden
decay[2] [dɪ'keɪ] *allg.:* Verwesung
deceased [dɪ'siːst] **the deceased** der (*oder* die) Verstorbene, die Verstorbenen pl
deceit [dɪ'siːt] Betrug, Täuschung
deceitful [dɪ'siːtfl] *Person:* falsch, hinterlistig
deceive [dɪ'siːv] **1** täuschen, betrügen (*Person*);

deceive oneself sich etwas vormachen ◨ (*Eindruck usw.*) trügen, täuschen

★**December** [dɪˈsembə] Dezember; **in December** im Dezember

decency [ˈdiːsnsɪ] (≈ *Befolgen moralischer Standards*) Anstand; **for the sake of decency** anstandshalber

decent [ˈdiːsnt] ◨ *allg.*: anständig ◨ *Leistung, Kenntnisse usw.*: passabel, annehmbar

deception [dɪˈsepʃn] Betrug, Täuschung

deceptive [dɪˈseptɪv] täuschend, trügerisch; **it's deceptive** es täuscht

★**decide** [dɪˈsaɪd] ◨ beschließen, sich entscheiden, sich entschließen (**to do, on doing** zu tun; **against doing** nicht zu tun); **decide in favour of something** sich für etwas entscheiden; **we decided not to go to the party** wir entschieden uns, nicht zur Party zu gehen ◨ entscheiden (*Frage, Konflikt usw.*); **you decide what we do!** entscheide du, was wir machen!

decided [dɪˈsaɪdɪd] (≈ *eindeutig*) entschieden (*Verbesserung usw.*)

deciding [dɪˈsaɪdɪŋ] *Faktor usw.*: entscheidend, ausschlaggebend

decimal[1] [ˈdesɪml] dezimal, Dezimal...; **go decimal** das Dezimalsystem einführen; **decimal point** Komma (vor der ersten Dezimalstelle) (⚠ **in GB und USA ist das ein Punkt**)

decimal[2] [ˈdesɪml] Dezimalzahl (*2,1 usw.*)

decipher [dɪˈsaɪfə] entziffern (*Handschrift usw.*)

★**decision** [dɪˈsɪʒn] ◨ Entscheidung, Entschluss; **make** (*oder* **take**) **a decision** eine Entscheidung treffen, einen Entschluss fassen; **come to** (*oder* **reach**) **a decision** zu einer Entscheidung (*oder* einem Entschluss) kommen ◨ *von Jury, Gericht usw. auch*: Beschluss ◨ *Eigenschaft*: Entschlusskraft, Entschlossenheit

decisive [dɪˈsaɪsɪv] ◨ *Faktor, Rolle, Sieg usw.*: entscheidend, ausschlaggebend ◨ *Haltung usw.*: entschlossen, bestimmt

deck [dek] ◨ *auf Schiff*: Deck; **on deck** an Deck ◨ *von doppelstöckigem Bus, Zug usw.*: Deck ◨ **a deck of cards** *bes. US* ein Spiel Karten, ein Pack Spielkarten

deckchair [ˈdektʃeə] Liegestuhl

declaration [ˌdekləˈreɪʃn] ◨ *allg.*: Erklärung; **make a declaration** eine Erklärung abgeben; **declaration of independence** Unabhängigkeitserklärung ◨ *am Zoll*: Zollerklärung

★**declare** [dɪˈkleə] ◨ erklären, verkünden; **I declare the buffet open** ich erkläre das Büfett für eröffnet; **declare someone the winner** jemanden zum Sieger erklären; **declare war** den Krieg erklären; **the police have declared war on organized crime** die Polizei hat dem organisierten Verbrechen den Krieg erklärt ◨ *am Zoll*: deklarieren, verzollen; **do you have anything to declare?** haben Sie etwas zu verzollen?

declension [dɪˈklenʃn] *Sprache*: Deklination

decline[1] [dɪˈklaɪn] ◨ (*Preise, Umsätze usw.*) zurückgehen, fallen ◨ (*Qualität, Gesundheit usw.*) schlechter werden ◨ (*Bevölkerungszahl*) abnehmen, zurückgehen ◨ (höflich) ablehnen (*Einladung usw.*); **she declined (to accept) the offer** sie lehnte das Angebot ab ◨ *Sprache*: deklinieren

decline[2] [dɪˈklaɪn] ◨ *von Preisen, Umsatz usw.*: Rückgang ◨ *von Firma, Staat usw.*: Niedergang; **be on the decline** im Niedergang begriffen sein, sinken

decode [ˌdiːˈkəʊd] entschlüsseln (*Nachricht, Text usw.*)

decoder [ˌdiːˈkəʊdə] *TV*: Decoder

decompose [ˌdiːkəmˈpəʊz] zerfallen (**into** in), sich zersetzen

decomposition [ˌdiːkɒmpəˈzɪʃn] Zersetzung, Zerfall

decontaminate [ˌdiːkənˈtæmɪneɪt] entgiften, dekontaminieren (*Haus, Gebiet*)

decontamination [ˌdiːkəntæmɪˈneɪʃn] Entgiftung, Dekontamination

décor [ˈdeɪkɔː] Ausstattung

★**decorate** [ˈdekəreɪt] ◨ verzieren (*Kuchen usw.*) ◨ ausschmücken, dekorieren (*Zimmer, Haus*) ◨ tapezieren, streichen (*Zimmer, Wände*)

decoration [ˌdekəˈreɪʃn] ◨ *von Kuchen*: Verzierung ◨ *von Zimmer, Haus*: Schmuck, Dekoration ◨ *von Zimmer, Wänden*: Tapezieren, Streichen

decorator [ˈdekəreɪtə] ◨ Maler(in) und Tapezierer(in) ◨ *auch* **interior decorator** Raumausstatter(in), Innenarchitekt(in)

★**decrease**[1] [dɪˈkriːs] ◨ (*Menge, Anzahl, Interesse usw.*) abnehmen, sich verringern ◨ vermindern, verringern (*Menge, Anzahl, Ausgaben usw.*)

decrease[2] [ˈdiːkriːs] *von Menge, Anzahl usw.*: Abnahme, Verringerung; **the decrease in inflation** der Rückgang der Inflation

decrepit [dɪˈkrepɪt] *Person, Auto usw.*: altersschwach

dedicate [ˈdedɪkeɪt] ◨ widmen (*Buch, Leben, Zeit usw.*) (**to**; *Dativ*) ◨ *US* feierlich eröffnen (*oder* einweihen) (*Gebäude*)

dedicated ['dedıkeıtıd] *Arbeiter usw.*: engagiert, einsatzfreudig; **she's a dedicated teacher** sie ist Lehrerin mit Leib und Seele

dedication [,dedı'keıʃn] **1** *von Buch usw.*: Widmung **2** (≈ *Engagement*) Hingabe

deduce [dı'dju:s] folgern, schließen (**from** aus)

deduct [dı'dʌkt] **1** abziehen (*Betrag*) (**from** von); **deduct something from the price** etwas vom Preis ablassen; **after deducting costs** nach Abzug der Kosten **2** *vom Einkommen*: einbehalten (*Steuern*)

deduction [dı'dʌkʃn] **1** *von Geldbetrag*: Abzug, Einbehaltung **2** *von Preis*: Nachlass **3** *Logik*: Folgerung, Schluss

deed [di:d] **1** **a good deed** eine gute Tat **2** *rechtlich*: Besitzurkunde (*für Haus usw.*)

★**deep** [di:p] **1** *allg.*: tief (*auch übertragen*); **deep breath** tiefer Atemzug; **deep disappointment** schwere (*oder* bittere) Enttäuschung; **I'm deeply disappointed** ich bin schwer enttäuscht; **deepest poverty** tiefste Armut; **he read deep into the night** er las bis tief in die Nacht hinein; **deep blue sky** tiefblauer Himmel; **she was deep in thought** sie war tief in Gedanken versunken **2** *übertragen* schwer verständlich, schwierig; **that's too deep for me** das ist mir zu hoch

deepen ['di:pən] **1** (*Liebe, Kummer usw.*) stärker werden **2** vertiefen (*Wissen*) **3** (*Wasserstand*) tiefer werden

deep freeze[1] [,di:p'fri:z] Tiefkühltruhe, Gefrierschrank

deep-freeze[2] [,di:p'fri:z], **deep-froze** [,di:p'frəʊz], **deep-frozen** [,di:p'frəʊzn] tiefkühlen, einfrieren; **deep-frozen food** Tiefkühlkost

deep-fried [,di:p'fraıd] frittiert

deep-fry [,di:p'fraı] frittieren (*Fisch, Pommes usw.*)

deep fryer [,di:p'fraıə] Fritteuse

deep vein thrombosis [,di:pveınθrɒm'bəʊsıs] tiefe Venenthrombose

★**deer** [dıə] *pl*: deer *Tier*: Hirsch; **roe deer** Reh

deface [dı'feıs] verschandeln (*Mauer usw.*)

default[1] [dı'fɔ:lt] **1** *allg.* (Pflicht)Versäumnis **2** **win by default** *Sport*: kampflos gewinnen **3** *Computer*: Default, Grundeinstellung

default[2] [dı'fɔ:lt] seinen Verpflichtungen nicht nachkommen; **default on something** mit etwas im Rückstand sein (*bes. mit Zahlungen*)

★**defeat**[1] [dı'fi:t] **1** besiegen, schlagen (*Gegner*) **2** vereiteln, zunichtemachen (*Hoffnung, Plan usw.*)

★**defeat**[2] [dı'fi:t] **1** *für Sieger*: Sieg **2** *für Verlierer*: Niederlage; **admit defeat** sich geschlagen geben; **the Tories' election defeat** die Wahlniederlage der Tories

defect[1] ['di:fekt] *an Maschine usw.*: Defekt, Fehler

defect[2] [dı'fekt] abtrünnig werden (*seinem Land, einem Ideal usw.*); **defect to the enemy** zum Feind überlaufen

★**defence**, *US* ★**defense** [dı'fens] *Sport, militärisch usw.*: Verteidigung; **in defence of** zur Verteidigung (*oder* zum Schutz) von (*oder Genitiv*); **come to someone's defence** jemandem zu Hilfe kommen

★**defend** [dı'fend] **1** *allg.*: verteidigen (**from**, **against** gegen) **2** verteidigen, rechtfertigen (*Meinung, These usw.*) **3** *Sport*: verteidigen (*auch: Titel, Meisterschaft*)

defendant [dı'fendənt] *vor Gericht*: Beklagte(r), Angeklagte(r)

defender [dı'fendə] **1** *Sport*: Abwehrspieler(in), Verteidiger(in) **2** *von Idee, These usw.*: Verteidiger(in)

defense [dı'fens] *US* → defence

defensive[1] [dı'fensıv] *Sport, militärisch usw.*: defensiv, Abwehr..., Verteidigungs...

defensive[2] [dı'fensıv] Defensive; **on the defensive** in der Defensive (*auch in Diskussion usw.*)

defiant [dı'faıənt] *Kind, Antwort usw.*: trotzig

deficiency [dı'fıʃnsı] Mangel (*auch medizinisch*)

deficient [dı'fıʃnt] mangelhaft, unzureichend; **vitamin-deficient** vitaminarm

deficit ['defəsıt] *an Geld*: Defizit, Fehlbetrag

define [dı'faın] **1** definieren (*Wort, Begriff usw.*) **2** bestimmen, festlegen (*Kompetenz, Pflichten usw.*)

definite ['defənət] **1** *Entscheidung, Bescheid usw.*: endgültig, definitiv **2** **the definite article** *Sprache*: der bestimmte Artikel

definitely ['defənətlı] **1** entscheiden **2** endgültig, definitiv **3** **definitely!** als Antwort: bestimmt!, aber klar!; **definitely not!** mit Sicherheit nicht!

definition [,defə'nıʃn] **1** *von Wort*: Definition **2** *von Kompetenzen usw.*: Festlegung **3** *von Bildschirm usw.*: Bildschärfe

definitive [dı'fınətıv] **1** *Aussage usw.*: entschieden **2** *Buch zu einem Thema*: maßgeblich

deflate [dı'fleıt] **1** (*Reifen, Ballon*) Luft verlieren **2** *aus Reifen, Ballon*: die Luft ablassen aus

deforestation [,di:fɒrı'steıʃn] Abholzung

deformed [dı'fɔ:md] deformiert, *Person auch*: missgestaltet

defraud [dɪˈfrɔːd] betrügen (**of** um)
defrost [ˌdiːˈfrɒst] **1** entfrosten (*Windschutzscheibe usw.*) **2** abtauen (lassen) (*Kühlschrank usw.*) **3** auftauen (lassen) (*Tiefkühlkost usw.*)
deft [deft] gewandt, geschickt
defuse [ˌdiːˈfjuːz] entschärfen (*Bombe, Lage usw.*)
degradable [dɪˈɡreɪdəbl] *Müll usw.*: abbaubar
★**degree** [dɪˈɡriː] **1** (≈ *Intensität*) Grad, Stufe; **by degrees** allmählich, nach und nach; **to some** (*oder* **a certain**) **degree** ziemlich, bis zu einem gewissen Grad; **to a high degree** in hohem Maße **2** *Maßeinheit*: Grad; **an angle of 90 degrees** ein Winkel von 90 Grad; **degree of latitude** (*bzw.* **longitude**) Breitengrad (*bzw.* Längengrad) **3** *Universität*: Grad, Abschluss; **get one's degree** seinen akademischen Grad erhalten; **do a degree** studieren; **when did you do your degree?** wann haben Sie das Examen gemacht?; **I've got a degree in history** ich habe ein abgeschlossenes Geschichtsstudium, *auch*: ich habe Geschichte studiert
dehydrate [ˌdiːˈhaɪdreɪt] Wasser entziehen, dehydrieren; **dehydrated vegetables** *pl* Trockengemüse
deice [ˌdiːˈaɪs] enteisen (*Windschutzscheibe usw.*)
deign [⚠ dein] **deign to do something** sich herablassen, etwas zu tun (*auch humorvoll*)
dejected [dɪˈdʒektɪd] niedergeschlagen
★**delay¹** [dɪˈleɪ] **1** verschieben, hinausschieben (*Entscheidung, Reise, Vorhaben usw.*); **be delayed** (*Beginn einer Veranstaltung usw.*) sich verzögern **2** aufhalten; **my train was delayed by fog** mein Zug hatte wegen Nebels Verspätung
★**delay²** [dɪˈleɪ] **1** Verschiebung, Verzögerung; **without delay** unverzüglich **2** *von Zug, Flug usw.*: Verspätung; **all train services are subject to delay** bei allen Zügen ist mit Verspätungen zu rechnen
delaying tactics [dɪˈleɪɪŋˌtæktɪks] *pl* Hinhaltetaktik, Verzögerungstaktik
delegate¹ [ˈdelɪɡət] für Versammlung, Parteitag *usw.*: Delegierte(r)
delegate² [ˈdelɪɡeɪt] **1** abordnen, delegieren (*Person*) **2** übertragen (*Verantwortung, Vollmachten usw.*) (**to**; *Dativ*)
delegation [ˌdelɪˈɡeɪʃn] **1** *Gruppe von Personen*: Abordnung, Delegation **2** *von Vollmacht usw.*: Übertragung
★**delete** [dɪˈliːt] **1** *in einem Text*: streichen, ausstreichen; **delete where inapplicable** Nichtzutreffendes bitte streichen **2** *am Computer*: löschen
delete key [dɪˈliːt‿kiː] *Computer*: Löschtaste
deli [ˈdelɪ] *umg abk für* → **delicatessen**
deliberate¹ [dɪˈlɪbərət] **1** *Tat, Beleidigung usw.*: bewusst, absichtlich **2** (≈ *langsam und vorsichtig*) bedächtig, besonnen
deliberate² [dɪˈlɪbəreɪt] nachdenken (**on** über) (*ein Problem usw.*), überlegen
delicacy [ˈdelɪkəsɪ] **1** *Speise*: Delikatesse, Leckerbissen **2** (≈ *Feinfühligkeit*) Takt **3** **a matter of great delicacy** eine sehr heikle Angelegenheit
delicate [ˈdelɪkət] **1** *Material usw.*: zart, fein, zerbrechlich **2** *Problem, Frage usw.*: delikat, heikel **3** *Person, bes. Kind*: zart, empfindlich (*gesundheitlich*) **4** *Figur usw.*: zierlich
delicatessen [ˌdelɪkəˈtesn] *pl* Feinkostgeschäft (⚠ *Delikatesse* = **delicacy**)
★**delicious** [dɪˈlɪʃəs] *Speise, Getränk*: köstlich
delight¹ [dɪˈlaɪt] Vergnügen, Entzücken; **to my delight** zu meiner Freude; **take delight in something** an etwas Freude haben
delight² [dɪˈlaɪt] (*Buch, Film, Musik usw.*) erfreuen, entzücken (*Leser, Publikum usw.*); **I'm delighted** ich bin entzückt, das freut mich sehr
★**delightful** [dɪˈlaɪtfl] *Person, Landschaft usw.*: entzückend, reizend
delinquent¹ [dɪˈlɪŋkwənt] straffällig
delinquent² [dɪˈlɪŋkwənt] Delinquent(in), Straffällige(r)
deliver [dɪˈlɪvə] **1** liefern (*Waren usw.*); **delivered free of charge** frei Haus (geliefert) **2** zustellen (*Brief, Paket usw.*) **3** halten (*Rede, Vortrag usw.*) (**to** vor) **4** zur Welt bringen (*Baby*)
delivery [dɪˈlɪvərɪ] **1** *von Waren*: Lieferung; **on delivery** bei Lieferung, bei Empfang; **cash on delivery** per Nachnahme **2** *von Brief, Paket usw.*: Zustellung **3** *von Rede usw.*: Vortragsweise **4** (≈ *Geburt*) Entbindung; **delivery room** Kreißsaal
delivery charge [dɪˈlɪvərɪ‿tʃɑːdʒ] **1** Lieferkosten **2** *für Post*: Zustellgebühr
delivery date [dɪˈlɪvərɪ‿deɪt] Liefertermin
delivery man [dɪˈlɪvərɪ‿mæn] *pl*: **delivery men** [dɪˈlɪvərɪ‿men] Lieferant
delivery note [dɪˈlɪvərɪ‿nəʊt] Lieferschein
delivery service [dɪˈlɪvərɪˌsɜːvɪs] Zustelldienst, Lieferservice
delivery woman [dɪˈlɪvərɪˌwʊmən] *pl*: **delivery women** [dɪˈlɪvərɪˌwɪmɪn] Lieferantin

delta ['deltə] Delta, Flussdelta

delude [dɪ'lu:d] *über einen Sachverhalt:* täuschen, irreführen; **stop deluding yourself** mach dir doch nichts vor!

deluge [⚠ 'delju:dʒ] **1** Überschwemmung **2** *übertragen* Flut, Unmenge

delusion [dɪ'lu:ʒn] Illusion, Wahn; **delusions of grandeur** Größenwahn

deluxe [də'lʌks] Luxus…, De-Luxe-…

delve [delv] **1 delve into** sich vertiefen in (*ein Thema usw.*); **delve into someone's past** in jemandes Vergangenheit nachforschen **2 delve in(to) one's pockets** in seinen Taschen wühlen (**for** nach)

★**demand**[1] [dɪ'mɑ:nd] **1** (*Person*) fordern, verlangen (**of, from** von) **2** (*Problem, Situation usw.*) erfordern, verlangen

★**demand**[2] [dɪ'mɑ:nd] **1** *von Person:* Forderung (**for** nach); **on demand** auf Verlangen; **make demands on someone** Forderungen an jemanden stellen **2** *von Problem, Situation usw.:* Anforderung (**on** an), Beanspruchung; **make great demands on** stark in Anspruch nehmen, große Anforderungen stellen an **3** *wirtschaftlich:* Nachfrage (**for** nach), Bedarf (**for** an); **be in great demand** sehr gefragt sein; **there's no demand for it** es besteht keine Nachfrage danach; **supply and demand** Angebot und Nachfrage

demanding [dɪ'mɑ:ndɪŋ] *Aufgabe, Arbeit usw.:* anspruchsvoll

demi… ['demɪ] *in Zusammensetzungen:* Halb…, halb…

demo ['deməʊ] *pl:* **demos** ['deməʊz] *umg* Demo (*Demonstration*)

★**democracy** [dɪ'mɒkrəsɪ] Demokratie

democrat ['deməkræt] Demokrat(in)

Democrat ['deməkræt] *in USA:* Demokrat(in) (*Mitglied bzw. Anhänger der demokratischen Partei*)

★**democratic** [,demə'krætɪk] demokratisch

demolish [dɪ'mɒlɪʃ] **1** abreißen, abbrechen (*Gebäude*) **2** *übertragen* vernichten, zunichtemachen (*Plan, Theorie usw.*) **3** *umg* verdrücken (*Essen*)

demolition [,demə'lɪʃn] **1** *von Gebäude:* Abriss, Abbruch **2** *übertragen* Zerstörung

demonstrate ['demənstreɪt] **1** demonstrieren, beweisen (*Tatsache, Sachverhalt*) **2** *durch ein Beispiel, Experiment usw.:* darlegen, veranschaulichen **3** *Politik:* demonstrieren

demonstration [,demən'streɪʃn] **1** (≈ Kundgebung) Demonstration **2** *von Gerät:* Vorführung

demonstrative [dɪ'mɒnstrətɪv] **1** demonstrativ; **demonstrative pronoun** Demonstrativpronomen **2 be demonstrative** seine Gefühle (offen) zeigen

demonstrator ['demənstreɪtə] *Politik:* Demonstrant(in)

demoralize [dɪ'mɒrəlaɪz] demoralisieren

demotivate [,di:'məʊtɪveɪt] demotivieren

den [den] **1** *von Tier:* Höhle (*auch übertragen*); **den of vice** Lasterhöhle **2** *umg* (≈ *kleines, gemütliches Zimmer*) Bude

denial [dɪ'naɪəl] **1** *von Bitte usw.:* Ablehnung **2** *von Schuld usw.:* Leugnung; **official denial** Dementi

★**Denmark** ['denmɑ:k] Dänemark

denominator [dɪ'nɒmɪneɪtə] *Mathematik:* Nenner; **(lowest) common denominator** (kleinster) gemeinsamer Nenner (*auch übertragen*)

denounce [dɪ'naʊns] **1** (≈ *öffentlich kritisieren*) anprangern **2** *bei den Behörden:* anzeigen, denunzieren (**to** bei)

dense [dens] **1** *allg.:* dicht; **densely populated** dicht bevölkert **2** *umg, übertragen* beschränkt, begriffsstutzig

density ['densətɪ] Dichte; **traffic density** Verkehrsdichte

dent[1] [dent] **1** *in Oberfläche:* Beule, Delle, Einbeulung **2 the holiday has made a big dent in our finances** der Urlaub hat ein großes Loch in unsere Finanzen gerissen

dent[2] [dent] **1** eindellen, verbeulen (*Oberfläche, bes. Karosserie*) **2** *übertragen* anknacksen (*Stolz, Selbstvertrauen usw.*)

dental ['dentl] Zahn…, Mund…; **dental floss** Zahnseide; **dental hygienist** Dentalhygieniker(in); **dental nurse** Zahnarzthelfer(in); **dental surgeon** Zahnarzt, Zahnärztin

★**dentist** ['dentɪst] Zahnarzt, Zahnärztin

dentistry ['dentɪstrɪ] Zahnmedizin

denture fixative ['dentʃə,fɪksətɪv] Haftcreme

dentures ['dentʃəz] *pl* Zahnprothese, Gebiss

denunciation [dɪ,nʌnsɪ'eɪʃn] **1** (≈ *öffentliche Kritik*) Anprangerung **2** *bei Behörde:* Anzeige, Denunziation

★**deny** [dɪ'naɪ] **1** abstreiten, bestreiten (*Behauptung, Vermutung usw.*) **2** *öffentlich auch:* dementieren **3** *vor Gericht auch:* leugnen **4** ablehnen (*Bitte usw.*); **I simply can't deny my daughter anything** ich kann meiner Tochter einfach nichts abschlagen

deodorant [di:'əʊdərənt] Deo, Deodorant

★**depart** [dɪ'pɑ:t] **1** *allg.:* abreisen, abfahren

(**for** nach) **2** (*Flugzeug*) abfliegen **3 depart this life** *förmlich* dahinscheiden; **the departed** der (die) Verstorbene, die Verstorbenen *pl*

★**department** [dɪˈpɑːtmənt] **1** *in Firma, Kaufhaus, Behörde usw.*: Abteilung; **head of department** Abteilungsleiter(in) **2** *Politik*: Ministerium; **Department of the Environment** Umweltministerium; **State Department** *US* Außenministerium **3** *an Universität*: Institut, Seminar; **German Department** deutsches Seminar; **History Department** Institut für Geschichte

★**department store** [dɪˈpɑːtmənt‿stɔː] Kaufhaus, Warenhaus

★**departure** [dɪˈpɑːtʃə] **1** *allg.*: Abreise, Abfahrt **2** *mit Flugzeug*: Abflug **3 departures** *pl, auf Fahrplan*: Abfahrt, *im Flughafen*: Abflug; **departure gate** Flugsteig; **departure lounge** Abflughalle; **departure time** Abflugzeit

depend [dɪˈpend] **it** (*oder* **that**) **depends** *auf eine Frage*: das kommt darauf an

PHRASAL VERBS

depend on *oder* **upon** [dɪˈpend‿ɒn *oder* əˌpɒn] **1** sich verlassen auf; **you can depend on her** man kann sich auf sie verlassen **2** abhängen von, abhängig sein von; **the region completely depends on tourism** die Region ist völlig auf den Tourismus angewiesen **3 it all depends on whether** (*oder* **how**) ... es kommt ganz darauf an, ob (*oder* wie) ...

dependable [dɪˈpendəbl] zuverlässig, verlässlich

dependant [dɪˈpendənt] *Br* Angehörige(r) (*bes. Kinder*)

dependence [dɪˈpendəns] **1** Abhängigkeit (**on** von) **2** Vertrauen (**on** auf)

dependent[1] [dɪˈpendənt] *allg.*: abhängig (**on** von), angewiesen (**on** auf); **be dependent on heroin** heroinabhängig sein

dependent[2] [dɪˈpendənt] *US* Angehörige(r) (*bes. Kinder*); → dependant *Br*

depict [dɪˈpɪkt] **1** *auf einem Bild*: darstellen **2** *übertragen* schildern, beschreiben

deplorable [dɪˈplɔːrəbl] bedauerlich, bedauernswert

deplore [dɪˈplɔː] bedauern, beklagen

deport [dɪˈpɔːt] ausweisen, abschieben (*Ausländer*)

deportation [ˌdiːpɔːˈteɪʃn] Ausweisung, Abschiebung

deposit[1] [dɪˈpɒzɪt] **1** absetzen, abstellen (*Last*) **2** *auf Konto, in Schließfach*: deponieren, hinterlegen (*Wertsachen, Geld*) (**with** bei) **3** *in Flussbett usw.*: ablagern (*Sand, Geröll usw.*)

deposit[2] [dɪˈpɒzɪt] **1** *bei Ratenkauf usw.*: Anzahlung; **put down a deposit** eine Anzahlung leisten (**on** für) **2** *für Mietwohnung usw.*: Kaution **3** *auf Bankkonto*: Guthaben; **deposit account** Sparkonto **4** (≈ *das Einzahlen*) Einzahlung **5** *für Mehrwegverpackungen*: Pfand, ⓦ Depot **6** *in Flussbett, Leitung usw.*: Ablagerung

depot [ˈdepəʊ] **1** Depot, Lager(haus) **2** *US; Bahn*: Bahnhof

depreciate [dɪˈpriːʃɪeɪt] **1** im Wert mindern **2** abwerten (*Währung*) **3** (*Auto usw.*) an Wert verlieren

depreciation [dɪˌpriːʃɪˈeɪʃn] **1** Wertminderung **2** *von Währung*: Abwertung

depress [dɪˈpres] (*Missgeschick, Wetter usw.*) deprimieren, bedrücken

depressant [dɪˈpresnt] *medizinisch*: Beruhigungsmittel

depressed [dɪˈprest] **1** *Person*: deprimiert, niedergeschlagen; **I'm** (**feeling**) **depressed** ich bin deprimiert **2** *Geschäfte, Wirtschaft*: schleppend, flau **3** *Industrie, Wirtschaftszweig*: Not leidend

depression [dɪˈpreʃn] **1** *psychisch*: Depression, Niedergeschlagenheit **2** *im Boden*: Senkung, Vertiefung **3** *wirtschaftlich*: Depression, Flaute **4** *Wetter*: Tief, Tiefdruckgebiet

deprivation [ˌdeprɪˈveɪʃn] **1** Beraubung (*von Rechten*), Entzug (*von Schlaf, Freiheit*) **2** (≈ *Not*) Entbehrung

PHRASAL VERBS

deprive of [dɪˈpraɪv‿əv] **deprive someone of something** jemandem etwas entziehen; **be deprived of something** etwas entbehren (müssen)

deprived [dɪˈpraɪvd] benachteiligt

★**depth** [depθ] **1** Tiefe (*auch übertragen*); **at a depth of** in einer Tiefe von; **five feet in depth** fünf Fuß tief; **in the depths of winter** im tiefsten Winter **2 discuss something in depth** etwas bis in alle Einzelheiten (*oder* eingehend) diskutieren

deputy [ˈdepjʊtɪ] **1** *von Führungskraft*: Stellvertreter(in); **deputy head of department** stellvertretende(r) Abteilungsleiter(in) **2** *in manchen Ländern*: Abgeordnete(r) **3** *US* Hilfssheriff

derail [dɪˈreɪl] entgleisen

deranged [dɪˈreɪndʒd] *auch* **mentally deranged** geistesgestört

derby [⚠ 'dɑːbɪ] **1** Br; Sport: Derby; **local derby** Lokalderby **2** AE; Hut: Melone

derelict [ˈderəlɪkt] Gebäude: heruntergekommen, baufällig

derision [dɪˈrɪʒn] Hohn, Spott

derisive [dɪˈraɪsɪv] höhnisch, spöttisch; **derisive laughter** Hohngelächter

derisory [dɪˈraɪsərɪ] **1** Summe, Angebot: lächerlich **2** spöttisch

derivation [ˌderɪˈveɪʃn] von Wort: Herkunft, Abstammung

derivative [dɪˈrɪvətɪv] **1** Wort: Ableitung, Derivat **2** Chemie: Derivat

derive [dɪˈraɪv] **1** (Wort, Bedeutung usw.) sich herleiten, sich ableiten (**from** von) **2** **derive pleasure from something** an etwas Freude finden (oder haben) **3** ableiten (Wort, Bedeutung usw.)

dermatologist [ˌdɜːməˈtɒlədʒɪst] Hautarzt, Hautärztin

derogatory [dɪˈrɒgətərɪ] Bemerkung usw.: abfällig, geringschätzig

descend [dɪˈsend] mst. förmlich (≈ sich von oben nach unten bewegen) hinabsteigen, hinuntergehen

───────── PHRASAL VERBS ─────────

descend from [dɪˈsend_frɒm] **1** (Person) abstammen von **2** (Brauch, Tradition, usw.) stammen von

───────────────────────────

descendant [dɪˈsendənt] von Vorfahren: Nachkomme, Abkömmling

descent [dɪˈsent] von den Vorfahren: Abstammung, Herkunft; **Michael's of French descent** Michael ist französischer Herkunft

★**describe** [dɪˈskraɪb] **1** beschreiben (Person, Gegenstand usw.) **2** beschreiben, schildern (Situation, Sachverhalt); **he described her as rather bitchy** er schilderte sie als ziemlich gehässig

★**description** [dɪˈskrɪpʃn] allg.: Beschreibung, Schilderung; **beyond description** unbeschreiblich

★**desert¹** [dɪˈzɜːt] **1** verlassen (Partner) **2** auch: im Stich lassen (Familie, Kinder usw.) **3** vom Militär: desertieren

★**desert²** [⚠ ˈdezət] Wüste

deserted [dɪˈzɜːtɪd] Insel, Geisterstadt usw.: verlassen, unbewohnt; **the streets were deserted** die Straßen waren menschenleer (oder wie ausgestorben)

deserter [dɪˈzɜːtə] vom Militär: Deserteur

desertion [dɪˈzɜːʃn] **1** von Partner: Verlassen **2** vom Militär: Desertion, Fahnenflucht

desert island [ˌdezətˈaɪlənd] einsame Insel

deserts [dɪˈzɜːts] pl, **get one's just deserts** mst.: seine verdiente Strafe bekommen

★**deserve** [dɪˈzɜːv] verdienen, verdient haben (Lob, Anerkennung, Erfolg usw.) (⚠ Geld verdienen = **earn money**)

design¹ [dɪˈzaɪn] **1** entwerfen (Plan für Gebäude usw.) **2** auch: konstruieren (Maschine); **a well designed machine** eine gut durchkonstruierte Maschine **3** ausdenken, ersinnen (Plan, Konzept für ein Vorhaben usw.) **4** **this dictionary is designed for intermediate users** dieses Wörterbuch ist für Benutzer mit Vorkenntnissen bestimmt (oder konzipiert)

design² [dɪˈzaɪn] **1** von Bauplan usw.: Entwurf; **it was a good/faulty design** es war gut/schlecht konstruiert **2** für Maschine: Konstruktionszeichnung **3** in der Mode usw.: Design, Muster

designer [dɪˈzaɪnə] **1** allg.: Designer(in) **2** von Maschinen: Konstrukteur(in) **3** von Kleidern auch: Modeschöpfer(in)

designer drug [dɪˌzaɪnəˈdrʌg] Designerdroge

design fault [dɪˈzaɪn_fɔːlt] Konstruktionsfehler, Designfehler

desirable [dɪˈzaɪərəbl] **1** Kenntnisse, Fertigkeiten usw.: wünschenswert, erwünscht **2** Person: begehrenswert

desire¹ [dɪˈzaɪə] wünschen; **if desired** auf Wunsch; **leave much** (bzw. **nothing**) **to be desired** viel (bzw. nichts) zu wünschen übrig lassen

desire² [dɪˈzaɪə] **1** Wunsch (**for** nach); **I have no desire to see her** ich habe kein Verlangen, sie zu sehen (= ich will sie nicht sehen) **2** Begierde (auch sexuell) (**for** nach); **desire for knowledge** Wissensdurst

★**desk** [desk] **1** im Büro usw.: Schreibtisch, in Schule: Schulbank **2** im Hotel: Empfang, Rezeption **3** in Laden: Kasse, Ⓐ Kassa

desk lamp [ˈdesk_læmp] Schreibtischlampe

desktop [ˈdesktɒp] mst.: Desktop...; **desktop computer** auch: Tischrechner

desolate [ˈdesələt] **1** Gegend usw.: trostlos **2** Person: einsam, verlassen **3** Reaktion usw.: verzweifelt

★**despair** [dɪˈspeə] Verzweiflung (**about, at** über); **be in despair** verzweifelt sein; **drive someone to despair** jemanden zur Verzweiflung bringen

despatch [dɪˈspætʃ] → dispatch¹, dispatch²

★**desperate** [ˈdespərət] **1** Anstrengung, Lage,

Person: verzweifelt; **we're desperate for a holiday** wir haben dringend einen Urlaub nötig; **we're in desperate need of a larger flat** wir brauchen äußerst dringend eine größere Wohnung; **she's desperate to get this job** sie will diesen Job unbedingt haben ◱ *Notlage, Situation usw.*: hoffnungslos, schrecklich

desperation [ˌdespəˈreɪʃn] Verzweiflung; **in desperation** verzweifelt; **drive someone to desperation** jemanden zur Verzweiflung bringen

despicable [dɪˈspɪkəbl] verachtenswert, verabscheuungswürdig

despise [dɪˈspaɪz] verachten (*Person*)

despite [dɪˈspaɪt] trotz (+ Genitiv oder Dativ); **despite my warning ...** trotz meiner Warnung ...; **despite what I said ...** trotz allem, was ich sagte, ...

despondent [dɪˈspɒndənt] mutlos, verzagt

★**dessert** [⚠ dɪˈzɜːt] Dessert, Nachtisch, Ⓐ Mehlspeise

destination [ˌdestɪˈneɪʃn] ◱ *von Waren usw.*: Bestimmungsort ◲ *von Personen*: Reiseziel

destined [ˈdestɪnd] ◱ **be destined to do something** dazu bestimmt sein, etwas zu tun ◲ **destined for** *Schiff usw.*: unterwegs nach

destiny [ˈdestəni] Schicksal; **he met his destiny** sein Schicksal ereilte ihn

destitute [ˈdestɪtjuːt] (völlig) verarmt

destitution [ˌdestɪˈtjuːʃn] (völlige) Armut

★**destroy** [dɪˈstrɔɪ] ◱ *allg.*: zerstören, *auch*: kaputt machen (*Spielsachen usw.*) ◲ vernichten (*Feind, Ungeziefer usw.*) ◳ töten, einschläfern (*Tier*) ◴ ruinieren (*Gesundheit, Leben, Ruf usw.*) ◵ zunichtemachen, zerstören (*Hoffnungen, Erwartungen usw.*)

★**destruction** [dɪˈstrʌkʃn] *allg.*: Zerstörung

destructive [dɪˈstrʌktɪv] ◱ zerstörend, vernichtend ◲ *Kritik usw.*: destruktiv

detach [dɪˈtætʃ] ◱ abtrennen (*Formular usw.*), loslösen (**from** von) ◲ abnehmen (*Teil eines Geräts usw.*) (**from** von)

detachable [dɪˈtætʃəbl] abnehmbar

detached [dɪˈtætʃt] ◱ *Verhalten, Person*: kühl, distanziert ◲ *Urteil, Meinung*: distanziert, unvoreingenommen ◳ **detached house** frei stehendes Haus, Einzelhaus

detachment [dɪˈtætʃmənt] *gefühlsmäßig*: Abstand, Distanz

★**detail** [ˈdiːteɪl] Detail, Einzelheit; **details** *pl* Näheres; **for further details contact our personnel manager** Näheres erfahren Sie bei unserem Personalchef; **in detail** ausführlich, in allen Einzelheiten; **go into detail** ins Einzelne gehen, auf Einzelheiten eingehen

detailed [ˈdiːteɪld] *Bericht, Darstellung usw.*: detailliert, ausführlich, eingehend

detain [dɪˈteɪn] ◱ (≈ *am Gehen hindern*) aufhalten; **I won't detain you long** ich halte dich nicht lang auf ◲ (*Polizei*) in Haft nehmen, festhalten

detect [dɪˈtekt] ◱ bemerken, wahrnehmen (*Gefühlsregung, Geruch usw.*) ◲ entdecken, erkennen (*Krankheit, bislang Unbekanntes*)

detection [dɪˈtekʃn] *von Krankheit usw.*: Entdeckung, Erkennung

detective [dɪˈtektɪv] Detektiv(in), Kriminalbeamte(r); **detective story** Kriminalroman

détente [ˈdeɪtɒnt] *Politik*: Entspannung

detention [dɪˈtenʃn] ◱ polizeiliche Maßnahme: Inhaftierung ◲ *Freiheitsstrafe*: Haft ◳ *in der Schule*: Nachsitzen

deter [dɪˈtɜː] *deterred, deterred* abschrecken (**from** von)

detergent [dɪˈtɜːdʒənt] Reinigungsmittel, Waschmittel, *für Geschirr*: Spülmittel

deteriorate [dɪˈtɪərɪəreɪt] ◱ sich verschlechtern, schlechter werden ◲ (*Material*) verderben

deterioration [dɪˌtɪərɪəˈreɪʃn] Verschlechterung

determination [dɪˌtɜːmɪˈneɪʃn] ◱ *Charaktermerkmal*: Entschlossenheit, Bestimmtheit ◲ *von Persönlichkeitsentwicklung, Zukunft usw.*: Determinierung, Bestimmung

determine [dɪˈtɜːmɪn] ◱ (≈ *entscheidend sein für*) bestimmen, determinieren (*Persönlichkeit, Zukunft*) ◲ (≈ *beschließen*) bestimmen, festsetzen (*Zeitpunkt usw.*) ◳ festlegen, festsetzen (*Preis, Bedingungen usw.*)

★**determined** [dɪˈtɜːmɪnd] *Person, Auftreten usw.*: entschlossen

deterrent [dɪˈterənt] Abschreckungsmittel (**to** für)

detest [dɪˈtest] verabscheuen, hassen; **I detest having to work under pressure** ich hasse es, unter Zeitdruck arbeiten zu müssen

detestable [dɪˈtestəbl] abscheulich

detonate [⚠ ˈdetəneɪt] ◱ zünden (*Sprengsatz*) ◲ (*Bombe usw.*) detonieren, explodieren

detonation [⚠ ˌdetəˈneɪʃn] Detonation, Explosion

detour¹ [ˈdiːtʊə] ◱ Umweg; **make a detour** einen Umweg machen ◲ *im Straßenverkehr*: Umleitung

detour² [ˈdiːtʊə] ◱ *bes. US* einen Umweg machen ◲ umleiten (*Verkehr*)

detox [ˌdiːˈtɒks] *umg* eine Entziehungskur ma-

chen
detoxification [diːˌtɒksɪfɪˈkeɪʃn] Entgiftung
detoxify [ˌdiːˈtɒksɪfaɪ] entgiften
detrimental [ˌdetrɪˈmentl] nachteilig (**to** für); **detrimental to one's health** gesundheitsschädlich
deuce [djuːs] *Tennis:* Einstand
devaluation [ˌdiːvæljʊˈeɪʃn] *von Währung:* Abwertung
devalue [ˌdiːˈvæljuː] abwerten (*Währung*) (**against** gegenüber)
devastate ['devəsteɪt] ◨ verwüsten (*Region, Land*) ◪ *umg* (≈ *schockieren*) umhauen
devastating ['devəsteɪtɪŋ] ◨ *Flut, Sturm usw.:* verheerend, vernichtend (*auch Kritik usw.*) ◪ *Nachricht usw.:* niederschmetternd
devastation [ˌdevəˈsteɪʃn] Verwüstung
★**develop** [dɪˈveləp] ◨ *allg.:* entwickeln (*Plan, Produkt; auch: Film*) ◪ (*Kinder; auch: Angelegenheit, Vorhaben usw.*) sich entwickeln (**into** zu) ◫ bekommen (*Krankheit, Fieber usw.*) ◩ erschließen (*Bauland*) ◪ sanieren (*Altstadt usw.*)
developer [dɪˈveləpə] ◨ Häusermakler(in) ◪ *Fotografie:* Entwickler(in) ◫ **late developer** *Kind:* Spätentwickler
developing [dɪˈveləpɪŋ] **developing country** Entwicklungsland
★**development** [dɪˈveləpmənt] ◨ *allg.:* Entwicklung; **development aid** Entwicklungshilfe ◪ *von Bauland:* Erschließung ◫ *von Altstadt usw.:* Sanierung ◩ **office development** Bürokomplex
deviate ['diːvɪeɪt] *von Norm, Route, Plan usw.:* abweichen (**from** von)
deviation [ˌdiːvɪˈeɪʃən] *von Norm, Route, Plan usw.:* Abweichung
device [dɪˈvaɪs] (≈ *Apparatur*) Vorrichtung, Gerät; (**explosive**) **device** Sprengkörper
★**devil** ['devl] ◨ *allg.:* Teufel ◪ *in Wendungen:* **he's a poor devil** er ist ein armer Teufel; **like the devil** *umg* wie der Teufel, wie verrückt; **go to the devil!** scher dich zum Teufel!; **speak** (*oder* **talk**) **of the devil!** wenn man vom Teufel spricht!
devious ['diːvɪəs] verschlagen, unaufrichtig; **by devious means** auf krummen Wegen
devise [dɪˈvaɪz] (sich) ausdenken, ersinnen
devoid [dɪˈvɔɪd] **devoid of** ohne; **devoid of feeling** gefühllos
devolution [ˌdiːvəˈluːʃn] *Politik:* Dezentralisierung
devote [dɪˈvəʊt] widmen (*Energie, Leben, Zeit usw.*) (**to**; *Dativ*); **she devoted herself to literature** sie widmete sich der Literatur
devoted [dɪˈvəʊtɪd] ◨ *Mutter, Vater usw.:* hingebungsvoll, aufopfernd ◪ *Freund:* treu ◫ *Anhänger, Verfechter:* eifrig, begeistert
devotion [dɪˈvəʊʃn] ◨ *bezüglich Arbeit, Aufgabe usw.:* Hingabe, Aufopferung ◪ *an Person:* Treue
devour [dɪˈvaʊə] verschlingen (*Essen, Buch usw.*)
dew [djuː] (≈ *Wassertröpfchen an Pflanzen usw.*) der Tau
dexterity [dekˈsterətɪ] Gewandtheit, Geschicklichkeit
dexterous ['dekstərəs], **dextrous** ['dekstrəs] gewandt, geschickt
diabetes [ˌdaɪəˈbiːtiːz] *Medizin:* Diabetes, Zuckerkrankheit; **he suffers from diabetes** er hat Zucker
diabetic[1] [ˌdaɪəˈbetɪk] zuckerkrank; **she's diabetic** sie ist zuckerkrank, sie ist Diabetikerin
diabetic[2] [ˌdaɪəˈbetɪk] Diabetiker(in), Zuckerkranke(r)
diabolical [ˌdaɪəˈbɒlɪkl] ◨ *Tat, Absicht, Schmerzen usw.:* diabolisch, teuflisch ◪ *umg; Wetter usw.:* scheußlich, widerlich
diagnose ['daɪəɡnəʊz] *Medizin:* diagnostizieren (*auch übertragen*)
diagnosis [ˌdaɪəɡˈnəʊsɪs] *pl:* diagnoses [ˌdaɪəɡˈnəʊsiːz] *Medizin:* Diagnose (*auch übertragen*); **give** (*oder* **make**) **a diagnosis** eine Diagnose stellen
diagnostic [ˌdaɪəɡˈnɒstɪk] diagnostisch; **diagnostic tester** Diagnosetester; **diagnostic tool** Diagnosetool
diagonal[1] [daɪˈæɡənl] diagonal
diagonal[2] [daɪˈæɡənl] *Mathematik:* Diagonale
diagram ['daɪəɡræm] Diagramm, grafische Darstellung; **as shown in the diagram** wie das Diagramm/die grafische Darstellung zeigt
★**dial**[1] ['daɪəl] ◨ *von Uhr:* Zifferblatt ◪ *von Messinstrument:* Skala ◫ *von älteren Telefonen:* Wählscheibe
★**dial**[2] ['daɪəl], dialled, dialled, *US* dialed, dialed *Telefon:* wählen; **dial direct** durchwählen (**to** nach); **dial the wrong number** sich verwählen
dialect ['daɪəlekt] Dialekt, Mundart
★**dialling code** ['daɪəlɪŋ ˌkəʊd] *Br; Telefon:* Vorwahl, Vorwahlnummer
dialling tone ['daɪəlɪŋ ˌtəʊn] *Br; Telefon:* Wählton
dialogue, *US* **dialog** ['daɪəlɒɡ] Dialog
dial tone ['daɪəl ˌtəʊn] *US; Telefon:* Wählton

diameter [daɪˈæmɪtə] Durchmesser; **be two metres in diameter** einen Durchmesser von zwei Metern haben

★**diamond** ['daɪəmənd] ◼ *Edelstein*: Diamant ◼ *Geometrie*: Raute, Rhombus ◼ **diamonds** *pl Kartenspiel*: Karo; **eight of diamonds** Karoacht

diaper ['daɪəpə] *US; für Babys*: Windel

diaphragm [⚠ 'daɪəfræm] ◼ Zwerchfell ◼ *zur Verhütung*: Diaphragma, Pessar

diarrhoea, *US* **diarrhea** [ˌdaɪəˈrɪə] *Medizin*: Durchfall

★**diary** ['daɪərɪ] ◼ *für persönliche Notizen*: Tagebuch ◼ *Br; zum Notieren von Terminen usw.*: Taschenkalender, Terminkalender; **desk/pocket diary** Schreibtisch-/Taschenkalender; **I've got it in my diary** es steht in meinem (Termin)kalender

★**dice**[1] [daɪs] *pl*: **dice** *für Spiele*: Würfel; **play dice** würfeln

dice[2] [daɪs] ◼ in Würfel schneiden (*Fleisch*) ◼ (≈ *spielen*) würfeln, knobeln (**for** um); **dice with death** *übertragen* mit dem Leben spielen

dicey ['daɪsɪ] *umg; Situation usw.*: heikel

dickens ['dɪkɪnz] **(bzw. what) the dickens ...?** *umg* wer (*bzw.* was) zum Teufel ...?

dictate [dɪkˈteɪt] ◼ diktieren (*Brief usw.*) (**to**: *Dativ*) ◼ *übertragen* diktieren, vorschreiben; **dictate to someone** jemandem Vorschriften machen

★**dictation** [dɪkˈteɪʃn] *in Schule, Büro*: Diktat

dictator [dɪkˈteɪtə] *Politik*: Diktator

★**dictatorship** [dɪkˈteɪtəʃɪp] *Politik*: Diktatur

★**dictionary** ['dɪkʃənrɪ] Wörterbuch

did [dɪd] 2. Form von → **do**

diddle ['dɪdl] *Br, umg* übers Ohr hauen; **diddle someone out of something** jemanden um etwas betrügen

didn't ['dɪdnt] *Kurzform von* **did not**

★**die** [daɪ], **died** [daɪd], **died** [daɪd]; *-ing-Form* **dying** ◼ sterben (**of** an); **die of hunger** (*bzw.* **thirst**) verhungern (*bzw.* verdursten); **he died a broken man** er starb als gebrochener Mann ◼ (*Pflanze, Tier*) eingehen, (*Tier auch*) verenden ◼ **I'm dying for a cup of tea** ich brauche jetzt unbedingt eine Tasse Tee; **she's dying to meet you** sie brennt darauf, dich kennenzulernen

―――――――――― PHRASAL VERBS

die away [ˌdaɪ_əˈweɪ] ◼ (*Lärm, Wind usw.*) sich legen ◼ (*Ton*) verhallen, leiser werden ◼ (*Ärger, Verstimmung*) sich legen

die out [ˌdaɪˈaʊt] aussterben (*auch übertragen*)

★**diesel** ['diːzl] Diesel (*Motor, Fahrzeug, Kraftstoff*)

diet[1] ['daɪət] ◼ *allg.*: Nahrung, Ernährung ◼ *medizinisch*: Diät; **be on a diet** auf Diät gesetzt sein, Diät leben, *zum Abnehmen*: eine Diät machen

diet[2] ['daɪət] Diät halten, Diät leben

differ ['dɪfə] ◼ *in Aussehen, Wesen usw.*: sich unterscheiden, verschieden sein (**from** von) ◼ (*Meinungen*) auseinandergehen ◼ *über Streitpunkt usw.*: sich nicht einig sein (**on**, **about**, **over** über)

★**difference** ['dɪfrəns] ◼ *allg.*: Unterschied; **difference in age, age difference** Altersunterschied; **difference in price, price difference** Preisunterschied; **it makes no difference to me** das ist mir gleich ◼ *auch* **difference of opinion** Meinungsverschiedenheit; **we settled our differences** wir haben unsere Meinungsverschiedenheiten beigelegt

★**different** ['dɪfrənt] ◼ (≈ *unterschiedlich*) verschieden, verschiedenartig, anders; **be different from** (*oder* **to**) anders sein als; **he's different** er ist anders; **that's different!** das ist etwas anderes!

differentiate [ˌdɪfəˈrenʃɪeɪt] ◼ differenzieren, unterscheiden (**between** zwischen) ◼ (≈ *auseinanderkennen*) unterscheiden (**from** von)

★**difficult** ['dɪfɪklt] ◼ ↔ **easy**; schwierig, schwer; **it was quite difficult for me to ...** es fiel mir schwer, zu ... ◼ *Person*: schwierig

★**difficulty** ['dɪfɪkltɪ] ◼ Schwierigkeit, Mühe; **with difficulty** mühsam, nur schwer; **have difficulty (in) doing something** Mühe haben, etwas zu tun ◼ *oft* **difficulties** *pl* Probleme, Schwierigkeiten (*auch finanziell*)

diffident ['dɪfɪdənt] schüchtern, zurückhaltend

diffuse[1] [dɪˈfjuːz] ◼ verbreiten (*Ideen usw.*) ◼ (*Ideen usw.*) sich verbreiten

diffuse[2] [dɪˈfjuːs] ◼ *Stil, Autor*: weitschweifig, langatmig ◼ *Gedanken usw.*: unklar ◼ **diffuse light** diffuses Licht

★**dig**[1] [dɪg], **dug** [dʌg], **dug** [dʌg]; *-ing-Form* **digging** ◼ graben (*Loch usw.*); **dig for something** nach etwas graben; **dig one's own grave** sich sein eigenes Grab schaufeln ◼ *mit Ellbogen usw.*: einen Stoß geben; **dig someone in the ribs** jemandem einen Rippenstoß geben ◼ **(have to) dig deep in(to) one's pocket** tief in die Tasche greifen (müssen)

―――――――――― PHRASAL VERBS

dig in [ˌdɪgˈɪn] ◼ *in Gartenerde*: eingraben, untergraben (*Kompost usw.*) ◼ *umg; beim Es-*

sen: reinhauen
dig up [ˌdɪgˈʌp] ausgraben (*Pflanze usw.; auch übertragen: fast Vergessenes*)

---

dig² [dɪg] **1** Rempler, Stoß; **a dig in the ribs** ein Rippenstoß **2** *übertragen* Seitenhieb (**at** auf)
digest¹ [daɪˈdʒest] verdauen (*auch übertragen*)
digest² [ˈdaɪdʒest] *Zeitschrift*: Digest, Auswahl (*aus verschiedenen Texten*)
digestible [daɪˈdʒestəbl] *Nahrung*: verdaulich
digestion [daɪˈdʒestʃən] Verdauung
digit [ˈdɪdʒɪt] *1, 2, 3, 4, 5 usw.*: Ziffer; **a five-digit number** eine fünfstellige Zahl
★**digital** [ˈdɪdʒɪtl] Digital...; **digital banking** Onlinebanking; **digital camera** Digitalkamera; **digital display** Digitalanzeige **digital radio** Digitalradio; **digital signal** Digitalsignal; **digital signature** digitale Signatur, elektronische Signatur; **digital technology** Digitaltechnik; **digital TV** Digitalfernsehen; **digital (video) recorder** Digitalrekorder; **digital watch** Digitaluhr
digital projector [ˌdɪdʒɪtl prəˈdʒektə] Beamer
dignified [ˈdɪgnɪfaɪd] *Person, Benehmen*: würdevoll
dignity [ˈdɪgnətɪ] *Haltung*: Würde; **it's beneath our dignity** das ist unter unserer Würde
dike [daɪk] → dyke
dilapidated [dɪˈlæpɪdeɪtɪd] *Haus usw.*: verfallen, baufällig
dilate [daɪˈleɪt] sich weiten, (*Pupillen*) sich erweitern
dilemma [dɪˈlemə] Dilemma
diligence [ˈdɪlɪdʒəns] **1** Fleiß **2** Sorgfalt
diligent [ˈdɪlɪdʒənt] fleißig
dillydally [ˈdɪlɪˌdælɪ] *umg* trödeln, herumtrödeln
dilute [daɪˈluːt] verdünnen (*Flüssigkeit*)
dim¹ [dɪm], (dimmer, dimmest) **1** *Licht, Lampe usw.*: schwach (*auch Erinnerung usw.*); **dimly lit** schwach erleuchtet **2** *Gestalt, Umrisse usw.*: undeutlich, verschwommen **3** *Farben*: matt **4** *umg* schwer von Begriff
dim² [dɪm], dimmed, dimmed **1** dämpfen (*Licht*) **2** (*Licht*) verlöschen, dunkler werden **3** **dim the headlights** *US*; *Auto*: abblenden
dime [daɪm] *US* Zehncentstück
dimension [daɪˈmenʃn] **1** *allg.*: Dimension (*auch übertragen*) **2** *räumlich*: Maß, Ausmaß; **what are the house's dimensions?** wie sind die Abmessungen des Hauses?
diminish [dɪˈmɪnɪʃ] **1** vermindern, verringern (*Enthusiasmus, Engagement usw.*) **2** (*Anzahl, Kräfte, Vorräte usw.*) sich verringern, weniger werden; **diminish in value** an Wert verlieren **3** schmälern (*Ansehen, Leistung usw.*)
dimmer [ˈdɪmə] **1** (≈ *Helligkeitsregler*) Dimmer **2** **dimmers** *pl, US* Abblendlicht, Standlicht (*am Auto*)
dimple [ˈdɪmpl] *in der Wange*: Grübchen
dimwit [ˈdɪmwɪt] *umg* Schwachkopf
dim-witted [ˌdɪmˈwɪtɪd] *umg* beschränkt, schwachsinnig
din [dɪn] Lärm, Getöse
dine [daɪn] speisen, essen; **dine out** auswärts essen
diner [ˈdaɪnə] **1** *in Restaurant*: Gast **2** *US; Eisenbahn*: Speisewagen **3** *US* kleines Restaurant
dinette [daɪˈnet] *US; in Küche*: Essecke
dinghy [ˈdɪŋɪ] **1** *Segelboot*: Dingi **2** Schlauchboot
dingy [ˈdɪndʒɪ] *Zimmer, Straße, Stadtviertel usw.*: schmuddelig
★**dining car** [ˈdaɪnɪŋ kɑː] *Eisenbahn*: Speisewagen
★**dining room** [ˈdaɪnɪŋ ruːm] Esszimmer
dining table [ˈdaɪnɪŋˌteɪbl] Esstisch
dinky [ˈdɪŋkɪ] *umg* **1** *Br* niedlich **2** *US, abwertend*: klein, unbedeutend
★**dinner** [ˈdɪnə] **1** *Hauptmahlzeit des Tages*: Mittagessen, Abendessen; **have dinner** zu Mittag (*oder* Abend) essen; **after dinner** nach dem Essen, nach Tisch; **at dinner** bei Tisch; **go out to dinner** auswärts essen (gehen) **2** (≈ *Festessen*) Diner; **at a dinner** auf (*oder* bei) einem Diner
dinner jacket [ˈdɪnəˌdʒækɪt] *Br* Smoking
★**dinner party** [ˈdɪnəˌpɑːtɪ] Abendessen(seinladung); **have a dinner party** zum Abendessen einladen
dinner table [ˈdɪnəˌteɪbl] Esstisch
dinnertime [ˈdɪnətaɪm] Essenszeit
dinosaur [ˈdaɪnəsɔː] Saurier, Dinosaurier
dip¹ [dɪp], dipped, dipped **1** *in Flüssigkeit, Soße usw.*: eintauchen (*Hand, Brotstück usw.*) (**in, into** in) **2** **dip the headlights** *Br; am Auto*: abblenden

---
PHRASAL VERBS

dip into [ˈdɪpˌɪntʊ] **1** *mit Buch, Zeitschrift usw.*: sich flüchtig befassen mit, einen Blick werfen in **2** **dip into one's pocket** (*oder* **purse**) *übertragen* tief in die Tasche greifen; **dip into one's savings** an seine Ersparnisse gehen

---

dip² [dɪp] **1** *Soße*: Dip **2** **have** (*US* **take**) **a dip**

mal schnell ins Wasser springen
diploma [dɪˈpləʊmə] Diplom
diplomacy [dɪˈpləʊməsɪ] *Politik:* Diplomatie *(auch übertragen)*
diplomat [ˈdɪpləmæt] Diplomat(in)
diplomatic [ˌdɪpləˈmætɪk] diplomatisch; **diplomatic corps** diplomatisches Korps
dire [ˈdaɪə] **1** grässlich, schrecklich **2 in dire poverty** in äußerster Armut **3 be in dire need of something** etwas ganz dringend brauchen
★**direct¹** [dəˈrekt] **1** richten, lenken *(Aufmerksamkeit, Lichtstrahl, Schritte usw.)* **(to, towards** auf) **2** richten *(Worte),* adressieren *(Brief)* **(to** an) **3** führen, leiten *(Betrieb usw.)* **4** *bei einem Film usw.:* Regie führen bei; **directed by** unter der Regie von
★**direct²** [dəˈrekt] **1** *allg.:* direkt **2** (≈ *ohne Unterbrechung)* direkt, unmittelbar; **direct flight** Direktflug; **direct train** durchgehender Zug **3** *Person, Bemerkung, Wesen:* direkt, offen; **she asked directly if ...** sie fragte direkt, ob ... **4 the direct opposite** das genaue Gegenteil **5** *Sprache:* **direct speech** direkte Rede; **direct object** direktes Objekt, Akkusativobjekt **6 dial direct** *Telefon:* durchwählen **(to** nach)
direct debit [dəˌrektˈdebɪt] *Br; vom Bankkonto:* Abbuchung; **pay by direct debit** per Abbuchungsauftrag bezahlen
★**direction** [dəˈrekʃn] **1** *räumlich:* Richtung; **in the direction of** in Richtung auf *(oder* nach); **from** *(bzw.* **in) all directions** aus *(bzw.* nach) allen Richtungen *(oder* Seiten); **sense of direction** Ortssinn, Orientierungssinn **2** *von Firma usw.:* Führung, Leitung **3** *bei Film, Theater:* Regie **4** (≈ *Instruktion)* Anweisung, Anleitung; **directions for use** Gebrauchsanweisung
director [dəˈrektə, daɪˈrektə] **1** *von Firma:* Direktor(in), Leiter(in); **board of directors** Gremium: Vorstand **2** *bei Film, Theater usw.:* Regisseur(in)
directory [dəˈrektərɪ] **1** Adressbuch; **directory inquiries** *pl, US* **directory assistance** (Telefon)Auskunft; **telephone directory** Telefonbuch **2** *Computer:* Directory, Inhaltsverzeichnis
★**dirt** [dɜːt] Schmutz, Dreck *(auch übertragen);* **treat someone like dirt** jemanden wie (den letzten) Dreck behandeln
dirt-cheap [ˌdɜːtˈtʃiːp] *umg* spottbillig
★**dirty¹** [ˈdɜːtɪ] **1** schmutzig, dreckig *(auch übertragen);* **get dirty** schmutzig werden; **don't get your trousers dirty!** mach deine Hose nicht schmutzig!; **she gave me a dirty look** sie sah mich böse an; **he's got a dirty mind** er hat eine schmutzige Fantasie; **dirty old man** *umg* geiler alter Bock **2** *Handlung, Trick:* gemein, niederträchtig
★**dirty²** [ˈdɜːtɪ] beschmutzen *(auch übertragen)*
disability [ˌdɪsəˈbɪlətɪ] *körperlich, geistig:* Behinderung
disable [dɪsˈeɪbl] **1 he was disabled in an accident** er wurde durch einen Unfall zum Invaliden **2** unbrauchbar machen *(Waffen, Maschinen usw.)*
★**disabled** [dɪsˈeɪbəld] *körperlich, geistig:* behindert; **the disabled** die Behinderten
disadvantage [ˌdɪsədˈvɑːntɪdʒ] Nachteil **(to** für); **this would be to our disadvantage** das wäre zu unserem Nachteil *(oder* Schaden); **be at a disadvantage** im Nachteil sein, benachteiligt sein
disadvantaged [ˌdɪsədˈvɑːntɪdʒd] benachteiligt
disadvantageous [ˌdɪsædvənˈteɪdʒəs] nachteilig, ungünstig **(to** für)
disagree [ˌdɪsəˈgriː] *mit Meinung, Person:* nicht übereinstimmen **(with** mit), anderer Meinung sein

---PHRASAL VERBS---
disagree with [ˌdɪsəˈgriː _wɪð] *(Klima, Essen usw.)* nicht bekommen *(Dativ)*
---

disagreeable [ˌdɪsəˈgriːəbl] **1** *Wetter, Umstände usw.:* unangenehm **2** *Person:* unsympathisch
disagreement [ˌdɪsəˈgriːmənt] **1** *zwischen Meinungen:* Unstimmigkeit; **be in disagreement with someone** mit jemandem nicht übereinstimmen **2** *zwischen Berichten, Zahlenangaben usw.:* Diskrepanz, Widerspruch **3** (≈ *Streit)* Meinungsverschiedenheit **(over, on** über)
★**disappear** [ˌdɪsəˈpɪə] *allg.:* verschwinden
disappearance [ˌdɪsəˈpɪərəns] Verschwinden
★**disappoint** [ˌdɪsəˈpɔɪnt] **1** enttäuschen *(Person)* **2** enttäuschen, zunichtemachen *(Hoffnungen usw.)* **3 be disappointed in** *(oder* **with) someone** von *(oder* über) jemanden enttäuscht sein
disappointing [ˌdɪsəˈpɔɪntɪŋ] enttäuschend
disappointment [ˌdɪsəˈpɔɪntmənt] Enttäuschung
disapproval [ˌdɪsəˈpruːvl] (≈ *Ablehnung)* Missbilligung **(of;** *Genitiv),* Missfallen **(of** über); **in** *(oder* **with) disapproval** missbilligend
disapprove [ˌdɪsəˈpruːv] missbilligen, dagegen

sein; **I strongly disapprove of you** (*oder* **your**) **smoking** ich bin strikt dagegen, dass du rauchst

disarm [dɪsˈɑːm] ❶ entwaffnen (*auch übertragen*) ❷ *militärisch:* abrüsten

disarmament [dɪsˈɑːməmənt] *militärisch:* Abrüstung; **nuclear disarmament** atomare Abrüstung

disaster [dɪˈzɑːstə] ❶ *Sturm, Flut, Erdbeben, schwerer Unfall usw.:* Katastrophe, Unglück; **disaster area** Katastrophengebiet ❷ *übertragen* Desaster, Fiasko

disastrous [dɪˈzɑːstrəs] *allg.:* katastrophal, verheerend

disc, *US auch* **disk** [dɪsk] ❶ *allg.:* Scheibe ❷ *mit Musik:* CD, *früher:* Schallplatte ❸ *am Rückgrat:* Bandscheibe

discharge [dɪsˈtʃɑːdʒ] ❶ *aus Klinik, Armee usw.:* entlassen ❷ ausstoßen (*Rauch, Schadstoffe*)

discipline¹ [ˈdɪsəplɪn] ❶ Disziplin; **keep discipline** Disziplin halten ❷ (≈ *Wissensgebiet*) Disziplin

discipline² [ˈdɪsəplɪn] disziplinieren; **badly disciplined** undiszipliniert; **you must discipline yourself to work less** du musst dich zwingen, weniger zu arbeiten

disc jockey [ˈdɪskˌdʒɒkɪ] Discjockey

disclose [dɪsˈkləʊz] ❶ bekannt geben, bekannt machen (*Neuigkeiten, Plan usw.*) ❷ enthüllen, aufdecken (*Geheimnis usw.*)

disclosure [dɪsˈkləʊʒə] ❶ *von Neuigkeit, Plan usw.:* Bekanntgabe ❷ *von Geheimnis usw.:* Enthüllung

★**disco** [ˈdɪskəʊ], (*pl* **discos**) *umg* Disko

discolour, *US* **discolor** [dɪsˈkʌlə] ❶ verfärben ❷ sich verfärben

discomfort [⚠ dɪsˈkʌmfət] ❶ Unbehagen ❷ *gesundheitlich:* Beschwerden *pl*, (leichte) Schmerzen *pl*

disconnect [ˌdɪskəˈnekt] ❶ trennen (*Verbindung, Leitung usw.*) ❷ *von elektrischen Geräten:* ausstecken, den Stecker herausziehen ❸ *bei Zahlungsrückstand:* abstellen (*Gas, Strom, Telefon*); **we've been disconnected** uns ist das Gas (*bzw. der Strom, das Telefon*) abgestellt worden ❹ **we've been disconnected** *bei Telefongespräch:* wir wurden (*bzw. das Gespräch wurde*) unterbrochen

discord [ˈdɪskɔːd] ❶ Uneinigkeit ❷ (≈ *Streit*) Zwietracht ❸ *Musik:* Missklang (*auch übertragen*)

★**discotheque** [ˈdɪskətek] Diskothek

discount [ˈdɪskaʊnt] *Wirtschaft:* Preisnachlass, Rabatt, Skonto (**on** auf); **give someone a 5% discount** jemandem 5% Rabatt/Skonto geben; **at a discount** auf Rabatt/Skonto

discourage [dɪsˈkʌrɪdʒ] ❶ *von einem Vorhaben:* abraten (**from** von) ❷ (≈ *mutlos machen*) entmutigen ❸ (≈ *hindern*) abschrecken, abhalten (**from** von)

★**discover** [dɪsˈkʌvə] ❶ entdecken (*Geheimnis, etwas Neues*) ❷ *durch Suche:* ausfindig machen, herausfinden

discoverer [dɪsˈkʌvərə] Entdecker(in)

★**discovery** [dɪsˈkʌvərɪ] Entdeckung

discreet [dɪsˈkriːt] *Verhalten:* diskret, taktvoll

discretion [⚠ dɪsˈkreʃn] ❶ Ermessen; **at someone's discretion** in jemandes Ermessen ❷ (≈ *Taktgefühl*) Diskretion

discriminate [dɪsˈkrɪmɪneɪt] unterscheiden, einen Unterschied machen (**between** zwischen)

―――――――――――――――― PHRASAL VERBS

discriminate against [dɪsˈkrɪmɪneɪt_əˌgenst] *wegen Rasse, Geschlecht usw.:* benachteiligen, diskriminieren

discrimination [dɪˌskrɪmɪˈneɪʃn] Diskriminierung; **discrimination against women** Diskriminierung (*oder* Benachteiligung) von Frauen; **racial discrimination** Rassendiskriminierung; **sex(ual) discrimination** Diskriminierung aufgrund des Geschlechts

discus [ˈdɪskəs] *pl:* **discuses** ❶ *Sportgerät:* Diskus ❷ *Disziplin:* Diskuswerfen

★**discuss** [dɪsˈkʌs] ❶ besprechen (*Thema, Problem usw.*) ❷ *kontrovers:* diskutieren (über) ❸ *in Aufsatz usw.:* erörtern

★**discussion** [dɪsˈkʌʃn] ❶ *von Thema, Problem usw.:* Besprechung ❷ *kontrovers:* Diskussion; **be under discussion** zur Diskussion stehen; **open to discussion** zur Diskussion gestellt; **a subject for discussion** ein Diskussionsthema; **come up for discussion** zur Diskussion gestellt werden ❸ *in Aufsatz usw.:* Erörterung

disdain¹ [dɪsˈdeɪn] Verachtung; **a look of disdain** ein verächtlicher Blick

disdain² [dɪsˈdeɪn] verachten

disdainful [dɪsˈdeɪnfl] *Blick usw.:* verächtlich

★**disease** [dɪˈziːz] *von Mensch, Tier, Pflanze:* Krankheit; **a contagious** (*oder* **infectious**) **disease** eine ansteckende Krankheit

diseased [dɪˈziːzd] krank

disfigure [dɪsˈfɪɡə] entstellen, verunstalten (**with** durch)

disfigurement [dɪsˈfɪɡəmənt] Entstellung

disgrace¹ [dɪsˈɡreɪs] *allg.:* Schande (**to** für)

disgrace² [dɪsˈɡreɪs] Schande bringen über
disgraceful [dɪsˈɡreɪsfl] schändlich
disgruntled [dɪsˈɡrʌntld] verärgert, verstimmt (**at** über)
disguise¹ [dɪsˈɡaɪz] **1** verkleiden, maskieren; **he disguised himself as a woman** er verkleidete sich als Frau **2** verstellen (*Handschrift, Stimme*) **3** verbergen (*Absichten, Gefühle usw.*)
disguise² [dɪsˈɡaɪz] Verkleidung; **in disguise** verkleidet, maskiert; **in the disguise of** verkleidet als, *übertragen* unter dem Deckmantel von
disgust¹ [dɪsˈɡʌst] **1** (*Person, Anblick, Geruch usw.*) anekeln, anwidern; **be disgusted with** Ekel empfinden über **2** (*Tat, Skandal usw.*) empören, entrüsten; **be disgusted with** empört (*oder* entrüstet) sein über
disgust² [dɪsˈɡʌst] Ekel (**at, for** vor)
disgusting [dɪsˈɡʌstɪŋ] ekelhaft, widerlich
★ **dish** [dɪʃ] **1** Schüssel, *zum Servieren:* Platte **2** **dishes** *pl* Geschirr; **wash** (*oder* **do**) **the dishes** abspülen **3** *Essen:* Gericht, Speise **4** *Radio, TV:* Satellitenschüssel
dishcloth [ˈdɪʃklɒθ] Geschirrtuch
dishearten [dɪsˈhɑːtn] entmutigen
dishevelled, *US* **disheveled** [▲dɪˈʃevld] **1** *Haar:* zerzaust **2** unordentlich, ungepflegt
dishonest [dɪsˈɒnɪst] *Person, Geschäftspraktiken usw.:* unehrlich
dishonesty [dɪsˈɒnəsti] Unehrlichkeit
dish towel [ˈdɪʃˌtaʊəl] *US* Geschirrtuch; → **tea towel** *Br*
★ **dishwasher** [ˈdɪʃˌwɒʃə] **1** Geschirrspülmaschine, Geschirrspüler **2** *Person:* Tellerwäscher(in), Spüler(in)
dishy [ˈdɪʃi] *umg* (≈ attraktiv) dufte
disinfect [ˌdɪsɪnˈfekt] *Medizin:* desinfizieren (*Wunde, Hautpartie usw.*)
disinfectant [ˌdɪsɪnˈfektənt] *Medizin:* Desinfektionsmittel
disinformation [ˌdɪsɪnfəˈmeɪʃn] absichtliches Verbreiten falscher Informationen
disinherit [ˌdɪsɪnˈherɪt] enterben (*bes. Sohn, Tochter*)
disintegrate [dɪsˈɪntɪɡreɪt] sich auflösen, zerfallen (*auch übertragen*)
disinterested [dɪsˈɪntrəstɪd] **1** *Beobachter, Ratschlag usw.:* unvoreingenommen, objektiv, unparteiisch **2** *umg* desinteressiert (**in** an)
disk [dɪsk] **1** *US* → **disc** **2** *Computer:* Diskette; **hard disk** Festplatte
disk drive [ˈdɪskˌdraɪv] *Computer:* Diskettenlaufwerk

diskette [dɪˈsket] *Computer:* Diskette
disk operating system [ˌdɪskˈɒpəreɪtɪŋˌsɪstəm] (*abk* **DOS**) *Computer:* Betriebssystem
dislike¹ [dɪsˈlaɪk] nicht leiden können, nicht mögen: **dislike doing something** etwas nicht gern (*oder* nur ungern) tun
dislike² [dɪsˈlaɪk] Abneigung, Widerwille (**of, for** gegen); **take a dislike to someone** eine Abneigung gegen jemanden entwickeln
dislocate [ˈdɪsləkeɪt] verrenken, ausrenken (*Arm, Schulter usw.*); **he's dislocated his shoulder** er hat sich die Schulter ausgerenkt
dislocation [ˌdɪsləˈkeɪʃn] *Verletzung:* Verrenkung
dismal [ˈdɪzməl] düster, trostlos
dismantle [dɪsˈmæntl] **1** zerlegen, auseinandernehmen (*Maschine, Motor usw.*) **2** abbauen (*Gerüst*)
dismay¹ [dɪsˈmeɪ] Schrecken, Bestürzung; **in** (*oder* **with**) **dismay** bestürzt
dismay² [dɪsˈmeɪ] erschrecken, bestürzen
dismiss [dɪsˈmɪs] **1** (≈ wegschicken) entlassen, gehen lassen **2** (≈ kündigen) entlassen (**from** aus) (*einem Amt usw.*) **3** abtun (*Frage usw.*) (**as** als) **4** (*Gericht*) abweisen (*Klage usw.*)
dismissal [dɪsˈmɪsl] **1** (≈ Kündigung) Entlassung **2** *einer Klage usw.:* Abweisung
dismount [dɪsˈmaʊnt] *von Pferd, Fahrrad usw.:* absteigen, absitzen (**from** von)
disobedience [ˌdɪsəˈbiːdɪəns] *von Kind usw.:* Ungehorsam
disobedient [ˌdɪsəˈbiːdɪənt] *Kind usw.:* ungehorsam (**to** gegenüber)
disobey [ˌdɪsəˈbeɪ] **1** nicht gehorchen (*Eltern, Lehrer*) **2** nicht befolgen, missachten (*Gesetz usw.*)
disorder [dɪsˈɔːdə] **1** *in Haus, Zimmer usw.:* Unordnung, Durcheinander **2** *politisch:* Aufruhr, Unruhen **3** *Medizin:* Krankheit, Störung
disorderly [dɪsˈɔːdəli] **1** *Haus, Zimmer usw.:* unordentlich **2** *Person:* schlampig, liederlich (*auch Leben usw.*) **3** **disorderly conduct** Ruhestörung
dispatch¹ [dɪˈspætʃ] *förmlich* **1** senden, schicken (*Nachricht, Schreiben usw.*) **2** entsenden (*Beobachter, Truppen usw.*)
dispatch² [dɪˈspætʃ] **1** *von Nachricht usw.:* Absendung **2** *offiziell:* Bericht (*auch von Korrespondent einer Zeitung usw.*)
dispensable [dɪˈspensəbl] entbehrlich (*mst. auf Personen bezogen*)
dispense [dɪˈspens] **1** *förmlich* austeilen, verteilen (*Geld, Sachen, Ratschläge usw.*) **2** **dis-**

pense justice Recht sprechen
dispenser [dɪˈspensə] **1** *für Papiertücher usw.*: Spender **2** *für Briefmarken, Getränke usw.*: Automat; **cash dispenser** *Br* Geldautomat
dispensing chemist [dɪˌspensɪŋˈkemɪst] *Br* Apotheker(in)
dispirited [dɪˈspɪrɪtɪd] (≈ *deprimiert*) mutlos, niedergeschlagen
displace [dɪsˈpleɪs] **1** (≈ *ersetzen*) verdrängen, *im Sport auch*: ablösen (*als Spitzenreiter, Rekordhalter usw.*) **2** *aus angestammtem Lebensraum*: vertreiben; **displaced persons** *pl* Vertriebene, Zwangsumsiedler
display¹ [dɪˈspleɪ] **1** zeigen, an den Tag legen (*Aktivität, Geschick usw.*) **2** auslegen, ausstellen (*Waren*) **3** *auf Monitor usw.*: zeigen (*Informationen, Daten*)
display² [dɪˈspleɪ] **1** *von Fertigkeit, Kunststücken usw.*: Vorführung, Demonstration **2** *von Waren usw.*: Ausstellung; **be on display** ausgestellt sein; **these are only for display** die sind nur zur Ansicht **3** *am Computer*: Display
displease [dɪsˈpliːz] **be displeased at** (*oder* **with**) unzufrieden sein mit
disposable [dɪˈspəʊzəbl] **1** *Geldmittel usw.*: verfügbar **2** *von Verpackungen usw.*: Einweg..., Wegwerf...
disposal [dɪˈspəʊzl] **1** *von Müll usw.*: Entsorgung **2** **be at someone's disposal** jemandem zur Verfügung stehen

---
PHRASAL VERBS
dispose of [dɪˈspəʊz_əv] **1** beseitigen (*Müll usw.*) **2** aus dem Weg schaffen (*Problem, Widersacher*)

---

disposed [dɪˈspəʊzd] **1** **be well disposed to someone** jemandem wohlgesinnt sein **2** **feel disposed to do something** etwas tun wollen
disposition [ˌdɪspəˈzɪʃn] (≈ *Charaktereigenschaft*) Veranlagung; **her cheerful disposition** ihre heitere Art
disproportionate [ˌdɪsprəˈpɔːʃnət] *Aufwand an Zeit, Geld usw.*: unverhältnismäßig (*groß oder klein*); **the party's influence is disproportionate to its size** der Einfluss der Partei steht in keinem Verhältnis zu ihrer Größe
disprove [dɪsˈpruːv] widerlegen (*Argument usw.*)
dispute¹ [dɪˈspjuːt] **1** bestreiten, bezweifeln (*Ansicht, These usw.*) **2** streiten (**on, about** über)
dispute² [dɪˈspjuːt] **1** *allg.*: Disput; **be in** (*oder* **under**) **dispute** umstritten sein; **this is beyond dispute** das ist unbestritten **2** *unter Wissenschaftlern, Fachleuten auch*: Streit, Kontroverse
disqualification [dɪsˌkwɒlɪfɪˈkeɪʃn] *im Sport*: Disqualifikation, Disqualifizierung
disqualify [dɪsˈkwɒlɪfaɪ] *im Sport*: disqualifizieren (*Mannschaft, Sportler*)
disregard¹ [ˌdɪsrɪˈɡɑːd] **1** nicht beachten, ignorieren (*Warnung, Tatsachen usw.*) **2** *auch*: missachten (*Gefahr, Ratschlag usw.*)
disregard² [ˌdɪsrɪˈɡɑːd] Nichtbeachtung, Ignorierung (**of, for**; *Genitiv*); **he shows complete disregard for her feelings** ihre Gefühle sind ihm völlig gleichgültig
disrepair [ˌdɪsrɪˈpeə] **be in (a state of) disrepair** (*Gebäude usw.*) baufällig sein
disreputable [⚠ dɪsˈrepjʊtəbl] **1** *Person, Firma usw.*: zwielichtig **2** *Gegend, Stadtviertel usw.*: verrufen
disrepute [ˌdɪsrɪˈpjuːt] *von Person, Firma usw.*: schlechter Ruf; **bring into disrepute** in Verruf bringen
disrespect [ˌdɪsrɪˈspekt] Respektlosigkeit
disrespectful [ˌdɪsrɪˈspektfl] respektlos (**to** gegenüber)
disrupt [dɪsˈrʌpt] unterbrechen, stören (*Gespräch, Sitzung, Verkehr usw.*)
disruption [dɪsˈrʌpʃn] *von Ablauf, Fahrplan, Sitzung usw.*: Störung, Unterbrechung
disruptive [dɪsˈrʌptɪv] störend; **disruptive student** *in Klasse*: Störenfried
dissatisfaction [ˌdɪssætɪsˈfækʃn] *allg.*: Unzufriedenheit
★**dissatisfied** [ˌdɪsˈsætɪsfaɪd] *allg.*: unzufrieden (**at, with** mit)
dissect [dɪˈsekt] **1** sezieren (*Leichnam, Kadaver*) **2** *übertragen* zerlegen (*Argument, Bericht, These usw.*)
dissension [dɪˈsenʃn] Meinungsverschiedenheit
dissent [dɪˈsent] *bes. ideologisch und religiös*: Dissens, Meinungsverschiedenheit
dissertation [ˌdɪsəˈteɪʃn] **1** *allg.*: wissenschaftliche Abhandlung **2** *für Doktortitel*: Dissertation **3** *für Magister*: Magisterarbeit **4** *für Diplom*: Diplomarbeit
disservice [dɪˈsɜːvɪs, ˌdɪsˈsɜːvɪs] **do someone a disservice** jemandem einen schlechten Dienst erweisen
dissident [ˈdɪsɪdənt] *mst. politisch*: Andersdenkende(r), Dissident(in), Regimekritiker(in)
dissolution [ˌdɪsəˈluːʃn] **1** *von Parlament usw.*: Auflösung **2** (≈ *Auseinanderfallen*) Auflösung (*eines Reiches, Staates usw.*) **3** *von Vertrag, Ehe usw.*: Annullierung, Aufhebung

dissolve [▲ dɪ'zɒlv] **1** (*Salz, Zucker, Tablette usw.*) sich auflösen (*auch Parlament*); **dissolve into tears** in Tränen zerfließen **2** auflösen (*Tabletten in Wasser usw., auch: Parlament*) **3** annullieren, aufheben (*Vertrag, Ehe usw.*)

★**distance**¹ ['dɪstəns] **1** *räumlich:* Entfernung; **at a distance** in einiger Entfernung; **at a distance of 100 metres** in einer Entfernung von 100 Metern; **the distance between the tracks** der Abstand zwischen den Eisenbahnschienen; **from a distance** aus der Ferne, von Weitem; **in the distance** in der Ferne; **the pub is within walking distance** zu der Kneipe kann man laufen; **what's the distance between London and Glasgow?** wie weit ist es von London nach Glasgow? **2 keep one's distance** *übertragen* Abstand wahren, Distanz halten; **he tries to keep his classmates at a distance** er versucht, zu seinen Klassenkameraden Distanz zu halten **3** *Boxen usw.:* Distanz; **go the distance** über die volle Distanz gehen, *übertragen* durchhalten

★**distance**² ['dɪstəns] **distance oneself** sich distanzieren (**from** von)

distance learning course [,dɪstəns'lɜːnɪŋ‿kɔːs] Fernstudium

★**distant** ['dɪstənt] **1** *räumlich:* weit entfernt, fern **2** *zeitlich:* weit zurückliegend, fern (*auch in der Zukunft*); **in the not too distant future** in nicht allzu ferner Zukunft **3** *Verwandtschaft:* entfernt **4** *Person, Verhalten usw.:* distanziert, kühl

distaste [dɪs'teɪst] Widerwille, Abneigung (**for** gegen)

distasteful [dɪs'teɪstfl] unangenehm; **be distasteful to someone** jemandem zuwider sein

distil [dɪ'stɪl], distilled, distilled **1** *Chemie:* destillieren (*auch übertragen*) **2** brennen (*Branntwein usw.*) (**from** aus)

distillation [,dɪstɪ'leɪʃn] **1** *Chemie:* Destillation **2** *von Branntwein usw.:* Brennen

distillery [dɪ'stɪləri] Destillerie, Brennerei

distinct [dɪ'stɪŋkt] **1** (≈ *anders*) verschieden (**from** von); **techno rhythms are quite distinct from heavy metal** Technorhythmen unterscheiden sich deutlich von Heavy Metal **2** *Merkmal, Eigenschaft usw.:* ausgeprägt, klar, deutlich; **she's got a distinct Franconian accent** sie hat einen ausgeprägten fränkischen Akzent

distinction [dɪ'stɪŋkʃn] **1** (≈ *das Unterscheiden*) Unterscheidung **2** Unterschied; **draw** (*oder* **make**) **a distinction between ...** einen Unterschied machen zwischen ...

distinguish [dɪ'stɪŋgwɪʃ] **1** unterscheiden (**between** zwischen; **from** von); **I can't distinguish Joan from Kate** ich kann Joan und Kate nicht auseinanderhalten **2** (≈ *hören oder sehen*) wahrnehmen, erkennen

distinguished [dɪ'stɪŋgwɪʃt] **1** *Leistung, Persönlichkeit usw.:* herausragend, namhaft **2** *äußere Erscheinung, Auftreten usw.:* vornehm

distract [dɪ'strækt] ablenken (*Aufmerksamkeit, Person usw.*) (**from** von)

distracted [dɪ'stræktɪd] **1** *wegen Problem, Sorgen usw.:* beunruhigt **2** *vor Verzweiflung, Sorge usw.:* außer sich (**with, by** vor)

distraction [dɪ'strækʃn] **1** *vom Arbeiten, Lernen usw.:* Ablenkung **2** *oft* **distractions** *pl* (≈ *Zeitvertreib*) Zerstreuung, Ablenkung **3** **drive someone to distraction** *übertragen* jemanden zum Wahnsinn treiben

distress [dɪ'stres] **1** Verzweiflung, (starke) Betroffenheit **2** (≈ *Armut*) Not, Elend **3** **in distress** *Schiff:* in Seenot

distressed [dɪ'strest] *Person:* betroffen, erschüttert

distressing [dɪ'stresɪŋ] bedrückend, *stärker:* erschreckend

★**distribute** [dɪ'strɪbjuːt] **1** *an Bedürftige usw.:* verteilen, austeilen (*Hilfsgüter, Lebensmittel usw.*) (**among** unter; **to** an) **2** vertreiben (*Waren*)

distribution [,dɪstrɪ'bjuːʃn] **1** *von Hilfsgütern usw.:* Verteilung, Austeilung **2** *von Waren:* Vertrieb; **channel of distribution** Vertriebsweg; **distribution network** Vertriebsnetz; **distribution system** Vertriebssystem

distributor [dɪ'strɪbjətə] *von Waren:* (Groß-)Händler(in)

district ['dɪstrɪkt] **1** *verwaltungstechnisch:* Distrikt, Bezirk, Kreis **2** *von Stadt:* Bezirk, Viertel **3** *von Land:* Gegend, Gebiet

district attorney [,dɪstrɪkt‿ə'tɜːnɪ] US (*abk* **DA**) Staatsanwalt, Staatsanwältin

distrust¹ [dɪs'trʌst] Misstrauen (**of** gegenüber)

distrust² [dɪs'trʌst] misstrauen; **why do you distrust her?** warum traust du ihr nicht?

★**disturb** [dɪ'stɜːb] **1** *allg.:* stören; **sorry to disturb you, but ...** entschuldige die Störung, aber ...; **please do not disturb** *Aufschrift:* bitte nicht stören **2** (*Vorfall, Nachricht usw.*) beunruhigen, Sorgen machen

disturbance [dɪ'stɜːbəns] **1** *von Arbeit, Ruhe usw.:* Störung **2** *durch Lärm, Nachbarn auch:* Ruhestörung **3** *oft* **disturbances** *pl*, politisch, *sozial usw.*: Unruhen

disuse [ˌdɪsˈjuːs] **fall into disuse** ungebräuchlich werden

disused [ˌdɪsˈjuːzd] **1** *Maschine usw.*: nicht mehr benutzt **2** *Bergwerk, Fabrik*: stillgelegt

★ **ditch¹** [dɪtʃ] **1** zur Ent- oder Bewässerung usw.: Graben **2** *an Straße*: Straßengraben

★ **ditch²** [dɪtʃ] **1** den Laufpass geben (*Freund, Freundin*) **2** wegschmeißen (*Gerümpel usw.*) **3** stehen lassen (*Auto*)

dither¹ [ˈdɪðə] zaudern, sich nicht entscheiden können

dither² [ˈdɪðə] **be in a dither** aufgeregt sein

div [dɪv] *Br umg* Idiot(in), Ⓐ Koffer

★ **dive¹** [daɪv], **dived** *oder US* **dove** [dəʊv], **dived 1** *in Schwimmbecken usw.*: einen Hechtsprung (*oder* Kopfsprung) machen **2** (≈ *unter Wasser schwimmen*) tauchen (**for** nach) **3** (*U-Boot usw.*) tauchen, untertauchen **4** (*bes. Torwart*) sich werfen, hechten (**for** nach)

★ **dive²** [daɪv] **1** *in Schwimmbecken usw.*: Kopfsprung **2** **make a dive for** hechten nach **3** *umg* Spelunke **4** **take a dive** *umg; Fußball*: eine Schwalbe bauen

diver [ˈdaɪvə] **1** Taucher(in) **2** *Sport*: Wasserspringer(in)

diverse [daɪˈvɜːs] *Stile, Interessen usw.*: verschiedenartig, unterschiedlich

diversify [daɪˈvɜːsɪfaɪ] diversifizieren

diversion [daɪˈvɜːʃn] **1** *von Arbeit, Lernen usw.*: Ablenkung **2** *bes. Br; im Straßenverkehr*: Umleitung

diversity [daɪˈvɜːsətɪ] *von Meinungen usw.*: Vielfalt

divert [daɪˈvɜːt] **1** ablenken (*Aufmerksamkeit*) **2** lenken (*Aufmerksamkeit, Kritik usw.*) (**to** auf) **3** *Br* umleiten (*Verkehr*)

★ **divide** [dɪˈvaɪd] **1** *allg.*: teilen, aufteilen; **Berlin was divided for almost 30 years** Berlin war fast dreißig Jahre lang geteilt **2** *mst. zu gleichen Teilen*: teilen; **divide an apple in half** einen Apfel halbieren **3** *Mathematik*: dividieren, teilen (**by** durch); **20 divided by 5 is 4** 20 (geteilt) durch 5 ist 4 **4** (*Fluss, Gang, Straße usw.*) sich teilen **5** **be divided into** (*Bericht, Buch, Film usw.*) sich unterteilen in, sich gliedern in **6** **be divided over something** über etwas verschiedener Meinung sein; **scientists are divided over the issue** die Meinungen der Wissenschaftler über diese Sache gehen auseinander

dividend [ˈdɪvɪdənd] *von Investitionen*: Dividende; **pay dividends** sich ausbezahlen, sich bezahlt machen

dividers [dɪˈvaɪdəz] *pl Mathematik*: (**pair of**) **dividers** Stechzirkel

divine [dɪˈvaɪn] göttlich (*auch übertragen*)

diving [ˈdaɪvɪŋ] **1** Tauchen; **diving goggles** *pl* Taucherbrille; **diving suit** Taucheranzug **2** *Sport*: Kunstspringen, Turmspringen; **diving board** *in Schwimmbad*: Sprungbrett; **diving tower** Sprungturm

division [dɪˈvɪʒn] **1** *allg.*: Teilung, Aufteilung; **division of labour** Arbeitsteilung **2** *Mathematik*: Division **3** *militärisch*: Division **4** *Sport*: Liga

divorce¹ [dɪˈvɔːs] *von Ehe*: Scheidung; **get a divorce** geschieden werden, sich scheiden lassen (**from** von)

divorce² [dɪˈvɔːs] scheiden (*Personen, Ehe*); **she has divorced her husband** sie hat sich (von ihrem Mann) scheiden lassen; **the Wilsons are getting divorced** Wilsons lassen sich scheiden

★ **divorced** [dɪˈvɔːst] *Mann, Frau*: geschieden

divorcé [dɪˈvɔːsiː] *US* Geschiedene(r)

divorcée [dɪˈvɔːsiː] **1** *Br* Geschiedene(r) **2** *US* Geschiedene

DIY [ˌdiːˌaɪˈwaɪ] *abk für* → **do-it-yourself**; **DIY store** Heimwerkermarkt, Baumarkt

dizziness [ˈdɪzɪnəs] Schwindelgefühl

dizzy [ˈdɪzɪ] schwindlig; **I feel a bit dizzy** mir ist ein bisschen schwindlig

DJ [ˈdiːdʒeɪ] **1** (*abk für* disc jockey) DJ (*Discjockey*) **2** (*abk für* dinner jacket) Smoking

DNA [ˌdiːenˈeɪ] (*abk für* deoxyribonucleic acid) DNS; **DNA fingerprint** genetischer Fingerabdruck

★ **do¹** [duː], **did** [dɪd], **done** [dʌn] **1** *allg.*: tun, machen; **have you done your homework?** hast du deine Hausaufgaben gemacht?; **I've got nothing to do** ich habe nichts zu tun; **what can I do for you?** was kann ich für dich tun?, *in Geschäft*: was darf's denn sein?; **there's nothing I can do about it** da kann ich nichts machen **2** (≈ *tätig sein*) ausführen, verrichten (*Arbeiten usw.*); **who's doing the dishes?** wer spült ab?; **what does he do?** *beruflich*: was macht er denn so?; **I'll do my best** ich tue mein Bestes, ich werde mir die größte Mühe geben **3** *Körperpflege*: **do one's face** sich schminken; **do one's hair** sich frisieren; **do one's teeth** sich die Zähne putzen **4** zurücklegen (*Strecke*); **on the first day of our cycling tour we did 55 km** am ersten Tag unserer Radtour haben wir 55 km geschafft **5** (*Auto, Motorrad usw.*) fahren, schaffen; **the car**

does 100 mph der Wagen fährt 160 km/h [6] *umg; auf einer Reise:* besichtigen (*Sehenswürdigkeiten*); **tomorrow we'll do the museum** morgen gehen wir ins Museum [7] (≈ *etwas schaffen, erreichen*) vorankommen; **the essay's done** der Aufsatz ist fertig; **well done** gut gemacht; **how are you doing at your new school?** wie kommst du denn an deiner neuen Schule klar? [8] genügen, reichen (**for** für); **two fried chickens should do for the three of us** zwei Brathähnchen sollten für uns drei reichen; **that'll do** das reicht, *ärgerlich:* jetzt reicht's aber! [9] *Schulfach:* lernen, *an der Universität:* studieren; **he's doing physics at university** er studiert Physik; **I've never done German** ich habe nie Deutsch gelernt [10] *in Wendungen:* **how do you do?** *bei Vorstellung:* guten Tag!; **how're you doing?** wie geht's denn so?; **nothing doing!** *auf Vorschlag, Bitte:* nichts da!, ausgeschlossen!; **that does it!** jetzt reicht's! [11] *als Ersatzverb; mst. unübersetzt:* "I love pizza." - "So do I." "Ich liebe Pizza." - "Ich auch."; **he works hard, doesn't he?** er arbeitet viel, nicht wahr? [12] *in Fragesätzen:* **do you know him?** kennst du ihn? [13] *in Verneinungen:* **I don't believe it** ich glaube es nicht [14] *verstärkend:* **I 'did like it** mir gefiel es wirklich; **I 'did like it but ...** mir gefiel es zwar, aber ...; **do have a seat** setzen Sie sich doch

___PHRASAL VERBS___

do away with [ˌduː əˈweɪ wɪð] [1] abschaffen (*Brauch, Gesetz, Regelung*) [2] *umg* (≈ *töten*) wegschaffen, beseitigen

do down [ˌduːˈdaʊn] *Br, umg* (≈ *kritisieren*) runtermachen

do in [ˌduːˈɪn] [1] **I'm done in** *umg* ich bin geschafft [2] *umg* (≈ *töten*) um die Ecke bringen

do up [ˌduːˈʌp] [1] verschnüren, zusammenschnüren (*Paket*) [2] zumachen (*Kleid, Mantel, Reißverschluss usw.*) [3] **do oneself up** *zum Ausgehen usw.:* sich zurechtmachen [4] wieder herrichten (*altes Auto, Haus usw.*)

do with [ˈduː wɪð] [1] **I can't do anything with him** (*bzw.* **it**) ich kann nichts mit ihm (*bzw.* damit) anfangen; **I won't have anything to do with it** ich will nichts damit zu tun (*oder* schaffen) haben; **it has nothing to do with you** es hat nichts mit dir zu tun [2] **we could do with the money** *umg* wir können das Geld sehr gut brauchen; **I could do with a cup of tea** ich könnte eine Tasse Tee vertragen

do without [ˌduː wɪðˈaʊt] auskommen ohne; **I can do without your silly comments** auf deine blöden Kommentare kann ich verzichten

---

★**do²** [duː] *pl:* **dos** *oder* **do's** [duːz]; **dos** (*bzw.* **do's**) **and don'ts** *umg* Gebote und Verbote, Spielregeln

doc [dɒk] *umg* → **doctor¹** 1

dock¹ [dɒk] *zum Be- und Entladen von Schiffen:* Dock, Kai; **docks** *pl* Docks *pl*, Hafenanlagen

dock² [dɒk] [1] (*Schiff*) anlegen [2] (*Raumschiffe*) andocken, ankoppeln

dock³ [dɒk] kürzen (*Lohn, Gehalt usw.*)

dock⁴ [dɒk] **be in the dock** auf der Anklagebank sitzen

docker [ˈdɒkə] Hafenarbeiter

docking station [ˈdɒkɪŋ ˌsteɪʃn] Dockingstation

dockyard [ˈdɒkjɑːd] *für den Schiffbau:* Werft

★**doctor¹** [ˈdɒktə] [1] *Medizin:* Doktor, Arzt, Ärztin; **go to** (*oder* **see**) **the doctor** den Arzt aufsuchen; **doctor's certificate**, **doctor's note** ärztliches Attest; **doctor's office** *US*, **doctor's surgery** *Br* Praxis [2] *akademischer Grad:* Doktor; **doctor's degree** Doktortitel; **take** (*US* **earn**) **one's doctor's degree** promovieren, *umg* seinen Doktor machen

★**doctor²** [ˈdɒktə] [1] *umg* panschen (*Wein usw.*) [2] *umg* frisieren (*Abrechnung usw.*)

doctorate [ˈdɒktərət] Doktortitel; **Susan is working on her doctorate** Susan sitzt an ihrer Doktorarbeit

docudrama [ˈdɒkjuːˌdrɑːmə] Dokudrama

★**document¹** [ˈdɒkjʊmənt] Dokument, Urkunde

★**document²** [ˈdɒkjʊment] dokumentieren, urkundlich belegen (*Rechtsanspruch, Sachverhalt usw.*)

documentary¹ [ˌdɒkjʊˈmentərɪ] [1] *Beweis usw.:* dokumentarisch, urkundlich [2] *Bericht usw.:* Dokumentar...; **documentary film** Dokumentarfilm

documentary² [ˌdɒkjʊˈmentərɪ] Dokumentarfilm

docusoap [ˈdɒkjuːsəʊp] *Br* Dokusoap

dodge¹ [dɒdʒ] [1] (≈ *rasch zur Seite springen*) ausweichen [2] *übertragen* sich drücken vor (*Arbeit, Militär usw.*) [3] *übertragen* ausweichen (*Frage, Problem usw.*)

dodge² [dɒdʒ] *umg* Kniff, Trick

dodgem® [ˈdɒdʒəm] Autoskooter

dodger [ˈdɒdʒə] *mst. in Zusammensetzungen:* **fare dodger** *in Bus usw.:* Schwarzfahrer; **tax dodger** Steuerhinterzieher

dodgy [ˈdɒdʒɪ] [1] *umg; Person:* verschlagen,

gerissen **2** *umg; Situation:* unsicher, verzwickt
doe [dəʊ] **1** Geiß, Rehgeiß **2** Häsin
doer ['duːə] Tatmensch, Macher(in)
does [dʌz] 3. Person, Präsens, Singular von → do¹
doesn't ['dʌznt] *Kurzform von* **does not**
★**dog** [dɒɡ] **1** *allg.:* Hund **2** *männlicher Hund:* Rüde **3** *umg für Personen:* **dirty dog** Mistkerl; **lucky dog** Glückspilz **4 the dogs** *pl, Br* das Hunderennen **5** *in Wendungen:* **go to the dogs** vor die Hunde gehen; **lead a dog's life** ein Hundeleben führen; **let sleeping dogs lie** schlafende Hunde soll man nicht wecken
dog-eared ['dɒɡɪəd] *Buch:* voll Eselsohren
doggy, doggie ['dɒɡɪ] *Kindersprache:* Wauwau; **doggy bag** Beutel für Essensreste, die aus einem Restaurant mit nach Hause (Ⓐ, Ⓑ nachhause) genommen werden
dogma ['dɒɡmə] *religiös, politisch usw.:* Dogma
dogmatic [dɒɡ'mætɪk] *Person, Ansicht, Aussage usw.:* dogmatisch
dogsbody ['dɒɡz,bɒdɪ] *umg* Mädchen für alles
dog-tired [,dɒɡ'taɪəd] *umg* hundemüde
doing ['duːɪŋ] **1** Tun; **it was your doing** das war dein Werk; **that takes some doing** dazu gehört schon etwas **2 doings** *pl, umg* Taten
do-it-yourself [,duːɪtjə'self] (*abk* DIY) Heimwerken; **do-it-yourself kit** Heimwerkerausrüstung, *für Gerät usw.:* Bausatz
doldrums ['dɒldrəmz] *pl,* **be in the doldrums** *umg* deprimiert sein, Trübsal blasen
dole [dəʊl] *Br, umg* Arbeitslosenunterstützung, *umg* Stempelgeld; **be on the dole** stempeln gehen

---
PHRASAL VERBS
dole out [,dəʊl'aʊt] *Br, umg* verteilen (**to** an)

★**doll** [dɒl] *Spielzeug:* Puppe; **doll's house** *Br* Puppenhaus
★**dollar** ['dɒlə] *Währung:* Dollar; **5 dollars** *pl* 5 Dollar
dollhouse ['dɒlhaʊs] *US* Puppenhaus
dolly ['dɒlɪ] *Kindersprache:* Püppchen
dolphin ['dɒlfɪn] *Meerestier:* Delphin
domain [də'meɪn] *übertragen* Domäne, Wissensgebiet, Arbeitsbereich
dome [dəʊm] *von Bauwerk:* Kuppel (▲ Dom = **cathedral**)
domestic [də'mestɪk] **1** (≈ zum Haushalt gehörend) häuslich, Haushalts-...; **domestic servant** (*oder* **help**) Hausangestellte(r); **domestic waste** Hausmüll; **domestic science** *früher:* Hauswirtschaftslehre **2** *Politik, Wirtschaft:* inländisch, Inlands-...; **domestic flight** Inlandsflug; **domestic products** inländische Erzeugnisse; **domestic trade** Binnenhandel; **domestic policy** Innenpolitik
dominance ['dɒmɪnəns] *allg.:* Vorherrschaft, Dominanz
dominant ['dɒmɪnənt] **1** *Person:* dominierend, tonangebend **2** *Erbanlage:* dominant **3** *Gebäude, Farbton usw.:* dominierend, beherrschend
dominate ['dɒmɪneɪt] *allg.:* dominieren, beherrschen
Dominican Republic [də,mɪnɪkən_rɪ'pʌblɪk] die Dominikanische Republik
dominion [də'mɪnjən] **1** *politisch:* Herrschaft **2** *Land:* Herrschaftsgebiet **3** *historisch:* Dominion (*im Commonwealth*)
domino ['dɒmɪnəʊ] *pl:* **dominoes** ['dɒmɪnəʊz] **1** Dominostein **2 dominoes** (▲ *im sg verwendet*) *Spiel:* Domino
donate [dəʊ'neɪt] **1** *an Person, Organisation:* spenden, schenken, stiften **2 donate blood** Blut spenden
donation [dəʊ'neɪʃn] *an Person, Organisation:* Schenkung, Spende, Stiftung
done¹ [dʌn] 3. Form von → do¹
done² [dʌn] **1** getan, erledigt; **get something done** etwas erledigen, mit etwas fertig werden **2** *Speisen:* gar; **well done** *Steak:* durchgebraten **3 done!** *umg* abgemacht! **4 I'm done in** *umg* (≈ erschöpft) ich bin total erledigt
★**donkey** ['dɒŋkɪ] *Tier:* Esel (*auch übertragen*); **it's donkey's years since ...** *Br, umg* es ist eine Ewigkeit her, seit ...
donkeywork ['dɒŋkɪwɜːk] *umg* Drecksarbeit
donor ['dəʊnə] **1** *von Spende usw.:* Spender(in), Stifter(in) **2** *von Blut:* Spender(in); **donor card** Organspenderausweis
don't [dəʊnt] *Kurzform von* **do not**
donut ['dəʊ,nʌt] *US* Berliner, Krapfen, Donut ['doːnat]
doodah ['duːdɑː] *umg; kleiner Gegenstand:* Dingsbums
doodle¹ ['duːdl] Männchen malen, kritzeln
doodle² ['duːdl] Gekritzel
doom¹ [duːm] Schicksal, Verhängnis; **he met his doom** sein Schicksal ereilte ihn
doom² [duːm] **we're doomed** wir sind verloren; **be doomed to failure** (*oder* **to fail**) zum Scheitern verurteilt sein
doomsday ['duːmzdeɪ] *Religion:* das Jüngste Gericht, der Jüngste Tag
★**door** [dɔː] **1** *allg.:* Tür; **please close the door**

mach bitte die Tür zu; **there's someone at the door** da ist jemand an der Tür (≈ *es hat geklopft usw.*); **answer the door** aufmachen; **she lives two doors down** sie wohnt zwei Häuser weiter; **the girl next door** das Mädchen von nebenan; **out of doors** im Freien **2** *in Wendungen*: **close** (*oder* **shut**) **the door on someone** jemanden abweisen; **show someone the door** jemandem die Tür weisen

doorbell ['dɔːbel] Türklingel; **ring the doorbell** (an der Tür) klingeln

doorknob ['dɔːnɒb] Türgriff

doorman ['dɔːmən] *pl*: **doormen** Portier

doormat ['dɔːmæt] Fußabtreter (*auch übertragen für Person*)

doorstep ['dɔːstep] Türstufe; **we've got a supermarket right on our doorstep** wir haben einen Supermarkt direkt vor unserer Haustür

door-to-door [ˌdɔːtəˈdɔː] **door-to-door salesman** Vertreter

doorway ['dɔːweɪ] (offene) Tür, Eingang

dope¹ [dəʊp] **1** *umg* (≈ *Rauschgift*) Stoff; **dope addict** *umg* Rauschgiftsüchtige(r) **2** *Medizin*: Betäubungsmittel **3** *umg* Trottel

dope² [dəʊp] **1** *Sport*: dopen **2** *einem Getränk usw.*: ein Betäubungsmittel untermischen

dope test ['dəʊp test] *Sport*: Dopingkontrolle

dopey, dopy ['dəʊpɪ] *umg* **1** benommen, benebelt **2** dämlich, doof

dormitory ['dɔːmɪtrɪ] **1** *in Internat usw.*: Schlafsaal **2** *US* Studentenwohnheim

dormitory town ['dɔːmɪtrɪ taʊn] Schlafstadt

dorsal ['dɔːsl] *von Tier*: Rücken...; **dorsal fin** Rückenflosse

DOS® [dɒs] (*abk für* disk operating system) *Computer*: Betriebssystem

dosage ['dəʊsɪdʒ] *von Arznei*: Dosierung

dose [dəʊs] *von Arznei*: Dosis (*auch von Strahlung usw.*)

doss [dɒs] *Br, salopp* (≈ *leichte Sache*) Kinderspiel

PHRASAL VERBS

doss down [ˌdɒsˈdaʊn] *Br, salopp* sich hinhauen (*zum Schlafen*)

---

dosshouse ['dɒshaʊs] *Br, salopp* (≈ *Obdachlosenheim*) Penne

dot¹ [dɒt] **1** *über i, ö usw.*: Punkt, Pünktchen **2** *in Internetadressen*: Punkt **3** **on the dot** *umg* auf die Sekunde pünktlich; **at 8 o'clock on the dot** *umg* Punkt 8 Uhr

dot² [dɒt], dotted, dotted **1** *mit einem Stift usw.*: punktieren; **dotted line** punktierte Linie; **sign on the dotted line** unterschreiben, übertragen formell zustimmen **2** sprenkeln, übersäen (*Fläche*) (**with** mit)

dot-com¹ ['dɒtkɒm] Internet...; **dot-com company** Internetfirma

dot-com² ['dɒtkɒm] Internetfirma

PHRASAL VERBS

dote on ['dəʊt ɒn] **dote on someone** in jemanden vernarrt sein

---

★**double¹** ['dʌbl] **1** (≈ *zweifach*) doppelt, Doppel..., zweifach; **double murder** Doppelmord; **double the amount** die zweifache Menge; **it costs double what it did last time** es kostet doppelt so viel wie letztes Mal; **see double** doppelt sehen; **his remark has a double meaning** seine Bemerkung ist doppeldeutig; **double yellow lines** *Br, pl* absolutes Halteverbot **2** *für 2 bestimmt*: Doppel...; **double bed** Doppelbett; **double room** Doppelzimmer, Zweibettzimmer **3** *Br, bei Telefonnummern usw.*: **the number is eight double five seven** die Nummer ist 8557

★**double²** ['dʌbl] **1** *von Anzahl, Größe usw.*: das Doppelte, das Zweifache **2** *Person*: Doppelgänger(in) **3** *in Film, TV*: Double **4** *mst.* **doubles** *pl, Tennis usw.*: Doppel; **a doubles match** ein Doppel; **men's doubles** Herrendoppel

★**double³** ['dʌbl] **1** verdoppeln (*Preis, Anstrengungen usw.*) **2** (*Preise, Menge, Anzahl usw.*) sich verdoppeln **3** *oft* **double over** falten (*Papier usw.*)

PHRASAL VERBS

double up [ˌdʌblˈʌp] **1** *vor Lachen, Schmerzen usw.*: sich krümmen **2** teilen (*je nach Kontext: Zimmer, Bett, Buch usw.*); **you'll have to double up with Jenny** du wirst dir mit Jenny ein Zimmer teilen müssen

---

double-check [ˌdʌblˈtʃek] zweimal (*oder* genau) nachprüfen

double chin [ˌdʌblˈtʃɪn] Doppelkinn

double click ['dʌbl klɪk] *Computer*: Doppelklick

double-click ['dʌblklɪk] *Computer*: doppelklicken **double-click on something** auf etwas doppelklicken

double-cross [ˌdʌblˈkrɒs] **double-cross someone** ein doppeltes (*oder* falsches) Spiel mit jemandem treiben

double-dealing¹ [ˌdʌblˈdiːlɪŋ] Betrug

double-decker [ˌdʌblˈdekə] *Bus, Flugzeug*: Doppeldecker

double fault [ˌdʌblˈfɔːlt] *Tennis*: Doppelfehler

double glazing [ˌdʌbl'gleɪzɪŋ] *Br* Doppelfenster *pl*

double-park [ˌdʌbl'pɑːk] in zweiter Reihe parken

double-quick [ˌdʌbl'kwɪk] *umg* **1** im Eiltempo, fix **2** **in double-quick time** im Eiltempo, fix

double-take ['dʌblteɪk] **do a double-take** zweimal hinsehen müssen (*vor Verblüffung*)

★**doubt**¹ [▲daʊt] **1** bezweifeln (**that** dass), zweifeln; **I doubt it** das bezweifle ich, da habe ich meine Zweifel **2** anzweifeln (*Behauptung, Aussage usw.*)

★**doubt**² [▲daʊt] Zweifel (**about** hinsichtlich); **no doubt** zweifellos, fraglos; **without doubt** zweifellos; **I have no doubt about that** ich bezweifle das nicht; **her reliability is beyond doubt** ihre Verlässlichkeit steht außer Zweifel; **the school's future is in doubt** die Zukunft der Schule ist ungewiss; **leave no doubts about something** an etwas keinen Zweifel lassen

doubtful [▲'daʊtfl] **1** *allg.*: zweifelhaft (*auch Ruf, Charakter usw.*) **2** *Person*: zweifelnd, skeptisch; **be doubtful about something** an etwas zweifeln, über etwas im Zweifel sein

doubtless [▲'daʊtləs] zweifellos, sicherlich

dough [▲dəʊ] **1** *für Brot usw.*: Teig **2** *umg* (≈ *Geld*) Kohle, Knete

doughnut ['dəʊˌnʌt] Berliner, Krapfen, Donut

dove¹ [▲dʌv] **1** *Vogel*: Taube **2** *Politik*: Taube (*gemäßigter Politiker*)

dove² [dəʊv] *US 2. Form von* → **dive**¹

dowel ['daʊəl] *US* Dübel; → **wall plug** *Br*

★**down**¹ [daʊn] **1** räumlich *allg.*: nach unten, herunter, hinunter **2** *im Aufzug usw.*: abwärts **3** *in Kreuzworträtsel*: senkrecht **4** *auf die Frage „wo?"*: unten, drunten; **down there** dort unten **5** *geografisch*: **down the river** flussabwärts; **down under** *umg* in (*oder* nach) Australien (*bzw.* Neuseeland) **6** *eine Strecke*: entlang; **go down the street till you reach the bank** gehen Sie die Straße entlang, bis Sie die Bank erreichen **7** *Preise, Aktienkurse usw.*: gefallen; **the temperature is down by 10 degrees** die Temperatur ist um 10 Grad gefallen **8** *psychisch*: niedergeschlagen, down **9** *Sport*: im Rückstand; **we were 2 goals down** wir lagen mit 2 Toren zurück **10** **down with …!** nieder mit …!

★**down**² [daʊn] *umg* runterkippen (*Getränk*)

★**down**³ [daʊn] **1** *von Vögeln*: Daunen *pl* (≈ *Härchen*) Flaum

down-and-out [ˌdaʊnən'aʊt] *Br* Penner(in)

downcast ['daʊnkɑːst] **1** deprimiert, niedergeschlagen **2** *Blick*: gesenkt

downer ['daʊnə] **1** Beruhigungsmittel **2** **be on a downer** *umg* down sein

downfall ['daʊnfɔːl] **1** sozial, finanziell: Sturz, Ruin **2** starker Regenguss, Platzregen

downgrade ['daʊngreɪd] herunterstufen

downhearted [ˌdaʊn'hɑːtɪd] niedergeschlagen, entmutigt

downhill [ˌdaʊn'hɪl] **1** abwärts, bergab (*beide auch übertragen*), den Berg hinunter; **he's going downhill** *übertragen* es geht bergab mit ihm **2** *Skisport*: Abfahrts…: **downhill race** Abfahrtslauf

★**download**¹ [ˌdaʊn'ləʊd] *Computer, Multimedia*: herunterladen (*Daten usw.*)

★**download**² ['daʊnləʊd] *Computer, Multimedia*: Download

downloadable [ˌdaʊn'ləʊdəbl] *Computer, Multimedia*: herunterladbar

downmarket [ˌdaʊn'mɑːkɪt] *Waren, Restaurant usw.*: billig, Billig…

down payment [ˌdaʊn'peɪmənt] *beim Kauf*: Anzahlung

downplay [ˌdaʊn'pleɪ] herunterspielen, bagatellisieren

downpour ['daʊnpɔː] Platzregen

downright ['daʊnraɪt] *Frechheit, Rücksichtslosigkeit usw.*: absolut, ausgesprochen; **a downright lie** eine glatte Lüge

downriver [ˌdaʊn'rɪvə] flussabwärts

downside ['daʊnsaɪd] (≈ *Nachteil*) Kehrseite

downsize [ˌdaʊn'saɪz] **1** (*Firma*) abbauen (*Arbeitskräfte, Stellen*) **2** *beim Umziehen*: in eine kleinere Wohnung ziehen, sich verkleinern

downsizing ['daʊnˌsaɪzɪŋ] **1** *in Firma*: Stellenabbau **2** Umzug in eine kleinere Wohnung

★**downstairs** [ˌdaʊn'steəz] ↔ **upstairs** **1** *auf die Frage „wohin?"*: nach unten, die Treppe herunter (*oder* hinunter); **let's go downstairs** gehen wir nach unten **2** *auf die Frage „wo?"*: unten, im unteren Stockwerk; **the downstairs flats** die unteren Wohnungen

down-to-earth [ˌdaʊntʊ'ɜːθ] realistisch

downtown [ˌdaʊn'taʊn] *bes. US* im (*oder* ins) Stadtzentrum; **in downtown Los Angeles** in der Innenstadt von Los Angeles; **live downtown** im Stadtzentrum (*oder* in der Innenstadt) wohnen; **the downtown area** das Stadtzentrum

down under [ˌdaʊn'ʌndə] *umg für* Australien, Neuseeland; → **down**¹ 5

downward ['daʊnwəd] **1** *auch* **downwards**

fallen, gehen, sehen usw.: nach unten ❷ *übertragen* abwärts, bergab; **the team is on the downward path** mit der Mannschaft geht es bergab

dowry ['daʊrɪ] *von Braut*: Mitgift, Aussteuer

doze¹ [dəʊz] dösen, ein Nickerchen machen

───── PHRASAL VERBS ─────

doze off [,dəʊz'ɒf] einnicken, eindösen

doze² [dəʊz] Nickerchen; **have a doze** dösen, ein Nickerchen machen

★**dozen** [⚠ 'dʌzn] 12 Stück: Dutzend; **I've told you dozens of times** ... *umg* ich hab dir x-mal gesagt, ...

dozy ['dəʊzɪ] ❶ schläfrig, verschlafen ❷ *Br, umg* schwer von Begriff

drab [dræb] ❶ *Stadt usw.*: grau, trist ❷ *Farben*: düster ❸ *Dasein usw.*: freudlos

draft¹ [drɑːft] ❶ *für einen Brief, Plan usw.*: Entwurf ❷ *US; von Wehrpflichtigen*: Einberufung, Einziehung ❸ *US* Zugluft; → **draught** *Br*

draft² [drɑːft] ❶ entwerfen (*Schriftstück, Plan usw.*) ❷ *US* einziehen, einberufen (*Wehrpflichtige*)

draftsman ['drɑːftsmən] *pl*: **draftsmen** ['drɑːftsmen] *US* ❶ Zeichner ❷ *von Dokumenten*: Verfasser; → **draughtsman** *Br*

draftswoman ['drɑːftswʊmən] *pl*: **draftswomen** ['drɑːftswɪmɪn] *US* ❶ Zeichnerin ❷ *von Dokumenten*: Verfasserin; → **draughtswoman** *Br*

drafty ['drɑːftɪ] *US in Zimmer usw.*: zugig; → **draughty** *Br*

★**drag¹** [dræɡ] ❶ **be a drag** *umg* stinklangweilig sein; **what a drag!** so ein Mist!, *auf Person bezogen*: so ein Langweiler! ❷ **it was quite a drag getting there** es war ein ziemlicher Schlauch, dorthin zu kommen ❸ *umg; an Zigarette*: Zug; **give me a drag** lass mich mal ziehen

★**drag²** [dræɡ], dragged, dragged ❶ (≈ *mit Mühe ziehen*) schleppen, zerren ❷ **drag through the mud** *übertragen* in den Schmutz ziehen (*Person, Namen usw.*) ❸ **drag one's feet** (*oder* **heels**) *übertragen* sich Zeit lassen ❹ *in unangenehme Situation usw.*: hineinziehen (**into** in)

───── PHRASAL VERBS ─────

drag down [,dræɡ'daʊn] ❶ in den Schmutz ziehen (*Namen, Ruf, Person*) ❷ (*Rückschläge, Krankheit usw.*) zermürben, entmutigen; **don't let his criticisms drag you down** lass dich durch seine Kritik nicht entmutigen

drag on [,dræɡ'ɒn] (*Sitzung, Abend usw.*) sich dahinschleppen, sich in die Länge ziehen; **his speech dragged on for two hours** seine Rede zog sich über zwei Stunden hin

drag out [,dræɡ'aʊt] in die Länge ziehen

drag lift [,dræɡ'lɪft] Schlepplift

dragon ['dræɡən] *Fabelwesen*: Drache

dragonfly ['dræɡənflaɪ] *Insekt*: Libelle

drag queen ['dræɡ‿kwiːn] *umg* Travestiekünstler, Transvestit

drain¹ [dreɪn] ❶ *auch* **drain off** (*oder* **away**) abfließen lassen (*Flüssigkeit*) ❷ austrinken, leeren (*Glas usw.*) ❸ entwässern (*Grundstück, Acker usw.*) ❹ abtropfen lassen (*Gemüse, Nudeln usw.*)

───── PHRASAL VERBS ─────

drain away [,dreɪn‿ə'weɪ] ❶ (*Flüssigkeit*) abfließen, ablaufen ❷ (*Kräfte usw.*) schwinden

drain off [,dreɪn'ɒf] abgießen, abtropfen lassen (*Gemüse, Nudeln usw.*)

drain² [dreɪn] ❶ *unter Spüle usw.*: Abfluss, Abflussrohr, *auf Straße*: Gully, ⊛ Dole ❷ *übertragen* Belastung; **the arms race was a constant drain on the national budgets** das Wettrüsten war eine ständige Belastung der Staatshaushalte ❸ *umg, in Wendungen*: **she throws her money down the drain** sie wirft ihr Geld zum Fenster hinaus; **this club's going down the drain** dieser Verein geht vor die Hunde

drainpipe ['dreɪnpaɪp] Abflussrohr

dram [dræm] *umg; von Alkohol*: Schluck

drama ['drɑːmə] Drama (*auch übertragen*)

dramatic [drə'mætɪk] *allg.*: dramatisch (*auch übertragen*)

dramatize ['dræmətaɪz] ❶ für die Bühne *usw.* bearbeiten (*ein Stück*) ❷ (≈ *übertreiben*) dramatisieren, aufbauschen

drank [dræŋk] 2. Form von → **drink²**

drapes [dreɪps] *pl US* Vorhang, Gardinen

drastic ['dræstɪk] drastisch

draught [drɑːft] *Br* ❶ *in Zimmer*: Zug, Luftzug; **there's a draught in here** hier zieht's ❷ **draughts** (⚠ *im sg verwendet*) *Brettspiel*: Dame ❸ **on draught** *Bier*: vom Fass; **draught beer** Bier vom Fass

draughtsman ['drɑːftsmən] *pl*: **draughtsmen** ['drɑːftsmen] *Br* ❶ Zeichner ❷ *von Dokumenten*: Verfasser

draughtswoman ['drɑːftswʊmən] *pl*: **draughtswomen** ['drɑːftswɪmɪn] *Br* ❶ Zeichnerin ❷ *von Dokumenten*: Verfasserin

draughty ['drɑːftɪ] *Br*; *Haus, Raum*: zugig

★**draw**¹ [drɔː], **drew** [druː], **drawn** [drɔːn] ■ ziehen (*Waffe, Wagen usw., auch: Schlussfolgerung, Vergleich*); **draw someone into something** *übertragen* jemanden in etwas hineinziehen (*oder* verwickeln) ■ *mit Bleistift usw.*: zeichnen ■ ziehen (*Linie, Strich*); **draw a line under something** *übertragen* unter etwas einen Schlussstrich ziehen ■ *für Sportwettbewerb*: auslosen ■ *beim Fußball usw.*: unentschieden spielen ■ *übertragen* anziehen; **feel drawn to someone** sich zu jemandem hingezogen fühlen ■ ausstellen (*Scheck*)

PHRASAL VERBS

draw aside [ˌdrɔː_ə'saɪd] beiseitenehmen (*Person*)

draw in [ˌdrɔː'ɪn] ■ einziehen (*Atem, Luft*) ■ (*Tage*) abnehmen, kürzer werden

draw out [ˌdrɔː'aʊt] ■ *allg.*: herausziehen ■ *übertragen* hinausziehen, in die Länge ziehen (*Sitzung usw.*) ■ **they drew him out of his shell** *übertragen* sie haben ihn aus der Reserve gelockt ■ (*Tage*) länger werden

draw up [ˌdrɔː'ʌp] ■ abfassen, aufsetzen (*Rede, Schriftstück*) ■ aufstellen, erstellen (*Liste*) ■ (*Wagen*) anhalten

★**draw**² [drɔː] ■ *bei Lotterie usw.*: Ziehung, Auslosung ■ *Künstler, Ereignis*: Attraktion ■ *Sport*: *das* Unentschieden; **end in a draw** unentschieden ausgehen

drawback ['drɔːbæk] Nachteil

★**drawer** [▲ drɔː] *in Schrank, Kommode usw.*: Schublade, Schubfach

★**drawing** ['drɔːɪŋ] ■ Zeichnen; **be good at drawing** gut zeichnen können ■ *Bild*: Zeichnung

drawing board ['drɔːɪŋ_bɔːd] ■ *für Architekten, Planer usw.*: Reißbrett ■ **go back to the drawing board** wieder ganz von vorn anfangen

drawing pin ['drɔːɪŋ_pɪn] *Br* Reißzwecke, Reißnagel

drawl¹ [drɔːl] gedehnt sprechen (*bes. beim Amerikanischen*)

drawl² [drɔːl] gedehnte Aussprache (*bes. des Amerikanischen*)

drawn [drɔːn] *3. Form von* → draw¹

dread¹ [dred] **dread something** vor etwas (große) Angst haben, sich vor etwas fürchten

dread² [dred] (große) Angst, Furcht (**of** vor)

dreadful ['dredfl] *Anblick, Problem, Wetter usw.*: furchtbar, schrecklich; **the team played dreadfully** die Mannschaft spielte schrecklich

★**dream**¹ [driːm] ■ *im Schlaf*: Traum; **have a dream about something** von etwas träumen; **sweet dreams!** träum was Schönes!; **have a bad dream** schlecht träumen ■ *übertragen* Traum, Wunschtraum; **it's a dream come true** es ist ein Traum, der wahr geworden ist; **that's beyond my wildest dreams** das übertrifft meine kühnsten Träume; **may all your dreams come true** mögen alle deine Träume in Erfüllung gehen

★**dream**² [driːm], **dreamt** [dremt], **dreamt** [dremt] *oder* **dreamed**, **dreamed** ■ *im Schlaf*: träumen (**of**, **about** von); **I dreamt about you** ich habe von dir geträumt ■ *übertragen* träumen; **I dream of living on Lanzarote** ich träume davon, auf Lanzarote zu leben; **I wouldn't dream of it** mir würde das nicht im Traum einfallen; **who would have dreamt it!** wer hätte sich das träumen lassen!

PHRASAL VERBS

dream up [ˌdriːm'ʌp] sich ausdenken (*Plan, Idee*)

dreamer ['driːmə] Träumer(in)

dreamt [dremt] *2. und 3. Form von* → dream²

dreary ['drɪərɪ] ■ *Tag usw.*: trüb ■ *Arbeit usw.*: langweilig

drenched [drentʃt] durchnässt; **be drenched to the skin** bis auf die Haut durchnässt sein

★**dress**¹ [dres] ■ *für Frauen*: Kleid; **evening dress** Abendkleid ■ (≈ *Kleidung*) **in evening dress** in Abendkleidung; **national dress** Landestracht

★**dress**² [dres] ■ anziehen (*Kind*) ■ **get dressed** sich anziehen; **dress well** (*bzw.* **badly**) sich geschmackvoll (*bzw.* geschmacklos) kleiden; **dress for dinner** sich zum Abendessen umziehen ■ anmachen (*Salat*) ■ verbinden, behandeln (*Wunde*)

PHRASAL VERBS

dress down [ˌdres'daʊn] sich leger kleiden (*legerer als sonst*)

dress up [ˌdres'ʌp] ■ *für festlichen Anlass*: sich fein machen, sich herausputzen ■ *im Karneval usw.*: sich kostümieren, sich verkleiden

dresser ['dresə] ■ *Br* Geschirrschrank ■ *US* Frisierkommode ■ **be a stylish dresser** immer modisch gekleidet sein

dressing ['dresɪŋ] ■ (≈ *Salatsoße*) Dressing ■

auf Wunde: Verband

dressing-down [ˌdresɪŋˈdaʊn] **give someone a dressing-down** *umg* jemandem eine Standpauke halten

dressing gown [ˈdresɪŋ ˌgaʊn] Morgenmantel

dressing room [ˈdresɪŋ ˌruːm] **1** *im Theater:* Künstlergarderobe **2** *Sport:* Umkleidekabine

dressing table [ˈdresɪŋ ˌteɪbl] Frisierkommode

dressmaker [ˈdresˌmeɪkə] (Damen)Schneider(in)

dress rehearsal [ˌdres rɪˈhɜːsl] *Theater:* Generalprobe

drew [druː] 2. Form von → draw¹

dribble [ˈdrɪbl] **1** *(Baby usw.)* sabbern **2** *(Flüssigkeit)* tröpfeln **3** *in Ballsportarten:* dribbeln

dribs and drabs [ˌdrɪbz ən ˈdræbz] *pl,* **in dribs and drabs** *umg* kleckerweise

dried [draɪd] getrocknet; **dried fruit** Dörrobst; **dried milk** Trockenmilch

drier [ˈdraɪə] → dryer

drift¹ [drɪft] **1** *von Schnee:* Verwehung, Wehe **2** *von Entwicklung, Meinung usw.:* Tendenz, Richtung; **if you get my drift** wenn du weißt, was ich meine

drift² [drɪft] **1** *(Schiff, Floß usw.)* treiben **2** *(Person)* sich treiben lassen; **let things drift** den Dingen ihren Lauf lassen

---
PHRASAL VERBS

drift apart [ˌdrɪft əˈpɑːt] *(Freunde, Paar)* sich auseinanderleben

---

drill¹ [drɪl] **1** Werkzeug: Bohrer **2** *militärisch:* Drill *(auch übertragen)*

drill² [drɪl] **1** bohren *(Loch);* **drill for oil** nach Öl bohren **2** *militärisch:* drillen *(auch übertragen)*

drill bit [ˈdrɪl ˌbɪt] Bohreinsatz, Bohrkrone

★**drink¹** [drɪŋk] **1** *allg.:* Getränk; **would you like a drink?** möchtest du etwas zu trinken?; **food and drink** Essen und Getränke **2** *mst.* Alkohol: Glas, Drink; **shall we go for a drink?** gehen wir einen trinken?; **she has a drink problem** sie trinkt

★**drink²** [drɪŋk], drank [dræŋk], drunk [drʌŋk] **1** *allg.:* trinken; **what would you like to drink?** was möchten Sie trinken? **2** trinken *(Alkohol),* auch: ein Trinker bzw. eine Trinkerin sein; **thank you, I don't drink** danke, ich trinke keinen Alkohol; **don't drink and drive!** kein Alkohol am Steuer!

PHRASAL VERBS

drink to [ˈdrɪŋk ˌtʊ] (≈ *zuprosten*) trinken (*oder* anstoßen) auf; **drink to someone** auf jemanden trinken

drink up [ˌdrɪŋkˈʌp] austrinken *(Getränk)*

---

drink-driving [ˌdrɪŋkˈdraɪvɪŋ] *Br* Trunkenheit am Steuer

drinking¹ [ˈdrɪŋkɪŋ] das Trinken *(von Alkohol);* **she has a drinking problem** sie trinkt

drinking² [ˈdrɪŋkɪŋ] Trink…; **drinking straw** Trinkhalm; **drinking water** Trinkwasser; **drinking yoghurt** Trinkjoghurt

drip¹ [drɪp], dripped, dripped **1** *(Wasserhahn usw.)* tropfen, tröpfeln **2** triefen (**with** von, vor); **be dripping with sweat** schweißüberströmt sein

drip² [drɪp] **1** *Geräusch:* Tropfen, Tröpfeln **2** *Medizin:* Infusion, *umg* Tropf; **be on a drip** am Tropf hängen

drip-dry [ˌdrɪpˈdraɪ] *Wäsche:* bügelfrei

dripping¹ [ˈdrɪpɪŋ] (abtropfendes) Bratenfett

dripping² [ˈdrɪpɪŋ] **1** *Wasserhahn usw.:* tropfend **2** triefend (nass), tropfnass **3** **dripping wet** tropfnass

★**drive¹** [draɪv], drove [drəʊv], driven [ˈdrɪvn] **1** fahren *(Auto, Bus, Lkw usw.);* **drive into a wall** gegen eine Mauer fahren **2** *im Auto:* fahren, befördern *(Person);* **he'll drive you home** er fährt dich nach Hause **3** treiben *(Menge, Viehherde usw.) (auch übertragen);* **the refugees had been driven out of their home town** die Flüchtlinge waren aus ihrer Heimatstadt vertrieben worden **4** antreiben *(Maschine)* **5** *gefühlsmäßig:* treiben; **drive someone to despair** jemanden zur Verzweiflung treiben; **you're driving me mad!** du machst mich wahnsinnig!

PHRASAL VERBS

drive at [ˈdraɪv ˌæt] abzielen auf; **what are you driving at?** worauf willst du hinaus?

drive away [ˌdraɪv əˈweɪ] **1** *im Auto usw.:* wegfahren **2** vertreiben *(Personen, auch: Sorgen usw.)* **3** zerstreuen *(Bedenken usw.)*

drive up [draɪvˈʌp] in die Höhe treiben *(Preise, Mieten usw.)*

★**drive²** [draɪv] **1** *im Auto:* Fahrt; **a two-hour drive** zwei Stunden mit dem Auto, zwei Autostunden **2** *vor dem Haus:* Zufahrt, Auffahrt **3** übertragen Schwung, Elan **4** *psychisch:* Trieb **5** *von Maschine:* Antrieb; **disk drive** *Computer:* Diskettenlaufwerk **6** **right-hand drive** *im Auto:* Rechtssteuerung

drive-by [ˈdraɪv ˌbaɪ] Schießerei, Mordanschlag usw.: aus dem fahrenden Auto heraus (begangen)

drive-in [ˈdraɪv ˌɪn] **1** Drive-in-Restaurant **2** Autokino

drivel ['drɪvl] Gefasel, Unsinn
driven ['drɪvn] 3. Form von → drive¹
★**driver** ['draɪvə] **1** von Auto, Bus usw.: Fahrer(in) **2** Computer: Treiber
★**driver's license** ['draɪvəz,laɪsns] US Führerschein; → driving licence Br
driveway ['draɪvweɪ] vor Haus: Auffahrt, länger: Zufahrtsstraße
driving ['draɪvɪŋ] **1** allg.: Autofahren; **I enjoy driving** ich fahre gern Auto **2** Art des Fahrens: Fahrweise, Fahrstil
driving instructor ['draɪvɪŋ ɪn,strʌktə] Fahrlehrer(in)
driving lesson ['draɪvɪŋ,lesn] Fahrstunde; **take driving lessons** Fahrunterricht nehmen, den Führerschein machen
★**driving licence** ['draɪvɪŋ,laɪsns] Br Führerschein
driving school ['draɪvɪŋ sku:l] Fahrschule
driving test ['draɪvɪŋ test] Fahrprüfung; **take one's driving test** die Fahrprüfung (oder den Führerschein) machen
drizzle¹ ['drɪzl] (≈ leicht regnen) nieseln
drizzle² ['drɪzl] Sprühregen, Nieselregen
drone¹ [drəʊn] **1** brummen, summen **2** herunterleiern (seinen Text usw.)
drone² [drəʊn] Brummen, Summen
droop [dru:p] **1** (schlaff) herabhängen **2** den Kopf hängen lassen (auch Blume)
★**drop¹** [drɒp] **1** kleine Flüssigkeitsmenge: Tropfen; **only a drop of milk for me** in Tee usw.: für mich nur einen Tropfen Milch; **a drop in the ocean** übertragen ein Tropfen auf den heißen Stein; **he emptied the bottle to the last drop** er hat die Flasche bis auf den letzten Tropfen geleert; **I haven't touched a drop** ich habe keinen Tropfen getrunken **2** Fall; **a drop of ten metres** ein Fall aus 10 Metern Höhe **3** (≈ Abnahme) Fall, Sturz; **a drop in prices** ein Preissturz; **a drop in temperature** ein Temperatursturz
★**drop²** [drɒp], dropped, dropped **1** von Tisch, Schrank usw.: fallen, herunterfallen **2** aus der Hand: fallen lassen; **let something drop** etwas fallen lassen; **sorry, I dropped the cup** tut mir leid, ich habe die Tasse fallen lassen; **drop everything** übertragen alles liegen und stehen lassen **3** (Preise, Kurse usw.) sinken, fallen **4** **I dropped onto the sofa** ich ließ mich aufs Sofa fallen **5** vor Müdigkeit usw.: umfallen; **drop dead** tot umfallen **6** (Flüssigkeit) tropfen, tröpfeln **7** fallen lassen (Bemerkung); **drop someone a line** (oder **note**) jemandem ein paar Zeilen schreiben **8** (≈ aufgeben) fallen lassen (Absicht, Plan usw.); **next year I'll drop maths** nächstes Jahr wähl ich Mathe ab; **drop it!** hör auf damit! **9** absetzen (Last, auch Passagiere); **you can drop me at the station** du kannst mich am Bahnhof rauslassen

---
PHRASAL VERBS
---

drop by [,drɒp'baɪ], **drop in** [,drɒp'ɪn] umg (≈ besuchen) kurz hereinschauen, vorbeikommen (**on** bei); **I'll just drop in at the newsagent's** ich schau nur schnell zum Zeitungshändler

drop off [,drɒp'ɒf] **1** (Umsatz usw.) zurückgehen **2** (Interesse) nachlassen **3** vor Müdigkeit: einschlafen, einnicken **4** absetzen (Fahrgast); **just drop me off at the supermarket** setz mich einfach am Supermarkt ab

drop out [,drɒp'aʊt] **1** aus Gesellschaft, Projekt, Wettbewerb usw.: aussteigen (**of** aus) **2** die Schule (oder das Studium) abbrechen

---

drop-down menu ['drɒpdaʊn,menju:] Computer: Drop-Down-Menü
droplet ['drɒplət] Tröpfchen
dropout ['drɒpaʊt] **1** gesellschaftlich: Aussteiger(in) **2** Schulabbrecher(in), Studienabbrecher(in)
droppings ['drɒpɪŋz] pl, von Tieren: Kot
drought [⚠ draʊt] klimatisch: Trockenheit, Dürreperiode, Dürre
drove [drəʊv] 2. Form von → drive¹
★**drown** [draʊn] **1** sterben: ertrinken **2** töten: ertränken; **drown one's sorrows** übertragen seine Sorgen im Alkohol ertränken
drowse [draʊz] dösen
drowsiness ['draʊzɪnəs] Schläfrigkeit
drowsy ['draʊzɪ] **1** Person: schläfrig, verschlafen **2** Atmosphäre, Stimmung: einschläfernd
drudgery ['drʌdʒərɪ] (stumpfsinnige) Schinderei
★**drug¹** [drʌg] **1** illegales Rauschmittel: Droge, Rauschgift; **be on drugs** rauschgiftsüchtig sein, drogensüchtig sein; **take** (oder **use**) **drugs** Drogen nehmen **2** Medizin: Arzneimittel, Medikament **3** Sport: Dopingmittel; **drug test** Dopingtest
★**drug²** [drʌg], drugged, drugged zur Ruhigstellung: unter Drogen setzen, mit Medikamenten betäuben
drug abuse ['drʌg ə,bju:s] Drogenmissbrauch
drug addict ['drʌg,ædɪkt] Drogensüchtige(r), Rauschgiftsüchtige(r)
drug addiction ['drʌg ə,dɪkʃn] Drogensucht,

Rauschgiftsucht
drug dealer ['drʌg,di:lə] Drogenhändler, Rauschgifthändler
drug-driving ['drʌg,draɪvɪŋ] Fahren unter Drogeneinfluss
drug squad ['drʌg‿skwɒd] Rauschgiftdezernat
★**drugstore** ['drʌgstɔ:] *US* Drugstore (*Kombination aus Drogerie, Apotheke, Supermarkt und oft Imbiss*)
drug trafficking ['drʌg,træfɪkɪŋ] Drogenhandel
★**drum¹** [drʌm] ◼ *Musikinstrument*: Trommel; **drums** *pl* Schlagzeug ◼ *Geräusch*: Trommeln (*von Regen, Hagel usw.*) ◼ *für Öl usw.*: Fass, Tonne
drum² [drʌm], drummed, drummed trommeln (*Rhythmus*)
———————————————— PHRASAL VERBS
drum into [,drʌm'ɪntʊ] **drum something into someone** jemandem etwas einbläuen
drum up [,drʌm'ʌp] auftreiben (*Unterstützung usw.*), hereinholen (*Aufträge usw.*)

drummer ['drʌmə] *in Band*: Schlagzeuger(in)
drumstick ['drʌmstɪk] ◼ Trommelstock ◼ *von Geflügel*: Keule
★**drunk¹** [drʌŋk] 3. Form von → drink²
★**drunk²** [drʌŋk] ◼ betrunken; **get drunk** sich betrinken; **she gets drunk on one glass of wine** sie ist schon nach einem Glas Wein betrunken ◼ *übertragen* berauscht (**with** von); **drunk with joy** freudetrunken
★**drunk³** [drʌŋk] ◼ Betrunkene(r) ◼ *aus Gewohnheit, Sucht*: Trinker(in), Säufer(in)
drunkard ['drʌŋkəd] *aus Gewohnheit, Sucht*: Trinker(in), Säufer(in)
drunk-driving [,drʌŋk'draɪvɪŋ] *US* Trunkenheit am Steuer
★**dry¹** [draɪ] ◼ *allg.*: trocken (*Boden, Wetter, Wein, auch übertragen: Humor usw.*) ◼ *umg* durstig; **feel dry** Durst haben ◼ *umg; Alkoholiker*: trocken, weg vom Alkohol
★**dry²** [draɪ], dried [draɪd], dried [draɪd] ◼ *allg.*: trocknen; **dry oneself** (*bzw.* **one's hands**) sich (*bzw.* sich die Hände) abtrocknen (**on** an) ◼ (*Wäsche usw.*) trocknen, trocken werden ◼ dörren (*Obst usw.*)
———————————————— PHRASAL VERBS
dry up [,draɪ'ʌp] ◼ (*See, Fluss*) austrocknen ◼ (*Geldquelle, Nachschub usw.*) versiegen ◼ abtrocknen (*Geschirr*)

dry-clean [,draɪ'kli:n] chemisch reinigen
dry cleaner's [,draɪ'kli:nəz] chemische Reinigung
dryer ['draɪə] *für Wäsche usw.*: Trockner
dual ['dju:əl] doppelt, zweifach; **dual carriageway** *Br* (zweispurige) Schnellstraße
dub [dʌb], dubbed, dubbed synchronisieren (*Film*)
dubious ['dju:bɪəs] ◼ *Angelegenheit*: zweifelhaft, ungewiss ◼ *Firma, Person, Ruf*: zweifelhaft, fragwürdig, dubios ◼ **be dubious** (*Person*) unschlüssig (*oder* im Zweifel) sein (**about** über)
duchess ['dʌtʃɪs] *Adelstitel*: Herzogin
duchy ['dʌtʃɪ] *Land*: Herzogtum
★**duck¹** [dʌk] ◼ *Schwimmvogel*: Ente ◼ *Essen*: Ente; **roast duck** Entenbraten
★**duck²** [dʌk] ◼ (≈ *den Kopf einziehen*) sich ducken; **duck your head!, duck down!** duck dich! ◼ (≈ *unter Wasser drücken*) tauchen ◼ *umg* sich drücken vor, ausweichen (*Streitpunkt, Konflikt, Thema usw.*)
dud [dʌd] *umg* ◼ *Rakete usw.*: Blindgänger ◼ *Person*: Niete ◼ ungedeckter Scheck
dude [du:d] *US, salopp* Typ, Kerl
due [dju:] ◼ *zeitlich*: fällig; **the ferry is due at …** die Fähre soll laut Plan um … ankommen; **when's your baby due?** wann kommt denn dein Baby?, wann hast du Termin? ◼ **be due** (*Betrag, Zahlung*) fällig sein; **due date** Fälligkeitstermin ◼ **due to** *ursächlich*: wegen (+ *Genitiv*), infolge (*oder* aufgrund) von (*oder* *Genitiv*); **be due to** zuzuschreiben sein, zurückzuführen sein auf; **it's due to him that …** es ist ihm zu verdanken, dass … ◼ (≈ *angemessen*) gebührend, zustehend (*Achtung, Anerkennung, Berücksichtigung usw.*); **with all due respect** *Floskel bei Kritik*: bei allem Respekt; **after due consideration** nach reiflicher Überlegung; **in due course** zur rechten (*oder* gegebenen) Zeit
dug [dʌg] 2. und 3. Form von → dig¹
duke [dju:k] *Adelstitel*: Herzog
★**dull** [dʌl] ◼ (≈ *etwas dumm*) langsam, beschränkt ◼ *Buch, Film, Abend usw.*: langweilig; **never a dull moment** humorvoll immer was los ◼ *Farbe, Licht*: matt, trüb ◼ *Wetter, Tag*: trüb, grau ◼ *Schmerz, Klang*: dumpf
duly ['dju:lɪ] ◼ ordnungsgemäß ◼ (≈ *pünktlich*) wie erwartet
dumb [dʌm] ◼ *Person*: stumm (*auch übertragen*); **deaf and dumb** taubstumm; **be struck dumb** sprachlos sein (**with** vor) ◼ *bes. US, umg* doof, dumm; **what a dumb thing to do!** wie kann man nur so blöd sein!
dumbass [▲'dʌm,æs] *US, salopp* Nullchecker
dumbbell [▲'dʌmbel] ◼ *Sportgerät*: Hantel ◼

US, salopp Trottel

dumbfound [⚠ dʌmˈfaʊnd] verblüffen

dumbfounded [⚠ dʌmˈfaʊndɪd] verblüfft, sprachlos

dummy [ˈdʌmɪ] **1** *von Buch, Gerät usw.*: Attrappe **2** *für Kleider*: Schaufensterpuppe **3** *Br*; *für Babys*: Schnuller **4** *bes. US* Idiot

★**dump**¹ [dʌmp] **1** *unordentlich*: hinwerfen, hinschmeißen; **she came in and dumped her sports gear on the floor** sie kam herein und schmiss ihre Sportsachen auf den Boden **2** auskippen, abladen (*Schutt, Müll usw.*)

★**dump**² [dʌmp] **1** *für Abfälle*: Schuttabladeplatz, Müllkippe, Müllhalde **2** *Militär*: Depot **3** *abwertend*; *Ortschaft*: Kaff **4** *umg*; *unordentliches Zimmer usw.*: Dreckloch

dumping [ˈdʌmpɪŋ] **1 dumping ground** Schuttabladeplatz, Müllkippe, Müllhalde **2** *Wirtschaft*: Dumping

dumpling [ˈdʌmplɪŋ] *Essen*: Knödel, Kloß

dumps [dʌmps] *pl*, **down in the dumps** *umg* down, niedergeschlagen

Dumpster® [ˈdʌmpstə] *US* **1** (Müll)Container **2** Bauschuttcontainer

dune [djuːn] *aus Sand*: Düne

dungarees [ˌdʌŋɡəˈriːz] *pl Br* Latzhose

dungeon [ˈdʌndʒən] (≈ *Gefängnis*) Verlies

dunk [dʌŋk] eintunken, stippen (*Brot usw.*)

dupe [djuːp] betrügen; **he was duped** er wurde hereingelegt

duplex¹ [ˈdjuːpleks] *US* doppelt, Doppel...; **duplex apartment** Maisonette; **duplex house** Doppelhaus

duplex² [ˈdjuːpleks] *US* **1** *Wohnung*: Maisonette **2** *Haus*: Doppelhaus

duplicate¹ [ˈdjuːplɪkət] doppelt, zweifach; **duplicate key** Zweitschlüssel

duplicate² [ˈdjuːplɪkət] **1** Duplikat, Abschrift, Kopie; **in duplicate** in zweifacher Ausfertigung **2** *Schlüssel*: Zweitschlüssel

duplicate³ [ˈdjuːplɪkeɪt] **1** ein Duplikat anfertigen von (*Schriftstück*) **2** *maschinell*: kopieren, vervielfältigen

durable [ˈdjʊərəbl] **1** *Material usw.*: haltbar, langlebig **2** *Frieden, Freundschaft usw.*: dauerhaft

★**during** [ˈdjʊərɪŋ] während (+ *Genitiv*); **during the holiday we met some interesting people** während der Ferien lernten wir einige interessante Leute kennen

dusk [dʌsk] Abenddämmerung; **at dusk** bei Einbruch der Dunkelheit

★**dust**¹ [dʌst] **1** *allg.*: Staub **2 the dust has settled** *übertragen* die Aufregung hat sich gelegt, die Wogen haben sich geglättet; **bite the dust** *umg* ins Gras beißen

★**dust**² [dʌst] **1** abstauben (*Schrank, Zimmer*) **2** *mit Puderzucker usw.*: bestreuen, bestäuben

dustbin [ˈdʌstbɪn] *Br* Abfalleimer, Mülleimer, Mülltonne; **dustbin man** Müllmann; **dustbin lorry** Müllwagen

dustman [ˈdʌstmən] *pl*: dustmen [ˈdʌstmən] *Br* Müllwerker, Arbeiter der Müllabfuhr

dustpan [ˈdʌstpæn] Kehrschaufel, Müllschaufel

dusty [ˈdʌstɪ] *Bücher, Schrank, Straße usw.*: staubig

★**Dutch**¹ [dʌtʃ] **1** holländisch, niederländisch **2 go Dutch** *in Lokal*: getrennt zahlen

★**Dutch**² [dʌtʃ] *Sprache*: Holländisch, Niederländisch

★**Dutch**³ [dʌtʃ] **the Dutch** *pl* die Holländer *pl*, die Niederländer

★**Dutchman** [ˈdʌtʃmən] *pl*: Dutchmen [ˈdʌtʃmən] Holländer, Niederländer

★**Dutchwoman** [ˈdʌtʃˌwʊmən] *pl*: Dutchwomen [ˈdʌtʃˌwɪmɪn] Holländerin, Niederländerin

dutiful [ˈdjuːtɪfl] pflichtbewusst

★**duty** [ˈdjuːtɪ] **1** (≈ *Verpflichtung*) Pflicht, Schuldigkeit (**to, towards** gegenüber) **2** *beruflich*: Pflicht, Aufgabe; **do one's duty** seine Pflicht tun **3** *Arbeitszeit*: Dienst; **be on duty** Dienst haben, im Dienst sein; **be off duty** nicht im Dienst sein, dienstfrei haben; **duty doctor** *in Klinik*: Bereitschaftsarzt **4** *für Importe*: Zoll

duty-free¹ [ˌdjuːtɪˈfriː] *Waren*: zollfrei; **duty-free shop** Dutyfreeshop

duty-free² [ˌdjuːtɪˈfriː] *mst.* **duty-frees** *pl, umg* zollfreie Waren

duvet [ˈduːveɪ] *Br* Federbett

★**DVD** [ˌdiːviːˈdiː] (*abk für* digital versatile (*oder* video) disc) DVD; **DVD player** DVD-Spieler; **DVD drive** DVD-Laufwerk; **DVD-ROM** DVD--ROM; **DVD recorder** DVD-Rekorder

DVR [ˌdiːviːˈɑː] (*abk für* digital video recorder) Digitalrekorder

DVT [ˌdiːviːˈtiː] (*abk für* deepveinthrombosis) TVT, tiefe Venenthrombose

dwarf [dwɔːf] *pl*: dwarves [dwɔːvz] *oder* dwarfs *im Märchen usw.*: Zwerg

dwell [dwel], dwelt [dwelt], dwelt [dwelt] *oder* dwelled, dwelled *förmlich* wohnen, leben

──────── PHRASAL VERBS ────────

dwell on [ˈdwel ˌɒn] nachgrübeln über (*Problem, Vergangenheit usw.*)

dweller ['dwelə] **cave dweller** Höhlenbewohner; **city dweller** Stadtbewohner
dwelling ['dwelɪŋ] Wohnung
dwelt [dwelt] 2. und 3. Form von → dwell
dwindle ['dwɪndl] (*Anzahl, Gewinn, Hoffnungen usw.*) abnehmen, schwinden
dye¹ [daɪ] *zum Färben von Haaren usw.*: Farbstoff; **hair dye** Haarfärbemittel
dye² [daɪ] färben (*Haare, Stoffe usw.*)
dying ['daɪɪŋ] sterbend; **be dying** im Sterben liegen
dyke [daɪk] **1** (≈ *Erddamm*) Deich **2** *salopp* Lesbe
dynamic [daɪ'næmɪk] *Person, Entwicklung usw.*: dynamisch
dynamite ['daɪnəmaɪt] *Sprengstoff*: Dynamit (*auch übertragen*)
dynamo ['daɪnəməʊ] *am Fahrrad*: Dynamo
dynasty ['dɪnəsti, *US* 'daɪnəsti] Dynastie
dyslexia [dɪs'leksɪə] (≈ *Lese-Rechtschreib-Schwäche*) Legasthenie
dyslexic¹ [dɪs'leksɪk] (≈ *an einer Lese-Rechtschreib-Schwäche leidend*) legasthenisch; **be dyslexic** Legastheniker(in) sein
dyslexic² [dɪs'leksɪk] Legastheniker(in)

E

★**each** [iːtʃ] **1** jede(r, -s); **each one** jede(r) Einzelne; **each entry in this dictionary starts with a new line** jeder Artikel in diesem Wörterbuch beginnt mit einer neuen Zeile **2** **each of us** jede(r) von uns; **each of the kids got a little present** jedes der Kinder bekam ein kleines Geschenk **3** **they hugged each other** sie umarmten einander (*oder* sich) **4** je, pro Person (*oder* Stück); **admission is £10 each** der Eintritt kostet 10 Pfund pro Person
eager ['iːgə] **1** *Arbeiter, Schüler usw.*: eifrig **2** begierig (**for** nach), gespannt (**for** auf); **be eager to do something** darauf brennen, etwas zu tun; **eager to learn** wissbegierig **3** *Aufmerksamkeit, Blick usw.*: gespannt **4** **she's eager to please** sie möchte es jedem recht machen
eagerness ['iːgənəs] *von Schüler usw.*: Eifer
eagle ['iːgl] *Greifvogel*: Adler
★**ear¹** [ɪə] **1** Ohr; **I'm all ears** *umg* ich bin ganz Ohr; **he's up to his ears in debt** er steckt bis über die Ohren in Schulden; **fall on deaf ears** auf taube Ohren stoßen; **turn a deaf ear to** die Ohren verschließen vor **2** *übertragen* Gehör, Ohr; **play by ear** nach dem Gehör spielen (*Melodie*); ⚠ *aber*: **play it by ear** *übertragen* improvisieren
★**ear²** [ɪə] *von Getreide*: Ähre
earache ['ɪəreɪk] (⚠ *nur sg*) Ohrenschmerzen
earbuds ['ɪəbʌdz] *pl* Ohrhörer
ear defenders ['ɪə_dɪˌfendəz] *pl* Gehörschutz
eardrum ['ɪədrʌm] *im Ohr*: Trommelfell
earl [ɜːl] *in GB*: Graf
earlobe ['ɪələʊb] Ohrläppchen
★**early** ['ɜːlɪ] **1** früh, frühzeitig; **early in the morning** früh am Morgen; **in the early morning** am frühen Morgen; **early riser, early bird** Frühaufsteher(in); **the early bird catches the worm** *Sprichwort*: Morgenstund hat Gold im Mund; **in his early days** in seiner Jugend; **at the (very) earliest** (aller)frühestens **2** **as early as possible** so bald wie möglich **3** zu früh; **sorry - I know I'm early** tut mir leid - ich weiß, ich bin zu früh dran **4** vorzeitig; **his early death** sein früher Tod **5** (≈ *in ferner Vergangenheit*) anfänglich, Früh...; **in early Christian times** in frühchristlicher Zeit
early shift ['ɜːlɪ_ʃɪft] Frühschicht; **be on early shift** Frühschicht haben
earmark ['ɪəmaːk] bestimmen, vorsehen (*bes. Geld*) (**for** für)
★**earn** [ɜːn] **1** verdienen (*Geld usw.*); **I earn my living by writing dictionaries** ich verdiene meinen Lebensunterhalt mit dem Schreiben von Wörterbüchern (⚠ *Lob usw. verdienen = deserve*) **2** einbringen (*Zinsen, Profit usw.*)
earnest¹ ['ɜːnɪst] **1** (≈ *nicht fröhlich*) ernst **2** (≈ *seriös*) ernsthaft, gewissenhaft
earnest² ['ɜːnɪst] **in earnest** im Ernst; **in dead earnest** in vollem Ernst
earnings ['ɜːnɪŋz] *pl* **1** Verdienst, Einkommen **2** *von Firma*: Einkünfte
earphones ['ɪəfəʊnz] *pl* Kopfhörer, Ohrhörer
earplugs ['ɪəplʌgz] *pl* Ohrstöpsel
ear protection ['ɪə_prəˌtekʃn] Gehörschutz
★**earring** ['ɪərɪŋ] Ohrring
earshot ['ɪəʃɒt] **within earshot** in Hörweite; **out of earshot** außer Hörweite
earsplitting ['ɪəˌsplɪtɪŋ] *Lärm*: ohrenbetäubend
★**earth¹** [ɜːθ] **1** Erde; **the earth, Earth** die Erde, die Welt; **on earth** auf Erden; **what on earth ...?** was in aller Welt ...? **2** Erde, Erdboden; **come back** (*oder* **down**) **to earth** *übertragen* auf den Boden der Wirklichkeit zurückkehren **3** *Br; Elektrotechnik*: Erde, Erdung

earth² [ɜːθ] *Br; Elektrotechnik*: erden
earthenware [ˈɜːθnweə] *auch* **earthenware pottery** Tonwaren
earthly [ˈɜːθlɪ] **1** irdisch, weltlich **2** **there's no earthly reason** *umg* es gibt nicht den geringsten Grund **3** **of no earthly use** *umg* völlig unnütz
★**earthquake** [ˈɜːθkweɪk] Erdbeben
earthworm [ˈɜːθwɜːm] Regenwurm
ease¹ [iːz] **1** **at ease** ruhig, entspannt; **be** (*oder* **feel**) **at ease** sich wohlfühlen; **be** (*oder* **feel**) **ill at ease** sich in seiner Haut nicht wohlfühlen **2** **with ease** leicht, mühelos
ease² [iːz] **1** erleichtern (*Arbeit, Aufgabe, Mühe usw.*) **2** **it would ease my mind if you rang him up** es würde mich beruhigen, wenn Sie ihn anrufen würden **3** lindern (*Schmerzen, Kummer*) **4** **they eased the injured child onto the stretcher** sie legten das verletzte Kind behutsam auf die Trage
easel [ˈiːzl] *Malerei*: Staffelei
easily [ˈiːzɪlɪ] leicht, mühelos; **he learnt Spanish easily** er hat mühelos Spanisch gelernt; **I easily get tired** ich werde leicht müde; **it might easily be that ...** es kann leicht sein, dass ...
★**east¹** [iːst] **1** Osten; **in the east of** im Osten von (*oder Genitiv*); **to the east of** östlich von (*oder Genitiv*) **2** *auch* **East** Osten, östlicher Landesteil; **the East Coast** *US* die Oststaaten **3** **the East** *auch*: der Osten (*die Staaten Osteuropas bzw. Asiens*)
★**east²** [iːst] Ost..., östlich; **the east side of the church** die Ostseite der Kirche
★**east³** [iːst] **1** *Richtung*: ostwärts, nach Osten **2** **east of** östlich von (*oder Genitiv*)
eastbound [ˈiːstbaʊnd] nach Osten gehend (*oder* fahrend)
★**Easter** [ˈiːstə] Ostern, Osterfest; **at Easter** zu Ostern; **happy Easter** frohe Ostern!; **Easter egg** Osterei
easterly [ˈiːstəlɪ] *Richtung, Wind*: östlich, Ost...
★**Easter Monday** [ˌiːstəˈmʌndeɪ] Ostermontag
★**eastern** [ˈiːstən] östlich, Ost...; **the former Eastern bloc** der frühere Ostblock
★**Easter Sunday** [ˌiːstəˈsʌndeɪ] Ostersonntag
eastward [ˈiːstwəd], **eastwards** [ˈiːstwədz] östlich, ostwärts, nach Osten; **in an eastward direction** in östlicher Richtung, Richtung Osten
★**easy** [ˈiːzɪ] **1** ↔ **difficult** leicht, mühelos; **as easy as anything** kinderleicht; **that's easy for you to say** du hast leicht reden; **that's easier said than done** das ist leichter gesagt als getan; **easy money** leicht verdientes Geld; **you've got it easy** du hast's gut **2** (≈ *sorgenfrei*) bequem, angenehm **3** **take it easy, take things easy** *nach Krankheit usw.*: sich nicht übernehmen, sich schonen; **take it easy!** *beruhigend*: immer mit der Ruhe!, *warnend*: langsam! **4** **easy come, easy go** wie gewonnen, so zerronnen

easy chair [ˌiːzɪˈtʃeə] Sessel
easygoing [ˌiːzɪˈgəʊɪŋ] *charakterlich*: gelassen
★**eat** [iːt], **ate** [et], **eaten** [ˈiːtn] **1** (*Mensch*) essen; **shall we eat at six o'clock?** wollen wir um sechs Uhr essen?; **eat out** auswärts essen, essen gehen; **you're eating us out of house and home** *scherzhaft*: du frisst uns vom Hause die Haare vom Kopf **2** (*Tier*) fressen **3** *in Wendungen*: **eat one's words** alles, was man gesagt hat, zurücknehmen; **what's eating him?** *umg* was hat er denn?; **I'll eat my hat if ...** *umg* ich fresse einen Besen, wenn ...

—————————— PHRASAL VERBS ——————————

eat up [ˌiːtˈʌp] **1** *bei Mahlzeit*: aufessen **2** völlig aufbrauchen, auffressen (*Reserven usw.*); **be eaten up with** *übertragen* sich verzehren vor, zerfressen werden von (*Neid, Eifersucht, Neugier usw.*)

eatable [ˈiːtəbl] *die Qualität einer Mahlzeit betreffend*: essbar, genießbar (▲ „essbar" im Sinne von „nicht giftig" heißt **edible**)
eaten [ˈiːtn] *3. Form von* → **eat**
eavesdrop [ˈiːvzdrɒp], **eavesdropped, eavesdropped** (heimlich) horchen; **eavesdrop on** belauschen
ebb [eb] **1** *auch* **ebb tide** Ebbe **2** *übertragen* Tiefstand; **be at a low ebb** auf einem Tiefpunkt angelangt sein
e-bike [ˈiːbaɪk] E-Bike
e-book [ˈiːbʊk] E-Book
e-cash [ˈiːkæʃ] *Internet*: E-Cash, elektronisches Geld
echo [ˈekəʊ] *pl*: **echoes** [ˈekəʊz] Echo, Widerhall (*beide auch übertragen*)
e-cigarette [ˌiːsɪgəˈret] E-Zigarette, elektrische Zigarette
eclipse [ɪˈklɪps] **1** *von Sonne, Mond*: Finsternis; **eclipse of the sun** Sonnenfinsternis **2** *von Person, Institution usw.*: Niedergang
ecofriendly [ˈiːkəʊˌfrendlɪ] umweltfreundlich
ecological [ˌiːkəˈlɒdʒɪkl] ökologisch, Umwelt...; **ecological balance** ökologisches Gleichgewicht; **ecologically beneficial** (*bzw*. **harmful**)

umweltfreundlich (*bzw.* umweltschädigend)
ecologist [ɪˈkɒlədʒɪst] Ökologe, Ökologin
ecology [ɪˈkɒlədʒɪ] Ökologie
e-commerce [ˈiːˌkɒmɜːs] E-Commerce, Internethandel
★**economic** [ˌiːkəˈnɒmɪk] **1** ökonomisch, wirtschaftlich, Wirtschafts…; **economic aid** Wirtschaftshilfe **2** (≈ gewinnbringend) rentabel, wirtschaftlich
economical [ˌiːkəˈnɒmɪkəl] *Person, Auto, Heizung usw.*: wirtschaftlich, sparsam; **be economical with** sparsam umgehen (*oder* wirtschaften) mit
economics [ˌiːkəˈnɒmɪks] *pl* (▲ *im sg verwendet*) Wirtschaftswissenschaft (*je nach Schwerpunkt Volkswirtschafts- oder Betriebswirtschaftslehre*)
economist [ɪˈkɒnəmɪst] Wirtschaftswissenschaftler(in) (*je nach Schwerpunkt Volks- oder Betriebswirt, -in*)
economize [ɪˈkɒnəmaɪz] sparsam umgehen, wirtschaften (**on** mit)
★**economy** [ɪˈkɒnəmɪ] **1** *eines Staates*: Wirtschaft, Wirtschaftssystem **2** *bezüglich Geldausgaben, Zeitaufwand usw.*: Sparsamkeit; **make economies** zu Sparmaßnahmen greifen, sparen; **economy pack** Sparpackung
ecosystem [ˈiːkəʊˌsɪstəm] Ökosystem
ecotourism [ˈiːkəʊˌtʊərɪzm] Ökotourismus
ecstasy [ˈekstəsɪ] **1** Ekstase (*auch religiös usw.*) **2** *Droge*: Ecstasy
eczema [ˈeksɪmə] *Hautausschlag*: Ekzem
eddy [ˈedɪ] *von Wind*: Wirbel, *von Wasser*: Strudel
★**edge¹** [edʒ] **1** *von Tisch, Felsen usw.*: Kante **2** *von Vorhang, Tuch, Kleidungsstück usw.*: Rand, Saum **3** *von Messer usw.*: Schneide **4** *in Wendungen*: **be on the edge of despair** am Rande der Verzweiflung sein; **on edge** nervös, gereizt; **set someone's teeth on edge** jemanden nervös machen
★**edge²** [edʒ] **1** umsäumen, einfassen (*Tuch, Kleidungsstück usw.*) **2** (≈ *sich langsam bewegen*) schieben, drängen; **we slowly edged our way towards the exit** wir schoben uns langsam in Richtung Ausgang; **he tried to edge out of the room** er versuchte, sich aus dem Zimmer zu stehlen
edgeways [ˈedʒweɪz] *Br*, **edgewise** [ˈedʒwaɪz] *bes. US* **I could hardly get a word in edgeways** ich bin kaum zu Wort gekommen
edgy [ˈedʒɪ] nervös
edible [ˈedəbl] essbar, genießbar; → eatable
edifice [ˈedɪfɪs] Gebäude

edifying [ˈedɪfaɪɪŋ] *Buch, Film usw.*: erbaulich (*auch humorvoll*)
edit [ˈedɪt] **1** herausgeben, als Herausgeber leiten (*Zeitung, Zeitschrift usw.*) **2** bearbeiten, redigieren (*Text eines Buches, einer Zeitung usw.*) **3** schneiden (*Film*)
★**edition** [ɪˈdɪʃn] **1** *von Zeitung usw.*: Ausgabe, **morning edition** Morgenausgabe **2** *von Buch*: Auflage; **first edition** Erstausgabe, erste Auflage
editor [ˈedɪtə] **1** *auch* editor in chief *von Buch, Reihe*: Herausgeber(in) **2** *von Zeitung*: Redakteur(in); **editor in chief** Chefredakteur(in); **letter to the editor** Leserbrief; **the editors** *pl* die Redaktion **3** *bei Buchverlag*: Lektor(in) **4** *Film, TV*: Cutter(in)
editorial [ˌedɪˈtɔːrɪəl] *in Zeitung*: Leitartikel
EDP [ˌiːdiːˈpiː] (*abk für* electronic data processing) elektronische Datenverarbeitung, EDV
★**educate** [ˈedjʊkeɪt] *bes. schulisch*: ausbilden; **she was educated at Summerhill** sie ging in Summerhill zur Schule
educated [ˈedjʊkeɪtɪd] *Person*: gebildet
★**education** [ˌedjʊˈkeɪʃn] **1** *an Schule usw.*: Ausbildung; **compulsory education** allgemeine Schulpflicht **2** (≈ *kulturelles Wissen*) Bildung, Bildungsstand; **general education** Allgemeinbildung **3** *System*: Bildungswesen, Schulwesen **4** *Studienfach*: Erziehungswissenschaft, Pädagogik
educational [ˌedjʊˈkeɪʃnəl] **1** pädagogisch; **educational film** Lehrfilm **2** *Erfahrung usw.*: lehrreich **3** Bildungs…; **educational level** (*oder* **standard**) Bildungsniveau
edutainment [ˌedjʊˈteɪnmənt] Edutainment (*Zusammensetzung aus* education *und* entertainment, *Oberbegriff für elektronische Medien, die auf unterhaltsame Weise Wissen vermitteln*)
eel [iːl] *Fisch*: Aal
eerie [ˈɪərɪ] unheimlich, *Schrei usw.*: schaurig
★**effect** [ɪˈfekt] *allg.*: Wirkung, Effekt (**on** auf)
effective [ɪˈfektɪv] **1** *Medikament, Werbung usw.*: wirksam, wirkungsvoll **2** (≈ *real*) tatsächlich, effektiv
effervescent [ˌefəˈvesnt] **1** *vor Begeisterung*: überschäumend **2** **effervescent tablets** Brausetabletten
efficiency [ɪˈfɪʃnsɪ] **1** *von Person, Organisation, Produktion usw.*: Effizienz, Leistungsfähigkeit, rationelle Arbeitsweise **2** *von Methode*: Wirksamkeit **3** *von Motor*: Sparsamkeit
efficient [ɪˈfɪʃnt] **1** *Person, Organisation, Produktion usw.*: effizient, leistungsfähig, rationell

2 *Methode*: wirksam **3** *Motor*: sparsam

★**effort** ['efət] **1** *körperlich oder geistig*: Anstrengung, Mühe; **make an effort** sich bemühen, sich anstrengen; **make every effort** sich alle Mühe geben; **without effort** mühelos **2** (≈ *Bemühen, etwas zu tun*) Versuch; **let's make one last effort** versuchen wir es ein letztes Mal

effortless ['efətləs] mühelos

effusive [ɪ'fjuːsɪv] *Begrüßung usw.*: überschwänglich

EFL [ˌiːef'el] (*abk für* English as a Foreign Language) Englisch als Fremdsprache

e.g. [ˌiː'dʒiː] (*abk für* exempli gratia = for example) z.B.

★**egg** [eg] *allg.*: Ei; **fried eggs** Spiegeleier; **scrambled egg(s)** Rührei; **put all one's eggs in one basket** *übertragen* alles auf eine Karte setzen

eggcup ['egkʌp] Eierbecher

eggplant ['egplɑːnt] *US* Aubergine

eggshell ['egʃel] Eierschale

egg timer ['eg ˌtaɪmə] Eieruhr

★**egg white** ['eg ˌwaɪt] Eiweiß

egg yolk ['eg ˌjəʊk] Eigelb

ego ['iːgəʊ] **1** *Psychologie*: Ich, Ego **2** *umg* Selbstwertgefühl, Selbstbewusstsein; **the new job will boost her ego** der neue Job wird ihr Selbstbewusstsein stärken; **what he needs is a boost for his ego** *auch*: was er braucht, ist ein Erfolgserlebnis

egoism ['iːgəʊɪzm], **egotism** ['egətɪzm] Egoismus

egoist ['iːgəʊɪst], **egotist** ['egətɪst] Egoist(in)

egoistic [ˌiːgəʊ'ɪstɪk], **egotistic** [ˌegə'tɪstɪk] egoistisch

★**Egypt** ['iːdʒɪpt] Ägypten

★**Egyptian**[1] [ɪ'dʒɪpʃn] ägyptisch

★**Egyptian**[2] [ɪ'dʒɪpʃn] *Person*: Ägypter(in)

★**eight**[1] [eɪt] acht

★**eight**[2] [eɪt] **1** *Buslinie, Spielkarte usw.*: Acht **2** *Rudern*: Achter

★**eighteen**[1] [ˌeɪ'tiːn] achtzehn

★**eighteen**[2] [ˌeɪ'tiːn] *Buslinie usw.*: Achtzehn

★**eighth**[1] [eɪtθ] achte(r, -s)

★**eighth**[2] [eɪtθ] **1** Achte(r, -s); **the eighth of May** der 8. Mai **2** *Bruchteil*: Achtel

★**eighty**[1] ['eɪtɪ] achtzig

★**eighty**[2] ['eɪtɪ] Achtzig; **be in one's eighties** in den Achtzigern sein; **in the eighties** in den Achtzigerjahren (*eines Jahrhunderts*)

★**either** ['aɪðə] **1** *von zweien*: jede(r, -s), beide; **on either side** auf beiden Seiten; **I haven't seen either** ich habe beide nicht gesehen, ich habe keinen (von beiden) gesehen **2** *als Alternative*: eine(r, -s), irgendeine(r, -s); **there are two keys on the table, take either** es liegen zwei Schlüssel auf dem Tisch, nimm einen davon **3** **either ... or** entweder ... oder, *verneinend*: weder ... noch **4** **'I don't know her.' - 'I don't either.'** „Ich kenne sie nicht." - „Ich auch nicht."

eject [ɪ'dʒekt] **1** *in Flugzeug*: den Schleudersitz betätigen **2** (*Maschine*) ausstoßen, auswerfen **3** *förmlich* hinauswerfen (*Randalierer usw.*)

PHRASAL VERBS

eke out [ˌiːk'aʊt] **1** strecken (*Vorräte usw.*) **eke out a living** sich (mühsam) durchschlagen

elaborate[1] [ɪ'læbərət] **1** sorgfältig gearbeitet (*oder* ausgeführt) **2** *Plan usw.*: ausgeklügelt **3** *Muster usw.*: kompliziert **4** *Festessen usw.*: üppig

elaborate[2] [ɪ'læbəreɪt] nähere Angaben machen, ins Detail gehen; **elaborate on** näher eingehen auf

elapse [ɪ'læps] (*Zeit*) vergehen, verstreichen

elastic[1] [ɪ'læstɪk] **1** *allg.*: elastisch, dehnbar (*auch übertragen*) **2** Gummi...; **elastic band** Gummiring, Gummiband

elastic[2] [ɪ'læstɪk] **1** Gummiband **2** *Material*: Gummi

elated [ɪ'leɪtɪd] begeistert (**at, by** von), in Hochstimmung

★**elbow**[1] ['elbəʊ] *Körperteil*: Ellbogen

★**elbow**[2] ['elbəʊ] *mit den Ellbogen*: stoßen, drängen (*auch übertragen*); **elbow someone out** jemanden hinausdrängen; **we elbowed our way through the crowd** wir bahnten uns unseren Weg durch die Menge, wir kämpften uns durch die Menge

elbow grease ['elbəʊ ˌgriːs] *humorvoll* **1** (≈ *Kraft*) Armschmalz **2** Schufterei

elbow room ['elbəʊruːm] **1** Ellbogenfreiheit **2** *übertragen* Spielraum

elder[1] ['eldə] *Bruder, Schwester usw.*: ältere(r, -s)

elder[2] ['eldə] *Pflanze*: Holunder

elderly[1] ['eldəlɪ] höflich (≈ *alt*) **an elderly lady** eine ältere Dame

elderly[2] ['eldəlɪ] (⚠ *nur im pl verwendet*) **the elderly** ältere Menschen

eldest ['eldɪst] *Bruder, Schwester usw.*: älteste(r, -s)

★**elect**[1] [ɪ'lekt] *Politik usw.*: wählen; **she was elected chairperson** sie wurde zur Vorsitzenden gewählt

★**elect**[2] [ɪˈlekt] *Politik usw.*: **the president elect** der gewählte (*oder* zukünftige) Präsident
★**election** [ɪˈlekʃn] *Politik usw.*: Wahl; **election campaign** Wahlkampf
elector [ɪˈlektə] *Politik usw.*: Wähler(in)
electorate [ɪˈlektərət] *Politik*: Wähler *pl*, Wählerschaft
★**electric** [ɪˈlektrɪk] **1** *allg.*: elektrisch; **electric blanket** Heizdecke; **electric car** Elektroauto; **electric chair** elektrischer Stuhl; **electric current** elektrischer Strom; **electric kettle** Wasserkocher; **electric razor** Elektrorasierer; **electric shock** Stromschlag, *Medizin*: Elektroschock; **electric toothbrush** elektrische Zahnbürste; **electric vehicle** E-Mobil, Elektromobil **2** *übertragen*; *Wirkung einer Nachricht usw.*: elektrisierend **3** *übertragen* spannungsgeladen (*Atmosphäre, Stimmung usw.*)
★**electrical** [ɪˈlektrɪkl] elektrisch, Elektro…; **electrical appliance** Elektrogerät; **electrical engineer** Elektroingenieur(in), *ohne Studium*: Elektrotechniker(in); **electrical engineering** Elektrotechnik
electric cable [ɪˌlektrɪkˈkeɪbl] Stromkabel
electric drill [ɪˌlektrɪkˈdrɪl] elektrische Bohrmaschine
electric hammer [ɪˌlektrɪkˈhæmə] Elektrohammer
★**electrician** [ɪˌlekˈtrɪʃn] Elektrotechniker(in); Elektriker(in)
★**electricity** [ɪˌlekˈtrɪsəti] Elektrizität, (elektrischer) Strom; **electricity cable** Stromkabel; **electricity price** Strompreis; **electricity production** Stromerzeugung; **electricity supply** Stromversorgung
★**electrics** [ɪˈlektrɪks] *pl* **1** Strom **2** *Auto*: Elektrik
electric shock [ɪˌlektrɪkˈʃɒk] **1** Stromschlag **2** *Medizin*: Elektroschock
electrify [ɪˈlektrɪfaɪ] **1** *übertragen* elektrisieren (*Menschenmenge usw.*) **2** elektrifizieren (*Bahnstrecke usw.*)
electrocute [ɪˈlektrəkjuːt] **1** durch einen (Strom)Schlag töten **2** *bei Todesurteil*: auf dem elektrischen Stuhl hinrichten
electron [ɪˈlektrɒn] *Physik*: Elektron; **electron microscope** Elektronenmikroskop
★**electronic** [ɪˌlekˈtrɒnɪk] elektronisch; **electronic data processing** elektronische Datenverarbeitung; **electronic signature** elektronische Signatur, digitale Signatur
electronically [ɪˌlekˈtrɒnɪkli] elektronisch
electronics [ɪˌlekˈtrɒnɪks] (⚠ *nur im sg verwendet*) Elektronik
elegance [ˈelɪɡəns] Eleganz
★**elegant** [ˈelɪɡənt] *Person, Kleidung, Lösung eines Problems usw.*: elegant
element [ˈelɪmənt] **1** *allg.*: Element **2** **the elements** *pl* die Anfangsgründe (*einer Wissenschaft usw.*) **3** (≈ *Umstand*) **there's always an element of uncertainty** es gibt immer einen Unsicherheitsfaktor; **element of surprise** Überraschungselement; **an element of truth** ein Körnchen (*oder* Fünkchen) Wahrheit **4** **be in one's element** in seinem Element sein **5** **the elements** *pl* (≈ *Wetter*) die Elemente, die Naturkräfte
elementary [ˌelɪˈmentəri] **1** *Tatsachen, Wissen*: grundlegend, elementar; **an elementary mistake** ein grober Fehler, ein Elementarfehler **2** *Lehrbuch usw.*: elementar, Einführungs…; **elementary school** *US* Grundschule, Ⓐ Volksschule **3** *Chemie, Physik*: Elementar…; **elementary particle** Elementarteilchen
★**elephant** [ˈelɪfənt] Elefant
elevated [ˈelɪveɪtɪd] **1** erhöht; **elevated railway** (*oder US* **railroad**) Hochbahn **2** *Position, Stil usw.*: gehoben, *Gedanken*: erhaben
elevation [ˌelɪˈveɪʃn] **1** Höhe (*über dem Meeresspiegel*) **2** (Boden)Erhebung **3** Beförderung, Erhebung (*in einen höheren Rang*)
elevator [ˈelɪveɪtə] *US* Aufzug, Fahrstuhl
★**eleven**[1] [ɪˈlevn] elf
★**eleven**[2] [ɪˈlevn] *Buslinie usw.*: Elf (*auch Sport*: Mannschaft aus elf Spielern)
elevenses [ɪˈlevnzɪz] *pl Br, umg* zweites Frühstück
★**eleventh** [ɪˈlevnθ] elfte(r, -s); **at the eleventh hour** *übertragen* in letzter Minute
elf [elf] *pl*: **elves** [elvz] **1** Elf, Elfe **2** Kobold
eligible [ˈelɪdʒəbl] **1** *für ein Amt, einen Posten usw.*: geeignet, infrage kommend (**for** für) **2** *für staatliche Leistungen usw.*: berechtigt; **be eligible for social security** Anspruch auf Sozialhilfe haben; **be eligible to vote** wahlberechtigt sein **3** **eligible bachelor** begehrter Junggeselle
eliminate [ɪˈlɪmɪneɪt] **1** beseitigen, eliminieren (*Problem, Fehlerquelle usw.*) (**from** aus) **2** (≈ *töten*) eliminieren **3** *Sport*: ausschalten (*Gegner*); **be eliminated** ausscheiden
elimination [ɪlˌɪmɪˈneɪʃn] **1** *von Problem, Fehlerquelle usw.*: Beseitigung, Eliminierung **2** (≈ *Tötung*) Eliminierung **3** *Sport*: Ausscheiden
elite [ɪˈliːt, eɪˈliːt] Elite; **the country's intellectual elite** die geistige Elite des Landes

elk [elk] *Hirschart*: Elch
elm [elm] *Baum*: Ulme
elongate ['i:lɒŋgeɪt] **1** verlängern **2** länger werden
elope [ɪ'ləʊp] (*junges Paar*) durchbrennen (*um zu heiraten*)
eloquence ['eləkwəns] Redegewandtheit
eloquent ['eləkwənt] redegewandt
★**else** [els] **1** *mst. in Fragen und Verneinungen*: sonst, weiter, außerdem; **who else was there?** wer war sonst noch da?; **no one else** sonst (*oder weiter*) niemand; **anything else?** sonst noch etwas?, *in Geschäft usw.*: darf es sonst noch etwas sein?; **what else can we do?** was können wir sonst noch tun?; **what else could I do?** was hätte ich sonst tun sollen? **2** andere(r, -s); **that's something else** das ist etwas anderes; **everybody else** alle anderen; **someone else should do it** jemand anders sollte es machen **3** **or else** *drohend*: sonst, andernfalls; **you'd better go now, or else!** du gehst jetzt besser, andernfalls …!
elsewhere [ˌels'weə] sonstwo, anderswo; **go and play elsewhere** geh und spiel woanders; **the restaurant was full, so we went elsewhere** das Restaurant war voll, deshalb gingen wir woandershin
elusive [ɪ'lu:sɪv] **1** *Dieb usw.*: schwer fassbar **2** *Antwort*: ausweichend **3** *Idee usw.*: schwer erfassbar
★**e-mail**[1] ['i:meɪl] (*abk für electronic mail*) *Computer*: E-Mail; **check one's emails** (seine) Mails checken; **by email** per E-Mail; **send someone an email** jemandem eine E-Mail schicken
★**e-mail**[2] ['i:meɪl] *Computer*: per E-Mail schicken, mailen **e-mail something to someone** jemandem etwas mailen
★**e-mail address** ['i:meɪl_ə,dres] *Computer*: E--Mail-Adresse
emancipated [ɪ'mænsɪpeɪtɪd] *Person*: emanzipiert
emancipation [ɪˌmænsɪ'peɪʃn] *allg.*: Emanzipation
embargo [ɪm'bɑ:gəʊ] *pl*: embargoes [ɪm'bɑ:gəʊz] Embargo; **place** (*oder* **put** *oder* **impose**) **an embargo on a country** über ein Land ein Embargo verhängen
embark [ɪm'bɑ:k] **1** (*Passagiere von Schiff oder Flugzeug*) an Bord gehen **2** *für Seereise*: an Bord gehen, sich einschiffen (**for** nach)
embarrass [ɪm'bærəs] in Verlegenheit bringen, verlegen machen

embarrassed [ɪm'bærəst] verlegen; **an embarrassed smile** ein verlegenes Lächeln; **I was embarrassed by the situation** die Situation war mir peinlich; **I'm so embarrassed!** das ist mir so peinlich!
embarrassing [ɪm'bærəsɪŋ] *Fragen, Situation usw.*: unangenehm, peinlich
embarrassment [ɪm'bærəsmənt] Verlegenheit; **be an embarrassment to someone** jemanden in Verlegenheit bringen, jemandem peinlich sein
★**embassy** ['embəsɪ] *Politik*: Botschaft
embellish [ɪm'belɪʃ] **1** verschönern, schmücken **2** ausschmücken (*Erzählung usw.*)
embezzle [ɪm'bezl] veruntreuen, unterschlagen (*Geld*)
embezzlement [ɪm'bezlmənt] *von Geld*: Veruntreuung, Unterschlagung
embitter [ɪm'bɪtə] verbittern
emblem ['embləm] Emblem, Symbol; **national emblem** Hoheitszeichen
embody [ɪm'bɒdɪ] (*Person, Symbol usw.*) verkörpern (*Ideal, Idee usw.*)
embrace[1] [ɪm'breɪs] **1** umarmen; **they embraced (each other)** sie umarmten sich **2** (*Seminar, Sachgebiet usw.*) einschließen, umfassen (*Aspekte, Details usw.*)
embrace[2] [ɪm'breɪs] Umarmung
embroidery [ɪm'brɔɪdərɪ] Stickerei(arbeit)
embryo ['embrɪəʊ] *pl*: embryos **1** (≈ *Fötus*) Embryo **2** **in embryo** *Plan, Projekt usw.*: im Entstehen (*oder* Werden)
emerald[1] ['emərəld] *Edelstein*: Smaragd
emerald[2] ['emərəld] *Farbe*: smaragdgrün
emerge [ɪ'mɜ:dʒ] **1** auftauchen; **the moon emerged from behind the clouds** der Mond kam hinter den Wolken hervor **2** (*Tatsachen, Wahrheit*) sich herausstellen, herauskommen; **it emerged that …** es stellte sich heraus, dass …
★**emergency** [ɪ'mɜ:dʒənsɪ] Notlage; **in an emergency, in case of emergency** im Notfall; **state of emergency** *nach Katastrophe*: Notstand, *politisch auch*: Ausnahmezustand; **emergency brake** Notbremse; **emergency call** *Telefon*: Notruf; **emergency contraception** Nachverhütung; **emergency doctor** Notarzt, Notärztin; **emergency door**, **emergency exit** Notausgang; **emergency landing** *mit dem Flugzeug*: Notlandung; **make an emergency landing** notlanden; **emergency number** Notruf(nummer); **emergency room** *US; Krankenhaus*: Notaufnahme; **emergency**

services *pl Br* Notfall- und Rettungsdienste; **emergency telephone** Notrufsäule

emigrant ['emɪgrənt] **1** Auswanderer **2** *bes. aus politischen Gründen*: Emigrant(in) (▲ *Menschen, die ihr Land verlassen, weil sie dort verfolgt werden, werden häufiger* **refugees** *genannt*)

emigrate ['emɪgreɪt] **1** auswandern **2** *bes. aus politischen Gründen*: emigrieren

emigration [ˌemɪ'greɪʃn] **1** Auswanderung **2** *bes. aus politischen Gründen*: Emigration

eminence ['emɪnəns] **1** (≈ *Ansehen*) Berühmtheit; **achieve eminence** hohes Ansehen erlangen (**as** als) **2** **His Eminence** (≈ *Kardinal*) Seine Eminenz

eminent ['emɪnənt] *Persönlichkeit*: hoch angesehen, bedeutend

emission [ɪ'mɪʃn] **1** *von Abgasen, Schadstoffen usw.*: Emission, Ausstoß **2** *von Licht*: Ausstrahlung **3** *von Flüssigkeit, Lava usw.*: Ausströmen

emission-free [ɪˌmɪʃn'friː] *Auto usw.*: schadstofffrei

emit [ɪ'mɪt], **emitted, emitted** **1** ausstoßen (*Lava, Rauch usw.*) **2** ausstrahlen (*Licht, Wärme usw.*) **3** ausstoßen (*Schrei usw.*)

emoticon [ɪ'məʊtɪkɒn] *Computer*: Emoticon

emotion [ɪ'məʊʃn] Emotion, Gefühl

emotional [ɪ'məʊʃnəl] **1** *allg.*: emotional, gefühlsmäßig **2** *Charakter*: gefühlsbetont, empfindsam **3** *Film, Buch usw.*: gefühlvoll, rührselig

★**emperor** ['empərə] Kaiser

emphasis ['emfəsɪs] *pl*: **emphases** [▲ 'emfəsiːz] **1** *in der Aussprache*: Betonung **2** *übertragen auch*: Schwerpunkt, Nachdruck; **place** (*oder* **put**) **emphasis on** hervorheben, unterstreichen; **with emphasis** nachdrücklich, mit Nachdruck

emphasize ['emfəsaɪz] nachdrücklich betonen, hervorheben, unterstreichen

emphatic [ɪm'fætɪk] nachdrücklich, eindringlich

★**empire** ['empaɪə] Reich, Imperium (*beide auch übertragen*); **the former British Empire** das ehemalige britische Weltreich

★**employ** [ɪm'plɔɪ] **1** (*Arbeitgeber*) beschäftigen (**as** als); **our company employs nearly 1000 people** unsere Firma beschäftigt fast 1000 Leute **2** anwenden, gebrauchen (*Gewalt, bestimmte Methode usw.*)

★**employed** [ɪm'plɔɪd] angestellt

★**employee** [ɪm'plɔɪiː] Arbeitnehmer(in), Angestellte(r), Arbeiter(in); **the employees** *pl* die Belegschaft; **employees and employers** *pl* Arbeitnehmer und Arbeitgeber

★**employer** [ɪm'plɔɪə] Arbeitgeber(in)

★**employment** [ɪm'plɔɪmənt] Beschäftigung, Arbeit; **seek employment** Arbeit suchen; **conditions of employment** *pl* Arbeitsbedingungen; **full employment** Vollbeschäftigung; **employment agency** *in GB*: Stellenvermittlung, private Arbeitsvermittlung; **employment contract** Arbeitsvertrag; **employment office** *US* Arbeitsamt; → **job centre** *Br*

empower [ɪm'paʊə] bevollmächtigen, ermächtigen

empress ['emprəs] Kaiserin

empties ['emptɪz] *pl Flaschen usw.*: Leergut

emptiness ['emptɪnəs] Leere (*auch übertragen*)

★**empty¹** ['emptɪ] **1** *allg.*: leer (*auch übertragen: Versprechungen, Worte usw.*); **feel empty** sich innerlich leer fühlen, *umg* (≈ *Hunger haben*) Kohldampf schieben; **on an empty stomach** auf nüchternen Magen, mit nüchternem Magen **2** *Haus usw.*: leer, leer stehend

★**empty²** ['emptɪ] **1** *allg.*: leeren (**into** in) **2** ausräumen (*Fach, Schublade usw.*) **3** austrinken (*Tasse, Glas usw.*)

empty-handed [ˌemptɪ'hændɪd] mit leeren Händen, unverrichteter Dinge

enable [ɪ'neɪbl] **1** möglich machen, ermöglichen; **enable something to be done** es ermöglichen, dass etwas getan wird; **the inheritance enabled us to buy a house** die Erbschaft ermöglichte es uns, ein Haus zu kaufen **2** *Recht*: berechtigen, ermächtigen (**to do** zu tun)

enact [ɪ'nækt] **1** *juristisch*: erlassen (*Gesetz*) **2** *Theater*: aufführen (*Stück*) **3** *Theater*: spielen (*Rolle*)

enamel [▲ ɪ'næml] **1** *auf Ton, Metall usw.*: Email, Emaille **2** *auf Holz, Fliesen*: Glasur **3** Zahnschmelz

enchant [ɪn'tʃɑːnt] (*Anblick, reizende Person usw.*) bezaubern, entzücken; **be enchanted** entzückt sein (**by, with** von)

enchanting [ɪn'tʃɑːntɪŋ] bezaubernd, entzückend

encircle [ɪn'sɜːkl] umgeben; **encircled by** (*oder* **with**) umgeben von

enclose [ɪn'kləʊz] **1** (≈ *einsperren*) einschließen (**in** in) **2** (≈ *einfassen*) umgeben (**in** mit) **3** *in Brief, Paket*: beilegen, beifügen (**in, with**; *Dativ*); **please find enclosed ...** in der Anlage erhalten Sie ...

enclosure [ɪn'kləʊʒə] **1** eingezäuntes Grund-

stück, für *Tiere*: Gehege **2** Anlage (*zu einem Brief usw.*)
encore [▲ ˈɒŋkɔː] *nach Konzert*: Zugabe
encounter¹ [ɪnˈkaʊntə] **1** stoßen auf (*Probleme, Widerstand usw.*) **2** treffen auf, stoßen auf (*Gegner, Feind*)
encounter² [ɪnˈkaʊntə] **1** Begegnung (**of, with** mit) **2** *feindlich*: Zusammenstoß
★**encourage** [ɪnˈkʌrɪdʒ] **1** ermutigen, ermuntern (**to** zu); **she encouraged me not to give up** sie ermutigte mich, nicht aufzugeben **2** *bei einem Vorhaben*: unterstützen, bestärken
encouragement [ɪnˈkʌrɪdʒmənt] **1** Ermutigung, Ermunterung **2** *von Vorhaben*: Unterstützung, Bestärkung
encyclopaedia *Br*, **encyclopedia** [ɪnˌsaɪkləˈpiːdɪə] Enzyklopädie
★**end¹** [end] **1** (≈ *zu Ende gehen*) enden, aufhören; **World War I ended in 1918** der Erste Weltkrieg ging 1918 zu Ende **2** (≈ *zu Ende bringen*) beenden; **after six months she ended the affair** nach sechs Monaten beendete sie die Affäre

---
PHRASAL VERBS

end in [ˈend ɪn] **end in disaster** Ehe, Vorhaben usw.: mit einem Fiasko enden; **it'll all end in tears** am Ende wird es Tränen geben! (*Warnung an Kinder*)
end up [ˌendˈʌp] *umg* enden, landen; **if he goes on like this he'll end up in hospital** wenn er so weitermacht, landet er im Krankenhaus; **we wanted to see a film, but we ended up going to the pub** eigentlich wollten wir einen Film anschauen, aber schließlich gingen wir doch in die Kneipe

---

★**end²** [end] **1** *räumlich*: Ende; **we joined the end of the queue** wir stellten uns am Ende der Schlange an **2** *zeitlich*: Ende; **in the end** am Ende, schließlich; **at the end of May** Ende Mai **3** *übertragen* Ende, Schluss; **at the end of the film** am Schluss des Films; **read a book to the end** ein Buch bis zum Ende lesen; **come** (*oder* **draw**) **to an end** zu Ende gehen; **the news put an end to all his hopes** die Nachricht setzte allen seinen Hoffnungen ein Ende; **come to a bad end** ein schlimmes Ende nehmen **4** (≈ *Tod*) Ende **5** *auch* **ends** *pl* Absicht, Zweck, Ziel; **the end justifies the means** der Zweck heiligt die Mittel; **to this end** zu diesem Zweck; **as an end in itself** als Selbstzweck; **he tried everything to achieve his own ends** er versuchte alles, um sein Ziel zu erreichen **6** *in Wendungen*: **go off at the deep end** *umg* hochgehen, wütend werden; **make (both) ends meet** durchkommen, finanziell über die Runden kommen; **at the end of the day** schließlich und endlich

endanger [ɪnˈdeɪndʒə] gefährden; **whales are an endangered species** Wale gehören zu den bedrohten Arten
endearing [ɪnˈdɪərɪŋ] **1** *Lächeln usw.*: gewinnend **2** *Eigenschaft usw.*: liebenswert
endearment [ɪnˈdɪəmənt] **term of endearment** Kosewort
endeavour¹, *US* **endeavor** [▲ ɪnˈdevə] bemüht (*oder* bestrebt) sein
endeavour², *US* **endeavor** [▲ ɪnˈdevə] Bemühung, Bestrebung
ending [ˈendɪŋ] **1** *von Geschichte, Film*: Ende, Schluss; **happy ending** Happyend **2** *eines Wortes*: Endung
endless [ˈendləs] *allg.*: endlos
endurance [ɪnˈdjʊərəns] Ausdauer, Durchhaltevermögen
endure [ɪnˈdjʊə] **1** (*Freundschaft, Brauch usw.*) andauern, Bestand haben **2** aushalten, ertragen, erdulden (*Schmerz, Leid usw.*)
end user [ˈendˌjuːzə] *Wirtschaft*: Endverbraucher(in)
★**enemy** [ˈenəmɪ] Feind, Gegner (*auch militärisch*); **make an enemy of someone** sich jemanden zum Feind machen
energetic [ˌenəˈdʒetɪk] **1** *Person*: energiegeladen, aktiv **2** *Manager, Politiker usw.*: tatkräftig **3** *Einsatz für oder gegen etwas*: energisch
★**energy** [ˈenədʒɪ] *allg.*: Energie; **energy-saving** energiesparend; **energy crisis** Energiekrise **energy drink** Energydrink; **energy-intensive** energieintensiv; **energy source** Energiequelle
engage [ɪnˈgeɪdʒ] engagieren (*Künstler usw.*)
★**engaged** [ɪnˈgeɪdʒd] **1 get engaged** sich verloben (**to** mit) **2** beschäftigt (**in, on** mit); **be engaged in doing something** damit beschäftigt sein, etwas zu tun **3 sorry, but I'm otherwise engaged** tut mir leid, aber ich habe schon etwas anderes vor **4** *Br; Toilette, Telefon*: besetzt; **engaged tone** *Telefon*: Besetztzeichen
★**engagement** [ɪnˈgeɪdʒmənt] **1** Verlobung (**to** mit); **engagement ring** Verlobungsring **2** Termin, Verabredung; **have an engagement** verabredet sein **3** *von Künstler*: Engagement, Auftritt
engaging [ɪnˈgeɪdʒɪŋ] *Wesen usw.*: einnehmend, *Lächeln usw.*: gewinnend

★**engine** ['endʒɪn] **1** *von Auto, Flugzeug usw.*: Motor; **petrol engine** *Br* Benzinmotor; **engine oil** Motoröl **2** *von Schiff*: Maschine **3** *von Zug*: Lokomotive

★**engineer** [,endʒɪ'nɪə] **1** *mit Studium*: Ingenieur(in); **mechanical engineer** Maschinenbauingenieur(in) **2** *ohne Studium*: Techniker(in), Mechaniker(in) **3** *US* Lokomotivführer(in); → engine driver *Br*

★**engineering** [,endʒɪ'nɪərɪŋ] Ingenieurwesen; **mechanical engineering** Maschinenbau

★**England** ['ɪŋglənd] England

★**English**[1] ['ɪŋglɪʃ] englisch

★**English**[2] ['ɪŋglɪʃ] *Sprache*: Englisch; **in English** auf Englisch; **in plain English** *etwa*: auf gut Deutsch; **the Queen's** (*oder* **King's**) **English** hochsprachliches Englisch

★**English**[3] ['ɪŋglɪʃ] **the English** *pl* die Engländer

★**Englishman** ['ɪŋglɪʃmən] *pl*: **Englishmen** ['ɪŋglɪʃmən] Engländer

English-speaking ['ɪŋglɪʃ,spi:kɪŋ] englischsprachig

★**Englishwoman** ['ɪŋglɪʃ,wʊmən] *pl*: **Englishwomen** ['ɪŋglɪʃ,wɪmɪn] Engländerin

engrave [ɪn'greɪv] **1** *in Metall, Stein*: eingravieren, *in Holz*: einschnitzen (**on** in) **2 it's engraved on** (*oder* **in**) **his memory** es hat sich ihm tief eingeprägt

enigma [ɪ'nɪgmə] (≈ *Geheimnis*) Rätsel

enigmatic [,enɪg'mætɪk] rätselhaft

★**enjoy** [ɪn'dʒɔɪ] **1** Freude haben an; **enjoy doing something** daran Vergnügen finden, etwas zu tun; **I enjoy dancing** ich tanze gern, Tanzen macht mir Spaß; **did you enjoy the book?** hat dir das Buch gefallen? **2 enjoy oneself** sich amüsieren, Spaß haben; **enjoy yourself!** viel Spaß! **3** genießen (*Urlaub, Freizeit usw.*) **4** sich schmecken lassen (*Mahlzeit, Getränk usw.*); **enjoy your meal** guten Appetit! (*wird oft von Kellnerinnen und Kellnern gesagt*)

enjoyable [ɪn'dʒɔɪəbl] **1** *Arbeit, Abend usw.*: angenehm, schön **2** *Film, Buch usw.*: unterhaltsam

enjoyment [ɪn'dʒɔɪmənt] Vergnügen, Freude (**of** an)

enlarge [ɪn'lɑ:dʒ] vergrößern (*auch Foto*)

enlargement [ɪn'lɑ:dʒmənt] Vergrößerung (*auch Foto*)

enlightenment [ɪn'laɪtnmənt] Aufklärung; **the Age of Enlightenment** das Zeitalter der Aufklärung

enmity ['enmətɪ] Feindschaft

enormous [ɪ'nɔ:məs] *Größe, Menge*: enorm, ungeheuer, gewaltig

★**enough** [ɪ'nʌf] **1** genug, genügend; **be enough** (aus)reichen, genügen; **is there enough sugar?** ist genügend Zucker da?; **I've had enough, thank you** *beim Essen*: danke, ich bin satt!; **enough of that!, that's enough!** *verärgert*: genug davon!, Schluss damit! **2 he was kind** (*bzw.* **good**) **enough to do it for me** er hat es freundlicherweise für mich erledigt; **strangely enough** merkwürdigerweise

enquire [ɪn'kwaɪə] *bes. Br* → inquire

enquiry [ɪn'kwaɪərɪ] *bes. Br* → inquiry

enraged [ɪn'reɪdʒd] wütend, aufgebracht (**at, by** über)

enraptured [ɪn'ræptʃəd] hingerissen, entzückt (**by** von)

enrich [ɪn'rɪtʃ] **1** bereichern (*auch übertragen*) **2** *chemisch*: anreichern (*mit Nährstoffen usw.*)

enrol, *US* **enroll** [ɪn'rəʊl], enrolled, enrolled **1** *in Teilnehmerliste usw.*: einschreiben, eintragen (*Namen, Teilnehmer usw.*) **2** *für einen Kurs usw.*: sich einschreiben; **enrol for a course** einen Kurs belegen

ensemble [ɒn'sɒmbl] **1** *von Gebäudekomplex usw.*: Gesamteindruck **2** *Musik*: Ensemble

ensue [ɪn'sju:] folgen, sich ergeben (**from** aus)

ensuing [ɪn'sju:ɪŋ] **the ensuing years** die (darauf) folgenden Jahre

en suite [ɒn'swi:t] **an en suite room** ein Zimmer mit eigenem Bad

ensure [ɪn'ʃʊə] sicherstellen, gewährleisten; **could you ensure that ...** könntest du dafür sorgen, dass ...?

entail [ɪn'teɪl] mit sich bringen, zur Folge haben

★**enter** ['entə] **1** *in einen Raum usw.*: hineingehen, *von innen gesehen*: hereinkommen **2** betreten (*Raum, Gebäude*) **3** einreisen in (*Land*) **4** (*Schiff*) einlaufen in (*Hafen*) **5** (*Zug*) einfahren in (*Bahnhof*) **6** *übertragen* eintreten in (*Militär usw.*); **after university he wants to enter politics** nach dem Studium will er in die Politik (gehen) **7** *in Liste*: eintragen, einschreiben (*Namen usw.*) **8** *Theater*: auftreten; **enter Hamlet** Hamlet tritt auf **9** *in Computer*: eingeben

PHRASAL VERBS

enter into ['entər ˌɪntʊ] **1** anfangen, beginnen (*Debatte, Diskussion usw.*); **enter into correspondence with** in Briefwechsel treten mit **2** eingehen (*Verpflichtung, Partnerschaft, Ehe usw.*)

enter key ['entə‿kiː] *Computer*: Eingabetaste, Enter-Taste

enterprise ['entəpraɪz] **1** (≈ *Projekt*) Unternehmen **2** *Firma*: Unternehmen, Betrieb **3** *von Person*: Unternehmungsgeist

enterprising ['entəpraɪzɪŋ] *Person*: unternehmungslustig

entertain [ˌentə'teɪn] **1** (≈ *amüsieren*) unterhalten **2** bewirten (*Gäste*) **3** in Betracht (*oder* Erwägung) ziehen (*Vorschlag usw.*); **entertain an idea** sich mit einem Gedanken tragen

entertainer [ˌentə'teɪnə] Entertainer(in), Unterhaltungskünstler(in)

★**entertaining** [ˌentə'teɪnɪŋ] unterhaltend, unterhaltsam

★**entertainment** [ˌentə'teɪnmənt] **1** Unterhaltung; **the world of entertainment** die Unterhaltungsbranche, die Welt des Showbusiness; **entertainment industry** Unterhaltungsindustrie **2** *öffentliche Darbietung*: Unterhaltungsshow **3** **I paint for my own entertainment** ich male nur zu meinem Vergnügen

enthusiasm [ɪn'θjuːzɪæzm] Enthusiasmus, Begeisterung (**for** für; **about** über)

enthusiast [ɪn'θjuːzɪæst] Enthusiast(in); **she's a basketball enthusiast** sie ist eine begeisterte Basketballerin

enthusiastic [ɪnˌθjuːzɪ'æstɪk] begeistert (**about**, **over** von), enthusiastisch

entice [ɪn'taɪs] **1** locken (**into** in); **entice away** weglocken (**from** von) **2** verleiten, verführen

enticing [ɪn'taɪsɪŋ] verlockend, verführerisch

entire [ɪn'taɪə] *allg.*: ganz, komplett; **he took the entire week off** er nahm die ganze Woche frei; **there are only three hospitals in the entire country** im gesamten Land gibt es nur drei Krankenhäuser

entirely [ɪn'taɪəlɪ] völlig, gänzlich; **that's an entirely different matter** das ist etwas ganz anderes; **it's entirely up to you** es liegt ganz bei dir; **I'm not entirely happy with their plans** ich bin über ihre Pläne nicht unbedingt glücklich

entitle [ɪn'taɪtl] **1** betiteln (*Buch usw.*); **a film entitled ...** ein Film mit dem Titel ... **2** berechtigen (**to** zu); **be entitled to ...** ein Anrecht (*oder* (einen) Anspruch) haben auf ...; **be entitled to do something** (dazu) berechtigt sein (*oder* das Recht haben), etwas zu tun; **entitled to vote** wahlberechtigt

★**entrance** ['entrəns] **1** *Tür, Tor usw.*: Eingang; **entrance hall** *Hotel usw.*: Eingangshalle, *Haus*: Hausflur **2** *von Person*: Eintreten **3** *an Schule,* *Universität usw.*: Aufnahme; **entrance exam** Aufnahmeprüfung **4** *zu Veranstaltung usw.*: Einlass, Eintritt; **entrance fee** Eintrittsgeld, *in Verein usw.*: Aufnahmegebühr **5** *am Theater*: Auftritt; **make one's entrance** auftreten

entrant ['entrənt] **1** Berufsanfänger(in) (**to** in) **2** *bei Wettbewerb*: Teilnehmer(in)

entree ['ɒntreɪ] *US* Hauptgericht

entrepreneur [ˌɒntrəprə'nɜː] *Wirtschaft*: Unternehmer(in)

entrepreneurial [ˌɒntrəprə'nɜːrɪəl] unternehmerisch

entrust [ɪn'trʌst] **1** anvertrauen (*Wertgegenstände, Kind usw.*) (**to someone** jemandem) **2** **entrust someone with a task** jemanden mit einer Aufgabe betrauen

entry ['entrɪ] **1** *Tür, Tor usw.*: Eingang, Einfahrt **2** *von Person*: Eintreten **3** *in ein Land*: Einreise; **entry visa** Einreisevisum **4** *Theater*: Auftritt **5** *zu Verein usw.*: Beitritt (**into** zu) **6** Einlass, Zutritt; **gain** (*oder* **obtain**) **entry** Einlass finden; **no entry!** Zutritt verboten **7** *in Telefonbuch usw.*: Eintrag **8** *in Wörterbuch*: Eintrag; Stichwort

entryphone ['entrɪfəʊn] Türsprechanlage

enumerate [ɪ'njuːməreɪt] aufzählen

envelop [⚠ ɪn'veləp] **1** einwickeln, (ein)hüllen; **he was enveloped in a woollen blanket** er war in eine Wolldecke gehüllt **2** *übertragen* verhüllen, einhüllen; **enveloped in fog** vom Nebel eingehüllt

★**envelope** ['envələʊp] **1** *für Briefe usw.*: Briefumschlag, Kuvert **2** *allg.*: Hülle

enviable ['envɪəbl] beneidenswert

envious ['envɪəs] neidisch (**of** auf)

★**environment** [ɪn'vaɪrənmənt] **1** (≈ *Ökosystem*) Umwelt **2** (≈ *Lebensumstände*) Umfeld, Umgebung, Milieu

environmental [ɪnˌvaɪrən'mentl] Umwelt...; **environmental pollution** Umweltverschmutzung; **environmental protection** Umweltschutz

environmentalist [ɪnˌvaɪrən'mentlɪst] Umweltschützer(in)

environmentally friendly [ɪnˌvaɪrən'mentlɪ ˌfrendlɪ] umweltfreundlich

environs [ɪn'vaɪrənz] *pl* Umgebung (*eines Ortes usw.*)

envy¹ ['envɪ] Neid (**of** auf); **his car is the envy of all his friends** alle seine Freunde beneiden ihn um seinen Wagen

envy² ['envɪ] beneiden; **I don't envy you this job** ich beneide dich nicht um diese Aufgabe

ephemeral [ɪˈfemrəl] *Mode, Trend usw.*: flüchtig, kurzlebig

epicentre, *US* **epicenter** [ˈepɪˌsentə] *von Erdbeben*: Epizentrum

epidemic [ˌepɪˈdemɪk] *Medizin*: Epidemie, Seuche (*beide auch übertragen*)

Epiphany [ɪˈpɪfəni] Dreikönigsfest

episode [ˈepɪsəʊd] ◼ *allg.*: Episode ◼ *Rundfunk, TV usw.*: Folge

epitaph [ˈepɪtɑːf] Grabinschrift

★**equal**¹ [ˈiːkwəl] ◼ *allg.*: gleich; **be equal to** gleichen, gleich sein; **a pint is roughly equal to half a litre** ein Pint entspricht in etwa einem halben Liter; **equal opportunities** *pl* Chancengleichheit; **equal rights for women** die Gleichberechtigung der Frau; **equal in size, of equal size** (von) gleicher Größe, gleich groß ◼ **be equal to a task** einer Aufgabe gewachsen sein ◼ *in Qualität, Leistung usw.*: ebenbürtig (**to**; *Dativ*), gleichwertig ◼ **be on equal terms with someone** mit jemandem auf gleicher Stufe stehen

★**equal**² [ˈiːkwəl] Gleichgestellte(r); **your equals** *pl* deinesgleichen

★**equal**³ [ˈiːkwəl], equalled, equalled, *US* equaled, equaled; *-ing-Form* equalling, *US* equaling ◼ gleichen, gleichkommen (**in** an); **two plus three equals five** zwei plus drei (ist) gleich fünf ◼ *Sport*: einstellen (*Rekord*)

equality [ɪˈkwɒləti] ◼ *allg.*: Gleichheit ◼ (≈ *gleiches Recht*): Gleichberechtigung

equalize [ˈiːkwəlaɪz] ◼ *in Wert, Größe, Menge usw.*: gleichmachen, angleichen ◼ *Br; Fußball usw.*: ausgleichen

equalizer [ˈiːkwəlaɪzə] *Br; beim Fußball usw.*: Ausgleich, Ausgleichstor

equally [ˈiːkwəli] ◼ gleich; **equally expensive** gleich teuer ◼ ebenso; **he's equally stupid** er ist genauso dumm ◼ *aufteilen, verteilen*: gleichmäßig

equals sign [ˈiːkwəlz ˌsaɪn] *Mathematik*: Gleichheitszeichen

equation [ɪˈkweɪʒn] *Mathematik*: Gleichung

equator [ɪˈkweɪtə] *Geografie*: Äquator

equatorial [⚠ ˌekwəˈtɔːriəl] äquatorial, Äquatorial...

equestrian [ɪˈkwestrɪən] Reit..., Reiter...; **equestrian sports** *pl* Reitsport, Pferdesport

equilateral [ˌiːkwɪˈlætərəl] gleichseitig

equinox [ˈiːkwɪnɒks] Tagundnachtgleiche

equip [ɪˈkwɪp], equipped, equipped ◼ ausrüsten (*Expedition, Schiff usw.*) ◼ ausstatten (*Werkstatt, Küche, Labor usw.*) ◼ *übertragen*; mit Wissen usw.: das (nötige) Rüstzeug geben (**for** für); **be well equipped for** das nötige Rüstzeug haben für

equipment [ɪˈkwɪpmənt] ◼ *von Schiff usw.*: Ausrüstung ◼ *von Labor usw.*: Ausstattung; **office equipment** Büroeinrichtung; **electrical equipment** Elektrogeräte ◼ *übertragen*; *Wissen usw.*: (geistiges *oder* nötiges) Rüstzeug

equivalent¹ [ɪˈkwɪvələnt] ◼ gleichbedeutend (**to** mit) ◼ gleichwertig

equivalent² [ɪˈkwɪvələnt] (genaue) Entsprechung (**of** zu)

ER [ˌiːˈɑːr] (*abk für* Emergency Room) *US*, *Krankenhaus*: Notaufnahme

era [⚠ ˈɪərə] Ära, Zeitalter

eradicate [ɪˈrædɪkeɪt] ausrotten

erase [ɪˈreɪz] ◼ ausstreichen, ausradieren (*Schrift usw.*) ◼ *Computer*: löschen (*Daten*) ◼ **erase something from one's memory** etwas aus dem Gedächtnis streichen

eraser [ɪˈreɪzə] Radiergummi

e-reader [ˈiːˌriːdə] E-Reader

erect¹ [ɪˈrekt] ◼ aufrichten (*Mast, Gerüst usw.*) ◼ errichten (*Gebäude usw.*) ◼ aufstellen (*Zelt usw.*)

erect² [ɪˈrekt] ◼ aufgerichtet, aufrecht; **with head erect** erhobenen Hauptes ◼ *Penis*: erigiert

erection [ɪˈrekʃn] ◼ *von Gebäude*: Errichtung ◼ *von Penis*: Erektion

ergonomic [ˌɜːɡəˈnɒmɪk] ergonomisch

erode [ɪˈrəʊd] ◼ *Wasser, Regen*: auswaschen, erodieren ◼ (*Wind*) verwittern lassen, erodieren ◼ aushöhlen, unterminieren (*Selbstbewusstsein usw.*)

erosion [ɪˈrəʊʒn] ◼ *durch Wasser und Wind*: Erosion ◼ *von Selbstbewusstsein, Freiheitsrechten usw.*: Aushöhlung, Unterminierung

erotic [ɪˈrɒtɪk] erotisch

eroticism [ɪˈrɒtɪsɪzm] Erotik

errand [ˈerənd] Botengang, Besorgung; **go on** (*oder* **run**) **an errand** einen Botengang (*oder* eine Besorgung) machen

erratic [ɪˈrætɪk] sprunghaft, unberechenbar

erroneous [ɪˈrəʊniəs] irrig, falsch

error [ˈerə] ◼ Fehler; **grave error** schwerer Fehler; **human error** menschliches Versagen ◼ Irrtum, Versehen; **be in error** im Irrtum sein, sich im Irrtum befinden; **error of judgement** Fehleinschätzung, falsche Beurteilung

error message [ˈerə ˌmesɪdʒ] *Computer*: Fehlermeldung

erupt [ɪˈrʌpt] ◼ (*Vulkan, Krieg usw.*) ausbrechen;

erupt in anger einen Wutanfall bekommen **2** (*Pickel, Hautausschlag*) sich plötzlich ausbreiten
eruption [ɪˈrʌpʃn] **1** *von Vulkan usw.:* Ausbruch **2** *auf Haut:* Ausschlag
escalate [ˈeskəleɪt] **1** (*Krieg, Konflikt usw.*) eskalieren **2** eskalieren lassen (*Krieg, Konflikt usw.*) **3** (*Preise, Kosten usw.*) steigen, in die Höhe gehen
escalation [ˌeskəˈleɪʃn] Eskalation
escalator [ˈeskəleɪtə] Rolltreppe
escalope [ˈeskəlɒp] *zum Essen:* Schnitzel
★**escape**[1] [ɪˈskeɪp] **1** fliehen, entfliehen, entkommen (**from** aus *oder Dativ*) **2** *einer Strafe, einem Schicksal:* entgehen; **you can't escape the fact that ...** es lässt sich nicht leugnen, dass ... **3** *dem Gedächtnis:* entfallen; **his name escapes me** sein Name ist mir entfallen **4** sich retten (**from** vor); **she escaped with her life** sie kam mit dem Leben davon **5** (*Flüssigkeit*) ausfließen **6** (*Gas*) entweichen, ausströmen (**from** aus)
★**escape**[2] [ɪˈskeɪp] **1** Entkommen, Flucht; **have a narrow** (*oder* **near**) **escape** mit knapper Not davonkommen (*oder* entkommen); **that was a narrow escape!** das war knapp! **2** **an escape from reality** Drogen, Alkohol usw.: eine Flucht vor der Realität **3** *von Gas, Flüssigkeiten:* Entweichen, Ausströmen
escape chute [ɪˈskeɪp ˌʃuːt] *im Flugzeug:* Notrutsche
escape key [ɪˈskeɪp ˌkiː] *Computer:* Escape-Taste
escort[1] [ˈeskɔːt] **1** *mst. militärisch:* Eskorte, Geleitschutz **2** *zu offiziellem Anlass:* Begleiter(in)
escort[2] [ɪˈskɔːt] **1** *militärisch:* eskortieren, Geleitschutz geben **2** *mst. zu offiziellem Anlass:* begleiten
★**especially** [ɪˈspeʃlɪ] besonders, hauptsächlich; **this holiday resort is very expensive, especially in summer** dieser Ferienort ist sehr teuer, vor allem im Sommer
espionage [△ ˈespɪənɑːʒ] Spionage
espresso [esˈpresəʊ] Espresso
essay [ˈeseɪ] Essay, *bes. in der Schule:* Aufsatz
essence [ˈesns] **1** *von Buch, Theorie usw.:* Wesentliche(s), Kern; **in essence** im Wesentlichen **2** *aus Pflanzen, Fleisch gewonnen:* Essenz, Extrakt
essential[1] [ɪˈsenʃl] **1** (≈ *unverzichtbar*) wesentlich, unentbehrlich (**to** für) **2** *Bestandteil von etwas:* wesentlich, grundlegend
essential[2] [ɪˈsenʃl] **1** *mst.* **essentials** *pl* Wesentliche(s), Notwendigste(s); **be an essential** lebensnotwendig sein **2** **the essentials of French grammar** die Grundlagen der französischen Grammatik
essentially [ɪˈsenʃlɪ] im Wesentlichen
essential oil [ɪˌsenʃlˈɔɪl] ätherisches Öl
★**establish** [ɪˈstæblɪʃ] **1** gründen (*Firma*) **2** beweisen, nachweisen (*Tatsache, Unschuld usw.*) **3** einführen, erlassen (*Gesetz usw.*) **4** aufstellen (*Rekord, Theorie*) **5** bilden, einsetzen (*Ausschuss usw.*) **6** (wieder)herstellen (*Frieden, Ordnung*) **7** **establish oneself** beruflich usw.: sich etablieren; **establish one's reputation as ...** sich einen Namen machen als ...
establishment [ɪˈstæblɪʃmənt] **1** *von Firma, Institution usw.:* Gründung, Bildung, Einführung **2** **the Establishment** das Establishment
estate [ɪˈsteɪt] **1** (≈ *Grundbesitz auf dem Land*) Landgut, Gut **2** *Br* (≈ *bebautes Gebiet in der Stadt*) Siedlung; **housing estate** Wohnsiedlung; **industrial estate** Industriegebiet **3** *Recht:* Besitz, Besitztümer
estate agent [ɪˈsteɪtˌeɪdʒənt] *Br* Grundstücksmakler(in), Immobilienmakler(in)
estate car [ɪˈsteɪt ˌkɑː] *Br; Auto:* Kombi
esteem[1] [ɪˈstiːm] Achtung (**for** vor)
esteem[2] [ɪˈstiːm] achten, (hoch) schätzen
★**estimate**[1] [ˈestɪmeɪt] schätzen, veranschlagen (*Preis, Kosten usw.*) (**at** auf); **estimated value** Schätzwert; **an estimated 200 people** schätzungsweise 200 Leute
★**estimate**[2] [ˈestɪmət] Schätzung, Kostenvoranschlag; **rough estimate** grober Überschlag; **at a rough estimate** grob geschätzt
estimation [ˌestɪˈmeɪʃn] **1** Einschätzung, Meinung; **in my estimation** nach meiner Ansicht **2** *von Person:* Achtung, Wertschätzung
Estonia [eˈstəʊnɪə] Estland
Estonian[1] [eˈstəʊnɪən] estnisch
Estonian[2] [eˈstəʊnɪən] **1** *Sprache:* Estnisch **2** *Person:* Este, Estin
estuary [ˈestjʊrɪ] *von Fluss:* Mündung
e-tailer [ˈiːˌteɪlə] Onlinehändler(in), Internethändler(in)
e-tailing [ˈiːˌteɪlɪŋ] Onlinehandel, Internethandel
etc [etˈsetərə] (*abk für* et cetera) usw., etc.
eternal [ɪˈtɜːnl] **1** (≈ *ohne Ende*) ewig **2** *umg* ewig, unaufhörlich (*Klagen, Gejammer usw.*)
eternity [ɪˈtɜːnətɪ] Ewigkeit (*auch übertragen*)
ethical [ˈeθɪkl] ethisch
ethics [ˈeθɪks] **1** (△ *im sg verwendet*) Ethik (*auch Schulfach*) **2** *auch* **professional ethics** *pl* Be-

rufsethos

ethnic ['eθnɪk] **1** ethnisch; **ethnic group** Volksgruppe; **ethnic minority** ethnische Minderheit **2** *Kleidung usw.*: folkloristisch **3** **ethnic cleansing** (≈ *Völkermord*) ethnische Säuberung

e-ticket ['iː,tɪkɪt] E-Ticket

etiquette ['etɪket] Etikette, Verhaltensregeln *pl*

EU [,iː'juː] (*abk für* European Union) EU

euphoria [juː'fɔːrɪə] Euphorie

euphoric [juː'fɒrɪk] euphorisch

★**euro** ['jʊərəʊ] *pl*: euros Währung: Euro; **5 euros** *pl* 5 Euro

euro banknote ['jʊərəʊ,bæŋknəʊt] *Br* Euroschein

euro cent ['jʊərəʊ ˌsent] Eurocent

Eurocheque ['jʊərəʊtʃek] Eurocheque; **Eurocheque card** Eurochequekarte

euro coin ['jʊərəʊ ˌkɔɪn] Euromünze

Eurocurrency ['jʊərəʊ,kʌrənsɪ] Eurowährung

euro note ['jʊərəʊ ˌnəʊt] Euroschein

★**Europe** ['jʊərəp] Europa

★**European**[1] [,jʊərə'piːən] europäisch; **European Union** Europäische Union; **European Commission** Europäische Kommission; **European Parliament** Europäisches Parlament; **European Central Bank** Europäische Zentralbank; **European champion** *Sport*: Europameister(in); **European championship** *Sport*: Europameisterschaft

★**European**[2] [,jʊərə'piːən] Europäer(in)

Eurosceptic[1] [,jʊərəʊ'skeptɪk] eurokritisch

Eurosceptic[2] [,jʊərəʊ'skeptɪk] Euroskeptiker(in)

euthanasia [,juːθə'neɪzɪə] Sterbehilfe, Euthanasie

evacuate [ɪ'vækjʊeɪt] **1** evakuieren (*Gebiet, Personen usw.*) **2** *auch*: räumen (*Haus*)

evacuation [ɪ,vækjʊ'eɪʃn] **1** *von Personen, Gebiet usw.*: Evakuierung **2** *von Haus auch*: Räumung

evade [ɪ'veɪd] **1** **evade a duty** *usw.* sich einer Pflicht *usw.* entziehen **2** **evade taxes** Steuern hinterziehen **3** **evade a question** einer Frage ausweichen

evaporate [ɪ'væpəreɪt] **1** verdampfen, verdunsten **2** **evaporated milk** Kondensmilch **3** (*Gefühl, Hoffnung usw.*) sich zerschlagen, sich in Luft auflösen

evasive [ɪ'veɪsɪv] *Antwort*: ausweichend; **be evasive** (≈ *nicht auf Fragen eingehen*) ausweichen

eve [iːv] **1** *mst. in Zusammensetzungen*: **Christmas Eve** Heiligabend; **New Year's Eve** Silvester **2** *übertragen* Vorabend; **on the eve of the final** am Vorabend des Endspiels

★**even**[1] ['iːvn] **1** *verstärkend*: sogar, selbst; **she works a lot, even at weekends** sie arbeitet viel, sogar am Wochenende; **not even he managed it** nicht einmal er schaffte es; **even as a child he was ...** schon als Kind war er ... **2** **even if** *einschränkend*: sogar wenn, selbst wenn; **even if he were rich, ...** selbst wenn er reich wäre, ... **3** **even though he's on holiday, he's still working** obwohl (*oder stärker*: trotzdem) er im Urlaub ist, arbeitet er weiter **4** *mit Steigerungsformen*: sogar, noch; **that's even better** das ist (sogar) noch besser

★**even**[2] ['iːvn] **1** *Fläche*: eben, flach **2** *Geschwindigkeit, Atmung usw.*: gleichmäßig **3** *im Sport*: ausgeglichen (*Wettbewerb, Spielverlauf usw.*) **4** **now we're even** jetzt sind wir quitt; **get even with someone** es jemandem heimzahlen **5** *Zahl*: gerade

───────────── PHRASAL VERBS

even out [,iːvn'aʊt] **1** (ein)ebnen, glätten (*Oberfläche*) **2** ausgleichen (*Unterschiede*) **3** gleichmäßig verteilen (*Reichtum usw.*)

even up [,iːvn'ʌp] begleichen (*Rechnung usw.*)

★**evening** ['iːvnɪŋ] Abend; **in the evening** abends, am Abend; **this evening** heute Abend; **all evening** den ganzen Abend lang; **evenings** *US* abends; **good evening!** guten Abend

evening classes ['iːvnɪŋˌklɑːsɪz] *pl* Abendunterricht

evening dress ['iːvnɪŋ ˌdres] **1** *einer Frau*: Abendkleid **2** (≈ *Kleidung für festliche Anlässe*) Abendkleidung

★**event** [ɪ'vent] **1** (≈ *etwas Besonderes*) Ereignis; **the biggest musical event of the year** das größte musikalische Ereignis des Jahres; **a happy event** ein freudiges Ereignis (*Geburt*) **2** (≈ *Geschehen*) Fall; **in the event of my death** im Falle meines Todes; **at all events** auf alle Fälle; **before the event** vorher, im Voraus; **after the event** hinterher, im Nachhinein **3** *Sport*: Disziplin, Wettbewerb

eventful [ɪ'ventfl] *Tag, Reise usw.*: ereignisreich

eventual [ɪ'ventʃʊəl] **it caused his illness and eventual death** es führte zu seiner Erkrankung und schließlich zu seinem Tode (⚠ *eventuell* = **possible**)

eventually [ɪ'ventʃʊəlɪ] schließlich, am Ende, letztendlich (⚠ *eventuell* = **possibly**)

★**ever** ['evə] **1** je, jemals; **have you ever been to London?** bist du schon einmal in London gewesen?; **rarely if ever** fast nie, so gut wie nie; **it's worse than ever** es ist schlimmer als je zuvor; **I've never ever seen such a thing** *umg* ich habe so was wirklich noch nie gesehen **2** immer; **she said she would love me for ever** sie sagte, sie würde mich immer lieben; **the ever-increasing unemployment figures** die ständig ansteigende Arbeitslosenzahl **3** **ever so** *bes. Br, umg; verstärkend*: **you're ever so kind** das ist wirklich sehr nett von dir (*auch ironisch*); **ever so many** unendlich viele; **thanks ever so much** tausend Dank! **4** **ever since I was a child** schon seit ich ein Kind war; **he wrote his first big hit last summer and he's been in the charts ever since** er schrieb seinen ersten großen Hit im letzten Sommer und ist seitdem ständig in den Hitparaden

everlasting [ˌevəˈlɑːstɪŋ] **1** *bes. religiös*: ewig **2** *übertragen* unaufhörlich **3** unverwüstlich, unbegrenzt haltbar

evermore [ˌevəˈmɔː] **for evermore** *literarisch* für immer

★**every** [ˈevrɪ] **1** jede(r, -s); **every day** jeden Tag, alle Tage; **every five minutes** alle fünf Minuten; **every fourth day** jeden vierten Tag; **every other day** jeden zweiten Tag **2** *verstärkend*: **her every wish** jeder ihrer Wünsche, alle ihre Wünsche; **every bit as much** *umg* ganz genauso viel; **you've got every reason to be happy** du hast allen Grund, dich zu freuen

★**everybody** [ˈevrɪˌbɒdɪ] → everyone

everyday [ˈevrɪdeɪ] alltäglich, Alltags...; **everyday language** Alltagssprache, Umgangssprache; **in everyday life** im Alltag

★**everyone** [ˈevrɪwʌn] jeder, alle; **be on everyone's lips** in aller Munde sein; **to everyone's amazement** zum allgemeinen Erstaunen; **listen everyone!** alles mal herhören!

★**everything** [ˈevrɪθɪŋ] alles; **everything else** alles andere; **in spite of everything** trotz allem; **everything all right?** alles klar?; **my son means everything to me** *umg* mein Sohn ist mein Ein und Alles; **I don't like gardening and everything** *umg* ich arbeite nicht gern im Garten und so

★**everywhere** [ˈevrɪweə] **1** überall; **I've looked everywhere for the book** ich habe überall nach dem Buch gesucht **2** überallhin; **everywhere he goes** wo er auch hingeht

evidence [ˈevɪdəns] **1** *vor Gericht*: Beweis, Beweismaterial, Beweise *pl*; **for lack of evidence** aus Mangel an Beweisen **2** *von Zeugen*: Aussage; **give evidence** aussagen (**for** für; **against** gegen) **3** *allg.*: Anzeichen, Spur (**of** von *oder Genitiv*); **there's no firm evidence of life on Mars** es gibt keine festen Anzeichen für Leben auf dem Mars

evident [ˈevɪdənt] augenscheinlich, offensichtlich

evil[1] [ˈiːvl] *Person*: übel, böse, schlimm

evil[2] [ˈiːvl] Übel, das Böse; **the lesser of two evils** das kleinere von zwei Übeln

evoke [ɪˈvəʊk] **1** hervorrufen (*Gefühle usw.*) **2** wachrufen (*Erinnerungen*)

evolution [ˌiːvəˈluːʃn] **1** *allg.*: Entwicklung **2** *Biologie*: Evolution; **the theory of evolution** die Evolutionstheorie

ex [eks] *umg* (≈ *Ex-Partner, -in*) Verflossene(r), Ex

ex- [eks] *in Zusammensetzungen*: Ex..., ehemalig; **her ex-husband** ihr Exmann

exacerbate [ɪgˈzæsəbeɪt] verschlimmern (*Schmerzen usw.*), verschärfen (*Situation*)

★**exact** [ɪgˈzækt] *allg.*: exakt, genau; **the exact opposite** das genaue Gegenteil

exacting [ɪgˈzæktɪŋ] *Person, Arbeit*: anspruchsvoll; hohe Anforderungen stellen

exactly [ɪgˈzæktlɪ] **1** exakt, genau **2** 'So you think I misunderstood her.' - 'Exactly!' „du glaubst also, ich hätte sie missverstanden." - „Genau!" **3** **he's not exactly an Adonis** *ironisch*: er ist nicht gerade eine Schönheit **4** **where exactly did you study in Scotland?** wo genau (*oder* eigentlich) hast du in Schottland studiert?

exaggerate [ɪgˈzædʒəreɪt] übertreiben

exaggeration [ɪgˌzædʒəˈreɪʃn] Übertreibung

exalted [ɪgˈzɔːltɪd] **1** *Rang, Ideal usw.*: hoch **2** begeistert

★**exam** [ɪgˈzæm] Examen, Prüfung; **take an exam** eine Prüfung machen; **pass** (*bzw.* **fail**) **an exam** eine Prüfung bestehen (*bzw.* nicht bestehen)

★**examination** [ɪgˌzæmɪˈneɪʃn] **1** Untersuchung (*auch medizinisch*), Überprüfung; **on closer examination** bei näherer Prüfung **2** *an der Schule*: Prüfung **3** *an der Universität*: Examen

★**examine** [ɪgˈzæmɪn] **1** *allg.*: untersuchen (*auch medizinisch*), prüfen (**for** auf) **2** *an der Schule*: prüfen (**on** über, in)

examinee [ɪgˌzæmɪˈniː] Prüfling, (Examens)-Kandidat(in)

examiner [ɪgˈzæmɪnə] Prüfer(in)

★**example** [ɪgˈzɑːmpl] **1** Beispiel (**of** für); **for example** zum Beispiel **2** (≈ *Ideal*) Vorbild,

Beispiel; **set a good example** ein gutes Beispiel geben, mit gutem Beispiel vorangehen ❸ warnendes Beispiel; **make an example of someone** an jemandem ein Exempel statuieren; **let this be an example to you** lass dir das eine Warnung sein

exasperate [ɪgˈzæspəreɪt] wütend machen

exasperated [ɪgˈzæspəreɪtɪd] wütend, aufgebracht (**at**, **by** über)

excavate [ˈekskəveɪt] ❶ aushöhlen ❷ ausgraben, ausbaggern

excavation [ˌekskəˈveɪʃn] Ausgrabung

excavator [ˈekskəveɪtə] *Maschine:* Bagger

exceed [ɪkˈsiːd] ❶ überschreiten (*Tempolimit usw.*) ❷ übersteigen, überschreiten (*Höchstbetrag, Zeitlimit usw.*)

excel [ɪkˈsel], **excelled, excelled** ❶ übertreffen (**oneself** sich selbst) ❷ sich auszeichnen (**in**, **at** in; **as** als)

★**excellent** [ˈeksələnt] ausgezeichnet, hervorragend, vorzüglich

★**except**[1] [ɪkˈsept] ausnehmen, ausschließen (**from** von); **…, present company excepted** …, Anwesende ausgenommen

★**except**[2] [ɪkˈsept] ausgenommen, außer, mit Ausnahme von (*oder Genitiv*); **the bank is open every day except Sunday** außer Sonntag ist die Bank täglich geöffnet; **except for the driver, the tram was empty** bis auf den Fahrer war die Straßenbahn leer

★**exception** [ɪkˈsepʃn] Ausnahme; **the exception to the rule** die Ausnahme von der Regel; **without exception** ohne Ausnahme, ausnahmslos; **make an exception** eine Ausnahme machen; **the exception proves the rule** Ausnahmen bestätigen die Regel

exceptional [ɪkˈsepʃnəl] ❶ (≈ *ungewöhnlich gut*) **she's an exceptional athlete** sie ist eine Ausnahmeathletin ❷ **exceptional case** Ausnahmefall

excerpt [ˈekss:pt] *aus Buch, Aufsatz:* Exzerpt, Auszug (**from** aus)

excess [ɪkˈses] ❶ Übermaß; **excess luggage** Übergepäck; **he drinks to excess** er trinkt übermäßig ❷ **excesses** *pl negativ:* Exzesse, Ausschweifungen

excessive [ɪkˈsesɪv] *Trinken, Rauchen usw.:* übermäßig

★**exchange**[1] [ɪksˈtʃeɪndʒ] ❶ austauschen, umtauschen (**for** gegen) ❷ *von fremder Währung:* eintauschen, wechseln (**for** gegen) ❸ tauschen (*die Plätze usw.*), wechseln (*Blicke usw.*); **exchange words** einen Wortwechsel haben

★**exchange**[2] [ɪksˈtʃeɪndʒ] ❶ *von Waren usw.:* Tausch ❷ *von Gekauftem:* Umtausch; **in exchange for** als Ersatz für; **exchange of letters** Briefwechsel; **exchange of views** Gedankenaustausch, Meinungsaustausch ❸ *von Schülern:* Austausch; **exchange student** Austauschschüler(in) ❹ *von Devisen:* Wechseln; **exchange rate** Wechselkurs

Exchequer [ɪksˈtʃekə] **the Exchequer** *Br* das Finanzministerium

excitable [ɪkˈsaɪtəbl] reizbar, (leicht) erregbar

excite [ɪkˈsaɪt] ❶ (*Nachricht, Neuigkeit usw.*) aufregen, aufgeregt machen ❷ (≈ *faszinieren*) begeistern ❸ erregen, erwecken (*Interesse, Bewunderung usw.*) ❹ anregen (*Appetit, Fantasie*)

★**excited** [ɪkˈsaɪtɪd] ❶ *allg.:* aufgeregt; **don't get excited - I'm only kidding** reg dich nicht (gleich) auf - ich mache bloß Spaß ❷ (≈ *fasziniert*) begeistert

excitement [ɪkˈsaɪtmənt] ❶ *allg.:* Aufregung ❷ (≈ *Faszination*) Begeisterung

★**exciting** [ɪkˈsaɪtɪŋ] *Buch, Film, Spiel usw.:* aufregend, spannend

exclaim [ɪkˈskleɪm] ❶ aufschreien ❷ ausrufen, rufen

exclamation [ˌekskləˈmeɪʃn] Ausruf, (Auf)Schrei

exclamation mark [ˌekskləˈmeɪʃn ˌmɑːk], *US* **exclamation point** [ˌekskləˈmeɪʃn ˌpɔɪnt] *Satzzeichen:* Ausrufezeichen, Ⓐ Rufzeichen

exclude [ɪkˈskluːd] *allg.:* ausschließen (*Person, Möglichkeit usw.*) (**from** von, aus)

excluding [ɪkˈskluːdɪŋ] ausgenommen, außer

exclusion [ɪkˈskluːʒn] Ausschluss (**from** von, aus)

exclusive [ɪkˈskluːsɪv] ❶ *Kleidung, Verein usw.:* exklusiv, vornehm ❷ *Macht, Kontrolle:* alleinig, ausschließlich; **exclusive interview** Exklusivinterview

excruciating [ɪkˈskruːʃieɪtɪŋ] qualvoll

excursion [ɪkˈskɜːʃn] Ausflug; **a day's excursion** ein Tagesausflug; **go on an excursion** einen Ausflug machen

excusable [ɪkˈskjuːzəbl] entschuldbar, verzeihlich

★**excuse**[1] [ɪkˈskjuːz] ❶ entschuldigen (*Tat, Fehler, Person*); **I must excuse myself for being late** ich muss mich für mein Zuspätkommen entschuldigen; **excuse me for asking** entschuldige, dass ich gefragt habe ❷ **excuse someone** jemandem verzeihen ❸ **excuse me** *Höflichkeitsfloskel:* entschuldigen Sie!, entschuldige!, Verzeihung!; **excuse me, what**

time is it? entschuldigen Sie, wie spät ist es?; **excuse me?** US wie bitte? ▨ **excuse someone** wegen Krankheit usw.: jemanden entschuldigen; **excuse someone from something** jemanden von etwas befreien, jemandem etwas erlassen

★**excuse²** [ɪkˈskjuːs] ▨ allg.: Entschuldigung; **there's no excuse for ...** es gibt keine Entschuldigung für ... (schlechtes Benehmen usw.); **offer one's excuses** förmlich sich entschuldigen ▨ Ausrede; **the weather is a good excuse for not going to the party** das Wetter ist eine gute Ausrede, nicht zur Party zu gehen

execute [ˈeksɪkjuːt] ▨ hinrichten (Mörder usw.) ▨ förmlich ausführen, durchführen (Beschluss, Plan usw.)

execution [ˌeksɪˈkjuːʃn] ▨ von Mörder usw.: Hinrichtung ▨ förmlich Ausführung, Durchführung (von Beschluss, Plan usw.)

executive¹ [ɪgˈzekjutɪv] ▨ Politik: Exekutive ▨ Wirtschaft: Manager(in), leitende(r) Angestellte(r); **senior executive** Geschäftsführer(in) ▨ Vorstand; **be on the executive** Vorstandsmitglied sein

executive² [ɪgˈzekjutɪv] leitend; **executive board** Vorstand; **be on the executive board** Vorstandsmitglied sein; **executive decision** Managemententscheidung

exemplary [ɪgˈzempləri] Verhalten, Schüler usw.: beispielhaft, musterhaft

exempt¹ [ɪgˈzempt] ▨ befreien (**from** von) (Verpflichtungen usw.) ▨ **exempt from military service** vom Wehrdienst freistellen

exempt² [ɪgˈzempt] befreit (**from** von)

exemption [ɪgˈzempʃn] Befreiung, Freistellung; **exemption from taxes** Steuerfreiheit

★**exercise¹** [ˈeksəsaɪz] ▨ (≈ Sport) (körperliche) Bewegung; **I could do with some exercise - shall we go jogging?** ich brauche etwas Bewegung - gehen wir joggen? ▨ (≈ das Üben) Übung; **do exercise B on page 57** machen Sie Übung B auf Seite 57 ▨ militärisch: Übung, Manöver

★**exercise²** [ˈeksəsaɪz] ▨ (≈ Sport treiben) trainieren, an Geräten auch: üben ▨ ausüben (Amt, Recht, Macht usw.)

★**exercise book** [ˈeksəsaɪz ˌbʊk] Schule: Heft

exert [ɪgˈzɜːt] ▨ **exert pressure (on)** Druck ausüben (auf) ▨ **exert oneself** sich bemühen (**for** um), sich anstrengen

exhaust¹ [ɪgˈzɔːst] ▨ (≈ aufbrauchen) erschöpfen (Ressourcen, Rohstoffe usw.); **exhaust all possibilities** alle Möglichkeiten ausschöpfen ▨ körperlich: ermüden, entkräften

exhaust² [ɪgˈzɔːst] ▨ auch **exhaust pipe** von Motor: Auspuff ▨ auch **exhaust fumes** pl Abgase

exhausted [ɪgˈzɔːstɪd] ▨ Person: erschöpft, entkräftet ▨ Vorräte usw.: verbraucht, erschöpft

exhausting [ɪgˈzɔːstɪŋ] Tätigkeit, Reise usw.: anstrengend, strapaziös

exhaustion [ɪgˈzɔːstʃn] allg.: Erschöpfung

exhaustive [ɪgˈzɔːstɪv] erschöpfend

exhaust pipe [ɪgˈzɔːst ˌpaɪp] Auspuffrohr

exhibit¹ [ɪgˈzɪbɪt] ausstellen (Bilder usw.)

exhibit² [ɪgˈzɪbɪt] ▨ in Museum, Galerie usw.: Ausstellungsstück ▨ vor Gericht: Beweisstück ▨ US Ausstellung

★**exhibition** [ˌeksɪˈbɪʃn] Ausstellung; **be on exhibition** Bilder usw.: ausgestellt (oder zu sehen) sein; **make an exhibition of oneself** sich lächerlich (oder zum Gespött) machen

exhilarating [ɪgˈzɪləreɪtɪŋ] berauschend

exhume [eksˈhjuːm] exhumieren (Leiche)

exile¹ [ˈeksaɪl] ▨ Exil, erzwungen: Verbannung; **go into exile** ins Exil gehen; **live in exile** im Exil leben; **send into exile** ins Exil schicken, verbannen; **government in exile** Exilregierung ▨ Person: Exilierte(r), Verbannte(r)

exile² [ˈeksaɪl] ins Exil schicken, verbannen (**from** aus)

★**exist** [ɪgˈzɪst] ▨ allg.: existieren, vorkommen; **do such things exist?** gibt es so etwas?; **UFOs do exist** Ufos gibt es wirklich ▨ (≈ überleben) existieren, leben (**on** von) ▨ (Brauch, Tradition, Gewohnheit usw.) bestehen

★**existence** [ɪgˈzɪstəns] ▨ allg.: Existenz, Vorkommen; **come into existence** entstehen; **be in existence** existieren; **remain in existence** weiter bestehen ▨ eines Individuums: Existenz, Leben, Dasein ▨ von Brauch, Tradition usw.: Existenz, Bestehen

existent [ɪgˈzɪstənt] Gesetz usw.: gegenwärtig, bestehend

★**exit¹** [ˈeksɪt] ▨ von Gebäude, Raum: Ausgang ▨ auf Autobahn: Ausfahrt ▨ Theater: Abgang ▨ Ausreise; **exit visa** Ausreisevisum

★**exit²** [ˈeksɪt] ▨ beenden (Computerprogramm) ▨ Bühnenanweisung in einem Drama: (er oder sie geht) ab; **exit Macbeth** Macbeth ab

exodus [ˈeksədəs] Abwanderung; **exodus from the cities** Stadtflucht

exorbitant [ɪgˈzɔːbɪtənt] Preis, Miete, Forderung usw.: unverschämt, maßlos übertrieben; **exorbitant price** auch: Wucherpreis

exotic [ɪgˈzɒtɪk] exotisch (*auch übertragen*)
expand [ɪkˈspænd] **1** (*Gas, Wasser usw.*) sich ausdehnen **2** *Wirtschaft*: ausweiten, erweitern (*Geschäftskontakte, Aktivitäten*) **3** (*Branche, Firma usw.*) sich ausdehnen, expandieren
expansion [ɪkˈspænʃn] **1** *von Gas, Wasser usw.*: Ausdehnung **2** *Wirtschaft*: Ausweitung, Erweiterung, Expansion
★**expect** [ɪkˈspekt] **1** erwarten (*Ereignis, Person*); **that was to be expected** *von etwas Negativem*: das war zu erwarten, damit war zu rechnen; **I expect you to do something** ich erwarte von dir, dass du etwas tust; **what else can you expect?** *resignierend usw.*: was kann man schon erwarten? **2** *umg* vermuten, glauben; **I expect so** ich nehme es an **3** **be expecting** *umg* (≈ *schwanger sein*) in anderen Umständen sein
expectant [ɪkˈspektənt] **1** erwartungsvoll **2** **expectant mother** werdende Mutter
expectation [ˌekspekˈteɪʃn] Erwartung; **my expectation is that ...** ich erwarte, dass ...; **in expectation of** in Erwartung (+ *Genitiv*); **beyond expectations** über Erwarten; **against all** (*oder* **contrary to all**) **expectations** wider Erwarten; **the film didn't come up to our expectations** der Film hat nicht unseren Erwartungen entsprochen; **the pay rise fell short of our expectations** die Lohnerhöhung ist hinter unseren Erwartungen zurückgeblieben
expedient [ɪkˈspiːdɪənt] **1** ratsam, angebracht **2** zweckdienlich, nützlich
expedition [ˌekspəˈdɪʃn] (≈ *Forschungsreise*) Expedition (*auch die Teilnehmer*)
expel [ɪkˈspel], expelled, expelled **1** **she was expelled from school when she was 17** mit 17 wurde sie von der Schule verwiesen **2** *gewaltsam*: vertreiben (*Volk, Minderheit usw.*) (**from** aus) **3** *durch Behörde*: ausweisen, ⊕ ausschaffen (**from** aus), verweisen (*des Landes usw.*) **4** *aus Partei usw.*: ausschließen (**from** aus)
expenditure [ɪkˈspendɪtʃə] **1** *an Zeit, Energie*: Aufwand (**of** an) **2** *Geld*: Ausgaben *pl*, Kostenaufwand
expense [ɪkˈspens] **1** *Geld usw.*: Kosten *pl*; **at my expense** auf meine Kosten (*auch übertragen*); **spare no expense** keine Kosten scheuen **2** **expenses** *pl* Unkosten, Spesen; **travelling expenses** Reisespesen
★**expensive** [ɪkˈspensɪv] teuer, kostspielig
★**experience**¹ [ɪkˈspɪərɪəns] **1** *allg.*: Erfahrung; **I know from experience that ...** ich weiß aus Erfahrung, dass ...; **in my experience** nach meiner Erfahrung **2** (≈ *Fachkenntnis*) Erfahrung, Routine; **computing experience** Erfahrungen im Umgang mit Computern **have you had any experience of driving a bus?** haben Sie Erfahrung im Busfahren?; **experience in a job/in business** Berufs-/Geschäftserfahrung; **have a lot of teaching experience** große Erfahrung als Lehrer(in) haben; **he is working in a factory to gain experience** er arbeitet in einer Fabrik, um praktische Erfahrungen zu sammeln **3** (≈ *beeindruckendes Geschehen*) Erlebnis
★**experience**² [ɪkˈspɪərɪəns] **1** *allg.*: erleben **2** (≈ *erleiden*) erfahren (*Schmerz, Enttäuschung usw.*) **3** durchmachen (*Krise usw.*)
experienced [ɪkˈspɪərɪənst] erfahren; **be experienced in something** in etwas erfahren sein, in etwas Erfahrung haben
★**experiment**¹ [ɪkˈsperɪmənt] *allg.*: Experiment, Versuch (**on** an; **with** mit); **do an experiment** ein Experiment machen; **conduct** (*oder* **perform**) **experiments** Experimente durchführen
★**experiment**² [ɪkˈsperɪmənt] experimentieren, Versuche anstellen (**on** an; **with** mit)
★**expert**¹ [ˈekspɜːt] (≈ *professionell*) fachmännisch, fachkundig, sachkundig; **expert knowledge** Fachkenntnis, Sachkenntnis; **expert opinion** Gutachten
★**expert**² [ˈekspɜːt] **1** Fachmann, Expertin, Experte (**at, in, on** in); **she's an expert in heavy metal** sie kennt sich gut in Heavy Metal aus **2** *in Rechtsstreit usw.*: Sachverständige(r), Gutachter(in)
expertise [ˌekspɜːˈtiːz] **1** Fachkenntnis **2** Geschicklichkeit, Können
expiration date [ˌekspəˈreɪʃn ˌdeɪt] *US* Verfallsdatum; → **expiry date** *Br*
expire [ɪkˈspaɪə] **1** (*Zeitvertrag, Pass usw.*) ablaufen, ungültig werden **2** (*Konzession, Patent usw.*) erlöschen **3** (*Amtszeit*) enden, auslaufen
expiry [ɪkˈspaɪərɪ] *von Frist, Vertrag usw.*: Ablauf; **expiry date** *Br*; *von Pass, Lebensmittel usw.*: Verfallsdatum
★**explain** [ɪkˈspleɪn] **1** *allg.*: erklären; **explain something to someone** jemandem etwas erklären; **I can explain everything** ich kann alles erklären **2** erläutern (*Gedanken, Pläne usw.*) **3** **explain oneself** sich rechtfertigen; **please let me explain myself** bitte lassen Sie mich das erklären
★**explanation** [ˌekspləˈneɪʃn] **1** *allg.*: Erklärung **2** *von Gedanken, Plänen usw.*: Erläuterung **3**

für Tat: Rechtfertigung

explicit [ɪkˈsplɪsɪt] *Aussage, Warnung, Anweisung usw.*: ausdrücklich, deutlich, explizit

★**explode** [ɪkˈspləʊd] **1** (*Bombe usw.*) explodieren, in die Luft fliegen; **explode a bomb** eine Bombe zur Explosion bringen **2** (≈ *wütend werden*) explodieren, platzen, in die Luft gehen; **explode with fury** vor Wut platzen **3** *übertragen* sprunghaft ansteigen, sich explosionsartig vermehren (*bes. Bevölkerung*) **4** widerlegen, zerstören (*Theorie, Mythos usw.*)

exploit [ɪkˈsplɔɪt] *allg.*: ausbeuten (*Arbeiter, Bodenschätze usw.*)

exploitation [ˌeksplɔɪˈteɪʃn] *allg.*: Ausbeutung

exploration [ˌekspləˈreɪʃn] *von unbekanntem Land*: Erforschung

explore [ɪkˈsplɔː] erforschen (*Land*)

explorer [ɪkˈsplɔːrə] Forscher(in)

★**explosion** [ɪkˈspləʊʒn] **1** Explosion, *kontrolliert*: Sprengung **2** *übertragen* sprunghafter Anstieg; **population explosion** Bevölkerungsexplosion **3** *von Gefühlen*: Ausbruch

explosive[1] [ɪkˈspləʊsɪv] **1** explosiv (*auch übertragen*) **2** *Temperament*: aufbrausend

explosive[2] [ɪkˈspləʊsɪv] Sprengstoff

★**export**[1] [ɪkˈspɔːt] **1** exportieren, ausführen (*Waren*); **exporting country** Ausfuhrland **2** *Computer*: exportieren (*Daten*)

★**export**[2] [ˈekspɔːt] **1** *von Waren*: Export, Ausfuhr **2** **exports** *pl*, *eines Landes usw.*: Gesamtexport, Gesamtausfuhr **3** **exports** *pl* Exportgüter, Ausfuhrwaren

★**export**[3] [ˈekspɔːt] Export..., Ausfuhr...; **export trade** Exportgeschäft, Ausfuhrhandel; **export merchant** Exportkaufmann, Exportkauffrau

exporter [ɪkˈspɔːtə] **1** Exporteur (**of** von) **2** Exportland (**of** für)

expose [ɪkˈspəʊz] **1** freilegen (*Ruinen, Mosaik, Fachwerk usw.*) **2** *einer Gefahr, dem Wetter usw.*: aussetzen (**to**; *Dativ*); **expose oneself to ridicule** sich zum Gespött (der Leute) machen **3** *übertragen* bloßstellen, entlarven (*als Lügner usw.*) **4** **expose oneself** (*Exhibitionist*) sich entblößen **5** *beim Fotografieren*: belichten

exposed [ɪkˈspəʊzd] **1** *gegen Witterungseinflüsse*: ungeschützt **2** *übertragen* exponiert (*öffentliche Stellung usw.*)

exposure [ɪkˈspəʊʒə] **1** *einer Gefahr usw.*: Aussetzen, Ausgesetztsein; **die of exposure** an Unterkühlung sterben **2** *von Person*: Bloßstellung, Entlarvung **3** *des Körpers*: Entblößung; **indecent exposure** Erregung öffentlichen Ärgernisses **4** *beim Fotografieren*: Belichtung

★**express**[1] [ɪkˈspres] *mit Worten*: ausdrücken, äußern; **express the hope that ...** der Hoffnung Ausdruck geben, dass ...; **express oneself** sich äußern, sich ausdrücken

★**express**[2] [ɪkˈspres] **1** *Anweisung, Verbot usw.*: ausdrücklich **2** *Post usw.*: Express..., Schnell...; **express delivery** *Br* Eilzustellung; **send a parcel express** ein Paket per Express schicken; **express train** Schnellzug

★**express**[3] [ɪkˈspres] *Bahn*: Schnellzug

★**expression** [ɪkˈspreʃn] **1** *mit Worten*: Ausdruck, Äußerung; **find expression in** *übertragen* sich ausdrücken (*oder* äußern) in **2** (≈ *Wendung*) Ausdruck, Redensart **3** (≈ *Mimik*) Gesichtsausdruck

expressway [ɪkˈspreswei] *US* (Stadt)Autobahn

expulsion [ɪkˈspʌlʃn] **1** *von Volk, Minderheit*: Vertreibung (**from** aus) **2** *aus einem Land*: Ausweisung (**from** aus) **3** *aus Schule usw.*: Ausschluss (**from** aus, von)

exquisite [ɪkˈskwɪzɪt] **1** exquisit, erlesen **2** *Geschmack usw.*: äußerst fein

extend [ɪkˈstend] **1** (*Grundstück, Fläche usw.*) sich erstrecken, sich ausdehnen **2** vergrößern, erweitern (*Betrieb, Haus usw., auch: Wissen, Wortschatz usw.*) **3** ausdehnen (*Besuch, Macht, Vorsprung usw.*) **4** verlängern (*Frist, Pass usw.*)

extended essay [ɪkˌstendɪdˈeseɪ] Facharbeit

extension [ɪkˈstenʃn] **1** *von Haus*: Erweiterung, Anbau **2** *Telefon*: Nebenanschluss, Apparat: **could you give me extension 234, please?** könnten Sie mich bitte zu Apparat 234 durchstellen?; **extension number** Durchwahl **3** *von Einfluss, Macht, Grenze*: Ausdehnung **4** *von Firma*: Vergrößerung, Erweiterung **5** *von Frist*: Verlängerung

extension cable [ɪkˈstenʃnˌkeɪbl] Verlängerungskabel

extension ladder [ɪkˈstenʃnˌlædə] Ausziehleiter

extension lead [ɪkˈstenʃnˌliːd] *Br* Verlängerungsschnur

★**extent** [ɪkˈstent] **1** *von Fläche, Gebäude usw.*: Ausdehnung **2** *übertragen* Umfang, Ausmaß, Grad; **to a large extent** in hohem Maße, weitgehend; **to what extent is he to blame for this mistake?** inwieweit ist er an diesem Fehler schuld?; **to some** (*oder* **a certain**) **extent** in gewissem Maße; **he bullied her to such an extent that ...** er tyrannisierte sie so sehr, dass ...

exterior[1] [ɪkˈstɪərɪə] äußere(r, -s), Außen...

exterior[2] [ɪkˈstɪərɪə] **1** *von Gebäude usw.*: Äußere(s), Außenseite **2** *von Person*: äußere Erscheinung

exterminate [ɪkˈstɜːmɪneɪt] **1** ausrotten (*Tiere, auch übertragen*) **2** vertilgen (*Ungeziefer, Unkraut usw.*)

extermination [ɪkˌstɜːmɪˈneɪʃn] **1** *von Tieren*: Ausrottung (*auch übertragen*) **2** *von Ungeziefer, Unkraut*: Vertilgung

external [ɪkˈstɜːnl] äußere(r, -s), äußerlich, Außen...; **for external use** *Medizin*: zum äußerlichen Gebrauch; **external hard drive** *Computer*: externe Festplatte

extinct [ɪkˈstɪŋkt] **1** *Pflanzen, Tiere usw.*: ausgestorben; **become extinct** aussterben **2** *Vulkan*: erloschen

extinction [ɪkˈstɪŋkʃn] *von Tieren, Pflanzen usw.*: Aussterben, Ausrottung

extinguish [ɪkˈstɪŋgwɪʃ] **1** auslöschen (*Feuer, Licht*) **2** ausmachen (*Zigarette*) **3** zunichtemachen (*Hoffnungen, Pläne usw.*)

extinguisher [ɪkˈstɪŋgwɪʃə] Feuerlöscher

extort [ɪkˈstɔːt] erpressen (*Geld, Geständnis usw.*) (**from** von)

extortion [ɪkˈstɔːʃn] Erpressung

★**extra**[1] [ˈekstrə] **1** zusätzlich, Extra..., Sonder...; **drinks are extra** Getränke werden gesondert berechnet (*oder* kosten extra); **extra charge** Zuschlag; **extra charges** *pl* Nebenkosten; **extra pay** Zulage; **if you pay an extra ten pounds** wenn Sie noch zehn Pfund dazulegen; **we need an extra table** wir brauchen noch einen Tisch **2** extra, besonders; **charge extra for** gesondert berechnen; **please be extra careful** sei bitte besonders vorsichtig

★**extra**[2] [ˈekstrə] **1** *allg.*: Sonderleistung **2** *mst.* **extras** *bes. bei Autos*: Extras, Sonderausstattung **3** *auf Rechnung usw.*: Zuschlag; **be an extra** gesondert berechnet werden **4** *Film, Theater*: Statist(in), Komparse, Komparsin

extract[1] [ɪkˈstrækt] **1** herausziehen (*Korken usw.*) (**from** aus) **2** ziehen (*Zahn*) **3** *übertragen* herausholen, entlocken (*Informationen, Geständnis*)

extract[2] [ˈekstrækt] **1** *aus Buch, Film*: Ausschnitt **2** *Substanz*: Extrakt

★**extraordinary** [ɪkˈstrɔːdnərɪ] **1** außerordentlich, außergewöhnlich **2** *Verhalten, Erscheinung*: ungewöhnlich, seltsam

extra time [ˌekstrəˈtaɪm] *Sport*: Verlängerung; **the game went into extra time** das Spiel ging in die Verlängerung

★**extreme**[1] [ɪkˈstriːm] **1** äußerste(r, -s), extrem; **extreme poverty** extreme Armut; **extreme**

sports Extremsportarten **2** *politische Meinung*: extrem, radikal

★**extreme**[2] [ɪkˈstriːm] Extrem; **go to extremes** vor nichts zurückschrecken; **go from one extreme to the other** von einem Extrem ins andere fallen

extremely [ɪkˈstriːmlɪ] äußerst, höchst

extremism [ɪkˈstriːmɪzm] *bes. politisch*: Extremismus

extremist [ɪkˈstriːmɪst] Extremist(in)

extricate [ˈekstrɪkeɪt] befreien (**from** aus, von)

exuberant [ɪgˈzjuːbrənt] *Person, Fantasie*: übersprudelnd

★**eye**[1] [aɪ] **1** *Organ*: Auge; **with the naked eye** mit bloßem Auge; **before someone's eyes** vor jemandes Augen; **they were all eyes as ...** sie sahen gespannt zu, wie ...; **be up to one's eyes in work** bis über die Ohren in Arbeit stecken; **cry one's eyes out** sich die Augen ausweinen; **keep one's eyes open** (*oder* **peeled**) die Augen offen halten; **his eyes are bad** er sieht schlecht **2** *übertragen* Blick, Augenmerk; **her eye fell on a little boy** ihr Blick fiel auf einen kleinen Jungen; **have an eye for** ein Auge (*oder* einen Blick) haben für; **can you keep an eye on the dog?** kannst du auf den Hund aufpassen? **3** *von Nadel*: Öhr, Öse **4** *von Kartoffel, Knospe*: Auge

★**eye**[2] [aɪ] anstarren, mustern

eyeball[1] [ˈaɪbɔːl] **1** Augapfel **2** **I'm up to my eyeballs in work** *umg* ich stecke bis über die Ohren in Arbeit **3** **drugged up to the eyeballs** mit Beruhigungsmitteln *usw.* vollgepumpt

eyeball[2] [ˈaɪbɔːl] **eyeball someone** *umg* jemanden mit durchdringendem Blick ansehen

eyebrow [ˈaɪbraʊ] Augenbraue

eye contact [ˈaɪˌkɒntækt] **make eye contact with someone** Blickkontakt mit jemandem aufnehmen

eyeful [ˈaɪfʊl] **get an eyeful** *umg* was zu sehen bekommen

eyeglasses [ˈaɪˌglɑːsɪz] *pl, auch* **pair of eyeglasses** *US* Brille

eyelash [ˈaɪlæʃ] Wimper

eyelid [ˈaɪlɪd] Augenlid

eye liner [ˈaɪˌlaɪnə] Eyeliner, Lidstrich

eye mask [ˈaɪ mɑːsk] Schlafmaske

eye-opener [ˈaɪˌəʊpənə] **be an eye-opener for someone** *umg* (*Erfahrung usw.*) jemandem die Augen öffnen

eye shadow [ˈaɪˌʃædəʊ] *Schminke*: Lidschatten

eyesight [ˈaɪsaɪt] Sehkraft; **have good** (*bzw.*

poor *oder* **bad**) **eyesight** gute (*bzw.* schlechte) Augen haben

eyesore [ˈaɪsɔː] *hässliches Gebäude usw.*: Schandfleck

eyestrain [ˈaɪstreɪn] Überanstrengung der Augen

eyewitness [ˈaɪˌwɪtnəs] Augenzeuge; **eyewitness account** Augenzeugenbericht

e-zine [ˈiːziːn] Onlinemagazin

F

fable [ˈfeɪbl] ◨ *literarisch*: Fabel ◩ *übertragen* Märchen

fabric [ˈfæbrɪk] ◨ (≈ *Tuch*) Gewebe, Stoff ◩ *von Gesellschaft usw.*: Gefüge, Struktur

fabricate [ˈfæbrɪkeɪt] ◨ (≈ *sich ausdenken*) erfinden (*Geschichte, Ausrede usw.*) ◩ *in Fabrik usw.*: fabrizieren, herstellen

fabrication [ˌfæbrɪˈkeɪʃn] ◨ *Geschichte, Ausrede*: Erfindung, Märchen ◩ *in Fabrik*: Fabrikation, Herstellung

fabulous [ˈfæbjʊləs] ◨ *umg* (≈ *großartig*) fabelhaft ◩ (≈ *mythisch*) sagenhaft

façade, facade [fəˈsɑːd] *von Gebäude*: Fassade (*auch übertragen*)

★**face¹** [feɪs] ◨ *allg*.: Gesicht; **face to face with ...** Auge in Auge mit ...; **say something to someone's face** jemandem etwas ins Gesicht sagen; **I'll tell her to her face what I think of it** ich werde es ihr ins Gesicht sagen, was ich davon halte; **he's vanished off the face of the earth** er ist wie vom Erdboden verschwunden ◩ Gesichtsausdruck, Miene; **make** (*oder* **pull**) **a face** ein Gesicht machen ◪ (≈ *Prestige*) Ansehen; **save face** das Gesicht wahren; **lose face** das Gesicht verlieren ◫ **in the face of tremendous problems ...** trotz erheblicher Probleme ...

★**face²** [feɪs] ◨ *jemandem*: gegenüberstehen ◩ (*Gebäude, Raum usw.*) gegenüberstehen, gegenüberliegen; **my office faces west** mein Büro geht nach Westen ◪ (≈ *konfrontiert sein mit*) entgegentreten, begegnen, sich stellen (*Konflikt, Problem usw.*); **be faced with** konfrontiert sein mit; **many school leavers are faced with unemployment** viele Schulabgänger stehen vor der Arbeitslosigkeit; **be faced with ruin** vor dem Ruin stehen; **face the facts** den Tatsachen ins Auge sehen; **let's face it!** machen wir uns doch nichts vor!

PHRASAL VERBS

face up to [feɪsˈʌpˌtə] sich auseinandersetzen mit (*Person, Situation*)

Facebook® [ˈfeɪsbʊk] Facebook®; **be on Facebook®** bei/auf Facebook® sein; **Facebook® page** Facebook®-Seite

facecloth [ˈfeɪsklɒθ] *Br* Waschlappen

face cream [ˈfeɪsˌkriːm] Gesichtscreme

facelift [ˈfeɪslɪft] ◨ Facelifting, Gesichtsstraffung; **have a facelift** sich das Gesicht liften lassen ◩ *übertragen* Renovierung (*einer Wohnung usw.*)

face value [ˌfeɪsˈvæljuː] **take something at face value** etwas für bare Münze nehmen

facilitate [fəˈsɪlɪteɪt] erleichtern

facility [fəˈsɪlətɪ] ◨ *mst*. **facilities** *pl* in Hotel, Wohnanlage, Urlaubsgebiet usw.: Einrichtungen, Möglichkeiten; **cooking facilities** Kochgelegenheit; **sports facilities** Sportanlagen; **shopping facilities** Einkaufsmöglichkeiten; **facilities for the disabled** Einrichtungen für Behinderte ◩ *von Gerät*: Funktion; **my telephone has a memory facility** mein Telefon hat einen Anrufspeicher ◪ *von Person*: Fähigkeit; **he's got a facility for languages** er tut sich mit Sprachen leicht

★**fact** [fækt] ◨ Tatsache, Faktum; **be based on fact** (*Roman, Film*) auf Tatsachen beruhen; **know something for a fact** etwas (ganz) sicher wissen; **tell someone the facts of life** *sexuell*: jemanden aufklären ◩ **as a matter of fact** eigentlich, *verstärkend* sogar; **I'm not feeling particularly well, as a matter of fact I'm feeling really ill** ich fühle mich nicht so besonders, eigentlich fühle ich mich richtig krank; **'Do you know her?' - 'Oh yes, as a matter of fact she's a former student of mine.'** „Kennst du sie?" - „Oh ja, sie ist sogar eine ehemalige Schülerin von mir." ◪ **in fact** tatsächlich, in Wirklichkeit; **you said the hotel would be expensive, but in fact it was relatively cheap** du hattest gesagt, das Hotel sei teuer, tatsächlich aber war es relativ billig

factor [ˈfæktə] Faktor

★**factory** [ˈfæktrɪ] Fabrik

faculty [ˈfæklti] ◨ (≈ *natürliche Anlage*) Fähigkeit, Vermögen; **faculty of hearing** Hörvermögen; **mental faculties** *pl* Geisteskräfte; **be in possession of one's faculties** im Vollbesitz seiner Kräfte sein ◩ *Universität*: Fakultät

fad [fæd] Modeerscheinung, *umg* Masche

fade [feɪd] **1** (*Blumen usw.*) verwelken **2** (*Farben*) verbleichen, verblassen **3** *auch* **fade away** *körperlich:* immer schwächer werden **4** *auch* **fade away** (*Hoffnungen*) zerrinnen

PHRASAL VERBS

fade in [ˌfeɪdˈɪn] *Radio, TV:* einblenden (*Musik, Bild*)

fade out [ˌfeɪdˈaʊt] *Radio, TV:* ausblenden (*Musik, Bild*)

faeces [ˈfiːsɪz] *pl Br* Fäkalien, Kot

fag [fæg] **1** *Br, umg* (≈ *Zigarette*) Kippe **2** *US, abwertend* Schwuler

fag end [ˈfæg ˌend] *Br, umg* (≈ *Zigarettenstummel*) Kippe

★**fail¹** [feɪl] **1** (*Stimme, Organ, Motor usw.*) versagen **2** *in der Schule usw.:* durchfallen; **fail an exam** eine Prüfung nicht bestehen; **I failed my driving test twice** ich bin zweimal durch die Führerscheinprüfung gefallen **3** (*Verhandlungen, Pläne usw.*) fehlschlagen, scheitern; **if all else fails** wenn alle Stricke reißen **4** (≈ *erfolglos sein*) (*Kandidat bei einer Wahl, Theaterstück usw.*) durchfallen **5** (*Gesundheit, Kräfte usw.*) nachlassen, schwinden **6** (*Sehkraft*) abnehmen, schwächer werden **7** **fail to do something** etwas nicht tun, es versäumen, etwas zu tun; **he failed to hand in his essay in time** er hat seinen Aufsatz nicht rechtzeitig abgegeben; **I fail to see why** ich sehe nicht ein, warum **8** **words fail me** mir fehlen die Worte

★**fail²** [feɪl] **1** **without fail** mit Sicherheit, ganz bestimmt, garantiert **2** **he got a fail in geography** er ist in Erdkunde durchgefallen (*oder* durchgerasselt)

failing [ˈfeɪlɪŋ] mangels (+ *Genitiv*); **failing that** andernfalls

fail-safe [ˈfeɪlseɪf] pannensicher (*auch übertragen Plan usw.*)

★**failure** [ˈfeɪljə] **1** Misserfolg **2** *von Verhandlungen, Plan usw. auch:* Fehlschlag, Fehlschlagen, Scheitern **3** *von Maschine, Organ usw.:* Versagen; **crop failure** Missernte **4** *Person:* Versager(in)

★**faint¹** [feɪnt] **1** *Stimme usw.:* schwach, matt **2** **I feel a bit faint** mir ist ganz komisch, ich fühle mich ziemlich matt **3** *Geräusch, Hoffnung, Verdacht:* leise; **I haven't the faintest idea** ich habe nicht die leiseste Ahnung

★**faint²** [feɪnt] ohnmächtig werden, in Ohnmacht fallen (**with, from** vor)

faint-hearted [ˌfeɪntˈhɑːtɪd] **1** *Versuch usw.:* zaghaft **2** **it's not for the faint-hearted** Horrorfilm usw.: das ist nichts für Zartbesaitete

★**fair¹** [feə] **1** *Behandlung, Bezahlung usw.:* gerecht, fair; **that's not fair!** das ist ungerecht! **2** *Haar:* blond **3** *Haut:* hell **4** *Himmel:* klar, heiter **5** *Wetter:* schön, trocken **6** *Chance:* reell **7** *im Sport:* anständig, fair; **play fair** fair spielen, *auch übertragen:* sich an die Spielregeln halten **8** *Qualität, Leistung usw.:* nicht schlecht, ganz gut **9** **a fair amount of work** eine ganze Menge Arbeit; **a fair number of people** eine ganze Menge Leute **10** '**Let's talk about it tomorrow.**' - '**Fair enough.**' „Reden wir morgen darüber." - „Einverstanden." (*oder* „Na schön.")

★**fair²** [feə] **1** (≈ *Rummel*) Volksfest, Jahrmarkt **2** (≈ *Ausstellung*) Messe

fairground [ˈfeəgraʊnd] Rummelplatz

fairly [ˈfeəlɪ] **1** *verstärkend:* ziemlich; **my bike's fairly old** mein Fahrrad ist schon ziemlich alt **2** *behandeln, beurteilen, bezahlen usw.:* gerecht

fairness [ˈfeənəs] Gerechtigkeit, Fairness; **in all fairness** fairerweise

fair trade shop [ˌfeəˈtreɪd ˌʃɒp] *Br,* **fair trade store** [ˌfeəˈtreɪd ˌstɔː] *US* Eine-Welt-Laden

fairy [ˈfeərɪ] **1** *Märchengestalt:* Fee **2** *abwertend* Schwuler

★**fairy tale** [ˈfeərɪ ˌteɪl] Märchen (*auch übertragen*)

★**faith** [feɪθ] **1** *religiös usw.:* Glaube(n) (**in** an) **2** Vertrauen; **have faith in someone** Vertrauen zu jemandem haben; **many voters have lost faith in the government** viele Wähler haben das Vertrauen zur Regierung verloren **3** **in good faith** in gutem Glauben, gutgläubig (*beide auch Recht*)

★**faithful** [ˈfeɪθfl] **1** treu (**to**; *Dativ*); **remain faithful to someone** jemandem treu bleiben **2** **Yours faithfully** *Br, Briefschluss:* Mit freundlichen Grüßen, Hochachtungsvoll

faithless [ˈfeɪθləs] treulos (**to** gegenüber)

fake¹ [feɪk] **1** fälschen (*Pass, Unterschrift usw.*) **2** vortäuschen (*Interesse usw.*) **3** simulieren (*Krankheit usw.*)

fake² [feɪk] **1** *von Pass, Unterschrift usw.:* Fälschung **2** *Person:* Schwindler, Simulant

fake tan [ˌfeɪkˈtæn] Selbstbräuner

falcon [ˈfɔːlkən] *Greifvogel:* Falke

★**fall¹** [fɔːl] **1** *von Person:* Fall, Sturz; **have a (bad** *oder* **heavy) fall** (schwer) stürzen **2** *übertragen* Fallen, Sinken; **a sudden fall in temperature** ein plötzlicher Temperatursturz; **the fall of the Roman Empire** der Untergang des Römischen Reiches **3** *US; Jahreszeit:* Herbst; **in (the) fall** im Herbst **4 falls** *pl* Wasserfall; **Niagara Falls** die Niagarafälle

★**fall**² [fɔːl], **fell** [fel], **fallen** ['fɔːlən] **1** *allg.:* fallen; **he fell to his death** er stürzte tödlich ab **2** *durch Stolpern usw.:* hinfallen; **she fell and cut her elbow** sie fiel hin und schlug sich den Ellbogen auf **3** *(Blätter von den Bäumen)* fallen, abfallen **4** *(Preise, Temperatur usw.)* fallen, sinken **5** *(Soldaten)* fallen, umkommen **6** *(Regierung usw.)* gestürzt werden **7** *(Nacht, Dämmerung)* hereinbrechen **8** *in Wendungen:* **fall asleep** einschlafen; **fall ill** krank werden; **fall in love** sich verlieben (**with** in); **fall on deaf ears** *(Plan, Vorschlag usw.)* auf taube Ohren stoßen

PHRASAL VERBS

fall apart [ˌfɔːl ə'pɑːt] **1** *(Buch usw.)* auseinanderfallen; *(Auto, Gerät usw.)* kaputtgehen **2** *emotional* zusammenbrechen

fall behind [ˌfɔːl bɪ'haɪnd] zurückfallen **fall behind with something** mit etwas in Rückstand geraten

fall down [ˌfɔːl'daʊn] **1** hinunterfallen *(Treppe, Leiter usw.)* **2** *(Gebäude)* umfallen, einstürzen **3** *umg (Plan, Theorie usw.)* versagen

fall for [ˈfɔːl _ fɔː] **1** hereinfallen auf *(Trick)* **2** *umg* sich verknallen in

fall in [ˌfɔːl'ɪn] *(Gebäude, Dach usw.)* einfallen, einstürzen

fall off [ˌfɔːl'ɒf] **1** herunterfallen von *(Leiter usw.);* **fall off a ladder** von einer Leiter fallen **2** *(Person, Blatt usw.)* herunterfallen

fall on [ˈfɔːl _ ɒn] **1** *räumlich, zeitlich:* fallen auf; **his glance fell on Joan** sein Blick fiel auf Joan **2** (≈ *angreifen*) herfallen über

fall out [ˌfɔːl'aʊt] **1** *(Haar usw.)* ausfallen **2** **fall out with someone** sich mit jemandem zerstreiten

fall over [ˌfɔːl'əʊvə] **1** *(Person)* hinfallen **2** *(Vase usw.)* umfallen

fall through [ˌfɔːl'θruː] *(Plan, Vorhaben usw.)* missglücken, ins Wasser fallen

fall to [ˌfɔːl'tuː] *(Aufgabe, Verpflichtung usw.)* zufallen (+ *Dativ*) (**to do** zu tun)

fallen ['fɔːlən] 3. Form von → **fall**²
fallible ['fæləbl] fehlbar, nicht unfehlbar
fallout ['fɔːlaʊt] Fallout, radioaktiver Niederschlag

★**false** [fɔːls] **1** *allg.:* falsch *(auch Person, Bescheidenheit usw.);* **under false pretences** unter Vorspiegelung falscher Tatsachen **2** **false alarm** falscher *(oder blinder)* Alarm *(auch übertragen);* **false bottom** in Koffer usw.: doppelter Boden; **false start** *Sport:* Fehlstart; **false teeth** *pl* (künstliches) Gebiss

falsification [ˌfɔːlsɪfɪ'keɪʃn] von Wahrheit, Dokument, Unterlagen: Verfälschung

falsify ['fɔːlsɪfaɪ] fälschen, verfälschen *(Dokumente, Unterlagen usw.)*

falter ['fɔːltə] **1** schwanken, taumeln **2** zögern, zaudern **3** *(Stimme)* stocken

fame [feɪm] Ruhm

★**familiar** [fə'mɪlɪə] **1** *Umgebung, Melodie, Anblick usw.:* vertraut, bekannt (**to**; *Dativ;* **with** mit); **are you familiar with this machine?** kennst du dich mit dieser Maschine aus?; **make oneself familiar with** sich vertraut machen mit (⚠ **familiäre Probleme** = **family problems**) **2** *lockerer Umgangston:* vertraulich, ungezwungen; **be on familiar terms with someone** mit jemandem auf vertrautem Fuß stehen **3** *Umgangston:* plumpvertraulich, aufdringlich

familiarize [fə'mɪlɪəraɪz] vertraut *(oder bekannt)* machen (**with** mit)

★**family** ['fæmlɪ] **1** Familie; **a family of four** eine vierköpfige Familie **2** *übertragen* Familie, Herkunft **3 family allowance** Kindergeld; **family business** Familienbetrieb; **family doctor** Hausarzt; **family name** Nachname, Familienname; **family planning** Familienplanung; **family tree** Stammbaum

famine ['fæmɪn] Hungersnot

★**famous** ['feɪməs] berühmt (**for** wegen, für); **a world-famous pop star** ein weltberühmter Popstar

fan¹ [fæn] **1** *zum Fächeln:* Fächer **2** *Gerät:* Ventilator; **fan belt** *Motor:* Keilriemen

fan² [fæn] (≈ *Anhänger*) Fan; **fan club** Fanklub; **fan mail** Verehrerpost

fanatic [fə'nætɪk] Fanatiker(in)
fanatical [fə'nætɪkl] fanatisch
fanaticism [fə'nætɪsɪzm] Fanatismus

fancier ['fænsɪə] Liebhaber(in), Züchter(in) *(einer Tierart, Blumenart usw.);* **pigeon-fancier** Taubenzüchter(in)

fanciful ['fænsɪfl] **1** fantasiereich **2** *Idee usw.:* fantastisch, wirklichkeitsfremd

fancy¹ ['fænsɪ] **1** *Hotel, Essen, Geschmack usw.:* fein, ausgefallen, schick; **fancy prices** gepfefferte Preise **2** *Design, Gerät usw.:* raffiniert

fancy² ['fænsɪ] *Br* **1 fancy that!** stell dir vor!, denk nur!, sieh mal einer an! **2** Lust haben auf, scharf sein auf; **I don't really fancy that job** ich bin auf diesen Job wirklich nicht scharf;

fancy a cup of tea? umg Lust auf ne Tasse Tee? ❸ **she fancies him** er hat's ihr angetan ❹ **he really fancies himself** er hält sich für den Größten

fancy³ ['fænsɪ] **I've taken a fancy to Chinese food** ich habe an chinesischem Essen Gefallen gefunden, das chinesische Essen hat es mir angetan

fancy dress [ˌfænsɪ'dres] Br (Masken)Kostüm

fang [fæŋ] ❶ von Raubtier: Reißzahn, Fangzahn ❷ von Eber: Hauer (umg auch humorvoll von Person) ❸ von Schlange: Giftzahn

fanny ['fænɪ] US, umg Po; → **bum¹** Br

fanny pack ['fænɪˌpæk] US, umg Gürteltasche; → **bumbag** Br

fantastic [fæn'tæstɪk] ❶ umg fantastisch, toll ❷ (≈ unwirklich) fantastisch

fantasy ['fæntəsɪ] (≈ Illusion) Fantasie, Hirngespinst; **pure fantasy** reine Einbildung (⚠ Fantasie als Fähigkeit = **imagination**)

fanzine ['fænziːn] Fan-Magazin

FAO [ˌefeɪ'əʊ] (abk für **for the attention of**) z. Hd.

FAQ [ˌefeɪ'kjuː] pl auch **FAQs** (abk für **frequently asked question[s]**) Internet: häufig gestellte Frage(n)

★**far** [fɑː], **farther** ['fɑːðə] oder **further** ['fɜːðə], **farthest** ['fɑːðɪst] oder **furthest** ['fɜːðɪst] ❶ räumlich: fern, weit entfernt, weit; **far away** (oder **off**) weit weg, weit entfernt; **do you live far away?** wohnst du weit weg?; **at the far end of town** am anderen Ende der Stadt ❷ zeitlich: weit; **far into the night** bis spät (oder tief) in die Nacht hinein ❸ übertragen weit; **how far has he got with the project?** wie weit ist er mit dem Projekt?; **it's far from finished** es ist noch längst nicht fertig ❹ in Wendungen: **as far as** soweit, soviel wie; **as far as I know, ...** soweit ich weiß, ...; **as far as I'm concerned ...** was mich betrifft (oder angeht), ...; **this train goes as far as Munich** dieser Zug fährt bis nach München; **so far so good** so weit, so gut; **she's by far the best** sie ist bei Weitem die Beste

★**fare** [feə] allg.: Fahrpreis, bei Flug: Flugpreis; **what's the fare?** was kostet die Fahrt (oder der Flug)?; **travel half-fare** zum halben Preis fahren; **any more fares, please?** Br noch jemand zugestiegen?; **fare dodger** Br Schwarzfahrer(in)

farewell [ˌfeə'wel] Abschieds...; **farewell party** Abschiedsparty; **farewell!** lebe wohl!, lebt wohl!

far-fetched [ˌfɑː'fetʃt] Argument usw.: weit hergeholt, an den Haaren herbeigezogen

★**farm¹** [fɑːm] Farm, Bauernhof; **farm animals** pl Tiere auf dem Bauernhof; **farm machinery** Landmaschinen

★**farm²** [fɑːm] ❶ allg.: Landwirtschaft betreiben ❷ bebauen, bewirtschaften (Land)

PHRASAL VERBS

farm out [ˌfɑːm'aʊt] Wirtschaft: vergeben (Arbeit)

★**farmer** ['fɑːmə] Bauer, Bäuerin

farmhouse ['fɑːmhaʊs] Bauernhaus

farming ['fɑːmɪŋ] ❶ Landwirtschaft, Ackerbau ❷ von Tieren: Viehzucht

farmland ['fɑːmlænd] Ackerland

farmyard ['fɑːmjɑːd] Bauernhof

far-reaching ['fɑːˌriːtʃɪŋ] Folgen usw.: weitreichend

fart¹ [fɑːt] vulgär ❶ Furz ❷ Schimpfwort: **old fart** alter Scheißer

fart² [fɑːt] vulgär furzen

farther¹ ['fɑːðə] Komparativ von → **far**

farther² ['fɑːðə] ❶ nur räumlich: weiter weg liegend, entfernter; **at the farther end** am anderen Ende ❷ **so far and no farther** bis hierher und nicht weiter

farthest¹ ['fɑːðɪst] Superlativ von → **far**

farthest² ['fɑːðɪst] nur räumlich: weitest, entferntest; **his balloon flew the farthest** sein Ballon flog am weitesten

fascia ['feɪʃə] für Handy: Oberschale

fascinate ['fæsɪneɪt] faszinieren

fascination [ˌfæsɪ'neɪʃn] Faszination

fascism ['fæʃɪzm] Faschismus

fascist¹ ['fæʃɪst] faschistisch

fascist² ['fæʃɪst] Faschist(in)

★**fashion** ['fæʃn] ❶ (≈ Zeitgeschmack) Mode; **come into fashion** in Mode kommen, modern werden; **go out of fashion** aus der Mode kommen, unmodern werden; **fashion designer** Modedesigner(in); **fashion show** Modenschau ❷ Art und Weise; **in an orderly fashion** ordnungsgemäß, diszipliniert

fashionable ['fæʃnəbl] ❶ Kleidung, Stil, Design usw.: modisch, in Mode; **be very fashionable** große Mode sein ❷ Person, deren Äußeres usw.: modisch, elegant

★**fast¹** [fɑːst] ❶ allg.: schnell; **a fast car** ein schneller Wagen; **I'm a fast reader** ich lese schnell; **we ran as fast as we could** wir rannten, so schnell wir konnten ❷ **my watch is (ten minutes) fast** meine Uhr geht (10 Minuten) vor ❸ **he's trying to pull a fast one**

on us *umg* er versucht, uns übers Ohr zu hauen

★**fast²** [fɑːst] **1** **hold on fast** sich gut festhalten **2** **be fast asleep** fest (*oder* tief) schlafen

fast³ [fɑːst] (≈ *nicht essen*) fasten

fast⁴ [fɑːst] Fasten, Fastenzeit

fasten [⚠ 'fɑːsn] **1** befestigen, festmachen (**to**, **on** an); **she fastened the badge on his coat** sie befestigte die Plakette an seinem Mantel *auch* **fasten up** schließen (*Fenster usw.*), zuknöpfen (*Jacke, Mantel usw.*); **fasten your seatbelt, please!** bitte anschnallen! **3** (*Hemd, Jacke, Tür*) sich schließen lassen; **the button won't fasten** der Knopf lässt sich nicht zumachen

fastener [⚠ 'fɑːsnə] Verschluss

fast food [ˌfɑːst'fuːd] Fast Food; **fast food restaurant** Fast-Food-Restaurant, Schnellgaststätte

fastidious [fæˈstɪdɪəs] anspruchsvoll, wählerisch (*beide* **about** in)

fast lane [ˈfɑːst ˌleɪn] **1** Überholspur **2** **live one's life in the fast lane** *umg* sein Leben auf vollen Touren genießen

★**fat¹** [fæt], fatter, fattest **1** Körperstatur: dick, fett; **get fat** dick werden **2** *umg*; Gehalt, Profit usw.: fett, satt

★**fat²** [fæt] **1** Fett **2** **now the fat is in the fire** jetzt ist der Teufel los

★**fatal** [ˈfeɪtl] **1** Krankheit, Unfall: tödlich; **he was fatally injured** er wurde tödlich verletzt **2** Fehler, Irrtum: fatal, verhängnisvoll (**to** für)

fatality [fəˈtælətɪ] **1** tödlicher Unfall **2** *bei Unfall usw.:* (Todes)Opfer

★**fate** [feɪt] Schicksal; **he met his fate** das Schicksal ereilte ihn

★**father¹** [ˈfɑːðə] **1** Vater; **I'm going to be a father** ich werde Vater; **like father like son** *Sprichwort*: der Apfel fällt nicht weit vom Stamm **2** *übertragen* Begründer **3** **Father Christmas** *Br* der Weihnachtsmann

★**father²** [ˈfɑːðə] **1** zeugen (*Kind*) **2** ins Leben rufen (*Idee, Plan, Projekt usw.*)

fatherhood [ˈfɑːðəhʊd] Vaterschaft

★**father-in-law** [ˈfɑːðərɪnlɔː] *pl* **fathers-in-law** Schwiegervater

fathom [ˈfæðəm] *auch* **fathom out** ergründen, verstehen

fatigue¹ [fəˈtiːg] Ermüdung (*auch von Material*)

fatigue² [fəˈtiːg] ermüden (*auch Material*)

fatso [ˈfætsəʊ] *pl:* **fatsos** *umg, abwertend* Dicke(r), Dickerchen

fattening [ˈfætnɪŋ] **it's fattening** es macht dick

fatty¹ [ˈfætɪ] *umg, abwertend* Dicke(r), Dickerchen

fatty² [ˈfætɪ] *Lebensmittel:* fett, fettreich

faucet [ˈfɔːsɪt] *US* Wasserhahn; → **tap** *Br*

★**fault** [fɔːlt] **1** Schuld, Verschulden; **it's my fault** es ist meine Schuld, ich bin schuld **2** **she finds fault with everything I do** sie hat an allem, was ich tue, etwas auszusetzen **3** *von Maschine:* Defekt **4** *Tennis, beim Aufschlag:* Fehler

faultfinding [ˈfɔːltˌfaɪndɪŋ] Nörgelei, Krittelei

faultless [ˈfɔːltləs] fehlerfrei, fehlerlos

faulty [ˈfɔːltɪ] **1** *Maschine usw.:* fehlerhaft, defekt **2** *Argumentation usw. auch:* falsch

★**favour¹**, *US* ★**favor** [ˈfeɪvə] **1** (≈ *vorziehen*) favorisieren, bevorzugen **2** (≈ *von Vorteil sein*) günstig sein für, begünstigen; **the new law favours the rich** das neue Gesetz begünstigt die Reichen **3** (≈ *fördern*) unterstützen, dafür sein (*Plan, Vorschlag*)

★**favour²**, *US* **favor** [ˈfeɪvə] **1** (≈ *Hilfeleistung*) Gefallen, Gefälligkeit; **ask someone a favour, ask a favour of someone** jemanden um einen Gefallen bitten; **do someone a favour** jemandem einen Gefallen tun; **do me a favour and go!** *umg* tu mir einen Gefallen und geh! **2** Gunst, Wohlwollen; **be in** (*bzw.* **out of**) **someone's favour, be in** (*bzw.* **out of**) **favour with someone** bei jemandem gut (*bzw.* schlecht) angeschrieben sein **3** **be in favour of** dafür sein (*Vorschlag usw.*); **all those in favour - raise your hands** alle, die dafür sind, Hand hoch! **4** **she resigned in favour of her son** sie trat zugunsten ihres Sohnes zurück; **an error in my favour** ein Irrtum zu meinen Gunsten

favourable, *US* **favorable** [ˈfeɪvərəbl] **1** *Bedingungen usw.:* günstig **2** *Kritik, Eindruck usw.:* positiv

★**favourite¹**, *US* **favorite** [ˈfeɪvrɪt] Lieblings...; **my favourite author** mein Lieblingsautor; **favourite food** Lieblingsgericht, Leibspeise

favourite², *US* **favorite** [ˈfeɪvrɪt] **1** *Person:* Liebling **2** *bes. Sport:* Favorit(in)

★**fax¹** [fæks] **1** Nachricht: Fax; **fax number** Faxnummer **2** *auch* **fax machine** *Gerät:* Fax

★**fax²** [fæks] faxen

faze [feɪz] *umg* aus der Fassung bringen

FBI [ˌefbiːˈaɪ] (*abk für* Federal Bureau of Investigation) FBI (*amerikanische Bundespolizei*)

★**fear¹** [fɪə] **1** Furcht, Angst; **for fear that ...** aus Furcht, dass ...; **be in fear of someone** sich vor jemandem fürchten, vor jemandem Angst haben ❷ Befürchtung, Sorge; **I didn't reply for fear of hurting her feelings** ich antwortete nicht, um sie nicht zu verletzen

★**fear**² [fɪə] ❶ fürchten, sich fürchten, Angst haben; **but what I fear most is ...** wovor ich am meisten Angst habe, ist ... ❷ (≈ *sich sorgen*) befürchten; **I fear the worst** ich befürchte das Schlimmste

fearful ['fɪəfl] ❶ **be fearful** in Sorge sein (**of**, **for** um) ❷ **be fearful of** sich fürchten vor

fearless ['fɪələs] furchtlos

feasible ['fi:zəbl] machbar, *Plan usw.*: durchführbar

feast¹ [fi:st] ❶ *bei Hochzeit usw.*: Festessen, Festmahl ❷ **a feast for the eyes** eine Augenweide ❸ *religiös*: Fest, Feiertag

feast² [fi:st] ❶ sich gütlich tun (**on** an) ❷ sich weiden (**on** an)

feat [fi:t] ❶ Kunststück, Meisterstück ❷ *in der Technik usw.*: große Leistung

★**feather** ['feðə] *von Vögeln*: Feder; **feathers** *pl* Gefieder; **feather bed** Federbett

feature¹ ['fi:tʃə] ❶ Merkmal, Charakteristikum; **this dictionary has some new features** dieses Wörterbuch weist einige neue Besonderheiten auf ❷ *Radio, TV*: Beitrag, Feature ❸ *auch* **feature film** Spielfilm, *im Kino*: Hauptfilm

feature² ['fi:tʃə] *in Ausstellung, Show, Konzert usw.*: zeigen, bringen; **an exhibition featuring the early works of Picasso** eine Ausstellung mit dem Frühwerk Picassos; **a film featuring X** ein Film mit X in der Hauptrolle

★**February** ['februəri] Februar, Ⓐ Feber; **in February** im Februar

feces ['fi:si:z] *pl US* Fäkalien, Kot; → **faeces** *Br*

fed [fed] *2. Form von* → **feed**

federal ['fedərəl] *Politik*: föderal, Bundes...; **Federal Republic of Germany** Bundesrepublik Deutschland

federalism ['fedərəlɪzm] *Politik*: Föderalismus

federation [,fedə'reɪʃn] ❶ *Politik*: Bundesstaat, Föderation, Staatenbund ❷ *Sport*: Verband

fed up [,fed'ʌp] **be fed up** *umg* es satthaben, die Nase voll haben (**with** von)

fee [fi:] ❶ *Anwalt, Arzt, Übersetzer usw.*: Honorar ❷ *Künstler usw.*: Gage ❸ *in Verein usw.*: Beitrag ❹ *für Dienstleistung*: Gebühr

feeble ['fi:bl] schwach (*auch übertragen*)

★**feed** [fi:d], **fed** [fed], **fed** [fed] ❶ füttern (*Tier, Kind usw.*) ❷ ernähren, unterhalten (*Familie usw.*) ❸ *übertragen* versorgen (**with** mit); **feed someone with information** jemanden mit Informationen versorgen; **feed something in-to a computer** etwas in einen Computer eingeben (*oder* einspeisen)

feedback ['fi:dbæk] ❶ (≈ *Reaktion*) Feedback, Rückmeldung; **how's the feedback to your suggestions?** wie ist das Feed-back auf deine Vorschläge? ❷ *in Lautsprecheranlage*: Rückkopplung

feeder road ['fi:də‿rəʊd] Zubringerstraße

★**feel** [fi:l], **felt** [felt], **felt** [felt] ❶ *allg.*: fühlen, befühlen; **feel one's way** sich tasten (**through** durch) ❷ (≈ *empfinden*) fühlen, verspüren (*Schmerz usw.*); **I feel cold** mir ist kalt ❸ sich anfühlen; **it feels like leather** es fühlt sich an wie Leder ❹ (≈ *meinen*) finden, glauben (**that** dass); **I feel it (to be) my duty** ich halte es für meine Pflicht; **how do you feel about it?** was meinst du dazu? ❺ sich fühlen; **feel ill** sich krank fühlen ❻ **do you feel like going for a walk?** hast du Lust spazieren zu gehen?; '**Can I use your phone?**' – '**Feel free.**' „Kann ich mal telefonieren?" – „Natürlich!"

──────────────── **PHRASAL VERBS** ────────────────

feel for ['fi:l‿fɔ:] ❶ tasten nach ❷ **feel for someone** mit jemandem Mitleid haben

──

feeler ['fi:lə] *von Insekten*: Fühler (*auch übertragen*); **put out feelers** seine Fühler ausstrecken

★**feeling** ['fi:lɪŋ] Gefühl; **have a feeling (that)** das Gefühl haben, dass

feet [fi:t] *pl von* → **foot**

feign [feɪn] vortäuschen (*Interesse, Krankheit usw.*); **feign death** sich tot stellen

feint [feɪnt] *Sport*: Finte (*auch übertragen*)

fell¹ [fel] *2. Form von* → **fall**²

fell² [fel] ❶ fällen (*Baum*) ❷ fällen, niederstrecken (*Gegner usw.*)

★**fellow**¹ ['feləʊ] *umg* Kerl, Typ; **old fellow** alter Knabe; **he's a funny fellow** er ist ein komischer Kauz

★**fellow**² ['feləʊ] Mit...; **fellow citizen** Mitbürger(in); **fellow countryman** Landsmann; **fellow student** Kommilitone, Kommilitonin

felt [felt] *2. und 3. Form von* → **feel**

felt-tip pen [,felt‿tɪp'pen] Filzstift, Filzschreiber

★**female**¹ ['fi:meɪl] ❶ weiblich; **female bear** Bärin ❷ Frauen...

★**female**² ['fi:meɪl] ❶ *bei Tieren*: Weibchen ❷ *frauenfeindlich*: Weib, Weibsbild

female thread [,fi:meɪl'θred] *Technik*: Innengewinde

feminine ['femənɪn] ❶ weiblich (*auch gram-*

matikalisch) **2** äußere Erscheinung: feminin (auch abwertend), weiblich

feminism ['femənɪzm] Feminismus, Frauenbewegung

feminist¹ ['femənɪst] Feminist(in), Frauenrechtler(in)

feminist² ['femənɪst] feministisch

★**fence¹** [fens] Zaun; **sit on the fence** übertragen sich neutral verhalten, unentschlossen sein

★**fence²** [fens] Sport: fechten

fencer ['fensə] Sport: Fechter(in)

fencing ['fensɪŋ] **1** Sport: Fechten **2** Zaun, Einzäunung

fend [fend] **fend for oneself** für sich selbst sorgen

PHRASAL VERBS

fend off [fend'ɒf] abwehren (Angreifer, Fragen usw.)

---

fender ['fendə] US **1** am Fahrrad: Schutzblech **2** am Auto: Kotflügel; → mudguard Br

ferment [fə'ment] **1** Chemie: gären, gären lassen, vergären **2** übertragen in Wallung bringen (Gefühle, Zorn usw.) **3** übertragen (Gefühle, Zorn usw.) gären

fermentation [ˌfɜːmen'teɪʃn] Chemie: Gärung, Gärungsprozess (auch übertragen)

ferocious [fə'rəʊʃəs] **1** Tier usw.: wild **2** Blick usw.: wild, grimmig

ferret¹ ['ferɪt] Frettchen

ferret² ['ferɪt] mst. **ferret about** (oder **around**) herumstöbern (**among** in, **for** nach)

PHRASAL VERBS

ferret out [ˌferɪt'aʊt] aufspüren, herausfinden (Wahrheit usw.)

Ferris wheel ['ferɪs‿wiːl] bes. US Riesenrad; → big wheel Br

★**ferry¹** ['ferɪ] Fähre, Fährschiff, Fährboot

★**ferry²** ['ferɪ] (mit einer Fähre) übersetzen

ferryboat ['ferɪbəʊt] Fähre, Fährboot

ferryman ['ferɪmən] pl: **ferrymen** ['ferɪmən] Fährmann

★**fertile** ['fɜːtaɪl] **1** allg.: fruchtbar **2** übertragen produktiv, schöpferisch; **a fertile imagination** eine rege Fantasie

fertility [fɜː'tɪlətɪ] Fruchtbarkeit

★**fertilize** ['fɜːtəlaɪz] **1** befruchten (Tier, Pflanze) **2** düngen (Acker)

★**fertilizer** ['fɜːtəlaɪzə] Dünger, Kunstdünger

fervent ['fɜːvənt] **1** Verehrer usw.: glühend, leidenschaftlich **2** Gebet, Verlangen usw.: inbrünstig

festival ['festɪvl] **1** Fest **2** Kulturveranstaltung: Festival, Festspiele

festive ['festɪv] **1** festlich, Fest... **2** **the festive season** die Festzeit, die Weihnachtszeit

festivity [fe'stɪvətɪ] **1** Feier; **festivities** pl Festlichkeiten pl **2** festliche Stimmung

festoon [fe'stuːn] mit Girlanden schmücken

fetch [fetʃ] **1** (herbei)holen, (her)bringen; **(go and) fetch a doctor** einen Arzt holen; **I'll fetch another glass** ich hole noch ein Glas **2** erzielen, einbringen (Preis usw.)

fetching ['fetʃɪŋ] **1** Person: bezaubernd, reizend **2** Kleid usw.: entzückend **3** Lächeln usw.: gewinnend

fetus ['fiːtəs] US Fötus; → foetus Br

★**fever** ['fiːvə] bei Krankheit: Fieber (auch übertragen); **have a fever** Fieber haben; **be in a fever (of excitement)** in fieberhafter Aufregung sein, vor Aufregung fiebern; **reach fever pitch** übertragen den Siedepunkt erreichen

feverish ['fiːvərɪʃ] **1** bei Krankheit: fieberkrank, fiebrig; **be feverish** Fieber haben; **have a feverish cold** eine fiebrige Erkältung haben **2** übertragen fieberhaft; **be feverish with excitement** vor Aufregung fiebern

★**few** [fjuː] **1** wenige; **I have few real friends** ich habe wenige echte Freunde **2** **a few** einige, ein paar; **a good few, quite a few** ziemlich viele, eine ganze Menge; **every few days** alle paar Tage

fiancé [fɪ'ɒnseɪ] der Verlobte

fiancée [fɪ'ɒnseɪ] die Verlobte

fiasco [fɪ'æskəʊ] Fiasko

fib¹ [fɪb] umg Flunkerei, Schwindelei; **tell a fib, tell fibs** flunkern

fib² [fɪb], **fibbed, fibbed** umg flunkern, schwindeln

fibber ['fɪbə] umg Flunkerer, Schwindler

★**fibre**, US ★**fiber** ['faɪbə] **1** bei Pflanzen, Kunststoff usw.: Faser **2** übertragen Charakter; **moral fibre** Charakterstärke **3** **high-fibre diet** ballaststoffreiche Ernährung

fibreglass, US **fiberglass¹** ['faɪbəɡlɑːs] Glasfaser

fibreglass, US **fiberglass²** ['faɪbəɡlɑːs] aus Glasfaser

fickle ['fɪkl] **1** Person: launisch, launenhaft **2** Wetter: unbeständig

★**fiction** ['fɪkʃn] **1** (freie) Erfindung, Fiktion; **it's pure fiction** es ist reine Erfindung **2** Literaturgattung: erzählende Literatur, Romane und Erzählungen

fictional ['fɪkʃnəl] erdichtet, erfunden

fictitious [fɪkˈtɪʃəs] (frei) erfunden
fiddle[1] [ˈfɪdl] **1** *umg; Musikinstrument:* Fiedel, Geige; **play first (second) fiddle** *übertragen* die erste (zweite) Geige spielen **2 be (as) fit as a fiddle** kerngesund sein **3 it was a fiddle** es war Schiebung
fiddle[2] [ˈfɪdl] **1** fiedeln, geigen **2** *Br, umg* frisieren *(Bilanzen)*

PHRASAL VERBS

fiddle about *oder* **around** [ˌfɪdl əˈbaʊt *oder* əˈraʊnd] herumfummeln (**with** an), spielen (**with** mit)

fiddler [ˈfɪdlə] *umg* Fiedler, Geiger
fidget[1] [ˈfɪdʒɪt] (herum)zappeln, unruhig sein; **fidget with something** mit etwas herumspielen
fidget[2] [ˈfɪdʒɪt] *umg* Zappelphilipp
fidgety [ˈfɪdʒətɪ] zappelig, nervös
★**field** [fiːld] **1** Acker, Feld; **in the field** auf dem Feld **2** *übertragen* Bereich, Fachgebiet; **in his field** auf seinem Gebiet, in seinem Fach **3** *Sport:* Spielfeld **4** *Sport:* Feld *(alle Läufer, Fahrer usw.)*
field day [ˈfiːld deɪ] **have a field day** *umg* seinen großen Tag haben
field hockey [ˈfiːld hɒkɪ] *US Sport:* (Feld)Hockey
field representative [ˈfiːld reprɪˌzentətɪv] Außendienstmitarbeiter(in)
field trip [ˈfiːld trɪp] *Schule usw.:* Exkursion
fierce [fɪəs] **1** *Tier usw.:* wild **2** *Gesichtsausdruck:* böse **3** *Wettbewerb:* scharf **4** *Angriff:* heftig
fiery [ˈfaɪərɪ] **1** brennend, glühend **2** *Temperament:* feurig, hitzig **3** *Essen:* scharf, *alkoholisches Getränk:* hochprozentig
★**fifteen**[1] [ˌfɪfˈtiːn] fünfzehn
★**fifteen**[2] [ˌfɪfˈtiːn] *Buslinie usw.:* Fünfzehn
★**fifth**[1] [fɪfθ] fünfte(r, -s)
★**fifth**[2] [fɪfθ] **1** Fünfte(r, -s); **the fifth of May** der 5. Mai **2** *Bruchteil:* Fünftel
fifthly [ˈfɪfθlɪ] fünftens
★**fiftieth** [ˈfɪftɪəθ] fünfzigste(r, -s)
★**fifty**[1] [ˈfɪftɪ] fünfzig
★**fifty**[2] [ˈfɪftɪ] Fünfzig; **he's in his fifties** er ist in den Fünfzigern; **in the fifties** in den Fünfzigerjahren *(eines Jahrhunderts)*
fifty-fifty [ˌfɪftɪˈfɪftɪ] *umg* fifty-fifty; **go fifty-fifty (with)** halbe-halbe machen (mit)
fig [fɪɡ] *Frucht:* Feige
★**fight**[1] [faɪt] **1** Kampf (**for** um, für; **against** gegen) *(auch übertragen)*; **put up a good fight** sich tapfer schlagen **2** Rauferei, Schlägerei; **have a fight** sich raufen, sich prügeln (**with** mit) **3** *mit Worten:* Streit; **have a fight with someone** mit jemandem streiten
★**fight**[2] [faɪt], **fought** [fɔːt], **fought** [fɔːt] **1** kämpfen (**for** um, für) **2** bekämpfen, kämpfen gegen *(oder* mit) *(Gegner, Krankheit usw.)* **3** *mit Fäusten:* sich raufen *(oder* sich schlagen *oder* prügeln) (**with** mit) **4** *mit Worten:* (sich) streiten (**over** *oder* **about** über); **stop fighting!** hört auf, euch zu streiten!

PHRASAL VERBS

fight back [ˌfaɪtˈbæk] unterdrücken *(Enttäuschung, Tränen usw.)*
fight off [ˌfaɪtˈɒf] abwehren *(Angriff)*

fighter [ˈfaɪtə] **1** Kämpfer **2** *Sport:* Boxer
fighting[1] [ˈfaɪtɪŋ] Kampf, Kämpfe
fighting[2] [ˈfaɪtɪŋ] Kampf...; **have a fighting chance** eine reelle Chance haben *(wenn man sich anstrengt)*; **fighting spirit** Kampfgeist
figurative [ˈfɪɡərətɪv] bildlich, übertragen
★**figure**[1] [ˈfɪɡə, *US* ˈfɪɡjər] **1** *von Person:* Figur, Gestalt; **have a good figure** eine gute Figur haben **2** *übertragen* Figur, Persönlichkeit; **an important political figure** eine wichtige Persönlichkeit des politischen Lebens **3** *1, 2, 3 usw.:* Zahl, Ziffer; **run into three figures** in die Hunderte gehen; **six-figure income** sechsstelliges Einkommen
figure[2] [ˈfɪɡə, *US* ˈfɪɡjər] **1** *bes. US, umg* meinen, glauben **2** *Person, Name:* erscheinen, vorkommen

PHRASAL VERBS

figure out [ˌfɪɡərˈaʊt, *US* ˌfɪɡjərˈaʊt] *umg* **1** begreifen, kapieren; **I can't figure him out** ich werde aus ihm nicht schlau **2** ausknobeln, rauskriegen *(Plan, Lösung eines Problems usw.)*

figure skating [ˈfɪɡəˌskeɪtɪŋ, *US* ˈfɪɡjərˌskeɪtɪŋ] *Sport:* Eiskunstlauf
filch [fɪltʃ] *umg* klauen, stibitzen
★**file**[1] [faɪl] **1** *für Akten usw.:* Ordner **2** *Schriftstück:* Akte; **keep** *(oder* **have) a file on** eine Akte führen über; **on file** bei den Akten **3** *in Computer:* Datei
★**file**[2] [faɪl] **1** *auch* **file away** ablegen, zu den Akten nehmen *(Briefe usw.)* **2** **file a complaint** Beschwerde einlegen; **file for divorce** die Scheidung einreichen; **file for bankruptcy** Konkurs anmelden
★**file**[3] [faɪl] *Werkzeug:* Feile
★**file**[4] [faɪl] feilen
filet [fəˈleɪ] *US* Filet

filing ['faɪlɪŋ] *von Akten*: Ablage; **have you done the filing?** haben Sie die Akten schon abgelegt?

filing cabinet ['faɪlɪŋˌkæbɪnət] Aktenschrank

filings ['faɪlɪŋz] *pl* Späne

filing system ['faɪlɪŋˌsɪstəm] Ablagesystem

★**fill** [fɪl] **1** *allg.*: füllen **2** plombieren (*Zahn*) **3** besetzen, bekleiden (*Posten, Amt*)

PHRASAL VERBS

★**fill in** [ˌfɪl'ɪn] **1** ausfüllen (*Formular usw.*) **2** **fill in for someone** für jemanden einspringen

★**fill out** [ˌfɪl'aʊt] ausfüllen

★**fill up** [ˌfɪl'ʌp] vollfüllen; **fill it up, please** *umg* bitte volltanken!

---

fillet ['fɪlɪt] *Br* Filet; **fillet steak** Filetsteak

filling[1] ['fɪlɪŋ] **1** Füllung, Füllmasse **2** *für Zahn*: Füllung, Plombe

filling[2] ['fɪlɪŋ] *Speise*: sättigend

★**filling station** ['fɪlɪŋˌsteɪʃn] Tankstelle

★**film**[1] [fɪlm] **1** *allg., im Kino usw.*: Film **2** hauchdünner Belag: Schicht, Film

★**film**[2] [fɪlm] **1** verfilmen (*Roman usw.*) **2** filmen (*Szene usw.*)

filter[1] ['fɪltə] **1** Filter **2** Filterzigarette

filter[2] ['fɪltə] filtern

filter tip ['fɪltə_tɪp] **1** *von Zigarette*: Filter **2** Filterzigarette

filth [fɪlθ] Schmutz, Dreck

filthy ['fɪlθɪ] **1** schmutzig, dreckig (*auch übertragen*) **2** *bes. Br, umg* ekelhaft, scheußlich; **filthy weather** Sauwetter; **filthy rich** stinkreich

fin [fɪn] **1** *von Fisch*: Flosse **2** *Sport*: Schwimmflosse; → flipper 2

★**final**[1] ['faɪnl] **1** letzte(r, -s) **2** End..., Schluss...; **final examination** Abschlussprüfung; **final whistle** *Sport*: Schlusspfiff **3** *Entscheidung*: endgültig

★**final**[2] ['faɪnl] **1** *Sport*: Finale, Endrunde, Endspiel *usw.* **2** **finals** *pl Br*; *an Universität usw.*: Abschlussprüfung

finalist ['faɪnəlɪst] *Sport*: Finalist(in)

★**finally** ['faɪnəlɪ] **1** *nach langem Warten*: endlich, schließlich **2** *zeitlich usw.*: zuletzt, zum Schluss

finance[1] ['faɪnæns] **1** Finanz(wesen) **2** **finances** *pl* Finanzen, Geld(mittel)

finance[2] [faɪ'næns] finanzieren

★**financial** [faɪ'nænʃl] finanziell, Finanz...; **financial crisis** Finanzkrise; **financial director** Leiter(in) der Finanzabteilung; **financial investment** Geldanlage; **financial resources** *pl* Geldmittel

financially [faɪ'nænʃəlɪ] finanziell; **the company is financially sound** die Finanzlage der Firma ist gesund; **financially viable** rentabel

finch [fɪntʃ] *Vogel*: Fink

★**find**[1] [faɪnd], **found** [faʊnd], **found** [faʊnd] **1** *allg.*: finden; **she was found dead** sie wurde tot aufgefunden **2** bemerken, herausfinden (*Sachverhalt, Grund usw.*); **you'll find that ...** du wirst feststellen, dass ... **3** **I find it easy** (*bzw.* **difficult**) **to ...** mir fällt es leicht (*bzw.* schwer) zu ... **4** *vor Gericht*: **find someone guilty** jemanden für schuldig befinden

---
PHRASAL VERBS

★**find out** [ˌfaɪnd'aʊt] **1** herausfinden (*Geheimnis, Wahrheit*) **2** **be found out** (*als Täter*) erwischt werden

---

find[2] [faɪnd] Fund

finding ['faɪndɪŋ] **1** *mst.* **findings** *pl* Befund **2** *juristisch*: Feststellung (*des Gerichts*), Spruch (*der Geschworenen*)

★**fine**[1] [faɪn] **1** *allg.*: gut, fein; **'How are you?' - 'Fine.'** „Wie geht's?" - „Gut." **2** *Wetter*: schön **3** *Sportler, Künstler*: großartig, ausgezeichnet **4** *Haar, Linie usw.*: fein, dünn **5** *umg, im negativen Sinn* fein, schön; **a fine friend you are!** du bist mir ein schöner Freund!

fine[2] [faɪn] Geldstrafe, Bußgeld

fine[3] [faɪn] zu einer Geldstrafe verurteilen; **he was fined £50** er musste 50 Pfund Strafe bezahlen

★**finger** ['fɪŋgə] **1** Finger; **little finger** kleiner Finger **2** *in Wendungen*: **have a** (*oder* **one's**) **finger in the pie** die Hand im Spiel haben; **keep one's fingers crossed (for someone)** (jemandem) die Daumen drücken (*oder* halten); **she didn't lift a finger** sie hat keinen Finger gerührt; **he's all fingers and thumbs** *umg* er hat zwei linke Hände; **give someone the finger** *umg, bes. US* jemandem den Stinkefinger zeigen

fingernail ['fɪŋgəneɪl] Fingernagel

fingerprint ['fɪŋgəprɪnt] Fingerabdruck; **take someone's fingerprints** von jemandem Fingerabdrücke machen

fingertip ['fɪŋgətɪp] **1** Fingerspitze **2** **have something at one's fingertips** etwas aus dem Effeff beherrschen, etwas parat haben

finicky ['fɪnɪkɪ] **1** *Person*: pingelig, wählerisch (**about** in) **2** *eine Arbeit*: knifflig

★**finish**[1] ['fɪnɪʃ] **1** beenden, aufhören mit; **finish working** *usw.* mit der Arbeit *usw.* aufhören **2** *auch* **finish off** vollenden, zu Ende führen ❸ erledigen (*Arbeit*) ❹ auslesen (*Buch usw.*) ❺ *auch* **finish off** (*oder* **up**) aufbrauchen (*Vorräte*) ❻ *bei Mahlzeit usw.:* aufessen, austrinken ❼ enden, aufhören (**with** mit); **have you finished?** bist du fertig?; **finished!** fertig!

★**finish**² [ˈfɪnɪʃ] ❶ Ende, Schluss ❷ *Sport, Endphase eines Rennens:* Endspurt, Finish ❸ *Sport, Endpunkt eines Rennens:* Ziel

★**Finland** [ˈfɪnlənd] Finnland

★**Finn** [fɪn] Finne, Finnin

★**Finnish**¹ [ˈfɪnɪʃ] finnisch

Finnish² [ˈfɪnɪʃ] *Sprache:* Finnisch

fir [fɜː] *Baum:* Tanne

★**fire**¹ [ˈfaɪə] ❶ Feuer (*auch übertragen*), Brand; **be on fire** in Flammen stehen, brennen; **catch fire** Feuer fangen, in Brand geraten; **set on fire, set fire to** anzünden, in Brand setzen; **play with fire** *übertragen* mit dem Feuer spielen ❷ *militärisch:* Feuer; **come under fire** unter Beschuss geraten (*auch übertragen*)

★**fire**² [ˈfaɪə] ❶ (ab)feuern, abgeben (*Schuss*) (**at, on** auf) ❷ *mit Schusswaffe:* feuern, schießen ❸ *umg* feuern, rausschmeißen (*Arbeitnehmer*)

fire alarm [ˈfaɪər_ə‚lɑːm] ❶ Feueralarm ❷ *Gerät:* Feuermelder

★**fire brigade** [ˈfaɪə_brɪ‚geɪd] *Br* Feuerwehr

fire department [ˈfaɪə_dɪ‚pɑːtmənt] *US* Feuerwehr; → **fire brigade** *Br*

fire engine [ˈfaɪər‚endʒɪn] Löschfahrzeug

fire escape [ˈfaɪər_ɪ‚skeɪp] Feuerleiter, Feuertreppe

fire extinguisher [ˈfaɪər_ɪk‚stɪŋwɪʃə] Feuerlöscher

fire fighter [ˈfaɪə‚faɪtə] Feuerwehrmann, Feuerwehrfrau

fireman [ˈfaɪəmən] *pl:* **firemen** [ˈfaɪəmən] Feuerwehrmann

fireplace [ˈfaɪəpleɪs] (offener) Kamin

fireproof [ˈfaɪəpruːf] feuerfest, feuersicher

fireside [ˈfaɪəsaɪd] (offener) Kamin; **by the fireside** am Kamin

fire station [ˈfaɪə‚steɪʃn] Feuerwache

firewall [ˈfaɪəwɔːl] *Computer:* Firewall

firework [ˈfaɪəwɜːk] ❶ Feuerwerkskörper ❷ **fireworks** *pl* Feuerwerk (*auch übertragen*)

★**firm**¹ [fɜːm] ❶ *allg.:* fest, stabil ❷ *von Gesinnung, Haltung:* standhaft; **stand firm** festbleiben, hart bleiben ❸ *Beweise:* sicher ❹ *Angebot:* bindend

★**firm**² [fɜːm] Firma

firmness [ˈfɜːmnəs] Festigkeit

★**first**¹ [fɜːst] ❶ erste(r, -s); **for the first time** zum ersten Mal; **first thing tomorrow** gleich morgen früh ❷ zuerst; **go first** vorangehen ❸ als erste(r, -s), an erster Stelle; **first come, first served** wer zuerst kommt, mahlt zuerst; **first of all** vor allen Dingen, zuallererst ❹ **know something at first hand** etwas aus erster Hand wissen

★**first**² [fɜːst] ❶ Erste(r, -s); **the first of May** der 1. Mai; **at first** (zu)erst, anfangs; **from the first** von Anfang an ❷ *von Kraftfahrzeug:* erster Gang; **in first** im ersten Gang ❸ *übertragen* Beste(r, -s)

first aid [‚fɜːstˈeɪd] Erste Hilfe; **give someone first aid** jemandem Erste Hilfe leisten

first-aid box [‚fɜːstˈeɪd_bɒks], **first-aid kit** [‚fɜːstˈeɪd_kɪt] Verband(s)kasten

first-aid course [‚fɜːstˈeɪd_kɔːs] Erste-Hilfe-Kurs; **go on** (*oder* **do**) **a first-aid course** einen Erste-Hilfe-Kurs machen

★**first-class** [‚fɜːstˈklɑːs] ❶ erstklassig, erstrangig ❷ *Fahrkarte usw.:* erster Klasse

★**first floor** [‚fɜːstˈflɔː] ❶ *Br* erster Stock ❷ *US* Erdgeschoss, ⓐ Erdgeschoß

first-hand [‚fɜːstˈhænd] **first-hand information** Informationen aus erster Hand

★**first language** [ˈfɜːst‚læŋgwɪdʒ] Muttersprache

firstly [ˈfɜːstlɪ] erstens

★**first name** [ˈfɜːst_neɪm] Vorname; **what's his first name?** wie heißt er mit Vornamen?

first night [‚fɜːstˈnaɪt] Premiere, Uraufführung

★**fish**¹ [fɪʃ] *pl:* **fish,** (*bes. Fischarten*) **fishes** ❶ Fisch ❷ *in Wendungen:* **drink like a fish** *umg* saufen wie ein Loch; **have other fish to fry** *umg* Wichtigeres zu tun haben; **that's a different kettle of fish** das ist etwas ganz anderes

★**fish**² [fɪʃ] fischen, angeln

fish and chips [‚fɪʃ_ənˈtʃɪps] *Br* frittiertes Fischfilet mit Pommes frites

fishbone [ˈfɪʃbəʊn] Gräte

fisherman [ˈfɪʃəmən] *pl:* **fishermen** [ˈfɪʃəmən] Fischer, Angler

fish finger [‚fɪʃˈfɪŋgə] *Br* Fischstäbchen

fishhook [ˈfɪʃhʊk] Angelhaken

fishing [ˈfɪʃɪŋ] Fischen, Angeln

fishing boat [ˈfɪʃɪŋ_bəʊt] Fischerboot

fishing line [ˈfɪʃɪŋ_laɪn] Angelschnur

fishing rod [ˈfɪʃɪŋ_rɒd] Angelrute

fishmonger [ˈfɪʃ‚mʌŋgə] *Br* Fischhändler(in)

fish stick [ˈfɪʃ_stɪk] *US* Fischstäbchen

fishy [ˈfɪʃɪ] *umg* verdächtig; **there's something fishy going on** hier ist etwas faul

★**fist** [fɪst] Faust

★**fit**¹ [fɪt], **fitter, fittest** **1** *für eine Aufgabe usw.*: geeignet, tauglich; **fit to drink** trinkbar; **that food's not fit to eat** das Essen ist ungenießbar; **fit to drive** fahrtüchtig **2** *körperlich*: fit, (gut) in Form; **keep fit** sich fit halten

★**fit**² [fɪt], **fitted, fitted**, *US auch* **fit, fit** **1** (*Kleid, Hose usw.*) passen, sitzen **2** (*Beschreibung usw.*) zutreffen auf, entsprechen **3** einbauen (*Schloss usw.*) (**into** in)

────────── PHRASAL VERBS ──────────

★**fit in** [ˌfɪt'ɪn] **1** **he just doesn't fit in at school** er passt sich der Klassengemeinschaft einfach nicht an **2** **fit someone in** *terminlich*: jemanden einschieben; **I can fit you in on Friday** am Freitag hätte ich Zeit für Sie

fit³ [fɪt] *von Kleidung*: Passform, Sitz; **be a perfect fit** genau passen, tadellos sitzen; **be a tight fit** sehr eng sein

fit⁴ [fɪt] **1** *bei Krankheit*: Anfall; **coughing fit** Hustenanfall **2** **fit of anger** *übertragen* Wutanfall; **they collapsed into fits of laughter** sie bogen sich vor Lachen

fitness ['fɪtnəs] (≈ *Kondition*) Fitness, (gute) Form; **fitness test** Fitnesstest

fitted ['fɪtɪd] **1** zugeschnitten; **fitted carpet** Teppichboden **2** **fitted kitchen** Einbauküche

fitter ['fɪtə] Monteur(in), Installateur(in), (Maschinen)schlosser(in)

fitting¹ ['fɪtɪŋ] **1** Zubehörteil **2** **fittings** *pl, von Haus usw.*: Ausstattung, Einrichtung

fitting² ['fɪtɪŋ] passend, geeignet

fitting room ['fɪtɪŋ ˌruːm] Umkleidekabine

★**five**¹ [faɪv] fünf; **five-day week** Fünftagewoche

★**five**² [faɪv] *Buslinie, Spielkarte usw.*: Fünf

fiver ['faɪvə] *umg Br* Fünfpfundschein

★**fix**¹ [fɪks] **1** *mit Schrauben, Nägeln usw.*: befestigen, festmachen, anbringen (**to** an) **2** festsetzen (*Preis, Zinssatz usw.*) (**at** auf) **3** festlegen, ausmachen (*Termin usw.*) **4** reparieren (*Radio usw.*) **5** *bes. US* zubereiten, machen (*Mahlzeit usw.*); **can I fix you a drink?** kann ich dir was zu trinken bringen? **6** **fix one's hair** sich frisieren **7** **I'll fix him!** *umg* dem werd ich's zeigen!

fix² [fɪks] *umg* **1** Klemme; **be in a fix** in der Klemme (*oder* Patsche) stecken **2** **the match was a fix** das Spiel war eine abgekartete Sache

fixed [fɪkst] **1** fest, unveränderlich; **fixed costs** fixe Kosten; **fixed star** Fixstern **2** *Blick*: starr **3** **fixed menu** (Tages)Menü

fixings ['fɪksɪŋz] *pl, US; von Speise*: Beilagen *pl*

fixture ['fɪkstʃə] **1** *mst.* **fixtures** *pl* Ausstattung, Inventar; **lighting fixtures** Beleuchtungskörper **2** *Br; Sport*: Spiel, Veranstaltung

fizz [fɪz] **1** *Getränk*: sprudeln **2** *Geräusch*: zischen

────────── PHRASAL VERBS ──────────

fizzle out [ˌfɪzl'aʊt] *umg* verpuffen, im Sand verlaufen

fizzy ['fɪzɪ] mit Kohlensäure; **fizzy drink** *Br* Limo, Brause

flabbergast ['flæbəgɑːst] *umg* verblüffen; **be flabbergasted** platt sein

flabby ['flæbɪ] *Muskeln usw.*: schlaff, *umg* wabbelig

★**flag** [flæg] **1** Fahne **2** *eines Staates*: Flagge

flagpole ['flægpəʊl], **flagstaff** ['flægstɑːf] Fahnenstange, Flaggenmast

flair [fleə] **1** Veranlagung; **have a flair for art** künstlerisch veranlagt sein **2** (≈ *besondere Ausstrahlung*) das Flair

flake¹ [fleɪk] *von Schnee, Seife*: Flocke

flake² [fleɪk] **1** *auch* **flake off** (*Farbe, Verputz*) abblättern **2** (*Haut*) sich schuppen

flaky ['fleɪkɪ] **1** flockig; **flaky pastry** Blätterteig **2** *Farbe, Putz*: bröcklig

★**flame** [fleɪm] **1** Flamme; **be in flames** in Flammen stehen **2** *Leidenschaft*: Feuer, Glut **3** **an old flame of mine** *umg* eine alte Liebe von mir

flammable ['flæməbl] *Material*: brennbar, leicht entzündlich

flan [flæn] **1** Kuchen, (Obst)Torte; **strawberry flan** Erdbeertorte **2** **cheese flan** Käsepastete, Quiche

flannel ['flænl] **1** Flanell **2** *Br* Waschlappen

flap¹ [flæp] **1** *an Tasche usw.*: Klappe **2** **be in a flap** ganz aufgeregt (*oder* in heller Aufregung) sein; **get into a flap** sich aufregen

flap² [flæp], **flapped, flapped** mit den Flügeln schlagen, flattern

flapjack ['flæpdʒæk] **1** *Br* Haferflockenschnitte **2** *US* Pfannkuchen

flare¹ [fleə] Flackern, Lichtschein

flare² [fleə] (*Feuer usw.*) lodern

────────── PHRASAL VERBS ──────────

flare up [ˌfleər'ʌp] **1** aufflammen, auflodern (*auch übertragen*) **2** (*Person*) aufbrausen

★**flash**¹ [flæʃ] **1** Aufblitzen, Aufleuchten **2** Blitzlicht **3** *bei Gewitter usw.*: **a flash of lightning** ein Blitz; **a flash of genius** (*oder* **inspiration**) *übertragen* ein Geistesblitz **4** *im*

Auto: Lichthupe; **give someone a flash** jemanden anblinken **5 news flash** Kurzmeldung

★**flash**² [flæʃ] **1** aufleuchten (*oder* aufblitzen) lassen; **flash one's headlights at someone** jemanden anblinken **2** (*Lichtquelle*) aufflammen, (auf)blitzen

flashback ['flæʃbæk] *in einem Film usw.*: Rückblende

flashbulb ['flæʃbʌlb] *von Fotoapparat*: Blitzbirne

flash drive ['flæʃdraɪv] *Computer*: USB-Stick

flasher ['flæʃə] **1** *im Auto*: Blinker **2** *umg* Exhibitionist

flashlight ['flæʃlaɪt] *US* Taschenlampe; → **torch** *Br*

flashmob ['flæʃmɒb] Flashmob

flashy ['flæʃi] *umg* **1** *Klamotten*: schrill, grell **2** *Wagen*: protzig

flask [flɑːsk] **1** Thermosflasche **2** *auch* **hip flask** Taschenflasche

★**flat**¹ [flæt] **1** *Br* Wohnung **2** *US* Reifenpanne; **we've got a flat** wir haben einen Platten

★**flat**² [flæt], flatter, flattest **1** flach, eben, platt; **flat feet** Plattfüße **2** *Reifen*: platt **3** *Batterie*: leer **4** *Getränk*: schal, abgestanden **5** *Absage usw.*: klar, glatt

flatmate ['flætmeɪt] *Br* Mitbewohner(in)

flatscreen monitor [ˌflætskriːn ˈmɒnɪtə] *Computer*: Flachbildschirm

flatscreen TV [ˌflætskriːn ˌtiːˈviː] Flachbildschirm-Fernseher

flatten ['flætn] flach (*oder* platt) drücken

flatter ['flætə] schmeicheln; **be flattered** sich geschmeichelt fühlen

flatterer ['flætərə] Schmeichler(in)

flattering ['flætərɪŋ] **1** *Foto usw.*: schmeichelhaft **2** *Kleidung, Frisur usw.*: vorteilhaft

flattery ['flætəri] Schmeichelei(en); **flattery will get you nowhere** mit Schmeicheleien kommst du bei mir nicht an!

flattop ['flættɒp] *Frisur*: Bürstenschnitt (*oben waggerecht geschnitten*)

flatware ['flætweə] *US* Besteck

flaunt [flɔːnt] protzen mit

★**flavour**¹, *US* ★**flavor** ['fleɪvə] Geschmack, Aroma; **six different flavours** sechs Geschmacksrichtungen

★**flavour**², *US* **flavor** ['fleɪvə] würzen (*auch übertragen*)

flavouring, *US* **flavoring** ['fleɪvərɪŋ] Aroma, Aromastoff

flaw [flɔː] **1** *bei Material, Ware*: Fehler, Mangel **2** *von Person*: Schwäche

flawless ['flɔːləs] **1** *Verhalten usw.*: einwandfrei, tadellos **2** *Edelstein*: lupenrein

flea [fliː] Floh

flea market ['fliːˌmɑːkɪt] Flohmarkt

fled [fled] 2. und 3. Form von → **flee**

★**flee** [fliː], **fled** [fled], **fled** [fled] fliehen, flüchten (**from** vor *oder* aus)

fleece¹ [fliːs] **1** Vlies, Schaffell **2** *auch* **fleece jacket** Fleecejacke

fleece² [fliːs] **fleece someone** *umg* jemanden ausnehmen

fleet [fliːt] **1** *Schiffe*: Flotte **2** **fleet of cars** Fuhrpark, Wagenpark

Fleet Street ['fliːt ˌstriːt] *nach der Straße, in der früher die meisten Londoner Zeitungen residierten*: die britische Presse

★**flesh** [fleʃ] **1** Fleisch (*auch übertragen, im Gegensatz zur Seele*); **my own flesh and blood** mein eigen Fleisch und Blut; **it made my flesh creep** es jagte mir eine Gänsehaut über den Rücken **2** *von Obst*: Fruchtfleisch **3** **in the flesh** in natura

flesh wound ['fleʃ ˌwuːnd] Fleischwunde

flew [fluː] 2. Form von → **fly**²

flexible ['fleksəbl] **1** *Material*: biegsam, elastisch **2** *übertragen* flexibel; **flexible working hours** gleitende Arbeitszeit; **work flexible hours** Gleitzeit arbeiten

flexitime ['fleksɪtaɪm] *Br*, **flextime** ['flekstaɪm] *US* gleitende Arbeitszeit, Gleitzeit; **be on flexitime** gleitende Arbeitszeit haben

flicker¹ ['flɪkə] **1** (*Feuer*) flackern **2** (*Fernsehbild*) flimmern

flicker² ['flɪkə] **1** *von Feuer*: Flackern **2** *von Fernsehbild*: Flimmern

flicker-free [ˌflɪkəˈfriː] *Bildschirm*: flimmerfrei

flick knife ['flɪk ˌnaɪf] *pl*: **flick knives** ['flɪkˌnaɪvz] *Br* Schnappmesser

★**flight**¹ [flaɪt] **1** Flug; **in flight** im Flug; **a direct flight to London** ein Direktflug nach London **2** **flight of stairs** Treppe

★**flight**² [flaɪt] Flucht; **put to flight** in die Flucht schlagen; **take flight** die Flucht ergreifen

flight attendant ['flaɪt əˌtendənt] Flugbegleiter(in)

flight recorder ['flaɪt rɪˌkɔːdə] Flugschreiber

flight sock ['flaɪt ˌsɒk] Flugsocke

flighty ['flaɪti] *Person*: flatterhaft, launisch

flimsy ['flɪmzi] **1** *Material, Stoff*: dünn, zart **2** *Ausrede*: fadenscheinig

flinch [flɪntʃ] **1** zurückschrecken (**from, at** vor) **2 without flinching** ohne mit der Wimper zu zucken

fling¹ [flɪŋ], **flung** [flʌŋ], **flung** [flʌŋ] werfen, schleudern (**at** nach)

PHRASAL VERBS

fling open [ˌflɪŋˈəʊpən] aufreißen (*Tür usw.*)

fling² [flɪŋ] *Beziehung:* Affäre; **have a fling with someone** eine Affäre mit jemandem haben

flip [flɪp], **flipped**, **flipped** *auch:* **flip out** *salopp* ausflippen, durchdrehen

flip chart [ˈflɪpˌtʃɑːt] Flipchart

flip-flop [ˈflɪpflɒp] Badeschlappe, Badelatsche

flippant [ˈflɪpənt] leichtfertig

flipper [ˈflɪpə] ◼ *von Seehund, Pinguin:* Flosse ◼ *von Taucher:* Schwimmflosse

flirt¹ [flɜːt] ◼ flirten ◼ *übertragen auch:* spielen, liebäugeln (**with** mit)

flirt² [flɜːt] **be a flirt** gern flirten

flirtatious [flɜːˈteɪʃəs] *Mädchen, Frau:* kokett

flit [flɪt], **flitted**, **flitted** flitzen, huschen

★**float** [fləʊt] ◼ (*Holz usw.*) auf dem Wasser schwimmen, im Wasser treiben ◼ zu Wasser bringen (*Boot*)

floating voter [ˌfləʊtɪŋˈvəʊtə] *Politik:* Wechselwähler(in)

flock¹ [flɒk] ◼ *Schafe, Ziegen usw.:* Herde ◼ *Vögel:* Schwarm

flock² [flɒk] *übertragen* in Scharen kommen

flog [flɒg], **flogged**, **flogged** ◼ *als Strafe:* auspeitschen, schlagen; **you're flogging a dead horse** *übertragen* Sie verschwenden Kraft und Zeit (*da es unmöglich zu machen ist*) ◼ *Br, umg* (≈ *verkaufen*) verscheuern

★**flood¹** [flʌd] ◼ Überschwemmung, Hochwasser; **the Flood** die Sintflut ◼ *auch* **flood tide** (↔ *Ebbe*) Flut ◼ *übertragen* Flut, Strom, Schwall; **flood of tears** Tränenstrom

★**flood²** [flʌd] ◼ überschwemmen, überfluten (*Land, Stadt usw.*); **the cellars were flooded** die Keller standen unter Wasser ◼ (*Fluss*) anschwellen, über die Ufer treten

PHRASAL VERBS

flood into [ˈflʌdˌɪntʊ] **thousands flooded into the stadium** Tausende strömten ins Stadion

flooding [ˈflʌdɪŋ] Überschwemmung

floodlight [ˈflʌdlaɪt] Flutlicht; <u>under</u> **floodlights** bei Flutlicht

★**floor¹** [flɔː] ◼ (Fuß)Boden ◼ *im Gebäude:* Stock(werk), Geschoss; **first floor** *Br* erster Stock, *US* Erdgeschoss ◼ *Politik:* Sitzungssaal, Plenarsaal; **take the floor** das Wort ergreifen

floor² [flɔː] ◼ **he floored his opponent in the first round** *umg* er schickte seinen Gegner in der ersten Runde zu Boden ◼ **the news really floored me** *umg* die Nachricht hat mich voll umgehauen

floor area [ˈflɔːˌeərɪə] Bodenfläche

floor leader [ˈflɔːˌliːdə] *US Politik:* Fraktionsführer

floor plan [ˈflɔːˌplæn] Grundriss (*eines Stockwerkes*)

flop¹ [flɒp] *umg von Theaterstück, Party usw.:* Flop, Reinfall

flop² [flɒp], **flopped**, **flopped** ◼ plumpsen, fallen ◼ (*Person*) sich plumpsen lassen ◼ *umg* (*Film, Theaterstück usw.*) durchfallen, *umg* floppen ◼ *allg.:* eine Pleite (*oder* ein Reinfall) sein

★**floppy** [ˈflɒpɪ] schlaff; **floppy hat** Schlapphut

florist [ˈflɒrɪst] Blumenhändler(in)

★**flour** [ˈflaʊə] Mehl

flourish [⚠ ˈflʌrɪʃ] ◼ (*Pflanzen*) gedeihen ◼ (*Wirtschaft usw.*) blühen, florieren

★**flow¹** [fləʊ] ◼ fließen, strömen (*auch übertragen*) ◼ **flow freely** (*Sekt usw.*) in Strömen fließen

★**flow²** [fləʊ] Fluss, Strom (*mst. übertragen*); **flow of information** Informationsfluss; **flow of traffic** Verkehrsfluss, Verkehrsstrom

★**flower¹** [ˈflaʊə] ◼ *Pflanze:* Blume ◼ *Teil der Pflanze:* Blüte; **be in flower** in Blüte stehen

★**flower²** [ˈflaʊə] ◼ blühen ◼ *übertragen* blühen, in voller Blüte stehen

flowerbed [ˈflaʊəbed] Blumenbeet

flowerpot [ˈflaʊəpɒt] Blumentopf

flowery [ˈflaʊərɪ] ◼ *Wiese:* voller Blumen ◼ *Muster:* geblümt, Blumen... ◼ *Ausdrucksstil:* blumig

flown [fləʊn] 3. Form von → **fly²**

★**flu** [fluː] (*kurz für* influenza) Grippe; **he's got (the) flu** er hat (die) Grippe; **flu vaccination** Grippeschutzimpfung

fluctuate [ˈflʌktʃʊeɪt] (*Preis, Menge usw.*) schwanken (**between** zwischen)

fluctuation [ˌflʌktʃʊˈeɪʃn] Schwankung, Fluktuation; **fluctuation in prices** *Wirtschaft:* Preisschwankung

fluent [ˈfluːənt] ◼ fließend; **speak fluent German**, **be fluent in German** fließend Deutsch sprechen ◼ *Stil usw.:* flüssig

fluff¹ [flʌf] ◼ Staubflocke, Fussel, Fusseln *pl* ◼ Flaum (*auch erster Bartwuchs*)

fluff² [flʌf] *umg* verpatzen; **fluff one's lines** sich versprechen, sich verhaspeln

PHRASAL VERBS

fluff up *oder* **out** [ˌflʌfˈʌp *oder* ˈaʊt] ◼ (*Vogel*) aufplustern (*die Federn*) ❷ aufschütteln (*Kopfkissen*)

fluffy ['flʌfɪ] flaumig, kuschelig
fluid ['fluːɪd] Flüssigkeit
flung [flʌŋ] 2. und 3. Form von → **fling**¹
flunk [flʌŋk] *US* in Fach, Prüfung: durchfallen
flurry ['flʌrɪ] ❶ **snow flurry** Schneegestöber ❷ *übertragen* Aufregung, Unruhe
flush¹ [flʌʃ] **flush (the toilet)** spülen
flush² [flʌʃ] erröten, rot werden
fluster ['flʌstə] nervös machen, durcheinanderbringen
flustered ['flʌstəd] aufgeregt, nervös, durcheinander
★**flute** [fluːt] Querflöte
flutter ['flʌtə] ❶ (*Vogel, Fahne usw.*) flattern ❷ (*Herz*) schneller schlagen
★**fly**¹ [flaɪ] *pl:* **flies** [flaɪz] ❶ *Insekt:* Fliege; **he wouldn't hurt a fly** der kann keiner Fliege etwas zuleide tun ❷ *auch* **flies** *Br* Hosenschlitz
★**fly**² [flaɪ], **flew** [fluː], **flown** [fləʊn] ❶ fliegen; **fly into Gatwick** in Gatwick landen; **fly Lufthansa** mit Lufthansa fliegen ❷ (*Zeit*) fliegen, verfliegen; **time flies** wie die Zeit vergeht!
flyer ['flaɪə] (≈ *Handzettel*) Flyer
flying¹ ['flaɪɪŋ] ❶ fliegend, Flug-...; **flying saucer** fliegende Untertasse ❷ *übertragen* kurz, flüchtig; **flying visit** Stippvisite, Blitzbesuch ❸ **get off to a flying start** *übertragen* einen glänzenden Einstand haben
flying² ['flaɪɪŋ] Fliegen
flyover ['flaɪˌəʊvə] *Br* Überführung
FM [ˌefˈem] (*abk für* frequency modulation) *beim Radio:* UKW
foal [fəʊl] (≈ *junges Pferd*) Fohlen
foam¹ [fəʊm] Schaum
foam² [fəʊm] schäumen (*auch übertragen* **with rage** vor Wut)

PHRASAL VERBS

fob off [ˌfɒbˈɒf], **fobbed off**, **fobbed off** ❶ **fob something off on someone** jemandem etwas andrehen ❷ **fob someone off** jemanden abwimmeln (**with** mit)

focus¹ ['fəʊkəs] *pl:* **focuses** ['fəʊkəsɪz] *oder* **foci** ['fəʊsaɪ] ❶ Brennpunkt ❷ *beim Fotografieren usw.:* Brennweite, Scharfeinstellung; **in focus** scharf; **out of focus** unscharf, verschwommen ❸ *übertragen* Mittelpunkt; **be the focus of attention** im Mittelpunkt des Interesses stehen
focus² ['fəʊkəs], **focused, focused** *oder* **focussed, focussed** ❶ einstellen (*Kamera*) ❷ übertragen sich konzentrieren (**on** auf)
foetus ['fiːtəs] *Br* Fötus
★**fog** [fɒg] (dichter) Nebel
★**foggy** ['fɒgɪ] ❶ neblig; **foggy day** Nebeltag ❷ *übertragen* nebelhaft; **I haven't the foggiest (idea)** *umg* ich hab keinen blassen Schimmer
foghorn ['fɒghɔːn] Nebelhorn; **he's got a voice like a foghorn** der hat vielleicht ein Organ!
fog lamp ['fɒgˌlæmp], *bes. US* **fog light** ['fɒgˌlaɪt] *am Auto:* Nebelscheinwerfer; **rear fog lamp** Nebelschlusslicht
foil¹ [fɔɪl] vereiteln (*Versuch*), durchkreuzen (*Plan usw.*); **foiled again!** schon wieder nichts!
foil² [fɔɪl] (Alu)Folie (▲ *Folie für Tageslichtprojektor* = **transparency, overhead**)
foist [fɔɪst] ❶ **foist something (off) on someone** jemandem etwas andrehen ❷ **foist oneself** (*oder* **one's company**) **on someone** sich jemandem aufdrängen
★**fold**¹ [fəʊld] ❶ falten (*Papier usw.*) ❷ *auch* **fold up** zusammenlegen (*Wäsche, Tischdecke usw.*) ❸ *auch* **fold up** zusammenklappen (*Klappbett usw.*) ❹ *auch* **fold up** *umg* (*Firma*) eingehen
★**fold**² [fəʊld] Falte
folder ['fəʊldə] ❶ *für Akten:* Mappe, Aktendeckel ❷ *Computer:* Ordner
folding ['fəʊldɪŋ] zusammenklappbar; **folding bed** Klappbett; **folding bicycle** Klapprad; **folding chair** Klappstuhl
foliage ['fəʊlɪɪdʒ] Laub, Blätter
folk [▲ fəʊk] ❶ **folks** *pl* Leute; **OK folks, let's go** O.K. Leute, gehn wir ❷ **my folks** *umg* (≈ *meine Verwandten*) meine Leute ❸ Folk--Musik
folk music [▲ ˈfəʊkˌmjuːzɪk] Folk-Musik
★**follow** ['fɒləʊ] ❶ *allg.:* folgen (*auch räumlich, zeitlich usw.*); **as follows** wie folgt; **we're being followed** wir werden verfolgt ❷ verfolgen (*Politik usw.*) ❸ befolgen (*Rat*) ❹ verstehen; **I don't quite follow (you)** ich verstehe Sie nicht ganz ❺ *bei Twitter®:* **follow somebody** jemandem folgen, jemandes Tweets abonnieren
follower ['fɒləʊə] ❶ Anhänger(in) ❷ *bei Twitter®:* Follower(in)
following¹ ['fɒləʊɪŋ] ❶ folgend; **the following day** am darauffolgenden Tag ❷ **the following** *Sache:* Folgendes; *Personen:* Folgende
following² ['fɒləʊɪŋ] nach, im Anschluss an
following³ ['fɒləʊɪŋ] Anhängerschaft, Gefolgschaft
follow-up ['fɒləʊʌp] ❶ *Film, Buch usw.:* Fortsetzung ❷ *medizinisch:* Nachbehandlung
folly ['fɒlɪ] Torheit

fond [fɒnd] **be fond of** mögen, gernhaben; **be fond of doing something** etwas gern tun

font [fɒnt] **1** *Typografie*: Schrift(art) **2** *in Kirche*: Taufbecken

★**food** [fuːd] **1** Essen, Nahrung (*auch übertragen*); **how was the food in the hotel?** wie war das Essen im Hotel? **2** Lebensmittel; **I need some food for the weekend** ich muss was zu essen fürs Wochenende einkaufen; **canned foods** Konserven

food bank ['fuːd ˌbæŋk] Tafelladen

food mixer ['fuːd ˌmɪksə] Mixer

food poisoning ['fuːd ˌpɔɪznɪŋ] *Medizin*: Lebensmittelvergiftung

food processor ['fuːd ˌprəʊsesə] Küchenmaschine

foodstuff ['fuːdstʌf] Lebensmittel

★**fool**[1] [fuːl] Dummkopf, Idiot; **make a fool of someone** jemanden veräppeln, jemanden zum Narren halten; **make a fool of oneself** sich lächerlich machen

★**fool**[2] [fuːl] *umg* hereinlegen; **you almost had me fooled** ich hab dir fast geglaubt!

―――――――――― PHRASAL VERBS ――――――――――

fool about *oder* **around** [ˌfuːl əˈbaʊt *oder* əˈraʊnd] **1** Unsinn machen, herumalbern **2** herumspielen, *umg* rummachen (**with** mit, an)

foolish ['fuːlɪʃ] dumm, töricht

foolproof ['fuːlpruːf] **1** *Plan usw.*: todsicher **2** *Gerät usw.*: idiotensicher

★**foot** [fʊt] *pl* **feet** [fiːt] **1** Fuß; **on foot**, *US auch* **by foot** zu Fuß **2** *in Wendungen*: **stand on one's own two feet** *übertragen* auf eigenen Füßen stehen; **be back on one's feet** wieder auf den Beinen sein; **put one's foot in it** ins Fettnäpfchen treten **3** ⚠ *pl auch* **foot**; *Längenmaß*: Fuß (= 0, 3048 m); **3 foot** (*oder* **feet**) **long** 3 Fuß lang; **he's 6 foot 3** ≈ er ist 1,90 m

foot-and-mouth disease [ˌfʊtənˈmaʊθ dɪˌziːz] *Tierkrankheit*: Maul- und Klauenseuche

★**football** ['fʊtbɔːl] **1** *Br* Fußball(spiel), *US* Football(spiel); **play football** *Br* Fußball spielen, *US* Football spielen **2** *der Ball*: *Br* Fußball, *US* Football

footballer ['fʊtbɔːlə] *Br* Fußballer(in)

football game ['fʊtbɔːl ˌɡeɪm] **1** *Br* Fußballspiel **2** *US* Footballspiel

football match ['fʊtbɔːl ˌmætʃ] *Br* Fußballspiel

football player ['fʊtbɔːlˌpleɪə] **1** *Br* Fußballspieler(in) **2** *US* Footballspieler(in)

football pools ['fʊtbɔːl ˌpuːlz] *pl Br*; *etwa*: Fußballtoto

footbridge ['fʊtbrɪdʒ] Fußgängerbrücke

footing ['fʊtɪŋ] **1** Stand; **lose one's footing** den Halt verlieren **2** *übertragen* Basis, Grundlage; **be on a friendly footing with someone** ein freundschaftliches Verhältnis zu jemandem haben

footnote ['fʊtnəʊt] Fußnote

footpath ['fʊtpɑːθ] *über Wiese, durch Wald usw.*: (Fuß)Pfad, (Fuß)Weg

footprint ['fʊtprɪnt] *sichtbar*: Fußabdruck

footsore ['fʊtsɔː] **be footsore** wunde Füße haben

footstep ['fʊtstep] **1** *hörbar*: Tritt, Schritt **2** **follow in someone's footsteps** *übertragen* in jemandes Fußstapfen treten

footwear ['fʊtweə] Schuhwerk

★**for** [fə, *betont*: fɔː] **1** *allg.*: für; **this is for you** das ist für dich **2** *Zweck usw.*: **what's this for?** wofür ist denn das?; **the doctor gave me some pills for my flu** der Arzt hat mir Tabletten gegen meine Grippe gegeben **3** *Begründung*: **for a number of reasons** aus verschiedenen Gründen **4** *zeitlich*: **how long have you been here for?** wie lange bist du schon da?; **we've been waiting for hours** wir warten schon seit Stunden **5** *räumlich*: **we drove for about 10 miles before reaching the motel** wir fuhren etwa 10 Meilen, bis wir das Motel erreichten **6** *förmlich, verbindet Satzteile*: denn **7** **that's for you to decide** das musst du entscheiden **8** *feste Wendungen*: **he might be dead for all I know** er könnte schon tot sein, was weiß denn ich!; **he's a bit lazy, but I like him for all that** er ist ein bisschen faul, aber ich mag ihn trotzdem; **as for you, you should be ashamed of yourself** was dich angeht, du solltest dich schämen!; **but for her we'd never have made it** wenn sie nicht gewesen wäre, hätten wir es nie geschafft; **what's for lunch?** (*bzw.* **dinner** *usw.*) was gibt's zum Mittagessen? (*bzw.* Abendessen *usw.*)

forbad(e) [fəˈbæd] 2. Form von → forbid

★**forbid** [fəˈbɪd], **forbad(e)** [⚠ fəˈbæd], **forbidden** [fəˈbɪdn] verbieten, untersagen; **I forbid you to go to the disco!** ich verbiete dir, in die Disko zu gehen!

forbidden [fəˈbɪdn] 3. Form von → forbid

★**force**[1] [fɔːs] **1** *allg.*: Stärke **2** *von Explosion*: Wucht **3** *übertragen* Kraft; **forces of nature** Naturgewalten; **join forces** sich zusammentun **4** Gewalt; **by force** gewaltsam, mit Gewalt **5** **armed forces** Streitkräfte

★**force**[2] [fɔːs] **1** *allg.*: zwingen; **you don't have to eat it – nobody's forcing you** du brauchst es nicht zu essen – niemand zwingt dich; **he was forced to resign** er musste zurücktreten, er wurde zum Rücktritt gezwungen **2** **force one's way (into)** drängen (in), sich einen Weg bahnen (in)

PHRASAL VERBS

force down [ˌfɔːsˈdaʊn] **force wages down** Löhne drücken

force up [ˌfɔːsˈʌp] hochtreiben (*Preise*)

forced [fɔːst] **1** erzwungen, Zwangs...; **forced landing** Notlandung **2** *Lächeln usw.*: gezwungen, gequält

forceful [ˈfɔːsfl] **1** *Person*: energisch, kraftvoll **2** *Rede usw.*: eindringlich **3** *Argumentation*: überzeugend

fore [fɔː] **1 to the fore** im Vordergrund **2 come to the fore** sich hervortun

forearm [ˈfɔːrɑːm] Unterarm

★**forecast**[1] [ˈfɔːkɑːst], forecast, forecast *oder* forecasted, forecasted **1** voraussagen (*Ergebnis*), vorhersehen **2** vorhersagen (*Wetter usw.*)

★**forecast**[2] [ˈfɔːkɑːst] **1** Voraussage **2** **(weather) forecast** (Wetter)Vorhersage

forefather [ˈfɔːˌfɑːðə] Ahn, Vorfahr

forefinger [ˈfɔːˌfɪŋɡə] Zeigefinger

foreground [ˈfɔːɡraʊnd] Vordergrund (*auch übertragen*)

forehand [ˈfɔːhænd] *Tennis usw.*: Vorhand, Vorhandschlag

★**forehead** [⚠ ˈfɒrɪd, ˈfɔːhed] Stirn

★**foreign** [⚠ ˈfɒrən] fremd, ausländisch, Auslands...; **foreign affairs** Außenpolitik; **foreign aid** Entwicklungshilfe; **foreign correspondent** *TV*: Auslandskorrespondent(in); **foreign currency** Devisen; **on the foreign exchanges** an den Devisenbörsen; **foreign language** Fremdsprache; **Foreign Office** *Br* Außenministerium; **foreign policy** Außenpolitik; **Foreign Secretary** *Br* Außenminister; **foreign trade** Außenhandel; **foreign worker** Migrant(in), Gastarbeiter(in)

★**foreigner** [⚠ ˈfɒrənə] Ausländer(in)

foreman [ˈfɔːmən] *pl*: foremen [ˈfɔːmən] **1** Vorarbeiter **2** *am Bau*: Polier

foresee [fɔːˈsiː], foresaw [fɔːˈsɔː], foreseen [fɔːˈsiːn] vorhersehen, voraussehen (*Ereignis usw.*)

foreseeable [fɔːˈsiːəbl] **in the foreseeable future** in absehbarer Zeit

foresight [ˈfɔːsaɪt] Weitblick; **with foresight** in weiser Voraussicht

★**forest** [ˈfɒrɪst] Wald, Forst

forester [ˈfɒrɪstə] Förster

★**forever**, *Br auch* ★**for ever** [fərˈevə] **1** für (*oder* auf) immer, (auf) ewig **2** *negativ empfunden*: ständig, (an)dauernd; **he's forever moaning** er ist ein ewiger Nörgler!

forewoman [ˈfɔːwʊmən] *pl*: forewomen [ˈfɔːwɪmɪn] **1** Vorarbeiterin **2** *am Bau*: Polierin

foreword [ˈfɔːwɜːd] Vorwort (**to** zu)

forfeit[1] [ˈfɔːfɪt] (≈ *verlieren*) einbüßen

forfeit[2] [ˈfɔːfɪt] **1** *juristisch*: Strafe, Buße **2** *beim Spiel*: Pfand; **play forfeits** ein Pfänderspiel machen

forge [fɔːdʒ] fälschen

PHRASAL VERBS

forge ahead [ˌfɔːdʒ əˈhed] sich vorankämpfen

forgery [ˈfɔːdʒəri] **1** *Bild usw.*: Fälschung **2** *das* Fälschen

★**forget** [fəˈɡet], forgot [fəˈɡɒt], forgotten [fəˈɡɒtn] **1** *allg.*: vergessen; **I forget his name** sein Name fällt mir im Moment nicht ein **2** es vergessen; '**Why didn't you call?**' – '**I forgot.**' „Warum hast du nicht angerufen?" – „Ich hab's vergessen." **3 forget about something** etwas vergessen **4 forget oneself** (≈ *die Fassung verlieren*) sich vergessen

forgetful [fəˈɡetfl] vergesslich

★**forgive** [fəˈɡɪv], forgave [fəˈɡeɪv], forgiven [fəˈɡɪvn] verzeihen, vergeben; **I forgive you** ich verzeihe dir

forgot [fəˈɡɒt] 2. Form von → forget

forgotten [fəˈɡɒtn] 3. Form von → forget

★**fork**[1] [fɔːk] **1** Gabel **2** *von Straße*: Gabelung, Abzweigung

fork-lift (truck) [ˈfɔːklɪft(ˈtrʌk)] Gabelstapler

★**form**[1] [fɔːm] **1** *allg.*: Form, Gestalt; **in the form of a cross** in Form eines Kreuzes **2** (≈ *System*) Form, Art; **form of government** Regierungsform **3** Formular, Vordruck **4** (≈ *Kondition*) Verfassung; **in form** in Form; **he's out of form, he's off form** er ist außer Form, er ist nicht in Form **5** *Br* (Schul)Klasse

★**form**[2] [fɔːm] **1** *allg.*: bilden (*auch Satz, Regierung usw.*); **the children formed a circle** die Kinder stellten sich im Kreis auf (*oder* bildeten einen Kreis) **2** sich bilden; **storm clouds formed on the horizon** am Horizont bildeten sich dicke Wolken

★**formal** [ˈfɔːml] **1** (≈ *steif*) förmlich, formell

(auch Kleidung) ❷ (≈ offiziell) formell (Entscheidung, Ankündigung usw.) ❸ (≈ Vorschriften entsprechend) formal (Ausbildung, Qualifikation)

formality [fɔːˈmælətɪ] Formalität, Formsache; **it's a mere formality** es ist (eine) reine Formsache

format[1] [ˈfɔːmæt] von Buch usw.: Format

format[2] [ˈfɔːmæt], formatted, formatted EDV: formatieren (Diskette)

★**former** [ˈfɔːmə] ❶ früher, ehemalig; **the former GDR** die ehemalige DDR; **in former times** früher, in der Vergangenheit ❷ erstere(r, -s); **the former ..., the latter ...** der erstere ..., der letztere ...

formerly [ˈfɔːməlɪ] früher, ehemals

formula [ˈfɔːmjʊlə] pl: formulas oder formulae [ˈfɔːmjʊliː] ❶ Formel; **there's no sure formula for success** es gibt kein Patentrezept für Erfolg; **all his books follow the same formula** alle seine Bücher sind nach demselben Rezept geschrieben ❷ von Salbe usw.: Rezeptur ❸ ⟨ kein pl⟩ auch **formula milk** Säuglingsmilch

forth [fɔːθ] **(and so on) and so forth** und so weiter (und so fort)

forthcoming [ˌfɔːθˈkʌmɪŋ] Ereignis: bevorstehend, kommend

★**fortieth** [ˈfɔːtɪəθ] vierzigste(r, -s)

fortitude [ˈfɔːtɪtjuːd] (innere) Kraft (oder Stärke)

★**fortnight** [ˈfɔːtnaɪt] Br vierzehn Tage; **in a fortnight** in 14 Tagen

fortnightly [ˈfɔːtnaɪtlɪ] Br alle zwei Wochen, alle 14 Tage

fortress [ˈfɔːtrəs] Festung

fortunate [ˈfɔːtʃənət] ❶ **be fortunate** Glück haben; **we're fortunate in having a large garden** wir haben das Glück, einen großen Garten zu besitzen ❷ Wahl, Zufall usw.: glücklich

★**fortunately** [ˈfɔːtʃənətlɪ] glücklicherweise, zum Glück; **fortunately for me** zu meinem Glück

fortune [ˈfɔːtʃən] ❶ Vermögen; **make a fortune** ein Vermögen verdienen ❷ **we had the good fortune to find a hotel room** wir hatten das Glück, ein Hotelzimmer zu finden ❸ **tell someone's fortune** jemandem wahrsagen

fortune teller [ˈfɔːtʃənˌtelə] Wahrsager(in)

★**forty**[1] [ˈfɔːtɪ] vierzig

★**forty**[2] [ˈfɔːtɪ] Vierzig; **be in one's forties** in den Vierzigern sein; **in the forties** in den Vierzigerjahren (eines Jahrhunderts)

★**forward**[1] [ˈfɔːwəd] nach vorn, vorwärts

★**forward**[2] [ˈfɔːwəd] Vorwärts...; **forward planning** Vorausplanung; **forward slash** Schrägstrich

★**forward**[3] [ˈfɔːwəd] Sport: Stürmer(in)

★**forward**[4] [ˈfɔːwəd] ❶ nachsenden (Brief usw.); **please forward** bitte nachsenden! ❷ befördern (Waren)

forwards [ˈfɔːwədz] nach vorn, vorwärts

foster[1] [ˈfɒstə] ❶ in Pflege haben (oder nehmen) (Kind) ❷ hegen (Plan, Gefühle usw.)

foster[2] [ˈfɒstə] Pflege...; **foster child** Pflegekind; **foster mother** Pflegemutter

fought [fɔːt] 2. und 3. Form von → fight[2]

foul[1] [faʊl] ❶ Geruch usw.: abscheulich, übel ❷ Wetter usw.: miserabel ❸ **do the police suspect foul play?** geht die Polizei von einem Gewaltverbrechen aus?

foul[2] [faʊl] Sport: Foul; **commit a foul** ein Foul begehen, (jemanden) foulen

foul[3] [faʊl] ❶ Sport: foulen (Gegner) ❷ **foul one's (own) nest** das eigene Nest beschmutzen

foul-mouthed [ˌfaʊlˈmaʊðd] unflätig

found[1] [faʊnd] ❶ gründen (Unternehmen) ❷ (≈ stiften) begründen, errichten (Schule, karitative Einrichtung usw.)

found[2] [faʊnd] 2. und 3. Form von → find[1]

foundation [faʊnˈdeɪʃn] ❶ Bauwesen: Fundament; **lay the foundation(s) of** übertragen den Grund(stock) legen zu ❷ von Schule, Glaubenslehre usw.: Gründung ❸ Institution: Stiftung ❹ übertragen Grundlage, Basis ❺ (≈ Make-up) Grundierungscreme

founder [ˈfaʊndə] Gründer(in), Stifter(in)

★**fountain** [ˈfaʊntɪn] ❶ Springbrunnen ❷ aufsteigender Wasserstrahl: Fontäne

fountain pen [ˈfaʊntɪnˌpen] Füller, Füllhalter

★**four**[1] [fɔː] vier

★**four**[2] [fɔː] ❶ Buslinie, Spielkarte usw.: Vier ❷ Rudern: Vierer

four-letter word [ˈfɔːˌletəˈwɜːd] unanständiges Wort

four star [ˈfɔːˌstɑː] Br, umg; Benzin: Super

four-star [ˈfɔːstɑː] **four-star petrol** Br Superbenzin

★**fourteen**[1] [ˌfɔːˈtiːn] vierzehn

★**fourteen**[2] [ˌfɔːˈtiːn] Buslinie usw.: Vierzehn

★**fourth**[1] [fɔːθ] vierte(r, -s)

★**fourth**[2] [fɔːθ] ❶ Vierte(r, -s) ❷ Bruchteil: Viertel

fourthly [ˈfɔːθlɪ] viertens

four-wheel drive [ˌfɔːwiːlˈdraɪv] Allradantrieb

fowl [faʊl] Geflügel

★**fox** [fɒks] **1** Fuchs **2** *übertragen, oft* **sly old fox** gerissener (*oder* verschlagener) Kerl
foxglove ['fɒksglʌv] *Blume*: Fingerhut
fox hunting ['fɒks,hʌntɪŋ] Fuchsjagd
fracking ['frækɪŋ] *Geologie*: Fracking
fraction ['frækʃn] **1** *Mathematik*: Bruch **2** Bruchteil (**△** *parlamentarische Fraktion* = **parliamentary party**)
fracture[1] ['fræktʃə] **1** *Medizin*: Bruch, *Fachbegriff*: Fraktur
fracture[2] ['fræktʃə] **he fractured his skull** er erlitt einen Schädelbruch; **she fractured a rib** sie brach sich eine Rippe
★**fragile** ['frædʒaɪl] **1** zerbrechlich (*auch übertragen*) **2** *Gesundheit*: schwach, zart **3** *Person*: gebrechlich
fragment ['frægmənt] **1** *allg.*: Bruchstück **2** *unvollendetes Kunstwerk*: Fragment
fragmentary ['frægməntərɪ] fragmentarisch, bruchstückhaft
fragrance ['freɪgrəns] Wohlgeruch, Duft
fragrant ['freɪgrənt] wohlriechend, duftend
frail [freɪl] schwach, gebrechlich
★**frame**[1] [freɪm] **1** *Bild usw. und übertragen*: Rahmen **2** *Brille usw.*: Gestell **3 frame of mind** (Gemüts)Verfassung
★**frame**[2] [freɪm] **1** (ein)rahmen (*Bild usw.*) **2 frame someone** jemandem etwas anhängen; **I've been framed!** ich bin reingelegt worden!
franc [fræŋk] **1** (französischer *usw.*) Franc **2** (Schweizer) Franken
★**France** [frɑːns] Frankreich
franchise ['fræntʃaɪz] **1** *Politik*: Wahlrecht **2** *Wirtschaft*: Konzession
Franco- [,fræŋkəʊ-] *in Zusammensetzungen* französisch, franko...
frank [fræŋk] offen, aufrichtig
frankfurter ['fræŋkfɜːtə] Frankfurter (Würstchen), Wiener (Würstchen)
frankly ['fræŋklɪ] offen; **frankly, I think he's a bore** ehrlich gesagt halte ich ihn für einen Langweiler
frankness ['fræŋknəs] Offenheit
frantic ['fræntɪk] **1** außer sich, rasend (**with** vor) **2** *Aktivität usw.*: hektisch
fraud [frɔːd] **1** *kriminelle Handlung*: Betrug **2** *umg* Betrüger(in)
fraudulent ['frɔːdjʊlənt] betrügerisch
fray [freɪ] (*Stoff usw.*) ausfransen; **frayed nerves** *pl* strapazierte Nerven
freak [friːk] **1** Missgeburt **2** *salopp; Musik, Tennis usw.*: ...freak, ...fanatiker

PHRASAL VERBS
freak out [,friːk'aʊt] *salopp, allg.*: ausflippen

freckle ['frekl] *mst.* **freckles** *pl* Sommersprosse
★**free**[1] [friː], **freer, freest 1** *allg.*: frei **2** umsonst, kostenlos, unentgeltlich; **free copy** Freiexemplar; **for free** *umg* umsonst **3** frei, ohne Verpflichtungen; **I'll be free all morning** ich bin den ganzen Vormittag verfügbar **4** *Stuhl usw.*: unbesetzt; **is this seat free?** ist dieser Platz frei? **5** (≈ *nicht wörtlich*) frei; **free translation** freie Übersetzung **6 free skating** *Sport*: Kür(laufen) **7 he's free to go** es steht ihm frei, zu gehen; **feel free to ask** fragen Sie ruhig!; **'Can I use your phone?'** – **'Feel free.'** – „Kann ich mal telefonieren?" – „Natürlich!"
★**free**[2] [friː], **freed, freed 1** freilassen (*Tier, Gefangenen*) **2** *übertragen* befreien (**of, from** von, aus)
freebie ['friːbiː] **1** Gratisgeschenk **2** Freikarte
★**freedom** ['friːdəm] **1** Freiheit; **freedom of speech** Redefreiheit; **freedom of the press** Pressefreiheit **2** Freisein (**from something** von etwas)
freefone, freephone ['friːfəʊn] *Br* gebührenfreie Telefonnummer; **call freefone 0800 1234** rufen Sie gebührenfrei die Nummer 0800 1234 an
free kick [,friː'kɪk] *beim Fußball*: Freistoß
freelance[1] ['friːlɑːns] freiberuflich tätig, freischaffend; **he's a freelance writer** er ist freier Schriftsteller; **work freelance** freiberuflich tätig sein
freelance[2] ['friːlɑːns] freiberuflich arbeiten (**for** für)
freelance[3] ['friːlɑːns], **freelancer** ['friːlɑːnsə] Freiberufler(in), Freischaffende(r), freie(r) Mitarbeiter(in)
free-range ['friːreɪndʒ] *Hühner*: frei laufend; **free-range eggs** Freilandeier
★**free time** [,friː'taɪm] Freizeit
freeware ['friːweə] *Computer*: Freeware
★**freeway** ['friːweɪ] *US* Autobahn, Schnellstraße
★**freeze**[1] [friːz], **froze** [frəʊz], **frozen** ['frəʊzn] **1** frieren; **it'll freeze tonight** heute Nacht friert es (*oder* gibt es Frost) **2 it's freezing** es ist eiskalt; **I'm freezing** mir ist eiskalt, ich friere; **a freezing cold morning** ein eiskalter Morgen **3 freeze to death** erfrieren **4** (*Wasser*) (ge)frieren, zu Eis werden **5** *auch* **freeze up** (*Türschloss usw.*) einfrieren **6** einfrieren, tiefkühlen (*Fleisch usw.*) **7** *Wirtschaft*: einfrieren (*Preise usw.*)

PHRASAL VERBS

freeze over [ˌfriːzˈəʊvə] (See usw.) zufrieren

freeze up [ˌfriːzˈʌp] (Windschutzscheibe usw.) vereisen

★**freeze²** [friːz] **1** Frost(periode) **2 wage freeze** Wirtschaft: Lohnstopp

★**freezer** [ˈfriːzə] **1** Gefriertruhe, Gefrierschrank **2** im Kühlschrank: Gefrierfach

freezer bag [ˈfriːzəˌbæg] Gefrierbeutel

freezer compartment [ˈfriːzəˌkəmˌpɑːtmənt] Gefrierfach

freezing point [ˈfriːzɪŋˌpɔɪnt] Gefrierpunkt

freight [freɪt] (⚠ nur im sg verwendet) **1** Fracht(gebühr); **freight charges** pl Frachtkosten **2** Seefahrt, Luftfahrt, Bahn: Fracht, Ladung

freight depot [⚠ ˈfreɪtˌdepəʊ] US **1** Güterbahnhof **2** Warenlager

freighter [⚠ ˈfreɪtə] **1** Frachter, Frachtschiff **2** Transportflugzeug

freight traffic [ˈfreɪtˌtræfɪk] Güterverkehr

freight train [ˈfreɪtˌtreɪn] US Güterzug

★**French¹** [frentʃ] **1** französisch **2 French kiss** Zungenkuss

★**French²** [frentʃ] Sprache: Französisch; **in French** auf Französisch

★**French³** [frentʃ] **the French** pl die Franzosen

French beans [ˌfrentʃˈbiːnz] pl, Br grüne Bohnen

French fries [ˌfrentʃˈfraɪz] pl, bes. US Pommes frites; → chip¹ 3

★**Frenchman** [ˈfrentʃmən] pl: Frenchmen [ˈfrentʃmən] Franzose

French windows [ˌfrentʃˈwɪndəʊz] pl Terrassentür, Balkontür

★**Frenchwoman** [ˈfrentʃˌwʊmən] pl: Frenchwomen [ˈfrentʃˌwɪmɪn] Französin

frenzy [ˈfrenzɪ] **1** Raserei **2 in a frenzy** in heller Aufregung

frequency [ˈfriːkwənsɪ] **1** Häufigkeit **2** Elektronik, Physik: Frequenz

★**frequent** [ˈfriːkwənt] häufig

frequently [ˈfriːkwəntlɪ] häufig, oft

★**fresh** [freʃ] **1** allg.: frisch **2 don't you get fresh with me** US, umg werd bloß nicht frech!

PHRASAL VERBS

freshen up [ˌfreʃnˈʌp] sich frisch machen

---

freshman [ˈfreʃmən] pl: freshmen [ˈfreʃmən] US **1** (≈ Student(in) im ersten Jahr) etwa: Erstsemester **2** an Highschool: Schüler(in) der 9. Klasse

freshness [ˈfreʃnəs] Frische

freshwater [ˈfreʃˌwɔːtə] Süßwasser

fret [fret] **fretted, fretted** sich Sorgen machen (**about, at, for, over** wegen)

friction [ˈfrɪkʃn] (⚠ nur im sg verwendet) **1** Technik, Physik: Reibung **2** übertragen (≈ Streit) Reibereien

★**Friday** [ˈfraɪdeɪ] Freitag

★**fridge** [frɪdʒ] Kühlschrank

★**friend** [frend] **1** Freund(in); **be friends with someone** mit jemandem befreundet sein; **make friends with someone** sich mit jemandem anfreunden **2** Bekannte(r)

friendliness [ˈfrendlɪnəs] Freundlichkeit

★**friendly¹** [ˈfrendlɪ] **1** freundlich (auch übertragen Zimmer usw.) **2** freundschaftlich; **friendly game** (oder **match**) Sport: Freundschaftsspiel **3 be friendly with someone** mit jemandem befreundet sein

★**friendly²** [ˈfrendlɪ] Br; Sport: Freundschaftsspiel

★**friendship** [ˈfrendʃɪp] Freundschaft

fries [fraɪz] pl bes. US Fritten, Pommes

fright [fraɪt] Schreck(en); **I got a fright** ich habe einen Schreck bekommen; **give someone a fright** jemandem einen Schrecken einjagen

★**frighten** [ˈfraɪtn] erschrecken; **frighten someone to death** jemanden zu Tode erschrecken

frightened [ˈfraɪtnd] **1** verängstigt **2 be frightened (of something)** Angst haben (vor etwas)

frightful [ˈfraɪtfl] schrecklich, fürchterlich

frigid [ˈfrɪdʒɪd] **1** kalt, frostig, eisig (alle auch übertragen) **2** sexuell: frigid

frigidity [frɪˈdʒɪdətɪ] **1** Kälte, Frostigkeit (beide auch übertragen) **2** sexuell: Frigidität

frill [frɪl] **1** Krause, Rüsche **2 a car with no** (oder **without the**) **frills** ein Auto ohne Extras (oder ohne Sonderausstattung oder ohne Schnickschnack)

fringe [frɪndʒ] **1** an Tuch usw.: Fransen pl **2** Br; Frisur: Pony **3** übertragen Rand

fringe benefits [ˈfrɪndʒˌbenɪfɪts] pl Gehaltsnebenleistungen, Lohnnebenleistungen (z. B. verbilligtes Mittagessen)

frisk [frɪsk] **frisk someone** jemanden filzen (oder durchsuchen)

frisky [ˈfrɪskɪ] lebhaft, munter

PHRASAL VERBS

fritter away [ˌfrɪtərəˈweɪ] vertun, vergeuden (Geld, Zeit usw.)

---

frivolous [ˈfrɪvələs] **1** Benehmen, Bemerkung: albern, leichtfertig **2** Charakter: leichtfertig,

frizz [frɪz] Krauskopf, gekräuseltes Haar
frizzy ['frɪzɪ] *Haar*: gekräuselt, kraus
fro [frəʊ] **to and fro** hin und her
frog [frɒg] **1** Frosch **2 have a frog in one's throat** einen Frosch im Hals haben
frolic ['frɒlɪk], frolicked, frolicked, *auch* **frolic about** (*oder* **around**) herumtoben, herumtollen
★**from** [frəm, *betont*: frɒm] **1** *allg.*: von; **from now on** von jetzt an **2** aus; **I come from Scotland** ich komme aus Schottland; **the train from Bristol** der Zug aus Bristol; **he took a knife from his pocket** er zog ein Messer aus der Tasche **3** ab; **T-shirts from £4.99** T-Shirts ab 4,99 Pfund **4 she suffers from headaches** sie leidet unter Kopfschmerzen **5 protect someone from something** jemanden vor etwas schützen **6 different from** anders als **7 from what he said** nach dem, was er sagte
★**front** [⚠ frʌnt] **1** *allg.*: Vorderseite, Front **2** *Gebäude*: Front, Fassade **3** *im Krieg*: Front; **on all fronts** an allen Fronten (*auch übertragen*) **4 in front of** vor; **in front of the church** vor der Kirche **5 at the front** vorne; **I hate sitting at the front** *im Klassenzimmer, Kino usw.*: ich hasse es, vorne zu sitzen **6 sit in front** *im Auto*: vorne sitzen
front door [ˌfrʌnt'dɔː] Haustür, Vordertür
front entrance [ˌfrʌnt'entrəns] Vordereingang
frontier ['frʌntɪə] Grenze (*auch übertragen*)
front light [ˌfrʌnt'laɪt] *am Fahrrad*: Vorderlicht
front page [ˌfrʌnt'peɪdʒ] erste Seite, Titelseite (*einer Zeitung usw.*)
front-page ['frʌntpeɪdʒ] *Nachrichten*: wichtig, aktuell
front-wheel drive [ˌfrʌntwiːl'draɪv] Vorderradantrieb, Frontantrieb
★**frost** [frɒst] **1** *Temperatur unter dem Gefrierpunkt*: Frost **2** *gefrorener Tau*: Reif

---
PHRASAL VERBS

frost over *oder* **up** [ˌfrɒst'əʊvə *oder* 'ʌp] (*Fenster usw.*) zufrieren

---

frostbite ['frɒstbaɪt] (⚠ *nur im sg verwendet*) *von Händen und Füßen*: Erfrierungen *pl*, Frostbeulen *pl*
frosting ['frɒstɪŋ] *US* Zuckerguss, Glasur
frosty ['frɒstɪ] eisig, frostig (*auch Empfang usw.*)
froth [frɒθ] *von Bier usw.*: Schaum
frown¹ [fraʊn] die Stirn runzeln (**at** über) (*auch übertragen*)
frown² [fraʊn] **with a frown** stirnrunzelnd

froze [frəʊz] **2.** *Form von* → freeze¹
★**frozen** ['frəʊzn] **3.** *Form von* → freeze¹
frozen food [ˌfrəʊzn'fuːd] Tiefkühlkost
fructose ['frʌktəʊz] Fruktose
frugal ['fruːgl] *Mahlzeit*: einfach, bescheiden
★**fruit** [fruːt] **1** Obst **2** Frucht; **tropical fruits** tropische Früchte **3 his efforts bore fruit** *übertragen* seine Bemühungen haben Früchte getragen
fruitcake ['fruːtkeɪk] englischer Kuchen
fruitful ['fruːtfl] *Diskussion usw.*: fruchtbar, erfolgreich
fruition [fruːˈɪʃn] **come to fruition** (*Plan, Idee usw.*) sich verwirklichen
fruitless ['fruːtləs] *Verhandlungen, Versuch usw.*: fruchtlos, erfolglos
fruit machine ['fruːt məˌʃiːn] *Br* (Geld)Spielautomat
fruit salad [ˌfruːt'sæləd] Obstsalat
fruit tree ['fruːt triː] Obstbaum
fruity ['fruːtɪ] *Geschmack*: fruchtig
frustrate [frʌ'streɪt] **1** frustrieren, entmutigen, enttäuschen (*Person*) **2** zunichtemachen (*Hoffnungen, Pläne*)
frustration [frʌ'streɪʃn] **1** Frustration **2** *von Hoffnungen, Plänen*: Zerschlagung, Scheitern
★**fry** [fraɪ], fried [fraɪd], fried [fraɪd] braten; **fried eggs** Spiegeleier; **fried potatoes** Bratkartoffeln
frying pan ['fraɪɪŋ ˌpæn] Bratpfanne
ft *abk für* → foot 3, feet
fuck [fʌk] *vulgär* ficken, vögeln; **fuck off!** verpiss dich!; **fuck! I've forgotten my mobile** Scheiße! Ich habe mein Handy vergessen
fucking ['fʌkɪŋ] *vulgär* Scheiß..., verflucht
★**fuel** ['fjuːəl] **1** *allg.*: Brennstoff, Brennmaterial; **fuel cell** Brennstoffzelle **2** *für Kraftfahrzeuge*: Treibstoff, Kraftstoff; **fuel gauge** [geɪdʒ] Benzinuhr; **fuel tank** Kraftstofftank, Treibstofftank **3 add fuel to the fire** (*oder* **flames**) *übertragen* Öl ins Feuer gießen
fugitive ['fjuːdʒətɪv] Flüchtling
fulfil, *US* **fulfill** [fʊl'fɪl], fulfilled, fulfilled **1** erfüllen (*Bedingung, Versprechen usw.*) **2** ausführen (*Befehl usw.*)
★**full**¹ [fʊl] **1** (≈ *ganz gefüllt*) voll; **full of** voll von, voller; **he's so full of himself** er ist voll von sich eingenommen **2** (≈ *vollständig*) voll, ganz; **a full hour** eine volle (*oder* geschlagene) Stunde. **3** *Figur*: füllig, vollschlank **4** *Gesicht*: voll **5** *übertragen* erfüllt (**of** von) **6 I'm full** *umg* ich bin satt **7** *Kompetenzen usw.*: voll, unbeschränkt; **have full authority to do**

something bevollmächtigt sein, etwas zu tun

★**full²** [fʊl] **in full** vollständig, ganz; **spell** (*oder* **write**) **in full** ausschreiben; **live life to the full** das Leben in vollen Zügen genießen

fullback ['fʊlbæk] *Fußball*: (Außen)Verteidiger

full-grown [ˌfʊl'grəʊn] ausgewachsen

full-length [ˌfʊl'leŋθ] ❶ *Porträt*: lebensgroß ❷ *Film*: abendfüllend

full moon [ˌfʊl'muːn] Vollmond; **at (the) full moon** bei Vollmond

full-page ['fʊlpeɪdʒ] *Artikel, Inserat usw.*: ganzseitig

full stop [ˌfʊl'stɒp] *Br; am Satzende*: Punkt

full-time [ˌfʊl'taɪm] ❶ *Arbeitsplatz*: ganztägig, Ganztags...; **full-time job** Ganztagsstelle; **full-time work** Ganztagsarbeit; **be in full-time work** in Vollzeit beschäftigt sein ❷ *Arbeiter*: ganztags angestellt ❸ **work full-time** ganztags arbeiten

fully ['fʊlɪ] voll, völlig, ganz; **fully automatic** vollautomatisch

fumble ['fʌmbl] ❶ *auch* **fumble about** (*oder* **around**) herumtasten ❷ (herum)fummeln (**at** an) ❸ **fumble in one's pockets** in seinen Taschen (herum)wühlen ❹ **fumble for words** nach Worten suchen

fume [fjuːm] *übertragen* (vor Wut) kochen

fumes [fjuːmz] *unangenehm riechend bzw. gefährlich*: Dämpfe, Abgase

★**fun** [fʌn] ❶ Spaß; **for fun** aus (*oder* zum) Spaß; **reading is fun** Lesen macht Spaß; **have fun!** viel Spaß! ❷ **in fun** im Scherz; **make fun of** sich lustig machen über

★**function¹** ['fʌŋkʃn] *allg.*: Funktion

function² ['fʌŋkʃn] ❶ *allg.*: funktionieren ❷ **function as** tätig sein (*oder* fungieren) als

functional ['fʌŋkʃnl] ❶ (≈ *funktionierend*) funktionsfähig ❷ (≈ *praktisch*) funktionell; **functional wear** Funktionskleidung

function key ['fʌŋkʃn_kiː] *auf Tastatur*: Funktionstaste

fund¹ [fʌnd] ❶ *Wirtschaft*: Fonds ❷ **funds** *pl* (Geld)Mittel *pl*; **be short of funds** knapp bei Kasse sein ❸ *übertragen* Vorrat (**of** an)

fund² [fʌnd] finanzieren

fundamental [ˌfʌndə'mentl] grundlegend, fundamental (**to** für); **fundamental research** Grundlagenforschung

★**funeral** ['fjuːnrəl] Begräbnis, Beerdigung; **that's your funeral** *umg* das ist dein Problem

funfair ['fʌnfeə] *Br* Rummelplatz

funicular [fjuː'nɪkjʊlə] *auch* **funicular railway** (Draht)Seilbahn

funnies ['fʌnɪz] *pl US, umg; in der Zeitung*: Comics *pl*

★**funny** ['fʌnɪ] ❶ komisch, lustig ❷ (≈ *schwer erklärbar*) seltsam, komisch ❸ *gesundheitlich*: unwohl; **I feel a bit funny** mir ist irgendwie komisch

★**fur** [fɜː] Pelz, Fell; **fur coat** Pelzmantel

furious ['fjʊərɪəs] ❶ wütend, zornig (**with someone** auf *oder* über jemanden; **at something** über etwas) ❷ *Kampf usw.*: wild, heftig

★**furnish** ['fɜːnɪʃ] ❶ einrichten, möblieren (*Wohnung usw.*); **furnished room** möbliertes Zimmer ❷ liefern (*Informationen usw.*)

furnishings ['fɜːnɪʃɪŋz] *pl* Einrichtung, Mobiliar

★**furniture** ['fɜːnɪtʃə] Möbel *pl*; **piece of furniture** Möbelstück

further ['fɜːðə] ❶ *zeitlich und räumlich*: weiter, weiter entfernt ❷ *übertragen* ferner, weiterhin; **further training** Fortbildung, Weiterbildung

furthermore [ˌfɜːðə'mɔː] ferner, weiterhin, Ⓐ weiters

furthermost ['fɜːðəməʊst] äußerste(r, -s)

furthest ['fɜːðɪst] ❶ *zeitlich und räumlich*: weiteste(r, -s), entfernteste(r, -s) ❷ **am weitesten** (*oder* entferntesten)

furtive ['fɜːtɪv] ❶ heimlich, *Blick auch*: verstohlen ❷ *Person*: heimlichtuerisch

fury ['fjʊərɪ] Wut, Zorn; **fly into a fury** einen Wutanfall bekommen

fuse¹ [fjuːz] ❶ *von Sprengkörper*: Zünder ❷ *in Stromkreislauf*: Sicherung; **fuse box** Sicherungskasten

fuse² [fjuːz] (*Sicherung usw.*) durchbrennen

fusion ['fjuːʒn] ❶ *von Metallen*: Schmelzen ❷ *Atomphysik*: Fusion; **nuclear fusion** Kernverschmelzung

fuss [fʌs] ❶ (unnötige) Aufregung ❷ Wirbel, Theater; **make a fuss** viel Wirbel machen (**about, over** um); **kick up a fuss** Krach schlagen

fusspot ['fʌspɒt], *US* **fussbudget** ['fʌsˌbʌdʒɪt] *umg* Kleinlichkeitskrämer(in), Pedant(in)

fussy ['fʌsɪ] ❶ eigen, wählerisch ❷ (≈ *übergenau*) kleinlich, pedantisch

fusty ['fʌstɪ] moderig, muffig

futile ['fjuːtaɪl] *Bemühungen usw.*: nutzlos, vergeblich

futility [fjuː'tɪlətɪ] Nutzlosigkeit

★**future¹** ['fjuːtʃə] ❶ Zukunft; **in (the) future** in Zukunft ❷ *Sprache*: Futur, Zukunft

★**future²** ['fjuːtʃə] ❶ (zu)künftig, Zukunfts... ❷ **future tense** *Sprache*: Futur, Zukunft

fuzz [fʌz] ❶ Flaum ❷ *US* Fusseln *pl*

fuzzy ['fʌzɪ] **1** *Haar:* kraus, wuschelig **2** *Foto usw.:* unscharf, verschwommen **3** *Beschreibung usw.:* undeutlich

G

gab [gæb] *umg* Gequassel, Gequatsche; **she's got the gift of the gab** sie ist nicht auf den Mund gefallen, *abwertend* sie redet wie ein Wasserfall

gabble ['gæbl] **1** (≈ *schnell reden*) brabbeln, schnattern **2** *auch* **gabble out** herunterleiern *(Gebet usw.)*

gable ['geɪbl] Giebel

gadget ['gædʒɪt] *umg* **1** Apparat, Gerät **2** *oft im negativen Sinn* technische Spielerei

Gaelic ['gæːlɪk, 'geɪlɪk] *Sprache:* Gälisch

gaffe [gæf] Fauxpas, taktlose Bemerkung; **make a gaffe** einen Fauxpas begehen, *umg* ins Fettnäpfchen treten

gag¹ [gæg], **gagged**, **gagged 1** knebeln *(auch übertragen)* **2** *übertragen* mundtot machen

gag² [gæg] **1** Knebel *(auch übertragen)* **2** *umg* (≈ *Scherz*) Gag

gaga ['gɑːgɑː] *umg* **1** plemplem, übergeschnappt **2** *älterer Mensch:* verblödet, verkalkt

gage [geɪdʒ] *US* → **gauge¹**, **gauge²**

gain¹ [geɪn] **1** gewinnen *(Zeit, Vertrauen usw.)*; **gain ground** *übertragen* an Boden gewinnen **2** erwerben *(Vermögen)* **3** **gain experience** Erfahrungen sammeln **4** **gain speed** schneller werden; **gain weight** zunehmen; **he gained 10 pounds** er nahm 10 Pfund zu **5** *(Uhr)* vorgehen

gain² [geɪn] **1** Gewinn; **be to someone's gain** für jemanden von Vorteil sein **2** Zunahme (**in** an); **gain in weight** Gewichtszunahme

gainful ['geɪnfl] **be in gainful employment** erwerbstätig sein

gal [gæl] *bes. US, umg* Mädchen

gala ['gɑːlə] **1** großes Fest, Festlichkeit **2** *in Theater, Oper usw.:* Galaveranstaltung **3** *Br* Sportfest; **swimming gala** Schwimmfest

galaxy ['gæləksɪ] Galaxis; **the Galaxy** die Milchstraße

gale [geɪl] **1** Sturm; **gale force 7** Sturmstärke 7 **2** **gales of laughter** stürmisches Gelächter

gall bladder ['gɔːlˌblædə] Gallenblase

★**gallery** ['gælərɪ] **1** *für Kunstwerke:* Galerie **2** *Architektur:* Galerie **3** *in Kirche:* Empore **4** *in Theater:* Galerie *(auch Publikum)*; **play to the gallery** übertragen für die Galerie spielen

galley ['gælɪ] **1** *Schiff:* Galeere **2** (≈ *Schiffsküche*) Kombüse

★**gallon** ['gælən] *Maßeinheit:* die Gallone *(GB: 4,55l, USA: 3,79l)*

gallop¹ ['gæləp] galoppieren, (im) Galopp reiten; **galloping inflation** galoppierende Inflation

gallop² ['gæləp] Galopp; **at a gallop** im Galopp, *übertragen, umg* hastig

gallows ['gæləʊz] Galgen

gallstone ['gɔːlstəʊn] Gallenstein

galvanize ['gælvənaɪz] **1** elektrisieren **2** *übertragen* **galvanize someone into doing something** jemandem einen Stoß geben, etwas sofort zu tun

★**gamble¹** ['gæmbl] (um Geld) spielen; **gamble with something** *übertragen* etwas aufs Spiel setzen

gamble² ['gæmbl] *übertragen* Hasardspiel, Risiko

gambler ['gæmblə] **1** (Glücks)Spieler(in) **2** *übertragen* Hasardeur

gambol ['gæmbl] **gambolled**, **gambolled**, *US mst.* **gamboled**, **gamboled** (herum)hüpfen, Luftsprünge machen

★**game¹** [geɪm] **1** *allg.:* Spiel; **play the game** *übertragen* sich an die Spielregeln halten **2** **a game of chess** eine Partie Schach **3** *übertragen* Spiel, Plan; **the game's up** das Spiel ist aus; **beat someone at his own game** jemanden mit seinen eigenen Waffen schlagen **4** *umg* Branche; **be in the advertising game** in Werbung machen **5** *Br* **games** *pl* an der Schule: Sport; **games teacher** Sportlehrer(in) **6** (⚠ *nur im sg*) Wild(bret); **big game** Großwild

game² [geɪm] **be game to do something** bereit *(oder* entschlossen) sein, etwas zu tun; **are you game?** machst du mit?

game show ['geɪm ˌʃəʊ] *im Fernsehen:* Spielshow, Gameshow

gammon ['gæmən] Räucherschinken

gang [gæŋ] **1** *von Kriminellen:* Gang, Bande **2** *Freundeskreis:* Clique

PHRASAL VERBS

gang up [ˌgæŋˈʌp] *im negativen Sinn* sich zusammenrotten; **gang up against** *(oder* **on)** sich verbünden *(oder* verschwören) gegen

gangster ['gæŋstə] Gangster, Verbrecher

gangway ['gæŋweɪ] **1** *Schifffahrt:* Landungsbrücke, *die* Gangway **2** *Br; zwischen zwei Sitzreihen:* Gang

gaol [⚠ dʒeɪl] *Br* Gefängnis; → **jail¹**, **jail²**

gap [gæp] Lücke (*auch übertragen*)
gape [geɪp] **1** *vor Erstaunen usw.*: den Mund aufreißen **2** gaffen, glotzen; **gape at someone** jemanden angaffen (*oder* anglotzen) **3** (*Wunde*) klaffen
gaping ['geɪpɪŋ] **1** *Personen*: gaffend, glotzend **2** *Wunde*: klaffend **3** *Abgrund*: gähnend
gap year ['gæp ˌjɪə] *Br*; Jahr zwischen Schulabschluss und Universität, das mst. zu Auslandsaufenthalten genutzt wird
★**garage** ['gærɑːʒ] **1** *zum Parken*: Garage **2** *für Reparaturen*: Werkstatt **3** *Br*; *zum Tanken*: Tankstelle
garbage ['gɑːbɪdʒ] **1** *US* Abfall, Müll; → rubbish *Br* **2** *umg, übertragen* Blödsinn, Unfug
garbage can ['gɑːbɪdʒ ˌkæn] *US* **1** *im Haus*: Abfalleimer, Mülleimer; → rubbish bin *Br* **2** *vor dem Haus*: Abfalltonne, Mülltonne; → dustbin *Br*
garbage collection ['gɑːbɪdʒ kəˌlekʃn] *US* Müllabfuhr
garbage dump ['gɑːbɪdʒ ˌdʌmp] *US* Mülldeponie
garbage truck ['gɑːbɪdʒ ˌtrʌk] *US* Müllwagen; → dustbin lorry *Br*
★**garden¹** ['gɑːdn] **1** Garten **2** *oft* **gardens** *pl* Park, Gartenanlagen; **botanical gardens** botanischer Garten; **zoological gardens** Tierpark
★**garden²** ['gɑːdn] im Garten arbeiten
gardener ['gɑːdnə] Gärtner(in)
gardening ['gɑːdnɪŋ] Gartenarbeit
garden party ['gɑːdnˌpɑːti] mst. förmlich Gartenfest, Gartenparty
gargle ['gɑːgl] gurgeln (**with** mit)
garish ['geərɪʃ] *Licht, Farben*: grell
garlic ['gɑːlɪk] Knoblauch
garment ['gɑːmənt] Kleidungsstück
garnish¹ ['gɑːnɪʃ] garnieren (*Braten usw.*)
garnish² ['gɑːnɪʃ] *von Braten usw.*: Garnierung, Garnitur
garrulous ['gærələs] geschwätzig
★**gas¹** [gæs] *pl*: gases *oder* gasses **1** Gas **2** *US* Benzin
★**gas²** [gæs], gassed, gassed vergasen; **be gassed** vergast werden, eine Gasvergiftung erleiden
gasbag ['gæsbæg] *umg* Quatscher(in)
gas cooker ['gæsˌkʊkə] *Br* Gasherd
gash¹ [gæʃ] **1** klaffende Wunde **2** tiefer Riss (*oder* Schnitt)
gash² [gæʃ] **gash one's knee** *usw.* sich das Knie *usw.* aufschlagen
gas heating ['gæsˌhiːtɪŋ] Gasheizung
gas meter ['gæsˌmiːtə] Gasuhr, Gaszähler
gasoline ['gæsəliːn] *US* Benzin
gasp¹ [gɑːsp] **1** keuchen, schwer atmen; **gasp for breath** nach Luft schnappen **2** (keuchend) hervorstoßen (*Worte*)
gasp² [gɑːsp] Keuchen; **she gave a gasp of surprise** es verschlug ihr den Atem
gas pedal ['gæsˌpedl] *US* Gaspedal; → accelerator *Br*
gas station ['gæsˌsteɪʃn] *US* Tankstelle
★**gate** [geɪt] **1** Tor, *von Gartenzaun auch*: Pforte **2** *in Bahnhöfen*: Sperre **3** *in Flughäfen*: Flugsteig **4** *Sport*: Zuschauerzahl **5** *auch*: **gate money** Einnahmen
★**gateau** ['gætəʊ] *pl*: gateaux *bes. Br* Sahnetorte
gatecrash ['geɪtkræʃ] *umg* uneingeladen kommen (**zu**) (*jemandes Party usw.*)
gatecrasher ['geɪtˌkræʃə] uneingeladener Gast
gather ['gæðə] **1** sammeln (*Erfahrungen, Informationen*) **2** (*Menschenmenge*) sich versammeln (*oder* scharen) (**round someone** um jemanden) **3** einbringen (*Ernte*) **4** pflücken (*Blumen*) **5** *übertragen* folgern, schließen; **as far as I can gather** soweit ich weiß **6** **gather dust** verstauben; **gather speed** schneller werden
★**gathering** ['gæðərɪŋ] Versammlung, Zusammenkunft
gaudy ['gɔːdi] **1** auffällig bunt **2** *Farben*: grell
gauge¹ [⚠ geɪdʒ] **1** Messgerät **2** Eichmaß **3** *übertragen* Maßstab, Norm
gauge² [⚠ geɪdʒ] **1** *mit einem Messgerät*: messen **2** eichen (*Messgerät*) **3** einschätzen, beurteilen (*Fähigkeiten usw.*)
gaunt [gɔːnt] **1** hager **2** ausgemergelt (*durch Krankheit usw.*)
gauze [gɔːz] **1** *Material*: Gaze **2** *für Wunden*: Verbandsmull; **gauze bandage** Mullbinde
gave [geɪv] *2. Form von* → give
gawk [gɔːk] glotzen
★**gay¹** [geɪ] **1** (≈ *homosexuell*) schwul **2** *heute selten*: lustig, fröhlich **3** *selten*; *Farben usw.*: leuchtend, bunt
★**gay²** [geɪ] Schwuler
gaze¹ [geɪz] starren; **gaze at** anstarren
gaze² [geɪz] starrer Blick
gazette [gə'zet] *Br* Amtsblatt, Staatsanzeiger
GB [ˌdʒiːˈbiː] **1** *abk für* → Great Britain **2** *abk für* → gigabyte
GCSE [ˌdʒiːsiːesˈiː] (*abk für* General Certificate of Secondary Education) *Br; etwa*: mittlere Reife; → A levels, sixth form

GDP [ˌdʒiːdiːˈpiː] (*abk für* Gross Domestic Product) BIP (*Bruttoinlandsprodukt*)

gear [gɪə] **1** *bei Kraftfahrzeugen:* Gang; **change gear** (*oder* **gears**) schalten; **change into second gear** den zweiten Gang einlegen, in den zweiten Gang schalten **2 gears** *auch* Getriebe, Gangschaltung **3** *für bestimmte Tätigkeiten:* Ausrüstung **4** *umg* Klamotten

gearbox [ˈgɪəbɒks] Getriebe

gear lever [ˈgɪəˌliːvə] *Br* Gangschaltung, Schalthebel

gear shift [ˈgɪəʃɪft] *US* Gangschaltung, Schalthebel

gear stick [ˈgɪəˌstɪk] *Br* Gangschaltung, Schalthebel

gee [dʒiː] *US, umg* Ausruf des Erstaunens: na so was!, Mann!

geese [giːs] *pl von* → goose

gem [dʒem] **1** Edelstein **2** *übertragen* Perle, Juwel (*beide auch Person*)

Gemini [ˈdʒemɪnaɪ] *pl* (*mst. im sg verwendet*); *Sternbild:* Zwillinge *pl;* **I'm (a) Gemini** ich bin Zwilling

gender [ˈdʒendə] *Sprache:* Genus, Geschlecht; **what gender is this word?** welches Geschlecht hat dieses Wort?

gender-neutral [ˌdʒendəˈnjuːtrəl] geschlechtsneutral

gene [dʒiːn] Gen, Erbfaktor

gene bank [ˈdʒiːnˌbæŋk] Genbank

★**general**[1] [ˈdʒenrəl] **1** allgemein, üblich; **as a general rule** im Allgemeinen, üblicherweise; **in general** im Allgemeinen, meistens **2** (≈ *allumfassend*) allgemein, generell; **general education** Allgemeinbildung; **the general public** die breite Öffentlichkeit **3** (≈ *nicht spezialisiert*) allgemein; **the general reader** der Durchschnittsleser **4** (≈ *nicht präzise*) allgemein gehalten, ungefähr; **a general idea** eine ungefähre Vorstellung **5** *bei Titeln auch:* Haupt..., General...; **general manager** Generaldirektor

★**general**[2] [ˈdʒenrəl] Offizier: General

general election [ˌdʒenrəlɪˈlekʃn] Parlamentswahl (*im gesamten Land*)

generalize [ˈdʒenrəlaɪz] verallgemeinern

★**generally** [ˈdʒenrəlɪ] *auch* **generally speaking** im Allgemeinen, allgemein

general practitioner [ˌdʒenrəlˌprækˈtɪʃnə] (*abk* GP) Arzt *bzw.* Ärztin für Allgemeinmedizin, Hausarzt *bzw.* Hausärztin

general strike [ˌdʒenrəlˈstraɪk] Generalstreik

generate [ˈdʒenəreɪt] **1** erzeugen (*Energie*) **2** *übertragen* bewirken, verursachen

generation [ˌdʒenəˈreɪʃn] **1** *allg.:* Generation; **generation gap** Generationskonflikt **2** *von Energie usw.:* Erzeugung

generator [ˈdʒenəreɪtə] Generator

generic [dʒɪˈnerɪk] artmäßig; **generic name** (*oder* **term**) Oberbegriff; **generic brand** Hausmarke

generosity [ˌdʒenəˈrɒsətɪ] Großzügigkeit, Freigebigkeit

★**generous** [ˈdʒenrəs] **1** *Person:* großzügig, freigebig **2** *Mahlzeit, Geldmittel usw.:* reichlich, üppig

genesis [ˈdʒenəsɪs] **1** *förmlich* Entstehung, Ursprung **2 Genesis** (≈ *1. Buch Mose*) die Schöpfungsgeschichte

genetic [dʒəˈnetɪk] genetisch; **genetic code** genetischer Code; **genetic engineering** Gentechnologie; **genetic fingerprint** genetischer Fingerabdruck

genetically-modified [dʒəˌnetɪklɪˈmɒdɪfaɪd] genmanipuliert

genetics [dʒəˈnetɪks] *pl* (▲ *im sg verwendet*) Genetik, Vererbungslehre

Geneva [dʒəˈniːvə] Genf

genial [ˈdʒiːnɪəl] *Person, Lächeln usw.:* freundlich (▲ **genial** = **ingenious**)

geniality [ˌdʒiːnɪˈælɪtɪ] Freundlichkeit (▲ *Genialität* = **genius, ingenuity**)

genitals [ˈdʒenɪtlz] *pl* Genitalien

genitive [ˈdʒenətɪv] *auch* **genitive case** *Sprache:* Genitiv, zweiter Fall

genius [ˈdʒiːnɪəs] **1** *Person, Begabung:* Genie **2** Begabung: Genialität

genocide [ˈdʒenəsaɪd] Völkermord

genome [ˈdʒiːnəʊm] *Biologie:* Genom

genre [ˈʒɒnrə] *in der Kunst, Literatur usw.:* Genre, Gattung

gent [dʒent] **1** *bes. Br, umg oder humorvoll für* → gentleman; **gents' hairdresser** Herrenfriseur **2 gents** *pl* (*im sg verwendet*) *Br, umg* Herrenklo

gentle [ˈdʒentl] **1** *Berührung usw.:* sanft, zart, behutsam **2** *Person, Verhalten:* freundlich, liebenswürdig **3** *Brise, Klaps usw.:* leicht

★**gentleman** [ˈdʒentlmən] *pl:* **gentlemen** [ˈdʒentlmən] **1** Gentleman, Ehrenmann **2** Herr; **Gentlemen!** *Anrede:* meine Herren!, Sehr geehrte Herren (*in Briefen*)

genuine [ˈdʒenjʊɪn] **1** *Kunstwerk:* echt, authentisch **2** *Person, Mitgefühl, Freude:* aufrichtig

★**geography** [dʒɪˈɒɡrəfɪ] Geografie, Erdkunde

geology [dʒɪˈɒlədʒɪ] Geologie

geometry [dʒɪˈɒmətrɪ] Geometrie; **geometry set** Zirkelkasten mit Zeichengarnitur

germ [dʒɜːm] *Medizin*: Bazillus, (Krankheits)Erreger, Keim (*auch übertragen*)

★**German¹** [ˈdʒɜːmən] deutsch; **I'm German** ich bin Deutsche(r); **German studies** *pl* Germanistik; **German measles** (▲ *nur im sg verwendet*) Röteln; **German shepherd** (Deutscher) Schäferhund

★**German²** [ˈdʒɜːmən] *Sprache*: Deutsch; **in German** auf Deutsch

★**German³** [ˈdʒɜːmən] *Person*: Deutsche(r)

German-speaking [ˈdʒɜːmənˌspiːkɪŋ] *Person, Land*: deutschsprachig

★**Germany** [ˈdʒɜːmənɪ] Deutschland

gesture [ˈdʒestʃə] Geste (*auch übertragen*)

★**get** [get], got [gɒt], got [gɒt] *oder US* gotten [ˈgɒtn]; *-ing-Form* getting **1** *allg.*: bekommen (*auch Krankheit*), kriegen, erhalten **2** holen, besorgen; **I'll get you a taxi** ich rufe dir ein Taxi; **can I get you a drink?** möchtest du etwas zu trinken? **3** *zu einem Ort*: kommen, gelangen; **we got home very late** wir kamen sehr spät nach Hause **4** erwerben, sich aneignen (*Geld, Reichtum, Wissen*) **5** werden; **I'm getting old** ich werde alt; **they got caught** sie wurden geschnappt **6** **get married** heiraten; **get married to someone** jemanden heiraten **7** **get ready** sich fertig machen; **get something ready** etwas fertig machen **8** **get one's hair cut** sich die Haare schneiden lassen **9** **get something going** in Gang bringen (*Maschine, Verhandlungen usw.*) **10** **have got** haben; **have you got a light?** hast du mal Feuer? **11** **have got to** müssen; **I've got to go** ich muss gehen **12** *umg* kapieren, (*auch akustisch*) verstehen; **got it?** *umg* kapiert?; **don't get me wrong** versteh mich nicht falsch **13** **get to know** kennenlernen **14** **get lost** sich verirren, sich verlaufen **15** **get lost!** verschwinde(t)!

───────── **PHRASAL VERBS** ─────────

get across [ˌgetəˈkrɒs] **1** *über Straße, Grenze usw.*: hinüberkommen **2** überqueren (*Straße, Grenze usw.*) **3** *umg* (*Idee, Gedanke*) rüberkommen **4** *umg* rüberbringen (*Idee, Gedanke*)

★**get along** [ˌgetəˈlɒŋ] **1** *mit Arbeit usw.*: vorankommen; **get along well** Fortschritte machen **2** *mit Person*: auskommen, sich vertragen (**with** mit); **I just don't get along with the new teacher** ich komme mit dem neuen Lehrer einfach nicht klar

get at [ˈgetˌæt] **1** herankommen an **2** **what are you getting at?** worauf willst du hinaus?

get away with [ˌgetəˈweɪˌwɪð] (ungestraft) davonkommen mit; **you won't get away with that** damit kommst du nicht durch

★**get back** [ˌgetˈbæk] **1** zurückbekommen (*Besitz usw.*) **2** zurückkommen; **when did you get back?** seit wann bist du wieder zurück?; **I'll have to get back to you about that** darauf komme ich später zurück, das kann ich dir erst später beantworten **3** zurücktreten; **get back! you're too close to the edge** komm zurück, du bist zu nahe am Abgrund

get by [ˌgetˈbaɪ] **1** vorbeikommen **2** durchkommen, zurechtkommen

get down [ˌgetˈdaʊn] **1** *von Leiter, Baum usw.*: herunterkommen **2** heruntersteigen von (*Treppe, Leiter usw.*) **3** runterkriegen (*Essen, Tabletten usw.*) **4** notieren (*Bemerkung, Äußerung*); **get down every word he says** schreib alles auf, was er sagt **5** *umg* (≈ *deprimieren*) fertigmachen; **this continual noise is getting me down** dieser ständige Lärm macht mich fertig

★**get in** [ˌgetˈɪn] **1** heimkommen; **we didn't get in until 11 o'clock** wir kamen nicht vor 11 Uhr nach Hause **2** einreichen (*Antrag, Bewerbung usw.*); **can you get the essay in by Friday?** kannst du den Aufsatz bis Freitag abgeben?

get into [ˈgetˌɪntʊ] **1** *in Auto usw.*: einsteigen in **2** hineinbekommen, reinkriegen; **I can't get all my stuff into that case** ich krieg mein ganzes Zeug nicht in den Koffer **3** geraten in (*Zorn, Wut, Panik usw.*) **4** **he always gets himself into trouble** er bringt sich ständig in Schwierigkeiten; **you got us into that!** du hast uns das eingebrockt!

★**get off** [ˌgetˈɒf] **1** aussteigen aus (*Bus, Zug*) **2** absteigen von (*Pferd, Fahrrad*) **3** *zu einer Reise usw.*: aufbrechen; **we should get off before six** wir sollten vor sechs aufbrechen **4** **get a week off** eine Woche freibekommen

get off with [ˌgetˈɒfˌwɪð] **get off with someone** *umg*; *sexuell*: jemanden aufreißen, jemanden bumsen

★**get on** [ˌgetˈɒn] **1** einsteigen (in) (*Bus, Zug*) **2** aufsteigen (auf) (*Pferd, Fahrrad*) **3** vorwärtskommen, vorankommen; **how's the project getting on?** wie geht's mit dem Projekt voran? **4** *mit Person*: auskommen, sich vertragen (**with** mit)

★**get out** [ˌgetˈaʊt] **1** herauskommen, aussteigen; **the door's locked and I can't get out** die Tür ist verriegelt, und ich komm nicht raus! **2** hinausgehen; **get out!** raus! **3** herausbringen (*Bericht, Buch*)

get out of [ˌget'aʊt_əv] **1** verlassen (*Zimmer, Haus*) **2 you'd better get that out of your head** schlag dir das lieber aus dem Kopf! **3 what do you get out of smoking?** was hast du vom Rauchen?

get round to [ˌget'raʊnd_tʊ] **as soon as I get round to it I'll phone him** sobald ich dazu komme, rufe ich ihn an; **I simply don't get round to writing letters these days** ich komme zurzeit einfach nicht zum Briefeschreiben

get together [ˌget_tə'geðə] *mit anderen Menschen*: zusammenkommen, sich treffen (**with** mit)

★**get up** [ˌget'ʌp] **1** *aus dem Bett, von einem Stuhl*: aufstehen; **I get up at 6 o'clock** ich stehe um 6 Uhr auf **2** hinaufsteigen (*Treppe, Leiter usw.*)

getaway ['getəweɪ] **1** Flucht; **getaway car** Fluchtauto **2** Trip, Ausflug

get-together ['get_tə,geðə] *umg* Zusammenkunft, gemütliches Beisammensein; **have a get-together** sich treffen, zusammenkommen

ghastly ['gɑːstlɪ] *allg*.: scheußlich, schauderhaft (*auch übertragen, Wetter usw.*)

gherkin ['gɜːkɪn] Gewürzgurke, Essiggurke (⚠ *Salatgurke* = **cucumber**)

ghetto ['getəʊ] *pl*: **ghettos** *oder* **ghettoes** ['getəʊz] Getto

★**ghost** [gəʊst] **1** Geist, Gespenst **2 give up the ghost** (≈ *sterben*) den Geist aufgeben (*auch umg von Auto, Maschine usw.*)

ghost train ['gəʊst_treɪn] *Br* Geisterbahn; **go on the ghost train** Geisterbahn fahren

giant¹ ['dʒaɪənt] Riese

giant² ['dʒaɪənt] riesig, *umg* Riesen...

giant slalom [ˌdʒaɪənt'slɑːləm] *Skisport*: Riesenslalom

giddiness [⚠ 'gɪdɪnəs] **1** *körperlich*: Schwindel, Schwindelgefühl **2** (≈ *Übermut*) Leichtsinn

giddy [⚠ 'gɪdɪ] **I feel giddy** mir ist schwindlig

★**gift**¹ [gɪft] **1** *allg*.: Geschenk; **the exam was a gift** *umg* die Prüfung war geschenkt (⚠ *nicht deutsch* Gift = **poison**) **2** *übertragen* Begabung, Talent (**for, of** für); **gift for languages** Sprachtalent

★**gift**² [gɪft] geschenkt, Geschenk...; **gift voucher** Geschenkgutschein

gifted ['gɪftɪd] begabt, talentiert

gift voucher ['gɪft,vaʊtʃə] Geschenkgutschein

gigabyte ['gɪgəbaɪt] Gigabyte

gigantic [dʒaɪ'gæntɪk] gigantisch, riesig

giggle¹ ['gɪgl] kichern

giggle² ['gɪgl] Gekicher

gilet [dʒɪ'leɪ] Weste (*für draußen*)

gimmick ['gɪmɪk] *umg* (≈ *origineller Einfall*) Gag

ginger¹ ['dʒɪndʒə] Ingwer

ginger² ['dʒɪndʒə] *Haare*: rotblond; **ginger-haired man** Mann mit rotblonden Haaren

gipsy ['dʒɪpsɪ] Zigeuner(in)

giraffe [dʒə'rɑːf] Giraffe

girder ['gɜːdə] Balken, Träger

★**girl** [gɜːl] **1** Mädchen **2 my little girl** meine kleine Tochter

★**girlfriend** ['gɜːlfrend] Freundin

girlhood ['gɜːlhʊd] Mädchenjahre

giro ['dʒaɪrəʊ] *Br* Postgirodienst; **giro account** Postgirokonto

gist [dʒɪst] **the gist** das Wesentliche, der Kern (*einer Aussage usw.*)

★**give** [gɪv], **gave** [geɪv], **given** ['gɪvn] **1** *allg*.: geben **2** *zum Geburtstag usw.*: schenken **3** spenden (*Blut*) **4** von sich geben; **give a cry** einen Schrei ausstoßen; **give a deep sigh** tief seufzen **5** gewähren, leisten (*Hilfe*) **6** bieten (*Schutz*) **7 he's given us a lot of homework** (*Lehrer*) er hat uns eine Menge Hausaufgaben aufgegeben **8** übermitteln (*Grüße usw.*); **give him my best regards** bestelle ihm herzliche Grüße von mir **9** (*Material usw.*) nachgeben **10 give a paper** ein Referat halten **11 don't give me that!** *umg* erzähl mir doch nichts! **12 I don't give a damn!** *umg* das ist mir scheißegal!

---PHRASAL VERBS---

give away [ˌgɪv_ə'weɪ] **1** *allg*.: verschenken, weggeben **2** vergeben, verteilen (*Preise, Zeugnisse usw.*) **3** verraten (*Geheimnis, Täter*)

give back [ˌgɪv'bæk] zurückgeben

★**give in** [ˌgɪv'ɪn] **1** einreichen, abgeben (*Prüfungsarbeit usw.*) **2** *in einem Kampf usw.*: aufgeben, sich geschlagen geben

give off [ˌgɪv'ɒf] **1** verbreiten, ausströmen (*Geruch*) **2** ausstoßen (*Rauch usw.*) **3** abgeben (*Wärme usw.*)

give out [ˌgɪv'aʊt] austeilen, verteilen (*Geld, Prüfungstexte*)

give up [ˌgɪv'ʌp] **1** aufgeben, aufhören mit (*Rauchen, Trinken usw.*) **2 give oneself up** (*Täter*) sich stellen **3** abgeben (*Amt, Posten*); **give up one's seat** *usw*. **to someone** jemandem seinen Sitz usw. überlassen **4** *in einem Kampf usw.*: aufgeben, sich geschlagen geben

give-and-take [ˌgɪvənˈteɪk] beiderseitiges Entgegenkommen, Kompromiss
giveaway [ˈgɪvəweɪ] **1** *it was a giveaway Gesichtsausdruck, Äußerung usw.*: es verriet alles **2** Werbegeschenk
giveaway price [ˈgɪvəweɪˌpraɪs] Schleuderpreis
given¹ [ˈgɪvn] 3. Form von → give
given² [ˈgɪvn] **1** gegeben; **given name** *bes. US* Vorname; **at the given time** zur festgesetzten Zeit; **within a given time** innerhalb einer bestimmten Zeit **2** **she's given to depression** sie neigt zu Depressionen; **be given to doing something** die Angewohnheit haben, etwas zu tun **3** vorausgesetzt; **given time, I could do the shopping** wenn ich Zeit hätte, könnte ich die Einkäufe erledigen **4** **given that he ...** in Anbetracht der Tatsache, dass er ...
giver [ˈgɪvə] Geber(in), Spender(in)
glacier [ˈglæsɪə, US ˈgleɪʃə] Gletscher
★**glad** [glæd], **gladder**, **gladdest** **1** froh, erfreut (**about** über); **I'm glad to hear that ...** es freut mich zu hören, dass ...; **(I'm) glad to meet you** ich freue mich, Sie kennenzulernen **2** **be glad of something** für etwas dankbar sein; **I'd be glad of your help** ich wäre für deine Hilfe dankbar **3** **I'll be glad to!** *als Antwort auf Bitte*: aber gerne!
gladly [ˈglædlɪ] gern, mit Freuden
gladness [ˈglædnəs] Freude
glamorize [ˈglæməraɪz] (≈ *idealisieren*) verherrlichen
glamour [ˈglæmə] *von Erfolg usw.*: Zauber, (falscher) Glanz
glance¹ [glɑːns] (kurz) blicken, schauen (**at** auf); **glance at something** einen kurzen Blick auf etwas werfen; **glance over** (*oder* **through**) **a report** einen Bericht überfliegen, einen Bericht kurz durchsehen
glance² [glɑːns] (schneller *oder* flüchtiger) Blick (**at** auf); **at a glance** auf einen Blick; **at first glance** auf den ersten Blick
gland [glænd] Drüse
glare¹ [gleə] **1** (*Sonne usw.*) grell scheinen (*oder* leuchten) **2** **glare at someone** jemanden wütend anstarren, jemanden anfunkeln
glare² [gleə] **1** greller Schein, grelles Leuchten **2** wütender Blick
glaring [ˈgleərɪŋ] **1** *Licht*: grell **2** *Fehler, Ungerechtigkeit usw.*: eklatant, krass
★**glass** [glɑːs] **1** *Material, Gefäß*: Glas **2** **glasses** *pl* (*auch* **pair of glasses**) Brille
glasshouse [ˈglɑːshaʊs] *Br* Gewächshaus, Glashaus
glass recycling container [ˌglɑːsriːˈsaɪklɪŋənˌteɪnə] *US* Altglascontainer; → **bottle bank** *Br*
glassy [ˈglɑːsɪ] **1** gläsern **2** *Augen*: glasig
glaze [gleɪz] **1** verglasen (*Fenster, Tür*) **2** glasieren (*Kacheln, Speisen*)
glazier [ˈgleɪzɪə] Glaser(in)
glazing [ˈgleɪzɪŋ] **1** *von Gebäuden*: Verglasung **2** *von Kacheln, Speisen*: Glasur
gleam¹ [gliːm] Schein, Schimmer
gleam² [gliːm] scheinen, schimmern
glee [gliː] **1** Freude **2** Schadenfreude
gleeful [ˈgliːfl] **1** fröhlich **2** schadenfroh
glide [glaɪd] **1** gleiten **2** *in der Luft*: schweben **3** (*Segelflugzeug*) gleiten, schweben **4** (*Person*) segelfliegen
glider [ˈglaɪdə] Segelflugzeug
gliding [ˈglaɪdɪŋ] Segelfliegen
glimmer¹ [ˈglɪmə] **1** (*Glut*) glimmen **2** (*Licht*) schimmern
glimmer² [ˈglɪmə] **1** *von Glut*: Glimmen **2** *von Licht*: Schimmer; **glimmer of hope** Hoffnungsschimmer
glimpse¹ [glɪmps] flüchtiger Blick; **catch** (*oder* **get**) **a glimpse of** nur flüchtig zu sehen bekommen
glimpse² [glɪmps] **1** flüchtig blicken (**at** auf) **2** (nur) flüchtig zu sehen bekommen
glint¹ [glɪnt] glänzen, glitzern
glint² [glɪnt] **1** Glanz, Glitzern **2** *von Augen*: Funkeln (*schelmisch usw.*)
glisten [▲ ˈglɪsn] glänzen, scheinen
glitch [glɪtʃ] *umg, von Gerät usw.*: Störung, Macke
glitter¹ [ˈglɪtə] (*Schmuck usw.*) glitzern, funkeln, glänzen
glitter² [ˈglɪtə] **1** *von Schmuck usw.*: Glitzern, Funkeln, Glanz **2** *übertragen* Glanz, Pracht
glittering [ˈglɪtərɪŋ] **1** *Schmuck usw.*: glitzernd, funkelnd, glänzend **2** *übertragen* glänzend, prächtig
gloat [gləʊt] sich diebisch freuen (**over, at** über)
global [ˈgləʊbl] **1** global, weltumspannend; **global positioning system** globales Satellitennavigationssystem; **global warming** die Erwärmung der Erdatmosphäre **2** **take a global view of a problem** *übertragen* ein Problem global betrachten
globalization [ˌgləʊblaɪˈzeɪʃn] Globalisierung
globe [gləʊb] **1** *allg.*: Kugel **2** (≈ *die Welt*) Erde,

Erdball, Erdkugel ❸ *Abbild der Erde*: Globus
globetrotter ['gləʊb,trɒtə] Globetrotter(in), Weltenbummler(in)
globule ['glɒbjuːl] ❶ Kügelchen ❷ *bes. von Dickflüssigem*: Tröpfchen
gloomy ['gluːmɪ] düster; **feel gloomy about the future** schwarzsehen
glorification [,glɔːrɪfɪ'keɪʃn] ❶ *einer Person, Leistung*: Verherrlichung, Glorifizierung ❷ *religiös*: Lobpreisung
glorify ['glɔːrɪfaɪ] ❶ verherrlichen, glorifizieren (*Person, Leistung*) ❷ lobpreisen (*Gott*)
glorious ['glɔːrɪəs] ❶ *Held, Ruhm, Sieg usw.*: ruhmreich, glorreich ❷ *Tag, Morgen, Sommer, Wetter*: herrlich, prächtig
glory ['glɔːrɪ] ❶ (≈ *Berühmtheit*) Ruhm ❷ *von Kunstwerk*: Pracht, Herrlichkeit
gloss¹ [glɒs] ❶ *auf Lack, Haar*: Glanz ❷ *im Buch*: Glosse, Erläuterung
gloss² [glɒs] *auch* **gloss paint** Glanzlackfarbe
glossary ['glɒsərɪ] Glossar
glossy¹ ['glɒsɪ] glänzend; **glossy magazine** Hochglanzmagazin
glossy² ['glɒsɪ] *umg* Hochglanzmagazin
★**glove** [ɡlʌv] Handschuh; **fit someone like a glove** jemandem wie angegossen passen
glove compartment ['ɡlʌv_kəm,pɑːtmənt] *im Auto*: Handschuhfach
glow¹ [gləʊ] ❶ (*Holz, Kohle, Glut*) glühen ❷ (*Gesicht*) glühen (**with** vor), *vor Freude*: strahlen; **give a glowing account of** in leuchtenden Farben schildern
glow² [gləʊ] ❶ *von Feuer usw.*: Leuchten, Schein(en) ❷ Glühen, Glut
glower [ɡlaʊə] **glower at someone** jemanden finster anblicken
glowworm [ɡləʊwɜːm] Glühwürmchen
glucose ['gluːkəʊz] Traubenzucker
glue¹ [gluː] Leim, Klebstoff, Ⓐ Pick; **glue stick** Klebestift; **glue gun** Klebepistole
glue² [gluː] *-ing-Form* **gluing** *oder* **glueing** ❶ leimen, kleben (**on** auf; **to** an) ❷ **be glued to** *übertragen* kleben an
glue-sniffing ['gluː,snɪfɪŋ] Schnüffeln (*von Klebstoff*)
glum [ɡlʌm] **glummer, glummest** bedrückt
glutton ['ɡlʌtn] *im negativen Sinn* Vielfraß
gluttonous ['ɡlʌtnəs] gefräßig, unersättlich (*auch übertragen*)
gluttony ['ɡlʌtnɪ] Gefräßigkeit, Unersättlichkeit
GM [,dʒiː'em] (*abk für* genetically modified) gentechnisch verändert; **GM food(s)** [,dʒiːem'fuːd(z)] gentechnisch veränderte Lebensmittel, Genfood

GMO [,dʒiːem'əʊ] (*abk für* genetically modified organism) gentechnisch veränderter Organismus
GMT [,dʒiːem'tiː] (*abk für* Greenwich Mean Time) westeuropäische Zeit (*abk* WEZ)
gnarled [nɑːld] ❶ *Baum*: knorrig ❷ *Hände*: schwielig, knotig
gnash [næʃ] **gnash one's teeth** mit den Zähnen knirschen
gnat [næt] *Br* Stechmücke
gnaw [nɔː] nagen (**into** in; **at** an) (*auch übertragen*)
gnome [nəʊm] Gnom, Zwerg
GNP [,dʒiːen'piː] (*abk für* Gross National Product) BSP (*abk für* Bruttosozialprodukt)
★**go¹** [gəʊ] **went** [went], **gone** [gɒn] ❶ *als Fortbewegung*: gehen; **go on foot** zu Fuß gehen ❷ *mit Verkehrsmittel*: fahren, reisen (**to** nach); **go by plane** fliegen; **you're going too fast!** du fährst zu schnell! ❸ (≈ *aufbrechen*) (fort)gehen; **I must be going** ich muss jetzt gehen, ich muss weg; **where are you going?** wo gehst du hin? ❹ (*Straße, Weg*) gehen, führen (**to** nach) ❺ (*Bus, Straßenbahn usw.*) verkehren, fahren ❻ (*Maschine, Auto usw.*) gehen, laufen, funktionieren; **keep something going** etwas in Gang halten ❼ werden; **go grey** *usw.* grau *usw.* werden ❽ (*Gerücht usw.*) **the story** (*oder* **rumour**) **goes that ...** es geht das Gerücht, dass ... ❾ (*Zeit*) vergehen, verstreichen; **one minute to go** noch eine Minute ❿ (*Regel, Vorschrift usw.*) gelten (**for** für) ⓫ (*Gedicht, Melodie usw.*) lauten ⓬ *mit der -ing-Form*: gehen; **go swimming** schwimmen gehen; **she's gone shopping** sie ist einkaufen gegangen ⓭ **be going to** *als Ausdruck der Zukunft*: werden; **I'm going to tell him** ich werde es ihm sagen ⓮ *in Wendungen*: **how's it going?** wie geht's?; **how's the project going?** was macht das Projekt?; **that's the way it goes** so ist es nun einmal, da kann man nichts machen; **go and check** nachsehen

───────── **PHRASAL VERBS** ─────────

go after ['gəʊ,ɑːftə] ❶ (≈ *folgen*) nachlaufen ❷ (≈ *haben wollen*) sich bemühen um, aus sein auf (*Job usw.*)

go ahead [,gəʊ_ə'hed] ❶ vorangehen, vorausgehen (**of someone** jemandem) ❷ **go ahead!** *übertragen* nur zu! ❸ (*Arbeit usw.*) vorankommen, fortschreiten

go back [,gəʊ'bæk] ❶ zurückgehen; **I have to go back to Munich tomorrow** ich muss morgen nach München zurück ❷ *zu einem früheren Plan, Thema usw.*: zurückkommen (**to auf**)

go by [,gəʊ'baɪ] ❶ (*Person*) vorbeigehen ❷ (*Fahrzeug*) vorbeifahren ❸ (*Zeit*) vergehen ❹ (*Gelegenheit*) vorbeigehen ❺ sich richten nach, sich halten an (*Regeln usw.*)

★**go down** [,gəʊ'daʊn] ❶ hinuntergehen (*Treppe usw.*) ❷ (≈ *hinunterklettern*) hinuntersteigen ❸ (*Schiff, Sonne usw.*) untergehen ❹ (*Fieber, Preise usw.*) sinken, fallen ❺ (*Rede, Benehmen usw.*) ankommen (**with someone** bei jemandem)

go for ['gəʊ,fɔː] ❶ holen, holen gehen (*Person, Sache*) ❷ **go for a walk** einen Spaziergang machen; **go for a drink** einen trinken gehen ❸ **go for someone** jemanden angreifen, auf jemanden losgehen ❹ *umg* stehen auf ❺ **that goes for you too** das gilt auch für dich ❻ **go for it!** greif (*oder* schlag) zu!

go in [,gəʊ'ɪn] ❶ *in ein Zimmer usw.*: hineingehen ❷ (≈ *Platz haben*) hineingehen, hineinpassen ❸ **go in for** teilnehmen an (*Wettbewerb usw.*); **I don't go in for sports** ich treibe keinen Sport

go into ['gəʊ,ɪntʊ] ❶ *in ein Zimmer usw.*: hineingehen ❷ **go into teaching** Lehrer werden; **go into politics** in die Politik gehen ❸ (genau) untersuchen (*oder* prüfen) (*Angelegenheit, Fragestellung usw.*)

go off [,gəʊ'ɒf] ❶ (*Person*) weggehen, wegfahren ❷ (*Bombe usw.*) explodieren ❸ (*Gewehr usw.*) losgehen ❹ (*Nahrungsmittel*) verderben ❺ (*Licht usw.*) ausgehen ❻ *Br, umg* nicht mehr mögen, sich nichts mehr machen aus

★**go on** [,gəʊ'ɒn] ❶ *zu Fuß*: weitergehen ❷ *mit Fahrzeug*: weiterfahren ❸ (*Licht usw.*) angehen ❹ *zeitlich*: weitergehen; **as the day went on** im Laufe des Tages ❺ *mit einer Tätigkeit usw.*: weitermachen, fortfahren; **go on talking** weiterreden ❻ vor sich gehen, vorgehen; **what's going on here?** was ist hier los?, was geht hier vor? ❼ **go on strike** in den Streik treten ❽ *umg ermutigend* **go on, tell me!** nun sag schon!

★**go out** [,gəʊ'aʊt] ❶ hinausgehen ❷ (*Licht, Feuer*) ausgehen ❸ **go out for a meal** zum Essen ausgehen, essen gehen ❹ **she's been going out with him for two months** sie geht schon seit zwei Monaten mit ihm

go through [,gəʊ'θruː] ❶ durchnehmen, durchsprechen (*Unterrichtsstoff*) ❷ (*Antrag usw.*) durchgehen, angenommen werden ❸ durchsehen (*Text, Post usw.*) ❹ (≈ *erleiden*) durchmachen

go together [,gəʊ_tə'geðə] ❶ (*Farben usw.*) zusammenpassen ❷ *umg* (*Paar*) miteinander gehen

★**go up** [,gəʊ'ʌp] ❶ hinaufgehen (*Treppe usw.*) ❷ (≈ *hinaufklettern*) hinaufsteigen ❸ (*Fieber usw.*) steigen ❹ (*Preise usw.*) steigen, anziehen

go with ['gəʊ_wɪð] ❶ gehen mit (*Freund bzw. Freundin*) ❷ farblich, geschmacklich usw.: passen zu

go without ['gəʊ_wɪð,aʊt] ❶ auskommen ohne (*Schlaf, Essen usw.*) ❷ verzichten auf (*Luxus, Urlaub usw.*) ❸ **it goes without saying** es versteht sich von selbst

go[2] [gəʊ] *pl*: **goes** [gəʊz] *umg* ❶ Versuch; **have a go at something** etwas probieren; **at** (*oder* **in**) **one go** auf Anhieb ❷ **it's my go** ich bin dran; **let me have a go** lass mich mal

go-ahead ['gəʊ_ə,hed] **get the go-ahead** grünes Licht bekommen (**on** für)

★**goal** [gəʊl] ❶ *im Fußball, Hockey usw.*: Tor; **score a goal** ein Tor (*oder* einen Treffer) erzielen ❷ (≈ *Bestreben*) Ziel

goalie ['gəʊlɪ] *umg*, **goalkeeper** ['gəʊl,kiːpə] ❶ *männlich*: Torwart, Torhüter ❷ *weiblich*: Torfrau, Torhüter(in)

goal kick ['gəʊl_kɪk] *Fußball*: Abstoß

goalpost ['gəʊlpəʊst] Torpfosten

★**goat** [gəʊt] *Tier*: Ziege

gobble ['gɒbl] *umg* hinunterschlingen (*Essen*)

gobbledygook ['gɒbldɪguːk] Kauderwelsch

go-between ['gəʊ_bɪ,twiːn] Vermittler(in)

★**god** [gɒd] ❶ Gott, Gottheit ❷ *des Christentums*: **God** Gott; **thank God** Gott sei Dank

godchild ['gɒdtʃaɪld] *pl*: **godchildren** ['gɒd,tʃɪldrən] Patenkind

goddaughter ['gɒd,dɔːtə] Patentochter

goddess ['gɒdes] Göttin (*auch übertragen*)

godfather ['gɒd,fɑːðə] Pate

godmother ['gɒd,mʌðə] Patin

godparent ['gɒd,peərənt] Pate, Patin

godsend ['gɒdsend] Geschenk des Himmels

godson ['gɒdsʌn] Patensohn

go-getter ['gəʊ,getə] *umg* Draufgänger(in)

goggle ['gɒgl] *umg* glotzen; **goggle at someone** jemanden anglotzen

goggles ['gɒglz] *pl* Schutzbrille; **ski goggles** Skibrille

goings-on [,gəʊɪŋz'ɒn] *pl im negativen Sinn*: Ereignisse, Vorgänge

★**gold**[1] [gəʊld] *Edelmetall*: Gold

★**gold²** [gəʊld] golden, Gold...
golden ['gəʊldən] **1** *mst. übertragen* golden; **golden wedding (anniversary)** goldene Hochzeit; **golden handshake** *mst. für (leitende) Angestellte bei unfreiwilliger Aufgabe des Arbeitsplatzes*: Abfindung **2** *Farbton*: golden, goldgelb
goldfish ['gəʊldfɪʃ] Goldfisch
gold medal [ˌgəʊld'medl] Goldmedaille
gold medallist [ˌgəʊld'medlɪst] Goldmedaillengewinner(in)
goldmine ['gəʊldmaɪn] Goldbergwerk, Goldgrube (*auch übertragen*)
golf [gɒlf] *Sportart*: Golf
golf club ['gɒlf ˌklʌb] **1** Golfklub **2** Golfschläger
golf course ['gɒlf ˌkɔːs] Golfplatz
golfer ['gɒlfə] Golfer(in), Golfspieler(in)
gone¹ [gɒn] 3. Form von → go¹
gone² [gɒn] **1** fort, weg **2 she's six months gone** *umg* sie ist im 7. Monat (*schwanger*) **3 it's gone five** *umg* es ist fünf durch
gong [gɒŋ] Gong
gonna ['gɒnə] *umg für* going to → go¹ 13
goo [guː] *umg* klebriges Zeug
★**good¹** [gʊd], **better** ['betə], **best** [best], *Adverb* **well** [wel] **1** *allg.*: gut, ⊕ *auch*: gefreut; **as good as** so gut wie, praktisch; **have a good time** sich amüsieren, *auch*: es sich gut gehen lassen; **it's no good** (*oder* **not any**) **good** es taugt nichts **2** (≈ *fähig*, *begabt*) gut, tüchtig (**at** in); **are you good at sports?** bist du in Sport gut? **3** (*Kind*, *Tier*) artig, brav; **be good!** sei(d) brav! **4** freundlich, nett, gut; **would you be good enough to hold this?** wären Sie so freundlich, dies zu halten? **5** gut geeignet; **good for colds** gut gegen (*oder* für) Erkältungen; **good for one's health** gesund **6** *Grund*: gut, triftig **7** (≈ *reichlich*, *gründlich*) gut; **a good three hours** gut drei Stunden; **she had a good cry** sie hat sich ordentlich ausgeweint **8** *verstärkend*: **a good many times** ganz schön oft; **I had a good deal of trouble** ich hatte 'ne Menge Ärger **9 all in good time** alles zu seiner Zeit
★**good²** [gʊd] **1** Nutzen, Wert; **for your own good** zu deinem eigenen Vorteil; **what good is it?** wozu soll das gut sein?; **it's no good trying** es hat keinen Sinn (*oder* Zweck), es zu versuchen **2** Gute(s); **it'll do you good** es wird dir guttun; **be up to no good** nichts Gutes im Schilde führen **3 for good** für immer; → **goods**

★**goodbye¹** [ˌgʊd'baɪ] Abschiedsgruß; **wish someone goodbye, say goodbye to someone** jemandem Auf Wiedersehen sagen, sich von jemandem verabschieden
★**goodbye²** [ˌgʊd'baɪ] Gruß: auf Wiedersehen!, *am Telefon*: auf Wiederhören!
good-for-nothing¹ [ˌgʊdfə'nʌθɪŋ] nichtsnutzig
good-for-nothing² [ˌgʊdfə'nʌθɪŋ] Taugenichts, Nichtsnutz
★**Good Friday** [ˌgʊd'fraɪdeɪ] Karfreitag
good-humoured, US **good-humored** [ˌgʊd'hjuːməd] **1** gut gelaunt **2** *Wesen*: gutmütig
★**good-looking** [ˌgʊd'lʊkɪŋ] *Frau*, *Mann*: gut aussehend
good-natured [ˌgʊd'neɪtʃəd] gutmütig
goodness ['gʊdnəs] **1** Güte **2 thank goodness** Gott sei Dank; **my goodness!, goodness gracious!** du meine Güte!, du lieber Himmel!
★**goods** [gʊdz] *pl* Güter, Waren; **stolen goods** Diebesgut; **goods depot** *Br* Warenlager; **goods traffic** Güterverkehr; **goods train** *Br* Güterzug
good-tempered [ˌgʊd'tempəd] gutmütig
goodwill [ˌgʊd'wɪl] gute Absicht, guter Wille
goody¹ ['gʊdɪ] *umg* **1** Bonbon; **goodies** Süßigkeiten **2** *in Film usw.*: Gute(r), Held(in)
goody² ['gʊdɪ] *Ausruf, bes. Kindersprache*: prima!
gooey ['guːɪ] *umg bes. Süßes*: pappig, klebrig
goof¹ [guːf] *bes. US, umg* **1** *oft* **goof up** vermasseln **2** Mist bauen
goof² [guːf] *bes. US, umg* **1** *Person*: Trottel **2** (≈ *Fehler*) Schnitzer
goofy ['guːfɪ] *umg* vertrottelt, doof
google ['guːgl] googeln nach
★**goose** [guːs] *pl*: **geese** [giːs] Gans
gooseberry [⚠ 'gʊzbərɪ] Stachelbeere
goose bumps ['guːsˌbʌmps], **goose pimples** ['guːsˌpɪmplz] *pl* Gänsehaut
gorge [gɔːdʒ] enge Schlucht
gorgeous ['gɔːdʒəs] **1** (≈ *großartig*) prächtig **2** *Frau*, *Schönheit*: hinreißend **3** *umg* großartig, sagenhaft
gorilla [gə'rɪlə] **1** Gorilla **2** *umg* Leibwächter
gosh [gɒʃ] *Ausruf, umg* Mensch!, Mann!
go-slow [ˌgəʊ'sləʊ] *Br* Bummelstreik
★**gossip¹** ['gɒsɪp] **1** Klatsch, Tratsch; **gossip column** *in Zeitung*: Klatschspalte **2** Klatschbase, Klatschmaul
★**gossip²** ['gɒsɪp] klatschen, tratschen
got [gɒt] 2. und 3. Form von → get
gotten ['gɒtn] *US* 3. Form von → get
★**govern** ['gʌvn] **1** regieren (*Staat*, *Volk*) **2** leiten, verwalten (*Bezirk*, *Provinz*) **3** (*Vorschrif-*

ten) bestimmen, regeln; **be governed by** sich leiten lassen von

★**government** ['gʌvnmənt] ◨ *eines Staates*: Regierung (⚠ **Government**, *wenn eine bestimmte Regierung gemeint ist*); **government spokesman** Regierungssprecher; **the Government is** (*oder* **are**) **planning new taxes** die Regierung plant neue Steuern ◪ Regierungssystem; **Chile's return to democratic government** Chiles Rückkehr zur Demokratie

governor ['gʌvnə] ◨ *einer Provinz usw.*: Gouverneur ◪ *einer Organisation*: Direktor, Leiter

gown [gaʊn] ◨ *mst. in Zusammensetzungen*: Kleid; **evening gown** Abendkleid ◪ Talar, Robe

GP [ˌdʒiːˈpiː] (*abk für* general practitioner) Arzt *bzw.* Ärztin für Allgemeinmedizin, Hausarzt *bzw.* Hausärztin

GPS [ˌdʒiːpiːˈes] (*abk für* global positioning system) ◨ GPS (*globales Satellitennavigationssystem*) ◪ *US, umg* Navi

grab¹ [græb], **grabbed, grabbed** ◨ *plötzlich und schnell*: zugreifen, greifen (**at** nach) ◪ (≈ *ergreifen*) packen, sich schnappen; **she grabbed me by the arm** sie packte mich am Arm ◫ beim Schopf ergreifen (*Gelegenheit*)

grab² [græb] *plötzlich und schnell*: Griff; **make a grab at something** nach etwas schnappen

grace [greɪs] ◨ *von Bewegung, Tanz usw.*: Anmut, Grazie ◪ (≈ *Haltung*) Anstand; **she took the criticism with good grace** sie trug die Kritik mit Fassung ◫ *Zeitraum*: Frist; **a week's grace** eine Woche Aufschub ◨ Tischgebet; **say grace** das Tischgebet sprechen ◨ *von Gott usw.*: Gnade

graceful ['greɪsfl] *von Bewegung, Tanz*: anmutig, graziös

grade¹ [greɪd] ◨ Niveau, Stufe ◪ *von Waren*: Qualität, Handelsklasse ◫ *US; Schule*: Klasse, Klassenstufe ◨ *Schule*: Note, Zensur

grade² [greɪd] ◨ *nach Fähigkeit, Leistung usw.*: einteilen ◪ *nach Größe usw.*: sortieren (*Eier, Kartoffeln usw.*) ◫ *Schule*: benoten

grade crossing ['greɪdˌkrɒsɪŋ] *US* schienengleicher Bahnübergang; → **level crossing** *Br*

grade school ['greɪdˌskuːl] *US* Grundschule, Ⓐ Volksschule

gradual ['grædʒʊəl] allmählich; **gradually** *auch*: nach und nach

graduate¹ ['grædʒʊət] ◨ Hochschulabsolvent(in), Akademiker(in); **I'm a Cambridge graduate** ich habe in Cambridge studiert ◪ *US* Schulabgänger(in)

graduate² ['grædʒʊeɪt] ◨ einen Hochschulabschluss machen; **she graduated from Oxford** sie hat ihren Abschluss an der Universität Oxford gemacht; **she graduated in 2008** sie hat 2008 Examen gemacht ◪ *US; Schule*: die Abschlussprüfung bestehen

graffiti [grəˈfiːti] *pl* Graffiti

★**grain** [greɪn] ◨ *von Getreide, Sand usw.*: Korn ◪ Oberbegriff: Getreide, Korn ◫ *im Holz usw.*: Maserung ◨ **a grain of truth** *übertragen* ein Körnchen Wahrheit

★**gram** [græm] Gramm

★**grammar** ['græmə] ◨ *Sprachregeln*: Grammatik ◪ *auch* **grammar book** *Buch*: Grammatik

grammar school ['græməˌskuːl] *in GB*: Gymnasium

★**gramme** [græm] *Br* Gramm

grand¹ [grænd] ◨ *Anblick usw.*: großartig, prächtig ◪ *Person*: groß, bedeutend

grand² [grænd] *pl*: **grand** [grænd] *umg* Riese (*1000 Dollar oder Pfund*); **two grand** zwei Riesen

★**grandchild** ['græntʃaɪld] *pl*: **grandchildren** ['græntʃɪldrən] Enkelkind

granddad ['grændæd] *umg* Opa, Großpapa

★**granddaughter** ['grænˌdɔːtə] Enkelin

★**grandfather** ['grændˌfɑːðə] Großvater

★**grandma** ['grænmɑː] *umg* Oma, Großmama

★**grandmother** ['grænˌmʌðə] Großmutter

★**grandpa** ['grænpɑː] *umg* Opa, Großpapa

★**grandparents** ['grænˌpeərənts] *pl* Großeltern

grand piano [ˌgrænd_ˈpɪænəʊ] *Musikinstrument*: Flügel

★**grandson** ['grænsʌn] Enkel

grandstand ['grændstænd] *Sport*: Haupttribüne

granny ['græni] *umg* Omi, Oma

grant¹ [grɑːnt] ◨ erfüllen, gewähren (*Wunsch, Bitte usw.*) ◪ geben, erteilen (*Erlaubnis usw.*) ◫ (≈ *bekennen*) zugeben, zugestehen; **I grant you that ...** ich gebe zu, dass ... ◨ **take something for granted** etwas als selbstverständlich betrachten

grant² [grɑːnt] Stipendium

★**grape** [greɪp] *einzelne* Weintraube, Weinbeere; **a bunch of grapes** eine Traube

grapefruit ['greɪpfruːt] Grapefruit, Pampelmuse

graph [grɑːf] ◨ Diagramm, grafische Darstellung ◪ *Mathematik*: Kurve

graphic ['græfɪk] ◨ *Darstellung*: anschaulich, plastisch ◪ *Kunst*: grafisch; **graphic designer** Grafiker(in)

graphics ['græfɪks] ◨ *pl* Zeichnungen ◪ (⚠ *im*

sg verwendet); Tätigkeit: Grafik
graphics card ['græfɪks ˌkɑːd] *Computer:* Grafikkarte
graphics software ['græfɪks ˌsɒftweə] Grafiksoftware

――――――――――――― **PHRASAL VERBS**
grapple with ['græpl ˌwɪð] sich herumschlagen mit (*einem Problem usw.*)

grasp¹ [grɑːsp] ▪ mit den Händen: packen, (er)greifen (*auch Gelegenheit*) ▪ *übertragen* verstehen, begreifen
grasp² [grɑːsp] ▪ Griff ▪ *übertragen* Verständnis; **it's beyond my grasp** das geht über meinen Verstand
★**grass** [grɑːs] ▪ Gras ▪ (≈ *Grasfläche*) Rasen; **keep off the grass!** Betreten des Rasens verboten! ▪ *salopp* (≈ *Marihuana*) Grass
grasshopper ['grɑːsˌhɒpə] Heuschrecke, Grashüpfer
grass roots [ˌgrɑːs'ruːts] *pl Politik:* Basis (*einer Partei*)
grate [greɪt] ▪ reiben (*Käse usw.*) ▪ raspeln (*Gemüse usw.*) ▪ (*Tür, Scharnier usw.*) knirschen, quietschen ▪ **grate on someone** jemanden nerven
grateful ['greɪtfl] dankbar; **I'm most grateful to you for helping me** ich bin dir für die Hilfe sehr dankbar
grater ['greɪtə] *für Käse usw.:* Reibe, Raspel
gratifying ['grætɪfaɪɪŋ] erfreulich (**to** für)
gratitude ['grætɪtjuːd] Dankbarkeit; **in gratitude for** aus Dankbarkeit für
gratuitous [grə'tjuːɪtəs] ▪ unentgeltlich ▪ *Gewalt usw.:* grundlos
★**grave¹** [greɪv] Grab; **dig one's own grave** sich sein eigenes Grab schaufeln; **turn in one's grave** sich im Grab umdrehen
grave² [greɪv] *Angelegenheit, Situation, Miene usw.:* ernst
gravel ['grævl] *auf Weg usw.:* Kies
gravestone ['greɪvstəʊn] Grabstein
graveyard ['greɪvjɑːd] Friedhof
gravitation [ˌgrævɪ'teɪʃn], **gravity** ['grævətɪ] Gravitation, Schwerkraft
gravy ['greɪvɪ] Bratensoße
gravy boat ['greɪvɪ ˌbəʊt] Soßenschüssel
★**gray** [greɪ] *US* grau; → **grey** *Br*
graze¹ [greɪz] (*Kühe usw.*) weiden, grasen
graze² [greɪz] ▪ (≈ *leicht berühren*) streifen ▪ abschürfen, aufschrammen (*Knie, Ellbogen usw.*)
graze³ [greɪz] *an Knie, Ellbogen usw.:* Abschür-
fung, Schramme
grease¹ [griːs] ▪ Fett (*zerlassenes Fett*) ▪ *für Maschinen:* Schmierfett
grease² [griːs] ▪ einfetten ▪ schmieren (*Maschine*) ▪ **like greased lightning** *umg* wie ein geölter Blitz
greaseproof paper [ˌgriːspruːf'peɪpə] *Br* Butterbrotpapier
greasy ['griːsɪ] ▪ *Haar, Haut:* fettig ▪ *Maschinenteil, Kleidung usw.:* ölig, schmierig ▪ *Straße:* glitschig
★**great** [greɪt] ▪ groß, beträchtlich; **a great many** sehr viele; **a great deal of money** eine Menge Geld ▪ *Person, Leistung, Ereignis:* groß, bedeutend, wichtig ▪ *umg* **be great at** gut sein in ▪ *umg; oft als Ausruf:* großartig, herrlich
★**Great Britain** [ˌgreɪt'brɪtn] Großbritannien
great-grand... [ˌgreɪt'græn(d)...] *in Verwandtschaftsbezeichnungen:* Ur...; **great-grandson** Urenkel; **great-grandparents** Urgroßeltern
greatly ['greɪtlɪ] sehr, überaus; **greatly disappointed** zutiefst enttäuscht
greatness ['greɪtnəs] Größe, Bedeutung
★**Greece** [griːs] Griechenland
greed [griːd] ▪ Gier (**for** nach); **greed for power** Machtgier ▪ Gefräßigkeit
greedy ['griːdɪ] ▪ gefräßig ▪ gierig (**for** auf, nach); **greedy for power** machtgierig
★**Greek¹** [griːk] griechisch
★**Greek²** [griːk] *Sprache:* Griechisch; **it's all Greek to me** *übertragen* das sind für mich böhmische Dörfer
★**Greek³** [griːk] Grieche, Griechin
★**green¹** [griːn] ▪ grün; **the lights are green** die Ampel steht auf Grün; **give someone the green light** *übertragen* jemandem grünes Licht geben; **green with envy** grün (*oder* gelb) vor Neid ▪ *übertragen* grün, unerfahren ▪ *Umwelt:* grün, ökologisch
★**green²** [griːn] ▪ Grün; **dressed in green** grün (*oder* in Grün) gekleidet; **at green** bei Grün ▪ **greens** *pl* grünes Gemüse
Green [griːn] ▪ *Parteimitglied:* Grüne(r); **the Greens** die Grünen ▪ **I'm voting Green** ich wähle Grün (*oder* die Grünen)
greenback ['griːnbæk] *US, umg* Dollar(schein)
green beans [ˌgriːn'biːnz] *pl* grüne Bohnen
green belt ['griːn ˌbelt] *um Stadt:* Grüngürtel
green card ['griːn ˌkɑːd] ▪ *in den USA:* Aufenthaltsgenehmigung ▪ *in Großbritannien, für Auto:* grüne Versicherungskarte
greengrocer ['griːnˌgrəʊsə] *Br* Obst- und Ge-

müsehändler; **at the greengrocer's** im Gemüseladen
greenhorn ['griːnhɔːn] *bes. US, umg* Grünschnabel, Neuling
greenhouse ['griːnhaʊs] Gewächshaus, Treibhaus
greenhouse effect ['griːnhaʊs ˌɪfekt] Treibhauseffekt
greenhouse gas ['griːnhaʊs ˌgæs] Treibhausgas
greenish ['griːnɪʃ] grünlich
Greenland ['griːnlənd] Grönland
★**greet** [griːt] ◼ *allg.*: grüßen ◼ begrüßen, empfangen (*Gäste usw.*)
greeting ['griːtɪŋ] ◼ Gruß, Begrüßung ◼ **greetings** Grüße, *zum Geburtstag usw.*: Glückwünsche; **greetings** (*US* **greeting**) **card** Glückwunschkarte
grew [gruː] *2. Form von* → **grow**
★**grey**¹ [greɪ] *Br* ◼ grau; **grey area** Grauzone ◼ *Person*: grauhaarig, ergraut
★**grey**² [greɪ] *Br* Grau; **dressed in grey** grau (*oder* in Grau) gekleidet
★**grey**³ [greɪ] *Br* grau werden, ergrauen; **greying** Haare: angegraut, grau meliert
grey-haired ['greɪheəd] *Br* grauhaarig
greyhound ['greɪhaʊnd] Windhund
grid [grɪd] ◼ Gitter ◼ *für Elektrizität*: Versorgungsnetz ◼ *auf Landkarte*: Gitternetz
gridiron ['grɪdˌaɪən] Bratrost
gridlock ['grɪdlɒk] Verkehrsinfarkt
★**grief** [griːf] ◼ *um Toten*: Trauer, Leid ◼ **come to grief** (*Plan, Vorhaben*) fehlschlagen, scheitern, (*Person*) zu Schaden kommen (*bei Unfall*)
grieve [griːv] ◼ trauern (**for** um) ◼ traurig (*oder* unglücklich) machen; **it grieves me to hear that** es schmerzt mich, das zu hören
grievous ['griːvəs] *Fehler, Verlust usw.*: schwer, schlimm
grill¹ [grɪl] ◼ *Gerät, Restaurant*: Grill ◼ *Gericht*: Gegrillte(s); **mixed grill** *Br* gemischte Grillplatte
grill² [grɪl] ◼ grillen (*Fleisch*) ◼ *umg* (*Polizei*) in die Mangel nehmen, ausquetschen
grim [grɪm], **grimmer**, **grimmest** ◼ *Gesicht, Blick, Humor*: grimmig ◼ *Auseinandersetzung*: erbittert, verbissen ◼ *Anblick, Nachricht*: grausig
grimace¹ [grɪˈmeɪs] eine Grimasse (*oder* Grimassen) schneiden
grimace² [grɪˈmeɪs] Grimasse
grin¹ [grɪn], **grinned**, **grinned** grinsen; **grin at someone** jemanden angrinsen; **grin and bear it** gute Miene zum bösen Spiel machen

grin² [grɪn] Grinsen
grind¹ [graɪnd], **ground** [graʊnd], **ground** [graʊnd] ◼ schleifen (*Messer usw.*) ◼ *auch* **grind up** mahlen (*Getreide, Kaffee usw.*) ◼ **grind one's teeth** mit den Zähnen knirschen
grind² [graɪnd] *umg* Schufterei; **the daily grind** der alltägliche Trott
grinder ['graɪndə] ◼ *für Messer usw.*: Schleifer ◼ *für Kaffee usw.*: Mühle
grindstone ['graɪndstəʊn] Schleifstein; **keep one's nose to the grindstone** *übertragen* hart arbeiten, schuften
grip¹ [grɪp] ◼ Griff; **come** (*oder* **get**) **to grips with** in den Griff bekommen, klarkommen mit (*Thema, Problem*) ◼ *übertragen* Herrschaft, Gewalt; **have** (*oder* **keep**) **a grip on** in der Gewalt haben (*Land*), fesseln (*Zuhörer*) ◼ *von Koffer*: (Hand)Griff
grip² [grɪp], **gripped**, **gripped** ◼ ergreifen, packen (*auch übertragen*) ◼ fesseln (*Zuhörer usw.*)
gripe [graɪp] *umg* (≈ nörgeln) meckern (**about** über)
gripping ['grɪpɪŋ] *Buch, Film usw.*: packend, fesselnd
grisly ['grɪzlɪ] grausig
grit¹ [grɪt] ◼ Streusand ◼ *umg* Mut, Schneid
grit² [grɪt], **gritted**, **gritted** ◼ streuen (*Straße*) ◼ **grit one's teeth** die Zähne zusammenbeißen
grizzly ['grɪzlɪ] *auch* **grizzly bear** Grislybär
groan¹ [grəʊn] *vor Schmerz, Sorge usw.*: stöhnen
groan² [grəʊn] (Auf)Stöhnen, Ächzen
★**grocer** ['grəʊsə] Lebensmittelhändler(in); **at the grocer's** *BE* im Lebensmittelladen
groceries ['grəʊsərɪz] *pl* Lebensmittel
grocery ['grəʊsərɪ], *US* **grocery store** ['grəʊsərɪ ˌstɔː] Lebensmittelgeschäft
groggy ['grɒgɪ] *umg* groggy, wacklig auf den Beinen
groin [grɔɪn] ◼ *Körperteil*: Leiste, Leistengegend ◼ **a kick in the groin** ein Tritt in den Unterleib
★**groom**¹ [gruːm] ◼ Pferdepfleger, Stallbursche ◼ *bei Hochzeit*: Bräutigam
★**groom**² [gruːm] ◼ versorgen (*Pferde*) ◼ **groom oneself** sich pflegen; **well-groomed** gepflegt
groovy ['gruːvɪ] *umg* echt cool
grope [grəʊp] ◼ tasten (**for** nach); **grope about** (*oder* **around**) herumtappen, herumtasten ◼ **grope one's way** sich vorwärtstasten ◼ *salopp* befummeln
gross¹ [grəʊs] ◼ brutto; **gross domestic**

product Bruttoinlandsprodukt; **gross earnings** pl Bruttoverdienst; **gross income** Bruttoeinkommen; **gross national product** Bruttosozialprodukt; **gross salary** Bruttogehalt; **gross weight** Bruttogewicht ❷ *Fehler usw.:* schwer, grob, krass; **gross negligence** *Recht:* grobe Fahrlässigkeit ❸ *Benehmen:* ordinär, unfein

gross² [grəʊs] *Mengeneinheit:* Gros (12 Dutzend)

grotty ['grɒtɪ] *Br, umg* mies, schäbig

grouch¹ [graʊtʃ] *umg* Nörgler(in)

grouch² [graʊtʃ] *umg* meckern (**about** über)

grouchy ['graʊtʃɪ] *umg* nörglerisch

★**ground¹** [graʊnd] ❶ Boden, Erde; **above ground** oberirdisch, *Bergbau:* über Tage; **fall to the ground** zu Boden fallen ❷ Boden, Gebiet (*auch übertragen*); **grounds** Gelände, Anlage; **gain ground** (an) Boden gewinnen (*auch Idee usw.*) ❸ *Sport:* Feld, Platz ❹ *übertragen* Standpunkt; **hold** (*oder* **stand**) **one's ground** sich (*oder* seinen Standpunkt) behaupten ❺ *übertragen* (≈ *Motiv*) Grund; **on (the) grounds of** aufgrund von; **on grounds of age** aus Altersgründen ❻ *US; Elektrik* Erde; → **earth** *Br*

★**ground²** [graʊnd] ❶ *übertragen* gründen, stützen (**on, in** auf); **well grounded** wohl begründet ❷ *US; Elektrik* erden; → **earth** *Br*

★**ground³** [graʊnd] 2. *und* 3. Form von → **grind¹**

★**ground⁴** [graʊnd] *Kaffee usw.:* gemahlen; **ground beef** *US* Hackfleisch

ground crew ['graʊnd ˌkruː] *am Flughafen:* Bodenpersonal

★**ground floor** [ˌgraʊnd'flɔː] Erdgeschoss, Ⓐ Erdgeschoß

ground frost ['graʊnd ˌfrɒst] Bodenfrost

ground staff ['graʊnd ˌstɑːf] *Br* Bodenpersonal (*von Flughafen*)

★**group¹** [gruːp] ❶ *allg.:* Gruppe; **a group of trees** eine Baumgruppe ❷ *Wirtschaft:* Konzern

★**group²** [gruːp] ❶ *in ein Schema usw.:* eingruppieren (**into** in) ❷ (*Personen*) sich gruppieren

groupie ['gruːpɪ] Groupie

grove [grəʊv] ❶ *literarisch* Wäldchen ❷ **olive grove** (≈ *Plantage*) Olivenhain

★**grow** [grəʊ], **grew** [gruː], **grown** [grəʊn] ❶ wachsen; **let one's hair grow** sich die Haare wachsen lassen ❷ *übertragen* zunehmen (**in** an), anwachsen; **the noise grew louder** der Lärm nahm zu (*oder* schwoll an); **a growing number of people are giving up smoking** immer mehr Leute geben das Rauchen auf ❸ werden; **he's growing fat** er wird dick ❹ anbauen, anpflanzen (*Gemüse usw.*) ❺ **grow a beard** sich einen Bart wachsen lassen

──────── PHRASAL VERBS ────────

★**grow up** [ˌgrəʊ'ʌp] ❶ aufwachsen; **he grew up in Wales** er ist in Wales aufgewachsen ❷ erwachsen werden; **grow up!** werd endlich erwachsen!

grower ['grəʊə] Pflanzer, Züchter

growl [graʊl] (*Hund*) knurren (*auch übertragen*); **growl at someone** jemanden anknurren

grown [grəʊn] 3. Form von → **grow**

★**grown-up¹** [ˌgrəʊn'ʌp] erwachsen

★**grown-up²** ['grəʊnʌp] Erwachsene(r)

★**growth** [grəʊθ] ❶ *von Mensch, Bevölkerung, Wirtschaft usw.:* Wachstum; **growth industry** Wachstumsindustrie; **growth rate** *Wirtschaft:* Wachstumsrate ❷ *von Gefühl, Interesse usw.:* Zunahme, Anwachsen ❸ *Medizin:* Geschwulst, Wucherung

grub [grʌb] ❶ *von Insekt:* Made, Larve ❷ *salopp* (≈ *Essen*) Futter

grubby ['grʌbɪ] schmuddelig, schmutzig

grudge¹ [grʌdʒ] ❶ missgönnen, nicht gönnen; **I don't grudge you your success** ich gönne dir deinen Erfolg ❷ **grudge doing something** etwas nur widerwillig (*oder* ungern) tun

grudge² [grʌdʒ] Groll; **bear a grudge** nachtragend sein; **have a grudge against someone** jemandem etwas nachtragen

gruelling, *US* **grueling** ['gruːəlɪŋ] aufreibend, zermürbend

gruesome ['gruːsəm] grausig, schauerlich

gruff [grʌf] schroff, barsch

grumble ['grʌmbl] murren (**about, over** über)

grumpy ['grʌmpɪ] *Mensch:* mürrisch

grungy ['grʌndʒɪ] *umg* eklig, mies

grunt [grʌnt] ❶ (*Schwein*) grunzen ❷ *Person:* murren, brummen

guarantee¹ [ˌgærən'tiː] Garantie (**on** auf, für); **the watch is still under guarantee** die Uhr ist noch Garantie; **there's no guarantee of a white Christmas** es gibt keine Garantie für weiße Weihnachten

guarantee² [ˌgærən'tiː] garantieren

★**guard¹** [gɑːd] ❶ bewachen (*Gefangene usw.*) ❷ behüten, schützen (**against, from** vor) (*Person*); **a closely guarded secret** ein streng gehütetes Geheimnis

★**guard²** [gɑːd] ❶ Wache, Wachposten; **be on guard** Wache stehen ❷ *übertragen* Wachsamkeit; **be on one's guard** auf der Hut sein (**against** vor); **the question caught me off** (my) guard die Frage kam für mich überraschend, die Frage traf mich unvorbereitet ❸ Br Schaffner(in), ⓐ Konduktcur(in) ❹ Garde; **guard of honour** Ehrengarde

guardian ['gɑːdɪən] ❶ Hüter, Wächter; **guardian angel** Schutzengel ❷ *Recht*: Vormund

guardianship ['gɑːdɪənʃɪp] *juristisch*: Vormundschaft (**of** über, für)

★**guess**[1] [ɡes] ❶ raten; **how did you guess?** wie hast du das erraten?; **you've guessed it!** du hast's erraten!; **guess who!** rat mal, wer (da ist)! ❷ *bes. US, umg* glauben, schätzen; '**Is she coming?**' - '**I guess so.**' „Kommt sie?" - „Ich schätze ja."

★**guess**[2] [ɡes] Schätzung; **at a guess** schätzungsweise; **I'll give you three guesses** dreimal darfst du raten; **have** (*US* **take**) **a guess!** rate mal!

guesswork ['ɡeswɜːk] (reine) Vermutung

★**guest** [ɡest] Gast; **be my guest!** *umg* nur zu!, tu dir keinen Zwang an!

guesthouse ['ɡesthaʊs] Pension

guest room ['ɡest‿ruːm] Gästezimmer

guffaw [ɡʌˈfɔː] lautes (Auf)Lachen

guidance ['ɡaɪdns] ❶ Leitung, Führung ❷ Anleitung; **for your guidance** zu Ihrer Orientierung ❸ Beratung; **careers guidance** Berufsberatung

★**guide**[1] [ɡaɪd] ❶ führen, den Weg zeigen; **guided tour** Führung (**of** durch) ❷ *übertragen* leiten (*Diskussion usw.*); **be guided by an idea** sich von einer Idee leiten lassen

★**guide**[2] [ɡaɪd] ❶ *Person*: Führer(in), Reiseführer(in) ❷ *Buch*: Führer, Reiseführer; **a guide to London** ein London-Führer ❸ Einführung, Handbuch (**to** über)

guidebook ['ɡaɪdbʊk] Reiseführer

guide dog ['ɡaɪd‿dɒɡ] *Br* Blindenhund

guidelines ['ɡaɪdlaɪnz] *pl* Richtlinien (**on** für); **safety guidelines** Sicherheitshinweise *pl*

guild [ɡɪld] ❶ für Handwerker usw.: Zunft ❷ (≈ *Klub usw.*) Verein

guillotine ['ɡɪlətiːn] ❶ Guillotine ❷ *im Büro usw.*: Papierschneidemaschine

★**guilt** [ɡɪlt] *moralisch und rechtlich*: Schuld; **feelings of guilt** Schuldgefühle

★**guilty** ['ɡɪltɪ] ❶ schuldig; **plead guilty** sich schuldig bekennen; **plead not guilty** seine Unschuld erklären ❷ *Gesichtsausdruck usw.*: schuldbewusst; **a guilty conscience** ein schlechtes Gewissen (**about** wegen)

guinea pig [⚠ 'ɡɪnɪ‿pɪɡ] ❶ Meerschweinchen ❷ *übertragen* Versuchskaninchen

guise [ɡaɪz] ❶ **in the guise of** als ... (verkleidet) ❷ **under** (*oder* **in**) **the guise of** *übertragen* unter dem Deckmantel (+ *Genitiv*)

★**guitar** [ɡɪˈtɑː] Gitarre

gulf [ɡʌlf] ❶ Golf, Meerbusen ❷ *zwischen Menschen, Familien usw.*: Kluft

gullible ['ɡʌləbl] leichtgläubig

gulp[1] [ɡʌlp] ❶ *oft* **gulp down** hinunterstürzen (*Getränk*), hinunterschlingen (*Speise*) ❷ *emotional*: schlucken ❸ *oft* **gulp back** hinunterschlucken, unterdrücken (*Tränen, Schluchzen*)

gulp[2] [ɡʌlp] (kräftiger) Schluck; **at one gulp** auf einen Zug

gum[1] [ɡʌm] *oft* **gums** *pl* Zahnfleisch

gum[2] [ɡʌm] ❶ *Substanz*: Gummi, Kautschuk ❷ *auf Briefmarken usw.*: Klebstoff

★**gun** [ɡʌn] ❶ *allg.*: Schusswaffe ❷ Geschütz, Kanone; **stand** (*oder* **stick**) **to one's guns** *umg* festbleiben, nicht nachgeben ❸ *von Jägern usw.*: Gewehr ❹ *Handfeuerwaffe*: Pistole, Revolver ❺ *Sport*: Startpistole; **jump the gun** einen Fehlstart verursachen, *übertragen* vorpreschen

gunfight [ɡʌnfaɪt] Schießerei

gunfire ['ɡʌn.faɪə] Schießerei, Schüsse *pl*

gunpowder ['ɡʌn.paʊdə] Schießpulver; **Gunpowder Plot** *historisch*: Pulververschwörung

gurgle ['ɡɜːɡl] ❶ (*Wasser*) gluckern ❷ (*Person, bes. Kleinkind*) glucksen (**with** vor)

gush [ɡʌʃ] ❶ (*Blut, Öl, Wasser*) strömen, schießen (**from** aus) ❷ *umg* schwärmen (**over** von)

gust [ɡʌst] Windstoß, Bö

gusty ['ɡʌstɪ] *Wind, Tag*: böig, stürmisch

gut [ɡʌt] ❶ Darm ❷ **guts** *pl* Eingeweide, Gedärme; **hate someone's guts** *umg* jemanden hassen wie die Pest ❸ **guts** *pl umg* Mumm, Schneid; **no one had the guts to tell him the truth** keiner hatte den Mumm, ihm die Wahrheit zu sagen

gutless ['ɡʌtləs] *umg* ohne Mumm (*oder* Schneid)

gutsy ['ɡʌtsɪ] *umg, Kämpfer usw.*: mutig

gutter ['ɡʌtə] ❶ Gosse (*auch übertragen*), Rinnstein ❷ (≈ *Regenrinne*) Dachrinne

gutter press ['ɡʌtə‿pres] Skandalpresse, Sensationspresse

★**guy** [ɡaɪ] *umg* Kerl, Typ; **he's quite a nice guy** er ist ein ganz netter Typ; **hey, you guys!** hallo Leute!

Guy Fawkes' Night [.ɡaɪ'fɔːks‿naɪt] *Br* Feierlichkeiten, Feuerwerk usw. zum Gedenken an die Pulververschwörung vom 5. November 1605; → **Gunpowder Plot**

★**gym** [dʒɪm] *umg* **1** Turnhalle **2** *Schulfach*: Turnen; **gym shoes** *pl* Turnschuhe

gymnasium [dʒɪmˈneɪziəm], *pl*: **gymnasiums** *oder* **gymnasia** [dʒɪmˈneɪziə] Turnhalle, Sporthalle (⚠ *dt. Gymnasium* = **grammar school**, *US* **high school**)

gymnast [ˈdʒɪmnæst] Turner(in)

gymnastics [dʒɪmˈnæstɪks] *pl* (⚠ *nur im sg verwendet*) Turnen, Gymnastik

gynaecologist, *US* **gynecologist** [ˌɡaɪnɪˈkɒlədʒɪst] Gynäkologe, Gynäkologin, Frauenarzt, Frauenärztin

gynaecology, *US* **gynecology** [ˌɡaɪnɪˈkɒlədʒɪ] Gynäkologie

gypsy [ˈdʒɪpsɪ] *oft abwertend* Zigeuner(in)

H

ha [hɑː] *Ausruf*: ha!, ah!

★**habit** [ˈhæbɪt] **1** Gewohnheit, Angewohnheit; **out of** (*oder* **from**) **habit** aus Gewohnheit; **get into** (*bzw.* **out of**) **the habit of smoking** sich das Rauchen angewöhnen (*bzw.* abgewöhnen); **be in the habit of doing something** die Angewohnheit haben, etwas zu tun **2** *bes. von Orden*: Tracht

habitable [ˈhæbɪtəbl] *Haus, Wohnung*: bewohnbar

habitat [ˈhæbɪtæt] *von Tieren, Pflanzen*: Standort, Lebensraum

habitual [həˈbɪtʃʊəl] **1** gewohnheitsmäßig, Gewohnheits…; **habitual criminal** Gewohnheitsverbrecher **2** ständig; **be habitually late** ständig zu spät kommen

hack¹ [hæk] **1** hacken, zerhacken; **hack to pieces** (*oder* **bits**) in Stücke hacken **2** *Computer*: hacken; **hack into something** in etwas eindringen

———————————— PHRASAL VERBS

hack off [ˌhækˈɒf] **1** abhacken **2** **he** *usw.* **hacks me off** *Br, umg* er *usw.* ekelt mich an

————————————

hack² [hæk] **1** (≈ *Schlag*) Hieb **2** *im negativen Sinn*: Schreiberling, *Journalist*: Schmierfink

hacker [ˈhækə] *Computer*: Hacker(in)

hackneyed [ˈhæknɪd] *Argument, Satz usw.*: abgedroschen

hacksaw [ˈhæksɔː] Metallsäge

had [hæd] 2. und 3. Form von → **have¹**, **have²**

★**haddock** [ˈhædək] *pl*: **haddock** Schellfisch

haemophilia [ˌhiːməˈfɪlɪə] *Br* Bluterkrankheit

haemophiliac [ˌhiːməˈfɪlɪæk] *Br* Bluter(in)

haemorrhage [ˈhemərɪdʒ] *Br* Blutung

haemorrhoids [ˈhemərɔɪdz] *pl Br* Hämorrhoiden *pl*

hag [hæɡ] *frauenfeindlich* hässliches altes Weib, Hexe

haggard [ˈhæɡəd] *Person, Gesichtszüge*: abgehärmt, abgezehrt

haggle [ˈhæɡl] feilschen, handeln (**about**, **over um**)

hail¹ [heɪl] Hagel (*auch übertragen: von Flüchen, Fragen, Schlägen usw.*)

hail² [heɪl] hageln

hail³ [heɪl] **1** herbeirufen, herbeiwinken (*Taxi*) **2** *einem Herrscher usw.*: zujubeln

———————————— PHRASAL VERBS

hail down [ˌheɪlˈdaʊn] (*Steine, Schläge usw.*) niederhageln, niederprasseln (**on auf**)

————————————

hailstone [ˈheɪlstəʊn] Hagelkorn

hailstorm [ˈheɪlstɔːm] Hagelschauer

★**hair** [heə] **1** *einzelnes*: Haar; **to a hair** aufs Haar, haargenau **2** (≈ *Frisur*) Haar, Haare *pl*; **do one's hair** sich die Haare richten, sich frisieren **3** *in Wendungen*: **keep your hair on!** *Br, umg* reg dich ab!; **let one's hair down** aus sich herausgehen, *stärker*: auf den Putz hauen; **split hairs** Haarspalterei treiben; **tear one's hair out** sich die Haare raufen; **without turning a hair** ohne mit der Wimper zu zucken; **by a hair's breadth** um Haaresbreite

★**hairbrush** [ˈheəbrʌʃ] Haarbürste

haircare [ˈheəkeə] Haarpflege

hair clippers [ˈheəˌklɪpəz] *pl* Haarschneidemaschine

hair curler [ˈheəˌkɜːlə] Lockenwickler

★**haircut** [ˈheəkʌt] Haarschnitt, Frisur; **have a haircut** sich die Haare schneiden lassen

★**hairdo** [ˈheəduː] *pl*: **hairdos** Frisur

★**hairdresser** [ˈheəˌdresə] Friseur, Friseuse; **at the hairdresser's** beim Friseur

hairdressing [ˈheəˌdresɪŋ] Frisieren

hairdressing salon [ˈheədresɪŋˌsælɒn] Friseursalon

hairdrier, **hairdryer** [ˈheəˌdraɪə] Haartrockner, Fön®, Föhn

hair dye [ˈheə‿daɪ] Haarfärbemittel

hair gel [ˈheə‿dʒel] Haargel

hairless [ˈheələs] **1** *Körperteil, Tier*: unbehaart **2** *Kopf*: kahl

hairpin [ˈheəpɪn] **1** Haarnadel **2** *auch* **hairpin bend** Haarnadelkurve

hair-raising ['heə,reɪzɪŋ] *Erlebnis, Geschichte usw.*: haarsträubend
hair slide ['heə‿slaɪd] *Br* Haarspange
hair spray ['heə‿spreɪ] Haarspray
hair straighteners ['heə,streɪtnəz] *pl* Haarglätter
hairstyle ['heəstaɪl] Frisur
hair stylist ['heə,staɪlɪst] Friseur, Friseuse
hairy ['heərɪ] **1** *Person*: haarig, behaart **2** *umg*; *Situation*: haarig, schwierig
★**half¹** [hɑːf] **1** halb; **half a mile** eine halbe Meile; **two and a half pounds** zweieinhalb Pfund **2** halb, zur Hälfte; **half as long** halb so lang; **half past two** *Uhrzeit*: halb drei; **half an hour** eine halbe Stunde **3** halbwegs, fast, nahezu; **half dead** halb tot; **not half bad** *umg* gar nicht übel; **I half suspect** ich vermute fast
★**half²** [hɑːf] *pl*: **halves** [hɑːvz] **1** Hälfte; **cut in half** (*oder* **in(to) halves**) halbieren; **go halves with someone (on something)** (etwas) mit jemandem teilen, (bei etwas) mit jemandem halbe-halbe machen **2** *Sport*: Halbzeit **3** *auch* **half of the field** *Sport*: Spielfeldhälfte, Hälfte
halfback ['hɑːfbæk] *Fußball*: Mittelfeldspieler
half-baked [,hɑːf'beɪkt] *umg*, *Plan usw.*: nicht durchdacht, unausgegoren
half board [,hɑːf'bɔːd] *Br* Halbpension
half-hearted [,hɑːf'hɑːtɪd] halbherzig
★**half-hour** [,hɑːf'aʊə] halbe Stunde
half moon [,hɑːf'muːn] Halbmond
half-pint [,hɑːfpaɪnt] **a half-pint of beer** *etwa*: ein kleines Bier
halfpipe ['hɑːfpaɪp] Halfpipe (*Halbröhre zum Trickfahren*)
half-price [,hɑːf'praɪs] zum halben Preis
half term [,hɑːf'tɜːm] *Br* Ferien in der Mitte des Trimesters
half time [,hɑːf'taɪm] *Sport*: (≈ *Pause*) Halbzeit; **at half time** bei (*oder* zur) Halbzeit
halfway [,hɑːf'weɪ] *örtlich*: auf halbem Weg, in der Mitte (*auch übertragen*); **meet someone halfway** *bes. übertragen* jemandem auf halbem Weg entgegenkommen
half-wit ['hɑːfwɪt] Schwachkopf, Trottel
★**hall** [hɔːl] **1** *großer Raum*: Halle, Saal; **hall of mirrors** *auf dem Rummelplatz*: Spiegelkabinett **2** *Vorraum*: Diele, Flur **3** *auch* **hall of residence** Studentenheim; **live in hall** *US* im Wohnheim wohnen
hallo [hə'ləʊ] *Br* → hello
hallstand ['hɔːlstænd] **1** (Flur)Garderobe **2** Garderobenständer
halt [hɔːlt] Halt; **bring to a halt** anhalten, zum Stehen bringen; **come to a halt** anhalten, zum Stehen kommen
halve [hɑːv] halbieren
halves [hɑːvz] *pl von* → half²
★**ham** [hæm] Schinken; **ham and eggs** Schinken mit Spiegelei; **ham sandwich** Schinkenbrot
★**hamburger** ['hæmbɜːgə] Hamburger
ham-fisted [,hæm'fɪstɪd] *umg* tollpatschig, ungeschickt
hamlet ['hæmlət] *kleines Dorf*: Weiler
★**hammer¹** ['hæmə] **1** *Werkzeug*: Hammer; **come** (*oder* **go**) **under the hammer** übertragen unter den Hammer kommen **2** *Sportgerät*: Hammer; **throwing the hammer** Hammerwerfen
★**hammer²** ['hæmə] **1** hämmern; **hammer a nail into the wall** einen Nagel in die Wand schlagen; **he hammered at the door** er hämmerte gegen die Tür **2** *umg*; *Sport*: vernichtend schlagen; **we hammered them 5-0** (*gesprochen* **five nil**) wir fertigten sie mit 5:0 ab
hammer drill ['hæmə‿drɪl] Schlagbohrer
hammock ['hæmək] Hängematte
hamper¹ ['hæmpə] **1** Geschenkkorb (*mst. mit Feinkost*) **2** *US* Wäschekorb
hamper² ['hæmpə] hindern, behindern
★**hand¹** [hænd] **1** Hand; **at hand** bei der (*oder* zur) Hand; **by hand** mit der Hand, manuell; **hands off!** Finger weg!; **hands up!** Hände hoch!, *in der Schule*: meldet euch!; **hold hands** Händchen halten; **shake hands with someone** jemandem die Hand schütteln (*oder* geben) **2** *von Uhr, Instrument usw.*: Zeiger **3** *bei Kartenspiel*: Blatt; **show one's hand** seine Karten aufdecken (*auch übertragen*) **4** (≈ *Händeklatschen*) Applaus, Beifall; **give a big hand to ...** Applaus für ... **5** **on the right** (*bzw.* **left**) **hand** rechts (*bzw.* links); **we drive on the right-hand side of the road** wir fahren auf der rechten Straßenseite **6** *oft in Zusammensetzungen*: Arbeiter; **farm hand** Landarbeiter **7** *übertragen* Hand, Quelle; **at first** (*bzw.* **second**) **hand** aus erster (*bzw.* zweiter) Hand **8** *in Wendungen*: **give** (*oder* **lend**) **someone a hand** jemandem helfen (**with** bei); **have a hand in something** seine Hand bei etwas im Spiel haben, an etwas beteiligt sein; **get out of hand** außer Kontrolle geraten; **live from hand to mouth** von der Hand in den Mund leben; **on the one hand ..., on the other hand** einerseits ..., andererseits ...
★**hand²** [hænd] **1** geben, reichen **2** **you've got to hand it to him** man muss es ihm lassen

PHRASAL VERBS

hand around [ˌhænd‿əˈraʊnd] herumreichen, herumgehen lassen

hand back [ˌhændˈbæk] zurückgeben

hand down [ˌhændˈdaʊn] **1** *von Schrank, Regal usw.*: hinunterreichen, herunterreichen **2** *übertragen* weitergeben, überliefern (*Tradition, Brauch usw.*)

hand in [ˌhændˈɪn] **1** abgeben (*Prüfungsarbeit, Aufsatz usw.*) **2** einreichen (*Gesuch usw.*) (**to** bei)

hand on [ˌhændˈɒn] **1** weitergeben (**to** an); **read the memo and hand it on** lesen Sie die Mitteilung und geben Sie sie weiter **2** weitergeben, überliefern (*Tradition, Brauch usw.*)

hand out [ˌhændˈaʊt] verteilen, austeilen (*Blätter usw.*)

hand over [ˌhændˈəʊvə] **1** geben, aushändigen (*Sache*) **2** übertragen übergeben (*Macht, Amt usw.*)

★**handbag** [ˈhændbæg] Handtasche

hand baggage [ˈhændˌbægɪdʒ] Handgepäck

handball [ˈhændbɔːl] *Ballspiel*: Handball

handbook [ˈhændbʊk] Handbuch (*über ein bestimmtes Thema*); → manual²

handbrake [ˈhændbreɪk] *Br* Handbremse

handbrush [ˈhændbrʌʃ] Handfeger

handcuff [ˈhændkʌf] Handschellen anlegen; **handcuffed** in Handschellen

handcuffs [ˈhændkʌfs] *pl* Handschellen

hand file [ˈhænd‿faɪl] Handfeile

handful [ˈhændfʊl] **1** (≈ *kleine Menge*) Handvoll (*auch übertragen*: wenige Personen) **2** **our daughter is quite a handful** *umg* unsere Tochter hält uns ganz schön in Trab

hand-held [ˈhændˌheld] Hand... **hand-held camera** Handkamera; **hand-held computer** Taschencomputer, Handheld

handicap¹ [ˈhændɪkæp] **1** Behinderung (*auch körperlich oder geistig*) **2** (≈ *Nachteil*) Handikap (*auch im Sport*)

handicap² [ˈhændɪkæp], **handicapped, handicapped** behindern, benachteiligen

handicapped¹ [ˈhændɪkæpt] **mentally** (*bzw.* **physically**) **handicapped** (⚠ *wird oft als abwertend empfunden*) geistig (*bzw.* körperlich) behindert

handicapped² [ˈhændɪkæpt] **the handicapped** (⚠ *nur im pl verwendet*) die Behinderten

handicraft [ˈhændɪkrɑːft] (Kunst)Handwerk, Handarbeit; **do handicrafts** Handarbeiten machen

handiwork [ˈhændɪwɜːk] **1** Handarbeit **2** **the handiwork of ...** *mst. bei Verbrechen*: das Werk von ...

★**handkerchief** [ˈhæŋkətʃɪf] Taschentuch, ⓐ Nastuch

★**handle¹** [ˈhændl] **1** Griff, Handgriff **2** *von Axt, Besen usw.*: Stiel **3** *von Topf, Eimer usw.*: Henkel **4** *von Tür*: Klinke **5** **fly off the handle** *umg* hochgehen, wütend werden

★**handle²** [ˈhændl] **1** anfassen, berühren (*Waren usw.*); **glass – handle with care!** Vorsicht, Glas! **2** umgehen mit, fertig werden mit (*Menschen, Maschine, Situation*); **she handled the matter very tactfully** sie hat sich in der Sache sehr taktvoll verhalten **3** (≈ *sich bedienen lassen*) **the car handles well** der Wagen fährt sich gut

handlebars [ˈhændlbɑːz] *pl von Fahrrad, Motorrad*: Lenker

handling charge [ˈhændlɪŋ ˌtʃɑːdʒ] **1** Bearbeitungsgebühr **2** *von Bank*: Kontoführungsgebühren

hand luggage [ˈhændˌlʌgɪdʒ] Handgepäck

handmade [ˌhændˈmeɪd] **these shoes are handmade** diese Schuhe sind Handarbeit

handout [ˈhændaʊt] *in der Schule usw.*: Hand--out, Blatt, Kopie

handsaw [ˈhændsɔː] Handsäge

hands-free [ˌhændzˈfriː] Freisprech...; **hands--free phone** Freisprechtelefon

handshake [ˈhændʃeɪk] Händedruck

★**handsome** [⚠ ˈhænsəm] **1** *bes. Mann*: gut aussehend **2** *Summe, Preis usw.*: beträchtlich, ansehnlich

handstand [ˈhændstænd] Handstand; **do a handstand** einen Handstand machen

★**handwriting** [ˈhændˌraɪtɪŋ] Handschrift

handy [ˈhændɪ] **1** griffbereit, bei der Hand; **keep something handy** etwas griffbereit halten **2** *Person*: geschickt **3** (≈ *hilfreich*) praktisch, handlich; **come in handy** sich als nützlich erweisen, (sehr) gelegen kommen

★**hang¹** [hæŋ], **hung** [hʌŋ], **hung** [hʌŋ] **1** hängen, aufhängen (*Bild, Gardinen usw.*); **hang on a hook** an einen Haken hängen **2** einhängen (*Tür usw.*) **3** ankleben (*Tapeten*) **4** *US umg* **how's it hanging?** wie geht's, wie steht's?

PHRASAL VERBS

hang about *oder* **around** [ˌhæŋ‿əˈbaʊt *oder* əˈraʊnd] herumlungern, sich herumtreiben

hang back [ˌhæŋˈbæk] zögern

hang down [ˌhæŋˈdaʊn] herunterhängen (**from** von)

hang on [ˌhæŋˈɒn] **1** festhalten, sich klammern (**to** an) **2** *umg* warten; **hang on, please** *am Telefon*: bitte bleiben Sie dran **3 hang on!** *umg* Moment!, Augenblick!

hang out [ˌhæŋˈaʊt] *umg* herumhängen

★**hang up** [ˌhæŋˈʌp] *Telefon*: einhängen, auflegen (*Hörer*); **she hung up on me** sie hat einfach aufgelegt

hang² [hæŋ], hanged, hanged (≈ *töten*) hängen, aufhängen (*Person*); **hang oneself** sich erhängen

hang³ [hæŋ] **get the hang of something** herausbekommen, wie man etwas macht

hanger [ˈhæŋə] Kleiderbügel

hangout [ˈhæŋaʊt] *umg* Treff, Treffpunkt

hangover [ˈhæŋˌəʊvə] *nach Rausch*: Kater

hangup [ˈhæŋʌp] *umg*, *psychisches Problem*: Komplex

hanker [ˈhæŋkə] sich sehnen, Verlangen haben (**after, for** nach)

hankering [ˈhæŋkərɪŋ] Sehnsucht, Verlangen (**for** nach)

hankie, hanky [ˈhæŋkɪ] *umg* Taschentuch

hanky-panky [ˌhæŋkɪˈpæŋkɪ] *umg* (≈ *Flirt*) Techtelmechtel

haphazard [hæpˈhæzəd] planlos, wahllos; **haphazardly** *auch*: aufs Geratewohl

★**happen** [ˈhæpən] **1** geschehen, sich ereignen, passieren; **it won't happen again** es wird nicht wieder vorkommen; **these things do happen** das kommt vor **2** zufällig geschehen, sich zufällig ergeben; **if you happen to see her** wenn du sie zufällig siehst (*oder* sehen solltest); **do you happen to know him?** kennst du ihn zufällig?

happening [ˈhæpənɪŋ] Ereignis

happily [ˈhæpɪlɪ] **1 he smiled happily** er lächelte glücklich **2** glücklicherweise, zum Glück; **happily, no one was injured** glücklicherweise wurde niemand verletzt

happiness [ˈhæpɪnəs] *Gefühl*: Glück; → **luck**

★**happy** [ˈhæpɪ] **1** *allg*.: glücklich (**at, about** über); **I'm so happy to see you** es freut mich riesig, dich zu sehen; **are you happy with your new car?** bist du mit deinem neuen Auto zufrieden?; → **lucky 2** *in Glückwünschen*: **happy birthday!** herzlichen Glückwunsch zum Geburtstag; **happy New Year** ein glückliches neues Jahr **3 be happy to do something** etwas gerne tun; **I'd be happy to help you,** **but ...** ich würde dir ja gerne helfen, aber ...

happy-go-lucky [ˌhæpɪɡəʊˈlʌkɪ] unbekümmert, sorglos

harass [ˈhærəs] **1** ständig belästigen (**with** mit) **2** schikanieren

harassment [ˈhærəsmənt] **harassment in the workplace** Mobbing (*in der Arbeit*)

★**harbor** *US*, ★**harbour** *Br* [ˈhɑːbə] *für Schiffe*: Hafen

★**hard** [hɑːd] **1** ↔ **soft**; *Eis, Stein, Metall usw.*: hart; **frozen hard** hart gefroren **2** ↔ **easy**; *Problem, Frage usw.*: schwer, schwierig; **hard work** harte Arbeit; **work hard** hart arbeiten; **hard to believe** kaum zu glauben; **hard to imagine** schwer vorstellbar **3** *Ruck, Stoß usw.*: heftig, stark; **a hard blow** ein harter Schlag, *übertragen auch* ein schwerer Schlag **4** ↔ **mild**; *Winter*: hart **5** ↔ **mild**; *Klima*: rau **6** *Person*: hart, streng; **be hard on someone** mit jemandem streng sein **7** *Situation, Umstände*: hart, drückend; **hard times** schwere Zeiten **8** (≈ *objektiv*) hart, nüchtern; **the hard facts** die nackten Tatsachen **9** ↔ **soft**; *Drogen*: hart **10** ↔ **soft**; *Getränk*: stark; **hard liquor** scharfe Sachen, Schnaps **11 try hard** sich große Mühe geben **12 think hard** scharf (*oder* gründlich) nachdenken

hardback [ˈhɑːdbæk] *Buch*: gebundene Ausgabe

★**hard-boiled** [ˌhɑːdˈbɔɪld] **1** *Ei*: hart, hart gekocht **2** *übertragen* hartgesotten, realistisch

hard cash [ˌhɑːdˈkæʃ] Bargeld, Bares

hard copy [ˌhɑːdˈkɒpɪ] Ausdruck

hardcover [ˈhɑːdˌkʌvə] *Buch*: gebundene Ausgabe

★**hard disk** [ˌhɑːdˈdɪsk] *Computer*: Festplatte

hard drive [ˌhɑːdˈdraɪv] *Computer*: Festplattenlaufwerk

harden [ˈhɑːdn] **1** härten (*auch Metall*), hart machen **2** *übertragen* abstumpfen (**to** gegen); **hardened** *Verbrecher*: verstockt, abgebrüht **3** (≈ *widerstandsfähig machen*) abhärten (**to** gegen) **4** (*Geschmolzenes*) hart werden (*auch übertragen Person*)

hard feelings [ˌhɑːdˈfiːlɪŋs] *pl* **no hard feelings!** nichts für ungut

hard hat [ˌhɑːdˈhæt] Schutzhelm

hard-headed [ˌhɑːdˈhedɪd] nüchtern, realistisch

hard-hearted [ˌhɑːdˈhɑːtɪd] hartherzig

★**hardly** [ˈhɑːdlɪ] kaum, fast nicht; **hardly ever** fast nie, so gut wie nie; **hardly anyone** kaum jemand, fast niemand; **I can hardly wait to**

see you again ich kann es kaum erwarten, dich wiederzusehen

hard-nosed [ˌhɑːdˈnəʊzd] *umg* knallhart

hard sell [ˌhɑːdˈsel] *Wirtschaft*: aggressive Verkaufsstrategie

hardship [ˈhɑːdʃɪp] Not, Elend

hard shoulder [ˌhɑːdˈʃəʊldə] *Br*; *auf Autobahn*: Standspur

hard skills [ˌhɑːdˈskɪlz] *pl* Können, Fähigkeiten

★**hardware** [ˈhɑːdweə] (▲ *nur im sg verwendet*) **1** Haushaltswaren *pl* **2** *Computer*: Hardware

hard-wearing [ˌhɑːdˈweərɪŋ] *Br*; *Material usw.*: strapazierfähig

hard-working [ˌhɑːdˈwɜːkɪŋ] fleißig, arbeitsam

hardy [ˈhɑːdɪ] **1** zäh, robust **2** *Pflanze*: winterfest

hare [heə] *Tier*: Hase

harebrained [ˈheəbreɪnd] verrückt

★**harm**[1] [hɑːm] (▲ *nur im sg verwendet*) Schaden; **there's no harm in trying** ein Versuch kann nicht schaden; **come to harm** zu Schaden kommen; **do someone harm** jemandem schaden (*oder* etwas antun)

★**harm**[2] [hɑːm] **1** verletzen (*Person*) (*auch übertragen*) **2** schaden (*Person, Ruf*)

harmful [ˈhɑːmfl] schädlich (**to** für); **harmful to one's health** gesundheitsschädlich; **harmful substance** Schadstoff

harmless [ˈhɑːmləs] harmlos

harmony [ˈhɑːmənɪ] **1** *Musik*: Harmonie **2** *übertragen auch* Einklang, Eintracht

harness[1] [ˈhɑːnɪs] (≈ *Pferdegeschirr usw.*) Geschirr

harness[2] [ˈhɑːnɪs] **1** aufzäumen (*Pferd*) **2** *übertragen* nutzbar machen (*Kräfte, Talente usw.*)

harp [hɑːp] *Musikinstrument*: Harfe

harpoon [hɑːˈpuːn] Harpune

harsh [hɑːʃ] **1** *Stoff, Land, Klima*: rau **2** *Farbe, Licht, Ton*: grell **3** *Tonfall, Stimme, Art*: barsch, schroff **4** *Strafe*: hart; **don't be too harsh with her** sei nicht so streng mit ihr

★**harvest**[1] [ˈhɑːvɪst] Ernte (*Zeitraum, Arbeit, Ertrag*)

★**harvest**[2] [ˈhɑːvɪst] ernten

has [həz, *betont*: hæz] er, sie, es hat

hash[1] [hæʃ] **1** *Hackfleischgericht*: Haschee **2** **make a hash of something** *übertragen, umg* etwas vermasseln (*Prüfung usw.*)

hash[2] [hæʃ] *umg* Hasch

hashish [ˈhæʃɪʃ] Haschisch

hashtag [ˈhæʃtæg] *Internet*: Hashtag

hassle[1] [ˈhæsl] *umg* Mühe, Theater; **it was quite a hassle getting** (*oder* **to get**) **this book** es war ganz schön mühsam, dieses Buch zu besorgen

hassle[2] [ˈhæsl] bedrängen

haste [heɪst] Hast, Eile; **more haste, less speed** eile mit Weile

hasten [▲ ˈheɪsn] **1** beschleunigen (*ein Ereignis usw.*) **2** eilen, sich beeilen

hasty [ˈheɪstɪ] **1** eilig, hastig; **a hasty meal** eine schnelle Mahlzeit **2** *Abreise*: überstürzt **3** *Entscheidung usw.*: vorschnell

★**hat** [hæt] **1** Hut; **I'll eat my hat if …** *umg* ich fresse einen Besen, wenn …; **that's old hat** *umg* das ist ein alter Hut **2** *gestrickt*: Mütze

hatch[1] [hætʃ] **1** *auf Schiff usw.*: Luke **2** **(serving) hatch** Durchreiche

hatch[2] [hætʃ] **1** *auch* **hatch out** ausbrüten (*Eier, Küken*) **2** *auch* **hatch out** ausbrüten, aushecken (*Plan*) **3** (*Küken*) schlüpfen

hatchback [ˈhætʃbæk] Auto mit schräger Hecktür

hatchet [ˈhætʃɪt] Beil; **bury the hatchet** *übertragen* das Kriegsbeil begraben

★**hate**[1] [heɪt] **1** *allg.*: hassen **2** sehr ungern tun, nicht mögen; **I hate being late** ich komme (äußerst) ungern zu spät; **I hate to say this but …** ich sage das ungern, aber …; **I hate to tell you that** es tut mir leid, dir das sagen zu müssen

★**hate**[2] [heɪt] Hass (**of, for** auf, gegen); **full of hate** hasserfüllt

★**hatred** [ˈheɪtrɪd] Hass (**of, for** auf, gegen)

hat trick [ˈhættrɪk] *Sport*: Hattrick

haughty [ˈhɔːtɪ] hochmütig, überheblich

haul[1] [hɔːl] **1** ziehen, schleppen (*schwere Last*) **2** *mit LKW usw.*: befördern, transportieren

haul[2] [hɔːl] **1** *Fische*: Fang **2** *von gestohlenen oder illegalen Gütern*: Beute, Fang **3** (≈ *Entfernung*) Strecke; **it's a long haul from … to …** es ist ein weiter Weg von … nach …

haulier [ˈhɔːlɪə], *US* **hauler** [ˈhɔːlə] **1** (≈ *Firma*) Spedition **2** Transportunternehmer(in)

haunt[1] [hɔːnt] **1** **this room is haunted** in diesem Zimmer spukt es; **haunted castle** Spukschloss **2** **be haunted by** *von Angst, Erinnerungen usw.*: verfolgt werden von, gequält werden von; **haunted look** gehetzter Blick **3** *umg* häufig besuchen (*Bar, Café usw.*)

haunt[2] [hɔːnt] Treffpunkt, häufig besuchter Ort; **he's probably at one of his favourite haunts** er ist wahrscheinlich in einer seiner Stammkneipen

haunting [ˈhɔːntɪŋ] *Erinnerungen*: quälend

★**have**[1] [hæv], had [hæd], had [hæd] **1** *auch* **have got** *allg.*: haben; **have you got a light?** hast du mal Feuer?; **you have ten minutes** du hast zehn Minuten (Zeit) **2** haben, erleben; **have a good time!** viel Spaß!; **did you have a nice holiday?** hattest du einen schönen Urlaub? **3** bekommen (*Baby*) **4** behalten; **may I have it?** darf ich es behalten? **5** erhalten, bekommen; **I just had a letter from ...** ich habe eben einen Brief von ... erhalten **6** essen, trinken; **have breakfast** frühstücken; **have lunch** zu Mittag essen; **have a biscuit!** nimm einen Keks! **7** *mit Substantiven*: **have a look at something** etwas anschauen; **have a walk** spazieren gehen; **have a shower** *Br* duschen; **have a chat** plaudern, ein Schwätzchen halten; **have a baby** ein Baby bekommen **8** **have (got) to** müssen; **I've to go now** ich muss jetzt gehen; **you don't have to go** du musst nicht gehen, du brauchst nicht zu gehen; → must[1] **9** **have something done** etwas tun lassen; **I had my car washed** ich habe meinen Wagen waschen lassen; **I'm having a dress made** ich lasse mir gerade ein Kleid machen **10** *in Wendungen*: **let him have it!** *umg* gib's ihm!, mach ihn fertig!; **if I fail the exam, I've had it** wenn ich die Prüfung nicht bestehe, bin ich geliefert; **my car has had it** *umg* mein Auto ist am Ende

★**have**[2] [hæv], had [hæd], had [hæd] **1** *Hilfsverb zur Bildung von Vergangenheitsformen*: haben, (*bei vielen Verben ohne Objekt*) sein; **have you finished?** bist du fertig?; **she has agreed** sie hat zugestimmt; **he had said** er hatte gesagt **2** *in Frageanhängseln*: **you've met her, haven't you?** du kennst sie, nicht wahr? **3** **had better** sollte besser; **we had** (*oder* **we'd**) **better go** wir sollten jetzt besser gehen

---

PHRASAL VERBS

have on [,hæv'ɒn] **1** anhaben (*Kleider*); **what did she have on?** was hatte sie an? **2** **he's having you on** *umg* er legt dich rein; **you're having me on!** du willst mich wohl auf den Arm nehmen! **3** **I've got nothing** (*oder* **I haven't got anything**) **on tomorrow** ich habe morgen noch nichts vor

---

have-nots ['hævnɒts] **the have-nots** *pl* die Habenichtse, die armen Leute

havoc ['hævək] **cause** (*oder* **wreak** [▲ri:k]) **havoc** schwere Zerstörungen verursachen

hawk [hɔ:k] **1** *Vogel*: Habicht, Falke **2** übertragen; *Politiker*: Falke

★**hay** [heɪ] **1** (≈ *getrocknetes Gras*) Heu **2** **make hay while the sun shines** übertragen das Eisen schmieden, solange es heiß ist **3** **hit the hay** *salopp* sich in die Falle hauen

hay fever ['heɪ,fi:və] Heuschnupfen

haywire ['heɪwaɪə] *umg* **1** *Gerät*: kaputt; **go haywire** verrücktspielen **2** *Pläne usw.*: (völlig) durcheinander; **go haywire** durcheinandergeraten **3** *Person*: übergeschnappt; **go haywire** durchdrehen

hazard ['hæzəd] Gefahr, Risiko; **health hazard** Gesundheitsrisiko; **hazard (warning) lights** *pl* im Auto: Warnblinkanlage

hazardous ['hæzədəs] gefährlich, riskant; **hazardous waste** Sondermüll

haze [heɪz] *leichter Rauch oder Nebel*: Dunst, Dunstschleier

hazelnut ['heɪzlnʌt] Haselnuss

hazy ['heɪzɪ] **1** *Luft*: dunstig, diesig **2** *Vorstellung*: verschwommen, nebelhaft; **I'm a bit hazy about the accident** ich kann mich nur vage an den Unfall erinnern

H-bomb ['eɪtʃbɒm] H-Bombe, Wasserstoffbombe

HDTV [,eɪtʃdi:ti:'vi:] (*abk für* high-definition television) HDTV

★**he**[1] [hi:, *unbetont*: hɪ] er; **he did it** er war's

★**he**[2] [hi:] *Baby*: Er, *Tier*: Männchen; **it's a he** es ist ein Er

★**he**[3] [hi:] *in Verbindung mit Tieren*: männlich, ...männchen; **he-goat** Ziegenbock

★**head**[1] [hed] **1** *allg.*: Kopf **2** übertragen Oberhaupt; **head of the family** Familienvorstand, Familienoberhaupt; **head of state** Staatsoberhaupt **3** (≈ *Führungskraft*) Anführer(in), Leiter(in); **head of government** Regierungschef(in); **head of department** Abteilungsleiter(in) **4** *Br* Schulleiter(in) **5** *von Rangfolge*: Spitze, führende Stellung; **at the head of** an der Spitze von (*oder Genitiv*) **6** *von Nagel, Brief usw.*: Kopf **7** **heads** *pl von Münze*: Vorderseite; **heads or tails?** Wappen oder Zahl? **8** *von Schriftstücken*: Überschrift, Titelkopf **9** *in Wendungen*: **above** (*oder* **over**) **someone's head** zu hoch für jemanden; **head over heels** stürzen: kopfüber; **be head over heels in love** bis über beide Ohren verliebt sein; **bury one's head in the sand** den Kopf in den Sand stecken; **go to someone's head** (*Alkohol, Erfolg usw.*) jemandem in den (*oder* zu) Kopf steigen; **lose one's head** den Kopf (*oder* die Nerven) verlieren

★**head**² [hed] *in Zusammensetzungen* **1** Kopf... **2** Chef..., Haupt..., Ober...; **head waiter** Chefkellner; **head nurse** *US* Oberschwester

★**head**³ [hed] **1** anführen, an der Spitze stehen von (*Liga, Tabelle, Rangliste*) **2** führen, leiten (*Firma, Abteilung usw.*); **headed by** unter der Leitung von **3** *Fußball:* köpfen **4** (≈ *in eine bestimmte Richtung fahren*) **head north** in Richtung Norden fahren; **we're heading home** wir sind auf dem Weg nach Hause

——————— PHRASAL VERBS ———————

head for ['hed ˌfɔː] **1** gehen nach, fahren nach; **where are you heading for?** wo fahren Sie hin? **2** **you're heading for trouble** du bist dabei (*oder* auf dem besten Wege), Ärger zu kriegen

★**headache** ['hedeɪk] Kopfschmerz(en), Kopfweh

headband ['hedbænd] Stirnband

head boy [ˌhedˈbɔɪ] *Br* Schulsprecher

header ['hedə] **1** *ins Wasser:* Kopfsprung, Ⓐ Köpfler **2** *Fußball:* Kopfball, Ⓐ Köpfler

headfirst [ˌhedˈfɜːst] **1** kopfüber, mit dem Kopf voran **2** (≈ *überstürzt*) Hals über Kopf

head girl [ˌhedˈgɜːl] *Br* Schulsprecherin

headhunter ['hedˌhʌntə] **1** Kopfjäger **2** (≈ *Abwerber in der Wirtschaft*) Headhunter

heading ['hedɪŋ] *auf Schriftstück:* Überschrift, Titel, Titelzeile

headlight ['hedlaɪt], *Br auch* **headlamp** ['hedlæmp] *an Auto usw.:* Scheinwerfer

★**headline** ['hedlaɪn] **1** *in der Zeitung usw.:* Schlagzeile; **hit the headlines** Schlagzeilen machen; **the news headlines** *in Radio, TV:* die Kurznachrichten

headlong ['hedlɒŋ] **1** kopfüber, mit dem Kopf voran **2** (≈ *überstürzt*) Hals über Kopf

★**headmaster** [ˌhedˈmɑːstə] *Br* Schulleiter

headmistress [ˌhedˈmɪstrəs] *Br* Schulleiterin

head office [ˌhedˈɒfɪs] Hauptbüro, Zentrale

head-on [ˌhedˈɒn, *vorangestellt:* 'hedɒn] **1** *Unfall usw.:* frontal, Frontal... **2** *übertragen* direkt

headphones ['hedfəʊnz] *pl* Kopfhörer

headquarters [ˌhedˈkwɔːtəz] *pl* (⚠ *oft im sg verwendet*) **1** *von Militär:* Hauptquartier **2** *von Polizei:* Präsidium **3** *von Unternehmen:* Zentrale

headrest ['hedrest] Kopfstütze

headset ['hedset] Kopfhörer *pl*

head start [ˌhedˈstɑːt] *Sport:* Vorsprung (*auch übertragen*); **have a head start on someone** jemandem gegenüber im Vorteil sein

headstrong ['hedstrɒŋ] eigensinnig, halsstarrig

headteacher [ˌhedˈtiːtʃə] *Br* Schulleiter(in)

headway ['hedweɪ] **make headway (with)** gut vorankommen (mit), Fortschritte machen (bei)

★**heal** [hiːl] *auch* **heal up** (*oder* **over**) (*Verletzung, Wunde usw.*) (ver)heilen

★**health** [helθ] **1** Gesundheit; **health and safety** Sicherheit und Gesundheit; **health and safety at work** Arbeitsschutz; **health and safety regulations** *pl* Arbeitsschutzvorschriften; **health care** medizinische Versorgung; **health centre** *Br;* etwa: Ärztehaus; **health certificate** Gesundheitszeugnis; **health club** Fitnesscenter; **health food** Reformkost, Naturkost; **health hazard** Gesundheitsrisiko; **health insurance** Krankenversicherung; **the Health Service** *Br* das Gesundheitswesen; **state of health** Gesundheitszustand **2** *in Trinksprüchen:* Gesundheit, Wohl; **drink to someone's health** auf jemandes Wohl trinken

★**healthy** ['helθɪ] **1** *allg.:* gesund (*auch übertragen*) **2** *Appetit:* gesund, kräftig

★**heap**¹ [hiːp] **1** *ungeordnete Menge:* Haufen; **in heaps** haufenweise **2** *umg* (≈ *viel*) Haufen, Menge; **we've got heaps of time** wir haben jede Menge Zeit

★**heap**² [hiːp] **1** häufen, anhäufen (*Sachen*) **2** *auch* **heap up** volladen, beladen (*Teller usw.*) **3** **heap praises on someone** jemanden mit Lob überhäufen

★**hear** [hɪə], **heard** [hɜːd], **heard** [hɜːd] **1** hören; **make oneself heard** sich Gehör verschaffen **2** (≈ *informiert werden*) hören, erfahren **3** (*Richter*) verhandeln (*Fall*) **4** **hear, hear!** bravo!, sehr richtig!

——————— PHRASAL VERBS ———————

hear about ['hɪər ˌəˌbaʊt] (≈ *informiert werden*) hören, erfahren; **I heard about your accident** ich habe von deinem Unfall gehört

hear from ['hɪə ˌfrɒm] (≈ *in Kontakt sein*) hören; **I heard from him last week** er hat sich letzte Woche gemeldet (*mit Brief usw.*)

hear of ['hɪər ˌəv] **1** (≈ *jemanden oder etwas kennen*) **have you ever heard of a man called X?** hast du schon mal von einem Herrn X gehört? **2** (≈ *Nachricht über jemanden haben*) **he hasn't been heard of for quite a while** man hat lange nichts mehr von ihm gehört **3** **he wouldn't hear of it** er wollte davon nichts hören (*oder* wissen)

heard [hɜːd] 2. und 3. Form von → hear

★**hearing** ['hɪərɪŋ] **1** Hören; **within** (*bzw.* **out**

of) hearing in (*bzw.* außer) Hörweite ■2 *einer der Sinne*: Gehör; **hard of hearing** schwerhörig ■3 *vor Gericht*: Vernehmung, Verhandlung ■4 *Politik*: Hearing, Anhörung
hearsay ['hɪəseɪ] **by hearsay** vom Hörensagen
★**heart** [hɑːt] ■1 *Organ*: Herz (*auch übertragen* Mitgefühl *usw.*); **with all one's heart** von ganzem Herzen; **break someone's heart** jemandem das Herz brechen; **have no heart** *übertragen* kein Herz haben, herzlos sein; **I didn't have the heart to tell her** ich brachte es nicht übers Herz, es ihr zu sagen ■2 (≈ *Mut, Hoffnung*) **take heart** Mut schöpfen; **lose heart** den Mut verlieren ■3 *übertragen* Kern (*eines Problems usw.*) ■4 **hearts** *pl Kartenspiel*: Herz; **eight of hearts** Herzacht ■5 **by heart** kennen, lernen: auswendig
heartache ['hɑːteɪk] Kummer
heart attack ['hɑːt‿ə,tæk] Herzanfall
heartbreaking ['hɑːt,breɪkɪŋ] herzzerreißend
heartbroken ['hɑːt,brəʊkn] todunglücklich
heartening ['hɑːtnɪŋ] ermutigend
heartfelt ['hɑːtfelt] tief empfunden, aufrichtig
hearth [hɑːθ] Kamin
heartless ['hɑːtləs] *Person*: herzlos
heart-to-heart[1] [,hɑːt‿tə'hɑːt] offene Aussprache
heart-to-heart[2] [,hɑːt‿tə'hɑːt] *Gespräch*: aufrichtig, offen
hearty ['hɑːtɪ] ■1 *Abschied, Willkommen usw.*: herzlich ■2 *Appetit, Mahlzeit usw.*: herzhaft, kräftig, ⊙ währschaft
★**heat**[1] [hiːt] ■1 *allg.*: Hitze, Wärme ■2 *übertragen* Hitze, Erregung; **in the heat of the moment** im Eifer (*oder* in der Hitze) des Gefechts ■3 *Sport*: (**qualifying**) **heat** Vorlauf; **dead heat** totes Rennen
★**heat**[2] [hiːt] ■1 heizen (*Haus, Raum*) ■2 *auch* **heat up** erhitzen, *von Speisen auch*: aufwärmen
heated ['hiːtɪd] ■1 *Raum, Pool*: beheizt ■2 *Diskussion usw.*: erhitzt, erregt, hitzig
heater ['hiːtə] ■1 *zum Heizen*: Ofen; **turn the heater on** *im Auto usw.*: die Heizung anstellen ■2 *für Wasser*: Boiler
★**heating** ['hiːtɪŋ] *in Haus*: Heizung
heating engineer ['hiːtɪŋ‿enʒɪ,nɪə] Heizungsinstallateur(in)
heatproof ['hiːtpruːf], **heat-resistant** ['hiːtrɪ,zɪstənt] hitzebeständig, hitzefest
heatwave ['hiːtweɪv] Hitzewelle
heave [hiːv] ■1 (hoch)hieven ■2 hochziehen ■3 *umg* werfen ■4 **heave a sigh** einen Seufzer ausstoßen
★**heaven** [ˈhevn] *im religiösen Sinn*: Himmel; **move heaven and earth** *übertragen* Himmel und Hölle in Bewegung setzen; **thank heaven(s)!** Gott sei Dank!; **for heaven's sake** um Himmels willen
heavenly body [,hevnlɪ'bɒdɪ] Stern, Planet: Himmelskörper
heavily ['hevɪlɪ] schwer (*auch übertragen*); **heavily guarded** schwer bewacht; **she smokes heavily** sie ist eine starke Raucherin; **it rained heavily** es regnete stark
★**heavy** ['hevɪ] ■1 *Gewicht betreffend*: schwer; → **difficult** ■2 *Schaden, Verlust, Wein usw.*: schwer ■3 *Regen, Verkehr usw.*: stark ■4 *Geldstrafe, Steuern usw.*: hoch ■5 *Nahrung*: schwer verdaulich ■6 **with a heavy heart** schweren Herzens
heavy goods vehicle [,hevɪ'gʊdz,viːəkl] *Br* Lastkraftwagen
heavy industry [,hevɪ'ɪndəstrɪ] Schwerindustrie
★**Hebrew** ['hiːbruː] (*Sprache*) Hebräisch
hectic ['hektɪk] *Tag, Atmosphäre*: hektisch
he'd [hiːd] *Kurzform von* **he would** *oder* **he had**
★**hedge** [hedʒ] Hecke
hedgehog ['hedʒhɒg] Igel
hedge trimmer ['hedʒ,trɪmə] Elektroheckenschere
heed[1] [hiːd] beachten (*Rat, Warnung usw.*)
heed[2] [hiːd] **pay heed to something, take heed of something** etwas beachten
★**heel** [hiːl] ■1 *Teil des Fußes*: Ferse (*auch von Strumpf*) ■2 *von Schuh*: Absatz; **on** (*oder* **at**) **someone's heels** jemandem auf den Fersen; **take to one's heels** Fersengeld geben, abhauen
hefty ['heftɪ] ■1 *Person*: kräftig, stämmig ■2 *Schlag, Stoß*: mächtig, gewaltig ■3 *Preise*: saftig
★**height** [haɪt] ■1 Höhe; **10 feet in height** 10 Fuß hoch ■2 Körpergröße; **what height are you?** wie groß sind Sie? ■3 *übertragen* Höhepunkt, Gipfel; **at the height of her fame** auf der Höhe ihres Ruhms; **at the height of summer** im Hochsommer
heighten ['haɪtn] ■1 vergrößern, steigern (*Aufregung, Spannung*) ■2 (*Aufregung, Spannung*) sich erhöhen, (an)steigen
★**heir** [eə] Erbe; **heir to the throne** Thronfolger(in)
heiress ['eəres] Erbin
heirloom ['eəluːm] Erbstück
held [held] 2. und 3. Form von → **hold**[2]
helicopter ['helɪkɒptə] Hubschrauber

he'll [hi:l] *Kurzform von* **he will**

★**hell** [hel] Hölle (*auch übertragen*); **like hell** *umg; arbeiten, rasen usw.:* wie verrückt; **a hell of a noise** *umg* ein Höllenlärm; **what the hell do you want?** *umg* was zum Teufel willst du?; **give someone hell** *umg* jemandem die Hölle heißmachen; **go to hell!** *umg* scher dich zum Teufel!; **suffer hell on earth** die Hölle auf Erden haben

hellbent [,hel'bent] **be hellbent on doing something** *umg* ganz versessen darauf sein, etwas zu tun

hellish ['helɪʃ] *umg* höllisch; **I've had a hellish week in the office** *umg* die Woche im Büro war höllisch

★**hello** [hə'ləʊ] **1** Gruß: hallo!, guten Tag!, Ⓐ servus!, Ⓒ grüezi!; **say hello (to someone)** (jemandem) Guten Tag sagen **2** überrascht: nanu!

helmet ['helmɪt] Helm

★**help**¹ [help] **1** helfen, behilflich sein (**with** bei); **can I help you?** kann ich Ihnen helfen?, *in Geschäft auch:* was darf es sein? **2 help oneself** *bei Tisch usw.:* sich bedienen, zugreifen; **help yourself!** nimm dir doch! **3 I can't help it** ich kann es nicht ändern, ich kann nichts dafür; **it can't be helped** da kann man nichts machen, es ist nicht zu ändern; **I couldn't help laughing** ich musste einfach lachen

---
PHRASAL VERBS

help out [,help'aʊt] aushelfen (**with** mit); **can you help me out with a tenner?** *umg* kannst du mir mit einem Zehner aushelfen?

★**help**² [help] **1** Hilfe; **help!** Hilfe!; **come to someone's help** jemandem zu Hilfe kommen; **I gave her some help with her homework** ich half ihr bei den Hausaufgaben **2** Person: Hilfe; **thanks, you've been a real help** danke, du warst mir wirklich eine Hilfe; **a great help you've been!** *ironisch:* du warst wirklich eine große Hilfe!

helper ['helpə] Helfer(in)

helpful ['helpfl] **1** Person: hilfsbereit **2** Ratschlag: hilfreich, nützlich; **he's been very helpful** er war eine große Hilfe

helping¹ ['helpɪŋ] **give** (*oder* **lend**) **someone a helping hand** jemandem hilfreich zur Seite stehen

helping² ['helpɪŋ] Essen: Portion; **take a second helping** sich nachnehmen

helpless ['helpləs] hilflos

helpline ['help,laɪn] *Br* Helpline, Hotline

helter-skelter¹ [,heltə'skeltə] Hals über Kopf (*losrennen usw.*)

helter-skelter² [,heltə'skeltə] *Br; auf dem Rummelplatz:* Rutschbahn

hem¹ [hem] *von Kleid usw.:* Saum

hem² [hem] säumen, einsäumen (*Kleid usw.*)

PHRASAL VERBS

hem in [,hem'ɪn] **1** (≈ *umzingeln*) einschließen **2** *übertragen* einengen

---

hem³ [hem] **hem and hawk** herumdrucksen, nicht recht mit der Sprache herauswollen

hemisphere ['hemɪsfɪə] **1** Halbkugel **2** Geografie: Hemisphäre

hemophilia [,hi:mə'fɪlɪə] *US* Bluterkrankheit

hemophiliac [,hi:mə'fɪlɪæk] *US* Bluter(in)

hemorrhage ['hemərɪdʒ] *US* Blutung

hemorrhoids ['hemərɔɪdz] *pl US* Hämorrhoiden *pl*

★**hen** [hen] *weiblicher Vogel:* Henne, Huhn

hence [hens] **1** *bei Begründung:* daher, deshalb **2 a week hence** in einer Woche

hen night ['hen‿naɪt] *Br*, **hen party** ['hen,pɑːtɪ] *Br* Junggesellinnenabschied

henpecked ['henpekt] **be henpecked** unter dem Pantoffel stehen; **henpecked husband** Pantoffelheld

hepatitis [,hepə'taɪtɪs] Leberentzündung, Hepatitis

★**her**¹ [hɜː] **1** sie; **I know her** ich kenne sie **2** ihr; **I gave her the book** ich gab ihr das Buch **3** *umg* sie; **he's younger than her** er ist jünger als sie; **it's her** sie ist es

★**her**² [hɜː] ihr(e); **it's her fault** es ist ihre Schuld

★**her**³ [hɜː] sich; **she looked behind her** sie sah sich um

★**herb** [hɜːb, *US* ɜːrb] **1** Medizin: Heilkraut **2** zum Kochen: Gewürzkraut, Küchenkraut

herd¹ [hɜːd] **1** *von Tieren:* Herde, Rudel **2 the herd** die große (*oder* breite) Masse

herd² [hɜːd] *auch* **herd together** treiben, (zusammen)pferchen (*Tiere, Gefangene*)

★**here** [hɪə] **1** (≈ *an diesem Ort*) hier; **down** (*bzw.* **up**) **here** hier unten (*bzw.* oben); **it's here to stay** *übertragen* es ist von Dauer, es wird bleiben (*oder* sich halten) **2** (≈ *zu diesem Ort*) her, hierher; **come here** komm her **3 here and there** hier und da, da und dort **4** *in Wendungen:* **look here!** ärgerlich: jetzt hör mal zu!; **here's to you!** auf dein Wohl!; **here you are** etwas übergebend: hier (bitte)!; **here we are!** bei Ankunft: da wären wir; **here goes!**

bevor man etwas tut: dann mal los!
hereby [ˌhɪəˈbaɪ] *förmlich* hiermit
hereditary [həˈredɪtrɪ] erblich, Erb...; **hereditary disease** Erbkrankheit
heritage [ˈherɪtɪdʒ] *das* Erbe (*einer Kultur, eines Landes usw.*)
hermetic [hɜːˈmetɪk] hermetisch, luftdicht; **hermetically sealed** luftdicht verschlossen
hermit [ˈhɜːmɪt] Einsiedler (*auch übertragen*), Eremit
★**hero** [ˈhɪərəʊ] *pl*: **heroes** [ˈhɪərəʊz] *allg.*: Held (*auch übertragen, Film usw.*)
heroic [həˈrəʊɪk] heroisch, heldenhaft
heroin [ˈherəʊɪn] Heroin
heroine [ˈherəʊɪn] Heldin
herring [ˈherɪŋ] *Fisch*: Hering
★**hers** [hɜːz] **it's hers** es gehört ihr; **a friend of hers** ein Freund von ihr; **my mother and hers** meine und ihre Mutter
★**herself** [hɜːˈself] **1** sich; **she hurt herself** sie hat sich verletzt **2** *verstärkend*: sie selbst, ihr selbst; **she did it herself** sie hat es selbst getan **3** sich; **she bought herself a car** sie hat sich ein Auto gekauft **4** sich (selbst); **she wants it for herself** sie will es für sich selbst **5** **she wrote the essay all by herself** sie hat den Aufsatz ganz allein geschrieben
he's [hiːz] *Kurzform von* **he has** *oder* **he is**
★**hesitate** [ˈhezɪteɪt] **1** zögern, zaudern; **hesitate to do something** Bedenken haben, etwas zu tun **2** *beim Sprechen*: stocken
hesitation [ˌhezɪˈteɪʃn] Zögern, Zaudern; **without (any) hesitation** ohne zu zögern
Hesse [hes] Hessen
heterosexual¹ [ˌhetərəʊˈsekʃʊəl] heterosexuell
heterosexual² [ˌhetərəʊˈsekʃʊəl] Heterosexuelle(r)
het up [ˌhetˈʌp] *umg* aufgeregt, nervös (**about** wegen)
hexagon [ˈheksəgən] Sechseck
hexagonal [hekˈsægənl] sechseckig
heyday [ˈheɪdeɪ] *von Künstler usw.*: Glanzzeit, Blütezeit
HGV [ˌeɪtʃdʒiːˈviː] *Br* (*abk für* **heavy goods vehicle**) Lkw
★**hi** [haɪ] *umg* hallo!, grüß dich!, Tag!, Ⓐ servus!
hibernate [ˈhaɪbəneɪt] Winterschlaf halten
hibernation [ˌhaɪbəˈneɪʃn] Winterschlaf
hiccup [ˈhɪkʌp] **1** **have (the) hiccups** (den) Schluckauf haben **2** *umg, übertragen* Panne, Störung
hickey [ˈhɪkɪ] *US, umg* Knutschfleck
hid [hɪd] 2. und 3. Form von → **hide**¹

hidden¹ [ˈhɪdn] 3. Form von → **hide**¹
hidden² [ˈhɪdn] geheim, verborgen
★**hide**¹ [haɪd], **hid** [hɪd], **hidden** [ˈhɪdn] **1** verstecken, verbergen (**from** vor); **what are you hiding behind your back?** was versteckst du da hinter deinem Rücken? **2** verheimlichen (*Gefühle, Wahrheit*)
★**hide**² [haɪd] *von Tieren*: Haut, Fell (*auch übertragen*); **save one's own hide** die eigene Haut retten
hide-and-seek [ˌhaɪdənˈsiːk], *US* **hide-and-go-seek** [ˌhaɪdəngəʊˈsiːk] Versteckspiel; **play hide-and-seek** Versteck spielen
hideaway [ˈhaɪdəweɪ] **1** *umg* Versteck (*einer Person*) **2** *umg* Zufluchtsort
hideous [⚠ˈhɪdɪəs] *Verbrechen, Lärm, Anblick*: abscheulich, scheußlich
hideout [ˈhaɪdaʊt] *von Kriminellen usw.*: Versteck
hiding¹ [ˈhaɪdɪŋ] **1** *umg* Tracht Prügel; **get a good hiding** eine gehörige Tracht Prügel beziehen **2** *Sport*: Schlappe; **our team got a real hiding** unser Team musste eine schwere Schlappe einstecken
hiding² [ˈhaɪdɪŋ] **be in hiding** sich versteckt halten; **go into hiding** untertauchen
hiding place [ˈhaɪdɪŋˌpleɪs] *für Personen oder Dinge*: Versteck
hierarchy [ˈhaɪɑːkɪ] Hierarchie
higgledy-piggledy [ˌhɪgldɪˈpɪgldɪ] *umg* drunter und drüber, durcheinander
★**high**¹ [haɪ] **1** *allg.*: hoch (*auch Geschwindigkeit, Preise usw.*) **2** Hoffnungen, Lob usw.: groß **3** *in Rang, Stellung*: hoch; **high society** Highsociety, die oberen Zehntausend **4** *Zeit*: fortgeschritten; **it's high time (he went)** es ist höchste Zeit (, dass er geht) **5** *umg* (≈ berauscht) *von Alkohol*: blau, *von Drogen*: high **6** **aim high** sich hohe Ziele setzen (*oder* stecken); **search high and low** überall suchen
★**high**² [haɪ] **1** *Wetterlage*: Hoch **2** *übertragen* Höchststand (*von Aktienkursen, Preisen usw.*)
high and dry [ˌhaɪˌənˈdraɪ] **leave someone high and dry** jemanden im Stich lassen
high beam [ˌhaɪˈbiːm] *US*; *Auto*: Fernlicht
highchair [ˈhaɪtʃeə] *für Kinder*: Hochstuhl
high-definition TV [ˌhaɪdefəˌnɪʃnˌtiːˈviː] hochauflösendes Fernsehen
higher education [ˌhaɪəˈredʒʊˌkeɪʃn] Hochschulbildung, Hochschulausbildung
Higher National Certificate [ˌhaɪəˌnæʃnlˌsəˈtɪfɪkət] *Br* Qualifizierungsnachweis in technischen Fächern

Higher National Diploma [ˌhaɪəˌnæʃnlˌdɪˈpləʊmə] *Br* Qualifikationsnachweis in technischen Fächern

high heels [ˌhaɪˈhiːlz] *pl* Stöckelschuhe

high jump [ˈhaɪˌdʒʌmp] *Sport:* Hochsprung

highlands [ˈhaɪləndz] *pl* Hochland; **the Highlands** das schottische Hochland

high-level [ˌhaɪˈlevl] hoch (*auch übertragen*); **high-level talks** [ˌhaɪlevlˈtɔːks] *pl* Gespräche auf höherer Ebene

highlight¹ [ˈhaɪlaɪt] **1** Höhepunkt; **we saw the highlights of the match on TV** wir sahen Höhepunkte des Spiels im Fernsehen **2** *highlights Frisur:* (blondierte) Strähnchen

highlight² [ˈhaɪlaɪt] **1** **the report highlighted the problems of working women** der Bericht warf ein Schlaglicht auf die Probleme berufstätiger Frauen **2** *mit Leuchtstift, im Computer:* markieren

highlighter [ˈhaɪlaɪtə] Leuchtstift, Leuchtmarker

highly [ˈhaɪli] **1** *übertragen* hoch; **highly gifted** hochbegabt; **highly interesting** hochinteressant **2** **think highly of someone** viel von jemandem halten

Highness [ˈhaɪnəs] *Titel:* Hoheit; **His Royal Highness** Seine Königliche Hoheit

high-pressure [ˌhaɪˈpreʃə] **high-pressure area** *Wetterlage:* Hochdruckgebiet

high rise [ˈhaɪraɪz] Hochhaus

★**high school** [ˈhaɪˌskuːl] Highschool, Gymnasium (*weiterführende Schule für 14- bis 18-Jährige in den USA und 11- bis 18-Jährige in Großbritannien*) (▲ *Hochschule* = **college, university**)

high-school diploma [ˌhaɪskuːlˌdɪˈpləʊmə] *US etwa:* Abiturzeugnis

high-school graduate [ˌhaɪskuːlˈɡrædjuət] *US* Schulabgänger(in); → **school leaver** *Br*

high-speed train [ˌhaɪspiːdˈtreɪn] *Br* Hochgeschwindigkeitszug

high street [ˈhaɪˌstriːt] *Br* Hauptstraße

high tea [ˌhaɪˈtiː] *Br* frühes Abendessen

high-tension [ˌhaɪˈtenʃn] Hochspannungs...

★**high tide** [ˌhaɪˈtaɪd] **1** *vom Meer:* Flut **2** *von Erfolg usw.:* Höhepunkt

high-visibility jacket [ˌhaɪvɪzəˌbɪlətiˈdʒækɪt], **high-vis jacket** [ˌhaɪvɪzˈdʒækɪt] *im Straßenverkehr:* Sicherheitsjacke, Warnjacke, Warnschutzjacke

high-visibility vest [ˌhaɪvɪzəˌbɪlətiˈvest], **high-vis vest** [ˌhaɪvɪzˈvest] Warnweste

highway [ˈhaɪweɪ] **1** *US* Highway, Hauptverkehrsstraße, *etwa* Bundesstraße **2** *Br* öffentliche Straße; **Highway Code** Straßenverkehrsordnung

hijack¹ [ˈhaɪdʒæk] entführen (*Flugzeug*)

hijack² [ˈhaɪdʒæk] Flugzeugentführung

hijacker [ˈhaɪdʒækə] Flugzeugentführer(in)

★**hike¹** [haɪk] wandern

★**hike²** [haɪk] Wanderung; **go on a hike** eine Wanderung machen

hiker [ˈhaɪkə] Wanderer

hiking poles [ˈhaɪkɪŋˌpəʊlz] *pl* Wanderstöcke

hiking shoes [ˈhaɪkɪŋˌʃuːz] *pl* Wanderschuhe

hiking trail [ˈhaɪkɪŋˌtreɪl] Wanderweg

hilarious [hɪˈleərɪəs] **1** *Stimmung:* ausgelassen, übermütig **2** *Witz, Geschichte:* urkomisch

hilarity [hɪˈlærəti] Ausgelassenheit

★**hill** [hɪl] **1** Hügel, Anhöhe **2** **I'm not over the hill yet** *umg* ich gehöre noch nicht zum alten Eisen

hilly [ˈhɪli] hüg(e)lig

★**him** [hɪm] **1** ihn; **I know him** ich kenne ihn **2** ihm; **I gave him the book** ich gab ihm das Buch **3** *umg* er; **she's younger than him** sie ist jünger als er; **it's him** er ist es

★**himself** [hɪmˈself] **1** sich; **he hurt himself** er hat sich verletzt **2** *verstärkend:* er (*oder* ihm *oder* ihn) selbst; **he did it himself** er hat es selbst getan **3** sich (selbst); **he wants it for himself** er will es für sich (selbst); **if he hadn't heard it himself ...** wenn er es nicht selbst gehört hätte, ... **4** **by himself** allein, ohne Hilfe; **he did it all by himself** er hat es ganz allein gemacht

hinder [ˈhɪndə] **1** behindern **2** hindern (**from** an), abhalten (**from** von)

hindsight [ˈhaɪndsaɪt] **with hindsight** im Nachhinein (betrachtet)

hinge [hɪndʒ] *von Tür, Tor:* Scharnier, Angel

hint¹ [hɪnt] **1** (≈ *Fingerzeig*) Wink, Andeutung; **drop a hint** eine Andeutung machen; **a broad hint** ein Wink mit dem Zaunpfahl; **I can take a hint** ich hab schon kapiert, das war deutlich genug **2** (≈ *Rat*) Tipp; **useful hints for tourists** nützliche Tipps für Touristen **3** Anflug, Spur; **there was a hint of irony in his voice** in seiner Stimme klang ein Hauch von Ironie

hint² [hɪnt] andeuten (*Sachverhalt*); **I hinted that I was disappointed** ich ließ durchblicken, dass ich enttäuscht war

PHRASAL VERBS

hint at [ˈhɪntˌət] andeuten, anspielen auf; **he hinted at changes in the management** er deutete Wechsel im Management an

hip¹ [hɪp] *Körperteil:* Hüfte
hip² [hɪp] → hooray
hip³ [hɪp] *Kleidung, Musik usw.:* hip, angesagt
hippo ['hɪpəʊ] *umg, (pl* hippos) **hippopotamus** [ˌhɪpəˈpɒtəməs] *pl:* hippopotamuses [ˌhɪpəˈpɒtəməsəz] *oder* hippopotami [ˌhɪpəˈpɒtəmaɪ] Nilpferd, Flusspferd
★**hire¹** ['haɪə] **1** *Br; für kurze Zeit:* mieten (*Auto usw.*); **hire(d) car** Leihwagen, Mietwagen **2** einstellen (*Arbeitskräfte*) **3** engagieren (*Anwalt, Agentur usw.*); **a hired killer** ein gekaufter Mörder
★**hire²** ['haɪə] **for hire** *Br* Boot, Fahrzeug, Maschine: zu vermieten, *Taxi:* frei
hire purchase [ˌhaɪəˈpɜːtʃəs] **buy something on hire purchase** *Br* etwas auf Abzahlung (*oder* auf Raten) kaufen
★**his** [hɪz] sein(e, -es); **is this his desk?** ist das sein Schreibtisch?; **a friend of his** ein Freund von ihm
★**Hispanic** [hɪsˈpænɪk] hispanisch
hiss [hɪs] **1** (*Gas, Schlange usw.*) zischen **2** (*Katze*) fauchen
hissy fit ['hɪsɪˌfɪt] *US, salopp* Wutanfall; **throw a hissy fit** einen Wutanfall bekommen
historian [hɪˈstɔːrɪən] Historiker(in)
historic [hɪˈstɒrɪk] **1** (≈ *bedeutend*) historisch (*Schlacht, Ereignis usw.*) **2** → historical
★**historical** [hɪˈstɒrɪkl] *Forschung, Quellen, Funde:* historisch, geschichtlich; **historical novel** historischer Roman
★**history** ['hɪstrɪ] **1** *der Welt, eines Landes usw.:* Geschichte; **history of art** Kunstgeschichte; **go down in history** in die Geschichte eingehen **2** *allg.:* Vorgeschichte (*auch einer Krankheit*)
★**hit¹** [hɪt] **1** Hieb, Schlag **2** *Buch, Film, CD usw.:* Verkaufsschlager, Hit; **it was a big hit** es hat groß eingeschlagen **3** *auf Website:* Treffer, Zugriff **4** *übertragen* Seitenhieb, Spitze (**at** gegen)
★**hit²** [hɪt], hit [hɪt], hit [hɪt]; *-ing-*Form hitting **1** *mit der Hand, Faust:* schlagen; **she hit him in the stomach** sie schlug ihn in den Magen **2** (*Ball, Geschoss usw.*) treffen; **the ball hit me right in the face** der Ball traf mich genau ins Gesicht; **inflation hits us all** die Inflation trifft uns alle **3** *mit einem Fahrzeug:* anfahren, rammen: **the car hit the phonebox** das Auto fuhr gegen die Telefonzelle **4** *in Wendungen:* **hit the nail on the head** *übertragen* den Nagel auf den Kopf treffen; **hit the jackpot** *umg* einen Volltreffer landen; **hit the road** *umg* aufbrechen, sich auf den Weg machen; **hit the roof** *umg* an die Decke gehen; **hit the sack** *umg* (≈ *schlafen gehen*) sich aufs Ohr (*oder* in die Falle) hauen

---
PHRASAL VERBS

hit back [ˌhɪtˈbæk] *bes. verbal:* zurückschlagen; **in the interview she hit back at her critics** in dem Interview gab sie ihren Kritikern Kontra
hit off [ˌhɪtˈɒf] **hit it off** *umg* sich auf Anhieb gut verstehen
hit out [ˌhɪtˈaʊt] **1 hit out at someone** auf jemanden einschlagen **2** *mit Worten:* herziehen (**at** über)
hit up [ˌhɪtˈʌp] **hit someone up** *US, umg* jemanden anpumpen (**for** um)

---

hit-and-run [ˌhɪtnˈrʌn] **hit-and-run accident** Unfall mit Fahrerflucht; **hit-and-run driver** (unfall)flüchtiger Fahrer
hitch¹ [hɪtʃ] **1** *umg* per Anhalter fahren; **hitch a ride** *umg* im Auto mitgenommen werden **2 get hitched** *umg* heiraten **3** befestigen (**to** an)

PHRASAL VERBS

hitch up [ˌhɪtʃˈʌp] hochziehen (*Rock, Hose*)

---

hitch² [hɪtʃ] Schwierigkeit, Problem; **without a hitch** reibungslos
★**hitchhike** ['hɪtʃhaɪk] per Anhalter fahren, trampen
hitchhiker ['hɪtʃhaɪkə] Anhalter(in), Tramper(in)
hitherto [ˌhɪðəˈtuː] bisher, bis jetzt
hit list ['hɪt ˌlɪst] **be on the hit list** *umg* auf der Abschussliste stehen (▲ *Hitliste in der Popmusik* = **charts**)
HIV [ˌeɪtʃaɪˈviː] *Krankheit:* HIV; **HIV positive** HIV--positiv
hive [haɪv] Bienenkorb, Bienenstock; **the classroom was a hive of activity** das Klassenzimmer glich einem Bienenhaus
hiya ['haɪə] *umg* hallo, hi
HMO [ˌeɪtʃˌemˈəʊ] (*abk für* health maintenance organization) *in USA:* eine Art private Krankenversicherung
HNC [ˌeɪtʃˌenˈsiː] (*Br abk für* higher national certificate) Qualifikationsnachweis in technischen Fächern
HND [ˌeɪtʃˌenˈdiː] (*Br abk für* higher national diploma) Qualifikationsnachweis in technischen Fächern
hoard¹ [hɔːd] Vorrat (**of** an)
hoard² [hɔːd] *auch* hoard up horten, hamstern
hoarse [hɔːs] *Stimme:* heiser, rau
hoarseness ['hɔːsnəs] Heiserkeit

hoax [həʊks] **1** (≈ *Falschmeldung*) Schwindel, Ente **2** (≈ *Schabernack*) Streich, (übler) Scherz; **play a hoax on someone** jemandem einen Streich spielen

hobble ['hɒbl] hinken, humpeln

★**hobby** ['hɒbɪ] Hobby, Steckenpferd

hobby-horse ['hɒbɪhɔːs] Steckenpferd, Lieblingsthema; **she's on her hobby-horse again** sie ist wieder mal bei ihrem Lieblingsthema

hobgoblin [hɒb'gɒblɪn] *Fabelwesen*: Kobold

hockey ['hɒkɪ] **1** *Br; Sport*: Hockey **2** *US; Sport*: Eishockey

hoe¹ [həʊ] *Gartengerät*: Hacke

hoe² [həʊ] hacken (*Beet, Boden*)

★**hog** [hɒg] **1** *Tier*: Mastschwein **2** *umg* Vielfraß **3 go the whole hog** *umg* aufs Ganze gehen

Hogmanay ['hɒgmaneɪ] *in Schottland*: Silvester(abend)

hogwash ['hɒgwɒʃ] Gewäsch, Geschwätz

hoist [hɔɪst] hissen (*Flagge, Segel*)

★**hold**¹ [həʊld] **1** *mit der Hand*: Griff (*auch beim Ringen*); **catch** (*oder* **get, grab, take**) **hold of something** etwas ergreifen, etwas zu fassen bekommen **2 get hold of something** übertragen etwas finden, *umg* etwas auftreiben; **as soon as I get hold of him, I'll tell him you rang** sobald ich ihn erwische, sage ich ihm, dass du angerufen hast **3** (≈ *Kontrolle*) Gewalt, Macht (**on, over, of** über); **have a firm hold on someone** jemanden in seiner Gewalt haben, jemanden beherrschen **4** *Bergsteigen usw.*: Halt

★**hold**² [həʊld], held [held], held [held] **1** *allg.*: halten, festhalten; **hold something against something** etwas gegen etwas halten; **hold one's head** sich den Kopf halten; **hold hands** sich an der Hand halten, *Liebespaar*: Händchen halten **2 hold one's breath** die Luft anhalten; **hold one's nose** (*bzw.* **ears**) sich die Nase (*bzw.* die Ohren) zuhalten; **3 hold the door open for someone** jemandem die Tür aufhalten **4** (*Seil, Nagel, geklebte Stelle usw.*) halten, nicht reißen, nicht (zer)brechen **5** (*Wetter, Glück usw.*) anhalten, andauern **6** (≈ *veranstalten*) abhalten (*Wahlen, Pressekonferenz usw.*) **7** bekleiden (*Amt, Posten usw.*) **8** (*Gefäß*) fassen, enthalten **9** (*Fahrzeug, Raum usw.*) Platz bieten für; **the theatre only holds 150 people in** das Theater passen nur 150 Zuschauer **10** vertreten (*Meinung*); **he holds strong green views** er vertritt eine stark ökologische Position **11** (≈ *einschätzen*) halten für; **he holds it to be true** *usw.* er hält es für wahr *usw.* **12 hold someone responsible** jemanden verantwortlich machen **13** *auch* **hold good** (*Angebot, Preis usw.*) (weiterhin) gelten, gültig sein (*oder* bleiben) **14** *in Wendungen*: **hold it!** *umg* Moment mal!, Warte!; **hold your horses!** *umg* immer mit der Ruhe!

PHRASAL VERBS

hold back [ˌhəʊld'bæk] **1** *allg.*: zurückhalten **2** übertragen zurückhalten, verschweigen (*Wahrheit, Nachricht usw.*)

hold down [ˌhəʊld'daʊn] **1** niedrig halten (*Preise, Kosten, Zinsen usw.*) **2** übertragen unterdrücken (*Volk*)

hold on [həʊld'ɒn] **1** festhalten (**to** an) (*auch* übertragen: an Überzeugung usw.) **2** (≈ *nicht aufgeben*) durchhalten **3** *beim Telefonieren*: am Apparat bleiben; **hold on!** bleiben Sie dran!

hold together [ˌhəʊld_tə'geðə] zusammenhalten (*auch* übertragen)

hold up [ˌhəʊld'ʌp] **1** hochhalten (*Gegenstand, Hand usw.*) **2 hold something** (*oder* **someone**) **up as an example** übertragen etwas (*oder* jemanden) als Beispiel hinstellen (**of** für) **3** (≈ *behindern*) aufhalten, verzögern (*Plan, Projekt usw.*); **be held up** sich verzögern **4** überfallen (*Bank, Person*)

holdall ['həʊldɔːl] *Br* Reisetasche

holder ['həʊldə] **1** *oft in Zusammensetzungen*: ...halter; **candle holder** Kerzenhalter **2** *von Amt, Titel, Pass*: Inhaber(in)

hold-up ['həʊldʌp] **1** *von Planung, Produktion usw.*: Verzögerung **2** *im Straßenverkehr usw.*: Behinderung, Stockung **3** (bewaffneter) Raubüberfall

★**hole** [həʊl] **1** Loch; **the new computer made a big hole in my savings** übertragen der neue Computer hat ein großes Loch in mein Erspartes gerissen; **she'll try to pick holes in your arguments** übertragen sie wird versuchen, deine Argumente zu zerpflücken; **hole-in-the-wall** *umg* Geldautomat **2** *umg; schäbige Unterkunft*: Loch, Bruchbude **3** *umg; schäbiger Ort*: Kaff, Nest

hole punch ['həʊl_pʌntʃ] Locher

★**holiday** ['hɒlɪdeɪ] **1** Feiertag; **public holiday** gesetzlicher Feiertag **2** *mst.* **holidays** pl, *Br* Ferien, Urlaub; **be on holiday** im Urlaub sein, Urlaub machen; **holiday apartment** Ferienwohnung; **holiday camp** Ferienlager; **holiday trip** Urlaubsreise

holidaymaker ['hɒlɪdeɪˌmeɪkə] *Br* Urlauber(in)

★Holland ['hɒlənd] Holland
holler ['hɒlə] US, umg schreien, brüllen
★hollow ['hɒləʊ] **1** *Baum, Mauer, Zahn usw.*: hohl **2** *Klang, Stimme*: hohl, dumpf **3** *Worte, Versprechungen*: hohl, leer, falsch **4** *Wangen*: eingefallen
holocaust ['hɒləkɔːst] **1** Massenvernichtung; **nuclear holocaust** atomarer Holocaust **2 the Holocaust** der Holocaust (*die Judenverfolgung im Dritten Reich*)
★holy ['həʊlɪ] heilig; **the Holy Bible** die Bibel, die Heilige Schrift; **the Holy Ghost** der Heilige Geist
★home¹ [həʊm] **1** (≈ *Wohnsitz*) Heim; **at home** zu Hause, daheim; **away from home** abwesend, verreist; **his home is in London** er ist in London zu Hause; **make oneself at home** es sich bequem machen **2** *Eigenheim*: Haus, (eigene) Wohnung **3** *Herkunftsort, -land*: Heimat; **Birmingham became my second home** Birmingham wurde zu meiner zweiten Heimat; **at home and abroad** im In- und Ausland; **home (country)** Heimat(land) **4** *Institution*: Heim; **old people's home** Altersheim, Altenheim
★home² [həʊm] **1** *in Zusammensetzungen*: **home address** Privatanschrift; **I enjoy my home life** ich genieße das Zuhausesein; **home cooking** Hausmannskost; **home economics** *sg* Hauswirtschaftslehre (*auch Schulfach*) **2** *politisch, wirtschaftlich*: inländisch, Inlands…; **home affairs** innere Angelegenheiten, Innenpolitik; **home market** Inlandsmarkt, Binnenmarkt **3** *Sport*: Heim…; **home match** Heimspiel **4** heim, nach Hause; **I'm going home** ich gehe nach Hause; **on one's way home** auf dem Heimweg; **our canteen food is nothing to write home about** *umg* unser Kantinenessen reißt einen nicht gerade vom Hocker **5** zu Hause, daheim; **is Daddy home yet?** ist Vati schon zu Hause?
home banking [ˌhəʊmˈbæŋkɪŋ] Homebanking
homegrown [ˌhəʊmˈɡrəʊn] *Obst*: selbst angebaut, *Gemüse auch*: selbst gezogen
homeless ['həʊmləs] obdachlos; **the homeless** *pl* die Obdachlosen
homemade [ˌhəʊmˈmeɪd] hausgemacht, selbst gemacht
Home Office ['həʊmˌɒfɪs] *Br* Innenministerium
homeopath ['həʊmɪəˌpæθ] *US* Homöopath
homeopathy [ˌhəʊmɪˈɒpəθɪ] *US* Homöopathie
home page ['həʊm‿peɪdʒ] *Internet*: Homepage, Startseite
Home Secretary [ˌhəʊmˈsɛkrətərɪ] *Br* Innenminister(in)
homesick ['həʊmsɪk] **be homesick** Heimweh haben
homesickness ['həʊmsɪknəs] Heimweh
home town, *US* hometown [ˌhəʊmˈtaʊn] Heimatstadt
★homework ['həʊmwɜːk] (▲ *nur im sg verwendet*) *Schule*: Hausaufgabe, Hausaufgaben; **have you done your homework?** hast du deine Hausaufgaben gemacht?; **what's for homework?** was haben wir als Hausaufgaben auf?
homie ['həʊmɪ] *umg* Freund(in), *männlich auch* Kumpel
homosexual¹ [ˌhəʊməˈsɛkʃʊəl] homosexuell
homosexual² [ˌhəʊməˈsɛkʃʊəl] Homosexuelle(r)
homosexuality [ˌhəʊməˌsɛkʃʊˈælətɪ] Homosexualität
★honest [▲ 'ɒnɪst] ehrlich; **to be honest with you …** um ehrlich zu sein, …; **let's be honest …** seien wir doch ehrlich, …
honestly [▲ 'ɒnɪstlɪ] **1** ehrlich **2** *umg; Ausruf*: ehrlich!, *verärgert*: also wirklich!
honesty [▲ 'ɒnəstɪ] Ehrlichkeit; **in all honesty** ganz ehrlich, ehrlicherweise
★honey ['hʌnɪ] **1** Honig; **(as) sweet as honey** honigsüß (*auch übertragen*) **2** *bes. US, umg* Liebling, Schatz
honeybee ['hʌnɪbiː] Honigbiene
honeycomb [▲ 'hʌnɪkəʊm] Bienenwabe
honeydew melon [ˌhʌnɪdjuːˈmɛlən] Honigmelone
★honeymoon ['hʌnɪmuːn] **1** Flitterwochen *pl* **2** *Reise*: Hochzeitsreise
Hong Kong [ˌhɒŋˈkɒŋ] Hongkong
honorary ['ɒnərərɪ] **1** *in Zusammensetzungen*: Ehren…; **honorary member** Ehrenmitglied **2** *Amt, Aufgabe, Tätigkeit*: ehrenamtlich
★honour¹, *US* ★honor ['ɒnə] ehren, auszeichnen (*für besondere Verdienste*)
★honour², *US* honor ['ɒnə] **1** *allg.*: Ehre; **guest of honour** Ehrengast; **in honour of** zu Ehren von **2 honours, honours degree** *Br; etwa*: Studienabschluss im Hauptfach **3 Your Honour** Anrede für Richter: hohes Gericht, Euer Ehren
honourable, *US* honorable ['ɒnərəbl] **1** *Handlung*: achtbar, ehrenwert (*auch Person*) **2 the Honourable …** *Titel*: der bzw. die Ehrenwerte …
hood [hʊd] **1** Kapuze **2** *Br; von Auto*: Verdeck **3** *US; von Auto*: Motorhaube; → bonnet *Br*

hooded ['hʊdɪd] *Kleidungsstück*: mit Kapuze
hoodie ['hʊdɪ] *umg* Kapuzenshirt, Kapuzi
hoodlum ['huːdləm] *umg* **1** Rowdy, Schläger **2** Ganove
hoodwink ['hʊdwɪŋk] hinters Licht führen
hoof [huːf] *pl*: hoofs *oder* hooves [huːvz] *von Pferd usw.*: Huf
★**hook**[1] [hʊk] **1** *zum Aufhängen*: Haken **2** *zum Fischen*: Angelhaken **3** *Boxen*: Haken **4** *in Wendungen*: **by hook or by crook** unter allen Umständen, auf Biegen und Brechen; **get oneself off the hook** *umg* den Kopf aus der Schlinge ziehen
★**hook**[2] [hʊk] **1** einhaken, mit einem Haken befestigen **2** an die Angel bekommen (*Fisch*) **3** *übertragen, umg* sich angeln (*Mann*)
hooked [hʊkt] **1** hakenförmig, Haken... **2** *umg* süchtig (**on** nach); **hooked on TV** fernsehsüchtig
hooker ['hʊkə] *US, salopp* Nutte
hooky ['hʊkɪ] **play hooky** *US, umg* (die Schule) schwänzen
hooligan ['huːlɪgən] Rowdy
hooliganism ['huːlɪgənɪzm] Rowdytum
hooray [hʊ'reɪ] hurra!; **hip hip hooray!** hipp, hipp, hurra!
hoot[1] [huːt] **1** *von Auto*: Hupen **2** *johlend*: Schrei **3** **I don't give a hoot** (*oder* **two hoots**) *umg* das ist mir völlig egal
hoot[2] [huːt] **1** (*Auto*) hupen **2** johlen
hoover®[1] ['huːvə] *Br* Staubsauger; → **vacuum cleaner**
hoover[2] ['huːvə] *Br* staubsaugen, absaugen (*Teppich usw.*); → **vacuum**[2]
hooves [huːvz] *pl von* → **hoof**
hop[1] [hɒp] *Pflanze*: Hopfen
hop[2] [hɒp], hopped, hopped **1** hüpfen **2** **hop it!** *umg* schwirr ab!, verschwinde!
hop[3] [hɒp] Sprung; **keep someone on the hop** *umg* jemanden in Trab halten
★**hope**[1] [həʊp] Hoffnung (**of** auf); **don't give up hope!** gib die Hoffnung nicht auf!; **past** (*oder* **beyond**) **hope** hoffnungslos, aussichtslos; **no hope of success** keine Aussicht auf Erfolg; **I'm pinning all my hopes on you** ich setze all meine Hoffnungen auf dich
★**hope**[2] [həʊp] hoffen (**for** auf); **let's hope for the best** hoffen wir das Beste; **I hope so** hoffentlich; **I hope not** hoffentlich nicht
hopeful ['həʊpfl] **1** (≈ *optimistisch*) hoffnungsvoll, zuversichtlich; **be hopeful that …** hoffen, dass … **2** *Entwicklung, Person*: viel versprechend

hopefully ['həʊpflɪ] **1** hoffentlich; **hopefully we'll arrive in time** hoffentlich kommen wir pünktlich an, ich hoffe, wir kommen pünktlich an **2** (≈ *optimistisch*) hoffnungsvoll, voller Hoffnung
★**hopeless** ['həʊpləs] hoffnungslos; **you're hopeless** du bist ein hoffnungsloser Fall
hopping mad [ˌhɒpɪŋ'mæd] **be hopping mad** *umg* eine Stinkwut haben
horizon [hə'raɪzn] Horizont; **appear on the horizon** am Horizont auftauchen, *übertragen* sich abzeichnen
horizontal [ˌhɒrɪ'zɒntl] horizontal, waagerecht; **horizontal line** Waag(e)rechte
horizontally [ˌhɒrɪ'zɒntəlɪ] horizontal
hormone ['hɔːməʊn] Hormon
★**horn** [hɔːn] **1** *von Kuh usw.*: Horn; **take the bull by the horns** *übertragen* den Stier bei den Hörnern packen **2** *von Schnecke*: Fühler **3** *von Auto*: Hupe **4** *Blasinstrument*: Horn
hornet ['hɔːnɪt] *Insekt*: Hornisse; **stir up a hornet's nest** *übertragen* in ein Wespennest stechen
horny ['hɔːnɪ] **1** *Hände*: schwielig **2** *vulgär* geil, spitz
horoscope ['hɒrəskəʊp] Horoskop; **cast a horoscope** ein Horoskop stellen
horrendous [hɒ'rendəs] **1** *Verbrechen*: abscheulich **2** *Wetter*: grässlich **3** *Preise*: horrend
horrible ['hɒrəbl] *Verbrechen usw.*: schrecklich, furchtbar, scheußlich (*umg auch Wetter, Mensch usw.*)
horrid ['hɒrɪd] *umg* **1** *Geruch, Geschmack, Wetter usw.*: scheußlich, ekelhaft **2** **don't be so horrid to me!** sei nicht so gemein zu mir!
horrific [hɒ'rɪfɪk] **1** *Verbrechen, Anblick*: schrecklich, entsetzlich **2** *Preise*: horrend
horrify ['hɒrɪfaɪ] entsetzen; **be horrified at** (*oder* **by**) entsetzt sein über
horror ['hɒrə] **1** Entsetzen; **in horror** entsetzt **2** Abscheu, Horror (**of** vor); **I have a horror of rats** ich habe einen Horror vor Ratten
horror-stricken ['hɒrəˌstrɪkən], **horror-struck** ['hɒrəstrʌk] von Entsetzen gepackt
★**horse** [hɔːs] **1** *Tier*: Pferd (*auch Turngerät*) **2** *in Wendungen*: **eat like a horse** wie ein Scheunendrescher essen; **I could eat a horse** ich hab einen Bärenhunger; **you can believe me, I've got it straight from the horse's mouth** du kannst mir glauben, ich habe es aus erster Hand; **hold your horses!** immer mit der Ruhe!
horseback ['hɔːsbæk] **on horseback** zu Pferd

horse chestnut [ˌhɔːsˈtʃestnʌt] *Baum*: Rosskastanie

horseman [ˈhɔːsmən] *pl*: **horsemen** [ˈhɔːsmən] (geübter) Reiter

horsepower [ˈhɔːsˌpaʊə] *von Motor*: Pferdestärke, PS

horseradish [ˈhɔːsˌrædɪʃ] Meerrettich, Ⓐ Kren

horse-riding [ˈhɔːsˌraɪdɪŋ] Reiten; **go horse-riding** reiten gehen

horseshoe [ˈhɔːsʃuː] *für Pferd*: Hufeisen

horsewoman [ˈhɔːsˌwʊmən] *pl*: **horsewomen** [ˈhɔːsˌwɪmɪn] (geübte) Reiterin

horticulture [ˈhɔːtɪˌkʌltʃə] Gartenbau

★**hose** [həʊz] *aus Gummi, Plastik*: Schlauch; **garden hose** Gartenschlauch

hospitable [hɒˈspɪtəbl] *Person*: gastfreundlich

★**hospital** [ˈhɒspɪtl] Krankenhaus, Klinik, Ⓐ, Ⓒ Spital; **in hospital**, *US* **in the hospital** im Krankenhaus; **he was taken to hospital**, *US* **he was taken to the hospital** er wurde ins Krankenhaus eingeliefert

hospitality [ˌhɒspɪˈtæləti] *von Person*: Gastfreundschaft

★**host¹** [həʊst] ❶ *einer Party usw.*: Gastgeber(in); **host family** Gastfamilie ❷ *Rundfunk, TV*: Talkmaster(in), Showmaster(in), Moderator(in)

★**host²** [həʊst] Menge, Masse; **a host of questions** eine Unmenge Fragen

hostage [ˈhɒstɪdʒ] Geisel; **take someone hostage** jemanden als Geisel nehmen

hostel [ˈhɒstl] ❶ *mst*. **youth hostel** Jugendherberge ❷ *für Studenten, Arbeiter usw.*: Wohnheim

★**hostess** [ˈhəʊstɪs] ❶ *einer Party usw.*: Gastgeberin ❷ *auf Messen usw.*: Hostess ❸ *im Flugzeug*: Stewardess ❹ *Rundfunk, TV*: Talkmasterin, Showmasterin, Moderatorin

hostile [ˈhɒstaɪl] ❶ feindlich ❷ *Haltung*: feindselig (**to** gegen); **hostile to foreigners** ausländerfeindlich

hostility [hɒˈstɪləti] Feindschaft, Feindseligkeit; **hostility to foreigners** Ausländerfeindlichkeit

★**hot** [hɒt], **hotter, hottest** ❶ *allg.*: heiß; **I'm hot** mir ist heiß; **this room is much too hot** in diesem Raum ist es viel zu heiß (*oder* warm); **hot spring** Thermalquelle ❷ *Speisen*: warm, heiß; **a hot meal** eine warme Mahlzeit ❸ *Speisen*: scharf (gewürzt) ❹ *Neuigkeit usw.*: brandaktuell; **hot off the press** *Nachrichten usw.*: frisch aus der Presse, *Buch usw.*: soeben erschienen ❺ *umg*; *gestohlene Ware*: heiß ❻ *umg* (≈ *attraktiv*) scharf

hotchpotch [ˈhɒtʃpɒtʃ] (≈ *Durcheinander*) Mischmasch

hot dog [ˈhɒtdɒɡ] Hot Dog

★**hotel** [həʊˈtel] Hotel

hotfoot [ˌhɒtˈfʊt] **hotfoot it** *umg* sich davonmachen

hot-glue gun [ˌhɒtˈɡluːɡʌn] Klebepistole

hothead [ˈhɒthed] Hitzkopf

hot-headed [ˌhɒtˈhedɪd] hitzköpfig

hothouse [ˈhɒthaʊs] Gewächshaus, Treibhaus

hot key [ˈhɒtkiː] *Computer*: Tastenkombination, Shortcut

hot line [ˈhɒt ˌlaɪn] ❶ *für Rat, Auskunft*: Hotline ❷ *bes. in der Politik*: heißer Draht

hotplate [ˈhɒtpleɪt] ❶ *auf Herd*: Kochplatte ❷ *für Speisen*: Warmhalteplatte

hot spot [ˈhɒt ˌspɒt] ❶ *politisch*: Krisenherd ❷ *für Internetanschluss*: Hotspot

hot-water bottle [ˌhɒtˈwɔːtəˌbɒtl] Wärmflasche

hound [haʊnd] Jagdhund

★**hour** [ˈaʊə] ❶ Stunde; **I'll be back in an hour** ich bin in einer Stunde zurück; **for hours (and hours)** stundenlang; **24 hours a day** Tag und Nacht; **I've been waiting for hours** ich warte schon stundenlang, *umg* ich warte schon ewig ❷ Tageszeit, Stunde; **at an early** (*bzw.* **late**) **hour** zu früher (*bzw.* vorgerückter) Stunde; **at all hours** zu jeder Zeit ❸ **hours** *pl* Arbeitszeit; **after hours** *allg.*: nach Geschäftsschluss, *in Lokal*: nach der Sperrstunde

hour hand [ˈaʊə ˌhænd] *von Uhr*: Stundenzeiger

hourly [ˈaʊəli] ❶ stündlich; **at hourly intervals** stündlich, jede Stunde; **there's an hourly bus to the airport** jede (*oder* alle) Stunde fährt ein Bus zum Flughafen ❷ **be paid on an hourly basis** stundenweise bezahlt werden; **hourly wage** (*oder* **pay**) Stundenlohn

★**house¹** [haʊs] *pl*: **houses** [⚠ ˈhaʊzɪz] ❶ Haus; **move house** umziehen ❷ *was zum Haus gehört*: Haushalt; **keep house for someone** jemandem den Haushalt führen; **put** (*oder* **set**) **one's house in order** *übertragen* seine Angelegenheiten in Ordnung bringen ❸ *adlige Familie*: Haus, Geschlecht; **the House of Hanover** das Haus Hannover ❹ **the House** *in GB*: das Parlament ❺ **this round is on the house** *in Lokal*: diese Runde geht auf Kosten des Hauses

★**house²** [haʊz] unterbringen, beherbergen (*Personen*)

housebound [ˈhaʊsbaʊnd] *übertragen* ans Haus gefesselt

housebreaking ['haʊs,breɪkɪŋ] Einbruch
★**household** ['haʊshəʊld] (≈ *Personen*) Haushalt; **run the household** den Haushalt führen
house-hunt ['haʊshʌnt] auf Haussuche gehen (*oder* sein); **go** (*bzw.* **be**) **house-hunting** auf Haussuche gehen (*bzw.* sein)
house husband ['haʊs,hʌzbənd] Hausmann
housekeeper ['haʊs,ki:pə] Haushälterin
housekeeping ['haʊs,ki:pɪŋ] ◨ Haushaltsführung ◨ *auch* **housekeeping money** Haushaltsgeld
★**house number** Hausnummer
House of Commons [,haʊs‿əv'kɒmənz] *in GB:* Unterhaus
House of Lords [,haʊs‿əv'lɔ:dz] *in GB:* Oberhaus
House of Representatives [,haʊs‿əv,reprɪ'zentətɪvz] *in USA:* Repräsentantenhaus
Houses of Parliament [,haʊzɪz‿əv'pɑ:ləmənt] *in GB: das* Parlament
house-trained ['haʊstreɪnd] *Br; Haustier:* stubenrein
housewarming ['haʊs,wɔ:mɪŋ] *auch* **housewarming party** Einzugsparty (*im neuen Haus*)
★**housewife** ['haʊswaɪf] *pl:* **housewives** ['haʊswaɪvz] Hausfrau
housework ['haʊswɜ:k] (≈ *Arbeit im Haushalt*) Hausarbeit
housing ['haʊzɪŋ] ◨ (▲ *nur im sg*); (≈ *Schaffen von Wohnraum*) Wohnungsbau ◨ *oft in Zusammensetzungen:* **housing development** *US*, **housing estate** *Br* Wohnsiedlung; **housing market** Wohnungsmarkt; **housing shortage** Wohnungsnot; **housing conditions** Wohnverhältnisse ◨ *Technik:* Gehäuse
hover [▲ 'hɒvə] (*Hubschrauber, Vogel usw.*) schweben
hovercraft [▲ 'hɒvəkrɑ:ft] *pl:* **hovercraft** *oder* **hovercrafts** Luftkissenfahrzeug
★**how** [haʊ] ◨ *fragend:* wie; **how are you?** wie geht es dir?; **how do you do?** *bei Vorstellung:* guten Tag; **how are things?** *umg* wie geht's?; **how's your toothache?** was machen deine Zahnschmerzen?; **how about ...?** wie steht (*oder* wäre) es mit ...?; **how do you know?** woher wissen Sie das?; **how much?** wie viel?; **how many?** wie viel?, wie viele? ◨ *in Ausrufen:* **how nice!** wie schön!; **and how!** *umg* und ob! ◨ **I'd like to learn how to play the guitar** ich würde gerne Gitarre spielen lernen
how'd [haʊd] Kurzform von **how had**, **how would** *oder* **how did**
★**however** [haʊ'evə] ◨ wie auch immer; **however you do it** wie du es auch machst; **however expensive it is** wie teuer es auch sein mag ◨ (≈ *nichtsdestoweniger*) jedoch; **there is, however, another aspect** da gibt es jedoch noch einen weiteren Aspekt
howl [haʊl] ◨ (*Wölfe, Wind*) heulen ◨ *vor Schmerz, Zorn:* brüllen, schreien (**with** vor); **howling with pain** vor Schmerz brüllend; **howl with laughter** in brüllendes Gelächter ausbrechen
howler ['haʊlə] *umg* (≈ *schwerer Fehler*) grober Schnitzer, Hammer
how'll [haʊl] Kurzform von **how will** *oder* **how shall**
how's [haʊz] Kurzform von **how is** *oder* **how has**
how've [haʊv] Kurzform von **how have**
hp [,eɪtʃ'pi:] (*abk für* horse power) PS
HP [,eɪtʃ'pi:] (*abk für* hire purchase) *Br* Ratenkauf; **buy something on HP** etwas auf Raten kaufen
HQ [,eɪtʃ'kju:] (▲ *wird im sg verwendet*) (*abk für* headquarters) Hauptquartier
hub [hʌb] ◨ *von Rad:* Nabe ◨ *übertragen* Mittelpunkt, Angelpunkt
hubcap ['hʌbkæp] *von Auto:* Radkappe
huddle¹ ['hʌdl] ◨ (sich) kauern ◨ **huddle (up) against** (*oder* **to**) sich kauern an

──────────── PHRASAL VERBS ────────────

huddle together [,hʌdl‿tə'geðə] sich zusammendrängen
huddle up [,hʌdl'ʌp] sich zusammenkauern

huddle² ['hʌdl] ◨ (*wirrer*) Haufen ◨ *Personen:* dicht zusammengedrängte Gruppe ◨ **go into a huddle** *umg* die Köpfe zusammenstecken
huff¹ [hʌf] **be in a huff** eingeschnappt sein; **go into a huff** einschnappen
huff² [hʌf] **huff and puff** keuchen, schnaufen
huffy ['hʌfɪ] ◨ verärgert, eingeschnappt ◨ (≈ *leicht zu kränken*) empfindlich
★**hug¹** [hʌg], hugged, hugged (≈ *in die Arme nehmen*) umarmen, *umg* drücken
hug² [hʌg] Umarmung; **give someone a hug** jemanden umarmen (*oder* drücken)
★**huge** [hju:dʒ] riesig, riesengroß (*beide auch übertragen*)
hulk [hʌlk] *Person, Ding:* Koloss
hullo [hə'ləʊ] *bes. Br* → **hello**
hum¹ [hʌm], hummed, hummed ◨ *allg.* summen ◨ **hum (with activity)** *umg* (*Haus, Straße usw.*) voller Leben sein ◨ **hum and haw** *Br* herumdrucksen, nicht recht mit der

Sprache herauswollen
hum² [hʌm] Summen, Brummen
★**human¹** ['hjuːmən] menschlich; **human being** Mensch; **the human race** die menschliche Rasse, die Menschheit; **human chain** Menschenkette; **human resources** pl Arbeitskräfte; Personalabteilung; **human rights** Menschenrechte
★**human²** ['hjuːmən] Mensch
humane [hjuːˈmeɪn] (≈ *nicht grausam*) human, menschlich
humanity [hjuːˈmænətɪ] **1** *alle Menschen*: die Menschheit **2** *Mitgefühl*: Humanität, Menschlichkeit
humble ['hʌmbl] **1** *Beitrag, Meinung, Vorschlag*: bescheiden; **in my humble opinion** meiner unmaßgeblichen Meinung nach **2** *Status, Rang*: niedrig; **of humble birth** von niederer Geburt
humbug ['hʌmbʌɡ] **1** Humbug, Unsinn **2** *Br* Pfefferminzbonbon
humdrum ['hʌmdrʌm] eintönig, langweilig
humid ['hjuːmɪd] *Tag, Klima, Luft*: feucht
humidity [ˌhjuːˈmɪdətɪ] (Luft)Feuchtigkeit
humiliate [hjuːˈmɪlɪeɪt] demütigen, erniedrigen; **a humiliating defeat** *Sport usw.*: eine demütigende Niederlage
humiliation [hjuːˌmɪlɪˈeɪʃn] Demütigung, Erniedrigung
humor ['hjuːmə] *US* → humour
humorous ['hjuːmərəs] **1** *Geschichte, Buch*: lustig, komisch **2** *Bemerkung, Idee*: witzig **3** (≈ *mit Sinn für Humor*) humorvoll
★**humour** ['hjuːmə] *Br* **1** Humor; **sense of humour** Sinn für Humor **2** *von Situation usw.*: Komik, *das* Komische
humourless ['hjuːmələs] *Br* humorlos
hump [hʌmp] **1** *von Mensch*: Buckel **2** *von Kamel*: Höcker **3** *Anhöhe*: (kleiner) Hügel
humpback ['hʌmpbæk] → hunchback
hunch [hʌntʃ] **1** *von Mensch*: Buckel **2** *Intuition*: Vorahnung; **have a hunch that** das (leise) Gefühl haben, dass
hunchback ['hʌntʃbæk] **1** *am Rücken*: Buckel **2** *Person*: Buckelige(r)
★**hundred¹** ['hʌndrəd] hundert; **a** (*oder* **one**) **hundred** hundert, einhundert; **I've told you a hundred times** ... *umg* ich hab dir schon hundertmal gesagt ...
★**hundred²** ['hʌndrəd] **1** *Ziffer*: Hundert **2** **hundreds of** ... Hunderte von ...; **I've told you hundreds of times** ... *umg* ich habe dir hundertmal gesagt, ...

★**hundredth¹** ['hʌndrədθ] hundertste(r, -s)
★**hundredth²** ['hʌndrədθ] **1** *in Rangfolge usw.*: der, die, das Hundertste **2** *Bruchteil*: Hundertstel; **a hundredth of a second** eine Hundertstelsekunde

hung [hʌŋ] 2. und 3. Form von → hang¹
Hungarian¹ [hʌŋˈɡeərɪən] ungarisch
Hungarian² [hʌŋˈɡeərɪən] *Sprache*: Ungarisch
Hungarian³ [hʌŋˈɡeərɪən] Ungar(in)
★**Hungary** ['hʌŋɡərɪ] Ungarn
★**hunger** ['hʌŋɡə] **1** (≈ *Hungergefühl*) Hunger; **die of hunger** verhungern **2** *übertragen* Hunger (**for, after** nach); **hunger for knowledge** Wissensdurst
hunger strike ['hʌŋɡəˌstraɪk] Hungerstreik; **go on (a) hunger strike** in den Hungerstreik treten
★**hungry** ['hʌŋɡrɪ] **1** hungrig; **be** (*oder* **feel**) **hungry** hungrig sein, Hunger haben **2** (*übertragen*) hungrig (**for** nach); **hungry for knowledge** wissensdurstig
hunk [hʌŋk] **1** (großes) Stück (*Brot usw.*) **2** *umg* attraktiver Mann
★**hunt¹** [hʌnt] **1** *auf Tiere*: Jagd, Jagen **2** *übertragen* Jagd, Verfolgung, Suche (**for** nach)
★**hunt²** [hʌnt] **1** jagen, Jagd machen auf (*Tiere, auch übertragen*); **go hunting** auf die Jagd gehen; **hunted look** gehetzter Blick **2** *übertragen* jagen, verfolgen (*Verbrecher usw.*)
★**hunter** ['hʌntə] Jäger(in) (*auch übertragen*)
hunting ['hʌntɪŋ] Jagen, Jagd; **hunting season** Jagdzeit
hurdle ['hɜːdl] **1** Hürde (*Sport und übertragen*) **2** **hurdles** (⚠ *nur im sg*) Hürdenlauf; **the 400m hurdles** der 400-m-Hürdenlauf, die 400 m Hürden
hurl [hɜːl] **1** schleudern **2** **hurl oneself** sich stürzen (**on, at** auf) **3** **hurl abuse at someone** jemandem Beleidigungen ins Gesicht schleudern
hurly-burly ['hɜːlɪˌbɜːlɪ] Tumult, Rummel
hurrah [həˈrɑː] *Ausruf*: hurra!; → hooray
hurricane ['hʌrɪkən] Hurrikan, Orkan
hurried ['hʌrɪd] **1** eilig, hastig; **a hurried letter** ein hastig geschriebener Brief **2** *Abreise, Heirat*: überstürzt
★**hurry¹** ['hʌrɪ] Hast, Eile; **be in a hurry** es eilig haben, in Eile sein; **be in no hurry** es nicht eilig haben; **do something in a hurry** etwas eilig (*oder* hastig) tun; **there's no hurry** es eilt nicht
★**hurry²** ['hʌrɪ] **1** eilen, hasten; **don't hurry!** lass dir Zeit!; **there's no need to hurry** kein

Grund zur Eile ❷ antreiben (*Person*); **don't hurry me!** *umg* hetz mich nicht!

PHRASAL VERBS

hurry up [ˌhʌrɪˈʌp] sich beeilen; **hurry up!** schick dich!, Beeilung!, mach schnell!

★ **hurt** [hɜːt], hurt [hɜːt], hurt [hɜːt] ❶ verletzen (*Person, Gefühle usw.*); **hurt oneself** sich wehtun; **hurt one's knee** sich das (*oder* am) Knie verletzen ❷ (*Wunde, Erinnerung usw.*) schmerzen, wehtun; **where does it hurt?** wo tut's denn weh? ❸ schaden (*Geschäft, Ruf usw.*); **it won't hurt (you) to be a bit more friendly** es wird dir nichts schaden, ein bisschen freundlicher zu sein

hurtful [ˈhɜːtfl] *Bemerkung usw.*: verletzend

★ **husband** [ˈhʌzbənd] Mann, Ehemann, Gatte

hush¹ [hʌʃ] hush! *umg* still!, pst!

hush² [hʌʃ] ❶ zum Schweigen bringen ❷ still werden

PHRASAL VERBS

hush up [ˌhʌʃˈʌp] vertuschen

---

hush³ [hʌʃ] Stille, Schweigen; **hush money** Schweigegeld

husk¹ [hʌsk] *von Getreide usw.*: Hülse, Schale

husk² [hʌsk] enthülsen, schälen

husky¹ [ˈhʌski] ❶ *Stimme*: heiser, rau ❷ *umg*; *Mann*: stämmig, kräftig

husky² [ˈhʌski] *Schlittenhund*: Husky

hustle¹ [⚠ˈhʌsl] ❶ stoßen, drängen ❷ sich drängen (*durch die Menge*) ❸ hasten, hetzen

hustle² [⚠ˈhʌsl] *mst.* **hustle and bustle** geschäftiges Treiben

★ **hut** [hʌt] Hütte

hybrid [ˈhaɪbrɪd] *Pflanze, Tier*: Kreuzung, Hybride, *übertragen* Mischform; **hybrid vehicle** Hybridfahrzeug

hydraulic [haɪˈdrɒlɪk] hydraulisch; **hydraulic ramp** Hebebühne

hydroelectric [ˌhaɪdrəʊɪˈlektrɪk] **hydroelectric power** durch Wasserkraft erzeugte Energie

hydrogen [ˈhaɪdrədʒən] *Element*: Wasserstoff; **hydrogen bomb** Wasserstoffbombe

hygiene [⚠ˈhaɪdʒiːn] Hygiene, Gesundheitspflege

hygienic [⚠haɪˈdʒiːnɪk] hygienisch

hymn [⚠hɪm] Kirchenlied

hype¹ [haɪp] Werberummel

hype² [haɪp] *auch* **hype up** einen Werberummel veranstalten um

hyperactive [ˌhaɪpərˈæktɪv] *Kind*: hyperaktiv

hyperlink [ˈhaɪpəlɪŋk] *Computer*: Hyperlink

hypermarket [ˈhaɪpəˌmɑːkɪt] *Br* Großmarkt, Verbrauchermarkt

hypertension [ˌhaɪpəˈtenʃən] *medizinisch*: erhöhter Blutdruck

hypertext [ˈhaɪpətekst] *Computer*: Hypertext

hyphen [ˈhaɪfn] ❶ *zwischen Wortteilen*: Bindestrich ❷ *am Zeilenende*: Trennungszeichen

hyphenate [ˈhaɪfəneɪt] mit Bindestrich schreiben (*Wortteile*)

hypnotize [ˈhɪpnətaɪz] hypnotisieren

hypocrisy [⚠hɪˈpɒkrəsɪ] Heuchelei

hypocrite [⚠ˈhɪpəkrɪt] Heuchler(in)

hypodermic needle [ˌhaɪpəˌdɜːmɪkˈniːdl] Injektionsnadel

hypoglycaemia [ˌhaɪpəʊɡlaɪˈsiːmɪə] *Br*, **hypoglycemia** *US* Unterzucker

hypoglycaemic [ˌhaɪpəʊɡlaɪˈsiːmɪk] *Br*, **hypoglycemic** *US* **be hypoglyc(a)emic** Unterzucker haben

hypotenuse [haɪˈpɒtənjuːz] *Mathematik*: Hypotenuse

hysteria [hɪˈstɪərɪə] *übersteigertes Gefühl*: Hysterie

hysterical [hɪˈsterɪkl] *Person, Reaktion usw.*: hysterisch

hysterics [hɪˈsterɪks] *pl* (*mst. im sg verwendet*) hysterischer Anfall; **go into hysterics** hysterisch werden, *umg* sich kugelig lachen

I

★ **I** [aɪ] ich; **I'm not late, am I?** ich komm doch nicht zu spät, oder?

★ **ice¹** [aɪs] ❶ Eis (*auch zum Kühlen von Speisen und Getränken*); **as cold as ice** eiskalt; **put on ice** kalt stellen (*Getränke*) ❷ **break the ice** *übertragen* das Eis brechen

★ **ice²** [aɪs] *mit Zuckerguss*: glasieren (*Kuchen*)

PHRASAL VERBS

ice over *oder* up [ˌaɪsˈəʊvə *oder* ˈʌp] ❶ (*See usw.*) zufrieren ❷ (*Straße*) vereisen

---

Ice Age [ˈaɪs ˌeɪdʒ] *Erdzeitalter*: Eiszeit

iceberg [ˈaɪsbɜːɡ] Eisberg; **the tip of the iceberg** die Spitze des Eisbergs (*mst. übertragen*)

ice-cold [ˌaɪsˈkəʊld] eiskalt

★ **ice cream** [ˌaɪsˈkriːm] Eis, Speiseeis, Eiscreme; **chocolate ice cream** Schokoladeneis; **ice-cream parlor** *US* Eisdiele

★ **ice cube** [ˈaɪs ˌkjuːb] Eiswürfel

iced [aɪst] **1** eisgekühlt; **iced coffee** Eiskaffee; **iced tea** Eistee **2** *Kuchen*: glasiert
ice hockey ['aɪsˌhɒkɪ] *Br*; *Sport*: Eishockey
Iceland ['aɪslənd] Island
Icelander ['aɪsləndə] Isländer(in)
Icelandic[1] [aɪs'lændɪk] isländisch
Icelandic[2] [aɪs'lændɪk] *Sprache*: Isländisch
ice lolly ['aɪsˌlɒlɪ] *Br* Eis am Stiel
ice pack ['aɪsˌpæk] zur Kühlung von Verletzungen: Eisbeutel
ice rink ['aɪsˌrɪŋk] Kunsteisbahn
ice-skating ['aɪsˌskeɪtɪŋ] Schlittschuhlaufen
icicle ['aɪsɪkl] Eiszapfen
icing ['aɪsɪŋ] *bes. Br*; *auf Kuchen*: Glasur, Zuckerguss
icing sugar ['aɪsɪŋˌʃʊɡə] *Br* Puderzucker
icon ['aɪkɒn] **1** *Kunst*: Ikone **2** *Computer*: Ikon, Symbol
icy ['aɪsɪ] eisig (*auch übertragen: Blick*)
ID [ˌaɪ'diː] *abk für* → identification 2
I'd [aɪd] *Kurzform von* **I had** *oder* **I would**
★**idea** [aɪ'dɪə] **1** (≈ spontaner Gedanke) Idee; **(what a) good idea!** (das ist eine) gute Idee!; **that's not a bad idea** das ist keine schlechte Idee; **that gives me an idea** das bringt mich auf eine Idee **2** *von Zusammenhang*: Vorstellung, Begriff; **I've got no idea** ich habe keine Ahnung; **d'you get the idea?** verstehst du (was ich meine)? **3** (≈ Intention) Absicht, Gedanke, Idee; **the idea is ...** der Zweck der Sache ist, ..., es geht darum, ...; **what's the big idea?** was soll das Ganze? **4** *zu Politik, Religion usw.*: Meinung, Ansicht; **she's got some weird political ideas** politisch hat sie mitunter seltsame Ansichten
★**ideal**[1] [aɪ'dɪəl] (≈ perfekt) ideal
★**ideal**[2] [aɪ'dɪəl] **1** (≈ Inbegriff) Ideal **2** *moralisch, sittlich*: Ideal, Idealvorstellung
idealism [aɪ'dɪəlɪzm] Idealismus
idealist [aɪ'dɪəlɪst] Idealist(in)
idealistic [aɪˌdɪə'lɪstɪk] idealistisch
ideally [aɪ'dɪəlɪ] im Idealfall; **ideally, the school should get two more teachers** idealerweise sollte die Schule zwei zusätzliche Lehrer bekommen
identical [aɪ'dentɪkl] identisch (**to, with** mit); **identical twins** eineiige Zwillinge
★**identification** [aɪˌdentɪfɪ'keɪʃn] **1** *von Person, Leiche usw.*: Identifizierung **2** *Dokument*: Ausweis, Legitimation; **he didn't have any identification** er konnte sich nicht ausweisen
identify [aɪ'dentɪfaɪ] **1** identifizieren (*Verbrecher, Leiche usw.*); **identify oneself** sich ausweisen **2** ermitteln, erkennen (*Problem, Grund für etwas*)

---PHRASAL VERBS---

identify with [aɪ'dentɪfaɪˌwɪð] **1** *in gedankliche Beziehung setzen*: identifizieren mit, gleichsetzen mit **2** **identify (oneself) with someone** sich mit jemandem identifizieren

---

identity [aɪ'dentətɪ] *einer Person*: Identität; **identity check** Ausweiskontrolle; **prove one's identity** sich ausweisen
★**identity card** [aɪ'dentətɪˌkɑːd] Personalausweis
identity theft [aɪ'dentətɪˌθeft] Identitätsdiebstahl
ideology [ˌaɪdɪ'ɒlədʒɪ] Ideologie
idiocy ['ɪdɪəsɪ] Blödheit
★**idiom** ['ɪdɪəm] *Sprache*: idiomatischer Ausdruck, Redewendung
idiot ['ɪdɪət] *umg* Idiot, Trottel
idiotic [ˌɪdɪ'ɒtɪk] *umg* idiotisch
idle ['aɪdl] **1** *Person*: faul, träge; **the idle rich** die reichen Müßiggänger **2** *in Fabrik usw.*: beschäftigungslos (*Arbeiter*), stillstehend (*Maschinen*) **3** **an idle promise** ein leeres Versprechen; **this isn't an idle threat** das ist keine leere Drohung
idol ['aɪdl] **1** *Sportler, Popsänger usw.*: Idol **2** *von Gottheit*: Götzenbild
idolize ['aɪdlaɪz] abgöttisch verehren, vergöttern
i.e. [ˌaɪ'iː] (*abk für* id est = that is) d. h. (*das heißt*)
★**if**[1] [ɪf] **1** (≈ unter der Voraussetzung, dass) wenn, falls; **if I were you** wenn ich du wäre, ich an deiner Stelle; **if he phones, tell him ...** falls er anruft, sage ihm ...; **do you mind if I smoke?** macht es Ihnen etwas aus, wenn ich rauche?, darf ich rauchen?; **if so** *nach Aussage, Feststellung usw.*: wenn ja, wenn das zutrifft; **if necessary** nötigenfalls **2** *indirekt fragend*: ob; **I wonder if it'll rain** ich bin gespannt, ob es regnet; **see if you can do it** versuche, ob du es kannst **3** **he acts as if he were something special** er tut so, als ob er etwas Besonderes wäre
★**if**[2] [ɪf] **no ifs and buts!** ohne Wenn und Aber!
ignition [ɪg'nɪʃn] **1** Anzünden **2** *Motor*: Zündung; **ignition key** Zündschlüssel
ignoramus [ˌɪgnə'reɪməs] Ignorant
ignorance ['ɪgnərəns] **1** *neutral*: Unwissenheit **2** *im negativen Sinn*: Ignoranz
ignorant ['ɪgnərənt] **1** unwissend; **be ignorant of something** etwas nicht wissen (*oder* ken-

nen) **2** *im negativen Sinn:* ignorant
ignore [ɪgˈnɔː] ignorieren, nicht beachten (*Person, Tatsache usw.*)
I'll [aɪl] *Kurzform von* **I shall** *oder* **I will**
★**ill** [ɪl] **1** krank; **be taken ill, fall ill, become ill, get ill** krank werden, erkranken (**with** an); **I feel ill** mir ist nicht gut **2** *förmlich* schlecht, schlimm; **ill fortune** (*oder* **luck**) Pech; **speak** (*bzw.* **think**) **ill of** schlecht sprechen (*bzw.* denken) von **3** **feel ill at ease** sich unbehaglich fühlen
ill-advised [ˌɪləd'vaɪzd] unbesonnen, unklug
ill-bred [ˌɪl'bred] schlecht erzogen
★**illegal** [ɪˈliːgl] **1** (≈ *gegen das Gesetz*) illegal, gesetzwidrig, ungesetzlich; **illegal parking** Falschparken; **illegal immigrants** illegale Einwanderer **2** *Sport:* regelwidrig
illegally [ɪˈliːgəlɪ] unrechtmäßig, gesetzwidrig; **illegally imported** illegal eingeführt
illegible [ɪˈledʒəbl] *Handschrift usw.:* unleserlich
illegitimate [ˌɪləˈdʒɪtəmət] **1** *Kind:* nicht ehelich, unehelich **2** *Geschäft, Handeln:* unzulässig, unerlaubt **3** *Regierung:* unrechtmäßig
ill-humoured, *US* **ill-humored** [ˌɪl'hjuːməd] schlecht (*oder* übel) gelaunt
illicit [ɪˈlɪsɪt] unerlaubt, verboten; **illicit trade** Schwarzhandel
illiteracy [ɪˈlɪtərəsɪ] Analphabetismus
illiterate [ɪˈlɪtərət] **1** des Lesens und Schreibens unkundig; **she's illiterate** sie ist Analphabetin **2** *umg* ungebildet
★**illness** [ˈɪlnəs] Krankheit
illogical [ɪˈlɒdʒɪkl] unlogisch
ill-tempered [ˌɪl'tempəd] missmutig
ill-timed [ˌɪl'taɪmd] ungelegen, unpassend
illuminate [ɪˈluːmɪneɪt] **1** beleuchten **2** *für ein Fest:* festlich beleuchten **3** erläutern (*Sachverhalt usw.*)
illusion [ɪˈluːʒn] *allg.:* Illusion; **optical illusion** optische Täuschung; **be under the illusion that** sich einbilden, dass; **have no illusions** sich keine Illusionen machen (**about** über)
illustrate [ˈɪləstreɪt] **1** illustrieren, bebildern (*Buch usw.*) **2** erläutern, veranschaulichen (*Bericht, Argument, These usw.*)
illustration [ˌɪləˈstreɪʃn] **1** *in Buch usw.:* Illustration, Bild, Abbildung **2** *von Argument, These usw.:* Erläuterung
illustrious [ɪˈlʌstrɪəs] berühmt
ill-will [ˌɪl'wɪl] **I don't bear him any ill-will** ich trage es ihm nicht nach
I'm [aɪm] *Kurzform von* **I am**
image [ˈɪmɪdʒ] **1** (≈ *öffentliches Ansehen*) Image; **the government's public image** das Ansehen der Regierung in der Öffentlichkeit; **brand image** Markenimage **2** *geistig:* Bild, Vorstellung; **she's got a clear image of her future** sie hat ein klares Bild von ihrer Zukunft **3** *Person:* Abbild, Ebenbild; **he's the very** (*oder* **spitting**) **image of his father** er ist seinem Vater wie aus dem Gesicht geschnitten, er ist ganz der Vater **4** *in der Literatur:* Bild, *auch:* Metapher
imaginable [ɪˈmædʒɪnəbl] vorstellbar; **the greatest difficulty imaginable** die denkbar größte Schwierigkeit
imaginary [ɪˈmædʒɪnrɪ] imaginär, eingebildet
★**imagination** [ɪˌmædʒɪˈneɪʃn] **1** Fantasie, Einbildungskraft; **a vivid imagination** eine lebhafte Fantasie **2** *nur Fiktion:* Einbildung; **pure imagination** reine Einbildung
imaginative [ɪˈmædʒɪnətɪv] fantasievoll, *Person auch:* einfallsreich
★**imagine** [ɪˈmædʒɪn] **1** *gedanklich:* sich vorstellen; **can you imagine?** stell dir vor!; **just imagine!** *ironisch* stell dir vor!, denk dir nur! **2** *fälschlich:* sich einbilden; **don't imagine that …** bilde dir nur nicht ein, dass …; **you're imagining things** *umg* du leidest an Einbildungen
imbecile [ˈɪmbəsiːl] Idiot(in), Trottel
★**imitate** [ˈɪmɪteɪt] nachahmen, nachmachen, imitieren (*Person, deren Aussprache, Mimik usw.*)
imitation [ˌɪmɪˈteɪʃn] **1** Nachahmung, Imitation **2** *von Schmuck usw.:* Imitation, Fälschung
immaculate [ɪˈmækjʊlət] **1** *Verhalten:* tadellos **2** *Kleidung, Erscheinung:* makellos
immature [ˌɪməˈtjʊə] **1** *Person:* unreif **2** *Pläne:* unausgereift, unausgegoren
immaturity [ɪməˈtjʊərətɪ] Unreife
immediate [ɪˈmiːdɪət] **1** *räumlich, zeitlich:* unmittelbar; **an immediate reply** eine prompte Antwort; **in the immediate vicinity** in unmittelbarer Nähe, in der nächsten Umgebung; **in the immediate future** in nächster Zukunft **2** *Verwandtschaft:* nächste(r, -s); **my immediate family** meine nächsten Angehörigen
★**immediately** [ɪˈmiːdɪətlɪ] **1** (≈ *unverzüglich*) sofort, umgehend; **stop that immediately!** hör sofort damit auf! **2** (≈ *gleich anschließend*) unmittelbar, direkt; **immediately after the war** gleich nach dem Krieg
immense [ɪˈmens] *Glück, Pech, Vermögen usw.:* riesig, ungeheuer
immerse [ɪˈmɜːs] **immerse oneself in** sich

vertiefen in; **immersed in** vertieft in
immersion heater [ɪˈmɜːʃn̩ˌhiːtə] Tauchsieder
★**immigrant** [ˈɪmɪgrənt] Einwanderer, Einwanderin, Immigrant(in)
immigrate [ˈɪmɪgreɪt] einwandern, immigrieren (**into** nach, **from** aus)
★**immigration** [ˌɪmɪˈgreɪʃn̩] Einwanderung, Immigration; **immigration office** Einwanderungsbehörde
immobile [ɪˈməʊbaɪl] unbeweglich, bewegungslos
★**immoral** [ɪˈmɒrəl] *gegen die Moral verstoßend*: unmoralisch, unsittlich
immortal [ɪˈmɔːtl̩] ◼ *Person*: unsterblich ◼ *übertragen* unvergänglich
immortality [ˌɪmɔːˈtæləti] Unsterblichkeit, *übertragen auch*: Unvergänglichkeit
immune [ɪˈmjuːn] *Medizin und übertragen*: immun (**against, from, to** gegen); **immune deficiency syndrome** Immunschwächekrankheit
immunity [ɪˈmjuːnəti] *Medizin und übertragen*: Immunität; **diplomatic immunity** diplomatische Immunität
immunize [ˈɪmjʊnaɪz] immunisieren, immun machen (**against** gegen)
imp [ɪmp] ◼ *Fabelwesen*: Kobold ◼ *umg, Kind*: Racker
impact [ˈɪmpækt] ◼ *nach Fall usw.*: Aufprall (**on, against** auf) ◼ *von zwei Fahrzeugen*: Zusammenprall ◼ *übertragen* Wirkung, Einfluss (**on** auf); **the impact of computers on everyday life** der Einfluss der Computer auf den Alltag
impact wrench [△ ˈɪmpækt ˌrentʃ] Schlagschrauber
impair [ɪmˈpeə] beeinträchtigen
impartial [ɪmˈpɑːʃl̩] *Person*: unparteiisch, unvoreingenommen
impartiality [ˌɪmpɑːʃiˈæləti] Unparteilichkeit, Unvoreingenommenheit
impassable [ɪmˈpɑːsəbl̩] *Straße*: unpassierbar
impassioned [ɪmˈpæʃn̩d] *Rede, Plädoyer*: leidenschaftlich
impatience [ɪmˈpeɪʃn̩s] Ungeduld
★**impatient** [ɪmˈpeɪʃn̩t] ◼ ungeduldig; **be impatient** keine Geduld haben (**with** mit) ◼ **the teams were impatient for the match to begin** die Mannschaften konnten den Beginn des Spiels kaum erwarten
impeccable [ɪmˈpekəbl̩] *Verhalten, Manieren usw.*: untadelig, einwandfrei
impede [ɪmˈpiːd] behindern (*Vorhaben, Projekt usw.*)

impediment [△ ɪmˈpedɪmənt] Hindernis (**to** für); **the main impediment to economic recovery** das Haupthindernis für den wirtschaftlichen Aufschwung
imperative¹ [ɪmˈperətɪv] (≈ *äußerst dringend*) unumgänglich, unbedingt erforderlich
imperative² [ɪmˈperətɪv] *Sprache*: Imperativ, Befehlsform; **in the imperative** im Imperativ
imperfect¹ [ɪmˈpɜːfɪkt] *Kenntnisse usw.*: unvollkommen
imperfect² [ɪmˈpɜːfɪkt] *Sprache*: Imperfekt
imperial [ɪmˈpɪərɪəl] ◼ kaiserlich, Kaiser... (*Insignien, Hof usw.*) ◼ *Br; nicht metrische Maße und Gewichte*: englisch
imperialism [ɪmˈpɪərɪəlɪzm̩] *Politik*: Imperialismus
impersonal [ɪmˈpɜːsn̩əl] *Brief, Einrichtung usw.*: unpersönlich
impersonate [ɪmˈpɜːsəneɪt] imitieren, nachmachen (*prominente Persönlichkeit*)
impertinence [ɪmˈpɜːtɪnəns] Unverschämtheit, *förmlich* Impertinenz
impertinent [ɪmˈpɜːtɪnənt] unverschämt
impetus [ˈɪmpɪtəs] *mst. übertragen* Antrieb, Motivation; **give fresh impetus to a project** einem Projekt neue Impulse verleihen
implant¹ [ɪmˈplɑːnt] *Medizin*: implantieren, einpflanzen (*Herzklappe, Schrittmacher usw.*)
implant² [ˈɪmplɑːnt] *Medizin*: Implantat
implement¹ [ˈɪmplɪmənt] Gerät, Werkzeug
implement² [ˈɪmplɪment] ◼ vollziehen (*Gesetz*) ◼ durchführen (*Maßnahmen*)
implication [ˌɪmplɪˈkeɪʃn̩] *von Gesetz, Entscheidung, Handlung*: Folge, Auswirkung, *förmlich* Implikation
implicit [ɪmˈplɪsɪt] (≈ *unausgesprochen, aber gemeint*) impliziert, implizit; **the author tells us implicitly that ...** der Autor sagt uns implizit (*oder* indirekt), dass ...
implore [ɪmˈplɔː] anflehen
imply [ɪmˈplaɪ] (≈ *unausgesprochen meinen*) implizieren, andeuten
★**impolite** [ˌɪmpəˈlaɪt] *Person, Verhalten*: unhöflich
★**import**¹ [ɪmˈpɔːt] ◼ importieren, einführen (*Güter*) (**from** aus); **importing country** Einfuhrland ◼ *Computer*: importieren (*Daten*)
★**import**² [ˈɪmpɔːt] Import, Einfuhr; **last year's imports** *pl* der Gesamtimport des letzten Jahres
★**importance** [ɪmˈpɔːtn̩s] ◼ Wichtigkeit, Bedeutung; **this is a matter of utmost importance** diese Angelegenheit ist von höchster

Bedeutung; **do you attach any importance to that incident?** messen Sie diesem Vorfall irgendeine Bedeutung bei?; **be of no importance** unwichtig (*oder* belanglos) sein (**to** für) **2** (≈ *Einfluss*) Ansehen, Gewicht; **a person of importance** eine einflussreiche Person

★**important** [ɪmˈpɔːtnt] **1** wichtig, bedeutend; **this is very important to me** das ist für mich sehr wichtig; **the most important thing is that ...** die Hauptsache ist, dass ...; **forget it, it's not important** das macht nichts, es ist nicht wichtig **2** *Person auch:* bedeutend, einflussreich

importer [ɪmˈpɔːtə] Importeur(in) (**of** von)

impose [ɪmˈpəʊz] **1** erheben (*Steuern, Abgaben usw.*) **2** verhängen (*Sanktionen, Embargo*) **3** **impose oneself** (*oder* **one's presence**) **on someone** sich jemandem aufdrängen; **I don't want to impose on you** ich will nicht aufdringlich sein

imposing [ɪmˈpəʊzɪŋ] *Anblick, Gebäude usw.:* imposant

impossibility [ɪmˌpɒsəˈbɪlətɪ] Unmöglichkeit; **that's an (absolute) impossibility** das ist ein Ding der Unmöglichkeit

★**impossible** [ɪmˈpɒsəbl] unmöglich; **it's impossible for me to come** ich kann unmöglich kommen

impostor [ɪmˈpɒstə] Betrüger(in), Hochstapler(in)

impotence [ˈɪmpətəns] **1** *gegenüber einer Situation:* Machtlosigkeit, Ohnmacht **2** *sexuell:* Impotenz

impotent [ˈɪmpətənt] **1** *gegenüber einer Situation:* machtlos, ohnmächtig **2** *sexuell:* impotent

impracticable [ɪmˈpræktɪkəbl] *Plan, Vorhaben:* undurchführbar

impractical [ɪmˈpræktɪkl] **1** *Person:* unpraktisch **2** *Plan:* undurchführbar

★**impress** [ɪmˈpres] *durch Leistung usw.:* beeindrucken, Eindruck machen auf, imponieren; **be impressed by something** von etwas beeindruckt sein

★**impression** [ɪmˈpreʃn] **1** *allg.:* Eindruck (**of** von); **give someone a wrong impression** bei jemandem einen falschen Eindruck erwecken; **make a good** (*bzw.* **bad**) **impression** einen guten (*bzw.* schlechten) Eindruck machen; **I get** (*oder* **have**) **the impression that ...** ich habe den Eindruck, dass ...; **under the impression that** in der Annahme, dass ... **2** *von Buch usw.:* Nachdruck **3** (≈ *Spur*) Abdruck (*von Fuß, Schuh usw.*)

Impressionism [ɪmˈpreʃnɪzm] *Kunstrichtung:* Impressionismus

impressive [ɪmˈpresɪv] *Leistung, Bauwerk usw.:* eindrucksvoll

imprint[1] [ˈɪmprɪnt] **1** *von Fuß in Sand usw.:* Abdruck **2** *in Buch usw.:* Impressum

imprint[2] [ɪmˈprɪnt] **1** (auf)drücken (**on** auf) (*Muster, Stempel*) **2** **it's imprinted on my memory** es ist in meinem Gedächtnis eingeprägt

imprison [ɪmˈprɪzn] inhaftieren; **be imprisoned** inhaftiert sein, sich in Haft befinden

imprisonment [ɪmˈprɪznmənt] Freiheitsstrafe, Haft; **he was given 10 years' imprisonment** er wurde zu einer zehnjährigen Freiheitsstrafe verurteilt

improbable [ɪmˈprɒbəbl] unwahrscheinlich

★**improve** [ɪmˈpruːv] **1** verbessern (*Sprachkenntnisse, Produkte, Qualität usw.*) **2** (*Schüler, Sportler*) sich verbessern, besser werden **3** (*Patient*) Fortschritte machen; **he's improving** es geht ihm allmählich besser

★**improvement** [ɪmˈpruːvmənt] Besserung, Verbesserung; **a slight improvement in the weather** eine leichte Wetterbesserung; **there's certainly room for improvement** das könnte man auf alle Fälle verbessern; **carry out improvements to a house** Ausbesserungs-/Verschönerungsarbeiten an einem Haus vornehmen

improvisation [ˌɪmprəvaɪˈzeɪʃn] *von Rede, Musikstück usw.:* Improvisation

improvise [ˈɪmprəvaɪz] improvisieren (*Rede, Musikstück usw.*)

impudence [ˈɪmpjʊdəns] Unverschämtheit

impudent [ˈɪmpjʊdənt] unverschämt

impulse [ˈɪmpʌls] **1** *Anregung:* Impuls, Anstoß; **give new impulse to the economy** der Wirtschaft neue Impulse geben **2** *plötzlicher Gedanke:* Regung, Eingebung; **do something on impulse** etwas impulsiv tun

impulsive [ɪmˈpʌlsɪv] *Person, Charakter, Handlung:* impulsiv

★**in**[1] [ɪn] **1** *räumlich, auf die Frage „wo?":* in; **the children are playing in the street** die Kinder spielen auf der Straße; **in the country** auf dem Land; **in the sky** am Himmel; **in front of** vor; **in here** hier drinnen **2** *räumlich, auf die Frage „wohin?":* in, hinein; **put it in your pocket** steck es in die Tasche; **let's go in** gehen wir hinein; **come in!** herein!, komm rein! **3** *zeitlich:* **in two hours** in zwei Stunden; **in ten**

years' time in zehn Jahren; **in April** im April; **in the beginning** am Anfang; **in the end** am Ende; **in the evening** am Abend; **in 2009** (im Jahre) 2009 ❹ *Verkehrsmittel*: da, angekommen; **the train isn't in yet** der Zug ist noch nicht da ❺ *Person*: da, zu Hause; **is John in?** ist John zu Hause (*oder* da)? ❻ *auf Art und Weise deutend*: **pay in cash** bar (*oder* mit Bargeld) bezahlen; **say it in English!** sag es auf Englisch!; **in writing** schriftlich; **in this way** so, auf diese Weise; **in time** rechtzeitig, zur rechten Zeit; **in a friendly way** auf freundliche Weise, freundlich; **be in love** verliebt sein; **in bad weather** bei schlechtem Wetter; **be in good health** bei guter Gesundheit sein ❼ *eine Tätigkeit bezeichnend*: **in search of** auf der Suche nach; **I'm in publishing** ich arbeite bei einem Verlag ❽ *eine Richtung bezeichnend*: **drive in that direction** fahren Sie in dieser Richtung ❾ *einen Zweck bezeichnend*: **in answer to** als Antwort auf; **in someone's honour** jemandem zu Ehren ❿ *eine Teilmenge bezeichnend*: **one in ten Germans** einer von zehn Deutschen ⓫ *in Wendungen*: **in my opinion** meiner Meinung nach, meines Erachtens; **in all probability** aller Wahrscheinlichkeit nach, höchstwahrscheinlich; **all in all** alles in allem; **be in for something** etwas zu erwarten haben; **we're in for some trouble** wir werden Ärger kriegen; **be in on the discussion** an der Diskussion beteiligt sein

★**in²** [ɪn] *umg* (≈ *modisch, aktuell*) in; **this disco is 'the in place to go now** diese Disco ist zurzeit 'der Hit

inability [ˌɪnəˈbɪlətɪ] Unfähigkeit, Unvermögen

inaccessible [ˌɪnəkˈsesəbl] ❶ *Ort*: unzugänglich (**to** für) ❷ *Person*: unnahbar

inaccuracy [ɪnˈækjərəsɪ] Ungenauigkeit

inaccurate [ɪnˈækjərət] *Berechnung, Schätzung, Übersetzung usw*.: ungenau

inactive [ɪnˈæktɪv] ❶ *Person*: untätig, *stärker*: träge ❷ *Vulkan*: erloschen

inactivity [ˌɪnækˈtɪvətɪ] Untätigkeit, *stärker*: Trägheit

inadequate [ɪnˈædɪkwət] *von Qualität, Leistung usw*.: unzulänglich, unzureichend; **be inadequate for** (*Menge*) nicht reichen für

inadvisable [ˌɪnədˈvaɪzəbl] nicht ratsam; **it's inadvisable to walk down this street at night** es ist nicht ratsam, nachts diese Straße entlangzugehen

inane [ɪˈneɪn] geistlos, albern

inappropriate [ˌɪnəˈprəʊprɪət] *Kleidung, Verhalten*: unpassend, ungeeignet

inattention [ˌɪnəˈtenʃn] Unaufmerksamkeit

inattentive [ˌɪnəˈtentɪv] *Schüler*: unaufmerksam (**to** gegenüber)

inaudible [ɪnˈɔːdəbl] *Tonfrequenzen*: unhörbar

inaugurate [ɪˈnɔːgjəreɪt] ❶ einleiten (*Ära usw*.) ❷ ins Amt einführen (*Präsidenten usw*.) ❸ einweihen (*Gebäude*)

inauguration [ɪˌnɔːgjəˈreɪʃn] ❶ *eines Präsidenten usw*.: Amtseinführung ❷ *eines Gebäudes usw*.: Einweihung

inborn [ˌɪnˈbɔːn] *Fähigkeiten*: angeboren

inbound [ˈɪnbaʊnd] *Flug, Passagiere*: ankommend

inbox [ˈɪnbɒks] *für E-Mail*: Posteingang

Inc. [ɪŋk] *US abk für* → incorporated AG

incalculable [ɪnˈkælkjʊləbl] ❶ *Risiko, Folgen, Schaden usw*.: unabsehbar ❷ *Vermögen usw*.: unermesslich

incantation [ˌɪnkænˈteɪʃn] Zauberformel, Zauberspruch

incapability [ɪnˌkeɪpəˈbɪlətɪ] Unfähigkeit, Unvermögen

incapable [ɪnˈkeɪpəbl] unfähig (**of** zu); **she's incapable of lying** sie ist nicht imstande zu lügen; **he's incapable of murder** er ist zu einem Mord nicht fähig

incapacity [ˌɪnkəˈpæsətɪ] Unfähigkeit, Untauglichkeit; **incapacity for work** Arbeitsunfähigkeit, Erwerbsunfähigkeit

incarnation [ˌɪnkɑːˈneɪʃn] Verkörperung, Inbegriff; **he's the very incarnation of honesty** er ist geradezu der Inbegriff von Ehrlichkeit

incense¹ [ˈɪnsens] Weihrauch

incense² [ɪnˈsens] erzürnen, erbosen; **most employees were incensed at the pay freeze** die meisten Angestellten waren über den Lohnstopp erbost

incentive [ɪnˈsentɪv] Ansporn, Anreiz (**to** zu); **incentive to buy** Kaufanreiz

incessant [ɪnˈsesnt] *Gerede, Lärm, Regen usw*.: unaufhörlich

incest [ˈɪnsest] Blutschande, Inzest

★**inch** [ɪntʃ] Längenmaß: Inch, Zoll (= 2, 54 cm); **by inches, inch by inch** *etwa*: Zentimeter um Zentimeter, *übertragen* allmählich, ganz langsam

incident [ˈɪnsɪdənt] ❶ Vorfall, Ereignis; **without further incident** (⚠ *sg*) ohne weitere Vorkommnisse ❷ *Politik*: (militärischer) Zwischenfall

incidental [ˌɪnsɪˈdentl] ❶ nebensächlich, Neben...; **incidental earnings** *pl* Nebenverdienst

2 (≈ *nicht geplant*) zufällig

incidentally [ˌɪnsɪˈdentlɪ] nebenbei bemerkt, übrigens

incinerate [ɪnˈsɪnəreɪt] verbrennen (*Müll usw.*)

incisive [ɪnˈsaɪsɪv] **1** *Ton*: schneidend **2** *Verstand*: scharf **3** *Person*: scharfsinnig **4** *Frage, Argument*: prägnant, treffend

incite [ɪnˈsaɪt] **1** aufwiegeln, aufhetzen (*Person, Menge*) **2** *zu einem Verbrechen*: anstiften (**to** zu)

incitement [ɪnˈsaɪtmənt] **1** *von Menge*: Aufwiegelung, Aufhetzung **2** *zu einer Straftat*: Anstiftung

inclination [ˌɪnklɪˈneɪʃn] **1** *übertragen* Neigung, Hang; **he's got an inclination to cause trouble** er hat einen Hang, Ärger zu verursachen; **my inclination is to accept the offer** ich neige dazu, das Angebot anzunehmen **2** *von Abhang*: Neigung, Gefälle

inclined [ɪnˈklaɪnd] **be inclined to do something** dazu neigen, etwas zu tun; **he's inclined to be late** er kommt gerne zu spät; **I'm inclined to believe him** ich neige dazu, ihm zu glauben; **we can go for a drink if you feel inclined** wir können etwas trinken gehen, wenn du Lust hast

★include [ɪnˈkluːd] **1** einschließen (**in** in); **tax included** einschließlich (*oder* inklusive) Steuer; **postage included** einschließlich Porto; **all included** alles inklusive **2** *in Gruppe, Liste usw.*: aufnehmen; **is my name included on the list?** steht mein Name auf der Liste?

including [ɪnˈkluːdɪŋ] einschließlich, inklusive; **including VAT** einschließlich Mehrwertsteuer; **not including service** Bedienung nicht im Preis inbegriffen

inclusive [ɪnˈkluːsɪv] **1** einschließlich, inklusive; **pages 11 to 38 inclusive** Seite 11 bis einschließlich 38 **2** Inklusiv..., Pauschal...; *auch*: **all-inclusive price** Pauschalpreis

★income [ˈɪnkʌm] Einkommen *n* (**from** aus); **live beyond one's income** über seine Verhältnisse leben; **income and expenditure** Einnahmen und Ausgaben

income support [ˈɪnkʌm_səˌpɔːt] *Br; etwa*: Sozialhilfe

income tax [ˈɪnkʌm_tæks] Einkommensteuer; **income tax return** Steuererklärung

incoming [ˈɪnkʌmɪŋ] **1** *Telefongespräche, Aufträge usw.*: eingehend; **incoming mail** Posteingang **2** *Regierung, Amtsträger usw.*: neu

incomparable [**A** ɪnˈkɒmpərəbl] *Schönheit, Reichtum, Talent usw.*: unvergleichlich

incompatible [ˌɪnkəmˈpætəbl] **1** *Charaktere, Interessen, Meinungen*: unvereinbar **2** *Computer*: nicht kompatibel

incompetence [ɪnˈkɒmpɪtəns] Unfähigkeit, Inkompetenz

incompetent [ɪnˈkɒmpɪtənt] unfähig, inkompetent

incomplete [ˌɪnkəmˈpliːt] **1** *Sammlung usw.*: unvollständig **2** *Anzahl*: nicht vollzählig **3** *Kunstwerk*: unvollendet

incomprehensible [ɪnˌkɒmprɪˈhensəbl] **1** *Handlung, Verhalten usw.*: unbegreiflich, unfassbar **2** *Theorie, Rede, Fremdwörter usw.*: unverständlich

inconceivable [ˌɪnkənˈsiːvəbl] unfassbar, unvorstellbar (**to** für); **it's inconceivable to me that ...** ich kann mir einfach nicht vorstellen, dass ...

inconsiderate [ˌɪnkənˈsɪdərət] *Person*: rücksichtslos (**to, towards** gegen)

inconsistent [ˌɪnkənˈsɪstənt] **1** *Person und ihre Handlungen*: inkonsequent **2** *Argumente, Verhalten*: widersprüchlich

inconsolable [ˌɪnkənˈsəʊləbl] untröstlich

inconspicuous [ˌɪnkənˈspɪkjʊəs] *Person, Kleidung usw.*: unauffällig

inconvenience¹ [ˌɪnkənˈviːnɪəns] Unannehmlichkeit; **I don't want to put you to any inconvenience** ich möchte Ihnen keine Umstände machen

inconvenience² [ˌɪnkənˈviːnɪəns] Unannehmlichkeiten bereiten, Umstände machen; **I don't want to inconvenience you in any way** ich möchte Ihnen keineswegs Umstände machen

inconvenient [ˌɪnkənˈviːnɪənt] **1** *Termin*: ungelegen, ungünstig (**to** für) **2** *Örtlichkeit*: ungünstig gelegen

incorporate [ɪnˈkɔːpəreɪt] **1** *in etwas Größeres*: aufnehmen, integrieren (*Vorschlag, Idee usw.*); **her idea was incorporated in the project** ihre Idee floss mit in das Projekt ein **2** eingliedern (*Staatsgebiet*)

incorporated [ɪnˈkɔːpəreɪtɪd] *US* **incorporated company** Aktiengesellschaft

incorporation [ɪnˌkɔːpəˈreɪʃn] **1** *von Idee, Vorschlag usw.*: Aufnahme, Integration **2** *von Staatsgebiet*: Eingliederung

incorrect [ˌɪnkəˈrekt] **1** *Behauptung usw.*: inkorrekt, unrichtig; **that is incorrect** das stimmt nicht; **you are incorrect** Sie haben unrecht **2** *Verhalten*: inkorrekt, ungehörig

incorrigible [ɪnˈkɒrɪdʒəbl] *Lügner, Spieler, Angeber usw.*: unverbesserlich

incorruptible [ˌɪnkəˈrʌptəbl] **1** *Person*: unbestechlich **2** *Material usw.*: unverderblich

★**increase**[1] [ɪnˈkriːs] **1** (*Bevölkerungszahl usw.*) zunehmen, anwachsen; **industrial output increased by 2% last year** die Industrieproduktion wuchs im letzten Jahr um 2% **2** (*Preise*) steigen, anziehen; **increase in price** teurer werden; **increase threefold** sich verdreifachen **3** **increase in size/number** größer/mehr werden **4** vergrößern, vermehren (*Vermögen, Profite usw.*) **5** verstärken (*Anstrengungen*) **6** erhöhen (*Steuern, Abgaben*); **they increased her salary by £2,000** sie erhöhten ihr Jahresgehalt um £ 2.000

★**increase**[2] [ˈɪnkriːs] **1** Zunahme; **increase in population** Bevölkerungszunahme; **be on the increase** zunehmen; **get an increase of £120 per week** £ 120 pro Woche mehr bekommen **2** *von Preisen usw.*: Steigerung **3** *von Steuern usw.*: Erhöhung

increasingly [ɪnˈkriːsɪŋlɪ] in zunehmendem Maße; **increasingly difficult** immer schwieriger

incredible [ɪnˈkredəbl] **1** *Geschichte, Vorfall usw.*: unglaublich **2** *umg* (≈ *fantastisch*) unwahrscheinlich, toll

incredulous [ɪnˈkredjʊləs] ungläubig

incubator [ˈɪŋkjʊbeɪtə] *medizinisch*: Brutkasten

incur [ɪnˈkɜː], incurred, incurred sich zuziehen (*Unwillen, Ärger*); **incur debts** Schulden machen; **incur losses** *geschäftlich*: Verluste erleiden

incurable [ɪnˈkjʊərəbl] **1** *Krankheit*: unheilbar **2** *Optimist usw.*: unverbesserlich

indebted [⚠ ɪnˈdetɪd] **1** verschuldet (**to** bei); **be indebted to** Schulden haben bei **2** *übertragen* (zu Dank) verpflichtet; **I'm greatly indebted to you for ...** ich bin Ihnen zu großem Dank verpflichtet für ...

indecency [ɪnˈdiːsnsɪ] Unanständigkeit, Anstößigkeit

indecent [ɪnˈdiːsnt] *Benehmen, Bemerkung usw.*: unanständig, anstößig

indecision [ˌɪndɪˈsɪʒn] Unentschlossenheit, Unschlüssigkeit

indecisive [ˌɪndɪˈsaɪsɪv] **1** *Person*: unentschlossen, unschlüssig **2** *Diskussion, Streit*: ergebnislos

indeed [ɪnˈdiːd] **1** in der Tat, tatsächlich, wirklich; **thank you very much indeed** vielen herzlichen Dank; **that was very generous of you indeed** das war wirklich sehr großzügig von dir **2** *fragend, förmlich*: wirklich?, tatsächlich?; **'I saw him yesterday.' - 'Did you indeed?'** „Ich sah ihn gestern." - „Tatsächlich?" **3** *bestätigend*: allerdings, freilich; **'Isn't that great?' - 'Indeed!'** „Ist das nicht großartig?" - „Allerdings!" **4** *erstaunter Ausruf*: ach wirklich?, was Sie nicht sagen!

indefinite [ɪnˈdefənət] **1** (≈ *vage*) unbestimmt **2** *Zeitraum usw.*: unbegrenzt; **indefinitely** auf unbestimmte Zeit **3** *Sprache*: **indefinite article** unbestimmter Artikel; **indefinite pronoun** Indefinitpronomen, unbestimmtes Fürwort

indent [ɪnˈdent] *Typografie*: einrücken

independence [ˌɪndɪˈpendəns] *allg. und politisch*: Unabhängigkeit (**from, of** von); **Independence Day** *in USA*: Unabhängigkeitstag (= 4. Juli)

★**independent** [ˌɪndɪˈpendənt] *allg. und politisch*: unabhängig (**of** von)

indescribable [ˌɪndɪˈskraɪbəbl] *Freude, Glück, Angst usw.*: unbeschreiblich

index[1] [ˈɪndeks] *pl*: **indexes** [ˈɪndeksɪz] *am Ende eines Buchs*: Index, Stichwortverzeichnis, Register

index[2] [ˈɪndeks] *pl*: **indices** [ˈɪndɪsiːz] **1** *Mathematik*: Exponent, Index **2** *übertragen* (An)Zeichen (**of** von, für), Hinweis (**of** auf)

index finger [ˈɪndeksˌfɪŋɡə] Zeigefinger

★**India** [ˈɪndɪə] Indien

★**Indian**[1] [ˈɪndɪən] **1** indisch **2** *auch* **American Indian** indianisch, Indianer... **3** **Indian summer** Nachsommer, Spätsommer

★**Indian**[2] [ˈɪndɪən] **1** Inder(in) **2** *auch* **American Indian** Indianer(in)

indicate [ˈɪndɪkeɪt] **1** (≈ *hinzeigen*) deuten auf, zeigen auf **2** (*Bemerkung, Geste usw.*) hinweisen auf, hindeuten auf; **everything indicates that** alles deutet darauf hin, dass **3** (*Person*) zu erkennen (*oder* verstehen) geben **4** *Br; im Straßenverkehr*: blinken

indication [ˌɪndɪˈkeɪʃn] Anzeichen (**of** für), Hinweis (**of** auf); **there's every indication that ...** alles deutet darauf hin, dass ...

indicative [ɪnˈdɪkətɪv] *Sprache*: Indikativ

indicator [ˈɪndɪkeɪtə] **1** *Statistik usw.*: Indikator **2** *am Messgerät*: Anzeiger **3** *Br; am Kraftfahrzeug*: Blinker

indices [ˈɪndɪsiːz] *pl von* → **index**[2]

indifference [ɪnˈdɪfrəns] *gegenüber Person, Problem usw.*: Gleichgültigkeit

indifferent [ɪnˈdɪfrənt] **1** gleichgültig (**to** gegenüber); **he's indifferent to it** es ist ihm gleichgültig **2** *Künstler usw.*: mittelmäßig

indigestible [ˌɪndɪˈdʒestəbl] unverdaulich,

schwer verdaulich (auch übertragen)
indigestion [ˌɪndɪˈdʒestʃən] Magenverstimmung, verdorbener Magen
indignant [ɪnˈdɪɡnənt] entrüstet, empört (**about, at, over** über)
indignation [ˌɪndɪɡˈneɪʃn] Entrüstung, Empörung; **to my indignation** zu meiner Entrüstung
indirect [ˌɪndɪˈrekt] allg.: indirekt; **by indirect means** auf Umwegen; **indirect speech** indirekte Rede; **indirect object** Sprache: indirektes Objekt, Dativobjekt
indiscreet [ˌɪndɪˈskriːt] (≈ nicht verschwiegen) indiskret
indiscretion [⚠ ˌɪndɪˈskreʃn] Indiskretion
indispensable [ˌɪndɪˈspensəbl] unentbehrlich, unerlässlich (**to** für)
individual[1] [ˌɪndɪˈvɪdʒʊəl] **1** (≈ gesondert) einzeln, Einzel...; **individual case** Einzelfall **2** Stil, Eigenschaft usw.: individuell, persönlich
individual[2] [ˌɪndɪˈvɪdʒʊəl] Individuum, Einzelne(r); **the rights of the individual** die Rechte des Einzelnen
individualism [ˌɪndɪˈvɪdʒʊəlɪzm] Individualismus
individualist [ˌɪndɪˈvɪdʒʊəlɪst] Individualist(in)
Indonesia [ˌɪndəʊˈniːzɪə] Indonesien
Indonesian[1] [ˌɪndəʊˈniːzɪən] indonesisch
Indonesian[2] [ˌɪndəʊˈniːzɪən] Sprache: Indonesisch
Indonesian[3] [ˌɪndəʊˈniːzɪən] Indonesier(in)
indoor [ˈɪndɔː] **1** Haus..., Zimmer...; **indoor aerial** Zimmerantenne; **indoor plant** Zimmerpflanze **2** Sport: Hallen...; **indoor swimming pool** Hallenbad; **indoor tournament** Hallenturnier
★**indoors** [ˌɪnˈdɔːz] **1** im Haus, drinnen **2** **go indoors** ins Haus gehen, hineingehen **3** Sport: in der Halle
induce [ɪnˈdjuːs] **1** **induce someone to do something** durch Überredung: jemanden veranlassen (oder bewegen), etwas zu tun **2** herbeiführen, auslösen; **induce labour** medizinisch: die Geburt einleiten
inducement [ɪnˈdjuːsmənt] Anreiz; **inducement to buy** Kaufanreiz
induction hob [ɪnˈdʌkʃn ˌhɒb] Br, **induction stove top** [ɪnˌdʌkʃnˈstəʊvtɒp] US Induktionsherd
indulge [ɪnˈdʌldʒ] **1** einer Neigung, einem Wunsch: nachgeben **2** verwöhnen (Kinder) **3** **now and then he indulges in a glass of Scotch** ab und zu gönnt (oder leistet) er sich ein Glas Scotch

indulgence [ɪnˈdʌldʒəns] **1** Nachsicht **2** was man sich leistet: Luxus, Genuss
indulgent [ɪnˈdʌldʒənt] bes. einem Kind gegenüber: nachsichtig (**to** gegen)
★**industrial** [ɪnˈdʌstrɪəl] **1** industriell, Industrie...; **industrial action** Br Arbeitskampfmaßnahmen; **industrial estate** Br Industriegebiet, **industrial park** US Industriegelände **2** Region, Land: industrialisiert; **industrial nation** Industriestaat **3** Produkte: industriell erzeugt; **industrial products** gewerbliche Erzeugnisse
industrialist [ɪnˈdʌstrɪəlɪst] Industrielle(r)
industrialize [ɪnˈdʌstrɪəlaɪz] industrialisieren (Region, Land); **industrialized nation** Industrienation
industrious [ɪnˈdʌstrɪəs] Schüler usw.: fleißig
★**industry** [ˈɪndəstrɪ] **1** allg.: Industrie **2** Teilbereich: Industriezweig, Branche; **steel industry** Stahlindustrie, Stahlbranche; **clothing industry** Bekleidungsbranche
inedible [ɪnˈedəbl] Pilze, Fisch usw.: ungenießbar
ineffective [ˌɪnɪˈfektɪv] Versuch, Anstrengung usw.: unwirksam, wirkungslos
inefficiency [ˌɪnɪˈfɪʃənsɪ] **1** von Maschine usw.: geringe Leistung **2** von Unternehmen: Unproduktivität **3** von Mensch: Unfähigkeit
inefficient [ˌɪnɪˈfɪʃnt] **1** Maschine usw.: ineffizient, unrationell **2** Unternehmen: unproduktiv **3** Person: unfähig
inequality [ˌɪnɪˈkwɒlətɪ] Ungleichheit
inescapable [ˌɪnɪˈskeɪpəbl] Schlussfolgerung, Konsequenz usw.: unausweichlich
inestimable [ɪnˈestɪməbl] Hilfe, Rat usw.: unschätzbar
inevitable [ɪnˈevɪtəbl] **1** Konsequenz usw.: unvermeidlich **2** Schicksal usw.: unabwendbar **3** Ergebnis: zwangsläufig
inexact [ˌɪnɪɡˈzækt] ungenau
inexcusable [ˌɪnɪkˈskjuːzəbl] Benehmen, Fehler: unverzeihlich, unentschuldbar
inexpensive [ˌɪnɪkˈspensɪv] Waren: billig, preisgünstig
inexperience [ˌɪnɪkˈspɪərɪəns] Unerfahrenheit, Mangel an Erfahrung
inexperienced [ˌɪnɪkˈspɪərɪənst] unerfahren
inexplicable [ˌɪnɪkˈsplɪkəbl] Vorfall: unerklärlich
infallibility [⚠ ɪnˌfæləˈbɪlətɪ] Unfehlbarkeit
infallible [⚠ ɪnˈfæləbl] Person, Gedächtnis: unfehlbar
infamous [⚠ ˈɪnfəməs] Person, bes. Verbrecher: berüchtigt (**for** wegen)

infancy ['ɪnfənsɪ] **1** früheste Kindheit, *bes.* Säuglingsalter **2** **it's still in its infancy** *übertragen* es steckt noch in den Anfängen (*oder* Kinderschuhen)

infant ['ɪnfənt] Kleinkind, *bes.* Säugling; **infant mortality** Säuglingssterblichkeit

infantile ['ɪnfəntaɪl] **1** Kinder…, kindlich **2** *Benehmen:* infantil, kindisch

infantry ['ɪnfəntrɪ] *Militär:* Infanterie

infatuated [ɪn'fætjʊeɪtɪd] vernarrt (**with** in)

infect [ɪn'fekt] **1** *Medizin:* infizieren, anstecken (**with** mit; **by** durch); **the wound became infected** die Wunde entzündete sich **2** **his optimism infected the whole team** sein Optimismus steckte die ganze Mannschaft an

infected [ɪn'fektɪd] **1** infiziert **2** *Wasser usw.:* verseucht **3** *Computer, Diskette:* virenverseucht

★**infection** [ɪn'fekʃn] *Medizin:* Infektion, Ansteckung

★**infectious** [ɪn'fekʃəs] **1** *Krankheit:* infektiös, ansteckend; **infectious disease** Infektionskrankheit **2** *Fröhlichkeit, Lachen usw.:* ansteckend

inferior [ɪn'fɪərɪə] *Waren, Qualität:* minderwertig, mittelmäßig

inferiority [ɪn,fɪərɪ'ɒrətɪ] Minderwertigkeit; **inferiority complex** *psychisch:* Minderwertigkeitskomplex

infertile [ɪn'fɜːtaɪl] *Person, Tier, Boden:* unfruchtbar

infertility [,ɪnfə'tɪlətɪ] Unfruchtbarkeit

infest [ɪn'fest] (*Ungeziefer usw.*) verseuchen, befallen; **infested with lice** verlaust

infidelity [,ɪnfɪ'delətɪ] *bes. in Partnerschaft:* Untreue

infiltrate ['ɪnfɪltreɪt] **1** *in Organisation, Partei usw.:* einschleusen (*Agent, Spion*) **2** unterwandern (*Organisation, Partei*)

infiltration [,ɪnfɪl'treɪʃn] **1** Einschleusung **2** Unterwanderung

infinite ['ɪnfɪnət] *Weltall usw.:* unendlich, grenzenlos (*beide auch übertragen*)

infinitive [ɪn'fɪnətɪv] *von Verb:* Infinitiv; **in the infinitive** im Infinitiv

infinity [ɪn'fɪnətɪ] *des Weltalls usw.:* Unendlichkeit, Grenzenlosigkeit (*beide auch übertragen*)

infirm [ɪn'fɜːm] *bes. ältere Person:* schwach, gebrechlich

infirmary [ɪn'fɜːmərɪ] **1** Krankenhaus **2** *in Schule usw.:* Krankenzimmer

inflamed [ɪn'fleɪmd] *Auge usw.:* entzündet

inflammable [ɪn'flæməbl] *Material:* brennbar, leicht entzündlich, feuergefährlich (**⚠** *nicht entzündbar* = **non-flammable**)

inflammation [,ɪnflə'meɪʃn] *Medizin:* Entzündung

inflatable [ɪn'fleɪtəbl] aufblasbar; **inflatable mattress** Luftmatratze

inflate [ɪn'fleɪt] **1** aufblasen (*Ballon*) **2** aufpumpen (*Reifen usw.*) **3** hochtreiben, steigern (*Preise*) **4** sich mit Luft füllen

inflation [ɪn'fleɪʃn] (≈ *Geldentwertung*) Inflation; **creeping inflation** schleichende Inflation; **galloping inflation** galoppierende Inflation

inflect [ɪn'flekt] *Sprache:* flektieren, beugen

inflection, inflexion [ɪn'flekʃn] *Sprache:* Flexion, Beugung

inflexible [ɪn'fleksəbl] **1** *Material:* unnachgiebig, unelastisch, starr **2** *übertragen* unflexibel

inflict [ɪn'flɪkt] **1** zufügen (*Leid, Schaden usw.*) **2** beibringen (*Niederlage, Wunde usw.*) **3** auferlegen, verhängen (*Strafe*)

in-flight ['ɪnflaɪt] während des Flugs, *Service:* an Bord; **in-flight magazine** Bordmagazin

★**influence**[1] ['ɪnflʊəns] Einfluss (**on, over** auf; **with** bei); **be under someone's influence** unter jemandes Einfluss stehen; **under the influence** *umg* alkoholisiert; **she's a woman of influence** sie ist eine einflussreiche Frau

★**influence**[2] ['ɪnflʊəns] beeinflussen; **be easily influenced** leicht beeinflussbar sein

influential [,ɪnflʊ'enʃl] *Person, Zeitung usw.:* einflussreich

influenza [,ɪnflʊ'enzə] Grippe

info ['ɪnfəʊ] *umg* → **information**

★**inform** [ɪn'fɔːm] informieren (**about, of** über); **keep someone informed** jemanden auf dem Laufenden halten; **inform someone that** jemanden davon in Kenntnis setzen, dass

informal [ɪn'fɔːml] **1** *Kleidung, Stimmung usw.:* zwanglos, ungezwungen **2** *Gespräche, Treffen usw.:* inoffiziell

informatics [,ɪnfə'mætɪks] *sg* Informatik

★**information** [,ɪnfə'meɪʃn] (**⚠** *nur im sg verwendet*) Informationen *pl*, Auskunft; **a piece of information** eine Information; **have you got any information on …?** haben Sie irgendwelche Informationen über …?; **gather information** Erkundigungen einziehen; **for your information** zu Ihrer Information (*oder* Kenntnisnahme)

information center *US*, **information centre** *Br* [,ɪnfə'meɪʃn,sentə] Auskunftsbüro, Informationszentrum

★**information desk** [,ɪnfə'meɪʃn‿desk] Informationsschalter

information science [ˌɪnfəˌmeɪʃn'saɪəns] Informatik

information scientist [ˌɪnfəˌmeɪʃn'saɪəntɪst] Informatiker(in)

information technology [ˌɪnfəˌmeɪʃn_tek-'nɒlədʒɪ] Informationstechnologie

informative [ɪn'fɔːmətɪv] *Buch, Film, Vortrag usw.*: informativ, aufschlussreich

informer [ɪn'fɔːmə] *bes. der Polizei*: Denunziant(in), Spitzel

infotainment [ˌɪnfəʊ'teɪnmənt] Infotainment (*gebildet aus* information *und* entertainment; *Fernsehprogramme, die auf unterhaltsame Weise Informationen vermitteln*)

infuriate [ɪn'fjʊərɪeɪt] wütend machen; **be infuriated** wütend sein

infusion [ɪn'fjuːʒn] **1** *aus Kräutern usw.*: Aufguss, *auch*: Tee **2** *medizinisch*: Infusion

ingenious [ɪn'dʒiːnɪəs] **1** *Person*: genial, erfinderisch **2** *Idee*: genial, glänzend **3** *Gerät, Maschine*: genial, raffiniert

ingenuity [ˌɪndʒə'njuːətɪ] *von Person*: Genialität, Einfallsreichtum

ingot ['ɪŋgət] Barren

ingratitude [ɪn'grætɪtjuːd] Undankbarkeit

ingredient [ɪn'griːdɪənt] **1** *beim Kochen*: Zutat **2** Bestandteil

inhabit [ɪn'hæbɪt] bewohnen (*bes. Region, Insel*)

inhabitable [ɪn'hæbɪtəbl] *Land, Haus usw.*: bewohnbar

★**inhabitant** [ɪn'hæbɪtənt] **1** *von Ort, Land, Insel*: Einwohner(in) **2** *von Haus*: Bewohner(in)

inhale [ɪn'heɪl] **1** *allg.*: einatmen **2** *Medizin*: inhalieren **3** *beim Rauchen*: inhalieren, Lungenzüge machen

inhaler [ɪn'heɪlə] Inhalationsapparat

inherit [ɪn'herɪt] erben (**from** von) (*auch übertragen*)

inheritance [ɪn'herɪtəns] *das* Erbe (*auch übertragen*)

inhibit [ɪn'hɪbɪt] *allg.*: hemmen (*auch psychisch*)

inhibited [ɪn'hɪbɪtɪd] *psychisch*: gehemmt

inhibition [ˌɪnhɪ'bɪʃn] *psychisch*: Hemmung

inhospitable [ˌɪnhɒ'spɪtəbl] **1** *Person*: ungastlich **2** *Wetter, Gegend*: unwirtlich

inhuman [ɪn'hjuːmən] *Brutalität, Grausamkeit*: unmenschlich

inhumane [ˌɪnhjuː'meɪn] *Behandlung von Gefangenen usw.*: menschenunwürdig

inhumanity [ˌɪnhjuː'mænətɪ] Unmenschlichkeit

initial[1] [ɪ'nɪʃl] anfänglich, Anfangs...

initial[2] [ɪ'nɪʃl] (≈ *Anfangsbuchstabe des Namens*) Initiale

initially [ɪ'nɪʃlɪ] anfänglich, am Anfang

initiate [ɪ'nɪʃɪeɪt] in die Wege leiten, initiieren (*Neuerungen, Reformen usw.*)

initiative [ɪ'nɪʃətɪv] Initiative; **take the initiative** die Initiative ergreifen; **on one's own initiative** aus eigenem Antrieb; **have the initiative** überlegen sein; **lose the initiative** seine Überlegenheit verlieren

inject [ɪn'dʒekt] *Medizin*: injizieren, spritzen

injection [ɪn'dʒekʃn] *Medizin*: Injektion, Spritze; **give someone an injection** jemandem eine Injektion geben; **have an injection** eine Spritze bekommen

★**injure** ['ɪndʒə] **1** *körperlich*: verletzen; **injure one's leg** sich am Bein verletzen **2** *seelisch*: kränken, verletzen **3** *übertragen* schaden, schädigen (*Ruf*)

★**injury** ['ɪndʒərɪ] **1** *körperlich*: Verletzung (**to** an); **head injury** Kopfverletzung; **injury time** *Br; Fußball*: Nachspielzeit **2** *seelisch*: Kränkung

injustice [ɪn'dʒʌstɪs] Unrecht, Ungerechtigkeit; **do someone an injustice** jemandem unrecht tun

★**ink** [ɪŋk] **1** Tinte **2** *zum Zeichnen*: Tusche

inkjet printer ['ɪŋkdʒetˌprɪntə] *Computer*: Tintenstrahldrucker

inkling ['ɪŋklɪŋ] **1** dunkle Ahnung **2** **give someone an inkling of ...** jemandem eine ungefähre Vorstellung geben von ...

inland[1] ['ɪnlənd] **1** *Region, Schifffahrt, Wasserwege*: binnenländisch, Binnen... **2** *Handel, Produktion usw.*: inländisch, einheimisch; **Inland Revenue** *Br; etwa*: Steuerbehörde

inland[2] [ɪn'lænd] *reisen usw.*: landeinwärts

in-laws ['ɪnlɔːz] *pl umg* angeheiratete Verwandte, *bes.* Schwiegereltern

in-line skates ['ɪnlaɪnˌskeɪts] *pl* Inliner, Inlineskates

in-line skating ['ɪnlaɪnˌskeɪtɪŋ] **go in-line skating** inlineskaten

inmate ['ɪnmeɪt] *von Anstalt, Gefängnis usw.*: Insasse, Insassin

★**inn** [ɪn] *bes. in Verbindung mit Namen*: **The Duck Inn** Gasthaus zur Ente

★**inner** ['ɪnə] **1** inner..., Innen...; **inner city** Innenstadt (*mst. heruntergekommene Viertel mit sozialen Problemen usw.*) **2** *Sinn, Bedeutung*: tiefer, verborgen

innocence ['ɪnəsəns] Unschuld

★**innocent** ['ɪnəsənt] **1** *an Verbrechen usw.*: unschuldig, schuldlos (**of** an) **2** *Bemerkung, Vergnügungen usw.*: harmlos

innovate ['ɪnəveɪt] Neuerungen einführen (**on**,

in bei, in)
innovation [ˌɪnəˈveɪʃn] Neuerung, Innovation
innovative [ɪnəˈveɪtɪv] **1** innovativ **2** *Idee:* originell
inoculate [ɪˈnɒkjʊleɪt] *Medizin:* impfen (**against** gegen)
inoculation [ɪˌnɒkjʊˈleɪʃn] *Medizin:* Impfung
inoffensive [ˌɪnəˈfensɪv] harmlos
inoperable [ɪnˈɒpərəbl] **1** *Tumor usw.:* inoperabel **2** *Plan usw.:* undurchführbar
inorganic [ˌɪnɔːˈɡænɪk] *Chemie:* anorganisch
inpatient [ˈɪnˌpeɪʃnt] *in Krankenhaus:* stationärer Patient; **inpatient treatment** stationäre Behandlung
input¹ [ˈɪnpʊt] **1** *Computer:* Eingabe **2** *zur Produktion:* Arbeitsaufwand **3** (≈ *Kapital*) Investition **4** *für gemeinsame Unternehmung:* Beitrag
input² [ˈɪnpʊt] *Daten:* eingeben
inquest [ˈɪŋkwest] gerichtliche Untersuchung (*bes. einer Todesursache*)
★**inquire** [ɪnˈkwaɪə], *Br auch* **enquire** ★ **1** sich erkundigen; **inquire about** fragen nach, sich erkundigen nach (*Name, Richtung, Zeit usw.*); "**inquire within**" „Näheres im Geschäft" **2** **inquire into a case** einen Fall untersuchen (*oder* prüfen)
★**inquiry** [ɪnˈkwaɪrɪ], *Br auch* **enquiry** ★ **1** Erkundigung, Anfrage; **on inquiry** auf Anfrage; **make inquiries** Erkundigungen einziehen (**about, after** über, wegen) **2** *behördlich:* Untersuchung, Ermittlung; **a man is helping the police with their inquiries** die Polizei verhört zur Stunde einen Tatverdächtigen **3** **inquiries** *pl* Auskunft (*Büro, Schalter*)
inquisitive [ɪnˈkwɪzətɪv] **1** wissbegierig **2** *im negativen Sinn:* neugierig
inroads [ˈɪnrəʊdz] **the new job made inroads on his free time** der neue Job hat seine Freizeit stark eingeschränkt; **make inroads into someone's savings** ein großes Loch in jemandes Ersparnisse reißen
insane [ɪnˈseɪn] **1** *Medizin:* geisteskrank **2** *umg, übertragen* wahnsinnig
insanitary [ɪnˈsænətərɪ] *Lebensbedingungen:* unhygienisch, gesundheitsschädlich
insanity [ɪnˈsænətɪ] **1** *Medizin:* Geisteskrankheit **2** *umg, übertragen* Wahnsinn
insatiable [ɪnˈseɪʃəbl] **1** *Person:* unersättlich **2** *Durst, Neugier, Verlangen:* unstillbar
inscription [ɪnˈskrɪpʃn] **1** *auf Gedenkstein usw.:* Inschrift, Aufschrift **2** *in Buch:* (persönliche) Widmung

★**insect** [ˈɪnsekt] Insekt; **insect repellent** Insektenspray
insecticide [ɪnˈsektɪsaɪd] Insektizid, Insektenvernichtungsmittel
insecure [ˌɪnsɪˈkjʊə] **1** (≈ *instabil*) Gerüst, Leiter, Regal: nicht fest, ungesichert **2** *übertragen, psychisch:* unsicher; **feel insecure** sich nicht sicher fühlen **3** **an insecure job** ein unsicherer Arbeitsplatz
insecurity [ˌɪnsɪˈkjʊərətɪ] Unsicherheit
insensitive [ɪnˈsensətɪv] **1** *Verhalten, Person:* gefühllos **2** *Material, Person:* unempfindlich (**to** gegen); **insensitive to light** lichtunempfindlich
inseparable [ɪnˈsepərəbl] **1** untrennbar (*auch* Wort) **2** *Freunde:* unzertrennlich
insert¹ [ɪnˈsɜːt] **1** einwerfen (**in, into** in) (*Münze usw.*) **2** hineinstecken (*Schlüssel usw.*) **3** in einen Text: einfügen (*Wort, Passage*) **4** *Computer:* einlegen (*CD-ROM, Diskette*)
insert² [ˈɪnsɜːt] **1** *in Zeitung:* Beilage **2** *in Buch:* Einlage **3** *Werbung usw.:* Anzeige, Inserat
insertion [ɪnˈsɜːʃn] Einfügen, Einsetzen
insert key [ɪnˈsɜːt ˌkiː] *Computer:* Einfügetaste
insert mode [ɪnˈsɜːt ˌməʊd] *Computer:* Einfügemodus
★**inside¹** [ˌɪnˈsaɪd] **1** ↔ **outside**; *von Haus, Behälter usw.:* Innenseite, *das* Innere; **on the inside** innen; **from the inside** von innen **2** **you've got your socks on inside out** du hast deine Socken verkehrt herum an; **we turned the house inside out, but didn't find anything** wir haben das ganze Haus auf den Kopf gestellt, aber nichts gefunden; **know something inside out** etwas in- und auswendig kennen
★**inside²** [ˈɪnsaɪd] **1** ↔ **outside** inner, Innen…; **inside lane** *Sport:* Innenbahn; **overtake on the inside lane** *in GB:* links überholen, *in Deutschland usw.:* rechts überholen **2** **inside information** *sg* Insiderinformationen *pl*
★**inside³** [ˌɪnˈsaɪd] **1** ↔ **outside** im Innern, innen, innerhalb; **inside the house** im Hause **2** ↔ **outside**; *Richtung:* hinein, herein; **let's go inside** gehen wir hinein
insider [ˌɪnˈsaɪdə] Insider(in), Eingeweihte(r)
insidious [ɪnˈsɪdɪəs] heimtückisch
insight [ˈɪnsaɪt] **1** *in Sachverhalt usw.:* Einblick (**into** in); **gain an insight into something** (einen) Einblick in etwas gewinnen **2** *für Probleme, Mitmenschen:* Verständnis (**into** für)
insignificant [ˌɪnsɪɡˈnɪfɪkənt] **1** *Unterschied, Aspekt usw.:* bedeutungslos **2** *Geldbetrag:* ge-

ringfügig, unerheblich **3** *Person*: unbedeutend
insincere [ˌɪnsɪnˈsɪə] *Person*: unaufrichtig, falsch
insinuate [ɪnˈsɪnjʊeɪt] andeuten, anspielen auf; **are you insinuating that …?** wollen Sie damit sagen, dass …?
insinuation [ɪnˌsɪnjʊˈeɪʃn] Anspielung
insipid [ɪnˈsɪpɪd] *Essen, Person usw.*: fad
★**insist** [ɪnˈsɪst] (≈ *beharren*) bestehen, insistieren; **insist on doing something** darauf bestehen, etwas zu tun; **insist that** darauf bestehen, dass; **I insist!** ich bestehe darauf!; **if you insist** wenn du darauf bestehst, *umg* wenn's denn unbedingt sein muss
insistence [ɪnˈsɪstəns] Bestehen, Beharren (**on** auf)
insistent [ɪnˈsɪstənt] beharrlich, hartnäckig; **be insistent on** bestehen auf
insolence [ˈɪnsələns] Unverschämtheit, Frechheit
insolent [ˈɪnsələnt] unverschämt, frech
insoluble [ɪnˈsɒljʊbl] **1** *Substanz*: unlöslich **2** *Problem*: unlösbar
insolvency [ɪnˈsɒlvənsɪ] Zahlungsunfähigkeit
insolvent [ɪnˈsɒlvənt] zahlungsunfähig
insomnia [ɪnˈsɒmnɪə] Schlaflosigkeit
inspect [ɪnˈspekt] **1** (≈ *kontrollieren*) untersuchen, prüfen (**for** auf) **2** *als Amtshandlung*: besichtigen, inspizieren (*Gebäude, Truppen*)
inspection [ɪnˈspekʃn] **1** (≈ *Kontrolle*) Untersuchung, Prüfung; **on closer inspection** bei näherer Prüfung **2** *Amtshandlung*: Besichtigung, Inspektion
inspector [ɪnˈspektə] **1** *in U-Bahn, Zug usw.*: Kontrolleur **2 police inspector** etwa: Polizeiinspektor
inspiration [ˌɪnspəˈreɪʃn] **1** *geistige Anregung*: Inspiration; **be someone's inspiration** (*oder* **be an inspiration**) **to** (*oder* **for**) **someone** jemanden inspirieren **2** (≈ *Idee*) Eingebung, Einfall
inspire [ɪnˈspaɪə] **1** *zu künstlerischer Leistung usw.*: inspirieren, anregen **2** erwecken, auslösen (*Gefühl usw.*)
instability [ˌɪnstəˈbɪlətɪ] **1** *allg.*: Instabilität **2** *von Persönlichkeit*: Labilität
install [ɪnˈstɔːl] **1** *allg.*: installieren **2** einbauen (*Bad usw.*) **3** legen (*Leitung usw.*) **4** anschließen (*Telefon, Fax usw.*) **5** *in Amt*: einsetzen, einführen
installation [ˌɪnstəˈleɪʃn] **1** *allg.*: Installation **2** *von Bad usw.*: Einbau **3** *von Telefon, Fax usw.*: Anschluss **4** *Heiz-, Kühlsystem usw.*: Anlage **5** Amtseinführung

instalment, *US auch* **installment** [ɪnˈstɔːlmənt] **1** (≈ *Teilbetrag*) Rate; **by** (*oder* **in**) **instalments** in Raten, ratenweise; **first instalment** Anzahlung **2** *von Roman, Film usw.*: Fortsetzung, *TV auch*: Folge
instance [ˈɪnstəns] **1** *einzelner*: Fall; **in this instance** in diesem Fall **2** Beispiel; **for instance** zum Beispiel; **as an instance of** als Beispiel für **3 in the first instance** in erster Linie, zuerst, zunächst
instant¹ [ˈɪnstənt] Moment, Augenblick; **in an instant** sofort, augenblicklich; **at this instant** in diesem Augenblick; **I'll be back in an instant** ich bin sofort wieder zurück
instant² [ˈɪnstənt] sofortig, augenblicklich; **instant camera** Sofortbildkamera; **instant coffee** Pulverkaffee; **instant meal** Fertiggericht, Schnellgericht; **instant messaging** *Computer*: Instant Messaging, Nachrichtensofortversand; **instant replay** *US; TV*: Wiederholung (*einer Sportszene*)
instantaneous [ˌɪnstənˈteɪnɪəs] sofortig, augenblicklich
instantaneously [ˌɪnstənˈteɪnɪəslɪ] sofort
instantly [ˈɪnstəntlɪ] sofort, augenblicklich
★**instead** [ɪnˈsted] **1 instead of** anstelle von, anstatt, statt; **instead of me** an meiner Stelle; **instead of going to the cinema …** anstatt ins Kino zu gehen, … **2** stattdessen, dafür; **if you don't want to keep it, I'll take it instead** wenn du es nicht behalten willst, nehme ich es stattdessen; **we didn't go to Italy, we went to Spain instead** wir sind nicht nach Italien gefahren, stattdessen fuhren wir nach Spanien
instinct [ˈɪnstɪŋkt] Instinkt; **by** (*oder* **from**) **instinct** instinktiv; **survival instinct** Selbsterhaltungstrieb
instinctive [ɪnˈstɪŋktɪv] instinktiv
institute [ˈɪnstɪtjuːt] *zur Forschung, Lehre usw.*: Institut
institution [ˌɪnstɪˈtjuːʃn] **1** (≈ *Organisation*) Institution, Einrichtung **2** *Heim für Waisen, Senioren, Kranke usw.*: Anstalt
instruct [ɪnˈstrʌkt] **1** unterrichten, ausbilden, schulen (**in** in) **2** (≈ *in Kenntnis setzen*) informieren, unterrichten **3** instruieren, anweisen; **I've been instructed to wait here** man sagte mir, ich solle hier warten
instruction [ɪnˈstrʌkʃn] **1** Unterricht **2** Instruktion, Anweisung, *Computer*: Befehl; **instructions for use** Gebrauchsanweisung, Gebrauchsanleitung; **instruction manual** Bedienungsanleitung; **follow instructions** Anwei-

sungen befolgen; **give instructions** Anweisungen erteilen

instructive [ɪnˈstrʌktɪv] *Buch, Film usw.*: lehrreich

instructor [ɪnˈstrʌktə] **1** Lehrer(in), Ausbilder(in); **driving instructor** Fahrlehrer(in); **skiing instructor** Skilehrer(in) **2** *in USA*: Dozent(in)

★**instrument** [ˈɪnstrəmənt] **1** *in Musik, Medizin, Technik usw.*: Instrument **2** *in Technik auch*: Messgerät **3** *übertragen* Werkzeug, Instrument

insufferable [ɪnˈsʌfərəbl] *Person, Verhalten*: unerträglich, unausstehlich

insufficient [ˌɪnsəˈfɪʃnt] *Versorgung, Mittel usw.*: unzulänglich, ungenügend

insulate [ˈɪnsjʊleɪt] *Leitung, Dach usw.*: isolieren

insulation [ˌɪnsjʊˈleɪʃn] *von Leitung, Dach usw.*: Isolation

★**insult**[1] [ɪnˈsʌlt] beleidigen; **she feels deeply insulted** *umg* sie ist schwer beleidigt

★**insult**[2] [ˈɪnsʌlt] Beleidigung (**to** für)

insulting [ɪnˈsʌltɪŋ] beleidigend, *Frage*: unverschämt

insupportable [ˌɪnsəˈpɔːtəbl] unerträglich, unausstehlich

★**insurance** [ɪnˈʃʊərəns] **1** Versicherung; **take out insurance against something** eine Versicherung gegen etwas abschließen; **insurance agent** Versicherungsvertreter(in); **insurance company** Versicherungsgesellschaft **2** *was man erhält*: Versicherungssumme **3** *was man zahlt*: Versicherungsprämie

insurance policy [ɪnˈʃʊərəns ˌpɒləsɪ] Versicherungspolice; **take out an insurance policy** eine Versicherung abschließen

★**insure** [ɪnˈʃʊə] versichern (*Auto, Haus usw.*) (**against** gegen); **I've insured myself for £75,000** ich habe eine Lebensversicherung über 75 000 Pfund

insurer [ɪnˈʃʊərə] Versicherer, Versicherungsträger(in)

intact [ɪnˈtækt] *Paket, Waren usw.*: intakt, unbeschädigt (*auch übertragen*)

intake [ˈɪnteɪk] **1** *von Gas, Flüssigkeit usw.*: Aufnahme **2** (**food**) **intake** Nahrungsaufnahme **3** *an Schule, Universität usw.*: (Neu)Aufnahmen *pl*, (Neu)Zugänge *pl*

integrate [ˈɪntɪgreɪt] *in Gruppe, Gesellschaft*: integrieren, eingliedern (**into** in)

integration [ˌɪntɪˈgreɪʃn] Integration

intellect [ˈɪntəlekt] Intellekt, Verstand

intellectual[1] [ˌɪntəˈlektʃʊəl] **1** *Lektüre, Person usw.*: intellektuell **2** *Interessen, Leistung auch*: geistig, Geistes...; **intellectual property** geistiges Eigentum

intellectual[2] [ˌɪntəˈlektʃʊəl] Intellektuelle(r)

★**intelligence** [ɪnˈtelɪdʒəns] **1** Intelligenz; **intelligence quotient** Intelligenzquotient **2** *auch* **intelligence service** Nachrichtendienst, Geheimdienst

★**intelligent** [ɪnˈtelɪdʒənt] **1** *allg.*: intelligent **2** *Bemerkung, Buch, Film usw.*: geistreich, intelligent

intelligible [ɪnˈtelɪdʒəbl] verständlich (**to** für)

★**intend** [ɪnˈtend] **1** (≈ *etwas wollen*) beabsichtigen, vorhaben; **did you intend that?** hattest du das beabsichtigt?; **that wasn't intended** das war nicht beabsichtigt; **I don't think he intended any harm** ich glaube nicht, dass er das böse gemeint hat **2** (≈ *etwas tun wollen*) beabsichtigen, vorhaben; **I intend to get up at six** ich habe vor, um sechs aufzustehen

intense [ɪnˈtens] **1** *allg.*: intensiv **2** *Schmerzen usw.*: heftig, stark **3** *Ärger, Freude, Interesse usw.*: intensiv, heftig **4** *Person*: ernsthaft **5** *Studien*: intensiv

intensify [ɪnˈtensɪfaɪ] **1** (*Ärger, Schmerz, Freude usw.*) zunehmen, sich verstärken **2** verstärken, intensivieren (*Anstrengungen*)

intensive [ɪnˈtensɪv] **1** *allg.*: intensiv; **be in intensive care** *im Krankenhaus*: auf der Intensivstation liegen **2** *Studien, Ausbildung auch*: gründlich, erschöpfend; **intensive course** Intensivkurs

intent[1] [ɪnˈtent] Absicht; **do something with intent** etwas absichtlich (*oder* mit Absicht) tun

intent[2] [ɪnˈtent] **1 be intent on doing something** fest entschlossen sein, etwas zu tun **2** *Blick usw.*: durchdringend, gespannt

intention [ɪnˈtenʃn] Absicht, Vorsatz (**of doing**, **to do** zu tun); **with the best of intentions** in bester Absicht; **it wasn't my intention to hurt you** es war nicht meine Absicht, Sie zu verletzen

intentional [ɪnˈtenʃnəl] absichtlich, vorsätzlich; **intentionally** *auch*: mit Absicht

interact [ˌɪntə(r)ˈækt] **1** (*Chemikalien, Ideen usw.*) aufeinander einwirken **2** (*Personen*) interagieren

interaction [ˌɪntə(r)ˈækʃn] **1** *von Substanzen, Ideen usw.*: Wechselwirkung **2** *von Personen*: Interaktion

interactive [ˌɪntə(r)ˈæktɪv] *allg.*: interaktiv (*auch CD-ROM usw.*)

intercept [ˌɪntəˈsept] abfangen (*Brief, Person*)

interchange[1] [ˌɪntəˈtʃeɪndʒ] *zwei Dinge gegeneinander*: vertauschen, austauschen

interchange² ['ɪntət∫eɪndʒ] **1** Austausch; **interchange of ideas** Gedankenaustausch **2** *von Straßen*: Kreuzung **3** *von Autobahnen*: Autobahnkreuz

intercity [ˌɪntəˈsɪtɪ] *Br* Intercity...; **intercity (train)** Intercity(zug); **intercity bus** Fernbus

intercom ['ɪntəkɒm] Sprechanlage, Gegensprechanlage

intercontinental [ˌɪntəkɒntɪˈnentl] interkontinental, Interkontinental...

intercourse ['ɪntəkɔːs] **1** **(sexual) intercourse** Geschlechtsverkehr **2** *soziale Kontakte*: Umgang, Verkehr

interdental brush [ˌɪntədentlˈbrʌ∫] Interdentalbürste

★**interest¹** ['ɪntrəst] **1** Interesse (**in** an, für); **take** (*oder* **have**) **an interest in** sich interessieren für **2** (≈ *Bedeutung*) Interesse; **be of interest (to)** von Interesse sein (für), interessieren; **of great** (*bzw.* **little**) **interest** von großer Wichtigkeit (*bzw.* von geringer Bedeutung) **3** (≈ *Nutzen*) Interesse, Vorteil; **be in someone's interest** in jemandes Interesse liegen; **in your own interest(s)** zu Ihrem eigenen Vorteil **4** *Finanzwesen*: Zins, Zinsen *pl*; **interest rate, rate of interest** Zinssatz

★**interest²** ['ɪntrəst] interessieren (**in** für); **interest someone in something** *auch*: bei jemandem Interesse für etwas wecken

★**interested** ['ɪntrəstɪd] interessiert (**in** an); **be interested in** sich interessieren für; **I'd be interested to hear your opinion** ich würde gerne Ihre Meinung hören; **we're interested in buying a boat** *in Geschäft*: wir interessieren uns für ein Boot

interest group ['ɪntrəst‿ˌgruːp] *Politik*: Interessengruppe

★**interesting** ['ɪntrəstɪŋ] interessant

interface¹ ['ɪntəfeɪs] *Computer*: Interface, Schnittstelle

interface² ['ɪntəfeɪs, ˌɪntəˈfeɪs] zusammenarbeiten (**with** mit)

interfere [ˌɪntəˈfɪə] sich einmischen

interference [ˌɪntəˈfɪərəns] **1** Einmischung **2** *Radio, TV*: Störung

interior¹ [ɪnˈtɪərɪə] **1** *von Haus*: inner..., Innen...; **interior decorator** (*oder* **designer**) Innenarchitekt(in) **2** *von Land*: Binnen..., inländisch, Inlands...

interior² [ɪnˈtɪərɪə] **1** *von Haus*: das Innere, Innenausstattung **2** *von Land*: Landesinnere **3** **Department of the Interior** *in USA*: Innenministerium

intermediate [ˌɪntəˈmiːdɪət] **intermediate stage** Zwischenstufe; **intermediate course** *in Fremdsprache usw.*: Kurs für fortgeschrittene Anfänger

intermission [ˌɪntəˈmɪ∫n] *allg.*: Pause (*auch in Theater, Film usw.*)

internal [ɪnˈtɜːnl] **1** innere(r, -s), Innen...; **internal injury** innere Verletzung; **internal medicine** innere Medizin; **he was bleeding internally** er hatte innere Blutungen **2** *von Land*: einheimisch, Inlands...; **internal trade** Binnenhandel; **internal affairs** *Politik*: innere Angelegenheiten **3** *von Firma*: betriebsintern **4** **Internal Revenue Service** *US etwa* Finanzamt **5** **internal combustion engine** Verbrennungsmotor

★**international¹** [ˌɪntəˈnæ∫nəl] **1** international; **international law** Völkerrecht; **International Monetary Fund** Internationaler Währungsfonds **2** **international call** *telefonisch*: Auslandsgespräch; **international flight** Auslandsflug

★**international²** [ˌɪntəˈnæ∫nəl] **1** *Sport*: Nationalspieler(in) **2** Sportveranstaltung: Länderkampf, Länderspiel

★**Internet** ['ɪntəˌnet] Internet; **on the Internet** im Internet; **post something on the Internet** etwas ins Internet stellen

Internet access ['ɪntənet‿ækses] *Computer*: Internetzugang

Internet banking ['ɪntənet‿bæŋkɪŋ] Internetbanking

Internet café ['ɪntənet‿kæfeɪ] Internetcafé

Internet provider ['ɪntənet‿prəˌvaɪdə], **Internet service provider** [ˌɪntənetˈsɜːvɪs‿prəˌvaɪdə] Internetprovider, Internetdienstanbieter

internist [ɪnˈtɜːnɪst] *Medizin*: Internist(in)

internship ['ɪntɜːn∫ɪp] *US* **1** *Medizin*: Medizinalpraktikum **2** Praktikum

interpret [ɪnˈtɜːprɪt] **1** auslegen, interpretieren (*Aussage, Text usw.*) **2** dolmetschen (*Sprache*)

interpretation [ɪnˌtɜːprɪˈteɪ∫n] *von Text usw.*: Auslegung, Interpretation

★**interpreter** [ɪnˈtɜːprɪtə] Dolmetscher(in)

interrogate [ɪnˈterəgeɪt] (*Polizei*) verhören, vernehmen (*Verdächtigen*)

interrogation [ɪnˌterəˈgeɪ∫n] Verhör, Vernehmung

interrogative¹ [ˌɪntəˈrɒgətɪv] Interrogativ...; **interrogative pronoun/clause** Interrogativpronomen/-satz

interrogative² [ˌɪntəˈrɒgətɪv] *Modus*: Interro-

★interrupt [ˌɪntəˈrʌpt] **1** *allg.*: unterbrechen **2** *auch*: ins Wort fallen *(Redner usw.)*; **don't interrupt!** unterbrich mich nicht!

interruption [ˌɪntəˈrʌpʃn] Unterbrechung; **without interruption** ununterbrochen

intersect [ˌɪntəˈsekt] **1** sich kreuzen **2** *Geometrie*: sich schneiden

intersection [ˈɪntəˌsekʃn] **1** **(point of) intersection** *Geometrie*: Schnittpunkt **2** *von Straßen*: Kreuzung

interstate [ˌɪntəˈsteɪt] *US* zwischenstaatlich; **interstate highway** *zwischen den Bundesstaaten*: Autobahn

interval [ˈɪntəvl] **1** *zeitlich oder räumlich*: Abstand **2** *nur zeitlich auch*: Intervall; **at regular intervals** in regelmäßigen Abständen **3** *Br* Pause *(bes. im Theater usw.)*, Unterbrechung **4** *Musik*: Intervall

intervene [ˌɪntəˈviːn] **1** *bei Streit usw.*: eingreifen, einschreiten **2** *bes. politisch*: intervenieren **3** **in the intervening months** *usw.* in den Monaten *usw.* dazwischen **4** *(Unvorhergesehenes)* dazwischenkommen; **if nothing intervenes** wenn nichts dazwischenkommt

intervention [ˌɪntəˈvenʃn] **1** *bei Streit usw.*: Eingreifen, Einschreiten **2** *politisch*: Intervention

★interview[1] [ˈɪntəvjuː] **1** Interview; **give someone an interview** jemandem ein Interview geben **2** *für neuen Job*: Vorstellungsgespräch; **have an interview at/with ...** ein Vorstellungsgespräch haben bei ...

★interview[2] [ˈɪntəvjuː] **1** interviewen **2** ein Einstellungsgespräch führen mit *(Bewerber)*

interviewee [ˌɪntəvjuːˈiː] **1** *in Zeitung, TV*: Interviewpartner(in) **2** *in Vorstellungsgespräch*: Bewerber(in) **3** *bei Meinungsumfrage*: Befragte(r)

interviewer [ˈɪntəvjuːə] Interviewer(in)

intestine [ɪnˈtestɪn] *mst.* **intestines** *pl* Darm *sg*, Gedärme *pl*; **large intestine** Dickdarm; **small intestine** Dünndarm

intimacy [ˈɪntɪməsɪ] **1** Intimität, Vertrautheit **2** **intimacies** *pl* Vertraulichkeiten *pl* *(auch abwertend)* **3** intime Beziehungen *pl*

intimate [ˈɪntɪmət] **1** *Freund, Freundschaft usw.*: vertraut, eng, intim **2** *sexuell*: intim **3** *Atmosphäre eines Raums usw.*: intim, gemütlich **4** *Kenntnisse*: gründlich, genau

intimidate [ɪnˈtɪmɪdeɪt] *durch Drohungen usw.*: einschüchtern; **they intimidated me into telling them** sie schüchterten mich so ein, dass ich es ihnen sagte

intimidation [ɪnˌtɪmɪˈdeɪʃn] Einschüchterung

★into [ˈɪntə, *vor Vokalen*: ˈɪntʊ] **1** *auf die Frage „wohin"*: in, in ... hinein; **we went into the house** wir gingen ins Haus (hinein); **the car crashed into the wall** das Auto krachte gegen die Wand **2** **translate into German** ins Deutsche übersetzen **3** **divide 7 into 21** *Mathematik*: 21 durch 7 teilen **4** **be into** umg stehen auf *(Techno, Computer, Sport usw.)*; **I never really got into lyric poetry** mit Lyrik konnte ich noch nie so richtig etwas anfangen

intolerable [ɪnˈtɒlərəbl] *Hitze, Schmerz, Verhalten usw.*: unerträglich

intolerance [ɪnˈtɒlərəns] **1** Intoleranz **2** *medizinisch*: Überempfindlichkeit; **food intolerance** Lebensmittelunverträglichkeit

intolerant [ɪnˈtɒlərənt] intolerant (**of** gegenüber); **be intolerant of something** etwas nicht dulden (*oder* tolerieren)

intoxicant [ɪnˈtɒksɪkənt] Rauschmittel

intoxicate [ɪnˈtɒksɪkeɪt] berauschen

intoxicated [ɪnˈtɒksɪkeɪtɪd] **1** betrunken **2** *von Erfolg usw.*: berauscht (**by** von)

intransitive [ɪnˈtrænsətɪv] *Verb*: intransitiv

intravenous [ˌɪntrəˈviːnəs] *Injektion*: intravenös

in-tray [ˈɪntreɪ] *Br* Ablagekorb für eingehende Post

intricate [ˈɪntrɪkət] kompliziert

intrigue[1] [ɪnˈtriːg] **1** **be intrigued by** fasziniert sein von *(Vorschlag, Gedanke usw.)* **2** *um jemandem zu schaden*: intrigieren (**against** gegen)

intrigue[2] [ˈɪntriːg] Intrige

intriguing [ɪnˈtriːgɪŋ] *Idee, Gedanke, Frau*: faszinierend, interessant

★introduce [ˌɪntrəˈdjuːs] **1** vorstellen, bekannt machen (**to** mit); **have you been introduced?** wurden Sie einander schon vorgestellt?; **may I introduce myself, ...** darf ich mich vorstellen, ... **2** einführen *(neue Methode, Mode usw.)*; **introduce a new dictionary onto the market** ein neues Wörterbuch auf den Markt bringen **3** ankündigen *(Redner, Programm usw.)*

★introduction [ˌɪntrəˈdʌkʃn] **1** *von Personen*: Vorstellung **2** *von neuem Produkt*: Einführung **3** *in Buch*: Einleitung, Vorwort

intrude [ɪnˈtruːd] **1** stören (**on someone** jemanden); **are we intruding?** stören wir? **2** sich einmischen (**in, into** in); **intrude into a conversation** sich in eine Unterhaltung einmischen **3** **intrude on someone's privacy** in

jemandes Privatsphäre eindringen
intruder [ɪnˈtruːdə] Eindringling
intrusion [ɪnˈtruːʒn] Störung
intrusive [ɪnˈtruːsɪv] aufdringlich
intuition [ˌɪntjuːˈɪʃn] Intuition; **know something by intuition** etwas intuitiv wissen
intuitive [ɪnˈtjuːətɪv] *Person, Handlung, Wissen usw.*: intuitiv
inundate [ˈɪnʌndeɪt] **be inundated** überschwemmt werden (*auch übertragen mit Arbeit usw.*)
invade [ɪnˈveɪd] **1** *in Land*: einfallen in, eindringen in **2** (*Bakterien, Viren*) sich ausbreiten in (*Körper usw.*) **3** (*Touristen usw.*) überschwemmen, heimsuchen (*Ferienort usw.*)
invader [ɪnˈveɪdə] **1** Eindringling **2** **invaders** *pl* Invasoren
★**invalid**[1] [ɪnˈvælɪd] *Vertrag, Fahrkarte usw.*: ungültig
invalid[2] [ˈɪnvəliːd] *Medizin*: Invalide, Körperbehinderte(r)
invaluable [ɪnˈvæljʊəbl] *Schmuck, Hilfe, Rat usw.*: unschätzbar, von unschätzbarem Wert; **be invaluable to someone** für jemanden von unschätzbarem Wert sein
invariable [ɪnˈveərɪəbl] **1** (≈ *festgelegt*) *Wert, Wechselkurs usw.*: unveränderlich **2** (≈ *immer gleich*) *gute Laune, Optimismus usw.*: gleichbleibend
invasion [ɪnˈveɪʒn] Einfall (**of** in), Einmarsch (**of** in), Invasion
★**invent** [ɪnˈvent] **1** (≈ *schaffen*) erfinden (*technisches Gerät usw.*) **2** erfinden, erdichten (*etwas Unwahres*)
★**invention** [ɪnˈvenʃn] Erfindung
inventive [ɪnˈventɪv] **1** *Person*: erfinderisch **2** *Produkt*: einfallsreich
inventor [ɪnˈventə] Erfinder(in)
inverse [ˌɪnˈvɜːs] umgekehrt
inverted commas [ɪnˌvɜːtɪdˈkɒməz] *pl Br* Anführungszeichen, Anführungsstriche
invest [ɪnˈvest] *Wirtschaft*: investieren, anlegen (*Kapital*)
investigate [ɪnˈvestɪgeɪt] untersuchen (*Verbrechen usw.*), Ermittlungen anstellen; **investigate a case** einen Fall untersuchen; **investigating committee** Untersuchungsausschuss
investigation [ɪnˌvestɪˈgeɪʃn] Untersuchung, Ermittlung; **be under investigation** *Fall*: untersucht werden; **she's under investigation** gegen sie wird ermittelt
investment [ɪnˈvestmənt] **1** Investition, Kapitalanlage; **investment adviser** (*oder* consult-

ant) Anlageberater(in) **2** *angelegtes Geld*: Anlagekapital
investor [ɪnˈvestə] Investor, Kapitalanleger
invigorating [ɪnˈvɪgəreɪtɪŋ] *Luft, Spaziergang*: erfrischend, belebend
invincible [ɪnˈvɪnsəbl] **1** *Sport usw.*: unbesiegbar **2** *übertragen* unüberwindlich
invisible [ɪnˈvɪzəbl] unsichtbar (**to** für)
★**invitation** [ˌɪnvɪˈteɪʃn] **1** Einladung; **at the invitation of** auf Einladung von; **admission by written invitation only** Zutritt nur mit schriftlicher Einladung **2** *übertragen*; *mst. zu einer Straftat*: Herausforderung, Einladung
★**invite** [ɪnˈvaɪt] **1** einladen; **invite someone to a party** jemanden zu einer Party einladen; **I haven't been invited** man hat mich nicht eingeladen **2** (≈ *höflich bitten*) auffordern, ersuchen (**to do** zu tun) **3** *übertragen* herausfordern, einladen; **you're inviting trouble** du wirst Ärger kriegen
in-vitro fertilization [ɪnˌviːtrəʊˌfɜːtəlaɪˈzeɪʃn] künstliche Befruchtung
invoice[1] [ˈɪnvɔɪs] *für gelieferte Waren oder Dienstleistungen*: Rechnung
invoice[2] [ˈɪnvɔɪs] in Rechnung stellen (*gelieferte Waren, Dienstleistungen*); **invoice someone for something** jemandem etwas in Rechnung stellen
involuntary [ɪnˈvɒləntərɪ] *Ausruf, Bewegung, Lächeln usw.*: unwillkürlich
involve [ɪnˈvɒlv] **1** *in Probleme, Geschehen usw.*: verwickeln, hineinziehen (**in** in); **be involved in an accident** in einen Unfall verwickelt werden **2** *Geschehen*: angehen, betreffen (*Beteiligte*); **the persons involved** die Betroffenen; **this problem involves us all** dieses Problem geht uns alle an **3** (≈ *zur Folge haben*) mit sich bringen, nach sich ziehen, verbunden sein mit; **what does the job involve?** worin besteht die Arbeit?; **my new job involves a lot of overtime** mein neuer Job ist mit einer Menge Überstunden verbunden
involvement [ɪnˈvɒlvmənt] **1** *an Vorgang, Begebenheit*: Beteiligung **2** *in Verbrechen*: Verwicklung; **she denied any involvement in the robbery** sie stritt ab (*oder* leugnete), etwas mit dem Raub zu tun zu haben
inward [ˈɪnwəd] **1** *Richtung*: einwärts, nach innen **2** *räumlich in etwas*: innere(r,-s), innerlich (*beide auch übertragen*)
inwardly [ˈɪnwədlɪ] *übertragen* im Stillen, insgeheim
inwards [ˈɪnwədz] *Richtung*: einwärts, nach in-

nen
iodine [⚠ 'aɪədi:n] *Element*: Jod
IOU [,aɪəʊ'juː] (*abk für* I owe you) Schuldschein
iPod® ['aɪpɒd] iPod®
Iran [ɪ'rɑːn] der Iran
Iraq [ɪ'rɑːk] der Irak
irascible [ɪ'ræsəbl] jähzornig
irate [aɪ'reɪt] *Person, Protest, Brief usw.*: zornig, wütend
★**Ireland** ['aɪələnd] *Insel*: Irland
iris ['aɪərɪs] **1** *in Auge*: Iris **2** *Blume*: Schwertlilie, Iris
★**Irish¹** ['aɪrɪʃ] irisch
★**Irish²** ['aɪrɪʃ] *Sprache*: Irisch (*Form des Gälischen*)
★**Irish³** ['aɪrɪʃ] the Irish *pl* die Iren
★**Irishman** ['aɪrɪʃmən] *pl*: Irishmen ['aɪrɪʃmən] Ire
★**Irishwoman** ['aɪrɪʃ,wʊmən] *pl*: Irishwomen ['aɪrɪʃ,wɪmɪn] Irin
iris scanner ['aɪərɪs,skænə] Irisscanner
irksome ['ɜːksəm] *Aufgabe usw.*: lästig
★**iron¹** [⚠ 'aɪən] **1** *Metall*: Eisen; **have several irons in the fire** *übertragen* mehrere Eisen im Feuer haben; **strike while the iron is hot** *übertragen* das Eisen schmieden, solange es heiß ist **2** Bügeleisen
★**iron²** [⚠ 'aɪən] eisern (*auch übertragen*), Eisen...; **Iron Curtain** *historisch*: Eiserner Vorhang
★**iron³** [⚠ 'aɪən] bügeln, ⓐ glätten (*Wäsche*)
ironic [aɪ'rɒnɪk], **ironical** [aɪ'rɒnɪkl] *Bemerkung usw.*: ironisch; **he smiled ironically** er lächelte ironisch
ironing board ['aɪənɪŋ‿bɔːd] Bügelbrett
irony ['aɪərənɪ] Ironie
irrational [ɪ'ræʃnəl] irrational, unvernünftig
★**irregular** [ɪ'regjʊlə] **1** *Zeitabstände usw.*: unregelmäßig (*auch Verb-, Steigerungs- und Pluralformen*) **2** (≈ *unkorrekt*) regelwidrig, unvorschriftsmäßig
irregularity [ɪ,regjʊ'lærətɪ] *allg.*: Unregelmäßigkeit
irrelevant [ɪ'reləvənt] *Bemerkung, Detail, Einwand usw.*: irrelevant, belanglos (**to** für)
irreparable [ɪ'repərəbl] *Schaden*: irreparabel, nicht wiedergutzumachen(d)
irreplaceable [,ɪrɪ'pleɪsəbəl] *Verlust usw.*: unersetzlich
irresistible [,ɪrɪ'zɪstəbl] *Wunsch, Verlangen, Charme usw.*: unwiderstehlich
irresponsible [,ɪrɪ'spɒnsəbl] *Handlung, Verhalten*: verantwortungslos, verantwortlich

irritable ['ɪrɪtəbl] *Person*: reizbar
irritate ['ɪrɪteɪt] (≈ *erbosen*) reizen, (ver)ärgern; **irritated at** (*oder* **by, with**) verärgert (*oder* ärgerlich) über (⚠ *irritieren im Sinne von verwirren* = **confuse**)
irritating ['ɪrɪteɪtɪŋ] *Person, Verhalten*: ärgerlich, störend, lästig
irritation [,ɪrɪ'teɪʃn] **1** Ärger (**at** über) **2** *der Haut usw.*: Reizung
IRS [,aɪɑː'es] (*abk für* internal revenue service) *US etwa* Finanzamt
is [ɪz] ist (*3. Form sg Präsens von* → be)
Islam ['ɪzlɑːm] Islam
Islamic [ɪz'læmɪk] islamisch
★**island** ['aɪlənd] **1** Insel **2** *auch* **traffic island** Verkehrsinsel
islander ['aɪləndə] Inselbewohner(in)
isle [aɪl] *mst. in Namen*: Insel; **the British Isles** die Britischen Inseln
isn't ['ɪznt] *Kurzform von* **is not**
isolate ['aɪsəleɪt] **1** (≈ *trennen*) isolieren, absondern (**from** von) **2** *Medizin, Chemie*: isolieren (*Patient, Substanz*) **3** **the country isolated itself from the world** das Land hat sich von der Welt isoliert (*oder* abgeschottet)
isolated ['aɪsəleɪtɪd] **1** (≈ *einzeln*) isoliert, abgesondert; **isolated case** Einzelfall **2** *Einöde usw.*: abgelegen, abgeschieden
isolation [,aɪsə'leɪʃn] **1** *allg.*: Isolierung, Absonderung; **isolation ward** *im Krankenhaus*: Isolierstation **2** Abgeschiedenheit; **live in isolation** zurückgezogen leben
isosceles [aɪ'sɒsɪliːz] **isosceles triangle** gleichschenkliges Dreieck
ISP [,aɪes'piː] (*abk für* Internet service provider) ISP (Internetprovider)
★**Israel** [⚠ 'ɪzreɪl] Israel
★**Israeli¹** [⚠ ɪz'reɪlɪ] israelisch
★**Israeli²** [⚠ ɪz'reɪlɪ] Israeli
★**issue¹** ['ɪʃuː] **1** Frage, Thema, Problem; **be at issue** zur Debatte stehen; **the point at issue is ...** worum es (eigentlich) geht, ist ...; **make an issue of something** etwas aufbauschen **2** *von Banknoten, Briefmarken usw.*: Ausgabe **3** *von Zeitung*: Ausgabe **4** (≈ *Resultat*) Ergebnis; **force the issue** eine Entscheidung erzwingen
★**issue²** ['ɪʃuː] **1** ausgeben (*Banknoten, Briefmarken usw.*) **2** herausgeben (*Zeitung usw.*)
★**it** [ɪt] **1** *allg.*: es **2** *auf schon Genanntes bezogen und je nach Geschlecht*: es, er, ihn, ihm, sie, ihr **3** *bei unklarem Geschlecht*: es; **is it a boy or a girl?** ist es ein Junge oder ein Mädchen? **4** **it's raining** es regnet; **oh, it was you**

oh, du warst es (*oder* das); **who is it?** wer ist da?; **it's me** ich bin's **5** *verstärkend*: **it's him you should speak to** du solltest dich an ihn wenden **6 that's it (then)!** *umg*; *erleichtert*: das hätten wir!; **that's it!** *umg*; *verärgert*: jetzt reicht's!, *zustimmend*: genau!

IT [ˌaɪˈtiː] (*abk für* information technology) IT (*Informationstechnologie*)

★**Italian**[1] [ɪˈtæljən] italienisch
★**Italian**[2] [ɪˈtæljən] *Sprache*: Italienisch
★**Italian**[3] [ɪˈtæljən] *Person*: Italiener(in)
italics [ɪˈtælɪks] **in italics** kursiv (gedruckt)
★**Italy** [ˈɪtəlɪ] Italien
itch[1] [ɪtʃ] **1** *Hautreizung*: Jucken, Juckreiz **2** *übertragen* Drang, Verlangen (**for** nach)
itch[2] [ɪtʃ] **1** *auf der Haut*: jucken, (*Pullover usw. auch*) kratzen **2 he's itching to try it** *umg* es reizt (*oder* juckt) ihn, es zu versuchen
itchy [ˈɪtʃɪ] **1** juckend **2** *Pullover usw.*: kratzig **3 itchy feet** *übertragen* Fernweh
item [ˈaɪtəm] **1** *allg.*: Gegenstand, Ding **2** *auf Tagesordnung usw.*: Punkt **3** *in Katalog*: Artikel **4** *in Zeitung*: Notiz **5** *in Rundfunk, TV*: Nachricht, Meldung
itinerary [aɪˈtɪnrərɪ] Reiseroute
it'll [ˈɪtl] *Kurzform von* it will
★**its** [ɪts] *je nach Geschlecht*: sein, seine, ihr, ihre
it's [ɪts] *Kurzform von* it is *oder* it has
★**itself** [ɪtˈself] **1** sich; **the dog's scratching itself** der Hund kratzt sich **2** *verstärkend*: selbst; **and now to the problem itself** und nun zum Problem selbst; **by itself** allein, von allein (*oder* selbst)
I've [aɪv] *Kurzform von* I have
ivory [ˈaɪvərɪ] Elfenbein
ivy [ˈaɪvɪ] *Pflanze*: Efeu

J

jab[1] [dʒæb], jabbed, jabbed **1** *mit Ellbogen usw.*: stoßen (**into** in) **2** *mit Nadel*: stechen (**into** in) **3 jab at someone** auf jemanden einschlagen *oder* mit Messer: einstechen
jab[2] [dʒæb] **1** *mit Messer, Nadel*: Stich **2** *mit Ellbogen usw.*: Stoß **3** *Boxen*: kurzer Haken **4** *Br, umg* (≈ *Injektion*) Spritze
jabber [ˈdʒæbə] (daher)plappern
jack [dʒæk] **1** *Kartenspiel*: Bube; **jack of hearts** Herzbube **2** *Technik*: Hebevorrichtung **3** *für Auto*: Wagenheber

_____**PHRASAL VERBS**
jack up [ˌdʒækˈʌp] **1** aufbocken (*Auto*) **2** drastisch erhöhen (*Preise*)
_____

jackdaw [ˈdʒækdɔː] *Vogel*: Dohle
★**jacket** [ˈdʒækɪt] **1** Jacke **2** *von Anzug*: Jackett, *Teil einer Kombination*: Sakko **3** *von Buch*: Schutzumschlag **4** *von Kartoffel*: Schale; **potatoes boiled in their jackets** Pellkartoffeln; **jacket potato** (in der Schale) gebackene Kartoffel
jackpot [ˈdʒækpɒt] *Poker, Lotto usw.*: Jackpot; **hit the jackpot** *umg* den Jackpot knacken, *übertragen* das große Los ziehen
Jacuzzi® [dʒəˈkuːzɪ] Whirlpool
jaded [ˈdʒeɪdɪd] **1** *körperlich*: erschöpft, ermattet **2** *geistig*: abgestumpft, übersättigt
jagged [ˈdʒægɪd] **1** *Felsen*: gezackt, zackig **2** *Steilküste*: zerklüftet
jaguar [ˈdʒægjʊə] *Raubtier*: Jaguar
jail[1] [dʒeɪl] Gefängnis; **in jail** im Gefängnis; **be sent to jail** eingesperrt werden
jail[2] [dʒeɪl] einsperren
jailbird [ˈdʒeɪlbɜːd] *umg* Knastbruder, Knacki
★**jam**[1] [dʒæm] Marmelade, Konfitüre
jam[2] [dʒæm], jammed, jammed **1** *in Koffer, Schrank usw.*: hineinstopfen, hineinzwängen (**into** in) **2** *in Tür usw.*: einklemmen, quetschen (*Finger usw.*) (**between** zwischen) **3** blockieren, verstopfen; **thousands of football fans jammed the streets** Tausende von Fußballfans drängten sich auf den Straßen **4** (*Bremse, Rad*) blockieren **5** (*Tür, Verschluss usw.*) klemmen
jam[3] [dʒæm] **1** *auf Straßen, Gängen usw.*: Verstopfung, Stau; **traffic jam** Verkehrsstau **2** *von Menschen*: Gedränge **3** *umg* Klemme; **be in a jam** in der Klemme stecken
jam-packed [ˌdʒæmˈpækt] *umg* **1** vollgestopft (**with** mit) **2** *Stadion usw.*: bis auf den letzten Platz besetzt
jangle [ˈdʒæŋgl] **1** (*Münzen usw.*) klimpern **2** klimpern mit (*Münzen usw.*)
janitor [ˈdʒænɪtə] Hausmeister(in), Ⓐ Hauswart(in), *in schools*: Ⓐ Schulwart(in)
★**January** [ˈdʒænjʊərɪ] Januar, Ⓐ Jänner; **in January** im Januar
★**Japan** [🅰 dʒəˈpæn] Japan
★**Japanese**[1] [ˌdʒæpəˈniːz] japanisch
★**Japanese**[2] [ˌdʒæpəˈniːz] *Sprache*: Japanisch
★**Japanese**[3] [ˌdʒæpəˈniːz] Japaner(in)
jar [dʒɑː] **1** *aus Glas, Ton, Stein*: Gefäß, Krug **2** *für Marmelade*: Glas
jargon [ˈdʒɑːgən] Jargon, *umg* Fachchinesisch

jaundice ['dʒɔːndɪs] *Medizin*: Gelbsucht
jaunt¹ [dʒɔːnt] Ausflug, *mit Auto*: Spritztour
jaunt² [dʒɔːnt] einen Ausflug (*oder* eine Spritztour) machen
javelin ['dʒævlɪn] *Leichtathletik*: Speer
jaw [dʒɔː] *Knochen*: Kiefer; **lower** (*bzw.* **upper**) **jaw** Unterkiefer (*bzw.* Oberkiefer)
jaws [dʒɔːz] *pl, von Krokodil, Hai usw.*: Maul, Rachen
jay [dʒeɪ] *Vogel*: Eichelhäher
jaywalking ['dʒeɪˌwɔːkɪŋ] *von Fußgänger*: unachtsames Überqueren einer Straße
jazz [dʒæz] **1** *Musikrichtung*: Jazz **2** **... and all that jazz** *umg* ... und all das Zeug(s)

PHRASAL VERBS

jazz up [ˌdʒæzˈʌp] **1** *Musik*: verjazzen **2** *umg* Schwung bringen in, aufpeppen (*Party, Zimmer usw.*)

jazzy ['dʒæzi] **1** jazzartig **2** *umg; Farben*: knallig, *auch Kleidung usw.*: poppig
★**jealous** [⚠ 'dʒeləs] **1** *Partner, Kind*: eifersüchtig (**of** auf) **2** *wegen jemandes Erfolg, Besitz usw.*: neidisch (**of** auf); **be jealous of someone's success** jemandem seinen Erfolg missgönnen
jealousy [⚠ 'dʒeləsɪ] **1** Eifersucht **2** (≈ *Missgunst*) Neid
jeans [dʒiːnz] *pl* Jeans *pl*; **a pair of jeans** Jeans
jeer¹ [dʒɪə] **1** höhnische Bemerkungen machen (**at** über) **2** johlen **3** höhnisch lachen (**at** über)
jeer² [dʒɪə] **1** höhnische Bemerkung **2** **jeers** *pl* Johlen **3** **jeers** *pl* Hohngelächter
jeering¹ ['dʒɪərɪŋ] höhnisch
jeering² ['dʒɪərɪŋ] **1** Johlen **2** Hohngelächter
jeggings ['dʒegɪŋz] *pl* Jeggings
jellied ['dʒelɪd] **jellied eel** Aal in Aspik
Jello® ['dʒeləʊ] *US; Süßspeise*: Wackelpudding; → **jelly** *Br*
jelly ['dʒelɪ] **1** *Br, Süßspeise*: Wackelpudding **2** *Br, oft mit Fleisch, Wurst usw.*: Aspik, Sülze **3** *Br, aus Saft gekocht*: Gelee **4** *US* Marmelade
jellyfish ['dʒelɪfɪʃ] *pl*: **jellyfish** *Meerestier*: Qualle
jeopardize [⚠ 'dʒepədaɪz] gefährden, in Gefahr bringen (*Arbeitsplatz, Beziehung, Erfolg usw.*)
jeopardy [⚠ 'dʒepədɪ] Gefahr; **put in jeopardy** gefährden, in Gefahr bringen (*Arbeitsplatz, Beziehung, Erfolg usw.*)
jerk¹ [dʒɜːk] **1** *plötzliche Bewegung*: Ruck; **give a jerk** (*Auto usw.*) rucken, einen Satz machen **2** krampfartige Bewegung: Zuckung **3** *umg* Blödmann, Trottel, Ⓐ Koffer

jerk² [dʒɜːk] **1** *an Seil usw.*: ruckartig ziehen; **jerk oneself free** sich losreißen **2** (*Auto, Zug usw.*) rucken, sich ruckartig bewegen; **jerk to a stop** ruckweise (*oder* mit einem Ruck) stehen bleiben **3** (*Körper, Muskeln*) zucken, zusammenzucken
jerky ['dʒɜːkɪ] **1** *Bewegung*: ruckartig **2** *Sprechweise*: abgehackt **3** *Fahrweise*: ruckweise, holprig
jersey ['dʒɜːzɪ] **1** *Br* Pullover **2** *Sport*: Trikot, Ⓐ, Ⓓ Leibchen, Ⓐ *auch*: Leiberl
jest [dʒest] **in jest** im (*oder* zum) Scherz
★**jet¹** [dʒet] **1** *Flugzeug*: Jet, Düsenflugzeug **2** *aus Wasser, Gas usw.*: Strahl **3** *Ausströmöffnung*: Düse
★**jet²** [dʒet], **jetted**, **jetted 1** *umg* jetten **2** (*Wasser*) herausschießen, hervorschießen (**from** aus) **3** (*Gas*) ausströmen (**from** aus)
jet fighter ['dʒetˌfaɪtə] Düsenjäger
jet lag ['dʒetˌlæg] Jetlag (*Störung des gewohnten Alltagsrhythmus durch die Zeitverschiebung bei Langstreckenflügen*)
jet plane ['dʒetˌpleɪn] Düsenflugzeug
jet set ['dʒetˌset] *umg* Jetset
jetsetter ['dʒetsetə] *umg* Angehörige(r) des Jetset
jetty ['dʒetɪ] **1** *zum Schutz vor Wellen*: Hafendamm, Mole **2** *für Schiffe*: Landungsbrücke, *kleiner*: Landungssteg
Jew [dʒuː] Jude, Jüdin (⚠ **Jew** *wirkt heute oft beleidigend; man sagt eher* **Jewish person**, *bzw.* **he's Jewish, she's Jewish** *usw.*)
jewel ['dʒuːəl] *Schmuckstück*: Edelstein, Juwel (*auch übertragen*)
jeweler *US*, **jeweller** *Br* ['dʒuːələ] Juwelier(in)
★**jewellery**, *US* ★**jewelry** ['dʒuːəlrɪ] Schmuck, Juwelen *pl*; **piece of jewellery** Schmuckstück
Jewish ['dʒuːɪʃ] jüdisch, Juden...
jiffy ['dʒɪfɪ] *umg* Augenblick; **in a jiffy** im Nu, im Handumdrehen
jigsaw ['dʒɪgsɔː] **1** *Technik*: Tischlerbandsäge **2** (*auch* **jigsaw puzzle**) Puzzle(spiel)
jingle¹ ['dʒɪŋgl] **1** (*Münzen usw.*) klimpern **2** (*Glocke usw.*) bimmeln **3** klimpern mit (*Münzen, Schlüssel*) **4** bimmeln lassen (*Glocke*)
jingle² ['dʒɪŋgl] **1** *von Schlüsseln, Münzen usw.*: Klimpern **2** *von Glocken*: Bimmeln **3** *in Radio- und TV-Werbung usw.*: Jingle
jinx [dʒɪŋks] **put a jinx on something** *umg* etwas verhexen
jinxed [dʒɪŋkst] verhext
jitters ['dʒɪtəz] *pl umg vor Prüfung usw.*: Bammel, Heidenangst (**about** vor); **have the jitters**

Schiss (oder Bammel) haben

jittery ['dʒɪtərɪ] *umg* furchtbar nervös

★**job** [dʒɒb] **1** (≈ berufliche Tätigkeit) Stelle, Arbeit, Arbeitsplatz, *umg* Job; **look for/get/have a job** eine Stelle suchen/bekommen/haben; **lose one's job** seine Stelle verlieren; **I'm out of a job** ich bin arbeitslos; **know one's job** übertragen seine Sache verstehen **2** (≈ Einzelprojekt usw.) (einzelne) Arbeit; **I have four different jobs to do** *umg* ich hab vier verschiedene Sachen am Hals; **make a good** (*bzw.* **bad**) **job of something** gute (*bzw.* schlechte) Arbeit leisten, seine Sache gut (*bzw.* schlecht) machen; **odd jobs** Gelegenheitsarbeiten **3** Aufgabe, Pflicht; **that's not your job** das ist nicht deine Aufgabe (oder Sache) **4** Computer: Job **5** *umg* Sache, Angelegenheit; **make the best of a bad job** das Beste daraus machen **6** *umg* (≈ Straftat) Ding, krumme Sache **7** **good job!** *US, umg* gut gemacht!

job advertisement ['dʒɒb‿æd,vɜːtɪsmənt] Stellenanzeige, Stellenausschreibung

job agency ['dʒɒb,eɪdʒənsɪ] **1** Arbeitsvermittlung **2** *für Zeitarbeit:* Zeitarbeitsfirma

job application ['dʒɒb‿æplɪ,keɪʃn] **1** Stellenbewerbung **2** *Dokumente:* Bewerbungsunterlagen

job centre ['dʒɒb,sentə] *Br* Arbeitsamt

job creation ['dʒɒb‿kriː,eɪʃn] Schaffung von Arbeitsplätzen

job cuts ['dʒɒb‿kʌts] *pl* Arbeitsplatzabbau

job description ['dʒɒb‿dɪ,skrɪpʃn] Tätigkeitsbeschreibung

jobhunter ['dʒɒb,hʌntə] Arbeitssuchende(r)

job-hunting ['dʒɒb,hʌntɪŋ] Arbeitssuche; **be job-hunting** auf Arbeitssuche sein

job interview ['dʒɒb,ɪntəvjuː] Vorstellungsgespräch; **have a job interview at/with ...** ein Vorstellungsgespräch haben bei ...

jobless ['dʒɒbləs] arbeitslos

jobless figures ['dʒɒbləs,fɪɡəz] *pl* Arbeitslosenzahl

job market ['dʒɒb,mɑːkɪt] Arbeitsmarkt

job offer ['dʒɒb,ɒfə] Stellenangebot

job opportunities ['dʒɒb‿ɒpə,tjuːnətɪz] *pl* Berufschancen

job prospects ['dʒɒb,prɒspekts] *pl* Berufsaussichten

job section ['dʒɒb,sekʃn] *in Zeitung:* Stellenmarkt

job security [,dʒɒb‿sɪ'kjuːrətɪ] Arbeitsplatzsicherheit

job-seeker ['dʒɒb,siːkə] *Br* Arbeitssuchende(r)

Jobseeker's Allowance [,dʒɒbsiːkəz‿ə'laʊəns] *Br* Arbeitslosengeld

job-sharing ['dʒɒb,ʃeərɪŋ] Jobsharing, Arbeitsplatzteilung

jockey ['dʒɒkɪ] *Pferderennsport:* Jockey

jog¹ [dʒɒɡ], **jogged, jogged** **1** (≈ dauerlaufen) joggen **2** anstoßen, stupsen (*Person*); **jog someone's memory** übertragen jemandes Gedächtnis nachhelfen **3** stoßen an (*oder* gegen) (*Gegenstand*)

jog² [dʒɒɡ] **1** Sport: Trimmtrab; **go for a jog** joggen gehen **2** Stoß, Stups

jogger ['dʒɒɡə] *Sport:* Jogger(in)

jogging ['dʒɒɡɪŋ] *Sport:* Joggen, Jogging; **go jogging** joggen

jogging pants ['dʒɒɡɪŋ‿pænts] *pl* Sporthose

jogging shoe ['dʒɒɡɪŋ‿ʃuː] Joggingschuh

john [dʒɒn] *US, salopp* Klo, Ⓐ Häus(e)l

★**join** [dʒɔɪn] **1** verbinden, zusammenfügen (*Einzelteile*) **2** (*Personen*) sich anschließen, hinzustoßen; **I'll join you later** ich komme später nach; **may I join you?** darf ich mich dazusetzen?, *bei Spiel usw.:* darf ich mitmachen?; **come and join us!** komm und setz dich zu uns! **3** (≈ Mitglied werden) eintreten in (*Firma, Verein usw.*); **join the army** zur Armee gehen; **join a party** in eine Partei eintreten **4** (*Straße, Fluss*) einmünden in

PHRASAL VERBS

join in [,dʒɔɪn'ɪn] *an Spiel usw.:* sich beteiligen, mitmachen

join up [,dʒɔɪn'ʌp] zum Militär gehen, Soldat werden

joiner ['dʒɔɪnə] *bes. Br* Tischler(in), Schreiner(in)

joinery ['dʒɔɪnərɪ] *bes. Br* Tischlerei

★**joint¹** [dʒɔɪnt] **1** *von Knochen:* Gelenk **2** *Br, zum Essen:* Braten; **chicken joints** Hähnchenteile **3** *von Teilen:* Verbindungsstelle, *bes. geschweißt:* Lötnaht, Nahtstelle **4** *von Rohrleitung:* Verbindungsstück **5** *umg* Lokal, Geschäft *usw.:* Laden, Bude **6** *umg* (≈ Haschischzigarette) Joint

★**joint²** [dʒɔɪnt] *Aktion, Anstrengung usw.:* gemeinsam, gemeinschaftlich; **take joint action** gemeinsam vorgehen; **joint venture** *Wirtschaft:* Gemeinschaftsunternehmen, Joint Venture

★**joke¹** [dʒəʊk] **1** *erzählt:* Witz; **crack jokes** Witze reißen **2** (≈ Jux) Scherz, Spaß; **that's going beyond a joke** das ist kein Spaß mehr, das ist nicht mehr lustig; **he can't take a joke** er versteht keinen Spaß **3** *mst.* **practical joke**

Streich; **play a joke on someone** jemandem einen Streich spielen

★**joke**² [dʒəʊk] scherzen, Witze machen (**about** über); **I'm only joking** ich mache nur Spaß; **I'm not joking** ich meine das ernst; **you must be joking, are you joking?** das ist doch nicht dein Ernst!

joker [ˈdʒəʊkə] **1** *Person*: Spaßvogel, Witzbold **2** *Spielkarte*: Joker

jolly [ˈdʒɒlɪ] **1** *Person, Charakter, Lachen usw.*: lustig, fröhlich, vergnügt **2** *Br, umg* ganz schön, ziemlich; **jolly good!** prima!

jolt¹ [dʒəʊlt] **1** (*Fahrzeug*) einen Ruck machen, holpern **2** (*Fahrzeug*) durchrütteln (*Passagiere*) **3** *übertragen* einen Schock versetzen

jolt² [dʒəʊlt] **1** Ruck, Stoß **2** Schock; **give someone a jolt** jemandem einen Schock versetzen

jostle [▲ ˈdʒɒsl] **1** anrempeln **2** (sich) drängeln (*durch die Menge usw.*)

jot [dʒɒt] **not a jot of truth** kein Funke (*oder* Körnchen) Wahrheit

jot down [ˌdʒɒtˈdaʊn] sich notieren

jotter [ˈdʒɒtə] *Br* Notizbuch, Notizblock

journal [ˈdʒɜːnl] **1** Journal, Zeitschrift **2** *persönliche Aufzeichnungen*: Tagebuch

journalism [ˈdʒɜːnəlɪzm] Journalismus

journalist [ˈdʒɜːnəlɪst] Journalist(in)

★**journey** [ˈdʒɜːnɪ] **1** *bes. über Land*: Reise, *im Auto, Zug*: Fahrt; **go on a journey** verreisen; **a bus journey** eine Busfahrt; **the journey home** die Heimreise **2** (≈ *Distanz*) Reise, Entfernung; **it's a two-day journey** die Reise dauert zwei Tage

★**joy** [dʒɔɪ] **1** Freude (**at** über, **in** an); **cry for joy** vor Freude weinen; **tears of joy** Freudentränen; **to my great joy** zu meiner großen Freude **2** *Br, umg* Erfolg; **I didn't have any joy** ich hatte keinen Erfolg

joyride [ˈdʒɔɪraɪd] *umg* Spritztour (*bes. in einem gestohlenen Wagen*), ⓐ Strolchenfahrt; **go joyriding** ein Auto stehlen und damit eine Spritztour machen

joystick [ˈdʒɔɪstɪk] *umg* **1** *im Flugzeug*: Steuerknüppel **2** *Computer*: Joystick

Jr. *abk für* → **junior**¹

jubilee [ˈdʒuːbɪliː] Jubiläum

★**judge**¹ [dʒʌdʒ] **1** *in der Rechtsprechung*: Richter(in) **2** *in bestimmten Sportarten*: Punktrichter(in), Kampfrichter(in) **3** *bei Wettbewerb*: Preisrichter(in) **4** Kenner(in); **a (good) judge of wine** ein(e) Weinkenner(in)

★**judge**² [dʒʌdʒ] **1** beurteilen, einschätzen (**by** nach); **judge by appearances** nach dem Äußeren urteilen; **as far as I can judge** soweit ich es beurteilen kann **2** *bei Wettbewerb usw.*: als Preisrichter fungieren **3** *vor Gericht*: verhandeln (*Fall*)

★**judgement**, ★**judgment** [ˈdʒʌdʒmənt] **1** *vor Gericht*: Urteil; **pass judgement** das Urteil fällen **2** *kritischer Verstand*: Urteilsvermögen; **against one's better judgement** wider besseres Einsicht **3** (≈ *Auffassung*) Meinung, Ansicht, Urteil; **in my judgement** meines Erachtens; **make a (final) judgement on** sich ein (abschließendes *oder* endgültiges) Urteil bilden über **4** *Religion*: göttliches Gericht; **the Last Judgement** das Jüngste Gericht; **the Day of Judgement, Judgement Day** der Jüngste Tag

jug [dʒʌg] **1** *ohne Deckel*: Krug **2** *mit Deckel*: Kanne **3** *kleiner*: Kännchen

juggle [ˈdʒʌgl] **1** (*Artist*) jonglieren (**mit**) **2** *übertragen* jonglieren (**with** mit) (*Fakten, Worten, Zahlen usw.*)

juggler [ˈdʒʌglə] *Artist*: Jongleur(in)

★**juice** [dʒuːs] **1** *aus Früchten usw.*: Saft **2** *umg* (≈ *Benzin*) Sprit

juicy [ˈdʒuːsɪ] **1** *Obst, Fleisch usw.*: saftig **2** *umg; Gewinn, Profit*: saftig **3** *Geschichte, Affäre usw.*: schlüpfrig, pikant

juke-box [ˈdʒuːkbɒks] Musikbox, Jukebox, Musikautomat

★**July** [dʒuːˈlaɪ] Juli; **in July** im Juli

jumble¹ [ˈdʒʌmbl] **1** *auch* **jumble together** (*oder* **up**) durcheinanderwerfen (*Sachen*) **2** durcheinanderbringen (*Fakten usw.*)

jumble² [ˈdʒʌmbl] Durcheinander

jumble sale [ˈdʒʌmbl ˌseɪl] *Br* Wohltätigkeitsbasar

jumbo (jet) [ˈdʒʌmbəʊ (ˌdʒet)] Jumbo(jet)

★**jump**¹ [dʒʌmp] **1** Sprung **2** *Sport*: Sprung, Hindernis **3** *von Preisen*: sprunghafter Anstieg

★**jump**² [dʒʌmp] **1** *allg.*: springen; **jump to one's feet** aufspringen; **jump for joy** Freudensprünge machen **2** springen über (*Hindernis*) **3** *vor Schreck usw.*: zusammenzucken (**at** bei) **4** *übertragen* abrupt übergehen (**to** zu) (*zu neuem Thema usw.*) **5** *übertragen* überspringen, auslassen (*Textstelle*) usw. **6** **jump the gun** *Sport*: einen Fehlstart verursachen, *übertragen* voreilig sein (*oder* handeln) **7** **jump the queue** *Br* sich vordrängen

───────── **PHRASAL VERBS**

jump about [ˌdʒʌmp əˈbaʊt] herumspringen, herumhüpfen

jump at [ˈdʒʌmp ˌət] sich stürzen auf, beim

Schopf ergreifen (Angebot, Chance, Gelegenheit usw.)

jump off [ˌdʒʌmpˈɒf] **1** aus stehendem Bus usw.: aussteigen **2** von fahrendem Bus usw.: abspringen

jump on [ˌdʒʌmpˈɒn] **1** in stehenden Bus usw.: einsteigen **2** auf fahrenden Bus usw.: aufspringen **3** (≈ anbrüllen) anfahren (Person)

jump out [ˌdʒʌmpˈaʊt] hinausspringen, herausspringen; **jump out of one's skin** übertragen erschreckt zusammenfahren

jump up [ˌdʒʌmpˈʌp] **1** von Boden, Stuhl usw.: hochspringen, aufspringen **2** hinaufspringen (Treppe usw.)

★**jumper** [ˈdʒʌmpə] Br Pullover

jumper cables [ˈdʒʌmpəˌkeɪblz] pl, US, **jump leads** [ˈdʒʌmpˌliːdz] pl, Br Starthilfekabel

jump rope [ˈdʒʌmpˌrəʊp] US Springseil; → skipping rope Br

jumpsuit [ˈdʒʌmpsuːt] Overall

jumpy [ˈdʒʌmpɪ] Person: nervös, schreckhaft

junction [ˈdʒʌŋkʃn] **1** von Straßen: Kreuzung, Einmündung **2** von Autobahn: Anschlussstelle

juncture [ˈdʒʌŋktʃə] **at this juncture** zu diesem Zeitpunkt

★**June** [dʒuːn] Juni; **in June** im Juni

★**jungle** [ˈdʒʌŋgl] Dschungel (auch übertragen)

junior[1] [ˈdʒuːnɪə] **1** als Namenszusatz: junior **2** in Rang: untergeordnet; **junior partner** Wirtschaft: Juniorpartner **3** **junior school** in GB: Grundschule (für Kinder von 7-11); **junior high school** in USA: Sekundarstufe I (für Altersgruppe 12-14) **4** Sport: Junioren...

junior[2] [ˈdʒuːnɪə] **1** Jüngere(r); **he's my junior by two years, he is two years my junior** er ist 2 Jahre jünger als ich **2** Sport: Junior(in)

junk [dʒʌŋk] **1** (≈ wertloses Zeug) Trödel, Ramsch **2** (≈ Müll) Gerümpel, Abfall **3** abwertend; Film, Buch usw.: Schund, Mist **4** umg Stoff, bes. Heroin

junk food [ˈdʒʌŋkˌfuːd] ungesundes Essen (Fastfood usw.)

junkie [ˈdʒʌŋkɪ] umg **1** Fixer(in), Junkie **2** in Zusammensetzungen: Freak; **TV junkie** Fernsehfreak

junk mail [ˈdʒʌŋkˌmeɪl] im Briefkasten: Reklame, Reklamesendungen

junkyard [ˈdʒʌŋkjɑːd] bes. US **1** Schuttabladeplatz **2** für Metall: Schrottplatz

jury [ˈdʒʊərɪ] **1** **the jury** vor Gericht: die Geschworenen **2** in Wettbewerb: Jury **3** Sport: Schiedsgericht, Kampfgericht

★**just**[1] [dʒʌst] **1** Person, Entscheidung: gerecht (**to** gegen) **2** Strafe, Belohnung usw.: gerecht, angemessen; **it was only just** es war nur recht und billig **3** Anspruch usw.: rechtmäßig

★**just**[2] [dʒʌst] **1** jetzt oder unmittelbar vorher: gerade, gerade eben, (so)eben; **he's just left** er ist gerade gegangen; **just now** gerade eben, gerade jetzt; **just as** gerade als **2** (≈ exakt) gerade, genau, eben; **it's just 5 o'clock** es ist genau fünf Uhr; **that's just like you** das sieht dir ähnlich **3** gerade noch; **I arrived just in time** ich kam gerade noch pünktlich **4** nur, lediglich, bloß; **just the three of us** nur wir drei; **just in case** für alle Fälle **5** **just about** ungefähr, in etwa; **dinner's just about ready** das Essen ist so gut wie fertig

★**justice** [ˈdʒʌstɪs] **1** moralisch: Gerechtigkeit, Rechtmäßigkeit **2** Recht: Gerechtigkeit, Recht; **bring to justice** vor den Richter bringen; **administer justice** Recht sprechen **3** Titel: Richter; **Mr Justice Miller** Richter Miller

justifiable [ˈdʒʌstɪfaɪəbl] Freude, Stolz, Ärger usw.: berechtigt, gerechtfertigt

justification [ˌdʒʌstɪfɪˈkeɪʃn] Rechtfertigung; **in justification of** zur Rechtfertigung von

justify [ˈdʒʌstɪfaɪ] rechtfertigen (Entscheidung, Handlung usw.)

justly [ˈdʒʌstlɪ] mit Recht, zu Recht

★**juvenile** [ˈdʒuːvənaɪl] jugendlich, Jugend...; **juvenile delinquency** Jugendkriminalität

K

kangaroo [ˌkæŋgəˈruː] Känguru

kaput [kəˈpʊt] umg kaputt

karate [kəˈrɑːtɪ] Karate; **karate chop** Karateschlag

kayak [ˈkaɪæk] Boot: Kajak

KB [ˌkeɪˈbiː] (abk für **kilobyte**) KB

keel [kiːl] von Boot, Schiff: Kiel

PHRASAL VERBS

keel over [ˌkiːlˈəʊvə] **1** (Boot usw.) umschlagen, kentern **2** (Person) umkippen, umfallen

★**keen** [kiːn] **1** Gefühl: heftig, stark; **keen interest** starkes (oder lebhaftes) Interesse **2** Sportler, Kartenspieler, Fan usw.: begeistert, leidenschaftlich **3** **be keen on something** von etwas begeistert sein, etwas sehr gern mögen; **be keen to do something** etwas unbedingt tun wollen; **I'm keen on (playing) tennis** ich spiele leidenschaftlich gern Tennis **4** *Verstand, Sinne, Intellekt usw.*: scharf

★**keep¹** [ki:p], **kept** [kept], **kept** [kept] **1** behalten (*Geschenk usw.*); **may I keep this?** darf ich das behalten?; **keep the change** *von Wechselgeld*: der Rest ist für Sie **2** *in einem bestimmten Zustand belassen*: lassen, halten; **keep the door shut** die Tür geschlossen halten; **keep something a secret** etwas geheim halten (**from** vor); **keep in sight** in Sichtweite bleiben; **keep still** still halten; **keep quiet** still sein **3** (≈ *behelligen*) aufhalten; **don't let me keep you** lass dich nicht aufhalten; **what kept you?** wo warst du so lang?, wo bleibst du denn? **4** (≈ *verwahren*) aufheben, aufbewahren; **where do you keep your cups?** wo sind die Tassen?; **can you keep a secret?** kannst du schweigen? **5** haben, betreiben (*Laden, Lokal, Hotel usw.*) **6** halten (*Wort, Versprechen*) **7** ernähren; **have a family to keep** eine Familie ernähren müssen **8** *mit -ing-Form*: **keep smiling!** immer nur lächeln!; **keep going!** mach weiter!; **keep someone waiting** jemanden warten lassen

---
PHRASAL VERBS

keep at [‚ki:p'æt] weitermachen mit (*Arbeit usw.*); **keep 'at it!** mach weiter so!

keep away [‚ki:p_ə'weɪ] **1** (*Person*) wegbleiben, sich fernhalten (**from** von) **2** fernhalten (**from** von); **keep the cat away from me!** *umg* halt mir die Katze vom Leib!

keep back [‚ki:p'bæk] **1** zurückhalten (*Person*) **2** einbehalten (*Lohn usw.*) **3** unterdrücken (*Tränen usw.*) **4** verschweigen (*Fakten, Informationen usw.*)

keep down [‚ki:p'daʊn] **1** niedrig halten (*Kosten usw.*) **2** unter Kontrolle halten, unterdrücken (*Volk, Gefühle usw.*) **3** bei sich behalten (*Arznei, Nahrung usw.*)

keep from [‚ki:p_frəm] **1** abhalten von (*Person*); **keep someone from doing something** jemanden davon abhalten, etwas zu tun **2** vorenthalten, verschweigen (*Nachricht, Tatsache usw.*) **3** **I could hardly keep (myself) from laughing** ich konnte mir kaum das Lachen verkneifen

keep in [‚ki:p'ɪn] **1** *aus Haus, Wohnung*: nicht herauslassen (*oder* hinauslassen) **2** *Schule*: nachsitzen lassen

keep off [‚ki:p'ɒf] **1** **keep off (the grass)!** Betreten (*des Rasens*) verboten! **2** fernhalten; **keep your hands off!** Hände weg!

keep on [‚ki:p'ɒn] **1** anbehalten, anlassen (*Kleidungsstück*) **2** **keep on doing something** mit etwas weitermachen, *wiederholt*: etwas immer wieder machen; **keep on trying!** versuche es weiter! **3** **if she keeps on like this ...** wenn sie so weitermacht, ...

keep out [‚ki:p'aʊt] **1** nicht hineinlassen (*oder* hereinlassen) (*Person, Tier usw.*) **2** (*Person*) draußen bleiben; **keep out!** Zutritt verboten!

keep out of [‚ki:p'aʊt_əv] sich heraushalten aus (*Gefahren, Ärger, Streit usw.*); **keep out of sight** sich nicht blicken lassen

keep to ['ki:p_tʊ] **1** *räumlich*: bleiben; **keep to the left** (*bzw.* **right**) sich links (*bzw.* rechts) halten **2** *übertragen* festhalten an, bleiben bei (*Meinung usw.*) **3** **keep something to a** (*oder* **the) minimum** etwas auf ein Minimum beschränken **4** **keep something to oneself** etwas für sich behalten

keep up [‚ki:p'ʌp] **1** aufrechterhalten (*Brauch, Gewohnheit usw.*) **2** halten (*Tempo*) **3** auf hohem Niveau halten (*Preise usw.*)

keep up with [‚ki:p'ʌp_wɪð] *in Rennen usw.*: mithalten, Schritt halten mit (*auch übertragen*); **keep up with the Joneses** den Nachbarn nicht nachstehen, mit den Nachbarn mithalten

---

★**keep²** [ki:p] Lebensunterhalt; **earn one's keep** seinen Lebensunterhalt verdienen

keeper ['ki:pə] **1** *im Zoo usw.*: Wächter, Aufseher **2** *im Zoo auch*: Tierpfleger(in) **3** *umg*; *Sport*: Torwart **4** *mst. in Zusammensetzungen*: Inhaber(in), Besitzer(in); **shopkeeper** Geschäftsinhaber(in)

keep-fit [‚ki:p'fɪt] *auch* **keep-fit exercises** *pl, Br* Gymnastik

keeps [ki:ps] *pl* **for keeps** *umg* für (*oder* auf) immer, endgültig; **it's yours for keeps** du kannst (*oder* darfst) es behalten

keepsake ['ki:pseɪk] *kleiner Gegenstand*: Andenken

keg [keg] Fässchen

kennel ['kenl] **1** Hundehütte **2** **kennels** *sg* Hundezwinger **3** **kennels** *sg* (≈ *Hundepension*) Hundeheim

Kenya ['kenjə] Kenia

kept [kept] 2. und 3. Form von → **keep¹**

kerb [kɜ:b], **kerbstone** ['kɜ:bstəʊn] *Br* Bordstein, Randstein

ketchup ['ketʃəp] Ketchup

★**kettle** ['ketl] **1** Wasserkessel, Teekessel; **I'll put the kettle on** ich setze das Wasser auf **2** *elektrisch*: Wasserkocher **3** **a pretty** (*oder* **fine**)

kettle of fish *ironisch* eine schöne Bescherung ❹ **that's a different kettle of fish** das ist etwas ganz anderes

★**key**¹ [kiː] ❶ für ein Schloss: Schlüssel ❷ (≈ *Lösung*) Schlüssel; **the key to success** der Schlüssel zum Erfolg ❸ *von Klavier, Computer:* Taste ❹ *Musik:* Tonart; **sing off** (*oder* **out of**) **key** falsch singen

★**key**² [kiː] wichtigste(r, -s); **key position** Schlüsselposition; **the key question** die zentrale Frage

★**key**³ [kiː] *auch* **key in** *Computer:* eingeben (*Daten*)

★**keyboard** ['kiːbɔːd] ❶ *von Klavier, Orgel, Computer usw.:* Tastatur; **keyboard skills** *pl Computer:* Fertigkeiten in der Texterfassung ❷ *auch* **keyboards** *Musik:* Keyboard

keycard ['kiːkaːd] Schlüsselkarte

key competency [ˌkiːˈkɒmpɪtənsɪ] Schlüsselqualifikation

keyhole ['kiːhəʊl] Schlüsselloch

keypad ['kiːpæd] *von Computer, Telefon, Taschenrechner:* Tastenfeld

keypal ['kiːpæl] Mailfreund(in)

keyword ['kiːwɜːd] ❶ *bei Internetsuche:* Suchbegriff ❷ *in Verzeichnis:* Stichwort

★**kick**¹ [kɪk] ❶ *mit dem Fuß:* Tritt, Stoß; **give someone a kick** jemandem einen Tritt geben, jemanden treten ❷ *Fußball:* Schuss; **free kick** Freistoß ❸ *umg* Schwung; **give something a kick** etwas in Schwung bringen ❹ **for kicks** *umg* zum Spaß; **he gets a kick out of it** es macht ihm einen Riesenspaß

★**kick**² [kɪk] ❶ treten, einen Tritt geben (*oder* versetzen); **I could have kicked myself** *umg* ich hätte mich ohrfeigen können, ich hätte mich in den Hintern beißen können ❷ treten, kicken (*Ball*); **he kicked the ball into the net** er schoss den Ball ins Netz ❸ (*Pferd*) ausschlagen ❹ (*Baby*) strampeln ❺ **kick the bucket** *salopp* (≈ *sterben*) abkratzen, ins Gras beißen, den Löffel reichen

PHRASAL VERBS

kick about *oder* **around** [ˌkɪkəˈbaʊt *oder* əˈraʊnd] ❶ herumkicken (*Ball*) ❷ *umg,* übertragen herumschubsen, herumkommandieren (*Person*) ❸ *umg* (*Person*) sich herumtreiben, rumhängen

kick in [ˌkɪkˈɪn] eintreten (*Tür*)

kick off [ˌkɪkˈɒf] ❶ *Fußball:* anstoßen ❷ *umg* anfangen

kick out [ˌkɪkˈaʊt] *umg;* aus Schule, Lokal usw.: rausschmeißen (**of** aus)

kick up [ˌkɪkˈʌp] ❶ aufwirbeln (*Staub*) ❷ **kick up a stink** (*oder* **fuss**) *umg* Stunk machen

kickback ['kɪkbæk] *salopp* Schmiergeld

kickoff ['kɪkɒf] *Fußball:* Anstoß

kid¹ [kɪd] ❶ *umg* Kind; **how are the kids?** wie geht's den Kindern? ❷ *umg* Jugendliche(r) ❸ (≈ *junge Ziege*) Kitz

kid² [kɪd], kidded, kidded ❶ *umg,* übertragen aufziehen, auf den Arm nehmen ❷ herumalbern, Spaß machen; **I was only kidding** ich habe nur Spaß gemacht; **no kidding?** im Ernst?, ehrlich?

kidnap ['kɪdnæp], kidnapped, kidnapped entführen

kidney ['kɪdnɪ] *Organ:* Niere

★**kill** [kɪl] ❶ töten, *absichtlich:* umbringen; **be killed** *auch* ums Leben kommen, umkommen; **kill two birds with one stone** übertragen zwei Fliegen mit einer Klappe schlagen ❷ **kill time** übertragen die Zeit totschlagen ❸ **my feet are killing me** übertragen meine Füße bringen mich (noch) um ❹ übertragen lindern (*Schmerz*)

killer ['kɪlə] *Person, Tier:* Mörder, Killer

killing ['kɪlɪŋ] ❶ *von Tieren:* Töten, Schlachten ❷ *von Menschen:* Töten, Mord ❸ **make a killing** *umg* einen Reibach machen

killjoy ['kɪldʒɔɪ] Spielverderber(in), Miesmacher(in)

★**kilo** ['kiːləʊ] *pl* **kilos** ['kiːləʊz] Kilo

kilobyte ['kɪləbaɪt] Kilobyte

★**kilogram**, *Br* ★**kilogramme** ['kɪləgræm] Kilogramm; **a kilogram(me) of oranges** ein Kilogramm Orangen

★**kilometre**, *US* ★**kilometer** ['kɪləˌmiːtə, kɪˈlɒmɪtə] Kilometer

kilt [kɪlt] Kilt, Schottenrock (⚠ *karierter Damenrock = tartan skirt*)

★**kind**¹ [kaɪnd] ❶ Art, Sorte, *von Mensch:* Wesen; **all kinds of** alle möglichen; **nothing of the kind** nichts dergleichen; **I'm not that kind of person** so eine(r) bin ich nicht ❷ **kind of** *umg* irgendwie; **I've kind of promised it** ich habe es halb und halb versprochen; **'Are you tired?' - 'Kind of.'** - „Bist du müde?" - „Irgendwie schon."

★**kind**² [kaɪnd] ❶ *Person:* freundlich, liebenswürdig, nett (**to** zu); **would you be so kind as to do that for me?** sei so gut (*oder* freundlich) und erledige das für mich; **that's very kind of you** das ist sehr nett von dir ❷ *Grüße:* herzlich; **(with) kind regards** mit freundlichen Grüßen

kindergarten ['kɪndə‚gɑːtn] **1** *Br* Kindergarten; **kindergarten teacher** Kindergärtner(in) **2** *US* Vorschulklasse vor Eintritt in die 1. Klasse

kindle ['kɪndl] **1** anzünden **2** sich entzünden, Feuer fangen **3** entfachen (*Hass usw.*), wecken (*Interesse usw.*) **4** (*Leidenschaft usw.*) entflammen

kindly ['kaɪndlɪ] **1** lächeln, etwas sagen: freundlich, liebenswürdig **2** freundlicherweise, liebenswürdigerweise; **kindly tell me if ...** sagen Sie mir bitte, ob ...; **would you kindly stop it!** *verärgert:* würdet ihr jetzt endlich aufhören

kindness ['kaɪndnəs] **1** Freundlichkeit, Liebenswürdigkeit **2** (≈ *Gefallen*) Gefälligkeit; **do someone a kindness** jemandem eine Gefälligkeit erweisen

★**king** [kɪŋ] **1** König (*auch beim Schach und Kartenspiel*); **king of hearts** Herzkönig **2** *beim Damespiel:* Dame

★**kingdom** ['kɪŋdəm] **1** *allg.:* Königreich **2** **animal kingdom** Tierreich

kink [kɪŋk] *in Leitung, Rohr usw.:* Knick

kinky ['kɪŋkɪ] **1** *Haar:* kraus **2** *umg; sexuell:* abartig, pervers

kiosk ['kiːɒsk] Kiosk, Verkaufsstand

kip[1] [kɪp] *Br, salopp* Schläfchen; **have a kip** pennen

kip[2] [kɪp] kipped, kipped *Br, salopp* **1** pennen **2** *mst.* **kip down** sich hinhauen

★**kiss**[1] [kɪs] Kuss; **kiss of life** *bes. Br* Mund-zu-Mund-Beatmung

★**kiss**[2] [kɪs] **1** küssen; **she kissed his cheek** sie küsste ihn auf die Wange; **kiss someone good night** jemandem einen Gutenachtkuss geben **2** sich küssen; **they kissed goodbye** sie gaben sich einen Abschiedskuss

kit [kɪt] **1** *für bestimmte Aktivitäten:* Ausrüstung, Sachen *pl* **2** *für bestimmte Arbeiten:* Werkzeug, Werkzeugkasten **3** *zum Basteln:* Baukasten, Bastelsatz

★**kitchen** ['kɪtʃən] Küche

kitchenette [‚kɪtʃə'net] Kochnische

kitchen foil ['kɪtʃɪn‚fɔɪl] Alufolie

kite [kaɪt] Drachen; **fly a kite** einen Drachen steigen lassen, *übertragen* einen Versuchsballon steigen lassen

kitesurfing ['kaɪt‚sɜːfɪŋ] Kitesurfen

kitten ['kɪtn] **1** Kätzchen **2** **have kittens** *Br, umg* ausrasten, Zustände kriegen

kitty ['kɪtɪ] **1** *Kindersprache:* Kätzchen **2** *von Kegelklub, Mannschaft usw.:* gemeinsame Kasse

kiwi ['kiːwiː] **1** *Vogel: der* Kiwi **2** *auch* **kiwi fruit** *die* Kiwi **3** *mst.* **Kiwi** *umg* Neuseeländer(in)

Kleenex® ['kliːneks] Kleenex®, *umg* Papiertaschentuch

knack [næk] **1** Kniff, Trick; **get the knack of it** den Dreh herausbekommen **2** Geschick; **have the** (*oder* **a**) **knack of doing something** das Talent haben, etwas zu tun (*bes. Negatives*)

knackered ['nækəd] *Br, umg* geschlaucht, kaputt

knave [neɪv] *Br Spielkarte:* Bube; **knave of hearts** Herzbube

knead [niːd] **1** kneten (*Teig usw.*) **2** kneten, massieren (*Muskeln*)

★**knee** [niː] Knie; **be on one's knees** auf den Knien liegen; **sit on someone's knee** bei jemandem auf dem Schoß sitzen; **he brought his opponent to his knees** er zwang seinen Gegner in die Knie

kneecap ['niːkæp] Kniescheibe

knee-deep [‚niː'diːp] *Wasser:* knietief

knee-high [‚niː'haɪ] *Gras:* kniehoch

★**kneel** [niːl], knelt [nelt], knelt [nelt], *bes. US* kneeled, kneeled **1** *auch* **kneel down** sich hinknien, niederknien (**to** vor) **2** knien (**before** vor)

knee-length sock [‚niːleŋθ'sɒk] Kniestrumpf

knelt [nelt] 2. und 3. Form von → kneel

knew [njuː] 2. Form von → know

knickers ['nɪkəz] *pl, Br* Schlüpfer; **get one's knickers in a twist** *umg* sich künstlich aufregen, sich ins Hemd machen

knick-knack ['nɪknæk] *kleiner Gegenstand:* Nippsache

★**knife**[1] [naɪf] *pl:* **knives** [naɪvz] Messer; **go under the knife** *umg* (≈ *operiert werden*) unters Messer kommen; **she's got her knife into me** sie hat mich auf dem Kieker

★**knife**[2] [naɪf] einstechen auf, *tödlich:* erstechen

★**knight**[1] [naɪt] **1** *historisch:* Ritter (*in GB auch* Adelstitel) **2** *Schach:* Springer, Pferd

★**knight**[2] [naɪt] adeln, zum Ritter schlagen

★**knit** [nɪt] knitted, knitted, *auch* knit, knit stricken

knit cap ['nɪt‚kæp] *US* (Pudel)Mütze

knitting ['nɪtɪŋ] **1** *Tätigkeit:* Stricken **2** Strickarbeit, Strickzeug

knitwear ['nɪtweə] Strickwaren *pl*

knives [naɪvz] *pl von* → knife[1]

knob [nɒb] **1** *an Tür usw.:* Knauf, Griff **2** *an Radio usw.:* Knopf

★**knock**[1] [nɒk] **1** *an Tür:* Klopfen; **there's a knock at the door** es klopft; **give someone a knock** bei jemandem anklopfen **2** *übertragen*

Schicksalsschlag; **take a bad knock** einen schweren Schlag erleiden

★**knock²** [nɒk] **1** pochen, klopfen; **knock at the door** an die Tür klopfen; **knock on wood** US auf Holz klopfen **2** mit Körperteil: anschlagen, anstoßen; **knock one's head** (bzw. **elbow**) sich den Kopf (bzw. Ellbogen) anschlagen **3** mit Hand, Werkzeug usw.: schlagen; **knock a nail into the wall** einen Nagel in die Wand schlagen **4** (Motor) klopfen **5** **knock someone flat, knock someone to the ground** jemanden niederschlagen

PHRASAL VERBS

knock about oder **around** [ˌnɒk ə'baʊt oder ə'raʊnd] **1** schlagen, verprügeln **2** umg sich herumtreiben, herumhängen; **knock about with someone** umg sich mit jemandem herumtreiben

knock down [ˌnɒk'daʊn] **1** umstoßen, umwerfen (Vase, Tasse usw.) **2** niederschlagen (Person) **3** mit dem Auto usw.: anfahren, überfahren **4** abreißen, abbrechen (Gebäude usw.) **5** herunterhandeln (Preis) (**to** auf) **6** (Händler) mit dem Preis heruntergehen

knock off [ˌnɒk'ɒf] **1** mit Hammer, Meißel usw.: abschlagen **2** umg aufhören mit; **knock off work** Feierabend machen; **knock it off!** hör auf damit! **3** umg; bei Preis: nachlassen, runtergehen; **they knocked £1 off the price** sie gaben mir ein Pfund Preisnachlass **4** umg (≈ ermorden) umlegen

knock out [ˌnɒk'aʊt] **1** ausschlagen (Zahn usw.) **2** bei Schlägerei: bewusstlos schlagen **3** beim Boxen: k.o. schlagen **4** (Droge, Alkohol) betäuben **5** umg umhauen (vor Begeisterung usw.)

knock over [ˌnɒk'əʊvə] **1** umwerfen, umstoßen **2** mit dem Auto: anfahren, überfahren

knock together [ˌnɒk tə'geðə] **1** aneinanderstoßen **2** umg schnell zusammenzimmern, zaubern (Essen usw.)

knock up [ˌnɒk'ʌp] **1** umg (≈ improvisieren) herzaubern (etwas zum Essen usw.) **2** **I'll knock you up at 6** Br, umg (≈ wecken) ich klopfe dich um 6 heraus, ich weck dich um 6 **3** bes. US, salopp (≈ schwängern) anbumsen **4** Tennis usw.: sich einschlagen, sich einspielen

knockdown ['nɒkdaʊn] **knockdown price** Schleuderpreis

knockout ['nɒkaʊt] **1** Boxen: K. o.; **win by a knockout** durch K. o. gewinnen; **knockout system** Sport: K.o.-System **2** umg tolle Sache, Wucht

★**knot** [nɒt] **1** Knoten; **tie a knot** einen Knoten machen; **tie someone up in knots** umg jemanden in Widersprüche verwickeln, jemanden völlig durcheinanderbringen **2** in Holz: Astknoten **3** Schiffsgeschwindigkeit: Knoten

★**know** [nəʊ], **knew** [njuː], **known** [nəʊn] **1** allg.: wissen; **as far as I know** soweit ich weiß; **how am I to know?** wie soll ich das wissen? **2** können (Fremdsprachen usw.); **know how to do something** etwas tun können **3** kennen (Antwort, Fakten, Person usw.); **I've known him for years** ich kenne ihn seit Jahren **4** nach längerer Zeit: erkennen, wiedererkennen; **I hardly knew him** ich hab ihn fast nicht erkannt **5** erfahren, erleben; **he has known better days** er hat schon bessere Tage gesehen **6** in Wendungen: **you never know** man kann nie wissen; **not that I know of** nicht, dass ich wüsste; **who knows?** wer weiß?; **let me know when ...** sag mir Bescheid, wann ...

PHRASAL VERBS

know about ['nəʊ ə,baʊt] Bescheid wissen über, sich auskennen in; **do you know about that?** kennst du dich damit aus?; **I know a thing or two about literature** umg ich kenne mich in der Literatur ganz gut aus

know-all ['nəʊɔːl] Br, umg Besserwisser(in)
know-how ['nəʊhaʊ] (⚠ Betonung auf der ersten Silbe) Know-how, Sachkenntnis
knowing ['nəʊɪŋ] Blick, Lächeln: wissend
knowingly ['nəʊɪŋli] **1** lächeln: wissend **2** jemanden belügen, verletzen usw.: wissentlich, bewusst, absichtlich
know-it-all ['nəʊɪtɔːl] bes. US, umg Besserwisser(in)
★**knowledge** ['nɒlɪdʒ] **1** Kenntnis; **bring something to someone's knowledge** jemanden von etwas in Kenntnis setzen; **it has come to my knowledge that ...** ich habe erfahren, dass ...; **to my knowledge** meines Wissens; **without my knowledge** ohne mein Wissen; **not to my knowledge** nicht, dass ich wüsste **2** (≈ Gelerntes) Wissen, Kenntnisse; **his knowledge of English** seine Englischkenntnisse
known¹ [nəʊn] 3. Form von → know
known² [nəʊn] bekannt (**as** als; **for** für); **known to the police** polizeibekannt
knuckle ['nʌkl] **1** an Hand: Knöchel **2** Gericht vom Kalb oder Schwein: Haxe, Hachse **3** **near the knuckle** umg reichlich gewagt (Witz usw.)

kohl [kəʊl] *Kosmetik:* Kajal
kooky ['kuːkɪ] *US, umg* verrückt
Korea [kə'rɪə] Korea
Korean[1] [kə'rɪən] koreanisch
Korean[2] [kə'rɪən] *Sprache:* Koreanisch
Korean[3] [kə'rɪən] Koreaner(in)
kph [ˌkeɪpiː'eɪtʃ] (*abk für* **kilometres per hour**) km/h

L

lab [læb] *umg* Labor
label[1] ['leɪbl] **1** *auf Waren:* Etikett **2** *selbstklebend:* Aufkleber **3** *Musik:* Plattenfirma **4** *übertragen* (≈ *Image*) Etikett
label[2] ['leɪbl], labelled, labelled, *US* labeled, labeled **1** etikettieren, beschriften **2** *übertragen* abstempeln; **be labelled (as) a criminal** zum Verbrecher gestempelt werden
laboratory [lə'bɒrətrɪ, *US* 'læbrəˌtɔːrɪ] Labor; **laboratory assistant**, **laboratory technician** Laborant(in)
laborious [lə'bɔːrɪəs] **1** *Arbeit, Aufgabe:* mühsam **2** *Schreibstil:* schwerfällig, umständlich
★**labour**[1], *US* ★**labor** ['leɪbə] **1** *allg.:* Arbeit, *bes. körperliche Arbeit;* **labour market** Arbeitsmarkt **2** *Personen:* Arbeiterschaft, Arbeiter *pl*, Arbeitskräfte *pl* **3** **Labour** *in GB:* die Labour Party **4** **labor union** *US* Gewerkschaft **5** *bei Geburt:* Wehen *pl;* **be in labour** in den Wehen liegen
labour[2], *US* **labor** ['leɪbə] **1** *allg.:* hart arbeiten (**at** an) **2** leiden (**under** unter), sich quälen; **labour up the stairs** sich die Treppe hinaufquälen **3** **labour the point** etwas breitwalzen (*Thema usw.*)
labourer, *US* **laborer** ['leɪbərə] Arbeiter(in) (*mst. ohne Ausbildung*)
lace[1] [leɪs] **1** *kunstvoll Gewebtes:* Spitze **2** *für Schuhe:* Schnürband, Schnürsenkel
lace[2] [leɪs] **1** *auch* **lace up** zuschnüren, zubinden **2** **tea laced with rum** Tee mit einem Schuss Rum
★**lack**[1] [læk] Mangel (**of** an); **lack of sleep** fehlender Schlaf; **for** (*oder* **through**) **lack of time** aus Zeitmangel
★**lack**[2] [læk] **1** nicht haben; **we lack the money to ...** es fehlt uns am Geld, um ... **2** **be lacking** fehlen; **he's lacking in courage** ihm fehlt der Mut **3** **he lacks for nothing** es fehlt ihm an nichts

lacklustre, *US* **lackluster** ['lækˌlʌstə] **1** *Vorstellung usw.:* langweilig **2** *Haar, Oberfläche usw.:* glanzlos, stumpf
lacquer[1] ['lækə] (Farb)Lack
lacquer[2] ['lækə] lackieren
lad [læd] *Br* **1** Junge, junger Kerl; **young lad** junger Mann **2** **the lads** *umg* die Jungs (*oder* Kumpels)
★**ladder** ['lædə] **1** Leiter (*auch übertragen*); **climb the ladder of success** die Erfolgsleiter emporsteigen **2** *Br* Laufmasche
laddish ['lædɪʃ] *Br, umg; junger Mann:* machohaft
laddism ['lædɪzm] *Br, umg von jungen Männern:* machohaftes Verhalten
laden ['leɪdn] beladen (**with** mit) (*auch übertragen*)
ladette [læ'det] *Br, umg junge Frau, die männliches Verhalten imitiert*
ladies' room ['leɪdɪz ˌruːm] *förmlich* Damentoilette
ladle ['leɪdl] Schöpflöffel, Schöpfkelle
lad mag ['læd ˌmæg] *Br; Zeitschrift für junge Machos*
★**lady** ['leɪdɪ] **1** Dame; **Ladies and Gentlemen** meine Damen und Herren **2** **Lady** *in GB als Adelstitel:* Lady **3** **Ladies** *Br;* (⚠ *im sg verwendet*) Damentoilette
ladybird ['leɪdɪbɜːd], *US* **ladybug** ['leɪdɪbʌg] Marienkäfer
lag[1] [læg], lagged, lagged; *mst.* **lag behind** zurückbleiben, nicht mitkommen (*beide auch übertragen*); **lag behind someone** hinter jemandem zurückbleiben
lag[2] [læg], lagged, lagged *Br* isolieren (*Wasserleitung usw.*)
★**lager** ['lɑːgə] helles Bier
lagoon [lə'guːn] Lagune
laid [leɪd] 2. und 3. Form von → **lay**[1]
laid-back [ˌleɪd'bæk] *umg* lässig, cool
lain [leɪn] 3. Form von → **lie**[4]
★**lake** [leɪk] See; **Lake Constance** der Bodensee
lakeside[1] ['leɪksaɪd] **at the lakeside** am See
lakeside[2] ['leɪksaɪd] **lakeside cottage** *usw.* Häuschen *usw.* am See
★**lamb** [⚠ læm] **1** (≈ *junges Schaf*) Lamm **2** *Fleisch:* Lamm, Lammfleisch; **lamb chop** Lammkotelett
lambast [læm'bæst], **lambaste** [læm'beɪst] (≈ *kritisieren*) herunterputzen, fertigmachen
lambskin ['læmskɪn] **1** Lammfell **2** *gegerbt:* Schafleder

lamb's lettuce [ˌlæmz'letɪs] Feldsalat, Ⓐ Vogerlsalat

lame [leɪm] ❶ lahm (*auch übertragen*) ❷ *Ausrede*: faul ❸ *Argument*: schwach

lament¹ [lə'ment] ❶ *über Missgeschick usw.*: jammern, klagen (**over** um) ❷ *bei Todesfall*: trauern (**over** um)

lament² [lə'ment] ❶ Jammer, Klage ❷ *Musik*: Klagelied

★**lamp** [læmp] ❶ Lampe ❷ *auf Straße*: Laterne ❸ *an Auto, Fahrrad*: Licht

lamp-post ['læmppəʊst] Laternenpfahl

lampshade ['læmpʃeɪd] Lampenschirm

LAN [læn] (*abk für* local area network) *Computer*: LAN

LAN cable ['læn‿keɪbl] LAN-Kabel

lance [lɑːns] *Waffe*: Lanze

★**land¹** [lænd] ❶ (≈ *Boden*) Land; **by land** auf dem Landweg; **by land and sea** zu Wasser und zu Lande; **see how the land lies** *übertragen* die Lage sondieren, sich einen Überblick verschaffen ❷ (≈ *Ackerland*) Land, Boden ❸ *Grundeigentum*: Grund und Boden; **own land** Land besitzen, Grundbesitz haben ❹ *mst. poetisch*: Land

★**land²** [lænd] ❶ *allg.*: landen ❷ (*Schiff*) anlegen, landen ❸ (*Schiffspassagiere*) an Land gehen ❹ **land oneself in trouble** in Schwierigkeiten geraten (*oder* kommen) ❺ *umg* landen, anbringen (*Schlag, Treffer*); **she landed him one** sie knallte ihm eine

landfill ['lændfɪl] ❶ *Ort*: Mülldeponie ❷ *Vorgang*: Geländeauffüllung ❸ *Gelagertes*: Deponiemüll

landfill site ['lændfɪl‿saɪt] Mülldeponie

landing ['lændɪŋ] ❶ *von Flugzeug usw.*: Landung, Landen ❷ *von Schiff*: Anlegen ❸ *in Haus*: Treppenabsatz

landing gear ['lændɪŋ‿gɪə] *von Flugzeug*: Fahrwerk, Fahrgestell

landlady ['lænd‿leɪdɪ] ❶ *von Wohnung, Zimmer*: Vermieterin ❷ *Br; von Lokal*: Wirtin

landline ['lændlaɪn], **landline phone** ['lændlaɪn‿fəʊn] Festnetz(telefon); **I'll call you later on the landline** ich ruf dich später auf dem Festnetz an

landlord ['lændlɔːd] ❶ *von Wohnung, Zimmer*: Vermieter ❷ *Br; von Lokal*: Wirt

landowner ['lænd‿əʊnə] Grundbesitzer(in)

★**landscape** ['lændskeɪp] Landschaft

landslide ['lændslaɪd] ❶ Erdrutsch (*auch übertragen*) ❷ *auch* **landslide victory** *Politik*: überwältigender Wahlsieg, erdrutschartiger Sieg

lane [leɪn] ❶ *auf dem Land*: Weg, Feldweg ❷ *in Ortschaft*: Gasse, Sträßchen ❸ *auf Straße*: Fahrspur; **change lanes** die Spur wechseln; **get in lane** sich einordnen, *auf Schild*: bitte einordnen ❹ *bei Rennen usw.*: Bahn

★**language** ['læŋgwɪdʒ] *allg.*: Sprache; **native language** Muttersprache; **foreign language** Fremdsprache; **bad language** Kraftausdrücke

language course ['læŋgwɪdʒ‿kɔːs] Sprachkurs

lank [læŋk] *Haar*: dünn, strähnig

lanky ['læŋkɪ] schlaksig

lantern ['læntən] Laterne

lap¹ [læp] *Teil des Körpers*: Schoß (*auch übertragen*); **drop** (*oder* **fall**) **into someone's lap** *übertragen* jemandem in den Schoß fallen

lap² [læp], lapped, lapped *Sport*: überrunden

lap³ [læp] *Sport*: Runde; **lap of honour** Ehrenrunde; **on the third lap** in der dritten Runde

lap⁴ [læp], lapped, lapped ❶ (*Tiere*) schlecken, lecken (*Milch usw.*) ❷ (*Wasser, Wellen*) plätschern (**against** gegen, an)

lapse¹ [læps] ❶ Versehen, kleiner Fehler, Lapsus; **a lapse of memory** eine Gedächtnislücke ❷ Zeitspanne, Zeitraum; **after a lapse of ...** nach einem Zeitraum von ...

lapse² [læps] ❶ (*Zeit*) vergehen, verstreichen ❷ (*Frist*) ablaufen ❸ *in Schlaf, Schweigen usw.*: verfallen (**into** in) ❹ (*Anspruch, Vertrag usw.*) verfallen, erlöschen

laptop ['læptɒp] *Computer*: Laptop

laptop bag ['læptɒp‿bæg], **laptop case** ['læptɒp‿keɪs] Laptoptasche

larch [lɑːtʃ] *Baum*: Lärche

lard [lɑːd] *zum Kochen*: Schweinefett, Schmalz

larder ['lɑːdə] Speiseschrank, *größer*: Speisekammer

★**large¹** [lɑːdʒ] ❶ *allg.*: groß (*auch Anzahl, Familie, Haus, Summe usw.*); **(as) large as life** in voller Lebensgröße ❷ *Einkommen usw.*: groß, beträchtlich ❸ *Mahlzeit*: ausgiebig, reichlich ❹ *Vollmachten, Interessen usw.*: umfassend, weitreichend

★**large²** [lɑːdʒ] ❶ **by and large** im Großen und Ganzen; **the nation at large** die ganze Nation ❷ **at large** in Freiheit, auf freiem Fuß

★**largely** ['lɑːdʒlɪ] großteils, größtenteils

largeness ['lɑːdʒnəs] Größe

lark [lɑːk] *Vogel*: Lerche

laser ['leɪzə] Laser

laser printer ['leɪzə‿prɪntə] Laserdrucker

lash¹ [læʃ] ❶ *von Augenlid*: Wimper ❷ *Strafe*:

Peitschenhieb **3** Peitschenschnur
lash² [læʃ] **1** *als Strafe*: auspeitschen **2** *übertragen* aufpeitschen (**into** zu); **lash oneself into a fury** sich in Wut hineinsteigern **3** *übertragen* (≈ *scharf kritisieren*) runtermachen **4** festbinden, festzurren (**to, on** an)

─────────────── PHRASAL VERBS
lash about *oder* **around** [ˌlæʃ‿əˈbaʊt *oder* əˈraʊnd] wild um sich schlagen
lash out [ˌlæʃˈaʊt] **1** wild um sich schlagen **2** (*Pferd*) ausschlagen **3** *übertragen, verbal*: scharf attackieren, herziehen (**at** über)

lass [læs], **lassie** [ˈlæsɪ] *Br*: Mädchen

★**last¹** [lɑːst] **1** *in Reihenfolge*: zuletzt; **Jean arrived last** Jean kam als Letzte; **last but one** vorletzte(r, -s); **last but two** drittletzte(r, -s); **he came last** er kam als Letzter; **last but not least** *übertragen* nicht zuletzt, nicht zu vergessen **2** *mit Zeitangabe*: letzte(r, -s), vorige(r, -s); **last Monday** (am) letzten (*oder* vorigen) Montag; **last night** gestern Abend, letzte Nacht **3** (≈ *allein übrig bleibend*) letzte(r, -s); **my last hope** meine letzte Hoffnung; **this is the last time I'm going to ask you** das ist das letzte Mal, dass ich dich frage

★**last²** [lɑːst] **1** Letzte(r, -s); **the last to arrive** der Letzte, der ankam; **to the last** bis zum Ende (*oder* Schluss) **2** **at last** endlich, schließlich, zuletzt **3** **at long last** schließlich und endlich

★**last³** [lɑːst] **1** *allg.*: dauern **2** über längeren Zeitraum *auch*: andauern, fortdauern **3** (*Obst, Gemüse, Ehe usw.*) halten **4** *auch* **last out** (*Geld, Vorräte usw.*) reichen, ausreichen; **a bottle of whisky lasts him a year** eine Flasche Whisky reicht ihm ein Jahr

last-ditch [ˌlɑːstˈdɪtʃ] *Versuch usw.*: allerletzte(r, -s); **a last-ditch attempt** *auch*: ein letzter verzweifelter Versuch

lasting [ˈlɑːstɪŋ] **1** *Beziehung usw.*: dauerhaft, beständig; **lasting peace** dauerhafter Friede; **lasting memories** bleibende Erinnerungen **2** *Material*: haltbar **3** *Eindruck usw.*: nachhaltig

lastly [ˈlɑːstlɪ] zuletzt, schließlich; **firstly ..., secondly ..., and lastly** erstens ..., zweitens ... und schließlich ...

★**last name** [ˈlɑːst‿neɪm] Nachname
latch [lætʃ] **1** (Schnapp)Riegel **2** Schnappschloss
─────────────── PHRASAL VERBS
latch on [ˌlætʃˈɒn] *Br, umg* kapieren
latch onto [ˌlætʃˈɒntʊ] *umg* **1** **latch onto someone** sich an jemanden hängen **2** **latch**

onto an idea *usw.* eine Idee *usw.* aufgreifen **3** **latch onto something** *umg* etwas kapieren

latchkey [ˈlætʃkiː] Hausschlüssel, Wohnungsschlüssel

★**late** [leɪt] **1** spät; **it's getting late** es ist schon spät **2** *Abend, Jahreszeit usw.*: Spät..., vorgerückt; **at a late hour** spät, zu später (*oder* vorgerückter) Stunde; **late summer** Spätsommer **3** (≈ *unpünktlich*) verspätet; **be late** zu spät kommen, sich verspäten; **be late for work** zu spät zur Arbeit kommen **4** **be late** (*Zug, U-Bahn usw.*) Verspätung haben; **the train was** (*oder* **came**) **late** der Zug hatte Verspätung **5** **the late Mr Smith** der verstorbene Herr Smith **6** **as late as last year** erst (*oder* noch) letztes Jahr

latecomer [ˈleɪtˌkʌmə] Zuspätkommende(r), Nachzügler(in)

★**lately** [ˈleɪtlɪ] in letzter Zeit, neuerdings
late-night opening [ˌleɪtnaɪt ˈəʊp(ə)nɪŋ] lange Öffnungszeiten; *bei Museen usw.*: lange Nacht

★**later** [ˈleɪtə] **1** später; → **late** **2** **see you later** auf bald, bis später; **later on** später

late shift [ˈleɪt‿ʃɪft] Spätschicht; **be on late shift** Spätschicht haben

★**latest¹** [ˈleɪtɪst] **1** späteste(r, -s); → **late** **2** neueste(r, -s); **the latest fashion** die neueste Mode; **the latest news** das Neueste, die letzten Neuigkeiten

★**latest²** [ˈleɪtɪst] **at the latest** spätestens
lathe [leɪð] Drehbank
lathe tool [ˈleɪð‿tuːl] Drehwerkzeug
Latin¹ [ˈlætɪn] lateinisch
Latin² [ˈlætɪn] *Sprache*: Latein, Lateinisch

★**Latin America** [ˌlætɪn‿əˈmerɪkə] Lateinamerika

★**Latin American** [ˌlætɪn‿əˈmerɪkən] lateinamerikanisch

latitude [ˈlætɪtjuːd] *Geografie*: Breite, Breitengrad
latte [ˈlæteɪ] Milchkaffee
Latvia [ˈlætvɪə] Lettland
Latvian¹ [ˈlætvɪən] lettisch
Latvian² [ˈlætvɪən] *Sprache*: Lettisch
Latvian³ [ˈlætvɪən] Lette, Lettin
laudable [ˈlɔːdəbl] löblich, lobenswert

★**laugh¹** [lɑːf] Lachen, Gelächter; **with a laugh** lachend; **have a good laugh about something** über etwas herzlich lachen, sich köstlich über etwas amüsieren; **have the last laugh** am Ende recht haben

★**laugh²** [lɑːf] lachen (**at** über); **make some-**

body laugh jemanden zum Lachen bringen; **laugh to oneself** in sich hineinlachen

PHRASAL VERBS

laugh at [ˈlɑːf‿ət] **1** lachen über (Gesetze, Regeln usw.) **2** auslachen (Person)

laugh away oder **off** [ˌlɑːfˈə'weɪ oder ˈɒf] mit einem Lachen abtun

laughable [ˈlɑːfəbl] lächerlich, lachhaft

laughing¹ [ˈlɑːfɪŋ] Lachen, Gelächter

laughing² [ˈlɑːfɪŋ] **1** Person: lachend **2** Sache: lustig; **it's no laughing matter** es ist nicht zum Lachen

laughing stock [ˈlɑːfɪŋ‿stɒk] Zielscheibe des Spotts; **your behaviour makes you the laughing stock of the whole school** mit deinem Verhalten machst du dich zum Gespött der ganzen Schule

★**laughter** [ˈlɑːftə] Lachen, Gelächter

★**launch**¹ [lɔːntʃ] **1** zu Wasser lassen (Boot) **2** vom Stapel lassen (Schiff); **be launched** vom Stapel laufen **3** abschießen (Geschoss, Torpedo) **4** starten (Rakete, Raumfahrzeug, Computerprogramm) **5** gründen (Firma) **6** einführen (Produkt) **7** lancieren (Film, Buch) **8** vom Stapel lassen (Rede, Kritik usw.) **9** in Gang setzen, starten (Projekt usw.)

★**launch**² [lɔːntʃ] **1** von Schiff: Stapellauf **2** von Rakete: Abschuss, Start **3** von Firma: Gründung, von Produkt: Einführung, von Film, Buch: Lancierung

launder [ˈlɔːndə] **1** waschen (und bügeln) (Wäsche) **2** übertragen, umg waschen (Geld)

launderette [ˌlɔːndəˈret], US **laundromat** [ˈlɔːndrəmæt] Waschsalon

★**laundry** [ˈlɔːndrɪ] **1** Geschäft: Wäscherei **2** Hemden, Hosen usw.: Wäsche; **do the laundry** Wäsche waschen

laundry basket [ˈlɔːndrɪˌbɑːskɪt] Wäschekorb

laurel [ˈlɒrəl] **1** Lorbeer(baum) **2** **rest on one's laurels** (sich) auf seinen Lorbeeren ausruhen

lava [ˈlɑːvə] Lava

lavatory [ˈlævətərɪ] förmlich Toilette

lavender [ˈlævəndə] Lavendel

lavish¹ [ˈlævɪʃ] **1** Spender: sehr freigebig, verschwenderisch; **be lavish with something** mit etwas verschwenderisch umgehen **2** Lob usw.: überschwänglich **3** Geschenk usw.: großzügig **4** Einrichtung usw.: luxuriös, aufwendig

lavish² [ˈlævɪʃ] **lavish presents** usw. **on someone** jemanden mit Geschenken usw. überschütten

★**law** [lɔː] **1** allg.: Gesetz; **pass a law** Parlament: ein Gesetz verabschieden; **become law** rechtskräftig werden **2** (≈ Rechtssystem) Recht, Gesetz; **against the law** gesetzwidrig, rechtswidrig; **under German law** nach deutschem Recht; **law and order** Recht und Ordnung **3** Studienfach: Rechtswissenschaft, Jura; **study** (Br auch **read**) **law** Jura studieren **4** Institution: Gericht, Rechtsweg; **go to law** vor Gericht gehen, prozessieren **5** in Sport, Wirtschaft usw.: Regel, Vorschrift **6** **law of nature** Naturgesetz

law-abiding [ˈlɔː‿əˌbaɪdɪŋ] Bürger: gesetzestreu

law-breaker [ˈlɔːˌbreɪkə] Gesetzesbrecher

law court [ˈlɔː‿kɔːt] Gerichtshof

lawful [ˈlɔːfl] legal, rechtmäßig

lawless [ˈlɔːləs] Person, Ort: gesetzlos

lawn [lɔːn] (≈ Grasfläche) Rasen

lawn chair [ˈlɔːn‿tʃeə] US Liegestuhl

lawnmower [ˈlɔːnməʊə] Rasenmäher

lawsuit [ˈlɔːsuːt] Zivilprozess, Verfahren

★**lawyer** [ˈlɔːjə] **1** Rechtsanwalt, Rechtsanwältin **2** allg. auch: Jurist(in)

lax [læks] **1** Einstellung usw.: lax, lasch **2** Moral usw.: locker

★**lay**¹ [leɪ], **laid** [leɪd], **laid** [leɪd] **1** allg.: legen (auch Eier) **2** verlegen (Teppich usw.) **3** **lay the table** Br den Tisch decken; **lay two places for breakfast** zwei Gedecke zum Frühstück auflegen **4** übertragen stellen (Falle usw.) **5** umg vernaschen, bumsen

PHRASAL VERBS

lay aside [ˌleɪ‿əˈsaɪd] **1** beiseitelegen, weglegen (Buch usw.) **2** ablegen, aufgeben (Angewohnheit usw.) **3** (≈ sparen) beiseite (oder auf die Seite) legen, zurücklegen

lay down [ˌleɪˈdaʊn] **1** allg.: hinlegen (**on** auf) **2** übertragen niederlegen (Amt, Waffen usw.) **3** übertragen niederlegen, verankern (Statuten in Vertrag usw.) **4** **lay down the law** übertragen bestimmen, den Ton angeben

lay off [ˌleɪˈɒf] **1** (vorübergehend) entlassen (Arbeiter) **2** auf Zeit: Feierschichten machen lassen; **we've been laid off** wir müssen Feierschichten fahren (oder einlegen) **3** umg aufhören mit; **lay off smoking** das Rauchen aufgeben **4** **lay off it!** umg hör auf (damit)!

lay out [ˌleɪˈaʊt] **1** auf Fläche: ausbreiten, auslegen **2** anlegen (Garten, Park usw.) **3** aufbahren (Leiche) **4** aufmachen, layouten (Buch usw.)

lay up [ˌleɪˈʌp] **1** **be laid up** das Bett hüten müssen; **be laid up with flu** mit Grippe im Bett liegen **2** **lay up trouble for oneself** sich Schwierigkeiten einhandeln

★**lay²** [leɪ] 2. Form von → lie⁴
★**lay³** [leɪ] **1** (≈ *unprofessionell*) laienhaft **2** *kirchlich:* Laien…, weltlich
layabout ['leɪəˌbaʊt] *Br, umg* Faulenzer, Tagedieb
layer ['leɪə] *von Erde, Farbe usw.:* Schicht, Lage; **in layers** schichtweise, lagenweise
lay-off ['leɪɒf] (vorübergehende) Entlassung
layout ['leɪaʊt] **1** *von Stadt, Park, Haus usw.:* Grundriss, Lageplan **2** *von Buch usw.:* Lay-out
laze [leɪz] faulenzen
laziness ['leɪzɪnəs] Faulheit, Trägheit
★**lazy** ['leɪzɪ] **1** *Person:* faul, träg **2** *Tag, Wochenende usw.:* faul, gemütlich
lazybones ['leɪzɪbəʊnz] *sg, umg* Faulpelz
lb *abk für* → pound 1 (*Gewicht*)
LCD [ˌelsiː'diː] (*abk für* liquid crystal display) LCD; **LCD screen** LCD-Bildschirm; **LCD TV** LCD--Fernseher
★**lead¹** [liːd], led [led], led [led] **1** (≈ *den Weg zeigen*) führen; **lead the way** vorangehen (*auch übertragen*) **2** führen, bringen; **this street leads to the station** diese Straße führt zum Bahnhof; **this whole discussion is leading us nowhere** diese ganze Diskussion bringt uns nicht weiter; **this leads me to believe that …** daraus schließe ich, dass … **3** anführen, leiten (*Arbeitsgruppe, Mannschaft usw.*) **4** *Sport:* an der Spitze liegen, in Führung liegen **5** **lead a life of luxury** (*bzw.* **misery**) im Luxus (*bzw.* Elend) leben

───────── **PHRASAL VERBS** ─────────

lead away [ˌliːd ə'weɪ] **1** wegführen (*Person, Tier*) **2** abführen (*Verhafteten usw.*)
lead off [ˌliːd'ɒf] **1** abführen (*Verhafteten usw.*) **2** (*Straße usw.*) abzweigen

★**lead²** [liːd] **1** *Sport:* Führung, Spitze; **be in the lead** *in Rangfolge:* an der Spitze stehen, *in Spiel:* in Führung liegen, führen; **take the lead** die Führung übernehmen, sich an die Spitze setzen (**from** vor) **2** Vorsprung (**over** vor) (*auch Sport*) **3** Vorbild, Beispiel; **follow someone's lead** jemandes Beispiel folgen **4** *Theater, Film:* Hauptrolle, *Person:* Hauptdarsteller(in) **5** *Br, für Hund usw.:* Leine; **keep on a lead** an der Leine führen **6** *Br, für Elektrogerät:* Kabel
★**lead³** [⚠ led] **1** *Metall:* Blei **2** *Schifffahrt:* Lot **3** *von Bleistift:* Mine
leaded [⚠ 'ledɪd] *Benzin:* bleihaltig, verbleit

★**leader** ['liːdə] **1** *allg.:* Führer(in) **2** *von Partei usw.:* Vorsitzende(r) **3** *Sport:* Spitzenreiter(in), Erstplatzierte(r) **4** *bes. Br; in Zeitung:* Leitartikel
leadership ['liːdəʃɪp] **1** Führung, Leitung **2** *auch* **leadership qualities** Führungsqualitäten
lead-free [⚠ ˌled'friː] *Benzin:* bleifrei
leading ['liːdɪŋ] *in Rennen, Wettbewerb usw.:* führend, an der Spitze (*auch übertragen*)
leading-edge ['liːdɪŋedʒ] *Firma, Technik usw.:* Spitzen…; **leading-edge technology** Spitzentechnologie, High-Tech
★**leaf** [liːf] *pl* **leaves** [liːvz] **1** *von Pflanzen:* Blatt; **come into leaf** (*Bäume*) ausschlagen **2** *im Buch:* Blatt; **take a leaf out of someone's book** *übertragen* sich an jemandem ein Beispiel nehmen; **turn over a new leaf** *übertragen* ein neues Leben beginnen **3** *von verstellbarem Tisch:* Platte
leaflet ['liːflət] **1** *politisch:* Flugblatt **2** *kommerziell:* Reklamezettel
league [liːg] **1** *Sport:* Liga; **league match** Punktspiel **2** *zwischen Staaten:* Bündnis, Bund
leak¹ [liːk] **1** *in Schiff, Tank usw.:* Leck **2** *in Dach, Zelt usw.:* undichte Stelle (*auch übertragen*)
leak² [liːk] **1** (*Schiff, Tank usw.*) lecken, leck sein **2** (*Wasserhahn*) tropfen **3** (*Leitung*) undicht sein **4** **water is leaking (in) through the roof** es regnet durch (das Dach durch) **5** *übertragen* durchsickern lassen (*Informationen*)

───────── **PHRASAL VERBS** ─────────

leak out [ˌliːk'aʊt] **1** (*Gas, Öl usw.*) auslaufen, austreten **2** (*Informationen*) durchsickern

leaky ['liːkɪ] leck, undicht (*auch übertragen*)
★**lean¹** [liːn] **1** *Fleisch:* mager (*auch übertragen*) **2** *Person:* schmal, hager **3** **lean production** *Wirtschaft:* schlanke Produktion, Lean Production
★**lean²** [liːn], leant [lent], leant [lent] *oder* leaned, leaned **1** (*Baum, Turm usw.*) sich neigen, schief sein (*oder* stehen) **2** (*Person*) sich beugen (**over** über) **3** (*Person*) sich lehnen (**against** an, gegen) **4** lehnen (*Leiter usw.*) (**against** an, gegen)

───────── **PHRASAL VERBS** ─────────

lean back [ˌliːn'bæk] sich zurücklehnen
lean forward [ˌliːn'fɔːwəd] sich vorbeugen
lean on ['liːn ɒn] **1** sich stützen auf **2** **lean on someone** *übertragen* sich auf jemanden stützen
lean towards ['liːn təˌwɔːdz] *übertragen* neigen (*oder* tendieren) zu

leaning¹ ['li:nɪŋ] *übertragen* Neigung, Tendenz (**to, towards** zu)

leaning² ['li:nɪŋ] schief

leant [lent] *2. und 3. Form von* → lean²

leap¹ [li:p], **leapt** [lept], **leapt** [lept], *oder* **leaped, leaped** ① springen; **leap for joy** Freudensprünge machen ② überspringen, springen über (*Hindernis*)

───── PHRASAL VERBS ─────

leap at ['li:p_ət] *übertragen* sich stürzen auf (*Angebot, Chance usw.*)

leap out [,li:p'aʊt] ① *aus Auto usw.*: herausspringen ② *übertragen* ins Auge springen

leap up [,li:p'ʌp] ① (*Person, Tier*) aufspringen ② (*Preise usw.*) sprunghaft anwachsen

───────────────────────

leap² [li:p] Sprung (*auch übertragen*); **take a leap at something** einen Sprung über etwas machen; **by leaps and bounds** *übertragen* sprunghaft

leapfrog ['li:pfrɒg] *Spiel*: Bockspringen

leapt [lept] *2. und 3. Form von* → leap¹

leap year ['li:p_jɪə] Schaltjahr

★**learn** [lɜːn], **learnt** [lɜːnt], **learnt** [lɜːnt], *oder* **learned, learned** ① lernen, erlernen; **learn (how) to swim** schwimmen lernen; **you'll never learn!** du lernst es nie! ② erfahren, hören (**from** von)

learned ['lɜːnɪd] ① *Person*: gelehrt ② *Abhandlung usw.*: wissenschaftlich

learner ['lɜːnə] ① *beim Autofahren usw.*: Anfänger(in) ② *von Sprache usw.*: Lerner(in), Lernende(r)

learning difficulties ['lɜːnɪŋ,dɪfɪkəltɪz] *pl* Lernbehinderung

learnt [lɜːnt] *2. und 3. Form von* → learn

lease¹ [li:s] ① Pachtvertrag, Mietvertrag ② Pacht, Miete

lease² [li:s] ① pachten, mieten, leasen ② *auch* **lease out** verpachten, vermieten (**to** an)

leasehold¹ ['li:shəʊld] *bes. Br* gepachtet; **leasehold property** Pachtbesitz

leasehold² ['li:shəʊld] *bes. Br* ① Pachtbesitz ② **we've got the leasehold on the property** wir haben das Haus (*bzw.* Land *usw.*) gepachtet

leash [li:ʃ] *US* (Hunde)Leine; **keep on the leash** an der Leine führen

★**least** [li:st] ① kleinste(r, -s), geringste(r, -s), wenigste(r, -s); **at the least thing** bei der geringsten Kleinigkeit ② am wenigsten; **least of all** am allerwenigsten ③ **the least** das Mindeste, das Wenigste; **at least** wenigstens, zumindest; **not in the least** nicht im Geringsten (*oder* Mindesten); **to say the least** gelinde gesagt

★**leather** ['leðə] Leder; **leather jacket** Lederjacke

★**leave¹** [li:v], **left** [left], **left** [left] ① verlassen (*Person, Ort*), fortgehen, weggehen ② *mit Zug, Auto usw.*: abreisen, abfahren ③ **leave school** von der Schule abgehen ④ **she left her family for another man** sie verließ ihre Familie wegen eines anderen Mannes ⑤ lassen; **leave alone** allein lassen; **leave him alone!** lass ihn in Ruhe!; **let's leave it at that** lassen wir es dabei bewenden ⑥ übrig lassen; **be left** übrig bleiben, übrig sein ⑦ zurücklassen (*Narbe usw.*) ⑧ hinterlassen (*Nachricht, Spur usw.*) ⑨ überlassen (*Angelegenheit usw.*) (**to someone** jemandem); **I'll leave that to you** ich überlasse das dir

───── PHRASAL VERBS ─────

leave behind [,li:v_bɪ'haɪnd] ① zurücklassen (*auch Narbe usw.*) ② hinter sich lassen (*Gegner usw.*) (*auch übertragen*)

leave on [,li:v'ɒn] ① anlassen (*Radio usw.*) ② anbehalten (*Kleidungsstück*)

leave out [,li:v'aʊt] (≈ *nicht einbeziehen*) auslassen, weglassen (**of** von, bei)

───────────────────────

★**leave²** [li:v] ① Urlaub; **on leave** auf Urlaub ② Abschied; **take one's leave** förmlich Abschied nehmen (**of** von)

leaves [li:vz] *pl von* → leaf

Lebanon ['lebənən] der Libanon

lecture¹ ['lektʃə] Vortrag, Vorlesung (**on** über); **lecture hall** Hörsaal

lecture² ['lektʃə] einen Vortrag (*oder* eine Vorlesung) halten (**on** über)

lecturer ['lektʃərə] *Br* Dozent(in)

led [led] *2. und 3. Form von* → lead¹

ledge [ledʒ] ① *an Fels*: Vorsprung ② *an Fenster*: Fensterbrett, *außen*: Sims

LED light [eli:'di:laɪt] LED-Leuchte

leek [li:k] *Gemüse*: Lauch, Porree

leer [lɪə] anzüglich grinsen, lüstern schielen (**at** nach)

left¹ [left] *2. und 3. Form von* → leave¹

★**left²** [left] ① linke(r, -s), Links... ② links (**of** von); **turn left** *auf Straße*: links abbiegen; **keep left** sich links halten

★**left³** [left] ① *die* Linke, linke Seite; **on** (*oder* **to**) **the left** (**of**) links (von), auf der linken Seite; **on our left** zu unserer Linken; **the second turning on the left** die zweite Querstraße links; **keep to the left** sich links halten, *auf Straße*:

links fahren ❷ **the left** *politisch*: die Linke

left-hand ['lefthænd] **left-hand bend** Linkskurve; **left-hand drive** Linkssteuerung; **she took a left-hand turn** sie bog nach links ab

left-handed [,left'hændɪd] linkshändig; **be left-handed** Linkshänder(in) sein

left-hander [,left'hændə] Linkshänder(in)

leftist ['leftɪst] *politisch*: linksgerichtet, links stehend

left-luggage office [,left'lʌgɪdʒ,ɒfɪs] *Br* Gepäckaufbewahrung

leftovers ['left,əʊvəz] *pl*; *von Essen*: Reste

left-wing [,left'wɪŋ] *politisch*: dem linken Flügel angehörend, links

★**leg** [leg] ❶ *allg.*: Bein; **give someone a leg up** jemandem aufhelfen, *übertragen* jemandem unter die Arme greifen; **pull someone's leg** *umg* jemanden auf den Arm nehmen; **stretch one's legs** sich die Beine vertreten ❷ **leg of mutton** Hammelkeule ❸ *von Rennen, Reise*: Etappe ❹ **first** (*bzw.* **second**) **leg** *Sport, in Pokalwettbewerben*: Hinspiel (*bzw.* Rückspiel)

★**legal** ['liːgl] ❶ *durch Gesetz geregelt*: gesetzlich, rechtlich; **legal holiday** *US* gesetzlicher Feiertag; **legal tender** gesetzliches Zahlungsmittel ❷ *den Gesetzen entsprechend*: legal, gesetzmäßig, rechtsgültig ❸ gerichtlich; **take legal action against someone** gerichtlich gegen jemanden vorgehen

legality [lɪ'gælətɪ] Legalität

legalize ['liːgəlaɪz] legalisieren

legally ['liːgəlɪ] ❶ erwerben: legal ❷ *verheiratet*: rechtmäßig ❸ *verpflichtet*: gesetzlich; **legally responsible** vor dem Gesetz verantwortlich; **be legally entitled to ...** einen Rechtsanspruch haben auf ...; **legally binding** rechtsverbindlich

legend [⚠ 'ledʒənd] Legende, Sage

leggings ['legɪnz] *pl* Leggin(g)s

legible [⚠ 'ledʒəbl] leserlich, lesbar

legislation [⚠ ,ledʒɪs'leɪʃn] Gesetzgebung

legitimate [⚠ lɪ'dʒɪtəmət] ❶ legitim, gesetzmäßig, rechtmäßig ❷ *Kind*: ehelich

leg room ['leg_ruːm] *in Auto*: Beinfreiheit

★**leisure** ['leʒə, *US* 'liːʒər] Freizeit; **do something at leisure** etwas mit Muße (*oder* in aller Ruhe) tun; **at your leisure** wenn es Ihnen passt, bei Gelegenheit; **leisure centre** *Br* Freizeitzentrum; **leisure facilities** Freizeiteinrichtungen; **leisure hours** Mußestunden; **leisure park** Freizeitpark; **leisure time** Freizeit; **leisure wear** Freizeitkleidung

leisurely ['leʒəlɪ, *US* 'liːʒərlɪ] *Tempo usw.*: gemächlich; **at a leisurely pace** gemächlich

leisure suit ['liːʒə_suːt] *US* Jogginganzug

★**lemon** ['lemən] ❶ Zitrone; **lemon squash** Zitronensirup ❷ *umg*; *Person oder Sache*: Niete ❸ *Farbe*: Zitronengelb

★**lemonade** [,lemə'neɪd] Limonade

lemongrass ['lemənɡrɑːs] Zitronengras

lemon meringue [,lemənmə'ræŋ] Zitronenbaiser

★**lend** [lend], **lent** [lent], **lent** [lent] ❶ verleihen, ausleihen ❷ *übertragen* verleihen (*Nachdruck, Würde usw.*) ❸ **lend oneself to something** *übertragen* sich zu etwas hergeben

★**length** [leŋθ] ❶ *allg.*: Länge; **two metres in length** zwei Meter lang; **what length is it?** wie lang ist es? ❷ *zeitlich*: Dauer; **at length** ausführlich ❸ *von Buch usw.*: Umfang ❹ *Sport*: Länge (Vorsprung) ❺ **go to great lengths to ...** sich sehr bemühen (*oder* alles Mögliche tun), um ... (*etwas zu erreichen*)

lengthen ['leŋθən] ❶ verlängern, länger machen (*Hose, Rock usw.*) ❷ (*Tage usw.*) länger werden, sich verlängern

lengthy ['leŋθɪ] ❶ *zeitlich*: ziemlich lang ❷ *Rede, Film usw.*: ermüdend lang, langatmig

lens [lenz] ❶ *von Kamera, Auge usw.*: Linse ❷ *von Kamera auch*: Objektiv ❸ *von Brille*: Glas

lent [lent] 2. und 3. Form von → **lend**

Lent [lent] *vor Ostern*: Fastenzeit

lentil ['lentɪl] *Gemüse*: Linse

Leo ['liːəʊ] *Sternbild*: Löwe

leopard [⚠ 'lepəd] *Raubkatze*: Leopard

lesbian[1] ['lezbɪən] lesbisch

lesbian[2] ['lezbɪən] Lesbierin, *umg* Lesbe

lesion ['liːʒn] Verletzung, Wunde

★**less** [les] ❶ *allg.*: weniger; **less than** weniger als; **less and less** immer weniger ❷ geringer, kleiner; **in less time** in kürzerer Zeit ❸ weniger, eine kleinere Menge (*oder* Zahl); **no less than** nicht weniger als ❹ (≈ *abzüglich*) weniger, minus; **10 less 6 is 4** 10 minus 6 ist 4

lessen ['lesn] ❶ (*Lärm, Probleme, Ärger usw.*) sich vermindern, sich verringern, abnehmen ❷ vermindern, verringern (*Risiko, Kosten usw.*) ❸ *übertragen* herabsetzen, schmälern (*Verdienste, Leistung usw.*)

lesser ['lesə] kleiner, geringer; **the lesser of two evils** das kleinere Übel

★**lesson** ['lesn] ❶ Lektion (*auch übertragen*); **teach someone a lesson** jemandem eine Lektion erteilen ❷ *Br* Unterrichtsstunde; **lessons** *pl* Unterricht, Stunden *pl*; **give lessons** Unterricht erteilen, unterrichten; **take lessons**

from Stunden (*oder* Unterricht) nehmen bei ▣ *übertragen* Lehre; **it taught me a lesson** das war mir eine Lehre

★**let¹** [let], let, let; -ing-Form letting ▣ *allg*.: lassen; **let go!** lass los!; **let me go!** lass mich los!; **let oneself go** sich gehen lassen, aus sich herausgehen; **he let it go at that** er ließ es dabei bewenden; **let's go!** gehen wir!; **let someone know** jemanden wissen lassen, jemandem Bescheid geben ▣ *Br* vermieten, verpachten (**to** an); **'to let'** „zu vermieten" ▣ **let alone** geschweige denn, ganz zu schweigen von

<hr>

PHRASAL VERBS

let down [ˌlet'daʊn] ▣ hinunterlassen, herunterlassen (*Seil, Strickleiter usw.*) ▣ (≈ enttäuschen) im Stich lassen ▣ **let one's hair down** *umg* aus sich herausgehen, *stärker*: auf den Putz hauen

let in [ˌlet'ɪn] hereinlassen, hineinlassen; **my boots are letting in water** meine Stiefel sind undicht

let off [ˌlet'ɒf] ▣ abbrennen (*Feuerwerk*) ▣ abfeuern (*Gewehr usw.*) ▣ ablassen (*Gas usw.*); **let off steam** *übertragen* Dampf ablassen, sich abreagieren ▣ *umg* einen fahren lassen

let out [ˌlet'aʊt] ▣ herauslassen, hinauslassen (**of** aus); **let the air out of the tyres** die Luft aus den Reifen lassen ▣ auslassen (*Kleidungsstück*) ▣ ausstoßen (*Schrei usw.*) ▣ ausplaudern, verraten (*Geheimnis*) ▣ *Br* vermieten (*Zimmer, Wohnung*)

let up [ˌlet'ʌp] *umg* (*Regen, Ärgernis usw.*) nachlassen, aufhören

<hr>

letdown ['letdaʊn] Enttäuschung
lethal ['liːθl] *Dosis, Waffe usw.*: tödlich
let's [lets] *Kurzform von* let us
★**letter** ['letə] ▣ Buchstabe; **to the letter** wortwörtlich, buchstäblich ▣ Brief, Schreiben (**to** an); **by letter** schriftlich, brieflich; **letter of application** Bewerbungsschreiben; **letter of complaint** Beschwerdebrief; **letter of recommendation** *US* Arbeitszeugnis, Empfehlungsschreiben; **letter to the editor** Leserbrief
★**letterbox** ['letəbɒks] *Br* Briefkasten (*auch öffentlicher*)
★**lettuce** [⚠ 'letɪs] Kopfsalat, Ⓐ Häuptelsalat
★**level¹** ['levl] ▣ Höhe; **1000 m above sea level** 1000 m über Meereshöhe; **at eye level** in Augenhöhe ▣ *von Fluss usw.*: Wasserstand, Pegel ▣ *in Gebäude*: Ebene, Etage ▣ *in Computerspielen*: Level ▣ *übertragen* Niveau, Stand, Stufe; **be on a level with** *übertragen* auf dem gleichen Niveau (*oder* auf der gleichen Stufe) stehen wie; **talks at government level** Gespräche auf Regierungsebene

★**level²** ['levl] ▣ *Straße usw.*: eben; **a level teaspoon** ein gestrichener Teelöffel (voll) ▣ gleich (*auch übertragen*); **level crossing** *Br* schienengleicher Bahnübergang; **be level on points** *Sport*: punktgleich sein; **be level with** auf gleicher Höhe sein mit, *übertragen* auf dem gleichen Niveau (*oder* auf der gleichen Stufe) stehen wie; **draw level** *Sport*: ausgleichen ▣ *Rennen usw.*: ausgeglichen ▣ **do one's level best** sein Möglichstes tun

level³ ['levl], levelled, levelled, *US* leveled, leveled ▣ (ein)ebnen, planieren (*Fläche, Grundstück usw.*); **level to** (*oder* **with**) **the ground** dem Erdboden gleichmachen ▣ *übertragen* gleichmachen, nivellieren ▣ beseitigen, ausgleichen (*Unterschiede usw.*)

lever¹ ['liːvə, *US* 'levə] ▣ *physikalisch*: Hebel ▣ *Werkzeug*: Brechstange ▣ *übertragen* Druckmittel

lever² ['liːvə, *US* 'levə] (hoch)stemmen; **he levered the machine part into place** er hob das Maschinenteil durch Hebelwirkung an seinen Platz

levy¹ ['levɪ] **levy a tax on something** etwas besteuern

levy² ['levɪ] Steuer, Abgabe

liability [ˌlaɪə'bɪlətɪ] ▣ *gesetzlich*: Haftung, Haftpflicht; **limited liability** beschränkte Haftung ▣ **liabilities** *pl* (≈ *Schulden*) Verbindlichkeiten ▣ **liability for tax** Steuerpflicht ▣ *für Krankheit usw.*: Anfälligkeit (**to** für)

liable ['laɪəbl] ▣ **be liable to do something** *im negativen Sinn*: dazu neigen, etwas zu tun ▣ *gesetzlich*: haftbar, haftpflichtig (**for** für); **be liable for something** für etwas haften ▣ **be liable to taxation** (*oder* **to pay tax**) steuerpflichtig sein ▣ **she's liable to bronchitis** sie ist anfällig für Bronchitis ▣ **we're liable to get wet here** hier werden wir unter Umständen nass

liar ['laɪə] Lügner(in)

liberal¹ ['lɪbrəl] ▣ *allg*.: liberal, aufgeschlossen ▣ *politisch mst*. **Liberal** liberal ▣ *Person*: großzügig, freigebig (**of** mit) ▣ *Geschenk, Spende*: reichlich, großzügig ▣ **liberal arts** *pl bes. US* Geisteswissenschaften *pl*

liberal² ['lɪbrəl] *politisch mst*. **Liberal** Liberale(r)

liberate ['lɪbəreɪt] befreien (**from** von, aus) (*auch übertragen*)

liberation [ˌlɪbəˈreɪʃn] Befreiung (*auch übertragen*)
liberty [ˈlɪbətɪ] **1** *allg.*: Freiheit; **Statue of Liberty** *in New York*: Freiheitsstatue **2 at liberty** *Person*: frei, in Freiheit, auf freiem Fuß **3 be at liberty to do something** etwas tun dürfen **4 take liberties with someone** sich Freiheiten gegenüber jemandem herausnehmen
Libra [⚠ ˈliːbrə] *Sternbild*: Waage
librarian [laɪˈbreərɪən] Bibliothekar(in)
★**library** [ˈlaɪbrərɪ] **1** Bibliothek, Bücherei (⚠ *Buchhandlung* = **bookshop, bookstore**); **library ticket** Leserausweis; **reference library** Präsenzbibliothek **2** *von Büchern, Schallplatten*: Sammlung
lice [laɪs] *pl von* → **louse**[1]
licence, *US* **license** [ˈlaɪsns] *von Behörde erteilt*: Lizenz, Konzession, Genehmigung; **driving licence** *Br*, **driver's license** *US* Führerschein; **licence number** *Br von Auto*: Kennzeichen
license[1] [ˈlaɪsns] *US* → **licence**
license[2] [ˈlaɪsns] lizenzieren, eine Lizenz (*oder* Konzession) erteilen, behördlich genehmigen; **fully licensed** *Br; Lokal*: mit voller Schankkonzession
license plate [ˈlaɪsns‿pleɪt] *US* Nummernschild; → **numberplate** *Br*
lick [lɪk] **1** lecken, ablecken; **lick one's lips** sich die Lippen lecken (*auch übertragen*); **lick someone's boots** *übertragen* vor jemandem kriechen **2** *umg* (≈ *besiegen*) eine Abfuhr erteilen **3 I think we've got it licked** ich denke, wir haben die Sache im Griff
★**lid** [lɪd] **1** *von Topf usw.*: Deckel **2** *von Auge*: Lid
lido [ˈliːdəʊ] *pl*: **lidos** *Br* Freibad, Strandbad
★**lie**[1] [laɪ] Lüge; **tell lies** (*oder* **a lie**) lügen; **white lie** Notlüge
★**lie**[2] [laɪ], **lied** [laɪd], **lied** [laɪd]; *-ing-Form* **lying** lügen; **lie to someone** jemanden belügen (*oder* anlügen)
lie[3] [laɪ] **the lie of the land** *Br*, *übertragen* die Lage der Dinge, die Sachlage
★**lie**[4] [laɪ], **lay** [leɪ], **lain** [leɪn]; *-ing-Form* **lying** **1** *allg.*: liegen (*im Bett usw.*) **2** *auf dem Boden usw. auch*: daliegen **3** (≈ *begraben sein*) ruhen **4** (*Stadt usw.*) gelegen sein, sich befinden; **the town lies on a river** die Stadt liegt an einem Fluss **5 lie second** *Sport usw.*: an zweiter Stelle liegen **6 what lies ahead (of us)** was (uns) bevorsteht **7 lie low** sich versteckt halten, sich ruhig verhalten

PHRASAL VERBS

lie about *oder* **around** [ˌlaɪ‿əˈbaʊt *oder* əˈraʊnd] herumliegen
lie back [ˌlaɪˈbæk] **1** sich zurücklegen, sich zurücklehnen **2** *übertragen* (≈ *nichts tun*) sich ausruhen
lie down [ˌlaɪˈdaʊn] sich hinlegen (**on** auf)

lie-down [ˌlaɪˈdaʊn] *Br* Nickerchen; **have a lie-down** ein Nickerchen machen, sich kurz hinlegen
lie-in [ˌlaɪˈɪn] *Br* **have a lie-in** ausschlafen
lieu [ljuː, luː] **in lieu** stattdessen; **in lieu of** statt, anstatt (*beide + Genitiv*)
lieutenant [⚠ lefˈtenənt, *US* luːˈtenənt] Offizier: Leutnant, *Br* Oberleutnant
★**life** [laɪf] *pl*: **lives** [⚠ laɪvz] **1** *allg.*: Leben; **thousands lost their lives** Tausende kamen ums Leben; **this is a matter of life and death** es geht um Leben und Tod; **early in life** in jungen Jahren; **late in life** in vorgerücktem Alter; **show no signs of life** kein Lebenszeichen (mehr) von sich geben; **take one's own life** sich das Leben nehmen **2** Lebenszeit, Lebensdauer; **all his life** sein ganzes Leben lang; **for life** Ehe, Beruf usw.: für den Rest des Lebens, auf Lebenszeit, *Urteil*: lebenslänglich **3** *übertragen* Schwung; **full of life** voller Leben **4** lebenslängliche Freiheitsstrafe; **he's doing life** er sitzt lebenslänglich; **he got life** er bekam lebenslänglich
life assurance [ˈlaɪf‿əˌʃʊərəns] *Br* Lebensversicherung
lifebelt [ˈlaɪfbelt] Rettungsgürtel
lifeboat [ˈlaɪfbəʊt] Rettungsboot
life buoy [ˈlaɪf‿bɔɪ] Rettungsring
lifeguard [ˈlaɪfgɑːd] Rettungsschwimmer, Bademeister
life insurance [ˈlaɪf‿ɪnˌʃʊərəns] Lebensversicherung
life jacket [ˈlaɪfˌdʒækɪt] Schwimmweste
lifeless [ˈlaɪfləs] **1** leblos, tot **2** *übertragen* matt, schwunglos (*Film, Buch, Spiel usw.*)
lifelong [ˈlaɪflɒŋ] *Freundschaft*: lebenslang
life sentence [ˌlaɪfˈsentəns] lebenslängliche Freiheitsstrafe
lifestyle [ˈlaɪfstaɪl] Lebensstil
lifetime [ˈlaɪftaɪm] Lebenszeit; **once in a lifetime** einmal im Leben; **during someone's lifetime** zu jemandes Lebzeiten
★**lift**[1] [lɪft] **1** *Br* Lift, Aufzug, Fahrstuhl **2 give someone a lift** jemanden (im Auto) mitnehmen; **get a lift from someone** von jemandem

mitgenommen werden ■3 *übertragen* Aufschwung; **give someone a lift** jemanden aufmuntern, jemandem Auftrieb geben

★**lift²** [lɪft] ■1 *auch* **lift up** hochheben; **he didn't lift a finger to help us** er rührte keinen Finger, um uns zu helfen ■2 erheben (*Stimme usw.*); **lift one's eyes** aufschauen, aufblicken ■3 *umg* klauen ■4 liften, straffen (*Haut, Gesicht usw.*) ■5 aufheben (*Embargo, Verbot usw.*) ■6 (*Nebel usw.*) sich heben, steigen

PHRASAL VERBS

lift off [ˌlɪftˈɒf] (*Rakete, Flugzeug*) starten, abheben

lift-off [ˈlɪftɒf] *von Rakete*: Start, Abheben

★**light¹** [laɪt] ■1 *allg.*: Licht, Helligkeit ■2 *Lichtquelle*: Licht, Beleuchtung; **in subdued light** bei gedämpftem Licht ■3 Sonnenlicht, Tageslicht; **bring** (*bzw.* **come**) **to light** *übertragen* ans Licht bringen (*bzw.* kommen); **see the light of day** das Licht der Welt erblicken ■4 *übertragen* Aspekt; **in the light of** angesichts, unter dem Aspekt ■5 *übertragen* Erleuchtung; **I saw the light** mir ging ein Licht auf ■6 *am Auto usw.*: Scheinwerfer ■7 *mst.* **lights** *pl, Br* Verkehrsampel; **jump the lights** bei Rot über die Kreuzung fahren ■8 *für Zigarette*: Feuer; **have you got a light?** haben Sie Feuer?

★**light²** [laɪt], **lit** [lɪt], **lit** [lɪt], *auch* **lighted, lighted** ■1 anzünden; **light a cigarette** sich eine Zigarette anzünden ■2 beleuchten (*Raum usw.*)

PHRASAL VERBS

light up [ˌlaɪtˈʌp] ■1 (*Licht, Lampe usw.*) aufleuchten ■2 (hell) beleuchten (*Raum*) ■3 *übertragen* (*Augen*) aufleuchten ■4 *umg* (≈ anzünden) sich eine anstecken

★**light³** [laɪt] ■1 *allg.*: leicht (*Last, Kleidung, Mahlzeit, Wein, Schlaf, Fehler usw.*); **as light as a feather** federleicht; **light metal** Leichtmetall; **light reading** Unterhaltungslektüre ■2 **make light of** auf die leichte Schulter nehmen, verharmlosen ■3 *Essen, Getränke*: leicht, light ■4 *von Farbton*: hell; **light red** hellrot

★**light bulb** [ˈlaɪt bʌlb] Glühbirne

lighten [ˈlaɪtn] ■1 leichter machen, erleichtern (*Arbeit usw.*) ■2 (*Himmel usw.*) sich aufhellen

★**lighter** [ˈlaɪtə] Feuerzeug

light-headed [ˌlaɪtˈhedɪd] benommen (*auch nach Alkoholgenuss usw.*)

light-hearted [ˌlaɪtˈhɑːtɪd] unbeschwert

lighthouse [ˈlaɪthaʊs] Leuchtturm

lighting [ˈlaɪtɪŋ] Beleuchtung

lightly [ˈlaɪtlɪ] leicht; **get off lightly** glimpflich davonkommen

★**lightning** [ˈlaɪtnɪŋ] Blitz; **be struck by lightning** vom Blitz getroffen werden

lightning conductor [ˈlaɪtnɪŋ kənˌdʌktə], *US* **lightning rod** [ˈlaɪtnɪŋ rɒd] Blitzableiter

light year [ˈlaɪt jɪə] Lichtjahr

likable [ˈlaɪkəbl] *Person*: liebenswert, sympathisch, ⓔ gefreut

★**like¹** [laɪk] ■1 *vergleichend*: wie; **a woman like you** eine Frau wie du; **what's he like?** wie ist er?; **that's just like him!** das sieht ihm ähnlich; **that's more like it!** das ist schon besser!; **there's nothing like ...** es geht doch nichts über ...; **people like that** solche Leute; **a car like that** so ein Auto ■2 **it cost something like £100** es kostete so um die 100 Pfund ■3 *in Aussehen, Wesen usw.*: ähnlich; **he's a bit like you** er ist dir ein bisschen ähnlich; **she looks just like him** sie sieht ihm total ähnlich

★**like²** [laɪk] **his like** seinesgleichen; **smoking, boozing and the like** Rauchen, Saufen und dergleichen; **the likes of me** *umg* meinesgleichen, Leute wie ich

★**like³** [laɪk] ■1 gernhaben, mögen; **I like it** es gefällt mir; **I like him** ich kann ihn gut leiden; **how do you like her?** wie gefällt sie dir?, wie findest du sie?; **what do you like better?** was hast du lieber?, was gefällt dir besser? ■2 *mit -ing-Form*: **I like swimming** ich schwimme gerne; **do you like dancing?** tanzen Sie gerne? ■3 *mit should oder would*: wollen, mögen; **I would like to know if ...** ich möchte gern wissen, ob ...; **would you like (to have) a drink?** möchten Sie etwas trinken? ■4 wollen; **(just) as you like** (ganz) wie du willst; **do as you like** mach, was du willst; **if you like** wenn du willst ■5 *auf Facebook®*: liken

★**like⁴** [laɪk] Neigung, Vorliebe; **likes and dislikes** Vorlieben und Abneigungen

likeable [ˈlaɪkəbl] → likable

likelihood [ˈlaɪklɪhʊd] Wahrscheinlichkeit; **in all likelihood** aller Wahrscheinlichkeit nach, höchstwahrscheinlich

★**likely** [ˈlaɪklɪ] ■1 wahrscheinlich, voraussichtlich; **he's likely to come** es ist gut möglich, dass er kommt; **he isn't likely to come** es ist unwahrscheinlich, dass er kommt; **most likely** höchstwahrscheinlich; **as likely as not** sehr wahrscheinlich; **not likely!** *umg* wohl kaum!, denkste! ■2 *Geschichte usw.*: glaubhaft; **a likely story!** *ironisch* das soll glauben, wer mag! ■3

Person, Ort usw.: infrage kommend, geeignet

like-minded [ˌlaɪkˈmaɪndɪd] **like-minded people** Gleichgesinnte

likewise [ˈlaɪkwaɪz] desgleichen, ebenso; '**Have a nice holiday.**' - '**Likewise.**' „Schönen Urlaub." - „Gleichfalls."

liking [ˈlaɪkɪŋ] Vorliebe (**for** für); **this is not to my liking** *förmlich* das ist nicht nach meinem Geschmack

lilac [ˈlaɪlək] lila, fliederfarben

lilo, **Lilo®** [ˈlaɪləʊ] *pl*: **lilos** *Br, umg* Luftmatratze

lily [ˈlɪlɪ] Lilie

★**limb** [⚠ lɪm] (≈ *Arm, Bein*) Glied

PHRASAL VERBS

limber up [ˌlɪmbərˈʌp] sich auflockern, Lockerungsübungen machen

---

★**lime** [laɪm] *Frucht*: Limone

limelight [ˈlaɪmlaɪt] **be in the limelight** im Rampenlicht stehen

★**limit¹** [ˈlɪmɪt] ◘ *von Gebiet*: Begrenzung; **the 12-mile limit** *vor Küste*: die 12-Meilenzone ◙ *übertragen* Beschränkung, Limit; **a 20 mph speed limit** *etwa*: eine Geschwindigkeitsbegrenzung von 30 km/h; **the driver was over the limit** der Fahrer hatte zu viele Promille; **to the limit** bis zum Äußersten (*oder* Letzten); **within limits** in (gewissen) Grenzen; **there's a limit to everything** alles hat seine Grenzen; **off limits** Zutritt verboten (**to** für); **that's the limit!** *umg* das ist (doch) die Höhe!; **I know my limits** ich kenne meine Grenzen ◚ **time limit** (zeitliche) Frist ◛ *finanziell*: Limit, Preisgrenze

★**limit²** [ˈlɪmɪt] ◘ beschränken, begrenzen (*Ausgaben, Unkosten usw.*) (**to** auf) ◙ limitieren (*Auflage, Preise usw.*) ◚ **limited (liability) company** *Br; Wirtschaft*: Gesellschaft mit beschränkter Haftung

limitation [ˌlɪmɪˈteɪʃn] *von Fähigkeiten usw.*: Grenze; **I know my limitations** ich kenne meine Grenzen

limp [lɪmp] hinken (*auch übertragen*)

★**line¹** [laɪn] ◘ *gezeichnet oder gedruckt*: Linie, Strich ◙ *in Buch usw.*: Zeile; **read between the lines** *übertragen* zwischen den Zeilen lesen; **drop someone a line** jemandem ein paar Zeilen schreiben ◚ **lines** *pl im Theater usw.*: Rolle, Text; **learn one's lines** seinen Text lernen ◛ *Telefon*: Leitung; **the line is busy** die Leitung ist besetzt; **hold the line** bleiben Sie am Apparat; **this is a very bad line** die Verbindung ist sehr schlecht; **be on the line to someone** mit jemandem telefonieren ◜ *politisch, weltanschaulich usw.*: Linie, Grundsätze *pl*, Richtlinien *pl*; **along these lines** nach diesen Grundsätzen; **be in line with** übereinstimmen mit; **bring into line** in Einklang bringen (**with** mit), *stärker*: auf Vordermann bringen; **keep someone in line** jemanden bei der Stange halten; **step out of line** aus der Reihe tanzen ◝ *übertragen* Grenzlinie, Grenze; **we've got to draw the line somewhere** irgendwo muss (damit) Schluss sein; **cross a line** eine rote Linie überschreiten ◞ *von Personen, Bäumen, Sachen*: Reihe, Kette; **stand in line** anstehen, Schlange stehen (**for** um, nach) ◟ *von Familie*: Abstammung, Linie; **be descended from a long line of miners** von einer langen Linie von Bergarbeitern abstammen ◉ (≈ *Beruf*) Fach, Gebiet; **what's your line?** in welcher Branche sind Sie tätig?; **that's not in my line** *übertragen* das liegt mir nicht; **line of business** Branche; **line of work** Beruf ◊ *Luftfahrt*: Fluggesellschaft ◘◘ *militärisch*: Linie; **behind the enemy lines** hinter den feindlichen Linien ◘◙ *für Wäsche usw.*: Leine, Schnur, Seil

★**line²** [laɪn] ◘ linieren (*Papier*) ◙ (*Bäume, Menschen*) säumen (*Straße usw.*)

PHRASAL VERBS

line up [ˌlaɪnˈʌp] ◘ (*Personen*) sich in einer Reihe aufstellen ◙ *bes. US* sich anstellen (**for** um, nach) ◚ in einer Reihe (*oder* nebeneinander) aufstellen (*Kartons, Flaschen usw.*) ◛ *umg* auf die Beine stellen, organisieren

---

★**line³** [laɪn] ◘ füttern (*Kleid usw.*) ◙ **line one's pocket(s)** (*oder* **purse**) *übertragen* sich bereichern, in die eigene Tasche wirtschaften

line manager [ˈlaɪnˌmænɪdʒə] Vorgesetzte(r)

linen [⚠ ˈlɪnɪn] ◘ *Material*: Leinen ◙ **bed linen** Bettwäsche; **table linen** Tischdecken; **wash one's dirty linen in public** *übertragen* seine schmutzige Wäsche in der Öffentlichkeit waschen

linesman [ˈlaɪnzmən] *pl*: **linesmen** [ˈlaɪnzmən] *Sport*: Linienrichter

line-up [ˈlaɪnʌp] ◘ *Mannschaftssport*: Aufstellung ◙ *US* Menschenschlange

linger [ˈlɪŋɡə] ◘ *an Ort usw.*: bleiben, verweilen ◙ (*Geruch*) in der Luft hängen ◚ **linger over a glass of wine** *usw.* sich über einem Glas Wein *usw.* aufhalten ◛ (*Tradition usw.*) fortleben, fortbestehen ◜ (*Verdacht usw.*) zurückbleiben

linguist [ˈlɪŋɡwɪst] ◘ *allg.*: Sprachkundige(r);

she's a good linguist sie ist sehr sprachbegabt ❷ *Wissenschaftler(in)*: Linguist(in), Sprachwissenschaftler(in)
linguistic [lɪŋˈgwɪstɪk] ❶ *allg.*: sprachlich, Sprach… ❷ *wissenschaftlich*: linguistisch, sprachwissenschaftlich
linguistics [lɪŋˈgwɪstɪks] (▲ *im sg verwendet*) Linguistik, Sprachwissenschaft
lining [ˈlaɪnɪŋ] ❶ *Futter(stoff)* ❷ *technisch*: Auskleidung ❸ *von Bremse usw*: Belag
link¹ [lɪŋk] ❶ *von Kette*: Glied (*auch übertragen*) ❷ *bei Verkehrsmitteln, telefonisch*: Verbindung; **rail link** Zugverbindung ❸ *Person*: Bindeglied, Verbindungsmann ❹ *zwischen Ereignissen usw.*: Zusammenhang (**between, with** zwischen) ❺ *Computer*: Link
link² [lɪŋk] ❶ verbinden (**to, with** mit); **link arms** sich unterhaken, sich einhaken (**with** bei) ❷ *übertragen* in Verbindung bringen (**with** mit); **I'm sure that the incidents are linked** ich bin sicher, dass die Vorfälle miteinander zusammenhängen

PHRASAL VERBS

link up [ˌlɪŋkˈʌp] ❶ (*Personen*) sich zusammentun ❷ (*Sachverhalte*) zusammenpassen ❸ *Raumfahrt*: ankoppeln

linkup [ˈlɪŋkʌp] ❶ *über Antenne, Satellit usw.*: Verbindung ❷ *von Raumschiffen*: Ankoppeln
★**lion** [ˈlaɪən] ❶ *Raubtier*: Löwe ❷ *übertragen* **go into the lion's den** sich in die Höhle des Löwen wagen; **the lion's share** der Löwenanteil
lioness [ˈlaɪənes] Löwin
★**lip** [lɪp] ❶ *Teil des Mundes*: Lippe; **lower lip** Unterlippe; **upper lip** Oberlippe; **keep a stiff upper lip** *übertragen* Haltung bewahren, sich nichts anmerken lassen ❷ **none of your lip!** *umg* sei nicht so unverschämt (*oder* frech)! ❸ *von Tasse usw.*: Rand
lip gloss [ˈlɪpˌglɒs] Lipgloss
liposuction [ˈlɪpəʊˌsʌkʃn] Fettabsaugung
lip salve [ˈlɪpˌsælv] *Br* Lippenbalsam, Lippenpflegestift
lipstick [ˈlɪpstɪk] Lippenstift; **put on some lipstick** sich die Lippen schminken
liqueur [▲ lɪˈkjʊə] Likör
★**liquid¹** [ˈlɪkwɪd] ❶ flüssig; **liquid crystal display** Flüssigkristallanzeige ❷ *finanziell*: liquid, flüssig
★**liquid²** [ˈlɪkwɪd] Flüssigkeit
liquidation [ˌlɪkwɪˈdeɪʃn] *Handel*: Liquidation; **go into liquidation** in Liquidation gehen
liquidity [lɪˈkwɪdɪtɪ] *Wirtschaft*: Liquidität
liquidize [ˈlɪkwɪdaɪz] (im Mixer) zerkleinern (*oder* pürieren)
liquidizer [ˈlɪkwɪdaɪzə] *Br*; *Küchengerät*: Mixer
liquor [▲ ˈlɪkə] Alkohol, Spirituosen *pl*
Lisbon [ˈlɪzbən] Lissabon
lisp¹ [lɪsp] lispeln
lisp² [lɪsp] **speak with a lisp** lispeln
★**list¹** [lɪst] Liste, Verzeichnis; **be on the list** auf der Liste stehen; **shopping list** Einkaufszettel (▲ **List** = **trick**)
★**list²** [lɪst] auflisten, in eine Liste eintragen
listed [ˈlɪstɪd] **listed building** *in Großbritannien*: denkmalgeschütztes Gebäude
★**listen** [▲ ˈlɪsn] ❶ hören, horchen (**to** auf) ❷ zuhören; **listen to me!** hör mir zu!; **listen!** hör mal! ❸ *übertragen* hören (**to** auf) (*Person, Rat, Warnung usw.*); **I warned her, but she wouldn't listen** ich warnte sie, aber sie wollte nicht hören

PHRASAL VERBS

listen in [▲ ˌlɪsnˈɪn] ❶ Radio hören; **listen in to a concert** sich ein Konzert im Radio anhören ❷ *heimlich*: lauschen, mithören; **listen in on a conversation** *bzw*. **phone call** ein Gespräch *bzw*. Telefonat mithören

listener [▲ ˈlɪsnə] ❶ Zuhörer(in); **be a good listener** gut zuhören können ❷ *Radio*: Hörer(in)
listing [ˈlɪstɪŋ] ❶ Auflistung, Verzeichnis ❷ **listings** *pl*, *Fernsehen usw.*: Programm
listless [ˈlɪstləs] *Person*: lustlos, apathisch
lit [lɪt] 2. und 3. Form von → **light²**
★**liter** [ˈliːtə] *US* Liter; → **litre** *Br*
literal [ˈlɪtərəl] ❶ *Bedeutung, Übersetzung usw.*: wörtlich; **take something literally** etwas wörtlich nehmen ❷ genau, buchstäblich; **he did literally nothing** er hat buchstäblich gar nichts gemacht
literary [ˈlɪtərɪ] ❶ literarisch, Literatur…; **literary critic** Literaturkritiker(in) ❷ *Ausdruck usw.*: gewählt, hochgestochen
literate [ˈlɪtərət] ❶ **be literate** lesen und schreiben können ❷ (literarisch) gebildet, belesen
★**literature** [ˈlɪtərətʃə] ❶ *allg.*: Literatur ❷ *umg* Informationsmaterial
Lithuania [ˌlɪθjuˈeɪnɪə] Litauen
Lithuanian¹ [ˌlɪθjuːˈeɪnɪən] litauisch
Lithuanian² [ˌlɪθjuːˈeɪnɪən] *Sprache*: Litauisch
Lithuanian³ [ˌlɪθjuːˈeɪnɪən] Litauer(in)
★**litre** [ˈliːtə] *Br* Liter
litter¹ [ˈlɪtə] ❶ *herumliegendes Papier usw.*: Ab-

fall, Abfälle pl ❷ für Katzen usw.: Streu ❸ neugeborene Tiere: Wurf

litter² ['lɪtə] **be littered with** übersät sein mit (Schmutz, Abfall usw.)

litter bin ['lɪtə_bɪn] Br (öffentlicher) Abfalleimer, Abfallkorb, Mülleimer

★**little¹** ['lɪtl], **smaller** ['smɔːlə], **smallest** ['smɔːləst] ❶ Kind, Häuschen, Garten usw.: klein; **the little ones** pl die Kleinen ❷ Zeitraum: kurz; **a little while ago** vor Kurzem, vor kurzer Zeit ❸ (≈ nicht viel) wenig ❹ Problem, Vorfall usw.: klein, geringfügig

★**little²** ['lɪtl], **less** [les], **least** [liːst] ❶ **think little of someone** wenig von jemandem halten; **for as little as £10** für nur 10 Pfund ❷ wenig, selten; **I see him very little, I see very little of him** ich sehe ihn kaum ❸ **a little** ein wenig, ein bisschen; **I speak a little English** ich spreche etwas (oder ein wenig) Englisch; **a little advice** ein kleiner Tipp; **'Would you like some more coffee?' - 'Just a little.'** „Möchtest du noch etwas Kaffee?" - „Nur ein bisschen." ❹ **little by little** ganz allmählich, nach und nach

★**live¹** [lɪv] ❶ allg.: leben; **you live and learn** man lernt nie aus ❷ (Patient usw.) am Leben bleiben, überleben ❸ führen (Leben); **live a life of luxury** ein Leben im Luxus führen ❹ wohnen (**with** bei) ❺ das Leben genießen; **live and let live** leben und leben lassen

───────── PHRASAL VERBS ─────────

live off [lɪv'ɒv] **he lives off his parents** er lebt auf Kosten seiner Eltern

live on [lɪv'ɒn] ❶ (Erinnerung usw.) weiterleben, fortleben ❷ sich ernähren (**on** von); **live on vegetables** sich von Gemüse ernähren

★**live together** [lɪv_tə'geðə] (Paar) zusammenleben

live up to [lɪv'ʌptʊ] ❶ einem Ruf usw.: gerecht werden ❷ den Erwartungen usw.: entsprechen

live with ['lɪv_wɪð] zusammenleben mit

★**live²** [⚠ laɪv] ❶ Person, Tier: lebend, lebendig ❷ Rundfunk, TV: live, direkt; **live broadcast** Radio, TV: Direktübertragung; **a live programme** eine Livesendung; **live from Munich** live (oder direkt) aus München ❸ Munition: scharf ❹ Elektrik: geladen; **be live** unter Spannung stehen

livelihood ['laɪvlɪhʊd] Lebensunterhalt; **earn a (oder one's) livelihood** seinen Lebensunterhalt verdienen

liveliness [⚠ 'laɪvlɪnɪs] Lebhaftigkeit, Lebendigkeit

lively [⚠ 'laɪvlɪ] ❶ Interesse, Person usw.: lebhaft ❷ Schilderung usw.: lebendig ❸ Zeit, Atmosphäre: aufregend ❹ Tempo usw.: schnell, flott

───────── PHRASAL VERBS ─────────

liven up [,laɪvn'ʌp] ❶ (≈ in Schwung bringen) Leben bringen in ❷ (Party usw.) in Schwung kommen

liver ['lɪvə] Organ: Leber

lives [⚠ laɪvz] pl von → life

livestock ['laɪvstɒk] Vieh

livestream ['laɪvstriːm] Internet: Livestream

livid ['lɪvɪd] ❶ umg fuchsteufelswild ❷ Bluterguss: blau, bläulich (verfärbt)

★**living¹** ['lɪvɪŋ] ❶ lebend (auch Sprache); **within living memory** seit Menschengedenken ❷ Lebens...; **living conditions** Lebensbedingungen

★**living²** ['lɪvɪŋ] ❶ **the living** pl die Lebenden pl ❷ Lebensunterhalt; **earn** (oder **make**) **a living** seinen Lebensunterhalt verdienen (**as** als; **out of** durch, mit); **what does he do for a living?** womit verdient er sich seinen Lebensunterhalt?; **work for one's living** arbeiten, um sich seinen Lebensunterhalt zu verdienen; **cost of living** Lebenshaltungskosten

★**living room** ['lɪvɪŋ_ruːm] Wohnzimmer

living wage [,lɪvɪŋ'weɪdʒ] Existenzminimum, existenzsichernder Lohn; **minimum living wage** für den Lebensunterhalt notwendiger Mindestlohn

lizard ['lɪzəd] Eidechse

★**load¹** [ləʊd] ❶ Last, übertragen auch Bürde; **his decision took a load off my mind** bei seiner Entscheidung fiel mir ein Stein vom Herzen ❷ von Lkw: Ladung ❸ in Wendungen: **get a load of this!** umg hör bzw. schau dir das mal an!; **he talks a load of rubbish** umg er redet 'ne Menge Blödsinn; **loads of ...** umg massenhaft ..., jede Menge ...; **there was loads to eat** umg es gab massenhaft zu essen

★**load²** [ləʊd] ❶ auch **load up** beladen (Fahrzeug usw.) ❷ laden (Gegenstand usw.) (**into** in; **onto** auf) ❸ laden (Schusswaffe); **load the camera** einen Film (in die Kamera) einlegen ❹ übertragen überhäufen (**with** mit) ❺ Computer: laden (Programm usw.)

loaded ['ləʊdɪd] ❶ **loaded question** Fangfrage, Suggestivfrage; **loaded word** Reizwort ❷ umg stinkreich; **be loaded** auch: Geld wie Heu haben ❸ US, umg voll, besoffen

loading bay ['ləʊdɪŋ_beɪ] Ladeplatz

loaf [ləʊf] *pl:* **loaves** [ləʊvz] **1** *Brot usw.:* Laib **2** *allg.:* Brot; **a loaf of bread** ein Brot; **a white loaf** ein Weißbrot **3** **meat loaf** Hackbraten

★**loan¹** [ləʊn] **1** *finanziell:* Darlehen, Kredit; **take out a loan** einen Kredit (*oder* ein Darlehen) aufnehmen **2** **on loan** leihweise, geliehen; **you can have it on loan** du darfst es dir leihen

★**loan²** [ləʊn] *bes. US* ausleihen, verleihen (**to** an)

loan shark [ˈləʊn ˌʃɑːk] *umg* Kredithai

loanword [ˈləʊnwɜːd] *Sprache:* Lehnwort

loath [ləʊθ] **be loath to do something** etwas nur (sehr) ungern tun

loathe [ləʊð] verabscheuen, hassen

loathing [ˈləʊðɪŋ] Abscheu

loathsome [ˈləʊðsəm] widerlich, abscheulich

loaves [ləʊvz] *pl von* → **loaf**

lobby¹ [ˈlɒbɪ] **1** *im Hotel usw.:* Eingangshalle **2** *im Theater:* Foyer **3** *Politik:* Lobby, Interessenverband

lobby² [ˈlɒbɪ] beeinflussen (*Abgeordnete*)

lobster [ˈlɒbstə] Hummer; **red as a lobster** krebsrot

★**local¹** [ˈləʊkl] **1** lokal, örtlich; **local call** Telefon: Ortsgespräch; **local elections** *pl* Kommunalwahlen *pl*; **local news** (⚠ *nur im sg verwendet*) Lokalnachrichten *pl*; **local time** Ortszeit; **local train** Regionalzug, Nahverkehrszug; **local TV** Lokalfernsehen; **live locally** am Ort wohnen **2** hiesig; **the local residents** die Ortsansässigen **3** **local anaesthetic** *Medizin:* örtliche Betäubung

★**local²** [ˈləʊkl] **1** Ortsansässige(r), Einheimische(r) **2** *Br, umg* Stammkneipe

locate [ləʊˈkeɪt] **1** ausfindig machen, aufspüren (*Position, gesuchte Person usw.*) **2** **be located** *Haus, Ort usw.:* gelegen sein, liegen, sich befinden

location [ləʊˈkeɪʃn] **1** *von Haus usw.:* Lage, Standort **2** *Film, TV:* Drehort; **shooting on location** Außenaufnahmen **3** *von Gesuchtem:* Lokalisierung, *von Schiff auch:* Ortung

loch [lɒx] *in Schottland:* See

★**lock¹** [lɒk] **1** *von Tür, Schrank usw.:* Schloss; **under lock and key** hinter Schloss und Riegel, unter Verschluss **2** *allg.:* Verschluss, Sperrmechanismus **3** *in Kanal:* Schleuse, Schleusenkammer

★**lock²** [lɒk] **1** abschließen, zuschließen (*Tür usw.*) **2** *in Zimmer usw.:* einschließen, einsperren (**in, into** in) **3** (*Räder*) blockieren

___PHRASAL VERBS___

lock away [ˌlɒk əˈweɪ] **1** wegschließen (*Wertsachen*) **2** einsperren (*Person*)

lock in [ˌlɒkˈɪn] einschließen, einsperren (*Person, Tier*)

lock out [ˌlɒkˈaʊt] *aus Wohnung, Haus:* aussperren (*auch Arbeiter*)

lock up [ˌlɒkˈʌp] **1** abschließen, zusperren (*Haus usw.*) **2** wegschließen (*Wertsachen*) **3** einsperren (*Person*)

___

★**lock³** [lɒk] Haarlocke, Haarsträhne

locker [ˈlɒkə] **1** *für Gepäck usw.:* Schließfach **2** *für Kleidung usw.:* Spind; **locker room** *in Sporthalle usw.:* Umkleidekabine

lockout [ˈlɒkaʊt] *bei Arbeitskampf:* Aussperrung

loco [ˈləʊkəʊ] *US, salopp* verrückt

locust [ˈləʊkəst] *Insekt:* Heuschrecke

lodge¹ [lɒdʒ] **1** *in größerem Gebäude:* Portierloge **2** *von Freimaurern:* Loge **3** *für Wanderer, Skiläufer usw.:* Hütte

lodge² [lɒdʒ] **1** *als Untermieter:* logieren, vorübergehend wohnen **2** **lodge a complaint** eine Beschwerde einlegen **3** erstatten (*Anzeige*)

lodger [ˈlɒdʒə] *Br* Untermieter(in); **take lodgers** Zimmer vermieten

lodgings [ˈlɒdʒɪŋz] *pl Br* möbliertes Zimmer, möblierte Wohnung; **live in lodgings** möbliert wohnen

loft [lɒft] Dachboden, Speicher, ⊛ Estrich; **loft conversion** Dachausbau

lofty [ˈlɒftɪ] **1** *Pläne, Ideale usw.:* hochfliegend, hochgesteckt **2** *Gehabe:* stolz, hochmütig

log [lɒɡ] **1** Holzklotz **2** gefällter Baumstamm **3** *Seefahrt:* Logbuch

___PHRASAL VERBS___

log in [ˌlɒɡˈɪn], **logged in, logged in** *Computer:* einloggen

log off [ˌlɒɡˈɒf], **logged off, logged off** *Computer:* ausloggen

log on [ˌlɒɡˈɒn], **logged on, logged on** *Computer:* einloggen

log out [ˌlɒɡˈaʊt], **logged out, logged out** *Computer:* ausloggen

___

log book [ˈlɒɡbʊk] **1** *Seefahrt:* Logbuch **2** *Br; von Auto:* Kraftfahrzeugbrief

log cabin [ˌlɒɡˈkæbɪn] Blockhütte

logic [ˈlɒdʒɪk] *allg.:* Logik

logical [ˈlɒdʒɪkl] logisch

logistics [ləˈdʒɪstɪks] *pl* Logistik

loin [lɔɪn] *von Tier:* Lende, Lendenstück

loins [lɔɪnz] *pl von Mensch*: Lende
loiter ['lɔɪtə] **1** trödeln, bummeln **2** herumlungern

PHRASAL VERBS

loll about *oder* **around** [,lɒl_ə'baʊt *oder* ə'raʊnd] herumlümmeln, herumhängen

---

lollipop ['lɒlɪpɒp] **1** Lutscher **2** *Br* Eis am Stiel
lollipop man ['lɒlɪpɒp_mæn] *pl*: **lollipop men** ['lɒlɪpɒp_men] *Br, umg; etwa*: Schülerlotse
lollipop woman ['lɒlɪpɒp,wʊmən] *pl*: **lollipop women** ['lɒlɪpɒp,wɪmɪn] *Br, umg; etwa*: Schülerlotsin
lolly ['lɒlɪ] *Br, umg* **1** Lutscher **2** Eis am Stiel **3** *umg* Kies (*Geld*)
London ['lʌndən] London
loneliness ['ləʊnlɪnəs] Einsamkeit
★**lonely** ['ləʊnlɪ] einsam
loner ['ləʊnə] Einzelgänger(in)
lonesome ['ləʊnsəm] *US* einsam
★**long¹** [lɒŋ] **1** *allg.*: lang **2** *zeitlich*: lang, lange; **I've been waiting for a long time** ich warte schon lange; **hi, it's been a long time** hallo, lange nicht gesehen; **as long as** solange wie; **a long time ago, long ago** vor langer Zeit; **as long ago as 1999** schon 1999; **at the longest** längstens; **I won't stay for long** ich bleibe nicht lange; **take long (to do something)** lange brauchen(, um etwas zu tun); **before long** in Kürze, bald **3** *räumlich*: weit (*Entfernung*), lang (*Weg*); **it's a long way to ...** nach ... ist es weit; **it is 6 feet long** es ist 6 Fuß lang **4** **as long as** (≈ *falls*) vorausgesetzt, dass **5** **so long!** *umg* bis dann!
★**long²** [lɒŋ] **long to do something** sich danach sehnen, etwas zu tun; **I'm longing to see her again** ich sehne mich danach, sie wiederzusehen

---
PHRASAL VERBS

long for ['lɒŋ_fə] sich sehnen nach; **we're longing for the holidays** wir sehnen die Ferien herbei

---

long-distance [,lɒŋ'dɪstəns] **1** **long-distance call** *Telefon*: Ferngespräch; **long-distance relationship** Fernbeziehung **2** *Flug, Wettrennen usw.*: Langstrecken...
longhaired [,lɒŋ'heəd] langhaarig
long-haul flight [,lɒŋhɔː'flaɪt] Langstreckenflug
longing ['lɒŋɪŋ] Sehnsucht (**for** nach)
longitude [⚠ 'lɒndʒɪtjuːd] *Geografie*: Länge, Längengrad
long jump ['lɒŋ_dʒʌmp] *Sport*: Weitsprung
long-life milk [,lɒŋlaɪf'mɪlk] *Br* H-Milch
long-term ['lɒŋtɜːm] langfristig; **long-term memory** Langzeitgedächtnis; **long-term unemployment** Dauerarbeitslosigkeit; **the long-term unemployed** die Dauerarbeitslosen, die Langzeitarbeitslosen
loo [luː] *Br, umg* Klo, Ⓐ Häus(e)l; **in** (*oder* **on**) **the loo** auf dem (*oder* im) Klo
★**look¹** [lʊk] **1** Blick (**at** auf); **give someone an angry look** jemanden wütend ansehen; **have a look at something** (sich) etwas ansehen; **have a look (a)round** sich umschauen in; **can I have a look?** kann ich mal sehen? **2** Miene, (Gesichts)Ausdruck; **the look on his face** sein Gesichtsausdruck **3** **looks** *pl* Aussehen; **good looks** gutes Aussehen
★**look²** [lʊk] **1** *allg.*: sehen, schauen, gucken; **just look!** schau mal!; **don't look!** nicht hersehen!; **look who's coming** schau (mal), wer da kommt; **look someone in the eyes** jemandem in die Augen sehen (*oder* schauen) **2** (≈ *suchen*) nachschauen, nachsehen **3** *Erscheinungsbild*: ausschauen, aussehen (*beide auch übertragen*); **look good** gut aussehen; **he's good-looking** er sieht gut aus, er ist attraktiv; **he doesn't look his age** man sieht ihm sein Alter nicht an; **look an idiot** *übertragen* wie ein Idiot dastehen; **it looks like snow** es sieht nach Schnee aus; **it looks as if it's going to snow** es sieht so aus, als würde (*oder* wolle) es schneien **4** aufpassen, achtgeben; **look where you're putting your feet** pass auf, wo du hintrittst **5** (*Zimmer usw.*) liegen, gehen nach; **my room looks north** mein Zimmer geht nach Norden **6** **look here!** *ärgerlich*: hör mal! **7** **look, I know you're tired** ich weiß ja, dass du müde bist

---
PHRASAL VERBS

★**look after** [,lʊk'ɑːftə] aufpassen auf, sich kümmern um (*Kinder usw.*)
look ahead [,lʊk_ə'hed] **1** nach vorne blicken (*oder* schauen) **2** *übertragen* vorausschauen (**two years** um zwei Jahre)
look around [,lʊk_ə'raʊnd] sich umschauen (*oder* umsehen) in (*auch in Geschäft*)
★**look at** ['lʊk_ət] **1** ansehen, anschauen, betrachten; **look at one's watch** auf die Uhr schauen; **to look at him ...** wenn man ihn so ansieht ... **2** *kritisch*: sich anschauen, prüfen (*Idee, Plan, Text, Vorschlag usw.*)
look back [,lʊk'bæk] **1** sich umsehen, zu-

rückschauen **2** *übertragen* zurückblicken (**on**, **to** auf); **he got the job in 2004 and he hasn't looked back since** er bekam die Stelle 2004 und seitdem ist es mit ihm ständig bergauf gegangen

look down on [ˌlʊkˈdaʊn_ɒn] herabsehen auf

★ look for [ˈlʊk_fɔː] suchen (nach); **are you looking for trouble?** suchst du Streit?

look forward to [ˌlʊkˈfɔːwəd_tʊ] sich freuen auf; **look forward to doing something** sich darauf freuen, etwas zu tun; **I'm looking forward to seeing you again** ich freue mich darauf, dich wiederzusehen

look into [ˌlʊkˈɪntʊ] **1** hineinsehen, hineinschauen; **look into the mirror** in den Spiegel schauen; **look into someone's eyes** jemandem in die Augen schauen **2** *übertragen* untersuchen, prüfen (*Vorfall, Beschwerde usw.*)

look out [ˌlʊkˈaʊt] **1** *von innen gesehen:* hinausblicken, hinausschauen **2** *von außen gesehen:* herausblicken, herausschauen; **look out of the window** aus dem Fenster blicken **3** aufpassen (**for** auf), auf der Hut sein (**for** vor); **look out!** pass auf!, Vorsicht! **4** (≈ *suchen*) Ausschau halten (**for** nach)

look round [ˌlʊkˈraʊnd] → look around

look through [ˌlʊkˈθruː] **1** blicken durch (*Fenster, Fernglas usw.*) **2** (flüchtig) durchsehen, durchschauen (*Artikel, Brief, Text usw.*)

look up [ˌlʊkˈʌp] **1** *von unten gesehen:* hinaufblicken, hinaufschauen **2** *von oben gesehen:* heraufblicken, heraufschauen **3** *übertragen* aufblicken (**to** zu) **4** *in Wörterbuch usw.:* nachschlagen (*Wort, Begriff*)

lookalike [ˈlʊkəˌlaɪk] *Person:* Doppelgänger(in)
looker-on [ˌlʊkərˈɒn] *pl:* lookers-on Zuschauer(in)
look-in [ˈlʊkɪn] *umg* Chance; **I didn't get a look-in** ich hatte keine Chance
lookout [ˈlʊkaʊt] **1** **be on the lookout** Ausschau halten (**for** nach) **2** *mst. beim Militär:* Wache, Beobachtungsposten; **act as lookout** Schmiere stehen
loony¹ [ˈluːnɪ] *umg* bekloppt, verrückt
loony² [ˈluːnɪ] *umg* Verrückte(r)
loony bin [ˈluːnɪ_bɪn] *umg* Klapsmühle
loop [luːp] **1** *von Straße usw.:* Schleife **2** *von Flugzeug:* Looping, Überschlag
loophole [ˈluːphəʊl] *übertragen* Schlupfloch, Hintertürchen; **a loophole in the law** eine Gesetzeslücke

★ loose¹ [luːs] **1** *Zahn, Knopf usw.:* lose, locker; **come loose** (*Knopf usw.*) abgehen, (*Schraube usw.*) sich lockern; **loose connection** *Elektrotechnik:* Wackelkontakt **2** **break loose** (*Hund usw.*) sich losreißen (**from** von); **let loose** von der Leine lassen (*Hund*) **3** *Ware:* offen, lose, unverpackt **4** *Kleidungsstück:* lose sitzend, weit **5** *Abmachung, Zusammenhang usw.:* lose **6** *Übersetzung:* frei, ungenau

★ loose² [luːs] **be on the loose** (*Häftling usw.*) auf freiem Fuß sein

loose-leaf binder [ˌluːsliːfˈbaɪndə] Schnellhefter

loosen [ˈluːsn] **1** lösen (*Knoten, Fesseln usw., auch Husten*) **2** lockern (*Schraube, Griff usw., auch Disziplin usw.*)

loot¹ [luːt] *bes. im Krieg:* Beute
loot² [luːt] plündern

lord [lɔːd] **1** Herr, Gebieter (**of** über) **2** **the Lord** Gott, der liebe Gott; **the Lord's Prayer** das Vaterunser; **the Lord's Supper** das (heilige) Abendmahl **3** *in GB:* Lord; **the (House of) Lords** das Oberhaus

Lord Mayor [ˌlɔːdˈmeə] *Br etwa:* Oberbürgermeister

★ lorry [ˈlɒrɪ] *Br* Lastwagen, Lkw
lorry driver [ˈlɒrɪˌdraɪvə] *Br* Lkw-Fahrer(in)

★ lose [luːz], lost [lɒst], lost [lɒst] **1** *allg.:* verlieren (*Geld, Interesse, Prozess, Sachen, Spiel usw.*); **thousands lost their lives** Tausende kamen ums Leben **2** **lose weight** abnehmen; **lose 10 pounds** 10 Pfund abnehmen **3** vergessen, verlernen (*Gelerntes*); **I've lost my French** ich habe mein Französisch verlernt **4** (*Uhr*) nachgehen **5** *in Wendungen:* **lose heart** den Mut verlieren; **lose one's heart to someone** sein Herz an jemanden verlieren; **lose one's nerve** die Nerven verlieren; **lose one's temper** die Beherrschung verlieren; **lose one's way** sich verlaufen; **you can't lose** du kannst (bei der Sache) nur gewinnen

★ loser [ˈluːzə] Verlierer(in); **be a bad loser** ein schlechter Verlierer sein, nicht verlieren können; **be a born loser** der geborene Verlierer sein

★ loss [lɒs] **1** *allg.:* Verlust; **loss of blood** Blutverlust; **loss of memory** Gedächtnisschwund; **loss of time** Zeitverlust; **dead loss** *übertragen* hoffnungsloser Fall (*Person*); **sell something at a loss** etwas mit Verlust verkaufen; **work at a loss** mit Verlust arbeiten **2** **be at a loss** in Verlegenheit sein, nicht mehr weiterwissen; **be at a loss for words** keine Worte finden

lost¹ [lɒst] 2. und 3. Form von → lose

lost² [lɒst] **1** verloren; **lost property office** Br Fundbüro; **be a lost cause** übertragen aussichtslos sein **2** **be lost** Person: sich verirrt haben, sich nicht mehr zurechtfinden (auch übertragen); **get lost** sich verirren **3** **get lost!** umg hau ab! **4** **be lost in** vertieft sein in (einem Buch usw.); **be lost in thought** in Gedanken versunken (oder gedankenversunken) sein

lost-and-found [ˌlɒst_ən'faʊnd] US Fundbüro; → lost property office Br

lot¹ [lɒt] **1** **a lot** viel(e), eine Menge; **a lot of people, lots of people** viele Leute; **a lot of money, lots of money** eine Menge Geld, viel Geld **2** verstärkend: viel; **that's a lot better** das ist viel besser; **a lot more slowly** viel langsamer **3** **the whole lot** bes. Br, Sachen: alles, das Ganze; **I'll take the lot** bes. Br, in Geschäft usw.: ich nehme alles **4** **the whole lot** bes. Br, Personen: die ganze Gesellschaft, der ganze Haufen **5** **a bad lot** Br, umg; Person: ein mieser Typ, Personen: ein mieses Pack

lot² [lɒt] **1** in Verlosung usw.: Los; **cast** (oder **draw**) **lots** losen (**for** um) **2** (≈ Fügung) Los, Schicksal **3** bes. US; (≈ Grundstück) Stück Land

lottery ['lɒtərɪ] **1** Lotterie; **lottery ticket** Lotterielos, im Lotto: Tippschein; **national lottery** in GB: Lotto **2** übertragen Glückssache, Lotteriespiel

★**loud** [laʊd] **1** Musik, Geschrei usw.: laut **2** Farben: grell, schreiend

★**loudspeaker** [ˌlaʊd'spiːkə] Lautsprecher

lounge [laʊndʒ] **1** Br, in Haus, Wohnung: Wohnzimmer **2** im Hotel usw.: Salon **3** **departure lounge** Flughafen: Abflughalle

lounger ['laʊndʒə], US **lounge chair** ['laʊndʒˌtʃeə] Liegestuhl

louse [laʊs] pl: **lice** [laɪs] Insekt: Laus

lousy ['laʊzɪ] **1** umg; Leistung, Wetter usw.: lausig, mies **2** umg; Summe: lausig, poplig

lout [laʊt] Flegel, Rüpel

loutish ['laʊtɪʃ] flegelhaft, rüpelhaft

lovable ['lʌvəbl] Person: liebenswert, reizend

★**love¹** [lʌv] **1** Liebe (**for** zu); **be in love** verliebt sein (**with** in); **fall in love** sich verlieben (**with** in); **make love to someone** sexuell: jemanden lieben, mit jemandem schlafen **2** **love** Briefschluss: herzliche Grüße, liebe Grüße; **give my love to Peter** grüße Peter von mir; **Jenny sends her love** Jenny lässt grüßen **3** (≈ Hingebung, Neigung) Liebe (**of, for** zu); **love of adventure** Abenteuerlust **4** Anrede für Partner: Schatz, Liebling **5** **can I help you, love?** Br, umg; in Geschäften usw.: was darf's denn sein? **6** Tennis: null

★**love²** [lʌv] **1** allg.: lieben; **love each other** sich lieben **2** übertragen lieben, gerne mögen; **love doing** (oder **to do**) **something** etwas sehr gern tun; **I love basketball** als Zuschauer: ich finde Basketball toll, aktiv: ich spiele gern Basketball; **I'd love to come, but ...** ich würde sehr gern kommen, aber ...

loveable ['lʌvəbl] → lovable

love bite ['lʌv_baɪt] Br, umg Knutschfleck

love letter ['lʌvˌletə] Liebesbrief

★**lovely** ['lʌvlɪ] **1** Anblick, Frau, Haar, Kind, Stimme, Wetter usw.: (wunder)schön **2** umg (≈ toll) prima, großartig

lover ['lʌvə] **1** Liebhaber(in), Geliebte(r) **2** **lovers** pl Liebespaar; **they're lovers** sie sind ein Liebespaar, auch: sie haben ein Verhältnis **3** **art lover** Kunstliebhaber(in)

lovesick ['lʌvsɪk] **be lovesick** Liebeskummer haben

loving ['lʌvɪŋ] Mutter, Eltern, Verhältnis: liebevoll, Freund, Ehemann: liebend; **your loving mother** in Brief: in Liebe deine Mutter

★**low¹** [ləʊ] **1** allg.: niedrig (Gebäude, Mauer, Zaun; auch Löhne, Temperatur usw.); **low-calorie** Diät, Essen: kalorienarm; **low-emission** Auto, Motor: schadstoffarm **2** tief (auch übertragen); **a low bow** [⚠ baʊ] eine tiefe Verbeugung; **low clouds** tief hängende Wolken; **the sun is low** die Sonne steht tief **3** Land usw.: tief gelegen **4** Vorräte usw.: knapp; **get** (oder **run**) **low** knapp werden, zur Neige gehen; **we're getting** (oder **running**) **low on money** uns geht allmählich das Geld aus; **low on funds** knapp bei Kasse **5** Stimmung: niedergeschlagen, deprimiert; **feel low** in gedrückter Stimmung sein, sich elend fühlen; **be in low spirits** niedergeschlagen sein **6** Trick usw.: gemein, niederträchtig **7** Ton: tief **8** Ton, Stimme: leise; **in a low voice** leise

★**low²** [ləʊ] **1** Wetterlage: Tief **2** übertragen Tiefpunkt, Tiefstand; **be at a new low** einen neuen Tiefpunkt erreicht haben; **all-time low** absoluter Tiefststand

low-cost ['ləʊkɒst] Produktion: kostengünstig

lowdown ['ləʊdaʊn] **give someone the lowdown** umg jemanden aufklären (**on** über)

low-emission [ˌləʊ_ɪ'mɪʃn] Auto usw.: schadstoffarm

low-energy light bulb [ˌləʊˌenədʒɪ'laɪtbʊlb] Energiesparlampe

★**lower¹** ['ləʊə] **1** allg.: niedriger machen **2** senken (*Augen, Preis, Stimme usw.*) **3** übertragen erniedrigen; **lower oneself** sich herablassen (*zu etwas*) **4** mit Seil usw.: herunterlassen, herablassen (*auch Rollos usw.*)

★**lower²** ['ləʊə] **1** niedriger (*auch übertragen*); → low¹ **2 the lower classes** pl die Unterschicht; **lower deck** auf Schiff: Unterdeck; **lower ground floor** Untergeschoss, Ⓐ Untergeschoß

Lower Austria [,ləʊə(r)'ɒstrɪə] Niederösterreich

Lower Saxony [,ləʊə'sæksənɪ] Niedersachsen

lowest ['ləʊɪst] **1** niedrigste(r, -s) (*auch übertragen*); → low¹; **lowest bid** bei Auktion: Mindestgebot **2** unterste(r, -s)

low-fat [,ləʊ'fæt] Diät, Kost: fettarm

low-income [,ləʊ'ɪnkʌm] Schichten: einkommensschwach

lowlands ['ləʊləndz] pl Tiefland, Flachland

low-pressure [,ləʊ'preʃə] **low-pressure area** Tiefdruckgebiet

low season ['ləʊ,siːzn] Tourismus: Vorsaison bzw. Nachsaison, Nebensaison

low tide [,ləʊ'taɪd], **low water** [,ləʊ'wɔːtə] am Meer: Niedrigwasser, Ebbe

loyal ['lɔɪəl] treu, loyal (**to** gegenüber)

loyalty ['lɔɪəltɪ] Treue, Loyalität (**to** zu); **loyalty card** Kundenkarte

L-plate ['elpleɪt] (abk für learner) in GB: am Auto - Schild mit einem roten L, als Zeichen dafür, dass ein Fahrschüler fährt

Ltd. Br (abk für limited (liability) company) GmbH

lubricant ['luːbrɪkənt] **1** Schmiermittel **2** Medizin: Gleitgel, Gleitcreme

lubricate ['luːbrɪkeɪt] schmieren

★**luck** [lʌk] **1** Schicksal, Zufall; **as luck would have it** wie es der Zufall wollte; **bad** (*oder* **hard**) **luck** Pech (**on** für); **good luck** Glück; **good luck!** viel Glück! **2** Glück; **for luck** als Glücksbringer; **be in luck** Glück haben; **be out of luck** kein Glück haben; **try one's luck** sein Glück versuchen; → happiness

luckily ['lʌkɪlɪ] zum Glück, glücklicherweise; **luckily for me** zu meinem Glück

lucky ['lʌkɪ] **be (very) lucky** (großes) Glück haben (⚠ glücklich sein = be happy); **lucky day** Glückstag; **lucky charm** Glücksbringer; **you lucky thing!** hast du ein Glück!; → happy

lucrative ['luːkrətɪv] Geschäft usw.: einträglich, lukrativ

ludicrous ['luːdɪkrəs] **1** allg.: lächerlich **2** Lohn, Preis usw.: lachhaft, lächerlich

lug [lʌg] lugged, lugged **1** schleppen **2** zerren, schleifen

★**luggage** ['lʌgɪdʒ] Gepäck; **different types of luggage** verschiedene Gepäckstücke; **luggage reclaim** Gepäckausgabe

luggage allowance ['lʌgɪdʒ_ə,laʊəns] bei Flugreisen: Freigepäck

luggage carousel ['lʌgɪdʒkærə,sel] Rollband, Gepäckband

luggage label ['lʌgɪdʒ,leɪbl] Gepäckanhänger

luggage locker ['lʌgɪdʒ,lɒkə] Gepäckschließfach

luggage scales ['lʌgɪdʒ_skeɪlz] pl Gepäckwaage

luggage strap ['lʌgɪdʒ_stræp] Gepäckgurt

luggage trolley ['lʌgɪdʒ,trɒlɪ] Gepäckwagen, Kofferkuli

lukewarm [,luːk'wɔːm] **1** Wasser: lauwarm (*auch übertragen*) **2** Unterstützung usw.: halbherzig **3** Applaus usw.: lau, mäßig

lullaby [⚠ 'lʌləbaɪ] Wiegenlied

lumber¹ ['lʌmbə] **1** schwerfällig gehen **2 get lumbered with something** Br, umg etwas aufgehalst bekommen

lumber² ['lʌmbə] **1** Br, umg Gerümpel **2** bes. US Bauholz, Nutzholz

lumberjack ['lʌmbədʒæk] Holzfäller

lump [lʌmp] **1** aus Erde, Lehm usw.: Klumpen; **have a lump in one's throat** übertragen einen Kloß im Hals haben **2** Zucker: Stück **3** auf der Haut: Schwellung, Beule **4** im Körper: Geschwulst, in der Brust: Knoten **5** übertragen Gesamtheit, Masse

lump sum [,lʌmp'sʌm] Pauschalsumme; **pay something as a lump sum** etwas pauschal bezahlen

lunacy ['luːnəsɪ] Wahnsinn (*auch übertragen*); **it's sheer lunacy** das ist reiner Wahnsinn

lunar ['luːnə] Mond…: **lunar eclipse** Mondfinsternis

lunatic¹ [⚠ 'luːnətɪk] abwertend verrückt (Idee, Benehmen usw.)

lunatic² [⚠ 'luːnətɪk] **1** tabu Wahnsinnige(r), Geistesgestörte(r); **lunatic asylum** Irrenhaus **2** übertragen Verrückte(r)

★**lunch** [lʌntʃ] Mittagessen; **have lunch** zu Mittag essen; **lunch break** Mittagspause

luncheon voucher ['lʌntʃən,vaʊtʃə] Essensbon, Essensmarke

lunch menu ['lʌntʃ,menjuː] Mittagsmenü

lunch room ['lʌntʃruːm] US **1** in Schule usw.: Cafeteria **2** in Behörde, Firma usw.: Kantine

lunchtime ['lʌntʃtaɪm] Mittagszeit; **at lunch-**

time zur Mittagszeit
★**lung** [lʌŋ] *Organ:* Lungenflügel; **lungs** *pl* Lunge
lure[1] [lʊə] anlocken, ködern *(auch übertragen)*
lure[2] [lʊə] **1** *beim Angeln:* Köder (**to** für) *(auch übertragen)* **2** *übertragen* Lockung, Reiz
lurk [lɜːk] lauern *(auch übertragen)*
lush [lʌʃ] *Gras usw.:* saftig, *Vegetation:* üppig
lust [lʌst] **1** *sexuell:* Lust, Begierde **2** Gier (**of**, **for** nach); **lust for power** Machtgier
Luxembourg, **Luxemburg** [ˈlʌksəmbɜːg] Luxemburg
luxuriant [⚠ lʌgˈzjʊəriənt, lʌgˈʒʊəriənt] *Vegetation:* üppig
luxurious [⚠ lʌgˈzjʊəriəs, lʌgˈʒʊəriəs] **1** *Hotel, Auto usw.:* luxuriös, Luxus..., komfortabel **2** *Lebensstil:* verschwenderisch, genusssüchtig
luxury [ˈlʌkʃəri] **1** *allg.:* Luxus **2** *Gegenstand:* Luxusartikel; **a luxury car** ein Wagen der Luxusklasse
Lycra® [ˈlaɪkrə] Elastan, Lycra®
lying [ˈlaɪɪŋ] *-ing-Form von* → **lie**[2] *und* **lie**[4]
lynch [lɪntʃ] lynchen
lynx [lɪŋks] *Wildkatze:* Luchs
lyric [ˈlɪrɪk] *Autor:* lyrisch *(auch Stimmung, Gefühl)*
lyrical [ˈlɪrɪkl] **1** *Text, Beschreibung, Lied:* lyrisch **2** *übertragen* schwärmerisch; **wax lyrical** ins Schwärmen geraten
lyricist [ˈlɪrɪsɪst] **1** Lyriker(in) **2** *von Lied:* Texter(in)
lyrics [ˈlɪrɪks] *pl von Lied:* Text

M

ma [mɑː] *umg* Mama, Mutti
MA [ˌemˈeɪ] *(abk für* Master of Arts*)* Universitätsabschluss: Master
ma'am [mæm] **1** *förmliche Anrede:* gnädige Frau **2** *Anrede für Queen:* Majestät
mac [mæk] *Br, umg* Regenmantel
macabre [məˈkɑːbrə] makaber
macaroni [ˌmækəˈrəʊni] (⚠ *nur im sg verwendet*) Makkaroni *pl*
Macedonia [ˌmæsɪˈdəʊniə] Mazedonien
★**machine**[1] [məˈʃiːn] **1** *allg.:* Maschine *(umg auch Flugzeug, Motorrad usw.)* **2** *zu bestimmtem Zweck:* Apparat, Automat **3** *Politik usw.:* Apparat; **the propaganda machine** der Propagandaapparat
★**machine**[2] [məˈʃiːn] *Technik:* maschinell herstellen

machine gun [məˈʃiːn ˌgʌn] Maschinengewehr
machine-readable [məˌʃiːnˈriːdəbl] *Ausweis, Text:* maschinenlesbar
machinery [məˈʃiːnəri] **1** *in Fabrik:* Maschinen *pl* **2** *übertragen* Maschinerie, Räderwerk **3** *Politik usw.:* Apparat
mackerel [ˈmækrəl] *pl:* **mackerel** *Fisch:* Makrele
mackintosh [ˈmækɪntɒʃ] *Br* Regenmantel
macro [ˈmækrəʊ] *pl:* **macros** *Computer:* Makro
★**mad** [mæd], **madder**, **maddest** **1** (≈ *geisteskrank*) wahnsinnig, verrückt (**with** vor) *(beide auch übertragen);* **go mad** verrückt werden; **drive someone mad** jemanden verrückt machen; **like mad** wie verrückt; **you must be stark raving mad!** *umg* du musst komplett verrückt sein! **2** *be mad about* (*oder* **on**) *übertragen* wild (*oder* versessen) sein auf, verrückt sein nach; **be mad about soccer** fußballverrückt sein; **be mad keen on** *umg* ganz scharf sein auf *(Person, Sache)* **3** *umg;* vor Aufregung usw.: außer sich, verrückt (**with** vor) **4** *US, umg* wütend (**at**, **about** über, auf) **5** *Stier usw.:* wild (geworden) **6** *Hund usw.:* tollwütig
★**madam** [ˈmædəm] *Anrede:* gnädige Frau; **Dear Sir or Madam**, *als Anrede in Brief:* Sehr geehrte Damen und Herren,
mad cow disease [ˌmædˈkaʊ dɪˌziːz] *Krankheit:* Rinderwahn(sinn); → BSE
madden [ˈmædn] verrückt machen *(auch übertragen)*
maddening [ˈmædnɪŋ] unerträglich; **it's maddening** es ist zum Verrücktwerden
made [meɪd] 2. *und* 3. *Form von* → **make**[1]
made-to-measure [ˌmeɪdtəˈmeʒə] *Anzug, Kleid usw.:* nach Maß angefertigt, Maß...
made-up [ˌmeɪdˈʌp] **1** *Geschichte:* frei erfunden **2** *Gesicht:* geschminkt
madhouse [ˈmædhaʊs] *umg* Tollhaus
madly [ˈmædli] **1** wie verrückt **2** *umg* wahnsinnig, schrecklich; **I'm madly in love with her** ich liebe sie wahnsinnig
madman [ˈmædmən] *pl:* **madmen** [ˈmædmən] Verrückter, Irrer
madness [ˈmædnəs] Wahnsinn *(auch übertragen);* **sheer madness** heller (*oder* blanker) Wahnsinn
mag [mæg] *umg* Magazin, Zeitschrift
★**magazine** [ˌmægəˈziːn] **1** (≈ *Illustrierte*) Magazin, Zeitschrift; **a women's magazine** eine Frauenzeitschrift **2** *von Pistole, Kamera usw.:* Magazin

magic¹ ['mædʒɪk] **1** Magie, Zauberei; **as if by magic, like magic** wie durch Zauberei **2** (≈ Faszination) Zauber

magic² ['mædʒɪk] **1** magisch, Zauber...; **magic carpet** fliegender Teppich; **magic trick** Zaubertrick, Zauberkunststück; **magic wand** Zauberstab **2** umg klasse, toll

magician [məˈdʒɪʃn] **1** Magier, Zauberer **2** Künstler: Zauberer, Zauberkünstler

magistrate ['mædʒɪstreɪt] Friedensrichter(in)

magnesium [mægˈniːzɪəm] Magnesium

magnet ['mægnɪt] Magnet (auch übertragen)

magnetic [mægˈnetɪk] **1** magnetisch, Magnet...; **magnetic field** Physik: Magnetfeld **2** übertragen magnetisch, faszinierend

magnetism ['mægnətɪzm] **1** Physik: Magnetismus **2** übertragen Anziehungskraft

magnificent [mægˈnɪfɪsənt] großartig, prächtig, herrlich

magnify ['mægnɪfaɪ] **1** vergrößern; **magnifying glass** Vergrößerungsglas, Lupe **2** übertragen aufbauschen (Vorfall usw.)

magpie ['mægpaɪ] Vogel: Elster

maid [meɪd] Dienstmädchen, Hausangestellte

maiden ['meɪdn] **1** **maiden name** Mädchenname (einer verheirateten Frau) **2** Jungfern...; **maiden voyage** von Schiff: Jungfernfahrt

★**mail¹** [meɪl] **1** allg.: Post, Postsendung; **incoming mail** Posteingang; **outgoing mail** Postausgang; **send something by mail** etwas mit der Post versenden **2** (≈ E-Mail) (E-)Mail

★**mail²** [meɪl] **1** aufgeben, einwerfen (Brief, Postkarte usw.) **2** per E-Mail: eine E-Mail schicken (**someone** jemandem), etwas: mailen

mailbox ['meɪlbɒks] **1** US Briefkasten; → letterbox, postbox Br **2** Computer: Mailbox, elektronischer Briefkasten

mailman ['meɪlmæn] pl: **mailmen** ['meɪlmen] US Postbote, Briefträger

mail-order [ˌmeɪlˈɔːdə] **mail-order catalogue** Versandhauskatalog; **mail-order firm** (oder **house**) Versandhaus

★**main¹** [meɪn] Haupt..., wichtigste(r, -s); **main clause** Sprache: Hauptsatz; **main course** Hauptgericht; **main reason** Hauptgrund; **main road** Hauptstraße; **main street** US Hauptstraße; **main subject** Schule, Universität: Hauptfach; **main thing** Hauptsache

★**main²** [meɪn] **1** **mains** Br; pl für Gas, Wasser, Strom: Hauptleitung; **run off the mains** Netzanschluss haben; **the water/electricity was switched off at the mains** der Haupthahn/Hauptschalter für Wasser/Elektrizität wurde abgeschaltet; **mains cable** Netzkabel **2 in the main** hauptsächlich, in der Hauptsache

mainframe ['meɪnfreɪm] Computer: Großrechner

mainland ['meɪnlənd] Festland

mainly ['meɪnlɪ] hauptsächlich, vorwiegend

maintain [meɪnˈteɪn] **1** aufrechterhalten, beibehalten (Zustand) **2** halten (Preis, Standard usw.) **3** instand halten, pflegen (Haus usw.) **4** warten (Auto, Maschine) **5** unterhalten, versorgen (Familie usw.) **6** behaupten, beteuern (Unschuld usw.)

maintenance ['meɪntənəns] **1** von Haus usw.: Instandhaltung **2** von Maschine, Auto usw.: Wartung; **maintenance-free** wartungsfrei **3** Br; für Familie: Unterhalt

maize [meɪz] bes. Br Mais

majesty ['mædʒəstɪ] Majestät (auch übertragen); **Your Majesty** Anrede: Eure Majestät

major¹ ['meɪdʒə] **1** Offizier: Major **2** US; Universität: Hauptfach **3** Musik: Dur; **E major** E--Dur

major² ['meɪdʒə] **1** Reparatur, Änderung usw.: größer; **major changes** größere Veränderungen **2** Autor, Künstler usw.: bedeutend, wichtig

major³ ['meɪdʒə] US **major in psychology** Psychologie als Hauptfach studieren

Majorca [məˈjɔːkə] Mallorca

★**majority** [məˈdʒɒrətɪ] **1** bei Wahlen usw.: Mehrheit; **by a large majority** mit großer Mehrheit; **in the majority of cases** in der Mehrzahl der Fälle; **the majority of people say that ...** die meisten Menschen sagen, dass ...; **majority of votes** Stimmenmehrheit; **be in the majority** in der Mehrzahl sein; **majority decision** Mehrheitsbeschluss **2** Br Volljährigkeit; **reach one's majority** volljährig werden

★**make¹** [meɪk], made [meɪd], made [meɪd] **1** allg.: machen (Bemerkung, Fehler, Reise, Vorschlag usw.); **make a speech** eine Rede halten; **make a decision** eine Entscheidung treffen **2** anfertigen (Kleidung) **3** herstellen, erzeugen (Industrieprodukte, wie Fernseher, Autos usw.) **4** zubereiten (Speisen, Tee usw.) **5** backen (Brot, Kuchen) **6** machen, erzielen (Gewinn, Profit) **7** machen, erwerben (Vermögen) **8** (er)schaffen; **he's made for this job** er ist für diese Arbeit wie geschaffen **9** machen, ergeben, sein (Summe usw.); **3 plus 4 makes 7** 3 plus 4 macht (oder ist) 7 **10** machen, verursachen (Geräusch, Schwierigkeiten, Ärger usw.) **11** machen zu, ernennen zu; **make someone head of department** jemanden zum Abteilungsleiter ernennen [12] **make someone angry** jemanden zornig machen (*oder* erzürnen); **make someone happy** jemanden glücklich machen [13] (*Person*) sich erweisen als; **I wouldn't make a good teacher** ich würde keinen guten Lehrer abgeben; **make a fool of oneself** sich lächerlich machen [14] *mit Infinitiv*: **make someone do something** jemanden etwas tun lassen, jemanden dazu bringen, etwas zu tun; **make someone wait** jemanden warten lassen; **make someone talk** jemanden zum Sprechen bringen; **don't make me laugh!** *mst. ironisch*: bring mich nicht zum Lachen! [15] **what do you make of it?** was halten Sie davon?; **I don't know what to make of her** ich weiß nicht, was ich von ihr halten soll [16] *umg* erwischen, erreichen (*Zug, Bus usw.*); **make it** es schaffen

───────────────────── **PHRASAL VERBS**

make for ['meɪk fə] [1] *auf Person oder Ziel*: zugehen (*oder* lossteuern) auf [2] *bei Reise usw.*: sich aufmachen nach [3] *zu einem Zweck*: förderlich sein, dienen, beitragen zu; **it doesn't make for friendly relations** es fördert nicht gerade freundschaftliche Beziehungen

make off with [,meɪk'ɒf wɪð] (≈ *stehlen*) sich davonmachen mit

make out [,meɪk'aʊt] [1] ausstellen (*Scheck usw.*) [2] ausfertigen (*Urkunde usw.*) [3] aufstellen (*Liste, Rechnung usw.*) [4] (≈ *erblicken*) ausmachen, erkennen [5] (≈ *verstehen*) klug (*oder* schlau) werden aus [6] **make someone out to be a liar** jemanden als Lügner hinstellen [7] *US, umg; sexuell*: rumknutschen, fummeln

make over [,meɪk'əʊvə] übertragen, vermachen (*Eigentum*)

make up [,meɪk'ʌp] [1] erfinden, sich ausdenken (*Geschichte usw.*) [2] schminken (*Person, Gesicht*) [3] zurechtmachen, zubereiten (*Arznei usw.*); **be made up of** bestehen aus, sich zusammensetzen aus [4] anfertigen, aufstellen (*Liste, Tabelle usw.*) [5] **make up one's mind** sich entscheiden [6] nachholen, wettmachen (*Versäumtes*) [7] *umg; nach Streit*: sich wieder vertragen (**with** mit)

make up for [,meɪk'ʌp fə] wiedergutmachen, wettmachen (*Enttäuschung, Unrecht usw.*)

─────────────────────

★**make**² [meɪk] *von Auto, Uhr usw.*: Marke, Fabrikat

maker ['meɪkə] [1] *von Ware*: Hersteller [2] **the Maker** (≈ *Gott*) der Schöpfer

makeshift ['meɪkʃɪft] provisorisch, Behelfs...

★**make-up** ['meɪkʌp] [1] (≈ *Schminke*) Make-up; **without make-up** *auch*: ungeschminkt [2] *Film usw.*: Maske [3] *von Gruppe, Team usw.*: Zusammensetzung

★**making** ['meɪkɪŋ] [1] *von Waren usw.*: Erzeugung, Herstellung, Fabrikation [2] **an actress in the making** eine angehende Schauspielerin [3] **he has the makings of a politician** er hat das Zeug zum Politiker

★**male**¹ [meɪl] männlich; **male choir** Männerchor; **male nurse** Krankenpfleger

★**male**² [meɪl] [1] *Person*: Mann [2] *Tier*: Männchen

male thread [,meɪl'θred] *Technik*: Außengewinde

malfunction¹ [,mæl'fʌŋkʃn] [1] *medizinisch*: Funktionsstörung [2] *von Maschine usw.*: schlechtes Funktionieren, Versagen

malfunction² [,mæl'fʌŋkʃn] (*Maschine usw.*) schlecht funktionieren, versagen

malice ['mælɪs] [1] Böswilligkeit [2] **bear someone malice** einen Groll auf jemanden haben

malicious [mə'lɪʃəs] [1] *Person, Worte*: boshaft, gehässig [2] *Tat usw.*: böswillig, *juristisch auch*: vorsätzlich

malignant [mə'lɪgnənt] ↔ **benign**; *Tumor usw.*: bösartig

malinger [mə'lɪŋgə] sich krank stellen, simulieren

mall [mɔːl] *bes. US* Einkaufszentrum

mallet ['mælɪt] Holzhammer

malnutrition [,mælnjuː'trɪʃn] Unterernährung

malpractice [,mæl'præktɪs] [1] *allg.*: Vernachlässigung der beruflichen Sorgfalt [2] *Medizin*: (ärztlicher) Kunstfehler

malt [mɔːlt] Malz

Malta ['mɔːltə] Malta

Maltese¹ [,mɔːl'tiːz] maltesisch

Maltese² [,mɔːl'tiːz] *Sprache*: Maltesisch

Maltese³ [,mɔːl'tiːz] Malteser(in)

maltreat [,mæl'triːt] [1] *allg.*: schlecht behandeln [2] *gewaltsam*: misshandeln

maltreatment [,mæl'triːtmənt] [1] *allg.*: schlechte Behandlung [2] *gewaltsam*: Misshandlung

mammal ['mæml] Säugetier

★**man** [mæn] *pl*: **men** [men] [1] *Gattungsbegriff*: der Mensch, die Menschen [2] ↔ **woman**; Mann; **make a man out of someone** einen Mann aus jemandem machen [3] *verallgemeinernd*: Mann, Person, jemand; man; **every man** jedermann; **no man** niemand; **he's an Oxford**

man er hat in Oxford studiert; **to a man** bis auf den letzten Mann; **the man in the street** der Mann auf der Straße [4] *umg*; *Anrede*: Mann, Mensch; **tell me, man ...** sag mal, Mensch ... [5] *Damespiel*: Stein [6] *Schach*: Figur

★**manage** ['mænɪdʒ] [1] leiten, führen (*Betrieb usw.*) [2] managen (*Künstler, Sportler usw.*) [3] zustande bringen, es fertigbringen (**to do** zu tun); **how did you manage to get the job?** wie hast du es fertiggebracht, den Job zu kriegen? [4] *umg* bewältigen, schaffen (*Arbeit, Essen usw.*); **can you manage?** geht es?, schaffst du es?; **I can manage** es geht [5] auskommen (**with** mit; **without** ohne) [6] es einrichten, es ermöglichen; **can you manage Tuesday?** passt es dir am Dienstag?

★**management** ['mænɪdʒmənt] [1] *Wirtschaft*: Management, Unternehmensführung; **management consultant** Unternehmensberater(in) [2] *Führungspersonal*: Geschäftsleitung, Direktion; **under new management** unter neuer Leitung, *Geschäft usw.*: neu eröffnet [3] *von Wohnanlage usw.*: Verwaltung; **time management** Zeitmanagement

★**manager** ['mænɪdʒə] [1] *Wirtschaft, allg.*: Manager(in) [2] *Führungskraft*: Geschäftsführer(in), Leiter(in), Direktor(in) [3] *von Sportler, Künstler usw.*: Manager(in) [4] *von Zweigstelle usw.*: Filialleiter(in); **bank manager** Filialleiter(in) einer Bank; **sales manager** Verkaufsleiter(in) [5] *Fußball*: (Chef)Trainer(in) [6] *von Wohnanlage usw.*: Verwalter(in)

manageress [,mænɪdʒə'res] [1] *Führungskraft*: Geschäftsführerin, Leiterin, Direktorin [2] *von Zweigstelle usw.*: Filialleiterin [3] *von Wohnanlage usw.*: Verwalterin (*Manageress wird von vielen Menschen als nicht geschlechtsneutral betrachtet*)

managerial [,mænə'dʒɪərɪəl] **managerial position** leitende Stellung

managing ['mænɪdʒɪŋ] *Wirtschaft*: geschäftsführend, leitend; **managing director** *Br; von großer Firma*: Geschäftsführer(in), Generaldirektor(in)

mane [meɪn] *von Pferd, Löwe*: Mähne (*auch übertragen von Menschen*)

man-eater ['mæn,iːtə] [1] *Raubtier*: Menschenfresser [2] *umg* (≈ *Frau*) Vamp

maneuver¹ [mə'nuːvə] *US* Manöver; → manoeuvre¹

maneuver² [mə'nuːvə] *US* manövrieren; → manoeuvre²

manhood ['mænhʊd] [1] Mannesalter; **reach manhood** ins Mannesalter kommen [2] (≈ *Mut usw.*) Männlichkeit

man-hour ['mæn,aʊə] Arbeitsstunde

manhunt ['mænhʌnt] *nach Verbrecher*: (Groß-)Fahndung, Verbrecherjagd

mania ['meɪnɪə] [1] *Krankheit*: Manie, Wahn; **persecution mania** Verfolgungswahn [2] *übertragen* Sucht (**for** nach), Leidenschaft (**for** für); **mania for cleanliness** Sauberkeitsfimmel; **have a mania for ...** verrückt sein nach ...

maniac ['meɪnɪæk] [1] *medizinisch*: Wahnsinnige(r), Verrückte(r) [2] *übertragen* Fanatiker(in); **car maniac** Autonarr

manifesto [,mænɪ'festəʊ] *pl* manifestoes *oder* manifestos [1] *von Partei, Gewerkschaft usw.*: Manifest [2] *in GB, von Partei*: Wahlprogramm

manipulate [mə'nɪpjʊleɪt] [1] manipulieren (*Person, Wahlen usw.*) [2] frisieren (*Konto usw.*)

manipulation [mə,nɪpjʊ'leɪʃn] [1] *allg.*: Manipulation [2] *von Konto*: Frisieren

mankind [⚠ mæn'kaɪnd] die Menschheit, die Menschen *pl*

manly ['mænlɪ] männlich, Männer...

man-made [,mæn'meɪd] *See usw.*: künstlich; **man-made fibres** Kunstfasern

manned [mænd] *Raumfahrt usw.*: bemannt

manner ['mænə] [1] Art, Weise; **in this manner** auf diese Art und Weise, so; **in a manner of speaking** sozusagen [2] (≈ *Gehabe*) Betragen, Auftreten; **it's just his manner** das ist so seine Art; **he behaved in such a manner that ...** er benahm sich so (*oder* derart), dass ...

★**manners** ['mænəz] *pl* [1] Benehmen, Umgangsformen, Manieren; **it's bad manners to ...** es gehört (*oder* schickt) sich nicht zu ...; **that's bad manners** das gehört sich nicht [2] *einer Gesellschaft*: Sitten, Sitten und Gebräuche

manoeuvre¹ [mə'nuːvə] *Br* [1] *auch* **manoeuvres** *pl militärisch*: Manöver; **be on manoeuvres** im Manöver sein; **room for manoeuvre** *übertragen* Handlungsspielraum [2] *übertragen* Manöver, Schachzug, List

manoeuvre² [mə'nuːvə] *Br* manövrieren (*auch übertragen*)

manor [⚠ 'mænə] *Br* [1] Landgut, Gutshof [2] *auch* **manor house** Herrenhaus

manpower ['mæn,paʊə] [1] Arbeitskraft, Arbeitspotenzial [2] Personal; **manpower shortage** Arbeitskräftemangel

mansion ['mænʃn] [1] Villa [2] *von altem Adelsgeschlecht*: Herrenhaus [3] *mst.* **Mansions** *pl bes. Br* bezeichnet in Adressen ein Mietshaus mit vielen Wohnungen und Apartments

manslaughter ['mæn,slɔːtə] Totschlag

man-to-man [,mæntə'mæn] **1** *Gespräch usw.*: von Mann zu Mann **2** *Sport*: **man-to-man defence** Manndeckung; **play man-to-man** Manndeckung spielen

manual¹ ['mænjʊəl] manuell, Hand...; **manual work** körperliche Arbeit

manual² ['mænjʊəl] Handbuch, Leitfaden (*zu einem technischen Gerät*); → **handbook**

manufacture¹ [,mænjʊ'fæktʃə] *von Gütern*: Fertigung, Herstellung; **year of manufacture** Herstellungsjahr, Baujahr

manufacture² [,mænjʊ'fæktʃə] **1** herstellen, fertigen (*Güter usw.*); **manufactured goods** *pl* Industriegüter **2** übertragen erfinden (*Ausrede usw.*)

manufacturer [,mænjʊ'fæktʃərə] *von Gerät usw.*: Hersteller(in)

manure [mə'njʊə] Dung, Mist

manuscript ['mænjʊskrɪpt] Manuskript

★**many** ['menɪ] **1** *allg.*: viele: **many times** oft; **as many as forty** nicht weniger als vierzig; **twice as many** doppelt so viel; **many of us** viele von uns; **a good many** ziemlich viele; **a great many** sehr viele; **he's had one too many** *umg* er hat einen über den Durst getrunken **2** **many a time** so manches Mal

★**map** [mæp] **1** Landkarte; **be off the map** *umg*; *Ortschaft*: hinter dem Mond liegen; **put on the map** *umg* bekannt machen (*Stadt usw.*) **2** Stadtplan (**⚠** *nicht* Mappe = **folder**)

maple ['meɪpl] *Baum*: Ahorn

marble ['mɑːbl] *Gestein*: Marmor

★**March** [mɑːtʃ] März; **in March** im März

★**march¹** [mɑːtʃ] marschieren; **time is marching on** übertragen es ist schon spät

★**march²** [mɑːtʃ] **1** *allg.*: Fußmarsch (*auch Strecke*); **a day's march** ein Tagesmarsch **2** *Musikstück, beim Militär*: Marsch

Mardi Gras [,mɑːdɪ'grɑː] *in USA*: Faschingsdienstag

mare¹ [meə] Stute

mare² [meə] *Br, umg* (*abk für* **nightmare**) Albtraum; **he's having a mare** er macht wirklich was mit

margarine [**⚠** ,mɑːdʒə'riːn], *Br, umg* **marge** [mɑːdʒ] Margarine

margin [**⚠** 'mɑːdʒɪn] **1** *von Buch, Seite usw.*: Rand; **in the margin** am Rand **2** übertragen Spielraum; **allow** (*oder* **leave**) **a margin for** Spielraum lassen für **3** *auch* **profit margin** *Wirtschaft*: Gewinnspanne

marijuana [,mærə'wɑːnə] Marihuana

marine¹ [mə'riːn] See..., Meeres...; **marine chart** Seekarte; **marine mammals** Meeressäuger; **marine dumping** *von Schadstoffen*: Verklappung

marine² [mə'riːn] **1** *Soldat*: Marineinfanterist (**⚠** *Marine* = **navy**) **2** **tell that to the marines!** *umg* das kannst du deiner Großmutter erzählen!

marital ['mærɪtl] ehelich, Ehe...; **marital status** *auf Formularen*: Familienstand

maritime ['mærɪtaɪm] See..., Küsten...; **maritime climate** Meeresklima

★**mark¹** [mɑːk] **1** *auf Kleidungsstück*: Fleck **2** *auf Oberfläche*: Kratzer, Schramme, Kerbe **3** *von Füßen, Reifen usw.*: Spur (*auch übertragen*); **she made her mark on the team** sie hat der Mannschaft ihren Stempel aufgedrückt; **the months in hospital have left their mark** die Monate in der Klinik haben ihre Spuren hinterlassen **4** übertragen Zeichen; **mark of confidence** Vertrauensbeweis; **distinctive mark** Kennzeichen **5** *Schule*: Note, Zensur; **get full marks** *Br* die beste Note bekommen, die höchste Punktzahl erreichen **6** *von Geschoss usw.*: Ziel (*auch übertragen*); **hit the mark** (das Ziel) treffen, übertragen ins Schwarze treffen; **miss the mark** das Ziel verfehlen, danebenschießen (*auch übertragen*); **be wide of the mark** weit danebenschießen, übertragen sich gewaltig irren **7** übertragen (≈ *Qualität*) Norm; **be up to the mark** den Anforderungen gewachsen sein; **I'm not feeling quite up to the mark these days** ich bin momentan gesundheitlich nicht ganz auf der Höhe **8** *Leichtathletik*: Startlinie; **on your marks!** auf die Plätze!

★**mark²** [mɑːk] **1** schmutzig machen, Flecken machen auf (*Kleidung usw.*) **2** zerkratzen (*Oberfläche*) **3** *mit Kreuz usw.*: markieren, anzeichnen (*in Buch, auf Karte usw.*) **4** übertragen ein Zeichen sein für; **to mark the occasion** zur Feier des Tages, aus diesem Anlass **5** *Schule*: benoten, zensieren (*Aufsatz, Prüfungsarbeit usw.*); **mark something wrong** etwas als Fehler anstreichen **6** *Sport*: decken (*Gegenspieler*) **7** **mark my words!** das kann ich dir sagen!, lass dir das gesagt sein!

★**mark³** [mɑːk] ehemalige Währungseinheit: Mark

―――――――――――― PHRASAL VERBS

mark down [,mɑːk'daʊn] **1** *im Preis*: heruntersetzen, herabsetzen (*Waren*) **2** *schriftlich*: notieren

mark up [ˌmɑːkˈʌp] *im Preis*: hinaufsetzen, heraufsetzen

marker [ˈmɑːkə] **1** Markierstift **2** *in Buch*: Lesezeichen **3** *Sport*: Bewacher(in)

★**market**¹ [ˈmɑːkɪt] **1** *allg.*: Markt; **be on the market** auf dem Markt (*oder* im Handel) sein; **put on the market** auf den Markt bringen, zum Verkauf anbieten **2** *in Stadt, Dorf*: Marktplatz **3** *Warenverkauf*: Wochenmarkt, Jahrmarkt; **at the market** auf dem Markt **4** *Absatzgebiet*: Markt; **world market** Weltmarkt; **the market for dictionaries** der Wörterbuchmarkt; **there's no market for ...** ... lässt (*oder* lassen) sich nicht absetzen

market² [ˈmɑːkɪt] **1** auf den Markt bringen (*neue Produkte*) **2** vertreiben (*Waren*)

market economy [ˌmɑːkɪt ɪˈkɒnəmɪ] Marktwirtschaft

marketing [ˈmɑːkɪtɪŋ] *Wirtschaft*: Marketing

market leader [ˌmɑːkɪtˈliːdə] *Wirtschaft*: Marktführer(in)

marketplace [ˈmɑːkɪtpleɪs] *in Dorf, Stadt*: Marktplatz

market research [ˌmɑːkɪt rɪˈsɜːtʃ] Marktforschung

★**marmalade** [ˈmɑːməleɪd] (Orangen- *oder* Zitronen)Marmelade (▲ *Erdbeermarmelade* = **strawberry jam**)

maroon [məˈruːn] *Farbe*: kastanienbraun

marooned [məˈruːnd] von der Außenwelt abgeschnitten

marquee [mɑːˈkiː] großes Zelt, Partyzelt

★**marriage** [▲ ˈmærɪdʒ] **1** *Zeremonie*: Heirat, Hochzeit (**to** mit) **2** *Lebensgemeinschaft*: Ehe; **by marriage** angeheiratet; **related by marriage** verschwägert

★**married** [ˈmærɪd] verheiratet, Ehe...; **married couple** Ehepaar

marrow [ˈmærəʊ] **1** Gartenkürbis **2** (Knochen)Mark; **be frozen to the marrow** völlig durchgefroren sein

★**marry** [ˈmærɪ] **1** heiraten; **be married** verheiratet sein (**to** mit); **get married** heiraten **2** *auch* **marry off** verheiraten (*Tochter usw.*) (**to** mit) **3** (*Priester, Standesbeamte*) trauen

marsh [mɑːʃ] Sumpf, Marsch

marshy [ˈmɑːʃɪ] sumpfig

martyr [ˈmɑːtə] Märtyrer(in)

marvellous, *US* **marvelous** [ˈmɑːvləs] *Idee, Wetter usw.*: wunderbar, fabelhaft

marzipan [ˈmɑːzɪpæn] Marzipan

mascara [mæˈskɑːrə] Wimperntusche

mascot [ˈmæskət] Maskottchen

masculine [ˈmæskjʊlɪn] **1** männlich, Männer... **2** *Sprache*: maskulin, männlich

mash¹ [mæʃ] **1** *allg.*: breiige Masse, Brei **2** *Br, umg* Kartoffelbrei, Ⓐ Kartoffelstock

mash² [mæʃ] zerdrücken, zerquetschen (*Obst, Gemüse usw.*); **mashed potatoes** *pl* Kartoffelbrei, Ⓐ Kartoffelstock

mask¹ [mɑːsk] **1** *Verkleidung*: Maske (*auch übertragen*) **2** *Computer*: Maske

mask² [mɑːsk] **1** maskieren; **masked ball** Maskenball **2** *übertragen* verschleiern

masking tape [ˈmɑːskɪŋ teɪp] Abdeckband

mason [ˈmeɪsn] **1** Steinmetz(in) **2** Freimaurer(in)

masonry [ˈmeɪsnrɪ] Mauerwerk

mason's hammer [ˌmeɪsnzˈhæmə] Maurerhammer

masquerade¹ [ˌmæskəˈreɪd] Maskerade (*auch übertragen*)

masquerade² [ˌmæskəˈreɪd] **masquerade as** sich ausgeben als

★**mass**¹ [mæs] *Gottesdienst*: Messe

★**mass**² [mæs] **1** *allg.*: Masse (*auch physikalisch*) **2** *viele Leute, Sachen usw.*: Menge **3** **the masses** *pl* (≈ Leute) die Masse, die Massen **4** **masses of** *umg* massenhaft, massig; **he's got masses of CDs** er hat Unmengen von CDs

massacre¹ [ˈmæsəkə] Massaker

massacre² [ˈmæsəkə] niedermetzeln

massage¹ [ˈmæsɑːʒ] Massage

massage² [ˈmæsɑːʒ] massieren

massive [ˈmæsɪv] **1** *Mauer, Bauwerk*: massiv, wuchtig **2** *übertragen* massiv; **on a massive scale** in ganz großem Rahmen

mass media [ˌmæsˈmiːdɪə] *pl* (▲ *auch im sg verwendet*) Massenmedien *pl*

mass production [ˌmæsprəˈdʌkʃn] Massenproduktion

mast [mɑːst] *von Schiff, Antenne*: Mast

★**master**¹ [ˈmɑːstə] **1** **be master of the situation** Herr der Lage sein; **be one's own master** sein eigener Herr sein **2** *in Handwerksberufen usw.*: Meister; **master tailor** Schneidermeister **3** *Br* Lehrer **4** *Malerei usw.*: Meister; **an old master** ein alter Meister **5** *Universitätsabschluss*: Master; **Master of Arts** (*abk* **MA**) Master

★**master**² [ˈmɑːstə] **1** beherrschen (*Sprachen usw.*) **2** meistern (*Aufgabe, Schwierigkeit usw.*) **3** zügeln (*Temperament usw.*)

master craftsman [ˌmɑːstəˈkrɑːftsmən] *pl*: **master craftsmen** [ˌmɑːstəˈkrɑːftsmən]

Handwerksmeister

master craftswoman [ˌmɑːstəˈkrɑːftswʊmən] *pl:* **master craftswomen** [ˌmɑːstəˈkrɑːftswɪmɪn] Handwerksmeisterin

masterpiece [ˈmɑːstəpiːs] Meisterwerk

masturbate [ˈmɑːstəbeɪt] masturbieren

mat [mæt] **1** *auf Fußboden:* Matte **2** *auf Tisch:* Untersetzer; **place mat** Platzdeckchen, Set; **beer mat** *Br* Bierdeckel

★**match¹** [mætʃ] Streichholz, Zündholz

★**match²** [mætʃ] **1** *allg. Sport:* Spiel, Wettkampf, Ⓐ, Ⓜ Match **2** *Tennis:* Match, Partie **3** **be no match for someone** jemandem nicht gewachsen sein; **find** (*oder* **meet**) **one's match** seinen Meister finden (**in someone** in jemandem) **4** *von Personen:* gut zusammenpassendes Paar, Gespann; **they're an excellent match** sie passen ausgezeichnet zueinander **5** Heirat; **she's a good match** sie ist eine gute Partie

★**match³** [mætʃ] **1** zusammenpassen, übereinstimmen (**with** mit) (*auch farblich usw.*) **2** *einer Person:* ebenbürtig (*oder* gewachsen) sein; **no one can match her in cooking** niemand kann so gut kochen wie sie

matchbox [ˈmætʃbɒks] Streichholzschachtel

matching [ˈmætʃɪŋ] (dazu) passend

matchless [ˈmætʃləs] *Schönheit usw.:* unvergleichlich, einzigartig

match point [ˈmætʃ ˌpɔɪnt] *Tennis usw.:* Matchball

mate¹ [meɪt] **1** *Br, umg* Kamerad, Kameradin, Kumpel; **now listen, mate!** jetzt hör mal, Freundchen! **2** *oft in Zusammensetzungen:* **workmate** Arbeitskollege, -kollegin; **schoolmate** Schulfreund(in) **3** *bei Tieren:* **her mate** das Männchen; **his mate** das Weibchen

mate² [meɪt] *von Tieren:* (sich) paaren

mate³ [meɪt] *Schach:* Matt

mate⁴ [meɪt] *Schach:* matt setzen

★**material¹** [məˈtɪərɪəl] **1** materiell, Material…; **material damage** Sachschaden; **material wealth** materieller Wohlstand **2** *Bedürfnisse, Wohlergehen:* leiblich

★**material²** [məˈtɪərɪəl] Material, Stoff (*beide auch übertragen für Referat, Buch usw.*)

materialistic [məˌtɪərɪəˈlɪstɪk] materialistisch

maternal [məˈtɜːnl] **1** *Gefühle usw.:* mütterlich, Mutter… **2** *Verwandtschaft:* mütterlicherseits

maternity [məˈtɜːnətɪ] **1** Mutterschaft **2** **maternity dress** Umstandskleid; **maternity leave** Mutterschaftsurlaub; **maternity ward** Entbindungsstation

math [mæθ] *US, umg* Mathe

mathematical [ˌmæθəˈmætɪkl] mathematisch

mathematician [ˌmæθəməˈtɪʃn] Mathematiker(in)

★**mathematics** [ˌmæθəˈmætɪks] *pl* (⚠ *mst. im sg verwendet*) Mathematik

maths [mæθs] *pl* (⚠ *mst. im sg verwendet*) *Br, umg* Mathe

matt [mæt] matt; **matt paint** Mattlack

★**matter¹** [ˈmætə] **1** Sache, Angelegenheit; **that's an entirely different matter** das ist etwas ganz anderes; **as a matter of course** selbstverständlich, natürlich; **as a matter of fact** tatsächlich, eigentlich; **that's a matter of opinion** das ist Ansichtssache; **as a matter of form** der Form halber; **a matter of taste** (eine) Geschmackssache; **a matter of time** eine Frage der Zeit; **it's a matter of life and death** es geht um Leben und Tod; **it's no laughing matter** das ist nicht zum Lachen **2** **matters** *pl* die Sache, die Dinge *pl*; **to make matters worse** was die Sache noch schlimmer macht; **as matters stand** wie die Dinge liegen **3** **what's the matter (with him)?** was ist los (mit ihm)?; **no matter what he says** ganz gleich, was er sagt; **no matter who** gleichgültig, wer **4** *Gedrucktes:* **printed matter** Drucksache; **reading matter** Lesestoff **5** *Physik:* Materie, Stoff **6** *Medizin:* Eiter

★**matter²** [ˈmætə] von Bedeutung sein (**to** für); **it doesn't matter** es macht nichts; **what does it matter?** was macht es schon?; **it doesn't matter to me what you do** es ist mir egal, was du machst

matter-of-fact [ˌmætərəvˈfækt] nüchtern

mattress [ˈmætrəs] Matratze

mature¹ [⚠ məˈtʃʊə] **1** *Person:* reif, vernünftig **2** *Wein, Käse usw.:* reif, ausgereift **3** *Pläne usw.:* ausgereift

mature² [⚠ məˈtʃʊə] *von Wein usw.:* reifen (lassen) (*auch übertragen*)

maturity [məˈtʃʊərɪtɪ] Reife (*auch übertragen*)

Maundy Thursday [ˌmɔːndɪˈθɜːzdeɪ] Gründonnerstag

mauve [məʊv] lila

maxima [ˈmæksɪmə] *pl von* → maximum

maximize [ˈmæksɪmaɪz] maximieren (*Gewinn, Chancen usw.*)

maximum¹ [ˈmæksɪməm] *pl:* **maxima** [ˈmæksɪmə] *oder* **maximums** Maximum

maximum² [ˈmæksɪməm] **1** Höchst…; **maximum speed** Höchstgeschwindigkeit **2** *Länge:* maximal

★**May** [meɪ] Mai; **in May** im Mai

★**may** [meɪ] **1** *drückt Möglichkeit aus*: können; **you may be right** du magst (*oder* kannst) recht haben, vielleicht hast du recht; **it may be true** das kann stimmen; **they may come or they may not** vielleicht kommen sie, vielleicht auch nicht **2** *drückt Erlaubnis aus*: dürfen, können; **may I come in?** darf ich reinkommen? **3** **you may as well go to bed** du kannst ruhig ins Bett gehen; → might²

★**maybe** ['meɪbi] vielleicht

May Day ['meɪdeɪ] der 1. Mai

mayday [meɪdeɪ] Mayday (*internationaler Funknotruf*)

mayo ['meɪəʊ] *umg* Mayonnaise, Majo

mayonnaise [,meɪə'neɪz] Majonäse

mayor [meə] Bürgermeister(in)

maze [meɪz] *allg*.: Labyrinth (*auch übertragen*)

MB [,em'biː] (*abk für* megabyte) MB

★**me** [miː] **1** mich; **does he know me?** kennt er mich? **2** mir; **she gave me the book** sie gab mir das Buch; **are you talking to me?** redest du mit mir? **3** *umg* ich; **it's me** ich bin's

★**meadow** ['medəʊ] Wiese; **in the meadow** auf der Wiese (*oder* Weide)

meagre, *US* **meager** ['miːgə] *Einkommen, Mahlzeit, Ergebnis usw*.: mager, dürftig

★**meal** [miːl] Mahlzeit, Essen; **meals on wheels** Essen auf Rädern; **go out for a meal** essen gehen; **enjoy your meal!** guten Appetit!, lass es dir schmecken!

mealtime ['miːltaɪm] Essenszeit

★**mean¹** [miːn], **meant** [ment], **meant** [ment] **1** (*Wort, Symbol usw*.) bedeuten, heißen; **what does the word mean?** was bedeutet das Wort?; **does this mean anything to you?** ist dir das ein Begriff?, sagt dir das etwas? **2** (≈ *äußern*) meinen, sagen wollen; **what do you mean by that?** was willst du damit sagen? **3** (≈ *im Sinn haben*) beabsichtigen, vorhaben; **I've been meaning to send you a fax all day** ich hatte schon den ganzen Tag vor, dir ein Fax zu schicken **4** **I mean it** es ist mir Ernst damit; **sorry - I didn't mean it!** *umg* 'tschuldigung - war nicht ernst gemeint!; **mean business** es ernst meinen; **mean well** (*oder* **no harm**) es nicht böse meinen **5** **be meant for** bestimmt sein für

★**mean²** [miːn] **1** *Verhalten usw*.: gemein, niederträchtig; **he's really mean to her** er ist wirklich gemein zu ihr **2** *Br, mit Geld usw*.: geizig, knauserig **3** *charakterlich*: schäbig; **feel mean** sich schäbig (*oder* gemein) vorkommen (**about**) wegen)

★**mean³** [miːn] **1** Mitte, Mittelweg **2** *von Zahlen usw*.: Durchschnitt, Mittelwert

★**meaning** ['miːnɪŋ] **1** *von Wörtern, Gedicht usw*.: Sinn, Bedeutung (▲ **Meinung** = **opinion**); **what's the meaning of this?** was soll denn das bedeuten?; **full of meaning** *Blick, Mimik*: bedeutungsvoll **2** *übertragen* Sinn, Inhalt; **give one's life new meaning** seinem Leben einen neuen Sinn geben

meaningful ['miːnɪŋfl] **1** *Blick, Lächeln, Ereignis usw*.: bedeutungsvoll **2** *Arbeit, Aufgabe usw*.: sinnvoll

meaningless ['miːnɪŋləs] **1** *Wort, Text usw*.: ohne Sinn **2** *Leben, Tätigkeit usw*.: sinnlos

meanness ['miːnnəs] **1** Gemeinheit, Niederträchtigkeit **2** *Br* Geiz

★**means** [miːnz] *pl*: means **1** (≈ *Hilfsmittel*) Mittel, Weg; **by means of** mittels, durch, mit; **a means of communication** ein Kommunikationsmittel; **means of transport** (*US* **transportation**) Transportmittel; **the end justifies the means** der Zweck heiligt die Mittel **2** **means** *pl* (≈ *Geld*) Mittel *pl*, Vermögen; **live within** (*bzw*. **beyond**) **one's means** seinen Verhältnissen entsprechend (*bzw*. über seine Verhältnisse) leben **3** *in Wendungen*: **by all means** unbedingt, aber selbstverständlich; **by no means** keinesfalls, auf keinen Fall

meant [ment] 2. und 3. Form von → **mean¹**

meantime ['miːntaɪm] **in the meantime** inzwischen, in der Zwischenzeit

★**meanwhile** ['miːnwaɪl] inzwischen, in der Zwischenzeit

measles ['miːzlz] (▲ *mst. im sg verwendet*) Masern *pl*; **German measles** Röteln

★**measure¹** ['meʒə] **1** Maßnahme; **take measures** Maßnahmen treffen (*oder* ergreifen) **2** *in der Physik usw*.: Maß, Maßeinheit; **measure of length** Längenmaß **3** *Messvorrichtung*: Maß, Messgerät **4** *übertragen* Maß, Maßstab; **beyond all measure** über alle Maßen, grenzenlos; **in large measure** in großem Maße

★**measure²** ['meʒə] **1** *allg*.: messen; **what does it measure?** wie groß ist es?; **measure someone** jemandem Maß nehmen (*für Anzug, Kleid usw*.) **2** abmessen (*Länge usw*.) **3** ausmessen (*Raum, Fläche usw*.) **4** *übertragen* vergleichen, messen (**against**, **with** mit)

measurement ['meʒəmənt] **1** *Vorgang*: Messung **2** **measurements** *pl* Maße; **take measurements** Messungen vornehmen; **take someone's measurements** jemandem Maß nehmen (*für Anzug, Kleid usw*.)

★**meat** [miːt] **1** *als Nahrung*: Fleisch; **cold meat** kalter Braten **2** *übertragen* Substanz, Gehalt (*von Aufsatz, Vortrag usw.*)

meatball ['miːtbɔːl] Fleischklößchen, Bulette, Frikadelle, Ⓐ Fleischlaiberl

★**mechanic** [mɪ'kænɪk] Mechaniker(in)

★**mechanical** [mɪ'kænɪkl] mechanisch (*auch übertragen*); **a mechanical device** ein Mechanismus; **mechanical engineering** Maschinenbau

mechanically [mɪ'kænɪklɪ] *auch übertragen* mechanisch

mechanism ['mekənɪzəm] Mechanismus

Mecklenburg-Western Pomerania ['meklənbɜːg,westən,pɒmə'reɪnɪə] Mecklenburg-Vorpommern

★**medal** ['medl] **1** *im Sport*: Medaille **2** *für Verdienste*: Orden

medallist, *US* **medalist** ['medlɪst] Medaillengewinner(in)

meddle ['medl] sich einmischen (**with, in** in)

media[1] ['miːdɪə] *pl von* → **medium**[1]

★**media**[2] ['miːdɪə] *pl* (⚠ *auch im sg verwendet*) **the media** die Medien; **media event** Medienereignis; **media-shy** medienscheu; **media studies** *pl*: Medienwissenschaft

median ['miːdɪən] *US* Mittelstreifen (*einer Autobahn, Schnellstraße usw.*)

mediation [,miːdɪ'eɪʃn] Vermittlung

mediator ['miːdɪeɪtə] *in Streit usw.*: Vermittler(in)

Medicaid ['medɪkeɪd] *in den USA*: staatliche Gesundheitsfürsorge für Einkommensschwache

★**medical**[1] ['medɪkl] medizinisch, ärztlich; **medical assistant** medizinischer Assistent, medizinische Assistentin; **medical certificate** ärztliches Attest; **medical examination** ärztliche Untersuchung; **on medical grounds** aus gesundheitlichen Gründen; **medical insurance** Krankenversicherung

medical[2] ['medɪkl] *umg* ärztliche Untersuchung; **go for a medical** sich ärztlich untersuchen lassen

Medicare ['medɪkeə] *in den USA*: staatliche Gesundheitsfürsorge für ältere Leute

medicated ['medɪkeɪtɪd] **medicated shampoo** medizinisches Shampoo

★**medication** [,medɪ'keɪʃn] *Medizin*: Medikamente *pl*; **be on medication** Medikamente nehmen

★**medicine** ['medsn] **1** (≈ *Medikament*) Medizin, Arznei; **I gave her a dose** (*oder* **taste**) **of her own medicine** *übertragen* ich habe es ihr mit gleicher Münze heimgezahlt **2** *Wissenschaft*: Medizin, Heilkunde

medicine cabinet ['medsn,kæbɪnət] Hausapotheke

medieval [,medɪ'iːvl] mittelalterlich

mediocre [,miːdɪ'əʊkə] mittelmäßig

Mediterranean[1] [,medɪtə'reɪnɪən] **the Mediterranean (Sea)** das Mittelmeer

Mediterranean[2] [,medɪtə'reɪnɪən] südländisch, Mittelmeer...; **the Mediterranean countries** die Mittelmeerländer

medium[1] ['miːdɪəm] *pl*: **media** ['miːdɪə] *oder seltener* **mediums** **1** *für Kommunikation, Information*: Medium **2** **strike a happy medium** den goldenen Mittelweg finden

medium[2] ['miːdɪəm] *pl*: **mediums** *in der Parapsychologie*: Medium

medium[3] ['miːdɪəm] **1** *Größe, Menge usw.*: mittlere(r, -s), mittel... **2** *Steak*: medium, halb durch

medium-priced ['miːdɪəmpraɪst] **a medium-priced hotel** *usw.* ein Hotel *usw.* der mittleren Preislage

medium-sized ['miːdɪəmsaɪzd] mittelgroß

medium wave ['miːdɪəm ˌweɪv] *Radio*: Mittelwelle

medley ['medlɪ] **1** *von Musik*: Medley, Potpourri **2** *beim Schwimmen*: Lagenstaffel

meek [miːk] sanft, sanftmütig

★**meet** [miːt], **met** [met], **met** [met] **1** *allg.*: begegnen, treffen, sich treffen mit; **can we meet again?** sehen wir uns wieder?; **our eyes met** unsere Blicke trafen sich; **we're meeting tomorrow at 10** wir treffen (*oder* sehen) uns morgen um 10 **2** (≈ *zum ersten Mal treffen*) kennenlernen; **when I first met him** als ich seine Bekanntschaft machte; **nice** (*oder* **pleased**) **to meet you** *umg* sehr erfreut, angenehm; **I've never met him** ich kenne ihn nicht persönlich; **we've met before** wir kennen uns schon **3** *vom Bahnhof usw.*: abholen; **she came to meet me at the airport** sie holte mich vom Flughafen ab **4** *Sport*: treffen auf; **the two teams are meeting for the first time** die beiden Mannschaften spielen zum ersten Mal gegeneinander **5** **meet someone halfway** *bes. übertragen* jemandem auf halbem Weg entgegenkommen **6** **there's more to it than meets the eye** da steckt mehr dahinter **7** **meet a demand** einer Forderung nachkommen **8** **meet a deadline** einen Termin einhalten

PHRASAL VERBS

meet with ['miːt‿wɪð] **1** zu einer Sitzung usw.: zusammentreffen mit, sich treffen mit **2** erleben, erleiden (Unglück usw.); **meet with an accident** einen Unfall erleiden, verunglücken **3 meet with disapproval** auf Ablehnung stoßen; **meet with approval** Beifall finden

★**meeting** ['miːtɪŋ] **1** allg.: Treffen, Begegnung **2** offiziell: Sitzung, Besprechung; **he's at** (oder **in**) **a meeting** er ist in einer Besprechung **3** Sport: Veranstaltung

meeting place ['miːtɪŋ‿pleɪs] Treffpunkt
meeting room ['miːtɪŋ‿ruːm] Besprechungsraum

megabyte ['megəbaɪt] Megabyte

mellow¹ ['meləʊ] **1** Farbe, Licht: warm **2** Obst: reif, weich **3** Wein: ausgereift, lieblich **4** Person: gereift **5** nach Alkoholgenuss: beschwipst
mellow² ['meləʊ] **1** reifen (auch übertragen Person) **2** reifen lassen

melody ['melədɪ] Melodie
melon ['melən] Frucht: Melone

★**melt** [melt] **1** (Schnee, Eis usw.) schmelzen, (Butter usw.) zergehen; **melt in the mouth** auf der Zunge zergehen **2** (Person) dahinschmelzen; **melt into tears** in Tränen zerfließen **3** schmelzen (Metall usw.), zerlassen (Butter, Speck) **4** übertragen erweichen (Herz) **5** übertragen (Ärger, Zorn usw.) verfliegen

meltdown ['meltdaʊn] im Reaktor: Kernschmelze

★**member** ['membə] **1** von Verein, Partei usw.: Mitglied; **members only** (Zutritt) nur für Mitglieder **2** von Familie, Stamm usw.: Angehörige(r); **member of the family** Familienmitglied **3 Member of Parliament** in GB: Unterhausabgeordnete(r), in Deutschland: Bundestagsabgeordnete(r) **4 member of staff** in Betrieb: Mitarbeiter(in), an Schule usw.: Kollege

membership ['membəʃɪp] **1** Mitgliedschaft (**of** bei); **membership card** Mitgliedsausweis; **membership fee** Mitgliedsbeitrag **2** Mitgliederzahl; **have a membership of 200** 200 Mitglieder haben

memorable ['memərəbl] **1** ein Tag usw.: denkwürdig **2** Erlebnis usw.: unvergesslich

memorial [mə'mɔːrɪəl] Denkmal, Gedenkstätte (**to** für)

memorize ['meməraɪz] auswendig lernen (Gedicht usw.)

★**memory** ['memərɪ] **1** (≈ Erinnerungsvermögen) Gedächtnis; **from memory** aus dem Gedächtnis (oder Kopf); **have a good** (bzw. **bad**) **memory** ein gutes (bzw. schlechtes) Gedächtnis haben; **I've got a bad memory for names** ich habe ein schlechtes Namensgedächtnis; **to the best of my memory** soweit ich mich erinnern kann; **he's got a memory like a sieve** er hat ein Gedächtnis wie ein Sieb; **in living memory** seit Menschengedenken **2** (≈ Gedenken) Andenken, Erinnerung (**of** an); **in memory of** zum Andenken an **3** mst. **memories** pl Erinnerung; **childhood memories** Kindheitserinnerungen **4** von Computer: Speicher, Speicherkapazität

memory stick® ['memərɪ‚stɪk] Computer: USB--Stick, Memorystick

men [men] pl von → **man**; **men's room** US Herrentoilette; **men's clothing** Herrenbekleidung

menace ['menəs] **1** Drohung **2** Bedrohung, drohende Gefahr

menacing ['menəsɪŋ] bedrohlich

★**mend** [mend] **1** allg.: reparieren **2** ausbessern, flicken (Socken, Hose usw.) **3** übertragen kitten (Freundschaft usw.) **4 mend one's ways** übertragen (Person) sich bessern

menial ['miːnɪəl] Arbeit: untergeordnet, niedrig

menstruate ['menstrʊeɪt] seine Regel haben, menstruieren

★**mental** ['mentl] **1** (≈ gedanklich) geistig, Geistes…; **mental arithmetic** Kopfrechnen; **be mentally lazy** geistig träge sein **2** (≈ psychisch) geistig, seelisch; **mental hospital** psychiatrische Klinik, Nervenheilanstalt; **mentally handicapped** geistig behindert

mentality [men'tælətɪ] Mentalität

★**mention** ['menʃn] erwähnen (**to** gegenüber); **don't mention it!** nach Dank: bitte (sehr)!, gern geschehen!; **not to mention …** ganz abgesehen (oder zu schweigen) von …

★**menu** ['menjuː] **1** in Restaurant: Speisekarte; **may we see the menu?** können Sie uns bitte die Karte bringen? **2** auf Computermonitor usw.: Menü

menu bar ['menjuː‿bɑː] Computer: Menüleiste

MEP [‚emiː'piː] (abk für **Member of the European Parliament**) Europaabgeordnete(r)

★**merchandise** ['mɜːtʃəndaɪz] Ware, Waren pl (für den Verkauf)

merchant ['mɜːtʃənt] Kaufmann, Kauffrau; **corn merchant** Getreidehändler(in)

merciful ['mɜːsɪfl] barmherzig, gnädig
merciless ['mɜːsɪləs] unbarmherzig
mercury ['mɜːkjʊrɪ] Metall: Quecksilber

mercy ['mɜːsɪ] **1** Erbarmen, Gnade; **without mercy** gnadenlos; **be at someone's mercy** jemandem (auf Gedeih und Verderb) ausgeliefert sein; **have mercy on** Mitleid (*oder* Erbarmen) haben mit **2** *umg* wahres Glück, Segen; **it's a mercy no one was killed** *nach Unfall usw.*: man kann von Glück sagen, dass es keine Toten gab

mere [mɪə] **I'm a mere editor** ich bin nur ein kleiner Redakteur; **a mere 3.3% pay rise** bloß (*oder* lediglich) 3,3% Lohnerhöhung; **the mere thought of it** allein der Gedanke daran

★**merely** ['mɪəlɪ] bloß, nur, lediglich; **she merely looked at him and left the room** sie sah ihn nur an und ging aus dem Zimmer

merge [mɜːdʒ] *Wirtschaft*: fusionieren, (sich) zusammenschließen

merger ['mɜːdʒə] *Wirtschaft*: Fusion, Zusammenschluss

merit[1] ['merɪt] **1** Verdienst **2** **have artistic merit** von künstlerischem Wert sein

merit[2] ['merɪt] verdienen (*Lohn, Strafe usw.*)

meritocracy [ˌmerɪˈtɒkrəsɪ] Leistungsgesellschaft

mermaid ['mɜːmeɪd] Meerjungfrau, Nixe

merriment ['merɪmənt] **1** Fröhlichkeit **2** Gelächter, Heiterkeit

merry ['merɪ] **1** *Person, Laune usw.*: lustig, fröhlich **2** *Br, umg* beschwipst, angeheitert; **get merry** sich einen andudeln **3** **Merry Christmas!** fröhliche (*oder* frohe) Weihnachten!

merry-go-round ['merɪɡəʊˌraʊnd] *bes. Br* Karussell, Ⓐ Ringelspiel

mesh [meʃ] *von Netz usw.*: Masche

mesmerize ['mezməraɪz] faszinieren, in seinen Bann schlagen; **mesmerized** fasziniert, gebannt

★**mess** [mes] **1** *in Zimmer usw.*: Unordnung, Durcheinander, *stärker*: Schmutz; **make a mess** Unordnung machen, *schmutzig*: eine Schweinerei machen; **the room was (in) a mess** das Zimmer war unaufgeräumt, *stärker*: das Zimmer war ein einziges Durcheinander; **look a mess** (*Person*) unordentlich (*oder* schlimm) aussehen **2** *übertragen* Patsche, Klemme; **be in a nice mess** ganz schön in der Klemme stecken; **make a mess of something** etwas verpfuschen **3** *in Kaserne usw.*: Messe; **officers' mess** Offiziersmesse, Offizierskasino

———— **PHRASAL VERBS** ————

mess about *oder* **around** [ˌmesˈəˈbaʊt *oder* əˈraʊnd] **1** *umg* (≈ *nichts tun*) herumgammeln **2** (≈ *Unsinn machen*) herumalbern

mess up [ˌmesˈʌp] **1** in Unordnung bringen (*Zimmer, Wohnung usw.*) **2** *übertragen* verpfuschen, über den Haufen werfen (*Pläne usw.*) **3** **messed up** *Person*: verkorkst

———————————————————

★**message** ['mesɪdʒ] **1** Mitteilung, Nachricht; **can I give him a message?** kann ich ihm etwas ausrichten?; **leave a message for someone** jemandem eine Nachricht hinterlassen; **can I take a message?** kann ich etwas ausrichten?; **I got the message** *umg* ich hab's kapiert **2** *übertragen* Aussage, Botschaft (*von Roman, Film usw.*)

message board ['mesɪdʒˌbɔːd] *auf Website*: Nachrichtenforum

messenger ['mesɪndʒə] Bote, Botin

messy ['mesɪ] **1** *Zimmer usw.*: schmutzig, unordentlich **2** *Situation, Problem usw.*: verfahren, vertrackt

met [met] 2. und 3. Form von → **meet**

★**metal** ['metl] Metall

★**meter**[1] ['miːtə] *US; Längenmaß*: Meter; **meter rule** Meterstab

★**meter**[2] ['miːtə] Messgerät, Zähler

method ['meθəd] **1** Methode, Verfahren; **method of payment** Zahlungsweise **2** (≈ *Plan*) Methode, System

methodical [məˈθɒdɪkl] methodisch

★**metre** ['miːtə] *Br* **1** *Längenmaß*: Meter; **metre rule** Meterstab **2** *in Gedichten*: Versmaß

metric ['metrɪk] **the metric system** das metrische Maßsystem; **go metric** auf das metrische Maßsystem umstellen

metropolis [məˈtrɒpəlɪs] Metropole, Hauptstadt

Mexican[1] ['meksɪkən] mexikanisch

Mexican[2] ['meksɪkən] Mexikaner(in)

Mexico ['meksɪkəʊ] Mexiko

miaow [miːˈaʊ] miauen

mice [maɪs] *pl von* → **mouse**

mickey ['mɪkɪ] **take the mickey out of someone** *Br, umg* jemanden auf den Arm nehmen, Ⓐ jemanden pflanzen

micro-blogging ['maɪkrəʊˌblɒɡɪŋ] *im Internet*: Mikroblogging; **micro-blogging site** Mikroblog-Dienst

microchip ['maɪkrəʊtʃɪp] *Computer*: Mikrochip

microcomputer ['maɪkrəʊkəmˌpjuːtə] Mikrocomputer

micrometer [maɪˈkrɒmɪtə] Messschraube

microphone ['maɪkrəfəʊn] Mikrofon

microprocessor ['maɪkrəʊˌprəʊsesə] *Computer*: Mikroprozessor

microscope ['maɪkrəskəʊp] Mikroskop
microwave[1] ['maɪkrəweɪv] **1** *Physik*: Mikrowelle **2** *auch* **microwave oven** Mikrowellenherd, *umg* Mikrowelle
microwave[2] ['maɪkrəweɪv] in der Mikrowelle zubereiten
mid [mɪd] *in Zusammensetzungen*: mittlere(r, -s), Mittel...; **in mid-April** Mitte April; **he's in his mid-forties** er ist Mitte vierzig
midday [ˌmɪd'deɪ] Mittag; **at midday** mittags
★**middle**[1] ['mɪdl] mittlere(r, -s), Mittel...; **middle classes** Mittelstand; **middle finger** Mittelfinger; **middle name** zweiter Vorname
★**middle**[2] ['mɪdl] **1** *allg.*: Mitte; **in the middle of ...** in der Mitte ..., mitten in ...; **in the middle of July** Mitte Juli; **they live in the middle of nowhere** sie wohnen jwd (*oder* am Ende der Welt) **2** **I'm in the middle of having breakfast - can I call you back?** ich bin mitten beim Frühstück - kann ich Sie zurückrufen? **3** *umg*; *Körperpartie*: Taille
middle-aged [ˌmɪdl'eɪdʒd] mittleren Alters
Middle Ages [ˌmɪdl'eɪdʒɪz] *pl* **the Middle Ages** das Mittelalter
middle-class [ˌmɪdl'klɑːs] des Mittelstands, bürgerlich
Middle East [ˌmɪdl'iːst] **the Middle East** der Nahe Osten
middle-of-the-road [ˌmɪdləvðə'rəʊd] *politisch usw.*: gemäßigt
midfield ['mɪdfiːld] *bes. beim Fußball*: Mittelfeld; **midfield player** Mittelfeldspieler(in)
midge [mɪdʒ] *Insekt*: Mücke
midlands ['mɪdləndz] **the Midlands** *pl* Mittelengland
★**midnight** ['mɪdnaɪt] Mitternacht; **at midnight** um Mitternacht
midst [mɪdst] Mitte; **in the midst of** mitten unter
midsummer [ˌmɪd'sʌmə] Hochsommer
midway [ˌmɪd'weɪ] auf halbem Weg (*sich treffen usw.*); **midway** ['mɪdweɪ] **between London and Bristol** auf halbem Weg zwischen London und Bristol
Midwest [ˌmɪd'west] Mittelwesten
midwife ['mɪdwaɪf] *pl*: **midwives** ['mɪdwaɪvz] Hebamme
★**might**[1] [maɪt] Macht; **with all his** (*oder* **her**) **might** mit aller Kraft
★**might**[2] [maɪt] *2. Form von* → **may**; **it might happen** es könnte geschehen; **we might as well go** da könnten wir (auch) ebenso gut gehen; **you might have said something** du hättest eigentlich was sagen können
might've ['maɪtəv] *Kurzform von* **might have**
mighty ['maɪtɪ] mächtig, gewaltig (*beide auch übertragen*)
migraine ['miːɡreɪn] *Kopfschmerzen*: Migräne
migrant ['maɪɡrənt] *Person*: Migrant(in); **migrant worker** Saisonarbeiter(in), Wanderarbeiter(in)
mike [maɪk] *umg* Mikro (*Mikrofon*)
Milan [mɪ'læn] Mailand
★**mild** [maɪld] **1** *Geschmack, Seife, Strafe, Wetter usw.*: mild; **to put it mildly** gelinde gesagt **2** *Fieber, Infekt usw.*: leicht
mildness ['maɪldnəs] Milde
★**mile** [maɪl] Meile (*entspricht etwa 1,6 km*); **a fifty-mile journey** eine Fahrt von fünfzig Meilen; **for miles** meilenweit; **talk a mile a minute** *umg* wie ein Maschinengewehr (*oder* Wasserfall) reden; **they live miles away** sie wohnen meilenweit weg; **sorry - I was miles away** Entschuldigung - ich war mit den Gedanken ganz woanders; **he's miles better at tennis** *umg* er spielt hundertmal besser Tennis
mileage ['maɪlɪdʒ] **1** (zurückgelegte) Meilen; **mileage per gallon** Benzinverbrauch **2** *auf Tacho*: Kilometerstand
mileometer [▲ maɪ'lɒmɪtə] Meilenzähler, *entspricht*: Kilometerzähler
milestone ['maɪlstəʊn] Meilenstein (*auch übertragen*)
militarism ['mɪlɪtərɪzm] Militarismus
★**military**[1] ['mɪlɪtərɪ] militärisch, Militär...; **military academy** Militärakademie; **military dictatorship** Militärdiktatur; **military government** Militärregierung; **military police** Militärpolizei
★**military**[2] ['mɪlɪtərɪ] (▲ *im pl verwendet*) **the military** das Militär
military service [ˌmɪlɪtərɪ'sɜːvɪs] Militärdienst; **do one's military service** seinen Militärdienst ableisten (*oder* machen); **he's doing his military service** er ist gerade beim Militär
★**milk**[1] [mɪlk] Milch; **it's no use crying over spilt milk** *Sprichwort*: geschehen ist geschehen
★**milk**[2] [mɪlk] **1** melken (*Kuh usw.*) **2** *übertragen* ausnehmen (*Person*)
milk chocolate [ˌmɪlk'tʃɒklət] Vollmilchschokolade
milkshake, **milk shake** ['mɪlkʃeɪk] Milchshake
milky ['mɪlkɪ] **1** *Flüssigkeit*: milchig **2** *Kaffee, Tee*: mit (viel) Milch
Milky Way [ˌmɪlkɪ'weɪ] (≈ *Galaxis*) Milchstraße
★**mill**[1] [mɪl] **1** *zur Getreideverarbeitung*: Mühle;

go through the mill *übertragen* viel durchmachen; **put someone through the mill** *übertragen* jemanden hart rannehmen, *umg* jemanden durch die Mangel drehen ▨ *Industriebetrieb*: Fabrik, Werk

★**mill²** [mɪl] mahlen (*Getreide usw.*)

millennium [mɪˈlenɪəm] *pl*: **millennia** [mɪˈlenɪə] Jahrtausend; **at the turn of the millennium** um die Jahrtausendwende

miller [ˈmɪlə] Müller(in)

milligram, *Br* **milligramme** [ˈmɪlɪgræm] Milligramm

millilitre, *US* **milliliter** [ˈmɪlɪˌliːtə] Milliliter

★**millimetre**, *US* **millimeter** [ˈmɪlɪˌmiːtə] Millimeter

★**million** [ˈmɪljən] Million; **six million dollars** sechs Millionen Dollar; **millions of people** Millionen von Menschen; **feel like a million dollars** *umg* sich ganz prächtig fühlen

millionaire [ˌmɪljəˈneə] Millionär(in)

millisecond [ˈmɪlɪˌsekənd] Millisekunde

millstone [ˈmɪlstəʊn] Mühlstein; **be a millstone round someone's neck** *übertragen* jemandem ein Klotz am Bein sein

mince¹ [mɪns] ▨ klein schneiden, Ⓐ faschieren (*mst. Fleisch*); **mince meat** Fleisch durchdrehen (Ⓐ faschieren), Hackfleisch machen; **minced meat** *Br* Hackfleisch, Ⓐ Faschierte(s) ▨ **she doesn't mince matters** (*oder* **her words**) *übertragen* sie nimmt kein Blatt vor den Mund

mince² [mɪns] *Br* Hackfleisch, Ⓐ Faschierte(s)

mincemeat [ˈmɪnsmiːt] ▨ *etwa*: süße Pastetenfüllung ▨ **make mincemeat of someone** *umg* aus jemandem Hackfleisch machen

mince pie [ˌmɪnsˈpaɪ] Weihnachtsgebäck, *das aus einer mit mincemeat gefüllten Teigtasche besteht*

mincer [ˈmɪnsə] Fleischwolf

★**mind¹** [maɪnd] ▨ (≈ *Gedanken und Gefühle*) Sinn, Gemüt, Herz; **have you got something on your mind?** bedrückt dich etwas?; **I can't get that film out of my mind** dieser Film geht mir nicht aus dem Kopf; **have a lot on one's mind** viele Sorgen haben; **take someone's mind off something** jemanden von etwas ablenken ▨ (≈ *Intellekt*) Verstand, Geist; **in her mind's eye she saw ...** vor ihrem geistigen Auge sah sie ...; **be out of one's mind** nicht bei Sinnen sein; **lose one's mind** den Verstand verlieren; **you can put that out of your mind** das kannst du dir aus dem Kopf schlagen; **read someone's mind** jemandes Gedanken lesen; **out of sight, out of mind** aus den Augen, aus dem Sinn ▨ (≈ *Auffassung*) Ansicht, Meinung; **to my mind** meiner Ansicht nach, meines Erachtens; **change one's mind** es sich anders überlegen, seine Meinung ändern; **give someone a piece of one's mind** jemandem gründlich die Meinung sagen ▨ (≈ *Vorhaben*) Lust, Absicht; **have something in mind** etwas im Sinn haben; **have a good mind** (*oder* **have half a mind**) **to do something** gute (*oder* nicht übel) Lust haben, etwas zu tun; **make up one's mind** sich entschließen, einen Entschluss fassen; **I simply can't make up my mind** ich kann mich einfach nicht entscheiden; **we've made up our mind to move to Munich** wir haben uns entschlossen, nach München zu ziehen ▨ (≈ *Erinnerung*) Gedächtnis; **bear** (*oder* **keep**) **something in mind** immer an etwas denken, etwas nicht vergessen ▨ *übertragen* (≈ *Person*) Kopf, Geist; **she was among the finest minds of her time** sie zählte zu den großen Geistern ihrer Zeit

★**mind²** [maɪnd] ▨ *bes. BE* (≈ *vorsichtig sein*) achtgeben auf; **mind the step!** Vorsicht, Stufe!; **mind your head!** stoß dir den Kopf nicht an! ▨ (≈ *sich mit etwas befassen*) sehen nach, aufpassen auf; **mind your own business!** kümmere dich um deine eigenen Angelegenheiten!; **mind your language!** pass auf, was du sagst! ▨ (≈ *mit etwas nicht einverstanden sein*) etwas haben gegen; **do you mind my smoking** (*oder* **if I smoke**)? haben Sie etwas dagegen (*oder* stört es Sie), wenn ich rauche?; **I wouldn't mind a cup of tea** ich hätte nichts gegen eine Tasse Tee; **would you mind coming?** würden Sie so freundlich sein zu kommen?; **do you mind?** ungehalten: ich muss doch sehr bitten!; **never mind!** macht nichts!, ist schon gut!; **I don't mind** meinetwegen, von mir aus (gern) ▨ **mind you** allerdings; **mind you, she's still very young** sie ist allerdings noch ziemlich jung

★**mine¹** [maɪn] **it's mine** es gehört mir; **a friend of mine** ein Freund von mir; **his mother and mine** seine und meine Mutter

mine² [maɪn] ▨ *im Bergbau*: schürfen, graben (**for** nach) ▨ abbauen (*Erz, Kohle usw.*) ▨ *militärisch*: verminen

mine³ [maɪn] ▨ *im Bergbau*: Bergwerk, Zeche, Grube ▨ *militärisch*: Mine

miner [ˈmaɪnə] *im Bergbau*: Bergmann, Kumpel

mineral [ˈmɪnrəl] *Substanz*: Mineral; **mineral**

water Mineralwasser

minging ['mɪŋɪŋ] Br, umg eklig

mingle ['mɪŋgl] **1** (*Personen*) sich mischen (**among, with** unter) **2** (*Gefühle usw.*) sich vermischen (**with** mit) **3** mischen (**with** mit)

miniature ['mɪnətʃə] Miniatur...

minibus ['mɪnɪbʌs] Minibus

minidish ['mɪnɪdɪʃ] Minisatellitenantenne

minimal ['mɪnɪml] minimal

minimize ['mɪnɪmaɪz] **1** minimieren, möglichst gering halten (*Risiko usw.*) **2** bagatellisieren, herunterspielen (*Vorfall usw.*)

minimum¹ ['mɪnɪməm] *pl:* minima ['mɪnɪmə] *oder* minimums Minimum; **reduce something to a minimum** etwas auf ein Minimum reduzieren; **keep something to a** (*oder* **the**) **minimum** etwas auf ein Minimum beschränken

minimum² ['mɪnɪməm] Minimal..., Mindest...; **minimum temperatures** Tiefsttemperaturen; **minimum wage** Mindestlohn

mining ['maɪnɪŋ] Bergbau

★minister ['mɪnɪstə] **1** *Politik:* Minister(in); **Minister of Education** Bildungsminister(in); **Prime Minister** Premierminister(in), Ministerpräsident **2** *in protestantischen Gemeinden, bes. in USA:* Pfarrer(in)

ministry ['mɪnɪstrɪ] *Politik:* Ministerium; **Ministry of Justice** Justizministerium

minivan ['mɪnɪvæn] *US; Auto:* Großraumlimousine, (Mini)Van; → **people carrier** *Br*

minor¹ ['maɪnə] **1** *US; an Universität:* Nebenfach **2** *Person:* Minderjährige(r) **3** *Musik:* Moll; **D minor** d-Moll

minor² ['maɪnə] **1** *Änderungen, Probleme usw.:* kleinere(r, -s), unbedeutend **2** *Operation, Verletzung usw.:* leicht, kleinere(r, -s) **3** *Person:* minderjährig

★minority [maɪ'nɒrətɪ] Minderheit; **be in the** (*oder* **a**) **minority** in der Minderheit sein; **minority government** Minderheitsregierung

mint¹ [mɪnt] **1** *Bonbon:* Pfefferminz **2** Minze; **mint sauce** [,mɪnt'sɔːs] Minzsoße

mint² [mɪnt] **1** Münzanstalt **2** **earn a mint** *umg* ein Heidengeld verdienen

mint³ [mɪnt] **in mint condition** in tadellosem Zustand

minus¹ ['maɪnəs] **1** *Mathematik:* minus, weniger **2** *bei Temperaturangaben:* minus, unter null **3** *umg* ohne

minus² ['maɪnəs] **1** *auch* **minus sign** Minuszeichen **2** *in Kasse, Bilanz usw.:* Minus, Fehlbetrag **3** *übertragen* Nachteil

★minute¹ ['mɪnɪt] **1** Minute; **to the minute** auf die Minute (genau); **a ten-minute break** eine zehnminütige Pause **2** *übertragen* Augenblick; **at the last minute** in letzter Minute; **in a minute** sofort; **just a minute!** Moment mal!; **I won't be a minute** ich bin gleich wieder da, es dauert nicht lang; **she was here a minute ago** sie war eben noch da; **have you got a minute?** hast du einen Moment Zeit?; → **minutes**

minute² [⚠ maɪ'njuːt] **1** (≈ *unbeträchtlich*) winzig **2** *Untersuchung usw.:* peinlich genau, minuziös

minute hand ['mɪnɪt‿hænd] *von Uhr:* Minutenzeiger

minutes ['mɪnɪts] *pl* Sitzungsprotokoll; **keep** (*oder* **do**) **the minutes** das Protokoll führen

miracle ['mɪrəkl] Wunder (*auch übertragen*); **as if by a miracle** wie durch ein Wunder; **work** (*oder* **perform**) **miracles** Wunder tun, Wunder vollbringen

miraculous [mə'rækjələs] *Heilung usw.:* wunderbar

mirage [⚠ 'mɪrɑːʒ] **1** Luftspiegelung, Fata Morgana (*auch übertragen*) **2** *übertragen* Illusion

★mirror¹ ['mɪrə] **1** Spiegel **2** *übertragen* Spiegel, Spiegelbild (*einer Gesellschaft usw.*)

★mirror² ['mɪrə] *übertragen* widerspiegeln

misbehave [,mɪsbɪ'heɪv] **1** sich schlecht benehmen **2** (*bes. Kind*) ungezogen sein

misbehaviour, *US* misbehavior [,mɪsbɪ'heɪvjə] schlechtes Benehmen, Ungezogenheit

miscalculate [,mɪs'kælkjʊleɪt] **1** *bei Menge, Zahl usw.:* falsch berechnen, sich verrechnen **2** *übertragen* falsch einschätzen (*Situation, Konsequenzen usw.*)

miscalculation [,mɪskælkjʊ'leɪʃn] **1** Rechenfehler **2** *übertragen* Fehleinschätzung

miscarriage [,mɪs'kærɪdʒ] Fehlgeburt

miscarry [,mɪs'kærɪ] eine Fehlgeburt haben

miscellaneous [⚠ ,mɪsə'leɪnɪəs] **1** (≈ *vielerlei*) gemischt, vermischt **2** verschiedenartig

mischief [⚠ 'mɪstʃɪf] **1** (≈ *Unsinn*) Unfug, Dummheiten; **be up to mischief** etwas aushecken; **get into mischief** etwas anstellen; **be full of mischief** immer zu Dummheiten aufgelegt sein **2** (≈ *grober Unfug*) Unheil, Schaden; **do someone a mischief** *Br* jemandem Unheil (*oder* Schaden) zufügen

mischievous [⚠ 'mɪstʃɪvəs] **1** *Blick usw.:* schelmisch **2** boshaft, mutwillig

misconception [,mɪskən'sepʃn] falsche An-

nahme
miscount [ˌmɪsˈkaʊnt] **1** *allg.*: falsch zählen, sich verzählen **2** *nach Wahlen usw.*: falsch auszählen (*Stimmen*)
miser [ˈmaɪzə] Geizhals
miserable [ˈmɪzərəbl] **1** *Lebensumstände usw.*: erbärmlich, *Bezahlung*: miserabel **2** *Wohnverhältnisse*: armselig, elend **3** *Stimmungslage*: unglücklich; **feel miserable** sich miserabel fühlen
miserly [ˈmaɪzəlɪ] **1** *Person*: geizig **2** *Menge, Geldbetrag usw.*: armselig
★**misery** [ˈmɪzərɪ] **1** *Situation*: Elend, Not **2** *Gefühlslage*: Kummer, Jammer
misfire [ˌmɪsˈfaɪə] **1** (*Motor*) fehlzünden **2** (*Trick usw.*) danebengehen **3** (*Plan usw.*) fehlschlagen **4** (*Pistole usw.*) Ladehemmung haben
misfit [ˈmɪsfɪt] Außenseiter(in)
misguided [mɪsˈɡaɪdɪd] **1** *Meinung, Auffassung usw.*: irrig **2** *Optimismus, Freundlichkeit usw.*: unangebracht
mishandle [ˌmɪsˈhændl] falsch anpacken (*Problem, Vorhaben usw.*) (⚠ **misshandeln** = ill-treat)
mishap [ˈmɪshæp] Missgeschick, Malheur; **he's had a mishap** ihm ist ein Missgeschick passiert; **without mishap** ohne Zwischenfälle
mishmash [ˈmɪʃmæʃ] *umg* Mischmasch
misinform [ˌmɪsɪnˈfɔːm] falsch informieren (**about** über)
misinformation [ˌmɪsɪnfəˈmeɪʃn] Fehlinformation
misinterpret [ˌmɪsɪnˈtɜːprɪt] **1** missdeuten, falsch auffassen (*Äußerung usw.*) **2** fehlinterpretieren (*Gedicht, Roman usw.*)
misinterpretation [ˌmɪsɪnˌtɜːprɪˈteɪʃn] **1** *von Äußerung usw.*: Missdeutung **2** *von Gedicht usw.*: Fehlinterpretation
misjudge [ˌmɪsˈdʒʌdʒ] **1** falsch beurteilen, verkennen (*Person*) **2** falsch einschätzen (*Situation, Entfernung usw.*)
mislead [mɪsˈliːd], **misled** [mɪsˈled], **misled** [mɪsˈled] irreführen, täuschen; **be misled** sich täuschen lassen
mismanage [ˌmɪsˈmænɪdʒ] heruntenwirtschaften (*Land, Firma usw.*)
mismanagement [ˌmɪsˈmænɪdʒmənt] *politisch, wirtschaftlich*: Misswirtschaft
misprint [ˈmɪsprɪnt] *in Buch usw.*: Druckfehler
mispronounce [ˌmɪsprəˈnaʊns] falsch aussprechen (*Wort, Name usw.*)
mispronunciation [ˌmɪsprəˌnʌnsɪˈeɪʃn] falsche Aussprache

misread [ˌmɪsˈriːd], **misread** [ˌmɪsˈred], **misread** [ˌmɪsˈred] **1** falsch lesen (*Text, Schild usw.*) **2** übertragen missdeuten
★**miss¹** [mɪs] **1** **Miss** *mit folgendem Namen*: Fräulein **2** **Miss America** Miss Amerika
★**miss²** [mɪs] **1** *Sport usw.*: Fehlschuss, Fehlwurf **2** übertragen Reinfall, Misserfolg
★**miss³** [mɪs] **1** verpassen (*U-Bahn, Bus, Zug*); **miss the boat** (*oder* **bus**) *umg, übertragen* den Anschluss (*oder* seine Chance) verpassen **2** versäumen, sich entgehen lassen (*Chance, Gelegenheit*); **miss lunch** nicht zu Mittag essen **3** (≈ *nicht finden*) verfehlen (*Platz, Gebäude usw.*) **4** (≈ *nicht bemerken*) überhören, übersehen; **sorry - I missed that** Entschuldigung - das hab ich nicht mitbekommen **5** (≈ *Sehnsucht haben*) vermissen; **I miss you very much** du fehlst mir sehr **6** *im Sport usw.*: nicht treffen (*Tor, Korb usw.*)

PHRASAL VERBS

miss out [ˌmɪsˈaʊt] **1** schlecht wegkommen; **miss out on something** etwas verpassen **2** *Br* auslassen, weglassen; **his name had been missed out** sein Name fehlte

---

missile [ˈmɪsaɪl] **1** *Stein, Speer usw.*: Wurfgeschoss, Ⓐ Wurfgeschoß **2** *militärisch*: Rakete
missing [ˈmɪsɪŋ] **1** *Gegenstand usw.*: fehlend; **be missing** fehlen, verschwunden (*oder* weg) sein **2** *Person, Flugzeug usw.*: vermisst; **be** (*oder* **go**) **missing** vermisst sein (*oder* werden)
mission [ˈmɪʃn] *politisch, militärisch oder kirchlich*: Mission, Auftrag
missionary [ˈmɪʃnərɪ] Missionar(in)
misspell [ˌmɪsˈspel], **misspelt** [ˌmɪsˈspelt], **misspelt** [ˌmɪsˈspelt] *oder* **misspelled**, **misspelled** falsch schreiben
misspelling [ˌmɪsˈspelɪŋ] Rechtschreibfehler
★**mist** [mɪst] Dunst, feiner Nebel
★**mistake¹** [mɪˈsteɪk], **mistook** [mɪˈstʊk], **mistaken** [mɪˈsteɪkən] **1** verwechseln; **mistake A for B** A mit B verwechseln **2** falsch verstehen, missverstehen
★**mistake²** [mɪˈsteɪk] **1** *allg.*: Fehler; **make a mistake** einen Fehler machen **2** Irrtum, Versehen; **by mistake** irrtümlich, aus Versehen; **make a mistake** sich irren
mistaken¹ [mɪˈsteɪkən] *3. Form von* → **mistake¹**
mistaken² [mɪˈsteɪkən] **1** **be mistaken** sich irren; **unless I'm very much mistaken** wenn mich nicht alles täuscht **2** *Meinung usw.*: irrig, falsch
mister [ˈmɪstə] **1** **Mister** (*abk* **Mr**) *in Anrede*:

Herr ❷ **hey mister!** *bes. US, umg* hallo, Sie!
mistletoe [⚠ 'mɪsltəʊ] Weihnachtsschmuck: Mistelzweig
mistook [mɪs'tʊk] 2. Form von → mistake¹
mistreat [ˌmɪs'triːt] schlecht behandeln
mistress ['mɪstrəs] ❶ *eines verheirateten Mannes*: Geliebte, Freundin ❷ *eines Tieres*: Herrin, *eines Hundes*: Frauchen
mistrust¹ [ˌmɪs'trʌst] Misstrauen (**of** gegen)
mistrust² [ˌmɪs'trʌst] misstrauen
mistrustful [ˌmɪs'trʌstfl] misstrauisch (**of** gegen)
misty ['mɪsti] ❶ *Luft*: dunstig, nebelig ❷ *Erinnerung, Vorstellung usw.*: unklar, verschwommen
misunderstand [ˌmɪsʌndə'stænd], **misunderstood** [ˌmɪsʌndə'stʊd], **misunderstood** [ˌmɪsʌndə'stʊd] missverstehen; **don't misunderstand me** versteh mich nicht falsch
misunderstanding [ˌmɪsʌndə'stændɪŋ] Missverständnis
misuse¹ [ˌmɪs'juːs] ❶ *von Amt usw.*: Missbrauch; **misuse of power** Machtmissbrauch ❷ *von Gerät, Wort usw.*: falscher Gebrauch
misuse² [ˌmɪs'juːz] ❶ missbrauchen (*Amt usw.*) ❷ falsch gebrauchen (*Gerät, Wort usw.*)
★**mix¹** [mɪks] ❶ *allg.*: mischen, vermischen (**with** mit) ❷ **water and oil don't mix** Wasser und Öl vermischen sich nicht (*oder lassen sich nicht mischen*) ❸ mixen (*Cocktail usw.*) ❹ anrühren (*Teig usw.*) ❺ *übertragen* verbinden; **mix business with pleasure** das Angenehme mit dem Nützlichen verbinden ❻ **mix well** (*Person*) kontaktfreudig sein

---PHRASAL VERBS---

mix up [ˌmɪks'ʌp] ❶ verwechseln (*Personen usw.*) (**with** mit) ❷ durcheinanderbringen (*Akten, Sachen usw.*) ❸ **be mixed up in something** in etwas verwickelt sein (*in Affäre usw.*)

★**mix²** [mɪks] *allg.*: Mischung, Gemisch (*auch von Menschen, Ideen usw.*)
mixed [mɪkst] gemischt (*auch übertragen: Gefühle usw.*); **mixed doubles** *Tennis usw.*: gemischtes Doppel, Mixed; **be of mixed race** gemischtrassig sein
mixed up [ˌmɪkst'ʌp] durcheinander; **I'm all mixed up now** jetzt bin ich ganz durcheinander; **he got all mixed up** er hat alles durcheinandergebracht
mixer ['mɪksə] ❶ Mixer (*auch Küchengerät*) ❷ *für Zement usw.*: Mischmaschine ❸ *für Musik usw.*: Mischpult ❹ **be a good** (*bzw.* **bad**) **mixer** *umg* kontaktfreudig (*bzw.* kontaktarm) sein

★**mixture** ['mɪkstʃə] ❶ *allg.*: Mischung, Gemisch (*auch von Menschen, Ideen usw.*) ❷ *für Kuchen*: Teig
mix-up ['mɪksʌp] *umg* Durcheinander
moan¹ [məʊn] ❶ stöhnen, ächzen; **moan with pain** vor Schmerzen stöhnen ❷ sich beklagen (**about** über); **she's always moaning about how much work she's got to do** sie jammert immer, dass sie so viel arbeiten müsse
moan² [məʊn] Stöhnen, Ächzen; **give a moan** stöhnen, ächzen
mob¹ [mɒb] Mob, Pöbel
mob² [mɒb], **mobbed**, **mobbed** bedrängen, belagern (*Filmstar usw.*)
mobile ['məʊbaɪl] ❶ *allg.*: beweglich; **mobile home** Wohnwagen ❷ *übertragen* mobil (*Arbeitskräfte usw.*)
★**mobile (phone)** [ˌməʊbaɪl'fəʊn] *Br* Handy, Mobiltelefon
mobile (phone) cover [ˌməʊbaɪl'fəʊnˌkʌvə] *Br* Handyhülle, Handytasche
mobile device [ˌməʊbaɪldɪ'vaɪs] Mobilgerät
mobile-free zone [ˌməʊbaɪlfriː'zəʊn] *Br* handyfreie Zone
mobility [məʊ'bɪləti] ❶ *allg.*: Beweglichkeit ❷ *übertragen* Mobilität
mocha ['mɒkə] *Kaffee*: Mokka
mock¹ [mɒk] ❶ verspotten, lächerlich machen ❷ sich lustig machen (**at** über)
mock² [mɒk] nachgemacht, Schein...
mockery ['mɒkəri] ❶ Spott, Hohn ❷ **make a mockery of someone** jemanden zum Gespött (*der Leute*) machen
modal ['məʊdl], **modal verb** [ˌməʊdl'vɜːb] Modalverb, modales Hilfsverb (*z.B.* **können** = **can**, **müssen** = **must**)
mod cons [ˌmɒd'kɒnz] *pl Br, umg* (*kurz für* modern conveniences) Komfort; **a kitchen with all mod cons** eine Küche mit allen Schikanen
model¹ ['mɒdl] ❶ (≈ Nachbildung) Modell ❷ *Mode*: Model, Mannequin; **(male) model** Dressman, Model ❸ *Malerei*: Modell ❹ *übertragen* Muster, Vorbild (**for** für); **he's a model of self-control** er ist ein Muster an Selbstbeherrschung ❺ *Bauart eines Autos usw.*: Modell, Typ
model² ['mɒdl] ❶ Modell...; **model builder** Modellbauer ❷ *übertragen* vorbildlich; **model student** Musterschüler(in)
model³ [mɒdl], **modelled**, **modelled**, *US* **modeled**, **modeled** ❶ **model X on Y** Y als Muster für X benutzen ❷ vorführen (*Kleider*

usw.), als Model (*oder* Dressman) arbeiten ◳ *mit Ton usw.*: modellieren

modem ['məʊdem] *Computer*: Modem

moderate¹ ['mɒdərət] ◳ *Appetit, Lebensstil, Größe usw.*: mäßig; **moderate demands** maßvolle Forderungen ◳ *Leistung, Schüler usw.*: mittelmäßig; **moderately successful** mäßig erfolgreich ◳ *politische Einstellung usw.*: gemäßigt ◳ *Strafe, Winter usw.*: mild

moderate² ['mɒdərət] *bes. politisch*: Gemäßigte(r)

moderate³ ['mɒdəreɪt] ◳ mäßigen (*Ansprüche usw.*) ◳ moderieren (*Fernsehsendung usw.*)

moderation [ˌmɒdə'reɪʃn] Mäßigung; **in moderation** *essen, trinken usw.*: in (*oder* mit) Maßen, maßvoll

★**modern** ['mɒdn] *allg.*: modern; **modern history** neuere Geschichte; **in modern times** in der heutigen Zeit; **I study modern languages** ich studiere neuere Sprachen

modernize ['mɒdənaɪz] modernisieren (*Haus, Betrieb usw.*)

modest ['mɒdəst] ◳ *Haus, Kleidung, Art einer Person*: bescheiden; **she's modest about her achievements** sie gibt nicht mit ihren Leistungen an ◳ (≈ *genügsam*) anspruchslos ◳ *Wunsch, Forderung, Preis usw.*: maßvoll, vernünftig

modesty ['mɒdəsti] Bescheidenheit; **in all modesty** bei aller Bescheidenheit

modification [ˌmɒdɪfɪ'keɪʃn] Modifikation, Abänderung

modify ['mɒdɪfaɪ] abändern, modifizieren

modular ['mɒdjʊlə] ◳ aus Elementen zusammengesetzt ◳ *Computer*: modular ◳ *bes. Br; Unterricht*: modular aufgebaut

module ['mɒdjuːl] ◳ *bes. Br; im Unterricht*: Lernmodul ◳ (Bau)element ◳ *Computer*: Modul

mohican [məʊ'hiːkən *oder* 'məʊhɪkən] *Frisur*: Irokesenschnitt

moist [mɔɪst] *Erde, Tuch usw.*: feucht (**with** von)

moisten [⚠ 'mɔɪsn] anfeuchten, befeuchten (*Tuch, Lippen usw.*)

moisture ['mɔɪstʃə] *in Erdreich, Luft usw.*: Feuchtigkeit

moisturizer ['mɔɪstʃəraɪzə] Feuchtigkeitscreme

molar ['məʊlə] Backenzahn

mold¹ [məʊld] *US; auf Lebensmitteln usw.*: Schimmel

mold² [məʊld] *US; Technik*: Gussform

mold³ [məʊld] *US* formen (**into** zu)

moldy ['məʊldɪ] *US* schimmelig; → **mouldy**

mole [məʊl] ◳ *Tier*: Maulwurf (*umg auch für Spion*), ⓖⓑ, ⓐ Schermaus ◳ *auf Haut*: Muttermal, Leberfleck

molecule ['mɒlɪkjuːl] *Chemie*: Molekül

molehill ['məʊlhɪl] Maulwurfshügel; → **mountain 2**

molest [mə'lest] belästigen (*auch unsittlich*)

★**mom** [mɒm] *US, umg* Mami, Mutti

★**moment** ['məʊmənt] *Zeitpunkt*: Moment, Augenblick; **at the moment** im Augenblick; **at any moment** jeden Augenblick; **at the last moment** im letzten Augenblick; **just a moment!, wait a moment!** Moment mal!, Augenblick!; **the moment of truth** die Stunde der Wahrheit

momentous [məʊ'mentəs] *Ereignis, Entscheidung*: bedeutsam, folgenschwer

momentum [məʊ'mentəm] ◳ *Physik*: Moment, Impuls ◳ *oft übertragen* Wucht, Schwung; **gather** (*oder* **gain**) **momentum** schneller werden, *übertragen* an Boden gewinnen (*von Idee, Partei usw.*); **lose momentum** langsamer werden, *übertragen* an Schwung verlieren (*auch übertragen*)

mommy ['mɒmɪ] *US, umg* Mami, Mama

★**monarch** ['mɒnək] Monarch(in), Herrscher(in)

monarchist ['mɒnəkɪst] Monarchist(in)

★**monarchy** ['mɒnəkɪ] Monarchie; **constitutional monarchy** konstitutionelle Monarchie

monastery ['mɒnəstərɪ] Kloster (*für Mönche*)

★**Monday** ['mʌndeɪ] Montag; **on Monday** (am) Montag; **on Mondays** montags

monetary ['mʌnɪtərɪ] Währungs...; **monetary union** Währungsunion

★**money** ['mʌnɪ] Geld; **make money** (*Person*) (viel) Geld verdienen, (*Geschäft*) sich rentieren; **earn good money** gut verdienen; **spend money** Geld ausgeben; **be out of money** kein Geld (mehr) haben; **be in the money** *umg* reich sein; **be short of money** knapp bei Kasse sein; **I'll bet you any money that ...** *umg* ich wette mit dir um jeden Betrag, dass ...; **you get your money's worth there** dort bekommen Sie etwas für Ihr Geld; **this dictionary is good value for money** dieses Wörterbuch ist sein Geld wert; **have money to burn** *umg* Geld wie Heu haben; **have you got enough money on you?** hast du genügend Geld dabei?; **for money reasons** aus finanziellen Gründen

money belt ['mʌnɪ‿belt] Geldgürtel

moneybox ['mʌnɪbɒks] Spardose, Sparbüchse

money order ['mʌnɪˌɔːdə] Postanweisung, Zahlungsanweisung

monitor[1] ['mɒnɪtə] **1** *Computer usw.*: Monitor **2** *von Überwachungsanlage usw.*: Kontrollschirm **3** Überwacher(in)

monitor[2] ['mɒnɪtə] überwachen, kontrollieren (*Klimaveränderungen, Kosten usw.*)

★**monk** [mʌŋk] Mönch

★**monkey** ['mʌŋkɪ] **1** Affe **2** *Kind*: Schlingel

---PHRASAL VERBS---

monkey about *oder* **around** [,mʌŋkɪ ə'baʊt *oder* ə'raʊnd] **1** herumalbern **2** *umg* herumspielen (**with** mit), herumpfuschen (**with** an)

monkey business ['mʌŋkɪˌbɪznəs] *umg* Blödsinn, Unfug; **no monkey business!** mach bloß keinen Unsinn!

monolingual [,mɒnəʊ'lɪŋgwəl] *Wörterbuch*: einsprachig

monologue, *US auch* **monolog** ['mɒnəlɒg] *in Theater usw.*: Monolog

monopoly [mə'nɒpəlɪ] Monopol

monotonous [⚠ mə'nɒtənəs] eintönig, monoton

monotony [mə'nɒtənɪ] Monotonie, Eintönigkeit

monster ['mɒnstə] **1** *Tier, Fabelwesen usw.*: Monster, Ungeheuer (*beide auch übertragen*) **2** *riesiges Ding*: Monstrum

★**month** [mʌnθ] Monat; **months ago** vor Monaten; **we haven't seen each other for months** wir haben uns schon seit Monaten nicht mehr gesehen; **a month from today** heute in einem Monat

★**monthly**[1] ['mʌnθlɪ] monatlich, Monats...; **monthly season ticket** Monatskarte

★**monthly**[2] [mʌnθlɪ] *Zeitschrift*: Monatsschrift

★**monument** ['mɒnjʊmənt] Monument, Denkmal (**to** für *oder Genitiv*)

★**mood** [muːd] **1** Stimmung, Laune; **be in a good** (*bzw.* **bad**) **mood** gute (*bzw.* schlechte) Laune haben, gut (*bzw.* schlecht) aufgelegt sein; **be in the mood to do something, be in the mood for something** zu etwas Lust haben, Lust haben, etwas zu tun; **I'm in no laughing mood** (*oder* **mood for laughing**) mir ist nicht nach (*oder* zum) Lachen zumute **2** **be in a mood** schlechte Laune haben, schlecht aufgelegt sein; **he's in one of his moods again** er hat wieder einmal schlechte Laune **3** *Sprache*: Modus

moody ['muːdɪ] **1** launisch, launenhaft **2** (≈ *missmutig*) schlecht gelaunt

★**moon**[1] [muːn] **1** Mond; **there's a full moon tonight** wir haben heute Vollmond; **there's no moon tonight** der Mond ist diese Nacht nicht zu sehen; **the moons of Jupiter** die Monde des Jupiter **2** *in Wendungen*: **be over the moon** *umg* überglücklich sein (**about, at** über); **ask for the moon** nach etwas Unmöglichem verlangen; **promise someone the moon** jemandem das Blaue vom Himmel herunter versprechen; **once in a blue moon** *umg* alle Jubeljahre einmal

moon[2] [muːn] *salopp* den nackten Hintern vorzeigen

---PHRASAL VERBS---

moon about *oder* **around** [,muːn ə'baʊt *oder* ə'raʊnd] *mst. zu Hause*: lustlos herumlungern

moonlight[1] ['muːnlaɪt] Mondlicht, Mondschein

moonlight[2] ['muːnlaɪt] *umg* schwarzarbeiten, Ⓐ pfuschen

moonlit ['muːnlɪt] mondhell; **moonlit night** Mondnacht

moor[1] [mʊə] *Landschaftsform*: Hochmoor

moor[2] [mʊə] (*Boot*) festmachen

moorings ['mʊərɪŋz] *pl* Bootsanlegestelle

moose [muːs] *pl*: **moose** Hirschart in Nordamerika: Elch

mop[1] [mɒp] **1** *zum Wischen*: Mopp **2** *auch* **mop of hair** Mähne

mop[2] [mɒp], mopped, mopped wischen, abwischen

---PHRASAL VERBS---

mop up [,mɒp'ʌp] aufwischen

moped ['məʊped] Moped

★**moral**[1] ['mɒrəl] moralisch; **moral obligation** moralische Verpflichtung; **moral support** moralische Unterstützung; **moral values** sittliche Werte; **moral victory** moralischer Sieg

moral[2] ['mɒrəl] **1** *einer Geschichte usw.*: Moral; **draw the moral from** die Lehre ziehen aus **2** **morals** *pl* (≈ *Moralvorstellungen*) Moral, Sitten

morale [mə'rɑːl] *von Belegschaft, Mannschaft usw.*: Moral, Stimmung; **raise morale** die Moral heben

morality [mə'rælətɪ] (≈ *Wertesystem*) Moral, Ethik

★**more** [mɔː] **1** *allg.*: mehr; **in 2008 more people were unemployed than the year before** 2008 waren mehr Menschen arbeitslos als im Vorjahr; **more than happy** überglücklich **2** (≈ *zusätzlich*) mehr, noch, noch mehr; **some more tea** noch etwas Tee; **do you want more meat?** willst du noch Fleisch?; **two more miles** noch zwei Meilen **3** **more and more** immer mehr; **more and more difficult** immer schwieriger; **more or less** mehr oder weniger, ungefähr; **..., the more so because ...** ..., umso mehr, als... **4** *zur Bildung von Steigerungsformen*: **more important** wichtiger; **more expensive** teurer; **more often** öfter **5** **once more** noch einmal **6** **some more** noch etwas, noch etwas mehr; **can I have a little more?** kann ich etwas mehr haben?; **what more do you want?** was willst du denn noch?

moreover [mɔːrˈəʊvə] außerdem, überdies

★**morning** [ˈmɔːnɪŋ] **1** (≈ *Tagesbeginn*) Morgen; **good morning!** guten Morgen!; **in the morning** morgens, am Morgen; **early in the morning** frühmorgens, früh am Morgen; **this morning** heute Morgen; **tomorrow morning** morgen früh **2** *vor 12 Uhr*: Vormittag; **in the morning** vormittags, am Vormittag; **this morning** heute Vormittag; **tomorrow morning** morgen Vormittag

morning-after pill [ˌmɔːnɪŋˈɑːftə‿pɪl] Pille danach

Moroccan[1] [məˈrɒkən] marokkanisch
Moroccan[2] [məˈrɒkən] Marokkaner(in)
Morocco [məˈrɒkəʊ] Marokko
morose [məˈrəʊs] mürrisch
Morse code [ˈmɔːs‿kəʊd] Morsealphabet
morsel [ˈmɔːsl] **1** Bissen, Happen **2** *übertragen* Quäntchen

mortal[1] [ˈmɔːtl] **1** *Mensch*: sterblich **2** *Verletzung usw.*: tödlich (**to** für) **3** **mortal fear** Todesangst; **mortal sin** Todsünde; **mortal enemy** Todfeind

mortal[2] [ˈmɔːtl] Sterbliche(r); **we ordinary mortals** *humorvoll* wir gewöhnlichen Sterblichen

mortality [mɔːˈtælətɪ] *auch* **mortality rate** Sterblichkeitsrate

mortar [ˈmɔːtə] Mörtel
mortgage [⚠ ˈmɔːɡɪdʒ] Hypothek, Baudarlehen; **take out a mortgage** eine Hypothek aufnehmen

mosaic [⚠ məʊˈzeɪɪk] Mosaik
Moscow [ˈmɒskəʊ] Moskau
Moslem [ˈmɒzləm] → **Muslim**[1], **Muslim**[2]
★**mosque** [mɒsk] Moschee
★**mosquito** [məˈskiːtəʊ] *pl*: **mosquitos** *oder* **mosquitoes** [məˈskiːtəʊz] Moskito, Stechmücke; **mosquito bite** Mückenstich

moss [mɒs] *Pflanze*: Moos
★**most** [məʊst] **1** meiste(r, -s), größte(r, -s); **for the most part** größtenteils **2** *vor Substantiven*: die meisten; **like most people** wie die meisten Leute; **most children love comics** die meisten Kinder lieben Comics; **most of my friends** die meisten meiner Freunde **3** das meiste, der größte Teil; **I spent most of my holidays in London** ich verbrachte den größten Teil meines Urlaubs in London **4** am meisten; **most of all** am allermeisten **5** *zur Bildung des Superlativs*: **the most important point** der wichtigste Punkt; **most agreeable** äußerst angenehm; **he's most likely to say no** er sagt höchstwahrscheinlich Nein **6** sehr, äußerst; **a most reliable car** ein äußerst verlässliches Auto **7** **at the most, at most** höchstens, bestenfalls; **make the most of something** das Beste aus etwas machen

★**mostly** [ˈməʊstlɪ] **1** größtenteils **2** *zeitlich*: meistens

MOT [ˌeməʊˈtiː] *Br* (*eigentlich abk für* Ministry of Transport) *auch* **MOT test** *etwa*: TÜV-Prüfung; **my car has failed** (*oder* **hasn't got through**) **its MOT** mein Wagen ist nicht durch den TÜV gekommen

★**motel** [məʊˈtel] Motel
★**mother**[1] [ˈmʌðə] Mutter (*auch übertragen*); **Mother's Day** Muttertag; **a mother of four** eine Mutter von vier Kindern; **Mother Earth** Mutter Erde

★**mother**[2] [ˈmʌðə] bemuttern
mother country [ˈmʌðəˌkʌntrɪ] Vaterland, Heimat
motherhood [ˈmʌðəhʊd] Mutterschaft
★**mother-in-law** [ˈmʌðərɪnlɔː] *pl*: **mothers-in-law** Schwiegermutter
motherly [ˈmʌðəlɪ] *Gefühle usw.*: mütterlich
★**mother tongue** [ˌmʌðəˈtʌŋ] Muttersprache
motif [məʊˈtiːf] *Kunst*: Motiv
motion [ˈməʊʃn] **1** *allg.*: Bewegung (*auch physikalisch usw.*); **be in motion** in Bewegung sein, in Gang sein (*auch übertragen*); **set** (*oder* **put**) **in motion** in Gang (*oder* in Bewegung) setzen (*auch übertragen*) **2** *von Körperteil*: Bewegung, Geste, Wink; **with a motion of the head** mit einer Kopfbewegung **3** *in Versammlung, Parlament usw.*: Antrag; **on the motion of** auf Antrag von (*oder Genitiv*)

motionless [ˈməʊʃnləs] bewegungslos, regungslos
motion picture [ˌməʊʃnˈpɪktʃə] *US* Film
motion sensor [ˈməʊʃnˌsensə] Bewegungsmelder
motivate [ˈməʊtɪveɪt] motivieren (*Sportler usw.*)
motivation [ˌməʊtɪˈveɪʃn] Motivation; **motivation letter** Motivationsschreiben

motive ['məʊtɪv] *für eine Entscheidung, Tat usw.*: Motiv, Beweggrund

★**motor** ['məʊtə] **1** *Br mst.* Elektromotor, *US allg.*: Motor **2** *Br, umg* Auto; **the motor industry** die Automobilindustrie

★**motorbike** ['məʊtəbaɪk] *umg* Motorrad, ⓒ Töff

motorboat ['məʊtəbəʊt] Motorboot

★**motorcycle** ['məʊtə,saɪkl] Motorrad, ⓒ Töff

motorcyclist ['məʊtə,saɪklɪst] Motorradfahrer(in)

motor home ['məʊtə_həʊm] Wohnmobil

motorist ['məʊtərɪst] Autofahrer(in)

motor scooter ['məʊtə,skuːtə] Motorroller

motor vehicle ['məʊtə,viːəkl] Kraftfahrzeug

★**motorway** ['məʊtəweɪ] *Br* Autobahn; **motorway exit** Autobahnausfahrt; **motorway junction** Autobahndreieck

mottled ['mɒtld] **1** gesprenkelt **2** *Haut*: fleckig

mould¹ [məʊld] *Br; auf Lebensmitteln usw.*: Schimmel, Moder

mould² [məʊld] *Br; Technik*: Gussform

mould³ [məʊld] *Br* formen (**into** zu)

mouldy ['məʊldɪ] *Br* **1** verschimmelt, schimmelig; **get** (*oder* **go**) **mouldy** verschimmeln **2** moderig; **mouldy smell** Modergeruch

mount [maʊnt] **1** (*Spannung usw.*) ansteigen, sich erhöhen **2** organisieren (*Ausstellung usw.*) **3** aufsteigen auf, besteigen (*Pferd, Fahrrad usw.*) **4** hinaufgehen (*Treppe*)

Mount [maʊnt] *in Eigennamen*: **on Mount Sinai** auf dem Berg Sinai; **Mount Fuji** der (Berg) Fudschijama

★**mountain** ['maʊntɪn] **1** Berg (*auch übertragen*) **2** **mountains** *pl* Berge, Gebirge; **in the mountains** im Gebirge; **make a mountain out of a molehill** *übertragen* aus einer Mücke einen Elefanten machen

mountain bike ['maʊntɪn_baɪk] Mountainbike

mountaineer [,maʊntɪ'nɪə] Bergsteiger(in)

mountaineering [,maʊntɪ'nɪərɪŋ] Bergsteigen

mountainous ['maʊntɪnəs] *Landschaft*: bergig, gebirgig

mountain range ['maʊntɪn_reɪndʒ] Gebirgszug

mounted ['maʊntɪd] **1** *Polizei usw.*: beritten **2** *Dia*: gerahmt

mourn [mɔːn] trauern (**for, over** um), betrauern

mourner ['mɔːnə] Trauernde(r)

★**mourning** ['mɔːnɪŋ] Trauer

★**mouse** [maʊs] *pl*: **mice** [maɪs] *Tier*: Maus (*auch am Computer*)

mouse click ['maʊs_klɪk] *Computer*: Mausklick

mouse key ['maʊs_kiː] *Computer*: Maustaste

mouse mat ['maʊs_mæt], *US* **mouse pad** ['maʊs_pæd] *Computer*: Mauspad

mousetrap ['maʊstræp] Mausefalle

moustache [⚠mə'stɑːʃ] Schnurrbart, ⓒ Schnauz

★**mouth** [maʊθ] **1** Mund; **keep one's mouth shut** *umg* den Mund halten; **take the words out of someone's mouth** jemandem das Wort aus dem Mund nehmen **2** *von Tieren*: Maul, Schnauze **3** *von Tal, Höhle, Tunnel usw.*: Eingang **4** *von Fluss*: Mündung

mouthful ['maʊθfʊl] **1** *von Essen*: Mundvoll, Bissen **2** *von Getränk*: Schluck **3** *übertragen* Zungenbrecher

mouthwash ['maʊθwɒʃ] Mundwasser

mouthwatering ['maʊθ,wɔːtərɪŋ] *Essen, Duft*: appetitlich, lecker; **it sounds mouthwatering!** da läuft einem das Wasser im Mund zusammen!

movable ['muːvəbl] *allg.*: beweglich (*auch Feiertag*)

★**move¹** [muːv] **1** *allg.*: bewegen; **don't move!** keine Bewegung! **2** verrücken, woanders hinstellen (*Schrank, Hindernis usw.*) **3** bewegen, rühren (*Körperteil*) **4** **move one's car** seinen Wagen wegfahren **5** *auch* **move house** umziehen, ⓒ zügeln; **we're moving to Berlin** wir ziehen nach Berlin **6** *gefühlsmäßig*: bewegen, rühren; **be moved to tears** zu Tränen gerührt sein **7** *Schach usw.*: ziehen, einen Zug machen

PHRASAL VERBS

move away [muːv_ə'weɪ] *aus einem Ort*: wegziehen (**from** aus, von)

move in [,muːv'ɪn] **1** *in ein Haus usw.*: einziehen **2** **move in with someone** mit jemandem zusammenziehen

move on [,muːv'ɒn] **1** (*Person*) weitergehen; **it's time to move on** wir müssen weiter **2** *in Besprechung usw.*: weitermachen, zum nächsten Thema kommen

move out [,muːv'aʊt] *aus Wohnung usw.*: ausziehen

move over [,muːv'əʊvə] zur Seite rücken; **could you move over a bit?** könntest du ein Stück rutschen?

★**move²** [muːv] **1** **be on the move** (*Personen*) in Bewegung sein, (*Entwicklung usw.*) im Fluss sein; **get a move on!** *umg* Tempo!, mach schon! **2** *in neues Haus usw.*: Umzug **3** *bei Spielen*: Zug; **it's your move** Sie sind am Zug **4** *übertragen* Schritt; **make the first move** den ersten Schritt tun; **a clever move** ein kluger Schachzug

★**movement** ['muːvmənt] **1** allg.: Bewegung (auch übertragen) **2** von Symphonie usw.: Satz

★**movie** ['muːvɪ] bes. US **1** im Kino: Film; **movie star** Filmstar; **movie theater** US Kino **2 go to the movies** ins Kino gehen

moving ['muːvɪŋ] Anblick, Geschichte, Worte usw.: bewegend, rührend

mow [məʊ], **mowed**, **mowed** oder **mown** [məʊn] mähen (Rasen)

mower ['məʊə] Rasenmäher

mown [məʊn] 3. Form von → mow

MP [ˌemˈpiː] (abk für Member of Parliament) in GB: Unterhausabgeordnete(r)

★**MP3-player** [ˌempiːˈθriːˌpleɪə] MP3-Player

mph [ˌempiːˈeɪtʃ] (abk für miles per hour) Meilen pro Stunde (30 mph entsprechen etwa 50 km/h)

★**Mr** ['mɪstə] in Anrede: Herr

★**Mrs** ['mɪsɪz] in Anrede für verheiratete Frau: Frau; **Mr and Mrs Baker** Herr und Frau Baker, die Eheleute Baker

★**Ms** [⚠ mɪz] in Anrede, egal ob die Frau verheiratet oder ledig ist: Frau

Mt [maʊnt] abk für → Mount

★**much** [mʌtʃ] **1** allg.: viel; **she doesn't talk much** sie redet nicht viel; **how much?** wie viel?; **how much is …?** wie viel kostet …?; **that much** so viel; **as much again** noch einmal so viel; **four times as much** viermal so viel; **I don't think much of her** ich halte nicht viel von ihr; **he's not much of a dancer** er ist kein großer Tänzer **2** sehr; **much to my regret** sehr zu meinem Bedauern; **much to my surprise** zu meiner großen Überraschung **3** in Zusammensetzungen: viel…; **much-admired** viel bewundert **4** vor Steigerungsformen: viel; **much better** viel besser; **much more difficult** viel schwieriger **5 he's much too old for you** er ist viel zu alt für dich

muck [mʌk] **1** Dreck, Schmutz **2** von Tieren: Mist, Dung

PHRASAL VERBS

muck about oder **around** [ˌmʌk əˈbaʊt oder əˈraʊnd] Br, umg **1** herumalbern **2** herumpfuschen (**with** an)

muck up [ˌmʌkˈʌp] Br, umg verpfuschen, vermasseln

mucky ['mʌkɪ] schmutzig

★**mud** [mʌd] **1** (≈ aufgeweichter Boden) Schlamm, Matsch **2** Baumaterial: Lehm **3** **drag through the mud** übertragen in den Schmutz ziehen (Person, Namen usw.)

muddle¹ ['mʌdl] **1** Durcheinander, Unordnung **2 be in a muddle** (Dinge) durcheinander sein **3 be in a muddle** (Person) durcheinander (oder konfus) sein

muddle² ['mʌdl] bes. Br **1** auch **muddle up** durcheinanderbringen **2** auch **muddle up** (≈ verwirren) konfus machen

PHRASAL VERBS

muddle through [ˌmʌdlˈθruː] bes. Br sich durchwursteln

muddy ['mʌdɪ] **1** Weg, Straße: schlammig, matschig **2** Wasser, See usw.: schlammig, trüb **3** Schuhe, Fußboden: schmutzig

mudguard ['mʌdɡɑːd] Br **1** am Fahrrad: Schutzblech **2** am Auto: Kotflügel

muesli ['mjuːzlɪ] Müsli

★**muffin** ['mʌfɪn] **1** Muffin **2** Br Hefeteigsemmel

★**mug¹** [mʌɡ] **1** Gefäß, mst. mit Henkel: Krug, Becher, bes. Ⓐ Haferl **2** Br, umg (≈ leichtgläubige Person) Trottel; **I was the mug as usual** ich war wieder einmal der Dumme **3** salopp Fresse

mug² [mʌɡ], **mugged**, **mugged** bes. auf der Straße: überfallen und ausrauben

mugger ['mʌɡə] umg Straßenräuber

mugging ['mʌɡɪŋ] umg Raubüberfall, bes. Straßenraub

muggy ['mʌɡɪ] umg Luft: schwül

mule [mjuːl] Maultier, Maulesel; **as stubborn as a mule** störrisch wie ein Maulesel

PHRASAL VERBS

mull over [ˌmʌlˈəʊvə] **mull over something**, **mull something over** über etwas nachdenken

multicolored US, **multicoloured** Br [ˌmʌltɪˈkʌləd] bunt, vielfarbig

multicultural [ˌmʌltɪˈkʌltʃrəl] Gesellschaft: multikulturell

multigenerational house [ˌmʌltɪdʒenəˌreɪʃnəlˈhaʊs] Mehrgenerationenhaus, Multigenerationenhaus

multilingual [ˌmʌltɪˈlɪŋɡwəl] Person, Buch usw.: mehrsprachig

multimedia [ˌmʌltɪˈmiːdɪə] multimedial, Computer: Multimedia…

multimeter ['mʌltɪˌmiːtə] Technik: Multimeter

multinational¹ [ˌmʌltɪˈnæʃnəl] Konzern: multinational; **multinational company** umg Multi

multinational² [ˌmʌltɪˈnæʃnəl] umg Multi

(Konzern)
multiple ['mʌltɪpl] vielfach, mehrfach; **multiple birth** Mehrlingsgeburt; **multiple-choice question** Multiple-Choice-Frage; **multiple collision** Massenkarambolage
multiplex ['mʌltɪpleks] Multiplexkino
multiplication [ˌmʌltɪplɪ'keɪʃn] **1** *Mathematik*: Multiplikation, Malnehmen; **multiplication sign** Multiplikationszeichen **2** starker Anstieg: Vervielfachung
★**multiply** ['mʌltɪplaɪ] **1** *Mathematik*: multiplizieren, malnehmen (**by** mit); **6 multiplied by 5 is 30** 6 mal 5 ist 30 **2** vermehren, vervielfachen (*Chancen, Anzahl usw.*)
multipurpose [ˌmʌltɪ'pɜːpəs] Mehrzweck...
multi-storey [ˌmʌltɪ'stɔːrɪ] *Br* vielstöckig; **multi-storey car park** Parkhaus
★**mum** [mʌm] *Br, umg* Mami, Mutti
mumble ['mʌmbl] (vor sich hin) murmeln, nuscheln
mummy[1] ['mʌmɪ] *Br, umg* Mami, Mutti
mummy[2] ['mʌmɪ] Mumie
munch [mʌntʃ] mampfen (*Brot, Apfel usw.*)
Munich ['mjuːnɪk] München
municipal [mjuː'nɪsɪpəl] städtisch; **municipal elections** *pl* Gemeinderatswahl
★**murder**[1] ['mɜːdə] Mord (**of** an), Ermordung (▲*Mörder* = **murderer**); **commit a murder** einen Mord begehen; **get away with murder** *umg* sich alles erlauben können
★**murder**[2] ['mɜːdə] **1** morden, ermorden **2** *übertragen* verschandeln, verhunzen (*Lied usw.*)
murderer ['mɜːdərə] Mörder(in)
murderous ['mɜːdərəs] mörderisch (*auch übertragen*)
murky ['mɜːkɪ] **1** dunkel, finster (*auch übertragen*) **2** *Gewässer*: trüb
murmur[1] ['mɜːmə] **1** (≈ *raunen*) murmeln **2** (≈ *aufbegehren*) murren (**at, against** gegen) **3** (*Bach*) rauschen
murmur[2] ['mɜːmə] **1** Murmeln **2** Murren; **without a murmur** ohne zu murren
★**muscle** [▲'mʌsl] Muskel; **I've pulled a muscle** ich habe eine Muskelzerrung
muse [mjuːz] grübeln, nachgrübeln (**on, over** über)
★**museum** [mjuː'zɪːəm] Museum
mush [mʌʃ] **1** Brei, Mus **2** *US* Maisbrei **3** *Film usw.*: sentimentales Zeug
★**mushroom** ['mʌʃrʊm] **1** *allg.*: Pilz, *bes.* Ⓐ Schwammerl **2** *bestimmte Art*: Champignon
mushy ['mʌʃɪ] **1** breiig, weich **2** *umg, Film usw.*: rührselig

★**music** ['mjuːzɪk] **1** Musik; **listen to music** Musik hören; **put** (*oder* **set**) **to music** vertonen (*Gedicht usw.*); **that's music to my ears** das ist Musik in meinen Ohren; **music box** *US* Spieldose (▲*Musikbox* = **juke-box**) **2** (≈ *Partitur*) Noten *pl* (▲*die einzelne Note* = **note**)
★**musical**[1] ['mjuːzɪkl] *Person, Unterhaltung, Geschmack usw.*: musikalisch; **musical instrument** Musikinstrument; **musical box** *Br* Spieldose
★**musical**[2] ['mjuːzɪkl] Musical
★**musician** [mjuː'zɪʃn] Musiker(in)
Muslim[1] ['mʊzlɪm] Muslim, Muslimin, Muslima
Muslim[2] ['mʊzlɪm] muslimisch
mussel ['mʌsl] *Wassertier*: Muschel
★**must**[1] [mʌst] **1** müssen; **you must read this book** du musst dieses Buch unbedingt lesen; **I must admit ...** ich muss zugeben, dass ... **2** **must not** nicht dürfen; **you mustn't smoke here** du darfst hier nicht rauchen **3** *bei Annahmen*: müssen; **she must be well over 40** sie muss gut über 40 sein **4** **if you must** *als Antwort auf Bitte*: wenn es (denn) sein muss **5** **you must be joking!** du machst wohl Scherze!, das soll wohl ein Witz sein!
★**must**[2] [mʌst] Muss; **this book is an absolute must** dieses Buch muss man unbedingt gelesen haben
mustache ['mʌstæʃ] *US* Schnurrbart; → **moustache**
mustard ['mʌstəd] Senf
must-have ['mʌsthæv] **this lipstick is a must-have** diesen Lippenstift muss man einfach haben
mustn't ['mʌsnt] *Kurzform von* **must not**
must-see ['mʌstsiː] **this film is a must-see** diesen Film muss man einfach gesehen haben
must've ['mʌstəv] *Kurzform von* **must have**
musty ['mʌstɪ] muffig, moderig
mute button ['mjuːtˌbʌtn] *an Fernbedienung usw.*: Stummschalttaste
mutter ['mʌtə] **1** murmeln **2** *unzufrieden*: murren (**about** über)
muttering ['mʌtərɪŋ] **1** Murmeln **2** *auch* **mutterings** *pl* Murren
mutton ['mʌtn] Hammelfleisch
mutual ['mjuːtʃʊəl] **1** *Respekt, Hilfe, Abneigung usw.*: gegenseitig, wechselseitig; **be mutual** auf Gegenseitigkeit beruhen; **by mutual consent** (*oder* **agreement**) in gegenseitigem Einvernehmen **2** *Interesse, Hobby usw.*: gemeinsam
muzzle[1] ['mʌzl] **1** *von Pferd, Hund usw.*: Maul,

Schnauze ❷ *für Hund*: Maulkorb (*auch übertragen*) ❸ *von Pistole usw.*: Mündung
muzzle² ['mʌzl] einen Maulkorb anlegen, *übertragen auch* mundtot machen
MW *abk für* → medium wave
★**my** [maɪ] mein(e); **where's my book?** wo ist mein Buch?; **I've lost my watch** ich habe meine Uhr verloren; **take my advice** hör auf meinen Rat
★**myself** [maɪ'self] ❶ *verstärkend*: ich selbst, mich selbst, mir selbst; **I did it myself** ich habe es selbst getan; **I did it all by myself** ich habe es ganz allein getan ❷ *reflexiv*: mich; **I cut myself** ich habe mich geschnitten ❸ mich (selbst); **I want it for myself** ich will es für mich (selbst) haben
mysterious [mɪ'stɪərɪəs] ❶ *Person*: mysteriös, geheimnisvoll; **she's being very mysterious about it** sie macht ein großes Geheimnis daraus; **she smiled mysteriously** sie lächelte geheimnisvoll ❷ *Vorfall*: rätselhaft, schleierhaft, unerklärlich; **in mysterious circumstances** unter mysteriösen Umständen
★**mystery** ['mɪstrɪ] Geheimnis, Rätsel (**to** für *oder Dativ*); **it's a complete mystery to me** es ist mir völlig schleierhaft
myth [mɪθ] (≈ *Sage*) Mythos
mythological [⚠ ˌmɪθə'lɒdʒɪkl] mythologisch
mythology [⚠ mɪ'θɒlədʒɪ] Mythologie; **Greek mythology** die griechische Mythologie

N

nab [næb], nabbed, nabbed *umg* ❶ schnappen, erwischen (*Dieb usw.*) ❷ sich schnappen (*Stuhl usw.*); **someone's nabbed my seat** jemand hat mir meinen Sitzplatz weggeschnappt
naff [næf] *Br, umg Farbe, Stil usw.*: geschmacklos, schräg
nag¹ [næg], nagged, nagged ❶ nörgeln, herumnörgeln; **stop nagging!** hör mit der Nörgelei auf! ❷ **nag someone for something** jemandem wegen etwas in den Ohren liegen; **for two weeks she's been nagging me to paint the wall** seit zwei Wochen nervt sie mich damit, dass ich die Wand streichen soll
nag² [næg] *umg* (≈ *altes Pferd*) Gaul, Klepper
nagging¹ ['nægɪŋ] Nörgelei
nagging² ['nægɪŋ] ❶ *Person*: nörgelnd ❷ *übertragen* nagend, bohrend (*Fragen, Schmerzen, Zweifel usw.*)
★**nail¹** [neɪl] ❶ *von Finger, Zehe*: Nagel; **stop biting your nails!** hör auf, an den Fingernägeln zu kauen! ❷ *in Wand*: Nagel; **hit the nail on the head** *übertragen* den Nagel auf den Kopf treffen
★**nail²** [neɪl] nageln, annageln (**on** auf; **to** an); **nailed to the spot** *übertragen* wie festgenagelt

---
PHRASAL VERBS

nail down [ˌneɪl'daʊn] ❶ vernageln, zunageln (*Kiste usw.*) ❷ *übertragen* festnageln (**to** auf)
---

nail bar ['neɪlbɑː] Nagelstudio
nailbiter ['neɪlbaɪtə] ❶ *Person*: Nägelkauer(in) ❷ *umg* spannendes Buch, spannender Film; **the game was a real nailbiter** das Spiel war ein echter Krimi
nailbiting ['neɪlˌbaɪtɪŋ] aufregend, spannend
nail file ['neɪlˌfaɪl] Nagelfeile
nail gun ['neɪlˌɡʌn] Druckluftnagler, Nagelpistole
nail polish ['neɪlˌpɒlɪʃ] Nagellack
nail salon ['neɪlˌsælɒn] Nagelstudio
nail varnish ['neɪlˌvɑːnɪʃ] *Br* Nagellack
naive [⚠ naɪ'iːv] naiv (*auch Kunst*)
naivety [⚠ naɪ'iːvətɪ] Naivität
naked [⚠ 'neɪkɪd] nackt (*auch übertragen: Wahrheit usw.*); **we stripped naked and jumped into the pool** wir zogen uns nackt aus und sprangen in den Pool; **with the naked eye** mit bloßem Auge
★**name¹** [neɪm] ❶ *einer Person*: Name; **first** (*oder* **Christian**) **name** Vorname; **last** (*oder* **family**) **name** Nachname (→ surname); **what's your name?** wie heißen Sie?; **my name's ...** ich heiße ...; **know someone by name** jemanden mit Namen (*oder* dem Namen nach) kennen ❷ *einer Sache*: Name, Bezeichnung ❸ **call someone names** jemanden beschimpfen ❹ (≈ *öffentliches Ansehen*) Name, Ruf; **get a bad name** in Verruf kommen; **have a bad name** in schlechtem Ruf stehen; **make a name for oneself** sich einen Namen machen (**as** als)
★**name²** [neɪm] ❶ nennen; **name someone Robert** jemanden Robert nennen; **a boy named Robert** ein Junge namens Robert ❷ (≈ *angeben*) nennen, dem Namen nach; **name three novels by Thomas Mann** nennen Sie mir drei Romane von Thomas Mann ❸ *für ein Amt usw.*: ernennen, nominieren (**for** für) ❹ festsetzen, bestimmen (*Datum, Zeitpunkt usw.*)

name day ['neɪm ˌdeɪ] Namenstag
nameless ['neɪmləs] **1** (≈ *anonym*) unbekannt (*Autor usw.*) **2** *Spender usw.*: ungenannt; **a person who shall remain nameless** jemand, der ungenannt bleiben soll **3** *übertragen* namenlos, unbeschreiblich (*Entsetzen, Erleichterung usw.*)
namely ['neɪmlɪ] (≈ *und zwar*) nämlich
nameplate ['neɪmpleɪt] *an Tür*: Namensschild, Türschild
namesake ['neɪmseɪk] *Mann*: Namensvetter, *Frau*: Namensschwester
name tag ['neɪm ˌtæg] *an Kleidungsstück*: Namensschild
nanny ['nænɪ] **1** Kindermädchen **2** *Br, umg* Oma, Omi
nap¹ [næp], napped, napped dösen, ein Nickerchen machen; **catch someone napping** *übertragen* jemanden überrumpeln
nap² [næp] Schläfchen, Nickerchen; **have** (*oder* **take**) **a nap** ein Nickerchen machen
nape [neɪp] *mst.* **nape of the neck** Genick
napkin ['næpkɪn] Serviette
Naples ['neɪplz] Neapel
nappy ['næpɪ] *Br* Windel
narcotic¹ [nɑːˈkɒtɪk] *mst. pl* Rauschgift, Drogen
narcotic² [nɑːˈkɒtɪk] betäubend, narkotisch
narrate [nəˈreɪt] erzählen (*Geschichte*)
narration [nəˈreɪʃn] Erzählung
narrative¹ ['nærətɪv] erzählend; **narrative perspective** Erzählperspektive
narrative² ['nærətɪv] Erzählung
narrator [nəˈreɪtə] *in Roman usw.*: Erzähler(in)
★**narrow¹** ['næroʊ] **1** *Gasse, Spalt usw.*: eng, schmal **2** *übertragen* eng; **in the narrowest sense** im engsten Sinne **3** *Einkommen usw.*: knapp, dürftig **4** *Mehrheit, Sieg usw.*: knapp; **by a narrow margin** knapp, mit knappem Vorsprung; **that was a narrow escape** das war knapp!
★**narrow²** ['næroʊ] **1** (*Straße, Fluss usw.*) enger (*oder* schmaler) werden, sich verengen; **his eyes narrowed** er kniff die Augen zusammen **2** enger machen, verengen (*Straße usw.*)

────── PHRASAL VERBS ──────

narrow down [ˌnæroʊˈdaʊn] eingrenzen, beschränken (**to** auf); **that narrows it down a bit** dadurch wird die Auswahl kleiner

──────────────────────────

narrowly ['næroʊlɪ] mit knapper Not; **she narrowly escaped death** sie ist gerade noch mit dem Leben davongekommen; **he narrowly escaped drowning** er wäre beinahe (*oder* um ein Haar) ertrunken
narrow-minded [ˌnæroʊˈmaɪndəd] *Person*: engstirnig, voreingenommen
nasty ['nɑːstɪ] **1** *Geschmack, Geruch usw.*: ekelhaft, eklig, widerlich **2** *Wetter, Verbrechen usw.*: abscheulich **3** *Benehmen, Person usw.*: gemein, fies **4** *Buch, Film usw.*: ekelhaft, schmutzig, widerlich **5** *Unfall, Sturz, Husten usw.*: böse, schlimm
★**nation** ['neɪʃn] Nation, Volk
★**national¹** ['næʃnəl] **1** national, National..., Landes...; **national currency** Landeswährung; **national dish** Nationalgericht; **national holiday** Nationalfeiertag; **national language** Landessprache; **national park** Nationalpark; **national team** *Sport*: Nationalmannschaft **2** *Staatsorgane betreffend*: staatlich, öffentlich, Staats...; **National Health Service** *in GB*: staatlicher Gesundheitsdienst; **national insurance** *in GB*: Sozialversicherung; **national insurance contributions** *pl*; *in GB*: Sozialversicherungsbeiträge; **national insurance number** *in GB*: Sozialversicherungsnummer **3** *Streik*: landesweit **4** *Zeitung, TV-Sender usw.*: überregional
★**national²** ['næʃnəl] Staatsangehörige(r)
national anthem [ˌnæʃnəlˈænθəm] Nationalhymne
national costume [ˌnæʃnəlˈkɒstjuːm] Landestracht
nationalism ['næʃnəlɪzm] Nationalismus
nationalist¹ ['næʃnəlɪst] Nationalist(in)
nationalist² ['næʃnəlɪst] nationalistisch
nationalistic [ˌnæʃnəˈlɪstɪk] *bes. abwertend* nationalistisch
★**nationality** [ˌnæʃəˈnælətɪ] Nationalität, Staatsangehörigkeit; **have French nationality** die französische Staatsangehörigkeit besitzen (*oder* haben)
nationalize ['næʃnəlaɪz] verstaatlichen (*Betrieb*)
national service [ˌnæʃnəlˈsɜːvɪs] *in GB*; *Militär*: Wehrdienst
nationwide ['neɪʃn ˌwaɪd] landesweit; *in Deutschland*: bundesweit
★**native¹** ['neɪtɪv] **1** gebürtig, *bei Naturvölkern bes.*: eingeboren; **I'm a native German** ich bin gebürtiger Deutscher; **the island's native inhabitants** die Ureinwohner der Insel; **Native Americans** amerikanische Ureinwohner, Indianer **2** *Brauchtum, Produkte usw.*: einheimisch, Landes... **3** heimatlich, Heimat...; **native country** Heimat, Vaterland; **native language** Muttersprache; **native speaker** Mut-

tersprachler(in); **she's a native speaker of English** sie ist englische Muttersprachlerin; **native town** Heimatstadt, Vaterstadt

★**native**² ['neɪtɪv] ◼ Einheimische(r); **a native of London** ein gebürtiger Londoner; **are you a native here?** sind Sie von hier? ◼ *bei Naturvölkern, oft als abwertend empfunden:* Eingeborene(r)

★**natural** ['nætʃrəl] ◼ *allg.:* natürlich, Natur...; **die a natural death** eines natürlichen Todes sterben; **natural disaster** Naturkatastrophe; **natural gas** Erdgas ◼ *Verhalten usw.:* naturgemäß, angeboren (**to**; *Dativ*); **natural talent** natürliche Begabung ◼ *übertragen* natürlich, selbstverständlich ◼ *Benehmen, Art usw.:* natürlich, ungekünstelt

naturally ['nætʃrəli] ◼ *auch als Ausruf:* natürlich; **'Will you come to the party?' - 'Naturally!'** „Kommst du zu der Party?" - „Natürlich!", „Na klar!"; **naturally, I won't be there** natürlich werde ich nicht da sein ◼ instinktiv, spontan; **learning comes naturally to him** das Lernen fällt ihm leicht

★**nature** ['neɪtʃə] ◼ *allg.:* Natur; **back to nature** zurück zur Natur; **the laws of nature** die Naturgesetze ◼ *einer Person:* Natur, Wesen, Veranlagung; **he's a bit shy by nature** er ist von Natur (aus) etwas schüchtern; **it's (in) her nature** es liegt in ihrem Wesen ◼ **nature calls** *umg* ich muss mal

nature reserve ['neɪtʃə_rɪˌzɜːv] Naturschutzgebiet

nature trail ['neɪtʃə_treɪl] Naturlehrpfad

naughty ['nɔːtɪ] ◼ *Kind:* ungezogen, unartig ◼ *Witz usw.:* unanständig

nausea ['nɔːzɪə] Übelkeit

navel ['neɪvl] ◼ Nabel ◼ *übertragen auch* Mittelpunkt

navigable ['nævɪgəbl] *Gewässer:* schiffbar

navigate ['nævɪgeɪt] ◼ *mit Schiff:* befahren, durchfahren (*Gewässer*) ◼ steuern, navigieren (*Flugzeug, Schiff usw.*) ◼ *beim Autofahren:* lotsen, dirigieren ◼ *im Internet:* navigieren

★**navy** ['neɪvɪ] Kriegsmarine; **be in the navy** bei der Marine sein

navy blue [ˌneɪvɪ'bluː] marineblau

★**near**¹ [nɪə] ◼ *räumlich:* nahe, nahe gelegen; **near at hand** nahe, ganz in der Nähe; **near here** nicht weit von hier, hier in der Nähe; **my nearest neighbours** meine nächsten Nachbarn; **the Near East** der Nahe Osten; **where's the nearest hospital?** wo ist das nächste Krankenhaus? ◼ *zeitlich:* nahe, nahe bevorstehend; **come nearer** *Zeitpunkt:* näher rücken; **in the near future** in nächster Zukunft; **be near at hand** *Ereignis, Zeitpunkt:* bevorstehen ◼ (≈ *annähernd*) nahezu, beinahe, fast; **he came near to tears** er war den Tränen nahe; **she came very near to hitting him** es hätte nicht viel gefehlt, und sie hätte ihm eine geknallt ◼ *Verwandte:* nahe (verwandt); **the nearest relations** die nächsten Verwandten; **my nearest and dearest** meine Lieben ◼ **be a near miss** knapp scheitern; **we had a near miss** wir hatten beinahe einen Zusammenstoß; **that was a near thing** *umg* das hätte ins Auge gehen können, das ging gerade noch einmal gut

★**near**² [nɪə] sich nähern, näher kommen; **be nearing completion** (*Projekt usw.*) der Vollendung entgegengehen

nearby¹ [ˌnɪə'baɪ] in der Nähe; **does she live nearby?** wohnt sie in der Nähe?

nearby² ['nɪəbaɪ] nahe (gelegen); **the nearby lake** der nahe gelegene See

★**nearly** ['nɪəlɪ] beinahe, fast; **not nearly** bei Weitem nicht, nicht annähernd

neat [niːt] ◼ *Person, Zimmer usw.:* sauber, ordentlich; **she's got neat handwriting** sie hat eine saubere Handschrift ◼ *US, umg* (≈ *sehr gut*) super, klasse ◼ *übertragen* geschickt; **a neat solution** eine saubere (*oder* elegante) Lösung ◼ *Br* pur; **two neat whiskies** zwei Whisky pur

necessarily ['nesəsrəlɪ, ˌnesəˈserəlɪ] notwendigerweise; **not necessarily** nicht unbedingt

★**necessary** ['nesəsrɪ] ◼ notwendig, nötig, erforderlich (**to, for** für); **it's not necessary for him to come** es ist nicht nötig, dass er mitkommt; **a necessary evil** ein notwendiges Übel; **call me if necessary** ruf mich an, wenn's nötig ist ◼ *Folgen, Auswirkungen usw.:* unvermeidlich, zwangsläufig

necessity [nəˈsesɪtɪ] Notwendigkeit; **the bare necessities** das absolut Notwendigste; **of necessity** notgedrungen; **be a necessity of life** lebensnotwendig sein; **necessity is the mother of invention** Not macht erfinderisch

★**neck**¹ [nek] Hals (*auch von Flasche usw.*); **(back of the) neck** Nacken; **be neck and neck** *bei Rennen:* Kopf an Kopf liegen (*auch übertragen*); **be up to one's neck in debt** bis an den Hals in Schulden stecken; **risk one's neck** Kopf und Kragen riskieren; **save one's neck** den Kopf aus der Schlinge ziehen; **break one's neck** sich den Hals (*oder* das Genick) brechen

neck² [nek] *umg* knutschen, schmusen
★**necklace** ['nekləs] Halskette
neck pillow ['nek,pɪləʊ] *auf Reisen*: Nackenhörnchen, *im Bett*, Nackenkissen
nectar ['nektə] Nektar (*auch übertragen*)
nectarine ['nektəri:n] Nektarine
née, nee [⚠nei] *bei Frauennamen*: geborene
★**need¹** [ni:d] **1** Bedarf (**of, for** an), Bedürfnis (**of, for** nach); **in need of repair** reparaturbedürftig; **be in need of something** etwas dringend brauchen **2** (≈ *Erfordernis*) Notwendigkeit; **there's no need for you to come** du brauchst nicht zu kommen; **if need be** nötigenfalls, notfalls **3** Armut, Not; **be in need** Not leiden; **those in need** die Notleidenden
★**need²** [ni:d] **1** benötigen, brauchen; **need something badly** etwas dringend brauchen; **your fingernails need cutting** du musst dir wieder mal die Fingernägel schneiden **2** brauchen, müssen; **need to do something** etwas tun müssen; **you needn't do it** *Br* du brauchst es nicht zu tun; **you needn't have come** *Br* du hättest nicht zu kommen brauchen
★**needle** ['ni:dl] **1** *im Haushalt*: (Näh)Nadel **2** *auch* **knitting needle** Stricknadel **3** *einer Spritze, am Kompass, der Tanne usw.*: Nadel **4 a needle in a haystack** *übertragen* eine Stecknadel im Heuhaufen (⚠*Stecknadel* = **pin**)
needless ['ni:dləs] unnötig, überflüssig; **needless to say, we'll pick you up** natürlich werden wir dich abholen
needn't ['ni:dnt] *Kurzform von* **need not**
neg. [neg] *abk für* **negative** HIV neg. HIV-negativ; b/w neg. Schwarz-Weiß-Negativ
negative¹ ['negətɪv] **1** *allg*.: negativ **2** *Antwort auch*: verneinend, *Sprache*: verneint **3** *Bescheid auch*: abschlägig, ablehnend
negative² ['negətɪv] **1** Verneinung; **answer in the negative** verneinen **2** *Foto*: Negativ
★**neglect¹** [nɪ'glekt] vernachlässigen (*Kind, sein Äußeres usw.*); **a neglected garden** ein verwahrloster Garten
★**neglect²** [nɪ'glekt] Vernachlässigung; **be in a state of neglect** vernachlässigt (*oder* verwahrlost) sein
negotiate [nɪ'gəʊʃɪeɪt] **1** verhandeln (**with** mit; **for, about, on** über); **negotiating skills** *pl* Verhandlungsgeschick; **negotiating table** Verhandlungstisch **2** aushandeln (**with** mit) (*Vertrag usw.*)
negotiation [nɪˌgəʊʃɪ'eɪʃn] Verhandlung; **it's still under negotiation** darüber wird noch verhandelt
neigh [neɪ] (*Pferd*) wiehern
★**neighbour**, *US* ★**neighbor** ['neɪbə] Nachbar(in), Anlieger(in), Ⓐ Anrainer(in), Ⓢ Anstößer(in); **our next-door neighbours** unsere direkten Nachbarn; **we're next-door neighbours** wir wohnen Tür an Tür
★**neighbourhood**, *US* ★**neighborhood** ['neɪbəhʊd] **1** *in Stadt*: Viertel, Wohngegend; **in the neighbourhood of the cathedral** in der Umgebung des Doms **2** *Personen*: Nachbarn *pl* **3 the price is in the neighbourhood of £100** es kostet so um die 100 Pfund
neighbouring, *US* **neighboring** ['neɪbərɪŋ] benachbart, angrenzend
★**neither** ['naɪðə] **1** keine(r, -s) von beiden; **neither of you** keiner von euch beiden **2 neither ... nor ...** weder ... noch ... **3** auch nicht; **'I didn't do it.' - 'Neither did I.'** „Ich war's nicht." - „Ich auch nicht."; **'I don't like porridge.' - 'Me neither.'** „Ich mag keinen Haferbrei." - „Ich auch nicht."
neologism [niːˈɒlədʒɪzm] *Sprache*: Neologismus, Neuwort
neon ['ni:ɒn] *Edelgas*: Neon; **neon sign** Neonreklame, Leuchtreklame
★**nephew** ['nefju:] Neffe
nerd [nɜ:d] *umg* uncooler Typ; **computer nerd** Computerfreak
nerdy ['nɜ:dɪ] *umg* uncool
★**nerve** [nɜːv] **1** Nerv; **get on someone's nerves** jemandem auf die Nerven gehen; **have nerves of steel** Nerven aus Stahl haben; **hit** (*oder* **touch**) **a nerve** einen wunden Punkt treffen; **bag** (*oder* **bundle**) **of nerves** *umg*; *Person*: Nervenbündel **2** *übertragen* Mut; **have the nerve to do something** den Nerv (*oder* Mut) haben, etwas zu tun; **lose one's nerve** die Nerven verlieren **3** *umg* Frechheit; **he had the nerve to ask me if ...** er hatte die Frechheit, mich zu fragen, ob ...; **what a nerve!** so eine Frechheit!
nerve-racking, nerve-wracking ['nɜːv,rækɪŋ] *Erlebnis usw.*: nervenaufreibend
★**nervous** ['nɜːvəs] **1** nervös; **you make me nervous** du machst mich nervös **2** **nervous system** Nervensystem; **nervous breakdown** Nervenzusammenbruch; **she's a nervous wreck** sie ist mit den Nerven völlig am Ende
nervousness ['nɜːvəsnəs] Nervosität
★**nest¹** [nest] **1** *von Vogel*: Nest **2** *übertragen* Brutstätte (*des Verbrechens usw.*)
★**nest²** [nest] (*Vögel*) nisten

★**net¹** [net] **1** *zum Fischen, beim Tennis, Fußball usw.*: Netz (*auch übertragen*) **2** *Computer*: Netz, Netzwerk **3 the Net** *umg* das Internet (≈ *globales Datennetzwerk*); **on the Net** im Internet; **surf the Net** im Netz surfen

★**net²** [net] **1** *Gewinn, Profit usw.*: netto, Netto..., Rein...; **net disposable income** verfügbares Nettoeinkommen **2** *übertragen* End...; **net result** Endergebnis

★**net³** [net], netted, netted (*Geschäft*) netto einbringen, (*Angestellte*) netto verdienen; **she's netting around £80,000 per year** sie macht rund 80 000 Pfund netto im Jahr

netbook ['netbʊk] *Computer*: Netbook, Mini-Notebook

★**Netherlands** ['neðələndz] **the Netherlands** die Niederlande

netiquette ['netɪket] *Internet*: Netzetikette, Netiquette

netspeak ['netspiːk] *Internet*: Internet-Jargon

network¹ ['netwɜːk] **1** *Rundfunk, TV*: Sendernetz **2** *Computer*: Netzwerk **3** *übertragen, von Tankstellen, Straßen usw.*: Netz; **social network** soziales Netz

network² ['netwɜːk] **1** im Netzwerk arbeiten **2** *Beziehungen aufbauen und nutzen*: netzwerken

networking ['netwɜːkɪŋ] **1** *Computer*: Networking **2** Knüpfen von Kontakten

neurosis [ˌnjʊˈrəʊsɪs] *pl*: neuroses [ˌnjʊˈrəʊsiːz] Neurose

neurotic [ˌnjʊˈrɒtɪk] *Verhalten*: neurotisch

neuter¹ ['njuːtə] **1** *Sprache*: neutral, sächlich **2** *Biologie*: ungeschlechtlich

neuter² ['njuːtə] *Sprache*: Neutrum

neutral¹ ['njuːtrəl] *allg.* neutral

neutral² ['njuːtrəl] **1** *Person*: Neutrale(r) **2** *Auto*: Leerlauf; **the car is in neutral** es ist kein Gang eingelegt; **put the car in neutral** den Gang herausnehmen

neutrality [njuːˈtrælətɪ] Neutralität

neutron ['njuːtrɒn] *Elementarteilchen*: Neutron

★**never** ['nevə] ↔ **always**; nie, niemals; **never again** nie wieder; **never before** noch nie

never-ending [ˌnevərˈendɪŋ] endlos, unendlich, nicht enden wollend

never-never [ˌnevəˈnevə] **buy something on the never-never** *Br, umg* etwas auf Pump kaufen, etwas abstottern

nevertheless [ˌnevəðəˈles] nichtsdestoweniger, dennoch, trotzdem

★**new** [njuː] *allg.*: neu; **nothing new** nichts Neues; **that's nothing new to me** das ist mir nichts Neues; **be new to someone** jemandem neu (*oder* ungewohnt) sein; **feel (like) a new man** (*bzw.* **woman**) sich wie neugeboren fühlen; **new moon** Neumond

newbie ['njuːbɪ] *umg* Anfänger(in), Neuling

newborn ['njuːbɔːn] *Kind*: neugeboren

newcomer ['njuːˌkʌmə] **1** Neuankömmling **2** *in Beruf usw.*: Neuling

newly ['njuːlɪ] **1** kürzlich, frisch; **newly married** (*oder* **wed**) jungverheiratet **2** neu; **newly made** ganz neu; **the newly appointed head of department** der neu (*oder* frisch) eingestellte Abteilungsleiter

★**news** [njuːz] (⚠ *nur im sg verwendet*) **1** Neuigkeit(en), Nachricht(en); **a bit** (*oder* **piece**) **of news** eine Neuigkeit, eine Nachricht; **what's the news?** was gibt es Neues?; **that's good news** das ist erfreulich, das hört man gern; **that's news to me** das ist mir neu; **I haven't had any news from her for two months** ich habe schon seit zwei Monaten nichts mehr von ihr gehört **2** *Radio, TV*: Nachrichten; **I heard it on the news** ich hörte es in den Nachrichten

news agency ['njuːzˌeɪdʒənsɪ] Nachrichtenagentur, Nachrichtendienst

newsagent ['njuːzˌeɪdʒənt] *Br* **1** *Person*: Zeitungshändler(in) **2** *Laden*: Zeitungsgeschäft

news blackout ['njuːzˌblækaʊt] Nachrichtensperre

newscast ['njuːzkɑːst] *Rundfunk, TV* Nachrichtensendung

news dealer ['njuːzˌdiːlə] *US* **1** *Person*: Zeitungshändler(in) **2** *Laden*: Zeitungsgeschäft

news flash ['njuːzˌflæʃ] *bes. Br; Rundfunk, TV*: Kurzmeldung

newsgroup ['njuːzgruːp] *Internet*: Newsgroup

news magazine ['njuːzˌmægəˌziːn] Nachrichtenmagazin

★**newspaper** ['njuːsˌpeɪpə] Zeitung; **newspaper publisher** Zeitungsverleger(in)

newsstand ['njuːzˌstænd] Zeitungskiosk

★**new year** [ˌnjuːˈjɪə] *oft* **New Year** neues Jahr; **happy New Year!** gutes neues Jahr!, Prosit Neujahr!; **New Year's Day** Neujahr, Neujahrstag; **New Year's Eve** Silvester, Silvesterabend; **New Year's resolution** guter Vorsatz für das neue Jahr

★**New Zealand¹** [ˌnjuːˈziːlənd] Neuseeland

★**New Zealand²** [ˌnjuːˈziːlənd] neuseeländisch

★**New Zealander** [ˌnjuːˈziːləndə] Neuseeländer(in)

★**next** [nekst] **1** *räumlich*: nächste(r, -s); **next door** nebenan, im nächsten Raum *bzw.* Haus; **next to the church you see ...** gleich neben der Kirche sehen Sie ... **2** *zeitlich*: nächste(r, -s); **the next day** am nächsten Tag; **next month** nächsten Monat; **next time** das nächste Mal; **the next time I saw her, ...** als ich sie das nächste Mal sah, ... **3** *Reihenfolge*: nächste(r, -s); **you'll be next** du wirst der Nächste sein; **who's next?** wer ist als Nächster dran?, wer ist der Nächste?; **next please!** der Nächste bitte; **next but one** übernächste(r, -s) **4** **next to nothing** beinahe (*oder* so gut wie) nichts

next-door ['nekst_dɔː] nebenan; **we're next--door neighbours** wir wohnen Tür an Tür

NHS [ˌeneɪtʃ'es] (*abk für* National Health Service) *in GB*: Staatlicher Gesundheitsdienst; **get something on the NHS** etwas auf Krankenschein bekommen

nibble ['nɪbl] knabbern (**at** an); **nibble at one's food** im Essen herumstochern

★**nice** [naɪs] **1** *Person usw.*: nett, sympathisch, ☺ gefreut **2** *Wesen, Stimme usw.*: nett, freundlich (**to** zu) **3** *Geschmack, Geruch usw.*: gut, fein, lecker **4** *Kleid, Aussehen*: nett, hübsch, schön **5** *Wetter*: schön; **nice and warm** schön warm **6** **have a nice day!** schönen Tag noch!; **have a nice time!** viel Spaß!; **nice to meet you** *beim Vorstellen*: sehr erfreut, angenehm; **it's been nice meeting you** schön, Sie kennenzulernen

nicely ['naɪslɪ] **1** gut, fein; **the project's coming along nicely** das Projekt läuft ganz gut **2** **that'll do nicely** das genügt vollauf **3** **he's doing nicely** (*Patient*) es geht ihm besser, er macht gute Fortschritte

niche [niːʃ] *in Wand*: Nische (*auch übertragen*)

nick¹ [nɪk] **1** *in Fläche*: Kerbe **2** **in the nick of time** gerade noch rechtzeitig, im letzten Moment **3** *Br, umg* Kittchen **4** **be in good nick** *Br, umg* gut in Schuss sein

nick² [nɪk] *Br, umg* klauen; **who's nicked my pen?** wer hat meinen Stift geklaut?

nickel ['nɪkl] **1** Nickel **2** *US* Fünfcentstück

nickname ['nɪkneɪm] Spitzname

nicotine ['nɪkətiːn] Nikotin

★**niece** [niːs] Nichte

niff [nɪf] *Br, umg* Gestank, Mief; **there's a bit of a niff in here** hier mieft's

niffy ['nɪfɪ] *Br, umg* stinkend; **be niffy** stinken

nifty ['nɪftɪ] *umg* **1** *Gerät, Vorrichtung*: praktisch, schlau **2** *Kleidung, Person*: flott, fesch

★**night** [naɪt] **1** Nacht; **at night** in der Nacht, nachts; **a starry night** eine sternenklare Nacht; **all night long** die ganze Nacht; **night and day** Tag und Nacht; **did you have a good night's sleep?** hast du gut geschlafen?; **if you want you can stay the night** wenn du willst, kannst du hier übernachten; **have an early night** früh zu Bett gehen; **good night!** gute Nacht! **2** *vor dem Schlafengehen*: Abend; **last night** gestern Abend; **on the night of May 5th** am Abend des 5. Mai; **have a night out** (abends) ausgehen

nightcap ['naɪtkæp] **1** *umg* Schlummertrunk, Absacker **2** Nachthaube

nightclub ['naɪtklʌb] Nachtklub, Nachtlokal

★**nightdress** ['naɪtdres] Nachthemd

nightfall ['naɪtfɔːl] **at nightfall** bei Einbruch der Dunkelheit

nightgown ['naɪtɡaʊn] Nachthemd

nightie ['naɪtɪ] *umg* Nachthemd

nightingale ['naɪtɪŋɡeɪl] *Vogel*: Nachtigall

night life ['naɪt_laɪf] Nachtleben

nightmare ['naɪtmeə] Albtraum (*auch übertragen*)

night owl ['naɪt_aʊl] *umg* Nachteule, Nachtmensch, Nachtschwärmer(in)

night school ['naɪt_skuːl] Abendschule

night shift ['naɪt_ʃɪft] Nachtschicht; **be on night shift** Nachtschicht haben

nightshirt ['naɪtʃɜːt] *bes. für Männer*: Nachthemd

nighttime ['naɪttaɪm] Nacht; **at nighttime** nachts

nil [nɪl] null; **our team won three nil** (*oder* **by three goals to nil**) *Br* (= *3-0*) unsere Mannschaft gewann drei zu null (= 3:0)

Nile [naɪl] Nil

★**nine**¹ [naɪn] neun; **nine times out of ten** in neun von zehn Fällen, fast immer

★**nine**² [naɪn] *Buslinie, Spielkarte usw.*: Neun

ninepins ['naɪnpɪnz] (▲ *nur mit sg*) Kegeln

★**nineteen**¹ [ˌnaɪn'tiːn] neunzehn

★**nineteen**² [ˌnaɪn'tiːn] *Buslinie usw.*: Neunzehn

nine-to-five [ˌnaɪntə'faɪv] **nine-to-five job** (normaler) Bürojob

★**ninety**¹ ['naɪntɪ] neunzig

★**ninety**² ['naɪntɪ] Neunzig; **be in one's nineties** *Alter*: in den Neunzigern sein; **in the nineties** in den Neunzigerjahren (*eines Jahrhunderts*)

★**ninth**¹ [naɪnθ] neunte(r, -s)

★**ninth**² [naɪnθ] **1** Neunte(r, -s); **the ninth of May** der 9. Mai **2** *Bruchteil*: Neuntel

nipple ['nɪpl] **1** Brustwarze **2** *technisch*: Nippel **3** *US; an Saugflasche*: Sauger

nitpicker ['nɪtˌpɪkə] *umg* pingeliger (*oder*

kleinlicher) Mensch, Korinthenkacker
nitpicking ['nɪt,pɪkɪŋ] *umg* pingelig, kleinlich
nitrate ['naɪtreɪt] Nitrat
nitrogen ['naɪtrədʒən] Stickstoff
nitty-gritty [,nɪtɪ'grɪtɪ] **get down to the nitty-gritty** *umg* zur Sache kommen
nitwit ['nɪtwɪt] *umg* Schwachkopf
★ **no¹** [nəʊ] **1** *allg.*: nein; **say no to ...** Nein sagen zu ...; **the answer is no** die Antwort ist Nein **2** *mit Steigerungsformen*: nicht; **they no longer live here** sie wohnen nicht mehr hier **3** **no one** keiner, niemand; **in no time** im Nu, im Handumdrehen **4** **no smoking!** Rauchen verboten
★ **no²** [nəʊ] *pl:* **noes** [nəʊz] **1** Nein; **a clear no** ein klares Nein (**to** auf) **2** *bei Abstimmung*: Gegenstimme, Neinstimme; **the noes have it** der Antrag ist abgelehnt
★ **no³** *pl:* **nos** *abk für* → **number¹**
nobility [nəʊ'bɪlətɪ] Adel, Aristokratie
noble ['nəʊbl] **1** *durch Geburt*: adlig, von Adel **2** *Gesinnung, Handeln usw.*: edel, nobel **3** *Bauwerk usw.*: prächtig, stattlich
nobleman ['nəʊblmən] *pl:* **noblemen** ['nəʊblmən] Adliger, Aristokrat
noblewoman ['nəʊbl,wʊmən] *pl:* **noblewomen** ['nəʊbl,wɪmɪn] Adelige, Aristokratin
★ **nobody¹** ['nəʊbədɪ] keiner, niemand
★ **nobody²** ['nəʊbədɪ] *übertragen* Niemand, Null
no-brainer [,nəʊ'breɪnə] *umg* klare Sache; **that's a no-brainer** da muss man nicht lange überlegen, das ist doch glasklar
no-claims bonus [,nəʊkleɪmz'bəʊnəs] *bei Kfz-Versicherung*: Schadensfreiheitsrabatt
nod¹ [nɒd], **nodded, nodded** nicken; **nod at** (*oder* **to**) **someone** jemandem zunicken; **nod one's head** mit dem Kopf nicken; **have a nodding acquaintance with someone** jemanden flüchtig kennen

---
PHRASAL VERBS

nod off [,nɒd'ɒf] einnicken

---

nod² [nɒd] Nicken; **give someone a nod** jemandem zunicken
noes [nəʊz] *pl von* → **no²**
no-frills [,nəʊ'frɪlz] ohne Extras, einfach, schlicht; **a no-frills car** ein Auto ohne Schnickschnack
★ **noise** [nɔɪz] **1** Geräusch; **what's that noise?** was ist das für ein Geräusch? **2** *unangenehm laut*: Krach, Lärm; **try not to make any noise when you come home** versuche, keinen Krach zu machen, wenn du nach Hause kommst; **make a lot of noise about something** *übertragen* viel Tamtam um etwas machen **3** *im Radio usw.*: Rauschen
noise barrier ['nɔɪz,bærɪə] *entlang einer Straße usw.*: Lärmschutzwall
noise pollution ['nɔɪz pə,luːʃn] Lärmbelästigung
noise protection ['nɔɪz prə,tekʃn] Lärmschutz
★ **noisy** ['nɔɪzɪ] *Straße, Motor usw.*: laut; **don't be so noisy!** *zu Kind*: sei nicht so laut!, mach nicht so einen Krach!
no-man's-land ['nəʊmænzlænd] Niemandsland
nominate ['nɒmɪneɪt] **1** ernennen (**to** zu); **she was nominated (as** *oder* **to be) chairperson** sie wurde zur Vorsitzenden ernannt **2** als Kandidaten aufstellen (**for** für); **we nominated Jill for chairmanship** wir nominierten Jill für den Vorsitz, wir schlugen Jill als Vorsitzende vor
nomination [,nɒmɪ'neɪʃn] **1** Ernennung **2** Nominierung
nominative ['nɒmɪnətɪv] *auch* **nominative case** *Sprache* Nominativ, 1. Fall
non-alcoholic [,nɒnælkə'hɒlɪk] alkoholfrei
★ **none** [nʌn] **1** keine(r, -s), niemand; **none of them are** (*oder* **is**) **here** keiner von ihnen ist hier; **none of your tricks!** lass deine Späße!; **that's none of your business** das geht dich gar nichts an **2** **he was none too pleased** er war keineswegs erfreut; **none too soon** kein bisschen zu früh
nonetheless [,nʌnðə'les] nichtsdestoweniger, dennoch, trotzdem
non-event [,nɒnɪ'vent] *umg* Reinfall, Pleite
non-fat ['nɒnfæt] fettarm, Mager...
non-fiction [,nɒn'fɪkʃn] (▲ *nur im sg verwendet*) Sachbücher *pl*; **a non-fiction book** ein Sachbuch
nonflammable [,nɒn'flæməbl] *Material*: nicht entzündbar, *auch*: unbrennbar
non-iron [,nɒn'aɪən] *Hemd usw.*: bügelfrei
no-no ['nəʊnəʊ] *umg* **be a no-no** tabu sein, nicht infrage kommen
nonpolluting [,nɒnpə'luːtɪŋ] *Waschmittel usw.*: umweltfreundlich
nonprofit [,nɒn'prɒfɪt] *US*, **non-profit-making** [,nɒn'prɒfɪtmeɪkɪŋ] *Verein, Vereinigung, Unternehmen*: gemeinnützig
non-proliferation [,nɒnprəlɪfə'reɪʃn] *Politik*: Nichtweitergabe von Atomwaffen; **non-proliferation treaty** Atomsperrvertrag

non-returnable [ˌnɒnrɪˈtɜːnəbl] Einweg...; **non-returnable bottle** Einwegflasche

★**nonsense** [ˈnɒnsəns] Unsinn, dummes Zeug; **talk nonsense** Unsinn reden; **make (a) nonsense of something** etwas ad absurdum führen

nonsensical [nɒnˈsensɪkl] *Idee, Vorschlag usw.*: unsinnig

★**non-smoker** [ˌnɒnˈsməʊkə] **1** *Person*: Nichtraucher(in) **2** *im Zug*: Nichtraucherabteil

non-smoking [ˌnɒnˈsməʊkɪŋ] **non-smoking compartment** *im Zug*: Nichtraucherabteil; **non-smoking area** *in Restaurants usw.*: Nichtraucherbereich

non-standard [ˌnɒnˈstændəd] *Sprache*: nicht hochsprachlich

non-stick [ˌnɒnˈstɪk] *Pfanne usw.*: mit Antihaftbeschichtung

nonstop [ˌnɒnˈstɒp] **1** *Zug*: durchgehend **2** *Flug*: ohne Zwischenlandung; **nonstop flight** Nonstop-Flug **3** **talk nonstop** ununterbrochen reden

non-violent [ˌnɒnˈvaɪələnt] *Protest*: gewaltfrei

noodle [ˈnuːdl] Nudel

★**noon** [nuːn] Mittag, Mittagszeit; **at noon** am (*oder* zu) Mittag, *genau*: um 12 Uhr (mittags)

★**no one** [ˈnəʊ_wʌn] niemand, keiner

noose [nuːs] Schlinge

nope [nəʊp] *umg* nein

nor [nɔː] **1 neither ... nor ...** weder ... noch ... **2** auch nicht; **he doesn't know, and nor do I** er weiß es nicht, und ich auch nicht

norm [nɔːm] Norm

★**normal** [ˈnɔːml] normal, Normal...; **as soon as things are back to normal** sobald sich die Lage wieder normalisiert hat, ...; **your temperature is above normal** du hast erhöhte Temperatur; **that's perfectly normal** das ist ganz normal

normality [nɔːˈmælɪtɪ] Normalität

normalize [ˈnɔːməlaɪz] **1** normalisieren (*Beziehungen, Situation usw.*) **2** (*Lage, Situation*) sich normalisieren

normally [ˈnɔːməlɪ] normalerweise, (für) gewöhnlich

Norman[1] [ˈnɔːmən] Normanne, Normannin

Norman[2] [ˈnɔːmən] normannisch

★**north**[1] [nɔːθ] **1** Norden; **in the north of** im Norden von (*oder Genitiv*); **to the north of** nördlich von (*oder Genitiv*) **2** *auch* **North** Norden, nördlicher Landesteil; **the North** *Br* Nordengland, *US* die Nordstaaten (*zur Zeit des Bürgerkriegs*)

★**north**[2] [nɔːθ] Nord..., nördlich; **the north side of the church** die Nordseite der Kirche

★**north**[3] [nɔːθ] **1** *Richtung*: nordwärts, nach Norden **2** **north of** nördlich von (*oder Genitiv*)

★**North America** [ˌnɔːθəˈmerɪkə] Nordamerika

★**North American**[1] [ˌnɔːθəˈmerɪkən] nordamerikanisch

★**North American**[2] [ˌnɔːθəˈmerɪkən] Nordamerikaner(in)

northbound [ˈnɔːθbaʊnd] nach Norden gehend (*oder* fahrend)

northeast[1] [ˌnɔːθˈiːst] Nordosten

northeast[2] [ˌnɔːθˈiːst] nordöstlich, Nordost...

northeast[3] [ˌnɔːθˈiːst] *Richtung*: nach Nordosten

northerly [ˈnɔːðəlɪ] *Richtung, Wind*: nördlich, Nord...

★**northern** [ˈnɔːðn] nördlich, Nord...; **northern Germany** Norddeutschland; **Northern Ireland** Nordirland; **Northern Irish** nordirisch

North Pole [ˌnɔːθˈpəʊl] Nordpol

North-Rhine/Westphalia [ˌnɔːθraɪn_westˈfeɪlɪə] Nordrhein-Westfalen

North Sea [ˌnɔːθˈsiː] Nordsee

northward [ˈnɔːθwəd], **northwards** [ˈnɔːθwədz] nördlich, nordwärts, nach Norden; **drive northwards** nordwärts (*oder* nach Norden) fahren

northwest[1] [ˌnɔːθˈwest] Nordwesten

northwest[2] [ˌnɔːθˈwest] nordwestlich, Nordwest...

northwest[3] [ˌnɔːθˈwest] *Richtung*: nach Nordwesten

★**Norway** [ˈnɔːweɪ] Norwegen

★**Norwegian**[1] [nɔːˈwiːdʒn] norwegisch

★**Norwegian**[2] [nɔːˈwiːdʒn] *Sprache*: Norwegisch; **in Norwegian** auf Norwegisch

★**Norwegian**[3] [nɔːˈwiːdʒn] Norweger(in)

★**nose** [nəʊz] **1** Nase; **blow one's nose** sich die Nase putzen; **pick one's nose** in der Nase bohren **2** *in Wendungen*: **follow your nose** immer der Nase nach; **lead someone by the nose** jemanden unter seiner Fuchtel haben; **poke** (*oder* **stick**) **one's nose into something** seine Nase in etwas stecken; **you keep your nose out of this!** du hältst dich da raus!; **under his very nose** direkt vor seiner Nase, vor seinen Augen; **pay through the nose** viel blechen müssen; **keep your nose clean!** bleib sauber! **3** *übertragen* Nase, Riecher (**for** für)

PHRASAL VERBS

nose about oder **around** [ˌnəʊz_əˈbaʊt oder əˈraʊnd] übertragen herumschnüffeln (**for** nach)

---

nosebleed [ˈnəʊzbliːd] **have a nosebleed** Nasenbluten haben

nosering [ˈnəʊzrɪŋ] Nasenring

nosh [nɒʃ] umg **1** Br Essen; **have some nosh** (etwas) essen; **have a quick nosh** schnell etwas essen **2** US Bissen, Happen; **have a nosh** einen Happen essen

nostalgia [nɒˈstældʒə] Nostalgie; im weiteren Sinne: Sehnsucht (**for** nach)

nostalgic [nɒˈstældʒɪk] nostalgisch

nostril [ˈnɒstrəl] **1** bei Mensch: Nasenloch **2** bei Pferd: Nüster

nosy [ˈnəʊzi] umg neugierig

★**not** [nɒt] **1** nicht; **not at all** überhaupt nicht; **I'm afraid not** auf Frage: ich fürchte nein; **not to my knowledge** nicht dass ich wüsste; **it's wrong, isn't it?** (kurz für **is it not**) es ist falsch, nicht wahr?; **she asked me not to mention it** sie bat mich, es nicht zu erwähnen **2** **not yet** noch nicht **3** **not a bit** kein bisschen **4** **'Thanks a lot.' - 'Not at all.'** „Vielen Dank." - „Keine Ursache."

notable¹ [ˈnəʊtəbl] **1** Person: bedeutend, angesehen **2** Tatsache, Umstand: beachtenswert, bemerkenswert **3** Unterschied: beträchtlich

notable² [ˈnəʊtəbl] bedeutende Persönlichkeit

notably [ˈnəʊtəbli] besonders, vor allem

notary [ˈnəʊtəri] mst. **notary public** Notar(in)

★**note¹** [nəʊt] **1** Notiz, Aufzeichnung; **make a note of something** sich etwas notieren (oder vormerken); **take notes** im Unterricht usw.: sich Notizen machen; **speak without notes** frei sprechen **2** (≈ Kurzinformation) Zettel; **did you find my note on the table?** hast du den Zettel auf dem Tisch gefunden? **3** auf Buchseite usw.: Anmerkung, Vermerk **4** Br Banknote, Geldschein **5** Musik: Note

★**note²** [nəʊt] **1** besonders beachten (oder achten auf); **please note that ...** bitte beachten Sie, dass ... **2** (≈ erwähnen) bemerken **3** oft **note down** aufschreiben, notieren

★**notebook** [ˈnəʊtbʊk] **1** Notizbuch **2** US Schulheft **3** Computer: Notebook

noted [ˈnəʊtɪd] bekannt, berühmt (**for** wegen)

notepad [ˈnəʊtpæd] **1** Notizblock **2** Computer: Notepad (PC im Notizblockformat)

noteworthy [ˈnəʊtˌwɜːði] Ereignis, Tatsache: bemerkenswert

★**nothing** [ˈnʌθɪŋ] allg.: nichts; **as if nothing had happened** als ob nichts passiert sei; **nothing doing** umg das kommt nicht in Frage, nichts zu machen; **have nothing to do** nichts zu tun haben; **it's got nothing to do with you** das hat nichts mit dir zu tun; **the book's nothing special** das Buch ist nichts Besonderes; **that's nothing compared to ...** das ist nichts im Vergleich zu ...; **that's nothing to me** das bedeutet mir nichts; **there's nothing like ...** es geht nichts über ...; **..., to say nothing of ...** ..., ganz zu schweigen von ...; **think nothing of** nichts halten von, sich nichts machen aus; **I got it for nothing** ich bekam es umsonst

★**notice¹** [ˈnəʊtɪs] bemerken; **he gave her a wink but she didn't notice** er zwinkerte ihr zu, aber sie bemerkte es nicht; **I noticed that she was sad** ich bemerkte, dass sie traurig war

★**notice²** [ˈnəʊtɪs] **1** Notiz, Beachtung; **take notice of** Notiz nehmen von, beachten; **take no notice of him** beachte ihn gar nicht; **that must have escaped my notice** das muss mir entgangen sein **2** (≈ Information) Ankündigung, Mitteilung; **give someone notice of something** jemanden von etwas benachrichtigen; **give someone two weeks' usw. notice of something** jemandem über etwas zwei Wochen usw. vorher Bescheid geben; **till** (oder **until**) **further notice** bis auf Weiteres; **at** (US **on**) **short notice** kurzfristig; **without notice** fristlos **3** Bekanntmachung, Ankündigung; **put up a notice** an Schwarzem Brett usw.: eine Bekanntmachung aushängen **4** von Arbeitsplatz, Wohnung usw.: Kündigung; Zeitraum: Kündigungsfrist; **give someone (his** oder **her) notice** jemandem kündigen; **hand in one's notice** kündigen; **a month's notice** eine einmonatige Kündigungsfrist; **she gave me (**oder **I was given) a month's notice** mir wurde zum nächsten Monat gekündigt

noticeable [ˈnəʊtɪsəbl] merklich, erkennbar

notice board [ˈnəʊtɪs_bɔːd] Br Anschlagtafel, Schwarzes Brett

notification [ˌnəʊtɪfɪˈkeɪʃn] Meldung, Mitteilung, Benachrichtigung

notify [ˈnəʊtɪfaɪ] **1** melden, mitteilen (Neuigkeit usw.) **2** benachrichtigen; **you'll be notified of our decision** wir werden Sie über unsere Entscheidung informieren

notion [ˈnəʊʃn] gedanklich: Vorstellung, Idee

notorious [nəʊˈtɔːriəs] berüchtigt (**for** für); **she's a notorious liar** sie ist eine notorische

Lügnerin

nought [nɔːt] *Br; Ziffer:* Null

★**noun** [naʊn] *Sprache:* Substantiv, Hauptwort, *bes.* Ⓐ, Ⓝ Nomen

nourish [ˈnʌrɪʃ] **1** ernähren (*Person*) **2** nähren, hegen (*Hoffnungen*)

nourishing [ˈnʌrɪʃɪŋ] *Nahrung:* nahrhaft

★**novel** [ˈnɒvəl] Roman

novelist [ˈnɒvəlɪst] Romanschriftsteller(in)

novella [nəʊˈvelə] Novelle

novelty [ˈnɒvltɪ] **1** (≈ *das Neusein*) Neuheit; **once the novelty has worn off** wenn der Reiz des Neuen erst mal vorbei ist **2** (≈ *etwas Neues*) Neuheit; **this is quite a novelty** das ist ein Novum **3** *mst.* **novelties** *pl* Krimskrams, Ramsch

★**November** [nəʊˈvembə] November; **in November** im November

novice [ˈnɒvɪs] Neuling (**at** in)

★**now** [naʊ] **1** jetzt, nun; **they now live in Boston** sie leben (*oder* wohnen) jetzt in Boston; **now and again, (every) now and then** von Zeit zu Zeit, dann und wann; **by now** mittlerweile, inzwischen; **from now on** von jetzt an; **up to now** bis jetzt; **a week from now** heute in einer Woche **2** (≈ *unverzüglich*) sofort; **right 'now** (jetzt) sofort; **I want you to clean up your room 'now** ich möchte, dass du dein Zimmer sofort aufräumst; **it's now or never** jetzt oder nie **3** **now that you're here ...** nun da (*oder* jetzt wo) du schon einmal da bist, ...

★**nowadays** [ˈnaʊədeɪz] heutzutage

no way [ˌnəʊˈweɪ] *umg* '**Can I have your bike?**' – '**No way!**' "Kann ich dein Fahrrad haben?" – "Kommt nicht in Frage!"

★**nowhere** [ˈnəʊweə] **1** nirgends, nirgendwo; **have nowhere to live** kein Zuhause haben; **nowhere near** bei Weitem nicht, auch nicht annähernd **2** **get nowhere fast** *übertragen* überhaupt nicht weiterkommen, überhaupt keine Fortschritte machen; **this will get us nowhere** damit (*oder* so) kommen wir auch nicht weiter, das bringt uns auch nicht weiter

no-win situation [ˌnəʊˈwɪnˌsɪtʃʊˌeɪʃn] ausweglose Situation; **it's a no-win situation** wie man's macht macht man's verkehrt

nozzle [ˈnɒzl] **1** *an Gefäß:* Düse, Ausguss **2** *Tankstelle:* Zapfpistole

nuance [ˈnjuːɑːns] Nuance

★**nuclear** [ˈnjuːklɪə] *Atomphysik:* Kern..., Atom...; **nuclear energy** Atomenergie, Kernenergie; **nuclear-free** atomwaffenfrei; **nuclear power** Atomkraft, Kernkraft, *Staat:* Atommacht; **nuclear power plant** Atomkraftwerk, Kernkraftwerk; **nuclear weapons** Atomwaffen, Kernwaffen

nude [njuːd] **1** *auch* **in the nude** nackt **2** *Malerei:* Akt

nudism [ˈnjuːdɪzm] FKK, Freikörperkultur

nudist [ˈnjuːdɪst] Nudist(in), FKK-Anhänger(in); **nudist beach** Nacktbadestrand, FKK-Strand

nudity [ˈnjuːdətɪ] Nacktheit

nuisance [ˈnjuːsns] **1** *Person:* Plage, Nervensäge; **be a nuisance to someone** jemandem lästig fallen, jemanden nerven; **make a nuisance of oneself** den Leuten auf die Nerven gehen **2** *Geschehen:* Ärgernis, Missstand; **what a nuisance!** wie ärgerlich!

numb [⚠ nʌm] **1** *Finger usw.:* gefühllos, taub (**with** vor) **2** *übertragen* wie betäubt (**with** vor) (*Schmerz usw.*)

★**number¹** [ˈnʌmbə] **1** *Mathematik:* Zahl, Ziffer; **even numbers** gerade Zahlen; **odd numbers** ungerade Zahlen; **be good at numbers** gut rechnen können **2** *von Haus, Telefonanschluss, Fax usw.:* Nummer; **have someone's number** *umg, übertragen* jemanden durchschaut haben; **be number one** *übertragen* die Nummer Eins sein **3** (≈ *Menge*) Zahl, Anzahl; **a number of people** eine (ganze) Anzahl von Menschen; **a great number of people** eine Menge Leute; **five in number** fünf an der Zahl; **I've asked you a number of times to ...** ich habe dich x--mal (*oder* zigmal) gebeten, ...; **in large numbers** in großen Mengen, in großer Zahl **4** *einer Zeitschrift:* Nummer, Ausgabe **5** *Teil einer Aufführung:* Nummer, Stück

★**number²** [ˈnʌmbə] **1** nummerieren (*Seiten, Sitzplätze usw.*) **2** **his days are numbered** seine Tage sind gezählt

numberplate [ˈnʌmbəpleɪt] *Br; am Auto:* Nummernschild

numeral [ˈnjuːmrəl] (≈ *Zahl*) Ziffer; **in Roman numerals** in römischen Ziffern

numerator [ˈnjuːməreɪtə] *Mathematik:* Zähler

numerical [njuːˈmerɪkl] **1** *Code usw.:* numerisch **2** *Überlegenheit usw.:* zahlenmäßig

numerous [ˈnjuːmərəs] zahlreich

★**nun** [nʌn] Nonne

★**nurse¹** [nɜːs] Krankenschwester; **male nurse** Krankenpfleger

nurse² [nɜːs] **1** pflegen (*Kranke*); **nurse someone back to health** jemanden gesund pflegen **2** auskurieren (*Krankheit*) **3** stillen, die Brust geben (*Baby*)

nursery [ˈnɜːsrɪ] **1** *für Kinder:* Tagesstätte **2** *für*

Pflanzen: Baumschule
nursery rhyme ['nɜːsrɪˌraɪm] Kinderreim
nursery school ['nɜːsrɪˌskuːl] Kindergarten; **nursery school teacher** Kindergärtner(in), Erzieher(in)
nursing home ['nɜːsɪŋˌhəʊm] **1** *mst. privates* Pflegeheim **2** *Br* Privatklinik
★**nut** [nʌt] **1** *Frucht:* Nuss; **a hard** (*oder* **tough**) **nut to crack** *übertragen* eine harte Nuss **2** *Werkzeug:* Schraubenmutter **3** *umg* (≈ *Kopf*) Birne; **you must be off your nut** du spinnst doch **4** **nuts** *pl vulgär* (≈ *Hoden*) Eier; → nuts
nutcase ['nʌtkeɪs] *umg* Spinner(in)
nutcracker ['nʌtˌkrækə] Nussknacker
nutmeg ['nʌtmeg] Muskatnuss
nutrient ['njuːtrɪənt] Nährstoff
nutrition [njuːˈtrɪʃən] Ernährung
nutritious [njuːˈtrɪʃəs] nahrhaft
nuts [nʌts] **be nuts** *umg* spinnen; **you're driving me nuts** *umg* du machst mich noch wahnsinnig; **be nuts about** (*oder* **on**) *umg* verrückt sein nach, wild (*oder* scharf) sein auf
nutter ['nʌtə] *Br, umg* Spinner(in)
nutty ['nʌtɪ] *umg* verrückt (*auch Idee usw.*): **be nutty** spinnen; **be nutty about** (*oder* **on**) verrückt sein nach, wild (*oder* scharf) sein auf

O

O [əʊ] *pl:* **O's** *Br; Ziffer:* Null; **call three, double O, five** rufen Sie 3005 an
oaf [əʊf] Tölpel, Trampel
oafish ['əʊfɪʃ] ungeschickt, tölpelhaft
oak [əʊk] *Baum:* Eiche; *Holz:* Eiche, Eichenholz
OAP [ˌəʊeɪˈpiː] (*abk für* old age pensioner) *Br* Rentner(in), Senior(in)
oar [ɔː] **1** *in Ruderboot:* Ruder, Riemen **2** **put** (*oder* **stick**) **one's oar in** *umg* sich einmischen, seinen Senf dazugeben
oasis [əʊˈeɪsɪs] *pl:* **oases** [əʊˈeɪsiːz] Oase (*auch übertragen*)
oath [əʊθ] *pl:* **oaths** [▲ əʊðz] Eid, Schwur; **oath of office** Amtseid, Diensteid; **be on** (*oder* **under**) **oath** unter Eid stehen; **swear** (*oder* **take**) **an oath** einen Eid leisten (*oder* ablegen), schwören (**on, to** auf)
oatmeal ['əʊtmiːl] **1** *bes. Br* Haferflocken **2** *US* Porridge, Haferbrei
oats [əʊts] *pl* Getreideart: Hafer
obedience [əˈbiːdɪəns] Gehorsam (**to** gegenüber)
obedient [əˈbiːdɪənt] gehorsam (**to**; *Dativ*), folgsam; **be obedient to someone** jemandem folgen, jemandem gehorsam sein
obelisk ['ɒbəlɪsk] Obelisk
obese [əʊˈbiːs] fettleibig
obesity [əʊˈbiːsətɪ] Fettleibigkeit
★**obey** [əˈbeɪ] **1** gehorchen, folgen (*Person*) **2** befolgen (*Befehl usw.*)
obituary [əˈbɪtʃʊərɪ] **1** Nachruf **2** *auch* **obituary notice** Todesanzeige; **the obituaries page** die Todesanzeigen
★**object**[1] [əbˈdʒekt] **1** dagegen sein, etwas dagegen haben; **if you don't object** wenn du nichts dagegen hast; **do you object to my smoking?** haben Sie etwas dagegen, wenn ich rauche? **2** *vor Gericht usw.:* Einspruch erheben (**to** gegen)
★**object**[2] ['ɒbdʒɪkt] **1** Objekt, Gegenstand (*auch übertragen des Mitleids usw.*); **money's no object** Geld spielt keine Rolle **2** *von Handlung, Vorhaben:* Ziel, Zweck, Absicht; **that's the object of the exercise** *übertragen* das ist der Zweck der Übung **3** *Sprache:* Objekt
objection [əbˈdʒekʃn] Einspruch (*auch vor Gericht*), Einwand (**to** gegen); **if you have no objections** wenn du nichts dagegen hast; **raise an objection** einen Einwand erheben
objective[1] [əbˈdʒektɪv] **1** (≈ *unparteiisch*) objektiv, sachlich **2** (≈ *real*) objektiv, tatsächlich
objective[2] [əbˈdʒektɪv] *von Handeln, Lernen usw.:* Ziel; **our main objective is ...** unser Hauptziel ist ...; **reach one's objective** sein Ziel erreichen
objectivity [ˌɒbdʒekˈtɪvətɪ] Objektivität
objector [əbˈdʒektə] Gegner(in) (**to**; *Genitiv*)
obligation [ˌɒblɪˈgeɪʃn] *moralisch, rechtlich:* Verpflichtung; **without obligation** unverbindlich; **be under an obligation to do something** verpflichtet sein, etwas zu tun
obligatory [əˈblɪgətərɪ] verbindlich, obligatorisch; **attendance is obligatory** Anwesenheit ist Pflicht; **obligatory subject** Pflichtfach
oblige [əˈblaɪdʒ] *förmlich* **1** nötigen, zwingen; **be obliged to do something** *auch:* etwas tun müssen **2** *übertragen* verpflichten; **feel obliged to do something** sich verpflichtet fühlen, etwas zu tun; **(I'm) much obliged (to you)** ich bin Ihnen sehr zu Dank verpflichtet, besten Dank
oblique [əˈbliːk] *Typographie:* Schrägstrich
oblivion [əˈblɪvɪən] **fall** (*oder* **sink**) **into oblivion** in Vergessenheit geraten

oblong[1] ['ɒblɒŋ] *Gegenstand, Form*: rechteckig, *US auch* länglich

oblong[2] ['ɒblɒŋ] Rechteck

obnoxious [əb'nɒkʃəs] *Person, Verhalten, Geruch usw.*: widerwärtig, widerlich

OBO (*abk für* **or best offer**) *US, in Inseraten*: Verhandlungsbasis (*abk*: VB)

oboe ['əʊbəʊ] *Musik*: Oboe

obscene [əb'siːn] *Worte, Gesten usw.*: obszön, unanständig, unzüchtig

obscenity [⚠ əb'senətɪ] Obszönität (*auch Wort, Geste usw.*)

obscure [əb'skjʊə] **1** *Text, Bedeutung usw.*: dunkel, unklar **2** *Motive usw.*: undurchsichtig; **for some obscure reason** aus einem unerfindlichen Grund **3** *Gefühl*: unbestimmt, undeutlich **4** *Ort, Dichter, usw.*: obskur, unbekannt, unbedeutend

observant [əb'zɜːvənt] aufmerksam

observation [ˌɒbzə'veɪʃn] **1** Beobachtung, Überwachung; **be under observation** *durch Polizei, Arzt*: unter Beobachtung stehen; **keep someone under observation** jemanden beobachten **2** **power of observation** Beobachtungsgabe **3** (≈ *Äußerung*) Bemerkung (**on** über)

observatory [əb'zɜːvətrɪ] Observatorium

observe [əb'zɜːv] **1** beobachten, überwachen; **he was observed entering the house** er wurde beim Betreten des Hauses beobachtet **2** beachten, befolgen (*Vorschrift usw.*) **3** feiern, begehen (*Weihnachten, Ostern usw.*)

observer [əb'zɜːvə] Beobachter(in)

obsess [əb'ses] **be obsessed with** besessen sein von (*Idee usw.*)

obsession [əb'seʃn] **1** Besessenheit; **have an obsession with** besessen sein von (*Idee usw.*) **2** *umg* fixe Idee

obsolescent [ˌɒbsə'lesnt] veraltend; **be obsolescent** (anfangen zu) veralten

obsolete ['ɒbsəliːt] veraltet

obstacle ['ɒbstəkl] Hindernis (**to** für) (*auch übertragen*); **be an obstacle to something** etwas behindern, einer Sache im Weg stehen; **he keeps putting obstacles in my way** ständig legt er mir Steine in den Weg

obstacle race ['ɒbstəkl ˌreɪs] *Sport*: Hindernisrennen

obstinacy ['ɒbstɪnəsɪ] Hartnäckigkeit (*auch übertragen: von Krankheit, Widerstand usw.*), Halsstarrigkeit, Starrsinn, Sturheit

obstinate ['ɒbstɪnət] hartnäckig (*auch übertragen: von Flecken usw.*), halsstarrig, stur

obstruct [əb'strʌkt] **1** blockieren, versperren (*Straße usw.*); **you're obstructing my view** du versperrst mir die Sicht **2** übertragen behindern, aufhalten (*Fortschritt, Pläne usw.*)

obstruction [əb'strʌkʃn] **1** *von Straße usw.*: Blockierung, Versperrung **2** *von Plänen usw.*: Behinderung

obstructive [əb'strʌktɪv] obstruktiv, behindernd; **be obstructive** *Person*: sich querlegen

obtain [əb'teɪn] **1** erhalten, sich verschaffen (*Informationen, Wissen usw.*) **2** erzielen (*Resultat, Gewinn usw.*)

obtainable [əb'teɪnəbl] erhältlich; **no longer obtainable** nicht mehr lieferbar

obtrusive [əb'truːsɪv] aufdringlich

★**obvious** ['ɒbvɪəs] **1** *Vorteil, Grund usw.*: offensichtlich, klar, einleuchtend; **it's very obvious that ...** es liegt klar auf der Hand, dass ... **2** **he was obviously drunk** er war eindeutig betrunken

★**occasion** [ə'keɪʒn] **1** (≈ *bestimmter Zeitpunkt*) Gelegenheit, Anlass; **we've met on several occasions** wir kennen uns von verschiedenen Anlässen her **2** günstiger Moment: Gelegenheit; **on this occasion** bei dieser Gelegenheit; **on the occasion of** anlässlich (+ *Genitiv*) **3** festliches Ereignis; **to celebrate the occasion** zur Feier des Tages

occasional [ə'keɪʒnəl] **1** gelegentlich; **he smokes an occasional cigarette** er raucht gelegentlich (*oder* hin und wieder) eine Zigarette **2** *Regenschauer usw.*: vereinzelt

occasionally [ə'keɪʒnəlɪ] gelegentlich, hin und wieder

occult [ə'kʌlt] magisch, geheimnisvoll

occupant ['ɒkjʊpənt] **1** *von Zimmer, Haus usw.*: Bewohner(in); **the occupants of the house** die Hausbewohner **2** *eines Autos usw.*: Insasse, Insassin

★**occupation** [ˌɒkjʊ'peɪʃn] **1** Beschäftigung, Beruf; **what's your occupation?** was sind Sie von Beruf?; **by occupation** von Beruf **2** *bes. als Hobby*: Beschäftigung **3** *militärisch*: Besetzung (*eines Landes*)

occupational [ˌɒkjʊ'peɪʃnəl] **1** Berufs...; **occupational hazard** Berufsrisiko **2** Beschäftigungs...; **occupational therapy** Beschäftigungstherapie

occupier ['ɒkjʊpaɪə] *von Zimmer, Haus usw.*: Bewohner(in)

★**occupy** ['ɒkjʊpaɪ] **1** wohnen in (*in Zimmer, Haus usw.*); **be occupied** bewohnt sein **2** *militärisch*: besetzen **3** einnehmen (*Raum*); **be**

occupied *Stuhl, Sitz*: besetzt ◳ in Anspruch nehmen (*Zeit*) ◳ bekleiden, innehaben (*Position, Amt*) ◳ beschäftigen; **occupy oneself with something** sich mit etwas beschäftigen; **I kept myself occupied by reading a magazine** ich habe mir die Zeit mit einer Zeitschrift vertrieben

occur [ə'kɜː], **occurred, occurred** ◳ (*Vorfall, Unfall usw.*) sich ereignen, vorkommen ◳ (*Problem usw.*) sich ergeben

───────── PHRASAL VERBS ─────────
occur to [ə'kɜː_tə] einfallen, in den Sinn kommen; **it occurred to me that** es fiel mir ein (*oder* mir kam der Gedanke), dass
────────────────────────────────

occurrence [⚠ ə'kʌrəns] ◳ einzelne Begebenheit: Ereignis, Vorfall, Vorkommnis; **be an everyday occurrence** etwas Alltägliches sein ◳ *allgemein*: Vorkommen (*von Tieren, Bodenschätzen, Unwettern usw.*)

★**ocean** ['əʊʃən] ◳ Ozean, Meer; **ocean liner** Ozeandampfer ◳ **oceans of** *umg* eine Unmenge von

oceangoing ['əʊʃən,gəʊɪŋ] *Schiff*: hochseetüchtig

ochre, *US* **ocher** ['əʊkə] *Farbe*: ocher

★**o'clock** [ə'klɒk] **five o'clock** fünf Uhr

octagon ['ɒktəgən] Achteck

octagonal [ɒk'tægənl] achteckig

octane ['ɒkteɪn] *Chemie*: Oktan

octave [⚠ 'ɒktɪv] *Musik*: Oktave

★**October** [ɒk'təʊbə] Oktober; **in October** im Oktober

octopus ['ɒktəpəs] *pl* **octopuses** ['ɒktəpəsɪz] Krake, Tintenfisch

OD¹ [,əʊ'diː] (*abk für* **overdose**) eine Überdosis nehmen

OD² [,əʊ'diː] (*abk für* **overdose**) Überdosis

odd [ɒd] ◳ *Person, Ereignis usw.*: sonderbar, seltsam, merkwürdig; **the odd thing about it is …** das Komische an der Sache ist … ◳ *nach Zahlen*: **50 odd** etwas über 50, einige 50 ◳ **odd number** ungerade Zahl ◳ *Socke, Schuh usw.*: einzeln; **you're wearing odd socks** deine Socken passen nicht zusammen ◳ *nicht regelmäßig*: gelegentlich; **odd jobs** Gelegenheitsarbeiten; **I enjoy the odd musical** das eine oder andere Musical mag ich schon

oddball ['ɒdbɔːl] *bes. US, umg* komischer Kauz, Spinner

oddity ['ɒdətɪ] ◳ *Eigenschaft*: Eigentümlichkeit ◳ *komische Person*: Sonderling ◳ *komische Sache*: Kuriosität

oddly ['ɒdlɪ] ◳ *sich benehmen*: sonderbar, seltsam ◳ **auch oddly enough** seltsamerweise, merkwürdigerweise

odds [ɒdz] *pl* ◳ *bei Wetten usw.*: Gewinnchancen *pl*; **the odds are 10 to 1** die Chancen stehen 10 zu 1; **the odds are that he will come** übertragen er kommt wahrscheinlich; **against all odds** wider Erwarten, entgegen allen Erwartungen ◳ **be at odds with someone** mit jemandem uneins sein; **be at odds with something** zu etwas im Widerspruch stehen ◳ **it makes no odds** *Br* es spielt keine Rolle, es macht keinen Unterschied ◳ **odds and ends** Krimskrams

odds-on [,ɒdz'ɒn] ◳ *Kandidat usw.*: aussichtsreichste(r, -s) ◳ *Favorit*: hoch, klar ◳ **it's odds-on that he will come** *Br* er kommt höchstwahrscheinlich

odometer [əʊ'dɒmɪtə] *US; von Auto*: Meilenzähler

odour, *US* **odor** ['əʊdə] ◳ *allg.*: Geruch ◳ *wohlriechend*: Duft ◳ *übelriechend*: Gestank

odyssey ['ɒdəsɪ] Odyssee

★**of** [ɒv, əv] ◳ besitzanzeigend: von (*oder Genitiv*); **the handle of the gun** der Griff des Revolvers; *auch*: **the works of Shakespeare** die Werke Shakespeares; **a friend of mine** ein Freund von mir ◳ *mit Ortsbezeichnung*: bei, von, aus; **the Battle of Hastings** die Schlacht von (*oder bei*) Hastings; **south of London** südlich von London; **Mr X of London** Mr X aus London ◳ *mit Eigenschaft*: von, mit; **a woman of courage** eine mutige Frau, eine Frau mit Mut; **it was clever of him** es war klug von ihm ◳ *mit Materialangabe*: aus, von; **a dress made of silk** ein Kleid aus Seide, ein Seidenkleid; **made of steel** aus Stahl ◳ *mit Ursache, Grund*: **he died of Aids** er starb an Aids; **I'm proud of you** ich bin stolz auf dich; **she's afraid of the dark** sie fürchtet sich vor der Dunkelheit; **it smells of fish** es riecht nach Fisch ◳ *bei Erwähnung von Thema, Person*: an; **just think of X** denk nur an X; **I can't think of his name** mir fällt sein Name nicht ein ◳ *oft unübersetzt*: **the city of London** die Stadt London; **the month of April** der Monat April; **a glass of wine** ein Glas Wein; **a piece of meat** ein Stück Fleisch ◳ *mit Zeitangabe*: **your email of May 3rd** Ihre Mail vom 3. Mai ◳ *US bei Uhrzeit*: vor; **five of eight** fünf vor acht

of course [əf'kɔːs] natürlich, selbstverständlich

★**off** [ɒf] ◳ *räumlich*: fort, weg; **I got on my motorbike and rode off** ich stieg auf mein

Motorrad und fuhr weg; **I must be off** ich muss gehen (*oder* weg); **where are you off to?** wo soll's denn hingehen?; **off with you!** fort mit dir!; **off we go!** los!, auf geht's!; **three miles off** drei Meilen entfernt; **two miles off the coast** zwei Meilen vor der Küste; **keep off the grass!** Betreten des Rasens verboten!; **get off the bus** aus dem Bus aussteigen ❷ *bei Gerät usw.*: aus, ausgeschaltet, abgeschaltet; **please switch the radio off** bitte schalte das Radio aus; **all the lights were off** alle Lichter waren aus ❸ *am Arbeitsplatz usw.*: **she's off today** sie hat heute ihren freien Tag; **have the day off** (**work** *bzw.* **school**) freihaben; **give someone the afternoon off** jemandem den Nachmittag freigeben; **take a day off** sich einen Tag freinehmen; **be off duty** dienstfrei haben, nicht im Dienst sein ❹ *Lebensmittel*: nicht mehr frisch, verdorben; **the milk is off** die Milch ist sauer ❺ **well** (*bzw.* **badly**) **off** gut (*bzw.* schlecht) dran (*oder* gestellt) ❻ **be off** *Veranstaltung usw.*: ausfallen, nicht stattfinden; **the party's off** die Party fällt aus ❼ **off and on** ab und zu, hin und wieder ❽ **5% off** *von Preis*: 5% Nachlass

offal ['ɒfl] *von Tieren*: Innereien *pl*

offbeat [,ɒf'bi:t] *umg* ausgefallen, unkonventionell

off-colour, US **off-color** [,ɒf'kʌlə] ❶ **be** (*oder* **feel**) **off-colour** sich nicht wohlfühlen ❷ *Witz usw.*: gewagt

★**offence**, US ★**offense** [ə'fens] ❶ *illegales Handeln*: Vergehen, Verstoß (**against** gegen) ❷ (≈ *Verbrechen*) Straftat ❸ (≈ *Affront*) Beleidigung, Kränkung; **give** (*oder* **cause**) **offence** Anstoß (*oder* Ärgernis) erregen (**to** bei); **take offence** Anstoß nehmen (**at** an); **be quick to take offence** schnell beleidigt sein; 'No offence, but ...' „Nichts für ungut, aber ..." ❹ *Sport*: Angriff

★**offend** [ə'fend] beleidigen, kränken; **be offended at** (*oder* **by**) sich beleidigt fühlen durch

offender [ə'fendə] ❶ Straftäter(in); **first offender** *Recht*: nicht Vorbestrafte(r), Ersttäter(in) ❷ *von Umweltschäden*: Verursacher

offense ['ɒfens] US *Sport*: Angriff (*auch* Mannschaftsteil)

offensive[1] [ə'fensɪv] ❶ *Bemerkung, Handeln usw.*: beleidigend, anstößig; **get offensive** ausfallend werden ❷ *Militär, Sport*: Angriffs..., Offensiv...

offensive[2] [ə'fensɪv] *allg.*: Offensive; **take the offensive** die Offensive ergreifen

★**offer**[1] ['ɒfə] ❶ *allg.*: anbieten; **offer something for sale** etwas zum Verkauf anbieten ❷ bieten (*Preis, Summe usw.*) ❸ **offer to help someone** jemandem seine Hilfe anbieten, sich bereit erklären, jemandem zu helfen ❹ **the town has a lot to offer** die Stadt hat eine Menge zu bieten

★**offer**[2] ['ɒfə] ❶ Angebot; **his offer of help** sein Angebot zu helfen, seine angebotene Hilfe; **make someone an offer** jemandem ein Angebot machen; **turn down** (*oder* **decline**) **an offer** ein Angebot ablehnen; **accept an offer** ein Angebot annehmen ❷ *Wirtschaft*: Angebot, Offerte (**of** über); **on offer** zu verkaufen, im Angebot; **or nearest offer** (*abk* **o.n.o.**) Verhandlungsbasis

offhand [,ɒf'hænd] *sich erinnern usw.*: auf Anhieb, so ohne Weiteres

★**office** ['ɒfɪs] ❶ Büro; **at the office** im Büro; **go to the office** ins Büro gehen ❷ *von Organisation*: Abteilung, Geschäftsstelle ❸ *mst.* **Office** *bes. Br* Ministerium; **Home Office** Innenministerium ❹ Amt, Posten; **be in office** *Person*: im Amt sein, *Partei*: an der Regierung sein; **be out of office** *Person*: nicht mehr im Amt sein, *Partei*: nicht mehr an der Regierung sein

office administrator [,ɒfɪs əd'mɪnɪstreɪtə] Bürokaufmann, Bürokauffrau

office block ['ɒfɪs blɒk] Bürogebäude

office building ['ɒfɪs,bɪldɪŋ] US Bürogebäude

★**office chair** ['ɒfɪs tʃeə] Bürostuhl

office hours ['ɒfɪs,aʊəz] *pl* Dienstzeit, Öffnungszeiten; **work office hours** normale Arbeitszeiten haben

office job ['ɒfɪs dʒɒb] Stelle im Büro

office manager [,ɒfɪs'mænɪdʒə] Büroleiter(in)

★**officer** ['ɒfɪsə] ❶ *beim Militär*: Offizier ❷ *bei Polizei usw.*: Beamte(r), Beamtin

office supplies [,ɒfɪs sə'plaɪz] *pl* Bürobedarf

office worker ['ɒfɪs,wɜ:kə] Büroangestellte(r)

★**official**[1] [ə'fɪʃl] offiziell, amtlich, dienstlich; **official language** Amtssprache; **official secret** Amtsgeheimnis, Dienstgeheimnis

★**official**[2] [ə'fɪʃl] ❶ *von Behörde*: Beamte(r), Beamtin ❷ *von Verein, Gewerkschaft usw.*: Funktionär(in)

officialese [ə,fɪʃə'li:z] *umg* Amtssprache, Behördensprache

off-licence ['ɒf,laɪsns] *Br* Wein- und Spirituosenhandlung

★**offline** ['ɒflaɪn] *Computer*: offline; **work offline** offline arbeiten

off-peak ['ɒfpi:k] **off-peak electricity** Nachtstrom; **during off-peak hours** außerhalb der Stoßzeiten; **off-peak season** Nebensaison

off-putting ['ɒf,pʊtɪŋ] *Br, umg* abstoßend (*Person, Verhalten*)

off-roader ['ɒf,rəʊdə] *Auto:* Geländefahrzeug

off-season [,ɒf'si:zn] *Tourismus:* Nebensaison

offset[1] ['ɒfset] **1** Ausgleich; **as an offset to** als Ausgleich für **2** *Buchdruck:* Offsetdruck **3** *von Pflanze:* Ableger

offset[2] [,ɒf'set], offset, offset; *-ing-Form* offsetting *finanziell usw.:* ausgleichen, wettmachen

offshoot ['ɒfʃu:t] **1** *von Pflanze:* Ableger (*auch übertragen*)

offshore ['ɒfʃɔ:] **1** *ankern, segeln usw.:* vor der Küste **2** *küstennah;* **offshore fishing** Küstenfischerei

offside [,ɒf'saɪd] *Sport:* abseits; **be offside** abseits (*oder* im Abseits) stehen

★**offspring** ['ɒfsprɪŋ] **1** Sprössling, Kind **2** *pl* offspring Nachkommen *pl* Nachwuchs

off-the-peg [,ɒfðə'peg], *US* **off-the-rack** [,ɒfðə'ræk] *Kleidung:* von der Stange

off-the-record [,ɒfðə'rekɔ:d] nicht für die Öffentlichkeit bestimmt, inoffiziell, vertraulich

★**often** ['ɒfn] oft, häufig; **not often** nicht oft, selten; **as often as not, more often than not** meistens; **every so often** öfters, von Zeit zu Zeit; **all** (*oder* **only**) **too often** nur zu oft

ogle ['əʊgl] **1** *jemandem* (schöne) Augen machen **2** *aufdringlich:* begaffen, anstarren

oh [əʊ] ach; **oh dear** oje

★**oil**[1] [ɔɪl] **1** Öl; **pour oil on troubled waters** *übertragen* die Wogen glätten **2** Erdöl; **strike oil** auf Öl stoßen, *übertragen* Glück haben **3** **oils** *pl* Ölfarben; **paint in oils** in Öl malen

★**oil**[2] [ɔɪl] ölen, schmieren; **oil the wheels** *übertragen* für einen reibungslosen Ablauf sorgen

oilcan ['ɔɪlkæn] Ölkanne

oil change ['ɔɪl tʃeɪndʒ] *Auto:* Ölwechsel; **do an oil change** einen Ölwechsel machen

oil paint ['ɔɪlpeɪnt] Ölfarbe

oil painting ['ɔɪl,peɪntɪŋ] **1** *Technik:* Ölmalerei **2** *Bild:* Ölgemälde; **he's no oil painting** *umg* er ist nicht gerade der Schönste

oil pollution ['ɔɪl,pəˈluːʃn] Ölpest

oil-producing country ['ɔɪlprə,djuːsɪŋ'kʌntrɪ] Ölförderland

oil rig ['ɔɪl rɪg] Ölbohrinsel

oil slick ['ɔɪl slɪk] *auf Wasseroberfläche:* Ölteppich

oil well ['ɔɪl wel] Ölquelle

oily ['ɔɪlɪ] **1** ölig, ölverschmiert **2** *Haare, Haut:* fettig **3** *übertragen* schleimig, aalglatt

ointment ['ɔɪntmənt] Salbe

★**OK**[1], **okay**[1] [,əʊ'keɪ] *umg* okay, o.k., in Ordnung; **that's okay with me** von mir aus, nichts dagegen

★**OK**[2], **okay**[2] [,əʊ'keɪ] Okay, O.K., Genehmigung, Zustimmung; **he gave his OK** er gab sein O.K.

★**OK**[3], **okay**[3] [,əʊ'keɪ] *Plan, Vorschlag usw.:* genehmigen, billigen

★**old** [əʊld] **1** *allg.:* alt; **grow old** alt werden, altern; **I'm getting old!** ich werde alt!; **ten years old** zehn Jahre alt; **a ten-year-old boy** ein zehnjähriger Junge; **be old hat** *umg* ein alter Hut sein; **old people's home** *Br* Altenheim, Altersheim; **the Old Testament** das Alte Testament; **the Old World** die Alte Welt (≈ *Europa*) **2** *übertragen* **an old friend of mine** ein alter Freund von mir; **my old girlfriend** meine ehemalige Freundin; **my old lady** *umg* meine Alte (*Frau, Freundin oder Mutter*); **my old man** *umg* mein Alter (*Mann, Freund oder Vater*) **3** *in Wendungen:* **I can use any old thing** *umg* ich hab für alles Verwendung; **come any old time** *umg* komm, wann es dir gerade passt

★**old age** [,əʊld'eɪdʒ] Alter; **in one's old age** im Alter; **old age pension** *Br* Rente, Pension; **old age pensioner** *Br* Rentner(in), Pensionär(in)

★**old-fashioned** [,əʊld'fæʃnd] altmodisch

old-timer [,əʊld'taɪmə] *bes. US, umg, übertragen* alter Hase (⚠ Oldtimer = **vintage car**, *oder wenn das Auto vor 1905 gebaut wurde* = **veteran car**)

O level ['əʊ,levl] *früher in GB, etwa:* mittlere Reife

★**olive**[1] ['ɒlɪv] **1** *auch* **olive tree** Olivenbaum, Ölbaum **2** *Frucht:* Olive

olive[2] ['ɒlɪv] olivgrün

olive oil [,ɒlɪv'ɔɪl] Olivenöl

Olympic [ə'lɪmpɪk] olympisch; **Olympic champion** Olympiasieger(in); **Olympic Games** Olympische Spiele

Olympics [ə'lɪmpɪks] *pl* Olympische Spiele; **Summer** (*bzw.* **Winter**) **Olympics** Olympische Sommerspiele (*bzw.* Winterspiele)

★**omelette**, *US* **omelet** ['ɒmlɪt] *Eierspeise:* Omelett

omen ['əʊmen] Omen, Vorzeichen

ominous ['ɒmɪnəs] ominös, unheilvoll; **that's ominous** das lässt nichts Gutes ahnen

omission [ə'mɪʃn] **1** *von Wort:* Auslassung,

Weglassung ☑ *von Aktion*: Unterlassung, Versäumnis

★**omit** [əʊˈmɪt] *auf Liste, in Aufzählung usw.*: weglassen, auslassen

★**on**[1] [ɒn] ☑ *räumlich*: auf; **it's on the table** es ist auf dem Tisch; **put it on the floor** stell es auf den Boden ☑ *festgemacht*: an; **the picture on the wall** das Bild an der Wand; **the dog's on the chain** der Hund ist an der Kette ☑ *geografisch*: an; **a small town on the Thames** eine kleine Stadt an der Themse ☑ *Richtung, Ziel*: auf … (hin), an; **drop something on the floor** etwas zu Boden fallen lassen; **hang something on a peg** etwas an einen Haken hängen ☑ *am Körper*: **find something on someone** etwas bei jemandem finden; **have you got any money on you?** hast du Geld bei dir? ☑ **be on a committee** zu einem Ausschuss gehören, in einem Ausschuss sitzen; **be on duty** Dienst haben, im Dienst sein ☑ **the joke was on me** der Spaß ging auf meine Kosten; **the next round's on me** *umg* die nächste Runde geht auf meine Rechnung ☑ *mit Thema*: über; **a talk on Brecht** ein Vortrag über Brecht ☑ *mit Zeitpunkt*: an; **on June 6th** am 6. Juni; **on the morning of July 21st** am Morgen des 21. Juli ☑ **be on the pill** die Pille nehmen ☑ weiter; **and so on** und so weiter; **on and on** immer weiter; **on and off** ab und zu, hin und wieder; **from that day on** von dem Tage an

★**on**[2] [ɒn] ☑ **be on** (*Licht, Radio usw.*) an sein ☑ **be on** *im Fernsehen usw.*: laufen ☑ **that's (just) not on** *umg* das ist einfach nicht drin

★**once** [wʌns] ☑ *zahlenmäßig*: einmal; **I've only seen him once** ich habe ihn nur einmal gesehen; **not once** kein einziges Mal; **once again, once more** noch einmal; **once or twice** ein paar Mal; **once in a while** ab und zu, hin und wieder; **once and for all** ein für alle Mal ☑ *vergangen*: einmal, einst; **once upon a time there was …** *in Märchen*: es war einmal … ☑ **just this once** nur dieses eine Mal ☑ **they all talked at once** sie sprachen alle auf einmal (*oder* gleichzeitig) ☑ **please do it at once** bitte erledige es sofort

oncoming [ˈɒnˌkʌmɪŋ] **oncoming traffic** Gegenverkehr

★**one**[1] [wʌn] ☑ *Zahl*: eins, ein, eine; **one hundred** einhundert ☑ *betont*: einzig; **his one thought** sein einziger Gedanke; **my one and only hope** meine einzige Hoffnung ☑ *unbestimmt*: **one day** eines Tages; **one day next year** irgendwann nächstes Jahr ☑ *auf Person bezogen*: **one John Smith** ein gewisser John Smith; **the one who** derjenige, welcher; **help one another** sich gegenseitig (*oder* einander) helfen ☑ *mst. unübersetzt*: **the little ones** die Kleinen; **a red pencil and a blue one** ein roter Bleistift und ein blauer; **which one?** welche(r, -s)?; **this one** diese(r, -s) ☑ *unpersönlich*: man; **one might assume …** man könnte meinen, …; **break one's leg** sich das Bein brechen

★**one**[2] [wʌn] ☑ Eins, eins; **at one** um eins; **be number one** die Nummer Eins sein ☑ **one by one, one after the other** einer nach dem andern; **I for one** ich zum Beispiel

one-day [ˌwʌnˈdeɪ] *Kurs usw.*: eintägig

one-horse [ˌwʌnˈhɔːs] ☑ *Kutsche*: einspännig ☑ *umg*: **one-horse town** Kaff, Kuhdorf

one-man [ˈwʌnmæn] Einmann…; **one-man band** Einmannkapelle; **one-man show** One-Man-Show

one-night stand [ˌwʌnnaɪtˈstænd] ☑ *Theater usw.*: einmaliges Gastspiel ☑ (≈ *sexuelles Abenteuer nur für eine Nacht*) One-Night-Stand

one-parent family [ˈwʌnˌpeərəntˈfæməlɪ] Einelternteilfamilie

★**oneself** [wʌnˈself] sich, sich selbst; **all by oneself** ganz allein; **cut oneself** sich schneiden

one-sided [ˌwʌnˈsaɪdɪd] einseitig (*auch übertragen*)

onesie [ˈwʌnzɪ] Onesie (Baumwolloverall für Erwachsene)

onetime [ˈwʌntaɪm] *Champion usw.*: ehemalige(r, -s), frühere(r, -s)

one-track [ˈwʌntræk] *Eisenbahn*: eingleisig; **have a one-track mind** *übertragen* immer nur das eine im Kopf haben

one-way [ˈwʌnweɪ] ☑ Einbahn…; **one-way street** Einbahnstraße ☑ **one-way ticket** *bes. US* einfache Fahrkarte, *bei Flug*: einfaches Ticket ☑ *übertragen* einseitig (*Beziehung, Sympathien usw.*)

ongoing [ˈɒnˌɡəʊɪŋ] *Suche, Verhandlungen usw.*: andauernd, laufend, im Gang befindlich

★**onion** [⚠ ˈʌnjən] Zwiebel

★**online** [ˈɒnlaɪn] *Computer*: online, Online…; **go online** auf Onlinebetrieb schalten; **work online** online arbeiten; **online banking** Onlinebanking; **online check-in** Online-Check-in; **online game** Onlinespiel; **online service** Onlinedienst; **online store** Onlineshop

onlooker [ˈɒnˌlʊkə] *bei Unfall usw.*: Zuschauer(in)

★**only**¹ ['əʊnlɪ] **1** *allg.*: nur, bloß; **it was only a joke** es war nur ein Scherz; **not only ... but also ...** nicht nur ..., sondern auch ...; **I only hope that ...** ich hoffe nur, dass ... **2** *zeitlich*: erst; **only yesterday** erst gestern; **only just** eben erst, gerade

★**only**² ['əʊnlɪ] **1** einzig; **the only person who can do it** der (*bzw.* die) Einzige, der (*bzw.* die) das tun kann **2** **I would love to come, the only thing is ...** ich würde gerne kommen, es ist nur ...

o.n.o. (*abk für* **or nearest offer**) *Br, in Inseraten*: Verhandlungsbasis (*abk: VB*)

onrush ['ɒnrʌʃ] Ansturm

onset ['ɒnset] **1** *des Winters*: Einbruch, Beginn **2** *einer Krankheit*: Ausbruch

onside [,ɒn'saɪd] *Sport*: nicht im Abseits

on-site [,ɒn'saɪt] vor Ort

onslaught ['ɒnslɔːt] (heftiger) Angriff, Attacke (*auch übertragen*)

on-the-job [,ɒnðə'dʒɒb] *Ausbildung*: praktisch; **on-the-job training** innerbetriebliche Ausbildung

onto ['ɒntʊ; *vor Konsonanten* 'ɒntə] **1** *auf die Frage „wohin":* auf, an; **I've sewn the button back onto the shirt** ich habe den Knopf wieder ans Hemd genäht **2** **be onto someone** *umg* jemandem auf die Schliche gekommen sein

onwards ['ɒnwədz] *Bewegung*: vorwärts, weiter; **from today onwards** von heute an

oops [ʊps] *überrascht*: oh, hoppla

ooze [uːz] **1** *(Flüssigkeit)* durchsickern; **ooze out** aussickern **2** *übertragen* ausstrahlen (*Charme*) **3** *übertragen* verströmen (*Optimismus, gute Laune*)

opaque [əʊ'peɪk] **1** undurchsichtig **2** *übertragen* unverständlich

★**open**¹ ['əʊpən] **1** *allg.*: offen (*Buch, Fenster, Flasche usw.*); **the door's open** die Tür ist (*oder* steht) offen; **hold the door open for someone** jemandem die Tür aufhalten; **keep one's eyes open** *übertragen* die Augen offen halten; **with open arms** mit offenen Armen **2** *Gelände, Meer usw.*: offen; **in the open air** im Freien **3** *Geschäft usw.*: geöffnet, offen **4** *übertragen* offen, öffentlich; **open letter** offener Brief; **be open to the public** *Museum, Kirche usw.*: für die Öffentlichkeit zugänglich; **open day** (*US* **open house**) Tag der offenen Tür; **Open University** *Br; etwa:* Fernuniversität **5** *Person*: zugänglich, aufgeschlossen (**to** für *oder Dativ*) **6** *Frage, Problem usw.*: offen, unentschieden **7** (≈ *ehrlich*) offen, freimütig; **be open with someone** offen mit jemandem reden **8** (≈ *sichtbar*) offen, offenkundig; **an open secret** ein offenes Geheimnis **9** **open cheque** *Br* Barscheck **10** **open** (*US* **open-faced**) **sandwich** belegtes Brot

★**open**² ['əʊpən] **1** *allg.*: öffnen, aufmachen (*auch EDV: Datei, Ordner, Fenster*) **2** öffnen, aufschlagen (*Buch, Heft usw.*) **3** aufmachen, eröffnen (*Debatte, Feuer, Geschäft, Konto usw.*) **4** (*Tür, Fenster usw.*) sich öffnen, aufgehen

PHRASAL VERBS

open out [,əʊpən'aʊt] **1** (*Straße, Platz usw.*) sich verbreitern, sich weiten **2** auseinanderfalten (*Karte, Stadtplan*) **3** übertragen (*Person*) auftauen, aus sich herausgehen

open up [,əʊpən'ʌp] **1** aufmachen, aufschließen (*Tür, Schloss usw.*) **2** aufmachen, eröffnen (*Lokal, Geschäft usw.*)

★**open**³ ['əʊpən] **in the open** im Freien; **bring into the open** *übertragen* an die Öffentlichkeit bringen

open-air [,əʊpən'eə] **open-air festival** Open-Air-Festival; **open-air swimming pool** Freibad; **open-air theatre** Freilichttheater

open-ended [,əʊpən'endɪd] zeitlich unbegrenzt; **open-ended discussion** Open-End-Diskussion

opener ['əʊpənə] *für Dosen, Flaschen usw.*: Öffner

opening ['əʊpənɪŋ] **1** *von Höhle, Hohlraum*: Öffnung **2** *auf dem Arbeitsmarkt*: freie Stelle **3** *von Theater, Diskussion, Konto usw.*: Eröffnung; **opening ceremony** Eröffnungszeremonie **4** **opening hours** *von Geschäft, Bank usw.*: Öffnungszeiten; **what are the bank's opening times?** wann hat die Bank geöffnet?

open-minded [,əʊpən'maɪndɪd] aufgeschlossen

★**opera** [⚠ 'ɒprə] *Musik*: Oper; **go to the opera** in die Oper gehen

operable ['ɒpərəbl] **1** *Plan usw.*: durchführbar **2** *Maschine*: betriebsfähig **3** *Medizin*: operabel, operierbar

opera house [⚠ 'ɒprə_haʊs] Opernhaus, Oper

★**operate** ['ɒpəreɪt] **1** (*Maschine usw.*) arbeiten, in Betrieb sein **2** bedienen (*Maschine usw.*) **3** betreiben (*Geschäft usw.*) **4** *Medizin*: operieren; **operate on someone** jemanden operieren **5** *militärisch*: operieren

operating ['ɒpəreɪtɪŋ] **1** **operating instructions** *pl* Bedienungsanleitung, Betriebsanleitung **2** *Medizin*: **operating theatre** *Br*, **operating room** *US* Operationssaal; **operating table** Operationstisch **3** *Computer*: **operating system** Betriebssystem

★**operation** [ˌɒpəˈreɪʃn] **1** *Medizin*: Operation; **have an operation on one's arm** am Arm operiert werden **2** *von Maschine*: Betrieb, Lauf; **in operation** in Betrieb **3** *militärisch*: Operation, Unternehmen

★**operator** [ˈɒpəreɪtə] **1** *Telefon*: Vermittlung **2** *an Maschinen*: Arbeiter(in), Bediener(in) **3** *EDV*: Operator **4 tour operator** Reiseveranstalter **5 a clever** (*oder* **smooth**) **operator** *umg* ein raffinierter Kerl

operetta [ˌɒpəˈretə] *Musik*: Operette

★**opinion** [əˈpɪnjən] **1** (≈ *Auffassung*) Meinung, Ansicht; **in my opinion** meines Erachtens, meiner Meinung (*oder* Ansicht) nach; **be of the opinion that ...** der Meinung (*oder* Ansicht) sein, dass ...; **that's a matter of opinion** das ist Ansichtssache; **public opinion** die öffentliche Meinung **2** (≈ *persönliche Einschätzung*) Meinung; **form an opinion of** sich eine Meinung bilden von; **have a high** (*bzw*. **low**) **opinion of** eine (*bzw*. keine) hohe Meinung haben von

opinion-maker [əˈpɪnjənˌmeɪkə] Meinungsmacher(in)

opinion poll [əˈpɪnjən‿pəʊl] Meinungsumfrage

★**opponent** [əˈpəʊnənt] Gegner(in), Gegenspieler(in) (*beide auch Sport*)

opportune [ˈɒpətjuːn] **1** *Zeitpunkt*: günstig, passend; **at an opportune moment** (*oder* **time**) zu einem günstigen Zeitpunkt **2** *Entscheidung, Handlung*: rechtzeitig

opportunism [ˌɒpəˈtjuːnɪzm] Opportunismus

opportunist[1] [ˌɒpəˈtjuːnɪst] Opportunist(in)

opportunist[2] [ˌɒpəˈtjuːnɪst] opportunistisch

★**opportunity** [ˌɒpəˈtjuːnətɪ] Gelegenheit, Möglichkeit, Chance; **at the first** (*oder* **earliest**) **opportunity** bei der erstbesten Gelegenheit; **equal opportunities** *pl* Chancengleichheit *sg*; **take the opportunity** die Gelegenheit nutzen

oppose [əˈpəʊz] sich widersetzen, ablehnen (*Plan, Vorhaben usw.*)

opposed [əˈpəʊzd] **be opposed to a plan** einem Plan ablehnend gegenüberstehen, gegen einen Plan sein

opposing [əˈpəʊzɪŋ] **1** *Teams usw.*: gegnerisch **2** *Ansichten usw.*: entgegengesetzt, gegensätzlich

★**opposite**[1] [ˈɒpəzɪt] **1** *Gebäude usw.*: gegenüberliegend; **we live just opposite the station** wir wohnen genau gegenüber dem Bahnhof **2** *Richtung*: entgegengesetzt **3** *übertragen* gegensätzlich, entgegengesetzt; **the opposite sex** das andere Geschlecht

★**opposite**[2] [ˈɒpəzɪt] Gegenteil, Gegensatz; **be completely** (*oder* **just**) **the opposite** genau das Gegenteil sein (**of** von)

★**opposition** [ˌɒpəˈzɪʃn] **1** Widerstand, Opposition (**to** gegen) **2** Gegensatz; **be in opposition to** im Gegensatz stehen zu **3** *oft* **Opposition** *im Parlament*: Opposition; **be in opposition** in der Opposition sein

oppress [əˈpres] unterdrücken (*Bevölkerung, Land usw.*)

oppression [əˈpreʃn] *von Land usw.*: Unterdrückung

oppressive [əˈpresɪv] **1** *Regierung usw.*: totalitär, diktatorisch **2** *Hitze, Steuern*: drückend

oppressor [əˈpresə] Unterdrücker(in)

opt [ɒpt] **opt for** (*bzw*. **against**) **something** sich für (*bzw*. gegen) etwas entscheiden; **opt to do something** sich entscheiden, etwas zu tun

optical [ˈɒptɪkl] optisch; **optical illusion** optische Täuschung; **optical character recognition** *Computer*: optische Zeichenerkennung

optician [ɒpˈtɪʃn] Optiker(in)

optimism [ˈɒptɪmɪzm] Optimismus

optimist [ˈɒptɪmɪst] Optimist(in)

optimistic [ˌɒptɪˈmɪstɪk] optimistisch

optimize [ˈɒptɪmaɪz] optimieren

optimum[1] [ˈɒptɪməm] *pl*: **optima** [ˈɒptɪmə] Optimum

optimum[2] [ˈɒptɪməm] optimal, bestmöglich; **in optimum condition** im Bestzustand

option [ˈɒpʃn] **1** Wahl, Wahlmöglichkeit; **I had no option but to sign** ich hatte keine andere Wahl (*oder* mir blieb keine andere Möglichkeit), als zu unterschreiben; **leave one's options open** sich alle Möglichkeiten offenhalten **2** *Wirtschaft*: Option, Vorkaufsrecht (**on** auf) **3** *an Schule, Universität*: Wahlfach

optional [ˈɒpʃnəl] freiwillig, fakultativ; **optional subject** *Schule*: Wahlfach; **optional extra** *Auto*: Sonderausstattung

optometrist [ɒpˈtɒmətrɪst] *US* Optiker(in)

★**or** [ɔː] **1** *allg*.: oder; **in a day or two** in ein bis zwei Tagen; **..., or so I believe ...**, glaube ich zumindest; **either ... or ...** entweder ... oder ...; **a month or so** etwa ein Monat **2 she can't read or write** sie kann weder lesen noch schreiben

oracle ['ɒrəkl] Orakel
oral[1] ['ɔːrəl] mündlich; **oral exam** mündliche Prüfung
oral[2] ['ɔːrəl] *Schule usw.:* mündliche Prüfung, *das* Mündliche
★**orange**[1] ['ɒrɪndʒ] *Frucht:* Orange, Apfelsine; **orange juice** Orangensaft; **orange squash** *Br; etwa:* Orangensirup
★**orange**[2] ['ɒrɪndʒ] orange, orangefarben
orangeade ['ɒrɪndʒeɪd] Orangenlimonade
orbit[1] ['ɔːbɪt] **1** *von Satellit usw.:* Kreisbahn, Umlaufbahn **2** *übertragen* Machtbereich, Einflusssphäre
orbit[2] ['ɔːbɪt] *(Satellit usw.)* umkreisen
orchard ['ɔːtʃəd] Obstgarten
★**orchestra** ['ɔːkɪstrə] *Musik:* Orchester
orchid (⚠ 'ɔːkɪd] *Blume:* Orchidee
ordeal [ɔːˈdiːl] Qual, Tortur
★**order**[1] ['ɔːdə] **1** *geordneter Zustand:* Ordnung; **restore order** die Ordnung wiederherstellen; **put in order** in Ordnung bringen **2** *öffentliche Sicherheit:* Ordnung; **law and order** Recht und Ordnung **3** (≈ *Struktur*) Ordnung, System **4** (≈ *Anordnung*) Reihenfolge; **in order of importance** nach Wichtigkeit; **in alphabetical order** in alphabetischer Reihenfolge **5** **out of order** *Aufzug usw.:* defekt **6** *Militär usw.:* Befehl, Anordnung; **by order of** auf Befehl von **7** *im Lokal usw.:* Bestellung; **last orders, please** Polizeistunde!; **place an order with someone** eine Bestellung bei jemandem aufgeben; *zur Herstellung:* jemandem einen Auftrag geben; **be on order** bestellt sein; **two orders of French fries** zwei Portionen Pommes frites; **may I take your order?** kann ich Ihre Bestellung aufnehmen?, möchten Sie bestellen? **8** *für Firma:* Auftrag (**for** für); **make to order** auf Bestellung anfertigen; **order book** Auftragsbuch **9** *in Wendungen:* **in order to be successful** um Erfolg zu haben
★**order**[2] ['ɔːdə] **1** *im Lokal:* bestellen; **are you ready to order?** möchten Sie schon bestellen?; **have you ordered yet?** haben Sie schon bestellt?; **I ordered fried chicken** ich habe Brathähnchen bestellt **2** befehlen, anordnen; **he ordered them to line up** er befahl ihnen, sich in einer Reihe aufzustellen **3** *nach Größe, Gewicht usw.:* ordnen **4** ordern, bestellen (*Waren*) **5** *zur Herstellung:* in Auftrag geben (**from** bei)
order confirmation ['ɔːdə_kɒnfə,meɪʃn] Auftragsbestätigung
order form ['ɔːdə_fɔːm] Bestellformular

orderly ['ɔːdəlɪ] **1** *Haushalt, Person usw.:* ordentlich **2** *Menge, Demonstranten usw.:* friedlich
order number ['ɔːdə,nʌmbə] Bestellnummer
ordinal number [,ɔːdɪnl'nʌmbə] *Mathematik:* Ordnungszahl
★**ordinary** ['ɔːdnərɪ] **1** (≈ *normal*) üblich, gewöhnlich; **ordinary people** einfache Leute **2** *Kunstwerk, Buch usw.:* mittelmäßig, Durchschnitts...
ore [ɔː] *Bergbau:* Erz
organ ['ɔːgən] **1** *von Körper:* Organ; **organ bank** Organbank; **organ transplant** Organtransplantation **2** *übertragen* Organ, Instrument; **party organ** *Zeitung:* Parteiorgan **3** *Musik:* Orgel
organ donor [,ɔːgənˈdəʊnə] *Medizin:* Organspender(in)
organic [ɔːˈgænɪk] organisch (*auch übertragen*), (*Nahrungsmittel*) biodynamisch, Bio-; **organic chemistry** organische Chemie; **organic egg** Bioei; **organic farmer** Biobauer; **organic farming** ökologische Landwirtschaft; **organic vegetables** Biogemüse; **organic waste** Biomüll; **farm organically** biodynamische Landwirtschaft betreiben
organism ['ɔːgənɪzm] Organismus (*auch übertragen*)
organist ['ɔːgənɪst] *Musik:* Organist(in), Orgelspieler(in)
★**organization** [,ɔːgənaɪˈzeɪʃn] *allg.:* Organisation
organize ['ɔːgənaɪz] *allg.:* organisieren; **organized crime** das organisierte Verbrechen; **organized tour** Gesellschaftsreise
organizer ['ɔːgənaɪzə] **1** Organisator(in) **2** *in Buchform, elektronisch:* Terminplaner
orgasm ['ɔːgæzm] Orgasmus
orgy (⚠ 'ɔːdʒɪ] Orgie (*auch übertragen*)
orient ['ɔːrɪent], **orientate** ['ɔːrɪənteɪt] **this dictionary is oriented to** (*or* **towards**) **the needs of pupils** dieses Wörterbuch ist auf die Bedürfnisse von Schülern ausgerichtet; **child-oriented, child-orientated** *Hotel usw.:* kinderfreundlich
oriental [,ɔːrɪˈentl] *Länder, Kultur usw.:* asiatisch, östlich
orientation [,ɔːrɪənˈteɪʃn] Orientierung, *übertragen auch* Ausrichtung
★**origin** ['ɒrɪdʒɪn] Ursprung, Abstammung, Herkunft; **country of origin** Ursprungsland; **have its origin in** *Problem, Konflikt usw.:* zurückgehen auf

★**original¹** [əˈrɪdʒnəl] **1** Original..., Ur...; **original text** Urtext, Originaltext **2** *Idee, Person*: originell

★**original²** [əˈrɪdʒnəl] **1** Original; **in the original** im Original **2** *Person*: Original

originally [əˈrɪdʒnəlɪ] ursprünglich; **I'm originally from ...** ich stamme ursprünglich aus ...; **originally, we had planned to ...** ursprünglich hatten wir vor, ...

originate [əˈrɪdʒəneɪt] **1** **originate from** zurückgehen auf, (her)stammen von (*oder* aus) **2** **originate from someone** ausgehen von jemandem **3** schaffen, ins Leben rufen (*Idee, Konzept usw.*)

ornament¹ [ˈɔːnəmənt] **1** *einzeln*: Ornament, Verzierung **2** *Gesamtheit*: Ornamente, Verzierungen, Schmuck **3** *übertragen* Zier, Zierde (**to** für)

ornament² [ˈɔːnəmənt] verzieren, schmücken

ornamental [ˌɔːnəˈmentl] dekorativ; **ornamental plant** Zierpflanze

orphan¹ [ˈɔːfn] Waise, Waisenkind

orphan² [ˈɔːfn] zur Waise machen; **be orphaned** zum Waisenkind werden

orphanage [ˈɔːfənɪdʒ] Waisenhaus

orthodox [ˈɔːθədɒks] *Religion und allg.*: orthodox; **Greek Orthodox Church** griechisch-orthodoxe Kirche

orthography [ɔːˈθɒɡrəfɪ] Orthografie, Rechtschreibung

orthopaedic, *US* **orthopedic** [ˌɔːθəˈpiːdɪk] *Medizin*: orthopädisch

orthopaedics, *US* **orthopedics** [ˌɔːθəˈpiːdɪks] (*im sg verwendet*) *Medizin*: Orthopädie

ostrich [ˈɒstrɪtʃ] *Vogel*: Strauß

★**other** [ˈʌðə] **1** *allg.*: andere(r, -s); **the others** die anderen; **the other guests** *auch*: die übrigen Gäste; **the other two, the two others** die anderen beiden, die beiden anderen; **any other questions?** sonst noch Fragen?; **can you phone me some other time?** kannst du mich ein andermal anrufen?; **the other way round** umgekehrt; **in other words** mit anderen Worten **2** **every other** jede(r, -s) Zweite; **every other day** jeden zweiten Tag, alle zwei Tage **3** **the other day** neulich, kürzlich; **the other night** neulich abends

★**otherwise** [ˈʌðəwaɪz] **1** sonst, andernfalls; **we'd better go now, otherwise we'll miss our flight** wir gehen jetzt besser, sonst verpassen wir noch den Flug **2** ansonsten; **I'm a bit overworked but otherwise I'm all right** ich bin etwas überarbeitet, aber ansonsten geht's mir gut **3** anderweitig; **be otherwise engaged** anderweitig beschäftigt sein; **unless you are otherwise engaged** wenn Sie nichts anderes vorhaben **4** **think otherwise** anderer Meinung sein

otter [ˈɒtə] Otter

ouch [aʊtʃ] *Ausruf*: au, aua, autsch

★**ought** [ɔːt] **he ought to do it** er sollte es (eigentlich) tun; **you ought to read that book** das Buch solltest du lesen

★**ounce** [aʊns] **1** *Gewichtseinheit*: Unze (= *28,35 Gramm*) **2** **an ounce of truth** *übertragen* ein Körnchen Wahrheit; **he really hasn't got an ounce of sense** er hat wirklich keinen Funken Verstand

★**our** [ˈaʊə] unser; **this is our house** das ist unser Haus; **Our Father** *im Gebet*: Vater unser

★**ours** [ˈaʊəz] unsere(r, -s); **it's ours** es gehört uns; **a friend of ours** ein Freund von uns

★**ourselves** [ˌaʊəˈselvz] **1** uns; **we had the beach all to ourselves** wir hatten den Strand ganz für uns **2** *verstärkend*: wir selbst, uns selbst; **we did it ourselves** wir haben es selbst getan

★**out¹** [aʊt] **1** *Richtung*: hinaus, heraus; **on the way out** beim Hinausgehen; **way out** *Aufschrift usw.*: Ausgang, Ausfahrt; **have a tooth out** einen Zahn gezogen bekommen; **out with you!** *umg* raus mit dir! **2** *Position*: außen, draußen; **she's out in the garden** sie ist draußen im Garten; **the tide is out** es ist Ebbe **3** *übertragen* nicht zu Hause, ausgegangen **4** *Buch usw.*: heraus, erschienen **5** *Politik*: nicht mehr im Amt (*oder* an der Macht) **6** (≈ *unmodern*) aus der Mode, out **7** *Feuer usw.*: aus, erloschen **8** *Waren*: aus, ausverkauft (*auch Gerichte im Restaurant*) **9** **two out of three Americans** zwei von drei Amerikanern **10** **it's made out of wood** es ist aus Holz gemacht; **out of reach** außer Reichweite; **out of breath** außer Atem; **we're out of oil** uns ist das Öl ausgegangen

★**out²** [aʊt] outen (*prominente Person*)

outback [ˈaʊtbæk] **the outback** *in Australien*: das Hinterland

outbid [ˌaʊtˈbɪd], outbid, outbid, *-ing-Form* outbidding *bei Auktion usw.*: überbieten

outbound [ˈaʊtbaʊnd] *Fluggäste*: abfliegend; **outbound flight** Hinflug

outbreak [ˈaʊtbreɪk] *von Seuche, Krieg usw.*: Ausbruch

outburst [ˈaʊtbɜːst] *von Gefühlen*: Ausbruch

outcast [ˈaʊtkɑːst] Ausgestoßene(r), Outcast

outclass [ˌaʊt'klɑːs] *mst. Sport*: weit überlegen sein, deklassieren

outcome ['aʊtkʌm] Ergebnis, Resultat; **what was the outcome of the talks?** was ist bei den Gesprächen herausgekommen?

outcry ['aʊtkraɪ] *übertragen* Aufschrei, Schrei der Entrüstung

outdated [ˌaʊt'deɪtɪd] **1** (≈ altmodisch) überholt, veraltet **2** *Pass usw.*: abgelaufen

outdistance [ˌaʊt'dɪstəns] *Sport usw.*: hinter sich lassen (*Verfolger*)

outdo [ˌaʊt'duː], **outdid** [ˌaʊt'dɪd], **outdone** [ˌaʊt'dʌn] **outdo someone in something** jemanden an (*oder* in) etwas übertreffen, jemanden in etwas schlagen (*oder* besiegen)

outdoor ['aʊtdɔː] **outdoor shoes** Straßenschuhe; **outdoor swimming pool** Freibad

★**outdoors¹** [ˌaʊt'dɔːz] draußen, im Freien; **go outdoors** nach draußen gehen

★**outdoors²** [ˌaʊt'dɔːz] **the great outdoors** die freie Natur

★**outer** ['aʊtə] äußere(r, -s), Außen...; **outer wall** Außenwand; **outer garments** *pl* Oberbekleidung; **outer space** Weltraum

outfit ['aʊtfɪt] **1** Kleidung, *umg* Outfit **2** *Werkzeug usw.*: Ausrüstung, Geräte

outgoing [ˌaʊt'gəʊɪŋ] **1** *Person*: kontaktfreudig **2** *Amtsinhaber usw.*: scheidend **3** **outgoing mail** Postausgang

outgoings ['aʊtˌgəʊɪŋz] *pl*, *von Betrieb, Haushalt usw.*: Ausgaben

outgrow [ˌaʊt'grəʊ], **outgrew** [ˌaʊt'gruː], **outgrown** [ˌaʊt'grəʊn] **1** *einer Person*: über den Kopf wachsen **2** *aus Kleidungsstück*: herauswachsen, *einer Angewohnheit usw.*: entwachsen

outing ['aʊtɪŋ] **1** Ausflug; **go on an outing** einen Ausflug machen **2** *von Prominenten*: Outing, Outen

outlaw¹ ['aʊtlɔː] **1** *Geschichte*: Geächtete(r) **2** *allg*: Bandit(in)

outlaw² ['aʊtlɔː] **1** *Geschichte*: ächten, für vogelfrei erklären **2** für ungesetzlich erklären, verbieten

outlet ['aʊtlet] **1** *für Flüssigkeit*: Abfluss **2** *für Gas, Rauch*: Abzug **3** *Wirtschaft*: Verkaufsstelle (*einer Fabrik usw.*) **4** *übertragen* Ventil (*für Gefühle*) **5** *US* Steckdose

outline¹ ['aʊtlaɪn] **1** *eines Gegenstands usw.*: Umriss **2** *eines Plans usw.*: Abriss, Grundriss **3** *eines Aufsatzes*: Entwurf, Gliederung

outline² ['aʊtlaɪn] **1** *eines Gegenstands usw.*: den Umriss zeichnen **2** *übertragen* in Umrissen darlegen

outlive [ˌaʊt'lɪv] überleben (*Person*); **it has outlived its usefulness** *übertragen* es hat ausgedient (*Maschine usw.*)

outlook ['aʊtlʊk] **1** *auf Gegend usw.*: Blick, Aussicht (**from** von; **onto** auf) **2** *übertragen* Aussichten *pl* (**for** für); **the weather outlook** die Wetteraussichten **3** (≈ Geisteshaltung) Einstellung; **outlook on life** Lebensauffassung

outnumber [ˌaʊt'nʌmbə] zahlenmäßig überlegen sein; **they were outnumbered by the enemy** sie waren dem Gegner zahlenmäßig unterlegen

out-of-date [ˌaʊtəv'deɪt] veraltet, überholt

out-of-office reply [ˌaʊtəvˌɒfɪs_rɪ'plaɪ] *in E-Mail*: Abwesenheitsnotiz

outpatient ['aʊtˌpeɪʃnt] *Medizin*: ambulanter Patient; **outpatient treatment** ambulante Behandlung; **outpatients' department** Ambulanz

outpost ['aʊtpəʊst] *militärisch*: Vorposten (*auch übertragen*)

output ['aʊtpʊt] **1** *in Wirtschaft*: Output, Ausstoß, Produktion **2** *Computer*: Datenausgabe

outrage¹ ['aʊtreɪdʒ] **1** (≈ Verbrechen) Schandtat, Gräueltat **2** *öffentliche Reaktion auf einen Skandal*: Empörung, Entrüstung

outrage² ['aʊtreɪdʒ] *bes*. **be outraged at something** über etwas empört (*oder* schockiert) sein

outrageous [aʊt'reɪdʒəs] **1** *Verbrechen*: abscheulich, verbrecherisch **2** *Verhalten usw.*: empörend, unerhört

outright¹ ['aʊtraɪt] **1** *Unsinn, Verlust usw.*: völlig, total, absolut **2** *Ablehnung, Lüge usw.*: glatt

outright² [ˌaʊt'raɪt] *zugeben, eingestehen*: ohne Umschweife, unumwunden

outset ['aʊtset] Anfang, Beginn; **at the outset** am Anfang; **from the outset** (gleich) von Anfang an

★**outside¹** [ˌaʊt'saɪd] **1** *von Haus, Behälter usw.*: Außenseite; **from the outside** von außen; **on the outside** auf der Außenseite, außen **2** **at the (very) outside** (aller)höchstens, äußerstenfalls

★**outside²** ['aʊtsaɪd] **1** äußere(r, -s), Außen...; **outside broadcast** *Rundfunk, TV*: Außenübertragung **2** **outside chance** kleine Chance, *Sport*: Außenseiterchance

★**outside³** [ˌaʊt'saɪd] draußen; **go outside** nach draußen gehen; **go and play outside!** geht raus zum Spielen!

outsider [ˌaʊtˈsaɪdə] *allg.*: Außenseiter(in)
outsize [ˈaʊtsaɪz], **outsized** [ˌaʊtˈsaɪzd] übergroß; **outsize clothes** Übergrößen *pl*, Kleidung in Übergröße
outskirts [ˈaʊtskɜːts] *pl* Stadtrand, Peripherie; **on the outskirts of London** am Stadtrand von London
outsource [ˈaʊtsɔːs] nach außen vergeben, outsourcen (*Arbeiten, Aufträge*)
outsourcing [ˈaʊtsɔːsɪŋ] Outsourcing
outspoken [aʊtˈspəʊkən] **1** *Person, Kritik, Meinung*: freimütig; **be outspoken** *Person, Buch usw.*: kein Blatt vor den Mund nehmen **2** *Antwort, Stellungnahme*: unverblümt
outstanding [aʊtˈstændɪŋ] **1** *Schönheit, Talent usw.*: hervorragend **2** *Arbeit, Problem usw.*: unerledigt **3** *Rechnung, Forderungen usw.*: ausstehend
out-tray [ˈaʊt‿treɪ] Ablagekorb für ausgehende Post
outvote [ˌaʊtˈvəʊt] überstimmen; **be outvoted** eine Abstimmungsniederlage erleiden
outward [ˈaʊtwəd] **1** äußerlich, äußere(r, -s) (*beide auch übertragen*); **in spite of his outward calm ...** trotz seiner nach außen gezeigten Gelassenheit ... **2** **on the outward journey** auf der Hinfahrt
outwardly [ˈaʊtwədlɪ] äußerlich; **outwardly it looks as if ...** äußerlich (*oder* nach außen) sieht es so aus, als ob ...
outwards [ˈaʊtwədz] nach außen; **the window opens outwards** das Fenster geht nach draußen auf
outwit [ˌaʊtˈwɪt], (**outwitted, outwitted**) überlisten, reinlegen
oval [ˈəʊvl] Oval
ovation [əʊˈveɪʃn] Ovation; **give someone a standing ovation** jemandem eine stehende Ovation bereiten
★**oven** [⚠ ˈʌvən] Backofen, Bratröhre, *bes.* Ⓐ Backrohr; **cook in a medium** (*oder* **moderate**) **oven** bei mäßiger Hitze garen
oven glove [⚠ ˈʌvən‿ɡlʌv] Topfhandschuh
ovenproof [⚠ ˈʌvənpruːf] *Geschirr*: ofenfest, hitzebeständig
oven-ready [⚠ ˌʌvənˈredɪ] *Gericht*: bratfertig, backfertig
★**over** [ˈəʊvə] **1** *räumlich*: über; **the lamp over the bed** die Lampe über dem Bett **2** *mit Richtung, Bewegung*: über, hinüber; **he jumped over the fence** er sprang über den Zaun; **he ran over to them** er rannte zu ihnen hinüber **3** (≈ *jenseits*) über, auf der anderen Seite von (*oder Genitiv*); **over the street** auf der anderen Straßenseite; **over there** da drüben **4** *in Rang usw.*: über; **be over someone** über jemandem stehen **5** *mit Zahl, Mengenangabe usw.*: über, mehr als; **over a mile** über eine Meile; **it cost over 10 dollars** es kostete mehr als 10 Dollar; **over a week** über (*oder* länger als) eine Woche; **children of 10 years and over** Kinder von 10 Jahren und darüber; **5 pounds and over** 5 Pfund und mehr **6** *zeitlich*: über, während; **over many years** viele Jahre hindurch; **we'll stay over the weekend** wir bleiben übers Wochenende **7** zu Ende, vorüber, vorbei; **when the match was over** als das Spiel zu Ende war; **get something over with** *umg* etwas hinter sich bringen **8** *in Wendungen*: **all over again** noch einmal; **over and over again** immer wieder; **over and above his income** über sein Einkommen hinaus
overact [ˌəʊvərˈækt] **1** *Theater*: überziehen (*Rolle*) **2** *übertragen* übertreiben
overactive [ˌəʊvərˈæktɪv] überaktiv, *Fantasie*: übersteigert
overall¹ [ˌəʊvərˈɔːl] **1** gesamt, Gesamt-...; **my overall impression** mein Gesamteindruck; **overall cost** Gesamtkosten **2** (≈ *generell*) im Großen und Ganzen; **overall, he's a nice person** eigentlich ist er ein ganz netter Typ **3** (≈ *alles in allem*) insgesamt; **what does it cost overall?** wie hoch sind die Gesamtkosten?; **overall majority** *Politik*: absolute Mehrheit
overall² [ˈəʊvərɔːl] **1** *Br* Arbeitsmantel, Kittel **2** *US* Overall **3** **overalls** *pl*, *Br* Overall **4** **overalls** *pl*, *US* Latzhose
overboard [ˈəʊvəbɔːd] über Bord; **throw overboard** über Bord werfen (*auch übertragen*)
overbook [ˌəʊvəˈbʊk] überbuchen (*Flug, Hotel usw.*)
overcame [ˌəʊvəˈkeɪm] 2. Form von → overcome
overcast [ˌəʊvəˈkɑːst] *Himmel*: bewölkt, bedeckt
overcharge [ˌəʊvəˈtʃɑːdʒ] zu viel berechnen; **overcharge someone by £10** jemandem 10 Pfund zu viel berechnen
overcome [ˌəʊvəˈkʌm], **overcame** [ˌəʊvəˈkeɪm], **overcome** [ˌəʊvəˈkʌm] überwältigen, überwinden (*Scheu, Angst usw.*); **he was overcome with emotion** er wurde von seinen Gefühlen übermannt
overconfidence [ˌəʊvəˈkɒnfɪdəns] übersteigertes Selbstbewusstsein

overcrowded [ˌəʊvəˈkraʊdɪd] *Zimmer usw.*: überfüllt

overdo [ˌəʊvəˈduː], **overdid** [ˌəʊvəˈdɪd], **overdone** [ˌəʊvəˈdʌn] **1** übertreiben; **overdo it, overdo things** zu weit gehen; **now you're overdoing it** jetzt übertreibst du aber **2** *beim Kochen*: verbraten, verkochen **3 don't overdo it** übernimm dich nicht

overdose [ˈəʊvədəʊs] *Heroin usw.*: Überdosis

overdraft [ˈəʊvədrɑːft] Kontoüberziehung; **have an overdraft of £100** sein Konto um 100 Pfund überzogen haben; **overdraft facility** Überziehungskredit, Dispositionskredit

overdraw [ˌəʊvəˈdrɔː], **overdrew** [ˌəʊvəˈdruː], **overdrawn** [ˌəʊvəˈdrɔːn] überziehen (*Konto*); **be overdrawn** sein Konto überzogen haben

overdress [ˌəʊvəˈdres] sich übertrieben (*oder* zu) fein anziehen (*für den Anlass*)

overdue [ˌəʊvəˈdjuː] *Miete usw.*: überfällig

overestimate [ˌəʊvərˈestɪmeɪt] **1** zu hoch schätzen (*Anzahl, Gewicht usw.*) **2** übertragen überschätzen (*Gefahr, Fähigkeit, Person*)

overexpose [ˌəʊvərɪkˈspəʊz] überbelichten (*Film*)

overflow [ˌəʊvəˈfləʊ] **1** (*Topf, Fass usw.*) überlaufen **2** *auch* **overflow its banks** (*Fluss*) über die Ufer treten **3 full to overflowing** zum Überlaufen voll, *Raum*: überfüllt

overhaul [ˌəʊvəˈhɔːl] **1** überholen (*Motor*) **2** überprüfen (*Pläne*)

overhead[1] [ˈəʊvəhed] **1** oben, droben; **the clouds overhead** die Wolken über uns; **overhead railway** Hochbahn **2 overhead projector** Overheadprojektor, Tageslichtprojektor **3 overhead costs** (*oder* **expenses**) *von Unternehmen*: laufende Unkosten **4** *Sport*: Überkopf...; **overhead kick** *Fußball*: Fallrückzieher

overhead[2] [ˈəʊvəhed] **1 overheads** *pl von Unternehmen*: laufende Kosten **2** *für Projektor*: Overheadfolie

overhear [ˌəʊvəˈhɪə], **overheard** [ˌəʊvəˈhɜːd], **overheard** [ˌəʊvəˈhɜːd] **1** mit anhören, mitbekommen (*Gespräch usw.*) **2** aufschnappen (*Bemerkung, Äußerung*) (⚠ überhören = **not hear, miss, ignore**)

overheat [ˌəʊvəˈhiːt] **1** *von Motor, Maschine*: heiß laufen **2** überheizen (*Raum*)

overjoyed [ˌəʊvəˈdʒɔɪd] überglücklich

overlap [ˌəʊvəˈlæp], **overlapped**, **overlapped** **1** (*Dachziegel, Bretter usw.*) sich überdecken **2** (*Ereignisse, Ideen, Vorschläge usw.*) sich überschneiden, sich überlappen

overleaf [ˌəʊvəˈliːf] umseitig, umstehend; **see table overleaf** siehe umseitige Tabelle

overload [ˌəʊvəˈləʊd] **1** überladen **2** *Elektrik, Mechanik*: überlasten

overlook [ˌəʊvəˈlʊk] **1** nicht beachten, übersehen (*Person usw.*) **2** (*Zimmer, Fenster usw.*) überblicken, Aussicht gewähren; **a room overlooking the sea** ein Zimmer mit Meeresblick

overnight [ˌəʊvəˈnaɪt] über Nacht (*auch übertragen*); **stay overnight** über Nacht bleiben; **you can stay overnight at my place** du kannst bei mir übernachten; **overnight stay** (*oder* **stop**) Übernachtung

overpass [ˈəʊvəpɑːs] *bes. US* (Straßen-, Eisenbahn)Überführung

overpay [ˌəʊvəˈpeɪ], **overpaid** [ˌəʊvəˈpeɪd], **overpaid** [ˌəʊvəˈpeɪd] **1** zu teuer bezahlen, zu viel bezahlen für **2 overpay someone** jemandem zu viel zahlen, jemanden überbezahlen

overpopulated [ˌəʊvəˈpɒpjʊleɪtɪd] übervölkert

overpopulation [ˌəʊvəˌpɒpjʊˈleɪʃn] Überbevölkerung

overpower [ˌəʊvəˈpaʊə] *mit Gewalt*: überwältigen, übermannen (*beide auch übertragen*)

overreact [ˌəʊvərɪˈækt] überreagieren, überzogen reagieren (**to** auf)

overreaction [ˌəʊvərɪˈækʃn] Überreaktion, überzogene Reaktion

override [ˌəʊvəˈraɪd], **overrode** [ˌəʊvəˈrəʊd], **overridden** [ˌəʊvəˈrɪdən] sich hinwegsetzen über (*Bestimmungen, Entscheidung usw.*)

overriding [ˌəʊvəˈraɪdɪŋ] vordringlich, vorrangig; **this aspect is of overriding importance** dieser Aspekt ist von überragender Bedeutung; **his overriding concern was to save money** es ging ihm vor allem darum, Geld zu sparen

overrode [ˌəʊvəˈrəʊd] 2. Form von → **override**

overrule [ˌəʊvəˈruːl] aufheben (*Entscheidung usw.*), abweisen (*Einspruch usw.*)

oversaw [ˌəʊvəˈsɔː] 2. Form von → **oversee**

overseas [ˌəʊvəˈsiːz] **1** nach (*bzw.* in) Übersee; **go overseas** nach Übersee gehen; **from overseas** aus Übersee/dem Ausland **2** überseeisch, Übersee...; **overseas students** Studenten aus Übersee; **overseas trip** Auslandsreise

oversee [ˌəʊvəˈsiː], **oversaw** [ˌəʊvəˈsɔː], **overseen** [ˌəʊvəˈsiːn] beaufsichtigen, überwachen (*Arbeiten, Beschäftigte usw.*)

oversensitive [ˌəʊvəˈsensɪtɪv] überempfindlich

overshadow [ˌəʊvəˈʃædəʊ] wörtlich und übertragen überschatten

oversize ['əʊvəsaɪz], **oversized** [,əʊvə'saɪzd] *Pullover usw.*: übergroß, mit Übergröße

oversleep [,əʊvə'sliːp], **overslept** [,əʊvə'slept], **overslept** [,əʊvə'slept] verschlafen

overstaffed [,əʊvə'stɑːft] *Firma, Behörde usw.*: (personell) überbesetzt

overstate [,əʊvə'steɪt] übertreiben, übertrieben darstellen

overstatement [,əʊvə'steɪtmənt] Übertreibung

★**overtake** [,əʊvə'teɪk], **overtook** [,əʊvə'tʊk], **overtaken** [,əʊvə'teɪkən] *mit dem Auto, Fahrrad, bei Wettrennen usw.*: überholen (*auch übertragen*)

over-the-counter [,əʊvəðə'kaʊntə] *Medikamente*: rezeptfrei

overthrow [,əʊvə'θrəʊ], **overthrew** [,əʊvə'θruː], **overthrown** [,əʊvə'θrəʊn] stürzen (*Regierung, Regime usw.*)

overtime ['əʊvətaɪm] **1** *Arbeit*: Überstunden *pl*; **be on** (*oder* **do** *oder* **work**) **overtime** Überstunden machen **2** *US; Sport*: Verlängerung

overtook [,əʊvə'tʊk] 2. Form von → overtake

overture ['əʊvə,tjʊə] *Musik*: Ouvertüre

overturn [,əʊvə'tɜːn] **1** umwerfen, umstoßen, umkippen (*Gegenstand*) **2** *übertragen* stürzen, kippen (*Regierung usw.*) **3** (*Boot, Schiff*) kentern

overview ['əʊvəvjuː] (≈ Kurzfassung) Überblick (**of** über)

overweight [,əʊvə'weɪt] **1** *Person*: übergewichtig **2** *Reisegepäck usw.*: zu schwer (**by** um)

overwhelm [,əʊvə'welm] **1** überwältigen (*Gegner usw.*) (*auch übertragen*) **2** *übertragen* überhäufen (**with** mit) (*mit Lob usw.*)

overwhelming [,əʊvə'welmɪŋ] überwältigend; **vote overwhelmingly against** (*bzw.* **in favour of**) **something** mit überwältigender Mehrheit gegen (*bzw.* für) etwas stimmen

overwork [,əʊvə'wɜːk] **1** überanstrengen (*Person, Tier usw.*) **2** sich überarbeiten; **overworked** *auch*: gestresst

★**owe** [əʊ] **1** schulden; **you still owe me £100** du schuldest mir noch 100 Pfund; **I still owe him for the meal** ich muss ihm das Essen noch bezahlen **2** *übertragen* schulden, schuldig sein (*Erklärung, Entschuldigung*) **3** verdanken, zu verdanken haben

owing ['əʊɪŋ] **1** unbezahlt; **there's still £1,000 owing** es stehen noch 1000 Pfund aus **2** **owing to** infolge, wegen

owl [▲aʊl] *Vogel*: Eule

★**own**[1] [əʊn] besitzen; **who owns this house?** wem gehört dieses Haus?

★**own**[2] [əʊn] **1** eigene(r, -s); **she didn't recognize her own brother** sie hat ihren eigenen Bruder nicht erkannt; **own goal** *Sport*: Eigentor (*auch übertragen*) **2** **a car of his** (**her** *usw.*) **own** ein eigenes Auto; (**all**) **on my** (**his, our** *usw.*) **own** (ganz) allein

★**owner** ['əʊnə] Eigentümer(in), Besitzer(in)

owner-occupied [,əʊnə(r)'ɒkjʊpaɪd] *Haus, Wohnung*: eigengenutzt

ownership ['əʊnəʃɪp] Besitz

ox [ɒks] *pl*: **oxen** ['ɒksn] *Rind*: Ochse

Oxbridge ['ɒksbrɪdʒ] die Universitäten Oxford und Cambridge

oxide ['ɒksaɪd] *Chemie*: Oxid

oxidize ['ɒksɪdaɪz] *Chemie*: oxidieren

oxygen ['ɒksɪdʒən] *Element*: Sauerstoff

oxygen mask ['ɒksɪdʒən ˌmɑːsk] *Medizin*: Sauerstoffmaske

oxygen tent ['ɒksɪdʒən ˌtent] *Medizin*: Sauerstoffzelt

oyster ['ɔɪstə] Auster

ozone ['əʊzəʊn] *Gas*: Ozon; **ozone layer** Ozonschicht; **ozone hole** Ozonloch; **ozone-friendly** *Spray usw.*: FCKW-frei; **ozone alert** Ozonalarm

P

P [piː] **mind one's p's and q's** *umg* sich anständig aufführen

pace[1] [peɪs] **1** Tempo, Geschwindigkeit (*auch übertragen*); **at a very slow pace** ganz langsam; **keep pace with** Schritt halten mit (*auch übertragen*); **set the pace** *Sport*: das Tempo machen, *übertragen* das Tempo angeben **2** *von Pferd*: Gangart

pace[2] [peɪs] **1** *Sport, bei Rennen*: Schrittmacherdienste leisten, Tempo machen **2** **pace up and down** auf und ab gehen

pacemaker ['peɪsˌmeɪkə] **1** *Sport*: Schrittmacher(in) (*auch übertragen*) **2** *Medizin*: Herzschrittmacher

Pacific[1] [pə'sɪfɪk] pazifisch; **the Pacific islands** die Pazifischen Inseln; **the Pacific Ocean** der Pazifische Ozean, der Pazifik

Pacific[2] [pə'sɪfɪk] **the Pacific** der Pazifik

pacifier ['pæsɪfaɪə] *US* Schnuller

pacifism ['pæsɪfɪzm] Pazifismus

pacifist[1] ['pæsɪfɪst] Pazifist(in)

pacifist[2] ['pæsɪfɪst] pazifistisch

★**pack**[1] [pæk] **1** Waschpulver usw.: Paket **2** bes.

US; *Zigaretten usw.*: Schachtel ■3 *auf dem Rücken getragen* Rucksack ■4 *auf Tier*: Last ■5 *Wölfe*: Rudel ■6 *Jagdhunde*: Meute ■7 *abwertend* Pack, Bande; **pack of thieves** Diebesbande ■8 **a pack of cards** ein Satz Spielkarten, ein Kartenspiel

★**pack²** [pæk] ■1 packen (*Koffer usw.*), zusammenpacken (*Sachen*); **be packed** gepackt haben ■2 *auch* **pack together** *in Raum usw.*: zusammenpferchen ■3 vollstopfen (*Saal, Stadion*); **packed**, *Br, umg* **packed out** bis auf den letzten Platz gefüllt, brechend voll ■4 **send someone packing** jemanden fortjagen (*oder* wegjagen)

PHRASAL VERBS

pack away [,pæk_ə'weɪ] wegpacken, verstauen (*Sachen*)

pack in [,pæk'ɪn] *umg* aufhören, Schluss machen; **pack it in!** hör endlich auf damit!

pack up [,pæk'ʌp] ■1 *in ein Paket*: einpacken, verpacken ■2 zusammenpacken (*Sachen*) ■3 *umg* aufhören, Schluss machen (*mit Arbeit usw.*) ■4 *umg* (*Maschine usw.*) den Geist aufgeben

---

package¹ ['pækɪdʒ] *allg*.: Paket (*auch übertragen*); **for only £49 you get a complete software package** für nur 49 Pfund erhalten Sie ein komplettes Softwarepaket; **a package of cookies** *US* eine Kekspackung

package² ['pækɪdʒ] verpacken (*Waren*)

package deal ['pækɪdʒ_di:l] Pauschalarrangement

package holiday ['pækɪdʒ,hɒlɪdeɪ] Pauschalurlaub

package tour ['pækɪdʒ_tʊə] Pauschalreise

packaging ['pækɪdʒɪŋ] ■1 Verpackung ■2 Verpackungsmaterial ■3 Präsentation

packed lunch [,pækt'lʌntʃ] *Br* Lunchpaket; *für die Schule*: Pausenbrot; *für die Arbeit*: belegte Brote

packet ['pækɪt] ■1 *allg*.: Paket ■2 *Br; von Ware*: Schachtel, Verpackung ■3 *Br; kleiner*: Päckchen; **a packet of cigarettes** eine Packung (*oder* Schachtel) Zigaretten ■4 **cost a packet** *Br, umg* ein Heidengeld kosten

packing ['pækɪŋ] ■1 *von Koffer*: Packen; **do one's packing** packen ■2 *Material*: Verpackung

pact [pækt] Pakt; **make a pact with someone** mit jemandem einen Pakt schließen

pad [pæd] ■1 *in Kleidungsstücken*: Polster; **knee pad** Knieschützer ■2 *aus Papier*: Block; **writing pad** Schreibblock

padded ['pædɪd] *zum Schutz usw.*: wattiert, ausgepolstert

paddle¹ ['pædl] ■1 *von Boot*: Paddel ■2 *von Dampfschiff*: Schaufel, Schaufelrad

paddle² ['pædl] *mit Boot*: paddeln (*auch schwimmen*)

paddleboarding ['pædl,bɔ:dɪŋ] Stehpaddeln

paddling pool ['pædlɪŋ_pu:l] *Br* Planschbecken

padlock ['pædlɒk] Vorhängeschloss

paediatrician, *US* **pediatrician** [,pi:dɪə'trɪʃn] Kinderarzt, Kinderärztin

paediatrics, *US* **pediatrics** [,pi:dɪ'ætrɪks] Kinderheilkunde

pagan¹ ['peɪgən] Heide, Heidin

pagan² ['peɪgən] heidnisch

paganism ['peɪgənɪzm] Heidentum

★**page¹** [peɪdʒ] *von Buch usw.*: Seite; **it's on page 10** es steht auf Seite 10; **a four-page brochure** ein vierseitiger Prospekt

page² [peɪdʒ] *mit Piepser*: anpiepsen

pageboy ['peɪdʒbɔɪ] *Frisur*: Pagenschnitt, Pagenkopf

pager ['peɪdʒə] Funkrufempfänger, *umg* Piepser

pagoda [pə'gəʊdə] Pagode

paid [peɪd] 2. und 3. Form von → **pay¹**

pail [peɪl] Eimer (*bes. für Kinder*)

★**pain** [peɪn] ■1 *körperlich*: Schmerz, Schmerzen; **be in pain** Schmerzen haben; **I've got a pain in my back** mir tut der Rücken weh; **he's a pain in the neck** *übertragen, umg* er geht einem auf den Wecker, er nervt ■2 *seelisch*: Schmerz, Kummer; **cause** (*oder* **give**) **someone pain** jemandem Kummer machen ■3 **pains** *pl* Mühe; **be at pains to do something, take pains to do something** sich Mühe geben, etwas zu tun

★**painful** ['peɪnfl] ■1 *körperlich*: schmerzend, schmerzhaft ■2 *seelisch*: schmerzlich ■3 *Vorfall*: unangenehm, peinlich

painkiller ['peɪn,kɪlə] Schmerzmittel

painless ['peɪnləs] ■1 *Arztbehandlung*: schmerzlos ■2 *übertragen, umg* leicht, einfach

painstaking ['peɪnz,teɪkɪŋ] sorgfältig, gewissenhaft

★**paint¹** [peɪnt] ■1 malen (*Bild, Person, Stillleben usw.*); **paint a gloomy** (*bzw*. **vivid**) **picture of something** *übertragen* etwas in düsteren (*bzw*. glühenden) Farben malen (*oder* schildern) ■2 anmalen, bemalen (*Wand, Fingernägel, Gesicht usw.*) ■3 streichen, anstreichen (*Wand, Decke usw.*) ■4 lackieren (*Auto, Tür, Fensterrahmen usw.*) ■5 **paint the town red** *umg* einen draufmachen

★**paint**² [peɪnt] Farbe, Lack; **wet paint** Aufschrift: Frisch gestrichen!
paintbox ['peɪntbɒks] Malkasten
paintbrush ['peɪntbrʌʃ] Pinsel
★**painter** ['peɪntə] ■ Künstler: Maler(in) ■ Handwerker: Maler(in), Anstreicher(in)
★**painting** ['peɪntɪŋ] ■ Kunst: Malerei ■ Kunstwerk: Gemälde, Bild
paint pot ['peɪnt ˌpɒt] Farbtopf
paint roller ['peɪnt ˌrəʊlə] Malerrolle
paintwork ['peɪntwɜːk] ■ von Auto: Lack ■ von Wand: Anstrich
★**pair** [peə] ■ Schuhe usw.: Paar; **in pairs** paarweise ■ etwas Zweiteiliges, mst. unübersetzt: **a pair of trousers** eine Hose; **a pair of glasses** eine Brille; **a pair of scissors** eine Schere ■ Lebenspartner, Tiere: Paar, Pärchen
pajamas [pəˈdʒɑːməz] US Schlafanzug, Pyjama; → pyjamas Br
Pakistan [ˌpɑːkɪˈstɑːn] Pakistan
pal [pæl] umg Kumpel; **listen, pal, ...** drohend: hör mal, Freundchen, ...
★**palace** ['pæləs] Palast (auch übertragen)
palatable ['pælətəbl] schmackhaft (auch übertragen); **make something palatable to someone** jemandem etwas schmackhaft machen
palatal² ['pælətl] Sprache: Gaumenlaut
palate ['pælət] ■ im Mund: Gaumen ■ übertragen: **for my palate** für meinen Geschmack
★**pale**¹ [peɪl] ■ Gesicht: blass, bleich; **turn pale** blass (oder bleich) werden ■ Farbton: hell, blass
★**pale**² [peɪl] ■ blass (oder bleich) werden ■ übertragen verblassen (**before, beside** neben)
paleness ['peɪlnəs] Blässe
Palestine ['pæləstaɪn] Palästina
Palestinian¹ [ˌpæləˈstɪnɪən] Person: Palästinenser(in)
Palestinian² [ˌpæləˈstɪnɪən] palästinensisch
pallet ['pælɪt] Palette
palm [⚠ pɑːm] ■ Handfläche, Handteller; **grease** (oder **oil**) **someone's palm** umg jemanden schmieren (**with** mit); **have** (oder **hold**) **someone in the palm of one's hand** jemanden völlig in der Hand haben ■ Baum: Palme
Palm Sunday [ˌpɑːmˈsʌndeɪ] Palmsonntag
palmtop ['pɑːmtɒp] Computer: Palmtop
palm tree ['pɑːm ˌtriː] Baum: Palme
pamper ['pæmpə] ■ verwöhnen ■ auch: verhätscheln (Kind)
pamphlet ['pæmflət] ■ informativ: Broschüre ■ politisch: Flugblatt ■ polemisch: Pamphlet
★**pan** [pæn] ■ zum Kochen: Topf ■ zum Braten: Pfanne ■ zum Wiegen: Waagschale ■ Br Kloschüssel
pancake ['pænkeɪk] Pfannkuchen, Ⓐ Palatschinke; **Pancake Day** Br Faschingsdienstag
pancreas ['pæŋkrɪəs] Bauchspeicheldrüse
panda ['pændə] Panda
pane [peɪn] von Fenster, Glastür: Scheibe
panel ['pænl] ■ aus Holz, Glas usw.: Platte, Tafel ■ bei Podiumsdiskussion: Diskussionsteilnehmer pl, Runde; **panel discussion** Podiumsdiskussion ■ in TV-Quiz: Rateteam ■ von Maschine: Schalttafel, Kontrolltafel ■ von Schwurgericht: Liste der Geschworenen
pang [pæŋ] stechender Schmerz; **pangs** pl **of hunger** nagender Hunger; **feel a pang of conscience** Gewissensbisse haben
panic¹ ['pænɪk] ■ Panik; **be in a panic** in Panik sein; **get into a panic** in Panik geraten; **throw into a panic** in Panik versetzen; **panic buying** Angstkäufe, Hamsterkäufe; **panic button** Alarmschalter ■ **be at panic stations** umg; vor Stress usw.: rotieren, am Rotieren sein
panic² ['pænɪk], panicked, panicked; -ing- -Form panicking ■ in Panik versetzen, eine Panik auslösen unter (Menschenmasse usw.) ■ in Panik geraten; **don't panic!** nur keine Panik!
panicky ['pænɪkɪ] umg überängstlich; **get panicky** in Panik geraten
panic monger ['pænɪkˌmʌŋgə] Panikmacher
pannier ['pænɪə] Fahrradtasche
panorama [ˌpænəˈrɑːmə] ■ Aussicht: Panorama ■ übertragen (allgemeiner) Überblick (**of** über)
pansy ['pænzɪ] ■ Blume: Stiefmütterchen ■ umg, abwertend Schwuchtel
pant [pænt] (Mensch) keuchen, (Hund) hecheln
panther ['pænθə] Raubtier: Panther
panties ['pæntɪz] pl bes. US auch **pair of panties** für Mädchen: Höschen, für Frauen auch: Slip
pantomime ['pæntəmaɪm] ■ Br Weihnachtsspiel (für Kinder) ■ Theater: Pantomime
pantry ['pæntrɪ] Speisekammer, Vorratskammer
★**pants**¹ [pænts] pl ■ auch **pair of pants** Br Unterhose ■ auch **pair of pants** US Hose; **catch someone with his pants down** umg jemanden überrumpeln; **wear the pants** US, übertragen die Hosen anhaben; umg: **bore the pants off someone** jemanden zu Tode langweilen
pants² [pænts] Br, umg total beknackt, stärker:

unter aller Sau
pantsuit ['pæntsuːt] *US* Hosenanzug
pantyhose ['pæntɪhəʊz] *US* Strumpfhose
panty liner ['pæntɪˌlaɪnə] Slipeinlage
pap [pæp] ◼ *Nahrung, auch abwertend*: Brei ◼ *umg; Fernsehprogramm usw.*: Schrott
papal ['peɪpl] päpstlich
paparazzi [ˌpæpəˈrætsɪ] *pl* Paparazzi *pl*
★**paper**¹ ['peɪpə] ◼ *allg.*: Papier; **on paper** übertragen auf dem Papier ◼ Zeitung; **be in the papers** in der Zeitung stehen; **our daily paper** unsere Tageszeitung ◼ **papers** *pl* (≈ *Ausweis*) Papiere ◼ **papers** *pl in Ordner usw.*: Akten, Unterlagen ◼ (≈ *schriftliche Prüfung*) Arbeit, Klausur ◼ (≈ *Vortrag*) Referat; **give** (*oder* **read**) **a paper** ein Referat halten (**to** vor; **on** über)
★**paper**² ['peɪpə] tapezieren (*Wand, Zimmer*)
paperback ['peɪpəbæk] Taschenbuch; **in paperback** als Taschenbuch
paper bank ['peɪpəˌbæŋk] Altpapiercontainer
paper clip ['peɪpəˌklɪp] Büroklammer
paper feed ['peɪpəˌfiːd] *von Drucker usw.*: Papiereinzug
paperhanger ['peɪpəˌhæŋə] *US* Tapezierer(in); → **decorator**
paper jam ['peɪpəˌdʒæm] Papierstau
paper knife ['peɪpəˌnaɪf], *pl* **paper knives** ['peɪpəˌnaɪvz] *Br* Brieföffner
paper shop ['peɪpəˌʃɒp] *Br* Zeitungsgeschäft
paper-thin [ˌpeɪpəˈθɪn] hauchdünn (*auch übertragen*)
paperweight ['peɪpəweɪt] Briefbeschwerer
paperwork ['peɪpəwɜːk] Schreibarbeit
papier mâché [▲ ˌpæpɪeɪˈmæʃeɪ] Pappmaschee
paprika ['pæprɪkə] ▲ *Gewürzpulver*: Paprika
par [pɑː] ◼ **be on a par with** (*Preise, Gehälter, Tarife usw.*) auf gleicher Ebene liegen wie, vergleichbar sein mit; **be on a par with someone** jemandem ebenbürtig sein; **I'm feeling below** (*oder* **under**) **par today** ich bin heute nicht ganz auf dem Posten ◼ *Golf*: Par; **three under par** drei (Schläge) unter Par
parable ['pærəbl] ▲ *Literatur*: Parabel
parachute¹ [▲ 'pærəʃuːt] Fallschirm; **parachute jump** Fallschirmabsprung
parachute² [▲ 'pærəʃuːt] ◼ mit dem Fallschirm abwerfen (*Versorgungsgüter usw.*) ◼ (*Person*) (mit dem Fallschirm) abspringen
parachutist [▲ 'pærəʃuːtɪst] Fallschirmspringer(in)

parade¹ [pəˈreɪd] ◼ *bei Festlichkeit*: Umzug, Festzug ◼ *militärisch*: Parade
parade² [pəˈreɪd] ◼ *um aufzufallen*: stolzieren (**through** durch); ◼ (*Demonstranten usw.*) ziehen (**through** durch); **thousands paraded peacefully through the city centre** Tausende zogen friedlich durch die Innenstadt ◼ (*Soldaten*) paradieren
paradise ['pærədaɪs] Paradies (*auch übertragen*)
paradox ['pærədɒks] Paradox, Paradoxon
paradoxical [ˌpærəˈdɒksɪkl] paradox; **paradoxically** (**enough**) paradoxerweise
paragliding ['pærəˌɡlaɪdɪŋ] *Sport*: Gleitschirmfliegen
paragon ['pærəɡən] *Person*: Vorbild, Muster (**of** an); **paragon of virtue** *bes. ironisch*: Ausbund an Tugend
paragraph ['pærəɡrɑːf] *in Text*: Absatz, Abschnitt (▲ *Paragraf* = **article**)
parallel¹ ['pærəlel] *Mathematik*: parallel (**to**, **with** zu) (*auch übertragen*); **parallel bars** *pl* Turngerät: Barren; **parallel case** Parallelfall; **parallel lines** *pl* Parallelen; **run parallel** parallel verlaufen
parallel² ['pærəlel] *Mathematik*: Parallele (**to**, **with** zu) (*auch übertragen*); **without parallel** ohne Parallele, ohnegleichen; **draw a parallel between ... and ...** eine Parallele ziehen zwischen ... und ...
paralyse ['pærəlaɪz] *Br* ◼ *körperlich*: lähmen ◼ *übertragen auch*: lahmlegen, zum Erliegen bringen; **be paralysed with** *übertragen* starr (*oder* wie gelähmt) sein vor
paralysis [pəˈrælɪsɪs] *pl* **paralyses** [pəˈrælɪsiːz] ◼ *körperlich*: Lähmung ◼ *übertragen auch*: Lahmlegung
paralyze ['pærəlaɪz] *US* → **paralyse**
paramedic [ˌpærəˈmedɪk] Sanitäter(in)
parameter [pəˈræmɪtə] ◼ *Mathematik*: Parameter ◼ *mst.* **parameters** *pl übertragen* Rahmen; **within the parameters of** im Rahmen von (*oder* Genitiv)
paramilitary [ˌpærəˈmɪlɪtərɪ] paramilitärisch
paranoia [ˌpærəˈnɔɪə] ◼ *Medizin*: Paranoia ◼ *umg* Verfolgungswahn
paranoid ['pærənɔɪd] ◼ *Medizin*: paranoid ◼ **be paranoid about something** ständig Angst haben vor etwas, in ständiger Angst vor etwas leben
paraphrase¹ ['pærəfreɪz] (≈ *anders ausdrücken*) umschreiben, paraphrasieren
paraphrase² ['pærəfreɪz] Umschreibung, Paraphrase

paraplegic[1] [ˌpærəˈpliːdʒɪk] querschnitt(s)gelähmt

paraplegic[2] [ˌpærəˈpliːdʒɪk] Querschnitt(s)gelähmte(r)

parapsychology [ˌpærəsaɪˈkɒlədʒɪ] Parapsychologie

parasite [ˈpærəsaɪt] *Tier, Pflanze*: Schmarotzer, Parasit (*beide auch übertragen*)

parasitic [ˌpærəˈsɪtɪk] **1** *Biologie*: parasitär, parasitisch **2** *übertragen auch*: schmarotzerhaft

parasol [ˈpærəsɒl] *tragbarer* Sonnenschirm

paratrooper [ˈpærəˌtruːpə] *Soldat*: Fallschirmjäger

paratroops [ˈpærətruːps] *pl Militäreinheit*: Fallschirmjägertruppe

parboil [ˈpɑːbɔɪl] halb gar kochen, ankochen

★**parcel** [ˈpɑːsl̩] **1** *für Postversand usw.*: Paket **2** (≈ *Stück Land*) Parzelle

parchment [ˈpɑːtʃmənt] Pergament

pardon[1] [ˈpɑːdn̩] **1** verzeihen, entschuldigen **2** *in mst. gesprochenen Wendungen*: **Oh, pardon me!** Oh, Verzeihung!; **pardon me for interrupting you** verzeihen (*oder* entschuldigen) Sie, wenn ich Sie unterbreche; **if you'll pardon the expression** wenn ich so sagen darf **3** *Recht*: begnadigen

pardon[2] [ˈpɑːdn̩] **1** *Höflichkeitsfloskel*: **I beg your pardon** Entschuldigung!, Verzeihung! **2** **pardon?**, *förmlich*: **I beg your pardon?** *nachfragend*: wie bitte? **3** **I beg your pardon!** *ärgerlich*: erlauben Sie mal!, ich muss doch sehr bitten! **4** *Recht*: Begnadigung

★**parent** [ˈpeərənt] Elternteil; **parents** *pl* Eltern; **single parent** Alleinerziehende(r)

parental leave [pəˌrentl̩ˈliːv] Erziehungsurlaub; **take parental leave** in Elternzeit gehen

parents-in-law [ˈpeərəntsɪnlɔː] *pl* Schwiegereltern

Paris [ˈpærɪs] Paris

parish [ˈpærɪʃ] **1** *kirchlich*: Pfarrbezirk, Gemeinde; **parish church** Pfarrkirche **2** *Br; politisch*: Gemeinde; **parish council** Gemeinderat (*Gremium*)

★**park**[1] [pɑːk] Park

★**park**[2] [pɑːk] **1** parken, abstellen (*Auto*); **he's parked over there** er parkt dort drüben **2** *umg* abstellen, lassen (*Sachen*)

park-and-ride [ˌpɑːkəndˈraɪd] Park-and-ride-System

parking [ˈpɑːkɪŋ] **1** Parken; **no parking** *Schild*: Parken verboten **2** (≈ *Platz zum Parken*) Parkplätze *pl*, Parkfläche

parking brake [ˈpɑːkɪŋˌbreɪk] *US* Handbremse; → **handbrake** *Br*

parking disc [ˈpɑːkɪŋˌdɪsk] *Br* Parkscheibe

parking fee [ˈpɑːkɪŋˌfiː] Parkgebühr

parking garage [ˈpɑːkɪŋˌgærɑːʒ] *US* Park(hoch)haus; → **multi-storey car park** *Br*

parking lot [ˈpɑːkɪŋˌlɒt] *US; Gelände für viele Autos*: Parkplatz; → **car park** *Br*

parking meter [ˈpɑːkɪŋˌmiːtə] Parkuhr

parking offence, *US* **parking offense** [ˈpɑːkɪŋəˌfens] Parkvergehen, Falschparken

parking place [ˈpɑːkɪŋˌpleɪs] **1** *für einzelnes Auto*: Parkplatz **2** *am Straßenrand auch*: Parklücke

parking sensor [ˈpɑːkɪŋˌsensə] Einparkhilfe

★**parking space** [ˈpɑːkɪŋˌspeɪs] Parklücke

parking ticket [ˈpɑːkɪŋˌtɪkɪt] Strafzettel (*wegen Falschparkens*)

parkway [ˈpɑːkweɪ] *US* Allee

★**parliament** [⚠ ˈpɑːləmənt] Parlament

parliamentary [⚠ ˌpɑːləˈmentrɪ] parlamentarisch

parody[1] [ˈpærədɪ] *von Person, Art zu Reden usw.*: Parodie, Persiflage (**of, on** auf)

parody[2] [ˈpærədɪ] parodieren, persiflieren (*Person, Art zu Reden usw.*)

parole[1] [pəˈrəʊl] *Recht*: Entlassung auf Bewährung, *vorübergehend*: Hafturlaub; **put someone on parole** jemanden auf Bewährung entlassen

parole[2] [pəˈrəʊl] auf Bewährung entlassen, *vorübergehend*: Hafturlaub gewähren

parquet [⚠ ˈpɑːkeɪ] *Bodenbelag*: Parkett; **parquet floor** Parkettboden

parrot [ˈpærət] *Vogel*: Papagei (*auch übertragen*)

parsley [ˈpɑːslɪ] *Küchenkraut*: Petersilie

★**part**[1] [pɑːt] **1** *allg. von einem Ganzen*: Teil; **part of his money** ein Teil seines Geldes; **the front part of the building** der vordere Teil (*oder* der Vorderteil) des Gebäudes; **part of town** Stadtteil; **what part of Germany do you come from?** aus welchem Teil Deutschlands stammst du?; **what's the weather like in these parts?** wie ist das Wetter hierzulande (*oder* in dieser Gegend)?; **a three-part novel** ein dreiteiliger Roman; **be part of something** zu etwas gehören; **part of the body** Körperteil; **part of speech** *Sprache*: Wortart **2** *von Maschine usw.*: Teil, Bauteil; **spare part** Ersatzteil **3** *von Serie*: Teil, Folge, Fortsetzung **4** **take part** teilnehmen, sich beteiligen (**in** an); **did he have any part in it?** hatte er damit was zu tun? **5** *in Streit, Debatte usw.*: Seite, Partei; **take someone's part** für jemanden (*oder* jemandes) Partei ergreifen **6** *Theater, Film usw.*: Rolle (*auch übertragen*); **act** (*oder* **play**) **the part of X** die Rolle des X spielen; **play one's part** übertragen seinen Beitrag leisten **7** *US* Scheitel; → parting 1 *Br* **8** *in Wendungen*: **for the most part** größtenteils, *zeitlich*: meistens; **on the part of** vonseiten, seitens (+ *Genitiv*); **on my part** von mir, was mich angeht; **that was a mistake on 'my part** für diesen Fehler bin 'ich verantwortlich

★**part**[2] [pɑːt] **1** *in Partnerschaft*: sich trennen; **part as friends** in Freundschaft auseinandergehen; **... till death us do part** ..., bis dass der Tod uns scheidet **2** trennen (*Streitende usw.*) **3** scheiteln (*Haar*) **4** aufziehen (*Vorhang*)

★**part**[3] [pɑːt] **part ..., part ...** teils ..., teils ...; **the exam ist part written, part oral** die Prüfung findet teils schriftlich, teils mündlich statt

partial [ˈpɑːʃl] **1** teilweise, Teil...; **partial success** Teilerfolg **2** (≈ *nicht objektiv*) voreingenommen, parteiisch **3** **be partial to something** eine Vorliebe für etwas haben

partiality [ˌpɑːʃɪˈælətɪ] **1** Parteilichkeit, Voreingenommenheit **2** Schwäche, besondere Vorliebe (**for** für)

partially [ˈpɑːʃəlɪ] teilweise, zum Teil; **be partially to blame for** mit schuld sein an

participant [pɑːˈtɪsɪpənt] *an Wettbewerb usw.*: Teilnehmer(in)

★**participate** [pɑːˈtɪsɪpeɪt] teilnehmen, sich beteiligen (**in** an)

participation [pɑːˌtɪsɪˈpeɪʃn] Teilnahme, Beteiligung

participle [ˈpɑːtɪsɪpl] *Sprache*: Partizip

particle [ˈpɑːtɪkl] **1** *Staub usw.*: Teilchen, *Physik auch*: Partikel **2** *Sprache*: Partikel

★**particular**[1] [pəˈtɪkjʊlə] besondere(r, -s), spezielle(r, -s); **in this particular case** in diesem speziellen Fall; **be of no particular importance** nicht besonders wichtig sein; **for no particular reason** aus keinem besonderen Grund; **pay particular attention to ...** achten Sie besonders auf ...!

★**particular**[2] [pəˈtɪkjʊlə] **1** Einzelheit; **particulars** *pl* Einzelheiten, nähere Umstände; **in particular** insbesondere; **further particulars from** *in Stellenanzeigen usw.*: Näheres (*oder* weitere Auskünfte) bei **2** **particulars** *pl* Personalien *pl*

particularly [pəˈtɪkjʊləlɪ] besonders; **I'm not particularly pleased** ich bin nicht sonderlich erfreut

parting [ˈpɑːtɪŋ] **1** *Br; von Frisur*: Scheitel **2** Abschied; **parting kiss** Abschiedskuss

partition[1] [pɑːˈtɪʃn] **1** Teilung **2** *auch* **partition wall** Trennwand **3** *Computer, auf der Festplatte*: Speicherblock

partition[2] [pɑːˈtɪʃn] teilen (*Land usw.*); **partition off** abteilen, abtrennen (*Teil eines Zimmers usw.*)

★**partly** [ˈpɑːtlɪ] zum Teil, teilweise; **it was partly my fault** es war zum Teil meine Schuld

★**partner** [ˈpɑːtnə] **1** *allg.*: Partner(in) **2** *Wirtschaft*: Gesellschafter(in), Partner(in), Teilhaber(in)

partnership [ˈpɑːtnəʃɪp] **1** Partnerschaft; **do something in partnership with someone** etwas mit jemandem gemeinsam machen **2** *Wirtschaft*: Personengesellschaft, Personalgesellschaft; **go into partnership with someone** mit jemandem eine Personengesellschaft gründen

partridge [ˈpɑːtrɪdʒ] *Vogel*: Rebhuhn

part-time [ˌpɑːtˈtaɪm] *Job*: Teilzeit...; **part-time work** Teilzeitarbeit; **do part-time work** Teilzeit arbeiten; **part-time worker** Teilzeitbeschäftigte(r) **part-time job** Teilzeitarbeit; **I'm just part-time** ich arbeite nur Teilzeit; **on a part--time basis** auf Teilzeitbasis; **work part-time** Teilzeit arbeiten

★**party** [ˈpɑːtɪ] **1** *Politik*: Partei **2** (≈ *Fest*) Feier, Party; **give a party** eine Party geben **3** *Personen*: Gesellschaft, Gruppe; **a party of tourists** eine Reisegesellschaft

party line [ˌpɑːtɪˈlaɪn] *Politik*: Parteilinie; **follow the party line** linientreu sein

★**pass**[1] [pɑːs] **1** *im Gebirge*: Pass **2** (≈ *Ausweis*) Passierschein **3** *in der Schule*: **get a pass in physics** die Physikprüfung bestehen **4** *Sport*: Pass, Zuspiel

★**pass**[2] [pɑːs] **1** vorbeigehen an, vorbeifahren an (*Gebäude, Person usw.*); **let someone pass** jemanden vorbeilassen; **let something pass** übertragen etwas durchgehen lassen **2** *im Straßenverkehr, bei Rennen usw.*: überholen **3** *Schule*: bestehen (*Prüfung*); **did he pass?** hat er bestanden? **4** reichen, geben; **pass the sugar, please** reich mir bitte den Zucker **5** *Sport*: abspielen (*Ball*), passen (**to** zu) **6** *Politik*: verabschieden (*Gesetz*) **7** (*Zeit usw.*) vergehen, verstreichen **8** *bei Kartenspielen*: passen (*auch übertragen*)

PHRASAL VERBS

pass away [ˌpɑːs əˈweɪ] (≈ *sterben*) die Augen schließen, entschlafen

pass by [pɑːsˈbaɪ] **1** *räumlich:* vorbeigehen, vorbeifahren **2** (*Zeit*) vergehen
pass down [ˌpɑːsˈdaʊn] weitergeben, überliefern (*Bräuche, Tradition usw.*) (**to** an *oder* Dativ)
pass on [ˌpɑːsˈɒn] **1** weitergeben (*Informationen, Nachricht usw.*) (**to** an *oder* Dativ) **2** übertragen (*Krankheit*)
pass round [ˌpɑːsˈraʊnd] **1** *in einer Runde:* herumreichen **2** übertragen in Umlauf setzen (*Gerücht usw.*); **be passed round** die Runde machen, in Umlauf sein
pass through [ˌpɑːsˈθruː] **I'm just passing through** ich bin nur auf der Durchreise

---

passable [ˈpɑːsəbl] **1** *Weg, Straße:* passierbar **2** *Leistung usw.:* passabel
passage [ˈpæsɪdʒ] **1** *zwischen Gebäuden:* Passage, Durchgang **2** *eines Textes:* Passage, Abschnitt **3** *bes. zur See:* Überfahrt, Schiffsreise
★**passenger** [ˈpæsɪndʒə] **1** *auf Schiff:* Passagier **2** *im Flugzeug:* Passagier, Fluggast **3** *im Zug:* Reisende(r); **passenger train** Personenzug **4** *im Auto:* Insasse; **passenger seat** Beifahrersitz
passer-by [ˌpɑːsəˈbaɪ] *pl:* **passers-by** Passant(in)
passion [ˈpæʃn] **1** *allg.:* Leidenschaft **2** **fly into a passion** einen Wutanfall bekommen **3** **the Passion** *religiös:* die Passion; **Passion play** Passionsspiel
passionate [ˈpæʃnət] *allg.:* leidenschaftlich
passive¹ [ˈpæsɪv] **1** passiv; **passive resistance** passiver Widerstand; **passive smoking** passives Rauchen, Passivrauchen **2** *Sprache:* passivisch; **passive voice** Passiv
passive² [ˈpæsɪv] *Sprache:* Passiv
★**passport** [ˈpɑːspɔːt] Reisepass, Pass; **hold a British passport** einen britischen Pass haben; **passport photo** Passbild
password [ˈpɑːswɜːd] **1** *Computer:* Passwort **2** *militärisch:* Kennwort, Parole
★**past**¹ [pɑːst] **1** vergangene(r, -s), frühere(r, -s); **in the past 24 hours** in den letzten 24 Stunden; **be past** vorüber (*oder* vorbei) sein; **learn from past mistakes** aus Fehlern der Vergangenheit lernen **2** *Sprache:* **past participle** Partizip Perfekt; **past perfect** Plusquamperfekt; **past tense** Präteritum **3** *räumlich:* vorbei, vorüber; **run past** vorbeilaufen (an) **4** *zeitlich:* nach; **ten (minutes) past six** zehn (Minuten) nach sechs; **half past seven** halb acht; **I'm past forty** ich bin über vierzig
★**past**² [pɑːst] **the past** die Vergangenheit; **in the past** in der Vergangenheit, früher

★**pasta** [ˈpæstə] Teigwaren *pl*, Nudeln *pl*
paste¹ [peɪst] **1** (≈ *streichbare Masse*) Paste **2** *zum Kleben:* Kleister
★**paste**² [peɪst] **1** einkleistern (*Tapete*) **2** kleben (**to, on** an); **paste up** ankleben **3** *Computer:* einfügen (**into** in); **copy and paste** kopieren und einfügen
pasteurize [ˈpɑːstʃəraɪz] pasteurisieren, keimfrei machen (*Milch usw.*)
pastime [ˈpɑːstaɪm] Zeitvertreib, Freizeitbeschäftigung; **as a pastime** zum Zeitvertreib
pastry [ˈpeɪstrɪ] **1** *für Pasteten usw.:* Teig; **puff pastry** Blätterteig **2** Gebäckstück, Teilchen; **cakes and pastries** Kuchen und Gebäck
pastry chef [ˈpeɪstrɪ ʃef] Konditor(in)
pasture [ˈpɑːstʃə] *für Rinder, Schafe usw.:* Weide; **put out to pasture** auf die Weide treiben, *umg.* übertragen aufs Abstellgleis schieben
pasty¹ [ˈpeɪstɪ] *Gesicht:* blass, käsig
pasty² [△ ˈpæstɪ] *Br* Fleischpastete
pat¹ [pæt] **1** Klaps: **give someone a pat on the back** übertragen jemandem auf die Schulter klopfen; **give oneself a pat on the back** sich selbst auf die Schulter klopfen **2** *bes. Butter:* Portion; → **cowpat**
pat² [pæt] tätscheln; **pat someone on the head** (*bzw.* **shoulder**) jemandem den Kopf tätscheln (*bzw.* jemandem auf die Schulter klopfen); **pat someone on the back** übertragen jemandem auf die Schulter klopfen; **pat oneself on the back** übertragen sich selbst auf die Schulter klopfen
pat³ [pæt] **1** *Anwort usw.:* glatt **2** **have** (*oder* **know**) **something off** (*US* **down**) **pat** etwas aus dem Effeff (*oder* wie am Schnürchen) können

patch [pætʃ] **1** *auf Haut, Fell, Fläche:* Stelle, Fleck; **damp patches on the ceiling** feuchte Stellen an der Decke **2** **patches of mist** Nebelschwaden; **icy patches** stellenweise Glatteis; **in patches** übertragen stellenweise **3** *zum Schließen eines Loches:* Flicken **4** **vegetable patch** *im Garten:* Gemüsebeet **5** **go through a bad patch** übertragen eine Pechsträhne haben; **go through a difficult patch** eine schwere Zeit durchmachen
patent¹ [ˈpeɪtnt] *Erfindung:* patentiert, Patent...; **patent office** Patentamt
patent² [ˈpeɪtnt] Patent; **protected by patent** patentrechtlich geschützt; **take out a patent on something** etwas patentieren lassen
paternal [pəˈtɜːnl] **1** väterlich, Vater... **2** *Großvater usw.:* väterlicherseits

paternity [pə'tɜːnətɪ] Vaterschaft; **paternity suit** Vaterschaftsprozess; **paternity leave** Vaterschaftsurlaub

★**path** [pɑːθ] Pfad (*auch Computer*), Weg (*auch übertragen*; **to** zu); **stand in someone's path** jemandem im Weg stehen

pathetic [pə'θetɪk] **1** mitleiderregend; **a pathetic sight** ein Bild des Jammers **2** *Leistung, Erscheinungsbild usw.*: jämmerlich, kläglich, miserabel; **this is really pathetic!** das ist echt zum Heulen!; **that's pathetic** *auch*: das ist ja lachhaft

★**patience** ['peɪʃns] Geduld; **lose one's patience** die Geduld verlieren (**with** mit); **he listened with patience** er hörte geduldig zu

★**patient**[1] ['peɪʃnt] geduldig (**with** mit); **we waited patiently** wir warteten geduldig

★**patient**[2] ['peɪʃnt] Patient(in)

patriarch ['peɪtrɪɑːk] Patriarch

patriarchal [ˌpeɪtrɪ'ɑːkl] patriarchalisch

patriot ['pætrɪət] Patriot(in)

patriotic [ˌpætrɪ'ɒtɪk] patriotisch

patriotism ['pætrɪətɪzm] Patriotismus

patrol[1] [pə'trəʊl] **1** *militärisch*: Patrouille **2** *bei der Polizei*: Streife; **patrol car** Streifenwagen

patrol[2] [pə'trəʊl] **1** (*Soldat*) patrouillieren **2** (*Polizist*) auf Streife sein in **3** (*Wächter*) seine Runde machen

patron ['peɪtrən] **1** *von Festveranstaltung*: Schirmherr **2** *Kunst*: Gönner, Förderer

patronage ['pætrənɪdʒ] Schirmherrschaft; **under the patronage of** unter der Schirmherrschaft von (*oder Genitiv*)

patronize ['pætrənaɪz] **1** von oben herab (*oder* herablassend) behandeln **2** fördern (*Kunst, Verein usw.*)

patronizing ['pætrənaɪzɪŋ] *Art, Auftreten usw.*: herablassend

patron saint [ˌpeɪtrən'seɪnt] Schutzheilige(r)

patter[1] ['pætə] **1** (*Regen*) prasseln **2** *von Schritten*: trappeln

patter[2] ['pætə] **1** *von Regen*: Prasseln **2** *von Schritten*: Trappeln

patter[3] ['pætə] *eines Vertreters usw.*: Sprüche *pl*; **sales patter** Verkaufsjargon

★**pattern** ['pætn] **1** *bei Verhalten, Ereignissen usw.*: Muster, Schema; **their disputes always follow a set pattern** ihre Auseinandersetzungen verlaufen immer nach dem üblichen Schema **2** *auf Stoff, Kleidern usw.*: Muster **3** (≈ *Warenprobe*) Muster

paunch [pɔːntʃ] dicker Bauch, Wanst

pauper ['pɔːpə] Arme(r)

pause[1] [pɔːz] *beim Reden usw.*: Pause; **without a pause** *reden usw.*: ohne Unterbrechung, pausenlos (⚠ *Pause in der Schule* = **break**)

pause[2] [pɔːz] *bei Rede, Tätigkeit usw.*: innehalten

pave [peɪv] pflastern (*Weg, Straße, Platz*); **pave the way for** *übertragen* den Weg ebnen für

★**pavement** ['peɪvmənt] **1** *US*; Straßenbelag: Pflaster **2** *Br* Gehsteig, Bürgersteig; **pavement café** Straßencafé

paw [pɔː] **1** *von Tier*: Pfote, Tatze **2** *umg* (≈ *Hand*) Pfote

pawn [pɔːn] **1** *Schach*: Bauer **2** *übertragen* Schachfigur

★**pay**[1] [peɪ], **paid** [peɪd], **paid** [peɪd] **1** bezahlen, begleichen (*Rechnung*); **pay by credit card** mit Kreditkarte bezahlen **2** zahlen, entrichten (*Betrag*) **3** bezahlen (*Person*); **be** (*oder* **get**) **paid** seinen Lohn (*bzw.* sein Gehalt) bekommen; **they pay well for this sort of work** diese Arbeit wird gut bezahlt **4** *übertragen* sich lohnen, sich bezahlt machen **5** *in Wendungen*: **pay attention** aufpassen, aufmerksam sein; **pay a visit** einen Besuch abstatten, *umg* aufs Klo gehen; **pay someone a compliment** jemandem ein Kompliment machen

PHRASAL VERBS

pay back [ˌpeɪ'bæk] **1** zurückzahlen (*Schulden usw.*) **2** **I'll pay you back for that!** *übertragen* das werde ich dir heimzahlen!

★**pay for** ['peɪ_fə] **1** bezahlen (*Ware, Dienstleistung*); **Grandma paid for my driving lessons** Oma hat meine Fahrstunden bezahlt **2** **he had to pay dearly for it** *übertragen* es kam ihm teuer zu stehen, er musste es teuer bezahlen

pay in [ˌpeɪ'ɪn], **pay into** [ˌpeɪ'ɪntʊ] auf ein Konto: einzahlen

pay off [ˌpeɪ'ɒf] **1** auszahlen (*Angestellte, Geschäftspartner usw.*) **2** abzahlen, tilgen (*Schulden*) **3** *übertragen* sich lohnen, sich bezahlt machen

★**pay**[2] [peɪ] Bezahlung, Gehalt, Lohn; **three months' pay** drei Monatslöhne, drei Monatsgehälter; **what's the pay like?** wie ist die Bezahlung?

payable ['peɪəbl] **1** *Rechnung usw.*: zahlbar, fällig **2** **be payable to** *Scheck*: ausgestellt sein auf

pay agreement ['peɪ_əˌgriːmənt] Tarifvertrag

pay cheque, *US* **paycheck** ['peɪ_tʃek] Lohn-/Gehaltsscheck

pay freeze ['peɪˌfriːz] Lohnstopp
payment ['peɪmənt] Zahlung, Bezahlung; **in payment of** als Bezahlung für; **on payment of** gegen Zahlung von (*oder Genitiv*); **three monthly payments** drei Monatsraten; **make a payment** eine Zahlung leisten
pay-per-view TV [ˌpeɪpəˈvjuːˌtiːˌviː] Pay-per--View-TV
pay phone ['peɪˌfəʊn] öffentliches Telefon
★ **pay rise** ['peɪˌraɪz], *US* **pay raise** ['peɪˌreɪz] Lohnerhöhung, Gehaltserhöhung
payroll ['peɪrəʊl] Lohnliste; **be on someone's payroll** bei jemandem beschäftigt sein
pay slip ['peɪˌslɪp] Gehaltsabrechnung
pay TV ['peɪˌtiːˌviː] Pay-TV, Bezahlfernsehen
PC[1] [ˌpiːˈsiː] (*abk für* personal computer) *Computer*: PC, Personal Computer
PC[2] [ˌpiːˈsiː] *abk →* political correctness, politically correct
PCP [ˌpiːsiːˈpiː] *US* (*abk für* primimary care physician) Allgemeinarzt, Allgemeinärztin
PDA [ˌpiːdiːˈeɪ] (*abk für* personal digital assistant) PDA, Organizer
PE [ˌpiːˈiː] (*abk für* physical education) *Schulfach*: Sport
★ **pea** [piː] *Gemüse*: Erbse; **they're as like as two peas (in a pod)** *übertragen* sie gleichen sich wie ein Ei dem anderen
★ **peace** [piːs] **1** Frieden; **the two countries are at peace** zwischen beiden Ländern herrscht Frieden; **peace movement** Friedensbewegung; **peace process** Friedensprozess; **make one's peace with** sich aussöhnen (*oder* versöhnen) mit **2** *Recht*: öffentliche Ruhe und Ordnung **3** *übertragen* Ruhe; **peace of mind** Seelenfrieden; **in peace and quiet** in Ruhe und Frieden
peaceable ['piːsəbl] **1** *Diskussion, Konfliktlösung usw.*: friedlich **2** *Person*: friedfertig
peace conference ['piːsˌkɒnfrəns] Friedenskonferenz
Peace Corps ['piːsˌkɔːz] *US* Entwicklungsdienst
★ **peaceful** ['piːsfl] friedlich
peacekeeping ['piːsˌkiːpɪŋ] *Mandat usw.*: zur Friedenssicherung; **peacekeeping troops** *pl* Friedenstruppen *pl*
peace-loving ['piːsˌlʌvɪŋ] friedliebend
peace talks ['piːsˌtɔːks] *pl* Friedensverhandlungen *pl*, Friedensgespräche *pl*
★ **peach** [piːtʃ] **1** *Frucht*: Pfirsich **2** *Baum*: Pfirsichbaum
peacock ['piːkɒk] *Vogel*: Pfau
★ **peak** [piːk] **1** *allg.*: Spitze **2** *eines Bergs auch*: Gipfel **3** *übertragen* Höchst..., Spitzen...; **peak hours** *pl im Straßenverkehr*: Hauptverkehrszeit, Stoßzeit, *im Stromnetz*: Hauptbelastungszeit
peanut ['piːnʌt] **1** Erdnuss **2** **peanuts** *pl umg* (≈ *lächerliche Summe*) Klacks, Peanuts
peanut butter [ˌpiːnʌtˈbʌtə] Erdnussbutter
★ **pear** [▲peə] **1** *Frucht*: Birne **2** *auch* **pear tree** Birnbaum
★ **pearl** [pɜːl] *Schmuck*: Perle (*auch übertragen*)
peasant [▲ˈpeznt] **1** *bes. historisch*: Bauer, Bäuerin **2** *übertragen, umg* Bauer
pebble ['pebl] Kieselstein
peck[1] [pek] **1** (*Vogel*) picken **2** **peck someone on the cheek** *umg* jemanden flüchtig auf die Wange küssen
peck[2] [pek] *auch* **peck on the cheek** *umg* flüchtiger Kuss
peculiar [pɪˈkjuːlɪə] **1** eigenartig, seltsam; **the fish tastes peculiar** der Fisch schmeckt eigenartig; **I feel a bit peculiar** mir ist irgendwie komisch **2** (≈ *charakteristisch*) eigentümlich (**to** für); **be peculiar to** *auch*: typisch sein für
pedagogic [ˌpedəˈgɒdʒɪk], **pedagogical** [ˌpedəˈgɒdʒɪkl] pädagogisch
pedagogy ['pedəgɒdʒɪ] Pädagogik
pedal ['pedl] *von Fahrrad usw.*: Pedal
pedal bin ['pedlˌbɪn] *Br* Treteimer
pedal boat ['pedlˌbəʊt] Tretboot
pedant ['pedənt] Pedant(in)
pedantic [pɪˈdæntɪk] pedantisch (**about** wenn es um ... geht)
peddle ['pedl] *mst. auf der Straße, an der Haustür*: verkaufen; **peddle drugs** mit Drogen handeln
★ **pedestrian**[1] [pəˈdestrɪən] **1** Fußgänger...; **pedestrian crossing** *Br* Fußgängerüberweg; **pedestrian precinct** (*oder* **zone**) (*US* **mall**) Fußgängerzone **2** *Bericht, Stil usw.*: prosaisch, trocken **3** *Person*: fantasielos
★ **pedestrian**[2] [pəˈdestrɪən] Fußgänger(in)
pediatrician [ˌpiːdɪəˈtrɪʃn] *US* Kinderarzt, Kinderärztin
pedigree ['pedɪgriː] Stammbaum, Ahnentafel
pee[1] [piː] *umg* pinkeln
pee[2] [piː] **have** (*oder* **take**) **a pee** *umg* pinkeln; **go for a pee** *umg* pinkeln gehen
peek[1] [piːk] kurz (*oder* verstohlen) gucken (**at** auf)
peek[2] [piːk] **have** (*oder* **take**) **a peek at** einen kurzen (*oder* verstohlenen) Blick werfen auf
peel [piːl] **1** schälen (*Kartoffeln usw.*) **2** (*Haut*) sich schälen

PHRASAL VERBS

peel off [ˌpiːlˈɒf] **1** (*Tapete*) sich lösen **2** (*Farbe*) abblättern **3** (*Haut*) sich schälen **4** abstreifen (*Kleider*)

peel² [piːl] von *Früchten, Gemüse*: Schale
peeler [ˈpiːlə] *für Kartoffeln usw.*: Schäler
peelings [ˈpiːlɪŋz] *pl von Kartoffeln usw.*: Schalen
peep¹ [piːp] *bes. heimlich*: gucken, lugen
peep² [piːp] **1 take a peep at** *bes. heimlich oder kurz*: gucken auf **2** *Ton*: Piepsen
peephole [ˈpiːphəʊl] **1** Guckloch **2** *in Tür*: Spion
Peeping Tom [ˌpiːpɪŋˈtɒm] Spanner, Voyeur
peg [peg] **1** *Br* Wäscheklammer **2** *für Kleider*: Haken; **off the peg** *Br, Anzug usw.*: von der Stange **3** (≈ *Holzpfosten*) Pflock; **be a square peg in a round hole** *übertragen* am falschen Platz sein **4** *in Möbeln*: Stift **5** *für Zelt*: Hering

PHRASAL VERBS

peg out [ˌpegˈaʊt], **pegged out, pegged out** *Br, umg* den Löffel abgeben (*sterben*)

pelican [ˈpelɪkən] *Wasservogel*: Pelikan
pelican crossing [ˌpelɪkənˈkrɒsɪŋ] *Br*, Fußgängerüberweg mit Ampel
pelt¹ [pelt] **1** *von Tier*: Fell, Pelz **2 at full pelt** mit voller Geschwindigkeit
pelt² [pelt] **1** bewerfen, *auch übertragen* bombardieren (**with** mit) **2 it's pelting down** (**with rain**) es gießt in Strömen
pelvic [ˈpelvɪk] *Körperteil*: Becken...
pelvis [ˈpelvɪs] *Körperteil*: Becken
★**pen** [pen] *allg.*: Stift; **ballpoint pen** Kugelschreiber; **fountain pen** Füller; **felt-tip pen** Filzschreiber
penalty [ˈpenltɪ] **1** Strafe; **impose a penalty** (*Gericht*) eine Strafe verhängen; **pay the penalty for something** *übertragen* etwas bezahlen (*oder* büßen) (**with** mit) **2** *Fußball*: Elfmeter, Ⓐ, Ⓒ Penalty; **penalty area** (*oder* **box**) Strafraum; **penalty kick** Strafstoß, Elfmeter, Ⓐ, Ⓒ Penalty; **penalty shoot-out** Elfmeterschießen
★**pence** [pens] *Br pl von* → penny
★**pencil** [ˈpensl] Bleistift; **pencil case** Federmäppchen; **pencil sharpener** (Bleistift)Spitzer
pen drive [ˈpenˌdraɪv] *Computer*: USB-Stick
pendulum [ˈpendjʊləm] Pendel (*auch übertragen von öffentlicher Meinung usw.*)
penetrate [ˈpenətreɪt] **1** *in Gebiet usw.*: eindringen in **2** (*Röntgenstrahlen usw.*) durchdringen, dringen durch **3** infiltrieren, unterwandern (*Organisation, Staat*)
penetrating [ˈpenətreɪtɪŋ] **1** *Lärm, Blick usw.*: durchdringend **2** *Verstand*: scharf
penfriend [ˈpenfrend] *Br* Brieffreund(in)
penguin [ˈpeŋgwɪn] *Vogel*: Pinguin
penicillin [ˌpenəˈsɪlɪn] *Medizin*: Penicillin
peninsula [pəˈnɪnsjʊlə] Halbinsel
penis [ˈpiːnɪs] *pl*: **penises** [ˈpiːnɪsɪz] Penis
penknife [ˈpenˌnaɪf] *pl*: **penknives** [ˈpenˌnaɪvz] Taschenmesser
pen name [ˈpenˌneɪm] *von Schriftsteller*: Pseudonym
penniless [ˈpenɪləs] mittellos; **be penniless** *auch*: keinen Pfennig Geld haben
★**penny** [ˈpenɪ] *pl*: **pennies** *oder* **pence** [pens] *Br* Penny; **in for a penny, in for a pound** wer A sagt, muss auch B sagen; **a pretty penny** *umg* ein hübsches Sümmchen; **the penny has dropped** *umg* der Groschen ist gefallen; **spend a penny** *Br, umg* austreten
penny-pinching [ˈpenɪˌpɪntʃɪŋ] *umg* knickerig
penpal [ˈpenpæl] *umg* Brieffreund(in)
★**pension** **1** [ˈpenʃn] (≈ *Altersversorgung*) Rente, Pension; **get a pension** eine Rente beziehen; **company pension** betriebliche Altersversorgung; **pension scheme** Rentenversicherung **2** [ˈpɑ̃sjɑ̃] (≈ *Gästehaus*) Pension (⚠ wird im Englischen nur für Gästehäuser auf dem Kontinent verwendet; die entsprechende Einrichtung in GB heißt **boarding house** *oder* **guesthouse**)

PHRASAL VERBS

pension off [ˌpenʃnˈɒf] **1** *umg* pensionieren, in den Ruhestand versetzen **2** *umg, übertragen* ausrangieren (*Maschine usw.*)

pensioner [ˈpenʃnə] Rentner(in), Pensionär(in)
pentagon [ˈpentəgən] **1** *Geometrie*: Fünfeck **2 the Pentagon** das Pentagon (*amerikanisches Verteidigungsministerium*)
pentathlon [penˈtæθlən] *Sport*: Fünfkampf
Pentecost [ˈpentɪkɒst] *Kirche*: Pfingsten
penthouse [ˈpenthaʊs] Penthouse, Penthaus
penultimate [pəˈnʌltɪmət] vorletzte(r, -s)
peony [ˈpiːənɪ] *Pflanze*: Pfingstrose
★**people** [ˈpiːpl] **1** (⚠ *nur im pl verwendet*) Menschen, Leute **2** (⚠ *nur im pl verwendet*) man; **people say that** ... man sagt, dass ... **3 the people** (⚠ *nur im pl verwendet*) das Volk, die Bevölkerung; **a man of the people** ein Mann des Volks; **people's republic** Volksrepublik **4** Volk, Nation; **the German people** das deutsche Volk; **the African peoples** die afrikanischen Völker

people carrier ['piːpl̩ˌkærɪə] *Br Auto:* Großraumlimousine, (Mini)Van

pep [pep] *umg* Pep, Schwung

PHRASAL VERBS

pep up [ˌpep'ʌp] *umg* aufmöbeln (*Person*); **pep things up** Schwung in den Laden bringen

★**pepper¹** ['pepə] **1** *Gewürz:* Pfeffer **2** *Gemüse:* Paprika; **three peppers** drei Paprikaschoten

★**pepper²** ['pepə] **1** (≈ *würzen*) pfeffern **2** **the report was peppered with statistics** der Bericht war mit Statistiken gespickt

pepper mill ['pepəˌmɪl] Pfeffermühle

peppermint ['pepəmɪnt] **1** *Pflanze:* Pfefferminze **2** *Bonbon:* Pfefferminz

pepper pot ['pepəˌpɒt], *US* **pepper box** ['pepəˌbɒks] Pfefferstreuer

peppery ['pepərɪ] *Geschmack:* pfefferig, pfeffrig

pep pill ['pepˌpɪl] *umg* Aufputschtablette

pep talk ['pepˌtɔːk] aufmunternde Worte; **give someone a pep talk** jemandem ein paar aufmunternde Worte sagen

★**per** [pɜː] **1** pro, je; **ten euros per kilo** zehn Euro pro Kilo; **how many hours do you work per week?** wie viele Stunden pro Woche arbeitest du?; **120 kilometres per hour** 120 Stundenkilometer **2** **as per** laut, gemäß; **as per our agreement of May …** laut unserer Vereinbarung vom Mai, …

perceive [pə'siːv] **1** wahrnehmen (*kleines Detail, kaum auffallende Veränderung usw.*) **2** begreifen, erkennen (*Sachverhalt, Zusammenhänge usw.*)

★**percent¹**, *Br auch* ★**per cent¹** [pə'sent] … prozentig; **a ten per cent increase** eine zehnprozentige Steigerung

★**percent²**, *Br auch* **per cent²** [pə'sent] Prozent; **a 10 per cent discount** 10 Prozent Rabatt

percentage [pə'sentɪdʒ] Prozentsatz, Teil; **what percentage of …?** wie viel Prozent von …?; **in percentage terms** prozentual ausgedrückt **on a percentage basis** auf Prozentbasis; **percentage sign** Prozentzeichen

perception [pə'sepʃn] Wahrnehmung

perch¹ [pɜːtʃ] *Fisch:* Flussbarsch

perch² [pɜːtʃ] *für Vögel:* Sitzstange

perch³ [pɜːtʃ] **1** (*Vögel*) sich niederlassen, sich setzen (**on** auf) **2** **the chapel perched on the hill** die auf dem Hügel thronende Kapelle

percussion [pə'kʌʃn] *Musik:* Schlagzeug

percussionist [pə'kʌʃnɪst] Schlagzeuger(in)

perennial¹ [pə'renɪəl] **1** *Pflanze:* ganzjährig **2** *Problem usw.:* ewig, immer wiederkehrend

perennial² [pə'renɪəl] mehrjährige Pflanze

★**perfect¹** ['pɜːfɪkt] **1** *allg.:* perfekt, vollkommen; **perfect crime** perfektes Verbrechen; **nobody's perfect** niemand ist vollkommen **2** *Leistung usw.:* fehlerlos, makellos **3** *verstärkend:* gänzlich, vollständig; **perfect fool** ausgemachter Narr; **perfect nonsense** kompletter Unsinn; **they're perfect strangers to me** das sind für mich wildfremde Leute

★**perfect²** ['pɜːfɪkt] *Sprache:* Perfekt

★**perfect³** [pə'fekt] vervollkommnen, perfektionieren (*Arbeitsweise, Kenntnisse usw.*)

perfection [pə'fekʃn] Vollkommenheit, Perfektion; **bring to perfection** vervollkommnen; **the fish was cooked to perfection** der Fisch war perfekt zubereitet

perfectionism [pə'fekʃnɪzm] Perfektionismus

perfectionist¹ [pə'fekʃnɪst] Perfektionist(in)

perforate ['pɜːfəreɪt] **1** durchbohren, durchlöchern **2** perforieren, lochen (*Papier, Akten usw.*)

perforation [ˌpɜːfə'reɪʃn] **1** Durchbohrung, Durchlöcherung **2** Perforation, Lochung

★**perform** [pə'fɔːm] **1** aufführen, spielen (*Theaterstück usw.*) **2** *auch:* geben (*Konzert*), vortragen (*Musikstück, Lied*) **3** vorführen (*Kunststück usw.*) **4** **perform well** *bes. Sport:* eine gute Leistung zeigen, *in der Schule:* gut abschneiden **5** verrichten (*Arbeit, Dienst usw.*) **6** *Medizin:* durchführen (*Operation*)

★**performance** [pə'fɔːməns] **1** *Musik, Theater usw.:* Aufführung, Vorstellung **2** *von Auto, Sportler, Schüler usw.:* Leistung

performer [pə'fɔːmə] *Theater usw.:* Darsteller(in), Künstler(in)

★**perfume¹** ['pɜːfjuːm] **1** Parfüm **2** *von Blumen usw.:* Duft

perfume² ['pɜːfjuːm] parfümieren

★**perhaps** [pə'hæps] *allg.:* vielleicht

★**period** ['pɪərɪəd] **1** *allg. zeitlich:* Periode, Zeitdauer, Zeitraum; **for a period of** für die Dauer von **2** *historisch:* Zeitalter, Epoche **3** (≈ *Menstruation*) Periode; **she is on her period** sie hat ihre Periode **4** *US; am Satzende:* Punkt; → **full stop** *Br*

periodic [ˌpɪərɪ'ɒdɪk], **periodical** [ˌpɪərɪ'ɒdɪkl] periodisch, regelmäßig wiederkehrend

periodical [ˌpɪərɪ'ɒdɪkl] Zeitschrift

peripheral [pə'rɪfrəl] *Computer:* Peripheriegerät

periphery [pə'rɪfrɪ] Peripherie, *auch übertragen* Rand; **on the periphery of the town** am Stadtrand

perish ['perɪʃ] **1** *förmlich* sterben, umkommen

perish the thought! *umg* Gott behüte! **3** *Material*: brüchig werden, verschleißen **4** *Lebensmittel*: schlecht werden, verderben

perishable ['perɪʃəbl] *Lebensmittel*: leicht verderblich

perjury ['pɜːdʒərɪ] *vor Gericht*: Meineid; **commit perjury** einen Meineid leisten

perm¹ [pɜːm] *umg* Dauerwelle; **give someone a perm** jemandem eine Dauerwelle legen

perm² [pɜːm] **perm someone's hair** jemandem eine Dauerwelle legen

permanence ['pɜːmənəns] Permanenz, Dauerhaftigkeit

★**permanent** ['pɜːmənənt] **1** *allg*.: permanent, ständig; **permanent address** ständiger Wohnsitz; **on a permanent basis** dauerhaft **2** *Schutz, Wirkung usw*.: dauerhaft **3** *Stelle*: unbefristet; **permanent contract** fester Vertrag, unbefristeter Vertrag; **permanent job** (*oder* **position**) Festanstellung; **permanent employees** *pl* Festangestellte

permanent press ['pɜːmənənt ˌpres] *US, Hemd usw*.: bügelfrei

★**permission** [pəˈmɪʃn] Erlaubnis; **without permission** unerlaubt, unbefugt; **ask permission from someone, ask someone for permission** jemanden um Erlaubnis bitten; **give someone permission to do something** jemandem die Erlaubnis geben (*oder* jemandem erlauben), etwas zu tun

permissive [pəˈmɪsɪv] liberal; (sexuell) freizügig; **permissive society** tabufreie Gesellschaft

★**permit¹** [pəˈmɪt], permitted, permitted erlauben, gestatten; **not permitted** *auch*: verboten; **permit someone to do something** jemandem erlauben, etwas zu tun; **weather permitting** wenn es das Wetter erlaubt

★**permit²** ['pɜːmɪt] *schriftlich*: Genehmigung

perpendicular [ˌpɜːpənˈdɪkjʊlə] senkrecht (**to** zu)

perpetual [pəˈpetʃʊəl] *Lärm, Angst, Nörgelei usw*.: fortwährend, ständig, ewig

perplex [pəˈpleks] verwirren, verblüffen

perplexed [pəˈplekst] verwirrt, verblüfft, perplex

perplexity [pəˈpleksətɪ] Verwirrung, Verblüffung

★**persecute** [⚠ˈpɜːsɪkjuːt] *bes. politisch*: verfolgen

persecution [ˌpɜːsɪˈkjuːʃn] **1** *bes. politisch*: Verfolgung **2** **persecution complex** *Psychologie*: Verfolgungswahn

Persian ['pɜːʃən] persisch; **Persian carpet** Perser, Perserteppich; **the Persian Gulf** der Persische Golf

persist [pəˈsɪst] **1** **persist in doing something** etwas *auch* (*oder* noch) weiterhin tun; **if you persist in coming late you'll be in trouble** wenn du weiterhin ständig zu spät kommst, kriegst du Ärger **2** '**Sorry, but I don't agree,' he persisted.** „Tut mir leid, ich bin nicht einverstanden", beharrte er **3** (*Schmerzen, schlechtes Wetter usw*.) anhalten, fortdauern

persistent [pəˈsɪstənt] **1** *Person*: beharrlich **2** *Gerücht usw*.: hartnäckig **3** *Schmerzen, schlechtes Wetter usw*.: anhaltend, fortdauernd

★**person** ['pɜːsn] Person, Mensch; **in person** persönlich

★**personal** ['pɜːsnəl] **1** (≈ *subjektiv*) persönlich; **I know that from personal experience** ich kenne das aus persönlicher Erfahrung **2** *Angelegenheit, Sache*: persönlich, privat; **personal call** *Telefon*: Privatgespräch **3** (≈ *unsachlich*) persönlich, anzüglich (*Bemerkung usw*.); **get personal** persönlich werden **4** **personal pronoun** Personalpronomen, persönliches Fürwort

personal assistant [ˌpɜːsnəl əˈsɪstənt] *von Direktor(in) usw*.: persönlicher Assistent, persönliche Assistentin, *auch*: Chefsekretär(in)

personal digital assistant [ˌpɜːsnəl ˌdɪdʒɪtl əˈsɪstənt] (*abk* PDA) *Computer*: PDA, Organizer

personal identification number [ˌpɜːsnəl aɪˌdentɪfɪˈkeɪʃn ˌnʌmbə] (*abk* PIN) für Handy, EC-Karte usw.: Geheimzahl

★**personality** [ˌpɜːsəˈnælətɪ] *Person, Charakter*: Persönlichkeit; **personality cult** Personenkult

personal organizer [ˌpɜːsnəl ˈɔːɡənaɪzə] **1** *Kalender*: Terminplaner **2** *Computer*: PDA, Organizer

personal trainer [ˌpɜːsnəl ˈtreɪnə] Privattrainer(in)

personification [pəˌsɒnɪfɪˈkeɪʃn] Personifizierung

personify [pəˈsɒnɪfaɪ] personifizieren; **be laziness personified** die Faulheit in Person sein

personnel [ˌpɜːsəˈnel] **1** *von Firma*: Personal, Belegschaft; **personnel manager** Personalchef(in); **personnel (department)** Personalabteilung **2** *Militär*: Leute

perspective [pəˈspektɪv] **1** *optisch*: Perspektive; **in perspective** *Zeichnung usw*.: perspektivisch richtig; **the houses are out of perspective** bei den Häusern stimmt die Perspektive nicht **2** *übertragen* Perspektive, Blickwinkel; **two different perspectives on the problem** zwei

unterschiedliche Sichtweisen des Problems
perspex® ['pɜːspeks] *Br* Plexiglas®
perspiration [ˌpɜːspəˈreɪʃn] **1** Schweiß **2** Transpirieren, Schwitzen
perspire [pəˈspaɪə] transpirieren, schwitzen
★**persuade** [pəˈsweɪd] **1** überreden; **can I persuade you to come?** kann ich dich dazu überreden mitzukommen? **2 persuade someone that ...** jemanden davon überzeugen, dass ...
persuasion [pəˈsweɪʒn] **1** Überredung **2** *auch* **powers of persuasion** Überredungskunst **3** *förmlich* Überzeugung; **be of the persuasion that ...** der Überzeugung sein, dass ...
persuasive [pəˈsweɪsɪv] *Argumente usw.*: überzeugend
perverse [pəˈvɜːs] **1** *Person, Verhalten*: eigensinnig, querköpfig **2** *Gedanke, Idee*: abwegig **3** *sexuell*: pervers
perversion [pəˈvɜːʃn] **1** *von Gedanken, Aussage usw.*: Pervertierung, Verdrehung **2** *sexuell*: Perversion
pervert¹ [pəˈvɜːt] **1** pervertieren (*Person, Charakter usw.*) **2** verdrehen, entstellen (*Gedanken, Aussage usw.*); **pervert the course of justice** das Recht beugen
pervert² ['pɜːvɜːt] perverser Mensch
pessary ['pesəri] *Verhütungsmittel*: Pessar
pessimism ['pesəmɪzm] Pessimismus
pessimist ['pesəmɪst] Pessimist(in)
pessimistic [ˌpesəˈmɪstɪk] pessimistisch
pest [pest] **1** *an Pflanzen*: Schädling; **pests** *pl* Ungeziefer; **pest control** Schädlingsbekämpfung **2** *umg; Person*: Nervensäge (▲ **die Pest** = **the plague**)
pester ['pestə] *umg* **1** belästigen (**with** mit) **2** **my daughter keeps pestering me <u>for</u> a new bike, my daughter keeps pestering me to buy her a new bike** meine Tochter liegt mir ständig wegen eines neuen Fahrrads in den Ohren
pesticide ['pestɪsaɪd] Schädlingsbekämpfungsmittel
★**pet¹** [pet] **1** Haustier **2** *oft abwertend* Liebling; **he's the teacher's pet** er ist der Liebling des Lehrers **3** *Br; Anrede*: Schatz
★**pet²** [pet] **1** Lieblings...; **pet name** Kosename **2** Tier...; **pet food** Tiernahrung; **pet shop** Tierhandlung, Zoohandlung
pet³ [pet], petted, petted **1** streicheln (*Tier*) **2** *umg* Petting machen
petition [pəˈtɪʃn] **1** *mst. politisch*: Petition (**against** gegen); **draw up a petition for** (*bzw.* **against**) **something** für (*bzw.* gegen) etwas Unterschriften sammeln **2** *bei Behörde*: Eingabe, Gesuch; **file a petition for divorce** *bei Gericht*: eine Scheidungsklage einreichen
petrify ['petrɪfaɪ] **1** (*Fossilien usw.*) versteinern **2** *übertragen* (sich) versteinern; **petrified with horror** vor Entsetzen wie versteinert, starr (*oder* wie gelähmt) vor Entsetzen; **be petrified of** panische Angst haben vor
★**petrol** ['petrəl] *Br* Benzin; **petrol bomb** Molotowcocktail; **petrol pump** *von Tankstelle*: Zapfsäule; **petrol station** Tankstelle
petroleum [pəˈtrəʊliəm] Erdöl (▲ *Petroleum* = **paraffin**)
petty ['peti] **1** *Problem, Detail usw.*: belanglos, unbedeutend; **petty cash** Portokasse **2** *Vergehen*: geringfügig; **petty crime** Bagatelldelikte **3** *Person, Denkweise usw.*: engstirnig
pH [ˌpiːˈeɪtʃ], **pH factor** [ˌpiːˈeɪtʃˌfæktə], **pH value** [ˌpiːˈeɪtʃˌvæljuː] *Chemie*: pH-Wert
phantom ['fæntəm] **1** (≈ *Einbildung*) Phantom, Trugbild **2** *von Verstorbenem*: Geist **3** **phantom pregnancy** Scheinschwangerschaft
pharmaceutical [ˌfɑːməˈsjuːtɪkl] pharmazeutisch; **pharmaceutical industry** Pharmaindustrie
pharmaceuticals [ˌfɑːməˈsjuːtɪklz] *pl* Arzneimittel *pl*
★**pharmacist** ['fɑːməsɪst] Apotheker(in)
pharmacy ['fɑːməsi] **1** Apotheke **2** *Wissenschaft*: Pharmazeutik, Pharmazie
phase¹ [feɪz] *allg.*: Phase; **phases of the moon** Mondphasen; **transitional phase** Übergangsphase
phase² [feɪz] schrittweise (*oder* stufenweise) durchführen; **phased withdrawal of troops** schrittweiser Truppenabzug

---
PHRASAL VERBS

phase in [ˌfeɪzˈɪn] allmählich einführen
phase out [ˌfeɪzˈaʊt] auslaufen lassen, schrittweise einstellen

---

phat [fæt] *US umg* (voll) krass, endgeil
pH-balanced [ˌpiːˈeɪtʃˌbælənsd] *Seife usw.*: pH--neutral
PhD [ˌpiːeɪtʃˈdiː] *akademischer Grad*: Dr. phil.
pheasant ['feznt] *Vogel*: Fasan
phenomenon [fəˈnɒmɪnən] *pl*: phenomena [fəˈnɒmɪnə] *allg.*: Phänomen; **natural phenomenon** Naturerscheinung
Philippines ['fɪləpiːnz] **the Philippines** die Philippinen
philology [fɪˈlɒlədʒi] Philologie

philosopher [fəˈlɒsəfə] Philosoph(in)
philosophical [ˌfɪləˈsɒfɪkl] **1** philosophisch **2** *Person, Wesen:* abgeklärt, gelassen
philosophize [fəˈlɒsəfaɪz] philosophieren (**about, on** über)
philosophy [fəˈlɒsəfɪ] **1** Philosophie **2** *übertragen auch:* Weltanschauung
phishing [ˈfɪʃɪŋ] Phishing
phlegm [⚠ flem] **1** *aus Nase, Rachen:* Schleim **2** (≈ *Trägheit*) Phlegma
phlegmatic [flegˈmætɪk] phlegmatisch
phobia [ˈfəʊbɪə] *psychisch:* Phobie, krankhafte Angst (**about** vor)
phoenix [ˈfiːnɪks] *Mythologie:* Phönix; **rise like a phoenix from the ashes** wie ein Phönix aus der Asche emporsteigen
★**phone**[1] [fəʊn] **1** Telefon; **by phone** telefonisch; **answer the phone** ans Telefon gehen; **phone book** Telefonbuch; **phone box**, *US* **phone booth** Telefonzelle; **phone call** Anruf, Gespräch; **make a phone call** ein Telefongespräch führen; **have I had any phone calls?** hat jemand für mich angerufen?; **phone conference** Telefonkonferenz; **phone conversation** Telefongespräch; **phone number** Telefonnummer; **turn the radio down - I'm on the phone** mach das Radio leiser - ich telefoniere **2 are you on the phone?**, *Br* **have you got a phone?** haben Sie Telefon? **3** Hörer; **pick up** (*bzw.* **put down**) **the phone** den Hörer abnehmen (*bzw.* auflegen)
★**phone**[2] [fəʊn] telefonieren, anrufen; **has Mum phoned yet?** hat Mutti schon angerufen?

---PHRASAL VERBS---
★**phone back** [ˌfəʊnˈbæk] zurückrufen; **can I phone you back?** kann ich dich zurückrufen?

★**phonecard** [ˈfəʊnkɑːd] Telefonkarte
phone-in [ˈfəʊnɪn] *Br, Rundfunk, TV:* Sendung mit Zuhörer- oder Zuschaueranrufen
phonetic [fəˈnetɪk] phonetisch; **phonetic transcription** Lautschrift
phoney[1], *US* **phony**[1] [ˈfəʊnɪ] *umg Geld usw.:* falsch (*auch Person*), unecht
phoney[2], **phony**[2] [ˈfəʊnɪ] *US, umg* **1** *Geld usw.:* Fälschung **2** *Person:* Schwindler(in)
phosphate [ˈfɒsfeɪt] *Chemie:* Phosphat
phosphate-free [ˈfɒsfeɪt‿friː] *Waschmittel usw.:* phosphatfrei
phosphorescent [ˌfɒsfəˈresnt] phosphoreszierend
phosphorus [ˈfɒsfərəs] *Element:* Phosphor

★**photo** [ˈfəʊtəʊ], (*pl:* **photos**) *umg* Foto, Bild; **in the photo** auf dem Foto; **take a photo** ein Foto machen (**of** von)
photobomb [ˈfəʊtəʊbɒm] **photobomb somebody** sich in jemandes Foto reindrängen, jemanden fotobomben; **photobomb somebody's picture** (*oder* **photo**) sich in jemandes Foto reindrängen, jemanden fotobomben
photobook [ˈfəʊtəʊbʊk] Fotobuch
★**photocopier** [ˈfəʊtəʊˌkɒpɪə] Fotokopierer, Fotokopiergerät
★**photocopy**[1] [ˈfəʊtəʊˌkɒpɪ] Fotokopie; **make a photocopy of** eine Fotokopie machen von
photocopy[2] [ˈfəʊtəʊˌkɒpɪ] fotokopieren
photo finish [ˌfəʊtəʊˈfɪnɪʃ] *Sport* Fotofinish
Photofit® [ˈfəʊtəʊfɪt] *Br* Phantombild
photo gallery [ˈfəʊtəʊˌgælərɪ] *im Internet:* Fotogalerie, Fotostrecke
★**photograph**[1] [ˈfəʊtəgrɑːf] Fotografie, Aufnahme; **take a photograph** eine Aufnahme machen (**of** von) (⚠ Fotograf = **photographer**)
★**photograph**[2] [ˈfəʊtəgrɑːf] fotografieren
★**photographer** [fəˈtɒgrəfə] Fotograf(in)
photographic [ˌfəʊtəˈgræfɪk] fotografisch
★**photography** [fəˈtɒgrəfɪ] *Verfahren, Kunst usw.:* Fotografie
photovoltaic cell [ˌfəʊtəʊvɒlteɪɪkˈsel] Solarzelle
phrase [freɪz] *Sprache:* Wendung, Ausdruck
phrasebook [ˈfreɪzbʊk] Sprachführer
pH-value [piːˈeɪtʃˌvæljuː] pH-Wert
★**physical**[1] [ˈfɪzɪkl] **1** physisch, körperlich; **physical education** *Schulfach: Sport;* **physical handicap** Körperbehinderung **2** physikalisch
★**physical**[2] [ˈfɪzɪkl] ärztliche Untersuchung
physically [ˈfɪzɪklɪ] **be physically fit** körperlich fit sein; **physically handicapped** körperbehindert
physician [fɪˈzɪʃən] Arzt, Ärztin
physicist [ˈfɪzɪsɪst] Physiker(in)
★**physics** [ˈfɪzɪks] (⚠ *im sg verwendet*) Physik
physio [ˈfɪzɪəʊ] *pl:* **physios** *umg* Physiotherapeut(in)
physiological [ˌfɪzɪəˈlɒdʒɪkl] physiologisch
physiology [ˌfɪzɪˈɒlədʒɪ] Physiologie
physiotherapist [ˌfɪzɪəʊˈθerəpɪst] Physiotherapeut(in)
physiotherapy [ˌfɪzɪəʊˈθerəpɪ] Physiotherapie
physique [fɪˈziːk] Körperbau, Statur
pi [paɪ] *Mathematik:* Pi
pianist [ˈpiːənɪst] Pianist(in)
★**piano** [pɪˈænəʊ] *pl:* **pianos** Klavier
pick[1] [pɪk] **1** auswählen, aussuchen; **pick a**

winner *übertragen* das große Los ziehen **2** pflücken (*Blumen, Obst*) **3** abnagen (*Knochen*); **I've still got a bone to pick with him** *übertragen* mit ihm habe ich noch ein Hühnchen zu rupfen **4 pick one's nose** in der Nase bohren, *umg* popeln; **pick one's teeth** in den Zähnen stochern **5 pick a lock** ein Schloss knacken **6 pick a quarrel** einen Streit vom Zaun brechen **7 pick and choose** wählerisch sein, sich bei der Auswahl Zeit lassen **8 you're the expert – may I pick your brains about ...?** *umg* du bist der Fachmann – darf ich dich mal über ... ausquetschen (*oder* ausfragen)?

PHRASAL VERBS

pick at [ˈpɪk ət] **1 pick at one's food** im Essen herumstochern **2** (≈ *kritisieren*) *umg* herumnörgeln an, herumhacken auf

pick on [ˈpɪk ɒn] **1** (≈ *kritisieren*) *umg* herumnörgeln an, herumhacken auf **2** *für etwas Unangenehmes*: aussuchen; **why pick on me?** warum ausgerechnet ich?

pick out [ˌpɪkˈaʊt] **1** *aus verschiedenen Möglichkeiten, Dingen usw.*: auswählen **2** (≈ *sehen*) ausmachen, erkennen

★**pick up** [ˌpɪkˈʌp] **1** *vom Boden*: aufheben, auflesen; **pick oneself up** nach einem Sturz: sich aufrichten (*auch übertragen*) **2** *umg* abholen; **I'll pick you up in my new car** ich hole dich mit meinem neuen Wagen ab **3** *umg* mitnehmen (*Anhalter*) **4** *umg* sich holen, sich einfangen (*Krankheit, Virus*) **5** aufschnappen (*Kenntnisse, Informationen usw.*) **6 pick up speed** schneller werden **7** *nach Krankheit usw.*: sich wieder erholen (*auch übertragen*) **8** (*Wind usw.*) stärker werden

pick² [pɪk] **1** *Werkzeug*: Spitzhacke, Pickel **2 have one's pick of** auswählen können aus; **take your pick!** such dir etwas aus!; **the pick of the bunch** das Allerbeste, das Beste vom Besten

pickaxe, *US auch* **pickax** [ˈpɪkæks] *Werkzeug*: Spitzhacke, Pickel

picket¹ [ˈpɪkɪt] **1** Pfahl **2** Streikposten; **picket line** Streikpostenkette

picket² [ˈpɪkɪt] **1** Streikposten aufstellen vor, durch Streikposten blockieren (*Fabrik usw.*) **2** Streikposten stehen

picket fence [ˈpɪkɪtˌfens] Palisadenzaun

pickle¹ [ˈpɪkl] **1** Marinade, Salzlake **2** *US* Essiggurke, Gewürzgurke **3** *mst.* **pickles** *pl* (≈ *eingelegtes Gemüse*) Mixed Pickles *pl*

pickle² [ˈpɪkl] einlegen (*Gurken usw.*)

pick-me-up [ˈpɪkmiʌp] *umg* Muntermacher, Anregungsmittel

pickpocket [ˈpɪkˌpɒkɪt] Taschendieb(in)

picnic¹ [ˈpɪknɪk] Picknick; **have a picnic** Picknick machen; **it was no picnic** *umg* es war kein Honiglecken

picnic² [ˈpɪknɪk], picnicked, picnicked, -ing--Form picnicking picknicken

★**picture¹** [ˈpɪktʃə] **1** *allg.*: Bild (*auch TV*); **in the picture** auf dem Bild **2** *Kunstwerk*: Gemälde; **as pretty as a picture** sehr hübsch; **paint a gloomy** (*bzw.* **vivid**) **picture of something** *übertragen* etwas in düsteren (*bzw.* glühenden) Farben malen (*oder* schildern) **3** (≈ *Anblick*) Bild; **be a picture** etwas sehr Schönes: eine Pracht (*oder* ein Traum) sein; **be the picture of health** aussehen wie das blühende Leben; **his face was a picture** du hättest sein Gesicht sehen sollen **4** (≈ *Foto*) Aufnahme; **take a picture** eine Aufnahme machen (**of** von); **take pictures** fotografieren **5** *übertragen* Vorstellung; **be in the picture** im Bild sein **6** *US auch* **motion picture** *im Kino*: Film **7 pictures** *pl*, *bes. Br, veraltend*: Kino; **go to the pictures** ins Kino gehen

★**picture²** [ˈpɪktʃə] **1** *auf einem Bild*: darstellen, abbilden **2** *in Beschreibung, Schilderung*: darstellen **3** *übertragen* sich vorstellen (*Situation, Person usw.*)

picture book [ˈpɪktʃəˌbʊk] Bilderbuch
picture gallery [ˈpɪktʃəˌgæləri] Gemäldegalerie
picture-messaging [ˈpɪktʃəˌmesədʒɪŋ] Picture Messaging, Versenden von Bildern per Handy
picture postcard [ˌpɪktʃəˈpəʊstkɑːd] Ansichtskarte
picturesque [ˌpɪktʃəˈresk] *Dorf, Landschaft usw.*: malerisch
piddle [ˈpɪdl] *umg* pinkeln

PHRASAL VERBS

piddle around [ˌpɪdl əˈraʊnd] vertrödeln (*Zeit*)

piddling [ˈpɪdlɪŋ] *umg* klein, unwichtig
★**pie** [paɪ] **1** *mit Fleisch und Gemüse*: Pastete **2** *mit Obst*: gedeckter warmer Obstkuchen; **easy as pie** *umg* kinderleicht

★**piece** [piːs] **1** *allg.*: Stück; **a piece of cake** ein Stück Kuchen; **a piece of paper** ein Stück Papier; **a piece of advice** ein Rat(schlag); **a piece of information** eine Information; **in pieces** *Teller, Vase usw.*: entzwei, kaputt; **in one piece** *umg*; *Sachen*: ganz, unbeschädigt; *Person*: heil, unverletzt; **go to pieces** *umg*; nervlich oder körperlich: zusammenbrechen; **pull** (*oder* **tear**)

to pieces *übertragen* zerpflücken (*Äußerung, Argument usw.*) **2** *von Maschine usw.*: Teil; **take to pieces** auseinandernehmen, zerlegen **3** Geldstück, Münze; **a 10p** (*gesprochen* ['tenpiː] *oder* ['tenpens]) **piece** eine Zehnpence-Münze **4** *Schach*: Figur **5** *Damespiel usw.*: Stein **6** *in Zeitung*: Artikel

piecework ['piːswɜːk] Akkordarbeit; **be on** (*oder* **do**) **piecework** im Akkord arbeiten

pie chart ['paɪ ˌtʃɑːt] Tortendiagramm, Kreisdiagramm

pier [pɪə] **1** *zum Anlegen von Schiffen*: Pier, Landungssteg **2** *von Brücke*: Pfeiler

pierce [pɪəs] **1** (*Messer, Schwert usw.*) durchbohren, durchstoßen **2** piercen (*Nase, Nabel usw.*); **have one's ears pierced** sich die Ohrläppchen durchstechen lassen **3** *übertragen* durchdringen; **a cry pierced the silence** ein Schrei zerriss die Stille

piercing¹ ['pɪəsɪŋ] **1** *Geräusch*: durchdringend, *Schrei auch*: gellend **2** *Kälte usw.*: schneidend **3** *Blick, Schmerz usw.*: stechend

piercing² ['pɪəsɪŋ] *in Nase, Nabel usw.*: Piercing

★**pig** [pɪg] **1** *Tier*: Schwein **2** *umg, abwertend* Schwein **3** *umg* (≈ *Polizist*) Bulle

★**pigeon** ['pɪdʒən] *Vogel*: Taube

pigeonhole¹ ['pɪdʒənhəʊl] Ablagefach, *für Briefe usw.*: Postfach; **put people in pigeonholes** *übertragen* Menschen in Schubladen einordnen (*oder* stecken)

pigeonhole² ['pɪdʒənhəʊl] **1** (in Fächern) ablegen (*Korrespondenz usw.*) **2** *übertragen* einordnen, klassifizieren (*Personen*) **3** *übertragen* zurückstellen (*Plan, Projekt usw.*)

piggy-bank ['pɪgɪbæŋk] Sparschwein

pigheaded [ˌpɪg'hedɪd] *Person*: dickköpfig, stur

piglet ['pɪglət] *junges Schwein*: Ferkel

pigment ['pɪgmənt] Pigment

pigsty ['pɪgstaɪ] Schweinestall, *übertragen auch* Saustall

pigtail ['pɪgteɪl] Zopf

pike [paɪk] *Fisch*: Hecht

★**pile¹** [paɪl] **1** *von Kleidung, Zeitungen, Büchern usw.*: Stapel, Stoß **2** **piles of** (*oder* **a pile of**) ... *umg* ein Haufen ..., jede Menge ...; **make a pile** *umg* eine Menge Geld machen

★**pile²** [paɪl] *auch* **pile up** aufhäufen, aufstapeln (*Bücher, Kleidung usw.*); **the table was piled with books** auf dem Tisch stapelten sich die Bücher

PHRASAL VERBS

pile in [ˌpaɪl'ɪn] *in Kino usw.*: sich hinein- *bzw.* hereindrängen.

pile on [ˌpaɪl'ɒn] **pile it on** *umg; positiv oder negativ*: dick auftragen

pile up [ˌpaɪl'ʌp] (*Arbeit usw.*) sich anhäufen, sich ansammeln

---

piles [paɪlz] *pl, Medizin*: Hämorrhoiden

pile-up ['paɪlʌp] *umg* Massenkarambolage

pilgrim ['pɪlgrɪm] Pilger(in), Wallfahrer(in); **the Pilgrim Fathers** *Geschichte*: die Pilgerväter

★**pill** [pɪl] **1** *Arznei*: Pille, Tablette; **a bitter pill (to swallow)** *übertragen* eine bittere Pille **2** **the Pill** *umg; Verhütungsmittel*: die Pille; **be on the Pill** die Pille nehmen

pillar ['pɪlə] Pfeiler, Säule (*auch übertragen*); **from pillar to post** *übertragen* von Pontius zu Pilatus

★**pillow** ['pɪləʊ] Kissen, Kopfkissen

pillowcase ['pɪləʊkeɪs] Kissenbezug, Kopfkissenbezug

pilot¹ ['paɪlət] **1** *von Flugzeug*: Pilot(in); **pilot's licence** Flugschein, Pilotenschein **2** *von Schiff*: Lotse, Lotsin **3** **pilot film** *TV*: Pilotfilm; **pilot scheme** Pilotprojekt

pilot² ['paɪlət] **1** steuern, fliegen (*Flugzeug usw.*) **2** lotsen (*Schiff usw.*) (*auch übertragen*)

pilot light ['paɪlət ˌlaɪt] Zündflamme

pimp [pɪmp] Zuhälter

pimple ['pɪmpl] Pickel, Pustel, *bes.* Ⓐ Wimmerl

PIN [pɪn], **PIN number** ['pɪnˌnʌmbə] → personal identification number

★**pin¹** [pɪn] **1** Stecknadel **2** *bes. US; oft als Schmuck*: *bes. US* Brosche, Anstecknadel **3** *für die Pinnwand usw.*: Reißnagel, Reißzwecke **4** *beim Bowling*: Kegel

★**pin²** [pɪn], **pinned**, **pinned** heften, festmachen, befestigen (**on, to** an); **we're pinning our hopes on the next match** wir setzen unsere Hoffnung auf das nächste Spiel

PHRASAL VERBS

pin down [ˌpɪn'daʊn] **1** *bei Ringkampf usw.*: zu Boden drücken **2** *übertragen* festlegen, festnageln (*auf eine Aussage usw.*)

---

pinball ['pɪnbɔːl] Flippern; **play pinball** flippern; **pinball machine** Flipper, Spielautomat (⚠ **flipper** = *Flosse*)

pincers ['pɪnsəz] *pl* **1** Kneifzange; **a pair of pincers** eine Kneifzange **2** *von Hummer, Krebs*: Schere

pinch¹ [pɪntʃ] **1** kneifen, zwicken; **pinch someone's arm** jemanden in den Arm zwicken **2** (*Schuh, Stiefel*) drücken **3** *Br, umg* klauen (*auch übertragen: Idee*); **who's pinched my**

lighter? wer hat mein Feuerzeug geklaut?
pinch² [pɪntʃ] **1** Kneifen, Zwicken; **give someone a pinch** jemanden kneifen (*oder* zwicken) **2** Prise (*Salz usw.*) **3** *übertragen* Notlage; **feel the pinch** knapp bei Kasse sein; **at a pinch** zur Not, notfalls
pine [paɪn] *Baum:* Kiefer
★ **pineapple** ['paɪnæpl] *Frucht:* Ananas
pine tree ['paɪn ˌtriː] *Baum:* Kiefer
pin hammer ['pɪnˌhæmə] Tischlerhammer
★ **pink¹** [pɪŋk] **1** *Farbe:* Rosa **2** *Blume:* Nelke
★ **pink²** [pɪŋk] **1** rosa, rosafarben, pink **2** *umg, politisch:* rötlich, links angehaucht
pinkie ['pɪnkiː] *US, Schottisch* kleiner Finger
pink slip [ˌpɪŋk'slɪp] *US, umg* Entlassungsschreiben, blauer Brief
pinnacle ['pɪnəkl] **1** (Fels)Gipfel **2** *übertragen* Gipfel, Höhepunkt
pinpoint¹ ['pɪnpɔɪnt] **1** Nadelspitze **2** *übertragen* winziger Punkt; **pinpoint of light** Lichtpunkt
pinpoint² ['pɪnpɔɪnt] **1** genau zeigen (*Lage, Ort*) **2** *übertragen* genau bestimmen (*Grund für etwas*)
★ **pint** [▲paɪnt] **1** Maßeinheit: *das Pint* (= *etwa 0,57 l*) **2** *Br, umg* Halbe (*Bier*); **meet for a pint** sich auf ein Bier treffen
pioneer¹ [ˌpaɪə'nɪə] **1** Pionier **2** *übertragen auch* Bahnbrecher, Wegbereiter
pioneer² [ˌpaɪə'nɪə] *übertragen* den Weg bahnen für, Pionierarbeit leisten für
pious ['paɪəs] fromm
pip¹ [pɪp] *Br, von Apfel usw.:* Kern
pip² [pɪp] *Br, umg* knapp besiegen (*oder* schlagen); **pip someone at the post** *Sport:* jemanden im Ziel abfangen, *übertragen* jemandem um Haaresbreite zuvorkommen
★ **pipe¹** [paɪp] **1** *für Gas, Wasser:* Rohr, Leitung **2** *zum Rauchen:* Pfeife **3** *von Orgel:* Pfeife **4** **pipes** *pl* Dudelsack
★ **pipe²** [paɪp] leiten (**in(to)** in) (*Wasser, Gas, Abwässer*)
pipeline ['paɪplaɪn] **1** Rohrleitung **2** *für Erdöl, Erdgas:* Pipeline **3** **be in the pipeline** *übertragen* in Vorbereitung sein (*Pläne usw.*), im Kommen sein (*Entwicklung usw.*)
piper ['paɪpə] Dudelsackpfeifer
pipe smoker ['paɪpˌsməʊkə] Pfeifenraucher(in)
pipe wrench [▲paɪp ˌrentʃ] Pumpenzange
piping ['paɪpɪŋ] **1** Rohrleitung, Rohrleitungssystem **2** *auf Torten usw.:* Spritzguss
piping hot [ˌpaɪpɪŋ'hɒt] *Wasser, Essen usw.:* kochend heiß

piquant ['piːkənt] **1** *Speisen:* pikant **2** *übertragen, Situation usw.:* reizvoll, faszinierend
pique¹ [piːk] kränken, verletzen; **be piqued** pikiert sein (**at** über)
pique² [piːk] **in a fit of pique** gekränkt, verletzt, pikiert
piracy ['paɪrəsɪ] **1** Seeräuberei, Piraterie **2** *von Büchern:* Raubdruck **3** *von CDs:* Raubpressung **4** *von Videos, Software:* Herstellung von Raubkopien
pirate¹ ['paɪrət] **1** Pirat, Seeräuber **2** **pirate copy** *von Video, Software:* Raubkopie; **pirate edition** *von Buch:* Raubdruck; **pirate radio** Piratensender
pirate² ['paɪrət] unerlaubt kopieren; **pirated copy** *von Video, Software usw.:* Raubkopie
pirouette [ˌpɪru'et] Pirouette; **do a pirouette** eine Pirouette drehen
Pisces [▲'paɪsiːz] *pl* (▲*im sg verwendet*) Sternbild: Fische; **be (a) Pisces** Fisch sein
piss¹ [pɪs] *vulgär* pissen; **it's pissing down** *Br* es schifft

___
PHRASAL VERBS

piss off [ˌpɪs'ɒf] *vulgär* **1** *übertragen* ankotzen; **he** (*bzw.* **she** *bzw.* **it**) **pisses me off** er (*bzw.* sie *bzw.* es) kotzt mich an; **be pissed off with** die Schnauze voll haben von **2** **piss off!** *Br* verpiss dich!
___

piss² [pɪs] *vulgär* **1** Pisse; **take the piss out of someone** *Br* jemanden verarschen **2** Pissen; **have** (*oder* **take**) **a piss** pissen; **go for a piss** pissen gehen
pissed [pɪst] **1** *Br, umg* (≈ *betrunken*) blau **2** *US* stocksauer (**at** auf)
pistachio [pɪ'stɑːʃɪəʊ] *pl:* pistachios Pistazie (*Baum und Frucht*)
piste [piːst] (Ski)Piste
pistol ['pɪstl] *Waffe:* Pistole
piston ['pɪstən] Kolben
pit [pɪt] **1** *Bodenvertiefung:* Grube (*auch in Autowerkstatt*) **2** *Bergbau:* Grube, Zeche **3** *Motorsport:* Box; **pit stop** Boxenstopp
pita bread ['pɪtə ˌbred] *bes. US* → pitta bread
pitch¹ [pɪtʃ] **1** aufschlagen (*Lager, Zelt usw.*) **2** werfen, schleudern (*Ball usw., bes. beim Baseball*)
pitch² [pɪtʃ] **1** *Br, Sport:* Spielfeld **2** *Musik:* Tonhöhe **3** *übertragen* Grad, Stufe (*von Gefühlen*) **4** *Substanz:* Pech; **as black as pitch** *Nacht, Finsternis:* pechschwarz, stockdunkel
pitch-black [ˌpɪtʃ'blæk], **pitch-dark** [ˌpɪtʃ'dɑːk] *Nacht, Finsternis:* pechschwarz, stock-

dunkel

pitcher ['pɪtʃə] **1** *Baseball*: Werfer **2** *US; für Wasser, Bier usw.*: Krug

pitfall ['pɪtfɔːl] *übertragen* Falle, Fallstrick

pitiful ['pɪtɪfl] **1** *Anblick*: mitleiderregend **2** *Person, Zustand*: bemitleidenswert **3** *abwertend; Ausrede usw.*: erbärmlich, jämmerlich

pitiless ['pɪtɪləs] *Person*: unbarmherzig, gnadenlos (*auch übertragen: Hitze usw.*)

pitta bread ['pɪtə_bred] *Br* Pita, Fladenbrot

★**pity**[1] ['pɪtɪ] **1** Mitleid; **out of pity** aus Mitleid; **feel pity for, have pity on** Mitleid haben mit **2 it's a pity** es ist schade; **pity you couldn't come** schade, dass du nicht kommen konntest; **what a pity!** wie schade!

★**pity**[2] ['pɪtɪ] bemitleiden, bedauern; **I pity him** er tut mir leid

pixel ['pɪksl] *Computer*: Pixel, Bildpunkt

pixie, pixy ['pɪksɪ] Elf, Elfe, Kobold

★**pizza** [▲ 'piːtsə] Pizza; **pizza place** Pizzeria

★**pizzeria** [ˌpiːtsə'riːə] Pizzeria

placard ['plækɑːd] Plakat, *auf Demo auch*: Transparent

★**place**[1] [pleɪs] **1** *allg. räumlich*: Ort, Stelle, Platz; **from place to place** von Ort zu Ort; **showers in places** stellenweise Schauer; **place of birth** Geburtsort; **place of work** Arbeitsstätte **2** *übertragen verwendet*: **in place of** an Stelle von (*oder Genitiv*); **if I were in your place I would ...** an Ihrer Stelle würde ich ...; **just put yourself in my place** versetzen Sie sich doch einmal in meine Lage; **take place** stattfinden; **take someone's place** jemandes Stelle einnehmen (▲ *Platz nehmen* = **sit down**) **3** Haus, Wohnung; **at his place** bei ihm (zu Hause); **let's go to my place** gehen wir zu mir **4** Wohnort, Ortschaft; **there's nothing going on in this place** hier ist nichts los **5** *Reihenfolge*: Platz, Stelle; **in the first place** erstens, zuerst; **why didn't she mention it in the first place?** warum hat sie das nicht gleich erwähnt?; **you shouldn't have invited him in the first place** du hättest ihn gar nicht erst einladen sollen **6** *Sport*: Platz; **in third place** auf dem dritten Platz **7** *in Kurs, an Universität usw.*: Platz **8** *Mathematik*: Stelle; **to three decimal places** auf drei Stellen nach dem Komma **9 in place** am richtigen Platz; **out of place** nicht am richtigen Platz, *übertragen* fehl am Platz; **your remark was rather out of place** deine Bemerkung war ziemlich unangebracht

★**place**[2] [pleɪs] **1** (≈ *hintun*) stellen, setzen, legen **2** erteilen, vergeben (*Auftrag usw.*) (**with** an) **3** aufgeben (*Bestellung*) **4 I can't place him** ich weiß nicht, wo ich ihn hintun soll (≈ *woher ich ihn kenne*) **5 be placed** *Sport*: sich platzieren; **be placed third** an dritter Stelle platziert sein

placebo [pləˈsiːbəʊ] *pl*: **placebos** *Medizin*: Placebo; **placebo effect** Placeboeffekt

placement ['pleɪsmənt] **1** *von Wohnung, Arbeitsplatz*: Vermittlung **2** *Teil einer Ausbildung*: Praktikum; **I'm here on a six-month placement** ich bin hier für sechs Monate zur Weiterbildung, *abgeordnet* ich bin für sechs Monate hierhin überwiesen worden

place name ['pleɪs_neɪm] Ortsname

plagiarism ['pleɪdʒərɪzm] Plagiat

plagiarize ['pleɪdʒəraɪz] plagiieren (**from** von)

plague[1] [pleɪg] **1** *allg.*: Seuche **2 the plague** die Pest **3** *von Ungeziefer*: Plage; **a plague of locusts** eine Heuschreckenplage

plague[2] [pleɪg] plagen (**with** mit); **be plagued by fears** von Ängsten geplagt werden

plaice [pleɪs] *pl*: **plaice** *Fisch*: Scholle

★**plain**[1] [pleɪn] **1** *Kleidung, Einrichtung, Lebensstil*: einfach, schlicht; **plain cooking** gutbürgerliche Küche **2** *Aussage usw.*: klar, klar und deutlich, unmissverständlich; **the plain truth** die nackte Wahrheit; **make something plain** etwas klarstellen; **make something plain to someone** jemandem etwas klarmachen; **in plain English** *übertragen* auf gut Deutsch **3** *mst. auf eine Frau bezogen*: unscheinbar, reizlos **4** (≈ *aufrichtig*) offen und ehrlich; **be plain with someone** jemandem gegenüber offen sein **5** *verstärkend*: ausgesprochen, rein, völlig; **plain nonsense** barer Unsinn; **this is plain crazy** *umg* das ist ganz einfach verrückt

plain[2] [pleɪn] Ebene, Flachland

plain chocolate [ˌpleɪn'tʃɒklət] *Br* Zartbitterschokolade

plain clothes [ˌpleɪn'kləʊðz] *pl* Zivilkleidung; **in plain clothes** *Polizei usw.*: in Zivil

plain-clothes [ˌpleɪn'kləʊðz] **plain-clothes policeman** Polizist in Zivil

plainspoken [ˌpleɪn'spəʊkən] offen, freimütig; **be plainspoken** *auch* sagen, was man denkt

plait[1] [plæt] *Br Frisur*: Zopf

plait[2] [plæt] *Br* flechten

★**plan**[1] [plæn] **1** (≈ *Vorhaben*) Plan, Absicht; **change one's plans** umdisponieren; **according to plan** planmäßig, plangemäß; **make plans for the future** Zukunftspläne machen **2** *von Stadt, Gebäude usw.*: Plan

★**plan²** [plæn], planned, planned ◼ *allg.*: planen; **plan ahead** vorausplanen; **planned economy** Planwirtschaft ◼ (≈ *vorhaben*) planen, beabsichtigen; **we're planning to spend Easter in Austria** wir wollen Ostern in Österreich verbringen

★**plane¹** [pleɪn] Flugzeug; **by plane** mit dem Flugzeug; **go by plane** fliegen

plane² [pleɪn] *Werkzeug*: Hobel

★**planet** ['plænɪt] Planet

planetarium [ˌplænɪ'teərɪəm] Planetarium

plane ticket ['pleɪnˌtɪkɪt] Flugticket

plank [plæŋk] *aus Holz*: Planke, Bohle, Brett; **as thick as two short planks** *Br, umg* strohdumm

plankton ['plæŋktən] Plankton

planner ['plænə] *US* Terminkalender; → diary 2 *Br*

planning ['plænɪŋ] Planung; **planning permission** Baugenehmigung

★**plant¹** [plɑːnt] ◼ Pflanze; **water the plants** die Pflanzen gießen ◼ (≈ *Fabrik*) Werk, Betrieb

★**plant²** [plɑːnt] ◼ *im Garten usw.*: pflanzen, anpflanzen, einpflanzen (*Baum, Gemüse usw.*) ◼ bepflanzen (*Land*) (**with** mit) ◼ aufstellen, postieren (*Wächter, Polizisten usw.*) ◼ legen (*Bombe*)

plantation [plɑːn'teɪʃn] ◼ *in südlichen Ländern*: Plantage, Pflanzung ◼ *im Wald*: Schonung

plant pot ['plɑːntˌpɒt] *bes. Br* Blumentopf

plaque [plæk *oder* plɑːk] ◼ Gedenktafel ◼ *Medizin*: Zahnbelag

plasma ['plæzmə] *allg.*: Plasma; **plasma screen** Plasmabildschirm; **plasma TV** Plasmafernseher

plaster¹ ['plɑːstə] ◼ *Br; Verband*: Pflaster ◼ *für Decken, Wände*: Verputz ◼ *auch* **plaster of Paris** Gips; **have one's arm in plaster** *Br* den Arm in Gips haben; **put in plaster** *Br* eingipsen (*Arm, Bein*)

plaster² ['plɑːstə] ◼ verputzen (*Decke, Wand*) ◼ vergipsen, zugipsen (*Loch*) ◼ **her wall was plastered with postcards** ihre Wand war mit Ansichtskarten zugekleistert

plastered ['plɑːstəd] *umg* voll; **get plastered** sich volllaufen lassen

★**plastic¹** ['plæstɪk] ◼ Plastik, Kunststoff ◼ *umg*; *als Zahlungsmittel*: (Kredit)Karten *pl*; **pay by plastic** mit Karte zahlen

★**plastic²** ['plæstɪk] aus Plastik, Plastik…; **plastic bag** Plastiktüte; **plastic bottle** Plastikflasche; **plastic surgeon** plastischer Chirurg, plastische Chirurgin; **plastic surgery** plastische Chirurgie

plastic wrap [ˌplæstɪk'ræp] *US* Frischhaltefolie; → clingfilm *Br*

★**plate** [pleɪt] ◼ *für Speisen*: Teller ◼ *allg.*: Platte (*auch Technik usw.*) ◼ **hand someone something on a plate** *umg* jemandem etwas auf dem Tablett servieren

plateau ['plætəʊ] *pl*: plateaus *oder* plateaux ['plætəʊz] Plateau, Hochebene

★**platform** ['plætfɔːm] ◼ *Bahnhof*: Bahnsteig ◼ *für Reden usw.*: Podium, Tribüne

platinum ['plætɪnəm] *Chemie* Platin

platitude ['plætɪtjuːd] Plattitüde, Plattheit

platonic [plə'tɒnɪk] platonisch

plausibility [ˌplɔːzə'bɪlətɪ] Plausibilität

plausible ['plɔːzəbl] ◼ plausibel, glaubhaft ◼ *Lügner usw.*: geschickt

★**play¹** [pleɪ] ◼ spielen (*auch Sport, Theater usw.*); **play for money** *beim Kartenspiel usw.*: um Geld spielen; **play the piano** *usw.* Klavier *usw.* spielen ◼ *Sport*: spielen gegen; **play someone at chess** gegen jemanden Schach spielen; **where's the match being played?** wo wird das Spiel ausgetragen? ◼ ausspielen (*Karte*) ◼ *Wendungen*: **play for time** Zeit zu gewinnen versuchen, *Sport*: auf Zeit spielen; **play (it) safe** *umg* auf Nummer sicher gehen

PHRASAL VERBS

play at ['pleɪˌət] **what do you think you're playing at?** was soll denn das?

play down [ˌpleɪ'daʊn] **play something down** etwas herunterspielen

play off [ˌpleɪ'ɒf] ausspielen (**against** gegen); **he played them off against each other** er spielte sie gegeneinander aus

play on ['pleɪˌɒn] ausnutzen (*Mitgefühl usw.*)

play up [ˌpleɪ'ʌp] ◼ betonen, herausstreichen (*eigene Qualitäten usw.*) ◼ **play (someone) up** (jemandem) Schwierigkeiten machen

★**play²** [pleɪ] ◼ *Theater*: Schauspiel, (Theater)Stück ◼ **fair play** *Sport*: Fairplay, Fairness (*beide auch übertragen*) ◼ **bring something into play** etwas ins Spiel bringen; **come into play** ins Spiel kommen ◼ **play on words** Wortspiel

play-act ['pleɪækt] *im negativen Sinn* schauspielern

★**player** ['pleɪə] *Musik, Sport*: Spieler(in)

playful ['pleɪfl] ◼ *junges Tier usw.*: verspielt ◼ *Kuss usw.*: schelmisch, neckisch

playground ['pleɪgraʊnd] ◼ Schulhof ◼ Spielplatz ◼ *übertragen* Tummelplatz

playgroup ['pleɪgruːp] *Br* Kindergarten; **at**

playgroup im Kindergarten
playhouse ['pleɪhaʊs] **1** *US* Spielhaus; *Br* **2** (≈ *Theater*): Schauspielhaus
playing card ['pleɪɪŋ ˌkɑːd] Spielkarte
playing field ['pleɪɪŋ ˌfiːld] Sportplatz
playlist ['pleɪlɪst] Titelliste
playmaker ['pleɪˌmeɪkə] *Sport*: Spielmacher(in)
playmate ['pleɪmeɪt] Spielkamerad(in)
play-off ['pleɪɒf] *Sport*: Entscheidungsspiel
playpen ['pleɪpen] Laufgitter
playschool ['pleɪskuːl] *Br* Kindergarten; **at playschool** im Kindergarten
plaything ['pleɪθɪŋ] **1** Spielzeug (*auch übertragen: von Willkür usw.*) **2** **playthings** *pl von Kindern*: Spielsachen *pl*, Spielzeug
playtime ['pleɪtaɪm] *Br; in der Schule*: Pause; **during playtime** in der Pause
playwright ['pleɪraɪt] Dramatiker(in)
plc [ˌpiːelˈsiː] *Br* (*abk für* public limited company) AG
plea [pliː] (dringende) Bitte, Gesuch (**for** um)
plead [pliːd], pleaded, pleaded, *US* pled [pled], pled [pled] **1** (dringend) bitten (**for** um); **plead with someone** jemanden bitten **2** **plead (not) guilty** *vor Gericht*: sich (nicht) schuldig bekennen
★**pleasant** ['pleznt] **1** angenehm, ⊕ gefreut, *Nachricht usw. auch*: erfreulich **2** *Person*: freundlich, ⊕ gefreut
★**please¹** [pliːz] bitte; **would you please be quiet!** würdet ihr bitte leise sein!
★**please²** [pliːz] **1** zufriedenstellen; **(just) to please you** dir zuliebe; **there's no pleasing him, you can't please him** man kann es ihm nicht recht machen **2** **as you please** wie Sie wünschen **3** **if you please** *förmlich* bitte schön **4** **please yourself** mach, was du willst!
★**pleased** [pliːzd] **1** **be pleased with** zufrieden sein mit **2** **be pleased about** (*oder* **at**) sich freuen über **3** **I'm pleased to hear your good news** es freut mich, Ihre gute Nachricht zu hören; **pleased to meet you** *bei Begrüßung*: freut mich!
★**pleasure** ['pleʒə] **1** Vergnügen, Freude; **with pleasure** mit Vergnügen; **it gives me (great) pleasure to announce ...** es freut mich, Ihnen ... anzukündigen; **he took pleasure in making a fool of her** er machte sich einen Spaß daraus, sie zum Narren zu halten **2** 'Thanks for your help.' – 'Pleasure (*oder* My pleasure)!' „Danke für Ihre Hilfe." – „Gern geschehen"

pleb [pleb] *Br, umg, abwertend* Prolet(in), Prolo
plebeian [pləˈbiːən] **1** *abwertend* proletenhaft **2** *historisch*: plebejisch
plebiscite ['plebɪsaɪt] Volksabstimmung, Volksentscheid
pled [pled] 2. und 3. Form von *US* → **plead**
pledge¹ [pledʒ] **1** Versprechen, Zusicherung; **make a (firm) pledge** (fest) versprechen (*oder* zusichern) (**to do** zu tun) **2** **as a pledge of** zum Zeichen (*unserer Liebe usw.*) **3** Pfand (*für geliehenes Geld usw.*)
pledge² [pledʒ] versprechen, zusichern (**to do** zu tun, **that** dass)
plenary ['pliːnərɪ] **plenary session** *von Konferenz, Parlament usw.*: Plenarsitzung, Vollversammlung
plentiful ['plentɪfl] reichlich
plenty¹ ['plentɪ] **that's plenty** das ist reichlich; **plenty of people** viele Leute; **plenty of time** jede Menge Zeit
plenty² ['plentɪ] **... in plenty** ... im Überfluss, ... in Hülle und Fülle
pliable ['plaɪəbl], **pliant** ['plaɪənt] **1** *Material*: biegsam **2** *Person*: leicht beeinflussbar
pliers ['plaɪəz] *pl, auch* **pair of pliers** Beißzange, Kneifzange
plight [plaɪt] Not, Notlage
plimsoll ['plɪmsl] *Br* Turnschuh; → **sneaker** *US*
plod [plɒd], (plodded, plodded) (≈ *mühsam gehen*) trotten
plop¹ [plɒp], plopped, plopped *umg* plumpsen, *ins Wasser*: platschen; **plop into a chair** sich in einen Sessel plumpsen lassen
plop² [plɒp] *umg* Plumps, Platsch
★**plot¹** [plɒt] **1** Handlung (*eines Films usw.*) **2** Komplott, Verschwörung **3** Stück Land, Grundstück
plot² [plɒt], plotted, plotted **1** sich verschwören (**against** gegen) **2** aushecken (*Mord*) **3** einzeichnen (*Route usw.*)
plough¹ [plaʊ] *Br* Pflug
plough² [plaʊ] *Br* **1** *auch* **plough up** pflügen, umpflügen **2** **plough through a book** *umg* ein Buch durchackern
plow [plaʊ] *US* Pflug; → **plough¹**, **plough²** *Br*
pluck [plʌk] **1** rupfen (*Geflügel*) **2** zupfen (*Augenbrauen, Saiten usw.*)

PHRASAL VERBS

pluck up [ˌplʌkˈʌp] **pluck up (one's) courage** sich ein Herz fassen

---

plucky ['plʌkɪ] *umg* mutig
plug¹ [plʌg] **1** *von Badewanne usw.*: Stöpsel **2**

Elektrotechnik: Stecker (▲ *in der gesprochenen Sprache in Großbritannien auch für Steckdose verwendet*)

plug² [plʌg], (**plugged, plugged**) verstopfen, zustöpseln

---PHRASAL VERBS---

plug in [ˌplʌgˈɪn], **plugged in, plugged in** anschließen, einstecken (*Gerät*)

★**plum** [plʌm] ❶ Pflaume, Zwetsch(g)e, Ⓐ Zwetschke ❷ **he's got a plum job** *umg* er hat eine tolle Stelle

plumage [ˈpluːmɪdʒ] Gefieder

plumb¹ [▲plʌm] ❶ loten, ausloten (*Wassertiefe*) ❷ *übertragen* ergründen; **plumb the depths of loneliness** (*bzw.* **misery** *usw.*) die tiefsten Tiefen der Einsamkeit (*bzw. des Elends usw.*) erleben

plumb² [▲plʌm] ❶ *umg* genau; **the ball hit her plumb in the face** der Ball traf sie mitten ins Gesicht ❷ *US, umg* total; **I'm plumb tuckered** ich bin total geschafft (*oder* erledigt)

plumb³ [▲plʌm] Lot, Senkblei

★**plumber** [▲ˈplʌmə] Klempner(in), Installateur(in)

plumbing [▲ˈplʌmɪŋ] ❶ Rohre, Rohrleitungen ❷ Klempnerarbeiten

plumb line [ˈplʌmlaɪn] Lot, Senkblei

plump [plʌmp] mollig, rundlich (▲ *nicht* plump)

plunder¹ [ˈplʌndə] plündern, ausplündern

plunder² [ˈplʌndə] ❶ *Tat:* Plünderung ❷ *Gewinn bei Plünderungen usw.:* Beute

plunge [plʌndʒ] (*auch Preise usw.*) stürzen

---PHRASAL VERBS---

plunge into [ˈplʌndʒˌɪntə] ❶ (sich) stürzen in (*Wasser usw.*) ❷ **plunge a knife into someone's back** jemandem ein Messer in den Rücken stoßen ❸ **he plunged himself into debt** er stürzte sich in Schulden

plunging [ˈplʌndʒɪŋ] *Ausschnitt:* tief; **with a plunging neckline** tief ausgeschnitten

pluperfect [ˌpluːˈpɜːfɪkt] *auch* **pluperfect tense** *Sprache* Plusquamperfekt

★**plural** [ˈplʊərəl] *Sprache:* Plural, Mehrzahl

pluralism [ˈplʊərəlɪzm] Pluralismus

pluralist [ˈplʊərəlɪst], **pluralistic** [ˌplʊərəˈlɪstɪk] pluralistisch

plus¹ [plʌs] *Mathematik:* plus, und

plus² [plʌs] *übertragen* Plus, Vorteil

plus sign [ˈplʌsˌsaɪn] Pluszeichen

plywood [ˈplaɪwʊd] Sperrholz, Schichtholz

★**pm, PM**, *auch* **p.m., P.M.** [ˌpiːˈem] (*abk für* **post meridiem**) nachmittags; **3 pm** 15 Uhr

PM [ˌpiːˈem] *abk für* → **Prime Minister**

pneumatic [▲njuːˈmætɪk] *Technik:* **pneumatic drill** Pressluftbohrer

pneumonia [▲njuːˈməʊnɪə] Lungenentzündung; **she's got pneumonia** sie hat eine Lungenentzündung

poach¹ [pəʊtʃ] (≈ *illegal jagen*) wildern

poach² [pəʊtʃ] pochieren (*Eier*); **poached eggs** *pl* verlorene Eier

poacher [ˈpəʊtʃə] Wilderer, Wilderin

PO Box [ˌpiːəʊˈbɒks] (*abk für* **post office box**) Postfach

★**pocket¹** [ˈpɒkɪt] ❶ *in Hose usw.:* Tasche (*auch übertragen*) ❷ **holidays to suit every pocket** *übertragen* Urlaub passend für jeden Geldbeutel ❸ **I'm £20 out of pocket** ich habe 20 Pfund draufgelegt; → **dig¹**

★**pocket²** [ˈpɒkɪt] ❶ einstecken ❷ *übertragen* in die eigene Tasche stecken, klauen (*Geld usw.*)

pocketbook [ˈpɒkɪtbʊk] ❶ *Br* Notizbuch ❷ *US* Brieftasche (▲ *Taschenbuch* = **paperback**)

pocket calculator [ˌpɒkɪtˈkælkjʊleɪtə] Taschenrechner

★**pocket knife** [ˈpɒkɪtˌnaɪf] *pl:* **pocket knives** [ˈpɒkɪtˌnaɪvz] Taschenmesser

pocket money [ˈpɒkɪtˌmʌnɪ] *Br* Taschengeld

pod [pɒd] *bei Pflanzen:* Hülse, Schote

podcast [ˈpɒdkɑːst] Podcast

podcasting [ˈpɒdkɑːstɪŋ] Podcasting

podium [ˈpəʊdɪəm] Podest, *im Sport:* Siegertreppchen

★**poem** [ˈpəʊɪm] Gedicht

★**poet** [ˈpəʊɪt] ❶ Dichter(in) ❷ *auch* **lyric poet** Lyriker(in)

poetic [pəʊˈetɪk] poetisch; **poetic justice** *übertragen* ausgleichende Gerechtigkeit; **poetic licence** dichterische Freiheit

poetry [ˈpəʊətrɪ] ❶ (die) Dichtung ❷ Gedichte

★**point¹** [pɔɪnt] ❶ Spitze (*einer Nadel usw.*) ❷ Punkt, Stelle, Ort; **meeting point** Treffpunkt ❸ Punkt (*einer Tagesordnung*) ❹ *Sport usw.:* Punkt; **win on points** nach Punkten gewinnen ❺ Sinn, Zweck; **what's the point of** (*oder* **in**) **waiting?** was hat es für einen Sinn zu warten?; **there's no point** es hat keinen Zweck ❻ *Schriftzeichen:* Punkt ❼ *bei Dezimalstellen:* Komma; **four point three (4.3)** vier Komma drei (4,3) ❽ **be on the point of leaving** *usw.* im Begriff sein zu gehen *usw.* ❾ *Wendungen:* **get to the point** zur Sache kommen; **keep** (*oder* **stick**) **to the point** bei der Sache bleiben; **she makes a point of being punctual** sie legt Wert darauf, pünktlich zu sein; **get** (*oder* **see, take**) **someone's point** verstehen, was jemand meint; **miss the point** nicht verstehen, worum es geht; **that's not the point** darum geht es nicht!; **that's the whole point** genau (das ist es)!; **up to a point** übertragen bis zu einem gewissen Punkt (*oder* Grad); **when it comes to the point** wenn es darauf ankommt

★**point²** [pɔɪnt] **1** (mit dem Finger) zeigen (**at, to** auf); **you shouldn't point at people** du solltest nicht mit dem Finger auf Leute zeigen! **2** richten (*Waffe usw.*) (**at** auf)

PHRASAL VERBS

point out [ˌpɔɪnt'aʊt] **1 point something out to someone** jemanden auf etwas hinweisen **2** übertragen hinweisen auf; **point out to someone that** jemanden darauf aufmerksam machen, dass

point to *oder* **towards** ['pɔɪnt‿tʊ *oder* təˌwɔːdz] übertragen hinweisen auf

---

★**point-blank** [ˌpɔɪnt'blæŋk] **1** *auch* **at point-blank range** *Schuss usw.*: aus kürzester Entfernung **2** übertragen unverblümt, geradeheraus (*fragen usw.*)

★**pointed** ['pɔɪntɪd] **1** *Turm, Schuhe usw.*: spitz **2** *Blick, Geste usw.*: vielsagend, unmissverständlich **3** *Bemerkung*: spitz, scharf

pointer ['pɔɪntə] **1** Zeiger (*eines Messgeräts*) **2** umg Fingerzeig, Tip **3** Zeigestock

pointless ['pɔɪntləs] sinnlos, zwecklos

point of sale [ˌpɔɪnt‿əv'seɪl] **1** Verkaufsstelle **2** Werbematerial

point of view [ˌpɔɪnt‿əv'vjuː] *pl*: **points of view** übertragen Gesichtspunkt, Standpunkt

poise¹ [pɔɪz] **1** (Körper)Haltung **2** übertragen Gelassenheit, (Selbst)Sicherheit

poise² [pɔɪz] balancieren; **be poised** übertragen schweben (**between** zwischen)

poised [pɔɪzd] gelassen, (selbst)sicher

★**poison¹** ['pɔɪzn] Gift (**to** für); **what's your poison?** umg was möchten Sie trinken?

★**poison²** ['pɔɪzn] vergiften (*auch übertragen*)

★**poisonous** ['pɔɪznəs] giftig, Gift...

poke [pəʊk] **1** stochern (in) (*Feuer usw.*) **2** **she poked her head into the room** sie steckte ihren Kopf ins Zimmer **3** stoßen; **poke someone in the ribs** jemandem einen Rippenstoß geben **4** **poke fun at** sich lustig machen über

---
PHRASAL VERBS

poke about *oder* **around** [ˌpəʊk‿ə'baʊt *oder* ə'raʊnd] (herum)stöbern, (herum)wühlen (**in** in)

---

poker ['pəʊkə] **1** Poker(spiel) **2** Schürhaken

poky ['pəʊkɪ] *Zimmer usw.*: winzig, eng

★**Poland** ['pəʊlənd] Polen

polar ['pəʊlə] polar, Polar...

polar bear [ˌpəʊlə'beə] Eisbär

polarization [ˌpəʊləraɪ'zeɪʃn] Polarisierung

polarize ['pəʊləraɪz] polarisieren

★**pole¹** [pəʊl] **1** *allg.*: Stange **2** Stab (*für Hochsprung*)

★**pole²** [pəʊl] *geografisch, von Magneten usw.*: Pol; **they're poles apart** übertragen zwischen ihnen liegen Welten

★**Pole** [pəʊl] Pole, Polin

polecat ['pəʊlkæt] **1** Iltis **2** *US* Stinktier, Skunk

polemic¹ [pə'lemɪk], **polemical** [pə'lemɪkl] polemisch

pole vault [ˌpəʊl‿vɔːlt] Stabhochsprung

pole vaulter [ˈpəʊlˌvɔːltə] Stabhochspringer(in)

★**police¹** [pə'liːs] *pl* Polizei; **the police have caught the thieves** die Polizei hat die Diebe verhaftet

police² [pə'liːs] (polizeilich) überwachen (*Gebiet usw.*)

police car [pə'liːs‿kɑː] Polizeiauto

police department [pə'liːs‿dɪˌpɑːtmənt] *US; Behörde*: Polizei

police force [pə'liːs‿fɔːs] Polizei

★**policeman** [pə'liːsmən] *pl*: **policemen** [pə'liːsmən] Polizist, Ⓐ Wachmann, Gendarm

police officer [pə'liːsˌɒfɪsə] Polizeibeamte(r)

police record [pəˌliːs'rekəd] Strafregister; **have a police record** vorbestraft sein

police state [pə'liːs‿steɪt] Polizeistaat

★**police station** [pə'liːs‿steɪʃn] Polizeirevier, Polizeiwache, Ⓐ Wachzimmer

★**policewoman** [pə'liːsˌwʊmən] *pl*: **policewomen** [pə'liːsˌwɪmɪn] Polizistin

policy¹ ['pɒləsɪ] **1** (≈ *Methode*) Verfahrensweise, (Geschäfts)Politik **2** Politik; **economic policy** Wirtschaftspolitik

policy² ['pɒləsɪ] (Versicherungs)Police; **take out an insurance policy** eine Versicherung abschließen

polio ['pəʊlɪəʊ] Kinderlähmung, Polio

★**polish¹** ['pɒlɪʃ] polieren, bohnern (*Boden*)

PHRASAL VERBS

polish off [ˌpɒlɪʃ'ɒf] umg wegschaffen (*Arbeit usw.*), wegputzen (*Essen*)

polish up [ˌpɒlɪʃˈʌp] aufpolieren (*auch Sprachkenntnisse usw.*)

★**polish²** [ˈpɒlɪʃ] **1** (**shoe**) **polish** Schuhcreme **2** (**furniture**) **polish** Möbelpolitur **3** **give something a final polish** *übertragen* etwas den letzten Schliff geben

★**Polish¹** [ˈpəʊlɪʃ] polnisch

★**Polish²** [ˈpəʊlɪʃ] *Sprache*: Polnisch

polished [ˈpɒlɪʃt] **1** *Schuh, Fläche usw.*: glänzend, poliert **2** *übertragen* geschliffen (*Sprache*), gewandt (*Auftreten*)

★**polite** [pəˈlaɪt] höflich; **he was just being polite** er wollte nur höflich sein

politeness [pəˈlaɪtnəs] Höflichkeit

★**political** [pəˈlɪtɪkl] politisch

political asylum [pəˌlɪtɪkl_əˈsaɪləm] politisches Asyl; **seek political asylum** politisches Asyl beantragen

political correctness [pəˈlɪtɪkl_kəˈrektnəs] *von Sprache, Verhalten*: politische Korrektheit

politically correct [pəˌlɪtɪklɪ_kəˈrekt] *von Sprache, Verhalten*: politisch korrekt

★**politician** [ˌpɒləˈtɪʃn] Politiker(in)

★**politics** [ˈpɒlətɪks] **1** (die) Politik; **go into politics** in die Politik gehen; **I think politics is** (⚠ *sg*) **boring** ich halte Politik für langweilig **2** *Studium*: politische Wissenschaft

poll¹ [pəʊl] **1** (Meinungs)Umfrage **2** *auch* **polls** *pl* Wahl; **go to the polls** zur Wahl gehen

poll² [pəʊl] befragen; **65%** *usw.* **of those polled** 65% *usw.* der Befragten

pollen [⚠ ˈpɒlən] Pollen, Blütenstaub

polling booth [ˈpəʊlɪŋ_buːð] Wahlkabine

polling day [ˈpəʊlɪŋ_deɪ] Wahltag

polling station [ˈpəʊlɪŋˌsteɪʃn] Wahllokal

pollster [ˈpəʊlstə] Meinungsforscher(in)

pollutant [pəˈluːtnt] Schadstoff

★**pollute** [pəˈluːt] verschmutzen, belasten (*Umwelt*), verunreinigen (*Flüsse usw.*)

polluter [pəˈluːtə] Umweltverschmutzer(in), Umweltsünder(in)

★**pollution** [pəˈluːʃn] (die) (Umwelt)Verschmutzung, Belastung der Umwelt; **pollution level** Schadstoffbelastung

polo neck [ˈpəʊləʊ_nek] *Br* **1** *auch* **polo neck jumper** Rollkragenpullover **2** Rollkragen

polo shirt [ˈpəʊləʊ_ʃɜːt] Polohemd, Sporthemd

polygamist [pəˈlɪɡəmɪst] Polygamist(in)

polygamous [pəˈlɪɡəməs] polygam

polygamy [pəˈlɪɡəmɪ] Polygamie

polytechnic [ˌpɒlɪˈteknɪk] *etwa*: Technische Hochschule

pomp [pɒmp] Pomp

pompous [ˈpɒmpəs] **1** aufgeblasen, wichtigtuerisch **2** *Sprache*: schwülstig

★**pond** [pɒnd] Teich, Weiher

ponder [ˈpɒndə] (lange) überlegen, nachdenken (**on, over** über)

ponderous [ˈpɒndərəs] **1** massig, schwer **2** *übertragen* schwerfällig

pong [pɒŋ] *Br, umg* Gestank

pony [ˈpəʊnɪ] *Pferd*: Pony

ponytail [ˈpəʊnɪteɪl] *Frisur*: Pferdeschwanz

poodle [ˈpuːdl] *Hund*: Pudel

★**pool¹** [puːl] **1** (**swimming**) **pool** Schwimmbecken **2** Teich, Tümpel **3** *aus Regenwasser usw.*: Pfütze, Lache; **pool of blood** Blutlache

pool² [puːl] **1** (gemeinsame) Kasse **2** …gemeinschaft, …park; **car pool** *von Privatleuten*: Fahrgemeinschaft, *von Firma*: Fuhrpark

pool³ [puːl] **1** zusammenlegen (*Ersparnisse usw.*) **2** *übertragen* vereinen (*Kräfte usw.*)

pool⁴ [puːl] Poolbillard

pools [puːlz] **the pools** *Br, etwa*: (Fußball)Toto; **win (on) the pools** *etwa*: im Toto gewinnen

★**poor¹** [pʊə] **1** arm, mittellos **2** *Qualität, Wetter usw.*: schlecht **3** *Leistung usw.*: dürftig, schwach **4** (≈ *unglücklich*) arm, bedauernswert

★**poor²** [pʊə] **the poor** *pl* die Armen (⚠ *der Arme* = **the poor man**)

poorly [ˈpɔːlɪ] **1** *übertragen* dürftig, schwach; **a poorly paid job** ein schlecht bezahlter Job; **I'm poorly paid** ich werde schlecht bezahlt; **do poorly in** schlecht abschneiden bei **2** *Br* krank; **she's poorly** es geht ihr schlecht

pop¹ [pɒp] *Musik*: Pop

pop² [pɒp] **1** Knall (*eines Korkens usw.*) **2** *Br, umg* Limo, Ⓐ Kracherl

pop³ [pɒp], **popped, popped 1** (*Sektkorken usw.*) knallen **2** (zer)platzen **3** *mit einer Richtungsangabe*: schnell gehen (*oder* laufen); **pop round to the supermarket** schnell mal zum Supermarkt gehen

---
PHRASAL VERBS

★**pop in** [ˌpɒpˈɪn] **pop in (on someone)** (bei jemandem) auf einen Sprung vorbeikommen

pop off [ˌpɒpˈɒf] *umg* **1** weggehen, verschwinden **2** sterben

pop open [ˌpɒpˈəʊpən] aufplatzen, aufspringen

pop up [ˌpɒpˈʌp] (plötzlich) auftauchen

---

popcorn [ˈpɒpkɔːn] Popcorn, Puffmais

pope [pəʊp] Papst

pop group [ˈpɒp_ɡruːp] Popgruppe

poplar ['pɒplə] *Baum*: Pappel
pop music ['pɒp‿mjuːzɪk] Popmusik
poppy ['pɒpɪ] *Pflanze*: Mohn
Popsicle® ['pɒpsəkl] *US* Eis am Stiel; → **lolly 2 ice lolly** *Br*
pop star ['pɒp‿stɑː] Popstar
★**popular** ['pɒpjʊlə] **1** *Person, Musik usw.*: beliebt, populär; **popular music** leichte Musik **2** *Missverständnis usw.*: weit verbreitet **3** *Darstellung in einem Buch usw.*: allgemein verständlich; **the popular press** die Boulevardpresse; **popular newspaper** Boulevardblatt
popularity [,pɒpjʊ'lærətɪ] Beliebtheit, Popularität
popularize ['pɒpjʊləraɪz] **1** populär machen **2** allgemein verständlich darstellen
popularly ['pɒpjʊləlɪ] **1** allgemein; **he is popularly believed** (*oder* **thought**) **to be a capable politician** nach allgemeiner Ansicht ist er ein fähiger Politiker; **it is popularly believed that** ... es wird allgemein angenommen (*oder* davon ausgegangen) dass ... **2** **popularly elected** *Politiker*: vom Volk gewählt
populate ['pɒpjʊleɪt] bevölkern, besiedeln
★**population** [,pɒpjʊ'leɪʃn] **1** Bevölkerung; **population density** Bevölkerungsdichte **2** Einwohner (*einer Stadt usw.*) **3** (Gesamt)Bestand (*an Tieren usw.*)
populist ['pɒpjʊlɪst] populistisch
populous ['pɒpjʊləs] **1** *Land, Region*: dicht besiedelt (*oder* bevölkert) **2** *Stadt*: einwohnerstark
pop-up ['pɒpʌp] **1** *Toaster*: automatisch **2** **pop-up book** Hochklappbuch; **pop-up menu** *Computer*: Pop-up-Menü; **pop-up window** Pop-up-Fenster
porcelain ['pɔːslɪn] Porzellan
porch [pɔːtʃ] **1** *eines Hauses*: überdachter Vorbau, Vordach **2** *einer Kirche*: Portal **3** *US* Veranda
porcupine ['pɔːkjʊpaɪn] Stachelschwein
pore [pɔː] Pore

---PHRASAL VERBS---

pore over ['pɔːr‿əʊvə] vertieft sein in; **pore over one's books** über seinen Büchern hocken

★**pork** [pɔːk] Schweinefleisch; **pork chop** Schweinekotelett
porker ['pɔːkə] **1** Mastschwein **2** *umg, abwertend* Fettsack
porky ['pɔːkɪ] *umg* fett, dick
porn [,pɔːn] *umg* **1** Porno, Porno...; **porn movie** Pornofilm
pornographic [,pɔːnə'græfɪk] pornografisch
pornography [pɔː'nɒgrəfɪ] Pornografie
porous ['pɔːrəs] **1** *Material*: porös **2** *übertragen* durchlässig
porridge ['pɒrɪdʒ] *bes. Br* Porridge, Haferbrei
★**port**[1] [pɔːt] **1** Hafen; **come into port** *Schiff*: einlaufen; **leave port** *Schiff*: auslaufen **2** Hafenstadt **3** *Computer*: Anschluss, Port
port[2] [pɔːt] *Flugzeug, Schiff*: Backbord
★**portable** ['pɔːtəbl] **1** tragbar; (*Toilette usw.*) mobil; **easily portable** leicht zu tragen; **portable hard drive** externe (*oder* mobile) Festplatte; **portable radio** Kofferradio **2** (*Software*) übertragbar
portal ['pɔːtl] **1** *von Kirche usw.*: Portal, Pforte **2** *im Internet*: Portal
porter ['pɔːtə] **1** (Gepäck)Träger **2** Pförtner, Portier **3** *US* Schlafwagenschaffner(in)
portfolio [,pɔːt'fəʊlɪəʊ] *pl*: portfolios *für Zeichnungen, Dokumente*: Mappe
porthole ['pɔːthəʊl] *Schiff*: Bullauge
portion ['pɔːʃn] **1** Teil (*eines größeren Ganzen*), *von Ticket*: Abschnitt **2** Anteil (**of** an) **3** *Essen*: Portion
portly ['pɔːtlɪ] beleibt, korpulent
portrait ['pɔːtrət] Porträt
portray [pɔː'treɪ] **1** schildern, darstellen (**as** als) **2** *Theater*: darstellen (*Charakter*)
★**Portugal** ['pɔːtʃʊgl] Portugal
★**Portuguese**[1] [,pɔːtʃʊ'giːz] portugiesisch
★**Portuguese**[2] [,pɔːtʃʊ'giːz] *Sprache*: Portugiesisch
★**Portuguese**[3] [,pɔːtʃʊ'giːz] Portugiese, Portugiesin; **the Portuguese** *pl* die Portugiesen
pose[1] [pəʊz] Haltung, Pose (*auch übertragen*)
pose[2] [pəʊz] **1** **pose for someone** für jemanden Modell stehen (*oder* sitzen) **2** **pose a threat** *usw.* eine Gefahr *usw.* darstellen (**for, to** für)

---PHRASAL VERBS---

pose as ['pəʊz‿əz] sich ausgeben (**as** als)

posed [pəʊzd] *Foto*: gestellt
poser ['pəʊzə] *umg* **1** *Person*: Wichtigtuer(in), Angeber(in) **2** *Problem usw.*: harte Nuss
posh [pɒʃ] *bes. Br, umg* vornehm, piekfein, nobel
★**position**[1] [pə'zɪʃn] **1** Position, Lage, Standort **2** Haltung, (Körper)Stellung **3** *Wettbewerb*: **be in third** *usw.* **position** auf dem dritten *usw.* Platz liegen **4** (gesellschaftliche) Stellung, Position **5** *übertragen* Lage, Situation; **be in a position to do something** in der Lage sein, etwas zu tun **6** *übertragen* Einstellung (**on** zu);

what's your position on ...? wie stehen Sie zu ...?; take the position that ... den Standpunkt vertreten, dass ... **7** *Arbeit:* Stelle, Stellung (**with, in** bei)

★**position²** [pə'zɪʃn] (auf)stellen, postieren

positive¹ ['pɒzətɪv] **1** *allg.:* positiv **2** be positive sicher sein (**that** dass); are you absolutely positive about that? bist du dir da ganz sicher? **3** *Beweis usw.:* sicher, eindeutig, positiv

positive² ['pɒzətɪv] *Foto:* Positiv

possess [pə'zes] **1** besitzen (*auch übertragen*) **2** possessed by an idea von einer Idee besessen

★**possession** [pə'zeʃn] **1** Besitz; be in someone's possession in jemandes Besitz sein; be in possession of im Besitz sein von; take possession of Besitz ergreifen von, in Besitz nehmen **2** Besitz(tum) **3** all his possessions seine ganze Habe

possessive [pə'zesɪv] **1** besitzgierig, besitzergreifend **2** *Sprache:* possessive pronoun Possessivpronomen

★**possibility** [ˌpɒsə'bɪlətɪ] Möglichkeit (**of doing** zu tun); the house has possibilities aus dem Haus lässt sich etwas machen

★**possible** ['pɒsəbl] möglich; do everything possible alles tun, was einem möglich ist; make something possible for someone jemandem etwas ermöglichen

possibly ['pɒsəblɪ] **1** if I possibly can wenn ich irgend kann; I can't possibly do it ich kann das unmöglich tun **2** *umg* vielleicht, eventuell; could you possibly lend me some money? könntest du mir vielleicht etwas Geld leihen?

post¹ [pəʊst] Pfosten, Pfahl, Mast

★**post²** [pəʊst] *Br* Post; **by post** mit der Post, per Post

★**post³** [pəʊst] **1** *Br* aufgeben, einwerfen (*Brief usw.*) **2** *im Internet:* verbreiten, posten (*Nachricht usw.*); post something on the Internet etwas ins Internet stellen **3** keep someone posted jemanden auf dem Laufenden halten

post⁴ [pəʊst] **1** (Arbeits)Stelle **2** Posten

post⁵ [pəʊst] **1** postieren (*Polizisten usw.*)

post⁶ [pəʊst] **1** anschlagen, ankleben (*Plakat usw.*) **2** durch Aushang bekannt geben

★**postage** ['pəʊstɪdʒ] Porto; how much is the postage on a letter to ...? wie viel kostet ein Brief nach ...?; postage and packing Porto und Verpackung; postage paid Entgelt bezahlt, portofrei

postal ['pəʊstl] **1** Post..., postalisch; postal vote Briefwahl **2** *US, umg* go postal vor Wut: ausrasten, durchdrehen

postbox ['pəʊstbɒks] *Br* Briefkasten

★**postcard** ['pəʊstkɑːd] Postkarte, *oft auch* Ansichtskarte

★**postcode** ['pəʊstkəʊd] *Br* Postleitzahl

★**poster** ['pəʊstə] Plakat, Poster

poste restante [ˌpəʊst'restɒnt] *Br* postlagernd

posterior [pɒ'stɪərɪə] *humorvoll* (≈ *Gesäß*) Allerwerteste

posterity [pɒ'sterətɪ] die Nachwelt

post-free [ˌpəʊst'friː] *Br* portofrei

postgrad [ˌpəʊst'græd] *umg,* **postgraduate** [ˌpəʊst'grædjʊət] Studierende(r) mit bereits einem Hochschulabschluss

posthumous ['pɒstjʊməs] posthum, postum

Post-it® note ['pəʊstɪt ˌnəʊt] Post-it®, Haftnotiz

★**postman** ['pəʊstmən] *pl:* postmen ['pəʊstmən] *Br* Briefträger, Postbote

postmark ['pəʊstmɑːk] Poststempel

post-modern [ˌpəʊst'mɒdn] postmodern

post-mortem [ˌpəʊst'mɔːtəm] **1** *auch* post-mortem examination Autopsie, Obduktion **2** *übertragen* Manöverkritik (*nach Scheitern eines Vorhabens*)

★**post office** [ˌpəʊst'ɒfɪs] Postamt; the Post Office die Post®; post office box Postfach

postpaid [ˌpəʊst'peɪd] *US* portofrei

postpone [ˌpəʊs'pəʊn] verschieben (**to** auf), aufschieben (**to** auf; **till, until** bis); he postponed seeing his doctor er verschob seinen Arztbesuch

postponement [ˌpəʊs'pəʊnmənt] Aufschub

postscript ['pəʊsskrɪpt] **1** *in Brief:* Postskript(um), Nachschrift **2** *zu einer Rede usw.:* Nachbemerkung **3** *in einem Buch:* Nachwort

posture [▲'pɒstʃə] (Körper)Haltung, Stellung

postwar ['pəʊstwɔː] Nachkriegs...

postwoman ['pəʊstˌwʊmən] *pl:* postwomen ['pəʊstˌwɪmɪn] *Br* Postbotin, Briefträgerin

★**pot¹** [pɒt] **1** Topf, ...topf **2** (Tee-, Kaffee)Kanne **3** Kännchen, Portion; a pot of tea (*bzw.* coffee) ein Kännchen Tee (*bzw.* Kaffee) **4** *Wendungen:* he's got pots of money *Br, umg* er ist steinreich, er hat Geld wie Heu; go to pot *umg* auf den Hund kommen; *Pläne usw.:* ins Wasser fallen

pot² [pɒt] *umg* (≈ *Marihuana*) Pot

pot³ [pɒt] eintopfen (*Pflanze*)

★**potato** [pə'teɪtəʊ] *pl:* potatoes Kartoffel, *bes.* Ⓐ Erdapfel; hot potato *umg, übertragen* heißes Eisen

potato chips [pəˈteɪtəʊ ˌtʃɪps] *pl US*, **potato crisps** [pəˌteɪtəʊˈkrɪsps] *pl Br* Kartoffelchips

potato peeler [pəˈteɪtəʊˌpiːlə] *Küchengerät:* Kartoffelschäler

potato salad [pəˌteɪtəʊˈsæləd] Kartoffelsalat

potency [ˈpəʊtnsɪ] Stärke

potent [ˈpəʊtnt] ❶ *Medikament usw.:* stark ❷ *Argument usw.:* überzeugend, zwingend

potential¹ [pəˈtenʃl] potenziell, möglich

potential² [pəˈtenʃl] ❶ Potenzial, Leistungsfähigkeit; **he has the potential to be a top athlete** er hat das Zeug zu einem Spitzenathleten ❷ *Elektrotechnik:* Spannung

potentially [pəˈtenʃəlɪ] potenziell, möglicherweise

pothole [ˈpɒthəʊl] ❶ *in Straße:* Schlagloch ❷ *unterirdisch:* Höhle

potion [ˈpəʊʃn] *s* Trank *m*

pot luck [ˌpɒtˈlʌk] **take pot luck** sich überraschen lassen; nehmen, was kommt

pot plant [ˈpɒtˌplɑːnt] Topfpflanze

potter¹ [ˈpɒtə] ❶ schlendern ❷ *Br auch* **potter about** (*oder* **around**) herumwerkeln

potter² [ˈpɒtə] Töpfer(in); **potter's wheel** Töpferscheibe

pottery [ˈpɒtərɪ] ❶ (die) Töpferei ❷ Töpferwaren

potting compost [ˈpɒtɪŋˌkɒmpɒst] Pflanzerde

potty¹ [ˈpɒtɪ] *Br, umg* verrückt; **drive someone potty** jemanden zum Wahnsinn treiben; **he's potty about monster movies** er ist (ganz) verrückt nach Monsterfilmen

potty² [ˈpɒtɪ] *umg* Töpfchen (*für Kleinkinder*)

potty-trained [ˈpɒtɪtreɪnd] *Kleinkind:* sauber

pouch [paʊtʃ] ❶ Beutel (*auch bei Beuteltieren*) ❷ *unter den Augen:* Tränensack ❸ *Hamster usw.:* (Backen)Tasche

poultry [ˈpəʊltrɪ] Geflügel

PHRASAL VERBS

pounce on [ˈpaʊnsˌɒn] *übertragen* sich stürzen auf

★**pound** [paʊnd] ❶ *Gewichtseinheit:* Pfund; **a pound of cherries** ein Pfund Kirschen; **two pounds of apples** zwei Pfund Äpfel; **by the pound** pfundweise (△ *Zeichen:* **lb**; *ein lb* = ca. 453 g) ❷ britische Währungseinheit: Pfund; **five-pound note** Fünfpfundschein; **pound sterling** Pfund Sterling; **five pounds** fünf Pfund (△ *Zeichen:* £)

★**pour** [pɔː] ❶ gießen, schütten; **pour someone a cup of tea** jemandem eine Tasse Tee eingießen ❷ (*Flüssigkeit*) strömen (*auch übertragen*) ❸ **it's pouring down, it's pouring with rain** es gießt in Strömen

---
PHRASAL VERBS

pour out [ˌpɔːrˈaʊt] ❶ ausgießen (*Wasser usw.*) ❷ einschenken (*Getränk*) ❸ **he poured his heart out to me** *übertragen* er hat mir sein Herz ausgeschüttet

---

pout [paʊt] ❶ einen Schmollmund machen ❷ schmollen

★**poverty** [ˈpɒvətɪ] Armut

poverty line [ˈpɒvətɪˌlaɪn] Armutsgrenze

poverty-stricken [ˈpɒvətɪˌstrɪkən] arm, Not leidend

POW [ˌpiːəʊˈdʌbljuː] (*abk für* **prisoner of war**) Kriegsgefangene(r)

★**powder¹** [ˈpaʊdə] ❶ Pulver; **(gun)powder** Schießpulver ❷ Puder (*für Kosmetik usw.*)

★**powder²** [ˈpaʊdə] pudern (*Gesicht usw.*)

powdered milk [ˌpaʊdədˈmɪlk] Milchpulver, Trockenmilch

powdered sugar [ˌpaʊdədˈʃʊgə] *US* Puderzucker; → **icing sugar** *Br*

powder room [ˈpaʊdəˌruːm] Damentoilette

★**power¹** [ˈpaʊə] ❶ Macht, Gewalt (**over** über); **be in power** *politisch:* an der Macht sein; **be in someone's power** in jemandes Gewalt sein ❷ *Recht usw.:* (Amts)Gewalt, Befugnis ❸ Kraft, Macht; **he did everything in his power** er tat alles, was in seiner Macht stand ❹ Vermögen, Fähigkeit; **his powers of concentration** sein Konzentrationsvermögen ❺ Kraft, *Sturm usw.:* Wucht, Gewalt ❻ Energie; **they cut off the power** sie haben den Strom abgestellt ❼ *von Maschine:* Leistung; **on full power** bei voller Leistung ❽ *Mathematik:* Potenz; **to the power (of) 2** hoch 2

★**power²** [ˈpaʊə] ❶ *mit Motor:* antreiben; **powered by electricity** mit Elektroantrieb ❷ *mit Brennstoff:* betreiben

---
PHRASAL VERBS

power down [ˌpaʊəˈdaʊn] ❶ abschalten (*elektrisches Gerät*) ❷ herunterfahren (*Computer*)

power up [ˌpaʊəˈrʌp] ❶ einschalten (*elektrisches Gerät*) ❷ hochfahren (*Computer*)

---

powerboat [ˈpaʊəbəʊt] Rennboot

power brake [ˈpaʊəˌbreɪk] *Auto:* Servobremse

power cable [ˈpaʊəˌkeɪbl] Stromkabel

power cut [ˈpaʊəˌkʌt] *Br* Stromausfall, *absichtlich:* Stromsperre

power drill [ˈpaʊəˌdrɪl] Bohrmaschine

power failure ['paʊəˌfeɪljə] Stromausfall
★**powerful** ['paʊəfl] **1** stark (*auch übertragen*), kräftig **2** mächtig, einflussreich
powerless ['paʊələs] **1** machtlos **2 be powerless to do something** nicht die Möglichkeit haben, etwas zu tun
power line ['paʊə_laɪn] Stromleitung
power outage ['paʊərˌaʊtɪdʒ] *US* Stromausfall; → **power cut** *Br*
power pack ['paʊə_pæk] *von Elektrogerät*: Netzteil
power plant ['paʊə_plɑːnt] Kraftwerk
power point ['paʊə_pɔɪnt] *Br* Steckdose
★**power station** ['paʊəˌsteɪʃn] Kraftwerk
power steering [ˌpaʊə'stɪərɪŋ] *Auto*: Servolenkung
power supply ['paʊə_səˌplaɪ] Stromversorgung
power tool ['paʊə_tuːl] Elektrowerkzeug
power unit ['paʊəˌjuːnɪt] Netzteil
power walking ['paʊəˌwɔːkɪŋ] Walken; **go power walking** walken gehen
PR [ˌpiː'ɑː] *abk für* → **public relations**
practicable ['præktɪkəbl] durchführbar
★**practical** ['præktɪkl] **1** *allg*.: praktisch; **practical (exam)** praktische Prüfung; **practical experience** praktische Erfahrung **2** *Person*: praktisch veranlagt **3** vernünftig, realistisch
practically ['præktɪklɪ] praktisch, so gut wie
★**practice**[1] ['præktɪs] **1** Praxis; **in practice** in der Praxis; **put into practice** in die Praxis umsetzen **2** Übung, Training; **out of practice** aus der Übung; **practice makes perfect** Übung macht den Meister **3** (Arzt-, Anwalts-)Praxis **4** Brauch, Gewohnheit; **practices** *pl negativ*: Praktiken; **it's common practice** es ist allgemein üblich
★**practice**[2] ['præktɪs] Übungs..., Probe...
★**practice**[3] ['præktɪs] *US* **1** trainieren, (ein)üben (*Musikstück usw*.); **practice the piano** Klavier üben **2** *als Anwalt, Arzt usw*.: praktizieren; → **practise** *Br*
practiced ['præktɪst] *US* geübt (**at, in** in); → **practised** *Br*
★**practise** ['præktɪs] *Br* **1** trainieren, (ein)üben (*Musikstück usw*.); **practise the piano** Klavier üben **2** *als Anwalt, Arzt usw*.: praktizieren; **practise a profession** einen Beruf ausüben
practised ['præktɪst] *Br* geübt (**at, in** in); **he's (well) practised at managing difficult situations** er ist darin geübt, mit schwierigen Situationen umzugehen
pragmatic [præg'mætɪk] pragmatisch

pragmatist ['prægmətɪst] Pragmatiker(in)
Prague [prɑːg] Prag
★**praise**[1] [preɪz] loben (**for** wegen)
★**praise**[2] [preɪz] Lob; **win praise** Lob ernten
praiseworthy ['preɪzˌwɜːðɪ] lobenswert
pram [præm] *Br* Kinderwagen
prank [præŋk] Streich
prattle ['prætl] *auch* **prattle on** plappern (**about** von)
★**prawn** [prɔːn] Garnele, Krabbe
★**pray** [preɪ] beten (**to** zu; **for** für, um)
★**prayer** [preə] **1** Gebet; **prayer book** Gebetbuch **2 prayers** *pl Gottesdienst*: Andacht
preach [priːtʃ] predigen (**to** zu, vor)
preacher ['priːtʃə] Prediger(in)
preamble [priːˈæmbl] **1** *von Buch usw*.: Einleitung, Vorwort **2** *juristisch*: Präambel
prearrange [ˌpriːəˈreɪndʒ] vorher abmachen (*oder* vereinbaren)
precarious [prɪˈkeərɪəs] prekär, unsicher
precaution [prɪˈkɔːʃn] Vorkehrung, Vorsichtsmaßnahme (**against** gegen); **as a precaution** zur Vorsicht, vorsichtshalber
precede [prɪˈsiːd] *zeitlich*: vorausgehen, vorangehen
precedence [⚠ 'presɪdəns] Vorrang; **have** (*oder* **take**) **precedence over** Vorrang haben vor
precedent [⚠ 'presɪdənt] **1** *Recht*: Präzedenzfall (*auch übertragen*) **2 without precedent** ohne Beispiel, noch nie dagewesen
precinct ['priːsɪŋkt] **1** *in der Stadt*: Zone, Bereich **2** *US* (Polizei-, Wahl)Bezirk
★**precious**[1] ['preʃəs] **1** kostbar (*auch übertragen*) **2 precious metal** ['metl] Edelmetall; **precious stone** Edelstein
★**precious**[2] ['preʃəs] **precious little** *umg* herzlich wenig
precipice [⚠ 'presəpɪs] Abgrund
★**precise** [prɪˈsaɪs] genau, präzis; **to be precise** genau gesagt
precisely [prɪˈsaɪslɪ] **1** genau; **at eight o'clock precisely** genau um acht Uhr **2 precisely!** genau!
precision [prɪˈsɪʒn] **1** Genauigkeit, Präzision **2 precision engineering** Feinmechanik
precocious [prɪˈkəʊʃəs] *Kind*: frühreif
precondition [ˌpriːkənˈdɪʃn] Vorausbedingung, Voraussetzung
precook [ˌpriːˈkʊk] vorkochen
predate [priːˈdeɪt] **1** *zeitlich*: vorangehen **2** zurückdatieren (*Brief usw*.)
predator [⚠ 'predətə] Raubtier
predecessor ['priːdɪsesə] Vorgänger(in)

predestined [priːˈdestɪnd] prädestiniert, vorherbestimmt

predetermine [ˌpriːdɪˈtɜːmɪn] vorherbestimmen

predicament [prɪˈdɪkəmənt] missliche Lage, Zwangslage

predicate [ˈpredɪkət] *Sprache*: Prädikat, Satzaussage

predicative [prɪˈdɪkətɪv] *Sprache*: prädikativ

predict [prɪˈdɪkt] vorhersagen, voraussagen

predictable [prɪˈdɪktəbl] vorhersagbar, voraussagbar

prediction [prɪˈdɪkʃn] Vorhersage, Voraussage

predominant [prɪˈdɒmɪnənt] *Meinung usw.*: (vor)herrschend, überwiegend

predominate [prɪˈdɒmɪneɪt] **1** überlegen sein, die Oberhand haben (**over** über) **2** *zahlenmäßig.*: vorherrschen, überwiegen

pre-empt [prɪˈempt] zuvorkommen

pre-emptive [prɪˈemptɪv] präventiv; **pre-emptive strike** (*oder* **attack**) *militärisch*: Präventivschlag

prefabricate [ˌpriːˈfæbrɪkeɪt] vorfertigen; **prefabricated house** Fertighaus

preface [▲ˈprefəs] Vorwort (**to** zu)

prefect [ˈpriːfekt] *Br; etwa*: Aufsichtsschüler(in), Vertrauensschüler(in)

★**prefer** [prɪˈfɜː], preferred, preferred vorziehen (**to** *Dativ*), lieber mögen (**to** als), bevorzugen; **I prefer meat to fish** Fleisch ist mir lieber als Fisch; **he prefers listening to talking** er hört lieber zu, als dass er redet; **I'd prefer to stay at home** ich würde lieber zu Hause bleiben

preferable [▲ˈprefrəbl] **be preferable (to)** vorzuziehen sein, besser sein (als)

preferably [▲ˈprefrəblɪ] lieber, am liebsten, wenn möglich; **preferably not** möglichst nicht

preference [▲ˈprefrəns] Vorliebe (**for** für)

preferential [ˌprefəˈrenʃl] bevorzugt, Vorzugs...; **he gets preferential treatment** er wird bevorzugt behandelt

prefix [ˈpriːfɪks] *Sprache*: Vorsilbe, Präfix

pregnancy [ˈpregnənsɪ] **1** Schwangerschaft **2** *bei Tieren*: Trächtigkeit

pregnant [ˈpregnənt] **1** schwanger; **she's three months pregnant** sie ist im vierten Monat schwanger **2** *bei Tieren*: trächtig

preheat [ˌpriːˈhiːt] vorheizen

prehistoric [ˌpriːhɪˈstɒrɪk] prähistorisch, vorgeschichtlich

pre-installed [ˌpriːɪnˈstɔːld] *Computer*: vorinstalliert

prejudge [ˌpriːˈdʒʌdʒ] vorverurteilen (*Person*); **prejudge the issue** sich vorschnell eine Meinung bilden

prejudice [▲ˈpredʒʊdɪs] Vorurteil; **have a prejudice against someone** gegen jemanden Vorurteile haben

prejudiced [▲ˈpredʒʊdɪst] (vor)eingenommen, *Richter uw.*: befangen

preliminary [prɪˈlɪmɪnərɪ] Vor..., vorbereitend, einleitend

prelude [▲ˈpreljuːd] **1** *Musik*: Vorspiel (**to** zu) **2** *Musik*: Präludium **3** *übertragen* Auftakt (*zu Unruhen usw.*)

premarital [ˌpriːˈmærɪtl] vorehelich

premature [▲ˈpremətʃə] **1** vorzeitig, verfrüht, allzu früh; **premature baby** Frühgeburt **2** *übertragen* voreilig

premeditated [priːˈmedɪteɪtɪd] vorsätzlich

premier [ˈpremɪə] Premier, Premierminister(in)

premiere, première [ˈpremɪeə] Premiere

premises [▲ˈpremɪsɪz] *pl* Gelände, Grundstück, Räumlichkeiten; **on the premises** an Ort und Stelle, im Haus bzw. Lokal

premium [ˈpriːmɪəm] **1** Versicherungsprämie **2** Prämie, Bonus **3** *US; Benzin*: Super **4** **be at a premium** *übertragen* hoch im Kurs stehen

premonition [ˌpreməˈnɪʃn] (böse) Vorahnung

prenuptial [ˌpriːˈnʌpʃl] **prenuptial agreement** Ehevertrag

preoccupation [priːˌɒkjʊˈpeɪʃn] Beschäftigung (**with** mit)

preoccupied [priːˈɒkjʊpaɪd] **1** vertieft (**with** in) **2** gedankenverloren, geistesabwesend

preoccupy [priːˈɒkjʊpaɪ] (*Arbeit, Sorgen usw.*) (stark) beschäftigen

preordain [ˌpriːɔːˈdeɪn] vorherbestimmen; **his success was preordained** sein Erfolg war ihm vorherbestimmt

pre-owned [ˌpriːˈəʊnd] aus 2. Hand

prep [prep] *Br, umg* Hausaufgabe, Hausaufgaben *pl*; **do one's prep** seine Hausaufgaben machen

prepaid [ˌpriːˈpeɪd] vorausbezahlt, *Brief usw.*: freigemacht

★**preparation** [ˌprepəˈreɪʃn] **1** Vorbereitung (*auch für Prüfung usw.*) (**for** auf, für) **2** Zubereitung (*von Speisen*) **3** **make preparations** Vorbereitungen treffen **4** *Medizin, Kosmetik usw.*: Präparat

preparatory school [prɪˈpærətərɪ ˌskuːl] → prep school

★**prepare** [prɪˈpeə] **1** vorbereiten (*Fest, Rede usw.*) **2** zubereiten (*Speise usw.*) **3** **prepare (oneself) for** sich vorbereiten auf, sich gefasst machen auf

prepared [prɪ'peəd] **1** gefasst, vorbereitet (**for** auf) **2** *Rede usw.*: vorbereitet **3** bereit, gewillt; **I'm not prepared to wait for hours** ich bin nicht gewillt, stundenlang zu warten

preposition [ˌprepə'zɪʃn] *Sprache*: Präposition, Verhältniswort

preposterous [prɪ'pɒstərəs] *Idee, Vorschlag, Forderung usw.*: absurd, grotesk

prep school ['prep ˌskuːl] *umg* **1** in GB: private Vorbereitungsschule auf eine weiterführende Privatschule (Alter 8-13) **2** in US: private Vorbereitungsschule auf das College

prerequisite [priː'rekwəzɪt] Voraussetzung (**for, of, to** für)

preschool ['priːskuːl] **of preschool age** im Vorschulalter

★**prescribe** [prɪ'skraɪb] (*Arzt usw.*) verschreiben, verordnen (*Medikament*) (**for** gegen)

★**prescription** [prɪ'skrɪpʃn] **1** Rezept (*auch übertragen*); **available only on prescription** rezeptpflichtig; **prescription charge** Rezeptgebühr **2** verordnete Medizin

★**presence** ['prezns] **1** Gegenwart, Anwesenheit **2** *von Dingen*: Vorhandensein

presence of mind [ˌprezns əv'maɪnd] Geistesgegenwart

★**present**[1] ['preznt] Geschenk

★**present**[2] [▲prɪ'zent] **1** überreichen, übergeben; **present something to someone, present someone with something** jemandem etwas überreichen **2** bieten (*Möglichkeit usw.*), darstellen (*Schwierigkeit usw.*); **this should present no problem (to him)** das dürfte (für ihn) kein Problem sein **3** vorbringen, unterbreiten (*Vorschlag*) **4** *Kino*: zeigen, *Theater*: aufführen **5** **if the opportunity presents itself** wenn sich die Chance bietet

★**present**[3] ['preznt] **1** anwesend (**at** bei); **present company excepted** Anwesende ausgenommen **2** gegenwärtig, jetzig, derzeitig; **at the present moment** zum gegenwärtigen Zeitpunkt; **in the present case** im vorliegenden Fall **3** *von Dingen*: vorhanden

★**present**[4] ['preznt] **1** (≈ *Jetzt*) Gegenwart; **at present** gegenwärtig, zurzeit; **for the present** vorerst, vorläufig **2** *Sprache*: Präsens

presentable [prɪ'zentəbl] *Person*: vorzeigbar; **be presentable** sich sehen lassen können; **make oneself presentable** sich zurechtmachen

presentation [ˌprezn'teɪʃn] **1** Vorführung, Präsentation; **give a presentation on/about something** einen Vortrag über etwas halten **2** Überreichung (*von Preisen usw.*)

presentation tool [ˌprezn'teɪʃn ˌtuːl] *Computer*: Präsentationsprogramm

present continuous [ˌpreznt kən'tɪnjʊəs] *Sprache*: Verlaufsform der Gegenwart

present-day ['preznt ˌdeɪ] *Mode, Probleme usw.*: heutige(r, -s)

presenter [prɪ'zentə] *Br; Rundfunk, TV*: Moderator(in)

presently ['prezntlɪ] **1** *förmlich*: in Kürze, bald **2** *bes. US* gegenwärtig, derzeit

present participle [ˌpreznt'pɑːtɪsɪpl] *Sprache*: Partizip Präsens

present perfect [ˌpreznt'pɜːfɪkt] *Sprache*: Perfekt, zweite Vergangenheit

present tense [ˌpreznt'tens] *Sprache*: Präsens, Gegenwart

preservation [ˌprezə'veɪʃn] **1** Erhaltung; **in a good state of preservation** gut erhalten **2** Konservierung

preservative [prɪ'zɜːvətɪv] Konservierungsmittel (▲*Präservativ* = **condom**)

preserve[1] [prɪ'zɜːv] **1** bewahren, erhalten (*Ordnung, Unabhängigkeit usw.*) **2** haltbar machen, konservieren, einmachen (*Lebensmittel*)

preserve[2] [prɪ'zɜːv] *mst.* **preserves** *pl* Eingemachtes

preserving jar [prɪ'zɜːvɪŋ ˌdʒɑː] Einmachglas

preside [prɪ'zaɪd] den Vorsitz führen (*oder* haben) (**at, over** bei); **preside at a meeting** *auch* eine Versammlung leiten

presidency ['prezɪdənsɪ] *Politik* **1** *Amt*: Präsidentschaft **2** Amtszeit (*eines Präsidenten*)

★**president** ['prezɪdənt] **1** Präsident(in) **2** Vorsitzende(r) (*eines Klubs usw., bes US*: einer Firma, Bank usw.)

★**press**[1] [pres] **1** *Zeitung usw*: Presse **2** (Drucker)Presse **3** Presse (*für Früchte usw.*)

★**press**[2] [pres] **1** drücken (*Knopf usw.*) **2** drücken auf (*Knopf usw.*) **3** (aus)pressen (*Frucht*), pressen (*Blumen*) **4** bügeln (*Hose*) **5** (be)drängen; **she pressed me to tell him** sie legte mir nahe, es ihm zu sagen **6** **be pressed for time** unter Zeitdruck stehen

---
PHRASAL VERBS

press on [ˌpres'ɒn] **1** *auch* **press ahead** übertragen weitermachen (**with** mit) **2** **press something on someone** jemandem etwas aufdrängen

---

press agency ['presˌeɪdʒənsɪ] Presseagentur

press box ['pres ˌbɒks] *in Stadion usw.*: Pressetribüne; **in the pressbox** auf der Pressetribüne

press clipping ['pres,klɪpɪŋ] → press cutting

press conference ['pres,kɒnfrəns] Pressekonferenz

press cutting ['pres,kʌtɪŋ] *Br* Zeitungsausschnitt

pressing ['presɪŋ] *Angelegenheit*: dringend

press release ['pres_rɪ,li:s] Pressemitteilung, Presseverlautbarung

press-stud ['pres_stʌd] *Br* Druckknopf

press-up ['presʌp] *Br* Liegestütz

★**pressure** ['preʃə] *allg.*: Druck; **at high/full pressure** unter Hochdruck; **under pressure** *übertragen* unter Druck; **put pressure on** *übertragen* Druck ausüben auf; **parental pressure** Druck vonseiten der Eltern

pressure cooker ['preʃə,kʊkə] Schnellkochtopf

pressure gauge [⚠ 'preʃə_ɡeɪdʒ] Manometer

pressure group ['preʃə_ɡru:p] *Politik*: Interessengruppe, Pressuregroup

prestige [pre'sti:ʒ] Prestige, Ansehen

prestigious [pre'stɪdʒəs] **1** *Schule, Autor usw.*: renommiert **2** mit Prestige, Prestige...

presumably [prɪ'zju:məblɪ] vermutlich

presume [prɪ'zju:m] annehmen, vermuten

presumption [prɪ'zʌmpʃn] Annahme, Vermutung

pre-tax [,pri:'tæks] unversteuert; **pre-tax profit** Gewinn vor Abzug der Steuer

pretence, *US* **pretense** [prɪ'tens] **1** Heuchelei, Verstellung; **it's only a pretence** es ist nur gespielt **2** **under false pretences** unter Vorspiegelung falscher Tatsachen

pretend [prɪ'tend] vorgeben, vortäuschen, *beim Spiel*: so tun als ob; **pretend to be asleep** sich schlafend stellen; **he's only pretending** er tut nur so

pretense [prɪ'tens] *US* → pretence

pretentious [prɪ'tenʃəs] *abwertend* prätentiös, wichtigtuerisch, gewollt

preterite ['pretərɪt] *Sprache*: Präteritum, (erste) Vergangenheit

pretext [⚠ 'pri:tekst] Vorwand; **under** (*oder* **on**) **the pretext of having to work** unter dem Vorwand, arbeiten zu müssen

★**pretty¹** ['prɪtɪ] **1** *allg.*: hübsch; (⚠ *bei einem Mann spricht man von* **handsome**) **2** **be sitting pretty** *umg* (finanziell) gut dastehen

★**pretty²** ['prɪtɪ] *umg* **1** ziemlich, ganz schön; **pretty cold** ziemlich kalt **2** **pretty much the same thing** so ziemlich dasselbe

prevail [prɪ'veɪl] **1** (*Anschauung, Brauch usw.*) vorherrschen, weit verbreitet sein **2** siegen (**over, against** über), sich durchsetzen (**over, against** gegen)

prevailing [prɪ'veɪlɪŋ] (vor)herrschend; **the prevailing winds are from the southeast** der Wind kommt vorwiegend aus Südost

★**prevent** [prɪ'vent] **1** verhindern, verhüten (*Unfall usw.*) **2** **prevent someone from doing something** jemanden (daran) hindern (*oder* davon abhalten), etwas zu tun

prevention [prɪ'venʃn] Verhinderung, Verhütung (**of** von); **prevention is better than cure** vorbeugen ist besser als heilen

preventive [prɪ'ventɪv] *Maßnahme usw.*: vorbeugend, präventiv

preview ['pri:vju:] *Film, TV, auch allg.*: Vorschau (**of** auf)

previous ['pri:vɪəs] vorhergehend, vorausgehend, vorherig; **on the previous day** am Tag davor, am Vortag

previously ['pri:vɪəslɪ] früher, vorher

prey [preɪ] Beute, Opfer (*eines Raubtiers; auch übertragen*); **be easy prey** *übertragen* eine leichte Beute sein (**for** für)

★**price¹** [praɪs] **1** Preis (*auch übertragen*); **what sort of price is it?** was (*oder* wie viel) kostet es in etwa?; **the price of coffee** die Kaffeepreise; **go up** (*oder* **rise**) **in price** teurer werden; **go down** (*oder* **fall**) **in price** billiger werden; **they range in price from £10 to £30** die Preise dafür bewegen sich zwischen £ 10 und £ 30 **2** **put a price on someone's head** eine Belohnung für jemandes Ergreifung aussetzen **3** **at a price** für entsprechendes Geld **4** **I wouldn't sell it at 'any price** *übertragen* ich würde es um keinen Preis verkaufen

★**price²** [praɪs] **it was priced at £5** es war mit £ 5 ausgezeichnet, es kostete £ 5; **tickets priced at £20** Karten zum Preis von £ 20; **reasonably priced** angemessen im Preis

price-conscious ['praɪs,kɒnʃəs] preisbewusst

price cut ['praɪs_kʌt] Preissenkung

price freeze ['praɪs_fri:z] Preisstopp

price increase ['praɪs_ɪn,kri:s] Preiserhöhung

priceless ['praɪsləs] *Kunstwerk, auch Talent usw.*: unbezahlbar

price list ['praɪs_lɪst] Preisliste

price range ['praɪs_reɪndʒ] Preisklasse, Preiskategorie

price reduction ['praɪs_rɪ,dʌkʃn] Preisermäßigung

price tag ['praɪs_tæɡ] Preisschild

pricey ['praɪsɪ] *umg* teuer

prick¹ [prɪk] **1** (Insekten-, Nadel)Stich; **pricks** pl **of conscience** übertragen Gewissensbisse **2** Einstich **3** vulgär Pimmel **4** vulgär; dummer Mann: Idiot, Arschloch

prick² [prɪk] **1** (durch)stechen, stechen in; **prick one's finger** sich in den Finger stechen (**on** an; **with** mit) **2 prick up one's ears** übertragen die Ohren spitzen

prickle¹ ['prɪkl] Stachel, Pflanzen auch: Dorn

prickle² ['prɪkl] prickeln (auch übertragen), kratzen

prickly ['prɪklɪ] **1** stachelig, Pflanzen auch: dornig **2** prickelnd (auch übertragen) **3** umg; Angelegenheit usw.: haarig

pricy ['praɪsɪ] → pricey

★**pride** [praɪd] **1** Stolz (auch Gegenstand des Stolzes); **take (great) pride in** (sehr) stolz sein auf **2** im negativen Sinn: Hochmut

★**priest** ['priːst] Priester(in)

priesthood ['priːsthʊd] **1** Priesteramt, Priesterwürde **2** die Priester: Priesterschaft

primarily [praɪ'merəlɪ] in erster Linie, vor allem

primary¹ ['praɪmərɪ] **1** wichtigste(r, -s), Haupt... **2** grundlegend, Grund...

primary² ['praɪmərɪ] in den USA; Politik: Vorwahl

primary school ['praɪmərɪ ˌskuːl] Br Grundschule, Ⓐ Volksschule

prime¹ [praɪm] **in the prime of life** in der Blüte seiner Jahre

prime² [praɪm] **1** wichtigste(r, -s), Haupt...; **the prime cause of ...** der Hauptgrund für ... **2** Qualität usw.: erstklassig

Prime Minister [ˌpraɪm'mɪnɪstə] Ministerpräsident(in), Premierminister(in)

prime time [ˈpraɪm ˌtaɪm] bes. US; TV: Haupteinschaltzeit, Hauptsendezeit

primeval [praɪˈmiːvl] urzeitlich, Ur...

primitive ['prɪmətɪv] **1** urzeitlich, primitiv **2** primitiv (auch abwertend)

★**prince** [prɪns] **1** in Königsfamilie: Prinz **2** Herrscher: Fürst

Prince Charming [ˌprɪns'tʃɑːmɪŋ] **1** im Märchen: Königssohn, Prinz **2** übertragen Märchenprinz

princess [prɪn'ses, vor Namen: 'prɪnses] **1** in Königsfamilie: Prinzessin **2** Frau eines Fürsten: Fürstin

★**principal¹** ['prɪnsəpl] wichtigste(r, -s), Haupt...

★**principal²** ['prɪnsəpl] **1** US; Schule usw.: Rektor(in) **2** Theater: Hauptdarsteller(in), Musik: Solist(in)

principality [ˌprɪnsəˈpælətɪ] Fürstentum

principally ['prɪnsəplɪ] hauptsächlich

principle ['prɪnsəpl] **1** Prinzip, Grundsatz; **in principle** im Prinzip, an sich; **on principle** prinzipiell, aus Prinzip **2** Physik usw.: Prinzip, (Natur)Gesetz

★**print¹** [prɪnt] **1** das Gedruckte; **the small print** das Kleingedruckte (eines Vertrags) **2** Abdruck (bes. von Finger oder Fuß) **3** Kunst: Druck, Fotografie: Abzug **4 out of print** Buch: vergriffen; **in print** gedruckt, Buch: erhältlich

★**print²** [prɪnt] **1** allg.: drucken; **printed matter** Postwesen: Drucksache **2** Foto: abziehen **3** Zeitung usw.: abdrucken, veröffentlichen (Rede usw.) **4** bedrucken (Stoff usw.) **5** in Druckbuchstaben schreiben

PHRASAL VERBS

★**print out** [ˌprɪnt'aʊt] Computer: ausdrucken

★**printer** ['prɪntə] **1** Gerät: Drucker **2** Person: Drucker(in)

printer driver ['prɪntəˌdraɪvə] Computer: Druckertreiber

printing ['prɪntɪŋ] **1** (der) Buchdruck **2** Drucken **3 printing error** Druckfehler

printout ['prɪntaʊt] Computer: Ausdruck

prior ['praɪə] **1** vorherig, früher **2 prior to** vor

prioritize [praɪ'ɒrɪtaɪz] **1** der Priorität nach ordnen, priorisieren **2** Priorität einräumen

priority [praɪ'ɒrətɪ] **1** Priorität, Vorrang; **give priority to something** einer Sache den Vorrang geben; **have** (oder **take**) **priority** den Vorrang haben (**over** vor), vorgehen **2** vorrangige Sache **3** Straßenverkehr: Vorfahrt; **have priority** Vorfahrt haben

prism ['prɪzm] Prisma

★**prison** ['prɪzn] Gefängnis; **go to prison** ins Gefängnis kommen; **prison sentence** Gefängnisstrafe, Freiheitsstrafe

★**prisoner** ['prɪznə] Gefangene(r), Häftling; **hold** (oder **keep**) **someone prisoner** jemanden gefangen halten; **take someone prisoner** jemanden gefangen nehmen; **prisoner of war** Kriegsgefangene(r)

prissy ['prɪsɪ] umg zimperlich

privacy [⚠ 'prɪvəsɪ, US 'praɪvəsɪ] **1** Privatsphäre, Intimsphäre; **there's no privacy here** hier ist man nie ungestört **2 in strict privacy** streng vertraulich

★**private¹** ['praɪvət] **1** privat, Privat...; **private life** das Privatleben; **private property** Privatbesitz **2** Angelegenheit: vertraulich; **keep something private** etwas vertraulich behandeln

★**private²** ['praɪvət] militärisch: Gefreite(r)

private detective [ˌpraɪvət ˌdɪˈtektɪv], *umg*
private eye [ˌpraɪvətˈaɪ]) Privatdetektiv(in)
private lessons [ˌpraɪvətˈlesnz] *pl* Einzelunterricht; **have private lessons** Einzelunterricht bekommen
private parts [ˌpraɪvətˈpɑːts] *pl* Geschlechtsteile *pl*
private patient [ˌpraɪvətˈpeɪʃnt] Privatpatient(in)
private school [ˌpraɪvətˈskuːl] Privatschule
privation [praɪˈveɪʃn] Entbehrung
privatization [ˌpraɪvətaɪˈzeɪʃn] Privatisierung
privatize [ˈpraɪvətaɪz] privatisieren (*staatlichen Betrieb usw.*)
privilege [ˈprɪvəlɪdʒ] 1 Privileg, Vorrecht 2 (besondere) Ehre
privileged [ˈprɪvəlɪdʒd] 1 **we're privileged to ...** wir haben die Ehre, ... 2 *Gesellschaftsschicht usw.*: privilegiert
★ **prize¹** [praɪz] (Sieger)Preis, *Lotterie*: Gewinn
★ **prize²** [praɪz] 1 preisgekrönt 2 Preis...; **prize money** Preisgeld 3 *umg* **prize idiot** Vollidiot
★ **prize³** [praɪz] (hoch) schätzen (*Wertgegenstand usw.*); **prized possession** wertvollster Besitz
pro [prəʊ] *pl*: **pros** *umg* Profi; → **pros and cons**
probability [ˌprɒbəˈbɪlətɪ] Wahrscheinlichkeit; **in all probability** aller Wahrscheinlichkeit nach, höchstwahrscheinlich
★ **probable** [ˈprɒbəbl] wahrscheinlich
★ **probably** [ˈprɒbəblɪ] wahrscheinlich
probation [prəˈbeɪʃn] 1 *von Berufsanfänger usw.*: Probe(zeit); **he's still on probation** er ist noch in der Probezeit 2 *Recht*: Bewährung(sfrist); **put someone on probation** jemandes Strafe zur Bewährung aussetzen; **probation officer** Bewährungshelfer(in)
probationary period [prəˈbeɪʃnərɪˌpɪərɪəd] 1 *von Berufsanfänger usw.*: Probezeit 2 *Recht*: Bewährungsfrist
probe [prəʊb] 1 *Medizin, Technik*: Sonde 2 Untersuchung (▲*nicht* Probe)

PHRASAL VERBS

probe into [ˈprəʊbˌɪntʊ] erforschen, (gründlich) untersuchen

★ **problem** [ˈprɒbləm] 1 Problem; **he passed the exam without any problems** er bestand die Prüfung (völlig) problemlos; **what's the problem?** wo fehlt's?; **he's got a drink(ing) problem** er trinkt (zu viel); **no problem!** *umg* kein Problem! 2 *Mathematik usw.*: Aufgabe; **do a problem** eine Aufgabe lösen
problematic [ˌprɒbləˈmætɪk], **problematical** [ˌprɒbləˈmætɪkl] problematisch
probs [prɒbz] *Br, umg*: **no probs!** null Problemo, kein Problem
procedure [prəˈsiːdʒə] Verfahren(sweise), Vorgehen
proceed [prəˈsiːd] 1 (*Vorgang usw.*) weitergehen 2 fortfahren (**with** mit); **proceed with one's work** seine Arbeit fortsetzen 2 vorgehen, verfahren; **proceed with something** etwas durchführen; **proceed to do something** sich daranmachen, etwas zu tun 4 sich begeben (**to** nach, zu)
proceedings [prəˈsiːdɪŋz] *pl* 1 **legal proceedings** *Recht*: gerichtliche Schritte 2 *bes. ungewöhnliche Ereignisse*: Vorgänge, Geschehnisse 3 *von Sitzung usw.*: Protokoll, Mitschrift; *von Kongress*: Tätigkeitsbericht
proceeds [▲ˈprəʊsiːdz] *pl* Erlös, Ertrag
process¹ [ˈprəʊses] 1 Prozess (*einer Entwicklung*), Vorgang; **in the process** dabei; **be in process** im Gange sein; **be in the process of doing something** (gerade) dabei sein, etwas zu tun 2 *Industrie*: Prozess, Verfahren (▲(*Straf*)*Prozess* = **trial**)
process² [ˈprəʊses] 1 *Industrie*: verarbeiten, haltbar machen (*Lebensmittel*), (chemisch) behandeln 2 *Fotografie*: entwickeln (*Film*) 3 *EDV*: verarbeiten (*Daten*) 4 bearbeiten (*Anträge usw.*)
procession [prəˈseʃn] Prozession, Umzug
processor [ˈprəʊsesə] *Computer*: Prozessor
proclaim [prəˈkleɪm] verkünden, erklären; **proclaim someone king** jemanden zum König ausrufen
proclamation [ˌprɒkləˈmeɪʃn] Verkündung, Proklamation, Ausrufung
procure [prəˈkjʊə] beschaffen, besorgen
prod¹ [prɒd], (**prodded, prodded**) 1 stoßen (**at** nach); **prod someone in the ribs** jemandem einen Rippenstoß geben 2 *übertragen* anspornen, anstacheln (**into** zu); **prod someone's memory** jemandes Gedächtnis nachhelfen
prod² [prɒd] Stoß
prodigal [ˈprɒdɪgl] verschwenderisch; **the prodigal son** *Bibel*: der verlorene Sohn (*auch übertragen*)
★ **produce¹** [prəˈdjuːs] 1 *Wirtschaft und allg.*: erzeugen, produzieren, herstellen 2 *Theater*: inszenieren, einstudieren, *Film*: produzieren 3 hervorholen (*Waffe, Brieftasche usw.*) (**from** aus) 4 vorlegen (*Ausweis usw.*), beibringen (*Beweise usw.*)

produce² [▲ 'prɒdjuːs] Produkt(e), Erzeugnis(se) (bes. Agrarpodukte)

producer [prə'djuːsə] **1** Produzent(in), Hersteller(in) **2** Film: Produzent(in), Theater, TV: Regisseur(in)

★**product** ['prɒdʌkt] Produkt (auch Chemie, Mathematik und übertragen), Erzeugnis; **food products** pl Nahrungsmittel; **product range** Handel: Sortiment

★**production** [prə'dʌkʃn] **1** Wirtschaft und allg.: Produktion, Herstellung, Erzeugung; **go into production** Betrieb: die Produktion aufnehmen, Ware: in Produktion gehen; **increase production** die Produktion erhöhen **2** Theater: Inszenierung, Film: Produktion **3** Theater, TV: Regie

production line [prə'dʌkʃn ˌlaɪn] Fließband, Fertigungsstraße

productive [prə'dʌktɪv] **1** allg.: produktiv **2** Boden usw.: ertragreich **3** Unternehmen usw.: rentabel

productivity [ˌprɒdʌk'tɪvəti] **1** allg.: Produktivität (auch übertragen) **2** von Boden usw.: Ergiebigkeit **3** von Unternehmen usw.: Rentabilität

product manager ['prɒdʌktˌmænɪdʒə] Produktmanager(in)

prof [prɒf] umg Prof (Professor)

★**profession** [prə'feʃn] **1** Beruf (bes. akademischer); **by profession** von Beruf **2** Berufsstand; **the medical profession** die Ärzteschaft, die Mediziner

★**professional**¹ [prə'feʃnəl] **1** Berufs..., beruflich; **he's now doing it on a professional basis** er macht das jetzt hauptberuflich; **be a professional singer** von Beruf Sänger sein; **professional experience** Berufserfahrung; **professional field** Berufsfeld **2** Rat, Arbeit: fachmännisch **3** professionell, Berufs... (beide auch Sport) **4** Vorgehensweise: professionell

★**professional**² [prə'feʃnəl] **1** Fachmann, Fachfrau **2** Sport: Profi

professionally [prə'feʃnəli] beruflich; **he plays professionally** er ist Profi; **know someone professionally** jemanden beruflich kennen

★**professor** [prə'fesə] Professor(in)

proficiency [prə'fɪʃnsi] Können, Leistung(sstärke), Tüchtigkeit

proficient [prə'fɪʃnt] fähig, gut (im Beruf, in einer Sprache usw.); **she's proficient in English** sie beherrscht die englische Sprache

profile ['prəʊfaɪl] **1** allg.: Profil; **in profile** im Profil **2** (≈ Bericht) Porträt, Skizze

profile photo ['prəʊfaɪlˌfəʊtəʊ], **profile picture** ['prəʊfaɪlˌpɪktʃə] im Internet: Profilfoto

★**profit** ['prɒfɪt] Gewinn, Profit; **make a profit (out of** oder **on something)** (mit etwas) ein Geschäft machen; **show** (oder **yield) a profit** einen Gewinn verzeichnen; **sell at a profit** mit Gewinn verkaufen; **the business is now running at a profit** das Geschäft rentiert sich jetzt; **profit and loss account**, US **profit and loss statement** Gewinn-und-Verlust-Rechnung

───── PHRASAL VERBS ─────

profit by oder **from** ['prɒfɪt ˌbaɪ oder frɒm] Nutzen (oder Gewinn) ziehen (aus), profitieren (von)

profitable ['prɒfɪtəbl] **1** Geschäft usw.: gewinnbringend, rentabel **2** übertragen vorteilhaft, nützlich

profiteering [ˌprɒfɪ'tɪərɪŋ] Wuchergeschäfte pl, Wucherei

profit margin ['prɒfɪtˌmɑːdʒɪn] Gewinnspanne

profound [prə'faʊnd] **1** Eindruck, Schweigen usw.: tief **2** Gedanke usw.: tiefgründig, tiefsinnig

prognosis [prɒg'nəʊsɪs] pl **prognoses** [prɒg'nəʊsiːz] Medizin und allg.: Prognose

★**program**¹ ['prəʊɡræm] **1** Computer: Programm **2** US; allg.: Programm, Rundfunk, TV auch: Sendung

★**program**² ['prəʊɡræm] programmed, programmed, US auch programed, programed **1** Computer: programmieren **2** US (vor)programmieren (Gerät)

★**programme**¹ ['prəʊɡræm] Br; allg.: Programm, Rundfunk, TV auch: Sendung

★**programme**² ['prəʊɡræm] Br (vor)programmieren (Gerät)

programmer ['prəʊɡræmə] Programmierer(in)

★**progress**¹ ['prəʊɡres] **1** räumlich: **make slow progress** langsam vorankommen **2** Fortschritt(e); **progress is being made** Fortschritte werden gemacht **3** **be in progress** im Gange sein

★**progress**² [▲prəʊ'ɡres] **1** räumlich: sich vorwärtsbewegen **2** (Zeit, Krankheit usw.) fortschreiten **3** (Schüler usw.) Fortschritte machen

progressive [prəʊ'ɡresɪv] **1** fortschreitend **2** fortschrittlich (im Denken) **3** **progressive form** Sprache: Verlaufsform

★**prohibit** [prə'hɪbɪt] verbieten, untersagen

prohibition [▲ˌprəʊɪ'bɪʃn] Verbot

project¹ [▲'prɒdʒekt] Projekt, Vorhaben; **do a**

project ein Projekt machen (*oder* durchführen)

project[2] [▲ prə'dʒekt] **1** *räumlich*: hervorragen, vorstehen **2** projizieren (*Bild usw.*) (**onto** auf)

projection [prə'dʒekʃn] **1** Vorsprung (*eines Gebäudes*) **2** (Voraus)Planung, Hochrechnung **3** Projektion (*eines Films usw.*)

projectionist [prə'dʒekʃnɪst] Filmvorführer(in)

project management [▲ 'prɒdʒekt‚mænɪdʒmənt] Projektmanagement

project manager [▲ 'prɒdʒekt‚mænɪdʒə] Projektmanager(in)

projector [prə'dʒektə] Projektor, *für elektronische Bilder*: Beamer

proletarian [‚prəʊlə'teərɪən] proletarisch, Proletarier...

proletariat [‚prəʊlə'teərɪət] Proletariat

prolific [prə'lɪfɪk] *Schriftsteller usw.*: (sehr) produktiv

prologue ['prəʊlɒg] Prolog

prolong [prə'lɒŋ] verlängern (*Aufenthalt usw.*) (**by** um)

prom [prɒm] **1** *US* Schülerball **2** *in GB*: klassisches Sommerkonzert

promenade[1] [‚prɒmə'nɑːd] (Strand)Promenade

promenade[2] [‚prɒmə'nɑːd] promenieren (in)

prominence ['prɒmɪnəns] Bekanntheit, Bedeutung; **come to** (*oder* **rise to**) **prominence** bekannt (*oder* berühmt) werden

prominent ['prɒmɪnənt] **1** vorspringend, vorstehend (*auch Kinn usw.*) **2** *Kennzeichen usw.*: auffällig **3** *übertragen* prominent, bekannt, berühmt

★**promise**[1] ['prɒmɪs] **1** Versprechen; **make a promise** ein Versprechen geben **2** *übertragen* Hoffnung, Aussicht (**of** auf)

★**promise**[2] ['prɒmɪs] *allg.*: (etwas) versprechen (*auch übertragen*); **I promise** ich versprech's; **I promise you, ...** das (eine) sag ich dir: ...

promising ['prɒmɪsɪŋ] vielversprechend

promo ['prəʊməʊ] *pl*: promos *bes. US, umg* **1** TV Werbespot **2** *in Zeitung*: Anzeige

promote [prə'məʊt] **1** *beruflich*: befördern; **he has been promoted to headmaster** er wurde zum Direktor befördert **2** **be promoted** *Br; Sport*: aufsteigen (**to** in) **3** **be promoted** *US, in der Schule*: versetzt werden **4** *Wirtschaft*: werben für (*ein Produkt*) **5** förmlich fördern (*gute Sache usw.*)

promotion [prə'məʊʃn] **1** *beruflich*: Beförderung; **get promotion** befördert werden; **promotion prospects** *pl* Aufstiegschancen **2** *Br; Sport*: Aufstieg; **get promotion** befördert werden **3** *Wirtschaft*: Werbung, Werbeaktion **4** Förderung (*einer guten Sache*)

★**prompt**[1] [prɒmpt] **1** **prompt someone to do something** jemanden veranlassen, etwas zu tun **2** führen zu, wecken (*Gefühle usw.*) **3** vorsagen, *Theater*: soufflieren

★**prompt**[2] [prɒmpt] **1** prompt, unverzüglich, umgehend **2** (≈ *zur ausgemachten Zeit kommend*) pünktlich

prompter ['prɒmptə] *Theater*: Souffleur, Souffleuse

promptness ['prɒmptnəs] **1** Promptheit **2** Pünktlichkeit

prone [prəʊn] **be prone to** *übertragen* neigen zu, anfällig sein für; **be prone to colds** erkältungsanfällig sein; **be prone to do something** dazu neigen, etwas zu tun

prong [prɒŋ] Zinke (*einer Gabel*)

pronoun ['prəʊnaʊn] *Sprache*: Pronomen, Fürwort

★**pronounce** [prə'naʊns] **1** aussprechen (*Wort usw.*) **2** *offiziell*: erklären für **3** (*bes. Gericht*) verkünden (*Urteil*)

pronounced [prə'naʊnst] ausgesprochen, ausgeprägt

pronto ['prɒntəʊ] *umg* fix; **and pronto!** aber dalli!

★**pronunciation** [prə‚nʌnsɪ'eɪʃn] Aussprache

★**proof**[1] [pruːf] Beweis(e), Nachweis; **as** (*oder* **in**) **proof of** als (*oder* zum) Beweis für (*oder Genitiv*); **give proof of something** etwas beweisen (*oder* nachweisen)

★**proof**[2] [pruːf] *Material usw.*: ...fest, ...beständig, ...dicht; **bullet-proof** kugelsicher; → waterproof

proofread ['pruːfriːd], **proofread** ['pruːfred], **proofread** ['pruːfred] Korrektur lesen

prop[1] [prɒp] Stütze (*auch übertragen*)

prop[2] [prɒp], **propped**, **propped** (ab)stützen

PHRASAL VERBS

prop against ['prɒp_ə‚genst] lehnen gegen (*oder* an)

prop up [‚prɒp'ʌp] (ab)stützen; **prop up the bar** *humorvoll* an der Bar herumhängen

---

prop[3] [prɒp] *Theater*: Requisit

propaganda [‚prɒpə'gændə] Propaganda

propagate ['prɒpəgeɪt] **1** (*Lebewesen*) sich fortpflanzen **2** verbreiten (*Ideen usw.*)

propane ['prəʊpeɪn] Propan(gas)

propel [prə'pel], **propelled**, **propelled** (an)treiben

propeller [prə'pelə] *von Flugzeug usw.*: Propeller, von Schiff auch: Schraube

★**proper** ['prɒpə] **1** richtig, passend, geeignet; **in its proper place** am rechten Platz **2** Benehmen usw.: anständig, schicklich **3** Br, umg echt, richtig **4** umg; Feigling usw.: richtig, Tracht Prügel usw.: gehörig, anständig

properly ['prɒpəli] richtig, anständig

proper noun [,prɒpə'naʊn], **proper name** [,prɒpə'neɪm] Sprache: Eigenname

★**property** ['prɒpəti] **1** Eigentum, Besitz; **lost property** Fundsachen; **lost property office** Br Fundbüro **2** Land, Grundbesitz, Immobilie(n) **3** von Substanz usw.: Eigenschaft

prophecy ['prɒfəsi] Prophezeiung

prophesy [▲ 'prɒfəsaɪ] prophezeien

prophet ['prɒfɪt] Prophet(in)

prophetic [prə'fetɪk] prophetisch

prophylactic [,prɒfə'læktɪk] **1** Medizin: Prophylaktikum, vorbeugendes Mittel **2** Präservativ

proponent [prə'pəʊnənt] Befürworter(in)

proportion [prə'pɔːʃn] **1** beim Vergleich: Verhältnis; **in proportion to** im Verhältnis zu; **the proportion of x to y** das Verhältnis zwischen x und y; **be in/out of proportion (to one another)** im richtigen/nicht im richtigen Verhältnis zueinander stehen **2** größenmäßig: Proportionen; **proportions** pl Ausmaß, Proportionen; **the painting is out of proportion** die Proportionen des Bildes stimmen nicht **3** Teil, Anteil **4** **be out of all proportion to** (Preis usw.) in keinem Verhältnis stehen zu; **he has let it all get out of proportion** übertragen er hat den Blick für die Proportionen verloren

proportional [prə'pɔːʃnl] proportional (**to** zu)

proportionate [prə'pɔːʃnət] proportional

proposal [prə'pəʊzl] **1** Vorschlag, Angebot **2** auch **marriage proposal** (Heirats)Antrag

propose [prə'pəʊz] **1** vorschlagen; **propose something to someone** jemandem etwas vorschlagen; **he proposed going out to eat** er schlug vor, essen zu gehen **2** beabsichtigen, vorhaben **3** **he proposed to her** er machte ihr einen Heiratsantrag

proposition[1] [,prɒpə'zɪʃn] **1** bes. geschäftlich: Vorschlag, Angebot **2** umg Sache, Angelegenheit **3** (≈ Lehrsatz) These **4** unsittlicher Antrag

proposition[2] [,prɒpə'zɪʃn] **proposition someone** jemandem einen unsittlichen Antrag machen

proprietor [prə'praɪətə] von Hotel, Geschäft usw.: Inhaber(in), Besitzer(in)

propriety [prə'praɪətɪ] Anstand

propulsion [prə'pʌlʃn] Technik: Antrieb

pros and cons [,prəʊz‿ən'kɒnz] pl **the pros and cons** pl das Für und Wider, das Pro und Kontra

prose [prəʊz] **1** (die) Prosa **2** Br; Schule: Übersetzung in eine Fremdsprache

prosecute ['prɒsɪkjuːt] **1** Rechtswesen: strafrechtlich verfolgen (**for** wegen) **2** (Anwalt) die Anklage vertreten

prosecution [,prɒsɪ'kjuːʃn] **1** Rechtswesen: strafrechtliche Verfolgung **2** **the prosecution** Rechtswesen: die Staatsanwaltschaft, die Anklage **3** Durchführung (eines Plans usw.)

prosecutor ['prɒsɪkjuːtə] auch **public prosecutor** Staatsanwalt, Staatsanwältin

prospect ['prɒspekt] übertragen Aussicht (**of** auf); **have something in prospect** etwas in Aussicht haben; **the prospects for the weekend** die Aussichten für das Wochenende; **a job with no prospects** eine Stelle ohne Zukunft

prospective [prə'spektɪv] voraussichtlich; **prospective buyer** Kaufinteressent(in), potenzieller Käufer, potenzielle Käuferin; **my prospective son-in-law** mein zukünftiger Schwiegersohn

prospectus [prə'spektəs] **1** von Universität: Studienführer **2** von Firma: Prospekt

prosper ['prɒspə] (Geschäft usw.) blühen, florieren

prosperity [prɒ'sperətɪ] Wohlstand

prosperous ['prɒspərəs] **1** Person: wohlhabend **2** Geschäft usw.: florierend

prostitute ['prɒstɪtjuːt] Prostituierte

prostitution [,prɒstɪ'tjuːʃn] Prostitution

protagonist [prəʊ'tægənɪst] **1** Theater, Roman usw.: Hauptfigur, Held(in) **2** übertragen Vorkämpfer(in) (einer Idee usw.)

★**protect** [prə'tekt] **1** (be)schützen (**from, against** vor, gegen) **2** wahren (Interessen usw.)

★**protection** [prə'tekʃn] **1** Schutz **2** auch **protection money** Schutzgeld (an Erpresser)

protectionism [prə'tekʃnɪzm] Wirtschaftspolitik: Protektionismus

protective [prə'tektɪv] **1** Schutz...; **protective clothing** Schutzkleidung; **protective goggles** pl Schutzbrille **2** Eltern usw.: fürsorglich (**toward[s]** gegenüber)

protector [prə'tektə] **1** Beschützer(in) **2** Schutz, ...schützer

protectorate [prə'tektərət] Politik: Protektorat

protein ['prəʊtiːn] Protein

★**protest**[1] [▲'prəʊtest] Protest; **in protest** aus Protest (**against** gegen); **protest march** Protestmarsch, Demonstration

★**protest**[2] [▲prə'test] **1** protestieren (**against, about** gegen; **to** bei) **2** beteuern (*Unschuld usw.*) **3** demonstrieren, *US auch* demonstrieren gegen

Protestant[1] ['prɒtɪstənt] Protestant(in)

Protestant[2] ['prɒtɪstənt] protestantisch, evangelisch

protocol ['prəʊtəkɒl] *diplomatisch*: Protokoll (▲*Sitzungsprotokoll* = **minutes** *pl*)

proton ['prəʊtɒn] *Physik*: Proton

prototype ['prəʊtətaɪp] Prototyp

protractor [prə'træktə] Winkelmesser

protrude [prə'truːd] herausragen, vorstehen (**from** aus)

protruding [prə'truːdɪŋ] vorstehend (*auch Zähne usw.*), vorspringend (*Kinn*)

★**proud** [praʊd] **1** *allg.*: stolz (**of** auf) **2** hochmütig **3** **do someone proud** jemandem eine Ehrung bereiten, *bei Einladung usw.*: jemanden verwöhnen

provable ['pruːvəbl] beweisbar, nachweisbar

★**prove** [pruːv] proved, proved *oder US* proven ['pruːvn] **1** beweisen, nachweisen **2** **prove oneself (to be)** sich erweisen als; **prove (to be)** sich erweisen als

proven[1] ['pruːvn] *US* 3. Form von → **prove**

proven[2] ['pruːvn, 'prəʊvn] bewährt

proverb ['prɒvɜːb] Sprichwort

proverbial [prə'vɜːbɪəl] sprichwörtlich

★**provide** [prə'vaɪd] **1** versehen, versorgen (**with** mit) (*Essen, Arbeit usw.*) **2** zur Verfügung stellen (*Service usw.*) (**for someone** jemandem) **3** bereitstellen (*Geld*)

──────────────── **PHRASAL VERBS**

provide for [prə'vaɪd_fɔː] **1** sorgen für; **she's got two children to provide for** sie hat zwei Kinder zu versorgen **2** vorsorgen für (*die Zukunft usw.*)

────────────────

provided [prə'vaɪdɪd] *auch* **provided that** vorausgesetzt(, dass)

providence [▲'prɒvɪdəns] (die) Vorsehung

provider [prə'vaɪdə] **1** Ernährer(in) (*einer Familie*) **2** *Internet*: Provider, Anbieter

province ['prɒvɪns] **1** *Verwaltungseinheit*: Provinz **2** **the provinces** *pl* die Provinz (*als Gegensatz zur Stadt*)

provincial [prə'vɪnʃl] **1** Provinz... **2** *abwertend* provinziell

provision [prə'vɪʒn] **1** Bereitstellung (*von Diensten usw.*) **2** Vorkehrung; **make provisions** vorsorgen (**against, for** für) **3** *Vertrag usw.*: Bestimmung; **with the provision that ...** unter dem Vorbehalt, dass ... (▲*nicht* **Provision**); → **provisions**

provisional [prə'vɪʒnəl] provisorisch

provisions [prə'vɪʒnz] *pl* Proviant, Verpflegung

provocation [ˌprɒvə'keɪʃn] Provokation, Herausforderung

provocative [▲prə'vɒkətɪv] provozierend

provoke [prə'vəʊk] **1** provozieren, reizen (*Person, Tier*); **they provoked him into tearing up the contract** sie brachten ihn dazu, den Vertrag zu zerreißen **2** hervorrufen, auslösen (*Reaktion usw.*)

prowl[1] [praʊl] **1** *auch* **prowl about** (*oder* **around**) *Tier, Dieb*: umherschleichen, umherstreifen **2** durchstreifen (*Straßen usw.*)

prowl[2] [praʊl] **be on the prowl** *Tier, Dieb*: umherstreifen, auf Beute aussein

prowl car ['praʊl_kɑː] *US* Streifenwagen

proximity [prɒk'sɪmətɪ] Nähe

proxy ['prɒksɪ] **1** (Handlungs)Vollmacht **2** Vertreter(in), Bevollmächtigte(r); **by proxy** durch einen Bevollmächtigten

prude [pruːd] **be a prude** prüde sein

prudence ['pruːdns] Umsicht, Besonnenheit

prudent ['pruːdnt] **1** *Verhalten*: klug, vernünftig **2** *Person*: umsichtig, besonnen

prudish ['pruːdɪʃ] prüde

prune [pruːn] Backpflaume

Prussia ['prʌʃə] Preußen

pry [praɪ], **pried** [praɪd], **pried** [praɪd]; *-ing-Form* **prying**; *im negativen Sinn*: neugierig sein; **pry into** seine Nase stecken in

psalm [▲sɑːm] Psalm

pseudo [▲'sjuːdəʊ] (≈ *unecht, nicht wirklich*) pseudo; **a pseudo-intellectual** ein Pseudo-Intellektueller

pseudonym [▲'sjuːdənɪm] Pseudonym

psyche [▲'saɪkɪ] Psyche, Seele

★**psychiatric** [▲ˌsaɪkɪ'ætrɪk] **1** *Behandlung usw.*: psychiatrisch **2** *Störung usw.*: psychisch

psychiatrist [▲saɪ'kaɪətrɪst] Psychiater(in)

psychiatry [▲saɪ'kaɪətrɪ] (die) Psychiatrie

psychic [▲'saɪkɪk] **1** **to be psychic** übersinnliche Kräfte haben **2** okkult, spiritistisch **3** *seltener*: psychisch (▲*psychisch* = *mst.* **psychological**)

psychoanalysis [▲ˌsaɪkəʊə'næləsɪs] Psychoanalyse

psychoanalyst [▲ˌsaɪkəʊ'ænəlɪst] Psychoana-

lytiker(in)
psychological [▲ˌsaɪkəˈlɒdʒɪkl] **1** psychisch **2** *Forschung usw.:* psychologisch
psychologist [▲saɪˈkɒlədʒɪst] Psychologe, Psychologin
psychology [▲saɪˈkɒlədʒɪ] Psychologie
psychopath [▲ˈsaɪkəʊpæθ] Psychopath(in)
psychopathic [▲ˌsaɪkəˈpæθɪk] psychopathisch
psychotherapist [▲ˌsaɪkəʊˈθerəpɪst] Psychotherapeut(in)
psychotherapy [▲ˌsaɪkəʊˈθerəpɪ] Psychotherapie
PTA [ˌpiːtiːˈeɪ] (*abk für* Parent-Teacher Association) Eltern-Lehrer-Vereinigung, *etwa:* Schulforum
PTO [ˌpiːtiːˈəʊ] (*abk für* please turn over) b. w. (bitte wenden!)
★ **pub** [pʌb] *auch* **public house** *Br* Pub, Kneipe
pub crawl [ˈpʌb_krɔːl] *Br, umg* Kneipenbummel; **go on a pub crawl** einen Kneipenbummel machen
puberty [ˈpjuːbətɪ] (die) Pubertät; **be going through puberty** in der Pubertät sein
★ **public¹** [ˈpʌblɪk] **1** *allg.:* öffentlich; **2** Staats...; **public prosecutor** *Br; Recht:* Staatsanwalt **3** öffentlich, allgemein bekannt; **make something public** etwas bekannt (*oder* publik) machen
★ **public²** [ˈpʌblɪk] **1** Öffentlichkeit; **the public has** (*oder* have) (▲*sg oder pl*) **a right to be told** die Öffentlichkeit hat ein Recht auf Information **2 in public** in der Öffentlichkeit, öffentlich (▲*Publikum* = **audience**, *Sport:* **spectators**)
publication [ˌpʌblɪˈkeɪʃn] **1** Bekanntmachung **2** Publikation, Veröffentlichung
public company [ˌpʌblɪkˈkʌmpənɪ] *Br; Wirtschaft:* Aktiengesellschaft
public holiday [ˌpʌblɪkˈhɒlɪdeɪ] *Br* gesetzlicher Feiertag
publicity [pʌbˈlɪsətɪ] **1** Publicity **2** Reklame, Werbung; **publicity campaign** Werbefeldzug
publicize [ˈpʌblɪsaɪz] **1** bekannt machen, publik machen **2** Reklame machen für
public library [ˌpʌblɪkˈlaɪbrərɪ] Stadtbibliothek, Volksbücherei
public limited company [ˌpʌblɪkˌlɪmɪtɪdˈkʌmpənɪ] *Br; Wirtschaft:* Aktiengesellschaft
public relations [ˌpʌblɪk_rɪˈleɪʃnz] *pl* Public Relations, Öffentlichkeitsarbeit
public school [ˌpʌblɪkˈskuːl] **1** *Br* Privatschule, Public School **2** *US, auch* Schottisch: öffentliche Schule

public transport [ˌpʌblɪkˈtrænspɔːt], *US* **public transportation** [ˌpʌblɪkˌtrænspəˈteɪʃn] (die) öffentliche(n) Verkehrsmittel
★ **publish** [ˈpʌblɪʃ] **1** verlegen, herausbringen (*Buch usw.*); **published weekly** Zeitschrift usw.: erscheint wöchentlich **2** publizieren, veröffentlichen (*Brief, Artikel usw.*) **3** (*Firma usw.*) bekannt geben, bekannt machen (*Zahlen usw.*)
publisher [ˈpʌblɪʃə] **1** Verleger(in), Herausgeber(in) **2** *auch* **publishers** *pl* Verlag
puck [pʌk] *Eishockey:* Puck, Scheibe
pudding [▲ˈpʊdɪŋ] **1** *Br* Nachspeise; **what's for pudding?** was gibt's zum Nachtisch? (▲*Pudding* = **blancmange**) **2** *US* Pudding
puddle [ˈpʌdl] Pfütze
puff¹ [pʌf] **1 take a puff at** ziehen an (*einer Zigarette*) **2 puff of wind** Windstoß **3** *Br, umg* Puste; **out of puff** außer Puste
puff² [pʌf] **1** schnaufen (*auch Lokomotive*), keuchen **2** *auch* **puff away** paffen, ziehen (**at** an) (*einer Zigarette*)
puffed [pʌft] *umg* aus der (*oder* außer) Puste
puffin [ˈpʌfɪn] *Vogel:* Papageientaucher
puffin crossing [ˈpʌfɪnˌkrɒsɪŋ] sensorgesteuerter Ampelübergang
puff pastry [ˌpʌfˈpeɪstrɪ] Blätterteig
puke [pjuːk] *salopp* kotzen; **it makes me puke** es kotzt mich an
pug [pʌg] Mops
★ **pull¹** [pʊl] **1** ziehen (*Wagen usw.*) **2** ziehen an; **pull someone's hair** jemanden an den Haaren ziehen **3** ziehen (*Zahn*), ausreißen (*Pflanze*) **4 pull a muscle** sich eine Muskelzerrung zuziehen **5** *übertragen* anziehen (*Menge, Leute usw.*) **6** ziehen (*Messer, Pistole*) **7** *Br* zapfen (*Bier*)

─────────────── **PHRASAL VERBS**
pull away [ˌpʊl_əˈweɪ] **1** wegziehen **2** (*Bus usw.*) anfahren, wegfahren **3** *beim Rennen usw.:* sich absetzen
pull down [ˌpʊlˈdaʊn] abreißen (*Gebäude*)
pull in [ˌpʊlˈɪn] **1** einziehen (*Bauch usw.*) **2** (*Zug*) einfahren **3** (*Auto usw.*) anhalten **4** *umg* (≈ *verdienen*) kassieren
pull off [ˌpʊlˈɒf] **1** ausziehen (*Schuhe usw.*) **2 pull something off** *umg* etwas abziehen, etwas drehen
pull out [ˌpʊlˈaʊt] **1** herausziehen (**of** aus), ausziehen (*Tisch*) **2** (*Zug*) abfahren **3** (*Fahrzeug*) ausscheren **4** *übertragen* sich zurückziehen, aussteigen (**of** aus)
pull through [ˌpʊlˈθruː] **1** (*Kranker*) durchkommen **2** durchbringen (*Kranken, Kandidaten*

usw.)

pull together [ˌpʊl_təˈgeðə] **1** an einem Strang ziehen **2 pull oneself together** sich zusammenreißen

pull up [ˌpʊlˈʌp] **1** hochziehen **2** (*Fahrzeug*) anhalten **3 pull up a chair** einen Stuhl heranziehen

★**pull²** [pʊl] **1** Ziehen, Ruck; **give the rope a (good) pull** (kräftig) am Seil ziehen **2** Anziehungskraft (*auch übertragen*)

pull-down menu [ˈpʊldaʊnˌmenjuː] *Computer*: Pull-down-Menü

pulley [ˈpʊlɪ] *Technik*: Flaschenzug

pull-out¹ [ˈpʊlaʊt] ausziehbar; **pull-out table** Ausziehtisch

pull-out² [ˈpʊlaʊt] herausnehmbarer Teil (*in Zeitschrift*)

★**pullover** [ˈpʊlˌəʊvə] Pullover

pull-up [ˈpʊlʌp] Klimmzug

pulp [pʌlp] **1** Fruchtfleisch **2** Brei **3 pulp fiction** Schund(literatur)

pulpit [⚠ ˈpʊlpɪt] Kanzel

pulsate [pʌlˈseɪt] pulsieren (**with** vor)

pulse [pʌls] **1** Puls(schlag); **feel** (*oder* **take**) **someone's pulse** jemandem den Puls fühlen **2** *Musik*: Rhythmus

pulverize [ˈpʌlvəraɪz] **1** pulverisieren **2** *übertragen*, *umg* auseinandernehmen, fertigmachen (*Person*)

puma [⚠ ˈpjuːmə] Puma

★**pump¹** [pʌmp] (Luft)Pumpe

★**pump²** [pʌmp] **1** *Br* flacher Sportschuh (*aus Segeltuch*) **2** *US* flacher Schuh: Pump

★**pump³** [pʌmp] **1** pumpen (*auch Herz*) **2 pump someone (for information)** *umg* jemanden aushorchen; **pump someone for money** jemanden um Geld anpumpen

PHRASAL VERBS

pump out [ˌpʌmpˈaʊt] **1** auspumpen (*Keller usw.*) **2** ausstoßen (*Abgase usw., übertragen: Waren usw.*)

pump up [ˌpʌmpˈʌp] aufpumpen (*Reifen usw.*)

pumpkin [ˈpʌmpkɪn] Kürbis

pun [pʌn] Wortspiel

punch¹ [pʌntʃ] (mit der Faust) schlagen

punch² [pʌntʃ] **1** (Faust)Schlag **2** *übertragen* Schwung, Pep

punch³ [pʌntʃ] *Technik*: lochen; **punch a hole in something** ein Loch stanzen in

punch⁴ [pʌntʃ] Locher

punch⁵ [pʌntʃ] *Getränk*: Punsch

Punch [pʌntʃ] *in GB*; Kasper, Kasperle; **Punch and Judy show** Kasperletheater

punch line [ˈpʌntʃ_laɪn] *von Witz*: Pointe

punch-up [ˈpʌntʃʌp] *Br, umg* Schlägerei

★**punctual** [ˈpʌŋktʃʊəl] pünktlich; **be punctual** pünktlich kommen (**for** zu)

punctuality [ˌpʌŋktjʊˈælɪtɪ] Pünktlichkeit

punctuation [ˌpʌŋktʃʊˈeɪʃn] *Schreiben*: Zeichensetzung, Interpunktion

punctuation mark [ˌpʌŋktʃʊˈeɪʃn_mɑːk] Satzzeichen

puncture¹ [ˈpʌŋktʃə] **1** *Br, Auto*: Reifenpanne **2** (Ein)Stich, Loch

puncture² [ˈpʌŋktʃə] **1** durchstechen, durchbohren (*z.B. Reifen*) **2** (*Ballon, Reifen usw.*) ein Loch bekommen, platzen

pungent [ˈpʌndʒənt] *Geschmack, Geruch*: scharf

★**punish** [ˈpʌnɪʃ] (be)strafen

punishable [ˈpʌnɪʃəbl] **punishable offence** strafbare Handlung

punishing [ˈpʌnɪʃɪŋ] **1** *Kritik usw.*: hart, vernichtend **2** *Rennen, Tempo usw.*: mörderisch, zermürbend

★**punishment** [ˈpʌnɪʃmənt] **1** Bestrafung **2** Strafe; **as a punishment** als (*oder* zur) Strafe (**for** für)

pup [pʌp] Welpe, junger Hund

pupa [ˈpjuːpə] *pl* **pupas** [ˈpjuːpəz] *oder* **pupae** [ˈpjuːpiː] *von Insekt*: Puppe

★**pupil¹** [ˈpjuːpɪl] *bes. Br* Schüler(in)

pupil² [ˈpjuːpl] *Teil des Auges*: Pupille

puppet [ˈpʌpɪt] **1** Marionette (*auch übertragen*); **puppet show** Marionettentheater, Puppenspiel **2** Handpuppe (⚠ **Puppe = doll**)

puppy [ˈpʌpɪ] Welpe, junger Hund

puppy fat [ˈpʌpɪ_fæt] *Br, umg* Babyspeck

puppy love [ˈpʌpɪ_lʌv] *umg* jugendliche Schwärmerei

purchase¹ [⚠ ˈpɜːtʃəs] kaufen, erwerben

purchase² [⚠ ˈpɜːtʃəs] Kauf, Erwerb, Erwerbung; **make a purchase** einen Kauf tätigen

purchase price [⚠ ˈpɜːtʃəs_praɪs] Kaufpreis

purchasing power [⚠ ˈpɜːtʃəsɪŋˌpaʊə] Kaufkraft

★**pure** [pjʊə] **1** rein, pur, unvermischt; **pure silk** reine Seide **2** *Luft, Wasser usw.*: sauber **3** *Unsinn usw.*: völlig, pur; **by pure coincidence** rein zufällig

puree [ˈpjʊəreɪ] Püree, Brei; **apple puree** Apfelmus

purgatory [ˈpɜːɡətrɪ] *kirchlich*: das Fegefeuer

purify [ˈpjʊərɪfaɪ] *Chemie usw.*: reinigen; **purified water** aufbereitetes Wasser

purist ['pjʊərɪst] Purist(in)
Puritan ['pjʊərɪtən] *historisch*: Puritaner(in)
purity ['pjʊərətɪ] (die) Reinheit
purple ['pɜːpl] **1** violett, *heller*: lila **2 go purple with rage** rot anlaufen vor Wut
★**purpose** ['pɜːpəs] **1** Absicht; **on purpose** absichtlich **2** Zweck, Ziel; **for all practical purposes** praktisch, in der Praxis; **serve the same purpose** denselben Zweck erfüllen
purposeful ['pɜːpəsfl] entschlossen
purposely ['pɜːpəslɪ] absichtlich
purr [pɜː] (*Katze*) schnurren, (*Motor*) surren
★**purse** [pɜːs] **1** *Br* ⚠ Geldbeutel, Portemonnaie (für Frauen) (Geldbeutel für Männer heißt sowohl im britischen wie im amerikanischen Englisch **wallet**) **2** *US* ⚠ Handtasche **3 hold the purse strings** *übertragen* über die Finanzen bestimmen **4** *Boxen usw.*: Preisgeld
pursue [pə'sjuː] **1** verfolgen; **be pursued by bad luck** *übertragen* vom Pech verfolgt werden **2** *übertragen* verfolgen (*Politik usw.*), weiterführen (*Angelegenheit*); **pursue one's studies** seinem Studium nachgehen
pursuit [pə'sjuːt] **1** Verfolgung; **be in pursuit of someone** jemanden verfolgen **2** *übertragen* Streben (**of** nach) **3 in (the) pursuit of** *übertragen* in Verfolgung (*eines Ziels*)
pus [pʌs] *Medizin*: Eiter
★**push¹** [pʊʃ] **1** schieben **2** schnell, heftig stoßen, schubsen; **push one's way** sich drängen (**through** durch) **3** drücken (*Taste usw.*) **4 push someone (to do something)** *übertragen* jemanden drängen(, etwas zu tun) **5** durchzusetzen versuchen **6** *übertragen* Reklame machen für, pushen **7 push drugs** *umg* mit Drogen dealen

PHRASAL VERBS

push ahead [ˌpʊʃ ə'hed] **push ahead with** vorantreiben (*Plan usw.*)
push around [ˌpʊʃ ə'raʊnd] herumschubsen, herumstoßen (*auch übertragen*)
push for ['pʊʃ fɔː] *übertragen* drängen auf (*eine Entscheidung usw.*)
push in [ˌpʊʃ'ɪn] *umg* sich vordrängeln (*in einer Schlange*)
push off [ˌpʊʃ'ɒf] *umg* abhauen
push on [ˌpʊʃ'ɒn] **push on with** vorantreiben (*Plan usw.*)
push out [ˌpʊʃ'aʊt] *übertragen* hinausdrängen
push over [ˌpʊʃ'əʊvə] umstoßen, umwerfen
push through [ˌpʊʃ'θruː] durchführen (*Vorhaben usw.*), durchbringen (*Gesetz usw, auch Schüler durch die Prüfung*)

push up [ˌpʊʃ'ʌp] hochtreiben (*Preise*)

★**push²** [pʊʃ] **1** Stoß, Schubs; **we had to give the car a push** wir mussten das Auto anschieben **2 give someone the push** *Br, umg* (≈ *entlassen*) jemanden rausschmeißen, *Beziehung*: jemandem den Laufpass geben; **get the push** *Br, umg* (≈ *gekündigt werden*) fliegen, *Beziehung*: den Laufpass bekommen
push-button ['pʊʃˌbʌtn] **push-button telephone** Tastentelefon
pushchair ['pʊʃˌtʃeə] *Br* Sportwagen (*für Kinder*)
pusher ['pʊʃə] *umg* (≈ *Drogenhändler*) Dealer(in)
pushover ['pʊʃˌəʊvə] **it was a pushover** *umg* es war ein Kinderspiel
push-up ['pʊʃʌp] *US* Liegestütz
push-up bra [ˌpʊʃʌp'brɑː] Push-up-BH
★**put** [pʊt], put, put; *-ing-Form* putting **1** legen, setzen, stellen; tun; **put the cup on the table** die Tasse auf den Tisch stellen **2** bringen (*in einen Zustand usw.*); **he'll put it right** er bringt es in Ordnung; **put someone in an awkward position** jemanden in eine unangenehme Lage bringen **3** ausdrücken (*Gedanken*); **how shall I put it?** wie soll ich es sagen **4 put a question to someone** jemandem eine Frage stellen **5 put an end to something** etwas ein Ende setzen **6 put money (bzw. time) into something** Geld (*bzw.* Zeit) in etwas stecken **7** übersetzen (**into French** ins Französische) **8 put to sea** *Seefahrt*: in See stechen

PHRASAL VERBS

put across [ˌpʊt ə'krɒs] **put something across** etwas verständlich machen
put aside [ˌpʊt ə'saɪd] **1** beiseitelegen (*Buch usw.*) **2** zurücklegen (*Geld*) **3 put aside differences** Meinungsverschiedenheiten beiseitelegen
put away [ˌpʊt ə'weɪ] **1** aufräumen, wegräumen **2** zurücklegen (*Geld*) **3** einsperren (*Kriminellen usw.*)
put back [ˌpʊt'bæk] **1** *in Regal usw.*: zurücklegen, zurückstellen **2** zurückstellen (*Uhr*) (**by** um) **3** verschieben (*Termin*) (**two days** um zwei Tage; **to** auf)
put by [ˌpʊt'baɪ] zurücklegen (*Geld*)
put down [ˌpʊt'daʊn] **1** hinlegen, hinstellen **2 put something down on paper** etwas zu Papier bringen; **put one's name down for** sich eintragen für **3** niederschlagen (*Aufstand*)
put forward [ˌpʊt'fɔːwəd] **1** vorlegen (*Vorschlag usw.*); **put someone forward** jemanden

vorschlagen (**as** als) **2** vorstellen (*Uhr*) (**by** um) **3** vorverlegen (*Termin*) (**two days** um zwei Tage; **to** auf)

put in [ˌpʊtˈɪn] **1** hineinlegen, hineinstecken **2** einfügen **3** einreichen (*Gesuch usw.*) **4** **put in a lot of time** (*bzw.* **effort**) viel Zeit (*bzw.* Mühe) hineinstecken **5** **put in for a rise** (*US* **raise**) eine Gehaltserhöhung beantragen

put off [ˌpʊtˈɒf] **1** **put something off** *Termin*: etwas verschieben (**till, until** auf) **2** hinhalten, vertrösten (*Person*) (**with** mit) **3** **stop it, you're putting me off!** hör auf damit, du bringst mich aus dem Konzept! **4** **it's enough to put you off your dinner** das kann einem gründlich den Appetit verderben

★ **put on** [ˌpʊtˈɒn] **1** anziehen (*Mantel usw.*), aufsetzen (*Hut, Brille*) **2** auftragen (*Make-up*) **3** anmachen, einschalten (*Licht, Radio usw.*) **4** zunehmen (*an Gewicht*); **put on weight** zunehmen **5** aufsetzen (*Essen, Topf*); **put the potatoes on** die Kartoffeln aufsetzen **6** auflegen (*Schallplatte*) **7** **you're putting me on** *bes. US* du willst mich wohl verscheißern

put out [ˌpʊtˈaʊt] **1** hinauslegen, hinausstellen **2** löschen (*Feuer*) **3** ausmachen, abschalten (*Licht*) **4** **be put out by** (*oder* **about**) **something** über etwas verärgert sein **5** **I don't want to put you out** ich möchte Ihnen keine Umstände machen

put over [ˌpʊtˈəʊvə] **1** verständlich machen **2** **put one over on someone** *umg* jemanden austricksen

put through [ˌpʊtˈθruː] **put someone through** *am Telefon*: jemanden verbinden (**to** mit)

put together [ˌpʊt təˈgeðə] **1** zusammensetzen, zusammenbauen (*Möbel usw.*) **2** zusammenstellen, zusammentun **3** **he's cleverer than all his friends put together** er ist intelligenter als alle seine Freunde zusammen

put up [ˌpʊtˈʌp] **1** aufstellen (*Zelt usw.*), errichten (*Gebäude*) **2** erhöhen (*Preise usw.*) **3** aufhängen (*Bild usw.*), anschlagen (*Bekanntmachung*) **4** **put something up for sale** etwas zum Verkauf anbieten **5** **put up one's hand** die Hand (hoch)heben **6** aufspannen (*Schirm*) **7** **put someone up** jemanden unterbringen **8** **put someone up to something** jemanden zu etwas anstiften **9** **put up a fight** sich zur Wehr setzen

put up with [ˌpʊtˈʌp wɪð] *umg* sich abfinden mit; **I'm not putting up with this any longer** *umg* das lasse ich mir nicht länger gefallen!; **I don't know how you put up with him** wie kannst du es nur mit ihm aushalten?

putrefy [ˈpjuːtrɪfaɪ] verfaulen, verwesen
putrid [ˈpjuːtrɪd] **1** verfault, verwest **2** *Geruch*: faulig
putt [pʌt] *Golf*: putten
putter [ˈpʌtə] *US auch* **putter around** herumwerkeln; → **potter** *Br*

★ **puzzle¹** [ˈpʌzl] **1** Rätsel (*auch übertragen*); **it's a puzzle to me** es ist mir ein Rätsel **2** Geduld(s)spiel **3** **jigsaw puzzle** Puzzlespiel

★ **puzzle²** [ˈpʌzl] **1** (*Problem usw.*) vor ein Rätsel stellen, verblüffen; **be puzzled** vor einem Rätsel stehen **2** **I'm puzzling over what to do** ich zerbreche mir den Kopf darüber, was ich tun soll

puzzling [ˈpʌzlɪŋ] rätselhaft
pyjamas [pəˈdʒɑːməz] *pl Br, auch* **pair of pyjamas** Schlafanzug, *bes.* ⓐ Pyjama
pylon [ˈpaɪlɒn] Hochspannungsmast
pyramid [ˈpɪrəmɪd] Pyramide (*auch geometrische Figur*)
pyre [ˈpaɪə] Scheiterhaufen

Q

QR code [ˌkjuːˈɑː ˌkəʊd] (*abk für* quick response code) QR-Code
quack¹ [kwæk] (*Ente*) quaken
quack² [kwæk] *umg* Kurpfuscher, Quacksalber
quad [kwɒd] **1** *abk für* → quadrangle 1 **2** *abk für* → quadruplet
quad bike [ˈkwɒdˌbaɪk] Geländefahrzeug: Quad
quadrangle [ˈkwɒdræŋgl] **1** Innenhof (*bes. einer Schule*) **2** *Geometrie*: Viereck
quadruple¹ [kwɒˈdruːpl] vierfach
quadruple² [kwɒˈdruːpl] (sich) vervierfachen
quadruplet [kwɒˈdruːplət] Vierling
quail [kweɪl] *Vogel*: Wachtel
quaint [kweɪnt] *Dorf, Altstadt usw.*: idyllisch, malerisch
quake¹ [kweɪk] zittern, beben (**at the thought** bei dem Gedanken); **she was quaking with fear** sie zitterte vor Angst
quake² [kweɪk] *umg* Erdbeben
qualification [ˌkwɒlɪfɪˈkeɪʃn] **1** für Arbeitsstelle usw.: Qualifikation, Voraussetzung (**for** für, zu) **2** Abschluss(zeugnis) (*einer Ausbildung*); **leave school without any qualifications** von der

Schule ohne Abschluss abgehen ❸ (≈ *Bedingung*) Einschränkung, Vorbehalt

qualified ['kwɒlɪfaɪd] ❶ qualifiziert, geeignet (**for** für); **is he really qualified to do this job?** ist er für diese Arbeit wirklich geeignet? ❷ ausgebildet; **he's a qualified mechanic** er ist gelernter Kfz-Mechaniker; **qualified engineer** Diplomingenieur(in); **highly qualified** hoch qualifiziert; **be qualified to do something** qualifiziert sein, etwas zu tun; **he is/is not qualified to teach** er besitzt die/keine Lehrbefähigung; **he was not qualified for the job** ihm fehlte die Qualifikation für die Stelle; **be well qualified** hoch qualifiziert sein; **he is fully qualified** er ist voll ausgebildet

★**qualify** ['kwɒlɪfaɪ] ❶ sich qualifizieren (*auch Sport*) (**for** für; **as** als); **our team qualified for the finals** unser Team hat sich für das Finale qualifiziert ❷ seine Ausbildung abschließen (**as** als); **qualify as a lawyer** sein juristisches Staatsexamen bestehen; **qualify as a teacher** die Lehrbefähigung erhalten ❸ (*Ausbildung usw.*) qualifizieren, befähigen (**for** für, zu)

qualitative ['kwɒlɪtətɪv] qualitativ

★**quality** ['kwɒlətɪ] ❶ Qualität, *Wirtschaft auch*: Güteklasse; **quality of life** Lebensqualität ❷ Eigenschaft

quality control ['kwɒlətɪ‿kən,trəʊl] Qualitätskontrolle

quality paper ['kwɒlətɪ,peɪpə] seriöse (Tages)Zeitung

quality time ['kwɒlətɪ,taɪm] *Freizeit, die man intensiv mit der Familie oder mit einem Hobby verbringt*

qualms [kwɑːmz] *pl* Bedenken, Skrupel; **have (no) qualms about doing something** (keine) Bedenken haben, etwas zu tun

quantitative ['kwɒntɪtətɪv] quantitativ

★**quantity** ['kwɒntətɪ] ❶ Quantität, Menge; **in small quantities** in kleinen Mengen; **quantity discount** *Wirtschaft*: Mengenrabatt ❷ *Mathematik*: Größe

quarantine ['kwɒrəntiːn] Quarantäne

★**quarrel¹** ['kwɒrəl] Streit, Auseinandersetzung (**with** mit)

★**quarrel²** ['kwɒrəl], quarrelled, quarrelled, *US* quarreled, quarreled (sich) streiten (**with** mit; **about, over** über)

quarrelsome ['kwɒrəlsəm] streitsüchtig

quarry ['kwɒrɪ] Steinbruch

quart [kwɔːt] Hohlmaß: Quart

★**quarter¹** ['kwɔːtə] ❶ *allg.*: Viertel; **divide something into quarters** etwas in vier Teile teilen; **a quarter/three-quarters full** viertel/drei viertel voll; **a mile and a quarter** eineinviertel Meilen; **a quarter of a mile** eine viertel Meile; **for a quarter (of) the price** zu einem Viertel des Preises ❷ *bei Zeitangaben*: **(a) quarter of an hour** eine Viertelstunde; **it's (a) quarter to six**, *US auch* **it's (a) quarter of six** es ist Viertel vor sechs, es ist drei viertel sechs; **at (a) quarter past six**, *US auch* **at (a) quarter after six** um Viertel nach sechs, um viertel sieben ❸ (Stadt)Viertel ❹ Quartal, Vierteljahr ❺ *in US*: 25 Cents, 25-Cent-Münze ❻ **quarters** *pl* Quartier, Unterkunft (*auch militärisch*) ❼ **from all quarters** übertragen aus allen Himmelsrichtungen ❽ *übertragen* Seite, Stelle; **in the highest quarters** an höchster Stelle

quarter² ['kwɔːtə] ❶ (≈ *teilen*) vierteln ❷ *bes. militärisch*: einquartieren (**on** bei)

quarterfinal [,kwɔːtə'faɪnl] Viertelfinale

quarterly ['kwɔːtəlɪ] vierteljährlich

quartet [kwɔː'tet] *Musik*: Quartett

quaver ['kweɪvə] (*Stimme*) zittern

quay [⚠ kiː]: *Hafenanlage*: Kai

queasy ['kwiːzɪ] **I feel queasy** mir ist übel

★**queen** [kwiːn] ❶ Königin; **beauty queen** Schönheitskönigin; **queen mother** Königinmutter ❷ *Kartenspiel, Schach*: Dame; **queen of hearts** Herzdame ❸ *umg, abwertend* Tunte

queer [kwɪə] ❶ komisch, seltsam; **I feel queer** mir ist ganz komisch zumute ❷ **he's a bit queer in the head** *umg* er 'hat sie nicht alle ❸ *umg* schwul

quench [kwentʃ] löschen, stillen (*Durst*)

★**query¹** ['kwɪərɪ] Frage (*bei Zweifeln, Unklarheit usw.*)

★**query²** ['kwɪərɪ] in Frage stellen, in Zweifel ziehen

quest [kwest] *bes. literarisch*: Suche (**for** nach)

★**question¹** ['kwestʃən] ❶ Frage; **ask someone a question** jemandem eine Frage stellen ❷ Frage, Problem; **only a question of time** nur eine Frage der Zeit ❸ Zweifel, Frage; **there's no question that ...** es steht außer Frage, dass ...; **there is no question about this** daran besteht kein Zweifel ❹ **that's out of the question** das kommt nicht infrage

★**question²** ['kwestʃən] ❶ befragen (**about** über), (*Polizei usw.*) vernehmen (**about** zu) ❷ bezweifeln (*Sachverhalt usw.*)

questionable ['kwestʃənəbl] ❶ fraglich, zweifelhaft ❷ *Verhalten usw.*: fragwürdig

question mark ['kwestʃən‿mɑːk] Fragezei-

chen
questionnaire [ˌkwestʃəˈneə] Fragebogen
★**queue**[1] [kjuː] *Br* **1** Schlange; **stand in a queue** Schlange stehen; **jump the queue** sich vordrängeln; **form a queue** eine Schlange bilden; **join the queue** sich (hinten) anstellen **2** *Computer*: Warteschlange (*von Druckaufträgen*)
★**queue**[2] [kjuː] *Br*, *mst.* **queue up** Schlange stehen, sich anstellen (**for** nach, um)
queue-jump [ˈkjuːdʒʌmp] *Br*, *umg* sich vordrängeln
queue jumper [ˈkjuːˌdʒʌmpə] **1** Vordrängler **2** *im Straßenverkehr*: Kolonnenspringer
★**quick** [kwɪk] **1** schnell, rasch; **be quick!** mach schnell!, beeil dich! **2** *Reise usw.*: kurz **3** **he's got a quick temper** er ist ziemlich hitzig **4** **he's quick to learn** er lernt schnell
quick-acting [ˈkwɪkˌæktɪŋ] *Medikament*: schnell wirkend
quicken [ˈkwɪkən] **1** beschleunigen (*Entwicklung usw.*) **2** (*Tempo*) schneller werden
quick-freeze [ˌkwɪkˈfriːz], **quick-froze** [ˌkwɪkˈfrəʊz], **quick-frozen** [ˌkwɪkˈfrəʊzn] tiefgefrieren, einfrieren
quickie [ˈkwɪkɪ] *umg* **1** etwas Schnelles oder Kurzes, z.B. eine kurze Frage **2** *Sex*: Quickie
★**quickly** [ˈkwɪklɪ] schnell
quicksand [ˈkwɪksænd] Treibsand
quick-tempered [ˌkwɪkˈtempəd] aufbrausend, hitzig
quick-witted [ˌkwɪkˈwɪtɪd] schlagfertig
quid [kwɪd] *pl*: **quid** *Br*, *umg*; *Währung*: Pfund
★**quiet**[1] [ˈkwaɪət] **1** ruhig (*auch Leben usw.*), still; **quiet, please** Ruhe, bitte! **2** **keep something quiet, keep quiet about something** etwas für sich behalten
★**quiet**[2] [ˈkwaɪət] **1** Ruhe, Stille **2** **on the quiet** *umg* heimlich

---
PHRASAL VERBS

quieten down [ˌkwaɪətnˈdaʊn] (sich) beruhigen

---

quill [kwɪl] **1** Feder (*eines Vogels*) **2** *zum Schreiben*: Feder(kiel)
quilt [kwɪlt] Steppdecke
quilted [ˈkwɪltɪd] *Kleidung usw.*: Stepp...
quinoa [ˈkiːnwɑː] Quinoa, Inkareis
quintet [kwɪnˈtet] *Musik*: Quintett
quintuplet [ˈkwɪntjʊplət] Fünfling
quirk [kwɜːk] **1** **quirk of fate** Laune des Schicksals **2** Marotte (*einer Person*)
quirky [ˈkwɜːkɪ] eigenartig, schrullig

quit [kwɪt], **quit**, **quit**, *Br auch* **quitted**, **quitted** *umg* **1** aufhören (**mit**); **quit doing something** aufhören, etwas zu tun; **quit smoking** das Rauchen aufgeben **2** *umg* kündigen
★**quite** [kwaɪt] **1** ganz, völlig; **be quite right** völlig recht haben **2** ziemlich; **quite a disappointment** eine ziemliche Enttäuschung; **quite a few** ziemlich viele; **quite good** ziemlich (*oder* recht) gut **3** **quite (so)** *bes. Br*; *als Antwort*: genau, ganz recht **4** **she's quite a girl** sie ist ein tolles Mädchen
quits [kwɪts] quitt (**with** mit); **call it quits** *umg* es gut sein lassen
quitter [ˈkwɪtə] **he's no quitter** *umg* er gibt nicht so schnell auf
quiver[1] [ˈkwɪvə] zittern (**with** vor; **at** bei *einem Gedanken usw.*)
quiver[2] [ˈkwɪvə] *für Pfeile*: Köcher
quiz[1] [kwɪz] *pl*: **quizzes** **1** (≈ *Fragespiel*) Quiz **2** *US*; *Schule*: Kurztest
quiz[2] [kwɪz], **quizzed**, **quizzed** **1** ausfragen (**about** über) **2** *US*; *Schule*: abfragen, testen
quotation [kwəʊˈteɪʃn] **1** Zitat (**from** aus); **quotation from the Bible** Bibelzitat **2** *Wirtschaft*: Kostenvoranschlag
quotation marks [kwəʊˈteɪʃnˌmɑːks] *pl* Anführungszeichen, Anführungsstriche
quote[1] [kwəʊt] **1** zitieren (**from** aus); **he was quoted as saying that ...** er soll gesagt haben, dass ... **2** anführen (*Beispiel usw.*) **3** nennen (*Preis*)
quote[2] [kwəʊt] *umg* **1** Zitat **2** **put** (*oder* **place**) **in quotes** in Anführungszeichen setzen **3** **quote ... unquote** Zitat ... Zitat Ende **4** **give someone a quote** jemandem einen Kostenvoranschlag machen

R

r [ɑː] **the three R's** (= reading, writing, arithmetic) Lesen, Schreiben, Rechnen
rabbi [ˈræbaɪ] *Religion*: Rabbiner(in), Rabbi
★**rabbit** [ˈræbɪt] Kaninchen
rabble [ˈræbl] Pöbel, Mob
rabble-rouser [ˈræblˌraʊzə] Aufrührer(in), Demagoge, Demagogin, Volksverhetzer(in)
rabble-rousing [ˈræblˌraʊzɪŋ] aufwieglerisch, demagogisch
rabid [ˈræbɪd] *Tier*: tollwütig
rabies [ˈreɪbiːz] *sg bei Tieren*: Tollwut

raccoon [rəˈkuːn] Waschbär

★**race**[1] [reɪs] *Sport*: Rennen (*auch übertragen* **for** um), Lauf; **race against time** *übertragen* Wettlauf mit der Zeit

★**race**[2] [reɪs] **1** an (einem) Rennen teilnehmen **2** um die Wette laufen (*bzw.* fahren) (**against, with** mit); (**I'll**) **race you to the corner** wer zuerst an der Ecke ist! **3** rasen, rennen; **race someone to hospital** in rasender Fahrt jemanden ins Krankenhaus bringen

★**race**[3] [reɪs] **1** Rasse **2** Rassenzugehörigkeit

racecourse [ˈreɪskɔːs] **1** *Br* Pferderennbahn **2** *US*; *allg.*: Rennbahn, Rennstrecke

racehorse [ˈreɪshɔːs] Rennpferd

racer [ˈreɪsə] **1** *Tier*: Rennpferd **2** *Person*: Rennfahrer(in) **3** *Gerät*: Rennrad, Rennwagen

racetrack [ˈreɪstræk] Rennbahn, Rennstrecke

racial [ˈreɪʃl] rassisch, Rassen...; **racial segregation** (die) Rassentrennung

racial discrimination [ˌreɪʃl̩ dɪˌskrɪmɪˈneɪʃn] (die) Rassendiskriminierung

racing [ˈreɪsɪŋ] Renn...; **racing bike** Rennrad; **racing car** Rennwagen

racism [ˈreɪsɪzm] (der) Rassismus

racist[1] [ˈreɪsɪst] Rassist(in)

racist[2] [ˈreɪsɪst] rassistisch

rack[1] [ræk] **1** Gestell, ...ständer; **magazine rack** Zeitungsständer; **luggage rack** *Zug*: Gepäcknetz **2** *historisch*: Folter(bank)

rack[2] [ræk] **1 rack one's brains** sich den Kopf zerbrechen **2 be racked by** (*oder* **with**) geplagt (*oder* gequält) werden von

rack[3] [ræk] **go to rack and ruin** *Gebäude usw.*: verfallen, *Land, Wirtschaft*: dem Ruin entgegentreiben

★**racket**[1] [ˈrækɪt] *Tennis usw.*: Schläger

racket[2] [ˈrækɪt] *umg* **1** Krach, Lärm; **make a racket** Krach machen **2** organisierte Kriminalität; **drugs racket** Drogengeschäft

racy [ˈreɪsɪ] *Geschichte usw.*: spritzig

radar[1] [ˈreɪdɑː] Radar

radar[2] [ˈreɪdɑː] Radar...; **radar trap** Radarfalle

radiant [ˈreɪdɪənt] strahlend (*auch übertragen*)

radiate [ˈreɪdɪeɪt] **1** ausstrahlen (*Wärme, Licht usw., auch übertragen*) **2** (*Straßen usw.*) strahlenförmig ausgehen (**from** von)

radiation [ˌreɪdɪˈeɪʃn] **1** Ausstrahlung (*von Hitze usw.*) **2** (radioaktive) Strahlung; **radiation treatment** *Medizin*: Bestrahlung

radiator [ˈreɪdɪeɪtə] **1** Heizkörper **2** *Auto*: Kühler

radical [ˈrædɪkl] radikal, grundlegend

★**radio**[1] [ˈreɪdɪəʊ] *pl*: **radios** **1** *Gerät*: Radio; **on the radio** im Radio **2** *Institution*: Rundfunk, Radio **3** Funk; **by radio** per (*oder* über) Funk **4** Funkgerät

radio[2] [ˈreɪdɪəʊ], **radioed, radioed** **1** funken (*Nachricht usw.*) **2** anfunken (*Ort*)

radioactive [ˌreɪdɪəʊˈæktɪv] radioaktiv

radioactive waste [ˌreɪdɪəʊˌæktɪvˈweɪst] Atommüll, radioaktiver Abfall

radioactivity [ˌreɪdɪəʊækˈtɪvətɪ] Radioaktivität

radio alarm [ˌreɪdɪəʊ əˈlɑːm] Radiowecker

radio-cassette player [ˌreɪdɪəʊkəˈsetˌpleɪə] Radiorekorder

radio station [ˈreɪdɪəʊˌsteɪʃn] Rundfunksender, Rundfunkstation

radio telephone [ˌreɪdɪəʊˈtelɪfəʊn] Funktelefon

radish [⚠ ˈrædɪʃ] Radieschen

radius [ˈreɪdɪəs] *pl*: **radii** [ˈreɪdɪaɪ] **1** *Mathematik*: Radius, Halbmesser **2 within a three-mile radius** im Umkreis von drei Meilen (**of** um)

raffle[1] [ˈræfl] Tombola

raffle[2] [ˈræfl] *auch* **raffle off** verlosen

raft [rɑːft] Floß

rag [ræg] **1** Lumpen, Lappen; **in rags** zerlumpt; **be (like) a red rag to a bull to someone** *Br, umg* wie ein rotes Tuch für jemanden sein **2** *umg* Käseblatt

★**rage**[1] [reɪdʒ] **1** Wut, Zorn; **be in a rage** wütend sein **2 it's all the rage** *umg* das ist der letzte Schrei

rage[2] [reɪdʒ] **1** (≈ *schimpfen*) wettern (**against, at** gegen) **2** (*Krankheit, Sturm*) wüten, (*Meer, Sturm*) toben

ragged [⚠ ˈrægɪd] **1** *Kleidung*: zerlumpt **2** *Bart*: zottig

raid[1] [reɪd] **1** Überfall (**on** auf) **2** Razzia

raid[2] [reɪd] **1** überfallen (*Bank usw.*) **2** (*Polizei*) eine Razzia machen in

★**rail** [reɪl] **1** Geländer **2** ...halter; **towel rail** Handtuchhalter **3** *Eisenbahn*: Schiene; **rails** *pl auch*: Gleis(e) **4 travel by rail** mit der Bahn fahren **5 go off the rails** *umg* durchdrehen; **be off the rails** *umg* spinnen

railing [ˈreɪlɪŋ] *auch* **railings** *pl* Geländer

railroad [ˈreɪlrəʊd] *US* Eisenbahn → **railway**

★**railway** [ˈreɪlweɪ] *Br* Eisenbahn

railway employee [ˈreɪlweɪemˌplɔɪiː] *Br* Bahnangestellte(r)

railway line [ˈreɪlweɪ laɪn] *Br* **1** Bahnlinie **2** Gleis

★**railway station** [ˈreɪlweɪˌsteɪʃn] *Br* Bahnhof

★**rain**[1] [reɪn] Regen; **it's pouring with rain** es gießt in Strömen

★**rain²** [reɪn] **1** regnen **2 rain down on** (*Schläge usw.*) niederprasseln auf

---PHRASAL VERBS---

rain off [ˌreɪnˈɒf], *US* **rain out** [ˌreɪnˈaʊt] **be rained off** (*US* **out**) wegen Regens abgesagt werden (*Veranstaltung usw.*)

---

rainbow ['reɪnbəʊ] Regenbogen
raincoat ['reɪnkəʊt] Regenmantel
raindrop ['reɪndrɒp] Regentropfen
rainfall ['reɪnfɔːl] Niederschlag
rainforest ['reɪnˌfɒrɪst] Regenwald
★**rain jacket** ['reɪnˌdʒækɪt] Regenjacke
★**rainy** ['reɪnɪ] **1** regnerisch, Regen...; **the rainy season** die Regenzeit (*in den Tropen*) **2** *Tag*: verregnet; **keep something for a rainy day** *übertragen* etwas für schlechte Zeiten aufheben
★**raise¹** [reɪz] **1** (hoch)heben (*Gegenstand, Hand usw.*), hochziehen (*Vorhang usw.*); **raise one's hat to someone** vor jemandem den Hut ziehen; **raise one's eyebrows** die Stirn runzeln; **raise one's voice** laut werden **2** erhöhen (*Gehalt, Preise usw.*), **3 raise someone's hopes** in jemandem Hoffnung erwecken; **raise objections** Einwände erheben **4** zusammenbringen, beschaffen (*Geld usw.*) **5** großziehen (*Kinder*) **6** züchten (*Tiere*), anbauen (*Getreide usw.*) **7** aufwerfen (*Frage*), zur Sprache bringen (*Problem usw.*) **8** hervorrufen (*Protest usw.*); **raise a laugh** Gelächter ernten **9** aufwirbeln (*Staub usw.*)
★**raise²** [reɪz] *US* Lohnerhöhung, Gehaltserhöhung; → **rise²** 4 *Br*
raisin ['reɪzn] Rosine
rake¹ [reɪk] Rechen, Harke
rake² [reɪk] rechen, harken (*Rasen, Laub*)

---PHRASAL VERBS---

rake in [ˌreɪkˈɪn] *umg* kassieren (*Geld*); **rake it in** *umg* das Geld nur so scheffeln

---

rally¹ ['rælɪ] **1** Kundgebung, (Massen)Versammlung **2** *Motorsport*: Rallye
rally² ['rælɪ] **1** (*Truppen usw.*) (sich) (wieder) sammeln **2** sich erholen (**from** von) (*auch wirtschaftlich*)

---PHRASAL VERBS---

rally round [ˌrælɪˈraʊnd] **rally round someone** sich jemandes annehmen

---

RAM [ræm] (*abk für* random access memory) *Computer*: Arbeitsspeicher
ram¹ [ræm] Widder, Schafbock

ram² [ræm], **rammed, rammed 1** (*Fahrzeug usw.*) rammen **2** (≈ *hineintun*) rammen (*Pfosten usw.*) (**into** in)
ramble ['ræmbl] **1** streifen, wandern **2** *auch* **ramble on** weitschweifig erzählen
rambling ['ræmblɪŋ] **1** *Pflanzen*: rankend, Kletter...; **rambling rose** Kletterrose **2** übertragen weitschweifig, unzusammenhängend (*Rede, Aufsatz usw.*) **3** *Gebäude*: weitläufig
ramp [ræmp] **1** Rampe **2** *US* Auffahrt
rampage ['ræmpeɪdʒ] **go on the rampage** randalieren
rampant ['ræmpənt] **1** *Krankheit usw.*: grassierend **2** *Pflanze*: wuchernd
ramshackle ['ræmˌʃækl] **1** *Haus*: baufällig **2** *Fahrzeug*: klapp(e)rig **3** *Verein, Partei, Organisation usw.*: chaotisch, schlecht organisiert
ran [ræn] 2. Form von → **run¹**
ranch [rɑːntʃ] **1** *in USA*: (≈ *Farm mit Viehzucht*) Ranch **2** *US* ...farm; **chicken ranch** Geflügelfarm
rancher ['rɑːntʃə] **1** Rancher, Viehzüchter **2** ...züchter
rancid ['rænsɪd] *Butter usw.*: ranzig; **go rancid** ranzig werden
random ['rændəm] **at random** aufs Geratewohl, wahllos, willkürlich
randy ['rændɪ] *Br, umg* scharf, geil
rang [ræŋ] 2. Form von → **ring²**
range¹ [reɪndʒ] **1** Skala, Palette; **in this price range** in dieser Preisklasse **2** Auswahl (*an Waren usw.*), wirtschaftlich auch: Sortiment; **a wide range of goods** ein großes Warenangebot **3** Reichweite (*eines Fernglases usw.*), Schussweite (*eines Gewehrs usw.*) **4** Entfernung; **at close** (*oder* **short**) **range** aus kurzer Entfernung **5 mountain range** Bergkette **6** *in USA*: Weideland
range² [reɪndʒ] (*Maße, Werte usw.*) schwanken, sich bewegen (**from ... to, between ... and** zwischen ... und)
ranger ['reɪndʒə] **1** Förster **2** Ranger
★**rank¹** [ræŋk] **1** *bes. militärisch*: Rang **2** Rang, (soziale) Stellung **3 the rank and file** die Basis (*einer Partei*); → **ranks**
★**rank²** [ræŋk] **1** (≈ *dazugehören*) zählen (**among** zu), rangieren (**above** über); **he ranks as a great musician** er gilt als großer Musiker **2** (≈ *einordnen*) rechnen, zählen (**among** zu); **he's ranked 2nd in the world** er steht an 2. Stelle der Weltrangliste
ranking¹ ['ræŋkɪŋ] **1** Rangliste **2** *auf Rangliste*: Platzierung **3** *Einordnung in Rangliste*: Bewer-

tung (z.B. von Studenten, Lehrern)
ranking[2] ['ræŋkɪŋ] Offizier, Offizielle: ranghoch
ranks [ræŋks] pl **the ranks** Militär: die Mannschaften und Unteroffiziere
ransack ['rænsæk] **1** durchwühlen (Schublade, Schrank usw.) **2** plündern (Haus usw.)
ransom[1] ['rænsəm] Lösegeld; **hold someone to ransom** jemanden als Geisel halten, übertragen jemanden erpressen
ransom[2] ['rænsəm] auslösen, freikaufen
rant [rænt] auch **rant on** oder **rant and rave (about)** sich lautstark auslassen (über)
rap[1] [ræp] **1** Klopfen; **give someone a rap over the knuckles** übertragen jemandem auf die Finger klopfen **2** Musik: auch **rap music** Rap
rap[2] [ræp], **rapped, rapped 1** klopfen, schlagen (**at** an; **on** auf) **2** US, salopp quatschen
rape[1] [reɪp] Vergewaltigung
rape[2] [reɪp] vergewaltigen
rapid ['ræpɪd] schnell, rasch; **rapid reaction force** militärisch: schnelle Eingreiftruppe; **rapid transit (system)** US Schnellbahnsystem
rapidity [rə'pɪdətɪ] Schnelligkeit
rapids ['ræpɪdz] pl Stromschnelle(n)
rapist ['reɪpɪst] Vergewaltiger
rapper ['ræpə] Musik: Rapper(in)
rapt [ræpt] **with rapt attention** mit gespannter Aufmerksamkeit
rapture ['ræptʃə] **be in raptures** entzückt (oder hingerissen) sein (**about, at, over** von)
★ **rare** [reə] **1** selten, rar **2** Atmosphäre, Luft: dünn **3** Steak: (≈ fast roh) englisch
★ **rarely** ['reəlɪ] selten
raring ['reərɪŋ] **be raring to do something** umg es kaum mehr erwarten können, etwas zu tun
rarity ['reərətɪ] Seltenheit, Rarität
rascal ['rɑːskl] humorvoll Schlingel
rash[1] [ræʃ] voreilig, vorschnell
rash[2] [ræʃ] (Haut)Ausschlag
rasp [rɑːsp] raspeln
raspberry [▲ 'rɑːzbərɪ] Himbeere
★ **rat** [ræt] Ratte; **smell a rat** (≈ Verdacht schöpfen) Lunte riechen; **rats!** verärgert: Mist!, widersprechend: Quatsch!
ratchet ['rætʃɪt] Ratsche
★ **rate**[1] [reɪt] **1** Geschwindigkeit, Tempo (bes. einer Entwicklung usw.); **at a fast rate** zügig, rapide **2** Quote, Rate; **birth rate** Geburtenrate; **rate of inflation, inflation rate** Inflationsrate **3** Finanzwesen: Satz, Kurs; **interest rate** Zinssatz **4 at any rate** übertragen auf jeden Fall
★ **rate**[2] [reɪt] einschätzen (**highly** hoch), halten

(**as** für); **be rated as** gelten als
-rate [-reɪt] …klassig; **a first-rate actor** ein erstklassiger Schauspieler
rate of exchange [ˌreɪt əv ɪksˈtʃeɪndʒ] Wechselkurs
★ **rather** ['rɑːðə] **1** ziemlich; **rather a cold night, a rather cold night** eine ziemlich kalte Nacht **2 I'd rather stay at home** ich möchte lieber zu Hause bleiben **3 or rather** (oder) vielmehr
ratification [ˌrætɪfɪ'keɪʃn] Politik: Ratifizierung
ratify ['rætɪfaɪ] Politik: ratifizieren
ratings ['reɪtɪŋz] pl; TV: Einschaltquote
ratio ['reɪʃɪəʊ] pl: **ratios** Verhältnis; **the ratio of men to women** das Verhältnis von Männern zu Frauen; **in a ratio of 100 to 1** im Verhältnis 100 zu 1
ration[1] [▲ 'ræʃn] Ration
ration[2] [▲ 'ræʃn] rationieren (Lebensmittel usw.)
rational ['ræʃnəl] **1** vernunftbegabt **2** Ideen usw.: vernünftig
rationalism ['ræʃnəlɪzm] Rationalismus
rationalist[1] ['ræʃnəlɪst] Rationalist(in)
rationalist[2] ['ræʃnəlɪst], **rationalistic** [ˌræʃnə-'lɪstɪk] rationalistisch
rationalization [ˌræʃnəlaɪ'zeɪʃn] Rationalisierung
rationalize ['ræʃnəlaɪz] Br rationalisieren (Betrieb)
rat race ['ræt ˌreɪs] gnadenloser beruflicher Konkurrenzkampf unter Kollegen
rat run ['ræt ˌrʌn] Br, umg (≈ Nebenstraße) Schleichweg
rattle[1] ['rætl] **1** (Fenster usw.) klappern; **rattle the door** an der Tür rütteln **2** (Ketten usw.) rasseln, klirren **3** (Münzen usw.) klimpern **4** (Regen usw.) prasseln (**on** auf) **5** (Fahrzeug usw.) knattern **6 rattle someone** Br jemanden beunruhigen (oder durcheinanderbringen); **don't get rattled** reg dich nicht auf!

---PHRASAL VERBS---

rattle off [ˌrætl'ɒf] herunterrasseln (Gedicht usw.)

---

rattle[2] ['rætl] Rassel, Klapper
rattlesnake ['rætlsneɪk] Klapperschlange
rattrap ['rættræp] **1** Rattenfalle **2** umg, Haus, Wohnung usw.: Bruchbude **3** umg Falle, ausweglose Lage
ratty ['rætɪ] Br, umg **1** gereizt; **there's no need to be ratty** sei doch nicht gleich so gereizt **2** US schäbig (Kleidungsstück)
raucous ['rɔːkəs] Stimme, Gelächter: heiser, rau

ravage ['rævɪdʒ] (*Sturm usw.*) verwüsten
ravages ['rævɪdʒɪz] *pl* Verwüstungen, *übertragen* negative Auswirkungen
rave[1] [reɪv] **1** *wirr:* fantasieren (*auch im Fieber*) **2** *begeistert:* **rave about something** von etwas schwärmen **3** *verärgert:* toben, wettern (**at** gegen)
rave[2] [reɪv] Party, Fete, Rave
raven ['reɪvn] Rabe
ravine [rə'viːn] Schlucht, Klamm, *bes.* Ⓐ Tobel
raving ['reɪvɪŋ] **1** tobend; **raving mad** *umg* völlig (*oder* total) übergeschnappt **2** **a raving beauty** *umg* eine hinreißend schöne Frau
ravishing ['rævɪʃɪŋ] hinreißend
★**raw** [rɔː] **1** *Gemüse usw.:* roh **2** *Technik:* roh, Roh...; **raw material** Rohstoff **3** *Anfänger:* unerfahren, grün **4** *Haut:* wund **5** *Wetter, Tag usw.:* nasskalt **6** **get a raw deal** *umg* ungerecht behandelt werden
Rawlplug® ['rɔːlplʌg] *Br* Dübel
★**ray** [reɪ] **1** Strahl; **ray of light** Lichtstrahl **2** **ray of hope** Hoffnungsschimmer
raze [reɪz] *auch* **raze to the ground** dem Erdboden gleichmachen
★**razor** ['reɪzə] **1** Rasiermesser **2** *elektrisch:* Rasierapparat **3** **be on a razor's edge** *übertragen* auf des Messers Schneide stehen
razor blade ['reɪzə‿bleɪd] Rasierklinge
razor-sharp [,reɪzə'ʃɑːp] **1** *Messer, Klinge:* scharf wie ein Rasiermesser **2** *Verstand:* messerscharf
razzamatazz [,ræzəmə'tæz], **razzmatazz** [,ræzmə'tæz] *umg* Rummel, Trubel
Rd *abk für* → **Road**
re [riː] **re your letter of ...** *Geschäftsbrief:* Betr.: Ihr Schreiben vom ...
★**reach**[1] [riːtʃ] **1** erreichen (*Person, Ort, Alter usw.*) **2** greifen, langen (**for** nach) (*beide auch übertragen*) **3** *räumlich:* reichen (*oder* gehen) (bis an *oder* zu) (⚠ **ausreichen** = **be enough**)

———————————— PHRASAL VERBS ————————————

reach down [,riːtʃ'daʊn] herunterreichen, hinunterreichen (**from** von)
reach out [,riːtʃ'aʊt] **1** (die Hand *oder* den Arm) ausstrecken **2** greifen, langen (**for** nach) (*beide auch übertragen*)

———

★**reach**[2] [riːtʃ] **within** (*bzw.* **out of**) **someone's reach** in (*bzw.* außer) jemandes Reichweite; **be within easy reach** leicht zu erreichen sein
react [rɪ'ækt] reagieren (**to** auf); **react against** sich wehren gegen
reaction [rɪ'ækʃn] Reaktion
reactionary [rɪ'ækʃənrɪ] *politisch:* Reaktionär(in)
reactivate [rɪ'æktɪveɪt] reaktivieren
reactive [rɪ'æktɪv] *Chemie:* reaktionsfähig, reaktiv
reactor [rɪ'æktə] *Physik:* Reaktor
★**read**[1] [riːd], read [red], read [red] **1** lesen; **I've read about it** ich habe darüber (*oder* davon) gelesen; **read (something) to someone** jemandem (etwas) vorlesen (**from** aus) **2** **read well** *Aufsatz usw.:* sich gut lesen; **the letter** *usw.* **reads as follows** der Brief *usw.* lautet folgendermaßen **3** ablesen (*Zähler usw.*) **4** (*Thermometer usw.*) (an)zeigen, stehen auf **5** **he's reading Geography at Oxford** *Br* er studiert Geografie in Oxford **6** **read between the lines** zwischen den Zeilen lesen **7** **we can take it as read** [red] **that ...** wir können davon ausgehen, dass ...

———————————— PHRASAL VERBS ————————————

read into [,riːd'ɪntʊ] **read something into** (≈ *interpretieren*) etwas hineinlesen in
read out [,riːd'aʊt] vorlesen
read over *oder* **through** [,riːd'əʊvə *oder* 'θruː] (ganz) durchlesen
read up [,riːd'ʌp] **read up (on) something** *umg* etwas nachlesen

———

read[2] [riːd] **it's a good read** *bes. Br* es liest sich gut
read[3] [red] 2. und 3. Form von → **read**[1]; → **well--read**
readable ['riːdəbl] **1** *Buch usw.:* lesbar, leicht zu lesen **2** *Schrift:* leserlich
★**reader** ['riːdə] **1** Leser(in) **2** *Schule:* Lesebuch
readership ['riːdəʃɪp] Leser *pl*, Leserkreis
readily ['redɪlɪ] **1** bereitwillig **2** leicht, ohne Weiteres
reading[1] ['riːdɪŋ] **1** Lesen **2** Lesung (*auch im Parlament*) **3** *auch* **reading matter** Lesestoff, Lektüre **4** Zählerstand; **take a reading** den Zählerstand ablesen
reading[2] ['riːdɪŋ] Lese...; **reading light** Leselampe
read-only ['riːd,əʊnlɪ] *Computer:* schreibgeschützt; **read-only memory** (*abk* **ROM**) Lesespeicher
★**ready** ['redɪ] **1** bereit, fertig (**for something** für etwas) **ready for takeoff** *Flugzeug:* startbereit, startklar; **get ready** (sich) fertig machen; **he's getting breakfast ready** er bereitet das Frühstück zu **2** **be ready to do something** bereit sein, etwas zu tun, *auch:* schnell bei der Hand sein, etwas zu tun **3** im

Begriff, nahe daran; **ready to cry** den Tränen nahe

ready-made ['redɪmeɪd] **1** *Kleidung*: Konfektions...; **ready-made suit** Konfektionsanzug **2** *Essen*: vorgekocht **3** übertragen passend, geeignet (*Ausrede, Entschuldigung usw.*); **ready-made solution** Patentlösung

ready meal [,redɪ'miːl] *Br* Fertiggericht

ready money [,redɪ'mʌnɪ] Bargeld

ready-to-serve [,redɪtə'sɜːv] *Essen*: tischfertig

★**real** [rɪəl] **1** *Gold, Gefühl usw.*: echt **2** richtig, tatsächlich, wirklich, wahr; **his real name** sein richtiger Name **3 for real** *umg* echt, im Ernst

real estate ['rɪəl_ɪ,steɪt] Immobilien

realism ['rɪəlɪzm] Realismus

realist ['rɪəlɪst] Realist(in)

realistic [rɪə'lɪstɪk] realistisch

★**reality** [rɪ'ælətɪ] **1** (die) Realität, (die) Wirklichkeit; **in reality** in Wirklichkeit; **become (a) reality** wahr werden

reality check [rɪ'ælətɪ_,tʃek] *umg* **it's time for a reality check** sehen wir die Dinge doch realistisch

reality TV [rɪ,ælətɪ_,tiː'viː] Reality TV

realization [,rɪəlaɪ'zeɪʃn] **1** Erkenntnis **2** Realisierung, Verwirklichung (*eines Plans*)

★**realize** ['rɪəlaɪz] **1** erkennen, begreifen, einsehen; **he realized that ...** ihm wurde klar, dass ... **2** realisieren, verwirklichen (*Plan, Vorhaben usw.*)

★**really** ['rɪəlɪ] **1** wirklich, tatsächlich; **really?** echt jetzt? **2 not really** eigentlich nicht **3 you really must come** du musst unbedingt kommen

realm [⚠ relm] **1** (König)Reich **2 within the realms of possibility** im Bereich des Möglichen

real time ['rɪəl_,taɪm] *Computer*: Echtzeit

Realtor® ['rɪːltɔː] *US* Grundstücksmakler(in), Immobilienmakler(in); → **estate agent** *Br*

reanimate [,riː'ænɪmeɪt] **1** *Medizin*: wiederbeleben **2** übertragen neu beleben

reap [riːp] **1** schneiden, ernten (*Getreide usw.*) **2 reap the benefit(s) of one's work** übertragen die Früchte seiner Arbeit ernten

reappear [,riːə'pɪə] wieder erscheinen

rear¹ [rɪə] **1** Hinterseite, Rückseite, *Auto*: Heck; **at (***US* **in) the rear of** hinten in; **in the rear** hinten **2** *umg* Hintern

rear² [rɪə] **1** hinter Hinter..., Rück..., Heck...; **rear exit** Hinterausgang; **rear windscreen**, *US* **rear windshield** Heckscheibe

rear³ [rɪə] **1** aufziehen, großziehen (*Kind, Tier*) **2** (*Pferd*) sich aufbäumen

rear light [,rɪə'laɪt] Rücklicht

rearrange [,riːə'reɪndʒ] **1** ändern (*Pläne*) **2** umstellen (*Möbel usw.*)

rear-view mirror [,rɪəvjuː'mɪrə] Rückspiegel

★**reason¹** ['riːzn] **1** Grund (**for** für); **for no reason** ohne Grund, grundlos; **have every reason to be angry** *usw.* guten Grund haben, sich zu ärgern *usw.* **2** (der) Verstand **3** (die) Vernunft **4 it stands to reason** es ist logisch

★**reason²** ['riːzn] **1** logisch denken **2** folgern (**that** dass)

PHRASAL VERBS

reason with ['riːzn_wɪð] diskutieren mit, vernünftig reden mit

---

★**reasonable** ['riːznəbl] **1** vernünftig **2** *Essen usw.*: ganz gut, passabel **3** *umg; Preise*: angemessen, günstig

reasonably ['riːznəblɪ] **1** ziemlich, einigermaßen; **he's reasonably well-off** er ist ziemlich reich; **reasonably priced** preiswert **2** vernünftig; **behave reasonably** sich vernünftig benehmen

reassure [,riːə'ʃɔː] **1 reassure someone that ...** jemandem versichern, dass ... **2** beruhigen (*Person*)

rebate ['riːbeɪt] Rückzahlung, Rückvergütung

rebel¹ ['rebl] Rebell(in)

rebel² [⚠ rɪ'bel] rebellieren, sich auflehnen (**against** gegen)

rebellion [rɪ'beljən] Aufstand, Rebellion

rebellious [rɪ'beljəs] rebellisch, aufständisch

rebirth [,riː'bɜːθ] Wiedergeburt

reboot [,riː'buːt] *Computer*: neu booten, rebooten, neu laden

rebound¹ [rɪ'baʊnd] (*Ball usw.*) abprallen, zurückprallen (**from** von)

rebound² ['riːbaʊnd] **1** *Basketball*: Rebound **2 he's still on the rebound from his broken relationship with Jean** er leidet immer noch unter dem Bruch der Beziehung mit Jean; **she married Bill on the rebound, after Jack had left her** sie heiratete Bill, um sich darüber hinwegzutrösten, dass Jack sie verlassen hatte

rebuff¹ [rɪ'bʌf] schroffe Abweisung

rebuff² [rɪ'bʌf] schroff abweisen

rebuild [,riː'bɪld], **rebuilt** [,riː'bɪlt], **rebuilt** [,riː'bɪlt] **1** wieder aufbauen, umbauen (*Haus usw.*) **2** übertragen wieder aufbauen (*Vertrauen usw.*)

rebuke¹ [rɪ'bjuːk] rügen, tadeln (**for** wegen)

rebuke² [rɪ'bjuːk] Rüge, Tadel

recall [rɪˈkɔːl] ◼ sich erinnern an; **I don't recall seeing her** ich erinnere mich nicht daran, sie gesehen zu haben ◼ zurückrufen (*auch defekte Waren*)

recapitulate [ˌriːkəˈpɪtʃʊleɪt] (noch einmal) kurz zusammenfassen

recede [rɪˈsiːd] zurückweichen; **his hair's starting to recede** seine Geheimratsecken werden immer größer

★ **receipt** [⚠ rɪˈsiːt] ◼ Quittung, Empfangsbestätigung ◼ Empfang, Eingang (*von Waren*) (⚠ *nicht* **Rezept**)

receipts [⚠ rɪˈsiːts] *pl* Einnahmen

★ **receive** [rɪˈsiːv] ◼ bekommen, empfangen, erhalten (*auch medizinische Behandlung*) ◼ *Rundfunk, TV:* empfangen ◼ **I was on the receiving end** *umg* er hat alles an mir ausgelassen

receiver [rɪˈsiːvə] ◼ (Telefon)Hörer ◼ *Radio usw.:* Empfänger ◼ *auch* **official receiver** *Br* Konkursverwalter(in)

recent [ˈriːsnt] ◼ *Ereignisse usw.:* jüngste(r, -s) ◼ *Foto usw.:* neuere(r, -s)

★ **recently** [ˈriːsntlɪ] ◼ kürzlich, vor Kurzem ◼ in letzter Zeit

receptacle [rɪˈseptəkl] *förmlich* Behälter

★ **reception** [rɪˈsepʃn] ◼ Begrüßung, Empfang; **a warm reception** ein herzlicher Empfang ◼ *offizieller Anlass:* Empfang ◼ *Hotel:* Rezeption ◼ *Rundfunk, TV:* Empfang

receptionist [rɪˈsepʃnɪst] ◼ *im Hotel usw.:* Empfangsdame, Empfangschef(in) ◼ *beim Arzt usw.:* Sprechstundenhilfe

recess [rɪˈses] ◼ Pause, *US auch* Schulpause ◼ *Parlament:* Ferien ◼ Nische (*in einer Wand usw.*)

recession [rɪˈseʃn] *Wirtschaft:* Rezession

recharge [ˌriːˈtʃɑːdʒ] ◼ aufladen (*Batterie*) ◼ (*Batterie*) sich wieder aufladen ◼ **recharge one's batteries** *übertragen* auftanken

rechargeable [ˌriːˈtʃɑːdʒəbl] *Batterie:* wiederaufladbar

recipe [⚠ ˈresəpɪ] Rezept (**for** für) (*auch übertragen*) (⚠ *nicht* **Arztrezept**)

recipient [rɪˈsɪpɪənt] Empfänger(in)

recital [rɪˈsaɪtl] Konzert, Vortrag; **a piano recital** ein Klavierabend

recite [rɪˈsaɪt] aufsagen, vortragen (*Gedicht*)

reckless [ˈrekləs] ◼ leichtsinnig, *Fahrer:* rücksichtslos ◼ *Geschwindigkeit:* gefährlich

recklessness [ˈrekləsnəs] Rücksichtslosigkeit

reckon [ˈrekən] ◼ *umg* glauben (**that** dass) ◼ ausrechnen, berechnen

PHRASAL VERBS

reckon on [ˈrekən ˌɒn] *umg* (≈ *erwarten*) rechnen auf (*oder* mit)

reckon up [ˌrekənˈʌp] zusammenzählen, zusammenrechnen (*Kosten usw.*)

reckon with [ˈrekən ˌwɪð] rechnen mit (*einer Person, einem Umstand usw.*); **a team to be reckoned with** eine Mannschaft, mit der man rechnen muss

reckoning [ˈrekənɪŋ] ◼ Berechnung; **by my reckoning** nach meiner (Be)Rechnung ◼ **day of reckoning** *übertragen* Tag der Abrechnung, Stunde der Wahrheit

reclaim [rɪˈkleɪm] ◼ zurückfordern (**from** von) ◼ *Technik, Chemie:* wiedergewinnen (*Wertstoffe*) (**from** aus)

recline [rɪˈklaɪn] ◼ (*Person*) sich zurücklehnen ◼ (*Sitz*) sich verstellen lassen ◼ zurückstellen (*Sitz*)

recluse [rɪˈkluːs] Einsiedler(in)

recognition [ˌrekəgˈnɪʃn] ◼ (Wieder)Erkennen ◼ Anerkennung; **in** (*oder* **as a**) **recognition of** als Anerkennung für, in Anerkennung (+ *Genitiv*)

recognizable [ˌrekəgˈnaɪzəbl] (wieder)erkennbar; **be hardly recognizable** kaum zu erkennen sein

★ **recognize** [ˈrekəgnaɪz] ◼ (wieder)erkennen (**by** an) ◼ anerkennen (*auch offiziell*) ◼ einsehen (**that** dass)

recoil [rɪˈkɔɪl] zurückschrecken (**from** vor)

recollect [⚠ ˌrekəˈlekt] sich erinnern an; **recollect doing something** sich daran erinnern, etwas getan zu haben; **as far as I (can) recollect** soweit ich mich erinnere

recollection [⚠ ˌrekəˈlekʃn] Erinnerung (**of** an)

★ **recommend** [ˌrekəˈmend] ◼ empfehlen (**as** als; **for** für); **recommend doing something** raten, etwas zu tun ◼ **he has little to recommend him** es spricht wenig für ihn ◼ **the hotel is not to be recommended** das Hotel ist nicht zu empfehlen

★ **recommendation** [ˌrekəmenˈdeɪʃn] Empfehlung; **letter of recommendation** Empfehlung

recompense[1] [ˈrekəmpens] entschädigen

recompense[2] [ˈrekəmpens] Entschädigung; **as a** (*oder* **in**) **recompense** als Entschädigung (**for** für)

reconcile [ˈrekənsaɪl] ◼ versöhnen, aussöhnen (**with** mit); **they are reconciled again** sie haben sich wieder versöhnt ◼ in Einklang bringen (*Fakten usw.*) (**with** mit)

PHRASAL VERBS

reconcile to ['rekənsaɪl_tʊ] **become reconciled to something** *übertragen* sich mit etwas abfinden

---

reconciliation [,rekənsɪlɪ'eɪʃn] Versöhnung (**between** zwischen; **with** mit)

reconsider [,riːkən'sɪdə] noch einmal überdenken

reconstruct [,riːkən'strʌkt] **1** wieder aufbauen (*Gebäude usw.*) **2** *übertragen* rekonstruieren (*Fall usw.*)

★ **record¹** [rɪ'kɔːd] **1** aufnehmen (*auf Tonband usw.*), aufzeichnen (*TV-Programm usw.*) **2** aufschreiben, festhalten (*Fakten usw.*) **3** *offiziell*: zu Protokoll (*bzw.* zu den Akten) nehmen **4** registrieren (*Messwerte*)

★ **record²** ['rekɔːd] **1** (Schall)Platte; **make a record** eine Platte aufnehmen **2** *Sport usw.*: Rekord **3 to set the record straight** um das klarzustellen; **keep a record of** Buch führen über **4 have a criminal record** *Recht*: vorbestraft sein **5 off the record** inoffiziell

★ **record³** ['rekɔːd] *Sport usw.*: Rekord...; **record holder** Rekordhalter(in); **in record time** in Rekordzeit

★ **recorder** [rɪ'kɔːdə] **1** (Kassetten)Rekorder, Tonbandgerät **2** *Musikinstrument*: Blockflöte

recording [rɪ'kɔːdɪŋ] Aufnahme; **recording studio** Aufnahmestudio, Tonstudio

record player ['rekɔːd,pleɪə] Plattenspieler

recount¹ [rɪ'kaʊnt] erzählen (*Geschichte*)

recount² [,riː'kaʊnt] nachzählen (*Stimmen usw.*)

recoup [rɪ'kuːp] **1** ausgleichen (*Verlust*) **2** zurückbekommen (*Ausgaben*) (**from** von)

★ **recover** [rɪ'kʌvə] **1** gesund werden, sich erholen (**from** von) (*auch übertragen*); **he has fully recovered** er ist wieder ganz gesund **2** wiederfinden (*Gestohlenes usw.*) **3** ausgleichen (*Kosten*) **4 recover consciousness** wieder zu sich kommen **5** bergen (*Opfer*)

recovery [rɪ'kʌvərɪ] **1** Erholung, Genesung (*auch übertragen*); **make a quick recovery** sich schnell erholen **2** Wiederfinden (*von Gestohlenem usw.*) **3** Bergung (*von Opfern*)

recreation [,rekrɪ'eɪʃn] *in der Freizeit*: Erholung, Freizeitbeschäftigung

recreational [,rekrɪ'eɪʃnəl] **recreational activities** *pl* Freizeitgestaltung; **recreational vehicle** (*abk* **RV**) *US* Wohnmobil, Caravan

recreation center [rekrɪ'eɪʃn,sentə] *US* Freizeitzentrum

recreation ground [,rekrɪ'eɪʃn_graʊnd] *Br* Spielplatz

recreation room [,rekrɪ'eɪʃn_ruːm] **1** Aufenthaltsraum **2** *US* Hobbyraum

recruit¹ [rɪ'kruːt] **1** *Militär*: Rekrut(in) **2** neues Mitglied (*im Verein usw.*) (**to** in) **3** Neue(r) (*in Firma*) (**to** in)

recruit² [rɪ'kruːt] **1** anwerben, rekrutieren (*Personal*) **2** werben (*Mitglieder*) **3** (*Firma*) neue Leute einstellen

recruitment [rɪ'kruːtmənt] **1** *von Soldaten*: Rekrutierung **2** *von Mitgliedern*: (An)werbung **3** *von Mitarbeitern*: Einstellung

★ **rectangle** ['rektæŋgl] Rechteck

rectangular [rek'tæŋgjʊlə] rechteckig, rechtwinklig

rector ['rektə] *anglikanische Kirche*: Pfarrer

recumbent [rɪ'kʌmbənt] liegend

recuperate [rɪ'kjuːpəreɪt] **1** sich erholen (**from** von) **2** wettmachen (*Verluste usw.*)

recur [rɪ'kɜː], **recurred, recurred** (*Problem*) wiederkehren, (*Schmerz*) wieder einsetzen

recurrent [rɪ'kʌrənt] wiederkehrend

recyclable [,riː'saɪkləbl] wiederverwertbar, recycelbar

★ **recycle** [,riː'saɪkl] wiederverwerten, recyceln; **recycled paper** Umweltpapier

recycling [,riː'saɪklɪŋ] Recycling, Wiederverwertung

★ **red¹** [red], **redder, reddest** rot; **the lights are red** die Ampel steht auf Rot; **go** (*oder* **turn**) **red** rot werden

★ **red²** [red] Rot; **dressed in red** rot (*oder* in Rot) gekleidet; **see red** *übertragen* rotsehen; **be in the red** *finanziell*: in den roten Zahlen sein

red alert [,red_ə'lɜːt] höchste Alarmstufe, Alarmstufe rot

red card [,red'kɑːd] *Sport* Rote Karte

red carpet [,red'kɑːpɪt] roter Teppich

red-carpet treatment [,red'kɑːpət,triːtmənt] **give someone the red-carpet treatment** jemanden mit großem Bahnhof empfangen

Red Cross [,red'krɒs] Rotes Kreuz

redcurrant [,red'kʌrənt] Rote Johannisbeere

redden ['redn] **1** röten, rot färben **2** *aus Scham usw*: rot werden (**with** vor)

reddish ['redɪʃ] rötlich

redecorate [riː'dekəreɪt] renovieren, neu tapezieren (*bzw.* streichen) (*Zimmer usw.*)

redeem [rɪ'diːm] **1** einlösen (*Pfand*) **2** wiederherstellen (*Ruf*); **redeem oneself** sich rehabilitieren **3** ausgleichen, wettmachen (*schlechte Eigenschaft*) **4** *kirchlich*: erlösen

Redeemer [rɪ'diːmə] Erlöser, Heiland

redemption [rɪ'dempʃn] *bes. kirchlich*: Erlösung (**from** von)

redevelop [ˌriːdɪ'veləp] sanieren (*Gebäude, Stadtteil*)

redevelopment [ˌriːdɪ'veləpmənt] *eines Stadtteils usw.*: Sanierung

red-haired [ˌred'heəd] rothaarig

red-handed [ˌred'hændɪd] **catch someone red-handed** jemanden auf frischer Tat ertappen

redhead ['redhed] *umg* Rothaarige(r)

red-headed [ˌred'hedəd] rothaarig

red herring [ˌred'herɪŋ] **1** *Fisch*: Bückling **2** *übertragen* Ablenkungsmanöver, falsche Fährte (*oder* Spur)

red-hot [ˌred'hɒt] **1** rot glühend **2** *übertragen* glühend

redial[1] [ˌriː'daɪəl] nochmals wählen (*Telefonnummer*)

redial[2] [ˌriː'daɪəl] *Telefon*: Wahlwiederholung

redid [ˌriː'dɪd] 2. Form von → redo

redirect [ˌriːdə'rekt] nachsenden (*Brief*)

rediscover [ˌriːdɪ'skʌvə] wiederentdecken

rediscovery [ˌriːdɪ'skʌvərɪ] Wiederentdeckung

redistribute [ˌriːdɪ'strɪbjuːt] neu verteilen, umverteilen (*Vermögen usw.*)

redistribution [ˌriːdɪstrɪ'bjuːʃn] Neuverteilung, Umverteilung

red-letter day [ˌred'letə_deɪ] Freudentag, Glückstag (**for** für)

red light [ˌred'laɪt] **1** *Warnsignal usw.*: rotes Licht **2** Rotlicht; **go through the red lights** bei Rot über die Kreuzung fahren

red-light district [ˌred'laɪtˌdɪstrɪkt] Rotlichtviertel

redo [ˌriː'duː], **redid** [ˌriː'dɪd], **redone** [ˌriː'dʌn] nochmals machen; **redo one's hair** seine Frisur in Ordnung bringen

redouble [ˌriː'dʌbl] verdoppeln (*Anstrengungen*)

redress [rɪ'dres] **1** wiedergutmachen (*Unrecht*) **2** abstellen, beseitigen (*Missstand*) **3** **redress the balance** das Gleichgewicht wiederherstellen

red tape [ˌred'teɪp] **1** *System*: Bürokratie, Amtsschimmel **2** *umg, konkret*: Papierkrieg, Behördenkram

★**reduce** [rɪ'djuːs] **1** *allg.*: verringern, reduzieren (**by** um) **2** senken (*Steuern*), herabsetzen (*Preise*) **3** *US* abnehmen (*an* Gewicht)

PHRASAL VERBS

reduce to [rɪ'djuːs_tuː] **1** reduzieren (*oder* verringern) auf (*Hälfte usw.*) **2** **reduce someone to tears** jemanden zum Weinen bringen

reduced-emission [rɪˌdjuːstɪ'mɪʃn] *Auto*: abgasreduziert

reduction [rɪ'dʌkʃn] **1** *allg.*: Senkung, Reduzierung **2** *bei Kauf*: (Preis)Ermäßigung **3** größenmäßig: Verkleinerung

redundancy [rɪ'dʌndənsɪ] Entlassung

redundant [rɪ'dʌndənt] **1** überflüssig **2** *Arbeiter*: arbeitslos; **be made redundant** den Arbeitsplatz verlieren

★**red wine** [ˌred'waɪn] Rotwein

reed [riːd] Schilf(rohr), Ried

reef [riːf] Felsenriff, Riff

reek[1] [riːk] Gestank; **there was a reek of garlic** es stank nach Knoblauch

reek[2] [riːk] stinken (**of** nach)

reel[1] [riːl] **1** Rolle (*Kabelrolle usw.*) **2** Spule (*Filmspule usw.*)

reel[2] [riːl] **1** *Person*: wanken **2** **my head was reeling** mir drehte sich alles

PHRASAL VERBS

reel off [ˌriːl'ɒf] *umg* herunterrasseln (*Gedicht usw.*)

reelect [ˌriːɪ'lekt] wiederwählen (*Politiker usw.*)

re-election [ˌriːɪ'lekʃn] *Politik*: Wiederwahl; **seek re-election** sich erneut zur Wahl stellen

re-enter [ˌriː'entə] wieder eintreten in (*auch Raumfahrt*), wieder betreten

re-entry [ˌriː'entrɪ] Wiedereintreten, Wiedereintritt (**into** in)

ref [ref] (*abk für referee*) *umg* Schiedsrichter(in), Schiri

ref. [ref] (*abk für reference*); **our** (*bzw.* **your**) **ref.** *Geschäftsbriefe*: unser (*bzw.* Ihr) Zeichen

refectory [rɪ'fektərɪ] *an Schule, Universität*: Mensa

PHRASAL VERBS

refer to [rɪ'fɜː_tuː] **referred to, referred to** **1** sprechen von, sich beziehen auf **2** nachschlagen in (*einem Lexikon usw.*) **3** *um Auskunft usw.*: verweisen an **4** übergeben, überweisen an (*auch Patienten*)

★**referee** [ˌrefə'riː] **1** Schiedsrichter(in); **referee's assistant** Schiedsrichterassistent(in) **2** *Br; für Job*: Referenz

reference ['refrəns] **1** Verweis, Hinweis (**to** auf); **(list of) references** *pl* Quellenangabe **2** **make (a) reference to something** etwas erwähnen; **in** (*oder* **with**) **reference to** mit Bezug auf **3** (*auch* **references**) Referenz, Zeugnis (*für Bewerbung usw.*) **4** *Vertrauensperson*: Referenz; **give someone's name as a reference**

jemanden als Referenz angeben

reference book ['refrəns ˌbʊk] Nachschlagewerk

referendum [ˌrefə'rendəm] pl: **referendums**, **referenda** [ˌrefə'rendə] *Politik*: Referendum, Volksabstimmung

refill[1] [⚠ ˌriː'fɪl] nachfüllen, auffüllen

refill[2] [⚠ 'riːfɪl] *für Füller, Feuerzeug*: Patrone, *für Kugelschreiber*: Mine; **refill pack** Nachfüllpack; **would you like a refill?** *eines Getränks*: darf ich nachschenken?

refine [rɪ'faɪn] raffinieren (*Öl, Zucker*)

refined [rɪ'faɪnd] *Benehmen, Sprache*: fein, vornehm

refinery [rɪ'faɪnərɪ] Raffinerie

★**reflect** [rɪ'flekt] **1** *Strahlen usw.*: reflektieren, zurückstrahlen **2** *Bild usw.*: (wider)spiegeln, reflektieren; **be reflected in** sich (wider)spiegeln in (*auch übertragen*) **3** *übertragen* nachdenken (**on, about** über)

────────── PHRASAL VERBS ──────────

reflect on *oder* **upon** [rɪ'flekt ˌɒn *oder* əˌpɒn] *übertragen* **reflect (badly) on** sich nachteilig auswirken auf, ein schlechtes Licht werfen auf

──────────────────────────────

reflection [rɪ'flekʃn] **1** Spiegelbild **2** Reflexion, (Wider)Spiegelung (*auch übertragen*) **3** *übertragen* Überlegung; **on reflection** nach einigem Nachdenken

reflector [rɪ'flektə] **1** (Rück)Strahler (*z.B. am Fahrrad*) **2** *im Studio*: Reflektor

reflex ['riːfleks] *auch* **reflex action** Reflex

reflexive [rɪ'fleksɪv] *Sprache*: reflexiv, rückbezüglich; **reflexive pronoun** Reflexivpronomen

reform[1] [rɪ'fɔːm] **1** reformieren (*System*) **2** bessern, resozialisieren (*Sträfling usw.*)

reform[2] [rɪ'fɔːm] *Politik usw.*: Reform

reformat [ˌriː'fɔːmæt] *Computer*: umformatieren

reformation [ˌrefə'meɪʃn] Reformierung; **the Reformation** *kirchlich*: die Reformation

reformer [rɪ'fɔːmə] **1** *bes. Religion*: Reformator **2** *bes Politik*: Reformer(in)

refrain [rɪ'freɪn] Kehrreim, Refrain

────────── PHRASAL VERBS ──────────

refrain from [rɪ'freɪn ˌfrəm] **refrain from something** sich etwas verkneifen; **Please refrain from smoking** Bitte nicht rauchen!

──────────────────────────────

refresh [rɪ'freʃ] **1** (*Getränk usw.*) erfrischen **2** **refresh oneself** sich erfrischen **3** **refresh one's memory** sein Gedächtnis auffrischen

refresher course [rɪ'freʃə ˌkɔːs] Auffrischungskurs

refreshing [rɪ'freʃɪŋ] erfrischend

★**refreshment** [rɪ'freʃmənt] Erfrischung (*auch Getränk usw.*)

★**refrigerator** [rɪ'frɪdʒəreɪtə] Kühlschrank (⚠ *in GB wird mst.* **fridge** *verwendet*)

refuel [ˌriː'fjuːəl], *Br* **refuelled, refuelled**, *US* **refueled, refueled** auftanken (*Flugzeug, Auto*)

refuge ['refjuːdʒ] Zuflucht (**from** vor) (*auch übertragen*); **seek refuge** Zuflucht suchen

★**refugee** [ˌrefjʊ'dʒiː] Flüchtling; **refugee camp** Flüchtlingslager

refund [rɪ'fʌnd] zurückzahlen, zurückerstatten (*Geld, Auslagen*)

refurbish [ˌriː'fɜːbɪʃ] renovieren

★**refusal** [rɪ'fjuːzl] **1** *von Angebot usw.*: Ablehnung **2** *bei Bitte usw.*: Weigerung

refuse[1] [rɪ'fjuːz] **1** ablehnen (*Angebot usw.*) **2** sich weigern (**to do** zu tun)

refuse[2] [⚠ 'refjuːs] Abfall, Müll

refute [rɪ'fjuːt] widerlegen (*Aussage usw.*)

regain [rɪ'ɡeɪn] wiedergewinnen, zurückgewinnen

regal ['riːɡl] königlich, majestätisch

regard[1] [rɪ'ɡɑːd] **1 with regard to** im Hinblick auf **2** Rücksicht; **without regard to** (*oder* **for**) ohne Rücksicht auf; **have no regard for, pay no regard to** keine Rücksicht nehmen auf **3** Achtung; **hold someone in high regard** jemanden hoch achten; → **regards**

regard[2] [rɪ'ɡɑːd] **1** *übertragen* betrachten (**with** mit); **regard as** betrachten als, halten für; **be regarded as** gelten als **2 as regards ...** was ... betrifft **3** betrachten, ansehen

regarding [rɪ'ɡɑːdɪŋ] bezüglich, hinsichtlich

regardless [rɪ'ɡɑːdləs] **regardless of** ohne Rücksicht auf

regards [rɪ'ɡɑːdz] *pl* **give him my (best) regards** grüße ihn (herzlich) von mir; **kind regards** mit freundlichen Grüßen

regenerate [rɪ'dʒenəreɪt] **1** (*Wald, Organismus usw.*) sich regenerieren **2** erneuern (*Stadtviertel, Region usw.*)

regeneration [rɪˌdʒenə'reɪʃn] **1** Regenerierung **2** Erneuerung

regent ['riːdʒənt] Regent(in)

regime [reɪ'ʒiːm] *Politik*: Regime

regiment ['redʒɪmənt] Regiment

★**region** ['riːdʒən] **1** Gebiet, Region **2 in the region of £50** um die (*oder* ungefähr) 50 Pfund

★**regional** ['riːdʒnəl] regional

★**register**[1] ['redʒɪstə] **1** Register, Verzeichnis; **keep a register of** Buch führen über **2 in**

Schule: Namensliste; **the teacher took the register** der Lehrer rief die Namen auf ■3 *Musik*: Register, Tonlage

★ **register²** ['redʒɪstə] ■1 registrieren (lassen), anmelden, (sich) eintragen (lassen) (*in eine Liste*) ■2 *an Hochschule usw.*: sich einschreiben, sich immatrikulieren ■3 *im Hotel*: sich anmelden ■4 **registered letter** *Postwesen*: Einschreibebrief, Einschreiben ■5 **it didn't register** *umg* ich habe es nicht registriert

★ **registration** [,redʒɪ'streɪʃn] ■1 Registrierung, Eintragung ■2 Anmeldung, Einschreibung ■3 *US* → registration document

registration document [,redʒɪ'streɪʃn,dɒkjʊmənt] *Br*; *Auto*, etwa: Fahrzeugbrief

registration number [,redʒɪ'streɪʃn,nʌmbə] *Br*; *Auto*: (polizeiliches) Kennzeichen

registry office ['redʒɪstrɪ,ɒfɪs] *Br* Standesamt

regret¹ [rɪ'gret], regretted, regretted ■1 bedauern, bereuen; **regret doing something** es bedauern, etwas getan zu haben ■2 **we regret to inform you that ...** *in Schreiben*: wir müssen Ihnen leider mitteilen, dass ...

regret² [rɪ'gret] Bedauern (**at** über), Reue; **with great regret** mit großem Bedauern; **have no regrets** nichts bereuen; **have no regrets about doing something** es nicht bereuen, etwas getan zu haben

regrettable [rɪ'gretəbl] bedauerlich

★ **regular¹** ['regjʊlə] ■1 regelmäßig (*auch Verb-, Steigerungs- und Pluralformen*); **at regular intervals** in regelmäßigen Abständen ■2 *Leben usw.*: geregelt, geordnet; **be in regular employment** fest angestellt sein ■3 *Armee usw.*: regulär, Berufs... ■4 **regular customer** Stammkunde, Stammkundin

★ **regular²** ['regjʊlə] ■1 *umg* Stammgast, Stammkunde ■2 Normalbenzin

regularity [,regjʊ'lærətɪ] Regelmäßigkeit

regularly ['regjʊləlɪ] regelmäßig

★ **regulate** ['regjʊleɪt] ■1 regeln (*durch Bestimmungen usw.*) ■2 *Technik*: einstellen, regulieren

regulation [,regjʊ'leɪʃn] ■1 Regelung, Regulierung ■2 *durch Behörde usw.*: Vorschrift; **be contrary to regulations** gegen die Vorschrift(en)/Satzung verstoßen

rehabilitate [▲,ri:ə'bɪlɪteɪt] rehabilitieren

rehabilitation [▲,ri:əbɪlɪ'teɪʃn] Rehabilitation; **rehabilitation center** (*Br* centre) Rehabilitationszentrum

rehearsal [rɪ'hɜːsl] *Musik, Theater*: Probe

rehearse [rɪ'hɜːs] *Theater usw.*: proben

★ **reign¹** [reɪn] Herrschaft; **reign of terror** Schreckensherrschaft

reign² [reɪn] (*König, Königin*) herrschen (**over** über) (*auch übertragen*); **silence reigned** es herrschte Schweigen

reimburse [,ri:ɪm'bɜːs] ■1 (zurück)erstatten, vergüten (*Auslagen usw.*) ■2 entschädigen (*jemanden*)

reimbursement [,ri:ɪm'bɜːsmənt] *von Auslagen usw.*: Erstattung, Vergütung

rein [reɪn] *auch* reins Zügel; **give free rein to one's imagination** seiner Fantasie freien Lauf lassen; **keep a tight rein on** *übertragen* streng kontrollieren

reincarnation [,ri:ɪnkɑː'neɪʃn] Reinkarnation, Wiedergeburt

reindeer ['reɪn,dɪə], *pl* reindeer Ren, Rentier

reinforce [,ri:ɪn'fɔːs] ■1 *allg.*: verstärken ■2 *übertragen* stützen, untermauern (*Forderung, Argument usw.*)

reinforced concrete [,ri:ɪnfɔːst'kɒnkri:t] Stahlbeton

reinforcement [,ri:ɪn'fɔːsmənt] ■1 *allg.*: Verstärkung ■2 *übertragen auch* Stützung, Untermauerung ■3 **reinforcements** *pl militärisch*: Verstärkung

reinvent [,ri:ɪn'vent] neu erfinden

reissue¹ [,ri:'ɪsjuː] ■1 neu auflegen (*Buch usw.*) ■2 neu herausgeben (*Briefmarken usw.*)

reissue² [,ri:'ɪsjuː] ■1 *von Buch usw.*: Neuauflage ■2 *von Briefmarken usw.*: Neuausgabe

reject¹ [rɪ'dʒekt] ■1 ablehnen (*Angebot usw.*); **his application was rejected** er hat auf seine Bewerbung eine Absage bekommen ■2 abschlagen (*Bitte*) ■3 verwerfen (*Plan usw.*) ■4 *medizinisch*: abstoßen (*verpflanztes Organ*)

reject² ['ri:dʒekt] *Handel*: Ausschuss; **reject goods** *pl* Ausschussware

rejection [rɪ'dʒekʃn] ■1 Ablehnung (*eines Angebots usw.*) ■2 Zurückweisung (*einer Bitte usw.*) ■3 Absage (*einer Bewerbung*) ■4 Verwerfen (*eines Plans usw.*) ■5 *medizinisch*: Abstoßung (*eines Organs*)

rejoice [rɪ'dʒɔɪs] jubeln (**at, over** über)

rejoicing [rɪ'dʒɔɪsɪŋ] Jubel

rejoin [,ri:'dʒɔɪn] sich wieder anschließen (an), wieder eintreten in

rejuvenate [rɪ'dʒuːvəneɪt] ■1 verjüngen (*Person*) ■2 *übertragen* erneuern (*Partei usw.*)

rejuvenation [rɪ,dʒuːvə'neɪʃn] Verjüngung

relapse¹ [rɪ'læps] ■1 zurückfallen (**into** in) (*schlechte Gewohnheiten usw.*) ■2 *Kranker*: einen Rückfall bekommen

relapse² [rɪ'læps] *allg.*: Rückfall

relate [rɪ'leɪt] **1** erzählen, berichten **2** *Fakten*: in Verbindung bringen (**to** mit)

PHRASAL VERBS

relate to [rɪ'leɪt tʊ] **1** sich beziehen auf **2** zusammenhängen mit **3 I can't relate to her** ich finde keine Beziehung zu ihr

★**related** [rɪ'leɪtɪd] **1** *Familie*: verwandt (**to** mit) **2** *übertragen* verwandt; **be related to** *übertragen* zusammenhängen mit

relation [rɪ'leɪʃn] **1** Verwandte(r); **all our relations** unsere gesamte Verwandtschaft **2** Beziehung; **bear no relation to** in keiner Beziehung stehen zu **3 in** (*oder* **with**) **relation to** in Bezug auf

relations [rɪ'leɪʃnz] *pl; diplomatisch, geschäftlich usw.*: Beziehungen (**between** zwischen; **with** zu)

★**relationship** [rɪ'leɪʃnʃɪp] **1** Beziehung, Verhältnis **2** Verwandtschaft

★**relative**[1] ['relətɪv] Verwandte(r)

★**relative**[2] ['relətɪv] **1** relativ **2** *Sprache*: Relativ...; **relative pronoun** Relativpronomen

relatively ['relətɪvlɪ] relativ

★**relax** [rɪ'læks] **1** sich entspannen **2** lockern (*Griff, Bestimmungen usw.*) **3** *übertragen* nachlassen in (*seinen Anstrengungen usw.*)

relaxation [ˌriːlæk'seɪʃn] **1** Entspannung **2** Lockerung (*von Bestimmungen*)

relaxed [rɪ'lækst] entspannt, locker

relay[1] ['riːleɪ] **1** *auch* **relay race** *Sport*: Staffel (lauf) **2 work in relays** *Arbeiter*: in Schichten arbeiten **3** *Elektrotechnik*: Relais **4** *Rundfunk, TV*: Übertragung

relay[2] ['riːleɪ] **1** *Rundfunk, TV*: übertragen **2** weitergeben (*Nachricht*) (**to** an)

release[1] [rɪ'liːs] **1** entlassen (**from** aus), freilassen, loslassen **2** *übertragen* entbinden (**from** von) (*einer Verpflichtung*) **3** lösen (*Handbremse*) **4** herausbringen (*Film usw.*), veröffentlichen (*Fakten*)

release[2] [rɪ'liːs] **1** Entlassung, Befreiung **2** *von Film, CD usw.*: Veröffentlichung; **on general release** *Film*: in allen Kinos

relegate ['relɪgeɪt] *mst. Sport*: **be relegated** absteigen (**to** in)

relegation [ˌrelɪ'geɪʃn] *Sport*: Abstieg

relentless [rɪ'lentləs] **1** *Verhalten*: erbarmungslos, unerbittlich **2** (≈ *ohne Ende*) unaufhörlich

relevant ['reləvənt] relevant, wichtig (**to** für)

reliability [rɪˌlaɪə'bɪlətɪ] Zuverlässigkeit, Verlässlichkeit

reliable [rɪ'laɪəbl] **1** zuverlässig, verlässlich **2** *Firma*: vertrauenswürdig

reliance [rɪ'laɪəns] Vertrauen

reliant [rɪ'laɪənt] **be reliant on** abhängig sein von, angewiesen sein auf

relic ['relɪk] **1** Relikt, Überbleibsel **2** *kirchlich*: Reliquie

relief [rɪ'liːf] **1** Erleichterung (*auch bei Schmerzen usw.*); **much to my relief** zu meiner großen Erleichterung **2 tax relief** *Br* Steuererleichterung **3** Unterstützung, Hilfe **4** *US* Sozialhilfe; **be on relief** Sozialhilfe beziehen **5** *Wandbild usw.*: Relief

relieve [rɪ'liːv] **1** lindern (*Schmerzen, Not*), erleichtern (*Gewissen*) **2** *im Dienst*: ablösen **3** **relieve oneself** (≈ *Notdurft verrichten*) sich erleichtern

PHRASAL VERBS

relieve of [rɪ'liːv əv] **relieve someone of something** jemandem etwas abnehmen (*Arbeit, Gepäckstück usw.*), *humorvoll* jemanden um etwas erleichtern (*um die Brieftasche usw.*)

relieved [rɪ'liːvd] erleichtert

★**religion** [rɪ'lɪdʒən] Religion

★**religious** [rɪ'lɪdʒəs] **1** religiös, Religions... **2** religiös, fromm

religious education [rɪˌlɪdʒəs ˌedjʊ'keɪʃn] *Schule*: Religion, Religionsunterricht

relinquish [rɪ'lɪŋkwɪʃ] **1** aufgeben, verzichten auf (*Ansprüche, Rechte*) **2** abtreten (**to** an), überlassen (*Besitz usw.*)

relish[1] ['relɪʃ] **1 with relish** mit Genuss **2** *Kochen*: würzige Soße, Relish

relish[2] ['relɪʃ] **1** genießen **2** *übertragen* Gefallen finden an; **I don't relish the idea** ich bin nicht begeistert von der Aussicht (**of doing** zu tun)

reluctance [rɪ'lʌktəns] Widerwillen; **with reluctance** widerwillig, ungern

reluctant [rɪ'lʌktənt] widerstrebend, widerwillig

PHRASAL VERBS

★**rely on** [rɪ'laɪ ɒn], (**relied on** [rɪ'laɪd ɒn], **relied on** [rɪ'laɪd ɒn]; -ing-Form **relying on**) **1** sich verlassen auf **2** (**have to**) **rely on** abhängig sein von, angewiesen sein auf

remade [ˌriː'meɪd] 2. *und* 3. Form *von* → remake[1]

★**remain** [rɪ'meɪn] **1** *allg.*: bleiben **2** (übrig) bleiben; **a lot remains to be done** es bleibt noch viel zu tun

remainder [rɪ'meɪndə] Rest (*auch beim Rech-*

nen)
remaining [rɪˈmeɪnɪŋ] übrig, restlich
remains [rɪˈmeɪnz] *pl* Reste, Überreste
remake¹ [ˌriːˈmeɪk], **remade** [ˌriːˈmeɪd], **remade** [ˌriːˈmeɪd] wieder (*oder* neu) machen
remake² [ˈriːmeɪk] *von Film:* Remake, Neuverfilmung
remand [rɪˈmɑːnd] **be on remand** *Br; Gerichtswesen:* in Untersuchungshaft sein
★**remark¹** [rɪˈmɑːk] Bemerkung (**about, on** über)
★**remark²** [rɪˈmɑːk] bemerken, äußern
remarkable [rɪˈmɑːkəbl] bemerkenswert, beachtlich
remedy [ˈremədɪ] **1** *Medizin:* Mittel, Heilmittel (**for, against** gegen) **2** *übertragen* (Gegen-)Mittel (**for, against** gegen)
★**remember** [rɪˈmembə] **1** sich erinnern an; **remember <u>doing</u> something** sich daran erinnern, etwas getan zu haben; **suddenly he remembered that** plötzlich fiel ihm ein, dass; **I can't remember** ich kann mich nicht erinnern; **if I remember right(ly)** wenn ich mich recht erinnere **2** denken an; **remember <u>to do</u> something** daran denken, etwas zu tun; **I must remember that** das muss ich mir merken

PHRASAL VERBS

remember to [rɪˈmembə tʊ] **please remember me to your sister** grüß bitte deine Schwester von mir

---

remembrance [rɪˈmembrəns] Erinnerung (**of** an); **in remembrance of** zur Erinnerung an; **Remembrance Day** (*oder* **Sunday**) *Br* Volkstrauertag
★**remind** [rɪˈmaɪnd] **remind someone** jemanden erinnern (**that** daran, dass); **please remind me to call Peter** erinnere mich bitte daran, dass ich Peter anrufe

PHRASAL VERBS

remind of [rɪˈmaɪnd əv] erinnern an; **she reminds me of my sister** sie erinnert mich an meine Schwester

---

reminder [rɪˈmaɪndə] *Wirtschaft:* Mahnung
remittance [rɪˈmɪtns] *von Geld:* Überweisung (**to** an)
remnant [ˈremnənt] **1** Rest (*auch übertragen*) **2** Stoffrest
remorse [rɪˈmɔːs] Gewissensbisse, Reue; **feel remorse** Gewissensbisse haben
remote¹ [rɪˈməʊt] **1** fern, (weit) entfernt; **in the remote past** in ferner Vergangenheit **2** *Dorf usw.:* abgelegen, entlegen **3** *Chance:* gering; **haven't got the remotest idea** ich habe nicht die geringste Ahnung
remote² [rɪˈməʊt] *umg* Fernbedienung
remote access [rɪˌməʊt ˈækses] *Computer usw.:* Fernzugriff
remote control [rɪˌməʊt kənˈtrəʊl] **1** Fernsteuerung, Fernlenkung **2** *Gerät:* Fernbedienung
removable [rɪˈmuːvəbl] *Deckel, Verschluss usw.:* abnehmbar
removal [rɪˈmuːvl] **1** (≈ *Wegnehmen*) Entfernung **2** *Br; in neue Wohnung usw.:* Umzug
removal van [rɪˈmuːvl væn] *Br* Möbelwagen
★**remove** [rɪˈmuːv] **1** entfernen (**from** von), herausnehmen **2** abnehmen (*Deckel, Hut usw.*), ablegen (*Kleidung*) **3** *übertragen* beseitigen (*Schwierigkeiten*), aus dem Weg räumen (*Hindernisse*)
remover [rɪˈmuːvə] *Mittel:* ...entferner; **stain remover** Fleckentferner
Renaissance [⚠ rɪˈneɪsns] *historisch:* Renaissance
renaissance [⚠ rɪˈneɪsns] *einer Mode, Bewegung usw.:* Wiedergeburt
rename [ˌriːˈneɪm] umbenennen (*auch Computer: Datei, Ordner*)
render [ˈrendə] *förmlich* **1** machen; **render someone unable to do something** jemanden unfähig machen, etwas zu tun **2** leisten (*Hilfe*), erweisen (*Dienst*)
rendezvous [ˈrɒndɪvuː] *pl:* **rendezvous** [ˈrɒndɪvuːz] Rendezvous, Verabredung
renew [rɪˈnjuː] erneuern; **renew one's efforts** erneute Anstrengungen machen; **renew one's visa** sein Visum erneuern lassen; **with renewed strength** mit neuen Kräften
renewable [rɪˈnjuːəbl] **1** *Vertrag, Ausweis usw.:* verlängerbar **2** *Energiequellen, Rohstoffe usw.:* erneuerbar
renewal [rɪˈnjuːəl] **1** *allg:* Erneuerung **2** *von Ausweis usw.:* Verlängerung **3** **urban renewal** Stadterneuerung
renounce [rɪˈnaʊns] verzichten auf (*Amt, Anspruch usw.*)
renovate [ˈrenəveɪt] renovieren
renovation [ˌrenəˈveɪʃn] Renovierung
renowned [rɪˈnaʊnd] berühmt (**for** wegen, für)
★**rent¹** [rent] **1** Miete, Pacht, Ⓐ, Ⓒ Zins (⚠ *nicht* **Rente**); **for rent** *bes. US* zu vermieten, zu verpachten **2** *US* Leihgebühr; **for rent** zu vermieten, zu verleihen

★**rent**[2] [rent] **1** mieten, pachten (**from** von) **2** auch **rent out** vermieten, verpachten (**to** an) **3** bes. US mieten (Auto usw.); **rented car** Leihwagen, Mietwagen

rent-a-car (**service**) ['rentɑːkə:(ˌsɜːvɪs)] bes. US Autoverleih

rental ['rentl] **1** Miete, Pacht **2** Leihgebühr; **car rental** (**service**) Autoverleih

rent-free [ˌrent'friː] mietfrei, pachtfrei

renunciation [rɪˌnʌnsɪ'eɪʃn] Verzicht (**of** auf)

reopen [riː'əʊpən] wieder eröffnen

reorganize [riː'ɔːɡənaɪz] **1** umstrukturieren (Betrieb) **2** rationalisieren (Betrieb)

rep [rep] umg **1** einer Firma: Handelsvertreter(in) **2** einer Organisation: Repräsentant(in) **3** (abk für **repertory theatre**) Repertoire-Theater

★**repair**[1] [rɪ'peə] reparieren, ausbessern; **have something repaired** etwas in Reparatur geben, etwas reparieren lassen

★**repair**[2] [rɪ'peə] **1** Reparatur; **be in for repair** in Reparatur sein; **closed for repairs** wegen Reparaturarbeiten geschlossen **2 be in good repair** in gutem Zustand sein; **be in bad repair** in schlechtem Zustand sein; **be (damaged) beyond repair** irreparabel (beschädigt) sein

reparation [ˌrepə'reɪʃn] **1** Wiedergutmachung **2 reparations** Politik: Reparationen

repay [rɪ'peɪ] repaid, repaid **1** zurückzahlen (Geld usw.) (auch übertragen); **repay someone's expenses** jemandem seine Auslagen erstatten **2** erwidern (Besuch usw.) **3** übertragen sich erkenntlich zeigen für; **how can we repay (you for) your hospitality?** wie können wir uns für eure Gastfreundschaft revanchieren?

repayable [rɪ'peɪəbl] rückzahlbar

repayment [rɪ'peɪmənt] Rückzahlung

★**repeat**[1] [rɪ'piːt] **1** wiederholen; **repeat oneself** sich wiederholen; **repeat something after someone** jemandem etwas nachsprechen **2** weitersagen (**to someone** jemandem)

★**repeat**[2] [rɪ'piːt] **1** Rundfunk, TV: Wiederholung **2** Musik: Wiederholungszeichen

repeated [rɪ'piːtɪd] wiederholt

repel [rɪ'pel], repelled, repelled **1** zurückschlagen (Angriff) **2** (Material) abweisen (Wasser) **3 I was repelled by the sight** übertragen der Anblick stieß mich ab

repent [rɪ'pent] bereuen

repetition [ˌrepə'tɪʃn] Wiederholung

replace [rɪ'pleɪs] **1 replace someone** (bzw. **something**) jemanden (bzw. etwas) ersetzen (**with, by** durch) **2** zurücklegen, zurückstellen; **replace the receiver** Telefon: (den Hörer) auflegen

replacement [rɪ'pleɪsmənt] Ersatz, Person: Vertretung; **replacement part** Ersatzteil

replant [ˌriː'plɑːnt] **1** umpflanzen (Pflanze) **2** neu bepflanzen (Garten usw.)

replay[1] [ˌriː'pleɪ] Spiel: wiederholen

replay[2] ['riːpleɪ] **1** Sport: Wiederholungsspiel **2** TV, oft in Zeitlupe: Wiederholung

★**reply**[1] [rɪ'plaɪ] antworten, erwidern (**that** dass); **reply to someone** jemandem antworten; **reply to a letter** einen Brief beantworten

★**reply**[2] [rɪ'plaɪ] Antwort, Erwiderung (**to** auf); **in reply to** (als Antwort) auf

★**report**[1] [rɪ'pɔːt] **1** allg.: Bericht (**on** über); **give a report on something** Bericht über etwas erstatten **2** Br; Schule: Zeugnis

★**report**[2] [rɪ'pɔːt] **1** berichten (über) (**to someone** jemandem); **it is reported that ...** es heißt, dass ...; **he is reported to have said** er soll gesagt haben **2** (Reporter usw.) berichten (**on** über) **3** melden (Unfall usw.) (**to someone** jemandem); **report someone** (**to the police**) jemanden anzeigen (**for** wegen) **4** sich melden (**to** bei); **report sick** sich krankmelden; **report for duty** sich zum Dienst melden

★**report card** [rɪ'pɔːt ˌkɑːd] US Zeugnis; → report[1] 2 Br

reported speech [rɪˌpɔːtɪd'spiːtʃ] Sprache: (die) indirekte Rede

reporter [rɪ'pɔːtə] Reporter(in)

★**represent** [ˌreprɪ'zent] **1** vertreten (Person, Br auch Wahlbezirk) **2** (Bild, Zeichen usw.) darstellen (auch übertragen)

representation [ˌreprɪzen'teɪʃn] **1** Vertretung **2** Politik: **proportional representation** Verhältniswahlrecht **3** Bild usw.: Darstellung

representative[1] [ˌreprɪ'zentətɪv] **1** (Stell)Vertreter(in) **2** Politik: Abgeordnete(r)

representative[2] [ˌreprɪ'zentətɪv] repräsentativ (**of** für) (auch politisch)

repress [rɪ'pres] unterdrücken (Volk, Gefühle usw.)

repression [rɪ'preʃn] Unterdrückung, Repression

repressive [rɪ'presɪv] Staat, Gesetze usw.: repressiv

reprimand[1] ['reprɪmɑːnd] rügen, tadeln (**for** wegen)

reprimand[2] ['reprɪmɑːnd] Rüge, Tadel

reprint[1] ['riːprɪnt] von Buch: Neuauflage, Nachdruck

reprint² [ˌriːˈprɪnt] nachdrucken (*Buch*)
reproach¹ [rɪˈprəʊtʃ] Vorwurf; **look of reproach** vorwurfsvoller Blick
reproach² [rɪˈprəʊtʃ] **reproach someone** jemandem Vorwürfe machen (**for** wegen)
reproachful [rɪˈprəʊtʃfl] *Blick usw.*: vorwurfsvoll
reprocess [ˌriːˈprəʊses] wiederaufbereiten (*Kernbrennstoffe*)
reprocessing plant [ˌriːˈprəʊsesɪŋ ˌplɑːnt] *bes. für Atommüll*: Wiederaufbereitungsanlage
reproduce [ˌriːprəˈdjuːs] **1** *auch* **reproduce oneself** *Biologie*: sich fortpflanzen, sich vermehren **2** reproduzieren (*Bild usw.*) **3** wiedergeben (*Ton usw.*)
reproduction [ˌriːprəˈdʌkʃn] **1** Fortpflanzung **2** Reproduktion (*eines Bildes usw.*) **3** Wiedergabe (*eines Tons usw.*)
reprove [rɪˈpruːv] rügen, tadeln (**for** wegen)
reptile [ˈreptaɪl] Reptil, Kriechtier
★**republic** [rɪˈpʌblɪk] Republik
republican¹ [rɪˈpʌblɪkən] republikanisch
republican² [rɪˈpʌblɪkən] Republikaner(in)
Republican [rɪˈpʌblɪkən] *in USA*: Republikaner(in) (*Mitglied bzw. Anhänger der republikanischen Partei*)
repulsive [rɪˈpʌlsɪv] abstoßend, widerlich
reputation [ˌrepjʊˈteɪʃn] Ruf, *im engeren Sinn*: guter Ruf; **have a reputation for being ...** im Ruf stehen, ... zu sein
reputed [rɪˈpjuːtɪd] **be reputed to be ...** als ... gelten
reputedly [rɪˈpjuːtɪdli] angeblich
★**request¹** [rɪˈkwest] Bitte (**for** um), Wunsch (**for** nach); **at someone's request** auf jemandes Bitte hin; **on request** auf Wunsch
★**request²** [rɪˈkwest] bitten (**um**), ersuchen (**um**) (**to do** zu tun)
request stop [rɪˈkwest ˌstɒp] *für Bus*: Bedarfshaltestelle
require [rɪˈkwaɪə] **1** erfordern; **be required** erforderlich sein; **if required** wenn nötig **2** benötigen, brauchen **3** verlangen (**that** dass); **something of someone** etwas von jemandem); **be required to do something** etwas tun müssen
required [rɪˈkwaɪəd] erforderlich, notwendig; **required reading** *Schule, Universität*: Pflichtlektüre
requirement [rɪˈkwaɪəmənt] **1** Anforderung; **meet the requirements** den Anforderungen entsprechen; **job requirements** *pl* Stellenanforderungen **2** Erfordernis
rerun¹ [ˌriːˈrʌn] reran [ˌriːˈræn], rerun [ˌriːˈrʌn] **1** *TV*: wiederholen (*Film*) **2** **be rerun** *Sport*: (*Lauf*) wiederholt werden
rerun² [ˈriːrʌn] *allg., TV*: Wiederholung
resat [ˌriːˈsæt] 2. und 3. Form von → resit¹
★**rescue¹** [ˈreskjuː] retten (**from** aus, vor)
★**rescue²** [ˈreskjuː] Rettung; **come to someone's rescue** jemandem zu Hilfe kommen
rescue service [ˈreskjuː ˌsɜːvɪs] Rettungsdienst
★**research¹** [rɪˈsɜːtʃ] Forschung (**on** auf dem Gebiet + *Genitiv*); **carry out** (*oder* **do**) **research into something** etwas erforschen; **market research** Marktforschung; **research and development** Forschung und Entwicklung
★**research²** [rɪˈsɜːtʃ] forschen (**on** auf dem Gebiet + *Genitiv*); **research (into) something** etwas erforschen
researcher [rɪˈsɜːtʃə] Forscher(in)
resemblance [rɪˈzembləns] Ähnlichkeit (**to** mit); **there's a strong resemblance between them** sie sind sich sehr ähnlich
resemble [rɪˈzembl] ähnlich sein, ähneln
resent [rɪˈzent] übel nehmen, sich ärgern über
resentful [rɪˈzentfʊl] verärgert, *über einen längeren Zeitraum*: nachtragend
resentment [rɪˈzentmənt] Verärgerung, Groll
★**reservation** [ˌrezəˈveɪʃn] **1** Vorbehalt; **with reservation(s)** unter Vorbehalt; **without reservation** vorbehaltlos **2** Reservierung, Vorbestellung; **make a reservation** ein Zimmer *usw.* reservieren lassen; **have a reservation (for a room)** ein Zimmer reserviert haben **3** *US* (Indianer)Reservat
★**reserve¹** [rɪˈzɜːv] **1** reservieren (lassen), vorbestellen (*Zimmer usw.*) **2** **reserve something** (sich) etwas aufsparen (**for** für) **3** **reserve the right to do something** sich (das Recht) vorbehalten, etwas zu tun
★**reserve²** [rɪˈzɜːv] **1** Reserve (**of** an); **keep something in reserve** etwas in Reserve halten **2** (Naturschutz)Reservat; **wildlife reserve** Wildreservat **3** *Sport*: Reservespieler(in) **4** *Charakter*: Zurückhaltung
reserved [rɪˈzɜːvd] *Person*: reserviert, zurückhaltend
reservoir [ˈrezəvwɑː] Stausee
reset [ˌriːˈset], reset, reset; -ing-Form resetting umstellen (*Uhr*), zurückstellen (*Zeiger usw.*) (**to** auf)
reshuffle¹ [ˌriːˈʃʌfl] **1** umbilden (*Kabinett, Regierung usw.*) **2** neu mischen (*Karten*)
reshuffle² [ˈriːʃʌfl] *von Kabinett, Regierung usw.*: Umbildung
reside [rɪˈzaɪd] seinen Wohnsitz haben

residence ['rezɪdəns] **1** Wohnsitz, Residenz; **place of residence** Wohnsitz **2** Aufenthalt; **residence permit** Aufenthaltsgenehmigung

resident¹ ['rezɪdənt] ansässig, wohnhaft

resident² ['rezɪdənt] **1** Bewohner(in) (*eines Hauses*), Einwohner(in) (*einer Stadt*) **2** Anlieger(in), Ⓐ Anrainer(in), Ⓒⓗ Anstößer(in) **3** (Hotel)Gast

residential [,rezɪ'denʃl] Wohn…; **residential area** Wohngebiet; **residential care** *für Senioren, Behinderte usw.*: Heimpflege

resign [rɪ'zaɪn] **1** aufgeben, verzichten auf **2** *von Posten*: zurücktreten (**from** von), (sein Amt) niederlegen **3 resign oneself to** sich abfinden mit

resignation [,rezɪg'neɪʃn] **1** Rücktritt, Amtsniederlegung; **hand in** (*oder* **send in**) **one's resignation** seinen Rücktritt einreichen **2** Resignation

resigned [rɪ'zaɪnd] *Blick usw.*: resigniert

resin [⚠ 'rezɪn] Harz

resist [rɪ'zɪst] **1** widerstehen; **I can't resist marzipan** bei Marzipan kann ich nicht widerstehen; **I couldn't resist (doing) it** ich musste es einfach tun **2** Widerstand leisten (**gegen**), sich widersetzen (*einer Forderung usw.*)

★ **resistance** [rɪ'zɪstəns] **1** Widerstand (**to** gegen); **offer** (*oder* **put up**) **resistance** Widerstand leisten; **without offering resistance** widerstandslos **2** *auch* **power of resistance** Widerstandskraft (**to** gegen) **3** *Elektrotechnik*: Widerstand

resistant [rɪ'zɪstənt] **1** widerstandsfähig, resistent (**to** gegen) **2** *Material*: …beständig, …fest; **heat-resistant** hitzebeständig

resit¹ [,ri:'sɪt], **resat** [,ri:'sæt], **resat** [,ri:'sæt] *Br* wiederholen (*Prüfung*)

resit² ['ri:sɪt] *Br* Wiederholungsprüfung

resolute ['rezəlu:t] resolut, entschlossen

resolution [,rezə'lu:ʃn] **1** Beschluss, *Parlament*: Resolution **2** Vorsatz; **make a resolution** einen guten Vorsatz fassen **3** Entschlossenheit **4** Lösung (*eines Problems*)

resolve [rɪ'zɒlv] **1** beschließen (**that** dass); **she resolved not to give in** sie beschloss, nicht nachzugeben **2** lösen (*Problem usw.*), überwinden (*Schwierigkeit usw.*)

resonance ['rezənəns] **1** *Physik*: Resonanz **2** *von Stimme usw.*: voller Klang (⚠ **Resonanz** *im übertragenen Sinn* = **response**)

resort [rɪ'zɔ:t] **1** Urlaubsort; **seaside resort** Badeort; **health resort** Kurort **2 as a last resort** notfalls, wenn alle Stricke reißen; **he turned to me as a last resort** als er nicht mehr weiterwusste, kam er zu mir

PHRASAL VERBS

resort to [rɪ'zɔ:t tʊ] greifen zu (*Mittel usw.*)

resound [rɪ'zaʊnd] hallen, widerhallen

resounding [rɪ'zaʊndɪŋ] **1** *akustisch*: widerhallend; *Gelächter*: schallend **2** *übertragen* überwältigend (*Erfolg, Sieg usw.*)

resource [rɪ'zɔ:s] **1** *mst.* **resources** *pl* Mittel, Ressourcen, (Boden)Schätze; **financial resources** *pl* Geldmittel; **natural resources** *pl* Bodenschätze; **human resources** *pl* Arbeitskräfte **2 leave someone to his own resources** jemanden sich selbst überlassen

★ **respect¹** [rɪ'spekt] **1** Achtung, Respekt (**for** vor); **have (no) respect for** (keinen) Respekt haben vor **2** Rücksicht (**for** auf); **out of respect for** aus Rücksicht auf; **without respect to** ohne Rücksicht auf, ungeachtet (+ *Genitiv*) **3** Beziehung, Hinsicht; **in many respects** in vieler Hinsicht; **in some respects** in gewisser Hinsicht; **with respect to** was … betrifft; → **respects**

★ **respect²** [rɪ'spekt] **1** respektieren, achten **2** berücksichtigen, respektieren (*Wünsche*)

respectable [rɪ'spektəbl] **1** ehrbar, geachtet **2 it's not respectable to spit in public** es gehört sich nicht, in der Öffentlichkeit zu spucken **3** *umg; Leistung usw.*: respektabel, beachtlich

respectful [rɪ'spektfl] respektvoll

respective [rɪ'spektɪv] jeweilig; **they went to their respective places** jeder von ihnen ging zu seinem Platz

respectively [rɪ'spektɪvlɪ] beziehungsweise; **Mr and Mrs Jones, 35 and 33 years old respectively** Herr und Frau Jones, 35 beziehungsweise 33 Jahre alt

respects [rɪ'spekts] **give my respects to your wife** *usw. förmlich* eine Empfehlung an Ihre Gattin *usw.*

respond [rɪ'spɒnd] **1** antworten (**to** auf; **that** dass) **2** *übertragen* reagieren (**to** auf)

response [rɪ'spɒns] **1** Antwort (**to** auf); **make no response** keine Antwort geben **2** *übertragen* Reaktion (**to** auf)

responsibility [rɪ,spɒnsə'bɪlətɪ] **1** Verantwortung; **claim responsibility** die Verantwortung übernehmen für (*Terroranschlag usw.*); **take responsibility** die Verantwortung übernehmen (**for** für); **sense of responsibility** Verantwortungsbewusstsein **2** *oft* **responsibilities** Verpflichtung, Pflicht(en)

responsible [rɪˈspɒnsəbl] **1** verantwortlich (**for** für); **be responsible to someone for something** jemandem (gegenüber) für etwas verantwortlich sein **2** **hold someone responsible** jemanden verantwortlich machen (**for** für) **3** *Person*: verantwortungsbewusst **4** *Position*: verantwortungsvoll

responsive [rɪˈspɒnsɪv] **1** *Person*: aufgeschlossen (**to** für) **2** **be responsive** (*Gerät, Bremsen*) ansprechen, reagieren (**to** auf)

★rest¹ [rest] Ruhe(pause), Erholung; **have** (*oder* **take**) **a rest** sich ausruhen, Pause (*oder* Rast) machen; **lay to rest** zur letzten Ruhe betten

★rest² [rest] **1** ruhen, (sich) ausruhen; **let something rest** übertragen etwas auf sich beruhen lassen; **I won't rest until** übertragen ich werde nicht eher ruhen, bis **2** (*Leiter usw.*) lehnen (**against** gegen, **an**, **on** an)

★rest³ [rest] **1** Rest; **all the rest** alle übrigen **2** **for the rest** im Übrigen

rest area [ˈrest,eərɪə] *US* (Autobahn)Raststätte (*mit Tankstelle usw.*); → **service area** *Br*

★restaurant [ˈrestərɒnt] Restaurant, Gaststätte

restaurant car [ˈrestərɒnt ˌkɑː] *Br von Zug*: Speisewagen

restful [ˈrestfl] **1** *Musik, Farben usw.*: ruhig **2** *Wochenende usw.*: erholsam

rest home [ˈrest ˌhəʊm] Pflegeheim

resting place [ˈrestɪŋ ˌpleɪs] (**last**) **resting place** (letzte) Ruhestätte

restless [ˈrestləs] **1** ruhelos, rastlos **2** *Person, Nacht*: unruhig; **I had a restless night** ich konnte nicht schlafen

restock [ˌriːˈstɒk] wieder auffüllen (*Lager, Regale*)

restoration [ˌrestəˈreɪʃn] **1** Restaurierung **2** Wiederherstellung (*der Ordnung usw.*)

restore [rɪˈstɔː] **1** restaurieren (*Gemälde usw.*) **2** wiederherstellen (*Ordnung*); **be restored** (**to health**) wieder gesund sein

restrain [rɪˈstreɪn] zurückhalten (**from** von); **restrain someone from doing something** jemanden davon abhalten, etwas zu tun; **I had to restrain myself** ich musste mich beherrschen

restraint [rɪˈstreɪnt] **1** Beherrschung (*von Gefühlen*) **2** *durch Vorschriften usw.*: Beschränkung, Einschränkung

restrict [rɪˈstrɪkt] beschränken (**to** auf), einschränken

restriction [rɪˈstrɪkʃn] *durch Vorschriften usw.*: Beschränkung, Einschränkung; **without restrictions** uneingeschränkt

restrictive [rɪˈstrɪktɪv] einengend, einschränkend, restriktiv

rest room [ˈrest ˌruːm] *US* Toilette (*in Restaurant usw.*)

restructure [ˌriːˈstrʌktʃə] umstrukturieren

★result¹ [rɪˈzʌlt] resultieren, sich ergeben (**from** aus)

PHRASAL VERBS

result in [rɪˈzʌlt ˌɪn] zur Folge haben, führen zu

★result² [rɪˈzʌlt] **1** Ergebnis, Resultat; **without result** ergebnislos **2** Folge; **as a result** infolgedessen; **as a result of** als Folge von

resume [rɪˈzjuːm] **1** wieder aufnehmen (*Arbeit*), fortsetzen (*Diskussion usw.*) **2** weitermachen mit, fortfahren mit (*einer Tätigkeit*)

résumé [ˈrezjuːmeɪ] **1** Resümee, Zusammenfassung **2** *US* Lebenslauf; → **curriculum vitae, CV** *Br*

resurrection [⚠,rezəˈrekʃn] **the Resurrection** *kirchlich*: die Auferstehung

retail¹ [ˈriːteɪl] *auch* **retail trade** Einzelhandel

retail² [ˈriːteɪl] **it retails at £2** es kostet im Einzelhandel zwei Pfund

retailer [ˈriːteɪlə] Einzelhändler(in)

retailing [ˈriːteɪlɪŋ] der Einzelhandel

retail price [ˌriːteɪl ˈpraɪs] Einzelhandelspreis, Verkaufspreis; **recommended retail price** unverbindliche Preisempfehlung

retail therapy [ˌriːteɪl ˈθerəpɪ] *umg etwa*: Frustkauf

retain [rɪˈteɪn] behalten, bewahren (*Eigenschaft, Fassung usw.*)

retaliate [rɪˈtælɪeɪt] **1** Vergeltung üben, sich revanchieren (**against** an) **2** zurückschlagen, kontern (*auch übertragen*)

retaliation [rɪˌtælɪˈeɪʃn] Vergeltung, Revanche

retarded [rɪˈtɑːdɪd] (**mentally**) **retarded** (geistig) zurückgeblieben

retell [ˌriːˈtel], **retold** [ˌriːˈtəʊld], **retold** [ˌriːˈtəʊld] nacherzählen (*Geschichte*)

rethink [ˌriːˈθɪŋk], **rethought** [ˌriːˈθɔːt], **rethought** [ˌriːˈθɔːt] noch einmal überdenken

reticent [⚠ˈretɪsənt] zurückhaltend

retinue [⚠ˈretɪnjuː] Gefolge (*einer prominenten Persönlichkeit*)

★retire [rɪˈtaɪə] **1** in Rente (*oder* Pension) gehen **2** sich zurückziehen

retired [rɪˈtaɪəd] pensioniert, im Ruhestand

★retirement [rɪˈtaɪəmənt] Pensionierung, Ruhestand; **come out of retirement** wieder zurückkommen; **retirement age** Pensionsalter,

Rentenalter; **retirement home** Seniorenheim; **retirement pay** Altersrente; **early retirement** Vorruhestand; **retirement plan** US Rentenversicherung; → pension scheme Br

retold [ˌriːˈtəʊld] 2. und 3. Form von → retell

retort¹ [rɪˈtɔːt] (scharf) entgegnen

retort² [rɪˈtɔːt] (scharfe) Entgegnung

retrace [rɪˈtreɪs] **1** zurückverfolgen (*Tathergang usw.*) **2 retrace one's steps** denselben Weg zurückgehen

retract [rɪˈtrækt] zurückziehen (*Angebot usw.*), zurücknehmen (*Behauptung usw.*)

retrain [ˌriːˈtreɪn] umschulen, sich umschulen lassen

retraining [ˌriːˈtreɪnɪŋ] Umschulung

retreat¹ [rɪˈtriːt] **1** militärisch: Rückzug **2** Zufluchtsort

retreat² [rɪˈtriːt] **1** militärisch: sich zurückziehen **2** zurückweichen (**from** vor)

retrieval [rɪˈtriːvl] **1** allg.: Zurückholen **2** Computer: Abfragen, Abrufen, Retrieval (*von gespeicherten Daten*) **3** eines Fehlers: Wiedergutmachen, eines Verlusts: Wettmachen **4** aus Notsituation: Rettung; **beyond** (*oder* **past**) **retrieval** hoffnungslos (*Situation*) **5** Jagd: Apportieren

retrieve [rɪˈtriːv] **1** allg.: zurückholen **2** Computer: abfragen, abrufen, wieder auffinden (*gespeicherte Daten*) **3** wiedergutmachen (*Fehler usw.*), wettmachen (*Verlust usw.*) **4** aus Notsituation: retten **5** (*Jagdhund*) apportieren

retro [ˈretrəʊ] umg retro

retrospect [ˈretrəʊspekt] **in retrospect** rückschauend, im Rückblick

retrospective¹ [ˌretrəˈspektɪv] **1** rückblickend, rückschauend **2** von Gesetz usw.: rückwirkend

retrospective² [ˌretrəˈspektɪv] (≈ *Werkschau eines Künstlers*) Retrospektive

retrovirus [ˈretrəʊˌvaɪrəs] Medizin: Retrovirus

★**return¹** [rɪˈtɜːn] **1** zurückkehren, zurückkommen **2** (*Symptome usw.*) wieder auftreten **3** zurückgeben, zurückbringen (*Geliehenes usw.*) **4** zurückschicken (*Brief usw.*); **return to sender** Post: zurück an Absender **5** erwidern (*Besuch usw.*) **6** übertragen zurückkommen (**to** auf) (*ein Thema usw.*)

★**return²** [rɪˈtɜːn] **1** Rückkehr, übertragen Wiederkehr; **on his return** bei seiner Rückkehr **2** Br Rückfahrkarte **3 tax return** Steuererklärung **4 by return (of post)** Br postwendend, umgehend **5 in return** als Gegenleistung (**for** für); **expect nothing in return** keine Gegenleistung erwarten **6** Tennis usw.: Return, Rückschlag **7 many happy returns (of the day)** herzlichen Glückwunsch zum Geburtstag **8** Wirtschaft: Gewinn **9** Handel: zurückgebrachte Ware **10** Computer: Eingabetaste, Return, Returntaste; **to exit the program, press return** zum Verlassen des Programms Return drücken

★**return³** [rɪˈtɜːn] Rück...; **return game** Br, Sport: Rückspiel; **return ticket** Br Rückfahrkarte, Rückflugticket

returnable [rɪˈtɜːnəbl] Mehrweg...; **returnable bottle** Mehrwegflasche, *mit Pfand*: Pfandflasche

return key [rɪˈtɜːn ˌkiː] Computer: Eingabetaste; → return² 9

returns policy [rɪˈtɜːnz ˌpɒləsɪ] Handel: Rückgabebedingungen

reunification [ˌriːjuːnɪfɪˈkeɪʃn] bes. politisch: Wiedervereinigung

reunify [riːˈjuːnɪfaɪ] bes. politisch: wiedervereinigen

reunion [riːˈjuːnɪən] **1** Treffen, Wiedersehensfeier **2** Wiedervereinigung

reunite [ˌriːjuːˈnaɪt] wiedervereinigen (*Land, auch Familie usw.*)

reuse [ˌriːˈjuːz] **1** wiederverwenden **2** wiederverwerten, recyceln (*Abfälle usw.*)

rev¹ [rev] umg, Auto: Umdrehung; **number of revs** Drehzahl

rev² [rev], revved, revved; -ing-Form revving umg auch: **rev up** Motor: aufheulen, aufheulen lassen

revaluation [ˌriːvæljʊˈeɪʃn] Währung: Aufwertung

revalue [ˌriːˈvæljuː] aufwerten (*Währung*)

revamp [ˌriːˈvæmp] umg **1** aufmöbeln (*Haus usw.*) **2** aufpolieren (*Theaterstück usw.*) **3** auf Vordermann bringen (*Firma, Organisation usw.*)

rev counter [ˈrev ˌkaʊntə] Auto: Drehzahlmesser

reveal [rɪˈviːl] **1** den Blick freigeben auf, zeigen **2** aufdecken (*Geheimnis usw.*)

revealing [rɪˈviːlɪŋ] **1** Kleid, Ausschnitt: offenherzig **2** übertragen aufschlussreich (*Bemerkung, Reaktion usw.*)

revelation [ˌrevəˈleɪʃn] **1** Enthüllung, Aufdeckung **2** kirchlich: Offenbarung; **the Book of Revelation(s)** Bibel: die Offenbarung

revenge¹ [rɪˈvendʒ] **1** Rache; **in revenge** aus Rache (**for** für); **take (one's) revenge on someone (for something)** sich an jemandem (für etwas) rächen **2** Spiel, Sport: Revanche

revenge² [rɪˈvendʒ] **1** rächen **2 revenge**

oneself on someone (for something) sich an jemandem (für etwas) rächen

revenue [▲'revənjuː] *auch* **revenues** *pl* Staatseinnahmen, Staatseinkünfte

reverence [▲'revrəns] Verehrung, Ehrfurcht (**for** vor); **hold in reverence** verehren

Reverend ['revrənd] *kirchlich*: Hochwürden

reverent [▲'revrənt] ehrfurchtsvoll

★**reverse**[1] [rɪ'vɜːs] **1** umgekehrt, *Richtung*: entgegengesetzt; **reverse gear** *Auto*: Rückwärtsgang; **in reverse order** in umgekehrter Reihenfolge; **reverse side** *Stoff*: linke Seite

reverse[2] [rɪ'vɜːs] **1** (*Wagen*) rückwärtsfahren; **reverse one's car out of the garage** rückwärts aus der Garage fahren **2** umkehren (*Reihenfolge*) **3** umstoßen (*Entscheidung*), aufheben (*Urteil*) **4** **reverse the charges** *Br* ein R--Gespräch führen

reverse[3] [rɪ'vɜːs] **1** Gegenteil; **quite the reverse** ganz im Gegenteil **2** **put the car into reverse** *Auto*: den Rückwärtsgang einlegen **3** Rückseite (*einer Münze*)

reversing camera [rɪ'vɜːsɪŋ,kæmrə] Rückfahrkamera

---PHRASAL VERBS---

revert to [rɪ'vɜːt‿tuː] **1** zurückfallen in (*eine Gewohnheit usw.*), zurückkehren in (*einen Zustand*) **2** zurückkommen auf (*ein Thema*)

---

review[1] [rɪ'vjuː] **1** Überprüfung; **be under review** überprüft werden **2** Kritik, Rezension (*eines Buchs*), *im Internet auch*: Bewertung **3** *US; Schule*: Test, Wiederholung **4** Revue

review[2] [rɪ'vjuː] **1** überprüfen **2** besprechen, rezensieren (*Buch*) **3** *US; Schule*: wiederholen (*Lernstoff für eine Prüfung*); → revise *Br*

reviewer [rɪ'vjuːə] *von Buch*: Kritiker(in), Rezensent(in)

revise [rɪ'vaɪz] **1** revidieren (*Meinung*) **2** überarbeiten (*Buch usw.*) **3** *Br* wiederholen (*Lernstoff*) **4** **I've got to revise for tomorrow's test** *Br* ich muss noch für die Arbeit morgen lernen

revision [rɪ'vɪʒn] **1** Revision, Überarbeitung (*eines Textes*) **2** *Br; Schule*: (Stoff)Wiederholung (*für eine Prüfung*); **do some revision** (den Stoff) wiederholen

revival [rɪ'vaɪvl] **1** Wiederbelebung (*auch übertragen*) **2** *Theater*: Wiederaufnahme (*eines Stücks*)

revive [rɪ'vaɪv] **1** (wieder) beleben (*Brauch, Wirtschaft*), wiederbeleben (*Verunglückten*) **2** wieder aufleben lassen (*Tradition usw.*); **it revived memories of her childhood** es rief Erinnerungen an ihre Kindheit wach

revocation [,revə'keɪʃn] **1** *eines Gesetzes*: Aufhebung **2** *einer Entscheidung, Genehmigung usw.*: Rückgängigmachung, Widerruf

revoke [rɪ'vəʊk] **1** aufheben (*Gesetz usw.*) **2** rückgängig machen, widerrufen (*Entscheidung, Erlaubnis usw.*)

revolt[1] [rɪ'vəʊlt] revoltieren (**against** gegen)

revolt[2] [rɪ'vəʊlt] Revolte, Aufstand

revolting [rɪ'vəʊltɪŋ] abstoßend

★**revolution** [,revə'luːʃn] Revolution

revolutionary[1] [,revə'luːʃənrɪ] revolutionär, Revolutions…

revolutionary[2] [,revə'luːʃənrɪ] *politisch*: Revolutionär(in) (*auch übertragen*)

revolve [rɪ'vɒlv] sich drehen, rotieren

---PHRASAL VERBS---

revolve around [rɪ,vɒlv‿ə'raʊnd] **he thinks the whole world revolves around him** er glaubt, alles dreht sich nur um ihn

---

revolver [rɪ'vɒlvə] Revolver

revolving door [rɪ,vɒlvɪŋ'dɔː] Drehtür

★**reward**[1] [rɪ'wɔːd] Belohnung; **as a reward (for)** als Belohnung (für)

★**reward**[2] [rɪ'wɔːd] belohnen

rewarding [rɪ'wɔːdɪŋ] lohnend, *Aufgabe usw. auch*: dankbar

rewind [riː'waɪnd], **rewound** [riː'waʊnd], **rewound** [riː'waʊnd] zurückspulen (*Video usw.*)

reword [,riː'wɜːd] umformulieren

rewound [riː'waʊnd] 2. und 3. Form von → rewind

rewritable [,riː'raɪtəbl] *CD, DVD*: wiederbeschreibbar

rewrite [,riː'raɪt], **rewrote** [,riː'rəʊt], **rewritten** [,riː'rɪtn] umschreiben (*Artikel usw.*)

rhetoric [▲'retərɪk] **1** Rhetorik **2** *im negativen Sinn*: Phrasendrescherei

rhetorical [rɪ'tɒrɪkl] rhetorisch; **rhetorical question** rhetorische Frage

rheumatic[1] [ruː'mætɪk] *Medizin*: rheumatisch; **rheumatic fever** rheumatisches Fieber

rheumatic[2] [ruː'mætɪk] *Medizin*: Rheumatiker(in)

rheumatism ['ruːmətɪzm] *Medizin*: Rheuma(tismus)

Rhine [raɪn] Rhein

Rhineland-Palatinate [,raɪnlænd‿pə'lætɪnət] Rheinland-Pfalz

rhino ['raɪnəʊ] *pl*: **rhinos** *umg* Nashorn, Rhinozeros

rhinoceros [raɪˈnɒsərəs] Rhinozeros, Nashorn
Rhodes [rəʊdz] Rhodos
rhododendron [ˌrəʊdəˈdendrən] *Zierpflanze*: Rhododendron
rhombus [ˈrɒmbəs] *Geometrie*: Rhombus, Raute
rhubarb [ˈruːbɑːb] Rhabarber
rhyme¹ [raɪm] Reim, Vers
rhyme² [raɪm] (sich) reimen (**with** auf)
★ **rhythm** [ˈrɪðəm] Rhythmus
rhythmic [ˈrɪðmɪk] rhythmisch
rib [rɪb] Rippe
ribbon [ˈrɪbən] Band (*z.B. für das Haar*)
★ **rice** [raɪs] Reis
rice paddy [ˈraɪsˌpædi] Reisfeld
rice pudding [ˌraɪsˈpʊdɪŋ] *etwa*: Milchreis
rice wine [ˈraɪs‿waɪn] Reiswein
★ **rich¹** [rɪtʃ] **1** reich (*auch übertragen*); **rich in vitamin C** usw. reich an Vitamin C usw. **2** *Schmuck*: kostbar **3** *Speise*: schwer **4** *Boden*: ertragreich **5** *Töne*: voll, *Farben*: satt **6** **that's a bit rich!** *umg* das ist ein starkes Stück!
★ **rich²** [rɪtʃ] **the rich** *pl* die Reichen (▲*der Reiche* = **the rich man**)
riches [ˈrɪtʃɪz] *pl* Reichtum, Reichtümer
★ **rid** [rɪd] **get rid of someone** (*bzw.* **something**) jemanden (*bzw.* etwas) loswerden
ridden [ˈrɪdn] 3. Form von → **ride¹**
riddle [ˈrɪdl] Rätsel (*auch übertragen*)
★ **ride¹** [raɪd], **rode** [rəʊd], **ridden** [ˈrɪdn] **1** reiten (**on** auf); **ride a pony** ein Pony reiten; **she goes riding** sie geht reiten **2** fahren (**on** auf *einem Fahrrad* usw., in *einem Bus* usw.) **3** (Fahrrad, Motorrad) fahren, fahren auf; **can you ride a bike?** kannst du Rad fahren?
★ **ride²** [raɪd] **1** Fahrt; **give someone a ride** jemanden (im Auto usw.) mitnehmen; **go for a ride in the car** spazieren fahren **2** *zu Pferd* usw.: Ritt **3** **take someone for a ride** *umg* jemanden reinlegen
rider [ˈraɪdə] **1** Reiter(in) **2** (Rad-, Motorrad-) Fahrer(in)
ridge [rɪdʒ] **1** *Gebirge*: Kamm, Grat **2** *auf einer Fläche*: Rippe
ridicule¹ [ˈrɪdɪkjuːl] Spott, Gespött
ridicule² [ˈrɪdɪkjuːl] spotten über
ridiculous [rɪˈdɪkjʊləs] lächerlich; **don't be ridiculous** mach dich nicht lächerlich!
riding¹ [ˈraɪdɪŋ] Reiten; **go riding** reiten (gehen)
riding² [ˈraɪdɪŋ] Reit...; **riding boots** *pl* Reitstiefel; **riding breeches** (*US* **pants**) *pl* Reithose; **riding school**, *US* **riding academy** Reitschule
riffraff [ˈrɪfræf] Gesindel, Pack
rifle¹ [ˈraɪfl] Gewehr, Büchse

rifle² [ˈraɪfl] *mst.* **rifle through** durchwühlen
rift [rɪft] **1** Spalt, Spalte **2** *übertragen* Riss
rig [rɪg], **rigged**, **rigged** manipulieren (*Wahlergebnisse* usw.)
★ **right¹** [raɪt] ↔ **left** **1** rechte(r, -s), Rechts... (*auch übertragen, politisch*) **2** rechts (**of** von); **turn right** (sich) nach rechts wenden, *Auto*: rechts abbiegen
★ **right²** [raɪt] ↔ **left** **1** *die* Rechte, rechte Seite; **on** (*oder* **at, to**) **the right** (**of**) rechts (von); **on our right** zu unserer Rechten; **the second turning to** (*oder* **on**) **the right** die zweite Querstraße rechts; **make a right** *US* rechts abbiegen; **keep to the right** sich rechts halten, *Auto*: rechts fahren **2** **the right** *politisch*: die Rechte
★ **right³** [raɪt] ↔ **wrong** **1** richtig, recht; **the right thing** das Richtige; **all right** schon gut!, in Ordnung!; **guess right** richtig (er)raten **2** korrekt, richtig; **is your watch right?** geht deine Uhr richtig? **3** **be right** recht haben **4** geeignet, richtig; **he's right for the job** er ist der Richtige für die Stelle **5** in Ordnung, richtig; **put** (*oder* **set**) **right** in Ordnung bringen, *Irrtum*: richtigstellen
★ **right⁴** [raɪt] **1** Recht; **know right from wrong** Recht von Unrecht unterscheiden können **2** Anrecht, Recht (**to** auf); **have the right to something** Anspruch auf etwas haben; **it's my right of way** *Verkehr*: ich habe Vorfahrt (Ⓐ Vortritt) **3** **civil rights** Bürgerrechte
★ **right⁵** [raɪt] **1** **right now** im Moment, sofort **2** **right at the beginning** ganz am Anfang **3** **right in the middle** usw. genau in der Mitte usw. **4** **right away** sofort
right angle [ˈraɪtˌæŋgl] *Mathematik*: rechter Winkel; **at right angles** (**to**) rechtwinklig (zu)
right-angled [ˈraɪtˌæŋgld] rechtwinklig
rightful [ˈraɪtfl] *Besitzer* usw.: rechtmäßig
right-hand [ˈraɪthænd] rechte(r, -s); **right-hand bend** *Straße*: Rechtskurve; **right-hand drive** *Auto in GB*: Rechtssteuerung
right-handed [ˌraɪtˈhændɪd] rechtshändig; **be right-handed** Rechtshänder(in) sein
rightist [ˈraɪtɪst] *politisch*: rechtsgerichtet
rightly [ˈraɪtli] **1** richtig; **rightly or wrongly** zu Recht oder Unrecht **2** mit (*oder* zu) Recht; **she was rightly ashamed** sie schämte sich zu Recht
right-wing [ˌraɪtˈwɪŋ] *politisch*: dem rechten Flügel angehörend, Rechts...
rigid [ˈrɪdʒɪd] **1** starr (**with** vor), steif **2** *übertragen* unbeugsam, *Prinzipien* usw.: starr

rigmarole ['rɪgmərəʊl] *umg, abwertend* **1** Geschwätz **2** *langatmige Geschichte:* Gelaber, Geschwafel **3** *Vorgang:* Theater, Zirkus

rigorous ['rɪgərəs] *Kontrolle usw.:* streng, rigoros

rim [rɪm] Rand (*einer Tasse usw.*)

★**ring**¹ [rɪŋ] **1** *allg.:* Ring; **form a ring** einen Kreis bilden **2** *Zirkus:* Manege **3** *Boxen:* Ring **4** *Wirtschaft:* Ring, Kartell

★**ring**² [rɪŋ], **rang** [ræŋ], **rung** [rʌŋ] **1** (*Glocke, Klingel usw.*) läuten, klingeln; **the bell is ringing** es läutet, es klingelt **2** *Br; Telefon:* anrufen; **ring someone** jemanden anrufen **3** (*Glas, Stimme, Ohren*) klingen **4** **it rings a bell** *übertragen* es kommt mir bekannt vor

———— PHRASAL VERBS ————

ring back [,rɪŋ'bæk] *Br; Telefon:* zurückrufen

ring for ['rɪŋ_fɔː] **ring for someone** (*oder* **something**) nach jemandem (*oder* etwas) läuten; **ring for the doctor** den Arzt rufen

ring off [,rɪŋ'ɒf] *Br; Telefon:* (den Hörer) auflegen, Schluss machen

ring round [,rɪŋ'raʊnd] *Br* herumtelefonieren

ring up [,rɪŋ'ʌp] **1** *Br* anrufen **2** eintippen (*Preis, Ware*) (*in die Kasse*)

★**ring**³ [rɪŋ] **1** Läuten, Klingeln **2** **that has a familiar ring to it** *übertragen* das kommt mir (irgendwie) bekannt vor **3** *Br; Telefon:* Anruf; **give someone a ring** jemanden anrufen

ring binder ['rɪŋˌbaɪndə] Ringbuch

ring finger ['rɪŋˌfɪŋgə] Ringfinger

ringleader ['rɪŋˌliːdə] Rädelsführer(in)

ring road ['rɪŋ_rəʊd] *Br* Umgehungsstraße

ringtone ['rɪŋtəʊn] *bes. von Handy:* Klingelton, Signalton

rink [rɪŋk] **1** Eisbahn **2** Rollschuhbahn

rinse¹ [rɪns] *auch* **rinse out** (aus)spülen, spülen (*Wäsche, Haar usw.*)

rinse² [rɪns] *Haare:* Tönung

riot¹ ['raɪət] **1** Aufruhr, Krawall; **run riot** randalieren, randalierend ziehen (**through** durch); **riot police** Bereitschaftspolizei **2** **it's a riot** *umg* das ist zum Schreien

riot² ['raɪət] randalieren

rip¹ [rɪp], **ripped, ripped**; **rip something** sich etwas zerreißen (**on** an)

rip² [rɪp] Riss

———— PHRASAL VERBS ————

rip apart [,rɪp_ə'pɑːt] auseinanderreißen

rip off [,rɪp'ɒf] **1** **rip off one's shirt** sich das Hemd herunterreißen **2** **rip someone off** *umg* jemanden neppen (*oder* abzocken)

rip open [,rɪp'əʊpən] aufreißen

rip up [,rɪp'ʌp] zerreißen

★**ripe** [raɪp] reif (*auch übertragen*)

ripen ['raɪpən] (*Früchte usw.*) reifen

rip-off ['rɪpɒf] *umg* Nepp, Wucher, Diebstahl

★**rise**¹ [raɪz], **rose** [rəʊz], **risen** ['rɪzn] **1** (*Rauch usw.*) aufsteigen, (*Vorhang usw.*) sich heben **2** (*Straße, Wasser usw.*) ansteigen **3** (*Preise usw.*) steigen (**by** um) **4** *förmlich* aufstehen (*auch am Morgen*), sich erheben **5** (*Sonne*) aufgehen **6** (*Fluss*) entspringen

★**rise**² [raɪz] **1** *übertragen* Anstieg; **rise in prices** Anstieg der Preise; **rise in population** Bevölkerungszunahme **2** *übertragen* Aufstieg (**to** zu); **the rise and fall of Rome** *usw.* der Aufstieg und Fall Roms *usw.* **3** *Straße usw.:* Steigung **4** *Br* Lohnerhöhung, Gehaltserhöhung **5** **give rise to** verursachen, führen zu

———— PHRASAL VERBS ————

rise up [,raɪz'ʌp] (*Volk usw.*) sich erheben (**against** gegen)

risen ['rɪzn] *3. Form von* → rise¹

riser ['raɪzə] **early riser** Frühaufsteher(in); **late riser** Langschläfer(in)

rising ['raɪzɪŋ] **1** *Generation:* heranwachsend **2** *Politiker usw.:* aufstrebend

★**risk**¹ [rɪsk] Gefahr, Risiko; **at one's own risk** auf eigene Gefahr; **at the risk of making a fool of myself** auf die Gefahr hin, mich lächerlich zu machen; **be at risk** gefährdet sein; **run** (*oder* **take**) **a risk** ein Risiko eingehen; **health risk** Gesundheitsgefahr

★**risk**² [rɪsk] **1** *allg.:* riskieren **2** aufs Spiel setzen (*sein Leben usw.*) **3** wagen (*den Sprung usw.*); **risk doing something** es wagen (*oder* riskieren), etwas zu tun

risk factor ['rɪskˌfæktə] Risikofaktor

risky ['rɪskɪ] riskant, gefährlich

risotto [rɪ'zɒtəʊ] Risotto

risqué ['rɪskeɪ] *Witz usw.:* gewagt

rite [raɪt] Ritus, Ritual, Brauch

ritual ['rɪtʃʊəl] Ritual, Ritus, Zeremoniell

ritzy ['rɪtsɪ] *umg* stinkvornehm, feudal

★**rival**¹ ['raɪvl] **1** Rivale, Rivalin **2** *Wirtschaft:* Konkurrent(in)

★**rival**² ['raɪvl] **rivalled, rivalled**, *US* **rivaled, rivaled** es aufnehmen (können) mit (**for** in)

rivalry ['raɪvlrɪ] **1** Rivalität **2** *Wirtschaft:* Konkurrenz(kampf)

★**river** ['rɪvə] Fluss, Strom; **down the river** flussabwärts; **up the river** flussaufwärts

riverside ['rɪvəsaɪd] Flussufer; **by the riverside** am Fluss

rivet¹ ['rɪvɪt] Niete

rivet² ['rɪvɪt] **1** nieten, vernieten **2** *übertragen* fesseln; **his eyes were riveted to the screen** sein Blick war auf die Leinwand geheftet

★**road** [rəʊd] **1** (Land)Straße; **down** (*bzw.* **up**) **the road** die Straße hinunter (*bzw.* hinauf); **off the road** von der Straße entfernt, im Gelände; **road map** Straßenkarte **2** **be on the road** mit dem Auto unterwegs sein, *Theater usw.*: auf Tournee sein; **3 hours by road** 3 Autostunden (entfernt) **3** **be on the right road to** *übertragen* auf dem richtigen Weg sein nach

road accident ['rəʊd͜ˌæksɪdənt] Verkehrsunfall

roadblock ['rəʊdblɒk] Straßensperre

road hog ['rəʊd͜ˌhɒɡ] *umg* Verkehrsrowdy

roadholding ['rəʊd͜ˌhəʊldɪŋ] *Auto:* Straßenlage

roadhouse ['rəʊdhaʊs] *US* Rasthaus

road map ['rəʊd͜ˌmæp] Straßenkarte

road pricing ['rəʊd͜ˌpraɪsɪŋ] (Einführung von) Straßenbenutzungsgebühren

road rage ['rəʊd͜ˌreɪdʒ] aggressives Verhalten im Straßenverkehr

road safety ['rəʊd͜ˌseɪftɪ] Verkehrssicherheit

roadside ['rəʊdsaɪd] **at** (*oder* **by**) **the roadside** am Straßenrand; **roadside inn** Rasthaus

★**roadsign** ['rəʊdsaɪn] Verkehrsschild

road tax ['rəʊd͜ˌtæks] *in GB etwa:* Kfz-Steuer

road test ['rəʊd͜ˌtest] Probefahrt; **do a road test** eine Probefahrt machen

road-test ['rəʊdtest] eine Probefahrt machen mit, Probe fahren (*Auto usw.*)

road toll ['rəʊd͜ˌtəʊl] Straßenbenutzungsgebühr

roadwork ['rəʊdwɜːk] *sg US*, **roadworks** ['rəʊdwɜːks] *pl Br* Straßenbauarbeiten (△ *in GB auf Warnschildern*)

roadworthy ['rəʊd͜ˌwɜːðɪ] *Auto usw.:* verkehrssicher

roam [rəʊm] wandern (durch)

roar¹ [rɔː] **1** Gebrüll; **roars** *pl* **of laughter** brüllendes Gelächter **2** *von Verkehr usw.:* Tosen, Donnern

roar² [rɔː] **1** brüllen (**with** vor); **roar** (**with laughter**) vor Lachen brüllen **2** (*Fahrzeug*) donnern

roaring ['rɔːrɪŋ] **1** *Person, wildes Tier:* brüllend **2** *Wassermassen:* tosend, donnernd **3** **roaring success** *umg* Bombenerfolg **4** **roaring drunk** *umg* sternhagelvoll

★**roast¹** [rəʊst] **1** *allg.:* braten **2** rösten (*Kaffee usw.*)

★**roast²** [rəʊst] Braten

★**roast³** [rəʊst] gebraten; **roast beef** Rinderbraten, Roastbeef; **roast chicken** Brathuhn; **roast potatoes** *pl* im Backofen gebratene Kartoffeln

roasting ['rəʊstɪŋ] **give someone a (real) roasting** *umg* jemanden zusammenstauchen (**for** wegen)

★**rob** [rɒb], **robbed, robbed** überfallen (*Bank usw.*); **rob someone** jemanden berauben; **rob someone of something** jemandem etwas rauben

★**robber** ['rɒbə] Räuber(in)

★**robbery** ['rɒbərɪ] Raub(überfall); **bank robbery** Bankraub

robe [rəʊb] **1** (≈ *Gewand*) Talar, Robe **2** *bes. US* Bademantel, Morgenrock

robin ['rɒbɪn] *Vogel:* Rotkehlchen

robot ['rəʊbɒt] Roboter (*auch übertragen*)

robust [rəʊˈbʌst] **1** *Gesundheit, Material usw.:* robust **2** *Firma usw.:* gesund

★**rock¹** [rɒk] **1** wiegen, schaukeln; **rock a child to sleep** ein Kind in den Schlaf wiegen **2** (*Boot usw.*) schaukeln **3** erschüttern (*auch übertragen*) **4** *Musik:* rocken

★**rock²** [rɒk] **1** Fels, Felsen (*auch pl*) **2** *Geologie:* Gestein **3** Felsbrocken, *US* Stein (△ *nicht* **Rock**); → **rocks**

★**rock³** [rɒk] Rock(musik)

rock bottom [ˌrɒkˈbɒtəm] **hit** (*oder* **reach**) **rock bottom** einen (*oder* seinen) Tiefpunkt erreichen

rock-bottom [ˌrɒkˈbɒtəm] *Preise, Zinsen usw.:* allerniedrigste(r, -s), äußerste(r, -s); **rock-bottom prices** Schleuderpreise

rocker ['rɒkə] **1** *Br* Rocker **2** **he's off his rocker** *umg* er hat sie nicht alle **3** *US* Schaukelstuhl

rockery ['rɒkərɪ] Steingarten

★**rocket¹** ['rɒkɪt] Rakete

★**rocket²** ['rɒkɪt] (*Preise*) in die Höhe schießen

rocking chair ['rɒkɪŋ͜ˌtʃeə] Schaukelstuhl

rocking horse ['rɒkɪŋ͜ˌhɔːs] Schaukelpferd

rock 'n' roll [ˌrɒkənˈrəʊl] **1** *Musik:* Rock 'n' Roll **2** *umg* **... is the new rock 'n' roll** ... ist jetzt total angesagt

rocks [rɒks] *pl* **1** Klippen **2** **on the rocks** *bes. Whisky:* mit Eis **3** **on the rocks** *umg; Firma, Ehe usw.:* am Ende

rocky¹ ['rɒkɪ] felsig

rocky² ['rɒkɪ] *umg* wackelig

rococo [rəˈkəʊkəʊ] Rokoko

rod [rɒd] **1** Rute; **fishing rod** Angelrute **2** Stab,

Stange

rode [rəʊd] 2. Form von → ride¹
rodent ['rəʊdnt] Nagetier
rodeo [rəʊ'deɪəʊ] Rodeo
roe¹ [rəʊ] *vom Fisch:* Rogen
roe² [rəʊ] → roe deer
roebuck ['rəʊbʌk] Rehbock
roe deer ['rəʊˌdɪə] Reh
roger ['rɒdʒə] *Funkverkehr:* verstanden!
rogue [rəʊg] ① Gauner; **rogues' gallery** Verbrecheralbum ② *humorvoll* Schlingel
★**role** [rəʊl] *Theater:* Rolle (*auch übertragen*)
role-play ['rəʊl_pleɪ] *bes. Psychologie:* Rollenspiel
★**roll¹** [rəʊl] ① *allg.:* rollen; **tears were rolling down her cheeks** Tränen rollten ihr über die Wangen ② (*Gefährt*) rollen, fahren ③ schwanken, (*Schiff*) schlingern ④ (*Tier usw.*) sich wälzen ⑤ walzen (*Rasen usw.*), ausrollen (*Teig*) ⑥ **rolled into one** *übertragen, allerlei Verschiedenes:* in einem

PHRASAL VERBS

roll in [ˌrəʊl'ɪn] (*Geld usw.*) hereinströmen
roll down [ˌrəʊl'daʊn] ① (*Tränen usw.*) herunterrollen ② herunterkurbeln (*Autofenster*)
roll on [ˌrəʊl'ɒn] **roll on, Saturday!** *Br* wenn es doch nur schon Samstag wäre!
roll out [ˌrəʊl'aʊt] ausrollen (*Teig, Teppich*)
roll up [ˌrəʊl'ʌp] ① aufrollen, zusammenrollen ② hochkrempeln (*Ärmel*) (*auch übertragen*) ③ *umg* antanzen ④ hochkurbeln (*Autofenster*)

★**roll²** [rəʊl] ① Brötchen, Semmel ② Rolle ③ (*Fett*)Wulst ④ Grollen (*des Donners*)
roll call ['rəʊl_kɔːl] *in Schulklasse, beim Militär usw.:* Namensaufruf
roller ['rəʊlə] ① *Technik:* Rolle, Walze ② *für Farbe:* Malerrolle ③ *US* Trolley ④ Lockenwickler (▲ *nicht* **Roller**)
roller blind ['rəʊlə_blaɪnd] Rollladen, Rollo
roller coaster ['rəʊləˌkəʊstə] ① Achterbahn ② *übertragen* Berg- und Talfahrt
roller skate ['rəʊlə_skeɪt] Rollschuh
roller skating ['rəʊləˌskeɪtɪŋ] Rollschuhlaufen; **go roller skating** Rollschuh laufen
rolling suitcase [ˌrəʊlɪŋ'suːtkeɪs] *US* Trolley
roll-on ['rəʊlɒn] Deoroller
ROM [rɒm] (*abk für* read only memory) *Computer:* Lesespeicher
Roman¹ ['rəʊmən] Römer(in)
Roman² ['rəʊmən] römisch; **Roman numeral** römische Ziffer
romance¹ [rəʊ'mæns] ① (≈ *Liebesaffäre*) Romanze ② (≈ *stimmungsvolle Atmosphäre*) Romantik ③ *Literatur:* Liebesroman, Abenteuerroman, Ritterroman
Romance² [rəʊ'mæns] *Sprache:* romanisch
Romania [▲ ruː'meɪnɪə] Rumänien
Romanian¹ [▲ ruː'meɪnɪən] rumänisch
Romanian² [▲ ruː'meɪnɪən] *Sprache:* Rumänisch
Romanian³ [▲ ruː'meɪnɪən] Rumäne, Rumänin
romantic [rəʊ'mæntɪk] romantisch
romanticism [rəʊ'mæntɪsɪzm] *oft* **Romanticism** *Kunst, Literatur usw.:* Romantik
Romany ['rɒmənɪ] ① *Person:* Roma ② *Sprache:* Romani
Rome [rəʊm] Rom
romp [rɒmp] *auch* **romp about** (*oder* **around**) (*Kinder usw.*) herumtollen
★**roof** [ruːf] *pl:* **roofs** ① Dach; **have no roof over one's head** kein Dach über dem Kopf haben; **live under the same roof** unter einem Dach leben (**as mit**) ② **go through the roof** *umg; Person:* an die Decke gehen, *Kosten usw.:* ins Unermessliche steigen
roofer ['ruːfə] Dachdecker(in)
roof garden ['ruːfˌgɑːdn] Dachgarten
roof rack ['ruːf_ræk] Dachgepäckträger
rooftop ['ruːftɒp] **shout something from the rooftops** *übertragen* etwas an die große Glocke hängen
rook [rʊk] *Schach:* Turm
★**room¹** [ruːm] ① Raum, Zimmer ② Platz, Raum; **make room for someone** jemandem Platz machen ③ *übertragen* Spielraum
★**room²** [ruːm] **he's rooming with me** *US* wir wohnen zusammen
roomer ['ruːmə] *US* Untermieter(in); → lodger
roommate ['ruːm_meɪt] Zimmergenosse, Zimmergenossin
room service ['ruːmˌsɜːvɪs] *in Hotel:* Zimmerservice
room temperature ['ruːmˌtemprətʃə] Zimmertemperatur
roomy ['ruːmɪ] geräumig
rooster ['ruːstə] *bes. US; Tier:* Hahn
★**root¹** [ruːt] *allg.:* Wurzel (*auch übertragen*); **get to the root of something** *übertragen* einer Sache auf den Grund gehen; **have its roots in** *übertragen* seinen Ursprung haben in
★**root²** [ruːt] ① Wurzeln schlagen (*auch übertragen*) ② *auch* **root about** (*oder* **around**) herumwühlen (**among in**)

PHRASAL VERBS

root for ['ruːt_fɔː] *umg* **root for someone**

Sport: jemanden anfeuern

root out [ˌruːtˈaʊt] **1** übertragen (mit der Wurzel) ausrotten (*Übel*) **2** aufstöbern

rooted [ˈruːtɪd] **1 rooted in** verwurzelt in, eingewurzelt in **2 stand rooted to the spot** wie angewurzelt dastehen

★ **rope¹** [rəʊp] **1** Seil, *Schiff*: Tau; **jump rope** *US* seilhüpfen **2** *US* Lasso; → **ropes**

rope² [rəʊp] **1** festbinden (**to** an) **2** *US* mit dem Lasso fangen (*Tier*)

rope ladder [ˌrəʊpˈlædə] Strickleiter

ropes [rəʊps] *pl* **1** (≈ *Boxring*) Seile **2 know the ropes** *umg* sich auskennen; **show someone the ropes** *umg* jemanden einweihen

rosary [ˈrəʊzəri] *kirchlich*: Rosenkranz

rose¹ [rəʊz] 2. Form von → **rise¹**

★ **rose²** [rəʊz] *Pflanze*: Rose

rose³ [rəʊz] rosarot, rosenrot

rose-coloured, *US* **rose-colored** [ˈrəʊzˌkʌləd] **1** rosarot, rosenrot **2 see everything through rose-coloured spectacles** (*US* **glasses**) übertragen alles durch eine rosarote Brille sehen

roster [ˈrɒstə] Dienstplan

rosy [ˈrəʊzi] rosig (*auch übertragen*)

rot [rɒt], **rotted, rotted 1** *auch* **rot away** verfaulen, (*bes. Holz*) verrotten **2** verfaulen (*oder* verrotten) lassen

rotate [rəʊˈteɪt] **1** sich drehen **2** rotieren lassen, drehen **3** im Wechsel anbauen (*Feldfrüchte*) **4** sich (turnusmäßig) abwechseln

rotation [rəʊˈteɪʃn] Rotation, Drehung; **in rotation** im Turnus; **crop rotation** Fruchtwechsel

rotor [ˈrəʊtə] *Technik*: Rotor

rotten [ˈrɒtn] **1** verfault, faul **2** *bes. Holz*: verrottet, morsch **3** *umg* miserabel; **feel rotten** sich mies fühlen (*auch übertragen*)

rouge [ruːʒ] Rouge

★ **rough¹** [rʌf] **1** *Straße usw.*: uneben, *Haut, Stimme usw.*: rau **2** *Meer, Wetter usw.*: stürmisch **3** *Person usw.*: grob, *Sport*: hart; **be rough with** grob umgehen mit **4** *Manuskript, Entwurf usw.*: roh, Roh...; **rough sketch** Faustskizze **5** übertragen grob, ungefähr; **at a rough guess** grob geschätzt; **I have a rough idea** ich kann mir ungefähr vorstellen **6 feel rough** *Br, umg* sich mies fühlen

rough² [rʌf] **take the rough with the smooth** die Dinge nehmen, wie sie kommen

rough³ [rʌf] **rough it** *umg* primitiv leben

rough⁴ [rʌf] **1 sleep rough** im Freien übernachten **2 play (it) rough** *Sport*: (über)hart spielen

roughage [ˈrʌfɪdʒ] *in der Nahrung*: Ballaststoffe

roughcast [ˈrʌfkɑːst] Rauputz

roughen [ˈrʌfn] rau machen

roughly [ˈrʌfli] **1** grob (*auch übertragen*) **2** übertragen ungefähr; **roughly speaking** grob geschätzt, über den Daumen gepeilt

★ **round¹** [raʊnd] **1** *allg.*: rund **2** *Körper*: rundlich **3** (≈ *voll, ganz*) rund **4 in round figures** rund (gerechnet)

★ **round²** [raʊnd] *bes. Br* **1** *allg.*: herum, umher; **I'll show you round** ich führ dich herum; **all round** ringsherum **2 all (the) year round** das ganze Jahr über **3 round about** *umg* ungefähr **4 come round** (bei jemandem) vorbeikommen

★ **round³** [raʊnd] *bes. Br* **1** (rund) um, um (... herum); **trip round the world** Weltreise; **do you live round here?** wohnen Sie hier in der Gegend?; **round the corner** um die Ecke; **show someone round the house** jemandem das Haus zeigen **2 the other way round** umgekehrt **3** etwa; **somewhere round £100** so um die 100 Pfund

★ **round⁴** [raʊnd] **1** *Boxen, Verhandlungen usw.*: Runde **2** Rundgang, Runde; **do** (*oder* **be out on**) **one's rounds** seine Runde machen, *Arzt*: Hausbesuche machen **3** Lage, Runde (*Bier usw.*); **it's my round** die Runde geht auf mich **4** *Musik*: Kanon

PHRASAL VERBS

round down [ˌraʊndˈdaʊn] abrunden (*Preis usw.*) (**to** auf)

round off [ˌraʊndˈɒf] **1** beschließen (*Mahlzeit usw.*) (**with** mit) **2** aufrunden, abrunden (*Preis usw.*) (**to** auf)

round up [ˌraʊndˈʌp] **1** zusammentreiben (*Vieh*) **2** *umg* hochnehmen (*Verbrecher*) **3** zusammentrommeln, auftreiben **4** aufrunden (*Preis*) (**to** auf)

roundabout [ˈraʊndəbaʊt] **1** *Br* Kreisverkehr **2** *Br* Karussell, Ⓐ Ringelspiel; **go on the roundabout** Karussell fahren

round-table conference [ˈraʊndˌteɪblˈkɒnfrəns] Round-Table-Konferenz, Konferenz am runden Tisch

round-the-clock [ˌraʊndðəˈklɒk] 24-stündig, rund um die Uhr

round trip [ˌraʊndˈtrɪp] *US* Hin- und Rückfahrt, *Flug*: Hin- und Rückflug

★ **round-trip ticket** [ˌraʊndˈtrɪpˌtɪkɪt] *US*

Rückfahrkarte, *Flug:* Rückflugticket
rouse [raʊz] **1** wecken (**from, out of** aus) **2** übertragen aufrütteln (**from, out of** aus)
★**route** [ruːt, *US* raʊt] **1** Route, Strecke; **route planner** Routenplaner **2** *Verkehrsmittel:* Linie; **bus route** Buslinie
router [ˈruːtə, *US* ˈraʊtə] *Computer:* Router
routine [ˌruːˈtiːn] **1** Routine, Gewohnheit **2** *Computer:* Routine
★**row**[1] [rəʊ] **1** Reihe **2** **four** *usw.* **times in a row** viermal *usw.* nacheinander (*oder* hintereinander)
★**row**[2] [rəʊ] rudern
★**row**[3] [⚠ raʊ] *Br, umg* **1** Krach, Krawall; **kick up** (*oder* **make**) **a row** Krach schlagen **2** Streit, Krach
★**row**[4] [⚠ raʊ] *Br, umg* (sich) streiten (**with** mit; **about** über)
rowboat [ˈrəʊbəʊt] *US* Ruderboot
rowdy [ˈraʊdɪ] rowdyhaft, laut; **rowdy teenagers** jugendliche Rowdys
row house [ˈrəʊ ˌhaʊs] *US* Reihenhaus
rowing boat [ˈrəʊɪŋ ˌbəʊt] *Br* Ruderboot
★**royal**[1] [ˈrɔɪəl] königlich, Königs...; **Her Royal Highness** Ihre Königliche Hoheit; **royal blue** *Farbe:* königsblau
★**royal**[2] [ˈrɔɪəl] *umg* Mitglied des Königshauses
royalty [ˈrɔɪəltɪ] **1** Mitglied(er) der königlichen Familie **2** *mst.* **royalties** Tantieme (**on** auf)
★**rub** [rʌb], **rubbed, rubbed** reiben, wischen, scheuern (**against, on** an); **rub dry** trocken reiben; **rub one's hands** (**together**) sich die Hände reiben (**with** vor)

---PHRASAL VERBS---

rub down [ˌrʌbˈdaʊn] abreiben (*Körper*)
rub in [ˌrʌbˈɪn] **1** einreiben **2** **rub it in** *umg* darauf herumreiten
rub off [ˌrʌbˈɒf] **1** abreiben **2** (*Farbe, Schmutz usw.*) abgehen; **rub off on**(**to**) übertragen abfärben auf
rub out [ˌrʌbˈaʊt] **1** *Br* ausradieren **2** *US* (≈ *töten*) auslöschen

---

★**rubber** [ˈrʌbə] **1** Gummi **2** *Br* Radiergummi **3** *bes. US, umg* Kondom
rubber band [ˌrʌbəˈbænd] Gummiband
rubber boot [ˌrʌbəˈbuːt] Gummistiefel
rubber dinghy [ˌrʌbəˈdɪŋɪ] Schlauchboot
rubber duck [ˌrʌbəˈdʌk] Gummiente
rubber gloves [ˌrʌbəˈɡlʌvz] *pl* Gummihandschuhe
rubberneck [ˈrʌbənek] *umg* gaffen
rubber plant [ˈrʌbə ˌplɑːnt] Gummibaum

rubber stamp [ˌrʌbəˈstæmp] Stempel
rubbish [ˈrʌbɪʃ] *Br* **1** Abfall, Abfälle, Müll; **rubbish bin** Mülleimer; **rubbish dump** (*oder* **tip**) Müllabladeplatz; **rubbish chute** Müllschlucker **2** übertragen Blödsinn, Quatsch, *bes.* Ⓐ Schmarr(e)n
rubble [ˈrʌbl] Schutt, Trümmer
ruby [ˈruːbɪ] Rubin
rucksack [ˈrʌksæk] *Br* Rucksack
rudder [ˈrʌdə] *Flugzeug, Schiff:* Ruder
ruddy [ˈrʌdɪ] **1** *Gesichtsfarbe:* frisch, gesund, *Backen:* rot **2** *Br, umg* verdammt
★**rude** [ruːd] **1** *Person:* unhöflich, grob, frech **2** *Witz usw.:* unanständig **3** *Schock usw.:* bös; **a rude awakening** ein böses Erwachen
rudimentary [ˌruːdɪˈmentərɪ] **1** *Kenntnisse usw.:* elementar, Anfangs... **2** *Ausstattung, Einrichtung usw.:* primitiv **3** *Biologie:* rudimentär (*auch* übertragen)
rudiments [ˈruːdɪmənts] *pl* Grundlagen
ruffle[1] [ˈrʌfl] **1** kräuseln (*Wasser*), zerzausen (*Haar*) **2** aus der Fassung bringen (*Person*)
ruffle[2] [ˈrʌfl] *an Kleidung usw.:* Rüsche
rug [rʌɡ] **1** (≈ *Teppich*) Brücke, Vorleger **2** *Br* dicke Wolldecke **3** **pull the rug** (**out**) **from under someone** übertragen jemandem den Boden unter den Füßen wegziehen
rugby [ˈrʌɡbɪ] *Sport:* Rugby
rugged [⚠ ˈrʌɡɪd] **1** *Landschaft usw.:* rau, felsig **2** *Felsen usw.:* zerklüftet **3** *Gerät usw.:* robust, stabil
★**ruin**[1] [ˈruːɪn] **1** Ruin, Ende (*von Hoffnungen usw.*) **2** Verfall; **fall into ruin** verfallen **3** *auch* **ruins** Ruine, Überreste **4** **be** (*oder* **lie**) **in ruins** in Trümmern liegen, übertragen zerstört (*oder* ruiniert) sein
★**ruin**[2] [ˈruːɪn] **1** zerstören (*Gebäude, Hoffnungen, Leben usw.*); **ruined castle** Burgruine **2** ruinieren (*Menschen, Kleidung, Gesundheit usw.*); **ruin one's eyes** sich die Augen verderben
★**rule**[1] [ruːl] **1** Regel, Vorschrift; **against the rules** regelwidrig, verboten **2** (≈ *Gewohnheit*) Regel; **as a rule** in der Regel; **he makes it a rule to get up early** er hat es sich zur Regel gemacht, früh aufzustehen **3** *politisch:* Herrschaft
★**rule**[2] [ruːl] **1** herrschen (**over** über) **2** herrschen über; **be ruled by** übertragen sich leiten lassen von, beherrscht werden von **3** (*bes. Gericht*) entscheiden (**against** gegen; **in favour of** für; **on** in; **that** dass)

PHRASAL VERBS

rule out [ˌruːlˈaʊt] **1** ausschließen (*Fehler usw.*) **2** unmöglich machen

★**ruler** [ˈruːlə] **1** Herrscher(in) **2** Lineal

rum [rʌm] Rum

Rumanian¹ [ruːˈmeɪnɪən] rumänisch

Rumanian² [ruːˈmeɪnɪən] *Sprache:* Rumänisch

Rumanian³ [ruːˈmeɪnɪən] Rumäne, Rumänin

rumble [ˈrʌmbl] **1** (*Donner*) grollen, (*Fahrzeug*) rumpeln **2** (*Magen*) knurren

rummage¹ [ˈrʌmɪdʒ] *auch* **rummage about** (*oder* **around**) herumstöbern, herumwühlen (**among, in, through** in)

rummage² [ˈrʌmɪdʒ] *US* Trödel, Ramsch; **rummage sale** Wohltätigkeitsbasar

rummy [ˈrʌmɪ] *Kartenspiel:* Rommé, Rommee

rumour, *US* **rumor** [ˈruːmə] Gerücht(e); **rumour has it that ...** es geht das Gerücht, dass ...

rumoured, *US* **rumored** [ˈruːməd] **it's rumoured that ...** es geht das Gerücht, dass ...

rumple [ˈrʌmpl] zerknittern, zerzausen

★**run¹** [rʌn], **ran** [ræn], **run** [rʌn]; -ing-Form **running** **1** laufen (*auch Sport*), rennen **2** *Sport:* laufen (*Rennen, Strecke*) **3** (*Fahrzeug*) fahren **4** (*Bus, Zug usw.*) verkehren, fahren **5** **run someone** (*oder* **something**) (**home**) jemanden (*oder* etwas) (nach Hause) fahren (*oder* bringen) **6** (*Wasser usw.*) fließen, laufen; **tears were running down her face** Tränen liefen ihr übers Gesicht; **his nose was running** ihm lief die Nase **7** laufen lassen (*Wasser usw.*); **run a bath** ein Bad einlaufen lassen **8** (*Butter, Farbe usw.*) zerfließen, zerlaufen **9** (*Maschine usw.*) laufen (*auch übertragen*); **with the engine running** mit laufendem Motor **10** *Technik:* laufen lassen (*Maschine usw.*) **11** benutzen (*Software*) **12** laden (*Programm*) **13** führen (*Geschäft*), leiten (*Hotel usw.*) **14** **this company runs a bus service** diese Firma unterhält einen Busdienst; **I can't afford to run a car** ich kann es mir nicht leisten, ein Auto zu unterhalten; **this car is cheap to run** dieses Auto ist billig im Unterhalt **15** durchführen (*Test*) **16** (*Straße usw.*) laufen, verlaufen **17** (*Bestimmung usw.*) gelten, laufen (**for two years** zwei Jahre) **18** **the project is running late/to schedule** das Projekt hat sich verzögert/geht ganz nach Plan voran **19** (*Theaterstück usw.*) laufen (**for six months** ein halbes Jahr lang) **1** **run low** (*oder* **short**) (*Vorräte usw.*) knapp werden **1** kandidieren (**für eine Wahl**) **1** (*Vers usw.*) gehen, lauten **1** (*Zeitung usw.*) abdrucken, bringen (*Artikel usw.*) **1** **run drugs across the border** Drogen über die Grenze schmuggeln **1** **it runs in the family** übertragen das liegt in der Familie **1** **run a temperature** Fieber haben

PHRASAL VERBS

run across [ˌrʌnəˈkrɒs] **1** hinüberlaufen **2** **run across someone** jemanden zufällig treffen **3** (≈ *finden*) stoßen auf

run after [ˌrʌnˈɑːftə] nachlaufen, hinterherlaufen (*auch übertragen*)

run against [ˌrʌnəˈɡenst] **1** sich stoßen an (*Kopf usw.*) **2** *politisch:* kandidieren gegen

run along [ˌrʌnəˈlɒŋ] **run along!** ab mit dir!

run around [ˌrʌnəˈraʊnd] **1** herumlaufen **2** sich herumtreiben (**with** mit)

run away [ˌrʌnəˈweɪ] davonlaufen (**from** vor) (*auch übertragen*); **run away from home** von zu Hause ausreißen

run away with [ˌrʌnəˈweɪ ˌwɪð] **1** durchbrennen mit (*Geld usw.*) **2** (*Fantasie usw.*) durchgehen mit **3** **don't run away with the idea that ...** glaube bloß nicht, dass ...

run back [ˌrʌnˈbæk] **1** zurücklaufen **2** zurückspulen (*Band, Film*)

run down [ˌrʌnˈdaʊn] **1** anfahren, 'umfahren (*mit Auto*) **2** (*Uhr*) ablaufen, (*Batterie*) leer werden **3** schlechtmachen; → **run-down**

run for [ˈrʌn ˌfɔː] **1** **run for it!** lauf, was du kannst!; **run for one's life** um sein Leben laufen **2** *politisch:* kandidieren für

run in [ˌrʌnˈɪn] **1** einfahren (*Wagen usw.*) **2** *umg* hoppnehmen (*Verbrecher usw.*)

run into [ˈrʌnˌɪntʊ] **1** laufen (*bzw.* fahren) gegen **2** zufällig treffen (*Person*) **3** *übertragen* geraten in (*Schwierigkeiten*); **run into debt** Schulden machen **4** *Kosten usw.:* sich belaufen auf, gehen in

run off with [ˌrʌnˈɒf ˌwɪð] durchbrennen mit

run on 1 [ˈrʌn ˌɒn] *Technik:* fahren mit; **run on electricity** (*Motor usw.*): elektrisch betrieben werden; **run on diesel** mit Diesel fahren; **the radio runs on batteries** das Radio läuft auf Batterie **2** [ˌrʌnˈɒn] (*Veranstaltung usw.*) sich hinziehen (**until** bis)

run out [ˌrʌnˈaʊt] **1** hinausrennen **2** (*Vorräte usw.*) zu Ende gehen; **I've run out of money** mir ist das Geld ausgegangen **3** (*Vertrag, Zeit usw.*) ablaufen

★**run over** [ˌrʌnˈəʊvə] **1** überfahren (*mit dem Auto*) **2** (*Wasser, Gefäß usw.*) überlaufen

run through [ˌrʌnˈθruː] **1** durchspielen (*Szene usw.*) **2** durchgehen (*Notizen usw.*)

run up [ˌrʌn'ʌp] **run up debts** Schulden machen
run up against [ˌrʌn'ʌp_əˌgenst] stoßen auf (*starken Widerstand usw.*)

---

run² [rʌn] **1** Lauf (*auch Sport*); **at a run** im Laufschritt **2** Fahrt; **go for a run in the car** eine Spazierfahrt machen **3** *Theaterstück usw.:* Laufzeit **4** Reihe, Serie; **run of good luck** Glückssträhne; **run of bad luck** Pechsträhne **5** Ansturm, *Wirtschaft auch:* Run (**on** auf) **6** **have the run of something** etwas uneingeschränkt benutzen dürfen **7** *US* Laufmasche **8** **in the 'long run** übertragen auf (die) Dauer, auf lange Sicht; **in the 'short run** übertragen zunächst, auf kurze Sicht **9** **on the run** auf der Flucht (**from the police** vor der Polizei); → **runs**
runabout ['rʌnəbaʊt] *umg* Kleinwagen
runaway ['rʌnəweɪ] Ausreißer(in)
run-down [ˌrʌn'daʊn] **1** *Gebäude usw.:* heruntergekommen **2** *Person:* abgespannt
rung¹ [rʌŋ] *3. Form von* → **ring²**
rung² [rʌŋ] Sprosse (*einer Leiter*)
runner ['rʌnə] **1** *Sport:* Läufer(in) **2** ...schmuggler(in); **gun-runner** Waffenschmuggler **3** Kufe (*von Schlitten*)
runner-up [ˌrʌnər'ʌp] *pl:* **runners-up** [ˌrʌnəz'ʌp] im Rennen: Zweite(r)
running¹ ['rʌnɪŋ] **1** Laufen, Rennen; **he's still in the running** übertragen er liegt noch gut im Rennen (**for** um); **be out of the running** übertragen aus dem Rennen sein (**for** um) **2** Führung, Leitung
running² ['rʌnɪŋ] **1** *Wasser:* fließend **2** **four times** (*bzw.* **for three days**) **running** viermal (*bzw.* drei Tage) hintereinander (*oder* nacheinander) **3** *Sport:* Lauf...; **running shoes** *pl* Laufschuhe
runny ['rʌnɪ] **1** *Butter usw.:* weich, flüssig **2** *Nase:* laufend, *Augen:* tränend
runs [rʌnz] **have the runs**, *umg* den flotten Otto haben
runway ['rʌnweɪ] *Flugzeug:* Start- und Landebahn, Rollbahn
rupture¹ ['rʌptʃə] **1** *Medizin; von Organen, Adern:* Bruch, Riss **2** übertragen Bruch, Abbruch (*von Beziehungen usw.*)
rupture² ['rʌptʃə] **1** (*Leitung usw.*) zerspringen, zerreißen, platzen **2** *Medizin:* **rupture oneself** sich einen Bruch heben; **rupture a muscle** sich einen Muskelriss zuziehen
rural ['rʊərəl] ländlich
★**rush¹** [rʌʃ] **1** hasten, hetzen **2** **rush someone to hospital** jemanden auf dem schnellsten Weg ins Krankenhaus bringen **3** schnell erledigen; **don't rush it** lass dir Zeit dabei **4** **be rushed (off one's feet)** auf Trab sein

PHRASAL VERBS

rush at ['rʌʃ_ət] sich stürzen auf
rush into [ˌrʌʃ'ɪntʊ] **rush into something** übertragen sich in etwas stürzen, etwas überstürzen

---

rush² [rʌʃ] **1** Ansturm (**for** auf, nach); **there was a rush for the door** alles drängte zur Tür **2** Hast, Hetze; **what's (all) the rush?** wozu diese Hast?
★**rush hour** ['rʌʃ_aʊə] Hauptverkehrszeit, Stoßzeit; **rush hour traffic** Berufsverkehr
★**Russia** ['rʌʃə] Russland
★**Russian¹** ['rʌʃn] russisch
★**Russian²** ['rʌʃn] *Sprache:* Russisch
★**Russian³** ['rʌʃn] Russe, Russin
★**rust¹** [rʌst] Rost
★**rust²** [rʌst] rosten, verrosten
rustic ['rʌstɪk] ländlich, bäuerlich, rustikal
rustle [⚠ 'rʌsl] **1** (*Papier usw.*) rascheln, knistern **2** rascheln mit, knistern mit

PHRASAL VERBS

rustle up [⚠ ˌrʌsl'ʌp] *umg* **1** auftreiben (*Geld, Hilfe usw.*) **2** **rustle up a meal** (schnell) etwas zu essen zaubern

---

rustproof ['rʌstpruːf] rostfrei, nicht rostend
rusty ['rʌstɪ] **1** *Metall usw.:* rostig; **get rusty** verrosten **2** *Kenntnisse usw.:* eingerostet; **my French is a bit rusty** mein Französisch ist etwas eingerostet
rut [rʌt] **get into a rut** übertragen in einen Trott verfallen
ruthless ['ruːθləs] **1** unbarmherzig, rücksichtslos **2** hart (*bei Entscheidungen usw.*)
RV [ˌɑː'viː] (*abk für* recreational vehicle) *US* Wohnmobil, Caravan
rye [raɪ] Roggen
rye bread ['raɪ_bred] Roggenbrot

S

Sabbath ['sæbəθ] *Religion*: Sabbath
sabbatical [sə'bætɪkl] **1** *in Firma*: Sabbatjahr **2** *Universität*: Forschungsjahr
sabotage¹ ['sæbətɑːʒ] Sabotage
sabotage² ['sæbətɑːʒ] sabotieren
sack¹ [sæk] **1** Sack **2 give someone the sack** *Br, umg* (≈ *entlassen*) jemanden rausschmeißen; **get the sack** *Br, umg* rausgeschmissen werden **3 hit the sack** *umg* (≈ *schlafen gehen*) sich aufs Ohr (*oder* in die Falle) hauen
sack² [sæk] **sack someone** *Br, umg* (≈ *entlassen*) jemanden rausschmeißen
sackrace ['sækreɪs] Sackhüpfen
sack truck ['sæk ˌtrʌk] Sackkarre
sacrament ['sækrəmənt] *kirchlich*: Sakrament
sacred ['seɪkrɪd] **1** *Musik usw.*: geistlich, sakral **2** heilig (**to someone** jemandem)
sacrifice¹ ['sækrɪfaɪs] Opfer (*auch übertragen*)
sacrifice² ['sækrɪfaɪs] opfern (**to someone** *oder* **something** jemandem *oder* einer Sache)
sacrilege ['sækrəlɪdʒ] *allg.*: Frevel, Sakrileg
★**sad** [sæd], sadder, saddest **1** *allg.*: traurig **2** *Verlust*: schmerzlich **3** *Irrtum usw.*: bedauerlich; **sad to say** bedauerlicherweise, leider
sadden ['sædn] traurig machen, betrüben
★**saddle¹** ['sædl] **1** (Reit)Sattel **2** *von Fahrrad*: (Fahrrad)Sattel
★**saddle²** ['sædl] satteln (*Pferd*)
sadism ['seɪdɪzm] Sadismus
sadist ['seɪdɪst] Sadist(in)
sadistic [sə'dɪstɪk] sadistisch
sadly ['sædlɪ] **1** traurig **2** bedauerlicherweise, leider
★**sadness** ['sædnəs] Traurigkeit
SAE [ˌeseɪ'iː] **1** (*abk für* **stamped addressed envelope**) frankierter Rückumschlag **2** (*abk für* **self addressed envelope**) adressierter Rückumschlag
safari [sə'fɑːrɪ] Safari
safari park [sə'fɑːrɪ ˌpɑːk] Safaripark
★**safe¹** [seɪf] **1** (≈ *außer Gefahr*) sicher, in Sicherheit (**from** vor); **be safe** in Sicherheit sein **2** unverletzt **3** ungefährlich, sicher; **not safe** gefährlich **4 keep something in a safe place** etwas an einem sicheren Ort aufbewahren **5** *Arbeitsplatz usw.*: sicher **6 it's safe to say** man kann mit Sicherheit sagen **7 to be on the 'safe side** um ganz sicher zu gehen

★**safe²** [seɪf] Safe, Tresor, Geldschrank
safe-deposit box ['seɪfdɪˌpɒzɪt ˌbɒks] Bankschließfach, *in Hotel usw.*: Tresorfach
safeguard¹ ['seɪfgɑːd] Schutz (**against** gegen, vor)
safeguard² ['seɪfgɑːd] schützen (**against, from** gegen, vor)
safely ['seɪflɪ] **1** wohlbehalten; **he arrived safely** er ist gut angekommen; **we were all safely inside** wir waren alle sicher drinnen; **I think I can safely say ...** ich glaube, ich kann ruhig sagen ...; **the election is now safely out of the way** die Wahlen haben wir jetzt zum Glück hinter uns; **put something away safely** etwas an einem sicheren Ort verwahren **2** (≈ *ohne Risiko*) gefahrlos, ungefährlich
★**safety** ['seɪftɪ] Sicherheit; **safety at work** Arbeitssicherheit; **for his (own) safety** zu seiner (eigenen) Sicherheit
safety belt ['seɪftɪ ˌbelt] Sicherheitsgurt; → **seat belt**
safety-conscious ['seɪftɪˌkɒnʃəs] sicherheitsbewusst
safety curtain ['seɪftɪˌkɜːtn] *im Theater*: eiserner Vorhang
safety glass ['seɪftɪ ˌglɑːs] Sicherheitsglas
safety goggles ['seɪftɪˌgɒglz] *pl* Schutzbrille
safety helmet ['seɪftɪˌhelmɪt] *Br* Schutzhelm
safety island ['seɪftɪˌaɪlənd] *US* Verkehrsinsel
safety lock ['seɪftɪ ˌlɒk] Sicherheitsschloss
safety measure ['seɪftɪˌmeʒə] Sicherheitsmaßnahme
safety net ['seɪftɪ ˌnet] **1** *im Zirkus usw.*: Fangnetz **2** *übertragen* Sicherheitsnetz
safety pin ['seɪftɪ ˌpɪn] Sicherheitsnadel
safety precaution ['seɪftɪ prɪˌkɔːʃn] Sicherheitsvorkehrung
safety regulation ['seɪftɪ ˌregjəˌleɪʃn] Sicherheitsbestimmung
safety shoe ['seɪftɪ ˌʃuː] Sicherheitsschuh
sag [sæg], sagged, sagged **1** (*Dach usw.*) sich senken **2** (*Ärmel usw.*) (herab)hängen **3** *übertragen* sinken, (*Interesse usw.*) nachlassen
Sagittarius [ˌsædʒɪ'teərɪəs] *Sternzeichen*: Schütze
said [sed] *2. und 3. Form von* → **say¹**
★**sail¹** [seɪl] **1** Segel; **set sail** *Schiff*: auslaufen (**for** nach) **2** *Unternehmung*: Segelfahrt
★**sail²** [seɪl] **1** (*Schiff*) fahren, segeln (*auch übertragen*); **go sailing** segeln gehen **2** durchsegeln, befahren (*Meer usw.*) **3** segeln (*Boot*), steuern (*Schiff*) **4** (*Schiff*) auslaufen (**for** nach) **5** gleiten; **she sailed into the room** sie

schwebte ins Zimmer; **sail through an examination** eine Prüfung spielend schaffen (⚠ *nicht* **durchsegeln**)

sailboat ['seɪlbaʊt] *US* Segelboot

sailing ['seɪlɪŋ] Segeln, Segelsport

sailing boat ['seɪlɪŋ͜baʊt] *Br* Segelboot

sailing ship ['seɪlɪŋ͜ʃɪp] Segelschiff

★**sailor** ['seɪlə] Seemann, Matrose

saint [seɪnt] **1** Heilige(r) **2** (⚠ *vor Eigennamen* **Saint**, *abk* **St** [snt]) **St Andrew** der heilige Andreas

sake [seɪk] **for the sake of** um … willen, … zuliebe; **for your sake** dir zuliebe, deinetwegen; **for God's (goodness, heaven's) sake!** *umg* um Gottes willen!

★**salad** ['sæləd] Salat (⚠ *Kopfsalat* = **lettuce**)

salad bowl ['sæləd͜baʊl] Salatschüssel

salad cream ['sæləd͜kriːm] Salatmajonäse

salad dressing ['sæləd͜dresɪŋ] Salatsoße

★**salami** [sə'lɑːmɪ] Salami

salaried ['sælərɪd] **salaried employee** Gehaltsempfänger(in), Angestellte(r)

★**salary** ['sælərɪ] (≈ *Verdienst*) Gehalt, Ⓐ, ⒸⒽ Salär; **what is his salary?** wie hoch ist sein Gehalt?; **salary increase** Gehaltserhöhung

★**sale** [seɪl] **1** Verkauf; **for sale** zu verkaufen; **not for sale** unverkäuflich; **be on sale** (*Ware*) verkauft werden, erhältlich sein, *auch*: reduziert sein; **put up for sale** zum Verkauf anbieten; **be up for sale** zum Verkauf stehen; **sales** *pl* der Absatz **2** *im Laden*: Schlussverkauf; **in the sale**, *US* **on sale** im (Sonder)Angebot **3** Auktion, Versteigerung

saleable ['seɪləbl] verkäuflich (*Waren*)

sales assistant ['seɪlz͜əˌsɪstənt] *Br* Verkäufer(in)

★**sales clerk** ['seɪlz͜klɜːk] *US* Verkäufer(in); → **sales assistant** *Br*

sales conference ['seɪlzˌkɒnfrəns] Vertretertagung

sales department ['seɪlz͜dɪˌpɑːtmənt] Verkaufsabteilung

sales figures ['seɪlzˌfɪɡəz] *pl* Verkaufszahlen

salesgirl ['seɪlzɡɜːl] *oft abwertend* (Laden)Verkäuferin

salesman ['seɪlzmən] *pl*: **salesmen** ['seɪlzmən] **1** Verkäufer **2** (Handels)Vertreter

salesperson ['seɪlzˌpɜːsn] Verkäufer(in)

sales receipt ['seɪlz͜rɪˌsiːt] Kassenbon

sales rep ['seɪlz͜rep], **sales representative** ['seɪlz͜reprɪˌzentətɪv] Handelsvertreter(in)

sales slip ['seɪlz͜slɪp] *US* Kassenbeleg

sales tax ['seɪlz͜tæks] *US* Mehrwertsteuer; → VAT *Br*

saleswoman ['seɪlzˌwʊmən] *pl*: **saleswomen** ['seɪlzwɪmɪn] **1** Verkäuferin **2** (Handels)Vertreterin

saliva [⚠ sə'laɪvə] Speichel

★**salmon** [⚠ 'sæmən] Lachs

salmonella [ˌsælmə'nelə] *sg* Medizin: Salmonellen *pl*; **salmonella poisoning** Salmonellenvergiftung, Salmonellose

salon [⚠ 'sælɒn] (Friseur)Salon, (Schönheits)Salon

saloon [sə'luːn] **1** *auch* **saloon car** *Br* Limousine **2** *Wilder Westen*: Saloon

★**salt¹** [sɔːlt] **1** Salz **2** **take something with a grain** (*oder* **pinch**) **of salt** übertragen etwas nicht für bare Münze nehmen

★**salt²** [sɔːlt] **1** salzen **2** (mit Salz) streuen (*Straße usw.*)

salt cellar ['sɔːltˌselə] *Br* Salzstreuer

salt-free ['sɔːltfriː] salzlos

salt shaker ['sɔːltˌʃeɪkə] *US* Salzstreuer

★**salty** ['sɔːltɪ] salzig

salutary ['sæljʊtərɪ] *Erfahrung usw.*: heilsam, lehrreich

salutation [ˌsælju'teɪʃn] **1** Begrüßung, Gruß **2** Anrede (*im Brief*)

salute¹ [sə'luːt] **1** *militärisch*: salutieren (vor) **2** (be)grüßen

salute² [sə'luːt] **1** *militärisch*: Ehrenbezeigung **2** *militärisch*: Salut; **a 21-gun salute** 21 Salutschüsse

salvage ['sælvɪdʒ] bergen (**from** aus)

salvation [sæl'veɪʃn] **1** Rettung **2** *kirchlich*: (Seelen)Heil, Erlösung **3** **Salvation Army** Heilsarmee

salvo ['sælvəʊ] *pl*: **salvos** *oder* **salvoes** *militärisch*: Salve (*auch übertragen*)

★**same** [seɪm] **1** **the same** derselbe, dieselbe, dasselbe, der *bzw.* die *bzw.* das Gleiche; **the film of the same name** der gleichnamige Film **2** **amount** (*oder* **come**) **to the same thing** auf dasselbe hinauslaufen **3** **all** (*oder* **just**) **the same** dennoch, trotzdem **4** **it's all the same to me** es ist mir ganz egal **5** **(the) same again** noch mal das Gleiche **6** **same as usual** *umg* so wie immer **7** **we both get paid the same** wir bekommen beide gleich viel Geld

same-sex [ˌseɪm'seks] **same-sex relationship** gleichgeschlechtliche Beziehung; **same-sex marriage** (*oder* **union**) gleichgeschlechtliche Ehe, Homoehe

sample¹ ['sɑːmpl] **1** Muster, Probe (*auch* Urinprobe); **sample bottle** Probefläschchen **2** Kostprobe (**of** Genitiv), übertragen (typisches)

Beispiel (**of** für) **3** *Handel*: Warenprobe
sample² ['sɑːmpl] kosten, probieren
sanatorium [,sænəˈtɔːrɪəm] *pl*: sanatoriums *oder* sanatoria [,sænəˈtɔːrɪə] Sanatorium
sanction ['sæŋkʃn] **1 sanctions** *pl* Sanktionen; **take sanctions against, impose sanctions on** Sanktionen verhängen über **2** Billigung, Zustimmung
sanctuary ['sæŋktʃʊərɪ] **1** Schutzgebiet (*für Tiere*) **2** Zuflucht; **seek sanctuary with** Zuflucht suchen bei
★**sand¹** [sænd] **1** Sand **2 sands** *pl* Sand(fläche), Sandstrand
★**sand²** [sænd] **1** schmirgeln **2** streuen
sandal ['sændl] Sandale
sandbank ['sændbæŋk] Sandbank
sandbox ['sændbɒks] *US* Sandkasten
sandcastle ['sænd,kɑːsl] Sandburg
sand dune ['sænd_djuːn] Sanddüne
sander ['sændə] Sandstrahlgerät
sandpaper ['sænd,peɪpə] Schmirgelpapier
sandpit ['sændpɪt] *Br* Sandkasten
sandstorm ['sændstɔːm] Sandsturm
★**sandwich** [⚠ 'sænwɪdʒ] Sandwich
sandy ['sændɪ] **1** sandig, voller Sand; **sandy beach** Sandstrand **2** *Haar*: rotblond
sane [seɪn] **1** *Person*: geistig gesund, *im rechtlichen Sinn*: zurechnungsfähig **2** *Lösung*: vernünftig
sang [sæŋ] *2. Form von →* sing
sanitarium [,sænəˈteərɪəm] *US →* sanatorium
sanitary ['sænətrɪ] hygienisch, Gesundheits...; **sanitary facilities** *pl* sanitäre Einrichtungen; **sanitary pad** (*Br auch* **sanitary towel**) (Damen)Binde
sanitation [,sænɪˈteɪʃn] **1** Hygiene **2** (≈ *Toiletten usw.*) sanitäre Anlagen
sanity ['sænətɪ] **1** geistige Gesundheit, *im rechtlichen Sinn*: Zurechnungsfähigkeit **2 lose one's sanity** verrückt werden
sank [sæŋk] *2. Form von →* sink¹
Santa ['sæntə], **Santa Claus** ['sæntə_klɔːz] der Weihnachtsmann
sap¹ [sæp] **1** *in Pflanzen*: Saft **2** *umg* Einfaltspinsel, Trottel
sap² [sæp], (sapped, sapped) **1** *körperlich*: schwächen **2** *übertragen* schwächen, untergraben (*Zuversicht, Vertrauen usw.*)
sapphire ['sæfaɪə] Saphir
sarcasm ['sɑːkæzm] Sarkasmus
sarcastic [sɑːˈkæstɪk] sarkastisch
sarcophagus [⚠ sɑːˈkɒfəgəs] *pl*: sarcophagi [⚠ sɑːˈkɒfəgaɪ] *oder* sarcophaguses Sarkophag
sardine [,sɑːˈdiːn] Sardine
SASE [,eseɪesˈiː] *US* (*abk für* self addressed stamped envelope) frankierter Rückumschlag
sash window [,sæʃˈwɪndəʊ] Schiebefenster
sat [sæt] *2. und 3. Form von →* sit
Satan ['seɪtn] Satan
satchel ['sætʃl] (Schul)Ranzen
★**satellite** ['sætəlaɪt] **1** Satellit; **satellite dish** Parabolantenne **2** *auch* **satellite state** Satellit(enstaat) **3** *auch* **satellite town** Satellitenstadt
satellite navigation system [,sætəlaɪt_ˈnævɪˈgeɪʃn,sɪstəm] **1** Satellitennavigationssystem **2** Satellitennavigationsgerät
satellite TV [,sætəlaɪt_tiːˈviː] Satellitenfernsehen
satin ['sætɪn] Satin
satire ['sætaɪə] Satire (**on** auf)
satirical [səˈtɪrɪkl] satirisch
★**satisfaction** [,sætɪsˈfækʃn] **1** Befriedigung, Zufriedenstellung **2 satisfaction (at, with)** Zufriedenheit (mit), Genugtuung (über); **to her** *usw.* **satisfaction** zu ihrer *usw.* Zufriedenheit
★**satisfactory** [,sætɪsˈfæktərɪ] befriedigend, zufriedenstellend
satisfy ['sætɪsfaɪ] **1 satisfy someone** jemanden zufriedenstellen; **be satisfied with** zufrieden sein mit **2** befriedigen (*Bedürfnisse, Neugier usw.*)
satisfying ['sætɪsfaɪɪŋ] **1** befriedigend, erfreulich **2** *Nahrung*: sättigend
sat nav ['sætnæv] *Br, umg* Navi
saturate ['sætʃəreɪt] **1** (durch)tränken (**with** mit); **saturated with** (*oder* **in**) **blood** blutgetränkt **2** *Chemie* sättigen (*auch übertragen*)
saturation [,sætʃəˈreɪʃn] Sättigung; **saturation point** *Chemie*: Sättigungspunkt; **reach saturation point** *übertragen* seinen Sättigungsgrad erreichen
★**Saturday** ['sætədeɪ] Sonnabend, Samstag; **on Saturday** (am) Sonnabend (*oder* Samstag); **on Saturdays** sonnabends, samstags
sauce [sɔːs] Soße (⚠ Bratensoße = **gravy**)
saucepan ['sɔːspən] (Stiel)Topf
★**saucer** ['sɔːsə] Untertasse
saucy ['sɔːsɪ] *bes. Br*; *Bemerkung, Witz usw.*: schlüpfrig, anzüglich
Saudi Arabia [,saʊdɪ_əˈreɪbɪə] Saudi-Arabien
sauerkraut ['saʊəkraʊt] Sauerkraut
sauna ['sɔːnə] Sauna; **have a sauna** in die Sauna gehen
saunter ['sɔːntə] bummeln, schlendern

★**sausage** ['sɒsɪdʒ] Wurst, *zum Frühstück*: Würstchen
savage[1] ['sævɪdʒ] **1** *Tier usw.*: wild **2** *abwertend* unzivilisiert **3** *Rache*: brutal
savage[2] ['sævɪdʒ] *abwertend* Wilde(r)
★**save** [seɪv] **1** retten (**from** vor); **save someone's life** jemandem das Leben retten **2** *auch* **save up** sparen (*Geld*) (**for** für, auf) **3** sparen, einsparen (*Geld, Zeit usw.*) **4** aufheben, aufsparen (**for** für); **save something for someone** jemandem etwas aufheben; **save one's strength** seine Kräfte schonen **5** ersparen; **you can save your excuses** du kannst dir deine Ausreden sparen!; **save someone doing something** es jemandem ersparen, etwas zu tun **6** *Computer*: abspeichern, sichern (*Daten*) **7** **save one's skin** seine Haut retten
★**savings** ['seɪvɪŋz] *pl* Ersparnisse; **savings account** Sparkonto; **savings and loan association** *US* Bausparkasse; **savings bank** Sparkasse
saviour, *US* **savior** ['seɪvjə] **1** Retter(in) **2** **the Saviour** *kirchlich*: der Heiland
savour, *US* **savor** ['seɪvə] genießen; **savour the moment** den Augenblick genießen
savoury, *US* **savory** ['seɪvərɪ] **1** Geschmack, Duft: lecker **2** (≈ *nicht süß*) herzhaft, pikant
saw[1] [sɔː] 2. Form von → **see**
★**saw**[2] [sɔː] Säge
★**saw**[3] [sɔː], sawed, sawn [sɔːn] *oder bes. US* sawed sägen; **saw something in two** etwas entzweisägen
sawdust ['sɔːdʌst] Sägemehl
sawmill ['sɔːmɪl] Sägewerk
sawn [sɔːn] 3. Form von → **saw**[3]
Saxon[1] ['sæksn] sächsisch
Saxon[2] ['sæksn] Sachse, Sächsin
Saxony ['sæksənɪ] Sachsen
Saxony-Anhalt [ˌsæksənɪ'ɑːnhɑːlt] Sachsen-Anhalt
saxophone ['sæksəfəʊn] Saxophon
★**say**[1] [seɪ], said [sed], said [sed] **1** *allg.*: sagen (**to** zu) **2** **I can't say** das kann ich nicht sagen; **he didn't say** er hat's nicht gesagt **3** annehmen; (**let's**) **say this happens** angenommen, das geschieht; **if I save, say, £10 a month** wenn ich, sagen wir mal, 10 Pfund im Monat spare **4** **they say he's very rich, he's said to be very rich** er soll sehr reich sein **5** **say a prayer** beten **6** *Wendungen*: **you can say 'that again!** das kannst du laut sagen!; **you don't say!** was du nicht sagst!; **it goes without saying (that ...)** es versteht sich von selbst(, dass ...); **to say nothing of** ganz zu schweigen von; **that is to say ...** das heißt ...; **that's not to say that ...** das soll nicht bedeuten (*oder* heißen), dass ...; **to say the least** um es milde auszudrücken

★**say**[2] [seɪ] **1** Mitspracherecht (**in** bei) **2** **have one's say** seine Meinung äußern, zu Wort kommen; **he's always got to have his say** er muss immer seinen Senf dazu geben!
saying ['seɪɪŋ] Sprichwort, Redensart; **as the saying goes** wie man (so) sagt
scab [skæb] **1** *Medizin*: Grind, Schorf **2** *Tierkrankheit*: Räude **3** *abwertend* Streikbrecher(in)
scabies ['skeɪbiːz] *Medizin*: Krätze
scaffold ['skæfəʊld] **1** (Bau)Gerüst **2** Schafott
scaffolding ['skæfəʊldɪŋ] (Bau)Gerüst; **put up scaffolding** ein Gerüst aufbauen
scald [skɔːld] **1** **scald oneself** sich verbrühen **2** **scald one's fingers** *usw.* sich die Finger *usw.* verbrühen (**with** mit)
★**scale**[1] [skeɪl] **1** Skala, Gradeinteilung **2** *Technik usw.*: Maßstab; **(drawn/true) to scale** maßstabgerecht **3** **on a large scale** in großem Umfang; **on a national scale** auf nationaler Ebene **4** *Musik*: Skala, Tonleiter **5** Waage
scale[2] [skeɪl] *von Fisch usw.*: Schuppe
★**scales** [skeɪlz] *pl Br, auch* **pair of scales** Waage
scalp [skælp] **1** Kopfhaut **2** *als Trophäe*: Skalp (*auch übertragen*)
scalpel ['skælpl] *Medizin*: Skalpell
scan[1] [skæn], scanned, scanned **1** absuchen (**for** nach) **2** *Radar*: abtasten **3** *Computer*: scannen, einscannen, einlesen (*Grafik, Text*)
scan[2] [skæn] **1** Scan **2** *bei Schwangerschaft*: Ultraschalluntersuchung
scandal ['skændl] **1** Skandal **2** (≈ *Skandalgeschichten*) Klatsch
scandalize ['skændəlaɪz] **he was scandalized** er war empört (*oder* entrüstet) (**by, at** über; **to hear** als er hörte)
scandalmonger ['skændlˌmʌŋgə] Lästermaul, Klatschmaul
scandalous ['skændləs] skandalös
Scandinavia [ˌskændɪ'neɪvɪə] Skandinavien
Scandinavian[1] [ˌskændɪ'neɪvɪən] skandinavisch
Scandinavian[2] [ˌskændɪ'neɪvɪən] Skandinavier(in)
scanner ['skænə] *Computer*: Scanner
scant [skænt] dürftig, *Chance usw.*: gering
scanty ['skæntɪ] dürftig, *Kleidung usw.*: knapp
scar [skɑː] Narbe
★**scarce** [⚠ skeəs] **1** *Ware*: knapp **2** selten **3** **make oneself scarce** *umg* sich aus dem Staub machen

★**scarcely** [⚠ 'skeəslı] kaum, schwerlich
scare¹ [skeə] **scare someone** jemanden erschrecken; **be scared** Angst haben (**of** vor); **be scared stiff** (*oder* **to death**) eine Heidenangst haben

---
PHRASAL VERBS

scare away [ˌskeər_ə'weɪ] verjagen
scare off [ˌskeər'ɒf] **1** verjagen, verscheuchen **2 scare someone off** *übertragen* jemanden abschrecken

---

scare² [skeə] **1** Schreck(en) **2 bomb scare** Bombenalarm
scarecrow ['skeəkrəʊ] Vogelscheuche
scaremonger ['skeəˌmʌŋgə] Panikmacher(in)
scaremongering ['skeəˌmʌŋgərɪŋ] Panikmache
★**scarf** [skɑːf] *pl:* scarfs *oder* scarves [skɑːvz] **1** Schal **2** *Tuch:* Halstuch **3** *auch* **headscarf** Kopftuch
scarlet ['skɑːlət] **1** *Farbe:* scharlachrot **2 he went scarlet** er wurde hochrot
scarlet fever [ˌskɑːlət'fiːvə] *Medizin:* Scharlach
scarves [skɑːvz] *pl von* → scarf
scary ['skeərɪ] *umg; Geschichte usw.:* unheimlich, gruselig
scathing ['skeɪðɪŋ] *Kritik usw.:* scharf, vernichtend
scatter ['skætə] **1** (*Menge*) sich zerstreuen, (*Vögel*) auseinanderstieben **2** zerstreuen (*Menge*), auseinanderscheuchen (*Vögel*) **3** *auch* **scatter about** (*oder* **around**) verstreuen, ausstreuen
scatterbrain ['skætəbreɪn] *umg* Schussel
scatterbrained ['skætəbreɪnd] *umg* schusselig, schusslig
scattered ['skætəd] **scattered showers** vereinzelt Schauer
scavenger ['skævɪndʒə] *Tier:* Aasfresser
scenario [sə'nɑːrɪəʊ] *pl:* scenarios *Film, Theater, TV:* Szenario (*auch übertragen*)
★**scene** [siːn] **1** *allg.:* Szene; **change of scene** Szenenwechsel, *übertragen* Tapetenwechsel **2** *Theater usw.:* Kulisse **3** *Theater, Roman usw.:* Ort der Handlung **4** Schauplatz; **scene of the accident** Unfallort; **be on the scene** zur Stelle sein **5** Szene, Anblick; **scene of destruction** Bild der Zerstörung **6 make a scene** (jemandem) eine Szene machen **7** *umg* ...szene; **drug scene** Drogenszene **8 behind the scenes** hinter den Kulissen **9 come on(to) the scene** auf der Bildfläche erscheinen
★**scenery** ['siːnərɪ] **1** Landschaft, Gegend **2** *Theater:* Bühnenbild, Kulissen

scenic ['siːnɪk] *Landschaft:* malerisch
scent¹ [sent] **1** Duft, Geruch **2** *bes. Br* Parfüm
scent² [sent] wittern (*auch übertragen*)
scepter ['septə] *US* Zepter; → sceptre *Br*
sceptical [⚠ 'skeptɪkl] *Br* skeptisch; **be sceptical about** (*oder* **of**) **something** einer Sache skeptisch gegenüberstehen
sceptre ['septə] *Br* Zepter
★**schedule**¹ ['ʃedjuːl, *US* 'skedʒuːl] **1** Zeitplan, Programm **2** Aufstellung, Verzeichnis **3** *bes. US* Fahrplan, Flugplan **4** *US; Schule:* Stundenplan **5 three months ahead of schedule** drei Monate früher als vorgesehen; **be behind schedule** Verspätung haben, *auch:* im Verzug sein; **on schedule** (fahr)planmäßig, pünktlich
schedule² ['ʃedjuːl, *US* 'skedʒuːl] ansetzen (*Termin*) (**for** auf, für); **scheduled departure** *Flugzeug:* planmäßiger Abflug; **scheduled flight** Linienflug
scheme¹ [skiːm] **1** *Br* (≈ *Plan*) Programm, Projekt **2** *für Klassifizierung:* Schema, System **3** *im negativen Sinn:* (schlauer) Plan, *gegen eine Person:* Intrige
scheme² [skiːm] einen Plan aushecken, *gegen Person:* intrigieren (**against** gegen)
schizophrenia [ˌskɪtsə'friːnɪə] *Medizin:* Schizophrenie, Bewusstseinsspaltung
schizophrenic¹ [ˌskɪtsə'frenɪk] *Medizin:* schizophren (*auch übertragen: Situation usw.*)
schizophrenic² [ˌskɪtsə'frenɪk] *Medizin:* Schizophrene(r)
schmaltz, schmalz [ʃmɔːlts] *umg, abwertend* Schmalz (*bes. Musik*)
schmaltzy ['ʃmɔːltsɪ] *umg, abwertend* schmalzig
schmooze [ʃmuːz] *US, umg* plaudern
schnapps [ʃnæps] Schnaps
schnitzel ['ʃnɪtsl] Wiener Schnitzel
scholar [⚠ 'skɒlə] **1** Gelehrte(r) **2** Schüler(in), Student(in); **she's an excellent scholar** sie ist eine ausgezeichnete Schülerin (*oder* Studentin) **3** Stipendiat(in)
scholarly [⚠ 'skɒləlɪ] **1** *Person:* gelehrt **2** *Zeitschrift usw.:* wissenschaftlich
scholarship [⚠ 'skɒləʃɪp] **1** *an Universität:* Stipendium **2** Gelehrsamkeit
★**school**¹ [skuːl] **1** *allg.:* Schule; **at** (*US* **in**) **school** auf (*oder* in) der Schule; **go to school** zur Schule gehen; **leave school** von der Schule abgehen; **miss school** in der Schule fehlen; **start school** in die Schule kommen; **have the** (*oder* **a**) **day off school** freihaben; **there's no school today** heute ist schulfrei; **school outing** *Br* Schulausflug **2** *US* Hochschule; **go to**

law (bzw. medical) school Jura (bzw. Medizin) studieren ❸ an Universität: Fachbereich, Fakultät, im engeren Sinn: Institut

school² [sku:l] Schwarm (Heringe usw.)

school age ['sku:l ˌeɪdʒ] schulpflichtiges Alter, Schulalter; **be of school age** schulpflichtig sein, im schulpflichtigen Alter sein

school bag ['sku:l ˌbæɡ] Schultasche

schoolbook ['sku:lbʊk] Schulbuch

schoolboy ['sku:lbɔɪ] Schüler

school bus ['sku:l ˌbʌs] Schulbus

schoolchild ['sku:l ˌtʃaɪld] pl: schoolchildren ['sku:l ˌtʃɪldrən] Schulkind

school days ['sku:l ˌdeɪz] pl Schulzeit

school education [ˌsku:l ˌedjəˈkeɪʃn] schulische Ausbildung

school exchange [ˌsku:l ˌɪksˈtʃeɪndʒ] Schüleraustausch; **go on the school exchange (visit) to Germany** beim Schüleraustausch mit Deutschland mitmachen

schoolgirl ['sku:lɡɜ:l] Schülerin

school holiday [ˌsku:lˈhɒlədeɪ] Br Schulferien

school-leaver [ˌsku:lˈli:və] Br Schulabgänger(in)

schoolmate ['sku:lmeɪt] Mitschüler(in)

school report ['sku:l ˌrɪˌpɔ:t] Br Schulzeugnis

schoolteacher ['sku:l ˌti:tʃə] Lehrer(in)

school vacation [ˌsku:lveɪˈkeɪʃn] US Schulferien

schoolyard ['sku:ljɑ:d] Schulhof, Ⓐ Pausenhof

science ['saɪəns] ❶ auch **natural science** Naturwissenschaft(en) ❷ übertragen Kunst, Lehre ❸ **domestic science** Hauswirtschaftslehre

science fiction [ˌsaɪənsˈfɪkʃn] Science-Fiction

science park ['saɪəns ˌpɑ:k] Technologiepark

scientific [ˌsaɪənˈtɪfɪk] ❶ Forschung usw.: (natur)wissenschaftlich ❷ Vorgehensweise: exakt

scientist ['saɪəntɪst] Naturwissenschaftler(in)

sci-fi [ˌsaɪˈfaɪ] umg Science-Fiction

★ **scissors** [⚠'sɪzəz] pl, auch **pair of scissors** Schere; **the scissors are blunt** die Schere ist stumpf

scold [skəʊld] ausschelten (**for** wegen)

scolding ['skəʊldɪŋ] Schelte; **give someone a scolding** jemanden ausschelten

scone [skɒn, skəʊn] kleiner runder Kuchen, der mit Butter bzw. extra dicker Sahne und Marmelade gegessen wird

scoop [sku:p] ❶ Schöpfkelle, Schaufel (für Mehl usw.) ❷ Portionierer (für Eis) ❸ Kugel (Eis) ❹ Presse: Exklusivmeldung

────────── PHRASAL VERBS ──────────

scoop out [ˌsku:pˈaʊt] herausschöpfen, herausschaufeln (**of** aus)

scooter ['sku:tə] ❶ (Kinder)Roller, Ⓐ Trottinett ❷ (Motor)Roller

scope [skəʊp] ❶ Bereich; **be beyond the scope of** den Rahmen (+ Genitiv) sprengen ❷ (Spiel)Raum (**for** für)

scorch [skɔ:tʃ] versengen, verbrennen

scorcher ['skɔ:tʃə] umg glühend heißer Tag

scorching ['skɔ:tʃɪŋ] umg glühend heiß

★ **score¹** [skɔ:] ❶ (Spiel)Stand, (Spiel)Ergebnis; **what's the score?** wie steht's?; **what was the final score?** wie ging das Spiel aus?; **half-time scores** Halbzeitergebnisse ❷ Musik: Partitur, Musik (zu einem Film usw.) ❸ **on that score** in dieser Hinsicht ❹ **have a score to settle with someone** mit jemandem ein Hühnchen zu rupfen haben; **settle old scores** eine alte Rechnung begleichen; → **scores**

★ **score²** [skɔ:] ❶ Sport: einen Treffer erzielen, ein Tor schießen ❷ Sport: erzielen (Treffer), schießen (Tor); **score a goal** ein Tor schießen ❸ Erfolg haben (**with** mit)

scoreboard ['skɔ:bɔ:d] Sport: Anzeigetafel

scorer ['skɔ:rə] Sport: Torschütze, Torschützin

scores [skɔ:z] pl **scores of** viele

scorn [skɔ:n] Verachtung (**for** für)

scornful ['skɔ:nfl] verächtlich

Scorpio ['skɔ:pɪəʊ] Sternzeichen: Skorpion

scorpion ['skɔ:pɪən] Tier: Skorpion

★ **Scot** [skɒt] Schotte, Schottin

Scotch¹ [skɒtʃ] schottisch (Whisky usw.) (⚠ nicht in Bezug auf Personen)

Scotch² [skɒtʃ] (schottischer) Whisky

Scotch tape® [ˌskɒtʃˈteɪp] US, etwa: Tesafilm®, (durchsichtiges) Klebeband

scotch-tape [ˌskɒtʃˈteɪp] US mit Klebeband zusammenkleben

scot-free [ˌskɒtˈfri:] **get off scot-free** ungeschoren davonkommen

★ **Scotland** ['skɒtlənd] Schottland

Scots [skɒts] schottisch; **the Scots** die Schotten

Scotsman ['skɒtsmən] pl: Scotsmen ['skɒtsmən] Schotte

Scotswoman ['skɒtsˌwʊmən] pl: Scotswomen ['skɒtsˌwɪmɪn] Schottin

★ **Scottish** ['skɒtɪʃ] schottisch; **the Scottish** die Schotten

scoundrel ['skaʊndrəl] Schurke, Schuft

scour¹ ['skaʊə] absuchen (Gegend usw.) (**for** nach)

scour² ['skaʊə] scheuern, Ⓐ fegen (Topf usw.)

scout [skaʊt] ❶ oft **boy scout** Pfadfinder; **girl scout** US Pfadfinderin ❷ militärisch: Späher ❸ **(talent) scout** Talentsucher

scowl [skaʊl] ein böses Gesicht machen
scram [skræm] *umg; mst.* **scram!** hau(t) ab!, verschwinde(t)!, zieh(t) Leine!
scramble¹ ['skræmbl] **1** klettern **2** drängen (nach), sich drängeln (*um einen Platz, um Jobs usw.*)
scramble² ['skræmbl] Gedrängel
scrambled eggs [,skræmbld'egz] *pl* Rührei(er)
scrap¹ [skræp] **1** Stückchen, Fetzen **2** **scraps** *pl* (Speise)Reste **3** *auch* **scrap metal** Schrott; **it was sold for scrap** es wurde verschrottet
scrap² [skræp] scrapped, scrapped **1** ausrangieren (*Unbrauchbares*) **2** aufgeben (*Plan usw.*) **3** verschrotten (*Auto usw.*)
scrap³ [skræp] *umg* Streiterei, Balgerei
scrap⁴ [skræp], scrapped, scrapped *umg* sich streiten, sich balgen
scrapbook ['skræpbʊk] Sammelalbum
scrape¹ [skreɪp] **1** (ab)kratzen, (ab)schaben (**from** von) **2** sich aufschürfen (*Knie usw.*) (**on** auf) **3** scheuern (**against** an) **4** ankratzen (*Auto usw.*) **5** **scrape a living** *übertragen* sich gerade so über Wasser halten

──────── PHRASAL VERBS ────────
scrape by [,skreɪp'baɪ] *übertragen* über die Runden kommen (**on** mit)
scrape off [,skreɪp'ɒf] abkratzen (von)
scrape through [,skreɪp'θruː] **scrape through an examination** mit Ach und Krach durch eine Prüfung kommen
scrape together [,skreɪp_tə'geðə] zusammenkratzen (*Geld*)
─────────────────────────────────

scrape² [skreɪp] *umg* **get into a scrape** in Schwulitäten kommen
scrapheap ['skræphiːp] Schrotthaufen; **be on the scrapheap** *übertragen* zum alten Eisen gehören
scrappage allowance ['skræpɪdʒ_ə,laʊəns] *Br* Abwrackprämie
scrap paper ['skræp,peɪpə] *Br* Schmierpapier
scrap value ['skræp,væljuː] Schrottwert
scrapyard ['skræpjɑːd] Schrottplatz
★ **scratch¹** [skrætʃ] **1** (zer)kratzen, ankratzen (*Wagen usw.*) **2** kratzen (**at** an) **3** (sich) kratzen; **scratch one's head** *usw.* sich am Kopf *usw.* kratzen **4** *Rap, Hip-Hop:* scratchen
★ **scratch²** [skrætʃ] **1** Kratzer, Schramme **2** **start from scratch** ganz von vorn anfangen
scratchcard ['skrætʃkɑːd] Rubbellos
scratch paper ['skrætʃ,peɪpər] *US* Schmierpapier
scratchy ['skrætʃɪ] *Pullover usw.:* kratzig

scrawl¹ [skrɔːl] (hin)kritzeln
scrawl² [skrɔːl] **1** Gekritzel **2** *Handschrift:* Klaue
scrawny ['skrɔːnɪ] *Mensch:* dürr
scream¹ [skriːm] schreien (**with** vor)
scream² [skriːm] **1** Schrei **2** **it's a scream** *umg* das ist zum Schreien (komisch)
screech [skriːtʃ] **1** kreischen (*auch Bremsen*) **2** **screech to a halt** (*Auto usw.*) quietschend zum Stehen kommen
★ **screen¹** [skriːn] **1** *Computer, TV usw.:* Bildschirm; **work on screen** am Bildschirm arbeiten **2** *Film:* Leinwand, *auch übertragen* Kino **3** Wandschirm
★ **screen²** [skriːn] **1** abschirmen, schützen **2** zeigen (*Film*), senden (*Programm*) **3** **screen someone** *übertragen* jemanden überprüfen, *medizinisch:* jemanden untersuchen
screenplay ['skriːnpleɪ] *Film, TV:* Drehbuch
screen saver ['skriːn,seɪvə] *Computer:* Bildschirmschoner
screenwriter ['skriːn,raɪtə] *Film, TV:* Drehbuchautor(in)
★ **screw¹** [skruː] **1** Schraube **2** **he's got a screw loose** *umg* bei ihm ist eine Schraube locker
★ **screw²** [skruː] **1** (an)schrauben (**to** an) **2** **screw something out of someone** etwas aus jemandem herauspressen **3** *vulgär* bumsen

──────── PHRASAL VERBS ────────
screw on *v/i* [,skruː'ɒn] **1** anschrauben; **screw something on(to) something** etwas an etwas schrauben, etwas auf etwas schrauben (*Deckel*) **2** aufgeschraubt werden, angeschraubt werden
screw together [,skruː_tə'geðə] **1** zusammenschrauben **2** zusammengeschraubt werden
screw up [,skruː'ʌp] **1** zusammenkneifen (*Augen*), verziehen (*Gesicht*) **2** zusammenknüllen (*Papier*) **3** *umg* vermasseln (*Plan usw.*)
─────────────────────────────────

screw anchor ['skruː,æŋkə] *US* Dübel → **wall plug** *Br*
screwball ['skruːbɔːl] *bes. US, umg* Spinner(in)
★ **screwdriver** ['skruː,draɪvə] Schraubenzieher, Schraubendreher
screw top [,skruː'tɒp] Schraubverschluss
screwy ['skruːɪ] *umg* verrückt
scribble¹ ['skrɪbl] (hin)kritzeln
scribble² ['skrɪbl] Gekritzel
script [skrɪpt] **1** *Film, TV:* Drehbuch, *Theater:* Text **2** Manuskript (*einer Rede usw.*) **3** **Arabic** *usw.* **script** arabische *usw.* Schrift
Scripture ['skrɪptʃə] *auch* **the (Holy) Scriptures**

pl die (Heilige) Schrift
scroll [skrəʊl] *Computer:* scrollen, blättern (*am Bildschirm*)

PHRASAL VERBS

scroll down [ˌskrəʊlˈdaʊn] *Computer:* nach unten scrollen

scroll up [ˌskrəʊlˈʌp] *Computer:* nach oben scrollen

---

scrooge [skruːdʒ] Geizhals
scrounge [skraʊndʒ] *umg* schnorren (**off** von, bei)
scrub¹ [skrʌb], (scrubbed, scrubbed) ◼ schrubben, scheuern, ⓐ fegen (*Boden usw.*) ◻ *umg* streichen (*Plan usw.*)
scrub² [skrʌb] Gebüsch, Gestrüpp
scrubber [ˈskrʌbə] ◼ Scheuerbürste, Schrubber ◻ *Br, umg* Flittchen
scruff [skrʌf] **grab someone by the scruff of the neck** jemanden am Genick packen
scruffy [ˈskrʌfɪ] *umg* schmudd(e)lig, vergammelt
scrunch [skrʌntʃ] ◼ *auch* **scrunch up** zusammenknüllen (*Papier*) ◻ (*Schnee, Kies*) knirschen
scruple [ˈskruːpl] Skrupel; **have no scruples about doing something** keine Skrupel haben, etwas zu tun
scrutinize [ˈskruːtɪnaɪz] genau prüfen
scuba diving [ˈskuːbəˌdaɪvɪŋ] (Sport)Tauchen, Gerätetauchen
scuffle¹ [ˈskʌfl] (sich) raufen (**for** um)
scuffle² [ˈskʌfl] Rauferei, Handgemenge
★**sculptor** [ˈskʌlptə] Bildhauer(in)
★**sculpture** [ˈskʌlptʃə] ◼ Skulptur, Plastik ◻ *Kunstform:* Bildhauerei
scum [skʌm] ◼ Schaum ◻ *übertragen, abwertend* Abschaum
scurry [ˈskʌrɪ] (*Maus usw.*) huschen
★**sea** [siː] ◼ Meer (*auch übertragen*), die See (⚠ *der* See = **lake**); **at sea** auf dem Seeweg; **by the sea** am Meer; **go to sea** zur See gehen; **put to sea** in See stechen ◻ **be all at sea** *übertragen* völlig ratlos sein
sea animal [ˈsiːˌænɪml] Meerestier
sea bed [ˈsiː_bed] Meeresboden
seabird [ˈsiːbɜːd] Seevogel
★**seafood** [ˈsiːfuːd] Meeresfrüchte *pl*
seafront [ˈsiːfrʌnt] Strandpromenade, Uferpromenade
seagoing [ˈsiːˌgəʊɪŋ] *Yacht usw.:* hochseetüchtig, Hochsee...
seagull [ˈsiːgʌl] Seemöwe
seahorse [ˈsiːhɔːs] Seepferdchen
seal¹ [siːl] Seehund, Robbe

seal² [siːl] ◼ *auf Dokument, Urkunde:* Siegel ◻ Versiegelung, *aus Metall:* Plombe ◼ *luftdicht:* Verschluss, *aus Gummi oder Plastik:* Dichtung
seal³ [siːl] ◼ versiegeln ◻ zukleben (*Briefumschlag*) ◼ übertragen besiegeln (*Abkommen usw.*)
sealant [ˈsiːlənt] Dichtungsmittel
sea level [ˈsiːˌlevl] Meeresspiegel; **above sea level** über dem Meeresspiegel
sea lion [ˈsiːˌlaɪən] Seelöwe
seam [siːm] Naht
seaman [ˈsiːmən] *pl:* **seamen** [ˈsiːmən] Seemann
sea mile [ˈsiː_maɪl] Seemeile
seaplane [ˈsiːpleɪn] Wasserflugzeug
seaport [ˈsiːpɔːt] Seehafen, Hafenstadt
sea power [ˈsiːˌpaʊə] *Staat:* Seemacht
★**search**¹ [sɜːtʃ] ◼ suchen (**for** nach) ◻ **search someone** (*oder* **something**) jemanden (*oder* etwas) durchsuchen (**for** nach) ◼ **search 'me!** *umg* keine Ahnung!

PHRASAL VERBS

search through [ˈsɜːtʃˌθruː] durchsuchen

★**search**² [sɜːtʃ] ◼ Suche (**for** nach); **in search of** auf der Suche nach ◻ Durchsuchung (*durch die Polizei*)
search engine [ˈsɜːtʃˌendʒɪn] *Computer:* Suchmaschine
search function [ˈsɜːtʃˌfʌŋkʃn] *Computer:* Suchfunktion
search party [ˈsɜːtʃˌpɑːtɪ] Suchmannschaft, Suchtrupp
search warrant [ˈsɜːtʃˌwɒrənt] Durchsuchungsbefehl
searing [ˈsɪərɪŋ] *Hitze:* glühend, *Schmerz:* scharf
seashell [ˈsiːʃel] Muschel(schale)
seashore [ˈsiːʃɔː] Strand
seasick [ˈsiːsɪk] seekrank
seasickness [ˈsiːsɪknəs] Seekrankheit
★**seaside** [ˈsiːsaɪd] **at** (*oder* **by**) **the seaside** am Meer; **go to the seaside** ans Meer fahren; **seaside resort** Seebad
★**season**¹ [ˈsiːzn] ◼ Jahreszeit ◻ Saison, ...zeit; **holiday season** Urlaubszeit ◼ **cherries** *usw.* **are in season** jetzt ist Kirschenzeit *usw.* ◻ **Season's Greetings!** *auf Karte:* Frohe Weihnachten!
★**season**² [ˈsiːzn] würzen (*Speise*)
seasonal [ˈsiːznəl] saisonbedingt, Saison...
seasoning [ˈsiːznɪŋ] Gewürz
★**season ticket** [ˈsiːznˌtɪkɪt] ◼ *Bahn usw.:* Zeitkarte ◻ *Theater:* Abonnement ◼ *Sport:* Jah-

reskarte

★**seat¹** [siːt] **1** Sitz(gelegenheit), (Sitz)Platz; **take a seat** Platz nehmen: **please have** od **take a seat** bitte nehmen Sie Platz; **take one's seat** seinen Platz einnehmen; **back seat** Rücksitz; **front seat** Vordersitz **2** Sitz(fläche) (*eines Stuhls usw.*) **3** Hosenboden, Hinterteil **4** Sitz (*einer Regierung usw.*)

★**seat²** [siːt] **1** be seated sitzen; **please be seated** bitte nehmen Sie Platz; **remain seated** sitzen bleiben **2** the hall seats 500 der Saal hat 500 Sitzplätze

★**seat belt** ['siːt‿belt] *Auto usw.*: Sicherheitsgurt; **fasten one's seat belt** sich anschnallen; **be wearing a seat belt** angegurtet sein

seat cushion ['siːt‚kʊʃn] Sitzpolster

seating ['siːtɪŋ] Sitzgelegenheit, Sitzgelegenheiten *pl*; **a seating capacity of 20 000** 20 000 Sitzplätze

sea urchin ['siː‚ɜːtʃɪn] Seeigel

seaweed ['siːwiːd] (See)Tang

seaworthy ['siː‚wɜːði] *Boot, Schiff*: seetüchtig

sec [sek] *umg* Augenblick, Sekunde; **just a sec** Augenblick mal, bitte

secateurs [‚sekə'tɜːz] *pl* Gartenschere

seclude [sɪ'kluːd] (sich) absondern

secluded [sɪ'kluːdɪd] **1** *Leben usw.*: zurückgezogen **2** *Haus, Ortschaft usw.*: abgelegen

seclusion [sɪ'kluːʃn] Abgeschiedenheit; **live in seclusion** zurückgezogen leben

★**second¹** ['sekənd] **1** zweite(r, -s); **second hand** aus zweiter Hand; **a second time** noch einmal; **every second day** jeden zweiten Tag, alle zwei Tage **2** be second to none unerreicht sein (**as** als) **3** she finished second sie kam als Zweite ins Ziel

★**second²** ['sekənd] der, die, das Zweite; **the second of May** der 2. Mai

★**second³** ['sekənd] **1** Sekunde (*auch Mathematik, Musik*) **2** *übertragen* Augenblick, Sekunde; **just a second** Augenblick(, bitte)!; **I won't be a second** ich komme gleich (wieder); **have you got a second?** hast du einen Moment Zeit (für mich)?

secondary ['sekəndərɪ] **1** zweitrangig, nebensächlich **2** *Schule usw.*: höhere(r, -s)

secondary school ['sekəndərɪ‿skuːl] weiterführende Schule (*z.B. Gesamtschule*)

second best [‚sekənd'best] zweitbeste(r, -s); **come off second best** den Kürzeren ziehen

second class [‚sekənd'klɑːs] *Bahn usw.* zweite(r) Klasse

second-class [‚sekənd'klɑːs] **1** zweitklassig **2** *Bahn, Post, Briefmarke usw.*: zweiter Klasse; **a second-class return to Brighton** *Br* eine Rückfahrkarte zweiter Klasse nach Brighton

★**second-hand** [‚sekənd'hænd] **1** *Nachricht usw.*: aus zweiter Hand **2** *Ware*: gebraucht, Gebraucht...

second hand [‚sekənd‿hænd] Sekundenzeiger (*der Uhr*)

secondly ['sekəndlɪ] zweitens

second-rate [‚sekənd'reɪt] zweitklassig

secrecy ['siːkrəsɪ] **1** *als Wesenszug*: Verschwiegenheit **2** Geheimhaltung (*eines Projekts usw.*)

★**secret¹** ['siːkrət] Geheimnis; **make no secret of** kein Geheimnis machen aus; **in secret** heimlich, im Geheimen

★**secret²** ['siːkrət] **1** geheim, Geheim...; **keep something secret** etwas geheim halten (**from** vor); **secret agent** Geheimagent(in); **secret service** Geheimdienst **2** *Bewunderer*: heimlich

★**secretary** ['sekrətrɪ] **1** Sekretär(in) (**to**: *Genitiv*) **2** *von Verein*: Schriftführer(in) **3** *Politik*: Minister(in); **Secretary of State** *Br* Minister(in), *US* Außenminister(in)

secretary general [‚sekrətrɪ'dʒenrəl] *von Partei usw.*: Generalsekretär(in)

secrete [sɪ'kriːt] (*Zelle, Drüse, Organ*) absondern (*Flüssigkeit*)

secretion [sɪ'kriːʃn] Absonderung, Sekret

secretive ['siːkrətɪv] heimlichtuerisch; **be secretive about something** mit etwas geheimnisvoll tun

secretly ['siːkrətlɪ] heimlich, im Geheimen

sect [sekt] Sekte

section ['sekʃn] **1** *allg.*: Teil **2** Abschnitt (*eines Buchs usw.*) **3** *Rechtswesen*: Paragraf **4** *Institution usw.*: Abteilung **5** *Mathematik usw.*: Schnitt; **in section** im Schnitt

section clip ['sekʃn‿klɪp] *von Friseur*: Abteilklammer

sector ['sektə] *allg.*: Sektor, Bereich

secular ['sekjʊlə] weltlich, profan

secure¹ [sɪ'kjʊə] *allg.*: sicher (**against, from** vor); **feel secure** sich sicher fühlen

secure² [sɪ'kjʊə] **1** fest verschließen, sichern (*Tür usw.*) **2** sichern (**against, from** vor) **3** **secure something** sich etwas sichern, etwas erreichen

★**security** [sɪ'kjʊərətɪ] **1** *allg.*: Sicherheit; **Security Council** Sicherheitsrat (*der UNO*); **security guard** Wache, *am Flughafen*: Sicherheitsbeamte, Sicherheitsbeamtin; **security guards** *pl* Wachen, *am Flughafen*: Sicherheitsdienst; **security lock** Sicherheitsschloss **2** Si-

cherheitsdienst **3** securities *pl Wirtschaft*: Wertpapiere
sedan [ˈsɪdæn] *US* Limousine
sedate¹ [sɪˈdeɪt] ruhig, gelassen, *Tempo*: gemütlich
sedate² [sɪˈdeɪt] *Medizin*: sedieren, ein Beruhigungsmittel geben
sedation [sɪˈdeɪʃn] be under sedation unter dem Einfluss von Beruhigungsmitteln stehen; **put under sedation** sedieren, ein Beruhigungsmittel geben
sedative¹ [ˈsedətɪv] Beruhigungsmittel
sedative² [ˈsedətɪv] beruhigend
sediment [ˈsedɪmənt] Ablagerung, Bodensatz, Sediment
seduce [sɪˈdjuːs] verführen
seduction [sɪˈdʌkʃn] Verführung
★ **see** [siː], saw [sɔː], seen [siːn] **1** sehen; **I saw him come** (*oder* **coming**) ich sah ihn kommen **2** *gedanklich*: sich vorstellen; **I can't see him as a doctor** ich kann ihn mir nicht als Arzt vorstellen **3** ersehen, entnehmen (**from the newspaper** aus der Zeitung) **4** verstehen; **I see** (ich) verstehe!, ach so!; **you see** weißt du; **(do you) see what I mean?** verstehst du, was ich meine? **5** sehen, verstehen (*Problem usw.*); **as I see it** wie ich es sehe **6** see someone jemanden besuchen (*bzw.* sprechen) (**on business** geschäftlich); **go** (*bzw.* **come**) **to see someone** jemanden besuchen (gehen *bzw.* kommen) **7** aufsuchen (*Anwalt usw.*); **I've got to see a doctor** ich muss zum Arzt gehen **8** **(go and) see** (≈ überprüfen) nachsehen **9** see someone (*Chef, Arzt usw.*) jemanden empfangen; **the boss wouldn't see me** der Chef wollte mich einfach nicht empfangen **10** see someone to the station jemanden zum Bahnhof bringen **11** **(now) let me see** warte mal!, lass mich überlegen!; **we'll see** mal sehen; **you'll see** du wirst schon sehen **12** **see you!** bis dann! (*als Abschiedsgruß*), tschüs!, *bes.* ⓐ servus!; **see you later!** bis später!; **see you soon!** bis bald!

PHRASAL VERBS

see about [ˌsiːˈəbaʊt] **we'll see about 'that!** *umg* das wollen wir mal sehen!; **I'll see about it** ich werde mich darum kümmern
see off [ˌsiːˈɒf] **1** see someone off jemanden verabschieden (**at the station** am Bahnhof) **2** verjagen, verscheuchen
see out [ˌsiːˈaʊt] see someone out jemanden hinausbegleiten
see through [ˌsiːˈθruː] **1** durchschauen (*Lüge,* *Lügner usw.*) **2** see someone through a hard time jemandem über eine schwere Zeit hinweghelfen
see to [ˈsiː ˌtʊ] see to it that dafür sorgen, dass

★ **seed¹** [siːd] **1** *Pflanze*: Same(n), *Landwirtschaft*: Saat(gut) **2** *Obst*: Kern **3** *Sport*: **number two seed** Zweitplatzierte(r) *usw.*
★ **seed²** [siːd] *Sport*: platzieren; **be seeded number three** *usw.* als Dritte(r) *usw.* platziert (*oder* gesetzt) sein, in der Rangfolge Platz 3 *usw.* einnehmen
seedless [ˈsiːdləs] *Mandarinen, Trauben usw.*: kernlos
seedy [ˈsiːdɪ] *Haus, Hotel usw.*: vergammelt, schäbig
seeing [ˈsiːɪŋ] *auch* seeing that da
seeing eye dog [ˌsiːɪŋˈaɪ ˌdɒg] *US* Blindenhund; → guide dog *Br*
seek [siːk], sought [sɔːt], sought [sɔːt] **1** suchen (*Wahrheit usw.*) **2** streben nach
★ **seem** [siːm] **1** scheinen; **that doesn't seem possible** das (er)scheint mir unmöglich **2** **it seems that** anscheinend, es scheint, dass; **it seems as if** es sieht so aus, als ob
seeming [ˈsiːmɪŋ] scheinbar
seemingly [ˈsiːmɪŋlɪ] **1** scheinbar; **a seemingly trivial remark** eine scheinbar beiläufige Bemerkung **2** anscheinend **3** **a seemingly endless stream of traffic** eine nicht enden wollende Autokolonne
seen [siːn] 3. Form von → see
seep [siːp] (*Wasser usw.*) sickern
seesaw [ˈsiːsɔː] Wippe, Wippschaukel
seethe [siːð] **he was seething with rage** er kochte (*oder* schäumte) vor Wut
see-through [ˈsiːθruː] *Kleidung*: durchsichtig
segment¹ [ˈsegmənt] **1** Teil, Stück **2** *Biologie, Mathematik usw.*: Segment
segment² [segˈment] zerlegen, zerteilen
segregate [ˈsegrɪgeɪt] trennen (*nach Rassen, Geschlechtern usw.*)
segregation [ˌsegrɪˈgeɪʃn] Trennung; **racial segregation** Rassentrennung
seismic [ˈsaɪzmɪk] **1** seismisch, Erdbeben... **2** *umg, übertragen* drastisch, dramatisch
seismologist [saɪzˈmɒlədʒɪst] *Person*: Seismologe, Seismologin
★ **seize** [siːz] **1** packen, ergreifen (**by** an) **2** *übertragen* ergreifen (*Gelegenheit, Macht*) **3** (*Polizei*) beschlagnahmen (*Drogen usw.*)
seizure [ˈsiːʒə] **1** von Beweisstücken, Vermögen

usw.: Beschlagnahme ☑ *von Macht, Kontrolle usw.*: Ergreifung ☑ *Medizin*: Anfall

★ **seldom** ['seldəm] selten

select¹ [sə'lekt] (aus)wählen (**from** aus)

select² [sə'lekt] ausgewählt, exklusiv

selection [sə'lekʃn] Auswahl (**of** an)

self [self] *pl*: **selves** [selvz] Ich, Selbst; **he's back to his old self** er ist wieder der Alte

self-absorbed [,selfəb'zɔ:bd] mit sich selbst beschäftigt

self-addressed [,selfə'drest] **self-addressed envelope** Rückumschlag; → SAE, SASE

self-adhesive [,selfəd'hi:sɪv] selbstklebend

self-appointed [,selfə'pɔɪntɪd] *abwertend* selbsternannt

self-assured [,selfə'ʃɔ:d] selbstbewusst, selbstsicher

self-catering¹ [,self'keɪtərɪŋ] *Br, Urlaub, Unterkunft usw.*: für Selbstversorger, mit Selbstverpflegung

self-catering² [,self'keɪtərɪŋ] *Br, im Urlaub, Unterkunft usw.*: Selbstverpflegung

self-centred *Br*, **self-centered** *US* [,self-'sentəd] egozentrisch, ichbezogen

self checkout [,self'tʃekaʊt] Selbstbedienungskasse, SB-Kasse

self-confidence [,self'kɒnfɪdəns] Selbstbewusstsein, Selbstvertrauen

self-confident [,self'kɒnfɪdənt] selbstbewusst

self-conscious [,self'kɒnʃəs] befangen, gehemmt (⚠ *selbstbewusst* = **self-confident**)

self-control [,selfkən'trəʊl] Selbstbeherrschung

self-defence, *US* **self-defense** [,selfdɪ'fens] ☑ Selbstverteidigung ☑ *Recht*: Notwehr; **she acted in self-defence** sie handelte in Notwehr

self-employed [,selfɪm'plɔɪd] *beruflich*: selbstständig; **self-employed person** Selbstständige(r)

self-evident [,self'evɪdənt] ☑ selbstverständlich; **it's self-evident** das versteht sich von selbst ☑ *Tatsache usw.*: offensichtlich

self-explanatory [,selfɪk'splænətrɪ] ohne Erläuterung verständlich, für sich selbst sprechend

self-help group [,self'help ˌgru:p] Selbsthilfegruppe

selfie ['selfɪ] *umg* Selfie

selfish ['selfɪʃ] selbstsüchtig, egoistisch

selfless ['selfləs] selbstlos

self-pity [,self'pɪtɪ] Selbstmitleid

self-reliant [,selfrɪ'laɪənt] selbstständig

self-respect [,selfrɪ'spekt] Selbstachtung

self-satisfied [,self'sætɪsfaɪd] selbstzufrieden

★ **self-service** [,self'sɜ:vɪs] ☑ Selbstbedienung ☑ **self-service restaurant** Selbstbedienungsrestaurant

★ **sell** [sel], **sold** [səʊld], **sold** [səʊld] ☑ verkaufen (**to** an; **for** für) ☑ führen (*Ware*); **do you sell paint?** führen Sie auch Farbe? ☑ **this stereo sells at £399** diese Stereoanlage kostet 399 Pfund ☑ **these boots are selling well** diese Stiefel verkaufen sich gut ☑ **be sold on something** *Person*: von etwas begeistert sein

PHRASAL VERBS

sell out [,sel'aʊt] **be sold out** *Ware*: ausverkauft sein (*auch Konzert usw.*); **we're sold out of umbrellas** *im Geschäft*: Schirme sind ausverkauft

sell-by date ['selbaɪ ˌdeɪt] Mindesthaltbarkeitsdatum

seller ['selə] ☑ Verkäufer(in) ☑ **be a good seller** *Ware*: sich gut verkaufen

selling ['selɪŋ] Verkauf

Sellotape® ['seləteɪp] *Br, etwa*: (durchsichtiges) Klebeband

sell-out ['selaʊt] **the concert was a sell-out** das Konzert war total ausverkauft

selves [selvz] *pl von* → **self**

semen ['si:mən] Samen, Sperma

semester [sə'mestə] *Universität*: Semester

semi... ['semɪ] halb..., Halb...

semi ['semɪ] ☑ *Br, umg* Doppelhaushälfte ☑ *US* Sattelschlepper; → **articulated lorry** *Br*

semicircle ['semɪ,sɜ:kl] Halbkreis

semicolon [,semɪ'kəʊlən] Semikolon, Strichpunkt

semi-detached [,semɪdɪ'tætʃt] *Br* **semi-detached house** Doppelhaushälfte

semifinal [,semɪ'faɪnl] *Sport*: Semifinale, Halbfinale

seminar ['semɪnɑ:] *Universität*: Seminar

semi-skilled [,semɪ'skɪld] *Arbeiter(in)*: angelernt

semitrailer ['semɪˌtreɪlə] *US* Sattelschlepper; → **articulated lorry** *Br*

senate ['senət] Senat

senator ['senətə] Senator(in)

★ **send** [send], **sent** [sent], **sent** [sent] ☑ senden, schicken (*Gegenstände, Grüße usw.*) (**to someone** jemandem, an jemanden) ☑ schicken (*Person*) (**to bed** ins Bett) ☑ versenden (*Ware usw.*) (**to** an) ☑ **she sent him packing** *übertragen, umg* sie hat ihm den Laufpass gegeben

PHRASAL VERBS

send away [,send ˌə'weɪ] ☑ wegschicken, fortschicken (*Person*) ☑ **send away for**

something etwas anfordern, etwas bestellen
send back [ˌsendˈbæk] zurückschicken (*Ware usw., auch Person*)
send for [ˈsend_fɔː] ◨ **send for someone** jemanden holen lassen ◨ **send for something** sich etwas kommen lassen
send in [ˌsendˈɪn] ◨ einsenden, einreichen
send off [ˌsendˈɒf] ◨ fortschicken ◨ absenden (*Brief*) ◨ *Br, Sport*: vom Platz stellen (*Spieler*) ◨ **send off for something** etwas anfordern, etwas bestellen
send on [ˌsendˈɒn] ◨ vorausschicken (*Gepäck usw.*) ◨ nachschicken, nachsenden (**to** an e-e Adresse) (*Brief usw.*)
send out [ˌsendˈaʊt] ◨ hinausschicken ◨ verschicken (*Einladungen usw.*) ◨ **send out for something** etwas holen lassen
send up [ˌsendˈʌp] ◨ hinaufschicken ◨ *Br, umg* parodieren, verulken

---

★**sender** [ˈsendə] Absender(in)
senile [ˈsiːnaɪl] senil
senior[1] [ˈsiːnɪə] ◨ älter (**to** als); **senior citizens** Senioren ◨ dienstälter, ranghöher (**to** als) ◨ **senior high (school)** *US* die oberen Klassen der High School; **senior year** *US* oberste Klasse
senior[2] [ˈsiːnɪə] ◨ **he's two years my senior** er ist zwei Jahre älter als ich ◨ *US* Student(in) *oder* Schüler(in) im letzten Jahr
sensation [senˈseɪʃn] ◨ *Ereignis usw.*: Sensation ◨ *körperlich*: Empfindung, Gefühl
sensational [senˈseɪʃnəl] ◨ *umg* fantastisch ◨ sensationell, Sensations-...
sensationalism [senˈseɪʃnəlɪzm] ◨ Sensationsgier ◨ Sensationsmache
★**sense**[1] [sens] ◨ **(common) sense** Vernunft, Verstand; **have the sense to do something** so klug sein, etwas zu tun ◨ *Wahrnehmung*: Sinn; **sense of hearing** Gehörsinn; **sense of smell** Geruchssinn; **sense of taste** Geschmackssinn; **sense of touch** Tastsinn ◨ Sinn, Gefühl (**of** für); **sense of duty** Pflichtgefühl ◨ Gefühl, Empfindung; **sense of security** Gefühl der Sicherheit ◨ Sinn, Bedeutung (*z.B. eines Wortes*) ◨ **in a sense** in gewisser Hinsicht ◨ **make sense** *Satz*: einen Sinn ergeben, *Handlung usw.*: vernünftig sein ◨ **I couldn't make any sense of it** ich konnte mir darauf keinen Reim machen; → **senses**
★**sense**[2] [sens] fühlen, spüren
senseless [ˈsensləs] ◨ *Handlung usw.*: sinnlos, unsinnig ◨ *Person*: bewusstlos
senses [ˈsensɪz] *pl* (klarer) Verstand **bring someone to his senses** jemanden zur Besinnung (*oder* Vernunft) bringen; **come to one's senses** zur Vernunft kommen
★**sensible** [ˈsensəbl] vernünftig (*auch Kleidung*) (⚠ *sensibel* = **sensitive**)
★**sensitive** [ˈsensətɪv] ◨ sensibel, empfindsam ◨ (≈ *schnell verletzt*) empfindlich; **be sensitive to** empfindlich reagieren auf ◨ einfühlsam ◨ *Körperteil, Messgerät usw.*: empfindlich ◨ *Thema usw.*: heikel
sensor [ˈsensə] *Technik*: Sensor
sent [sent] 2. und 3. Form von → **send**
★**sentence**[1] [ˈsentəns] ◨ *Sprache*: Satz; **sentence structure** Satzbau ◨ *Gericht*: Strafe, Urteil; **pass sentence** *Richter usw.*: das Urteil fällen (**on** über)
★**sentence**[2] [ˈsentəns] verurteilen (**to** zu)
sentiment [ˈsentɪmənt] ◨ Gefühl ◨ *auch* **sentiments** *pl* Ansicht, Meinung
sentimental [ˌsentɪˈmentl] ◨ gefühlvoll, gefühlsbetont ◨ *negativ*: sentimental
sentimentality [ˌsentɪmenˈtælətɪ] Sentimentalität
sentry [ˈsentrɪ] Wache, Wachtposten
★**separate**[1] [ˈsepəreɪt] ◨ *allg.*: trennen (**from** von); **be separated** getrennt leben (**from** von) ◨ (auf)teilen, (zer)teilen (**into** in) ◨ sich trennen (*auch Ehepaar*)
★**separate**[2] [ˈseprət] ◨ getrennt, separat ◨ einzeln, Einzel...; **charge something separately** etwas extra berechnen ◨ verschieden
★**separation** [ˌsepəˈreɪʃn] Trennung
separatism [ˈseprətɪzm] *Politik*: Separatismus
separatist[1] [ˈseprətɪst] *Politik*: Separatist(in)
separatist[2] [ˈseprətɪst] *Politik*: separatistisch
★**September** [sepˈtembə] September; **in September** im September
sequel [ˈsiːkwəl] ◨ Fortsetzung (*eines Films, Romans usw.*) ◨ *übertragen* Folge (**to** von *oder* Genitiv)
sequence [ˈsiːkwəns] ◨ (Aufeinander)Folge (*von Ereignissen usw.*) ◨ (Reihen)Folge; **in sequence** der Reihe nach ◨ *von Film usw.*: Sequenz
sequoia [sɪˈkwɔɪə] Mammutbaum
Serb[1] [sɜːb] Serbe, Serbin
Serb[2] [sɜːb] serbisch
Serb[3] [sɜːb] *Sprache*: Serbisch
Serbia [ˈsɜːbɪə] Serbien
Serbian[1] [ˈsɜːbɪən] Serbe, Serbin
Serbian[2] [ˈsɜːbɪən] serbisch
Serbian[3] [ˈsɜːbɪən] *Sprache*: Serbisch
serenade [ˌserəˈneɪd] ◨ *Lied*: Ständchen ◨

klassisches Musikstück: Serenade
serene [səˈriːn] **1** *Himmel usw.*: heiter, klar **2** *Person, Gemüt usw.*: gelassen
sergeant [▲ ˈsɑːdʒənt] **1** *militärisch*: Feldwebel **2** Polizei(haupt)meister
serial¹ [ˈsɪərɪəl] **1** (Fernseh)Serie, (Rundfunk)Serie **2** Fortsetzungsroman
serial² [ˈsɪərɪəl] **1** Serien...; **serial novel** Fortsetzungsroman; **serial killer** Serienmörder **2** serienmäßig, Serien...; **serial number** Seriennummer
★**series** [ˈsɪəriːz] **1** Serie, Reihe, Folge **2** *Rundfunk, TV usw.*: Serie, *von Büchern, Vorträgen usw.*: Reihe
★**serious** [ˈsɪərɪəs] **1** *allg.*: ernst **2** ernsthaft, ernst gemeint; **are you serious?** ist das dein Ernst?; **be serious about doing something** etwas wirklich tun wollen **3** *Problem usw.*: ernstlich, *Schaden, Krankheit usw.*: schwer
seriously [ˈsɪərɪəslɪ] ernst, ernsthaft, im Ernst; **seriously ill** ernstlich krank; **take someone** (*oder* **something**) **seriously** jemanden (*oder* etwas) ernst nehmen
sermon [ˈsɜːmən] **1** *kirchlich*: Predigt **2** *umg* Moralpredigt, Strafpredigt
serum [ˈsɪərəm] *pl*: serums *oder* sera [ˈsɪərə] Serum
★**servant** [ˈsɜːvənt] Diener(in) *(auch übertragen)*; **domestic servants** Hauspersonal
★**serve¹** [sɜːv] **1** dienen *(seinem Land usw.)* (**under** unter); **serve in the army** in der Armee dienen **2** *auch* **serve up** servieren *(Essen)*; **serve someone (with) something** jemandem etwas servieren; **serves 6-8** *Kochrezept*: für 6-8 Personen **3** **serve someone** *im Laden usw.*: jemanden bedienen; **are you being served?** werden Sie schon bedient? **4** durchlaufen *(Amtszeit usw.)*, verbüßen *(Strafe)* **5** *(Gegenstand usw.)* dienen (**as, for** als); **it serves its purpose** das erfüllt seinen Zweck **6** *Tennis usw.*: aufschlagen; **X to serve** Aufschlag X **7** **it serves you right** *umg* das geschieht dir (ganz) recht
★**serve²** [sɜːv] *Tennis usw.*: Aufschlag
server [ˈsɜːvə] **1** *Computer*: Server **2** *Tennis*: Aufschläger(in) **3** *kirchlich*: Messdiener(in), Ministrant(in)
★**service¹** [ˈsɜːvɪs] **1** *im Hotel usw.*: Service, Bedienung **2** Dienst (**to** an); **do someone a service** jemandem einen Dienst erweisen **3** **services** *pl* Dienstleistungen **4** ...dienst; **postal service** Postdienst **5** Militär(dienst); **join the services** zum Militär gehen **6** Betrieb; **be out of service** außer Betrieb sein **7** *kirchlich*: Gottesdienst **8** (≈ *Geschirr*) Service; **coffee service** Kaffeeservice **9** *Technik*: Wartung, *Auto*: Inspektion; **put one's car in for a service** seinen Wagen zur Inspektion bringen **10** *Tennis usw.*: Aufschlag
★**service²** [ˈsɜːvɪs] *Technik*: warten; **my car is being serviced** mein Wagen ist bei der Inspektion
service area [ˈsɜːvɪsˌeərɪə] *Br* (Autobahn)Raststätte *(mit Tankstelle usw.)*
service charge [ˈsɜːvɪsˌtʃɑːdʒ] Bedienung(szuschlag)
service counter [ˈsɜːvɪsˌkaʊntə] Bedienungstheke, Bedientheke
service enterprise [ˈsɜːvɪsˌentəpraɪz] Dienstleistungsunternehmen
service industry [ˈsɜːvɪsˌɪndəstrɪ] Dienstleistungsbranche
serviceman [ˈsɜːvɪsmən] *pl*: servicemen [ˈsɜːvɪsmən] Militärangehöriger
service provider [ˈsɜːvɪsˌprəˌvaɪdə] **1** *allg.*: Dienstleister **2** *Internet*: Serviceprovider
service sector [ˈsɜːvɪsˌsektə] Dienstleistungssektor
service station [ˈsɜːvɪsˌsteɪʃn] **1** Tankstelle mit Werkstatt **2** *Br; an Autobahn*: Tankstelle und Raststätte
serviette [ˌsɜːvɪˈet] *Br* Serviette
serving [ˈsɜːvɪŋ] *Essen*: Portion
serving dish [ˈsɜːvɪŋˌdɪʃ] Servierplatte
session [ˈseʃn] **1** *Parlament usw.*: Sitzung, Sitzungsperiode; **be in session** tagen **2** *beim Arzt usw.*: Sitzung, Behandlung **3** ...termin; **photo session** Fototermin; **training session** Trainingsstunde, Trainingseinheit
★**set¹** [set], set, set; *-ing-Form* setting **1** stellen, setzen, legen; **please set the tray on the table** bitte stell das Tablett auf den Tisch **2** **the novel is set in France** der Roman spielt in Frankreich **3** versetzen *(in einen Zustand)*; **set someone free** jemanden freilassen; **set right** in Ordnung bringen; **set on fire, set fire to** anzünden, in Brand stecken **4** veranlassen; **set someone thinking** jemandem einen Denkanstoß geben **5** einstellen, stellen *(Wecker)* (**for** auf); **set one's watch** seine Uhr stellen **6** **set the table** den Tisch decken **7** festsetzen, festlegen *(Preis, Termin usw.)* **8** aufstellen *(Rekord)* **9** **set a good example** mit gutem Beispiel vorangehen **10** *(Sonne)* untergehen **11** *(Pudding usw.)* fest werden

PHRASAL VERBS

set about ['set̮ə,baʊt] **1** **set about doing something** sich daranmachen, etwas zu tun **2** umg herfallen über

set aside [,set̮ə'saɪd] **1** beiseitelegen (Geld) **2** frei halten (Zeit)

set back [,set'bæk] **1** zurücksetzen (Haus usw.) **2** verzögern (Plan usw.) (**by two months** um zwei Monate) **3** **the car set me back £500** umg der Wagen hat mich 500 Pfund gekostet

set down [,set'daʊn] **1** Br absetzen (Fahrgast) **2** (schriftlich) niederlegen (Gedanken usw.)

set in [,set'ɪn] (Winter usw.) einsetzen

set off [,set'ɒf] **1** aufbrechen, sich aufmachen **2** auslösen (Alarm usw.)

set on ['set̮ɒn] hetzen auf (Hund usw.)

set out [,set'aʊt] **1** arrangieren, aufstellen (auch Schachfiguren usw.) **2** aufbrechen, sich aufmachen **3** **set out to do something** sich daranmachen, etwas zu tun **4** darstellen, darlegen (Plan, Argument usw.)

set up [,set'ʌp] **1** errichten (Straßensperren usw.) **2** gründen (Firma usw.); **set up house** einen Hausstand gründen **3** aufbauen (Kamera usw.) **4** **set (oneself) up as** sich niederlassen (**as** als)

★**set**[2] [set] **1** festgesetzt, festgelegt; **set books** pl, **set reading** Schule: Pflichtlektüre; **set lunch, set meal** Br Menü **2** **be set on doing something** (fest) entschlossen sein, etwas zu tun; **be dead set against something** strikt gegen etwas sein **3** bereit, fertig; **be all set** startklar sein

★**set**[3] [set] **1** Zusammengehöriges: Satz (Werkzeug usw.), Garnitur (Wäsche usw.); **tea set** Teeservice **2** TV usw.: Apparat, Gerät; **television set** Fernsehgerät **3** Theater: Bühnenbild **4** Film: Szenenaufbau; **on the set** bei den Dreharbeiten **5** **a shampoo and set** beim Friseur: Waschen und Legen **6** Tennis usw.: Satz; **set point** Satzball

set-aside ['setə,saɪd] **1** Erspartes, Rücklagen pl **2** Agrarpolitik: stillgelegte Fläche; **set-aside scheme** Konzept der Flächenstilllegung

setback ['setbæk] Rückschlag (**to** für)

set piece [,set'piːs] **1** in Film, Roman usw.: klassische Szene **2** Fußball usw.: Standardsituation

set square ['set̮skweə] Br Zeichendreieck

settee [se'tiː] bes. Br Sofa

setting ['setɪŋ] **1** Schauplatz (eines Films usw.) **2** eines Edelsteins: Fassung **3** von Sonne, Mond: Untergang

★**settle** ['setl] **1** **settle (oneself) (on)** sich niederlassen (auf), sich setzen (auf) **2** beruhigen (Person, Nerven usw.) **3** vereinbaren, klären (Frage usw.); **that settles it** damit ist der Fall erledigt **4** beilegen (Streit usw.) **5** besiedeln (Land) **6** sich niederlassen (**in** in) (einer Stadt usw.) **7** begleichen (Rechnung), ausgleichen (Konto)

PHRASAL VERBS

settle back [,setl'bæk] sich zurücklehnen

settle down [,setl'daʊn] **1** **settle (oneself) down (on)** sich niederlassen (auf), sich setzen (auf) **2** sich beruhigen, (Aufregung) sich legen **3** sesshaft (oder häuslich) werden **4** **settle down in** sich eingewöhnen in **5** beruhigen (Person, Nerven usw.)

settle for ['setl̮fɔː] sich begnügen mit

settle in [,setl'ɪn] sich eingewöhnen, sich einleben

settle up [,setl'ʌp] **1** (be)zahlen **2** abrechnen (**with** mit) (auch übertragen)

---

settled ['setld] **1** Wetter: beständig **2** Ansichten usw.: fest

settlement ['setlmənt] **1** Siedlung, Besiedlung **2** Vereinbarung, Einigung; **reach a settlement** sich einigen (**with** mit)

settler ['setlə] Siedler(in)

set-top box ['setɒp,bɒks] Br; TV: Decoder

set-up ['setʌp] **1** (≈ Anordnung usw.) System, Regelung **2** umg (≈ Trick) abgekartete Sache

★**seven**[1] ['sevn] sieben

★**seven**[2] ['sevn] Buslinie, Spielkarte usw.: Sieben

★**seventeen**[1] [,sevn'tiːn] siebzehn

★**seventeen**[2] [,sevn'tiːn] Buslinie usw.: Siebzehn

★**seventh**[1] ['sevnθ] siebente(r, -s)

★**seventh**[2] ['sevnθ] **1** Siebente(r, -s) **2** Bruchteil: Siebtel

★**seventy**[1] ['sevntɪ] siebzig

★**seventy**[2] ['sevntɪ] Siebzig; **he's in his seventies** er ist in den Siebzigern; **in the seventies** in den Siebzigerjahren (eines Jahrhunderts)

sever ['sevə] durchtrennen (Ader usw.), abtrennen (Körperteil usw.)

★**several** ['sevrəl] mehrere, einige; **I've talked to her several times** ich habe mehrere Male mit ihr gesprochen

severe [sɪ'vɪə] **1** Verletzung usw.: schwer, ernst **2** Schmerzen: stark **3** Winter: hart, streng **4** Person: streng **5** Kritik: scharf

severity [sɪ'verətɪ] **1** Schwere (einer Verletzung

usw.) **2** Strenge, Härte (*eines Winters*) **3** *als Wesenszug*: Strenge **4** Schärfe (*einer Kritik*)

★**sew** [⚠ səʊ], sewed, sewn [səʊn] *oder* sewed nähen

sewage ['suːɪdʒ] Abwasser

sewer ['suːə] Abwasserkanal

sewing [⚠ 'səʊɪŋ] **1** *Tätigkeit*: Nähen **2** *woran gearbeitet wird*: Näharbeit

sewing machine ['səʊɪŋ_məˌʃiːn] Nähmaschine

sewn [səʊn] 3. Form von → sew

★**sex¹** [seks] **1** Geschlecht („männlich" *oder* „weiblich") **2** Sex, Sexualität **3** **have sex with** Geschlechtsverkehr haben mit

★**sex²** [seks] **1** Sexual...; **sex crime** Sexualverbrechen; **sex object** Lustobjekt **2** Geschlechts...; **sex organ** Geschlechtsorgan; **sex change** Geschlechtsumwandlung **3** Sex...; **sex appeal** (≈ *erotische Ausstrahlung*) Sex-Appeal

sexism ['seksɪzm] Sexismus (*Diskriminierung der Frauen*)

sexist¹ ['seksɪst] *Äußerung, Einstellung usw.*: sexistisch

sexist² ['seksɪst] Sexist(in)

sexual ['sekʃʊəl] **1** sexuell, Sexual... **2** **sexual intercourse** Geschlechtsverkehr

sexuality [ˌsekʃʊˈælətɪ] Sexualität

sexually ['sekʃəlɪ] sexuell; **sexually transmitted disease** sexuell übertragbare Krankheit

sexy ['seksɪ] *umg* sexy, aufreizend

SF [ˌesˈef] (*abk für* science fiction) Science-Fiction

shabby ['ʃæbɪ] *allg.*: schäbig

shack [ʃæk] Hütte, Baracke

shackles ['ʃæklz] *pl* Fesseln, Ketten

★**shade¹** [ʃeɪd] **1** Schatten (*als Schutz vor der Sonne*) **2** ...schirm; **lampshade** Lampenschirm **3** Farbton **4** *übertragen* Nuance **5** **a shade** *übertragen* ein kleines bisschen; **a shade (too) loud** eine Spur zu laut; → shades

★**shade²** [ʃeɪd] abschirmen (**from light** gegen Licht)

shades [ʃeɪdz] *pl umg* Sonnenbrille

★**shadow¹** ['ʃædəʊ] **1** Schatten (*den ein Gegenstand usw. wirft; auch übertragen*) **2** **there's not a shadow of doubt about it** *übertragen* daran besteht nicht der geringste Zweifel

shadow² ['ʃædəʊ] (≈ *verfolgen*) beschatten

shadow cabinet [ˌʃædəʊˈkæbɪnət] *Politik*: Schattenkabinett

shadow economy [ˌʃædəʊ_ɪˈkɒnəmɪ] Schattenwirtschaft

shadowy ['ʃædəʊɪ] **1** schattig, dunkel **2** *übertragen* geheimnisvoll

shady ['ʃeɪdɪ] **1** schattig **2** *umg; Person*: zwielichtig, *Geschäft usw. auch*: zweifelhaft

shaft [ʃɑːft] **1** Schaft (*eines Pfeils usw.*) **2** *Werkzeug*: Stiel **3** *Aufzug usw.*: Schacht

shaggy ['ʃægɪ] zottig, zottelig

★**shake¹** [ʃeɪk], shook [ʃʊk], shaken ['ʃeɪkən] **1** wackeln, zittern, beben (**with** vor) **2** schütteln **3** **shake hands with someone** jemandem die Hand schütteln **4** **shake one's head** den Kopf schütteln **5** *übertragen* erschüttern (*jemandes Glauben usw.*); **he was badly shaken by the accident** der Unfall hat ihn arg mitgenommen **6** **what's shaking?** *US, salopp* was geht ab?

PHRASAL VERBS

shake off [ˌʃeɪkˈɒf] abschütteln, loswerden (*beide auch übertragen*)

shake out [ˌʃeɪkˈaʊt] ausschütteln

shake up [ˌʃeɪkˈʌp] **1** *übertragen* aufrütteln **2** erschüttern **3** umkrempeln (*Betrieb*)

★**shake²** [ʃeɪk] **1** Schütteln **2** *Getränk*: Shake, Mixgetränk; → shakes

shaken ['ʃeɪkən] 3. Form von → shake¹

shaker ['ʃeɪkə] **1** Shaker, Mixbecher **2** *US* **salt shaker** Salzstreuer

shakes [ʃeɪks] **it's no great shakes** *umg* es ist nicht gerade umwerfend

shaky ['ʃeɪkɪ] **1** *Stuhl usw.*: wackelig **2** *Person*: zittrig, wackelig; **I feel a bit shaky** ich fühle mich etwas schwach

★**shall** [ʃæl] **1** *förmlich, Futur*: **I shall** ich werde; **we shall not** (*oder* **shan't**) wir werden nicht **2** *in Fragen*: **shall I** soll ich ...?; **shall we** sollen wir ...?, wollen wir ...?; **shall we go?** gehen wir?

shallow ['ʃæləʊ] seicht, flach (*auch übertragen*)

sham [ʃæm] Heuchelei; **it was just a sham** es war alles nur gespielt (⚠ *nicht* Scham)

shambles ['ʃæmblz] *pl* **the room was (in) a shambles** *umg* das Zimmer war das reinste Schlachtfeld

★**shame** [ʃeɪm] **1** Scham(gefühl) **2** Schande; **bring shame on someone** jemandem Schande machen **3** **what a shame!** (wie) schade!; **it's a shame** (es ist) schade, *stärker*: es ist eine Schande **4** **shame on you!** schäm dich!

shameful ['ʃeɪmfl] beschämend, schändlich

shameless ['ʃeɪmləs] schamlos, unverschämt

★**shampoo¹** [ʃæmˈpuː] *pl*: shampoos **1** Shampoo(n) **2** Haarwäsche

shampoo² [ʃæmˈpuː], shampooed, shampooed; -ing-Form shampooing waschen (*Haare*), schamponieren (*Teppich usw.*)

shamrock ['ʃæmrɒk] Kleeblatt (⚠ *Wahrzeichen von Irland*)

shan't [ʃɑːnt] *Kurzform von* **shall not** → **shall**

★**shape¹** [ʃeɪp] **1** Form; **in the shape of** in Form (+ *Genitiv*) (*auch übertragen*); **take shape** *übertragen* Gestalt annehmen **2** *Person:* Gestalt **3** **be in good** (*bzw.* **bad**) **shape** *Person:* in guter (*bzw.* schlechter) Verfassung sein, gut (*bzw.* nicht gut) in Form sein, *Gebäude usw.:* in gutem (*bzw.* schlechtem) Zustand sein **4** *für Sandkasten:* Förmchen

★**shape²** [ʃeɪp] **1** formen (*Ton usw.*) (**into** zu) **2** *übertragen* prägen, formen (*Charakter*)

★**share¹** [ʃeə] **1** Anteil (**in, of** an); **have a share in** beteiligt sein an **2** *Wirtschaft:* Aktie

★**share²** [ʃeə] teilen (*auch übertragen*); **share something** (sich) etwas teilen (**with** mit); **we share a flat** wir wohnen gemeinsam in einer Wohnung

---
PHRASAL VERBS

share out [ˌʃeərˈaʊt] verteilen (**among, between** an, unter)

---

shareholder ['ʃeəˌhəʊldə] *Wirtschaft:* Aktionär(in)

shareware ['ʃeəweə] *Computer:* Shareware (*Computerprogramme, die oft als Testversion ausprobiert werden können, bevor man für die Vollversion bezahlt*)

★**shark** [ʃɑːk] **1** Hai(fisch) **2** *umg; Person:* Schlitzohr, gerissener Geschäftemacher

★**sharp¹** [ʃɑːp] **1** ↔ **blunt**; *allg.:* scharf **2** *Nadel usw.:* spitz **3** *Gegensatz usw.:* deutlich, scharf **4** *Geschmack:* herb, scharf **5** *Ton usw.:* schneidend, scharf **6** *Schmerz, Wind usw.:* heftig, schneidend **7** **a sharp tongue** eine spitze Zunge **8** **brake sharply** scharf bremsen **9** *Person:* scharfsinnig **10** **sharp practice** unsaubere Geschäfte

★**sharp²** [ʃɑːp] **at two o'clock sharp** Punkt 2 (Uhr)

sharpen ['ʃɑːpən] **1** schärfen, schleifen (*Messer usw.*) **2** spitzen (*Bleistift usw.*)

sharpener ['ʃɑːpnə] (Bleistift)Spitzer

sharpness ['ʃɑːpnəs] **1** *von Messer:* Schärfe **2** *von Nadel, Dorn usw.:* Spitzheit **3** *übertragen* Scharfsinn, Scharfsinnigkeit, Schärfe (*des Verstands*)

shat [ʃæt] 2. und 3. Form von → **shit¹**

shatter ['ʃætə] **1** zerschmettern, zerschlagen **2** (*Glas usw.*) zerspringen **3** *übertragen* zerstören (*Hoffnungen usw.*) **4** **I was shattered** *umg* ich war total geschockt **5** **I'm shattered** *Br, umg* ich bin geschlaucht

★**shave¹** [ʃeɪv] (sich) rasieren

★**shave²** [ʃeɪv] **1** Rasur; **have a shave** sich rasieren **2** **that was a close shave** *umg* das war knapp

shaven ['ʃeɪvn] kahlgeschoren

shaver ['ʃeɪvə] Elektrorasierer

shaving ['ʃeɪvɪŋ] Rasier...; **shaving brush** Rasierpinsel; **shaving foam** Rasierschaum; **shaving soap** Rasierseife

shavings ['ʃeɪvɪŋz] *pl* (Hobel)Späne

shawl [ʃɔːl] Umhängetuch, *als Kopfbedeckung:* Kopftuch

★**she¹** [ʃiː] sie

★**she²** [ʃiː] **1** Sie, Mädchen, Frau **2** *bei Tieren:* Weibchen, Sie

★**she³** [ʃiː] *bei Tieren:* ...weibchen; **she-bear** Bärin

sheaf [ʃiːf] *pl:* **sheaves** [ʃiːvz] **1** *Landwirtschaft:* Garbe **2** *Papier usw.:* Bündel

shear [⚠ ʃɪə], **sheared**, **shorn** [ʃɔːn] *oder* **sheared** scheren (*Schaf*)

shears [⚠ ʃɪəz] *pl*, *auch* **pair of shears** (große) Schere; **pruning shears** Gartenschere

sheaves [ʃiːvz] *pl von* → **sheaf**

shed¹ [ʃed], **shed**, **shed**; -*ing-Form* **shedding** **1** vergießen (*Blut, Tränen*) **2** (*Pflanze, Tier*) verlieren (*Blätter, Haare*) **3** **shed a few pounds** ein paar Pfund abnehmen **4** *übertragen* ablegen (*Hemmungen usw.*)

shed² [ʃed] **1** Schuppen **2** Stall

she'd [ʃiːd] *Kurzform von* **she had** *oder* **she would**

★**sheep** [ʃiːp] *pl:* **sheep** Schaf (*auch übertragen*)

sheepdog ['ʃiːpdɒg] Schäferhund

sheepish ['ʃiːpɪʃ] *Person, Lächeln:* verlegen

sheepskin ['ʃiːpskɪn] Schaffell

sheer [ʃɪə] **1** bloß, rein; **by sheer coincidence** rein zufällig **2** *Abhang:* steil, (fast) senkrecht **3** *Stoff:* hauchdünn

★**sheet** [ʃiːt] **1** Betttuch, Bettlaken; **(as) white as a sheet** kreidebleich **2** *Papier:* Bogen, Blatt **3** *Glas usw.:* Platte, Scheibe **4** **sheet of ice** Eisfläche

★**shelf** [ʃelf] *pl:* **shelves** [ʃelvz] Brett, Bord; **bookshelf** Bücherbord; **shelves** *pl* Regal

shelf life ['ʃelf ˌlaɪf] *von Waren:* Lagerfähigkeit, Haltbarkeit

shell¹ [ʃel] **1** *von Ei, Auster usw.:* Schale, *von Erbsen usw.:* Hülse **2** Muschel(schale) **3** *von Schnecke:* Haus, *von Schildkröte:* Panzer **4** von

Haus: Rohbau **5** *von Auto*: Karosserie **6** *militärisch*: Granate **7 come out of one's shell** übertragen aus sich herausgehen

shell² [ʃel] **1** schälen, enthülsen (*Erbsen usw.*) **2** *militärisch*: beschießen

she'll [ʃiːl] *Kurzform von* **she will**

shellfish [ˈʃelfɪʃ] *pl*: shellfish Schalentier (*z.B. Hummer*) (⚠ *nicht* Schellfisch)

shelter¹ [ˈʃeltə] **1** Unterstand; **bus shelter** Bushaltestelle: Wartehäuschen; **air-raid shelter** (Luftschutz)Bunker **2** Unterkunft (*für Obdachlose*) **3** Schutz, Unterkunft; **run for shelter** Schutz suchen; **take shelter** sich unterstellen (**under** unter)

shelter² [ˈʃeltə] **1** schützen (**from** vor) **2** sich unterstellen

shelve [ʃelv] **1** (in ein Regal) einstellen (*Bücher*) **2** übertragen zurückstellen (*Plan usw.*)

shelves [ʃelvz] *pl von* → **shelf**

shepherd [⚠ ˈʃepəd] Schäfer, Hirte (*auch übertragen*)

sherbet [ˈʃɜːbət] **1** *Br* Brausepulver **2** *US* Wassereis

sheriff [ˈʃerɪf] Sheriff

she's [ʃiːz] *Kurzform von* **she is** *oder* **she has**

shield¹ [ʃiːld] (≈ *Schutz*) Schild, Schutz

shield² [ʃiːld] **shield someone** jemanden schützen (**from** vor), jemanden decken

shift¹ [ʃɪft] **1** bewegen, schieben (*z.B. Möbelstück*) **2 shift from one foot to the other** von einem Fuß auf den anderen treten **3** (*Interessen usw.*) sich verlagern, sich wandeln **4** (ab)schieben, abwälzen (*Schuld, Verantwortung*) (**onto** auf) **5 shift gear** den Gang wechseln

shift² [ʃɪft] **1** übertragen Wandel, Verlagerung **2** *Arbeit*: Schicht (*Zeit und Arbeiter*); **work (in) shifts** in Schichten arbeiten; **on a/my shift** in einer/meiner Schicht; **he's on night shift** er hat Nachtschicht **3** *Computer*: Shift (taste); **press shift and F5** drücken Sie Shift und F5

shift key [ˈʃɪft ˌkiː] *auf Tastatur*: Umschalttaste, Shifttaste

shift lock [ˈʃɪft ˌlɒk] *auf Tastatur*: Feststelltaste

shiftwork [ˈʃɪftwɜːk] Schichtarbeit; **do shiftwork** Schicht arbeiten

shift worker [ˈʃɪft ˌwɜːkə] Schichtarbeiter(in)

shifty [ˈʃɪftɪ] verschlagen, zwielichtig

shilling [ˈʃɪlɪŋ] *Br*: *alte Münze*: Schilling

shimmer¹ [ˈʃɪmə] schimmern

shimmer² [ˈʃɪmə] Schimmer

shin [ʃɪn], **shinbone** [ˈʃɪnbəʊn] Schienbein

★**shine¹** [ʃaɪn], shone [⚠ ʃɒn], shone [⚠ ʃɒn] **1** (*Sonne*) scheinen, (*Lampe usw.*) leuchten **2** glänzen (**with** vor) **3 shine a torch** (*US* **flashlight**) **into** mit einer Taschenlampe leuchten in

★**shine²** [ʃaɪn] **1** Glanz **2 take a shine to someone** *umg* jemanden sofort mögen

shingles [ˈʃɪŋglz] (⚠ *nur im sg verwendet*) *Medizin*: Gürtelrose

shiny [ˈʃaɪnɪ] glänzend, *Ärmel usw.*: blank

★**ship¹** [ʃɪp] Schiff

★**ship²** [ʃɪp], shipped, shipped **1** verschiffen **2** *allg.*: verfrachten, versenden

shipment [ˈʃɪpmənt] **1** *Ware*: Ladung, Sendung **2** Verschiffung, *allg.*: Versand

shipowner [ˈʃɪpˌəʊnə] Reeder(in)

shipper [ˈʃɪpə] Spediteur(in)

shipping [ˈʃɪpɪŋ] **1** Schifffahrt **2** *von Gütern*: Versand

shipwreck [⚠ ˈʃɪprek] **be shipwrecked** Schiffbruch erleiden

shipyard [ˈʃɪpjɑːd] (Schiffs)Werft

shirk [ʃɜːk] sich drücken (vor)

shirker [ˈʃɜːkə] Drückeberger(in)

★**shirt** [ʃɜːt] Hemd; **keep your shirt on!** *umg* reg dich ab!

shirtsleeves [ˈʃɜːtsliːvz] *pl* **in one's shirtsleeves** in Hemdsärmeln, hemdsärmelig

shirty [ˈʃɜːtɪ] **get shirty with someone** *Br, umg* jemanden anschnauzen

shit¹ [ʃɪt], shit, shit *oder* shat [ʃæt], shat [ʃæt]; *-ing-Form* shitting *vulgär* scheißen

shit² [ʃɪt] **1** *vulgär* Scheiße **2** *salopp* Shit (*Haschisch*) **3** *salopp*; *unnützes Zeug, Bemerkung usw.*: Scheiß; **don't give me that shit!** erzähl nicht so einen Scheiß! **4** *vulgär*; *Person*: Arschloch **5** *vulgär*: **be in deep shit, be in the shit** in der Scheiße sitzen

shitless [ˈʃɪtləs] *vulgär*: **be scared shitless** sich vor Angst in die Hosen scheißen

shitty [ˈʃɪtɪ] *vulgär*; *Stimmung, Laune usw.*: beschissen

shiver¹ [ˈʃɪvə] zittern (**with** vor)

shiver² [ˈʃɪvə] Schauer; **the sight sent shivers (up and) down my spine** bei dem Anblick überlief es mich eiskalt

shoal [ʃəʊl] Schwarm (*Fische*)

★**shock¹** [ʃɒk] **1** Schock, Schreck **2** Wucht (*einer Explosion*) **3** *Elektrotechnik*: Schlag, Schock

★**shock²** [ʃɒk] schockieren, erschüttern

shock absorber [ˈʃɒk əbˌzɔːbə] *Auto*: Stoßdämpfer

shocked [ʃɒkt] schockiert, erschüttert
shocker ['ʃɒkə] *umg*; *Film usw.*: Schocker
shocking ['ʃɒkɪŋ] **1** *Verhalten, Kleidung usw.*: schockierend, anstößig **2** *Nachricht usw.*: erschütternd **3** *Br, umg*; *Wetter, Essen usw.*: entsetzlich
shockproof ['ʃɒkpru:f] stoßgesichert
shock therapy ['ʃɒk,θerəpɪ], **shock treatment** ['ʃɒk,tri:tmənt] *Medizin*: Schockbehandlung, Schocktherapie (*auch übertragen*)
shock wave ['ʃɒk‿weɪv] *nach Explosion usw.*: Druckwelle; **send shock waves through** *übertragen* erschüttern
shoddy ['ʃɒdɪ] **1** *Ware*: minderwertig, *Arbeit*: schlampig **2** *Trick usw.*: gemein
★**shoe** [ʃu:] **1** Schuh **2** *von Pferd*: (Huf)Eisen **3** **I wouldn't like to be in his shoes** *übertragen* ich möchte nicht in seiner Haut stecken
shoehorn ['ʃu:hɔ:n] Schuhlöffel
shoelace ['ʃu:leɪs] Schnürsenkel
shoemaker ['ʃu:,meɪkə] Schuhmacher(in), Schuster(in)
shoe shop ['ʃu:‿ʃɒp] *Br*, **shoe store** ['ʃu:‿stɔ:] *US* Schuhgeschäft
shoestring ['ʃu:strɪŋ] **1** *US* Schnürsenkel **2** **do something on a shoestring** etwas mit ganz wenig Geld durchziehen
shone [ʃɒn] ⚠ 2. und 3. Form von → shine¹
shoo [ʃu:] verscheuchen (*Vögel, Kinder*)
shook [ʃʊk] 2. Form von → shake¹
★**shoot**¹ [ʃu:t], **shot** [ʃɒt], **shot** [ʃɒt] **1** schießen (**at** auf) **2** abfeuern (*Gewehr, Kugel*), abschießen (*Pfeil usw.*) (**at** auf) **3** *Jagd*: schießen, erlegen **4** anschießen, niederschießen (*Person, Tier*) **5** *auch* **shoot dead** erschießen **6** (≈ *sich schnell bewegen*) rasen, schießen **7** *Film*: drehen, filmen, *Fotografie*: aufnehmen **8** *Sport*: schießen; **shoot at (the) goal** aufs Tor schießen **9** **shoot the lights** *umg*; *an Ampel*: bei Rot durchfahren **10** **shooting pains** stechende Schmerzen **11** **shoot heroin** fixen

PHRASAL VERBS

shoot down [,ʃu:t'daʊn] **1** abschießen (*Flugzeug usw.*) **2** *übertragen* abschmettern (*Vorschlag usw.*)
shoot up [,ʃu:t'ʌp] **1** (*Flammen usw.*) in die Höhe schießen **2** (*Preise*) in die Höhe schnellen

★**shoot**² [ʃu:t] *von Pflanze*: Trieb
shooting ['ʃu:tɪŋ] **1** Schießen, Schießerei; **shooting gallery** *auf dem Rummelplatz*: Schießbude **2** Erschießung (*eines Menschen*) **3** *Film*: Dreharbeiten

shooting star [,ʃu:tɪŋ'stɑ:] Sternschnuppe
★**shop**¹ [ʃɒp] **1** *bes. Br* Laden, Geschäft **2** Werkstatt **3** **talk shop** fachsimpeln
★**shop**² [ʃɒp], **shopped**, **shopped** **1** **go shopping** einkaufen gehen **2** *Br, salopp* verpfeifen (*bei der Polizei*)

PHRASAL VERBS

shop around [,ʃɒp‿ə'raʊnd] sich informieren, die Preise vergleichen

shopaholic [ʃɒpə'hɒlɪk] Kaufsüchtige(r)
★**shop assistant** ['ʃɒp‿ə,sɪstənt] *Br* Verkäufer(in)
shop floor [,ʃɒp'flɔ:] **1** **on the shop floor** in der Produktion **2** **the shop floor** die Arbeiter
shopkeeper ['ʃɒp,ki:pə] *bes. Br* Ladenbesitzer(in)
shoplifter ['ʃɒp,lɪftə] Ladendieb(in)
shoplifting ['ʃɒp,lɪftɪŋ] Ladendiebstahl
shopper ['ʃɒpə] Käufer(in)
★**shopping**¹ ['ʃɒpɪŋ] **1** Einkäufe (*Sachen*) **2** Einkaufen; **do one's shopping** einkaufen, (seine) Einkäufe machen
★**shopping**² ['ʃɒpɪŋ] Einkaufs...; **shopping bag** Einkaufstasche; **shopping basket** Einkaufskorb (*auch im Internet*); **shopping cart** *US* Einkaufswagen; **shopping centre** (*US* **center**) Einkaufszentrum; **shopping list** Einkaufszettel; **shopping mall** *US* Einkaufszentrum; **shopping trolley** *Br* Einkaufswagen
shop window [,ʃɒp'wɪndəʊ] Schaufenster
shore [ʃɔ:] **1** Küste, (See)Ufer **2** **on shore** an Land; **shore leave** Landurlaub
shorn [ʃɔ:n] 3. Form von → shear
★**short**¹ [ʃɔ:t] **1** ↔ **long** räumlich, zeitlich: kurz; **short back and sides** *Frisur*: Kurzhaarschnitt; **a short time ago** vor kurzer Zeit, vor Kurzem **2** ↔ **tall** *Person*: klein **3** **'maths' is short for 'mathematics'** „maths" ist die Kurzform von „mathematics" **4** **in the short run** zunächst, auf kurze Sicht **5** **in the short term** kurzfristig (gesehen) **6** **be short of money** (*oder* **cash**) knapp bei Kasse sein; **short of breath** kurzatmig **7** barsch (**with** zu), kurz angebunden **8** **short of** *übertragen* außer
★**short**² [ʃɔ:t] **1** plötzlich, abrupt; **stop short** *Auto usw.*: abrupt bremsen, *beim Reden*: plötzlich innehalten **2** **be caught** (*oder* **taken**) **short** *Br, umg* dringend mal (verschwinden) müssen **3** **go short (of)** zu wenig haben **4** **fall short of** nicht erreichen **5** **run short** knapp werden, zur Neige gehen; **we're running short of bread** uns geht das Brot aus **6** **stop**

short of zurückschrecken vor; **stop short of doing something** davor zurückschrecken, etwas zu tun [7] **cut short** abbrechen (*Urlaub usw.*)

★**short³** [ʃɔːt] [1] *umg; Elektrizität:* Kurzschluss [2] *Br, umg* (≈ *Schnaps*) Kurzer [3] **he's called Bill for short** er wird kurz Bill genannt [4] **in short** kurz(um), kurz gesagt; → **shorts**

shortage [ˈʃɔːtɪdʒ] Mangel (**of** an); **food shortage** Lebensmittelknappheit

short-circuit [ˌʃɔːtˈsɜːkɪt] [1] *Elektrizität:* einen Kurzschluss verursachen in [2] *übertragen* umgehen (*langen Prozess usw.*)

short circuit [ˌʃɔːtˈsɜːkɪt] *Elektrizität:* Kurzschluss

shortcoming [ˈʃɔːtˌkʌmɪŋ] *pl* Unzulänglichkeit, Mangel

short cut [ˈʃɔːt ˌkʌt] Abkürzung

short-cut key [ˈʃɔːtkʌt ˌkiː] *Computer:* Shortcut, Tastenkombination

shorten [ˈʃɔːtn] [1] kürzen, kürzer machen (*auch Rock usw.*) [2] kürzer werden

shorthand [ˈʃɔːthænd] Kurzschrift, Stenografie; **do shorthand** stenografieren; **shorthand typist** Stenotypistin

shortlist¹ [ˈʃɔːtlɪst] *Br bei Stellenausschreibung usw.:* **be on the shortlist** in der engeren Wahl sein

shortlist² [ˈʃɔːtlɪst] *Br; bei Stellenausschreibung usw.:* in die engere Wahl ziehen; **be shortlisted** in der engeren Wahl sein

★**shortly** [ˈʃɔːtlɪ] [1] bald, in Kürze [2] **shortly afterwards** kurz danach

shorts [ʃɔːts] *pl* [1] *auch* **pair of shorts** Shorts [2] *auch* **pair of shorts** *bes. US* (Herren)Unterhose

shortsighted [ˌʃɔːtˈsaɪtɪd] kurzsichtig (*auch übertragen*)

★**short story** [ˌʃɔːtˈstɔːrɪ] Kurzgeschichte

short-tempered [ˌʃɔːtˈtempəd] unbeherrscht

short-term [ˈʃɔːt ˌtɜːm] kurzfristig; **short-term contract** Kurzzeitvertrag

short time [ˌʃɔːtˈtaɪm] **be on** (*oder* **work**) **short time** *Br; Wirtschaft:* kurzarbeiten

★**shot¹** [ʃɒt] [1] Schuss; **like a shot** blitzschnell, sofort [2] (*Ball*)*Sport:* Schuss, Wurf, Schlag [3] **he's a good shot** er ist ein guter Schütze [4] *umg* Versuch; **I'll have a shot at it** ich probier's mal [5] Schrot (*zum Schießen*) [6] *umg* (≈ *Foto*) Aufnahme [7] *Film, TV:* Aufnahme [8] *umg* Spritze [9] **call the shots** *umg* das Sagen haben [10] **big shot** *umg* hohes Tier

shot² [ʃɒt] 2. und 3. Form von → **shoot¹**

shotgun [ˈʃɒtɡʌn] Schrotflinte

shotgun wedding [ˌʃɒtɡʌnˈwedɪŋ] *umg* Mussheirat

shot put [ˈʃɒt ˌpʊt] *Leichtathletik:* Kugelstoßen

shot-putter [ˈʃɒtˌpʊtə] Kugelstoßer(in)

★**should** [ʃʊd, ʃəd] [1] *allg.:* **I should** ich sollte; **you should** du solltest *usw.* [2] *bei Vermutungen:* **he should be home by now** er müsste inzwischen zu Hause sein [3] *anstelle von* **would** (*nach* **I** *und* **we**): würde; **I should like to know** ich würde gern wissen; **I should go if I were you** ich an deiner Stelle würde gehen [4] *statt* **would** *bei if-Sätzen* (*nach* **I** *und* **we**): **I should go if I were you** ich an deiner Stelle würde gehen

★**shoulder** [ˈʃəʊldə] [1] Schulter [2] *US, auf Autobahn:* Standspur

shoulder bag [ˈʃəʊldə ˌbæɡ] Umhängetasche, Schultertasche

shoulder blade [ˈʃəʊldə ˌbleɪd] *Körper:* Schulterblatt

shouldn't [ˈʃʊdnt] Kurzform von **should not**

should've [ˈʃʊdəv] Kurzform von **should have**

★**shout¹** [ʃaʊt] rufen, schreien (**for** nach; **for help** um Hilfe)

———————— PHRASAL VERBS ————————

shout at [ˈʃaʊt ˌət] **shout at someone** jemanden anschreien

★**shout²** [ʃaʊt] Ruf, Schrei

shove¹ [ʃʌv] [1] stoßen, schubsen [2] stopfen (*Kleidungsstücke usw.*) (**into** in)

———————— PHRASAL VERBS ————————

shove off [ˌʃʌvˈɒf] **shove off!** *umg* hau ab!

shove² [ʃʌv] Stoß, Schubs

shovel¹ [ˈʃʌvl] Schaufel

shovel² [ˈʃʌvl] shovelled, shovelled, *US* shoveled, shoveled schaufeln

★**show¹** [ʃəʊ], showed [ʃəʊd], shown [ʃəʊn] [1] zeigen, vorzeigen (*Fahrkarte usw.*); **show someone how to do something** jemandem zeigen, wie man etwas macht [2] zu sehen sein; **it shows** man sieht es [3] bringen, führen (*Person*) (**to** zu) [4] *Theater usw.:* zeigen, vorführen, *TV:* bringen

———————— PHRASAL VERBS ————————

show around *oder* **round** [ˌʃəʊ əˈraʊnd *oder* ˈraʊnd] herumführen; **show someone around the house** jemanden durchs Haus führen

show in [ˌʃəʊˈɪn] hereinführen, hineinbringen

show off [ˌʃəʊˈɒf] [1] angeben, protzen [2] **show something off** mit etwas angeben (**to** bei)

show out [ˌʃəʊˈaʊt] herausführen, hinausbringen

show up [ˌʃəʊˈʌp] [1] *umg* kommen, aufkreuzen **2** heraufführen, hinaufbringen **3** **show someone up** jemanden bloßstellen, jemanden blamieren

show² [ʃəʊ] **1** *Theater usw.:* Vorstellung **2** *TV usw.:* Show **3** Ausstellung, ...schau; **be on show** ausgestellt sein **4** Demonstration (*von Macht usw.*) **5** *abwertend:* Schau; **nothing but show** eine reine Schau; **make a show of** heucheln (*Interesse usw.*) **6** **run the show** *umg* den Laden schmeißen **7** **put up a poor** *usw.* **show** eine schwache *usw.* Leistung zeigen; **steal the show** jemandem die Schau stehlen

show biz [ˈʃəʊˌbɪz] *umg* Showgeschäft
show business [ˈʃəʊˌbɪznəs] Showgeschäft
showcase¹ [ˈʃəʊkeɪs] Schaukasten, Vitrine
showcase² [ˈʃəʊkeɪs] hervorheben
showdown [ˈʃəʊdaʊn] Kraftprobe
★**shower**¹ [ˈʃaʊə] **1** *Regen usw.:* Schauer; **scattered showers** vereinzelt Schauer **2** Dusche; **have** (*oder* **take**) **a shower** duschen
★**shower**² [ˈʃaʊə] **1** duschen **2** **shower someone with something** jemanden mit etwas überschütten (*oder* überhäufen)
shower cabinet [ˈʃaʊəˌkæbɪnət], **shower cubicle** [ˈʃaʊəˌkjuːbɪkl] Duschkabine
shower curtain [ˈʃaʊəˌkɜːtn] Duschvorhang
★**shower gel** [ˈʃaʊəˌdʒel] Duschgel
showerhead [ˈʃaʊəhed] Brauseaufsatz
shown [ʃəʊn] 3. Form von → show¹
show-off [ˈʃəʊˌɒf] *umg* Angeber(in)
shrank [ʃræŋk] 2. Form von → shrink¹
shred¹ [ʃred] **1** Fetzen; **tear to shreds** zerfetzen **2** **tear to shreds** *Theaterstück usw.:* verreißen **3** Schnitzel, Stückchen **4** **not a shred of doubt** *übertragen* nicht der geringste Zweifel
shred² [ʃred], **shredded, shredded** **1** in Streifen schneiden (*Gemüse usw.*) **2** zerfetzen, in den Reißwolf geben (*Papier*)
shrewd [ʃruːd] scharfsinnig, klug
shriek¹ [ʃriːk] (gellend) aufschreien
shriek² [ʃriːk] (schriller) Schrei
shrill [ʃrɪl] schrill, gellend
shrimp [ʃrɪmp] **1** *Meerestier:* Garnele **2** *umg* Knirps
shrine [ʃraɪn] **1** Heiligtum, Wallfahrtsstätte **2** Reliquienschrein
shrink¹ [ʃrɪŋk], **shrank** [ʃræŋk] *oder* **shrunk** [ʃrʌŋk], **shrunk** [ʃrʌŋk] **1** (zusammen)-schrumpfen (*auch übertragen*), (*Stoff usw.*) einlaufen **2** (*Beliebtheit usw.*) schwinden
shrink² [ʃrɪŋk] *salopp* Psychiater, Seelenklempner

shrivel [ˈʃrɪvl], **shrivelled, shrivelled**, *US* **shriveled, shriveled** austrocknen, runzelig werden; **shrivelled** runzelig
Shrove Tuesday [ˌʃrəʊvˈtjuːzdeɪ] Faschingsdienstag, Fastnachtsdienstag
shrub [ʃrʌb] Busch, Strauch
shrug [ʃrʌɡ], **shrugged, shrugged** **shrug (one's shoulders)** mit den Achseln (*oder* Schultern) zucken

─────────────── PHRASAL VERBS ───────────────
shrug off [ˌʃrʌɡˈɒf] übertragen als unwichtig abtun
───

shrunk [ʃrʌŋk] 2. und 3. Form von → shrink¹
shudder¹ [ˈʃʌdə] **1** schaudern **2** (*Haus usw.*) beben, (*Zug usw.*) rütteln
shudder² [ˈʃʌdə] Schauder
shuffle [ˈʃʌfl] **1** mischen (*Spielkarten*) **2** **shuffle (one's feet)** schlurfen
shun [ʃʌn], **shunned, shunned** meiden
★**shut** [ʃʌt], **shut, shut**; *-ing-Form* **shutting** **1** zumachen, schließen (*Tür usw., auch Fabrik usw.*); **keep one's mouth shut** *umg* den Mund halten **2** (*Tür usw.*) zugehen, schließen (*auch Laden usw.*) **3** einschließen (**in** in); **shut one's finger in the door** sich den Finger in der Tür einklemmen

─────────────── PHRASAL VERBS ───────────────
shut away [ˌʃʌt əˈweɪ] **1** wegschließen **2** **shut oneself away** sich vergraben (**in** in) (*im Zimmer usw.*)
shut down [ˌʃʌtˈdaʊn] **1** schließen (*Fabrik usw.*) **2** (*Fabrik usw.*) schließen
shut off [ˌʃʌtˈɒf] **1** abstellen (*Gas, Maschine usw.*) **2** (*Maschine usw.*) (sich) abschalten **3** fernhalten (**from** von)
shut up [ˌʃʌtˈʌp] **1** **shut up!** *umg* halt die Klappe! **2** **shut someone up** *umg* jemandem den Mund stopfen **3** einsperren (**in** in) **4** schließen (*Geschäft*)
───

shutdown [ˈʃʌtdaʊn] *einer Firma, Fabrik usw.:* Schließung, *für immer auch:* Stilllegung
shutter [ˈʃʌtə] **1** Fensterladen **2** *an Kamera:* Verschluss; **shutter speed** Verschlusszeit
shuttle¹ [ˈʃʌtl] **1** *Verkehrsmittel im Pendelverkehr;* **shuttle train** Pendelzug; **shuttle bus** Bus im Pendelverkehr; **shuttle service** Pendelverkehr **2** **space shuttle** Raumfähre
shuttle² [ˈʃʌtl] **1** im Pendelverkehr befördern, hin- und herfahren **2** (*Personen*) pendeln
shuttlecock [ˈʃʌtlkɒk] Federball
★**shy**¹ [ʃaɪ] **1** *Person:* schüchtern (**of, with** ge-

genüber); **don't be shy** nur keine Hemmungen! [2] *Tier:* scheu
★**shy²** [ʃaɪ] (*Pferd*) scheuen (**at** vor)

PHRASAL VERBS

shy away from [ˌʃaɪ ə'weɪ frɒm] *übertragen* zurückschrecken vor; **shy away from doing something** davor zurückschrecken, etwas zu tun

---

shyness ['ʃaɪnəs] Scheu, Schüchternheit
Siberia [saɪ'bɪərɪə] Sibirien
★**siblings** ['sɪblɪŋz] *pl* Geschwister *pl*
Sicily ['sɪsəlɪ] Sizilien
★**sick¹** [sɪk] [1] krank; **be off sick** krank (geschrieben) sein; **report** (*oder* **call in**) **sick** sich krankmelden [2] **be sick** sich übergeben; **he felt sick** ihm war schlecht [3] **be sick of something** *umg* etwas satthaben; **be sick (and tired) of doing something** *umg* es (gründlich) satthaben, etwas zu tun [4] **it makes me sick** mir wird schlecht davon, *übertragen* es ekelt mich an [5] *Witz usw.:* (≈ *geschmacklos*) abartig, pervers
★**sick²** [sɪk] **the sick** *pl* die Kranken
sickbag ['sɪkbæg] *im Flugzeug:* Spucktüte
sickbay ['sɪkbeɪ] *in Schule:* Krankenzimmer
sickbed ['sɪkbed] Krankenbett
sicken ['sɪkən] anekeln, anwidern (*beide auch übertragen*); **it's sickening** es ist zum Kotzen
sickie ['sɪkɪ] *umg* **take a sickie** einen Tag blaumachen
sickle ['sɪkl] Sichel
sick leave ['sɪk liːv] **be on sick leave** krank (geschrieben) sein
sickly ['sɪklɪ] [1] *Person:* kränklich [2] *Lächeln:* matt [3] *Geruch usw.:* widerwärtig [4] **sickly-sweet** übersüß
★**sickness** ['sɪknəs] [1] *allg.:* Krankheit [2] *vom Magen her:* Übelkeit
sick note ['sɪk nəʊt] Krankmeldung
sicko ['sɪkəʊ] *salopp, Person:* Perversling
★**side¹** [saɪd] [1] *allg.:* Seite (*auch übertragen*); **side by side** nebeneinander, Seite an Seite; **at the side of the road** am Straßenrand; **on the side** *übertragen* nebenbei, nebenher; **take sides** Partei ergreifen (**with** für; **against** gegen) [2] *Br; Sport:* Mannschaft [3] **to be on the 'safe side** um ganz sicher zu gehen
★**side²** [saɪd] Seiten...; **side door** Seitentür
★**side³** [saɪd] Partei ergreifen (**with** für; **against** gegen)
★**sideboard** ['saɪdbɔːd] *Möbelstück:* Anrichte, ⒶKredenz

sideboards ['saɪdbɔːdz] *pl, bes. US* **sideburns** ['saɪdbɜːnz] *pl* Koteletten
side dish ['saɪd dɪʃ] *Essen:* Beilage
side effect ['saɪd ɪˌfekt] *mst. negativ:* Nebenwirkung
side impact protection ['saɪdˌɪmpækt prə'tekʃn] *Auto:* Seitenaufprallschutz
sidekick ['saɪdkɪk] *umg* [1] Kumpan(in), Kumpel [2] Handlanger(in)
sideline ['saɪdlaɪn] [1] Nebenbeschäftigung [2] *Sport:* Seitenlinie; **on the sideline(s)** am Spielfeldrand
side mirror ['saɪdˌmɪrə] *Auto:* Außenspiegel
side salad ['saɪdˌsæləd] Beilagensalat
sideshow ['saɪd ʃəʊ] [1] Nebenvorstellung [2] Sonderausstellung
sidesplitting ['saɪdˌsplɪtɪŋ] zwerchfellerschütternd
sidestep¹ ['saɪd step] [1] Schritt zur Seite [2] *Boxen:* Sidestep
sidestep² ['saɪdstep] [1] *allg.:* einen Schritt zur Seite machen [2] *einem Schlag* (durch einen Schritt zur Seite) ausweichen [3] *übertragen* ausweichen (*einer Frage usw.*)
sidetrack ['saɪdtræk] *übertragen* ablenken; **get sidetracked** abgelenkt werden
sidewalk ['saɪdwɔːk] *US* Bürgersteig, Gehsteig; → pavement 2 *Br*
sideward ['saɪdwəd], **sidewards** ['saɪdwədz] [1] seitlich; **sideward jump** Sprung zur Seite [2] seitwärts, nach der (*oder* zur) Seite
sideways ['saɪdweɪz] [1] seitwärts [2] zur Seite; **step sideways** zur Seite gehen
siege [siːdʒ] *militärisch:* Belagerung
siesta [sɪ'estə] Siesta; **have** (*oder* **take**) **a siesta** Siesta halten
sieve¹ [⚠ sɪv] Sieb
sieve² [⚠ sɪv] (durch)sieben

PHRASAL VERBS

sift through [ˌsɪft'θruː] *übertragen* sichten, durchsehen (*Material usw.*)

---

sigh¹ [saɪ] (auf)seufzen; **sigh with relief** erleichtert aufatmen
sigh² [saɪ] Seufzer; **heave a sigh of relief** einen Seufzer der Erleichterung ausstoßen
★**sight¹** [saɪt] [1] Sehvermögen; **have good sight** gute Augen haben, gut sehen [2] Anblick, Blick; **love at first sight** Liebe auf den ersten Blick; **catch sight of** erblicken; **lose sight of** aus den Augen verlieren [3] Sicht(weite); **be (with)in sight** in Sicht sein (*auch übertragen*); **she never lets her children out of her sight** sie

lässt ihre Kinder nie aus den Augen **4** *mst.* **sights** *pl* Sehenswürdigkeit **5 know someone by sight** jemanden vom Sehen kennen **6 a sight for sore eyes** *umg* eine Augenweide

★**sight²** [saɪt] sichten

sight-read ['saɪt‚riːd] *sight-read* ['saɪt‚red], *sight-read* ['saɪt‚red] vom Blatt singen (*oder* spielen)

★**sightseeing** ['saɪt‚siːɪŋ] Sightseeing, Besichtigung von Sehenswürdigkeiten; **go sightseeing** sich die Sehenswürdigkeiten anschauen; **sightseeing tour** Sightseeingtour, (Stadt-)Rundfahrt

★**sign¹** [saɪn] **1** *allg.*: Zeichen, *Mathematik, Musik auch*: Vorzeichen; **there was no sign of him** von ihm war keine Spur zu sehen **2** *übertragen* Anzeichen **3** Schild, Hinweisschild; **danger sign** Warnschild **4 sign of the zodiac** Sternzeichen

★**sign²** [saɪn] **1** *allg.*: unterschreiben, unterzeichnen **2** signieren (*Bild, Buch*) **3** ausstellen (*Scheck*) **4** sich eintragen in **5** *Sport:* verpflichten (*Spieler*) **6** *Sport:* (einen Vertrag) unterschreiben (**for** bei)

PHRASAL VERBS

sign for ['saɪn‚fɔː] den Empfang (+ *Genitiv*) bestätigen (*durch Unterschrift*)

sign in [‚saɪn'ɪn] (*Besucher*) sich eintragen

sign off [‚saɪn'ɒf] Schluss machen (*im Brief, auch allg.*)

sign on [‚saɪn'ɒn] **1** (*Arbeitsloser*) stempeln gehen **2** (*Sportler usw.*) sich verpflichten, unterschreiben

sign out [‚saɪn'aʊt] sich austragen

sign up [‚saɪn'ʌp] **1** (einen Arbeitsvertrag) unterschreiben **2** sich einschreiben (*für einen Kurs usw.*)

signal¹ ['sɪɡnəl] Signal, Zeichen (*beide auch* übertragen)

signal² ['sɪɡnəl], **signalled, signalled**, *US* **signaled, signaled 1** Zeichen geben **2** übertragen signalisieren (*Bereitschaft usw.*)

★**signature** ['sɪɡnətʃə] Unterschrift, Signatur

signature tune ['sɪɡnətʃə‚tjuːn] *Radio, TV:* Erkennungsmelodie

significance [sɪɡ'nɪfɪkəns] Bedeutung, Wichtigkeit

significant [sɪɡ'nɪfɪkənt] **1** bedeutend, wichtig **2** *Blick usw.*: vielsagend

signify ['sɪɡnɪfaɪ] **1** bedeuten **2** kundtun (*Meinung usw.*)

sign language ['saɪn‚læŋɡwɪdʒ] Zeichensprache

signpost ['saɪnpəʊst] Wegweiser

★**silence** ['saɪləns] Stille, Schweigen; **silence!** Ruhe!; **in silence** schweigend

silencer ['saɪlənsə] **1** *Br; Auto:* Auspufftopf **2** *an Waffe:* Schalldämpfer

★**silent** ['saɪlənt] **1** still, schweigsam; **remain silent** schweigen **2** *Gebet, Buchstabe usw.*: stumm; **silent film** Stummfilm

silhouette [‚sɪluː'et] Silhouette

silicon ['sɪlɪkən] ⚠ *Chemie:* Silizium

silicone ['sɪlɪkəʊn] ⚠ *Chemie:* Silikon

★**silk** [sɪlk] Seide

silky ['sɪlkɪ] *Haare, Fell usw.*: seidig

sill [sɪl] Sims; **windowsill** Fensterbrett

silliness ['sɪlɪnəs] Albernheit, Dummheit

silly¹ ['sɪlɪ] albern, dumm; **don't be silly!** mach (*bzw.* red) doch keinen Unsinn!

silly² ['sɪlɪ] *umg* Dummkopf, Dummerchen

★**silver** ['sɪlvə] **1** Silber (*auch Besteck usw.*) **2** Silber(münzen) **3** Silbermedaille

silver anniversary [‚sɪlvərˌænɪ'vɜːsərɪ] → **silver wedding**

silver jubilee [‚sɪlvə'dʒuːbɪliː] 25-jähriges Jubiläum

silver medal [‚sɪlvə'medl] Silbermedaille

silver medallist [‚sɪlvə'medlɪst] Silbermedaillengewinner(in)

silverware ['sɪlvəweə] Silber(besteck), Tafelsilber

silver wedding [‚sɪlvə'wedɪŋ], **silver wedding anniversary** [‚sɪlvə'wedɪŋˌænɪˌvɜːsərɪ] Silberhochzeit

silvery ['sɪlvərɪ] silbrig

SIM card ['sɪm‚kɑː] *für Handy:* SIM-Karte

★**similar** ['sɪmələ] ähnlich (**to**; *Dativ*)

similarity [‚sɪmə'lærətɪ] Ähnlichkeit (**to** mit)

similarly ['sɪmələlɪ] **1** ähnlich **2** entsprechend, ebenso

simmer ['sɪmə] köcheln, leicht kochen

★**simple** ['sɪmpl] **1** *allg.*: einfach, *Aufgabe usw. auch*: leicht; **for the simple reason that** aus dem einfachen Grund, weil; **simple past** einfache Vergangenheit, Präteritum; **simple present** einfache Gegenwart, Präsens **2** *Person usw.*: schlicht, einfach **3** einfältig

simple-minded [‚sɪmpl'maɪndɪd] einfältig

simplicity [sɪm'plɪsətɪ] Einfachheit, Schlichtheit

simplification [‚sɪmplɪfɪ'keɪʃn] Vereinfachung

simplify ['sɪmplɪfaɪ] vereinfachen

simplistic [sɪm'plɪstɪk] grob vereinfachend

simply ['sɪmplɪ] **1** einfach; **to put it simply** einfach ausgedrückt **2** bloß, nur; **it's simply a**

question of money es ist nur eine Frage des Geldes ▪ **simply great** *usw. umg* einfach großartig *usw.*

simulate ['sɪmjʊleɪt] ▪ vortäuschen, simulieren (*bes. Krankheit*) ▪ *Technik usw.*: simulieren, imitieren

simulation [,sɪmjʊ'leɪʃn] ▪ Vortäuschung ▪ *Technik usw.*: Simulation, Imitation

simultaneous [,sɪml'teɪnɪəs] simultan, gleichzeitig

★**sin**¹ [sɪn] Sünde

★**sin**² [sɪn], sinned, sinned sündigen

★**since** [sɪns] ▪ seit; **we haven't met since last year** wir haben uns seit letztem Jahr nicht mehr gesehen ▪ inzwischen; **... but we have since become reconciled** ... aber wir haben uns inzwischen wieder versöhnt ▪ *auch* **ever since** seitdem, seither ▪ seit(dem); **since losing his job, he's never been the same** seit(dem) er seine Stelle verloren hat, ist er nicht mehr derselbe ▪ *bei Ursache*: (≈ *weil*) da; **since you're not willing to help me, ...** da du nicht bereit bist, mir zu helfen, ...

sincere [sɪn'sɪə] aufrichtig, offen

sincerely [sɪn'sɪəlɪ] ▪ aufrichtig ▪ *Br* **Yours sincerely** *Briefschluss*: Mit freundlichen Grüßen

sincerity [sɪn'serətɪ] Aufrichtigkeit

sine [saɪn] *Mathematik*: Sinus

sinew ['sɪnjuː] Sehne

★**sing** [sɪŋ], sang [sæŋ], sung [sʌŋ] singen; **sing someone something** jemandem etwas (vor)singen

Singapore [,sɪŋə'pɔː] Singapur

singe [sɪndʒ] ansengen, versengen

★**singer** ['sɪŋə] Sänger(in)

singer-songwriter [,sɪŋə'sɒŋ,raɪtə] Liedermacher(in)

★**single**¹ ['sɪŋgl] ▪ einzig; **not a single one** kein Einziger ▪ einfach, einzeln, Einzel...; **single bed** Einzelbett; **single room** Einzelzimmer; **single occupancy** Einzelzimmerzuschlag; **single ticket** *Br* einfache Fahrkarte, *Flugzeug*: einfaches Ticket ▪ unverheiratet; **single parent** Alleinerziehende(r); **single parent family** Einelternfamilie

★**single**² ['sɪŋgl] ▪ *Br* einfache Fahrkarte, *Flugzeug*: einfaches Ticket ▪ *Schallplatte*: Single ▪ *Person*: Single; **singles bar** Single-Bar; → singles

PHRASAL VERBS

single out [,sɪŋgl'aʊt] aussondern

single currency [,sɪŋgl'kʌrənsɪ] einheitliche Währung, Einheitswährung

Single European Market [,sɪŋgl,jʊərəpiːən'maːkɪt] europäischer Binnenmarkt

single file [,sɪŋgl'faɪl] **(in) single file** im Gänsemarsch

single-handed [,sɪŋgl'hændɪd] eigenhändig, (ganz) allein

single market [,sɪŋgl'maːkɪt] *Europa*: Binnenmarkt

single-minded [,sɪŋgl'maɪndɪd] zielstrebig

★**singles** ['sɪŋglz] *pl Tennis usw.*: Einzel; **a singles match** ein Einzel

singular¹ ['sɪŋgjʊlə] ▪ *Sprache*: Singular..., Einzahl... ▪ *übertragen* einzigartig, einmalig

★**singular**² ['sɪŋgjʊlə] *Sprache*: Singular, Einzahl; **in the singular** im Singular

sinister ['sɪnɪstə] finster, unheimlich

★**sink**¹ [sɪŋk], sank [sæŋk] *oder* sunk [sʌŋk], sunk [sʌŋk] ▪ sinken, untergehen ▪ versenken (*Schiff usw.*) ▪ zunichtemachen (*Pläne usw.*) ▪ sinken (**into a chair** in einen Sessel) ▪ **my heart** (*oder* **spirits**) **sank** meine Stimmung sank ▪ bohren (*Brunnen usw.*) ▪ **leave someone to sink or swim** jemanden sich selbst überlassen

★**sink**² [sɪŋk] Spülbecken, Spüle, ⓈSchüttstein

sinner ['sɪnə] Sünder(in)

sinus ['saɪnəs] *Medizin*: (Nasen)Nebenhöhle

sinusitis [,saɪnə'saɪtɪs] *Medizin*: (Nasen)Nebenhöhlenentzündung

sip¹ [sɪp], sipped, sipped nippen (an *oder* von), schluckweise trinken

sip² [sɪp] Schlückchen

★**sir** [sɜː] ▪ *Anrede*: Sir; **Dear Sir or Madam** *Anrede in Briefen*: Sehr geehrte Damen und Herren ▪ **Sir** *Br*; *Adelstitel*: Sir [ᴀ sə] **Winston (Churchill)**

siren ['saɪrən] Sirene

★**sister** ['sɪstə] ▪ Schwester ▪ *Br* Oberschwester ▪ *kirchlich*: (Ordens)Schwester; **Sister Mary** Schwester Mary

★**sister-in-law** ['sɪstərɪnlɔː] *pl*: sisters-in-law Schwägerin

sisterly ['sɪstəlɪ] schwesterlich

★**sit** [sɪt], sat [sæt], sat [sæt]; *-ing-Form* sitting ▪ *allg.*: sitzen (*auf einem Stuhl usw.*) ▪ sich setzen (*auf einen Stuhl usw.*) ▪ setzen (*Kind usw.*), stellen (*Gegenstand*) (**in** in; **on** auf) ▪ (*Gegenstand*) stehen, liegen (*an einem bestimmten Platz*) ▪ (*Versammlung usw.*) tagen ▪ *Br* ablegen, machen (*Prüfung*) ▪ **be sitting pretty** *umg* (finanziell) gut dastehen

PHRASAL VERBS
sit about oder **around** [,sɪt_ə'baʊt oder ə'raʊnd] herumsitzen

sit back [,sɪt'bæk] sich zurücklehnen, übertragen die Hände in den Schoß legen

sit down [,sɪt'daʊn] **1** sich setzen **2** sitzen; **sitting down** im Sitzen

sit for ['sɪt_fɔː] Modell sitzen für

sit in [,sɪt'ɪn] **sit in for someone** jemanden vertreten

sit on ['sɪt_ɒn] **1** übertragen (≈ nicht erledigen) sitzen auf **2** unterdrücken

sit out [,sɪt'aʊt] auslassen (Tanz)

sit up [,sɪt'ʌp] **1** sich aufsetzen **2** hinsetzen (Kind usw.) **3** aufrecht sitzen; **sit up!** setz dich gerade hin! **4** abends: aufbleiben **5** **make someone sit up (and take notice)** umg jemanden aufhorchen lassen

---

sitcom ['sɪtkɒm] TV: Situationskomödie

sit-down ['sɪtdaʊn] auch **sit-down strike** Sitzstreik

site [saɪt] **1** Platz, Stelle; **camping site** Zeltplatz **2** (Ausgrabungs)Stätte **3** Bauplatz; **building** (oder **construction**) **site** Baustelle; **site manager** Bauleiter(in) **4** Computer: Website

sit-in ['sɪtɪn] Sit-in, Sitzblockade

sitting ['sɪtɪŋ] Sitzung (auch Malerei usw.)

sitting room ['sɪtɪŋ_ruːm] Wohnzimmer

situated ['sɪtʃʊeɪtɪd] **be situated** Haus usw.: gelegen sein, liegen

★**situation** [,sɪtʃʊ'eɪʃn] **1** übertragen Lage, Situation **2** **situations** pl **vacant** Stellenangebote; **situations** pl **wanted** Stellengesuche **3** Lage (eines Hauses usw.)

★**six¹** [sɪks] sechs

★**six²** [sɪks] Buslinie, Spielkarte usw.: Sechs

six-pack ['sɪkspæk] **1** von Getränken: Sechserpack(ung); **he's one can short of a six-pack** umg er hat nicht alle Tassen im Schrank **2** humorvoll Waschbrettbauch

★**sixteen¹** [,sɪks'tiːn] sechzehn

★**sixteen²** [,sɪks'tiːn] Buslinie usw.: Sechzehn

★**sixth¹** [sɪksθ] sechste(r, -s)

★**sixth²** [sɪksθ] **1** Sechste(r, -s) **2** Bruchteil: Sechstel

sixth form ['sɪksθ_fɔːm] Br Schule: Abschlussklasse

sixth form college [,sɪksθfɔːm'kɒlɪdʒ] Br Kollegstufe, Oberstufe

★**sixty¹** ['sɪkstɪ] sechzig

★**sixty²** ['sɪkstɪ] Sechzig; **he's in his sixties** er ist in den Sechzigern; **in the sixties** in den Sechzigerjahren (eines Jahrhunderts)

★**size** [saɪz] **1** Größe, übertragen auch: Ausmaß; **what's the size of …?** wie groß ist …?; **be the same size** gleich groß sein **2** Kleider usw.: Größe, Nummer; **what size do you take** (US **wear**)? welche Größe tragen Sie?; **I'm a size 38** ich habe Größe 38

PHRASAL VERBS
size up [,saɪz'ʌp] abschätzen

---

sizeable ['saɪzəbl] Summe: beträchtlich

sizzle ['sɪzl] (Fleisch usw.) brutzeln

skate¹ [skeɪt] **1** Schlittschuh **2** Rollschuh

skate² [skeɪt] **1** Schlittschuh laufen, eislaufen **2** Rollschuh laufen

skateboard ['skeɪtbɔːd] Skateboard

skateboarder ['skeɪt,bɔːdə] Skateboardfahrer(in)

skateboarding ['skeɪt,bɔːdɪŋ] Skateboardfahren; **go skateboarding** skateboarden, Skateboard fahren, skaten

skatepark ['skeɪtpɑːk] Skateboardanlage

skater ['skeɪtə] **1** Eis- oder Schlittschuhläufer(in) **2** Rollschuhläufer(in) **3** Inlineskater(in)

skating ['skeɪtɪŋ] Schlittschuhlauf, Rollschuhlauf; mit Inlineskates Skaten; **go skating** Schlittschuh laufen, Rollschuh fahren; (inline)-skaten

skating rink ['skeɪtɪŋ_rɪŋk] **1** (Kunst)Eisbahn **2** Rollschuhbahn

skeleton ['skelɪtən] Skelett, Gerippe (beide auch übertragen)

skeptical ['skeptɪkl] US skeptisch; → **sceptical** Br

sketch¹ [sketʃ] **1** Kunst: Skizze **2** Sketch

sketch² [sketʃ] **1** skizzieren **2** oft **sketch in** (oder **out**) übertragen skizzieren, umreißen

sketch pad ['sketʃ_pæd] Skizzenblock

skewer¹ ['skjuːə] Fleischspieß

skewer² ['skjuːə] aufspießen (Fleisch)

★**ski¹** [skiː] **1** Ski; **skis** pl Ski **2** an Fahrzeug: Kufe

★**ski²** [skiː], skied, skied; -ing-Form skiing Ski fahren (oder laufen); **go skiing** Ski fahren (gehen)

skid¹ [skɪd], skidded, skidded (Auto usw.) schleudern

skid² [skɪd] **go into a skid** (Auto usw.) ins Schleudern kommen

skier ['skiːə] Skifahrer(in)

ski goggles ['skiː,gɒglz] pl Skibrille

skiing ['skiːɪŋ] Skifahren, Skilaufen

★**skilful** ['skɪlfl] geschickt

★**skill** [skɪl] **1** allg.: Geschick, Geschicklichkeit **2**

speziell: Fertigkeit, berufliche Qualifikation
skilled [skɪld] **1** *allg.*: geschickt (**at**, **in** in) **2** ausgebildet, fachmännisch; **skilled worker** Facharbeiter(in); **skilled trade** Fachberuf

skillet ['skɪlɪt] *US* Bratpfanne

★**skillful** ['skɪlfl] *US* geschickt; → skilful

skills set ['skɪlz ˌset] Fähigkeiten und Kompetenzen

skim [skɪm], skimmed, skimmed **1** *auch* **skim off** abschöpfen (*Fett usw.*) (**from** von) **2** entrahmen (*Milch*)

PHRASAL VERBS

skim through [ˌskɪm'θruː] überfliegen (*Bericht usw.*)

skimmed milk [ˌskɪmd'mɪlk], *US* **skim milk** [ˌskɪmˌ'mɪlk] entrahmte Milch

skimp [skɪmp] **skimp (on)** sparen an

skimpy ['skɪmpɪ] dürftig, *Kleidung*: knapp

★**skin¹** [skɪn] **1** Haut (*auch von Wurst, auf Milch usw.*); **be all skin and bones** nur noch Haut und Knochen sein; **be soaked to the skin** bis auf die Haut durchnässt sein **2** Haut, Fell (*von Tier*) **3** *von Obst usw.*: Schale **4** **by the skin of one's teeth** *umg* mit knapper Not

★**skin²** [skɪn], skinned, skinned **1** abhäuten (*Tier*) **2** schälen (*Zwiebel usw.*) **3** **skin one's knee** sich das Knie aufschürfen

skincare ['skɪnkeə] Hautpflege

skinflint ['skɪnflɪnt] Geizhals

skinhead ['skɪnhed] Skinhead

skinny ['skɪnɪ] dürr; **skinny jeans** hauteenge Jeans, Skinny Jeans

skip¹ [skɪp], skipped, skipped **1** auf und ab hüpfen **2** *Br* seilspringen **3** *übertragen* springen (**from one subject to another** von 'einem Thema zum andern) **4** überspringen, auslassen (*Kapitel usw.*) **5** schwänzen (*Unterricht usw.*), ausfallen lassen (*Mahlzeit*)

skip² [skɪp] *Br* Schuttcontainer

ski poles ['skiːˌpəʊlz] *pl* Skistöcke

skipper ['skɪpə] **1** *Schiff*: Kapitän **2** *Sport*: Mannschaftsführer(in)

skipping ['skɪpɪŋ] Seilspringen

skipping rope ['skɪpɪŋˌrəʊp] *Br* Springseil

★**skirt** [skɜːt] Rock, Ⓐ Jupe

ski run ['skiːˌrʌn], **ski slope** ['skiːˌsləʊp] Skihang, Piste

ski suit ['skiːˌsuːt] Skianzug

skive [skaɪv] *Br, umg; bei der Arbeit*: faulenzen, sich vor der Arbeit drücken

skull [skʌl] **1** Schädel **2** **skull and crossbones** *Symbol*: Totenkopf

skunk [skʌŋk] Skunk, Stinktier

★**sky** [skaɪ] Himmel; **in the sky** am Himmel

skydiving ['skaɪˌdaɪvɪŋ] Fallschirmspringen

skylight ['skaɪlaɪt] Dachfenster, Oberlicht

skyline ['skaɪlaɪn] Skyline, Silhouette (*einer Stadt*)

skype [skaɪp] skypen®

Skype® [skaɪp] *Computer*: Skype®; **call someone on Skype®** mit jemandem skypen®, mit jemandem über Skype® telefonieren

skyscraper ['skaɪˌskreɪpə] Wolkenkratzer

slab [slæb] **1** Platte; **stone slab** Steinplatte **2** dickes Stück (*Kuchen, Käse usw.*), Tafel (*Schokolade*)

slack [slæk] **1** *Seil usw.*: locker **2** übertragen lasch, nachlässig **3** *Wirtschaft*: flau

slacken ['slækən] **1** lockern (*Seil usw.*) **2** locker werden **3** *übertragen* verringern **4** *auch* **slacken off** *Nachfrage usw.*: nachlassen

slain [sleɪn] 3. Form von → slay

slam [slæm], slammed, slammed **1** *auch* **slam shut** *Tür usw.*: zuknallen, zuschlagen **2** **slam something (down)** *umg* etwas knallen (**on** auf)

PHRASAL VERBS

slam on ['slæmˌɒn] **slam on the brakes**, **slam the brakes on** *beim Autofahren*: auf die Bremse steigen

slammin ['slæmɪn] *umg* endgeil, voll krass

slander¹ ['slɑːndə] Verleumdung

slander² ['slɑːndə] verleumden

slanderous ['slɑːndrəs] verleumderisch

slang [slæŋ] Slang, Jargon

slant [slɑːnt] Schräge; **at a slant** schräg

slanting ['slɑːntɪŋ] schräg

slap¹ [slæp] Schlag, Klaps; **a slap in the face** *wörtlich* eine Ohrfeige (*bes.* Ⓐ Watsche), *übertragen* ein Schlag ins Gesicht

slap² [slæp], slapped, slapped **1** schlagen; **slap someone's face** jemanden ohrfeigen, Ⓐ jemanden watschen **2** *auch* **slap down** klatschen (**on** auf) **3** (*Wellen usw.*) klatschen (**against** gegen)

slaphead ['slæphed] *umg, abwertend* Glatzkopf

slapstick ['slæpstɪk] Slapstick, Klamauk

slash¹ [slæʃ] **1** aufschlitzen, zerschlitzen; **slash one's wrists** sich die Pulsadern aufschneiden **2** *übertragen* drastisch herabsetzen (*Preise*), drastisch kürzen (*Ausgaben*)

slash² [slæʃ] **1** Hieb, Schnitt **2** Schlitz (*in Kleid usw.*) **3** *Satzzeichen*: Schrägstrich **4** **go for** (*oder* **have**) **a slash** *vulgär* pissen gehen

slate [sleɪt] **1** *Gestein*: Schiefer **2** Schiefertafel **3** *US; Politik*: Kandidatenliste

slaughter ['slɔːtə] **1** schlachten (*Tier*) **2** niedermetzeln (*Menschen*) **3** *umg, Sport*: fertigmachen, zerlegen

slaughtered ['slɔːtəd] *Br, umg* stockbesoffen

slaughterhouse ['slɔːtəhaʊs] Schlachthaus

★**slave** [sleɪv] Sklave, Sklavin

slave driver ['sleɪv‚draɪvə] *umg* Sklaventreiber(in), Leuteschinder(in)

slave labour, *US* **slave labor** [‚sleɪv'leɪbə] Sklavenarbeit (*auch übertragen*)

slavery ['sleɪvərɪ] Sklaverei

slavish ['sleɪvɪʃ] sklavisch

slay [sleɪ], **slew** [sluː], **slain** [sleɪn] ermorden, umbringen

sleazy ['sliːzɪ] **1** *Gebäude usw.*: schäbig, heruntergekommen **2** (≈ *unmoralisch*) anrüchig

sled [sled] *US*, **sledge**[1] [sledʒ] *Br* (Rodel)Schlitten

sledge[2] [sledʒ] *Br* **go sledging** Schlitten fahren (gehen), ⓈⒸⒽ schlitteln gehen

sleek [sliːk] **1** *Haar usw.*: seidig **2** *Auto*: schnittig

★**sleep**[1] [sliːp] Schlaf; **in one's sleep** im Schlaf; **go to sleep** einschlafen (⚠ *schlafen gehen* = **go to bed**); **I couldn't get to sleep** ich konnte nicht einschlafen; **put to sleep** (≈ *betäuben, töten*) einschläfern

★**sleep**[2] [sliːp], **slept** [slept], **slept** [slept] **1** schlafen **2** **this tent sleeps four people** in diesem Zelt können vier Leute schlafen

---
PHRASAL VERBS

sleep around [‚sliːp ə'raʊnd] *umg, abwertend* rumbumsen

sleep in [‚sliːp'ɪn] ausschlafen, *zu lang*: verschlafen (⚠ *nicht*: **einschlafen**)

sleep off [‚sliːp'ɒf] **sleep it off** *umg* seinen Rausch ausschlafen

sleep on ['sliːp‚ɒn] überschlafen (*Problem usw.*)

sleep with ['sliːp‚wɪð] **sleep with someone** mit jemandem schlafen

---

sleeper ['sliːpə] **1** Schlafende(r), Schläfer(in); **be a light** (*bzw.* **heavy**) **sleeper** einen leichten (*bzw.* festen) Schlaf haben **2** *Br; von Gleis*: Schwelle **3** *Eisenbahn*: Schlafwagen **4** Schlafwagenplatz **5** *übertragen* Schläfer (*Agent, Terrorist*)

★**sleeping bag** ['sliːpɪŋ‚bæg] Schlafsack

sleeping car ['sliːpɪŋ‚kɑː] *Eisenbahn*: Schlafwagen

sleeping pill ['sliːpɪŋ‚pɪl], **sleeping tablet** ['sliːpɪŋ‚tæblət] Schlaftablette

sleepless ['sliːpləs] *Nacht*: schlaflos

sleepwalk ['sliːpwɔːk] schlafwandeln, nachtwandeln

sleepwalker ['sliːp‚wɔːkə] Schlafwandler(in), Nachtwandler(in)

sleepy ['sliːpɪ] **1** schläfrig, müde **2** *Städtchen usw.*: verschlafen, verträumt

sleepyhead ['sliːpɪhed] *umg* Schlafmütze

sleet [sliːt] Schneeregen

★**sleeve** [sliːv] **1** Ärmel **2** (Platten)Hülle

sleigh [⚠ sleɪ] (Pferde)Schlitten

slender ['slendə] **1** *Figur*: schlank, schmal **2** *übertragen* mager, gering

slept [slept] *2. und 3. Form von* → sleep[2]

slew [sluː] *2. Form von* → slay

★**slice**[1] [slaɪs] **1** *Brot usw.*: Scheibe, *Kuchen usw.*: Stück **2** *übertragen* Anteil (**of** an) **3** *Br; zum Servieren*: Wender; **cake slice** Tortenheber

★**slice**[2] [slaɪs] *auch* **slice up** in Scheiben (*oder* Stücke) schneiden

---
PHRASAL VERBS

slice off [‚slaɪs'ɒf] abschneiden (*Stück*) (**from** von)

---

slick[1] [slɪk] **1** *Vorstellung usw.*: gekonnt **2** clever, gewieft **3** *Straße usw.*: glatt, rutschig

slick[2] [slɪk] **1** (**oil**) **slick** Ölteppich **2** *US, umg* Hochglanzmagazin

slicker ['slɪkə] *US* Regenmantel

slid [slɪd] *2. und 3. Form von* → slide[1]

★**slide**[1] [slaɪd], **slid** [slɪd], **slid** [slɪd] **1** gleiten, rutschen **2** gleiten lassen

★**slide**[2] [slaɪd] **1** Rutsche, Rutschbahn **2** *Foto*: Dia **3** *Geröll usw.*: …rutsch; **landslide** Erdrutsch (*auch politisch*) **4** *Br* Haarspange **5** *in PowerPoint*®: Folie

slide projector ['slaɪd‚prə‚dʒektə] Diaprojektor

sliding door [‚slaɪdɪŋ'dɔː] Schiebetür

★**slight** [slaɪt] **1** leicht, geringfügig; **I haven't got the slightest idea** ich habe nicht die geringste Ahnung **2** **not in the slightest** nicht im Geringsten

slightly ['slaɪtlɪ] etwas, ein bisschen

★**slim**[1] [slɪm], **slimmer**, **slimmest** **1** schlank **2** *Chance, Hoffnung usw.*: gering

★**slim**[2] [slɪm], **slimmed**, **slimmed** *Br* eine Schlankheitskur (*oder* Diät) machen

slime [slaɪm] Schleim

slimy ['slaɪmɪ] schleimig (*auch übertragen*)

sling[1] [slɪŋ], **slung** [slʌŋ], **slung** [slʌŋ] schleu-

dern (⚠ *nicht* **schlingen**)
sling² [slɪŋ] *bei Verletzung:* Schlinge
★**slip¹** [slɪp], slipped, slipped ◼ rutschen, *auf Eis auch:* schlittern ◼ *auf glatter Fläche:* ausrutschen ◼ (≈ *sich schnell bewegen*) schlüpfen ◼ **slip something into someone's hand** jemandem etwas in die Hand schieben; **slip someone something** jemandem etwas zuschieben ◼ **it slipped my mind** es ist mir entfallen ◼ **be slipping** nachlassen, schlechter werden ◼ **let something slip (through your fingers)** sich etwas entgehen lassen ◼ **he let slip that** ihm ist herausgerutscht, dass

──────────── PHRASAL VERBS

slip into ['slɪp ˌɪntu] schlüpfen in (*ein Kleidungsstück*)
slip out [ˌslɪp'aʊt] ◼ sich hinausschleichen ◼ **it just slipped out** es ist mir *usw.* so herausgerutscht
slip out of [ˌslɪp'aʊt ˌəv] schlüpfen aus (*einem Kleidungsstück*)
slip up [ˌslɪp'ʌp] sich vertun

★**slip²** [slɪp] ◼ Versehen, Flüchtigkeitsfehler; **slip of the tongue** Versprecher ◼ Unterkleid, Unterrock (⚠ *nicht* **Slip**) ◼ **give someone the slip** *umg* jemandem entwischen
★**slip³** [slɪp] *auch* **slip of paper** Zettel
slipped disc [ˌslɪpt'dɪsk] Bandscheibenvorfall
slipper ['slɪpə] Hausschuh, Pantoffel (⚠ **Slipper** = **slip-on [shoe]**)
slippery ['slɪpərɪ] ◼ glatt, rutschig ◼ *Seife usw.:* glitschig ◼ *übertragen* zwielichtig
slip road ['slɪp ˌrəʊd] *Br* ◼ *allg.:* Zufahrtstraße ◼ *auf Autobahn je nach Richtung:* Ausfahrt, Auffahrt
slipshod ['slɪpʃɒd] schlampig, schluderig
slit¹ [slɪt] Schlitz (*auch im Rock usw.*)
slit² [slɪt], slit, slit; *-ing-Form* slitting (auf)schlitzen
slobber ['slɒbə] sabbern
slog [slɒg] *umg auch* **hard slog** Schinderei, Plackerei
slogan ['sləʊgən] Slogan, Spruch
slop [slɒp], slopped, slopped ◼ verschütten (*Flüssigkeit*) ◼ überschwappen, schwappen (**over** über)
◼ (*Boden usw.*) sich neigen
★**slope¹** [sləʊp] (Ab)hang
★**slope²** [sləʊp] ◼ *von Berg:* (Ab)Hang ◼ *von Straße, Dach usw.:* Neigung, Gefälle ◼ (Ski)Piste
sloppy ['slɒpɪ] ◼ *Arbeit usw.:* schlampig, schluderig ◼ *umg, Film usw.:* schmalzig
sloshed ['slɒʃt] *umg* blau, besoffen; **get sloshed** sich besaufen
slot [slɒt] ◼ (≈ *Öffnung*) Schlitz ◼ *umg* Platz, Stelle (*in einer Liste, Reihe usw.*)
sloth [sləʊθ] (⚠ *Tier:* Faultier
slot machine ['slɒt məˌʃiːn] ◼ Münzautomat ◼ Spielautomat
slotted screw [ˌslɒtɪd'skruː] Schlitzschraube
slotted screwdriver [ˌslɒtɪd'skruːˌdraɪvə] Schlitzschraubendreher, Schlitzschraubenzieher
slouch [slaʊtʃ] ◼ sich lümmeln ◼ *beim Gehen:* latschen
Slovak¹ ['sləʊvæk] slowakisch
Slovak² ['sləʊvæk] Slowake, Slowakin
Slovakia [sləʊ'vækɪə] *die* Slowakei
Slovene ['sləʊviːn] → **Slovenian¹**, **Slovenian¹**
Slovenia [sləʊ'viːnɪə] Slowenien
Slovenian¹ [sləʊ'viːnɪən] slowenisch
Slovenian² [sləʊ'viːnɪən] Slowene, Slowenin
slovenly (⚠ 'slʌvnlɪ) schlampig, schluderig
★**slow** [sləʊ] ◼ *allg.:* langsam, *Person auch:* begriffsstutzig; **be slow to do something** sich mit etwas Zeit lassen; **slow lane** *Verkehr:* Kriechspur ◼ **in slow motion** in Zeitlupe ◼ **be (five minutes** *usw.***) slow** (*Uhr*) (fünf Minuten *usw.*) nachgehen ◼ *Wirtschaft:* schleppend

──────────── PHRASAL VERBS

★**slow down** [ˌsləʊ'daʊn] ◼ **slow down!** fahr (*bzw.* geh) langsamer! ◼ verringern (*Geschwindigkeit*), verzögern (*Projekt usw.*)

slowcoach ['sləʊkəʊtʃ] *Br* Trödler(in)
slowdown ['sləʊdaʊn] ◼ Nachlassen, Rückgang ◼ *US* Bummelstreik
★**slowly** ['sləʊlɪ] langsam
slowpoke ['sləʊpəʊk] *US* Trödler(in)
sludge [slʌdʒ] Schlamm, Matsch
slug [slʌg] Nacktschnecke; → **snail**
sluggish ['slʌgɪʃ] träge, schleppend
sluice [sluːs] Schleuse
slum [slʌm] *mst.* **slums** *pl* Slums, Elendsviertel
slump¹ [slʌmp] ◼ **slump into a chair** sich in einen Sessel plumpsen lassen ◼ (*Preise*) stürzen, (*Umsatz usw.*) stark zurückgehen
slump² [slʌmp] *Wirtschaft:* Krise; **slump in prices** Preissturz
slung [slʌŋ] 2. und 3. Form von → **sling¹**
slur¹ [slɜː], slurred, slurred; **slur one's speech** lallen
slur² [slɜː] **cast a slur on someone** jemanden verunglimpfen
slurp [slɜːp] schlürfen (*Suppe usw.*)
slush [slʌʃ] ◼ Schneematsch ◼ *umg* Kitsch
slut [slʌt] *umg, frauenfeindlich* Schlampe

sly [slaɪ] **1** gerissen, schlau **2** *Lächeln:* verschmitzt **3 on the sly** heimlich

smack¹ [smæk] **1** schlagen, einen Klaps geben **2 smack one's lips** schmatzen

PHRASAL VERBS

smack of ['smæk‿əv] übertragen schmecken (*oder* riechen) nach

smack² [smæk] **1** Klaps, Schlag **2** umg (≈ Kuss) Schmatz

★**small¹** [smɔːl] *allg.:* klein; **feel small** sich klein vorkommen; **small and medium-sized enterprises** *pl* kleine und mittlere Unternehmen; (⚠ *schmal* = **narrow**)

★**small²** [smɔːl] **small of the back** Kreuz

small ad ['smɔːl‿æd] umg Kleinanzeige

small change [ˌsmɔːl'tʃeɪndʒ] Kleingeld

small hours ['smɔːlˌaʊəz] **until** (*oder* **into**) **the small hours** bis in die frühen Morgenstunden

small-minded [ˌsmɔːl'maɪndɪd] engstirnig

smallpox ['smɔːlpɒks] *Krankheit:* Pocken

small print [ˌsmɔːl'prɪnt] Kleingedruckte(s)

small talk ['smɔːlˌtɔːk] (≈ unverbindliche Unterhaltung) Konversation, Small Talk

smarmy ['smɑːmɪ] umg schmierig

smart¹ [smɑːt] **1** *Br; Auto, Kleidung usw.:* schick, *bes.* Ⓐ fesch **2** *bes. US* schlau, clever **3** *Bewegung usw.:* blitzschnell, *Schritt usw.:* flott **4** *Br, Restaurant usw.:* vornehm

smart² [smɑːt] (*Wunde*) wehtun, brennen

smart aleck ['smɑːtˌælɪk] umg Besserwisser(in)

smart arse ['smɑːtˌɑːs], *US* **smart ass** ['smɑːtˌæs] vulgär Klugscheißer(in)

smartboard ['smɑːtbɔːd] Smartboard, interaktives Whiteboard

smart card ['smɑːtˌkɑːd] Smartcard, Chipkarte

smart device [ˌsmɑːtdɪ'vaɪs] Smartgerät

smartphone ['smɑːtfəʊn] Smartphone (*internetfähiges Mobiltelefon*)

smartwatch ['smɑːtwɒtʃ] Smartwatch

smash¹ [smæʃ] **1** *auch* **smash up** zerschlagen **2** *auch* **smash up** zu Schrott fahren (*Wagen*) **3** (*Glas usw.*) zerspringen **4** schmettern (*auch Tennis*) **5** zerschlagen (*Drogenring*)

PHRASAL VERBS

smash into ['smæʃˌɪntʊ] prallen an (*oder* gegen), krachen gegen

smash² [smæʃ] **1** Schlag **2** *Tennis usw.:* Schmetterball **3** schwerer Unfall

smash³ [smæʃ] **smash hit** Superhit

smashing ['smæʃɪŋ] *Br, umg* toll

smash-up ['smæʃʌp] *Auto:* schwerer Unfall

smattering ['smætərɪŋ] **a smattering of English** ein paar Brocken Englisch

SMEs [ˌesem'iːz] (*abk für* **small and medium-sized enterprises**) *pl* kleine und mittlere Unternehmen, KMU

smear¹ [smɪə] **1** Fleck **2** *Medizin:* Abstrich

smear² [smɪə] **1** verschmieren **2** schmieren (*Creme usw.*) (**on, over** auf) **3** einschmieren (*Haut usw.*) (**with** mit)

★**smell¹** [smel], **smelt** [smelt], **smelt** [smelt] *oder* **smelled, smelled 1** riechen (**at** an), riechen an **2** riechen, *stärker:* stinken (**of** nach) (*beide auch übertragen*)

★**smell²** [smel] Geruch, *stärker:* Gestank

smelly ['smelɪ] *Socken usw.:* stinkend

smelt [smelt] *2. und 3. Form von* → **smell¹**

★**smile¹** [smaɪl] Lächeln; **with a smile** lächelnd, mit einem Lächeln; **be all smiles** (übers ganze Gesicht) strahlen; **give someone a smile** jemanden anlächeln, jemandem zulächeln

★**smile²** [smaɪl] lächeln (**about** über); **keep smiling!** immer nur lächeln!

PHRASAL VERBS

★**smile at** ['smaɪl‿ət] **1** anlächeln, zulächeln **2** belächeln

smiley ['smaɪlɪ] Smiley (*Emoticon in Form eines lächelnden Gesichts*)

smirk [smɜːk] (schadenfroh) grinsen

smith [smɪθ] Schmied

smithereens [ˌsmɪðə'riːnz] *pl* **smash (in)to smithereens** in tausend Stücke schlagen

smog [smɒɡ] Smog; **smog alert** Smogalarm

★**smoke¹** [sməʊk] **1** Rauch; **go up in smoke** übertragen in Rauch aufgehen **2** **have a smoke** eine rauchen **3** umg Zigarette

★**smoke²** [sməʊk] **1** rauchen **2** räuchern (*Fisch, Fleisch usw.*)

smoked [sməʊkt] geräuchert, Räucher...

★**smoker** ['sməʊkə] Raucher(in)

smokestack ['sməʊkstæk] Schornstein

smoking ['sməʊkɪŋ] Rauchen; **no smoking** Rauchen verboten; **smoking compartment** Raucher(abteil)

smoky ['sməʊkɪ] *Zimmer usw.:* rauchig, verräuchert

smolder ['sməʊldə] *US* glimmen, schwelen (*beide auch übertragen*); → **smoulder**

smooch [smuːtʃ] umg knutschen (**with** mit)

★**smooth¹** [⚠ smuːð] **1** *Oberfläche:* glatt **2** *Flug:* ruhig **3** übertragen reibungslos **4** *Person:* aalglatt

★**smooth²** [⚠ smuːð] *auch* **smooth out** glätten,

glatt streichen

smoothie ['smu:ðɪ] (≈ *Getränk aus püriertem Obst und Joghurt, Milch oder Eis*) Smoothie, Fruchtdrink

smother ['smʌðə] **1** ersticken (*Person, Feuer*) **2** übertragen überschütten (**with** mit)

smoulder ['sməʊldə] *Br* glimmen, schwelen (*beide auch übertragen*)

SMS [ˌesem'es] (*abk für* short message service *oder* short messaging system) SMS

smudge¹ [smʌdʒ] **1** verschmieren (**with** mit) **2** (*Farbe usw.*) schmieren

smudge² [smʌdʒ] Fleck, Klecks

smug [smʌg], **smugger, smuggest** selbstgefällig

smuggle ['smʌgl] schmuggeln (**into** nach; **out of** aus)

smuggler ['smʌglə] Schmuggler(in)

smut [smʌt] übertragen Dreck, Schmutz

smutty ['smʌtɪ] übertragen dreckig, schmutzig

★**snack** [snæk] Imbiss, Brotzeit, Ⓐ Jause; **have a snack** eine Kleinigkeit essen, Ⓐ jausnen

snack bar ['snæk ˌbɑ:] Imbissstube

snag [snæg] Problem, Haken

snail [sneɪl] **1** Schnecke; → slug **2 at a snail's pace** im Schneckentempo

snail mail [sneɪl ˌmeɪl] humorvoll Schneckenpost (*im Gegensatz zur E-Mail*)

★**snake** [sneɪk] Schlange

snap¹ [snæp], **snapped, snapped 1** zerbrechen, zerreißen **2** *auch* **snap shut** zuschnappen **3** *umg* knipsen **4 snap one's fingers** mit den Fingern schnalzen

PHRASAL VERBS

snap at ['snæp ˌət] **1** schnappen nach **2** (≈ *anschreien*) anfahren

snap off [ˌsnæp'ɒf] abbrechen

snap up [ˌsnæp'ʌp] wegschnappen (*Ware usw.*)

snap² [snæp] *bes. Br, umg* Foto: Schnappschuss

snap³ [snæp] **snap decision** spontane Entscheidung

snap fastener [▲ 'snæpˌfɑ:snə] *US* Druckknopf; → press-stud *Br*

snappy ['snæpɪ] *umg* **1** modisch, schick **2 make it snappy!** *umg* mach fix!

snapshot ['snæpʃɒt] Schnappschuss

snare [sneə] Falle, Schlinge (*auch übertragen*)

snarl [snɑ:l] (*Hund, auch Person*) knurren

snarl-up ['snɑ:lʌp] Verkehrschaos

snatch [snætʃ] **1** packen, schnappen; **snatch someone's handbag** jemandem die Handtasche entreißen **2** entführen (*Kind*)

PHRASAL VERBS

snatch at ['snætʃ ˌət] greifen nach

sneak¹ [sni:k], **sneaked, sneaked,** *US auch* **snuck** [snʌk], **snuck** [snʌk] **1** (sich) schleichen, sich stehlen **2** *umg* klauen **3 sneak a look at** heimlich einen Blick werfen auf **4 sneak on someone** *Br, umg* jemanden verpetzen

PHRASAL VERBS

sneak up [ˌsni:k'ʌp] **sneak up on someone** sich an jemanden anschleichen

sneak² [sni:k] *Br, umg* Petzer(in), Petze

sneaker ['sni:kə] *US* Turnschuh, Sportschuh, Sneaker

sneer [snɪə] **1** spöttisches Grinsen **2** spöttische Bemerkung

PHRASAL VERBS

sneer at ['snɪər ˌət] **1** höhnisch grinsen über **2** spotten über

sneeze [sni:z] **1** niesen **2 not to be sneezed at** *umg* nicht zu verachten

snicker ['snɪkə] *US* kichern (**at** über); → snigger *Br*

sniff [snɪf] **1** schniefen, die Nase hochziehen **2** schnüffeln **3** schnüffeln (*Klebstoff usw.*), schnupfen (*Kokain*)

PHRASAL VERBS

sniff at ['snɪf ˌət] **1** (*Hund usw.*) schnüffeln an **2 not to be sniffed at** nicht zu verachten

snigger ['snɪgə] *Br* (boshaft) kichern (**at** über)

snip¹ [snɪp] **1** Schnitt **2** *Br, umg* günstiger Kauf

snip² [snɪp], **snipped, snipped** schnippeln

sniper ['snaɪpə] Heckenschütze

snivel ['snɪvl], **snivelled, snivelled,** *US* **sniveled, sniveled** jammern

snob [snɒb] *abwertend* Snob

snobbery ['snɒbərɪ] *abwertend* Snobismus

snobbish ['snɒbɪʃ] *abwertend* versnobt

snog [snɒg], **snogged, snogged** *Br, umg* knutschen, schmusen (**with** mit)

snooker¹ ['snu:kə] Snooker Pool

snooker² ['snu:kə] **be snookered** *umg* völlig machtlos sein, nichts machen können (*in einer Situation*)

PHRASAL VERBS

snoop about *oder* **around** ['snu:p ə ˌbaʊt *oder* əˌraʊnd] *umg* herumschnüffeln (**in** in)

snooty ['snu:tɪ] *umg* hochnäsig

snooze¹ [snuːz] *umg* ein Nickerchen machen
snooze² [snuːz] *umg* Nickerchen; **have a snooze** ein Nickerchen machen
snore [snɔː] schnarchen
snorkel [ˈsnɔːkl] Schnorchel
snort [snɔːt] schnauben (*auch wütend usw.*)
snot [snɒt] *umg* Rotz
snotty [ˈsnɒtɪ] **1 snotty nose** *umg* Rotznase **2** → snooty
snout [snaʊt] Schnauze, Rüssel
★**snow¹** [snəʊ] **1** Schnee; **(as) white as snow** schneeweiß **2** Schneefall **3** *salopp* Kokain
★**snow²** [snəʊ] schneien
snowball [ˈsnəʊbɔːl] Schneeball
snowball fight [ˈsnəʊbɔːl ˌfaɪt] Schneeballschlacht
snowboard [ˈsnəʊbɔːd] Snowboard
snowboarder [ˈsnəʊbɔːdə] Snowboardfahrer(in)
snowboarding [ˈsnəʊbɔːdɪŋ] Snowboarden, Snowboarding
snow-capped [ˈsnəʊkæpt] schneebedeckt (*Berggipfel*)
snow chain [ˈsnəʊ ˌtʃeɪn] *Auto*: Schneekette
snowdrop [ˈsnəʊdrɒp] Schneeglöckchen
snowfall [ˈsnəʊfɔːl] Schneefall
snowflake [ˈsnəʊfleɪk] Schneeflocke
snowman [ˈsnəʊmæn] *pl*: **snowmen** [ˈsnəʊmen] Schneemann
snowy [ˈsnəʊɪ] schneereich, verschneit
snub¹ [snʌb], **snubbed, snubbed** brüskieren, vor den Kopf stoßen
snub² [snʌb] **snub nose** Stupsnase
snuck [snʌk] *US* 2. und 3. Form von → sneak¹
snuff [snʌf] ausdrücken (*Kerze*)
snuffle [ˈsnʌfl] schniefen, schnüffeln
snug [snʌg], **snugger, snuggest** **1** behaglich, gemütlich **2** *Kleidung*: gut sitzend

---
PHRASAL VERBS

snuggle up to [ˌsnʌglˈʌp ˌtʊ] **snuggle up to someone** sich an jemanden kuscheln

★**so¹** [səʊ] **1** so, dermaßen; **he's so stupid (that)** ... er ist so dumm, dass ... **2** *verkürzend*: **I hope so** ich hoffe (es); **I think so** ich glaube schon **3** *auch*; **He's tired. So am I** Er ist müde. Ich auch **4** (ja) so; **I'm so glad** ich bin ja so glücklich **5** so, in dieser Weise; **is that so?** wirklich? **6** *so*, **as to** *Bestimmung*: so dass, um zu **7 a mile or so** etwa eine Meile **8 and so on** und so weiter **9 so far** bis jetzt, bisher
★**so²** [səʊ] **1** *Begründung*: also, so, deshalb **2** *Bestimmung*: **so (that)** damit **3 so what?** *umg* na und?
soak [səʊk] **1** einweichen (*Wäsche usw.*) (**in** in) **2** (*Flüssigkeit*) sickern **3** *umg* ausnehmen, neppen (*Touristen usw.*)

PHRASAL VERBS

soak up [ˌsəʊkˈʌp] aufsaugen (*Flüssigkeit usw.*)

---

soaked [səʊkt] **soaked to the skin** bis auf die Haut durchnässt
soaking [ˈsəʊkɪŋ] **soaking (wet)** tropfnass
so-and-so [ˈsəʊənsəʊ] *umg* **1** Person, deren Namen man nicht genau kennt: Soundso, Sowieso; **a Mr so-and-so** ein Herr Soundso **2 he's a real so-and-so** er ist ein (ganz) gemeiner Kerl
★**soap¹** [səʊp] Seife
★**soap²** [səʊp] einseifen
soap opera [ˈsəʊp ˌɒprə] *TV*: Seifenoper
soap powder [ˈsəʊp ˌpaʊdə] Seifenpulver
soar [sɔː] **1** aufsteigen **2** (*Berg usw.*) hochragen **3** (*Preise usw.*) in die Höhe schnellen
sob [sɒb], **sobbed, sobbed** schluchzen
sober [ˈsəʊbə] nüchtern (*auch übertragen*)

PHRASAL VERBS

sober up [ˌsəʊbərˈʌp] **1** wieder nüchtern werden **2** nüchtern machen, ausnüchtern

---

sob story [ˈsɒbˌstɔːrɪ] *umg* rührselige Geschichte
so-called [ˈsəʊkɔːld] sogenannte(r, -s)
soccer [ˈsɒkə] *Sport*: Fußball; **play soccer** Fußball spielen; **soccer ball** Fußball
sociable [ˈsəʊʃəbl] gesellig
★**social** [ˈsəʊʃl] **1** gesellschaftlich, Gesellschafts... **2** sozial, Sozial...; **social science** Sozialwissenschaft **3** *umg*; *Person*: gesellig
socialism [ˈsəʊʃəlɪzm] Sozialismus
socialist¹ [ˈsəʊʃəlɪst] Sozialist(in)
socialist² [ˈsəʊʃəlɪst] sozialistisch
socialize [ˈsəʊʃəlaɪz] **I don't socialize much** ich gehe nicht oft unter die Leute
social media [ˌsəʊʃlˈmiːdɪə] soziale Medien
social networking [ˌsəʊʃlˈnetwɜːkɪŋ] *im Internet*: soziales Netzwerken, Social Networking
social networking site [ˌsəʊʃlˈnetwɜːkɪŋ ˌsaɪt] *im Internet*: soziales Netzwerk
social security [ˌsəʊʃl sɪˈkjʊərətɪ] **1** *Br* Sozialhilfe; **be on social security** Sozialhilfe beziehen; **social security office** Sozialamt **2** *US* Sozialversicherung; **social security number** Sozialversicherungsnummer
social studies [ˈsəʊʃlˌstʌdɪːz] (⚠ *im sg verwendet*) ≈ Gemeinschaftskunde

social welfare office [ˌsəʊʃlˈwelfeəˌɒfɪs] *US* Sozialamt; → social security office *Br*

social work [ˈsəʊʃl ˌwɜːk] Sozialarbeit

social worker [ˈsəʊʃlˌwɜːkə] Sozialarbeiter(in)

★**society** [səˈsaɪətɪ] *allg.*: Gesellschaft

sociology [ˌsəʊʃɪˈɒlədʒɪ] Soziologie

★**sock** [sɒk] **1** Socke, Socken **2** *kniehoch*: Kniestrumpf

socket [ˈsɒkɪt] **1** Steckdose **2** *Glühbirne*: Fassung **3** *Kopfhörer usw.*: Anschluss

sod¹ [sɒd] *Br* **1** *vulgär* Arschloch, blöder Hund **2** *umg* **poor sod** armes Schwein

sod² [sɒd] *Br, umg* **1** **sod it!** Scheiße! **2** **sod off!** verpiss dich!

soda [ˈsəʊdə] **1** *auch* **soda water** Soda(wasser) **2** *US süßes, alkoholfreies Getränk mit Kohlensäure* Limonade; → fizzy drink *Br*

★**sofa** [ˈsəʊfə] Sofa

★**soft** [sɒft] **1** *allg.*: weich **2** *Musik usw.*: leise **3** *Beleuchtung usw.*: gedämpft **4** *Berührung*: sanft **5** *umg; Job*: bequem **6** nachsichtig (**with someone** gegen jemanden) **7** **get soft** verweichlichen **8** *Droge*: weich

soft-boiled [ˈsɒftbɔɪld] *Ei*: weich (gekocht)

★**soft drink** [ˈsɒft ˌdrɪŋk] alkoholfreies Getränk

soften [ˈsɒfn] **1** weich machen, *übertragen* weichmachen **2** dämpfen (*Ton, Licht usw.*) **3** (*Butter usw.*) weich werden

PHRASAL VERBS

soften up [ˌsɒfnˈʌp] **soften someone up** *umg* jemanden weichmachen

softhearted [ˌsɒftˈhɑːtɪd] weichherzig

softie [ˈsɒftɪ] *umg* sentimentaler Typ

softness [ˈsɒftnəs] Weichheit

soft skills [ˌsɒftˈskɪlz] *pl* Soft Skills, Schlüsselqualifikationen, soziale und emotionale Kompetenz

soft-soap [ˌsɒftˈsəʊp] **soft-soap someone** *umg* jemandem schmeicheln

soft toy [ˌsɒftˈtɔɪ] Plüschtier

★**software** [ˈsɒftweə] *Computer*: Software; **software package** Softwarepaket

softy [ˈsɒftɪ] *umg* sentimentaler Typ

soggy [ˈsɒgɪ] **1** *Boden*: aufgeweicht **2** *Gemüse usw.*: matschig **3** *Brot usw.*: teigig

★**soil¹** [sɔɪl] Boden, Erde

soil² [sɔɪl] beschmutzen, schmutzig machen

solace [ˈsɒləs] Trost

★**solar** [ˈsəʊlə] Sonnen..., Solar...; **solar cell** Solarzelle; **solar energy** Sonnenenergie; **solar panel** Sonnenkollektor; **solar roof** Solardach

solarium [səˈleərɪəm] *pl*: **solaria** [səˈleərɪə] *oder* **solariums** Solarium

sold [səʊld] 2. und 3. Form von → sell

solder [ˈsɒldə] (ver)löten

★**soldier** [ˈsəʊldʒə] Soldat

sole¹ [səʊl] *von Fuß, Schuh*: Sohle

sole² [səʊl] **1** einzige(r, -s) **2** alleinige(r, -s), Allein...

sole³ [səʊl] *Fisch*: Seezunge

solely [ˈsəʊllɪ] (einzig und) allein, ausschließlich

solemn [ˈsɒləm] **1** *Zeremonie usw.*: feierlich **2** *Person, Musik usw.*: ernst

solicitor [səˈlɪsɪtə] **1** *Br* Rechtsanwalt, Rechtsanwältin (*der/die meist nicht vor Gericht auftritt*) **2** *US* Werber, *umg* Drücker; **No Solicitors!** *Schild an Haustür: etwa* Hausieren verboten!

★**solid¹** [ˈsɒlɪd] **1** *allg.*: fest **2** *Truhe usw.*: stabil, massiv **3** **a solid gold watch** eine Uhr aus massivem Gold **4** *übertragen* gewichtig, *Grund*: triftig **5** *übertragen* einmütig, geschlossen (**for** für; **against** gegen) **6** **I waited for a solid hour** *umg* ich wartete eine geschlagene Stunde **7** *umg* (≈ *sehr gut*) spitze, stark

solid² [ˈsɒlɪd] **1** *Geometrie*: Körper **2** **solids** *pl* feste Nahrung

solidarity [ˌsɒlɪˈdærətɪ] Solidarität; **in solidarity with** aus Solidarität mit

soliloquy [səˈlɪləkwɪ] *Theater*: Monolog

solitary [ˈsɒlətərɪ] **1** einsam, *Leben auch*: zurückgezogen; **solitary confinement** *im Gefängnis*: Einzelhaft **2** *Ort usw.*: abgelegen **3** *Beispiel usw.*: einzige(r, -s)

solitude [ˈsɒlətjuːd] Einsamkeit

solo¹ [ˈsəʊləʊ] *pl*: **solos** *Musik*: Solo

solo² [ˈsəʊləʊ] *Musik*: solo, Solo...

solstice [ˈsɒlstɪs] Sonnenwende

soluble [ˈsɒljʊbl] **1** *Chemie*: löslich; **soluble in water** wasserlöslich **2** *übertragen* lösbar (*Problem usw.*)

★**solution** [səˈluːʃn] **1** *eines Problems*: Lösung (**to** *Genitiv*) **2** *Chemie*: Lösung

solvable [ˈsɒlvəbl] *Aufgabe, Problem*: lösbar

★**solve** [sɒlv] **1** lösen (*Aufgabe, Problem usw.*) **2** aufklären (*Verbrechen*)

somber *US*, **sombre** *Br* [ˈsɒmbə] düster

★**some¹** [sʌm] **1** etwas, ein wenig **2** *vor Plural*: einige, ein paar **3** (irgend)ein; **some fool let the dog out** irgend ein Idiot hat den Hund rausgelassen; **some day** eines Tages **4** manche; **some people believe ...** manche Leute glauben ... **5** **to some extent** bis zu einem gewissen Grad

★**some²** [səm] **1** ungefähr; **some 30 people**

ungefähr 30 Leute ❷ **take some more** nimm noch etwas; **would you like some more cake?** möchtest du noch ein Stück Kuchen?

★**somebody**¹ ['sʌmbədɪ] jemand

★**somebody**² ['sʌmbədɪ] **be somebody** etwas vorstellen, jemand sein

someday ['sʌmdeɪ] eines Tages

★**somehow** ['sʌmhaʊ] irgendwie

★**someone** ['sʌmwʌn] jemand

someplace ['sʌmpleɪs] *US* ❶ irgendwo ❷ irgendwohin; → **somewhere** *Br*

somersault ['sʌməsɔːlt] Salto, Purzelbaum; **do a somersault** einen Salto machen, einen Purzelbaum schlagen

★**something**¹ ['sʌmθɪŋ] ❶ etwas ❷ **or something (like that)** *umg* oder so (was) ❸ **that was (really) something** das war vielleicht was

★**something**² ['sʌmθɪŋ] **a little something** *Geschenk*: eine Kleinigkeit

★**something**³ ['sʌmθɪŋ] **something like** *umg* ungefähr; **look something like** so ähnlich aussehen wie

sometime ['sʌmtaɪm] irgendwann

★**sometimes** ['sʌmtaɪmz] manchmal

someway ['sʌmweɪ] *US* irgendwie

somewhat ['sʌmwɒt] ❶ ein wenig ❷ **somewhat of a shock** ein ziemlicher Schock

★**somewhere** ['sʌmweə] ❶ irgendwo ❷ irgendwohin ❸ **somewhere between 30 and 40** *übertragen* so zwischen 30 und 40

★**son** [sʌn] Sohn

sonata [sə'nɑːtə] *Musik*: Sonate

★**song** [sɒŋ] ❶ Lied ❷ Gesang (*auch von Singvögeln*) ❸ **for a song** *umg* spottbillig

songbird ['sɒŋbɜːd] Singvogel

songbook ['sɒŋbʊk] Liederbuch

★**son-in-law** ['sʌnɪnlɔː] *pl*: **sons-in-law** Schwiegersohn

sonnet ['sɒnɪt] Sonett

★**soon** [suːn] ❶ bald; **as soon as** sobald; **as soon as possible** sobald wie möglich ❷ **just as soon** genauso gerne

sooner ['suːnə] ❶ eher, früher; **the sooner the better** je früher, desto besser; **sooner or later** früher oder später ❷ **I would sooner ... than ...** ich würde lieber ... als ...

soot [⚠ sʊt] Ruß

soothe [suːð] ❶ beruhigen ❷ *Salbe usw.*: lindern (*Schmerzen*)

sophisticated [sə'fɪstɪkeɪtɪd] ❶ kultiviert ❷ *Technik*: hoch entwickelt, raffiniert

sophomore ['sɒfəmɔː] *US* Student(in) im zweiten Jahr

soprano [sə'prɑːnəʊ] *pl*: **sopranos** *Musik*: Sopran (*Tonlage, Stimme, Sänger*), Sängerin auch: Sopranistin

sorbet [⚠ 'sɔːbeɪ] Fruchteis

sorcerer ['sɔːsərə] Zauberer, Hexenmeister, Hexer

sorceress ['sɔːsərəs] Zauberin, Hexe

sorcery ['sɔːsərɪ] Zauberei, Hexerei

sordid ['sɔːdɪd] schmutzig (*auch übertragen*)

★**sore**¹ [sɔː] ❶ weh, wund, entzündet; **have a sore throat** Halsschmerzen haben ❷ **sore point** *übertragen* wunder Punkt ❸ *US, umg* sauer (**about** wegen)

★**sore**² [sɔː] wunde Stelle, Wunde

sorrow ['sɒrəʊ] ❶ Leid, Kummer (**at, over** über, um), Trauer (**at, over** um) ❷ (≈ *Problem*) Sorge

★**sorry**¹ ['sɒrɪ] ❶ **feel sorry for someone** jemanden bedauern; **I feel sorry for him or** *tut mir leid*; **I'm sorry** (es) tut mir leid, Entschuldigung! ❷ **I'm sorry to say** ich muss leider sagen ❸ jämmerlich

★**sorry**² ['sɒrɪ] ❶ (es) tut mir leid; **say sorry** sich entschuldigen (**to someone** bei jemandem; **for something** für etwas) ❷ Entschuldigung!, Verzeihung! ❸ *bes. Br* wie bitte?

★**sort**¹ [sɔːt] ❶ Sorte, Art; **all sorts of things** alles Mögliche ❷ **I had a sort of feeling that** ich hatte irgendwie das Gefühl, dass ❸ **I sort of expected it** *umg* ich habe es irgendwie erwartet ❹ **of a sort, of sorts** *abwertend* so etwas Ähnliches wie

---

PHRASAL VERBS

sort out [,sɔːt'aʊt] ❶ aussortieren ❷ lösen (*Problem usw.*), klären (*Frage usw.*) ❸ *US* (*Dinge*) sich entwickeln, ausgehen ❹ **sort someone out** *Br, umg* jemandem zeigen, wo es lang geht

sort through [,sɔːt'θruː] durchsehen (*Papiere, Akten usw.*)

★**sort**² [sɔːt] *allg.*: sortieren

so-so [,səʊ'səʊ] *umg* so lala

soufflé ['suːfleɪ] Soufflé, Soufflee, Auflauf

sought [sɔːt] 2. und 3. Form von → **seek**

sought-after ['sɔːt,ɑːftə] begehrt, gesucht

soul [səʊl] ❶ Seele (*auch übertragen*) ❷ *Musik*: Soul

soulful ['səʊlfl] ❶ *Musik usw.*: gefühlvoll ❷ *Blick*: seelenvoll

soul music ['səʊl,mjuːzɪk] Soul, Soulmusik

★**sound**¹ [saʊnd] ❶ Geräusch ❷ *Physik*: Schall; **sound barrier** Schallmauer ❸ *TV usw.*: Ton ❹ *Musik*: Klang ❺ *Sprache*: Laut

★**sound**² [saʊnd] ◼ klingen; **that sounds like a good idea!** das hört sich nach einer guten Idee an! ◼ erklingen, ertönen ◼ **sound one's horn** hupen

───────────────── PHRASAL VERBS
sound out [ˌsaʊnd'aʊt] aushorchen (**about, on** über)

★**sound**³ [saʊnd] ◼ Person, Tier: gesund; **sound as a bell** kerngesund ◼ Gegenstand usw.: intakt, in Ordnung ◼ Person, Rat usw.: klug, vernünftig ◼ Ausbildung usw.: gründlich ◼ Schlaf: fest, tief

★**sound**⁴ [saʊnd] **be sound asleep** fest (oder tief) schlafen

soundcard ['saʊndkɑːd] Computer: Soundkarte
soundproof ['saʊndpruːf] schalldicht
soundtrack ['saʊndtræk] ◼ Filmmusik ◼ Film: Tonspur

★**soup** [suːp] Suppe

───────────────── PHRASAL VERBS
soup up [ˌsuːp'ʌp] umg aufmotzen, frisieren (Auto, Motor)

soup bowl ['suːp_bəʊl] Suppenschüssel
soup plate ['suːp_pleɪt] Suppenteller
soup spoon ['suːp_spuːn] Suppenlöffel

★**sour** ['saʊə] ◼ sauer ◼ übertragen mürrisch ◼ **turn sour** übertragen sich verschlechtern

★**source** [sɔːs] ◼ Quelle ◼ übertragen Ursprung
source code ['sɔːs_kəʊd] Computer: Quellcode
source file ['sɔːs_faɪl] Computer: Quelldatei
source language ['sɔːsˌlæŋgwɪdʒ] ◼ bei Übersetzungen usw.: Ausgangssprache ◼ Computer: Quellsprache

★**south**¹ [saʊθ] ◼ Süden; **in the south of** im Süden von (oder Genitiv); **to the south of** südlich von (oder Genitiv) ◼ auch **South** Süden, südlicher Landesteil; **the South** Br Südengland, US die Südstaaten (zur Zeit des Bürgerkriegs)

★**south**² [saʊθ] Süd..., südlich; **South Pole** Südpol

★**south**³ [saʊθ] ◼ Richtung: südwärts, nach Süden ◼ **south of** südlich von (oder Genitiv)

★**South Africa** [ˌsaʊθ'æfrɪkə] Südafrika
★**South African**¹ [ˌsaʊθ'æfrɪkən] südafrikanisch
★**South African**² [ˌsaʊθ'æfrɪkən] Südafrikaner(in)
★**South America** [ˌsaʊθ_ə'merɪkə] Südamerika
★**South American**¹ [ˌsaʊθ_ə'merɪkən] südamerikanisch

★**South American**² [ˌsaʊθ_ə'merɪkən] Südamerikaner(in)
southbound ['saʊθbaʊnd] nach Süden gehend (bzw. fahrend)
southeast¹ [ˌsaʊθ'iːst] Südosten
southeast² [ˌsaʊθ'iːst] südöstlich, Südost...
southeast³ [ˌsaʊθ'iːst] Richtung: nach Südosten
southerly [▲ 'sʌðəlɪ] Richtung, Wind: südlich, Süd...
★**southern** [▲ 'sʌðən] südlich, Süd...
South Pole [ˌsaʊθ'pəʊl] Südpol
southward ['saʊθwəd], **southwards** ['saʊθwədz] südlich, südwärts, nach Süden
southwest¹ [ˌsaʊθ'west] Südwesten
southwest² [ˌsaʊθ'west] südwestlich, Südwest...
southwest³ [ˌsaʊθ'west] Richtung: nach Südwesten
souvenir [ˌsuːvə'nɪə] Andenken (**of** an), Souvenir
sovereign [▲ 'sɒvrɪn] Herrscher(in)
Soviet¹ ['səʊvɪət] historisch: sowjetisch, Sowjet...
Soviet² ['səʊvɪət] **the Soviets** pl historisch: die Sowjets
Soviet Union [ˌsəʊvɪət'juːnɪən] historisch: Sowjetunion
★**sow**¹ [səʊ], sowed, sown [səʊn] oder sowed ◼ säen, aussäen ◼ besäen (Feld) (**with** mit)
★**sow**² [▲ saʊ] Sau
sown [səʊn] 3. Form von → sew¹
soy [sɔɪ], **soya** ['sɔɪə] ◼ Soja ◼ Sojasoße
soya bean ['sɔɪə_biːn] Sojabohne
soya sauce ['sɔɪə_sɔːs] Sojasoße
soybean ['sɔɪ_biːn] Sojabohne
soy sauce [ˌsɔɪ'sɔːs] Sojasoße
spa [spɑː] (Heil)Bad
★**space** [speɪs] ◼ Raum (auch physikalisch) ◼ (≈ All) Weltraum ◼ Platz, Raum (für etwas); **save space** Platz sparen ◼ (≈ freier Raum) Lücke, Platz; **parking space** Parklücke ◼ zwischen Wörtern, Zeilen: Zwischenraum ◼ zeitlich: Zeitraum
space bar ['speɪs_bɑː] Computer: Leertaste
★**spacecraft** ['speɪskrɑːft] pl: spacecraft Raumschiff
spaceship ['speɪsʃɪp] Raumschiff
space shuttle ['speɪsˌʃʌtl] Raumfähre
space station ['speɪsˌsteɪʃn] Raumstation
space suit ['speɪs_suːt] Raumanzug
space travel ['speɪsˌtrævl] (Welt)Raumfahrt
space walk ['speɪs_wɔːk] Weltraumspaziergang

spacing ['speɪsɪŋ] *in Text*: Zeilenabstand; **type something in** (*oder* **with**) **single** (*bzw.* **double**) **spacing** etwas mit einzeiligem (*bzw.* zweizeiligem) Abstand tippen

spacious ['speɪʃəs] *Zimmer usw.*: geräumig

spade [speɪd] **1** Spaten **2 call a spade a spade** *übertragen* das Kind beim Namen nennen **3 spades** *pl Kartenspiel*: Pik; **eight of spades** Pikacht; **jack of spades** Pikbube

★**Spain** [speɪn] Spanien

spam®¹ [spæm] Frühstücksfleisch

spam² [spæm] *Computer*: Spammail

spam³ [spæm] *Computer*: zumüllen, spammen

spam filter ['spæm‚fɪltə] *Computer*: Spamfilter

spammer ['spæmə] *Computer*: Spammer(in)

spamming ['spæmɪŋ] *Computer*: Spamming, Zumüllen

span¹ [spæn] *zeitlich, räumlich*: Spanne

span² [spæn], **spanned, spanned** *übertragen* sich erstrecken über

★**Spaniard** ['spænjəd] Spanier(in)

★**Spanish**¹ ['spænɪʃ] spanisch

★**Spanish**² ['spænɪʃ] *Sprache*: Spanisch

★**Spanish**³ ['spænɪʃ] **the Spanish** *pl* die Spanier

spank [spæŋk] **spank someone** jemandem den Hintern versohlen

spanking ['spæŋkɪŋ] Tracht Prügel

spanner ['spænə] *Br* Schraubenschlüssel

★**spare**¹ [speə] **1** entbehren; **I can't spare it** ich kann es nicht entbehren **2** übrig haben (*Zeit, Geld usw.*); **can you spare me 10 minutes?** hast du 10 Minuten Zeit für mich? **3** scheuen (*keine Mühen usw.*) **4 spare someone something** jemandem etwas ersparen (⚠ *nicht Geld sparen*)

★**spare**² [speə] **1** Ersatz...; **spare tyre** (*US* **tire**) Reservereifen, *humorvoll* (≈ Fettwulst) Rettungsring **2** übrig; **spare room** Gästezimmer; **have you got a spare moment?** hast du einen Moment Zeit?

★**spare**³ [speə] **1** *Auto*: Reservereifen **2** *Technik*: Ersatzteil

★**spare part** [‚speə'pɑːt] Ersatzteil

spare time [‚speə'taɪm] Freizeit

sparing ['speərɪŋ] sparsam; **be sparing with something** sparsam mit etwas umgehen

spark¹ [spɑːk] Funke(n) (*auch übertragen*)

spark² [spɑːk] *auch* **spark off** auslösen (*Krawalle usw.*)

sparkle ['spɑːkl] funkeln (**with** vor)

sparkling ['spɑːklɪŋ] **1** funkelnd, blitzend **2 sparkling water** Mineralwasser, Sprudel; **sparkling wine** Schaumwein **3** *Witz*: sprühend, *Vortrag usw.*: schwungvoll

spark plug ['spɑːk‚plʌg] Zündkerze

sparrow ['spærəʊ] Spatz, Sperling

sparse [spɑːs] spärlich

spasm ['spæzm] *medizinisch*: Krampf

spat [spæt] 2. und 3. Form von → **spit**¹

spatter ['spætə] bespritzen (**with** mit)

spatula ['spætjʊlə] **1** Spachtel **2** *Medizin*: Spatel **3** *Backen*: Teigschaber

spawn¹ [spɔːn] *von Fischen, Fröschen usw.*: Laich

spawn² [spɔːn] **1** (*Fische, Frösche usw.*) laichen **2** *übertragen* hervorbringen, produzieren

spay [speɪ] sterilisieren (*weibliches Tier*)

★**speak** [spiːk], **spoke** [spəʊk], **spoken** ['spəʊkən] **1** sprechen, reden (**to, with** mit; **about, of** über); **speaking!** *Telefon*: am Apparat!; **we don't speak (to each other)** wir sprechen nicht miteinander **2** sprechen, sagen; **speak one's mind** seine Meinung sagen **3** sprechen (*Sprache*) **4 we're not on speaking terms** wir sprechen nicht miteinander **5** sprechen (**to** vor; **about, on** über) **6 generally speaking** im Allgemeinen **7 so to speak** sozusagen **8 speak of the devil!** wenn man vom Teufel spricht!

---PHRASAL VERBS---

speak for ['spiːk‚fɔː] sprechen für; **it speaks for itself** das spricht für sich

speak out [‚spiːk'aʊt] seine Meinung sagen; **speak out against** seine Stimme erheben gegen

speak to ['spiːk‚tʊ] **1 who am I speaking to?** mit wem spreche ich? **2 speak to someone** *umg* (≈ tadeln) mit jemandem ein Wörtchen reden

speak up [‚spiːk'ʌp] **1** lauter sprechen **2 speak up for** sich aussprechen für

---

★**speaker** ['spiːkə] **1** Sprecher(in), Redner(in) **2 Speaker** *Parlament*: Präsident(in) **3 a speaker of English** jemand, der Englisch spricht **4** *Musik usw.*: Lautsprecher

speaker dock ['spiːkə‚dɒk] Docking-Station

spear [⚠ spɪə] Speer

spearmint [⚠ 'spɪəmɪnt] Grüne Minze

★**special**¹ ['speʃl] **1** speziell, besondere(r, -s) **2** Sonder...; **special school** Sonderschule; **special offer** Sonderangebot **3** bestimmt, speziell

★**special**² ['speʃl] **1** *TV usw.*: Sondersendung **2** Sonderangebot; **be on special** *US* im Angebot sein; **today's specials** *pl* im Restaurant usw.: Tagesmenü

★**specialist**¹ ['speʃlɪst] **1** *allg.*: Spezialist(in) **2**

Medizin: Facharzt, Fachärztin (**in** für)

★**specialist**² ['speʃlɪst] Fach...

★**speciality** [ˌspeʃɪˈælətɪ] *Br* **1** Spezialität **2** Spezialgebiet

specialization [ˌspeʃəlaɪˈzeɪʃn] Spezialisierung

specialize ['speʃəlaɪz] sich spezialisieren (**in** auf); **specialized knowledge** Fachkenntnisse

specially ['speʃlɪ] **1** besonders **2** speziell, extra; → **especially**

specialty ['speʃltɪ] *US* **1** Spezialität **2** Spezialgebiet; → **speciality**

species ['spiːʃiːz] *Biologie*: Spezies, Art

specific [spəˈsɪfɪk] **1** konkret, präzis; **could you be a bit more specific?** könnten Sie sich etwas genauer ausdrücken? **2** spezifisch (*auch physikalisch*), speziell

specifically [spəˈsɪfɪklɪ] ausdrücklich

specification [ˌspesɪfɪˈkeɪʃn] **1 specifications** *pl* genaue Angaben, *von Auto, Maschine*: technische Daten **2** Bedingung

specify ['spesɪfaɪ] genau angeben

specimen ['spesəmɪn] **1** *mst. von etwas Seltenem*: Exemplar **2** *für Untersuchung*: Muster, Probe **3** *umg, abwertend* Typ

speck [spek] **1** kleiner Fleck, *Staub usw.*: Korn **2** Punkt (△ *nicht* **Speck**)

speckled ['spekld] gesprenkelt

specs [speks] *pl, auch* **pair of specs** Brille

spectacle ['spektəkl] **1** Schauspiel (*auch übertragen*) **2** Anblick **3** **make a spectacle of oneself** sich lächerlich machen

spectacles ['spektəklz] *pl, auch* **pair of spectacles** Brille; **where are my spectacles?** wo ist meine Brille?

spectacular [spekˈtækjʊlə] spektakulär

★**spectator** [spekˈteɪtə] Zuschauer(in)

spectre, *US* **specter** ['spektə] **1** (≈ *Geist*) Gespenst **2** *übertragen auch*: Schreckgespenst

spectrum ['spektrəm] *pl*: **spectra** ['spektrə] **1** *Physik*: Spektrum **2** *übertragen* Spektrum, Palette; **a broad spectrum of opinion(s)** ein breites Meinungsspektrum

speculate ['spekjʊleɪt] **1** Vermutungen anstellen (**about, on** über) **2** *Wirtschaft*: spekulieren (**in** mit)

speculation [ˌspekjʊˈleɪʃn] Spekulation (*auch wirtschaftlich*), Vermutung

speculative ['spekjʊlətɪv] spekulativ, *Wirtschaft auch*: Spekulations...; **speculative application** Blindbewerbung

speculator ['spekjʊleɪtə] *Wirtschaft*: Spekulant(in)

sped [sped] *2. und 3. Form von* → **speed**²

★**speech** [spiːtʃ] **1** (≈ *Sprechvermögen, Ausdrucksweise*) Sprache; **direct speech** wörtliche Rede **2** Rede, Ansprache (**to** vor); **give a speech** eine Rede halten **3** *vor Gericht*: Plädoyer

speech day ['spiːtʃ ˌdeɪ] *Br Schule*: (Jahres)Abschlussfeier

speechless ['spiːtʃləs] sprachlos (**with** vor)

★**speed**¹ [spiːd] **1** Geschwindigkeit, Tempo; **at a speed of** mit einer Geschwindigkeit von; **at full** (*oder* **top**) **speed** mit Höchstgeschwindigkeit **2** *Auto usw.*: Gang; **five-speed gearbox** Fünfganggetriebe **3** *Film*: (Licht)Empfindlichkeit **4** *umg*; *Droge*: Speed

★**speed**² [spiːd], **sped** [sped], **sped** [sped] schnell fahren, rasen; **he was stopped for speeding** er wurde wegen zu schnellen Fahrens gestoppt

PHRASAL VERBS

speed up [ˌspiːdˈʌp] **speeded up, speeded up** beschleunigen

speed bump ['spiːd ˌbʌmp] *zur Verkehrsberuhigung*: Bodenschwelle

speed camera [ˈspiːd ˌkæm(ə)rə] *zur Geschwindigkeitsüberwachung*: Radarfalle

speed dating ['spiːd ˌdeɪtɪŋ] Speed-Dating

speed dial ['spiːd ˌdaɪəl] *Telefon*: Kurzwahl, Kurzwahltaste

★**speed limit** ['spiːd ˌlɪmɪt] *Auto*: Tempolimit

speedometer [spɪˈdɒmɪtə] *Auto, Motorrad usw.*: Tachometer

speed trap ['spiːd ˌtræp] Radarfalle

speedy ['spiːdɪ] schnell, *Antwort*: prompt

★**spell**¹ [spel], **spelt** [spelt], **spelt** [spelt], *bes. US* **spelled, spelled** **1** buchstabieren **2** (orthografisch richtig) schreiben; **how do you spell it?** wie schreibt man das? **3** **that spells trouble** *umg* das bedeutet Ärger

PHRASAL VERBS

spell out [ˌspelˈaʊt] **1** buchstabieren **2** genau erklären (*oder* sagen) (**to someone** jemandem)

★**spell**² [spel] Weile; **cold spell** Kälteperiode; **sunny spells** Aufheiterungen

★**spell**³ [spel] **1** Zauber (*auch übertragen*) **2** Zauber(spruch)

spellbound ['spelbaʊnd] wie gebannt

spell-checker ['spelˌtʃekə] *Computer*: Rechtschreibprogramm

speller ['spelə] **1** **be a good** (*bzw.* **bad**) **speller** gut (*bzw.* schlecht) in Rechtschreibung sein **2** *Computer*: Rechtschreibprogramm, Speller

★**spelling** ['spelɪŋ] ◼︎ Rechtschreibung; **spelling mistake** (Recht)Schreibfehler ◼︎ Schreibung, Schreibweise (*eines Wortes*)
spelt [spelt] *2. und 3. Form von* → spell¹
★**spend** [spend], **spent** [spent], **spent** [spent] ◼︎ ausgeben (*Geld*) (**on** für) ◼︎ verbringen (*Urlaub, Zeit*); **spend an hour doing something** eine Stunde damit verbringen, etwas zu tun (⚠ *nicht* **spenden**); **spend the night** die Nacht verbringen
spending money ['spendɪŋˌmʌni] frei verfügbares Geld (*für persönliche Ausgaben*)
spendthrift ['spendθrɪft] Verschwender(in)
spent¹ [spent] *2. und 3. Form von* → spend
spent² [spent] *bes. Streichholz*: verbraucht
sperm [spɜːm] Sperma, Samen(flüssigkeit)
sperm bank ['spɜːmˌbæŋk] Samenbank
spew [spjuː] ◼︎ *auch* **spew out** ausstoßen (*Rauch usw.*) ◼︎ *auch* **spew out** hervorquellen (**from** aus) ◼︎ *salopp* kotzen
sphere [sfɪə] ◼︎ *Geometrie*: Kugel ◼︎ *übertragen* Sphäre, Bereich
spherical ['sferɪkəl] kugelförmig
★**spice¹** [spaɪs] ◼︎ Gewürz ◼︎ *übertragen* Würze
★**spice²** [spaɪs] würzen (**with** mit)
★**spicy** ['spaɪsɪ] ◼︎ würzig ◼︎ *übertragen* pikant
★**spider** ['spaɪdə] Spinne
spike¹ [spaɪk] ◼︎ Spitze, Dorn ◼︎ *Sport*: Spike; **spikes** *pl* Spikes, Rennschuhe
spike² [spaɪk] ◼︎ aufspießen ◼︎ **spiked** *Getränk*: mit Schuss
spiky ['spaɪkɪ] ◼︎ spitz, stachelig ◼︎ *Br, umg* leicht eingeschnappt
★**spill¹** [spɪl], **spilt** [spɪlt], **spilt** [spɪlt], *bes. US* **spilled, spilled** ◼︎ ausschütten, verschütten; **spill the beans** plaudern, alles ausplaudern ◼︎ (*Flüssigkeit*) verschüttet werden, sich ergießen (**over** über) ◼︎ (*Menschen*) strömen (**out of** aus)

PHRASAL VERBS

spill over [ˌspɪl'əʊvə] ◼︎ (*Flüssigkeit*) überlaufen ◼︎ *übertragen* übergreifen (**into** auf)

spill² [spɪl] **oil spill** Ölunfall
spilt [spɪlt] *2. und 3. Form von* → spill¹
spin¹ [spɪn], **spun** [spʌn], **spun** [spʌn]; *-ing- -Form* **spinning** ◼︎ (sich) drehen, (*Wäsche*) schleudern ◼︎ **my head is spinning** mir dreht sich alles ◼︎ spinnen (*Fäden, Wolle usw.*)

PHRASAL VERBS

spin out [ˌspɪn'aʊt] ◼︎ in die Länge ziehen (*Arbeit usw.*) ◼︎ strecken (*Geld usw.*)
spin round [ˌspɪn'raʊnd] herumwirbeln

spin² [spɪn] ◼︎ (schnelle) Drehung ◼︎ *Ball*: Effet ◼︎ *umg; Auto*: Spritztour; **go for a spin** eine Spritztour machen
spinach [⚠ 'spɪnɪdʒ] Spinat
spin doctor ['spɪnˌdɒktə] *umg; Politik*: Medienreferent(in)
spin-drier [ˌspɪn'draɪə] → spin-dryer
spin-dry [ˌspɪn'draɪ], **spin-dried** [ˌspɪn'draɪd], **spin-dried** [ˌspɪn'draɪd] schleudern (*Wäsche*)
spin-dryer [ˌspɪn'draɪə] (Wäsche)Schleuder
spine [spaɪn] ◼︎ *Körper*: Rückgrat, Wirbelsäule ◼︎ *von Tier, Pflanze*: Stachel, Dorn ◼︎ *von Buch*: (Buch)Rücken
spine-chiller ['spaɪnˌtʃɪlə] Gruselfilm, Gruselgeschichte
spine-chilling ['spaɪnˌtʃɪlɪŋ] gruselig, schaurig
spineless ['spaɪnləs] ◼︎ *Tier*: wirbellos ◼︎ *übertragen; Person*: ohne Rückgrat
spinning wheel ['spɪnɪŋˌwiːl] Spinnrad
spin-off ['spɪnɒf] ◼︎ Nebenprodukt, Abfallprodukt ◼︎ *übertragen* Begleiterscheinung, (positiver) Nebeneffekt
spinster ['spɪnstə] *oft abwertend* unverheiratete (ältere) Frau
spiny ['spaɪnɪ] stachelig, dornig
spiral¹ ['spaɪrəl] spiralenförmig, Spiral...
spiral² ['spaɪrəl] Spirale (*auch übertragen*)
spiral staircase [ˌspaɪrəl'steəkeɪs] Wendeltreppe
spire [spaɪə] (Kirch)Turmspitze
★**spirit** ['spɪrɪt] ◼︎ *allg.*: Geist ◼︎ *in Klasse, Team*: Stimmung ◼︎ Schwung, Elan ◼︎ **spirits** *pl bes. Br* Spirituosen
spirit level ['spɪrɪtˌlevl] Wasserwaage
spirits ['spɪrɪts] Laune, Stimmung; **be in high spirits** in Hochstimmung sein; **be in low spirits** niedergeschlagen sein
spiritual ['spɪrɪtʃʊəl] ◼︎ geistig ◼︎ *kirchlich*: geistlich
spit¹ [spɪt], **spat** [spæt], **spat** [spæt], *US auch* **spit** [spɪt], **spit** [spɪt] ◼︎ spucken, ausspucken; **spit at someone** jemanden anspucken ◼︎ **it's spitting** es tröpfelt

PHRASAL VERBS

spit out [ˌspɪt'aʊt] ◼︎ ausspucken ◼︎ **spit it out!** *übertragen, umg* spuck's aus!

spit² [spɪt] Spucke
★**spite** [spaɪt] ◼︎ Boshaftigkeit, Gehässigkeit; **out of** (*oder* **from**) **pure spite** aus reiner Bosheit ◼︎ **in spite of** trotz
spiteful ['spaɪtfl] boshaft, gehässig
spitting image [ˌspɪtɪŋ'ɪmɪdʒ] **he's the spit-**

ting image of Charles er ist Charles wie aus dem Gesicht geschnitten

splash¹ [splæʃ] **1** spritzen, (Regen) klatschen (**against** gegen) **2** spritzen (Wasser usw.) (**on** auf; **over** über) **3** bespritzen (**with** mit); **splash one's face with cold water** sich kaltes Wasser ins Gesicht spritzen **4** planschen (**in** in), platschen (**through** durch) **5** umg; Zeitung usw.: in großer Aufmachung bringen

PHRASAL VERBS

splash about [ˌsplæʃ_əˈbaʊt] **1** herumspritzen **2** planschen

splash around [ˌsplæʃ_əˈraʊnd] planschen

splash out [ˌsplæʃˈaʊt] **splash out on something** Br, umg sich etwas spendieren

splash² [splæʃ] **1** Spritzer **2** bes. Br; im Getränk: Spritzer, Schuss (Soda usw.)

splatter [ˈsplætə] bespritzen (**with** mit)

spleen [spliːn] **1** Organ: Milz **2** schlechte Laune, stärker: Wut (⚠ dt. Spleen = **cranky idea** bzw. **strange habit**)

splendid [ˈsplendɪd] großartig, herrlich

splendour, US **splendor** [ˈsplendə] Pracht

splinter¹ [ˈsplɪntə] Splitter

splinter² [ˈsplɪntə] splittern, zersplittern

★**split**¹ [splɪt], split, split; -ing-Form splitting **1** (zer)spalten, zerreißen **2** sich spalten, zerreißen **3** auch **split up** aufteilen (**between** unter; **into** in) **4** sich teilen (**into** in) **5** auch **split up** (**with**) Schluss machen (mit), sich trennen (von) **6** **split one's sides** (**laughing**) umg sich vor Lachen biegen

★**split**² [splɪt] **1** Riss, Spalt **2** übertragen Bruch, Spaltung **3** mst. **the splits** pl Spagat

splitting [ˈsplɪtɪŋ] Kopfschmerzen: rasend

★**spoil** [spɔɪl], spoiled, spoiled, Br spoilt [spɔɪlt], spoilt [spɔɪlt] **1** (≈ ruinieren) verderben **2** verwöhnen, verziehen; **a spoilt child** ein verzogenes Kind

spoiler [ˈspɔɪlə] Auto: Spoiler

spoilsport [ˈspɔɪlspɔːt] Spielverderber(in)

spoilt [spɔɪlt] 2. und 3. Form von → spoil

spoke¹ [spəʊk] 2. Form von → speak

spoke² [spəʊk] am Rad: Speiche

spoken [ˈspəʊkən] 3. Form von → speak

spokesman [ˈspəʊksmən] pl: spokesmen [ˈspəʊksmən] Sprecher

spokesperson [ˈspəʊksˌpɜːsn] Sprecher(in)

spokeswoman [ˈspəʊksˌwʊmən] pl: spokeswomen [ˈspəʊksˌwɪmɪn] Sprecherin

sponge¹ [⚠ spʌndʒ] **1** zum Waschen: Schwamm **2** Gebäck: Biskuitkuchen

sponge² [⚠ spʌndʒ] **1** auch **sponge down** abwaschen **2** übertragen schnorren (**from, off, on** von, bei)

PHRASAL VERBS

sponge off [⚠ ˌspʌndʒˈɒf] **1** (mit einem Schwamm) abwischen **2** **sponge off someone** umg jemandem auf der Tasche liegen

sponge bag [⚠ ˈspʌndʒ_bæg] Br Kulturbeutel, Toilettentasche

sponge cake [⚠ ˈspʌndʒ_keɪk] Biskuitkuchen

sponger [⚠ ˈspʌndʒə] Schnorrer(in)

spongy [ˈspʌndʒɪ] **1** Material: schwammartig, schwammig **2** Brot usw.: teigig **3** Boden usw.: weich, nachgiebig

sponsor¹ [ˈspɒnsə] **1** Sport usw.: Sponsor(in), Geldgeber(in) **2** Spender(in) **3** Recht: Bürge, Bürgin

sponsor² [ˈspɒnsə] **1** sponsern, fördern **2** bürgen für

spontaneous [spɒnˈteɪnɪəs] spontan

spook [spuːk] umg Gespenst

spooky [ˈspuːkɪ] umg gespenstisch

spool [spuːl] Spule, Rolle

★**spoon**¹ [spuːn] Löffel

★**spoon**² [spuːn] löffeln

spoon-feed [ˈspuːnfiːd], spoon-fed [ˈspuːnfed], spoon-fed [ˈspuːnfed] **1** füttern (Baby usw.) **2** **spoon-feed someone with something** (oder **something to someone**) übertragen jemandem etwas vorkauen

spoonful [ˈspuːnfʊl] ein Löffel (voll)

sporadic [spəˈrædɪk] vereinzelt, sporadisch

spore [spɔː] Biologie: Spore

sporran [ˈspɒrən] bei schottischer Tracht: Felltasche

★**sport**¹ [spɔːt] **1** Sport(art) **2** oft **sports** pl allg.: Sport; **do sport** Sport treiben **3** auch **good sport** umg feiner Kerl; **be a sport** sei kein Spielverderber

★**sport**² [spɔːt] US; bes Kleidung: Sport...

sport³ [spɔːt] protzen mit

sporting [ˈspɔːtɪŋ] **1** sportlich; **sporting event** Sportveranstaltung **2** Verhalten, Angebot usw.: fair

sports [spɔːts] Sport...; **sports bag** Sporttasche; **sports car** Sportwagen; **sports club** Sportverein; **sports day** Br Schulsportfest; **sports field** Sportplatz; **sports T-shirt** Sportshirt

sports jacket [ˈspɔːtsˌdʒækɪt] Br Sakko

sportsman [ˈspɔːtsmən] pl: sportsmen [ˈspɔːtsmən] Sportler

sportspeople [ˈspɔːtsˌpiːpl] pl Sportler

sportswoman ['spɔːtsˌwʊmən] *pl:* **sportswomen** ['spɔːtsˌwɪmɪn] Sportlerin

sport-utility vehicle [ˌspɔːtjuːˈtɪləti̩ˌviːəkl] *US* Geländewagen, Sport-Utility-Fahrzeug (*Abk:* SUV)

sporty ['spɔːtɪ] *umg* ❶ sportlich, sportbegeistert ❷ *Kleidung:* flott

★**spot**¹ [spɒt] ❶ Punkt, Tupfen, Fleck ❷ *Br; auf der Haut:* Pickel, *bes.* Ⓐ Wimmerl, Ⓓ Bibeli ❸ Ort, Platz, Stelle; **on the spot** *zeitlich:* auf der Stelle, sofort, *räumlich:* an Ort und Stelle, vor Ort ❹ **soft spot** *übertragen* Schwäche (**for** für) ❺ **a spot of** *Br, umg* ein bisschen ❻ **be in a spot** *umg* in Schwierigkeiten sein ❼ *umg* (≈ *Spotlight*) Spot ❽ **put someone on the spot** jemanden in die Enge treiben

★**spot**² [spɒt] spotted, spotted entdecken

spot check [ˌspɒtˈtʃek] Stichprobe

spotless ['spɒtləs] makellos

spotlight ['spɒtlaɪt] Scheinwerfer(licht)

spotted ['spɒtɪd] getüpfelt, gefleckt

spotty ['spɒtɪ] *Br, umg* pickelig

★**spouse** [spaʊs] Gatte, Gattin, Gemahl(in)

spout [spaʊt] ❶ Tülle, Schnabel (*einer Kanne*) ❷ **be up the spout** *Br, umg* im Eimer sein

sprain [spreɪn] **sprain one's ankle** sich den Knöchel verstauchen

sprang [spræŋ] *2. Form von* → spring¹

spray¹ [spreɪ] ❶ sprühen, spritzen (**on** auf) ❷ besprühen, spritzen (**with** mit)

spray² [spreɪ] ❶ Spray ❷ Spraydose ❸ Sprühregen ❹ *vom Meer:* Gischt

spray gun ['spreɪ ˌɡʌn] Spritzpistole

★**spread**¹ [spred], spread, spread ❶ *auch* **spread out** ausbreiten, ausstrecken (*Arme*), spreizen (*Finger*) ❷ *auch* **spread out** sich ausbreiten ❸ sich erstrecken (**over, across** über) ❹ (*Krankheit usw.*) sich verbreiten, (*Feuer usw.*) übergreifen (**to** auf) ❺ verbreiten (*Nachricht usw.*) ❻ streichen, schmieren (*Butter usw.*) (**on** auf) ❼ (be)streichen (*Brot usw.*) (**with** mit)

★**spread**² [spred] ❶ Verbreitung (*von Krankheit usw.*) ❷ *von Flügeln usw.:* Spannweite ❸ (Brot)Aufstrich ❹ *umg* Festessen

spreadsheet ['spredʃiːt] *Computer:* Tabellenkalkulation

spree [spriː] Bummel, Tour; **shopping spree** Großeinkauf

sprightly ['spraɪtlɪ] *älterer Mensch:* munter, rüstig

★**spring**¹ [sprɪŋ], sprang [spræŋ] *oder US* sprung [sprʌŋ], sprung [sprʌŋ] ❶ springen ❷ **spring a leak** (plötzlich) undicht werden; (plötzlich) ein Leck bekommen

★**spring**² [sprɪŋ] ❶ *Jahreszeit:* Frühling, Frühjahr; **in (the) spring** im Frühling ❷ *von Bach, Fluss:* Quelle ❸ *Technik:* (Sprung)Feder

★**spring**³ [sprɪŋ] Frühlings...

springboard ['sprɪŋbɔːd] Sprungbrett (*auch übertragen* **for, to** für)

spring break [ˌsprɪŋˈbreɪk] *US* Frühjahrsferien

spring chicken [ˌsprɪŋˈtʃɪkən] ❶ (≈ *junges Huhn*) Stubenküken ❷ *humorvoll:* **be no spring chicken** nicht mehr der (*bzw.* die) Jüngste sein

spring fever [ˌsprɪŋˈfiːvə] Frühlingsgefühle *pl*

spring roll [ˌsprɪŋˈrəʊl] *chinesische Mahlzeit:* Frühlingsrolle

springtime ['sprɪŋtaɪm] Frühling(szeit); **springtime lethargy** Frühjahrsmüdigkeit

sprinkle ['sprɪŋkl] ❶ sprengen (*Wasser usw.*) (**on** auf), streuen (*Salz usw.*) (**on** auf) ❷ (be)sprengen, bestreuen (**with** mit)

sprinkler ['sprɪŋklə] ❶ Sprenger (*für Rasen*) ❷ Sprinkler, Berieselungsanlage

sprinkling ['sprɪŋklɪŋ] **a sprinkling of** ein bisschen, ein paar

sprint¹ [sprɪnt] *Sport:* sprinten

sprint² [sprɪnt] *Sport:* Sprint, Spurt

sprite [spraɪt] Geist, Kobold

spritzer ['sprɪtsə] Weinschorle, Gespritzte(r)

sprout¹ [spraʊt] (*Knospen usw.*) sprießen, (*Saat usw.*) keimen

sprout² [spraʊt] ❶ Trieb, Keim (*einer Pflanze*) ❷ **sprouts** *pl* Rosenkohl

spruce¹ [spruːs] *Baum:* Fichte

spruce² [spruːs] adrett

sprung [sprʌŋ] *3. Form von* → spring¹, *US auch 2. Form von* → spring¹

spun [spʌn] *2. und 3. Form von* → spin¹

spur [spɜː] ❶ *Reiten:* Sporn ❷ *übertragen* Ansporn (**to** zu) ❸ **on the spur of the moment** spontan

spur-of-the-moment [ˌspɜːrəvðəˈməʊmənt] *Entschluss:* spontan

spurt¹ [spɜːt] *Sport:* spurten, sprinten

spurt² [spɜːt] *Sport:* Spurt, Sprint; **put on a spurt** einen Spurt hinlegen

★**spy**¹ [spaɪ] Spion(in)

★**spy**² [spaɪ] spionieren (**for** für)

spyware ['spaɪweə] *Computer:* Spyware

Sq, Sq. *abk für* → square¹ 2

sq *abk für* → square² 1

squabble ['skwɒbl] (sich) streiten (**about, over** um, wegen)

squad [skwɒd] **1** *Sport*: Mannschaft, *von Arbeitern*: Trupp **2** Kommando (*der Polizei*), Dezernat

squander ['skwɒndə] verschwenden (*Geld, Zeit usw.*) (**on** an, auf, für, mit), vertun (*Chance*)

★**square¹** [skweə] **1** Quadrat **2** *in der Stadt, Teil eines Namens*: Platz **3** *Mathematik*: Quadrat(zahl); **the square of two is four** zwei im Quadrat ist vier **4** Feld (*eines Brettspiels*)

★**square²** [skweə] **1** quadratisch, Quadrat...; **square kilometre**, *US* **square kilometer** Quadratkilometer; **three square metres**, *US* **3 square meters** drei Quadratmeter; **3 metres square**, *US* **3 meters square** 3 Meter im Quadrat; **square root** *Mathematik*: Quadratwurzel **2** rechtwinklig, *Schultern usw.*: eckig; **square bracket** eckige Klammer **3** *Behandlung usw.*: fair, gerecht **4 be all square** übertragen) quitt sein **5** *umg*; *Mahlzeit*: anständig

★**square³** [skweə] **1** *auch* **square off** (*oder* **up**) quadratisch (*oder* rechtwinklig) machen **2** *auch* **square off** in Quadrate einteilen; **squared paper** kariertes Papier **3 3 squared is 9** 3 hoch 2 ist 9, 3 im Quadrat ist 9 **4** übereinstimmen (**with** mit) **5** ausgleichen (*Konto*), begleichen (*Schulden*)

squarely ['skweəlɪ] **1** *moralisch*: fair, gerecht **2** direkt (*jemanden anschauen usw.*) **3** *bei Kritik usw.*: genau, direkt

squash¹ [skwɒʃ] **1** zerdrücken, zerquetschen **2** (sich) quetschen (**into** in) (*ein Auto usw.*)

squash² [skwɒʃ] **1** *Br* Fruchtsaftgetränk **2** *Sportart*: Squash **3** Gedränge **4** *US* Kürbis

squat [skwɒt], squatted, squatted **1** hocken, kauern **2** *als Hausbesetzer*: ein Haus besetzt haben

squatter ['skwɒtə] Hausbesetzer(in)

squaw [skwɔ:] (≈ Indianerfrau), *oft abwertend oder tabu* Squaw

squeak¹ [skwi:k] **1** (*Maus usw.*) piepsen **2** (*Tür usw.*) quietschen

squeak² [skwi:k] **1** *von Tier*: Piepser **2** *von Reifen usw.*: Quietschen

squeal¹ [skwi:l] kreischen (**with** vor)

squeal² [skwi:l] Schrei, *von Schwein*: Quieken

squeamish ['skwi:mɪʃ] empfindlich, zart besaitet

squeeze¹ [skwi:z] **1** drücken **2** auspressen, ausquetschen (*Orangen usw.*) **3** (sich) quetschen (*oder* zwängen) (**into** in)

PHRASAL VERBS

squeeze out [ˌskwi:z'aʊt] **1** ausdrücken (*Schwamm usw.*) auspressen (*Saft usw.*) (**of** aus)

squeeze² [skwi:z] **1 give something a squeeze** etwas drücken **2** Gedränge

squeezer ['skwi:zə] (Zitronen)Presse

squid [skwɪd] *Meerestier*: Tintenfisch

squint¹ [skwɪnt] **1** *wegen Augenfehler*: schielen **2** *bei starkem Licht*: blinzeln

squint² [skwɪnt] **have a squint** schielen

squirrel ['skwɪrəl] Eichhörnchen

squirt [skwɜ:t] **1** (*Wasser usw.*) spritzen **2** bespritzen, nass spritzen

St, **St.** [snt] **1** *abk für* → **saint 2** *abk für* **Street**

stab¹ [stæb], stabbed, stabbed **1** stechen (**at** nach; **with** mit) **2** einen Stich versetzen, niederstechen; **stab to death** erstechen

stab² [stæb] Stich; **stab vest** stichsichere Weste; **stab (wound)** Stichverletzung (⚠ *nicht* Stab)

stabbing ['stæbɪŋ] *Schmerz*: stechend

stability [stə'bɪlətɪ] Stabilität (*auch übertragen*)

stabilize ['steɪbəlaɪz] (sich) stabilisieren

stabilizer ['steɪbəlaɪzə] *Technik, Chemie usw.*: Stabilisator

stable¹ ['steɪbl] stabil (*auch übertragen*)

stable² ['steɪbl] **1** *Br* Pferdestall **2** *US*; *allg.*: Stall

stack¹ [stæk] **1** Stapel, Stoß **2 stacks of, a stack of** *bes. Br, umg* jede Menge (*Zeit, Arbeit usw.*)

stack² [stæk] **1** stapeln (*Bücher usw.*) **2** vollstapeln (*Zimmer usw.*) (**with** mit)

PHRASAL VERBS

stack up [ˌstæk'ʌp] aufstapeln

★**stadium** ['steɪdɪəm] *pl*: stadiums *oder* stadia ['steɪdɪə] *Sport*: Stadion (⚠ *Stadium* = **stage**)

★**staff¹** [stɑ:f] **1** Mitarbeiter(stab), Personal; **a staff member**, *Br auch* **a member of staff** ein Mitarbeiter, eine Mitarbeiterin; **be on the staff** zum Personal/Mitarbeiterstab gehören **2** *an Schule, Universität*: Lehrkörper **3** *militärisch*: Stab

★**staff²** [stɑ:f] mit Personal besetzen; **the kitchens are staffed by foreigners** das Küchenpersonal besteht aus Ausländern

staff room ['stɑ:f ˌru:m] Lehrerzimmer

stag [stæg] Hirsch

★**stage¹** [steɪdʒ] **1** *Theater*: Bühne (*auch übertragen*) **2** Stadium, Phase (*einer Entwicklung*) **3** Etappe (*auch Radsport und übertragen*) **4** *von Rakete*: Stufe

★**stage**² [steɪdʒ] **1** *Theater:* inszenieren (*auch übertragen*) **2** veranstalten
stagecoach ['steɪdʒkəʊtʃ] *historisch:* Postkutsche
stage fright [steɪdʒ ˌfraɪt] Lampenfieber
stage name [steɪdʒ ˌneɪm] Künstlername
stagger ['stægə] **1** schwanken, torkeln **2** (*Nachricht usw.*) umwerfen **3** staffeln (*Arbeitszeit usw.*)
staggering ['stægərɪŋ] *Nachricht usw.:* umwerfend, *Preis usw.:* schwindelerregend
stagnant ['stægnənt] stagnierend
stagnate [stæg'neɪt] *Wirtschaft:* stagnieren
stagnation [stæg'neɪʃn] Stagnation
stag night ['stæg ˌnaɪt] *Br,* **stag party** ['stæg ˌpɑːtɪ] *Br* Junggesellenabschied
★**stain**¹ [steɪn] **1** Flecken machen auf **2** (*Teppich usw.*) fleckenempfindlich sein **3** färben, beizen (*Holz*)
★**stain**² [steɪn] **1** Fleck **2** *übertragen* Makel
stained glass [ˌsteɪnd'glɑːs] *in Fenstern usw.:* Glasmalerei
stainless ['steɪnləs] *Metall:* nicht rostend, rostfrei; **stainless steel** Edelstahl
★**stair** [steə] (Treppen)Stufe; → **stairs**
staircase ['steəkeɪs] Treppe, Treppenhaus, *bes.* Ⓐ Stiegenhaus
★**stairs** [steəz] *pl* Treppe, *bes.* Ⓐ Stiege; **flight of stairs** Treppe, *bes.* Ⓐ Stiege
stairway ['steəweɪ] Treppe, Treppenhaus
stake¹ [steɪk] **1** Pfahl, Pfosten **2** **at the stake** *historisch:* auf dem Scheiterhaufen
stake² [steɪk] **1** Anteil, Beteiligung (**in** an) **2** Einsatz (*bei Wette usw.*) **3** **be at stake** *übertragen* auf dem Spiel stehen
stake³ [steɪk] **1** setzen (*Geld usw.*) (**on** auf) **2** riskieren, aufs Spiel setzen (*Ruf usw.*)
stalactite ['stæləktaɪt] (≈ *Tropfstein*) Stalaktit
stalagmite ['stæləgmaɪt] (≈ *Tropfstein*) Stalagmit
stale [steɪl] **1** *Brot usw.:* alt, *Luft usw.:* abgestanden **2** *Witz usw.:* abgedroschen
stalemate¹ ['steɪlmeɪt] **1** *Schach:* Patt **2** *übertragen* Patt, Pattsituation, Sackgasse; **end in (a) stalemate** in einer Sackgasse enden
stalemate² ['steɪlmeɪt] **1** *Schach:* patt setzen **2** *übertragen* in eine Sackgasse führen
stalk¹ [stɔːk] Stengel, Stiel, Halm
stalk² [stɔːk] **1** *Jäger usw.:* sich anpirschen an **2** stolzieren, steif(beinig) gehen
stall¹ [stɔːl] **1** (Verkaufs)Stand **2** Box (*im Stall*) **3** Kirchenstuhl; **stalls** *pl* Chorgestühl (⚠ *nicht* **Stall**); → **stalls**
stall² [stɔːl] **1** (*Motor*) absterben **2** abwürgen (*Motor*) **3** Zeit schinden
stallion [⚠ 'stæljən] (Zucht)Hengst
stalls [stɔːlz] *pl Br; Theater:* Parkett
stamina ['stæmɪnə] Ausdauer, Kondition
stammer ['stæmə] stottern, stammeln
★**stamp**¹ [stæmp] **1** stampfen, trampeln **2** **stamp one's foot** aufstampfen **3** stempeln (*Pass usw.*), aufstempeln (*Datum usw.*) (**on** auf) **4** frankieren (*Brief usw.*); **stamped addressed envelope** frankierter Rückumschlag **5** **stamp someone as** *übertragen* jemanden abstempeln als

—————————————— **PHRASAL VERBS**
stamp out [ˌstæmp'aʊt] **1** austreten (*Feuer*) **2** ausrotten (*Übel*)

★**stamp**² [stæmp] **1** (Brief)Marke; **tax stamp** Steuermarke **2** Stempel (*auch Abdruck*)
stamp album ['stæmp ˌælbəm] Briefmarkenalbum
stamp collection ['stæmp kəˌlekʃn] Briefmarkensammlung
stamp collector ['stæmp kəˌlektə] Briefmarkensammler(in)
stampede [stæm'piːd] **1** wilde Flucht (*von Tieren*) **2** Ansturm (**for** auf) (*auch übertragen*)
stance [stæns] **1** *beim Sport, Tanzen usw.:* Haltung **2** *übertragen* Haltung, Einstellung
★**stand**¹ [stænd], **stood** [stʊd], **stood** [stʊd] **1** *allg.:* stehen; **stand still** stillstehen **2** aufstehen **3** stellen (**on** auf) **4** **as matters (***oder*** things) stand** so wie die Dinge stehen **5** aushalten, ertragen (*Hitze usw.*) **6** standhalten (*einer Prüfung usw.*) **7** **I can't stand him** ich kann ihn nicht ausstehen **8** **stand a chance** Chancen haben

—————————————— **PHRASAL VERBS**
stand about *oder* **around** [ˌstænd ə'baʊt *oder* ə'raʊnd] herumstehen
stand back [ˌstænd'bæk] **1** *räumlich:* zurücktreten **2** *übertragen* Abstand gewinnen
stand by ['stænd ˌbaɪ] **1** **stand by someone** zu jemandem halten **2** stehen zu (*seinem Wort usw.*) **3** **stand idly 'by** tatenlos zusehen (*auch übertragen*)
stand for ['stænd ˌfɔː] **1** (*Zeichen usw.*) bedeuten **2** *in Fragen und verneint:* sich gefallen lassen, dulden; **I won't stand for it any longer** ich werde mir das nicht länger gefallen lassen **3** eintreten für (*Ziele usw.*) **4** **stand for election** *Br* kandidieren
stand in [ˌstænd'ɪn] einspringen (**for** für)
stand out [ˌstænd'aʊt] **1** hervorstechen;

stand out against (*oder* **from**) sich abheben von ◻2 sich wehren (**against** gegen)
stand up [ˌstændˈʌp] ◻1 stehen; **standing up** im Stehen ◻2 aufstehen ◻3 **stand someone up** *umg* jemanden versetzen
stand up for [ˌstændˈʌp fɔː] eintreten für
stand up to [ˌstændˈʌp tʊ] ◻1 aushalten (*Beanspruchung usw.*) ◻2 **stand up to someone** jemandem die Stirn bieten

---

stand² [stænd] ◻1 (Verkaufs)Stand ◻2 Ständer; **coat stand** Kleiderständer ◻3 *Sport usw.*: Tribüne ◻4 **take a stand** klar Stellung beziehen (**on** zu) ◻5 *Taxi*: Stand(platz)

standalone [ˈstændəˌləʊn] *Computer*: eigenständig, nicht vernetzt

★**standard**¹ [ˈstændəd] ◻1 Norm, Maßstab ◻2 Standard; **standard of living** Lebensstandard ◻3 (≈ *Flagge*) Standarte, Stander

★**standard**² [ˈstændəd] ◻1 normal, Normal..., Standard... ◻2 maßgebend, Standard...; **standard English** korrektes Englisch

standardization [ˌstændədaɪˈzeɪʃn] ◻1 *bes. Technik*: Standardisierung, Normung ◻2 *auch allg.*: Vereinheitlichung

standardize [ˈstændədaɪz] ◻1 *bes. Technik*: standardisieren, normen ◻2 *auch allg.*: vereinheitlichen

standard lamp [ˈstændəd læmp] *Br* Stehlampe

standby [ˈstændbaɪ] *pl*: **standbys** ◻1 Notproviant ◻2 Reserve ◻2 **on standby** *Polizei usw.*: in Bereitschaft

stand-in [ˈstændɪn] ◻1 *Film*: Double ◻2 Vertreter(in)

standing [ˈstændɪŋ] ◻1 stehend; **standing room** *Theater, Stadion*: Stehplätze; **standing ovations** stürmischer Beifall, stehende Ovationen ◻2 **standing order** *Bank*: Dauerauftrag

standoffish [ˌstændˈɒfɪʃ] *umg* hochnäsig

standpoint [ˈstændpɔɪnt] *übertragen* Standpunkt

standstill [ˈstændstɪl] Stillstand (*auch übertragen*); **bring to a standstill** zum Stehen bringen (*Auto usw.*), *übertragen* zum Erliegen bringen (*Produktion usw.*)

stand-up [ˈstændʌp] *Mahlzeit*: im Stehen

stank [stæŋk] 2. Form von → **stink**¹

stanza [ˈstænzə] Strophe

staple¹ [ˈsteɪpl] Heftklammer, Krampe

staple² [ˈsteɪpl] heften (**to** an)

staple diet [ˌsteɪplˈdaɪət] Hauptnahrungsmittel *pl*

stapler [ˈsteɪplə] Hefter

★**star**¹ [stɑː] ◻1 Stern ◻2 **see stars** Sterne sehen (*vor Schmerzen*) ◻3 **you can thank your lucky stars that** du kannst von Glück reden, dass ◻4 *Zeichen*: Sternchen ◻5 *berühmte Person*: Star ◻6 **Stars and Stripes** das Sternenbanner (*Staatsflagge der USA*) (⚠ *der Singvogel* = **starling**)

★**star**² [stɑː] Haupt..., Star...

★**star**³ [stɑː], **starred**, **starred** ◻1 **a film starring ...** ein Film mit ... in der Hauptrolle (*oder den Hauptrollen*) ◻2 (*Schauspieler*) die Hauptrolle spielen (**in** in)

starboard [ˈstɑːbəd] *Schiff*: Steuerbord

starch [stɑːtʃ] *in Nahrung, für Wäsche*: Stärke

stare [steə] ◻1 starren ◻2 **stare someone in the face** *Gegenstand*: vor jemandes Augen liegen, *übertragen* klar auf der Hand liegen

------------------------------ **PHRASAL VERBS** ------------------------------

stare at [ˈsteər ət] anstarren

---

starfish [ˈstɑːfɪʃ] *Meerestier*: Seestern

stark¹ [stɑːk] ◻1 *Tatsachen usw.*: nackt ◻2 *Gegensatz usw.*: krass (⚠ *nicht* **stark**)

stark² [stɑːk] ◻1 **stark naked** *umg* splitternackt ◻2 **stark raving mad** *humorvoll* total verrückt

starkers [ˈstɑːkəz] *Br, umg* splitternackt

starlet [ˈstɑːlət] Starlet, Filmsternchen

starling [ˈstɑːlɪŋ] *Singvogel*: Star

starlit [ˈstɑːlɪt] *Himmel, Nacht*: sternenklar

starry-eyed [ˌstɑːrɪˈaɪd] *umg* naiv

Star-Spangled Banner [ˌstɑːˌspæŋɡldˈbænə] das Sternenbanner (*Staatsflagge und Nationalhymne der USA*)

★**start**¹ [stɑːt] ◻1 *auch* **start off** anfangen, beginnen; **start all over again** noch einmal ganz von vorn anfangen; **start school** zur Schule kommen; **start doing something** damit anfangen, etwas zu tun ◻2 *auch* **start up** starten (*Aktion usw.*), gründen (*Geschäft, Familie usw.*) ◻3 anlassen, starten (*Motor, Auto usw.*) ◻4 *auch* **start off** (*oder* **out**) *zur Reise*: aufbrechen (**for** nach) ◻5 *Sport*: starten ◻6 *vor Schreck*: zusammenzucken (**at** bei) ◻7 **to start with** ... zunächst einmal ..., erst einmal ...

------------------------------ **PHRASAL VERBS** ------------------------------

start back [ˌstɑːtˈbæk] **start back for home** sich auf den Heimweg machen

start for [ˈstɑːt fɔː] sich auf den Weg machen nach

★**start**² [stɑːt] ◻1 Anfang, Beginn, *bes. Sport*: Start; **at the start** am Anfang; **from the start** von Anfang an; **make a start on something** mit etwas anfangen ☒ *Reise*: Aufbruch ☒ Vorsprung (**on**, **over** vor) ☒ **wake up with a start** aus dem Schlaf aufschrecken

starter ['stɑːtə] ☒ *Br* Vorspeise ☒ *Sport*: Starter(in) ☒ *Motor*: Starter, Anlasser

starting point ['stɑːtɪŋ ˌpɔɪnt] Ausgangspunkt (*auch übertragen*)

startle ['stɑːtl] erschrecken, bestürzen

start-up ['stɑːtʌp] ☒ *Wirtschaft*: Start-up, Neugründung (*einer Firma*) ☒ *auch* **start-up company** (*oder* **business**) Start-up-Unternehmen (*neu gegründete Firma*) ☒ *Computer*: Start ☒ *Technik*: Start, Inbetriebnahme

starvation [stɑːˈveɪʃn] Hunger; **die of starvation** verhungern

starve [stɑːv] ☒ hungern ☒ **starve (to death)** verhungern; **I'm starving** *umg* ich komme fast um vor Hunger ☒ (ver)hungern lassen

★**state¹** [steɪt] ☒ Zustand; **state of mind** Gemütszustand; **state of emergency** *nach Katastrophe usw.*: Notstand ☒ *oft* **State** politisch: Staat; **the States** *pl umg* die (Vereinigten) Staaten ☒ **get in(to) a state** *umg* sich aufregen

★**state²** [steɪt] ☒ staatlich, Staats… ☒ bundesstaatlich

★**state³** [steɪt] ☒ angeben, nennen (*Name, Beruf usw.*) ☒ (*Zeuge usw.*) erklären, aussagen (**that** dass) ☒ festlegen, festsetzen

stately home [ˌsteɪtlɪˈhəʊm] *in GB*: herrschaftliches Anwesen

★**statement** ['steɪtmənt] ☒ offiziell: Erklärung; **make a statement** eine Erklärung abgeben (**to** vor) ☒ Darstellung, Angabe (*von Fakten usw.*) ☒ *vor Gericht, bei Polizei*: Aussage ☒ **bank statement** Kontoauszug

state-of-the-art [ˌsteɪtəvðɪˈɑːt] neueste(r, -s), auf dem neuesten Stand der Technik stehend

statesman ['steɪtsmən] *pl*: **statesmen** ['steɪtsmən] Staatsmann

static¹ ['stætɪk] ☒ *Physik*: statisch ☒ *übertragen* (≈ *gleichbleibend*) statisch

static² ['stætɪk] *Radio, TV*: atmosphärische Störungen

★**station¹** ['steɪʃn] ☒ Bahnhof (*auch Bus, U-Bahn*), Station; **bus station** Busbahnhof; **at the station** am Bahnhof ☒ Station; **research station** Forschungsstation ☒ …stelle; **petrol station** Tankstelle ☒ (Polizei)Wache ☒ Rundfunk, TV: Station, Sender

★**station²** ['steɪʃn] ☒ aufstellen, postieren (*Wachen usw.*) ☒ ständig: stationieren

stationary ['steɪʃnərɪ] *Auto usw.*: stehend

station concourse [ˌsteɪʃnˈkɒnkɔːs] Bahnhofshalle

stationer ['steɪʃnə] *Br* Schreibwarenhändler(in)

stationery ['steɪʃnərɪ] ☒ Schreibwaren ☒ Briefpapier

station wagon ['steɪʃnˌwægən] *US; Auto*: Kombi; → **estate car** *Br*

statistical [stəˈtɪstɪkl] statistisch

statistics [stəˈtɪstɪks] ☒ (⚠ *im pl verwendet*); (≈ *Daten*) Statistiken ☒ (⚠ *im sg verwendet*); *Fach*: Statistik

statue ['stætʃuː] Statue, Standbild

stature ['stætʃə] Statur, Wuchs

status ['steɪtəs] ☒ Status; **marital status** Familienstand ☒ *gesellschaftlich*: Stellung

status bar ['steɪtəsˌbɑː] *Computer*: Statuszeile

status quo [ˌsteɪtəsˈkwəʊ] Status quo

status symbol ['steɪtəsˌsɪmbl] Statussymbol

statute ['stætʃuːt] ☒ Gesetz; **by statute** gesetzlich ☒ *einer Organisation*: Statut

★**stay¹** [steɪ] ☒ bleiben (**for** *oder* **to lunch** zum Mittagessen) ☒ **be here to stay** *Mode, Arbeitslosigkeit usw.*: von Dauer sein, sich halten werden ☒ wohnen (**with friends** bei Freunden); **stay the night at a hotel** im Hotel übernachten (⚠ *nicht* **stehen**)

PHRASAL VERBS

stay away [ˌsteɪ ə'weɪ] wegbleiben, sich fernhalten (**from** von)

stay back [ˌsteɪˈbæk] zurückbleiben, Abstand halten

stay in [ˌsteɪˈɪn] zu Hause bleiben, drinnenbleiben

stay on [ˌsteɪˈɒn] **stay on at school** (mit der Schule) weitermachen

stay out [ˌsteɪˈaʊt] draußen bleiben

stay up [ˌsteɪˈʌp] *abends*: aufbleiben

stay with [ˌsteɪ wɪð] wohnen bei (*vorübergehend*)

★**stay²** [steɪ] Aufenthalt

staying power ['steɪɪŋˌpaʊə] Ausdauer

STD [ˌestiːˈdiː] *abk für* → **sexually transmitted disease**

steadfast ['stedfɑːst] ☒ treu ☒ *Blick*: fest

★**steady¹** ['stedɪ] ☒ (stand)fest, stabil ☒ *Hand usw.*: ruhig, *Nerven*: gut ☒ *Tempo usw.*: gleichmäßig ☒ *Arbeitsplatz usw.*: fest ☒ **steady (on)!** *Br, umg* Vorsicht!

★**steady²** ['stedɪ] ins Gleichgewicht bringen (*Boot usw.*)

★**steady³** ['stedɪ] **go steady** *US* einen festen Freund (*bzw.* eine feste Freundin) haben

★**steak** [steɪk] **1** Steak **2** *von Fisch*: Filet
★**steal¹** [stiːl], stole [stəʊl], stolen ['stəʊlən] **1** stehlen (*auch übertragen*); **steal a glance at** einen verstohlenen Blick werfen auf **2** sich stehlen, (sich) schleichen (**out of** aus)
★**steal²** [stiːl] **it's a steal!** *US, umg* das ist ja geschenkt!
★**steam¹** [stiːm] **1** Dunst, Dampf **2** *Energie*: Dampf **3 let off steam** *übertragen* Dampf ablassen
★**steam²** [stiːm] **1** (*auch Schiff, Lokomotive*) dampfen; **steaming hot** kochend heiß **2** dämpfen, dünsten (*Speisen*)

_____PHRASAL VERBS
steam up [ˌstiːm'ʌp] **1** (*Scheibe usw.*) beschlagen **2 get steamed up** *Scheibe usw.*: beschlagen, *übertragen, umg* sich aufregen (**about** über)

_____

steam engine ['stiːmˌendʒɪn] Dampfmaschine
steamer ['stiːmə] **1** *Schiff*: Dampfer **2** Dampfkochtopf
steamship ['stiːmʃɪp] Dampfer
★**steel¹** [stiːl] Stahl
★**steel²** [stiːl] Stahl..., aus Stahl
★**steep** [stiːp] **1** steil **2** *Preisanstieg*: stark **3** *umg; Forderung*: happig, *Preis*: gesalzen
steeple ['stiːpl] Kirchturm (*mit Spitze*)
steeplechase ['stiːpltʃeɪs] **1** *Pferdesport*: Hindernisrennen **2** *Sport*: Hindernislauf
★**steer¹** [stɪə] steuern, lenken
★**steer²** [stɪə] (junger) Ochse (⚠ *Stier* = **bull**)
steering wheel ['stɪərɪŋˌwiːl] Lenkrad
stein [⚠ staɪn] Maßkrug
stem¹ [stem] **1** *Pflanze*: Stängel, Stiel (*auch eines Sektglases usw.*) **2** *von Wort*: Stamm
stem² [stem], stemmed, stemmed **1** stillen (*Blutung*) **2** *übertragen* eindämmen, stoppen

_____PHRASAL VERBS
stem from ['stemˌfrəm] herrühren von

_____

stem cell ['stemˌsel] *Biologie*: Stammzelle
stench [stentʃ] Gestank
★**step¹** [step] **1** Schritt (*auch Geräusch*); **take a step** einen Schritt machen **2** Stufe, Sprosse; **mind the step!** Vorsicht, Stufe! **3 take steps** *übertragen* etwas unternehmen **4** *übertragen* Schritt **5 step by step** *übertragen* Schritt für Schritt **6 steps** *pl* aus Stein: Treppe
★**step²** [step], stepped, stepped **1** gehen, treten (**in** in; **on** auf) **2 step on it, step on the gas** *umg* Gas geben (*auch übertragen*)

_____PHRASAL VERBS
step aside [ˌstepəˈsaɪd] **1** zur Seite treten **2** *übertragen* Platz machen (**in favour of** für), zurücktreten (**as** als; **in favour of** zugunsten)
step back [ˌstepˈbæk] **1** zurücktreten **2** *vor Schreck usw.*: zurückweichen
step down [ˌstepˈdaʊn] **1** heruntersteigen, hinuntersteigen **2** → **step aside** 2
step forward [ˌstepˈfɔːwəd] **1** vortreten, nach vorne treten **2** *übertragen* (*Zeugen usw.*) sich melden
step in [ˌstepˈɪn] *übertragen* (*Staat usw.*) eingreifen, einschreiten
step up [ˌstepˈʌp] steigern (*Produktion usw.*)

_____

step... ['step] Stief...; **stepbrother** Stiefbruder; **stepfather** Stiefvater; **stepmother** Stiefmutter; **stepsister** Stiefschwester
stepladder ['stepˌlædə] Trittleiter
★**stereo¹** ['sterɪəʊ] *pl*: stereos **1** Stereogerät, Stereoanlage **2 in stereo** in Stereo
★**stereo²** ['sterɪəʊ] Stereo...; **stereo system** Stereoanlage
stereotype ['sterɪətaɪp] Klischee
sterile ['steraɪl] **1** *Biologie*: steril, unfruchtbar **2** *medizinisch*: steril, keimfrei
sterility [stəˈrɪlətɪ] **1** *Biologie*: Sterilität, Unfruchtbarkeit **2** *medizinisch*: Sterilität, Keimfreiheit
sterilization [ˌsterəlaɪˈzeɪʃn] *Medizin*: Sterilisation, Sterilisierung
sterilize ['sterəlaɪz] sterilisieren
sterling ['stɜːlɪŋ] *britische Währung*: das Pfund Sterling
stern¹ [stɜːn] *Person, Blick usw.*: streng
stern² [stɜːn] *Schiff*: Heck
steroid ['sterɔɪd ˌ'stɪərɔɪd] *Medizin*: Steroid
stethoscope ['steθəskəʊp] *Medizin*: Stethoskop
stew¹ [stjuː] schmoren, dünsten (*Gemüse usw.*); **stewed apples** *pl* Apfelkompott
stew² [stjuː] Eintopf
steward ['stjuːəd] **1** *Schiff*: Steward **2** *bei Veranstaltung*: Ordner(in)
stewardess [ˌstjuːəˈdes] *veraltet; Flugzeug, Schiff*: Stewardess
★**stick¹** [stɪk] **1** (trockener) Zweig **2** Stock; **walk with a stick** am Stock gehen **3** *USB-Stick*: Stick; **save something to** (*oder* **on**) **a stick** etwas auf Stick speichern **4** *Hockey*: Schläger **5** *Schlagwaffe*: Knüppel **6** Stück (*Kreide usw.*), Stange (*Dynamit, Sellerie usw.*)
★**stick²** [stɪk], stuck [stʌk], stuck [stʌk] **1** stecken, stechen mit (*einer Nadel usw.*) (**into** in) **2**

kleben (bleiben), halten (**to** an) **3** kleben (**on** auf, an), ankleben (**with** mit) **4** stecken bleiben **5** *umg* stellen, setzen, legen **6** ausstehen, aushalten; **I can't stick him** *Br, umg* ich kann ihn nicht ausstehen

---
PHRASAL VERBS

stick around [ˌstɪk_əˈraʊnd] *umg* dableiben
stick at [ˈstɪk_ət] bleiben an
stick by [ˈstɪk_baɪ] *umg* **1** bleiben bei, stehen zu (*seinem Wort usw.*) **2** halten zu (*einer Person*)
stick out [ˌstɪkˈaʊt] **1** vorstehen, (*Ohren usw.*) abstehen **2 it sticks out a mile** das sieht ja ein Blinder! **3** ausstrecken (*Zunge usw.*) **4** *umg* durchstehen
stick to [ˈstɪk_tʊ] **1** bleiben bei (*einem Getränk, der Wahrheit usw.*), stehen zu (*seinem Wort usw.*) **2** (≈ *weitermachen*) bleiben an (*einer Arbeit usw.*)
stick together [ˌstɪk_təˈgeðə] **1** zusammenkleben **2** *übertragen* zusammenhalten
stick up [ˌstɪkˈʌp] **stick 'em up!** *umg* Hände hoch!
stick up for [ˌstɪkˈʌp_fɔː] verteidigen
stick with [ˈstɪk_wɪð] **1** bleiben bei (*einer Person*) **2** halten zu (*einer Person*)

---

sticker [ˈstɪkə] Aufkleber, Ⓐ Pickerl
sticking plaster [ˈstɪkɪŋˌplɑːstə] Heftpflaster
stickler [ˈstɪklə] **be a stickler for** es ganz genau nehmen mit, großen Wert legen auf
stick-on [ˈstɪkɒn] **stick-on label** Aufklebeetikett
stick-to-it-iveness [ˌstɪkˈtuːətɪvnəs] *US, umg* Hartnäckigkeit, Zähigkeit
stick-up [ˈstɪkʌp] *umg* (Raub)Überfall
sticky [ˈstɪkɪ] **1** klebrig (**with** von) **2** Klebe…; **sticky tape** Klebeband **3** *Wetter*: drückend **4** *umg, Lage*: unangenehm
★**stiff** [stɪf] **1** *allg.*: steif; **beat until stiff** steif schlagen (*Eiweiß usw.*) **2** alkoholisches Getränk *usw.*: stark **3** *Aufgabe*: schwierig **4** *Strafe*: hart **5** *umg, Preis*: happig
stiffen [ˈstɪfn] **1** steif werden **2** stärken, steifen (*Kragen usw.*) **3** *übertragen* (*Person*) ganz starr werden
stifle [ˈstaɪfl] unterdrücken (*Seufzer usw.*)
★**still¹** [stɪl] **1** (immer) noch, noch immer **2** dennoch, trotzdem **3** *beim Komparativ*: noch; **it'll be hotter still** es wird noch heißer werden
★**still²** [stɪl] **1** *allg.*: still, ruhig; **keep still** stillhalten; **stand still** stillstehen **2** *Getränk*: ohne Kohlensäure
still life [ˌstɪlˈlaɪf] *pl*: **still lifes** *Malerei*: Stillleben

stilt [stɪlt] **1** Stelze **2** *Architektur*: Pfahl
stilted [ˈstɪltɪd] *abwertend*; *Stil*: gestelzt
stimulant [ˈstɪmjʊlənt] **1** *Medizin*: Stimulans, Anregungsmittel **2** *übertragen* Anreiz, Ansporn (**to** für)
stimulate [ˈstɪmjʊleɪt] **1** *medizinisch*: stimulieren, anregen **2** anspornen (**to do** zu tun) **3** ankurbeln (*Produktion usw.*)
★**sting¹** [stɪŋ], **stung** [stʌŋ], **stung** [stʌŋ] **1** (*Biene usw.*) stechen **2** (*Augen usw.*) brennen **3 the smoke was stinging our eyes** der Rauch brannte uns in den Augen
★**sting²** [stɪŋ] **1** Stachel (*bes. eines Insekts*) **2** Stich (*von Insekt*) **3** brennender Schmerz
stinging nettle [ˈstɪŋɪŋˌnetl] Brennnessel
stingy [⚠ ˈstɪndʒɪ] *umg*; *Person*: knickrig; **be stingy with** knickern mit
★**stink¹** [stɪŋk], **stank** [stæŋk] *oder* **stunk** [stʌŋk], **stunk** [stʌŋk] **1** stinken (**of** nach) **2** *umg* (*Idee usw.*) miserabel sein
stink² [stɪŋk] **1** Gestank **2 kick up** (*oder* **make** *oder* **raise**) **a stink** *umg* Stunk machen (**about** wegen)
stinking¹ [ˈstɪŋkɪŋ] stinkend
stinking² [ˈstɪŋkɪŋ] **stinking rich** *Br, umg* stinkreich
stint [stɪnt] (Arbeits)Pensum
★**stir¹** [stɜː], **stirred, stirred** **1** (um)rühren (*Suppe usw.*) **2** (≈ *sich bewegen*) sich rühren **3** bewegen (*Arm, Bein usw.*)

PHRASAL VERBS

stir up [ˌstɜːˈrʌp] **1** aufwühlen (*auch übertragen*) **2** *übertragen* stiften (*Unruhe*), entfachen (*Streit*)

★**stir²** [stɜː] **1 give something a stir** etwas (um)rühren **2 cause** (*oder* **create**) **a stir** *übertragen* für Aufsehen sorgen
stirring [ˈstɜːrɪŋ] aufwühlend, bewegend
stirrup [⚠ ˈstɪrəp] Steigbügel
stitch¹ [stɪtʃ] **1** *Nähen usw.*: Stich **2** *Stricken usw.*: Masche; **drop a stitch** eine Masche fallen lassen **3 I needed 5 stitches** *medizinisch*: ich musste mit fünf Stichen genäht werden; **he had his stitches out** ihm wurden die Fäden gezogen **4 have a stitch** Seitenstechen haben **5 we were in stitches** *umg* wir haben uns totgelacht
stitch² [stɪtʃ] *auch* **stitch up** zunähen, nähen (*auch Wunde*)
★**stock¹** [stɒk] **1** Vorrat (**of** an); **have something in stock** etwas vorrätig haben; **be out of stock** (*Ware*): nicht vorrätig sein **keep**

something in stock etwas auf Vorrat haben ❷ **take stock** *Wirtschaft:* Inventur machen, *übertragen* Bilanz ziehen ❸ **stocks** *pl Wirtschaft:* Aktien, Wertpapiere ❹ *Kochen:* Brühe ❺ Viehbestand ❻ *übertragen* Abstammung (⚠ nicht **Stock**)

★**stock²** [stɒk] ❶ *Wirtschaft:* vorrätig haben, führen (*Ware*) ❷ *Regal:* auffüllen ❸ *Schrank:* füllen ❹ *Laden:* ausstatten ❺ **be well stocked with** gut versorgt (*oder* eingedeckt) sein mit
——————————————— PHRASAL VERBS
stock up [ˌstɒkˈʌp] sich eindecken (**on, with** mit)

★**stock³** [stɒk] ❶ *Ausrede usw.:* Standard... ❷ *Wirtschaft:* Standard..., Serien...
stockbroker [ˈstɒkˌbrəʊkə] Börsenmakler(in)
stock control [ˈstɒk_kənˌtrəʊl] Lager-(bestands)kontrolle
stock cube [ˈstɒk_kjuːb] Brühwürfel
stock exchange [ˈstɒk_ɪksˌtʃeɪndʒ] *Wirtschaft:* Börse
stockholder [ˈstɒkˌhəʊldə] *Wirtschaft; bes. US* Aktionär(in)
stocking [ˈstɒkɪŋ] (Damen)Strumpf
stock market [ˈstɒkˌmɑːkɪt] *Wirtschaft:* Börse
stockpile¹ [ˈstɒkpaɪl] Vorrat (**of** an)
stockpile² [ˈstɒkpaɪl] einen Vorrat anlegen an, hamstern, horten (*Lebensmittel usw.*)
stockpot [ˈstɒkpɒt] Kochtopf
stockroom [ˈstɒkruːm] Lager, Lagerraum
stocktake¹ [ˈstɒkteɪk] Inventur; **do a stocktake** Inventur machen
stocktake² [ˈstɒkteɪk] Inventur machen
stocktaking [ˈstɒkˌteɪkɪŋ] Inventur
stocky [ˈstɒkɪ] stämmig, untersetzt
stoical [ˈstəʊɪkl] stoisch, gelassen
stoicism [ˈstəʊɪsɪzm] Gelassenheit
stole¹ [stəʊl] 2. Form von → **steal**
stole² [stəʊl] Stola
stolen [ˈstəʊlən] 3. Form von → **steal**
★**stomach¹** [⚠ ˈstʌmək] ❶ *Organ:* Magen; **on an empty stomach** auf nüchternen Magen, mit nüchternem Magen; **it turns my stomach** das dreht mir den Magen um ❷ *im weiteren Sinn:* Bauch
★**stomach²** [⚠ ˈstʌmək] *mst.* **I can't stomach ...** ich kann ... nicht vertragen (*auch übertragen*)
stomachache [⚠ ˈstʌməkˌeɪk] ❶ Magenschmerzen ❷ Bauchschmerzen
stomach upset [⚠ ˈstʌmək ˌʌpset] Magenverstimmung

stomp [stɒmp] *umg* stampfen, trampeln
★**stone¹** [stəʊn] ❶ Stein (*auch Edelstein*); **it's only a stone's throw (away) from ...** es ist nur einen Katzensprung entfernt von ... ❷ *pl:* **stone** *oder* **stones** *brit.* Gewichtseinheit (= 6,35 kg) ❸ *im Obst:* Kern, Stein
★**stone²** [stəʊn] Stein..., aus Stein
Stone Age [ˈstəʊn_ˌeɪdʒ] Steinzeit
stoned [stəʊnd] *salopp* ❶ stoned (*unter Drogeneinwirkung*) ❷ *veraltet* stinkbesoffen
stone-dead [ˌstəʊnˈded] mausetot
stone-deaf [ˌstəʊnˈdef] stocktaub
stonework [ˈstəʊnwɜːk] Mauerwerk
stony [ˈstəʊnɪ] ❶ steinig ❷ *Gesicht, Herz usw.:* steinern, *Schweigen:* eisig
stood [stʊd] 2. und 3. Form von → **stand¹**
stool [stuːl] ❶ Hocker, Schemel (⚠ Stuhl = **chair**) ❷ *medizinisch* (≈ *Kot*) Stuhl
stoop [stuːp] ❶ *auch* **stoop down** sich bücken ❷ gebeugt gehen
★**stop¹** [stɒp], stopped, stopped ❶ stehen bleiben (*auch Uhr usw.*), (an)halten; **stop short** (*oder* **dead**) plötzlich anhalten (*oder* stehen bleiben) ❷ anhalten (*Fahrzeug usw.*), abstellen (*Maschine usw.*) ❸ ein Ende machen (*einer Sache*) ❹ stillen (*Blutung*) ❺ zum Erliegen bringen (*Arbeiten, Verkehr usw.*) ❻ aufhören (mit); **stop smoking** mit dem Rauchen aufhören; **stop it!** hör auf damit! ❼ **stop short of** (*oder* **at**) zurückschrecken vor ❽ verhindern (*Ereignis usw.*) ❾ **stop someone (from) doing something** jemanden davon abhalten (*oder* daran hindern), etwas zu tun ❿ *Br* bleiben (**for supper** zum Abendessen) ⓫ sperren (lassen) (*Scheck*) ⓬ (ver)stopfen (*Rohr usw.*)
——————————————— PHRASAL VERBS
stop at [ˈstɒp_ət] **stop at nothing** vor nichts zurückschrecken
stop by [ˌstɒpˈbaɪ] (≈ *besuchen*) vorbeischauen
stop off [ˌstɒpˈɒf] *umg* Zwischenstation machen (**at, in** in), haltmachen
stop over [ˌstɒpˈəʊvə] Zwischenstation machen (**in** in)

★**stop²** [stɒp] ❶ Halt; **come to a stop** anhalten ❷ Haltestelle; **bus stop** Bushaltestelle ❸ *Zug:* Aufenthalt
stopgap [ˈstɒpgæp] Notbehelf
stopover [ˈstɒpˌəʊvə] ❶ Zwischenstation ❷ *Flugzeug:* Zwischenlandung
stoppage [ˈstɒpɪdʒ] (≈ *Streik*) Arbeitsniederlegung
stopper [ˈstɒpə] Stöpsel

stopwatch ['stɒpwɒtʃ] Stoppuhr
storage ['stɔːrɪdʒ] **1** *von Waren*: Lagerung; **put into storage** (ein)lagern **2** *von Wasser, Daten*: Speicherung
★**store¹** [stɔː] **1** *auch* **store up** sich einen Vorrat anlegen an **2** lagern (*Kohle usw.*), einlagern (*Möbel usw.*) **3** speichern (*Daten, Energie usw.*)
★**store²** [stɔː] **1** Vorrat (**of** an); **have something in store** etwas vorrätig haben **2** Lager(halle) **3** Kaufhaus, Warenhaus; **department store** Kaufhaus **4** *US* Laden, Geschäft
store card ['stɔːˌkɑːd] Kunden(kredit)karte
store detective ['stɔːˌdɪˌtektɪv] Ladendetektiv(in)
storekeeper ['stɔːˌkiːpə] *US* Ladenbesitzer(in), Ladeninhaber(in); → shopkeeper *Br*
storeroom ['stɔːruːm] **1** Lagerraum **2** *in Haus, Wohnung*: Vorratskammer
store window [ˌstɔːˈwɪndəʊ] *US* Schaufenster
★**storey** ['stɔːrɪ] *Br* Stock(werk), Etage; **a six-storey building** ein sechsstöckiges Gebäude
storeyed ['stɔːrɪd] *Br* **a six-storeyed building** ein sechsstöckiges Gebäude
stork [stɔːk] Storch
★**storm¹** [stɔːm] Unwetter, Sturm
★**storm²** [stɔːm] stürmen, toben
★**stormy** ['stɔːmɪ] stürmisch (*auch übertragen*)
★**story¹** ['stɔːrɪ] **1** Geschichte, Erzählung; **short story** Kurzgeschichte; **to cut a long story short** um es kurz zu machen **2** Handlung (*eines Romans usw.*) **3** **the story goes** es heißt **4** *Zeitung usw.*: Story, Bericht **5** (≈ *Lüge*) Märchen
★**story²** ['stɔːrɪ] *US* Stock(werk), Etage; **a six-story building** ⚠ ein fünfstöckiges Gebäude; → storey *Br*
stout [staʊt] **1** korpulent **2** *übertragen* entschieden, hartnäckig
★**stove** [stəʊv] Ofen, *zum Kochen auch*: Herd
stowaway ['stəʊəweɪ] *in Flugzeug, Schiff*: blinder Passagier
straggly ['stræglɪ] *Haar*: struppig
★**straight¹** [streɪt] **1** gerade, *Haar*: glatt; **straight line** gerade Linie, *Mathematik*: Gerade **2** **get** (*oder* **put**) **straight** in Ordnung bringen, *Zimmer usw.*: aufräumen **3** offen, ehrlich (**with** zu) **4** **let's get 'one thing straight** wir wollen eines klarstellen; **set someone straight about something** *übertragen* jemandem etwas klarmachen **5** ohne Unterbrechung; **his third straight win** *Sport*: sein dritter Sieg in Folge **6** *Alkohol*: pur; **two straight whiskies** zwei Whisky pur **7** **keep a straight face** ernst bleiben **8** *umg*; *sexuell*: hetero **9** *umg*; *Drogen*: sauber, clean

★**straight²** [streɪt] **1** gerade; **straight ahead** geradeaus; **go straight on** geradeaus weitergehen **2** genau, direkt **3** klar (*sehen, denken usw.*) **4** *auch umg* **straight out** geradeheraus
straightaway [ˌstreɪtəˈweɪ] sofort
straighten ['streɪtn] **1** gerade rücken (*Krawatte usw.*), gerade machen **2** glätten (*Haar*) **3** in Ordnung bringen (*Zimmer*)

———— PHRASAL VERBS ————

straighten out [ˌstreɪtnˈaʊt] **1** (*Straße usw.*) gerade werden **2** in Ordnung bringen, klären (*Angelegenheit*) **3** auf die richtige Bahn bringen (*Person*)

straighten up [ˌstreɪtnˈʌp] **1** sich aufrichten **2** in Ordnung bringen, aufräumen (*Zimmer usw.*) **3** gerade hängen, gerade rücken

———

straightforward [ˌstreɪtˈfɔːwəd] **1** aufrichtig **2** *Sachverhalt*: einfach, unkompliziert
straight-out [ˌstreɪtˈaʊt] *umg* offen, freimütig, direkt
strain¹ [streɪn] **1** überanstrengen (*sich, Augen usw.*); **strain a muscle** sich eine Muskelzerrung zuziehen **2** (an)spannen (*Seil usw.*) **3** **strain one's ears** (*bzw.* **eyes**) die Ohren spitzen (*bzw.* genau hinschauen) **4** sich anstrengen **5** strapazieren (*Nerven usw.*) **6** abgießen (*Gemüse, Tee usw.*)
strain² [streɪn] **1** *Technik; auch übertragen*: Belastung (**on** für); **put a strain on someone** jemanden belasten; **be under a lot of strain** großen Belastungen ausgesetzt sein; **I find it a strain** ich finde das anstrengend **2** (≈ *Mühe*) Anstrengung, Beanspruchung (**of** durch) **3** (Muskel)zerrung **4** *der Augen usw.*: Überanstrengung
strained [streɪnd] **1** **strained muscle** Muskelzerrung **2** *Lächeln*: gezwungen, *Beziehung*: gespannt
strainer ['streɪnə] Sieb
strait [streɪt] *auch* **straits** *pl* Meerenge, Straße
strand [strænd] (Haar)Strähne, Faden
★**strange** [streɪndʒ] **1** merkwürdig, seltsam; **strange to say** so merkwürdig es auch klingen mag; **strangely** (**enough**) merkwürdigerweise, seltsamerweise **2** unbekannt, fremd (**to someone** jemandem)
★**stranger** ['streɪndʒə] Fremde(r); **I'm a stranger here** ich bin hier fremd
strangle ['stræŋgl] **1** erwürgen, erdrosseln **2** *übertragen* abwürgen, ersticken

strap¹ [stræp] ❶ Riemen, Gurt ❷ *in Bus usw.*: Haltegriff, Schlaufe ❸ *an Kleid usw.*: Träger ❹ *an Armbanduhr*: (Arm)Band

strap² [stræp], **strapped, strapped** ❶ festschnallen (**to** an) ❷ *auch* **strap up** *Br* bandagieren (*Bein usw.*)

straphanger ['stræp,hæŋə] *umg* ❶ *in Bus usw.*: Stehplatzinhaber(in) ❷ *übertragen* Pendler(in)

strategic [strə'tiːdʒɪk] strategisch, strategisch wichtig

strategist ['strætədʒɪst] Stratege, Strategin

strategy ['strætədʒɪ] Strategie

straw [strɔː] ❶ Stroh ❷ Strohhalm, Trinkhalm ❸ **it's the last straw!** das hat noch gefehlt!, das ist der Gipfel!

★**strawberry** ['strɔːbərɪ] Erdbeere

stray¹ [streɪ] ❶ sich verirren ❷ *übertragen* (*Gedanken usw.*) abschweifen (**from** von)

stray² [streɪ] verirrtes (*oder* streunendes) Tier

stray³ [streɪ] *Kugel, Tier*: verirrt, *Tier auch*: streunend

streak [striːk] ❶ Streifen, *im Haar*: Strähne; **a streak of lightning** ein Blitz ❷ *übertragen* (Charakter)Zug ❸ **lucky streak** Glückssträhne; **unlucky streak** Pechsträhne

★**stream¹** [striːm] ❶ Bach ❷ ...strom; **stream of visitors** Besucherstrom; **stream of traffic** Verkehrsstrom ❸ *übertragen* Flut, Schwall (*von Verwünschungen usw.*) ❹ *von Wasser, Luft*: Strömung ❺ *Br; Schule*: Leistungsgruppe

★**stream²** [striːm] ❶ (*auch Besucher, Licht usw.*) strömen; **tears were streaming down her face** Tränen liefen ihr übers Gesicht ❷ wehen, flattern (**in the wind** im Wind)

★**stream³** [striːm] *im Internet*: streamen (*Film usw.*)

streamer ['striːmə] Luftschlange

streamline ['striːmlaɪn] rationalisieren

streamlined ['striːmlaɪnd] *Auto usw.*: stromlinienförmig, windschnittig

★**street** [striːt] ❶ Straße (*in Stadt oder Dorf*); **in** (*bes. US* **on**) **the street** auf der Straße ❷ **that's right up my street** *Br*, *übertragen* das ist genau mein Fall

street battle ['striːt,bætl] Straßenschlacht

streetcar ['striːtkaː] *US* Straßenbahn, Ⓐ Bim

street lamp ['striːt ˌlæmp], **streetlight** ['striːt ˌlaɪt] Straßenlaterne

street map ['striːt ˌmæp] Stadtplan

street value ['striːt ˌvæljuː] *von Drogen*: (Straßen)Verkaufswert

streetwise ['striːtwaɪz] mit allen Wassern gewaschen, clever

streetworker ['striːt,wɜːkə] Streetworker(in), Straßensozialarbeiter(in)

★**strength** [streŋθ] Stärke (*auch übertragen*), Kraft, Kräfte

strengthen ['streŋθn] ❶ verstärken ❷ *übertragen* stärken ❸ (*Wind usw.*) stärker werden, sich verstärken

strenuous ['strenjʊəs] ❶ *Tätigkeit usw.*: anstrengend ❷ *Bemühungen usw.*: unermüdlich, eifrig

stress¹ [stres] ❶ *übertragen* Stress; **be under stress** unter Stress stehen, im Stress sein ❷ *Technik usw.*: Belastung ❸ *Sprache*: Betonung; **stress mark** Betonungszeichen

stress² [stres] ❶ *übertragen* betonen, Wert legen auf ❷ *Sprache*: betonen (*Silbe usw.*) ❸ **be stressed** *Person*: gestresst sein

stressed out [ˌstrest'aʊt] gestresst, stressgeplagt

stress-free ['stresfriː] stressfrei

stressful ['stresfl] stressig, aufreibend

stress mark ['stres ˌmɑːk] *Sprache*: Betonungszeichen

stressor ['stresə] Stressfaktor

★**stretch¹** [stretʃ] ❶ sich dehnen, länger (*oder* weiter) werden ❷ spannen (*Seil usw.*) ❸ (aus)weiten (*Schuhe usw.*) ❹ *räumlich*: sich erstrecken (**to** bis zu) ❺ sich dehnen, sich strecken ❻ **stretch one's legs** *umg* sich die Beine vertreten

---

PHRASAL VERBS

stretch out [ˌstretʃ'aʊt] ❶ sich ausstrecken ❷ ausstrecken (*Arm usw.*)

★**stretch²** [stretʃ] ❶ **have a stretch** sich dehnen, sich strecken ❷ Strecke (*einer Straße*) ❸ Zeit(raum), Zeit(spanne); **at a stretch** hintereinander, ohne Unterbrechung

stretcher ['stretʃə] Tragbahre, Trage

stretchy ['stretʃɪ] dehnbar, elastisch

stricken ['strɪkən] *oft* **-stricken** betroffen von (*Katastrophe*), ergriffen von (*Panik*)

strict [strɪkt] streng, *Anweisungen auch*: strikt; **be strict with** streng sein mit (*oder* zu)

strictly ['strɪktlɪ] ❶ streng ❷ genau; **strictly (speaking)** genau genommen

stridden ['strɪdn] *3. Form von* → stride¹

stride¹ [straɪd], **strode** [strəʊd], **stridden** ['strɪdn] schreiten (*mit großen Schritten*)

stride² [straɪd] (großer) Schritt

strident ['straɪdnt] *Stimme usw.*: durchdringend

★**strike¹** [straɪk], **struck** [strʌk], **struck** [strʌk] ❶ schlagen, treffen ❷ (*Blitz*) einschlagen (in) ❸ anzünden (*Streichholz*) **4** (*Uhr*) schlagen; **the clock struck ten** die Uhr schlug zehn **5** (*Arbeiter*) streiken (**for** für) **6** streichen (**from, off** aus, von) (*einer Liste*) **7** übertragen stoßen auf (*Öl usw.*) **8** **be struck by** beeindruckt sein von; **how does the house strike you?** wie findest du das Haus?; **it struck me as rather strange that** es kam mir ziemlich seltsam vor, dass **9** anschlagen (*Saite usw.*) **10** **strike it rich** *umg* das große Geld machen

PHRASAL VERBS

strike at ['straɪk_ət] einschlagen auf
strike back [ˌstraɪk'bæk] zurückschlagen (*auch übertragen*)
strike off [ˌstraɪk'ɒf] **1** abschlagen (*Ast usw.*) **2** streichen (*von einer Liste*)
strike on *oder* **upon** ['straɪk_ɒn *oder* ə'pɒn] übertragen kommen auf (*eine Idee usw.*)
strike out [ˌstraɪk'aʊt] **1** (um sich) schlagen **2** (aus)streichen (*Text usw.*)
strike up [ˌstraɪk'ʌp] **1** anstimmen (*Lied usw.*) **2** schließen (*Freundschaft usw.*), anknüpfen (*Gespräch*) (**with** mit)

★**strike²** [straɪk] **1** *Wirtschaft*: Streik; **be on strike** streiken; **go on strike** in den Streik treten; **call a strike** einen Streik ausrufen **2** *militärisch*: Angriff; **first strike** Erstschlag **3** Fund (*von Öl usw.*)
strike ballot ['straɪkˌbælət] Urabstimmung
strikebreaker ['straɪkˌbreɪkə] Streikbrecher(in)
striker ['straɪkə] **1** *Fußball*: Stürmer(in) **2** *Wirtschaft*: Streikende(r)
striking ['straɪkɪŋ] auffallend, *Ähnlichkeit usw.*: verblüffend
Strimmer® ['strɪmə] Rasentrimmer
★**string¹** [strɪŋ] **1** Schnur, Bindfaden, Ⓐ Schnürl **2** Schürze usw.: Band **3** Puppenspiel: Faden **4** Saite (*von Gitarre, Tennisschläger usw.*), Bogen: Sehne **5** ...schnur; **string of pearls** Perlenschnur **6** übertragen Reihe, Serie **7** **pull a few strings** übertragen seine Beziehungen spielen lassen; → **strings**
string² [strɪŋ], **strung** [strʌŋ], **strung** [strʌŋ] **1** aufreihen (*Perlen usw.*) **2** besaiten (*Gitarre usw.*), bespannen (*Tennisschläger*)
string³ [strɪŋ] *Musik*: Streich...
string bean [ˌstrɪŋ'biːn] *US* grüne Bohne, Ⓐ Fisole
stringed instrument [ˌstrɪŋd'ɪnstrəmənt] Saiteninstrument, Streichinstrument
stringent ['strɪndʒənt] *Regeln usw.*: streng
strings [strɪŋz] **1** *Musik*: Streichinstrumente **2** die Streicher (*eines Orchesters*)
stringy ['strɪŋɪ] *Fleisch usw.*: faserig
strip¹ [strɪp], **stripped**, **stripped** **1** abkratzen, abreißen (*Tapete usw.*) (**from, off** von) **2** *auch* **strip off** sich ausziehen (**to** bis auf), *beim Arzt*: sich frei machen; **strip to the waist** den Oberkörper frei machen **3** *auch* **strip down** zerlegen (*Motor usw.*) **4** **strip someone of something** jemandem etwas rauben (*oder* wegnehmen)
strip² [strɪp] **1** Streifen (*Land, Papier usw.*) **2** **do a strip** Striptease machen, strippen **3** *Br; Fußball*: Dress
strip cartoons [ˌstrɪp_kɑː'tuːnz] *pl Br* Comics
stripe [straɪp] **1** Streifen **2** *militärisch*: (Ärmel)-Streifen, Winkel
striped [straɪpt] gestreift; **striped pattern** Streifenmuster
strip light ['strɪp_laɪt] Neonröhre, Neonlicht
strip lighting ['strɪpˌlaɪtɪŋ] Neonbeleuchtung
stripper ['strɪpə] Stripteasetänzer(in)
striptease ['strɪptiːz] Striptease
stripy ['straɪpɪ] gestreift, Streifen...
strive [straɪv], **strove** [strəʊv], **striven** ['strɪvn] **1** sich bemühen (**to do** zu tun) **2** streben (**for, after** nach)
striven ['strɪvn] 3. Form von → **strive**
strode [strəʊd] 2. Form von → **stride¹**
stroke¹ [strəʊk] streicheln; **stroke someone's hair** jemandem übers Haar streichen
stroke² [strəʊk] **1** Schlag (*auch Tennis, einer Uhr usw.*), Hieb; **a stroke of lightning** ein Blitz; **on the stroke of ten** Punkt (*oder* Schlag) zehn (Uhr) **2** **give someone a stroke** jemanden streicheln **3** *Medizin*: Schlag(anfall) **4** Pinsel usw.: Strich **5** Schwimmen: Zug **6** **a stroke of luck** übertragen ein glücklicher Zufall **7** **he hasn't done a stroke (of work) yet** übertragen er hat noch keinen Strich getan **8** **four-stroke engine** *Technik*: Viertaktmotor
stroll¹ [strəʊl] bummeln, schlendern
stroll² [strəʊl] Bummel, Spaziergang; **go for a stroll** einen Spaziergang machen
stroller ['strəʊlə] **1** Spaziergänger(in) **2** *US* Sportwagen (*für Kinder*); → **buggy, pushchair** *Br*
★**strong** [strɒŋ] **1** *allg.*: stark (*auch Persönlichkeit, Medikament usw.*), kräftig (*auch Geschmack usw.*) **2** Land usw.: mächtig **3** Möbel usw.: stabil, Schuhe usw.: fest **4** gesundheitliche Verfassung: robust **5** Beweise: unerschütterlich **6** Chance usw.: groß, Kandidat: aussichtsreich

strongbox ['strɒŋbɒks] (Geld)Kassette
stronghold ['strɒŋhəʊld] **1** *militärisch*: Festung, Stützpunkt **2** *übertragen* Hochburg
strongly ['strɒŋlɪ] **I strongly advised him against it** ich riet ihm dringend davon ab
strong-minded [,strɒŋ'maɪndɪd] willensstark
strove [strəʊv] 2. Form von → strive
struck [strʌk] 2. und 3. Form von → strike¹
structural ['strʌktʃrəl] **1** baulich, Bau…; **structural damage** Schaden an der Bausubstanz **2** *Unterschied usw.*: strukturell, strukturbedingt; **structural change** *Wirtschaft usw.*: Strukturwandel
structure¹ ['strʌktʃə] **1** Struktur, Aufbau, Gliederung **2** Bau, Konstruktion
structure² ['strʌktʃə] strukturieren, aufbauen, gliedern (*Aufsatz usw.*)
strudel ['struːdl] *Essen*: Strudel
★**struggle¹** ['strʌgl] **1** kämpfen (**with** mit; **for** um) **2** *übertragen* sich abmühen (**with** mit; **to do** zu tun) **3** um sich schlagen (*oder* treten)
★**struggle²** ['strʌgl] Kampf (*auch übertragen*)
strum [strʌm] klimpern (auf) (*Gitarre*)
strung [strʌŋ] 2. und 3. Form von → string²
strut [strʌt], **strutted, strutted** stolzieren
stub¹ [stʌb] **1** Stummel (*einer Zigarette, eines Bleistifts usw.*) **2** Kontrollabschnitt (*einer Eintrittskarte usw.*)
stub² [stʌb] (**stubbed, stubbed**) **stub one's toe** sich die Zehe anstoßen (**against, on** an)
stubble ['stʌbl] (⚠ *nur im sg verwendet*) Bart, Feld: Stoppeln
stubborn ['stʌbən] **1** eigensinnig, stur **2** *Fleck, Widerstand usw.*: hartnäckig
stuck¹ [stʌk] 2. und 3. Form von → stick²
stuck² [stʌk] **1 be stuck** (*Fenster usw.*) klemmen **2 be stuck** *umg* festsitzen, nicht weiterkommen (*wegen Schwierigkeit*) **3 get stuck into something** *Br umg* sich in etwas reinhängen
stuck-up [,stʌk'ʌp] *umg* hochnäsig
stud¹ [stʌd] **1** *auch* **press-stud** Druckknopf **2** Stollen (*eines Fußballschuhs*) **3** Ziernagel
stud² [stʌd] **1** Gestüt **2** (Zucht)Hengst
★**student** ['stjuːdnt] Student(in), *bes. US auch*: Schüler(in)
studied ['stʌdɪd] wohlüberlegt, *im negativen Sinn*: wohlberechnet
★**studio** ['stjuːdɪəʊ] *pl*: **studios 1** *TV, Rundfunk*: Studio **2** Atelier (*eines Künstlers*) **3** Studio, Einzimmerappartement
studio apartment ['stjuːdɪəʊ_ə,pɑːtmənt] *bes. US* Studio, Einzimmerappartement
studio flat ['stjuːdɪəʊ_flæt] *Br* Studio, Einzimmerappartement
studious ['stjuːdɪəs] fleißig
★**study¹** ['stʌdɪ] **1 studies** *pl* Studium **2** Studie, Untersuchung (**of** über); **make a study of something** etwas untersuchen **3** Arbeitszimmer **4** *bes. Malerei*: Studie (**of** zu)
★**study²** ['stʌdɪ] **1** studieren (*Medizin usw., auch Landkarte usw.*) (**under someone** bei jemandem); **study to be a doctor** Medizin studieren **2** lernen (**for** für) (*eine Prüfung*)
★**stuff¹** [stʌf] **1** *umg; allg.*: Zeug, Sachen; **in the shop they sell furniture and stuff** in dem Laden verkaufen sie Möbel und so **2** *bes. übertragen* Stoff, Material
stuff² [stʌf] **1** (aus)stopfen (*Kissen usw.*), vollstopfen (*Tasche usw.*) (**with** mit) **2** (hinein)stopfen (**into** in) **3** *beim Kochen*: füllen (*Ente usw.*) **4 stuff oneself** *umg* sich vollstopfen (*mit Essen*); **I'm stuffed** ich bin total voll

─────────────── PHRASAL VERBS ───────────────

stuffed up [,stʌft'ʌp] *Nase*: verstopft

───

stuffing ['stʌfɪŋ] Füllung (*auch Kochen*)
stuffy ['stʌfɪ] **1** *Raum usw.*: stickig **2** *übertragen* prüde, spießig
stumble ['stʌmbl] stolpern (**on, over**, *übertragen* **at, over** über)
stump¹ [stʌmp] Stumpf (*von Baum, Bein usw.*), Stummel (*von Bleistift usw.*)
stump² [stʌmp] **1** stampfen, stapfen **2 I'm stumped there** *umg* da bin ich überfragt
stun [stʌn], **stunned, stunned** (*Schlag, auch Nachricht usw.*) betäuben
stung [stʌŋ] 2. und 3. Form von → sting¹
stunk [stʌŋk] 2. und 3. Form von → stink¹
stunning ['stʌnɪŋ] **1** (≈ *schön*) umwerfend **2** *Nachricht usw.*: unglaublich
stunt [stʌnt] **1** (gefährliches) Kunststück, *Film*: Stunt **2** *in der Werbung*: Gag
stunt man ['stʌnt_mæn] *pl*: **stunt men** ['stʌnt_men] *Film*: Stuntman, Double
stunt woman ['stʌnt,wʊmən], *pl* **stunt women** ['stʌnt,wɪmɪn] *Film*: Stuntwoman, Double
★**stupid** ['stjuːpɪd] **1** dumm **2** *übertragen, umg* blöd
★**stupidity** [stjuːˈpɪdətɪ] Dummheit (*auch Handlung usw.*)
sturdy ['stɜːdɪ] *Beine usw.*: stämmig
stutter ['stʌtə] (*auch Motor*) stottern
sty [staɪ] Schweinestall
★**style¹** [staɪl] **1** *allg.*: Stil; **in style** in großem Stil; **that's not my style** *umg* das ist nicht meine Art **2** Mode, Stil **3** *Ware*: Ausführung,

Modell

style[2] [staɪl] entwerfen, gestalten
styli ['staɪlaɪ] pl von → stylus
styling [staɪlɪŋ] Machart, Design
stylish ['staɪlɪʃ] **1** *Möbel*: stilvoll **2** *Person*: elegant
stylistic [staɪ'lɪstɪk] stilistisch, Stil...
stylus ['staɪləs] pl: **styluses** oder **styli** ['staɪlaɪ] **1** Stift (*eines PDAs*) **2** Nadel (*eines Plattenspielers*)
Styria ['stɪrɪə] die Steiermark
sub [sʌb] *umg* **1** U-Boot **2** *Sport*: Auswechselspieler(in) **3 subs** *pl* Beitrag, Beiträge (*für Klub usw.*)
subcommittee ['sʌbkə‚mɪtɪ] *in Parlament usw.*: Unterausschuss
subconscious[1] [sʌb'kɒnʃəs] *Psychologie*: Unterbewusstsein
subconscious[2] [sʌb'kɒnʃəs] *Psychologie*: unterbewusst
subcontinent [‚sʌb'kɒntɪnənt] Subkontinent
subculture ['sʌb‚kʌltʃə] Subkultur
subdivide [‚sʌbdɪ'vaɪd] unterteilen
subdivision ['sʌbdɪ‚vɪʒn] **1** Unterteilung **2** Unterabteilung
subdue [səb'djuː] **1** unterwerfen (*Land usw.*) **2** unterdrücken (*Ärger usw.*)
subdued [səb'djuːd] **1** *Stimme, Licht usw.*: gedämpft **2** *Person*: (merkwürdig) still **3** *Stimmung, Atmosphäre*: gedrückt
★ **subject**[1] ['sʌbdʒekt] **1** Thema; **on the subject of** über (*ein bestimmtes Thema*); **the subject of much criticism** *usw.* Gegenstand heftiger Kritik *usw.*; **change the subject** das Thema wechseln **2** *Schule, Universität*: Fach **3** *Sprache*: Subjekt, Satzgegenstand **4** *von Brief, E-Mail*: Betreff **5** *Person*: Untertan(in), Staatsangehörige(r)
★ **subject**[2] ['sʌbdʒekt] **1 subject to** anfällig für; **be subject to** *auch*: neigen zu **2 be subject to** abhängen von; **prices subject to change** Preisänderungen vorbehalten
★ **subject**[3] [səb'dʒekt] unterwerfen (*Volk usw.*)
PHRASAL VERBS
subject to [səb'dʒekt ‿tʊ] **subject someone to an examination** *usw.* jemanden einer Prüfung *usw.* unterziehen; **subject someone to criticism** *usw.* jemanden der Kritik *usw.* aussetzen

subjective [səb'dʒektɪv] subjektiv
subject matter ['sʌbdʒekt‚mætə] *von Rede, Buch usw.*: Stoff, Inhalt
subjunctive [səb'dʒʌŋktɪv] *Sprache*: Konjunktiv

sublet [‚sʌb'let], **sublet, sublet** *-ing-Form* **subletting** untervermieten, weitervermieten (*Zimmer, Haus*)
sublime [sə'blaɪm] großartig, erhaben
submarine ['sʌbməriːn] Unterseeboot, U-Boot
submerge [səb'mɜːdʒ] **1** (*U-Boot*) tauchen **2** (ein)tauchen (**in** in)
submission [səb'mɪʃn] **1** *unter Zwang*: Unterwerfung **2** Einreichung, Einsendung (*von Antrag usw.*)
submissive [səb'mɪsɪv] *Person*: unterwürfig
submit [səb'mɪt], **submitted, submitted** **1** einreichen (*Gesuch usw.*) (**to** bei *oder Dativ*) **2** nachgeben
subordinate[1] [sə'bɔːdɪnət] untergeordnet (**to**; *Dativ*); **subordinate clause** *Sprache*: Nebensatz, Ⓐ Gliedsatz
subordinate[2] [sə'bɔːdɪnət] Untergebene(r)
subordinate[3] [sə'bɔːdɪneɪt] unterordnen (**to**; *Dativ*), zurückstellen (**to** hinter)
subplot ['sʌbplɒt] *in Film, Theaterstück usw.*: Nebenhandlung
subscribe [səb'skraɪb] *Br* geben, spenden, beisteuern (*Geld*) (**to** für)
PHRASAL VERBS
★ **subscribe to** [səb'skraɪb ‿tʊ] **1** abonnieren, abonniert haben (*Zeitschrift usw.*) **2** sich anschließen (*einer Meinung*)

subscriber [səb'skraɪbə] **1** Abonnent(in) **2** *Telefon*: Teilnehmer(in)
★ **subscription** [səb'skrɪpʃn] **1** (Mitglieds)Beitrag **2** Abonnement (*von Zeitschrift usw.*)
subsequent ['sʌbsɪkwənt] **1** *in Abfolge*: anschließend, nachfolgend **2** *zeitlich*: spätere(r, -s)
subsidiary [səb'sɪdɪərɪ] *Wirtschaft*: Tochtergesellschaft
subsidiary subject [səb‚sɪdɪərɪ'sʌbdʒekt] *Schule, Universität*: Nebenfach
subsidize ['sʌbsɪdaɪz] subventionieren
subsidy ['sʌbsədɪ] Subvention
subsistence [səb'sɪstəns] Existenz, Überleben; **live at subsistence level** am Existenzminimum leben
★ **substance** ['sʌbstəns] **1** Substanz, Stoff **2** Substanz (*einer Aussage usw.*)
substandard [‚sʌb'stændəd] **1** *Ware, Qualität usw.*: minderwertig **2** *Ausdrucksweise*: inkorrekt
substantial [səb'stænʃl] **1** *Möbel usw.*: solid, Ⓐ währschaft **2** *Gehalt usw.*: beträchtlich, *Änderungen usw. auch*: wesentlich **3** *Mahlzeit*:

kräftig, � währschaft
substitute¹ ['sʌbstɪtjuːt] **1** Ersatz **2** Ersatz(mann), *Sport:* Auswechselspieler(in)
substitute² ['sʌbstɪtjuːt] **substitute A for B** B durch A ersetzen, B gegen A austauschen

PHRASAL VERBS
substitute for ['sʌbstɪtjuːt_fɔː] einspringen für, ersetzen

subtenant [ˌsʌb'tenənt] Untermieter(in)
subterranean [ˌsʌbtə'reɪnɪən] unterirdisch
subtitle ['sʌbˌtaɪtl] *Buch, Film:* Untertitel
subtle ['sʌtl] **1** *Unterschied usw.:* fein, *Aroma usw. auch:* zart **2** *Plan usw.:* raffiniert
subtlety ['sʌtltɪ] Feinheit, Finesse
★ **subtract** [səb'trækt] *Mathematik:* abziehen, subtrahieren (**from** von)
subtraction [səb'trækʃn] Subtraktion
★ **suburb** ['sʌbɜːb] Vorort; **live in the suburbs** am Stadtrand wohnen
suburban [sə'bɜːbən] *oft abwertend* vorstädtisch, Vorstadt…; **suburban train** S-Bahn
suburbia [sə'bɜːbɪə] *oft abwertend* **1** Vorstadt **2** Vorstadtleben
subway ['sʌbweɪ] **1** *Br; für Fußgänger:* Unterführung **2** *US* U-Bahn
sub-zero [ˌsʌb'zɪərəʊ] **sub-zero temperatures** Temperaturen unter null
★ **succeed** [sək'siːd] **1** Erfolg haben, erfolgreich sein, *(Plan usw.)* gelingen; **he succeeded in doing it** es gelang ihm, es zu tun **2** **succeed someone** jemandem nachfolgen, jemandes Nachfolger werden

PHRASAL VERBS
succeed to [sək'siːd_tu] nachfolgen in *(einem Amt)*

★ **success** [sək'ses] Erfolg; **without success** ohne Erfolg, erfolglos
★ **successful** [sək'sesfl] erfolgreich; **be successful** Erfolg haben, erfolgreich sein, *(Plan usw. auch)*: gelingen; **he was successful in getting the job** es gelang ihm, die Stelle zu bekommen
successfully [sək'sesfəlɪ] erfolgreich, mit Erfolg
succession [sək'seʃn] **1** Folge; **in quick succession** in rascher Folge **2** *in einem Amt:* Nachfolge
successive [sək'sesɪv] aufeinanderfolgend
successor [sək'sesə] Nachfolger(in) (**to** in) *(einem Amt)*; **successor to the throne** Thronfolger(in)
succulent ['sʌkjʊlənt] *Steak usw.:* saftig

PHRASAL VERBS
succumb to [ˌsə'kʌm_tʊ] erliegen (*einer Krankheit, der Versuchung usw.*)

★ **such** [sʌtʃ] **1** solch, derartig; **such a man** so ein Mann; **no such thing** nichts dergleichen; **such as** wie (zum Beispiel) **2** so, derart; **such a nice day** so ein schöner Tag; **such a long time** eine so lange Zeit; **such is life** so ist das Leben **3** **as such** als solche(r, -s)
suck [sʌk] **1** *bei Flüssigem:* saugen (**at** an) **2** lutschen (an) (*Daumen usw.*) **3** **something sucks** *bes. US, salopp* etwas ist beschissen

PHRASAL VERBS
suck up [ˌsʌk'ʌp] **suck up to someone** *umg* jemandem in den Hintern kriechen

sucker ['sʌkə] *umg* (≈ *leicht zu täuschender Mensch*) Trottel; **I'm a sucker for …** bei … werd ich schwach
suckle ['sʌkl] säugen (*junges Tier*), stillen (*Baby*)
suck-up ['sʌkʌp] *umg* Arschkriecher(in)
sucky ['sʌkɪ] *US, salopp* beschissen
sudden¹ ['sʌdn] plötzlich
sudden² ['sʌdn] **all of a sudden** ganz plötzlich, auf einmal
★ **suddenly** ['sʌdnlɪ] plötzlich
sue [suː] *Recht* **1** klagen (**for** auf) **2** verklagen (*Person*) (**for** auf, wegen)
suede [ˌsweɪd] Wildleder, Veloursleder
★ **suffer** ['sʌfə] **1** leiden (**from** an, unter) **2** darunter leiden **3** erleiden (*Niederlage usw.*), tragen (*Folgen*)
suffering ['sʌfərɪŋ] Leiden, Leid
sufficient [sə'fɪʃnt] genügend, genug; **be sufficient** genügen, (aus)reichen (**for** für)
suffix ['sʌfɪks] *Sprache:* Nachsilbe, Suffix
suffocate ['sʌfəkeɪt] ersticken
suffocating ['sʌfəkeɪtɪŋ] **1** *Atmosphäre, Gefühl:* drückend, erstickend **2** *Hitze:* drückend, brütend **3** *Raumluft:* stickig
suffrage ['sʌfrɪdʒ] *Politik:* Wahlrecht, Stimmrecht
★ **sugar¹** ['ʃʊgə] **1** Zucker **2** *bes. US, umg; Anrede:* Schatz
★ **sugar²** ['ʃʊgə] zuckern
sugar bowl ['ʃʊgə_bəʊl] Zuckerdose
sugarcane ['ʃʊgəkeɪn] Zuckerrohr
sugar-free [ˌʃʊgə'friː] ohne Zucker
sugary ['ʃʊgərɪ] **1** zuckerig, Zucker… **2** übertragen süßlich
★ **suggest** [sə'dʒest] **1** vorschlagen; **I suggest going** (*oder* **that we go**) **home** ich schlage vor

heimzugehen ❷ (*Umstand usw.*) hindeuten auf; **suggest that** darauf hindeuten, dass ❸ andeuten; **I'm not suggesting that** ich will damit nicht sagen, dass

★**suggestion** [səˈdʒestʃn] ❶ Vorschlag; **make** (*oder* **offer**) **a suggestion** einen Vorschlag machen ❷ Anflug, Spur ❸ Andeutung

suggestive [səˈdʒestɪv] *Bemerkung usw.*: zweideutig, *Blick usw.*: vielsagend

suicidal [ˌsuːɪˈsaɪdl] ❶ selbstmörderisch (*auch übertragen*); **suicidal thoughts** Selbstmordgedanken ❷ *Person*: selbstmordgefährdet

suicide [ˈsuːɪsaɪd] ❶ Selbstmord (*auch übertragen*); **commit suicide** Selbstmord begehen ❷ *Person*: Selbstmörder(in)

suicide attack [ˈsuːɪsaɪd‿əˌtæk] Selbstmordanschlag, Selbstmordattentat

suicide bomber [⚠ ˈsuːɪsaɪdˌbɒmə] Selbstmordattentäter(in)

★**suit**[1] [suːt] ❶ Anzug, *für Frauen*: Kostüm ❷ *Kartenspiel*: Farbe ❸ *Recht*: (Zivil)Prozess, Verfahren

★**suit**[2] [suːt] ❶ **suit someone** *Termin usw.*: jemandem passen; **that suits me fine** das passt mir gut, das ist mir sehr recht ❷ **this colour** *usw.* **suits you** diese Farbe *usw.* steht dir gut ❸ **they're well suited (to each other)** sie passen gut zusammen ❹ **suit yourself!** mach, was du willst!

★**suitable** [ˈsuːtəbl] passend, geeignet (**for**, **to** für)

★**suitcase** [ˈsuːtkeɪs] Koffer

suite [swiːt] ❶ *Möbel*: Garnitur ❷ *im Hotel*: Suite, Zimmerflucht ❸ *Musik*: Suite

sulfur dioxide *US*, **sulphur dioxide** *Br* [ˌsʌlfəˈdaɪˌɒksaɪd] Schwefeldioxid

sulk [sʌlk] schmollen

sulky [ˈsʌlkɪ] schmollend

sullen [ˈsʌlən] mürrisch, verdrossen

sultry [ˈsʌltrɪ] ❶ schwül ❷ *Blick*: aufreizend

★**sum** [sʌm] ❶ Summe, Betrag ❷ (einfache) Rechenaufgabe; **do sums** rechnen

---
PHRASAL VERBS

sum up [ˌsʌmˈʌp], **summed up**, **summed up** zusammenfassen; **to sum up** zusammenfassend

---

summarize [ˈsʌməraɪz] zusammenfassen
summary [ˈsʌmərɪ] Zusammenfassung
★**summer**[1] [ˈsʌmə] Sommer; **in (the) summer** im Sommer
★**summer**[2] [ˈsʌmə] Sommer...
summer camp [ˈsʌməˌkæmp] Ferienlager
summer holidays [ˌsʌməˈhɒlɪdeɪz] *pl Br* Sommerferien *pl*
summer sales [ˌsʌməˈseɪlz] *pl* Sommerschlussverkauf
summertime[1] [ˈsʌmətaɪm] Jahreszeit: Sommer(zeit); **in (the) summertime** im Sommer
summer time[2] [ˈsʌməˌtaɪm] *Br* Uhrzeit: Sommerzeit
summer vacation [ˌsʌmərˌveɪkeɪʃən] *US* Sommerferien
summery [ˈsʌmərɪ] sommerlich, Sommer...
summit [ˈsʌmɪt] Gipfel (*auch politisch usw.*)
summon [ˈsʌmən] ❶ zitieren (*Person*) (**to** in) ❷ einberufen (*Versammlung usw.*)

PHRASAL VERBS

summon up [ˌsʌmənˈʌp] zusammennehmen (*Kraft, Mut usw.*)

---

sumptuous [ˈsʌmptʃʊəs] luxuriös
★**sun**[1] [sʌn] Sonne
★**sun**[2] [sʌn], **sunned**, **sunned**; **sun oneself** sich sonnen
sun allergy [ˈsʌnˌælədʒɪ] Sonnenallergie
sunbathe [ˈsʌnbeɪð] sonnenbaden, sich sonnen
sunbeam [ˈsʌnbiːm] Sonnenstrahl
sunbed [ˈsʌnbed] Sonnenbank
sunblock [ˈsʌnblɒk] Sunblocker, starke Sonnenschutzcreme
sunburn [ˈsʌnbɜːn] Sonnenbrand
sunburned [ˈsʌnbɜːnd], **sunburnt** [ˈsʌnbɜːnt] **be sunburned** einen Sonnenbrand haben
suncream [ˈsʌnkriːm] Sonnencreme
sundae [⚠ ˈsʌndeɪ] Eisbecher
★**Sunday** [ˈsʌndeɪ] Sonntag; **on Sunday** (am) Sonntag; **on Sundays** sonntags
Sunday best [ˌsʌndeɪˈbest] Sonntagsanzug, Sonntagskleidung
sundial [ˈsʌnˌdaɪəl] Sonnenuhr
sundown [ˈsʌndaʊn] Sonnenuntergang
sun-dried [ˈsʌndraɪd] *Tomaten usw.*: in der Sonne getrocknet
sundry [ˈsʌndrɪ] diverse, verschiedene; **all and sundry** jedermann
sunflower [ˈsʌnˌflaʊə] Sonnenblume
sung [sʌŋ] *3. Form von* → **sing**
★**sunglasses** [ˈsʌnˌɡlɑːsɪz] *pl, auch* **pair of sunglasses** Sonnenbrille
sunhat [ˈsʌnhæt] Sonnenhut
sunk [sʌŋk] *2. und 3. Form von* → **sink**[1]
sunken [ˈsʌŋkən] ❶ gesunken, versunken ❷ *Wangen usw.*: eingefallen
sunlamp [ˈsʌnlæmp] Höhensonne®
sunlight [ˈsʌnlaɪt] Sonnenlicht

★**sunny** ['sʌnɪ] **1** sonnig **2** *Lächeln usw.*: fröhlich, *Wesen usw.*: sonnig

★**sunrise** ['sʌnraɪz] Sonnenaufgang; **at sunrise** bei Sonnenaufgang

sunrise industry ['sʌnraɪz‚ɪndəstrɪ] Zukunftsindustrie

sunroof ['sʌnruːf] **1** Dachterrasse **2** *Auto*: Schiebedach

sunscreen ['sʌnskriːn] Sonnenschutzcreme

★**sunset** ['sʌnset] Sonnenuntergang; **at sunset** bei Sonnenuntergang

sunshade ['sʌnʃeɪd] Sonnenschirm

★**sunshine** ['sʌnʃaɪn] Sonnenschein

sun spray ['sʌnspreɪ] Sonnenspray

sunstroke ['sʌnstrəʊk] Sonnenstich

suntan ['sʌntæn] (Sonnen)Bräune; **suntan lotion** Sonnencreme; **suntan oil** Sonnenöl

suntanned ['sʌntænd] braun gebrannt

sun-worshipper ['sʌn‚wɜːʃɪpə] Sonnenanbeter(in)

super ['suːpə] *umg* super, klasse

superb [suːˈpɜːb] ausgezeichnet

superficial [‚suːpəˈfɪʃl] oberflächlich (*auch übertragen*)

superfluous [suːˈpɜːflʊəs] überflüssig

superglue® ['suːpəgluː] Sekundenkleber

superhighway ['suːpə‚haɪweɪ] US Autobahn

superhuman [‚suːpəˈhjuːmən] übermenschlich

superintendent [‚suːpərɪnˈtendənt] **1** Aufsichtsbeamte(r) **2** *Br; etwa*: Kommissar **3** *US; etwa*: Polizeichef

superior¹ [suːˈpɪərɪə] **1** ranghöher (**to** als) **2** überlegen (**to**; *Dativ*), besser (**to** als) **3** ausgezeichnet **4** *negativ*: überheblich

superior² [suːˈpɪərɪə] Vorgesetzte(r)

superiority [suː‚pɪərɪˈɒrətɪ] **1** Überlegenheit (**over** gegenüber) **2** Überheblichkeit

superlative [suːˈpɜːlətɪv] *Sprache*: Superlativ (*auch übertragen*)

superman ['suːpəmæn] *pl*: **supermen** ['suːpəmen] **1** Supermann **2** Übermensch

★**supermarket** ['suːpə‚mɑːkɪt] Supermarkt

supernatural [‚suːpəˈnætʃrəl] übernatürlich

superpower ['suːpə‚paʊə] *Politik*: Supermacht

supersede [‚suːpəˈsiːd] ablösen

supersonic [‚suːpəˈsɒnɪk] *Flugzeug, Physik*: Überschall...

superstition [‚suːpəˈstɪʃn] Aberglaube

superstitious [‚suːpəˈstɪʃəs] abergläubisch

superstructure ['suːpə‚strʌktʃə] **1** *von Schiff*: Deckaufbauten *pl* **2** *übertragen* Überbau

supervise ['suːpəvaɪz] **1** beaufsichtigen **2** Aufsicht führen

supervision [‚suːpəˈvɪʒn] Aufsicht

supervisor ['suːpəvaɪzə] **1** Aufseher(in), Aufsicht **2** *Schule, etwa*: Tutor(in)

supervisory board [‚suːpəvaɪzərɪˈbɔːd] *Wirtschaft*: Aufsichtsrat

★**supper** ['sʌpə] Abendessen, Ⓐ Nachtmahl, Ⓒʜ Nachtessen; **have supper** zu Abend essen

supple ['sʌpl] **1** *Körper usw.*: gelenkig, geschmeidig **2** *Material*: biegsam, elastisch

supplement¹ ['sʌplɪmənt] **1** Ergänzung (**to** zu *oder Genitiv*) **2** Nachtrag, Anhang (**to** zu) (*einem Buch*) **3** Ergänzungsband **4** Beilage (*zu einer Zeitung*)

supplement² ['sʌplɪment] ergänzen, aufbessern (*Einkommen usw.*) (**with** mit)

supplementary [‚sʌplɪˈmentərɪ] zusätzlich

supplier [səˈplaɪə] **1** *Wirtschaft*: Lieferant(in) **2** *auch* **suppliers** *pl* Lieferfirma

supplies [səˈplaɪz] *pl* **1** Vorrat (**of** an), Proviant, *militärisch*: Nachschub; **get in a supply of something** sich einen Vorrat an etwas anlegen; **a month's supply** ein Monatsbedarf **2** ... bedarf; **office supplies** Bürobedarf; → **supply²**

★**supply¹** [səˈplaɪ] **1** liefern, sorgen für **2** *kostenlos*: stellen **3** versorgen (*Stadt usw.*), beliefern (**with** mit) **4** abhelfen (*einem Bedürfnis usw.*)

★**supply²** [səˈplaɪ] **1** Lieferung (**to** an) **2** Versorgung **3** **be in short supply** (*Ware usw.*): knapp sein **4** **supply and demand** Angebot und Nachfrage; → **supplies**

★**support¹** [səˈpɔːt] **1** (ab)stützen, tragen (*Gewicht usw.*) **2** unterstützen (*Person usw.*) (*auch finanziell*), unterhalten (*Familie*) **3** *übertragen* stützen (*Währung usw.*) **4** **he supports Leeds United** er ist Leeds-United-Fan

★**support²** [səˈpɔːt] **1** Stütze **2** *übertragen* Unterstützung; **in support of** zur Unterstützung (+ *Genitiv*)

★**supporter** [səˈpɔːtə] Anhänger(in) (*auch Sport*), Befürworter(in)

supporting [səˈpɔːtɪŋ] **supporting actor** (*bzw.* **role** *usw.*) Nebendarsteller(in), (*bzw.* Nebenrolle *usw.*)

supportive [səˈpɔːtɪv] **he was very supportive when I ...** er war mir eine große Stütze, als ich ...

★**suppose¹** [səˈpəʊz] **1** annehmen, vermuten; **I suppose I must have fallen asleep** ich muss wohl eingeschlafen sein; **I suppose so** ich nehme es an, wahrscheinlich **2** **he's supposed to be rich** er soll reich sein **3** **you're**

not supposed to smoke here du darfst hier nicht rauchen; **aren't you supposed to be at work?** solltest du nicht (eigentlich) in der Arbeit sein?; **what's that supposed to mean?** was soll denn das? ▨ (*Prognose usw.*) voraussetzen

★**suppose**² [sə'pəʊz] ▨ angenommen ▨ wie wäre es, wenn; **suppose we went home?** wie wäre es, wenn wir nach Hause gingen?

supposed [sə'pəʊzd] angebliche(r, -s)

supposedly [△ sə'pəʊzɪdlɪ] angeblich

supposing [sə'pəʊzɪŋ] angenommen

suppository [sə'pɒzɪtrɪ] *Medizin:* Zäpfchen

★**suppress** [sə'pres] unterdrücken (*auch Lächeln, Gefühl*)

suppurate [△ 'sʌpjʊreɪt] *Medizin;* (*Wunde*) eitern

supremacy [△ sʊ'preməsɪ] Vormachtstellung

supreme [sʊ'pri:m] ▨ *Autorität:* höchste(r, -s), oberste(r, -s) ▨ größte(r, -s)

surcharge ['sɜ:tʃɑ:dʒ] ▨ Zuschlag (**on** auf) ▨ *Post:* Nachporto, Strafporto (**on** auf)

★**sure**¹ [ʃɔ:] ▨ *allg.:* sicher; **sure of oneself** selbstsicher; **for sure** ganz bestimmt; **be** (*oder* **feel**) **sure** sich sicher sein; **I'm not sure** da bin ich mir nicht sicher; **you're sure to like this play** dir wird das Stück sicher gefallen ▨ **be sure to lock the door** vergiss nicht abzuschließen ▨ **make sure that** sich (davon) überzeugen, dass, *aktiv:* dafür sorgen, dass; **make sure of something** sich von etwas überzeugen, *aktiv:* sich etwas sichern ▨ **to be sure** sicherlich

★**sure**² [ʃɔ:] *umg* ▨ sicher, klar ▨ **sure enough** tatsächlich

surely ['ʃɔ:lɪ] ▨ sicher(lich), bestimmt ▨ doch (wohl); **surely someone** (**in the class**) **knows the answer** irgend jemand (in der Klasse) wird doch wohl die Antwort wissen

surf¹ [sɜ:f] ▨ *Sport:* surfen ▨ **surf the Net** *Computer:* im Internet surfen

surf² [sɜ:f] Brandung

★**surface**¹ ['sɜ:fɪs] Oberfläche (*auch übertragen*); **on the surface** oberflächlich, nach außen hin; **road surface** Straßendecke

★**surface**² ['sɜ:fɪs] auftauchen (*auch übertragen*)

surface area ['sɜ:fɪs,eərɪə] Fläche

surface mail ['sɜ:fɪs ˌmeɪl] Land- und Seebeförderung (*im Gegensatz zur Luftpost*)

surfboard ['sɜ:fbɔ:d] Surfboard, Surfbrett

surfer ['sɜ:fə] ▨ *Sport:* Surfer(in), Wellenreiter(in) ▨ *Computer:* Internetsurfer(in), Surfer(in)

surfing ['sɜ:fɪŋ] Surfen, Wellenreiten

surge [sɜ:dʒ] (*Menge*) drängen, strömen

★**surgeon** ['sɜ:dʒən] Chirurg(in)

★**surgery** ['sɜ:dʒərɪ] ▨ Chirurgie ▨ **he needs surgery** er muss operiert werden ▨ *Br* Sprechzimmer, Ⓐ Ordination ▨ *Br* Sprechstunde, Ⓐ Ordination; **surgery hours** *pl* Sprechstunden, Ⓐ Ordination

surgical ['sɜ:dʒɪkl] chirurgisch, operativ

surgicenter ['sɜ:dʒɪˌsentə] *US* Poliklinik

surly ['sɜ:lɪ] griesgrämig, mürrisch

★**surname** ['sɜ:neɪm] Nachname

surplus¹ ['sɜ:pləs] Überschuss (**of** an)

surplus² ['sɜ:pləs] überschüssig, überzählig

★**surprise**¹ [sə'praɪz] Überraschung; **take by surprise** überraschen; **much to my surprise** zu meiner großen Überraschung

★**surprise**² [sə'praɪz] überraschen, wundern

★**surprised** [sə'praɪzd] überrascht; **be surprised at** (*oder* **by**) überrascht (*oder* verwundert) sein über, sich wundern über; **I wouldn't be surprised if …** es würde mich nicht wundern, wenn …

surprising [sə'praɪzɪŋ] überraschend; **surprisingly** (**enough**) überraschenderweise

surreal [sə'rɪəl] surreal, unwirklich

surrealism [sə'rɪəlɪzm] *Kunst:* Surrealismus

surrealist¹ [sə'rɪəlɪst] *Kunst:* Surrealist(in)

surrealist² [sə'rɪəlɪst] *Kunst:* surrealistisch

surrealistic [sə,rɪə'lɪstɪk] surrealistisch

surrender¹ [sə'rendə] ▨ sich ergeben (**to**; *Dativ*), kapitulieren (**to** vor); **surrender** (**oneself**) **to the police** sich der Polizei stellen ▨ übergeben, ausliefern (**to**; *Dativ*)

surrender² [sə'rendə] Kapitulation (**to** vor)

surrogate mother [ˌsʌrəgət'mʌðə] Leihmutter

★**surround** [sə'raʊnd] ▨ umgeben ▨ (*Polizei usw.*) umstellen (*Haus usw.*)

surrounding [sə'raʊndɪŋ] umliegend

★**surroundings** [sə'raʊndɪŋz] *pl* Umgebung

surveillance [sə'veɪləns] Überwachung; **keep under surveillance** überwachen

survey¹ [sə'veɪ] ▨ betrachten (*auch übertragen*) ▨ vermessen (*Land*) ▨ inspizieren (*Haus*)

survey² ['sɜ:veɪ] ▨ Umfrage ▨ Überblick (**of** über) ▨ *von Land:* Vermessung ▨ *von Haus:* Begutachtung

survival [sə'vaɪvl] ▨ Überleben (*auch übertragen*) ▨ *bes. Br* Überbleibsel (**from** aus)

★**survive** [sə'vaɪv] ▨ überleben (*auch übertragen*), am Leben bleiben ▨ erhalten bleiben ▨ überstehen (*Erdbeben usw.*), überdauern (*Jahrhundert usw.*)

survivor [sə'vaɪvə] Überlebende(r) (**from, of;**

Genitiv)

susceptible [sə'septəbl] **1** empfänglich (**to** für) **2** anfällig (**to** für) (*Krankheiten usw.*) **3** leicht zu beeindrucken

★**suspect¹** [sə'spekt] **1** *bei Problem, Verbrechen:* vermuten **2** verdächtigen (**of**; *Genitiv*); **be suspected of doing something** im (*oder* unter dem) Verdacht stehen, etwas zu tun **3** anzweifeln, bezweifeln

★**suspect²** ['sʌspekt] Verdächtige(r)

★**suspect³** ['sʌspekt] verdächtig, suspekt

suspend [sə'spend] **1** (vorübergehend) einstellen (*Verkauf, Zahlungen usw.*) **2** *Recht:* zur Bewährung aussetzen (*Strafe*) **3** suspendieren (**from duty** vom Dienst), *Sport:* sperren **4** *förmlich* aufhängen (*Lampe usw.*) (**from** an)

suspender [sə'spendə] *Br* Strumpfhalter

suspenders [sə'spendəz] *pl, auch* **pair of suspenders** *US* Hosenträger

suspense [sə'spens] Spannung; **keep someone in suspense** jemanden auf die Folter spannen

suspension [sə'spenʃn] **1** (vorübergehende) Einstellung, *Sport:* Sperre **3** *Technik:* Federung, Aufhängung **4** **suspension bridge** Hängebrücke

suspicion [sə'spɪʃn] **1** Verdacht **2** *auch* **suspicions** *pl Gefühl:* Argwohn, Verdacht **3** *übertragen* Hauch, Spur

suspicious [sə'spɪʃəs] **1** argwöhnisch, misstrauisch (**of** gegenüber); **become suspicious** *auch:* Verdacht schöpfen **2** verdächtig

suss [sʌs] *Br, umg* **suss that** ... dahinter kommen, dass ...

――――――――――――――― PHRASAL VERBS

suss out [,sʌs'aʊt] *Br, umg* erkennen, herausbekommen (*Absicht, Vorhaben*); **I can't suss him out** ich werd aus ihm nicht schlau

sustain [sə'steɪn] **1** stärken (*auch moralisch*) **2** aufrechterhalten (*Interesse usw.*) **3** erleiden (*Schaden, Verlust*) **4** *Musik:* halten (*Ton*) **5** *Recht:* stattgeben (*einem Einspruch usw.*) **6** aushalten, tragen (*Gewicht*)

sustainable [sə'steɪnəbl] **1** *Entwicklung, Rohstoffe, Wachstum usw.:* nachhaltig **2** *Energiequellen:* erneuerbar

sustained [sə'steɪnd] **1** *Beifall, Druck, Interesse usw.:* anhaltend **2** *Anstrengungen usw.:* ausdauernd

SUV [,esjuː'viː] (*abk für* Sport Utility Vehicle) *US* Geländewagen

swagger ['swægə] stolzieren

★**swallow¹** [ˈswɒləʊ] **1** schlucken (*auch im Sinne von glauben*); **swallow hard** *übertragen* kräftig schlucken **2** hinunterschlucken (*Ärger usw.*), vergessen (*seinen Stolz*)

★**swallow²** ['swɒləʊ] Schwalbe

swam [swæm] *2. Form von* → **swim¹**

swamp¹ ['swɒmp] Sumpf

swamp² ['swɒmp] *übertragen* überschwemmen (**with** mit)

swampy ['swɒmpɪ] sumpfig

swan ['swɒn] Schwan

swanky ['swæŋkɪ] *umg* piekfein

swap¹ ['swɒp], swapped, swapped *umg* tauschen (**with** mit), eintauschen (**for** für, gegen); **swap places** die Plätze tauschen

swap² ['swɒp] *umg* **1** Tausch; **do a swap** tauschen **2** Tauschobjekt

swarm¹ [swɔːm] Schwarm (*Bienen, Touristen usw.*)

swarm² [swɔːm] **1** (*Menschen*) strömen **2** (*Bienen*) schwärmen

swat ['swɒt] (swatted, swatted) totschlagen (*Fliege usw.*)

sway [sweɪ] **1** (*Bäume usw.*) sich wiegen, (*Schiff usw.*) schaukeln **2** hin- und herbewegen, schwenken **3** beeinflussen (*Person*)

★**swear** [sweə], swore [swɔː], sworn [swɔːn] **1** fluchen **2** schwören (**on the Bible** auf die Bibel; **to God** bei Gott); **swear something to someone** jemandem etwas schwören

――――――――――――――― PHRASAL VERBS

swear at ['sweər_ət] **swear at someone** jemanden wüst beschimpfen

swear by ['sweə_baɪ] *übertragen, umg* schwören auf (*Heilmittel usw.*)

swear to ['sweə_tuː] **I couldn't swear to it** ich kann es nicht beschwören

swearword ['sweəwɜːd] Kraftausdruck, Fluch

★**sweat¹** [swet] schwitzen (**with** vor) (*auch übertragen*)

――――――――――――――― PHRASAL VERBS

sweat out [,swet'aʊt] **1** ausschwitzen (*Krankheit*) **2** **sweat it out** *übertragen, umg* durchhalten, ausharren

★**sweat²** [swet] **1** Schweiß; **get in(to) a sweat** *übertragen, umg* ins Schwitzen kommen (**about** wegen) **2** *umg* Schufterei **3** **no sweat** *umg* kein Problem

★**sweater** ['swetə] Pullover

sweatpants ['swetpænts] *pl US* Sporthose

sweatshirt ['swetʃɜːt] Sweatshirt

sweaty ['swetɪ] **1** schweißig, verschwitzt **2**

Schweiß... **3** *Hitze usw.:* schweißtreibend
★**Swede** [swi:d] Schwede
★**Sweden** ['swi:dn] Schweden
★**Swedish**[1] ['swi:dɪʃ] schwedisch; **Swedish woman** bzw. **girl** Schwedin
★**Swedish**[2] ['swi:dɪʃ] *Sprache:* Schwedisch
★**sweep**[1] [swi:p], **swept** [swept], **swept** [swept] **1** kehren, fegen, Ⓐ wischen **2** *(Sturm)* fegen über **3** **sweep past someone** *(Person)* an jemandem vorbeirauschen

PHRASAL VERBS

sweep aside [ˌswi:p ə'saɪd] übertragen beiseiteschieben *(Einwand usw.)*
sweep away [ˌswi:p ə'weɪ] **1** wegfegen, wegkehren *(Staub, Laub usw.)* **2** *(Lawine, Fluten usw.)* mitreißen *(auch übertragen: Publikum)* **3** übertragen hinwegfegen *(Einwände, Bedenken)*

★**sweep**[2] [swi:p] **1** **give the floor a sweep** den Boden kehren *(oder* fegen*)* **2** *umg* Schornsteinfeger(in)
sweeper ['swi:pə] **1** *Person:* Straßenkehrer(in) **2** *Maschine:* Kehrmaschine **3** *Fußball:* Ausputzer(in)
sweeping ['swi:pɪŋ] **1** *Reform usw.:* umfassend, radikal **2** *Behauptung usw.:* pauschal
sweepstake ['swi:psteɪk] **1** *Wetten:* Pferdetoto **2** *US; allg.:* Lotterie
★**sweet**[1] [swi:t] **1** süß *(auch übertragen)*; **sweet nothings** *pl humorvoll* Zärtlichkeiten; **have a sweet tooth** gern Süßes naschen, eine Naschkatze sein **2** *Musik usw.:* lieblich **3** lieb, reizend; **how sweet of you** wie lieb von dir
★**sweet**[2] [swi:t] **1** *Br* Bonbon, Ⓐ Zuckerl, Süßigkeit; **sweets** Süßigkeiten **2** *Br* Nachtisch, Ⓐ Mehlspeise; **for sweet** als *(oder* zum*)* Nachtisch
sweet-and-sour [ˌswi:t ən'saʊə] süß-sauer
sweet corn ['swi:t kɔ:n] *Br* (Zucker)Mais
sweeten ['swi:tn] **1** süßen *(Speisen, Getränke)* **2** übertragen besänftigen **3** *umg* (≈ bestechen) schmieren *(Person)*
sweetener ['swi:tnə] Süßstoff
sweetheart ['swi:thɑ:t] *Anrede:* Schatz
sweetie ['swi:tɪ] *umg* **1** *Br* Bonbon **2** **be a sweetie** *Kind usw.:* süß sein
★**swell** [swel], **swelled**, **swollen** ['swəʊlən] *oder* **swelled**; *auch* **swell up** (an)schwellen
swelling ['swelɪŋ] Schwellung
sweltering ['sweltərɪŋ] drückend, schwül
swept [swept] 2. und 3. Form von → **sweep**[1]
swerve [swɜ:v] *(Auto)* (aus)schwenken (**to the left** nach links), einen Schwenk machen

swift [swɪft] schnell, flink, rasch
swiftness ['swɪftnəs] Schnelligkeit
★**swim**[1] [swɪm], **swam** [swæm], **swum** [swʌm]; *-ing-Form* **swimming** **1** schwimmen **2** durchschwimmen *(Gewässer)*
★**swim**[2] [swɪm] **go for a swim** schwimmen gehen
swimmer ['swɪmə] Schwimmer(in)
swimming ['swɪmɪŋ] Schwimmen; **go swimming** schwimmen gehen
swimming bath ['swɪmɪŋ bɑ:θ] *auch* **swimming baths** [⚠ 'swɪmɪŋ bɑ:ðz] *Br* Schwimmbad, *bes.* Hallenbad
swimming cap ['swɪmɪŋ kæp] Badekappe
swimming costume ['swɪmɪŋˌkɒstjuːm] *Br* Badeanzug
★**swimming pool** ['swɪmɪŋ pu:l] Schwimmpool, Schwimmbecken
★**swimming trunks** ['swɪmɪŋ trʌŋks] *pl auch* **pair of swimming trunks** Badehose
★**swimsuit** ['swɪmsu:t] Badeanzug
★**swindle**[1] ['swɪndl] **swindle someone out of something** jemanden um etwas betrügen (⚠ *nicht* **schwindeln**)
★**swindle**[2] ['swɪndl] Betrug, Schwindel
swine [swaɪn] (≈ *Lump*) Schwein
swing[1] [swɪŋ], **swung** [swʌŋ], **swung** [swʌŋ] **1** (hin- und her)schwingen, schaukeln, pendeln **2** schwingen *(die Arme usw.)* **3** sich schwingen **4** *(Auto usw.)* einbiegen (**into** in)
swing[2] [swɪŋ] **1** *für Kinder:* Schaukel **2** *Schlag, Boxen:* Schwinger **3** übertragen; *oft politisch:* Umschwung **4** **in full swing** in vollem Gange
swing door [ˌswɪŋ'dɔ:] Pendeltür
swipe[1] [swaɪp] Schlag
swipe[2] [swaɪp] *umg* **1** klauen **2** durchziehen, einlesen *(Karte mit Magnetstreifen)*

PHRASAL VERBS

swipe at ['swaɪp ət] schlagen nach; **swipe away at someone** auf jemanden einschlagen

swipe card ['swaɪp kɑ:d] *für elektronisch gesicherte Türen usw.:* Magnetstreifenkarte
swirl[1] [swɜ:l] wirbeln
swirl[2] [swɜ:l] Wirbel
★**Swiss**[1] [swɪs] Schweizer(in); **the Swiss** *pl* die Schweizer
★**Swiss**[2] [swɪs] schweizerisch, Schweizer(...); **Swiss roll** *Br* Biskuitrolle
★**switch**[1] [swɪtʃ] **1** Schalter **2** übertragen Änderung *(eines Plans usw.)* **3** Gerte, Rute **4** *US; Eisenbahn:* Weiche
★**switch**[2] [swɪtʃ] **1** *auch* **switch over** (um)-

schalten (**to** auf); **switch channels** auf einen anderen Kanal umschalten ❷ *auch* **switch over** umstellen (*Produktion usw.*) (**to** auf) ❸ tauschen; (*auch* **switch over, switch round**) vertauschen ❹ *auch* **switch over** übertragen überwechseln (**to** zu)

PHRASAL VERBS

switch off [ˌswɪtʃ'ɒf] ❶ abschalten, ausschalten ❷ (*Person*) abschalten (*geistig*)
switch on [ˌswɪtʃ'ɒn] anschalten, einschalten

---

switchback ['swɪtʃbæk] *US* Achterbahn
switchblade ['swɪtʃbleɪd] *US* Springmesser
switchboard ['swɪtʃbɔːd] ❶ (Telefon)Zentrale, Vermittlung; **switchboard operator** Telefonist(in) ❷ *Elektrotechnik*: Schalttafel
★**Switzerland** ['swɪtsələnd] *die* Schweiz
swivel ['swɪvl], swivelled, swivelled, *US* swiveled, swiveled sich drehen
swivel chair ['swɪvl_tʃeə] Drehstuhl
swollen ['swəʊlən] 3. Form von → **swell**
swoop¹ [swuːp] übertragen (*Polizei*) zuschlagen
swoop² [swuːp] Razzia
★**sword** [⚠ sɔːd] Schwert
swore [swɔː] 2. Form von → **swear**
sworn [swɔːn] 3. Form von → **swear**
swot¹ [swɒt] *Br*, *umg* Streber(in)
swot² [swɒt] (swotted, swotted) *Br*, *umg* büffeln (**for** für)

PHRASAL VERBS

swot up [ˌswɒt'ʌp] *Br*, *umg* büffeln, pauken (**for** für)

---

swum [swʌm] 3. Form von → **swim**¹
swung [swʌŋ] 2. und 3. Form von → **swing**¹
syllabi ['sɪləbaɪ] *pl von* → **syllabus**
syllable ['sɪləbl] *Sprache*: Silbe
syllabus ['sɪləbəs] *pl*: syllabuses *oder* syllabi ['sɪləbaɪ] *Schule*: Lehrplan
symbol ['sɪmbl] ❶ Symbol (*auch Chemie*) ❷ *Computer*: Sonderzeichen
symbolic [sɪm'bɒlɪk] symbolisch; **be symbolic of something** etwas symbolisieren
symbolize ['sɪmbəlaɪz] symbolisieren
symmetrical [sɪ'metrɪkl] symmetrisch
symmetry ['sɪmətrɪ] Symmetrie
sympathetic [ˌsɪmpə'θetɪk] ❶ mitfühlend ❷ verständnisvoll, wohlwollend (⚠ *nicht* sympathisch)
sympathize ['sɪmpəθaɪz] ❶ mitfühlen (**with** mit) ❷ Verständnis haben (**with** für), sympathisieren (**with** mit)
sympathizer ['sɪmpəθaɪzə] Sympathisant(in)

★**sympathy** ['sɪmpəθɪ] ❶ Mitgefühl; **letter of sympathy** Beileidsschreiben; **sympathies** *pl* Beileid(sschreiben) ❷ Verständnis, Wohlwollen
symphonic [sɪm'fɒnɪk] *Musik*: sinfonisch
symphony ['sɪmfənɪ] *Musik*: Sinfonie, Symphonie
symptom ['sɪmptəm] Symptom, Anzeichen (**of** für, von) (*beide auch übertragen*)
★**synagogue** ['sɪnəgɒg] *jüdisches Gotteshaus*: Synagoge
synchronize ['sɪŋkrənaɪz] ❶ aufeinander abstimmen (*Absichten, Aktionen usw.*) ❷ synchronisieren (*Film, Uhren usw.*) ❸ (*Uhren*) synchron gehen
syndicate ['sɪndɪkət] *Wirtschaft*: Konsortium, Syndikat
syndrome ['sɪndrəʊm] *Medizin*: Syndrom
synonym ['sɪnənɪm] *Sprache*: Synonym
synonymous [sɪ'nɒnəməs] synonym
syntax ['sɪntæks] Syntax, Satzbau
synthesis ['sɪnθəsɪs] Synthese
synthesize ['sɪnθəsaɪz] *Chemie*: synthetisch (*oder* künstlich) herstellen
synthetic [sɪn'θetɪk] synthetisch, Kunst...; **synthetic fibre**, *US* **synthetic fiber** Kunstfaser
synthetics [sɪn'θetɪks] *pl* Synthetik
Syria ['sɪrɪə] Syrien
syringe [sɪ'rɪndʒ] *medizinisch*: Spritze
syrup ['sɪrəp] Sirup
★**system** ['sɪstəm] ❶ *allg.*: System; **it was a shock to his system** er hatte schwer damit zu schaffen; **get something out of one's system** *übertragen* sich etwas von der Seele schaffen; **system software** Systemsoftware ❷ ...netz; **road system** Straßennetz ❸ *von Mensch*: Organismus
★**systematic** [ˌsɪstə'mætɪk] systematisch
systematize ['sɪstəmətaɪz] systematisieren

T

T [tiː] **that's him to a T** *umg* das ist er, wie er leibt und lebt; **it fits to a T** *umg* es passt (*oder* sitzt) wie angegossen
ta [tɑː] *Br*, *umg* danke!
tab [tæb] ❶ Aufhänger, Schlaufe ❷ Etikett, Schildchen ❸ *umg* Rechnung; **pick up the tab** (die Rechnung) bezahlen ❹ *Computer* → **tab stop**
tab key ['tæb_kiː] Tabulatortaste

★**table** ['teɪbl] **1** Tisch; **at the table** am Tisch; **at table** förmlich bei Tisch **2** Personen: Tisch, (Tisch)Runde **3** Tabelle **4** Mathematik: Einmaleins **5 turn the tables (on someone)** übertragen den Spieß umdrehen

★**tablecloth** ['teɪbl_klɒθ] Tischtuch, Tischdecke

table manners ['teɪbl,mænəz] pl Tischmanieren

tablespoon ['teɪblspuːn] Esslöffel

tablespoonful ['teɪbl,spuːnfʊl] Esslöffel(voll)

tablet ['tæblət] **1** Arznei: Tablette **2** Computer: Tablet; **tablet computer** Tabletcomputer **3** Stück (Seife) **4** Tafel (aus Stein usw.) (⚠ Tablett = **tray**)

table tennis ['teɪbl,tenɪs] Tischtennis

tableware ['teɪblweə] Geschirr und Besteck

tabloid ['tæblɔɪd] Boulevardzeitung

tabloid press ['tæblɔɪd_pres] Boulevardpresse

taboo, tabu¹ [tə'buː] Tabu

taboo, tabu² [tə'buː] **be taboo** tabu sein

tab stop ['tæb_stɒp] Computer: Tabulator

tabular ['tæbjʊlə] tabellarisch; **in tabular form** tabellarisch

tachometer [tæ'kɒmɪtə] Drehzahlmesser

tack¹ [tæk] **1** (kleiner) Nagel **2** Nähen: Heftstich

tack² [tæk] **1** annageln (**to** an) **2** Nähen: heften (Stoffteile)

PHRASAL VERBS

tack on [,tæk'ɒn] anfügen (**to** an)

---

tackle¹ ['tækl] **1** angehen (Problem usw.) **2** Sport: angreifen (ballführenden Gegner) **3** zur Rede stellen (**about** wegen)

tackle² ['tækl] **1** Sport: Angriff **2** Gerät(e) (zum Angeln usw.) **3** Technik: Flaschenzug

tacky ['tækɪ] **1** umg; Kleidung usw.: geschmacklos **2** umg; Gegend usw.: schäbig, heruntergekommen **3** Farbe usw.: klebrig

tact [tækt] Takt

tactful ['tæktfl] taktvoll

tactic ['tæktɪk] oft **tactics** pl Taktik, taktischer Zug

tactical ['tæktɪkl] taktisch

tactician [tæk'tɪʃn] Taktiker(in)

tactics ['tæktɪks] pl (⚠ auch im sg verwendet) militärisch, Sport: Taktik

tactless ['tæktləs] taktlos

tadpole ['tædpəʊl] Kaulquappe

taffy ['tæfɪ] US Toffee, Karamellbonbon; → toffee

tag¹ [tæg] **1** Etikett, Schild; **price tag** Preisschild **2** auch **question tag** Sprache: Frageanhängsel **3 play tag** Fangen spielen **4** Computer: Tag, Markierung

tag² [tæg], tagged, tagged **1** etikettieren, auszeichnen (Waren) **2 tag (as)** übertragen bezeichnen als, abstempeln als **3** Computer: taggen, markieren

---
PHRASAL VERBS

tag along [,tæg_ə'lɒŋ] umg mitgehen, mitkommen; **tag along behind someone** hinter jemandem hertrotten

tag on [,tæg'ɒn] anfügen

★**tail** [teɪl] Schwanz (auch eines Drachens usw.), Schweif (auch eines Kometen)

tailback ['teɪlbæk] Br Auto: Rückstau

tail end [,teɪl'end] Ende, Schluss

tailgate¹ ['teɪlgeɪt] Auto: Hecktür, Heckklappe

tailgate² ['teɪlgeɪt] Auto: zu dicht auffahren

taillight ['teɪl_laɪt] Auto: Rücklicht

★**tailor¹** ['teɪlə] (Herren)Schneider(in)

★**tailor²** ['teɪlə] **1** schneidern **2** übertragen zuschneiden (**to** auf) (Bedürfnisse usw.)

tails [teɪlz] pl **1 heads or tails?** Kopf oder Zahl? **2** Frack

Taiwan [,taɪ'wɑːn] Taiwan

★**take¹** [teɪk], took [tʊk], taken ['teɪkən] **1** allg.: nehmen; **be taken** Platz: besetzt sein **2** (weg)nehmen **3** mitnehmen **4** bringen; **take someone to the station** jemanden zum Bahnhof bringen **5** militärisch: einnehmen (Stadt usw.) **6** Schach usw.: schlagen (Stein, Figur) **7** erringen (Preis usw.) **8** (an)nehmen (Scheck usw.) **9** annehmen (Rat usw.); **take it or leave it** bei Angebot usw.: ja oder nein, entscheide dich **10** hinnehmen (Kritik usw.) **11** aushalten, ertragen **12** brauchen; **it took him two hours to do it** er brauchte zwei Stunden, um es zu tun; **it takes three hours** es dauert drei Stunden **13** machen (Prüfung usw.) **14 take care of** sich kümmern um **15 take for granted** als selbstverständlich betrachten **16 I take it** ich nehme an; **I take it you've met David** ich nehme an, du hast David schon kennengelernt **17 take place** Veranstaltung usw.: stattfinden **18 take a seat** Platz nehmen **19 take a photo** (oder **picture**) **of** fotografieren **1 take part** teilnehmen (**in** an) **1** (ein)nehmen (Medizin) **1 take notes** Notizen machen **1 be taken by** (oder **with**) angetan sein von **1 he's got what it takes** umg er bringt alle Voraussetzungen mit **1 take care!** bei Verabschie-

dung: mach's gut!, bleib sauber!, *ermahnend:* pass auf dich auf!, sei vorsichtig!

PHRASAL VERBS

take after [ˌteɪkˈɑːftə] (≈ *ähnlich sein*) nachschlagen (*der Mutter, dem Vater usw.*)
take along [ˌteɪk əˈlɒŋ] mitnehmen
take apart [ˌteɪk əˈpɑːt] auseinandernehmen (*auch Gegner*), zerlegen
take away [ˌteɪk əˈweɪ] **1** wegnehmen (**from someone** jemandem) **2** ... **to take away** *Br; Essen:* ... zum Mitnehmen
take back [ˌteɪkˈbæk] **1** zurückbringen **2** zurücknehmen (*Ware, etwas Gesagtes*)
take down [ˌteɪkˈdaʊn] **1** herunternehmen, abnehmen (*Plakat usw.*) **2** (sich) aufschreiben (*oder* notieren) (*Notizen*)
take for [ˈteɪk fɔː] **what do you take me for?** wofür hältst du mich eigentlich?
take from [ˈteɪk frəm] **1 take something from someone** jemandem etwas wegnehmen **2** *Mathematik:* abziehen von **3 you can take it from 'me that** ... du kannst mir glauben, dass ...
take in [ˌteɪkˈɪn] **1** (bei sich) aufnehmen (*Person*) **2** übertragen einschließen (*Kosten usw.*) **3** enger machen (*Kleidungsstück*) **4** (≈ *verstehen*) begreifen **5** hereinlegen; **be taken in by** hereinfallen auf
★**take off** [ˌteɪkˈɒf] **1** ablegen, ausziehen (*Kleidungsstück*), abnehmen (*Hut*); **take off one's clothes** sich ausziehen **2** (*Flugzeug*) abheben **3** *umg* imitieren, nachahmen (*Person*) **4** freinehmen (*Arbeitstag*) **5** *umg* abhauen, verschwinden
take on [ˌteɪkˈɒn] **1** (*Firma*) einstellen (*Arbeiter usw.*) **2** annehmen (*Ausdruck, Farbe usw.*) **3** sich anlegen mit **4** annehmen, übernehmen (*Arbeit usw.*)
take out [ˌteɪkˈaʊt] **1** herausnehmen **2** ausführen, ausgehen mit **3** abschließen (*Versicherung*) **4** abheben (*Geld*) **5** ... **to take out** *US, Essen:* ... zum Mitnehmen
take out on [ˌteɪkˈaʊt ɒn] **take it out on someone** sich an jemandem abreagieren
take over [ˌteɪkˈəʊvə] **1** übernehmen (*Amt usw.*) **2** die Verantwortung (*oder* Macht) übernehmen; **can you take over?** kannst du mich ablösen?
take to [ˈteɪk tʊ] **1** Gefallen finden an **2 take to doing something** anfangen, etwas zu tun **3** sich zurückziehen in; **take to one's bed** sich ins Bett legen
take up [ˌteɪkˈʌp] **1 take up diving** *usw.*

anfangen zu tauchen *usw.* **2** aufgreifen (*Vorschlag usw.*) **3** in Anspruch nehmen (*Zeit*), einnehmen (*Platz*) **4 take someone up on his offer** auf jemandes Angebot zurückkommen **5** fortfahren mit (*Erzählung usw.*) **6** aufnehmen (*Flüssigkeit*)

take² [teɪk] *Film, TV:* Einstellung
takeaway [ˈteɪkəˌweɪ] *Br* **1** Mahlzeit: Essen zum Mitnehmen **2** Lokal mit Straßenverkauf
take-home pay [ˈteɪkhəʊm ˌpeɪ] Nettolohn, Nettogehalt
taken [ˈteɪkən] *3. Form von* → **take¹**
★**takeoff** [ˈteɪkɒf] **1** *Flugzeug:* Abheben, Start; **ready for takeoff** *Flugzeug:* startbereit **2** *Sport:* Absprung **3** Parodie
takeout [ˈteɪkaʊt] *US* **1** Essen zum Mitnehmen **2** Restaurant mit Straßenverkauf; → **takeaway** *Br*
takeover [ˈteɪkˌəʊvə] Übernahme (*einer Firma usw.*)
takings [ˈteɪkɪŋz] *pl* Einnahmen
tale [teɪl] **1** Erzählung, Geschichte; **fairy tale** Märchen **2** Lügengeschichte, Märchen **3 tell tales** petzen
talent [ˈtælənt] Talent (*auch Person*), Begabung; **have a great talent for music** musikalisch sehr begabt sein
talented [ˈtæləntɪd] talentiert, begabt
★**talk¹** [tɔːk] **1** reden, sprechen, sich unterhalten (**to, with** mit; **about** über; **of** von); **talk about something** *auch:* etwas besprechen; **get oneself talked about** ins Gerede kommen; **talking of ...** da wir gerade von ... sprechen; **talk big** große Töne spucken **2 talk shop** fachsimpeln **3 you can talk!, look who's talking!** *umg* das sagst ausgerechnet du!

PHRASAL VERBS

talk down to [ˌtɔːkˈdaʊn tʊ] **talk down to someone** mit jemandem von oben herab reden
talk into [ˈtɔːkˌɪntʊ] **talk someone into (doing) something** jemanden zu etwas überreden
talk out of [ˌtɔːkˈaʊt əv] **1 talk someone out of something** jemandem etwas ausreden **2 talk one's way out of something** sich aus etwas herausreden
talk over [ˌtɔːkˈəʊvə] besprechen (*Problem usw.*) (**with** mit)
talk round [ˌtɔːkˈraʊnd] **talk someone round** jemanden umstimmen
talk through [ˌtɔːkˈθruː] ausdiskutieren, besprechen (*Problem usw.*)

★**talk²** [tɔ:k] **1** Gespräch, Unterhaltung (**with** mit; **about** über) **2** Vortrag; **give a talk** einen Vortrag halten (**to** vor; **about, on** über) **3** Gerede; **there's a lot of talk about ...** es ist viel die Rede von ...; **be the talk of the town** Stadtgespräch sein; → **talks**

talkative ['tɔ:kətɪv] gesprächig, redselig

talker ['tɔ:kə] **be a good talker** gut reden können

talking¹ ['tɔ:kɪŋ] Sprechen, Reden; **do all the talking** allein das Wort führen

talking² ['tɔ:kɪŋ] sprechend; **talking doll** [,tɔ:kɪŋ'dɒl] Sprechpuppe; **talking head** [,tɔ:kɪŋ'hed] *umg* TV-Sprecher(in); **talking point** ['tɔ:kɪŋ,pɔɪnt] Gesprächsthema, *auch*: Streitpunkt

talking-to ['tɔ:kɪŋtu:] Standpauke; **give someone a talking-to** jemandem eine Standpauke halten

talks [tɔ:ks] *pl Politik usw.*: Gespräche, Verhandlungen

talk show ['tɔ:k ʃəʊ] *US; TV*: Talkshow

talk time ['tɔ:k taɪm] *von schnurlosem Telefon, Handy*: Sprechzeit

★**tall** [tɔ:l] **1** *Person*: groß, *Gebäude usw.*: hoch **2 that's a tall order** *umg* das ist ein bisschen viel verlangt

tally ['tælɪ] (*Angaben, Berichte usw.*) übereinstimmen (**with** mit)

★**tame¹** [teɪm] **1** *Tier*: zahm **2** *umg* fad, lahm

★**tame²** [teɪm] zähmen (*wildes Tier*)

___PHRASAL VERBS___

tamper with ['tæmpə wɪð] sich zu schaffen machen an (*unbefugt*)

tampon ['tæmpɒn] *Medizin*: Tampon

tan¹ [tæn], **tanned, tanned 1** braun werden **2** gerben (*Leder*)

tan² [tæn] Bräune

tang [tæŋ] (scharfer) Geruch *bzw.* Geschmack

tangent ['tændʒənt] **1** *Mathematik*: Tangente **2 go off at a tangent** *übertragen* (plötzlich) vom Thema abschweifen

tangerine [,tændʒə'ri:n] Mandarine

tangible ['tændʒəbl] greifbar, *übertragen auch*: handfest

tangle¹ ['tæŋgl] *auch* **tangle up** verwirren, durcheinanderbringen (*auch übertragen*); **get tangled** sich verheddern (*auch übertragen*)

tangle² ['tæŋgl] Gewirr, Durcheinander

___PHRASAL VERBS___

tangle with ['tæŋgl wɪð] *umg* aneinandergeraten mit

tango¹ ['tæŋgəʊ] *pl*: **tangos** *Musik*: Tango

tango² ['tæŋgəʊ] *Musik*: Tango tanzen; **it takes two to tango** *übertragen* dazu gehören zwei

tank [tæŋk] **1** *Auto usw.*: Tank **2** *militärisch*: Panzer

tankard ['tæŋkəd] (Bier)Humpen

tanker ['tæŋkə] **1** *Schiff*: Tanker, Tankschiff **2** *Auto*: Tanklaster

tankini [tæn'ki:nɪ] Tankini

tanning studio ['tænɪŋ,stju:dɪəʊ] Sonnenstudio

tantalizing ['tæntəlaɪzɪŋ] verlockend, reizvoll

tantrum ['tæntrəm] Wutanfall

★**tap¹** [tæp] **1** *bes. Br*/Wasserleitung usw.: Hahn **2** Zapfhahn; **beer on tap** Bier vom Fass **3 have something on tap** *übertragen* etwas auf Lager (*oder* zur Verfügung) haben

★**tap²** [tæp], **tapped, tapped 1** erschließen (*Naturschätze usw.*) **2** anzapfen, abhören (*Telefon*) **3** anstechen, anzapfen (*Fass*)

★**tap³** [tæp], **tapped, tapped 1** (leicht) klopfen (**an** *oder* **auf** *oder* **gegen**); **tap someone on the shoulder** jemandem auf die Schulter klopfen **2** klopfen mit (*den Fingern, Füßen*) (**on** auf), trommeln mit (*den Fingern*) (**on** auf)

★**tap⁴** [tæp] **1** (leichtes) Klopfen **2** Klaps

tap dancing ['tæp,dɑ:nsɪŋ] Stepptanz, Steppen

★**tape¹** [teɪp] **1** *allg.*: Band **2 (adhesive** *oder* **sticky) tape** Klebeband **3** Tonband, Magnetband **4** (Band)Aufnahme **5** *Sport*: Zielband **6** Bandmaß

★**tape²** [teɪp] **1** (auf Band) aufnehmen (*Musik, Film*) **2** *auch* **tape up** (mit Klebeband) zukleben

tape measure ['teɪp,meʒə] Maßband

taper ['teɪpə] sich verjüngen, spitz zulaufen

tape recorder ['teɪp rɪ,kɔ:də] Tonbandgerät

tapestry ['tæpɪstrɪ] Gobelin, Wandteppich

tap water ['tæp,wɔ:tə] Leitungswasser

tar¹ [tɑ:] Teer

tar² [tɑ:], **tarred, tarred** teeren

tare [teə] *Wirtschaft*: Tara

★**target¹** ['tɑ:gɪt] **1** (Ziel)Scheibe **2** *übertragen* Zielscheibe (*des Spotts usw.*) **3** Ziel (*auch übertragen*), *Wirtschaft auch*: Soll; **target group** Zielgruppe; **be on target** Projekt auf Kurs sein

★**target²** ['tɑ:gɪt] **1** sich zum Ziel setzen **2** als Zielgruppe haben (*Publikum*)

target language ['tɑ:gɪt,læŋgwɪdʒ] *in Wörterbuch, Übersetzung*: Zielsprache

tarmac ['tɑ:mæk] **1** Asphalt **2** *Flughafen*: Rollfeld

tarnish ['tɑːnɪʃ] **1** (*Metall*) anlaufen **2** übertragen beflecken (*Ruf*)

tart[1] [tɑːt] **1** Obstkuchen, Obsttörtchen **2** *umg* Flittchen, Nutte **3** *frauenfeindlich*: Tussi

tart[2] [tɑːt] **1** herb, sauer **2** *Antwort usw.*: scharf, beißend

tartan ['tɑːtn] Schottenstoff, Schottenmuster

task [tɑːsk] **1** Aufgabe; **set someone a task** jemandem eine Aufgabe stellen **2** **take someone to task** übertragen jemanden zurechtweisen (**for** wegen)

task force ['tɑːsk ˌfɔːs] *Militär usw.*: Spezialeinheit

★**taste**[1] [teɪst] **1** Geschmack(sinn) **2** Geschmack (*einer Speise*); **have no taste** nach nichts schmecken **3** Kostprobe; **have a taste of** probieren, übertragen einen Vorgeschmack bekommen von **4** übertragen Geschmack; **in bad taste** *Witz usw.*: geschmacklos **5** übertragen Vorliebe (**for** für)

★**taste**[2] [teɪst] **1** kosten, probieren **2** *mit den Sinnen*: schmecken **3** übertragen erleben, kosten **4** (*Speise*) schmecken (**of** nach)

tasteful ['teɪstfl] übertragen geschmackvoll

tasteless ['teɪstləs] geschmacklos (*auch übertragen*)

tasty ['teɪsti] schmackhaft

tat [tæt] **tit for tat** wie du mir, so ich dir

ta-ta [ˌtæˈtɑː] *Br, umg* tschüss!

tattered ['tætəd] *Kleidung*: zerlumpt

tatters ['tætəz] *pl* **in tatters** *Kleidung*: zerlumpt, *Leben usw.*: ruiniert

tattoo[1] [tæˈtuː] Tätowierung

tattoo[2] [tæˈtuː] tätowieren

tattoo[3] [tæˈtuː] *militärisch*: Musikparade

tatty ['tæti] *Br, umg* schäbig (*Kleidung usw.*)

taught [tɔːt] 2. und 3. Form von → teach

Taurus ['tɔːrəs] *Sternzeichen*: Stier

taut [tɔːt] *Seil usw.*: straff

tawdry ['tɔːdri] **1** *Kleidung*: billig und geschmacklos **2** *Person*: aufgedonnert

★**tax**[1] [tæks] Steuer (**on** auf); **before tax** brutto; **after tax** netto; **put a tax on something** etwas besteuern; **pay tax on something** etwas versteuern

★**tax**[2] [tæks] **1** besteuern **2** strapazieren (*jemandes Geduld usw.*)

taxable ['tæksəbl] steuerpflichtig; **taxable income** zu versteuerndes Einkommen

tax adviser ['tæksˌədˌvaɪzə] Steuerberater(in)

taxation [tækˈseɪʃn] Besteuerung

tax bracket ['tæksˌbrækɪt] Steuerklasse

tax consultant ['tæksˌkənsʌltənt] Steuerberater(in)

tax-deductible [ˌtæksdɪˈdʌktəbl] (steuerlich) absetzbar

tax evasion ['tæksɪˌveɪʒn] Steuerhinterziehung *f*

tax-free [ˌtæksˈfriː] steuerfrei

tax haven ['tæksˌheɪvən] Steueroase, Steuerparadies

★**taxi**[1] ['tæksi] Taxi, Taxe

★**taxi**[2] ['tæksi] (*Flugzeug*) rollen

taxicab ['tæksikæb] Taxi, Taxe

taxi driver ['tæksiˌdraɪvə] Taxifahrer(in)

taxing ['tæksɪŋ] anstrengend

taxi rank ['tæksiˌræŋk], **taxi stand** ['tæksiˌstænd] Taxistand

taxpayer ['tæksˌpeɪə] Steuerzahler(in)

tax return ['tæksrɪˌtɜːn] Steuererklärung

★**tea** [tiː] **1** Tee; **make tea** Tee kochen; **a cup of tea** eine Tasse Tee **2** *Br* Abendessen; **high tea** *Br* etwa Kaffeetrinken

teabag ['tiːbæg] Teebeutel

tea break ['tiːˌbreɪk] *bes. Br* Pause

★**teach** [tiːtʃ], **taught** [tɔːt], **taught** [tɔːt] **1** lehren, unterrichten (**at** an) (*einer Schule*); **she teaches English** sie unterrichtet Englisch; **teach someone (how to do) something** jemandem etwas beibringen **2** **teach someone a lesson** übertragen jemandem eine Lektion erteilen **3** **that'll teach you** *umg* das hast du nun davon!

★**teacher** ['tiːtʃə] Lehrer(in); **form teacher** *Br* Klassenlehrer(in)

teaching ['tiːtʃɪŋ] **1** *das* Unterrichten **2** Lehrberuf; **go into teaching** Lehrer(in) werden **3** **the teachings of Christ** die Lehren Christi

tea cosy ['tiːˌkəʊzi] Teewärmer

teacup ['tiːkʌp] Teetasse

★**team** [tiːm] **1** Team, *Sport auch*: Mannschaft **2** *Pferde usw.*: Gespann

---
PHRASAL VERBS

team up [ˌtiːmˈʌp] sich zusammentun

---

team game ['tiːmˌɡeɪm] *Sport*: Mannschaftsspiel

teammate ['tiːmmeɪt] *Sport*: Mannschaftskamerad(in)

team player ['tiːmˌpleɪə] **1** *Sport*: Mannschaftsspieler(in) **2** übertragen Teamarbeiter(in)

team spirit [ˌtiːmˈspɪrɪt] **1** *Sport*: Mannschaftsgeist **2** *im weiteren Sinn*: Gemeinschaftsgeist

team sport [ˌtiːmˈspɔːt] Mannschaftssport

teamwork ['tiːmwɜːk] Teamwork, Gemein-

schaftsarbeit
teapot ['tiːpɒt] Teekanne
★**tear¹** [tɪə] Träne; **in tears** in Tränen aufgelöst; **burst into tears** in Tränen ausbrechen; **tears of joy** Freudentränen
★**tear²** [⚠ teə], **tore** [tɔː], **torn** [tɔːn] **1** tear something etwas zerreißen, sich etwas zerreißen (**on** an) **2** (Stoff usw.) (zer)reißen **3** wegreißen (**from** von) **4** **be torn between ... and ...** übertragen hin- und hergerissen sein zwischen ... und ... **5** umg rasen, sausen

PHRASAL VERBS

tear down [ˌteəˈdaʊn] **1** herunterreißen (Plakat usw.) **2** abreißen (Haus usw.)
tear off [ˌteərˈɒf] **1** abreißen **2** sich vom Leib reißen (Kleidung)
tear out [ˌteərˈaʊt] (her)ausreißen (**of** aus)
tear up [ˌteərˈʌp] **1** aufreißen (Boden, Straße usw.) **2** zerreißen (Papier usw.)

★**tear³** [⚠ teə] Riss
teardrop ['tɪədrɒp] Träne
tearful ['tɪəfl] **1** Person: weinend **2** Abschied usw.: tränenreich
tear gas ['tɪəˌɡæs] Tränengas
tearjerker ['tɪəˌdʒɜːkə] sentimentaler Film usw.: Schnulze
tearoom ['tiːruːm] Teestube, Café
tease [tiːz] **1** necken, hänseln (**about** wegen) **2** reizen, ärgern
tea set ['tiːˌset] Teeservice
★**teaspoon** ['tiːspuːn] **1** Teelöffel **2** (auch **teaspoonful**) Teelöffel (voll)
teat [tiːt] **1** Br (Gummi)Sauger (einer Saugflasche) **2** bei Tieren: Zitze
teatime ['tiːtaɪm] Teestunde
tea towel ['tiːˌtaʊəl] Br Geschirrtuch
★**technical** ['teknɪkl] **1** allg.: technisch; **technical college** bes. Br technische Fachschule; **technical drawing** technische Zeichnung; **technical school** technische Fachschule; **technical support** technische Unterstützung **2** Fach...; **technical term** Fachausdruck
technician [tekˈnɪʃn] Beruf: Techniker(in) (auch Sport, Kunst usw.)
★**technique** [tekˈniːk] Verfahren, Technik (auch Musik, Malerei, Sport usw.)
techno ['teknəʊ] Musik: Techno
technocrat ['teknəkræt] Technokrat(in)
technological [ˌteknəˈlɒdʒɪkl] technologisch, technisch
★**technology** [tekˈnɒlədʒɪ] Technik, Technologie; **communications technology** Kommunikationstechnik
teddy ['tedɪ], **teddy bear** ['tedɪˌbeə] Teddy (bär)
tedious ['tiːdɪəs] langweilig

PHRASAL VERBS

teem with ['tiːmˌwɪð] (Ort) wimmeln von

---

teen [tiːn] Teenager..., für Teenager
teenage ['tiːneɪdʒ], **teenaged** ['tiːneɪdʒd] **1** im Teenageralter; **teenage boy** Teenager; **teenage girl** Teenagerin **2** Teenager..., für Teenager
teenager ['tiːneɪdʒə] Teenager(in), Jugendliche(r)
teens [tiːnz] pl **be in one's teens** im Teenageralter sein
teeny ['tiːnɪ], **teeny weeny** [ˌtiːnɪˈwiːnɪ] umg klitzeklein, winzig
tee shirt ['tiːˌʃɜːt] T-Shirt
teeth [tiːθ] pl von → tooth
teethe [tiːð] (Baby) zahnen
teething ['tiːðɪŋ] **teething troubles** übertragen Kinderkrankheiten
teetotaller [ˌtiːˈtəʊtlə] Antialkoholiker(in), Abstinenzler(in)
telecast¹ ['telɪkɑːst] mst. telecast, telecast, auch telecasted, telecasted im Fernsehen übertragen (oder bringen)
telecast² ['telɪkɑːst] Fernsehsendung
telecommunications [ˌtelɪkəmjuːnɪˈkeɪʃnz] pl **1** allg.: Telekommunikation **2** im engeren Sinn: Fernmeldewesen, Nachrichtenübermittlung
telecommuter [ˌtelɪkəˈmjuːtə] Telearbeiter(in)
telecommuting [ˌtelɪkəˈmjuːtɪŋ] Telearbeit
teleconference¹ ['telɪˌkɒnfrəns] Telekonferenz
teleconference² ['telɪˌkɒnfrəns] eine (Besprechung per) Telekonferenz abhalten
telegram ['telɪɡræm] Telegramm
telegraph ['telɪɡrɑːf] **by telegraph** telegrafisch
telepathic [ˌtelɪˈpæθɪk] telepathisch
telepathy [təˈlepəθɪ] Telepathie
★**telephone¹** ['telɪfəʊn] **1** Telefon; **by telephone** telefonisch; **there's somebody on the telephone for you** Sie werden am Telefon verlangt; **answer the telephone** ans Telefon gehen; **he's on the telephone** er telefoniert gerade; **I've just been on the telephone to him** ich habe eben mit ihm telefoniert; **I'll get on the telephone to her** ich werde sie anrufen **2** Hörer
★**telephone²** ['telɪfəʊn] telefonieren, anrufen; **telephone for an ambulance** einen Kran-

kenwagen rufen

telephone banking [ˌtelɪfəʊn'bæŋkɪŋ] Telefonbanking

telephone booth ['telɪfəʊn ˌbuːθ] *bes. US*, **telephone box** ['telɪfəʊn ˌbɒks] *Br* Telefonzelle

telephone call ['telɪfəʊn ˌkɔːl] Telefonanruf, Telefongespräch; **make a telephone call** telefonieren

telephone conversation ['telɪfəʊn ˌkɒnvəˌseɪʃn] Telefongespräch

telephone directory ['telɪfəʊn dəˌrektərɪ] Telefonbuch

telephone exchange ['telɪfəʊn ˌɪksˌtʃeɪndʒ] Fernsprechamt

★**telephone number** ['telɪfəʊnˌnʌmbə] Telefonnummer

telephoto lens [ˌtelɪfəʊtəʊ'lenz] *Fotografie*: Teleobjektiv

telescope ['telɪskəʊp] Teleskop, Fernrohr

teleshopping ['telɪˌʃɒpɪŋ] Teleshopping

teletext ['telɪtekst] *Br* Videotext

televise ['telɪvaɪz] im Fernsehen senden

★**television** ['telɪˌvɪʒn] **1** *auch* **television set** Fernsehapparat **2** Fernsehen; **on television** im Fernsehen; **watch television** fernsehen

teleworker ['telɪˌwɜːkə] Telearbeiter(in)

telex ['teleks] **1** Telex, Fernschreiben **2** Fernschreiber

★**tell** [tel], **told** [təʊld], **told** [təʊld] **1** sagen, erzählen (*Geschichte usw.*); **he told me about it** er hat mir davon erzählt; **I can't tell you how ...** ich kann dir gar nicht sagen, wie ... **2** sagen, befehlen; **I told you to stay at home** ich habe dir doch gesagt, du sollst zu Hause bleiben **3** nennen (*seinen Namen usw.*), angeben (*Grund usw.*) **4 he can tell the time** *Kind*: er kennt die Uhr **5** (mit Bestimmtheit) sagen, erkennen (**by** an); **I can't tell one from the other**, **I can't tell them apart** ich kann sie nicht auseinanderhalten **6** sich auswirken (**on** bei, auf), sich bemerkbar machen **7 you can never** (*oder* **never can**) **tell** man kann nie wissen **8 you're telling me!** *umg* wem sagst du das!

---PHRASAL VERBS---

tell off [ˌtel'ɒf] *umg* ausschimpfen, schimpfen mit (**for** wegen)

tell on [ˌtel ˈɒn] **tell on someone** jemanden verpetzen (*oder* verraten)

teller ['telə] Kassierer(in) (*einer Bank*); **automatic teller** Geldautomat

telling-off [ˌtelɪŋ'ɒf] **give someone a (good) telling-off** *umg* jemandem eine Standpauke halten (**for** wegen)

telltale¹ ['telteɪl] verräterisch

telltale² ['telteɪl] *umg* Petze(r)

telly ['telɪ] *Br, umg* (≈ *Fernseher*) **what's on telly** was kommt im Fernsehen?

temp¹ [temp] Zeitarbeitskraft; **work as a temp** Zeitarbeit machen

temp² [temp] als Aushilfskraft arbeiten

temper ['tempə] **1** Temperament, Gemüt **2** Laune, Stimmung; **be in a bad temper** schlecht gelaunt sein; **lose one's temper** die Beherrschung verlieren **3 be in a temper** *umg* gereizt (*oder* wütend) sein

temperament ['tempərəmənt] Temperament (*auch im Sinne von Lebhaftigkeit*)

temperamental [ˌtemprə'mentl] launisch (*auch Auto usw.*)

temperate ['tempərət] *Klima usw.*: gemäßigt

★**temperature** ['temprətʃə] Temperatur; **have** (*oder* **be running**) **a temperature** erhöhte Temperatur (*oder* Fieber) haben; **take someone's temperature** Fieber (*oder* jemandes Temperatur) messen

template ['templeɪt] **1** Schablone, Vorlage **2** *Computer*: Dokumentvorlage, Maske

temple¹ ['templ] Tempel

temple² ['templ] *Teil des Kopfes*: Schläfe

tempo ['tempəʊ] *pl*: **tempos** *oder* **tempi** ['tempiː] *Musik*: Tempo (*auch übertragen*)

temporarily ['tempərərəlɪ] vorübergehend

temporary ['tempərɪ] vorübergehend, zeitweilig; **temporary contract** Zeitvertrag; **temporary work** Zeitarbeit; **temporary worker** Aushilfskraft

tempt [tempt] **1** in Versuchung führen, verführen (**to** zu; **into doing something** dazu, etwas zu tun) **2 tempt fate** (*oder* **providence**) das Schicksal herausfordern

temptation [temp'teɪʃn] Versuchung, Verführung

tempting ['temptɪŋ] verführerisch

★**ten**¹ [ten] zehn

★**ten**² [ten] *Buslinie, Spielkarte usw.*: Zehn; **tens** *pl* **of thousands** zehntausende

tenant [⚠ 'tenənt] Pächter(in), Mieter(in)

★**tend** [tend] neigen, tendieren (**to, towards** zu)

★**tendency** ['tendənsɪ] Tendenz, Neigung; **have a tendency to** (*oder* **towards**) neigen zu, tendieren zu

★**tender** ['tendə] **1** *für Schmerz*: empfindlich **2** *Fleisch*: zart **3** *Blick usw.*: zärtlich

tenderloin ['tendəlɔɪn] *Fleisch:* zartes Lendenstück

tendon ['tendən] *Körper:* Sehne

tenement ['tenəmənt] Mietshaus, *abwertend* Mietskaserne

Tenerife [ˌtenə'riːf] Teneriffa

tenner ['tenə] *umg; Geldschein:* Zehner

tennis ['tenɪs] Tennis; **play tennis** Tennis spielen

tennis ball ['tenɪs‿bɔːl] Tennisball

tennis court ['tenɪs‿kɔːt] Tennisplatz

tennis elbow ['tenɪsˌelbəʊ] *Medizin:* Tennisarm

tennis player ['tenɪsˌpleɪə] Tennisspieler(in)

tennis racket ['tenɪsˌrækɪt] Tennisschläger

tennis shoe ['tenɪs‿ʃuː] *US* Turnschuh (*auch für die Straße*)

tenor [⚠ 'tenə] *Musik:* Tenor

tenpin ['tenpɪn] **1 tenpin bowling** *Br* Bowling **2 tenpins** *pl* (⚠ *nur mit sg*) *US* Bowling

tense¹ [tens] **1** *Lage usw.:* (an)gespannt, *Person:* (über)nervös **2** gespannt, straff

tense² [tens] *Sprache:* Zeit(stufe), Tempus; **present tense** Gegenwart, Präsens; **past tense** Vergangenheit, Präteritum; **future tense** Zukunft, Futur; **which tense is this verb in?** in welcher Zeit steht dieses Verb?

tension ['tenʃn] **1** *Technik usw.:* Spannung **2** *übertragen* Spannung(en), Anspannung

★**tent** [tent] Zelt

tentative ['tentətɪv] **1** *Planung usw.:* vorläufig, versuchsweise **2** *Bewegung usw.:* vorsichtig, zögernd

★**tenth¹** [tenθ] zehnte(r, -s)

★**tenth²** [tenθ] **1** Zehnte(r, -s) **2** *Bruchteil:* Zehntel; **a tenth of a second** eine Zehntelsekunde

tent peg ['tent‿peg] Hering, Zeltpflock

tent pole ['tent‿pəʊl] Zeltstange

tepee ['tiːpiː] (≈ Indianerzelt) Tipi

tepid ['tepɪd] lau(warm) (*auch übertragen*)

terabyte ['terəbaɪt] *Computer:* Terabyte

★**term** [tɜːm] **1** *Br; Schule, Universität:* Trimester **2** Ausdruck, Bezeichnung; **in no uncertain terms** unmissverständlich **3 in the long term** langfristig; **in the short term** kurzfristig; → **terms**

★**terminal** ['tɜːmɪnl] **1** (≈ Flughafengebäude) Terminal **2** *Eisenbahn usw.:* Endstation **3** *Computer:* Terminal

terminate ['tɜːmɪneɪt] **1** beenden, kündigen (*Vertrag usw.*) **2** enden, (*Vertrag*) ablaufen **3** abbrechen (*Schwangerschaft*)

termination [ˌtɜːmɪ'neɪʃn] **1** Beendigung, Kündigung (*eines Vertrags*) **2** Ende, Ablauf **3** Abbruch (*einer Schwangerschaft*)

terminology [ˌtɜːmɪ'nɒlədʒɪ] Terminologie, Fachsprache

terminus ['tɜːmɪnəs] *Bus, Bahn:* Endstation

terms [tɜːmz] *pl* **1** Bedingungen; **terms and conditions** *pl* Allgemeine Geschäftsbedingungen **2** Beziehung, Verhältnis; **they're not on speaking terms** sie sprechen nicht miteinander **3 come to terms with something** sich mit etwas abfinden **4 in terms of ...** was ... betrifft

★**terrace** ['terəs] **1** *Br* Häuserreihe **2 terraces** *pl Br; Sport:* Ränge **3** Terrasse **4** *auch:* Reihenhaus

terraced house [ˌterəst'haʊs] *Br* Reihenhaus

terrestrial TV [təˈrestrɪəl‿ˌtiːˌviː] Antennenfernsehen, terrestrisches Fernsehen

★**terrible** ['terəbl] schrecklich, furchtbar (*beide auch übertragen, umg*)

terribly ['terəblɪ] schrecklich, furchtbar (*beide auch übertragen, umg*)

terrific [təˈrɪfɪk] *umg* **1** toll, fantastisch **2** *Geschwindigkeit usw.:* wahnsinnig

terrify ['terəfaɪ] schreckliche Angst einjagen; **I'm terrified of spiders** ich habe schreckliche Angst vor Spinnen

terrifying ['terəfaɪɪŋ] **1** furchtbar, schrecklich **2** *Anblick, Geschichte auch:* furchterregend

territorial [ˌterəˈtɔːrɪəl] Gebiets...; **territorial claims** *pl* Gebietsansprüche

territory ['terətərɪ] **1** (Staats)Gebiet, Territorium **2** *von Tieren:* Revier **3** *übertragen* Gebiet

terror ['terə] **1** panische Angst **2** *Person, Sache:* Schrecken **3** *politisch usw.:* Terror **4** *umg; bes. Kind:* Landplage

★**terrorism** ['terərɪzm] Terrorismus

terrorist¹ ['terərɪst] Terrorist(in)

terrorist² ['terərɪst] terroristisch, Terror...

terrorize ['terəraɪz] terrorisieren

terse ['tɜːs] *Antwort, Nachricht usw.:* knapp, kurz

★**test¹** [test] **1** *allg.:* Test; **put to the test** auf die Probe stellen; **take a test** einen Test machen; **driving test** Fahrprüfung **2** *Schule:* Klassenarbeit

★**test²** [test] **1** testen, prüfen; **the teacher tested me on this chapter** der Lehrer fragte mich dieses Kapitel ab **2** auf die Probe stellen (*jemandes Geduld usw.*) **3** *chemisch:* untersuchen; **test something for sugar** etwas auf seinen Zuckergehalt untersuchen

testament ['testəmənt] **1 Old** (*bzw.* **New**) **Testament** *Bibel:* Altes (*bzw.* Neues) Testament **2 last will and testament** *förmlich* Testa-

ment, Letzter Wille
test ban ['test‿bæn] Atomteststopp
test drive ['test‿draɪv] *Auto:* Probefahrt
test-drive ['testdraɪv], **test-drove** ['testdrəʊv], **test-driven** ['test‿drɪvn] *Auto:* Probe fahren, eine Probefahrt machen
tester ['testə] **1** *Person:* Tester(in), Prüfer(in) **2** *Gerät:* Testgerät, Prüfgerät
testicle ['testɪkl] *Körper:* Hoden
testify ['testɪfaɪ] *Recht* **1** aussagen (**for** für; **against** gegen) **2 testify that ...** bezeugen, dass ...
testimony ['testɪmənɪ] *Recht:* Aussage
test match ['test‿mætʃ] *Kricket:* internationaler Vergleichskampf
test tube ['test‿tjuːb] Reagenzglas
tether ['teðə] **at the end of one's tether** *übertragen* am Ende seiner Kräfte
★**text**[1] [tekst] **1** *allg.:* Text **2** *Nachricht:* SMS; **he sent me a text** er hat mir eine SMS geschickt
★**text**[2] [tekst] eine SMS schicken, simsen; **I'll text you as soon as ...** ich schicke dir eine SMS, sobald ...
★**textbook** ['tekstbʊk] Lehrbuch
textile ['tekstaɪl] Stoff; **textiles** *pl* Textilien
texting ['tekstɪŋ] das Versenden von SMS--Nachrichten, Simsen
text message ['tekst‿mesɪdʒ] SMS, SMS-Nachricht
texture ['tekstʃə] Beschaffenheit, Struktur
Thames [temz] Themse
★**than** [ðən] *in Vergleichen:* als
★**thank** [θæŋk] **1** danken, sich bedanken bei (**for** für); **thank you** danke; **thank you very much** vielen Dank; **no, thank you** nein, danke; **say thank you** sich bedanken **2 he's only got himself to thank for it** er hat es sich selbst zuzuschreiben **3 thank God** (*oder* **goodness** *oder* **heaven**)**!** Gott sei Dank!
thankful ['θæŋkfl] dankbar (**for** für), froh (**that** dass; **to be** zu sein); **thankfully** *auch:* zum Glück, Gott sei Dank
thankless ['θæŋkləs] *Aufgabe:* undankbar
thanks [θæŋks] *pl* **1** Dank; **with thanks** dankend, mit Dank; **thanks** danke; **many thanks** vielen Dank; **no, thanks** nein, danke; **say thanks** sich bedanken **2 thanks to** dank (+ *Genitiv*), wegen (+ *Genitiv*)
★**Thanksgiving** [θæŋks'gɪvɪŋ] *US* Thanksgiving
thankyou ['θæŋkjuː] Danke(schön)
★**that**[1] [ðæt] **1** das; **that is (to say)** das heißt; **like 'that** so; **and all 'that** *umg* und so; **let's leave it at that** *umg* lassen wir es dabei bewenden; **and that's that** und damit basta; **that's five pounds** das macht fünf Pfund **2** jener, jene, jenes; **that car over there** das Auto dort drüben
★**that**[2] [ðət] der, die, das, welcher, welche, welches; **everything that** alles, was
★**that**[3] [ðət] dass
★**that**[4] [ðæt] *umg* so, dermaßen; **it's that simple** so einfach ist das
thatched [θætʃt] *Cottage:* strohgedeckt
thaw[1] [θɔː] (auf)tauen, *übertragen* auftauen; **it's thawing** es taut
thaw[2] [θɔː] Tauwetter (*auch übertragen*)
★**the**[1] [ðə, *vor Vokal:* ðɪ] **1** der, die, das, *Plural:* die **2 play the piano** Klavier spielen **3** *betont:* **it's 'the** [ðiː] **hit** das ist 'der Hit; **are you 'the** [ðiː] **Tom Cruise?** sind Sie 'der Tom Cruise?
★**the**[2] [ðə] **the ... the** je ... desto; **the sooner the better** je eher, desto besser
★**theatre**, *US* ★**theater** ['θɪətə] **1** Theater; **be in the theatre** beim Theater sein **2 lecture theatre** Hörsaal **3** *übertragen* Schauplatz; **theatre of war** Kriegsschauplatz **4** *Br* Operationssaal
★**theft** [θeft] Diebstahl
★**their** [ðeə] ihr, ihre(n); **everyone took their seats** alle nahmen Platz
★**theirs** [ðeəz] **it's theirs** es gehört ihnen; **a friend of theirs** ein Freund von ihnen
★**them** [ðəm, *betont:* ðem] **1** sie; **I can't find them** ich kann sie nicht finden **2** ihnen; **it belongs to them** es gehört ihnen **3** *umg* sie; **we're younger than them** wir sind jünger als sie; **it's 'them** 'sie sind's; **them and us** die und wir (*z.B. Arbeitgeber und Arbeitnehmer*)
theme [θiːm] Thema (*auch Musik*)
theme park ['θiːm‿pɑːk] Themenpark
theme song ['θiːm‿sɒŋ] *Film:* Titelsong
★**themselves** [ðəm'selvz] **1** sich; **they're enjoying themselves** sie amüsieren sich **2** *verstärkend:* selbst, selber, allein; **they did it themselves** (*bzw.* **all by themselves**) sie haben es selbst (*bzw.* ganz allein) getan **3** sich (selbst); **they want it for themselves** sie wollen es für sich selbst
★**then** [ðen] **1** dann; **but then** andererseits **2** da, damals; **by then** bis dahin; **from then on** von da an
then [ðen] damalige(r, -s); **the then chancellor** der damalige Kanzler
theologian [ˌθiːə'ləʊdʒən] Theologe, Theologin
theological [ˌθiːə'lɒdʒɪkl] theologisch
theology [θɪ'ɒlədʒɪ] Theologie

theoretical [ˌθɪəˈretɪkl] theoretisch
theorist [ˈθɪərɪst] Theoretiker(in)
theorize [ˈθɪəraɪz] theoretisieren (**about, on** über)
theory [ˈθɪərɪ] Theorie; **in theory** theoretisch; **theory exam** theoretische Prüfung
therapist [ˈθerəpɪst] Therapeut(in)
therapy [ˈθerəpɪ] Therapie
★**there**¹ [ðeə] **1** da, dort; **the phone's over there** das Telefon ist da drüben **2** (da)hin, (dort)hin; **get there** hinkommen, *umg* es schaffen; **go there** hingehen **3 there is**, *Plural*: **there are** es gibt (*oder* ist *oder* sind); **there are too many cars on the road** auf der Straße sind zu viele Autos **4 there you are** hier bitte, *vorwurfsvoll*: siehst du!, da hast du's! **5 there and then** (≈ *sofort*) auf der Stelle
★**there**² [ðeə] so, da hast du's!, na also; **there, there** ist ja gut!
★**therefore** [ˈðeəfɔː] **1** deshalb, daher **2** folglich, also
thermal [ˈθɜːml] Wärme..., thermisch, Thermal...; **thermal bath** Thermalbad; **thermal spring** Thermalquelle
thermals [ˈθɜːmlz] *pl* Thermounterwäsche
thermometer [θəˈmɒmɪtə] Thermometer
thermos® [ˈθɜːməs], *auch* **thermos bottle** *US*, **thermos flask** *Br* Thermosflasche®
★**these** [ðiːz] *pl von* → **this**¹, **this**²
thesis [ˈθiːsɪs] *pl*: **theses** [ˈθiːsiːz] **1** These **2** *Universität*: Dissertation, Doktorarbeit
★**they** [ðeɪ] **1** sie *pl* **2** man; **they say** man sagt
they'd [ðeɪd] *Kurzform von* **they had** *oder* **they would**
they'll [ðeɪl] *Kurzform von* **they will**
they're [ðeə] *Kurzform von* **they are**
they've [ðeɪv] *Kurzform von* **they have**
★**thick**¹ [θɪk] **1** *allg.*: dick; **a wall three feet thick** eine drei Fuß starke Wand **2** *Nebel usw.*: dick, dicht; **thick with smoke** verräuchert **3** *Br, umg* dumm (**△** *deutsch* dick = fat) **4 they're as thick as thieves** *bes. Br, umg* sie sind dicke Freunde
★**thick**² [θɪk] **in the thick of** *übertragen* mitten in; **through thick and thin** durch dick und dünn
thicken [ˈθɪkən] **1** eindicken, binden (*Soße*) **2** dicker werden, *Nebel*: dichter werden
thicket [ˈθɪkɪt] Dickicht
thickness [ˈθɪknəs] Dicke, Stärke
thicko [ˈθɪkəʊ] (*pl* **thickos**) *Br, umg* Dummkopf, Blödmann
thick-skinned [ˌθɪkˈskɪnd] *übertragen* dickfellig
★**thief** [θiːf] *pl*: **thieves** [θiːvz] Dieb(in); **stop, thief!** haltet den Dieb!
thigh [θaɪ] *Körper*: (Ober)Schenkel
thimble [ˈθɪmbl] Fingerhut
★**thin**¹ [θɪn], **thinner, thinnest 1** dünn, *Haar auch*: schütter; **disappear** (*oder* **vanish**) **into thin air** *übertragen* sich in Luft auflösen **2** *Rede, Ausrede usw.*: schwach
★**thin**² [θɪn], **thinned, thinned 1** verdünnen, strecken (*Soße usw.*) **2** dünner werden, (*Nebel, Haar*) sich lichten
★**thing** [θɪŋ] **1** Ding; **what's this thing?** was ist das?; **I couldn't see a thing** ich konnte überhaupt nichts sehen **2** *übertragen* Ding, Sache, Angelegenheit; **a funny thing** etwas Komisches; **another thing** etwas anderes; **there's no such thing as** es gibt kein(e, -n); **for 'one thing** *bei Begründung*: zum einen; **know a thing or two about ...** etwas verstehen von ... **3** *Person, Tier*: Ding **4 make a thing of** *umg* aufbauschen; → **things**
thingamajig [ˈθɪŋəmədʒɪg] *umg* Dings, Dingsbums
things [θɪŋz] *pl* **1** Sachen, *Gepäck usw. auch*: Zeug **2** *übertragen* Dinge, Lage; **don't rush things** nichts überstürzen!
★**think** [θɪŋk], **thought** [θɔːt], **thought** [θɔːt] **1** denken, glauben, meinen (**that** dass); **think hard** scharf nachdenken; **I think so** ich glaube ja, ich denke schon; **I thought as much** das habe ich mir gedacht **2** halten für; **he thinks he's clever** er hält sich für klug **3 I can't think why** ich kann nicht verstehen, warum **4 try to think where** versuch dich zu erinnern, wo **5 think twice** es sich genau überlegen **6 come to think of it** da fällt mir ein, *einschränkend*: wenn ich es mir recht überlege

---
PHRASAL VERBS

think about [ˈθɪŋkˌəbaʊt] **1** denken an **2** nachdenken über; **I'll think about it** ich überlege es mir **3 what do you think about ...?** was halten Sie von ...?
★**think of** [ˈθɪŋkˌəv] **1** denken an; **think of doing something** daran denken, etwas zu tun **2 what do you think of ...?** was halten Sie von ...? **3 I can't think of his name** mir fällt sein Name nicht ein **4 think better of it** es sich anders überlegen **5 think highly** (**little**) **of** viel (*bzw.* wenig) halten von **6 I'll think of something** ich lasse mir was einfallen
think out *oder* **through** [ˌθɪŋkˈaʊt *oder* ˈθruː] durchdenken
think over [ˌθɪŋkˈəʊvə] nachdenken über, sich

überlegen
think up [ˌθɪŋkˈʌp] sich ausdenken

thinker [ˈθɪŋkə] Denker(in)
thinking¹ [ˈθɪŋkɪŋ] denkend, Denk...; **put on one's thinking cap on** *umg* scharf nachdenken
thinking² [ˈθɪŋkɪŋ] Denken; **do some thinking** nachdenken; **to my (way of) thinking** meiner Meinung nach; **good thinking!** gute Idee!
think tank [ˈθɪŋk_tæŋk] Expertenkommission, Beraterstab
thin-skinned [ˌθɪnˈskɪnd] *übertragen* dünnhäutig
★**third¹** [θɜːd] dritte(r, -s); **Third World** Dritte Welt
★**third²** [θɜːd] **1** Dritte(r, -s) **2** *Bruchteil:* Drittel
★**third³** [θɜːd] als dritte(r, -s)
thirdly [ˈθɜːdlɪ] drittens
third-party insurance [ˌθɜːdpɑːtɪ_ɪnˈʃʊərəns] Haftpflichtversicherung
third-rate [ˌθɜːdˈreɪt] drittklassig
★**thirst** [θɜːst] Durst; **die of thirst** verdursten
★**thirsty** [ˈθɜːstɪ] **1** durstig; **be (***oder* **feel) (very) thirsty** (sehr) durstig sein, (großen) Durst haben **2 gardening** *usw.* **is thirsty work** Gartenarbeit *usw.* macht durstig
★**thirteen¹** [ˌθɜːˈtiːn] dreizehn
★**thirteen²** [ˌθɜːˈtiːn] *Buslinie usw.:* Dreizehn
★**thirty¹** [ˈθɜːtɪ] dreißig
★**thirty²** [ˈθɜːtɪ] Dreißig; **be in one's thirties** in den Dreißigern sein; **in the thirties** in den Dreißigerjahren (*eines Jahrhunderts*)
★**this¹** [ðɪs] **1** dieser, diese, dieses, dies, das; **like this** so; **this is what I expected** (genau) das habe ich erwartet; **these are his children** das sind seine Kinder **2 after this** danach; **before this** zuvor
★**this²** [ðɪs] **1** dieser, diese, dieses; **this afternoon** heute Nachmittag; **this time** diesmal **2 there was this man** *umg* da war so'n Mann
★**this³** [ðɪs] *umg* so; **it's this big** es ist so groß
thistle [ˈθɪsl] Distel
thong [θɒŋ] *US* Badelatsche, Badeschlappe, Flipflop
thorax [ˈθɔːræks] *pl:* thoraxes *oder* thoraces [ˈθɔːrəsiːz] *Medizin:* Thorax, Brustkorb
thorn [θɔːn] **1** *Pflanze:* Dorn **2 be a thorn in someone's flesh (***oder* **side)** *übertragen* jemandem ein Dorn im Auge sein
thorny [ˈθɔːnɪ] **1** dornig **2** *übertragen* heikel
thorough [▲ ˈθʌrə] **1** *Kenntnisse usw.:* gründlich **2** *Durcheinander usw.:* fürchterlich

thoroughfare [▲ ˈθʌrəfeə] Hauptverkehrsstraße; **no thoroughfare** Durchfahrt verboten!
★**thoroughly** [▲ ˈθʌrəlɪ] **1** gründlich **2** völlig, total; **I thoroughly enjoyed it** es hat mir ausgesprochen gut gefallen
★**those** [ðəʊz] *pl von* → that¹, that²
★**though** [ðəʊ] **1** obwohl; **even though** obwohl, auch wenn **2 as though** als ob, wie wenn **3** doch, jedoch; **he's strange - I like him though** er ist komisch, aber (*oder* doch) ich mag ihn
★**thought¹** [θɔːt] 2. und 3. Form von → think
★**thought²** [θɔːt] **1** Denken **2** Gedanke (**of** an); **that's a thought** gute Idee!; **on second thoughts** (*US* thought) wenn ich es mir recht überlege
thoughtful [ˈθɔːtfl] **1** *in Gedanken vertieft:* nachdenklich **2** rücksichtsvoll, aufmerksam
thoughtless [ˈθɔːtləs] **1** (≈ *unüberlegt*) gedankenlos **2** *Person, Verhalten:* rücksichtslos
★**thousand¹** [ˈθaʊznd] tausend; **a (***oder* **one) thousand** (ein)tausend
★**thousand²** [ˈθaʊznd] Tausend; **hundreds of thousands** hunderttausende
★**thousandth¹** [ˈθaʊznθ] tausendste(r, -s)
★**thousandth²** [ˈθaʊznθ] **1** Tausendste(r, -s) **2** *Bruchteil:* Tausendstel
thrash [θræʃ] **1** verdreschen, verprügeln **2** *umg; Sport:* eine Abfuhr erteilen
thrashing [ˈθræʃɪŋ] **give someone a thrashing** jemandem eine Tracht Prügel verpassen, *umg; Sport:* jemandem eine Abfuhr erteilen
★**thread¹** [▲ θred] **1** Faden (*auch übertragen*) **2** *Technik:* Gewinde **3** *Internet:* Thread
★**thread²** [▲ θred] **1** einfädeln (*Nadel*) **2** auffädeln, aufreihen (*Perlen usw.*) (**on, onto** auf)
threadbare [▲ ˈθredbeə] fadenscheinig (*auch übertragen*)
★**threat** [θret] **1** Drohung **2** Bedrohung (**to** für *oder* Genitiv), Gefahr (**to** für)
★**threaten** [ˈθretn] **1** drohen (*auch Gefahr*), bedrohen (**with** mit) **2** androhen, drohen mit **3** bedrohen, gefährden; **be threatened with extinction** vom Aussterben bedroht sein
★**three¹** [θriː] drei
★**three²** [θriː] *Buslinie, Spielkarte usw.:* Drei
three-dimensional [ˌθriːdaɪˈmenʃnəl] **1** dreidimensional **2** *übertragen* plastisch
three-D printer [ˌθriːdiːˈprɪntə] 3D-Drucker
three-piece [ˈθriːpiːs] dreiteilig
three-quarter [ˌθriːˈkwɔːtə] Dreiviertel...
threshold [ˈθreʃhəʊld] Schwelle (*auch übertragen*)

threw [θruː] *2. Form von* → throw¹
thrifty [ˈθrɪftɪ] sparsam
thrill¹ [θrɪl] **1** prickelndes Gefühl, Nervenkitzel **2** aufregendes Erlebnis
thrill² [θrɪl] **be thrilled** hingerissen sein (**at, about** von); **I was thrilled to hear that** ... ich war nun von der Nachricht hingerissen, dass ...
thriller [ˈθrɪlə] Thriller, Reißer
thrilling [ˈθrɪlɪŋ] fesselnd, packend
thrive [θraɪv], **throve** [θrəʊv] *oder* thrived, **thriven** [ˈθrɪvn] *oder* thrived **1** *Pflanze, Tier*: gedeihen (*auch Kind*) **2** übertragen; *Geschäft usw.*: blühen, florieren
★**throat** [θrəʊt] **1** Kehle, Rachen **2** Hals
throb [θrɒb], throbbed, throbbed (*Herz*) pochen
throne [θrəʊn] Thron (*auch übertragen*)
throng [θrɒŋ] Schar (**of** von)
throttle¹ [ˈθrɒtl] erdrosseln
throttle² [ˈθrɒtl] **1** *Technik*: Drossel(ventil) **2 at full throttle** mit Vollgas
★**through¹** [θruː] **1** durch (*auch übertragen*) **2 Monday through Thursday** *US* Montag bis (einschließlich) Donnerstag
★**through²** [θruː] **1** durch **2** durch...; **wet through** völlig durchnässt; **read through** durchlesen
★**through³** [θruː] **1** *Zug usw.*: durchgehend; **through traffic** Durchgangsverkehr **2 be through** *umg* fertig sein (**with** mit)
★**throughout¹** [θruːˈaʊt] **1** **throughout the night** die ganze Nacht hindurch **2** überall in; **throughout the country** im ganzen Land
★**throughout²** [θruːˈaʊt] **1** ganz, überall; **carpeted throughout** ganz mit Teppichboden ausgelegt **2** *zeitlich*: die ganze Zeit (hindurch)
throve [θrəʊv] *2. Form von* → thrive
★**throw¹** [θrəʊ], **threw** [θruː], **thrown** [θrəʊn] **1** werfen (**at** nach); **throw someone something** jemandem etwas zuwerfen **2** werfen, würfeln; **throw a three** eine Drei würfeln **3** (*Pferd*) abwerfen (*Reiter*) **4** *umg* schmeißen, geben (*Party*)

──────── PHRASAL VERBS ────────
throw away [ˌθrəʊ_əˈweɪ] **1** wegwerfen **2** vertun (*Chance usw.*)
throw back [ˌθrəʊˈbæk] zurückwerfen
throw in [ˌθrəʊˈɪn] **1** hineinwerfen **2** (gratis) dazugeben; **get something thrown in** etwas (gratis) dazubekommen **3** *Sport*: einwerfen (*Ball*) **4 throw in the towel** *Boxen*: das Handtuch werfen (*auch übertragen*)
throw into [ˈθrəʊˌɪntʊ] **throw oneself into** sich stürzen in (*auch übertragen*)
throw on [ˌθrəʊ_ˈɒn] sich 'überwerfen (*Kleidungsstück*)
throw out [ˌθrəʊˈaʊt] **1** wegwerfen **2** hinauswerfen (*Person*) (*auch im Sinne von entlassen*) **3** ablehnen (*Vorschlag usw.*) **4** äußern (*Vorschlag usw.*)
throw together [ˌθrəʊ_təˈgeðə] **1** zusammenwerfen **2** fabrizieren, zurechtbasteln **3** zusammenbringen (*Leute*)
throw up [ˌθrəʊˈʌp] **1** hochwerfen **2** *Br, umg* hinschmeißen (*Job usw.*) **3** *umg* (≈ *sich übergeben*) brechen

★**throw²** [θrəʊ] Wurf (*von Ball, Speer usw.*)
throwaway [ˈθrəʊəweɪ] **1** *Bemerkung*: hingeworfen **2** Wegwerf..., Einweg...
thrower [ˈθrəʊə] Werfer(in)
throw-in [ˈθrəʊɪn] *Fußball*: Einwurf
thrown [θrəʊn] *3. Form von* → throw¹
thru [θruː] *US, umg* → through
thrush [θrʌʃ] *Vogel*: Drossel
thrust [θrʌst], thrust, thrust **1** stoßen (*auch Person*) (**into** in) **2** stecken (**into** in)
thruway [ˈθruːweɪ] *US, umg* Schnellstraße
thud¹ [θʌd] dumpfes Geräusch, Plumps
thud² [θʌd], thudded, thudded plumpsen
thug [θʌg] Schläger (*gewalttätiger Mann*)
★**thumb¹** [θʌm] Daumen
★**thumb²** [θʌm] **thumb a lift** per Anhalter fahren, trampen (**to** nach)

──────── PHRASAL VERBS ────────
thumb through [ˌθʌmˈθruː] **thumb through a book** ein Buch durchblättern

thumbnail [ˈθʌmneɪl] **1** Daumennagel **2** *Computer*: Miniaturansicht, Thumbnail
thumbnail sketch [ˌθʌmneɪlˈsketʃ] **1** Kurzbeschreibung **2** *Zeichnung*: kleine Skizze
thumbtack [ˈθʌmtæk] *US* Reißzwecke; → drawing pin *Br*
thump¹ [θʌmp] **1** einen Schlag versetzen, hauen (*Person*) **2** (*Herz*) hämmern, pochen **3** plumpsen **4** trampeln
thump² [θʌmp] dumpfer Schlag; **give someone a thump** jemandem eine runterhauen
★**thunder¹** [ˈθʌndə] Donner
★**thunder²** [ˈθʌndə] **1** (*auch Zug usw.*) donnern **2** brüllen, donnern
thunderclap [ˈθʌndəklæp] Donner, Donnerschlag
thundercloud [ˈθʌndəklaʊd] Gewitterwolke
thunderous [ˈθʌndərəs] *Applaus*: donnernd

★**thunderstorm** ['θʌndəstɔːm] Gewitter, Unwetter

Thuringia [θjʊ'rɪndʒɪə] Thüringen

★**Thursday** ['θɜːzdeɪ] Donnerstag; **on Thursday** (am) Donnerstag; **on Thursdays** donnerstags

thus [ðʌs] **1** *Art und Weise*: so, auf diese Weise **2** *als Konsequenz*: folglich, somit **3 thus far** bisher

thwart [θwɔːt] durchkreuzen, vereiteln (*Pläne usw.*)

tick¹ [tɪk] **1** Ticken (*einer Uhr usw.*) **2** *Br* Haken, Häkchen (*als Vermerkzeichen*) **3** *Br, umg* Augenblick; **in a tick** sofort

tick² [tɪk] **1** (*Uhr usw.*) ticken **2** *auch* **tick off** abhaken (*Namen usw.*)

tick³ [tɪk] *Ungeziefer*: Zecke

★**ticket**¹ ['tɪkɪt] **1** *Theater usw.*: (Eintritts)Karte, ⒶBillett **2** *Eisenbahn usw.*: Fahrkarte, ⒶBillett, *Flugzeug*: Flugschein, Ticket **3 luggage ticket** Gepäckschein **4** *an Ware*: Etikett, (Preis)Schild **5** *Auto*: Strafzettel **6** *US; politisch*: Wahlliste

★**ticket**² ['tɪkɪt] **be ticketed for** *US* einen Strafzettel bekommen wegen

ticket collector ['tɪkɪt_kə,lektə] (Bahnsteig)-Schaffner(in)

ticket inspector ['tɪkɪt_ɪn,spektə] Fahrkartenkontrolleur(in)

ticket machine ['tɪkɪt_mə,ʃiːn] Fahrscheinautomat, Fahrkartenautomat

★**ticket office** ['tɪkɪt,ɒfɪs] Fahrkartenschalter

tickle ['tɪkl] **1** kitzeln **2 be tickled pink** (*oder* **to death**) *umg* sich freuen wie ein Schneekönig

ticklish ['tɪklɪʃ] kitzlig (*auch übertragen*)

tidal wave [,taɪdl'weɪv] **1** Flutwelle **2** *übertragen* Welle, Woge

tidbit ['tɪdbɪt] *US* Leckerbissen

★**tide** [taɪd] **1** Gezeiten, Tide, Ebbe und Flut; **high tide** Hochwasser, Flut; **low tide** Niedrigwasser, Ebbe **2** *übertragen* Strömung, Trend

★**tidy**¹ ['taɪdɪ] **1** sauber, ordentlich, *Zimmer auch*: aufgeräumt **2** *umg; Summe*: ordentlich, beträchtlich

★**tidy**² ['taɪdɪ] *auch* **tidy up** in Ordnung bringen, *von Zimmer auch*: aufräumen

★**tie**¹ [taɪ] **1** Krawatte, Schlips **2** Band, Schnur **3 ties** *pl übertragen* Bindungen (*familiär usw.*) **4** Last, Belastung **5** Unentschieden, *im Spiel*: unentschieden ausgehen **6** *US; Eisenbahn*: Schwelle

★**tie**² [taɪ], tied, tied; -ing-Form tying **1** binden (**to** an), (sich) binden (*Krawatte usw.*) **2** verschnüren (*Paket usw.*) **3 be tied to** übertragen (eng) verbunden sein mit **4 tie for second place** *Sport usw.*: gemeinsam den zweiten Platz belegen

───────────── PHRASAL VERBS

tie down [,taɪ'daʊn] **1** binden, einschränken **2** festlegen (*Person*) (**to** auf)

tie in [,taɪ'ɪn] passen (**with** zu)

tie up [,taɪ'ʌp] **1** fesseln, binden (*Gefangenen usw.*) **2** verschnüren (*Paket usw.*) **3 be tied up** übertragen beschäftigt sein **4 be tied up with** mit etwas zusammenhängen

─────────────

tiebreak ['taɪbreɪk], **tiebreaker** ['taɪ,breɪkə] *Tennis usw.*: Tie-Break

tiger ['taɪgə] Tiger

★**tight**¹ [taɪt] **1** fest, fest sitzend **2** *Seil usw.*: straff **3** eng (*auch Kleidungsstück*) **4** *Rennen usw.*: knapp **5** *umg* knickerig **6** *umg* (≈ betrunken) blau **7** *in Zusammensetzungen*: ... dicht; **watertight** wasserdicht

★**tight**² [taɪt] **1** fest; **hold tight** festhalten; **pull tight** festziehen **2** *umg* gut; **sleep tight!** schlaf gut!

tighten ['taɪtn] **1** anziehen (*Schraube usw.*) **2** straffen (*Seil usw.*) **3** *auch* **tighten up** verschärfen (*Gesetz usw.*)

★**tights** [taɪts] *pl auch* **pair of tights** *Br* Strumpfhose

til, 'til [tɪl] bis; → till¹

tile¹ [taɪl] **1** (Dach)Ziegel **2** Fliese, Kachel, ⒶPlättli

tile² [taɪl] **1** (mit Ziegeln) decken **2** fliesen, kacheln, Ⓐplätteln

tiler ['taɪlə] **1** Dachdecker(in) **2** Fliesenleger(in)

★**till**¹ [tɪl] **1** *allg.*: bis **2 not till** erst (wenn), nicht vor, nicht bevor; **not till Monday** erst (am) Montag, nicht vor Montag

★**till**² [tɪl] *Br* (Laden)Kasse, ⒶKassa

tilt¹ [tɪlt] kippen

tilt² [tɪlt] **1 at a tilt** schief, schräg **2 (at) full tilt** *umg* mit Volldampf, mit Karacho

timber ['tɪmbə] **1** Bauholz **2** (Nutz)Wald **3** Balken

★**time**¹ [taɪm] **1** *allg.*: Zeit; **some time ago** vor einiger Zeit; **all the time** die ganze Zeit; **at the time** damals; **three** *usw.* **at a time** (≈ gleichzeitig) drei *usw.* auf einmal; **at times** manchmal; **by the time** wenn, als, *Zukunft*: bis; **for a time** eine Zeit lang; **for the time being** vorläufig, fürs Erste; **from time to time** von Zeit zu Zeit; **in time** rechtzeitig; **on time** pünktlich; **in no time (at all)** im Nu; **in two years' time** in zwei Jahren; **take your time** lass dir Zeit!; **it's about time** es wird aber auch Zeit; **time's up** die Zeit ist um; **free time** Freizeit; **it's time for bed** es ist Zeit zum Zubettgehen; **have a good time** sich gut unterhalten, Spaß haben; **do time** *umg* sitzen (**for** wegen); **get time off** freibekommen **2** (Uhr)Zeit; **what's the time?** wie spät ist es?; **what time?** um wie viel Uhr?; **this time tomorrow** morgen um diese Zeit **3** *Musik*: Takt; **in time** im Takt **4** Mal; **time and again, time after time** immer wieder; **every time I ...** jedes Mal, wenn ich ...; **how many times?** wie oft?; **next time (I ...)** nächstes Mal(, wenn ich ...); **this time** diesmal; **three times** dreimal; **three times four equals** (*oder* **is**) **twelve** *Rechnen*: drei mal vier ist zwölf

★**time²** [taɪm] **1 time something well** sich für etwas einen günstigen Zeitpunkt aussuchen, *Sport*: etwas gut timen **2** stoppen (*mit einer Stoppuhr*); **he was timed at 20 seconds** für ihn wurden 20 Sekunden gestoppt

time-consuming ['taɪmkənˌsjuːmɪŋ] zeitaufwendig, zeitraubend

time difference ['taɪmˌdɪfrəns] Zeitunterschied

time lag ['taɪm_læg] Zeitdifferenz

timeless ['taɪmləs] **1** ewig **2** *Schönheit usw.*: zeitlos

time limit ['taɪmˌlɪmɪt] Frist; **there is a time limit on it** es ist befristet

timely ['taɪmlɪ] rechtzeitig

time out [ˌtaɪm'aʊt] *pl*: **time outs** *Sport*: Spielunterbrechung, Auszeit, Timeout

timer ['taɪmə] Timer, Schaltuhr

timesaving ['taɪmˌseɪvɪŋ] zeitsparend

★**timetable** ['taɪmˌteɪbl] **1** Fahrplan, Flugplan **2** *Br; Schule*: Stundenplan **3** Zeitplan

time zone ['taɪm_zəʊn] Zeitzone

timid ['tɪmɪd] ängstlich, furchtsam

timing ['taɪmɪŋ] Zeiteinteilung, Timing

★**tin** [tɪn] **1** *Metall*: Zinn **2** *Material*: (Weiß)Blech; **tin can** Blechdose **3** *Br* (Blech-, Konserven)-Dose, Büchse; **a tin of beans** eine Dose Bohnen

tin foil ['tɪnfɔɪl] Alufolie

tinge¹ [tɪndʒ] **tinged with** mit einem Hauch von

tinge² [tɪndʒ] Tönung; **have a tinge of red** ins Rote spielen

tingle ['tɪŋgl] prickeln, kribbeln (**with** vor)

tinker ['tɪŋkə] *auch* **tinker about** herumbasteln (**with** an)

tinkle ['tɪŋkl] bimmeln, klirren

tinned [tɪnd] *Br* Dosen..., Büchsen...; **tinned fruit** Obstkonserven; **tinned foods** Konserven

tin opener ['tɪnˌəʊpənə] *Br* Dosenöffner

tint¹ [tɪnt] (Farb)Ton, Tönung

tint² [tɪnt] tönen (*Haar usw.*)

tinting bowl ['tɪntɪŋ_bəʊl] *von Friseur*: Färbeschale

tinting brush ['tɪntɪŋ_brʌʃ] *von Friseur*: Färbepinsel

★**tiny** ['taɪnɪ] winzig

★**tip¹** [tɪp] **1** *allg.*: Spitze; **it's on the tip of my tongue** *übertragen* es liegt mir auf der Zunge **2** Filter (*einer Zigarette*)

tip² [tɪp], **tipped, tipped 1** (aus)kippen, schütten **2** (*Stuhl usw.*) kippen

tip³ [tɪp] *Br* **1** Müllhalde **2** *übertragen, umg* Saustall

★**tip⁴** [tɪp] Trinkgeld

★**tip⁵** [tɪp], **tipped, tipped** ein Trinkgeld geben; **tip someone 50p** jemandem 50 Pence Trinkgeld geben

★**tip⁶** [tɪp] Tipp, Rat(schlag)

PHRASAL VERBS

tip off [ˌtɪp'ɒf] **tip someone off** jemandem einen Tipp (*oder* Wink) geben

---

tip-off ['tɪpɒf] *umg* Tipp, Wink

tipsy ['tɪpsɪ] angeheitert, beschwipst

tiptoe¹ ['tɪptəʊ] **on tiptoe** auf Zehenspitzen

tiptoe² ['tɪptəʊ] auf Zehenspitzen gehen

tiptop [ˌtɪp'tɒp] *umg* erstklassig; **be in tiptop condition** tipptopp in Ordnung sein

★**tire¹** [taɪə] **1** ermüden, müde machen **2** müde werden, ermüden

★**tire²** [taɪə] *US* Reifen, ⊛ Pneu; → **tyre** *Br*

★**tired** [taɪəd] **1** müde; **tired out** (völlig) erschöpft **2 be tired of someone** (*oder* **something**) *übertragen* jemanden (*oder* etwas) satthaben; **be tired of doing something** es satthaben, etwas zu tun

tireless ['taɪələs] unermüdlich

tiresome ['taɪəsəm] *übertragen* lästig

★**tiring** ['taɪərɪŋ] ermüdend, anstrengend

★**tissue** ['tɪʃuː] **1** Papiertuch, Papiertaschentuch **2** Gewebe (*von Pflanzen, Tieren*) **3** *auch* **tissue paper** Seidenpapier

tit¹ [tɪt] *mst*: **tits** *pl salopp* (≈ Brust) Titte

tit² [tɪt] *Br Vogel*: Meise

tit³ [tɪt] **tit for tat** wie du mir, so ich dir

titanic [taɪˈtænɪk] gigantisch

titbit ['tɪtbɪt] *Br* Leckerbissen

★**title** ['taɪtl] **1** *allg.*: Titel **2** *Recht*: (Rechts)Anspruch (**to** auf)

titleholder ['taɪtlˌhəʊldə] *Sport*: Titelhalter(in), Titelträger(in)

title page ['taɪtl ˌpeɪdʒ] Titelseite

title role ['taɪtl ˌrəʊl] *in Film, Theaterstück*: Titelrolle

titmouse ['tɪtmaʊs] *pl*: **titmice** ['tɪtmaɪs] *US Vogel*: Meise

titter ['tɪtə] kichern

TM [ˌtiː'em] *abk für* → **trademark 1**

★**to**¹ [tə, *vor Vokal*: tʊ] **1** *Richtung, Ziel*: zu, nach, an, in; **go to England** nach England fahren; **go to bed** ins Bett gehen; **go to one's room** auf (*oder* in) sein Zimmer gehen; **go to town** in die Stadt gehen; **go to the cinema** ins Kino gehen **2** in; **have you ever been to London?** bist du schon einmal in London gewesen? **3** *Zweck*: zu, auf, für; **invite someone to dinner** jemanden zum Essen einladen **4** *Zugehörigkeit*: zu, für, in; **the key to this room** der Schlüssel zu diesem Zimmer **5** (im Verhältnis *oder* Vergleich) zu; **compared to** im Vergleich zu **6** *Ausmaß*: bis, (bis) zu, (bis) an **7** *zeitlich*: bis, bis zu, bis gegen, vor; **from three to four** von drei bis vier (Uhr); **it's (a) quarter to six** es ist Viertel vor sechs **8** *betonter Dativ*: **give it to me!** gib es mir! **9** *Antwort usw.*: auf; **the answer to your question** die Antwort auf deine Frage

★**to**² [tə, *vor Vokal*: tʊ] **1** *Bildung des Infinitivs*: **to go** gehen; **easy to understand** leicht zu verstehen **2** *Zweck*: um zu; **he does it only to please her** er tut es nur ihr zuliebe **3** *verkürzter Nebensatz*: **the last man to leave the ship** der letzte Mann, der das Schiff verlässt; **he was the first to arrive** er kam als Erster; **to hear him talk** wenn man ihn (so) reden hört

★**to**³ [tuː] **1** **the door was leaned to** die Tür war angelehnt; **push the door to** mach die Tür zu **2** **to and fro** hin und her, auf und ab

toad [təʊd] Kröte

toadstool ['təʊdstuːl] ungenießbarer Pilz

★**toast**¹ [təʊst] **1** *Brot*: Toast **2** Trinkspruch, Toast

toast² [təʊst] **1** toasten, rösten **2** *umg* sich wärmen (*die Füße usw.*)

toaster ['təʊstə] Toaster

★**tobacco** [tə'bækəʊ] *pl*: **tobaccos** Tabak

tobacconist [tə'bækənɪst] Tabak(waren)händler(in), Ⓐ Trafikant(in)

toboggan¹ [tə'bɒɡən] (Rodel)Schlitten

toboggan² [tə'bɒɡən] rodeln, Ⓐ Ⓒ schlitteln

★**today**¹ [tə'deɪ] **1** heute; **a week ago today** heute vor acht Tagen; **a week today**, *US* **a week from today** heute in einer Woche, heute in acht Tagen **2** heutzutage

★**today**² [tə'deɪ] **1** **today's paper** die Zeitung von heute **2** **of today, today's** von heute, heutig

toddler ['tɒdlə] Kleinkind

to-do [tə'duː] *pl*: **to-dos** *umg* Getue, Theater (**about** um)

★**toe** [təʊ] **1** Zeh, Zehe **2** Spitze (*von Schuh usw.*)

toenail ['təʊneɪl] Zehennagel

toffee ['tɒfɪ] Toffee, Karamellbonbon

★**together** [tə'ɡeðə] **1** zusammen (**with** mit) **2** zusammen…

toggle ['tɒɡl], **toggle key** ['tɒɡl ˌkiː] *Computer*: Umschalttaste

toggle switch ['tɒɡl ˌswɪtʃ] *Technik*: Kippschalter

toil [tɔɪl] *auch* **toil away** sich abmühen, sich plagen (**at** mit)

★**toilet** ['tɔɪlət] Toilette

toilet bag ['tɔɪlət ˌbæɡ] Kulturbeutel

toilet paper ['tɔɪlətˌpeɪpə] Toilettenpapier

toiletries ['tɔɪlətrɪz] *pl* Toilettenartikel *pl*

toilet roll ['tɔɪlət ˌrəʊl] Rolle Toilettenpapier

toiletry bag ['tɔɪlətrɪ ˌbæɡ] Kulturbeutel

token¹ ['təʊkən] **1** **as a** (*oder* **in**) **token of** als Zeichen (+ *Genitiv*) **2** *Geschenk*: Andenken **3** *Br* Gutschein **4** Münze, Marke, Jeton

token² ['təʊkən] **token woman** *usw.* Alibifrau *usw.*

told [təʊld] *2. und 3. Form von* → **tell**

tolerable ['tɒlərəbl] erträglich

tolerance ['tɒlərəns] Toleranz (**for, of, towards** gegenüber)

tolerant ['tɒlərənt] tolerant (**of, towards** gegenüber)

★**tolerate** ['tɒləreɪt] **1** dulden **2** ertragen

toll [təʊl] **1** Benutzungsgebühr, *bes.* Ⓐ Maut **2** Verlust(e), *übertragen* Preis; **death toll** Zahl der Toten; **take its toll** *übertragen* seinen Tribut fordern

toll-free [ˌtəʊl'friː] *US; Telefon*: gebührenfrei

toll road ['təʊl ˌrəʊd] Mautstraße

★**tomato** [tə'mɑːtəʊ, *US* tə'meɪtəʊ] *pl*: **tomatoes** Tomate, Ⓐ Paradeiser; **tomato sauce** Tomatensoße, *Br auch* Ketschup

tomb [Ⓐ tuːm] Grab(mal), Gruft

tomboy ['tɒmbɔɪ] *Mädchen*: Wildfang

tombstone [Ⓐ 'tuːmstəʊn] Grabstein

tomcat ['tɒmkæt] Kater

tome [təʊm] *humorvoll* (≈ *Buch*) Wälzer

tomogram ['təʊməɡræm] *Medizin*: Tomogramm

tomography [tə'mɒɡrəfɪ] *Medizin*: Tomografie;

magnetic resonance tomography (*abk* **MRT**) Kernspintomografie

★**tomorrow**[1] [təˈmɒrəʊ] morgen; **a week tomorrow**, *US* **a week from tomorrow** morgen in einer Woche, morgen in acht Tagen; **tomorrow morning** morgen früh; **tomorrow night** morgen Abend

★**tomorrow**[2] [təˈmɒrəʊ] **1** **tomorrow's paper** die Zeitung von morgen; **the day after tomorrow** übermorgen **2** Zukunft; **of tomorrow, tomorrow's** von morgen

★**ton** [tʌn] **1** Gewicht: (britische) Tonne (*auch* **long ton** = 1016,05 kg); *US* (amerikanische) Tonne (*auch* **short ton** = 907,185 kg); **metric ton** Tonne (= 1000 kg, *auch* **tonne** geschrieben) **2** **tons** *pl of umg* jede Menge

tone [təʊn] **1** *allg.*: Ton, Klang **2** *farblich*: (Farb)Ton **3** *US; Musik*: Note **4** *übertragen* Niveau

toner [ˈtəʊnə] *von Drucker usw.*: Toner; **toner cartridge** Tonerkassette, Tonerkartusche

tongs [tɒŋz] *pl*, *auch* **pair of tongs** Zange

★**tongue** [⚠ tʌŋ] **1** Zunge (*auch eines Schuhs usw.*); **tongue in cheek** scherzhaft, ironisch **2** Sprache; **mother tongue** Muttersprache; **slip of the tongue** Versprecher; **hold one's tongue** den Mund halten

tongue twister [ˈtʌŋˌtwɪstə] Zungenbrecher

tonic [ˈtɒnɪk] **1** **be a real tonic** *allg.*: richtig guttun **2** **a gin and tonic** ein Gin Tonic

★**tonight**[1] [təˈnaɪt] heute Abend, heute Nacht

★**tonight**[2] [təˈnaɪt] **tonight's programme** das Programm (von) heute Abend

★**tonne** [tʌn] Gewicht: Tonne (= 1000 kg)

tonsil [ˈtɒnsl] Körper: Mandel

tonsillitis, *US* **tonsilitis** [ˌtɒnsəˈlaɪtɪs] Mandelentzündung, Angina

★**too** [tuː] **1** zu; **she drives too fast** sie fährt zu schnell **2** **not too** ... nicht allzu ...; **he isn't too well** es geht ihm nicht allzu gut **3** *nachgestellt*: auch; **I liked it too** mir gefiel es auch **4** *bei Erstaunen*: auch noch, noch dazu

took [tʊk] 2. Form von → **take**[1]

★**tool** [tuːl] Werkzeug (*auch übertragen*), Gerät

toolbar [ˈtuːlˌbɑː] *Computer*: Symbolleiste

tool belt [ˈtuːl ˌbelt] Werkzeuggürtel

toolbox [ˈtuːlbɒks] Werkzeugkasten

toolkit [ˈtuːlkɪt] Werkzeug, Werkzeugausrüstung

toot [tuːt] **toot (one's horn)** *Auto*: hupen

★**tooth** [tuːθ] *pl*: **teeth** [tiːθ] Zahn (*auch eines Kamms, einer Säge usw.*)

★**toothache** [ˈtuːθeɪk] Zahnschmerzen

★**toothbrush** [ˈtuːθbrʌʃ] Zahnbürste

toothless [ˈtuːθləs] zahnlos

★**toothpaste** [ˈtuːθpeɪst] Zahnpasta

toothpick [ˈtuːθpɪk] Zahnstocher

top[1] [tɒp] **1** oberer Teil; **at the top of the page** oben auf der Seite; **from top to toe** von Kopf bis Fuß; **on top** oben(auf), darauf; **on top of** (oben) auf, über; **on top of each other** aufeinander, übereinander **2** Gipfel (*eines Bergs*) **3** Krone, Wipfel (*eines Baums*) **4** Kopfende (*eines Betts usw.*) **5** *übertragen* Spitze; **be at the top of** an der Spitze (+ *Genitiv*) stehen **6** **at the top of one's voice** aus vollem Hals **7** Top, Oberteil (*eines Bikinis usw.*) **8** Deckel (*eines Glases*), Verschluss **9** **get on top of someone** *umg* (*Arbeit usw.*) jemandem über den Kopf wachsen

top[2] [tɒp] **1** oberste(r, -s) **2** *übertragen* Höchst..., Spitzen...; **at top speed** mit Höchstgeschwindigkeit

top[3] [tɒp], **topped, topped** **1** *übertragen* übersteigen, übertreffen **2** bedecken (**with** mit) **3** **top the bill** der Star des Programms sein

────── PHRASAL VERBS ──────

top up [ˌtɒpˈʌp] *Br* **1** auffüllen (*Tank usw.*) **2** aufladen (*Handy*) **3** **top someone up** *umg* jemandem nachschenken (*Getränk*)

top-class [ˌtɒpˈklɑːs] spitzen..., Spitzen...; **a top-class restaurant** ein Restaurant der Spitzenklasse

top hat [ˌtɒpˈhæt] *Hut*: Zylinder

★**topic** [ˈtɒpɪk] Thema

topical [ˈtɒpɪkl] *Buch usw.*: aktuell

topless [ˈtɒpləs] oben ohne, Oben-ohne-...

top-level [ˈtɒpˌlevl] Spitzen...

topmost [ˈtɒpməʊst] oberste(r, -s)

topping [ˈtɒpɪŋ] **with a topping of whipped cream** mit Schlagsahne darauf

topple [ˈtɒpl] **1** *mst.* **topple over** umkippen **2** *übertragen* stürzen (*Regierung usw.*)

top-quality [ˌtɒpˈkwɒlətɪ] spitzen..., Spitzen...; **top-quality product** Spitzenprodukt

top-secret [ˌtɒpˈsiːkrət] streng geheim

topsoil [ˈtɒpsɔɪl] Mutterboden

top-up card [ˈtɒpʌpˌkɑːd] *fürs Handy*: Guthabenkarte

torch [tɔːtʃ] **1** *Br* Taschenlampe **2** Fackel

torchlight [ˈtɔːtʃlaɪt] **by torchlight** bei Fackelschein

tore [tɔː] 2. Form von → **tear**[2]

torment[1] [ˈtɔːment] Qual

torment[2] [tɔːˈment] quälen, *übertragen auch*:

plagen; **be tormented by** (*oder* **with**) gequält (*oder* geplagt) werden von

torn [tɔːn] 3. Form von → tear²

torque [tɔːk] *Technik*: Drehmoment

torque wrench [▲ 'tɔːk‿rentʃ] *Technik*: Drehmomentschlüssel

torrent ['tɒrənt] reißender Strom

torrential [təˈrenʃl] *Regen*: sintflutartig

tortoise [▲ 'tɔːtəs] Schildkröte

tortuous ['tɔːtʃʊəs] **1** *Pfad usw.*: gewunden **2** *übertragen* umständlich

torture¹ ['tɔːtʃə] **1** Folter **2** *übertragen* Qual

torture² ['tɔːtʃə] **1** foltern **2 be tortured by** (*oder* **with**) *übertragen* gequält werden von

Tory ['tɔːrɪ] *Br*; *politisch*: Tory, Konservative(r)

toss¹ [tɒs] **1** werfen **2** hochwerfen (*Münze*) **3** *auch* **toss up** eine Münze hochwerfen; **toss for something** um etwas losen, etwas auslosen **4** *auch* **toss about**, **toss and turn** sich hin und her werfen (*im Schlaf*)

toss² [tɒs] Hochwerfen (*einer Münze*)

tot [tɒt] **1** *auch* **tiny tot** *umg* Knirps, kleiner Wicht **2** Schluck (*Alkohol*)

PHRASAL VERBS

tot up [ˌtɒt'ʌp], **totted up**, **totted up** *umg* zusammenrechnen, zusammenzählen

---

★**total¹** ['təʊtl] **1** völlig, total, Total... **2** ganz, gesamt, Gesamt...

★**total²** ['təʊtl] Gesamtmenge, (End)Summe; **a total of 20 cases** insgesamt 20 Kisten; **in total** insgesamt

★**total³** ['təʊtl], totalled, totalled, *US* totaled, totaled sich belaufen auf; ... **totalling £500** ... von insgesamt 500 Pfund

totalitarian [təʊˌtælɪ'teərɪən] *Regime, Staat*: totalitär

totally ['təʊtəlɪ] völlig, vollkommen

totter ['tɒtə] schwanken, wanken

toucan crossing ['tuːkən,krɒsɪŋ] Fußgänger- und Radübergang

★**touch¹** [tʌtʃ] **1** (sich) berühren, anfassen **2** anrühren (*Essen, Alkohol usw.*) **3** *übertragen* rühren, bewegen; **deeply touched** tief bewegt **4 touch wood** *Br, umg* (unberufen) toi, toi, toi

PHRASAL VERBS

touch down [ˌtʌtʃ'daʊn] (*Flugzeug usw.*) aufsetzen

touch on ['tʌtʃ‿ɒn] (kurz) ansprechen, streifen (*Thema*)

touch up [ˌtʌtʃ'ʌp] **1** ausbessern, *von Foto*: retuschieren **2** *Br, umg* begrapschen

★**touch²** [tʌtʃ] **1** Tastsinn; **be soft to the touch** sich weich anfühlen **2** *mst. mit der Hand*: Berühren, Berührung **3 be in touch with** in Verbindung stehen mit; **get in touch with** sich in Verbindung setzen mit; **keep in touch with** in Verbindung bleiben mit **4 a personal touch** übertragen eine persönliche Note **5** Spur (*Salz usw.*) **6 in touch** *Fußball*: im Aus

touch-and-go [ˌtʌtʃən'gəʊ] *Situation usw.*: kritisch; **it was touch-and-go whether ...** es stand auf des Messers Schneide, ob ...

touchdown ['tʌtʃdaʊn] **1** *eines Flugzeugs usw.*: Landung **2** *American Football, Rugby*: (≈ Treffer) Touchdown

touched [tʌtʃt] **1** *emotional*: gerührt, bewegt **2 be touched** *umg* einen Schlag haben

touching ['tʌtʃɪŋ] rührend, bewegend

touchline ['tʌtʃlaɪn] *Fußball*: Seitenlinie

touchpad ['tʌtʃpæd] *Computer*: Touchpad

touchscreen ['tʌtʃskriːn] *Computer*: Touchscreen, Berührungsbildschirm; **touchscreen keyboard** Touchscreen-Tastatur

touchstone ['tʌtʃstəʊn] Prüfstein (**of** für)

touch-type ['tʌtʃtaɪp] *am Rechner*: blindschreiben

touchy ['tʌtʃɪ] **1** empfindlich, reizbar **2** *Thema*: heikel

★**tough** [▲ tʌf] **1** *allg*: zäh **2** *Material usw.*: robust, widerstandsfähig **3** *Haltung usw.*: hart; **get tough with** hart vorgehen gegen **4** *Konkurrenz usw.*: hart **5** *Problem usw.*: schwierig **6** gewalttätig, (knall)hart

toughen [▲ 'tʌfn] *auch* **toughen up** hart (*oder* zäh) machen

★**tour¹** [tʊə] **1** Tour (**of** durch) **2** (Rund)Reise, (Rund)Fahrt; **tour operator** Reiseveranstalter **3** Ausflug, Wanderung **4** Rundgang (**of** durch); **guided tour** Führung **5** *Theater usw.*: Tournee (**of** durch); **be on tour** auf Tournee sein (**in** in)

★**tour²** [tʊə] **1** *auch* **tour around** bereisen, reisen durch **2** *Theater usw.*: eine Tournee machen (**durch**); **be touring Germany** auf Deutschlandtournee sein

tour guide ['tʊə‿gaɪd] Reiseleiter(in)

★**tourism** ['tʊərɪzm] Tourismus, Fremdenverkehr

★**tourist¹** ['tʊərɪst] Tourist(in)

★**tourist²** ['tʊərɪst] Touristen...; **tourist class** *Flugzeug, Schiff*: Touristenklasse

tourist guide ['tʊərɪst‿gaɪd] Fremdenführer(in)

tourist office ['tʊərɪst ˌɒfɪs] Touristeninformation, Fremdenverkehrsbüro
touristy ['tʊərɪstɪ] touristisch
tournament ['tʊənəmənt] Turnier
tour operator ['tʊəˌɒpəreɪtə] Reiseveranstalter
tousled ['taʊzld] *Haar:* zerzaust
★**tow**[1] [⚠ təʊ] abschleppen *(Auto usw.)*
★**tow**[2] [⚠ təʊ] **give someone a tow** jemanden abschleppen
★**towards** [tə'wɔːdz] *bes. Br,* ★**toward** [tə'wɔːd] *bes. US* **1** *Richtung:* auf … zu, (in) Richtung, zu **2** *zeitlich:* gegen; **towards the end of** gegen Ende (+ *Genitiv*) **3** *Einstellung usw.:* gegenüber
★**towel** ['taʊəl] Handtuch
towelling, *US* **toweling** ['taʊəlɪŋ] Frottee
★**tower** ['taʊə] Turm
tower block ['taʊə ˌblɒk] *Br* (großes) Hochhaus

PHRASAL VERBS

tower over *oder* **above** [ˌtaʊər'əʊvə *oder* ə-'bʌv] überragen *(auch übertragen)*

---

towering ['taʊərɪŋ] **1** hoch aufragend **2** *übertragen* überragend
★**town** [taʊn] Stadt; **in town** in der Stadt; **go to town** in die Stadt fahren *(bzw.* gehen); **be out on the town** *umg* einen draufmachen
town centre [ˌtaʊn'sentə] *Br* Stadtmitte, Stadtzentrum
★**town hall** [ˌtaʊn'hɔːl] Rathaus
township ['taʊnʃɪp] *US* (Stadt)Gemeinde, (Kreis)Bezirk
towrope [⚠ 'təʊrəʊp] *Auto:* Abschleppseil
toxic ['tɒksɪk] giftig, Gift…, toxisch; **toxic waste** Giftmüll
★**toy**[1] [tɔɪ] Spielzeug; **toys** *pl* Spielsachen, Spielzeug, *im Geschäft:* Spielwaren
★**toy**[2] [tɔɪ] **1** Spielzeug… **2** *Hund:* Zwerg…; **toy poodle** Zwergpudel

---
PHRASAL VERBS

toy with ['tɔɪ ˌwɪð] spielen mit *(auch mit einer Idee usw.)*

---

toy shop ['tɔɪ ˌʃɒp] Spielwarengeschäft
★**trace**[1] [treɪs] **1** ausfindig machen, aufspüren, finden; **he was traced to …** seine Spur führte nach … **2** *auch* **trace back** zurückverfolgen **(to** bis zu) **3** (durch)pausen
★**trace**[2] [treɪs] Spur *(auch übertragen);* **without (a) trace** spurlos
★**track**[1] [træk] **1** *auch* **tracks** *pl* Spur *(auch eines Tonbands usw. und übertragen), Jagd auch:* Fährte; **be on the wrong track** auf der falschen Spur sein, auf dem Holzweg sein **2** Pfad, Weg **3** *auch* **tracks** *pl* Eisenbahn: Gleis, Geleise **4** *Sport:* (Renn)Bahn **5** *US; Sport:* Leichtathletik **6 keep** *(bzw.* **lose) track (of)** die Übersicht behalten *(bzw.* verlieren) (über)
★**track**[2] [træk] verfolgen

PHRASAL VERBS

track down [ˌtræk'daʊn] aufspüren, auftreiben *(auch übertragen)*

---

track and field [ˌtræk ən'fiːld] *US* Leichtathletik; → **athletics**
trackball ['trækbɔːl] *Computer* **1** *von Laptop:* Trackball **2** *von Maus:* Rollkugel
tracksuit ['træksuːt] Trainingsanzug; **tracksuit top** Sportjacke
tractor ['træktə] Traktor, Zugmaschine
tractor-trailer ['træktəˌtreɪlə] *US* Sattelschlepper; → **articulated lorry** *Br*
★**trade**[1] [treɪd] **1** Handel **(in** mit) **2** Branche, Gewerbe; **be in the tourist trade** im Fremdenverkehrsgewerbe (tätig) sein **3** *(bes.* Handwerks)Beruf; **by trade** von Beruf
★**trade**[2] [treɪd] **1** handeln **(in** mit), Handel treiben **2** (ein)tauschen **(for** gegen)

PHRASAL VERBS

trade in [ˌtreɪd'ɪn] in Zahlung geben *(Altwagen usw.)*

---

trade barrier ['treɪdˌbærɪə] Handelsbarriere, Handelsschranke
trademark ['treɪdmɑːk] **1** *Wirtschaft:* Warenzeichen **2** *übertragen* Markenzeichen
trade name ['treɪd ˌneɪm] *Wirtschaft:* Markenname
trader ['treɪdə] Händler(in)
trade school ['treɪd ˌskuːl] *US* Berufsschule
tradesman ['treɪdzmən] *pl:* **tradesmen** ['treɪdzmən] *Br* **1** Handwerker **2** Händler, Ladeninhaber **3** Lieferant
tradeswoman ['treɪdzwʊmən] *pl:* **tradeswomen** ['treɪdzwɪmɪn] **1** Handwerkerin **2** Händlerin **3** Lieferant
★**trade union** [ˌtreɪd'juːnɪən] Gewerkschaft
trade unionist [ˌtreɪd'juːnɪənɪst] Gewerkschaftler(in)
trading estate ['treɪdɪŋ ˌeˌsteɪt] Industriegelände
tradition [trə'dɪʃn] Tradition
traditional [trə'dɪʃnəl] traditionell
★**traffic** ['træfɪk] **1** Verkehr; **traffic calming** *Br;* *in Stadt:* Verkehrsberuhigung **2** *(bes.* illegaler)

Handel (**in** mit) (*Drogen usw.*) ■3 *im Internet*: Internetverkehr

PHRASAL VERBS

traffic in ['træfɪk ɪn], **trafficked in, trafficked in** (*bes.* illegal) handeln mit

traffic circle ['træfɪk,sɜːkl] *US* Kreisverkehr; → roundabout 1

traffic jam ['træfɪk dʒæm] (Verkehrs)Stau

★**traffic lights** ['træfɪk laɪts] *pl, US* ★**traffic light** ['træfɪk laɪt] Verkehrsampel

traffic sign ['træfɪk saɪn] Verkehrsschild

traffic warden ['træfɪk,wɔːdn] *Br* Parküberwacher, Politesse

tragedy ['trædʒədɪ] Tragödie

tragic ['trædʒɪk] tragisch

trail[1] [treɪl] ■1 nachschleifen lassen ■2 **trail (along) behind someone** hinter jemandem herschleifen ■3 verfolgen (*Mensch, Tier*) ■4 *Sport*: zurückliegen (hinter) (**by** um)

trail[2] [treɪl] ■1 Spur (*auch übertragen*); **be (hot) on someone's trail** jemandem (dicht) auf der Spur sein ■2 Pfad, Weg

★**trailer** ['treɪlə] ■1 *Auto*: Anhänger ■2 *US* Caravan, Wohnwagen; **trailer park** Caravanpark ■3 *Film, TV*: Trailer, Vorschau

★**train**[1] [treɪn] ■1 *Eisenbahn*: Zug; **by train** mit der Bahn, mit dem Zug; **on the train** im Zug; **train set** (Spielzeug)Eisenbahn ■2 *Reihe von Fahrzeugen usw.*: Kolonne ■3 Schleppe (*von Hochzeitskleid*) ■4 *übertragen* Folge, Kette (*von Ereignissen usw.*)

★**train**[2] [treɪn] ■1 ausbilden (**as** als, zum), *Sport*: trainieren (*Mannschaft usw.*) ■2 schulen (*Verstand usw.*) ■3 abrichten, dressieren (*Tier*) ■4 ausgebildet werden (**as** als, zum); **I am training to be(come) a hairdresser** ich mache eine Ausbildung als Friseur(in); **he trained as a teacher** er hat eine Lehrerausbildung gemacht ■5 *Sport*: trainieren (**for** für) ■6 richten (*Geschütz usw.*) (**on** auf)

★**trainee** [,treɪˈniː] Auszubildende(r), Praktikant(in), *umg* Azubi; **be a trainee** in der Ausbildung sein; **trainee position** Ausbildungsplatz

traineeship [treɪˈniːʃɪp] Lehrstelle

trainer ['treɪnə] ■1 *Sport*: Trainer(in) ■2 *von Tieren*: Dresseur, Dompteur, Dompteuse ■3 *Br* Turnschuh, Sportschuh, Sneaker (*auch für die Straße*)

★**training** ['treɪnɪŋ] ■1 Ausbildung, Schulung; **be in training** in der Ausbildung sein; **training certificate** Ausbildungszeugnis; **training contract** Ausbildungsvertrag; **training course**

Ausbildungskurs ■2 *von Tieren*: Abrichten, Dressur ■3 *Sport*: Training; **be out of training** nicht in Form sein

trait [treɪt] Charakterzug, Eigenschaft

traitor ['treɪtə] Verräter (**to** an)

★**tram** [træm] *Br* Straßenbahn(wagen), Ⓐ Bim; **by tram** mit der Straßenbahn

tramp[1] [træmp] stapfen, trampeln (durch) (⚠ **trampen** = **hitchhike**)

tramp[2] [træmp] ■1 Tramp, Landstreicher(in) ■2 Flittchen

trample ['træmpl] ■1 trampeln ■2 zertrampeln

trampoline ['træmpəliːn] Trampolin

trance [trɑːns] Trance; **go into a trance** in Trance verfallen

tranquil ['træŋkwɪl] ruhig, friedlich

tranquillity, *US* **tranquility** [trænˈkwɪlətɪ] Ruhe, Frieden

tranquillize, *US* **tranquilize** ['træŋkwəlaɪz] ■1 beruhigen (*Person*) ■2 betäuben (*Tier*)

tranquillizer, *US* **tranquilizer** ['træŋkwəlaɪzə] Beruhigungsmittel

transact [trænˈzækt] abwickeln (*Geschäft*), abschließen (*Handel*)

transaction [trænˈzækʃn] ■1 Abwicklung, Abschluss ■2 Transaktion, Geschäft

transatlantic [,trænzətˈlæntɪk] transatlantisch, Transatlantik...

transcontinental ['trænz,kɒntɪˈnentl] transkontinental

transcribe [trænˈskraɪb] ■1 abschreiben, niederschreiben ■2 übertragen, schriftlich festhalten (*Aussage usw.*) ■3 in Lautschrift übertragen

transcript ['trænskrɪpt] Abschrift, Niederschrift

transcription [trænˈskrɪpʃn] ■1 Abschreiben, Niederschreiben ■2 *von Manuskript usw.*: Abschrift, Niederschrift ■3 phonetische Umschrift

★**transfer**[1] [trænsˈfɜː], **transferred, transferred** ■1 verlegen (*Betrieb usw.*) (**to** nach) ■2 versetzen (*Person*) (**to** nach) ■3 *Sport*: (*Spieler*) wechseln (**to** zu) ■4 *Sport*: transferieren (*Spieler*) (**to** zu) ■5 überweisen (*Geld*) (**to someone** an jemanden, **to an account** auf ein Konto) ■6 *Recht*: übertragen (*Eigentum, Recht*) (**to** auf) ■7 *auf Reisen*: umsteigen (**from ... to** von ... auf)

PHRASAL VERBS

transfer to [trænsˈfɜː tʊ] *von Bandaufnahme usw.*: überspielen auf

transfer[2] ['trænsfɜː] ■1 Verlegung (*eines Betriebs usw.*), Versetzung (*einer Person*) ■2 *Sport*:

Transfer, Wechsel ❸ Überweisung (*von Geld*) ❹ *Recht*: Übertragung (*von Rechten usw.*) ❺ *bes. Br* Abziehbild ❻ *bes. US* Umsteige(fahr)karte

transfer fee ['trænsfɜː_fiː] *Sport*: Transfersumme, Ablöse(summe)

transform [trænsˈfɔːm] umwandeln, verwandeln (**into** in)

transformation [ˌtrænsfəˈmeɪʃn] Umwandlung, Verwandlung

transformer [trænsˈfɔːmə] *Elektrik*: Transformator

transfusion [trænsˈfjuːʒn] Bluttransfusion

transgenic [ˌtrænzˈdʒenɪk] *Biologie*: transgen

transistor [trænˈzɪstə] ❶ *Elektronik*: Transistor ❷ *auch* **transistor radio** Transistorradio

transit ['trænsɪt] ❶ Durchfahrt (*durch ein Land*); **transit passenger** Transitreisende(r); **transit camp** Durchgangslager ❷ Beförderung, Transport; **in transit** unterwegs, auf dem Transport

transition [trænˈzɪʃn] Übergang (**from ... to** von ... zu)

transitive ['trænsətɪv] *Sprache*: transitiv

★**translate** [trænsˈleɪt] übersetzen (**from English into German** aus dem Englischen ins Deutsche)

★**translation** [trænsˈleɪʃn] Übersetzung

translator [trænsˈleɪtə] Übersetzer(in)

transmission [trænzˈmɪʃn] ❶ *Rundfunk, TV*: Übertragung, Sendung; **transmissions** *pl auch*: Programm ❷ *Auto*: Getriebe ❸ Übertragung (*einer Krankheit*)

transmit [trænzˈmɪt], **transmitted**, **transmitted** ❶ (aus)senden (*Signale*) ❷ *Rundfunk, TV*: senden (*Programm*) ❸ übertragen (*Krankheit*) ❹ *Physik*: leiten (*Wärme usw.*), durchlassen (*Licht usw.*)

transmitter [trænzˈmɪtə] Sender

transparency [trænsˈpærənsɪ] ❶ Durchsichtigkeit (*auch übertragen*) ❷ Overheadfolie ❸ Dia (positiv)

transparent [trænsˈpærənt] ❶ durchsichtig ❷ *übertragen* durchsichtig, offenkundig

transpire [trænˈspaɪə] ❶ (*Pflanze*) transpirieren ❷ (*Mensch*) transpirieren, schwitzen ❸ **it transpired that ...** es sickerte durch (*oder* wurde bekannt), dass ... ❹ *umg* passieren, geschehen

transplant[1] [trænsˈplɑːnt] ❶ umpflanzen (*Pflanze*) ❷ *medizinisch*: transplantieren, verpflanzen (*Organ*) ❸ umsiedeln (*Menschen*), verlegen (*Betrieb usw.*) (**to** nach)

transplant[2] ['trænsplɑːnt] ❶ Transplantation, (Organ)Verpflanzung ❷ (≈ *Organ*) Transplantat

★**transport**[1] ['trænspɔːt] ❶ Transport, Beförderung ❷ Beförderungsmittel, Verkehrsmittel; **public transport** öffentliche Verkehrsmittel; **Department of Transport** *in GB*: Verkehrsministerium

★**transport**[2] [trænsˈpɔːt] transportieren (*Waren usw.*), befördern (*auch Personen*)

transportation [ˌtrænspɔːˈteɪʃn] ❶ Transport, Beförderung ❷ *bes. US* Beförderungsmittel, Verkehrsmittel

trap[1] [træp] ❶ Falle (*auch übertragen*); **set a trap for someone** jemandem eine Falle stellen ❷ **keep one's trap shut** *salopp* die Schnauze halten

trap[2] [træp], **trapped**, **trapped** ❶ **be trapped** (*Bergleute usw.*) eingeschlossen sein ❷ *übertragen* in eine Falle locken ❸ (in *oder* mit einer Falle) fangen ❹ *Sport*: stoppen (*Ball*)

trapper ['træpə] Trapper, Fallensteller

trash [træʃ] ❶ *umg*; *Film, Buch usw.*: Schund ❷ *umg* Quatsch, Unsinn ❸ *US* Abfall, Müll; **trash can** Abfalleimer, Mülleimer ❹ *US* Gesindel

trashy ['træʃɪ] Schund...

trauma ['trɔːmə] *Psychologie, Medizin*: Trauma

traumatic [trɔːˈmætɪk] *Psychologie*: traumatisch

★**travel**[1] ['trævl] **travelled**, **travelled**, *US* **traveled**, **traveled** ❶ reisen ❷ bereisen (*Land usw.*) ❸ zurücklegen, fahren (*Strecke*)

★**travel**[2] ['trævl] ❶ das Reisen ❷ **travels** *pl* (*bes. Auslands*)Reisen

★**travel agency** ['trævl ˌeɪdʒənsɪ] Reisebüro

travel agent ['trævl ˌeɪdʒənt] ❶ Reisebürokaufmann, Reisebürokauffrau ❷ *Firma*: Reisebüro

travel bag ['trævl ˌbæg] Reisetasche

travel bureau ['trævl ˌbjʊərəʊ] Reisebüro

travel card ['trævl ˌkɑː] für öffentliche Verkehrsmittel: Zeitkarte, *je nach Gültigkeit*: Wochen-, Monats-, Jahreskarte

traveler ['trævlə] *US* Reisende(r); → traveller

traveling ['trævlɪŋ] *US* Reise...; → travelling *Br*

travel insurance ['trævlɪnˌʃʊərəns] Reiseversicherung

★**traveller** ['trævlə] *Br* Reisende(r)

★**traveller's cheque**, *US* **traveler's check** ['trævləzˌtʃek] Reisescheck, Travellerscheck

travelling ['trævlɪŋ] *Br* ❶ Reise...; **travelling (alarm) clock** Reisewecker; **travelling salesman** *Wirtschaft*: (Handels)Vertreter (**in** für) ❷ Wander...; **travelling circus** Wanderzirkus

travel pillow ['trævl ˌpɪləʊ] Nackenkissen; *hufeisenförmig*: Nackenhörnchen

travelsick ['trævlsɪk] reisekrank
travelsickness ['trævl,sɪknəs] Reisekrankheit
travel warning ['trævl,wɔːnɪŋ] Reisewarnung; **issue a travel warning** eine Reisewarnung herausgeben
trawler ['trɔːlə] Fischdampfer
★**tray** [treɪ] ❶ Tablett ❷ *bes. Br* Ablagekorb
treacherous [▲'tretʃərəs] ❶ verräterisch ❷ *übertragen* tückisch
treachery [▲'tretʃərɪ] Verrat
treacle ['triːkl] *Br* Sirup
tread¹ [▲tred], trod [trɒd], trodden ['trɒdn] *oder* trod treten (**on** auf, in); **tread carefully** *übertragen* vorsichtig vorgehen (*bei einem Problem*)
tread² [▲tred] ❶ Gang, Schritt(e) ❷ *Auto*: Profil (*eines Reifens*)
treason ['triːzn] Landesverrat
★**treasure**¹ ['treʒə] Schatz; **treasure hunt** Schatzsuche
★**treasure**² ['treʒə] in Ehren halten, schätzen
treasurer ['treʒərə] *eines Klubs usw.*: Kassenwart, Kassenführerin
Treasury ['treʒərɪ] Finanzministerium
★**treat**¹ [triːt] ❶ behandeln (**like** wie), umgehen mit ❷ **treat a topic** (*oder* **subject**) (*Buch usw.*) ein Thema behandeln ❸ betrachten (**as** als) ❹ *medizinisch*: behandeln (**for** gegen); **be treated for** in ärztlicher Behandlung stehen wegen ❺ einladen (**to** zu); **treat someone to something** jemandem etwas spendieren; **treat oneself to something** sich etwas leisten ❻ *Chemie, Technik*: behandeln (**with** mit; **against** gegen)
★**treat**² [triːt] ❶ Freude, Überraschung ❷ **this is my treat** das geht auf meine Rechnung
treatise ['triːtɪz] (wissenschaftliche) Abhandlung (**on** über)
★**treatment** ['triːtmənt] *allg.*: Behandlung
treaty ['triːtɪ] *politisch*: Vertrag
treble¹ ['trebl] dreifach; **treble the number** die dreifache Zahl
treble² ['trebl] verdreifachen
treble³ ['trebl] Sopran(stimme), Knabensopran; **he's a treble** er singt Sopran
★**tree** [triː] Baum; **in a tree** auf einem Baum
treeline ['triːlaɪn] *im Hochgebirge*: Baumgrenze
treetop ['triːtɒp] (Baum)Wipfel
trek [trek], trekked, trekked; -ing-Form trekking ❶ marschieren, ziehen ❷ *umg* latschen
trekking bike ['trekɪŋ ˌbaɪk] Trekkingrad
★**tremble** ['trembl] zittern (**with** vor); **tremble at the thought** (*oder* **to think**) bei dem Gedanken zittern
tremendous [trə'mendəs] ❶ gewaltig ❷ *umg* klasse, toll
tremor ['tremə] Zittern, Beben (*auch von Erde*)
trench [trentʃ] ❶ Graben ❷ *militärisch*: Schützengraben
trend¹ [trend] ❶ Trend, Tendenz (**towards** zu) ❷ Mode
trend² [trend] *im Internet*: topaktuell sein; **trending topic** Trendthema, Topthema
trendy ['trendɪ] *umg* modern; **be trendy** als schick gelten, in sein; **a trendy disco** eine In--Disko
trespass ['trespəs] **no trespassing** Betreten verboten!
trespasser ['trespəsə] **trespassers will be prosecuted** Betreten bei Strafe verboten!
★**trial** ['traɪəl] ❶ *Recht*: Prozess, Verhandlung; **be on** (*oder* **stand**) **trial** vor Gericht stehen (**for** wegen) ❷ Prüfung, Test; **on trial** auf (*oder* zur) Probe; **he's still on trial** er ist noch in der Probezeit ❸ **be a trial to someone** jemandem Ärger machen
trial period [ˌtraɪəl'pɪərɪəd] Probezeit
trial run [ˌtraɪəl'rʌn] ❶ Generalprobe ❷ *von Maschine*: Probelauf
★**triangle** ['traɪæŋgl] ❶ *Geometrie*: Dreieck ❷ *US* Zeichendreieck → **set square** *Br* ❸ *Musik*: Triangel
triangular [traɪ'æŋgjʊlə] dreieckig
triathlete [traɪ'æθliːt] *Sport*: Triathlet(in)
triathlon [traɪ'æθlən] *Sport*: Triathlon
tribal ['traɪbl] Stammes...
tribe [traɪb] *in Afrika usw.*: Stamm
tribunal [traɪ'bjuːnl] *Recht*: Gericht
tributary [▲'trɪbjʊtərɪ] Nebenfluss
tribute [▲'trɪbjuːt] **pay tribute to someone** jemandem Anerkennung zollen
★**trick**¹ [trɪk] ❶ Trick (*auch im negativen Sinn*), *mit Karten usw.*: Kunststück ❷ **play a trick on someone** jemandem einen Streich spielen ❸ **how's tricks?** *umg* wie geht's?
★**trick**² [trɪk] **trick question** Fangfrage
★**trick**³ [trɪk] überlisten, reinlegen
trickery ['trɪkərɪ] *im negativen Sinn*: Tricks
trickle ['trɪkl] tröpfeln, rieseln
trickster ['trɪkstə] Betrüger(in), Schwindler(in)
tricky ['trɪkɪ] ❶ schwierig, *Problem usw. auch*: heikel ❷ *Person*: durchtrieben, raffiniert
tricycle ['traɪsɪkl] Dreirad
tried [traɪd] 2. und 3. Form von → **try**¹
trifle ['traɪfl] ❶ Kleinigkeit, Lappalie ❷ *Br* Trifle (*Biskuitdessert*)

trigger¹ ['trɪgə] Abzug (*am Gewehr usw.*)
trigger² ['trɪgə] *auch* **trigger off** *übertragen* auslösen
trilogy ['trɪlədʒɪ] Trilogie
trim¹ [trɪm], trimmed, trimmed **1** stutzen, beschneiden (*Hecke, Bart usw.*) **2 trimmed with fur** *Kleidung*: mit Pelzbesatz
trim² [trɪm] **1 give something a trim** etwas stutzen, etwas beschneiden **2 be in good trim** *umg*; *Auto usw.*: gut in Schuss sein, *Person auch*: gut in Form sein
trim³ [trɪm], trimmer, trimmest gepflegt
trimming ['trɪmɪŋ] **1** Besatz **2 trimmings** *pl* Zubehör; **with all the trimmings** mit allem Schnickschnack
★**trip¹** [trɪp], tripped, tripped **1** stolpern (**over** über) **2 trip someone (up)** jemandem ein Bein stellen (*auch übertragen*)
★**trip²** [trɪp] **1** Reise, Ausflug, Trip; **go on a bus trip** eine Busreise machen; **have a good trip** gute Reise! **2** *salopp* (≈ Drogenrausch) Trip
triple ['trɪpl] (sich) verdreifachen
triplet ['trɪplət] Drilling
trite [traɪt] *Bemerkung usw.*: abgedroschen; banal
triumph¹ ['traɪʌmf] Triumph (**over** über)
triumph² ['traɪʌmf] triumphieren (**over** über)
triumphal [traɪ'ʌmfl] Triumph...
triumphant [traɪ'ʌmfənt] triumphierend
trivial ['trɪvɪəl] **1** unbedeutend, belanglos **2** alltäglich, gewöhnlich
trod [trɒd] 2. und 3. Form von → **tread¹**
trodden ['trɒdn] 3. Form von → **tread¹**
trojan ['trəʊdʒn] *Computer*: Trojaner, trojanisches Pferd
troll [trəʊl] *im Internet*: Troll
trolley ['trɒlɪ] **1** *Br* Einkaufswagen, Gepäckwagen, Kofferkuli **2 tea trolley** *Br* Teewagen **3** *US* Straßenbahn
trolley case ['trɒlɪ‿keɪs] *Br* Trolley
trombone [trɒm'bəʊn] Posaune
troop¹ [truːp] Schar; → **troops**
troop² [truːp] (*Menschen usw.*) strömen
trooper ['truːpə] **1** *militärisch*: Kavallerist **2** *US* Polizist (*eines Bundesstaats*)
★**troops** [truːps] *pl Militär*: Truppen; **2000 troops** 2000 Soldaten
trophy ['trəʊfɪ] Trophäe
tropical ['trɒpɪkl] tropisch, Tropen...
tropics ['trɒpɪks] *pl* Tropen
trot¹ [trɒt] **1** *Gangart*: Trab **2 on the trot** *Br, umg* hintereinander
trot² [trɒt], trotted, trotted **1** traben **2** traben lassen (*Pferd*)

★**trouble¹** ['trʌbl] **1** Schwierigkeit, Problem; **be in trouble** in Schwierigkeiten sein; **get into trouble** in Schwierigkeiten geraten, Schwierigkeiten bekommen (**with** mit); **get someone into trouble** jemanden in Schwierigkeiten bringen **2 take the trouble to do something** sich die Mühe machen, etwas zu tun **3 be looking for trouble** Streit suchen **4** *auch* **troubles** *pl politisch*: Unruhen **5** *medizinisch*: Leiden, Beschwerden
★**trouble²** ['trʌbl] **1** beunruhigen **2** Umstände machen, bitten (**for** um; **to do** zu tun); **I don't want to trouble you** ich möchte Ihnen keine Umstände machen
trouble-free [,trʌbl'friː] **1** *Reise*: problemlos **2** *Gegend*: ruhig **3** *in der Technik*: störungsfrei
troublemaker ['trʌbl,meɪkə] Unruhestifter(in)
troubleshooter ['trʌbl,ʃuːtə] **1** *Technik*: Störungssucher(in), Fehlersucher(in) **2** *bei Konflikten usw.*: Vermittler(in), Friedensstifter(in)
troublesome ['trʌblsəm] lästig
trouble spot ['trʌbl‿spɒt] *bes. Politik*: Unruheherd
trough [▲ trɒf] Trog
troupe [truːp] *Theater usw.*: Truppe
trousers ['traʊzəz] *pl Br* Hose; **a new pair of trousers** eine neue Hose
trouser suit ['traʊzə‿suːt] *Br* Hosenanzug
trout [traʊt] Forelle
trowel ['traʊəl] Kelle
truant ['truːənt] Schulschwänzer(in); **play truant** *Br* (die Schule) schwänzen
truce [truːs] Waffenstillstand (*auch übertragen*)
★**truck** [trʌk] **1** Lastwagen **2** *Br*; *Bahn*: Güterwagen
truck driver ['trʌk,draɪvə] Lastwagenfahrer(in)
trucker ['trʌkə] *US* Lastwagenfahrer(in)
truck stop ['trʌk‿stɒp] *US* Fernfahrerlokal
trudge [trʌdʒ] stapfen (**through** durch)
★**true** [truː], truer, truest **1** wahr; **be true** *auch*: stimmen **2** echt, wirklich, wahr; **true love** wahre Liebe **3** treu (**to** *Dativ*); **stay true to one's principles** seinen Grundsätzen treu bleiben **4** getreu (**to** *Dativ*) **5 come true** sich bewahrheiten
truffle ['trʌfl] *Pilz und Konfekt*: Trüffel
truly ['truːlɪ] **1** wahrheitsgemäß **2** wirklich, wahrhaft **3** aufrichtig; **Yours truly** *US*; *Briefschluss*: Mit freundlichen Grüßen
trump [trʌmp] *auch* **trump card** Trumpf(karte); **play one's trump card** *übertragen* seinen Trumpf ausspielen; → **trumps**

trumpet ['trʌmpɪt] Trompete
trumps [trʌmps] *pl Kartenspiel:* Trumpf
truncheon ['trʌntʃən] (Gummi)Knüppel, Schlagstock
★**trunk** [trʌŋk] **1** (Baum)Stamm **2** *Elefant:* Rüssel **3** Schrankkoffer **4** *Körper:* Rumpf **5** *US; Auto:* Kofferraum; → **boot** *Br*
trunks [trʌŋks] *pl, auch* **pair of trunks** Badehose
★**trust**[1] [trʌst] **1** Vertrauen (**in** zu); **place** (*oder* **put**) **one's trust in** Vertrauen setzen in; **take something on trust** etwas einfach glauben **2** *Wirtschaft:* Treuhand, Trust
★**trust**[2] [trʌst] **1** trauen, vertrauen (**in** auf) **2** sich verlassen auf; **trust someone to do something** sich darauf verlassen, dass jemand etwas tut; **trust him!** das sieht ihm ähnlich! **3** (zuversichtlich) hoffen
trustee [ˌtrʌˈstiː] *Recht:* Treuhänder(in), Vermögensverwalter(in)
trusting ['trʌstɪŋ] vertrauensvoll
trustworthy ['trʌstˌwɜːðɪ] vertrauenswürdig
★**truth** [truːθ] *pl:* **truths** [⚠ truːðz] Wahrheit; **in truth** in Wahrheit; **there's no truth in it** daran ist nichts Wahres; **to tell (you) the truth** um die Wahrheit zu sagen
truthful ['truːθfl] **1** wahrheitsgemäß **2** *Person:* wahrheitsliebend
★**try**[1] [traɪ], **tried** [traɪd], **tried** [traɪd] **1** versuchen (**to do** zu tun); **try hard** sich große Mühe geben **2** (≈ *testen*) ausprobieren **3** probieren, kosten (*Essen, Trinken*) **4** *Recht:* verhandeln (über); **try someone** jemandem den Prozess machen (**for** wegen) **5** auf die Probe stellen (*jemandes Geduld*) **6** es versuchen; **try and come** *umg* versuch zu kommen

PHRASAL VERBS

try for [ˈtraɪ_fɔː] *Br* sich bemühen um (*Stelle, Stipendium usw.*)
★**try on** [ˌtraɪˈɒn] **1** anprobieren, aufprobieren (*Hut usw.*) **2 try it on** *Br, umg* probieren, wie weit man gehen kann
try out [ˌtraɪˈaʊt] **1** ausprobieren **2 try out for** *US* sich bemühen um

try[2] [traɪ] Versuch; **have a try** es versuchen; **I'll give it a try** ich werde es versuchen
trying ['traɪɪŋ] *Arbeit, Tag usw.:* anstrengend, aufreibend
★**T-shirt** ['tiː_ʃɜːt] T-Shirt
tub [tʌb] **1** Bottich, Tonne **2** Becher (*für Margarine usw.*) **3** *US* (Bade)Wanne
★**tube** [tjuːb] **1** Röhre, Rohr **2** Schlauch **3** Tube **4 the Tube** *umg* die U-Bahn (*in London*); **by Tube** mit der U-Bahn
TUC [ˌtiːjuːˈsiː] (*abk für* Trades Union Congress) *Br* Gewerkschaftsbund
tuck [tʌk] stecken; **tuck something under one's arm** sich etwas unter den Arm klemmen

PHRASAL VERBS

tuck in [ˌtʌkˈɪn] **1** *bes. Br, umg* reinhauen **2** ins Bett packen (*Kind*)
tuck up [ˌtʌkˈʌp] *auch* **tuck up in bed** ins Bett packen (*Kind*)

★**Tuesday** ['tjuːzdɪ] Dienstag; **on Tuesday** (am) Dienstag; **on Tuesdays** dienstags
tug[1] [tʌg], **tugged**, **tugged** zerren (*oder* ziehen) (an)
tug[2] [tʌg] **1** Ruck; **tug-of-war** Tauziehen **2** *Boot:* Schlepper
tuition [tjuːˈɪʃn] **1** Unterricht **2** Unterrichtsgebühr(en)
tulip ['tjuːlɪp] Tulpe
tumble ['tʌmbl] fallen (*auch Preise*), stürzen
tumble dryer [ˌtʌmblˈdraɪə] Trockenautomat, Wäschetrockner
tummy ['tʌmɪ] *umg, Kindersprache* Bauch; **he's got (a) tummy-ache** er hat Bauchweh
tumour, *US* **tumor** ['tjuːmə] Tumor
tumult ['tjuːmʌlt] Tumult
tumultuous [tjuːˈmʌltjʊəs] tumultartig, *Applaus, Empfang:* stürmisch
★**tuna** ['tjuːnə] Thunfisch, ⓈⓌ Thon
★**tune**[1] [tjuːn] **1** Melodie **2 be out of tune** *Instrument:* verstimmt sein
★**tune**[2] [tjuːn] **1** *auch* **tune up** stimmen (*Instrument*) **2** *auch* **tune up** tunen (*Motor*) **3** einstellen (*Radio usw.*) (**to** auf)

PHRASAL VERBS

tune in [ˌtjuːnˈɪn] **1** (das Radio *usw.*) einschalten; **tune in to** einschalten (*Sender, Programm*); **be tuned in to** eingeschaltet haben (*Sender, Programm*) **2** einstellen (*Radio usw.*) (**to** auf)

tunic ['tjuːnɪk] Tunika
Tunisia [tjuːˈnɪzɪə] Tunesien
Tunisian[1] [tjuːˈnɪzɪən] tunesisch
Tunisian[2] [tjuːˈnɪzɪən] Tunesier(in)
tunnel[1] ['tʌnl] Tunnel, Unterführung
tunnel[2] ['tʌnl] **tunnelled, tunnelled**, *US* **tunneled, tunneled** durchtunneln (*Berg*), untertunneln (*Fluss usw.*)
turbulence ['tɜːbjʊləns] *beim Fliegen:* Turbulenzen
turf [tɜːf] Rasen, Rasenstück

★**Turk** [tɜːk] Türke, Türkin
★**turkey** ['tɜːkɪ] Truthahn, Truthenne
★**Turkey** ['tɜːkɪ] *die* Türkei
★**Turkish**[1] ['tɜːkɪʃ] türkisch
★**Turkish**[2] ['tɜːkɪʃ] *Sprache:* Türkisch
turmoil ['tɜːmɔɪl] Aufruhr
★**turn**[1] [tɜːn] **1** sich drehen **2** drehen, *von Schlüssel auch:* herumdrehen **3** umdrehen (*Schallplatte usw.*), umblättern (*Seite*), wenden (*Braten usw.*) **4** *auf Straße:* abbiegen, einbiegen (**into** in); **turn left** (sich) nach links wenden, *Auto:* links abbiegen **5** (*Person*) sich umdrehen **6** **turn the corner** um die Ecke biegen **7** richten (*Schlauch usw.*) (**on** auf) **8** zuwenden (*Aufmerksamkeit*) (**to** *Dativ*) **9** *mit Adjektiv:* werden; **turn pale** blass werden **10** sich verwandeln, *übertragen* umschlagen (**into, to** in) **11** in einen anderen Zustand versetzen: verwandeln (**into** in); **the novel was turned into a film** der Roman wurde verfilmt

---
PHRASAL VERBS

turn around [ˌtɜːn əˈraʊnd] → turn round
turn away [ˌtɜːn əˈweɪ] **1** abwenden (*Gesicht usw.*) (**from** von) **2** abweisen (*Person*) **3** sich abwenden (**from** von)
turn back [ˌtɜːnˈbæk] **1** umkehren **2** zurückschicken (*Person*) **3** zurückstellen (*Uhr*) **4** *Buch:* zurückblättern (**to** auf)
turn down [ˌtɜːnˈdaʊn] **1** umlegen (*Kragen*), zurückschlagen (*Bettdecke*) **2** leiser stellen (*Radio usw.*), zurückdrehen (*Heizung*) **3** ablehnen (*Angebot usw.*)
turn in [ˌtɜːnˈɪn] **1** **turn oneself in** sich stellen (*der Polizei*) **2** *umg* (≈ *zu Bett gehen*) sich aufs Ohr legen
★**turn off** [ˌtɜːnˈɒf] **1** abdrehen (*Gas, Wasser*) **2** ausmachen, ausschalten: (*Licht usw.*) **3** abstellen (*Motor*) **4** *auf Straße:* abbiegen **5** **it turns me off** *umg* das widert mich an, das nimmt mir die Lust
★**turn on** [ˌtɜːnˈɒn] **1** aufdrehen (*Gas, Wasser*) **2** anstellen (*Gerät*) **3** anmachen, anschalten (*Licht, Radio usw.*) **4** *umg* anturnen, anmachen (*auch sexuell*) **5** (*Erfolg usw.*) abhängen von **6** (≈ *angreifen*) losgehen auf
turn out [ˌtɜːnˈaʊt] **1** ausmachen, ausschalten (*Licht*) **2** hinauswerfen (*Person*) **3** (*Menschen*) erscheinen, kommen (**for** zu) **4** (*Fabrik usw.*) ausstoßen (*Waren*) **5** (aus)leeren (*Tasche usw.*) **6** sich erweisen, sich herausstellen (**a success** als Erfolg; **to be false** als falsch); **he turned out to be a good swimmer** er erwies sich als guter Schwimmer
turn over [ˌtɜːnˈəʊvə] **1** umdrehen (*Schallplatte usw.*), umblättern (*Seite*), wenden (*Braten usw.*) **2** (*Person*) sich umdrehen **3** (*Gegenstand*) umkippen **4** übergeben (*Person, Sache*) (**to**; *Dativ*) **5** *Buch:* umblättern; **please turn over** bitte wenden
turn round [ˌtɜːnˈraʊnd] **1** sich umdrehen **2** **turn one's car round** wenden
turn to ['tɜːn ˌtʊ] **turn to someone** sich jemandem zuwenden, *übertragen* sich an jemanden wenden
turn up [ˌtɜːnˈʌp] **1** lauter stellen (*Radio usw.*) **2** (*Verlorenes*) (wieder)auftauchen **3** (≈ *kommen*) auftauchen

---

turn[2] [tɜːn] **1** (Um)Drehung **2** Biegung, Kurve; **make a right turn** nach rechts abbiegen **3** **in turn** der Reihe nach, abwechselnd; **it's my turn** ich bin dran; **miss a turn** *Brettspiele:* einmal aussetzen; **take turns** sich abwechseln (**at** bei); **take turns (at) doing something, take it in turn(s) to do something** etwas abwechselnd tun **4** *übertragen* Wende, Wendung; **at the turn of the century** um die Jahrhundertwende; **take a turn for the better** (*bzw.* **worse**) sich zum Besseren (*bzw.* Schlechteren) wenden **5** **do someone a good** (*bzw.* **bad**) **turn** jemandem einen guten (*bzw.* schlechten) Dienst erweisen
turncoat ['tɜːnkəʊt] Abtrünniger(r), *umg* Wendehals
turning ['tɜːnɪŋ] Abzweigung
turning point ['tɜːnɪŋ ˌpɔɪnt] *übertragen* Wendepunkt
turnip ['tɜːnɪp] Rübe
turn-off ['tɜːnɒf] *Straße:* Abzweigung
turnout ['tɜːnaʊt] **1** (Wahl)Beteiligung **2** *umg* Aufmachung (*einer Person*)
★**turnover** ['tɜːnˌəʊvə] **1** *Wirtschaft:* Umsatz **2** *Essen:* **apple turnover** Apfeltasche
turnpike ['tɜːnpaɪk] *US* gebührenpflichtige Schnellstraße
turn signal ['tɜːnˌsɪɡnəl] *US; am Kraftfahrzeug:* Blinker; → indicator 3 Br
turnstile ['tɜːnstaɪl] Drehkreuz
turpentine ['tɜːpənˌtaɪn] Terpentin(öl)
turquoise ['tɜːkwɔɪz] türkis, türkisfarben
turtle ['tɜːtl] **1** Wasserschildkröte **2** *US; allg.:* Schildkröte
turtleneck ['tɜːtlnek] *US auch* **turtleneck sweater** Rollkragenpullover
tusk [tʌsk] *von Elefant usw.:* Stoßzahn
tutor[1] ['tjuːtə] **1** Privatlehrer(in) **2** *in GB, Uni-*

versität: Studienleiter(in), Tutor(in)

tutor² ['tjuːtə] unterrichten, Nachhilfe geben

tux [tʌks] *umg*, **tuxedo** [tʌk'siːdəʊ] *pl*: **tuxedos** *US* Smoking

★**TV¹** [ˌtiːˈviː] ◾ Fernsehen; **on (the) TV** im Fernsehen; **watch TV** fernsehen ◾ *Gerät*: Fernseher

★**TV²** [ˌtiːˈviː] Fernseh...

tweet¹ [twiːt] ◾ *von Vogel*: Piepsen ◾ *auf Twitter®*: Tweet

tweet² [twiːt] ◾ *(Vogel)*: piepsen ◾ *Textnachricht über Twitter® versenden*: twittern

tweetable [twiːtəbl] twitterbar

tweezers ['twiːzəz] *pl*, *auch* **pair of tweezers** Pinzette

★**twelfth¹** [twelfθ] zwölfte(r, -s)

★**twelfth²** [twelfθ] ◾ Zwölfte(r, -s) ◾ *Bruchteil*: Zwölftel

★**twelve¹** [twelv] zwölf

★**twelve²** [twelv] *Buslinie usw.*: Zwölf

★**twenty¹** ['twentɪ] zwanzig

★**twenty²** ['twentɪ] Zwanzig; **be in one's twenties** in den Zwanzigern sein; **in the twenties** in den Zwanzigerjahren (*eines Jahrhunderts*)

twenty-four seven [ˌtwentɪ fɔː'sevn] die ganze Woche rund um die Uhr, ständig

★**twice** [twaɪs] zweimal; **twice as much** doppelt (*oder* zweimal) so viel; **think twice** es sich genau überlegen (**before** bevor)

twiddle ['twɪdl] **twiddle one's thumbs** *übertragen* Däumchen drehen

twig [twɪg] Zweig

twilight ['twaɪlaɪt] ◾ (*bes*. Abend)Dämmerung ◾ Zwielicht, Dämmerlicht

twin¹ [twɪn] Zwilling

twin² [twɪn] Zwillings...; **twin brother** Zwillingsbruder; **twin sister** Zwillingsschwester; **twin towers** *pl* Zwillingstürme; **twin beds** *pl Br* zwei Einzelbetten; **twin town** *Br* Partnerstadt

twin³ [twɪn] **be twinned with** *Br; Stadt*: die Partnerstadt sein von

twine [twaɪn] Bindfaden, Schnur

twined [twaɪnd] ◾ *auch* **twined together** zusammengedreht ◾ gewunden (**round** um)

twinge [twɪndʒ] (leichter) Schmerz

twinkle¹ ['twɪŋkl] *(Sterne)* glitzern, *(auch Augen)* funkeln (**with** vor)

twinkle² ['twɪŋkl] ◾ Glitzern ◾ **with a twinkle in one's eye** augenzwinkernd

twinkling ['twɪŋklɪŋ] **in the twinkling of an eye** im Handumdrehen, im Nu

twirl [twɜːl] ◾ (herum)wirbeln ◾ wirbeln (**round** über)

★**twist¹** [twɪst] ◾ sich winden, *(Fluss usw. auch)* sich schlängeln ◾ wickeln (**round** um); **twist someone round one's little finger** *übertragen* jemanden um den (kleinen) Finger wickeln ◾ drehen ◾ **twist one's ankle** (mit dem Fuß) umknicken, sich den Fuß vertreten ◾ *übertragen* entstellen, verdrehen

★**twist²** [twɪst] ◾ Drehung ◾ Biegung ◾ *übertragen* Wendung ◾ *Tanz*: Twist ◾ **be round the twist** *Br, umg* verrückt sein; **drive someone round the twist** *Br, umg* jemanden verrückt machen

twister ['twɪstə] *US, umg* Tornado

twit [twɪt] *umg* Idiot

twitch¹ [twɪtʃ] ◾ zucken (mit) ◾ zupfen an

twitch² [twɪtʃ] Zucken, Zuckung

twitter ['twɪtə] ◾ zwitschern ◾ *mit Twitter®*: twittern

Twitter® ['twɪtə] Twitter®: **post something on Twitter®** etwas auf Twitter® posten

★**two¹** [tuː] ◾ zwei ◾ **in a day or two** in ein paar Tagen; **break** (*bzw*. **cut**) **in two** in zwei Teile brechen (*bzw*. schneiden); **the two cars** die beiden Autos

★**two²** [tuː] ◾ *Buslinie, Spielkarte usw.*: Zwei ◾ **the two of us** wir beide; **in twos** zu zweit, paarweise; **put two and two together** zwei und zwei zusammenzählen

two-faced [ˌtuːˈfeɪst] falsch, heuchlerisch

twofold ['tuːfəʊld] zweifach

twopence [⚠ 'tʌpəns] *Br* ◾ zwei Pence ◾ **I don't care** (*oder* **give**) **twopence** *umg* das ist mir völlig egal

twopenny [⚠ 'tʌpnɪ] *Br, umg* ◾ für zwei Pence, Zweipenny... ◾ *übertragen* billig

two-way ['tuːweɪ] **two-way traffic** Gegenverkehr

tycoon [taɪˈkuːn] (Industrie)Magnat

tying [taɪɪŋ] *-ing-Form von* → **tie²**

★**type¹** [taɪp] ◾ Art, Sorte ◾ Typ; **of this type** dieser Art; **she's not my type** *umg* sie ist nicht mein Typ

★**type²** [taɪp] Maschine schreiben, tippen

typewriter ['taɪpˌraɪtə] Schreibmaschine

typhoon [taɪˈfuːn] *Sturm*: Taifun

★**typical** ['tɪpɪkl] typisch (**of** für)

typing ['taɪpɪŋ] **typing error** Tippfehler

★**typist** ['taɪpɪst] Schreibkraft; **shorthand typist** Stenotypistin

tyrannize [⚠ 'tɪrənaɪz] tyrannisieren

tyranny [⚠ 'tɪrənɪ] Tyrannei

tyrant ['taɪrənt] Tyrann

★**tyre** ['taɪə] *Br* Reifen, ⓐ Pneu
Tyrol [tɪ'rəʊl] Tirol
Tyrolean [ˌtɪrə'liːən] tirol(er)isch

U

ubiquitous [juː'bɪkwɪtəs] allgegenwärtig
udder ['ʌdə] *von Tier*: Euter
UFO [ˌjuːef'əʊ, 'juːfəʊ] *pl*: UFO's *oder* UFOs (*abk für* Unidentified Flying Object) Ufo, UFO
ugh [ʌg, ɜː] ugh! igitt!
ugliness ['ʌglɪnəs] Hässlichkeit
★**ugly** ['ʌglɪ] **1** hässlich (*auch übertragen*) **2** *Wunde usw.*: bös, schlimm
UK [ˌjuː'keɪ] *abk für* → United Kingdom
Ukraine [juː'kreɪn] Ukraine
Ukrainian[1] [juː'kreɪnɪən] ukrainisch
Ukrainian[2] [juː'kreɪnɪən] *Sprache*: Ukrainisch
Ukrainian[3] [juː'kreɪnɪən] Ukrainer(in)
ulcer ['ʌlsə] *medizinisch*: Geschwür
ulterior [ʌl'tɪərɪə] **ulterior motive** Hintergedanke
ultimate[1] ['ʌltɪmət] **1** *Ziel, Ergebnis usw.*: letzte(r, -s), End... **2** *Autorität usw.*: höchste(r, -s)
ultimate[2] ['ʌltɪmət] **the ultimate in** das Höchste an
ultimately ['ʌltɪmətlɪ] **1** schließlich **2** (≈ *im Grunde genommen*) letztlich, letzten Endes
ultimatum [ˌʌltɪ'meɪtəm] *pl*: ultimatums *oder* ultimata [ˌʌltɪ'meɪtə] Ultimatum
ultrahigh ['ʌltrəhaɪ] **ultrahigh frequency** *Radio, Funk*: Ultrakurzwelle
ultrasonic [ˌʌltrə'sɒnɪk] Ultraschall...
ultrasound ['ʌltrəsaʊnd] Ultraschall; **do an ultrasound** einen Ultraschall machen
ultraviolet [ˌʌltrə'vaɪələt] ultraviolett
umbilical [ʌm'bɪlɪkl] **umbilical cord** *bei Neugeborenen*: Nabelschnur
★**umbrella** [ʌm'brelə] **1** (Regen)Schirm **2** *übertragen* Schutz; **under the umbrella of** unter dem Schutz (+ *Genitiv*)
umbrella organization [ʌm'brelə ˌɔːgənaɪ'zeɪʃn] Dachorganisation
umpire[1] ['ʌmpaɪə] *Sport*: Schiedsrichter(in)
umpire[2] ['ʌmpaɪə] *Sport*: als Schiedsrichter fungieren (bei)
umpteen [ˌʌmp'tiːn] **umpteen times** *umg* x--mal
umpteenth [ˌʌmp'tiːnθ] **for the umpteenth time** *umg* zum x-ten Mal

UN [ˌjuː'en] (*abk für* United Nations) UNO
unable [ʌn'eɪbl] **be unable to do something** unfähig sein, etwas zu tun, etwas nicht tun können
unabridged [ˌʌnə'brɪdʒd] *Roman, Wörterbuch usw.*: ungekürzt
unacceptable [ˌʌnək'septəbl] unannehmbar (**to** für), unzumutbar
unaccompanied [⚠ ˌʌnə'kʌmpənɪd] ohne Begleitung (*auch musikalisch*)
unaccounted [ˌʌnə'kaʊntɪd] **ten persons are still unaccounted for** zehn Personen werden noch vermisst
unaccustomed [ˌʌnə'kʌstəmd] **1** ungewohnt **2 be unaccustomed to something** etwas nicht gewohnt sein
unaffected [ˌʌnə'fektɪd] **1 be unaffected by** nicht betroffen werden von **2** natürlich, ungekünstelt
unambiguous [ˌʌnæm'bɪgjʊəs] unzweideutig, eindeutig
unanimous [⚠ juː'nænɪməs] einmütig, einstimmig; **by a unanimous decision** einstimmig
unanswered [ʌn'ɑːnsəd] *Brief, Frage usw.*: unbeantwortet
unapproachable [ˌʌnə'prəʊtʃəbl] **1** *Gegend usw.*: unzugänglich **2** *Person*: unnahbar
unarmed [ˌʌn'ɑːmd] unbewaffnet
unasked [ˌʌn'ɑːskt] *Frage*: ungestellt
unassisted [ˌʌnə'sɪstɪd] (ganz) allein, ohne (fremde) Hilfe
unassuming [ˌʌnə'sjuːmɪŋ] bescheiden
unattached [ˌʌnə'tætʃt] *Person*: ungebunden
unattended [ˌʌnə'tendɪd] unbeaufsichtigt
unattractive [ˌʌnə'træktɪv] unattraktiv
unauthorized [ʌn'ɔːθəraɪzd] unbefugt, unberechtigt
unavailable [ˌʌnə'veɪləbl] **1** nicht erhältlich **2** *Person*: nicht erreichbar
unavoidable [ˌʌnə'vɔɪdəbl] unvermeidlich
unaware [ˌʌnə'weə] **be unaware of something** sich einer Sache nicht bewusst sein, etwas nicht bemerken; **be unaware that ...** nicht bemerken, dass ...
unawares [ˌʌnə'weəz] **catch** (*oder* **take**) **someone unawares** jemanden überraschen (*oder* überrumpeln)
unbalance [ˌʌn'bæləns] aus dem Gleichgewicht bringen (*auch seelisch*)
unbalanced [ˌʌn'bælənst] **1** *Charakter, Person*: labil **2** *Bericht, Gutachten usw.*: einseitig **3** *Konto, Bilanz usw.*: unausgeglichen

unbearable [ʌnˈbeərəbl] unerträglich
unbeatable [ʌnˈbiːtəbl] unschlagbar (auch Preise usw.)
unbeaten [ʌnˈbiːtn] Sport: ungeschlagen
unbelievable [ˌʌnbɪˈliːvəbl] unglaublich
unbending [ʌnˈbendɪŋ] unbeugsam
unbiased, unbiassed [ʌnˈbaɪəst] unvoreingenommen, Recht: unbefangen
unbind [ˌʌnˈbaɪnd], **unbound** [ʌnˈbaʊnd], **unbound** [ˌʌnˈbaʊnd] losbinden
unblemished [ˌʌnˈblemɪʃt] Ruf usw.: makellos
unborn [ˌʌnˈbɔːn] ungeboren
unbound [ˌʌnˈbaʊnd] 2. und 3. Form von → unbind
unbreakable [ʌnˈbreɪkəbl] unzerbrechlich
unbroken [ʌnˈbrəʊkən] 1 (≈ ganz) unzerbrochen 2 (≈ andauernd) ununterbrochen (Frieden, Sonnenschein usw.) 3 Rekord, Siegesserie: ungebrochen 4 Pferd: nicht zugeritten
unburden [ˌʌnˈbɜːdn] von einer Last befreien; **unburden oneself to someone** jemandem sein Herz ausschütten
unbutton [ˌʌnˈbʌtn] aufknöpfen
uncalled-for [ʌnˈkɔːldfɔː] 1 Kritik: ungerechtfertigt 2 Bemerkung usw.: deplatziert, unpassend, unnötig
uncanny [ʌnˈkæni] Gefühl: unheimlich
unceasing [ʌnˈsiːsɪŋ] unaufhörlich
★**uncertain** [ʌnˈsɜːtn] 1 unsicher, ungewiss, unbestimmt 2 Wetter: unbeständig
uncertainty [ʌnˈsɜːtnti] Unsicherheit, Ungewissheit
unchanged [ʌnˈtʃeɪndʒd] unverändert
unchanging [ʌnˈtʃeɪndʒɪŋ] unveränderlich
uncharitable [ʌnˈtʃærɪtəbl] unfair; **that was rather uncharitable of you** das war nicht gerade nett von dir (**to do** zu tun)
unchecked [ˌʌnˈtʃekt] 1 Verbreitung usw.: ungehindert, ungehemmt 2 bei Waren usw.: unkontrolliert, ungeprüft
uncivil [ˌʌnˈsɪvl] unhöflich
uncivilized [ʌnˈsɪvəlaɪzd] unzivilisiert
★**uncle** [ˈʌŋkl] Onkel
unclean [ˌʌnˈkliːn] unrein (auch übertragen)
uncomfortable [ʌnˈkʌmftəbl] 1 unbequem 2 **feel uncomfortable** sich unbehaglich fühlen
uncommon [ʌnˈkɒmən] ungewöhnlich
uncommunicative [ˌʌnkəˈmjuːnɪkətɪv] verschlossen, wortkarg
uncompromising [ʌnˈkɒmprəmaɪzɪŋ] kompromisslos
unconcerned [ˌʌnkənˈsɜːnd] **be unconcerned about** sich keine Gedanken (oder Sorgen) machen über
unconditional [ˌʌnkənˈdɪʃnəl] Kapitulation usw.: bedingungslos
unconfirmed [ˌʌnkənˈfɜːmd] Bericht, Gerücht usw.: unbestätigt
★**unconscious** [ʌnˈkɒnʃəs] 1 bewusstlos 2 **be unconscious of something** sich einer Sache nicht bewusst sein, etwas nicht bemerken 3 unbewusst, unbeabsichtigt
unconsciousness [ʌnˈkɒnʃəsnəs] Bewusstlosigkeit
unconsidered [ˌʌnkənˈsɪdəd] Bemerkung usw.: unbedacht, unüberlegt
unconstitutional [ˈʌnˌkɒnstɪˈtjuːʃnəl] verfassungswidrig
uncontrollable [ˌʌnkənˈtrəʊləbl] 1 unkontrollierbar, Kind: nicht zu bändigen(d) 2 Wut usw.: unbändig
uncontrolled [ˌʌnkənˈtrəʊld] 1 Kinder: unbeaufsichtigt 2 Gefühlsäußerung: unkontrolliert, hemmungslos
unconventional [ˌʌnkənˈvenʃnəl] unkonventionell
uncooked [ˌʌnˈkʊkt] ungekocht, roh
uncooperative [ˌʌnkəʊˈɒprətɪv] nicht entgegenkommend, nicht hilfsbereit
uncork [ˌʌnˈkɔːk] entkorken (Flasche)
uncountable [ʌnˈkaʊntəbl] unzählbar (auch Sprache)
uncouth [ʌnˈkuːθ] Person usw.: ungehobelt
uncover [ʌnˈkʌvə] aufdecken, übertragen auch: enthüllen
uncritical [ˌʌnˈkrɪtɪkl] unkritisch
uncrowned [ˌʌnˈkraʊnd] ungekrönt (auch übertragen)
uncultured [ʌnˈkʌltʃəd] unkultiviert
undamaged [ʌnˈdæmɪdʒd] unbeschädigt
undated [ˌʌnˈdeɪtɪd] Brief usw.: undatiert, ohne Datum
undecided [ˌʌndɪˈsaɪdɪd] 1 Person: unentschlossen 2 Ergebnis usw.: unentschieden, offen
undelete [ˌʌndɪˈliːt] Computer: wiederherstellen (Datei, Text usw.)
undeniable [ˌʌndɪˈnaɪəbl] unbestreitbar
★**under¹** [ˈʌndə] 1 allg.: unter; **it costs under £10** auch: es kostet weniger als 10 Pfund 2 **have someone under one** jemanden unter sich haben
★**under²** [ˈʌndə] 1 unten 2 (≈ weniger) darunter
underachieve [ˌʌndərəˈtʃiːv] bes. in der Schule: hinter den Erwartungen zurückbleiben

underachiever [ˌʌndərə'tʃiːvə] Schüler(in), der (bzw. die) hinter den Erwartungen zurückbleibt
underage [ˌʌndər'eɪdʒ] minderjährig
undercarriage ['ʌndəˌkærɪdʒ] *Flugzeug*: Fahrwerk
undercharge [ˌʌndə'tʃɑːdʒ] zu wenig berechnen (*oder* verlangen); **undercharge someone by £10** jemandem 10 Pfund zu wenig berechnen
underclothes ['ʌndəkləʊ(ð)z] *pl* Unterwäsche
undercoat ['ʌndəkəʊt] Grundierfarbe, Grundierung
undercover [ˌʌndə'kʌvə] **undercover agent** verdeckter Ermittler
undercut [ˌʌndə'kʌt], undercut, undercut (im Preis) unterbieten
underdeveloped country [ˌʌndədɪveləpt-'kʌntrɪ] Entwicklungsland
underdog ['ʌndədɒg] Benachteiligte(r)
underdone [ˌʌndə'dʌn] *Steak usw.*: nicht gar, nicht durchgebraten
underdress [ˌʌndə'dres] sich zu leger anziehen (*für einen Anlass*)
underestimate [ˌʌndər'estɪmeɪt] **1** zu niedrig veranschlagen (*Kosten usw.*) **2** *übertragen* unterschätzen
underfloor ['ʌndəflɔː] **underfloor heating** Fußbodenheizung
undergo [ˌʌndə'gəʊ], underwent [ˌʌndə'went], undergone [ˌʌndə'gɒn] **1** erleben, durchmachen **2** sich unterziehen (*einer Operation usw.*)
undergrad ['ʌndəgræd] *umg*, **undergraduate** [ˌʌndə'grædʒuət] *Universität*: Student(in)
★**underground**[1] [ˌʌndə'graʊnd] **1** unterirdisch; **underground car park** Tiefgarage **2** *übertragen* Untergrund...
★**underground**[2] [ˌʌndə'graʊnd] **1** unterirdisch **2** **go underground** *übertragen* untertauchen, in den Untergrund gehen
★**underground**[3] ['ʌndəgraʊnd] **1** *Br* U-Bahn; **by underground** mit der U-Bahn **2** *übertragen* Untergrund
undergrowth ['ʌndəgrəʊθ] Unterholz
underhand [ˌʌndə'hænd], **underhanded** [ˌʌndə'hændɪd] hinterhältig
underlie [ˌʌndə'laɪ], underlay [ˌʌndə'leɪ], underlain [ˌʌndə'leɪn] zugrunde liegen
underline [ˌʌndə'laɪn] unterstreichen (*auch übertragen*)
undermine [ˌʌndə'maɪn] **1** *übertragen* untergraben, unterminieren **2** unterspülen
underneath[1] [ˌʌndə'niːθ] unter
underneath[2] [ˌʌndə'niːθ] darunter
underneath[3] [ˌʌndə'niːθ] *umg* Unterseite
undernourished [ˌʌndə'nʌrɪʃt] unterernährt
underpaid [ˌʌndə'peɪd] *2. und 3. Form von* → underpay
underpants ['ʌndəpænts] *pl*, *auch* **pair of underpants** Unterhose
underpass ['ʌndəpɑːs] (Straßen-, Eisenbahn-)Unterführung
underpay [ˌʌndə'peɪ], underpaid [ˌʌndə'peɪd], underpaid [ˌʌndə'peɪd] zu wenig zahlen, unterbezahlen
underprivileged [ˌʌndə'prɪvəlɪdʒd] unterprivilegiert, benachteiligt
underrate [ˌʌndə'reɪt] unterschätzen
undersecretary [ˌʌndə'sekrətrɪ] *politisch*: Staatssekretär
undershirt ['ʌndəʃɜːt] *US* Unterhemd, Ⓐ Leibchen; → vest *Br*
undersigned [ˌʌndə'saɪnd] **the undersigned** der (*bzw.* die) Unterzeichnete, die Unterzeichneten *pl*
undersize [ˌʌndə'saɪz], **undersized** [ˌʌndə'saɪzd] zu klein
understaffed [ˌʌndə'stɑːft] *Firma, Behörde usw.*: (personell) unterbesetzt
★**understand** [ˌʌndə'stænd], understood [ˌʌndə'stʊd], understood [ˌʌndə'stʊd] **1** verstehen; **make oneself understood** sich verständlich machen **2 I understand (that) ...** ich habe gehört (*oder* erfahren), dass ...; **am I to understand that ...** soll das heißen, dass ...; **give someone to understand that ...** jemandem zu verstehen geben, dass ...
understandable [ˌʌndə'stændəbl] verständlich (*auch übertragen*); **understandably** *auch*: verständlicherweise
understanding[1] [ˌʌndə'stændɪŋ] **1** Verstand; **be (***oder* **go) beyond someone's understanding** über jemandes Verstand gehen **2** Verständnis (**of** für) **3 come to an understanding** eine Abmachung treffen (**with** mit); **on the understanding that ...** unter der Voraussetzung, dass ...
understanding[2] [ˌʌndə'stændɪŋ] verständnisvoll
understate [ˌʌndə'steɪt] untertreiben, untertrieben darstellen
understatement [ˌʌndə'steɪtmənt] Untertreibung
understood [ˌʌndə'stʊd] *2. und 3. Form von* → understand
undertake [ˌʌndə'teɪk], undertook [ˌʌndə-

'tʊk], **undertaken** [ˌʌndəˈteɪkən] **1** übernehmen (*Aufgabe usw.*) **2** sich verpflichten (**to do** zu tun)

undertaker [ˈʌndəteɪkə] (Leichen)Bestatter, Beerdigungsinstitut (▲ *nicht* **Unternehmer**)

undertaking [ˌʌndəˈteɪkɪŋ] **a risky undertaking** ein riskantes Unternehmen

undertook [ˌʌndəˈtʊk] 2. Form von → undertake

underwater[1] [ˌʌndəˈwɔːtə] Unterwasser...

underwater[2] [ˌʌndəˈwɔːtə] unter Wasser

underwear [ˈʌndəweə] Unterwäsche

underweight [ˌʌndəˈweɪt] zu leicht (**by** um), *Person*: untergewichtig; **be underweight by five kilos, be five kilos underweight** fünf Kilo Untergewicht haben

underwent [ˌʌndəˈwent] 2. Form von → undergo

underwired bra [ˌʌndəwaɪədˈbrɑː] Bügel-BH

underworld [ˈʌndəwɜːld] Unterwelt

undeserved [ˌʌndɪˈzɜːvd] *Lob, Tadel usw.*: unverdient

undeservedly [ˌʌndɪˈzɜːvɪdlɪ] unverdient(ermaßen)

undesirable [ˌʌndɪˈzaɪərəbl] unerwünscht

undid [ʌnˈdɪd] 2. Form von → undo

undies [ˈʌndɪz] *pl umg* (*bes.* Damen)Unterwäsche

undisciplined [ʌnˈdɪsɪplɪnd] undiszipliniert, disziplinlos

undiscovered [ˌʌndɪˈskʌvəd] unentdeckt

undisturbed [ˌʌndɪˈstɜːbd] ungestört

undivided [ˌʌndɪˈvaɪdɪd] ungeteilt (*auch übertragen*)

undo [ʌnˈduː], **undid** [ʌnˈdɪd], **undone** [ʌnˈdʌn] **1** aufmachen, öffnen (*Paket, Verschluss usw.*) **2** *übertragen* zunichtemachen

undoing [ʌnˈduːɪŋ] **be someone's undoing** jemandes Verderben sein

undone [ʌnˈdʌn] 3. Form von → undo

undoubtedly [ʌnˈdaʊtɪdlɪ] zweifellos

undreamed-of [ʌnˈdriːmdɒv], **undreamt-of** [ʌnˈdremtɒv] ungeahnt

undress [ʌnˈdres] **1** sich ausziehen, *beim Arzt*: sich frei machen **2** ausziehen (*Baby usw.*); **get undressed** sich ausziehen

undrinkable [ʌnˈdrɪŋkəbl] ungenießbar

undying [ʌnˈdaɪɪŋ] ewig, unsterblich

unease [ʌnˈiːz], **uneasiness** [ʌnˈiːzɪnəs] Unbehagen

uneasy [ʌnˈiːzɪ] unbehaglich; **I'm uneasy about** mir ist nicht wohl bei

uneatable [ˌʌnˈiːtəbl] ungenießbar

uneconomic [ˌʌnˌiːkəˈnɒmɪk] *Unternehmen, Produkt usw.*: unwirtschaftlich

uneconomical [ˌʌnˌiːkəˈnɒmɪkl] *im Verbrauch von Rohstoffen, Energie usw.*: unwirtschaftlich, nicht sparsam

uneducated [ʌnˈedjʊkeɪtɪd] ungebildet

unemotional [ˌʌnɪˈməʊʃnəl] leidenschaftslos, kühl, beherrscht

★**unemployed** [ˌʌnɪmˈplɔɪd] arbeitslos

★**unemployed** [ˌʌnɪmˈplɔɪd] **the unemployed** *pl* die Arbeitslosen

★**unemployment** [ˌʌnɪmˈplɔɪmənt] Arbeitslosigkeit; **unemployment benefit**, US **unemployment compensation** Arbeitslosengeld; **unemployment figures** *pl* Arbeitslosenzahl; **unemployment insurance** Arbeitslosenversicherung

unending [ʌnˈendɪŋ] endlos

unequal [ʌnˈiːkwəl] **1** ungleich, unterschiedlich **2** *übertragen* ungleich, einseitig

unequalled, US **unequaled** [ʌnˈiːkwəld] unerreicht, unübertroffen

uneven [ʌnˈiːvn] **1** *Fläche usw.*: uneben, ungerade **2** *Verteilung usw.*: ungleichmäßig **3** *Puls, Atmung usw.*: unregelmäßig **4** *Leistung usw.*: unterschiedlich **5** *Zahl*: ungerade

uneventful [ˌʌnɪˈventfl] ereignislos

unexpected [ˌʌnɪkˈspektɪd] unerwartet

unfailing [ʌnˈfeɪlɪŋ] unerschöpflich

unfair [ˌʌnˈfeə] unfair, *Wettbewerb*: unlauter

★**unfaithful** [ʌnˈfeɪθfl] untreu (**to** *Dativ*)

unfamiliar [ˌʌnfəˈmɪlɪə] **1** nicht vertraut **2** **be unfamiliar with** nicht kennen

unfashionable [ʌnˈfæʃnəbl] unmodern

unfasten [▲ ʌnˈfɑːsn] aufmachen, öffnen (*Gürtel, Verschluss usw.*)

unfavourable, US **unfavorable** [ʌnˈfeɪvərəbl] **1** ungünstig, unvorteilhaft (**to, for** für) **2** *Reaktion usw.*: negativ, ablehnend

unfeeling [ʌnˈfiːlɪŋ] gefühllos, herzlos

unfinished [ˌʌnˈfɪnɪʃt] unfertig, unvollendet

unfit [ʌnˈfɪt] **1** *körperlich*: nicht fit, nicht in Form **2** unfähig, untauglich; **unfit to drive** fahruntüchtig **3** *für Aufgabe usw.*: unpassend, ungeeignet

unfold [ʌnˈfəʊld] auseinanderfalten

unforeseen [ˌʌnfɔːˈsiːn] unvorhergesehen

unforgettable [ˌʌnfəˈɡetəbl] unvergesslich

unforgivable [ˌʌnfəˈɡɪvəbl] unverzeihlich

unfortunate [ʌnˈfɔːtʃənət] **1** unglücklich, unglückselig **2** *Vorfall usw.*: bedauerlich

unfortunately [ʌnˈfɔːtʃənətlɪ] leider, bedauerlicherweise

unfounded [ʌnˈfaʊndɪd] unbegründet
★**unfriendly** [ʌnˈfrendlɪ] unfreundlich (**to** zu)
unfulfilled [ˌʌnfʊlˈfɪld] *Hoffnung, Wunsch usw.:* unerfüllt
unfurnished [ˌʌnˈfɜːnɪʃt] *Wohnung, Zimmer:* unmöbliert
ungodly [ʌnˈɡɒdlɪ] **at some ungodly hour** *umg* zu einer unchristlichen Zeit
ungrateful [ʌnˈɡreɪtfl] undankbar
unguarded [ʌnˈɡɑːdɪd] *übertragen* unbedacht
unhappiness [ʌnˈhæpɪnəs] Traurigkeit
★**unhappy** [ʌnˈhæpɪ] unglücklich
unharmed [ˌʌnˈhɑːmd] **1** *Person:* unverletzt, unversehrt **2** *Sache, Ruf:* unbeschädigt
unhealthy [ʌnˈhelθɪ] **1** kränklich, nicht gesund **2** (≈ *krank machend*) ungesund **3** *abwertend* unnatürlich, krankhaft
unheard-of [ʌnˈhɜːd ɒv] noch nie da gewesen, beispiellos
unhelpful [ʌnˈhelpfl] nicht hilfreich
unhesitating [ʌnˈhezɪteɪtɪŋ] **1** prompt **2** bereitwillig; **unhesitatingly** *auch:* anstandslos
unhoped-for [ʌnˈhəʊpt fɔː] unverhofft
unhurt [ʌnˈhɜːt] unverletzt
uni [ˈjuːnɪ] *Br, umg* (≈ *Universität*) Uni
unicorn [ˈjuːnɪkɔːn] *Fabeltier:* Einhorn
unidentified [ˌʌnaɪˈdentɪfaɪd] unbekannt, nicht identifiziert
unification [ˌjuːnɪfɪˈkeɪʃn] *von Ländern:* Vereinigung
★**uniform**¹ [ˈjuːnɪfɔːm] Uniform
★**uniform**² [ˈjuːnɪfɔːm] einheitlich
uniformed [ˈjuːnɪfɔːmd] in Uniform
uniformity [ˌjuːnɪˈfɔːmətɪ] Einheitlichkeit
unify [ˈjuːnɪfaɪ] **1** vereinen, vereinigen (*Länder, Organisationen*) **2** vereinheitlichen (*Systeme usw.*)
unilateral [ˌjuːnɪˈlætrəl] *übertragen* einseitig, *bes. politisch:* unilateral
unimaginable [ˌʌnɪˈmædʒɪnəbl] unvorstellbar
unimaginative [ˌʌnɪˈmædʒɪnətɪv] einfallslos
★**unimportant** [ˌʌnɪmˈpɔːtnt] unwichtig
unimpressed [ˌʌnɪmˈprest] unbeeindruckt (**by** von)
uninhabitable [ˌʌnɪnˈhæbɪtəbl] *Gegend, Haus:* unbewohnbar
uninhabited [ˌʌnɪnˈhæbɪtɪd] *Insel, Gegend:* unbewohnt
uninjured [ʌnˈɪndʒəd] unverletzt
uninsured [ˌʌnɪnˈʃʊəd] unversichert
unintelligent [ˌʌnɪnˈtelɪdʒənt] unintelligent
unintelligible [ˌʌnɪnˈtelɪdʒəbl] unverständlich (**to** für *oder Dativ*)

unintended [ˌʌnɪnˈtendɪd], **unintentional** [ˌʌnɪnˈtenʃnəl] unabsichtlich, unbeabsichtigt
uninterested [ʌnˈɪntrəstɪd] uninteressiert (**in** an)
uninteresting [ʌnˈɪntrəstɪŋ] uninteressant
uninterrupted [ˌʌnɪntəˈrʌptɪd] ununterbrochen
uninvited [ˌʌnɪnˈvaɪtɪd] uneingeladen, ungebeten
★**union** [ˈjuːnɪən] **1** Vereinigung, Union **2** Gewerkschaft **3** **Union Jack** Union Jack (*britische Nationalflagge*)
unionize [ˈjuːnɪənaɪz] (sich) gewerkschaftlich organisieren
unique [juːˈniːk] einzigartig, einmalig
unison [ˈjuːnɪsn] **in unison** einstimmig
unit [ˈjuːnɪt] **1** *allg.:* Einheit; **unit of length** Längeneinheit **2** *Schule:* Unit, Lehreinheit **3** *Technik:* Element, Teil, (Anbau)Element **4** *in Firma usw.:* Abteilung **5** *Mathematik:* Einer
★**unite** [juːˈnaɪt] **1** verbinden, vereinigen **2** sich vereinigen, sich zusammentun
united [juːˈnaɪtɪd] vereint, vereinigt; **United Nations** *pl* Vereinte Nationen; **be united in** sich einig sein in
United Kingdom [juːˌnaɪtɪdˈkɪŋdəm] *das* Vereinigte Königreich (*Großbritannien und Nordirland*)
★**United States** [juːˌnaɪtɪdˈsteɪts], ★**United States of America** [juːˌnaɪtɪdˌsteɪts əv əˈmerɪkə] die Vereinigten Staaten (von Amerika), die USA
unity [ˈjuːnətɪ] Einheit
universal [ˌjuːnɪˈvɜːsl] **1** universal, universell **2** allgemein
★**universe** [ˈjuːnɪvɜːs] Universum, Weltall
★**university**¹ [ˌjuːnɪˈvɜːsətɪ] Universität, Hochschule; **go to university** die Universität besuchen
★**university**² [ˌjuːnɪˈvɜːsətɪ] Universitäts-…; **university education** akademische Bildung, Hochschulbildung
★**unjust** [ˌʌnˈdʒʌst] ungerecht (**to** gegen)
unkempt [ˌʌnˈkempt] **1** *Kleidung usw.:* ungepflegt **2** *Haar:* ungekämmt
unkind [ˌʌnˈkaɪnd] unfreundlich (**to** zu)
unkindness [ˌʌnˈkaɪndnəs] Unfreundlichkeit
★**unknown** [ˌʌnˈnəʊn] unbekannt
unlawful [ʌnˈlɔːfl] ungesetzlich
★**unleaded** [⚠ ˌʌnˈledɪd] *Benzin:* bleifrei, unverbleit
unleash [ʌnˈliːʃ] **1** loslassen, von der Leine lassen (*Hund*) **2** *übertragen* freien Lauf lassen (*seinem Zorn usw.*)

★**unless** [ən'les] wenn (*oder* sofern) ... nicht, es sei denn

unlike[1] [ˌʌn'laɪk] **1** im Gegensatz zu **2 he's quite unlike his father** er ist ganz anders als sein Vater; **that's very unlike him** das sieht ihm gar nicht ähnlich

unlike[2] ['ʌnlaɪk] unliken, als gefällt mir nicht mehr klicken

unlikely [ʌn'laɪklɪ] **1 he's unlikely to come** es ist unwahrscheinlich, dass er kommt **2** unwahrscheinlich, unglaubwürdig

unlimited [ʌn'lɪmɪtɪd] unbegrenzt

unlisted [ʌn'lɪstɪd] *Telefon:* **be unlisted** nicht im Telefonbuch stehen, geheim sein; **unlisted number** Geheimnummer

unload [ʌn'ləʊd] entladen (*Fahrzeug*), abladen, ausladen (*auch Gegenstände*)

unlock [ʌn'lɒk] aufschließen

unluckily [ʌn'lʌkɪlɪ] unglücklicherweise; **unluckily for me** zu meinem Pech

unlucky [ʌn'lʌkɪ] Unglücks-...; **unlucky day** Unglückstag; **be unlucky** *Person:* Pech haben, *Umstand usw.:* Unglück bringen

unmade [ˌʌn'meɪd] *Bett:* ungemacht

unmanned [ˌʌn'mænd] *Raumschiff usw.:* unbemannt

unmarked [ˌʌn'mɑːkt] **1** nicht gekennzeichnet **2** *Sport:* ungedeckt, frei

unmarried [ˌʌn'mærɪd] unverheiratet, ledig

unmask [ˌʌn'mɑːsk] *übertragen* entlarven

unmatched [ˌʌn'mætʃt] unvergleichlich, unübertroffen

unmerciful [ʌn'mɜːsɪfl] erbarmungslos, unbarmherzig

unmistakable [ˌʌnmɪ'steɪkəbl] unverkennbar, unverwechselbar

unmoved [ʌn'muːvd] ungerührt; **he remained unmoved by it** es ließ ihn kalt

unmusical [ʌn'mjuːzɪkl] unmusikalisch

unnamed [ˌʌn'neɪmd] **1** (≈ *anonym*) ungenannt **2** namenlos

unnatural [ʌn'nætʃrəl] **1** unnatürlich **2** *im negativen Sinn:* widernatürlich

unnecessarily [ʌn'nesəsrəlɪ] unnötigerweise

unnecessary [ʌn'nesəsərɪ] unnötig

unnerve [ˌʌn'nɜːv] entnerven, entmutigen

unnoticed [ˌʌn'nəʊtɪst] **go** (*oder* **pass**) **unnoticed** unbemerkt bleiben

unoccupied [ʌn'ɒkjʊpaɪd] **1** *Haus usw.:* leer (stehend), unbewohnt; **be unoccupied** *Haus usw.:* leer stehen **2** *Person:* unbeschäftigt **3** *militärisch:* unbesetzt

unofficial [ˌʌnə'fɪʃl] inoffiziell

unorthodox [ʌn'ɔːθədɒks] unorthodox, unkonventionell

unpack [ˌʌn'pæk] auspacken

unpaid [ˌʌn'peɪd] unbezahlt

unparalleled [ʌn'pærəleld] beispiellos

unperturbed [ˌʌnpə'tɜːbd] gelassen, ruhig

★**unpleasant** [ʌn'pleznt] **1** unangenehm, *Nachricht usw. auch:* unerfreulich **2** *Person:* unfreundlich

unplug [ˌʌn'plʌg] (**unplugged, unplugged**) *von Elektrogerät:* den Stecker herausziehen

unplugged [ˌʌn'plʌgd] *Musik:* (rein) akustisch, unplugged

unpopular [ʌn'pɒpjʊlə] unpopulär, unbeliebt; **make oneself unpopular with** sich unbeliebt machen bei

unprecedented [ʌn'presɪdentɪd] beispiellos, noch nie da gewesen

unpredictable [ˌʌnprɪ'dɪktəbl] **1** unvorhersehbar **2** *Person:* unberechenbar

unprejudiced [⚠ ʌn'predʒʊdɪst] unvoreingenommen, *Recht:* unbefangen

unprepared [ˌʌnprɪ'peəd] **1** unvorbereitet **2** nicht gefasst (*oder* vorbereitet) (**for** auf)

unproductive [ˌʌnprə'dʌktɪv] unproduktiv (*auch übertragen*), unergiebig

unprofessional [ˌʌnprə'feʃnəl] **1** *Verhalten, Auftreten:* unprofessionell **2** *Arbeit:* unfachmännisch, laienhaft

unprofitable [ˌʌn'prɒfɪtəbl] **1** *Geschäft:* unrentabel **2** *übertragen* nutzlos, zwecklos

unpromising [ʌn'prɒmɪsɪŋ] wenig erfolgversprechend, ziemlich aussichtslos

unprovoked [ˌʌnprə'vəʊkt] grundlos

unpublished [ʌn'pʌblɪʃt] unveröffentlicht

unpunctual [ˌʌn'pʌŋktʃʊəl] unpünktlich

unpunctuality [ˌʌnpʌŋktʃʊ'ælətɪ] Unpünktlichkeit

unpunished [ʌn'pʌnɪʃt] unbestraft, ungestraft; **go unpunished** straflos bleiben

unqualified **1** [ˌʌn'kwɒlɪfaɪd] unqualifiziert, ungeeignet (**for** für) **2** [ʌn'kwɒlɪfaɪd] *Lob usw.:* uneingeschränkt

unquestionable [ʌn'kwestʃənəbl] **1** *Ansehen, Position usw.:* unbestritten **2** *Tatsache usw.:* unbezweifelbar

unquestioning [ʌn'kwestʃənɪŋ] *Gehorsam usw.:* bedingungslos

unquote [ˌʌn'kwəʊt] **quote ... unquote** Zitat ... Zitat Ende

unravel [ʌn'rævl] **unravelled, unravelled,** *US* **unraveled, unraveled 1** auftrennen (*Pullover usw.*) **2** (*Pullover usw.*) sich auftrennen **3**

entwirren (auch übertragen)
unreadable [ʌnˈriːdəbl] **1** unlesbar, nicht lesbar **2** *Schrift usw.*: unleserlich
unreal [ʌnˈrɪəl] unwirklich
unrealistic [ˌʌnrɪəˈlɪstɪk] unrealistisch
unreasonable [ʌnˈriːznəbl] **1** unvernünftig **2** übertrieben, unzumutbar
unreliable [ˌʌnrɪˈlaɪəbl] unzuverlässig
unrequited [ˌʌnrɪˈkwaɪtɪd] *Liebe*: unerwidert
unreserved [ˌʌnrɪˈzɜːvd] **1** *Zustimmung usw.*: uneingeschränkt **2** *Platz im Theater usw.*: nicht reserviert **3** *Person*: nicht reserviert, offen
unrest [ʌnˈrest] *politisch usw.*: Unruhen
unrestrained [ˌʌnrɪˈstreɪnd] hemmungslos
unrestricted [ˌʌnrɪˈstrɪktɪd] uneingeschränkt
unrewarding [ˌʌnrɪˈwɔːdɪŋ] wenig lohnend, *Aufgabe usw. auch*: undankbar
unripe [ˌʌnˈraɪp] unreif
unrivalled, *US* **unrivaled** [ʌnˈraɪvld] unerreicht, unübertroffen
unroll [ʌnˈrəʊl] aufrollen, entrollen
unruly [ʌnˈruːlɪ] **1** ungebärdig, wild **2** *Haare*: widerspenstig
unsafe [ʌnˈseɪf] unsicher, nicht sicher; **feel unsafe** sich nicht sicher fühlen
unsaid [ʌnˈsed] **leave something unsaid** etwas nicht aussprechen; **be left** (*oder* **go**) **unsaid** ungesagt bleiben
unsal(e)able [ˌʌnˈseɪləbl] unverkäuflich
unsalted [ˌʌnˈsɔːltɪd] ungesalzen
unsanitary [ˌʌnˈsænətərɪ] unhygienisch
unsatisfactory [ˌʌnsætɪsˈfæktərɪ] **1** *allg.*: unbefriedigend **2** *Leistung, Ergebnis auch*: nicht zufriedenstellend
unsatisfied [ʌnˈsætɪsfaɪd] unzufrieden (**with** mit)
unscientific [ˈʌnˌsaɪənˈtɪfɪk] unwissenschaftlich
unscrew [ˌʌnˈskruː] abschrauben, losschrauben
unscrupulous [ʌnˈskruːpjʊləs] skrupellos, gewissenlos
unseat [ˌʌnˈsiːt] **1** abwerfen (*Reiter*) **2** *übertragen* des Amtes entheben
unseeded [ˌʌnˈsiːdɪd] *Sport*: ungesetzt
unseemly [ʌnˈsiːmlɪ] *Verhalten*: ungebührlich, unziemlich
unseen [ˌʌnˈsiːn] **1** ungesehen, unbemerkt (*verschwinden usw.*) **2** *bes. Hindernis, Gefahr usw.*: unsichtbar
unselfish [ʌnˈselfɪʃ] selbstlos, uneigennützig
unsentimental [ˈʌnˌsentɪˈmentl] unsentimental
unsettle [ʌnˈsetl] beunruhigen, durcheinanderbringen
unsettled [ʌnˈsetld] **1** *Frage usw.*: ungeklärt **2** *Wetter*: unbeständig **3** *Lage usw.*: unsicher **4** *Rechnung*: unbeglichen
unshakable, **unshakeable** [ʌnˈʃeɪkəbl] unerschütterlich
unshaven [ˌʌnˈʃeɪvn] unrasiert
unsightly [ʌnˈsaɪtlɪ] unansehnlich, hässlich
unsigned [ˌʌnˈsaɪnd] **1** *Gemälde usw.*: unsigniert **2** *Brief, Dokument usw.*: nicht unterschrieben, nicht unterzeichnet, ohne Unterschrift
unskilled [ˌʌnˈskɪld] *Arbeit, Arbeiter*: ungelernt; **unskilled worker** Hilfsarbeiter(in)
unsociable [ʌnˈsəʊʃəbl] ungesellig
unsocial [ˌʌnˈsəʊʃl] **1** *Politik*: unsozial **2** **work unsocial hours** *Br* außerhalb der normalen Arbeitszeit arbeiten
unsold [ˌʌnˈsəʊld] unverkauft
unsolicited [ˌʌnsəˈlɪsɪtɪd] *Manuskript usw.*: unverlangt eingesandt, *Waren*: unaufgefordert zugesandt, unbestellt; **unsolicited application** Blindbewerbung
unsolved [ˌʌnˈsɒlvd] *Fall usw.*: ungelöst
unsophisticated [ˌʌnsəˈfɪstɪkeɪtɪd] **1** *Person*: einfach **2** *Technik*: unkompliziert
unsound [ˌʌnˈsaʊnd] **1** nicht gesund, krank, *Gesundheit auch*: angegriffen; **of unsound mind** nicht zurechnungsfähig **2** *Gebäude usw.*: nicht intakt, nicht in Ordnung **3** *übertragen* unklug, unvernünftig (*Rat usw.*); nicht stichhaltig (*Argument*)
unspeakable [ʌnˈspiːkəbl] unbeschreiblich, unsäglich
unspoiled [ˌʌnˈspɔɪld], **unspoilt** [ˌʌnˈspɔɪlt] unverdorben
unstable [ʌnˈsteɪbl] **1** instabil (*auch übertragen*) **2** *Person*: labil
unsteady [ʌnˈstedɪ] **1** wackelig, *Hand*: unsicher **2** *Preise usw.*: schwankend **3** ungleichmäßig
unstressed [ˌʌnˈstrest] *Sprache*: unbetont
unstuck [ˌʌnˈstʌk] **1** **come unstuck** abgehen, sich lösen **2** **come unstuck** *umg*; *Person, Plan*: scheitern
unsuccessful [ˌʌnsəkˈsesfl] erfolglos, vergeblich; **be unsuccessful** keinen Erfolg haben
unsuitable [ʌnˈsuːtəbl] unpassend, ungeeignet (**for**, **to** für)
unsure [ˌʌnˈʃʊə] *allg.*: unsicher; **unsure of oneself** unsicher; **I'm unsure whether ...** ich bin mir nicht sicher, ob ...
unsurpassed [ˌʌnsəˈpɑːst] *Qualität, Leistung usw.*: unübertroffen
unsuspected [ˌʌnsəˈspektɪd] **1** unvermutet **2** *Person*: unverdächtig

unsuspecting [ˌʌnsəˈspektɪŋ] nichts ahnend, ahnungslos
unsweetened [ˌʌnˈswiːtnd] ungesüßt
unsympathetic [ˌʌnsɪmpəˈθetɪk] gefühllos
unthinkable [ʌnˈθɪŋkəbl] undenkbar, unvorstellbar
untidy [ʌnˈtaɪdɪ] unordentlich
untie [ˌʌnˈtaɪ], untied, untied; -ing-Form untying ◼ aufknoten, lösen (Knoten) ◾ losbinden (Person usw.) (**from** von)
★**until** [ənˈtɪl] ◼ allg.: bis ◾ **not until** erst (wenn), nicht vor, nicht bevor; **not until Monday** erst (am) Montag, nicht vor Montag
untimely [ʌnˈtaɪmlɪ] ◼ Ankunft, Tod usw.: vorzeitig, verfrüht ◾ Zeitpunkt usw.: unpassend, ungelegen
untiring [ʌnˈtaɪərɪŋ] unermüdlich
untouched [ʌnˈtʌtʃt] ◼ unberührt, unangetastet (auch Essen) ◾ (≈ unbeschädigt) unversehrt, heil ◾ emotional: ungerührt, unbewegt
untranslatable [ˌʌntrænzˈleɪtəbl] unübersetzbar
untreated [ʌnˈtriːtɪd] ◼ Obst, Gemüse usw.: (≈ naturbelassen) unbehandelt ◾ Verletzung, Krankheit: unbehandelt
untrue [ʌnˈtruː] ◼ Behauptung: unwahr ◾ Partner(in): untreu (**to** Dativ)
untruth [ʌnˈtruːθ] Unwahrheit
unused[1] [ˌʌnˈjuːzd] unbenutzt, ungebraucht
unused[2] [ʌnˈjuːst] **be unused to something** etwas nicht gewohnt sein
unusual [ʌnˈjuːʒʊəl] ungewöhnlich
unveil [ˌʌnˈveɪl] enthüllen (Denkmal usw.)
unvoiced [ˌʌnˈvɔɪst] Sprache: stimmlos
unwanted [ʌnˈwɒntɪd] unerwünscht, Schwangerschaft auch: ungewollt
unwelcome [ʌnˈwelkəm] unwillkommen
unwell [ʌnˈwel] **be** (oder **feel**) **unwell** sich unwohl fühlen, sich nicht wohlfühlen
unwieldy [ʌnˈwiːldɪ] unhandlich, sperrig
unwilling [ʌnˈwɪlɪŋ] widerwillig; **be unwilling to do something** nicht bereit sein, etwas zu tun, etwas nicht tun wollen
unwind [ˌʌnˈwaɪnd], unwound [ˌʌnˈwaʊnd], unwound [ˌʌnˈwaʊnd] ◼ abwickeln ◾ sich abwickeln ◾ umg abschalten, sich entspannen
unwise [ˌʌnˈwaɪz] unklug
unwitting [ʌnˈwɪtɪŋ] ◼ unwissentlich ◾ unbeabsichtigt
unworthy [ʌnˈwɜːðɪ] **be unworthy of something** einer Sache nicht würdig sein, etwas nicht verdienen
unwound [ˌʌnˈwaʊnd] 2. und 3. Form von → unwind

unwrap [ʌnˈræp], unwrapped, unwrapped auswickeln, auspacken
unwritten [ˌʌnˈrɪtn] **unwritten law** übertragen ungeschriebenes Gesetz
unyielding [ʌnˈjiːldɪŋ] unnachgiebig
unzip [ˌʌnˈzɪp], unzipped, unzipped ◼ eines Kleids, einer Tasche usw.: den Reißverschluss aufmachen; **could you unzip me, please?** könntest du mir bitte den Reißverschluss aufmachen? ◾ Computer: entzippen, entpacken (Datei)
★**up**[1] [ʌp] ◼ oben; **up there** dort oben; **jump up and down** hüpfen; **walk up and down** auf und ab (oder hin und her) gehen ◾ **coffee prices** usw. **are up this month** die Kaffeepreise usw. sind diesen Monat gestiegen ◾ **come up to someone** auf jemanden zukommen ◾ (≈ zu Ende) **time's up** die Zeit ist um; **eat up** aufessen ◾ (≈ nicht im Bett) auf; **is he up yet?** ist er schon auf? ◾ **up to** bis zu; **up to a moment ago** bis vor einem Augenblick ◾ **be up to something** umg etwas vorhaben, etwas im Schilde führen; **I'm not up to it** ich bin der Sache nicht gewachsen; **it's up to you** das liegt bei Ihnen (bzw. bei dir)
★**up**[2] [ʌp] oben auf, herauf, hinauf; **up the river** flussaufwärts; **climb up a tree** auf einen Baum hinaufklettern
★**up**[3] [ʌp] ◼ nach oben (gerichtet), Aufwärts... ◾ **be well up in** (oder **on**) umg viel verstehen von ◾ **be up for sale** zum Verkauf stehen ◾ **what's up?** umg was ist los?
★**up**[4] [ʌp], upped, upped ◼ umg erhöhen (Angebot, Preis usw.) ◾ **he upped and left her** umg er hat sie von heute auf morgen sitzen lassen

up-and-coming [ˌʌpənˈkʌmɪŋ] Talent usw.: vielversprechend, Nachwuchs...
upbringing [ˈʌpˌbrɪŋɪŋ] Erziehung
upcoming [ˈʌpˌkʌmɪŋ] bevorstehend
upcycle [ˈʌpˌsaɪkl] (beim Recycling) veredeln
update[1] [ˌʌpˈdeɪt] auf den neuesten Stand bringen, aktualisieren
update[2] [ˈʌpdeɪt] ◼ Aktualisierung ◾ von Computerprogramm: Update
upgrade [ˌʌpˈɡreɪd] nachrüsten (Computer)
upheaval [ʌpˈhiːvl] Aufruhr, Umwälzung
uphill[1] [ˌʌpˈhɪl] aufwärts, bergan
uphill[2] [ˈʌphɪl] ◼ Straße usw.: bergauf führend ◾ übertragen mühselig, hart
upholstery [ʌpˈhəʊlstərɪ] Polsterung
upkeep [ˈʌpkiːp] Unterhalt(ungskosten)

upload [ˌʌpˈləʊd] *Computer*: uploaden, heraufladen (*Programm usw.*)
upmarket [ˌʌpˈmɑːkɪt] **1** Kundenkreis: anspruchsvoll **2** Produkt, Hotel usw.: exklusiv
upon [əˈpɒn] **1** förmlich auf **2** **once upon a time there was ...** es war einmal ...
★**upper¹** [ˈʌpə] obere(r, -s); **upper arm** Oberarm; **upper class(es)** Gesellschaft: Oberschicht; **upper deck** Schiff, Bus: Oberdeck
★**upper²** [ˈʌpə] Obermaterial (*eines Schuhs*)
Upper Austria [ˌʌpə(r)ˈɒstrɪə] Oberösterreich
uppercase [ˈʌpəkeɪs], **uppercase letter** [ˌʌpəkeɪsˈletə] Großbuchstabe, Versal; **in uppercase (letters)** in Großbuchstaben
upper class [ˌʌpəˈklɑːs] Oberschicht
upper-class [ˌʌpəˈklɑːs] **1** Oberschicht..., der Oberschicht **2** Akzent, Auftreten: vornehm
uppermost [ˈʌpəməʊst] oberste(r, -s); **be uppermost** übertragen an erster Stelle stehen
upright¹ [ˈʌpraɪt] **1** aufrecht, gerade, senkrecht **2** übertragen rechtschaffen, aufrecht
upright² [ˈʌpraɪt] aufrecht, gerade; **sit upright** gerade sitzen
upright³ [ˈʌpraɪt] Pfosten
uprising [ˈʌpˌraɪzɪŋ] Aufstand
upriver [ˌʌpˈrɪvə] flussaufwärts
uproar [ˈʌprɔː] Aufruhr, Tumult; **be in uproar** in Aufruhr sein
ups and downs [ˌʌpsənˈdaʊnz] *pl* die Höhen und Tiefen (*des Lebens*)
★**upset¹** [ˌʌpˈset], upset, upset; -ing-Form upsetting **1** übertragen aus der Fassung bringen, aufregen; **get somebody upset** jemanden aufregen **2** übertragen durcheinanderbringen (*Pläne usw.*) **3** **the fish has upset my stomach** ich habe mir durch den Fisch den Magen verdorben **4** umkippen, umstoßen, umwerfen
★**upset²** [ˈʌpset] **1** **stomach upset** Magenverstimmung **2** bes. Sport: Überraschung
upside down [ˌʌpsaɪdˈdaʊn] verkehrt herum; **turn upside down** umdrehen, übertragen auch: auf den Kopf stellen
★**upstairs** [ˌʌpˈsteəz] ↔ **downstairs 1** auf die Frage „wohin": nach oben, die Treppe herauf (*bzw.* hinauf); **let's go upstairs** gehen wir nach oben **2** auf die Frage „wo": oben, im oberen Stockwerk; **the upstairs apartments** die oberen Wohnungen
upstream [ˌʌpˈstriːm] flussauf(wärts)
uptake [ˈʌpteɪk] **be quick on the uptake** *umg* schnell schalten; **be slow on the uptake** *umg* schwer von Begriff sein
★**up-to-date** [ˌʌptəˈdeɪt] **1** modern **2** aktuell

up-to-the-minute [ˌʌptəðəˈmɪnɪt] **1** hochmodern **2** allerneueste(r, -s)
uptown [ˌʌpˈtaʊn] *US* in den besseren Wohnvierteln (gelegen *oder* lebend); **in uptown Los Angeles** in den Außenbezirken von Los Angeles
upward¹ [ˈʌpwəd] *bes. US* nach oben; **face upward** mit dem Gesicht nach oben
upward² [ˈʌpwəd] Aufwärts...
upwards [ˈʌpwədz] **1** nach oben; **face upwards** mit dem Gesicht nach oben **2** **from £2 upwards** ab 2 Pfund; **upwards of £2** *umg* mehr als 2 Pfund **3** übertragen aufwärts
uranium [jʊˈreɪnɪəm] *Chemie*: Uran
urban [ˈɜːbən] städtisch, Stadt...
urge¹ [ɜːdʒ] **1** *auch* **urge on** antreiben, übertragen auch: anspornen (**to** zu) **2** **urge someone** jemanden drängen (**to do** zu tun) **3** drängen auf
urge² [ɜːdʒ] Drang, Verlangen
urgency [ˈɜːdʒənsɪ] Dringlichkeit
★**urgent** [ˈɜːdʒənt] dringend; **it's urgent** auch: es eilt; **they're in urgent need of ...** sie brauchen (*oder* benötigen) dringend ...
urine [ˈjʊərɪn] Urin
URL [ˌjuːɑːˈrel] (*abk für* Uniform *oder* Universal Resource Locator) *Computer*: URL-Adresse
urn [ɜːn] **1** Urne **2** Großkaffeemaschine, Großteemaschine
★**us** [əs, *betont* ʌs] **1** uns (Akkusativ *oder* Dativ von **we**); **both of us** wir beide; **all of us** wir alle **2** *umg wir*; **they're older than us** sie sind älter als wir; **it's us** wir sind's **3** *reflexiv*: uns; **we looked behind us** wir sahen hinter uns
US [ˌjuːˈes] *abk für* → **the United States**
★**USA** [ˌjuːesˈeɪ] *abk für* → **the United States of America**
usable [ˈjuːzəbl] brauchbar, verwendbar
usage [ˈjuːsɪdʒ] **1** von Wörtern: (Sprach)Gebrauch **2** von Gegenständen: Behandlung **3** Brauch, Gepflogenheit; **it's common usage** es ist allgemein üblich
USB port [ˌjuːesˈbiːˌpɔːt] *Computer*: USB-Anschluss
USB stick [ˌjuːesˈbiːˌstɪk] *Computer*: USB-Stick
★**use¹** [juːz], used [juːzd], used [juːzd] **1** *allg.*: benutzen, gebrauchen, verwenden; **do you know how to use this?** kannst du damit umgehen? **2** anwenden (*Taktik, Methode, Gewalt usw.*) **3** (≈ aufbrauchen) brauchen, verbrauchen (*Benzin usw.*) **4** *im negativen Sinn*: benutzen, ausnutzen (*Person*) (**for** für) **5** **I** *usw.* **could use ...** ich *usw.* könnte ... brauchen; **I**

could use a drink ich könnte etwas zu trinken brauchen

---PHRASAL VERBS---

use up [ˌjuːzˈʌp] aufbrauchen, verbrauchen

★**use**² [▲ juːs] **1** Benutzung, Gebrauch, Verwendung; **come into use** in Gebrauch kommen; **make use of** Gebrauch machen von, benutzen; **directions for use** Gebrauchsanweisung; **in use/out of use** in (*oder* im)/außer Gebrauch **2** Verwendung(szweck); **it has many uses** es ist vielseitig verwendbar **3** Nutzen; **be of use** nützlich sein, von Nutzen sein (**to** für); **what's the use of that?** was nützt das?; **it's no use complaining** es hat keinen Zweck, sich zu beklagen

★**use**³ [▲ juːs], **used** [▲ juːst], **used** [▲ juːst] I **used to live here** ich habe früher hier gewohnt; **he used to be a chain smoker** er war früher einmal Kettenraucher

use-by date [ˈjuːzbaɪˌdeɪt] *Br* Verfallsdatum

used¹ [juːzd] gebraucht; **used car** Gebrauchtwagen

used² [juːst] **be used to something** etwas gewohnt sein; **be used to doing something** es gewohnt sein, etwas zu tun

★**useful** [ˈjuːsfl] nützlich; **make oneself useful** sich nützlich machen

★**useless** [ˈjuːsləs] nutzlos; **it's useless** *auch*: es ist zwecklos (**to do** zu tun)

user [ˈjuːzə] **1** Benutzer(in) **2** Verbraucher(in)

user-friendly [ˌjuːzəˈfrendlɪ] *Wörterbuch usw.*: benutzerfreundlich, leicht zu handhaben

user name [ˈjuːzəˌneɪm] *Computer*: Benutzername

usher [ˈʌʃə] **1** *in Theater, Kino*: Platzanweiser **2** *Br* Gerichtsdiener

usherette [ˌʌʃəˈret] Platzanweiserin

USSR [ˌjuːeseˈsɑː] (*abk für* Union of Soviet Socialist Republics) *historisch*: UdSSR

★**usual** [ˈjuːʒʊəl] üblich; **as usual** wie gewöhnlich, wie üblich; **it's not usual for him to be so late** er kommt normalerweise nicht so spät

★**usually** [ˈjuːʒʊəlɪ] meistens, (für) gewöhnlich, normalerweise

usury [ˈjuːʒərɪ] Wucher

utensil [juːˈtensl] Gerät; **utensils** *pl auch*: Utensilien

uterus [ˈjuːtərəs] *pl*: **uteruses** *oder* **uteri** [▲ ˈjuːtəraɪ] *Körper*: Gebärmutter

utility [juːˈtɪlətɪ] **1** Nutzen, Nützlichkeit **2** *auch* **public utility** Versorgungsbetrieb

utilize [ˈjuːtəlaɪz] nutzen, verwenden

utmost¹ [ˈʌtməʊst] äußerste(r, -s), höchste(r, -s), größte(r, -s)

utmost² [ˈʌtməʊst] *das* Äußerste; **do one's utmost** sein Möglichstes tun

utter¹ [ˈʌtə] *mst. bei Negativem*: total, völlig

utter² [ˈʌtə] ausstoßen (*Seufzer*), äußern

utterance [ˈʌtrəns] Äußerung

U-turn [ˈjuːtɜːn] **1** **do** (*oder* **make**) **a U-turn** *Auto*: wenden **2** *übertragen* Kehrtwendung

UV [ˌjuːˈviː] (*abk für* ultraviolet) UV

UV protection [ˌjuːviːprəˈtekʃn] UV-Schutz

V

v. [viː, ˈvɜːsəs] *abk für* → versus

vacancy [ˈveɪkənsɪ] **1** **'vacancies'** „Zimmer frei"; **'no vacancies'** „belegt" **2** *Arbeit*: freie (*oder* offene) Stelle; **'vacancies'** „Stellenangebot"; **we have a vacancy in our personnel department** in unserer Personalabteilung ist eine Stelle zu vergeben

vacant [ˈveɪkənt] **1** leer stehend, unbewohnt; **'vacant'** *Toilette*: „frei" **2** *Arbeitsstelle*: frei, offen **3** *Blick usw.*: leer

vacate [vəˈkeɪt] räumen (*Zimmer usw.*)

★**vacation**¹ [vəˈkeɪʃn] **1** *US* Ferien, Urlaub; **be on vacation** im Urlaub sein **2** *Universität*: Semesterferien

★**vacation**² [vəˈkeɪʃn] *US* Urlaub machen, die Ferien verbringen

vacationer [vəˈkeɪʃnə] *US* Urlauber(in)

vaccinate [ˈvæksɪneɪt] impfen (**against** gegen)

vaccination [ˌvæksɪˈneɪʃn] Impfung

vaccination certificate [ˌvæksɪˈneɪʃnsəˌtɪfɪkət] Impfpass

vaccine [ˈvæksiːn] Impfstoff

vacuum¹ [ˈvækjʊəm] Vakuum

vacuum² [ˈvækjʊəm] saugen (*Teppich usw.*), staubsaugen

vacuum bottle [ˈvækjʊəmˌbɒtl] *US* Warmhalteflasche

vacuum cleaner [ˈvækjʊəmˌkliːnə] Staubsauger

vacuum flask [ˈvækjʊəmˌflɑːsk] *Br* Thermosflasche®

vacuum packed [ˌvækjʊəmˈpækd] vakuumverpackt

vagina [▲ vəˈdʒaɪnə] *Körper*: Scheide

vagrant [ˈveɪgrənt] Landstreicher(in)

vague [▲ veɪg] verschwommen, *übertragen*

auch: vage; **be vague** sich nur vage äußern (**about** über, zu); **I haven't got the vaguest idea** ich habe nicht die leiseste Ahnung

vain [veɪn] **1** eingebildet, eitel **2** *Versuch usw.*: vergeblich; **in vain** *auch*: vergebens

valence ['veɪləns] *US*, **valency** ['veɪlənsɪ] *Br Chemie*: Wertigkeit, Valenz

valentine ['væləntaɪn] **1** *Person, der man am Valentinstag einen Gruß schickt* **2** Valentinskarte

valet ['vælɪt, 'væleɪ] (Kammer)Diener

★**valid** ['vælɪd] **1** *Argument usw.*: stichhaltig, triftig **2** *Ausweis, Fahrkarte usw.*: gültig (**for two weeks** zwei Wochen); **be valid** *auch*: gelten **3** *Recht*: rechtsgültig

validity [və'lɪdətɪ] **1** *von Argument usw.*: Stichhaltigkeit **2** *von Ausweis, Fahrkarte usw.*: Gültigkeit, Gültigkeitsdauer **3** *Recht*: Rechtsgültigkeit

★**valley** ['vælɪ] Tal

★**valuable**[1] ['væljʊəbl] wertvoll

★**valuable**[2] ['væljʊəbl] *mst.* **valuables** *pl* Wertsachen

valuation [,væljʊ'eɪʃn] Schätzung

★**value**[1] ['væljuː] *allg.*: Wert; **be of value** wertvoll sein (**to** für); **be good value, be value for money** preiswert sein

★**value**[2] ['væljuː] **1** schätzen (*Haus usw.*) (**at** auf) **2** schätzen (*jemandes Rat usw.*)

value-added tax [,væljuː,ædɪd'tæks] *Br; Wirtschaft*: Mehrwertsteuer

values ['væljuːz] *pl* (*bes.* sittliche) Werte

valve [vælv] **1** *Technik, Instrument*: Ventil **2** *Körper*: Klappe

vampire ['væmpaɪə] Vampir

van [væn] **1** Lieferwagen, Transporter **2** *Br; Bahn*: (geschlossener) Güterwagen

vandal ['vændl] **1** **Vandal** *historisch*: Vandale **2** *übertragen* Vandale, Rowdy

vandalism ['vændəlɪzm] Wandalismus

vandalize ['vændəlaɪz] mutwillig zerstören

vanguard ['væŋɡɑːd] **1** *militärisch*: Vorhut **2** **be in the vanguard** (**of**) an der Spitze stehen (von)

vanilla [və'nɪlə] Vanille

vanish ['vænɪʃ] **1** (*Person*) verschwinden; **vanish into thin air** sich in Luft auflösen **2** (*Angst, Hoffnung usw.*) schwinden

vanity ['vænətɪ] Eitelkeit

vanity case ['vænətɪ ˌkeɪs] Schminkkoffer

vapor ['veɪpə] *US* Dampf, Dunst; → **vapour** *Br*

vaporize ['veɪpəraɪz] verdampfen, verdunsten

vapour ['veɪpə] *Br* Dampf, Dunst

variable[1] ['veərɪəbl] **1** *Größe, Wert usw.*: variabel, veränderlich **2** *Maschine usw.*: regulierbar **3** *Wetter usw.*: unbeständig

variable[2] ['veərɪəbl] *Mathematik*: Variable, veränderliche Größe (*beide auch übertragen*)

variant ['veərɪənt] Variante

variation [,veərɪ'eɪʃn] **1** Schwankung, Abweichung **2** *Musik*: Variation (**on** über)

varied ['veərɪd] **1** unterschiedlich **2** abwechslungsreich, *Leben*: bewegt

variety [və'raɪətɪ] **1** Abwechslung **2** Vielfalt; **for a variety of reasons** aus den verschiedensten Gründen **3** *Wirtschaft*: Auswahl (**of** an) **4** *Tierwelt, Pflanzenwelt*: Art, Sorte **5** Varieté, Show

various ['veərɪəs] **1** *bei Auswahl usw.*: verschieden **2** mehrere, verschiedene; **for various reasons** aus mehreren Gründen

varnish[1] ['vɑːnɪʃ] Lack

varnish[2] ['vɑːnɪʃ] lackieren

vary ['veərɪ] **1** variieren, (*Meinungen*) auseinandergehen (**on** über); **vary in size** verschieden groß sein **2** (ver)ändern

vase [vɑːz, *US* veɪz] Vase

vast [vɑːst] **1** *Größe*: riesig **2** *Fläche*: weit

vastly ['vɑːstlɪ] gewaltig, weitaus

VAT [,viː eɪ 'tiː, væt] *Br* (*abk für* **value-added tax**) Mehrwertsteuer

Vatican ['vætɪkən] **the Vatican** der Vatikan

vault[1] [vɔːlt] **1** *auch* **vaults** *pl* (Keller)Gewölbe **2** *auch* **vaults** *pl* Stahlkammer, Tresorraum **3** *Baustil*: Gewölbe

vault[2] [vɔːlt] springen, setzen (**über**)

vault[3] [vɔːlt] Sprung

VD [,viː 'diː] (*abk für* **venereal disease**) Geschlechtskrankheit

VDU [,viː diː 'juː] (*abk für* **visual display unit**) *Computer*: Monitor

've [v, əv] *abk für* → **have**[1], **have**[2]

★**veal** [viːl] Kalbfleisch

veal cutlet [,viːl 'kʌtlət] Kalbsschnitzel

veer [vɪə] **veer to the left** (*Auto*) nach links scheren

veg [Δ vedʒ] *pl*: **veg** *Br, umg* Gemüse; **and two veg** und zweierlei Gemüse

vegan ['viːɡən] Veganer(in)

★**vegetable** ['vedʒtəbl] *mst.* **vegetables** *pl* Gemüse; **and two vegetables** und zweierlei Gemüse; **vegetable knife** Gemüsemesser

vegetarian[1] [,vedʒə'teərɪən] Vegetarier(in)

vegetarian[2] [,vedʒə'teərɪən] vegetarisch

vegetate ['vedʒəteɪt] dahinvegetieren

vegetation [,vedʒə'teɪʃn] Vegetation

veggie¹ ['vedʒɪ] *umg* **1** *Br* Vegetarier(in) **2** *bes. US, mst.* **veggies** Gemüse

veggie² ['vedʒɪ] *umg* **1** *Br* vegetarisch **2** *bes. US* Gemüse...

veggie burger ['vedʒɪˌbɜːɡə] Gemüseburger

vehement [⚠ 'viːəmənt] vehement, heftig

vehicle [⚠ 'viːɪkl] **1** Fahrzeug **2** *übertragen* Medium

veil [veɪl] Schleier

vein [veɪn] Ader (*auch bei Pflanzen, Geologie*), *im engeren Sinn*: Vene

Velcro® ['velkrəʊ] **Velcro (fastening)** Klettverschluss®

velocity [və'lɒsətɪ] *Physik, Technik*: Geschwindigkeit

velvet ['velvɪt] Samt

vendetta [ven'detə] **1** *ursprünglich*: Blutrache **2** (≈ *lang andauernder Streit*) Fehde

vending machine ['vendɪŋ məˌʃiːn] (Waren-)Automat

vendor ['vendə] Händler(in); **newspaper vendor** Zeitungsverkäufer(in)

venerable ['venərəbl] ehrwürdig

venerate ['venəreɪt] verehren

veneration [ˌvenə'reɪʃn] Verehrung

venereal disease [vəˌnɪərɪəl dɪ'ziːz] Geschlechtskrankheit

Venetian blind [vəˌniːʃn'blaɪnd] Jalousie

vengeance ['vendʒəns] **1** Rache; **take vengeance on** sich rächen an **2** **with a vengeance** *umg* gewaltig, und wie

Venice ['venɪs] Venedig

venison ['venɪsən] Wildbret (*Rehfleisch*)

venom [⚠ 'venəm] **1** *von Tieren*: Gift **2** *übertragen* Gehässigkeit

venomous [⚠ 'venəməs] **1** *Tier*: giftig **2** *übertragen* gehässig

vent¹ [vent] abreagieren (*Wut usw.*) (**on** an)

vent² [vent] **1** (Abzugs)Öffnung **2** *übertragen* Ventil; **give vent to** Luft machen (*seinem Ärger usw.*)

ventilate ['ventɪleɪt] lüften, belüften

ventilation [ˌventɪ'leɪʃn] (Be)Lüftung

ventilator ['ventɪleɪtə] **1** Ventilator, Lüfter **2** *Medizin*: Beatmungsgerät

venture¹ ['ventʃə] **1** *bes. Wirtschaft*: Unternehmen **2** (gewagtes) Unternehmen

venture² ['ventʃə] **1** sich wagen (*wohin*) **2** (zu äußern) wagen; **venture to do something** es wagen, etwas zu tun **3** riskieren (*Ruf usw.*), aufs Spiel setzen (**on** bei)

venture capital ['ventʃəˌkæpɪtl] *Wirtschaft*: Risikokapital

venue ['venjuː] Schauplatz, *Sport*: Austragungsort

veranda, verandah [və'rændə] Veranda

★**verb** [vɜːb] *Sprache*: Verb, Zeitwort

verbal ['vɜːbl] **1** mündlich **2** Wort...

verbalize ['vɜːbəlaɪz] ausdrücken, in Worte fassen, verbalisieren

verdict ['vɜːdɪkt] **1** *Recht*: Spruch (*der Geschworenen*); **verdict of guilty** Schuldspruch **2** Meinung, Urteil (**on** über)

verge [vɜːdʒ] Rand (*auch übertragen*); **be on the verge of tears** den Tränen nahe sein

───────────── PHRASAL VERBS

verge on ['vɜːdʒ ɒn] *übertragen* grenzen an

verify ['verɪfaɪ] **1** bestätigen (*Aussage usw.*) **2** (über)prüfen **3** nachweisen, beweisen (*Theorie usw.*)

veritable ['verɪtəbl] *verstärkend*: wahr (*Triumph usw.*)

vermin ['vɜːmɪn] **1** Schädlinge, Ungeziefer **2** *übertragen* Gesindel, Pack

vernacular [və'nækjʊlə] **1** Landessprache **2** *regional*: Dialekt, Mundart

vernier caliper [ˌvɜːnɪə'kælɪpə] Messschieber

versatile ['vɜːsətaɪl] **1** vielseitig **2** *Material usw.*: vielseitig verwendbar

verse [vɜːs] **1** Poesie, Versdichtung **2** Vers (*auch Bibelvers*) **3** *von Lied*: Strophe

versed [vɜːst] **be (well) versed in** beschlagen (*oder* bewandert) sein in

version ['vɜːʃn] **1** Ausführung, Version (*eines Geräts usw.*) **2** Version, Darstellung (*eines Ereignisses*) **3** Version, Fassung (*eines Textes*) **4** Übersetzung

versus ['vɜːsəs] *Recht, Sport*: gegen

vertebra ['vɜːtɪbrə] *pl*: vertebrae ['vɜːtɪbriː] *Körper*: Wirbel

vertebral column [ˌvɜːtɪbrəl'kɒləm] *Körper*: Rückgrat, Wirbelsäule

vertebrate ['vɜːtɪbrət] *Zoologie*: Wirbeltier

vertex ['vɜːteks] Scheitelpunkt

vertical¹ ['vɜːtɪkl] senkrecht, vertikal

vertical² ['vɜːtɪkl] Senkrechte

vertically ['vɜːtɪkəlɪ] senkrecht

vertigo ['vɜːtɪɡəʊ] **suffer from vertigo** an (*oder* unter) Höhenangst leiden, nicht schwindelfrei sein

★**very¹** ['verɪ] **1** sehr; **very much older** sehr viel älter; **I very much hope that ...** ich hoffe sehr, dass ...; **very well** also gut **2** aller...; **the very last drop** der allerletzte Tropfen; **for the very last time** zum allerletzten Mal

★**very²** ['veri] **1** the very genau der (bzw. die bzw. das); the very opposite genau das Gegenteil; it's the very thing es ist genau das Richtige (for doing um zu tun); **2** the very thought schon der Gedanke (of an); the very idea! um Himmels willen!

vessel ['vesl] **1** Schiff **2** Gefäß (auch von Körper, Pflanze)

vest [vest] **1** ▲ Br Unterhemd, Ⓐ, Ⓒ (Unter)Leibchen **2** ▲ US Weste (▲ Weste = Br waistcoat)

vet¹ [vet] umg Tierarzt, Tierärztin

vet² [vet], vetted, vetted Br, umg überprüfen

vet³ [vet] US, umg Veteran

veteran¹ ['vetərən] Veteran (auch übertragen)

veteran² ['vetərən] **1** altgedient, erfahren **2** veteran car Br; Auto: Oldtimer (Baujahr bis 1905)

veterinarian [,vetərɪ'neərɪən] US, **veterinary surgeon** [,vetrənərɪ'sɜːdʒən] Br Tierarzt, Tierärztin

veto¹ [▲ 'viːtəʊ] pl: vetos Veto

veto² [▲ 'viːtəʊ] sein Veto einlegen gegen

★**via** ['vaɪə] über, bei Städtenamen auch: via

vibes [vaɪbz] pl umg Atmosphäre (eines Orts), Ausstrahlung (von Menschen)

vibrant ['vaɪbrənt] **1** Farbe usw.: kräftig **2** Leben: pulsierend **3** Person: dynamisch

vibrate [vaɪ'breɪt] **1** vibrieren, zittern **2** (Luft) flimmern (with heat vor Hitze) **3** the city vibrates with life in der Stadt pulsiert das Leben

vibration [vaɪ'breɪʃn] Vibrieren, Zittern

vicar ['vɪkə] Br Pfarrer

vice¹ [vaɪs] Laster

vice² [vaɪs] Br, Technik: Schraubstock

vice³ [vaɪs] Vize..., stellvertretend

vice versa [,vaɪs(ɪ)'vɜːsə] and vice versa und umgekehrt

vicinity [vɪ'sɪnətɪ] in the vicinity of in der Nähe von (oder Genitivs); in this vicinity hier in der Nähe

vicious ['vɪʃəs] **1** charakterlich: boshaft, bösartig **2** Angriff, Täter usw.: brutal **3** Kopfschmerzen usw.: brutal, gemein

vicious circle [,vɪʃəs'sɜːkl] Teufelskreis

★**victim** ['vɪktɪm] Opfer; fall victim to betroffen werden von, bei Krankheit: erkranken an

victimize ['vɪktɪmaɪz] ungerecht behandeln, schikanieren

victor ['vɪktə] förmlich Sieger(in)

victorious [vɪk'tɔːrɪəs] siegreich

★**victory** ['vɪktərɪ] Sieg

★**video¹** ['vɪdɪəʊ] pl: videos **1** auch video cassette, videotape Video(kassette); on video auf Video **2** auch video (cassette) recorder Videorekorder

★**video²** ['vɪdɪəʊ] Br auf Video aufnehmen, aufzeichnen

video camera ['vɪdɪəʊ,kæmərə] Videokamera

video card ['vɪdɪəʊ_kɑːd] Computer: Grafikkarte

video clip ['vɪdɪəʊ_klɪp] Videoclip

video conference ['vɪdɪəʊ,kɒnfrəns] Videokonferenz

videophone ['vɪdɪəʊfəʊn] Bildtelefon

video recorder ['vɪdɪəʊ_rɪ,kɔːdə] Videorekorder

video recording ['vɪdɪəʊ_rɪ,kɔːdɪŋ] Videoaufnahme

videotape ['vɪdɪəʊteɪp] auf Video aufnehmen, aufzeichnen

vie [vaɪ], vied, vied; -ing-Form vying wetteifern (with mit; for um)

Vienna [vɪ'enə] Wien

★**view¹** [vjuː] **1** Sicht (of auf); in full view of someone direkt vor jemandes Augen; in view of übertragen angesichts (+ Genitiv); with a view to übertragen mit Blick auf; with a view to doing something in (oder mit) der Absicht, etwas zu tun; be on view ausgestellt (oder zu besichtigen) sein; come into view in Sicht kommen **2** Aussicht, Blick (of auf); a room with a view ein Zimmer mit schöner Aussicht **3** Fotografie: Ansicht **4** Meinung, Ansicht (about, on über); in my view meiner Ansicht nach **5** übertragen Überblick (of über) **6** have in view in Aussicht haben **7** keep in view im Auge behalten

★**view²** [vjuː] **1** übertragen betrachten (as als; with mit) **2** besichtigen (Haus usw.) **3** fernsehen

viewer ['vjuːə] (Fernseh)Zuschauer(in)

viewfinder ['vjuː,faɪndə] an Kamera: Sucher

viewpoint ['vjuːpɔɪnt] Standpunkt

vigil ['vɪdʒɪl] (Nacht)Wache; keep vigil wachen (over bei) (bes. bei Kranken)

vigilance ['vɪdʒɪləns] Wachsamkeit

vigilant ['vɪdʒɪlənt] wachsam

vigilante [,vɪdʒɪ'læntɪ] Mitglied einer Bürgerwehr; vigilantes Bürgerwehr

vigor ['vɪgə] US Energie; → vigour Br

vigorous ['vɪgərəs] energisch

vigour ['vɪgə] Br Energie

Viking ['vaɪkɪŋ] historisch: Wikinger

vile [vaɪl] **1** Geruch, Wetter usw.: scheußlich **2**

Denk-, Handlungsweise: niedrig, gemein
villa ['vɪlə] Villa
★**village** ['vɪlɪdʒ] Dorf
villager ['vɪlɪdʒə] Dorfbewohner(in)
villain ['vɪlən] **1** *in Film usw.*: Bösewicht **2** *Br, umg* Ganove **3** *umg* Bengel
vindictive [vɪn'dɪktɪv] nachtragend, rachsüchtig
vine [vaɪn] **1** (Wein)Rebe **2** Kletterpflanze (⚠ *Wein = wine*)
★**vinegar** ['vɪnɪgə] Essig
vineyard [⚠ 'vɪnjəd] Weinberg
vintage¹ ['vɪntɪdʒ] **1** Jahrgang (*eines Weins*) **2** Weinlese
vintage² ['vɪntɪdʒ] **1** *Wein*: Jahrgangs... **2** glänzend, hervorragend **3 vintage car** *Br* Oldtimer (*Baujahr 1919-30*)
viola [vɪ'əʊlə] Bratsche
violate ['vaɪəleɪt] **1** verletzen, brechen (*Vertrag usw.*) **2** stören (*Frieden usw.*) **3** schänden (*Grab*) **4** vergewaltigen (*Frau*)
violation [,vaɪə'leɪʃn] **1** Verletzung, Bruch (*eines Vertrags usw.*) **2** Störung **3** Schändung (*eines Grabes*) **4** Vergewaltigung
★**violence** ['vaɪələns] **1** Gewalt **2** Gewalttätigkeit **3** *von Unwetter*: Heftigkeit
★**violent** ['vaɪələnt] **1** gewalttätig **2** gewaltsam; **violent crime** Gewaltverbrechen **3** *Auseinandersetzung, Sturm usw.*: heftig
violet¹ ['vaɪələt] Veilchen
★**violet²** ['vaɪələt] *Farbe*: lila, *dunkler*: violett
★**violin** [,vaɪə'lɪn] Geige, Violine
violinist [,vaɪə'lɪnɪst] Geiger(in), Violinist(in)
VIP [,viː'aɪ'piː] (*abk für* very important person) prominente Persönlichkeit
viral ['vaɪrəl] **1** *medizinisch*: Virus... **go viral** *im Internet*: rasend schnell bekannt werden, viral werden
virgin¹ ['vɜːdʒɪn] **1** Jungfrau **2** *umg, übertragen* (gänzlich) unerfahrene Person; **I'm an Internet virgin** mit dem Internet habe ich überhaupt keine Erfahrung
virgin² ['vɜːdʒɪn] unberührt (*auch übertragen*)
Virgo ['vɜːgəʊ] *Sternzeichen*: Jungfrau
virile ['vɪraɪl] **1** männlich **2** potent
virility [vɪ'rɪlətɪ] **1** Männlichkeit **2** Potenz
virtual ['vɜːtʃʊəl] **1 it's a virtual certainty that** es steht praktisch fest, dass... **2 virtual reality** *Computer*: virtuelle Realität
virtually ['vɜːtʃʊəlɪ] praktisch, so gut wie
virtue ['vɜːtʃuː] **1** Tugend(haftigkeit) **2** Tugend; **make a virtue of necessity** aus der Not eine Tugend machen **3 by** (*oder* **in**) **virtue of** kraft (+ *Genitiv*), aufgrund (+ *Genitiv*)

virtuous ['vɜːtʃʊəs] tugendhaft (⚠ *nicht* **virtuos**)
virulent ['vɪrʊlənt] **1** *Krankheit*: bösartig, *Gift*: schnell wirkend **2** *übertragen* gehässig
virus ['vaɪrəs] *medizinisch*: Virus (*auch Computer*); **virus protection** *Computer*: Virenschutz; **virus scanner** *Computer*: Virensuchprogramm
★**visa** ['viːzə] Visum, *im Pass eingetragenes auch*: Sichtvermerk
vise [vaɪs] *US* → **vice 2**
visibility [,vɪzə'bɪlətɪ] Sicht, Sichtweite
visible ['vɪzəbl] **1** sichtbar **2** *übertragen* (er)sichtlich
vision ['vɪʒn] **1** Sehkraft **2** *übertragen* Weitblick **3** Vision; **have visions of doing something** sich schon etwas tun sehen
visionary¹ ['vɪʒnərɪ] **1** *positiv*: weitblickend **2** *negativ*: eingebildet, unwirklich
visionary² ['vɪʒnərɪ] **1** *positiv*: Visionär, Seher(in) **2** *negativ*: Fantast(in)
★**visit¹** ['vɪzɪt] **1** besuchen (*Person*), besichtigen (*Museum usw.*) **2 be visiting** auf Besuch sein (*US* **in**; **with** bei) **3** inspizieren

――――――――――――――――――― PHRASAL VERBS
visit with ['vɪzɪt_wɪð] *US* plaudern mit

★**visit²** ['vɪzɪt] **1** Besuch, Besichtigung (**to** *Genitiv*); **for** (*oder* **on**) **a visit** auf Besuch; **pay someone a visit** jemandem einen Besuch abstatten, *Arzt*: jemanden aufsuchen; **I've got to pay a visit** *Br, umg* ich muss mal verschwinden **2** *US* Plauderei (**with** mit)
visiting card ['vɪzɪtɪŋ_kɑːd] Visitenkarte
visiting hours ['vɪzɪtɪŋ_aʊəz] *pl* Besuchszeit
visiting professor [,vɪzɪtɪŋ_prə'fesə] Gastprofessor(in)
visiting team [,vɪzɪtɪŋ'tiːm] *Sport*: **the visiting team** die Gäste *pl*
★**visitor** ['vɪzɪtə] Besucher(in) (**to** *Genitiv*; **from** aus); **visitors** *pl* **to England** Englandbesucher *pl*; **have visitors** Besuch haben; **visitors' book** Gästebuch
visor ['vaɪzə] **1** *an Helm*: Visier **2** Schirm (*einer Mütze*) **3** *Auto*: (Sonnen)Blende
vista ['vɪstə] Aussicht, Blick (**of** auf)
visual ['vɪʒʊəl] **1** Seh... **2** visuell; **visual aids** *pl Schule*: Anschauungsmaterial; **visual display unit** *Computer*: Monitor (*abk für* VDU)
visualize ['vɪʒʊəlaɪz] sich vorstellen
vital ['vaɪtl] **1** unbedingt notwendig (**to, for** für); **of vital importance** von größter Wichtigkeit **2** *Organ usw.*: lebenswichtig
vitality [vaɪ'tælətɪ] Vitalität, Lebenskraft
vitally ['vaɪtlɪ] **1** vital, kraftvoll **2** äußerst; **vi-**

tally important äußerst wichtig
vital statistics [ˌvaɪtl_stəˈtɪstɪks] *pl* **1** Bevölkerungsstatistik **2** *humorvoll* Maße (*einer Frau*)
vitamin [ˈvɪtəmɪn] Vitamin
viva [ˈvaɪvə] *Br, umg* → viva voce
vivacious [vɪˈveɪʃəs] *bes. Frau:* lebhaft, temperamentvoll
viva voce [▲ˌvaɪvəˈvəʊsɪ] *Universität:* mündliche Prüfung
vivid [ˈvɪvɪd] **1** *Licht:* hell **2** *Farben:* kräftig, leuchtend **3** *Schilderung usw.:* anschaulich **4** *Fantasie:* lebhaft
vivisection [ˌvɪvɪˈsekʃn] Vivisektion
V-neck [ˈviːnek] V-Ausschnitt
vocab [ˈvəʊkæb] *umg* Wörterverzeichnis
vocabulary [vəʊˈkæbjʊləri] **1** Vokabular, Wortschatz **2** Wörterverzeichnis
vocal[1] [ˈvəʊkl] **1** Stimm...; **vocal cords** (*oder* **chords**) *pl Körper:* Stimmbänder **2** *Protest usw.:* lautstark
vocal[2] [ˈvəʊkl] **vocals by ...** *Gesang:* ...
vocalist [ˈvəʊkəlɪst] Sänger(in)
vocation [vəʊˈkeɪʃn] **1** Begabung (**for** für) **2** Berufung
vocational [vəʊˈkeɪʃnəl] Berufs..., beruflich; **vocational college, vocational school** ≈ Berufsschule; **vocational training** Berufsausbildung; **do vocational training** eine Berufsausbildung machen
vogue [vəʊg] Mode; **be in vogue** Mode sein
vogue expression [ˌvəʊg_ɪkˈspreʃn] Modewort
★**voice**[1] [vɔɪs] **1** Stimme (*auch übertragen*) **2** **active voice** *Sprache:* Aktiv; **passive voice** *Sprache:* Passiv
★**voice**[2] [vɔɪs] **1** zum Ausdruck bringen (*Meinung usw.*) **2** *Sprache:* stimmhaft aussprechen
voiced [vɔɪst] *Sprache:* stimmhaft
voiceless [ˈvɔɪsləs] *Sprache:* stimmlos
voicemail [ˈvɔɪsmeɪl] Voicemail; **leave someone a voicemail (message)** jemandem auf die Mailbox sprechen; **listen to one's voicemails** (*oder* **voicemail messages**) die Mailbox abhören
voice output [ˌvɔɪsˌaʊtpʊt] *Computer:* Sprachausgabe
void[1] [vɔɪd] **1** leer; **void of** ohne **2** *Recht:* nichtig, ungültig
void[2] [vɔɪd] Leere
volatile [ˈvɒlətaɪl] **1** *Lage:* unbeständig **2** *Person:* sprunghaft
volcano [vɒlˈkeɪnəʊ] *pl:* volcanoes *oder* volcanos Vulkan

volley [ˈvɒli] **1** Salve, Hagel (*von Fragen usw.*) **2** *Tennis:* Volley, Flugball; *Fußball:* Volleyschuss
volleyball [ˈvɒlibɔːl] *Sport:* Volleyball; **play volleyball** Volleyball spielen
volt [vəʊlt] *Elektrotechnik:* Volt
voltage [ˈvəʊltɪdʒ] *Elektrotechnik:* Spannung; **voltage detector** Spannungsprüfer; **voltage tester** Phasenprüfer
★**volume** [ˈvɒljuːm] **1** Lautstärke; **at full volume** in voller Lautstärke; **turn the volume up** (*bzw.* **down**) lauter (*bzw.* leiser) drehen; **volume control** Lautstärkeregler **2** *Mathematik, Physik:* Volumen, Rauminhalt **3** *Handel usw.:* Volumen, *Verkehr:* Aufkommen **4** *Buch:* Band; **a two-volume novel** ein zweibändiger Roman
voluminous [▲vəˈluːmɪnəs] **1** *Behältnis:* geräumig **2** *Bericht usw.:* umfangreich
voluntarily [ˈvɒləntərəlɪ] freiwillig
voluntary [ˈvɒləntəri] **1** freiwillig; **voluntary work** ehrenamtliche Arbeit; **do voluntary work** ehrenamtlich arbeiten; **voluntary worker** freiwilliger Helfer, freiwillige Helferin **2** *Tätigkeit:* unbezahlt
volunteer[1] [ˌvɒlənˈtɪə] **1** sich freiwillig melden (**for** zu) (*auch zum Militär*) **2** anbieten (*Hilfe usw.*); **volunteer to do something** sich anbieten, etwas zu tun **3** von sich aus sagen
volunteer[2] [ˌvɒlənˈtɪə] Freiwillige(r) (*auch beim Militär*), freiwilliger Helfer
volunteering [ˌvɒlənˈtɪərɪŋ] ehrenamtliche Arbeit
vomit [ˈvɒmɪt] **1** sich übergeben **2** erbrechen, spucken
★**vote**[1] [vəʊt] **1** Abstimmung (**about, on** über); **put to the vote** abstimmen lassen über; **take a vote on** abstimmen über **2** *bei Wahl:* Stimme; **give one's vote to** stimmen für **3** Stimmzettel **4** Wahlrecht; **get the vote** wahlberechtigt werden
★**vote**[2] [vəʊt] **1** wählen, abstimmen; **vote for** (*bzw.* **against**) stimmen für (*bzw.* gegen) **2** **vote that** *umg* vorschlagen, dass

PHRASAL VERBS

vote on [ˈvəʊt_ɒn] abstimmen über
vote out [ˌvəʊtˈaʊt] **vote out of office** abwählen

★**voter** [ˈvəʊtə] Wähler(in)

PHRASAL VERBS

vouch for [ˈvaʊtʃ_fɔː] **1** sich verbürgen für **2** bürgen für

voucher [ˈvaʊtʃə] Gutschein

vow¹ [vaʊ] Gelöbnis; **make** (*oder* **take**) **a vow** ein Gelöbnis ablegen
vow² [vaʊ] geloben, schwören (**to do** zu tun)
vowel ['vaʊəl] *Sprache:* Selbstlaut, Vokal
★**voyage** ['vɔɪɪdʒ] (See)Reise
vs. ['vɜːsəs] *abk für* → versus
vulgar ['vʌlɡə] **1** vulgär, ordinär **2** geschmacklos
vulnerable ['vʌlnərəbl] **1** *übertragen* verwundbar, verletzbar **2** anfällig (**to** für)
vulture ['vʌltʃə] *Vogel:* Geier

W

wacky ['wækɪ] *umg* verrückt
wad [wɒd] **1** Knäuel, *Watte usw.:* Bausch **2** Bündel (*Banknoten, Papier usw.*)
waddle ['wɒdl] watscheln
wade [weɪd] *im Wasser:* waten
wading pool ['weɪdɪŋ puːl] *US* Planschbecken; → **paddling pool** *Br*
wafer ['weɪfə] **1** (Eis)Waffel **2** *Religion:* Hostie
waffle¹ ['wɒfl] Waffel
waffle² ['wɒfl] *Br, umg* schwafeln
wag [wæɡ], **wagged, wagged** **1 wag one's finger at someone** jemandem mit dem Finger drohen **2 wag its tail** (*Hund*) mit dem Schwanz wedeln
★**wage¹** [weɪdʒ] *mst.* **wages** *pl* Lohn
wage² [weɪdʒ] **wage (a) war against** (*oder* **on**) Krieg führen gegen
wage bracket ['weɪdʒ,brækɪt] Lohngruppe
wage claim ['weɪdʒ kleɪm], **wage demand** ['weɪdʒ dɪ,mɑːnd] Lohn- *oder* Gehaltsforderung
wage earner ['weɪdʒ,ɜːnə] Lohnempfänger(in)
wage freeze ['weɪdʒ friːz] Lohnstopp
wage rise ['weɪdʒ raɪz], *US* **wage raise** ['weɪdʒ reɪz] Lohnerhöhung
wages ['weɪdʒɪz] *pl* Lohn
wage slip ['weɪdʒ slɪp] Lohnzettel, Lohnstreifen
wagon, *Br auch* **waggon** ['wæɡən] **1** Fuhrwerk, Wagen **2** *Br; Eisenbahn:* (offener) Güterwagen
wail [weɪl] **1** (*Person*) jammern **2** (*Wind*) heulen
★**waist** [weɪst] Taille
waistcoat [△ 'weɪskəʊt] *Br* Weste
waistline ['weɪstlaɪn] Taille
★**wait¹** [weɪt] **1** warten (**for** auf); **wait (for) 10 minutes** 10 Minuten warten; **wait for someone** *auch:* jemanden erwarten; **wait for someone to do something** darauf warten, dass jemand etwas tut; **it can wait** das kann warten (**until** bis); **keep someone waiting** jemanden warten lassen; **I can't wait to see him** ich kann es kaum erwarten, ihn zu sehen; **wait and see!** warte es ab!; **I'll have to wait and see how ...** ich muss abwarten, wie ... **2 wait tables** (*Kellner, Bedienung usw.*) bedienen

---
PHRASAL VERBS

wait on ['weɪt ɒn] **wait on someone** jemanden bedienen (*bes. im Restaurant*)
wait up [,weɪt'ʌp] *umg* aufbleiben (**for** wegen)

★**wait²** [weɪt] **1** Wartezeit; **have a long wait** lange warten müssen (**for** auf) **2 lie in wait for someone** jemandem auflauern
★**waiter** ['weɪtə] Kellner, Ober; *als Anrede:* (Herr) Ober
waiting ['weɪtɪŋ] **'no waiting'** „Halteverbot"
★**waiting room** ['weɪtɪŋ ruːm] *Bahnhof:* Wartesaal, *beim Arzt usw.:* Wartezimmer
★**waitress¹** ['weɪtrəs] Kellnerin, Bedienung, ⓢ Serviertochter; **waitress!** Bedienung!
★**waitress²** ['weɪtrəs] kellnern; **she spent the summer waitressing** sie hat im Sommer als Kellnerin gearbeitet
★**wake¹** [weɪk], **woke** [wəʊk], **woken** ['wəʊkən] *US auch* **waked, waked** **1** *auch* **wake up** (auf)wecken, *übertragen* wecken **2** *auch* **wake up** aufwachen, wach werden, *übertragen* wach werden
★**wake²** [weɪk] **in the wake of** als Folge von
★**wake³** [weɪk] Totenwache
waken ['weɪkən] **1** *auch* **waken up** (auf)wecken **2** *auch* **waken up** aufwachen
wake-up call ['weɪkʌp kɔːl] Weckruf, *übertragen* Alarmzeichen
★**Wales** [weɪlz] Wales
★**walk¹** [wɔːk] **1** (zu Fuß) gehen, laufen **2** spazieren gehen, *über längere Strecke:* wandern **3** bringen, begleiten (*Person*) (**to** zu); **walk someone home** jemanden nach Hause bringen **4** ausführen (*Hund*)

PHRASAL VERBS

walk away [,wɔːk ə'weɪ] weggehen
walk in [,wɔːk'ɪn] hineingehen, hereinkommen
walk into [,wɔːk'ɪntuː] **1** hineingehen in, hereinkommen in **2 walk into someone** mit jemandem zusammenstoßen **3 walk into a**

trap übertragen in eine Falle gehen
walk off [ˌwɔːkˈɒf] fortgehen, weggehen
walk out on [ˌwɔːkˈaʊt ˌɒn] **walk out on someone** *umg* jemanden sitzen lassen
walk up [ˌwɔːkˈʌp] **1** hinaufgehen, heraufkommen **2 walk up to someone** auf jemanden zugehen

---

★**walk²** [wɔːk] **1** Spaziergang, Wanderung; **go for** (*oder* **have** *oder* **take**) **a walk** einen Spaziergang machen, spazieren gehen; **it's just a five-minute walk from here** es sind zu Fuß nur fünf Minuten **2** Spazierweg, Wanderweg **3** Art der Bewegung: Gang
walkabout [ˈwɔːkəˌbaʊt] *Br, umg* Bad in der Menge; **do** (*oder* **go on**) **a walkabout** ein Bad in der Menge nehmen
walker [ˈwɔːkə] **1** Spaziergänger(in), Wanderer, Wanderin; **be a fast walker** schnell gehen **2** *Sport:* Geher(in)
walkies [ˈwɔːkɪz] *pl* **go walkies** *Br umg* Gassi gehen
walking [ˈwɔːkɪŋ] Gehen, Spazierengehen, Wandern
walking holiday [ˈwɔːkɪŋˌhɒlɪdeɪ] *Br* Wanderurlaub
walking shoes [ˈwɔːkɪŋ ˌʃuːz] *pl* Wanderschuhe
walking vacation [ˈwɔːkɪŋˌveɪkeɪʃn] *US* Wanderurlaub
walk-on [ˈwɔːkɒn] **walk-on part** *Theater:* Statistenrolle
walkout [ˈwɔːkaʊt] **1** Arbeitsniederlegung, Streik **2** *bei Verhandlung usw.:* Verlassen des Saales (unter Protest)
walkover [ˈwɔːkˌəʊvə] **1** leichter (*oder* müheloser) Sieg **2** *übertragen* Kinderspiel
★**wall** [wɔːl] **1** Wand (*auch übertragen*); **wall of fire** Feuerwand **2** Mauer (*auch übertragen*) **3 drive someone up the wall** *umg* jemanden wahnsinnig machen
★**wallet** [ˈwɒlɪt] **1** Brieftasche **2** Portemonnaie
wallop¹ [⚠ ˈwɒləp] *umg; harter Schlag:* Ding; **give someone a wallop** jemandem ein Ding verpassen
wallop² [⚠ ˈwɒləp] *umg, Sport:* in die Pfanne hauen (**at** in)
wallow [ˈwɒləʊ] **1** (*Tier*) sich wälzen **2 wallow in luxury** im Luxus schwelgen
wall painting [ˈwɔːlˌpeɪntɪŋ] Wandgemälde
wallpaper¹ [ˈwɔːlˌpeɪpə] **1** Tapete **2** *Computer:* Hintergrundbild

wallpaper² [ˈwɔːlˌpeɪpə] tapezieren
wall plug [ˈwɔːl ˌplʌɡ] *Br* Dübel
wall-to-wall [ˌwɔːltəˈwɔːl] **wall-to-wall carpeting** Teppichboden
walnut [ˈwɔːlnʌt] **1** Walnuss **2** Walnussbaum **3** *Holz:* Nussbaum
walrus [ˈwɔːlrəs] Walross
waltz¹ [wɔːls] *Musik:* Walzer
waltz² [wɔːls] Walzer tanzen
wand [wɒnd] (Zauber)Stab
★**wander** [ˈwɒndə] **1** herumlaufen, streifen (*etwas ziellos*); **wander away from somebody** von jemandem weglaufen (⚠ *eine Wanderung machen* = **hike**) **2 wander off the topic** vom Thema abschweifen **3** (*Gedanken usw.*) wandern

---

PHRASAL VERBS

wander about *oder* **around** [ˌwɒndər əˈbaʊt] *oder* əˈraʊnd] herumirren

---

wane [weɪn] (*Mond*) abnehmen
wangle [ˈwæŋɡl] *umg* organisieren (*Eintrittskarten usw.*); **wangle something out of someone** jemandem etwas abluchsen
wank [wæŋk] *Br, vulgär* wichsen
wanker [ˈwæŋkə] *Br, vulgär* Wichser
wanna [ˈwɒnə] *Kurzform von* **want to** *oder* **want a**
★**want¹** [wɒnt] **1** wollen; **I don't want to** ich will nicht; **he knows what he wants** er weiß, was er will; **want to do something** etwas tun wollen; **want someone to do something** wollen, dass jemand etwas tut; **want something done** wollen, dass etwas getan wird; **it wants doing straightaway** *Br, umg* es muss sofort erledigt werden **2** brauchen, sprechen wollen (*Person*); **you're wanted on the phone** du wirst am Telefon verlangt **3 be wanted** (polizeilich) gesucht werden (**for** wegen) **4** *umg* brauchen, nötig haben **5 you want to see a doctor** *umg* du solltest zum Arzt gehen
★**want²** [wɒnt] **1** Mangel (**of** an); **for want of** mangels (+ *Genitiv*) **2** Bedürfnis, Wunsch **3 live in want** Not leiden
wanting [ˈwɒntɪŋ] **1 be found wanting** den Ansprüchen nicht genügen **2 they're wanting in** es fehlt (*oder* mangelt) ihnen an
wanton [ˈwɒntən] **1** mutwillig **2** *Frau, Leben:* liederlich **3** *Blick usw.:* lüstern
★**war** [wɔː] **1** Krieg (*auch übertragen*) **2** *übertragen* Kampf (**against** gegen)
warble [ˈwɔːbl] (*Vogel*) trillern
war crime [ˈwɔː ˌkraɪm] Kriegsverbrechen

war criminal ['wɔː‚krɪmɪnl] Kriegsverbrecher(in)
ward [wɔːd] **1** Station (*eines Krankenhauses*) **2** *politisch*: Stadtbezirk **3** *Recht*: Mündel

PHRASAL VERBS

ward off [‚wɔːd'ɒf] abwehren (*Schlag usw.*), abwenden (*Gefahr usw.*)

warden ['wɔːdn] **1** *von Museum usw.*: Aufseher(in) **2** *von Jugendherberge*: Herbergsvater, Herbergsmutter **3** *US* (Gefängnis)Direktor(in)
warder ['wɔːdə] *Br* Aufsichtsbeamte, Aufsichtsbeamtin (*in Gefängnis*)
★**wardrobe** ['wɔːdrəʊb] **1** (Kleider)Schrank **2** *Kleiderbestand*: Garderobe
ware [weə] *in Zusammensetzungen*: ...waren; **glassware** Glaswaren
warehouse ['weəhaʊs] *pl*: **warehouses** ['weə‚haʊzɪz] Lager(haus), Warenlager (⚠ *Warenhaus* = **department store**)
warfare ['wɔːfeə] Kriegsführung (*auch psychologische*); **chemical warfare** Einsatz von chemischen Waffen
warhead ['wɔːhed] *militärisch*: Sprengkopf
★**warm¹** [wɔːm] **1** warm (*auch Farben, Stimme usw.*); **I'm** (*oder* **I feel**) **warm** mir ist warm; **dress warmly** sich warm anziehen **2** *Empfang*: warm, herzlich
★**warm²** [wɔːm] **1** wärmen; **warm one's hands** sich die Hände wärmen **2** aufwärmen

PHRASAL VERBS

warm to ['wɔːm ‚tʊ] übertragen sich erwärmen für
★**warm up** [‚wɔːm'ʌp] **1** wärmen **2** warm (*oder* wärmer) werden **3** aufwärmen (*Speise*) **4** warm laufen lassen (*Motor*) **5** *Sport*: sich aufwärmen

warm-hearted [‚wɔːm'hɑːtɪd] **1** warmherzig **2** *Empfang*: warm, herzlich
warming ['wɔːmɪŋ] **global warming** Erwärmung der Erdatmosphäre
warm start [‚wɔːm'stɑːt] *Auto, Computer*: Warmstart
★**warmth** ['wɔːmθ] Wärme
warm-up ['wɔːmʌp] Aufwärmtraining
warn [wɔːn] **1** warnen (**against**, **of** vor); **warn someone not to do** (*oder* **against doing**) **something** jemanden davor warnen, etwas zu tun **2** verständigen (*Person usw.*) (**of** von; **that** davon, dass)
warning¹ ['wɔːnɪŋ] **1** Warnung (**of** vor); **without warning** ohne Vorwarnung; **let that be a warning to you** das soll dir eine Warnung sein! **2** Verwarnung
warning² ['wɔːnɪŋ] Warn...; **warning signal** Warnsignal (*auch übertragen*); **warning triangle** *Auto*: Warndreieck
war paint ['wɔː‚peɪnt] **1** *von Indianern usw.*: Kriegsbemalung **2** *humorvoll* Make-up
warpath ['wɔːpɑːθ] **be on the warpath** auf dem Kriegspfad sein
warrant ['wɒrənt] **arrest warrant** Haftbehl
warranty ['wɒrəntɪ] *für Ware*: Garantie; **the printer is still under warranty** auf dem Drucker ist noch Garantie
warrior ['wɒrɪə] Krieger
Warsaw ['wɔːsɔː] Warschau
warship ['wɔːʃɪp] Kriegsschiff
wart [wɔːt] Warze
wary ['weərɪ] vorsichtig
was [wəz, *betont* wɒz] 2. Form von → **be 1** I, he, she, it **was** ich, er, sie, es war **2** *Passiv*: I, he, she, it **was** ich, er, sie, es wurde
★**wash¹** [wɒʃ] **1** waschen; **wash your hands** wasch dir die Hände!; **get washed** sich waschen; **wash the dishes** Geschirr spülen **2** sich waschen **3** **that won't wash** *umg* das glaubt kein Mensch

PHRASAL VERBS

wash out [‚wɒʃ'aʊt] **1** auswaschen **2** **be washed out** *Spiel usw.*: wegen Regens abgesagt (*oder* abgebrochen) werden
wash up [‚wɒʃ'ʌp] **1** *Br* abwaschen, (das) Geschirr spülen **2** *US* sich waschen **3** (*Meer*) anschwemmen, anspülen

★**wash²** [wɒʃ] **1** Wäsche; **be in the wash** in der Wäsche sein; **give something a wash** etwas waschen; **have a wash** *bes. Br* sich waschen **2** **car wash** Autowaschanlage
washable ['wɒʃəbl] waschbar, waschecht
washbag ['wɒʃbæg] *US* Kulturbeutel
washbasin ['wɒʃ‚beɪsn] Waschbecken, ⊕ Lavabo
washboard abs [‚wɒʃbɔːd'æbz] *pl*, *umg* Waschbrettbauch
washbowl ['wɒʃbəʊl] *US* Waschbecken, ⊕ Lavabo
washcloth ['wɒʃklɒθ] *US* Waschlappen → **facecloth**, **flannel** 2 *Br*
washed out [‚wɒʃt'aʊt] **1** *Stoff*: verwaschen **2** *umg* schlapp, erschöpft
washer ['wɒʃə] **1** *Technik*: Dichtungsring **2** Waschmaschine
washing ['wɒʃɪŋ] Wäsche (*auch Textilien*); **do the washing** die Wäsche waschen

★**washing machine** ['wɒʃɪŋ mə,ʃiːn] Waschmaschine
washing powder ['wɒʃɪŋ,paʊdə] *Br* Waschpulver
★**washing-up** [,wɒʃɪŋ'ʌp] *Br* Abwasch (*auch Geschirr*); **do the washing-up** den Abwasch machen
wash-out ['wɒʃaʊt] *umg* **1** Pleite **2** *Person:* Niete
washroom ['wɒʃruːm] *US* Toilette
wasn't ['wɒznt] *Kurzform von* **was not**
★**wasp** [wɒsp] Wespe
★**waste**[1] [weɪst] **1** Verschwendung; **waste of time** Zeitverschwendung **2** Abfall, Müll; **waste separation** Mülltrennung
★**waste**[2] [weɪst] verschwenden, vergeuden (*Geld, Zeit usw.*) (**on** an, für); **waste one's time doing something** seine Zeit damit verschwenden, etwas zu tun
★**waste**[3] [weɪst] **1** ungenutzt, überschüssig **2** Abfall...; **waste material** Abfallstoffe **3** *Land:* brachliegend
wastebasket ['weɪst,bɑːskɪt] *US* Papierkorb
waste bin ['weɪst bɪn] *Br* Abfalleimer
waste container ['weɪst kən,teɪnə] (Müll)-Container
waste disposal ['weɪst dɪ,spəʊzl] Abfallbeseitigung, Müllentsorgung
wasteful ['weɪstfl] verschwenderisch
waste paper [,weɪst'peɪpə] Papierabfall
★**wastepaper basket** [,weɪst'peɪpə,bɑːskɪt] *Br* Papierkorb
waste pipe ['weɪst paɪp] Abflussrohr
waste product ['weɪst,prɒdʌkt] Abfallprodukt
waster ['weɪstə] Verschwender(in)
★**watch**[1] [wɒtʃ] **1** beobachten, zuschauen (bei), sich ansehen; **watch someone do** (*oder* **doing**) **something** beobachten, wie jemand etwas tut; **watch TV** (*oder* **television**) fernsehen **2** aufpassen auf, achten auf; **watch you don't spill your coffee** pass auf, dass du deinen Kaffee nicht verschüttest; **watch it!** *umg* pass auf!, Vorsicht!, *drohend:* pass bloß auf!; **watch one's step** *übertragen* aufpassen

PHRASAL VERBS

watch for [wɒtʃ fɔː] Ausschau halten nach
watch out [,wɒtʃ'aʊt] **watch out!** pass auf!, Vorsicht!
watch out for [,wɒtʃ'aʊt fɔː] **1** Ausschau halten nach **2** sich in Acht nehmen vor

★**watch**[2] [wɒtʃ] (Armband)Uhr
★**watch**[3] [wɒtʃ] Wache; **be on the watch for** Ausschau halten nach
watchdog ['wɒtʃdɒg] Wachhund
watchful ['wɒtʃfl] wachsam
watchman ['wɒtʃmən] *pl:* **watchmen** ['wɒtʃmən] Wachmann, Wächter
watchstrap ['wɒtʃstræp], *US* **watchband** ['wɒtʃbænd] Uhrarmband
★**water**[1] ['wɔːtə] Wasser; → **waters**
★**water**[2] ['wɔːtə] **1** gießen (*Blumen*), sprengen (*Rasen usw.*) **2** (*Augen*) tränen; **the sight made my mouth water** bei dem Anblick lief mir das Wasser im Mund zusammen **3** tränken (*Vieh*)
waterbed ['wɔːtəbed] Wasserbett
water bottle ['wɔːtə,bɒtl] Trinkflasche
watercolour, *US* **watercolor** ['wɔːtə,kʌlə] **1** Wasserfarbe, Aquarellfarbe **2** *Bild:* Aquarell
waterfall ['wɔːtəfɔːl] Wasserfall
waterfront ['wɔːtəfrʌnt] Hafenviertel
watering can ['wɔːtərɪŋ kæn] Gießkanne
water lily ['wɔːtə,lɪli] *Pflanze:* Seerose
watermark ['wɔːtəmɑːk] *in Geldscheinen usw.:* Wasserzeichen
watermelon ['wɔːtə,melən] *Frucht:* Wassermelone
water pipe ['wɔːtə paɪp] **1** Wasserrohr **2** *zum Rauchen:* Wasserpfeife
water pistol ['wɔːtə,pɪstl] Wasserpistole
water polo ['wɔːtə,pəʊləʊ] *Sport:* Wasserball (*Spiel*)
waterproof ['wɔːtəpruːf] **1** wasserdicht **2** *Kleidung, Dach:* wasserundurchlässig
waters ['wɔːtəz] *pl* **1** Gewässer *pl* **2** Wasser *pl* (*eines Flusses usw.*)
water skiing ['wɔːtə,skiːɪŋ] Wasserskilaufen
waterslide ['wɔːtəslaɪd] Wasserrutschbahn
watertight ['wɔːtətaɪt] **1** wasserdicht **2** *Argument, Alibi usw.:* hieb- und stichfest, wasserdicht
water wings ['wɔːtəwɪŋz] *pl* Schwimmflügel *pl*
waterworks ['wɔːtəwɜːks] *pl* **1** (**▲** *oft mit sg*) Wasserwerk **2** *umg* Blase **3 turn on the waterworks** *umg* das Heulen anfangen
watery ['wɔːtəri] wässerig, wässrig
watt [wɒt] *Elektrotechnik:* Watt
★**wave**[1] [weɪv] **1** winken (mit), schwenken; **wave one's hand** winken; **wave someone goodbye** jemandem zum Abschied zuwinken; **wave at** (*oder* **to**) **someone** jemandem zuwinken **2** (*Fahne*) wehen **3** in Wellen legen (*Haar*) **4** (*Haar*) sich wellen
★**wave**[2] [weɪv] **1** *allg.:* Welle (*auch übertragen*) **2 give someone a wave** jemandem

zuwinken

wavelength ['weɪvleŋθ] *Radio usw.*: Wellenlänge (*auch übertragen*)

waver ['weɪvə] **1** (*Licht, Augen*) flackern **2** *übertragen* schwanken (**between** zwischen)

wavy ['weɪvɪ] wellig, gewellt

wax¹ [wæks] **1** Wachs **2** (Ohren)Schmalz

wax² [wæks] wachsen, *von Fußboden*: bohnern

wax³ [wæks] (*Mond*) zunehmen

waxed paper [ˌwækst'peɪpə] *US* Butterbrotpapier; → greaseproof paper *Br*

waxworks ['wæksws:ks] *pl* (⚠ *mst. mit sg*) Wachsfigurenkabinett

★**way¹** [weɪ] **1** Weg; **way back** Rückweg; **way home** Heimweg; **way in** Eingang; **way out** Ausgang; **ways and means** *pl übertragen* Mittel und Wege; **be on the** (*oder* **one's**) **way to** unterwegs sein nach; **lose one's way** sich verirren; **make way** Platz machen (**for** für) **2** Richtung; **this way** hierher, hier entlang; **the other way round** andersherum **3** Weg, Strecke; **be a long way from** weit entfernt sein von; **Easter is still a long way off** bis Ostern ist es noch lang **4** Art, Weise; **way of life** Lebensweise; **if I had my way** wenn es nach mir ginge; **you can't have it both ways** du kannst nicht beides haben **5** Hinsicht; **in a way** (*oder* **some ways**) in gewisser Hinsicht; **no way!** *umg* kommt überhaupt nicht infrage! **6 by the way** *übertragen* übrigens **7 give way** nachgeben; '**give way**' *Br* „Vorfahrt achten", ⓐ „Vortritt beachten"; → ways

★**way²** [weɪ] *umg* weit; **they're friends from way back** sie sind alte Freunde

waybill ['weɪbɪl] *Wirtschaft*: Frachtbrief

waylay [weɪ'leɪ], **waylaid** [weɪ'leɪd], **waylaid** [weɪ'leɪd] **1** auflauern **2** *umg, übertragen* abpassen, abfangen

ways [weɪz] *pl* Brauch, Sitte, Gewohnheit

wayward ['weɪwəd] eigensinnig

★**we** [wi:] wir

★**weak** [wi:k] *allg.*: schwach, *Kaffee usw. auch*: dünn

weaken ['wi:kən] **1** schwächen **2** schwächer werden **3** *übertragen* nachgeben

weak-kneed [ˌwi:k'ni:d] *umg* feige, ängstlich

weakling ['wi:klɪŋ] Schwächling

weakness ['wi:knəs] *allg.*: Schwäche

weal [wi:l] Striemen (*von Schlägen usw.*)

★**wealth** [welθ] **1** Reichtum **2** *übertragen* Fülle (**of** von)

wealth tax ['welθ ˌtæks] Vermögenssteuer

★**wealthy** ['welθɪ] reich, wohlhabend

PHRASAL VERBS

wean off [ˌwi:n'ɒf] **wean someone off something** jemandem etwas abgewöhnen, jemanden von etwas abbringen

---

wean [wi:n] entwöhnen (*Kleinkind*)

★**weapon** ['wepən] Waffe (*auch übertragen*)

★**wear¹** [weə], **wore** [wɔ:], **worn** [wɔ:n] **1** tragen (*Brille, Schmuck usw.*), anhaben (*Mantel usw.*), aufhaben (*Hut usw.*) **2 something to wear** etwas zum Anziehen **3 these shoes have worn well** diese Schuhe haben sich gut gehalten **4** sich abnutzen **5** abnutzen, durchwetzen; **I've worn a hole in my trousers** ich habe meine Hose durchgewetzt

PHRASAL VERBS

wear down [ˌweə'daʊn] **1** abtreten (*Stufen*), ablaufen (*Absätze*), abfahren (*Reifen*) **2** sich abtreten, sich ablaufen (*bzw.* abfahren) **3** *übertragen* zermürben

wear off [ˌweər'ɒf] (*Schmerz usw.*) nachlassen

wear out [ˌweər'aʊt] **1** abnutzen, abtragen (*Kleidung*) **2** sich abnutzen, sich abtragen **3** *übertragen* erschöpfen

---

★**wear²** [weə] **1** *auch* **wear and tear** Abnutzung **2** *oft in Zusammensetzungen*: Kleidung; **menswear** Herrenkleidung

wearily [⚠ 'wɪərəlɪ] müde, lustlos

wearing ['weərɪŋ] *Arbeit, Streit usw.*: ermüdend

weary [⚠ 'wɪərɪ] **1** *Person*: erschöpft **2** *Tätigkeit*: ermüdend

weasel ['wi:zl] Wiesel

★**weather¹** ['weðə] Wetter, Witterung; **in all weathers** bei jedem Wetter

★**weather²** ['weðə] **1** überstehen (*Krise usw.*) **2** *Geologie*: verwittern

weather-bound ['weðəbaʊnd] **the planes (ships) were weather-bound** die Flugzeuge (Schiffe) konnten wegen des schlechten Wetters nicht starten (auslaufen)

weather chart ['weðə ˌtʃɑ:t] Wetterkarte

weather forecast ['weðəˌfɔ:kɑ:st] Wettervorhersage

weatherman ['weðəmæn] *pl*: **weathermen** ['weðəmen] *im Radio, TV*: Wettermann

weatherproof ['weðəpru:f] wetterfest

weather satellite ['weðəˌsætəlaɪt] Wettersatellit

weather station ['weðəˌsteɪʃn] Wetterwarte

weave [wi:v], **wove** [wəʊv], **woven** ['wəʊvn] **1** weben **2** flechten

web [web] **1** Netz (*auch übertragen*) **2** *auch* **the**

Web *Kurzform von* → **the World-Wide Web**; **on the Web** im Netz, im Internet
webcam ['webkæm] *Computer:* Webcam
webcast ['webkɑːst] *Computer:* Webcast
web designer ['web‿dɪˌzaɪnə] *Computer:* Webdesigner(in)
webhead ['webhed] *Computer:* Internetfreak
web page ['webpeɪdʒ] *Computer:* Webseite (*einzelne Seite*)
web portal ['web‿pɔːtl] *Computer:* Webportal
website ['websaɪt] *Computer:* Website (*Homepage plus alle Seiten, auf die man von der Homepage aus weiterklicken kann*); **website address** Internetadresse
wed [wed], wedded, wedded *oder* wed, wed heiraten
we'd [wiːd] *Kurzform von* **we had** *oder* **we would**
★**wedding**¹ ['wedɪŋ] Hochzeit
★**wedding**² ['wedɪŋ] Hochzeits…; **wedding dress** Brautkleid, Hochzeitskleid; **wedding ring** Ehering, Trauring
wedge [wedʒ] **1** Keil **2** Stück (*Kuchen usw.*), Ecke (*Käse*)
★**Wednesday** [▲ 'wenzdeɪ] Mittwoch; **on Wednesday** (am) Mittwoch; **on Wednesdays** mittwochs
wee¹ [wiː] *bes. Schottisch, umg* klein; **a wee bit** ein (kleines) bisschen
wee² [wiː] *Br, Kindersprache:* Pipi machen
wee³ [wiː] *Kindersprache:* **do** (*oder* **have**) **a wee** Pipi machen
★**weed**¹ [wiːd] Unkraut
★**weed**² [wiːd] (Unkraut) jäten

PHRASAL VERBS

weed out [ˌwiːd'aʊt] *übertragen* aussieben, aussondern (**from** aus)

---

weedkiller ['wiːdˌkɪlə] Unkrautvernichtungsmittel
★**week** [wiːk] Woche; **week after week, week in, week out** Woche für Woche; **after weeks of waiting** nach wochenlangem Warten; **for weeks** wochenlang; **a week today,** *US* **a week from today** heute in einer Woche, heute in acht Tagen
★**weekday** ['wiːkdeɪ] Wochentag, Werktag; **on weekdays** werktags
★**weekend**¹ [ˌwiːk'end] Wochenende; **at** (*US* **on**) **the weekend** am Wochenende
★**weekend**² ['wiːkend] Wochenend…
★**weekly**¹ ['wiːklɪ] Wochen…, wöchentlich
★**weekly**² ['wiːklɪ] Wochen(zeit)schrift

weep [wiːp], **wept** [wept], **wept** [wept] **1** weinen (**for** *oder* **with joy** vor Freude; **for someone** um jemanden; **over** über) **2** (*Wunde*) nässen
weepy ['wiːpɪ] *umg* Schnulze
★**weigh** [weɪ] **1** wiegen; **it weighs 10 kilos** es wiegt 10 Kilo **2** abwiegen, wiegen; **weigh oneself** (≈ *sein Gewicht kontrollieren*) sich wiegen **3** *übertragen* abwägen (**against** gegen) **4** **weigh anchor** *Schiff:* den Anker lichten

---
PHRASAL VERBS

weigh down [ˌweɪ'daʊn] niederdrücken (*auch übertragen*)
weigh out [ˌweɪ'aʊt] abwiegen
weigh up [ˌweɪ'ʌp] **1** abwägen **2** einschätzen (*Person*)

★**weight**¹ [weɪt] **1** *allg.:* Gewicht; **weights and measures** *pl* Maße und Gewichte; **it's five kilos in weight** es wiegt fünf Kilo; **what's your weight?** wie viel wiegst du?; **gain** (*oder* **put on**) **weight** zunehmen; **lose weight** abnehmen **2** Last (*auch übertragen*) **3** *übertragen* Bedeutung
★**weight**² [weɪt] beschweren (*mit Gewicht*)
weightless ['weɪtləs] schwerelos
weightlifter ['weɪtˌlɪftə] *Sport:* Gewichtheber(in)
weightlifting ['weɪtˌlɪftɪŋ] *Sport:* Gewichtheben
weighty ['weɪtɪ] **1** schwer **2** *übertragen* gewichtig, schwerwiegend
weird [wɪəd] **1** *umg* sonderbar, verrückt **2** unheimlich
weirdo ['wɪədəʊ] *pl:* **weirdos** *umg* irrer Typ
★**welcome**¹ ['welkəm] **welcome back** (*oder* **home**)! willkommen zu Hause!; **welcome to England!** willkommen in England!
★**welcome**² ['welkəm] begrüßen (*auch übertragen*)
★**welcome**³ ['welkəm] **1** willkommen; **you're welcome to do it** Sie können es gerne tun **2** *Nachricht usw.:* angenehm **3** **you're welcome** nichts zu danken!, keine Ursache!
★**welcome**⁴ ['welkəm] Empfang
weld [weld] schweißen
welder ['weldə] Schweißer(in)
welding machine ['weldɪŋ‿məˌʃiːn] Schweißgerät
welfare ['welfeə] **1** Wohl; **welfare state** Wohlfahrtsstaat **2** *US* Sozialhilfe; **be on welfare** Sozialhilfe beziehen
★**well**¹ [wel], **better** ['betə], **best** [best] **1** gut; **(all) well and good** schön und gut; **as well** ebenso, auch; **as well as** sowohl … als auch,

nicht nur ..., sondern auch; **just as well** ebenso gut, genauso gut; **very well** also gut, na gut; **I couldn't very well say no** ich konnte schlecht Nein sagen; **do well** gut daran tun (**to do** zu tun); **well done!** bravo! ■ gut, gründlich; **shake well** kräftig schütteln ■ weit; **well in advance** schon lange vorher

★**well²** [wel] ■ nun, also (*oft unübersetzt*) ■ **well, well!** na so was!

★**well³** [wel], **better** [ˈbetə], **best** [best] ■ gesund; **I don't feel well** ich fühle mich nicht wohl; **get well soon** werde bald wieder gesund; **he's well** es geht ihm gut ■ **it's all very well for you to criticize** du kannst leicht kritisieren

★**well⁴** [wel] ■ Brunnen; **well water** Brunnenwasser ■ Quelle; **oil well** Ölquelle

we'll [wiːl] *Kurzform von* **we will** *oder* **we shall**

well-balanced [ˌwelˈbælənst] ■ *Person:* ausgeglichen ■ *Ernährung:* ausgewogen

well-behaved [ˌwelbɪˈheɪvd] *Kind usw.:* artig

well-being [ˌwelˈbiːɪŋ] Wohl(ergehen)

well-done [ˌwelˈdʌn] *Steak:* durchgebraten

well-earned [ˌwelˈɜːnd] wohlverdient

well-informed [ˌwelɪnˈfɔːmd] ■ *zu einem Thema:* gut unterrichtet ■ *in vielerlei Hinsicht:* (vielseitig) gebildet

wellington [ˈwelɪŋtən] *Br, auch* **wellington boot** Gummistiefel

well-kept [ˌwelˈkept] ■ *Haus, Garten usw.:* gepflegt ■ *Geheimnis:* streng gehütet

well-known [ˌwelˈnəʊn] (wohl)bekannt

well-meaning [ˌwelˈmiːnɪŋ] *Person:* wohlmeinend, *Rat usw. auch:* gut gemeint

well-meant [ˌwelˈment] *Rat usw.:* gut gemeint, wohlgemeint

well-off¹ [ˌwelˈɒf], **better-off** [ˈbetərˌɒf], **best-off** [ˈbestɒf] begütert, reich

well-off² [ˌwelˈɒf] **the well-off** *pl* die Reichen

well-read [ˌwelˈred] (≈ *gebildet*) belesen

well-to-do [ˌweltəˈduː] *umg* reich

★**Welsh¹** [welʃ] walisisch

★**Welsh²** [welʃ] *Sprache:* Walisisch

★**Welsh³** [welʃ] **the Welsh** *pl* die Waliser

★**Welshman** [ˈwelʃmən] *pl:* **Welshmen** [ˈwelʃmən] Waliser

★**Welshwoman** [ˈwelʃˌwʊmən] *pl:* **Welshwomen** [ˈwelʃˌwɪmɪn] Waliserin

went [went] 2. *Form von* → **go¹**

wept [wept] 2. *und* 3. *Form von* → **weep**

were [wɜː] 2. *Form von* **be you were** du warst, Sie waren, ihr wart; **we were** wir waren; **they were** sie waren; **if I were ...** wenn ich ... wäre

we're [wɪə] *Kurzform von* **we are**

weren't [wɜːnt] *Kurzform von* **were not**

werewolf [ˈweəwʊlf] *pl:* **werewolves** [ˈwɪəwʊlvz] Werwolf

★**west¹** [west] ■ Westen; **in the west of** im Westen von (*oder Genitiv*); **to the west of** westlich von (*oder Genitiv*) ■ *auch* **West** Westen, westlicher Landesteil; **the West** *US* der Westen, die Weststaaten

★**west²** [west] West..., westlich

★**west³** [west] ■ *Richtung:* westwärts, nach Westen ■ **west of** westlich von (*oder Genitiv*)

westbound [ˈwestbaʊnd] nach Westen gehend (*bzw.* fahrend)

westerly [ˈwestəli] *Richtung, Wind:* westlich, West...

★**western¹** [ˈwestən] westlich, West...

★**western²** [ˈwestən] Western

West Indies [ˌwestˈɪndɪz] (≈ *Karibik*) Westindische Inseln

Westphalia [westˈfeɪliə] Westfalen

westward [ˈwestwəd], **westwards** [ˈwestwədz] westlich, westwärts, nach Westen

★**wet¹** [wet], **wetter**, **wettest** ■ nass, *Farbe usw. auch:* feucht; **wet paint!** *Aufschrift:* Vorsicht, frisch gestrichen! ■ *Wetter:* regnerisch ■ *Br, umg Person:* weichlich, schlapp

★**wet²** [wet] ■ Nässe, Feuchtigkeit ■ *Br, umg Person:* Weichling, Waschlappen

★**wet³** [wet], **wetted, wetted** *oder* **wet, wet** nass machen; **wet one's bed** ins Bett machen; **wet oneself** in die Hose machen

wet blanket [ˌwetˈblæŋkɪt] Miesmacher(in), Spielverderber(in)

wet dream [ˌwetˈdriːm] *umg* feuchter Traum

wet suit [ˈwetˌsuːt] Tauchanzug, Surfanzug

we've [wiːv] *Kurzform von* **we have**

whale [weɪl] Wal

whaling [ˈweɪlɪŋ] Walfang

wharf [wɔːf] *pl:* **wharfs** *oder* **wharves** [wɔːvz] *im Hafen:* Kai

★**what¹** [wɒt] ■ was; **what's for lunch?** was gibt's zum Mittagessen?; **what is this called?** wie heißt das?; **what for?** wozu?, wofür; **what about ...?** wie wär's mit ...?; **what if ...?** was ist, wenn ...? ■ was; **he told me what to do** er sagte mir, was ich tun sollte; **know what's what** *umg* Bescheid wissen; **tell someone what's what** *umg* jemandem Bescheid stoßen; **what's more** außerdem

★**what²** [wɒt] ■ was für ein(e), welch(er, -e, -es); **what luck!** so ein Glück! ■ alle, die *bzw.* alles, was; **I gave him what money I had** ich gab

ihm, was ich an Geld hatte
what'd [wɒtd] *Kurzform von* **what did** *oder* **what had** *oder* **what would**
★**whatever**[1] [wɒt'evə] **1** was (auch immer), alles, was **2** egal, was
★**whatever**[2] [wɒt'evə] **1** welch(er, -e, -es) ... auch (immer) **2** **no ... whatever** überhaupt kein(e)
what'll ['wɒtl] *Kurzform von* **what will** *oder* **what shall**
what's [wɒts] *Kurzform von* **what is** *oder* **what has**
whatsit ['wɒtsɪt] *umg* Dingsbums
whatsoever[1] [ˌwɒtsəʊ'evə] **1** was (auch immer), alles, was **2** egal, was
whatsoever[2] [ˌwɒtsəʊ'evə] **no ... whatsoever** überhaupt kein(e)
what've [wɒtv] *Kurzform von* **what have**
★**wheat** [wiːt] Weizen
wheedle ['wiːdl] umschmeicheln, schöntun; **wheedle something out of someone** jemandem etwas abschwatzen
★**wheel**[1] [wiːl] **1** Rad **2** *Schiff, Auto:* Steuer; **steering wheel** Lenkrad; **be at the wheel** *Auto:* am Steuer sitzen; → **wheels**
★**wheel**[2] [wiːl] schieben *(Fahrrad usw.)*
wheelbarrow ['wiːlˌbærəʊ] Schubkarre(n)
wheelchair ['wiːltʃeə] Rollstuhl
wheel clamp ['wiːl ˌklæmp] *Br, für Auto:* Parkkralle
wheeled [wiːld] mit Rädern; **four-wheeled** vierrädrig
wheelie bin ['wiːlɪ ˌbɪn] *Br; umg* Mülltonne (mit Rädern)
wheels [wiːlz] *pl salopp* fahrbarer Untersatz, Wagen
wheeze [wiːz] keuchen
★**when**[1] [wen] **1** *fragend:* wann **2** **the day when** der Tag, an dem *(oder* als) **3** als ...; **he broke a leg when skiing** er brach sich beim Skifahren ein Bein **4** (≈ *sobald*) wenn **5** **say when!** *umg; beim Einschenken usw.:* sag halt!
★**when**[2] [wen] **since when?** seit wann?
★**whenever** [wen'evə] wann auch (immer), jedesmal, wenn
when'll ['wenl] *Kurzform von* **when will** *oder* **when shall**
when's [wenz] *Kurzform von* **when is** *oder* **when has**
when've [wenv] *Kurzform von* **when have**
★**where** [weə] **1** wo; **where ... (from)?** woher? **2** wohin; **where ... (to)?** wohin?
whereabouts[1] [ˌweərə'baʊts] whereabouts? wo (ungefähr)?
whereabouts[2] ['weərəbaʊts] *pl* (⚠ *auch mit sg*) Verbleib, Aufenthaltsort
whereas [weər'æz] während, wohingegen
whereby [weə'baɪ] wonach, wodurch
where'd [weəd] *Kurzform von* **where did** *oder* **where had** *oder* **where would**
where'll ['weəl] *Kurzform von* **where will** *oder* **where shall**
where's [weəz] *Kurzform von* **where is** *oder* **where has**
where've [weəv] *Kurzform von* **where have**
★**wherever** [weər'evə] wo(hin) auch (immer), ganz gleich, wo(hin)
★**whether** ['weðə] ob
★**which** [wɪtʃ] **1** welch(er, -e, -es); **which of you?** wer von euch? **2** *nach vorhergehendem Substantiv:* der, die, das **3** *nach vorhergehendem Satz:* was
whichever [wɪtʃ'evə] welch(er, -e, -es) auch (immer), ganz gleich, welch(er, -e, -es)
whiff [wɪf] **1** *von Parfüm, Braten usw.:* Duft **2** *übertragen* Hauch
★**while**[1] [waɪl] Weile; **a little while ago** vor Kurzem; **for a while** eine Zeit lang, einen Augenblick; **once in a while** ab und zu
★**while**[2] [waɪl] **1** *zeitlich und bei Vergleichen:* während **2** *einschränkend:* obwohl

───────── PHRASAL VERBS ─────────

while away [ˌwaɪl ə'weɪ] **while away the time** sich die Zeit vertreiben (**doing something** mit etwas)

whilst [waɪlst] während
whim [wɪm] Laune
whimper ['wɪmpə] **1** *(Hund)* winseln **2** wimmern
whimsical ['wɪmzɪkl] wunderlich, *Bemerkung usw.:* neckisch
whine [waɪn] **1** *(Hund)* jaulen **2** jammern (**about** über)
★**whip**[1] [wɪp] **1** Peitsche **2** *Süßspeise:* Creme
★**whip**[2] [wɪp], whipped, whipped **1** (aus)peitschen **2** sausen, *(Wind)* fegen **3** schlagen *(Sahne usw.)*

───────── PHRASAL VERBS ─────────

whip out [ˌwɪp'aʊt] zücken *(Geld, Revolver usw.)*

whip up [ˌwɪp'ʌp] **1** schnell vorbereiten *(Essen usw.)* **2** entfachen *(Interesse usw.)*

whipped cream [ˌwɪpt'kriːm] Schlagsahne (geschlagen), Ⓐ (Schlag)Obers, Schlag, Ⓒ ge-

schwungene(r) Nidel
whirl¹ [wɜːl] wirbeln
whirl² [wɜːl] **1** Wirbel **2** *übertragen* Trubel
whirlpool ['wɜːlpuːl] **1** *in Fluss usw.*: Strudel **2** Whirlpool
whirlwind ['wɜːlwɪnd] Wirbelwind
whisk¹ [wɪsk] *zum Kochen*: Schneebesen
whisk² [wɪsk] schlagen (*Eiweiß usw.*)
whisker ['wɪskə] *Katze usw.*: Schnurrhaar
whiskers ['wɪskəz] *pl* Backenbart
whiskey ['wɪskɪ] Whisky (*USA oder Irland*)
whisky ['wɪskɪ] (*bes. schottischer*) Whisky; **whisky and soda** Whisky Soda
★**whisper¹** ['wɪspə] flüstern (**to** mit); **whisper something to someone** jemandem etwas zuflüstern
★**whisper²** ['wɪspə] **1** Flüstern; **in a whisper** im Flüsterton **2** Gerücht
★**whistle¹** [wɪsl] **1** Pfeife; **blow one's whistle** pfeifen **2** Pfiff
★**whistle²** [wɪsl] pfeifen
★**white¹** [waɪt] **1** *allg.*: weiß; **white bread** Weißbrot; **white man** Weißer; **white wedding** Hochzeit in Weiß **2** *übertragen* blass, bleich; **white as a sheet** kreidebleich **3** **white lie** *übertragen* Notlüge
★**white²** [waɪt] **1** Weiß; **dressed in white** weiß gekleidet, in Weiß **2** *oft* White Weiße(r) **3** *das* Weiße (*im Auge*) **4** *vom Ei*: Eiweiß
whiteboard ['waɪtbɔːd] Weißwandtafel
white-collar [,waɪt'kɒlə] **white-collar worker** *etwa*: Büroangestellte(r); **white-collar crime** Wirtschaftskriminalität
whiten ['waɪtn] **1** weiß machen **2** weiß werden
white spirit [,waɪt'spɪrɪt] *Br* Terpentinersatz
whitewash ['waɪtwɒʃ] **1** tünchen, weißen (*Wand*) **2** *umg* beschönigen
★**white wine** [,waɪt'waɪn] Weißwein
whitish ['waɪtɪʃ] *Farbe*: weißlich
★**Whitsun** ['wɪtsn] *Br* **1** Pfingstsonntag **2** Pfingsten
Whit Sunday [,wɪt'sʌndeɪ] *Br* Pfingstsonntag
whiz(z) [wɪz] *umg* Experte, Genie, Kanone; **computer whiz(z)** Computerexperte

---

PHRASAL VERBS

whiz(z) by *oder* **past** [,wɪz'baɪ *oder* 'pɑːst], **whizzed by** *oder* **past, whizzed by** *oder* **past** vorbeizischen

---

whiz(z) kid ['wɪz ˌkɪd] *umg* Senkrechtstarter(in)
★**who** [huː] **1** wer, wen, wem; **who do you think you are?** für wen hältst du dich eigentlich? **2** *im Relativsatz*: welch(er, -e, -es), der, die, das
who'd [huːd] *Kurzform von* **who did** *oder* **who would** *oder* **who had**
whodunit, whodunnit [,huː'dʌnɪt] *umg* Krimi
★**whoever** [huː'evə] **1** wer auch (immer), wen auch (immer), wem auch (immer), egal, wer (*bzw.* wen *bzw.* wem) **2** **whoever can that be?** wer kann denn das nur sein?
★**whole¹** [həʊl] ganz
★**whole²** [həʊl] *das* Ganze; **on the whole** im Großen und Ganzen, alles in allem
wholefood ['həʊlfuːd] *auch* **wholefoods** *pl* Vollwertkost
wholegrain ['həʊlgreɪn] → wholemeal
whole-hearted [,həʊl'hɑːtɪd] *Aufmerksamkeit*: ungeteilt; *Versuch usw.*: ernsthaft
whole-heartedly [,həʊl'hɑːtɪdlɪ] uneingeschränkt, voll und ganz
wholemeal ['həʊlmiːl] *Br* Vollkorn...; **wholemeal bread** Vollkornbrot
wholesale¹ ['həʊlseɪl] Großhandel
wholesale² ['həʊlseɪl] im Großhandel
wholesaler ['həʊlseɪlə] Großhändler(in)
wholesale trade ['həʊlseɪl ˌtreɪd] Großhandel
wholesome ['həʊlsəm] **1** gesund **2** *übertragen* gut, nützlich
whole wheat [,həʊl'wiːt] *US* Vollkorn...; → wholemeal *Br*
who'll [huːl] *Kurzform von* **who will** *oder* **who shall**
wholly [⚠ 'həʊlɪ] gänzlich, völlig
★**whom** [huːm] **1** wen, wem; den (die, das), welch(em, -er), dem (der); **the children, most of whom were tired, ...** die Kinder, von denen die meisten müde waren, ... **2** *im Relativsatz*: dessen, deren
whoop [⚠ huːp] (*bes. Freuden*)Schrei
whooping cough [⚠ 'huːpɪŋ ˌkɒf] Keuchhusten
whoops [wʊps] *Ausruf*: hoppla!
whopper ['wɒpə] *umg* **1** Mordsding **2** faustdicke Lüge
whore [⚠ hɔː] Hure
who're ['huːə] *Kurzform von* **who are**
who's [huːz] *Kurzform von* **who is** *oder* **who has**
★**whose** [huːz] **1** wessen; **whose coat is this?, whose is this coat?** wem gehört dieser Mantel? **2** *im Relativsatz*: dessen, deren
★**why** [waɪ] warum, weshalb; **why not go by bus?** warum nimmst du nicht den Bus?
why'd [waɪd] *Kurzform von* **why did** *oder* **why had** *oder* **why would**
why's [waɪz] *Kurzform von* **why is** *oder* **why has**

why've [waɪv] *Kurzform von* **why have**
wick [wɪk] **1** *von Kerze:* Docht **2 get on someone's wick** *Br, umg* jemandem auf den Wecker gehen
wicked [⚠ 'wɪkɪd] **1** gemein, niederträchtig **2** *übertragen* unerhört **3** *umg* (≈ *sehr gut*) endgeil, voll krass
wicker ['wɪkə] Korb...; **wicker basket** Weidenkorb
★**wide**¹ [waɪd] **1** breit; **it is three feet wide** es ist drei Fuß breit **2** *Augen:* weit offen **3** *Interessen usw.:* umfangreich, vielfältig
★**wide**² [waɪd] **1** weit **2 go wide** *Sport:* (Ball usw.) danebengehen
wide-angle lens [,waɪdæŋgl'lenz] Weitwinkelobjektiv
wide-awake [,waɪdə'weɪk] **1** hellwach **2** *übertragen* aufgeweckt
widely ['waɪdlɪ] **1** weit (*auch übertragen*); **it's widely known that** es ist weithin bekannt, dass **2 widely different** völlig verschieden
widen ['waɪdn] **1** verbreitern **2** breiter werden
wide-open [,waɪd'əʊpən] weit offen
widescreen TV [,waɪdskri:n_ti:'vi:] Breitbildfernseher
widespread ['waɪdspred] weit verbreitet
★**widow** ['wɪdəʊ] Witwe
★**widowed** ['wɪdəʊd] verwitwet
★**widower** ['wɪdəʊə] Witwer
★**width** [wɪdθ] **1** Breite; **six feet in width** sechs Fuß breit; **what's the width of ...?** wie breit ist ...? **2** *Stoff usw.:* Bahn
wield [wi:ld] **1** schwingen (*Stock usw.*) **2** ausüben (*Einfluss usw.*)
★**wife** [waɪf] *pl:* **wives** [waɪvz] (Ehe)Frau, Gattin
wi-fi ['waɪfaɪ] (*abk für* wireless fidelity) *Computer:* Wi-Fi; **wi-fi hotspot** (Wi-Fi-)Hotspot
wig [wɪg] Perücke
★**wild**¹ [waɪld] **1** *allg.:* wild; **the Wild West** der Wilde Westen **2** *Wetter, Applaus usw.:* stürmisch **3** *Person:* außer sich (**with** vor) **4** *Idee usw.:* verrückt
★**wild**² [waɪld] **in the wild** in freier Wildbahn
★**wild**³ [waɪld] **go wild** *umg* ausflippen
wildcat ['waɪldkæt] Wildkatze
wilderness [⚠ 'wɪldənəs] Wildnis
wildfire ['waɪld,faɪə] **spread like wildfire** sich wie ein Lauffeuer verbreiten
wildlife ['waɪldlaɪf] Tier- und Pflanzenwelt
wilful ['wɪlfl] *Br* **1** *Kind:* eigensinnig **2** *Handlung usw.:* absichtlich, *bes. im rechtlichen Sinn:* vorsätzlich
★**will**¹ [wɪl] **1** *Futur:* **I'll be back in 10 minutes** ich bin in 10 Minuten zurück (⚠ *ich will* = I want to) **2** *Bereitschaft, Entschluss:* **I won't go there again** ich gehe da nicht mehr hin; **the door won't shut** die Tür schließt nicht; **will you have some coffee?** möchtest du eine Tasse Kaffee? **3** *Bitte:* **shut the window, will you?** mach bitte das Fenster zu **4** *Wiederholung:* **accidents will happen** Unfälle wird es immer geben **5** *Vermutung:* **that'll be my sister** das wird meine Schwester sein
★**will**² [wɪl] **1** Wille; **will to live** Lebenswille; **against one's will** gegen seinen Willen; **at will** nach Belieben; **of one's own free will** aus freien Stücken **2** *auch* **last will and testament** Letzter Wille, Testament; **make one's will** sein Testament machen
willful ['wɪlfl] *US* **1** *Kind:* eigensinnig **2** *Handlung usw.:* absichtlich, *bes. im rechtlichen Sinn:* vorsätzlich
willies ['wɪlɪz] *pl umg* **give someone the willies** jemandem unheimlich sein
★**willing** ['wɪlɪŋ] **1** bereit (**to do** zu tun); **willing to compromise** kompromissbereit; **God willing** so Gott will **2** (bereit)willig
willingly ['wɪlɪŋlɪ] gerne, bereitwillig
willingness ['wɪlɪŋnəs] Bereitschaft
willow ['wɪləʊ] *Baum:* Weide
willowy ['wɪləʊɪ] *Figur:* gertenschlank
willpower ['wɪl,paʊə] Willenskraft
willy-nilly [,wɪlɪ'nɪlɪ] wohl oder übel, nolens volens
wilt [wɪlt] verwelken, welk werden
wily ['waɪlɪ] gerissen, raffiniert
wimp [wɪmp] *umg* Schwächling, Versager, Waschlappen
★**win**¹ [wɪn], **won** [wʌn], **won** [wʌn]; -ing-Form **winning** **1** gewinnen, siegen; **OK, you win** okay, wie du willst **2 it won her first prize** es brachte ihr den ersten Preis ein

---
PHRASAL VERBS

win back [,wɪn'bæk] zurückgewinnen
win out *oder* **through** [,wɪn'aʊt *oder* 'θru:] sich durchsetzen
win over *oder* **round** [,wɪn'əʊvə *oder* raʊnd] für sich gewinnen; **win someone over to** jemanden gewinnen für

---

win² [wɪn] *bes. Sport:* Sieg
wince [wɪns] zusammenzucken (**at** bei)
winch [wɪntʃ] *Technik:* Winde
★**wind**¹ [wɪnd] **1** Wind; **get wind of** *übertragen* Wind bekommen von **2** Atem; **get one's wind** wieder zu Atem kommen **3** *Darm:* Blähungen

4 **the wind** *Musik*: die Blasinstrumente, die Bläser (*eines Orchesters*)

★**wind²** [🇦 waɪnd], **wound** [waʊnd], **wound** [waʊnd] **1** drehen (an) **2** aufziehen (*Uhr usw.*) **3** wickeln (**round** um) **4** (*Pfad usw.*) sich winden, sich schlängeln

PHRASAL VERBS

wind back [ˌwaɪnd'bæk] zurückspulen

wind down [ˌwaɪnd'daʊn] **1** *Br* herunterkurbeln (*Autofenster usw.*) **2** reduzieren (*Produktion*) **3** *umg* sich entspannen

wind up [ˌwaɪnd'ʌp] **1** *Br* hochkurbeln (*Autofenster usw.*) **2** aufziehen (*Uhr usw.*) **3** beschließen (*Versammlung usw.*) **4** auflösen (*Unternehmen*) **5** *umg* landen (**in** in); **wind up doing something** am Ende etwas tun; **you'll wind up with a heart attack** du kriegst noch mal einen Herzinfarkt

windchill factor [ˈwɪndtʃɪlˌfæktə] *etwa*: gefühlte Temperatur (*durch den Wind beeinflusstes Kältegefühl*)

wind energy [ˈwɪndˌenədʒɪ] Windenergie

windfall [ˈwɪndfɔːl] **1** unverhofftes Geschenk, unverhoffter Gewinn **2** Fallobst

wind farm [ˈwɪndˌfɑːm] Windpark

winding [🇦 ˈwaɪndɪŋ] *Pfad usw.*: gewunden

wind instrument [ˈwɪndˌɪnstrəmənt] *Musik*: Blasinstrument

windmill [ˈwɪndmɪl] Windmühle

★**window** [ˈwɪndəʊ] **1** Fenster (*auch Computer*) **2** Schaufenster **3** Schalter (*in Bank usw.*)

window-dressing [ˈwɪndəʊˌdresɪŋ] Auslagendekoration, Schaufensterdekoration, *übertragen* Mache, Schau

window seat [ˈwɪndəʊˌsiːt] Fensterplatz

window shade [ˈwɪndəʊˌʃeɪd] *US* Rollo; → **blind³** 1 *Br*

window-shopping [ˈwɪndəʊˌʃɒpɪŋ] Schaufensterbummel; **go window-shopping** einen Schaufensterbummel machen

windowsill [ˈwɪndəʊsɪl] Fensterbank, Fensterbrett

windpipe [ˈwɪndpaɪp] *Körper*: Luftröhre

windscreen [ˈwɪndskriːn] *Br*; *Auto*: Windschutzscheibe; **windscreen wiper** Scheibenwischer

windshield [ˈwɪndʃiːld] *US*; *Auto*: Windschutzscheibe; **windshield wiper** Scheibenwischer; → **windscreen** *Br*

wind turbine [ˈwɪndˌtɜːbaɪn] Windkraftanlage, Windrad

★**windy** [ˈwɪndɪ] windig

★**wine** [waɪn] Wein

wine bar [ˈwaɪnˌbɑː] Weinlokal

wine bottle [ˈwaɪnˌbɒtl] Weinflasche

wine glass [ˈwaɪnˌglɑːs] Weinglas

wine list [ˈwaɪnˌlɪst] *in Lokal*: Weinkarte, Getränkekarte

winery [ˈwaɪnərɪ] *US* Weingut

★**wing** [wɪŋ] **1** *allg.*: Flügel (*auch von Gebäuden*) **2** *Flugzeug*: Tragfläche **3** *Auto*: Kotflügel

winger [ˈwɪŋə] *Sport*: Flügelstürmer(in)

wink¹ [wɪŋk] zwinkern (🇦 *nicht* winken)

wink² [wɪŋk] **1** Zwinkern; **give someone a wink** jemandem zuzwinkern **2** **I didn't get a wink of sleep** (*oder* **I didn't sleep a wink**) **last night** ich habe letzte Nacht kein Auge zugetan

★**winner** [ˈwɪnə] **1** Gewinner(in), *bes. Sport*: Sieger(in) **2** **be a real winner** *umg* ein Riesenerfolg sein

winning [ˈwɪnɪŋ] **1** siegreich, Sieger..., Sieges... **2** *Lächeln usw.*: gewinnend

winnings [ˈwɪnɪŋz] *pl* Gewinn

★**winter** [ˈwɪntə] Winter; **in (the) winter** im Winter

winter jacket [ˌwɪntəˈdʒækɪt] Winterjacke

★**winter sports** [ˌwɪntəˈspɔːts] *pl* Wintersport

wintertime [ˈwɪntətaɪm] Winter(zeit); **in (the) wintertime** im Winter

wintery [ˈwɪntərɪ] **1** winterlich, Winter... **2** *Lächeln*: frostig

★**wipe¹** [waɪp] **1** (ab)wischen (*Tisch usw.*), wischen (*Krümel usw.*) (**off** von); **wipe one's shoes** sich die Schuhe abputzen (**on** auf); **wipe one's nose** sich die Nase putzen; **wipe clean** abwischen (*Tafel usw.*)

PHRASAL VERBS

wipe off [ˌwaɪp'ɒf] wegwischen

wipe out [ˌwaɪp'aʊt] **1** auswischen **2** auslöschen (*Menschen*), ausrotten (*Rasse*) **3** *umg* schlauchen

wipe up [ˌwaɪp'ʌp] aufwischen

★**wipe²** [waɪp] **give something a wipe** etwas abwischen

wiper [ˈwaɪpə] *Auto*: (Scheiben)Wischer

★**wire¹** [ˈwaɪə] **1** Draht **2** *Elektrotechnik*: Leitung **3** *US* Telegramm

★**wire²** [ˈwaɪə] **1** *auch* **wire up** Leitungen verlegen in **2** *US* ein Telegramm schicken, telegrafieren

wire cutters [ˈwaɪəˌkʌtəz] *pl* Drahtschere, Drahtzange

wireless hotspot [ˌwaɪələsˈhɒtspɒt] *Computer*: (Wi-Fi-)Hotspot

wireless network [ˌwaɪələsˈnetwɜːk] *Computer*: drahtloses Netzwerk

wiring [ˈwaɪərɪŋ] elektrische Leitungen

★**wisdom** [ˈwɪzdəm] Weisheit, Klugheit; **wisdom tooth** Weisheitszahn

★**wise** [waɪz] vernünftig, weise, klug; **you were wise to do that** es war klug von dir, das zu tun; **be none the wiser** *umg* nicht klüger sein als vorher; **get wise to something** *umg* etwas spitzkriegen

wisely [ˈwaɪzlɪ] **1** weise, klug **2** klugerweise

★**wish¹** [wɪʃ] **1** **if you wish (to)** wenn du willst; **I wish he were here** ich wünschte, er wäre hier **2** wollen; **I wish to make a complaint** ich möchte mich beschweren **3** wünschen; **wish someone well** jemandem alles Gute wünschen

---PHRASAL VERBS---

wish for [ˈwɪʃ ˌfɔː] **wish for something** sich etwas wünschen

---

★**wish²** [wɪʃ] Wunsch (**for** nach); **make a wish** sich etwas wünschen; (**with**) **best wishes** *Briefschluss*: Herzliche Grüße

wishful thinking [ˌwɪʃflˈθɪŋkɪŋ] Wunschdenken

wishy-washy [ˈwɪʃɪˌwɒʃɪ] *umg* **1** *Farben usw.*: fad **2** *Person*: lasch

wisp [wɪsp] Büschel (*Gras, Haar*)

wistful [ˈwɪstfl] wehmütig

wit [wɪt] **1** Geist, Witz **2** geistreicher Mensch **3** *auch* **wits** *pl* Verstand

witch [wɪtʃ] Hexe

witchcraft [ˈwɪtʃkrɑːft] Hexerei

witch doctor [ˈwɪtʃˌdɒktə] Medizinmann

witch hunt [ˈwɪtʃ ˌhʌnt] *historisch*: Hexenjagd (*mst. übertragen*)

★**with** [wɪð] **1** *allg.*: mit; **are you still with me?** kannst du mir folgen? **2** bei; **she's staying with a friend** sie wohnt bei einer Freundin **3** vor; **tremble with fear** vor Angst zittern **4** von; **part with** sich trennen von **5** für; **are you with me or against me?** bist du für oder gegen mich? **6** **go with** *Gegenstand*: gehören zu, passen zu

withdraw [wɪðˈdrɔː], **withdrew** [wɪðˈdruː], **withdrawn** [wɪðˈdrɔːn] **1** abheben (*Geld*) (**from** von) **2** zurückziehen (*Angebot usw.*), zurücknehmen **3** sich zurückziehen **4** zurücktreten (**from** von)

withdrawal [wɪðˈdrɔːəl] **1** **make a withdrawal** Geld abheben (**from** von) **2** Rücknahme **3** *militärisch*: Abzug **4** Rücktritt (**from** von) **5** Entzug (*von Drogen*)

withdrawn [wɪðˈdrɔːn] 3. *Form von* → withdraw

withdrew [wɪðˈdruː] 2. *Form von* → withdraw

wither [ˈwɪðə] eingehen, verdorren

withering [ˈwɪðərɪŋ] *Blick, Ton, Kritik*: vernichtend

withhold [wɪðˈhəʊld], **withheld** [wɪðˈheld], **withheld** [wɪðˈheld] zurückhalten (*Zahlung, Information usw.*), verschweigen (*Wahrheit usw.*)

withholding tax [wɪðˈhəʊldɪŋ ˌtæks] *US; etwa*: Quellensteuer

★**within** [wɪðˈɪn] innerhalb (+ *Genitiv*)

★**without** [wɪðˈaʊt] ohne

withstand [wɪðˈstænd], **withstood** [wɪðˈstʊd], **withstood** [wɪðˈstʊd] standhalten (+ *Dativ*), widerstehen (+ *Dativ*)

★**witness¹** [ˈwɪtnəs] *allg.*: Zeuge, Zeugin

★**witness²** [ˈwɪtnəs] **1** **did anybody witness the accident?** hat jemand den Unfall gesehen? **2** beglaubigen (*Unterschrift usw.*)

witty [ˈwɪtɪ] geistreich, witzig

wives [waɪvz] *pl von* → wife

wizard [ˈwɪzəd] *in Märchen*: Zauberer

wobble [ˈwɒbl] wackeln

woe [wəʊ] Kummer, Leid

wok [wɒk] Wok

woke [wəʊk] 2. *Form von* → wake¹

woken [ˈwəʊkən] 3. *Form von* → wake¹

wolf [⚠ wʊlf] *pl*: **wolves** [wʊlvz] Wolf

wolves [⚠ wʊlvz] *pl von* → wolf

★**woman¹** [ˈwʊmən] *pl*: **women** [⚠ ˈwɪmɪn] Frau

★**woman²** [ˈwʊmən] **woman priest** Priesterin

womanize [ˈwʊmənaɪz] hinter den Frauen her sein

womanizer [ˈwʊmənaɪzə] Schürzenjäger, Casanova

womb [⚠ wuːm] *Körper*: Gebärmutter, Mutterleib

women [⚠ ˈwɪmɪn] *pl von* → woman¹; **women's team** *Sport*: Damenmannschaft; **women's clothing** Damenbekleidung

won [wʌn] 2. und 3. *Form von* → win¹

★**wonder¹** [ˈwʌndə] **1** neugierig (*oder* gespannt) sein (**if, whether** ob; **what** was); **well, I wonder** na, ich weiß nicht (recht) **2** sich fragen, überlegen; **I wonder if you could help me** vielleicht können Sie mir helfen **3** sich wundern (**about, at** über)

★**wonder²** [ˈwʌndə] **1** Staunen, Verwunderung **2** Wunder; **it's a wonder (that)** es ist ein Wunder, dass; **(it's) no** (*oder* **small** *oder* **little**) **wonder (that)** kein Wunder, dass; **do** (*oder*

work) wonders wahre Wunder vollbringen (**for** bei)

★**wonderful** ['wʌndəfl] wunderbar

wonderland ['wʌndəlænd] **1** Wunderland **2** Paradies

wonky ['wɒŋkɪ] *Br, umg* wacklig, schwach

won't [wəʊnt] *Kurzform von* **will not**

woo [wuː] umwerben (*Person*)

★**wood** [wʊd] **1** Holz **2** *auch* **woods** *pl* Wald **3 be out of the wood** (*oder* **woods**) *übertragen* über den Berg sein

wooded ['wʊdɪd] bewaldet

★**wooden** ['wʊdn] hölzern (*auch übertragen*), Holz...

woodland ['wʊdlənd] Waldland, Waldung

woodpecker ['wʊd‚pekə] *Vogel:* Specht

woodwind ['wʊdwɪnd] **the woodwind** *Musik:* die Holzblasinstrumente, die Holzbläser; **woodwind instrument** *Musik:* Holzblasinstrument

woodwork ['wʊdwɜːk] Holzarbeiten

★**wool** [▲ wʊl] Wolle

★**woollen**, *US* ★**woolen** [▲ 'wʊlən] aus Wolle, wollen, Woll...

woollens, *US* **woolens** [▲ 'wʊlənz] *pl* Wollsachen, Wollkleidung

woolly, *US* **wooly** [▲ 'wʊlɪ] **1** aus Wolle, wollen, Woll... **2** wollig **3** *übertragen: Idee usw.:* wirr

woolly hat [▲ ‚wʊlɪ'hæt] *Br* (Pudel)Mütze

Worcester sauce [▲ ‚wʊstə'sɔːs] *Würze:* Worcestersoße

★**word** [wɜːd] **1** *allg.:* Wort; **by word of mouth** mündlich; **word for word** Wort für Wort, wortwörtlich; **in a word** in 'einem Wort; **in other words** mit anderen Worten; **in one's own words** in eigenen Worten; **angry isn't the word (for ...)** ärgerlich ist gar kein Ausdruck (für ...); **he always has to have the last word** er muss immer das letzte Wort haben; **can I have a word** (*oder* **a few words**) **with you?** kann ich Sie mal kurz sprechen?; **have words** eine Auseinandersetzung haben (**with** mit); **put into words** ausdrücken, in Worte fassen **2** (≈ *Versprechen*) **take someone at his word** jemanden beim Wort nehmen; **be as good as one's word** halten, was man verspricht; **take my word for it** *umg* verlass dich drauf! **3** **words** *pl* Text (*eines Lieds*) **4** Nachricht; **send word that** Nachricht geben, dass

wording ['wɜːdɪŋ] Wortlaut

word order ['wɜːd‚ɔːdə] Wortstellung

wordplay ['wɜːdpleɪ] Wortspiel

★**word processing** ['wɜːd‚prəʊsesɪŋ] *Computer:* Textverarbeitung

word-processing ['wɜːd‚prəʊsesɪŋ] *Computer:* Textverarbeitungs...; **word-processing program** Textverarbeitungsprogramm

word processor ['wɜːd‚prəʊsesə] *Computer:* Textverarbeitungssystem

wordy ['wɜːdɪ] wortreich, langatmig

wore [wɔː] *2. Form von* → **wear**¹

★**work**¹ [wɜːk] **1** *allg.:* Arbeit; **at work** am Arbeitsplatz; **be out of work** arbeitslos sein; **go to work** arbeiten gehen; **be in work** eine Stelle haben; **be looking for work** Arbeit suchen; **be off work** (am Arbeitsplatz) fehlen; **set to work** sich an die Arbeit machen; **make short work of** kurzen Prozess machen mit **2** Werk (*auch Tat*); **work of art** Kunstwerk; → **works**

★**work**² [wɜːk] **1** arbeiten (**at, on** an); **work for someone** bei jemandem angestellt sein; **work one's way to the top** sich nach oben arbeiten **2** funktionieren (*auch übertragen*); **get something working** etwas in Gang bringen **3** (≈ *erfolgreich sein*) klappen; **it won't work** das klappt nicht **4 work someone hard** jemanden hart rannehmen **5** bedienen (*Maschine*)

PHRASAL VERBS

work in [‚wɜːk'ɪn] einbauen (*Zitat usw.*)

work off [‚wɜːk'ɒf] **1** abarbeiten (*Schulden*) **2** abreagieren (*Zorn usw.*) (**on** an)

work out [‚wɜːk'aʊt] **1** ausrechnen, *übertragen* sich zusammenreimen **2** ausarbeiten (*Plan usw.*) **3** klappen; **it'll never work out** daraus kann nichts werden **4** (*Rechnung usw.*) aufgehen **5** *umg* trainieren

work up [‚wɜːk'ʌp] **1** aufpeitschen (*Zuhörer usw.*); **be worked up** aufgeregt (*oder* nervös) sein (**about** wegen) **2** sich holen (*Appetit usw.*), aufbringen (*Begeisterung usw.*) **3** ausarbeiten (**into** zu)

---

workaholic [‚wɜːkə'hɒlɪk] *umg* Arbeitssüchtige(r)

workbench ['wɜːkbentʃ] Werkbank

workbook ['wɜːkbʊk] *Schule:* Arbeitsbuch

work clothes ['wɜːk‚kləʊðz] *pl* Arbeitskleidung

work colleague ['wɜːk‚kɒliːg] Arbeitskollege, Arbeitskollegin

work contract ['wɜːk‚kɒntrækt] Arbeitsvertrag

workday ['wɜːkdeɪ] Arbeitstag

★**worker** ['wɜːkə] **1** Arbeiter(in); **office worker** Büroangestellte(r) **2 be a real worker** hart arbeiten

work ethic ['wɜːk,eθɪk] Arbeitsmoral

work experience ['wɜːk ɪk,spɪərɪəns] **1** Berufserfahrung **2** *als Teil der Ausbildung*: Praktikum

workflow ['wɜːkfləʊ] Arbeitsablauf; **workflow schedule** Arbeitsablaufplan

workforce ['wɜːkfɔːs] Belegschaft, Arbeiterschaft (*einer Firma usw.*)

working ['wɜːkɪŋ] **1** Arbeits…; **working conditions** *pl* Arbeitsbedingungen; **working day** Arbeitstag; **working environment** Arbeitsumfeld; **working hours** *pl* Arbeitszeit; **working life** Berufsleben; **working relationship** Zusammenarbeit; **they have a good working relationship** sie arbeiten gut zusammen **2** berufstätig; **working class(es)** Arbeiterklasse **3** **a working knowledge of French** französische Grundkenntnisse **4** **in working order** in betriebsfähigem Zustand

workload ['wɜːkləʊd] Arbeitspensum, Arbeit(s)last)

workman ['wɜːkmən] *pl*: **workmen** ['wɜːkmən] Handwerker, Arbeiter

workout ['wɜːkaʊt] *umg* (Fitness)Training

work permit ['wɜːk,pɜːmɪt] Arbeitserlaubnis

workplace ['wɜːkpleɪs] Arbeitsplatz; **in the workplace** am Arbeitsplatz; **workplace bullying** Mobbing

work placement ['wɜːk,pleɪsmənt] Praktikum; Praktikumsstelle

works [wɜːks] *pl* **1** *Technik*: Werk, Getriebe (*einer Maschine usw.*) **2** (⚠ *oft mit sg*) Werk, Fabrik

works council ['wɜːks,kaʊnsl] *bes. Br* Betriebsrat

worksheet ['wɜːkʃiːt] Arbeitsblatt

★**workshop** ['wɜːkʃɒp] **1** Werkstatt **2** Seminar, Workshop

workspace ['wɜːk,speɪs] Arbeitsplatz

work station ['wɜːk,steɪʃn] **1** *Computer*: Computerarbeitsplatz, Workstation **2** *Schreibtisch usw.*: Arbeitsplatz

work-to-rule [,wɜːkta'ruːl] Dienst nach Vorschrift

★**world**[1] [wɜːld] **1** *allg.*: Welt; **in the world** auf der Welt; **what in the world …?** was um alles in der Welt …?; **all over the world** in der ganzen Welt **2** **do someone the world of good** jemandem unwahrscheinlich guttun **3** **it means all the world to him** es bedeutet ihm alles

★**world**[2] [wɜːld] Welt…; **world championship** Weltmeisterschaft; **world record** Weltrekord; **world war** Weltkrieg

World Cup [,wɜːld'kʌp] Fußballweltmeisterschaft

world-famous [,wɜːld'feɪməs] weltberühmt

World Heritage Site [,wɜːld'herɪtɪdʒ ˌsaɪt] *Gebäude, Naturdenkmal usw.*: Weltkulturerbe

worldly ['wɜːldlɪ] weltlich, irdisch

worldwide [,wɜːld'waɪd] weltweit; **World Wide Web** *Computer*: Internet

★**worm**[1] [⚠ wɜːm] **1** Wurm **2** *Computer*: (Computer)Wurm

★**worm**[2] [⚠ wɜːm] **1** **worm one's way through** sich schlängeln durch **2** **worm one's way into someone's confidence** sich jemandes Vertrauen erschleichen

worn [wɔːn] 3. Form von → **wear**[1]

worn out [,wɔːn'aʊt] **1** *Kleidung*: abgenutzt, abgetragen **2** *Person*: erschöpft

★**worried** [⚠ 'wʌrɪd] besorgt, beunruhigt; **be worried** sich sorgen, sich Sorgen machen (**about** über, um, wegen)

★**worry**[1] [⚠ 'wʌrɪ] **1** beunruhigen, Sorgen machen; **don't worry!** mach dir keine Sorgen! **2** sich sorgen, sich Sorgen machen (**about, over** über, um, wegen)

★**worry**[2] [⚠ 'wʌrɪ] Sorge

worrying [⚠ 'wʌrɪɪŋ] besorgniserregend

★**worse**[1] [wɜːs] *Komparativ von* **bad, badly** schlechter, schlimmer; **worse still** was noch schlimmer ist; **to make matters worse** zu allem Übel

★**worse**[2] [wɜːs] Schlechteres, Schlimmeres

worsen ['wɜːsn] **1** verschlechtern **2** sich verschlechtern

★**worship**[1] ['wɜːʃɪp] **1** Verehrung **2** Gottesdienst

★**worship**[2] ['wɜːʃɪp], worshipped, worshipped, *US* worshiped, worshiped **1** anbeten (*Gott*), verehren; **worship God** *auch*: zu Gott beten **2** vergöttern

★**worst**[1] [wɜːst] *Superlativ von* **bad**; schlechteste(r, -s), schlimmste(r, -s)

★**worst**[2] [wɜːst] der, die, das Schlechteste (*oder* Schlimmste; **at (the) worst** schlimmstenfalls; **if the worst comes to the worst** wenn alle Stricke reißen; **get the worst of it** den Kürzeren ziehen

★**worst**[3] [wɜːst] *Superlativ von* **badly** am schlechtesten, am schlimmsten; **come off worst** den Kürzeren ziehen (**in** bei)

worth[1] [wɜːθ] wert; **it's worth £10** es ist 10 Pfund wert; **a skirt worth £20** ein Rock im Wert von 20 Pfund; **it's worth a try** es ist einen

Versuch wert; **it isn't worth it** es lohnt sich nicht; **it might be worth your while** es könnte sich für dich lohnen (**to do** zu tun); **worth mentioning** erwähnenswert; **it isn't worth waiting any longer** es lohnt sich nicht, noch länger zu warten
worth[2] [wɜːθ] Wert
worthless ['wɜːθləs] wertlos
worthwhile [ˌwɜːθ'waɪl] lohnend; **be worthwhile** sich lohnen
worthy ['wɜːðɪ] wert, würdig; **worthy of admiration** bewundernswürdig
★**would** [wʊd] **1** **he said he would come** er sagte, er werde kommen; **he would have come if ...** er wäre gekommen, wenn ...; **what would you do if ...?** was würdest du tun, wenn ...?; **how would you know?** woher willst du denn das wissen?; **you wouldn't understand** das verstehst du sowieso nicht; **you would, wouldn't you?** umg das sieht dir ähnlich! **2** *Bereitschaft, Entschluss*: **he wouldn't tell us what had happened** er wollte uns nicht sagen, was passiert war; **the door wouldn't shut** die Tür schloss nicht; **I would rather not say what I think** ich sage lieber nicht, was ich denke **3** *höfliche Bitte*: **shut the window, would you?** mach doch bitte das Fenster zu **4** *frühere Gewohnheit*: **he would often take a walk after supper** er machte nach dem Abendessen oft einen Spaziergang
would-be ['wʊdbiː] Möchtegern...; **a would-be poet** ein Möchtegerndichter
wouldn't ['wʊdnt] *Kurzform von* **would not**
would've [wʊdv] *Kurzform von* **would have**
wound[1] [waʊnd] *2. und 3. Form von* → **wind**[2]
★**wound**[2] [wuːnd] Wunde, Verletzung
★**wound**[3] [wuːnd] **1** verwunden, verletzen **2** *übertragen* verletzen (*jemandes Stolz usw.*)
wove [wəʊv] *2. Form von* → **weave**
woven ['wəʊvn] *3. Form von* → **weave**
wow [waʊ] *umg* wow! höchst erstaunt, überrascht: wow!, Mann!, Mensch!
wrangle ['ræŋɡl] (sich) streiten (**with** mit; **over** um)
★**wrap**[1] [ræp], wrapped, wrapped **1** einpacken, einwickeln (**in** in) **2** wickeln (*Papier usw.*) (**around, round** um)

─────────── PHRASAL VERBS ───────────
wrap up [ˌræp'ʌp] **1** einpacken, einwickeln (**in** in) **2** sich warm anziehen **3** unter Dach und Fach bringen (*Geschäft, Projekt usw.*)

★**wrap**[2] [ræp] **1** Hülle **2** *um Schulter*: Umhang **3** *Essen*: Wrap, (gefülltes und zusammengerolltes) Fladenbrot
wrapper ['ræpə] **1** *allg.*: Verpackung, *von Bonbon*: Papier **2** *von Buch*: (Schutz)Umschlag
wrapping ['ræpɪŋ] Verpackung; **wrapping paper** Packpapier, Geschenkpapier
★**wrath** [rɒθ] Zorn
wreath [riːθ] *pl*: **wreaths** [riːðz] Kranz
★**wreck**[1] [rek] *Schiff*: Wrack (*auch Person*)
★**wreck**[2] [rek] **1** **be wrecked** Schiffbruch erleiden **2** zunichtemachen (*Hoffnungen*)
wreckage ['rekɪdʒ] Trümmer (*auch übertragen*)
wren [ren] *Vogel*: Zaunkönig
wrench[1] [rentʃ] **1** **wrench something from someone** jemandem etwas entwinden **2** **wrench one's ankle** sich den Fuß verrenken
wrench [rentʃ] Schraubenschlüssel; → **spanner** *Br*
wrest [rest] **wrest something from someone** jemandem etwas entreißen
wrestle ['resl] **1** ringen (**with** mit) **2** *übertragen* ringen, kämpfen (**with** mit; **for** um)
wrestler ['reslə] Ringer(in)
wrestling ['reslɪŋ] *Sport*: Ringen
wretch [retʃ] *Person*: armer Teufel
wretched ['retʃɪd] **1** *allg.*: elend **2** *Kopfschmerzen, Wetter usw.*: scheußlich **3** *umg*; *bei Verärgerung*: verflixt
wriggle ['rɪɡl] sich winden, zappeln
wring [rɪŋ], **wrung** [rʌŋ], **wrung** [rʌŋ] **1** **wring one's hands** die Hände ringen **2** *oft* **wring out** auswringen (*Wäsche*)
wringing wet [ˌrɪŋɪŋ'wet] klatschnass
wrinkle[1] ['rɪŋkl] **1** Falte, Runzel **2** *umg* Kniff, Trick
wrinkle[2] ['rɪŋkl] *auch* **wrinkle up** runzeln (*Stirn*), rümpfen (*Nase*)
wrinkled ['rɪŋkld] zerknittert, *Haut*: faltig
★**wrist** [rɪst] Handgelenk
wristband ['rɪstbænd] **1** Armband **2** *Sport*: Schweißband
wrist scarf [ˌrɪstˈskɑːf] Pulswärmer
wristwatch ['rɪstwɒtʃ] Armbanduhr
★**write** [raɪt], **wrote** [rəʊt], **written** ['rɪtn] **1** schreiben; **write to someone**, *US auch* **write someone** jemandem schreiben **2** ausstellen (*Scheck*) **3** **it was written all over his face** *übertragen* es stand ihm im Gesicht geschrieben

─────────── PHRASAL VERBS ───────────
★**write down** [ˌraɪt'daʊn] aufschreiben, nie-

derschreiben
write in [ˌraɪtˈɪn] schreiben (**to** an) (*Behörde usw.*); **write in for something** etwas anfordern
write off [ˌraɪtˈɒf] **1** *Wirtschaft*: abschreiben (*auch als Verlust*) **2** *Br* zu Schrott fahren (*Wagen*) **3 write off for something** etwas anfordern
write out [ˌraɪtˈaʊt] **1** ausschreiben (*Namen usw.*) **2** aufschreiben (*Bericht usw.*) **3** ausstellen (*Quittung usw.*)
write up [ˌraɪtˈʌp] **1** ausarbeiten (*Notizen usw.*) **2** berichten über

---

write-off [▲ ˈraɪtɒf] **1** *Br; Auto*: Totalschaden **2** *Wirtschaft*: Abschreibung
★**writer** [▲ ˈraɪtə] **1** *von Brief usw.*: Schreiber(in), Verfasser(in), Autor(in) **2** *beruflich*: Schriftsteller(in)
writhe [▲ raɪð] sich winden (**in, with** vor)
writing[1] [▲ ˈraɪtɪŋ] **1** (Hand)Schrift **2** Schreiben (*Tätigkeit*) **3 in writing** schriftlich; → writings
writing[2] [▲ ˈraɪtɪŋ] Schreib…; **writing desk** Schreibtisch; **writing paper** Schreibpapier
writings [▲ ˈraɪtɪŋz] *pl* Werke; → writing[1]
written[1] [▲ ˈrɪtn] 3. *Form von* → write
written[2] [▲ ˈrɪtn] schriftlich; **written language** Schriftsprache
★**wrong**[1] [▲ rɒŋ] **1** falsch; **be wrong** falsch sein, nicht stimmen, *Person*: unrecht haben, *Uhr*: falsch gehen; **dial the wrong number** sich verwählen; **it was a wrong number** ich/er *usw.* war falsch verbunden **2** unrecht; **you were wrong to say that** es war nicht recht von dir, das zu sagen **3 is anything wrong?** ist etwas nicht in Ordnung?; **what's wrong with you?** was ist los mit dir?
★**wrong**[2] [▲ rɒŋ] falsch; **get someone** (*oder* **something**) **wrong** jemanden (*oder* etwas) falsch verstehen; **go wrong** (*Person*): einen Fehler machen, (*Sache*): schiefgehen; **the printer** *usw.* **has gone wrong** der Drucker *usw.* ist nicht in Ordnung
★**wrong**[3] [▲ rɒŋ] Unrecht; **be in the wrong** im Unrecht sein
wrongdoer [▲ ˈrɒŋˌduːə] Missetäter(in), Übeltäter(in)
wrongful [▲ ˈrɒŋfl] ungerechtfertigt
wrongly [▲ ˈrɒŋlɪ] **1** (≈ *nicht korrekt*) falsch **2** zu Unrecht (*bestraft werden usw.*) **3** fälschlicherweise (*etwas glauben usw.*)
wrote [▲ rəʊt] 2. *Form von* → write
wrung [▲ rʌŋ] 2. und 3. *Form von* → wring
wry [▲ raɪ] *Lächeln*: süßsauer

X

xenophobia [▲ ˌzenəˈfəʊbɪə] Ausländerfeindlichkeit
xenophobic [▲ ˌzenəˈfəʊbɪk] ausländerfeindlich
Xmas [▲ ˈkrɪsməs, ˈeksməs] *umg* Weihnachten; → Christmas
X-ray[1] [ˈeksreɪ] röntgen
X-ray[2] [ˈeksreɪ] **1** Röntgenaufnahme **2** Röntgenuntersuchung
xylophone [ˈzaɪləfəʊn] Xylofon

Y

yacht [▲ jɒt] **1** Jacht **2** *Sport*: (Segel)Boot
yachting [▲ ˈjɒtɪŋ] Segeln
yank[1] [jæŋk] *umg* ziehen an, reißen an
yank[2] [jæŋk] **give something a yank** *umg* an etwas kräftig ziehen
Yankee [ˈjæŋkɪ] *umg* Yankee, Ami
yap [jæp], **yapped, yapped 1** (*Hund*) kläffen **2** *umg* quasseln
★**yard**[1] [jɑːd] *Maßeinheit*: Yard (= *0,91 m*)
★**yard**[2] [jɑːd] **1** Hof; **school yard** Schulhof **2** **front yard** *US* Vorgarten; → backyard
yardstick [ˈjɑːdstɪk] *übertragen* Maßstab
yarn [jɑːn] **1** (≈ *Faden*) Garn **2** *umg* (fantastische) Geschichte
yawn[1] [jɔːn] gähnen (*auch übertragen: Abgrund*)
yawn[2] [jɔːn] **1** Gähnen **2 be a big yawn** *umg* zum Gähnen (langweilig) sein
yd *abk für* → yard[1]
yeah [jeə] *umg* ja
★**year** [jɪə] Jahr; **year after year** Jahr für Jahr; **year in, year out** jahraus, jahrein; **all the year round** das ganze Jahr hindurch; **this year** dieses Jahr, heuer; **be 15 years old** 15 Jahre alt sein
yearly [ˈjɪəlɪ] jährlich
yearn [jɜːn] sich sehnen (**for** nach; **to do** danach, zu tun)
yearning[1] [ˈjɜːnɪŋ] Sehnsucht
yearning[2] [ˈjɜːnɪŋ] sehnsüchtig
yeast [jiːst] Hefe
yell[1] [jel] **1** schreien, brüllen (**with** vor) **2** *auch* **yell out** brüllen (*Befehl usw.*)

yell² [jel] Schrei
★**yellow¹** ['jeləʊ] gelb; **Yellow Pages®** *pl* Telefonbuch: gelbe Seiten, Branchenverzeichnis
★**yellow²** ['jeləʊ] Gelb
★**yellow³** ['jeləʊ] sich gelb färben, vergilben
yelp [jelp] **1** aufschreien **2** (*Hund*) (auf)jaulen
yep [jep] *umg* ja
★**yes¹** [jes] ja; **oh yes** o doch, o ja
★**yes²** [jes] Ja, Jastimme
★**yesterday¹** ['jestədɪ] **1** gestern; **yesterday morning** gestern Morgen; **the day before yesterday** vorgestern **2 I wasn't born yesterday** ich bin (doch) nicht von gestern
★**yesterday²** ['jestədɪ] **yesterday's paper** die gestrige Zeitung
★**yet** [jet] **1** *fragend*: schon **2** noch; **not yet** noch nicht; **as yet** bis jetzt, bisher **3** *mit Komparativ*: (doch) noch **4** (≈ *trotzdem*) doch, aber, dennoch
yew [ju:] *Baum*: Eibe
y-fronts [⚠ 'waɪfrʌnts] *Br, umg* Herrenunterhose
Yiddish ['jɪdɪʃ] *Sprache*: Jiddisch
yield¹ [ji:ld] **1** tragen (*Früchte*), abwerfen (*Gewinn*) **2** (*Boden*) nachgeben **3** nachgeben, *militärisch*: sich ergeben (**to**; *Dativ*)

PHRASAL VERBS

yield to ['ji:ld_tʊ] **yield to someone** *US, im Straßenverkehr*: jemandem Vorfahrt gewähren

yield² [ji:ld] Ertrag
yoga ['jəʊgə] Yoga, Joga
yoghurt, yogurt ['jɒgət] Joghurt; **yoghurt drink** Joghurtdrink
yoke [jəʊk] Joch (*auch übertragen*)
yolk [⚠ jəʊk] (Ei)Dotter, Eigelb
★**you** [ju:] **1** du, Sie, ihr **2** *Dativ*: dir, Ihnen, euch **3** *Akkusativ*: dich, Sie, euch **4** *verallgemeinernd*: man; **you never know** man weiß nie
you'd [ju:d] *Kurzform von* **you had** *oder* **you would**
you'll [ju:l] *Kurzform von* **you will** *oder* **you shall**
★**young¹** [jʌŋ] jung
★**young²** [jʌŋ] **1 the young** die jungen Leute, die Jugend **2** *von Tier*: Junge *pl*
youngster ['jʌŋstə] Jugendliche(r)
★**your** [jɔ:] dein(e); *Plural*: euer, eure; Ihr(e) (*auch pl*)
you're [jɔ:] *Kurzform von* **you are**
★**yours** [jɔ:z] dein(er, -e, -es); **is this book yours?** gehört dieses Buch dir?, ist dies dein Buch?; *Plural*: euer, eure(s); Ihr(er, -e, -es) (*auch pl*); **a friend of yours** ein Freund von dir; **Yours** *in Brief*: mit freundlichen Grüßen
★**yourself** [jɔ:'self] *pl*: yourselves [jɔ:'selvz] **1** *verstärkend*: selbst; **you yourself told me, you told me yourself** du hast es mir selbst erzählt **2** *reflexiv*: dir, dich, sich; **did you hurt yourself?** hast du dich verletzt?
★**youth¹** [ju:θ] **1** *Lebensalter*: Jugend; **in my youth** in meiner Jugend **2** ⚠ *pl*: youths [⚠ ju:ðz] *oft abwertend*; *bes. junger Mann*: Jugendlicher **3 today's youth** die heutige Jugend (*Mädchen und Jungen*)
★**youth²** [ju:θ] Jugend...; **youth club** Jugendklub; **youth hostel** Jugendherberge
youthful ['ju:θfl] jugendlich
you've [ju:v] *Kurzform von* **you have**
yucca ['jʌkə] Yucca, Palmlilie
Yugoslavia [,ju:gəʊ'slɑ:vɪə] Jugoslawien (⚠ *nur bis 2003*)
yummy ['jʌmɪ] *umg* lecker
yuppie ['jʌpɪ] Yuppie

Z

zap [zæp], zapped, zapped **1** *Computer*: löschen **2** *bei Computerspiel*: zerstören, killen **3** (≈ *schnell fahren*) düsen **4** *TV*: ständig hin- und herschalten, zappen
zeal [zi:l] Eifer
zealot [⚠ 'zelət] Fanatiker(in)
zealous [⚠ 'zeləs] eifrig; **be zealous** eifrig bemüht sein (**for** um; **to do** darum, zu tun)
zebra ['zebrə, *bes. US* 'zi:brə] Zebra
zebra crossing [,zebrə'krɒsɪŋ] *in GB*: Zebrastreifen
★**zero¹** ['zɪərəʊ] *pl*: zeros *oder* zeroes Null (*US auch Telefon*); **10 degrees below zero** 10 Grad unter null
★**zero²** ['zɪərəʊ] Null...; **zero growth** Nullwachstum; **zero-emission** schadstofffrei; **zero tolerance** (*gegenüber Kriminalität usw.*) Zerotoleranz, Nulltoleranz
zest [zest] **1** *einer Zitrone, Orange usw.*: Schale **2** Begeisterung; **zest for life** Lebensfreude
zigzag¹ ['zɪgzæg] Zickzack
zigzag² ['zɪgzæg], zigzagged, zigzagged **1** im Zickzack laufen (*bzw.* fahren) **2** (*Weg usw.*) zickzackförmig verlaufen
zinc [zɪŋk] Zink
zip¹ [zɪp] **1** *Br* Reißverschluss **2** *umg* Schwung

zip² [zɪp], **zipped, zipped** ▌1▐ *umg* flitzen ▌2▐ *Computer*: zippen, packen (*Datei*)

───────────────── PHRASAL VERBS ─────────────────
★**zip up** [ˌzɪpˈʌp] **zip something up** den Reißverschluss von etwas zumachen; → unzip
───

zip code [ˈzɪp_kəʊd] *US* Postleitzahl; → postcode *Br*
zip file [ˈzɪp_faɪl] *Computer*: Zip-Datei, komprimierte Datei, *umg* gezippte Datei
zipper [ˈzɪpə] *US* Reißverschluss
zodiac [ˈzəʊdɪæk] **signs of the zodiac** Tierkreiszeichen
zombie [ˈzɒmbɪ] Zombie
zone [zəʊn] Zone
zonked [zɒŋkt] *umg* total geschafft
★**zoo** [zuː] Zoo
zoological [⚠ ˌzəʊəˈlɒdʒɪkl] zoologisch
zoology [⚠ zəʊˈɒlədʒɪ] Zoologie
zoom¹ [zuːm] *umg* sausen
zoom² [zuːm], **zoom lens** [⚠ ˈzuːm_lenz] *an der Kamera*: Zoom, Zoomobjektiv
zucchini [zʊˈkiːnɪ] *pl*: zucchinis *US* Zucchini
Zurich [ˈzʊərɪk] Zürich

Deutsch – Englisch

A

★**A** *n* **1** **das A und O** the most important thing **2** **von A bis Z durchlesen** read* through from beginning to end, *Buch*: read* from cover to cover **3** **das ist von A bis Z erlogen** it's a pack of lies **4** **wer A sagt, muss auch B sagen** in for a penny, in for a pound

à: **30 Bücher à € 9,80** 30 books at €9.80 each (▲ *Preisangabe mit Punkt*; *gesprochen* nine euros eighty)

Aal *m* eel; **sich winden wie ein Aal** wriggle [▲ 'rɪgl] like an eel

Aargau *m* Aargau ['ɑːgaʊ]

Aas *n* (≈ *Tierleiche*) carcass ['kɑːkəs]

★**ab** **1** *allg.*: from; **ab heute** from today, starting today; **von jetzt ab** from now on **2** **ab 40 Personen** from 40 people (upwards), … for groups of 40 and more **3** **Kinder ab 12** children over (the age of) 12 **4** **ab 5000 Euro** from 5,000 euros (upwards) **5** **ab und zu** now and then, from time to time, occasionally **6** **der Knopf ist ab** the button has come off **7** **London ab 17:30** *im Fahrplan*: dep. (= departure) London 17:30

AB *m abk* (*abk für* Anrufbeantworter) answering machine [▲ 'ɑːnsərɪŋ‿məˌʃiːn], Br *auch* answerphone [▲ 'ɑːnsəfəʊn], US *auch* answerer [▲ 'ɑːnsərə]

abarbeiten work off (*Schulden*)

abartig 1 *allg.*: abnormal [æb'nɔːml] **2** *Verhalten*: abnormal, perverse [pə'vɜːs]

Abbau *m* **1** (≈ *Reduzierung*) reduction (+ *Genitiv oder* **von** of, in); **der Abbau von Arbeitskräften** workforce reduction **2** (≈ *Demontage*) dismantling **3** (≈ *Rückgang*) decline **4** *von Kohle*: mining; *über Tage*: quarrying ['kwɒrɪɪŋ] **5** *Chemie*: decomposition, disintegration, *im Körper*: breakdown

abbauen 1 take* down (*Gerüst usw.*) **2** mine (*Kohle usw.*) **3** (≈ *verringern*) reduce **4** *übertragen*: get* rid of (*Vorurteile usw.*)

abbeißen bite* off

abbekommen 1 (≈ *bekommen*) get*; **er hat nichts davon abbekommen** he didn't get any of it **2** (≈ *Schläge bekommen*) **etwas abbekommen** catch* it **3** (≈ *beschädigt werden*) **das Auto hat etwas abbekommen** the car got slightly damaged **4** (≈ *abmachen können*) get* off

abbestellen 1 cancel [▲ 'kænsl] (*Zeitschrift usw.*) **2** **jemanden abbestellen** tell* someone not to come

★**abbiegen 1** (*Auto, Straße*) turn (off) **2** **nach rechts** (*bzw.* **links**) **abbiegen** turn right (*bzw.* left)

Abbiegespur *f* filter lane, US turning lane

Abbiegung *f* turning

Abbildung *f* picture, illustration

abblasen *übertragen*, *umg* call off

abblättern *allg.*: peel off

abblenden *Auto*: dip (US dim) one's headlights

Abblendlicht *n* **1** dipped beam, *bes.* US low beam **2** **mit Abblendlicht fahren** drive* with (*oder* on) dipped (US dimmed) headlights

abblitzen: **sie ließ ihn abblitzen** she gave him the brush-off

★**abbrechen 1** *allg. und übertragen*: break* off **2** *Computer*: abort, cancel **3** **die Schule abbrechen** drop out of school **4** **seine Zelte abbrechen** *übertragen* pack one's bags and leave

abbrennen burn* down (*auch Kerze usw.*)

abbringen: **jemanden von etwas abbringen** persuade someone not to do something; **ich habe versucht, sie davon abzubringen** I tried to talk her out of it

Abbruch *m* **1** *eines Gebäudes usw.*: demolition [ˌdemə'lɪʃn] **2** *von Verhandlungen usw.*: breaking-off [ˌbreɪkɪŋ'ɒf]

abbuchen: **gestern wurden 100 Euro von meinem Konto abgebucht** my account was debited ['debɪtɪd] with 100 euros yesterday; **der Betrag wird von Ihrem Konto abgebucht** the sum will be debited to your account

Abbuchung *f* charge, debit ['debɪt] (entry)

abbüßen: **eine Strafe abbüßen** serve a sentence

Abc *n* ABC, alphabet ['ælfəbet]; **nach dem Abc**

alphabetically [ˌælfəˈbetɪklɪ], in alphabetical order
abdanken ▪ resign ▫ (*Kaiser, König usw.*) abdicate
abdecken ▪ cover (over) (*Grab, Tennisplatz usw.*) ▫ cover (*Bereich, Thema*) ▪ clear (*Tisch*) ▫ turn down (*Bett, Bettdecke*) ▪ **der Sturm hat das ganze Dach abgedeckt** the storm blew the whole roof off
Abdeckfolie *f* protective sheet
★**abdrehen** ▪ turn off (*Gas, Wasser usw.*) ▫ (*Flugzeug, Schiff usw.*) change course
Abdruck *m* impression, imprint [ˈɪmprɪnt]
abdrucken print
abdrücken (≈ *schießen*) fire, pull the trigger
★**Abend** *m* ▪ evening; **guten Abend!** good evening!; **am Abend** in the evening, at night, (≈ *jeden Abend*) *auch*: in the evenings; **heute Abend** this evening, tonight; **morgen Abend** tomorrow night, tomorrow evening; **gestern Abend** yesterday evening, last night; **am nächsten Abend** the next evening ▫ **es wird Abend** it's getting dark ▪ **zu Abend essen** have* dinner, have* supper
Abendbrot *n*, **Abendessen** *n* dinner, supper
Abendkasse *f* box office
Abendkleid *n* evening dress, *US* evening gown [gaʊn]
Abendmahl *n*: **das Abendmahl** (Holy) Communion (⚠ *ohne* the)
★**abends** in the evening, (≈ *jeden Abend*) *auch*: in the evenings; **um 8 Uhr abends** at 8 (o'clock) in the evening, at 8 pm
Abendschule *f* evening classes (⚠ *pl*), night school
Abenteuer *n* adventure [ədˈventʃə]
abenteuerlich ▪ *Reise usw.*: adventurous ▫ (≈ *riskant*) risky ▪ *Erscheinung usw.*: eccentric [ɪkˈsentrɪk], bizarre [bɪˈzɑː]
Abenteuerspielplatz *m* adventure playground
★**aber** ▪ but ▫ **aber sicher!** (but) of course ▪ **aber nein!** oh no, *versichernd*: of course not ▫ **aber dennoch** yet, (but) still, nevertheless ▪ **das ist aber nett von dir** that's really nice of you
Aberglaube *m* superstition [ˌsuːpəˈstɪʃn]
abergläubisch superstitious [ˌsuːpəˈstɪʃəs]
★**abfahren** ▪ (≈ *wegfahren*) leave*, set* out (*oder* off) (**nach** for) ▫ *Ski*: ski down ▪ **ihm wurde ein Bein abgefahren** he was run over and lost a leg ▫ *umg* → abgefahren
★**Abfahrt** *f* ▪ (≈ *Abreise*) departure ▫ *Ski*: downhill run

Abfahrtslauf *m Skisport*: downhill skiing
Abfahrtsläufer(in) *m(f)* downhill racer, downhiller
Abfahrtszeit *f* departure time
★**Abfall** *m* ▪ *allg., auch radioaktiv*: waste ▫ *Hausmüll*: rubbish, *US* garbage, trash ▪ *in der Öffentlichkeit, bes. Papier*: litter
Abfallbeseitigung *f* waste disposal
Abfalleimer *m* waste bin, *US* garbage can
abfallen ▪ (≈ *herunterfallen*) fall* (*oder* drop) off ▫ **für dich wird auch etwas abfallen** there'll be* something in it for you too
Abfallentsorgung *f* waste disposal
abfällig *Bemerkung*: disparaging [dɪˈspærɪdʒɪŋ]; **sich abfällig über jemanden äußern** make* disparaging remarks about someone
Abfallprodukt *n* ▪ waste product ▫ *verwertbares*: by-product, spin-off
abfälschen deflect (*Ball*)
abfangen intercept [ˌɪntəˈsept] (*Angriff, Ball, Brief, Feind usw.*)
abfärben run*
abfertigen ▪ get* ready for dispatch (*Ware*) ▫ **wir wurden an der Grenze sehr schnell abgefertigt** we got through customs very quickly
Abfertigung *f* ▪ *Waren*: dispatch ▫ *Zoll*: (customs) clearance
Abfertigungshalle *f Flugreise*: terminal
Abfertigungsschalter *m Flug*: check-in desk
abfinden ▪ **jemanden abfinden** (≈ *entschädigen*) compensate someone ▫ **sich mit etwas abfinden** come* to terms with something
Abfindung *f* ▪ (≈ *Entschädigung*) compensation ▫ *von Angestellten*: redundancy payment, *US* severance pay [ˈsevərəns ˌpeɪ]
★**abfliegen** ▪ (*Flugzeug*) take* off ▫ (*Person*) fly* ▪ *mit Flugzeug*: patrol [pəˈtrəʊl] (*Strecke*)
★**Abflug** *m* ▪ takeoff ▫ *Zeit*: departure, *Hinweisschild am Flughafen und Bahnhof*: departures (⚠ *pl*); → Start
abflugbereit ready for takeoff
Abflugzeit *f* departure (time), flight departure (time)
Abfluss *m* ▪ (≈ *Abfließen*) draining away ▫ (≈ *Abflussstelle*) drain ▪ (≈ *Abflussrohr*) drainpipe
Abfrage *f per Computer*: (computer) search
abfragen: **jemanden abfragen** test (*US* quiz) someone
abführen: **jemanden abführen** (≈ *verhaften*) take* someone into custody [ˈkʌstədɪ]
Abführmittel *n* laxative
abfüllen ▪ *allg.*: fill ▫ *in Flaschen*: bottle

Abgabe f **1** *Fußball*: (≈ *Abspiel*) pass **2 Abgaben leisten** *Steuern*: pay* tax(es)

Abgang m **1 nach seinem Abgang von der Schule reiste er viel** when (*oder* after) he left school he travelled a lot **2** *salopp*: **ich mach 'nen Abgang** (≈ *ich gehe jetzt*) *US* I gotta bounce

abgängig Ⓐ missing (**aus** from)

Abgängigkeitsanzeige f Ⓐ missing persons report

Abgangszeugnis n (school-)leaving certificate [səˈtɪfɪkət], *US* diploma

Abgase pl *beim Auto*: exhaust fumes [ɪgˈzɔːst ˌfjuːmz]

Abgastest m *beim Auto*: exhaust [ɪgˈzɔːst] emission test

Abgasuntersuchung f *beim Auto*: exhaust [ɪgˈzɔːst] emission test

★**abgeben** **1** (≈ *übergeben*) hand in (*Hefte, Aufgabe usw., auch Gepäck*); **am Ende der Stunde bitte die Hefte (bei mir) abgeben!** please hand in your exercise books at the end of the lesson **2 er gab ihr einen Keks** *usw.* **ab** he let her have one of his biscuits [ˈbɪskɪts] *usw*. **3 eine Erklärung** *usw.* **abgeben** make* a statement *usw*. **4 mit ihm gebe ich mich nicht ab** I won't have anything to do with him **5** *Sport*: pass the ball (**an** to)

abgebildet: **wie oben abgebildet** as shown above

abgebrannt **1** *Gebäude usw., auch Kerze*: burnt down **2** *umg* (≈ *ohne Geld*) broke

abgefahren *umg* wacky

abgehackt *Redeweise*: disjointed, bitty

abgehärtet *körperlich*: tough [⚠ tʌf]

abgehen **1 von der Schule abgehen** leave* school (⚠ *ohne the*) **2** (*Knopf usw.*) come* off **3 er geht mir sehr ab** *übertragen* I miss him badly **4** *umg* **voll abgehen** (≈ *ausgelassen tanzen*) cut* loose; (≈ *ausrasten*) freak out

abgekartet: **abgekartetes Spiel** put-up job [ˈpʊtʌpˌdʒɒb]

abgelegen: **abgelegenes Dorf** remote village

abgemacht **1 abgemacht!** (okay,) it's a deal **2 abgemacht ist abgemacht** a deal's a deal

abgemagert: **er sieht furchtbar abgemagert aus** he's just skin and bones

★**Abgeordnete(r)** m/f(m) **1** *im Parlament*: member of parliament [⚠ ˈpɑːləmənt] **2** *des britischen Unterhauses*: Member of Parliament (*abk*: MP [ˌemˈpiː]) **3** *im amerikanischen Repräsentantenhaus*: Congressman (*männlich*), Congresswoman (*weiblich*)

abgeschlagen: **er ist weit abgeschlagen** (*Läufer*) he's a long way behind

abgeschlossen **1** (≈ *beendet*) completed **2 ein abgeschlossenes Studium haben** have* a (university) degree

abgesehen: **abgesehen von** apart (*bes. US* aside) from; **abgesehen davon, dass er krank ist** apart from the fact that he's ill

abgespannt exhausted [ɪgˈzɔːstɪd], worn out

abgestanden *Bier usw.*: flat, stale

abgestumpft *Mensch*: insensitive

abgewöhnen **1 sich das Rauchen** *usw.* **abgewöhnen** give* up smoking *usw*. **2 das werde ich ihm abgewöhnen** I'll soon cure him of that

Abgrund m **1** abyss [əˈbɪs], chasm [⚠ ˈkæzm] **2 sie steht am Rande des Abgrunds** *übertragen* she's on the brink of disaster

abgucken **1** *unerlaubt*: copy; **er hat abgeguckt** he was copying; **nicht abgucken!** stop copying! **2 sich bei jemandem etwas abgucken** learn* something from someone

abhaben: **willst du etwas abhaben?** do you want a bit (*oder* some)?

abhacken chop off, cut* off

abhaken **1** tick (*US* check) off (*Geschriebenes*) **2 das (Thema) ist schon abgehakt** that's been dealt with

abhalten: **jemanden davon abhalten, etwas zu tun** keep* (*oder* prevent *oder* stop) someone from doing something

abhandeln (≈ *erörtern*) deal* with, discuss (*Thema usw.*)

Abhandlung f treatise [⚠ ˈtriːtɪz] (**über** on)

Abhang m slope, *steil*: precipice [⚠ ˈpresəpɪs]

★**abhängen** **1 abhängen von** *übertragen* depend on; **es hängt davon ab, ob** it depends (on) whether **2** take* down (*Bild usw.*) **3** *umg herumsitzen* hang* out

★**abhängig** **1** dependent (**von** on) **2 das ist abhängig davon, ob** it depends (on) whether **3 er ist abhängig** (≈ *drogenabhängig*) he's a drug addict [ˈdrʌgˌædɪkt], he's an addict

Abhängigkeit f *allg*.: dependence (**von** on)

abhärten: **sich abhärten** *umg* toughen [⚠ ˈtʌfn] oneself up

abhauen **1** (≈ *abschlagen*) cut* off **2** *umg* (≈ *weglaufen*) run* off, run* away **3 hau ab!** *umg* clear off!, get lost!

★**abheben** **1** (*Flugzeug usw.*) take* off **2 ich muss Geld abheben** I must go and get some money (from the bank) **3 ich möchte 200 Euro abheben** I'd like to withdraw 200 euros

4 *Spielkarten*: cut* (the cards) **5** **kannst du mal abheben?** *Telefon*: can you get it?

abheften file (away) (*Dokumente usw.*)

★**abholen** fetch, pick up, collect (*jemanden, Brief usw.*); **jemanden vom Bahnhof abholen** meet* someone (*oder* pick someone up) at the station

abhören **1** bug (*Telefon, Telefongespräch, Büro, Gebäude*) **2** **wir wurden abgehört** we were bugged

Abi *n umg* → Abitur

Abischerz *m*, **Abistreich** *m umg* trick played by pupils on teachers on finishing the Abitur course or exams

Abisolierzange *f* cable stripper

★**Abitur** *n*: **das Abitur machen** *etwa*: take* one's school-leaving exams (*oder Br* A-levels), *US* graduate from high school

Abiturient(in) *m(f)* **1** *vor dem Abitur, Br etwa*: sixth-former; **er ist Abiturient** he's in the sixth form, *US* he's a senior **2** *nach dem Abitur, US etwa*: high-school graduate; **sie ist Abiturientin** she's done her Abitur (*oder* school-leaving exams)

Abiturklasse *f etwa*: sixth form, *US* senior grade

Abiturzeugnis *n* „Abitur" certificate [sə'tɪfɪkət], *Br etwa*: A-levels ['eɪˌlevlz] (▲ *pl*), *US etwa*: (Senior High School) graduation diploma

abkapseln: **er kapselt sich ab** *übertragen* he's cutting himself off, he's isolating himself

abkaufen **1** **jemandem etwas abkaufen** buy* something from (*umg* off) someone **2** **das kauf ich dir nicht ab!** *übertragen* I don't believe you, I'm not going to buy that

abklappern scour ['skaʊə], comb [▲ kəʊm] (*Läden, Gegend*) (**nach** for), do* (*Museen usw.*)

abklingen **1** (≈ *nachlassen*) wear* off [ˌweə-'ɒf], abate **2** (*Schmerz*) ease **3** (*Fieber, Schwellung*) go* down **4** (*Sturm, Erregung usw.*) subside [səb'saɪd], die down

abknallen: **jemanden abknallen** *umg* shoot* someone, bump someone off

abkommen **1** **vom Weg abkommen** lose* [luːz] one's way **2** **von der Fahrbahn abkommen** leave* the road **3** **vom Thema abkommen** stray from the point

★**Abkommen** *n*: **ein Abkommen treffen** make* (*oder* come* to) an agreement (**über** on)

abkratzen **1** scrape off (*z. B. Rost*) **2** *salopp* (≈ *sterben*) kick the bucket, snuff it

abkühlen: **sich abkühlen** cool off (*oder* down) (*auch übertragen*)

Abkühlung *f* cooling (down), *übertragen* cooling (off)

abkupfern *übertragen* crib, lift

abkürzen **1** shorten (*Vorgang*) **2** (≈ *eine Abkürzung verwenden*) abbreviate [ə'briːvɪeɪt] (*Wort, Begriff*) **3** (**den Weg**) **abkürzen** take* a short cut

Abkürzung *f* **1** *des Weges*: short cut **2** *eines Wortes*: abbreviation [əˌbriːvɪ'eɪʃn]

abladen **1** unload **2** dump (*Müll*)

Ablage *f* **1** (≈ *Gestell*) place to put something, (≈ *Ablagekorb*) filing tray **2** (≈ *Aktenordnung*) filing **3** ⊕ (≈ *Zweig-, Annahme-, Verkaufsstelle*) branch [brɑːntʃ]

ablagern: **sich ablagern** (*Stoffe, Mineralien usw.*) form a deposit [dɪ'pɒzɪt] (**auf** on)

Ablagerung *f* **1** (≈ *abgelagerter Stoff*) deposit [dɪ'pɒzɪt] **2** (≈ *das Ablagern*) depositing [dɪ'pɒzɪtɪŋ]

ablassen **1** let* off (*Dampf*) **2** let* out (*Luft*) **3** drain off (*Wasser*)

★**Ablauf** *m* **1** (≈ *Verlauf*) course [kɔːs], *von Empfang, Staatsbesuch*: order of events (+ *Genitiv* in); **der Ablauf der Ereignisse** the course of events **2** *von Frist usw.*: expiry [ɪk'spaɪərɪ] **3** *von Zeitraum*: passing; **nach Ablauf von 4 Stunden** after 4 hours (have/had gone by (*oder* passed) **4** (≈ *Abfluss*) drain; (≈ *Ablaufstelle*) outlet

Ablaufdatum *n* ⓐ (≈ *Verfallsdatum*) expiry date, *US* expiration date, *von Gütern*: sell-by date, *von Lebensmitteln auch* best-before date

ablaufen **1** (*Wasser usw.*) run* (*oder* flow) off **2** (*Frist, Pass usw.*) run* out, expire [ɪk'spaɪə]

ablecken **1** (≈ *entfernen*) lick off **2** **den Teller** *usw.* **ablecken** lick the plate *usw.* clean; **er leckte sich die Finger ab** he licked his fingers (clean)

ablegen **1** (≈ *niederlegen*) put* down, lay* (*Eier*) **2** (≈ *abheften*) file (away), store (*Daten*) **3** (≈ *ausziehen*) take* off **4** (≈ *aufgeben*) lose* (▲ *Schreibung mit einem „o"*), give* up (*schlechte Gewohnheit*) **5** (≈ *ableisten, machen*) take*, sit* (*Prüfung*), *erfolgreich*: pass, swear* (*Schwur, Eid*), make* (*Gelübde, Geständnis*) **6** (≈ *abfahren*) (*Schiff*) cast* off **7** (≈ *Garderobe ablegen*) take* one's things off

Ableger *m Pflanze*: shoot

★**ablehnen** **1** refuse [rɪ'fjuːz], turn down (*Einladung, Angebot*) **2** reject (*Vorschlag, Angebot, Gesetzentwurf*) **3** disapprove of (*jemanden, Abtreibung usw.*) **4** turn down (*Bewerber*)

★**Ablehnung** *f* **1** (≈ *Zurückweisung*) refusal [rɪ'fjuːzl] **2** *eines Vorschlags, von Antrag, Bewer-*

ber: rejection
ableisten Ⓐ (*Militärdienst*) do*
ableiten ◼ (≈ *logisch folgern*) deduce [dɪˈdjuːs] (**aus** from) ◼ **dieses Wort leitet sich aus dem Lateinischen ab** this word is derived from Latin
Ableitung *f* ◼ (≈ *das Herleiten*) derivation [ˌderəˈveɪʃn], (≈ *Folgerung*) deduction ◼ *Wort, auch mathematisch*: derivative [dəˈrɪvətɪv]
ablenken: **er lenkt mich immer von der Arbeit ab** he keeps distracting me from my work
Ablenkung *f* (≈ *Zerstreuung*) diversion, distraction
Ablenkungsmanöver *n übertragen* diversionary tactic, red herring [ˈherɪŋ]
ablesen ◼ *Rede*: read* (from notes) ◼ take* (*Barometerstand, Messwerte*); **das Gas** (*bzw.* **den Strom*) **ablesen** read* the gas (*bzw.* electricity) meter ◼ **ich konnte ihr von den Augen ablesen, dass …** I could see in her eyes that …; **das konnte man ihr vom Gesicht ablesen** it was written all over her face; **jemandem jeden Wunsch an** (*oder* **von**) **den Augen ablesen** anticipate someone's every wish
abliefern ◼ deliver [dɪˈlɪvə] (*Waren*) (**bei** to, at) ◼ (≈ *übergeben*) hand in (*Dokumente usw.*) (**an** to), *bei einer Person*: hand over (**bei** to), *bei einer Dienststelle*: hand in (**bei** to)
ablösen ◼ (≈ *entfernen*) remove (**von** from), take* off ◼ take* over from (*einen Kollegen usw.*)
Ablösesumme *f Sport*: transfer fee [ˈtrænsfɜː fiː]
Ablösung *f im Amt usw.*: replacement
ABM *abk* (*abk für* **Arbeitsbeschaffungsmaßnahme**) job-creation scheme [ˈdʒɒbkriːˌeɪʃn skiːm]
★**abmachen** ◼ (≈ *lösen*) take* off, remove ◼ undo* (*Strick, Kette usw.*)
★**Abmachung** *f* agreement, arrangement; **eine Abmachung treffen** come* to an agreement (**über** on, about)
abmagern get* (very) thin; **er ist abgemagert** he's lost a lot of weight
Abmagerungskur *f* diet [ˈdaɪət]; **eine Abmagerungskur machen** be* on a diet
Abmahnung *f förmlich* caution [ˈkɔːʃn]
abmalen (≈ *kopieren*) copy
★**abmelden** ◼ cancel [ˈkænsl] (*Zeitung usw.*) ◼ **sich polizeilich abmelden** notify the police that one is moving away ◼ **Jane hat ihr Auto abgemeldet** Jane took her car off the road

abmessen measure [ˈmeʒə]
Abmessung *f* ◼ (≈ *das Abmessen*) measurement ◼ (≈ *Maße*) dimension
Abnahme *f* (≈ *Verminderung*) decrease [ˈdiːkriːs], decline [dɪˈklaɪn] (*der, des* in; *nicht* of)
★**abnehmen** ◼ (≈ *herunternehmen*) take* down, remove ◼ (≈ *entfernen*) take* off ◼ *beim Telefonieren*: answer the phone ◼ **den Hörer abnehmen** pick up the receiver ◼ **sie will unbedingt abnehmen** *Gewicht*: she really wants to lose weight; **drei Kilo abnehmen** lose* three kilos ◼ (*Unfälle, Diebstähle usw.*) go* down ◼ (*Kräfte, Energie*) decline
Abneigung *f* ◼ dislike (**gegen** of) ◼ *stärker*: aversion [əˈvɜːʃn] (**to**)
abnutzen: **sich abnutzen** wear* (out) [weə (ˌweərˈaʊt)]
Abo *n abk umg* → **Abonnement**
Abonnement *n* ◼ *Zeitung*: subscription (**bei** to) ◼ *Theater*: subscription, season ticket (**bei** for)
Abonnent(in) *m(f)* subscriber [səbˈskraɪbə]
★**abonnieren** subscribe to; **wir haben zwei Zeitschriften abonniert** we subscribe to two magazines
abpfeifen *bei Spielende*: blow* the final whistle [Ⓐ ˈwɪsl]
Abpfiff *m*: **beim Abpfiff** at the final whistle [Ⓐ ˈwɪsl]
abprallen rebound [rɪˈbaʊnd], bounce off
abputzen ◼ clean (*Gegenstand, Körperteil*); **sich die Schuhe abputzen** clean one's shoes ◼ *durch Wischen*: wipe ◼ wipe off (*Schmutz*)
abquälen: **sich mit etwas abquälen** struggle (*oder* have* a hard time) with something
abraten: **jemandem von etwas abraten** advise someone against something **jemandem davon abraten, etwas zu tun** advise someone against doing something
abräumen ◼ (**den Tisch**) **abräumen** clear the table ◼ *beim Turnier usw.*: (≈ *gewinnen*) sweep* the board
abreagieren ◼ work off (*Ärger usw.*) (**an** on) ◼ **sich abreagieren** *umg* let* off steam
★**abrechnen** ◼ (≈ *abziehen*) deduct, subtract ◼ (**mit jemandem**) **abrechnen** *übertragen* get* even (with someone)
Abrechnung *f* ◼ (≈ *Rechnungsabschluss*) bill, invoice; **die Abrechnung machen** work it out ◼ (≈ *Abzug*) deduction ◼ (≈ *Rache*) revenge [rɪˈvendʒ]; **der Tag der Abrechnung** the day of reckoning
abregen: **reg dich ab!** *umg* cool it!, take it easy!

abreiben ◼︎1 *allg.*: rub off ◼︎2 rub (down) (*Körper*) ◼︎3 **sich abreiben** rub oneself down

★**Abreise** *f* departure (**nach** for); **meine Mutter weinte bei meiner Abreise** my mother cried when I left

★**abreisen** leave* (**nach** for)

Abreisetag *m* day of departure, departure date

abreißen ◼︎1 (≈ *abtrennen*) tear* [▲ teə] (*oder* rip) off ◼︎2 **ein Gebäude abreißen** pull (*oder* tear) down a building

abriegeln block (off) (*Straße, Gebiet usw.*)

abrufen *Computer*: call up, retrieve (*Daten*)

abrunden ◼︎1 round off (*auch übertragen*) ◼︎2 **eine Zahl nach oben** (*bzw.* **unten**) **abrunden** round a number up (*bzw.* down)

abrüsten disarm

★**Abrüstung** *f* disarmament

abrutschen ◼︎1 slip off (*oder* down) ◼︎2 **er ist in Mathe abgerutscht** he's fallen behind in maths [mæθs] (*US* math)

ABS *n abk im Auto*: ABS, anti-lock braking system

Abs. *abk* (*abk für* Absender) sender

Absage *f* (≈ *Ablehnung*) rejection, refusal

absagen ◼︎1 cancel [▲ 'kænsl], call off (*Veranstaltung, Besuch usw.*) ◼︎2 **ich muss leider absagen** I'm afraid I can't come

absahnen cream off, *US* skim off (*Profit usw.*)

★**Absatz** *m* ◼︎1 (≈ *Abschnitt*) paragraph ◼︎2 *Schuh*: heel ◼︎3 (≈ *Verkauf*) sales (▲ *pl*) ◼︎4 (≈ *Treppenabsatz*) landing

abschaffen ◼︎1 abolish (*Todesstrafe, Zölle usw.*) ◼︎2 **er will sein Auto** *usw.* **abschaffen** he wants to get rid of his car *usw.*

Abschaffung *f der Sklaverei usw.*: abolition [ˌæbəˈlɪʃn]

★**abschalten** ◼︎1 switch off, turn off (*Licht, Radio usw.*) ◼︎2 *übertragen* switch off, relax; **im Biergarten kann man immer so richtig abschalten** a beer garden is a good place to relax (completely)

abschätzen ◼︎1 estimate (*Preis, Größe, Menge usw.*) ◼︎2 assess (*Wert, Schaden, Lage*)

Abscheu *m* ◼︎1 (≈ *Horror, Entsetzen*) horror (**vor** of) ◼︎2 (≈ *Ekel*) disgust (**vor** for)

abscheulich ◼︎1 (≈ *ekelerregend*) disgusting ◼︎2 (≈ *grauenhaft*) dreadful ['drɛdfl] ◼︎3 *Verbrechen*: atrocious [əˈtrəʊʃəs]

abschicken ◼︎1 send* (off) (*Paket, Brief*) ◼︎2 **mit der Post**: post, *US* mail

Abschiebehaft *f* detention prior to deportation

abschieben ◼︎1 (≈ *jemanden loswerden*) get* rid of ◼︎2 (≈ *ausweisen*) deport

Abschiebung *f* (≈ *Ausweisung*) deportation

Abschied *m* ◼︎1 (≈ *Trennung*) farewell ◼︎2 **Abschied nehmen** say* goodbye (**von** to) ◼︎3 **zum Abschied gab er ihr einen Kuss** he kissed her goodbye

Abschieds... *in Zusammensetzungen*: farewell; **Abschiedsbrief** farewell letter; **Abschiedsfeier** farewell (*oder* leaving) party; **Abschiedsrede** farewell speech; **Abschiedsworte** words of farewell

Abschiedskuss *m* goodbye kiss

abschießen shoot* down (*Flugzeug, Pilot*)

abschlagen ◼︎1 *wörtlich allg.*: knock [▲ nɒk] off ◼︎2 cut* off (*Kopf*) ◼︎3 **etwas abschlagen** *übertragen* refuse [rɪˈfjuːz] (to do) something

Abschleppdienst *m* breakdown (*US* towing) service; **ruf doch mal den Abschleppdienst an!** why don't you call the breakdown men (▲ *pl*) (*US* a tow truck) ?

★**abschleppen**: **mein Auto ist abgeschleppt worden** my car was towed [təʊd] away

Abschleppseil *n* towrope ['təʊrəʊp]

Abschleppwagen *m* breakdown truck (*oder* lorry), *US* tow truck, wrecker [▲ ˈrɛkə]

★**abschließen** ◼︎1 (≈ *zuschließen*) lock (*Auto, Zimmer, Schrank usw.*) ◼︎2 (≈ *beenden*) end, finish (*Sitzung, Vortrag usw.*) ◼︎3 sign (*Vertrag*)

abschließend ◼︎1 **abschließende Bemerkungen** concluding remarks ◼︎2 **abschließend sagte er ...** he ended by saying ...

Abschluss *m* (≈ *Beendigung*) conclusion

Abschlussball *m Schule*: school leavers' ball, *US* (commencement) prom

Abschlussfeier *f in der Schule*: prize (*oder* speech) day, *US* commencement

Abschlussprüfung *f* ◼︎1 *allg.*: final exam (ination) ◼︎2 *Uni*: finals (▲ *pl*) ◼︎3 *an der Schule*: school-leaving exam (*oder* exams *pl*); **die Abschlussprüfung bestehen** graduate [ˈɡrædʒʊeɪt]

abschmecken ◼︎1 (≈ *kosten*) taste ◼︎2 (≈ *würzen*) season

abschminken ◼︎1 **sie schminkt sich gerade ab** she's taking her make-up off ◼︎2 **das kannst du dir abschminken!** you can forget about that

abschnallen ◼︎1 **er schnallte sich ab** *Auto, Flugzeug*: he took off his seatbelt, he undid his seatbelt ◼︎2 **da schnallste ab!** *salopp* it's mind-boggling

★**abschneiden** ◼︎1 *allg.*: cut* off ◼︎2 cut* (*Haare*); **er hat sich die Haare abgeschnitten** he's cut his hair ◼︎3 **er hat bei der Prüfung gut** (*bzw.* **schlecht**) **abgeschnitten** he did well (*bzw.* badly) in the exam

★**Abschnitt** m ▪ section ▪ *eines Buches*: section, *kürzerer*: passage ['pæsɪdʒ] ▪ *Zeit*: period ▪ (≈ *Kontrollabschnitt*) stub

abschrauben unscrew [ˌʌn'skruː]

abschrecken ▪ (≈ *einschüchtern, verjagen*) scare off ▪ *übertragen* pour [pɔː] cold water over (*Eier, Nudeln*)

abschreckend: **ein abschreckendes Beispiel** a warning, a deterrent [dɪ'terənt]

Abschreckung f deterrence [dɪ'terəns]

abschreiben *in der Schule*: copy, crib; **er hat (das) von seinem Nachbarn abgeschrieben** he copied (*oder* cribbed) (that) from the boy *usw.* next to him

abschüssig sloping

Abschussrampe f launch(ing) pad ['lɔːntʃ-(ɪŋ)ˌpæd]

abschütteln shake* off (*auch übertragen*)

abschwächen tone down (*Kritik usw.*)

abschweifen *vom Thema*: digress [daɪ'gres]; **nicht abschweifen!** keep to the point

absehbar: **in absehbarer Zeit** in the foreseeable future

absehen ▪ (≈ *voraussehen*) foresee*, see*; **es ist kein Ende abzusehen** there's no end in sight; **die Folgen sind noch nicht abzusehen** there's no telling how things will turn out ▪ **er hat es auf ihr Geld abgesehen** he's after her money

abseits → Abseits

Abseits n ▪ *Sport*: **im Abseits stehen** be* offside [ˌɒf'saɪd] ▪ **nicht im Abseits stehen** be* onside [ˌɒn'saɪd]

Abseitsfalle f offside trap

Abseitstor n offside goal

absenden send*, post, *US* mail (*Post*)

Absender(in) m(f) sender

Absenz f ⓢ, ⓐ absence ['æbsəns]

absetzen ▪ take* off (*Hut, Brille*) ▪ put* down (*Glas, Koffer*) ▪ call off (*Streik, Fußballspiel*) ▪ **wo können wir dich absetzen?** *Auto*: where can we drop you (off)? ▪ **kann man das steuerlich absetzen?** is it tax-deductible? ▪ **sich ins Ausland absetzen** leave* the country

absichern ▪ **eine Baustelle** *usw.* **absichern** make* a building site *usw.* safe ▪ **sich absichern** (≈ *sichergehen*) cover oneself

★**Absicht** f ▪ intention ▪ (≈ *Ziel*) aim, object ['ɒbdʒɪkt] ▪ **mit Absicht** on purpose ['pɜːpəs]; **ohne Absicht** unintentionally ▪ **es war nicht meine Absicht, ihn zu beleidigen** I didn't mean to offend him

★**absichtlich** (≈ *mit Absicht*) on purpose

absitzen ▪ (≈ *vom Pferd absteigen*) dismount, get* off one's horse ▪ **eine Strafe absitzen** serve a sentence, do* time

★**absolut** ▪ *allg.*: absolute ▪ **ich sehe absolut keinen Sinn darin** I don't see any point in it at all

Absolvent(in) m(f) ▪ school-leaver, *US* (high school) graduate ['grædʒʊət] ▪ *einer Hochschule*: graduate ['grædʒʊət]

absolvieren finish, *bes. US* graduate ['grædʒʊeɪt] from (*Schule, Hochschule*)

Abspann m *Film, Fernsehen*: (final) credits ['kredɪts] (▲ *pl*)

abspeichern save, store (*Text, Daten usw.*)

★**absperren** block (*Straße*)

Absperrung f ▪ (≈ *Sperre*) barrier ['bærɪə] ▪ *Straße*: roadblock

abspielen ▪ play (*Kassette, CD usw.*) ▪ **den Ball an jemanden abspielen** pass the ball to someone ▪ **sich abspielen** (≈ *geschehen*) happen, take* place

absplittern ▪ (*Holz*) splinter (off), chip off ▪ (*Farbe, Lack*) flake off

Absprache f agreement, arrangement; **laut Absprache** according to the agreement

absprechen ▪ **sich mit jemandem absprechen, dass …** (≈ *abmachen, sich*) arrange with someone that … ▪ **wir hatten uns vorher abgesprochen** we agreed in advance what we would say

abspringen ▪ *wörtlich* jump off (*oder* down); **abspringen von** jump off, jump down from ▪ **abspringen von** *Kurs usw.*: drop out of, withdraw from

Absprung m ▪ *wörtlich* jump ▪ **den Absprung wagen** *übertragen* take* the plunge

abspülen ▪ rinse off (*Schmutz, Fett*) ▪ rinse (*Hände, Geschirr*) ▪ (≈ *Geschirr spülen*) do* (*oder* wash) the dishes, *Br auch* wash up

abstammen: **der Mensch stammt vom Affen ab** man is descended from the apes

Abstammung f descent [dɪ'sent], origin ['ɒrɪdʒɪn]

★**Abstand** m ▪ (≈ *Entfernung*) distance ['dɪstəns]; **im Abstand von 10 Metern** at a distance of 10 metres, 10 metres away, *bei mehreren Gegenständen usw.*: 10 metres apart ▪ (≈ *kleinerer Zwischenraum*) space, gap ▪ *zeitlich*: interval ['ɪntəvl]; **in regelmäßigen Abständen** at regular intervals

abstauben ▪ (≈ *Staub entfernen*) dust ▪ (≈ *unerlaubt mitnehmen*) *umg* swipe, snitch ▪ *Fußball*: tap (the ball) in

Abstecher *m* detour ['diːtʊə], *US* side trip
abstehen (*Kragen, Haare*) stick* out; **er hat abstehende Ohren** his ears stick out
absteigen 1 *vom Fahrrad, vom Pferd usw.*: get* off 2 (*Mannschaft*) be* relegated, go* down
abstellen 1 *allg.*: put* down 2 park (*Auto*) 3 **stell dein Fahrrad im Garten ab!** put your bike in the garden 4 turn off (*Maschine; Gas, Wasser*)
Abstellplatz *m* *für Auto*: parking space
Abstellraum *m* storeroom, *Br auch* lumber room
abstempeln 1 stamp (*Dokument*) 2 cancel (*Briefmarke*) 3 postmark (*Brief*) 4 **jemanden als Betrüger abstempeln** brand someone a cheat
absterben (*Pflanze, Ast*) die off
★**Abstieg** *m* 1 (≈ *das Absteigen*) way down; **beim Abstieg** on the way down 2 (≈ *Weg*) descent [dɪˈsent]; **der Abstieg war schwierig** the descent was difficult 3 *Sport*: relegation [ˌrelɪˈgeɪʃn]
★**abstimmen** 1 **Dinge aufeinander abstimmen** coordinate things 2 *zeitlich*: time 3 match (*Farben*) 4 (*Parlament usw.*) vote
Abstimmung *f* (≈ *Stimmabgabe*) vote; **eine Abstimmung durchführen** take* a vote
Abstoß *m* *Fußball*: goal kick
abstoßen 1 (≈ *anwidern*) repel 2 (≈ *verkaufen*) sell* 3 *Medizin*: reject (*Organ*) 4 **sich vom Boden abstoßen** push off from the bottom; **sich vom Ufer abstoßen** push off from the shore
abstoßend repulsive, disgusting
abstrakt abstract [ˈæbstrækt] (*auch Kunst*)
abstreiten (≈ *leugnen*) deny
Abstrich *m* 1 *beim Arzt*: swab 2 (≈ *Gebärmutterabstrich*) smear
abstufen 1 shade (*Farben*) 2 terrace [ˈterəs] (*Gelände*) 3 (≈ *staffeln*) grade
abstumpfen (*Gefühle*) deaden; **bei so einer Arbeit stumpft der Mensch ab** work like that dulls the mind
Absturz *m* 1 fall 2 *beim Flugzeug*: crash
★**abstürzen** 1 fall* 2 (*Flugzeug*) crash 3 (*Computer*) crash
absuchen search (*Gebiet usw.*) (**nach** for)
absurd absurd [əbˈzɜːd]
abtasten 1 feel* (**nach** for) 2 *nach Waffen usw.*: frisk (**nach** for) 3 *Radar usw.*: scan
abtauen defrost (*Kühlschrank*)
Abteil *n* *im Zug*: compartment
abteilen 1 (≈ *einteilen*) divide up 2 (≈ *abtrennen*) divide off
Abteilklammer *f* *von Friseur*: section clip
★**Abteilung** *f* department, *in Krankenhaus*: section, *militärisch*: unit, section
Abteilungsleiter(in) *m(f)* 1 head of department 2 *im Kaufhaus*: floor [flɔː] manager
abtippen type up (*Text*)
abtransportieren 1 take* away 2 transport (*Waren*)
abtreiben: (**ein Kind**) **abtreiben lassen** have* an abortion
Abtreibung *f* abortion
Abtreibungspille *f* abortion pill [əˈbɔːʃn‿pɪl], morning-after pill
abtrennen separate (**von** from)
abtreten 1 **sich die Schuhe abtreten** wipe one's feet 2 *vom Amt*: resign [rɪˈzaɪn]
★**abtrocknen** 1 dry 2 **sich die Hände abtrocknen** dry one's hands (**an** on) 3 dry up (*das Geschirr*), do* the drying-up
abtropfen 1 (*Geschirr, Salat*) drain 2 (*Feuchtigkeit*) drip off
abtun dismiss (*Vorschlag usw.*) (**als** as)
abwählen 1 **jemanden abwählen** vote someone out of office 2 *Schule*: drop (*Fach*)
abwälzen shift (**auf** to on); **die Verantwortung auf einen anderen abwälzen** pass the buck (to someone else)
abwandeln modify
abwandern (*Bevölkerung, Arbeitskräfte*) migrate [maɪˈgreɪt], move
★**Abwart** *m* ⓈⓌ (≈ *Hausmeister*) caretaker
abwarten 1 wait for (*etwas*) 2 **wir müssen noch abwarten** we'll have to wait and see 3 **das bleibt abzuwarten** that remains to be seen
★**abwärts** down, downwards [ˈdaʊnwədz]
Abwasch *m* 1 (≈ *schmutziges Geschirr*) dirty dishes (⚠ *pl*) 2 **den Abwasch machen** do* the dishes, do* the washing-up
abwaschbar *Tapete usw.*: washable
★**abwaschen** 1 wash up (*Geschirr*) 2 (≈ *Geschirr spülen*) do* the dishes (⚠ *pl*), do* the washing-up 3 wash off (*Schmutz*)
Abwasser *n* waste water, sewage [ˈsuːɪdʒ]
abwechseln 1 **sie wechselten sich beim Fahren ab** *Auto*: they shared the driving 2 **Regen und Sonnenschein wechselten sich ab** one minute it was raining, the next sun was shining
abwechselnd alternately [ɔːlˈtɜːnətlɪ]; **sie haben abwechselnd gespielt** *auch*: they took it in turns to play

Abwechslung f change; **zur Abwechslung** for a change
abwechslungsreich varied ['veərɪd]
Abwehr f ◨ (≈ *Verteidigung*) defence, *US* defense (*auch Sport*) ◨ (≈ *Widerstand*) resistance [rɪˈzɪstəns]
Abwehr... in Zusammensetzungen: defensive; **Abwehrfehler** *Sport*: defensive error; **Abwehrkräfte** (the body's) defences (*US* defenses); **Abwehrreaktion** defensive reaction; **Abwehrspiel** *Sport*: defensive play
abwehren ◨ beat* back (*Angriff, Feind*) ◨ Boxen, Fußball: block ◨ (*Torwart*) save (*Schuss*) ◨ ward off (*Gefahr usw.*)
Abwehrspieler(in) m(f) defender
abweichen ◨ **(stark) voneinander abweichen** differ (sharply) ◨ **von den Regeln abweichen** break* the rules
abweichend differing
Abweichung f ◨ deviation [,di:vɪˈeɪʃn] (**von** from) ◨ (≈ *Unterschied*) difference
abweisen reject, turn down (*Bitte usw.*)
abweisend unfriendly, cool
abwenden ◨ **(sich) abwenden** turn away ◨ avert [əˈvɜːt] (*Gefahr, Krise, Unheil usw.*)
abwerben ◨ poach (*Kunden*) ◨ headhunt (*Arbeitskraft*) ◨ woo (*bes. Wähler*)
abwerfen ◨ (≈ *hinunterwerfen*) throw* down ◨ throw* (*Reiter*) ◨ drop (*Bomben*) ◨ yield (*Gewinn*)
abwerten devalue [,di:ˈvæljuː] (*Geld*)
Abwertung f Geld, Währung: devaluation
★**abwesend** ◨ absent ['æbsənt] ◨ (≈ *zerstreut*) absent-minded
★**Abwesenheit** f absence ['æbsəns]
Abwesenheitsnotiz f in E-Mail: out-of-office reply
abwickeln ◨ unwind* [,ʌnˈwaɪnd] ◨ take* off (*Verband*) ◨ **mit jemandem ein Geschäft abwickeln** do* a deal with someone
abwiegen weigh out [⚠ ˌweɪˈaʊt]
abwimmeln ◨ get* rid of (*jemanden*) ◨ get* out of (*Arbeit*)
abwinken ◨ *abwehrend*: wave him (*bzw.* her) *usw.* aside ◨ (≈ *Nein sagen*) say* no ◨ **es gab Kuchen bis zum Abwinken** there was cake galore
abwischen ◨ **etwas abwischen** wipe something off ◨ wipe (*Tisch, Mund*) ◨ **wisch dir die Tränen ab!** dry your tears now
Abwrackprämie f scrappage allowance ['skræpɪdʒ‿əˌlaʊəns], *US* car allowance rebate scheme, *US* CARS [kærz], *US umg* cash for clunkers
abwürgen *umg* ◨ stall (*Motor*) ◨ **etwas sofort abwürgen** nip something in the bud
abzahlen pay* off
abzählen ◨ count ◨ count (out) (*Geld*) ◨ **das kannst du dir an den (fünf) Fingern abzählen** it's as clear as daylight
Abzeichen n ◨ *allg.*: badge ◨ (≈ *Rangabzeichen*) insignia [ɪnˈsɪɡnɪə] *pl*
abzeichnen ◨ (≈ *kopieren*) copy, draw* (**von** from) ◨ (≈ *unterschreiben*) initial
Abziehbild n transfer [⚠ 'trænsfɜː]
abziehen ◨ *wörtlich* take* off ◨ **einem Kaninchen** *usw.* **das Fell abziehen** skin a rabbit *usw.* ◨ strip (*Bett*) ◨ take* out (*Schlüssel*) ◨ withdraw* (*Truppen*) ◨ (≈ *abrechnen*) subtract ['dɪskaʊnt]; **nach Abzug von** after deduction of; **ohne Abzug** *Handel*: net terms only ◨ *am Gewehr*: trigger ◨ (≈ *Vervielfältigung*) copy ◨ *von Foto*: print
Abzocke f *umg*: **Abzocke sein** be* a rip-off
abzocken: **Kunden abzocken** *umg* rip customers off
Abzug m ◨ *von Truppen*: withdrawal, retreat ◨ *vom Lohn usw.*: deduction, (≈ *Rabatt*) discount ['dɪskaʊnt]; **nach Abzug von** after deduction of; **ohne Abzug** *Handel*: net terms only ◨ *am Gewehr*: trigger ◨ (≈ *Vervielfältigung*) copy ◨ *von Foto*: print
abzweigen (*Weg usw.*) branch off
Abzweigung f ◨ *einer Straße*: turning, turn-off ◨ (≈ *Gabelung*) fork
Account m/n *Internet*: account
★**ach** ◨ oh ◨ **ach, wie schade** (*oder* **wie ärgerlich**) *usw.*! oh no! ◨ **ach so!** oh, I see ◨ **ach was!** nonsense, rubbish ◨ **ach wo!** oh no, of course not
Ach n: **mit Ach und Krach eine Prüfung bestehen** scrape through an exam
Achillessehne f Achilles tendon [əˌkɪliːzˈtendən]
Achse f ◨ *Technik, Auto*: axle ['æksl] ◨ *Mathematik*: axis ['æksɪs] *pl*: axes ['æksiːz] ◨ **(dauernd) auf Achse sein** be* (always) on the move
Achsel f shoulder ['ʃəʊldə]
Achselhöhle f armpit
Achselshirt n sleeveless t-shirt, *US* tank top
★**acht** ◨ eight [eɪt] ◨ **in acht Tagen** in a week('s time); **(heute) vor acht Tagen** a week ago (today); **alle acht Tage** every week, once a week
Acht[1] f ◨ *Zahl*: (number) eight ◨ *Bus, Straßenbahn usw.*: number eight bus, number eight tram *usw.*

Acht² f: **Acht geben** be* careful
★**achte(r, -s)** eighth [eɪtθ]; **8. April** 8(th) April, April 8(th) (⚠ gesprochen the eighth of April); **am 8. April** on 8(th) April, on April 8(th) (⚠ gesprochen on the eighth of April)
Achte(r) m/f(m) ◼ (the) eighth [(ði)_ eɪtθ] ◼ **er war Achter** he was eighth ◼ **Heinrich VIII.** Henry VIII (⚠ gesprochen Henry the Eighth; VIII ohne Punkt!) ◼ **heute ist der Achte** it's the eighth today
Acheck n octagon ['ɒktəɡən]
achteinhalb eight and a half [⚠ hɑːf]
achtel eighth [eɪtθ]; **drei achtel Liter** three eighths of a litre
★**Achtel** n eighth [eɪtθ]
Achtelfinale n Sport: round before the quarter final; **das Achtelfinale erreichen** reach the last sixteen
Achtelnote f quaver, US eighth [eɪtθ] note
★**achten** ◼ respect (jemanden) ◼ **achte auf dein Fahrrad** usw. keep an eye on your bike usw.
achtens eighthly ['eɪtθlɪ]
Achter m Rudern: eight [eɪt]
Achterbahn f roller coaster, Br auch big dipper
achtfach ◼ **die achtfache Menge** eight times the amount ◼ **der achtfache deutsche Meister X** eight-times German champion X (⚠ ohne the)
achtgeben be* careful
achthundert eight hundred
achtjährig ◼ (≈ acht Jahre alt) eight-year-old ◼ (≈ acht Jahre dauernd) eight-year; **nach achtjährigen Verhandlungen** after eight years of negotiations
achtmal eight times
achttausend eight thousand
★**Achtung** f ◼ (≈ Respekt) respect (**vor** for) ◼ **Achtung!** Warnung: look out! ◼ **Achtung!** Militär: attention! ◼ **Achtung Stufe!** mind the step, US caution: step!
★**achtzehn** Zahl: eighteen [ˌeɪ'tiːn]
Achtzehnjährige(r) m/f(m) eighteen-year-old
achtzehnte(r, -s) eighteenth [ˌeɪ'tiːnθ]
★**achtzig** eighty ['eɪtɪ]
Achtzigerjahre pl: **in den Achtzigerjahren** in the eighties ['eɪtɪz]
★**achtzigste(r, -s)** eightieth ['eɪtɪəθ]
Acker m field
Ackerbau m agriculture ['æɡrɪkʌltʃə], farming
ackern umg slog
Acryl n (≈ Chemiefaser) acrylic [ə'krɪlɪk]
Acrylglas n acrylic glass [ə,krɪlɪk'glɑːs]

Actionfilm m action movie
Adapter m (≈ Verbindungsteil) adapter
adden umg, Internet: add (**zu** to); **ich habe Felix geaddet** I added Felix
addieren add (up) (Zahlen)
Addition f ◼ addition ◼ (≈ Summe) sum
Adel m nobility, aristocracy [ˌærɪ'stɒkrəsɪ]
Ader f ◼ allg.: vein [veɪn], blood vessel ◼ (≈ Schlagader) artery ['ɑːtərɪ]
ADHS abk (abk für Aufmerksamkeits-Defizit--Hyperaktivitäts-Syndrom) ADHD (abk attention deficit hyperactivity disorder)
Adjektiv n adjective
Adler m eagle
adlig noble
Adlige f noblewoman ['nəʊbl,wʊmən]
Adlige(r) m nobleman ['nəʊblmən], aristocrat ['ærɪstəkræt]
adoptieren adopt
Adoption f adoption
Adoptiveltern pl adoptive parents [əˌdɒptɪv-'peərənts]
Adoptivkind n adopted [ə'dɒptɪd] child
Adrenalin n adrenalin [ə'drenəlɪn]
Adressbuch n directory [də'rektərɪ], persönliches: address book
★**Adresse** f address [ə'dres, US auch: 'ædres]
adressieren address (**an** to)
ADS abk (abk für Aufmerksamkeitsdefizit--Syndrom) attention deficit disorder (abk ADD)
Advent m Advent ['ædvent]
Adventskalender m Advent calendar
Adventskranz m Advent wreath [riːθ]
Adventssonntag m Sunday in Advent
Adventszeit f Advent ['ædvent]
Adverb n adverb ['ædvɜːb]
Aerobic n aerobics [eə'rəʊbɪks]; **Aerobic macht Spaß** aerobics is fun
aerodynamisch aerodynamic [ˌeərəʊdaɪ'næmɪk]
Affäre f affair; **sie haben eine Affäre** they're having an affair
★**Affe** m ◼ monkey ['mʌŋkɪ] ◼ (≈ Menschenaffe) ape ◼ **dummer Affe** umg twit
Affenhitze f umg scorching (oder sizzling) heat (⚠ ohne a); **hier ist eine Affenhitze!** Raum: it's scorching in here, Gebiet: it's scorching over here
affig umg ◼ (≈ geziert) affected ◼ (≈ lächerlich, albern) ridiculous
Afghanistan n Afghanistan [əf'ɡənɪstɑːn]
★**Afrika** n Africa ['æfrɪkə]
★**Afrikaner(in)** m(f), **afrikanisch** African

['æfrɪkən]
After *m* anus ['eɪnəs]
AG *f abk* **1** (*abk für* Arbeitsgruppe) study group **2** (*abk für* Aktiengemeinschaft) public limited company (*abk* plc), *US* (stock) corporation (*abk* corp.), *US* inc.
Agent(in) *m(f)* agent ['eɪdʒənt]
Agentur *f* agency ['eɪdʒənsɪ]; **Agentur für Arbeit** job centre, *US* employment office; → Arbeitsagentur
Aggression *f* aggression
★**aggressiv** aggressive [ə'gresɪv]
Aggressivität *f* aggressiveness
Ägypten *n* Egypt ['iːdʒɪpt]
Ägypter(in) *m(f)*, **ägyptisch** Egyptian [ɪ'dʒɪpʃn]
ah: ah! *genießerisch:* ooh [uː], ah [ɑː], mmm
äh: äh! **1** *Sprechpause:* er [ɜː], um [ʌm] **2** *angeekelt:* ugh [ɜː], yuk [jʌk]
aha: aha! I see
Aha-Erlebnis *n*: **das war für mich ein (richtiges) Aha-Erlebnis** that was a real eureka [juːˈriːkə] moment for me
ähneln **1** look (*oder* be*) like, resemble **2** **unsere Ansichten ähneln sich sehr** we have very similar opinions
ahnen **1** (≈ *vermuten*) suspect [sə'spekt] **2** (≈ *vorhersehen*) foresee* **3** **ich hab's geahnt** I knew it
★**ähnlich** **1** similar (to), like **2** **jemandem ähnlich sehen** look (*oder* be*) like someone; → ähnlichsehen
Ähnlichkeit *f* **1** resemblance (**mit** to), likeness **2** (≈ *Vergleichbarkeit*) similarity (**mit** with) **3** **viel Ähnlichkeit haben mit** look very much like, *übertragen* be* very similar to
ähnlichsehen *übertragen:* **das sieht ihm** *usw.* **ähnlich** that's him *usw.* all over, that's just like him *usw.*
★**Ahnung** *f* **1** (≈ *Vermutung*) suspicion **2** **keine Ahnung haben (von)** know* nothing about **3** **keine Ahnung!** no idea **4** **ich hatte nicht die leiseste Ahnung (davon)** I hadn't the faintest idea (about it)
ahnungslos **1** (≈ *nichts ahnend*) unsuspecting **2** **sie war völlig ahnungslos** she hadn't got a clue [kluː]
Ahorn *m* maple ['meɪpl] (tree)
Ähre *f* ear (of corn *usw.*)
★**Aids** *n* Aids, AIDS (*abk für* Acquired Immune Deficiency Syndrome)
Aidshilfe *f Institution:* Aids centre (*US* center)
aidsinfiziert Aids-infected, infected with Aids
Aidskranke(r) *m/f(m)* Aids victim (*oder* sufferer)

Aidstest *m* Aids test; **einen Aidstest machen lassen** have* (*oder* go* for) an Aids test
Aidstote(r) *m/f(m)*: **die Zahl der Aidstoten nimmt immer noch zu** the number of Aids deaths (*oder* of people dying of Aids) is still increasing
Airbag *m Auto:* airbag
Ajatollah *m islamisch:* ayatollah [ˌaɪəˈtɒlə]
Akademie *f* **1** *allg.:* academy [əˈkædəmɪ] **2** (≈ *Fachschule*) college, institute [ˈɪnstɪtjuːt]
Akademiker(in) *m(f)* (≈ *Hochschulabsolvent*) (university) graduate ['grædʒʊət] (⚠ *engl.* academic = **Wissenschaftler(in), Hochschullehrer(in)**)
Akkord *m Musik:* chord [⚠ kɔːd]
Akkordarbeit *f* piecework ['piːswɜːk]
Akkordeon *n* accordion
Akku *m abk*, **Akkumulator** *m* (storage) battery, *Br auch* accumulator [əˈkjuːmjəleɪtə]
akkurat **1** (≈ *exakt*) precise [prɪˈsaɪs] **2** *Handschrift usw.:* neat
Akkusativ *m* accusative [əˈkjuːzətɪv] (case)
Akkuschrauber *m* cordless screwdriver
Akne *f* (≈ *Hautunreinheit*) acne ['æknɪ]
Akonto *n* Ⓐ (≈ *Anzahlung*) deposit [dɪˈpɒzɪt]
Akrobat(in) *m(f)* acrobat [ˈækrəbæt]
★**Akt** *m* **1** *Theater usw.:* act **2** *Kunst:* nude
★**Akte** *f* file, record [ˈrekɔːd]; **etwas zu den Akten legen** file something away; drop something (*Fall usw.*)
Aktenkoffer *m* attaché [əˈtæʃeɪ] case
Aktenordner *m* file
Aktentasche *f* briefcase (⚠ **Brieftasche** = wallet)
★**Aktie** *f* share, *US auch* stock; **die Aktien fallen/steigen** share prices are falling/rising
Aktiengesellschaft *f* ≈ public limited company, *US* ≈ corporation
Aktienkurs *m* share price, *US auch* stock price
Aktion *f* **1** (≈ *Kampagne*) campaign [kæmˈpeɪn] **2** **in Aktion treten** take* (some) action
Aktionär(in) *m(f)* shareholder, *US* stockholder
★**aktiv** *allg.:* active
Aktiv *n Grammatik:* active (voice); **das Verb steht im Aktiv** the verb is in the active (voice)
★**Aktivität** *f* activity [əkˈtɪvətɪ]
Aktualität *f* **1** *von Problem:* current relevance, *von Thema auch:* topicality **2** *von Mode:* up-to-the-minute style
★**aktuell** **1** *Thema:* topical (⚠ *engl.* actual = **eigentlich**) **2** *Problem, Mode:* current [ˈkʌrənt] **3** **von aktuellem Interesse** of topical interest **4** **ein aktueller Bericht über Großbritanni-**

en a report on current affairs in Britain [5] **aktuelle Zahlen** up-to-date figures

Aktuelle(s) *n*: **Aktuelles aus der Politik (Literatur, Filmbranche** *usw*.**)** the latest developments in politics (the latest from the literary world, the movie world *usw*.)

Akupressur *f Medizin*: acupressure ['ækjʊˌpreʃə]

Akupunktur *f Medizin*: acupuncture ['ækjʊˌpʌŋktʃə]

Akustik *f* acoustics *pl*; **die Akustik in diesem Saal ist ziemlich schlecht** the acoustics of this hall are rather bad

akustisch acoustic [əˈkuːstɪk]

akut [1] *Schmerzen*: acute, severe [2] *übertragen* acute, severe, pressing

Akzent *m* (≈ *Aussprache*) accent ['æksnt]; **mit starkem schottischen Akzent** with a strong Scottish accent

akzentfrei without an accent ['æksnt], *betont*: without any accent; **sie spricht völlig akzentfrei** she hasn't got an (*oder* any) accent at all

akzeptabel [1] acceptable (**für** to) [2] **akzeptable Preise** reasonable prices

akzeptieren accept [əkˈsept]

★**Alarm** *m* alarm; **Alarm schlagen** sound the alarm; **blinder Alarm** false alarm

Alarmanlage *f* alarm system

alarmieren [1] alarm (*auch übertragen*) (⚠ *engl*. alert = **warnen**) [2] **die Polizei alarmieren** call the police

Albaner(in) *m(f)*, **albanisch** Albanian [ælˈbeɪnɪən]

Albanien *n* Albania [ælˈbeɪnɪə]

albern [1] silly [2] **albernes Zeug** rubbish, nonsense ['nɒnsəns]

Albino *m* albino [ælˈbiːnəʊ]

Albtraum *m* nightmare (*auch übertragen*)

Album *n* album (*auch LP*)

ALG *abk* (*abk für* **Arbeitslosengeld**) unemployment benefit, *US* welfare

Alge *f* alga *pl*: algae [ˈældʒiː]

Algebra *f* algebra [ˈældʒɪbrə]

Algerien *n* Algeria [ælˈdʒɪərɪə]

Algerier(in) *m(f)*, **algerisch** Algerian [ælˈdʒɪərɪən]

Alibi *n* alibi [ˈælɪbaɪ] (*auch übertragen*)

Alimente *pl* maintenance [ˈmeɪntənəns] (⚠ *sg*); **Alimente zahlen** pay* maintenance

★**Alkohol** *m* alcohol [ˈælkəhɒl]

★**alkoholfrei** [1] non-alcoholic, alcohol-free [2] **alkoholfreie Getränke** soft drinks

Alkoholiker(in) *m(f)* alcoholic [ˌælkəˈhɒlɪk]

alkoholisch *Getränke usw*.: alcoholic

Alkoholismus *m* alcoholism [ˈælkəhɒlɪzm] (⚠ *ohne the*)

Alkoholproblem *n*: **er hat ein Alkoholproblem** he's got a drink problem (*US* drinking problem)

Alkoholtest *m für Autofahrer*: breath [breθ] test

Alkoholtester *m* breathalyzer ['breθəˌlaɪzə]

Alkoholverbot *n* ban on alcohol [ˈælkəhɒl]

all [1] all; **all diese Sachen** all these things [2] **alle beide** both of them [3] **alle drei** all three (of them) [4] **sie (wir** *usw*.**) alle** all of them (us *usw*.) [5] **sind alle da?** is everyone (*oder* everybody) here? [6] **alle, die mitmachen wollen** anyone who wants to take part [7] **auf alle Fälle** in any case [8] **alle zwei Tage** every other day [9] **alle acht Tage** once a week [10] **alle Menschen** everyone, everybody [11] **alles Gute** all the best; → **alle, alles**

All *n* [1] universe [2] **das All** (≈ *Weltall*) (outer) space (⚠ *ohne the*)

★**alle** (≈ *aufgebraucht*) finished, all gone

Allee *f* avenue [ˈævənjuː] (⚠ *engl*. alley = *mst*. **Gasse**)

★**allein** [1] alone; **ganz allein** all alone [2] **kann ich dich allein lassen?** can I leave you alone? [3] (≈ *einsam*) lonely

alleinerziehend *Mutter, Vater*: single

Alleinerziehende(r) *m/f(m)*, Ⓐ **Alleinerzieher(in)** *m(f)* single parent

alleinige(r, -s) only, sole

Alleinsein *n*: **das Alleinsein** loneliness, being alone (⚠ *beide ohne the*)

alleinstehend (≈ *ledig*) single, unmarried

allerbeste(r, -s) [1] **meine allerbeste Freundin** my very best friend [2] **am allerbesten** best of all

★**allerdings** [1] (≈ *jedoch*) though [ðəʊ], but, however; **er war allerdings nicht da** but (*oder* though) he wasn't there, he wasn't there, however [2] „**Warst du schon beim Direktor?**" - „**Allerdings!**" 'Have you been to the headmaster?' - 'You bet!'

allererste(r, -s) [1] very first [2] **zu allererst** first of all

Allergie *f* allergy [ˈælədʒɪ]

Allergiepass *m* allergy ID [ˈælədʒɪ ˌaɪˌdiː]

Allergietest *m* allergy test

Allergiker(in) *m(f)* allergy [ˈælədʒɪ] sufferer; **sie ist Allergikerin** she suffers from an allergy (*bzw*. allergies)

allergisch allergic [əˈlɜːdʒɪk] (**gegen** to) (*auch*

übertragen)

allerhand ◻︎ (≈ viel) all kinds of, lots of, quite a lot of ◻︎ **das ist allerhand** lobend: that's not bad ◻︎ **das ist ja allerhand** umg, tadelnd: that's a bit thick (US much)

Allerheiligen n All Saints' Day

allerlei all kinds (oder sorts) of

allerletzte(r, -s) very last, last of all

allermeiste(r, -s) ◻︎ **die allermeisten Leute** most people ◻︎ **am allermeisten** most of all

allerneueste(r, -s) very latest

allerwenigste(r, -s) ◻︎ **die allerwenigsten Leute** very few people ◻︎ **am allerwenigsten** least of all

★**alles** ◻︎ everything ◻︎ **alles in allem** all in all

Alleskleber m all-purpose glue [glu:]

allfällig Ⓐ (≈ etwaig) possible; **allfällige Fragen** any questions

★**allgemein** ◻︎ general ◻︎ **im Allgemeinen** in general, generally ◻︎ **allgemein gesprochen** generally speaking ◻︎ **es ist allgemein üblich, dass man …** it's common practice to (+ inf) ◻︎ **es ist allgemein bekannt, dass** it's a well--known fact that

Allgemeinarzt m, **Allgemeinärztin** f general practitioner, GP [ˌdʒiːˈpiː]

allgemeinbildend Schule: providing (a) general education; **allgemeinbildendes Fach** general subject

Allgemeinbildung f: **sie hat eine gute Allgemeinbildung** she has a good general (oder all-round) education

Allgemeinheit f general public

Allgemeinwissen n general knowledge

Allianz f alliance [əˈlaɪəns]

Alligator m alligator [ˈælɪɡeɪtə]

alliiert historisch: **die alliierten Streitkräfte** the allied [ˈælaɪd] forces

Alliierte(r) m/f(m) historisch: ally; **die Alliierten** the Allies [ˈælaɪz]

★**allmählich** ◻︎ gradual [ˈɡrædʒʊəl] ◻︎ **allmählich müsstest du das können** you should be able to do that by now

★**Alltag** m daily routine [ruːˈtiːn]

alltäglich ◻︎ (≈ tagtäglich) daily ◻︎ **alltägliche Probleme** usw. everyday problems usw. ◻︎ **das ist nichts Alltägliches** it doesn't happen every day

alltagstauglich suitable for everyday use

allzu ◻︎ far (oder much) too ◻︎ **nicht allzu** not too, not particularly

Alm f alpine pasture [ˌælpaɪnˈpɑːstʃə]

Almosen n alms [Ⓐ ɑːmz]

Alpen pl: **die Alpen** the Alps [ælps]

Alpenrepublik f Ⓐ Austria

Alpenveilchen n cyclamen [Ⓐ ˈsɪkləmən]

★**Alphabet** n alphabet [ˈælfəbet]

alphabetisch alphabetical [ˌælfəˈbetɪkl]

alpin alpine [ˈælpaɪn]

Alptraum m nightmare (auch übertragen)

★**als** ◻︎ vergleichend: than; **er ist älter als du** he's older than you ◻︎ **wir hatten nichts als Ärger** we had nothing but trouble ◻︎ (≈ in der Eigenschaft von) as; **als Antwort** as an answer; **als kleines Mädchen** as a little girl ◻︎ zeitlich: when; **als er hereinkam, ging ich aus dem Zimmer** when he came in, I left the room ◻︎ zeitlich: while; **als ich aus dem Fenster schaute, kam er herein** while I was looking out of the window, he came in ◻︎ **als ob** as if

★**also** ◻︎ (≈ deshalb) so, therefore; **niemand war da, also gingen wir** no one was there, so we left ◻︎ **also, ich …** well, I … ◻︎ **also gut** all right (then)

★**alt** ◻︎ allg.: old ◻︎ geschichtlich: old, ancient [ˈeɪnʃnt] ◻︎ (≈ gebraucht) used, second-hand ◻︎ Wendungen: **wie alt bist du?** how old are you?; **er ist (doppelt) so alt wie ich** he's (twice) my age

Alt m ◻︎ Stimmlage, Sängerin: alto [ˈɔːltəʊ] ◻︎ Teil eines Chors: altos (Ⓐ pl)

Altar m altar [ˈɔːltə]

Altbau m old building

Altbauwohnung f flat (US apartment) in an old building

★**Altenheim** n old people's home, US retirement home

Altenpfleger(in) m(f) care assistant (working in an old people's home)

Alter n ◻︎ age ◻︎ **im Alter** in my usw. old age ◻︎ Wendungen: **er ist in meinem Alter** he's (about) my age; **im Alter von 40 Jahren** at the age of forty; **man sieht ihm sein Alter nicht an** he doesn't look his age

älter ◻︎ allg.: older; **er ist älter als ich** he's older than me ◻︎ **ihr älterer Bruder** her elder brother ◻︎ **ein älterer Herr** an elderly (gentle)man ◻︎ **Cranach der Ältere** (d. Ä.) Cranach the Elder

★**alternativ** alternative [ɔːlˈtɜːnətɪv]; **alternative Lebensweise** alternative lifestyle

Alternative f alternative [ɔːlˈtɜːnətɪv]

alternativlos **das ist alternativlos** there is no alternative

Altersgrenze f ◻︎ (≈ Rentenalter) retirement age ◻︎ bei Sportlern usw.: age limit

Altersgruppe f age group
★**Altersheim** n old people's home
Altersschwäche f infirmity; **an Altersschwäche sterben** die of old age
Altersunterschied m age difference
Altersversorgung f pension scheme ['penʃn‿ˌskiːm]
Altertum n: **das Altertum** antiquity [æn'tɪkwətɪ] (⚠ ohne the)
älteste(r, -s) 1 oldest 2 in der Familie: eldest; **mein ältester Sohn** my eldest son
Altglas n used glass, leere Flaschen: empty bottles (⚠ pl)
Altglascontainer m bottle bank, US glass recycling bin
Altkleidersammlung f collection of old clothes
altklug precocious [prɪ'kəʊʃəs]
Altlasten pl 1 Boden: contaminated soil (⚠ sg) 2 Müllhalden: disused waste dumps 3 übertragen burdens of the past
altmodisch old-fashioned
Altpapier n waste paper
altsprachlich classical; **altsprachliche Abteilung** classics department
Altstadt f: **in der Münchner Altstadt** in the old part of Munich ['mjuːnɪk]
Altweibersommer m Indian summer
Alufolie f tin foil, US aluminum foil
★**Aluminium** n aluminium [ˌæləˈmɪnɪəm], US aluminum [əˈluːmɪnəm]
Alzheimer m **Alzheimerkrankheit** f Alzheimer's disease ['æltshaɪməz‿dɪˌziːz]
★**am** (= an dem) → **an**
Amalgam n amalgam [əˈmælɡəm]
Amaryllis f Pflanze: amaryllis [ˌæməˈrɪlɪs]
Amateur(in) m(f) amateur (⚠ 'æmətə)
Ambiente n 1 ambience ['æmbɪəns] 2 (≈ Atmosphäre) atmosphere ['ætməsfɪə]
Amboss m anvil ['ænvɪl]
ambulant: **das konnte ambulant behandelt werden** I usw. had it done as an out-patient
Ambulanz f 1 in der Klinik outpatients' department 2 (≈ Krankenwagen) ambulance ['æmbjələns]
Ameise f ant [ænt]
Ameisenhaufen m anthill ['ænthɪl]
amen amen [ɑːˈmen]
★**Amerika** n America
★**Amerikaner** m American; **er ist Amerikaner** he's (an) American
Amerikanerin f American woman (oder lady bzw. girl); **sie ist Amerikanerin** she's (an) American
★**amerikanisch** American
Ami m umg, oft auch im negativen Sinn 1 Yank 2 (≈ Soldat) GI
Amnestie f amnesty; **eine Amnestie erlassen** declare (oder grant) an amnesty
Amok m: **Amok laufen** run* amok [əˈmɒk]
Amokläufer(in) m(f) madman, madwoman
Amokschütze m mad gunman
★**Ampel** f traffic lights (⚠ pl), US auch traffic light; **biegen Sie bei der ersten Ampel nach rechts ab** turn right at the first set of traffic lights
Ampulle f ampoule ['æmpuːl]
amputieren amputate
Amsel f blackbird
Amsterdam n Amsterdam ['æmstədæm]
★**Amt** n 1 (≈ Dienststelle) office, department 2 (≈ Behörde) office; **zum zuständigen Amt gehen** go* to the relevant authority; **von Amts wegen** (≈ auf behördliche Anordnung hin) officially; (≈ aufgrund von jemandes Beruf) because of one's job 3 (≈ Posten) post, US position; öffentlich: office 4 (≈ Aufgabe, Pflicht) (official) duty, function
amtlich official
Amtsstunden pl Ⓐ (≈ Dienststunden) office hours
Amtszeichen n Telefon: dialling tone, US dial tone
Amulett n amulet ['æmjələt], charm
amüsieren 1 **sich amüsieren** (≈ sich gut unterhalten) enjoy oneself, have* fun, have* a good time 2 **er amüsierte sich über sie** he made fun of her
★**an** 1 zeitlich: on; **am 1. März** on 1(st) March, on March 1(st) (⚠ gesprochen on the first of March); **am Abend** (bzw. **Morgen**) in the evening (bzw. morning); **am Tage** during the day 2 örtlich: at; on; **am Fenster** at the window; **ans Fenster gehen** usw.: to the window; **an der Tür** jemand: at the door, Gegenstand: on the door; **an der Grenze** at the border; **am Himmel** in the sky; **an einer Schule** at a school; **am Meer** on the coast; **an der Themse** on the Thames 3 mit Berührung: against; **the door is leaning against the cupboard** die Tür lehnt am Schrank 4 (≈ neben, nahe) by, next to, near; **am Tisch sitzen** sit* at the table; **am Wald** near the woods 5 **er war am schnellsten** usw. he was the fastest usw. 6 **von nun an** from now on 7 **London an 18.05** im Fahrplan: arr. (= arrival) London 18.05 8 - an -

aus on - off

analog ① (≈ *gleich geartet*) analogous [əˈnæləɡəs]; **ein analoger Fall** a precedent; **analog aufgebaut sein** be* analogously constructed ② *Computer*: analog [ˈænəlɒɡ]

Analphabet(in) m(f) illiterate [ɪˈlɪtərət]

Analyse f analysis [əˈnæləsɪs] pl: analyses [əˈnæləsiːz]

★**analysieren** analyse [ˈænəlaɪz], US analyze

Anämie f (≈ *Blutarmut*) an(a)emia [əˈniːmɪə]

Ananas f pineapple [ˈpaɪnæpl]

Anarchie f anarchy [ˈænəki]

Anarchist(in) m(f) anarchist [ˈænəkɪst]

anarchistisch anarchist [ˈænəkɪst]

anatomisch anatomical [ˌænəˈtɒmɪkl]

Anbau m ① *am Gebäude*: annexe, US annex [ˈæneks] ② *Landwirtschaft*: cultivation; **Produkte aus (kontrolliert) ökologischem Anbau** organic products

anbauen ① *Landwirtschaft*: grow* ② **wir haben angebaut** *beim Haus usw.*: we've extended the house *usw.*

anbehalten: **den Mantel** *usw.* **anbehalten** keep* one's coat *usw.* on

anbei: **anbei (senden wir Ihnen)** ... enclosed please find ...

anbeißen bite, *auch übertragen* take the bait

anbellen bark at (*auch übertragen*)

anbeten ① worship [ˈwɜːʃɪp] ② *übertragen* worship, adore, idolize [ˈaɪdəlaɪz]

★**anbieten** offer; **jemandem etwas anbieten** offer someone something

anbinden ① tie up, fasten [⚠ ˈfɑːsn] (**an** to) ② **den Hund anbinden** put* the dog on the leash

Anblick m sight; **beim ersten Anblick** at first sight (⚠ *ohne* the)

anbraten sear [sɪə] (*Steak usw.*); **etwas zu scharf anbraten** brown something too much

anbrechen ① start on (*Dose, Packung usw.*) ② (≈ *öffnen*) open (*Flasche usw.*) ③ **ein neues Zeitalter brach an** a new age was dawning

anbrennen ① (*Speisen*) burn* ② **er hat das Essen anbrennen lassen** he's burnt the meal ③ **das Fleisch schmeckt angebrannt** the meat tastes burnt

anbringen ① (≈ *herbeibringen*) bring* ② (≈ *befestigen*) fix, fasten [⚠ ˈfɑːsn] ③ make* (*Bemerkung, Beschwerde*)

anbrüllen ① (*Löwe*) roar at ② (*Mensch*) scream at, yell at

andauernd ① (≈ *ständig*) continuous ② (≈ *anhaltend*) continual (*Störungen*) ③ **andauernd lachen** laugh incessantly; **er hat mich andauernd unterbrochen** he continually interrupted me, he kept interrupting me

Andenken n ① memory; **zum Andenken an** in memory of ② (≈ *Souvenir*) souvenir

★**andere(r, -s)** ① (≈ *weitere, -r, -s*) other; **ein anderes Beispiel** another example; **die anderen Bücher** the other books ② (≈ *zu unterscheidende, -r, -s*) different; **ein anderes Auto** a different car ③ (≈ *folgende, -r, -s*) next; **am anderen Tag** the next day ④ **ein anderer, eine andere** someone else; **die anderen** the others ⑤ **alles andere** everything else ⑥ **alles andere als** anything but ⑦ **unter anderem** among other things

★**andererseits** on the other hand

★**ändern** ① change ② alter [ˈɔːltə] (*Kleid usw.*) ③ **ich kann es nicht ändern** *übertragen* I can't help it ④ **sich ändern** change; **sich zum Vorteil (*bzw.* Nachteil) ändern** change for the better (*bzw.* worse)

★**anders** ① different ② **(alles muss) anders werden** (everything's got to) change ③ **sie ist anders als ihre Schwester** she's not like her sister ④ **anders ausgedrückt** ... to put* it another way ... ⑤ **ich kann nicht anders** I can't help it ⑥ **jemand anders** someone (*bzw.* anybody) else ⑦ **niemand anders** nobody else ⑧ **irgendwo anders** somewhere else

andersherum the other way round

anderswo(hin) somewhere else

anderthalb one and a half [⚠ hɑːf]; **anderthalb Pfund** a pound and a half

★**Änderung** f ① change; **eine Änderung vornehmen** make* a change ② *Kleid*: alteration ③ *übertragen*; *geringfügige*: modification

andeuten (≈ *zu verstehen geben*) hint, suggest [səˈdʒest]; **er deutete an, dass** ... he hinted (*oder* suggested) that ...

Andeutung f: **eine Andeutung machen** drop a hint

Andorra n Andorra [ænˈdɔːrə]

Andrang m: **es herrschte großer Andrang** there was a huge crush

andrehen ① turn on (*Gas, Licht usw.*) ② **wer hat dir denn dieses Kleid angedreht?** who talked you into (buying) that dress?

androhen: **jemandem etwas androhen** threaten [ˈθretn] someone with something

anecken: **bei jemandem anecken** *umg* rub someone up the wrong way

aneignen ① **sich Kenntnisse über etwas aneignen** learn* about something ② **er hat sich**

die polnische Sprache angeeignet he learnt (how to speak) Polish

aneinander ❶ aneinander denken think* of each other ❷ sich aneinander gewöhnen get* used to each other; → aneinandergeraten

aneinandergeraten clash (mit with), (≈ handgreiflich werden) come* to blows (mit with)

Anekdote f anecdote ['ænɪkdəʊt]

anekeln disgust; **der Schmutz hat mich angeekelt** I was disgusted by the dirt

Anemone f anemone [ə'neməni]

anerkannt ❶ recognized ['rekəgnaɪzd], *Experte*: acknowledged [ək'nɒlɪdʒd]; **ein international anerkannter Wissenschaftler** *usw.* an internationally recognized scientist *usw.*; **staatlich anerkannt** state-approved ❷ *Tatsache, Wahrheit usw.*: accepted

★**anerkennen** ❶ recognize ['rekəgnaɪz] (*Staat, Rekord, Zeugnisse*) (**als** as) ❷ accept (*Forderung, Bedingungen*)

Anerkennung f ❶ recognition [ˌrekəg'nɪʃn], *von Vaterschaft*: acknowledgement [ək'nɒlɪdʒmənt] ❷ (≈ *Würdigung*) appreciation, (≈ *Lob*) praise; **Anerkennung finden** win* recognition ❸ **Anerkennung verdienen** deserve credit ['kredɪt] ❹ **in Anerkennung** (+ *Genitiv*) in recognition of

Anerkennungsstelle f office *responsible for recognizing professional qualifications*

anfahren ❶ (≈ *rammen*) run* into, hit* (*Auto usw.*) ❷ run* into, knock down (*Fußgänger*) ❸ call at (*Hafen*)

Anfall m attack; **einen Anfall bekommen** have* an attack

★**Anfang** m ❶ beginning, start; **am Anfang** at the beginning, at the start ❷ **von Anfang an** (right) from the start ❸ **Anfang März** early in March, at the beginning of March; **Anfang 2018** early in 2018 ❹ **am Anfang** (+ *Genitiv*) at the beginning of ❺ **Anfang der Sechzigerjahre** in the early sixties ❻ **sie ist Anfang 20** she's in her early twenties

★**anfangen** ❶ start (**mit** with), begin*; **anfangen zu arbeiten** *usw.* start working *usw.*, start work *usw.* ❷ **ich weiß nichts damit anzufangen** I don't know what to do with it

Anfänger(in) m(f) beginner (**in** at)

Anfängerkurs m beginners' course [kɔːs]

★**anfangs** at first

Anfangsbuchstabe m first (*oder* initial) letter

★**anfassen** ❶ (≈ *berühren*) touch ❷ **fass doch mal mit an!** can you give me (*bzw.* us *usw.*) a hand? ❸ **das Handtuch fasst sich weich** *usw.* **an** the towel feels soft (⚠ *nicht softly*) *usw.*

anfechten ❶ (≈ *nicht anerkennen*) contest [kən'test] ❷ appeal against (*Urteil, Entscheidung*)

anfertigen ❶ make* (*Regal, Kleid usw.*) ❷ do* (*Übersetzung usw.*)

Anfertigung f making, *von Protokoll*: taking, *von Hausaufgaben*: doing ['duːɪŋ]

anfeuern ❶ übertragen encourage [ɪn'kʌrɪdʒ] ❷ durch Zuruf: cheer (on), *US auch* root for

anfordern request, demand

★**Anforderung** f ❶ (≈ *Anspruch*) requirement, (≈ *Belastung*) demand; **hohe/zu hohe Anforderungen stellen** demand a lot/too much (**an** of) ❷ (≈ *das Anfordern*) request (+ *Genitiv oder* **von** for)

Anforderungsprofil n job requirements (⚠ *pl*), job profile; **dem Anforderungsprofil nicht entsprechen** not meet* the job requirements

★**Anfrage** f inquiry, enquiry [ɪn'kwaɪrɪ]

anfragen ❶ inquire, ask ❷ **bei jemandem anfragen** ask someone (about something)

anfreunden ❶ **ich freundete mich mit ihm an** I made friends with him ❷ **wir freundeten uns an** we became friends

anfühlen: es fühlt sich weich an it feels soft (⚠ *nicht softly*)

anführen ❶ wörtlich: lead* ❷ (≈ *erwähnen*) state, say* ❸ (≈ *nennen*) quote, give* (*Beispiel*) ❹ **Beweise anführen** offer (*oder* give*) proof (**zu** of)

Anführungsstriche pl, **Anführungszeichen** pl quotation marks, inverted commas

Angabe f ❶ (≈ *Aussage*) statement ❷ **Angabe, Angaben** (≈ *Auskunft*) information (sg) ❸ **genaue** (*oder* **nähere**) **Angaben** particulars, details ❹ (≈ *Prahlen*) bragging, showing off ❺ **Angaben zur Person** personal data

angeben ❶ give* (*Name, Grund usw.*) ❷ (≈ *zeigen*) show, indicate ❸ quote (*Preis*) ❹ **mit jemandem** *bzw.* **etwas angeben** show off (with) someone *bzw.* something

Angeber(in) m(f) show-off

★**angeblich** alleged [ə'ledʒd], supposed; **angeblich spricht er fließend Englisch** he's supposed to speak fluent English

angeboren inborn

★**Angebot** n offer, (≈ *Handel*) deal, *Wirtschaft*: supply (**an** + *Dativ oder* **von** of), (≈ *Sortiment*) range (**an** + *Dativ oder* **von** of); **im Angebot** *preisgünstig*: on special offer; **Angebot und Nachfrage** supply and demand

angebracht ① appropriate ['əprəʊpriət] ② **nicht angebracht** inappropriate ③ **er hielt es für angebracht, zu ...** he thought it (was) appropriate to (+ inf)

angebrannt ① Essen: (slightly) burnt ② **angebrannt schmecken** taste burnt, have* a burnt taste

angefressen umg BE pissed-off, AE pissed

angegossen: **etwas passt wie angegossen** something fits like a glove [glʌv]

★**angehen** ① (Licht) go* on ② tackle (Problem) ③ (≈ betreffen) concern; **was ihn angeht** as far as he's concerned, as for him; **das geht dich nichts an** that's none of your business

★**angehören** als Mitglied: belong (+ Dativ to), be* a member (of)

★**Angehörige(r)** m/f(m) ① (≈ Mitglied) member ② (≈ Verwandte, -er) relative ['relətɪv]; **der nächste Angehörige** the next of kin

★**Angeklagte(r)** m/f(m) Gericht: defendant

Angel f fishing rod

★**Angelegenheit** f matter, affair

Angelhaken m fish hook

angeln fish (**nach** for) (auch übertragen)

angeloben Ⓐ (≈ vereidigen) swear* in

Angelsachse m, **Angelsächsin** f Anglo-Saxon

angelsächsisch Anglo-Saxon

Angelschein m fishing licence ['fɪʃɪŋ,laɪsns] (US license), fishing permit [⚠ 'fɪʃɪŋ,pɜːmɪt]

Angelschnur f fishing line

angemessen ① (≈ passend) appropriate [ə'prəʊpriət] (+ Dativ to, for) ② Preis: reasonable ③ (≈ ausreichend) adequate ['ædɪkwət]

★**angenehm** pleasant ['pleznt], agreeable

angenommen (let's) suppose, supposing; **angenommen es regnet - was machen wir dann?** suppose it rains, what do we do then?

angepasst Mensch: conformist

angeregt ① Gespräch: lively, animated ② **sich angeregt unterhalten** have* a lively discussion (oder coversation)

angesagt (≈ Mode) umg in, hip; **... ist jetzt total angesagt** auch: ... is the new rock 'n' roll

angeschlagen ① Gesundheit: shaky ② seelisch: shaken

angesehen ① respected ② Firma usw.: reputable ['repjʊtəbl] ③ Persönlichkeit: distinguished [dɪ'stɪŋgwɪʃt]

angesichts: **angesichts der Tatsache, dass ...** in view of the fact that ...

angespannt ① Nerven usw.: strained ② Lage, Situation: tense

angestellt: **bei jemandem angestellt sein** work for someone; → **anstellen**

★**Angestellte(r)** m/f(m) (salaried) employee [(,sælərɪd) ɪm'plɔɪiː]

angestrengt: **angestrengt arbeiten** (bzw. **nachdenken**) work (bzw. think*) hard (⚠ engl. hardly = **kaum**)

angetrunken: **er war angetrunken** he had been drinking

angewiesen: **angewiesen sein auf** be* dependent on, depend on

angewöhnen: **gewöhn dir nicht das Lügen an!** don't get into the habit of telling lies

★**Angewohnheit** f habit

Angina f (≈ Mandelentzündung) tonsillitis [,tɒnsə'laɪtɪs] (⚠ engl. angina = **Angina pectoris - Herzkrankheit**)

Angina Pectoris f (≈ Herzkrankheit) angina (pectoris) [æn'dʒaɪnə (æn,dʒaɪnə'pektərɪs)]

Angler(in) m/f(m) angler ['æŋglə]

Anglikaner(in) m/f(m) Anglican; **sie ist Anglikanerin** she's Anglican, she's Church of England

anglikanisch Anglican

Anglist(in) m/f(m) ① (≈ Student) English student ② (≈ Dozent) English lecturer

Anglistik f English language and literature, US English studies (⚠ pl)

Anglizismus m Anglicism ['æŋglɪsɪzm]

Angola n Angola

Angorawolle f angora wool

★**angreifen** allg.: attack

Angreifer(in) m/f(m) attacker

angrenzend adjacent [ə'dʒeɪsnt] (**an** to), adjoining [ə'dʒɔɪnɪŋ]

★**Angriff** m ① attack (auch Sport und übertragen) ② **in Angriff nehmen** Geschäfte usw.: get* started on, get* down to

angriffslustig aggressive [ə'gresɪv]

★**Angst** f ① fear (**vor** of) (⚠ engl. anxiety = **Sorge**; **Angstzustände**) ② **aus Angst** out of fear; **aus Angst, dass ...** for fear that ... ③ **sie hat Angst vor der Dunkelheit** she's scared (oder afraid) of the dark ④ **sie hat Angst, die Wahrheit zu sagen** she's scared (oder afraid) to tell the truth ⑤ **jemandem Angst einjagen** frighten (oder scare) someone

Angsthase m umg scaredy-cat ['skeədɪkæt]

★**ängstlich** ① (≈ schüchtern) timid ② **er ist ängstlich** he's easily frightened ③ (≈ besorgt, beunruhigt) anxious ['æŋkʃəs]

Angststörung f psychologisch: anxiety disorder

angucken look at

★**anhaben** ① have* (got) on (⚠ nie in der Verlaufsform), wear* [weə] (Kleider) ② have* (got) on (*Licht, Herd, Radio usw.*); **hast du dein Radio an?** have you got your radio on?

★**anhalten** ❶ *allg.*: stop ❷ **den Atem anhalten** hold* one's breath ❸ (≈ *andauern*) last

anhaltend: **anhaltender Regen** continuous rainfall

Anhalter(in) *m(f)* hitchhiker; **per Anhalter fahren** hitchhike, *umg* hitch (a lift *oder* ride)

Anhaltspunkt *m* clue [kluː], indication (**für** of); **keine Anhaltspunkte haben** have* nothing to go by

anhand: **anhand von** by means of

Anhang *m* ❶ (≈ *Nachtrag*) appendix *pl*: appendices [əˈpendɪsiːz] ❷ *von E-Mail*: attachment; **im Anhang finden Sie ...** please find attached ...

anhängen ❶ (≈ *aufhängen*) hang* up (**an** on) ❷ (≈ *hinzufügen*) add (**an** to)

★**Anhänger** *m* ❶ *Schmuck*: pendant ❷ (≈ *Schild*) label, tag ❸ *an Auto usw.*: trailer

Anhänger(in) *m(f)* ❶ *allg.*: follower ❷ *Partei; Sport*: supporter

anhängig Ⓐ pending (*Verfahren*)

anheben ❶ (≈ *hochheben*) lift ❷ raise (*Preise, Gehälter usw.*)

Anhieb *m*: **auf Anhieb** straightaway, right now; **auf Anhieb fällt mir dazu nichts ein** I can't think of anything off-hand

anhimmeln idolize [ˈaɪdəlaɪz]; **er himmelte sie den ganzen Abend an** he just couldn't take his eyes off her all evening

anhören ❶ (**sich**) **anhören** listen [⚠ ˈlɪsn] to, hear* ❷ **etwas (zufällig) mit anhören** overhear* something (⚠ *dt.* **überhören** = not hear, miss) ❸ **hör dir das mal an** just listen to that ❹ **ich kann mir den Blödsinn nicht länger anhören** I can't listen to that rubbish (*oder* nonsense) any longer

Animateur(in) *m(f)* host, entertainments officer

Anis *m* ❶ (≈ *Pflanze*) anise [ˈænɪs] ❷ (≈ *Gewürz*) aniseed [ˈænɪsiːd]

ankämpfen ❶ **ankämpfen gegen** fight*; **gegen den Wind ankämpfen** struggle against the wind ❷ **gegen den Schlaf ankämpfen** fight* (*oder* struggle) to stay awake

Anker *m* anchor [ˈæŋkə]; **vor Anker gehen** drop anchor

ankern (cast*) anchor [ˈæŋkə]

anketten ❶ chain (**an** to) ❷ **den Hund anketten** put* the dog on the chain

Anklage *f* accusation, charge ❷ **Anklage erheben** bring* a charge (**gegen** against)

★**anklagen** accuse [əˈkjuːz] (**wegen** of), charge (**wegen** with); **er wurde wegen** (*oder* **des**) **Mordes angeklagt** he was accused of (*oder* charged with) murder

Anklang *m*: **Anklang finden** (≈ *befürwortet werden*) meet* with approval [əˈpruːvl]

ankleben stick* on; **ankleben an** stick* on(to)

anklicken *Computer*: click (on)

anklopfen knock [⚠ nɒk] (**an** at, on)

★**ankommen** ❶ arrive (**in** at, in) ❷ **bin gut angekommen!** arrived safely ❸ **ist das Paket gut angekommen?** did the parcel (*US* packet) get to you all right? ❹ **dauernd kommt er mit Fragen an** he keeps turning up with questions ❺ **gegen ihn kommst du nicht an** you're no match for him ❻ **es kommt ganz darauf an** it all depends (**ob** whether)

ankotzen: **es kotzt mich an** *vulgär* it makes me sick, it pisses me off

ankreuzen mark with a cross, put* a cross next to

★**ankündigen** ❶ announce; **die Lehrerin kündigte den Schülern die Klassenarbeit (vorher) an** the teacher announced the (class) test to the pupils (in advance) ❷ **der Frühling kündigt sich an** spring is on its way

Ankündigung *f* announcement

★**Ankunft** *f* arrival, *Hinweisschild am Flughafen und Bahnhof*: arrivals (⚠ *pl*); **bei Ankunft, nach Ankunft** on arrival

Ankunftszeit *f* arrival time, time of arrival

ankurbeln: **die Wirtschaft ankurbeln** boost the economy

anlächeln: **sie lächelte ihn an** she smiled at him, she gave him a smile

anlachen ❶ **jemanden anlachen** smile at someone ❷ **sich jemanden anlachen** chat someone up

★**Anlage** *f* ❶ (≈ *Fabrikanlage*) plant ❷ (≈ *Stereoanlage*) hi-fi [ˈhaɪfaɪ] system ❸ (≈ *Sportanlage*) sports complex ❹ (≈ *Grünanlage*) grounds (⚠ *pl*); **öffentliche Anlagen** public gardens ❺ (≈ *Kapitalanlage*) investment ❻ *zu einem Brief*: enclosure; **in der** (*oder* **als**) **Anlage senden wir Ihnen ...** enclosed please find ...

★**Anlass** *m* ❶ (≈ *Gelegenheit*) occasion ❷ (≈ *Ursache, Grund*) reason, grounds (⚠ *pl*) (**für** for) ❸ **aus Anlass** (+ *Genitiv*) on the occasion of ❹ **aus diesem Anlass** for this reason ❺ **ohne Anlass** for no reason

anlassen ❶ keep* on (*Mantel*) ❷ start (up) (*Motor*)

Anlasser *m beim Auto*: starter

★**anlässlich** on the occasion of

Anlauf *m* ① *Sport*: run-up ② *übertragen* attempt; **beim ersten Anlauf** at the first attempt, at the first go

anlaufen ① *Sport*: run* up ② *übertragen* start; **der Film läuft nächste Woche an** the film starts next week ③ (≈ *beschlagen*) steam up ④ (*Schiff*) call at (*Hafen*)

★**anlegen** ① **einen Verband anlegen** put* on a dressing ② start (*Akte, Sammlung usw.*) ③ open (*Konto*) ④ **wie viel willst du anlegen?** how much do you want to spend? ⑤ **Geld in Aktien anlegen** invest money in shares (*US auch* stock) ⑥ (*Schiff*) dock (**in** at) ⑦ **sich mit jemandem anlegen** start a fight (*bzw.* an argument) with someone

★**anlehnen** ① **lehn dein Fahrrad doch an die Hauswand an!** just lean your bike against the wall ② **sich anlehnen** lean* on ③ **bitte lehn die Tür nur an!** leave the door open a bit, please ④ **sich (stark) anlehnen an** *übertragen* follow (closely)

anleiern: **etwas anleiern** *umg* get* something going

Anleitung *f* instructions (▲*pl*); **unter der Anleitung seines Vaters** under his father's guidance ['gaɪdns]

Anlieger(in) *m(f)* (local) resident ['rezɪdənt]; **Anlieger frei** *Straßenschild*: access only

anlocken ① lure [ljʊə] (*Tiere*) ② attract, *stärker*: lure (*Menschen*)

anlügen: **jemanden anlügen** lie to someone; **lüg mich nicht an!** stop lying to me!

★**anmachen** ① (≈ *befestigen*) attach ② (≈ *anzünden*) light* ③ (≈ *einschalten*) switch on ④ turn on (*Licht, Radio usw.*) ⑤ dress (*Salat*) ⑥ **willst du mich anmachen?** *salopp* are you trying to chat me up?, *US* are you trying to come on to me? ⑦ **die Musik macht mich echt an** *salopp* that music really turns me on

anmalen ① paint (*Gegenstand*) ② **sie malt sich zu stark an** *übertragen* she wears [weəz] too much make-up

Anmeldeformular *n* registration form, (≈ *Antrag*) application form

Anmeldegebühr *f* registration fee

★**anmelden** ① **sich (polizeilich usw.) anmelden** register (with the police *usw.*) ② **sich beim Arzt usw. anmelden** make* an appointment with the doctor *usw.* ③ *Kurs usw.*: enrol, sign up (**zu** for)

Anmeldeschluss *m* closing date, deadline ['dedlaɪn]

★**Anmeldung** *f* ① registration ② *zur Teilnahme*: enrolment

anmerken ① **sie merkte ihm seinen Ärger usw. an** she could tell (that) he was annoyed *usw.* ② **ich werde mir nichts anmerken lassen** I won't let anything show

★**Anmerkung** *f* ① *schriftliche*: note ② (≈ *Bemerkung*) comment ③ (≈ *Fußnote*) footnote

annähen sew* [səʊ] on; **könntest du mir mal einen Knopf an den Mantel annähen?** could you sew a button on my coat for me?

annähernd roughly ['rʌflɪ], approximately

annähernde(r, -s): **annähernde Beschreibung** rough [rʌf] description

Annäherungsversuche *pl* overtures

★**Annahme** *f* (≈ *Vermutung*) assumption; **in der Annahme, dass** ... on the assumption that ..., assuming that ...

annehmbar acceptable (**für** to)

★**annehmen** ① (≈ *vermuten*) assume ② **nehmen wir an** ... (let's) suppose, supposing ... ③ (≈ *akzeptieren*) accept ④ adopt (*ein Kind, einen Namen*) ⑤ take* on (*Form, Gestalt*) ⑥ *Sport*: take* (*Ball*)

Annehmlichkeiten *pl* ① *allg.*: comforts ② (≈ *Vorteile*) advantages [əd'vɑ:ntɪdʒɪz]

★**Annonce** *f* (≈ *Kleinanzeige*) (classified) ad

annoncieren advertise

anöden *umg* bore stiff

anonym anonymous [ə'nɒnɪməs]

Anorak *m* anorak ['ænəræk], *US* parka

★**anordnen** ① (≈ *ordnen, aufstellen*) arrange (in order) ② (≈ *befehlen*) order

Anordnung *f* ① (≈ *Aufstellung*) arrangement ② (≈ *Befehl*) order

anorganisch inorganic [ˌɪnɔ:'gænɪk]

anpacken ① tackle (*Arbeit, Problem usw.*) ② **bei jemandem mit anpacken** lend* someone a hand

anpassen: **sich an eine Situation usw. anpassen** adapt to a situation *usw.*

anpassungsfähig adaptable

anpfeifen ① **das Spiel anpfeifen** start the game ② **jemanden anpfeifen** *umg* give* someone a roasting, *US* chew someone out

Anpfiff *m* *Fußball usw.*: kick-off (▲*ohne* the)

anpöbeln be* rude to

★**anprobieren** try on

Anrainer(in) *m(f)* *bes.* Ⓐ (≈ *Anlieger*) (local) resident; **ausgenommen Anrainer** except for access ['ækses]

anrechnen ① **ich rechne dir hoch an, was du für mich getan hast** I really appreciate what you've done for me ② **als Fehler anrechnen**

count as a mistake

Anrede f (form of) ad̲dress

Anredeform f form of ad̲dress

anreden speak* to; **jemanden mit Herrn Doktor anreden** address someone a̲s Doctor

anregen ■ (≈ *ermuntern*) encourage [ɪnˈkʌrɪdʒ], stimulate [ˈstɪmjʊleɪt] ■ (≈ *vorschlagen*) suggest [səˈdʒest] ■ whet (*Appetit*) ■ **jemanden zum Nachdenken anregen** make* someone think, set* (*oder* get*) someone thinking

anregend stimulating

★**Anregung** f ■ stimulation [ˌstɪmjʊˈleɪʃn] ■ (≈ *Ermunterung*) encouragement [ɪnˈkʌrɪdʒmənt] ■ (≈ *Vorschlag*) suggestion [səˈdʒestʃn]; **auf Anregung von** a̲t the suggestion of

Anreise f journey [ˈdʒɜːnɪ]

anreisen ■ travel ■ (≈ *eintreffen*) come*

Anreisetag m day of arrival, arrival date

Anreißnadel f scribing [ˈskraɪbɪŋ] needle, scriber [ˈskraɪbə]

Anreiz m incentive [ɪnˈsentɪv]

anrempeln: jemanden anrempeln bump into someone, *böswillig:* jostle [⚠ ˈdʒɒsl] someone

Anrichte f sideboard

anrichten ■ cause (*Unheil, Schaden*) ■ prepare (*Speisen*)

★**Anruf** m (phone) call

★**Anrufbeantworter** m answering machine [⚠ ˈɑːnsərɪŋ‿məˌʃiːn], Br *auch* answerphone [⚠ ˈɑːnsəfəʊn]; **den Anrufbeantworter abhören** listen to one's messages on the answering machine

★**anrufen** ■ call (up), ring* (up), phone (up) ■ **ruf mich doch einfach an** just give me a call (*oder* a ring)

Anrufer(in) m(f) caller

anrühren *allg.:* touch (*auch Alkohol, Geld*); **er rührt keinen Tropfen Alkohol an** he won't touch a drop of alcohol

Ansage f announcement

ansagen announce

Ansager(in) m(f) announcer

ansammeln: sich ansammeln (*Abfall, Arbeit usw.*) pile up

Ansatz m ■ (≈ *Anzeichen*) first signs (⚠ *pl*); **er zeigt Ansätze zur Besserung** he's slowly beginning to get better ■ (≈ *Methode*) approach; **das ist im Ansatz richtig, aber ...** you've got the right idea, but ...

★**anschaffen** ■ **sich etwas anschaffen** buy* something, get* (oneself) something ■ **sich Kinder anschaffen** have* children

Anschaffung f: **das war eine große Anschaffung** that was a big investment

★**anschalten** switch on, turn on

★**anschauen** → ansehen

anschaulich ■ (≈ *deutlich*) clear ■ *Beschreibung:* graphic ■ **etwas anschaulich machen** illustrate something clearly

Anschein m ■ **dem** (*oder* **allem**) **Anschein nach ...** it looks (very much) as if ... ■ **den Anschein erwecken, hart zu arbeiten** *usw.* give* the impression o̲f working hard *usw.*

★**anscheinend** apparently [əˈpærəntlɪ]; **er ist anscheinend krank** he seems to be ill

anschieben ■ **er wird sein Auto anschieben müssen** he'll have to give his car a push ■ **können Sie mich mal anschieben?** could you give me a push?

Anschlag m ■ (≈ *Bekanntmachung*) notice, (≈ *Plakat*) poster ■ (≈ *Überfall*) attack; **auf den Präsidenten wurde ein Anschlag verübt** there's been an attempt on the President's life ■ **ich hab einen Anschlag auf dich vor** I've got a favour to ask of you ■ **60 Anschläge pro Zeile** *beim Tippen:* 60 strokes per line

anschlagen ■ put* up (*Plakat usw.*) ■ *Schwimmen:* touch ■ (*Medikament usw.*) work

anschleppen: wen bringst du denn da angeschleppt? *übertragen* who have you got in tow? [təʊ]

anschließen ■ *technisch, elektrisch:* (≈ *verbinden*) connect (**an** to) ■ *mit Stecker:* plug in ■ *mit Kette:* chain (**an** to); **schließ dein Fahrrad am Pfosten an!** chain your bike t̲o the post ■ *übertragen* (≈ *hinzufügen*) add (**an** to) ■ **sich einer Gruppe** (*bzw.* **einer politischen Partei** *usw.*) **anschließen** join a group (*bzw.* a political party *usw.*) ■ **an den Vortrag schloss sich eine Diskussion an** the lecture was followed by a discussion

anschließend ■ **anschließend gingen wir nach Hause** afterwards we went home ■ **seine anschließenden Bemerkungen** his subsequent [ˈsʌbsɪkwənt] remarks

★**Anschluss** m ■ *allg.:* connection; **du hast Anschluss nach Glasgow** *Zug, Bus usw.:* there's a connection to Glasgow ■ *Telefon:* line; **ich bekomme keinen Anschluss** I can't get through ■ (≈ *Gasanschluss, Wasseranschluss usw.*) supply ■ **im Anschluss an die Diskussion** following the discussion

Anschlussflug m connecting flight, (flight) connection

Anschlusszug m connecting train, (train) connection

anschnallen ① vergiss nicht, dich anzuschnallen! *Auto*: don't forget to put your seatbelt on ② „Bitte schnallen Sie sich an!" *im Flugzeug*: 'Would you please fasten [▲ 'fɑːsn] your seatbelt(s).' ③ put on (*Skier*)

anschnauzen shout at, yell at

anschneiden ① start (*Brot usw.*) ② raise, bring* up (*Thema, Frage usw.*)

anschreiben ① können Sie das mal anschreiben? *an die Tafel*: could you write it on the (black)board? ② write* to (*Amt, Behörde*)

Anschreiben *n* cover (*oder* covering) letter

anschreien shout at, *stärker*: scream at

★**Anschrift** *f* address [əˈdres, *US auch* ˈædres]

anschwellen swell* (up) (*auch übertragen*)

★**ansehen** ① (≈ *anschauen*) look at ② **sich etwas (genau) ansehen** take* (*oder* have*) a (close) look at ③ (≈ *bei etwas zuschauen*) watch ④ **sich einen Film (ein Theaterstück, ein Spiel** *usw.***) ansehen** (go* to) see* a film (a play, a game *usw.*) ⑤ **man sieht ihm sein Alter nicht an** he doesn't look his age

★**Ansehen** *n* ① (≈ *Achtung*) reputation [ˌrepjuˈteɪʃn] ② **ein hohes Ansehen genießen** be* very highly regarded ③ **an Ansehen verlieren** lose* credit

ansehnlich (≈ *beträchtlich*) considerable

ansetzen ① (≈ *hinzufügen*) add (**an** to) ② **einen Termin ansetzen** fix a date ③ **Rost ansetzen** start to rust

★**Ansicht** *f* ① (≈ *Meinung*) opinion, view; **meiner Ansicht nach** in my opinion ② (≈ *Anblick*) sight, view ③ (≈ *Blickwinkel*) view; **Ansicht von vorne** (*bzw.* **hinten**) front (*bzw.* rear) view

Ansichtskarte *f* (picture) postcard

Ansichtssache *f*: **das ist Ansichtssache** that's a matter of opinion

ansonsten ① (≈ *im Übrigen*) otherwise, apart from that ② (≈ *anderenfalls*) otherwise

anspannen tense, (≈ *zeigen*) flex (*Muskeln*); **du musst die Muskeln anspannen** you must tense your muscles [ˈmʌslz]

Anspannung *f übertragen* strain, exertion [ɪɡˈzɜːʃn]

Anspielung *f* allusion (**auf** to)

anspitzen sharpen (*Bleistift usw.*)

anspornen: **jemanden anspornen** spur someone on, encourage someone

Ansprache *f* speech (**an** to); **eine Ansprache halten** make* a speech

ansprechen ① address, speak* to ② **jemanden auf** (*oder* **wegen**) **etwas ansprechen** speak* to someone about something ③ (≈ *gefallen*, *ankommen bei*) appeal to (*das Publikum usw.*)

Ansprechpartner(in) *m(f)* contact [ˈkɒntækt]

anspringen ① sie wurde von einem Hund angesprungen (≈ *angefallen*) she was attacked by a dog ② (*Motor*) start

Anspruch *m* ① claim (**auf** to); (≈ *Recht*) right (**auf** to) **Anspruch haben auf** be* entitled to ② **Zeit in Anspruch nehmen** take* up time ③ **hohe Ansprüche an jemanden stellen** expect a lot of someone; **Anspruch auf Schadenersatz erheben** make* a claim for damages; **hohe Ansprüche stellen** be* very demanding ④ **etwas in Anspruch nehmen** claim something (*Recht*); enlist something (*Hilfe, Dienste*); take* up something (*Zeit, Kräfte*) **ihre Arbeit nimmt sie stark in Anspruch** her work keeps her very busy ⑤ **den/jemandes Ansprüchen (voll/nicht) gerecht werden** (fully/not) meet* the/someone's requirements

anspruchslos ① (≈ *bescheiden*) modest ② (≈ *schlicht*) plain, simple ③ *Roman usw.*: light, lowbrow [ˈləʊbraʊ]

anspruchsvoll *allg.*: demanding

anspucken spit* at

Anstalt *f* ① establishment, institution ② (≈ *Nervenheilanstalt*) mental hospital

Anstand *m* (≈ *Benehmen*) manners (▲ *pl*); **jemandem ein bisschen Anstand beibringen** teach* someone how to behave

★**anständig** ① *allg. und übertragen*: decent [ˈdiːsnt] ② **eine anständige Tracht Prügel** a good hiding ③ **benimm dich anständig!** behave yourself (properly)! ④ **sie sagte ihm anständig die Meinung** she gave him a piece of her mind

anstarren stare at

★**anstatt**: **anstatt zu kommen** *usw.* instead of coming *usw.*

anstecken ① **sich anstecken** *Erkältung, Masern usw.*: (≈ *sich infizieren*) catch* a cold (*bzw.* the measles) *usw.*, (**bei** from); **ich habe mich bei X angesteckt** I caught (*oder* got) it from X ② **er hat mich mit seiner Erkältung angesteckt** he's given me his cold, he's passed his cold on to me ③ put* on (*Ring usw.*) ④ set* fire to (*Haus usw.*) ⑤ (≈ *anzünden*) light* (*Zigarette*)

ansteckend catching, infectious

Ansteckung *f* infection

anstehen ① (≈ *sich anstellen*) queue up [ˌkjuːˈʌp], *US* line up (**nach** for) ② **was steht an?** what's next on the agenda?

★**ansteigen** *allg.*: go* up, rise*

anstelle, **an Stelle**: anstelle (*oder* an Stelle) **von** (*oder gen*) instead of [ɪn'sted‿əv], in place of

★**anstellen** ■ switch on, turn on (*Radio, Licht*) ■ turn on (*Wasser*) ■ **was hast du angestellt?** what have you been up to? ■ **stell dich nicht so an!** stop making such a fuss ■ **sich anstellen** *in der Schlange*: queue up, *US* line up (**nach** for)

Anstieg *m übertragen* rise, increase (+ *Genitiv* in)

anstiften: **jemanden zu etwas anstiften** incite someone to do something; **er hat mich dazu angestiftet** *mst.*: he put me up to it

Anstoß *m* ■ *Fußball*: kick-off (⚠ *ohne* the) ■ *übertragen* (≈ *Antrieb*) impulse ['ɪmpʌls], impetus ['ɪmpɪtəs]

anstoßen ■ **etwas anstoßen** (≈ *etwas in Bewegung setzen*) give* something a push ■ **stoßen wir auf dich an** let's drink to your health

Anstößer(in) *m(f)* ⓐ (≈ *Anlieger*) resident ['rezɪdənt], (≈ *Nachbar*) neighbour

anstrahlen illuminate (*Gebäude*)

anstreichen ■ *mit Farbe*: paint ■ **Sie haben das (als Fehler) angestrichen** you marked it wrong

★**anstrengen** ■ **sich anstrengen** make* an effort ['efət], try hard ■ **das strengt an** it's hard work

anstrengend strenuous ['strenjʊəs], hard

★**Anstrengung** *f* effort ['efət], *stärker*: strain

ansuchen ⓐ (≈ *beantragen*) **um etwas ansuchen** apply for something

Ansucher(in) *m(f)* ⓐ (≈ *Antragsteller*) applicant ['æplɪkənt]

Antarktis *f*: **die Antarktis** the Antarctic, Antarctica (⚠ *ohne* the)

★**Anteil** *m* ■ *vom Ganzen*: share (**an** of) ■ **Anteil an etwas nehmen** take* (*oder* show) an interest in something ■ **sie hat großen Anteil an unserem Erfolg** she contributed a lot to our success

Anteilnahme *f* (≈ *Interesse*) interest (**an** in)

Antenne *f* aerial ['eərɪəl], *bes. US* antenna

Antennendose *f* antenna socket, *Br* aerial ['eərɪəl] socket

Antialkoholiker(in) *m(f)* teetotaller [ti:'təʊtlə]

antiautoritär anti-authoritarian [ˌæntɪɔː,θɒrɪ'teərɪən]

Antibabypille *f* birth control pill; **die Antibabypille** *umg* the pill

Antibiotikum *n* antibiotic [ˌæntɪbaɪ'ɒtɪk]

Antifaschismus *m* anti-Fascism [ˌæntɪ'fæʃɪzm] (⚠ *ohne* the)

antik ■ ancient [⚠ 'eɪnʃənt], classical ■ **antike Möbel** antique [æn'ti:k] furniture (⚠ *sg*)

Antike *f* ■ **die Welt der Antike** the ancient ['eɪnʃənt] world ■ **die Kunst der Antike** the art of the ancient world

Antikörper *m* antibody ['æntɪˌbɒdɪ]

Antilope *f* antelope ['æntɪləʊp]

Antipathie *f* antipathy [æn'tɪpəθɪ] (**gegen** to, towards)

Antiquariat *n für Bücher*: second-hand bookshop

Antiquität *f* antique [æn'ti:k]

Antisemitismus *m*: **der Antisemitismus** anti--Semitism (⚠ *ohne* the)

Antiterroreinheit *f* anti-terrorist squad [skwɒd]

antörnen: **das törnt mich an** *salopp; Musik usw.*: it turns me on

★**Antrag** *m* ■ application, (≈ *Gesuch*) request; **einen Antrag auf etwas stellen** apply for something; **auf Antrag** + *Genitiv* at the request of ■ (≈ *Antragsformular*) application form; **einen Antrag ausfüllen** fill in (*bes. US* fill out) an application form ■ JUR petition; (≈ *Forderung bei Gericht*) claim ■ (≈ *Heiratsantrag*) **jemandem einen Antrag machen** propose (marriage) to someone

Antragsteller(in) *m(f)* ■ applicant ['æplɪkənt] ■ *bei Gericht*: claimant

antreffen ■ find*, come* across (*Ding*) ■ meet* (*Person*)

antreiben ■ drive* (*Fahrzeug, Maschine*) ■ drive*, power (*Motor*); **das Flugzeug wird von zwei Düsentriebwerken angetrieben** the aircraft is powered by two jet engines ■ **jemanden (zur Arbeit) antreiben** make* someone work

antreten ■ **(zum Wettkampf) antreten** *Sport*: compete (**gegen** with, against) ■ **sein Amt antreten** take* up office ■ **eine Reise antreten** set* out (*oder* off) on a journey

Antrieb *m* ■ impetus ['ɪmpətəs] *kein pl, innerer*: drive; **jemandem Antrieb geben, etwas zu tun** give* someone the impetus to do something; **aus eigenem Antrieb** on one's own initiative ■ (≈ *Anreiz*) incentive [ɪn'sentɪv] ■ (≈ *Triebkraft*) drive; **Auto mit elektrischem Antrieb** electrically powered car

antun ■ **jemandem Gewalt antun** act violently towards someone ■ **er würde niemandem etwas antun** he wouldn't hurt (*oder* harm) a fly ■ **das darfst du mir nicht antun** you can't do that to me

★**Antwort** f ◨ answer ['ɑːnsə], reply (**auf** to); **in Antwort auf** in answer to ◨ übertragen response

★**antworten** ◨ answer ['ɑːnsə] (**jemandem** someone, **auf etwas** something), reply (**jemandem** to someone; **auf etwas** to something); **du hast mir auf meine Frage noch nicht geantwortet** you haven't answered my question yet; **hat sie dir geantwortet?** did she reply to you? ◨ **was hat sie geantwortet?** what did she say?

anvertrauen: **jemandem etwas anvertrauen** entrust someone with something, Geheimnis: confide something in someone

anwachsen ◨ (≈ Wurzeln schlagen) take* root ◨ (≈ zunehmen) grow*, increase [ɪnˈkriːs] ◨ **anwachsen auf** (Betrag) run* up to

★**Anwalt** m, **Anwältin** f ◨ lawyer ['lɔːjə], Br auch solicitor, US attorney [▲ əˈtɜːnɪ] ◨ **(sich) einen Anwalt nehmen** get* a lawyer

Anweisung f ◨ finanziell: payment, auf Konto usw.: transfer ['trænsfə] ◨ (≈ Anordnung) instruction, order, (≈ Instruktion) direction; **Anweisung haben, etwas zu tun** have* instructions to do something; **Anweisungen befolgen** follow instructions; **auf Anweisung von** on the instructions (▲ pl) of

★**anwenden** ◨ use [juːz] (Methode, Gewalt) ◨ apply (Theorie, Regel, Mittel) (**auf** to)

Anwender(in) m(f) Computer: user

Anwendung f ◨ (≈ Gebrauch) use [▲ juːs] (**auf** on) ◨ von Theorie, Regel, Computer: application (**auf** to)

Anwendungsbeispiel n example; **kannst du mir ein Anwendungsbeispiel geben?** can you give me an example (of how it's used)?

anwerben recruit

★**anwesend** present ['preznt] (**bei** at); **er war nicht anwesend** he wasn't there

Anwesende(r) m/f(m): **die Anwesenden** those present ['preznt]

★**Anwesenheit** f ◨ presence ['prezns] ◨ in der Schule: attendance

Anwesenheitsliste f attendance list, bes. in der Schule auch: register ['redʒɪstə]

anwidern jemanden anwidern make* someone feel sick

★**Anzahl** f number; **eine große Anzahl** (+ Genitiv) a large number of

anzahlen: **£ 15 anzahlen** make* a down payment of £15 (**für** for, on) (gesprochen fifteen pounds)

Anzahlung f ◨ deposit [dɪˈpɒzɪt] ◨ bei Ratenzahlung: down payment

anzapfen allg.: tap (Fass, Telefon, Leitung)

★**Anzeichen** n ◨ allg.: sign ['saɪn], indication ◨ einer Krankheit: symptom ['sɪmptəm]

★**Anzeige** f ◨ (≈ Zeitungsanzeige) advertisement [▲ ədˈvɜːtɪsmənt], ad ◨ (≈ Bekanntgabe) announcement

★**anzeigen**: **jemanden anzeigen** report someone to the police

Anzeigenblatt n advertiser, freesheet

★**anziehen** ◨ draw* up (Bein, Knie) ◨ put* on (einen Pullover, ein Kleid usw.) ◨ **sich anziehen** get* dressed, dress ◨ (≈ festziehen) tighten (Schraube, Seil) ◨ **die Handbremse anziehen** put* the handbrake (US mst. emergency brake) on ◨ (Preise) rise*

anziehend (≈ schön) attractive

★**Anzug** m ◨ Kleidung: suit [suːt]; **im Anzug erscheinen** turn up in a suit (and tie) ◨ **es ist ein Gewitter im Anzug** there's a thunderstorm on the way

★**anzünden** ◨ light* (Zigarre, Pfeife) ◨ set* fire to (Haus, Stroh usw.)

Aorta f aorta [eɪˈɔːtə]

Apartheid f apartheid [▲ əˈpɑːtheɪt]

Apartment n (≈ Kleinwohnung) (small) flat, one--room flat, US (small) apartment

apathisch ◨ apathetic [ˌæpəˈθetɪk] ◨ Patient: listless

aper bes. ⒶⒸ (≈ schneefrei) snow-free

Aperitif m aperitif [əˌperɪˈtiːf]

apern Ⓐ (≈ tauen) **es apert** it is thawing

★**Apfel** m apple

Apfelbaum m apple tree

Apfelkuchen m apple flan, US apple cake

Apfelmus n apple sauce

apple juice

Apfelschorle f apple spritzer

★**Apfelsine** f orange ['ɒrɪndʒ]

Apfelstrudel m apfelstrudel ['æpfl̩ˌstruːdl̩]

Apostel m apostle [▲ əˈpɒsl̩]

Apostroph m apostrophe [▲ əˈpɒstrəfɪ]

★**Apotheke** f pharmacy, Br auch chemist's (shop)

Apotheker(in) m(f) pharmacist, Br auch (dispensing) chemist; **beim Apotheker** at the pharmacist's

App f Internet: app

★**Apparat** m ◨ Technik: apparatus [ˌæpəˈreɪtəs] ◨ (≈ Gerät, Vorrichtung) device, machine ◨ kleiner: gadget ['gædʒɪt] ◨ Telefon: (tele)-phone; (≈ Anschluss) extension; **am Apparat** on the phone; als Antwort: speaking; **am Apparat** bleiben hold* the line; **wer ist am Apparat?** (can I ask) who's calling (*oder* speaking), please? **5** (≈ *Radio*) radio; (≈ *Fernseher*) set

Appell *m* (≈ *Aufruf*) appeal (**an** to)

appellieren: **appellieren an** appeal to

App-Entwickler(in) *m(f)* app developer

Appenzell *n* Appenzell [ˌæpənˈzel]

★**Appetit** *m* **1** appetite; **ich habe keinen Appetit** I'm not hungry; **ich habe keinen Appetit auf Fleisch** I don't feel like (eating) meat **2 guten Appetit!** bon appetit! [ˌbɒn__ˌæpəˈtiː], *bes. US* enjoy your meal!

appetitlich appetizing

applaudieren applaud [əˈplɔːd]

Applaus *m* applause [əˈplɔːz]

★**Aprikose** *f* apricot [ˈeɪprɪkɒt]

★**April** *m* **1** April [ˈeɪprəl]; **im April** in April (⚠ *ohne* the) **2 April, April!** April fool!

Aprilscherz *m* April fool joke

apropos: **apropos Bildung** ... talking about education ...

Aquarell *n* watercolour [ˈwɔːtəˌkʌlə]

Aquarium *n* aquarium [əˈkweərɪəm]

Äquator *m* equator [ɪˈkweɪtə]

Ära *f* era [ˈɪərə]

★**Araber** *m* Arab [ˈærəb]; **er ist Araber** he's (an) Arab

Araberin *f* Arab woman (*oder* lady *bzw.* girl); **sie ist Araberin** she's (an) Arab

Arabien *n* Arabia [əˈreɪbɪə]

★**arabisch 1** *Länder*: Arab [ˈærəb] **2** *Zahlen, Sprache, Schrift*: Arabic [ˈærəbɪk]; **auf Arabisch** in Arabic

★**Arbeit** *f* **1** *allg.*: work, *wirtschaftlich, politisch*: labour, *US* labor; **schwere Arbeit** hard work; **es ist eine interessante** *usw.* **Arbeit** it's interesting *usw.* work (⚠ *ohne* an); **Tag der Arbeit** Labo(u)r Day; **Arbeit sparend** labour-saving, *US* labor-saving; **viel Arbeit machen** be* a lot of work (**jemandem** for someone); **etwas ist in Arbeit** work on something is in progress; **gute Arbeit leisten** do* a good job **2** (≈ *Berufstätigkeit*) work, employment **3** (≈ *Stelle*) job, (≈ *Arbeitsverhältnis*) employment, (≈ *Position*) job **4 bei** (*oder* **auf** *oder* **in**) **der Arbeit** (≈ *Arbeitsstelle*) at work (⚠ *ohne* the) **5 sie ist gerade bei der Arbeit** (≈ *arbeitet gerade*) she's working, she's at work **6 zur** (*oder* **in die**) **Arbeit gehen** go* to work **7 an die Arbeit gehen** (≈ *mit der Arbeit beginnen*) start work; **sich an die Arbeit machen** get* down to work **8** (≈ *Mühe*) trouble; **ich hoffe, es macht Ihnen nicht zu viel Arbeit** (≈ *Mühe*) I hope it's not too much trouble for you **9 Arbeit suchen** be* looking for work; **ohne Arbeit** unemployed, out of work, jobless **10** (≈ *Ergebnis*) (piece of) work **11** (≈ *Produkt*) work, *Prüfungsarbeit, wissenschaftlich*: paper, (≈ *Klassenarbeit*) test, (≈ *Aufgabe*) assignment; **eine Arbeit schreiben** sit* (*oder* take*) a test; **Arbeiten korrigieren** mark test papers, *US* grade test papers

★**arbeiten 1** work; **sie arbeitet in einer Fabrik** she works in a factory; **er arbeitet bei BMW** *Firma*: he works for BMW, *Fabrik*: he works at BMW; **sie arbeitet an einem neuen Roman** she's working on a new novel **2** *Organe*: work, function

★**Arbeiter(in)** *m(f)* **1** *allg.*: worker **2** *im Gegensatz zum Angestellten*: blue-collar worker, *auf Bau, Bauernhof*: labourer, *US* laborer

Arbeiterklasse *f* working class, working classes (⚠ *pl*)

★**Arbeitgeber(in)** *m(f)* employer [ɪmˈplɔɪə]

★**Arbeitnehmer(in)** *m(f)* employee [ɪmˈplɔɪiː]

Arbeitsablauf *m* work routine, *von Fabrik*: production (⚠ *ohne Artikel*)

Arbeitsagentur *f*, *bes.* ⓐ **Arbeitsamt** *n* employment office, *Br auch* job centre

Arbeitsbedingungen *pl* working conditions

Arbeitsbeginn *m* start of work

Arbeitsbereich *m* field of work, (≈ *Aufgabenbereich*) area of work; **Frau Koch wird Sie in Ihren neuen Arbeitsbereich einführen** Frau Koch will show you your new job

Arbeitsbericht *m* work report

Arbeitsbeschaffungsprogramm *n* job-creation scheme [ˈdʒɒbkriːˌeɪʃn__skiːm]

Arbeitsblatt *n* worksheet

Arbeitsbuch *n* workbook

Arbeitserlaubnis *f* (≈ *Bescheinigung*) work permit [ˈwɜːkˌpɜːmɪt], *für ein Land*: working visa; **jemandem die Arbeitserlaubnis erteilen** grant someone a work permit

arbeitsfähig *Person*: able to work, (≈ *gesund*) fit for work, *Regierung usw.*: viable [ˈvaɪəbl]

Arbeitsfeld *n* field of work; **das Arbeitsfeld kennenlernen** get* to know the field

Arbeitsgemeinschaft *f* **1** *Schule*: *Gruppe*: study group **2 Arbeitsgemeinschaften** (≈ *freiwillige Fächer*) extracurricular activities

Arbeitsgruppe *f* team, work group, *politisch*: working party, *im Unterricht*: study group

Arbeitshandschuh *m* work glove [⚠ ɡlʌv]

Arbeitshose *f* work trousers [ˈwɜːkˌtraʊzəz] (⚠ *pl*), *US* work pants (⚠ *pl*)

Arbeitskampf *m* labour dispute ['leɪbəˌdɪspjuːt], *Br* industrial action
Arbeitskleidung *f* work (*oder* working) clothes [⚠ kləʊ(ð)z] (⚠ *pl*)
Arbeitsklima *n* work(ing) atmosphere
Arbeits-Knigge *m* work etiquette ['wɜːkˌetɪket]
Arbeitskollege *m*, **Arbeitskollegin** *f* (work) colleague ['wɜːkˌkɒliːg]
Arbeitskraft *f* ① capacity for work ② (≈ *Arbeiter*) worker ③ (≈ *Angestellter*) employee [ɪmˈplɔɪiː] ④ **Arbeitskräfte** workforce, manpower (⚠ *beide sg*; manpower *ohne the*); **wir brauchen mehr Arbeitskräfte** we need more manpower
Arbeitskräftemangel *m* labour (*oder US* labor) shortage
Arbeitskreis *m* working group, *Schule*: study group
Arbeitslager *n* für *Zwangsarbeiter*: labour (*oder US* labor) camp
★**arbeitslos** unemployed, out of work
Arbeitslose(r) *m/f(m)* ① unemployed person ② **die Arbeitslosen** the unemployed *pl*; **die Zahl der Arbeitslosen** the number of people out of work, unemployment figures (⚠ *pl*)
Arbeitslosengeld *n* earnings-related unemployment benefit; **Arbeitslosengeld I** *earnings-related unemployment benefit paid for first year of unemployment*; **Arbeitslosengeld II** *welfare benefit for longer-term unemployed*; **Arbeitslosengeld beziehen** *Br umg* be* on the dole, *US* be* on welfare
Arbeitslosenquote *f* unemployment rate
Arbeitslosenversicherung *f* unemployment insurance [ˌʌnɪmˈplɔɪmənt ˌʃʊərəns], ≈ National Insurance, *US* ≈ social insurance
Arbeitslosenzahl *f* unemployment figures [ˌʌnɪmˈplɔɪməntˌfɪgəz] (⚠ *pl*), number of unemployed
★**Arbeitslosigkeit** *f* unemployment
Arbeitsmarkt *m* job market, *Br* labour market, *US* labor market; **die Lage auf dem Arbeitsmarkt** the job situation
Arbeitsniederlegung *f* strike, walkout
Arbeitspaket *n* work package
Arbeitspensum *n* workload
★**Arbeitsplatz** *m* ① (≈ *Arbeitsstätte*) workplace; **am Arbeitsplatz** at work ② *in Fabrik*: work station, *in Büro*: workspace, *in Großraumbüro*: cubicle ['kjuːbɪkl] ③ (≈ *Stelle*) job; **haben Sie noch freie Arbeitsplätze?** are there any vacancies? ['veɪkənsɪz]
Arbeitsprobe *f* sample of one's work

Arbeitsschuh work shoe, (≈ *Sicherheitsschuh*) safety shoe
Arbeitssicherheit *f* safety at work
Arbeitsspeicher *m Computer*: main memory, random access memory (*abk* RAM)
Arbeitsstelle *f* ① (≈ *Stellung*) job ② *allg. Ort*: place of work
Arbeitssuche *f* ① search for work (*oder* a job), job-hunting (⚠ *ohne the*) ② **er ist auf Arbeitssuche** he's looking for a job
Arbeitsvertrag *m* work (*oder* employment) contract ['kɒntrækt]
Arbeitsweise *f* ① (≈ *Methode*) working method ['meθəd] ② *eines Geräts*: functioning
★**Arbeitszeit** *f* working hours (⚠ *pl*); **eine wöchentliche Arbeitszeit von 40 Stunden** a working week of 40 hours
Arbeitszeitmodell *n* working hours model (*oder* scheme) [skiːm]
Arbeitszeugnis *n* reference ['refrəns] from one's employer
Arbeitszimmer *n* study
Archäologe *m* archaeologist, *US* archeologist [ˌɑːkɪˈɒlədʒɪst]
Archäologie *f* archaeology, *US* archeology [ˌɑːkɪˈɒlədʒɪ]
Archäologin *f* archaeologist, *US* archeologist [ˌɑːkɪˈɒlədʒɪst]
archäologisch archaeological, *US* archeological [ˌɑːkɪəˈlɒdʒɪkl]
Arche *f* ark; **die Arche Noah** Noah's ark
★**Architekt(in)** *m(f)* architect ['ɑːkɪtekt]
Architektur *f* architecture ['ɑːkɪtektʃə]
Archiv *n* archives ['ɑːkaɪvz] *pl*
Arena *f* ① *Sport; politische usw.*: arena [əˈriːnə] ② *Zirkus*: ring ③ *Stierkampf*: bullring ['bʊlrɪŋ]
★**Argentinien** *n* Argentina [ˌɑːdʒənˈtiːnə]
★**Ärger** *m* ① (≈ *Unannehmlichkeiten*) trouble; **das alte Auto wird uns noch viel Ärger machen** that old car is going to cause us a lot of trouble; **Ärger kriegen** get* into trouble; **das gibt Ärger** there'll be trouble ② (≈ *Verärgerung*) annoyance [əˈnɔɪəns], *stärker*: anger ['æŋgə]
★**ärgerlich** ① **ärgerlich über etwas** annoyed (*stärker* angry) about something ② **ärgerlich über** (*bzw.* **auf**) **jemanden** annoyed (*stärker* angry) with someone ③ **das ist ärgerlich** that's annoying, that's a (real) nuisance ['njuːsns]
★**ärgern** ① annoy ② tease [tiːz] (*Kind, Tier*) ③ **ich habe mich richtig über ihn** (*bzw.* **darüber**) **geärgert** I was really annoyed with him

(*bzw.* about it)

★**Argument** *n* argument; **das ist kein Argument** that's no argument

argumentieren argue

Arie *f* (≈ *Sologesangsstück*) aria ['ɑːrɪə]

Aristokratie *f* aristocracy [ˌærɪˈstɒkrəsɪ]

Arktis *f*: **die Arktis** the Arctic

arktisch arctic (*auch übertragen*)

★**arm** poor (*auch übertragen*); **das Land ist arm an Bodenschätzen** the country is poor in natural resources

★**Arm** *m* 1 arm 2 (≈ *Ärmel*) sleeve 3 *eines Flusses*: branch 4 **du willst mich wohl auf den Arm nehmen?** you're pulling my leg!

Armaturen *pl* 1 (≈ *Hähne*) taps, *US* faucets, fittings 2 *Auto usw.*: instruments, controls

Armaturenbrett *n* dashboard

Armband *n* bracelet ['breɪslət]

Armbanduhr *f* wristwatch ['rɪstwɒtʃ]

Arme(r) *m/f(m)* poor woman (*bzw.* man); **die Armen** the poor (⚠ *pl*)

★**Armee** *f* army (*auch übertragen*)

★**Ärmel** *m* 1 sleeve 2 **er hat die Lösung förmlich aus dem Ärmel geschüttelt** he came up with the solution just like that

Ärmelkanal *m*: **der Ärmelkanal** the (English) Channel ['tʃænl]

ärmellos sleeveless

Armenien *n* Armenia [ɑːˈmiːnɪə]

Armut *f*: **(die) Armut** poverty (**an** of) (*auch übertragen*)

Armutsgrenze *f*: **an** (*bzw.* **unter**) **der Armutsgrenze liegen** be* on (*bzw.* below) the poverty ['pɒvətɪ] line

Aroma *n* (≈ *Geruch*) aroma [əˈrəʊmə]

Aromatherapie *f* aromatherapy [əˌrəʊməˈθerəpɪ]

aromatisch aromatic [ˌærəˈmætɪk]

Arrestantenwagen *m* ⒶⓈ (≈ *Gefangenentransporter*) police van

arrogant arrogant ['ærəɡənt]

Arroganz *f* arrogance ['ærəɡəns]

Arsch *m* *salopp* arse [ɑːs], *US* ass [æs]

★**Art** *f* 1 (≈ *Art und Weise*) way, manner; **auf die(se) Art** (in) this way; **auf die eine oder andere Art** somehow or other 2 (≈ *Sorte*) kind, sort, type; **Waffen aller Art** all kinds (*oder* sorts) of weapons; **eine Art Obstsalat** *usw.* some kind (*oder* sort) of fruit salad *usw.* 3 (≈ *Eigenart, Wesen*) nature; **das ist eigentlich nicht seine Art** that's not like him (at all) 4 **einzig in seiner Art** unique [juːˈniːk] 5 (≈ *Benehmen*) behaviour [bɪˈheɪvɪə], manner 6 *Biologie:* (≈ *Gattung, Sorte*) species ['spiːʃiːz] *pl*: species

Artenschutz *m* protection of (endangered) species [(ɪnˌdeɪndʒəd)'spiːʃiːz]

Artenvielfalt *f* biodiversity [ˌbaɪəʊdaɪˈvɜːsətɪ], rich animal and plant life

Arterie *f* artery ['ɑːtərɪ]

artig 1 well-behaved, good 2 **sei artig!** be good!, be a good boy (*bzw.* girl)!

★**Artikel** *m* 1 (≈ *Ware*) article ['ɑːtɪkl], item 2 *Grammatik*: article

Artischocke *f* artichoke ['ɑːtɪtʃəʊk]

Artist(in) *m(f)* acrobat ['ækrəbæt], (circus) performer (⚠ *engl.* artist = *allg.* **Künstler, Künstlerin**)

Arznei *f* **Arzneimittel** *n* medicine ['medsn], drug

★**Arzt** *m* doctor; **Ärzte ohne Grenzen** *Organisation*: doctors without borders

Arzthelfer(in) *m(f)* *am Empfang*: (doctor's) receptionist, *mit medizinischen Aufgaben betraut*: medical assistant

★**Ärztin** *f* (lady) doctor

ärztlich medical; **sie ließ sich ärztlich behandeln** she received medical treatment

Arztpraxis *f* doctor's surgery ['sɜːdʒərɪ], *US* doctor's office

As *n* → **Ass**

Asbest *n* asbestos [æsˈbestəs]

★**Asche** *f* ash, *mst.*: ashes (⚠ *pl*)

Aschenbahn *f* *Sport*: cinder track

Aschenbecher *m* ashtray

Aschenputtel *n* Cinderella (*auch übertragen*)

Aschermittwoch *m* Ash Wednesday ['wenzdɪ]

Aserbaidschan *n* Azerbaijan [ˌæzəbaɪˈdʒɑːn]

Asiat(in) *m(f)* Asian ['eɪʃn]

asiatisch Asian ['eɪʃn]

★**Asien** *n* Asia ['eɪʃə]

asozial *Verhalten, Familie usw.*: antisocial

Aspekt *m* aspect ['æspekt] (*auch grammatisch*)

Asphalt *m* asphalt, tarmac® ['æsfælt]

asphaltieren tarmac

Ass *n* *Spielkarte, Person, Tennis*: ace [eɪs]

★**Assistent(in)** *m(f)* assistant [əˈsɪstənt]

★**Ast** *m* 1 branch 2 *im Holz*: knot [⚠ nɒt]

Aster *f* aster ['æstə]

ästhetisch aesthetic [iːsˈθetɪk], *US mst.* esthetic

Asthma *n* asthma [⚠ ˈæsmə]

Asthmaanfall *m* asthma attack [ˈæsmə‿əˌtæk]

astrein *umg* awesome

Astrologe *m* astrologer [əˈstrɒlədʒə]

Astrologie *f* astrology [əˈstrɒlədʒɪ]

Astrologin f astrologer [əˈstrɒlədʒə]
Astronaut(in) m(f) astronaut [ˈæstrənɔːt]
astronomisch astronomic(al) [ˌæstrəˈnɒmɪkl] (auch übertragen)
★**Asyl** n politisch: asylum [əˈsaɪləm]; **um (politisches) Asyl bitten** ask for (political) asylum
Asylbewerber(in) m(f) asylum-seeker [əˈsaɪləm‚siːkə]
Asylrecht n right of asylum [əˈsaɪləm]
Asylwerber(in) m(f) Ⓐ asylum-seeker [əˈsaɪləm‚siːkə]
Atelier n studio
★**Atem** m **1** (≈ das Atmen) breathing [ˈbriːðɪŋ] **2** (≈ Atemluft) breath [▲breθ] (auch übertragen); **außer Atem** out of breath; **sie hielt den Atem an** she held her breath
atemberaubend breathtaking [▲ˈbreθ‚teɪkɪŋ]
atemlos breathless [▲ˈbreθləs] (auch übertragen), out of breath
Atheist(in) m(f) atheist [ˈeɪθɪɪst]
Athen n Athens [ˈæθɪnz]
Äthiopien n Ethiopia [iːθɪˈəʊpɪə]
Athlet(in) m(f) athlete [ˈæθliːt]
athletisch athletic [æθˈletɪk]
Atlantik m: **der Atlantik** the Atlantic (Ocean)
Atlas m atlas [ˈætləs]
★**atmen** breathe [briːð]
★**Atmosphäre** f atmosphere (auch übertragen)
Atmung f breathing [ˈbriːðɪŋ]
Atom n atom [ˈætəm]
Atom... in Zusammensetzungen: nuclear [ˈnjuːklɪə], atomic; **Atombombe** atomic (oder atom) bomb [bɒm], A-bomb; **Atomenergie** nuclear (oder atomic) energy; **Atomforschung** nuclear research; **Atomgegner(in)** anti-nuclear activist; **Atomkern** atomic nucleus; **Atomkraftwerk** nuclear power station; **Atomkrieg** nuclear war; **Atommüll** nuclear waste; **Atomstreitmacht** nuclear power; **Atomtest** nuclear test; **Atomwaffe** nuclear (oder atomic) weapon; **Atomzeitalter** nuclear age
atomar **1** nuclear, Zeitalter auch: atomic **2** Struktur: atomic
atomwaffenfrei: **atomwaffenfreie Zone** nuclear-free zone [ˌnjuːkliəfriːˈzəʊn]
ätsch Schadenfreude: serves you right!
Attentat n **1** (≈ Versuch) assassination attempt (auf on); **zwei Terroristen verübten ein Attentat auf den Präsidenten** two terrorists tried to assassinate the president **2** geglücktes: assassination (auf of); **er fiel einem Attentat zum Opfer** he was assassinated **3** **ich habe ein Attentat auf dich vor** übertragen I've got a favour to ask of you
Attentäter(in) m(f) assassin [əˈsæsɪn]
Attest n certificate [səˈtɪfɪkət]; **ärztliches Attest** medical certificate, doctor's note
Attraktion f attraction
attraktiv attractive
Attrappe f **1** dummy pl: dummies **2** **es ist alles Attrappe** übertragen it's all fake
Attribut n attribute [ˈætrɪbjuːt]
ätzend **1** caustic, corrosive **2** Geruch: pungent [ˈpʌndʒənt] **3** **(das ist) echt ätzend** salopp it's the pits
au **1** ouch! [aʊtʃ] **2** **au ja!** yeah! [jeə]
Aubergine f aubergine [ˈəʊbəʒiːn], US eggplant
★**auch** **1** (≈ ebenfalls) too, as well, also; **wir kommen auch** we are coming too (oder as well) (▲Wortstellung) **2** (≈ selbst, sogar) even; **auch ein Anfänger kann das!** even a beginner can do that! **3** **auch wenn ...** even if ...; **auch wenn wir Zeit hätten, würden wir nicht kommen** even if we had time, we wouldn't come **4** **ich kann's nicht - ich auch nicht** I can't do it - nor (oder neither) can I (oder**!** can't either) **5** **nicht nur ..., sondern auch** not only ..., but also **6** **ohne auch nur zu fragen** without even asking
Audienz f audience (**bei** with)
audiovisuell audiovisual [ˌɔːdɪəʊˈvɪzjʊəl]
Audit n audit
Auditor(in) m(f) auditor
★**auf** **1** on; **auf dem/den Tisch** on the table; **auf der Insel** on the island; **auf Seite 3** on page 3 **2** in; **auf der Welt** in the world; **auf seinem Zimmer** in his room **3** at; **auf der Post** at the post office; **auf einer Party** at a party; **auf der Schule** at school **4** to; **auf die Post usw. gehen** go* to the post office usw.; **geh auf dein Zimmer** go to your room; **auf Reisen** travelling, on a trip; **auf Urlaub** on holiday, US on vacation **5** **auf der Straße** (≈ in der Stadt) in (US auch on) the street; **auf der Straße** zwischen Orten und Ortsteilen: on the road **6** **(etwas) auf dem Klavier usw. spielen** play (something on) the piano usw. **7** **auf Englisch** in English **8** (≈ hoch) up, upwards **9** (≈ offen) open; **die Flasche ist auf** the bottle is open **10** **das Geschäft ist auf** (≈ geöffnet) the shop is open; **wann machen Sie auf?** when do you open? **11** **bist du schon auf?** (≈ aus dem Bett) are you up yet? **12** **auf und ab** up and down; **das Auf und Ab des Lebens** the ups and downs of life **13** **auf geht's!** umg let's go!; **auf zum Sport!** time for some sport

aufarbeiten: ich muß noch viel aufarbeiten *Rückstände*: I've got a lot to catch up on

aufatmen: **erleichtert aufatmen** breathe [briːð] a sigh of relief

Aufbau *m* **1** *eines Gebäudes*: (≈ *das Errichten*) construction, erection **2** (≈ *Montage*) assembly **3** (≈ *Struktur*) structure (*eines Gebäudes usw., eines Dramas, auch einer Organisation*) **4** *eines Bildes*: composition

★**aufbauen 1** (≈ *errichten*) put* up (*Gebäude*) **2** put* up (*Zelt*) **3** structure (*Rede, Aufsatz, Organisation usw.*) **4** (≈ *wieder aufbauen*) rebuild* **5** **worauf baut diese neue Theorie usw. auf?** what is this new theory *usw.* based on?

aufbauschen *übertragen* exaggerate [ɪgˈzædʒəreɪt], play up

aufbekommen 1 ich bekomme die Tür *usw.* **nicht auf** I can't get the door *usw.* open **2 ich bekomme den Knopf** *usw.* **nicht auf** I can't get this button *usw.* undone **3 viel aufbekommen** *Hausaufgaben*: get* a lot of homework; **wir haben heute nichts aufbekommen** we haven't got (*oder* didn't get) any homework today

aufbewahren 1 *allg.*: keep* **2** keep*, store (*Lebensmittel*)

aufblasbar inflatable [ɪnˈfleɪtəbl]

aufblasen blow* up, inflate (*Ballon usw.*)

aufbleiben 1 (*Tür usw.*) stay open **2** (≈ *wach bleiben*) stay up; **lange aufbleiben** stay up late

aufblenden *Auto*: turn (the headlights) on full (*US* high) beam

aufbrechen 1 break* (*oder* force) open **2 ein Auto aufbrechen** break* into a car **3** (≈ *weggehen*) leave*, set* off (**nach** for)

aufbrezeln: **sich aufbrezeln** *umg* get* dolled up; **aufgebrezelt sein** *umg* be* dolled up

aufbringen 1 raise (*Geld*) **2** summon up, muster (*Mut, Energie*)

Aufbruch *m* **1** departure **2 wir sind gerade im Aufbruch** we're just about to leave

aufdecken 1 uncover, expose (*Verbrechen, Verschwörung usw.*) **2** disclose, reveal (*Fakten, Tatsachen usw.*) **3 das Bett aufdecken** turn the bedclothes down **4** show* (*Spielkarten*)

aufdonnern: **sich aufdonnern** *umg* get (all) dolled up

aufdrängen 1 jemandem etwas aufdrängen force something on someone **2 ich will mich ja nicht aufdrängen, aber ...** I don't want to intrude, but ...

aufdrehen 1 turn on (*Hahn usw.*) **2** turn up (*Radio usw.*)

aufdringlich 1 obtrusive **2** *Person*: obtrusive, *umg* pushy

Aufdruck *m* imprint [ˈɪmprɪnt]

aufeinander 1 (≈ *übereinander*) on top of each other **2 aufeinander angewiesen sein** depend on each other; → **aufeinanderfolgend**

aufeinanderfolgend successive, consecutive; **an drei aufeinanderfolgenden Tagen** (for) three days running

aufeinanderlegen lay* on top of each other, lay* one on top of the other

★**Aufenthalt** *m* **1** stay **2** *Zug*: stop; **wie lange haben wir hier Aufenthalt?** how long do we stop here?

Aufenthaltserlaubnis *f*, **Aufenthaltsgenehmigung** *f* residence permit [ˈrezɪdəns-ˌpɜːmɪt]

Aufenthaltsraum *m* lounge [laʊndʒ]

Auferstehung *f*: **die Auferstehung** the Resurrection [ˌrezəˈrekʃn]

aufessen eat* up

Auffahrt *f* **1** *Autobahn*: slip road, *US* ramp **2** *zu einem Gebäude*: drive, driveway

Auffahrunfall *m* rear-end collision

auffallen 1 er will immer auffallen he's always trying to attract attention **2 jemandem fällt etwas auf** someone notices something; **mir ist es gar nicht aufgefallen** I didn't even notice (it) **3 das fällt nicht auf** nobody will notice

auffällig 1 striking, conspicuous [kənˈspɪkjʊəs] **2** *Farben, Kleider*: loud, *umg* flashy

auffangen 1 catch* (*Ball usw.*) **2** cushion [ˈkʊʃn] (*Stoß, Aufprall usw.*)

auffassen 1 (≈ *begreifen*) understand*, grasp **2** (≈ *deuten*) interpret [ɪnˈtɜːprɪt], understand*; **soll ich das als Beleidigung auffassen?** is that meant to be an insult?

★**Auffassung** *f* **1** (≈ *Meinung*) view; **die Auffassung vertreten, dass ...** take* the view that ... **2** (≈ *Deutung*) interpretation

★**auffordern 1 sie forderte ihn auf, zu gehen** *eindringlich*: she asked him to leave **2 der Politiker forderte seine Anhänger zur Stimmabgabe auf** the politician called on his followers to vote

Aufforderung *f* **1** (≈ *Bitte*) request **2** *eindringliche*: demand

auffressen 1 eat up, devour [dɪˈvaʊə] **2 er wird dich schon nicht auffressen** *umg, übertragen* he won't eat you **3 die Arbeit frisst mich auf** *übertragen* I'm drowning in work

auffrischen: du musst dein Englisch auffrischen! you must brush up your English!

aufführen 1 perform (*Theaterstück*) 2 show* (*Film*) 3 sich aufführen wie ... behave like ...

★**Aufführung** f 1 *Theater*: performance 2 *Film*: showing, show

auffüllen 1 fill up 2 (≈ *nachfüllen*) top up

★**Aufgabe** f 1 (≈ *Arbeit*) job, task; (≈ *Auftrag*) task, mission; **es ist nicht meine Aufgabe, zu ...** it's not my job to (+ *inf*); **sich etwas zur Aufgabe machen** make* something one's business, commit oneself to doing something; **Aufgaben übernehmen** take* on tasks 2 (≈ *Pflicht*) duty 3 (≈ *Rechenaufgabe usw.*) problem 4 (≈ *Hausaufgabe*) homework (▲ *sg*; *ohne a*); *zur Übung*: exercise; (≈ *Referat*) assignment; **hast du deine Aufgaben schon gemacht?** have you done your homework yet? 5 *von Koffer, Gepäck*: registering; *beim Fliegen*: checking (in); *von Anzeige*: placing *kein pl* 6 *von Geschäft*: giving up

aufgabeln *umg* pick up

★**aufgeben** 1 (≈ *verzichten auf*) give* up; **das Rauchen** *usw.* **aufgeben** give* up (*oder* stop) smoking 2 give* up (*Beruf, Wohnung, Hoffnung*) 3 set* (*Aufgabe*); **sie gibt immer sehr viel auf** she always sets (*US* assigns) a lot of homework 4 post, *US* mail (*Brief*) 5 check in (*Luftgepäck*) 6 place (*Bestellung*) 7 *Boxen und übertragen*: throw* in the towel

aufgehen 1 (*Sonne, Mond, Sterne*) rise* 2 (*Vorhang*) rise*, go* up 3 (≈ *sich öffnen*) open (*auch Blume*)

aufgehoben: er ist dort gut aufgehoben he's in good hands there

aufgeilen: sich an etwas aufgeilen *umg* be* (*oder* get*) turned on by something

aufgeklärt *sexuell*: **aufgeklärt sein** know* the facts of life

aufgekratzt in high spirits

aufgelegt: **ich bin gut** (*bzw.* **schlecht**) **aufgelegt** I'm in a good (*bzw.* bad) mood

aufgeregt 1 (≈ *erregt*) excited [ɪkˈsaɪtɪd] 2 (≈ *nervös*) nervous [ˈnɜːvəs]

aufgeschlossen 1 (≈ *offen*) open (**für, gegenüber** to); **sie ist Kritik gegenüber immer aufgeschlossen** she's always open to criticism 2 (≈ *interessiert*) open-minded

aufgeschmissen *umg* stuck

aufgeweckt *Kind*: (very) bright

aufgreifen 1 pick up (*Person*) 2 **ein Thema (einen Vorschlag** *usw.*) **aufgreifen** take* up a subject (a suggestion *usw.*)

aufgrund: **aufgrund der (geltenden) Gesetze in Frankreich** *usw.* because of the law in France *usw.*; **aufgrund des Lehrermangels** because of the shortage of teachers

aufhaben 1 **sie hat einen Hut auf** she's got a hat on, she's wearing a hat 2 **viel** *bzw.* **wenig aufhaben** *Hausaufgaben*: have* a lot of (*bzw.* very little) homework 3 **das Geschäft hat auf** the shop is open

★**aufhalten** 1 stop (*Dieb, Entwicklung*) 2 (≈ *verzögern*) hold* up, delay 3 **ich will Sie nicht länger aufhalten** I won't keep you any longer 4 **er soll sich in Berlin aufhalten** he's said to be (staying) in Berlin

aufhängen 1 **etwas aufhängen** hang* (up) something (**an** on) 2 **jemanden aufhängen** (≈ *töten*) hang someone

Aufhänger m 1 *an Kleidung*: tab, loop 2 (≈ *Ansatzpunkt*) peg; **ein Aufhänger für etwas sein** be* a peg to hang something on

★**aufheben** 1 *vom Boden*: pick up 2 (≈ *nicht wegwerfen*) keep* 3 (≈ *beenden*) call off (*Boykott, Streik*) 4 lift (*Verbot, Blockade*)

aufheitern 1 **jemanden aufheitern** cheer someone up 2 **es heitert sich auf** *Wetter*: it's clearing up

aufhetzen stir up; **er hat seine Kollegen gegen den Chef aufgehetzt** he's stirred his colleagues up against the boss

aufholen 1 **verlorene Zeit aufholen** make* up for lost time 2 **in Biologie muss ich noch aufholen** I must try to catch* up in biology 3 *Verspätung* (*Zug*): make* up the delay

★**aufhören** 1 stop (▲ + *Verb in der* -ing-*Form*); **sie hörte nicht auf zu reden** she wouldn't stop talking; **hör auf (damit)!** stop it! 2 (≈ *ein Ende nehmen*) (come* to an) end

aufklappen 1 *Liegestuhl*: unfold, *Landkarte auch*: open out 2 *Buch, Kofferraum*: open (up)

aufklären 1 clear up (*Verbrechen, Missverständnis usw.*) 2 **jemanden über etwas aufklären** (≈ *informieren*) inform someone about something 3 **ein Kind aufklären** *sexuell*: explain the facts of life to a child

Aufklärung f 1 **wir arbeiten noch an der Aufklärung des Verbrechens** *usw.* we're still trying to solve (*oder* clear up) the crime *usw.* 2 **sexuelle Aufklärung** sex education 3 **die Aufklärung** *Zeitalter*: the (Age of) Enlightenment

aufklauben Ⓐ (≈ *auflesen*) pick up

aufkleben stick* on; **aufkleben auf** stick*

on(to)
Aufkleber *m* sticker
aufknöpfen unbutton
aufkommen 1 (≈ *entstehen*) arise* 2 **Zweifel aufkommen lassen** give* rise to doubt 3 **für den Schaden** *usw.* **aufkommen** pay* for the damage *usw.*
aufkreuzen *umg* turn up
aufladen 1 load (**auf** onto) 2 **mit der Arbeit** *usw.*, **da hast du dir ganz schön was aufgeladen** you've loaded yourself with a lot of work *usw.* there 3 charge (*Batterie*)
★**Auflage** *f* 1 *eines Buches*: edition 2 *einer Zeitung bzw. Zeitschrift*: circulation
auflassen 1: **die Tür** *usw.* **auflassen** leave* (*oder* keep*) the door *usw.* open 2 Ⓐ (≈ *schließen*) close down (*Fabrik*)
auflauern: **jemandem auflauern** lie* in wait for someone
auflegen 1 put* on (*Tischdecke, CD*), set* (*Gedeck*); (**den Hörer**) **auflegen** put* the phone down, hang* up 2 (≈ *herausgeben*) bring* out (*Buch*) 3 issue ['ɪʃuː] (*Aktien*), set* up (*Fonds*) 4 → aufgelegt
auflehnen: **sich auflehnen** rebel [rɪ'bel], *stärker*: revolt [rɪ'vəʊlt] (**gegen** against)
auflesen pick up (*auch übertragen*)
aufleuchten 1 *allg.*: light* up 2 (*Blitz usw.*) flash
auflisten make* a list of, list
auflockern 1 loosen (up), break* up (*Boden*) 2 relax, make* more relaxed (*Atmosphäre, Stimmung*) 3 liven [▲ 'laɪvn] up (*Unterricht, Vortrag usw.*)
★**auflösen** 1 *in Flüssigkeit*: dissolve [▲ dɪ'zɒlv] 2 cancel [▲ 'kænsl] (*Vertrag*) 3 solve (*Rätsel*) 4 close down (*Firma, Lager*) 5 **sich auflösen** (*Nebel, Wolken*) disperse [dɪ'spɜːs], disappear; **die Wolken lösen sich allmählich auf** the clouds are beginning to break up 6 **der Stau hat sich aufgelöst** traffic is back to normal
Auflösung *f* 1 *Bildschirm, Drucker usw.*: resolution 2 *eines Vertrags*: cancellation 3 *eines Rätsels usw.*: solution 4 *eines Parlaments*: dissolution, dissolving
★**aufmachen** 1 *allg.*: (≈ *öffnen*) open 2 put* up (*Schirm*) 3 open up (*Geschäft*) 4 *Wohnungstür auf Klingelzeichen*: answer the door 5 **sich nach Schottland aufmachen** set* off for Scotland
★**aufmerksam** 1 **aufmerksam sein** *in der Schule usw.*: pay* attention 2 **ich möchte euch auf die interessante Deckenbemalung** *usw.* **aufmerksam machen** I'd like to draw your attention to the interesting painting on the ceiling *usw.* 3 (≈ *höflich*) attentive; **danke, sehr aufmerksam!** thank you, that's very kind (of you)
★**Aufmerksamkeit** *f* 1 attention; **Aufmerksamkeit erregen** attract attention; **seine Aufmerksamkeit richten auf** focus one's attention on; **jemandem** (*bzw.* **etwas**) **Aufmerksamkeit schenken** pay* attention to someone (*bzw.* something) 2 (≈ *kleines Geschenk*) little present ['preznt]
Aufmerksamkeitsdefizit-Syndrom *n* attention deficit disorder
aufmotzen *umg* doll up (*Person*), do* up (*Auto*), soup up (*Motor*)
aufmuntern 1 (≈ *ermutigen*) encourage [ɪn-'kʌrɪdʒ] (**zu etwas** to do something) 2 (≈ *aufheitern*) cheer up
aufmüpfig rebellious [rɪ'beljəs]
Aufnahme *f* 1 (≈ *Tonaufnahme*) recording 2 *eines Films*: shooting, *einzelne*: shot, take 3 (≈ *Foto*) photo, shot 4 (≈ *Zulassung*) admission (**in** to, into) 5 *in ein Krankenhaus*: admission (**in** to)
aufnahmefähig **aufnahmefähig sein** be* able to take something in; **für etwas aufnahmefähig sein** be* receptive to something
Aufnahmeprüfung *f* entrance exam
★**aufnehmen** 1 *auf Band, Schallplatte, Video*: record [▲ rɪ'kɔːd] 2 (≈ *filmen*) shoot* 3 take* (*Nahrung*) 4 (≈ *begreifen*) take* in, grasp 5 (≈ *einbeziehen, eingliedern*) include (**in** in), incorporate (**in** in); **haben Sie das ins Protokoll aufgenommen?** have you put that in the minutes? 6 *in einen Verein usw.*: admit (**in** to) 7 (≈ *empfangen*) receive; **er wurde freundlich aufgenommen** he was given a warm welcome 8 **wie hat sie die Nachricht vom Tod ihres Mannes** *usw.* **aufgenommen?** *emotional*: how did she take the news that her husband had died *usw.*? 9 **Verhandlungen aufnehmen** start negotiations
aufopfern: **sich für jemanden aufopfern** sacrifice ['sækrəfaɪs] oneself for someone
★**aufpassen** 1 (≈ *aufmerksam sein*) pay* attention 2 (≈ *vorsichtig sein*) take* care 3 **pass auf!** look out!, watch out! 4 **aufpassen auf** take* care of, look after 5 (≈ *im Auge behalten*) keep* an eye on
aufpeppen *umg* pep up
Aufprall *m* impact
aufprallen: **aufprallen auf** hit*

aufpumpen pump up (*Reifen, Ballon*)
aufputschen ◨ **sich aufputschen** *allg.*: get* oneself going ◪ stir up (*die Massen*)
Aufputschmittel *n* stimulant ['stɪmjʊlənt], *umg* upper, (≈ *Tablette*) *auch* pep pill
aufraffen: **sich zu etwas aufraffen** rouse [raʊz] oneself to do something
★**aufräumen** ◨ tidy up (*Zimmer usw.*) ◪ (≈ *wegräumen*) tidy away, put* away (*Sachen*)
Aufräumerin *f* Ⓐ (≈ *Putzfrau*) cleaner
★**aufrecht** ◨ upright, erect; **aufrecht stehen** stand* erect ◪ *übertragen* upright, honest
aufrechterhalten ◨ *allg.*: maintain ◪ keep* up (*Kontakt usw.*) ◫ stand* by (*Angebot*)
★**aufregen** ◨ (≈ *ärgern*) annoy ◪ (≈ *beunruhigen*) worry [⚠ 'wʌrɪ], *stärker*: upset* ◫ **du regst mich auf!** (≈ *ärgerst mich*) you're getting on my nerves ◱ **sich aufregen** get* excited [ɪk'saɪtɪd] (**über** about), get* worked up (**über** about)
aufregend ◨ exciting [ɪk'saɪtɪŋ] ◪ (≈ *toll*) tremendous [trə'mendəs]
★**Aufregung** *f* ◨ excitement [ɪk'saɪtmənt] ◪ **kein Grund zur Aufregung!** it's nothing to worry about
aufreißen ◨ *wörtlich* tear* [⚠ teər_] open ◪ dig* up (*Straße*) ◫ fling* open (*Tür*) ◱ **alte Wunden aufreißen** open up old wounds ◲ *salopp, übertragen* pick up (*ein Mädchen*)
aufrichten: **sich aufrichten** *aus gebückter Haltung*: straighten up [ˌstreɪtn'ʌp]
aufrichtig ◨ sincere ◪ (≈ *ehrlich*) honest [⚠ -'ɒnɪst] ◫ (≈ *offen*) open, frank
Aufruf *m* ◨ *öffentlicher*: appeal (**an** to) ◪ *zum Flug*: call ◫ *beim Computer*: call
aufrufen ◨ ask (*Schüler*) ◪ call (*Zeugen*) ◫ *beim Computer*: call up ◱ **zum Streik aufrufen** call a strike
aufrunden round up (**auf** to)
aufrüsten ◨ *militärisch*: (re)arm ◪ upgrade (*Computer usw.*)
aufsagen recite [rɪ'saɪt] (*Gedicht*)
Aufsatz *m* ◨ (≈ *Abhandlung*) essay ['eseɪ] ◪ (≈ *Schulaufsatz*) essay, composition, *US mst.* theme ◫ (≈ *Oberteil*) top (part)
Aufsatzthema *n* essay topic, *US* theme
aufsaugen soak up, absorb (*auch übertragen*)
aufschichten stack up, pile up
aufschieben ◨ (≈ *verschieben*) postpone, put* off (**auf, bis** until, till) ◪ (≈ *verzögern*) delay ◫ slide* open (*Tür usw.*)
Aufschlag *m* ◨ (≈ *Aufprall*) impact ◪ *Tennis*: service ◫ *an der Hose*: turn-up, *US* cuff

aufschlagen ◨ **aufschlagen auf** (≈ *auftreffen*) hit*; **er ist mit dem Kopf auf dem Boden aufgeschlagen** he hit his head on the floor ◪ *Tennis*: serve ◫ crack (*Nuss, Ei*) ◱ **er hat sich das Knie aufgeschlagen** he (fell and) cut his knee ◲ open (*Augen, Buch*); **schlagt Seite 10 auf!** open your books at page 10, *bei geöffnetem Buch*: turn to page 10 ◳ pitch (*Zelt*)
aufschließen unlock, open
Aufschluss *m* ◨ insight ['ɪnsaɪt], insights *pl* (**über** into) ◪ **(jemandem) Aufschluss über etwas geben** inform someone about something, explain something to someone
aufschlussreich ◨ informative [ɪn'fɔːmətɪv] ◪ **das war sehr aufschlussreich** that was very interesting
aufschnappen *übertragen, umg* pick up
aufschneiden ◨ cut* open ◪ carve (*Braten*) ◫ *in Scheiben*: cut*, slice (*Brot, Käse usw.*) ◱ (≈ *angeben*) boast, show* off
Aufschnitt *m* *kalter*: (sliced) cold meat (*oder* meats *pl*)
aufschrauben (≈ *Schraube lösen*) unscrew
★**aufschreiben** write* down
Aufschrift *f* ◨ inscription ◪ (≈ *Etikett*) label
aufschürfen: **er hat sich das Knie** *usw.* **aufgeschürft** he's grazed his knee *usw.*
Aufschwung *m* *Wirtschaft*: upturn, (economic) revival
Aufsehen *n* ◨ **Aufsehen erregen** cause (quite) a stir, *stärker*: cause a sensation ◪ **Aufsehen erregend** sensational
aufsehenerregend sensational
Aufseher(in) *m(f)* ◨ *allg.*: supervisor ◪ *bei Prüfung*: invigilator, *US* proctor ◫ *in Gefängnis*: warder, *US* guard ◱ *im Museum*: attendant
aufsetzen ◨ *allg. und übertragen*: put* on (*Brille, Hut, Miene usw.*) ◪ draft (*Brief, Rede*) ◫ (*Flugzeug*) touch down
Aufsicht *f* ◨ supervision; **unter ärztlicher Aufsicht** under medical supervision ◪ (≈ *Person*) supervisor, person in charge ◫ **Aufsicht haben** *bei einer Prüfung*: invigilate [ɪn'vɪdʒɪleɪt] (an exam), *US* monitor an exam
Aufsichtsrat *m* *Wirtschaft*: supervisory board [ˌsuːpə'vaɪzərɪ_bɔːd]; **im Aufsichtsrat einer Firma sitzen** be* on the board of a firm
aufspannen: **den Schirm aufspannen** put* up the umbrella
aufspielen: **sich aufspielen** give* oneself airs; **sich als Held aufspielen** play the hero
aufspießen ◨ spear [spɪə] (*Fleisch, Fisch usw.*) ◪ *mit Hörnern*: gore

aufspringen ① (≈ *hochspringen*) jump up, leap* up ② **auf einen Zug** usw. **aufspringen** jump onto a train usw. ③ (*Hände, Lippen*) crack, chap ④ (*Schloss*) spring* open

Aufstand m revolt [rɪˈvəʊlt], uprising

★**aufstehen** ① (≈ *sich erheben*) get* up, stand* up ② *aus dem Bett*: get* up ③ **vom Tisch aufstehen** get* up from (*oder* leave*) the table ④ **die Tür** usw. **steht auf** the door usw. is open

aufsteigen ① rise* (*auch übertragen*) ② **steig auf dein Rad** (*bzw. Pferd* usw.) **auf!** get on(to) your bicycle (*bzw.* horse usw.)! ③ **die Mannschaft ist in die erste Bundesliga aufgestiegen** the team has gone up into the First Division

Aufsteiger m ① (≈ *Mannschaft*) promoted team ② (≈ *Hit*) chart climber [▲ ˈklaɪmə]

★**aufstellen** ① set* up ② (≈ *errichten*) erect (*Denkmal* usw.) ③ (≈ *anordnen*) arrange ④ install [ɪnˈstɔːl] (*Maschine* usw.) ⑤ **ein Zelt aufstellen** put* up a tent ⑥ draw* up (*Liste, Tabelle*) ⑦ (≈ *auswählen*) select, pick (*Spieler, Team*) ⑧ nominate, put* forward (*Kandidaten*) ⑨ **einen Rekord aufstellen** set* (up) a record [ˈrekɔːd] ⑩ **Raketen aufstellen** deploy missiles ⑪ **gut** (*bzw*.**schlecht**) **aufgestellt sein** be* well (*bzw.* poorly) positioned (*oder* placed)

Aufstellung f ① setting up ② (≈ *Anordnung*) arrangement ③ *einer Maschine* usw.: installation [ˌɪnstəˈleɪʃn] ④ (≈ *Nominierung*) nomination ⑤ (≈ *Liste*) list ⑥ (≈ *Tabelle*) table ⑦ *von Raketen* usw.: deployment; → aufstellen

★**Aufstieg** m ① ascent [əˈsent] ② *übertragen* rise ③ *Sport*: promotion [prəˈməʊʃn]

aufstocken ① build* another storey onto, US build* another story onto (*Haus*) ② increase [ɪnˈkriːs] (*Kapital*) (**um** by), top up (*Lohn*)

Aufstockung f ① *von Haus*: storey extension, US story extension ② *von Kapital, Kredit*: increase [ˈɪnkriːs]; *von Lohn*: top-up [ˈtɒpʌp]

aufstoßen ① push open (*Tür* usw.) ② (≈ *rülpsen*) burp

aufstützen: **sich aufstützen auf** lean* on

aufstylen: **sie** (*oder* **er**) **stylt sich gern auf** *umg* she (*oder* he) likes to get (all) snazzed up; **aufgestylt sein** *umg* be* dressed up, be* snazzed up

auftanken ① fill up ② refuel [ˌriːˈfjuːəl] (*Flugzeug*)

auftauchen ① (≈ *erscheinen*) appear, turn up ② (*Frage, Problem*) come* up, crop up ③ (*U-Boot*) surface [ˈsɜːfɪs]

auftauen ① thaw [θɔː] ② (*Tiefkühlkost*) defrost [ˌdiːˈfrɒst]

★**aufteilen** ① (≈ *verteilen*) distribute [dɪˈstrɪbjuːt] (**unter** to, among) ② (≈ *einteilen*) divide (**in** into)

★**Auftrag** m ① (≈ *Weisung*) instructions (▲ *pl*) ② (≈ *Bestellung*) order ③ **im Auftrag von** on behalf [bɪˈhɑːf] of ④ (≈ *Aufgabe*) job ⑤ *eines Künstlers* usw.: commission

auftragen ① apply (*Farbe, Salbe* usw.) ② **dick auftragen** *übertragen* lay* it on thick

Auftraggeber(in) m(f) client [ˈklaɪənt]; *von Firma*: customer [ˈkʌstəmə]

Auftragnehmer(in) m(f) contractor

Auftragsbuch n order book

auftreffen: **auftreffen auf** hit*

auftreiben: **Geld auftreiben** *umg* get* hold of money

auftreten ① *mit dem Fuß*: step, tread* [▲ tred]; **er kann mit dem verletzten Fuß nicht auftreten** he can't walk on his injured foot ② *im Theater*: appear (on stage) ③ *als Musiker* usw.: perform ④ (≈ *vorkommen*) occur ⑤ (≈ *sich verhalten*) behave, act

Auftritt m ① *als Künstler*: appearance ② (≈ *Szene im Theater*) scene [siːn]

★**aufwachen** wake* up (*auch übertragen*)

★**aufwachsen** grow* up

Aufwand m ① (≈ *Kosten*) cost, expense ② (≈ *Anstrengung*) effort [ˈefət]; **der Aufwand lohnt sich nicht** it's not worth the effort ③ (≈ *Luxus*) extravagance [ɪkˈstrævəɡəns]

aufwändig → aufwendig

aufwärmen ① warm up ② **er möchte sich aufwärmen** he'd like to warm himself up

★**aufwärts** upward(s); → aufwärtsgehen

Aufwärtsentwicklung f upward trend

aufwärtsgehen ① (*Weg*) go* (*oder* lead*) upwards ② **mit ihm geht es aufwärts** things are looking up for him

★**aufwecken** wake* (up)

aufweichen *in Flüssigkeit*: soak

aufweisen ① **sie kann mehrere Erfolge aufweisen** she's <u>had</u> several successes ② **etwas** (*bzw.* **nichts**) **aufzuweisen haben** have* something (*bzw.* nothing) to show

aufwenden ① spend* (*Zeit*) (**für** on) ② (**viel**) **Mühe aufwenden** (**,um zu**) take* (great) pains (**to** + *inf*)

aufwendig ① (≈ *kostspielig*) costly, expensive ② *Lebensweise*: extravagant [ɪkˈstrævəɡənt]

aufwerfen raise, bring* up (*Frage, Problem*)

aufwerten ① revalue ② *übertragen* upgrade

aufwickeln (≈ *aufrollen*) roll up

aufwiegen *übertragen* compensate for, make* 'up for

aufwirbeln ◼ whirl up ◼ **viel Staub aufwirbeln** *übertragen* cause quite a stir [stɜː]

aufwischen ◼ wipe up ◼ wipe (*Fußboden*)

aufzählen (≈ *aufführen*) enumerate [ɪˈnjuːməreɪt], (≈ *aufsagen*) list

Aufzählung *f* enumeration [ɪˌnjuːməˈreɪʃn], list

aufzeichnen *auf Band:* record [rɪˈkɔːd], tape

Aufzeichnung *f* ◼ (≈ *Aufnahme*) recording ◼ **sich Aufzeichnungen machen** (≈ *etwas aufschreiben*) make* (*oder* take*) notes

Aufzeichnungspflicht *f* obligation to keep records

aufzeigen Ⓐ (≈ *die Hand heben*) put* one's hand up

aufziehen ◼ (≈ *hochziehen*) draw* up, pull up ◼ wind* [waɪnd] up (*Uhr*) ◼ put* on (*Reifen*)

★**Aufzug** *m* ◼ (≈ *Fahrstuhl*) lift, *US* elevator [ˈelɪveɪtə] ◼ *Theater:* act ◼ *im negativen Sinn* (≈ *Kleidung*) getup

aufzwingen: **jemandem etwas aufzwingen** force something on someone

★**Auge** *n* ◼ eye ◼ *Wendungen:* **gute** (*bzw.* **schlechte**) **Augen haben** have* good (*bzw.* bad) eyesight; **ich hab's mit eigenen Augen gesehen** I saw it with my own eyes; **im Auge behalten** *übertragen* bear* in mind; **aus den Augen verlieren** lose* sight of; **unter vier Augen** in private

Augenarzt *m*, **Augenärztin** *f* eye specialist, *US* eye doctor

★**Augenblick** *m* ◼ moment ◼ *Wendungen:* **(einen) Augenblick!** one moment (*oder* just a minute), please; **im letzten Augenblick** at the last minute

★**augenblicklich** ◼ (≈ *sofortig*) immediate ◼ (≈ *gegenwärtig*) present; **die augenblickliche Lage** the situation now

Augenbraue *f* eyebrow [ˈaɪbraʊ]

Augenhöhe *f*: **in Augenhöhe** at eye level; **auf Augenhöhe** *übertragen* on an equal footing

★**Augenlid** *n* eyelid

Augentropfen *pl* eyedrops

Augenzeuge *m* eyewitness; **er war Augenzeuge bei diesem Terroranschlag** he was an eyewitness to this terrorist attack

Augenzeugenbericht *m* eyewitness account

Augenzeugin *f* eyewitness

★**August** *m* August [ˈɔːɡəst]; **im August** in August (⚠ *ohne* the)

Auktion *f* auction [ˈɔːkʃn]

Aula *f* *Schule, Universität usw.:* (assembly) hall

Au-pair-Mädchen *n* au pair [əʊˈpeə] (girl)

★**aus** ◼ *räumlich:* out of, from; **aus dem Fenster** out of (*US auch* out) the window; **aus München** from Munich ◼ *Material:* **aus Holz** made of wood, wooden ... ◼ (≈ *ausgeschaltet*) off; **Licht aus!** lights out!; **ein - aus** on - off ◼ **aus Angst** out of fear; **aus Versehen** by mistake ◼ **aus der Zeitung** from the newspaper ◼ *zeitlich:* from; **aus dem Mittelalter** from the Middle Ages (⚠ *pl*)

───────── GETRENNTSCHREIBUNG ─────────

aus sein ◼ (≈ *vorbei sein*) be* over; **damit ist es (jetzt) aus** it's all over now ◼ **zwischen den beiden ist es aus** they've split up ◼ **ich war gestern mit ihr aus** I was (*oder* went) out with her yesterday ◼ **der Fernseher ist aus** the TV is (switched) off; **das Licht ist aus** the light is off (*oder* out)

───────────────────────────────────────

ausarbeiten ◼ work out ◼ (≈ *vorbereiten*) prepare ◼ *sorgfältig:* elaborate [ɪˈlæbəreɪt] ◼ (≈ *entwickeln*) develop [dɪˈveləp] ◼ (≈ *entwerfen*) draw* up

ausatmen breathe [⚠ briː ð] out

ausbauen ◼ (≈ *erweitern*) extend ◼ (≈ *verbessern*) improve [ɪmˈpruːv]

ausbessern mend, repair (*Sachen*)

ausbeuten exploit

Ausbeutung *f* exploitation (*auch von Rohstoffen usw.*)

ausbilden (≈ *schulen*) train, instruct

Ausbilder(in) *m(f)*, Ⓐ, Ⓒ **Ausbildner(in)** *m(f)* instructor

★**Ausbildung** *f* ◼ *berufliche:* training ◼ *schulische, akademische:* education, (≈ *Lehre*) apprenticeship; **schulische Ausbildung** school education; **in der Ausbildung sein** be* a trainee; **eine Ausbildung als Maler machen** be* training to become a painter

Ausbildungsbeihilfe *f* (education) grant

Ausbildungsgang *m* training

Ausbildungsplatz *m* (≈ *Stelle*) trainee position, traineeship; **einen Ausbildungsplatz suchen/finden** look for/find* a trainee position

Ausbildungsstelle *f* trainee position, traineeship; **jemandem eine Ausbildungsstelle vermitteln** find* someone a trainee position

Ausbildungsvertrag *m* training contract

Ausbildungszeugnis *n* training certificate

ausblasen blow* out

Ausblick *m* view (**auf** of); **ein Zimmer mit Ausblick auf den See** a room overlooking the lake

★**ausborgen** 1 sich etwas ausborgen borrow something 2 jemandem etwas ausborgen lend* someone something, lend* something (out) to someone

ausbrechen 1 (Feuer, Krieg, Krankheit usw.) break* out 2 (Vulkan) erupt 3 (Gefangener) break* out (aus of), escape (aus from) 4 **in Tränen** (bzw. **Gelächter**) **ausbrechen** burst* out crying (bzw. laughing)

ausbreiten 1 spread* (out) 2 sich ausbreiten (Feuer, Krankheit usw.) spread* (auf to)

Ausbreitung f von Feuer, Seuche: spreading

Ausbruch m 1 von Krieg, Seuche usw.: outbreak 2 von Vulkan: eruption 3 (≈ Flucht) escape

ausbrüten 1 hatch (out) (Eier) 2 übertragen hatch (Pläne, Maßnahmen)

ausbürgern denaturalize [di:'nætʃrəlaɪz]

Ausbürgerung f expatriation [eks,pætrɪ'eɪʃn]

Ausdauer f 1 im Sport, beim Lernen usw.: endurance, staying power 2 (≈ Beharrlichkeit) perseverance [,pɜːsɪ'vɪərəns]

ausdehnen 1 (≈ dehnen) stretch 2 extend (Macht, Einfluss usw.) (auf to) 3 zeitlich: extend, prolong [prə'lɒŋ] 4 **Wasser dehnt sich aus, wenn es gefriert** water expands when it freezes

ausdenken: sich etwas ausdenken think* of something, come* up with something

Ausdruck¹ m von Computer usw.: printout

★**Ausdruck**² m 1 (≈ Wort) expression, word, (≈ Wendung) expression 2 (≈ Gesichtsausdruck, Ausdrucksweise) expression; **zum Ausdruck bringen** express (seine Meinung, Dank usw.)

ausdrucken Computer: print out

★**ausdrücken** 1 squeeze (Schwamm, Zitrone, Pickel usw.) 2 squeeze out (Flüssigkeit) (aus of) 3 stub out (Zigarette) 4 (≈ äußern) express; **anders ausgedrückt** in other words 5 **drück dich deutlich aus!** express yourself clearly 6 (≈ zeigen) express, show*

★**ausdrücklich** 1 express, explicit [ɪk'splɪsɪt] 2 **etwas ausdrücklich erwähnen** mention something explicitly

ausdruckslos expressionless

ausdrucksvoll (very) expressive

Ausdrucksweise f 1 seine usw. Ausdrucksweise his usw. way of expressing himself usw. 2 (≈ Sprache) language ['læŋgwɪdʒ]

★**auseinander** (≈ getrennt) apart, separated; **sie sind drei Jahre auseinander** they're three years apart; → auseinandergehen usw.

auseinanderbrechen 1 etwas bricht auseinander something falls apart 2 etwas auseinanderbrechen break* something up

auseinandergehen 1 (Beziehung, Ehe) break* up 2 **ihre Meinungen gehen auseinander** they have (very) different opinions

auseinanderhalten: **Ursache und Wirkung auseinanderhalten** (≈ unterscheiden) distinguish between cause and effect

auseinandernehmen take* apart (auch übertragen)

auseinandersetzen 1 Schule: separate (Kinder) 2 sich mit jemandem auseinandersetzen übertragen argue with someone

★**Auseinandersetzung** f 1 (≈ Diskussion) debate 2 (≈ Streit) argument, politisch, in der Industrie: dispute 3 (≈ Zusammenstoß) clash

★**Ausfahrt** f 1 aus Grundstück usw., Autobahn: exit; **Ausfahrt frei halten!** keep* (exit) clear 2 (≈ Torausfahrt) gateway 3 (≈ Spazierfahrt) drive, ride

ausfallen 1 (Zähne, Haare) fall* out 2 **das Konzert fällt aus** the concert has been cancelled ['kænsld]; **Englisch** usw. **fällt morgen aus** there's no English usw. (class) tomorrow 3 **wie ist die Prüfung ausgefallen?** how did you do in the exam?

ausfindig: ausfindig machen find*

ausflippen umg freak out, flip (out)

★**Ausflug** m excursion, outing; **einen Ausflug machen** go* on an outing

ausfragen: jemanden über etwas ausfragen question someone about something

ausfressen: **er hat wieder etwas ausgefressen** umg he's been up to something (oder up to no good) again

Ausfuhr f 1 (≈ das Exportieren) export ['ekspɔːt] 2 (≈ Export, Ausfuhrgüter) exports (▲ pl)

ausführen 1 (≈ durchführen) carry out 2 (≈ gestalten) execute ['eksɪkjuːt] (Plan, Entwurf usw.) 3 (≈ darlegen) explain 4 Fußball: take* (Strafstoß)

★**ausführlich** 1 (≈ detailliert) detailed 2 Brief: long 3 **sie beschrieb die Ereignisse ausführlich** she described the events at great length

Ausführung f 1 (≈ Durchführung) implementation 2 (≈ Modell) model ['mɒdl] 3 **Ausführungen** (≈ Darlegungen) comments, remarks (zu, über on, about)

★**ausfüllen** 1 complete, fill in, bes. US fill out (Formular) 2 take* up (Raum, Zeitraum, Freizeit) 3 übertragen fill (Lücke) 4 **sein Beruf füllt ihn ganz aus** zeitlich: his job takes up all

★**Ausgabe** f **1** (≈ *Verteilung*) distribution **2** *Buch usw.*: edition **3** *von Briefmarken, Banknoten, einer Zeitschrift usw.*: issue ['ɪʃuː] **4** **Ausgaben für** (≈ *Unkosten*) cost (⚠ *sg*) of **5** *Computer*: output

★**Ausgang** m **1** (≈ *Weg nach draußen*) *Hinweisschild*: exit (+ *Genitiv oder* **von** from), *am Flughafen*: gate **2 Ausgang haben** have* the day off **3** (≈ *Ende*) end, *von Roman, Film*: ending, (≈ *Ergebnis*) outcome; **ein Unfall mit tödlichem Ausgang** a fatal accident

★**Ausgangspunkt** m starting point (*auch übertragen*)

★**ausgeben 1** spend* (*Geld*) (**für** on) **2 er gab sich als Experte aus** he passed himself off as an expert **3 ich geb einen aus** what are you (all) having?, this is my round, this one's on me, I'll get this one

ausgebeult *Hose*: shapeless, baggy

ausgebildet trained, skilled

ausgebrannt burnt-out

ausgebucht: das Hotel ist ausgebucht the hotel is booked up (*oder* fully booked)

ausgedehnt 1 *Fläche*: extensive **2** *übertragen* extensive, long **3** (≈ *lang*) long (*auch zeitlich*)

ausgefallen *Kleider, Geschmack, Ideen usw.*: unusual [ʌnˈjuːʒʊəl], *umg* off-beat

ausgeglichen: ein ausgeglichener Mensch a well-balanced person

★**ausgehen 1** go* out (*auch abends*) **2** (≈ *enden*) end **3** (*Haare*) fall* out; **ihm gehen die Haare aus** he's losing his hair **4** (*Licht, Feuer usw.*) go* out **5** (*Geld, Vorräte*) run* out; **ihm ging das Geld aus** he ran out of money **6** *Wendungen*: **ich gehe davon aus, dass …** I'm assuming that …; **leer ausgehen** *übertragen* end up with nothing; **alles ging gut aus** everything turned out well; **das Spiel ging unentschieden aus** the game ended in a draw (*US* tie) **7** Ⓐ (≈ *reichen, passen*) **sich ausgehen** be* enough; **das geht sich nicht aus** it's not enough

ausgehungert: ich bin völlig ausgehungert I'm starving, I'm half-starved

ausgelassen 1 *Stimmung*: exuberant [ɪɡˈzjuːbrənt], happy **2** *Person*: lively

★**ausgenommen 1** except (for), apart from, with the exception of **2 ausgenommen, dass …** except that …

ausgeprägt distinct [dɪˈstɪŋkt], marked

ausgerechnet 1 ausgerechnet er he (*oder* him) of all people **2 ausgerechnet heute** today of all days

ausgeschlossen[1] (≈ *unmöglich*) impossible, out of the question

ausgeschlossen[2] (≈ *nicht berücksichtigt*) excluded; → **ausschließen**

ausgeschnitten low-cut; **tief ausgeschnitten** very low-cut

ausgesprochen 1 (≈ *sehr*) really, extremely; **sie ist ausgesprochen hübsch** she's really pretty **2** (≈ *ausgeprägt*) definite, *Ähnlichkeit*: marked; **sie hat ein ausgesprochenes Talent** she has a real talent **3 das ist ausgesprochen schade** that's a real shame; **das war ausgesprochenes Pech** that was really bad luck

ausgestorben 1 *Tierart, Pflanzenart*: extinct **2** *Stadt usw.*: deserted [dɪˈzɜːtɪd]

ausgewachsen fully grown, full-grown

★**ausgezeichnet 1** excellent **2 er kann ausgezeichnet Klavier spielen** he's an excellent pianist **3 das passt mir ausgezeichnet** that suits me very well (indeed)

ausgiebig 1 ein ausgiebiges Essen *usw.* a big (*oder* substantial) meal *usw.* **2 ein ausgiebiger Spaziergang** *usw.* a long walk *usw.* **3 ausgiebig frühstücken** *usw.* have* a big breakfast *usw.*

ausgießen 1 *aus einem Behälter*: pour out [ˌpɔːˈraʊt] **2** (≈ *leeren*) empty

Ausgleich m (≈ *Gleichgewicht*) balance, *von Konto* balancing [ˈbælənsɪŋ], *von Verlust* compensation, *Sport*: equalizer [ˈiːkwəlaɪzə]; **zum** (*oder* **als**) **Ausgleich für etwas** in order to compensate for something; **er treibt zum Ausgleich Sport** he does sport for exercise

Ausgleich m **1** (≈ *Entschädigung*) compensation **2** *Sport*: (≈ *Treffer*) equalizer, *US* tying point

ausgleichen 1 balance **2** level out (*Unterschiede*) **3** compensate (for), make* up for (*Verlust usw.*) **4** *Sport*: equalize, *US* make* the score even

Ausgleichstor n, **Ausgleichstreffer** m equalizer, *US* tying point

ausgraben dig* up (*auch übertragen*)

Ausgrabung f excavation [ˌekskəˈveɪʃnz], *umg* dig (⚠ *sg*); **bei Ausgrabungen mitarbeiten** work on a dig

ausgrenzen *übertragen* exclude (**aus** from)

Ausgrenzung f exclusion [eksˈkluːʒn]

Ausguss m **1** (≈ *Becken*) sink **2** (≈ *Tülle*) spout

aushaben 1 hast du die Schuhe aus? have you taken (*oder* got) your shoes off? **2 hast du das Buch aus?** have you finished the book? **3**

wann hast du heute aus? *Schule*: when do you finish school today?

★**aushalten** ① put* up with ② *bes. bei Verneinung*: stand*, take* ③ *Wendungen*: **ich halt's nicht mehr aus** I can't stand (*oder* take) it any longer; **nicht zum Aushalten** unbearable [ʌnˈbeərəbl]

aushandeln negotiate [nɪˈɡəʊʃɪeɪt] (*Vertrag usw.*)

aushändigen hand over

Aushang *m* notice

aushängen ① put* up (*Anzeige usw.*) ② **die Tür aushängen** take* the door off its hinges ③ **die Listen hängen aus** the lists are up (on the notice board)

aushecken: **er heckt schon wieder etwas aus** he's up to something again

aushelfen ① help out ② **(bei) jemandem aushelfen** help someone out

Aushilfe *f* (temporary) help, *umg, bes. Sekretärin*: temp; **als Aushilfe arbeiten** temp

Aushilfskraft *f* casual [ˈkæʒʊəl] worker, *US* temporary (worker), *umg* temp

ausholen ① **er holte zum Schlag aus** he raised his hand (ready) to strike ② **weit ausholen** *übertragen* go* a long way back; **etwas ausholen** *übertragen* go* back a bit

aushorchen: **jemanden aushorchen** sound someone out

ausjassen Ⓐ, ⓒ *umg* (≈ *aushandeln*) negotiate [nɪˈɡəʊʃɪeɪt]

auskennen ① **sie kennt sich in Berlin gut aus** she knows her way around in Berlin ② **er kennt sich in … gut aus** *Gebiet, Thema*: he knows a lot about …; **er kennt sich in Biologie gut aus** he's (very) good at biology

auskippen ① tip out ② pour out [ˌpɔːˈraʊt] (*Flüssigkeit*) ③ (≈ *leeren*) empty

ausklingen ① (*Musik usw.*) die away ② *übertragen* come* to an end, end

auskommen ① **mit etwas auskommen** manage with something; **ich kann mit so wenig Geld nicht auskommen** I can't manage on so little money ② **(gut) mit jemandem auskommen** get* on (well) with someone ③ **er kommt ohne sie nicht aus** he can't live without her

★**Auskunft** *f* ① (≈ *Mitteilung*) information (▲ *nie im pl*) (**über** about) ② **nähere Auskunft** more information, further details (▲ *pl*) ③ (≈ *Auskunftsbüro, Auskunftsschalter*) information office, information desk, *Hinweisschild*: information ④ (≈ *Fernsprechauskunft*) directory enquiries [dəˈrektərɪ_ɪnˌkwaɪərɪz] (▲ *pl*), *US* directory assistance (▲ *beide ohne the*), *US* information

auskurieren cure (*Grippe usw.*)

auslachen: **jemanden auslachen** laugh [lɑːf] at someone

ausladen ① unload (*Ware*) ② **jemanden ausladen** *übertragen* tell* someone not to come

★**Ausland** *n* ① **das Ausland** foreign [ˈfɒrən] countries (▲ *pl, ohne the*) ② **ins Ausland, im Ausland** abroad [əˈbrɔːd] ③ **aus dem Ausland** from abroad ④ **Handel mit dem Ausland** foreign trade

Ausländer(in) *m(f)* foreigner [ˈfɒrənə]

★**Ausländerbeauftragte(r)** *m/f(m)* official with special responsibility for foreigners [ˈfɒrənəz]

ausländerfeindlich hostile to foreigners [ˈfɒrənəz], xenophobic [ˌzenəˈfəʊbɪk]

Ausländerfeindlichkeit *f* hostility to foreigners [ˈfɒrənəz], xenophobia [ˌzenəˈfəʊbɪə]

ausländerfreundlich foreigner-friendly [ˈfɒrənəˌfrendlɪ]; **sie sind sehr ausländerfreundlich** they are very friendly to foreigners

★**ausländisch** foreign [ˈfɒrən]

Auslandsaufenthalt *m* stay abroad [əˈbrɔːd]

Auslandskorrespondent(in) *m(f)* foreign correspondent [ˌfɒrənˌkɒrəˈspɒndənt]

★**auslassen** ① leave* out, omit [əˈmɪt] (*Wort*) ② (≈ *überspringen*) skip

★**auslaufen** ① (*Flüssigkeit*) run* out ② (*Schiff*) leave* port ③ (≈ *enden*) end ④ (*Vertrag*) run* out, expire ⑤ *beim Sport*: warm down

ausleeren empty

auslegen ① (≈ *ausbreiten*) lay* out ② **mit Teppich(boden)**: carpet ③ *mit Papier usw.*: line ④ (≈ *deuten*) explain, interpret [ɪnˈtɜːprɪt] ⑤ advance [ədˈvɑːns] (*Geld*)

ausleihen ① (≈ *verleihen*) lend* (out), *bes. US* loan; **sie hat ihm ihr Wörterbuch ausgeliehen** she lent him her dictionary, she lent her dictionary to him ② (≈ *sich leihen*) borrow; **er hatte sich das Wörterbuch (von ihr) nur ausgeliehen** he'd only borrowed the dictionary (from her)

auslernen ① (≈ *seine Ausbildung beenden*) finish one's training ② *Wendung*: **man lernt nie aus** you live and learn

auslesen select, choose* [tʃuːz], pick out

ausliefern ① deliver [dɪˈlɪvə] (*Waren*) ② hand over (*politische Gefangene*) (**an** to) ③ extradite [ˈekstrədaɪt] (*ausländische Verbrecher usw.*) (**an** to)

Auslieferung *f* ① *von Waren*: delivery [dɪˈlɪvərɪ]

2 von Menschen: handing over, von Gefangenen: extradition [ˌekstrəˈdɪʃn]

ausloben Ⓐ (≈ öffentlich ausschreiben) invite tenders for

ausloggen: **sich ausloggen** Computer: log out (oder off)

auslöschen put* out (Licht, Feuer usw.)

auslosen draw* lots for

auslösen **1** release [rɪˈliːs] (Mechanismus) **2** trigger off (Alarm, Schuss) **3** trigger off, spark off (Streik, Krieg usw.) **4** cause (Gefühl, Reaktion) **5** arouse [əˈraʊz] (Begeisterung, Wut) **6** set* off (chemische Reaktion)

Auslöser m **1** allg.: release [rɪˈliːs] **2** Kamera: shutter release **3** Gewehr: trigger

★**ausmachen** **1** put* out (Feuer, Licht) **2** turn off, switch off (Radio) **3** (≈ vereinbaren) agree on (Honorar, Preis usw.) **4** Wendungen: **einen Termin ausmachen** arrange (oder fix) a time; **das macht viel aus** it makes a big difference, it matters a lot; **das macht (gar) nichts aus** it doesn't matter at all; **macht es Ihnen etwas aus, wenn ich das Fenster öffne?** do you mind if I open the window?; **das macht mir nichts aus** I don't mind, gleichgültig: I don't care; **die Kälte macht ihm nichts aus** the cold doesn't bother him

ausmalen **1** colour (in) (Bild) **2** **sich etwas ausmalen** imagine [ɪˈmædʒɪn] something

★**Ausmaß** n übertragen extent [ɪkˈstent]; **in großem Ausmaß** to a great extent

ausmerzen **1** weed out (Fehler) **2** (≈ ausrotten) wipe (oder stamp) out

ausmessen measure (out) [ˌmeʒə(ˈr)aʊt]

★**Ausnahme** f exception; **mit Ausnahme von** (oder gen) except (for), with the exception of; **bei dir mache ich eine Ausnahme** I'll make an exception in your case

Ausnahmezustand m state of emergency

ausnahmslos without exception

★**ausnahmsweise** as an exception; „**Darf ich mitkommen?**" – „**Ausnahmsweise.**" 'Can I come too?' – 'Just this once.'

ausnehmen **1** clean, gut (Fisch, Geflügel) **2** (≈ ausschließen) except, exclude

ausnutzen, ausnützen **1** (≈ nützen) use [juːz], make* use [▲juːs] of **2** unfair: take* advantage of

★**auspacken** **1** unpack (Koffer) **2** unwrap [ˌʌnˈræp] (Geschenk usw.) **3** **pack aus!** umg (≈ erzähl's) come* on, out with it

auspfeifen: **jemanden auspfeifen** boo (at) someone, Br, umg give* someone the bird

auspressen squeeze (Zitrone, Schwamm usw.)

ausprobieren try (out), test

Auspuff m exhaust [ɪɡˈzɔːst]

ausradieren **1** rub out, erase [ɪˈreɪz] **2** übertragen wipe out, eradicate [ɪˈrædɪkeɪt]

ausrasten umg (≈ durchdrehen) flip out

ausrauben **1** rob **2** (≈ plündern) ransack

ausräumen **1** clear out (Zimmer, Möbel) **2** übertragen clear up (Bedenken usw.)

★**ausrechnen** **1** work out (auch übertragen) **2** **ich rechne mir gute Chancen aus** I reckon (oder think) I've got a good chance (sg)

Ausrede f excuse [ɪkˈskjuːs]

ausreden **1** **lass ihn mal ausreden!** let him finish (speaking) **2** **jemandem etwas ausreden** talk someone out of something

★**ausreichen** be* enough [ɪˈnʌf]; **seine Kenntnisse reichen nicht aus** he doesn't know enough

ausreichend **1** enough [ɪˈnʌf], sufficient [səˈfɪʃnt] **2** Zensur: fair

★**Ausreise** f: **bei der Ausreise** on leaving the country; **bei der Ausreise aus Frankreich** on leaving France; **jemandem die Ausreise verweigern** forbid* someone to leave the country

ausreisen: **aus Deutschland ausreisen** leave* Germany

ausreißen **1** pull (oder tear* [teər]) out (Haare, Zahn, Unkraut) **2** **dafür reiß ich mir kein Bein aus** umg I'm not going to bust a gut for it **3** (≈ weglaufen) run* away (**von** from)

ausrenken: **sie hat sich den Arm** usw. **ausgerenkt** she's dislocated [ˈdɪsləkeɪtɪd] her arm usw.

ausrichten **1** **könntest du ihm ausrichten, dass ich komme?** could you tell him (that) I'm coming?; **ich werds ausrichten** I'll tell him usw., I'll pass it on **2** **richten Sie ihm Grüße (von mir) aus** give my regards **3** **kann ich etwas ausrichten?** can I take a message?

ausrotten wipe out (auch übertragen)

ausrufen **1** cry, shout **2** **den Notstand ausrufen** declare a state of emergency

Ausrufezeichen n exclamation mark, US exclamation point

★**ausruhen**: **(sich) ausruhen** (have* a) rest

ausrüsten: **jemanden (mit etwas) ausrüsten** equip [ɪˈkwɪp] someone (with something)

Ausrüstung f **1** Sport usw.: gear, Br auch kit **2** Militär usw.: equipment [ɪˈkwɪpmənt]

★**ausrutschen** slip (**auf** on)

Ausrutscher m übertragen slip

★**Aussage** f **1** statement **2** künstlerische: message **3** *eines Zeugen*: evidence ['evɪdəns] (⚠ *nur sg und ohne an*)

aussagen 1 state, declare, say* **2** *vor Gericht*: give* evidence (**gegen** against)

ausschaffen ⓢⓌ (≈ *aus dem Land ausweisen*) expel [ɪkˈspel] (*Asylbewerber usw.*)

★**ausschalten 1** switch off (*Licht, Radio usw.*) **2** *übertragen* eliminate

★**ausschauen 1 ausschauen nach** look out for **2** → aussehen

ausscheiden 1 Selbstmord scheidet aus suicide can be ruled out **2 er ist in der ersten Runde ausgeschieden** he was eliminated in the first round **3 sie scheidet von vornherein aus** she can't be considered **4 ausscheiden aus** *einer Firma, Regierung usw.*: leave*

ausschimpfen: **schimpf ihn nicht aus, weil er zu spät kommt!** don't tell him off for being late

ausschlafen 1 (sich) ausschlafen get* a decent night's sleep, *Br, umg*; *morgens*: have* a lie-in, *US* sleep in **2 ich hab noch nicht ausgeschlafen** I haven't had enough sleep **3 seinen Rausch ausschlafen** *umg* sleep* it off

Ausschlag *m* **1 (einen) Ausschlag bekommen** break* out in a rash (*oder* in spots) **2 den Ausschlag geben** *übertragen* decide (the issue)

ausschlagen: **etwas ausschlagen** (≈ *ablehnen*) reject, turn down (*Angebot usw.*)

ausschlaggebend decisive [dɪˈsaɪsɪv]

★**ausschließen 1 jemanden ausschließen** (≈ *aussperren*) lock someone out **2 er wurde aus der Partei** *usw.* **ausgeschlossen** he was expelled from the party *usw.* **3** (≈ *nicht berücksichtigen*) exclude, rule out **4 er schließt sich von allem aus** he won't join in anything **5 er fühlt sich immer ausgeschlossen** he always feels left out

★**ausschließlich** exclusively; **er interessiert sich ausschließlich für Fußball** all he's interested in is football

Ausschluss *m* **1** exclusion **2** *Sport*: disqualification **3 unter Ausschluss der Öffentlichkeit** behind closed doors

ausschneiden 1 cut* out (*Artikel, Bild usw.*) **2** *Computer*: cut*; **ausschneiden und einfügen** cut and paste; → ausgeschnitten

Ausschnitt *m* **1** *am Kleid*: neck(line); **ein tiefer Ausschnitt** a low neckline **2** *übertragen* (≈ *Teil*) part **3** *aus einem Bild*: detail; *aus einem Film*: clip; *aus einem Text*: part **4** *Buch, Rede, Musikstück, Sendung usw.*: excerpt ['eksɜːpt] (*aus* from) **5** (≈ *Zeitungsausschnitt*) cutting, clipping **6** *Mathematik*: sector **7 Ausschnitte** (≈ *Höhepunkte*) highlights (**aus** of, from)

ausschreiben 1 write* [raɪt] out (in full) (*Wort usw.*) **2** (≈ *öffentlich ausschreiben*) invite tenders for; **eine Stelle ausschreiben** advertise ['ædvətaɪz] a post

Ausschreibung *f* **1** *von Stelle, Bekanntmachung*: advertisement [⚠ ədˈvɜːtɪsmənt] **2** *vor Projekt*: invitation to tender (+ *Genitiv* for)

Ausschreitung *f* riot, violent clash

Ausschuss *m* **1** (≈ *Komitee*) committee (⚠ *Schreibung*) **2** (≈ *Abfall*) waste

ausschütten 1 pour out [ˌpɔːˈraʊt] (*Flüssigkeit*) **2** empty (*Gefäß, Behälter*) **3 er schüttete ihr sein Herz aus** he poured out ['pɔːd‿aʊt] his heart to her

★**aussehen 1** look; **gut aussehen** be* good-looking; **du siehst gut** (*bzw.* **schlecht**) **aus** *gesundheitlich*: you look (*bzw.* don't look very) well; **wie sieht er aus?** what does he look like? **2 es sieht nach Regen aus** it looks like rain

Aussehen *n* appearance, looks (⚠ *pl*)

★**außen** outside; **von außen** from outside

Außendienst *m* **im Außendienst sein** be* a rep, be* on the road

Außendienstmitarbeiter(in) *m(f)* field representative

Außenhandel *m* foreign trade [ˌfɒrənˈtreɪd] (⚠ *ohne* the)

★**Außenminister(in)** *m(f)* **1** foreign minister [ˌfɒrənˈmɪnɪstə] (*oder* secretary ['sekrətrɪ]) **2** *in GB*: Foreign Secretary **3** *in den USA*: Secretary of State

Außenministerium *n* **1** foreign ['fɒrən] ministry **2** *in GB mst.*: Foreign Office, *offiziell*: Foreign and Commonwealth Office **3** *in den USA*: State Department

★**Außenpolitik** *f* **1** *allg.*: foreign ['fɒrən] affairs (⚠ *pl und ohne* the) **2** *bestimmte*: foreign policy

außenpolitisch 1 außenpolitische Debatte debate (*oder* discussion) on foreign affairs [ˌfɒrən‿əˈfeəz] **2 außenpolitische Erfahrung** experience in foreign affairs

★**Außenseite** *f* outside

Außenseiter(in) *m(f)* outsider [ˌaʊtˈsaɪdə]

Außenspiegel *m* Auto: side mirror

★**außer 1 außer Betrieb** not working, *kaputt*: out of order **2** (≈ *abgesehen von*) except [ɪkˈsept] (for), apart from, *bes. US* aside from **3** (≈ *zusätzlich zu*) besides, in addition to **4 außer (wenn)** unless **5 außer dass** except that

★**außerdem** as well, in addition; **... außerdem gibt es was zu essen** ... and there'll be something to eat too (*oder* as well)

äußere(r, -s) ◼ *Verletzung, Umstände, Gefahr:* external ◼ *Schicht usw.:* outer

Äußere(s) *n* ◼ outside ◼ (≈ *Erscheinung*) (outward) appearance

★**außergewöhnlich** ◼ unusual [ʌnˈjuːʒʊəl] ◼ *Leistung:* exceptional, outstanding ◼ (≈ *sehr*) extremely, exceptionally

★**außerhalb** ◼ outside ◼ (≈ *jenseits*) beyond ◼ **außerhalb der Arbeitszeit** out of working hours

außerirdisch extraterrestrial [ˌɛkstrətəˈrɛstrɪəl]; **außerirdisches Wesen** alien [ˈeɪlɪən] (from outer space)

äußerlich ◼ external ◼ **rein äußerlich betrachtet** on the surface [ˈsɜːfɪs]

äußern ◼ express (*Wunsch usw.*) ◼ **sich äußern** say* something (**über, zu** about) ◼ **Kritik usw. äußern** express (some) criticism *usw.*

★**außerordentlich** ◼ extraordinary [▲ ɪkˈstrɔːdnərɪ] ◼ **ich bedaure das außerordentlich** I very much regret that

außerschulisch extracurricular [ˌɛkstrəkəˈrɪkjʊlə], private [ˈpraɪvət]

★**äußerst** (≈ *sehr*) extremely

außerstande ◼ **sie war außerstande zu kommen** (≈ *nicht in der Lage*) she was unable to come ◼ **sie war außerstande zu sprechen** (≈ *unfähig*) she was incapable [ɪnˈkeɪpəbl] of speaking

äußerste(r, -s) ◼ **im äußersten Norden** in the far (*oder* extreme) north ◼ **das ist der äußerste Termin** that's the absolute deadline

außertariflich *Gehalt, Bezahlung:* above the agreed rate, *Beschäftigte:* not covered by a (*oder* the) collective agreement; **eine außertarifliche Regelung/ein außertariflicher Vertrag** a settlement/contract which is not subject to a (*oder* the) collective agreement

außertourlich Ⓐ (≈ *außer der Reihe*) in addition; **Busse außertourlich einsetzen** put* on special buses

★**Äußerung** *f* ◼ (≈ *Bemerkung*) remark, comment [ˈkɒment] ◼ (≈ *Aussage*) statement, comment

aussetzen ◼ offer (*Belohnung, Preis*) ◼ (≈ *unterbrechen*) interrupt ◼ **ich habe nichts daran auszusetzen** I have no objections, I have nothing against it ◼ abandon (*Kind, Tier*) ◼ (*Motor usw.*) stall ◼ **du musst einmal aussetzen** *beim Spiel:* you're out for a round, *US*

you lose a turn

Aussetzer *m umg geistig* (mental) blank

★**Aussicht** *f* ◼ view (**auf** of); **ein Zimmer mit Aussicht aufs Meer** a room overlooking the sea (*oder* with a sea view) ◼ *übertragen* prospect [ˈprɒspekt], prospects *pl*, chance (**auf** of); **er hat keine Aussicht zu gewinnen** *usw.* he hasn't got a chance of winning *usw.* ◼ **etwas in Aussicht haben** have* something in prospect

aussichtslos hopeless, desperate [ˈdɛsprət]

Aussichtslosigkeit *f* hopelessness

Aussichtspunkt *m* viewpoint

aussichtsreich promising [ˈprɒmɪsɪŋ]

Aussichtsturm *m* observation tower

aussöhnen: sie haben sich ausgesöhnt they've made it up (again)

aussondern, aussortieren sort out

ausspannen ◼ *übertragen* take* a rest, relax ◼ **er hat ihm die Freundin ausgespannt** *umg* he's pinched his girlfriend

aussperren: jemanden aussperren lock someone out (*auch Arbeiter*)

Aussperrung *f* lockout

ausspielen ◼ **sie hat die beiden Freunde gegeneinander ausgespielt** she played the two friends off against each other ◼ *Kartenspiel:* lead*; **wer spielt aus?** whose lead (is it)?

ausspionieren ◼ spy out (*etwas*) ◼ spy on (*jemanden*)

★**Aussprache** *f* ◼ pronunciation [prəˌnʌnsɪˈeɪʃn] ◼ (≈ *Meinungsaustausch*) discussion ◼ (≈ *privates Gespräch*) talk [tɔːk]

★**aussprechen** ◼ pronounce [prəˈnaʊns] (*Laut, Wort*) ◼ (≈ *äußern*) express (*Hoffnung, Beileid*) ◼ **sie sprach sich für** (*bzw.* **gegen**) **den Plan aus** she supported (*bzw.* opposed) the plan ◼ **sich (mit jemandem) aussprechen** *zur Klärung eines Problems:* have* it out (with someone) ◼ **lass ihn doch aussprechen!** let him finish

ausspucken ◼ spit* out (*etwas*) ◼ **spuck's aus!** *übertragen, umg* spit it out

ausspülen rinse (out) (*Schüssel, Mund*)

Ausstand *m* ◼ (≈ *Streik*) strike, walkout; **im Ausstand sein** be* on strike; **in den Ausstand treten** (go* on) strike ◼ **seinen Ausstand geben** have* a leaving (*oder* going-away) party

ausstatten ◼ (≈ *ausrüsten*) fit out, equip ◼ furnish (*Wohnung*)

Ausstattung *f* ◼ (≈ *Ausrüstung*) equipment ◼ *einer Wohnung:* furnishings (▲ *pl*)

ausstechen ◼ cut* (out) (*Torf, Plätzchen*) ◼

ausstehen ◼1 **ich kann ihn** (*bzw.* **es**) **nicht ausstehen** I can't stand him (*bzw.* it) ◼2 **seine Antwort steht noch aus** we're still waiting for his answer

★**aussteigen** ◼1 get* out (**aus** of) (*auch übertragen*) ◼2 **aus dem Bus** (*bzw.* **Zug** *usw.*) **aussteigen** get* off the bus (*bzw.* train *usw.*) ◼3 **aus einem Kurs aussteigen** drop out of a course ◼4 **aus einem Projekt aussteigen** back (*oder* pull) out of a project

★**ausstellen** ◼1 *zur Schau:* show*, display, *in Museum usw.:* exhibit [ɪgˈzɪbɪt]; **ausgestellt sein** be* on display ◼2 issue [ˈɪʃuː] (*Pass, Urkunde*); **eine Rechnung über 500 Euro ausstellen** make* out a bill for 500 euros ◼3 (≈ *ausschalten*) turn off

★**Ausstellung** f exhibition [ˌeksɪˈbɪʃn], *US auch* exhibit [ɪgˈzɪbɪt]

Ausstellungsdatum n date of issue

aussterben die out (*auch übertragen*)

Ausstieg m ◼1 exit [ˈegzɪt] ◼2 *Projekt, Vertrag usw.:* withdrawal [wɪðˈdrɔːəl] (**aus** from)

ausstopfen stuff

ausstrahlen ◼1 radiate (*auch übertragen*) ◼2 *Radio, TV:* broadcast* [ˈbrɔːdkɑːst]

ausstrecken ◼1 (**sich**) **ausstrecken** stretch (oneself) out ◼2 **die Hand ausstrecken nach** reach out for

ausstreichen cross out (*ein Wort usw.*)

★**aussuchen** pick, choose*

Austausch m exchange; **im Austausch gegen** in exchange for

austauschen ◼1 exchange (**gegen** for) ◼2 **A gegen B austauschen** replace A by B, substitute B for A

Austauschschüler(in) m(f) exchange pupil, *US* exchange student

austeilen ◼1 hand out (**an, unter** to), distribute [dɪˈstrɪbjuːt] (**an** to, **unter** among) (*Hefte, Bücher usw.*) ◼2 serve (*Essen*) ◼3 deal* (*Karten*)

Auster f oyster [ˈɔɪstə]

austoben ◼1 **sich austoben** (*Kinder*) have* a good romp, (≈ *müde werden*) tire oneself out ◼2 (≈ *Wut abreagieren*) let* off steam

austragen ◼1 deliver [dɪˈlɪvə] (*Briefe usw.*) ◼2 argue out (*Meinungsverschiedenheiten*) ◼3 hold* (*Wettkampf usw.*)

Austragungsort m venue [ˈvenjuː]

★**Australien** n Australia [ɒˈstreɪliə]

★**Australier** m Australian [ɒˈstreɪliən]; **er ist Australier** he's (an) Australian

Australierin f Australian woman (*oder* lady *bzw.* girl); **sie ist Australierin** she's (an) Australian

australisch Australian [ɒˈstreɪliən]

austreten ◼1 stamp out (*Feuer, Glut*) ◼2 (*Dampf, Gas*) escape ◼3 **aus einem Verein** (*bzw.* **einer Partei** *usw.*) **austreten** leave* a club (*bzw.* a party *usw.*)

austrinken ◼1 drink* up, finish (*Getränk*) ◼2 (≈ *leeren*) empty (*Glas*) ◼3 **los, trink aus!** come on, drink up

austrocknen dry up

ausüben ◼1 exercise (*Herrschaft, Macht*) ◼2 exert [ɪgˈzɜːt] (*Druck, Einfluss*) (**auf** on)

Ausverkauf m sale, sales pl, clearance sale

ausverkauft sold out (*auch Kino usw.*)

★**Auswahl** f ◼1 choice, selection (**an** of); **eine große Auswahl** a large (*oder* wide) choice (*oder* selection) ◼2 **die deutsche Auswahl** *Sport:* the German team

auswählen choose*, select, pick out (**aus** from)

Auswanderer m, **Auswanderin** f emigrant [ˈemɪgrənt]

auswandern emigrate [ˈemɪgreɪt]

auswärts ◼1 (≈ *außerhalb der Stadt*) out of town ◼2 **auswärts essen** eat* out

Auswärtsspiel n *Sport:* away match, *US* away game, road game

auswechseln ◼1 exchange (**gegen** for) ◼2 (≈ *ersetzen*) replace (**gegen** by) ◼3 change (*Rad, Reifen, Batterie*) ◼4 **A gegen B auswechseln** *Sport:* substitute B for A

Auswechselspieler(in) m(f) substitute [ˈsʌbstɪtjuːt]

★**Ausweg** m ◼1 *übertragen* way out (**aus** of) ◼2 **letzter Ausweg** last resort

ausweglos hopeless

ausweichen ◼1 (**jemandem** *bzw.* **etwas**) **ausweichen** (≈ *Platz machen*) make* way (for someone *bzw.* something) ◼2 **sie konnte gerade noch ausweichen** *vor dem Auto:* she just managed to jump out of the way in time ◼3 **einem Schlag** *usw.* **ausweichen** dodge a blow *usw.* ◼4 **nach links** (*bzw.* **rechts**) **ausweichen** swerve to the left (*bzw.* right) ◼5 **jemandem** (*bzw.* **einer Sache**) **ausweichen** avoid someone (*bzw.* something); **einer Entscheidung ausweichen** avoid making a decision

★**Ausweis** m ◼1 (≈ *Personalausweis*) identity card, ID [ˌaɪˈdiː] (card) ◼2 (≈ *Mitgliedsausweis usw.*) membership card ◼3 (≈ *Pass*) passport [ˈpɑːspɔːt]

ausweisen *aus dem Land:* expel [ɪkˈspel], deport (**aus** from)

Ausweiskontrolle f ◼1 *allg.:* identity check ◼2

am Flughafen usw.: passport control

ausweiten ◫ **sich ausweiten** expand, spread* (*auch übertragen*) ◫ **der Konflikt könnte sich zu einem Krieg ausweiten** the conflict could grow (*oder* develop *oder* escalate ['eskəleɪt]) into a war

★**auswendig** ◫ by heart; **etwas auswendig lernen** (*bzw.* **können**) learn* (*bzw.* know*) something by heart ◫ **auswendig spielen** play from memory

auswerten ◫ evaluate [ɪ'væljʊeɪt], analyse, *US* analyze (*Daten*) ◫ (≈ *nutzen*) make* use [juːs] of

Auswertung *f* evaluation [ɪˌvæljʊ'eɪʃn], analysis [əˈnæləsɪs] (*auch von Daten*)

auswirken: **sich positiv** (*bzw.* **negativ**) **auswirken auf** have* a positive (*bzw.* negative) effect on

★**Auswirkung** *f* effect (**auf** on)

auswischen ◫ (≈ *reinigen*) wipe (*oder* clean) out ◫ **dem werd ich (anständig) eins auswischen** *umg, aus Rache*: I'll get my own back on him

auszahlen ◫ pay* (out) (*Summe*) ◫ pay* off (*eine Person*) ◫ **sich auszahlen** (≈ *lohnen*) pay* (off); **das zahlt sich nicht aus** it doesn't pay, it's not worth it

auszählen ◫ count (*Stimmen*) ◫ count out (*Boxer*)

Auszahlung *f von Geld*: paying out, payment, *von Gläubiger*: paying off

auszeichnen ◫ (≈ *ehren*) honour [ˈɒnə], *US* onor]; **jemanden mit einem Preis usw. auszeichnen** award [əˈwɔːd] a prize *usw.* to someone ◫ **was dieses Buch usw. auszeichnet** ... what distinguishes this book *usw.* ..., what is so special about this book *usw.* ...

Auszeichnung *f* (≈ *Preis*) award, prize

★**ausziehen** ◫ take* off (*Kleidung*) ◫ **sich ausziehen** get* undressed, take* one's clothes [kləʊ(ð)z] off ◫ **er ist ausgezogen** *aus seiner Wohnung*: he's moved ◫ pull out (*Tisch, Antenne usw.*)

★**Auszubildende(r)** *m*/*f(m)* trainee [ˌtreɪ'niː], *bei Handwerk*: apprentice [əˈprentɪs]; **minderjähriger Auszubildender** young trainee/apprentice

Auszug *m* ◫ *aus einer Wohnung*: move (**aus** from) ◫ *aus einem Buch*: extract ['ekstrækt], excerpt ['eksɜːpt] (**aus** from) ◫ (≈ *Kontoauszug*) (bank) statement

authentisch authentic [ɔː'θentɪk]

★**Auto** *n* car, *US auch* auto ['ɔːtəʊ], automobile ['ɔːtəməbiːl]; **Auto fahren** *selbst*: drive* (a car); **mit dem Auto fahren** go* by car

Auto... *in Zusammensetzungen*: car ...; **Autobombe** car bomb [ˌbɒm]; **Autodieb** car thief; **Autofriedhof** car dump; **Autohändler** car dealer, *Niederlassung*: car dealership; **Autoindustrie** car industry; **Autoradio** car radio; **Autorennen** car race; **Autotelefon** car phone; **Autounfall** car accident; **Autoverleih, Autovermietung** car hire, *US* car rental; **Autowaschanlage** car wash

★**Autobahn** *f* ◫ motorway, *US* expressway, *US* freeway ◫ *in Deutschland usw.*: autobahn [ˈɔːtəbɑːn]

Autobahnabfahrt *f* ⓐ (≈ *Autobahnausfahrt*) slip road, *US* off-ramp

Autobahnauffahrt *f* slip road, *US* on-ramp

Autobahnausfahrt *f* slip road, *US* off-ramp

Autobahndreieck *n*, ⓐ **Autobahnknoten** *m* motorway (*US* expressway *bzw.* freeway) merging point

Autobahnkreuz *n* motorway (*US* expressway *bzw.* freeway) intersection

Autobahnstation *f* ⓐ (≈ *Raststätte*) motorway service area, *US* rest area

Autobiografie *f*, **Autobiographie** *f* autobiography [ˌɔːtəbaɪ'ɒɡrəfɪ]

Autodidakt(in) *m(f)* self-taught person [ˌselfˈtɔːtˈpɜːsn], *förmlich*: autodidact ['ɔːtəʊdɪˌdækt]; **er ist Autodidakt** he's self-taught

★**Autofahrer(in)** *m(f)* motorist, driver

Autofahrt *f* drive

autogen: **autogenes Training** autogenic [ˌɔːtəʊˈdʒenɪk] training, relaxation [ˌriːlækˈseɪʃn] exercises (ⓐ *pl*)

Autogramm *n* autograph ['ɔːtəɡrɑːf]

Autohändler(in) *m(f)* car dealer

Autokarte *f* road map

Autokino *n* drive-in (cinema, *US* movie theater)

Automarke *f* make of car

★**Automat** *m* ◫ (≈ *Verkaufsautomat*) vending machine, (≈ *Zigarettenautomat*) cigarette machine ◫ (≈ *Spielautomat*) slot machine ◫ (≈ *Maschine*) machine

Automatik *f* automatic mechanism; **ein Auto mit Automatik** a car with automatic transmission, an automatic; **ein Fotoapparat mit Automatik** an automatic camera

★**automatisch** automatic

Automechaniker(in) *m(f)* car mechanic

autonom autonomous [ɔːˈtɒnəməs]

Autonomie *f* autonomy [ɔːˈtɒnəmɪ]

Autonummer *f* registration number, *US* license

['laɪsns] number
Autopilot *m Flugzeug*: autopilot ['ɔːtəʊˌpaɪlət]
Autopsie *f* autopsy ['ɔːtɒpsɪ]
★**Autor** *m* author ['ɔːθə], writer
Autoradio *n* car radio
Autoreifen *m* (car) tyre, *US* (car) tire
Autorennen *n* car race
Autoreparaturwerkstatt *f* garage ['gærɑːʒ], car repair shop
★**Autorin** *f* author ['ɔːθə], writer ['raɪtə]
autoritär authoritarian [ɔːˌθɒrɪˈteərɪən]; **autoritäre Erziehung** authoritarian upbringing
★**Autorität** *f* **1** authority [ɔːˈθɒrətɪ] **2** **eine Autorität auf dem Gebiet der Physik** an authority (*oder* an expert) on physics
Autoschlüssel *m* car key
Autoskooter *m* bumper car, *Br auch* dodgem ['dɒdʒəm] (car), bumper car; **möchtet ihr noch Autoskooter fahren?** would you like to go on the bumper cars?
Autostunde *f*: **drei Autostunden entfernt** three hours' (*oder* a three-hour) drive away (*oder* from here), three hours by car
Autotelefon *n* carphone
Autotür *f* car door
★**Autounfall** *m* car accident ['kɑːˌæksɪdənt], car crash: **er kam bei einem Autounfall ums Leben** he died in a car crash
Autoverkehr *m* road traffic
Autowerkstatt *f* garage ['gærɑːʒ], car repair shop
autsch! ouch! [aʊtʃ]
auweia! oh no!
Avatar *m* avatar
Avocado *f* avocado [ˌævəˈkɑːdəʊ]
Axt *f* axe [æks], *US auch* ax [æks]
Azubi *m abk umg* trainee [ˌtreɪˈniː], *bei Handwerk*: apprentice [əˈprentɪs]

B

★**Baby** *n* baby *pl*: bab<u>ies</u>; **sie bekommt ein Baby** she's expecting (*oder* going to have) a baby
babysitten babysit* (**bei jemandem** for someone)
Babysitter(in) *m(f)* babysitter
★**Bach** *m* stream, *kleiner auch*: brook
Bachelor *m Studienabschluss*: bachelor's (degree)
Backbord *n* port (side)

★**Backe** *f* (≈ *Wange*) cheek
★**backen 1 (etwas) backen** bake (something) **2 etwas backen** *in der Pfanne*: fry something
Backenzahn *m* molar ['məʊlə]
★**Bäcker(in)** *m(f)* baker; **beim Bäcker** at the baker's
★**Bäckerei** *f* **1** (≈ *Laden*) baker's (shop), bakery **2** *bes.* Ⓐ (≈ *Kleingebäck*) (biscuits ['bɪskɪts] and) pastries (⚠ *pl*)
Backform *f* baking tin, *US* cake pan
Backhendl *n* Ⓐ roast chicken (coated with breadcrumbs ['bredkrʌmz])
Backofen *m* oven [⚠ 'ʌvn]
Backpulver *n* baking powder
Backrohr *n bes.* Ⓐ oven [⚠ 'ʌvn]
Backshop *m* self-service bakery
Backstein *m* brick
★**Bad** *n* **1** (≈ *Badewanne, Wannenbad*) bath; **ein Bad nehmen** have* (*oder* take*) a bath **2** (≈ *Badezimmer*) bathroom
Badeanzug *m* swimsuit ['swɪmsuːt]
Badehose *f* **1** (swimming) trunks (⚠ *pl*); **diese Badehose ist zu klein** these trunks <u>are</u> too small **2** **eine Badehose** a pair of trunks
Badekappe *f* bathing [⚠ 'beɪðɪŋ] cap
Bademantel *m* bathrobe ['bɑːθrəʊb]
Badematte *f* bathmat
Bademeister(in) *m(f)* pool attendant
Badmütze *f* swimming cap, bathing ['beɪðɪŋ] cap
★**baden 1** *in der Badewanne*: have* (*oder* take*) a bath **2** (≈ *schwimmen*) swim*; **baden gehen** go* swimming, go* for a swim **3** bath, *US* bathe [⚠ beɪð] (*ein Kind usw.*)
Baden-Württemberg *n* Baden-Württemberg
Badesachen *pl* swimming things
Badeschlappen *pl* flip-flops, *US* thongs
Badeschuhe *pl* water (*oder* aqua) shoes
Badetasche *f* beach bag
Badetuch *n* bath towel ['bɑːθˌtaʊəl]
★**Badewanne** *f* bath, bathtub
Badezeug *n umg* swimming things (⚠ *pl*)
Badezimmer *n* bathroom
Badminton *n* badminton
baff: **baff sein** *umg* be* flabbergasted ['flæbəˌgɑːstɪd]
Bafög *abk*: **Bafög erhalten** get* a grant
Bagger *m* excavator ['ekskəveɪtə], digger
Baggersee *m* flooded gravel ['grævl] pit, flooded quarry ['kwɒrɪ]
Baguette *f* baguette [bæˈget]
Bahamas *pl*: **die Bahamas** the Bahamas
★**Bahn** *f* **1** (≈ *Eisenbahn*) railway, *US* railroad **2**

(≈ *Zug*) train; **mit der Bahn (fahren)** (travel) by train; **jemanden zur Bahn bringen** take* someone to the station ❸ (≈ *Weg*) way, path ❹ **auf die schiefe Bahn geraten** go* astray

Bahnangestellte(r) *m/f(m)* railway employee, *US* railroad employee

bahnbrechend pioneering

bahnen: **jemandem** *bzw.* **etwas den Weg bahnen** clear the way for someone *bzw.* something

Bahnfracht *f* rail freight [freɪt]

★**Bahnhof** *m* ❶ (railway) station, *US* (railroad) station; **auf dem Bahnhof, am Bahnhof** at the station ❷ **ich verstehe nur Bahnhof** it's all Greek to me

Bahnhofshalle *f* station concourse [ˌsteɪʃn-ˈkɒnkɔːs]

★**Bahnsteig** *m* platform

Bahnübergang *m* level (*US* grade) crossing

Bahnverbindung *f* train connection, rail link

Bahre *f* ❶ (≈ *Tragbahre*) stretcher ❷ (≈ *Totenbahre*) bier [⚠ bɪə] ❸ **von der Wiege bis zur Bahre** from the cradle to the grave

Bakterien *pl* germs, bacteria (⚠ *pl*)

Balance *f* balance [ˈbæləns] (*auch übertragen*)

balancieren balance [ˈbæləns]

★**bald** ❶ soon; **bald darauf** soon after(wards); **bald ist dein Geburtstag** it's your birthday soon ❷ **bis bald!** see you soon! ❸ **so bald wie möglich** as soon as possible ❹ (≈ *beinahe*) almost, nearly

baldig ❶ speedy ❷ **auf ein baldiges Wiedersehen** hope to see you again soon

Balearen *pl*: **die Balearen** the Balearic Islands [bælɪˌærɪkˈaɪləndz], the Balearics [ˌbælɪˈærɪks]

Balkan *m*: **der Balkan** (≈ *die Länder des Balkan*) the Balkans [ˈbɔːlkənz], the Balkan States

Balken *m* ❶ beam ❷ (≈ *Dachbalken*) rafter ❸ Ⓐ (≈ *Fensterladen*) shutter

Balkendiagramm *n* bar graph

★**Balkon** *m* ❶ balcony [ˈbælkəni] ❷ *im Theater*: dress circle, *US* balcony

★**Ball**¹ *m* ❶ ball ❷ **am Ball bleiben** *Sport*: hold* onto the ball, *übertragen* keep* at it

Ball² *m* (≈ *Tanzball*) ball, dance [dɑːns]; **auf einen Ball gehen** go* to a ball

Ballast *m* ballast [ˈbæləst]

Ballaststoffe *pl* roughage [⚠ ˈrʌfɪdʒ], fibre (⚠ *beide sg*)

ballaststoffreich: **ballaststoffreiche Nahrung** high-fibre food, high-fibre diet

ballen clench (*die Faust*)

Ballerina *f Schuh*: ballerina

Ballett *n* ❶ ballet [⚠ ˈbæleɪ] ❷ (≈ *Balletttruppe*) ballet company

Balletttänzer(in) *m(f)* ballet [⚠ ˈbæleɪ] dancer

Ballon *m* balloon

Ballspiel *n* ball game

Ballungsgebiet *n*, **Ballungsraum** *m* conurbation [ˌkɒnəːˈbeɪʃn], densely populated area

Ballwechsel *m Tennis*: rally

Baltikum *n*: **das Baltikum** the Baltic [ˈbɔːltɪk] (States)

Bambus *m* bamboo [ˌbæmˈbuː]

Bammel *m*: **ich hab Bammel** *umg* I'm scared stiff

banal trite, banal [bəˈnɑːl]

★**Banane** *f* banana [bəˈnɑːnə]

Bananenrepublik *f umg* banana republic

Bananenschale *f* banana skin

★**Band**¹ *n* ❶ (≈ *Messband, Tonband, Zielband*) tape; **auf Band aufnehmen** tape, record [⚠ rɪˈkɔːd] ❷ (≈ *Farbband, Schmuckband, Ordensband*) ribbon ❸ (≈ *Fließband*) assembly (*oder* production) line ❹ **am laufenden Band übertragen** one after the other, (≈ *pausenlos*) nonstop

Band² *m* (≈ *Buch*) volume [ˈvɒljuːm]; **das spricht Bände** that speaks volumes; **darüber könnte man Bände schreiben** that would fill volumes

Band³ *f* (≈ *Musikgruppe*) band

Bande *f* (≈ *Verbrecherbande*) gang, ring

Bänderriss *m* torn ligament [ˌtɔːnˈlɪɡəmənt]

Bänderzerrung *f* stretched (*oder* pulled) ligament [ˈlɪɡəmənt]

bändigen ❶ tame (*Tier*) ❷ (bring* under) control (*Kinder, Leidenschaften usw.*)

Bandit *m* bandit [ˈbændɪt]

Bandscheibenschaden *m* damaged disc (*US* disk), (≈ *Vorfall*) slipped disc (*US* disk)

Bandwurm *m* tapeworm [ˈteɪpwɜːm]

bang(e) ❶ (≈ *besorgt*) anxious [ˈæŋkʃəs] (**um** about), worried [ˈwʌrɪd] (**um** about) ❷ **ihm ist bange (vor)** he's afraid (*oder* scared *oder* frightened) (of)

bangen ❶ **um jemanden** *bzw.* **etwas bangen** be* worried about someone *bzw.* something ❷ **um sein Leben bangen** fear for one's life

★**Bank**¹ *f* ❶ (≈ *Sitzbank*) bench ❷ (≈ *Schulbank*) desk ❸ *Wendungen*: **durch die Bank** *umg* right down the line, every one of them; **etwas auf die lange Bank schieben** shelve something for the time being

★**Bank**² *f* ❶ (≈ *Geldinstitut*); *bei Glücksspielen*: bank ❷ *Wendungen*: **Geld auf der Bank haben** have* money in the bank; **auf die** (*oder*

zur) Bank gehen go* to the bank; **ein Konto bei der Bank haben** have* an account at (*oder* with) the bank; **sie ist bei einer Bank** (≈ *arbeitet dort*) she works for a bank

Bankangestellte(r) *m/f(m)* bank employee

Bankautomat *m* cash machine, cashpoint, cash dispenser, *US* ATM [,eɪti:'em]

Bankfiliale *f* bank branch

Bankgeheimnis *n* banking secrecy ['bæŋkɪŋ,si:krəsɪ]

Bankkauffrau *f*, **Bankkaufmann** *m* (qualified) bank clerk [⚠ 'bæŋk ˌklɑːk]

Bankkonto *n* bank account

Bankleitzahl *f* (bank) sort code, *US* A.B.A. [,eɪbi:'eɪ] (*oder* routing ['ruːtɪŋ, 'raʊtɪŋ]) number

Banknote *f* bank note, *US* bill

Bankomat *m* Ⓐ cash machine, *US auch* ATM [,eɪti:'em]

Bankraub *m* bank robbery

Bankräuber(in) *m(f)* bank robber

Bankrott *m* bankruptcy ['bæŋkrʌptsɪ] (*auch übertragen*); **Bankrott machen** go* bankrupt, *umg* go* bust; **vor dem Bankrott stehen** face (*oder* be* on the verge of) bankruptcy

bankrott bankrupt ['bæŋkrʌpt]; **jemanden bankrott machen** drive* someone bankrupt, bankrupt someone

Bankstelle *f* Ⓐ (≈ *Filiale*) bank branch

Banküberfall *m* bank raid, bank robbery

Bankverbindung *f* bank details (⚠ *pl*); **geben Sie bitte Ihre Bankverbindung an** please give your account details

bannen ward off (*Gefahr*)

★**bar** ❶ **bares Geld** (ready) cash; **(in) bar bezahlen** pay* cash; **gegen bar** for cash; **zahlen Sie bar oder mit Kreditkarte?** are you paying (in) cash or by credit card? ❷ **bares Gold** pure [pjʊə] gold ❸ (≈ *rein*) utter (*Unsinn*)

★**Bar** *f* ❶ bar (*auch Theke*), nightclub; **an der Bar** at the bar; **in eine Bar gehen** go* to a bar ❷ *im Schrank usw.*: drinks cabinet

Bär *m* ❶ bear [⚠ beə] ❷ **hier steppt der Bär** *umg* (≈ *ist was los*) this is where it's at

barabern Ⓐ (≈ *hart arbeiten*) slave away

barbarisch barbaric [bɑː'bærɪk]

Barbecue *n* barbecue

Bärendreck *m* Ⓐ *Br* liquorice, *US* licorice ['lɪkərɪs]

Bärenhunger *m*: **einen Bärenhunger haben** be* famished

bärenstark ❶ (as) strong as an ox ❷ **das ist bärenstark** *übertragen, umg* it's great

barfuß barefoot; **barfuß herumlaufen** run* around barefoot

★**Bargeld** *n* cash

★**bargeldlos** cashless; **bargeldloser Einkauf** cashless shopping

bärig *bes.* Ⓐ great

Bariton *m* baritone ['bærɪtəʊn]

Bärlauch *m* *botanisch, gastronomisch*: bear's garlic, ramsons ['ræmzənz] (⚠ *pl*)

barock baroque [bə'rɒk]

Barock *n/m* ❶ *Zeitalter*: Baroque [bə'rɒk] (period) ❷ *Möbel usw.*: baroque (*oder* Baroque) furniture *usw.*

Barometer *n* barometer [⚠ bə'rɒmɪtə]

Barren *m* ❶ (≈ *Goldbarren usw.*) bar, *pl auch*: bullion [⚠ 'bʊlɪən] (⚠ *sg*) ❷ (≈ *Turngerät*) parallel bars (⚠ *pl*)

Barriere *f* barrier ['bærɪə] (*auch übertragen*)

Barrikade *f* barricade [,bærɪ'keɪd]; **auf die Barrikaden gehen** *auch übertragen* go to the barricades (**für** for)

barsch brusque [⚠ brʊsk, bruːsk]; **barsch antworten** reply brusquely

Barsch *m* perch [pɜːtʃ]

★**Bart** *m* ❶ beard [bɪəd]; **ein Mann mit Bart** a man with a beard; **einen Bart tragen** have* a beard; **sich einen Bart stehen lassen** grow* a beard ❷ *Schlüssel*: bit, ward

bärtig bearded ['bɪədɪd]

Bartwisch *m* Ⓐ (≈ *Handfeger*) hand brush

Barzahlung *f* cash payment

Basar *m* bazaar [bə'zɑː]

Baseball *m* baseball; **Baseball spielen** play baseball

Basel *n* Basel ['bɑːzl], Basle [⚠ bɑːl]

basieren: **basieren auf** be* based on; **die Angaben basieren auf den Zahlen des Vorjahres** the data are based on last year's figures; **worauf basiert seine Meinung?** what does he base his opinion on?

Basilikum *n Pflanze und Gewürz*: basil ['bæzl]

Basis *f* ❶ (≈ *Grundlage*) basis ['beɪsɪs] (**für** of, for); **auf der Basis von** on the basis of; **auf breiter Basis** on a broad basis ❷ *Mathe, Militär*: base ❸ *in einer Partei*: rank and file

Basislager *n Hochgebirgsexpeditionen*: base camp

Basketball *m* basketball ['bɑːskɪtbɔːl]; **Basketball spielen** play basketball

Bass *m* ❶ *Stimme, Sänger, Partie*: bass [⚠ beɪs]; **in unserem Chor ist er der Bass** he sings bass in our choir ['kwaɪə] (⚠ *ohne the*) ❷ (≈ *Kontrabass*) double bass; **er spielt Bass** he plays (the) double bass

Bass... *in Zusammensetzungen:* bass ... [ˈbeɪs]; **Bassgitarre** bass (guitar); **Bassregler** bass control; **Bassstimme** bass (voice)

Bast *m zum Flechten:* raffia [ˈræfɪə]

basta: und damit basta! and that's that!

basteln ■ make* (*Dinge*) ■ **er bastelt gern** he likes doing things with his hands

Batik *f* batik [△ bəˈtiːk]

Batterie *f* battery [ˈbætrɪ]; **das Fahrzeug wird mit Batterien betrieben** the vehicle runs on batteries

Batterieladegerät *n* battery charger

★**Bau** *m* ■ (≈ *Vorgang*) construction; **im Bau** under construction; **mit dem Bau beginnen** begin* building ■ (≈ *Baustelle*) building site; **auf dem Bau arbeiten** work on a building site ■ (≈ *Gebäude*) building [ˈbɪldɪŋ]

Bauarbeiten *pl* ■ *Tätigkeit, Vorgang:* construction work (△ *sg*) ■ *Straße:* roadworks, *US* construction zone (△ *sg*)

Bauarbeiter(in) *m(f)* building (*oder* construction) worker

★**Bauch** *m* ■ *beim Menschen:* stomach [△ ˈstʌmək], *umg* belly, tummy, *dicker:* paunch [pɔːntʃ], potbelly; **mit vollem** (*bzw.* **leerem**) **Bauch** on a full (*bzw.* an empty) stomach ■ *beim Tier:* stomach, belly ■ *Wendungen:* **ich hab eine Wut im Bauch** I'm ready to explode; **aus dem Bauch heraus reagieren** act on instinct

bauchfrei: bauchfreies Shirt (*oder* **Top**) crop (ped) top

Bauchlandung *f umg* belly landing

Bauchnabel *m* navel, *umg* belly button

Bauchschmerzen *pl* stomachache [△ ˈstʌmək_eɪk] (△ *sg*); **Bauchschmerzen haben** have* (a) stomachache

★**bauen** ■ *allg.:* build* [bɪld] ■ (≈ *errichten*) build*, erect ■ (≈ *herstellen*) make*, build* ■ **bauen auf** *übertragen* count on, depend on

★**Bauer**[1] *m* ■ farmer ■ *in Entwicklungsländern und historisch:* peasant [△ ˈpeznt] ■ *verächtlich* peasant ■ *Schach:* pawn

Bauer[2] *n* (≈ *Vogelbauer*) (bird)cage

★**Bäuerin** *f* ■ (≈ *Landwirtin*) (woman) farmer ■ (≈ *Frau des Bauern*) farmer's wife

bäuerlich ■ rural ■ *Stil usw.:* rustic

Bauernhaus *n* farmhouse

★**Bauernhof** *m* farm

baufällig dilapidated [dɪˈlæpɪdeɪtɪd]

Baufirma *f* building contractor, construction company

Baugenehmigung *f* planning permission

Bauindustrie *f* building [ˈbɪldɪŋ] (*oder* construction) industry

★**Baujahr** *n* ■ year of construction (*bzw.* manufacture) ■ **welches Baujahr ist es?** *Auto:* when was it built?

Baukasten *m* construction set, *mit Holzklötzen:* box of bricks

Baukastensystem *n* modular system [ˌmɒdjʊləˈsɪstəm]

Bauklotz *m* building block: **da staunt man Bauklötze!** *umg* it's mind-boggling!

Bauleiter(in) *m(f)* (building *oder* construction) site manager

★**Baum** *m* tree

Baumarkt *m* (≈ *Warenhaus*) DIY [ˌdiːaɪ ˈwaɪ] store (△ DIY *ist eine bes. im verwendete Abkürzung für do-it-yourself*), *US* home (improvement) center

baumeln dangle, swing* (an from); **mit den Beinen baumeln** dangle one's legs

Baumschule *f* (tree) nursery

Baumstamm *m* (tree) trunk, *gefällter:* log

★**Baumwolle** *f* cotton (△ *engl.* cotton wool = **Watte**); **ein Hemd aus Baumwolle** a cotton shirt

Baumwollhemd *n* (100%) cotton shirt

Baumwollpulli *m* cotton sweater [ˌkɒtnˈswetə]

Bauplatz *m* site, (building) plot

Bausatz *m* kit

Baustein *m* stone, *Spielzeug:* brick, (≈ *elektronischer Baustein*) chip; (≈ *Bestandteil*) building block; *Technik:* module [ˈmɒdjuːl]

Baustelle *f* ■ building site, *auf Straßen:* roadworks (△ *pl*), *US* roadwork ■ **das ist nicht meine Baustelle** that's not my problem

Baustoff *m* building material

Bauteil *n* component [kəmˈpəʊnənt] (part)

Bauten *pl* ■ buildings [ˈbɪldɪŋz] ■ *Film usw.:* set (△ *sg*)

Bauunternehmer(in) *m(f)* building contractor

Bauwerk *n* building [ˈbɪldɪŋ]

Bayer *m* Bavarian [bəˈveərɪən]; **er ist Bayer** he's (a) Bavarian

Bayerin *f* Bavarian woman (*oder* lady *bzw.* girl); **sie ist Bayerin** she's (a) Bavarian

bayerisch Bavarian [bəˈveərɪən]; **der Bayerische Wald** the Bavarian Forest

Bayern *n* Bavaria [bəˈveərɪə]

Bazi *m bes.* Ⓐ scoundrel, rascal [ˈrɑːskl]

Bazillus *m* ■ germ [dʒɜːm] ■ **Bazillen** germs

★**beabsichtigen** ■ **sie beabsichtigt zu bleiben** *usw.* she intends to stay *usw.* ■ **das war nicht beabsichtigt** it wasn't intentional, I *usw.*

didn't do *usw.* it on purpose
beabsichtigt ◼1 intended; **die beabsichtigte Wirkung** the desired effect ◼2 (≈ *absichtlich*) intentional, deliberate [dɪˈlɪbrət]
Beachball *m* beach ball
★**beachten** ◼1 (≈ *Aufmerksamkeit schenken*) pay* attention to ◼2 **etwas beachten** (≈ *zur Kenntnis nehmen*) note something ◼3 (≈ *befolgen*) follow (*Anweisungen, Regeln*) ◼4 (≈ *berücksichtigen*) bear* [beər] in mind, take* into account ◼5 **man muss dabei beachten, dass ...** it's important to remember (*oder* bear in mind) that ... ◼6 **nicht beachten** take* no notice of, ignore
beachtlich ◼1 (≈ *beträchtlich*) considerable [kənˈsɪdərəbl] ◼2 (≈ *bemerkenswert*) remarkable ◼3 **das war eine beachtliche Leistung** that was quite an achievement
Beachtung *f* ◼1 (≈ *Aufmerksamkeit*) attention; **jemandem** *bzw.* **einer Sache (keine) Beachtung schenken** pay* (no) attention to someone *bzw.* something ◼2 (≈ *Berücksichtigung*) consideration ◼3 (≈ *Befolgung*) observance [əbˈzɜːvns]
Beachvolleyball *m* beach volleyball [ˌbiːtʃˈvɒlɪbɔːl]
Beamer *m Computer*: digital (*oder* LCD) [ˌelsiːˈdiː] projector
★**Beamte(r)** *m*, **Beamtin** *f* ◼1 *allg.*: official ◼2 (≈ *Polizeibeamter*) officer ◼3 (≈ *Staatsbeamter*) civil servant [ˌsɪvlˈsɜːvnt]
beängstigend alarming
beanspruchen ◼1 claim (*Recht usw.*) ◼2 (≈ *erfordern*) require, call for ◼3 take* up (*Platz, Zeit*)
beanstanden ◼1 (≈ *kritisieren*) criticize ◼2 (≈ *Einwände erheben gegen*) object [əbˈdʒekt] to
★**beantragen**: (**bei jemandem**) **etwas beantragen** apply (to someone) for something
★**beantworten** answer [ˈɑːnsə] (*auch übertragen*) (**mit** with), reply to ◼2 **mit Ja** (*bzw.* **Nein**) **beantworten** answer yes (*bzw.* no)
bearbeiten ◼1 work (*Werkstoff, Material*) ◼2 (≈ *behandeln*) treat ◼3 deal* with (*Fall*) ◼4 revise (*Buch*) ◼5 *für die Bühne usw.*: adapt (**nach** from) ◼6 *umg* work on (*jemanden*)
Bearbeitungsgebühr *f* handling charge, *Bank*: (bank) service charge
beatmen: **jemanden beatmen** give* someone artificial respiration [ˌrespəˈreɪʃn]
★**beaufsichtigen** ◼1 supervise [ˈsuːpəvaɪz] ◼2 look after (*Kind*)

★**beauftragen**: **jemanden beauftragen, etwas zu tun** give* someone the job (*oder* task) of doing something
bebauen ◼1 build* [bɪld] on (*Grundstück usw.*) ◼2 cultivate (*Boden usw.*)
beben shake*, tremble
Beben *n* (≈ *Erdbeben*) earthquake
Becher *m* (≈ *Trinkgefäß*) ◼1 *aus Plastik usw.*: cup, *Br auch* beaker [ˈbiːkə] ◼2 *aus Ton, Porzellan*: mug
Becken *n* ◼1 (≈ *Waschbecken*) basin [ˈbeɪsn] ◼2 (≈ *Spüle*) sink ◼3 (≈ *Schwimmbecken*) pool ◼4 *bei Mensch, Tier*: pelvis
bedächtig (≈ *langsam*) slowly, deliberately
★**bedanken** ◼1 **sich bedanken** say* thanks ◼2 **sich bei jemandem bedanken** thank someone (**für** for)
★**Bedarf** *m* ◼1 need (**an** for) ◼2 (≈ *Nachfrage*) demand (**an** for); **den Bedarf decken** meet* the demand ◼3 **bei Bedarf** if necessary
bedauerlich regrettable, unfortunate [ʌnˈfɔːtʃənət]
bedauerlicherweise unfortunately [ʌnˈfɔːtʃənətlɪ]
★**bedauern** ◼1 **jemanden bedauern** feel* sorry for someone ◼2 **etwas bedauern** regret something; **ich bedauere sehr, dass ...** I very much regret that ...
Bedauern *n* regret
★**bedecken** cover (up)
bedeckt *Himmel*: overcast [ˌəʊvəˈkɑːst]; **teils bedeckt** partly cloudy
★**bedenken** ◼1 (≈ *erwägen*) consider, think* over ◼2 (≈ *beachten*) bear* [beər] in mind
★**Bedenken** *n* ◼1 (≈ *Zweifel*) doubts [⚠ daʊts] ◼2 (≈ *Einwände*) objections ◼3 *moralische*: scruples [ˈskruːplz]
bedenklich ◼1 (≈ *besorgniserregend*) alarming ◼2 (≈ *ernst*) critical, serious ◼3 (≈ *zweifelhaft*) dubious [ˈdjuːbɪəs]
Bedenkzeit *f*: **eine Stunde** *usw.* **Bedenkzeit** one hour *usw.* to think it over
★**bedeuten** ◼1 mean* ◼2 **es hat nichts zu bedeuten** it doesn't mean a thing ◼3 **jemandem viel** (*bzw.* **nichts**) **bedeuten** mean* a lot (*bzw.* nothing) to someone
★**bedeutend** ◼1 important, major, significant; **bedeutende Fortschritte machen** make* significant progress (⚠ *sg*) ◼2 (≈ *beträchtlich*) considerable ◼3 *Wissenschaftler, Politiker usw.*: leading, prominent ◼4 **bedeutend besser** *usw.* much better *usw.*
★**Bedeutung** *f* ◼1 (≈ *Sinn*) meaning, sense ◼2

(≈ *Wichtigkeit*) importance

bedeutungslos ◼ (≈ *unwichtig*) unimportant, insignificant [ˌɪnsɪgˈnɪfɪkənt] ◼ (≈ *ohne Sinn, nichtssagend*) meaningless

bedeutungsvoll ◼ significant [sɪgˈnɪfɪkənt] ◼ (≈ *vielsagend*) meaningful

★**bedienen** ◼ (*Verkäuferin*) serve (*Kunden*) ◼ (*Kellner*) serve, wait on (*Gast*) ◼ **gut bedient werden** *im Restaurant*: get* good service ◼ (≈ *handhaben*) operate, answer [ˈɑːnsə] (*Telefon*) ◼ **bedien dich!** *am Tisch*: help yourself; **bedient euch!** help yourselves

Bediener(in) *m(f)* ⊕ (≈ *Putzfrau*) cleaner

★**Bedienung** *f* ◼ service ◼ (≈ *Kellner*) waiter, (≈ *Kellnerin*) waitress

Bedienungsanleitung *f* ◼ (operating) instructions (▲ *pl*) ◼ (≈ *Buch*) instruction manual [ɪnˈstrʌkʃn,mænjʊəl]

★**bedingen** ◼ (≈ *verursachen*) cause, give* rise to; **bedingt durch** caused by, due to ◼ (≈ *erfordern*) require, call for ◼ (≈ *bestimmen*) determine [dɪˈtɜːmɪn]

★**Bedingung** *f* ◼ condition; **unter der Bedingung, dass ...** on condition that ..., provided (that) ...; **unter keiner Bedingung** under no circumstances [ˈsɜːkəmstənsɪz]; **etwas zur Bedingung machen** make* something a condition ◼ **Bedingungen** (≈ *Verhältnisse, Zustände*) conditions; **unter diesen Bedingungen** under these circumstances; **zu günstigen Bedingungen** *Handel*: on favourable terms, *US* on favorable terms

Bedingungsform *f Grammatik*: conditional

bedingungslos unconditional

Bedingungssatz *m Nebensatz*: conditional clause

bedrohen threaten [ˈθretn]; **ihr Leben ist bedroht** her life is in danger

bedrohlich ◼ threatening [ˈθretnɪŋ], menacing [ˈmenəsɪŋ] ◼ *Lage, Ausmaße usw*.: alarming

Bedrohung *f* threat [θret], menace [ˈmenəs] (*beide* **für** *oder* + *Genitiv* to)

bedrücken: **etwas bedrückt jemanden** *seelisch*: something depresses someone, something gets someone down

bedrückt depressed

Bedürfnis *n* need

★**beeilen**: **sich beeilen** hurry [▲ ˈhʌrɪ]; **beeil dich!** hurry up!; **sich mit einer Sache beeilen** hurry up with something

★**beeindrucken** impress

beeindruckend impressive

★**beeinflussen** ◼ influence ◼ (≈ *sich auswirken auf*) affect, have* an effect on

beeinträchtigen (≈ *negativ beeinflussen*) affect, have* a negative effect on

beend(ig)en ◼ (≈ *zum Abschluss bringen*) end, bring* to an end (*oder* close [▲ kləʊz]) ◼ (≈ *fertigstellen*) finish, complete (*eine Arbeit*) ◼ close [kləʊz], wind* [waɪnd] up (*Sitzung usw*.)

★**beerdigen** bury [▲ ˈberɪ]

Beerdigung *f* burial [▲ ˈberɪəl], *feierliche*: funeral [ˈfjuːnrəl]

Beerdigungsinstitut *n* undertaker's, undertakers (▲ *pl*)

Beere *f* berry; **Beeren sammeln** pick berries

Beet *n* ◼ bed ◼ (≈ *Gemüsebeet*) patch

befahren[1]: **eine Straße befahren** use a road

befahren[2] ◼ **stark befahren** *Strecke usw*.: busy [ˈbɪzɪ] ◼ **wenig befahren** *Strecke usw*.: quiet, uncrowded

befangen ◼ (≈ *gehemmt*) inhibited, shy, self--conscious (▲ **selbstbewusst** = self-confident) ◼ (≈ *voreingenommen*) prejudiced [ˈpredʒʊdɪst]

Befangenheit *f* ◼ (≈ *Scheu*) inhibitions (▲ *pl*), shyness, self-consciousness (▲ **Selbstbewusstsein** = self-confidence) ◼ (≈ *Voreingenommenheit*) bias [ˈbaɪəs], prejudice [ˈpredʒʊdɪs]

★**befassen**: **sich mit einer Frage** (*bzw*. **einem Problem**) **befassen** deal* with (*bzw*. look into) a question (*oder* a problem)

Befehl *m* ◼ order; **auf Befehl von** on the orders of; **auf Befehl handeln** act on orders ◼ **zu Befehl!** *Mann*: yes, sir!, *Frau*: yes ma'am! ◼ (≈ *Befehlsgewalt*) command (**über** of) ◼ *Computer*: command

★**befehlen** ◼ **jemandem befehlen, etwas zu tun** order someone to do something ◼ **etwas befehlen** order something

Befehlsform *f Grammatik*: imperative [ɪmˈperətɪv]

★**befestigen** ◼ fix, fasten [▲ ˈfɑːsn] (**an** to) ◼ *mit Klebstoff*: stick* (**an** on, onto) ◼ *mit Nadeln, Schrauben*: fasten, fix

befeuchten moisten [▲ ˈmɔɪsn]

befinden: **sich befinden** be*; **wo befinden wir uns jetzt?** where are we now?

befolgen follow (*Regel, Rat, Vorschrift*)

befördern ◼ carry, transport ◼ *beruflich*: promote (**zu** to, to the position of)

Beförderung *f* ◼ (≈ *Transport*) transportation, *von Personen*: carriage [ˈkærɪdʒ], *von Post*: handling ◼ *beruflich*: promotion (**zu** to, to the position of)

befragen ◼ ask (**über** about; **nach** for) ◼

befreien ① free (**von** from), liberate (**von** from) (*ein Land usw.*) ② (≈ *retten*) rescue ['reskju:] (**von, aus** from) ③ *vom Unterricht*: excuse (**von** from) ④ *von einer Pflicht, Last, Sorge*: relieve (**von** from) ⑤ **jemanden aus seinem Autowrack** *usw.* **befreien** free someone from the wreckage of his *usw.* car *usw.* ⑥ **sich befreien von** free oneself (**von** of)

Befreiung *f* ① setting free, liberation (**von** from) ② (≈ *Rettung*) rescue (**von** from)

befreunden: **sich (miteinander) befreunden** become* friends

befreundet ① **sie sind miteinander befreundet** they're friends ② **ich bin mit ihr befreundet** she's a friend (of mine), we're friends

befriedigen ① satisfy (*Wünsche, Neugierde usw.*) ② meet*, come* up to (*Erwartungen*)

★**befriedigend** satisfactory (*auch Schulnote*)

befriedigt satisfied, pleased

Befriedigung *f* satisfaction

befristen: **etwas auf drei Tage befristen** limit something to three days, set* a limit of three days on something

befristet ① *Genehmigung*: restricted (**auf** to); **auf zwei Jahre befristet sein** (*Visum usw.*): be* valid for two years ② *Arbeitsverhältnis*: temporary

Befristung *f* limitation (**auf** to)

befruchten ① *wörtlich* fertilize ② (≈ *anregen*) stimulate ['stɪmjʊleɪt]

Befruchtung *f* ① *wörtlich* fertilization ② (**die**) **künstliche Befruchtung** artificial insemination ③ (≈ *Anregung*) stimulation

befugt authorized ['ɔ:θəraɪzd], entitled (**zu** to + *inf*)

Befund *m* ① *allg.*: findings, results (▲ *beide pl*) ② **ohne Befund** *ärztliche Untersuchung*: negative ['negətɪv]; **der Befund war negativ** he bzw. she tested negative

★**befürchten** ① fear [fɪə]; **wir befürchten das Schlimmste** we fear the worst; **es ist zu befürchten, dass ...** it is feared that ... ② (≈ *vermuten*) suspect [sə'spekt]

Befürchtung *f* ① (≈ *Furcht*) fear; **ich habe die Befürchtung, dass ...** I fear (that) ... ② (≈ *Vermutung*) suspicion

befürworten ① (≈ *empfehlen*) recommend [,rekə'mend] ② (≈ *unterstützen*) support

Befürworter(in) *m(f)* supporter (+ *Genitiv* of)

begabt talented ['tæləntɪd], gifted; **er ist musikalisch** *usw.* **begabt** he's musically *usw.* gifted, he's got a gift for music *usw.*

★**Begabung** *f* gift, talent ['tælənt]

begeben: **sich in Gefahr begeben** put* oneself in danger, take* a risk

★**begegnen** ① **jemandem begegnen** *zufällig*: meet* someone, *umg* bump into someone ② **wir begegneten uns auf der Party** we met (*oder umg* bumped into each other) at the party ③ *förmlich* (≈ *überwinden*) face, confront [kən'frʌnt] (*Schwierigkeiten, einer Gefahr, Widerstand usw.*)

Begegnung *f* ① meeting, encounter ② *Sport*: match

begehen (≈ *verüben*) commit [kə'mɪt] (*Verbrechen, Selbstmord usw.*)

begehrenswert desirable [dɪ'zaɪərəbl]

begehrt ① popular ② **Karten für dieses Konzert sind sehr begehrt** tickets for this concert are very much in demand

★**begeistern** ① inspire (**durch** with) ② **sich für etwas begeistern** get* (*oder* be*) enthusiastic [ɪn,θju:zɪ'æstɪk] about something

begeistert ① enthusiastic [ɪn,θju:zɪ'æstɪk] ② **sie waren begeistert** *Publikum usw.*: they were thrilled (**von** by)

Begeisterung *f* enthusiasm [ɪn'θju:zɪæzm]

begierig: **sie war (ganz) begierig darauf, ihn kennenzulernen** *usw.* she was (really) keen (*US* eager) to get to know him *usw.*

begießen (≈ *feiern*) celebrate ['seləbreɪt] (with a drink)

★**Beginn** *m* beginning, start; **(gleich) zu Beginn** (right) at the beginning

★**beginnen** ① begin*, start ② **die Arbeit** (*oder* **mit der Arbeit**) *usw.* **beginnen** start work *usw.*, get* down to work *usw.* ③ **die Schule beginnt um 8.00 Uhr** school starts at 8.00 am

beglaubigen certify ['sɜ:tɪfaɪ]

Beglaubigung *f von Testament, Unterschrift*: witnessing ['wɪtnəsɪŋ], *von Zeugnisabschrift*: authentication [ɔ:,θentɪ'keɪʃn], *von Echtheit*: attestation [,ætes'teɪʃn]

★**begleiten** ① (≈ *mitgehen*) go* with, accompany [▲ ə'kʌmpəni] ② *musikalisch und übertragen*: accompany ③ **jemanden nach Hause begleiten** take* (*oder* walk) someone home

Begleiter(in) *m(f)* companion

Begleitung *f* ① **er war in Begleitung seiner Mutter** he was with his mother, he was accompanied [▲ ə'kʌmpənɪd] by his mother ② *musikalische*: accompaniment [▲ ə'kʌmpənɪmənt]

beglückwünschen congratulate (**zu** on); **wir möchten dich zur bestandenen Prüfung**

beglückwünschen we'd like to congratulate you on passing your exam

begnadigen pardon ['pɑːdn]

Begnadigung f pardon, *politische*: amnesty

begnügen ❶ **sich begnügen mit** (≈ *zufrieden sein*) be* satisfied (*oder* content [kən'tent]) with ❷ **sich begnügen mit** (≈ *auskommen*) make* do with

begraben ❶ (≈ *beerdigen*) bury [▲'berɪ] ❷ (≈ *beenden*) end (*Streit, Feindschaft*)

★**Begräbnis** n burial [▲'berɪəl], *feierliches*: burial, funeral

begradigen straighten ['streɪtn]

★**begreifen** ❶ **(etwas) begreifen** (≈ *verstehen*) understand* (something) ❷ **etwas begreifen** *Zusammenhang usw.*: grasp something

begreiflich understandable

begrenzen ❶ (≈ *die Grenze bilden von*) form the boundary of ❷ *übertragen* limit, restrict (**auf** to)

begrenzt *übertragen* limited, restricted

★**Begriff** m ❶ (≈ *Vorstellung, Auffassung*) idea, concept [▲'kɒnsept] ❷ **sich einen Begriff von etwas machen** imagine something ❸ **für meine Begriffe** in my opinion, as I see it ❹ (≈ *Ausdruck*) term, expression; (≈ *Fachausdruck*) term ❺ **ein Begriff für Qualität** a byword for quality ❻ **sie war im Begriff, zu gehen** *usw.* she was on the point of going *usw.*, she was about to go *usw.* ❼ **er ist etwas schwer von Begriff** he's a bit slow on the uptake

begriffsstutzig dense, slow (on the uptake)

★**begründen** ❶ (≈ *erklären*) give* reasons for, explain ❷ (≈ *rechtfertigen*) justify, back up; substantiate [səb‚stænʃɪeɪt] (*Verdacht*) ❸ **er begründete es damit, dass ...** he explained (*oder* justified) it by the fact that ... ❹ (≈ *gründen*) establish

begründet (≈ *gerechtfertigt*) justified

★**Begründung** f ❶ (≈ *Erklärung*) explanation, reason, reasons pl ❷ (≈ *Rechtfertigung*) justification; **mit der Begründung, dass ...** on the grounds (▲pl) that ...

★**begrüßen** ❶ **jemanden begrüßen** greet (*oder umg* say* hello to) someone ❷ (≈ *willkommen heißen*) welcome (*Gäste usw.*)

Begrüßung f greeting, *der Gäste*: welcoming, (≈ *Zeremonie*) welcome

begutachten ❶ (≈ *prüfen*) examine [ɪɡ'zæmɪn] ❷ **etwas begutachten lassen** get* an expert ['ekspɜːt] opinion on something

Begutachtungsplakette f ⓐ (≈ *TÜV-Plakette*) Br MOT certificate, US inspection certificate

behaart hairy

behaglich *Atmosphäre usw.*: comfortable [▲-'kʌmftəbl], cosy

★**behalten** ❶ keep* ❷ **etwas behalten** (≈ *sich merken*) remember something ❸ **etwas für sich behalten** keep* something to oneself ❹ **die Nerven behalten** keep* cool

Behälter m container; **hast du dafür irgendeinen Behälter?** have you got something to put it in?

★**behandeln** ❶ *in der Schule*: **in Bio behandeln wir heute den menschlichen Körper** we're doing the human body in biology today ❷ treat (*Material; Patient, Krankheit*) ❸ deal* with (*Thema, Frage, Problem*) ❹ **schonend behandeln** handle with care

★**Behandlung** f: **er befindet sich in (ärztlicher) Behandlung** he's receiving medical treatment

beharren: **er beharrte auf seiner Meinung** he stuck to his opinion

beharrlich (≈ *hartnäckig*) persistent

★**behaupten** ❶ claim, maintain, say*; **es wird behauptet, dass ...** it is said (*oder* claimed) that; **sie behauptet, nie dort gewesen zu sein** she says (*oder* claims) (that) she's never been there ❷ **sich behaupten** (≈ *durchsetzen*) assert oneself

★**Behauptung** f claim, assertion

beheben repair (*Schaden*)

beheizbar: **beheizbare Heckscheibe** *usw.* heated rear window *usw.*

beheizt heated

behelfen: **sich behelfen mit** make* do with

beherbergen accommodate

★**beherrschen** ❶ **sie beherrscht die englische Sprache** *usw.* she has a good command of English *usw.* ❷ **sich beherrschen** *übertragen* control oneself, restrain oneself ❸ (≈ *dominieren*) dominate, control; **zwei große Unternehmen** *usw.* **beherrschen den Markt** two big companies *usw.* control (*oder* dominate) the market

Beherrschung f ❶ *einer Sprache*: command (+ *Genitiv* of) ❷ *übertragen* control (+ *Genitiv* of, over) ❸ **die Beherrschung verlieren** lose* control, lose* one's self-control

beherzigen: **etwas beherzigen** take* something to heart

behilflich ❶ **jemandem behilflich sein** help someone (**bei** with) ❷ **darf ich Ihnen behilflich sein?** can I help you (at all)?

behindern ❶ **jemanden** (*bzw.* **etwas**) **behin-**

dern hinder someone (bzw. something) **2** obstruct (Verkehr, Sicht; Sportler; Plan)

behindert disabled [dɪsˈeɪbld]; **geistig behindert** mentally disabled; **schwer behindert** severely [ˈsɪvɪəlɪ] disabled

Behinderte(r) m/f(m) **1** disabled) person **2** **die Behinderten** the disabled (⚠ pl)

behindertengerecht suitable [ˈsuːtəbl] for the disabled [dɪsˈeɪbld], (≈ rollstuhlgeeignet) suitable for wheelchairs

Behinderung f **1** hindrance [ˈhɪndrəns] **2** im Verkehr, Sport usw.: obstruction **3** bei Person: disability; **körperliche/geistige Behinderung** physical/mental disability

★**Behörde** f authority [ɔːˈθɒrətɪ] (mst. im Plural verwendet: the authorities)

Behördengang m visit to the authorities

behüten 1 jemanden behüten (≈ beschützen) look after someone **2 jemanden vor etwas behüten** protect someone from something (oder from doing something)

behutsam cautious [ˈkɔːʃəs], careful

★**bei 1** räumlich: **bei Hamburg** near Hamburg **2 bei meinem Onkel** at my uncle's; **sie wohnt bei ihren Eltern** she lives with her parents; **beim Fleischer** (oder **Metzger**) at the butcher's; **bei uns (zu Hause)** at home; **bei uns** (≈ in der Familie) in our family; **er arbeitet bei der Post** usw. he works for the post office usw. **3 bei Schiller steht …** übertragen Schiller says … **4** zeitlich: **bei Tag** by day; **bei Nacht** at night; **bei seiner Geburt** at his birth; **er ist beim Essen** he's having (his) dinner (bzw. lunch) **5 bei der Arbeit** (≈ am Arbeitsplatz) at work **6 wir haben Geschichte bei Herrn Frei** we have Mr Frei for history

beibehalten 1 keep* up (Tradition usw.) **2** stick* to (Gewohnheit)

beibringen 1 jemandem etwas beibringen (≈ lehren) teach* someone something; **kannst du mir Schach beibringen?** can you teach me how to play chess? **2 wie soll ich's ihm beibringen?** (≈ verständlich machen) how shall I get it across to him?

Beichte f confession; **zur Beichte gehen** go* to confession (⚠ ohne the)

beichten 1 (etwas) beichten confess (something) **2 ich muss dir etwas beichten** übertragen I've got something to confess (to you)

★**beide 1** both [bəʊθ], (≈ die zwei) the two; **wir beide** both of us, the two of us; **alle beide** both of them **2 meine beiden Brüder** my two brothers, betont: both my brothers **3 in beiden Fällen** in both cases **4 keins** bzw. **keine(r) von beiden** neither of them **5 30 beide** Tennis: thirty all

beides 1 both [bəʊθ] (of them) **2 ich mag beides nicht** I don't like either (of them)

beieinander 1 (≈ zusammen) together **2 sie ist (noch) gut beieinander** gesundheitlich; umg: she's (still) in good shape; → **beieinanderbleiben**

beieinanderbleiben stay together, umg stick* together

Beifahrer(in) m(f) im PKW: (front-seat) passenger

Beifahrerairbag m im PKW: passenger airbag

Beifahrersitz m (front) passenger seat

★**Beifall** m **1** applause [əˈplɔːz]; **Beifall klatschen** applaud [əˈplɔːd] **2** übertragen (≈ Zustimmung) approval [əˈpruːvl]; **Beifall ernten** meet* with approval

Beifügung f Grammatik: attribute [ˈætrɪbjuːt]

beige tan, beige [beɪʒ]

Beigeschmack m taste; **die Suppe hat einen komischen Beigeschmack** this soup has a strange taste, this soup tastes strange

Beiheft n **1** supplement **2** zu einer CD usw.: (accompanying) booklet

Beihilfe f staatliche: subsidy [ˈsʌbsədɪ], grant

Beil n **1** großes: axe [æks], US auch ax [æks] **2** kleines: hatchet

Beilage f **1** Zeitung: supplement **2** Essen: side dish; **es gibt Reis** usw. **als Beilage** there's rice usw. with it, it's served with rice usw.

beiläufig 1 beiläufige Bemerkung passing remark **2 etwas beiläufig erwähnen** mention something in passing

beilegen 1 ich lege (diesem Brief) noch ein Foto usw. **bei** I enclose (oder I'm enclosing) a photo usw. (with this letter) **2** settle (Streit usw.)

Beileid n **1** condolences [⚠ kənˈdəʊlənsɪz] pl, sympathy [ˈsɪmpəθɪ] **2 herzliches Beileid** I'm so sorry (to hear about your father usw.)

beiliegend enclosed; **beiliegend übersende ich Ihnen …** enclosed please find …

beim 1 beim Arzt usw. at the doctor's usw. **2 beim Sprechen** while speaking; → **bei**

★**Bein** n **1** leg (auch eines Tisches, einer Hose usw.) **2 die Beine übereinanderschlagen** cross one's legs **3** Wendungen: **ich konnte mich kaum mehr auf den Beinen halten** I could hardly stay on my feet; **jemandem ein Bein stellen** wörtlich und übertragen trip someone up; **er hat sich kein Bein ausgerissen** he didn't exactly strain himself; **sie ist** wieder auf den Beinen (≈ *gesund*) she's on her feet again; **auf eigenen Beinen stehen** (≈ *unabhängig sein*) be* independent; **das geht in die Beine!** you really feel it in your legs; **er steht mit einem Bein im Gefängnis** he's going to end up in jail

beinah(e) almost, nearly

Beinbruch *m* ◨ fractured (*oder* broken) leg ◪ **das ist doch kein Beinbruch!** *übertragen* it's not the end of the world

Beipackzettel *m für Medikamente*: package insert ['pækɪdʒ,ɪnsɜːt], instructions (▲ *pl*)

Beiried *n* Ⓐ *etwa*: steamed beef

beirren: **sie lässt sich durch nichts beirren** she won't be put off

beisammen together

Beisammensein *n*: **geselliges Beisammensein** get-together

Beisein *n* presence ['prezns]; **im Beisein von** (*oder* + *Genitiv*) in the presence of

beiseite → beiseitegehen *usw.*

beiseitegehen step aside

beiseitelegen put* aside, put* down (*Brille, Buch usw.*)

beiseiteschaffen etwas beiseiteschaffen *übertragen* get* rid of something

★**Beispiel** *n* ◨ example; **ein Beispiel für** an example of; **zum Beispiel** for example (*abk* eg, e.g.), for instance ['ɪnstəns] ◪ **Beispiele anführen** give* examples ▣ **alle möglichen Obstsorten, wie zum Beispiel Äpfel, Birnen und Pflaumen** all kinds of fruit, such as apples, pears and plums ◱ *Wendungen*: **sich ein Beispiel an jemandem nehmen** take* someone as an example; **mit gutem Beispiel vorangehen** set* an example, set* a good example

Beispielsatz *m* example (sentence)

★**beispielsweise** for example, for instance

beißen ◨ **Vorsicht, der Hund beißt** careful, this dog bites ◪ **sein Hund hat mich ins Bein gebissen** his dog has bitten my leg, his dog has bitten me in the leg ▣ **in einen Apfel usw. beißen** bite* into an apple *usw.* ◱ **sie hat sich auf die Zunge** (*bzw.* **Lippe**) **gebissen** she's bitten her tongue (*bzw.* her lip) ◲ **er wird dich schon nicht beißen** *humorvoll* he won't bite (*oder* eat) you ◳ **sich beißen** (*Farben usw.*) clash

beißend ◨ *Kälte usw.*: biting ◪ *Geruch usw.*: pungent ['pʌndʒənt]

Beistrich *m* Ⓐ (≈ *Komma*) comma

★**Beitrag** *m* ◨ contribution (*auch übertragen*), (≈ *Wettbewerbseinsendung*) entry; **einen Beitrag leisten** contribute [kən'trɪbjuːt] (**zu** to), make* a contribution (**zu** to) ◪ (≈ *Mitgliedsbeitrag*) subscription, fee, US dues (▲ *pl*); (≈ *Versicherungsbeitrag*) premium; **Beiträge zur ... versicherung bezahlen** pay* ... insurance contributions ▣ **einen Beitrag verfassen** *im Internet*: post

beitragen contribute [kən'trɪbjuːt] (**zu** to)

beitreten ◨ *einem Verein usw.*: join ◪ *einem Bündnis usw.*: enter (into)

Beitritt *m* ◨ *zu einem Verein usw.* joining (**zu** of) ◪ *zu einem Bündnis usw.* entry (**zu** into)

Beiz *f* Ⓐ (≈ *Kneipe*) bar, *Br* pub

beizeiten in good time

beiziehen Ⓐ (≈ *hinzuziehen*) call in (*Gutachter, Rechtsanwalt*); consult (*Unterlagen*)

bejahen ◨ answer in the affirmative (*Frage*) ◪ **das Leben bejahen** have* a positive attitude to life

bekämpfen fight* (against)

Bekämpfung *f*: **die Bekämpfung des Terrorismus** *usw.* the fight against terrorism *usw.*

★**bekannt** ◨ **mit jemandem bekannt sein** know* someone ◪ **jemanden mit jemandem** (*bzw.* **etwas**) **bekannt machen** introduce someone to someone (*bzw.* something); **darf ich Sie mit Herrn Fischer bekannt machen?** may I introduce you to Mr Fischer? ▣ **etwas bekannt geben** (≈ *ankündigen*) announce something ◱ (≈ *vertraut*) familiar; **sie kommt mir bekannt vor** I'm sure I've seen her before, she looks familiar ◲ **es kommt mir bekannt vor** it looks (*bzw.* sounds *usw.*) familiar ◳ (≈ *berühmt*) well-known (**wegen** for)

★**Bekannte(r)** *m/f(m)* acquaintance, *gute(r)*: friend; **ein Bekannter von mir** a friend of mine

bekanntgeben → bekannt 3

bekanntlich: **sie ist bekanntlich Sängerin** as everybody knows, she's a singer

bekanntmachen → bekannt 2

Bekanntschaft *f* ◨ **jemandes Bekanntschaft machen** make* someone's acquaintance, meet* someone ◪ (≈ *Bekanntenkreis*) circle of friends

bekehren: **jemanden bekehren** convert someone (**zu** to)

bekennen ◨ **er bekannte sich zu dem Bombenanschlag** he admitted (*oder* claimed) responsibility for the bomb (▲ bom) attack ◪ **er hat sich schuldig bekannt** he admitted (*oder* confessed) his guilt [gɪlt], *vor Gericht*: he pleaded ['pli:dɪd] guilty **3** **sich zum Christentum** (*bzw.* **zum Islam** *usw.*) **bekennen** be* a professed Christian (*bzw.* Muslim ['mʊzlɪm] *usw.*)

beklagen **1** **sich beklagen** complain (**über** about) **2** **ich kann mich nicht beklagen** I can't complain, I have no complaints

beklauen: **jemanden beklauen** steal* (something) from someone

bekleckern **1** **du hast deinen Anzug** (*bzw.* **dein Hemd, deine Bluse** *usw.*) **mit Wein** (*bzw.* **Ketschup, Tinte, Farbe** *usw.*) **bekleckert** you've got (*oder* you've spilt) wine (*bzw.* ketchup *bzw.* ink *bzw.* paint *usw.*) on your suit (*bzw.* your shirt *bzw.* your blouse *usw.*) **2** **du hast dich mit Tinte** *usw.* **bekleckert** you've got (*oder* you've spilt) ink *usw.* on your shirt *usw.* **3** **etwas mit Farbe bekleckern** splash paint on something

Bekleidung *f* clothing [⚠ 'kləʊðɪŋ], clothes [⚠ kləʊ(ð)z] *pl*

beklemmend: **ein beklemmendes Gefühl** an uneasy feeling

bekloppt *salopp* crazy

Bekloppte(r) *m/f(m)* *salopp* **1** *Br* nutter **2** *Br, US* nut, loony (*pl* loonies) **3** *US* nutcase

beknackt *salopp* **1** *Person*: nuts, crazy; **der ist wirklich beknackt** he's completely nuts **2** **das ist doch beknackt, oder?** it's stupid ['stju:pɪd], isn't it?

★**bekommen** **1** get*, receive (*Geschenk, Brief, Lob* *usw.*) (⚠ engl. become = **werden**); **etwas geschenkt bekommen** get* a present ['preznt], be* given a present **2** get*, develop (*Schmerzen, Fieber* *usw.*) **3** **Hunger** *bzw.* **Durst bekommen** get* (*oder* become*) hungry *bzw.* thirsty **4** **Angst bekommen** get* (*oder* become*) afraid (**vor** of) **5** **etwas zu essen bekommen** get* something to eat **6** **Ärger bekommen** get* into trouble **7** **den Zug, Bus** *usw.* **bekommen** catch* the train, bus *usw.* **8** **jemanden dazu bekommen, etwas zu tun** get* someone to do something **9** **wir bekommen Regen** we're going to have rain **10** **sie bekommt ein Baby** she's going to have a baby **11** **Pilze bekommen ihm nicht** mushrooms don't agree with him **12** **was bekommen Sie dafür?** how much is that?

bekräftigen support* (*Meinung* *usw.*)

bekreuzigen: **sich bekreuzigen** cross oneself, make* the sign of the cross

bekümmert worried ['wʌrɪd] (**über** about)

bekunden: **Interesse bekunden** show* (some) interest

beladen load (up) (**mit** with)

Belag *m* **1** (≈ *Überzug*) coating **2** (≈ *Fußbodenbelag*) covering **3** (≈ *Zahnbelag*) plaque [⚠ plɑ:k]

belagern *militärisch*: besiege [bɪ'si:dʒ]

Belagerung *f militärische*: siege [si:dʒ]

belanglos unimportant, insignificant

belassen: **wir wollen es dabei belassen** let's leave it at that

belasten **1** **die Umwelt belasten** pollute the environment **2** strain (*Organ, Kreislauf*) **3** **jemanden (stark) belasten** *physisch, psychisch*: put* a (heavy) strain on someone **4** **sich belasten mit** *übertragen* burden (*oder* saddle) oneself with **5** *vor Gericht usw.*: incriminate [ɪn'krɪmɪneɪt]

belastet **1** *physisch, psychisch*: under strain; **(stark) belastet mit** under (great) strain (*oder* pressure) from **2** *Umwelt usw.*: polluted [pə'lu:tɪd], contaminated

belästigen **1** (≈ *zudringlich werden*) pester **2** *auf der Straße*: molest **3** *mit einer Frage usw.*: trouble ['trʌbl], bother ['bɒðə]

Belästigung *f* **1** (≈ *Zudringlichkeit*) pestering **2** *auf der Straße*: molestation **3** **sexuelle Belästigung** sexual harassment [ˌsekʃʊəl'hærəsmənt]

★**Belastung** *f* **1** *finanzielle*: (financial) burden (+ *Genitiv* on) **2** *der Umwelt usw.*: pollution [pə'lu:ʃn], contamination (**für** of) **3** *physische, psychische*: strain (**für** on)

belaufen: **sich belaufen auf** (*die Kosten usw.*) amount to, total ['təʊtl]

belauschen eavesdrop on

beleben **1** **die Wirtschaft** *usw.* **beleben** stimulate the economy *usw.*, get* the economy *usw.* going **2** (≈ *lebendiger machen*) liven up [ˌlaɪvn'ʌp] (*Zimmer, Bild usw.*)

belebt **1** *Gespräch*: lively, animated **2** *Straße, Szene*: busy, bustling [⚠ 'bʌslɪŋ]

Beleg *m* **1** **Beleg, Belege** (≈ *Beweis, Beweise*) proof, piece of evidence **2** (≈ *Quittung*) receipt [rɪ'si:t] **3** (≈ *Beispiel*) example (**für** of) **4** (≈ *Quelle*) reference ['refrəns]

belegen **1** (≈ *bedecken*) cover **2** sign up for, register for (*einen Kurs usw.*) **3** **den ersten (zweiten** *usw.*) **Platz belegen** *Sport*: take* first (second *usw.*) place, come* first (second *usw.*) **4** (≈ *beweisen*) prove* [pru:v]; **kannst du es belegen?** do you have any evidence? ['evɪdəns]

★**Belegschaft** *f* staff (⚠ *Verb mst. im pl*), em-

ployees (▲ pl), bes. in Fabriken usw.: workforce; **die Belegschaft ist zu alt** the staff are too old
belegt ■ Platz, Zimmer: taken, occupied ■ Hotel: full, Bett, Wohnung: occupied ■ Telefon: engaged, US busy ['bɪzɪ]; **es ist belegt** it's engaged, it's busy US ■ **belegtes Brot** open sandwich ['sænwɪdʒ], US open-faced sandwich ■ Zunge: coated, furred ■ Stimme: husky
belehren ■ (≈ unterweisen) teach*, instruct ■ (≈ aufklären) inform (**über** of) ■ **sich belehren lassen** (≈ Rat einholen) take* (some) advice
★**beleidigen** offend, gröblich: insult [ɪn'sʌlt]
beleidigend offensive, grob: insulting
beleidigt offended
★**Beleidigung** f insult ['ɪnsʌlt]
beleuchten ■ light* (up), auch festlich: illuminate ■ **etwas von allen Seiten beleuchten** übertragen examine (oder look at) something from every angle
Beleuchtung f ■ lighting, lights (▲ pl) ■ (≈ Bestrahlung) illumination
★**Belgien** n Belgium ['beldʒəm]
Belgier m Belgian ['beldʒən]; **er ist Belgier** he's Belgian
Belgierin f Belgian woman (oder lady bzw. girl); **sie ist Belgierin** she's Belgian
belgisch Belgian ['beldʒən]
Belichtung f Foto: exposure [ɪk'spəʊʒə]
beliebig ■ any; **jedes beliebige Muster** any pattern (you like) ■ **beliebig viele** as many as you like ■ **jeder Beliebige** anyone
★**beliebt** popular (**bei** with)
Beliebtheit f popularity (**bei** with, among)
beliefern supply [sə'plaɪ] (**mit** with)
★**bellen** bark (auch übertragen)
belohnen ■ reward [rɪ'wɔːd] (auch übertragen) ■ **mit etwas belohnt werden** get* something as a reward
Belohnung f reward [rɪ'wɔːd]; **als** (oder **zur**) **Belohnung** as a reward (**für** for)
belügen ■ **jemanden belügen** lie to someone, tell* someone a lie (bzw. lies) ■ **sich selbst belügen** deceive [dɪ'siːv] oneself
belustigen amuse; **belustigt zuhören** listen [▲ 'lɪsn] in amusement
bemalen paint
bemängeln ■ criticize, find* fault with ■ **ich habe nichts zu bemängeln** I have no criticisms (oder complaints)
bemauten ⓐ impose a toll on (Straße, Fahrzeug)
bemerkbar ■ noticeable [▲ 'nəʊtɪsəbl] ■ **sich bemerkbar machen** Person: draw* (oder attract) attention to oneself, Sache: begin* to show, become* apparent
★**bemerken** ■ (≈ wahrnehmen) notice, become* aware of ■ (≈ erkennen) realize ■ (≈ äußern, sagen) say*, remark ■ (≈ erwähnen) mention ■ **nebenbei bemerkt** by the way, incidentally
bemerkenswert remarkable (**wegen** for)
★**Bemerkung** f ■ remark (**über** on, about) ■ **Bemerkungen machen über** remark (oder comment) on, make* remarks about
bemitleiden feel* sorry for, pity
bemühen ■ **er bemüht sich sehr** he's trying hard ■ **er hat sich bemüht, die Beziehungen zu verbessern** he's been trying to improve relations ■ **sich um etwas bemühen** try to get something ■ **sich um jemanden bemühen** (try to) help someone
★**benachrichtigen** inform, notify (**von** of)
Benachrichtigung f ■ notification ■ **die Benachrichtigung der Eltern erfolgte unverzüglich** all parents were immediately notified
benachteiligen: **jemanden benachteiligen** put* someone at a disadvantage, bes. sozial: discriminate against someone
Benachteiligung f ■ discrimination (+ Genitiv against) ■ (≈ Nachteil) handicap, disadvantage
benebelt umg ■ (be)fuddled ■ von Alkohol: woozy
★**benehmen** ■ **sich gut benehmen** behave [bɪ'heɪv] (oneself), behave well ■ **sich schlecht benehmen** behave badly, misbehave ■ **benimm dich!** behave yourself!
Benehmen n ■ behaviour [bɪ'heɪvjə], US behavior ■ **er hat kein Benehmen** he has no manners
beneiden ■ **jemanden um etwas beneiden** envy ['envɪ] someone something; **ich beneide dich um deine Geduld** I envy (you) your patience, I wish I had your patience ■ **er ist nicht zu beneiden** he's not to be envied, umg I wouldn't like to be in his shoes
Beneluxländer pl: **die Beneluxländer** the Benelux ['benɪlʌks] Countries
benennen name (**nach** after, US auch for)
Benimmregel f rule of etiquette ['etɪket]
benommen dazed, umg dopey, dopy
benoten mark, US auch grade
★**benötigen** need, require; **dringend benötigen** badly need
Benotung f ■ marking, US auch grading ■ (≈ Noten) marks (▲ pl), bes. US grades (▲ pl)
★**benutzen**, **benützen** ■ use ■ take*, go* by

(*Taxi, Bus, U-Bahn, Straßenbahn usw.*)
Benutzer(in) *m(f)*, **Benützer(in)** *m(f)* user
benutzerfreundlich user-friendly
Benutzerhandbuch *n* (user) manual ['mænjʊəl]
Benutzerkonto *n Internet*: user account
Benutzername *m Internet*: user name
Benutzeroberfläche *f Computer*: user (*oder* system) interface
Benutzerprofil *n Computer*: user profile
★**Benzin** *n* petrol, *US* gas
Benzinpreis *m*: **Benzinpreis, Benzinpreise** petrol (*US* gas) prices (▲ *pl*)
Benzinverbrauch *m* fuel consumption
★**beobachten** ▮ watch, *genau*: observe ▯ **jemanden bei etwas beobachten** watch someone doing something ▰ *zufällig*: see*; **ich beobachtete, wie sie das Haus verließ** I saw her leave (*oder* leaving) the house
Beobachter(in) *m(f)* observer (*auch politisch usw.*)
★**Beobachtung** *f allg.*: observation
★**bequem** ▮ *Schuhe, Sessel usw.*: comfortable [▲ 'kʌmftəbl] ▯ (≈ *gemütlich*) cosy ▰ (≈ *leicht, einfach*) easy ▱ **fürs Einkaufen usw. ist es sehr bequem** (≈ *praktisch*) it's very convenient for shopping *usw.* ▲ **eine bequeme Lösung** an easy way out ▼ *Person:* (≈ *faul*) lazy ▼ **machen Sie sich's bequem** make yourself at home, make yourself comfortable [▲ 'kʌmftəbl]
Bequemlichkeit *f* ▮ (≈ *Behaglichkeit*) comfort [▲ 'kʌmfət] ▯ (≈ *Faulheit*) laziness
★**beraten** ▮ **jemanden beraten** advise someone (**bei** on) ▯ **etwas beraten** discuss something ▰ **sich beraten lassen von** consult ▱ **sich mit jemandem über etwas beraten** discuss something with someone
Berater(in) *m(f)* adviser, *fachlich*: consultant
★**Beratung** *f* ▮ advice, *fachlich*: consultation, *durch Ratgeber*: guidance ['gaɪdəns] ▯ (≈ *Besprechung*) discussion
berauben: **sie wurde überfallen und beraubt** she was attacked and robbed, she was (*oder* got) mugged
berechenbar ▮ *Kosten*: calculable ['kælkjʊləbl] ▯ *Verhalten usw.*: predictable [prɪ'dɪktəbl]
berechnen ▮ calculate ['kælkjʊleɪt] (*auch übertragen*) ▯ **jemandem (für etwas) 50 Euro** *usw.* **berechnen** charge someone 50 euros *usw.* (for something)
berechtigen: **(jemanden) zu etwas berechtigen** entitle someone to something (*bzw.* to do something); **ist er überhaupt dazu berechtigt?** is he entitled to do that?
berechtigt ▮ *Kritik, Frage*: justifiable ▯ *Forderung, Anspruch*: legitimate [▲ lɪ'dʒɪtəmət] ▰ **berechtigt sein, etwas zu tun** be* entitled to do something
Bereich *m* ▮ area ▯ *übertragen* (≈ *Gebiet*), field, area
bereichern ▮ enrich ▯ expand, increase [ɪn-'kriːs] (*sein Wissen usw.*) ▰ **sich bereichern an** make* a lot of money out of
bereinigen ▮ settle (*Streit*) ▯ clear up (*Missverständnis*)
bereisen tour, travel around (*Land*)
★**bereit** ▮ ready ['redɪ] (**zu** to; **zu etwas** for something); **sich bereit machen** get* ready (**zu** for) ▯ (≈ *gewillt*) prepared, willing (**zu** to) ▰ *Wendungen*: **bereit zur Abfahrt** ready to leave; **sich bereit erklären zu** (+ *inf*) agree to (+ *inf*), *freiwillig*: volunteer [,vɒlən'tɪə] to (+ *inf*)
bereiten ▮ make* (*Tee, Kaffee usw.*); **das Essen bereiten** make* lunch (*bzw.* dinner), get* lunch (*bzw.* dinner) ready ▯ (≈ *verursachen*) cause (*Ärger*) ▰ **es bereitet mir Vergnügen** it gives me pleasure
bereiterklären → **bereit 3**
bereithalten ▮ **etwas bereithalten** have* something ready ▯ **sich bereithalten** be* ready
bereitmachen → **bereit 1**
★**bereits** ▮ already; **ich habe bereits drei** I've got three already, I've already got three ▯ **er schläft bereits seit zwei Stunden** he's been asleep for two hours (already) ▰ (≈ *nur*) even, just; **bereits fünf Tropfen können tödlich wirken** even (*oder* just) five drops can be lethal [▲ 'liːθl]
Bereitschaft *f* ▮ readiness ▯ **Bereitschaft haben** *Arzt usw.*: be* on call
bereitstellen ▮ (≈ *zur Verfügung stellen*) make* available (*Geld usw.*) ▯ (≈ *liefern*) provide, supply
bereitwillig willing
bereuen regret; **er bereut, dass er ihr nicht die Wahrheit gesagt hat** he regrets not telling (*oder* not having told) her the truth; **ich bereue gar nichts** I have no regrets (about anything)
★**Berg** *m* ▮ mountain ['maʊntɪn], *kleiner*: hill; **in den Bergen** in the mountains ▯ **Berge von** *übertragen* piles of, heaps of ▰ *Wendungen*: **Berge versetzen** move mountains; **die Haare standen ihm zu Berge** his hair (▲ *sg*) stood on

end

bergab downhill (*auch übertragen*); **mit ihm geht's bergab** things are going downhill with him

Bergarbeiter *m* miner

bergauf ◼ uphill ◼ **es geht wieder bergauf** *übertragen* things are looking up (**mit** for)

Bergbahn *f* mountain railway, *US* mountain railroad

Bergbau *m* mining (industry)

bergen ◼ (≈ *retten*) rescue ['reskju:], save (*Personen*) ◼ recover (*Leichen, Güter, Fracht*)

Berghütte *f* chalet [⚠ 'ʃæleɪ]

bergig mountainous ['maʊntɪnəs], *schwächer:* hilly

Bergmann *m* miner

Bergsteigen *n* mountaineering, mountain climbing [⚠ 'klaɪmɪŋ]

Bergsteiger(in) *m(f)* (mountain) climber [⚠ -'klaɪmə], mountaineer [ˌmaʊntɪ'nɪə]

Bergtour *f* mountain hike

Bergung *f* ◼ (≈ *Rettung*) rescue ['reskju:] ◼ *von Toten, Fahrzeugen usw.:* recovery

Bergungsarbeiten *pl* rescue ['reskju:] work (⚠ *sg*), salvage ['sælvɪdʒ] operations

Bergwerk *n* mine

★**Bericht** *m* ◼ report (**über** on); **Bericht erstatten** (give* a) report (**über** on; **jemandem** to someone); **einen Bericht schreiben** write* a report ◼ (≈ *Beschreibung*) account (**über** of)

★**berichten** ◼ **jemandem etwas berichten** (≈ *melden*) inform someone of something, report something to someone ◼ **über etwas berichten** report on (*oder* give* a report on) something ◼ **du hast mir noch gar nicht über die Party** *usw.* **berichtet** (≈ *erzählt*) you haven't told me about the party *usw.* yet

berichtigen correct (*einen Fehler usw., jemanden, sich selbst*)

Berichtsheft *n* record ['rekɔːd] book

Berlin *n* Berlin [bɜː'lɪn]

Berliner: **die Berliner Mauer** *historisch:* the Berlin Wall [⚠ ˌbɜːlɪn'wɔːl]

Berliner(in) *m(f)* Berliner [⚠ bɜː'lɪnə]

Bermudashorts *pl* bermudas [bə'mjuːdəz]

Bern *n* Bern(e) [bɜːn]

Bernhardiner *m Hund:* St Bernard [snt'bɜːnəd] (dog)

Bernstein *m* amber ['æmbə]

berüchtigt notorious [nə'tɔːrɪəs] (**wegen** for)

★**berücksichtigen** ◼ consider (*Vorschlag, Bewerbung usw.*) ◼ (≈ *in Betracht ziehen*) take* into account (*oder* consideration)

★**Beruf** *m* ◼ job, occupation; *akademisch:* profession ◼ *bes. Handwerk:* trade ◼ (≈ *Stellung*) job, (≈ *Karriere*) career ◼ *Wendungen:* **einen Beruf ergreifen** take* up a career (*oder* a profession); **er ist von Beruf Lehrer** he's a teacher (by profession); **was sind Sie von Beruf?** what do you do for a living?; **den Beruf des Mechatronikers ausüben** pursue [pə-'sjuː] a career as a mechatronics engineer; **von Berufs wegen** on account of one's job

berufen[1]: **jemanden zum Vorsitzenden** *usw.* **berufen** appoint someone (as) chairman *usw.*

berufen[2] (≈ *befähigt*) qualified, competent ['kɒmpɪtənt]

★**beruflich** ◼ occupational, *bes. akademisch:* professional ◼ *Ausbildung usw.:* vocational ◼ **berufliche Aussichten** job (*oder* career) prospects ◼ **was machen Sie beruflich?** what do you do?

Berufsanfänger(in) *m(f)* person starting out in a career; **Berufsanfänger sein** be* starting out in a career; **als Berufsanfänger muss man ...** when starting out in your career you have to ...

Berufsausbildung *f* vocational training *kein pl*, *bes. akademisch:* professional training; **eine Berufsausbildung machen** do* some vocational training

Berufsaussichten *pl* job prospects

Berufsberater(in) *m(f)* careers adviser, *US* guidance ['gaɪdəns] counselor

Berufsberatung *f* careers guidance ['gaɪdəns], *US* vocational guidance

Berufschancen *pl* job (*oder* career) prospects

Berufseinsteiger(in) *m(f)* person starting out in a career; **Berufseinsteiger sein** be* starting out in a career; **als Berufseinsteiger muss man ...** when starting out in your career you have to ...

Berufserfahrung *f* (professional) experience, work experience

Berufsfeld *n* professional field

Berufsleben *n* working life; **im Berufsleben stehen** be* working

★**Berufsschule** *f* vocational school (*oder* college)

Berufsschüler(in) *m(f)* student at a vocational school (*oder* college)

★**berufstätig** ◼ working ...; **berufstätige Mütter** working mothers ◼ **berufstätig sein** work, have* a job

Berufstätige(r) *m/f(m)* working person

Berufstätigkeit *f* occupation

berufsunfähig unable to work

Berufsverkehr m rush hour traffic
Berufsvorbereitungsjahr n pre-vocational training year
Berufswahl f choice of career
Berufswelt f world of work, professional world
★**Berufung** f **1** innere: calling (**zu etwas** to (be) something) **2 Berufung einlegen** appeal (**gegen** against)
★**beruhen 1 beruhen auf** be* based on **2 das beruht auf Gegenseitigkeit** the feeling is mutual ['mjuːtʃʊəl] **3 lassen wir die Sache auf sich beruhen** let's leave it at that
★**beruhigen 1 (sich) beruhigen** calm [⚠ kaːm] (down) **2** calm, soothe [suːð] (die Nerven) **3 seien Sie beruhigt!** there's no need to worry [⚠ wʌrɪ]
beruhigend 1 Gedanke usw.: reassuring **2** Medikament usw.: sedative ['sedətɪv]
Beruhigung f: **zu unserer großen Beruhigung** much to our relief [rɪ'liːf], to our great relief
Beruhigungsmittel n sedative [⚠ 'sedətɪv], tranquillizer ['træŋkwəlaɪzə]
★**berühmt** famous ['feɪməs] (**wegen, für** for)
★**berühren 1** touch (auch übertragen) **2** (≈ betreffen) concern
★**Berührung** f **1** touch; **bei der leisesten Berührung** at the slightest touch **2 in Berührung kommen mit** come* into contact with
besagen: **das besagt noch gar nichts** that doesn't mean (oder prove) a thing
besänftigen calm down [ˌkaːm'daʊn]
★**Besatzung** f (≈ Mannschaft) crew; **die Besatzung ist schon an Bord** the crew is (oder are) already on board
besaufen: **sich besaufen** get* drunk, Br salopp get* pissed, US salopp get* bombed [bɒmd]
Besäufnis n salopp booze-up
★**beschädigen** damage
beschaffen[1]: **(sich) etwas beschaffen** get* something, mit Mühe: get* hold of something
beschaffen[2]: **gut** (bzw. **schlecht**) **beschaffen** in a good (bzw. bad) state
★**beschäftigen 1 sich beschäftigen mit** den Kindern usw.: be* busy ['bɪzɪ] with, einem Problem, einem Thema usw.: deal* with **2 jemanden beschäftigen** (≈ anstellen) employ someone
beschäftigt busy ['bɪzɪ] (**mit** with); **sie ist mit den Hausaufgaben** usw. **beschäftigt** she's busy with her homework usw., she's busy doing her homework usw.
★**Beschäftigung** f **1** (≈ Anstellung) employment **2** (≈ Arbeit) job; **sie sucht nach einer Beschäftigung** she's looking for a job (oder for work) **3 er hat keine Beschäftigung** (≈ nichts zu tun) he's got nothing to do **4 mit einem Thema**: treatment (**mit** of)
beschämend shameful
Bescheid m **1** (≈ Auskunft) information, (≈ Nachricht) notification, (≈ Entscheidung) decision; **ich warte noch auf Bescheid** I am still waiting to hear; **ich gebe ihm Bescheid** I'll let him know (about it); **jemandem Bescheid sagen** let* someone know; **jemandem ordentlich Bescheid sagen** umg tell* someone where to get off umg **2 Bescheid wissen** know* (**über** about); **ich weiß Bescheid!** I know (all about it); **ich weiß hier nicht Bescheid** I don't know about things around here; **er weiß gut Bescheid** he is well informed
★**bescheiden** modest ['mɒdɪst] (auch übertragen); **bescheidene Mittel** modest means
Bescheidenheit f modesty; **falsche Bescheidenheit** false modesty
bescheinigen certify; **hiermit wird bescheinigt, dass ...** this is to certify that ...
Bescheinigung f **1** (≈ Schein) certificate [sə'tɪfɪkət] **2** (≈ Bestätigung) (written) confirmation
bescheißen übertragen cheat, swindle, salopp rip off
Bescherung f **1 wann findet die Bescherung statt?** when are we going to open the (Christmas) presents? **2 eine schöne Bescherung!** ironisch a fine mess
bescheuert umg stupid
beschießen 1 fire at **2 mit Granaten, Neutronen** usw.; **mit Fragen**: bombard [bɒm'bɑːd]
beschimpfen 1 jemanden beschimpfen mit Kraftausdrücken: swear* at someone **2 jemanden als Lügner** usw. **beschimpfen** call someone a liar usw.
Beschiss m **1** allg.: swindle **2** umg, in Geldangelegenheiten: rip-off ['rɪpɒf]
beschissen 1 umg lousy ['laʊzɪ], rotten, Br salopp bloody awful **2 mir geht's beschissen** I feel lousy
beschlagen Fenster usw.: steamed up, bes. im Auto: misted up
beschlagnahmen seize [siːz], confiscate ['kɒnfɪskeɪt]
beschleunigen 1 (Auto usw.) accelerate [ək'seləreɪt]; **er beschleunigt von 0 auf 160 km/h in 10 Sekunden** it accelerates from 0 to 100 mph (⚠ gesprochen from nought [nɔːt] (oder US zero) to a hundred miles per (oder an)

hour) in 10 seconds ▪2 (≈ *schneller werden lassen*) speed up (*Vorgang*)
★**beschließen** ▪1 decide (**zu** + *inf*), *endlich*: make* up one's mind (**zu** + *inf*) ▪2 (≈ *beenden*) end, *endgültig auch*: settle
beschlossen: **es ist beschlossene Sache, dass** it's definite ['defənət] that ...
Beschluss *m* decision, *stärker und politisch*: resolution [,rezə'luːʃn]
beschmieren ▪1 **etwas beschmieren** (≈ *schmutzig machen*) get* (*oder* make*) something dirty ▪2 **etwas mit Farbe** *usw*. **beschmieren** smear paint *usw*. on something ▪3 **sich beschmieren** (≈ *schmutzig machen*) get* oneself dirty ▪4 **du hast dein Gesicht** (*bzw*. **deine Sachen** *usw*.) **mit Farbe** *usw*. **beschmiert** you've smeared (*oder* you've got) paint *usw*. on your face (*bzw*. on your clothes *usw*.) ▪5 **Brot mit Butter** *usw*. **beschmieren** put* (*oder* spread*) butter *usw*. on bread
beschmutzen: **sein Hemd** *usw*. **beschmutzen** dirty one's shirt *usw*., get* one's shirt *usw*. dirty
beschönigen gloss over (*Fehler usw*.)
beschränken limit, restrict (**auf** to + *inf*)
beschränkt limited (*auch in Anzahl, Zeit*), restricted (**auf** to + *inf*)
★**beschreiben** (≈ *schildern*) describe; **etwas genau beschreiben** describe something in detail
★**Beschreibung** *f* description
beschriften write* [raɪt] on; **ich muss die Kiste noch mit meinem Namen beschriften** I still have to write my name on the box
★**beschuldigen**: **jemanden einer Sache beschuldigen** accuse someone of something
★**beschützen** protect (**vor, gegen** from)
beschwatzen ▪1 **sie haben ihn beschwatzt** they've talked him round ▪2 **sie haben ihn beschwatzt, zu kommen** *usw*. they've talked him into coming *usw*.
★**Beschwerde** *f* ▪1 (≈ *Klage*) complaint (**über** about; **bei** to) ▪2 **Beschwerden** *körperliche*: aches [eɪks] and pains, problems (**mit** with), trouble (⚠ *sg*) (**mit** with); **ich hab immer noch Beschwerden mit meinen Beinen** I'm still having problems (*oder* trouble) with my legs
★**beschweren** ▪1 **sich beschweren** complain (**über** about; **bei** to) ▪2 **ich möchte mich beschweren** I'd like to make a complaint
beschwerlich difficult
beschwichtigen ▪1 appease (*auch politisch*) ▪2 calm [⚠ kɑːm] down (*aufgebrachte Menge, Kind*)

beschwindeln: **jemanden beschwindeln** lie to someone, tell* someone a lie (*oder* lies), *umg* tell* someone a fib (*oder* fibs)
beschwipst tipsy, *Br umg auch* tiddly
beschwören ▪1 **ich könnte (nicht) beschwören, dass** ... I could(n't) swear (that) ... ▪2 conjure up [⚠ ˌkʌndʒər'ʌp] (*Geister, Erinnerungen usw*.)
★**beseitigen** ▪1 *allg*.: remove ▪2 dispose of, get* rid of (*Abfälle usw*.) ▪3 (≈ *abschaffen; ermorden*) get* rid of (*etwas; jemanden*)
Beseitigung *f* ▪1 *allg*.: removal [rɪ'muːvl] ▪2 **von Abfällen** *usw*.: disposal
★**Besen** *m* ▪1 broom, *kleiner*: brush ▪2 **neue Besen kehren gut** *übertragen* a new broom sweeps clean
besessen ▪1 obsessed [əb'sest] (**von** with) ▪2 **wie besessen** like mad
★**besetzen** ▪1 take*, occupy (*Sitzplatz*) ▪2 occupy (*Land usw*.) ▪3 cast* (*Stück, Rolle*) ▪4 **ein Haus besetzen** squat [skwɒt] (in a house)
★**besetzt** ▪1 *Sitzplatz*: occupied, taken; **ist da besetzt?** is anyone sitting there? ▪2 *Toilette*: occupied ▪3 *Telefon*: engaged, *US* busy ▪4 **von Militär** *usw*.: occupied
Besetztzeichen *n Telefon*: engaged (*US* busy) signal [ɪn'geɪdʒd,sɪgnəl ('bɪzɪ,sɪgnəl)]
Besetzung *f* ▪1 **eines Landes** *usw*.: occupation ▪2 *Theater*: cast
★**besichtigen** (≈ *ansehen*) visit, see*, have* a look at (*Stadt, Kirche usw*.), tour (*Stadt, Fabrik usw*.)
★**Besichtigung** *f*: **eine Besichtigung des Schlosses** *usw*. a tour of the castle *usw*.
besiedeln ▪1 (≈ *sich ansiedeln*) settle ▪2 (≈ *bevölkern*) populate
besiedelt ▪1 **besiedelte Gebiete** settled areas ▪2 **dicht** (*bzw*. **dünn**) **besiedelt** densely (*bzw*. sparsely) populated
★**besiegen** defeat, *umg* beat* (*Feind, Konkurrenten, Gegner*)
besinnen ▪1 **sich besinnen** (≈ *nachdenken*) reflect, think* ▪2 **sich besinnen** (≈ *zur Vernunft kommen*) come* to one's senses ▪3 **sich besinnen auf** recall, remember
Besinnung *f* ▪1 (≈ *Bewusstsein*) consciousness [⚠ 'kɒnʃəsnəs]; **die Besinnung verlieren** lose* [luːz] consciousness; **(wieder) zur Besinnung kommen** regain consciousness, come* round ▪2 (≈ *Nachdenken*) reflection, contemplation ▪3 **jemanden zur Besinnung bringen** (≈ *Vernunft*) bring* someone to his (*bzw*. her) senses
★**Besitz** *m* ▪1 ownership, possession [pə'zeʃn]

(an, von oder+ Genitiv of); **im Besitz sein von** be* in possession of ❷ (≈ *Eigentum*) property
besitzanzeigend: besitzanzeigendes Fürwort possessive [pəˈzesɪv] pronoun
★**besitzen** ❶ (≈ *haben*) have* (got) (*ein gutes Gedächtnis, Talent usw.*), own, have* (got) (*Haus, Hund, Auto usw.*) ❷ (≈ *verfügen über*) possess [pəˈzes], own (*Vermögen*)
★**Besitzer(in)** *m(f)* owner
besoffen drunk, *salopp* bombed, *Br* pissed
★**besondere(r, -s)** special, (≈ *bestimmt*) particular; **ein besonderer Fall** a special case; **dazu brauchst du eine besondere Ausbildung** you need special qualifications for that; **gibt es einen besonderen Grund?** is there any particular reason?
Besondere(s) *n* ❶ **etwas** (*bzw.* **nichts**) **Besonderes** something (*bzw.* nothing) special ❷ **das Besondere daran ist** what's so special about it is
Besonderheit *f* ❶ *eines Geräts usw.*: specific feature ❷ **es ist eine Besonderheit von ihm** it's one of his (little) quirks
★**besonders** ❶ (≈ *insbesondere*) particularly, in particular, especially; **besonders viele Fehler** a particularly high number of mistakes ❷ (≈ *vor allem*) above all
★**besorgen** (≈ *beschaffen, kaufen*) ❶ **sich etwas besorgen** get* (*oder* buy*) something ❷ **ich besorge dir die neue CD** I'll get you the new CD
Besorgnis *f* ❶ **es besteht kein Grund zur Besorgnis** there's no cause for concern, there's no need to worry [⚠ ˈwʌrɪ] ❷ **Besorgnis erregend** → besorgniserregend
besorgniserregend worrying [⚠ ˈwʌrɪŋ], *stärker*: alarming
★**besorgt** worried [ˈwʌrɪd], concerned (**um, wegen** about)
Besorgung *f*: **Besorgungen machen** do* some shopping
bespitzeln: **jemanden bespitzeln** spy on someone
★**besprechen** ❶ **etwas besprechen** discuss something, talk something over ❷ review (*Buch, Film usw.*)
★**Besprechung** *f* ❶ (≈ *Unterredung*) discussion, discussions *pl*; (≈ *Konferenz*) meeting; **er ist in einer Besprechung** he's at a meeting, he's having a meeting ❷ (≈ *Buchbesprechung*) review
Besprechungsraum *m* meeting room
★**besser** ❶ better (**als** than); **es besser wissen** know better (⚠ *ohne* it) ❷ **besser gesagt** or rather ❸ **besser werden** improve [ɪmˈpruːv], get* better ❹ **es ist besser, wenn wir gehen** I think we should go, I think (*oder* perhaps) we'd better go ❺ **es geht ihm heute besser** he's feeling better today
Bessere(s) *n* ❶ **ich habe Besseres zu tun** I've got better things to do ❷ **sie denkt, sie ist etwas Besseres** she thinks she's somebody special
bessergehen → besser 5
bessern: **sich bessern** improve [ɪmˈpruːv], get* better; **er hat sich nicht gebessert** he hasn't changed, he's still the same (as ever)
★**Besserung** *f* ❶ improvement ❷ **er ist auf dem Wege der Besserung** *gesundheitlich*: he's recovering, he's on the road to recovery ❸ **gute Besserung!** get well soon!
Besserwisser(in) *m(f)* know-it-all, know-all
Bestand *m* ❶ (≈ *Fortdauer*) continued existence; **von Bestand sein, Bestand haben** be* permanent ❷ (≈ *vorhandene Menge*) stock (**an** of); supply; **Bestand aufnehmen** do* a stocktake
bestanden: **jemandem zur bestandenen Prüfung gratulieren** congratulate someone on passing his (*bzw.* her) exam
beständig ❶ (≈ *dauerhaft*) permanent ❷ (≈ *andauernd*) continual, constant ❸ *Wetter*: settled ❹ (≈ *widerstandsfähig*) resistant (**gegen** to) ❺ (≈ *dauernd, immerzu*) constantly, continually
★**Bestandteil** *m* component, part
bestärken ❶ (≈ *ermuntern, unterstützen*) encourage [ɪnˈkʌrɪdʒ] ❷ **jemanden in seiner Meinung usw. bestärken** back someone up
★**bestätigen** ❶ confirm ❷ **mein Verdacht usw. hat sich bestätigt** my suspicion *usw.* has proved [pruːvd] (to be) true
Bestätigung *f* confirmation [ˌkɒnfəˈmeɪʃn], *von Urteil*: upholding, (≈ *Beurkundung*) certification
bestatten bury [⚠ ˈberɪ]
Bestattung *f* burial [⚠ ˈberɪəl]
bestaunen (≈ *bewundern*) marvel [ˈmɑːvl] at
★**beste(r, -s)** ❶ **der/die/das Beste** the best; **er ist der Beste** *bzw.* **sie ist die Beste** he's *bzw.* she's the best, *in der Klasse*: he's *bzw.* she's top of the class ❷ **das Beste wäre, du** *usw.* **...** it would be best for you *usw.* to (+ *inf*) ❸ **das beste Buch** *usw.* the book book *usw.* ❹ **am besten** best; **am besten bleibst du hier** the best thing would be for you to stay here, it would be best if you stayed here ❺ *Wendungen*: **in bestem Zustand** in perfect condition; **bei bester Gesundheit** in the best of health

Beste(r, -s) m/f(m, n) → beste(r, -s)
bestechen bribe
bestechlich corruptible [kəˈrʌptəbl]
Bestechung f bribery [ˈbraɪbərɪ]
Bestechungsversuch m attempted bribery [ˈbraɪbərɪ]
★**Besteck** n ◾ knife [naɪf], fork and spoon ◾ **Besteck, Bestecke** Br cutlery (sg), US flatware (sg)
★**bestehen** ◾ **sie hat (die Prüfung) bestanden** she passed (the exam) ◾ **eine Probe** usw. **bestehen** stand* (oder pass) the test usw. ◾ **die Prüfung** (bzw. **Probe**) **nicht bestehen** fail the exam (bzw. the test) ◾ **es besteht die Gefahr, dass ...** there's a risk that ...; **es besteht kein Zweifel, dass ...** there's no doubt that ... ◾ **das Buch** usw. **besteht aus drei Kapiteln** the book usw. consists of (oder comprises) three chapters ◾ **der Unterschied besteht darin, dass ...** the difference is that ... ◾ **bestehen auf** insist (up)on; **darauf bestehen, etwas zu tun** insist on doing something; **ich bestehe darauf, dass er kommt** I insist that he comes
besteigen climb* (up) (Berg usw.)
★**bestellen** ◾ order (**bei** from) ◾ book, reserve (Zimmer usw.) ◾ **bestell ihr bitte ...** would you tell her ... ◾ **bestell ihr einen schönen Gruß von mir** give her my regards (⚠ pl)
Bestellformular n order form
Bestellnummer f order number
Bestellschein m order form
Bestellung f ◾ (≈ Auftrag) order ◾ (≈ Reservierung) booking, reservation
Bestellzettel m order form (oder slip)
bestenfalls at best
bestens extremely (oder very) well
besteuern tax
Bestform f: **sie ist zurzeit in Bestform** she's in top form (bes. US shape) at the moment
Bestie f ◾ (≈ Tier) beast ◾ (≈ Mensch) animal
★**bestimmen** ◾ (≈ festsetzen) determine [dɪˈtɜːmɪn] ◾ (≈ entscheiden) decide ◾ fix (Preis, Termin usw.) ◾ (≈ prägen) characterize
★**bestimmt** ◾ Anzahl, Zeit: certain ◾ Absicht, Plan usw.: particular, specific [spəˈsɪfɪk] ◾ **bestimmt sein für** be meant [ment] for ◾ **bestimmter Artikel** Grammatik: definite [ˈdefənət] article ◾ (≈ sicher) definitely; **ich komme ganz bestimmt** I'm definitely coming ◾ (≈ aller Wahrscheinlichkeit nach) probably; **er verpasst bestimmt den Zug** he's bound (oder sure) to miss the train

Bestimmte(s) n: **etwas Bestimmtes** something particular (oder specific [spəˈsɪfɪk])
Bestleistung f ◾ best performance ◾ **die persönliche Bestleistung übertreffen** beat* one's personal best
bestmöglich best possible, optimum
★**bestrafen** ◾ auch gerichtlich: punish (**wegen, für** for) ◾ **mit einer Geldstrafe**: fine
Bestrafung f punishment
bestrahlen medizinisch: give* radiotherapy to
Bestrahlung f medizinisch: radiotherapy
bestreichen spread* (Brot)
bestreiken go* out (oder be*) on strike against; **bestreikt** strikebound; **diese Fabrik wird bestreikt** there's a strike on at this factory
★**bestreiten** ◾ (≈ anfechten) contest [kənˈtest], challenge [ˈtʃælɪndʒ] ◾ (≈ abstreiten) deny [dɪˈnaɪ]
Bestseller m bestseller (⚠ Betonung auf sel)
bestürmen mit Fragen, Bitten usw.: bombard [bɒmˈbɑːd] (**mit** with)
bestürzt filled with consternation (**über** about)
Bestzeit f ◾ best time ◾ **persönliche Bestzeit** personal record [ˈrekɔːd] (oder best)
★**Besuch** m ◾ visit (**bei, in** oder + Genitiv to) ◾ (≈ Aufenthalt) stay ◾ **mein Onkel ist bei uns zu Besuch** my uncle's staying with us ◾ **meine Schwester kommt zu Besuch** my sister's coming to see me bzw. us ◾ **dies ist mein erster Besuch in Rom** this is my first visit (oder trip) to Rome ◾ (≈ Gäste) guests pl
★**besuchen** ◾ allg.: visit (jemanden, Land, Ort usw.) ◾ bes. kurz: go* and see*, call on (jemanden) ◾ **als Schüler, Zuhörer, Teilnehmer** usw.: attend [əˈtend], go* to (Vortrag, Versammlung usw.); **die Schule besuchen** go* to school (⚠ ohne the)
Besucher(in) m(f) ◾ visitor (+ Genitiv to) ◾ (≈ Gast) guest [gest]
Besuchszeit f visiting hours (⚠ pl)
betätigen ◾ (≈ bedienen) operate, work ◾ press, push (Schalter) ◾ apply (Bremse)
betäuben ◾ durch Narkose: anaesthetize [əˈniːsθətaɪz] ◾ **mit einem Schlag**: stun
Betäubung f: **(örtliche) Betäubung** (local) anaesthetic [ˌænəsˈθetɪk]
★**beteiligen** ◾ **jemanden beteiligen** give* someone a share (**an** in) ◾ **sich beteiligen an** take* part (oder participate) in
beteiligt: **beteiligt sein an** be* involved in
Beteiligte(r) m/f(m) ◾ person concerned (oder involved) ◾ **die Beteiligten** those concerned, those involved

Beteiligung f ❶ participation (**an** in), involvement (**an** in) ❷ *bei Wahlen*: turnout

★**beten** ❶ pray (**um** for) ❷ say* a prayer, say* one's prayers ❸ *am Tisch*: say* grace

beteuern protest (*Unschuld*); **beteuern, dass** declare that

Beton m concrete [▲ 'kɒŋkriːt]

★**betonen** ❶ **wie wird das Wort betont?** how is that word stressed? ❷ *übertragen* (≈ *unterstreichen*), stress, *nachdrücklich*: emphasize [▲ 'emfəsaɪz]

Betonmischer m, **Betonmischmaschine** f concrete mixer

Betonung f ❶ stress, emphasis [▲ 'emfəsɪs] (*auch übertragen*) ❷ **die Betonung legen auf** place the emphasis on (*auch übertragen*)

Betracht m ❶ **in Betracht ziehen** take* into consideration (*oder* account) ❷ **in Betracht kommen** be* a possibility; **nicht in Betracht kommen** be* out of the question

★**betrachten** ❶ look at (*auch übertragen*) ❷ **betrachten als** look upon as, consider (to be)

beträchtlich ❶ considerable, substantial; **beträchtliche Verluste** considerable losses, heavy losses ❷ **die Preise sind beträchtlich gestiegen** prices have gone up considerably (▲ *ohne* the)

★**Betrag** m amount

★**betragen** ❶ (≈ *sich belaufen auf*) amount to, come* to ❷ **sich anständig betragen** behave [bɪ'heɪv] (properly *oder* well)

Betragen n behaviour, conduct ['kɒndʌkt]

Betreff m *in E-Mails*: subject; **Betreff: Ihr Schreiben vom ...** *förmlich* re [riː] your letter of ...

★**betreffen** (≈ *angehen*) concern; **was mich (dich** *usw.***) betrifft** as for me (you *usw.*), as far as I'm (you're *usw.*) concerned; **was das** *usw.* **betrifft** as far as that *usw.* is concerned, as for that *usw.*

betreffend concerning; **die betreffenden Personen** *usw.* the people *usw.* concerned

betreten ❶ step on, walk on ❷ set* foot on (*Gebiet*) ❸ enter, walk (*oder* come*) into (*Raum*) ❹ **die Bühne betreten** come* (*oder* walk) onto the stage

Betreten n: **Betreten verboten!** keep off, *Privatgrundstück oder Privatgebiet*: no trespassing [▲ 'trespəsɪŋ]

★**betreuen** ❶ look after; **betreutes Wohnen** assisted living ❷ coach (*Sportler*)

Betreuer(in) m(f) ❶ carer, *US* caregiver; person who is in charge of (*oder* looking after) someone, (≈ *Kinderbetreuer*) child minder, *US* childcare provider ❷ *schulisch, akademisch*: supervisor, (≈ *Lehrer*) instructor, (≈ *Berater*) counsellor, *US* counselor

Betrieb m ❶ (≈ *Firma*) business, company [▲ 'kʌmpəni], (≈ *Fabrik*) factory, works *sg od pl* (▲ *mit Verb im Singular oder Plural*) ❷ (≈ *Tätigkeit*) work, *von Maschine, Fabrik*: operation; **außer Betrieb** out of order; **die Maschinen sind in Betrieb** the machines are running; **eine Maschine in Betrieb setzen** start a machine up ❸ (≈ *Betriebsamkeit*) bustle ['bʌsl]; **in den Geschäften herrscht großer Betrieb** the shops (*US* stores) are very busy

betrieblich betriebliche Altersversorgung employee pension ['penʃn] scheme; **betriebliche Ausbildung** employee training; **betriebliche Weiterbildung** continuing development; **betriebliche Mitbestimmung** worker participation

Betriebsanleitung f operating instructions (▲ *pl*)

Betriebsgelände n company premises ['premɪsɪz] (▲ *pl*)

★**Betriebsrat** m (≈ *Gremium*) works council

Betriebssystem n *EDV*: operating system

Betriebswirtschaft f business management (*oder* administration)

betrinken: sich betrinken get* drunk

betroffen ❶ *von einer Katastrophe usw.*: affected (**von** by) ❷ **die Betroffenen** those concerned (*oder* affected)

Betroffenheit f dismay, *stärker*: shock

betrübt sad (**über** about)

Betrug m: **das ist ja Betrug!** that's a swindle

★**betrügen** ❶ *allg.*: cheat, *bes. in Geldsachen usw.*: swindle ❷ **er betrügt sie** *mit einer anderen Frau*: he's being unfaithful to her ❸ **du betrügst dich (selbst)** *usw.* you're deceiving (*oder* deluding) yourself *usw.* ❹ **er betrügt manchmal beim Kartenspiel** he sometimes cheats **at** cards

★**Betrüger(in)** m(f) cheat, swindler

★**betrunken** ❶ **er ist betrunken** he's drunk (▲ *nicht* drunken); **er kam betrunken zu Hause an** he arrived home drunk ❷ **ein betrunkener Motorradfahrer** a drunk motorcyclist

Betrunkene(r) m/f(m) drunk

★**Bett** n ❶ bed; **im Bett** in bed ❷ **ins Bett gehen** go* to bed, *umg* turn in ❸ **jemanden zu Bett bringen** put* someone to bed

Bettdecke f ❶ *wollene*: blanket ['blæŋkɪt] ❷

gesteppte: quilt [kwɪlt]
betteln ◼ beg (**um** for); **betteln gehen** go* begging ◼ (≈ *bitten*) beg (**um** for)
Bettflasche *f* Ⓐ, Ⓒ hot-water bottle
Bettlaken *n* sheet
Bettler(in) *m(f)* beggar ['begə]
Betttuch *n* sheet
Bettwäsche *f* bed linen [⚠ 'bedklıŋ]
Bettzeug *n* bedclothes [⚠ 'bedkləʊ(ð)z] *pl*, bedding
beugen ◼ *allg*.: bend* ◼ bow [⚠ baʊ] (*den Kopf*) ◼ *Grammatik*: inflect, decline (*Substantiv*), conjugate (*Verb*) ◼ **sich über etwas beugen** bend* over something ◼ **sich nach vorn beugen** lean* forward
Beule *f* ◼ *am Kopf*: bump; **dicke Beule** big bump ◼ *im Blech*: dent
★**beunruhigen** worry, *stärker*: alarm
beunruhigend worrying, *stärker*: alarming
beunruhigt worried, *stärker*: alarmed
beurlauben: **jemanden für eine Woche beurlauben** give* someone a week off
★**beurteilen** ◼ **jemanden** *bzw*. **etwas beurteilen** judge someone *bzw*. something (**nach** by); **falsch beurteilen** misjudge ◼ rate, assess [əˈses] (*Leistung, Wert, Auswirkungen*)
Beurteilung *f* ◼ judgment, judgement ◼ (≈ *Einschätzung*) assessment
★**Beute** *f* ◼ (≈ *Diebesbeute*) booty, loot ◼ *eines Tieres*: prey ◼ *übertragen* prey
Beutel *m* ◼ bag ◼ *bei Tieren*: pouch [paʊtʃ]
bevölkern ◼ populate; **dicht bevölkert** densely populated ◼ (≈ *bewohnen*) inhabit
★**Bevölkerung** *f* population
Bevölkerungs... *in Zusammensetzungen*: population ...; **Bevölkerungsdichte** population density; **Bevölkerungsexplosion** population explosion; **Bevölkerungszunahme** population growth, increase ['ɪŋkriːs] in population
bevollmächtigen: **jemanden bevollmächtigen, etwas zu tun** authorize ['ɔːθəraɪz] someone to do something
★**bevor** before; **nicht bevor** not before, not until
bevorstehen ◼ (*Schwierigkeiten usw.*) lie* ahead ◼ (*Gefahr*) be* imminent ◼ **jemandem steht etwas bevor** something is in store for someone ◼ **das Schlimmste steht noch bevor** the worst is yet to come
bevorstehend forthcoming, approaching
★**bevorzugen** ◼ prefer ◼ favour, give* preference [⚠ 'prefrəns] to (*einen Schüler, einen Bewerber*)

bevorzugt ◼ *allg*.: preferred ◼ *Stellung*: privileged ['prɪvəlɪdʒd] ◼ *Gegend*: popular
bewachen guard [gɑːd], watch over
bewacht ◼ (**streng**) **bewacht** (closely) guarded ◼ **bewachter Parkplatz** supervised car park, *US* guarded parking lot
bewaffnet armed (**mit** with)
bewahren ◼ (≈ *erhalten*) keep*, preserve, retain (*Eigenschaft, Aussehen usw.*) ◼ **jemanden bewahren vor** (≈ *behüten*) protect (*oder* keep*) someone from
★**bewähren** ◼ **er hat sich bewährt** he's proved [pruːvd] himself; **er hat sich als Lehrer bewährt** he's proved (to be) a good teacher ◼ **etwas hat sich bewährt** something has proved its worth, something has proved successful
bewahrheiten ◼ **sich bewahrheiten** prove* [pruːv] (to be) true ◼ **meine Hoffnungen** (**Befürchtungen** *usw.*) **haben sich bewahrheitet** my hopes (fears *usw.*) have been confirmed
bewährt ◼ (≈ *erprobt*) well-tried, tried and tested ◼ (≈ *zuverlässig*) reliable [rɪˈlaɪəbl] ◼ **eine bewährte Methode** a proven method [ˌpruːvnˈmeθəd]
Bewährung *f eines Verurteilten*: probation; **zwei Jahre Gefängnis mit Bewährung** a suspended sentence of two years; **ohne Bewährung** unconditional; **er wurde zu zwei Jahren ohne Bewährung verurteilt** he was sentenced to two years in prison
bewältigen ◼ cope with (*Arbeit usw.*) ◼ assimilate, *umg* digest [daɪˈdʒest] (*Lehrstoff*) ◼ come* to grips with (*Problem*) ◼ cope with, overcome* (*Schwierigkeiten*)
bewässern irrigate
Bewässerung *f* irrigation
★**bewegen** ◼ (**sich**) **bewegen** move ◼ **sich leicht bewegen** (*Wasser, Blätter, Gardinen usw.*) stir ◼ **etwas bewegen** *mechanisch und übertragen*: set* something in motion
beweglich ◼ (≈ *bewegbar*) movable ['muːvəbl], mobile ['məʊbaɪl]; **bewegliche Teile** moving parts ◼ **mit einem Auto ist man beweglicher** you can get around more easily (*oder* you're more mobile) with a car ◼ *geistig beweglich* mentally agile ['ædʒaɪl]
bewegt ◼ *Meer*: rough [rʌf] ◼ *Zeiten, Leben*: exciting [ɪkˈsaɪtɪŋ] ◼ (≈ *ergriffen*) moved, touched ◼ **mit bewegter Stimme** in a choked (*oder* trembling) voice
★**Bewegung** *f* ◼ *allg*.: movement, motion ◼

(körperliche) Bewegung (physical) exercise **3** politische usw.: movement

bewegungslos motionless; **bewegungslos daliegen** lie* there motionless (*oder* without moving)

Bewegungsmelder *m* motion sensor ['məʊʃn,sensə]

★**Beweis** *m* **1** proof (**für** of), evidence ['evɪdəns] (**für** of) **2 den Beweis erbringen für** provide evidence of; **die Polizei hat noch keine Beweise** the police still don't have any proof; **ein eindeutiger Beweis** clear evidence **3 etwas unter Beweis stellen** prove* [pruːv] something

★**beweisen** prove* [pruːv]; **jemandem etwas beweisen** prove* something to someone

bewenden: **lassen wir's dabei bewenden** let's leave it at that

★**bewerben 1 sich bewerben** *um einen Job usw.*: apply (**um** for); **sich bei einer Firma bewerben** apply to a firm (for a job); **sich um eine Stelle als ... bewerben** apply for a position as ... **2 sich um das Amt des Präsidenten bewerben** (≈ *kandidieren*) stand* for (*US* run* for) president ['prezɪdənt] **3 Werbung machen für**: promote, advertise

Bewerber(in) *m(f)* applicant ['æplɪkənt], candidate ['kændɪdeɪt]

Bewerberprofil *n* applicant profile

★**Bewerbung** *f* application (**um** for)

Bewerbungsanschreiben *n* cover letter

Bewerbungsformular *n* application form

Bewerbungsfoto *n* application photo

Bewerbungsfrist *f* application deadline, deadline for applications

Bewerbungsgespräch *n* (job) interview; **ein Bewerbungsgespräch haben bei ...** have* a job interview with (*oder* at) ...

Bewerbungsmappe *f* application documents (⚠ *pl*)

Bewerbungsschreiben *n* (letter of) application

Bewerbungstraining *n* job application training

Bewerbungsunterlagen *pl* application (⚠ *sg*), application documents

Bewerbungsvideo *n* application video

bewerten 1 assess [əˈses] (*eine Leistung*) **2 einen Aufsatz mit der Note 2 usw. bewerten** *etwa*: give* an essay a B *usw*.

Bewertung *f* **1** *einer Leistung*: assessment **2** *in der Schule*: mark (*s pl*), *US* grade (*s pl*)

bewirken 1 etwas bewirken (≈ *zustande bringen*) bring* something about **2** (≈ *verursachen*) cause **3** (≈ *hervorrufen*) give* rise to, result in **4** (≈ *erreichen*) achieve [əˈtʃiːv]

bewohnen 1 live in (*ein Haus usw.*) **2** (*Völker, Tiere usw.*) inhabit (*ein Gebiet usw.*)

★**Bewohner(in)** *m(f)* **1** *eines Hauses usw.*: occupant **2** *eines Gebiets usw.*: inhabitant

bewohnt 1 *Gebäude, Raum*: occupied; **das Haus ist nicht bewohnt** the house is empty, there's nobody living in the house **2** *Land, Gegend*: inhabited (**von** by)

bewölkt cloudy, *völlig*: overcast

Bewölkung *f* (≈ *Wolken*) clouds (⚠ *pl*)

★**bewundern** admire [ədˈmaɪə] (**wegen** for)

bewundernswert admirable [⚠ ˈædmərəbl]

Bewunderung *f* admiration [,ædməˈreɪʃn]

★**bewusst 1** conscious [⚠ ˈkɒnʃəs] **2** *in Zusammensetzungen mst.*: ...-conscious (*z. B.* **gesundheitsbewusst** health-conscious) **3 sich einer Sache bewusst sein** be* aware (*oder* conscious) of something **4** (≈ *absichtlich*) deliberately, consciously **5 jemandem etwas bewusst machen** make* someone aware of something, make* someone realize something

bewusstlos unconscious [⚠ ʌnˈkɒnʃəs]; **bewusstlos werden** lose* consciousness [⚠ ,luːzˈkɒnʃəsnəs], faint, *umg* black out

Bewusstlosigkeit *f* unconsciousness [⚠ ʌnˈkɒnʃəsnəs]

bewusstmachen → bewusst 5

Bewusstsein *n* **1** consciousness [⚠ ˈkɒnʃəsnəs] **2 er war bei (vollem) Bewusstsein** he was fully conscious **3 wieder zu Bewusstsein kommen** regain consciousness, *umg* come* round **4** *übertragen* awareness

★**bezahlen 1** pay* (*Summe, Rechnung, jemanden*) **2** pay* **for** (*Ware, Leistung*)

Bezahlfernsehen *n* pay TV

Bezahlschranke *f im Internet*: pay wall

bezahlt: **es hat sich bezahlt gemacht** it paid off, it was worth it

★**Bezahlung** *f* **1** (≈ *Zahlung*) payment **2** (≈ *Honorar*) fee **3** (≈ *Entlohnung*) pay **4** (≈ *Gehalt*) salary **5** (≈ *Lohn*) wages (⚠ *pl*)

bezaubernd charming, delightful

★**bezeichnen 1** (≈ *benennen*) call; **wie bezeichnet man ...?** what do you call ...?, what's the name for ...?; **jemanden als etwas bezeichnen** call someone (a) ... **2 dieses Wort bezeichnet ...** (≈ *bedeutet*) this word denotes ...

bezeichnend typical ['tɪpɪkl], characteristic (**für** of)

Bezeichnung *f* **1** (≈ *Kennzeichnung*) marking,

(≈ *Beschreibung*) description, (≈ *Titel*) title ▨ (≈ *Ausdruck*) expression, (≈ *Begriff*) term

beziehen ▨ put* clean sheets on (*Bett*) ▨ move [muːv] into (*Wohnung*) ▨ get* (*Ware, Informationen usw.*) ▨ **etwas beziehen auf** relate something to; **er bezog es auf sich** he took it personally ▨ **sich beziehen auf** refer to, (≈ *betreffen*) concern

★**Beziehung** *f* ▨ *von Dingen*: relation (**zu** to), relationship (**zu** with, to) ▨ (≈ *Zusammenhang*) connection (**zu** with, to) ▨ **wirtschaftliche Beziehungen** economic relations ▨ **(gute) Beziehungen** *zu anderen Leuten*: good (*oder* the right) connections ▨ *intime*: relationship (**zu** with) ▨ (≈ *innere Beziehung, Verhältnis, Verständnis*) relationship (**zu** to), understanding (**zu** of); **ich habe keine Beziehung zur Musik** I can't relate to music ▨ *Wendungen*: **in dieser Beziehung** (≈ *Hinsicht*) from that point of view, in that respect; **in jeder Beziehung** in every way (*oder* respect); **in mancher Beziehung** in some ways (*oder* respects)

beziehungsweise → *bzw.*

★**Bezirk** *m* ▨ district [ˈdɪstrɪkt] ▨ (≈ *Stadtbezirk*) district, borough [⚠ ˈbʌrə] ▨ *in den USA*: (≈ *Polizeibezirk, Wahlbezirk*) precinct [ˈpriːsɪŋkt]

Bezug *m* ▨ (≈ *Überzug*) cover ▨ (≈ *Kopfkissenbezug*) pillowcase, pillow slip ▨ **in Bezug auf** (≈ *hinsichtlich*) as far as … goes (*oder* is concerned)

bezüglich regarding, concerning

bezwecken: **was bezweckst du damit?** what are you trying to achieve [əˈtʃiːv] by that?

★**bezweifeln** doubt [daʊt]; **ich bezweifle das** I doubt it, I have my doubts (about it)

bezwingen ▨ (≈ *besiegen*) defeat ▨ conquer [ˈkɒŋkə] (*Volk, Berg usw.*)

BH *m abk* bra [brɑː]

Biathlon *n* biathlon [⚠ baɪˈæθlən]

★**Bibel** *f* ▨ **die Bibel** the Bible ▨ *übertragen* bible

Bibeli *n* 🇨🇭 ▨ (≈ *Pickel*) spot, *US* pimple ▨ (≈ *Mitesser*) blackhead

Biber *m* beaver [ˈbiːvə]

★**Bibliothek** *f* library [ˈlaɪbrərɪ]

Bibliothekar(in) *m(f)* librarian [laɪˈbreərɪən]

biblisch biblical [ˈbɪblɪkl]

★**biegen** ▨ **(sich) biegen** bend* ▨ **um die Ecke biegen** turn the corner

biegsam pliable [ˈplaɪəbl], flexible

Biegung *f* bend

★**Biene** *f* ▨ bee ▨ **fleißig wie eine Biene** *übertragen* busy as a bee

Bienenstich *m* ▨ *von Biene*: bee sting ▨ (≈ *Kuchen*) almond-covered [ˈɑːmənd ˌkʌvəd] (cream) cake

★**Bier** *n* ▨ *allg.*: beer ▨ **helles Bier** *etwa*: lager, *US auch* light beer; **dunkles Bier** *etwa*: brown ale, *US* dark beer ▨ **zwei Bier bitte!** two beers, please

Bier… *in Zusammensetzungen*: beer …; **Bierdeckel** beer mat, *US* (beer) coaster **Bierdose** beer can; **Bierfass** keg, beer barrel; **Bierflasche** beer bottle; **Biergarten** beer garden; **Bierglas** beer glass; **Bierkasten** beer crate, *US* beer case; **Bierzelt** beer tent

Biest *n* ▨ (≈ *Bestie*) creature [ˈkriːtʃə] ▨ *Mensch*: beast, *umg Kind*: brat

★**bieten** ▨ **jemandem etwas bieten** offer someone something ▨ **es bot sich keine Gelegenheit** *usw.* there was no opportunity *usw.* ▨ *bei Auktion*: bid; **wer bietet mehr?** any more bids?

biken (≈ *Fahrrad fahren*) bike, cycle

Bikini *m* bikini [bɪˈkiːnɪ]

Bikinihöschen *n*, **Bikinihose** *f* bikini bottoms (⚠ *pl*)

Bikinioberteil *n* bikini top

★**Bilanz** *f* ▨ *Handel*: balance [ˈbæləns], (≈ *Abrechnung*) balance sheet; **eine Bilanz erstellen** draw* up a balance sheet; **Bilanz machen** *übertragen* check one's finances ▨ *übertragen* (≈ *Ergebnis*) end result; **(die) Bilanz ziehen** take* stock (**aus** of) ▨ **traurige Bilanz** *übertragen* sad outcome

bilateral bilateral [ˌbaɪˈlætrəl]; **bilaterale Gespräche** bilateral talks

★**Bild** *n* ▨ *allg.*: picture (*auch Fernsehbild und übertragen*) ▨ (≈ *Gemälde*) painting ▨ (≈ *Abbild, Ebenbild, sprachliches Bild*) image [ˈɪmɪdʒ] ▨ (≈ *Foto*) photo, picture ▨ **ein Bild der Zerstörung** (*bzw. des Grauens*) a scene [siːn] of destruction (*bzw.* horror) ▨ **sich ein Bild machen** form an impression (**von** of) ▨ **du machst dir kein Bild** you have no idea

Bildband *m* illustrated book [ˌɪləstreɪtɪdˈbʊk], *aufwändig illustriert*: coffee-table book

★**bilden** ▨ *allg.*: form (⚠ *engl.* build = **bauen**) ▨ (≈ *gestalten*) form, shape, mould [məʊld] ▨ make* (up) (*Satz, Team usw.*) ▨ **sich eine Meinung bilden** form an opinion ▨ (≈ *schaffen*) create ▨ (≈ *gründen*) establish, set* up ▨ form (*Regierung*) ▨ (≈ *hervorbringen*) form, develop ▨ form, constitute, make* up (*Bestandteil usw.*) ▨ **sich bilden** *geistig*: educate oneself, *allgemeiner*: broaden one's horizons

7 **es bildet sich ein Tumor** usw. a tumour usw. is growing (oder developing)
Bilderbuch n picture book
Bilderrahmen m picture frame
Bilderstrecke f im Internet: photo gallery
Bildfläche f: **von der Bildfläche verschwinden** übertragen disappear from the scene
bildhaft **1** vivid ['vɪvɪd], graphic **2 bildhafter Ausdruck** figurative ['fɪɡərətɪv] expression, image ['ɪmɪdʒ]
Bildhauer(in) m(f) sculptor
bildlich pictorial, graphic
Bildmaterial n **1** (≈ Illustrationen) illustrations pl **2** (≈ Fotos) photos pl
★**Bildschirm** m **1** allg.: screen **2** Computer: monitor, screen, display [dɪ'spleɪ]
Bildschirmarbeit f work at a computer screen, VDU work [ˌviːdiːˈjuː_ˈwɜːk]
Bildschirmschoner m Computer: screen saver
bildschön (just) beautiful ['bjuːtəfl]; **es ist bildschön** it's a dream
★**Bildung** f **1** geistige: education; **er hat überhaupt keine Bildung** he's got no education (oder culture) **2** (≈ Entstehung) formation **3** (≈ Schaffung) creation, formation **4** (≈ Entwicklung) development
Bildungslücke f gap in one's knowledge
Bildungspolitik f educational policy
Bildungsweg m **jemandes Bildungsweg** the course of someone's education; **auf dem zweiten Bildungsweg** through night school
Billard n billiards (⚠ mit Verb im sg)
Billeteur(in) m(f) Ⓐ (≈ Platzanweiser) usher; Frau usherette [ˌʌʃəˈret]
★**Billett** n ⓒⒶ **1** (≈ Fahrkarte, Eintrittskarte) ticket **2** umg (≈ Führerschein) driving licence, US driver's license **3** Ⓐ (≈ Briefchen) letter
★**billig** **1** allg.: cheap, inexpensive **2** Preis: low **3** übertragen cheap, Ausrede: lame, feeble
Billigangebot n cut-price offer
billigen approve of (Benehmen, Vorgehen); **billigen, dass jemand etwas tut** approve of someone doing something
Billigflug m cheap flight
★**Billion** f trillion (= 1,000,000,000,000; 10^{12}); **eine Billion Dollar** a (betont: one) trillion dollars
Bim f Ⓐ (≈ Straßenbahn) tram, US streetcar
bimmeln ring*
binär Mathematik, Physik usw.: binary ['baɪnərɪ]
Binde f **1** (≈ Verband) bandage **2 den Arm in einer Binde tragen** have* one's arm in a sling **3** (≈ Augenbinde) blindfold **4** (≈ Armbinde) armband **5** (≈ Monatsbinde) sanitary pad, Br auch sanitary towel
binden **1** wörtlich und übertragen tie (**an** to) **2 jemanden an sich binden** übertragen tie someone to oneself **3** (≈ zusammenbinden, zubinden, fesseln) tie (up) **4** tie (Knoten) **5** bind* [baɪnd] (Buch) **6** (Zement usw.) harden **7 sie will sich noch nicht binden** (≈ noch nicht verpflichten) she doesn't want to commit herself yet, (≈ noch nicht heiraten usw.) she doesn't want to tie herself down yet
bindend übertragen binding
Bindestrich m (≈ Verbindung) hyphen ['haɪfn]; **fester Bindestrich** hard hyphen; **weicher Bindestrich** soft hyphen
Bindewort n (≈ Konjunktion) conjunction
Bindfaden m string; **ein Bindfaden** a piece of (oder some) string
Bindung f **1** zu jemandem: (close) relationship (**zu** with, to) **2** (≈ Verbundenheit) bond (**an** with) **3** politisch: ties (⚠ pl) **4** (≈ Skibindung) binding ['baɪndɪŋ]
binnen within; **binnen einer Woche** within a week
Binnenmarkt m **1** home market, domestic market **2 europäischer Binnenmarkt** Single European Market
Binsenweisheit f truism ['truːɪzm], commonplace ['kɒmənpleɪs]
Bio f (≈ Biologie) biology [baɪˈɒlədʒɪ]
bio organic (Nahrungsmittel, Anbau)
Bio..., bio... in Zusammensetzungen bio...; **Biochemie** biochemistry; **Biochemiker(in)** biochemist; **biochemisch** biochemical; **biodynamisch** biodynamic; **Bioei** organic egg; **Bioenergie** bioenergy; **Biogas** biogas; **Biogemüse** organic vegetables (⚠ pl); **Biokost** organic food; **Biophysik** biophysics (⚠ sg); **Bioprodukte** bioproducts; **Biorhythmus** biorhythms (⚠ pl); **Biotechnik** biotechnology, bioengineering; **Biowissenschaft** bioscience
Biografie f, **Biographie** f biography [baɪˈɒɡrəfɪ]
Bioladen m health food store
Biologe m biologist [baɪˈɒlədʒɪst]
★**Biologie** f biology [baɪˈɒlədʒɪ]
Biologin f biologist [baɪˈɒlədʒɪst]
biologisch **1** biological [ˌbaɪəˈlɒdʒɪkl]; **biologische Uhr** biological clock; **biologische Waffen** biological weapons **2 biologischer Anbau** organic farming (oder gardening) **3 biologisch abbaubar** biodegradable [ˌbaɪəʊdɪˈɡreɪdəbl]
biometrisch biometric

Biomüll *m* organic waste
Bioprodukt *n* *Lebensmittel*: organic product
Biosiegel *n* seal certifying organic product, organic label
Biosphäre *f* biosphere ['baɪəsfɪə]
Biosphärenreservat *n* biosphere reserve
Biosprit *m* *umg* biofuel
Biotonne *f* organic waste container, bio-waste container
Biotop *n* biotope ['baɪəʊtəʊp]
Birke *f* birch (tree)
Birnbaum *m* pear [⚠ peə] tree
★**Birne** *f* ◼ *Obst*: pear [⚠ peə] ◻ (≈ *Glühlampe*) bulb
★**bis** ◼ *nur zeitlich*: till, until; **bis heute** so far; **bis jetzt** up to now, so far; **ich habe bis jetzt nichts gehört** I haven't heard anything yet (*oder* so far); **bis vor einigen Jahren** (up) until a few years ago; **(in der Zeit) vom ... bis ...** between ... and ...; **bis morgen** (*bzw.* **bald**)! *Abschied*: see you tomorrow (*bzw.* soon); **bis dann!** see you then (*oder* later) ◻ (≈ *bis spätestens*) by; **es muss bis Ende April fertig sein** it has to be ready by the end of April; **bis dahin** by then, by that time ▪ *räumlich*: to, up to; **bis hierher** up to here ▫ *vor Zahlen*: **10 bis 12 Tage** 10 to 12 days; **bis zu 12 Meter hoch** up to 12 metres high, as high as 12 metres; **bis 100 zählen** count (up) to 100 ◾ **bis auf ...** except ... ◽ **es wird eine Weile dauern, bis er es merkt** it'll be quite a while before he notices it
★**Bischof** *m* bishop
bisexuell bisexual [ˌbaɪˈsekʃʊəl]
★**bisher** ◼ up to now, so far; **das bisher beste Ergebnis** the best result so far ◻ **er hat bisher (noch) nicht geantwortet** he hasn't answered (as) yet ▪ **wie bisher** as before
★**bisherig**: **die bisherigen Ergebnisse** *usw.* the results (achieved) *usw.* so far (*oder* up to now) (⚠ *nachgestellt*)
Biskaya *f*: **der Golf von Biskaya** the Bay of Biscay ['bɪskeɪ, 'bɪskɪ]
Biskuit *n/m* *Gebäck*: sponge [spʌndʒ] (⚠ *engl.* biscuit = **Keks**)
★**bislang** → bisher
Biss *m* bite (*auch Bisswunde und übertragen*)
★**bisschen** ◼ **ein (klein) bisschen** a (little) bit, a little ◻ **kein bisschen** not a bit
Bissen *m* ◼ bite (**von** of) ◻ *winziger*: morsel ▪ *schmackhafter*: titbit ▫ **ich brachte keinen Bissen hinunter** I couldn't eat a thing
bissig ◼ **der Hund ist (nicht) bissig** the dog bites (doesn't bite) ◻ **Vorsicht, bissiger Hund!** beware of the dog ▪ *Bemerkung*: cutting
Bit *n* *Computer*: bit
Bitcoin *f* *im Internet*: bitcoin
★**Bitte** *f* ◼ request; **auf meine Bitte** at my request ◻ **ich habe eine (große) Bitte an Sie** I want to ask you a (big) favour
★**bitte** ◼ *nur bei Bitten und Aufforderungen*: please; **bitte, gib mir die Zeitung!** would you pass me the paper, please ◻ *nach „danke"*: not at all, you're welcome, that's all right, don't mention it, it's a (*oder* my) pleasure ▪ *nach „Entschuldigung"*: it's all right, that's okay, *umg* no problem ▫ **wie bitte?** pardon? ◾ *beim Anbieten (mst. unübersetzt)*: here you are, *umg* there you go ◽ **bitte schön?** (≈ *was wünschen Sie?*) can I help you?;
★**bitten** ◼ **jemanden um etwas bitten** ask someone for something; **dürfte ich Sie bitten, das Fenster zu schließen?** would you mind closing the window, please ◻ **darf ich bitten?** *Aufforderung zum Tanz*: may I have this dance?
★**bitter** ◼ bitter (*auch übertragen*) ◻ **bitter schmecken** taste bitter, have* a bitter taste ▪ **bis zum bitteren Ende** right to the bitter end ▫ **das ist bitter** (≈ *das ist tragisch*) that's hard (*umg* tough [tʌf]) ◾ **sich bitter beklagen** complain bitterly
Black-out *n/m* (mental) blackout
Blähungen *pl* wind, flatulence ['flætjʊləns] (⚠ *beide sg*)
Blamage *f* ◼ disgrace ◻ **es war eine Blamage** (≈ *peinlich*) it was embarrassing
blamieren: **jemanden** (*bzw.* **sich**) **blamieren** (≈ *lächerlich machen*) make* a fool of someone (*bzw.* oneself)
blank ◼ (≈ *glänzend*) shining ◻ (≈ *blank geputzt*) polished, *Schuhe*: shiny ▪ *Unsinn, Neid usw.*: pure, sheer ▫ *umg* (≈ *pleite*) broke
Bläschen *n* *auf der Haut*: blister
Blase *f* ◼ (≈ *Luftblase*) bubble ◻ (≈ *Hautblase*) blister; **sich Blasen laufen** get* blisters on one's feet from walking ▪ (≈ *Harnblase*) bladder ▫ (≈ *Sprechblase*) balloon, (speech) bubble
★**blasen** ◼ *allg.*: blow* ◻ (≈ *spielen*) play
Blasenentzündung *f* cystitis [sɪ'staɪtɪs]
Blasinstrument *n* wind instrument ['wɪndˌɪnstrəmənt]
Blasmusik *f* music for brass [brɑːs]; **magst du Blasmusik?** do you like brass bands?
★**blass** ◼ pale; **blasses Gesicht** pale face ◻ **blass vor Neid** green with envy ['envɪ]
★**Blatt** *n* ◼ *allg.*: leaf *pl*: leaves ◻ (≈ *Blütenblatt*)

petal ['petl] **3** *Buch*: leaf **4** *Papier*: sheet **5** (≈ *Zeitung*) (news)paper **6** *Säge, Ruder usw.*: blade **7 ein gutes Blatt** *Kartenspiel*: a good hand **8 das Blatt hat sich gewendet** *übertragen* the tide has turned

blättern: **in einem Buch blättern** leaf through a book

Blätterteig *m* flaky (*oder* puff) pastry ['peɪstrɪ]

Blattsalat *m* green salad

★**blau 1** blue **2 blaues Auge** *übertragen* black eye; **mit einem blauen Auge davonkommen** get* off lightly **3** *umg* (≈ *betrunken*) drunk, tight **4 jemandem das Blaue vom Himmel versprechen** promise ['prɒmɪs] someone the moon

blauäugig *übertragen* starry-eyed

Blaubeere *f* bilberry ['bɪlbərɪ], *US* blueberry

blaugrau blue-grey, *US* blue-gray

Blauhelm *m* UN soldier [ˌjuːen'səʊldʒə]

Blaukraut *n* red cabbage

bläulich bluish ['bluːɪʃ]

Blaulicht *n* flashing blue light

blaumachen 1 *Schule*: skip classes, *umg* play hooky ['hʊkɪ], *Br* play truant ['truːənt] **2** *Arbeit*: skip work, *Br* skive off work **3 einen Tag blaumachen** *umg* take* a sickie, *Arbeit*: skip (*oder* skive off) work for a day

Blazer *m* blazer

★**Blech** *n* **1** metal ['metl], tin; **ein Eimer** *usw*. **aus Blech** a metal bucket *usw*. **2 red doch nicht son Blech!** don't talk such rubbish (*US* garbage)

Blechbüchse *f*, **Blechdose** *f* tin (can), *bes. US* (tin) can

blechen *salopp* cough up [ˌkɒf'ʌp], fork out

★**Blei** *n* **1** lead (⚠ led) **2** (≈ *Lot*) plumb (⚠ plʌm)

Bleibe *f* place to stay; **keine Bleibe haben** have* nowhere to stay

★**bleiben 1** (≈ *sich aufhalten, verweilen*) stay; **zu Hause bleiben** stay in, stay at home; **im Bett bleiben** stay in bed; **zum Essen bleiben** stay for dinner **2 bleiben bei** *einer Sache*: keep* to, stick* to **3** *in einem Zustand*: remain, stay, keep*; **gesund bleiben** stay (*oder* keep*) healthy **4 das bleibt unter uns** that's (just) between ourselves **5 mir bleibt keine (andere) Wahl** I have no (other) choice (**als zu** to + *inf*) **6 es bleibt dabei!** that's final **7 lass das bleiben!** stop it!

bleibend lasting, permanent ['pɜːmənənt]

bleibenlassen → bleiben 7

★**bleich** pale (**vor** with)

bleichen bleach (*Stoff, Haare usw*.)

★**bleifrei 1** *Benzin*: unleaded [ˌʌn'ledɪd] **2 kann man dort bleifrei tanken?** have they got unleaded petrol ['petrəl] (*US* gas)?

★**Bleistift** *m* pencil ['pensl]

Bleistiftspitzer *m* pencil sharpener

Blende *f beim Fotografieren*: aperture (⚠ 'æpətʃə); **bei Blende 8** (at) f-8 [ˌef'eɪt]

blenden blind [blaɪnd], dazzle (*jemanden, die Augen von jemandem*)

blendend 1 (≈ *großartig, genial*) brilliant, (≈ *prächtig*) dazzling **2 blendend aussehen** look great **3 sich blendend amüsieren** have* a great time **4 blendend miteinander auskommen** get* along brilliantly (*oder umg* just great)

★**Blick** *m* **1** (≈ *Hinsehen*) look (**auf** at) **2 flüchtiger Blick** glance [glaːns] **3** (≈ *Ausdruck in den Augen*) look **4** *Wendungen*: **einen (kurzen) Blick werfen auf** have* a (quick) look at; **auf den ersten Blick** at first sight (⚠ *ohne* the) **5** (≈ *Aussicht*) view (**auf** of); **mit Blick auf ...** with a view of ..., overlooking ... **6 dafür hat er einen Blick** *übertragen* he has an eye for that kind of thing

★**blicken 1** look (**auf** at; **in** into) **2 das lässt tief blicken** *übertragen* that's very revealing **3 sich blicken lassen** (≈ *auftauchen*) show up, (≈ *vorbeikommen*) drop in (**bei** on), drop by (**bei** at) **4** *umg* **etwas blicken** (≈ *begreifen*) get* something; **es blicken** get* it

blickenlassen → blicken 2, 3

Blickkontakt *m* eye contact

Blickwinkel *m*: **aus diesem Blickwinkel (betrachtet)** *übertragen* (seen) from this angle, (seen) from this point of view

★**blind 1** *wörtlich und übertragen* blind [blaɪnd] (**für** to; **vor** with) **2 er ist auf einem Auge blind** he's blind in one eye **3 bist du blind?** *übertragen* are you blind? **4** *Spiegel*: cloudy **5 jemandem blind glauben** (*bzw.* **vertrauen**) believe (*bzw.* trust) someone blindly

Blindbewerbung *f* unsolicited (*oder* speculative ['spekjʊlətɪv]) application

Blinddarm *m* appendix [ə'pendɪks]; **mit 14 ist mir der Blinddarm entfernt worden** I had my appendix taken out when I was 14

Blinddarmentzündung *f*: **sie hat eine Blinddarmentzündung** she's got appendicitis [əˌpendə'saɪtɪs] (⚠ *ohne* an)

Blinde(r) *m/f(m)* **1** *allg*.: blind person **2** *Mann*: blind man, *Frau*: blind woman **3 die Blinden** the blind (⚠ *pl*) **4 das sieht doch ein Blinder** *übertragen* any fool can see that

Blindenhund *m* guide dog
Blindenschrift *f* braille [breɪl] (⚠ *ohne* the)
Blindschleiche *f Tier:* blindworm ['blaɪndwɜːm]
blinken 1 (*Sterne, Lichter*) twinkle 2 (≈ *aufleuchten*) (*Licht*) flash 3 *beim Auto:* (≈ *Blinkzeichen geben*) flash one's lights
Blinker *m* (≈ *Blinklicht beim Auto*) *Br* indicator, *US* blinker, *US* turn signal
blinzeln: (mit den Augen) blinzeln blink
★**Blitz** *m* 1 (flash of) lightning; **der Blitz schlug in den Turm ein** the tower was struck by lightning 2 *beim Fotoapparat:* flash 3 **wie ein Blitz aus heiterem Himmel** *übertragen* like a bolt from the blue
Blitzableiter *m* lightning conductor (*US* rod)
blitzen 1 **es hat geblitzt!** that was lightning; **es blitzte und donnerte** there was thunder and lightning 2 *beim Fotografieren:* use the (*oder* a) flash, (*Kamera*) flash 3 **er ist geblitzt worden** he was caught by a speed camera
Blitzer *m umg* 1 (≈ *Exhibitionist*) streaker ['striːkə] 2 (≈ *Radarfalle*) speed camera
Blitzlicht *n Fotoapparat:* flash; **(etwas) mit Blitzlicht fotografieren** use a flash (to photograph something)
Blitzschlag *m* lightning (strike)
★**Block** *m* 1 (≈ *Schreibblock*) writing pad 2 (≈ *Schmierblock*) notepad 3 (≈ *Wohnblock*) block of flats
Blockade *f* blockade [blɒ'keɪd]
blocken *umg; im Internet:* block; **mich haben gerade zwei User geblockt** I just got blocked by two people (*oder* users); **fünf User haben mich geblockt** I'm being blocked by five people
Blockflöte *f* recorder
Blockhaus *n*, **Blockhütte** *f* log cabin
blockieren 1 block (*Straße, Zufahrtsweg, Verhandlungen usw.*) 2 stop, hold* up (*Verkehr*) 3 (*Räder*) lock
Blockschrift *f* block letters (⚠ *pl*)
Blockstunde *f* double period
blöd(e) 1 (≈ *dumm*) stupid, *umg* thick, *bes. US umg* dumb [dʌm]; **blöde Frage** stupid (*umg* dumb) question 2 **grins nicht so blöd!** stop grinning like an idiot
Blödmann *m salopp* (dumb [⚠ dʌm]) idiot ['ɪdɪət], *Br* thicko ['θɪkəʊ]
Blödsinn *m* nonsense, *Br* rubbish, *US auch* garbage
blödsinnig *salopp* stupid ['stjuːpɪd], *stärker:* idiotic
Blog *n/m* blog

Blogeintrag *m* blog entry
bloggen blog
Blogger(in) *m(f)* blogger
★**blond** 1 *Haarfarbe:* blond, *Frau:* blonde [blɒnd] 2 *salopp* (≈ *naiv, dumm*) stupid ['stjuːpɪd], dumb [⚠ dʌm]
Blondine *f* blonde [blɒnd]
★**bloß¹** 1 bare, naked ['neɪkɪd] 2 **mit bloßem Auge** with the naked eye 3 **das ist bloßes Gerede** that's just (empty) talk
★**bloß²** 1 (≈ *nur*) just, only; **es war bloß ein bisschen kalt** it was just a bit cold 2 **wer, wie, was** *usw.* ... **bloß** who, how, what *usw.* on earth; **wie machst du das bloß?** how on earth do you do it?
Bluff *m*, **bluffen** bluff [blʌf]
★**blühen** 1 blossom, flower (*auch übertragen*); **der Flieder blüht** the lilac is blossoming, the lilac is in bloom; **die Wiese blüht** the meadow is full of flowers 2 (≈ *gedeihen*) prosper ['prɒspə], thrive
blühend 1 flowering 2 (≈ *gedeihend*) flourishing ['flʌrɪʃɪŋ], thriving 3 *Aussehen:* healthy 4 *Fantasie:* vivid ['vɪvɪd]
★**Blume** *f* 1 flower 2 *Wein:* bouquet [buːˈkeɪ] 3 *Bier:* froth [frɒθ], head
Blumenerde *f* potting compost ['pɒtɪŋˌkɒmpəʊst], potting soil
Blumenkohl *m* cauliflower (⚠ 'kɒlɪˌflaʊə)
Blumenladen *m* flower shop, florist's
Blumenstrauß *m* bunch of flowers
Blumentopf *m* flowerpot
Blumenvase *f* vase [⚠ vɑːz]
Blumenzwiebel *f* (flower) bulb
★**Bluse** *f* blouse [⚠ blaʊz], shirt [ʃɜːt]
★**Blut** *n* 1 blood [blʌd]; **ich kann kein Blut sehen** I can't stand the sight of blood 2 **jemandem Blut abnehmen** take* sb's blood; **Blut spenden** give* (*oder* donate [dəʊˈneɪt]) blood 3 **Blut und Wasser schwitzen** *übertragen* sweat [⚠ swet] blood
Blut..., blut... *in Zusammensetzungen* blood..., blood ...; **Blutalkohol(gehalt)** blood alcohol level; **Blutbahn** bloodstream; **Blutbank** blood bank; **blutbefleckt, blutbeschmiert** bloodstained; **Blutbild** blood count; **Blutblase** blood blister; **Blutfleck** bloodstain; **Blutgefäß** blood vessel; **Blutkreislauf** (blood) circulation; **Blutspender(in)** blood donor ['blʌdˌdəʊnə]; **Blutübertragung** blood transfusion; **Blutuntersuchung** blood test; **Blutvergießen** bloodshed; **Blutvergiftung** blood poisoning; **Blutzucker** blood sugar

Blutbad n bloodbath ['blʌdbɑːθ], massacre ['mæsəkə]; **ein Blutbad anrichten** carry out a massacre, cause a bloodbath

Blutdruck m blood pressure; **hohen** (bzw. **niedrigen) Blutdruck haben** have* high (bzw. low) blood pressure; **(bei jemandem) den Blutdruck messen** take* someone's blood pressure

★**Blüte** f flower, blossom, bloom; **in voller Blüte stehen** be* in full bloom

Blutegel m leech [liːtʃ]

★**bluten** bleed* (**aus** from)

Bluterguss m (≈ blauer Fleck) bruise [bruːz]

Blutgerinnsel n blood clot

Blutgruppe f blood group; **welche Blutgruppe hast du?** which blood group are you?

blutig ◫ wörtlich bloody ◫ Schlacht, Revolution, Auseinandersetzung, Szene usw.: bloody ◫ Wunde: bleeding ◫ **blutiger Anfänger** absolute beginner

Blutorange f blood orange ['blʌd,ɒrɪndʒ]

Blutprobe f ◫ medizinisch: blood sample ['blʌd,sɑːmpl] ◫ bei Alkoholverdacht: blood (alcohol) test ['blʌd,ælkəhɒl)_test]

blutrünstig bloodthirsty ['blʌd,θɜːstɪ]

Blutspende f blood donation; **zur Blutspende gehen** go* to give blood

Bluttransfusion f, **Blutübertragung** f blood transfusion ['blʌd_træns,fjuːʒn]

Blutung f ◫ bleeding (⚠ ohne a) ◫ starke: haemorrhage (⚠ 'hemərɪdʒ]

Blutvergiftung f blood poisoning

Blutwurst f etwa: black pudding [⚠ 'pʊdɪŋ], US blood sausage

BLZ f abk (abk für Bankleitzahl) (bank) sort code, US A.B.A. [,eɪbiː'eɪ] (oder routing ['ruːtɪŋ, 'raʊtɪŋ]) number

BMX-Rad n BMX [,biːem'eks] (bike)

Bö f squall [skwɔːl], gust

Bob m, **Bobschlitten** m bob(sled), Br auch bob(sleigh) ['bɒb(sleɪ)]

Bock m ◫ beim Hasen, Kaninchen, Reh: buck ◫ (≈ Ziegenbock) he-goat, billy goat ◫ Turngerät: buck, Br auch (vaulting) horse ◫ **ich hab keinen Bock (drauf)** salopp I don't feel like it

bockig Mensch: awkward ['ɔːkwəd]

Bockwurst f hot sausage

★**Boden** m ◫ (≈ Erdboden) ground ◫ (≈ Erdreich) soil ◫ (≈ Fußboden) floor ◫ eines Gefäßes, des Meeres: bottom ◫ (≈ Basis) basis ['beɪsɪs] ◫ (≈ Dachboden) loft, attic ◫ Wendungen: **auf britischem** usw. **Boden** übertragen on British usw. soil; **Boden gewinnen** (bzw. **verlieren)** übertragen gain (bzw. lose*) ground; **Boden zurückgewinnen** übertragen make* up for lost ground; **auf dem Boden der Tatsachen bleiben** übertragen stick* (oder keep*) to the facts

bodenlos ◫ bottomless ◫ übertragen incredible [ɪnˈkredəbl]

Bodenpersonal n Flugwesen: ground staff; **das Bodenpersonal streikt** the ground staff is (Br mst. are) on strike

Bodenschätze pl mineral resources; **Russland** usw. **ist reich an Bodenschätzen** Russia usw. is rich in mineral resources

Bodensee m: **der Bodensee** Lake Constance [,leɪkˈkɒnstəns] (⚠ ohne the)

Bodenstation f ◫ Flugverkehr: ground control ◫ Satellit usw.: tracking (oder earth) station

Bodenturnen n floor exercises (⚠ pl)

Body m Kleidung: body, US body suit [suːt]

Bodybuilding n: **Bodybuilding machen** do* (oder go*) body-building

Bogen m ◫ (≈ Krümmung) curve ◫ einer Straße, eines Flusses usw.: bend; **die Straße** (bzw. **der Fluss) macht einen Bogen** there's a bend in the road (bzw. river) ◫ Mathe: arc ◫ Architektur: (≈ Wölbung) arch [ɑːtʃ] ◫ Skisport: turn ◫ (≈ Geigenbogen usw.) bow [bəʊ] ◫ (≈ Bogen Papier) sheet (of paper), piece of paper ◫ Wendungen: **er hat den Bogen raus** übertragen, umg he's got the hang of it; **den Bogen überspannen** übertragen overstep the mark, overdo* it

★**Bohne** f ◫ bean ◫ **grüne Bohnen** green (Br auch French) beans; **weiße Bohnen** haricot ['hærɪkəʊ] beans, US navy beans ◫ **nicht die Bohne** umg (≈ überhaupt nicht) not a bit

Bohnenkaffee m fresh (oder filtered) coffee

bohren ◫ allg.: bore; mit Bohrer: drill; **ein Loch bohren** drill a hole (**in** into) ◫ bore (Tunnel) ◫ **sich in/durch etwas bohren** bore its way into/through something ◫ **in der Nase bohren** pick one's nose

Bohrer m drill

Bohrinsel f oilrig

Bohrkrone f drill bit

Bohrmaschine f drill

Bohrturm m (drilling) derrick

Bohrung f drilling

Boiler m water heater

Boje f buoy [⚠ bɔɪ, US 'buːɪ]

★**Bolivien** n Bolivia [bə'lɪvɪə]

bombardieren ◫ bomb [⚠ bɒm], bombard [⚠ bɒm'bɑːd] ◫ **mit Fragen bombardieren**

übertragen bombard with questions
Bombe f bomb [⚠ bɒm]
Bomben... *in Zusammensetzungen* bomb ... [⚠ bɒm]; **Bombenalarm** bomb alert; **Bombenangriff, Bombenanschlag** bomb attack; **Bombendrohung** bomb threat
Bombenerfolg m *umg* tremendous [trə-ˈmendəs] success, huge [hjuːdʒ] success
Bombenform f: **sie ist in Bombenform** *umg* she's in great form
Bombenstimmung f *umg* terrific [təˈrɪfɪk] (*oder* tremendous [trəˈmendəs]) atmosphere
Bomberjacke f bomber jacket [⚠ ˈbɒməˌdʒæ-kɪt]
bombig *umg* great, terrific [təˈrɪfɪk]
Bon m ◼ coupon [ˈkuːpɒn], voucher ◼ (≈ *Kassenzettel*) receipt [rɪˈsiːt], *US auch* sales slip
Bonbon n/m sweet, *US* candy
Bonus m bonus
Bonusmeile f air mile, *US* bonus mile
Boom m boom
boomen boom
★**Boot** n ◼ boat; **Boot fahren** go* out in a boat ◼ **wir sitzen alle im gleichen Boot** *übertragen* we're all in the same boat
booten boot (up) (*Computer*)
Boots pl *Schuhe*: ankle boots
Bootsanlegestelle f *für ein Boot* mooring; *für mehrere Boote* moorings (⚠ pl)
Bootsfahrt f boat trip, *kürzere*: boat ride
Bootsflüchtlinge pl boat people
Bootsverleih m boat hire, *auf Schild*: boats for hire
Bord m ◼ **an Bord** *eines Flugzeugs, Schiffes*: on board, aboard ◼ **an Bord gehen** *Schiff*: go* aboard, board ship ◼ **an Bord gehen** *Flugzeug*: board (the aircraft) ◼ **von Bord gehen** *Schiff*: disembark, *Flugzeug*: leave* the aircraft
Bordell n brothel [ˈbrɒθl]
Bordkarte f *Flugzeug*: boarding pass
Bordpersonal n flight crew; **das Bordpersonal wartet auf Anweisungen des Flugkapitäns** the flight crew are (*seltener* is) waiting for instructions from the flight captain
Bordstein m **Bordsteinkante** f kerb, *US* curb
borgen ◼ **sich etwas borgen** borrow something ◼ **ich habe ihm meinen Füllhalter geborgt** I've lent him my fountain pen
Borke f bark
Börse f (≈ *Wertpapierhandel*) stock market, *Ort*: stock exchange; **an der Börse** on the stock exchange (*oder* stock market); **an die Börse gehen** be* floated on the stock market

Börsenmakler(in) m(f) stockbroker
bösartig ◼ nasty [ˈnɑːstɪ], malicious [məˈlɪʃəs], vicious [ˈvɪʃəs] ◼ *Tumor*: malignant [məˈlɪgnənt]
Böschung f bank, embankment
★**böse** ◼ (≈ *moralisch schlecht*) bad (⚠ **schlimmer** worse, **schlimmst-** worst), evil [ˈiːvl], wicked [⚠ ˈwɪkɪd] ◼ (≈ *ärgerlich*) angry, *bes. US* mad; **bist du mir böse?** are you angry with me?, are you mad at me? ◼ (≈ *unartig*) bad, naughty [ˈnɔːtɪ] ◼ (≈ *schlimm*) bad, nasty [ˈnɑːstɪ]; **eine böse Verletzung** a nasty cut (*oder* wound [wuːnd]) ◼ **ich hab es nicht böse gemeint** I didn't mean any harm
Böse(s) n evil [ˈiːvl]; **Böses tun** do* evil
boshaft nasty [ˈnɑːstɪ], spiteful
Bosheit f nastiness [ˈnɑːstɪnəs]; **aus Bosheit** out of spite
Bosnien n Bosnia [ˈbɒznɪə]
Bosnien-Herzegowina n Bosnia-Herzegovina [ˌbɒznɪəˌhɜːtsəˈgɒvɪnə]
Bosnier(in) m(f), **bosnisch** Bosnian [ˈbɒznɪən]
Boss m *umg* boss
böswillig malicious [məˈlɪʃəs]
Botanik f botany [ˈbɒtənɪ]
botanisch botanic(al)
Bote m, **Botin** f messenger [ˈmesɪndʒə], (≈ *Kurier*) courier [⚠ ˈkʊrɪə]
★**Botschaft** f message (**an** to)
Botschafter(in) m(f) ambassador; **unser Botschafter in Spanien** (*bzw.* **in Madrid**) our ambassador to Spain (*bzw.* in Madrid)
Bottich m tub
Bouillon f clear soup, consommé [kɒnˈsɒmeɪ]
Boulevardpresse f ◼ popular press, tabloid press [ˌtæblɔɪdˈpres], tabloids (⚠ pl) ◼ *im negativen Sinn* gutter press [ˈgʌtəˌpres]
Box f ◼ (≈ *Behälter*) box ◼ (≈ *Pferdebox*) box ◼ (≈ *Lautsprecherbox*) speaker
boxen ◼ *Sport*: box ◼ (≈ *schlagen*) hit*, punch; **sie hat ihm in den Bauch geboxt** she hit (*oder* punched) him in the stomach
Boxen n *Sport*: boxing
Boxer m *Hund*: boxer
Boxer(in) m(f) *Sport*: boxer, fighter
Boxershorts pl boxer shorts
Boxkampf m boxing match, fight
Boxring m boxing ring
Boygroup f boy band (⚠ *nicht* boy group)
Boykott m boycott [ˈbɔɪkɒt]
boykottieren boycott [ˈbɔɪkɒt]
Brainstorming n ◼ brainstorming ◼ *Sitzung*: brainstorming session

Branche f (≈ Fach) field, (≈ Gewerbe) trade, (≈ Geschäftszweig) area of business, (≈ Wirtschaftszweig) sector, (branch of) industry
Branchenführer(in) m(f) market leader
branchenübergreifend cross-sector; **branchenübergreifend einsetzbar** suitable for all sectors
★**Brand** m ◼ fire ◼ (≈ Großbrand) fire, blaze ◼ Wendungen: **das Haus** usw. **steht in Brand** the house usw. is on fire; **in Brand geraten** catch* fire; **in Brand stecken** set* fire to, set* on fire
brandaktuell Hit usw.: the latest …
Brandanschlag m arson [ˈɑːsn] attack
Brandenburg n Brandenburg
brandneu brand-new
Brandstifter(in) m(f) arsonist [ˈɑːsnɪst]
Brandstiftung f arson [ˈɑːsn]
Brandung f ◼ surf ◼ übertragen surge, wave
Brandwunde f ◼ burn ◼ durch Verbrühen: scald [⚠ skɔːld]
Brasilianer m Brazilian [brəˈzɪliən]; **er ist Brasilianer** he's (a) Brazilian
Brasilianerin f Brazilian woman (oder lady bzw. girl); **sie ist Brasilianerin** she's (a) Brazilian
brasilianisch Brazilian [brəˈzɪliən]
Brasilien n Brazil [brəˈzɪl]
★**braten** ◼ allg.: roast ◼ auf dem Rost: grill ◼ in der Pfanne: fry ◼ im Ofen, außer Fleisch: bake ◼ **am Spieß braten** roast on a spit
★**Braten** m ◼ roast ◼ **kalter Braten** cold meat
Bratensoße f gravy [ˈɡreɪvɪ]
Brathähnchen n, **Brathendl** n Ⓐ, **Brathühnchen** n roast (oder grilled) chicken
Bratkartoffeln pl fried potatoes
Bratpfanne f frying pan, US auch skillet
Bratwurst f fried (oder grilled) sausage
★**Brauch** m ◼ (≈ Sitte) custom ◼ (≈ Usus) practice
brauchbar useful [ˈjuːsfl]
★**brauchen** ◼ (≈ nötig haben) need; **wozu brauchst du es?** what do you need it for?; **du brauchst es mir nicht zu sagen** you don't have to tell me ◼ (≈ erfordern) require ◼ **welche Größe brauchst du?** what size do you take (US wear)? ◼ (≈ in Anspruch nehmen) take* (bes. Zeit, Energie); **wie lange wird er brauchen?** how long will it take him?; **das braucht (seine) Zeit** it takes time; **ich brauche eine halbe Stunde, um zur Schule zu kommen** it takes me half an hour to get to school
Brauerei f brewery [ˈbruːərɪ]
★**braun** ◼ brown ◼ **du bist aber braun geworden!** you look very brown, you've got quite a tan ◼ **braun gebrannt** suntanned, tanned
Braunbär m brown bear [ˌbraʊnˈbeə]
Braune(r) m Ⓐ white coffee, US coffee with cream
Bräune f von der Sonne: tan
Braunkohle f brown coal
bräunlich brownish
Brause f ◼ (≈ Dusche) shower; **sich unter die Brause stellen** have* (oder take*) a shower ◼ (≈ Limo) fizzy drink, Br lemonade [ˌleməˈneɪd], US soda (pop)
brausen ◼ (Wind, Meer) roar ◼ (≈ schnell fahren) race
★**Braut** f ◼ bei Hochzeit: bride ◼ (≈ Freundin) girlfriend, oft frauenfeindlich bird
★**Bräutigam** m bei Hochzeit: (bride)groom
Brautkleid n wedding dress
Brautpaar n bride and (bride)groom, bridal couple [ˌbraɪdlˈkʌpl]
brav good, well-behaved; **sei(d) brav!** be good(, won't you)! (⚠ engl. brave = **mutig**)
bravo ◼ well done ◼ Theater usw.: bravo!
BRD f abk (abk für Bundesrepublik Deutschland) FRG [ˌefɑːˈdʒiː] (abk für Federal Republic of Germany)
★**brechen** ◼ allg.: break* (auch Eid, Rekord, Schweigen, Stille, Gesetz, Vertrag usw.) ◼ **sie hat sich den Arm gebrochen** she's broken her arm ◼ (≈ sich übergeben) vomit [ˈvɒmɪt], umg throw* up, bes. Br be* sick; **ich muss brechen** bes. Br I'm going to be sick, I'm going to throw up
Brei m ◼ (≈ Haferbrei) porridge, US oatmeal ◼ (≈ Breimasse) mash, im negativen Sinn mush ◼ für Babys: pudding [ˈpʊdɪŋ], US baby cereal ◼ **um den heißen Brei herumreden** übertragen beat* about the bush [⚠ bʊʃ]
★**breit** ◼ wide, broad; **50 cm breit** 50 centimetres wide (oder across) ◼ **ein breites Angebot von …** übertragen a wide (oder broad) range of … ◼ **die breite Öffentlichkeit** the public at large
★**Breite** f ◼ width [wɪdθ], breadth [⚠ bredθ] ◼ übertragen scope ◼ **in diesen Breiten** geografisch: in these latitudes [ˈlætɪtjuːdz]
Breitengrad m (degree of) latitude [ˈlætɪtjuːd]; **der 30. Breitengrad** the 30th parallel [ˈpærəlel]
breitmachen: **sich breitmachen** umg make* oneself at home
breitschlagen ◼ **jemanden breitschlagen**

übertragen talk someone into (doing) something ▣ **sich breitschlagen lassen** give* in
Bremen n Bremen
Brems... in Zusammensetzungen br<u>a</u>ke ...; **Bremskraftverstärker** brake booster; **Bremsleuchte, Bremslicht** brake light; **Bremspedal** brake pedal
★**Bremse** f br<u>a</u>ke; **auf die Bremse treten** step on the brake (oder brakes pl), schlagartig: slam on the brakes
★**bremsen** ▣ Auto usw.: br<u>a</u>ke ▣ übertragen check, curb ▣ übertragen (≈ verlangsamen) slow down; **jemanden bremsen** slow someone down (⚠ Wortfolge)
Bremslicht n brake light
Bremspedal n brake pedal
Bremsweg m braking (oder stopping) distance
brennbar inflammable
★**brennen** ▣ (Sonne, Licht, Augen usw.) burn*; **mir brennen die Augen** my eyes <u>are</u> burning ▣ **es brennt!** fire! ▣ **das Haus brennt** the house is <u>on</u> fire ▣ übertragen burn*; **sie brennt vor Ungeduld** usw. she'<u>s</u> <u>burning</u> <u>with</u> impatience usw. ▣ distil (Schnaps); **Weinbrand wird aus Wein gebrannt** brandy is dist<u>i</u>lled <u>from</u> wine ▣ (Säure, Salbe, Haut, Augen) sting*; **mir brennen die Augen vom Rauch** my eyes <u>are</u> stinging from the smoke ▣ **das Licht brennen lassen** leave* the light on
brennend ▣ **eine brennende Zigarette** a lighted (oder lit) cigarette ▣ **eine brennende Frage** Problem: an urgent matter
Brennnessel f (stinging ['stɪŋɪŋ]) nettle
Brennpunkt m focus, focal point (auch übertragen)
Brennstab m fuel ['fjuːəl] rod
Brennstoff m fuel ['fjuːəl]; **fossiler Brennstoff** fossil fuel
brenzlig dangerous ['deɪndʒərəs], dicey ['daɪsɪ], Br dodgy; **es wird mir zu brenzlig** umg things are getting too dicey for me
Bretagne f: **die Bretagne** Brittany ['brɪtənɪ] (⚠ ohne the)
★**Brett** n ▣ board ▣ **Bretter** (≈ Skier) skis ▣ **das Schwarze Brett** the noticeboard
Brezel f pr<u>e</u>tzel ['pretsl]
★**Brief** m letter
Brieffreund(in) m(f) penfriend, pen pal
★**Briefkasten** m letterbox, postbox, US mailbox
Briefkopf m letterhead
★**Briefmarke** f (postage) stamp
Brieföffner m paper knife, letter opener
Briefpapier n writing paper ['raɪtɪŋˌpeɪpə]

★**Brieftasche** f wallet, US auch pocketbook, billfold (⚠ briefcase = **Aktentasche**)
Brieftaube f carrier pigeon [ˌkærɪəˈpɪdʒən]
★**Briefträger** m postman, US auch mailman, mail carrier
Briefträgerin f postwoman, US mail carrier
★**Briefumschlag** m envelope [ˈenvələʊp]
Briefwahl f postal vote; **ich werde Briefwahl machen** I'm voting by post (US mail)
brillant brilliant, excellent
★**Brille** f ▣ glasses, spectacles ['spektəklz], umg specs (⚠ alle pl); **meine Brille ist kaputt** my glasses <u>are</u> broken ▣ **eine Brille tragen** wear* glasses (⚠ pl) ▣ (≈ Klosettbrille) toilet seat
★**bringen** ▣ (≈ <u>weg</u>bringen, <u>hin</u>bringen) take*; **er wurde ins Krankenhaus gebracht** he was taken to (US to the) hospital; **er brachte sie nach Hause** he took (oder saw) her home ▣ (≈ herbringen) bring*; **bringen Sie mir noch ein Glas** could you bring me another glass, please? ▣ (≈ holen) get*, fetch ▣ (≈ setzen, legen, stellen) put* ▣ (≈ verursachen) cause; **das bringt nur Ärger** that'll cause nothing but trouble ▣ **sie brachte ihn dahin, dass er das Angebot annahm** she got him to accept the offer ▣ **das bringt nichts** that's no use (⚠ juːs]
Brise f breeze
★**Brite** m: **er ist Brite** he's British; **die Briten** the British
★**Britin** f British woman (oder lady bzw. girl); **sie ist Britin** she's British
★**britisch** British; **die Britischen Inseln** the British Isles [aɪlz]
bröckeln crumble
Brocken m ▣ piece, bit ▣ (≈ Bissen) morsel ▣ (≈ Klumpen) lump, chunk ▣ **ein paar Brocken Englisch** usw. a few words of English ▣ **das war ein harter Brocken** übertragen that was a tough [tʌf] one
Broker(in) m(f) Börse: broker
Brokkoli pl/m broccoli ['brɒkəlɪ]
Brombeere f blackberry ['blækbərɪ]
Bronchitis f bronchitis (⚠ brɒŋˈkaɪtɪs]
Bronze f bronze (⚠ brɒnz]
Bronzemedaille f bronze medal
Brosche f brooch [brəʊtʃ], US auch pin
Broschüre f ▣ pamphlet ▣ (≈ Werbebroschüre) brochure ['brəʊʃə] ▣ dünne: leaflet
Brösel m crumb (⚠ krʌm]
★**Brot** n ▣ bread; **zwei Brote** two loaves (⚠ sg loaf) of bread; **eine Scheibe Brot** a slice of bread ▣ **belegtes Brot** sandwich [⚠ 'sæn-

wɪdʒ]
Brotbackautomat m breadmaker
★**Brötchen** n (bread) roll [rəʊl]
Brot(schneide)maschine f bread slicer
Brotzeit f: **Brotzeit machen** have* a snack
browsen: **im Web browsen** browse (on) the Web
Browser m Internet: browser
Bruch m ◨ (≈ *Bruchstelle*) break, *in Porzellan usw.*: crack; **zu Bruch gehen** get* broken ◨ *von Vertrag, Eid usw.*: breaking, *mit Vergangenheit, Partei*: break, *des Vertrauens*: breach; **in die Brüche gehen** (*Ehe, Freundschaft*): break* up ◨ (≈ *Knochenbruch*) fracture, (≈ *Eingeweidebruch*) hernia ◨ *mathematisch*: fraction
brüchig ◨ (≈ *zerbrechlich*) fragile [▲ 'frædʒaɪl] ◨ (≈ *spröde*) brittle ◨ *Leder*: cracked
Bruchrechnen n fractions (▲ *pl*)
bruchrechnen do* fractions
Bruchstrich m line (of a fraction)
Bruchteil m fraction; **im Bruchteil einer Sekunde** in a split (*oder* fraction of a) second
Bruchzahl f fraction
★**Brücke** f ◨ *allg.*: bridge (*auch als Zahnersatz*) ◨ (≈ *Teppich*) rug ◨ **Brücken schlagen** build* bridges (**zwischen** between)
Brückentag m extra day off (*taken between two public holidays or a public holiday and a weekend*)
★**Bruder** m *allg., auch kirchlich*: brother *pl*: brothers, ▲ *pl für Ordensbrüder nur*: brethren ['breðrən]
brüderlich ◨ brotherly ◨ **(etwas) brüderlich teilen** share and share alike
Brühe f ◨ (≈ *Fleischbrühe*) broth [▲ brɒθ] ◨ *für Suppen usw.*: stock ◨ (≈ *schmutziges Wasser*) dirty water ◨ **mir läuft die Brühe runter** *übertragen, salopp* I'm sweating ['swetɪŋ] like a pig
Brühwürfel m stock cube, *US* bouillon cube
brüllen ◨ *allg.*: roar [rɔː] ◨ (*Mensch*) shout, *lauthals*: scream ◨ (≈ *heulen*) scream ◨ (*Rind*) bellow ◨ **vor Lachen brüllen** *übertragen* roar with laughter
brummen ◨ (*Bär usw.*) growl [▲ graʊl] ◨ (≈ *summen*) hum, buzz ◨ (*Motor*) drone ◨ (*Lautsprecher usw.*) hum ◨ **mir brummt der Kopf** my head's throbbing
Brummi m (≈ *Lastwagen*) truck, *Br auch* lorry
brummig *umg* grumpy
Brunch m brunch
Brunftzeit f rutting season

★**Brunnen** m ◨ well ◨ (≈ *Quelle*) spring ◨ (≈ *Springbrunnen*) fountain ['faʊntɪn]
brunzen Ⓐ *umg* (≈ *pinkeln*) piss
Brüssel n Brussels ['brʌslz]
★**Brust** f ◨ breast [brest] ◨ (≈ *Brustkasten*) chest ◨ (≈ *Busen*) breast, breasts *pl* ◨ **einem Baby die Brust geben** (breast)feed a baby
Brustbeutel m money bag (worn around the neck), *US* neck pouch
brüsten: **sich brüsten** boast (**mit** about)
Brustschwimmen n breaststroke ['breststrəʊk]
Brüstung f ◨ parapet ◨ (≈ *Fensterbrüstung*) breast [brest]
Brustwarze f nipple
brutal ◨ brutal ['bruːtl] ◨ *Film*: brutal, violent ◨ (≈ *grausam*) cruel ['kruːəl]
Brutalität f brutality, violence
brüten ◨ *wörtlich*: brood [bruːd] ◨ (≈ *nachdenken*) brood (**über** over)
Brutkasten m incubator ['ɪŋkjʊbeɪtə]
brutto ◨ gross [▲ grəʊs] ◨ **50.000 Dollar brutto bekommen** earn (*oder* get*) $50,000 before tax (*gesprochen* fifty thousand dollars)
Bruttogehalt n gross salary
Bruttogewicht n gross weight
Bruttolohn m gross wages (▲ *pl*)
Bruttosozialprodukt n gross national product (*abk* GNP)
Bruttoverdienst m gross earnings (▲ *pl*)
brutzeln sizzle
BSE *abk Krankheit*: BSE [ˌbiːesˈiː] (*abk für* Bovine Spongiform Encephalopathy); → Rinderwahn(sinn)
★**Bub** m *bes.* Ⓐ, Ⓓ boy, lad
Bube m *Spielkarte*: jack
★**Buch** n ◨ book ◨ **er redet wie ein Buch** *übertragen* he never stops talking ◨ **ein Buch mit sieben Siegeln** a closed book
Buch... *in Zusammensetzungen* book... *bzw.* book ...; **Buchbesprechung** book review [rɪ'vjuː]; **Buchhandlung** bookshop, *US* bookstore; **Buchhülle** (≈ *Schutzhülle*) dust jacket; **Buchkritik** book review; **Buchladen** bookshop, *US* bookstore
Buche f beech (tree)
★**buchen** ◨ *Handel*: enter; **etwas als Erfolg buchen** put* something down as a success ◨ (≈ *vorbestellen*) book
Bücher... *in Zusammensetzungen* book... *bzw.* book ...; **Büchergutschein** book token; **Bücherregal** bookshelves (▲ *pl*); **Bücherschrank** bookcase; **Bücherwurm** bookworm ['bʊkwɜːm]

Bücherbus m mobile library, US bookmobile ['bʊkməʊbiːl]

★**Bücherei** f library ['laɪbrərɪ]

Buchführung f book-keeping, accounting; **einfache/doppelte Buchführung** single-/double-entry book-keeping

Buchhalter(in) m(f) book-keeper, accountant

Buchhaltung f ◘ book-keeping, accounting ◙ Abteilung einer Firma: accounts department

Buchhändler(in) m(f) bookseller

★**Buchhandlung** f bookshop, US bookstore

★**Büchse** f can, Br auch tin

Büchsenfleisch n canned (Br auch tinned) meat

Büchsenmilch f condensed milk

Büchsenöffner m can opener, Br auch tin opener

★**Buchstabe** m ◘ letter ◙ **großer Buchstabe** capital letter ◚ **kleiner Buchstabe** small letter

★**buchstabieren** spell* (out)

buchstäblich literally

Bucht f bay, kleine: bay, inlet ['ɪnlət]

Buchtel f ⓐ type of dessert comprising dough balls filled with plum jam and served with custard

Buchung f booking, reservation [ˌrezəˈveɪʃn]

Buchweizen m buckwheat

Buckel m ◘ am Rücken: hump ◙ (≈ buckliger Rücken) hunchback ◚ **die Katze machte einen Buckel** the cat arched [ɑːtʃt] its back ◛ **du kannst mir den Buckel runterrutschen** salopp you know what you can do ◜ (≈ Unebenheit) bump

Buckelpiste f mogul ['məʊgl] field

bücken: **sich (nach etwas) bücken** bend* down (oder over) (to pick something up)

bucklig ◘ Mensch: hunchbacked ◙ Weg usw.: bumpy

buddeln: **im Sand buddeln** dig* in the sand; **ein Loch buddeln** dig* a hole

★**Buddhismus** m Buddhism ['bʊdɪzm] (⚠ ohne the)

Buddhist(in) m(f), **buddhistisch** Buddhist ['bʊdɪst]

Bude f ◘ (≈ Verkaufsbude) kiosk ['kiːɒsk], (≈ Marktbude) stall [stɔːl] ◙ salopp (≈ Zimmer) place, pad ◚ Br, salopp (≈ Studentenbude) digs (⚠ pl)

Budget n budget ['bʌdʒɪt]

Bufdi m (≈ Bundesfreiwilliger) person doing federal voluntary service

Büfett n → Buffet

Büffel m buffalo ['bʌfələʊ]

büffeln: **er büffelt schon wieder (Latein)** he's swotting (up his Latin) again

Buffet n ◘ sideboard, US auch buffet [⚠ bəˈfeɪ] ◙ **kaltes Buffet** cold buffet [⚠ 'bʊfeɪ]

Bug m ◘ Schiff: bow [⚠ baʊ] ◙ Flugzeug: nose

Bügel m ◘ (≈ Kleiderbügel) hanger ◙ (≈ Handgriff) handle

Bügeleisen n iron [⚠ 'aɪən]

Bügelmessschraube f outside micrometer

bügeln iron [⚠ 'aɪən], press (Hose usw.)

Buggy m ◘ (≈ Kinderwagen) buggy, US auch stroller ◙ (≈ Auto) beach buggy

buh: **buh!** boo!

buhen boo

★**Bühne** f ◘ im Theater: stage; **auf der Bühne** on (the) stage; **hinter der Bühne** backstage, behind the scenes [siːnz] (auch übertragen) ◙ (≈ Theater) theatre: US theater ['θɪətə]

Bühnenbild n (stage) set, stage setting

Bühnenbildner(in) m(f) set designer

Buhrufe pl (loud) booing (⚠ sg), boos

Bulette f meatball

Bulgare m Bulgarian [bʌlˈgeərɪən]; **er ist Bulgare** he's (a) Bulgarian

Bulgarien n Bulgaria [bʌlˈgeərɪə]

Bulgarin f Bulgarian woman (oder lady bzw. girl); **sie ist Bulgarin** she's (a) Bulgarian

bulgarisch, **Bulgarisch** n Bulgarian [bʌlˈgeərɪən]

Bulgur m vorgekochter Weizen: bulgur (wheat)

Bulimie f Medizin: bulimia [bʊˈlɪmɪə]

Bullauge n porthole

Bulldogge f (≈ Hund) bulldog ['bʊldɒg]

Bulle m ◘ männliches Tier: bull [⚠ bʊl] ◙ umg (≈ bulliger Mann) gorilla, heavyweight ['hevɪweɪt] ◚ salopp (≈ Polizist) cop; **die Bullen** the cops

Bumerang m boomerang (auch übertragen); **sich als Bumerang erweisen** have* a boomerang effect

★**Bummel** m umg (≈ Spaziergang) stroll [strəʊl], walk; **einen Bummel machen** go* for a walk (oder stroll)

bummeln ◘ (≈ schlendern) stroll, go* for a stroll ◙ (≈ trödeln) dawdle ['dɔːdl]

Bummelstreik m go-slow, US slowdown

bums: **bums!** bang!

bumsen: **(jemanden) bumsen** vulgär screw (someone), Br have* it off (with someone)

Bund¹ m ◘ (≈ Verband, Vereinigung) association ◙ (≈ Bündnis) alliance [əˈlaɪəns] ◚ umg (≈ Bundeswehr) army; **beim Bund** in the army

Bund² n Petersilie, Mohrrüben, Radieschen, Spargel usw.: bunch

Bund³ *m* an der Hose usw.: waistband
Bündel *n allg.*: bundle (*auch übertragen*)
★**Bundes...** *in Zusammensetzungen* federal, Federal ...; **Bundeshauptstadt** federal capital; **Bundesland** (federal) state; **Bundesnachrichtendienst** Federal Intelligence Service; **Bundesregierung** Federal Government; **Bundesrepublik Deutschland** Federal Republic of Germany; **Bundesstaat** *einzelner*: federal state; **Bundesverfassungsgericht** Federal Constitutional Court

Bundesbürger(in) *m(f)* German citizen, citizen of the Federal Republic

Bundeshymne *f* Ⓐ (≈ *Nationalhymne*) national anthem ['ænθəm]

★**Bundeskanzler(in)** *m(f) Regierungschef in Deutschland und Österreich*: (Federal) Chancellor ['tʃɑːnsələ]; **Bundeskanzlerin Merkel** Chancellor Merkel (of Germany)

★**Bundesland** *n* ▮ (federal) state ▮ **die neuen** (*bzw.* **die alten**) **Bundesländer** the eastern German (*bzw.* the western German) states

Bundesliga *f: Sport:* (**erste, zweite**) **Bundesliga** (First, Second) Division

★**Bundesminister(in)** *m(f)* Federal Minister
Bundesministerium *n* ministry (**für** of)

★**Bundespräsident(in)** *m(f) Staatsoberhaupt in Deutschland und in Österreich*: (German *bzw.* Austrian) President, Federal President

★**Bundesrat** *m* ▮ *Deutschland und Österreich*: Bundesrat, Upper House of the German (*bzw.* Austrian) Parliament ▮ *Schweiz*: Bundesrat, Swiss government ▮ *Schweiz*: Swiss government minister ['mɪnɪstə] ▮ *Österreich*: member of the Upper House of the Austrian Parliament

★**Bundestag** *m* Bundestag, Lower House (of the German Parliament)

Bundestagsabgeordnete(r) *m/f(m)* member of the Bundestag

Bundestrainer(in) *m(f)* coach (*oder* manager) of the German (*bzw.* Austrian *usw.*) team

★**Bundeswehr** *f* (German) armed forces (⚠ *pl*)
bundesweit nationwide
Bündnis *n* alliance (⚠ ə'laɪəns])
Bundweite *f* waist (size), waist measurement ['weɪst,meʒəmənt]
Bungalow *m* bungalow
Bungeejumping *n* bungee jumping ['bʌndʒɪ,dʒʌmpɪŋ]
Bunker *m* ▮ *militärisch*: bunker, (≈ *Luftschutzbunker*) air-raid shelter ▮ *Golf*: bunker ▮ *umg* (≈ *Gefängnis*) slammer

★**bunt** ▮ colourful (*auch übertragen*), multicoloured ▮ **etwas bunt bemalen** paint something in all sorts of colours ▮ **er treibt es zu bunt** *übertragen* he takes things too far, he overdoes it

Buntstift *m* crayon ['kreɪɒn], coloured pencil
Burg *f* castle [⚠ 'kɑːsl]
Burgenland *n* Burgenland ['bɜːɡənlænd]

★**Bürger(in)** *m(f)* ▮ citizen ▮ (≈ *Einwohner*) inhabitant, resident ['rezɪdənt]

Bürgerbüro *n* local office at which one can register as a resident, apply for a residence permit, be issued a driving licence usw.

Bürgerinitiative *f* citizens' (action) group
Bürgerkrieg *m* civil war [,sɪvl'wɔː]

★**bürgerlich** ▮ civil ['sɪvl] ▮ middle-class, *oft abwertend* bourgeois [⚠ 'bʊəʒwɑː]

Bürgerliche(r) *m/f(m)* commoner ['kɒmənə]

★**Bürgermeister(in)** *m(f)* mayor [⚠ meə]

★**Bürgersteig** *m* pavement, *US* sidewalk

Burkini *m* (≈ *Ganzkörperbadeanzug*) burkini [bɜː'kiːnɪ]

Burn-out *m* burnout

★**Büro** *n* office
Büroangestellte(r) *m/f(m)* office worker, white-collar worker
Büroarbeit *f* office work
Bürobedarf *m* office supplies (⚠ *pl*)
Bürojob *m umg* office job
Bürokauffrau *f*, **Bürokaufmann** *m* office administrator
Büroklammer *f* paper clip
Bürokommunikation *f* office communications (⚠ *pl*)
Bürokraft *f* clerical assistant, (office) clerk
Bürokratie *f* bureaucracy [⚠ bjʊ'rɒkrəsɪ]
bürokratisch bureaucratic [,bjʊərə'krætɪk]; **bürokratische Verfahrensweise** bureaucratic procedures [prə'siːdʒəz] (⚠ *pl*)
Büromaterial *n* office supplies (⚠ *pl*), (≈ *Schreibwaren*) stationery *kein pl*
Bürostuhl *m* office chair
Bursche *m* ▮ (≈ *Junge*) boy ▮ (≈ *junger Mann*) guy ▮ **ein toller Bursche** a super boy (*bzw.* guy); **ein übler Bursche** a shady character

★**Bürste** *f* brush
bürsten brush
Bürstenschnitt *m* crew cut

★**Bus** *m* ▮ bus ▮ (≈ *Reisebus*) bus, *Br auch* coach ▮ **mit dem Bus fahren** go* by bus, take* the bus

Bus... *in Zusammensetzungen* bus ...; **Busbahnhof** *m* (bus) terminal, bus station; **Busfahrer(in)** bus driver; **Busfahrplan** bus timetable,

US bus schedule ['skedʒuːl]; **Bushaltestelle** bus stop; **Busspur** bus lane; **Busverbindung** bus connection (*oder* service)

Busch *m* **1** bush [⚠ bʊʃ] **2** (≈ *Strauch*) shrub **3** *umg* (≈ *Urwald*) jungle ['dʒʌŋɡl] **4** **da ist etwas im Busch** there's something going on

Büschel *n* **1** *Gras, Haare*: tuft **2** *Heu, Stroh*: bundle **3** *Blumen, Radieschen*: bunch

Busen *m* **1** (≈ *Brust*) breasts [brests] (⚠ *pl*) **2** *mit Kleidung*: bust, chest [tʃest] **3** *übertragen* bosom [⚠ 'bʊzm]

Busfahrer(in) *m(f)* bus driver

Bussard *m* buzzard ['bʌzəd]

Buße *f* **1** (≈ *Strafe*) penalty ['penltɪ] **2** (≈ *Geldbuße*) fine, penalty

busseln *bes.* Ⓐ kiss

büßen: das sollst du mir büßen! you'll pay for that, I'll make you pay for that

busserln *bes.* Ⓐ kiss

Bußgeld *n* fine; **er wurde zu einem Bußgeld in Höhe von € 10 verurteilt** he was fined €10 (*gesprochen* ten euros)

Büste *f* bust

Büstenhalter *m* bra [brɑː]

★**Butter** *f* **1** butter; **mit Butter bestreichen** butter **2** **alles in Butter** *übertragen* everything's just fine, *umg* couldn't be better

Butterbrot *n* (piece *oder* slice of) bread and butter

Butterkeks *m* *etwa*: rich tea biscuit, *US etwa*: butter cookie

Buttermilch *f* buttermilk

Button *m* badge, *US* button

Butzen *m* Ⓐ (≈ *Kerngehäuse*) core

Bypassoperation *f* bypass operation, *am Herzen auch*: heart bypass

Byte *n* byte

bzw. **1** **ich schaue vorbei bzw. ich rufe dich an** either I'll drop by or I'll give you a ring (*oder* call) **2** respectively (*abk* resp.); **zwei Bücher in englischer bzw. in deutscher Sprache** two books in English and German respectively, two books – one in English and one in German

C

★**C** *n* **1** **das hohe C** *Musik*: top C (⚠ *ohne the*) **2** (≈ *Celsius*) C (*abk für* Celsius, centigrade)

ca. (≈ *circa, ungefähr, etwa*) approx. (⚠ *nur schriftlich*), approximately [ə'prɒksɪmətlɪ]

Cabrio(let) *n* Auto: convertible, *US auch* cabriolet ['kæbrɪəleɪ]

★**Café** *n* café ['kæfeɪ, kæˈfeɪ]

Cafeteria *f* snack bar, cafeteria [ˌkæfəˈtɪərɪə]

Callboy *m* male prostitute ['prɒstɪtjuːt] (⚠ *nicht* call boy)

Callcenter *n* call centre, *US* call center

Callgirl *n* call girl

Camcorder *m* camcorder

campen camp, go* camping

Camper(in) *m(f)* camper

★**Camping** *n* camping

★**Campingplatz** *m* campsite, *US* campground

canceln cancel ['kænsl] (*Flug usw.*)

Cappuccino *m* *Getränk*: cappuccino [ˌkæpuˈtʃiːnəʊ]

Caravan *m* caravan, *US* trailer

Carsharing *n*: **mit jemandem Carsharing machen** be* in a car sharing scheme with someone

Cartoon *m/n* **1** cartoon **2** (≈ *Geschichte*) comic (*oder* cartoon) strip

Cashewnuss *f* cashew (nut)

Casino *n* Ⓐ → Kasino

Casting *n* *bei Film, TV*: casting

Castingshow *f* casting show

★**CD** *f* *abk* CD [⚠ ˌsiːˈdiː], compact disc

CD-Brenner *m* CD burner, CD writer [ˌsiːˈdiːˌraɪtə]

★**CD-Player** *m* CD player

CD-Regal *n* **1** *Gestell*: CD shelves (⚠ *pl*) **2** *Regalbrett*: CD rack (*oder* stand)

★**CD-ROM** *f* CD-ROM [ˌsiːdiːˈrɒm] (ROM = Read Only Memory)

CD-ROM-Laufwerk *n* CD-ROM drive [ˌsiːdiːˈrɒm ˌdraɪv]

CD-Spieler *m* CD player [ˌsiːˈdiːˌpleɪə]

Cello *n* *Musikinstrument*: cello ['tʃeləʊ]

Celsius *ohne Artikel* Celsius ['selsɪəs]; **20 Grad Celsius** 20 degrees Celsius (*oder* centigrade)

Cembalo *n* harpsichord ['hɑːpsɪkɔːd]

★**Cent** *m* cent [sent] (*auch* Eurocent)

Chalet *n* (Swiss) chalet ['ʃæleɪ], Swiss cottage

Chamäleon *n* *Tier und übertragen*: chameleon

[kə'mi:liən]

Champagner *m* champagne [ʃæm'peɪn]
Champignon *m* button (*US* field) mushroom
Champion *m* champion
★**Chance** *f* **1** (≈ *Möglichkeit, Gelegenheit*) chance [tʃɑ̃ːs], opportunity (**zu** to + *inf*); **er hat keine Chance zu entkommen** he has no chance of escaping **2 Chancen** (≈ *Aussichten*) prospects; **die Chancen sind** (*oder* **stehen**) **gut** the prospects are good
Chancengleichheit *f* equal opportunities (⚠ *pl*)
chancenlos: **die Mannschaft ist chancenlos** the team's got no chance
Chanson *n* chanson [ˌʃɑ̃ːŋˈsɔ̃ːŋ]
Chaos *n* chaos ['keɪɒs]; **hier herrscht ja das reinste Chaos** it's absolutely chaotic [keɪˈɒtɪk] in this place
Chaot(in) *m(f)* completely disorganized person
chaotisch: **chaotische Zustände** chaos ['keɪɒs], a chaotic [keɪˈɒtɪk] situation
★**Charakter** *m* **1** *einer Person*: character ['kærəktə], personality; **vom Charakter her** as far as his *usw*. character goes **2** *einer Sache*: character, nature
Charaktereigenschaft *f* personal trait
charakterisieren (≈ *schildern*) describe (**als** as)
charakteristisch characteristic, typical ['tɪpɪkl] (**für** of); **charakteristische Eigenschaft** characteristic feature
charakterlich in character; **sich charakterlich verändern** change in character
charmant charming ['tʃɑːmɪŋ]
Charme *m* charm [tʃɑːm], personality
Charta *f* charter ['tʃɑːtə]; **die Charta der Vereinten Nationen** the United Nations Charter
Charterflug *m* charter flight
Charterflugzeug *n* charter plane
Chartermaschine *f* charter plane
chartern charter (*Flugzeug, Schiff usw*.)
Charts *pl umg* charts [tʃɑːts]; **in die Charts kommen** get* into the charts
Chat *m Internet*: chat
Chatgroup *f Internet*: chat group
Chatraum *m*, **Chatroom** *m Internet*: chat room
chatten *Internet*: chat
★**Chauffeur(in)** *m(f)* driver, chauffeur (⚠ ˈʃəʊfə])
Chauvi *m umg* male chauvinist (⚠ ˈʃəʊvənɪst]) (pig), *abk* MCP [ˌemsiːˈpiː]
Chauvinismus *m* chauvinism (⚠ ˈʃəʊvənɪzm])
checken 1 (≈ *überprüfen*) check **2** *umg* (≈ *verstehen*) get*; **hast du's endlich gecheckt?** *umg* have you got that into your thick head now?

Check-in *n am Flughafen*: check-in
Checkliste *f* check list
★**Chef(in)** *m(f)* boss; *von Bande, Delegation usw*.: leader; *von Organisation*: head; *der Polizei*: chief, (⚠ *engl*. chef = **Koch, Köchin, Küchenchef(in)**)
Chefarzt *m*, **Chefärztin** *f* senior consultant, *US* medical director
Chefsache *f*: **etwas zur Chefsache erklären** make something a matter for decision at the top level, (≈ *vorrangig behandeln*) give* top priority to something
Chefsekretär(in) *m(f)* personal assistant, *abk* PA [ˌpiːˈeɪ], *US* executive [ɪɡˈzekjətɪv] secretary
★**Chemie** *f allg*.: chemistry ['kemɪstrɪ] (*auch als Unterrichtsfach*)
Chemikalien *pl* chemicals ['kemɪklz]
Chemiker(in) *m(f)* chemist ['kemɪst]
★**chemisch 1** chemical ['kemɪkl] **2 chemische Reinigung** (≈ *Vorgang*) dry cleaning, (≈ *Geschäft, Unternehmen*) dry cleaner's **3 etwas chemisch reinigen lassen** have* something dry-cleaned, take* something to the dry cleaner's
Chemotherapie *f* chemotherapy [ˌkiːməʊˈθerəpɪ]
Chickenwings *pl* chicken wings
Chicorée *f Pflanze, Gemüse, Salat*: chicory ['tʃɪkərɪ]
★**Chile** *n* Chile
Chili *m* chilli, *US* chili
Chilisoße *f* chilli (*US* chili) sauce
chillen (≈ *entspannen*) chill (out); **nach der Arbeit erst mal chillen** chill out after work
★**China** *n* China ['tʃaɪnə]
★**Chinese** *m* Chinese [ˌtʃaɪˈniːz]; **er ist Chinese** he's Chinese; **die Chinesen** the Chinese
Chinesin *f* Chinese woman (*oder* lady *bzw*. girl); **sie ist Chinesin** she's Chinese
★**chinesisch 1** Chinese [ˌtʃaɪˈniːz] **2 die Chinesische Mauer** the Great Wall of China
Chinesisch *n* Chinese [ˌtʃaɪˈniːz]
Chip *m* **1** *Computer*: chip **2 Chips** *zum Knabbern*: (potato) crisps, *US* potato chips (⚠ *Br* chips = **Pommes frites**) **3** (≈ *Spielmarke*) chip
Chipkarte *f Computer*: chip card, smart card
★**Chirurg(in)** *m(f)* surgeon (⚠ ˈsɜːdʒn])
Chirurgie *f* surgery ['sɜːdʒərɪ]
chirurgisch surgical ['sɜːdʒɪkl]; **bei jemandem einen chirurgischen Eingriff vornehmen** carry out surgery on someone
Chlor *n* chlorine [⚠ ˈklɔːriːn]

chlorfrei chlorine-free [▲ˌklɔːriːnˈfriː]
Cholera f cholera [ˈkɒlərə]
Cholesterin n cholesterol [kəˈlestərɒl]
★**Chor** m (≈ *Sängerchor*) choir [▲kwaɪə]
Choreograf(in) m(f), **Choreograph(in)** m(f) choreographer [ˌkɒrɪˈɒɡrəfə]
Choreografie f, **Choreographie** f choreography [ˌkɒrɪˈɒɡrəfɪ]
★**Christ(in)** m(f) Christian [ˈkrɪstʃn] (▲*engl.* Christ [kraɪst] = **Christus**)
Christbaum m Christmas tree [▲ˈkrɪsməsˌtriː]
★**Christentum** n: **das Christentum** Christianity [ˌkrɪstɪˈænətɪ] (▲*ohne the*)
Christkind n ▮ **das Christkind** the infant Jesus, baby Jesus (▲*ohne the*) ▮ **was hat dir das Christkind gebracht?** what did Santa (Claus) bring you?
Christkindl n *bes.* Ⓐ ▮ **das Christkindl** the Christ Child ▮ *Geschenk:* Christmas present [ˈkrɪsməsˌpreznt]
Christkindlmarkt m *bes.* Ⓐ Christmas market
★**christlich** ▮ Christian [ˈkrɪstʃn] ▮ *Wendungen:* **christlich leben** live (*oder* lead*) a Christian life; **christlich handeln** act like a Christian
Christtag m Ⓐ (≈ *Weihnachtsfeiertag*) Christmas Day; **über die Christtage** over Christmas
Christus m ▮ Christ [kraɪst] ▮ **vor Christi Geburt (v. Chr.)** before Christ, *abk* BC [ˌbiːˈsiː]; **nach Christi Geburt (n. Chr.)** Anno Domini [ˌænəʊˈdɒmɪnaɪ], *abk* AD [ˌeɪˈdiː]
Chrom n ▮ chrome ▮ *chemisches Element:* chromium [ˈkrəʊmɪəm] (*abk* Cr)
Chromosom n chromosome [ˈkrəʊməsəʊm]
Chronik f chronicle [ˈkrɒnɪkl]
chronisch chronic [ˈkrɒnɪk] (*auch übertragen*)
chronologisch chronological [ˌkrɒnəˈlɒdʒɪkl]; **in chronologischer Folge** in chronological order, chronologically
circa about, approximately
City f town (*oder* city) centre, *US* downtown area (▲*engl.* city = **Stadt, Großstadt**); **in die City gehen** go* to the town (*oder* city) centre, *US* go* downtown (▲*ohne the*)
clean *umg* (≈ *nicht mehr drogenabhängig*) clean, off drugs
clever smart, clever
Clinch m: **mit jemandem im Clinch sein** be* at loggerheads [ˈlɒɡəhedz] with someone
Clip m ▮ (≈ *Ohrclip*) (ear) clip ▮ (≈ *Haarclip*) (hair) clip ▮ (≈ *Videoclip*) clip
Clique f ▮ (≈ *Freundeskreis*) group; **wir fahren mit der ganzen Clique nach England** the whole crowd of us are going to England together; **Elke und ihre Clique** Elke and her lot ▮ *abwertend* clique [▲kliːk]
Clou m ▮ (≈ *Höhepunkt*) climax, highlight ▮ **jetzt kommt der Clou!** wait for this
Cloud-Computing n cloud computing
Clown m clown
★**Club** m club
Coach m *Sport, psychologisch:* coach
Cockpit n cockpit
Cocktail m cocktail
Cocktailtomate f cherry tomato
Code m code
codieren code, encode
Codierung f coding, encoding
★**Cola** f/n cola [ˈkəʊlə], *umg* coke®; **zwei Cola** two colas (*oder* cokes)
Coloniakübel m Ⓐ (≈ *Mülleimer*) Br rubbish bin, *US* garbage can
Comeback n comeback [▲ˈkʌmbæk]; **ein Comeback starten** (*bzw.* **erleben**) stage (*oder* make*) a comeback
Comic m ▮ (≈ *Comicstrip*) comic (*oder* cartoon) strip ▮ (≈ *Comic-Heft*) comic
★**Computer** m computer; **per Computer** by computer
Computer... *in Zusammensetzungen* computer ...; **Computerausdruck** computer printout; **Computerfreak** computer freak; **Computerspiel** computer game; **Computervirus** computer virus; **Computerzeitschrift** computer magazine
Computerarbeitsplatz m computer work station
computergesteuert computer-controlled
Computerprogramm n computer program
Computerraum m computer room
Computersprache f computer language
Computertechnik f computing, computer technology
Container m container, (≈ *Bauschuttcontainer*) *Br* skip, *US* Dumpster®, (≈ *Wohncontainer*) prefabricated hut
Controller(in) m(f) *Wirtschaft:* financial controller
Controlling n financial control
Cookie n *Internet:* cookie [ˈkʊkɪ]
cool *salopp* ▮ (≈ *gefasst*) cool, laid back [ˌleɪdˈbæk]; **cool bleiben** stay cool ▮ (≈ *toll, super*) cool; **sie ist echt cool drauf** she's really awesome
Copyshop m copy shop, *US auch* copy center
Cord m cord, corduroy [ˈkɔːdərɔɪ]
Cordhose f → Kordhose

Corner m Ⓐ, Ⓒ (≈ *Eckball*) corner (kick)
Cornflakes pl cornflakes
★**Couch** f sofa, couch [kaʊtʃ]
Couchtisch m coffee table
Countdown m countdown
Coup m coup [⚠ kuː]; **einen Coup landen** pull off a coup
Coupon m coupon ['kuːpɒn], voucher
Courage f courage ['kʌrɪdʒ]
Cousin m **Cousine** f cousin ['kʌzn]
Cover n **1** (≈ *Titelseite*) cover, front page [,frʌnt'peɪdʒ] **2** (≈ *Schallplattenhülle*) cover, Br auch sleeve
Cowboy m cowboy
Cowboystiefel pl cowboy boots
CO₂-Ausstoß m carbon emissions (⚠ pl)
CO₂-Bilanz f carbon footprint
Cracker m cracker ['krækə]
★**Creme** f cream
Crêpe f crêpe
Crêpe-Pfanne f crêpe pan
Creutzfeld(t)-Jakob-Krankheit f Creutzfeld(t)--Jakob disease; → BSE
Croissant n croissant [⚠ 'k(r)wæsã(ŋ)]
Cup m Sport: cup
Curry m/n curry ['kʌrɪ] powder (⚠ engl. curry = **Curry-Reisgericht**)
Currywurst f curried (*oder* grilled) sausage [,kʌrɪd'sɒsɪdʒ (,ɡrɪld'sɒsɪdʒ)]
Cursor m cursor ['kɜːsə]
Cutter m *Schneidegerät:* cutter
Cybercafé n *Internet:* cybercafé ['saɪbə,kæfeɪ]
Cybermobbing n cyberbullying
Cyberspace m *Internet:* cyberspace

D

★**da** **1** (≈ *dort*) there; **da oben** (*bzw.* **unten**) up (*bzw.* down) there; **da drüben** (*bzw.* **hinüber**) over there **2 da!** (≈ *da hast du's!*) there you are **3** *als Füllwort oft unübersetzt:* **es gibt Leute, die da glauben ...** there are people who believe ... **4** *Zeit:* (≈ *dann, damals*) then, at that time; **von da an** from then on, since then; **hier und da** now and then **5 da kann man nichts machen** what can you do? **6** *Grund:* (≈ *weil*) as, since, because; **da schönes Wetter war, haben wir draußen gegessen** as the weather was fine, we had dinner outside

GETRENNTSCHREIBUNG
da sein **1** (≈ *anwesend sein*) be* there; **ist jemand da?** is there anybody there?; **ich bin gleich wieder da** I'll be right back **2** (≈ *hier sein*) be* here; **da bin ich** here I am **3 ist noch Brot da?** is there any bread left? **4 es ist keine Milch mehr da** we've run out of milk **5 so etwas ist noch nie da gewesen** that's never happened before **6 sie ist (wieder) voll da** she's (back) in top form

dabehalten **1** hold* onto (*Unterlagen usw.*) **2 sie behielten ihn gleich da** *im Krankenhaus usw.:* they kept him in

★**dabei** **1** (≈ *gleichzeitig*) at the same time; **sie machte Hausaufgaben und hörte dabei Musik** she was doing *her* homework and listening to music at the same time **2** (≈ *dennoch, obwohl*) (even) though, but, yet; **... und dabei hat er gar keine Ahnung ...** even though he has no idea; **dabei hatte ich ihn gewarnt** (and) yet I warned him **3 nahe dabei** nearby **4 ich finde gar nichts dabei** I don't see anything wrong with it **5 dabei fällt mir ein ...** that reminds me ... **6 ich dachte mir nichts Schlimmes dabei** I meant no harm **7 was hast du dir eigentlich dabei gedacht?** what on earth made you do (*bzw.* say *usw.*) that? **8 was ist schon dabei?** so what? **9 lassen wir es dabei** let's leave it at that

GETRENNTSCHREIBUNG
dabei sein **1 sie ist dabei gewesen** she was there, (≈ *hat teilgenommen*) she took part (in it) **2 darf ich dabei sein?** can I come too?, (≈ *teilnehmen*) can I join in? **3 ich bin dabei!** (you can) count me in **4 er war gerade dabei, zu packen** he was just packing

dabeibleiben *Tätigkeit usw.:* keep* at it, stick* to it
dabeihaben **1 er hat keinen Schirm usw. dabei** he didn't bring his umbrella *usw.* (with him) **2 ich hab kein Geld dabei** I haven't got any money on me
dabeisitzen: **bei einer Besprechung dabeisitzen** sit* in on a discussion
dabeistehen: **er stand dabei und sagte nichts** he stood there and said nothing
dableiben **1** *allg.:* stay **2 er muss noch dableiben** *Schule:* he's being kept in
★**Dach** n **1** roof **2** *beim Auto:* roof, top **3 sie wohnen alle unter einem Dach** *übertragen* they all live under the same roof

Dachboden m loft, *von Haus auch*: attic
Dachdecker m roofer
Dachfenster n skylight
Dachgepäckträger m roof rack
Dachgeschoss n, Ⓐ **Dachgeschoß** n top floor [flɔː]; **im Dachgeschoss** in the attic ['ætɪk], on the top floor [ˌtɒp'flɔː]
Dachrinne f gutter
Dachterrasse f roof terrace
Dackel m dachshund ['dæksnd, 'dækshʊnd]
daddeln *umg* play (computer games)
★**dadurch** ❶ dadurch, dass (≈ *weil*) because ❷ ... dadurch, dass er hart arbeitet (≈ *indem*) ... by working hard
★**dafür** ❶ (≈ *für diese Sache, für diesen Zweck*) for it, for them ❷ (≈ *als Ausgleich*) in return; dafür hat er mich zum Essen eingeladen in return he invited me to dinner ❸ ich bin dafür I'm for it, I'm in favour (of it) ❹ alles spricht dafür, dass ... it looks very much as if ... ❺ dafür ist er ja da (≈ *zu diesem Zweck*) that's what he's there for, that's his job, isn't it? ❻ er wurde dafür bestraft, dass er gelogen hatte he was punished for telling lies
dafürkönnen: ich kann nichts dafür it's not my fault, I can't help it
★**dagegen** ❶ against it (*bzw.* them *usw.*) ❷ ich bin dagegen I'm against it ❸ ich habe nichts dagegen I don't mind ❹ (≈ *im Vergleich dazu*) in comparison, by contrast ['kɒntrɑːst] ❺ (≈ *andererseits*) on the other hand, however
dagegensprechen: was spricht dagegen, dass wir ...? why shouldn't we ...?
daheim (≈ *zu Hause*) at home
★**daher** (≈ *deshalb*) that's why, and so
★**dahin** ❶ räumlich: there ❷ zeitlich: bis dahin until then, till then; hoffentlich bist du bis dahin fertig I hope you'll be finished by then
dahinten back there
★**dahinter** ❶ behind it (*bzw.* them *usw.*) ❷ dahinter kommen (≈ *es herausfinden*) find* out (about it) ❸ ich komm nicht dahinter (≈ *kapiere es nicht*) I don't get it
dahinterstecken be* behind it; **wer steckt dahinter?** who is behind it?; **da steckt etwas dahinter** there's something behind it; **da steckt nicht viel dahinter** there's nothing behind it
Dahlie f *Blume*: dahlia ['deɪlɪə]
dalassen leave* there (*oder* behind)
daliegen lie* there
★**damalig** then, of (*oder* at) the time; **der damalige Besitzer** the owner at the time, the then owner
★**damals** ❶ then, at the time ❷ **seit damals** since then, since that time ❸ **damals, als ...** (at the time) when ...
★**Dame** f ❶ lady ❷ **meine Damen und Herren** ladies and gentlemen ❸ *Schach und Kartenspiel*: queen ❹ *Brettspiel*: draughts [drɑːfts] (⚠ sg), US checkers ['tʃekəz] (⚠ sg)
Damenkleidung f ladies' wear [weə]
Damenmode f ladies' fashions (⚠ pl)
Damenrad n ladies' bicycle
damisch ❶ Ⓐ *umg* (≈ *bescheuert*) daft ❷ **jemandem ist** (*bzw.* **wird**) **damisch** Ⓐ (≈ *schwindlig*) somebody feels (*bzw.* gets) dizzy
★**damit** ❶ (≈ *mit dieser Sache*) with it (*bzw.* them); **wie will er damit arbeiten?** how's he going to work with it (*bzw.* them)?; **ich bin damit fertig** I've finished with it (*bzw.* them) ❷ (≈ *mittels*) by it, with it ❸ (≈ *folglich, somit*) (and) so ❹ (≈ *infolgedessen*) as a result ❺ **ich habe ihm nicht die Wahrheit gesagt, damit er sich nicht ärgert** I didn't tell him the truth so that he wouldn't get angry ❻ *Wendungen*: **was willst du damit?** what do you want it for?; **was willst du damit sagen?** what are you trying to say?
dämlich *umg* stupid; **frag nicht so dämlich** don't ask such stupid questions; **dämlich grinsen** grin stupidly
Damm m ❶ (≈ *Staudamm*) dam ❷ (≈ *Eisenbahndamm, Flussdamm*) embankment
dämmern: **es dämmert** *morgens*: it is getting light, *abends*: it is getting dark
Dämmerung f ❶ (≈ *Morgendämmerung*) dawn; **bei Anbruch der Dämmerung** at dawn, at daybreak ❷ (≈ *Abenddämmerung*) twilight ['twaɪlaɪt], dusk; **bei Einbruch der Dämmerung** at dusk
Dämon m demon [⚠ 'diːmən], evil spirit
★**Dampf** m ❶ steam; **Dampf ablassen** *wörtlich* blow* off steam, *übertragen, umg* let* off steam ❷ **jemandem Dampf machen** *übertragen, umg* give* someone a kick in the pants
Dampf... *in Zusammensetzungen* steam..., steam ...; **Dampfbügeleisen** steam iron; **Dampflok(omotive), Dampfmaschine** steam engine; **Dampfwalze** steamroller
dampfen steam
dämpfen ❶ cushion (*Stoß*) ❷ muffle (*Geräusch*); **mit gedämpfter Stimme** in a low voice ❸ dampen (*Begeisterung*)
Dampfer m ❶ steamer, steamship ❷ **da bist du auf dem falschen Dampfer** *übertragen, umg*

you're on the wrong track

Dampfkochtopf m pressure cooker

★**danach** **1** after that (*oder* it) **2** (≈ *anschließend*) then, afterwards ['ɑːftəwədz]; **sie geht gern schwimmen, danach fühlt sie sich immer viel besser** she likes to go swimming – she always feels much better afterwards **3** (≈ *später*) afterwards, later on; **eine Stunde danach** an hour later **4** (≈ *entsprechend*) accordingly **5 danach fragen** ask for it **6 mir ist nicht danach** I don't feel like it

Däne m Dane [deɪn]; **er ist Däne** he's Danish ['deɪnɪʃ]; **die Dänen** the Danish

★**daneben** **1** räumlich: beside it (*bzw.* them), next to it (*bzw.* them); **das Zimmer daneben** the room next door, the next room **2** räumlich: **rechts** (*bzw.* **links**) **daneben** Sache: to the right (*bzw.* left) of it, Person: on his usw. right (*bzw.* left) **3** (≈ *außerdem*) in addition **4** (≈ *im Vergleich dazu*) beside it (*bzw.* him usw.) (⚠ mst. am Satzende), in comparison **5** (≈ *am Ziel vorbei*) off the mark; **daneben!** missed!; **total daneben!** umg way out! (auch übertragen)

danebengehen **1** (≈ *misslingen*) go* wrong; **die Englischarbeit ging wieder daneben** the English test was another disaster **2** (*Witz*) fall* flat **3** (*Schuss*) miss

danebenschießen, danebenschlagen, danebentreffen miss

★**Dänemark** n Denmark ['denmɑːk]

Dänin f Danish ['deɪnɪʃ] woman (*oder* lady *bzw.* girl); **sie ist Dänin** she's Danish ['deɪnɪʃ]

dänisch, Dänisch n Danish ['deɪnɪʃ]

★**dank** thanks to

★**Dank** m **1** thanks (⚠ pl); **vielen** (*oder* **besten** *oder* **schönen**) **Dank!** many thanks, thank you very much **2** (≈ *Dankbarkeit*) gratitude

★**dankbar** **1** grateful **2** Aufgabe: rewarding **3 ich wäre Ihnen dankbar, wenn …** I'd appreciate [əˈpriːʃɪeɪt] it if …

Dankbarkeit f gratitude ['grætɪtjuːd]; **aus Dankbarkeit für** out of gratitude for

★**danke** **1 danke (schön)!** (many) thanks, thank you (very much), Br umg auch cheers; **danke, Kumpel!** cheers, pal **2 danke!** (≈ *danke, ja!*) yes, thank you, yes, thanks **3 danke!** (≈ *danke, nein!*) no, thank you, no, thanks

★**danken** **1** thank; **jemandem für etwas danken** thank someone for something **2 nichts zu danken!** that's all right, you're welcome

Dankeschön n thank you

★**dann** **1** (≈ *danach*) then; **was passierte dann?** what happened then (*oder* next)? **2** (≈ *nachher*) then, after that, afterwards **3 wenn er es nicht weiß, wer dann?** if he doesn't know, who does? **4** *Wendungen*: **dann und wann** now and then; **bis dann!** umg see you (later)!; **dann eben nicht!** okay, forget it

★**daran** **1** allg.: on it, to it; **etwas daran befestigen** attach something to it **2** betont: on that, to that; **steck's daran** put it on that, put it there **3 daran glauben** believe in it **4 im Anschluss daran** following that, after that **5 daran schloss sich eine Rede an** that was followed by a speech

daransetzen: **er setzte alles daran, zu gewinnen** he did everything in his power to win

★**darauf** **1** räumlich: on it usw., (≈ *ganz oben*) on top of it usw. **2** zeitlich: after that, then, next; **bald darauf** soon after

daraus **1** from (*oder* out of) it usw.; **daraus lernen** (*bzw.* **vorlesen**) learn* (*bzw.* read*) from it **2 ich mache mir nichts daraus** (≈ *es ist mir gleichgültig*) it doesn't bother ['bɒðə] me, (≈ *ich mag es nicht besonders*) I'm not very keen on it

★**darin** **1** räumlich: in it usw.; **was ist darin?** what's inside? **2 die Schwierigkeit liegt darin, dass …** the difficulty is that … **3** (≈ *auf diesem Gebiet*) at it (*oder* that); **darin ist er gut** he's good at it

darlegen **1** present [prɪˈzent] (*Meinung* usw.) **2** (≈ *erklären*) explain

★**Darlehen** n loan [ləʊn]

Darm m **1** intestine [ɪnˈtestɪn], bowels ['baʊəlz] (⚠ pl) **2** (≈ *Wursthülle*) skin

Darmgrippe f gastroenteritis [ˌgæstrəʊentəˈraɪtɪs], gastric flu [ˌgæstrɪkˈfluː]

darstellen **1** (≈ *schildern*) describe **2** present [prɪˈzent] (*Tatsachen* usw.) **3** künstlerisch: (≈ *zeigen, wiedergeben*) show, depict **4 was stellt dieses Zeichen** usw. **dar?** what does this symbol usw. stand for (*oder* represent [ˌreprɪˈzent]) ? **5 etwas in einem Diagramm darstellen** draw* a graph of something **6** Theater: act (*oder* play) (the part of)

Darsteller m actor, performer

Darstellerin f actress, performer

★**Darstellung** f portrayal, durch Diagramm usw.: representation, (≈ *Beschreibung*) description, (≈ *Bericht*) account

darüber **1** örtlich: over it (*bzw.* over them), over that **2** räumlich: above it usw.; **das Zimmer darüber** the room above **3** (≈ *quer darüber*) across it usw. **4 darüber hinaus** (≈ *außerdem*) in addition, on top of that **5 ich freue mich**

darüber I'm very glad about it

★**darum** (≈ *deshalb*) that's why

★**darunter** **1** *örtlich*: under it (*bzw.* under them), under there, underneath **2** (≈ *weiter unten*) further down **3** (≈ *dabei*) among them; **... darunter zehn Kinder ...** among them ten children **4** (≈ *weniger*) less; **Schüler im Alter von 12 Jahren und darunter** pupils aged 12 and under **5** **was verstehst du darunter?** what do you understand by it? **6** **er liegt mit seinen Leistungen weit darunter** he doesn't come up to this level

★**das** **1** the **2** **das Fernsehen** television (△ *ohne* the) **3** **zwei Dollar das Kilo** two dollars a kilo **4** **das sind Chinesen** they're Chinese; → *der*

Dasein *n* existence [ɪgˈzɪstəns], life

dasitzen **1** *wörtlich* sit* there **2** **sie sitzt ganz allein da** *übertragen* she's been left all on her own

★**dass** **1** that; **so dass** so that **2** **es sei denn, dass** unless **3** **ohne dass er sich verabschiedete** *usw.* without saying goodbye *usw.* **4** **er entschuldigte sich dafür, dass er zu spät kam** he apologized for being late **5** **es ist lange her, dass ich sie gesehen habe** it's a long time since I saw her

★**dasselbe** → *derselbe*

dastehen **1** *wörtlich* stand* there **2** **sie steht ganz allein da** *übertragen* she's been left all on her own **3** **er steht gut da** *übertragen* he's doing all right

Date *n* **1** (≈ *Termin, Treffen*) date; **ein Date haben** have* a date, go* (out) on a date; **sie hat mit dir noch ein Date** she's going out on a date with you **2** (≈ *Person, mit der man sich trifft*) date

★**Datei** *f* file; **Datei mit Informationen** fact file (**über** on)

Dateiname *m* *Computer*: file name

★**Daten** *pl* **1** data ['deɪtə] (△ *sg und pl*), facts **2** (≈ *Personalangaben*) particulars [pəˈtɪkjʊləz], personal data

Daten... *in Zusammensetzungen* data ... ['deɪtə]; **Datenaufbereitung** data preparation; **Datenbank** data bank, database; **Datenbasis** database; **Datenmissbrauch** data abuse ['deɪtə‿əˌbjuːs]; **Datennetz** data network; **Datenschutz** data protection; **Datensicherheit** data integrity, data security; **Datenspionage** data spying; **Datenträger** data medium; **Datenübertragung** data transfer ['deɪtəˌtrænsfɜː]; **Datenverarbeitung** data processing ['deɪtəˌprəʊsesɪŋ]; **Datenverkehr** data traffic; **Datenverlust** data loss

Datenautobahn *f* information (super)highway

Datenbank *f* database, (≈ *Zentralstelle*) data bank; **relationale/objektorientierte Datenbank** relational/object oriented database

Datendiebstahl *m* data theft

Datenschutz *m* data protection

Datenverarbeitung *f* data processing

Dativ *m* dative ['deɪtɪv] (case)

Dativobjekt *n* indirect object [ˌɪndəˈrektˈɒbdʒɪkt]

Dattel *f* date

★**Datum** *n* date; **was für ein Datum haben wir heute?, welches Datum haben wir heute?** what is the date today?; **das heutige Datum** today's date; **Datum des Poststempels** date as postmark; **ein Nachschlagewerk neueren/älteren Datums** a recent/an old reference work

Datumsgrenze *f* dateline

Dauer *f* **1** duration **2** (≈ *Zeitspanne*) period ['pɪərɪəd] (of time); **für die Dauer von** for a period of **3** **auf (die) Dauer** in the long run

Dauerauftrag *m* *bei der Bank*: standing order

★**dauerhaft** **1** *allg.*: durable ['djʊərəbl] **2** (≈ *beständig*) durable, permanent, lasting; **dauerhafter Friede(n)** lasting peace

Dauerkarte *f* season ticket

★**dauern** **1** *allg.*: last **2** *Zeitaufwand*: take*; **wie lange dauert das noch?** how much longer is that going to take?

★**dauernd** **1** lasting, permanent **2** **er lachte dauernd** he kept laughing **3** **unterbrich mich nicht dauernd** stop interrupting me (all the time)! **4** **dauernd ist was los** there's always something going on

Dauerwelle *f* perm

Dauerzustand *m* permanent condition

Daumen *m* **1** thumb [△ θʌm] **2** **ich halte** (*oder* **drücke**) **dir die Daumen** I'll keep my fingers crossed (for you)

Daumenregister *n* thumb [△ θʌm] index

Daunen *pl* down *sg*

Daunenjacke *f* quilted jacket [ˌkwɪltɪdˈdʒækɪt]

★**davon** **1** (≈ *von dieser Sache*) of it (*bzw.* them) **2** (≈ *weg*) away; **das Dorf liegt nicht weit davon entfernt** the village isn't far away (from it) **3** (≈ *darüber*) about it, of it; **hast du schon davon gehört?** have you heard about it yet? **4** **davon wird man dick** it makes you fat

davonkommen 1 get* away, escape **2** **mit dem Leben davonkommen** survive **3** *mit leichten Verletzungen, mit einer Geldstrafe usw.*:

get* away (**mit** with) **4 wir** usw. **sind noch einmal davongekommen** it was a close shave

davonlaufen: **(jemandem) davonlaufen** run* away (from someone)

★**davor** **1** örtlich: in front of it (bzw. them usw.) **2** zeitlich: beforehand, vor einem Zeitpunkt: before that **3 eine Stunde davor** an hour earlier

dazu **1** (≈ zusätzlich) on top of that **2 möchten Sie Reis** usw. **dazu?** would you like rice usw. with it? **3** (≈ zu diesem Zweck) for it, for that, for that purpose; **dazu ist er ja da!** that's what he's there for

dazugehören **1** belong to it usw., be* part of it usw. **2 das gehört dazu** übertragen that's part of it

dazukommen **1** (Person) join them (bzw. us usw.); **möchtest du nicht dazukommen?** wouldn't you like to join us? **2 dazu kommt noch, dass ...** Sache: on top of it ...

dazulernen learn* (something new)

★**dazwischen** **1** räumlich: between (them) **2** zeitlich: in between

dazwischenkommen: **wenn nichts dazwischenkommt** if all goes well

dazwischenreden interrupt (**jemandem** someone), umg butt in

DDR f abk (abk für Deutsche Demokratische Republik) historisch GDR [ˌdʒiːdiːˈɑː] (abk für German Democratic Republic)

dealen umg push drugs

Dealer(in) m(f) (≈ Drogenhändler) dealer, umg pusher

Debatte f debate, discussion (**über** on)

debattieren: **(über) etwas debattieren** debate (oder discuss) something

Debet n debits (▲ pl)

Debüt n debut [ˈdeɪbjuː]

Deck n **1** eines Schiffes oder Busses: deck; **an Deck** on deck **2** (≈ Kassettendeck) deck **3** (≈ Parkdeck) level

★**Decke** f **1** (≈ Wolldecke) blanket [ˈblæŋkɪt] **2** (≈ Bettdecke) (bed)cover **3** (≈ Tischdecke) tablecloth **4** (≈ Zimmerdecke) ceiling [ˈsiːlɪŋ] **5 er steckt mit ihm unter einer Decke** umg he's in cahoots [kəˈhuːts] with him

★**Deckel** m **1** eines Behälters: lid **2** auf Flaschen, Gläsern usw.: top, cap **3** von Kisten, Schachteln usw., bei Büchern: cover **4** (≈ Hut) hat **5 eins auf den Deckel kriegen** umg get* a real ticking-off

decken **1** allg.: cover **2 den Tisch decken** lay* (oder set*) the table **3** mit Ziegeln: tile (Dach) **4** Fußball, Handball usw.: mark, US cover **5** Boxen: guard **6 den Bedarf decken** meet* the demand **7 die Aussagen** usw. **decken sich** the statements usw. correspond

Deckenkran m suspension crane

Deckfarbe f opaque watercolour, US opaque watercolor

Deckung f **1** (≈ Schutz) cover, shelter (auch militärisch); **in Deckung gehen** take* cover **2** Boxen, Fechten usw.: guard **3 zur Deckung der Unkosten** to cover the costs

Decoder m TV usw.: decoder [diːˈkəʊdə], set-top box

defekt Gerät: faulty

Defekt m fault, (≈ Mangel) flaw; **geistiger Defekt** mental deficiency

defensiv defensive [dɪˈfensɪv]

Defensive f defensive [dɪˈfensɪv]; **in der Defensive** on the defensive

definieren define; **neu definieren** redefine

Definition f definition

Defizit n deficit [ˈdefəsɪt]

deftig **1** (**ein**) **deftiges Essen** (some) good solid food **2** Preise: steep

Degen m **1** sword [▲ sɔːd] **2** Fechten: épée [ˈepeɪ]

degradieren: **einen Major zum Oberleutnant degradieren** demote [ˌdiːˈməʊt] a major to (the rank of) lieutenant (ohne a)

dehnbar flexible [ˈfleksəbl], elastic (auch übertragen)

dehnen **1** stretch (auch übertragen) **2 sich dehnen** (Person) stretch (oneself), (Kleidung) stretch **3** lengthen (Vokale)

Deich m dike

★**dein** **1** your; **dein Buch** your book; **eines deiner Bücher** one of your books; **einer deiner Freunde** a friend of yours, one of your friends **2 das ist deiner** (bzw. **deine, deins**) that's yours

deinetwegen **1** (≈ wegen dir) because of you **2** (≈ dir zuliebe) for you, for your sake

★**Deka** n, **Dekagramm** n Ⓐ ten gram(me)s; **10 Deka Käse** 100 gram(me)s of cheese

Deklination f eines Wortes: declension

deklinieren decline (ein Wort)

Deko f abk (Dekoration) umg decoration, deco umg, im Schaufenster: window display, Einrichtung: décor

Dekoration f **1** allg.: decoration **2** (≈ Einrichtung) décor kein pl; (≈ Fensterdekoration) window-dressing; **zur Dekoration dienen** be* decorative

dekorieren decorate
Delegation f delegation
delegieren delegate ['delɪgeɪt] (**an** to)
Delegierte(r) m/f(m) delegate ['delɪgət]
Delfin[1] m Säugetier: dolphin ['dɒlfɪn]
Delfin[2] n, **Delfinschwimmen** n, **Delfinstil** m butterfly (stroke)
delikat ◼ (≈ köstlich, lecker) delicious [dɪ'lɪʃəs], exquisite [ɪk'skwɪzɪt] ◻ (≈ heikel) delicate ['delɪkət]; **eine delikate Angelegenheit** a delicate matter
Delikatesse f (≈ Leckerbissen) delicacy ['delɪkəsɪ]
Delikt n offence [ə'fens], US offense
Delle f dent
Delphin usw. → Delfin usw.
dem ◼ **gib es dem Lehrer** give it to the teacher ◻ **wie dem auch sei** be that as it may ◼ **der, dem ich es gegeben habe** the one (oder person) I gave it to
dementieren deny [dɪ'naɪ]
dementsprechend accordingly (⚠ steht mst. am Satzende)
★**demgegenüber** ◼ compared with this ... ◻ on the other hand ... (⚠ stehen beide am Anfang eines Nebensatzes oder neuen Hauptsatzes)
★**demnach** therefore
★**demnächst** ◼ soon, before long ◻ „**demnächst im Kino ...**" usw. 'coming (to your cinema) shortly ...'
Demo f umg (≈ Demonstration) demo ['deməʊ] pl: demos
★**Demokrat(in)** m(f) ◼ allg.: democrat ['deməkræt] ◻ **die Demokraten** als Partei: the Democrats
★**Demokratie** f democracy (⚠ dɪ'mɒkrəsɪ]
★**demokratisch** democratic [,demə'krætɪk]
demolieren ◼ (≈ beschädigen) damage ['dæmɪdʒ] ◻ (≈ zerstören) wreck (⚠ rek] (Auto usw.), mutwillig: vandalize ['vændəlaɪz]
Demonstrant(in) m(f) demonstrator ['demənstreɪtə]
★**Demonstration** f allg.: demonstration (auch Bekundung, Veranschaulichung usw.)
demonstrativ: **demonstrativ den Saal verlassen** walk out (in protest)
Demonstrativpronomen n demonstrative pronoun [dɪ,mɒnstrətɪv'prəʊnaʊn]
demonstrieren demonstrate ['demənstreɪt] (**gegen** against)
demoskopisch: **demoskopische Umfrage** (public) opinion poll
demütigen humiliate (⚠ hju:'mɪlɪeɪt]

Demütigung f humiliation (⚠ hju:,mɪlɪ'eɪʃn]
demzufolge ◼ accordingly ◻ (≈ daher) consequently ['kɒnsɪkwəntlɪ] (⚠ stehen beide mst. am Satzanfang)
den → der
Den Haag n The Hague [ðə'heɪg]
denkbar ◼ **das ist denkbar** it's possible ◻ **das ist denkbar einfach** it's the easiest thing in the world ◼ **in der denkbar kürzesten Zeit** in the shortest possible time
★**denken** ◼ (≈ nachdenken, überlegen) think*; **woran denkst du?** what <u>are</u> you think<u>ing</u> about?, umg a penny for your thoughts ◻ (≈ vermuten, meinen) think*; **ich denke, sie hat recht** I think she's right ◼ **denken an** think* of; **ich werd an dich denken** I'll be thinking of you ◼ **denken an** (≈ sich erinnern an, nicht vergessen) remember; **denk an deine Hausaufgaben!** don't forget your homework ◼ **denken an** (≈ im Sinne haben) have* in mind, think* of; **ans Heiraten denken** think* of getting married; **er denkt daran, sich selbstständig zu machen** he'<u>s</u> think<u>ing</u> of starting up his own business ◼ **sich etwas denken** (≈ vorstellen) imagine [ɪ'mædʒɪn]; **das kann ich mir denken** I can well imagine ◼ Wendungen: **ich denke 'schon** I (should) think so; **ich dachte schon, du wolltest nicht mitkommen** I <u>was</u> begin<u>ning</u> to think (oder for a minute I thought) you didn't want to come; **wie denkst du darüber?** what do you think (<u>about</u> oder of it)?; **wer hätte das gedacht!** who would have thought it; **es war für dich gedacht** it was meant for you
Denken n: **das Denken** thinking, thought [θɔːt] (⚠ ohne the)
Denkfehler m logical flaw; **das ist ein Denkfehler** that's not logical
★**Denkmal** n monument ['mɒnjʊmənt] (+ Genitiv to)
Denkmalschutz m: **unter Denkmalschutz stehen** be* listed, be* a listed building (bzw. monument ['mɒnjʊmənt] usw.)
Denkzettel m: **jemandem einen Denkzettel geben** (oder **verpassen**) teach* someone a lesson
★**denn** ◼ begründend: for, because ◻ **mehr denn je** more than ever ◼ **es sei denn** unless ◼ **wo denn?** where?; **was denn?** what?; **wieso denn?** why? ◼ **was ist denn?** what's up?, verärgert: what (is it)? ◼ **ist er denn so arm?** is he really <u>that</u> poor?
★**dennoch** (yet ...) still, nevertheless; **... (und)**

er hat sie dennoch geheiratet ... (and) yet he still married her
Denunziant(in) m(f) informer
denunzieren: **jemanden denunzieren** inform on someone
Deo n abk (≈ *Deodorant*) deodorant [diːˈəʊdərənt]
Deoroller m roll-on (deodorant [diːˈəʊdərənt])
Deospray n/m deodorant [diːˈəʊdərənt] spray, spray deodorant
Deostift m deodorant [diːˈəʊdərənt] stick
deplatziert *Bemerkung*: misplaced; **ich komme mir hier deplatziert vor** I feel out of place here
Deponie f (refuse [⚠ ˈrefjuːs]) tip, waste disposal site
deponieren ◼ im Schließfach usw.: deposit ◼ **kann ich meine Kinder heute bei dir deponieren?** can I leave my children with you today?
Depot n ◼ (≈ *Aufbewahrungsstelle*) depot [ˈdepəʊ] ◼ Ⓐ (≈ *Pfand*) deposit [dɪˈpɒzɪt]
Depp m idiot [ˈɪdɪət], *umg* twit
deppert Ⓐ *umg* (≈ *dämlich*) stupid; **deppert fragen** ask stupid questions; **jemanden deppert sterben lassen** leave* somebody in the dark
Depressionen pl: **an Depressionen leiden** suffer from depression (⚠ *sg*)
depressiv depressive [dɪˈpresɪv], depressed
deprimieren depress
deprimierend depressing
deprimiert depressed
★**der** ◼ the ◼ **der arme Peter** poor Peter; **der Hyde Park** Hyde Park (⚠ *beide ohne Artikel*) ◼ that (one), this (one); **der Mann hier** this man; **der mit der Brille** the one with the glasses; **nimm den hier** take this one ◼ **jeder, der ...** anyone who ...; **er war der Erste, der es erfuhr** he was the first to know
derart: **er hat derart geschrien, dass ...** he screamed so much (*oder* loud) that ...
★**derartig**: **ein derartiger Fehler** a mistake like that
derb ◼ (≈ *rau*, *grob*) rough (⚠ rʌf), coarse [kɔːs] ◼ *Witz usw*.: crude [kruːd]
dergleichen ◼ **und dergleichen (mehr)** (*abk u. dgl.*) and the like, and so forth ◼ **er tat nichts dergleichen** he just didn't react, he just didn't do it
★**derjenige** ◼ the one ◼ **derjenige, der** (*oder* **welcher**) the one who
dermaßen → derart

★**derselbe** ◼ the same ◼ *Person*: the same person
derzeit at the moment
derzeitige(r, -s) (≈ *jetzig*) present, current
desertieren (*Soldat*) desert [dɪˈzɜːt]
★**deshalb** ◼ that's why ◼ **deshalb, weil** because
Design n design
Designer(in) m(f) designer [dɪˈzaɪnə]
Designer... [dɪˈzaɪnə] *in Zusammensetzungen* designer ...; **Designerdroge** designer drug; **Designerklamotten** *umg* designer gear (⚠ *sg*); **Designerkleid** designer dress; **Designermode** designer fashion, designer fashions *pl*
Desinfektionsmittel n disinfectant
desinfizieren disinfect (*Zimmer*, *Bett usw*.), sterilize (*Spritze*, *Gefäß usw*.); **sich die Hände desinfizieren** disinfect one's hands
Desinteresse n lack of interest (**an** in)
desinteressiert uninterested (**an** in) (⚠ *engl*. disinterested = **unparteiisch**)
dessen ◼ *Person*: whose ◼ *Sache*: whose, of which ◼ **ich bin mir dessen bewusst, dass ...** I'm aware (of the fact) that ... ◼ **mein Bruder und dessen Frau** my brother and his wife
Dessert n dessert (⚠ dɪˈzɜːt); **als** (*oder* **zum**) **Dessert** for dessert (⚠ *ohne the*)
★**desto** ... the; **je eher** *usw*., **desto besser** *usw*. the sooner *usw*. the better *usw*.
★**deswegen** that's why
★**Detail** n detail [ˈdiːteɪl]; **ins Detail gehen** go* into detail (⚠ *ohne the*)
Detektiv(in) m(f) detective [dɪˈtektɪv]
Detonation f detonation [ˌdetəˈneɪʃn]
deuten ◼ (≈ *auslegen*) interpret (⚠ ɪnˈtɜːprɪt); **falsch deuten** misinterpret ◼ (≈ *erklären*) explain ◼ **deuten auf** *übertragen* indicate, suggest [səˈdʒest]
★**deutlich** ◼ clear, distinct ◼ **jemandem etwas deutlich machen** make* something clear to someone, explain something to someone ◼ **deutlich besser** much better
Deutlichkeit f clearness, distinctness
★**deutsch** German [ˈdʒɜːmən]
★**Deutsch** n ◼ German [ˈdʒɜːmən], the German language; **Deutsch sprechen** speak* German ◼ **auf** (*bzw.* **in**) **Deutsch** in German; **wie sagt man das auf Deutsch?** how do you say that in German?
★**Deutsche** f German [ˈdʒɜːmən] woman (*oder* lady *bzw.* girl); **sie ist Deutsche** she's German
deutsch-englisch German-English; **ein**

deutsch-englisches Wörterbuch a German--English dictionary ['dɪkʃənrɪ]

★**Deutsche(r)** *m* German ['dʒɜːmən]; **er ist Deutscher** he's German

★**Deutschland** *n* Germany ['dʒɜːmənɪ]; **die Bundesrepublik Deutschland** the Federal Republic of Germany

Deutschlehrer(in) *m(f)* German teacher

Deutschunterricht *m* German lesson, German lessons *pl*; **während des Deutschunterrichts** during our (their *usw.*) German lesson (⚠ *nicht* lessons); **Deutschunterricht geben** teach* German

Deutung *f* **1** (≈ *Auslegung*) interpretation **2** (≈ *Erklärung*) explanation

Devise *f* (≈ *Wahlspruch*) motto *pl*: mottos *oder* mottoes

Devisen *pl* foreign exchange; *Sorten:* foreign currency (⚠ *sg*)

★**Dezember** *m* December; **im Dezember** in December (⚠ *ohne* the)

dezent **1** discreet **2** *Farbe, Licht, Musik:* soft **3** *Kleidung:* tasteful

dezimal decimal ['desəml]

Dezimalrechnung *f* decimals ['desəmlz] (⚠ *pl*)

Dezimalsystem *n* decimal system

Dezimalzahl *f* decimal (number)

d. h. (= *das heißt*) ie, i. e. [ˌaɪˈiː] (*abk für lateinisch* id est, *engl.* that is); **Senioren, d. h. Personen über 65, können eine Ermäßigung beantragen** senior citizens, ie (⚠ *gesprochen mst.* that is) people over 65, can apply for a reduction

★**Dia** *n* slide; **Dias machen** take* slides

Diabetes *m* diabetes [ˌdaɪəˈbiːtiːz]

Diabetiker(in) *m(f)* diabetic [ˌdaɪəˈbetɪk]; **er ist Diabetiker** he's (a) diabetic

Diabolo *n* Spiel, Spielzeug: diabolo

Diagnose *f* diagnosis [ˌdaɪəgˈnəʊsɪs]; **eine Diagnose stellen** make* a diagnosis

Diagnosetester *m* diagnostic tester

Diagnosetool *n* diagnostic tool

diagonal, Diagonale *f* diagonal [daɪˈægənl]

Diagramm *n* graph, chart

Dialekt *m* dialect ['daɪəlekt]; **Dialekt sprechen** speak* (a) dialect

Dialog *m* dialogue ['daɪəlɒg] (*auch übertragen*)

★**Diamant** *m* diamond ['daɪəmənd]

Diaprojektor *m* slide projector

★**Diät** *f* (special) diet [ˈdaɪət]; **sie macht eine Diät** she's on a diet; **er will eine Diät machen** he wants to go on a diet

Diavortrag *m* slide talk (*oder* show)

★**dich** **1** you; **ich liebe dich** I love you **2** **du wirst dich noch verletzen!** you'll hurt yourself **3** **das ist für dich** that's for you **4** *unübersetzt:* **beruhige dich!** *usw.* calm down *usw.*

★**dicht** **1** *Nebel, Haar, Gestrüpp usw.:* thick, dense **2** *Wald:* dense **3** *Verkehr:* heavy **4** **dicht gedrängt** *Leute:* squashed together **5** **in dichter Folge** in quick succession **6** *umg* (≈ *geschlossen, zu*) closed, shut **7** (≈ *luftdicht*) airtight **8** (≈ *wasserdicht*) watertight **9** **er ist nicht ganz dicht** *salopp* he's got a screw loose **10** **dicht gefolgt von** closely followed by **11** **dicht bevölkert** densely populated

dichten (≈ *ein Gedicht oder Gedichte schreiben*) write* a poem, write* poems

★**Dichter(in)** *m(f)* **1** poet ['pəʊɪt] **2** (≈ *Schriftsteller*) author ['ɔːθə], writer ['raɪtə]

dichthalten: **ich halte dicht** *umg* I'll keep my mouth shut

★**Dichtung**[1] *f* (≈ *Verdichtung*) poetry ['pəʊətrɪ]; **die moderne Dichtung** modern poetry (⚠ *ohne* the)

Dichtung[2] *f* Technik: seal, *in Wasserhahn usw.:* washer

★**dick** **1** *Gegenstand:* thick **2** *Person:* fat (⚠ *engl.* he's thick = **er ist blöd**) **3** **sich dick anziehen** wrap (⚠ ræp) up well

Dickdarm *m* colon ['kəʊlən]

Dicke(r) *m/f(m)*, **Dickerchen** *n umg* fatty, fatso

Dickicht *n* thicket

Dickkopf *m umg* **1** *Mensch:* mule; **er ist ein Dickkopf** he's as stubborn as a mule **2** **einen Dickkopf haben** be* stubborn

★**die** **1** the **2** **die Chemie, die Physik** *usw.* chemistry, physics *usw.* (⚠ *ohne* the) **3** **die mit dem roten Mantel** the one in the red coat; → der

★**Dieb(in)** *m(f)* **1** thief **2** (≈ *Einbrecher*) burglar

Diebstahl *m* theft [θeft]

Diebstahlsicherung *f* antitheft device [ˌæntɪˈθeft dɪˌvaɪs]

Diele *f* (≈ *Vorraum*) hall, *US* hall(way)

★**dienen:** **dienen als ...** (≈ *verwendet werden als*) serve as ..., be* used as ...; **das Gebäude** *usw.* **dient heute als Museum** the building *usw.* is now used as a museum

Diener(in) *m(f)* servant (*auch übertragen*)

★**Dienst** *m* **1** service **2** (≈ *Arbeit*) work

★**Dienstag** *m* Tuesday ['tjuːzdɪ]; **wir sehen uns dann (am) Dienstag** see you (on) Tuesday

Dienstagabend *m:* **(am) Dienstagabend** (on) Tuesday evening, (on) Tuesday night

dienstagabends (on) Tuesday evenings
Dienstagmorgen m: **(am) Dienstagmorgen** (on) Tuesday morning
Dienstagnachmittag m: **(am) Dienstagnachmittag** (on) Tuesday afternoon
★**dienstags** on Tuesday ['tjuːzdɪ], on Tuesdays; **dienstags abends** usw. on Tuesday evenings usw.
Dienstgrad m rank
Dienstleister(in) m(f) (≈ Firma) service company
Dienstleistung f service
Dienstleistungsberufe pl jobs in the service sector
Dienstleistungsbranche f service industry (oder sector)
Dienstleistungsgewerbe n service industry ['sɜːvɪsˌɪndəstrɪ], service industries pl, services trade
Dienstleistungssektor m service sector
Dienstleistungsunternehmen n service enterprise
dienstlich ① official ② **er ist dienstlich unterwegs** he's away on business
Dienstmädchen n maid, home help
Dienstreise f business trip
Dienststunden pl office hours
dies ① **dies alles** all this ② **dies sind meine Schwestern** these are my sisters
diese ① **diese Bemerkung** this remark ② (≈ diese hier) this one, (≈ diese da) that one; „Welche Schultasche möchtest du haben?" - „Diese." 'Which school bag would you like?' -'This one.' bzw. 'That one.' ③ **... - „Diese."** mehrere Dinge: 'These.' bzw. 'Those.' ④ **diese sind es** these are the ones
★**Diesel** m Kraftstoff: diesel ['diːzl]
★**dieselbe** → derselbe
Dieselmotor m diesel engine
dieser ① **dieser Baum** this tree ② **dieser ist es** this is the one; → diese
dieses ① **dieses Mädchen** this girl ② **sie muss noch dieses und jenes erledigen** she still has a few things to do; → diese
diesig Wetter: hazy ['heɪzɪ]
diesjährig: der (bzw. **die, das**) **diesjährige ...** this year's ...; **der diesjährige Filmpreis** this year's film award
★**diesmal** this time
Differenz f ① difference ['dɪfrəns] (auch in der Mathematik) ② **Differenzen** (≈ Meinungsverschiedenheiten) a difference (sg) (oder differences) of opinion
differenzieren distinguish [dɪ'stɪŋgwɪʃ], make

a distinction, differentiate [ˌdɪfə'renʃɪeɪt] (alle **zwischen** between)
digital digital [⚠ 'dɪdʒɪtl]
Digital... in Zusammensetzungen digital ... ['dɪdʒɪtl]; **Digitalanzeige** digital display [dɪ-'spleɪ]; **Digitalaufnahme** digital recording; **Digitalkamera** digital camera; **Digitaltechnik** digital technology [tek'nɒlədʒɪ]; **Digitaluhr** digital clock (bzw. watch)
digitalisieren digitize ['dɪdʒɪtaɪz] (Daten)
Digitalisierung f digitization [ˌdɪdʒɪtaɪ'zeɪʃn]
★**Diktat** n allg. und in der Schule: dictation; **wir schreiben heute ein Diktat** Schüler: we've got a dictation today
Diktator(in) m(f) dictator
Diktatur f dictatorship
diktieren dictate (Text, Brief)
Dilemma n dilemma [dɪ'lemə]
Dimension f Physik, Mathematik und übertragen: dimension [daɪ'menʃn]
Dimmer m ① (≈ Vorrichtung) dimmer ② (≈ Schalter) dimmer switch
DIN® f abk (Deutsche Industrie-Norm) German Industrial Standard; **DIN® A4** A4
★**Ding** n ① (≈ Sache) thing ② **vor allen Dingen** above all ③ **Dinge** (≈ Angelegenheiten) things; **so, wie die Dinge liegen** as things stand ④ **ein Ding drehen** übertragen, umg pull a job
Dings n, **Dingsda** n umg thingy ['θɪŋɪ], whatsit ['wɒtsɪt]
Dinkel m Getreidesorte: spelt
Dinosaurier m dinosaur [⚠ 'daɪnəsɔː]
Dioxin n dioxin [daɪ'ɒksɪn]
dioxinhaltig dioxinated [daɪ'ɒksɪneɪtɪd]
Diplom n diploma
Diplomarbeit f (diploma) dissertation
★**Diplomat(in)** m(f) diplomat ['dɪpləmæt]
Diplomatie f diplomacy [dɪ'pləʊməsɪ] (auch übertragen)
★**diplomatisch** diplomatic [ˌdɪplə'mætɪk]
★**dir** ① you Rw. to you; **wir wünschen dir alles Gute** we wish you all the best; **ich werde es dir erklären** I'll explain it to you ② **wasch dir die Hände** (go and) wash your hands ③ **ein Freund** usw. **von dir** one of your friends usw., a friend usw. of yours
★**direkt** ① allg.: direct [də'rekt] ② (≈ unmittelbar) direct, immediate [ɪ'miːdɪət] ③ Antwort, Frage (≈ unumwunden) straight ④ **direkte Rede** Grammatik: direct speech ⑤ (≈ sofort) straightaway, at once ⑥ Wendungen: **direkt am Bahnhof** right next to the station; **direkt nach dem Essen** right (oder straight) after

dinner (⚠ ohne the); **direkt gegenüber** right opposite; **nicht direkt falsch** not exactly wrong
Direktflug *m* direct [dəˈrekt] flight
★**Direktor** *m* ❶ (≈ *Schulleiter*) headmaster, *US* principal ❷ *Wirtschaft*: director [dəˈrektə], manager
Direktorin *f* ❶ (≈ *Schulleiterin*) headmistress, *US* principal ❷ *Wirtschaft*: director [dəˈrektə], manager(ess)
Direktübertragung *f TV*: live broadcast
Dirigent(in) *m(f)* conductor
dirigieren conduct [kənˈdʌkt] (*Orchester*)
Dirndl *n bes.* Ⓐ ❶ *Kleid*: dirndl [ˈdɜːndl] ❷ (≈ *Mädchen*) girl, lass
Discjockey *m* disc jockey, *umg* DJ, deejay [ˈdiːdʒeɪ]
Disco *f umg* (≈ *Diskothek*) disco
★**Diskette** *f* diskette [dɪˈsket], floppy (disk)
Diskettenlaufwerk *n* disk drive
Diskjockey *m* → Discjockey
★**Disko** *f umg* (≈ *Diskothek*) disco
★**Diskothek** *f* discotheque [ˈdɪskətek]
diskret *allg.*: discreet [dɪˈskriːt]
diskriminieren: **jemanden wegen … diskriminieren** discriminate [dɪˈskrɪmɪneɪt] against someone because of … (⚠ discriminate *ohne* against = **unterscheiden**); **sich diskriminiert fühlen** feel discriminated against
diskriminierend discriminatory
Diskriminierung *f* discrimination (+ *Genitiv* against)
Diskus *m Sport*: discus [ˈdɪskəs]
★**Diskussion** *f* discussion (**um** on, about)
Diskuswerfen *n* discus
Diskuswerfer(in) *m(f)* discus thrower
★**diskutieren** ❶ discuss (*Thema usw.*) ❷ **über etwas diskutieren** discuss something, have* a discussion about something; **darüber lässt sich diskutieren** that's debatable
Display *n Computer, Waren*: display [dɪˈspleɪ]
disqualifizieren disqualify (**wegen** for)
Dissertation *f* (doctoral) thesis [ˈθiːsɪs]
Distanz *f* ❶ distance [ˈdɪstəns] (*auch übertragen*); **das Rennen geht über eine Distanz von 100 km** the race covers a distance of 100 km (⚠ *gesprochen* a hundred kilometres) ❷ **sie geht auf Distanz** *übertragen* she's backing off
distanzieren: **sich distanzieren von** dissociate oneself from
distanziert reserved, *etwas abwertend* aloof [əˈluːf]
Distel *f Pflanze*: thistle [⚠ θɪsl]

Disziplin *f* ❶ *allg.*: discipline [ˈdɪsəplɪn] (*auch Fachgebiet*) ❷ (≈ *Sportart*) event [ɪˈvent]
diszipliniert disciplined [ˈdɪsəplɪnd]; **sich diszipliniert verhalten** be* (very) disciplined
Dividende *f Börsengeschäfte*: dividend [ˈdɪvɪdend]
dividieren divide (**durch** by); **12 dividiert durch 4 ist …** 12 divided by 4 is …
Division *f Mathematik, Militär*: division
DJ *m abk* → Discjockey
★**doch** ❶ (≈ *aber*) but ❷ (≈ *dennoch*) still, nevertheless; **er hat's doch gemacht** he still did it, he did it nevertheless ❸ *freundlich auffordernd*: do; **setzen Sie sich doch** 'do sit down ❹ **sei doch mal still!** *ärgerlich*: be quiet, will you ❺ **du kommst doch?** you 'are coming, aren't you? ❻ **wenn er doch käme** if only he would come ❼ **also doch!** (≈ *ich hab's gewusst*) I knew it!
Docht *m* wick
Dock *n* dock
★**Doktor** *m* ❶ **er ist Doktor der Philosophie** *usw.* he's a doctor of philosophy *usw.* ❷ **Frau** (*bzw.* **Herr**) **Dr. Kluge** Dr Kluge (⚠ *Br mst. ohne Punkt*) ❸ *umg* (≈ *Arzt*) doctor; **Herr Doktor** Doctor
Doktorarbeit *f* (doctoral *oder* PhD [ˌpiːeɪtʃˈdiː]) thesis [ˈθiːsɪs] *pl*: theses [ˈθiːsiːz], *US* dissertation [dɪsərˈteɪʃən]
Dokudrama *n im Fernsehen*: docudrama
Dokument *n* document (*auch übertragen*)
Dokumentarfilm *m* documentary (film)
Dokumentation *f* documentation
Dokusoap *f im Fernsehen* docusoap
Dolch *m* dagger
Dole *f* ⓒ (≈ *Gully*) drain
Dollar *m* dollar (*abk* $); **zwei Dollar zehn** $2.10 (*gesprochen* two dollars ten)
Dollarkurs *m* value of the dollar; **der Dollarkurs ist gestiegen** the dollar has gone up (in value)
Dolmetsch *m* Ⓐ interpreter [ɪnˈtɜːprɪtə]
dolmetschen ❶ interpret [ɪnˈtɜːprɪt] (**jemandem, für jemanden** for someone) ❷ **eine Rede ins Englische** *usw.* **dolmetschen** translate a speech into English *usw.*
★**Dolmetscher(in)** *m(f)* interpreter [ɪnˈtɜːprɪtə]
Dom *m* cathedral [⚠ kəˈθiːdrəl] (⚠ *engl.* dome = **Kuppel**)
Domain *f Internet*: domain
dominant dominant [ˈdɒmɪnənt]
dominierend dominant [ˈdɒmɪnənt], *Person*: dominating, *im negativen Sinn* domineering

[ˌdɒmɪˈnɪərɪŋ]
Dominikanische Republik f: **die Dominikanische Republik** the Dominican Republic [🔺 dəˌmɪnɪkən‿ˈrɪˈpʌblɪk]
Domino n Spiel: dominoes (🔺 mit Verb im sg)
Dompteur m, **Dompteuse** f (animal) trainer
Donau f: **die Donau** the Danube [🔺 ˈdænjuːb]
Döner m doner kebab [ˌdəʊnəkɪˈbæb]
★**Donner** m thunder (auch übertragen)
donnern 1 thunder 2 **gegen eine Mauer donnern** crash (oder smash) into a wall
★**Donnerstag** m Thursday; **wir sehen uns dann (am) Donnerstag** see you (on) Thursday
Donnerstagabend m: **(am) Donnerstagabend** (on) Thursday evening, (on) Thursday night
donnerstagabends (on) Thursday evenings
Donnerstagmorgen m: **(am) Donnerstagmorgen** (on) Thursday morning
Donnerstagnachmittag m: **(am) Donnerstagnachmittag** (on) Thursday afternoon
★**donnerstags** on Thursday, on Thursdays; **donnerstags abends** usw. on Thursday evenings usw.
doof 1 umg (≈ dumm) stupid [ˈstjuːpɪd] 2 (≈ langweilig) boring 3 **dieses doofe Fenster schließt nicht richtig** I can't get this stupid window to shut properly
dopen 1 dope (Pferd, Sportler) 2 **sich dopen** take* drugs
Doping n bes. Sportler: drug use [juːs], bes. Pferd: doping
Dopingkontrolle f bes. Sportler: drugs test, bes. Pferd: dope test
Doppel n 1 (≈ zweite Ausfertigung) duplicate [ˈdjuːplɪkət] 2 Tennis: doubles (🔺 pl); **gemischtes Doppel** mixed doubles; **das Doppel ist gestrichen worden** the doubles has been cancelled
★**Doppel...** in Zusammensetzungen double ... [ˌdʌblˈ...]; **Doppelagent** double agent [ˌdʌblˈeɪdʒənt]; **Doppelbelastung** double load; **Doppelbett** double bed; **Doppeldecker** double-decker [ˌdʌblˈdekə]; **Doppelfehler** Tennis: double fault; **Doppelklick** Computer: double click; **Doppelmord** double murder; **Doppelname** Vorname: double name, Nachname: double-barrelled (US double-barreled) name; **Doppelrolle** Theater und übertragen: double role; **Doppelzimmer** double room
doppeldeutig ambiguous [æmˈbɪɡjʊəs]
Doppelgänger(in) m(f) double, lookalike
Doppelhaus n Br pair of semi-detached houses [ˌsemɪdɪˌtætʃtˈhaʊzɪz], umg semi [ˈsemɪ], pair of semis, US duplex (house) [ˈdjuːplɛks(ˌhaʊs)]
Doppelhaushälfte f semi-detached house [ˌsemɪdɪˌtætʃtˈhaʊs], umg semi [ˈsemɪ], US duplex (house) [ˈdjuːplɛks(ˌhaʊs)]
doppelklicken Computer: double-click [ˈdʌblklɪk]; **auf das Symbol doppelklicken** double-click (on) the icon [ˈaɪkɒn]
Doppelpunkt m colon [ˈkəʊlən]
Doppelstunde f double period
★**doppelt** 1 double [ˈdʌbl] (auch Whisky usw.) 2 **den doppelten Preis** usw. **kosten** cost* double the price usw. 3 **etwas doppelt haben** have* two (copies) of something 4 **doppelt sehen** see* double 5 **sie ist doppelt so alt wie ich** she's twice my age 6 **doppelt so viel wie ...** twice as much as ..., double the amount (bzw. price usw.) of ...
Doppelverdiener(in) m(f) 1 double wage-earner; **er ist Doppelverdiener** he has two incomes 2 **Doppelverdiener** pl dual-income couple (🔺 sg)
★**Dorf** n village; **auf dem Dorf wohnen** live in a village
Dorn m thorn (auch übertragen); **er ist ihr ein Dorn im Auge** he's a thorn in her side
Dornröschen n Sleeping Beauty
Dorsch m Fisch: cod, US auch codfish
★**dort** 1 there 2 **dort drüben** over there 3 **von dort** from there
dortig: **die dortigen Verhältnisse** the conditions there
★**Dose** f 1 allg.: box 2 (≈ Konservendose, Getränkedose) can, Br auch tin
dösen doze; **ein bisschen dösen** have* a little doze
Dosenmilch f condensed milk
Dosenöffner m can opener, Br auch tin opener
Dosenpfand n deposit on cans
Dosis f dose [dəʊs] (auch übertragen)
Dotter m/n (egg) yolk [jəʊk]
Double n stuntman bzw. stuntwoman, double
down umg (≈ deprimiert) down
downloaden Computer, Internet: download
Downloadshop m download store
Dozent(in) m(f) (university) lecturer, US assistant professor
Dr. abk (=Doktor) Dr, US Dr. (US mit Punkt)
Drache m dragon [ˈdræɡən]
Drachen m 1 (≈ Papierdrachen) kite; **einen Drachen steigen lassen** fly* a kite 2 (≈ Fluggerät) hang glider
Drachenfliegen n hang gliding
Drachenflieger(in) m(f) hang glider

Drachenfrucht f pita(ha)ya, dragon fruit

★**Draht** m **1** wörtlich wire **2** übertragen (≈ Verbindung) direct line (**zu** to) **3** **er ist auf Draht** übertragen he's on the ball

Drahtseilbahn f cable railway

Drahtzange f wire cutters (▲ pl)

★**Drama** n drama ['drɑːmə] (auch übertragen)

dramatisch dramatic [drəˈmætɪk]

dran 1 wer ist dran? an der Reihe: whose turn is it?; **ich bin dran** it's my turn **2 es ist etwas dran** übertragen there's something in it; **es ist nichts dran** übertragen there's nothing to it **3 er ist übel dran** he's in a bad way

dranbleiben 1 bleib dran! am Apparat: hang on a minute **2 an etwas dranbleiben** keep* at it **3** (≈ kleben bleiben) stick*

Drang m **1** (≈ Trieb) urge **2** (≈ Wunsch) wish, desire [dɪˈzaɪə] **3** (≈ Bedürfnis) need (alle **nach**, **zu** for; **zu** + inf to + inf) **4 der Drang nach Freiheit** the urge for freedom

Drängelei f umg pushing and shoving [ˈʃʌvɪŋ], jostling (▲ ˈdʒɒslɪŋ])

drängeln: (sich) drängeln push, umg shove (▲ ʃʌv])

★**drängen 1** (≈ schieben) push; **jemanden zur Seite drängen** push someone aside (oder out of the way) **2 sie drängte darauf, dass wir bei ihr bleiben** she urged us to stay with her **3 ich möchte Sie nicht drängen** I don't mean to put pressure on you **4 die Menge drängte zum Eingang** the crowd pushed its (oder their) way towards the entrance **5 die Zeit drängt** time's running short

Drängler(in) m(f) umg **1** pusher **2** (≈ Autofahrer) tailgater [ˈteɪlˌgeɪtə]

drankommen 1 in der Schule: **ich komm jetzt dran** it's my turn, I'm next **2 wer kommt dran?** who's next? **3 das kommt nächste Woche dran** we'll be doing that next week

drannehmen: ich hab mich die ganze Zeit gemeldet, aber die Lehrerin hat mich nicht drangenommen I kept putting up my hand, but the teacher never asked me (US called on me)

drastisch drastic

drauf: sie ist gut drauf she's on the ball, seelisch: she's feeling good; → darauf

Draufgänger m, **draufgängerisch** daredevil [ˈdeəˌdevl]

draufgehen 1 das ganze Geld ist draufgegangen all the money's gone **2 er ist (dabei) draufgegangen** salopp he snuffed it

draufhaben: sie hat was drauf she's really good, fachlich auch: she knows her stuff

draufkommen: ich komm nicht drauf I can't think of it

draufmachen: einen draufmachen umg have* (oder go* on) a binge

draufsetzen: eins (bzw. **einen**) **draufsetzen** go* one better

draufzahlen pay* extra

★**draußen 1** allg.: outside **2** (≈ im Freien) outside, (out) in the open **3 da draußen** out there

Dreck m **1** dirt, stärker: muck, filth **2** (≈ Schund) rubbish, US garbage **3** Wendungen: **er sitzt ganz schön im Dreck** he's in a real mess; **Dreck am Stecken haben** have* a skeleton [ˈskelɪtən] in the cupboard (▲ ˈkʌbəd) (US closet [ˈklɒzɪt])

dreckig 1 dirty, stärker: filthy (beide auch übertragen) **2** Witz usw.: dirty **3 es geht ihm dreckig** gesundheitlich: he's in a pretty bad state

Dreh m **1** umg (≈ Trick) trick **2 jetzt hab ich den Dreh raus** I've got the hang of it now

Dreharbeiten pl Film: shooting (▲ sg)

Drehbuch n script, screenplay

Drehbuchautor(in) m(f) scriptwriter [ˈskrɪptˌraɪtə], screenwriter

★**drehen 1** turn **2** windend: twist **3** shoot* (Film, Szene) **4 sich drehen** turn, go* round **5 alles drehte sich um ihn** he was the centre of attraction **6 die Diskussion drehte sich um Geld** the discussion was about money

Drehmomentschlüssel m torque wrench [ˈtɔːkˌrentʃ]

Drehtür f revolving door

Drehung f **1** turn **2** um eine Achse: rotation

Drehwerkzeug n turning (oder lathe) tool

Drehzahl f revolutions (▲ pl) per minute (abk rpm), revs [revz]

Drehzahlmesser m rev counter

★**drei 1** Zahl: three [θriː] **2 in drei Tagen** in three days; **vor drei Tagen** three days ago

Drei f **1** Zahl: (number) three **2 eine Drei schreiben** etwa: get* a C **3** Bus, Straßenbahn usw.: number three bus, number three tram usw.

Dreibettzimmer n three-bed(ded) room

dreidimensional three-dimensional [ˌθriːdaɪˈmenʃənl]

Dreieck n triangle [ˈtraɪæŋgl]

dreieckig triangular [traɪˈæŋgjʊlə]

dreieinhalb three and a half (▲ hɑːf)

dreierlei three kinds of; **ich muss dich drei-**

erlei fragen I've got three things to ask you

dreifach ◼ **die dreifache Menge** three times the amount ◼ **der dreifache deutsche Meister X** three-times German champion X (⚠ *ohne* the), US the three-time German champion ◼ **ein Formular in dreifacher Ausfertigung** three copies of a form

dreihundert three hundred

dreijährig ◼ (≈ *drei Jahre alt*) three-year-old ◼ (≈ *drei Jahre dauernd*) three-year; **nach dreijährigen Verhandlungen** after three years of negotiations

Dreikönigsfest *n* (Feast of) Epiphany [ɪˈpɪfəni]

dreimal three times

dreimalig: **nach dreimaligem Versuch** *usw.* after three attempts *usw.*

dreimotorig three-engine(d) [ˌθriːˈendʒɪn(d)]

Dreirad *n* tricycle [ˈtraɪsɪkl]

Dreisatz *m Mathematik*: rule of three

dreisprachig trilingual [traɪˈlɪŋgwəl]

dreispurig *Fahrbahn*: three-lane ...

★**dreißig** ◼ thirty [ˈθɜːtɪ] ◼ **dreißig beide** *Tennis*: thirty all

Dreißigerjahre *pl*: **in den Dreißigerjahren** in the thirties [ˈθɜːtɪz]

dreißigste(r, -s) thirtieth [ˈθɜːtɪəθ]

dreist impudent [ˈɪmpjədənt]

dreistellig: **dreistellige Ziffer** three-digit number [ˈθriːˌdɪdʒɪtˈnʌmbə]

Dreitagebart *m* three-day stubble (*oder* beard), designer stubble

dreitausend three thousand

dreiteilig ◼ *Kostüm, Set*: three-piece ◼ *Serie*: in three parts

Dreiviertelstunde *f*: **eine Dreiviertelstunde** three-quarters of an hour

Dreivierteltakt *m* three-four time

★**dreizehn** thirteen [ˌθɜːˈtiːn]

dreizehnte(r, -s) thirteenth [ˌθɜːˈtiːnθ]

Dreizimmerwohnung *f* two-bedroom flat (*US* apartment)

Dress *m* (≈ *Sportkleidung*) gear [gɪə], *Br auch* kit

dressieren train (*Tier*)

Dressing *n* dressing

Dressman *m* male model [ˌmeɪlˈmɒdl] (⚠ *das Wort* dressman *existiert im Englischen nicht*)

Dressur *f* ◼ *Tier*: training ◼ (≈ *Dressurreiten*) dressage [ˈdresɑːʒ]

dribbeln *beim Fußball*: dribble

Drilling *m* triplet [ˈtrɪplət]

drin: **mehr war nicht drin** that was the best I *usw.* could do

dringen ◼ (*Licht*) penetrate [ˈpenətreɪt] (**in** into) ◼ (*Wasser*) leak (**in** into, **durch** through) ◼ **er drang durch das Dickicht** he forced his way through the jungle

★**dringend** ◼ *allg.*: urgent ◼ *Gefahr*: imminent [ˈɪmɪnənt] ◼ *Verdacht usw.*: strong ◼ *Gründe*: compelling ◼ **etwas dringend brauchen** need something very <u>badly</u> ◼ **dringend empfehlen** strongly recommend

★**drinnen** ◼ *allg.*: inside [ɪnˈsaɪd] ◼ (≈ *im Haus*) inside [ɪnˈsaɪd], indoors [ˌɪnˈdɔːz]

dritt ◼ **wir waren zu dritt** there were three of us ◼ **sie gingen zu dritt hin** three of them went

drittbeste(r, -s): **der drittbeste Schüler** the third best pupil

★**dritte(r, -s)** third [θɜːd]; **3. April** 3(rd) April, April 3(rd) (⚠ *gesprochen* the third of April); **am 3. April** on 3(rd) April, on April 3(rd) (⚠ *gesprochen* on the third of April)

Dritte(r) *m/f(m)* ◼ third ◼ **er wurde Dritter** he was third, *bei Rennen*: he came (in) third ◼ **Heinrich III.** Henry III (*gesprochen* Henry the Third; III *ohne Punkt!*) ◼ **heute ist der Dritte** it's the third today ◼ **jeder Dritte** one (person) in three ◼ **die Dritte Welt** the Third World

drittel: **eine drittel Sekunde** *usw.* a third [θɜːd] of a second *usw.*

★**Drittel** *n* third [θɜːd]; **zwei Drittel** two thirds

★**drittens** third(ly)

drittletzte(r, -s) ◼ *allg.*: third last ◼ **das drittletzte Haus** the third house from the end

★**Droge** *f* drug

Drogen... *in Zusammensetzungen* drug ...; **Drogenabhängigkeit** drug addiction; **Drogenhandel** drug trafficking; **Drogenhändler(in)** drug dealer; **Drogenmissbrauch** drug abuse [ˈdrʌgˌəˌbjuːs]; **Drogenszene** drug scene [ˈdrʌgˌsiːn]

drogenabhängig, **drogensüchtig** addicted [əˈdɪktɪd] to drugs; **er ist drogenabhängig** (*oder* **drogensüchtig**) he's a drug addict [ˈdrʌgˌædɪkt]

Drogensüchtige(r) *m/f(m)* drug addict [ˈdrʌgˌædɪkt]

★**Drogerie** *f* chemist [ˈkemɪst], chemist's (shop), *US* drugstore

Drohbrief *m* threatening [ˈθretnɪŋ] letter

★**drohen** ◼ **er drohte damit, die Polizei zu verständigen, er drohte ihm** *usw.* **mit der Polizei** he threatened [ˈθretnd] to call the police ◼ (≈ *bedrohlich bevorstehen*) threaten [ˈθretn], approach; **der Wirtschaft droht der Kollaps** the economy is threatened with (*oder*

drohend threatening ['θretnɪŋ], menacing ['menəsɪŋ]

Drohne f militärisch: drone

dröhnen **1** die Musik dröhnt mir in den Ohren the music's ringing in my ears **2** (Motor, Maschine) drone, lauter: roar

Drohung f threat [θret]; **er machte seine Drohung wahr, sie umzubringen** he carried out his threat to kill her

drollig **1** allg.: funny **2** (≈ niedlich) cute

Dromedar n dromedary

Drops m/n: **saure Drops** acid ['æsɪd] drops

Drossel f Vogel: thrush

drosseln **1** cut* down (Produktion) **2** throttle (Motor) **3** reduce (Geschwindigkeit) **4** turn down (Heizung) **5** reduce, cut* (Preise)

★**drüben** over there

★**Druck** m **1** allg., Technik, Physik, Wetter: pressure **2** (≈ das Drucken) printing; (≈ Schriftart, Kunstdruck) print; **das Buch ist im Druck** the book is being printed; **etwas in Druck geben** send* something to be printed **3** (≈ Zwang) pressure; **jemanden unter Druck setzen** put* someone under pressure **4** (≈ nervliche Belastung) stress **5** im Kopf: tension **6** im Magen: tight feeling

Druckbuchstabe m **1** block letter **2** in **Druckbuchstaben schreiben** print

Drückeberger(in) m(f) umg shirker

★**drucken** allg.: print; **wir werden das drucken lassen** we'll have that printed

★**drücken** **1** allg.: press **2** (≈ zerdrücken) squash **3** press, push (Taste, Knopf usw.) **4** **jemanden (an sich) drücken** give* someone a hug, länger: hold* someone tight **5** (Schuhe usw.) pinch **6** **er drückt sich dauernd** übertragen he always manages to get out of it (oder things)

★**Drucker** m Gerät: printer

Drucker(in) m(f) Beruf: printer

Drücker m **1** (≈ Druckknopf) button **2** **am Drücker sitzen** umg, übertragen be* in the driving seat **3** **auf den letzten Drücker** umg at the last minute

Druckerei f printer's, printing press

Druckertreiber m Computer: printer driver

Druckfehler m misprint, printing error

Druckknopf m am Kleid usw.: press stud, Br umg popper, US snap

Druckschrift f **1** block letters (⚠ pl) **2** in **Druckschrift schreiben** print; **bitte in Druckschrift ausfüllen** please write in block capitals

Drucksorte f Ⓐ förmlich printed form

Drüse f gland [glænd]

Dschungel m jungle ['dʒʌŋgl] (auch übertragen)

★**du** **1** you; **bist du es?** is that you? **2** oft unübersetzt, z. B.: **du, komm mal her!** come here a minute, will you?

dual dual; **duale Ausbildung** work-study training; **duales Studium** work-study degree course

Dübel m Br Rawlplug®; Br wall plug, US screw anchor

dubios dubious ['djuːbɪəs]

ducken: **sich ducken** duck

Dudelsack m bagpipes (⚠ pl); **er spielt Dudelsack** he plays the bagpipes

Duell n duel ['djuːəl]

★**Duft** m **1** allg.: (pleasant) smell **2** von Blumen, Parfüm usw.: smell, scent [sent], fragrance ['freɪgrəns]

duften **1** **es duftet nach …** it smells of … **2** **das duftet!** it smells good (⚠ nicht well)

★**dulden** **1** (≈ ertragen) endure [ɪn'djʊə], suffer **2** (≈ zulassen) tolerate

★**dumm** **1** stupid **2** (≈ albern) silly **3** (≈ töricht, unklug) foolish **4** Wendungen: **es war dumm von mir, das zu tun** I was stupid (bzw. silly bzw. foolish) to have done that, it was stupid usw. of me to have done that; **du willst mich wohl für dumm verkaufen** you must think I'm stupid; **jetzt wird's mir zu dumm** I've had enough; **sich dumm anstellen** act the fool; **dummes Zeug!** nonsense!; **dummes Zeug reden** talk nonsense

Dumme(r) m/f(m) **1** fool **2** (≈ leichtgläubiger Mensch) mug **3** **ich bin immer der Dumme** I'm always left holding the baby

dummerweise **1** stupidly; **ich habe dummerweise zugesagt** I stupidly said yes, I was stupid enough to say yes **2** (≈ unglücklicherweise) unfortunately [ʌn'fɔːtʃnətlɪ]

Dummheit f **1** stupidity **2** (≈ Unwissenheit) ignorance ['ɪgnərəns] **3** Handlung: stupid thing to do

Dummkopf m fool, umg blockhead

dumpf **1** Geräusch, Schmerz: dull **2** Gefühl, Ahnung usw.: vague [veɪg]

Düne f dune [djuːn]

düngen **1** mit Dung: manure [mə'njʊə] **2** mit Kunstdünger: fertilize

Dünger m **1** (≈ Dung) manure [mə'njʊə], dung **2** (≈ Kunstdünger) fertilizer

★**dunkel** **1** dark (*auch übertragen*) **2** **es wird (langsam) dunkel** it's getting dark **3** **im Dunkeln** in the dark **4** **im Dunkeln tappen** *übertragen, umg* grope in the dark

dunkelblau dark blue

dunkelblond light brown

dunkelbraun dark brown

dunkelgrün dark green

dunkelhaarig dark-haired

★**Dunkelheit** *f* darkness; **in der Dunkelheit** in the dark

Dunkelkammer *f zum Entwickeln usw.*: darkroom

dunkelrot dark red

★**dünn** **1** *allg.*: thin **2** *Kaffee usw.*: weak **3** **sie ist dünner geworden** she's lost weight **4** **dünn besiedelt** sparsely ['spɑːslɪ] populated

Dünndarm *m* small intestine [ˌsmɔːl ɪnˈtestɪn]

Dunst *m* (≈ *Nebel*) haze, mist

dünsten steam; → **kochen**

Dunstglocke *f* blanket of smog

Duo *n* duo ['djuːəʊ]

Dur *n* major ['meɪdʒə] (key); **A-Dur** A major

★**durch** **1** *allg.*: through [θruː] **2** (≈ *quer durch*) across **3** (≈ *mit Hilfe von*) through; **ich bekam die Stelle durchs Arbeitsamt** I got the job through the employment office **4** (≈ *mittels*) by, by means of; **er verdient seinen Lebensunterhalt durch den Verkauf von Zeitungen** he earns his living by selling newspapers **5** (≈ *infolge von*) because of **6** **das ganze Jahr usw. durch** the whole year *usw.* long

GETRENNTSCHREIBUNG

durch sein **1** **ich bin mit dem Buch** *usw.* **durch** I've finished the book *usw.* **2** **er ist bei mir unten durch** I'm through with him **3** **es ist drei (Uhr) durch** it's past three

durcharbeiten **1** work (one's way) through (*Text, Kapitel*) **2** (≈ *ohne Pause arbeiten*) work through

durchaus **1** absolutely [ˈæbsəluːtlɪ]; **ich bin durchaus Ihrer Meinung** I absolutely agree **2** **durchaus!** absolutely [△ ˌæbsəˈluːtlɪ] **3** **durchaus nicht** not at all

durchblättern leaf through, *umg* flick through

Durchblick *m* **1** **(den nötigen) Durchblick haben** know* what's going on **2** **er hat überhaupt keinen Durchblick** he has no idea what's going on

durchblicken: **ich blick da nicht durch** *umg* I don't get it

Durchblutung *f* circulation (+ *Genitiv* in)

durchboxen **1** **etwas durchboxen** push something through **2** **sich durchboxen** struggle through

durchbrechen¹ **1** **etwas durchbrechen** break* something (in two) **2** snap (*Zweig usw.*) **3** (*Sonne*) come* through

durchbrechen² **1** run* (*Blockade*) **2** break* (*Regel usw.*)

durchbrennen **1** (*Birne*) burn* out **2** *umg* (≈ *ausreißen*) run* away

durchbringen **1** get* through (*Gesetz*) **2** pull through (*Kranke*) **3** squander (*Vermögen*)

Durchbruch *m übertragen* breakthrough [ˈbreɪkθruː]; **ihm ist der Durchbruch gelungen** he finally made the breakthrough, he finally made it

durchchecken **1** **etwas durchchecken** check through something **2** **sich durchchecken lassen** *umg* (≈ *sich untersuchen lassen*) have* a complete checkup

durchdacht: **(gut) durchdacht** well thought-out

durchdenken: **etwas durchdenken** think* something through, (≈ *überlegen*) think* something over

durchdrehen **1** *salopp* (*Person*) crack up **2** **vor Angst**: (*Person*) panic, *umg* flip

durchdringen penetrate ['penətreɪt]

durchdürfen **1** **sie** *usw.* **durfte durch** she *usw.* was allowed through **2** **darf ich mal durch?** excuse me, please

Durcheinander *n* muddle, mess, confusion

★**durcheinander** **1** **in seinem Zimmer war alles durcheinander** his room was (in) a mess **2** **er ist ganz durcheinander** he's totally confused, *emotional*: he's all mixed up; → **durcheinanderbringen** *usw.*

durcheinanderbringen **1** **etwas durcheinanderbringen** mix something up, mix up something; **alles durcheinanderbringen** get* everything mixed up **2** **jemanden durcheinanderbringen** confuse someone, *umg* get* someone all flustered

durcheinanderliegen: **in seinem Zimmer lag alles durcheinander** his room was (in) a mess

durcheinanderreden: **sie redeten alle durcheinander** they were all talking at the same time

durchfahren **1** **bis München durchfahren** *mit dem Auto*: drive* nonstop to Munich **2** **der Zug fährt in Starnberg durch** the train doesn't stop at Starnberg

Durchfahrt *f* **1** (≈ *das Durchfahren*) passage

['pæsɪdʒ]; **Durchfahrt verboten!** no through road ['θruː_rəʊd], no thoroughfare [⚠ 'θʌrəfeə], US auch dead end ❷ (≈ *Tor*) gate(way)
Durchfall *m* diarrhoea [ˌdaɪəˈrɪə]
durchfallen ❶ *in einer Prüfung*: fail, *umg* flunk ❷ **er ist im Examen durchgefallen** he failed (*oder umg* flunked) his exam
durchfeiern: die Nacht durchfeiern celebrate ['seləbreɪt] all night (long), make* a night of it
durchfragen: sich durchfragen ask one's way (**nach, zu** to)
durchführen ❶ *übertragen* carry out (*Experiment usw.*) ❷ hold* (*Kurs usw.*)
★**Durchführung** *f* (≈ *das Verwirklichen*) carrying out, *von Plan, Befehl*: execution, *von Gesetz*: implementation, *von Reise*: undertaking, *von Kurs, Test*: running, *von Wahl, Prüfung*: holding
★**Durchgang** *m* passage, passageway
Durchgangsstraße *f* through road
durchgebraten well-done
durchgehen ❶ (*Person*) **durchgehen (durch)** go* (*oder* walk) through ❷ **etwas durchgehen lassen** let* something pass ❸ (≈ *prüfen, lesen*) go* through, go* over
durchgehend ❶ **durchgehender Zug** through train ❷ **durchgehend geöffnet** open all day
durchgeknallt *salopp Freund, Bemerkung usw.*; over-the-top …, over the top, *abk* OTT [ˌəʊtiːˈtiː]
durchgreifen ❶ **durchgreifen (durch)** *wörtlich* reach through ❷ *übertragen* take* (tough [tʌf]) action
durchhaben: hast du das Buch schon durch? have you finished the book?
durchhalten hold* out, *umg* stick* it out
Durchhänger *m*: **er hat einen Durchhänger** he's having (*oder* going through) a low
durchkämpfen: sich durchkämpfen durch fight* one's way through (*auch übertragen*)
durchkauen: etwas durchkauen go* over something again and again
durchkommen ❶ (≈ *hindurchgelangen*) (manage to) get* through (*auch telefonisch*) ❷ *in einer Prüfung*: pass ❸ (*Sonne*) break* through ❹ (≈ *sein Ziel erreichen*) make* it ❺ (*Kranker*) pull through ❻ **damit kommst du nicht durch** that won't get you anywhere
durchkreuzen thwart [θwɔːt] (*Pläne usw.*)
durchkriegen: etwas durchkriegen (durch) get* something through (*auch übertragen*) ❷ **ich hoffe, wir kriegen ihn durch** *den Kranken, den Patienten*: I hope we can pull him through

durchlassen let* through
durchlesen: etwas durchlesen read* something through, read* through something
durchlöchern ❶ *wörtlich* make* holes in ❷ *mit Kugeln*: riddle with bullets ['bʊlɪts]
durchmachen ❶ *allg.*: go* through ❷ undergo* (*Wandlung usw.*) ❸ **er hat einiges durchgemacht** he's been through a lot ❹ **(die ganze Nacht) durchmachen** make* a night of it
★**Durchmesser** *m* diameter [⚠ daɪˈæmɪtə]; **dieser Kreis hat einen Durchmesser von 3 cm** this circle is 3 cm (*gesprochen* centimetres) in diameter; **im Durchmesser** in diameter, across
durchmogeln: er hat sich da letztlich durchgemogelt he wangled his way through in the end
durchmüssen ❶ **durchmüssen (durch)** have* to get (*oder* go) through ❷ **da muss ich einfach durch** I've (just) got to get through it somehow
durchnässt *allg.*: soaked, drenched
durchnehmen go* through, do* (*Lehrstoff*)
durchnummerieren number all the way through
durchqueren cross
durchrasseln, durchrauschen: in Englisch *usw.* **durchrasseln** *bzw.* **durchrauschen** flunk English *usw.*
durchrechnen ❶ (≈ *berechnen*) calculate ❷ (≈ *nochmals rechnen*) go* over, check
durchregnen: hier regnet es durch the rain's coming through
Durchreise *f*: **auf der Durchreise (durch)** on one's way through, passing through
durchreißen ❶ **etwas durchreißen** tear* [teə] something (in two) (*Papier, Seite, Stoff usw.*) ❷ (*Stoff, Gewebe usw.*) rip, tear*, get* torn ❸ (*Faden, Seil*) break*
durchringen: sie hat sich endlich dazu durchgerungen, ihn zu verlassen she finally made up her mind to leave him
durchrosten rust through
★**Durchsage** *f* announcement
durchschaubar ❶ *Motiv usw.*: obvious ['ɒbvɪəs] ❷ **er ist leicht durchschaubar** you can read him like a book
durchschauen[1] ❶ **durchschauen (durch)** look through ❷ **man kann durch die Fenster kaum durchschauen** you can hardly see through the windows
durchschauen[2] (≈ *begreifen*) understand*

durchscheinen: durchscheinen (durch) shine* through (auch übertragen)

durchschlafen sleep* through

durchschlagen ◼ sich mühsam durchschlagen have* a hard time of it ◼ „Wie geht's?" - „Man schlägt sich so durch." 'How are you?' - 'Surviving.'

durchschlagend: ein durchschlagender Erfolg a sweeping success

durchschneiden cut* (in two)

★**Durchschnitt** m ◼ average ['ævərɪdʒ]; **im Durchschnitt** on average (⚠ ohne the); **im Durchschnitt 100 km/h fahren** average 100 kmph; **im Durchschnitt betragen** average ◼ **über** (bzw. **unter**) **dem Durchschnitt liegen** be* above (bzw. below) average

★**durchschnittlich** ◼ average ◼ (≈ mittelmäßig) average, abwertend mediocre [ˌmiːdɪ-ˈəʊkə] ◼ **er arbeitet durchschnittlich zehn Stunden am Tag** he works an average of ten hours a day, he works ten hours a day on average

Durchschnitts... in Zusammensetzungen average ...; **Durchschnittsalter** average age; **Durchschnittsleistung** average performance; **Durchschnittsnote** average mark, bes. US average grade

durchschwitzen: **ich habe mein Hemd durchgeschwitzt, mein Hemd ist durchgeschwitzt** my shirt's soaked with sweat [⚠ swet]

durchsehen ◼ durchsehen (durch) wörtlich see* (oder look) through ◼ (≈ prüfen) look (oder go*) through, go* over, check

★**durchsetzen** ◼ etwas durchsetzen get* something through (Plan usw.) ◼ **sie hat sich durchgesetzt** she got her way ◼ **sich durchsetzen gegen** (≈ siegen) assert oneself against ◼ **sie kann sich bei den Kindern nicht durchsetzen** she has no control over the children

durchsichtig ◼ wörtlich transparent [trænsˈpærənt] ◼ übertragen obvious [ˈɒbvɪəs], transparent

durchsickern (Informationen) filter through, ungewollt: leak out

durchspielen gedanklich: go* through

durchsprechen: etwas durchsprechen talk something over, discuss something

durchstarten (Flugzeug) reaccelerate [ˌriːəkˈseləreɪt] (oder pull up) (for a new landing approach)

durchstehen ◼ Zeit: get* through ◼ Krankheit: pull through

durchsteigen: **da steige ich nicht durch** umg I don't get it

durchstieren ⊕ (≈ durchdrücken, durchsetzen) push through (Plan usw.)

durchstreichen: **etwas durchstreichen** cross something out, cross out something

durchsuchen search [sɜːtʃ] (**nach** for)

Durchsuchung f search [sɜːtʃ]

Durchsuchungsbefehl m search warrant [ˈsɜːtʃˌwɒrənt]

durchtrainiert ◼ Person: very fit, US auch in great shape ◼ Körper: athletic [æθˈletɪk]

durchtrennen, durchtrennen ◼ allg.: tear* [teə] (in two) ◼ (≈ schneiden) cut* in two

durchwachsen¹: durchwachsen (durch) (Pflanze) grow* through

durchwachsen² ◼ Speck: streaky, US streaked ◼ Befinden (≈ leidlich) so-so [ˈsəʊsəʊ], mixed ◼ Wetter: up and down, unsettled

Durchwahl f ◼ Telefon: direct [dəˈrekt] dialling ◼ (≈ Durchwahlnummer) extension

durchwählen dial direct [dəˈrekt]; **du kannst zu mir durchwählen** you can dial me direct

durchziehen ◼ durch Öffnung: **durchziehen** (durch) pull through ◼ **durchziehen** (durch) pass through (Gebiet) ◼ umg carry through (Plan usw.) ◼ sich durchziehen (durch) go* right through

Durchzug m Luft: draught [⚠ drɑːft]

Durchzugsstraße f ⊛ (≈ Durchgangsstraße) through road

★**dürfen** ◼ bei Erlaubnis bzw. (verneint) bei Verbot allgemein: be* allowed to (+ inf); **ich darf keinen Alkohol trinken** I'm not allowed (to drink) any alcohol ◼ **darf ich rausgehen?** can (höflich: may) I go out?; **nein, das darfst du nicht** no you can't, bestimmt: no you may not ◼ bei Ratschlag, Aufforderung, Warnung usw.: **du darfst den Hund nicht anfassen** you mustn't [ˈmʌsnt] touch the dog, don't touch the dog; **wir dürfen den Bus nicht verpassen** we mustn't miss the bus; **das hättest du nicht sagen dürfen** you shouldn't have said that ◼ bei Annahmen usw.: must* be, should* be usw.; **das dürfte der Neue sein** that must be the new teacher usw.; **es dürfte bald zu Ende sein** it should be finished soon; **das dürfte die beste Lösung sein** that's probably (oder that seems to be oder I think that's) the best solution ◼ in Höflichkeitsformeln: may*; **darf ich?** may I?

dürftig ◼ (≈ unzulänglich) poor ◼ Verhältnisse: humble ◼ Argument: weak

dürr ◨1 *Person*: (≈ *mager*) thin, skinny ◨2 (≈ *trocken*) dry

Dürre f ◨1 dryness, aridity [əˈrɪdəti] ◨2 (≈ *Regenmangel*) drought [🔊 draʊt]

★**Durst** m ◨1 thirst (**nach** for; *auch übertragen*) ◨2 **ich habe Durst** I'm thirsty; **ich kriege Durst** I'm getting thirsty

★**durstig** thirsty

★**Dusche** f shower; **unter der Dusche** in the shower

★**duschen**: (**sich**) **duschen** have* (*oder* take*) a shower

Duschgel n shower gel [🔊 ˈʃaʊəˌdʒel]

Duschkabine f shower (cubicle)

Duschvorhang m shower curtain [ˈʃaʊəˌkɜːtn]

Düse f ◨1 nozzle [ˈnɒzl] ◨2 (≈ *Spritzdüse*) jet

Düsenflugzeug n jet (plane *oder* aircraft)

Düsenjäger m jet fighter

Düsentriebwerk n jet engine [ˌdʒetˈendʒɪn]

Dussel m *umg* dope, twit, dumbo

dusslig *salopp* ◨1 stupid [ˈstjuːpɪd], silly, daft [dɑːft] ◨2 **sich dusslig anstellen** be* stupid ◨3 **ich hab mich bald dusslig geredet** I talked till I was nearly blue in the face

düster ◨1 *allg.*: (≈ *dunkel*) dark, gloomy ◨2 *Licht*: dim

★**Dutzend** n ◨1 dozen [ˈdʌzn] ◨2 **ein** (*bzw.* **zwei**) **Dutzend Eier** a (*bzw.* two) dozen eggs ◨3 **Dutzende von Leuten** dozens of people

duzen ◨1 **jemanden duzen** say* 'du' to someone ◨2 **sich duzen** be* on 'du' terms

Duzen n use of the familiar "du" form of address; **hier ist das Duzen üblich** it's normal here to address one another as "du"

DV f *abk* (*abk für* Datenverarbeitung) DP [ˌdiːˈpiː] (*abk für* data processing)

DVD f *abk* (*abk für* digital versatile disk) DVD [ˌdiːviːˈdiː]

DVD-Brenner m DVD burner

DVD-Laufwerk n DVD drive

DVD-Player m DVD player

DVD-Rekorder m DVD recorder

DVD-Spieler m DVD player

dynamisch dynamic [daɪˈnæmɪk]

Dynamit n dynamite [ˈdaɪnəmaɪt]

Dynamo m dynamo [ˈdaɪnəməʊ]

E

★**Ebbe** f ◨1 low tide ◨2 **Ebbe und Flut** high tide and low tide

★**eben** ◨1 *Oberfläche*: even, level ◨2 *Landschaft usw.*: flat ◨3 (≈ *gerade, soeben*) just (now) ◨4 **eben!** exactly

Ebene f ◨1 *geografisch*: plain, (≈ *Hochebene*) plateau ◨2 *Geometrie*: plane; **schiefe Ebene** inclined plane ◨3 (≈ *Stufe*) level; **auf höchster Ebene** at the highest level

★**ebenfalls** ◨1 *nachgestellt*: too, as well ◨2 **ebenfalls nicht** not … either; **er hat ihn ebenfalls nicht getroffen** he didn't meet him either

★**ebenso** ◨1 just as; **es ist ebenso voll wie gestern** it's (just) as full as (it was) yesterday ◨2 **ich habe ebenso reagiert** I reacted exactly the same

E-Bike n e-bike

E-Book n e-book

EC m *abk* (*abk für* Eurocity) *Zug*: eurocity [ˌjʊərəʊˈsɪti] (train [ˌjʊərəʊsɪtiˈtreɪn])

Echo n ◨1 echo [🔊 ˈekəʊ] ◨2 *übertragen* response (**auf** to); **ein begeistertes Echo finden** meet* with an overwhelming response

Echse f (≈ *Eidechse*) lizard [ˈlɪzəd]

★**echt** ◨1 *Gold, Leder usw.*: real ◨2 *Gemälde usw.*: genuine [🔊 ˈdʒenjʊɪn] ◨3 *übertragen*; **ein echter Verlust** a real (*oder* great) loss ◨4 **das war echt gut** *umg* it was really (*US* real) good; **echt jetzt?** really?

EC-Karte f *etwa*: debit [ˈdebɪt] card

Eckball m *Fußball*: corner (kick)

★**Ecke** f ◨1 *allg.*: corner (*auch übertragen*) ◨2 **an der Ecke** at the corner, *Haus*: on the corner ◨3 **gleich um die Ecke** just (a)round the corner ◨4 **das ist noch eine ganze Ecke** *umg* that's still a fair way to go ◨5 (≈ *Eckball*) corner (kick)

eckig ◨1 *Tisch*: rectangular [🔊 rekˈtæŋɡjʊlə] ◨2 *Gestalt*: angular ◨3 *Gesicht, Kinn*: angular, square

Eckzahn m eyetooth, canine [🔊 ˈkeɪnaɪn] (tooth)

E-Commerce m (≈ *elektronischer Handel*) e--commerce [ˈiːˌkɒmɜːs]

Economyclass f, **Economyklasse** f *Flugverkehr*: economy [ɪˈkɒnəmi] class, *US auch* coach

Ecstasy n *Droge*: ecstasy [ˈekstəsi]

Ecuador n Ecuador [ˈekwədɔː]

edel ◨1 noble ◨2 *Qualität, Wein usw.*: fine

Edelstein m precious stone [ˌpreʃəsˈstəʊn]
Edelweiß n edelweiss
EDV f abk (abk für **elektronische Datenverarbeitung**) EDP (abk für **electronic data processing**), gesagt wird mst.: data processing
Efeu m ivy [ˈaɪvɪ]
Effekt m effect [ɪˈfekt]
effektiv ❶ Mittel, Handlung, Schutz, Arbeit effective [ɪˈfektɪv] ❷ Kosten, Gewicht usw.: actual [ˈæktʃʊəl] ❸ (≈ wirklich) really, (≈ ganz sicher) definitely [ˈdefənətlɪ]; **das geht effektiv zu weit** usw. that's really (oder definitely) going too far usw.
effektvoll effective [ɪˈfektɪv], striking
effizient ❶ (≈ wirtschaftlich) efficient [ɪˈfɪʃnt] ❷ (≈ wirksam) effective [ɪˈfektɪv]
★**egal** ❶ **das ist (ganz) egal** it doesn't matter ❷ **das ist mir (ganz) egal** (≈ ich habe nichts dagegen) I don't mind, (≈ das kümmert mich nicht) I couldn't care less ❸ **ihr ist alles egal** she doesn't care about anything ❹ **ganz egal wo (warum, wer, was)** it doesn't matter where (why, who, what) ❺ **das ist egal** (≈ bleibt sich gleich) it's the same
Egoismus m selfishness, egoism [ˈiːgəʊɪzm], egotism [ˈegəʊtɪzm]
Egoist(in) m(f) selfish person, egoist [ˈiːgəʊɪst], egotist
egoistisch selfish, egoistic(al) [ˌiːgəʊˈɪstɪk(l)]
eh ❶ umg (≈ sowieso) anyway, anyhow; **er weiß es eh schon** he knows already ❷ **das ist seit eh und je so** it's always been like that
★**ehe** before
★**Ehe** f ❶ marriage [ˈmærɪdʒ] ❷ **sie hat zwei Kinder mit in die Ehe gebracht** she's got two children from a previous marriage
Ehebruch m adultery [əˈdʌltərɪ]; **Ehebruch begehen** commit adultery
★**Ehefrau** f ❶ wife pl: wives [waɪvz] ❷ (≈ verheiratete Frau) married woman [ˈwʊmən] pl: married women [ˈwɪmɪn], wives
ehemalige(r, -s) ❶ former, ex-...; **der ehemalige Minister** the former minister, the ex--minister ❷ **in meiner ehemaligen Wohnung hatte ich** in my old flat (US apartment), in the flat (US apartment) I used to have
★**Ehemann** m ❶ husband [ˈhʌzbənd] ❷ (≈ verheirateter Mann) married man pl auch: husbands
★**Ehepaar** n married couple (⚠ sg)
★**eher** ❶ (≈ früher, zeitiger) earlier, sooner; **ich konnte leider nicht eher kommen** I'm afraid I couldn't make it any earlier ❷ **je eher, desto besser** the sooner the better (⚠ ohne Komma) ❸ (≈ lieber) rather; **eher würde ich ...** I'd rather (oder sooner) ... ❹ (≈ wahrscheinlicher) more likely; **eher ist sie bei ihrer Mutter** she's more likely to be with her mother
Ehering m wedding ring
eheste ❶ **am ehesten** (≈ am wahrscheinlichsten) most likely ❷ **er kann uns am ehesten helfen** if anyone can help us, it's him ❸ **so geht es wohl am ehesten** that's probably the best way
★**Ehre** f ❶ honour [⚠ ˈɒnə]; **es ist mir eine (große) Ehre** it's an (a great) honour for me; **ihm zu Ehren** in his honour ❷ **jemandem die letzte Ehre erweisen** pay* one's last respects to someone
★**ehren** ❶ honour [⚠ ˈɒnə] ❷ (≈ achten) respect
Ehrenamt n honorary office
ehrenamtlich ❶ Mitarbeiter: honorary [⚠ ˈɒnərərɪ] ❷ Helfer, Tätigkeit: voluntary [ˈvɒlntrɪ]; **ehrenamtliche Arbeit** voluntary work, volunteering; **ehrenamtlicher Mitarbeiter** volunteer ❸ **etwas ehrenamtlich tun** do* something in an honorary capacity; **ehrenamtlich arbeiten, sich ehrenamtlich betätigen** do* voluntary work
Ehrengast m guest of honour [⚠ ˈɒnə]
Ehrenwort n ❶ word of honour [⚠ ˈɒnə] ❷ **Ehrenwort!** I promise [ˈprɒmɪs] (you) ❸ **ich gebe mein Ehrenwort** I give you my word
ehrfürchtig respectful
Ehrgeiz m ambition
ehrgeizig ambitious [æmˈbɪʃəs]
★**ehrlich** ❶ allg.: honest [⚠ ˈɒnɪst] ❷ Spiel, Handel usw.: fair ❸ (≈ aufrichtig) sincere [sɪnˈsɪə] ❹ (≈ echt) genuine [ˈdʒenjʊɪn] ❺ (≈ offen) open, frank ❻ Wendungen: **sei mal ganz ehrlich** be honest (now); **ehrlich gesagt, ...** to tell you the truth, ...; **sie haben sich ehrlich bemüht** they really tried (hard); **ehrlich währt am längsten** Sprichwort: honesty is the best policy
Ehrlichkeit f honesty [⚠ ˈɒnəstɪ], openness
★**Ei** n ❶ wörtlich egg ❷ **Eier** salopp (≈ Hoden) balls ❸ Wendungen: **sie gleichen sich wie ein Ei dem andern** they're as alike as two peas (in a pod); **das ist ein dickes Ei!** umg that's a bit thick (US much)
ei: **ei!** oh!
Eibe f Baum: yew [juː] (tree)
Eiche f Baum: oak (tree)
Eichel f Frucht der Eiche: acorn [⚠ ˈeɪkɔːn]
Eichelhäher m Vogel: jay [dʒeɪ]
Eichhörnchen n, **Eichkätzchen** n squirrel

[ˌ 'skwɪrəl, US 'skwɜːrəl]

Eid m oath [əʊθ] pl: oaths [ˌ əʊðz]; **einen Eid ablegen** (oder **leisten**) take* (oder swear* [sweə]) an oath

Eidechse f lizard [ˌ 'lɪzəd]

Eidgenosse m Schweiz: Swiss citizen

Eidgenossenschaft f: **die Schweizer Eidgenossenschaft** the Swiss Confederation, Switzerland ['swɪtsələnd]

Eidgenossin f Schweiz: Swiss citizen ['sɪtɪzn]

Eidotter m/n (egg) yolk [jəʊk], yolk of an egg

Eier... in Zusammensetzungen egg ..., egg...; **Eierbecher** egg cup; **Eiergericht** egg dish; **Eierkocher** egg boiler; **Eierlöffel** egg spoon; **Eiersalat** egg salad; **Eierschale** eggshell; **Eieruhr** egg timer

Eierkuchen m pancake

eiern: **das Rad eiert** the wheel wobbles

Eierschwamm m ⓐ, ⓒ, **Eierschwammerl** n ⓐ chanterelle [ˌʃɒntə'rel] pl: chanterelles

Eierspeise f ◫ allg.: egg dish ◪ ⓐ scrambled eggs (ˌ pl)

Eierstock m Mensch, Tier: ovary ['əʊvərɪ]

Eifer m keenness, eagerness, stärker: zeal [ziːl]

★**Eifersucht** f jealousy [ˌ 'dʒeləsɪ]

★**eifersüchtig** jealous [ˌ 'dʒeləs] (**auf** of)

eifrig ◫ allg.: keen ◪ (≈ fleißig) hard-working, diligent ['dɪlɪdʒənt] ◫ **eifrig lernen** study hard ◫ **der Lehrer war eifrig bemüht, ihn zu beruhigen** the teacher was anxious to calm him down

Eigelb n (egg) yolk [jəʊk], yolk of an egg; **vier Eigelb** four egg yolks

★**eigen** ◫ **hast du ein eigenes Zimmer?** do you have your own room?, do you have a room of your own?; **er braucht ein eigenes Zimmer** he needs a room to himself, he needs his own room ◪ **eigene Ansichten** personal views ◫ (≈ genau, wählerisch) particular [pə'tɪkjʊlə], fussy (**in** about)

Eigenart f ◫ allg.: peculiarity [pɪˌkjuːlɪ'ærətɪ] ◪ einer Sache: characteristic feature, bes. negativ: peculiarity

eigenartig strange

eigenartigerweise strangely enough, oddly enough

Eigeninitiative f: **etwas in Eigeninitiative tun** do* something on one's own initiative [ɪ'nɪʃətɪv]

eigenmächtig (≈ unbefugt) unauthorized

Eigenname m proper name, proper noun

eigennützig selfish

★**Eigenschaft** f ◫ (≈ Merkmal) quality ◪ (≈ Eigenart) feature, characteristic ◫ chemische usw.: property ◫ **gute** (bzw. **schlechte**) **Eigenschaften** einer Person: good (bzw. bad) points ◫ **in seiner Eigenschaft als ...** in his capacity of (oder as) ...

Eigenschaftswort n adjective ['ædʒɪktɪv]

eigensinnig stubborn

eigenständig independent

★**eigentlich** ◫ (≈ wirklich) actual ['æktʃʊəl], real ◪ (≈ genau) specific [spə'sɪfɪk] ◫ (≈ wesentlich) essential ◫ (≈ genau genommen) strictly speaking ... ◫ **eigentlich nicht** not really ◫ **was ist eigentlich passiert?** what actually (oder exactly) happened?

Eigentor n ◫ **ein Eigentor** Sport: an own goal (auch übertragen) ◪ **ein Eigentor schießen** score an own goal (auch übertragen)

★**Eigentum** n property

Eigentümer(in) m(f) owner

eigentümlich (≈ seltsam) peculiar, strange

Eigentumswohnung f ◫ owner-occupied flat, US condominium, US umg condo ◪ **sie haben eine Eigentumswohnung** they own a flat (US an apartment), they've got a flat (US an apartment) of their own

eigenwillig ◫ Stil usw.: very individual, unusual ◪ Person: self-willed

★**eignen** ◫ **dieses Buch** usw. **eignet sich gut als Geschenk** this book usw. makes (oder would make) a good present ['preznt] ◪ **er würde sich als Lehrer eignen** he'd make (oder be) a good teacher

Eignung f suitability [ˌsuːtə'bɪlətɪ] (**für** for; **zu, als** as, for), aptitude (**für** for); **seine Eignung als Lehrer** his suitability as a teacher

Eignungsprüfung f, **Eignungstest** m aptitude test

Eiklar n ⓐ (≈ Eigelb) (egg) yolk [jəʊk], yolk of an egg; **vier Eiklar** four egg yolks

Eilbrief m express letter, US special delivery [dɪ'lɪvərɪ] (letter)

★**Eile** f hurry ['hʌrɪ, US 'hɜːrɪ], rush; **sie ist in Eile** she's in a hurry

eilen: **es eilt nicht** there's no hurry

★**eilig** ◫ (≈ dringend) urgent ['ɜːdʒənt] ◪ **er hat's eilig** he's in a hurry (oder rush)

★**Eimer** m ◫ bucket, US pail; (≈ Mülleimer) Br (rubbish) bin, US garbage can; **ein Eimer Wasser** a bucket(ful) of water ◪ **es gießt wie aus Eimern** umg it's coming down in buckets ◫ **meine Uhr** usw. **ist im Eimer** my watch usw. has had it

eimerweise by the bucket, in bucketfuls

★**ein**[1] **1** *ein, eine, einer, eines*: one; **eine von drei Rosen** one of three roses; **einer nach dem andern** one after the other **2** **die einen sagen ...** some people say ... **3** **ein für alle Mal** once and for all **4** **ein und derselbe (Mann)** one and the same person **5** *ein, eine, einer, eines*; *vor gesprochenem Konsonant*: a, *vor gesprochenem Vokal*: an; **eine Maus** a mouse; **eine Stunde** an hour; **einer meiner Freunde** a friend of mine; **ein (gewisser) Herr Meier** a (certain) Mr Meier

ein[2] **1** *am Schalter*: on; **ein - aus** on - off **2** **ich weiß nicht mehr ein noch aus** I'm at my wits' end

★**einander**: **sie kennen einander** they know each other (*oder* one another)

einarbeiten 1 jemanden einarbeiten (≈ *anlernen*) train someone, *umg* show someone the ropes **2 etwas einarbeiten in** (≈ *einfügen*) work something into **3 sich einarbeiten** get into the work (*bzw.* subject *usw.*)

Einarbeitungszeit *f* **1** *Ausbildung*: training period ['pɪərɪəd] **2** (≈ *Gewöhnungszeit*) settling-in period

einatmen breathe [▲ briːð] in; **tief einatmen** take* a deep breath [▲ breθ] (*oder* deep breaths [▲ breθs])

einäugig one-eyed; **unter den Blinden ist der Einäugige König** in the country of the blind, the one-eyed man is king

★**Einbahnstraße** *f* one-way street

Einband *m* binding, cover

einbauen 1 install (**in** into) **2** fit (*Motor*) **3** (≈ *einfügen*) work in (*Satz usw.*)

Einbauküche *f* fitted kitchen

Einbauschrank *m* **1** built-in cupboard [▲ -'kʌbəd] **2** *für Kleider*: fitted wardrobe, *US* built-in closet

einberufen 1 call (*Versammlung*) **2** *zum Militär usw.*: call up (**zu** for), *US* draft (**zu** into)

★**einbeziehen 1** include (**in** in) **2** (≈ *integrieren*) incorporate (**in** into)

einbiegen 1 einbiegen in turn into (*eine Straße*) **2 rechts** (*bzw.* **links**) **einbiegen** turn right (*bzw.* left)

einbilden 1 sich einbilden (≈ *sich vorstellen*) imagine [ɪ'mædʒɪn]; **das bildest du dir nur ein** you're just imagining it **2 sich einbilden** (≈ *glauben*) think*; **er bildet sich ein, er ist beliebt** he thinks he's popular **3 darauf kannst du dir was einbilden** that's something to be proud of

★**Einbildung** *f* **1** (≈ *Vorstellung*) imagination **2** (≈ *Illusion*) illusion

einbinden (≈ *integrieren*) integrate ['ɪntɪɡreɪt] (**in** into)

einblenden 1 fade in (*Musik usw.*) **2** superimpose (*Bild usw.*)

einbrechen 1 (*Dieb*) break* in; **einbrechen in** break* into, burgle (*Wohnung*) **2 bei ihm wurde eingebrochen** his house (*bzw.* flat *usw.*) was burgled (*US* was burglarized) **3 auf dem Eis**: fall* through (the ice)

★**Einbrecher(in)** *m(f)* burglar ['bɜːɡlə]

einbringen 1 bring* in (*Ernte*) **2** bring* in, yield (*Gewinn usw.*) **3** (≈ *beitragen*) contribute [kən'trɪbjuːt] (*Ideen usw.*) (**in** to)

einbrocken 1 da hast du dir was eingebrockt *übertragen* you've landed yourself in it there **2 das hat er sich selbst eingebrockt!** *übertragen* it's his own fault, he has only himself to blame

Einbruch *m* **1** *in ein Haus*: burglary **2 bei Einbruch der Dunkelheit** at nightfall **3** (≈ *schwere Niederlage*) severe [sɪ'vɪə] defeat

einbruchsicher burglar-proof

einbuchten: **jemanden einbuchten** *salopp* (≈ *einsperren*) put someone away

einbürgern 1 jemanden einbürgern naturalize [▲ 'nætʃrəlaɪz] someone **2 sich einbürgern lassen** become* naturalized **3 es hat sich so eingebürgert** it's become a habit (**bei** with)

einbüßen (≈ *verlieren*) lose* [▲ luːz]

einchecken check in

eincremen 1 (sich) eincremen put* some cream on **2 die Schuhe eincremen** put* (the) polish on the shoes

eindecken: **sich (gut) eindecken mit** stock up on plenty of

★**eindeutig 1** (≈ *klar, offensichtlich*) clear, obvious ['ɒbvɪəs] **2** (≈ *nicht zweideutig*) unambiguous [ˌʌnæm'bɪɡjʊəs] **3 es ist eindeutig seine Schuld** it was clearly his fault

eindringen get* in; **eindringen in** get* into, *gewaltsam*: force one's way into, (≈ *durchbohren*) penetrate ['penətreɪt], pierce (*Haut usw.*)

eindringlich *Warnung, Bitte usw.*: urgent

★**Eindruck** *m* **1** impression; **der erste Eindruck** the first impression; **einen ersten Eindruck bekommen** get* a first impression; **Eindruck machen auf** impress, make* an impression on; **den Eindruck erwecken, als ob** (*oder* **dass**) ... give* the impression that ... **2 er macht einen intelligenten Eindruck** he seems (to be) quite intelligent **3 ich habe den Ein-

druck, dass ... I have (*oder* get) the impression (that) ... ◳ **welchen Eindruck haben Sie von ihm?** what's your impression of him?

eindrucksvoll impressive

eineiig: **eineiige Zwillinge** identical twins

eineinhalb one and a half [⚠ hɑːf]

einengen: **jemanden einengen** hem someone in, restrict someone

einer someone, somebody; → **ein¹**

Einer *m* ◳ *Mathematik*: unit ◳ (≈ *Ruderboot*) single scull

★**einerseits** on <u>the</u> one hand; **einerseits ..., andererseits** on the one hand ..., on the other hand

Ein-Euro-Job *m* work for unemployed person paying low hourly wage on top of benefit payments

Eine-Welt-Laden *m* fair trade shop, *US* fair trade store

★**einfach** ◳ (≈ *nicht schwierig*) easy, simple; **einfach zu verstehen** easy to understand (*oder* follow) ◳ **einfache Fahrkarte** single (ticket), *US* one-way ticket ◳ *Wendungen*: **das ist gar nicht so einfach** it's not so easy, it's not <u>as</u> easy <u>as</u> it looks; **nichts einfacher als das!** no problem at all ◳ (≈ *unkompliziert*) simple ◳ (≈ *bescheiden*) modest ['mɒdɪst] ◳ *Mensch*: ordinary ['ɔːdnərɪ] ◳ **das ist einfach toll** that's really great ◳ **es ist einfach unglaublich** it's just incredible [ɪn'kredəbl]

einfädeln ◳ thread [θred] (*Nadel, Faden, Film usw.*) ◳ *übertragen*; *geschickt*: arrange, fix up ◳ **sich einfädeln** (*Autofahrer*) merge, filter in; **sich links** (*bzw.* **rechts**) **einfädeln** filter left (*bzw.* right)

einfahren ◳ drive* into (*Garagentor usw.*) ◳ (*Zug*) arrive, come* in ◳ retract (*Fahrgestell usw.*) ◳ bring* in (*die Ernte*)

★**Einfahrt** *f* ◳ (≈ *Eingang*) entrance ['entrəns] ◳ (≈ *Auffahrt*) drive ◳ **Einfahrt frei halten!** keep clear ◳ (≈ *das Einfahren*) entry (**in**to) ◳ *des Zuges*: arrival **Vorsicht bei (der) Einfahrt des Zuges!** stand well back, the train is arriving

★**Einfall** *m* ◳ (≈ *Gedanke*) idea [aɪ'dɪə] ◳ (≈ *Invasion*) invasion [ɪn'veɪʒn] (**in** of)

★**einfallen** ◳ **mir fällt gerade ein, dass ...** it just occurred [ə'kɜːd] to me that ..., I've just remembered that ... ◳ **es fällt mir im Moment nicht ein** I can't think of it right now ◳ **ich werde mir schon was einfallen lassen** I'll think of something ◳ **was fällt dir ein!** what do you think you're doing? ◳ **in ein Land einfallen** invade a country ◳ (≈ *einstürzen*) collapse ◳ (*Licht*) enter, come* in; **einfallen in** (*Licht*) come* into

einfallslos unimaginative [ˌʌnɪ'mædʒɪnətɪv], boring ['bɔːrɪŋ]

einfallsreich full of ideas, original [ə'rɪdʒnl]

Einfamilienhaus *n* detached [dɪ'tætʃt] house

einfarbig ◳ solid-coloured, *Br auch* self-coloured ◳ **etwas einfarbig gestalten** *usw.* design *usw.* something in one (basic) colour

★**Einfluss** *m* influence (**auf** on, over); **er hat schlechten Einfluss auf sie** he's a bad influence on her

einflussreich influential [ˌɪnflʊ'enʃl]

einfrieren ◳ (*Rohre usw.*) freeze* (up) ◳ freeze* (*Lebensmittel*)

Einfügemodus *m* Computer: insert mode [ɪn'sɜːt ˌməʊd]

einfügen ◳ add (**in** to) ◳ **sich einfügen** *Dinge*: fit in (well) (**in** with), *Personen auch*: adapt (**in** to)

Einfügetaste *f* Computer: insert key [ɪn'sɜːt ˌkiː]

einfühlsam ◳ (≈ *sensibel*) sensitive ◳ (≈ *verständnisvoll*) understanding

Einfuhr *f* import ['ɪmpɔːt], (≈ *das Einführen*) importing

einführen ◳ (≈ *vorstellen*) introduce [ˌɪntrə'djuːs] (**in** into) ◳ **das wollen wir gar nicht erst einführen** we're not going to start anything like that ◳ import [ɪm'pɔːt] (*Waren*)

Einführung *f* ◳ *allg* introduction, *bei Text*: introduction (**in** to) ◳ **die Einführung des Euro** the introduction (*oder* launching) of the euro

Eingabe *f* Computer: input

Eingabetaste *f* Computer: enter key, return key

★**Eingang** *m* entrance ['entrəns], way in; **kein Eingang!** no entrance, no entry

eingebaut built-in

eingeben ◳ Computer: enter (*Text, Befehl*) ◳ **Daten in den Computer eingeben** feed* (*oder* enter) data into the computer

★**eingebildet**: **er ist sehr eingebildet** he's very arrogant ['ærəgənt], he's very full of himself

Eingeborene(r) *m/f(m)* ◳ native [neɪtɪv] (⚠ *wird oft als abwertend empfunden*); **die Eingeborenen** *auch*: the native inhabitants ◳ *bes. Australiens*: aborigine [⚠ ˌæbə'rɪdʒənɪ]

eingebürgert naturalized ['nætʃrəlaɪzd]

eingedeckt: **sie ist mit Arbeit gut eingedeckt** she's got plenty of work to do

eingefallen ◳ *Haus*: dilapidated [dɪ'læpɪdeɪtɪd] ◳ *Gesicht*: haggard ['hægəd] ◳ *Wangen, Augen*: hollow, sunken

eingefleischt: eingefleischter Junggeselle confirmed bachelor [ˈbætʃlə]

eingefroren wörtlich und übertragen frozen

eingehen ◼ eingehen in *die Sprache usw.*: enter ◼ eingehen auf (≈ *sich befassen mit*) deal* with, go* into (*eine Frage usw.*) ◼ auf jemanden eingehen respond to someone ◼ näher eingehen auf elaborate [ɪˈlæbəreɪt] on, expand on; überhaupt nicht eingehen auf completely ignore ◼ (*Pflanze*) die ◼ ein Risiko eingehen take* a chance ◼ eine (chemische) Verbindung eingehen form a (chemical) compound

eingehend ◼ *Diskussion, Bericht usw.*: (≈ *ausführlich*) detailed [ˈdiːteɪld]; etwas eingehend diskutieren discuss something in detail ◼ (≈ *gründlich*) thorough [⚠ ˈθʌrə]

eingeklammert in brackets, *bes. US* in parentheses [⚠ pəˈrenθəsiːz] (⚠ *beide hinter dem Subst.*)

eingeklemmt ◼ stuck ◼ *Nerv*: trapped

Eingemachte(s) *n* ◼ *Obst*: bottled fruit ◼ (≈ *Marmelade*) preserves [prɪˈzɜːvz] (⚠ *pl*) ◼ jetzt geht's ans Eingemachte *übertragen* we're really scraping the barrel now

eingerückt *Zeile usw.*: indented [ɪnˈdentɪd]

eingeschaltet (switched) on

eingeschnappt *umg* miffed, in a huff; er ist leicht eingeschnappt you have to watch what you say to him

eingesessen *übertragen* old-established

eingespielt: sie sind gut aufeinander eingespielt they make a good team

eingestellt ◼ ich bin darauf eingestellt (≈ *vorbereitet*) I'm prepared for it ◼ sozial eingestellt socially-minded

Eingeweide *n* ◼ insides [ˌɪnˈsaɪdz], *umg* innards [ˈɪnədz] ◼ (≈ *Gedärme*) intestines [ɪnˈtestɪnz], *umg* guts

eingeweiht: sie ist eingeweiht (≈ *ist Mitwisserin*) she's in the know

eingewöhnen: du musst dich noch eingewöhnen you need to settle in

eingießen pour in [ˌpɔːrˈɪn]; eingießen in pour into

eingleisig *Bahnstrecke*: single-track ..., *hinter dem Verb „sein"*: single-track<u>ed</u>

eingreifen step in, intervene [ˌɪntəˈviːn] (in in), *unerlaubt, störend*: interfere [ˌɪntəˈfɪə] (in in)

Eingreiftruppe *f* task force

eingrenzen ◼ (≈ *begrenzen*) enclose [ɪnˈkləʊz] ◼ *übertragen* limit (auf to)

Eingriff *m* ◼ Eingriff, Eingriffe intervention (in in), unerlaubte(r), störende(r): interference [ˌɪntəˈfɪərəns] (in in) ◼ (kleiner) Eingriff (≈ *Operation*) (minor) operation

einhaken ◼ *wörtlich* hook (in into), fasten [⚠ ˈfɑːsn] ◼ sie hakte sich bei ihm ein she linked arms with him ◼ hier möchte ich mal einhaken *Gespräch*: if I could just take up that point

einhalten ◼ keep* to (*Vereinbarung usw.*) ◼ stick* to (*Regeln, Versprechen*) ◼ keep* (*Versprechen*)

einhämmern: jemandem etwas einhämmern drum something <u>into</u> someone

einhandeln: damit handelst du dir garantiert Ärger usw. ein that's asking for trouble [ˈtrʌbl] usw.

einhängen ◼ *Telefon*: hang* up ◼ fit (*Tür*)

einheften file (*Akten usw.*)

★**einheimisch** ◼ *Mensch, Tier, Pflanze*: native, indigenous [ɪnˈdɪdʒnəs]; sie sind hier einheimisch *Pflanzen usw.*: they're native to this area ◼ *Produkt, Industrie*: domestic, local

Einheimische(r) *m/f(m)*: die Einheimischen the people (who live) here (*bzw.* there), *oft abwertend verstanden*: the natives, *einer Stadt*: the locals

Einheit *f* ◼ *allg.*: unity; die (deutsche) Einheit (German) unity ◼ eine Einheit bilden form a (unified) whole ◼ (≈ *Maßeinheit, Telefoneinheit*) unit

★**einheitlich** uniform [ˈjuːnɪfɔːm], standardized

Einheitlichkeit *f* uniformity [ˌjuːnɪˈfɔːmətɪ]

einhellig unanimous [⚠ juːˈnænɪməs]

einholen ◼ jemanden einholen *wörtlich und übertragen* catch* up with someone ◼ verlorene Zeit einholen make* up for lost time ◼ take* down (*Segel*)

einhüllen ◼ wrap [⚠ ræp] up (in in) ◼ sich einhüllen wrap oneself up (in in)

★**einhundert** a hundred, *betont*: one hundred

einig ◼ (sich) einig werden come* to an agreement (über about) ◼ sich nicht einig sein disagree (über on) ◼ *Volk usw.*: united

★**einige** → einige(r, -s)

einige(r, -s) ◼ einige a few, (≈ *mehrere*) several [ˈsevrəl], (≈ *viele*) quite a few; einige Mal several times ◼ einiges something, a few things; es gibt noch einiges zu tun there's (still) a fair bit to do; das wird einiges kosten that'll cost a fair bit ◼ nach einiger Zeit after some time

einigen ◼ sich einigen agree (über, auf on), *bes. politisch*: reach (an) agreement (*oder* a settlement) (**über, auf** on) **2** unite [juːˈnaɪt] (*ein Volk usw.*)

★**einigermaßen 1** quite, fairly **2 es geht ihm einigermaßen gut** he's not doing too badly

Einigkeit *f* **1** (≈ *Eintracht*) unity [ˈjuːnətɪ] **2** (≈ *Übereinstimmung*) agreement (**über** on, about) **3 es herrscht Übereinstimmung darüber, dass ...** everybody agrees that ...

★**Einigung** *f* agreement, settlement; **Einigung erzielen** reach (an) agreement (**über** on)

einjährig 1 (≈ *ein Jahr alt*) one-year-old ... **2** (≈ *ein Jahr dauernd*) year-long ..., one-year ... **3** *Pflanze*: annual [ˈænjʊəl]

einkalkulieren take* into account

einkasteln Ⓐ (≈ *einsperren*) lock up

★**Einkauf** *m* **1 Einkäufe** (≈ *Eingekauftes*) shopping; **Einkäufe machen** go* shopping **2** (≈ *das Einkaufen*) buying

★**einkaufen 1** buy* **2 einkaufen (gehen)** go* shopping

Einkaufs... *in Zusammensetzungen* shopping ...; **Einkaufskorb** shopping basket; **Einkaufspassage** shopping arcade [ˈʃɒpɪŋ əːˌkeɪd]; **Einkaufstasche** shopping bag; **Einkaufszentrum** shopping centre (*US* center); **Einkaufszettel** shopping list

Einkaufsbummel *m* shopping trip; **einen Einkaufsbummel machen** have* a look around the shops (*US* stores)

Einkaufswagen *m* (supermarket) trolley, *US* shopping cart

einklammern put* in brackets (*bes. US* in parentheses [⚠ pəˈrenθəsiːz])

einkleben stick* in; **einkleben in** stick* into

einkleiden: **jemanden neu einkleiden** buy* someone a whole new set of clothes

einklemmen: **er klemmte sich den Finger** (*bzw.* **den Mantel** *usw.*) **ein** he got his finger (*bzw.* coat *usw.*) caught

★**Einkommen** *n* income, earnings (⚠ *pl*)

Einkommen(s)teuer *f* income tax

Einkommen(s)steuererklärung *f* income tax return

Einkünfte *pl* income (⚠ *sg*), earnings

★**einladen 1 jemanden einladen** invite (*oder* ask) someone round; **jemanden zu einer Party einladen** invite (*oder* ask) someone to a party **2 ich lad dich ein** (≈ *bezahle*) I'll treat you

Einladung *f* invitation; **auf seine** *usw.* **Einladung** at his *usw.* invitation

einlangen Ⓐ (≈ *ankommen*) arrive (*Post*)

Einlass *m* admittance (**zu** to); **Einlass ab 18 Uhr** doors open at 6 pm

einlassen 1 run* (*Wasser*) (**in** into); **sich ein Bad einlassen** run* a bath **2 sie ließ sich auf ein Gespräch** (*bzw.* **einen Streit**) **ein** she got involved in a conversation (*bzw.* in an argument); **lass dich nicht darauf ein!** don't get involved **3 sich mit jemandem einlassen** get* involved with someone

einlaufen 1 (≈ *ankommen*) come* in, arrive **2** (*Wasser*) run* (in); **einlaufen in** run* into **3** (*Stoff, Kleidung*) shrink* **4 sich einlaufen** *Sport*: warm up

einleben: **sich einleben** settle in

einlegen 1 put* in (*Film usw.*) **2 eine Pause einlegen** have* a break

einleiten 1 (≈ *anfangen*) start, begin* **2** introduce (*Maßnahmen usw.*) **3** introduce (*Nebensatz*) **4** dump (**in** into) (*Schadstoffe in einen Fluss usw.*)

einleitend 1 sie sagte ein paar einleitende Worte she made a few introductory remarks **2 einleitend möchte ich sagen ...** may I start by saying ...

Einleitung *f* **1** *allg.*: introduction **2** (≈ *das Einleiten*) initiation, *von Schritten*: introduction, *von Verfahren*: institution, *von Geburt*: induction **3** *eines Buches*: preface [⚠ ˈprefəs] (+ *Genitiv* to) **4** *von Abwässern*: discharge (**in** into)

einleuchten: **das leuchtet mir ein** that makes sense (to me)

einleuchtend 1 es ist einleuchtend(, dass ...) it makes sense (that ...), it stands to reason (that ...) **2 aus einleuchtenden Gründen** for obvious [ˈɒbvɪəs] reasons

einliefern: **jemanden ins Krankenhaus einliefern** take* someone to hospital (⚠ *Br ohne* the)

Einlieferung *f* *ins Krankenhaus*: admission (**in** to)

einlochen 1 jemanden einlochen *umg; Gefängnis*: put* someone away, *US* put* someone in the slammer **2** *Golf*: putt

einloggen: **(sich) einloggen** *Internet*: log in (*od* on)

einlösen 1 cash (*Scheck*) **2** keep* (*Versprechen*)

einmachen preserve [prɪˈzɜːv]

Einmachglas *n* preserving jar [prɪˈzɜːvɪŋ dʒɑː]

★**einmal 1** once; **einmal eins ist eins** once one is one; **einmal im Jahr** once a year; **noch einmal** one more time, again **2 noch einmal so viel** twice as much **3 auf einmal** (≈ *plötzlich*) suddenly, (≈ *gleichzeitig*) at the same time **4** (≈ *zuvor*) before; **ich war schon einmal da**

I've been there before **5** *in Fragen*: (≈ *jemals*) ever; „Warst du schon einmal in Seattle?" - „Ja, da war ich auch schon." 'Have you ever been to Seattle?' - 'Yes I've been there too.' **6** (≈ *eines Tages in der Zukunft*) one day **7** **es war einmal ...** *im Märchen*: once upon a time there was ... **8** **nicht einmal** not even; **er hat mich nicht einmal angesehen** he didn't even look at me **9** **hör einmal!** listen [▲ 'lɪsn] **10** **sei endlich einmal ruhig** be quiet, will you! **11** **stell dir einmal vor ...** just imagine ..., can you imagine ...?

Einmaleins *n* **1** (multiplication) tables (▲ *pl*); **das kleine** (*bzw.* **große**) **Einmaleins** (multiplication) tables up to (*bzw.* over) ten **2** **kannst du das Einmaleins (aufsagen)?** do you know your tables?

einmalig **1** **eine einmalige Gelegenheit** (≈ *einzigartig*) a unique [juː'niːk] (*oder* one-off) chance **2** (≈ *hervorragend*) brilliant ['brɪljənt], *umg* fantastic **3** **einmalig schön** absolutely beautiful

Einmann... *in Zusammensetzungen* one-man ...; **Einmannbetrieb** one-man business (*oder umg* show)

Einmarsch *m* (≈ *Einfall*) invasion [ɪn'veɪʒn]; **beim Einmarsch der Truppen** when the troops invaded

einmarschieren: **einmarschieren (in)** invade

einmischen **1** **sich einmischen** interfere [ˌɪntə'fɪə] (**in** in, with) **2** **sich ins Gespräch einmischen** join in the conversation, *umg*, *störend*: butt in **on** the conversation **3** **misch dich lieber nicht ein** don't get involved

Einmischung *f* interference (**in** in)

einmotorig single-engine(d) [ˌsɪŋɡl'endʒɪn(d)]

einmünden **1** (*Fluss*) flow in (**in** -to) **2** (*Straße*) lead* in (**in** -to)

einmütig unanimous [juː'nænɪməs]

Einnahmen *pl* **1** income (▲ *sg*); *einer Bank*, *eines Unternehmens*: receipts [▲ rɪ'siːts]; (≈ *Geschäftseinnahmen*) takings; **Einnahmen und Ausgaben** income and expenditure **2** *des Staates*: revenue ['revənjuː] (▲ *sg*), revenues

einnehmen **1** take* (*Arznei*) **2** have* (*Mahlzeit*) **3** take* in (*Geld*) **4** (≈ *verdienen*) earn **5** occupy (*Land*) **6** take* up (*Platz*, *Raum*) **7** take* up, *auch* (*Position*, *Haltung*): **den Standpunkt einnehmen, dass ...** take* the view that ...

einordnen **1** (≈ *klassifizieren*) classify **2** place, *zeitlich auch*: date (*Kunstwerk usw.*) **3** **sich rechts** (*bzw.* **links**) **einordnen** get* into the right (*bzw.* left) lane **4** **etwas alphabetisch einordnen** enter something in alphabetical order

★**einpacken** **1** pack (up) **2** **ihr könnt schon einpacken!** *in der Schule*: you can pack up your things **3** do* up, *US* put* together (*Paket usw.*)

einparken **1** park, get* into a parking space **2** **rückwärts einparken** back into a parking space

Einparkhilfe *f* parking sensor

einpendeln: **sich einpendeln** level out [ˌlevl'aʊt] (**auf, bei** at)

einpennen *salopp* nod off

einpflanzen **1** *wörtlich* plant **2** implant [ɪm'plaːnt] (*Organ usw.*)

einplanen plan, (≈ *berücksichtigen*) allow for

einprägen **1** **sich etwas einprägen** (≈ *im Gedächtnis behalten*) remember something, *bei Lernmaterial*: memorize ['meməraɪz] something **2** **das prägt sich leicht ein** that's easy to remember

einprägsam **1** easy to remember, memorable **2** *Melodie usw.*: catchy

einrahmen *wörtlich* frame (*Bild*, *Brief usw.*)

einräumen **1** (**das Wohnzimmer** *usw.*) **einräumen** put* the furniture in the living room *usw.* **2** put* (the) things in (*Schrank usw.*)

einreden **1** **jemandem** (*bzw.* **sich**) **einreden, dass ...** persuade [pə'sweɪd] someone (*bzw.* oneself) that ... **2** **wer hat dir das eingeredet?** who gave you that idea? **3** **das redest du dir (doch) nur ein!** you're imagining it **4** **er redete die ganze Zeit auf sie ein** he kept on at her all the time

einreiben: **du solltest dir die Haut mit dieser Salbe einreiben** you should rub this ointment into your skin; **du solltest dir das Gesicht mit dieser Salbe einreiben** *vorsichtig*: you should put this ointment on your face

einreichen **1** send* in **2** *persönlich*: hand in **3** submit (*Antrag*) **4** lodge (*Beschwerde*)

★**Einreise** *f* entry ['entrɪ] (**in, nach** into) **2** **bei der Einreise** on arrival (▲ *ohne the*); **bei der Einreise in ...** on arrival in ..., when entering ... **3** **jemandem die Einreise verweigern** refuse someone entry (*oder* admission) (▲ *ohne the*)

Einreiseerlaubnis *f*, **Einreisegenehmigung** *f* entry permit [▲ 'pɜːmɪt]

einreisen **1** **durfte er in** (*oder* **nach**) **China einreisen?** was he allowed to enter China? **2** **durfte er einreisen?** was he allowed to enter the country (*bzw.* China *usw.*)?

Einreiseverbot *n*: **er hatte Einreiseverbot** he wasn't allowed to enter the country *usw.*

Einreisevisum *n* entry visa ['viːzə] *pl*: entry visas

einreißen ◼ tear* [teə] (*Stoff, Papier usw.*) ◼ pull (*oder* tear) down (*Zaun, Barrikaden*) ◼ **das wollen wir gar nicht erst einreißen lassen** we'd better put a stop to that before it starts

einrenken ◼ set* (*Arm, Bein usw.*) ◼ **die Sache wird sich schon wieder einrenken** *übertragen* it'll straighten itself out

★**einrichten** ◼ furnish, *umg* do* up (*Zimmer usw.*); **er hat sein Zimmer schön eingerichtet** he's done his room up very nicely ◼ fit out (*Küche, Geschäft*) ◼ **kannst du es irgendwie einrichten, dass ...?** can you possibly arrange things so that ...? ◼ **sich einrichten auf** (≈ *sich vorbereiten auf*) prepare for, get* ready for

★**Einrichtung** *f* ◼ (≈ *Möbel*) furniture ◼ *einer Küche, eines Geschäfts*: fittings (⚠ *pl*); (≈ *Laboreinrichtung usw.*) equipment ◼ (≈ *Eröffnung*) setting-up; *von Konto*: opening ◼ (≈ *Anlage*) installation [ˌɪnstəˈleɪʃn] ◼ (≈ *öffentliche Einrichtung*) institution; (≈ *Schwimmbäder, Transportmittel usw.*) facility

einrücken indent [ɪnˈdent] (*Zeile*)

★**eins** ◼ *Zahl*: one [wʌn] ◼ **um eins** at one (o'clock) ◼ **eins gefällt mir nicht** there's one thing I don't like about it ◼ **noch eins** another one ◼ *Wendungen*: **eins wollte ich dir noch sagen ...** another thing (I wanted to say) ...; **eins nach dem andern** one after the other; **das ist doch alles eins** it's all the same

Eins *f* ◼ *Zahl*: (number) one ◼ **eine Eins schreiben** *etwa*: get* an A ◼ *Bus, Straßenbahn usw.*: <u>number</u> one bus, <u>number</u> one tram *usw.*

★**einsam** ◼ *Person, Gegend, Haus usw.*: lonely ◼ *Straße, Strand usw.*: lonely, empty ◼ **sich einsam fühlen** feel* (very) isolated ◼ **sie ist einsame Spitze** she's brilliant

Einsamkeit *f* ◼ (≈ *Verlassenheit*) loneliness ◼ (≈ *Isoliertheit*) isolation

einsammeln collect (*Geld, Hefte*)

Einsatz *m* ◼ (≈ *Einsatzteil*) inset ◼ (≈ *Anstrengung*) effort ['efət], hard work ◼ (≈ *Verwendung*) use [juːs]; *Militär*: deployment; **im Einsatz** in use ◼ *von Arbeitskräften*: employment ◼ *polizeilicher*: operation ◼ *militärischer*: action, operation ◼ (≈ *Spieleinsatz*) stake ◼ **sie halfen den Flüchtlingen unter Einsatz des Lebens** they risked <u>their</u> <u>lives</u> to help the refugees [ˌrefjʊˈdʒiːz]; **unter Einsatz aller Kräfte** by making a supreme effort

Einsatzkommando *n* task force

einscannen: **etwas einscannen** scan something in

★**einschalten** ◼ switch (*oder* turn) on (*Licht, Gerät usw.*) ◼ start (*Motor*) ◼ put* on, switch on, tune in to (*Sender*)

Einschaltquote *f* TV, *Radio*: ratings (⚠ *pl*)

einschärfen: **jemandem einschärfen, die Wahrheit zu sagen** *usw.* urge someone to tell the truth *usw.*

einschätzen ◼ assess [əˈses] (*Situation, Bedeutung, Qualität usw.*) ◼ judge (*jemanden*) ◼ **richtig einschätzen** be* right about (*Lage, jemanden*); **falsch einschätzen** misjudge (*Lage, jemanden*) ◼ **wie schätzt du die Lage ein?** how do you see (*oder* view) the situation? ◼ **das ist schwer einzuschätzen** it's hard to say

Einschätzung *f* assessment; **nach meiner Einschätzung** in my estimation

einschenken: **jemandem ein Glas Wein** *usw.* **einschenken** pour [pɔː] someone a glass of wine *usw.*

einschicken send* in

★**einschlafen** ◼ fall* asleep, go* to sleep, *umg* drop off ◼ *beschönigend* (≈ *sterben*) pass away ◼ (*Freundschaft*) cool off

einschläfern (≈ *töten*) put* down, put* to sleep (*Tier*)

einschlagen ◼ **einschlagen (in)** hammer in(to) (*Nagel usw.*) ◼ (≈ *zerbrechen*) smash (*Fensterscheibe usw.*) ◼ (*Geschoss*) hit* ◼ (*Blitz*) strike*; **es hat in der Schule eingeschlagen** the school was struck by lightning ◼ *Wendungen*: **jemandem den Schädel einschlagen** smash someone's head in; **eine künstlerische** *usw.* **Laufbahn einschlagen** take* up a career as an artist *usw.*

einschlägig ◼ *Presse, Geschäfte*: specialist ◼ *Literatur*: relevant [ˈreləvənt]

einschleichen: **in deine Übersetzung** *usw.* **haben sich ein paar Fehler eingeschlichen** a few mistakes have crept into your translation *usw.*

einschleusen: **Flüchtlinge nach Deutschland einschleusen** smuggle refugees [ˌrefjʊˈdʒiːz] into Germany

einschließen ◼ *wörtlich* lock up; **einschließen in** lock (up) in, lock into ◼ *übertragen* include

★**einschließlich** including; **bis einschließlich Seite 7** (*bzw.* **Freitag**) up to and including page 7 (*bzw.* Friday, US through till Friday)

einschmeicheln: sich bei jemandem einschmeicheln ingratiate [▲ ɪnˈgreɪʃɪeɪt] oneself with someone

einschmieren: sich einschmieren mit Creme: rub (oder put*) some cream on

einschnappen (Schloss): snap shut; → eingeschnappt

einschneidend Reformen: drastic, radical

Einschnitt m ① (≈ Schnitt) cut ② (≈ Kerbe) notch ③ (≈ Wendepunkt) turning point

einschränken ① (≈ verringern) reduce, curb (Konsum, Macht) ② (≈ einengen) limit, restrict ③ sich einschränken cut* down (on things)

Einschränkung f reduction, von Recht: restriction, von Behauptung: qualification, (≈ Vorbehalt) reservation; **ohne Einschränkung** (≈ ohne Vorbehalt) without reservation [ˌrezəˈveɪʃn]

Einschreibebrief m, **Einschreiben** n registered letter

Einschreibung f an der Uni: registration, US enrollment

einschüchtern intimidate [ɪnˈtɪmɪdeɪt], frighten

einschulen: eingeschult werden start school

Einschulung f first day at school

Einsegnung f ① (≈ Konfirmation) confirmation ② (≈ Einweihung) consecration

★**einsehen** ① (≈ verstehen) see*, realize ② **das sehe ich nicht ein** I don't see why ③ **er sah den Fehler ein** he recognized [ˈrekəgnaɪzd] his mistake

einseifen wörtlich: soap down (jemanden), soap (Rücken usw.)

einseitig ① one-sided (auch übertragen) ② Politik: unilateral ③ (≈ parteiisch) biased [ˈbaɪəst]; **einseitige Berichterstattung** biased reporting ④ (≈ unausgeglichen) one-sided, unbalanced; **einseitige Ernährung** unbalanced diet [ˈdaɪət]

einsenden send* in; **einsenden an** send* to

Einsender(in) m(f) sender

Einsendeschluss m closing date (for entries)

Einsendung f ① sending in ② bei einem Wettbewerb: entry [ˈentrɪ] ③ (≈ Zuschrift) letter, reply

Einser m: **einen Einser bekommen** get* an A

einsetzen ① (≈ einfügen) put* in, insert [ɪnˈsɜːt] ② use [juːz] (Mittel) ③ **sein Leben einsetzen** risk one's life (für for) ④ **sich einsetzen für** support ⑤ **sich (voll) einsetzen** do* one's utmost ⑥ beim Wetten: bet* (Geld) ⑦ **sie setzte ihn als Erben ein** she made him her heir [▲ eə] ⑧ Musik: come* in

Einsicht f ① **Einsicht nehmen in** examine [ɪgˈzæmɪn], take* a look at ② (≈ Verständnis) understanding ③ (≈ Erkenntnis) insight [ˈɪnsaɪt]

einsickern seep in, trickle in; **einsickern in** seep into, trickle into

einsinken im Schlamm usw.: sink* in (in -to)

einspannen ① **ein Stück Holz (in den Schraubstock) einspannen** clamp a piece of wood (into the vice) ② **jemanden einspannen** übertragen rope someone in

Einspänner m Ⓐ black coffee served in a glass with a topping of whipped cream

einsparen save (Geld usw.)

Einsparung f saving, savings pl

einspeichern Computer: store

einsperren ① allg.: lock up ② ins Gefängnis: lock up, put* behind bars ③ in einen Käfig: put* in a cage, cage

einspielen ① bring* in (Geld) ② **sie sind gut aufeinander eingespielt** they make a good team

einsprachig monolingual [ˌmɒnəʊˈlɪŋgwəl]

einspringen (≈ aushelfen) step in, help out

Einspruch m ① allg.: objection (**gegen** to) (auch vor Gericht); **Einspruch erheben** raise an objection (**gegen** to), object [əbˈdʒekt] (**gegen** to) ② (≈ Berufung) appeal (**gegen** against); **Einspruch erheben** (oder **einlegen**) (file an) appeal (**gegen** against)

einspurig ① (≈ eingleisig) single-track ... ② Straße: single-lane ...

einst ① Zukunft: one day, some day ② (≈ früher) once, at one time

Einstand m Tennis: deuce [djuːs]

einstecken ① wörtlich: put* in, umg stick* in ② umg pop into the letterbox (Brief) ③ take* (Schlag) ④ **er kann viel einstecken** übertragen he can take a lot (of punishment) ⑤ übertragen pocket (Gewinn)

einstehen: **einstehen für etwas** answer [ˈɑːnsə] (oder take* responsibility) for something

★**einsteigen** ① in ein Fahrzeug: get* in; **einsteigen in** get* into ② **einsteigen (in)** Bus, Zug, Flugzeug: get* on ③ **in die Politik** usw. **einsteigen** go* into politics usw.

Einsteiger(in) m(f) umg beginner; **ein Modell für PC-Einsteiger** an entry-level PC

★**einstellen** ① (≈ anstellen) take* on, recruit, hire, employ (Arbeitskräfte); **Mitarbeiter einstellen** recruit staff ② (≈ beenden) stop, förmlicher: discontinue; call off (Suche); cease (Feuer); abandon (Verfahren); **die Arbeit einstellen** (Kommission usw.) stop work; (≈ in den Ausstand treten) withdraw* one's labour, US withdraw* one's labor ③ (≈ *regulieren*) adjust (**auf** to); set* (*Uhr, Wecker*); tune (in) (*Radio*) (**auf** to) ④ **sie hat den Weltrekord im Diskuswerfen eingestellt** she's equalled ['i:kwəld] (⚠ *Grundform* equal) the world record ['rekɔ:d] for discus throwing ⑤ **sich einstellen auf** (*Person*): (≈ *sich anpassen an*) adapt (*oder* adjust oneself) to, (≈ *sich vorbereiten auf*) prepare (oneself) for, get* ready for ⑥ **du musst dich darauf einstellen** (≈ *daran gewöhnen*) you'll have to get used to it (*oder* learn to accept it)

einstellig: **einstellige Ziffer** single-digit number ['sɪŋɡl,dɪdʒɪt'nʌmbə]

Einstellknopf *m* control (knob [nɒb])

★**Einstellung** *f* ① (≈ *Haltung*) attitude ['ætɪtju:d] (**zu** to, towards) ② *von Arbeitskräften*: employment

Einstellungsgespräch *n* interview; **ich muss zu einem Einstellungsgespräch gehen** I've got to go for an interview

Einstich *m von Nadel*: puncture ['pʌŋktʃə] mark, *Vorgang*: insertion [ɪn'sɜ:ʃn]

Einstieg *m* ① **der Einstieg in den Bus** *usw.* getting on(to) the bus *usw*. ② (≈ *Eingang*) entrance ['entrəns] ③ **der Einstieg war schwierig** *übertragen* it was hard at the start

Einstiegsdroge *f* starter drug

einstimmig (≈ *einmütig*) unanimous [⚠ ju:'nænɪməs]

einstöckig *Gebäude*: one-storey ..., one-storeyed, *US* one-story

einstreichen ① *mit Farbe*: paint ② *umg* rake in (*Geld*)

einstudieren ① rehearse [rɪ'hɜ:s] (*ein Stück*) ② learn* (*eine Rolle*)

einstufen ① *allg.*: classify (*jemanden, etwas*) ② **Kinder nach ihren Fähigkeiten einstufen** grade children according to their abilities ③ **hoch** (*bzw.* **niedrig**) **einstufen** rate (*oder* rank) high (*bzw.* low)

Einstufung *f* ① *allg.*: classification ② *nach Fähigkeiten usw.*: grading

Einsturz *m* collapse [kə'læps]; **etwas zum Einsturz bringen** cause something to collapse

einstürzen (*Gebäude, Dach, Brücke usw.*) collapse [kə'læps]; **das Haus droht einzustürzen** the house is in danger of collapsing

Einsturzgefahr *f* danger of collapse; **das Gebäude wird wegen Einsturzgefahr geschlossen** the building is going to be closed because it's unsafe

einstweilen (≈ *vorläufig*) for the time being, (≈ *für kurze Zeit*) for the moment

eintägig one-day ...

eintauschen exchange (**gegen** for)

★**eintausend** a thousand, *US* one thousand, *Br betont*: one thousand

einteilen ① (≈ *gruppieren*) divide (up), classify (**in** into) ② (≈ *anordnen*) arrange (**in** in; **nach** according to) ③ organize (*Zeit*) ④ (≈ *planen*) plan out, organize (*Arbeit*) ⑤ **du musst (dir) dein Geld (besser) einteilen** you've got to learn to budget ['bʌdʒɪt]

Einteilung *f* ① (≈ *Gruppierung*) division, classification ② (≈ *Anordnung*) arrangement ③ *zeitliche*: plan

eintönig monotonous [⚠ mə'nɒtənəs], dull

Eintönigkeit *f* monotony [⚠ mə'nɒtənɪ]

Eintopf *m* **Eintopfgericht** *n* stew [stju:]

Eintrag *m* ① *allg.*: entry ['entrɪ] ② *ins Klassenbuch*: black mark

★**eintragen** ① *in eine Liste*: put* down (**in** on) ② **sich** (**in die Liste**) **eintragen** put* one's name down (**on** the list)

Eintragung *f* ① *in eine Liste*: entering ② (≈ *Vermerk*) entry

eintreffen ① (≈ *ankommen*) arrive ② (≈ *geschehen*) happen ③ (≈ *sich erfüllen*) prove [pru:v] true

eintreiben collect (*Schulden usw.*)

eintreten ① go* in, come* in, enter; **eintreten in** go* into, come* into, enter ② (**in einen Klub** *usw.*) **eintreten** join (a club *usw*.) ③ (≈ *sich ereignen*) happen, take* place, occur [ə'kɜ:r] ④ **es ist noch keine Besserung** *usw.* **eingetreten** there has been no improvement *usw*. as yet ⑤ **für etwas eintreten** support something ⑥ **in ein Kloster eintreten** enter (*oder* go* into) a monastery *bzw*. convent

★**Eintritt** *m* ① (≈ *Beitritt*) entry ['entrɪ] (**in** into) ② **Eintritt frei** admission free

Eintrittsgeld *n* ① admission fee ② *Sport*: gate money

★**Eintrittskarte** *f* ticket

eintrocknen dry up

eintrüben: **es trübt sich ein** it's clouding over, it's getting cloudy

einüben ① practise [⚠ præktɪs] ② rehearse [rɪ'hɜ:s] (*Rolle*)

Einvernehmen *n* agreement, understanding; **im Einvernehmen mit** in agreement with

★**einverstanden** ① (**mit etwas**) **einverstanden sein** agree (to something); **bist du damit einverstanden?** do you agree?, do you accept that?; (**mit jemandem**) **einverstanden sein** accept someone ② **er ist damit einverstan-**

den, dass er bei uns bleibt he has agreed to stay with us **3** **ich bin damit einverstanden, dass du auf die Fete gehst** *usw.* you can go to the party *usw.* as far as I'm concerned **4** **einverstanden!** okay, all right

Einverständnis *n*: **sein Einverständnis geben** (give*) one's) consent [kən'sent] (**zu** to)

Einwand *m* objection (**gegen** to); **einen Einwand vorbringen** raise an objection

Einwanderer *m*, **Einwanderin** *f* immigrant ['ɪmɪɡrənt]

einwandern immigrate ['ɪmɪɡreɪt] (**nach, in** to)

Einwanderung *f* immigration [ˌɪmɪ'ɡreɪʃn] (**nach, in** to)

Einwanderungsland *n* country open to immigrants ['ɪmɪɡrənts]

einwandfrei **1** (≈ *fehlerfrei*) perfect, flawless **2** **er spricht einwandfrei Englisch** his English is perfect; **einwandfrei funktionieren** work perfectly **3** **es steht einwandfrei fest, dass ...** there's no question that ...

einwechseln bring* on (as a substitute) (*Ersatzspieler*)

einwecken Ⓐ (≈ *einmachen*) preserve [prɪ'zɜːv]

Einwegflasche *f* non-returnable bottle

einweichen soak

einweihen **1** (≈ *eröffnen*) open **2** **seine Wohnung einweihen** have* a housewarming (*bzw.* flatwarming) party **3** **jemanden in ein Geheimnis einweihen** let* someone in on a secret

Einweihungsfeier *f* **1** (≈ *Eröffnungsfeier*) opening ceremony ['serəmənɪ] **2** *für Haus usw.*: housewarming (*bzw.* flatwarming) party

einweisen **1** **jemanden (in eine Aufgabe) einweisen** show someone what to do **2** **jemanden ins Krankenhaus** *usw.* **einweisen** admit someone to hospital *usw.* (⚠ *Br ohne* the)

Einweisung *f* **1** **die Einweisung der neuen Mitarbeiter** introducing new employees to their jobs **2** *in Krankenhaus usw.*: admission (**in** in)

einwenden **1** **einwenden, dass ...** object [əb'dʒekt] (*oder* argue) that ... **2** **ich habe nichts dagegen einzuwenden** I have no objections **3** **wenn niemand etwas einzuwenden hat ...** if there are no objections (from anyone) ...

einwerfen **1** throw* in (*Ball*) **2** post, *US* mail (*Brief*) **3** put* in (*Geld*) **4** smash (*Fenster*) **5** *umg* take* (*Drogen*)

einwickeln **1** *wörtlich* wrap up [⚠ ˌræp'ʌp] (**in**

in) **2** **lass dich nicht von ihm einwickeln** *übertragen* don't be taken in by him

einwilligen agree, consent [kən'sent] (**in** to)

Einwilligung *f* approval [ə'pruːvl], consent [kən'sent]; **seine Einwilligung zu etwas geben** consent to something

einwirken: **einwirken auf** (≈ *beeinflussen*) influence

Einwirkung *f* **1** (≈ *Einfluss*) influence (**auf** on) **2** (≈ *Wirkung*) effect (**auf** on)

einwöchig week-long ..., one-week ...

★**Einwohner(in)** *m(f)* inhabitant [ɪn'hæbɪtənt]

Einwohnermeldeamt *n* residents' ['rezɪdənts] registration office

Einwurf *m* *Fußball*: throw-in

Einzahl *f Grammatik*: singular ['sɪŋɡjʊlə]

★**einzahlen**: **ich möchte 50 Pfund auf dieses Konto einzahlen** I'd like to pay £50 (*gesprochen* fifty pounds) into this account

Einzahlung *f* payment

Einzahlungsschein *m* Ⓢ giro transfer form

Einzel *n Tennis*: singles (⚠ *sg*)

Einzelbeispiel *n* isolated case

Einzelbett *n* single bed

Einzelfahrschein *m* single-trip ticket, *US* one--way ticket

Einzelfall *m* (≈ *Ausnahme*) isolated case

Einzelgänger(in) *m(f)* loner

Einzelhaft *f* solitary ['sɒlətrɪ] confinement

Einzelhandel *m* retail trade ['riːteɪl ˌtreɪd]

Einzelhandelskauffrau *f*, **Einzelhandelskaufmann** *m* qualified retail salesperson

Einzelhändler(in) *m(f)* retailer, retail trader

Einzelhaus *n* detached [dɪ'tætʃt] house

★**Einzelheit** *f* detail ['diːteɪl]; **nähere Einzelheiten** further ['fɜːðə] details

Einzelkind *n*: **ein Einzelkind** an only child

★**einzeln** **1** (≈ *für sich allein*) individual [ˌɪndɪ'vɪdʒʊəl]; **jedes einzelne Stück** each individual piece **2** (≈ *einzig*) single **3** (≈ *abgetrennt*) separate ['seprət] **4** (≈ *abgeschieden*) isolated

Einzelne(r, -s) *m/f(m, n)* **1** **der Einzelne** the individual [ˌɪndɪ'vɪdʒʊəl]; **jeder Einzelne** every single person **2** **Einzelne** (≈ *manche*) some, isolated ... **3** **im Einzelnen** in detail ['diːteɪl]

Einzelperson *f* individual [ˌɪndɪ'vɪdʒʊəl]

Einzelunterricht *m* private ['praɪvət] lessons (⚠ *pl*); **er bekommt Einzelunterricht** he has private lessons

Einzelzelle *f im Gefängnis*: solitary cell [ˌsɒlə-trɪ'sel]

Einzelzimmer *n* single room

★**einziehen** **1** *in eine Wohnung usw.*: move in;

einziehen in move into ② draw* in (*Krallen, Fühler*) ③ thread [△ θred] (*Faden, Gummiband*) ④ **zieh den Kopf ein!** duck (your head); **zieh den Bauch ein!** *umg* pull your stomach ['stʌmək] in ⑤ (*Flüssigkeit*) soak in ⑥ *zum Militär*: call up, *US* draft (*jemanden*) ⑦ put* up (*Wand*)

★**einzig** ① only; **mein einziger Freund** my (one and) only friend ② **ein einziges Buch** (just) one book; **kein einziger Fehler** not one (*oder* a single) mistake ③ **ein einziges Mal** just once ④ **das einzig Gute daran ist ...** the only good (*oder* positive) thing about it is ...

einzigartig unique [△ ju:'ni:k]

Einzige(r, -s) *m/f(m, n)* ① **der Einzige, die Einzige** the only one, the only person; **kein Einziger** *Person*: nobody at all ② **das Einzige** the only thing

Einzimmerappartement *n*, **Einzimmerwohnung** *f* one-room flat (*US* apartment), *Br auch* bedsit(ter) [,bed'sɪt(ə)], studio ['stju:dɪəʊ] flat, *US auch* studio apartment

Einzug *m* in ein Haus usw.: move; **nach dem Einzug in die neue Wohnung** after moving into the new apartment

Einzugsverfahren *n Bankwesen*: direct debit (ing) [,daɪrekt'debɪt(ɪŋ)]

★**Eis** *n* ① ice ② (≈ *Speiseeis*) ice cream; **zwei Eis bitte** two ice creams, please ③ *Wendungen*: **auf Eis legen** put* on ice; **das Eis brechen** *übertragen* break* the ice

Eis... *in Zusammensetzungen* ice..., ice-..., ice ...; **Eisbahn** *f* ice-skating rink; **Eisberg** iceberg ['aɪsbɜ:g]; **Eisbeutel** ice bag, ice pack; **Eisbrecher** icebreaker; **Eiscreme** ice cream; **Eishockey** ice hockey, *US* hockey; **Eislauf** ice-skating ['aɪsˌskeɪtɪŋ]; **Eisrevue** ice show; **Eiswürfel** ice cube; **Eiszeit** ice age

Eisbär *m* polar bear [,pəʊlə'beə]

Eisbecher *m* (≈ *Eis mit Früchten usw.*) sundae [△ 'sʌndeɪ]

Eisbein *n Essen*: pickled knuckle [△ 'nʌkl] of pork

Eisbergsalat *m* iceberg lettuce [,aɪsbɜ:g'letɪs]

Eisbombe *f* bombe glacée [△ ,bɒm'glæseɪ]

Eiscafé *n*, **Eisdiele** *f* ice cream parlour ['pɑ:lə]

Eischnee *m* (≈ *geschlagenes Eiweiß*) beaten egg white

★**Eisen** *n allg.*: iron ['aɪən] (△ r ist stumm)

★**Eisenbahn** *f* railway, *US* railroad; **mit der Eisenbahn** by rail, by train

Eisenerz *n* iron ore [,aɪən'ɔ:]

eisern ① *wörtlich und übertragen* iron ['aɪən] ② **eiserne Nerven** nerves of steel

Eisfach *n* freezing compartment

eisfrei free of ice, ice-free ...; **eisfreier Hafen** ice-free harbour

eisgekühlt chilled

Eishockey *n Br* ice hockey, *US* hockey

eisig ① *wörtlich und übertragen* icy ['aɪsɪ]; **eisiges Schweigen** an icy (*oder* a frosty) silence ② **eisig kalt** ice-cold, icy cold

Eiskaffee *m* iced coffee

eiskalt ① *wörtlich* ice-cold ② *Blick usw.*: icy

Eiskasten *m* Ⓐ (≈ *Kühlschrank*) fridge, refrigerator

Eiskunstlauf *m* figure skating ['fɪgəˌskeɪtɪŋ]

Eiskunstläufer(in) *m(f)* figure skater ['fɪgəˌskeɪtə]

Eislauf *m* ice-skating

Eisläufer(in) *m(f)* ice-skater

Eisprung *m* ovulation [,ɒvjʊ'leɪʃn]

Eissalat *m* iceberg lettuce [,aɪsbɜ:g'letɪs]

Eisschnelllauf *m* speed skating

Eisschnellläufer(in) *m(f)* speed skater

Eisschrank *m* fridge [frɪdʒ], *US auch* refrigerator [rɪ'frɪdʒəreɪtə]

Eisstadion *n* ice rink

Eistanz *m*, **Eistanzen** *n* ice dancing

Eistee *m* iced tea, ice tea

Eisverkäufer(in) *m(f)* ice cream seller

Eiswürfel *m* ice cube

Eiszapfen *m* icicle ['aɪsɪkl]

Eiszeit *f* ice age, glacial period [,gleɪʃl'pɪərɪəd]

eitel *Mensch*: vain

Eitelkeit *f* vanity ['vænətɪ]

Eiter *m* pus [pʌs]

eitern (*Wunde usw.*) fester

eitrig *Wunde*: festering

Eiweiß *n* ① (↔ *Eigelb*) white of an egg, egg white; **du brauchst vier Eiweiß** you need four egg whites ② *Biologie, Chemie*: protein [△ - 'prəʊti:n]; **pflanzliches Eiweiß** vegetable protein; **tierisches Eiweiß** animal protein

Eiweißmangel *m* protein deficiency ['prəʊti:n dɪˌfɪʃnsɪ]

Eizelle *f Biologie*: egg cell, ovum ['əʊvəm] *pl*: ova ['əʊvə]

Ejakulation *f* ejaculation [ɪ,dʒækjʊ'leɪʃn]

Ekel¹ *m Gefühl*: disgust, revulsion (**vor** at)

Ekel² *n Person*: obnoxious [əb'nɒkʃəs] person; **er ist ein Ekel** he's disgusting

ekelhaft, **ekelig** ① (≈ *ekelerregend*) revolting, disgusting ② *Wetter usw.*: nasty

ekeln: **es ekelt mich vor ihm** *umg* he gives me the creeps

EKG *n abk Medizin*: ECG [,i:si:'dʒi:], *US* EKG

[ˌiːkeɪˈdʒiː]
Eklat m **1** (≈ *Skandal*) scandal [ˈskændl] **2** (≈ *Krach*) confrontation, row [⚠ raʊ]
eklatant *abwertend; Fehler, Unterschied usw.*: blatant [ˈbleɪtnt], glaring
Ekstase f ecstasy [ˈekstəsɪ]; **in Ekstase geraten** go* into ecstasies (⚠ *pl*)
Elan m vigour [⚠ ˈvɪgə]
elastisch elastic, (≈ *biegsam*) flexible
Elastizität f elasticity [ˌiːlæˈstɪsətɪ], (≈ *Biegsamkeit*) flexibility
Elch m **1** *allg.*: elk **2** *nordamerikanischer*: moose [muːs]
★**Elefant** m **1** elephant [ˈelɪfənt] **2** *Wendungen*: **du machst aus einer Mücke einen Elefanten** you're making a mountain out of a molehill; **er benimmt sich wie ein Elefant im Porzellanladen** he's like a bull [bʊl] in a china shop
★**elegant** **1** elegant [ˈelɪgənt] (*auch übertragen*), smart **2 auf elegante Weise** *übertragen* elegantly **3 sie hat sich elegant aus der Affäre gezogen** she got out of it nicely
Eleganz f elegance [ˈelɪgəns]
Elektriker(in) m(f) electrician [ɪˌlekˈtrɪʃn]
★**elektrisch** **1** electric, electrical; **elektrische Energie** electrical energy **2 elektrisch geladen** electrically charged
★**Elektrizität** f electricity [ɪˌlekˈtrɪsətɪ]
Elektrizitätswerk n (electric) power station
Elektro- *in Zusammensetzungen* electric, electrical
Elektroauto n electric car
Elektrogerät n electrical appliance [əˈplaɪəns]
Elektrogeschäft n electrical shop (*US* store)
Elektrohammer m electric hammer
Elektroherd m electric stove (*Br auch* cooker)
Elektroingenieur(in) m(f) electrical engineer
Elektromobilität f *Auto*: electromobility
Elektromotor m (electric) motor [ˈməʊtə]
Elektron n electron [ɪˈlektrɒn]
Elektronik f **1** *als Fach, Gebiet*: electronics [ɪˌlekˈtrɒnɪks] (⚠ *mit sg*); **er arbeitet in der Elektronik** he works in electronics (⚠ *ohne the*) **2** *in einem Flugzeug usw.*: electronics (⚠ *mit pl*)
elektronisch **1** electronic [ɪˌlekˈtrɒnɪk] **2 elektronischer Briefkasten** electronic mailbox; **elektronische Datenverarbeitung** electronic data processing; **elektronisches Geld** e-cash [ˈiːkæʃ], electronic cash; **elektronisches Papier** electronic paper; **elektronische Tinte** electronic ink; **elektronische Zigarette** electronic cigarette, e-cigarette **3 elektronisch gesteuert** electronically controlled
Elektrorad n e-bike [ˈiːbaɪk]
Elektrorasierer m electric razor [ˈreɪzə]
Elektroschock m electric shock
Elektrosmog m electronic smog
Elektrotechnik f electrical engineering
Elektrotechniker(in) m(f) electrician, (≈ *Ingenieur*) electrical engineer
★**Element** n **1** *allg.*: element [ˈelɪmənt] **2 er ist in seinem Element** *übertragen* he's in his element
elementar (≈ *grundlegend*) elementary [ˌelɪˈmentərɪ], basic; **elementarer Fehler** basic mistake
★**Elend** n **1** misery [ˈmɪzərɪ] **2 soziales Elend** social hardship
elend miserable [ˈmɪzrəbl], wretched [⚠ ˈretʃɪd]; **in elenden Verhältnissen leben** live in wretched conditions
Elendsviertel n slum, slums *pl*
★**elf** eleven [ɪˈlevn]
Elf f **1** (*number*) eleven **2** *Bus, Straßenbahn usw.*: number eleven bus, number eleven tram *usw.*
Elfenbein n ivory [ˈaɪvərɪ]
Elfenbeinturm m: **im Elfenbeinturm leben** *übertragen* live in an ivory [ˈaɪvərɪ] tower
elfhundert eleven hundred
Elfjährige(r) m/f(m) eleven-year-old
Elfmeter m *Fußball*: penalty [ˈpenltɪ] (kick)
Elfmeterschießen n penalty [ˈpenltɪ] shoot-out
★**elfte(r, -s)** eleventh [ɪˈlevnθ]; **11. Mai** 11(th) May, May 11(th) (⚠ *gesprochen* the eleventh of May); **am 11. Mai** on 11(th) May, on May 11(th) (⚠ *gesprochen* on the eleventh of May)
Elite f elite [⚠ eɪˈliːt]
Eliteeinheit f *Militär*: crack troops (⚠ *pl*), crack unit
★**Ellbogen** m elbow [ˈelbəʊ]; **am Ellbogen** on one's elbow
Ellbogenfreiheit f *auch übertragen* elbowroom [ˈelbəʊruːm], room to move
Ellbogengesellschaft f dog-eat-dog world
ellenlang extremely long
Ellipse f *Mathematik*: ellipse [ɪˈlɪps]
Elsass n Alsace [ælˈsæs]; **im Elsass** in Alsace (⚠ *ohne* the)
Elster f *Vogel*: magpie [ˈmægpaɪ]
★**Eltern** *pl* parents
Elternabend m parent-teacher meeting
Elterngeld n parental allowance (*oder* benefit)
Elternhaus n (parental) home
Elternteil m parent

Elternvertretung f etwa: parent-teacher association (abk PTA)

Elternzeit f parental leave, für Mütter auch: maternity leave, für Väter auch: paternity leave; **in Elternzeit gehen** take* parental leave

EM f abk (abk für Europameisterschaft) European championships (▲ pl)

Email n enamel [▲ ɪˈnæml]

★**E-Mail** f e-mail, E-mail, email; **du kannst mir auch eine E-Mail schicken** you can also send me an e-mail, you can also e-mail me

E-Mail-Adresse f e-mail address [əˈdres]

Emanze f umg, frauenfeindlich women's libber [ˌwɪmɪnzˈlɪbə]

Emanzipation f emancipation [ɪˌmænsɪˈpeɪʃn]; **die Emanzipation der Frau** women's lib, förmlicher women's liberation

emanzipiert emancipated [ɪˈmænsɪpeɪtɪd]

Embargo n: **ein Embargo verhängen über** place (oder impose) an embargo on

Embryo m embryo [ˈembrɪəʊ]

Emigrant(in) m(f) ◼ emigrant [ˈemɪɡrənt] ◻ (≈ politischer Flüchtling) refugee [ˌrefjuˈdʒiː], émigré [ˈemɪɡreɪ]

Emigration f: **in der Emigration** in exile [ˈeksaɪl]; **in die Emigration gehen** go* into exile (▲ beide ohne the)

emigrieren emigrate [ˈemɪɡreɪt]

Emir m emir [eˈmɪə]

Emirat n emirate [ˈemərət]

Emission f von Schadstoffen usw.: emission

Emoticon n Computer: emoticon

Emotion f emotion

emotional, emotionell emotional

emotionslos unemotional

★**Empfang** m ◼ (≈ Erhalt) receipt [▲ rɪˈsiːt]; **etwas in Empfang nehmen** receive something; Handel: take* delivery of something; **(zahlbar) nach/bei Empfang** (payable) on receipt (of) ◻ (≈ Begrüßung) welcome; **jemandem einen begeisterten Empfang bereiten** give* someone an enthusiastic reception ◼ **einen Empfang geben** (≈ Veranstaltung) give* (oder hold*) a reception ◼ Radio usw.: reception ◼ im Hotel usw.: reception (desk)

★**empfangen** ◼ (≈ erhalten) receive [rɪˈsiːv] ◻ (≈ begrüßen) welcome [ˈwelkəm] ◼ Radio usw.: receive, get*

★**Empfänger(in)** m(f) ◼ allg.: recipient [rɪˈsɪpɪənt] ◻ eines Briefes usw.: addressee [ˌædresˈiː]

Empfängnis f conception

empfängnisverhütend: **empfängnisverhütendes Mittel** contraceptive [ˌkɒntrəˈseptɪv]

Empfängnisverhütung f contraception [ˌkɒntrəˈsepʃn]

Empfangsbescheinigung f, **Empfangsbestätigung** f (acknowledgment of) receipt [rɪˈsiːt]

Empfangshalle f reception hall

★**empfehlen** recommend [ˌrekəˈmend]

empfehlenswert recommendable [ˌrekəˈmendəbl], (≈ ratsam) advisable

Empfehlung f recommendation [ˌrekəmenˈdeɪʃn]

★**empfinden** ◼ allg.: feel* ◻ **ich empfinde für ihn nichts** I don't feel anything for him ◼ **was empfindest du dabei?** how does it make you feel?

empfindlich ◼ (≈ sensibel, feinfühlig) sensitive **(gegen, gegenüber** to) ◻ **er ist ziemlich empfindlich** (≈ leicht gekränkt) he's very sensitive, he's easily offended ◼ (≈ zart) delicate [ˈdelɪkət]

empfindsam ◼ (≈ sensibel, feinfühlig) sensitive [ˈsensətɪv] ◻ (≈ gefühlvoll) sentimental [ˌsentɪˈmentl]

Empfindung f übertragen feeling

empor ◼ up, upwards [ˈʌpwədz] ◻ in Zusammensetzungen → hoch usw., hinauf usw.

empört (≈ entrüstet) indignant [ɪnˈdɪɡnənt], outraged [ˈaʊtreɪdʒd]

Empörung f indignation, outrage [ˈaʊtreɪdʒ]

emsig ◼ busy [ˈbɪzɪ] ◻ (≈ eifrig) eager, keen

E-Musik f serious [ˈsɪərɪəs] (oder classical) music

Endausscheidung f final elimination round

★**Ende** n ◼ allg.: end ◻ Film usw.: ending ◼ (≈ Ergebnis) result, outcome ◼ **Ende Januar** usw. at the end of January usw. ◼ **Ende der Sechzigerjahre** in the late sixties ◼ **er ist Ende zwanzig** he's in his late twenties ◼ **am Ende** zeitlich: in the end, (≈ schließlich) eventually [ɪˈventʃʊəlɪ]; **am Ende mussten wir zu Fuß dorthin** we ended up having to walk there ◼ **ich bin am Ende** übertragen I'm finished, umg I've had it ◼ **letzten Endes** after all, in the end ◼ **die Party ist zu Ende** the party's over ◼ **ich will den Satz nur noch zu Ende schreiben** let me just finish (writing) this sentence ◼ Wendungen: **das dicke Ende kommt noch** the worst is yet to come; **das Ende vom Lied war** … the end of the story was …; **er wohnt am Ende der Welt** umg he lives at the back of beyond

Endeffekt m: **im Endeffekt** in the final analysis [▲ əˈnæləsɪs]

★**enden** ▮ (≈ *zu Ende gehen*) (come* to an) end ▮ (≈ *aufhören*) finish, stop ▮ **es endete damit, dass sie umzogen** the result was that they moved, it ended up with them moving

Endergebnis n final result (*auch Sport und Mathe*)

★**endgültig** ▮ *Entscheidung usw.*: final ▮ *Beweis*: conclusive ▮ **das steht endgültig fest** that's definite ['defənət] ▮ **damit ist die Sache endgültig entschieden** that settles the matter once and for all

Endivie f *Pflanze*: endive ['endɪv]

Endlager n **Endlagerstätte** f final disposal site

endlagern: **radioaktive Abfälle endlagern** permanently ['pɜːmənəntlɪ] dispose of radioactive waste

Endlagerung f: **Endlagerung von radioaktivem Material** final disposal of nuclear waste

★**endlich** ▮ finally, at last ▮ **hör endlich auf!** stop it, will you! ▮ (≈ *begrenzt*) limited

endlos ▮ endless, never-ending ▮ **es zog sich endlos hin** it went on forever

Endrunde f, **Endspiel** n *Sport*: final, finals pl

Endspurt m final spurt [spɜːt] (*auch übertragen*), finish

Endstadium n: **im Endstadium** in the final stages (⚠ pl)

Endstation f terminus ['tɜːmɪnəs], *US auch* end of the line

Endung f *Grammatik*: ending

★**Energie** f ▮ *allg.*: energy ▮ *elektrische*: energy, power ▮ *übertragen* energy, drive

Energie... *in Zusammensetzungen* energy ['enədʒɪ] ...; **Energiebedarf** energy demand, energy requirement, energy requirements pl; **Energiekrise** energy crisis; **Energiepolitik** energy policy; **Energiereserven** energy reserves; **Energieverbrauch** energy consumption; **Energieversorgung** energy supply

energieintensiv energy-intensive

Energiesparlampe f energy-saving bulb

Energiewende f energy U-turn ['juːtɜːn]

energisch (≈ *entschlossen*) forceful

Energydrink m energy drink

★**eng** ▮ (↔ *breit*) narrow (*auch übertragen*) ▮ (≈ *beengt, voll*) cramped, crowded ▮ *Kleidung usw.*: tight ▮ *Freund, Kontakt usw.*: close [kləʊs]; **sie sind eng befreundet** they're close friends ▮ **das darfst du nicht so eng sehen** you've got to take a broader view, (≈ *nicht so ernst nehmen*) don't take it so seriously

Engagement n ▮ *übertragen* commitment (**für** to) ▮ *am Theater usw.*: engagement

engagieren ▮ engage (*Künstler*) ▮ **sie engagiert sich in der Politik** *usw.* she's very involved in politics *usw.*

engagiert committed, dedicated (⚠ *engl.* engaged = **verlobt**)

Enge f ▮ *Zustand*: narrowness (*auch übertragen*) ▮ (≈ *enge Stelle*) narrow passage, *auch übertragen* bottleneck ▮ **jemanden in die Enge treiben** drive* someone into a corner

Engel m angel ['eɪndʒl] (*auch übertragen*)

★**England** n England ['ɪŋglənd]

★**Engländer** m ▮ Englishman ['ɪŋglɪʃmən]; **er ist Engländer** he's English, he's an Englishman ▮ **die Engländer** the English

★**Engländerin** f Englishwoman, English lady (*bzw.* girl); **sie ist Engländerin** she's English

★**englisch** ▮ English, *auf Großbritannien bezogen*: British ▮ **englisch reden** talk (in) English

★**Englisch** n English, the English language; **auf** (*bzw.* **in**) **Englisch** in English

englisch-deutsch ▮ *politisch*: Anglo-German ▮ *sprachlich*: English-German

Englischunterricht m English lesson (*oder* lessons pl), English class (*oder* classes pl); **wann hast du Englischunterricht?** when's your English class?

Engpass m (narrow) pass; *übertragen* bottleneck

engstirnig narrow-minded

★**Enkel** m grandchild ['græntʃaɪld], (≈ *Enkelsohn*) grandson ['grænsʌn]

Enkelin f, **Enkeltochter** f granddaughter ['græn,dɔːtə]

Enklave f enclave ['enkleɪv]

enorm ▮ (≈ *riesig*) enormous, huge [hjuːdʒ] ▮ *umg* (≈ *herrlich*) tremendous [trəˈmendəs] ▮ **enorm viel Geld** a huge amount of money

Ensemble n ensemble [ɒnˈsɒmbl], (≈ *Besetzung*) cast

entbehren: **könntest du den Computer** *usw.* **ein paar Stunden entbehren?** could you spare the computer *usw.* for a few hours?

entbehrlich dispensable, (≈ *überflüssig*) superfluous (⚠ suːˈpɜːfluəs)

Entbehrung f deprivation [,deprɪˈveɪʃn]

entbinden: **sie hat gestern entbunden** she had her baby yesterday

★**entdecken** ▮ discover (*Land, Gesuchtes*) ▮ find*, spot (*Fehler usw.*) ▮ (≈ *herausfinden*) discover, find* out

Entdecker(in) m(f) discoverer [dɪˈskʌvərə]

★**Entdeckung** f: **(meine neueste) Entdeckung** (my latest) discovery [dɪˈskʌvərɪ]

★**Ente** f ▮ duck (*auch als Essen*) ▮ (≈ *Zeitungs-*

ente) hoax [həʊks]
enteignen dispossess [ˌdɪspə'zes] (*jemanden*)
Enteignung f *des Besitzers*: dispossession
enteisen ◼1 defrost [ˌdiː'frɒst] (*Autoscheibe*) ◼2 *Flugzeug*: de-ice [ˌdiː'aɪs]
enterben disinherit [ˌdɪsɪn'herɪt]
entern board (*ein Schiff*)
Entertainer(in) m(f) entertainer [ˌentə'teɪnə]
Enter-Taste f *Computer*: enter key, return key
entfachen ◼1 kindle [⚠ 'kɪndl] (*Feuer*) ◼2 provoke, spark off (*Diskussion usw.*)
entfalten ◼1 develop [dɪ'veləp] (*Fähigkeiten usw.*) ◼2 **sich entfalten** *übertragen* develop, unfold
Entfaltungsmöglichkeiten pl opportunities for development
★**entfernen** ◼1 remove [rɪ'muːv] (*auch übertragen*), take* away ◼2 **sich entfernen** go* away, leave* ◼3 **sich (voneinander) entfernen** *übertragen* drift apart ◼4 *Computer*: delete (*Zeichen usw.*)
★**entfernt** ◼1 distant ['dɪstənt] (*auch übertragen*) ◼2 (≈ *entlegen*) remote [rɪ'məʊt] ◼3 **20 Meilen entfernt vom nächsten Dorf** twenty miles away from the next village
★**Entfernung** f ◼1 (≈ *Abstand*) distance ['dɪstəns]; **in einer Entfernung von** at a distance of; **aus der Entfernung** from (*oder* at) a distance; **aus kurzer** (*bzw.* **großer**) **Entfernung** at short (*bzw.* long) range ◼2 (≈ *Beseitigung*) removal [rɪ'muːvl]
entführen ◼1 kidnap ◼2 hijack (*Flugzeug*)
Entführer(in) m(f) ◼1 kidnapper ◼2 *eines Flugzeugs*: hijacker ['haɪdʒækə]
Entführung f ◼1 kidnapping ◼2 *eines Flugzeugs*: hijacking ['haɪdʒækɪŋ]
★**entgegen** ◼1 **entgegen allen Erwartungen** *usw.* contrary ['kɒntrərɪ] to all expectations *usw.* ◼2 *Richtung*: towards [tə'wɔːdz]
entgegengehen ◼1 **du kannst ihr ein Stück entgegengehen** you can go and meet her on the way ◼2 face (*einer Gefahr*) ◼3 **entgegen dem Uhrzeigersinn** anticlockwise, in an anticlockwise direction, US counterclockwise ◼4 **der Krieg** *usw.* **ging langsam dem Ende entgegen** the war *usw.* was drawing to a close [kləʊs]
★**entgegengesetzt** ◼1 *Richtung, Ende*: opposite ['ɒpəzɪt] ◼2 *Meinungen usw.*: opposing [ə'pəʊzɪŋ], contradictory [ˌkɒntrə'dɪktərɪ]
entgegenkommen ◼1 **du könntest mir ein Stück entgegenkommen** *wörtlich* you could come and meet me on the way ◼2 **jemandem entgegenkommen** *übertragen* oblige [ə'blaɪdʒ] someone
entgegennehmen (≈ *empfangen*) receive, (≈ *annehmen*) accept [ək'sept]; **einen Anruf entgegennehmen** answer a call
entgegensehen ◼1 await ◼2 **einer Sache mit Freude entgegensehen** look forward to something (*bzw.* to doing something)
entgegenstehen **dem steht nichts entgegen** I can't see any reason why not
entgegenwirken counteract [ˌkaʊntə(r)'ækt], *stärker*: fight*
entgegnen reply, *schlagfertig, kurz*: retort
entgehen ◼1 **einer Strafe** (*bzw.* **Gefahr**) **entgehen** escape [ɪ'skeɪp] punishment (*bzw.* danger) (⚠ *ohne* a) ◼2 **ihm entging nichts** he didn't miss a thing ◼3 **er ließ sich die Gelegenheit nicht entgehen** he seized [siːzd] (*umg* grabbed) the opportunity
entgeistert ◼1 aghast [ə'gɑːst], dumbfounded [dʌm'faʊndɪd] ◼2 **warum siehst du mich so entgeistert an?** why do you look so surprised [sə'praɪzd] (*oder* shocked)?
Entgelt n *förmlich* ◼1 (≈ *Bezahlung*) remuneration *förmlich*, (≈ *Anerkennung*) reward ◼2 (≈ *Gebühr*) fee
entgiften detoxify [ˌdiː'tɒksɪfaɪ], *von Gasen usw.*: decontaminate [ˌdiːkən'tæmɪneɪt]
entgleisen ◼1 **gestern ist ein Zug entgleist** a train was derailed [diː'reɪld] yesterday ◼2 *übertragen* commit a faux pas [ˌfəʊ'pɑː]
Entgleisung f ◼1 *Zug*: derailment ◼2 *übertragen* faux pas [ˌfəʊ'pɑː]
★**enthalten** ◼1 (≈ *beinhalten*) contain ◼2 (≈ *fassen*) hold* ◼3 (≈ *umfassen*) comprise ◼4 **das ist im Preis enthalten** it's included in the price ◼5 **sich der Stimme enthalten** abstain [əb'steɪn]
enthaltsam *allg.*: abstinent ['æbstɪnənt], *sexuell auch*: chaste [tʃeɪst]
Enthaltsamkeit f *allg.*: abstinence ['æbstɪnəns], *sexuelle auch*: chastity ['tʃæstətɪ]
Enthaltung f *bei Abstimmung*: abstention [æb'stenʃən]
enthaupten behead [bɪ'hed], decapitate [dɪ'kæpɪteɪt]
enthüllen ◼1 unveil [ˌʌn'veɪl] (*Statue usw.*) ◼2 (≈ *zeigen*) show ◼3 *übertragen* reveal, (≈ *aufdecken*) bring* to light
Enthüllung f ◼1 *einer Statue usw.*: unveiling [ˌʌn'veɪlɪŋ] ◼2 *übertragen* disclosure (+ *Genitiv* of); **Enthüllungen** disclosures (**über** about) (*auch in der Presse*)
Enthüllungsjournalist(in) m(f) investigative

journalist
Enthüllungsplattform f im Internet: whistle-blowing platform ['wɪslbləʊɪŋ ˌplætfɔːm]
Enthusiasmus m enthusiasm [ɪnˈθjuːzɪæzm]
enthusiastisch enthusiastic [ɪnˌθjuːzɪˈæstɪk]
entkalken descale [ˌdiːˈskeɪl]
Entkalker m descaler [ˌdiːˈskeɪlə]
entkernen ◨ (≈ entsteinen) stone ◪ core (Äpfel) ◫ seed, US pit (Trauben usw.)
entkommen: jemandem bzw. einer Sache entkommen escape [ɪˈskeɪp] (oder get* away) from someone bzw. something
entkorken uncork
entkräften refute [rɪˈfjuːt] (Behauptung, These usw.)
entladen unload (Schiff, Gewehr)
★**entlang** ◨ die Küste (bzw. die Straße usw.) entlang along the coast (bzw. the street usw.) ◪ hier entlang, bitte! this way, please
entlang... in Zusammensetzungen ... along; **entlanggehen (an), entlanglaufen (an)** go* (oder walk) along; **entlangfahren (an)** drive* along
entlarven unmask, expose
★**entlassen** ◨ (≈ kündigen) dismiss, umg fire (Arbeitskräfte); **entlassen werden** be* dismissed ◪ release [rɪˈliːs] (Gefangene) ◫ discharge [dɪsˈtʃɑːdʒ] (Patienten) (aus from)
Entlassung f ◨ von Arbeitskräften: dismissal ◪ eines Gefangenen: release ◫ eines Patienten: discharge ['dɪstʃɑːdʒ]
entlasten ◨ jemanden entlasten (≈ Arbeit abnehmen) relieve someone (von of), take* some of the pressure off someone ◪ **den Verkehr entlasten** ease the traffic load
Entlastung f von der Arbeit usw.: relief; **das ist für mich eine Entlastung** that eases my (work)load
Entlastungszug m relief train
entlaufen (Tier) run* away (**jemandem** from someone); „**Katze entlaufen**" "cat missing"
entlehnen borrow (Wort, Idee usw.) (+ Dativ, **aus, von** from)
entmachten: jemanden entmachten strip someone of his (bzw. her) political power
entmilitarisieren demilitarize [diːˈmɪlɪtəraɪz]
entmutigen discourage [dɪsˈkʌrɪdʒ]; **lass dich nicht entmutigen** don't be put off
Entnazifizierung f denazification [diːˌnɑːtsɪfɪˈkeɪʃn]
entnehmen ◨ wörtlich take* (+ Dativ from, out of) ◪ (≈ folgern) take* it (+ Dativ from), gather (+ Dativ from); **ich entnehme Ihren Worten,**

dass Sie ... I take it (from what you say) that you ...
entnervt enervated ['enəveɪtɪd]
entpacken Computer: unzip [ˌʌnˈzɪp] (Datei)
entpuppen: **die Sache hat sich als Schwindel usw. entpuppt** it turned out to be a swindle usw.
entreißen: **jemandem etwas entreißen** snatch something from someone (auch übertragen)
entrosten remove the rust from
entrüstet outraged (**über** at, over)
Entrüstung f outrage (**über** at, over)
Entsafter m juice [dʒuːs] extractor, juicer
entschädigen compensate ['kɒmpənseɪt] (**für** for) (auch übertragen)
Entschädigung f compensation, für Dienste: reward, mit Geld: remuneration, (≈ Kostenerstattung) reimbursement
entschärfen ◨ defuse [ˌdiːˈfjuːz] (Bombe, übertragen Lage) ◪ tone down (Diskussion, Kritik) ◫ **die Lage entschärft sich** the situation is easing
★**entscheiden** ◨ decide, endgültig: settle ◪ **über etwas entscheiden** decide (on) something ◫ **das musst du entscheiden** that's up to you ◬ **sich für etwas entscheiden** decide on something; **wir haben uns entschieden, nicht hinzugehen** we('ve) decided not to go (oder against going) ◭ **das wird sich morgen entscheiden** that'll be decided (oder settled) tomorrow
entscheidend ◨ (≈ ausschlaggebend) decisive [dɪˈsaɪsɪv] (**für** for, in) ◪ (≈ kritisch) crucial ['kruːʃl] ◫ Augenblick: critical ◬ Fehler usw.: fatal ['feɪtl] ◭ Problem usw.: vital ['vaɪtl] ◮ Änderungen: fundamental ◯ **entscheidende Stimme** casting vote ◰ **das Entscheidende** the most important thing, the key factor ◱ **etwas entscheidend ändern** make* (some) key changes to something
Entscheider(in) m(f) decision-maker
★**Entscheidung** f decision [dɪˈsɪʒn] (**über** on); **eine Entscheidung treffen** make* (oder come* to) a decision, decide
Entscheidungsfreiheit f freedom of choice
Entscheidungsprozess m decision-making process ['prəʊses]
entschieden ◨ (≈ entschlossen) determined [⚠ dɪˈtɜːmɪnd] ◪ **das geht entschieden zu weit** that really is going too far ◫ (**ganz**) **entschieden ablehnen** flatly refuse [rɪˈfjuːz] ◬ **sich entschieden aussprechen für** (bzw. **gegen**) come* out strongly in favour of (bzw.

Entschiedenheit f determination

★**entschließen** 1 sich zu (*bzw.* für) etwas entschließen decide on something 2 er entschloss sich, zu gehen *usw.* he decided (*oder* made up his mind) to go *usw.* 3 sich anders entschließen change one's mind

★**entschlossen** determined

Entschlossenheit f determination

Entschluss m 1 decision, resolution [ˌrezə-ˈluːʃn] 2 er kam zu dem Entschluss, das Land zu verlassen *usw.* he made up his mind (*oder* he decided) to leave the country *usw.* 3 aus eigenem Entschluss on one's own initiative

entschlüsseln decipher [dɪˈsaɪfə], decode

Entschlusskraft f decisiveness

★**entschuldigen** 1 excuse [ɪkˈskjuːz] 2 entschuldige, ..., entschuldigen Sie, ... *vor einer Frage usw.*: excuse me, ... 3 entschuldige!, entschuldigen Sie! (≈ *Verzeihung!*) (I'm) sorry, *US auch* excuse me! 4 entschuldigen Sie die Störung! sorry to bother [ˈbɒðə] (*oder* disturb) you 5 sich (bei jemandem) entschuldigen apologize [əˈpɒlədʒaɪz] (*oder* say* sorry) (to someone) (wegen, für for, about)

★**Entschuldigung** f 1 apology [əˈpɒlədʒɪ] 2 (≈ *Grund, Vorwand*) excuse [ɪkˈskjuːs] 3 (≈ *schriftliche Mitteilung für den Lehrer*) note (for the teacher) 4 Entschuldigung! (≈ *es tut mir leid*) (I'm) sorry, *US auch* excuse me 5 Entschuldigung, ... (≈ *darf ich mal stören?*) excuse [⚠ ɪkˈskjuːz] me, ... 6 ich bitte Sie vielmals um Entschuldigung I do apologize [əˈpɒlədʒaɪz] (wegen for, about)

Entsetzen n horror, shock; zu meinem Entsetzen to my horror

entsetzlich dreadful [ˈdredfl], terrible

entsetzt appalled [əˈpɔːld], shocked, horrified (*alle* über at, by)

entsinnen: sich entsinnen remember, recall; → erinnern

entsorgen dispose of (*Abfall, Müll, Atommüll usw.*)

Entsorgung f waste disposal

entspannen 1 (sich) entspannen relax 2 die Lage *usw.* entspannt sich the situation *usw.* is easing (up) (*oder* is cooling off)

Entspannung f 1 relaxation, rest 2 *politisch*: easing of tension(s), détente [⚠ ˈdeɪtɒnt]

Entspannungspolitik f policy of détente [ˌpɒləsi əvˈdeɪtɒnt]

Entspannungsübung f relaxation [ˌriːlækˈseɪʃn] exercise

entsprechen 1 *einer Sache*: correspond to (*oder* with) 2 (≈ *gleichwertig sein*) be* equivalent [⚠ ɪˈkwɪvələnt] to 3 den Anforderungen, Erwartungen: meet*, come* up to 4 *einer Bitte*: comply [kəmˈplaɪ] with

★**entsprechend** 1 dem Alter *usw.* entsprechend according to age *usw.* 2 unseren Erwartungen entsprechend as we had expected 3 (≈ *passend*) appropriate [əˈprəʊprɪət] 4 (≈ *erforderlich*) necessary 5 (≈ *jeweilig, betreffend*) respective 6 der entsprechende englische Ausdruck the English equivalent [⚠ ɪˈkwɪvələnt]

Entsprechung f *sprachliche*: equivalent [⚠ ɪˈkwɪvələnt]

entspringen: der Fluss entspringt in ... the river rises (*oder* has its source [sɔːs]) in ...

★**entstehen** 1 (≈ *erwachsen*) emerge (aus from), develop [dɪˈveləp] (aus from) 2 (*Schwierigkeiten, Streit usw.*) arise* (aus from) 3 entstehen durch result from; durch das Feuer entstand großer Schaden the fire caused a great deal of damage 4 (≈ *geschaffen, gebaut, hergestellt werden*) be* created *bzw.* be* built *bzw.* be* produced; diese Kirche entstand im 17. Jahrhundert this church was built in the 17th century 5 (≈ *geschrieben, komponiert, gemalt werden*) be* written *bzw.* be* composed *bzw.* be* painted

Entstehung f 1 emergence 2 (≈ *Erwachsen*) development [dɪˈveləpmənt] 3 (≈ *Ursprung, Anfang*) origin [⚠ ˈɒrɪdʒɪn]

entstellen 1 disfigure [dɪsˈfɪɡə] (*Gesicht usw.*) 2 (≈ *verzerren*) distort (*Tatsachen, Wahrheit*)

entstellt 1 *Gesicht usw.*: disfigured [dɪsˈfɪɡəd] 2 *Tatsachen, Wahrheit*: distorted

enttarnen unmask (*Spion usw.*)

★**enttäuschen**: jemanden enttäuschen disappoint someone, let* someone down

enttäuscht disappointed (über at, about; von with)

Enttäuschung f disappointment, *umg* letdown [ˈletdaʊn]; es war eine einzige Enttäuschung it was one big disappointment (*oder* letdown)

entwaffnen disarm (*auch übertragen*)

Entwarnung f all-clear (signal); Entwarnung geben* give* the all-clear

entwässern drain

★**entweder** 1 entweder ... oder either [ˈaɪðə] ... or 2 entweder oder! take it or leave it

entweichen escape [ɪˈskeɪp] (aus from)

entwerfen 1 (≈ *gestalten*) sketch, outline; de-

sign (*ein Modell*) ◨ (≈ *ausarbeiten*) draw* up, draft [drɑːft] (*Plan, Vertrag, Gesetz usw.*), devise (*Plan*) ◨ design (*Kleider, Geräte usw.*) ◨ übertragen draw* (*Bild der Zukunft usw.*)
entwerten ◨ devalue [ˌdiːˈvæljuː] (*Geld*) ◨ cancel [ˈkænsl] (*Fahrschein*)
Entwerter *m* ticket-cancelling machine
Entwertung *f des Geldes*: devaluation
★**entwickeln** ◨ *allg.*: develop [dɪˈveləp] (*auch Film*) ◨ display [dɪˈspleɪ], show (*Initiative, Tatkraft*) ◨ **sich entwickeln** develop (**aus** from; **zu** into)
Entwickler(in) *m(f) Beruf*: developer
Entwicklung *f* development, *biologisch auch*: evolution [ˌiːvəˈluːʃn, ˌevəˈluːʃn], *Foto*: developing, (≈ *Trend*) trend; **das Flugzeug ist noch in der Entwicklung** the plane is still in the development stage
Entwicklungsgeschichte *f* ◨ history [ˈhɪstrɪ] ◨ **die Entwicklungsgeschichte des Menschen** *biologisch*: the history of evolution, (≈ *Zivilisationsprozess*) the history of mankind [⚠ mænˈkɪnd]
Entwicklungshelfer(in) *m(f)* development aid worker (*oder* volunteer [ˌvɒlənˈtɪə])
Entwicklungshilfe *f* aid to developing countries, foreign aid
Entwicklungsland *n* developing country
entwirren disentangle [ˌdɪsɪnˈtæŋgl], unravel [ʌnˈrævl] (*beide auch übertragen*)
entwischen escape [ɪˈskeɪp] (+ *Dativ* from), slip away (+ *Dativ* from)
entwürdigend degrading
Entwurf *m* ◨ (≈ *Skizze*) sketch, *Architektur*: blueprint ◨ (≈ *Modell*) model [ˈmɒdl] ◨ *schriftlicher*: outline, draft [drɑːft], (≈ *Gesetzentwurf*) bill ◨ *technischer*: design (**für** *oder* + *Genitiv* of)
entziehen ◨ **ihm wurde der Führerschein entzogen** he had his driving licence (*US* driver's license) revoked ◨ **jemandem etwas entziehen** deprive someone of something (*Rechte usw.*)
Entziehungskur *f* withdrawal [wɪðˈdrɔːəl] treatment, *US auch* (drug) rehabilitation, *umg* rehab; **er ist auf Entziehungskur** he's having withdrawal treatment (⚠ *ohne* a)
entziffern decipher [dɪˈsaɪfə], *Handschrift auch*: make* out
entzippen *Computer*: unzip [ˌʌnˈzɪp] (*Datei*)
entzückend charming, *umg* sweet
entzückt delighted (**über** at, by)
Entzugserscheinungen *pl* withdrawal symptoms [wɪðˈdrɔːəlˌsɪmptəmz]
entzündbar (in)flammable
entzünden: **sich entzünden** (≈ *zu brennen anfangen*) catch* fire
entzündet inflamed, *Augen auch*: red
Entzündung *f* inflammation [ˌɪnfləˈmeɪʃn]
Enzian *m* (≈ *Pflanze*) gentian [ˈdʒenʃn]
Enzyklopädie *f* encyclopaedia, encyclopedia [ɪnˌsaɪkləˈpiːdɪə]
Enzym *n* enzyme [⚠ ˈenzaɪm]
Epidemie *f* epidemic [ˌepɪˈdemɪk]
Epileptiker(in) *m(f)* epileptic
epileptisch epileptic
episch epic [ˈepɪk]
Episode *f* episode [ˈepɪsəʊd]
Epizentrum *n* epicentre (*US* epicenter) [ˈepɪˌsentə]
Epoche *f* era [ˈɪərə], age, epoch [ˈiːpɒk]
Epos *n* epic [ˈepɪk] (poem)
★**er** ◨ (↔ *sie*) he ◨ *von Dingen, kleinen Tieren*: it ◨ **er ist es** it's him ◨ **es ist ein Er** *auch bei Tieren*: it's a he
Erachten *n*: **meines Erachtens** in my opinion
erarbeiten: **sich Wissen erarbeiten** acquire (*oder* gather) knowledge [ˈnɒlɪdʒ]
Erbanlage *f* genes [dʒiːnz] (⚠ *pl*), genetic [dʒɪˈnetɪk] make-up
Erbarmen *n* ◨ (≈ *Mitleid*) pity, compassion; **Erbarmen mit jemandem haben** have* pity **on** someone ◨ (≈ *Gnade*) mercy (**mit** on)
erbärmlich miserable [ˈmɪzərəbl], wretched [⚠ ˈretʃɪd] (*auch abwertend*); **in einem erbärmlichen Zustand** in a wretched state
erbarmungslos merciless
Erbauer(in) *m(f)* builder [ˈbɪldə], constructor
★**Erbe**[1] *m* heir [⚠ eə], successor (*beide auch übertragen*); **alleiniger Erbe** sole heir
★**Erbe**[2] *n* ◨ inheritance [ɪnˈherɪtəns] ◨ *kulturelles usw.*: heritage [ˈherɪtɪdʒ]
erben ◨ inherit (*auch übertragen*) ◨ (≈ *kriegen*) get*; **das hat er von der Mutter geerbt** he's got that from <u>his</u> mother
erbeuten ◨ (*Dieb usw.*) get* away with (*Wertgegenstände, Geld usw.*) ◨ *im Krieg*: capture [ˈkæptʃə] (*Gewehre, Panzer usw.*)
Erbfaktor *m* gene [dʒiːn]
Erbin *f* ◨ heir [⚠ eə] ◨ (≈ *reiche Erbin*) heiress [⚠ ˈeərɪs]
erbittert ◨ *Kampf*: fierce [fɪəs]; **erbitterte Kämpfe** fierce fighting ◨ *Gegner, Feind usw.*: bitter
Erbkrankheit *f* hereditary disease [həˌredətrɪ dɪˈziːz]

erblassen go* (*oder* turn) pale
erblich hereditary [hə'redətrɪ]
erblicken see*, *plötzlich*: catch* sight of
erblinden ◼ **muss sie erblinden?** will she lose [luːz] her sight? ◼ **auf einem Auge erblinden** go* blind in one eye, lose* the sight of one eye
Erblindung f loss of (one's) sight; **nach seiner Erblindung** after he went blind
erbost angry (**über etwas** about something; **über jemanden** with someone)
erbrechen ◼ **etwas erbrechen** bring* something up ◼ **sich erbrechen** vomit ['vɒmɪt], throw* up
Erbrechen n vomiting ['vɒmɪtɪŋ]
Erbschaft f inheritance [ɪn'herɪtəns]; **eine Erbschaft machen** come* into an inheritance
Erbschaftssteuer f inheritance tax
★**Erbse** f pea
Erbsensuppe f pea soup
Erbstück n heirloom [⚠ 'eəluːm]
Erbsubstanz f genes [dʒiːnz] (⚠ *pl*)
Erbteil n/m share of the inheritance [ɪn'herɪtəns]
Erdachse f earth's axis (⚠ *engl.* axle = **Achse beim Auto** *usw.*)
Erdanziehung f earth's pull
Erdanziehungskraft f (earth's) gravity ['grævətɪ]
★**Erdapfel** m *bes.* Ⓐ potato *pl*: potatoes
Erdatmosphäre f (earth's) atmosphere ['ætməsfɪə]
Erdbahn f earth's orbit
Erdball m globe
Erdbeben n earthquake; **bei einem Erdbeben umkommen** die in an earthquake
Erdbebengebiet n ◼ earthquake area ◼ area hit by an earthquake, earthquake disaster area
erdbebensicher earthquake-proof
★**Erdbeere** f strawberry ['strɔːbərɪ]
Erdbeermarmelade f strawberry jam (*US auch* jelly)
Erdbeertorte f strawberry cake (*oder* gateau ['gætəʊ])
Erdboden m ground, earth [ɜːθ]
★**Erde** f ◼ (≈ *Erdreich*) earth [ɜːθ], soil ◼ (≈ *Boden*) ground; **über der Erde** above ground (⚠ *ohne the*); **unter der Erde** underground; **auf die** (*oder* **zur**) **Erde fallen** fall* to the ground ◼ (≈ *Erdball*) (planet) earth; **auf der ganzen Erde** all over the world ◼ (≈ *Fußboden*) floor
erden earth [ɜːθ], *US* ground
erdenklich ◼ **auf jede erdenkliche Weise** (in) every possible (*oder* imaginable) way ◼ **alles Erdenkliche tun** do* one's utmost
Erderwärmung f global warming [ˌgləʊbl-'wɔːmɪŋ] (⚠ *ohne the*)
Erdgas n natural gas [ˌnætʃrəl'gæs]
★**Erdgeschoss** n, Ⓐ **Erdgeschoß** n: **(im) Erdgeschoss** (on) the ground (*US* first) floor
Erdklumpen m clod of earth
Erdkruste f earth's crust
Erdkugel f globe
★**Erdkunde** f geography [dʒɪ'ɒgrəfɪ]
Erdnuss f peanut
Erdoberfläche f earth's surface ['sɜːfɪs]
★**Erdöl** n (crude) oil, petroleum; *in Zusammensetzungen* → Öl *usw.*
erdrosseln strangle
erdrücken crush (to death)
erdrückend overwhelming [ˌəʊvə'welmɪŋ]
Erdrutsch m landslide
Erdteil m continent ['kɒntɪnənt]
erdulden endure [ɪn'djʊə]
Erdumdrehung f earth's rotation, rotation of the earth
Erdumlaufbahn f *eines Satelliten*: (earth) orbit
Erdung f earthing ['ɜːθɪŋ], *US* grounding
Erdwärme f geothermal [ˌdʒiːəʊ'θɜːml] energy
E-Reader m *digitales Lesegerät*: e-reader
ereifern: **sich ereifern** get* excited [ɪk'saɪtɪd] (**über** over)
★**ereignen**: **sich ereignen** happen, take* place, occur [ə'kɜː]
★**Ereignis** n event, (≈ *Vorfall*) incident ['ɪnsɪdənt]
ereignisreich (very) eventful
Erektion f erection
Eremit m hermit ['hɜːmɪt]
★**erfahren**¹ ◼ **ich habe erfahren ...** I've heard ..., I've been told ...; **ich habe nichts davon erfahren** nobody told me anything (*oder* about it) ◼ **sie hat es durch die Zeitung erfahren** she found out (*oder* read [red]) about it in the newspaper(s) ◼ **ich habe es nur durch Zufall erfahren** I only found out by chance ◼ (≈ *erleben*) experience
★**erfahren**² ◼ (≈ *reich an Erfahrung*) experienced ◼ (≈ *versiert*) well versed (**in** in)
★**Erfahrung** f ◼ (≈ *Kenntnis, Praxis, Gewohnheit*) experience (⚠ *mst. als sg*); **Erfahrung(en) sammeln** (*oder* **machen**) gain (*oder* pick up) experience; **aus Erfahrung** from experience ◼ **ich habe die Erfahrung gemacht, dass ...** my experience is that ...; **nach meiner Erfahrung** in my experience ◼ **wir haben gute Erfahrungen gemacht** we've had no problems (*oder* trouble) at all (**mit** with); **mit dieser**

neuen Maschine haben wir nur gute Erfahrungen gemacht we have found this new machine (to be) completely satisfactory **4 Erfahrungen sammeln** gain experience; **erste Erfahrungen sammeln** gain some initial experience **5** (≈ *Erlebnis*) experience

Erfahrungsaustausch *m* exchange of views

erfahrungsgemäß experience has shown (*oder* shows) that

★**erfassen 1** (≈ *verstehen*) grasp [grɑːsp] **2** (≈ *erkennen*) realize [ˈrɪəlaɪz] **3** *statistisch*: register [ˈredʒɪstə], record [rɪˈkɔːd] **4** gather (*Daten*) **5** (≈ *einschließen*) include, (≈ *abdecken*) cover

★**erfinden 1** invent (*Gerät usw.*) **2** (≈ *erdichten*) invent, make* up

Erfinder(in) *m(f)* inventor

erfinderisch 1 inventive **2** (≈ *schöpferisch*) creative [kriːˈeɪtɪv]

★**Erfindung** *f* invention (*auch Erdichtetes*); **meine neueste Erfindung** my latest invention

★**Erfolg** *m* **1** success [səkˈses]; **großer Erfolg** great success; **sie hatte Erfolg** she succeeded, she was successful; **sie hatte keinen Erfolg** she was unsuccessful, she failed **2** (≈ *Ergebnis*) result [rɪˈzʌlt], outcome; **mit dem Erfolg, dass ...** with the result that ... **3** (≈ *Wirkung*) effect **4** (≈ *Leistung*) achievement [əˈtʃiːvmənt] **5 Erfolg versprechend** promising [ˈprɒmɪsɪŋ]

erfolgen (≈ *sich ereignen*) happen, take* place, occur [əˈkɜː]

erfolglos unsuccessful [ˌʌnsəkˈsesfl]

Erfolglosigkeit *f* lack of success, failure [ˈfeɪljə]

★**erfolgreich 1** successful; **mit** (*oder* **bei) etwas erfolgreich sein** succeed in something **2 etwas erfolgreich abschließen** complete something successfully; **eine Prüfung erfolgreich ablegen** pass an exam

Erfolgserlebnis *n* (feeling of) success, sense of achievement [əˈtʃiːvmənt]

Erfolgsgeheimnis *n*: **ihr Erfolgsgeheimnis ist ...** the secret behind her success is ...

Erfolgsrezept *n* recipe [▲ ˈresəpɪ] for success

Erfolgsstory *f* success story, tale of success

★**erforderlich 1** necessary [ˈnesəsrɪ], required; **die erforderlichen Maßnahmen ergreifen** take* the necessary steps **2 falls erforderlich** if required

★**erfordern 1** *allg.*: require, call for **2** take* (*Zeit*) **3** take* (*Geduld, Mut usw.*)

Erfordernis *n* requirement, demand

erforschen 1 (≈ *untersuchen*) investigate [ɪnˈvestɪɡeɪt] **2** *wissenschaftlich*: study, research [rɪˈsɜːtʃ] (into) **3** explore (*Gegend, Weltraum*)

★**Erforschung** *f* **1** (≈ *Untersuchung*) investigation (+ *Genitiv* into) **2** *wissenschaftliche*: research [rɪˈsɜːtʃ] (+ *Genitiv* into) **3** *Gegend, Weltraum*: exploration [ˌekspləˈreɪʃn]

erfreuen 1 jemanden erfreuen please someone **2 sich an etwas erfreuen** enjoy something

erfreulich 1 pleasing **2 eine erfreuliche Nachricht** good news (▲ *ohne* a) **3** (≈ *ermutigend*) encouraging [ɪnˈkʌrɪdʒɪŋ]

erfreulicherweise fortunately [ˈfɔːtʃənətlɪ]

erfreut pleased (**über** at, about)

erfrieren 1 freeze* to death **2 alle Pflanzen sind erfroren** all the plants have been killed by frost **3 ihm sind zwei Finger erfroren** he lost two fingers through (*US* to) frostbite

Erfrierung *f*: **Erfrierung, Erfrierungen** frostbite (*sg*) (**an** on)

erfrischen: **(sich) erfrischen** refresh (oneself)

erfrischend refreshing (*auch übertragen*)

Erfrischung *f* refreshment; **eine Erfrischung** (*oder* **Erfrischungen**) **zu sich nehmen** have* (*oder* take*) some refreshment

Erfrischungsgetränk *n* cool drink

★**erfüllen 1** fulfil, *US* fulfill (*Wunsch, Aufgabe*) **2** (*Qualität usw.*) meet*, come* up to (*Erwartungen*) **3** keep* (*Versprechen*) **4 es erfüllt seinen Zweck** it serves its purpose [ˈpɜːpəs]

Erfüllung *f* *allg.*: fulfilment, *US* fulfillment; **in Erfüllung gehen** come* true, be* fulfilled

erfunden imaginary [ɪˈmædʒɪnərɪ], fictitious [fɪkˈtɪʃəs]; **das ist alles erfunden** he's *usw.* made it all up

ergänzen 1 (≈ *hinzufügen*) add **2** (≈ *vervollständigen*) complete **3 sich** (*oder* **einander**) **ergänzen** complement [ˈkɒmplɪmənt] one another

Ergänzung *f* **1** (≈ *Vervollständigung*) completion **2** (≈ *Zusatz*) supplement, addition; **zur Ergänzung** (+ *Genitiv*) to add to ... **3** *Grammatik und Mathe*: complement [ˈkɒmplɪmənt]

ergattern: **etwas ergattern** *umg* (manage to) get* hold of something

★**ergeben 1** come* to, make* (*Betrag, Summe*) **2** (≈ *zum Ergebnis haben*) result [rɪˈzʌlt] in **3** (*Untersuchung, Ermittlung*) show, prove* [pruːv] **4 sich ergeben aus** result (*oder* arise*) from; **daraus ergibt sich, dass ...** it follows that ... **5 sich** (**jemandem**) **ergeben** (≈ *kapitulieren*) surrender [səˈrendə] (to someone), give* oneself up (to someone)

★**Ergebnis** *n* **1** *allg.*: result [rɪˈzʌlt], outcome **2**

Sport: result, (≈ *Stand*) score **3** *einer Untersuchung*: findings (⚠ *pl*), results (⚠ *pl*) **4** (≈ *Lösung, Antwort*) answer ['ɑːnsə] **5** **zu dem Ergebnis kommen, dass ...** come* to the conclusion that ...

ergebnislos: **die Gespräche** *usw.* **endeten ergebnislos** the talks *usw.* failed (*oder* led nowhere)

ergebnisoffen 1 open and unbiased (*Diskussion*) **2** *diskutieren*: in an open and unbiased way

ergehen 1 etwas über sich ergehen lassen (patiently) endure [ɪnˈdjʊə] something **2 es ist ihm schlecht ergangen** he had a bad (*oder* rough [rʌf]) time of it

ergiebig 1 *Geschäft usw.*: productive, useful [ˈjuːsfl] **2** (≈ *reich*) rich (**an** in)

ergonomisch ergonomic [ˌɜːɡəˈnɒmɪk]

ergreifen 1 Maßnahmen ergreifen take* measures [ˈmeʒəz] **2 einen Beruf ergreifen** begin* up a career, enter a profession

ergreifend (very) moving [ˈmuːvɪŋ]

ergriffen *übertragen* (≈ *bewegt*) deeply moved [muːvd] (**von** by)

ergründen 1 find* out, determine [dɪˈtɜːmɪn] (*Ursache usw.*) **2** fathom [ˈfæðəm] (out) (*Verhalten*)

★**erhalten**[1] **1** (≈ *bekommen*) get*, receive [rɪˈsiːv] **2** (≈ *erlangen*) get*, obtain **3 sie erhielt einen Preis** she was awarded (*oder* given) a prize **4** (≈ *bewahren*) keep* **5** maintain, preserve [prɪˈzɜːv] (*Frieden*) **6** keep* up, preserve (*Tradition*)

erhalten[2] **1 etwas ist gut** (*bzw.* **schlecht**) **erhalten** something is in good (*bzw.* bad) condition **2 ein paar alte Häuser** *usw.* **sind noch erhalten** a few old buildings *usw.* are still standing

erhältlich obtainable, available

Erhaltung *f* preservation [ˌprezəˈveɪʃn]

erhängen 2 (sich) erhängen hang (oneself) **2 er wurde erhängt** he was hanged (⚠ *engl.* hang - hung - hung = **aufhängen**)

erheben 1 impose (*Steuern usw.*) **2** charge (*Gebühr*)

★**erheblich 1** considerable **2** (≈ *wichtig*) important

erheitern amuse [əˈmjuːz], cheer up

Erheiterung *f*: **zur allgemeinen Erheiterung** to everyone's amusement

erhitzen heat, heat up

erhoffen: **sich etwas erhoffen** (**von**) expect something (of)

★**erhöhen 1** *allg.*: raise (**auf to, um** by) **2 (sich) erhöhen** (≈ *steigern*) increase [ɪnˈkriːs] (**auf** to, **um** by) **3** (≈ *verstärken*) intensify **4** raise, put* up (*Preis*) **5** increase (*Wirkung*)

★**Erhöhung** *f* (≈ *Zunahme*) increase [ˈɪŋkriːs]; **Erhöhung der Löhne** wage rise, *US* pay raise; **Erhöhung der Preise** increase (*oder* rise) in prices

★**erholen 1 sich erholen** *von einer Krankheit, einer Krise usw.*; *auch übertragen*: recover [rɪˈkʌvə] (**von** from) **2 sich erholen** (≈ *sich ausruhen*) have* a rest, relax **3 sich erholen** *im Urlaub*: have* a (good) rest

erholsam restful, relaxing

Erholung *f* **1** recovery [rɪˈkʌvəri] (*auch der Wirtschaft*) **2** (≈ *Entspannung*) rest, relaxation; **gute Erholung!** have a good rest

Erholungsgebiet *n* recreation [ˌrekrɪˈeɪʃn] area

Erholungsort *m* health resort [ˈhelθ‿rɪˌzɔːt], *Br* holiday resort

Erholungsurlaub *m* holiday, *US* vacation [veɪˈkeɪʃn]

Erika *f Pflanze*: heather [⚠ ˈheðə], erica

★**erinnern 1 sich an jemanden** (*bzw.* **etwas**) **erinnern** remember someone (*bzw.* something) **2 kannst du dich erinnern, dass du sie gesehen hast?** can you remember seeing her? **3 jemanden an etwas erinnern** remind someone of something **4 erinnere mich bitte daran, dass ich dir noch die Karten gebe!** please remind me to give you the tickets

★**Erinnerung** *f* **1** memory; **zur Erinnerung an** in memory of **2** (≈ *Andenken*) souvenir [ˌsuːvəˈnɪə], *an jemanden*: keepsake

★**erkälten**: **sich erkälten** catch* (a) cold

erkältet: **(stark) erkältet sein** have* a (bad *oder* heavy) cold; **ich bin furchtbar erkältet** I've got a terrible cold

★**Erkältung** *f* cold; **leichte** (*bzw.* **starke**) **Erkältung** slight (*bzw.* bad *oder* heavy) cold

erkennbar recognizable [ˈrekəɡnaɪzəbl]

★**erkennen 1** (≈ *wiedererkennen*) recognize [ˈrekəɡnaɪz] (**an** by) **2** (≈ *optisch wahrnehmen*) make* out, see* **3** (≈ *einsehen*) realize [ˈrɪəlaɪz], see*

★**Erkenntnis** *f* **1 Erkenntnis, Erkenntnisse** (≈ *Wissen*) knowledge [⚠ ˈnɒlɪdʒ] (*sg*) **2** (≈ *Einsicht*) realization [ˌrɪəlaɪˈzeɪʃn] **3** (≈ *Entdeckung*) discovery, finding **4 Erkenntnisse** (≈ *Informationen*) findings; **neueste Erkenntnisse** the latest findings

Erker *m* bay, *oben*: oriel [ˈɔːrɪəl]

★**erklären 1 jemandem etwas erklären** ex-

plain something to someone **2** **kannst du mir erklären, warum?** can you tell me why? **3** **ich kann es mir nicht erklären** I don't understand it **4** **so erklärt es sich, wie ...** that explains how ...
★**Erklärung** f **1** explanation [ˌekspləˈneɪʃn] (**für** of, for) **2** *eines Politikers usw.*: statement; **eine Erklärung (zu etwas) abgeben** make* a statement (on *oder* about something)
erklingen sound
erkranken fall* ill, *US auch* get* sick (**an** with); **er ist an Grippe erkrankt** he's got (the) flu
Erkrankung f **1** illness, sickness **2** *eines Organs*: disease [dɪˈziːz]
erkunden explore (*Gelände usw.*)
★**erkundigen** **1** **sich erkundigen** inquire, enquire (**über** about, **nach** after) **2** **ich werde mich erkundigen** I'll try and find out; **hast du dich erkundigt, wann ...?** did you find out when ...?
Erkundung f *von Gelände usw.*: exploration
Erlagschein m ⒶⒶ (≈ *Zahlkarte*) giro transfer form
erlangen **1** (≈ *bekommen, gewinnen*) gain **2** reach (*Alter, Höhe usw.*)
Erlass m **1** (≈ *Verordnung*) decree, edict [ˈiːdɪkt] **2** (≈ *Straferlass, Schuldenerlass*) remission
erlassen **1** **sie haben ihm seine Schulden erlassen** they waived his debts [dets] **2** enact [ɪnˈækt] (*Gesetz*)
★**erlauben** **1** **jemandem erlauben, etwas zu tun** allow someone to do something; **seine Eltern erlauben es ihm, ihr Auto zu benutzen** his parents allow him to use their car; **meine Eltern erlauben es nicht, dass ich nachts von zu Hause wegbleibe** my parents don't (*oder* won't) allow me to spend the night away from home **2** **erlauben Sie, dass ich etwas eher gehe?** would you mind if I left a bit earlier?
★**Erlaubnis** f permission; **jemanden um Erlaubnis bitten** ask someone for permission (**etwas zu tun** to do something)
erlaubt **1** allowed; **das ist nicht erlaubt** that's not allowed **2** **Rauchen ist hier nicht erlaubt** smoking is not allowed here, there's no smoking here **3** **es ist alles erlaubt** you can do what you like
erläutern **1** (**jemandem**) **etwas erläutern** explain something (to someone) **2** (≈ *veranschaulichen*) illustrate [ˈɪləstreɪt] **3** **könntest du mir erläutern, wie ...?** could you explain to me (*oder* show me) how ...?

Erläuterung f **1** explanation [ˌekspləˈneɪʃn] **2** (≈ *Veranschaulichung*) illustration
Erle f alder [ˈɔːldə]
★**erleben** **1** *allg.*: experience **2** have* (*Abenteuer, schöne Zeit, Enttäuschung*) **3** go* through (*bes. Schlimmes*) **4** (≈ *noch miterleben*) live to see **5** (≈ *mit ansehen*) see*, witness **6** **ich habe es schon oft erlebt(, dass)** I've often seen it happen (that) **7** **das muss man einfach erlebt haben** (≈ *gesehen haben*) you've got to see it to believe it **8** **der kann was erleben** *umg* he's in for it
Erlebnis n **1** experience; **das war ein Erlebnis!** that was quite an experience **2** (≈ *Abenteuer*) adventure [ədˈventʃə]
erlebnisreich eventful, exciting [ɪkˈsaɪtɪŋ]
★**erledigen** **1** (≈ *sich kümmern um*) do*, deal* with, take* care of **2** **etwas erledigen** (≈ *hinter sich bringen*) get* something out of the way **3** settle (*Angelegenheit, Problem*) **4** **jemanden erledigen** *umg* finish someone off **5** **die Sache hat sich inzwischen erledigt** that's been taken care of already
erledigt **1** (≈ *beendet*) finished **2** (≈ *getan*) done **3** (≈ *gelöst*) settled **4** **das wäre erledigt** that's that **5** **du bist für mich erledigt** I'm through with you **6** *umg* (≈ *erschöpft*) whacked [wækt], *US* wiped (out)
Erledigung f: **die Erledigung dieser Aufgaben** *usw.* dealing with these tasks *usw.*
erlegen shoot* (*Tier*)
erleichtern **1** **etwas erleichtern** *Aufgabe usw.*: make* something easier **2** **jemanden um seine Brieftasche erleichtern** relieve [rɪˈliːv] someone of his wallet
★**erleichtert** relieved [rɪˈliːvd]
★**Erleichterung** f *allg.*: relief [rɪˈliːf]
erlernen learn* [lɜːn]
erlogen: **das ist erlogen** that's a lie
Erlös m **1** proceeds [ˈprəʊsiːdz] (⚠ *pl*) **2** (≈ *Gewinn*) (net) profit [ˈprɒfɪt], (net) profits *pl*
erloschen extinct [ɪkˈstɪŋkt] (*auch Vulkan*)
erlöschen (*Lichter usw.*) go* out
erlösen release [rɪˈliːs], free (*beide* **von** from)
Erlöser(in) m(f) **1** (≈ *Retter*) rescuer [ˈreskjʊə], (≈ *Befreier*) liberator **2** **der Erlöser** *kirchlich*: the Redeemer
Erlösung f **1** release **2** (≈ *Erleichterung*) relief [rɪˈliːf] **3** *kirchlich*: redemption
ermahnen: **jemanden ermahnen** *Schule, Sport*: give* someone a warning
Ermahnung f **1** *Schule, Sport*: warning **2** (≈ *Rüge*) rebuke [rɪˈbjuːk]

ermäßigt: ermäßigte Preise reduced prices, discounts ['dɪskaʊnts]

Ermäßigung f reduction, discount ['dɪskaʊnt] (**von** of); **mit 20% Ermäßigung** at a 20 per cent (oder percent) reduction (oder discount)

Ermessensfrage f matter of opinion

ermitteln **1** allg.: find* out **2** locate [ləʊˈkeɪt] (Ort usw.) **3** trace (Anrufer) **4** polizeilich: investigate, carry out investigations (**gegen** concerning); **in einem Fall ermitteln** investigate a case

Ermittlungen pl investigations

★**ermöglichen** **1** etwas ermöglichen make* something possible **2** ihre Eltern ermöglichten ihr ein Medizinstudium her parents enabled her to study medicine ['medsn]

★**ermorden** murder, durch Attentat: assassinate [əˈsæsɪneɪt]

Ermordete(r) m/f(m) (murder) victim

Ermordung f **1** allg.: murder **2** (≈ Attentat) assassination [əˌsæsɪˈneɪʃn]

ermüdend tiring [ˈtaɪrɪŋ]

ermuntern **1** jemanden zum Heiraten usw. ermuntern encourage [ɪnˈkʌrɪdʒ] someone to get married usw. **2** jemanden ermuntern (≈ aufmuntern) cheer someone up

Ermunterung f **1** (≈ Ermutigung) encouragement [ɪnˈkʌrɪdʒmənt] **2** (≈ Aufmunterung) cheering up

ermutigen: jemanden zu etwas ermutigen encourage [ɪnˈkʌrɪdʒ] someone (oder stärker give* someone the courage) to do something

ermutigend encouraging [ɪnˈkʌrɪdʒɪŋ]

Ermutigung f encouragement [ɪnˈkʌrɪdʒmənt]

ernähren **1** feed* (ein Kind, ein Junges) **2** sich ernähren (**von**) eat*

Ernährung f **1** (≈ Nahrung) food [⚠ fuːd] **2** (≈ Nahrungsgabe) feeding **3** spezielle: diet ['daɪət]; **gesunde** (bzw. **ungesunde) Ernährung** a healthy (bzw. an unhealthy) diet

Ernährungsweise f (≈ Essgewohnheiten) eating habits (⚠ pl)

ernennen appoint; **er wurde zum Vorsitzenden ernannt** he was appointed (oder made) chairman [ˈtʃeəmən] (⚠ ohne to und the)

Ernennung f appointment (**zu** as ohne the)

erneuerbar renewable; **erneuerbare Energiequellen** renewable energy resources [rɪˌnjuːəblˈenədʒɪ__rɪˌzɔːsɪz]

erneuern renew [rɪˈnjuː]

Erneuerung f renewal [rɪˈnjuːəl]

erneut **1** renewed [rɪˈnjuːd], new; **erneute Kämpfe** renewed fighting (⚠ sg) **2** erneut fragen usw. ask usw. once again

erniedrigen (≈ demütigen) humiliate [hjuːˈmɪlɪeɪt]

Erniedrigung f (≈ Demütigung) humiliation [hjuːˌmɪlɪˈeɪʃn]

Ernst m **1** seriousness [ˈsɪərɪəsnəs], earnest [ˈɜːnɪst] **2** Wendungen: **es ist mein voller Ernst** I'm absolutely serious; **ist das Ihr Ernst?** are you serious?; **im Ernst?** seriously?, umg you're kidding

★**ernst** **1** serious [ˈsɪərɪəs] **2** etwas (bzw. jemanden) ernst nehmen take* something (bzw. someone) seriously; **du darfst die Dinge nicht so ernst nehmen** you mustn't take things so seriously **3** ernst zu nehmend serious [ˈsɪərɪəs] **4** Wendungen: **ich meine es ernst** I'm serious (**mit** about), I'm not joking; **das war nicht ernst gemeint** I was usw. only joking

Ernstfall m emergency [ɪˈmɜːdʒənsɪ]; **im Ernstfall** in case of emergency (⚠ ohne the), Krieg: in the event of a war [wɔː]

ernsthaft **1** serious [ˈsɪərɪəs] **2** ich mache mir ernsthaft(e) Sorgen um ihn I'm really worried [ˈwʌrɪd] about him

ernstlich serious [ˈsɪərɪəs]

★**Ernte** f **1** harvest [ˈhɑːvɪst] (auch übertragen) **2** (≈ Ertrag) crop

Erntehelfer(in) m(f) harvest worker

ernten **1** harvest [ˈhɑːvɪst] (Getreide) **2** dig* (Kartoffeln) **3** pick (Obst) **4** übertragen earn [ɜːn], win* (Ruhm, Applaus)

Ernüchterung f übertragen disillusionment [ˌdɪsɪˈluːʒnmənt]

Eroberer m conqueror [ˈkɒŋkərə]

★**erobern** **1** conquer [ˈkɒŋkə] (auch übertragen) **2** militärisch: take* (Stadt, Gebiet)

Eroberung f conquest [ˈkɒŋkwest] (auch übertragen)

eröffnen **1** allg.: open (Sitzung, Diskussion, Konto usw.) **2** feierlich: inaugurate [ɪˈnɔːgjəreɪt], US dedicate [ˈdedɪkeɪt]

Eröffnung f **1** allg.: opening (auch Schach); von Konkursverfahren: institution **2** feierliche: inauguration [ɪˌnɔːgjəˈreɪʃn], US dedication [ˌdedɪˈkeɪʃn]

Eröffnungsfeier f opening ceremony [ˈserəmənɪ]

erörtern discuss (Thema, Problem usw.)

Erörterung f **1** (≈ Diskussion) discussion **2** Aufsatz: (discursive) essay

Erotik f eroticism [ɪˈrɒtɪsɪzm]

erotisch erotic [ɪˈrɒtɪk]

erpicht: er ist ganz erpicht auf die neue Stelle he's really keen on the new job, he's really keen to get the new job

erpressen ◼︎ jemanden erpressen, etwas zu tun blackmail someone into doing something ◼︎ von jemandem Geld (bzw. ein Geständnis usw.) erpressen extort [ɪkˈstɔːt] money (bzw. a confession usw.) from someone

Erpresser(in) m(f) blackmailer

Erpressung f blackmail

erproben try (out), test

erprobt well-tried, tried and tested

★**erraten** guess [ɡes]; du hast es erraten! you've guessed (right)

errechnen work out, calculate

erregen ◼︎ jemanden erregen allg.: excite [ɪkˈsaɪt] someone, sexuell auch: arouse someone, (≈ ärgern) annoy [əˈnɔɪ] someone ◼︎ sich über etwas erregen (≈ aufregen) get* upset [ˌʌpˈset] about something

Erreger m ◼︎ einer Krankheit: agent [ˈeɪdʒnt], virus [ˈvaɪrəs] ◼︎ (≈ Keim) germ [dʒɜːm]

★**erregt** allg.: excited [ɪkˈsaɪtɪd], sexuell auch: aroused, (≈ verärgert) annoyed

Erregung f ◼︎ allg.: excitement [ɪkˈsaɪtmənt] ◼︎ sexuelle: arousal [əˈraʊzl] ◼︎ (≈ Verärgerung) annoyance

erreichbar ◼︎ das Dorf ist leicht erreichbar the village is easy to get to (oder is within easy reach) ◼︎ das Stadtzentrum ist zu Fuß (bzw. mit dem Wagen) leicht erreichbar the city centre is within easy walking (bzw. driving) distance

★**erreichen** ◼︎ reach (Ort, Person, Alter, Höhe usw.) ◼︎ catch* (Zug usw.) ◼︎ unsere Schule ist vom Bahnhof leicht zu erreichen our school is within easy reach of the station ◼︎ du kannst ihn unter dieser Telefonnummer erreichen you can reach him on (US at) this phone number; hast du ihn erreicht? telefonisch: did you get hold of him? ◼︎ (≈ durchsetzen) achieve [əˈtʃiːv] (Ziel, Vorhaben) ◼︎ das Klassenziel erreichen complete the school year successfully ◼︎ hast du bei ihm was erreicht? did you get anywhere (with him)?; ich habe nichts erreicht I didn't get anywhere

errichten ◼︎ put* up (Barrikaden, Monument, übertragen Barrieren usw.) ◼︎ erect [ɪˈrekt], build* (Gebäude)

erringen ◼︎ den Sieg erringen gain victory (⚠ ohne the), win* ◼︎ einen Erfolg erringen be* successful [səkˈsesfl], umg notch up a success

erröten ◼︎ vor Verlegenheit: blush, go* red ◼︎ vor Stolz: flush

Errungenschaft f ◼︎ achievement [əˈtʃiːvmənt] ◼︎ meine neueste Errungenschaft my latest acquisition [ˌækwɪˈzɪʃn]

★**Ersatz** m ◼︎ substitute [ˈsʌbstɪtjuːt] (auch Person); als Ersatz für jemanden einspringen stand* in for someone ◼︎ auf Dauer: replacement ◼︎ (≈ Ausgleich) compensation ◼︎ (≈ Schadenersatz) damages (⚠ pl) ◼︎ Ersatz leisten provide compensation

Ersatzbank f Sport: substitutes' bench [ˈsʌbstɪtjuːts,bentʃ]

Ersatzmann m substitute [ˈsʌbstɪtjuːt] (auch Sport)

Ersatzmine f Kugelschreiber: refill [ˈriːfɪl]

Ersatzreifen m spare tyre, US spare tire

Ersatzspieler(in) m(f) substitute

★**Ersatzteil** n spare part, spare

ersaufen (≈ ertrinken) drown [draʊn]

erschaffen create [kriˈeɪt], make*

Erschaffung f creation [kriˈeɪʃn]

★**erscheinen** ◼︎ (≈ kommen) come* (zu to), turn up (zu at) ◼︎ (≈ vorkommen, auftreten) appear [əˈpɪə] ◼︎ (Zeitung, Buch) come* out; das Buch erscheint nächsten Monat the book comes out (oder will be published) next month

Erscheinung f ◼︎ (≈ Vorgang) phenomenon [fəˈnɒmɪnən] pl: phenomena (auch natürliche und physikalische) ◼︎ (≈ äußere Gestalt) appearance [əˈpɪərəns] ◼︎ er tritt kaum in Erscheinung übertragen he keeps very much in the background

★**erschießen** ◼︎ shoot* (dead); drei Geiseln usw. wurden erschossen three hostages usw. were shot dead; sie haben sie erschießen lassen they had them shot ◼︎ er hat sich erschossen he('s) shot himself

Erschießung f ◼︎ shooting ◼︎ als Todesstrafe: execution (by firing squad [skwɒd])

erschlaffen ◼︎ (Glieder) go* limp ◼︎ (Muskeln) grow* tired, slacken

erschlagen¹ ◼︎ jemanden erschlagen kill someone ◼︎ er wurde vom Blitz erschlagen he was struck (dead) by lightning

erschlagen² umg ◼︎ (≈ verblüfft) flabbergasted [ˈflæbəɡɑːstɪd] ◼︎ (≈ erschöpft) whacked [wækt]

erschließen ◼︎ open up (Absatzmarkt) ◼︎ develop (Baugelände) ◼︎ tap (Rohstoffquellen, Bodenschätze usw.) ◼︎ deduce [dɪˈdjuːs], reconstruct (die Bedeutung von etwas)

★**erschöpft** ◼︎ (≈ abgespannt) exhausted [ɪɡˈzɔːstɪd] (von by) ◼︎ die Vorräte usw. sind

erschöpft *Bodenschätze*: the deposits *usw.* are (*oder* have become) depleted

Erschöpfung *f* exhaustion [ɪgˈzɔːstʃn]; **bis zur Erschöpfung** to the point of exhaustion; **vor Erschöpfung umfallen** collapse with (*oder* from) exhaustion

★**erschrecken** ◼ **jemanden erschrecken** frighten (*oder* scare) someone, give* someone a fright (*bes. US* scare) ◼ **bin ich erschrocken!** what a fright (*bes. US* scare) I got (*oder* you *usw.* gave me); **erschrick nicht, ...** don't get a fright, ..., *bes. US* don't get scared ◼ **ich war erschrocken, wie alt er aussah** I was shocked at how old he looked ◼ **sich erschrecken** get* a fright, (≈ *zusammenfahren*) jump; **er hat sich ganz schön erschreckt** (*oder* **erschrocken**) he got quite a fright, *US* he had quite a scare

erschreckend ◼ alarming, frightening ◼ (≈ *furchtbar*) terrible, dreadful [ˈdredfl] ◼ (≈ *entsetzlich*) appalling [▲ əˈpɔːlɪŋ]

erschrocken → erschrecken

erschüttern ◼ shock ◼ **das kann mich nicht erschüttern** it leaves me cold ◼ **ihn kann nichts mehr erschüttern** he's seen (*oder* been through) it all

★**erschüttert**: **ich bin erschüttert** I'm shocked

Erschütterung *f der Erde*: vibration, *stärker*: tremor [ˈtremə]

erschweren ◼ **unsere Arbeit** *usw.* **wird dadurch erschwert** it makes our work *usw.* more difficult ◼ hinder [ˈhɪndə] (*Fortschritt, Wachstum usw.*)

erschwinglich ◼ **zu erschwinglichen Preisen** at reasonable prices ◼ **es ist für uns nicht erschwinglich** we can't afford it

ersehen: **daraus ist zu ersehen, dass ...** this shows (*oder* indicates) that ...

ersetzbar replaceable [rɪˈpleɪsəbl]

★**ersetzen** ◼ **jemanden** *bzw.* **etwas ersetzen** replace someone *bzw.* something (**durch** by, with) ◼ **ihm wurde der Schaden ersetzt** he was compensated for the damage

ersichtlich ◼ apparent [əˈpærənt]; **ohne ersichtlichen Grund** for no apparent reason ◼ (≈ *klar*) clear

ersparen ◼ **das wird uns nicht erspart bleiben** there's no getting round it ◼ **mir bleibt aber auch nichts erspart** why does everything have to happen to me?

Ersparnisse *pl* savings

★**erst** ◼ (≈ *als erstes*) first (of all) ◼ (≈ *anfangs*) at first ◼ (≈ *zuvor*) first; **ich muss erst (noch) telefonieren** I've got to make a phone call first ◼ (≈ *nicht früher als*) only, not until (*oder* till); **erst dann** only then, not until (*oder* till) then; **erst jetzt** only now, not until (*oder* till) now; **erst jetzt wissen wir ...** only now do we know ... (▲ *Wortfolge*); **ich habe sie erst letzte Woche gesehen** it was only last week (that) I saw her ◼ (≈ *nicht später als*) only; **es ist erst sieben Uhr** it's only seven o'clock ◼ (≈ *bloß, nicht mehr als*) only, just; **sie ist erst fünf** she's only (*oder* just) five (years old); **ich habe erst zwei Antworten bekommen** I've only had two replies (so far)

erstarren ◼ *wörtlich* grow* stiff, stiffen ◼ (*Lava usw.*) solidify [səˈlɪdɪfaɪ] ◼ (*Gesicht*) turn to stone

erstarrt ◼ *wörtlich* stiff ◼ *vor Kälte*: stiff, numb [▲ nʌm] (**vor** with)

erstatten ◼ **jemandem seine Auslagen erstatten** refund [rɪˈfʌnd] (*oder* reimburse [ˌriːɪmˈbɜːs]) someone for his (*bzw.* her) expenses ◼ **gegen ihn wurde Anzeige erstattet** he was reported to the police

Erstattung *f* ◼ (≈ *Rückzahlung*) refunding [rɪˈfʌndɪŋ] ◼ *konkrete Summe*: refund [ˈriːfʌnd]

Erstaufführung *f Theater, Film*: premiere [▲ -ˈpremɪeə]

Erstaufnahmeeinrichtung *f*, **Erstaufnahmezentrum** *n für Flüchtlinge*: reception centre, *US* reception center

erstaunen astonish, *stärker*: amaze

★**erstaunlich** astonishing, *stärker*: amazing

erstaunlicherweise astonishingly [əˈstɒnɪʃɪŋlɪ], to my (his, her *usw.*) surprise [səˈpraɪz]

★**erstaunt** surprised [səˈpraɪzd], astonished [əˈstɒnɪʃt], *stärker*: amazed (**über** at)

Erstausgabe *f* first edition

erstbeste(r, -s) ◼ **kauf doch nicht einfach den erstbesten Computer!** don't go and buy just any old computer ◼ **der** (*bzw.* **die**) **Erstbeste** just anyone

★**erste(r, -s)** ◼ first; **1. Mai** 1(st) May, May 1(st) (▲ *gesprochen* the first of May); **am 1. Mai** on 1(st) May, on May 1(st) (▲ *gesprochen* on the first of May) ◼ **das erste Kapitel** chapter [ˈtʃæptə] one ◼ **das erste Mal** the first time; **das erste Mal, als ich ihn sah** *usw.* the first time I saw him *usw.* ◼ **zum ersten Mal** for the first time; **ich sehe ihn zum ersten Mal** I've never seen him before

Erste(r) *m/f(m)* ◼ (the) first ◼ **er wurde Erster** he was first, *bei Rennen*: he came in first ◼ **Karl I.** Charles I (*gesprochen* Charles the First; I *ohne Punkt!*) ◼ **heute ist der Erste** it's the first

today
erstechen stab (to death)
erstehen (≈ *kaufen*) buy* (oneself)
Erste-Hilfe-Kasten *m* first-aid kit
Erste-Hilfe-Kurs *m* first-aid course
ersteigern: etwas ersteigern buy something at an auction ['ɔːkʃn]
erstellen ◨ (≈ *bauen*) construct ◪ draw* up (*Liste usw.*)
★**erstens** first(ly), first of all
Ersthelfer(in) *m(f)* first-aider
ersticken ◨ suffocate ['sʌfəkeɪt] (**an** from); **vor Hitze ersticken** suffocate from the heat ◪ **jemanden ersticken** suffocate someone ◫ **das Feuer ersticken** put* the fire out
★**erstklassig** ◨ first-class, first-rate ◪ *Waren*: top-quality
Erstklässler(in) *m(f)* first-year (primary) pupil, *US* first grader
erstmals: es erschien erstmals 2017 it first appeared in 2017
erstrangig ◨ first-rate ◪ *Problem*: top-priority
erstrebenswert desirable, worthwhile
erstrecken ◨ **sich erstrecken** *räumlich*: extend, stretch (**bis zu** to, as far as; **über** across, over) ◪ **sich über Jahrzehnte** *usw.* **erstrecken** cover (*oder* span) several decades ['dekeɪdz] *usw.*
Erstschlag *m militärisch*: first strike
ertappen: jemanden beim Stehlen *usw.* **ertappen** catch* someone stealing *usw.*
erteilen give* (*Rat usw.*), issue (*Lizenz*); **Anweisungen erteilen** give* instructions; **Unterricht erteilen** teach*
Ertrag *m* ◨ *Landwirtschaft*: yield ◪ (≈ *Einnahmen*) returns (⚠ *pl*) (**aus** from)
★**ertragen** ◨ bear* [beə] (*Schmerzen, Anblick, Gedanken*) ◪ (≈ *dulden*) put* up with
erträglich ◨ *Schmerzen usw.*: bearable ['beərəbl] ◪ *Bedingungen*: tolerable ['tɒlərəbl]
ertränken: (sich) ertränken drown (oneself)
★**ertrinken** ◨ **er ertrank im Meer** he drowned in the sea ◪ **sie ertrank in den Fluten** she was drowned by the floods
Eruption *f* eruption
erwachen (≈ *aufwachen*) wake* up
★**erwachsen** grown-up, adult ['ædʌlt]
★**Erwachsene(r)** *m/f(m)* adult ['ædʌlt]; **nur für Erwachsene** (for) adults only
erwägen: die Vor- und Nachteile erwägen weigh [weɪ] up the pros [prəʊz] and cons
Erwägung *f*: **in Erwägung ziehen** take* into consideration, consider [kən'sɪdə]

★**erwähnen** mention ['menʃn]
Erwähnung *f* mention (+ *Genitiv* of)
erwärmen warm (up), heat (up)
Erwärmung *f* ◨ warming up, heating up ◪ **die Erwärmung der Erdatmosphäre** global warming (⚠ *ohne the*)
★**erwarten** ◨ expect; **so was habe ich gar nicht erwartet** I wasn't expecting (*oder* I didn't expect) anything like that ◪ (≈ *warten auf*) wait for ◫ **sie erwartet ein Kind** she's expecting (a baby)
Erwartung *f* expectation [ˌekspek'teɪʃn]; **es entsprach ihren Erwartungen nicht** it didn't come up to her expectations
erweisen ◨ **es ist erwiesen, dass** ... it has been proved [pruːvd] (*oder* schwächer shown) that ... ◪ **es erwies sich als falsch** it turned out to be wrong, it proved (to be) wrong ◫ do* (*Ehre, Dienst, Gefallen usw.*)
★**erweitern** ◨ (≈ *ausdehnen*) widen, enlarge ◪ extend (*Einfluss, Macht*) ◫ broaden (*Kenntnisse, Horizont*); **sie hat ihre Spanischkenntnisse beträchtlich erweitert** she's improved her Spanish considerably
★**Erweiterung** *f* ◨ (≈ *Ausdehnung*) widening, enlargement ◪ *Einfluss, Macht*: extension ◫ *seiner Kenntnisse*: broadening ['brɔːdnɪŋ]
Erwerb *m* acquisition [ˌækwɪ'zɪʃn]
erwerben ◨ *allg.*: acquire [ə'kwaɪə] ◪ (≈ *kaufen*) acquire, purchase ['pɜːtʃəs] ◫ acquire (*Kenntnisse, Rechte usw.*)
erwerbsfähig *förmlich* capable of gainful employment, able to work
erwerbslos unemployed
Erwerbslose(r) *m/f(m)* unemployed person
erwerbstätig (gainfully) employed
Erwerbstätige(r) *m/f(m)* person in gainful employment; **die Zahl der Erwerbstätigen** the number of people in work
Erwerbstätigkeit *f* gainful employment
erwerbsunfähig *förmlich* incapable of gainful employment, unable to work
★**erwidern** ◨ (≈ *antworten*) reply, answer ['ɑːnsə] (**auf** to) ◪ return (*Besuch, Gefälligkeit*)
erwirtschaften: Gewinn *usw.* **erwirtschaften** make* a profit ['prɒfɪt] *usw.*
★**erwischen** ◨ catch*, get* ◪ **ihn hat's erwischt** *Krankheit*: he's been laid low, *Tod*: he's snuffed it
erwürgen strangle ['stræŋgl]
Erz *n* ore [ɔː]
★**erzählen** ◨ *allg.*: tell*; **man hat mir erzählt** ... I've been told ... ◪ **er kann gut erzählen**

he's a good storyteller

Erzähler(in) m(f) **1** im Roman usw.: narrator [nə'reɪtə] **2 sie ist eine gute Erzählerin** she's a good story teller

★**Erzählung** f story, förmlicher tale

Erzbischof m archbishop [ˌɑːtʃ'bɪʃəp]

Erzengel m archangel [⚠ 'ɑːk,eɪndʒl]

erzeugen 1 allg.: produce [prə'djuːs], make* **2** generate ['dʒenəreɪt] (Energie) **3** create [kriː'eɪt] (Gefühl, Zustand)

Erzeugnis n product [⚠ 'prɒdʌkt]

Erzeugung f von Energie: generation

Erzfeind m arch-enemy [ˌɑːtʃ'enəmɪ]

★**erziehen 1** (≈ aufziehen) bring* up, raise; **er wurde streng erzogen** he had a strict upbringing **2** geistig: educate ['edjʊkeɪt]

Erzieher(in) m(f) educator: in Kindergarten: kindergarten teacher, Br nursery school teacher

★**Erziehung** f **1** upbringing **2** geistige, politische usw.: education [ˌedjʊ'keɪʃn]

Erziehungsgeld n parental allowance (oder benefit)

Erziehungsurlaub m parental leave, für Mütter auch: maternity leave, für Väter auch: paternity leave

erzielen 1 achieve [ə'tʃiːv] (Ergebnis, Erfolg) **2** score (Punkt, Treffer) **3 (einen) Gewinn erzielen** make* a profit ['prɒfɪt] **4 Einigung erzielen** reach (oder come* to) an agreement (über on)

erzogen 1 er ist gut erzogen he's very well--mannered **2 er ist schlecht erzogen** he's got no manners at all

erzwingen 1 etwas erzwingen force something, get* something by force **2 von jemandem ein Geständnis erzwingen** force a confession out of someone

★**es 1** Sache: it **2** Baby, Tier: it, emotional und bei bekanntem Geschlecht: he, she **3 es ist kalt** usw. it's cold usw. **4 es war keiner da** there was nobody there **5 es wurde getanzt** usw. there was dancing usw. **6 ich bin's** it's me **7 ich nahm es** I took it **8 ich hoffe es** I hope so **9 es war einmal ein König** once upon a time there was a king

Escape-Taste f Computer: escape key

Esche f ash, ash tree

Esel m **1** Tier: donkey ['dɒŋkɪ] **2** abwertend fool, idiot ['ɪdɪət]

Eselsbrücke f mnemonic [⚠ ne'mɒnɪk]

Eselsohr n übertragen dog-ear, turned-down corner; **ein Buch mit Eselsohren** a dog-eared book

Eskalation f allg.: escalation [ˌeskə'leɪʃn]

Eskimo m Eskimo ['eskɪməʊ]

esoterisch esoteric

Espresso m espresso (⚠ pl espressos)

Essay m/n essay ['eseɪ]

essbar 1 eatable **2** (≈ genießbar) edible ['edəbl]; **essbarer Pilz** (edible) mushroom

Essbesteck n cutlery (⚠ ohne a), cutlery set, knife, fork and spoon

★**essen 1** allg.: eat* **2 zu Mittag essen** have* lunch **3 zu Abend essen** have* dinner **4 was gibt's zu essen?** what's for dinner (bzw. lunch)? **5 essen gehen** eat* out, eat* at a restaurant ['restərɒnt]

★**Essen** n **1** (≈ Kost, Verpflegung) food [⚠ fuːd] **2** (≈ Gericht) dish **3** (≈ Mahlzeit) meal **4** (≈ Abendessen) dinner, (≈ Mittagessen) lunch; **wir sind gerade beim Essen** we're just having (our) dinner (bzw. lunch bzw. tea)

Essen(s)marke f meal ticket

Essenszeit f mealtime; **während der Essenszeit** during mealtimes; **es ist Essenszeit** it's time to eat, it's time for lunch bzw. dinner

★**Essig** m vinegar ['vɪnɪgə]

Esslöffel m tablespoon; **zwei Esslöffel Honig** two tablespoons(ful) of honey

Esstisch m dining table

★**Esszimmer** n dining room

Este m, **Estin** f Estonian [e'stəʊnɪən]

★**Estland** n Estonia [e'stəʊnɪə]

estnisch, Estnisch n Estonian [e'stəʊnɪən]

Estragon m Pflanze, Gewürz: tarragon ['tærəgən]

Estrich m ⊕ (≈ Dachboden, Dachraum) loft, attic

etablieren set* up, establish

★**Etage** f floor [flɔː], storey, US story; **auf (oder in) der ersten Etage** on the first (US second) floor

Etappe f **1** allg.: stage **2** Sport: stage, leg

etappenweise in stages, step by step

Etat m budget ['bʌdʒɪt]

Ethik f ethics ['eθɪks] (⚠ pl; als Fach mit sg)

ethisch: aus ethischen Gründen ablehnen usw. reject usw. on ethical ['eθɪkl] grounds

ethnisch ethnic ['eθnɪk]

E-Ticket n für Flüge, Messen: e-ticket

Etikett n **1** label **2** (≈ Preisschild) price tag

etliche several ['sevrəl], quite a few; **etliche Millionen Euro** several million euro

Etui n case

★**etwa 1** about, approximately [ə'prɒksɪmətlɪ], umg around **2** (≈ zum Beispiel) for instance ['ɪnstəns], for example, (let's) say **3 war sie**

etwa da? was she there then?, *stärker*: don't say she was there

etwaig any; **etwaige Schwierigkeiten** any difficulties (that might arise)

★**etwas** **1** something; **etwas anderes** something else **2** *verneinend, fragend oder bedingend*: (≈ *irgendetwas*) anything; **noch etwas?** anything else?; **so etwas habe ich noch nie gehört** I've never heard anything like it **3** **so etwas kommt schon vor** that kind of thing (*oder* it) 'does happen **4** (≈ *ein bisschen*) some, a little, a bit of; **ich brauche etwas Geld** I need some (*oder* a bit of) money; **etwas mehr** (*bzw.* **weniger**) a bit (*oder* a little) more (*bzw.* less)

EU *f abk* (*abk für* Europäische Union) EU [ˌiːˈjuː]; (*abk für* European Union)

EU- ... *in Zusammensetzungen* EU ...; **EU-Außenbeauftragte(r)** EU Representative for Foreign Affairs; **EU-Behörde** EU institution; **EU--Beitritt** entry into the EU; **EU-Kommissar(in)** EU Commissioner; **EU-Kommission** EU Commission; **EU-Land** EU country (*oder* member state); **EU-Ministerrat** EU Council of Ministers; **EU-Mitgliedsland** EU member state

★**euch** **1** (to) you; **ich hab's euch gesagt** I told you; **ich hab's euch gegeben** I gave it to you **2** (≈ *für euch*) for you **3** **bei euch** with you; **wohnt sie bei euch?** is she living with you? **4** **setzt euch!** sit down

★**euer** **1** your [jɔː] **2** **euer Robert** *am Briefende*: Yours, Robert

Eukalyptus *m* eucalyptus [ˌjuːkəˈlɪptəs]

Eule *f* owl [aʊl]; **Eulen nach Athen tragen** carry coals to Newcastle

euretwegen **1** (≈ *wegen euch*) because of you **2** (≈ *euch zuliebe*) for you, for your sake

★**Euro** *m Währung*: Euro, euro [ˈjʊərəʊ] (*Symbol* €, *pl* euros); **Sie können in Euro oder in Dollar bezahlen** you can pay in euros or (in) dollars, *Rechnung, Geldumtausch auch*: we accept euros and dollars

Euro... *in Zusammensetzungen* Euro..., euro... Euro ..., euro ... [ˈjʊərəʊ]; **Eurocent** Eurocent, Euro cent; **Eurocentmünze, Eurocentstück** Eurocent coin, Euro cent coin; **Eurocity(zug)** eurocity (train); **Eurogebiet** eurozone, euro area; **Eurozone** eurozone

eurokritisch Eurosceptic [ˈjʊərəʊˌskɛptɪk]

Euroland *n* **1** (≈ *alle Länder mit Euro*) Euroland [ˈjʊərəʊlænd] **2** (≈ *einzelnes Land mit Eurowährung*) euro country (*oder* state)

★**Europa** *n* Europe [ˈjʊərəp]

★**Europäer** *m* European [ˌjʊərəˈpiːən]; **er ist Europäer** he's (a) European

★**Europäerin** *f* European (woman *oder* lady *oder* girl); **sie ist Europäerin** she's (a) European

★**europäisch** European [ˌjʊərəˈpiːən]; **Europäisches Parlament** European Parliament [ˈpɑːləmənt]; **europäische Schule** European school; **Europäische Union** European Union

Europameister(in) *m(f)* **1** European champion **2** *Mannschaft*: European champions (⚠ *pl*)

Europameisterschaft *f* European championships (⚠ *pl*)

Europaparlament *n* European Parliament

Europapokal *m* European Cup

Europapolitik *f* Europolitics (⚠ *pl*)

Europarat *m* Council of Europe

Europaschule *f* Europe School (*type of school in Germany in which emphasis is placed on the learning of foreign languages and the understanding of foreign cultures*)

Europastraße *f* European road (*oder* route)

Europawahlen *pl* European elections

europaweit Europe-wide; **europaweit gelten** apply throughout Europe

Eurorettung *f* rescue of the euro

Eurorettungsschirm *m* European Stability Mechanism

Euter *n* udder [ˈʌdə]

Euthanasie *f* euthanasia [ˌjuːθəˈneɪzɪə]

EU-weit EU-wide, across the EU

evakuieren evacuate [ɪˈvækjʊeɪt]

★**evangelisch** Protestant [ˈprɒtɪstənt]

Evangelium *n* Gospel

Eventagentur *f* event (marketing) agency

Eventmanager(in) *m(f)* event manager

★**eventuell** **1** possibly (⚠ *engl.* eventually = **endlich, schließlich**); **er sagt, er würde eventuell kommen** he says he might (possibly) come; **eventuell** *als Antwort*: possibly, *umg* maybe, I *usw.* might **2** (≈ *notfalls*) if necessary [ˈnɛsəsrɪ]

eventuelle(r, -s) **1** possible (⚠ *nicht* eventual) **2** **eventuelle Beschwerden** any complaints (that might arise)

★**ewig** **1** (≈ *unendlich*) eternal [ɪˈtɜːnl] **2** *Glück, Frieden usw.*: eternal, everlasting [ˌɛvəˈlɑːstɪŋ] **3** (≈ *endlos*) endless **4** (≈ *ständig*) eternal, constant [ˈkɒnstənt] **5** (≈ *ewig lange, für immer*) forever **6** **sie hat ewig gebraucht** it took her ages

Ewigkeit *f* **1** **die Ewigkeit** eternity [ɪˈtɜːnɪtɪ] (⚠ *ohne* the) **2** **ich warte schon eine Ewigkeit** I've been waiting for ages

ex ❶ **sie tranken ex** they emptied their glasses in one go ❷ **ex!** *umg* bottoms up!

Ex... *in Zusammensetzungen* (≈ *ehemalig*) ex-..., former; **Exfrau** ex-wife; **Exminister** former (government) minister; **Expräsident** former president

★**exakt** precise [prɪˈsaɪs], accurate [ˈækjərət]

★**Examen** *n* examination [ɪɡˌzæmɪˈneɪʃn], exam; **Examen machen** take* one's exams

Exekutive *f* executive [ɪɡˈzekjʊtɪv]

Exemplar *n* ❶ *einer Pflanze usw.*: specimen [⚠ ˈspesəmɪn] ❷ *eines Buches*: copy

Exil *n* exile [ˈeksaɪl]; **im Exil** in exile; **ins Exil gehen** go* into exile (⚠ *beide ohne* the)

★**Existenz** *f* ❶ existence [ɪɡˈzɪstəns] ❷ (≈ *Unterhalt*) living

Existenzgründer(in) *m(f)* founder of a (new) business

Existenzgründung *f Unternehmen*: start-up (*oder* setting-up) of a new business, business start-up

Existenzminimum *n* ❶ subsistence [səbˈsɪstəns] level ❷ **knapp über dem Existenzminimum leben** live on the poverty [ˈpɒvəti] line

★**existieren** ❶ exist [ɪɡˈzɪst], be* ❷ **davon existieren nur zwei** there are only two of them (in existence) ❸ (≈ *leben*) exist, live (**von** on)

exklusiv ❶ exclusive [ɪkˈskluːsɪv] ❷ **exklusiver Kreis** select circle (*oder* group)

Exkursion *f* excursion [ɪkˈskɜːʃn]

exotisch exotic [ɪɡˈzɒtɪk]

expandieren expand

Expansion *f* expansion [ɪkˈspænʃn]

Expedition *f* expedition [ˌekspɪˈdɪʃn]

Experiment *n* experiment [ɪkˈsperɪmənt]; **Experimente machen** carry out experiments

experimentieren experiment [ɪkˈsperɪment] (**an** on; **mit** with)

Experte *m*, **Expertin** *f* expert [ˈekspɜːt] (**für** in)

explodieren explode [ɪkˈspləʊd] (*auch übertragen*)

★**Explosion** *f* explosion [ɪkˈspləʊʒn] (*auch übertragen*); **etwas zur Explosion bringen** detonate something

explosiv explosive [ɪkˈspləʊsɪv] (*auch übertragen*)

Exponent *m Mathematik*: exponent

★**Export** *m* ❶ export [ˈekspɔːt], exporting [ɪkˈspɔːtɪŋ] ❷ (≈ *Waren*) exports (⚠ *pl*)

Exportabteilung *f* export department

Exporteur(in) *m(f)* exporter [ɪkˈspɔːtə]

★**exportieren** export [ɪkˈspɔːt] (**nach** to)

Exportkauffrau *f*, **Exportkaufmann** *m* export merchant

Exportland *n* exporting country

extra ❶ (≈ *zusätzlich*) extra ❷ *Rechnung* (≈ *getrennt*) separate [ˈseprət] ❸ **ich schick's dir extra** I'll send it to you separately ❹ (≈ *eigens*) specially; **extra für dich** just (*oder* specially) for you ❺ (≈ *absichtlich*) on purpose [ˈpɜːpəs]

Extrakt *m* extract [ˈekstrækt]

extrem ❶ extreme; **er ist ein bisschen extrem** he takes things a bit too far ❷ **extrem kalt** extremely cold, freezing cold

Extrem *n* extreme; **von einem Extrem ins andere fallen** go* from one extreme to the other

Extremismus *m* extremism [ɪkˈstriːmɪzm] (⚠ *ohne* the)

Extremist(in) *m(f)*, **extremistisch** extremist [ɪkˈstriːmɪst]

extrovertiert extrovert [ˈekstrəvɜːt]

exzellent excellent [ˈeksələnt]

exzentrisch eccentric [ɪkˈsentrɪk]

Exzess *m* ❶ excess [ɪkˈses] ❷ **etwas bis zum Exzess treiben** take* something to extremes

Eyeliner *m Kosmetik*: eyeliner

E-Zigarette *f* e-cigarette

F

Fabel *f* fable (*auch übertragen*)

fabelhaft ❶ fantastic, magnificent [mæɡˈnɪfɪsnt] ❷ **du hast fabelhaft gekocht** it was a wonderful meal

★**Fabrik** *f* ❶ factory [ˈfæktrɪ], *US auch* shop ❷ (≈ *Werk*) works (*sg oder pl*)

Fabrikat *n* ❶ make, brand ❷ (≈ *Erzeugnis*) product [ˈprɒdʌkt] ❸ (≈ *Ausführung*) model

fabrikneu brand new

Facebook® *n* Facebook®; **auf Facebook sein** be* on Facebook®

★**Fach** *n* ❶ (≈ *Schrankfach usw.*) compartment; *in Regal usw.*: shelf ❷ (≈ *Brieffach*) pigeonhole [ˈpɪdʒənhəʊl] ❸ (≈ *Schul-, Studienfach*) subject [ˈsʌbdʒekt]; (≈ *Gebiet*) field; (≈ *Handwerk*) trade; **sie ist vom Fach** she's an expert ❹ (≈ *Beruf*) job; **er versteht sein Fach** he knows his job

Fachabitur *n examination entitling the successful candidate to study at a Fachhochschule or certain subjects at a university*

Fachangestellte(r) *m/f(m)* qualified professional; **Fachangestellte für Marktforschung**

qualified market research professional; **medizinische(r) Fachangestellte(r)** qualified medical assistant

Facharbeit f Schule: extended essay

Facharbeiter(in) m(f) skilled worker

★**Facharzt** m, **Fachärztin** f (medical) specialist (**für** in)

Fachausdruck m, **Fachbegriff** m technical ['teknɪkl] term

Fachbuch n reference ['refrəns] book

Fächer m fan

Fachfrau f expert ['ekspɜːt], specialist (**in** in, at; **für** on)

Fachgebiet n (special) field

Fachgeschäft n specialist shop, US specialty store

Fachhandel m specialist shops (△ pl), US specialty stores (△ pl)

★**Fachhochschule** f university of applied sciences

Fachkenntnisse pl specialized knowledge (△ sg)

Fachkraft f qualified professional; **Fachkraft für Lagerhaltung** qualified stock manager

Fachkräftemangel m shortage of qualified staff

Fachlehrer(in) m(f) specialist subject teacher

Fachleute pl experts ['ekspɜːts]

fachlich technical ['teknɪkl], Ausbildung: specialist, (≈ beruflich) professional

Fachliteratur f specialist literature

★**Fachmann** m expert ['ekspɜːt], specialist (**in** in, at; **für** on)

fachmännisch expert ['ekspɜːt], specialist ...; **fachmännisches Urteil** expert opinion

Fachschule f etwa: technical ['teknɪkl] college

fachsimpeln talk shop

Fachsprache f technical ['teknɪkl] language, technical jargon ['dʒɑːgən]

Fachwerkhaus n half-timbered house

Fachwissen n specialized knowledge ['nɒlɪdʒ]

Fackel f torch [tɔːtʃ]

fad bes. Ⓐ, Ⓒ, **fade** 1 Essen: tasteless; **die Suppe schmeckt fade** the soup has no taste 2 bes. Ⓐ, Ⓒ (≈ langweilig) dull, boring

★**Faden** m 1 thread [θred] (auch übertragen) 2 Wendungen: **ich hab den Faden verloren** I've lost the thread; **er hat die Fäden fest in der Hand** he's got a tight grip on things

fadenscheinig Ausrede usw.: flimsy, weak

★**fähig** 1 **er ist nicht fähig, zu gehen** usw. he isn't capable of walking usw., he isn't able to walk usw. 2 (≈ begabt) talented ['tæləntɪd] 3 **er ist zu allem fähig** he's capable of anything

★**Fähigkeit** f 1 allg.: ability [ə'bɪlətɪ] (auch geistige); **die Fähigkeit haben, etwas zu tun** be* capable of doing something 2 (≈ praktisches Können) skill 3 (≈ Tüchtigkeit) capability 4 (≈ Begabung) talent ['tælənt]

fahnden search [sɜːtʃ] (**nach** for)

Fahndung f search [sɜːtʃ] (**nach** for)

★**Fahne** f 1 flag 2 **er hat eine Fahne übertragen** he smells of drink (oder alcohol ['ælkəhɒl])

Fahrausweis m ticket ['tɪkɪt]

Fahrbahn f 1 road 2 (≈ Fahrspur) lane

fahrbar mobile ['məʊbaɪl]

Fähre f ferry

★**fahren** 1 allg.: go* (**mit** by); **mit der Bahn** (bzw. **mit dem Bus** usw.) **fahren** go* by train (bzw. by bus usw.) 2 selbstlenkend, im Auto usw.: drive*; **sie fährt gut** (bzw. **schlecht**) she's a good (bzw. not a very good) driver 3 auf einem Fahrrad usw.: ride*; **Fahrrad** (bzw. **Motorrad**) **fahren** ride* a bicycle (bzw. a motorbike) 4 (≈ verkehren) run* 5 (≈ befördern) take*, drive* 6 (≈ abfahren) leave*, go* 7 **rechts fahren!** keep to the right 8 **nach Köln fährt man sieben Stunden** it's a seven-hour drive to Cologne, mit dem Zug: it's a seven-hour train journey to Cologne 9 **50 km/h fahren** do* 50 kph (gesprochen kilometres per oder an hour) 10 **über einen Fluss** usw. **fahren** cross a river usw. 11 **einen fahren lassen** vulgär fart, Br auch let* off, US auch let* one

fahrenlassen → fahren 11

★**Fahrer** m 1 driver 2 (≈ Motorradfahrer) motorcyclist 3 (≈ Radfahrer) cyclist

Fahrerflucht f 1 hit-and-run offence 2 **er beging Fahrerflucht** he failed to stop after an (bzw. the) accident ['æksɪdənt], he drove away from an (bzw. the) accident

★**Fahrerin** f 1 driver 2 (≈ Motorradfahrerin) motorcyclist 3 (≈ Radfahrerin) cyclist

★**Fahrgast** m passenger ['pæsɪndʒə]

Fahrgemeinschaft f carpool

Fahrgestell n Auto: chassis ['ʃæsɪ]

★**Fahrkarte** f ticket ['tɪkɪt]; **eine Fahrkarte lösen** buy* a ticket (**nach** to)

Fahrkartenautomat m ticket machine

Fahrkartenschalter m ticket office

Fahrkartensperre f: **automatische Fahrkartensperre** automatic ticket barrier (oder gate)

fahrlässig careless, reckless

Fahrlehrer(in) m(f) driving instructor

★**Fahrplan** m timetable (auch übertragen), US

schedule ['ʃkedʒuːl]
Fahrplanänderung f change in (the) timetable
fahrplanmäßig **1** according to schedule ['ʃedjuːl] **2** **der Zug fährt fahrplanmäßig ab** (*bzw.* **kommt an**) **um 12 Uhr** the train is scheduled ['ʃedjuːld] to leave (*bzw.* is due) at 12 o'clock
Fahrpraxis f driving experience ['draɪvɪŋ ɪkˌspɪərɪəns]
Fahrpreis m fare
Fahrpreiserhöhung f fare increase ['ɪŋkriːs], increase in fares
Fahrpreisermäßigung f fare discount ['dɪskaʊnt]
Fahrprüfung f driving test
★**Fahrrad** n bicycle ['baɪsɪkl], *umg* bike; **Fahrrad fahren** go* cycling
Fahrradfahrer(in) m(f) cyclist
Fahrradhelm m cycling helmet
Fahrradständer m **1** *am Fahrrad*: bicycle kickstand **2** *für mehrere Fahrräder*: cycle rack (*oder* stand)
Fahrradtasche f pannier ['pænɪə]
Fahrradtour f bike ride, *länger*: cycling tour
Fahrradverleih m cycle hire, *US* bike rental
Fahrradweg m cycle path, *US* bikepath
★**Fahrschein** m ticket ['tɪkɪt]
Fahrscheinautomat m ticket machine
Fahrscheinentwerter m ticket cancelling ['kænslɪŋ] machine
Fahrschule f driving school
Fahrschüler(in) m(f) learner (driver), *US* student driver
Fahrspur f lane
Fahrstrecke f **1** (≈ *Route*) route [ruːt] **2** (≈ *Länge*) distance ['dɪstəns] (to be covered)
Fahrstreifen m lane
Fahrstuhl m lift, *US* elevator ['elɪveɪtə]; **mit dem Fahrstuhl fahren** take* the lift (*bzw. US* elevator)
Fahrstunde f driving lesson
★**Fahrt** f **1** *im Wagen*: drive*, ride* **2** (≈ *Reise*) journey ['dʒɜːnɪ], trip **3** (≈ *Ausflug*) outing **4** **eine Fahrt nach Rom machen** make* (*oder* go* on) a trip to Rome **5** **gute Fahrt!** have a good trip **6** (≈ *Tempo*) speed; **in voller Fahrt** (at) full speed
Fährte f **1** trail (*auch übertragen*) **2** **du bist auf der richtigen** (*bzw.* **falschen**) **Fährte** you're on the right (*bzw.* wrong) track
Fahrtenschreiber m tachograph ['tækəɡrɑːf]
Fahrtkosten pl travel expenses
Fahrverbot n: **ihm wurde ein (einjähriges)**
Fahrverbot erteilt he was banned from driving (for a year), *US* he had his license suspended (for a year)
Fahrweise f (style of) driving; **bei deiner Fahrweise** the way you drive
Fahrwerk n *Flugzeug*: landing gear
★**Fahrzeug** n **1** vehicle [⚠ 'viːɪkl] **2** *auf dem Wasser*: vessel ['vesl] **3** (≈ *Luftfahrzeug*) aircraft
Fahrzeugbrief m vehicle [⚠ 'viːɪkl] registration document ['dɒkjʊmənt]
Fahrzeughalter(in) m(f) registered keeper, (≈ *Besitzer*) car (*oder* vehicle [⚠ 'viːɪkl]) owner
Fahrzeuglackierer(in) m(f) vehicle [⚠ 'viːɪkl] paint sprayer
Fahrzeugschein m vehicle [⚠ 'viːɪkl] registration document
★**fair** fair; **fair spielen** play fair
Fairness f fairness, *im Spiel*: fair play
Fake n/m *in den Medien*: fake
faken fake
Fakten pl facts, (≈ *Angaben*) data ['deɪtə]
★**Faktor** m *allg., Mathematik*: factor
Fakultät f *Uni*: faculty ['fæklti], *US auch* department
fakultativ optional
Falke m **1** falcon [⚠ 'fɔːlkən] **2** *Politik*: (↔*Taube*): hawk [hɔːk]
★**Fall** m **1** fall **2** *im Fallschirm*: descent [dɪ'sent] **3** *übertragen* downfall **4** *der Kurse, der Preise*: fall, drop **5** **zu Fall bringen** bring* down (*Gegner, eine Regierung*) **6** *allg., Grammatik, Gericht, Medizin*: case; **in den meisten Fällen** in most cases; **der Fall Graf** the case of Graf **7** (≈ *Einzelbeispiel*) instance ['ɪnstəns] **8** *Wendungen*: **auf jeden Fall** anyway, (≈ *ganz bestimmt*) definitely ['defənətlɪ]; **auf keinen Fall** on no account, (≈ *ganz bestimmt nicht*) definitely not; **für alle Fälle** just in case; **das ist nicht ganz mein Fall** it's not my kind of thing; **klarer Fall!** *umg* (oh,) sure!
Falle f **1** trap (*auch übertragen*) **2** **der Dieb ging ihm in die Falle** the thief walked right into his trap
★**fallen** **1** *allg.*: fall*, drop **2** (*Fieber, Preise usw.*) go* down, drop, fall* **3** (*Blick, Licht*) fall* (**auf** on) **4** **durch eine Prüfung fallen** fail an exam **5** **es fielen drei Schüsse** there were three shots, three shots were fired **6** **es fielen zwei Tore** there were two goals
fällen **1** cut* (*oder* chop) down (*Holz*) **2** **eine Entscheidung fällen** make* a decision [dɪ'sɪʒn] **3** **ein Urteil fällen** pass sentence ['sentəns] (⚠ *ohne* a) (**über** on)

fällig (≈ *zahlbar*) due [dju:], payable; **fällig zum 31. Mai** payable by May 31 (*gesprochen* the 31st of May)
Fälligkeit f due date
Fallobst n windfall
Fall-out m (radioactive) fallout
Fallrückzieher m *Fußball*: overhead kick
★**falls** **1** if; **falls sie kommt** if she comes, if she should come **2** (≈ *für den Fall, dass*) in case
Fallschirm m parachute ['pærəʃu:t]
Fallschirmspringen n **1** parachuting ['pærəʃu:tɪŋ], parachute jumping **2** *Sport* skydiving
Fallschirmspringer(in) m(f) **1** parachutist ['pærəʃu:tɪst] **2** *Sport*: skydiver
★**falsch** **1** (↔ *richtig*) wrong [⚠ rɒŋ]; **etwas falsch beantworten** answer something wrong **2** **etwas falsch verstehen** misunderstand* something, *umg* get* something wrong **3** (≈ *unecht, unehrlich*) false [fɔ:ls]; **unter falschem Namen** under a false name; **er ist ein ganz falscher Typ** he's so false **4** **etwas falsch aussprechen** mispronounce something **5** **falsch verbunden!** *Telefon*: sorry, wrong number
fälschen **1** fake (*Urkunde, Unterschrift*) **2** counterfeit ['kaʊntəfɪt], forge (*Geld*)
Fälscher(in) m(f) forger, *Geld auch*: counterfeiter ['kaʊntəfɪtə]
Falschfahrer(in) m(f) wrong-way driver
Falschgeld n counterfeit ['kaʊntəfɪt] money
Falschmeldung f (≈ *Ente*) hoax [həʊks]
falschspielen cheat
Falschspieler(in) m(f) cheat [tʃi:t]
Fälschung f **1** (≈ *das Fälschen*) forging **2** *Bild usw.*: fake, forgery
fälschungssicher counterfeit-proof [,kaʊntəfɪt'pru:f]
Faltblatt n leaflet ['li:flət]
Faltboot n folding canoe [kə'nu:]
Falte f **1** *im Stoff*: fold **2** *in der Haut*: crease ['kri:s], *stärker*: wrinkle [⚠ 'rɪŋkl] **3** (≈ *Knitterfalte, Bügelfalte*) crease
★**falten**: **etwas falten** fold something
faltig **1** (≈ *zerknittert*) creased ['kri:st] **2** *Haut*: wrinkled [⚠ 'rɪŋkld]
familiär **1** (≈ *zwanglos*) informal [⚠ *engl.* familiar = **bekannt, vertraut**] **2** **familiäre Sorgen** family problems
★**Familie** f **1** *allg.*: family **2** **(die) Familie Miller** the Miller family, the Millers *pl* **3** **eine Familie haben** have* a family, (≈ *Kinder haben*) have* children **4** **eine sechsköpfige Familie** a family of six

Familienangehörige(r) m/f(m) member of the family, family member, relative ['relətɪv]
Familienangelegenheit f family affair
Familienbetrieb m family business [,fæmlɪ'bɪznəs]
Familienfeier f, **Familienfest** n family celebration [,fæmlɪ,selə'breɪʃn]
familienfreundlich family-friendly
Familienleben n family life
Familienmitglied n member of the family, family member, relative ['relətɪv]
Familiennachzug m reuniting of families
★**Familienname** m surname ['sɜ:neɪm], family name, *US mst.* last name
Familienpackung f family pack
Familienplanung f family planning; **natürliche Familienplanung** natural family planning
Familienunternehmen n family business
Familienzusammenführung f family reunification, reuniting of families
Fan m fan [fæn]
Fanatiker(in) m(f) fanatic [fə'nætɪk]
fanatisch fanatic, fanatical [fə'nætɪk(l)]
Fanatismus m fanaticism [fə'nætɪsɪzm]
Fanclub m fan club
Fang m **1** *allg.*: catch **2** **mit ihm haben wir einen guten Fang gemacht** *übertragen* he was a good catch
Fangarm m tentacle ['tentəkl]
★**fangen** **1** *allg.*: catch* (*auch übertragen*) **2** **Feuer fangen** catch* fire **3** **ich werd mich schon wieder fangen** I'll be all right, I'll pull myself together
Fangen n: **Fangen spielen** play catch, *US* play tag
Fanmeile f supporter area
Fantasie f **1** (≈ *Vorstellungskraft*) imagination; **eine blühende Fantasie** a vivid ['vɪvɪd] imagination **2** (≈ *Fantasievorstellung*) fantasy ['fæntəsɪ] **3** *eines Kranken*: hallucination [hə,lu:sɪ'neɪʃn]
fantasielos **1** unimaginative [,ʌnɪ'mædʒɪnətɪv] **2** **sei doch nicht so fantasielos!** use your imagination
fantasieren **1** (≈ *Unsinn reden*) rave (**von** about) **2** *bei Krankheit*: hallucinate [hə'lu:sɪneɪt]
fantasievoll imaginative [ɪ'mædʒɪnətɪv]
fantastisch **1** *umg* (≈ *großartig*) brilliant ['brɪljənt], fantastic **2** *Film, Geschichte usw.*: fantasy ['fæntəsɪ] [⚠ *nur vor dem Subst.*]
Farbdruck m **1** (≈ *Verfahren*) colour ['kʌlə] printing **2** (≈ *Ergebnis, Produkt*) colour print
Farbdrucker m colour ['kʌlə] printer

Farbe f ① colour ['kʌlə] ② (≈ Anstrich) paint ③ für Haar, Stoffe: dye [daɪ] ④ (≈ Bräune) tan; **du hast richtig Farbe bekommen** you've got yourself a nice tan

farbecht colourfast ['kʌləfɑːst]

Farbeimer m paint bucket

färben ① dye [daɪ] (Haar, Stoff); **sie hat sich die Haare färben lassen** she's had her hair dyed ② stain (Glas, Papier)

farbenblind colour-blind ['kʌləblaɪnd]

farbenfroh colourful ['kʌləfl]

Färbepinsel m tint(ing) brush

Färbeschale f tint(ing) bowl

Farbfernsehen n colour television, colour TV [,kʌlə_tiːˈviː]

Farbfernseher m colour television (set), colour TV (set) [,kʌlə_tiːˈviː(_set)]

Farbfilm m colour film

Farbfoto n colour photo, colour print

farbig ① coloured ② übertragen colourful ['kʌləfl]

Farbige(r) m/f(m) ① allg.: non-white ② (≈ Schwarzer, Mulatte) black (⚠ coloured Tabuwort); **ein Farbiger** a black man (bzw. boy)

Farbkasten m paintbox

Farbkopie f colour copy

Farbkopierer m colour copier

farblos ① colourless (auch übertragen) ② **er ist völlig farblos** he has no personality

Farbmonitor m colour monitor, colour screen

Farbstift m ① coloured pencil, crayon ['kreɪɒn]; **eine Packung Farbstifte** a packet of crayons ② (≈ Filzstift) coloured pen

Farbstoff m ① für Haar, Stoffe: dye [daɪ] ② **Farbstoffe** in Lebensmittel usw.: colouring (⚠ sg) ③ (≈ Hautfarbstoff) pigment

Farbton m ① Bild, Foto: tone ② hell oder dunkel: shade ③ (≈ Tönung) tint

Färbung f colouring (auch übertragen)

Farm f farm

Farmer(in) m(f) farmer

Farn m fern [fɜːn]

Fasan m pheasant ['feznt] (auch als Essen)

faschieren Ⓐ mince, US grind* [graɪnd] (Fleisch usw.)

Faschierte(s) n Ⓐ (≈ Hackfleisch) mince, minced meat, US ground beef

Fasching m carnival ['kɑːnɪvl]

Faschingsdienstag m Shrove [ʃrəʊv] Tuesday, US Mardi Gras [,mɑːdɪˈgrɑː]

Faschismus m fascism ['fæʃɪzm] (⚠ ohne the)

Faschist(in) m(f), **faschistisch** fascist ['fæʃɪst]

Faser f fibre ['faɪbə]

Fass n ① barrel ['bærəl] ② kleines: keg ③ **ein Fass Bier** a barrel (bzw. keg) of beer ④ **Bier vom Fass, kein Flaschenbier** draught beer [drɑːft] (US draft beer), not bottled beer ⑤ **ein Fass aufmachen** übertragen (≈ feiern) have* a fling (umg binge); (≈ ein Thema ansprechen) start a big debate; (≈ ein Problem ansprechen) open a can of worms

Fassade f facade [fəˈsɑːd], front [⚠ frʌnt] (beide auch übertragen)

Fassbier n draught beer [,drɑːftˈbɪə], US draft beer; **gibt es Fassbier?** do they have beer on draught?

fassen ① (≈ ergreifen) take* hold of, grasp ② catch* (Verbrecher usw.) ③ **jemanden zu fassen kriegen** get* hold of someone ④ (≈ aufnehmen können) hold* ⑤ (≈ enthalten) contain ⑥ (≈ glauben) believe [bɪˈliːv]; **das ist nicht zu fassen** that's unbelievable, that's incredible [ɪnˈkredəbl] ⑦ **einen Entschluss fassen** make* a decision; → kurzfassen

Fassung f ① einer Brille: frame ② einer Lampe: socket ③ eines Edelsteins: setting ④ (≈ Version) version ⑤ **sie verlor die Fassung** she lost her composure

fassungslos ① stunned ② (≈ sprachlos) speechless

Fassungsvermögen n capacity

fast ① almost, nearly ② **fast nichts** next to nothing ③ **fast nie** hardly ever ④ **fast keine** hardly any

fasten fast, go* on a fast

Fastenzeit f: **die Fastenzeit** Religion: Lent (⚠ ohne the)

Fast Food n fast food [,fɑːstˈfuːd]

Fastnacht f (≈ Fasching) carnival ['kɑːnɪvl]

Faszination f fascination [,fæsɪˈneɪʃn]

faszinieren fascinate ['fæsɪneɪt]

fatal ① (≈ unangenehm) awkward ['ɔːkwəd] ② (≈ peinlich) embarrassing [ɪmˈbærəsɪŋ] ③ (≈ verhängnisvoll) disastrous [dɪˈzɑːstrəs] (⚠ engl. fatal = mst. tödlich)

fauchen ① (Katze) hiss ② (Tiger usw.) snarl ③ übertragen hiss, snarl

faul ① Obst, Gemüse, Ei usw.: rotten, bad ② Fisch, Fleisch: bad ③ Holz: rotten ④ (≈ träge) lazy, idle ⑤ **an der Sache ist etwas faul** there's something fishy about it

faulen go* bad, rot

faulenzen ① laze around ② **er faulenzt abwertend** he's lazy, he does nothing

Faulenzer(in) m(f) idler, lazybones (⚠ sg)

Faulheit f laziness ['leɪzɪnəs]

faulig rotten
Faulpelz m lazybones (⚠ sg)
Fauna f fauna ['fɔːnə]
★**Faust** f ◼ fist ◼ **ich hab's auf eigene Faust gemacht** I did it on my own initiative [ɪ'nɪʃətɪv], Br umg I did it off my own bat
faustdick ◼ as big as your fist, the size of your fist ◼ Wendungen: **eine faustdicke Lüge** a whopping ['wɒpɪŋ] great lie, a whopper ['wɒpə]; **er hat es faustdick hinter den Ohren** he's a crafty one
Fausthandschuh m mitten
Faustregel f: (**als**) **Faustregel** (as a) general rule
Faustschlag m punch [pʌntʃ]
★**Fauteuil** n Ⓐ, ⒸⒽ (≈ Sessel) armchair
Favorit m ◼ favourite, US favorite ['feɪvrət] (auch im Sport) ◼ **er ist klarer Favorit für die Stelle** he's the clear favourite for the job
★**Fax** n ◼ (≈ Mitteilung) fax; **jemandem ein Fax schicken** send* someone a fax, fax someone; **etwas per Fax bestellen** order something by fax ◼ (≈ Gerät) fax (machine) ◼ **hast du Fax?** have you got a fax (machine)?
★**faxen** fax; **jemandem etwas faxen** fax something (through) to someone, fax someone something
Faxen pl (≈ Unsinn) nonsense (⚠ sg)
Faxgerät n fax machine
Faxnummer f fax number
Fazit n ◼ result [rɪ'zʌlt], upshot ◼ **das Fazit aus etwas ziehen** sum something up
Feber m Ⓐ February ['febrʊərɪ]
★**Februar** m February ['febrʊərɪ]; **im Februar** in February (⚠ ohne the)
fechten fence
Fechten n fencing
Fechter(in) m(f) fencer
★**Feder** f ◼ Vogel usw.: feather ['feðə] ◼ Technik: spring ◼ (≈ Schreibfeder) nib, mit Halter: pen, (≈ Gänsefeder) quill
Federball m ◼ Spiel: badminton ◼ (≈ Ball) shuttlecock, US mst. birdie
Federbett n duvet [⚠ 'duːveɪ], US comforter ['kʌmfətə]
federleicht (as) light as a feather ['feðə]
Federmäppchen n pencil case
federn: **das federt** (≈ ist elastisch) it's springy ['sprɪŋɪ], it springs
Federung f Auto: suspension
Fee f fairy ['feərɪ]
★**fegen** ◼ sweep* (auch übertragen) ◼ ⒸⒽ (≈ scheuern, schrubben) scour ['skaʊə], scrub
Fehlalarm m false alarm

Fehlanzeige f: **Fehlanzeige!** nothing doing
Fehlbestand m shortage
★**fehlen** ◼ **er fehlt oft** (**in der Schule**) he's often absent ['æbsənt] (from school); **er hat eine Woche gefehlt** he was absent for a week ◼ **ihm fehlen zwei Zähne** he has two teeth missing ◼ **bei dir fehlt ein Knopf** you've lost a button, there's a button missing from (oder on) your coat usw. ◼ **ihm fehlt es an Mut** he lacks courage ['kʌrɪdʒ], he's lacking in courage ◼ **mir fehlt …** I need …, I haven't got (any bzw. enough) … ◼ **es fehlt an …** there's (bzw. there are) no …, (≈ es mangelt an) there isn't (bzw. there aren't) enough [ɪ'nʌf] … ◼ **fehlt dir etwas?** are you all right?
Fehlen n absence ['æbsəns] (**bei, in** from)
Fehlentscheidung f ◼ mistake ◼ eines Schiedsrichters usw.: wrong decision [,rɒŋ dɪ'sɪʒn] ◼ **eine Fehlentscheidung treffen** make* a mistake, make* a wrong decision
★**Fehler** m ◼ (≈ Versehen, Irrtum, Schreibfehler usw.) mistake, bes. schwerer: error ['erə]; **einen Fehler machen** make* a mistake ◼ (≈ Materialfehler usw.) fault [fɔːlt], flaw, defect ['diːfekt] ◼ (≈ Makel) flaw, blemish ['blemɪʃ] ◼ (≈ Charakterfehler; Schuld) fault, weakness; **dein (eigener) Fehler!** it's your (own) fault! ◼ Sport: fault ◼ Computer: error ◼ **Fehler zugeben, zu seinen Fehlern stehen** acknowledge one's mistakes; **das ist nicht mein Fehler** that's not my fault
fehlerfrei ◼ (≈ einwandfrei) perfect ['pɜːfɪkt] ◼ (≈ richtig) correct ◼ (≈ makellos) flawless
fehlerhaft ◼ faulty ['fɔːltɪ] ◼ schriftliche Arbeit: full of mistakes
Fehlermeldung f Computer: error ['erə] message
Fehlerquelle f source of error [,sɔːs_ əv'erə], technisch: source of trouble ['trʌbl]
Fehlgeburt f miscarriage [⚠ ,mɪs'kærɪdʒ]
Fehlinvestition f bad investment
Fehlschlag m (≈ Irrtum) failure ['feɪljə]
Fehlstart m false start [,fɔːls'stɑːt]
Fehltritt m ◼ slip (auch übertragen) ◼ moralischer: lapse [læps]
Fehlzündung f Auto usw.: misfiring [,mɪs'faɪərɪŋ]; **es war eine Fehlzündung** the car usw. backfired [,bæk'faɪəd]
★**Feier** f ◼ celebration [,selə'breɪʃn]; **eine Feier begehen** have* (oder hold*) a celebration ◼ (≈ Party) party
★**Feierabend** m ◼ **Feierabend machen** finish (work) ◼ **nach Feierabend** after work

feierlich ◻︎1 (≈ *ernsthaft, würdig*) solemn ['sɒləm] ◻︎2 (≈ *festlich*) festive ◻︎3 (≈ *förmlich*) ceremonious [ˌserə'məʊnɪəs] ◻︎4 **feierlich begehen** celebrate ['seləbreɪt]

Feierlichkeit *f* ◻︎1 *Stimmung:* solemnity [sə'lemnətɪ] ◻︎2 **Feierlichkeiten** (≈ *Feier*) ceremony ['serəmənɪ] (⚠ *sg*)

★**feiern** ◻︎1 celebrate ['seləbreɪt] (*Geburtstag usw.*) ◻︎2 have* a party

★**Feiertag** *m* ◻︎1 *allg.:* holiday ◻︎2 **gesetzlicher Feiertag** public holiday, *Br* bank holiday, *US auch* legal ['li:gl] holiday

feiertags: sonn- und feiertags on Sundays and public (*oder Br* bank) holidays

feig(e) ◻︎1 cowardly ['kaʊədlɪ], *umg* chicken ◻︎2 **sei doch nicht so feige!** don't be such a coward ['kaʊəd]

Feige *f Frucht:* fig

Feigenbaum *m* fig tree

Feigheit *f* cowardice ['kaʊədɪs]

Feigling *m* coward ['kaʊəd]

Feile *f* file

feilen ◻︎1 file ◻︎2 **feilen an** *übertragen* polish (up) [ˌpɒlɪʃ('ʌp)]

feilschen haggle (**um** over)

★**fein** ◻︎1 *allg.:* fine; **feiner Unterschied** fine (*oder* subtle [⚠ 'sʌtl]) distinction ◻︎2 (≈ *dünn, zart*) fine, delicate ['delɪkət] ◻︎3 (≈ *elegant*) elegant ['elɪgənt], smart, *umg* posh ◻︎4 (≈ *genau*) accurate ['ækjərət], precise [prɪ'saɪs] ◻︎5 **das schmeckt fein** it tastes delicious [dɪ'lɪʃəs] ◻︎6 **das Feinste vom Feinen** the very best ◻︎7 **das hast du fein gemacht!** *zum Kind:* good boy (*bzw.* girl) ◻︎8 **fein!** good!, splendid!, great!

★**Feind(in)** *m(f) allg.:* enemy ['enəmɪ]

feindlich ◻︎1 hostile ['hɒstaɪl] ◻︎2 **feindliche Übernahme** *eines Konzerns usw.:* hostile takeover ◻︎3 **feindliche Truppen** enemy forces [ˌenəmɪ'fɔːsɪz]

Feindschaft *f* enmity ['enmətɪ], *stärker:* hostility [hɒ'stɪlətɪ]

feindselig hostile ['hɒstaɪl] (**gegen** to)

Feindseligkeit *f* hostility [hɒ'stɪlətɪ]; **Feindseligkeiten** hostility (⚠ *sg*)

feinfühlig sensitive ['sensətɪv]

Feingefühl *n* ◻︎1 sensitiveness ['sensətɪvnəs] ◻︎2 (≈ *Taktgefühl*) tact, delicacy ['delɪkəsɪ]

Feinheit *f* ◻︎1 fineness ◻︎2 (≈ *Zartheit*) delicacy ['delɪkəsɪ] ◻︎3 **die Feinheiten** the finer points, the niceties [⚠ 'naɪsətɪz] ◻︎4 **die letzten Feinheiten** the final touches

Feinkostgeschäft *n* delicatessen [ˌdelɪkə'tesn], *umg* deli ['delɪ]

Feinmechaniker(in) *m(f)* precision mechanic [prɪˌsɪʒn_mɪ'kænɪk]

Feinschmecker(in) *m(f)* gourmet ['gʊəmeɪ]

Feinstaub *m* fine dust, fine particulates (⚠ *pl*)

feixen *umg* smirk [smɜːk]

★**Feld** *n* ◻︎1 *allg.:* field (*auch übertragen*) ◻︎2 (≈ *Schachfeld, Kästchen*) square ◻︎3 **das Feld anführen** *Sport:* lead* the field

Feldarbeit *f* ◻︎1 *wörtlich* work in the fields ◻︎2 (≈ *Feldforschung*) fieldwork

Feldherr *m* general ['dʒenrəl]

Feldsalat *m* lamb's lettuce [⚠ ˌlæmz'letɪs], corn salad ['sæləd]

Feldwebel *m* sergeant ['sɑːdʒnt]

Feldzug *m* campaign [kæm'peɪn] (*auch übertragen*); **einen Feldzug führen gegen** *übertragen* wage a campaign against, campaign against

Felge *f* ◻︎1 *am Rad:* rim ◻︎2 *Turnen:* circle

Felgenbremse *f Fahrrad:* calliper brake ['kælɪpə_breɪk]

Fell *n* ◻︎1 (≈ *Haarkleid*) fur [fɜː] ◻︎2 *bei Pferd, Hund, Katze:* coat ◻︎3 *beim Schaf:* fleece ◻︎4 *abgezogene Haut von größeren Tieren:* hide ◻︎5 *abgezogene Haut von kleineren Tieren:* skin ◻︎6 **ein dickes Fell haben** *übertragen* have* a thick skin

Fels(en) *m* rock (*auch übertragen*)

felsenfest ◻︎1 **ich bin felsenfest davon überzeugt** I'm firmly (*oder* absolutely) convinced of it ◻︎2 **ich kann mich felsenfest auf ihn verlassen** I can absolutely rely on him

felsig rocky

Felsspalte *f* crevice [⚠ 'krevɪs]

Felswand *f* rockface, wall of rock

feminin, Femininum *n* feminine ['femənɪn] (*auch grammatisch*)

Feminismus *m* feminism ['femənɪzm] (⚠ *ohne* the)

Feministin *f* feminist ['femənɪst]

feministisch feminist ['femənɪst]

Fenchel *m* fennel ['fenl]

★**Fenster** *n* ◻︎1 *allg.:* window (*auch beim Computer*) ◻︎2 **zum Fenster hinausschauen** look out of the window ◻︎3 **er ist weg vom Fenster** *umg* he's a goner ['gɒnə], *Br auch* he's had his chips

Fenster... *in Zusammensetzungen* window..., window ...; **Fensterbrett** windowsill; **Fensterplatz** window seat; **Fensterscheibe** windowpane

Fenstertag *m* Ⓐ extra day off (*taken between two public holidays or a public holiday and a weekend*)

★Ferien *pl* **1** holidays, *US* vacation (⚠ *sg*); **Ferien machen** go* on holiday, *US* go* on vacation (⚠ *beide sg*) **2** *Uni:* vacation, *Br umg auch* vac (⚠ *beide sg*)

Ferien... *in Zusammensetzungen* holiday ..., *US* vacation ...; **Ferienhaus** holiday (*US* vacation) home; **Ferienjob** holiday job, *US* summer job; **Ferienreise** holiday (*US* vacation) trip; **Ferienzeit** holiday (*US* vacation) period ['pɪərɪəd]

Ferienkurs *m* vacation course [veɪˈkeɪʃn ˌkɔːs], *im Sommer auch:* summer course

Ferienlager *n* **1** holiday camp **2** *für Kinder im Sommer:* summer camp; **ins Ferienlager fahren** go* to summer camp

Ferienort *m* holiday resort

Ferienwohnung *f* holiday flat, *US* vacation rental

Ferkel *n* **1** young pig, piglet ['pɪglət] **2** *übertragen* pig

★fern **1** far **2** (≈ *entfernt*) far off, distant ['dɪstənt] **3 der Ferne Osten** the Far East **4 von fern** from (*oder* at) a distance ['dɪstəns] **5 in nicht allzu ferner Zukunft** in the not too distant future **6 fern von** far (away) from **7** → **fernhalten**

Fernabfrage *f Telefon:* remote pickup, remote interrogation [rɪˌmaʊt ɪnˌterəˈgeɪʃn]

Fernbedienung *f* remote control

Fernbus *m* intercity bus

Ferne *f* distance ['dɪstəns]; **aus der Ferne** from a distance (*auch übertragen*)

ferner **1** further(more) **2** (≈ *außerdem*) besides

Fernfahrer(in) *m(f)* long-distance lorry driver, *US* long-haul truck driver, *US umg* trucker

★Ferngespräch *n* long-distance call [ˌlɒŋdɪstənsˈkɒl]

ferngesteuert **1** remote-controlled, remote control ... **2 ferngesteuertes Geschoss** guided missile [ˌgaɪdɪdˈmɪsaɪl]

Fernglas *n* binoculars [baɪˈnɒkjʊləz] (⚠ *pl*)

fernhalten: (**sich**) **fernhalten von** keep* away from

Fernheizung *f* municipal [mjuːˈnɪsɪpl] heating system

Fernkurs *m*, **Fernkursus** *m* Ⓐ correspondence course

Fernlicht *n* **1** full beam, *US* high beam **2 mit Fernlicht fahren** drive* with (*oder* on) full (*US* high) beam

Fernmeldesatellit *m* communications satellite ['sætəlaɪt]

Fernost... *in Zusammensetzungen,* **fernöstlich** Far Eastern

Fernrohr *n* telescope ['telɪskəʊp]

Fernseh... *in Zusammensetzungen* television .. ['telɪˌvɪʒn], TV ... [ˌtiːˈviː, ˈtiːviː]; **Fernsehansager(in)** television (*oder* TV) announcer; **Fernsehansprache** television (*oder* TV) address; **Fernsehantenne** television (*oder* TV) aerial ['eərɪəl]; **Fernsehduell** TV duel; **Fernsehfilm** made-for-TV film (*US* movie); **Fernsehgerät** television (*oder* TV) set, TV (set); **Fernsehkamera** television (*oder* TV) camera; **Fernsehprogramm** television (*oder* TV) programme (*US* program); **Fernsehsatellit** TV (*oder* television) satellite ['sætəlaɪt]; **Fernsehschirm** TV screen **Fernsehsendung** television (*oder* TV) programme (*US* program); **Fernsehserie** television (*oder* TV) series ['sɪəriːz]; **Fernsehspiel** television (*oder* TV) play; **Fernsehturm** television (*oder* TV) tower; **Fernsehübertragung** television (*oder* TV) broadcast; **Fersehwerbung** television (*oder* TV) advertising; **Fernsehzuschauer** (television *oder* TV) viewer

★Fernsehen *n* television ['telɪˌvɪʒn], TV [ˌtiːˈviː] **im Fernsehen** on television

★fernsehen watch television (*oder* TV)

★Fernseher *m* TV [ˌtiːˈviː] (set)

Fernsehsender *m* **1** (≈ *technische Anlage*) television transmitter **2** (≈ *Anstalt*) television (*oder* broadcasting ['brɔːdkɑːstɪŋ]) station **3** (≈ *Kanal*) television channel ['telɪvɪʒnˌtʃænl]

Fernsicht *f vom Berg usw.:* visibility [ˌvɪzəˈbɪlətɪ]

Fernsteuerung *f* remote control

Fernstraße *f* major road

Fernstudium *n* correspondence course, distance learning course

Ferse *f* **1** *allg.:* heel **2 sie war ihm dicht auf den Fersen** she was hard on his heels

★fertig **1** (≈ *bereit*) ready ['redɪ]; **ich bin gleich fertig** I'll be ready in a minute; **sich** (*bzw.* **jemanden** *bzw.* **etwas**) **fertig machen** get* (someone *bzw.* something) ready **2 Auf die Plätze(, fertig, los)!** On your mark's (get set, go)! **3** (≈ *beendet, abgeschlossen*) finished; **ich bin mit dem Buch** (*bzw.* **Brief** *usw.*) **fertig** I've finished with the book (*bzw.* letter *usw.*); **etwas fertig kriegen** (*oder* **machen**), **mit etwas fertig werden** (≈ *etwas beenden*) finish something (off) **4** (≈ *erschöpft*) shattered **5** → **fertigbringen, fertigkriegen** *usw.*

fertigbringen **1 etwas fertigbringen** (≈ *zustande bringen*) manage something; **sie brachte es fertig, den Tresor zu öffnen** she managed to open the safe **2 er brachte es fertig, sie rauszuschmeißen** he actually threw her out **3** **ich brachte es nicht fertig** I couldn't do it

fertigen make*, produce [prə'dju:s], manufacture [ˌmænjʊ'fæktʃə]

Fertiggericht n ready-to-serve meal; **sich von Fertiggerichten ernähren** live on convenience food [kən'vi:nɪəns ˌfu:d]

Fertighaus n prefabricated house [pri:ˌfæbrɪkeɪtɪd'haʊs], *umg* prefab ['pri:fæb]

Fertigkeit f skill; **Fertigkeiten erwerben/vermitteln** acquire/impart skills

fertigkriegen **1** **sie kriegt es fertig, ihn rauszuschmeißen** she's capable of throwing him out **2** *konkret*: → fertig 3

fertigmachen **1** **jemanden fertigmachen** *körperlich*: take* it out of someone, *seelisch*: finish someone off, *im Sport*: slaughter ['slɔːtə] someone, annihilate [ə'naɪəleɪt] someone **2** **jemanden fertigmachen** (≈ *umbringen*) finish (*oder* bump) someone off **3** ruin ['ruːɪn], *stärker*: wipe out (*die Konkurrenz*) **4** *konkret*: → fertig 1, 3

fertigstellen finish, complete

Fertigstellung f completion

Fertigung f manufacture [ˌmænjʊ'fæktʃə], production

Fertigwaren pl finished products

fertigwerden *übertragen*: **ich werde mit dieser Hitze nicht fertig** I can't cope with (*oder* take *oder* handle) this heat; **mit ihm werd ich schon fertig** I can (*oder* know how to) handle him

fesch *bes.* Ⓐ **1** (≈ *modisch*) smart **2** (≈ *hübsch*) attractive **3** *nur* Ⓐ (≈ *nett*) nice; **sei fesch!** be* a good boy *bzw.* girl!

Fessel¹ f **1** (≈ *Strick*) rope **2** (≈ *Kette*) chain; **jemandem Fesseln anlegen** put* someone in chains **3** *übertragen* fetters (⚠ *pl*), shackles (⚠ *pl*)

Fessel² f *am Fuß*: ankle

fesseln **1** tie up; **sie fesselten ihn an Händen und Füßen** they tied up his hands and feet **2** *mit Ketten*: put* in chains **3** *übertragen* fetter

fesselnd **1** captivating ['kæptɪveɪtɪŋ], fascinating ['fæsɪneɪtɪŋ] **2** *Buch usw.*: absorbing **3** (≈ *spannend*) gripping

★**fest** **1** *allg.*: firm (*auch Entschluss usw.*) **2** (↔ *flüssig*) solid ['sɒlɪd] (*auch Nahrung*) **3** (≈ *hart*) hard **4** **feste Schuhe** sturdy shoes, a good pair of shoes **5** (≈ *starr*) fixed, rigid ['rɪdʒɪd] **6** *Schraube*: tight **7** *Termin, Wohnsitz, Kosten, Preise, Einkommen, Gehalt*: fixed **8** *Freund, Freundin*): steady **9** *Freundschaft*: close [⚠ klaʊs] **10** (≈ *ständig*) permanent ['pɜ:mənənt] **11** *Schlaf*: sound **12** **fester Bestandteil** integral part [ˌɪntɪgrəl'pɑːt] **13** **fest werden** harden, (*Pudding, Zement*) set* **14** **fester machen** (*oder* **ziehen**) tighten **15** **ich bin fest davon überzeugt, dass ...** I'm absolutely convinced that ... **16** **ich bin fest entschlossen, zu gewinnen** *usw.* I'm determined [dɪ'tɜːmɪnd] to win *usw.*

★**Fest** n **1** (≈ *Feier*) celebration [ˌselə'breɪʃn] **2** (≈ *Party*) party; **ein Fest geben** have* (*oder* throw*) a party **3** *kirchlich*: feast, festival **4** **Frohes Fest!** Merry Christmas!

Festakt m ceremony ['serəmənɪ]

Festanstellung f permanent job (*oder* position)

festbinden **1** **jemanden** (*bzw.* **etwas**) **festbinden** tie someone (*bzw.* something) up **2** **jemanden** (*bzw.* **etwas**) **festbinden an** tie someone (*bzw.* something) to

festbleiben remain firm

Festessen n dinner, *großes*: banquet ['bæŋkwɪt]

festfahren **1** **sich festfahren** get* stuck **2** (*Verhandlungen*) come* to a standstill, reach (a) deadlock ['dedlɒk]

Festhalle f festival hall

★**festhalten** **1** *wörtlich* hold* onto **2** (≈ *zurückhalten*) stop **3** *in Wort, Ton*: record [rɪ'kɔːd] **4** *mit der Kamera*: get* a shot of **5** **etwas schriftlich festhalten** put* something down in writing **6** **sich festhalten** hold* tight, hold* on **7** **sich festhalten an** hold* onto **8** **festhalten an** *übertragen* stick* to, cling* to

festigen **1** *allg.*: strengthen ['streŋθn] **2** (≈ *sichern*) secure [sɪ'kjʊə]

Festiger m *fürs Haar*: setting lotion

Festigkeit f **1** (≈ *Stärke*) strength [streŋθ] **2** (≈ *Stabilität*) stability

Festigung f strengthening ['streŋθnɪŋ], consolidation [kənˌsɒlɪ'deɪʃn]

Festival n festival

festkleben stick* (an to)

★**Festland** n **1** mainland ['meɪnlənd] **2** (↔ *Meer*) land **3** **das europäische Festland** the Continent ['kɒntɪnənt] (⚠ *Großschreibung*)

festlegen **1** fix (*Ort, Zeit, Termin*) **2** set* (*Termin*) (**auf** for) **3** lay* down, define (*Grundsätze usw.*) **4** **sich festlegen** (≈ *sich verpflichten*) commit oneself

festlich **1** festive **2** (≈ *feierlich*) solemn ['sɒləm] **3** **festlich begehen** celebrate ['seləbreɪt]

Festlichkeit f festivity [fe'stɪvətɪ]

★**festmachen** **1** *wörtlich* fix, attach [ə'tætʃ] **2** *übertragen, bes. Br* fix, *US* set (*Termin, Treffen* *usw.*)

Festmahl *n* banquet ['bæŋkwɪt]

festnageln ① *wörtlich* nail down ② **festnageln an** nail to ③ *übertragen* nail down (**auf** to)

Festnahme *f*, **festnehmen** arrest

Festnetz *n* *Telefon*: fixed-line network; (*auch* **Festnetzanschluss**) landline; **ruf mich auf dem Festnetz an** call me on the landline

Festnetzanschluss *m* landline

Festnetznummer *f* landline number

Festnetztelefon *n* landline (telephone)

Festplatte *f* *Computer*: hard drive (*oder* disk); **externe** (*oder* **mobile**) **Festplatte** external (*oder* portable) hard drive

Festplattenlaufwerk *n* *Computer*: hard disk drive

Festpreis *m* fixed price

Festrede *f* (ceremonial) address [ə'dres, *US* 'ædres]

Festredner(in) *m(f)* (main) speaker

festschrauben screw on (*bzw.* down)

festsetzen ① arrange, *Br* fix, *US* set* (*Zeit, Ort usw.*) (**auf** for) ② fix (*Gehalt, Preis, Strafe*) (**auf** at) ③ **sich festsetzen** (*Schmutz usw.*) settle

Festspeicher *m* *Computer*: read-only memory (*abk* ROM)

Festspiel *n* ① festival performance ② **Festspiele** festival (▲ *sg*)

feststecken ① *im Schnee usw.*: be* stuck ② **etwas feststecken an** pin something (on)to

feststehen ① *der Termin usw.* **steht fest** the date *usw.* is fixed (*US* set) ② **eins steht fest ...** one thing's for certain ...

feststehend *Tatsache*: established

★**feststellen** ① (≈ *ermitteln*) find* out, discover [dɪ'skʌvə] ② establish (*Sachverhalt usw.*) ③ locate (*Lage, Fehler*) ④ (≈ *erkennen*) realize, see* ⑤ (≈ *bemerken*) notice

Feststellung *f* ① (≈ *Entdeckung*) discovery ② (≈ *Worte*) statement, remark

Feststoffrakete *f* solid fuel rocket [ˌsɒlɪd ˌfjuː- əl'rɒkɪt]

Festtag *m* ① holiday ['hɒlədeɪ] ② *kirchlich*: religious holiday [rɪˌlɪdʒəs'hɒlədeɪ] ③ *im Kalender*: red-letter day [ˌred'letə ˌdeɪ]

festtreten ① tread* [▲ tred] down ② **das tritt sich fest** humorvoll it's good for the carpet

Festung *f* fortress ['fɔːtrəs], *kleinere*: fort [fɔːt]

Festungsanlagen *pl* fortifications

Festveranstaltung *f* ① event, festivities (▲ *pl*) ② (≈ *Gala*) gala ['gɑːlə] performance

Festzelt *n* marquee [mɑː'kiː]

festziehen tighten ['taɪtn], pull tight

Festzug *m* procession

Fete *f* party, *umg* do; **eine Fete feiern** have* party (*oder* do)

Fetischismus *m* fetishism ['fetɪʃɪzm]

Fetischist(in) *m(f)* fetishist ['fetɪʃɪst]

★**fett** ① (≈ *dick*) fat ② *Speisen*: fatty, *ölig*: greasy ['griːsɪ] ③ *Milch usw.*: rich ④ *salopp*; *Party, Fet usw.*: fab, cool ⑤ **fett essen** eat* a lot of fatty food(s) ⑥ **fett gedruckt** bold-faced, in bold type ⑦ **fette Beute machen** make* a big haul ⑧ **fette Jahre** fat years

★**Fett** *n* ① fat ② (≈ *Schmalz*) lard ③ (≈ *Bratenfett*) dripping ④ **Fett ansetzen** put* on (*oder* gain) weight [weɪt]

fettarm: **eine fettarme Kost** a low-fat diet ['daɪət]

fetten ① (≈ *mit Fett einreiben*) grease [griːs] ② lubricate ['luːbrɪkeɪt] (*Maschine usw.*)

Fettfleck *m* grease [griːs] mark, grease spot

fetthaltig containing fat (▲ *nur hinter dem Subst.*), fatty

fettig fatty, *schmierig*: greasy ['griːsɪ]

Fettnäpfchen *n*: **da bist du ins Fettnäpfchen getreten** you've put your foot in it

fettreich ① fatty, rich ② **eine fettreiche Kost** high-fat diet ['daɪət]

Fettschicht *f* layer of fat

Fettstift *m* *für die Lippen*: chapstick

Fetus *m* *biologisch*: foetus ['fiːtəs], fetus ['fiːtəs]

Fetzen *m* ① (≈ *Papierfetzen*) scrap ② (≈ *Stofffetzen*) rag

fetzen ① **in Stücke fetzen** tear* [teə] to shreds ② **das fetzt!** it's brilliant ['brɪljənt], *US* it's awesome ③ **... dass es nur so fetzt** ... like crazy

Fetzenmarkt *m* ⓐ (≈ *Flohmarkt*) flea market

★**feucht** ① *Gras, Keller, Kleidung, Tuch, Wetter usw.*: damp ② *Augen, Lippen, Haut usw.*: moist; **er hatte feuchte Augen** his eyes were moist ③ *Luft, Klima*: humid ['hjuːmɪd] ④ (≈ *nass*) wet

Feuchtigkeit *f* ① damp(ness), moisture ② (≈ *Luftfeuchtigkeit*) humidity [hjuː'mɪdətɪ]

Feuchtigkeitscreme *f* moisturizing cream ['mɔɪstʃəraɪzɪŋˌkriːm], moisturizer

feudal ① *historisch*: feudal ['fjuːdl] ② *umg* (≈ *luxuriös*) classy, posh

Feudalherrschaft *f* feudalism ['fjuːdlɪzm]

★**Feuer** *n* ① *allg*.: fire ② **jemandem Feuer geben** give* someone a light; **hast du Feuer?** *für Zigarette usw.*: have you got a light? ③ **mit dem Feuer spielen** play with fire (▲ *ohne* the)

Feuer... *in Zusammensetzungen* fire ..., fire..., fire-...; **Feueralarm** fire alarm; **Feuergefahr**

fire risk; **Feuerleiter** fire ladder, (≈ *Nottreppe*) fire escape; **Feuerlöscher** fire extinguisher [ɪkˈstɪŋgwɪʃə]; **Feuermelder** fire alarm; **Feuerschlucker** fire-eater; **Feuerwehr** fire brigade, *US* fire department; **Feuerwehrauto** fire engine, *US* fire truck; **Feuerwehrfrau** firewoman; **Feuerwehrleute** fire fighters; **Feuerwehrmann** fireman, fire fighter; **Feuerwerk** fireworks (△ *pl*)

Feueralarm *m* fire alarm

Feuerbestattung *f* cremation [krɪˈmeɪʃn]

feuerfest fireproof, fire-resistant [ˈfaɪə_rɪˌzɪstənt], *Geschirr:* heat-resistant

Feuerlöscher *m* fire extinguisher

Feuermelder *m* fire alarm

feuern 1 (≈ *schießen*) fire (**auf** at) **2** (≈ *schleudern*) fling* **3** (≈ *entlassen*) fire; **er wurde gefeuert** he was fired, he got the sack

Feuerwehr *f Br* fire brigade, *US* fire department; **bei der Feuerwehr sein** *Br* be* in the fire brigade, *US* be* in the fire department; **Feuerwehr spielen** (≈ *Schlimmes verhindern*) act as a troubleshooter

★**Feuerzeug** *n* (cigarette [ˌsɪgəˈret]) lighter

Feuilleton *n* **1** (≈ *Zeitungsteil*) feature (*oder* arts) pages (△ *pl*) **2** (≈ *Artikel*) feature (article)

feurig *übertragen allg.:* fiery [ˈfaɪrɪ]

Fez *m* **1 Fez machen** fool around **2 aus Fez** for kicks

Fiaker *m* Ⓐ **1** (≈ *Kutsche*) cab **2** (≈ *Kutscher*) coachman [ˈkəʊtʃmən]

Fiasko *n* fiasco [fɪˈæskəʊ]; **mit einem Fiasko enden** end in fiasco (△ *ohne* a)

Fibel *f* primer [ˈpraɪmə]

Fichte *f* spruce [spruːs], *umg mst.* pine (tree), fir tree

Fichtennadel *f* pine needle

ficken *vulgär* fuck, screw

★**Fieber** *n* **1** fever [ˈfiːvə] (*auch übertragen*) **2 sie hat leichtes** (*bzw.* **hohes**) **Fieber** she's got a slight (*bzw.* a high) temperature

fieberhaft feverish [ˈfiːvərɪʃ]

Fieberthermometer *n* (clinical) thermometer [θəˈmɒmɪtə], *US* (fever) thermometer

fies nasty [ˈnɑːstɪ], horrible [ˈhɒrəbl]

Fiesling *m salopp* swine, bastard [ˈbɑːstəd]

fifty-fifty 1 machen wir fifty-fifty let's go fifty-fifty **2 es steht fifty-fifty** it's fifty-fifty

★**Figur** *f* **1** *allg.:* figure [ˈfɪgə] **2** *im Buch, Film usw.:* figure, character [ˈkærəktə] **3** *Schach:* piece **4 auf seine Figur achten** watch one's figure

Fiktion *f* **1** (≈ *Einbildung*) myth [mɪθ] **2** (≈ *Erfindung*) fiction (*auch literarische*)

fiktiv fictitious [fɪkˈtɪʃəs]

Filet *n Fleisch, Fisch:* fillet [ˈfɪlɪt], *US* filet [fɪˈleɪ]

Filetsteak *n* fillet [ˈfɪlɪt] steak, *US* filet [fɪˈleɪ]

Filiale *f* (≈ *Niederlassung*) branch [brɑːntʃ] (office), subsidiary [səbˈsɪdɪərɪ]

Filialleiter(in) *m(f)* branch manager

★**Film** *m* **1** *Fotografie:* film **2** *Kino, TV:* film, *bes. US* movie [ˈmuːvɪ] **3 einen Film drehen über** make* a film (*bes. US* movie) about **4 sie ist beim Film** *als Schauspielerin:* she's a film (*bes. US* movie) actress **5** (≈ *Häutchen, Überzug*) film

Film... *in Zusammensetzungen* film ..., screen ..., *bes. US* movie [ˈmuːvɪ] ...; **Filmausschnitt** film clip; **Filmbericht** film report; **Filmfestspiele** film festival (△ *pl*); **Filmkritik** film review; **Filmmusik** film music; **Filmpreis** film (*oder* screen, *bes. US* movie) award; **Filmproduktion** film production; **Filmregisseur(in)** film (*bes. US* movie) director; **Filmrolle** film part, film role; **Filmschauspieler** film (*oder* screen, *bes. US* movie) actor; **Filmschauspielerin** film (*oder* screen, *bes. US* movie) actress; **Filmstar** film (*bes. US* movie) star; **Filmstudio** film studio, film studios *pl*; **Filmzeitschrift** film (*bes. US* movie) magazine [ˌmægəˈziːn]

Filmaufnahme *f* **1** (≈ *Vorgang*) shooting; **Filmaufnahmen** shooting (△ *sg*) **2** (≈ *Einzelszene*) shot, take

Filmemacher(in) *m(f)* filmmaker, *US auch* moviemaker

filmen film, shoot (*Szene, Vorgang usw.*)

Filmindustrie *f* film (*US* movie) industry

Filmkamera *f* cine-camera [ˈsɪnɪˌkæmərə], *US* motion-picture camera

Filter *n/m* filter

Filterkaffee *m* filter coffee

filtern filter

Filterpapier *n* filter paper

Filterzigarette *f* filter(-tipped) cigarette

Filz *m* **1** felt **2** (≈ *Korruption*) sleaze

filzen 1 (*Wolle*) felt **2** (≈ *durchsuchen*) frisk

Filzschreiber *m*, **Filzstift** *m* felt pen, felt tip, felt-tip pen

Finale *n* **1** *Sport:* final [ˈfaɪnl], final round, finals *pl* **2** *Musik und übertragen:* finale [fɪˈnɑːlɪ]

Finanzamt *n* **1** *Gebäude:* tax office **2** *Behörde:* Inland Revenue [ˌɪnləndˈrevənjuː], *US* Internal Revenue

Finanzbuchhalter(in) *m(f)* financial accountant

Finanzen *pl* **1** finances [ˈfaɪnænsɪz] **2** (≈ *Geld*) money [ˈmʌnɪ] (△ *sg*), funds

★**finanziell 1** financial [faɪˈnænʃl] **2 in finan-**

zieller Hinsicht financially

★**finanzieren** ◨ finance [faɪˈnæns, ˈfaɪnæns] ◨ sponsor (*Veranstaltungen*)

Finanzlage *f* financial situation

★**Finanzminister(in)** *m(f)* ◨ minister [ˈmɪnɪstə] of finance [ˈfaɪnæns], finance minister ◨ *in GB*: Chancellor of the Exchequer ◨ *in den USA*: Secretary of the Treasury [ˈtreʒərɪ]

Finanzministerium *n* ◨ ministry [ˈmɪnɪstrɪ] of finance, finance ministry ◨ *in GB*: Treasury [ˈtreʒərɪ] ◨ *in den USA*: Treasury Department

Finanzpolitik *f* financial (*oder* fiscal [ˈfɪskl]) policy [ˈpɒləsɪ]

Finanztransaktionssteuer *f* financial transaction tax

★**finden** ◨ *allg.*: find* ◨ (≈ *entdecken*) find*, discover [dɪˈskʌvə] ◨ *zufällig*: find*, come* across ◨ **ich finde es gut** I like it, I think it's a good idea ◨ **ich finde es schlecht** I don't like it, I don't think it's a good idea ◨ **ich finde, dass ...** I think (that) ..., I feel (that) ... ◨ **findest du nicht?** don't you think so? ◨ **wie findest du das Buch?** how do you like the book?, what do you think of the book? ◨ **ich kann nichts dabei finden** I don't see any harm in it ◨ **es fanden sich nur wenige Freiwillige** there were only a few volunteers [ˌvɒlənˈtɪəz]

Finder(in) *m(f)* finder

Finderlohn *m* finder's reward

findig clever

★**Finger** *m* ◨ finger [ˈfɪŋɡə] ◨ **mit dem Finger auf jemanden zeigen** point at (*oder* to) someone ◨ **sie hat sich in den Finger geschnitten** she('s) cut her finger ◨ *Wendungen*: **lass die Finger davon!** *übertragen* keep your hands off!, don't you get involved; **er macht keinen Finger krumm** he doesn't lift a finger; **er hat seine Finger im Spiel** he's got a hand in it

Fingerabdruck *m* fingerprint; **die Polizei hat von ihm Fingerabdrücke genommen** the police have taken his fingerprints

Fingerfertigkeit *f* dexterity [dekˈsterətɪ]

Fingerhut *m* thimble [ˈθɪmbl]

Fingernagel *m* fingernail [ˈfɪŋɡəneɪl]

Fingerspitze *f* fingertip [ˈfɪŋɡətɪp]

Fingerspitzengefühl *n* instinct [ˈɪnstɪŋkt], (≈ *Takt*) tact

fingiert ◨ fake ..., faked ◨ (≈ *erfunden*) made-up, fictitious [fɪkˈtɪʃəs]

Fink *m* ◨ *Vogel*: finch [fɪntʃ] ◨ ⊕ (≈ *Taugenichts*) rogue [rəʊɡ], good-for-nothing ◨ ⊕ (≈ *Schmutzfink, Schmierfink*) mucky pup

Finne *m* Finn; **er ist Finne** he's Finnish

Finnin *f* Finnish woman (*oder* lady *bzw.* girl); **sie ist Finnin** she's Finnish

finnisch, Finnisch *n* Finnish

★**Finnland** *n* Finland [ˈfɪnlənd] (⚠ *nur ein* n)

finster ◨ (≈ *dunkel*) dark; **es wird finster** it's getting dark; **im Finstern** in the dark ◨ (≈ *trübe*) gloomy ◨ *übertragen* gloomy, dark ◨ *Miene*: (≈ *grimmig*) grim

Finsternis *f* darkness

Firlefanz *m* ◨ (≈ *unnützer Kram*) rubbish ◨ (≈ *Unsinn*) nonsense

firm: **er ist darin (wirklich) firm** he's (really) well up in it, he's (really) good at it

★**Firma** *f* firm, company [⚠ ˈkʌmpənɪ]

Firmenchef(in) *m(f)* head of the company [ˈkʌmpənɪ] (*oder* firm)

Firmenleitung *f* management [ˈmænɪdʒmənt]

Firmenwagen *m* company car [⚠ ˌkʌmpənɪˈkɑː]

Firmung *f* confirmation [ˌkɒnfəˈmeɪʃn]

★**Fisch**[1] *m* ◨ *Tier*: fish *pl mst.*: fish; **in diesem Teich leben 'ne Menge Fische** a lot of fish (⚠ *pl*) live in this pond ◨ *Essen*: fish ◨ *Wendungen*: **kleine Fische** (≈ *Kleinigkeiten*) peanuts; **weder Fisch noch Fleisch** neither fish nor fowl [faʊl]

Fisch[2] *m*: **Fische** *Sternzeichen*: Pisces [⚠ ˈpaɪsiːz] **sie ist (ein) Fisch** she's (a) Pisces

Fisch... *in Zusammensetzungen* fish..., fish ...; **Fischfilet** fish fillet [ˈfɪlɪt]; **Fischgericht** fish (dish); **Fischgeschäft** fishmonger('s) [ˈfɪʃˌmʌŋɡə(z)], US fish dealer; **Fischgräte** fishbone; **Fischhändler** fishmonger, US fish dealer; **Fischmarkt** fish market; **Fischmesser** fish knife [naɪf]; **Fischrestaurant** fish restaurant [ˈfɪʃˌrestərɒnt]; **Fischstäbchen** fish finger, US fish stick; **Fischsterben** fish kill; **Fischsuppe** fish soup; **Fischvergiftung** fish poisoning; **Fischzucht** fish farming

fischen ◨ fischen nach fish for (*auch übertragen*) ◨ **im Trüben fischen** *übertragen* fish in troubled waters

Fischen *n* fishing

Fischer *m* fisherman [ˈfɪʃəmən]

Fischer... *in Zusammensetzungen* fishing ...; **Fischerboot** fishing boat; **Fischerdorf** fishing village; **Fischernetz** fishing net

Fischerei *f Gewerbe*: fishing industry

Fischereihafen *m* fishing port

Fischfang *m* fishing

Fischgeruch *m* fishy smell, smell of fish

Fisolen *pl pl* ⓐ French beans, runner beans, string beans

★**fit** ◼ fit ◾ **sie ist fit in Mathe** *usw.* she's good at maths *usw.*

Fitness *f* (physical) fitness [(ˌfɪzɪkl)ˈfɪtnəs]

Fitnesscenter *n* fitness centre (*US* center), gym [dʒɪm]

Fitnesslehrer(in) *m(f)* fitness instructor

Fitnessstudio *n* fitness centre (*US* center), gym [dʒɪm]

Fitnesstraining *n*: **Fitnesstraining machen** work out in the gym [dʒɪm]

fix ◼ (≈ *schnell*) quick (**in** at) ◾ (≈ *gewandt*) smart, sharp ◉ **fixe Idee** obsession

fixen ◼ shoot*, *gewohnheitsmäßig*: mainline ◾ **er fixt** he's a junkie

Fixer(in) *m(f)* junkie, mainliner

Fixerraum *m*, **Fixerstube** *f* junkies' hangout

fixieren ◼ focus [ˈfəʊkəs] on (*einen Punkt usw.*) ◾ **schriftlich fixieren** put* down in writing ◉ **sich fixieren auf** *psychisch*: fixate [fɪkˈseɪt] on

Fjord *m* fiord

FKK-Strand *m* nudist [ˈnjuːdɪst] beach

★**flach** ◼ flat ◾ (≈ *eben*) flat, level, even ◉ *Gewässer*: shallow ◼ (≈ *niedrig*) low ◼ **sich flach hinlegen** lie* down flat

Flachbildschirm *m* flat screen

★**Fläche** *f* ◼ (≈ *Oberfläche*) surface [ˈsɜːfɪs] ◾ (≈ *Gebiet*) area [ˈeərɪə] ◉ *Geometrie*: plane surface

Flächeninhalt *m* area [ˈeərɪə]

★**Flachland** *n* plain, lowland [ˈləʊlənd]

flachliegen: **er liegt seit einer Woche flach im Bett**: he's been laid up (in bed) for a week

Flachs *m Pflanze*: flax

flackern *allg.*: flicker

Flackern *n allg.*: flicker(ing)

Fladen *m* **Fladenbrot** *n* flat bread, flat loaf *pl*: loaves

Flädlisuppe *f* ⓒⓗ (≈ *Pfannkuchensuppe*) pancake soup

Flagge *f* ◼ **die Flagge hissen** (*oder* **aufziehen**) hoist the flag ◾ **die Flagge einholen** lower [ˈləʊə] the flag ◉ **die britische Flagge** *allg.*: the British flag, *Eigenname*: the Union Jack ◼ **die amerikanische Flagge** *allg.*: the American flag, *Eigenname*: the Stars and Stripes ◼ **Flagge zeigen** make* a stand

Flair *n(selten) m* ◼ (≈ *Ausstrahlung*) aura [ˈɔːrə] ◾ (≈ *Atmosphäre*) atmosphere [ˈætməsfɪə] ◉ (≈ *Reiz*) charm [tʃɑːm]

flambieren *Kochkunst*: flambé [ˈflɒmbeɪ]

flambiert *Kochkunst*: flambé(ed) [ˈflɒmbeɪ(d)]; **flambierte Banane(n)** banana(s) flambé(s), flambéed banana(s)

Flamingo *m* flamingo [fləˈmɪŋɡəʊ]

★**Flamme** *f* ◼ flame (*auch übertragen*) ◾ **in Flammen aufgehen** go* up in flames

Flanke *f* ◼ *allg.*: flank ◾ (≈ *Seite*) side ◉ *Fußball*: side, wing, (≈ *Flankenball*) cross

flanken *Fußball*: cross the ball

flapsig boorish [ˈbʊərɪʃ], uncouth [⚠ ʌnˈkuːθ]

★**Flasche** *f* ◼ *allg.*: bottle; **eine Flasche Wein** *usw.* a bottle of wine *usw.* ◾ **in Flaschen füllen** bottle ◉ (≈ *Nichtskönner*) twerp

Flaschenbier *n* bottled beer

Flaschenhals *m* neck of the bottle

Flaschenöffner *m* bottle opener

Flaschenpfand *n* deposit on bottles

Flaschenzug *m* block and tackle

Flashmob *m spontaner Menschenauflauf*: flashmob

Flashspeicher *m Computer*: flash drive

Flatrate *f* flat rate, *für Internet*: flat-rate Internet access

Flatrateparty *f* all you can drink party

flattern ◼ *allg.*: flutter, flap; **der Vogel flatterte (mit den Flügeln)** ... the bird flapped its wings ... ◾ (*Räder*) wobble

flau ◼ (≈ *unwohl*) queasy; **mir ist** (*oder* **wird**) **ganz flau (im Magen)** I feel queasy ◾ (≈ *schwach*) weak, faint

Flausen *pl* ◼ (≈ *Unsinn*) nonsense (⚠ *sg*); **er hat nur Flausen im Kopf** he's got nothing but nonsense in his head ◾ (≈ *Illusionen*) silly ideas

Flaute *f Wirtschaft*: slack period, *umg* lull

Flechte *f* ◼ *Pflanze*: lichen [⚠ ˈlaɪkən] ◾ (≈ *Hautausschlag*) eczema [⚠ ˈeksɪmə]

flechten ◼ plait [plæt] (*Haar*) ◾ bind* (*Kranz*) ◉ weave* [wiːv]

★**Fleck** *m* ◼ (≈ *Schmutzfleck*) spot ◾ *bes. von Flüssigkeiten*: spot, stain ◉ (≈ *kleine Fläche*) patch ◼ **blauer Fleck** bruise [bruːz] ◼ (≈ *Stelle*) spot, place; **ein schöner Fleck** a nice (little) spot

Fleckenentferner *m* stain remover

fleckig ◼ spotted ◾ *Haut*: blotchy ◉ (≈ *schmutzig*) spotted, stained

Fledermaus *f* bat

Fleecejacke *f* fleece

Flegel *m* (≈ *Lümmel*) lout [laʊt]

flegelhaft loutish [ˈlaʊtɪʃ]

Flegeljahre *pl*: **er ist in den Flegeljahren** he's at an awkward [ˈɔːkwəd] age

flehen ◼ beg (**um** for); **bei jemandem um**

Hilfe flehen implore (*oder* beg) someone to help ② zu Gott flehen pray to God

★**Fleisch** n ① *zum Verzehr*: meat ② *am Körper*: flesh ③ (≈ *Fruchtfleisch*) flesh ④ **Fleisch fressend** → fleischfressend ⑤ **das ist ihr in Fleisch und Blut übergegangen** it's become second nature to her

Fleischbrühe f consommé [kɒnˈsɒmeɪ]

★**Fleischer(in)** m(f) butcher [Ⓐˈbʊtʃə]

Fleischerei f, **Fleischerladen** m butcher's [ˈbʊtʃəz] (shop)

fleischfressend carnivorous [Ⓐ kɑːˈnɪvərəs]

Fleischgericht n meat dish

Fleischhauer(in) m(f) Ⓐ butcher [Ⓐˈbʊtʃə]

Fleischkonserven pl canned meat, *Br auch* tinned meat

Fleischlaiberl n Ⓐ meatball

fleischlos: (**eine**) **fleischlose Kost** a vegetarian diet [ˌvedʒəˈtɛəriənˌdaɪət], vegetarian food (Ⓐ *ohne* a)

Fleischvergiftung f meat poisoning

Fleischwaren pl meat products

Fleischwolf m mincer, *US* grinder [ˈgraɪndə]

Fleischwunde f flesh wound [wuːnd]

Fleischwurst f pork sausage [ˈsɒsɪdʒ]

Fleiß m ① diligence [ˈdɪlɪdʒəns] ② (≈ *Mühe*) effort [ˈefət], hard work (*beide auch Schule*) ③ **ohne Fleiß kein Preis** no gain without pain

Fleißarbeit f hard work

★**fleißig** ① diligent [ˈdɪlɪdʒənt], hard-working; **fleißig arbeiten** work hard (Ⓐ *engl.* hardly = kaum) ② (≈ *emsig*) busy

flennen bawl [bɔːl]

flexibel ① flexible [ˈfleksəbl] ② **flexible Arbeitszeit** flexible working hours (Ⓐ *pl*)

Flexibilität f flexibility

Flexion f *Grammatik*: inflection

flicken ① mend ② *übertragen* patch up

Flicken m patch

Flickflack m *Sport*: backflip

Flickwerk n *übertragen* patch-up job

Flickzeug n *zum Reifenflicken*: repair kit

Flieder m *Pflanze, Farbe*: lilac [ˈlaɪlək]

★**Fliege** f ① fly ② (↔ *Krawatte*) bow tie [ˌbəʊˈtaɪ] ③ *Wendungen*: **er tut keiner Fliege was zuleide** he wouldn't hurt a fly; **zwei Fliegen mit einer Klappe schlagen** kill two birds with one stone

★**fliegen** ① *allg.*: fly* ② *mit dem Flugzeug*: fly*, go* by air ③ **wie lange fliegt man nach New York?** how long is the flight to New York? ④ (≈ *fallen*) fall* (**von** off, from) ⑤ **sie ist von der Schule geflogen** she was thrown out of school ⑥ **fliegen auf** *übertragen* really go* for

Fliegen n flying

fliegend ① *allg.*: flying ② **fliegendes Personal** flight crew

Fliegengewicht n *Boxen*: flyweight [ˈflaɪweɪt]

Fliegenpilz m fly agaric [Ⓐ ˈflaɪˌagərɪk]

Flieger m *umg* (≈ *Flugzeug*) plane

Flieger(in) m(f) (≈ *Pilot*) pilot

Fliegeralarm m air-raid warning

★**fliehen** ① run* away, flee* (*beide* **vor, aus** from) ② *aus dem Gefängnis usw.*: escape [ɪˈskeɪp] (**aus** from)

Fliese f tile

fliesen tile

Fliesenleger(in) m(f) tiler

Fließband n ① *als Einrichtung*: assembly line, production line; **am Fließband arbeiten** work on the assembly (*oder* production) line ② (≈ *Förderband*) conveyor belt

Fließbandfertigung f assembly-line production

★**fließen** ① *allg.*: flow (*auch übertragen*) ② (*Fluss, Wasser, Schweiß, Blut usw.*) flow, run* (**in** into)

fließend ① **in fließendem Englisch** in fluent English ② **sie spricht fließend Deutsch** she speaks fluent German (*oder* German fluently) ③ **fließend(es) Wasser** running water

Fließheck n *Auto*: fastback

Fließtext m *Computer*: continuous text

Flimmerkiste f *umg* box, *US* tube

flimmern ① shimmer ② (*Sterne*) twinkle

flink (≈ *schnell*) quick

Flinte f ① *umg, allg.*: gun ② (≈ *Schrotflinte*) shotgun ③ **wirf die Flinte nicht ins Korn!** don't give up, don't throw in the towel

Flipchart n/f *für Präsentationen*: flip chart

Flipflops pl flip flops, *US* thongs

Flipper(automat) m pinball machine (Ⓐ *engl.* flipper = Flosse)

flippern play pinball

Flirt m flirtation (Ⓐ *engl.* flirt = Person, die gern flirtet)

flirten flirt; **er flirtet dauernd** he's a terrible flirt

Flitterwochen pl: **sie sind in den Flitterwochen** they're on their honeymoon

flitzen *umg* whizz, dash

Flocke f *allg.*: flake

Floh m flea [fliː]

Flohmarkt m flea market

Flop m flop; **sich als Flop erweisen** turn out (to be) a flop

Flora f flora [ˈflɔːrə]; **Flora und Fauna** flora and

fauna ['fɔːnə]
Florenz n Florence ['flɒrəns]
Florett n foil
florieren flourish [⚠ 'flʌrɪʃ], prosper ['prɒspə]
florierend: **ein florierendes Geschäft** a flourishing ['flʌrɪʃɪŋ] business
Florist(in) m(f) florist ['flɒrɪst]
Floskel f **1** *bedeutungslos*: meaningless phrase **2** (≈ *feste Fügung*) set phrase
Floß n raft [rɑːft]
Flosse f **1** fin **2** *Wal, Seelöwe usw.*: flipper
Flöte f **1** flute [fluːt]; **Flöte spielen** play the flute **2** (≈ *Blockflöte*) recorder
flöten **1** (≈ *Querflöte spielen*) play the flute, (≈ *Blockflöte spielen*) play the recorder **2** warble (*Stück*)
flott **1** (≈ *schnell*) fast **2** (≈ *schwungvoll*) lively ['laɪvlɪ] **3** (≈ *schick*) smart
Flotte f fleet
Flottenstützpunkt m naval base [ˌneɪvl'beɪs]
Fluch m curse [kɜːs]
★**fluchen**: **fluchen (auf)** curse [kɜːs]
★**Flucht** f **1** flight (**vor** from) **2** *eines Gefangenen*: escape [ɪ'skeɪp] **3** **auf der Flucht** on the run
fluchtartig **1** hasty ['heɪstɪ], hurried ['hʌrɪd] **2** **einen Ort fluchtartig verlassen** leave* a place in a hurry
Fluchtauto n getaway car
flüchten **1** flee* (**vor** from) **2** (*Gefangener*) escape [ɪ'skeɪp] (*auch übertragen*) **3** **sich flüchten** flee* **4** **sich in etwas flüchten** *übertragen* resort [rɪ'zɔːt] to something
Fluchthelfer(in) m(f) escape agent [ɪ'skeɪpˌeɪdʒənt]
flüchtig **1** (≈ *kurz*) brief **2** **ich kenne ihn nur flüchtig** I vaguely ['veɪglɪ] know him
Flüchtigkeitsfehler m careless mistake, slip
★**Flüchtling** m refugee [ˌrefjʊ'dʒiː]
Flüchtlingslager n refugee [ˌrefjʊ'dʒiː] camp
Fluchtversuch m escape [ɪ'skeɪp] (*oder* breakout) attempt; **einen Fluchtversuch unternehmen** attempt to escape (*oder* break out)
Fluchtwagen m getaway car
Fluchtweg m escape route [ɪ'skeɪp ˌruːt]
★**Flug** m **1** flight **2** (**wie**) **im Flug(e)** (≈ *schnell*) very quickly
Flugangst f fear of flying
Flugbegleiter(in) m(f) flight attendant
Flugblatt n leaflet ['liːflət]
Flugdauer f flying time
Flügel[1] m **1** *zum Fliegen*: wing **2** *des Propellers, Ventilators*: blade **3** *Gebäude*: wing

Flügel[2] m (≈ *Klavier*) grand piano [pɪ'ænəʊ]
Fluggast m (air) passenger ['pæsɪndʒə]
Fluggesellschaft f airline (company)
★**Flughafen** m airport
Flughafenbus m airport bus
Flughafengebäude n (air) terminal
Flugkapitän(in) m(f) captain ['kæptɪn]
Fluglärm m aircraft noise
Fluglehrer(in) m(f) flying instructor
★**Fluglinie** f airline (company)
Fluglotse m, **Fluglotsin** f air traffic controller
Flugmodus m *von Handy* flight mode
Flugnummer f flight number
Flugobjekt n: **unbekanntes Flugobjekt** unidentified flying object, UFO [⚠ ˌjuːef'əʊ, 'juːfəʊ]
★**Flugplatz** m airfield, *großer*: airport
Flugreise f flight
Flugschau f air show
Flugschein m (≈ *Ticket*) plane ticket
Flugschreiber m flight recorder, black box
Flugsicherheit f air safety
Flugsicherung f air-traffic control
Flugsteig m (departure) gate
Flugstrecke f **1** (air) route [ruːt] **2** *zurückgelegte*: distance flown [ˌdɪstəns'fləʊn]
Flugticket n (air *oder* flight) ticket, plane ticket
Flugüberwachung f air traffic control
Flugverbindung f air (*oder* flight) connection, air link; **gibt es eine Flugverbindung?** can you fly there?
Flugverbot n ban on flying
Flugverkehr m air traffic
Flugzeit f flying time
★**Flugzeug** n plane, aircraft ['eəkrɑːft] *pl*: aircraft; **mit dem Flugzeug** by air, by plane
Flugzeugabsturz m air crash, plane crash
Flugzeugbau m aircraft construction
Flugzeugentführer(in) m(f) hijacker ['haɪdʒækə]
Flugzeugentführung f hijacking ['haɪdʒækɪŋ], *bes. US auch* skyjacking ['skaɪdʒækɪŋ]
Flugzeughalle f hangar [⚠ 'hæŋə]
Flugzeugindustrie f aircraft industry [ˌeəkrɑːft'ɪndəstrɪ]
Flugzeugkatastrophe f air(line) disaster
Flugzeugträger m aircraft carrier ['eəkrɑːftˌkærɪə]
Flugzeugunglück n air crash, plane crash, air(line) disaster [dɪ'zɑːstə]
Flunder f flounder ['flaʊndə]
Fluor n fluorine ['flʊəriːn]
Flur m **1** (≈ *Hausflur*) hall **2** (≈ *Gang*) corridor

['kɒrɪdɔː]; **auf dem Flur in** the corridor

★**Fluss** m **1** river **2** *kleiner*: stream **3** (≈ *das Fließen*) flow(ing) **4** **im Fluss übertragen** in (a state of) flux

flussabwärts downstream

Flussarm m arm of a (*bzw.* the) river

flussaufwärts upstream

Flussbett n riverbed

★**flüssig** **1** liquid **2** (≈ *geschmolzen*) molten ['məʊltən], melted; **flüssig werden** melt **3** *Stil usw.*: fluent ['fluːənt]

★**Flüssigkeit** f **1** liquid **2** *von Metall usw.*: liquidity, *von Geldern*: availability **3** *sprachlich*: fluency, *von Stil*: fluidity

Flusslauf m course [kɔːs] of a (*bzw.* the) river

Flussmündung f mouth of a (*bzw.* the) river, estuary ['estjʊrɪ]

Flusspferd n hippopotamus [ˌhɪpə'pɒtəməs], *umg* hippo ['hɪpəʊ] *pl*: hippopotamuses, hippopotami [ˌhɪpə'pɒtəmaɪ], hippos

Flussufer n riverbank; **am Flussufer on** the riverbank

★**flüstern** whisper; **ich werd es dir ins Ohr flüstern** I'll whisper it in your ear

★**Flut** f **1** (↔ *Ebbe*) (high) tide **2** (≈ *Wassermassen*) waters (⚠ *pl*) **3** (≈ *Überschwemmung*) flood [flʌd] **4** *von Tränen, von Protesten*: flood **5** *von Worten*: torrent ['tɒrənt] **6** **die Flut kommt** (*bzw.* **geht**) the tide is coming in (*bzw.* going out) **7** **es ist Flut** the tide is in

fluten flood [flʌd] (*Schleuse, Tank usw.*)

Flutkatastrophe f flood disaster ['flʌd dɪˌzɑːstə]

Flutlicht n floodlight ['flʌdlaɪt]; **bei Flutlicht under** floodlight

Flutwelle f tidal wave [ˌtaɪdl'weɪv]

Flyer m (≈ *Handzettel*) flyer

Föderalismus m federalism ['fedərəlɪzm] (⚠ *ohne* the)

Fohlen n foal, (≈ *Hengstfohlen*) colt [kəʊlt]

Föhn m **1** (≈ *Haarföhn*) hairdrier, hairdryer, *US* blow-dryer **2** **heute haben wir Föhn** it's foehn (*oder* föhn) today

föhnen blow-dry, dry

FÖJ *abk* (*abk für* **Freiwilliges Ökologisches Jahr**) Voluntary Ecological Year (*year of voluntary service in ecological sphere*)

★**Folge** f **1** (≈ *Aufeinanderfolge*) sequence, succession [sək'seʃn]; **in rascher Folge** in rapid succession **2** (≈ *Reihenfolge*) order **3** *Mathematik*: sequence **4** (≈ *Reihe, Serie*) series ['sɪərɪz] **5** (≈ *Fortsetzung eines Romans usw.*) instalment, *US* installment [ɪn'stɔːlmənt] **6** (≈ *Fortsetzung einer Fernsehserie*) part, episode; (≈ *Serie*) series ['sɪərɪz] **7** (≈ *Ergebnis*) result [rɪ'zʌlt], consequence ['kɒnsɪkwəns]; **die Folgen tragen** bear* (*oder* suffer) the consequences; **ohne Folgen bleiben** have* no consequences; **zur Folge haben** result in, lead* to; **dies hatte zur Folge, dass …** the consequence (*oder* result) of this was that …; **als Folge davon** as a result **8** (≈ *logische Folge*) consequence **9** (≈ *negative Nachwirkung*) aftermath ['ɑːftəmæθ] **10** *förmlich* **einem Befehl Folge leisten** comply with an order

★**folgen** **1** *allg.*: follow (*auch mit Blicken, auch zuhören, verstehen, sich richten nach*); **der Rede folgte ein Empfang** the speech was followed by a reception **2** **ein Unglück folgte dem andern** it was one disaster after the other **3** **… wie folgt …** as follows **4** **sie folgte seinem Rat** she followed (*oder* took) his advice **5** **daraus folgt, dass …** it follows (from this) that …

folgende(r, -s) **1** following **2** (≈ *später-*) subsequent ['sʌbsɪkwənt] **3** (≈ *nächst-*) next; **am folgenden Tag** the next (*oder* following) day, the day after **4** **es handelt sich um Folgendes** the matter is as follows, *umg* what it's all about is this

folgendermaßen as follows

folgenschwer **1** (≈ *schwerwiegend*) momentous [məʊ'mentəs] **2** (≈ *sehr ernst*) grave **3** (≈ *weitreichend*) far-reaching

folgerichtig **1** logical **2** (≈ *konsequent*) consistent [kən'sɪstənt] **3** **folgerichtig denken** think* logically (*oder* along logical lines)

folgern conclude (**aus** from)

Folgerung f conclusion; **eine Folgerung ziehen** draw* a conclusion (**aus** from)

folglich consequently ['kɒnsɪkwəntlɪ], therefore

Folie f **1** (≈ *Plastikfolie*) film, (≈ *Metallfolie*) foil **2** *für Projektor*: transparency [træns'pærənsɪ], *in PowerPoint®*: slide; **eine Folie aufrufen** display a slide; **zur nächsten Folie klicken** click to the next slide

Folienkartoffel f jacket potato [ˌdʒækɪt pə'teɪtəʊ], baked potato

Folklore f **1** folklore **2** (≈ *Volksmusik*) folk music

Follower(in) m(f) *im Internet*: follower

Folter f **1** torture (*auch übertragen*); **es war eine Folter** it was torture (⚠ *ohne* a) **2** **jemanden auf die Folter spannen** keep* someone in suspense [sə'spens] (*oder* on tenterhooks)

foltern torture ['tɔːtʃə]
Folterung f torture ['tɔːtʃə] (auch übertragen)
Fön® m hairdryer
Fonds m ◼ Wirtschaft: fund ◼ zur Geldanlage: investment package ◼ (≈ Gelder) funds (⚠ pl)
Fondue n fondue ['fɔndjuː]
fönen → föhnen
Fontäne f ◼ (≈ Strahl) jet (of water) ◼ (≈ Springbrunnen) fountain ['faʊntɪn]
forcieren force (Entwicklung, Tempo)
Förderband n conveyor belt [kən'veɪə ˌbelt]
★fordern ◼ **von jemandem etwas fordern** demand [dɪ'mɑːnd] something of someone ◼ **hunderte von Todesopfern** usw. **fordern** claim hundreds of lives usw. ◼ **er muss nur richtig gefordert werden** what he needs is a real challenge ['tʃælɪndʒ]
★fördern ◼ support (Kunst, Wissenschaft, Entwicklung, Nachwuchs, Studierende usw.) ◼ promote (Handel, Projekt, Beziehungen) ◼ (≈ steigern) increase [ɪn'kriːs] (Wachstum, Produktion) ◼ help, provide remedial [rɪ'miːdɪəl] classes for, bes. US tutor ['tjuːtə] (Schüler) ◼ finanziell: sponsor ◼ foster, promote (Freundschaft, Frieden) ◼ stimulate ['stɪmjʊleɪt] (Appetit) ◼ mine, extract (Bodenschätze)
Förderschule f special school
Förderschüler(in) m(f) special-needs pupil
★Forderung f ◼ (≈ Verlangen) demand [dɪ'mɑːnd] (**nach** for; **an** on); **Forderungen stellen** make* demands; **die Forderung stellen, dass** ... demand (oder insist) that ... ◼ (≈ Lohnforderung) claim (**nach** for) ◼ in Aufrufen: call (**nach** for)
★Förderung f ◼ (≈ Unterstützung) support, promotion ◼ (≈ Steigerung) increase ['ɪŋkriːs] ◼ finanzielle: sponsorship ◼ Bafög: grant ◼ **zur Förderung des Appetits** to stimulate ['stɪmjʊleɪt] the appetite ◼ von Bodenschätzen: mining, extraction
Förderunterricht m special instruction, remedial [rɪ'miːdɪəl] classes, bes. US tutoring
Forelle f trout [traʊt]
★Form f ◼ allg.: form (auch sprachliche, biologische, mathematische und physikalische) ◼ (≈ Gestalt, Umriss) form, shape ◼ **aktive** (bzw. **passive) Form** active (bzw. passive) voice ◼ (≈ Art und Weise) way ◼ **in (guter) Form** in good form, Sport auch: in good shape (oder condition)
formal ◼ formal ◼ **formal und inhaltlich** in form and content ['kɒntent]
Formalität f formality

Format n ◼ (≈ Größe) size ◼ von Foto, Buch usw.: format ['fɔːmæt] ◼ **im Format DIN A4** in A4 (format) ◼ **ein Musiker** usw. **von internationalem Format** a musician usw. of international standing
formatieren Computer: format ['fɔːmæt]
Formatierung f formatting
Formblatt n form
Formel f formula ['fɔːmjʊlə], von Eid usw.: wording, (≈ Floskel) set phrase
Formel-1-Rennen n Formula-1 race [ˌfɔːmjʊlə-'wʌn ˌreɪs]
formell ◼ formal ◼ **formell leitet sie das Projekt** officially she's in charge of the project ['prɒdʒekt]
Formelsammlung f Mathematik: formulary, collection of formulas
formen form, shape
förmlich ◼ (≈ formell) formal ◼ (≈ buchstäblich) literally ◼ **sie wurde förmlich hysterisch** she got really hysterical [hɪ'sterɪkl]
formlos (≈ zwanglos) informal
Formsache f: **(eine reine) Formsache** (just a) formality
formschön well-designed, very stylish
Formtief n Sport: **er hat ein Formtief** he's off form
★Formular n form
formulieren ◼ formulate (Regel usw.) ◼ **ich weiß nicht, wie ich es formulieren soll** I don't know how to put it
Formulierung f formulation, wording
forsch energetic [ˌenə'dʒetɪk], dynamic [daɪ-'næmɪk], mst. negativ: forceful
forschen ◼ wissenschaftlich: do* research [rɪ-'sɜːtʃ, 'riːsɜːtʃ] (**auf dem Gebiet** + Genitiv on, in the field of) ◼ **forschen nach** search [sɜːtʃ] for
★Forscher(in) m(f) ◼ (≈ Wissenschaftler) researcher [rɪ'sɜːtʃə] ◼ (≈ Naturwissenschaftler) research scientist
★Forschung f ◼ **Forschung, Forschungen** research [rɪ'sɜːtʃ, 'riːsɜːtʃ] work; **die Forschung** research (⚠ ohne the); **Forschung und Lehre** research and teaching; **Forschung und Entwicklung** research and development, R&D; **Forschungen betreiben** do* research (work) ◼ (≈ Forscher) researchers [rɪ'sɜːtʃəz] (⚠ pl)
Forschungs... in Zusammensetzungen research ... [rɪ'sɜːtʃ, 'riːsɜːtʃ]; **Forschungsarbeit** research work; **Forschungsprogramm** research programme (US program); **Forschungsprojekt** research project; **Forschungssatellit** research satellite ['riːsɜːtʃˌsætəlaɪt]; **Forschungszent-**

rum research centre (US center)
Forschungsgebiet n field of research
Forschungsreise f expedition [,ekspə'dɪʃn]
Förster(in) m(f) forester ['fɒrɪstə]
Forstwirtschaft f forestry ['fɒrəstrɪ]
★**fort** 1 (≈ weg) away; **weit fort** far away 2 (≈ verschwunden) gone [gɒn]; **das Auto ist fort** the car is (oder has) gone 3 **sie ist schon fort** (≈ gegangen) she's already gone, she's already left
fortbestehen continue [kən'tɪnjuː] (to exist), survive [sə'vaɪv]
fortbewegen 1 (≈ wegbewegen) move [muːv] (away) 2 **sich fortbewegen** move
Fortbewegungsmittel n means (⚠ mit Verb im sg) of locomotion
Fortbildung f further education; **berufliche Fortbildung** further vocational training
Fortbildungskurs m in-service training course
fortbringen 1 take* away 2 (≈ wegbewegen) move
fortdürfen: **sie durfte nicht fort** she wasn't allowed to go (bzw. to leave)
fortfahren leave*, go* away, mit dem Auto auch: drive* off, drive* away
fortführen 1 (≈ fortsetzen) continue [kən'tɪnjuː], go* on with 2 carry on (Geschäft)
fortgehen go* away, leave*
fortgeschritten advanced [əd'vɑːnst]; **Kurs für Fortgeschrittene** advanced course [əd'vɑːnst_kɔːs]
Fortgeschrittenenkurs m advanced course [əd'vɑːnst_kɔːs]
fortlaufen run* away (**jemandem** from someone; **vor jemandem** from someone)
fortmüssen 1 **ich muss fort** I've got to go, I must be off 2 **das muss fort** it's got to go
fortpflanzen: **sich fortpflanzen** multiply ['mʌltɪplaɪ], reproduce [,riːprə'djuːs]
Fortpflanzung f reproduction [,riːprə'dʌkʃn]
fortschaffen remove [rɪ'muːv]
★**Fortschritt** m 1 progress ['prəʊgres], advances (⚠ pl) 2 **Fortschritte machen** make* progress (⚠ sg), get* on
★**fortschrittlich** progressive [prə'gresɪv]
★**fortsetzen**: **(sich) fortsetzen** continue [kən'tɪnjuː]
Fortsetzung f 1 (≈ das Weitermachen) continuation, nach Unterbrechung: resumption 2 (≈ Folge) part, instalment [ɪn'stɔːlmənt] 3 **Fortsetzung folgt** to be continued
forttragen carry away
fortwerfen throw* away

fortziehen (≈ umziehen) move [muːv] away
Forum n 1 forum (auch übertragen) 2 für Diskussionen usw.: platform 3 (≈ Podiumsgespräch) panel ['pænl] discussion
fossil, Fossil n fossil ['fɒsl]
★**Foto** n photo ['fəʊtəʊ]
Fotoalbum n photo album
★**Fotoapparat** m camera ['kæmərə]
Fotoausrüstung f photographic equipment
Fotobuch n photobook
Fotogalerie f im Internet photo gallery
fotogen photogenic
Fotograf(in) m(f) photographer [fə'tɒgrəfə] (⚠ engl. photograph = **Foto**)
Fotografie f 1 **die Fotografie** photography (⚠ ohne the) [fə'tɒgrəfɪ] 2 (≈ Bild) photograph ['fəʊtəgrɑːf], picture
★**fotografieren** 1 (≈ ein Foto bzw. Fotos machen) take* a photo (bzw. photos), take* a picture (bzw. pictures) 2 **jemanden fotografieren** take* (oder get*) a photo (oder picture of someone 3 **ich möchte mich fotografieren lassen** I'd like to have my (oder a) photo (oder picture) taken
Fotohandy n camera phone
Fotokopie f photocopy ['fəʊtəʊ,kɒpɪ]
fotokopieren photocopy ['fəʊtəʊ,kɒpɪ]
Fotokopierer m photocopier ['fəʊtəʊ,kɒpɪə]
Fotolabor n photo lab
Fotomodell n (photographic) model ['mɒdl]
Fotomontage f photomontage [,fəʊtəmɒn'tɑːʒ]
Fotoreportage f photo reportage ['fəʊtəʊ_repɔː,tɑːʒ]
Fotostrecke f im Internet photo gallery
fotzen: **jemanden fotzen** bes. Ⓐ (≈ ohrfeigen) give* someone a cuff on the ear
Foul n foul
Foulelfmeter m penalty ['penltɪ] (kick)
foulen Sport: foul
Foyer n 1 foyer (⚠ 'fɔɪeɪ) (auch im Theater usw. 2 (≈ Eingangshalle) entrance hall, bes. US lobby (auch im Theater usw.)
Fracht f 1 (≈ Ladung) load, freight (⚠ freɪt) 2 (≈ Schiffsfracht) cargo
Frachtbrief m consignment note, waybill
Frachter m freighter (⚠ 'freɪtə)
frachtfrei carriage paid (oder free)
Frachtgut n (ordinary) freight
Frachtkosten pl freight charges
Frachtraum m hold, (≈ Ladefähigkeit) cargo space
Frachtschiff n cargo ship, freighter

Frack *m* tails (▲ *pl*), tailcoat; **im Frack** in tails, in evening dress
Fracking *n zur Erdgasförderung*: fracking
★**Frage** *f* **1** *allg.*: question (**zu** about, on); **jemandem eine Frage stellen** ask someone a question; **Fragen stellen** ask questions; **ich habe mal eine Frage** can I ask you something?; **drei Fragen zum Text** three questions on the text; **sind noch Fragen?** are there any further questions?; **das steht außer Frage** there's no question (*oder* doubt) about it; **ohne Frage** without question (*oder* doubt) **2** (≈ *Rückfrage*) query (▲ 'kwɪərɪ) **3** (≈ *Erkundigung*) inquiry, enquiry (ɪn'kwaɪrɪ) **4** (≈ *Angelegenheit*) matter, question; **das ist eine Frage der Zeit** that's a matter (*oder* question) of time **5** (≈ *Problem*) problem ['prɒbləm], issue ['ɪʃuː] **6 in Frage kommen, stellen** → **infrage**
Fragebogen *m* questionnaire [ˌkwestʃə'neə]; (≈ *Formular*) form
Fragefürwort *n* interrogative [ˌɪntə'rɒgətɪv] (pronoun)
★**fragen** **1** *allg.*: ask; **(jemanden) etwas fragen** ask (someone) a question; **(jemanden) fragen nach** ask (someone) for; **jemanden nach seinem Namen fragen** ask someone his (*bzw.* her) name; **jemanden nach dem Weg** *usw.* **fragen** ask someone the way *usw.*; **jemanden um Rat fragen** ask someone's advice; **wenn ich fragen darf** if I may ask **2** (≈ *ausfragen*) question, query ['kwɪərɪ] **3** (≈ *sich erkundigen*) inquire, enquire [ɪn'kwaɪə] (**nach etwas** about something; **nach jemandem** after someone) **4 ich wollte fragen, ob** ... I was wondering if (*oder* whether) ..., I wanted to ask if (*oder* whether) ... **5 sich fragen** wonder (▲ -'wʌndə]; **ich frage mich, warum** I (just) wonder why **6 es fragt sich, ob** (*bzw.* **wann** *usw.*) it's a question of whether (*bzw.* when *usw.*), the question is whether (*bzw.* when *usw.*)
Fragepronomen *n* interrogative [ˌɪntə'rɒgətɪv] (pronoun)
Fragesatz *m* interrogative [ˌɪntə'rɒgətɪv] sentence, (≈ *Nebensatz*) interrogative clause
Fragewort *n* interrogative (particle) [ˌɪntə'rɒgətɪv]
Fragezeichen *n* **1** question mark **2 etwas mit einem Fragezeichen versehen** *übertragen* put* a (big) question mark next to something
fraglich **1** (≈ *zweifelhaft*) doubtful ['daʊtfl] **2 an dem fraglichen Tag** on the day in question
Fragment *n* fragment ['frægmənt]
fragwürdig (≈ *verdächtig*) dubious ['djuːbɪəs]

Fraktion *f Parlament*: parliamentary party
Franken[1] *n Land*: Franconia [fræŋ'kəʊnɪə]
Franken[2] *m Währung*: (Swiss) franc [fræŋk]
frankieren stamp (*Brief usw.*)
★**Frankreich** *n* France [frɑːns]
Franse *f* **1** fringe [frɪndʒ] **2** (≈ *loser Faden*) (loose [luːs]) thread [θred]
★**Franzose** *m* Frenchman ['frentʃmən]; **er ist Franzose** he's French; **die Franzosen** the French
★**Französin** *f* Frenchwoman ['frentʃˌwʊmən] (*oder* French lady *bzw.* French girl); **sie ist Französin** she's French
★**französisch, Französisch** *n* French [frentʃ]; **sie kann ausgezeichnet Französisch** she can speak perfect French
Fräse *f* (≈ *Werkzeug*) milling machine, *für Holz*: moulding cutter, *US* molding cutter
Fraß *m abwertend* muck, swill
Fratze *f* **1** (≈ *Grimasse*) grimace [grɪ'meɪs, 'grɪməs]; **Fratzen schneiden** pull* faces **2** *Gesicht*: ugly face, grotesque [grəʊ'tesk] face
★**Frau** *f* **1** (↔ *Mann*) woman ['wʊmən] *pl*: women (▲ 'wɪmɪn) **2** (≈ *Dame*) lady *pl*: ladies **3** (≈ *Ehefrau*) wife [waɪf] *pl*: wives [waɪvz] **4** *Anrede bei verheirateter Frau*: Mrs, *US* Mrs. ['mɪsɪz], Ms [mɪz], *Anrede bei unverheirateter Frau*: Ms [mɪz]
Frauenarzt *m*, **Frauenärztin** *f* gynaecologist (▲ ˌgaɪnɪ'kɒlədʒɪst]
Frauenbeauftragte(r) *m(f)* women's representative (▲ ˌwɪmɪnz_reprɪ'zentətɪv]
Frauenberuf *m* female profession
Frauenbewegung *f*: **die Frauenbewegung** women's (▲ 'wɪmɪnz] lib(eration) (▲ *ohne* the), the women's lib(eration) movement
frauenfeindlich anti-women, misogynistic [mɪˌsɒdʒə'nɪstɪk]
Frauenfeindlichkeit *f* hostility towards women, misogyny [mɪ'sɒdʒənɪ]
Frauenhaus *n* women's refuge (▲ ˌwɪmɪnz'refjuːdʒ]
Frauenquote *f* quota of women (▲ 'wɪmɪn]
Frauenrechte *pl* women's rights (▲ ˌwɪmɪnz-'raɪts]
Frauenrechtler(in) *m(f)* feminist ['femənɪst]
Frauenzeitschrift *f* women's magazine (▲ ˌwɪmɪnz_mægə'ziːn]
★**Fräulein** *n* **1** (≈ *junge Dame*) (young) lady **2** *Anrede, veraltend*: Miss
frech **1** cheeky, *US* fresh **2 er grinste frech** *kurz*: he gave a cheeky grin, *länger*: he had a cheeky grin on his face

Frechheit f: **so eine Frechheit!** what a cheek

★**frei** ① *allg.*: free; **frei von** free from *bzw.* of ② *Mensch, Leben, Entscheidung usw.*: (≈ unabhängig) free, independent ③ (≈ *in Freiheit*) free ④ **ein freier Tag** a day off; → **freibekommen, freihaben** *usw.* ⑤ *Straße usw.*: clear ⑥ (≈ *moralisch großzügig*) liberal ['lɪbrəl] ⑦ (≈ *unentgeltlich*) free (of charge) ⑧ *Journalist, Künstler usw.*: freelance ['friːlɑːns] ⑨ *Stuhl, Raum usw.*: free ⑩ *Stelle*: vacant ['veɪkənt], open; **freie Stelle** vacancy ['veɪkənsɪ] ⑪ **„Zimmer frei"** room(s) to let, *US* room(s) for rent ⑫ **freier Markt** open market ⑬ **im Freien, unter freiem Himmel** in the open (air) ⑭ **frei sprechen** *ohne Manuskript*: speak* without notes ⑮ **das hat er frei erfunden** he('s) made that up ⑯ **frei nach (einem Stück von) Shakespeare** freely adapted from the play by Shakespeare ⑰ (*Angebot, Stelle*) **frei halten** keep* open, (*Ausfahrt, Einfahrt*) keep* clear; **halte bitte für mich einen Platz frei!** will you save me a seat, please ⑱ **sich frei machen** (≈ *ausziehen*) undress [ʌnˈdres], get* undressed ⑲ **die Wohnung** *usw.* **steht seit einem Jahr frei** the flat *usw.* has been empty (*oder* unoccupied [ʌnˈɒkjʊpaɪd]) for a year ⑳ **zum Verkehr, zur Veröffentlichung frei geben** → **freigeben** ㉑ **jemanden frei lassen** → **freilassen** ㉒ (*Ruinen usw.*) **frei legen** → **freilegen**

Freibad n outdoor swimming pool

freibekommen: **einen Tag** (*bzw.* **den Vormittag**) *usw.*) **freibekommen** get* a day (*bzw.* the morning *usw.*) off

Freiberufler(in) m(f): **sie ist Freiberuflerin** she's a freelancer ['friːlɑːnsə]

freiberuflich freelance ['friːlɑːns]; **freiberuflich tätig sein** work freelance

Freibetrag m tax allowance

Freibier n free beer

Freier m *einer Prostituierten*: client ['klaɪənt]

Freiexemplar n free copy

freigeben ① **für den Verkehr freigeben** open to traffic (▲ *ohne* the) ② **zur Veröffentlichung freigeben** release for publication (▲ *ohne* the) ③ **jemandem (einen Tag** *usw.*) **freigeben** give* someone a day *usw.* off

freihaben ① **sie hat heute frei** it's her day off today ② **morgen haben wir frei** *Schule*: there's no school tomorrow

freihalten → **frei** 17

freihändig *Rad fahren*: with no hands

★**Freiheit** f freedom, liberty ['lɪbətɪ]

Freiheitsbewegung f freedom movement

Freiheitskampf m struggle for freedom

Freiheitskämpfer(in) m(f) freedom fighter

Freiheitsstrafe f prison ['prɪzn] sentence; **er wurde zu einer Freiheitsstrafe von drei Jahren verurteilt** he was sentenced to five years' imprisonment [ɪmˈprɪznmənt]

freiheraus openly, straight out [ˌstreɪtˈaʊt]

Freikarte f free ticket

freikaufen: **sie wollten ihn freikaufen** they wanted to pay for his release [rɪˈliːs]

Freilandhaltung f: **Eier aus Freilandhaltung** free-range eggs [ˌfriːreɪndʒˈegz]

freilassen: **jemanden (gegen Kaution) freilassen** release [rɪˈliːs] someone (on bail)

Freilassung f release [rɪˈliːs]

freilegen uncover [ʌnˈkʌvə] (*Ruinen usw.*)

freilich ① of course ② (≈ *jedoch*) however

Freilicht... *in Zusammensetzungen* open-air ...; **Freilichtkino** open-air cinema, *US* drive-in movie theater; **Freilichtkonzert** open-air concert; **Freilichtmuseum** open-air museum; **Freilichttheater** open-air theatre (*US* theater)

Freilos n ① *Sport*: bye; **in der ersten Pokalrunde haben 10 Vereine ein Freilos** 10 teams have a bye in the first round of the cup ② *in Lotterie*: free (lottery) ticket

freimachen ① **einen Tag freimachen** take* a day off ② **sich freimachen** → **frei** 18

freimütig candid, open

freinehmen **(sich) einen Tag freinehmen** take* a day off

Freiraum m: **Freiraum, Freiräume** (personal) freedom, scope for development

freischaffend ① freelance ['friːlɑːns] ② **sie ist freischaffend tätig** she works (as a) freelance

Freisprechanlage f *für Handy im Auto*: hands-free car kit

freisprechen *Gericht*: acquit [əˈkwɪt] (**von** of)

Freispruch m ① acquittal [əˈkwɪtl] ② **auf Freispruch plädieren** plead [pliːd] not guilty

Freistaat m: **der Freistaat Bayern** (*bzw.* **Sachsen**) the Free State of Bavaria [bəˈveərɪə] (*bzw.* Saxony ['sæksənɪ])

freistehen → **frei** 19

freistellen ① (≈ *anheimstellen*) **jemandem etwas freistellen** leave* something (up) to someone ② *vom Dienst*: exempt ③ (≈ *entlassen*) let* go, make* redundant

Freistellung f ① *vom Dienst*: exemption [ɪgˈzempʃn]; **Freistellung bestimmter horizontaler/vertikaler Vereinbarungen** exemption for certain horizontal/vertical agreements ②

Freistil m Sport: freestyle
Freistoß m Fußball: free kick
Freistunde f Schule: free period ['pɪərɪəd]
★**Freitag** m Friday ['fraɪdeɪ]; **wir sehen uns dann (am) Freitag** see you (on) Friday
Freitagabend m: **(am) Freitagabend** (on) Friday evening, (on) Friday night
freitagabends (on) Friday evenings
Freitagmorgen m: **(am) Freitagmorgen** (on) Friday morning
Freitagnachmittag m: **(am) Freitagnachmittag** (on) Friday afternoon
★**freitags** on Friday, on Fridays; **freitags abends usw.** on Friday evenings usw.
★**freiwillig** ◼ voluntary ['vɒləntrɪ]; **Freiwilliges Ökologisches/Soziales Jahr** Voluntary Ecological/Social Year (year of voluntary service in ecological/social sphere) ◼ (≈ freigestellt) Unterricht: optional ◼ **er verließ den Betrieb freiwillig** he left the company ['kʌmpənɪ] voluntarily ['vɒləntrəlɪ] (oder of his own free will) ◼ **sich freiwillig melden** volunteer [ˌvɒlən'tɪə] (**zu** for)
Freiwillige(r) m/f(m) volunteer [ˌvɒlən'tɪə]
Freiwilligendienst m voluntary service
Freizeichen n Telefon: ringing tone
★**Freizeit** f free time, leisure ['leʒə, US li:ʒə] time
Freizeit... in Zusammensetzungen leisure ['leʒə, US li:ʒə] ...; **Freizeitbeschäftigung** leisure activity; **Freizeitgesellschaft** leisure(-oriented) society; **Freizeitgestaltung** leisure-time activities (▲ pl); **Freizeitkleidung** leisurewear; **Freizeitpark** leisure park; **Freizeitzentrum** leisure centre, US recreation center
freizügig (≈ großzügig) generous ['dʒenrəs], liberal ['lɪbrəl]
Freizügigkeit f ◼ (≈ Großzügigkeit) generosity [ˌdʒenə'rɒsətɪ] ◼ moralische: permissiveness [pə'mɪsɪvnəs]
★**fremd** ◼ Land, Regierung, Sprache: foreign [▲ 'fɒrən] ◼ (≈ unbekannt) strange; **fremde Leute** strangers ◼ **ich bin hier (auch) fremd** I'm a stranger here (myself) ◼ **fremde Hilfe** outside help
★**Fremde** f: **in die** (bzw. **der**) **Fremde** abroad [ə'brɔːd]
Fremde(r) m/f(m) ◼ (≈ Unbekannte, -r) stranger ◼ (≈ Ausländer, -in) foreigner [▲ 'fɒrənə]
fremdenfeindlich xenophobic [▲ ˌzenə'fəʊbɪk], hostile to foreigners ['fɒrənəz]
Fremdenfeindlichkeit f xenophobia [▲ -ˌzenə'fəʊbɪə], hostility [hɒ'stɪlətɪ] towards foreigners ['fɒrənəz]
Fremdenführer(in) m(f) (tourist) guide [gaɪd]
Fremdenverkehr m tourism ['tʊərɪzm]; **der Fremdenverkehr** tourism (▲ ohne the)
fremdgehen: **er geht fremd** he's unfaithful, he's going out with another woman
★**Fremdsprache** f foreign ['fɒrən] language
Fremdsprachenkenntnisse pl knowledge ['nɒlɪdʒ] (▲ sg) of foreign ['fɒrən] languages
Fremdsprachensekretärin f bilingual secretary [baɪˌlɪŋgwəl'sekrətrɪ]
Fremdsprachenunterricht m foreign ['fɒrən] language teaching
fremdsprachig, fremdsprachlich: **fremdsprachiger** bzw. **fremdsprachlicher Unterricht** teaching in the (bzw. a) foreign ['fɒrən] language
Fremdwort n foreign word [ˌfɒrən'wɜːd]
Frequenz f (≈ Häufigkeit) frequency ['friːkwənsɪ] (auch Physik)
Frequenzbereich m frequency ['friːkwənsɪ] range
Freske f, **Fresko** n fresco
Fresse f salopp (≈ Gesicht) mug
★**fressen** ◼ (≈ verzehren) (Tier) eat* ◼ (≈ sich ernähren von) (Tier) feed* on ◼ **einem Tier (etwas) zu fressen geben** feed* an animal (on something) ◼ (Mensch) stuff oneself with (Schokolade usw.), guzzle, schnell: gobble ◼ **er isst nicht, er frisst** he eats like a pig ◼ eat* up, umg guzzle (Benzin)
Fressen n ◼ für Tiere: food [fuːd] ◼ salopp grub
Fressnapf m food bowl
★**Freude** f ◼ (≈ Vergnügen) pleasure ['pleʒə] ◼ (≈ Entzücken) delight [dɪ'laɪt] ◼ **an etwas Freude haben** enjoy [ɪn'dʒɔɪ] something; **es macht mir (keine) Freude** I (don't) enjoy it; **es macht mir keine Freude, in die Schule zu gehen** I dont enjoy going to school ◼ **er hat viel Freude daran** it gives him a lot of pleasure
Freudentränen pl tears [tɪəz] of joy
freudestrahlend beaming with joy
★**freuen** ◼ **ich freue mich** I'm glad, I'm pleased (**über** about) ◼ **freust du dich über das Geschenk?** are you pleased with your present? ['preznt], do you like your present? ◼ **sie hat sich über deinen Besuch gefreut** she was pleased that you visited her ◼ **ich freue mich auf deinen Besuch** I'm looking forward to your visit (oder to seeing you) ◼ **es würde mich freuen, wenn ...** I'd be very pleased if

... **6 freut mich!** *bei Vorstellung*: how d'you do
★**Freund** *m* **1** *allg.*: friend [frend] **2** *eines Mädchens*: boyfriend **3 Freund und Feind** friend and foe [fəʊ] **4 jemanden zum Freund haben** have* a friend in someone

Freunderlwirtschaft *f* Ⓐ (≈ *Vetternwirtschaft*) nepotism

Freundeskreis *m*: **einen großen Freundeskreis haben** have* a lot of friends

★**Freundin** *f* **1** *allg.*: friend [frend] **2** *eines Jungen*: girlfriend

★**freundlich** **1** *allg.*: friendly ['frendlɪ]; **freundliche Atmosphäre** friendly atmosphere **2 würden Sie bitte so freundlich sein und mich durchlassen?** would you be so kind as to let me through? **3** *Wetter*: pleasant ['pleznt], mild

freundlicherweise (very) kindly ['kaɪndlɪ]

Freundlichkeit *f* friendliness, kindness

★**Freundschaft** *f* **1** friendship **2 Freundschaft schließen mit** make* friends with **3 aus Freundschaft** because we're *usw.* friends

★**freundschaftlich** **1** friendly ['frendlɪ] **2 freundschaftlich auseinandergehen** part as friends

Freundschaftsbesuch *m Politik*: goodwill visit

Freundschaftsspiel *n* friendly ['frendlɪ] (game)

★**Frieden** *m* **1** ↔ *Krieg*: peace; **Frieden schließen** make* peace; **den Frieden bewahren** keep* the peace **2** (≈ *Einklang*) harmony ['hɑːmənɪ] **3 lass mich in Frieden!** leave me alone

Friedens... *in Zusammensetzungen* ... of peace, peace ...; **Friedensangebot** peace offer; **Friedensbedingungen** peace terms, terms of peace; **Friedensbewegung** peace movement; **Friedensgespräche** peace talks; **Friedensinitiative** peace initiative [ɪˈnɪʃətɪv]; **Friedenskonferenz** peace conference; **Friedensnobelpreis** Nobel Peace Prize (Ⓐ *Wortstellung*); **Friedenspolitik** policy ['pɒləsɪ] of peace; **Friedenspreis** peace prize [praɪz], peace award ['piːs‿əˌwɔːd]; **Friedenssicherung** securing (*oder* preservation [ˌprezəˈveɪʃn]) of peace; **Friedenstaube** dove [Ⓐ dʌv] of peace (Ⓐ *engl.* pigeon = *allg.* Taube); **Friedenstruppe** peacekeeping force; **Friedensverhandlungen** peace negotiations, peace talks; **Friedensvertrag** peace treaty

Friedenspfeife *f* peace pipe; **die Friedenspfeife rauchen** smoke the pipe of peace

★**Friedhof** *m* cemetery ['semətrɪ], *an einer Kirche auch*: graveyard; **auf welchem Friedhof liegt er (begraben)?** which cemetery is he buried [Ⓐ ˈberɪd] in?

★**friedlich** peaceful ['piːsfl]

★**frieren** **1 mich friert, ich friere** I'm cold, I'm freezing **2 mich friert** (*oder* **ich friere**) **an den Füßen** I've got cold feet, my feet are cold **3 es friert** it's freezing

Frikadelle *f* meatball

Frikassee *n* fricassee ['frɪkəseɪ, ˌfrɪkəˈsiː]

Frisbee® *n* frisbee® ['frɪzbiː]

Frisbeescheibe® *f* frisbee® (disc) ['frɪzbiː(‿-dɪsk)]

★**frisch** **1** *allg.*: fresh **2** *Farbe*: bright **3** (≈ *kühl*) cool, chilly ['tʃɪlɪ] **4 sich frisch machen** freshen up **5 frisch gestrichen!** *Schild*: wet (US fresh) paint

Frische *f* **1** *allg.*: freshness **2** (≈ *Kühle*) coolness, chill [tʃɪl], chilliness

Frischhaltefolie *f* clingfilm, US plastic wrap [Ⓐ ræp]

Frischkäse *m etwa*: cream cheese

frischmachen → frisch 4

★**Friseur(in)** *m(f)* hairdresser, *für Herren auch*: barber ['bɑːbə]; (≈ *Geschäft*) hairdresser's; **beim Friseur** at the hairdresser's

Friseurladen *m*, **Friseursalon** *m* hairdresser's shop, hair salon, *für Herren auch*: barber's shop, US barbershop

★**Friseuse** *f* hairdresser

frisieren **1 jemanden frisieren** do* someone's hair **2 sich frisieren** do* one's hair

★**Frist** *f* **1** (≈ *Zeitraum*) period ['pɪərɪəd]; **innerhalb kürzester Frist** without delay; **innerhalb einer Frist von zehn Tagen** within a ten-day period **2** (≈ *Zeitpunkt*) deadline ['dedlaɪn] (**zu** for), *bei Rechnung*: last date for payment; **eine Frist einhalten** meet* a deadline; **jemandem eine Frist setzen** set* someone a deadline; **eine Frist setzen** fix a deadline **3 die Frist ist abgelaufen** the deadline has expired, *übertragen*: your *usw.* time is up, *umg* time's up **4** (≈ *Aufschub*) extension, period of grace; **jemandem eine Frist von zehn Tagen gewähren** give* someone a ten-day extension

fristgemäß, **fristgerecht** within the period stipulated; **fristgerecht kündigen** give* proper notice

fristlos **1** without notice; **fristlose Entlassung** dismissal [dɪsˈmɪsl] without notice **2 er wurde fristlos entlassen** he was dismissed without notice, he was fired on the spot

Fristsetzung *f* **1** *von Zeitraum*: setting of a time

★**Frisur** f hairstyle, hairdo ['heədu:]
Frittatensuppe f Ⓐ pancake soup
Fritten pl chips, US fries
Frittenbude f etwa: fish-and-chip stand [ˌfɪʃən-ˈtʃɪp_stænd], Br umg chippy
Fritteuse f deep (fat) fryer
frittieren deep-fry
frittiert deep-fried
★**froh** ❶ (≈ erfreut) glad (**über** about) ❷ (≈ fröhlich) cheerful ['tʃɪəfl] ❸ (≈ glücklich) happy ❹ **sei froh, dass du nicht dabei warst** be thankful (oder glad) that you weren't there ❺ **Frohe Weihnachten!** Merry Christmas! ['krɪsməs]; **Frohe Ostern!** Happy Easter!
★**fröhlich** cheerful ['tʃɪəfl], happy
Fröhlichkeit f, **Frohsinn** m cheerfulness
★**fromm** ❶ (≈ gläubig) religious [rɪˈlɪdʒəs], pious ['paɪəs]; **fromme Sprüche** pious words ❷ Christ, Moslem usw.: devout [dɪˈvaʊt]
Fronleichnam m, meist ohne Artikel Corpus Christi [ˌkɔːpəsˈkrɪstɪ]
Front f ❶ allg.: front [⚠ frʌnt] (auch eines Gebäudes, militärisch, beim Wetter und übertragen); **an der Front** at the front ❷ **die blaue Mannschaft liegt in Front** the blue team is (oder are) in the lead [liːd]
frontal ❶ nur vor einem Subst.: frontal ['frʌntl] ... ❷ **die Autos stießen frontal zusammen** the cars crashed head-'on
Frontalzusammenstoß m head-on collision
Frontantrieb m front-wheel drive
Frosch m ❶ frog ❷ Wendungen: **ich hab nen Frosch im Hals** I've got a frog in my throat; **sei kein Frosch!** don't be a spoilsport
Froschmann m frogman ['frɒgmən], (scuba) diver
Froschperspektive f: **etwas aus der Froschperspektive sehen** have* a worm's eye view of something
Froschschenkel m Gastronomie: frog's legs
★**Frost** m frost; **bei Frost** when there's frost, in frosty weather; **bei starkem Frost** in heavy frost
frostig ❶ wörtlich frosty ❷ übertragen frosty, icy
Frostschutzmittel n antifreeze ['æntɪfriːz]
Frottee n/m terry(cloth), towelling
Frotteehandtuch n (fleecy) towel
Frotzelei f: **Frotzelei, Frotzeleien** teasing ['tiː-zɪŋ] (sg); **hör auf mit der Frotzelei** stop teasing
frotzeln tease [tiːz], make* fun of

Frucht f ❶ fruit [fruːt]; **Früchte** fruit (sg), (≈ Fruchtarten) fruits pl ❷ **Früchte übertragen** fruit (sg), fruits, result (sg), results; **Früchte tragen** bear* fruit (⚠ sg)
fruchtbar ❶ biologisch: fertile ['fɜːtaɪl]; **nicht fruchtbar** infertile ❷ übertragen fruitful ['fruːtfl]
Fruchtbarkeit f biologisch: fertility [fɜːˈtɪləti]
Fruchtblase f Embryo: amniotic sac [ˌæmnɪ-ɒtɪkˈsæk]
Früchtetee m fruit tea [ˈfruːt_tiː], fruit infusion
Fruchtfleisch n flesh, pulp
fruchtlos fruitless ['fruːtləs], futile ['fjuːtaɪl]
Fruchtsaft m fruit juice [ˈfruːt_dʒuːs]
Fruchtsalat m fruit salad [ˌfruːtˈsæləd]
Fruchtwasser n Embryo: amniotic fluid [ˌæm-nɪɒtɪkˈfluːɪd]
★**früh** ❶ allg.: early ['ɜːlɪ]; **am frühen Morgen** early (oder first thing) in the morning ❷ **früh aufstehen** get* up early ❸ **heute früh** this morning ❹ **früh um fünf, um fünf Uhr früh** at five (o'clock) in the morning ❺ **früh genug** soon enough ❻ **von früh bis spät** from morning till night ❼ (≈ im frühen Stadium) early on, at an early stage ❽ **er kam wieder zu früh** he was early again
Frühaufsteher(in) m(f) early riser, umg early bird
Frühbucher(in) m(f) Tourismus: early booker
Frühbucherrabatt m early booking discount
Frühdienst m early duty; **Frühdienst haben** be* on early duty
★**Frühe** f (early) morning; **in aller Frühe** early in the morning, first thing in the morning
★**früher** ❶ (≈ zeitiger) earlier; **frühere Fassung** earlier version ❷ (≈ ehemalig) former ❸ (≈ vorherig) former, previous ['priːvɪəs]; **der frühere Besitzer** the previous owner ❹ **in früheren Zeiten** in the past ❺ **früher hat sie geraucht** she used to smoke; **hast du früher wirklich geraucht?** did you really use to smoke? ❻ (≈ eher) earlier, sooner
Früherkennung f early detection
frühestens ❶ **frühestens am Sonntag** usw. (on) Sunday usw. at the earliest, not before Sunday usw. ❷ **das Haus ist frühestens in einem Jahr fertig** it will take at least a year to build (oder finish) the house
Frühförderung f von Kindern: early education
Frühgeburt f ❶ Vorgang: premature birth [ˌpremətʃəˈbɜːθ] ❷ Baby: premature baby
★**Frühjahr** n spring; **im Frühjahr** in spring; **im Frühjahr 1945** in the spring of 1945

Frühjahrsmüdigkeit f springtime lethargy [⚠ 'leθədʒɪ] (*oder* tiredness)

Frühjahrsputz m spring cleaning; **(den) Frühjahrsputz machen** <u>do</u>* the spring cleaning

★**Frühling** m spring, (≈ *Frühlingszeit*) springtime; **im Frühling** in spring

Frühlingsrolle f *Gastronomie*: spring roll

Frühlingstag m spring day

Frühlingswetter n spring weather

frühmorgens early in the morning

frühreif *Kind usw.*: precocious [prɪˈkəʊʃəs]

Frühschicht f early shift; **Frühschicht haben** be* on early shift

Frühsport m early morning exercises (⚠ pl)

★**Frühstück** n ❶ breakfast ['brekfəst]; **beim Frühstück** at breakfast ❷ **zweites Frühstück** *Br umg* elevenses [ɪˈlevnzɪz] (⚠ pl) ❸ **Zimmer mit Frühstück** bed and breakfast

★**frühstücken**: **wollen wir frühstücken?** shall we <u>have</u> (some) breakfast?

Frühstücksbüfett n breakfast buffet [⚠ - 'brekfəst,bʊfeɪ]

Frühstücksfernsehen n breakfast TV

Frühstückspause f morning break [breɪk], coffee break; **wann machen Sie Frühstückspause?** when do you <u>have your</u> coffee break?

Frühstücksraum m breakfast room

Frühstücksspeck m bacon

Frühwarnsystem n early warning system

Fruktose f (≈ *Fruchtzucker*) fructose ['frʌktəʊz]

fruktosefrei fructose-free

Frust m, **Frustration** f ❶ frustration ❷ **das ist der totale Frust, wenn …** it's totally frustrating when …

frustrieren frustrate

frustrierend frustrating

FSJ *abk* (*abk für* Freiwilliges Soziales Jahr) Voluntary Social Year (*year of voluntary work in the social services sector*)

Fuchs m ❶ fox (*auch übertragen*) ❷ **er ist ein alter Fuchs** he's a cunning old devil ['devl] (*oder* fox); **schlau wie ein Fuchs** <u>as</u> cunning <u>as</u> a fox ❸ *Pelz*: fox (fur)

Fuchsie f *Pflanze*: fuchsia ['fjuːʃə]

Füchsin f vixen ['vɪksn]

Fuchsjagd f ❶ fox hunting ❷ *eine*: fox hunt

fuchtig Ⓐ (≈ *wütend*) angry, mad *umg*

Fuge f ❶ joint [dʒɔɪnt], (≈ *Ritze*) gap, crack ❷ *Musik*: fugue

Fugenkelle f tuck pointer, tuck pointing trowel

fühlbar ❶ (≈ *merklich*) noticeable ['nəʊtɪsəbl] ❷ (≈ *beträchtlich*) considerable ❸ (≈ *wahrnehmbar*) tangible ['tændʒəbl]

★**fühlen** ❶ *allg.*: feel* ❷ **fühlen nach** (≈ *tasten*) feel* (*oder* grope) for ❸ **sich glücklich fühlen** feel* happy

Fühler m feeler (*auch übertragen*); **ich muss mal die Fühler ausstrecken** *übertragen* I'<u>ll</u> have to put out <u>my</u> feelers

★**führen** ❶ lead* [liːd] (**nach, zu** to) ❷ (≈ *führend sein*) lead* ❸ **jemanden führen** (≈ *den Weg zeigen*) lead* someone, guide someone ❹ (*Mannschaft*) lead*; **das gelbe Team führt** the yellow team <u>is</u> (*oder* are) leading, the yellow team is (*oder* are) in the lead ❺ **unsere Mannschaft führt mit 3:1** our team is (*oder* are) 3-1 up (⚠ *gesprochen* three (to) one) ❻ **diese Straße führt nach Edinburgh** this road leads to Edinburgh ['edɪnbrə] ❼ manage, run* (*Geschäft*) ❽ **ein glückliches Leben führen** lead* (*oder* live) a happy life ❾ **führen zu** *übertragen* lead* <u>to</u>, end <u>in</u>, (≈ *zur Folge haben*) result [rɪˈzʌlt] <u>in</u> ❿ **das führt zu nichts** that won't get us *usw.* anywhere

führend ❶ leading ❷ *Politiker usw.*: leading, senior ['siːnɪə], top-ranking … ❸ **führende Position** senior position ❹ **eine führende Rolle spielen** play a key role

★**Führer(in)** m(f) ❶ leader ['liːdə] ❷ (≈ *Fremdenführer usw.*) guide [gaɪd]

★**Führerschein** m ❶ driving licence, *US* driver's license ❷ **den Führerschein machen** learn to drive; (≈ *die Prüfung ablegen*) take* one's (driving) test **wann machst du deinen Führerschein?** when do you take (*oder* do) your driving (*US* driver's) test?; **jemandem den Führerschein entziehen** disqualify someone from driving

★**Führung** f ❶ *eines Unternehmens*: management ❷ *militärische*: command [kəˈmɑːnd] ❸ *einer Partei*: leadership ❹ **unter der Führung von** *bzw.* + *Genitiv* under the management *bzw.* command *bzw.* leadership of, managed *bzw.* commanded *bzw.* led by ❺ (≈ *Fremdenführung*) guided tour ❻ **wir liegen in Führung** *Mannschaft*: we're in the lead; **er geht in Führung** he's going (*bzw.* he goes) into the lead

Führungskraft f executive

Führungswechsel m change <u>in</u> leadership

Führungszeugnis n *polizeiliches* Führungszeugnis certificate issued by the police stating that the holder has no criminal record

Fuhrunternehmen n haulage company ['hɔː-lɪdʒˌkʌmpənɪ]

Fülle f ❶ *von Einfällen usw.*: wealth [welθ], abundance [əˈbʌndəns] ❷ (≈ *Gedränge*) crush

★**füllen** **1** *allg.*: fill (*Lücke, Eimer, Zahn usw.*) **2** stuff (*Gans usw.*)

★**Füller** *m*, **Füll(feder)halter** *m* fountain pen

füllig *Person*: stout

Füllung *f* **1** (≈ *Zahnfüllung*) filling **2** *süße*: filling, *von Praline*: centre, *US* center **3** *in Braten usw.*: stuffing **4** *in Kissen usw.*: stuffing

fummeln **1** fumble, fiddle **2** *salopp; erotisch*: grope

Fund *m* **1** (≈ *Gefundenes*) find **2** *eines Schatzes usw.*: discovery [dɪˈskʌvərɪ]; **einen Fund machen** make* a discovery

Fundament *n* **1** *eines Gebäudes*: foundations (▲ *pl*) **2** *übertragen* (≈ *Basis*) foundation, basis [ˈbeɪsɪs]

fundamental **1** fundamental [ˌfʌndəˈmentl], basic **2** **fundamentaler Irrtum** grave mistake

Fundamentalismus *m* fundamentalism [ˌfʌndəˈmentlɪst] (▲ *ohne the*)

Fundamentalist(in) *m(f)* fundamentalist [ˌfʌndəˈmentlɪzm]

fundamentalistisch fundamentalist [ˌfʌndəˈmentlɪst]

★**Fundbüro** *n* lost property office, *US* lost-and--found (office)

fundiert **1** *Wissen*: sound **2** *Tatsachen*: well--founded **3** **wissenschaftlich fundiert** well--founded, backed up by research

★**fünf** **1** *Zahl*: five [faɪv] **2** **es ist fünf vor zwölf** *wörtlich* it's five to twelve, *übertragen* it's almost too late, *übertragen, seltener*: it's five to twelve **3** **nimm deine fünf Sinne zusammen!** you'd better have your wits about you

Fünf *f* **1** *Zahl*: (number) five **2** **eine Fünf schreiben** *etwa*: get* an E **3** *Bus, Straßenbahn usw.*: number five bus, number five tram *usw.*

Fünfeck *n* pentagon [ˈpentəgən]

fünfeinhalb five and a half (▲ hɑːf]

Fünfer *m* → Fünf

Fünfeuroschein *m* five-euro note, *US* five-euro bill

fünffach **1** **die fünffache Menge** five times the amount **2** **die fünffache deutsche Meisterin X** five-times German champion X (▲ *ohne the*) **3** **ein Formular in fünffacher Ausfertigung** five copies of a form

fünfhundert five hundred

Fünfhunderteuroschein *m* five hundred-euro note, *US* five hundred-euro bill

fünfjährig **1** (≈ *fünf Jahre alt*) five-year-old **2** (≈ *fünf Jahre dauernd*) five-year; **nach fünfjährigen Verhandlungen** after five years of negotiations

Fünfkampf *m* pentathlon [▲ penˈtæθlən]

Fünfkämpfer(in) *m(f)* pentathlete [penˈtæθliːt]

Fünflinge *pl* quintuplets [▲ ˈkwɪntjʊplətz, kwɪnˈtjuːplətz], *umg* quins [kwɪnz]

fünfmal five times

Fünfprozenthürde *f Parlament*: five per cent (*US* percent) hurdle [ˌfaɪv pəˈsentˌhɜːdl]

Fünfprozentklausel *f Parlament*: five per cent (*US* percent) clause [ˌfaɪv pəˈsentˌklɔːz]

fünfstellig: **fünfstellige Zahl** *usw.* five-digit number [ˈfaɪvˌdɪdʒɪtˈnʌmbə] *usw.*

fünft: **wir waren zu fünft** there were five of us

Fünftagewoche *f* five-day (working) week

fünftausend five thousand

★**fünfte(r, -s)** **1** fifth [fɪfθ]; **5. Mai** 5(th) May, May 5(th) (▲ *gesprochen* the fifth of May); **am 5. Mai** on 5(th) May, on May 5(th) (▲ *gesprochen* on the fifth of May) **2** **wir waren zu fünft** there were five of us

Fünfte(r) *m/f(m)* **1** (the) fifth [fɪfθ] **2** **er wurde Fünfter** he was (*bzw.* came in) fifth **3** **Georg V.** George V (*gesprochen* George the Fifth; V *ohne Punkt!*) **4** **heute ist der Fünfte** it's the fifth today

Fünftel *n* fifth [fɪfθ]

fünftens fifth, fifthly, in the fifth place

★**fünfzehn** fifteen [ˌfɪfˈtiːn]

Fünfzehnjährige(r) *m/f(m)* fifteen-year-old

fünfzehnte(r, -s) fifteenth [ˌfɪfˈtiːnθ]

★**fünfzig** fifty [ˈfɪftɪ]

Fünfzigerjahre *pl*: **in den Fünfzigerjahren** in the fifties [ˈfɪftɪz]

Fünfzigeuroschein *m* fifty-euro note, *US* fifty--euro bill

fünfzigste(r, -s) fiftieth [ˈfɪftɪəθ]

★**Funk** *m* radio; **über Funk** by radio

Funke *m* spark

funkeln **1** *allg.*: sparkle, glitter **2** (*Sterne*) twinkle

funken **1** send* out, radio (*SOS usw.*) **2** **hat es bei ihm endlich gefunkt?** (≈ *hat er es kapiert?*) has it got through to him at last? **3** **es hat bei ihnen gefunkt** they clicked

Funker(in) *m(f)* radio operator

Funkgerät *n* (two-way) radio set

Funkloch *n* area with no reception

Funksprechgerät *n* walkie-talkie

Funkspruch *m* radio message

Funkstreife *f* **1** radio patrol [pəˈtrəʊl] **2** (≈ *Funkstreifenwagen*) squad [skwɒd] car

★**Funktion** *f* **1** function (*auch Mathematik*) **2** *eines Organs*: functioning **3** (≈ *Amt*) office; (≈ *Stellung*) position **4** **außer Funktion** not working, out of operation; **in Funktion sein** be* in operation ⑤ **was hat es für eine Funktion?** what's it used for?

Funktionär(in) m(f) official [əˈfɪʃl]; **hoher Funktionär, hohe Funktionärin** top official

★funktionieren: die Maschine funktioniert nicht the machine doesn't work

Funktionskleidung f functional wear [ˈfʌŋkʃnl_weə]

Funktionstaste f function key

Funkturm m radio tower

Funkuhr f radio-controlled clock

Funkverbindung f radio contact [ˈreɪdɪəʊˌkɒntækt]

Funkverkehr m radio communication

★für ① *allg.:* for ② (≈ *als Ersatz*) for, in exchange (*oder* return) for ③ (≈ *im Namen von*) on behalf [bɪˈhɑːf] of ④ **was für (ein)?** what kind of ...? ⑤ **Tag für Tag** day after day ⑥ **Schritt für Schritt** step by step ⑦ **fürs Erste** for the moment ⑧ **ich halte es für unklug** I don't think it's a good idea

Furche f furrow [ˈfʌrəʊ]

★Furcht f ① fear (**vor** of), *stärker:* dread [dred] (**vor** of) ② **sie hat Furcht vorm Fliegen** *usw.* she's afraid (*oder* scared) of flying *usw.* ③ **aus Furcht vorm Fliegen** *usw.* because she's *usw.* afraid (*oder* scared) of flying *usw.*, for fear of flying ④ **Furcht erregend** → furchterregend

★furchtbar ① awful [ˈɔːfl], terrible [ˈterəbl], *stärker:* dreadful [ˈdredfl] ② **furchtbar aufregend** really [ˈrɪəlɪ] exciting ③ **ich bin furchtbar erschrocken** I got such a fright, I got a real fright, *US* I had a real scare

★fürchten ① **wir fürchteten, dass unser Lehrer uns auf die Schliche kommt** we were afraid (that) our teacher would find out ② **ich fürchte, wir schaffen es nicht** I don't think we're going to make it ③ **sie fürchtet um sein Leben** she fears for his life ④ **sie fürchtet sich (davor), die Wahrheit zu sagen** she's afraid of telling the truth

fürchterlich terrible [ˈterəbl], *stärker:* dreadful [ˈdredfl]

füreinander for each other, for one another

Fürsorge f ① care (**für** for) ② öffentliche **Fürsorge** public welfare [ˈwelfeə]; **von der Fürsorge leben** be* on social security, *US* be* on welfare (⚠ *beide ohne* the)

Fürsprech m ⓢ lawyer [ˈlɔːjə]

Fürsprecher(in) m(f) advocate [ˈædvəkət]

Fürst m prince (*auch Titel und übertragen*)

Fürstentum n principality; **das Fürstentum Monaco** the Principality of Monaco

Fürstin f princess [ˌprɪnˈses; *vor Namen* ˈprɪnses]

fürstlich *übertragen* splendid [ˈsplendɪd]

Fürwort n (≈ *Pronomen*) pronoun [ˈprəʊnaʊn]

Furz m, **furzen** *salopp* fart

Fusion f amalgamation, *von Unternehmen, Organisationen:* merger [ˈmɜːdʒə], *von Atomkernen, Zellen:* fusion

fusionieren (*Unternehmen, Organisationen*) merge

★Fuß m ① *wörtlich und übertragen* foot *pl:* feet ② *einer Säule:* base [beɪs] ③ *eines Glases:* stem ④ *einer Lampe:* stand ⑤ *eines Tisches, eines Stuhls:* leg ⑥ **zu Fuß** on foot; **zu Fuß gehen** walk ⑦ **zu Fuß (bequem) erreichbar** within (easy) walking distance [ˈwɔːkɪŋˌdɪstəns] ⑧ **Fuß fassen** *übertragen* get* (*oder* gain) a foothold ⑨ **jemanden auf freien Fuß setzen** release [rɪˈliːs] someone, set* someone free ⑩ **kalte Füße bekommen** *wörtlich und übertragen* get* cold feet ⑪ *Längenmaß:* foot (= *30,48 cm*); **zehn Fuß lang** ten feet long; **ein zehn Fuß langes Brett** a ten-foot(-long) plank

Fußabdruck m footprint

Fußbad n footbath

★Fußball m ① (≈ *Spiel*) soccer, *Br* football; **Fußball spielen** play soccer, *Br* play football ② (≈ *Ball*) soccer ball, *Br* football

Fußball... *in Zusammensetzungen* soccer ..., *Br* football ...; **Fußballfan** soccer fan, *Br* football fan; **Fußballfeld** soccer field, *Br* football field; **Fußballländerspiel** international match; **Fußballmannschaft** soccer team, *Br* football team; **Fußballplatz** soccer field, *Br* football field; **Fußballspiel** football match, soccer match, *US* soccer game; **Fußballspieler(in)** soccer player, *Br* football player; **Fußballstadion** soccer stadium, *Br* football stadium [ˈsteɪdɪəm]; **Fußballstar** soccer star, *Br* football star; **Fußballtrainer(in)** soccer coach, *Br* football coach; **Fußballverein** soccer club, *Br* football club

Fußballer(in) m(f) soccer player, *Br* footballer

Fußballweltmeister m World Cup holders (⚠ *pl*)

Fußballweltmeisterschaft f World Cup

★Fußboden m floor

Fußbodenbelag m floor covering [ˈflɔːˌkʌvərɪŋ], flooring [ˈflɔːrɪŋ]

Fußbodenheizung f underfloor heating

Fußbremse f footbrake

Fussel f (piece of) fluff, *US* (piece of) lint

fusselig covered in fluff, *US* linty

fusseln shed* a lot of fluff (*US* lint)

Fußende n foot

★**Fußgänger(in)** m(f) pedestrian [pə'destrɪən]

Fußgänger... in Zusammensetzungen : pedestrian [pə'destrɪən] ...; **Fußgängerampel** pedestrian lights (▲ pl); **Fußgängerübergang**, **Fußgängerüberweg** pedestrian crossing, US crosswalk; **Fußgängerzone** pedestrian zone oder precinct ['priːsɪŋkt], US (pedestrian) mall [mɔːl]

Fußgängerbrücke f footbridge

Fußgängerunterführung f subway, US underpass

Fußgeher(in) m(f) ⓐ pedestrian [pə'destrɪən]

Fußgelenk n, **Fußknöchel** m ankle

Fußmarsch m ① long walk ② Militär: march

Fußmatte f ① an der Tür: doormat ② im Bad: bathmat

Fußnote f footnote

Fußpilz m athlete's foot [ˌæθliːts'fʊt]

Fußsohle f sole (of the oder one's foot)

Fußspur f ① (≈ Abdruck) footprint ② (≈ Fährte) track

Fußstapfe f ① wörtlich footstep ② **wird er in seine Fußstapfen treten?** übertragen will he follow in his footsteps?

Fußtritt m: **jemandem einen Fußtritt geben** give* someone a kick, kick someone

Fußvolk n übertragen rank and file

Fußweg m ① (≈ Gehweg) footpath ② **ein Fußweg von einer Stunde** an hour's walk

futsch ① (≈ kaputt) broken ② (≈ zerschlagen) smashed ③ (≈ weg, verloren) gone [gɒn]

Futter¹ n (≈ Viehfutter) feed, fodder

Futter² n Rock, Mantel usw.: lining

Futteral n ① case ② (≈ Hülle) cover

futtern umg scoff, US chow

★**füttern¹** allg.: feed* (auch Computer)

füttern² line (Rock, Mantel usw.)

Futternapf m (feeding) bowl [bəʊl]

Fütterung f ① Vorgang: feeding ② Zeitpunkt: feeding time

Futur n Grammatik: future ['fjuːtʃə] (tense)

G

Gabe f ① (≈ Geschenk) gift, present ['preznt] (**an** to) ② (≈ Begabung) gift, talent ['tælənt]

★**Gabel** f ① (↔ Messer) fork ② (≈ Heugabel, Mistgabel) pitchfork

Gabelstapler m forklift truck

G 8¹ n high-school education at a Gymnasium lasting eight rather than the traditional nine years

G 8² f Politik: G 8

Gabelstapler m fork-lift truck

gackern cackle (auch übertragen)

gaffen gawk, gawp

Gag m ① allg.: gag ② Werbung: gimmick ['gɪmɪk]

Gage f fee

gähnen yawn [jɔːn]

Gala... in Zusammensetzungen : gala ['gɑːlə]; **Galaabend** gala night; **Galaaufführung** gala performance; **Galakonzert** gala concert; **Galavorstellung** gala performance

Galaxie f Galaxy ['gæləksɪ], Milky 'Way

★**Galerie** f allg.: gallery ['gælərɪ]

Galgenhumor m gallows humour ['gæləʊzˌhjuːmə]

Galle f ① Organ: gall [gɔːl] bladder ② Sekret und übertragen: bile

Gallenblase f gall [gɔːl] bladder

Gallenstein m gallstone ['gɔːlstəʊn]

Galopp m gallop ['gæləp]; **im Galopp** wörtlich und übertragen at a gallop

galoppieren gallop ['gæləp]

Gammelfleisch n umg rotten meat

gammeln (≈ faulenzen) loaf around, umg bum around, US umg goof around

Gammler(in) m(f) layabout ['leɪəˌbaʊt], US bum

Gämse f chamois (▲ 'ʃæmwɑː] pl: chamois

★**Gang** m ① (≈ Gangart) walk; **seine Gangart** the way he walks ② (≈ Weg) way ③ (≈ Flur) corridor ④ im Flugzeug usw.: aisle (▲ aɪl] ⑤ (≈ Bogengang) arcade [ɑːˈkeɪd] ⑥ beim Essen: course [kɔːs]; **Essen mit drei Gängen** three-course meal ⑦ beim Auto: gear [gɪə]; **zweiter** usw. **Gang** second usw. gear; **in den zweiten Gang schalten** change (US shift) into second (gear) ⑧ anatomisch: duct, canal [kəˈnæl] ⑨ (≈ Verlauf) course; **der Gang der Dinge** the course of events ⑩ **etwas in Gang setzen** (oder **bringen**) wörtlich und übertragen get* something going, start something **11** **in Gang kommen** get* going, get* started **12** **es ist etwas im Gange** *übertragen* there's something going on **13** **die Feier war in vollem Gange, als ...** the party was in full swing when ...

gängig 1 *Ausdruck*: current ['kʌrənt] **2** *Methode usw.*: (very) common

Gangplatz *m Flugzeug, Zug usw.*: aisle (⚠ 'aɪl) seat

Gangschaltung *f* **1** (≈ *System*) gears (⚠ *pl*) **2** (≈ *Hebel*) gear lever ['gɪəˌliːvə], *US* gear shift

Gangster *m* gangster

Gangsterbande *f* gang of criminals

Gangsterboss *m* gang boss

Gangway *f* **1** *Flugzeug*: steps (⚠ *pl*) **2** *Schiff*: gangway

Ganove *m* crook, *US auch* hood

★**Gans** *f* goose [guːs] *pl*: geese [giːs]

Gänseblümchen *n* daisy ['deɪzɪ]

Gänsefüßchen *pl* quotation marks, inverted commas

Gänsehaut *f* **1** goose [guːs] pimples (⚠ *pl*), goose flesh **2** **ich bekam eine Gänsehaut** (≈ *erschrak zutiefst*) it sent shivers ['ʃɪvəz] down my spine

Gänsemarsch *m*: **im Gänsemarsch** in single (*oder US* Indian) file

Gänserich *m* gander ['gændə]

Gänseschmalz *n* goose [guːs] fat

★**ganz 1** (≈ *ungeteilt*) whole, all; **ganz Deutschland** the whole (*oder* all) of Germany; **die ganze Stadt** the whole town; **auf der ganzen Welt** all over the world; **den ganzen Morgen** (*bzw.* **Tag**) all morning (*bzw.* day) (⚠ *ohne the*); **die ganze Zeit** all the time, the whole time **2** (≈ *vollständig*) complete **3** **es hat ganze fünf Minuten gedauert** (≈ *nicht mehr*) it didn't take more than five minutes, it was all over in five minutes **4** (≈ *unbeschädigt*) whole, undamaged [ʌn'dæmɪdʒd], intact; **etwas wieder ganz machen** mend something; **die Tasse ist noch ganz** the cup is still in one piece **5** (≈ *völlig*) completely, totally ['təʊtəlɪ]; **ganz nass** wet through **6** (≈ *ziemlich*) quite, *umg* pretty; **ganz gut** quite good, not bad; **es hat mir ganz gut gefallen** I quite liked it, I quite enjoyed it; **ganz schön viel** quite a lot **7** (≈ *sehr*) very, really ['rɪəlɪ] **8** *Wendungen*: **ganz und gar nicht** not at all; **das ist was ganz anderes** that's a completely different matter; **nicht ganz dasselbe** not quite the same thing; **ganz gewiss** certainly ['sɜːtnlɪ], (≈ *ohne Zweifel*) definitely ['defənɪtlɪ]

Ganze(s) *n* **1** whole; **einheitliches Ganzes** integral ['ɪntɪgrəl] whole **2** **das Ganze** the whole thing **3** *Wendungen*: **im Großen und Ganzen** on the whole, all in all; **aufs Ganze gehen** go* all out; **jetzt geht's ums Ganze** it's all or nothing now

ganzheitlich 1 *Betrachtungsweise*: global, holistic **2** *Behandlung*: holistic **3** *Unterricht*: integrated **4** *betrachten*: globally, holistically **5** *behandeln*: holistically

gänzlich completely, totally ['təʊtəlɪ]

ganzmachen → ganz 4

Ganztagsbetreuung *f* all-day care

Ganztagsschule *f* **1** *Prinzip*: all-day schooling **2** *Einrichtung*: all-day school

★**gar¹ 1** **gar nicht** not at all **2** **gar nichts** not a thing, nothing at all, absolutely nothing **3** **gar keiner** nobody at all **4** **es besteht gar kein Zweifel** there's no doubt whatsoever **5** **gar nicht schlecht** not bad at all

gar² (↔ *roh*) done, cooked; **nicht gar** underdone [ˌʌndə'dʌn]

★**Garage** *f* garage (⚠ 'gærɑː ʒ)

★**Garantie** *f* **1** guarantee [ˌgærən'tiː], *auf Auto*: warranty; **die Uhr hat ein Jahr Garantie** the watch is guaranteed for a year; **darauf gibt's ein Jahr Garantie** there's a year's guarantee on it **2** **dafür kann ich keine Garantie übernehmen** I can't guarantee that (*oder* anything) **3** **er fällt unter Garantie durch** I guarantee you he will fail

garantieren: **(für etwas) garantieren** guarantee [ˌgærən'tiː]

garantiert 1 **garantiert reine Wolle** guaranteed pure wool **2** **das ist garantiert gelogen** I bet that was a lie

Garantieschein *m*, **Garantiezeit** *f* guarantee [ˌgærən'tiː]

★**Garderobe** *f* **1** (≈ *Kleidung*) clothes (⚠ kləʊ(ð)z) (⚠ *pl*), *formeller*: wardrobe ['wɔː drəʊb] (⚠ *engl.* wardrobe = *mst.* **Kleiderschrank**) **2** (≈ *Garderobenraum*) cloakroom, *US auch* checkroom; **etwas an der Garderobe abgeben** leave* something in the cloakroom **3** (≈ *Flurgarderobe*) coat rack, *frei stehend*: coatstand **4** (≈ *Umkleideraum im Theater*) dressing room

Garderobenfrau *f* cloakroom attendant [ə'tendənt], *US* checkroom attendant

Garderobenständer *m* coat stand (*US* tree)

Gardine *f* *allg.*: curtain ['kɜːtn]

garen: **garen (lassen)** cook slowly

gären: **gären (lassen)** ferment [fə'ment]

Garn *n* (≈ *Faden*) thread [θred]
Garnele *f* shrimp, *US* prawn, *größere*: prawn, *US* shrimp
garnieren garnish (*Gericht und übertragen*)
Garnitur *f* (≈ *Satz*) set
garstig nasty ['nɑːstɪ]
★**Garten** *m* **1** *allg.*: garden **2 botanischer Garten** botanical [bəˈtænɪkl] gardens (▲ *pl*)
Garten... *in Zusammensetzungen* garden ...; **Gartenfest** garden party; **Gartenschlauch** garden hose; **Gartenstuhl** garden chair; **Gartenzaun** garden fence; **Gartenzwerg** (garden) gnome [A nəʊm]
Gartenarbeit *f* gardening
Gartenbau *m* horticulture [ˈhɔːtɪkʌltʃə]
Gartengeräte *pl* gardening tools
Gärtner(in) *m(f)* gardener
Gärtnerei *f* (≈ *Betrieb*) market garden, *US* truck garden, *US* truck farm
Gärung *f* fermentation [ˌfɜːmenˈteɪʃn]
★**Gas** *n* **1** *allg.*: gas **2** (≈ *Gaspedal*) accelerator (pedal), *US* gas pedal **3 Gas geben** (≈ *beschleunigen*) accelerate [əkˈseləreɪt]; **gib Gas!** *umg* 'step on it!, *US* step on the 'gas! **4 Gas wegnehmen** (≈ *langsamer werden*) decelerate [ˌdiːˈseləreɪt], throttle down (*US* back)
Gas... *in Zusammensetzungen* **Gasbehälter** gas tank; **Gasexplosion** gas explosion; **Gasflasche** gas bottle; **Gashahn** gas tap; **Gasheizung** gas heating; **Gasherd** gas stove [stəʊv], *Br auch* gas cooker; **Gaskammer** gas chamber [ˈgæsˌtʃeɪmbə]; **Gasmaske** gas mask [mɑːsk]
gasförmig gaseous [A ˈgæsɪəs]
Gasherd *m* gas stove, *Br* gas cooker
Gaspedal *n* accelerator [əkˈseləreɪtə], *US auch* gas pedal [A ˈgæsˌpedl]
Gasse *f* **1** *allg.*: narrow street, (narrow) lane, alley (▲ *deutsch Allee = mst.* **avenue**) **2** (≈ *Seitengasse*) backstreet
Gassenverkauf *m* Ⓐ (≈ *Straßenverkauf*) *Br* takeaway sales (▲ *pl*), *US* takeout sales (▲ *pl*)
Gassi *adv*: **mit dem Hund Gassi gehen** take* the dog for a walk
★**Gast** *m* **1** guest [gest] **2 Gäste haben** have* visitors
Gastarbeiter(in) *m(f)* foreign worker
Gästebuch *n* visitors' book
Gästehaus *n* guest house
Gäste-WC *n* guest toilet (*US* bathroom)
Gästezimmer *n* guest room
Gastfamilie *f* host family [ˈhəʊstˌfæmlɪ]
gastfreundlich hospitable [hɒˈspɪtəbl]
★**Gastfreundschaft** *f* hospitality [ˌhɒspɪˈtælətɪ]

★**Gastgeber** *m* host [həʊst]
Gastgeberin *f* hostess [ˈhəʊstɪs]
Gastgeschenk *n* present (*brought by a guest*)
★**Gasthaus** *n*, **Gasthof** *m* restaurant [ˈrestərɒnt], *mit Unterkunft*: inn
gastieren give* a guest performance, guest
Gastland *n* host country [ˈhəʊstˌkʌntrɪ]
gastlich hospitable [hɒˈspɪtəbl]
Gastlichkeit *f* hospitality [ˌhɒspɪˈtælətɪ]
Gastritis *f* gastritis [gæˈstraɪtɪs]
Gastronomie *f* (≈ *Gewerbe*) catering [ˈkeɪtərɪŋ] (trade); **sie arbeitet in der Gastronomie** she works in catering
Gastspiel *n* **1** *Theater usw.*: guest performance **2** *Orchester*: concert
★**Gaststätte** *f*, **Gastwirtschaft** *f* restaurant [ˈrestərɒnt]
Gaswerk *n* gasworks (*sg oder pl*)
Gate *n* (≈ *Flugsteig*) gate
Gatte *m* husband [ˈhʌzbənd], *förmlich* spouse [spaʊs]
Gatter *n* **1** (≈ *Tor*) gate **2** (≈ *Zaun*) fence
Gattin *f* wife, *förmlich* spouse [spaʊs]
Gattung *f* **1** *biologisch*: genus [A ˈdʒiːnəs] *pl*: genera [ˈdʒenərə] **2** *Kunst*: form **3** *Literatur*: genre [ˈʒɒnrə] **4** (≈ *Sorte*) kind, type
GAU *m abk* **1** MCA [ˌemsiːˈeɪ] (*abk für* maximum credible accident), worst-case scenario [səˈnɑːrɪəʊ] **2** (≈ *Durchschmelzen eines Reaktors*) nuclear meltdown [ˌnjuːklɪəˈmeltdaʊn]
Gaul *m abwertend* (≈ *Pferd*) nag
Gaumen *m* palate [ˈpælət] (*auch übertragen*)
Gauner(in) *m(f)* crook, swindler
Gazastreifen *m* Gaza [ˈgɑːzə] Strip
Gazelle *f* gazelle [gəˈzel]
GB *abk* (= **Gigabyte**) GB [ˌdʒiːˈbiː]
★**Gebäck** *n* **1** (≈ *Kuchensorten*) cakes (▲ *pl*) **2** (≈ *Kekse*) biscuits [ˈbɪskɪts] (▲ *pl*), *US* cookies [ˈkʊkɪz] (▲ *pl*)
geballt: **geballt auftreten** *Probleme usw.*: come* all at once
gebannt: **(wie) gebannt** fascinated [ˈfæsɪneɪtɪd], spellbound
Gebärde *f* gesture [ˈdʒestʃə]
gebärden: **sich gebärden wie ...** behave [bɪˈheɪv] (*oder* act) like ...
Gebärdensprache *f* sign [saɪn] language
Gebärmutter *f* uterus [ˈjuːtərəs]
★**Gebäude** *n* **1** *allg.*: building [ˈbɪldɪŋ] **2** (≈ *Haus*) house [haʊs] *pl*: houses [A ˈhaʊzɪz] **3** *bes. großes, bemerkenswertes, prächtiges*: edifice [ˈedɪfɪs]
Gebell *n* barking

★**geben** ▮ *allg.*: give*; **jemandem etwas geben** give* someone something, give* something to someone ▮ (≈ *reichen*) give*, pass, hand ▮ **lass dir eine Quittung** *usw.* **geben** ask for a receipt [rɪˈsiːt] *usw.* ▮ have*, give* (*Essen, Party*) ▮ give* (*Konzert usw.*), teach* (*Unterricht, Fach usw.*) ▮ **das gibt keinen Sinn** it doesn't make (any) sense ▮ **wer gibt?** *Kartenspiel*: whose deal is it? ▮ **was wird heute Abend gegeben?** *Theater, Kino, Fernsehen*: what's on tonight? ▮ **sich natürlich geben** act naturally ▮ **das gibt sich wieder** (≈ *das wird wieder gut*) it'll come right, (≈ *das legt sich*) it'll sort itself out ▮ **es gibt ...** there is ..., there are ...; **es gibt Leute, die ...** some people ... ▮ **der beste Spieler, den es je gab** the best player of all time ▮ **es gab viel zu tun** there was a lot to do ▮ **das gibt Ärger** there'll be trouble ▮ **Rotwein gibt Flecken** red wine leaves stains ▮ **was gibt's?** what's up? ▮ **was gibt es zum Mittagessen?** what's for lunch? ▮ **das gibt's (bei mir) nicht** *verbietend*: that's not on ▮ **das gibt's doch nicht** (≈ *das darf nicht wahr sein*) you're joking, that can't be true ▮ **gibt's den noch?** is he still around? ▮ **heut gibt's noch was** *Gewitter*: I think we're in for something

★**Gebet** *n* prayer [preə]

★**Gebiet** *n* ▮ (≈ *Gegend*) area, region ▮ (≈ *Staatsgebiet*) territory [ˈterətrɪ] ▮ (≈ *Fachgebiet*) field ▮ (≈ *Bereich*) field, area, sector; **auf politischem Gebiet** in the political field

Gebietsanspruch *m* territorial claim

gebietsweise: **gebietsweise Regen** scattered (*oder* local) showers, rain in places

Gebilde *n* ▮ (≈ *Ding*) thing, object [ˈɒbdʒɪkt] ▮ (≈ *Werk*) work, creation ▮ (≈ *Gefüge*) structure

gebildet educated [ˈedjʊkeɪtɪd, ˈedʒʊkeɪtɪd]

★**Gebirge** *n* mountains [ˈmaʊntɪnz] (▲ *pl*), mountain range

★**gebirgig** mountainous [ˈmaʊntɪnəs]

Gebirgsbewohner(in) *m(f)* mountain dweller

Gebiss *n* ▮ teeth (▲ *pl*) ▮ *künstliches*: (set of) false [fɔːls] teeth (▲ *pl*), (set of) dentures [ˈdentʃəz] (▲ *pl*); **sie hat** (*oder* **trägt**) **ein Gebiss** she's got false teeth

Gebläse *n* blower

geblümt: **geblümte Tapete** *usw.* floral [ˈflɔːrəl] wallpaper *usw.*

gebogen ▮ bent ▮ (≈ *geschwungen, rund*) curved

gebongt: **ist gebongt** will do

★**geboren** ▮ born; **wo bist du geboren?** where were you born?; **ich bin in Moskau geboren** I was born in Moscow ▮ **geborene Schmidt** née [neɪ] Schmidt ▮ **ein geborener Geschäftsmann** a born businessman

geborgen: **sie fühlt sich bei ihm geborgen** she feels very secure [sɪˈkjʊə] with him

Geborgenheit *f* security [sɪˈkjʊərətɪ]

Gebot *n* ▮ **die Zehn Gebote** the Ten Commandments ▮ **es ist ein Gebot der Vernunft, dass ...** reason demands that ... (▲ *ohne* the) ▮ **... ist oberstes Gebot** ... is top priority [praɪˈɒrətɪ], ... is of paramount importance [ˌpærəmaʊnt ɪmˈpɔːtns]

★**Gebrauch** *m* ▮ (≈ *Benutzung*) use [▲ juːs]; **von etwas Gebrauch machen** make* use of something, use [juːz] something ▮ (≈ *Anwendung*) application ▮ *eines Wortes usw.*: usage [ˈjuːsɪdʒ] ▮ (≈ *Sitte*) custom [ˈkʌstəm]

★**gebrauchen** ▮ (≈ *benutzen*) use [juːz]; **gebrauche deinen Verstand!** use your head ▮ **ich könnte einen Schirm** (*bzw.* **einen Whisky**) **gebrauchen** I could do with an umbrella (*bzw.* a Scotch) ▮ **dich kann ich jetzt nicht gebrauchen** I haven't got time for you right now ▮ **er ist zu nichts zu gebrauchen** he's absolutely hopeless

gebräuchlich ▮ **das ist absolut gebräuchlich** (≈ *verbreitet*) it's perfectly common [ˈkɒmən] ▮ (≈ *üblich*) normal [ˈnɔːml], usual [ˈjuːʒʊəl] ▮ *Wörter*: common [ˈkɒmən]

Gebrauchsanleitung *f*, **Gebrauchsanweisung** *f* ▮ *für Medikamente*: directions [dəˈrekʃnz] (▲ *pl*) for use [▲ juːs] ▮ *für Geräte*: instructions (▲ *pl*) (for use)

★**gebraucht** ▮ second-hand, used [juːzd] ▮ **etwas gebraucht kaufen** buy* something second-'hand

Gebrauchtwagen *m* used [juːzd] car, second-hand 'car

gebräunt tanned

Gebrechen *n* (physical) disability [ˌfɪzɪkl ˌdɪsəˈbɪlətɪ], handicap

Gebrechlichkeit *f* frailty, weakness

Gebrüll *n* ▮ (≈ *Geschrei*) screaming ▮ *von Löwen*: roar, roaring

★**Gebühr** *f* charge, fee

Gebühreneinheit *f* (tariff) unit

Gebührenerhöhung *f* increase [ˈɪŋkriːs] in charges [ˈtʃɑːdʒɪz]

gebührenfrei free of charge

gebührenpflichtig: **gebührenpflichtige Verwarnung** ticket [ˈtɪkɪt], fine

gebunden ▮ *Buch*: bound, (↔ *Paperback*)

hardcover ◾ (≈ *verpflichtet*) bound; **vertraglich gebunden** bound by contract ◾ **gebunden an** tied to (*Ort usw.*) ◾ *Person*: (≈ *vergeben*) no longer free

★**Geburt** f ◾ birth; **von Geburt an** from birth ◾ **das war eine schwere Geburt** *übertragen* it was a tough [tʌf] job, it was tough going

Geburtenkontrolle f, **Geburtenregelung** f birth control

Geburtenrückgang m decline [dɪˈklaɪn] (*oder* drop) in the birthrate

geburtenschwach: **geburtenschwacher Jahrgang** low-birthrate year

geburtenstark: **geburtenstarker Jahrgang** high-birthrate year

Geburtenüberschuss m excess [ɪkˈsesˌ] of births (over deaths)

Geburtenziffer f birthrate

gebürtig: **Thomas ist gebürtiger Engländer (und nicht gebürtiger Ire)** Thomas is English by birth (and not Irish)

Geburtsanzeige f birth announcement

Geburtsdatum n date of birth

Geburtshaus n: **mein** *usw.* **Geburtshaus** the house where I *usw.* was born; **Shakespeares Geburtshaus** Shakespeare's birthplace

Geburtsjahr n year of birth

Geburtsname m birth name, *einer Frau*: maiden name

★**Geburtsort** m birthplace, *im Pass*: place of birth

★**Geburtstag** m ◾ birthday; **wann hast du Geburtstag?** when's your birthday?; **er hat heute Geburtstag** it's his birthday today; **alles Gute zum Geburtstag** happy birthday; **was hast du zum Geburtstag bekommen?** what did you get for your birthday?; **was wünschst du dir zum Geburtstag?** what would you like for your birthday? ◾ **ich gratuliere** (*oder* **herzlichen Glückwunsch**) **zum Geburtstag** happy birthday, many happy returns of the day ◾ **Geburtstag und Geburtsort** *amtlich*: place and date of birth (⚠ *Wortstellung*)

Geburtstags... *in Zusammensetzungen* birthday ...; **Geburtstagsfeier** birthday party; **Geburtstagsgeschenk** birthday present [ˈpreznt]; **Geburtstagskarte** birthday card; **Geburtstagskind** birthday boy (*bzw.* girl); **Geburtstagskuchen** birthday cake

Geburtsurkunde f birth certificate [səˈtɪfɪkət]

Gebüsch n ◾ bushes (⚠ ˈbʊʃɪz) (⚠ *pl*) ◾ (≈ *Unterholz*) undergrowth [ˈʌndəɡrəʊθ], *US* underbrush

★**Gedächtnis** n ◾ memory ◾ **aus dem Gedächtnis** (≈ *auswendig*) by heart [hɑːt]

Gedächtnislücke f gap in one's memory; **er hatte eine Gedächtnislücke** there was a gap in his memory

Gedächtnistraining n memory training

★**Gedanke** m ◾ thought [θɔːt] (**an of**) ◾ (≈ *Vorstellung, Einfall, Plan*) idea [aɪˈdɪə]; **jemanden auf den Gedanken bringen, etwas zu tun** give* someone the idea of doing something ◾ (≈ *Gefühl, Ahnung*) notion ◾ (≈ *Gedankengang, Betrachtung*) thought, thoughts *pl* ◾ **der Gedanke der Demokratie** *usw.* the idea (*oder* concept [ˈkɒnsept]) of democracy [dɪˈmɒkrəsi] *usw.* ◾ **sich Gedanken machen über** (≈ *nachdenken*) think* about, (≈ *sich sorgen*) worry [ˈwʌri] about, be* worried about ◾ **mach dir keine Gedanken (darüber)!** don't worry about it! ◾ **ich hab das ganz in Gedanken getan** I did it without thinking ◾ **sie kann seine Gedanken lesen** she can read his mind ◾ **allein der Gedanke (daran)...** just to think of it ..., just the thought of it ...

Gedankenaustausch m exchange of ideas

gedankenlos (≈ *leichtsinnig*) careless

Gedankenstrich m *Grammatik*: dash

Gedankenübertragung f telepathy [təˈlepəθɪ]

Gedärme pl bowels [ˈbaʊəlz], intestines (⚠ ɪnˈtestɪnz)

Gedeck n ◾ (≈ *Tischgedeck*) place setting ◾ (≈ *Menü*) set menu

gedeckt ◾ covered ◾ *Tisch*: laid, *US* set

gedeihen ◾ (*Pflanzen, Kinder usw.*) thrive* ◾ (≈ *wachsen*) grow* ◾ *übertragen* flourish (⚠ ˈflʌrɪʃ), prosper [ˈprɒspə], thrive*

gedenken + *Genitiv*: think* of, remember

Gedenken n: **zum** (*oder* **im**) **Gedenken an** in memory of

Gedenkfeier f commemoration (ceremony)

Gedenkminute f: **eine Gedenkminute einlegen für ...** observe a minute's silence in memory of ...

Gedenkmünze f commemorative coin [kəˌmeməˈreɪtɪvˈkɔɪn]

Gedenkstätte f memorial [məˈmɔːrɪəl] (site)

Gedenktafel f commemorative plaque [kəˌmeməˈreɪtɪvˈplæk]

Gedenktag m day of remembrance [rɪˈmembrəns]

★**Gedicht** n ◾ poem [ˈpəʊɪm] ◾ **das Kleid** *usw.* **ist ein Gedicht** the dress *usw.* is a dream

Gedränge n, **Gedrängel** n ￭ *Aktivität:* pushing (and shoving [ˈʃʌvɪŋ]) ￭ (≈ *Menge*) crowd

gedruckt ￭ printed ￭ **wenn er das zu dir gesagt hat, lügt er wie gedruckt** if he told you that, he's lying through his teeth

★**Geduld** f patience [ˈpeɪʃns]; **verlier nicht die Geduld** don't lose your patience

gedulden: **wenn Sie sich noch ein wenig gedulden würden** if you wouldn't mind waiting a moment

★**geduldig** patient [ˈpeɪʃnt]

Geduldsspiel n *übertragen* test of patience [ˈpeɪʃns]

geehrt *in Briefen:* **Sehr geehrter Herr Smith, ...** Dear Mr Smith, ... (⚠ Mr im Br ohne Punkt, im US mit Punkt); **Sehr geehrte Damen und Herren, ...** Dear Sir or Madam, Dear Sir/Madam, ... (⚠ *erstes Wort des Brieftextes nach all diesen Anreden fängt mit einem Großbuchstaben an*)

★**geeignet** ￭ (≈ *passend*) suitable [ˈsuːtəbl] (**für, zu** for) ￭ (≈ *richtig*) right ￭ (≈ *befähigt*) qualified; **er ist nicht dafür geeignet** he's not the right man (for it)

★**Gefahr** f ￭ danger [ˈdeɪndʒə] (**für** for, **to**) ￭ **es besteht keine Gefahr** there's no danger; **außer Gefahr** out of danger ￭ (≈ *Risiko*) risk; **wenn du mit meinem Fahrrad fährst, dann auf eigene Gefahr** if you use my bike, it's at your own risk ￭ **Gefahr laufen, etwas zu tun** run the risk of doing something

gefährden ￭ endanger [ɪnˈdeɪndʒə] ￭ **du darfst deine Gesundheit nicht gefährden** you mustn't [ˈmʌsnt] put your health at risk

gefährdet ￭ **Kinder** *usw.* **sind am meisten gefährdet** children *usw.* run the highest risk ￭ **Bäume** *usw.* **sind am meisten gefährdet** trees *usw.* are most at risk

Gefährdung f danger [ˈdeɪndʒə], threat [θret], menace [ˈmenəs]; **eine Gefährdung seiner Gesundheit** a danger (*oder* threat) to his health

Gefahrenzone f danger zone [ˈdeɪndʒəˌzəʊn]

Gefahrenzulage f danger money [ˈdeɪndʒəˌmʌnɪ]

★**gefährlich** ￭ dangerous [ˈdeɪndʒərəs] ￭ (≈ *riskant*) risky

gefahrlos ￭ not dangerous ￭ (≈ *sicher*) safe ￭ (≈ *harmlos*) harmless

Gefährte m, **Gefährtin** f companion [kəmˈpænjən]

Gefälle n *Straße:* slope

Gefallen m favour, *US* favor [ˈfeɪvə]; **jemandem einen Gefallen tun** do* someone a favour; **jemanden um einen Gefallen bitten** ask a favour of someone

★**gefallen**¹ ￭ **es gefällt mir** I like it; **es gefällt mir nicht** I don't like it ￭ **wie gefällt dir mein Hemd?** how do you like my shirt? ￭ **hat dir das Lied gefallen?** did you enjoy [ɪnˈdʒɔɪ] the song? ￭ **was mir daran** (*bzw.* **an ihr**) **gefällt ...** what I like about it (*bzw.* her) ... ￭ **das lasse ich mir nicht gefallen** I'm not going to put up with it

gefallen² *im Krieg usw.:* killed in action, fallen [ˈfɔːlən]

Gefälligkeit f (≈ *Gefallen*) favour, *US* favor [ˈfeɪvə]

gefälligst *grob:* **...., will you!**; **sei gefälligst still!** be quiet, will you!

gefangen ￭ *im Gefängnis:* imprisoned [ɪmˈprɪznd], in prison [ˈprɪzn] ￭ **jemanden gefangen nehmen** *Krieg:* capture someone, take* someone prisoner

Gefangene(r) m/f(m) prisoner [ˈprɪznə], (≈ *Sträfling*) convict [ˈkɒnvɪkt]

Gefangenenlager n prison [ˈprɪzn] camp, *im Krieg:* prisoner-of-war (*abk* POW [ˌpiːəʊˈdʌbljuː]) camp [ˌprɪznər_əvˈwɔːˌkæmp]

Gefangenentransporter m police van

Gefangennahme f *Krieg:* capture [ˈkæptʃə]

Gefangenschaft f *allg.:* captivity [kæpˈtɪvɪtɪ]

★**Gefängnis** n ￭ prison [ˈprɪzn], jail [dʒeɪl] ￭ **jemanden ins Gefängnis stecken** *umg* put* someone in prison ￭ **fünf Jahre Gefängnis bekommen** get* five years in prison

Gefängnisstrafe f prison [ˈprɪzn] sentence

Gefängniswärter(in) m(f) prison officer [ˈprɪznˌɒfɪsə], *US* prison guard [gɑːd], *US* jailer

Gefängniszelle f prison cell [ˈprɪzn_sel]

gefärbt *Haare:* dyed [daɪd]

Gefäß n *allg.:* container ￭ (≈ *Blutgefäß*) vessel

gefasst ￭ (≈ *besonnen*) calm [⚠ kɑːm], composed ￭ **ich bin darauf gefasst** I'm prepared for it

Gefecht n ￭ battle (*auch übertragen*) ￭ **jemanden außer Gefecht setzen** put* someone out of action

Gefechtskopf m: **(nuklearer) Gefechtskopf** (nuclear) warhead [(ˌnjuːklɪə)ˈwɔːhed]

Gefieder n plumage [ˈpluːmɪdʒ], feathers [ˈfeðəz] (⚠ *pl*)

★**Geflügel** n poultry [ˈpəʊltrɪ] (⚠ *ohne pl*)

Geflügelsalat m chicken salad [ˌtʃɪkɪnˈsæləd]

Geflügelschere f: **(eine) Geflügelschere** (a pair of) poultry shears [ˈpəʊltrɪˌʃɪəz] (⚠ *pl*)

Geflüster n whispering ['wɪspərɪŋ]
Gefolgschaft f, **Gefolgsleute** pl followers (⚠ pl), supporters (⚠ pl)
gefragt in demand [dɪ'mɑːnd], popular
gefräßig greedy, gluttonous ['glʌtnəs]
Gefreite(r) m/f(m) lance corporal, US private ['praɪvət] 1st class (⚠ *gesprochen* first class)
Gefrierbeutel m freezer bag
gefrieren: **gefrieren (lassen)** freeze*
Gefrierfach n freezer, freezing compartment
Gefrierfleisch n frozen meat
Gefrierpunkt m ⓵ freezing point ⓶ **unter dem Gefrierpunkt** below zero, below freezing
Gefrierschrank m, **Gefriertruhe** f freezer, deep-freeze
Gefüge n structure
★**Gefühl** n ⓵ *allg.*: feeling; **ich habe das Gefühl, dass ...** I have a feeling that ...; **ich habe dabei ein ungutes Gefühl** I've got a funny feeling about it; **mit gemischten Gefühlen** with mixed feelings ⓶ (≈ *Sinn, Gespür*) sense [sens], feeling; **Gefühl für Recht und Unrecht** usw. sense of justice usw. ⓷ **ich hab kein Gefühl im Arm** I can't feel anything in my arm
gefühllos (≈ *hartherzig*) unfeeling
gefühlsmäßig instinctive [ɪn'stɪŋktɪv]
gefühlvoll ⓵ (≈ *empfindsam*) sensitive ['sensətɪv] ⓶ (≈ *gefühlsbetont*) emotional [ɪ'məʊʃnəl]
gefüllt ⓵ filled (**mit** with) ⓶ **gefüllte Tomaten** usw. stuffed tomatoes usw.
Gefummel n *erotisch*: groping
gegeben ⓵ **etwas als gegeben voraussetzen** take* something for granted ['grɑːntɪd] ⓶ **unter den gegebenen Umständen** under the circumstances ['sɜːkəmstænsɪz]
gegebenenfalls if necessary ['nesəsrɪ]
★**gegen** ⓵ (↔ *für*) against [ə'genst]; **gegen Stellenkürzungen protestieren** protest [prə'test] against job cuts; **ich hab nichts gegen ihn** I've nothing against him ⓶ **gegen einen Baum fahren** drive* (*oder* crash) into a tree ⓷ *Mittel*: for; **haben Sie etwas gegen Husten?** have you got something for a cough? [kɒf] ⓸ **gegen 8 Uhr** around (Br *auch* about) 8 o'clock ⓹ (≈ *verglichen mit*) compared with, in comparison [kəm'pærɪsn] of
Gegenangriff m counterattack (*auch übertragen*); **einen Gegenangriff führen gegen** counterattack, launch a counterattack against
Gegenanzeige f *Medizin*: contraindication [ˌkɒntrəˌɪndɪ'keɪʃn]
Gegenbeispiel n counterexample ['kaʊntər-ɪgˌzɑːmpl]

★**Gegend** f ⓵ *allg.*: area ['eərɪə], *innerhalb einer Stadt auch*: part of town (⚠ *mst.* ohne the), *innerhalb eines Landes auch*: part of the country; **in der Gegend von München** in the Munich ['mjuːnɪk] area ⓶ **hier in der Gegend** around here, in this area ⓷ (≈ *Wohngegend*) neighbourhood ['neɪbəhʊd]
Gegendarstellung f ⓵ correction, (≈ *Widerlegung*) refutation [ˌrefjʊ'teɪʃn] ⓶ (≈ *Version*) version
Gegendemonstration f counterdemonstration ['kaʊntədemənˌstreɪʃn]
gegeneinander against [ə'genst] one another (*oder* each other)
Gegenfahrbahn f opposite lane [ˌɒpəzɪt'leɪn]
Gegenfrage f counterquestion; **ich will dir mal ne Gegenfrage stellen** let me ask 'you something (⚠ *Betonung auf* you)
Gegengewicht n counterweight [⚠ 'kaʊntəweɪt] (*auch übertragen*); **ein Gegengewicht bilden zu** counterbalance
Gegengift n antidote
Gegenleistung f: **als Gegenleistung** in return (**für** for)
Gegenmaßnahme f countermeasure
Gegenmittel n *wörtlich und übertragen* remedy ['remədɪ] (**gegen** for)
Gegenprobe f: **die Gegenprobe (auf etwas) machen** cross-check (something)
Gegenrichtung f opposite ['ɒpəzɪt] direction
★**Gegensatz** m ⓵ **im Gegensatz zu ...** in contrast ['kɒntrɑːst] to (*oder* with) ..., unlike ... ⓶ **Gegensätze** *in den Meinungen usw.*: differences ['dɪfrənsɪz]
gegensätzlich opposing [ə'pəʊzɪŋ], *Meinungen*: conflicting [kən'flɪktɪŋ]
Gegenseite f opposite ['ɒpəzɪt] (*oder* other) side
★**gegenseitig** ⓵ **gegenseitige Hilfe (Interesse** *usw.***)** mutual ['mjuːtʃʊəl] help (interest *usw.*) ⓶ **sich gegenseitig helfen** usw. help usw. one another (*oder* each other)
Gegenseitigkeit f mutuality [ˌmjuːtʃʊ'ælətɪ]; **das beruht auf Gegenseitigkeit** the feeling is mutual
Gegenspieler(in) m(f) *Sport und übertragen*: opponent [ə'pəʊnənt]
★**Gegenstand** m ⓵ (≈ *Ding*) object ['ɒbdʒɪkt], thing ⓶ (≈ *Thema*) subject ['sʌbdʒekt], topic ['tɒpɪk]
gegenstandslos irrelevant [ɪ'reləvənt], (≈ *ungültig*) invalid [ɪn'vælɪd]
gegensteuern *übertragen* take* countermeasures ['kaʊntəˌmeʒəz]

Gegenstimme f Parlament: dissenting [dɪˈsentɪŋ] vote, vote against; **es gab fünf Gegenstimmen** there were five noes [nəʊz]

Gegenstück n counterpart

★**Gegenteil** n ◼ opposite [ˈɒpəzɪt] (**von** of) ◼ (**ganz**) **im Gegenteil** on the contrary [ˈkɒntrərɪ], oh no(, not at all) ◼ **das bewirkt (genau) das Gegenteil** it has the opposite effect, it's counterproductive

gegenteilig contrary [ˈkɒntrərɪ], opposite [ˈɒpəzɪt]

★**gegenüber** ◼ allg.: opposite [ˈɒpəzɪt]; **direkt gegenüber** right (oder directly) opposite ◼ (≈ auf der anderen Straßenseite) across the street ◼ (≈ im Vergleich zu) compared with ◼ (≈ im Gegensatz zu) in contrast [ˈkɒntrɑːst] to

gegenüberliegen be* opposite [ˈɒpəzɪt], face; **die beiden Parks liegen direkt gegenüber** the two parks face each other

gegenüberstehen ◼ **jemandem gegenüberstehen** face someone ◼ **einem Problem gegenüberstehen** be* faced (oder confronted [kənˈfrʌntɪd]) with a problem [ˈprɒbləm], be* up against a problem

Gegenüberstellung f ◼ confrontation [ˌkɒnfrʌnˈteɪʃn] (auch vor Gericht) ◼ (≈ Vergleich) comparison [kəmˈpærɪsn]

Gegenverkehr m oncoming traffic

Gegenvorschlag m counterproposal [ˈkaʊntəprəˌpəʊzl]; **dann mach mir einen Gegenvorschlag** okay, what would 'you suggest, then?

★**Gegenwart** f ◼ (≈ jetzige Zeit) present [ˈpreznt] (time) ◼ Grammatik: present (tense)

★**gegenwärtig** ◼ (≈ jetzig) present [ˈpreznt], current [ˈkʌrənt] ◼ (≈ zurzeit) at present ◼ (≈ heutzutage) nowadays [ˈnaʊədeɪz], these days

Gegenwartsliteratur f contemporary literature [kənˌtemprərɪˈlɪtrətʃə]

Gegenwind m headwind [ˈhedwɪnd]; **wir haben Gegenwind** there's a headwind (blowing)

★**Gegner(in)** m(f) ◼ opponent [əˈpəʊnənt] ◼ (≈ Rivale) rival [ˈraɪvl], competitor [kəmˈpetɪtə] ◼ (≈ Feind) enemy [ˈenəmɪ]

gegnerisch ◼ opposing ◼ enemy …

gehabt ◼ **(alles) wie gehabt** same as ever ◼ **… wie gehabt** … as always, … as usual

Gehackte(s) n mince, US ground meat

★**Gehalt**[1] m (≈ Inhalt, Anteil) content [ˈkɒntent]

★**Gehalt**[2] n (≈ Einkommen) salary [ˈsælərɪ], pay

Gehaltsabrechnung f salary [ˈsælərɪ] statement, umg pay slip

Gehaltsempfänger(in) m(f) salary-earner; **Gehaltsempfänger sein** receive a salary

Gehaltserhöhung f (pay) rise, US raise, salary increase [ˈsælərɪˌɪŋkriːs], regelmäßig: increment

Gehaltsforderung f salary [ˈsælərɪ] claim

Gehaltskonto n current account, US checking account

Gehaltskürzung f salary [ˈsælərɪ] cut

Gehaltszettel m umg payslip

gehandikapt handicapped

gehässig spiteful [ˈspaɪtfl]

Gehässigkeit f spitefulness; **aus reiner Gehässigkeit** out of sheer spite

Gehäuse n ◼ casing, case ◼ einer Kamera: body ◼ eines Apfels: core

gehbehindert: **sie ist gehbehindert** she has difficulty walking, she can't walk properly

Gehege n enclosure [ɪnˈkləʊʒə], für Tiere auch: pen

★**geheim** ◼ secret [ˈsiːkrət]; **streng geheim** top secret ◼ **etwas geheim halten** keep* something secret

Geheim… in Zusammensetzungen secret [ˌsiːkrət …] …; **Geheimdienst** secret service; **Geheimpolizei** secret police; **Geheimrezept** secret recipe [ˈresəpɪ]; **Geheimsache** secret matter; **Geheimwaffe** secret weapon

★**Geheimnis** n ◼ secret [ˈsiːkrət] ◼ Wendungen: **ein Geheimnis aus etwas machen** make* a secret out of something; **kein Geheimnis aus etwas machen** make* no secret of something; **ein offenes Geheimis** an open secret

geheimnisvoll mysterious [mɪˈstɪərɪəs]

Geheimratsecken pl receding hairline (⚠ sg); **er hat Geheimratsecken** his hair is receding at the temples

Geheimtipp m hot tip

Geheimzahl f für EC-Karte, Handy usw.: PIN (PIN = personal identification number)

gehemmt inhibited [ɪnˈhɪbɪtɪd], (≈ scheu) auch: shy

★**gehen** ◼ (**zu Fuß**) **gehen** walk, go* (on foot) ◼ **schwimmen** (bzw. **tanzen** usw.) **gehen** go* swimming (bzw. dancing usw.) ◼ **zur Post** usw. **gehen** go* to the post office ◼ **zur** (oder **in die**) **Schule gehen** (≈ schulpflichtig sein) go* to school (⚠ ohne the) ◼ **über die Straße gehen** cross the road; **über die Brücke gehen** cross the bridge ◼ **an die Arbeit gehen** get* down to work ◼ (≈ fortgehen) go*, leave*; **er ist gegangen** he's gone [ɡɒn], he's left (⚠ he's

= he has) **8** **die Straße geht nach Salzburg** this road goes (oder leads) to Salzburg **9** **jemanden gehen lassen** let* someone go, ungestraft: let* someone off **10** (≈ funktionieren) work; **es geht** it works **11** **es geht nicht** (≈ funktioniert nicht) it doesn't (oder won't) work, (≈ ist unmöglich) it's impossible, umg no way **12** (≈ klappen) work **13** **es geht mir gut** I'm fine; **es geht mir schlecht** I'm not feeling too good **14** **das Lied geht so** the song goes like this **15** **wie geht es Ihnen?, wie geht's?** how 'are you? **16** **gehen durch** go* (oder pass) through **17** **gehen in** (≈ hineingehen) go* into, enter ['entə] **18** **gehen in** (≈ passen in) go* (oder fit) in(to); **es gehen 200 Personen in den Saal** the hall holds two hundred people **19** **der Schaden geht in die Millionen** the damage runs into millions **II** **worum geht's?** what's the problem? **II** **'darum geht es** that's what it's about; **darum 'geht es nicht** that's not the point

Geher(in) m(f) Sport: walker ['wɔːkə]
Geheul(e) n howling ['haʊlɪŋ]
★**Gehirn** n **1** brain **2** (≈ Geist) mind
Gehirnerschütterung f concussion; **sie hat eine Gehirnerschütterung** she has concussion (⚠ ohne a)
Gehirnwäsche f brainwashing
gehoben **1** Stellung: high, senior ['siːnɪə] **2** Stil: elevated ['elɪveɪtɪd]
Gehör n (sense of) hearing; **nach dem Gehör** by ear (⚠ ohne the)
★**gehorchen** **1** **jemandem gehorchen** obey [ə'beɪ] someone **2** **jemandem nicht gehorchen** disobey [ˌdɪsə'beɪ] someone
★**gehören** **1** **jemandem gehören** belong to someone (auch übertragen); **der Computer gehört mir** the computer belongs to me, it's my computer **2** **wem gehört das Buch?** whose book is this?, who does this book belong to? **3** **gehört es dir?** is it yours? **4** **sie gehört zu den besten Spielern** she's one of the best players **5** **das Fahrrad gehört nicht in die Wohnung!** the flat is no place for a bike **6** **das gehört zu seiner Arbeit** it's part of his job
gehörig: **ich hab ihm gehörig die Meinung gesagt** I gave him a piece of my mind
gehörlos deaf [def]
gehorsam obedient [ə'biːdɪənt]
Gehorsam m obedience [ə'biːdɪəns]
Gehörschutz m ear protection
★**Gehsteig** m, **Gehweg** m pavement, US sidewalk ['saɪdwɔːk]
Geier m vulture ['vʌltʃə], US auch buzzard ['bʌzəd]
★**Geige** f violin [ˌvaɪə'lɪn]; **Geige spielen** play the violin
Geiger(in) m(f) violinist [ˌvaɪə'lɪnɪst]
geil **1** (≈ toll) brill, ace [eɪs], US awesome ['ɔːsəm] **2** sexuell: randy, horny
Geisel f hostage [⚠ 'hɒstɪdʒ]; **jemanden als Geisel nehmen** take* someone hostage
Geiselbefreiung f freeing (oder release [rɪ'liːs]) of (the) hostages ['hɒstɪdʒɪz]
Geiseldrama n hostage drama ['hɒstɪdʒˌdrɑːmə] (oder crisis)
Geiselnahme f taking of hostages ['hɒstɪdʒɪz], kidnapping
Geiselnehmer(in) m(f) hostage-taker ['hɒstɪdʒˌteɪkə], kidnapper
★**Geist** m **1** (≈ Verstand, Sinn, Gemüt) mind **2** (≈ Seele) spirit ['spɪrɪt]; **Körper und Geist** body and spirit **3** **das geht mir auf den Geist** umg it's driving me mad
Geisterbahn f ghost [gəʊst] train, US tunnel ['tʌnl] of horror(s)
Geisterfahrer(in) m(f) wrong-way driver [⚠ ˌrɒŋweɪ'draɪvə]; **der Unfall wurde von einem Geisterfahrer verursacht** the accident was caused by a motorist driving on the wrong [rɒŋ] side of the road
Geisterstadt f ghost town ['gəʊst ˌtaʊn]
geistesabwesend absent-minded
geistesgegenwärtig **1** Person: alert [ə'lɜːt], umg on the ball **2** Reaktion: quick
geistesgestört mentally disturbed
geisteskrank mentally ill [ˌmentlɪ'ɪl]
Geisteskranke(r) m/f(m) mental patient ['peɪʃnt]
Geisteskrankheit f mental illness
Geisteswissenschaft f **1** arts subject ['ɑːtsˌsʌbdʒekt] **2** **die Geisteswissenschaften** the arts, the humanities [hjuː'mænətɪz]
Geisteszustand m mental state [ˌmentl'steɪt]
geistig **1** (↔ körperlich) spiritual ['spɪrɪtʃʊəl], (≈ intellektuell) intellectual [ˌɪntə'lektʃʊəl] **2** (≈ mental) mental ['mentl] **3** **geistig behindert** mentally disabled
geistlich **1** (≈ religiös) religious [rɪ'lɪdʒəs] **2** Lied usw.: religious, spiritual ['spɪrɪtʃʊəl] **3** (≈ kirchlich) ecclesiastical [ɪˌkliːzɪ'æstɪkl]
Geistliche(r) m/f(m) **1** clergyman ['klɜːdʒɪmən], Frau: clergywoman ['klɜːdʒɪˌwʊmən] **2** **die Geistlichen** the clergy ['klɜːdʒɪ] (⚠ pl) **3** bes. protestantisch: minister ['mɪnɪstə]

geistlos 1 (≈ *langweilig*) dull 2 (≈ *dumm*) stupid ['stjuːpɪd]
geistreich, geistvoll witty, clever
Geiz *m* stinginess ['stɪndʒɪnəs], miserliness ['maɪzəlɪnəs]
Geizhals *m* skinflint, (old) miser ['maɪzə]
geizig stingy ['stɪndʒɪ], tight-fisted, miserly ['maɪzəlɪ]
Gejammer *n* moaning, whining
Gejohle *n umg* hooting, howling
Gekicher *n* giggling
Gekläff *n* yapping, barking
Geklapper *n* rattling, clatter
Geklimper *n Klavier*: tinkling
geknickt dejected, down
gekonnt 1 skilful ['skɪlfl], masterly 2 **das war gekonnt!** it was brilliant ['brɪljənt]
gekränkt hurt, offended
Gekritzel *n* 1 (≈ *das Kritzeln*) scrawling, scribbling 2 *Schrift*: scrawl, scribble
gekünstelt artificial, affected
Gel *n* gel (⚠ dʒel)
Gelaber(e) *n* drivel ['drɪvl]
★**Gelächter** *n* 1 laughing ['lɑːfɪŋ], laughter ['lɑːftə] 2 **in schallendes Gelächter ausbrechen** roar with laughter
geladen 1 *Waffe*: loaded 2 *elektrisch*: charged [tʃɑːdʒd] 3 *Gäste*: invited 4 (≈ *wütend*) fuming ['fjuːmɪŋ], mad
gelähmt 1 *wörtlich und übertragen* paralysed ['pærəlaɪzd] 2 **gelähmt vor Angst** paralysed with (*oder* by) fear
Gelände *n* 1 (≈ *Gebiet, Terrain*) ground, terrain [təˈreɪn] 2 **(offenes) Gelände** open country 3 (≈ *Baugelände*) site 4 *einer Fabrik, einer Schule usw.*: grounds (⚠ *pl*)
Geländelauf *m Wettlauf*: cross-country race
Geländer *n* 1 *einer Treppe*: banisters ['bænɪstəz] (⚠ *pl*) 2 *am Balkon usw.*: railings (⚠ *pl*)
Geländewagen *m* off-road vehicle ['viːɪkl], off-roader [ˌɒfˈrəʊdə]
gelangen 1 **an (auf, zu** *usw.***) etwas gelangen** reach (*oder* get* to) something 2 **sie gelangte zum Ziel** *übertragen* she reached her goal 3 *Wendungen*: **zu Macht gelangen** gain power; **zu Reichtum gelangen** acquire [əˈkwaɪə] a fortune ['fɔːtʃən]; **zu einer Übereinkunft gelangen** reach (*oder* come* to) an agreement
gelangweilt bored [bɔːd]
gelassen 1 calm (⚠ kɑːm), composed, cool 2 **sie blieb gelassen** she kept (her) cool
Gelassenheit *f* calm (⚠ kɑːm), coolness
Gelatine *f* gelatin ['dʒelətɪn], gelatine ['dʒelətiːn]
geläufig common
gelaunt: **er ist gut (***bzw.* **schlecht) gelaunt** he's in a good (*bzw.* bad) mood
★**gelb** 1 *allg.*: yellow 2 *Br Verkehrsampel*: amber ['æmbə]
Gelb *n* 1 *allg.*: yellow 2 *Br Verkehrsampel*: amber ['æmbə]; **bei Gelb sollte man anhalten** you should stop when the lights are at (*oder* on) amber, *US* you should stop when the light turns yellow
gelblich yellowish
Gelbsucht *f* jaundice ['dʒɔːndɪs]
★**Geld** *n* 1 *allg.*: money (⚠ 'mʌnɪ), *umg* cash 2 **Gelder** money (⚠ *sg*), funds 3 **teures Geld** hard-earned money 4 **zu Geld kommen** get* hold of some money 5 **Geld auftreiben** raise money 6 *Wendungen*: **Geld spielt keine Rolle** money is no object ['ɒbdʒɪkt]; **das geht ins Geld** that could run into a lot of money; **etwas zu Geld machen** turn something into cash; **Geld stinkt nicht** money's money, money talks
Geldangelegenheiten *pl* money matters, financial matters (*oder* affairs)
Geldanlage *f* investment
Geldautomat *m* cash machine, *Br auch* cash dispenser, cashpoint, *US* automated teller (machine), ATM [ˌeɪtiːˈem]
★**Geldbeutel** *m*, **Geldbörse** *f* wallet, *für Frauen*: *Br* purse (⚠ *US* purse = **Handtasche**), *US* wallet
Geldbuße *f* fine; **er wurde zu einer Geldbuße von 40 Pfund verurteilt** he was fined £40 (*gesprochen* forty pounds)
Geldgeschäfte *pl* money transactions
geldgierig greedy (for money)
Geldhahn *m*: **jemandem den Geldhahn zudrehen** cut* off someone's money supply
Geldleistung *f* payment
Geldmangel *m* lack of money
Geldquelle *f* source of money [ˌsɔːs_əvˈmʌnɪ]
Geldschein *m* (bank)note, *US* bill
Geldschrank *m* safe
Geldschwierigkeiten *pl* financial difficulties ['dɪfɪkltɪz]; **er hat Geldschwierigkeiten** he's in financial difficulty (*oder* difficulties)
Geldsorgen *pl* money worries (⚠ 'mʌnɪˌwʌrɪz)
Geldspende *f* donation
Geldstrafe *f* fine; **er wurde zu einer Geldstrafe von 40 Pfund verurteilt** he was fined £40 (*gesprochen* forty pounds)
Geldstück *n* coin [kɔɪn]
Geldtasche *f* ⓐ (≈ *Geldbeutel*) wallet, *für Frau-*

en: Br purse (⚠ *US* purse = **Handtasche**), *US* wallet

Geldumtausch *m* currency exchange [ˈkʌrənsɪ ˌɪks̩tʃeɪndʒ]

Geldverschwendung *f* waste of money

Geldwäsche *f übertragen* money laundering [ˈmʌnɪˌlɔːdərɪŋ]

Geldwechsel *m* ■ *Vorgang:* exchange of money, currency [ˈkʌrənsɪ] exchange ■ *Schild:* Bureau de Change [ˌbjʊərəʊ dəˈʃɒndʒ], currency exchange office

Gelee *m/n* jelly [ˈdʒelɪ]

gelegen ■ (≈ *befindlich*) lying, situated, located ■ (≈ *passend*) convenient [kənˈviːnɪənt], opportune [ˈɒpətjuːn] ■ **das kommt mir ganz gelegen** *Termin usw.:* that suits [suːts] me just fine, *Sache:* that's just what I need ■ **mir ist sehr daran gelegen, es zu tun** I'm very keen (*oder* anxious [ˈæŋkʃəs]) to do it ■ **mir ist sehr daran gelegen, dass er es tut** I'm very anxious (*oder* keen) for him to do it, I'm very anxious (*oder* keen) that he should do it ■ **mir ist nichts daran gelegen** I don't care one way or the other

★**Gelegenheit** *f* ■ *günstige:* opportunity, chance [tʃɑːns]; **die Gelegenheit haben, etwas zu tun** have* the opportunity (*oder* chance) to do something; **die Gelegenheit nutzen** (*oder* **wahrnehmen**)**, etwas zu tun** take* the opportunity to do something ■ (≈ *Anlass*) occasion [əˈkeɪʒn]; **jemandem Gelegenheit geben, etwas zu tun** give* someone the opportunity (*oder* chance) to do something ■ **bei Gelegenheit** (≈ *irgendwann einmal*) some time, (≈ *wenn sich die Möglichkeit ergibt*) when I *usw.* get a chance ■ **bei der ersten (besten) Gelegenheit** at the first best opportunity ■ **bei dieser Gelegenheit lernte ich ihn kennen** that's (*oder* that was) when I got to know him

Gelegenheitsjob *m* occasional job [əˌkeɪʒnəlˈdʒɒb], (≈ *Tätigkeit*) occasional *oder* casual work

Gelegenheitskauf *m* bargain [ˈbɑːgɪn]

★**gelegentlich** (≈ *mitunter*) occasionally [əˈkeɪʒnəlɪ], (≈ *ab und zu*) now and then, (≈ *von Zeit zu Zeit*) from time to time

gelehrig *Tier:* docile [ˈdəʊsaɪl]

Gelehrte(r) *m/f(m)* scholar [ˈskɒlə]

★**Gelenk** *n* ■ *mechanisch:* joint ■ (≈ *Handgelenk*) wrist [rɪst] ■ (≈ *Fußgelenk*) ankle

Gelenkbus *m* articulated bus [ɑːˌtɪkjʊleɪtɪdˈbʌs]

gelenkig supple

gelernt: er ist gelernter Elektriker he's a trained electrician

Geliebte(r) *m/f(m)* lover

★**gelingen** ■ succeed [səkˈsiːd] ■ *Wendungen:* **es ist ihr gelungen** she succeeded, she was successful; **es gelang ihr, die Tür aufzubrechen** she managed to force the door open, she succeeded in forcing the door open; **es gelang der Polizei nicht, das Verbrechen aufzuklären** the police failed to solve the crime, the police didn't succeed in solving the crime; **es gelingt mir einfach nicht, meine Freundin zu vergessen** I just can't forget my girlfriend; **die Zeichnung usw. ist ihr gut gelungen** *umg* she has made a good job of her (*oder* the) drawing *usw.*; → **gelungen**

gell Ⓐ (≈ *nicht wahr*) right; **das ist deine Jacke, gell?** that's your jacket, isn't it?

gellend *Schrei:* shrill, piercing [ˈpɪəsɪŋ]

geloben *eidlich, feierlich:* vow [vaʊ], pledge

gelobt: das Gelobte Land the Promised Land [ˌprɒmɪstˈlænd]

Gelse *f* Ⓐ (≈ *Mücke*) mosquito; *kleiner:* gnat [næt], *Br* midge

★**gelten** ■ (*Ausweis usw.*) be* valid; **der Pass gilt nicht mehr** this passport is no longer valid (*oder* has run out) ■ *Tor usw.:* count ■ (*Münze usw.*) be* legal tender ■ (*Regel usw.*) apply ■ **Herr Buller gilt als Experte für Fußball** Mr Buller is considered (to be) an expert on soccer ■ **etwas gelten lassen** (≈ *akzeptieren*) accept something; **ich kann Ihr Argument nicht gelten lassen** I can't accept your argument ■ *Wendungen:* **das gilt auch für dich!** the same goes for (*oder* applies to) you too; **das gilt nicht!** *bei Spielen:* (≈ *ist nicht erlaubt*) that's not allowed, that's unfair

Geltung *f* ■ (≈ *Gültigkeit*) validity; **Geltung haben** *Gesetz usw.:* be valid ■ (≈ *Achtung*) respect, recognition [ˌrekəgˈnɪʃn]; **sich Geltung verschaffen** assert oneself ■ **das Bild kommt dort nicht zur Geltung** the picture doesn't look its best there

Gelübde *n* vow [vaʊ]; **ein Gelübde ablegen** (*oder* **machen**) take* (*oder* make*) a vow

gelungen ■ very good, successful ■ **das war ja gelungen!** that was brilliant ■ **ein gelungener Abend** a great evening; → **gelingen**

gemächlich leisurely [⚠ ˈleʒəlɪ]

gemahlen *Kaffee usw.:* ground

Gemälde *n* painting, picture

Gemäldegalerie *f* art (*oder* picture) gallery

gemäß ■ in accordance with; **gemäß Artikel**

210 under article 210 ☐ (≈ *entsprechend*) appropriate; **eine den Leistungen gemäße Bezahlung** performance-related pay

gemäßigt ☐ *allg.*: moderate ['mɒdərət] ☐ *Klima(zone)*: temperate ['tempərət]

gemein ☐ (≈ *boshaft*) mean, nasty ['nɑːstɪ]; **das ist gemein!** that's not fair, that's mean ☐ (≈ *gewöhnlich*) common; **das gemeine Volk** the common people ☐ **sie haben nichts miteinander gemein** they have nothing in common

★**Gemeinde** f ☐ *Verwaltungseinheit*: municipality [mjuː,nɪsɪ'pælətɪ] ☐ *Behörde*: local authority ☐ *Gemeinschaft*: community ☐ (≈ *Kirchengemeinde*) parish, *beim Gottesdienst*: congregation

Gemeinderat m ☐ local council, *US* city council ☐ *Person*: local councillor, *US* member of the city council

Gemeinderätin f local councillor, *US* member of the city council

gemeingefährlich ☐ **er ist gemeingefährlich** he's a public danger ['deɪndʒə], he's a danger to the public ☐ **ein gemeingefährlicher Verbrecher** a dangerous criminal [,deɪndʒərəs'krɪmɪnl], *US auch* a public enemy ['enəmɪ]

Gemeinheit f meanness, nastiness ['nɑːstɪnəs]; **so eine Gemeinheit!** what a nasty thing to do (*bzw.* say)

gemeinnützig: **eine gemeinnützige Organisation** a non-profit(-making) organization, *US* a nonprofit organization

★**gemeinsam** ☐ *allg.*: common ☐ *Erklärung usw.*: joint, mutual ['mjuːtʃʊəl] ☐ *Freund, -in*: mutual ☐ **gemeinsame Anstrengung** combined (*oder* joint) effort ☐ **wir haben es gemeinsam getan** we did it together ☐ **das Haus gehört uns (beiden) gemeinsam** the house belongs to both of us

Gemeinsamkeit f: **sie haben viele Gemeinsamkeiten** they have a lot (of things) in common

★**Gemeinschaft** f ☐ *allg.*: community (*auch politisch*) ☐ (≈ *Vereinigung*) association ☐ **in Gemeinschaft mit** together with

Gemeinschaftsarbeit f teamwork

Gemeinschaftskunde f social studies (⚠ *pl*)

gemessen: **gemessen an** compared with

Gemetzel n bloodbath, massacre ['mæsəkə]

Gemisch n mixture (**aus** of)

gemischt mixed (*auch Gefühle*)

Gemse f → Gämse

Gemurmel n murmuring, muttering

★**Gemüse** n ☐ vegetables ['vedʒtəblz] (⚠ *pl*); **Gemüse ist gesund** vegetables <u>are</u> good for you ☐ **was für ein Gemüse hättest du gern?** which kind of vegetable would you like? ☐ **junges Gemüse** *salopp* (≈ *Jugendliche*) youngsters *pl*

Gemüsegarten m vegetable ['vedʒtəbl] garden, kitchen garden [,kɪtʃən'gɑːdn]

Gemüsehändler m ☐ **Gemüsehändler(in)** greengrocer, *US* vegetable seller ☐ *Laden*: greengrocer's, *US* vegetable store; → Gemüseladen

Gemüseladen m greengrocer's, *US* vegetable store; **im Gemüseladen** at the greengrocer's (*US* vegetable store)

Gemüsesuppe f vegetable soup

gemustert patterned ['pætnd]

Gemüt n ☐ (≈ *Gefühlswelt*) mind, feelings (⚠ *pl*), emotions (⚠ *pl*); **das geht mir aufs Gemüt** it's getting me down ☐ (≈ *Wesen, Charakter*) nature, disposition

★**gemütlich** ☐ (≈ *behaglich*) comfortable [-'kʌmftəbl], cosy; **es sich gemütlich machen** make* oneself at home ☐ *Mensch*: easygoing ☐ (≈ *gemächlich*) leisurely ['leʒəlɪ]

Gemütlichkeit f ☐ (≈ *Atmosphäre, in der man sich wohlfühlt*) relaxed atmosphere ☐ **in aller Gemütlichkeit frühstücken** have* a nice leisurely ['leʒəlɪ] breakfast

Gemütsverfassung f, **Gemütszustand** m frame (*oder* state) of mind

Gen n gene ['dʒiːn]

★**genau** ☐ (≈ *richtig, korrekt*) exact [ɪg'zækt], accurate ['ækjərət] ☐ (≈ *exakt*) exact, precise [prɪ'saɪs]; **die genaue (Uhr)Zeit** the exact time ☐ (≈ *sorgfältig*) careful, thorough [⚠ -'θʌrə] ☐ (≈ *detailliert*) detailed ☐ **Genaueres** further details *pl* ☐ **genau!** exactly ☐ **genau dasselbe** exactly the same (thing) ☐ **genau in der Mitte** right in the middle ☐ **genau genommen** strictly speaking ☐ *Wendungen*: **genau das wollte ich auch sagen** that's exactly what I was going to say; **ich weiß es genau** I know for certain (⚠ *ohne* it); **ich weiß es noch nicht genau** I'm not sure yet; **er nimmt es mit der Wahrheit** *usw.* **nicht so genau** he doesn't worry too much about telling the truth *usw.*

Genauigkeit f ☐ *allg.*: accuracy ['ækjərəsɪ] ☐ *bei Maschinen*: precision [prɪ'sɪʒn]

★**genauso** ☐ exactly (*oder* just) the same (way) ☐ *vor adj*: just as (*good usw.*) ☐ **genauso wie ihr Bruder** just like her brother ☐ **ich mag ihn**

genauso gern wie meinen Bruder I like him just as much as my brother ▐ **genauso gut** (just) as well (**wie** as) ▐ **genauso viel** just as much (**wie** as); **genauso viel(e) Leute** just as many people

Genbank f gene [dʒiːn] bank
Gendarm m policeman pl: policemen
Gendarmerie f allg.: police (⚠ pl)
Gendatei f DNA file [ˌdiːenˈeɪ ˌfaɪl]
genehmigen ▐ approve [əˈpruːv] (Antrag, Plan usw.); **amtlich genehmigt** (officially) approved ▐ (≈ bewilligen) grant (Zuschuss usw.) ▐ umg okay; **er hat es mir genehmigt** he's okayed it
★**Genehmigung** f ▐ (≈ Billigung) approval [əˈpruːvl] ▐ (≈ Lizenz) licence, US license ▐ (≈ Erlaubnis) permission; **mit freundlicher Genehmigung von** by kind permission of ▐ schriftliche, zum Vorzeigen: permit [ˈpɜːmɪt]
★**General** m general
Generaldirektor(in) m(f) managing director [dəˈrektə], general manager, US president [ˈprezɪdənt]
Generalkonsulat n consulate general
Generalprobe f ▐ Theater: dress rehearsal [rɪˈhɜːsl] ▐ für Musiker: final rehearsal
Generalsekretär(in) m(f) secretary general
Generalstab m Militär: general staff
Generalstreik m general strike
★**Generation** f generation (auch übertragen)
Generationsproblem n generation gap; **das ist das Generationsproblem** it's the generation gap
Generator m zur Stromerzeugung: generator
generell ▐ (≈ allgemein) general [ˈdʒenrəl] ▐ (≈ im Allgemeinen) generally [ˈdʒenrəlɪ]
genesen recover (**von** from)
Genesung f ▐ recovery; **sie ist auf dem Weg der Genesung** she's on the road to recovery ▐ allmähliche: convalescence [ˌkɒnvəˈlesns]
Genetik f genetics [dʒəˈnetɪks] (⚠ mit sg); **Genetik ist ein Thema, über das sie immer wieder gern spricht** genetics is a subject she always likes to talk about
Genetiker(in) m(f) geneticist [dʒəˈnetɪsɪst], genetic scientist [dʒəˌnetɪkˈsaɪəntɪst]
genetisch genetic [dʒəˈnetɪk]; **genetischer Fingerabdruck** genetic fingerprint
Genf n Geneva [dʒəˈniːvə]
Genfer: **der Genfer See** Lake Geneva [ˌleɪk dʒəˈniːvə] (⚠ ohne the am Anfang)
Genfood n GM food (s pl) [ˌdʒiːemˈfuːd(z)] (GM = genetically modified)

Genforschung f Fach: genetics (⚠ mit sg); **die Genforschung ist eine relativ neue Fachrichtung** genetics is a comparatively new field of study (⚠ ohne the am Anfang)
genial ▐ ingenious [ɪnˈdʒiːnɪəs], brilliant [ˈbrɪljənt] ▐ **sie ist genial** she's a genius
Genialität f genius [ˈdʒiːnɪəs], brilliance
Genick n (back of the) neck, nape (of the neck); **er hat sich das Genick gebrochen** he broke his neck (⚠ nicht the neck)
Genickschuss m shot in the back of the neck
Genie n genius [ˈdʒiːnɪəs]
genieren ▐ **sich genieren** feel* embarrassed [ɪmˈbærəst], feel* awkward [ˈɔːkwəd] ▐ **ich geniere mich vor ihm** he makes me feel embarrassed
genießbar ▐ Essen allg.: acceptable, (≈ essbar) eatable, (≈ trinkbar) drinkable ▐ (≈ unschädlich) edible [ˈedəbl]
★**genießen** ▐ allg.: enjoy (auch Ruf, Vorteil usw.); **er genießt es, im Mittelpunkt zu stehen** he enjoys being the centre of attention ▐ sinnlich: savour [ˈseɪvə] (Wein usw.)
Genießer(in) m(f): **sie ist eine Genießerin des Lebens**: she really enjoys the good things in life, beim Essen: she really enjoys her food, she's a real gourmet [ˈgʊəmeɪ]
Genitalien pl genitals [ˈdʒenɪtlz]
Genitiv m genitive [ˈdʒenɪtɪv] (case)
Genmais m genetically-modified maize [dʒəˌnetɪklɪˌmɒdɪfaɪdˈmeɪz], GM maize [ˌdʒiːemˈmeɪz]
Genmanipulation f genetic engineering [dʒəˌnetɪkˌendʒɪˈnɪərɪŋ]
genmanipuliert genetically engineered [dʒəˌnetɪklɪˌendʒɪˈnɪəd], genetically modified [ˈmɒdɪfaɪd], genetically manipulated [məˈnɪpjʊleɪtɪd]; **genmanipulierte Nahrungsmittel** GM food (s pl) [ˌdʒiːemˈfuːd(z)] (⚠ GM = genetically modified)
Genom n Biologie: genome [ˈdʒiːnəʊm]
genormt standardized
Genosse m comrade [ˈkɒmreɪd]
Genossenschaft f (≈ Erzeugervereinigung) cooperative [kəʊˈɒpərətɪv] (society)
genossenschaftlich cooperative [kəʊˈɒprətɪv]
Genossin f comrade [ˈkɒmreɪd]
Genre n genre [ˈʒɒnrə]
Gentechnik f genetic engineering (⚠ ohne the)
gentechnikfrei GM-free [ˌdʒiːemˈfriː] (⚠ GM = genetically modified)
gentechnisch: **gentechnisch verändert** genetically modified [dʒəˌnetɪklɪˈmɒdɪfaɪd], ge-

netically engineered [ˌendʒɪˈnɪəd]; **gentechnisch veränderter Reis** usw. GM rice [ˌdʒiːemˈraɪs] usw. (▲ *GM = genetically modified*)

Gentest *m* DNA test [ˌdiːenˈeɪ_test] (▲ *engl. DNA = dt. DNS*)

Gentherapie *f* gene therapy [ˌdʒiːnˈθerəpɪ]

★**genug** enough [▲ ɪˈnʌf]

Genüge *f*: **das kennen wir zur Genüge** we know that only too well

★**genügen**: **das genügt mir** that's enough (for me); **das genügt** that'll do; **danke, das genügt** *beim Einschenken usw.*: that's enough, thanks

genügend enough [▲ ɪˈnʌf], plenty of

genügsam ◳ easy to please ◲ undemanding (*auch Pflanze, Tier*)

Genus *n Grammatik*: gender [ˈdʒendə]

Genuss *m* ◳ (≈ *Freude*) pleasure [▲ ˈpleʒə], delight ◲ *von Nahrung*: consumption

Geodreieck® *n* set square, *US* triangle [ˈtraɪæŋgl]

geöffnet open; **wie lange haben Sie geöffnet?** what time do you close?

★**Geografie** *f*, **Geographie** *f* geography [dʒɪˈɒgrəfɪ]

geografisch, **geographisch** geographic(al) [ˌdʒiːəˈgræfɪk(l)]

Geologe *m*, **Geologin** *f* geologist [dʒɪˈɒlədʒɪst]

Geologie *f* geology [dʒɪˈɒlədʒɪ]

geologisch geological [ˌdʒɪːəˈlɒdʒɪkl]

Geometrie *f* geometry [dʒɪˈɒmətrɪ]

geometrisch geometric(al)

★**Gepäck** *n* luggage [ˈlʌgɪdʒ], *bes. US und Luftfahrt*: baggage [ˈbægɪdʒ]

Gepäckablage *f* luggage rack

Gepäckannahme *f* ◳ *Schalter*: luggage (*bes. US* baggage) counter ◲ *Luftfahrt*: baggage check-in

Gepäckaufbewahrung *f* left luggage (office), *US* baggage checkroom

Gepäckausgabe *f* ◳ *Schalter*: luggage (*bes. US* baggage) counter ◲ *Luftfahrt*: *bes. US* baggage claim, *bes. Br* baggage reclaim

Gepäckband *n am Flughafen*: luggage carousel, *US* baggage carousel [ˌkærəˈsel]

Gepäckschein *m* luggage ticket, *US* baggage check

Gepäckschließfach *n* luggage locker

Gepäckstück *n* piece (*oder* item) of luggage

Gepäckträger *m* ◳ *am Fahrrad*: rack, carrier ◲ *am Auto*: roof rack ◳ *Person*: porter

Gepäckwaage *f* luggage scales (▲ *pl*)

Gepäckwagen *m* ◳ *Zug*: luggage van, *US* baggage car ◲ (≈ *Kofferkuli*) luggage trolley, *US* baggage cart

gepanzert armoured [ˈɑːməd]; **gepanzerter Geländewagen** armoured off-road vehicle

Gepard *m* cheetah [ˈtʃiːtə]

gepfeffert *umg, Preise, Rechnung usw.*: steep

gepflegt ◳ *Person*: well-groomed, neatly dressed ◲ *Sache, Gerät*: well looked after (▲ *nur hinter dem Verb*); **das Haus ist sehr gepflegt** the house is well looked after ◳ *Garten usw.*: well-kept ◴ *Sprache, Stil*: cultivated

gepierct pierced; **sie ist gepierct** she's got some piercings

Geplapper *n umg* babbling (*auch abwertend*)

gepunktet ◳ *Linie*: dotted ◲ *Muster*: spotted ◳ **ein gepunktetes Kleid** a polka-dot dress

Gequassel *n*, **Gequatsche** *f salopp* blather [ˈblæðə], blathering

★**gerade**¹ ◳ *Linie usw.*: straight [streɪt] ◲ *Haltung usw.*: straight, erect [ɪˈrekt] ◳ *Zahl*: even

★**gerade**² ◳ (≈ *soeben*) just; **sie ist gerade angekommen** she's just arrived ◲ (≈ *eben, genau*) just, exactly; **gerade zur rechten Zeit, um zu helfen** just in time to help ◳ *Wendungen*: **ich hab's gerade noch geschafft** I only just made it; **das ist nicht gerade viel** (*bzw.* **großzügig** *usw.*) it's not exactly a lot (*bzw.* generous *usw.*)

Gerade *f* ◳ (≈ *Linie*) straight [streɪt] line ◲ *auf der Rennbahn*: straight ◳ *beim Boxen*: straight left/right

★**geradeaus** straight ahead, *Br auch* straight on

gerädert: **(wie) gerädert** absolutely shattered

geradewegs: **er ging geradewegs auf sie zu** he went straight [streɪt] up to her

gerammelt: **gerammelt voll** *salopp* jampacked [ˌdʒæmˈpækt]

Geranie *f Pflanze*: geranium [dʒəˈreɪnɪəm]

★**Gerät** *n* ◳ (≈ *Vorrichtung*) device [dɪˈvaɪs], gadget [ˈgædʒɪt] ◲ (≈ *Radio, Fernseher*) set ◳ (≈ *Elektrogerät, Haushaltsgerät*) appliance ◴ (≈ *Maschine*) machine ◵ (≈ *Werkzeug*) tool ◶ (≈ *Ausrüstung*) equipment (▲ *nur im sg*)

geraten ◳ **in Gefahr geraten** run* into danger; **in einen Stau geraten** get* (*oder* run*) into a traffic jam; **unter ein Auto geraten** be* (*oder* get*) run over by a car ◲ **an etwas geraten** (≈ *zufällig finden*) come* across something ◳ **wie bist du denn an den geraten?** *umg* how did you get involved with him? ◴ **nach jemandem geraten** (*Kind usw.*) take* after someone

Geräteturnen n (apparatus) gymnastics [(ˌæpəˈreɪtəs) dʒɪmˈnæstɪks] (△ mit sg)
geräumig spacious [ˈspeɪʃəs], roomy, large
Geräusch n ▮ sound ▯ unerwünschtes: noise
geräuschlos ▮ Gerät usw.: noiseless ▯ laufen usw.: without a sound
★**gerecht** ▮ just (auch Strafe), fair ▯ (≈ unparteiisch) impartial ▰ (≈ berechtigt) justified ▱ **gerechte Sache** good cause ▲ **jemandem** (bzw. **einer Sache**) **gerecht werden** (≈ angemessen beurteilen) do* justice to someone (bzw. something)
gerechtfertigt justified, justifiable
Gerechtigkeit f justice [ˈdʒʌstɪs]
Gerede n ▮ talk ▯ (≈ Klatsch) gossip ▰ (≈ Gerüchte) rumours
geregelt Leben, Arbeit, Zeiten usw.: regular [ˈregjʊlə]
gereizt ▮ (≈ verärgert, gekränkt) irritated ▯ Stimmung: tense, strained
★**Gericht¹** n ▮ dish, meal ▯ (≈ Gang) course
★**Gericht²** n ▮ Institution: (law) court [kɔːt] ▯ Gebäude: law court (oder courts), US courthouse ▰ (≈ Richter) judge bzw. judges ▱ Wendungen: **vor Gericht gehen** go* to court; **jemanden** (bzw. **etwas**) **vor Gericht bringen** take* someone (bzw. something) to court; **vor Gericht aussagen** testify in court
gerichtlich ▮ **gerichtliche Untersuchung** judicial inquiry [dʒʊˌdɪʃl ɪnˈkwaɪrɪ] ▯ **gegen jemanden gerichtlich vorgehen** take* legal action against someone
gerichtsmedizinisch: **gerichtsmedizinische Untersuchung** forensic [fəˈrensɪk] tests (△ pl)
Gerichtssaal m courtroom
Gerichtsurteil n verdict [ˈvɜːdɪkt]
Gerichtsverfahren n legal proceedings (△ pl), lawsuit [ˈlɔːsuːt]
Gerichtsverhandlung f ▮ zivilrechtlich: (judicial) hearing ▯ strafrechtlich: trial
Gerichtsvollzieher(in) m(f) bailiff
★**gering** ▮ Menge, Anzahl: small ▯ (≈ minimal) slight ▰ Entfernung: short, small ▱ Einkommen: low ▲ Wert: little ▶ Qualität: low ▷ Auswahl: limited ▸ **geringes Interesse** little interest ▹ **von geringer Bedeutung** of little importance ▤ **deine Idee hat nur geringe Chancen** your idea only has a small chance of success (△ sg) ▥ **gegen eine geringe Gebühr for** a small charge
geringfügig ▮ slight ▯ Unterschied, Verletzung: minor
geringschätzig Bemerkung usw.: disparaging [dɪˈspærɪdʒɪŋ]
geringste(r, -s) ▮ least, slightest ▯ Wendungen: **ich habe nicht den geringsten Zweifel** I haven't the slightest doubt; **sie hat nicht die geringste Ahnung** she hasn't the faintest idea; **beim geringsten Anzeichen von Müdigkeit** at the first sign of tiredness; **nicht im Geringsten** not in the least
gerinnen ▮ allg.: coagulate [kəʊˈægjʊleɪt] ▯ (Blut) clot ▰ (Milch) curdle
Gerinnsel n Blut: clot
Gerippe n ▮ skeleton [ˈskelɪtən] ▯ von Schiff usw.: frame(work)
gerissen ▮ (≈ schlau) cunning, crafty ▯ **ein gerissener Bursche** a shrewd operator
Germ m/f bes. Ⓐ (≈ Hefe) yeast [jiːst]
Germane m Teuton [ˈtjuːtən]; **die (alten) Germanen** auch: the ancient Germans
Germanin f Teuton [ˈtjuːtən]
germanisch Germanic [dʒɜːˈmænɪk] (auch Sprachen), Teutonic [tjuːˈtɒnɪk]
Germanist(in) m(f) Germanist [ˈdʒɜːmənɪst], (≈ Student) auch student of German (language and literature [ˈlɪtrətʃə]), German student
★**Germanistik** f German, German studies [ˈdʒɜːmənˌstʌdɪz] (△ pl); **Germanistik studieren** study German, do* German studies
Germknödel m bes. Ⓐ dumpling made of yeast dough [△ ˈjiːst_daʊ]
★**gern(e)** ▮ gladly ▯ (≈ bereitwillig) willingly ▰ **ich schwimme** usw. **gerne** I like (oder enjoy) swimming usw. ▱ **ich würde gerne Ski fahren können** I'd like to be able to ski ▲ **ich hätte gern ein Pfund Butter** im Lebensmittelgeschäft: I'd like a pound of butter; → gernhaben
gernhaben: **jemanden gernhaben** like someone, be* fond of someone
Geröll n (a patch of) loose rock, gravel [ˈgrævl]
Gerste f barley
★**Geruch** m ▮ smell ▯ (≈ Duft) scent [sent] ▰ **übler Geruch** bad (oder nasty) smell
geruchlos ▮ odourless [ˈəʊdələs] ▯ Seife usw.: unscented [ʌnˈsentɪd]
Geruchssinn m sense of smell
Gerücht n rumour [ˈruːmə]
gerührt übertragen touched, moved; **zu Tränen gerührt** moved to tears
Gerümpel n junk
Gerund(ium) n gerund [ˈdʒerənd]
Gerüst n ▮ am Bau: scaffold(ing) [ˈskæfəʊld(ɪŋ)] ▯ (≈ Gestell) trestle [ˈtresl] ▰ übertragen framework

gesalzen ❶ salted ❷ **die Preise waren ganz schön gesalzen** the prices were a bit steep

gesamt ❶ whole, entire; **sein gesamtes Geld** usw. all his money usw. ❷ (≈ vollständig) complete

Gesamtbetrag m total (amount), grand total

Gesamteindruck m general impression, overall impression

Gesamtnote f overall mark, overall grade

★**Gesamtschule** f etwa: comprehensive (school) [ˌkɒmprɪˈhensɪv ˌskuːl]

Gesang m (≈ Singen) singing

Gesang(s)unterricht m singing lessons, singing classes (⚠ beide mit pl)

geschafft: **geschafft sein** umg be* whacked out [ˌwæktˈaʊt]

★**Geschäft** n ❶ allg.: business ❷ (≈ Vereinbarung, Geschäftsabschluss) deal; **ein Geschäft abschließen** do* (bes. US make*) a deal; **sie hat ein gutes Geschäft gemacht** she did very well out of it ❸ **mit jemandem Geschäfte machen** do* business with someone; **mit etwas Geschäfte machen** deal* in something; **dabei hat er ein Geschäft gemacht** he made a profit by it ❹ **wie läuft das Geschäft?** how's business? ❺ (≈ Laden) bes. Br shop, bes. US store (⚠ Im amerikanischen Englisch wird mit shop ein kleines Geschäft, eine Abteilung im Kaufhaus oder ein Handwerksbetrieb bezeichnet.) ❻ (≈ Firma) business, firm, company [⚠ ˈkʌmpənɪ]; umg (≈ Büro) office; **im Geschäft** at work, in the office;

geschäftig busy [ˈbɪzɪ], active

★**geschäftlich**: **er ist geschäftlich unterwegs** he's away on business

Geschäftsbedingungen pl terms of business

Geschäftsbereich m ❶ in Unternehmen: sphere of business; **in den Geschäftsbereich Marketing wechseln** switch to marketing ❷ Parlament: responsibilities (⚠ pl); **Minister ohne Geschäftsbereich** minister without portfolio

Geschäftsbericht m report, einer Gesellschaft: company report

Geschäftsbeziehungen pl business connections (**zu** with)

Geschäftsbrief m business letter

Geschäftsessen n kleineres, besonders mittags: business lunch, abends: business dinner

★**Geschäftsfrau** f businesswoman

Geschäftsfreund(in) m(f) business associate [ˈbɪznəsˌəˌsəʊʃɪət], colleague [ˈkɒliːɡ]

geschäftsführend executive, (≈ stellvertretend) acting; **der geschäftsführende Direktor** the managing director

★**Geschäftsführer(in)** m(f) von Laden: manager, von Unternehmen: managing director, CEO, von Verein: secretary [ˈsekrətrɪ]; **leitender Geschäftsführer** chief executive officer, CEO

Geschäftsführung f management

Geschäftsidee f business idea

Geschäftsklima n business climate

★**Geschäftsleitung** f management

Geschäftsleute pl business people, businessmen and -women

★**Geschäftsmann** m businessman

geschäftsmäßig businesslike

Geschäftspartner(in) m(f) business partner, (≈ Geschäftsfreund) business associate

Geschäftsräume pl business premises [⚠ ˈpremɪsɪz]

Geschäftsreise f business trip

Geschäftsschluss m closing time; **wann ist Geschäftsschluss?** Frage in einem Geschäft: what time do you close?, allgemein: when do the shops close?

Geschäftsstelle f ❶ office ❷ Bank: branch

Geschäftsstraße f shopping street

geschäftstüchtig businesslike, efficient [ɪˈfɪʃnt]; **sie ist sehr geschäftstüchtig** she's a good businesswoman

Geschäftszeiten pl business hours, von Büros: office hours

geschätzt ❶ (≈ in etwa berechnet) estimated ❷ Mensch: respected ❸ Freund: valued

★**geschehen** ❶ allg.: happen ❷ (≈ sich ereignen) happen, occur [əˈkɜː] ❸ (≈ stattfinden) take* place ❹ Wendungen: **was soll damit geschehen?** what am I (what are we usw.) supposed to do with it?; **es muss etwas geschehen** something has got to be done (about it); **es wird dir nichts geschehen** you'll be all right; **es geschieht ihm recht!** it serves him right; **gern geschehen!** you're welcome, don't mention it

★**gescheit** ❶ (≈ klug) clever, bright ❷ (≈ vernünftig) sensible [ˈsensəbl] ❸ umg (≈ ordentlich) decent [ˈdiːsnt] ❹ Wendungen: **das ist doch nichts Gescheites** that's no good; **hier gibt's nichts Gescheites zu essen** there's nothing worth eating here

★**Geschenk** n present [⚠ ˈpreznt], gift (⚠ deutsch Gift = poison)

Geschenkgutschein m gift voucher [ˈɡɪftˌvaʊtʃə]

Geschenkpackung f gift box, gift pack

Geschenkpapier n (gift) wrapping [🔺 'ræpɪŋ] paper

★**Geschichte** f **1** (≈ Erzählung usw.) story **2** **die Geschichte** (≈ vergangene Zeiten) history ['hɪstrɪ] (🔺 ohne the); **in die Geschichte eingehen** go* down in history **3** umg (≈ Angelegenheit) affair, business; **eine schöne Geschichte!** im negativen Sinn a fine mess; **das ist eine böse Geschichte mit seinem Knie** that's a nasty business he's got with his knee [niː]

★**geschichtlich** **1** Forschung, Roman usw.: historical **2** **ein Ereignis von geschichtlicher Bedeutung** a historic event

Geschichtsbuch n history book
Geschichtslehrer(in) m(f) history teacher
Geschichtsunterricht m history, history classes pl, history lessons pl
Geschicklichkeit f **1** skill **2** bes. der Hände: dexterity [dek'sterətɪ]

★**geschickt** **1** allg.: skilful **2** **beim Kochen ist er sehr geschickt** he's very skilled at cooking **3** geistig: clever, quick

geschieden allg.: divorced [dɪ'vɔːst]
Geschiedene(r) m/f(m) divorced [dɪ'vɔːst] man, Frau: divorced woman

★**Geschirr** n **1** zum Abspülen: dishes (🔺 pl); **Geschirr spülen** do* (oder wash) the dishes, do* the washing-up **2** Teller usw.: crockery, aus Porzellan: china ['tʃaɪnə] **3** zum Kochen: kitchen utensils [juː'tensl̩z], pots and pans

Geschirrrückgabe f tray return station
Geschirrspüler m, **Geschirrspülmaschine** f dishwasher
Geschirrspülmittel n washing-up liquid [wɒʃɪŋˈʌpˌlɪkwɪd], US dishwashing liquid
Geschirrtuch n tea towel, drying-up towel, US dish towel

★**Geschlecht** n **1** sex; **das andere Geschlecht** the opposite sex; **beiderlei Geschlechts** of both sexes **2** (≈ Fürstengeschlecht) dynasty ['dɪnəstɪ]; **das Geschlecht der Habsburger** the House of Habsburg, the Habsburg dinasty **3** (≈ Gattung) species ['spiːʃiːz] pl: species; **das menschliche Geschlecht** the human race **4** eines Substantivs: gender ['dʒendər]

Geschlechtskrankheit f sexually transmitted disease
Geschlechtsreife f sexual maturity [məˈtʃʊərətɪ]
Geschlechtsteil n genitals ['dʒenɪtl̩z] (🔺 pl)
Geschlechtsumwandlung f sex change
Geschlechtsverkehr m (sexual) intercourse, sex

geschliffen **1** Glas: cut **2** Stil, Sprache usw.: polished ['pɒlɪʃt]

geschlossen **1** allg.: closed; **geschlossener Stromkreis** closed circuit ['sɜːkɪt] **2** **geschlossene Ortschaft** built-up area **3** **geschlossene Gesellschaft** private party

★**Geschmack** m **1** allg.: taste **2** (≈ Aroma) flavour, taste **3** beim Auswählen von Kleidung usw.: taste; **(einen guten) Geschmack haben** have* (good) taste (🔺 ohne a); **keinen Geschmack haben** have* no (sense of) taste

geschmacklos tasteless (auch übertragen)
Geschmacklosigkeit f **1** tastelessness (auch übertragen) **2** **das neue Gebäude ist eine echte Geschmacklosigkeit** the new building is in really bad taste

Geschmackssache f: **das ist Geschmackssache** that's a matter of taste
Geschmacksverstärker m flavour enhancer ['fleɪvərˌɪnˌhɑːnsə]

geschmackvoll **1** tasteful **2** **sie kleidet sich sehr geschmackvoll** she dresses very well
geschmeidig **1** Leder, Haut: soft, supple **2** Körper: supple

Geschnetzelte(s) n small pieces of sauted meat served in a sauce
Geschöpf n creature [🔺 'kriːtʃə]
Geschoss[1] n, Ⓐ **Geschoß** n[1] (≈ Stockwerk) floor [flɔː], storey, US story; **im ersten Geschoss** on the first (US second) floor
Geschoss[2] n, Ⓐ **Geschoß** n[2] **1** auch Wurfgeschoss: missile ['mɪsaɪl] **2** (≈ Kugel) bullet [🔺 'bʊlɪt] **3** (≈ Granate) shell

Geschrei n shouting, stärker: screaming
Geschütz n gun
geschützt **1** protected (auch Pflanze, Tierart) **2** **geschütztes Warenzeichen** registered ['redʒɪstəd] trademark

Geschwafel n umg, abwertend, bes. Br waffle ['wɒfl̩]
Geschwätz n **1** (≈ Geplapper) talk, idle chatter **2** (≈ Klatsch) gossip
geschwätzig talkative ['tɔːkətɪv]

★**Geschwindigkeit** f speed; **mit einer Geschwindigkeit von 60 km/h** at a speed of sixty kilometres per hour (abk 60 kph [ˌkeɪpiːˈeɪtʃ])

★**Geschwindigkeitsbegrenzung** f speed limit
Geschwindigkeitsrekord m speed record ['spiːdˌrekɔːd]

★**Geschwister** pl **1** zwei: brother and sister **2** mehr als zwei: brothers and sisters; **hast du**

noch Geschwister? have you got any brothers or sisters?

geschwollen ▮ (≈ *angeschwollen*) swollen ['swəʊlən] ▮ *Stil usw.*: pompous, inflated

Geschworene(r) *m/f(m)* ▮ member of the jury ▮ **die Geschworenen** the jury (⚠ *mit sg oder pl*)

Geschwulst *f* growth, tumour ['tju:mə]

Geschwür *n* ▮ ulcer ['ʌlsə] ▮ *auf der Haut*: sore ▮ (≈ *Furunkel*) boil

Geselchte(s) *n bes.* Ⓐ (salted and) smoked meat

Geselle *m* (≈ *Handwerksgeselle*) journeyman; **er ist (Schneider- usw.)Geselle** he's a qualified tailor *usw.*

Gesellenbrief *m* journeyman's certificate

Gesellenprüfung *f* journeyman's exam

gesellig ▮ *Person*: sociable ['səʊʃəbl] ▮ **ein geselliges Beisammensein** a little get-together

Gesellin *f* (≈ *Handwerksgesellin*) journeyman; **sie ist (Friseur- usw.)Gesellin** she's a qualified hairdresser *usw.*

★**Gesellschaft** *f* ▮ *allg.*: society; **die (feine) Gesellschaft** (high) society (⚠ *ohne the*) ▮ (≈ *Umgang mit anderen*) company [⚠ 'kʌmpənɪ]; **jemandem Gesellschaft leisten** keep* someone company ▮ (≈ *geselliges Beisammensein*) social gathering, party ▮ (≈ *Vereinigung*) society, association ▮ (≈ *Firma*) company, *US auch* corporation

★**gesellschaftlich, Gesellschafts...** *in Zusammensetzungen* social

Gesellschaftsspiel *n* party game

★**Gesetz** *n* law, (≈ *Gesetzbuch*) statute book, (≈ *Vorlage*) bill, *nach Verabschiedung*: act; **nach dem Gesetz** under the law (**über** on); **vor dem Gesetz** in (the eyes of the) law; **ein ungeschriebenes Gesetz** an unwritten rule

Gesetzbuch *n* statute book; **Bürgerliches Gesetzbuch** Civil Code

Gesetzentwurf *m im Parlament*: bill

Gesetzgeber *m* legislator ['ledʒɪsleɪtə], legislative body [,ledʒɪ'slatɪv'bɒdɪ]

Gesetzgebung *f* legislation [,ledʒɪ'sleɪʃn]

★**gesetzlich** ▮ *Bestimmungen, Verpflichtung usw.*: legal ['li:gl]; **gesetzliches Mindestalter** legal age ▮ *Erbe, Anspruch usw.* (≈ *rechtmäßig*) lawful ▮ **gesetzlicher Feiertag** public holiday, *Br mst.* bank holiday

gesetzlos lawless

gesetzmäßig ▮ legal ['li:gl], lawful, *Anspruch*: legitimate [lɪ'dʒɪtəmət] ▮ **eine gesetzmäßige Entwicklung** a regular development [,regjʊlə_dɪ'veləpmənt]

gesetzwidrig illegal [ɪ'li:gl]; (≈ *unrechtmäßig*) unlawful

★**Gesicht** *n* ▮ face ▮ (≈ *Miene*) expression ▮ **das Gesicht verlieren** lose* face (⚠ *ohne the*) ▮ *Wendungen*: **ich kann ihm nicht mehr ins Gesicht sehen** I can't look him in the eye any more; **was machst du denn für ein Gesicht?** what are you pulling such a face for?; **mach doch nicht so ein Gesicht!** stop pulling such a face, take (*oder* wipe) that look off your face; **er hat sein wahres Gesicht gezeigt** he showed his true face

Gesichtsausdruck *m* (facial) expression, look

Gesichtscreme *f* face cream, facial cream

Gesichtsfarbe *f* complexion

Gesichtskontrolle *f umg* face check

Gesichtsmaske *f Kosmetik*: (face) mask

Gesichtspunkt *m* ▮ (≈ *Betrachtungsweise*) point of view ▮ (≈ *ein wichtiger Punkt von mehreren*) point, factor

Gesichtszüge *pl* (facial) features

Gesindel *n* rabble, *US auch* trash

Gesinnung *f* ▮ (≈ *Ansichten*) opinions, views ▮ (≈ *grundsätzliche Einstellung*) basic (*oder* fundamental) attitude (*oder* convictions ⚠ *pl*) ▮ **ein Mann von liberaler Gesinnung** a liberal-minded man

gesittet ▮ civilized ▮ **auf der Party ging es recht gesittet zu** everybody at the party was very well-behaved

Gesöff *n umg* brew, *salopp* (god)awful stuff

gesondert ▮ separate [⚠ 'seprət] ▮ **etwas gesondert behandeln** deal* separately with something

gespannt ▮ *Muskel, Lage usw.*: tense ▮ *Beziehungen*: strained ▮ **ich bin gespannt auf** I'm looking forward to, *stärker*: I can't wait to see; **auf das Konzert** *usw.* **bin ich schon gespannt** I wonder what the concert *usw.* is going to be like; **ich bin gespannt, ob** I wonder if ▮ (≈ *aufmerksam*) intently [ɪn'tentlɪ]; **gespannt zuhören** listen intently [,lɪsn_ɪn'tentlɪ]

Gespenst *n* ▮ ghost [gəʊst] ▮ **das Gespenst der Arbeitslosigkeit** *übertragen* the spectre ['spektər_] of unemployment

Gespenstergeschichte *f* ghost story

gespenstisch ▮ eerie ['ɪərɪ] ▮ (≈ *unglaublich*) incredible [ɪn'kredəbl], mind-boggling ['maɪndbɒglɪŋ]

gesperrt ▮ *allg., auch Straße*: closed (**für** to); **für den Verkehr gesperrt** closed to traffic

(⚠ ohne the) **2** **einige Wörter sind gesperrt gedruckt** some of the words are spaced (out)

Gespött n mockery, ridicule ['rɪdɪkjuːl]; **sich zum Gespött (der Leute) machen** make* a fool of oneself

★**Gespräch** n **1** talk, conversation (**über** about, on); **ein Gespräch führen mit** have* a talk (oder conversation) with; **ins Gespräch kommen** get* talking (**mit** to) **2 Gespräche** Politik usw.: talks; **Gespräche führen mit** have* talks with **3** (≈ Telefongespräch) telephone conversation, (≈ Anruf) call; **ein Gespräch für Sie!** you're wanted on the phone

gesprächig talkative ['tɔːkətɪv]; **er ist nicht sehr gesprächig** he doesn't say much

Gesprächspartner(in) m(f) interlocutor förmlich; **mein Gesprächspartner bei den Verhandlungen** my opposite number at the talks; **wer war dein Gesprächspartner?** who did you talk with?

Gesprächstermin m appointment (to talk things over); **einen Gesprächstermin vereinbaren** make* an appointment (to talk things over)

Gesprächsthema n topic of conversation

gespritzt Ⓐ mit Mineralwasser: with soda water; **ein gespritzter Apfelsaft** an apple juice with soda water; **ein gespritzter Wein** a spritzer, wine with soda water

Gespritzte(r) m Ⓐ (≈ Weinschorle) spritzer, wine with soda water

Gespür n feel, seltener: feeling (**für** for)

Gestalt f **1** (≈ äußere Form) shape, form; (**feste**) **Gestalt annehmen** take* shape **2** (≈ Körperbau) build **3** **eine dunkle Gestalt** a dark shape (oder figure ['fɪɡə]) **4** in Roman usw.: character ['kærəktə]

gestalten **1** (≈ formen) shape, form, in Ton: model ['mɒdl] **2** (≈ entwerfen, künstlerisch gestalten) design [dɪ'zaɪn] **3** lay* out (Text, Wohnung) **4** arrange; (Programm, Abend), organize (Freizeit) **5** (≈ schmücken) decorate ['dekəreɪt] **6** schöpferisch: create, make*; **etwas interessanter** usw. **gestalten** make* something more interesting usw.; **etwas abwechslungsreich(er) gestalten** add (some) variety to something **7** shape (Zukunft, Gesellschaft, Politik) **8** **sich gestalten** (≈ werden) become*, (≈ sich entwickeln) turn (**zu** into); **sich schwierig gestalten** (Verhandlungen usw.) run* into difficulties

★**Gestaltung** f **1** (≈ das Gestalten) shaping, forming (**zu** into) **2** durch Künstler, Architekten usw.: design **3** einer Wohnung: layout **4** von Abend, Programm: arrangement, von Freizeit: structuring **5** eines Programms: artistic direction [də'rekʃn] **6** einer Veranstaltung: organization **7** (≈ Aussehen) style, design [dɪ'zaɪn] (einer Packung usw.) **8** (≈ Dekoration) decoration [,dekə'reɪʃn]

Geständnis n **1** confession **2** **ich muss dir ein Geständnis machen** I have a confession to make

Gestank m stench [stentʃ], stink, umg pong

★**gestatten** **1** allow, permit [pə'mɪt]; **jemandem etwas gestatten** allow someone to do something **2** **gestatten Sie(, dass ich …)?** may I (…)?

Geste f gesture ['dʒestʃə] (auch übertragen)

gestehen **1** confess **2** (≈ zugeben) admit **3** **das glaube ich, offen gestanden, nicht** to be quite honest, I don't believe that

Gestein n **1** allg.: rock, rocks pl **2** Bergbau: rock

Gestell n **1** für Zeitungen, CDs, Flaschen usw.: rack **2** (≈ Regal) shelves (⚠ pl) **3** (≈ Fassung, Rahmen) frame **4** (≈ Stütze) support

★**gestern** **1** allg.: yesterday; **die Zeitung von gestern** yesterday's paper **2** **gestern Abend** last night, yesterday evening

gestikulieren gesticulate [dʒes'tɪkjəleɪt]

gestochen: **gestochen scharfe Fotos** pin-sharp photos, needle-sharp photos

gestört **1** (geistig) **gestört** (mentally) disturbed **2** **sie hat ein gestörtes Verhältnis zu ihren Eltern** she has a troubled relationship with her parents; **sie hat ein gestörtes Verhältnis zur Grammatik** she has trouble with grammar

gestreift Hemd, Bluse usw.: striped, stripy

gestrichelt Linie: broken

gestrichen **1** **frisch gestrichen!** wet paint, US auch fresh paint **2** **zwei gestrichene Teelöffel Zucker** two level teaspoons(ful) of sugar

Gestrüpp n undergrowth ['ʌndəɡrəʊθ]

Gestüt n stud farm

Gesuch n request (**um** for)

gesucht **1** **sie ist ein sehr gesuchtes Modell** she's a (much) sought-after ['sɔːt,ɑːftə] model ['mɒdl] **2** **preisgünstige Wohnungen sind zurzeit sehr gesucht** inexpensive flats are in great demand these days **3** in Inseraten oder polizeilich: wanted

★**gesund** **1** healthy ['helθɪ] (auch Appetit, Klima usw.) **2** Instinkt, Ansichten: sound **3** **gesunde Nahrung** good(, wholesome) food; **Obst ist gesund** fruit is good for you **4** **der gesunde Menschenverstand** common sense (⚠ ohne the) **5** (**wieder**) **gesund werden** get* well (again), recover; **werd schnell wieder gesund!** get well soon!

★**Gesundheit** f health [helθ], (≈ *Zuträglichkeit*) healthiness; **bei guter Gesundheit** in good health; **Gesundheit!** bless you; **auf Ihre Gesundheit!** your (very good) health

gesundheitlich 1 ihr gesundheitlicher Zustand the state of her health **2 wie geht es Ihnen gesundheitlich?** how's your health?; **gesundheitlich geht es ihr gut** (*bzw*. **schlecht**) she's in good (*bzw*. she's not in very good) health

Gesundheitsamt n public health department

gesundheitsbewusst health-conscious ['helθ-ˌkɒnʃəs]

Gesundheitskarte f health insurance card

Gesundheitsreform f reform of the healthcare system

gesundheitsschädlich 1 harmful (to [your] health), *Nahrung*: unhealthy **2** *Gas usw*.: noxious ['nɒkʃəs] **3 Rauchen** *usw*. **ist gesundheitsschädlich** smoking *usw*. is bad for your health

Gesundheitswesen n health service (*oder* care)

Gesundheitszeugnis n health certificate

geteilt 1 *Land*: divided; **geteilter Meinung sein** disagree **2** *Mathematik*: **geteilt durch** divided by

getönt *Haar, Glas usw*.: tinted

Getöse n **1** din, deafening ['defnɪŋ] noise **2** *umg* racket

★**Getränk** n drink, *förmlich* beverage [⚠ 'bevərɪdʒ]

Getränkeautomat m drinks machine, *US* soft drink (*oder* soda) machine

Getränkekarte f **1** list of beverages ['bevərɪdʒɪz] **2** (≈ *Weinkarte*) wine list

★**Getreide** n grain, cereals ['sɪərɪəlz] (⚠ pl), *Br auch* corn

Getreideflocken pl cereals ['sɪərɪəlz]

getrennt 1 separate [⚠ 'seprət] **2 getrennt zahlen** pay* separately; **wir zahlen getrennt** could we have separate bills? **3 sie leben getrennt** they're living apart (**von** from), *bei getrennt lebenden Ehepartnern*: they're separated ['sepəreɪtɪd]

Getriebe n **1** *Technik*: gears (⚠ pl), (≈ *Getriebekasten*) gearbox **2** (≈ *lebhaftes Treiben*) bustle

Getto n ghetto ['getəʊ]

Getue n *umg* fuss (**um** about, over)

Getümmel n tumult ['tjuːmʌlt]; **sich ins Getümmel stürzen** enter the fray

getüpfelt, getupft spotted; **ein getüpfeltes Hemd** a polka-dot shirt, a shirt with dots

Getuschel n whispering

geübt *in Tätigkeit*: experienced, skilled, trained; **sie hat ein geübtes Ohr** she's got a trained (*oder* practised ['præktɪst]) ear

Gewächs n **1** plant **2 unser eigenes Gewächs** our own produce ['prɒdjuːs]

gewachsen: **er ist ihr nicht gewachsen** he's no match for her; **er war der Aufgabe nicht gewachsen** he wasn't up to the task

Gewächshaus n greenhouse, hothouse

gewagt 1 (≈ *gefährlich*) risky **2** (≈ *kühn*) daring (*auch Ausschnitt eines Kleids usw*.)

gewählt 1 *Sprache usw*.: refined **2 sich gewählt ausdrücken** choose* one's words carefully

Gewähr f guarantee [ˌgærən'tiː]; **Gewähr bieten** (*bzw*. **leisten**) **für** guarantee

gewähren (≈ *bewilligen*) grant, give* (*auch Asyl, Kredit*)

★**Gewalt** f **1** (≈ *Macht*) power (**über** over) **2** *durch Amt*: authority [ɔː'θɒrətɪ] **3** (≈ *Kontrolle*) control (**über** of, over); **die Gewalt verlieren über** lose* control over (⚠ *ohne* the); **etwas in seine Gewalt bringen** gain control of something **4** (≈ *Gewalttätigkeit*) violence, force; **mit Gewalt** by force; **etwas mit Gewalt öffnen** force something open **5** (≈ *Kraft*) strength **6** *einer Detonation, eines Aufpralls usw*.: force

Gewaltanwendung f (use of) force, (use [⚠ juːs] of) violence ['vaɪələns]

gewaltbereit ready to use violence, violent

Gewaltbereitschaft f propensity for violence

Gewaltenteilung f separation of powers

gewaltfrei *Protest usw*.: nonviolent [ˌnɒn'vaɪələnt]

Gewaltherrschaft f despotism ['despətɪzm], tyranny [⚠ 'tɪrənɪ]

gewaltig 1 (≈ *leistungsstark*) powerful **2** (≈ *ungeheuer*) enormous, immense; **eine gewaltige Leistung** a tremendous feat (*oder* achievement); **ein gewaltiger Irrtum** a (big,) big mistake **3** (≈ *riesengroß*) gigantic [dʒaɪ'gæntɪk], *Gebiet, Anlage*: huge [hjuːdʒ], vast **4 da irrst du dich gewaltig!** you couldn't be more wrong

gewaltlos 1 *Politik*: nonviolent **2** without (using any) violence

Gewaltlosigkeit f *als Prinzip*: nonviolence

gewaltsam 1 violent ['vaɪələnt]; **gewaltsames Vorgehen** *der Polizei usw*.: use [juːs] of force **2** (≈ *mit Gewalt*) violently, by force

Gewalttat f act of violence ['vaɪələns]
Gewalttäter(in) m(f) violent criminal [,vaɪələnt'krɪmɪnl]
gewalttätig violent ['vaɪələnt]
Gewaltverbrecher(in) m(f) violent criminal [,vaɪələnt'krɪmɪnl]
Gewand n ① feierliches: robe, gown ② bes. Ⓐ, Ⓒ (≈ Kleidung) clothes [kləʊ(ð)z]
★**gewandt** ① (≈ flink) nimble ② (≈ geschickt) skilful, US skillful ③ (≈ raffiniert) clever ④ Redner: articulate [ɑː'tɪkjʊlət], fluent
Gewässer n ① pl: waters ② **die meisten Gewässer hier sind verschmutzt** most rivers and lakes here are polluted
Gewebe n ① (≈ Stoff) fabric ['fæbrɪk], US auch material [mə'tɪərɪəl] ② (≈ Gewebeart) weave ③ im Körper: tissue ['tɪʃuː]
Gewebeprobe f Medizin: tissue sample ['tɪʃuː,sɑːmpl]
★**Gewehr** n ① rifle ② allgemeiner: gun (⚠ mit gun werden alle Schusswaffen bezeichnet, von der Pistole bis zur Kanone)
Geweih n antlers ['æntləz] (⚠ pl)
Gewerbe n trade; **ein Gewerbe ausüben** practise a trade, US practice a trade
Gewerbegebiet n industrial estate [⚠ ɪ'steɪt], US industrial park
gewerblich commercial, industrial [ɪn'dʌstrɪəl]
Gewerk n trade
★**Gewerkschaft** f Br (trade) union, US labor union
Gewerkschafter(in) m(f) Br trade unionist, US labor unionist
Gewerkschaftsmitglied n union member
★**Gewicht** n ① weight [⚠ weɪt] (auch übertragen) ② (≈ Last) load, weight ③ (≈ Bedeutung) importance ④ **großes Gewicht legen auf** set* great store by, (≈ betonen) place great emphasis ['emfəsɪs] on
Gewichtheben n weightlifting [⚠ 'weɪt,lɪftɪŋ]
Gewichtheber(in) m(f) weightlifter [⚠ 'weɪt,lɪftə]
gewieft ① smart ② (≈ gerissen) shrewd
gewillt willing, prepared
Gewimmel n ① swarm(ing) ② (≈ Menschenmasse) mass [mæs] of people, (teeming) crowd
Gewinde n Schraube usw.: thread [θred]
★**Gewinn** m ① (≈ Profit) profit ['prɒfɪt] (auch übertragen); **Gewinn bringen** yield a profit (⚠ mit a); **Gewinn bringend** profitable ['prɒfɪtəbl]; **etwas mit Gewinn verkaufen** sell* something at a profit; **Gewinn ziehen aus** profit from ② Lotterie: prize [praɪz] (⚠ mit z geschrieben) ③ (≈ Geldgewinn bei Spiel usw.) winnings (⚠ pl) ④ übertragen (≈ Vorteil) gain
Gewinnbeteiligung f ① System: profit sharing ['prɒfɪt,ʃeərɪŋ] ② Geldbetrag: bonus
gewinnbringend profitable ['prɒfɪtəbl]
Gewinnchancen pl chances of winning, odds
★**gewinnen** ① allg.: win* (auch Preis usw.) ② gain (Vorteil, Einfluss, Zeit, Einblick usw.) ③ Bergbau: mine, extract (Erz, Kohle usw.) ④ (≈ siegen) win*, be* the winner(s) ⑤ **gewinnen gegen** beat*
gewinnend Wesen, Lächeln: winning
★**Gewinner(in)** m(f) winner
Gewinnmarge f profit margin
Gewinnnummer f winning number
Gewinnspanne f profit margin ['prɒfɪt,mɑːdʒɪn]
Gewinn-und-Verlust-Rechnung f profit and loss account
Gewinnung f ① von Bodenschätzen: extraction ② von Energie: production
★**gewiss** ① (≈ sicher) certain, sure ② (≈ nicht näher bestimmt) certain; **ein gewisser Herr X** a certain Mr X; **in gewissen Fällen** in certain (oder some) cases ③ **das weiß ich ganz gewiss!** I know that for sure (oder certain) ④ (≈ zweifellos) no doubt [daʊt]; **aber gewiss!** (but) of course!, certainly!
★**Gewissen** n conscience ['kɒnʃəns]; **ein reines** (oder **gutes**) **Gewissen** a clear conscience; **ein schlechtes Gewissen** a bad (oder guilty) conscience; **jemanden** (bzw. **etwas**) **auf dem Gewissen haben** have* someone (bzw. something) on one's conscience
gewissenhaft conscientious [,kɒnʃɪ'enʃəs]
gewissenlos unscrupulous [ʌn'skruːpjʊləs]
Gewissensbisse pl pangs (oder pricks) of conscience ['kɒnʃəns]
Gewissensfrage f matter of conscience ['kɒnʃəns]
Gewissensgründe pl: **aus Gewissensgründen** for reasons of conscience ['kɒnʃəns]
Gewissenskonflikt m moral conflict [,mɒrəl'kɒnflɪkt]
★**gewissermaßen** ① (≈ sozusagen) so to speak ② (≈ in gewissem Sinne) to a certain extent, in a way
Gewissheit f certainty; **sich Gewissheit verschaffen über** make* sure about
★**Gewitter** n (thunder)storm
Gewitterwolke f thundercloud
★**gewöhnen** ① **sich an harte Arbeit gewöhnen** get* used to hard work; **sich daran ge-**

wöhnen, hart zu arbeiten get* used to working hard ② **jemanden an etwas gewöhnen** get* someone used to something ③ **ich bin daran gewöhnt, früh aufzustehen** I'm used to getting up early

★**Gewohnheit** f habit ['hæbɪt]; **ich rauche aus reiner Gewohnheit** I only smoke out of habit

Gewohnheitssache f matter (*oder* question) of habit ['hæbɪt]

★**gewöhnlich** ① (≈ *üblich*) usual ['juːʒʊəl] ② *Leben, Ereignis usw.* (≈ *alltäglich, normal*) ordinary ['ɔːdnərɪ], everyday ③ *im negativen Sinn* common ④ (≈ *normalerweise*) usually; **gewöhnlich steht sie sehr früh auf** she usually gets up very early ⑤ **wie gewöhnlich** as usual

★**gewohnt** ① (≈ *üblich*) usual ['juːʒʊəl] ② **auf gewohnte Weise** in the usual way ② *Umgebung usw.*: familiar [fə'mɪlɪə] ③ **er ist (es) gewohnt, früh aufzustehen** he's used to getting up early

gewöhnt ① **ich bin daran gewöhnt** I'm used to it ② **ich bin an ihn gewöhnt** I'm used to him

Gewöhnung f ① **die Gewöhnung an seine neue Stiefmutter fiel ihm nicht leicht** getting used to his new stepmother wasn't easy for him ② **die Gewöhnung an harte Drogen endet für viele tödlich** addiction to hard drugs ends fatally for many people (⚠ *ohne the am Anfang*)

Gewölbe n vault, *Raum auch*: vaults pl

gewölbt ① *Zimmerdecke*: vaulted ['vɔːltɪd], arched [ɑːtʃt] ② *Oberfläche usw.*: convex [ˌkɒn'veks] ③ **gewölbte Stirn** domed forehead ['fɒrɪd, 'fɔːhed]

Gewühl n ① (≈ *Durcheinander*) turmoil ['tɜːmɔɪl] ② (≈ *Menschenmenge*) crowd

gewunden *Weg, Fluss*: winding ['waɪndɪŋ]

★**Gewürz** n spice

Gewürzgurke f gherkin ['gɜːkɪn], *US auch* pickle

Gewürzmischung f mixed herbs [hɜːbz], mixed spices (⚠ *beide pl*)

gezeichnet ① (≈ *unterschrieben*) signed [saɪnd] ② *von Strapazen usw.*: marked (**von** by)

Gezeiten pl tide (⚠ *sg*), tides

gezielt ① *Frage, Maßnahme*: specific [spə'sɪfɪk] ② **ein gezielter Versuch** a deliberate [dɪ'lɪbərət] attempt (**zu** to + *inf*)

gezuckert sugared ['ʃʊgəd]

Gezwitscher n chirping, twittering

gezwungen ① *Lächeln*: forced ② **gezwungen lachen** force a laugh [lɑːf]

gezwungenermaßen: ich habe es gezwun- **genermaßen getan** I was forced to do it

Ghana n Ghana ['gɑːnə]

Ghetto n ghetto ['getəʊ]

Gicht f (≈ *Gelenkentzündung*) gout

Giebel m gable

Gier f ① greed (**nach** for) ② *nach Essen, Macht usw.*: craving (**nach** for)

gierig ① greedy (**nach, auf** for) ② **gierig essen** eat* greedily ③ **etwas gierig verschlingen** devour [dɪ'vaʊə] something (*auch Buch usw.*)

★**gießen** ① pour [⚠ pɔː] (*Wasser usw.*) ② **die Blumen gießen** (≈ *Topfpflanzen*) water the plants (⚠ *nicht* the flowers) ③ **es gießt** (≈ *regnet*) it's pouring ④ cast* (*Eisen usw.*)

Gießkanne f watering can

★**Gift** n ① poison (*auch übertragen*) (⚠ *nicht engl.* gift = *Geschenk*) ② (≈ *Schadstoff*) toxin ['tɒksɪn], toxic agent ['eɪdʒənt] ③ **darauf kannst du Gift nehmen!** *umg* you can bet your bottom dollar on that

Giftgas n poison gas [ˌpɔɪzn'gæs]

★**giftig** ① poisonous ['pɔɪznəs] ② *Substanz*: toxic ['tɒksɪk]

Giftler(in) m(f) ⓐ *umg* (≈ *Drogensüchtige(r)*) drug addict

Giftmüll m toxic waste

Giftpilz m poisonous mushroom [ˌpɔɪznəs'mʌʃrʊm], toadstool ['təʊdstuːl]

Giftschlange f poisonous snake

Giftstoff m poisonous (*oder* toxic) substance ['sʌbstəns]

Giftwolke f cloud of poisonous gas

Gigabyte n gigabyte ['gɪgəbaɪt], GB [ˌdʒiː'biː]

gigantisch gigantic [dʒaɪ'gæntɪk]

Ginster m *Pflanze*: broom

★**Gipfel** m ① *Berg*: summit, peak ② (≈ *Höhepunkt*) peak, height [⚠ haɪt]; **das ist ja der Gipfel!** that really is the limit ③ *Politik* (≈ *Gipfeltreffen*) summit (meeting)

Gipfelkonferenz f *Politik*: summit conference ['sʌmɪtˌkɒnfrəns]

Gipfelkreuz n cross on the top of a mountain

Gipfeltreffen n *Politik*: summit (meeting)

Gips m ① plaster (of Paris) ② (≈ *Gipsverband*) plaster (cast); **in Gips** in plaster, *US* in a cast ③ *Mineral*: gypsum ['dʒɪpsəm]

Gipsabdruck m plaster cast

Gipsbein n: **sie hat ein Gipsbein** she's got her leg in a (plaster) cast (*Br auch* in plaster)

gipsen plaster

Gipsverband m plaster cast

Giraffe f giraffe [dʒə'rɑːf]

Girlande f ① *aufgehängte; förmlich* festoon

[fe'stu:n]; **mit Girlanden verziert** festooned ▪ *bes. zum Umhängen*: garland ['gɑːlənd]
Girlie *n* groovy girl
Girokonto *n* current account, *US* checking account, *Post*: giro ['dʒaɪrəʊ] account
Gischt *m* (sea) spray
Gitarre *f* guitar [gɪ'tɑː]; **Gitarre spielen** play the guitar (⚠ *mit* the)
Gitarrist(in) *m(f)* guitarist [gɪ'tɑːrɪst], guitar player
Gitter *n* ▪ *im Fußboden, vor Tür usw.*: grating ▪ *aus Eisen*: (iron) bars (⚠ *pl*); **hinter Gittern** behind bars
Gladiole *f Pflanze*: gladiolus [ˌglædɪ'əʊləs] *pl*: gladioli [ˌglædɪ'əʊlaɪ]
Glanz *m* ▪ shine ▪ *von Farben*: brilliance
★**glänzen** ▪ shine* ▪ (≈ *funkeln*) glitter, (*Augen, Diamanten*) sparkle
glänzend ▪ gleaming (*auch Haar*) ▪ *Stoff, Nase usw.*: shiny ▪ (≈ *funkelnd*) glittering, sparkling ▪ *übertragen* (≈ *hervorragend*) brilliant, excellent ['eksələnt] ▪ **ihr geht's glänzend** she's doing just fine ▪ **du siehst glänzend aus** you look dazzling
Glanzleistung *f* brilliant performance
Glarus *n* Glarus ['glɑːrəs]
★**Glas** *n* ▪ glass (*auch Gefäß*); **ein Glas Wasser** a glass of water; **zwei Glas Wein** two glasses of wine ▪ (≈ *Einweckglas, Konservenglas*) jar ▪ (≈ *Brillenglas*) lens (⚠ lenz)
Gläschen *n* small glass; **möchtest du ein Gläschen Wein?** would you like a glass of wine?
Glascontainer *m* bottle bank, *US* glass recycling container
Glaser(in) *m(f)* glazier ['gleɪzɪə]
gläsern ▪ *aus Glas*: glass ▪ (≈ *durchschaubar*) transparent; **der gläserne Bürger** the citizen in a surveillance [sə'veɪləns] society
Glasfaser *f* fibreglass, *US* fiberglass
Glasfaserkabel *n* fibre-optic cable, *US* fiber-optic cable
glasieren ▪ glaze (*Keramik, Ziegel*) ▪ ice (*Kuchen usw.*)
glasklar crystal-clear [ˌkrɪstl'klɪə] (*auch übertragen*)
Glasmalerei *f* ▪ painting on glass ▪ *konkret*: stained glass
Glasnudeln *pl* glass noodles
Glasreiniger *m* (≈ *Reinigungsmittel*) glass cleaner
Glasscheibe *f in Fenster usw.*: pane (of glass)
Glasscherbe *f* piece of broken glass

Glassplitter *m* splinter of glass
Glasur *f* ▪ *Kuchen usw.*: icing, *US* frosting ▪ *Keramik*: glaze
★**glatt** ▪ (↔ *rau*) smooth (⚠ smuːð); **eine glatte Landung** a smooth landing ▪ *Straße usw.* (≈ *glitschig*) slippery, (≈ *eisglatt*) icy ▪ *Haar*: straight ▪ *Haut*: smooth ▪ *umg* **glatter Unsinn** absolute nonsense; **eine glatte Lüge** a complete lie ▪ (≈ *komplikationslos*) smoothly; → glattgehen, glattlaufen ▪ **glatt rasiert** clean-shaven ▪ **er hat glatt abgelehnt** he flatly refused
Glätte *f* ▪ (↔ *Rauheit*) smoothness ▪ **wegen Glätte gesperrt** *Straße*: closed due to icy conditions *pl*
Glatteis *n* ice, *auf Straße oft*: black ice; **es ist Glatteis** *umg* the roads are icy
Glätteisen *n für Haare*: hair straighteners (⚠ *pl*)
Glatteisgefahr *f* icy roads, ice on the roads
glätten ▪ smooth out [ˌsmuːð'aʊt] (*Tischtuch usw.*) ▪ smooth (down) (*Haar usw.*) ▪ ⓂⒺ (≈ *bügeln*) iron ['aɪən]
glattgehen *umg* go* (off) well (*oder* smoothly); **wird schon glattgehen!** *umg* it'll work out all right
glattrasiert → glatt 7
Glatze *f* ▪ **er hat eine Glatze** he's bald [bɔːld] ▪ **er kriegt eine Glatze** he's going bald
★**Glaube** *m* ▪ belief (**an** in) ▪ (≈ *Vertrauen*) faith (**an** in); **den Glauben an jemanden** (*bzw.* **etwas**) **verlieren** lose* (one's) faith in someone (*bzw.* something) ▪ **jemandem Glauben schenken** believe someone
★**glauben** ▪ believe; **es ist kaum zu glauben, aber ...** you won't believe it, but ...; **ich glaube dir kein Wort** I don't believe a word (you're saying) ▪ **glauben an** believe in (*Gott usw.*) ▪ **an jemanden glauben** (≈ *jemanden für sehr fähig halten*) believe (*oder* have* faith) in someone ▪ (≈ *meinen*) think*, believe; **ich glaube, ja** (*oder* **schon**) I think so; **ich glaube, nein** (*oder* **nicht**) I don't think so; **ich glaube nicht, dass er recht hat** I don't think he's right
Glaubensbekenntnis *n* creed
glaubhaft ▪ *Ausrede usw.*: plausible ['plɔːzəbl] ▪ **es klingt nicht sehr glaubhaft** it doesn't sound very convincing
gläubig ▪ religious ▪ (≈ *fromm*) devout
Gläubiger(in) *m(f) eines Schuldners*: creditor
glaubwürdig ▪ *Erklärung usw.*: plausible ['plɔːzəbl] ▪ *Person*: trustworthy ▪ (≈ *verlässlich*) reliable

★**gleich** ① **die gleiche Sache** *usw.* the same thing *usw.* (**wie** as); **das gleiche** the same; **in gleicher Weise** in the same way; **zur gleichen Zeit** at the same time ② **8 minus 3 ist gleich 5** eight minus three is five ③ *Rechte, Bezahlung usw.*: equal ④ **es ist mir (völlig) gleich** *umg* (≈ *egal*) it's all the same to me, *im negativen Sinn* I couldn't care less; **ganz gleich wann (wo** *usw.*) no matter when (where *usw.*) ⑤ **sie behandelt alle Schüler gleich** she treats all her pupils the same ⑥ **gleich aussehen** look alike (*oder* the same) ⑦ **sie sind gleich alt (groß** *usw.*) they're the same age (size *usw.*) ⑧ (≈ *unmittelbar*) right; **gleich nach (neben** *usw.*) right after (next to *usw.*); **gleich gegenüber** right opposite ⑨ (≈ *sofort*) straightaway; **gleich zu Beginn** right at the outset ⑩ **es ist gleich zehn (Uhr)** it's nearly ten (o'clock) ⑪ *Wendungen*: **bis gleich!** see you later; **(ich komme) gleich!** I won't be a minute, just a minute; **ich bin gleich wieder da** I won't be long; → gleichbleibend, gleichlautend

gleichaltrig: **zwei gleichaltrige Kinder** two children (of) the same age; **gleichaltrig mit** the same age as; **die zwei sind gleichaltrig** they're (both) the same age

★**gleichberechtigt**: **Frauen sollten (den Männern) gleichberechtigt sein** women should have equal rights (to men)

★**Gleichberechtigung** f equal rights (▲ *mit Verb im Singular oder Plural*), equality (+ *Genitiv* for); **die Gleichberechtigung der Frau** equal rights for women ['wɪmɪn], women's rights

gleichbleibend (≈ *unveränderlich*) constant

gleichen ① **er gleicht seinem Vater** *charakterlich*: he's like his father, *äußerlich*: he looks like his father ② **die beiden gleichen sich sehr** *charakterlich*: the two are very much alike, *äußerlich*: the two look very much alike

★**gleichfalls** ① likewise ② **danke, gleichfalls!** thanks, and (the same to) you

gleichförmig ① *Bewegungen*: uniform ['juːnɪfɔːm] ② *Arbeit*: (≈ *eintönig*) monotonous [məˈnɒtənəs]

★**Gleichgewicht** n balance ['bæləns]

★**gleichgültig** ① *allg.*: indifferent (**gegenüber** to) ② **ist dir das wirklich gleichgültig?** don't you care about it at all?

Gleichgültigkeit f indifference (**gegenüber** to)

Gleichheit f ① (≈ *gleiche Stellung*) equality ② (≈ *Übereinstimmung*) conformity

Gleichheitszeichen n *beim Rechnen*: equals sign ['iːkwəlz ˌsaɪn]

gleichlautend *Erklärung usw.*: identical

Gleichmacherei f *abwertend* egalitarianism [ɪˌgælɪˈteərɪənɪzm], level(l)ing

★**gleichmäßig** ① (≈ *regelmäßig*) regular; **in gleichmäßigen Abständen** at regular intervals ['ɪntəvlz] ② (≈ *ohne Schwankungen*) steady ['stedɪ] ③ **die Farbe** *usw.* **gleichmäßig auftragen** apply the paint *usw.* evenly ④ **gleichmäßig gut** consistently good

gleichnamig ① of the same name ② **gleichnamige Brüche** fractions with a common denominator

Gleichnis n *biblisch*: parable [▲ ˈpærəbl]

gleichschenklig *Dreieck*: isosceles [aɪˈsɒsəliːz]

Gleichschritt m: **im Gleichschritt** in step (**mit** with)

gleichsehen: **das sieht ihr gleich!** that's just like her

gleichseitig equilateral [ˌiːkwɪˈlætrəl]

gleichsetzen ① *auch mathematisch*: equate [ɪˈkweɪt] (**mit** with) ② (≈ *auf dieselbe Ebene stellen*) put* on a level (**mit** with)

Gleichstand m *Sport*: tie; **den Gleichstand erzielen** draw* level; **beim Gleichstand von 2:2** with the scores level at 2 all

Gleichstellungsbeauftragte(r) m/f(m) equal opportunities officer

Gleichstrom m direct current (*abk* DC [ˌdiːˈsiː])

Gleichung f equation [ɪˈkweɪʒn]

★**gleichzeitig** ① **ich kann nicht fünf verschiedene Dinge gleichzeitig machen!** I can't do five different things at the same time; **die beiden Läufer gingen gleichzeitig durchs Ziel** the two runners crossed the finishing line at (exactly) the same time ② **das Konzert wird gleichzeitig im Fernsehen und im Radio übertragen** the concert is being broadcast simultaneously [ˌsɪmlˈteɪnɪəslɪ] on TV and on radio

★**Gleis** n ① *allg.*: track, rails (▲ *pl*) ② **Gleis 6** *Bahnhof*: platform 6, *US auch* gate 6

gleiten glide (**über** across)

gleitend: **gleitende Arbeitszeit** flexible working hours, *Br* flexitime, *US* flextime

Gleitschirm m paraglider

Gleitschirmfliegen n paragliding

Gleitzeit f flexible working hours (▲ *pl*), *Br* flexitime, *US* flextime

Gletscher m glacier [ˈglæsɪə]

Gletscherspalte f crevasse [krəˈvæs]

Glied n ① *Arm, Bein*: limb [▲ lɪm]; **mir tun alle Glieder weh** every bone in my body is aching [ˈeɪkɪŋ] ② *von Finger usw.*: joint ③ *einer Kette*:

link (auch übertragen)

gliedern ① (≈ anordnen) arrange ② (≈ aufbauen) structure ③ in Teile: divide (in into); **die schriftliche Prüfung gliedert sich in drei Abschnitte** the written examination is divided into three sections

Gliederung f ① (≈ Anordnung) arrangement ② (≈ Aufbau) structure ③ nach Sachgebieten usw.: classification ④ (≈ Unterteilung) von Organisation: subdivision ⑤ Aufsatz: outline

Gliedsatz m bes. Ⓐ subordinate clause

glimmen ① (Zigarette usw.) glow ② (≈ schwelen) smoulder ['sməʊldə]

Glimmstängel m umg fag, US smoke

glimpflich: er ist glimpflich davongekommen he got off lightly

glitschig slippery

glitzern ① glitter, (Sterne) auch: twinkle ② (Augen, Schnee) glisten [▲ 'glɪsn]

global global, worldwide

Globalisierung f globalization [ˌgləʊblaɪ'zeɪʃn]

Globalisierungsgegner(in) m(f) anti-globalization protester

Globuli pl Homöopathie: globuli ['glɒbjəlaɪ]

Globus m globe

Glocke f ① bell ② **etwas an die große Glocke hängen** übertragen make* a big thing (out) of something

Glockenblume f bellflower, campanula [ˌkæmpə'nuːlə]

Glockenturm m bell tower, belfry ['belfrɪ]

glorreich ① glorious ② **eine glorreiche Idee** ironisch a bright idea

Glossar n glossary ['glɒsərɪ] (of terms)

Glotze f salopp (≈ Fernseher) box, US (boob) tube; **vor der Glotze sitzen** be* glued to the box

glotzen ① stare ② mit offenem Mund: gape

★**Glück** n ① luck; **Glück haben** be* lucky; **kein Glück haben** be* unlucky; **da hast du Glück gehabt!** you were lucky there; **jemandem Glück wünschen** wish someone luck; **viel Glück!** good luck!, umg best of luck!; **zum Glück** fortunately ['fɔːtʃnətlɪ] ② (≈ Glücksfall) stroke of (good) luck ③ (≈ Glücksgefühl) happiness

glücken ① (Operation, Unternehmen usw.) be* a success, work (oder turn) out well ② **es ist ihr geglückt, das Rennen zu gewinnen** she succeeded in winning the race

★**glücklich** ① (≈ froh) happy; **glücklich sein** be* happy, feel* happy ② (≈ vom Glück begünstigt) lucky, fortunate ['fɔːtʃnət]; **ein glücklicher Zufall** a lucky chance; **der glückliche Gewinner** Lotto usw.: the lucky winner ③ **eine glückliche Hand haben** have* the right touch (**bei** for oder when it comes to)

★**glücklicherweise** fortunately ['fɔːtʃnətlɪ], luckily

glucksen ① (Wasser) gurgle ② vor Lachen: chortle

Glücksfall m stroke of (good) luck

Glückspilz m umg lucky devil ['devl]

Glückssache f: **das ist reine Glückssache!** it's a matter of luck

Glücksspiel n ① einzelnes: game of chance ② übertragen **das ist das reinste Glücksspiel!** it's all a matter of luck

Glückssträhne f run (oder streak [striːk]) of good luck

Glückstag m lucky day

★**Glückwunsch** m congratulations (▲ pl) (**zu** on); **herzlichen Glückwunsch!** congratulations, zum Geburtstag: happy birthday

Glückwunschkarte f greetings (US greeting) card

★**Glühbirne** f (light) bulb

glühen ① glow (auch Zigarette, Gesicht) ② vor Zorn, Leidenschaft: burn* (**vor** with)

glühend ① Farben, Berge usw.: glowing ② **glühende Hitze** scorching heat; **es war glühend heiß** it was scorching ③ Eisen: red-hot ④ Hass, Verlangen: burning ⑤ Verehrer, Anhänger: fervent, ardent

Glühwein m mulled wine

Glühwürmchen n glow-worm [▲ 'gləʊwɜːm]

Glut f im Feuer: embers (▲ pl)

Gluten n in Getreide gluten ['gluːtn]

glutenfrei gluten-free [ˌgluːtn'friː]

Glyzerin n glycerine ['glɪsərɪn], US glycerin ['glɪsərɪn]

GmbH f abk (abk für Gesellschaft mit beschränkter Haftung) allg.: limited liability company, Br etwa: plc [ˌpiːel'siː] (abk für private limited (liability) company), US etwa: limited liability corporation, limited partnership

Gnade f ① (≈ Barmherzigkeit) mercy; **um Gnade bitten** beg for mercy ② Gottes: grace ③ (≈ Gunst) favour, US favor

Gnadenfrist f reprieve; **eine Gnadenfrist von 24 Stunden** a 24-hour reprieve, 24 hours' grace

Gnadengesuch n plea for clemency ['klemənsɪ]

gnadenlos merciless, pitiless

gnädig ① auch humorvoll (≈ gunstvoll) gracious

(**gegen, gegenüber** to) **2** (≈ *barmherzig*) merciful **3** *Urteil*: lenient ['li:nɪənt]
Gnom m gnome [⚠ nəʊm]
Goal n Ⓐ, Ⓒ (≈ *Tor*) goal
Gockel m Ⓐ (≈ *Hahn*) cock, *bes. US*
★**Gold** n **1** gold (*auch übertragen*) **2 Gold gewinnen** *Sport*: win* gold, win* a gold medal
Goldbarren m gold ingot ['ɪŋɡət], gold bar
golden **1** *vor dem Subst.*: gold, *nach dem Subst. oder Verb*: (made) of gold; **eine goldene Uhr** a gold watch **2** *übertragen* golden; **goldene Hochzeit** golden wedding, *US* golden anniversary
Goldfisch m goldfish
goldgelb yellow(y)-gold
Goldgräber(in) m(f) gold digger
Goldgrube f (≈ *sehr profitables Geschäft*) goldmine, *Br umg* moneyspinner
Goldhamster m golden hamster
goldig *Baby, Tier usw.*: lovely, cute, sweet
Goldmedaille f gold medal ['medl]
Goldmedaillengewinner(in) m(f) gold medallist ['medlɪst]
Goldmünze f gold coin
Goldrausch m **1** gold fever **2** *historisches Ereignis in Amerika*: gold rush
goldrichtig **1** exactly right **2 goldrichtig handeln** do* just the right thing
Goldschmied(in) m(f) goldsmith
★**Golf**¹ m (≈ *große Meeresbucht*) gulf
★**Golf**² n *Sport*: golf [ɡɒlf]
Golfball m golf ball
Golfplatz m golf course
Golfschläger m golf club
Golfspieler(in) m(f) golfer
Golfstaat m Gulf state
Golfstrom m Gulf Stream ['ɡʌlf ˌstri:m]
Gondel f gondola [⚠ 'ɡɒndələ], *einer Seilbahn auch*: cabin ['kæbɪn]
Gong m **1** *allg.*: gong **2** *Boxen*: bell
gönnen **1 ich gönne es ihm** I'm really pleased for him; **ich gönne ihm seinen beruflichen Erfolg** I'm pleased he's been so successful in his career **2 er gönnt ihr ihren Erfolg nicht** he's jealous ['dʒeləs] of her success **3 ich gönne mir jetzt eine kleine Pause** I'm going to allow myself a little break now
googeln google
Gör n, **Göre** f **1** (≈ *freches Mädchen*) little madam **2** (≈ *Kind*) brat
Gorilla m gorilla (*auch Leibwächter*)
Gosse f **1** gutter (*auch übertragen*) **2 jemanden durch die Gosse ziehen** drag someone's name through the mud
Gotik f **1** *Stil*: Gothic ['ɡɒθɪk] (style) **2** *Epoche*: Gothic period [ˌɡɒθɪk'pɪərɪəd]
gotisch Gothic ['ɡɒθɪk]
★**Gott** m **1** (≈ *Gottheit*) god, deity [⚠ 'deɪəti] **2** *der Christen, Moslems, Juden*: God (⚠ *immer ohne* the), the Lord (⚠ *immer mit* the, *außer bei Ausrufen*); **der liebe Gott** God **3** *Wendungen*: **ach du lieber Gott!** *umg* oh (my) God!, oh Lord!; **Gott sei Dank** thank God, thank goodness; **um Gottes willen!** *erschrocken*: for heaven's sake!, *betroffen*: (oh,) goodness!, oh no!; **grüß Gott!** *Gruß*: hello
★**Gottesdienst** m (church) service
Gotteslästerung f blasphemy ['blæsfəmɪ]
Gottheit f *bes. heidnische*: deity [⚠ 'deɪətɪ], *männliche auch*: god, *weibliche auch*: goddess ['ɡɒdes]
Göttin f goddess ['ɡɒdes]
göttlich divine [dɪ'vaɪn] (*auch übertragen*)
gottlos **1** *allg.*: godless **2** *Leben usw.*: sinful, wicked [⚠ 'wɪkɪd]
Gouverneur(in) m(f) governor ['ɡʌvnə]
★**Grab** n **1** grave **2** (≈ *Grabmal*) tomb [⚠ tu:m] **3 bis ins Grab** *übertragen* to the end
★**graben** **1** dig* (*ein Loch, eine Grube usw.*) **2 graben nach** dig* for **3** (*Kaninchen usw.*) burrow ['bʌrəʊ] (*einen Gang, Bau usw.*)
★**Graben** m **1** ditch **2** (≈ *Schützengraben*) trench **3** *Geologie*: rift valley
Grabmal n **1** tomb [⚠ tu:m] **2** (≈ *Ehrenmal*) monument ['mɒnjʊmənt]
Grabstein m gravestone, tombstone [⚠ 'tu:mstəʊn]
Grabung f excavation [ˌekskə'veɪʃn]
★**Grad** m **1** degree (*auch Winkelmaß, Temperaturmaß, Breitengrad*) (⚠ *engl.* grade = Qualitätsstufe); **akademischer Grad** degree; **4 Grad Kälte** 4 degrees below freezing; **20 Grad Celsius** 20 (degrees) centigrade; **heute waren es 30 Grad** it was 30 degrees today; **wir haben** (*oder* **es sind**) **30 Grad Celsius** it's thirty degrees Celsius ['selsɪəs] (*geschrieben*: 30°C); **40 Grad nördlicher Breite** forty degrees north (*geschrieben*: 40°N); **Verbrennungen zweiten Grades** second-degree burns **2** (≈ *militärischer Rang*) rank **3** (≈ *Ausmaß*) extent, degree **4** (≈ *Stufe*) stage **5** *Wendungen*: **bis zu einem gewissen Grad** up to a point; **in höchstem Grad(e)** extremely
Graf m **1** count, *als Titel*: Count (⚠ *nur außerhalb von GB*) **2** *in GB*: earl [ɜ:l], *als Titel*: Earl
Graffiti n graffiti [ɡrə'fi:tɪ]

Grafik f 1 (≈ einzelne grafische Darstellung) graphic ['græfɪk], diagram ['daɪəgræm], (≈ Schaubild) illustration, (≈ technisches Schaubild) diagram; chart 2 als Kunstwerk: print 3 als Fachrichtung: graphic arts (⚠ pl)

Grafiker(in) m(f) graphic artist, (≈ Illustrator) illustrator, (≈ Gestalter) (graphic) designer

Grafikkarte f in Computer: graphics card

Grafikprogramm n Computer: graphics program

Gräfin f countess ['kaʊntɪs], als Titel: Countess

grafisch 1 graphic ['græfɪk] 2 **grafische Darstellung** graphic, diagram ['daɪəgræm] 3 **grafische Gestaltung** eines Buches, einer Zeitschrift usw.: layout, (≈ Bildmaterial) artwork

Grafschaft f (≈ Verwaltungsbezirk) county

★**Gramm** n gram, Br auch gramme

Grammatik f grammar; **die englische Grammatik** English grammar (⚠ ohne the)

grammatikalisch, **grammatisch** grammatical [grə'mætɪkl]

Granatapfel m pomegranate [⚠ 'pɒmɪ,grænət]

Granate f shell (⚠ engl. grenade = **Handgranate**)

grandios grand, magnificent [mæg'nɪfɪsənt]

Granit m granite [⚠ 'grænɪt]

Grant m bes. Ⓐ grumpiness, anger; **einen Grant haben** be* in a bad mood, be* grumpy

granteln bes. Ⓐ 1 (≈ schlechte Laune haben) be* grumpy 2 (≈ meckern) grumble

grantig bes. Ⓐ grumpy, grouchy

Grantler(in) m(f) bes. Ⓐ grump

Grapefruit f grapefruit

Graph m Mathematik: graph

Graphik usw. → Grafik usw.

★**Gras** n 1 grass 2 **über etwas Gras wachsen lassen** let* the dust settle (on something)

grasen graze

grasgrün grass-green

Grashalm m blade of grass

Grashüpfer m grasshopper

grassieren (Krankheit, Missstände usw.) be* rampant ['ræmpənt], be* rife

grässlich 1 Verbrechen usw.: hideous [⚠ 'hɪdɪəs], atrocious [ə'trəʊʃəs] 2 **schmeckt grässlich!** it tastes awful (oder terrible)

Grat m (≈ Bergrücken) ridge

Gräte f (fish)bone

Gratifikation f 1 gratuity [grə'tjuːətɪ] 2 (≈ Weihnachtsgratifikation usw.) bonus

★**gratis** free (of charge)

Gratisprobe f free sample

Grätsche f 1 Turnen: straddle 2 Sprung: straddle vault [vɔːlt]

Gratulant(in) m(f) well-wisher

★**Gratulation** f congratulations (⚠ pl) (**zu** on); **meine Gratulation!** congratulations!

★**gratulieren** 1 **jemandem zu etwas gratulieren** congratulate someone on something 2 **jemandem zum Geburtstag gratulieren** wish someone a happy birthday 3 **gratuliere!** (bzw. **wir gratulieren!**) congratulations!

★**grau** 1 grey, US gray; **grau werden** turn (oder go*) grey; **sie hat schon (etliche) graue Haare** she's going grey already 2 (≈ trostlos) dark, gloomy 3 **grau meliert** Haar: greying, US graying

graublau grey-blue, US gray-blue

Graubrot n bread made from a mixture of wheat and rye flour

Graubünden n the Grisons ['griːsɒn]

Gräuel m 1 (≈ Gräueltat) atrocity [ə'trɒsətɪ] 2 **es ist mir ein Gräuel, ihn noch einmal treffen zu müssen** I hate the idea of having to see him again

Gräueltat f atrocity [ə'trɒsətɪ]

grauen 1 **mir graut davor** I shudder at the thought 2 **mir graut vor dieser Prüfung** I'm dreading ['dredɪŋ] that exam

Grauen n dread [dred], horror (**vor** of)

grauenhaft, **grauenvoll** 1 horrific, ghastly ['gɑːstlɪ] 2 Fehler usw.: dreadful, terrible

grauhaarig grey-haired, US mst. gray-haired

gräulich (≈ leicht grau) greyish, US mst. grayish

Graupel(schauer) m (soft) hail, sleet (⚠ ohne a)

★**grausam** 1 cruel ['kruːəl] (**gegen** to) 2 (≈ schlimm) terrible, awful

Grausamkeit f 1 cruelty ['kruːəltɪ] 2 (≈ Gräueltat) atrocity [ə'trɒsətɪ]

grausen 1 **mir graust (es) vor Spinnen** I'm terrified of spiders 2 **mir graust es davor** I'm dreading ['dredɪŋ] it

Grauzone f übertragen grey area, US gray area

gravieren engrave [ɪn'greɪv]

Grazie f grace, gracefulness

graziös graceful (⚠ engl. gracious = **freundlich, gnädig**)

greifen 1 **greifen in** reach into (Handtasche usw.) 2 **greifen nach** reach for, hastig: snatch at 3 **sich etwas greifen** take* (hold of) something, fest: grasp something, (≈ packen) grab (hold of) something 4 **greifen zu** wörtlich reach for, übertragen resort to (einer Maßnahme usw.) 5 **um sich greifen** (Unsitte usw.) spread* 6 (Maßnahme usw.) (≈ zu wirken beginnen) (begin* to) take* effect 7 **zum Äu-**

ßersten greifen go* to extremes

Greifvogel *m* bird of prey

Greis *m* old man

Greisin *f* old woman

grell ① (≈ *blendend*) dazzling, glaring ② *Farbe*: garish ['geərɪʃ], loud ③ *Ton*: shrill, piercing

Gremium *n* body, committee (⚠ *Schreibung*)

★**Grenze** *f* ① boundary (*auch von Gemeinde, Grundstücken*) ② (≈ *Landesgrenze*) border, frontier ['frʌntɪə] ③ *übertragen* limit, limits *pl*; **seine Grenzen kennen** know* one's limitations; **sich in Grenzen halten** keep* within (reasonable) limits; **alles hat seine Grenzen** there's a limit to everything

grenzen ① **grenzen an** border on ② **das grenzt an Wahnsinn** *usw.* that verges on madness *usw.*

grenzenlos ① boundless, unbounded ② *Macht*: unlimited

Grenzgebiet *n* border area

Grenzkontrolle *f* border control

Grenzlehrdorn *m* plug gauge ['plʌg ˌgeɪdʒ]

Grenzlinie *f* ① borderline (*auch übertragen*) ② *Sport*: line

Grenzübergang *m* border crossing point, checkpoint

Grenzverkehr *m*: **der Grenzverkehr** border traffic (⚠ *ohne* the)

Grenzwert *m* limit; **zulässiger Grenzwert** permissible limit; **der Grenzwert wird überschritten** the limit is being exceeded

★**Grieche** *m* ① Greek; **er ist Grieche** he's Greek ② *umg* (≈ *griechisches Lokal*) Greek place, Greek restaurant ['restərɒnt]

★**Griechenland** *n* Greece [griːs]

★**Griechin** *f* Greek woman (*oder* lady *bzw.* girl); **sie ist Griechin** she's Greek

★**griechisch**, **Griechisch** *n* Greek [griːk]

Grieß(brei) *m* semolina [ˌseməˈliːnə]

★**Griff** *m* ① *an Messer, Koffer, Tür usw.*: handle ② (≈ *festes Halten mit der Hand*) grip, grasp (*beide auch übertragen*) ③ **etwas in den Griff bekommen** come* to grips (⚠ *pl*) with something ④ (≈ *das Greifen*) grasping (**nach** at) ⑤ *Ringen*: hold ⑥ *Turnen*: grip ⑦ (≈ *Fingerstellung auf Musikinstrument*) fingering; **das ist ein sehr schwieriger Griff** the fingering is very difficult here

★**Grill** *m* grill, barbecue ['bɑːbɪkjuː]; **Hähnchen** *usw.* **vom Grill** grilled chicken *usw.*

Grille *f Insekt*: cricket

★**grillen** ① grill, barbecue ['bɑːbɪkjuː] (*Fleisch usw.*) ② (≈ *eine Grillparty haben*) have* a barbecue

Grillfest *n*, **Grillparty** *f* barbecue ['bɑːbɪkjuː]

Grimasse *f* grimace [grɪˈmeɪs]; **Grimassen schneiden** pull faces

grimmig ① fierce (*auch Gesichtsausdruck, Blick*) ② *Kälte, Schmerzen*: severe [sɪˈvɪə] ③ *Lachen, Gesichtsausdruck*: grim

grinsen ① grin ② *spöttisch*: smirk, *stärker*: sneer (**über** at)

Grinsen *n* ① grin ② *spöttisches*: smirk

★**Grippe** *f* flu [fluː], *förmlich* influenza [ˌɪnflʊˈenzə]; **er hat Grippe** he's got (the) flu; **die neue Grippe** swine flu; **die saisonale Grippe** seasonal flu

Grippeschutzimpfung *f* flu vaccination

Grips *m umg* brains (⚠ *pl*)

★**grob** ① *Sand, Gewebe, Wolle usw.*; *auch Person, Benehmen*: coarse ② (≈ *unhöflich*) rude ③ (≈ *unverarbeitet*) raw, crude ④ (≈ *schlimm*) gross [grəʊs]; **grobe Fahrlässigkeit** gross negligence ['neglɪdʒəns]; **grober Fehler** bad (*oder* serious) mistake ⑤ (≈ *ungefähr*) rough [⚠ rʌf], *Entfernung*: approximate; **grobe Skizze** rough sketch ⑥ **grob geschätzt** at a rough guess

grölen bawl, bellow

Grönland *n* Greenland ['griːnlənd]

★**Groschen** *m* ① Ⓐ *historisch*: groschen ['grɒʃn] ② *historisch, umg* ten-pfennig piece ③ *übertragen* penny; **der Groschen ist gefallen** the penny has dropped

★**groß** ① *allg.*: big (*auch Vorteil, Frage, Problem usw.*); **ein großes Hotel** a big hotel ② large (*etwas sachlicher als* big); **eine große Zahl von** a large number of; **eine große Menge** a large amount (*oder* quantity) of ③ *Person*: tall, (≈ *groß und stark*) big ④ *Gebäude, Baum usw.*: tall, big ⑤ (≈ *großflächig*) vast ⑥ *Entfernung*: long, great ⑦ *Breite, Länge usw.*: great ⑧ (≈ *bedeutend*) great, major, important ⑨ **Große Koalition** Grand Coalition ⑩ *Interesse, Mut, Fehler, Schmerz, Hitze, Spaß, Mühe usw.*: great; **in großer Eile** in a great hurry; **die große Mehrheit** the great (*oder* vast) majority ⑪ *Kälte*: severe [sɪˈvɪə] ⑫ **ein großer Verlust** *bei Kündigung, Todesfall*: a great loss; **große Verluste** *an Soldaten*: heavy losses ⑬ (≈ *erwachsen*) grown-up ⑭ **ihre große Schwester** her big sister ⑮ **großer Buchstabe** capital letter ⑯ **eine große Auswahl** a wide selection (**an** of) ⑰ **ein großer Unterschied** a big (*oder* great) difference ⑱ **große Ferien** summer holidays, *US* summer vacation ⑲ *Wendungen*:

der größere Teil most of it (bei Lebewesen: them); (ganz) groß in etwas sein be* (very) good at something; ich bin kein großer Tänzer I'm not much of a dancer; im Großen und Ganzen on the whole; Groß und Klein young and old

großartig **1** tremendous [trəˈmendəs], great [greit] **2** (≈ ausgezeichnet) excellent [ˈeksələnt], brilliant [ˈbrɪljənt] **3** sich großartig amüsieren have* a great time

Großaufnahme f Film: close-up [ˈkləʊsʌp]
Großbildleinwand f big screen
★**Großbritannien** n (Great) Britain [(ˌgreit)ˈbrɪtn]
Großbuchstabe m capital [ˈkæpɪtl] (letter)
★**Größe** f **1** size (auch von Kleidung); welche Größe haben Sie? what size do you take (US mst. wear) ?; von mittlerer Größe Sache: medium-sized; dieselbe Größe haben be* the same size (Person: height) (wie as) **2** (≈ Körpergröße) height [⚠ hait]; sie hat ungefähr deine Größe she's about your height **3** (≈ Ausdehnung) size **4** (≈ Menge, mathematische Größe) quantity; eine unbekannte Größe an unknown quantity **5** (≈ Ausmaß) extent [ikˈstent] **6** einer Person usw.: (≈ Bedeutung) greatness **7** (≈ bedeutende Persönlichkeit) celebrity [səˈlebrəti] **8** ein Projekt dieser Größe a project on this scale
★**Großeltern** pl grandparents
großenteils largely, to a great extent
Größenunterschied m difference in size
Größenwahn m megalomania [ˌmegələʊˈmeɪniə]
größenwahnsinnig megalomaniac; er ist größenwahnsinnig he's a megalomaniac
Großfahndung f large-scale search (oder manhunt)
Großfamilie f extended family
Großhandel m wholesale trade; etwas im Großhandel kaufen buy* something wholesale **2** Laden: wholesaler's, wholesale store
Großhändler(in) m(f) wholesaler
großkotzig salopp, abwertend **1** (≈ angeberisch) arrogant [ˈærəgənt] **2** Auto, Hotel, Restaurant usw.: swanky [ˈswæŋkɪ], US auch swank
★**Großmacht** f great power, superpower
Großmarkt m **1** für Einzelhändler: wholesale market **2** für Normalkunden: hypermarket
Großmaul n umg loudmouth, bigmouth
★**Großmutter** f grandmother [ˈgræn,mʌðə]
Großonkel m great-uncle
Großraum m (metropolitan) area; der Großraum München the Greater Munich area
Großraumbüro n open-plan office [ˌəʊpənˈplænˈɒfɪs]
Großraumflugzeug n widebody jet
Großrechner m mainframe (computer)
großschreiben: etwas großschreiben (≈ mit großem Anfangsbuchstaben schreiben) write* something with a capital letter [ˌkæpɪtlˈletə]
Großschreibung f capitalization [ˌkæpɪtlaɪˈzeɪʃn]
★**Großstadt** f big city, Br auch city
Großtante f great-aunt
größtenteils for the most part, mainly
größtmögliche(r, -s) greatest possible (⚠ nur mit the gebräuchlich)
★**Großvater** m grandfather
Großverdiener(in) m(f) big earner
Großwild n big game
großziehen 1 bring* up, raise [reɪz] (Kinder) **2** raise, rear (Tiere)
★**großzügig 1** generous [ˈdʒenrəs] (auch Trinkgeld) **2** Ansichten, Charakter usw.: liberal **3** Anlage, Planung usw.: large-scale **4** (≈ weiträumig) spacious
Großzügigkeit f **1** generosity [ˌdʒenəˈrɒsəti] **2** von Ansichten usw.: liberality **3** einer Anlage, Planung usw.: (large) scale
grotesk grotesque
Grotte f grotto
grottig salopp (≈ sehr schlecht) crappy
Grübchen n in der Wange: dimple
Grube f pit, Bergbau auch: mine
grübeln 1 brood (über over, about) **2** (≈ nachdenken) ponder (über over)
grüezi ⓢ hello, umg hi
Gruft f **1** Grabstätte: tomb [⚠ tu:m] **2** (≈ Krypta) crypt [krɪpt]
Grufti m salopp wrinkly [⚠ ˈrɪŋklɪ]
★**grün 1** allg.: green (auch politisch) **2** grüner Salat lettuce [ˈletɪs] **3** grüne Bohnen French beans **4** die Bananen usw. sind noch zu grün the bananas usw. aren't ripe yet **5** er hat mir grünes Licht gegeben übertragen he gave me the go-ahead **6** umg Grüne Minna BE Black Maria, AE paddy wagon
Grün n **1** Farbe: green **2** (≈ Bäume und andere Grünpflanzen) greenery **3** die Ampel steht auf Grün the lights are green
Grünanlage f (public) park, public gardens (⚠ pl)
★**Grund**[1] m **1** (≈ Vernunftgrund, Ursache) reason; aus dem einfachen Grund, weil bzw. dass for the simple reason that; aus gesund-

heitlichen Gründen for health reasons; **sie hat schon ihre Gründe** she knows what she's doing; **ohne jeden Grund** for no apparent reason **2** (≈ *Anlass*) cause; **du hast keinen Grund, dich zu beklagen** you have no cause to complain; **kein Grund zur Besorgnis!** there's no need to get worried **3** **auf Grund des Lehrermangels** because of the shortage of teachers; → **aufgrund**

★**Grund²** m **1** (≈ *Grundbesitz*) land, property ['prɒpətɪ] **2** (≈ *Baugrundstück*) site, plot **3** *von Gewässern, Gefäßen usw.*: bottom **4** **von Grund auf** *übertragen* completely, (≈ *gründlich*) through and through **5** **im Grunde genommen** basically **6** **auf Grund laufen** *mit einem Schiff usw.*: run* aground

Grund... *in Zusammensetzungen* basic; **Grundausbildung** basic training; **Grundausstattung** basic equipment; **Grundbedürfnisse** basic needs; **Grundgebühr** basic rate, basic charge; **Grundgehalt** *Geld*: basic salary ['sælərɪ]; **Grundkenntnisse** basic knowledge [⚠ 'nɒlɪdʒ] (**in** of); **Grundkurs** basic course; **Grundlagenforschung** basic research; **Grundrechte** basic rights; **Grundregel** basic rule; **Grundwortschatz** basic vocabulary

Grundbegriff m basic concept
Grundbegriffe pl basics, fundamentals
Grundbesitz m property ['prɒpətɪ], *bes. US* real estate ['rɪəl_ɪˌsteɪt]
★**gründen** **1** *allg.*: found **2** establish, set* up (*Geschäft, Firma*) **3** start (*Familie*)
Gründer(in) m(f) founder
Grundfläche f **1** *eines Zimmers*: (floor) area **2** *Geometrie*: base
★**Grundgesetz** n: **das Grundgesetz** (≈ *Verfassung der Bundesrepublik Deutschland*) *amtlich*: the Basic Law; → **Verfassung**
Grundierung f (≈ *Farbe*) undercoat
★**Grundlage** f **1** basis **2** **die Grundlagen schaffen für** lay* the foundations for
grundlegend **1** fundamental **2** **etwas grundlegend ändern** change something fundamentally
★**gründlich** **1** thorough [⚠ 'θʌrə], (≈ *sorgfältig*) careful; **er arbeitet langsam, aber gründlich** he's slow but thorough; **ich habe mich gründlich vorbereitet** I'm well-prepared **2** **da hast du dich gründlich getäuscht** you're very much mistaken there
Grundlinie f *Geometrie, Sport*: baseline
grundlos for no reason
Grundnahrungsmittel n basic food(stuff)

Gründonnerstag m Maundy Thursday [ˌmɔːn-dɪˈθɜːzdɪ]
Grundriss m *von Gebäude*: ground (*oder* floor) plan, (≈ *Abriss*) outline, sketch
Grundsatz m principle ['prɪnsəpl]
★**grundsätzlich** **1** *Unterschied, Frage usw.*: fundamental, basic **2** **ich bin grundsätzlich gegen das Rauchen** *aus Überzeugung*: I'm against smoking on principle **3** **sie sind grundsätzlich mit unserem Plan einverstanden** they agree to our plan in principle **4** **sie kommt grundsätzlich zu spät** she's always late **5** **Fußball interessiert mich grundsätzlich nicht** I'm not at all interested in soccer
★**Grundschule** f primary school, *US* elementary (*oder* grade) school; **auf die Grundschule gehen** go* to primary school (⚠ *ohne the*)
Grundschüler(in) m(f) primary school pupil, *US* elementary (*oder* grade) school student
Grundschullehrer(in) m(f) primary school teacher, *US* elementary school teacher
Grundstoff m basic material, (≈ *Rohstoff*) raw material, *Chemie*: element
★**Grundstück** n **1** piece of land, plot, *US auch* lot **2** *Besitz*: property **3** (≈ *Bauplatz*) site
Gründung f **1** foundation **2** *eines Geschäfts usw.*: establishment, opening
Grundwasser n groundwater
Grundwasserspiegel m water table
Grundwert m **1** *eines Menschen, der Gesellschaft*: core value **2** *bei der Prozentrechnung*: base value
Grundwortschatz m basic vocabulary [vəˈkæbjʊlərɪ]
Grundzug m **1** characteristic, main feature **2** **Grundzüge der Physik** *usw.* fundamentals of physics *usw.*, *als Buchtitel*: an outline of physics *usw.*
Grüne(s) n: **ein Häuschen im Grünen** a house in the country
Grünfläche f **1** green space **2** *gepflegte*: lawn
Grünkohl m (curly) kale
grünlich greenish
Grünpflanze f foliage ['fəʊlɪɪdʒ] plant
Grüntee m green tea
grunzen grunt
Grünzeug n **1** *umg* (≈ *Rohkost*) raw green vegetables ['vedʒtəblz] (⚠ *pl*) **2** (≈ *frische Würzkräuter*) herbs (⚠ *pl*) **3** *humorvoll* rabbit food
★**Gruppe** f **1** *allg.*: group **2** (≈ *Arbeitsgruppe*) team **3** (≈ *Kategorie*) category ['kætəgərɪ]

Gruppenarbeit f **1** teamwork **2** *Schule:* group work

Gruppenreise f group tour, organized tour

Gruppensex m group sex

Gruppentherapie f group therapy [ˌgruːp-ˈθerəpɪ]

gruppenweise in groups

Gruppenzwang m peer pressure

gruppieren 1 group, arrange in groups **2 sich gruppieren** form a group (**um** round), (*Häuser usw.*) be* arranged (*oder* grouped) (**um** round)

Gruppierung f **1** (≈ *Einteilung*) grouping **2** (≈ *Gruppe*) group, *politisch auch:* faction

Gruselfilm m horror film

gruselig creepy, spooky [ˈspuːkɪ]

gruseln: mich (*oder* **mir**) **gruselt's** I'm scared, it's giving me the creeps

★**Gruß** m **1** greeting; **viele Grüße aus Wien** greetings from Vienna **2** *am Briefende:* **mit freundlichen Grüßen** Yours sincerely; **herzliche Grüße** Kind regards, *US* Best regards, *weniger förmlich:* Best wishes, *bei Freunden:* Love (⚠ *alle Anfangswörter großgeschrieben*) **3 sag ihm einen schönen Gruß von mir** give him my regards, *bei guten Bekannten, Freunden:* say hello to him from me, *intimer, bes. von Frau:* give him my love

★**grüßen 1** greet, say* hello, *beim Militär usw.:* salute [səˈluːt]; **jemanden grüßen** say* hello to someone, *beim Militär:* salute someone; **sie hat nicht einmal gegrüßt** she didn't even say hello **2 sie grüßen sich nicht mehr** they don't even say hello to each other any more **3 grüß dich!** hello!, hi!; **grüß Gott!** *etwa:* hello **4 grüßen Sie Alf von mir** say hello to Alf from me **5 sie lässt Sie grüßen** she sends her regards

Gschaftlhuber(in) m(f) Ⓐ (≈ *Wichtigtuer(in)*) busybody [ˈbɪzɪbɒdɪ]

gschamig *bes.* Ⓐ shy

★**gucken** *umg* look, *heimlich auch:* peep, *US mst.* peek; **guck mal!** look!; **guck mal, die Frau da!** look at that woman!; **nicht gucken!** *beim Anziehen usw.:* no peeping!, *US* no peeking!

Guerillakämpfer(in) m(f) guer(r)illa [gəˈrɪlə] (fighter)

Guerillakrieg m guer(r)illa war(fare) [gəˌrɪləˈwɔː(fɛə)]

Gugelhupf m *bes.* Ⓐ, **Gugelhopf** m Ⓒ *etwa:* ring cake

Güggeli n Ⓒ chicken

Gulasch n/m goulash [ˈguːlæʃ]

Gulaschsuppe f goulash soup [ˌguːlæʃˈsuːp]

Gülle f *bes.* Ⓒ (≈ *Jauche*) liquid manure [⚠ ˌlɪkwɪd məˈnjʊə]

Gully m/n drain

★**gültig 1** *Pass, Fahrkarte usw.:* valid; **die Fahrkarte ist drei Tage gültig** the ticket is valid (*umg* good) for three days **2** *Bestimmungen usw.:* current **3 ist dieser Geldschein noch gültig?** is this note still legal tender? **4** *Gesetz:* in force (⚠ *immer nach dem Verb*) **5 ab wann ist der Winterfahrplan gültig?** when does the winter timetable (*US* schedule) come into effect?; **gültig ab 1. Mai** valid from 1 May (⚠ *sprich:* from the first of May)

Gültigkeit f validity [vəˈlɪdətɪ]

★**Gummi** n/m **1** rubber, (≈ *Gummiarabikum*) gum **2** (≈ *Gummiband*) rubber band; *in Kleidung:* elastic **3** (≈ *Gummiring*) rubber band **4** (≈ *Radiergummi*) *Br* rubber, eraser **5** *umg* (≈ *Kondom*) rubber

Gummiband n elastic band

Gummibärchen n *pl:* gummy bears [ˈgʌmɪbɛəz]

Gummibaum m *als Zimmerpflanze:* rubber plant [ˈrʌbə ˌplɑːnt]

Gummiente f rubber duck

Gummihandschuhe rubber gloves [⚠ ˌrʌbəˈglʌvz]

Gummiknüppel m (rubber) truncheon [(ˌrʌbə)ˈtrʌnʃən]

Gummistiefel m wellington [ˈwelɪŋtən] (boot), *US* rubber boot [ˈrʌbə ˌbuːt]

Gunst f **1** favour, *US* favor [ˈfeɪvə] **2 zu meinen Gunsten** in my favour (*US* favor)

★**günstig 1** *Antwort, Eindruck, Bedingungen:* favourable, *US* favorable [ˈfeɪvrəbl] **2** (≈ *gut*) good (*auch Preis, Angebot*) **3 auf einen günstigen Augenblick warten** wait for the right moment [ˈməʊmənt] **4 günstig abschneiden** do* well, come* off well (**bei** in)

Gurgel f throat [θrəʊt]; **jemandem an die Gurgel gehen** go* for someone's throat

gurgeln (≈ *den Hals spülen*) gargle

Gurke f **1** (≈ *Salatgurke*) cucumber [ˈkjuːkʌmbə] **2** (≈ *Essiggurke*) gherkin [ˈgɜːkɪn], *US auch* pickle

Gurt m **1** *allg.:* belt **2** *im Auto und Flugzeug:* seatbelt **3** (≈ *Tragegurt, Riemen*) strap

★**Gürtel** m *allg.:* belt; **den Gürtel enger schnallen** *übertragen* tighten one's belt

Gürtellinie f waist(line); **unter der** (*bzw.* **die**) **Gürtellinie** *Boxen und übertragen:* below the belt; **das war ein Schlag unter die Gürtelli-**

nie that was (a punch) below the belt, *übertragen* that was (hitting) below the belt

Gürteltasche f bumbag, beltbag, US fanny pack

Guru m guru ['guru:] (*auch übertragen*)

GUS f abk CIS [,si:aɪ'es] (*abk für* Commonwealth of Independent States)

Guss m **1** (≈ *das Gießen*) casting, (≈ *Gussstück*) cast; (**wie**) **aus einem Guss** *übertragen* a unified whole **2** *aus Zucker, Schokolade*: icing ['aɪsɪŋ], *US auch* frosting **3** (≈ *Strahl*) stream, *umg* (≈ *Regenguss*) downpour

Gussform f mould, US mold

★**gut 1** good (⚠ **besser** better, **best-** best), *Wetter auch*: fine; **sie ist gut in Englisch** she's good at English; **das schmeckt** (*bzw.* **riecht**) **gut** it tastes (*bzw.* smells) good; **sie sieht gut aus** *grundsätzlich*: she's good-looking, *im Moment*: she's looking good, *gesundheitlich*: she's looking well **2 ganz gut** not bad **3 schon gut!** it's all right, *verärgert*: okay, okay **4 so gut wie unmöglich** virtually impossible **5 der Tisch ist so gut wie fertig** the table is more or less finished **6 eine gute Stunde** a good hour **7 wozu soll das gut sein?** what's that in aid of? **8 mir ist nicht gut** I don't feel well **9 ich finde sie gut** I like her **10 er ist kein besonders guter Tänzer** *usw.* he's not much of a dancer *usw.* **11 sei so gut und mach die Tür zu** do me a favour and close the door, will you? **12 das hast du gut gemacht** well done!, you did a great job **13 das kann gut 'sein** that's quite possible **14 es gefällt mir gut** I like it **15 mach es so gut du kannst** do it as best you can **16 'du hast's gut!** you don't know how lucky you are **17 in Dublin kennt er sich gut aus** he knows his way around Dublin **18 mach's gut!** take care!, bye!; → **guttun**

GETRENNTSCHREIBUNG

gut aussehend good-looking, attractive

gut gehen 1 go* well, turn out all right; **wenn das nur gut geht!** let's hope for the best; **das ist noch einmal gut gegangen** that was close **2 mir geht's gut** I'm fine, *geschäftlich*: I'm doing fine **3 gut gehend** *Geschäft usw.*: flourishing [⚠ 'flʌrɪʃɪŋ], thriving

gut gelaunt cheerful, *nur hinter dem Verb*: in a good mood

gut gemeint ein gut gemeinter Vorschlag a well-meant suggestion

---

Gut n **1** (≈ *Landgut*) estate [⚠ ɪ'steɪt], farm **2 Hab und Gut** possessions (⚠ *pl*) **3** (≈ *Ware*) item; **Güter** goods, *zum Transport*: freight [freɪt] (⚠ *sg*)

Gutachten n **1** expert ['ekspɜːt] opinion, expert('s) report **2** *für ein Haus, von Vermessung*: survey **3 ärztliches Gutachten** medical certificate [sə'tɪfɪkət] **4** (≈ *Zeugnis*) reference [⚠ 'refrəns], testimonial

Gutachter(in) m(f) expert, *beratend*: consultant

gutartig *Geschwulst usw.*: benign [⚠ bə'naɪn]

gutaussehend → **gut aussehend**

Gute(s) n **1 Gutes tun** do* good **2 alles Gute** all the best!

Güte f **1** (≈ *gütiges Wesen*) goodness, kindness **2** (≈ *Qualität*) quality **3 ach du meine Güte** goodness me!, my goodness!

Güterbahnhof m goods station, *bes. US* freight depot ['freɪt,diːpəʊ]

Güterverkehr m goods traffic, *US* freight traffic

Güterwagen m goods wagon, *US* freight car

Güterzug m goods train, *US* freight train

gutgehen → **gut gehen**

gutgelaunt → **gut gelaunt**

gutgemeint → **gut gemeint**

gutgläubig gullible, very trusting

guthaben: du hast noch 10 Euro gut I still owe you 10 euros

Guthaben n (≈ *Bankguthaben*) credit; *auf Konto*: balance; **sie hat ein großes Guthaben auf dem Konto** she's got a large balance in her bank account, she's got a lot of money in her account

gütig good, kind (**gegen** to)

gutmachen 1 put* right, correct (*Fehler*) **2** make* up for, make* good (*Verlust, Versäumtes*) **3 wie kann ich das (wieder) gutmachen?** how can I make it up to you?

gutmütig good-natured

Gutschein m **1** voucher **2** (≈ *Geschenkgutschein*) gift token

gutschreiben credit ['kredɪt]; **sie schreiben den Betrag meinem Konto gut** they'll credit the amount to my account

Gutschrift f (≈ *Bescheinigung*) credit note, (≈ *Betrag*) credit ['kredɪt]

gutstehen → **stehen 16**

guttun: **das wird dir guttun** that'll do you good; **das tut gut!** that's just what I need

Gymnasiallehrer(in) m(f) teacher at a Gymnasium

Gymnasiast(in) m(f) *etwa*: grammar school pupil, *US* high school student

★**Gymnasium** n *etwa*: grammar school, *US* high school (⚠ *engl.* gymnasium = **Sport-, Turn-**

halle); **achtjähriges Gymnasium** high-school education at a Gymnasium lasting eight rather than the traditional nine years; **aufs Gymnasium gehen** go* to grammar school (⚠ ohne the)

Gymnastik f ◼ exercises (⚠ pl) ◼ Disziplin: gymnastics [dʒɪmˈnæstɪks] (⚠ sg) ◼ **sie macht Gymnastik regelmäßig**: she does gymnastics, (≈ sie übt gerade) she's doing her exercises

Gymnastikball m exercise ball [ˈeksəsaɪz_bɔːl], aus Plastik: plastic ball [ˌplæstɪkˈbɔːl]

Gynäkologe m, **Gynäkologin** f gynaecologist [ˌgaɪnɪˈkɒlədʒɪst], US gynecologist

G-20-Staat m Politik: G-20 country

H

★**Haar** n ◼ (≈ die Haare) hair (⚠ sg); **sie hat hellblonde Haare** she's got blonde hair; **ich glaube, ich muss mir die Haare schneiden lassen** I think I need a haircut; **sie hat sich die Haare schneiden lassen** she's had her hair cut (⚠ nicht let); **sich die Haare kämmen** comb [⚠ kəʊm] one's hair ◼ **ein Haar** a hair; **zwei Haare** two hairs

Haarausfall m hair loss

Haarbürste f hairbrush

Haaresbreite f: **um Haaresbreite** by a hair's breadth [ˈheəz_bredθ]

Haareschneiden n haircut

Haarewaschen n beim Friseur: shampoo [ʃæmˈpuː], wash

Haarfarbe f colour of hair; **was für eine Haarfarbe hat er?** what colour hair has he got? (⚠ ohne of)

Haarfestiger m setting lotion

Haargel n hair gel [ˈheədʒel]

haargenau ◼ exact, very precise ◼ **das stimmt haargenau** that's exactly right

Haargummi n ◼ hair band ◼ aus Stoff: scrunchie [ˈskrʌnʃi]

haarig hairy (auch Sache, Angelegenheit)

Haarklammer f hair clip, US bobby pin

Haarnadelkurve f hairpin bend

Haarschneidemaschine f hair clippers (⚠ pl)

Haarschnitt m haircut

Haarspange f hair slide, US barrette [⚠ bəˈret]

Haarspray n/m hairspray

haarsträubend ◼ Erlebnis, Geschichten usw.: hair-raising, incredible [ɪnˈkredəbl] ◼ (≈ skandalös) outrageous [aʊtˈreɪdʒəs]

Haartrockner m hairdryer

Haarwaschmittel n shampoo [ʃæmˈpuː]

★**haben** ◼ have*, have* got; **er hat kein Geld** he hasn't got any money, he doesn't have any money ◼ **ich habe Hunger** (bzw. **Durst**) I'm hungry (bzw. thirsty); **wir haben Ferien** (oder **Urlaub**) we're on holiday (US vacation) ◼ **sie hat Geburtstag** it's her birthday; **welches Datum haben wir heute?** what's the date today?; **wir haben Juli** it's July; **welche Farbe hat das Auto?** what colour _is_ the car? ◼ **er will es so haben** that's the way he wants it ◼ **ist das Bild noch zu haben?** is the painting still available? ◼ **sie hat dreißig Mitarbeiter unter sich** she's in charge of thirty employees ◼ **hast du das gehört?** did you hear that?; **sie hätte es machen sollen** she should have done it ◼ Wendungen: **da hast du's!** there you are; **das hast du jetzt davon!** see?; **ich hab's gleich!** I'm nearly finished; **das hätten wir!** well, that's that; **ich hab's!** umg I've got it!; **die Sache hat es in sich** it's not so easy; **hab dich nicht so!** don't make such a fuss

Haben n credit

Habenseite f credit side

Habgier f greed

habgierig greedy

Habicht m hawk

Hachse f vom Schwein oder Kalb: knuckle [⚠ ˈnʌkl]

Hackbraten m meat loaf

Hacke¹ f ◼ hoe [həʊ] ◼ (≈ Pickel) pick, pickaxe, US auch pickax ◼ Ⓐ (≈ Beil, Axt) axe, US auch ax

Hacke² f (≈ Ferse, Absatz) heel

hacken ◼ hack (ein Loch) ◼ im Garten: hoe [həʊ] (Erde, den Boden) ◼ chop (Holz, Gemüse) ◼ (Vogel) peck (**nach** at)

hacken Computer: hack (**in** into)

Hacker(in) m(f) Computer: hacker

Hackerangriff m Computer: cyberattack

★**Hackfleisch** n minced meat, mince, US ground beef

Hacksteak n beefburger, hamburger

★**Hafen** m harbour, port

Hafenanlagen pl docks

Hafenrundfahrt f harbour cruise (oder tour)

Hafenstadt f port, am Meer auch: seaport

Hafenviertel n docklands (⚠ pl), US waterfront [ˈwɔːtəfrʌnt]

Hafer m oats (⚠ pl)

Haferbrei m porridge, US mst. oatmeal (porridge)

Haferflocken pl porridge oats, US rolled oats

Haferl n, **Häferl** n bes. Ⓐ ▪ (≈ größere Tasse) mug ▪ (≈ Töpfchen, auf das man ein Kleinkind setzt) potty

Haferschleim m **Haferschleimsuppe** f gruel ['gruːəl]

Haft f ▪ (≈ Gewahrsam) custody ['kʌstədɪ]; **in Haft** under arrest, in custody; **sie wurde gestern aus der Haft entlassen** she was released (from custody) yesterday ▪ bei politischen Häftlingen: detention ▪ (≈ Gefängnishaft) imprisonment; **er wurde wegen Mordes zu zwanzig Jahren Haft verurteilt** he was sentenced to twenty years' imprisonment for murder

Haftbefehl m arrest warrant ['wɒrənt]

haften ▪ (≈ kleben) stick* (an to) ▪ (Staub, Geruch usw.) cling* (an to) ▪ **haften für** (≈ bürgen) be* liable for, answer for

★**Häftling** m ▪ prisoner ▪ **politischer Häftling** political detainee [ˌdiːteɪˈniː]

Haftnotiz f self-stick (bes. US self-adhesive) note, Post-it® note

Haftpflicht f (legal) liability

Haftpflichtversicherung f für Autofahrer usw.: third party insurance

Haftung f ▪ im juristischen Sinn: (legal) liability, für Personen: (legal) responsibility; **beschränkte Haftung** limited liability; **Gesellschaft mit beschränkter Haftung** private limited (liability) company, US close (oder closed) corporation ▪ von Reifen: adhesion

Hagebutte f rose hip ['rəʊz‿hɪp]

Hagebuttentee m rose hip tea [ˌrəʊz‿hɪpˈtiː]

Hagel m ▪ hail ▪ **ein Hagel von Protesten** a volley of protest ['prəʊtest] (sg)

hageln hail

Hagelschauer m hailstorm

hager lean, gaunt [gɔːnt]

★**Hahn** m ▪ Vogel: cock, bes. US rooster ▪ (≈ Wasserhahn) tap, US faucet ['fɔːsɪt]

★**Hähnchen** n chicken; **ein halbes Hähnchen** half a chicken (Wortstellung)

Hähnchenflügel m chicken wing

Hai m, **Haifisch** m shark

Häkchen n beim Abhaken: tick, US check

häkeln crochet ['krəʊʃeɪ]

Häkelnadel f crochet ['krəʊʃeɪ] needle

★**Haken** m ▪ hook (auch beim Boxen) ▪ Zeichen: tick, US check ▪ **einen Haken schlagen** Hase usw.: double back ▪ Wendungen: **die Sache muss doch einen Haken haben** there must be a catch to it somewhere; **der Haken daran ist** the only problem (oder thing) is

Hakenkreuz n historisch swastika ['swɒstɪkə]

★**halb** ▪ half [hɑːf]; **halb vier** half past three US three-thirty; **halb Deutschland** half of Germany (mit of); **halb so viel** half as much **das Glas ist halb leer** the glass is half-empty ▪ **wir sind halb erfroren** we almost froze to death; **ich habe mich halb totgelacht** I nearly killed myself laughing ▪ **es ist halb so schlimm** it's not as bad as all that; **das ist ja halb geschenkt** that's dirt cheap ▪ **halb verhungert** starving, half-starved

Halbbruder m half-brother

Halbe f Bier; etwa: pint [paɪnt], pint of beer

halbe(r, -s) ▪ half [hɑːf]; **eine halbes Pfund** half a pound; **eine halbe Stunde** half an hour **zum halben Preis** for half the price, (at) half-price; **die halbe Summe** half the amount ▪ **das ist nur die halbe Wahrheit** that's only part of the truth

halbfett half-fat, medium-fat

Halbfinale n semi-final [ˌsemɪˈfaɪnl]; **das deutsche Team ist ins Halbfinale gekommen** the German team has reached the semi-finals (pl)

halbieren ▪ allg.: halve [hɑːv], divide in half [hɑːf] ▪ mit Messer: cut* in half (Apfel usw. ▪ cut* by half (Kosten usw.)

Halbinsel f peninsula [pəˈnɪnsjʊlə]

★**Halbjahr** n half-year; **im zweiten Halbjahr** in the last six months

halbjährlich ▪ half-yearly ▪ **die Zahlung erfolgt halbjährlich** payment is made twice yearly (oder every six months)

Halbkreis m semicircle ['semɪˌsɜːkl]

Halbkugel f hemisphere ['hemɪsfɪə]

halblang ▪ Rock, Mantel: mid-calf length ▪ Haare: medium-length ▪ **jetzt mach mal halblang!** umg now just a minute!

halbleer half-empty

Halbmond m half moon, crescent ['kreznt]

Halbpension f half board, US room plus one meal

Halbschuh m shoe [ʃuː], low shoe

Halbschwester f half-sister

halbseitig: **halbseitig gelähmt** paralyzed ['pærəlaɪzd] on one side

halbstündlich ▪ half-hourly ▪ **die Züge fahren halbstündlich** trains leave every half-hour

halbtags: **halbtags arbeiten** work half-days, have* a part-time job

Halbton m Musik: semitone, US half tone

halbwegs (≈ *leidlich*) fairly, reasonably, (≈ *in etwa*) more or less; **kannst du dich nicht mal halbwegs normal benehmen?** can't you try and act like a human being for a change?

Halbzeit f **1** Sport: half [▲ hɑːf]; **in der ersten Halbzeit** in the first half; **nach der Halbzeit** in the second half **2** Sport: (≈ *Pause*) half-time; **zur Halbzeit steht es 3:0** the half-time score is 3-0 (▲ *gesprochen* three nil, US three zero)

Halbzeitstand m Sport: half-time score

★ **Hälfte** f half [▲ hɑːf] pl halves [hɑːvz]; **die Hälfte** half of it; **gib mir die Hälfte** give me half (of it); **die Hälfte meiner Zeit** half (of) my time; **die andere Wohnung ist um die Hälfte teurer** the other flat costs half as much again

★ **Halle** f **1** hall **2** (≈ *Vorhalle*) entrance hall **3** in **der Halle spielen** play indoors [ɪnˈdɔːz]

hallen echo [▲ ˈekəʊ], resound (**von** with)

Hallenbad n indoor (swimming) pool

Hallenfußball m five-a-sides, five-a-side football (US soccer)

★ **hallo** hello, *umg* hi

Halluzination f hallucination [həˌluːsɪˈneɪʃn]

Halm m **1** (≈ *Grashalm*) blade **2** (≈ *Getreidehalm*) stalk [stɔːk]

Halogenlicht n halogen [ˈhælədʒen] light

Halogenscheinwerfer m Auto: halogen headlight [ˌhælədʒenˈhedlaɪt], Br auch halogen headlamp [ˌhælədʒenˈhedlæmp]

★ **Hals** m **1** als Ganzes, einschließlich Nacken: neck (*auch einer Flasche, einer Geige*); **steifer Hals** stiff neck; **er hat sich den Hals gebrochen** he broke his neck **2** (≈ *Rachen, äußere Kehle*) throat **3** Wendungen: **es hängt mir zum Hals heraus** *umg* I'm sick of it; **sie ist Hals über Kopf abgereist** she left in a great hurry

Halsband n, **Halskette** f **1** necklace [▲ ˈnekləs] **2** für Hunde usw.: collar [ˈkɒlə]

Hals-Nasen-Ohren-Arzt m, **Hals-Nasen-Ohren-Ärztin** f ear, nose and throat specialist

★ **Halsschmerzen** pl: **Halsschmerzen haben** have* a sore throat

Halstuch n neckerchief [▲ ˈnekətʃɪf], scarf pl: scarfs *oder* scarves [skɑːvz], vornehmer: cravat [krəˈvæt], US ascot [ˈæskət]

Halt m **1** (≈ *Anhalten, kurzer Aufenthalt, Haltestelle*) stop **2** (≈ *Stand- und Griffffestigkeit*) hold, für die Füße: foothold **3** ein **Mensch ohne Halt** a disoriented [dɪsˈɔːrɪəntɪd] (*oder* an unstable) person **4** **Halt machen** → **haltmachen**

★ **halt**[1]: **halt!** stop!, (≈ *warte! usw.*) wait!, (≈ *Moment mal!*) wait a minute

★ **halt**[2]: **da kann man halt nichts machen** there's nothing you can do; **das ist halt so** that's the way it is; **dann gehe ich halt ins Kino** I'll go and see a film then

★ **haltbar** **1** Material: durable, Br auch hard-wearing [ˌhɑːdˈweərɪŋ], US auch longwearing **2** Lebensmittel: non-perishable, Milch: bes. Br long-life (▲ *nur dem Subst.*); **haltbar bis** best before; **haltbar machen** preserve **3** Argument, Theorie usw.: tenable [▲ ˈtenəbl] **4** **der (Schuss) war haltbar** Kritik an Tormann: he could have saved that one

Haltbarkeit f **1** **eine längere Haltbarkeit haben** von Lebensmitteln: keep* longer **2** (≈ *Widerstandsfähigkeit*) durability **3** von Behauptung: tenability

Haltbarkeitsdatum n use-by date [ˈjuːzbaɪˌdeɪt], best-before date [ˌbestbɪˈfɔːˌdeɪt], sell-by date [ˈselbaɪˌdeɪt], US expiration [ˌekspəˈreɪʃn] date

Haltbarmilch f Ⓐ (≈ *H-Milch*) long-life milk

★ **halten** **1** *allg.*: hold*; **er hielt sie bei der Hand** he was holding her hand **2** (≈ *etwas in eine gewisse Stellung bringen*) hold*; **den Kopf hoch halten** hold* one's head up **3** (≈ *in einem Zustand halten*) keep*; **Ordnung halten** keep* things in order; **etwas frisch (warm usw.) halten** keep* something fresh (warm usw.); **du musst dich warm halten** you've got to keep warm **4** (≈ *abhalten*) hold* (*Versammlung usw.*) **5** **sein Wort** (*bzw.* **Versprechen**) **halten** keep* one's word (*bzw.* promise) **6** **der Torwart hat den Elfmeter gehalten** the keeper saved the penalty **7** **sie hält den Weltrekord im 100-Meter-Lauf** she holds the world record in the hundred metres **8** **eine Rede halten** give* (*oder* make*) a speech; **einen Vortrag halten** give* a lecture **9** **ich halte sie für begabt** I think she's talented; **für wie alt hältst du sie?** how old do you think she is?; **ich habe sie zuerst für ihre Schwester gehalten** at first I mistook her for her sister **10** **was hältst du von der neuen Mathelehrerin?** what do you think of our new maths teacher?; **sie hält sehr viel von dir** she thinks you're great; **sie hält nichts vom Sparen** she doesn't believe in saving money **11** (≈ *fest sein*) hold*; **so, das dürfte halten!** well, that should hold now **12** (≈ *Halt machen*) stop, (*Fahrzeug*) stop, draw* up **13** (≈ *funktionsfähig bleiben*) last; **ihr billiges Auto wird nicht lange halten** her cheap car won't last very long **14** (*Freundschaft usw.*) last **15** (**sich**) **halten** (*Lebensmittel*) keep*, last **16** (**sich**) **halten** (*Wetter usw.*) hold* **17 sie hat sich gut gehalten** (≈ *ist wenig gealtert*) she looks good for her age **18 zu jemandem halten** stand* by someone, *umg* stick* to someone **19 sich an die Vorschriften** *usw.* **halten** keep* (*oder* stick*) to the rules *usw.* **II sich links** (*bzw.* **rechts**) **halten** keep* to the left (*bzw.* right)

★**Haltestelle** *f* stop

Halteverbot *n*: **er hat im Halteverbot geparkt** he's parked his car in a no stopping (*US* parking) zone; **absolutes Halteverbot** *Br* double yellow lines (⚠ *pl*)

haltmachen **1** stop, make* a stop **2 er macht vor nichts halt** *übertragen* he'll stop at nothing

Haltung *f* **1** (≈ *Körperhaltung*) posture (⚠ 'pɒstʃə) **2** (≈ *Einstellung*) attitude (**zu** towards) **3** (≈ *inneres Gleichgewicht*) composure; **Haltung bewahren** keep* a stiff upper lip, *im Zorn:* keep* one's cool

Halunke *m* **1** *allg.*: crook, rogue [rəʊg] **2** *Kind:* rascal ['rɑːskl]

Hamburg *n* Hamburg

Hamburger *m Essen:* hamburger ['hæmbɜːgə]

hämisch **1** *allg.*: malicious [məˈlɪʃəs] **2 eine hämische Bemerkung** a snide remark

Hammel *m* **1** wether **2** *Fleisch:* mutton

★**Hammer** *m* **1** hammer (*auch Sportgerät*) **2 das ist ein Hammer!** *umg* (≈ *ist toll*) that's great, (≈ *ist unerhört*) that's incredible, that's a bit thick (*US* much)

hämmern hammer (*auch mit Faust an Tür*)

Hammerwerfen *n Sport:* hammer

Hammerwerfer(in) *m(f)* hammer thrower

Hämoglobin *n* haemoglobin, *US* hemoglobin [ˌhiːməˈgləʊbɪn]

Hämorrhoiden *pl,* **Hämorriden** *pl* haemorrhoids ['hemərɔɪdz], *US* hemorrhoids, *umg* piles

Hampelmann *m* **1** *Mensch:* sucker **2** *Spielzeug:* jumping jack ['dʒʌmpɪŋ ˌdʒæk]

Hamster *m* hamster

Hamsterkäufe *pl* (≈ *Panikkäufe*) panic buying ['pænɪkˌbaɪɪŋ] (⚠ *sg*); **Hamsterkäufe machen** hoard (food *usw.*)

hamstern hoard [hɔːd]

★**Hand** *f* **1** hand; **jemandem die Hand geben** shake* hands with someone; **sie nahm das Kind an die Hand** she took the child by the hand; **die Hand heben** put* one's hand up **2** *Wendungen:* **etwas bei der Hand** (*oder* **zur Hand**) **haben** have* something handy; **aus erster** (*bzw.* **zweiter**) **Hand** first-hand (*bzw.* second-hand); **unter der Hand** *verkaufen:* secretly, under the counter, *erfahren:* through unofficial channels; **es liegt in deiner Hand** it's up to you; **zu Händen Herrn X** attention Mr X (*abk* att. *oder* attn Mr X); **an Hand von** → anhand; **eine Hand voll** → Handvoll

★**Handarbeit** *f* **1** *gestrickte usw.:* needlework (*auch Schulfach*) **2** *fertiges Produkt:* handmade article; **ich möchte eine Handarbeit kaufen** I'd like to buy something handmade **3 es ist alles Handarbeit** it's all handmade

Handball *m* handball

Handballer(in) *m(f),* **Handballspieler(in)** *m(f)* handball player

Handbesen *m* (hand)brush

Handbewegung *f* (≈ *Geste*) gesture ['dʒestʃə]

Handbremse *f* handbrake, *US* emergency brake, *US auch* parking brake

Handbuch *n* **1** *für bestimmte Fachrichtung:* textbook **2** *mit Anweisungen:* manual

Händchen *n* **1** (≈ *kleine Hand*) little hand **2 Händchen halten** hold* hands; **sie gingen Händchen haltend über die Straße** they crossed the road holding hands **3** (≈ *Begabung*) **ein Händchen fürs Nähen haben** be* good at sewing; **sie hat ein Händchen für Pflanzen** she's good with plants

Händedruck *m* handshake

★**Handel** *m* **1** *als Wirtschaftszweig:* commerce (⚠ 'kɒmɜːs), trade **2** (≈ *Handeln, Warenverkehr*) trade, *an der Börse:* trading (**mit in**) **3** *mit Waffen, Drogen:* traffic, trafficking (**mit in**) **4 im Handel sein** be* on the market; **etwas in den Handel bringen** put* something on the market; **etwas aus dem Handel ziehen** take* something off the market **5 mit jemandem Handel treiben** do* business with someone; **Handel treibend** trading

★**handeln** **1** *allg.:* act; **du hast richtig gehandelt** you did the right thing **2** (≈ *etwas unternehmen*) take* action **3** *um bessere Bedingungen usw.:* bargain ['bɑːgɪn] (**um** for), *um den Preis:* bargain (**um** over), haggle (**um** over) **4** *mit Waren:* trade (**mit in**), deal* (**mit in**) **5 der Film handelt von Liebe und Eifersucht** the film is about love and jealousy (⚠ 'dʒeləsɪ) **6 es handelt sich um Folgendes** the thing is this; **worum handelt es sich?** what's the problem?

Handelsabkommen *n* trade agreement

Handelskammer *f* chamber of commerce; **in-**

ternationale Handelskammer international chamber of commerce

Handelskette f **1** *Unternehmen*: retail chain **2** *Weg der Ware*: chain of distribution

Handelsschule f commercial college, business school

Händeschütteln n handshaking, (≈ *Händedruck*) handshake; **sich mit Händeschütteln begrüßen** greet each other by shaking hands

Handfeger m hand brush; **Handfeger und Schaufel** dustpan and brush

Handfeile f hand file

handfest 1 *Person*: sturdy **2** *Beweis*: tangible ['tændʒəbl], solid ['sɒlɪd] **3** *Grund*: solid **4** *Drohung*: serious, severe [sɪ'vɪə]

Handfläche f palm [▲ pɑːm]

Handgelenk n wrist [▲ rɪst]

handgemacht handmade

Handgepäck n hand luggage, hand baggage

handgeschrieben *Brief usw.*: handwritten

Handgranate f hand grenade ['hænd grə ˌneɪd]

Handgriff m: **mit 'einem Handgriff** with a flick of the wrist [rɪst], (≈ *schnell*) in no time

handhaben 1 handle, deal* with (*Vorschrift usw.*) **2** operate (*Maschine*) **3** use, go* about with (*Werkzeug usw.*)

Handheld n *Computer*: handheld (computer)

Handicap n handicap; **es stellte sich als großes Handicap heraus** it proved [pruːvd] to be a big handicap; **das war für ihn überhaupt kein Handicap** it was no handicap to him whatsoever

★**Händler(in)** m(f) **1** *allg.*: trader (*auch auf Märkten*) **2** (**Wein)Händler** (wine) merchant **3** (**Auto)Händler** (car) dealer; **wenden Sie sich an Ihren Händler** ask at your local dealer's **4** (≈ *Ladenbesitzer*) shopkeeper, *US* store owner **5** (≈ *Einzelhändler*) retailer [▲ 'riːteɪlə] **6** **fliegender Händler** hawker

handlich 1 *Kamera, Gerät, Format usw*: handy **2** *Auto usw.*: easy to handle (▲ *immer hinter dem Verb*)

★**Handlung** f **1** *eines Romans, Films usw.*: action, story, *im Grundriss*: plot (*auch von Theaterstück*); **Ort der Handlung ist eine Kirche** the scene is set in a church **2** (≈ *Tat*) act **3** (≈ *Handeln, Vorgehen*) action

Handout, **Hand-out** n handout

Handrücken m back of the (*oder* one's) hand

Handschellen pl handcuffs

Handschrift f **1** handwriting ['hændˌraɪtɪŋ], hand; **sie hat eine unleserliche Handschrift** she has an illegible [ɪ'ledʒəbl] hand **2** **der Banküberfall trägt seine Handschrift** the bank raid carries his signature ['sɪɡnətʃə] **3** *altes Buch*: manuscript ['mænjʊskrɪpt]

handschriftlich handwritten ['hændˌrɪtn]

★**Handschuh** m **1** glove [▲ ɡlʌv] **2** (≈ *Fausthandschuh*) mitten

Handschuhfach n glove [▲ ɡlʌv] compartment

Handspiel n *Fußball*: hand ball, hands (▲ *nur mit sg*); **das war Handspiel** that was hands

Handstand m handstand

★**Handtasche** f handbag, *US auch* purse, *US auch* pocketbook

★**Handtuch** n towel ['taʊəl]

Handumdrehen n: **im Handumdrehen** in no time at all

Handvoll f **eine Handvoll Reis** (*bzw.* **Leute**) a handful of rice (*bzw.* of people)

★**Handwerk** n **1** *ein bestimmtes*: trade, *bes. Kunsthandwerk*: craft; **ein Handwerk lernen** learn* a trade **2** **das Handwerk** *im Gegensatz zur Industrie usw.*: the craft, the trade **3** **er versteht sein Handwerk** he knows his business

★**Handwerker(in)** m(f) tradesman/-woman, skilled manual worker, *für Reparaturen usw.*: workman/-woman ['wɜːkmən/-ˌwʊmən], (≈ *Kunsthandwerker*) craftsman/-woman ['krɑːftsmən/-ˌwʊmən]; **morgen kommen die Handwerker** we're having the workmen in tomorrow

handwerklich: **ein handwerklicher Beruf** a skilled trade

Handwerksberuf m skilled trade

Handwerksbetrieb m workshop

Handwerkskammer f trade corporation

Handwerkszeug n **1** (≈ *Arbeitsgerät*) tools (▲ *pl*) **2** **Fremdsprachenkenntnisse gehören zum Handwerkszeug eines Wissenschaftlers** a knowledge of foreign languages is part of a scientist's stock-in-trade ['stɒkɪntreɪd]

★**Handy** n mobile (phone), *US* cell (phone) (▲ *engl.* handy = **handlich**)

handyfrei mobile-free, *US* cell phone-free (*Zone*)

Handyhülle f mobile (phone) cover, *US* cell phone cover

Handynummer f mobile (*US* cell phone) number

Handytasche f mobile (phone) cover, *US* cell phone cover

Handzettel m leaflet, flyer

Hanf m hemp

★**Hang** m **1** *eines Berges, Hügels*: slope **2**

übertragen (≈ Neigung) inclination (**zu** to), tendency (**zu** towards) **3** (≈ Vorliebe) penchant ['pāʃā] (**zu** for) **4** (≈ Anfälligkeit) proneness (**zu** to)

Hangar *m* für Flugzeuge, Luftschiffe: hangar [⚠ 'hæŋə]

Hängebrücke *f* suspension bridge [sə-'spenʃn̩ˌbrɪdʒ]

Hängematte *f* hammock ['hæmək]

★**hängen** **1** hang*; **das Bild hängt an der Wand** the picture is hanging on the wall; **die Lampe hängt an der Decke** the lamp is hanging from the ceiling; **in der National Gallery hängen einige Bilder von Constable** there are a number of Constables (*oder* paintings by Constable ['kɒnstəbl̩]) (hanging) in the National Gallery **2** **ein Bild an die Wand hängen** put* a picture on the wall **3** **das Bild hängt schief** the picture isn't straight **4** **sie hängt dauernd am Telefon** she's on the phone all day **5** **sie hängt sehr an ihrem Vater** she's very attached to her father; **er hängt sehr an der Musik** he's devoted to music **6** **das hängt jetzt ganz an dir** it depends entirely on you now **7** **jemanden hängen** (≈ hinrichten) hang someone; **er wurde gehängt** he was hanged

---
GETRENNTSCHREIBUNG

hängen bleiben **1** **sie blieb mit dem Rock am Zaun hängen** she got her skirt caught on the fence **2** **wir wollten eigentlich nach Dublin, sind dann aber hier hängen geblieben** *umg* we actually wanted to go to Dublin, but we got stuck here **3** **von Latein ist bei mir nicht viel hängen geblieben** I can't remember much of what we learnt in Latin

---

hänseln: **er hänselt sie immer wegen ihrer O-Beine** he's always teasing her because of her bandy legs (US bowlegs)

Hansestadt *f* Hanseatic city [ˌhænzɪætɪk'sɪtɪ]

Hantel *f* dumbbell [⚠ 'dʌmbel]

hantieren: **mit etwas hantieren** tinker with something

hapern: **es hapert an etwas** there is a shortage of something; **bei ihm hapert es an Grammatikkenntnissen** he's poor at grammar

Happen *m* bite (to eat); **einen Happen essen** have* a bite

happig *umg* **1** *Strafe*: stiff **2** **dabei hat er happig verdient** he earned a packet doing it

Happy End *n* happy ending

Hardliner(in) *m(f)* hardliner

★**Hardware** *f Computer*: hardware

Harem *m* harem ['hɑːrəm]

Harfe *f* harp

Harke *f* **1** rake **2** **jemandem zeigen, was eine Harke ist** *übertragen* tell* someone what's what

harmlos **1** *Mensch, Tier, Vergnügen usw.*: harmless **2** *Miene*: innocent ['ɪnəsənt]

Harmonie *f* harmony ['hɑːmənɪ]

harmonisch harmonious [hɑː'məʊnɪəs]

Harn *m* urine ['jʊərɪn]

Harpune *f* harpoon [hɑː'puːn]

★**hart** **1** *Boden, Holz, Käse, Wasser, Winter usw.*: hard (*auch Arbeit, Leben, Droge*); **zu jemandem hart sein** be* hard on someone; **hart arbeiten** work hard (⚠ *nicht* hardly) **2** **ein harter Schlag** *übertragen* a heavy blow **3** *Bursche, Kerl usw.*: (≈ zäh) tough [⚠ tʌf] **4** *Arbeit, Verhandeln, Standpunkt*: tough **5** *Strafe*: severe [sɪ'vɪə], harsh; **jemanden hart bestrafen** punish someone hard (⚠ *nicht* hardly) (*oder* severely) **6** **harte Sachen** (≈ Alkohol) the hard stuff **7** **ein hartes** (*oder* **hart gekochtes**) **Ei** a hard-boiled egg **8** *Währung*: hard, stable **9** *Licht, Stimme, Aussprache, Realität*: harsh **10** *Sport, Gegner*: rough [⚠ rʌf]

Härte *f* **1** *des Bodens, von Material*: hardness **2** (≈ Zähigkeit, Brutalität) toughness [⚠ 'tʌfnəs] **3** (≈ Strenge) severity [sɪ'verətɪ] **4** *des Lebens*: hardship; **soziale Härte** social hardship **5** *im Sport*: tough play **6** **mit aller Härte** *neutral*: extremely hard, (≈ verbissen) fiercely, (≈ erbarmungslos) relentlessly, (≈ drastisch) drastically

Härtefall *m* **1** case of hardship **2** **sie ist ein Härtefall** she's a hardship case

härten **1** **etwas härten** harden something **2** temper (*Stahl*) **3** (≈ hart werden) harden, grow* hard

Härtetest *m* **1** endurance test [ɪn'djʊərənsˌtest] **2** *übertragen* acid test [ˌæsɪd'test]

hartgekocht *Ei* hard-boiled

hartherzig hard-hearted, unfeeling

Hartkäse *m* hard cheese

hartnäckig **1** *Mensch, Widerstand*: stubborn ['stʌbən] (*auch Krankheit*) **2** (≈ beharrlich) persistent [pə'sɪstənt]

Hartnäckigkeit *f* **1** (≈ Eigensinn) stubbornness ['stʌbənnəs] **2** (≈ Ausdauer) persistence [pə'sɪstəns], doggedness [⚠ 'dɒɡɪdnəs]

Hartwurst *f* dry sausage [ˈsɒsɪdʒ]

Hartz IV *n* benefit reform introduced in 2005 introducing lower benefits for long-term unemployed; **Hartz IV bekommen** get* Hartz IV

Harz n resin [ˈrezɪn]

haschen umg (≈ Haschisch rauchen) smoke hash

Hascherl n: **armes Hascherl** bes. ⒶⒶ poor little thing

Haschisch n/m hashish, cannabis, salopp hash

Hase m ① Tier: hare ② **er ist ein alter Hase** übertragen, umg he's an old hand

Haselnuss f hazelnut [ˈheɪzlnʌt]

Hashtag m/n Computer: hashtag

★**Hass** m ① hatred [ˈheɪtrɪd], hate (**auf, gegen** for); **aus Hass** out of hatred ② **einen Hass kriegen** umg see* red, go* wild

★**hassen** hate, (≈ verabscheuen) loathe [ləʊð], detest [dɪˈtest]

★**hässlich** ① dem Aussehen nach: ugly; **ein hässlicher Anblick** an ugly sight ② Handlung, Person: nasty [ˈnɑːstɪ]; **sich hässlich benehmen** be* nasty, behave nastily ③ Wetter: awful [ˈɔːfl], nasty

Hast f hurry [ˈhʌrɪ], hurrying; **ohne Hast** without hurrying; **in großer Hast** in a great hurry

hasten hurry [ˈhʌrɪ], (≈ rennen) rush, race

★**hastig** ① hurried [ˈhʌrɪd], (≈ voreilig) rash ② (≈ schlampig) slapdash ③ **etwas hastig tun** do* something quickly (oder in a hurry) ④ **nicht so hastig!** hang on a minute!

hatschen bes. Ⓐ ① (≈ schleppend gehen) shuffle ② (≈ hinken) limp

Haube f ① eines Babys: bonnet ② einer Krankenschwester: cap ③ (≈ Kapuze) hood ④ (≈ Motorhaube) bonnet, US hood

hauchdünn ① Schicht, Scheibe: wafer-thin ② Gewebe: flimsy ③ Strumpf, Kondom: sheer ④ Mehrheit, Vorsprung: very slim

hauchen breathe [briːð]

hauen ① **jemanden hauen** hit* someone, Kindersprache: smack someone ② (≈ hacken) chop (Holz), chop down (Bäume) ③ carve (Statue aus einem Stein) ④ mit Werkzeug: cut*, make* (Loch usw.) ⑤ **jemandem ins Gesicht hauen** hit* (oder slap) someone in the face ⑥ **auf den Tisch hauen** bang the table

Haufen m ① von gleichen Dingen, z.B. Bücher, Teller: pile; **ein Haufen Zeitungen** a pile of papers ② größer und ungeordnet: heap ③ (≈ große Menge) a lot of, lots of, umg loads of, piles of; **sie hat einen Haufen Freunde** umg she's got a lot of (oder lots of) friends; **ein Haufen Arbeit** umg a pile of (oder piles of) work; **ein Haufen Leute** crowds of people; **er hat einen Haufen Geld** umg he's got heaps of money; **es hat einen Haufen Geld gekostet** umg it cost a packet (US bundle) ④ Wendungen: **jemanden über den Haufen fahren** umg knock someone down; **sie hat ihre Pläne bald wieder über den Haufen geworfen** umg she soon threw her plans overboard

häufen: **die Beschwerden häufen sich** more and more complaints are coming in; **die Todesfälle häufen sich** the number of deaths is going up

haufenweise: **er hat haufenweise CDs** umg he's got masses of CDs; **die Leute kamen haufenweise** umg masses of people turned up

★**häufig** ① frequent [ˈfriːkwənt], (≈ weit verbreitet) widespread; **ein häufiger Besucher** a frequent visitor; **ein häufiger Fehler** a common mistake; **häufiger werden** be* on the increase [ˈɪŋkriːs] ② **das passiert ziemlich häufig** that happens quite often (oder umg a lot)

Häufigkeit f frequency [ˈfriːkwənsɪ]

Haupt... in Zusammensetzungen main, chief, principal; **Hauptaufgabe** main task; **Hauptberuf, Hauptbeschäftigung** main job; **Hauptbestandteil** main ingredient; **Haupteingang** main entrance; **Hauptfigur** main character; **Hauptfilm** main feature; **Hauptgebäude** main building; **Hauptgedanke** main idea; **Hauptgericht** beim Essen: main course; **Hauptgewicht** main emphasis [ˈemfəsɪs]; **Hauptgrund** main reason; **Hauptmahlzeit** main meal; **Hauptmenü** Computer: main menu; **Hauptmerkmal** main feature, chief characteristic; **Hauptproblem** main problem; **Hauptpunkt** main point, main issue; **Hauptregel** principal rule; **Hauptschwierigkeit** main (oder chief) difficulty; **Hauptsorge** main (oder chief) concern; **Hauptspeise** main course; **Hauptstraße** main road, im Stadzentrum high street, US main street; **Haupttätigkeit** main job, main duty; **Hauptthema** main subject, Musik: principal theme; **Hauptunterschied** main difference; **Hauptverkehrsstraße** main road, Durchgangsstraße: main thoroughfare [ˈθʌrəfeə]; **Hauptwaschgang** main wash; **Hauptwohnsitz** main residence; **Hauptzeuge** chief witness; **Hauptzweck** main purpose

Hauptbahnhof m main station, central station

Hauptdarsteller m leading actor, lead

Hauptdarstellerin f leading lady, lead

Häuptelsalat m Ⓐ lettuce [ˈletɪs]

Hauptfach n main subject, US major

Hauptgewinn m first prize (mit z)

Häuptling m eines Stammes usw.: chief [tʃiːf]

Hauptmann m Militär: captain ['kæptɪn]

Hauptperson f **1** main (oder central) figure **2** Theater, Film usw.: main character, hero ['hɪərəʊ], Frau: heroine [⚠ 'herəʊɪn] **3 sie will immer die Hauptperson sein** she always wants to be number one (oder the centre of attention)

Hauptquartier n headquarters; **das Hauptquartier ist in Wien** the headquarters are (seltener: is) in Vienna

Hauptrolle f **1** Theater, Film: leading role [ˌliːdɪŋ'rəʊl], main part, lead [liːd]; **die Hauptrolle spielen** play the leading role (oder the main part usw.) **2 von allen Staatsoberhäuptern spielte er die Hauptrolle** politisch: he was the central figure [ˌsentrəl'fɪɡə] among all the heads of state **3** (Stress, Übergewicht, Alkohol usw.) **spielt die Hauptrolle** (stress, overweight, alcohol usw.) is the most important factor

★**Hauptsache** f main thing, most important thing; **das ist die Hauptsache** that's what matters most; **Hauptsache, sie gewinnt** the main thing is that she wins

★**hauptsächlich: sie interessiert sich hauptsächlich für Kleider** she's mainly interested in clothes [kləʊ(ð)z]

Hauptsaison f high season [ˌhaɪ'siːzn], peak season

Hauptsatz m Grammatik: main clause [ˌmeɪn'klɔːz]

Hauptschulabschluss m school-leaving qualification gained at a Hauptschule

★**Hauptschule** f etwa: secondary modern school (⚠ diesen Schultyp gibt es in GB nicht mehr), US etwa: junior high school

Hauptspeicher m Computer: main memory

★**Hauptstadt** f capital ['kæpɪtl]

Hauptstraße f main street

Hauptverkehrszeit f rush hour

Hauptwort n noun

★**Haus** n **1** house [haʊs] pl: houses [⚠ 'haʊzɪz]; **von Haus zu Haus** from door to door; **wir wohnen Haus an Haus** we're next-door neighbours; **das kommt mir nicht ins Haus!** I'm not having that in the house **2** (≈ Gebäude) building **3** (≈ Heim) home; **zu Hause** at home; **ist John zu Hause?** (≈ daheim) is John at home?, (≈ im Haus) is John in?; **wir sind wieder zu Hause** we're back home again; **nach Hause gehen** go* home; **er brachte sie nach Hause** he took her home; **sie ist in Genf zu Hause** she comes from Geneva [dʒəˈniːvə]; **tu, als ob du zu Hause wärst!** make yourself at home; **bei uns zu Hause** (≈ in meiner bzw. unserer Heimat) where I (bzw. we) come from, (≈ in meiner bzw. unserer Familie) in my (bzw. our) family, (≈ in unserem Haus, in unserer Wohnung, unserer Stadt usw.) at our place **4 das erste Haus am Platz** the best hotel (bzw. restaurant bzw. store) in town **5 wir haben immer volles Haus** Theater usw.: we're always sold out **6 sie ist aus gutem Hause** she comes from a good family

Hausapotheke f medicine cabinet ['medsn-ˌkæbɪnət]

Hausarbeit f **1** (≈ Arbeiten im Haushalt) housework (⚠ nur im sg und ohne a) **2** (≈ Hausaufgabe) homework (⚠ nur im sg und ohne a) **3** im Studium: paper, US auch research [rɪ'sɜːtʃ] paper

Hausarzt m, **Hausärztin** f family doctor, Br etwa: GP [ˌdʒiː'piː]

★**Hausaufgabe** f homework; **ich muss noch meine Hausaufgaben machen** wörtlich I've still got to do my homework (⚠ kein pl); **was haben wir als Hausaufgabe auf?** what's for homework?

Hausaufgaben- und Mitteilungsheft n notebook used for notifying parents about homework and other school-related issues

Hausbesetzer(in) m(f) squatter ['skwɒtə]

Hausbesetzung f squatting ['skwɒtɪŋ]

Hausbesitzer(in) m(f) house owner, (≈ Vermieter) landlord, (≈ Vermieterin) landlady

Hausbewohner(in) m(f) occupant ['ɒkjʊpənt], (≈ Mieter, -in) tenant ['tenənt]

Hausboot n houseboat

Häuschen n **1** small house, auf dem Land: cottage **2 sie war ganz aus dem Häuschen** vor Freude: she was all excited, umg she was over the moon

Häusel n bes. Ⓐ (≈ Toilette) loo

hausen (≈ wohnen) live

Häuserblock m block (of houses [⚠ 'haʊzɪz])

Hausflur m hall, bes. US hallway

★**Hausfrau** f housewife, US auch homemaker

hausgemacht homemade (auch Problem)

★**Haushalt** m **1** allg.: household **2 sie führt ihm den Haushalt** she keeps house for him; **er hilft mit im Haushalt** he helps in the house **3** (≈ Arbeiten in einem Haushalt) housekeeping **4** eines Staates: budget ['bʌdʒɪt]

Haushälterin f housekeeper

Haushaltsgeld n housekeeping money

Haushaltsloch n budget deficit ['bʌdʒɪt,defəsɪt]

Haushaltswaren *pl* household goods
Hausherr *m* ◳ (≈ *Vermieter*) landlord ◲ (≈ *Eigentümer*) owner ◱ (≈ *Gastgeber*) host
Hausherrin *f* ◳ (≈ *Vermieterin*) landlady ◲ (≈ *Eigentümerin*) owner ◱ (≈ *Gastgeberin*) hostess ['haʊstɪs], lady of the house
haushoch very high, huge [hju:dʒ], *übertragen* vast, enormous [ɪ'nɔ:məs]; **ein haushoher Sieg** a smashing *oder* sweeping *oder* crushing victory; **eine haushohe Niederlage** a crushing defeat; **haushoch gewinnen** win* hands down; **haushoch verlieren** suffer a crushing defeat; **sie ist ihm haushoch überlegen** he's no match for her
Hausierer(in) *m(f)* hawker, *Br auch* pedlar, *US auch* peddler
Häusl *n bes.* Ⓐ (≈ *Toilette*) *Br umg* loo, *US umg* john
häuslich ◳ *allg.*: domestic [də'mɛstɪk] ◲ **er ist ein häuslicher Typ** he's quite domesticated (*oder* happy to be at home)
★**Hausmann** *m* house husband
★**Hausmeister(in)** *m(f)* caretaker, *bes. US* janitor
Hausmittel *n Medizin*: household remedy
Hausnummer *f* house number
Hausordnung *f* (house) rules (⚠ *pl*)
Hausschlüssel *m* doorkey, front-door key
Hausschuhe *pl* slippers
★**Haustier** *n* ◳ *von Tierliebhaber*: pet ◲ *Nutztier, Stück Vieh*: domestic animal
Haustür *f* front door
Hauswirtschaft *f* ◳ (≈ *Haushaltsführung*) housekeeping ◲ *als Fach*: home economics *sg*
★**Haut** *f* ◳ *von Mensch, Tier*: skin (*auch von Wurst und auf der Milch*); **bis auf die Haut durchnässt** soaked to the skin ◲ *abgezogene Haut eines größeren Tieres*: hide ◱ *einer Frucht*: skin, *falls entfernt*: peel ◰ (≈ *Gesichtshaut*) complexion
Hautarzt *m*, **Hautärztin** *f* dermatologist [,dɜ:mə'tɒlədʒɪst], skin specialist
Hautcreme *f* skin cream
hauteng *Kleidung*: skin-tight
Hautfarbe *f* colour ['kʌlə]
Hautkrankheit *f* skin disease ['skɪn_dɪ,zi:z]
Hautkrebs *m* skin cancer ['skɪn,kænsə]
hautnah ◳ *umg, übertragen* (≈ *anschaulich*) vivid ['vɪvɪd], graphic ◲ **wir haben es hautnah miterlebt** it happened right in front [frʌnt] of our eyes
Havarie *f* Ⓐ ◳ (≈ *Unfall auf Straße*) crash ◲ (≈ *Unfallschaden*) damage ['dæmɪdʒ]
Hebamme *f* midwife *pl*: midwives

Hebebühne *f* lifting platform, *für Fahrzeuge*: hydraulic ramp
Hebel *m* ◳ *Stange zum Heben schwerer Gegenstände*: lever ['li:və] ◲ *an Maschine usw.*: handle, lever ◱ **er hat alle Hebel in Bewegung gesetzt** *übertragen* he did everything in his power
★**heben** ◳ lift (*Gegenstand, Arm usw.*) ◲ raise (*Arm usw., Glas, Wrack*) ◱ (≈ *hochwinden*) hoist ◰ (≈ *verbessern*) raise, improve (*Niveau, Qualität*) ◵ **sich heben** (*Vorhang usw.*) rise*, go* up ◶ **sich heben** (*Nebel usw.*) lift
hebräisch, Hebräisch *n* Hebrew ['hi:bru:]
Hecht *m Fisch*: pike
hechten ◳ *ins Wasser*: do* a racing dive ◲ *beim Turnen*: do* a long-fly ◱ *als Torwart*: dive (**nach** for)
Hechtsprung *m* ◳ *ins Wasser*: racing dive ◲ *von Torwart*: dive
Heck *n* ◳ *von Schiff*: stern ◲ *von Flugzeug*: tail ◱ *von Auto*: rear
Heckantrieb *m* rear-wheel drive
Hecke *f* hedge, *lange*: hedgerow ['hedʒrəʊ]
Heckenschütze *m* sniper ['snaɪpə]
Heckklappe *f Auto*: tailgate
Heckscheibe *f* rear windscreen (*US* windshield)
★**Heer** *n* (≈ *Landtruppen*) army
Hefe *f* yeast [ji:st]
Hefeteig *m* yeast dough [,ji:st'dəʊ]
★**Heft** *n* ◳ *in Schule*: exercise book, *US mst.* notebook ◲ *einer Zeitschrift*: number, issue ['ɪʃu:]
Heftchen *n* ◳ (≈ *kleines Heft*) notebook ◲ (≈ *Comic usw.*) rag ◱ (≈ *Roman*) trashy novel
heften ◳ (≈ *befestigen*) fix (**an** on, onto) ◲ *mit Reißzwecken, Stecknadeln*: pin (**an** on, onto) ◱ *mit Klammer*: clip (**an** on, onto)
Hefter *m* ◳ (≈ *Ordner*) (loose-leaf) file ◲ (≈ *Heftapparat*) stapler ['steɪplə]
★**heftig** ◳ *Sturm, Stoß, Angriff usw.*: violent ['vaɪələnt] ◲ *Schlag, Regen usw.*: heavy ['hevɪ] ◱ *Streit, Kritik, Kämpfe usw.*: fierce [fɪəs] ◰ *Schmerz*: severe [sɪ'vɪə] ◵ *salopp* (≈ *super, spitze*) brilliant, awesome ['ɔ:səm] ◶ **dann wurde sie ziemlich heftig** and then she got quite upset [ʌp'set]
Heftklammer *f* ◳ (≈ *Büroklammer*) paper clip ◲ *die Papier durchbohrt*: staple
Heftpflaster *n* plaster, *US* Band-Aid®
Heftzwecke *f* drawing pin, *US* thumb tack [⚠ 'θʌm_tæk]
Hehler(in) *m(f)* receiver of stolen goods, *umg* fence

Hehlerei f receiving stolen goods
Heide[1] f heath [hi:θ], heathland (⚠ ohne a)
Heide[2] m heathen ['hi:ðən]
Heidekraut n heather [⚠ 'heðə]
Heidelbeere f blueberry, Br bilberry ['bɪlbərɪ]
Heidin f heathen ['hi:ðən]
heidnisch heathen ['hi:ðən]; **heidnische Bräuche** pagan ['peɪgən] rites
heikel ◼ Angelegenheit usw.: awkward ['ɔ:kwəd], Problem: tricky; **ein heikles Thema** a delicate ['delɪkət] subject ◼ **sie ist sehr heikel** beim Essen: she's very fussy about her food, (≈ sehr wählerisch) she's hard to please
heil ◼ Person: unhurt, unharmed ◼ Sache: undamaged, intact
heilbar curable ['kjʊərəbl]; **nicht heilbar** incurable
Heilbutt m halibut ['hælɪbət]
★**heilen** ◼ cure (jemanden, eine Krankheit), heal (eine Wunde) ◼ **die Wunde heilt schon** the wound is already healing (up)
heilfroh: **ich war heilfroh, als ich den Weg wiedergefunden hatte** I was really glad (Br auch jolly glad) to have found the path again
★**heilig** ◼ holy; **der Heilige Vater** the Holy Father; **die Heilige Schrift** the (Holy) Scriptures (⚠ pl), the Bible; **der Heilige Geist** the Holy Spirit, the Holy Ghost ◼ ein Ort usw.: (≈ Gott geweiht) sacred ['seɪkrɪd] ◼ vor Eigennamen: Saint (abk St); **der heilige Martin** St Martin [⚠ snt'mɑ:tɪn]
Heiligabend m Christmas Eve [,krɪsməs'i:v]
Heilige(r) m/f(m) saint; → heilig
Heiligenschein m halo ['heɪləʊ]
Heiligtum n Stätte: (holy) shrine
Heilmittel n remedy ['remədɪ], cure (**gegen** for)
Heilpraktiker(in) m(f) non-medical practitioner
heilsam Erfahrung, Klima: salutary [⚠ 'sæljʊtərɪ]
Heilung f ◼ cure ◼ (≈ das Heilen) von Krankheiten: curing, von Wunden: healing ◼ (≈ Genesung) recovery
heim (≈ nach Hause) home
★**Heim** n ◼ home (auch Anstalt) ◼ (≈ Studentenheim) students' hostel ['hɒstl], bes. auf Universitätsgelände: hall of residence ['rezɪdəns], US dormitory ◼ (≈ Vereinsheim) club, clubhouse ◼ (≈ Obdachlosenheim) shelter ◼ (≈ Erholungsheim) recreation centre (US center) [,rekrɪ'eɪʃn,sentə]
★**Heimat** f ◼ allg.: home; **fern der Heimat** far from home; **in der Heimat** back home; **Bayern ist die Heimat der Weißwurst** Bavaria is the home of veal sausage ◼ (≈ Heimatland) home country ◼ (≈ Heimatort) Stadt: home town, Dorf: home village
Heimatdorf n home village
Heimatland n home country, homeland
heimatlos ◼ homeless ◼ (≈ ausgestoßen) outcast
Heimatort m Stadt: home town, Dorf: home village
Heimatstadt f home town
Heimatvertriebene(r) m/f(m) displaced person, expellee [⚠ ɪk,spel'i:]
heimfahren ◼ drive* home ◼ **jemanden heimfahren** drive* someone home
Heimfahrt f journey home; **auf der Heimfahrt** on the way home
heimgehen go* home
heimisch ◼ Bevölkerung, Brauchtum, Gewerbe usw.: local ['ləʊkl] ◼ Pflanzen, Tiere: native, indigenous [ɪn'dɪdʒənəs] (in to) ◼ **sich heimisch fühlen** feel* at home
Heimkehr f return (home)
heimkehren, **heimkommen** come* (oder return) home, come* back
★**heimlich** ◼ secret ['si:krət] ◼ **sie haben heimlich geheiratet** they were secretly married; **er hat es heimlich getan** umg he did it on the quiet
Heimniederlage f Sport: home defeat
Heimreise f journey ['dʒɜ:nɪ] home, return trip
Heimsieg m Sport: home win [,həʊm'wɪn]
Heimspiel n Sport: home game [,həʊm'geɪm]
heimtückisch ◼ bes. Krankheit: insidious [ɪn'sɪdɪəs] ◼ (≈ boshaft) malicious ◼ Mord usw.: treacherous [⚠ 'tretʃərəs]
Heimvorteil m home advantage [,həʊm əd'vɑ:ntɪdʒ] (auch übertragen)
heimwärts homeward(s) ['həʊmwəd(z)]
Heimweg m way home; **sich auf den Heimweg machen** set* off (for) home
★**Heimweh** n homesickness; **sie hat Heimweh (nach Irland)** she's homesick (for Ireland)
Heimwerker(in) m(f) DIY enthusiast [,di:aɪ'waɪ ɪn,θju:zɪæst]
Heimwerkermarkt m DIY [,di:aɪ'waɪ] store, US home improvement center
heimzahlen: **es jemandem heimzahlen** pay* someone back, get* one's own back on someone; **das werde ich dir heimzahlen!** I'm going to get my own back on you for that!
Heirat f marriage ['mærɪdʒ]
★**heiraten** get* married, förmlich marry; **sie haben geheiratet** they got married; **Anne heiratet Tom** Anne is getting married to Tom;

Heiratsantrag — hemmen 687

sie hat Tom geheiratet she married Tom

Heiratsantrag *m* **1** (marriage ['mærɪdʒ]) proposal **2 er hat ihr einen Heiratsantrag gemacht** he proposed to her

Heiratsanzeige *f* announcement of a forthcoming marriage

heiser hoarse [hɔːs], (≈ *belegt*) husky; **mit heiserer Stimme** in a hoarse voice

Heiserkeit *f* hoarseness ['hɔːsnəs]

★ **heiß** **1** *allg.*: hot; **mir ist heiß** I'm hot, I feel hot; **mir wird heiß** I'm getting hot; **glühend heiß** *Sonne, Klima usw.*: scorching (hot); **heiße Musik** hot sounds (*oder* rhythms ['rɪðəmz]); **ein heißer Tipp** a hot tip **2** *Liebesaffäre usw.*: passionate ['pæʃnət] **3** *Diskussion, Kämpfe usw.*: heated, fierce [fɪəs] **4 ein heißes Thema** a highly controversial issue **5 echt heiß!** *salopp* well cool!, *US* awesome!; **das ist ein heißer Typ!** *salopp* what a hunk!; **eine heiße Frau!** *salopp* what a babe! **6 sie liebt ihn heiß und innig** she loves him madly (*oder* dearly); → heißmachen

★ **heißen** **1** be* called; **ich heiße Barbara** my name's Barbara; **wie heißen Sie?** what's your name?; **wie heißt das?** what's that called?; **wie heißt sie mit Nachnamen?** what's her surname?; **wie heißt ... auf English?** what's the English for ... ?, what's ... in English? **2 das heißt** (*abk* **d.h.**) that is, that is to say (*abk* i. e.) **3** (≈ *bedeuten*) mean*; **das soll nicht heißen, dass** that doesn't mean that; **was soll das eigentlich heißen?** what's this all about? **4 es heißt in dem Brief** it says in the letter

Heißhunger *m*: **einen Heißhunger haben auf ...** have* a craving for ...

★ **heiter** **1** (≈ *fröhlich*) cheerful **2** *Geschichte usw.*: amusing, funny **3** (≈ *sonnig*) bright; **heiter bis wolkig** *Wetter*: fair to cloudy; **aus heiterem Himmel** out of the blue **4 das kann ja (noch) heiter werden** (it) looks like we're in for some fun and games

Heiterkeit *f* **1** (≈ *Fröhlichkeit*) cheerfulness **2 zur allgemeinen Heiterkeit** to everybody's amusement

★ **heizen** **1** heat (*ein Zimmer usw.*) **2** fire (*einen Ofen usw.*) **3 wir heizen schon** we've already got the heating on

Heizkörper *m* (≈ *Gerät*) heater, *von Zentralheizung*: radiator ['reɪdɪeɪtə], (≈ *Element*) heating element

Heizkosten *pl* heating costs

★ **Heizung** *f* heating

Heizungstechnik *f* heating engineering

Hektik *f* hectic atmosphere ['ætməsfɪə]; **nur keine Hektik!** *umg* take it easy

hektisch **1** hectic **2** *Person*: nervous ['nɜːvəs]

Held *m* hero ['hɪərəʊ] *pl*: heroes

heldenhaft heroic [həˈrəʊɪk]

Heldentat *f* heroic deed

Heldin *f* heroine [△'herəʊɪn]

★ **helfen** **1** help; **jemandem bei etwas helfen** help someone with something; **sie hat mir beim Abspülen geholfen** she helped me with the washing-up (*US* dishes); **kann ich irgendwie helfen?** is there anything I can do? **2 Vitamin C hilft gegen Schmerzen** vitamin C is good for pain **3 sie weiß sich zu helfen** she can manage (*oder* cope) **4 es hilft nichts** it's no use [juːs]; **da hilft kein Jammern** it's no use complaining

Helfer(in) *m(f)* **1** *allg.*: helper **2** (≈ *Gehilfe*) assistant (△ *mit* -ant *geschrieben*)

Helfershelfer(in) *m(f)* *eines Verbrechers*: accomplice [△əˈkʌmplɪs], *umg* stooge

★ **hell** **1** *Licht, Himmel*: bright; **es wird hell** *morgens*: it's getting light, *nach Gewitter usw.*: it's brightening up; **es ist schon hell** *morgens*: it's light already; **der Mond leuchtete hell** the moon was shining bright **2** *Farbe*: light **3** *Hautfarbe*: fair, light **4** *Kleidung*: light-coloured **5** *Klang*: clear **6 helles Bier** *etwa*: lager ['lɑːgə], *US* beer **7 er ist ein heller Kopf** he's a bright young spark, he's got brains **8 das ist heller Wahnsinn** that's sheer madness

hellblau light blue

hellblond blond(e), very fair

Helle(s) *n Bier*; *etwa*: lager ['lɑːgə], *US* beer

hellgelb pale yellow, straw yellow

hellgrün light green

hellhörig **1 da wurde sie hellhörig** that made her prick up her ears **2** *Wand*: wafer-thin **3** *Haus*: badly sound-proofed; **das Haus ist sehr hellhörig** you can hear virtually everything in this house

Helligkeit *f* brightness (*auch von Fernseher*)

hellrot light red

hellsehen: **sie kann hellsehen** she's got second sight

Hellseher(in) *m(f)* clairvoyant [kleəˈvɔɪənt]

hellwach wide awake, *vor dem Subst.*: wide-awake

Helm *m* helmet ['helmɪt]

★ **Hemd** *n* shirt

Hemdbluse *f* shirt

hemmen **1** (≈ *aufhalten*) check (*auch den Fortschritt*), *ganz*: stop **2** (≈ *behindern*) impede,

hamper ■ **sich gegenseitig hemmen** hold* each other back; → **gehemmt**
Hemmung f ■ (≈ *Scheu*) inhibition; **er hat Hemmungen** he's inhibited ■ *moralische*: scruple; **sie hatte keine Hemmungen, ihn zu betrügen** she had no scruples about deceiving him
hemmungslos ■ *Gewalt, Zorn usw.*: unrestrained ■ *Mensch*: unscrupulous [ʌnˈskruːpjʊləs]
★**Hendl** n *süddeutsch*, Ⓐ chicken [ˈtʃɪkɪn]
Hengst m stallion [ˈstæljən]
Henkel m handle
Henker m executioner [ˌeksɪˈkjuːʃnə]
★**Henne** f hen
Hepatitis f *Krankheit*: hepatitis [ˌhepəˈtaɪtɪs]
★**her** ■ (≈ *hierher*) here ■ *von oben* (*bzw. unten*) **her** from above (*bzw.* below); **er ist von weit her gekommen** he's come a long way ■ **vom Inhalt her** as far as the content [ˈkɒntent] goes ■ **her damit!** let's have it!, *drohend*: hand it over!

GETRENNTSCHREIBUNG

her sein ■ **das ist lange** (*bzw.* **jetzt zehn Jahre**) **her** that was a long time ago (*bzw.* ten years ago today); **es ist lange her, dass wir uns gesehen haben** it's been a long time since we last met ■ **wo ist sie her?** where is she from? ■ **er ist nur hinter ihrem Geld her** he's only after her money

---

★**herab** ■ down; **von oben herab** from above ■ **sie behandelt mich immer von oben herab** *übertragen* she always patronizes [ˈpætrənaɪzɪz] me
herablassend ■ *Bemerkung usw.*: condescending [ˌkɒndɪˈsendɪŋ] ■ (≈ *auf herablassende Art*) condescendingly
herabsehen: **auf jemanden herabsehen** look down on someone
herabsetzen reduce [rɪˈdjuːs], lower (*Kosten, Preise, Geschwindigkeit*)
★**heran** near, close [kləʊs]; **heran an** up to
heranfahren: **dicht an etwas heranfahren** go* right up to something
herangehen ■ **geh nicht zu nahe heran!** don't go (*oder* get) too close! ■ **du bist falsch an die Sache herangegangen** you tackled (*oder* approached) it the wrong way
herankommen ■ **an etwas herankommen** *mit der Hand*: reach something, get* hold of something ■ **an etwas herankommen** (≈ *Zugang haben zu*) be* able to get (through) to

(*eine Stelle, einen See usw.*) ■ **ich komme einfach nicht an sie heran** (≈ *ich kann sie nie sprechen*) I just can't get hold of her, (≈ *sie gibt sich sehr verschlossen*) she just won't open up ■ **an ihn kommt niemand heran** *leistungsmäßig*: nobody can compare with him
heranlassen: **sie lässt niemanden an sich heran** she won't let anyone come near her
heranwachsen grow* up (**zu** into)
★**herauf** up, upwards [ˈʌpwədz]; **hier herauf** up here; **die Treppe herauf** up the stairs, upstairs; **von unten herauf** from below
heraufkommen come* up, *die Treppe*: come* upstairs
heraufsetzen put* up, increase (*Preis*)
heraufziehen ■ **jemanden** *bzw.* **etwas heraufziehen** pull someone *bzw.* something up ■ **ich glaube, ein Gewitter zieht herauf** I think there's a (thunder)storm coming up
★**heraus** out; **zum Fenster heraus** out of the window, *US mst.* out the window; **von innen heraus** from inside; **er wohnt nach vorn heraus** he lives at the front
herausbekommen ■ **etwas aus etwas herausbekommen** get* something out of something ■ find* out (*Geheimnis usw.*), solve (*Rätsel usw.*), make* out (*den Sinn usw.*); **was hast du herausbekommen? bei Rechenaufgabe usw.*: what do you make it (*oder* the answer)? ■ **Sie bekommen zwei Euro heraus** you get two euros change; **sein Geld wieder herausbekommen** get* one's money back
herausbringen ■ bring* out (*neues Produkt, Buch*), release (*CD usw.*) ■ produce, stage (*Theaterstück usw.*) ■ **er brachte kein Wort heraus** he couldn't say a word
herausfahren ■ come* out (**aus** of) ■ (*Zug*) pull out (**aus** of)
herausfallen fall* out; **das Geld ist mir aus der Tasche herausgefallen** the money fell out of my bag
herausfinden ■ **sie versucht herauszufinden, wie es funktioniert** she's trying to find out how it works ■ **er hat nicht herausgefunden** he couldn't find his way out
Herausforderer m, **Herausforderin** f challenger [ˈtʃælɪndʒə]
herausfordern ■ **jemanden herausfordern** challenge someone (**zu** to) ■ (≈ *provozieren*) provoke (*jemanden, eine Tat*)
Herausforderung f challenge [ˈtʃælɪndʒ]
herausgeben ■ hand over (*etwas Geraubtes, eine Geisel usw.*) ■ (≈ *zurückgeben*) give* back

3 **jemandem zwei Euro herausgeben** *Wechselgeld*: give* someone two euros change; **geben Sie mir bitte auf zwanzig Euro heraus** could you give me change for twenty euros, please? **4** publish (*ein Buch usw.*), *als Bearbeiter*: edit ['edɪt] **5** issue ['ɪʃuː] (*Briefmarken usw.*)

Herausgeber(in) *m(f)* **1** *Einzelperson, als Betreuer*: editor ['edɪtə] **2** *Verlag*: publisher

herausgehen 1 *aus dem Haus*: go* out **2** (*Fleck*) come* out **3** **aus sich herausgehen** come* out of one's shell

heraushaben 1 have* solved (*Rätsel, Lösung, Rechenaufgabe*) **2** **sie hat den Trick heraus** she's got the knack

heraushalten: **sich aus etwas heraushalten** keep* out of something

herausholen 1 *aus der Tasche usw.*: get* out **2** *Sport*: **einen Vorsprung herausholen** gain a lead

herauskommen 1 come* out (**aus** of) **2** (≈ *wegkommen*) get* out (**aus** of) **3** (*Erzeugnis*) come* out, (*Buch*) *auch*: be* published, appear, (*Briefmarken usw.*) be* issued

herausnehmen 1 take* out (**aus** of) **2** **sie hat sich die Mandeln herausnehmen lassen** she had her tonsils (taken) out **3** *Fußball usw.*: take* off (*einen Spieler*)

herausreden: **sich herausreden** make* excuses, *mit Erfolg*: talk one's way out of it

herausrücken 1 hand over (*Gegenstand, Beute*) **2** cough up [ˌkɒfˈʌp] (*Geld*) **3** **mit der Sprache herausrücken** come* out with it

herausrutschen: **das ist mir so herausgerutscht** it just slipped out

herausschauen, heraussehen look out (**aus dem Fenster** of the window)

herausspringen: **was springt dabei für mich heraus?** what's in it for me?

herausstellen 1 (≈ *betonen*) emphasize ['emfəsaɪz], underline **2** **es hat sich herausgestellt, dass er krank war** it turned out that he was ill; **sie hat sich als völlig ungeeignet für diese Arbeit herausgestellt** she turned out to be completely unsuited to this kind of job

herausstrecken stick* out (*Kopf, Zunge usw.*) (**aus** of)

heraussuchen pick out, choose* [tʃuːz]

herb 1 *Geschmack*: tart, sour ['saʊə] **2** *Wein*: dry **3** *Duft*: tangy ['tæŋɪ] **4** *Enttäuschung, Niederlage usw.*: bitter **5** *Kritik*: harsh

herbeieilen hurry (*oder* rush) over

herbeiführen 1 (≈ *verursachen*) cause, bring* about **2** (≈ *bewirken*) lead* to

herbeilaufen come* running up

herbekommen get*, get* hold of

Herbergsmutter *f*, **Herbergsvater** *m* warden ['wɔːdn], *US* (youth hostel) manager

herbringen bring*

★**Herbst** *m* autumn [⚠ 'ɔːtəm], *US auch* fall

Herbstferien *pl* autumn break (⚠ *sg*)

Herd *m* **1** (≈ *Küchenherd*) stove [stəʊv], *Br auch* cooker **2** *einer Krankheit*: focus **3** *eines Erdbebens*: epicentre, *US* epicenter ['epɪˌsentə]

Herde *f* **1** *von Tieren allg.*: herd **2** *von Schafen*: flock **3** **mit der Herde laufen** *übertragen* (just) follow the herd

Herdplatte *f* hotplate

★**herein** in; **herein!** come in!; **hier herein** this way, please; **von draußen herein** from outside [ˌaʊtˈsaɪd]

hereinbrechen 1 (*Dämmerung usw.*) fall* **2** (*Winter*) set* in

hereinfallen 1 (*Licht usw.*) come* in **2** **wir sind auf einen Betrüger hereingefallen** we were taken in by a swindler (*oder* fraud)

hereinkommen come* in, come* inside

hereinlassen: **jemanden hereinlassen** let* someone in

hereinlegen: **jemanden hereinlegen** take* someone for a ride, (≈ *an der Nase herumführen*) take* the mickey out of someone, *US* put* someone on

herfahren 1 vor jemandem herfahren go* ahead of someone; **hinter jemandem herfahren** go* behind someone; **neben jemandem herfahren** go* beside someone **2 wer hat dich hergefahren?** who drove you here?

Herfahrt *f* journey ['dʒɜːnɪ] here, trip here; **auf der Herfahrt** on the (*oder* my *usw.*) way here

herfallen: **über jemanden herfallen** (≈ *jemanden angreifen*) pounce on someone (*auch übertragen*), (≈ *jemanden heftig kritisieren*) have* a real go at someone

herfinden: **wie hast du denn hier hergefunden?** how did you find your way here?

hergeben 1 (≈ *weggeben*) give* away; **gib es her!** give it to me!; **gib mal her!** (≈ *lass mal sehen*) let me have a look **2 dazu gebe ich mich nicht her** *umg* I'm not doing anything like that

hergehen 1 hinter jemandem hergehen go* behind someone; **vor jemandem hergehen** go* ahead of someone; **neben jemandem hergehen** go* beside someone **2 gestern Abend ging es hoch her** *umg* things got pretty lively last night

herhaben: wo hast du das her? where did you get that (from)?

herhören: hört mal alle her! everybody listen [🔺 'lɪsn] (to me)!

Hering m ❶ *Fisch:* herring [🔺 'herɪŋ] ❷ *zum Befestigen eines Zeltes:* (tent) peg

herkommen ❶ come* (here), (≈ *sich nähern*) approach ❷ **(von) wo kommt sie her?** where does she come from?

herkömmlich ❶ *Methoden usw.:* customary ['kʌstəmərɪ], usual ❷ *Brauch:* traditional ❸ *Waffen:* conventional

herkriegen *umg* get* (*Sender, Fernsehkanal usw.*)

★**Herkunft** f ❶ *allg.:* origin ❷ *einer Person:* origin, descent [dɪ'sent]; **sie ist ihrer Herkunft nach Schweizerin** she's of Swiss origin (*oder* descent)

Herkunftsland n ❶ *Handel:* country of origin ['brɪdʒɪn] ❷ *von Flüchtling:* country of origin; **sicheres Herkunftsland** safe country of origin

herlaufen ❶ **hinter jemandem herlaufen** run* after someone; **vor jemandem herlaufen** run* ahead of someone; **neben jemandem herlaufen** run* beside someone ❷ *übertragen* **hinter jemandem herlaufen** run* after someone

hermachen ❶ **wenig hermachen** (*Geschenk*) not look very impressive; **viel hermachen** look very impressive ❷ **sich über das Essen hermachen** get* stuck into the food

hermetisch hermetic [hɜː'metɪk]; **hermetisch verschlossen** hermetically sealed

Heroin n heroin ['herəʊɪn]; **Heroin spritzen** shoot* heroin

heroinsüchtig addicted to heroin ['herəʊɪn]

Herpes m (≈ *Hautausschlag*) herpes ['hɜːpiːz]

★**Herr** m ❶ (≈ *Mann*) man, *sehr höflich:* gentleman ['dʒentlmən] ❷ *vor Eigennamen:* Mr ['mɪstə] *pl:* Messrs ['mesəz]; **Herr Müller** Mr Müller ❸ *vor Titeln:* **Herr Dr. Schmidt** Dr Schmidt (🔺 *ohne* Mr); **ja, Herr Doktor** yes, doctor ❹ **meine (Damen und) Herren** *als Anrede:* (ladies and) gentlemen ❺ **Sehr geehrter Herr X** *in Briefen:* Dear Sir, *vertraulicher:* Dear Mr X ❻ (≈ *Gebieter*) master (*auch eines Hundes usw.*) ❼ **der Herr** (≈ *Gott*) the Lord; **Gott, der Herr** the Lord God ❽ **aus aller Herren Länder** from the four corners of the earth

Herrenkleidung f men's clothing ['menz-ˌkləʊðɪŋ], menswear ['menzweə]

herrenlos ❶ *Gepäckstück usw.:* abandoned [ə'bændənd] ❷ **eine herrenlose Katze** *usw.* a stray cat [ˌstreɪ'kæt] *usw.*

Herrenmode f men's fashion, men's fashions *pl, Schild:* menswear

Herrenrad n man's bicycle

Herrentoilette f men's toilet, *US* mens' room

herrichten ❶ get* ready (*das Essen, die Betten usw.*) ❷ arrange, set* (*den Tisch*) ❸ (≈ *säubern, in Ordnung bringen*) tidy up (*ein Zimmer usw.*) ❹ **sie haben das alte Haus wieder hergerichtet** they've done up the old house ❺ **sich herrichten** *umg* get* ready

herrisch imperious [ɪm'pɪərɪəs]

★**herrlich** ❶ *allg.:* wonderful, marvellous ['mɑːvləs] ❷ *Wetter:* beautiful, glorious, marvellous ❸ *Ausblick, Anblick, Kleid, Urlaub usw.:* splendid

Herrschaft f ❶ (≈ *Regierungszeit, Art des Regierens*) rule, government, *eines Königs usw.:* reign [🔺 reɪn] ❷ (≈ *Macht, Gewalt*) power (**über** over) ❸ (≈ *Kontrolle*) control (**über** of); **die Herrschaft verlieren über** lose* control of (🔺 *ohne* the) ❹ **meine Herrschaften!** ladies and gentlemen!

★**herrschen** ❶ rule (**über** over), (*König usw.*) reign [🔺 reɪn] (**über** over) ❷ **es herrscht Terror** *usw.* **im Land** terror *usw.* is ruling the country ❸ **es herrschte eine gute Stimmung** everyone was in good spirits

Herrscher(in) m(f) ❶ *allg.:* ruler ❷ (≈ *König, Königin*) monarch ['mɒnək], sovereign [🔺 'sɒvrɪn]

herrschsüchtig domineering, power-mad

hersehen ❶ *in jemandes Richtung:* look (over) here; **er sah nicht zu mir her** he didn't look in my direction ❷ **hinter jemandem hersehen** follow someone with one's eyes

★**herstellen** ❶ (≈ *erzeugen*) make*, *industriell:* produce, manufacture [ˌmænjʊ'fæktʃə] ❷ (≈ *schaffen, zustande bringen*) establish (*Verbindung, Kontakte usw.*)

★**Hersteller(in)** m(f) (≈ *Produzent*) producer, *bes. industriell:* manufacturer

★**Herstellung** f ❶ *industriell:* production, manufacture [ˌmænjʊ'fæktʃə] ❷ *einer Verbindung usw.:* establishment

Herstellungskosten pl production costs, production cost (sg)

herüber over, over here

★**herum** ❶ **du hast den Pulli falsch herum an** you're wearing your sweater inside-out (*oder* the wrong way round); **anders herum** the other way round **2** **um ... herum** *örtlich*: around, round; **um das Dorf herum waren Felder** the village was surrounded by fields; → herumgehen **3** **um ... herum** (≈ *ungefähr*) around; **um vier Uhr herum** (at) about four o'clock, (at) around four o'clock; **um Weihnachten herum** round about Christmas, around Christmas; **sie ist um die zwanzig herum** she's about twenty, she's twentyish

herumdrehen 1 turn (*Schlüssel*) **2** turn over (*Decke*) **3** *an einem Knopf*: fiddle around; **an etwas herumdrehen** fiddle around with something **4** **sich herumdrehen** turn (a)round, *im Liegen*: turn over (**zu** to)

herumerzählen: **etwas überall herumerzählen** spread* something around

herumfahren 1 **um etwas herumfahren** go* (a)round something **2** **in der Stadt herumfahren** go* (a)round the town **3** **erschrocken herumfahren** spin* (a)round in fright [fraɪt]

herumführen 1 **ich würde Sie gerne in der Stadt herumführen** I'd love to show you around the town **2** **diese Straße führt um das Stadtzentrum herum** this road goes (*oder* runs) around the city centre (*US* downtown area)

herumgehen 1 (*Person*) walk (a)round, (≈ *die Runde machen*) go* (a)round; **sie ging um die Kirche herum** she walked (a)round the church; **er geht gerne in der Stadt herum** he loves walking (a)round town **2** **die Fotos gingen in der Klasse herum** the photos were passed round in the class **3** **etwas herumgehen lassen** *zum Ansehen*: pass something round

herumhacken: **auf jemandem herumhacken** pick on someone

herumhängen *untätig*: hang* (a)round

herumkommandieren: **jemanden herumkommandieren** boss someone around (*oder* about)

herumkommen 1 (≈ *weit reisen*) get* around; **sie ist viel in der Welt herumgekommen** she's seen quite a lot of the world **2** **du kommst um die Prüfung nicht herum** (≈ *kannst sie nicht vermeiden*) you can't get out of the exam

herumkriegen 1 **sie hat ihn herumgekriegt(, mitzukommen)** she talked him into it, she got him round to coming with her (*bzw.* us, them *usw.*) **2** **ich frage mich, wie wir die sechs Stunden noch herumkriegen sollen** I wonder what we're going to do for the next six hours

herumlaufen 1 *ziellos, hektisch usw.*: run* (a)round **2** **um etwas herumlaufen** run* (*bzw.* go*) (a)round something **3** **seit ein paar Wochen läuft er mit einer Glatze herum** he's been going around bald-headed for a couple of weeks now

herumliegen (*Sachen*) lie* around

herumreden: **um etwas herumreden** talk (a)round something; **darum herumreden** avoid the issue

herumreichen: **etwas herumreichen** hand (*oder* pass) something round

herumschlagen: **sich mit einem Problem** *usw.* **herumschlagen** grapple with a problem *usw.*

herumsitzen sit* around, *untätig*: sit* around doing nothing

herumsprechen: **sich herumsprechen** get* around; **bei uns spricht sich alles schnell herum** in our town (*bzw.* village, school *usw.*) things get (*oder* news gets) around quickly

herumstehen 1 **herumstehen um** stand* (a)round **2** *untätig*: stand* (a)round **3** (*Vasen usw.*) stand (a)round **4** (*Bücher usw.*) lie* (a)round

herumtreiben: **sich herumtreiben** *in Lokalen usw.*: hang* out, hang* around (**in** in); **wo hast du dich wieder herumgetrieben?** where have you been (all this time)?

★**herunter 1** down; **hier herunter** down here; **die Treppe herunter** down the stairs, downstairs **2** **herunter von der Mauer!** get off that wall! **3** **sie ist völlig mit den Nerven herunter** she's a nervous wreck [rek]

herunterfallen fall* down; **von etwas herunterfallen** fall* off something; **die Treppe herunterfallen** fall* down the stairs; **mir ist das Buch heruntergefallen** I dropped the book

heruntergehen 1 go down (*eine Treppe usw.*) **2** **geh von der Leiter herunter!** get off the ladder! **3** (*Temperatur, Preise*) go* down, fall*, drop (**bis auf** to) **4** **heruntergehen mit** reduce, lower (*Preis, Geschwindigkeit usw.*)

heruntergekommen 1 *Gebäude, Gegend, Geschäft usw.*: run-down **2** *Person*: down-at--heel, scruffy

herunterhängen hang* down (**von** from)

herunterkommen 1 come* down **2** **kommt von dem Baum herunter!** get off that tree! **3** **das alte Haus ist völlig heruntergekommen** the old house has gone to rack and ruin; → heruntergekommen

herunterladen *Computer*: download (*Programm usw.*)

herunterlassen let* down, lower (*Jalousie usw.*)
heruntermachen ① etwas von etwas heruntermachen take* something off something ② jemanden heruntermachen run* someone down ③ die Kritiker haben den Film total heruntergemacht the film has really been slated by the critics
herunterspielen: etwas herunterspielen (≈ *beschönigen*) play something down
hervor out; **aus ... hervor** out of ...; **hinter ... hervor** from behind ...; **unter ... hervor** from under ...
hervorbringen ① produce (*auch Nachkommen*) ② (≈ *verursachen, schaffen*) create [kriːˈeɪt] ③ utter (*Worte usw.*)
hervorheben (≈ *besonders betonen*) emphasize [ˈemfəsaɪz], underline, stress
★**hervorragend** ① excellent [ˈeksələnt], outstanding [aʊtˈstændɪŋ], first-rate ② sie hat hervorragend gespielt she played extremely well (*oder* outstandingly well)
hervorrufen ① (≈ *bewirken*) cause, bring* about ② provoke (*Ärger, Proteste usw.*) ③ create [kriːˈeɪt] (*den Eindruck, Verwirrung usw.*)
★**Herz** *n* ① heart [⚠ hɑːt] ② (≈ *Mittelpunkt*) heart, core, centre, *US* center ③ *Spielkartenfarbe*: hearts (⚠ *pl*), *Einzelkarte*: heart ④ *Wendungen*: **er hat's am Herzen** he's got heart trouble (*oder* a heart condition); **von ganzem Herzen** with all my (*bzw.* her *usw.*) heart; **sich etwas zu Herzen nehmen** take* something to heart; **etwas auf dem Herzen haben** *übertragen* have* something on one's mind
Herzanfall *m* heart attack
Herzbeschwerden *pl* heart trouble (⚠ *sg*)
herzeigen show; **zeig mal her!** let me see!, let me have a look!
Herzfehler *m* heart defect [ˈhɑːtˌdiːfekt]
herziehen ① wir sind erst vor Kurzem hergezogen we only recently moved here ② als ich John gestern traf, ist er wieder ganz schön über seinen Vater hergezogen when I met John yesterday he started ripping into his father as usual ③ etwas näher zu sich herziehen draw* (*oder* pull) something closer ④ sie zog etwas hinter sich her she was pulling something along (behind her)
herzig sweet, lovely, cute
Herzinfarkt *m umg* heart attack, coronary [⚠ ˈkɒrənərɪ], *wissenschaftlich*: cardiac [ˈkɑːdɪæk] infarction
Herzklopfen *n*: **ich hatte Herzklopfen (vor Aufregung)** my heart was pounding (with excitement)
herzkrank: **sie ist herzkrank** she's got a heart condition
★**herzlich** ① *Empfang, Aufnahme*: warm, hearty [⚠ ˈhɑːtɪ]; **wir wurden sehr herzlich empfangen** we were given a warm welcome ② *Mensch*: warm-hearted ③ *Lächeln*: friendly, warm ④ *Worte*: kind ⑤ (≈ *liebevoll*) affectionate [əˈfekʃnət] ⑥ (≈ *innig empfunden*) sincere [sɪnˈsɪə] ⑦ **ich habe eine herzliche Bitte an dich** I wonder if you could do me a big favour ⑧ **herzlich lachen** have* a good laugh ⑨ **herzlich wenig** not very much at all ⑩ *Wendungen*: **herzliche Grüße** best regards, *vertraulicher*: love; **herzlichen Dank** many thanks (indeed); **herzlichen Glückwunsch!** congratulations!, *zum Geburtstag*: happy birthday!
Herzlichkeit *f* warmth, kindness
herzlos heartless [⚠ ˈhɑːtləs], unfeeling
Herzog *m* duke [djuːk], *als Titel*: Duke
Herzogin *f* duchess [ˈdʌtʃɪs], *als Titel*: Duchess
Herzoperation *f* heart surgery [ˈhɑːtˌsɜːdʒərɪ], heart operation; **er hat eine Herzoperation hinter sich** he's had heart surgery (*oder* a heart operation)
Herzschlag *m* ① (≈ *Herzversagen*) heart failure; **an einem Herzschlag sterben** die of heart failure (⚠ *ohne* a) ② (≈ *Schlagen bzw. einzelner Schlag des Herzens*) heartbeat
Herzschrittmacher *m* pacemaker
Herztransplantation *f* heart transplant [⚠ ˈhɑːtˌtrænsplɑːnt]
herzzerreißend heartrending
Hesse *m*, **Hessin** *f* Hessian [ˈhesɪən]; **sie ist Hessin** she's from Hesse [hes]
Hessen *n Bundesland*: Hesse [⚠ hes]
hetero *sexuell*: straight [streɪt], hetero
heterosexuell, **Heterosexuelle(r)** *m/f(m)* heterosexual [ˌhetərəʊˈsekʃʊəl]
Hetz *f* ⓐ (≈ *Spaß, Vergnügen*) fun
Hetze *f* ① (≈ *Eile*) rush, hurry ② (≈ *Stimmungsmache, Aufhetzung*) agitation [ˌædʒɪˈteɪʃn] (**gegen** against) ③ *gegen einen Politiker usw.*: smear campaign [ˈsmɪəˌkæmˌpeɪn] (**gegen** against)
hetzen ① **jemanden hetzen** (≈ *verfolgen, jagen*) chase (*oder* hunt) someone ② **jemanden hetzen** (≈ *antreiben*) rush someone ③ **einen Hund auf jemanden hetzen** set* a dog on someone ④ **(sich) hetzen** rush; **du brauchst dich nicht zu hetzen** there's no rush ⑤ **gegen jemanden hetzen** stir up hatred against someone
Heu *n* hay [heɪ]

Heuchelei f hypocrisy [hɪˈpɒkrəsɪ]
heucheln 1 (≈ sich heuchlerisch benehmen) be* hypocritical [ˌhɪpəˈkrɪtɪkl] 2 (≈ vortäuschen) feign [feɪn] (Freude, Mitleid, Reue usw.)
Heuchler(in) m(f) hypocrite [ˈhɪpəkrɪt]
★**heuer** bes. Ⓐ, ⒸⒽ this year
heulen 1 (Wind usw.) howl [haʊl] 2 (≈ weinen) cry, laut: howl 3 (Sirene) wail 4 (Hund, Wolf usw.) laut: howl, leise: whine 5 (Automotor usw.) roar
Heurige(r) m Ⓐ 1 (≈ der neue Wein) new wine 2 (≈ Heurigenlokal) etwa: Viennese wine tavern [ˌviːəniːzˈwaɪnˌtævn]
heurige(r, -s) bes. Ⓐ, ⒸⒽ this year's (nur vor dem Subst.)
Heuschnupfen m hay fever
Heuschrecke f 1 grasshopper 2 schädliche: locust [ˈləʊkəst] 3 im Finanzwesen asset stripper
★**heute** 1 today [təˈdeɪ]; **heute Abend** this evening, tonight [təˈnaɪt]; **heute früh, heute Morgen** this morning; **heute Nacht** tonight, (≈ letzte Nacht) last night; **heute Mittag** at noon (oder midday) today; **heute in acht Tagen** a week (from) today, Br auch today week; **heute vor einer Woche** a week ago today; **von heute an, ab heute** from today; **sie hat bis heute nicht bezahlt** she hasn't paid to this day; **die Zeitung von heute** today's paper 2 **das Amerika von heute** present-day America (ohne the); **die Frau von heute** the woman of today 3 (≈ heutzutage) nowadays, these days, today
★**heutig** 1 **die heutige Zeitung** usw. today's paper usw. 2 **das heutige Deutschland** present-day Germany, Germany today (beide ohne the) 3 **bis zum heutigen Tag** to this day 4 **in der heutigen Zeit** nowadays, these days
★**heutzutage** nowadays, these days, today
Hexe f 1 witch 2 alte Hexe old hag
hexen practise [ˈpræktɪs] (US practice) witchcraft; **ich kann doch nicht hexen!** I can't work (oder perform) miracles [ˈmɪrəklz]
Hexenschuss m lumbago [lʌmˈbeɪɡəʊ]
Hexerei f witchcraft, sorcery [ˈsɔːsərɪ]
Hieb m 1 (≈ Schlag) blow (auch mit einer Waffe) 2 mit der Faust: punch, blow; **Hiebe bekommen** get* a hiding (oder beating) 3 mit der Peitsche: lash
hieb- und stichfest watertight [ˈwɔːtətaɪt]
★**hier** 1 here, in this place; **hier draußen** (bzw. **drinnen**) out (bzw. in) here; **hier entlang** this way; **das Haus hier** this house; **ich bin auch nicht von hier** I'm a stranger here myself; **wann sollte sie hier sein?** when was she supposed to be here (oder come)? → **hierbehalten, hierbleiben** 2 (≈ in diesem Fall) here, in this case; **hier ist nichts mehr zu machen** there's nothing more we can do
Hierarchie f hierarchy [ˈhaɪrɑːkɪ]
hierarchisch hierarchical [haɪˈrɑːkɪkl]
hierbehalten: jemanden (bzw. **etwas**) **hierbehalten** keep* someone (bzw. something) here
hierbleiben stay here
★**hierher** 1 here, this way, over here; **komm hierher!** come here!; **bis hierher** up to here, this far 2 **das gehört nicht hierher** (≈ gehört nicht an diesen Platz) this doesn't belong here, (≈ ist hier nicht von Bedeutung) that's irrelevant here
hiermit 1 allg.: with this 2 **hiermit ist die Sache erledigt** that settles that 3 (≈ hierdurch) hereby; **hiermit wird bescheinigt ...** this is to certify ...
hierzu 1 (≈ zu diesem Punkt, Thema usw.) about this, concerning this (mst. am Satzende) 2 (≈ zu diesem Zweck) for this (purpose) 3 (≈ als Ergänzung, Zubehör) **hierzu gibt es noch einige Zusatzgeräte** there are also some additional attachments available
hiesige(r, -s) local [ˈləʊkl]
Hiesige(r) m/f(m): **ein Hiesiger** one of the locals
Hi-Fi ohne Artikel hi-fi [ˈhaɪfaɪ, ˌhaɪˈfaɪ]
Hi-Fi-Anlage f stereo (system) [ˈsterɪəʊ(ˌsɪstəm)], hi-fi [ˈhaɪfaɪ] (system)
high umg high; **wir waren alle echt high** we were all really high
Highlife n umg high life [ˈhaɪ ˌlaɪf]; **Highlife machen** live it up
Highlight n: **das Highlight des Abends** the highlight of the evening
Hightech n umg high tech, hi tech
Hightech..., Hightech-... in Zusammensetzungen umg high-tech, hi-tech; **Hightech--Ausrüstung** high-tech equipment; **Hightech--Industrie** high-tech industry; **Hightech-Unternehmen** high-tech company; **Hightech--Waffe** high-tech weapon
★**Hilfe** f 1 allg.: help (auch Person); **sie hat mich um Hilfe gebeten** she asked me to help her, she asked for my help; **um Hilfe rufen** call (lauter: shout) for help; **mit Hilfe** → **mithilfe** 2 (≈ Beistand) aid (auch finanziell), assistance (auch medizinisch); **Erste Hilfe leisten** give* first aid 3 **bei Katastrophen** usw.: relief (**für** to)

4 (≈ *Unterstützung*) support **5** (≈ *Mitwirkung*) cooperation **6** **etwas zu Hilfe nehmen** make* use [▲ ju:s] of something

hilflos helpless

Hilfsarbeiter(in) *m(f)* unskilled worker

hilfsbereit helpful, ready to help, *am Arbeitsplatz auch*: cooperative [kəʊˈɒprətɪv]

Hilfskraft *f* assistant, (≈ *Aushilfe*) temporary worker; **wissenschaftliche Hilfskraft** research assistant

Hilfslinie *f Mathematik*: auxiliary line

Hilfsmittel *n* **1** aid (*auch technisches*) **2** *übertragen* remedy [ˈremədɪ]

Hilfsorganisation *f* relief organization

Hilfsverb *n*, **Hilfszeitwort** *n* auxiliary [ɔːgˈzɪlɪərɪ] verb, *US* helping verb

Himbeere *f* raspberry [▲ ˈrɑːzbərɪ]

★**Himmel** *m* **1** sky; **am Himmel** in the sky **2** *in Wettervorhersage häufig*: skies [▲ *pl*] **3** *im religiösen Sinn und übertragen*: heaven [ˈhevn]; **im Himmel** in heaven (▲ *ohne* the); **in den Himmel kommen** go* to heaven **4** *Wendungen*: **unter freiem Himmel** in the open (air); **aus heiterem Himmel** (completely) out of the blue; **ach du lieber Himmel!** goodness me!, good Heavens!

himmelblau sky blue

Himmelfahrt *f* Ascension [əˈsenʃn] Day; **an Himmelfahrt** on Ascension Day

Himmelsrichtung *f* **1** direction; **aus allen Himmelsrichtungen** from everywhere **2** *Kompass*: point of the compass, cardinal point [ˌkɑːdɪnlˈpɔɪnt]

himmlisch **1** *allg.*: heavenly **2** (≈ *herrlich*) (absolutely) wonderful (*auch Wetter*), *Kleid usw.*: gorgeous [ˈgɔːdʒəs]

★**hin** **1** *allg.*: there **2** **auf** (*oder* **nach** *oder* **gegen** *oder* **zu**) **... hin** *als Richtungsangabe*: towards [təˈwɔːdz] **3** **bis zum Haus hin** as far as the house **4** **bis Ostern** *usw.* **ist noch lange hin** Easter *usw.* is still a long way off **5** **auf meine Bitte hin** at my request **6** **sie wurde auf Krebs hin untersucht** she was tested for cancer **7** **hin und zurück** there and back; **zweimal Wien hin und zurück, bitte** two returns (*US* round trip tickets) to Vienna, please **8** **hin und her** *schaukeln usw.*: to and fro, back and forth **9** **hin und wieder** now and then

★**hinauf** up (there), upwards [ˈʌpwədz]; **die Straße hinauf** up the street; **die Treppe hinauf** upstairs, up the stairs; **hier hinauf** up here, this way; **bis hinauf zu ...** up to ...

hinaufgehen **1** go* (*oder* walk) up; **die Treppe hinaufgehen** go* upstairs; **einen Berg hinaufgehen** go* (*oder* walk) up a mountain **2** (*Preise, Zahl der Arbeitslosen usw.*) go* up, rise* **3** **der Weg geht dort hinauf** the path goes (*oder* leads) up there

hinaufkommen **1** (≈ *nach oben gehen oder fahren*) come* up, *die Treppe hoch*: come* upstairs **2** **ich komm nicht hinauf** (≈ *es gelingt mir nicht, hinaufzuklettern usw.*) I can't get up there, I can't make it

hinaufsteigen **1** climb [▲ klaɪm] up, go* up; **er ist bis ganz oben hinaufgestiegen** he climbed right (up) to the top **2** **ich muss aufs Dach hinaufsteigen** I've got to get onto the roof

hinaufziehen **1** **jemanden** (*bzw.* **etwas**) **hinaufziehen** pull someone (*bzw.* something) up **2** **die Felder ziehen sich das ganze Tal hinauf** the fields stretch along the whole length of the valley **3** **die Schmerzen ziehen sich den Arm hinauf** the pain spreads up the arm **4** **in den dritten Stock hinaufziehen** move up to the third (*US* fourth) floor

★**hinaus** **1** (≈ *nach außen*) out, out there, outside; **hinaus (mit dir** *usw.*)**!** (get) out!; **hinaus aus ...** out of ...; **hier hinaus** this way, out here; **sie wohnen nach hinten** (*bzw.* **vorn**) **hinaus** they live at the back (*bzw.* front); **bitte kein Zimmer zur Straße hinaus** I (*bzw.* we *usw.*) don't want a room facing (*oder* overlooking) the street, please **2** **auf Jahre hinaus** for years (to come) **3** **über etwas hinaus** beyond something

hinausekeln drive* out

hinausfahren **1** *aus der Garage usw.*: drive* out (**aus** of) **2** *mit Rad*: ride* out (**aus** of) **3** (≈ *wegfahren*) **hinausfahren nach ...** go* out to ...; **aufs Land hinausfahren** go* out into the countryside

hinausfinden find* one's way out

hinausgehen **1** go* out (**aus** of), leave* **2** **das Zimmer geht auf den See hinaus** the room looks out onto the lake

hinauslaufen **1** run* (*oder* rush) out (**aus** of) **2** **das läuft auf dasselbe hinaus** it comes (*oder* amounts) to the same thing

hinausschieben (≈ *aufschieben*) put* off, postpone (*Entscheidung usw.*)

hinaussehen look out; **zum Fenster hinaussehen** look out of the window

hinausstellen **1** *Fußball usw.*: **der Schiedsrichter hat zwei Spieler hinausgestellt** the referee sent two players off **2** **stell den Tisch bitte auf die Terrasse hinaus** could you put the table out on the terrace? ['terəs], please?

hinauswerfen **1** throw* out; **etwas zum Fenster hinauswerfen** throw* something out of the window (US mst. out the window) **2** **jemanden hinauswerfen** aus Firma usw.: umg give* someone the sack, fire someone

hinauswollen **1** **er will hinaus** ins Freie: he wants to get out **2** **worauf will sie hinaus?** what is she driving (oder getting) at?

hinauszögern **1** put* off, delay (eine Entscheidung usw.) **2** **es zögert sich hinaus** it's taking longer than expected

hinbringen: **ich bringe Sie hin** I'll take you there (⚠ nicht bring)

hindenken: **wo denkst du hin?** you've got to be joking!

★ **hindern** **1** **jemanden daran hindern, etwas zu tun** stop (oder prevent) someone from doing something **2** **niemand hindert dich daran, zu gehen** you're quite free to go

Hindernis n **1** allg.: barrier ['bærɪə], obstacle ['ɒbstəkl] (auch übertragen) **2** Laufsport: hurdle **3** Reitsport: fence

Hindernislauf m, **Hindernisrennen** n steeplechase ['stiːpltʃeɪs]

Hindu m Hindu

★ **Hinduismus** m Hinduism (⚠ ohne the)

★ **hindurch** **1** räumlich: through [θruː] **2** zeitlich: throughout, through, during; **das ganze Jahr hindurch** throughout the year, all year round; **die ganze Nacht hindurch** all night (long)

★ **hinein** **1** in, inside; **ins Haus hinein** into the house; **da hinein** in there, this way; **hinein mit dir!** in you go!; **nur hinein!** go on in! **2** **bis in den Mai hinein** well into May; **bis tief in die Nacht hinein** well into the night

hineinfahren **1** go* in (in -to); **in die Garage hineinfahren** go* into the garage **2** **in die Straße hineinfahren** drive* into the street, mit Rad: ride* into the street

hineinfallen fall* in; **in etwas hineinfallen** fall* into something

hineingehen **1** **gehen wir hinein?** shall we go in (oder inside)?; **sie gingen in die Kirche hinein** they went into the church **2** **in den Saal gehen 600 Personen hinein** umg the hall seats six hundred (people); **in den Kanister gehen 30 Liter hinein** umg the container holds thirty litres

hineingeraten: **in etwas hineingeraten** get* into something, get* involved in something; **wie bist du da hineingeraten?** how did you get involved in it?

hineinpassen fit in (in -to); **das passt da nicht hinein** it won't go in there

hineinstecken **1** **den Schlüssel ins Schloss hineinstecken** put* the key in the lock **2** **Geld in etwas hineinstecken** put* some money into something; **ich habe viel Arbeit hineingesteckt** I put a lot of work into it **3** **er steckt seine Nase in alles hinein** he sticks his nose into everything

hineinversetzen: **sich in jemanden hineinversetzen** put* oneself in someone else's position; **versetz dich mal in meine Lage hinein** just put yourself in my position

hinfahren **1** go* there **2** **ich fahre dich gerne hin** I don't mind driving (oder taking) you there

★ **Hinfahrt** f journey ['dʒɜːnɪ] there; **auf der Hinfahrt** on the (bzw. my usw.) way there

hinfallen fall* (down)

hinfliegen mit dem Flugzeug: fly* there; **wann fliegt ihr hin?** when do you fly?

Hingabe f devotion (an to); **mit Hingabe** devotedly, (≈ begeistert) passionately

hingehen **1** go* (there); **zu jemandem hingehen** go* (up) to someone **2** **wo gehst du hin?** where are you going? **3** **wo kann man hier hingehen?** (≈ ausgehen) what sort of places can you go to around here?

hingerissen fascinated ['fæsɪneɪtɪd], enthral(l)ed [ɪn'θrɔːld], carried away (**von** by)

Hingucker m umg eye catcher

hinhalten **1** **jemanden hinhalten** (≈ lange warten lassen) put* someone off, keep* someone hanging **2** **jemandem etwas hinhalten** hold* something out to someone

hinhören listen [⚠ 'lɪsn]

hinken **1** limp, walk with a limp, dauernd: have* a limp **2** **der Vergleich hinkt** the metaphor ['metəfə] doesn't work

hinknien: **sich hinknien** kneel* down [⚠ ˌniːl'daʊn]

hinkommen **1** get* there **2** **weißt du, wo mein Kuli hingekommen ist?** do you know where my pen has got (US gotten) to? **3** **wo kommen die Bücher hin?** where do the books go (oder belong)? **4** **das dürfte hinkommen** (≈ stimmen) that should be right, mengenmäßig: that should be enough **5** **wo kämen wir hin, wenn ...** where would we be if ...

hinkriegen **1** **das hast du gut hingekriegt** umg you've done a good job of it **2** **kriegst**

du das wieder hin? *bei Reparatur*: can you fix it?; **das werden wir schon wieder hinkriegen** we'll have that fixed again, no problem
hinlegen ◼ **etwas hinlegen** lay* (*oder* put*) something down ◼ **sich hinlegen** lie* down
hinnehmen put* up with, take* (*Frechheit usw.*)
Hinreise *f* trip (*oder* journey ['dʒɜːni]) there; **auf der Hinreise** on the (*oder* my *usw.*) way there
hinreißend ◼ *Person, Sänger usw.*: fascinating [⚠ 'fæsɪneɪtɪŋ], enchanting [ɪn'tʃɑːntɪŋ] ◼ *Schönheit*: captivating ◼ **du siehst hinreißend aus** you look quite enchanting [ɪn'tʃɑːntɪŋ]; **sie hat hinreißend gespielt** it was a wonderful performance
hinrichten execute ['eksɪkjuːt] (*Mörder usw.*)
Hinrichtung *f* execution [,eksɪ'kjuːʃn]
hinschmeißen: **am liebsten würde ich alles hinschmeißen** *salopp* I feel like chucking it all in
hinsehen look; **ohne hinzusehen** without looking
hinsetzen ◼ sit* down (*Baby usw.*) ◼ (≈ *Sitzplatz zuteilen*) seat, put*; **die Oma setzen wir hier drüben hin** we'll put grandma over here ◼ **sich hinsetzen** sit* down
★**Hinsicht** *f*: **in gewisser Hinsicht** in a way; **in jeder Hinsicht** in every respect
★**hinsichtlich** with regard to, concerning
Hinspiel *n Sport*: first leg
hinstellen ◼ **etwas hinstellen** (≈ *abstellen*) put* something (down) (**auf** on) ◼ *umg* put* up (*ein Haus usw.*) ◼ **er stellt ihn immer als Versager hin** he always makes him out to be a failure ◼ **sich hinstellen** stand* (up) ◼ **sich vor jemanden hinstellen** stand* in front of someone
★**hinten** ◼ *allg.*: at the back; **weiter hinten** further back, *im Buch usw.*: further on; **nach hinten** to(wards) the back, *umfallen usw.*: backwards; **von hinten** from behind ◼ *im Auto*: in the back ◼ **stell dich hinten an!** get to the back of the queue (*US* line) ! ◼ **das Zimmer geht nach hinten hinaus** the room's at the back ◼ **das stimmt hinten und vorne nicht** *umg* that's totally wrong
hintenherum ◼ **hintenherum gehen** go* (a)round the back ◼ **sie hat es hintenherum erfahren** she found out about it in a roundabout way
★**hinter** ◼ *allg.*: behind; **hinter meinem Rücken** behind my back; **stell das Bild hinter den Schrank** put the picture behind the cupboard ◼ *zur Angabe der Lage*: behind, at the back of; **hinter dem Haus** behind (*oder* at the back of) the house ◼ *Reihenfolge*: after; **der nächste Halt hinter Bonn ist Köln** the next stop after Bonn is Cologne [kə'ləʊn] ◼ **hinter etwas kommen** (≈ *etwas herausfinden*) find* out about something, (≈ *etwas verstehen*) get* the hang of something ◼ **sie hat gerade eine schwere Erkältung hinter sich** she's just got over a bad cold ◼ **etwas hinter sich bringen** get* something over (and done) with
Hinterachse *f Auto*: rear axle [,rɪər'æksl]
Hinterbein *n* hind leg [⚠ 'haɪnd_leg]
Hinterbliebene(r) *m/f(m)* ◼ *im juristischen Sinn*: (surviving) dependant (*oder* dependent) ◼ **die Hinterbliebenen** (≈ *die trauernden Angehörigen*) the bereaved (family)
★**hintere(r, -s)** ◼ rear, back; **die hinteren Wagen** *Eisenbahn*: the rear coaches (*US* cars); **das hintere Ende** the rear (*oder* far) end ◼ **die hinteren Zimmer** the rooms at the back; **das hintere Ende** the rear (*oder* far) end
hintereinander ◼ *in einer Reihe*: one behind the other ◼ (≈ *hintereinander her*) one after the other, one by one ◼ **dicht hintereinander** close together ◼ **drei Tage hintereinander** three days running, three days in a row [rəʊ]; **dreimal hintereinander** three times in a row ◼ **an fünf Wochenenden hintereinander** on five consecutive [kən'sekjʊtɪv] weekends
Hintereingang *m* back (*oder* rear) entrance
Hintergedanke *m* (≈ *verborgene Absicht*) ulterior motive; **ohne Hintergedanken** quite innocently ['ɪnəsntlɪ]
hintergehen deceive [dɪ'siːv] (*einen Geschäftspartner, Ehepartner usw.*)
★**Hintergrund** *m* background (*auch übertragen*)
Hintergrundinformation *f* (piece of) background information
Hinterhalt *m* ambush; **jemanden aus dem Hinterhalt überfallen** ambush someone
hinterhältig underhanded, *Methoden auch*: underhand
★**hinterher** ◼ after, behind; **das Fahrrad hinterher** the bicycle behind (*oder* after them *bzw.* him *usw.*); **los, hinterher!** come on, after him (her *usw.*)! ◼ *zeitlich*: afterwards
Hinterhof *m* backyard [,bæk'jɑːd]
Hinterkopf *m* back of the head [hed]; **sie hat sich am Hinterkopf verletzt** she's injured the back of her head
hinterlassen ◼ leave* (*Nachricht, Eindruck*) ◼ **jemandem etwas hinterlassen** leave* something to someone ◼ leave* behind (*Frau und*

Kinder; Fingerabdrücke)
Hinterlist *f* **1** cunning, deceitfulness [dɪ-ˈsiːtflnəs] **2** (≈ *Trick*) deceit, trick
hinterlistig cunning, deceitful [dɪˈsiːtfl], *Methoden auch*: underhand
Hintermann *m*: **mein Hintermann** the person (*bzw.* driver *oder* car *usw.*) behind me
Hintern *m umg* backside, bottom, behind
Hinterrad *n* back wheel [ˌbækˈwiːl], rear wheel [ˌrɪəˈwiːl]
Hinterradantrieb *m Auto*: rear-wheel drive [ˌrɪəwiːlˈdraɪv]
hinterrücks (≈ *von hinten*) from behind
Hinterseite *f* back, reverse [rɪˈvɜːs]
hinterste(r, -s) back, last; **die hinterste Reihe** the back row [rəʊ]
Hinterteil *n* **1** *allg.*: back (part) **2** (≈ *Hintern*) backside, bottom, behind
Hintertür *f* back door
hinterziehen evade (*Steuern*)
hintun: **wo soll ich es hintun?** where shall I put it?; **tus da hin** put it there
★**hinüber 1** over (there) **2 über den See** *usw.* **hinüber** across (*oder* over) the lake *usw.*
hin- und herfahren go* back and forth
★**hinunter** down; **die Straße hinunter** down the street; **die Treppe hinunter** down the stairs, downstairs; **da hinunter** down there, this way
hinuntergehen, hinuntersteigen go* down
Hinweg *m*: **auf dem Hinweg** on the (*bzw.* my *usw.*) way there
hinweg: **über etwas hinweg** over (*oder* across) something
hinwegkommen: **über die Enttäuschung hinwegkommen** get* over the disappointment; **über den Verlust hinwegkommen** get* over the loss
hinwegsetzen: **sich über etwas hinwegsetzen** ignore something
★**Hinweis** *m* **1** (≈ *Tipp, Rat*) tip, some advice (**auf** as to); **anonymer Hinweis** anonymous [əˈnɒnɪməs] tip-off **2** (≈ *Anhaltspunkt*) clue (**auf** to), pointer (**auf** to), evidence [ˈevɪdəns] (**auf** of) **3** (≈ *Anzeichen*) indication (**auf** of) **4** (≈ *Verweis*) reference [ˈrefrəns] (**auf** to)
hinweisen 1 jemanden auf etwas hinweisen point something out to someone **2 ich möchte dich nochmals auf die Gefahren hinweisen** I'd like to remind you once again of the dangers **3 hinweisen auf** point to, (≈ *anspielen*) allude [əˈluːd] to, (≈ *verweisen*) refer to **4 darauf hinweisen, dass ...** point out that

..., *nachdrücklich*: stress (*oder* emphasize [ˈemfəsaɪz]) that ... **5 alles weist darauf hin, dass ...** everything indicates that ...
Hinweisschild *n* sign [△ saɪn]
hinwerfen 1 etwas hinwerfen throw* something down **2 etwas hinwerfen** (≈ *aufgeben*) give* up something, *umg* chuck something (in) **3 er warf ihr die Schlüssel** *usw.* **hin** he threw her the keys *usw.*
hinwollen want to go (there); **ich will hin!** I want to go!; **wo willst du hin?** where are you going?
hinziehen 1 *bei Umzug*: move there; **wo zieht ihr hin?** where are you moving to? **2 sich zu jemandem hingezogen fühlen** be* drawn to(wards) someone **3 das zieht sich ganz schön hin!** *entfernungsmäßig*: that's quite a long way to go; **die Wiesen ziehen sich bis zum Fluss hin** the meadows stretch as far as the river **4 die Sitzung zog sich bis zum Abend hin** the meeting dragged [drægd] on into the evening
★**hinzufügen 1** add (+ *Dativ oder* **zu** to) **2** *einem Brief*: (≈ *beilegen*) enclose
hinzukommen 1 wir waren zuerst zu zweit, aber dann kam Peter noch hinzu *zufällig*: at first there were just the two of us, but then Peter came along too, *in einem Team usw.*: ... but then Peter joined the team **2 es war sehr kalt; hinzu kam, dass es auch noch regnete** it was very cold, and on top of that it was raining **3 es kommen noch die Heizkosten hinzu** you've got to add the heating costs, you mustn't forget (to add) the heating costs **4 es kamen noch weitere Probleme hinzu** more problems cropped up
hip *salopp* (≈ *modern, in*) hip
Hip-Hop *m* hip-hop
Hippie *m* hippie
Hipsters *pl* (≈ *Hüfthose*) hipsters, *US* hip-huggers [ˈhɪpˌhʌɡəz], *US* low-rise pants
Hirn *n* **1** brain **2** (≈ *Verstand*) brains (△ *pl*) **3** *als Speise*: brains (△ *pl*)
Hirnhautentzündung *f* meningitis [ˌmenɪnˈdʒaɪtɪs]
Hirntod *m* brain death
hirnverbrannt *umg* crazy
Hirsch *m* **1** *Tier*: (red) deer, *männliches Tier*: stag **2** *als Speise*: venison [△ ˈvenɪsən] **3** *als Schimpfwort*: clot
Hirschkuh *f* hind [△ haɪnd]
Hirse *f* millet [ˈmɪlɪt]
Hirte *m* **1** *allg.*: herdsman [ˈhɜːdzmən] **2**

(≈ *Schafhirte*) shepherd [▲ ˈʃepəd]
hissen hoist (*Segel, Fahne*)
Historiker(in) *m(f)* historian [hɪˈstɔːrɪən]
★**historisch** **1** *Forschung, Studie(n), Verein usw.*: historical **2** *Augenblick, Ereignis, Ort, Gebäude usw.*: (≈ *von geschichtlicher Bedeutung*) historic
★**Hit** *m* hit
Hitliste *f*, **Hitparade** *f* hit parade
★**Hitze** *f* **1** heat; **bei dieser Hitze** in this heat **2** *übertragen*: passion; **in der Hitze des Gefecht(e)s** in the heat of the moment
hitzebeständig heat-resistant
hitzefrei: **hitzefrei haben** have* the day off because of the heat
Hitzewelle *f Wetter*: heatwave
hitzig **1** *Mensch*: quick-tempered, hot-blooded **2** *Diskussion usw.*: heated
Hitzschlag *m* heatstroke; **sie bekam einen Hitzschlag** she got heatstroke (▲*ohne* a)
HIV *abk* HIV [ˌeɪtʃaɪˈviː] (*abk für* human immunodeficiency virus)
HIV-infiziert infected with HIV
HIV-negativ HIV-negative [ˌeɪtʃaɪviːˈnegətɪv]
HIV-positiv HIV-positive [ˌeɪtʃaɪviːˈpɒzətɪv]
HIV-Test *m* HIV test [ˌeɪtʃaɪˈviː_test]
H-Milch *f* long-life milk, UHT milk [ˌjuːeɪtʃtiːˈmɪlk] (*abk für* ultra-heat-treated)
HNO-Arzt *m* **HNO-Ärztin** *f* ear, nose and throat doctor [ˌɪəˌnəʊz_ənˈθrəʊt_dɒktə], *bes. US* ENT specialist [ˌiːentiːˈspeʃlɪst]
★**Hobby** *n* hobby *pl*: hobbies
Hobby... *in Zusammensetzungen* amateur [ˈæmətə], Sunday; **Hobbyfotograf(in)** amateur photographer; **Hobbymaler(in)** Sunday painter
Hobbyraum *m* hobby room
Hobel *m* **1** *Werkzeug*: plane **2** *Küche*: slicer
hobeln **1** plane (*Holz*) **2** slice (*Gurke usw.*)
★**hoch** **1** *allg.*: high; **der Zaun ist drei Meter hoch** the fence is three metres high **2** *Baum, Haus usw.*: tall **3** *Schnee*: deep **4** *Strafe*: heavy, severe [sɪˈvɪə] **5** *Einkommen, Gehalt*: big, high **6** *Summe usw.*: large **7** *Gast usw.*: distinguished **8** *Alter*: great, advanced **9** *Posten*: high, important **10 ein hoher Beamter** a senior official, a high-ranking civil servant **11 ein hoher Offizier** a high-ranking officer **12 das ist mir zu hoch** (≈ *zu schwierig*) that's above my head, that's beyond me **13 wir fliegen jetzt 11.000 Meter hoch** we're now flying at a height [haɪt] of 11,000 metres **14 hoch oben** high up; **hoch oben im Norden** up in the far North **15 sie wohnt zwei Etagen höher** she lives two floors higher up **16 er ist hoch verschuldet** he's heavily in debt [▲det] **17 hoch begabt** → **hochbegabt 18 sie haben hoch gewonnen** they won easily; **er hat hoch verloren** he was (completely) trounced **19 wenn es hoch kommt** at (the) most **1 auf dem Fest ging es hoch her** it was a very lively party **1 sie lebe hoch!, hoch soll sie leben!** three cheers (for + *Name*) ! **1 sie hat es hoch und heilig versprochen** she gave me her solemn [ˈsɒləm] word **1 4 hoch 2 ist 16** four squared is sixteen; **4 hoch 5** four to the fifth (power); → **hochempfindlich, höchste(r, -s)**
Hoch *n* **1** (≈ *hoher Luftdruck*) high **2 ein dreifaches Hoch auf …!** three cheers for …!
Hochachtung *f* (great) respect (**vor** for)
hochachtungsvoll *in Brief*: Yours faithfully, *US* Yours truly
hocharbeiten: **sich hocharbeiten** work one's way up
Hochbau *m* structural engineering
hochbegabt very (*oder* highly) gifted
Hochbetrieb *m*: **mittags herrscht hier Hochbetrieb** it gets really busy in here at lunchtime
Hochdeutsch *n* **1** *im Gegensatz zu Dialekten*: standard German; **Hochdeutsch sprechen** speak* standard German; **wie heißt das auf Hochdeutsch?** what's that in standard German? **2** *im Gegensatz zu Niederdeutsch*: High German
Hochdruck *m* high pressure (*auch hoher Luftdruck und übertragen*); **mit Hochdruck arbeiten** work flat out (**an** on)
Hochdruckgebiet *n* high-pressure area, high
Hochebene *f* plateau [ˈplætəʊ] *pl*: plateaus *oder* plateaux [ˈplætəʊz]
hochempfindlich **1** *Gerät, Material usw.*: highly sensitive **2** *Film*: high-speed (▲*nur vor dem Subst.*), fast
Hochform *f*: **in Hochform** in top form
Hochgebirge *n* high mountains (▲*pl*); **im Hochgebirge** high up in the mountains
hochgehen **1** go* up **2** (*Preis, Vorhang*) go* up, rise* **3** *umg* (≈ *wütend werden*) flare up, hit* the roof **4** (*Sprengsatz*) *umg* blow* up, go* off **5 etwas hochgehen lassen** *umg* (≈ *explodieren lassen*) blow* something up
Hochgeschwindigkeitszug *m* high-speed train
hochhackig *Schuhe*: high-heeled
hochhalten: **etwas hochhalten** (≈ *in die Höhe halten*) hold* something up
Hochhaus *n* **1** high-rise (building), tower block **2** *höherer Wohnblock*: block of flats

hochheben: etwas hochheben lift something (up)

hochklappen ❶ turn up (*Kragen usw.*) ❷ fold up (*Bett usw.*) ❸ tip up (*Sitz*)

Hochkonjunktur *f* (economic) boom

Hochland *n* uplands ['ʌpləndz], highlands ['haıləndz] (⚠ *beide pl*)

Hochleistungssport *m* top-class sport

hochmodern very modern

Hochmut *m* arrogance ['ærəgəns], pride

hochmütig haughty ['hɔːtɪ], arrogant

hochnäsig *umg* snooty

Hochofen *m* blast furnace ['blɑːst,fɜːnɪs]

Hochrechnung *f bei Wahlen:* prediction

Hochsaison *f* peak season, high season; **es ist Hochsaison** it's <u>the</u> peak (*oder* high) season

Hochschulabschluss *m* (university *oder* college) degree [(,juːnɪˈvɜːsətɪ *oder* ˈkɒlɪdʒ)dɪˌgriː]

★**Hochschule** *f* college, university (⚠ *engl.* high school = **Gymnasium, Oberschule**); **technische Hochschule** technical university, *US* institute of technology

Hochschulreife *f* university entrance qualification; **die allgemeine Hochschulreife erlangen** get* one's general university entrance qualification; **sie hat die Hochschulreife** she's got her A-levels, *US* she's graduated from high school

hochschwanger very (*oder* heavily) pregnant ['pregnənt]

Hochsee *f* high sea (*oder* seas *pl*), open sea

Hochseefischerei *f* <u>deep</u>-sea fishing

Hochseejacht *f* ocean yacht (⚠ jɒt]

Hochsommer *m:* **im Hochsommer** in the middle (*oder* at the height [haɪt]) of summer

hochsommerlich: **hochsommerliche Temperaturen** very summery temperatures, temperatures in the high eighties (*nach der Fahrenheit-Skala*); **hochsommerliches Wetter** very summery weather

Hochspannung *f* ❶ *elektrisch:* high voltage ['vəʊltɪdʒ] ❷ (≈ *sehr gespannte Erwartung*) great suspense; **es herrschte Hochspannung** things were very tense

Hochspannungsleitung *f* power line

hochspielen blow* up (*eine Sache usw.*)

hochspringen (≈ *hinaufspringen*) jump up; **der Hund sprang an ihm hoch** the dog jumped up at him

Hochspringer(in) *m(f)* high jumper

Hochsprung *m* high jump

höchst (≈ *äußerst*) highly, extremely, most; **eine höchst interessante Nachricht** a most interesting piece of news

Hochstapler *m* ❶ *umg* conman ❷ (≈ *Angeber*) braggart ['brægət], *umg* big mouth

höchste(r, -s) ❶ highest; **der höchste Punkt** *in Landschaft usw.:* the highest point, *bes. in Bergland:* the peak ❷ *Wichtigkeit, Bedeutung usw.:* (≈ *größte*) greatest, utmost ['ʌtməʊst] ❸ **höchste Gefahr** extreme danger ❹ **das ist das höchste der Gefühle** it's the most wonderful feeling ❺ **es ist höchste Zeit, dass du zu Bett gehst** it's high time <u>you</u> went to bed ❻ **zur Sommersonnenwende steht die Sonne am höchsten** at the summer solstice the sun is at its highest point

★**höchstens** ❶ at (the) most, at best ❷ **sie ist höchstens zwanzig** she can't be more than twenty ❸ **das gibt es höchstens noch in einem Antiquariat** the only place you might find it is in a second-hand bookshop ❹ **er liest nicht viel, höchstens mal die Zeitung** he doesn't read much, apart from the newspaper occasionally

Höchstform *f:* **in Höchstform** in top form

★**Höchstgeschwindigkeit** *f* ❶ maximum (*oder* top) speed ❷ **zulässige Höchstgeschwindigkeit** speed limit

Höchstleistung *f* ❶ *allg.:* top (*oder* outstanding) performance ❷ **ihre bisherige Höchstleistung** her all-time best performance ❸ *wissenschaftliche usw.:* great achievement ❹ *einer Maschine:* maximum performance, *bei Produktion:* maximum output

höchstpersönlich in person

Höchststrafe *f* maximum penalty ['penltɪ], maximum sentence ['sentəns]

höchstwahrscheinlich very probably, most likely

hochtrabend *Worte usw.:* pompous

Hochverrat *m* high treason ['triːzn]

★**Hochwasser** *n* ❶ *eines Flusses usw.:* high water; **der Fluss hat Hochwasser** the river is swollen, *mit Überschwemmung:* the river is flooding (*oder* in flood) ❷ *des Meeres bei Flut:* high tide ❸ (≈ *Überschwemmung*) flood, floods *pl*

hochwertig ❶ *Produkt usw.:* high-grade, high-quality ❷ *Nahrungsmittel:* highly nutritious [njuːˈtrɪʃəs]

Hochzahl *f Mathematik:* exponent

★**Hochzeit** *f* (≈ *Heirat; Hochzeitsfeier*) wedding

Hochzeitsnacht *f* wedding night

Hochzeitsreise *f* honeymoon ['hʌnɪmuːn]; **sie**

sind auf Hochzeitsreise *umg* they're on their honeymoon

Hochzeitstag *m* ❶ wedding day ❷ *Jahrestag*: wedding anniversary [,ænɪˈvɜːsərɪ]

hochziehen ❶ *wörtlich* pull up ❷ pull up, hitch up (*Hosen*) ❸ raise, lift (*Augenbrauen*) ❹ **sich hochziehen an** *wörtlich* pull oneself up by, *übertragen* make* a fuss about

Hocke *f Turnen usw.*: crouch [kraʊtʃ], squatting [🔺 ˈskwɒtɪŋ] position; **in die Hocke gehen** crouch (*oder* squat [skwɒt]) down

hocken ❶ *auf dem Boden*: squat [🔺 skwɒt], crouch [kraʊtʃ] ❷ *umg* (≈ *sitzen*) sit*

★**Hocker** *m* stool

Höcker *m* (≈ *Buckel*) hump (*auch eines Kamels usw.*)

Hockey *n* hockey, *US* field hockey

Hockeyschläger *m* hockey stick, *US* field hockey stick

Hoden *m* testicle [ˈtestɪkl]

★**Hof** *m* ❶ yard, (≈ *Innenhof*) courtyard, (≈ *Hinterhof*) backyard [,bækˈjɑːd] ❷ (≈ *Schulhof*) playground, schoolyard ❸ (≈ *Bauernhof*) farm ❹ (≈ *Fürstenhof*) court [🔺 kɔːt]

★**hoffen** hope (**auf** for); **auf jemanden hoffen** set* (*oder* pin) one's hopes on someone; **ich hoffe es** I hope so; **wir hoffen, rechtzeitig da zu sein** we hope to be (*oder* get) there on time

★**hoffentlich** ❶ I hope, let's hope, hopefully ❷ *in Antworten*: I hope so, let's hope so ❸ **hoffentlich nicht** I hope not, let's hope not

★**Hoffnung** *f* ❶ hope (**auf** for, of) ❷ (≈ *Erwartung*) hope, expectation [,ekspekˈteɪʃn] ❸ *Wendungen*: **die Hoffnung aufgeben** give* up hope (🔺 *ohne* the); **sich Hoffnungen machen** be* hopeful; **mach dir keine zu großen Hoffnungen** don't expect too much

★**hoffnungslos** ❶ hopeless ❷ (≈ *verzweifelt*) desperate [ˈdespərət]

Hoffnungslosigkeit *f* hopelessness, *eines Menschen auch*: despair [dɪˈspeə]

★**höflich** polite, courteous [🔺 ˈkɜːtɪəs] (**zu** to)

Höflichkeit *f* politeness, courtesy [🔺 ˈkɜːtəsɪ]

★**Höhe** *f* ❶ *allg.*: height [🔺 haɪt] ❷ (≈ *Höhe über dem Meeresspiegel*) altitude [🔺 ˈæltɪtjuːd]; **in einer Höhe von 5000 Metern** at an altitude (*oder* at a height) of 5,000 metres ❸ **New York liegt auf der Höhe von Neapel** New York is on the same latitude [ˈlætɪtjuːd] as Naples ❹ *einer Summe*: size, amount ❺ *der Preise, Mieten, des Einkommens, der Geschwindigkeit, Temperatur, Stromspannung usw.*: level; **die Preise gingen um 20 Prozent in die Höhe** prices went up (by) 20 per cent ❻ *eines Schadens usw.*: extent [ɪkˈstent], level ❼ (≈ *Tonhöhe*) pitch ❽ **heb es mal in die Höhe!** come on, lift it up! ❾ **das ist ja wohl die Höhe!** that really is the limit!

hohe(r, -s) → **hoch**

Hoheit *f* ❶ *über ein Gebiet usw.*: sovereignty [🔺 ˈsɒvrəntɪ] (**über** over) ❷ **Seine** (*bzw.* **Ihre**) **Königliche Hoheit** His (*bzw.* Her) Royal Highness

Höhenunterschied *m* difference in altitude

★**Höhepunkt** *m* ❶ *einer Reise usw.*: high point ❷ *einer Veranstaltung*: highlight ❸ *eines Konflikts usw.*: critical stage, height [🔺 haɪt] ❹ *eines Films, Theaterstücks, einer Wahlkampagne*; *auch sexuell*: climax [ˈklaɪmæks] ❺ *der Saison, einer Karriere, einer Krise usw.*: height

★**hohl** ❶ *allg.*: hollow ❷ *Hand*: cupped ❸ *Linse, Spiegel*: concave [kɒnˈkeɪv]

Höhle *f* ❶ cave ❷ *von Raubtieren*: den, lair ❸ *im negativen Sinn* (≈ *Wohnung, Zimmer*) hole, hovel [🔺 ˈhɒvl]

Höhlenmensch *m* caveman

Hohlkreuz *n* hollow back

Hohlmaß *n* measure of capacity

Hohlraum *m* ❶ hollow (space) ❷ *medizinisch, technisch*: cavity [ˈkævətɪ]

Hohn *m*: **das ist der reinste Hohn** that's sheer mockery

höhnisch ❶ **eine höhnische Bemerkung machen** make* a derisive remark (**über** about), sneer (**über** at) ❷ **höhnisch grinsen** sneer (**über** at)

Hokuspokus *m* ❶ *Zauberformel*: abracadabra [,æbrəkəˈdæbrə] ❷ (≈ *Schwindel*) hocus-pocus ❸ (≈ *Aufhebens*) fuss

★**holen** ❶ (≈ *herbringen*) get*, go* and get*, go* for, fetch; **sie holte die Kinder, und ihr Mann holte den Wagen** she went to get the children while her husband fetched the car ❷ (≈ *abholen*) pick up, *Br auch* call for; **ich hol dich dann um vier** I'll (come and) pick you up at four ❸ **die Polizei** *usw.* **holen** call the police *usw.* ❹ **jemanden holen lassen** send* for someone ❺ **sie hat (sich) den ersten Preis geholt** *umg* she got (*oder* won) first prize ❻ **ich habe mir beim Schwimmen eine Erkältung geholt** I caught a cold (when I was) swimming

★**Holland** *n* Holland [ˈhɒlənd]

★**Holländer** *m* Dutchman [ˈdʌtʃmən]; **er ist Holländer** he's Dutch; **die Holländer** the Dutch

★**Holländerin** f Dutchwoman ['dʌtʃˌwʊmən] (*oder* Dutch lady *bzw.* Dutch girl); **sie ist Holländerin** she's Dutch

★**holländisch, Holländisch** n Dutch

★**Hölle** f hell; **in der Hölle** in hell (⚠ *ohne the*); **in die Hölle kommen** go* to hell; **da war die Hölle los** it was sheer pandemonium

Höllenlärm m *umg* terrible racket

Holler m *bes.* Ⓐ (≈ *Holunder*) elder Ⓑ (≈ *Holunderbeeren*) elderberries ['eldəˌberɪz]

höllisch Ⓐ *Angst, Schmerzen*: terrible Ⓑ *Lärm*: terrible, tremendous Ⓒ **das tut höllisch weh** it hurts like hell Ⓓ **du musst höllisch aufpassen** you have to be incredibly careful

holpern (*Wagen usw.*) bump (along), jolt (along); **wir holperten die Straße lang** *im Auto usw.*: we were bumping along the road

holprig *Weg, Straße*: bumpy, rough [⚠ rʌf]

Holunder m elder

★**Holz** n wood, *bes. zum Bauen*: timber, *bes. US* lumber; **aus Holz** made of wood, wooden; **Holz fällen** fell trees; **Holz hacken** chop wood; **Holz verarbeitend** wood-processing

hölzern Ⓐ wooden (*auch Bewegung, Interpretation usw.*) Ⓑ (≈ *ungeschickt*) awkward ['ɔːkwəd]

Holzfäller m woodcutter, *bes. US* lumberjack

Holzhaus n wooden house

holzig *Stängel usw.*: woody

Holzkohle f charcoal ['tʃɑːkəʊl]

Holzscheit n piece of (fire)wood

Holzschnitt m *fertiges Kunstwerk*: woodcut

Holzschnitzerei f woodcarving

Holzschuh m clog

Holzstapel m, **Holzstoß** m pile of wood

Holzweg m: **da bist du auf dem Holzweg** you're barking up the wrong tree

Homebanking n *per Computer*: home banking

Homepage f *Internet*: home page

Homeshopping n home shopping

Hometrainer m exercise machine, (≈ *Fahrrad*) exercise bike

Homo m *umg* gay, *abwertend auch* queer

Homoehe f *umg* gay marriage [ˌgeɪˈmærɪdʒ], *förmlicher* same-sex marriage [ˌseɪmseksˈmærɪdʒ]

homöopathisch homeopathic, *Br auch* homoeopathic [ˌhəʊmɪəˈpæθɪk]

Homosexualität f homosexuality [ˌhəʊməˌsekʃʊˈælətɪ]

homosexuell homosexual [ˌhəʊməˈsekʃʊəl]

Homosexuelle(r) m/f(m) homosexual [ˌhəʊməˈsekʃʊəl]

★**Honig** m honey [⚠ 'hʌnɪ]

Honigmelone f honeydew melon [ˌhʌnɪdjuːˈmelən]

Honorar n Ⓐ *von Arzt, Rechtsanwalt usw.*: fee Ⓑ *eines Autors usw.*: royalties (⚠ *pl*)

Hopfen m Ⓐ *Pflanze*: hop Ⓑ (≈ *Brauhopfen*) hops (⚠ *pl*)

hoppeln (*Hase*) hop

hoppla whoops! [wʊps], oops! [ʊps]

hopsen hop, skip

hörbar audible ['ɔːdəbl]; **kaum hörbar** barely audible; **hörbar seufzen** sigh audibly

Hörbuch n talking book ['tɔːkɪŋ ˌbʊk]

horchen Ⓐ listen [⚠ 'lɪsn] (**auf** to) Ⓑ **an der Tür** *usw.*: eavesdrop ['iːvzdrɒp]

Horde f (≈ *laute oder gewalttätige Gruppe*) horde [hɔːd], mob

★**hören** Ⓐ hear*; **hast du das gehört?** did you hear that?; **gut hören** have* good ears (*oder* hearing); **schlecht hören** be* slightly deaf [def], be* hard of hearing Ⓑ *zufällig*: overhear*; **ich hab zufällig gehört, wie er sagte, dass er mich nicht mag** I overheard [ˌəʊvəˈhɜːd] him saying he didn't like me Ⓒ (≈ *zuhören*) listen [⚠ 'lɪsn]; **hör doch!, hör mal!** listen!; **hör mal, Linda** *bes. vor Zurechtweisung*: look here, Linda; **also, hör mal!** *als Einwand*: wait a minute! Ⓓ **Radio hören** listen to the radio Ⓔ **sie hört gerade Musik** she's listening to (some) music (⚠ *aber* **die Klingel hören** = **hear the bell**) Ⓕ **auf jemanden hören** listen to someone (*oder* to someone's advice) Ⓖ **ich höre es an deiner Stimme, dass du lügst** I can tell by your voice that you're lying Ⓗ **ich hab schon viel von Ihnen gehört** I've heard a lot about you Ⓘ **hast du schon von Peter gehört?** (≈ *das Neueste über ihn erfahren*) have you heard about Peter?, (≈ *hat er sich selbst bei dir gemeldet?*) have you heard from Peter? Ⓙ **ich lasse von mir hören** I'll let you know Ⓚ **lasst mal von euch hören!** keep in touch

★**Hörer** m (≈ *Telefonhörer*) receiver [rɪˈsiːvə]; **den Hörer abnehmen** pick up the receiver

Hörer(in) m(f) (≈ *Radiohörer*) listener [⚠ 'lɪsnə]

Hörgerät n hearing aid

hörig: **sie ist ihm hörig** she's sexually dependent on him

★**Horizont** m Ⓐ horizon [⚠ həˈraɪzn] (*auch übertragen*); **am Horizont** on the horizon; **die Sonne sank unter den Horizont** the sun sank below the horizon Ⓑ **das geht über meinen Horizont** that's beyond me; **er sollte seinen Horizont erweitern** he ought to broaden his

horizons (▲ pl)
horizontal horizontal [▲ ˌhɒrɪˈzɒntl]
Hormon n hormone [ˈhɔːməʊn]
Horn n **1** eines Tieres usw.: horn **2** Blasinstrument: (French) horn
★**Hörnchen** n **1** Gebäck: croissant [▲ ˈkwæsɑ̃] **2** Nagetier: squirrel [▲ ˈskwɪrəl]
Hornhaut f **1** (≈ harte Haut) callus **2** im Auge: cornea
Hornisse f hornet [ˈhɔːnɪt]
Horoskop n horoscope [ˈhɒrəskəʊp]
Horror m horror (vor of); **ich habe einen Horror vor dem Test** I'm terrified of the test
Horrorfilm m horror film, horror movie [ˈhɒrəˌmuːvɪ]
Hörsaal m einer Hochschule: lecture hall
Hörspiel n im Radio: radio play
Hörsturz m hearing loss
Hort m für Kinder: after-school club, US after-school daycare
horten hoard (Waren, Lebensmittel)
Hortensie f Pflanze: hydrangea [haɪˈdreɪndʒə]
Hörweite f: **in Hörweite** within hearing range; **außer Hörweite** out of earshot
Höschen n **1** (≈ Damenslip) panties, Br mst. knickers (▲ pl); **ein Höschen** a pair of panties **2** (≈ Kinderhose) trousers (▲ pl), US pants (▲ pl), kurzes: shorts (▲ pl); **ein Höschen** a pair of trousers (oder pants bzw. shorts)
★**Hose** f **1** trousers [ˈtraʊzəz] (▲ pl), US pants (▲ pl) oder slacks (▲ pl); **eine Hose** (a pair of) trousers (US pants); **diese Hose ist zu kurz** these trousers are too short **2** **eine kurze Hose** shorts (▲ pl, ohne a), a pair of shorts (▲ pl)
Hosenanzug m trouser suit [ˈtraʊzəˌsuːt], US pantsuit [ˈpæntsuːt]
Hosenrock m culottes [kəˈlɒts] (▲ pl)
Hosenträger pl: (a pair of) braces, US (a pair of) suspenders
Hospiz n für Sterbende: hospice [ˈhɒspɪs]
Hostie f host [həʊst]
★**Hotel** n hotel [həʊˈtel]; **in welchem Hotel seid ihr?** which hotel are you (staying) at?
Hotelkaufmann m, **Hotelkauffrau** f hotel manager
Hotelzimmer n hotel room [həʊˈtelˌruːm]
Hotline f hotline, Information, Beratung: Br auch helpline
Hotspot m Internet: hotspot
House m Musik: house (music)
Hubraum m eines Kfz-Motors: cubic capacity
★**hübsch** **1** Mädchen, Kind, Kleid, Melodie usw.: pretty **2** (≈ gut aussehend) Frau, Mann: good-looking, attractive [əˈtræktɪv] **3** Geschenk, Zimmer, Aussicht usw.: nice **4** umg (≈ beträchtlich) nice, tidy, pretty; **ein hübsches Sümmchen** umg a tidy sum **5** **hübsche Aussichten** humorvoll nice prospects **6** **hübsch angezogen** nicely dressed **7** (≈ ziemlich) pretty; **es ist hübsch kalt draußen** it's pretty cold outside **8** **immer hübsch der Reihe nach!** one after the other, please
Hubschrauber m helicopter [ˈhelɪkɒptə]
Hubschrauberlandeplatz m heliport [ˈhelɪpɔːt], helipad [ˈhelɪpæd]
Huf m hoof pl: hoofs oder hooves
Hufeisen n horseshoe [ˈhɔːsˌʃuː]
Hüfte f hip; **mit den Hüften wackeln** wiggle one's hips (▲ ohne with)
Hüfthose f hipsters (▲ pl), US hip huggers (▲ pl)
★**Hügel** m **1** hill **2** kleiner: hillock [ˈhɪlək]
hügelig hilly
★**Huhn** n **1** chicken (auch als Essen) **2** (≈ Henne) hen **3** **so ein verrücktes Huhn!** übertragen she's (bzw. he's) a real nutcase
Hühnchen n **1** chicken **2** (≈ Brathühnchen) roast chicken
Hühnerauge n an einer Zehe: corn
Hühnerbrühe f chicken stock; (≈ Suppe) chicken broth [ˈtʃɪkɪnˌbrɒθ]
Hühnerstall m henhouse, chicken coop
Hülle f **1** allg: cover [▲ ˈkʌvə] (auch einer Zeitkarte) **2** (≈ Buchhülle) cover, jacket **3** einer Schallplatte: cover, Br auch sleeve, US auch jacket **4** einer CD: box, case **5** (≈ Futteral, Gehäuse) case
Hülse f **1** für Thermometer, Füller, Brille; auch von Patrone: case **2** von Bohnen, Erbsen: pod
human **1** Vorgesetzte(r), eine Einstellung usw.: human [ˈhjuːmən], humane [hjuːˈmeɪn] **2** eine Methode usw.: humane
humanistisch humanist [ˈhjuːmənɪst]; **humanistische Bildung** classical education
Hummel f bumblebee [ˈbʌmblbiː]
Hummer m lobster [ˈlɒbstə]
★**Humor** m humour [ˈhjuːmə]; **er hat keinen Humor** he has no sense of humour, (≈ versteht keinen Spaß) he can't take a joke
humorlos humourless; **sie ist ziemlich humorlos** she has no sense of humour; **sei doch nicht so humorlos!** don't take everything so seriously
★**humorvoll** Mensch, Art: humorous [ˈhjuːmərəs]
humpeln **1** nach Fußverletzung: hobble **2**

(≈ *ständig hinken*) have* a limp

★**Hund** *m* **1** dog; **junger Hund** puppy *pl*: puppies **2** (≈ *Jagdhund*) hound, dog **3** *als Schimpfwort*: swine, bastard ['bɑːstəd]; **blöder Hund! idiot!; so ein blöder Hund!** what a stupid bastard! **4 er ist ein armer Hund** *umg* he's a poor devil **5 das ist vielleicht ein fauler Hund!** *umg* he's a lazy devil! **6 das ist ein dicker Hund!** *übertragen, umg* that's a bit thick (*US* much)

Hundeleine *f* dog lead [liːd], *US* dog leash [liːʃ]

hundemüde dog-tired

★**hundert** a hundred, *betont*: one hundred

Hundert[1] *n* **1** (≈ *Einheit von hundert Stück, Menschen usw.*) hundred; **fünf vom Hundert** five per cent (*oder* percent) **2 Hunderte** (≈ *einige hundert Menschen, Dinge usw.*) hundreds; **Hunderte von Menschen** hundreds of people; **zu Hunderten** by the (*oder* in their) hundreds

Hundert[2] *f* (≈ *die Zahl 100*) number hundred

★**hunderteins** a (*oder* one) hundred and one

Hunderter *m* **1** *von Zahl*: (the) hundred **2** (≈ *Geldschein*) *Br* hundred-euro/-pound/-dollar *usw.* note (*oder US* bill)

Hunderteuroschein *m* hundred-euro note, *US* hundred-euro bill

hundertfach: **in hundertfacher Vergrößerung** enlarged a hundred times; **der hundertfache Betrag** (≈ *das Hundertfache*) a hundred times that (*oder* as much)

Hundertjahrfeier *f* centenary [sen'tiːnərɪ], *US* centennial [sen'tenɪəl]

hundertjährig **1** (≈ *hundert Jahre alt*) (one-)hundred-year-old **2** (≈ *hundert Jahre dauernd*) (one-)hundred-year; **eine hundertjährige Arbeit** a hundred years of work

hundertmal a hundred times

Hundertmeterlauf *m* (one) hundred metres (⚠ *mit Verb im sg*)

hundertprozentig **1** one hundred per cent (*US* percent) [pə'sent] **2** *Alkohol, Wolle usw.*: pure [pjʊə] **3 das weiß ich hundertprozentig** I know that for sure [ʃɔː]

★**hundertste(r, -s)** hundredth ['hʌndrədθ]

hundertstel: **drei hundertstel Sekunden** three hundredths of a second

Hundertstel *n* hundredth ['hʌndrədθ]

hunderttausend a (*betont*: one) hundred thousand

Hündin *f* bitch, female (dog)

★**Hunger** *m* **1** hunger; **Hunger haben** be* hungry; **Hunger bekommen** get* hungry; **ich bekomme allmählich Hunger** I'm getting hungry **2 Millionen von Menschen müssen Hunger leiden** millions of people are starving **3 ich sterbe vor Hunger** *umg* I'm starving, I'm famished [⚠ 'fæmɪʃt], I'm ravenous ['rævnəs]

hungern **1** go* hungry (⚠ *nicht* be); **der Kühlschrank ist leer, also muss ich hungern** the fridge is empty, so I'll have to go hungry **2** *ernsthaft, dauernd*: starve; **viele Menschen in Afrika hungern** there are a lot of people starving in Africa

Hungersnot *f* famine [⚠ 'fæmɪn]; **es herrscht (eine) Hungersnot** there's a famine, there's widespread famine

Hungerstreik *m* hunger strike; **in den Hungerstreik treten** go* on hunger strike

★**hungrig** hungry (*übertragen nach* for)

Hupe *f* horn

★**hupen** hoot, sound (*umg* toot) one's horn, honk [hɒŋk]

hüpfen **1** hop **2** (≈ *springen*) jump **3** (*Ball usw.*) bounce

Hürde *f* hurdle (*auch übertragen*); **eine Hürde nehmen** take* (*oder* clear) a hurdle

Hürdenlauf *m* hurdles (⚠ *mit sg*); **der 100-Meter-Hürdenlauf findet um zwei statt** the 100-metre hurdles is at two

Hürdenläufer(in) *m(f)* hurdler

Hure *f* whore [hɔː], prostitute ['prɒstɪtjuːt]

hurra hooray! [hʊ'reɪ], hurrah! [hə'rɑː], *Br auch* hurray! [hə'reɪ]

Hurrikan *m* hurricane [⚠ 'hʌrɪkən]

huschen **1** (*Person, Tier*) dart **2** (*Vogel, kleines Tier, Lächeln usw.*) flit

hüsteln give* a little cough [⚠ kɒf]

★**husten** **1** cough [⚠ kɒf]; **stark husten** have* a bad cough **2 Blut husten** cough (up) blood

★**Husten** *m* cough [⚠ kɒf]; **sie hat einen schlimmen Husten** she's got a bad cough

Hustenanfall *m* coughing fit [⚠ 'kɒfɪŋ ˌfɪt]; **einen Hustenanfall bekommen** have* a coughing fit

Hustenbonbon *m/n* cough sweet [⚠ 'kɒfˌ-swiːt], cough drop

Hustensaft *m* cough syrup [⚠ 'kɒfˌsɪrəp], *Br auch* cough mixture

★**Hut**[1] *m* **1** hat; **den Hut aufsetzen** (*bzw.* **abnehmen**) put* on (*bzw.* take* off) one's hat **2** *Wendungen*: **das ist doch ein alter Hut!** *übertragen, umg* that's old hat! (⚠ *ohne* an); **mit Oper usw. hab ich nichts am Hut** *umg* opera *usw.* isn't my cup of tea

Hut[2] *f*: **auf der Hut sein** be* on one's guard

(**vor** against)

hüten ① look after, *US mst.* take* care of (*ein Kind, das Haus usw.*) ② tend (*Vieh*) ③ (≈ *bewachen*) watch over, guard [gɑːd] (*das Haus usw.*) ④ **sich hüten vor** watch out for, be* careful of; **hüte dich davor, allzu wörtlich zu übersetzen** be careful not to translate too literally

Hütte *f* ① hut ② *elende:* hovel [ˈhɒvl], shack ③ (≈ *Berghütte*) alpine [ˈælpaɪn] hut, mountain lodge, chalet [ˈʃæleɪ]

Hüttenschuhe *pl* slipper socks

Hyäne *f* hyena [haɪˈiːnə]

Hyazinthe *f Pflanze:* hyacinth [ˈhaɪəsɪnθ]

Hybridauto *n* hybrid car [ˈhaɪbrɪd ˌkɑː]

Hybridfahrzeug *n* hybrid vehicle [ˈhaɪbrɪdˌviːɪkl]

Hydrant *m* (fire) hydrant [ˈhaɪdrənt]

Hydrokultur *f* hydroponics [ˌhaɪdrəʊˈpɒnɪks] (mit sg)

Hygiene *f* hygiene [ˈhaɪdʒiːn]

hygienisch hygienic [haɪˈdʒiːnɪk]

Hymne *f* ① hymn [hɪm] ② (≈ *Nationalhymne*) national anthem [ˈænθəm]

Hype *m* (≈ *Medienspektakel*) hype

hyperaktiv hyperactive [ˌhaɪpərˈæktɪv]

Hyperbel *f Mathematik:* hyperbola

Hypnose *f* hypnosis [hɪpˈnəʊsɪs]; **er steht unter Hypnose** he's under hypnosis

hypnotisieren hypnotize [ˈhɪpnətaɪz]

Hypotenuse *f Mathematik:* hypotenuse

Hypothek *f* mortgage [ˈmɔːɡɪdʒ]; **eine Hypothek aufnehmen** take* out a mortgage

Hypothese *f* hypothesis [haɪˈpɒθəsɪs] *pl:* hypotheses [haɪˈpɒθəsiːz], supposition [ˌsʌpəˈzɪʃn]; **die Hypothese bestätigen** confirm the hypothesis; **die Hypothese widerlegen** refute the hypothesis

hypothetisch hypothetical [ˌhaɪpəˈθetɪkl]

Hysterie *f* hysteria [hɪˈstɪərɪə]

hysterisch hysterical [hɪˈsterɪkl]; **werd nicht gleich hysterisch** don't get hysterical, *umg* keep your hair (*US* shirt) on

I

IC® *m abk* intercity (train)

ICE® *m abk* intercity express (train); **mit dem ICE fahren** travel by intercity express, go* intercity express

★**ich** I; **ich bin's** it's me; **ich nicht** not me; **du und ich** you and me; **hier bin ich!** here I am!; **ich Idiot!** what an idiot I am!

Ich *n* ① self; **mein zweites Ich** my other self ② *psychologisch usw.:* ego [ˈiːɡəʊ]; **sie ist mein zweites Ich** (≈ *meine beste Freundin*) she's my alter ego [ˌɔːltə(r)ˈiːɡəʊ]

Ich-Erzähler(in) *m(f)* first-person narrator

Icon *n Computer:* icon

★**ideal** ideal [aɪˈdɪəl], perfect [ˈpɜːfɪkt]; **er ist der ideale Ehemann** he's a model husband [ˌmɒdlˈhʌzbənd]

Ideal *n* ideal [aɪˈdɪəl]; **das Ideal der Freiheit** the ideal of liberty

Idealismus *m* idealism [aɪˈdɪəlɪzm]

Idealist(in) *m(f)* idealist [aɪˈdɪəlɪst]

★**Idee** *f* ① idea [aɪˈdɪə]; **gute Idee** good idea; **wie bist du denn auf 'die Idee gekommen?** *im negativen Sinn* what on earth gave you that idea?; **wie bist du auf die Idee gekommen, das zu tun?** what made you think of doing that?; **sie kam auf die Idee, ihre Wohnung während ihres Urlaubs zu vermieten** she had the idea to rent her flat while she was on holiday; **das ist 'die Idee!** that's it! ② **eine Idee länger** *usw.* just a bit longer *usw.*

identifizieren ① **jemanden identifizieren** identify [aɪˈdentɪfaɪ] someone (**als** as) ② **sich mit jemandem identifizieren** identify with someone

Identifizierung *f* identification [aɪˌdentɪfɪˈkeɪʃn]

identisch identical [aɪˈdentɪkl] (**mit** to)

Identität *f* identity [aɪˈdentətɪ]

★**Ideologie** *f* ideology [ˌaɪdɪˈɒlədʒɪ]

ideologisch ideological [ˌaɪdɪəˈlɒdʒɪkl]

idiomatisch idiomatic [ˌɪdɪəˈmætɪk]; **idiomatische Wendung** idiom [ˈɪdɪəm], idiomatic phrase

Idiot *m* idiot [ˈɪdɪət]

idiotensicher *umg* foolproof

idiotisch idiotic [ˌɪdɪˈɒtɪk], ridiculous [rɪˈdɪkjʊləs]

Idol *n* idol [ˈaɪdl]

idyllisch idyllic [ɪˈdɪlɪk]; **ein idyllisches**

Plätzchen an idyllic spot
Igel *m* hedgehog ['hedʒhɒg]
Iglu *m*/*n* (≈ *Hütte der Eskimos*) igloo ['ɪgluː]
ignorieren: **jemanden** (*bzw.* **etwas**) **ignorieren** ignore someone (*bzw.* something), take* no notice of someone (*bzw.* something)
IHK *f abk* (*abk für* Industrie- und Handelskammer) chamber of commerce
★**ihm** **1** *bei Personen und männlichen Tieren*: him; **ich hab's ihm gesagt** I told him; **wie geht's ihm?** how is he?; **gib es ihm!** give it to him!; **ein Freund von ihm** a friend of his, one of his friends **2** *bei Dingen, Tieren*: it
★**ihn** **1** *bei Personen und männlichen Tieren*: him **2** *bei Dingen*: it
★**ihnen** them; **ich hab's ihnen gesagt** I told them; **wie geht's ihnen?** how are they?; **gib es ihnen!** give it to them!; **Freunde von ihnen** friends of theirs, some of their friends; **bei ihnen** (≈ *mit ihnen zusammen*) with them, (≈ *in ihrer Wohnung usw.*) at their place
★**Ihnen** *pers pr* you; **ich hab's Ihnen gesagt** I told you; **wie geht's Ihnen?** how are you?; **ich gebe es Ihnen** I'll give it to you; **ein Freund von Ihnen** a friend of yours
★**ihr**[1] **1** *bei Personen und weiblichen Tieren*: her; **ich hab's ihr gesagt** I told her; **wie geht's ihr?** how is she?; **gib es ihr!** give it to her!; **ein Freund von ihr** a friend of hers, one of her friends **2** *bei Dingen und Tieren mit unbekanntem Geschlecht*: it; **die Maus blieb in ihrem Käfig** the mouse stayed in its cage **3** **meine Eltern und einige ihrer Freunde** my parents and some of their friends (*oder* some friends of theirs)
★**ihr**[2] *pl von du*: you
★**Ihr** *poss pr* **1** *Höflichkeitsform von dein bzw. euer*: your **2** **Ihr(e) XY** *am Briefende*: Yours, XY (⚠ Yours *wird hier immer großgeschrieben, dahinter Komma*) **3** **welches Auto ist Ihres?** which car is yours?
ihretwegen **1** (≈ *wegen ihr bzw. ihnen*) because of her (*bzw. pl* them) **2** (≈ *ihr bzw. ihnen zuliebe*) for her (*bzw. pl* their) sake
Ikone *f* icon ['aɪkɒn]
illegal illegal [ɪ'liːgl]
Illusion *f* **1** illusion **2** *Wendungen*: **sich Illusionen machen** delude [dɪ'luːd] oneself; **sie macht sich Illusionen über ihn** she's under an illusion about him; **mach dir bloß keine Illusionen!** don't fool yourself!
illusorisch illusory [ɪ'luːsərɪ]; **das ist doch illusorisch!** that's an illusion, *umg* you're fooling yourself
Illustration *f* illustration, picture ['pɪktʃə]
★**Illustrierte** *f* magazine [ˌmægə'ziːn]
im **1** *als Ortsangabe*: in the; **im Bett** *beim Schlafen, Ruhen*: in bed (⚠ *ohne* the); **im Haus** in (*oder* inside) the house, indoors; **im Kino** (**Theater** *usw.*) at the cinema (theatre *usw.*), *US* at the movies ['muːvɪz] (theater *usw.*); **im ersten Stock** on the first (*US* second) floor; **warst du schon im Elsass?** have you ever been to Alsace? [æl'sæs] (⚠ *ohne* the); **im Fernsehen** on television (⚠ *ohne* the); **im Radio** on the radio **2** *zeitlich*: in; **im nächsten** (*bzw.* **letzten**) **Jahr** next (*bzw.* last) year; **im Jahr 2018** in (the year) 2018; **im Januar** in January (⚠ *ohne* the); **im Herbst** in (the) autumn (*US* fall); **im Alter von 20 Jahren** at the age of twenty **3** *zur Angabe eines Zustands*: **im Stehen schreiben** write* (while) standing up
Image *n* image
★**Imbiss** *m* snack, *umg* bite to eat
Imbissbude *f etwa*: hot-dog stand
Imker(in) *m(f)* bee-keeper
★**immer** **1** always, (≈ *jedesmal*) every time, (≈ *fortwährend*) constantly ['kɒnstəntlɪ], all the time **2** **immer noch, noch immer** still; **sie ist immer noch nicht da** she still hasn't arrived, she still isn't here **3** **immer wenn** every time, whenever **4** **es kommt immer wieder vor, dass ...** it happens every now and again that ...; **ich hab dir immer wieder gesagt ...** I've told you time and again ... **5** **schon immer** always; **wir haben schon immer ein Auto gehabt** we've always had a car **6** **immer weiterreden** keep* on talking, *umg* go* on and on **7** **immer besser** better and better **8** **für immer** forever, for good
★**immerhin** **1** (≈ *schließlich, ja, dennoch*) after all **2** (≈ *zumindest, wenigstens*) at least
immerzu all the time; **sie ärgert mich immerzu** she keeps on annoying me
Immigrant(in) *m(f)* immigrant ['ɪmɪgrənt]
Immigration *f* immigration [ˌɪmɪ'greɪʃn]
immigrieren immigrate ['ɪmɪgreɪt]
Immobilien *pl* real estate (⚠ 'rɪəl_ɪˌsteɪt) (⚠ *sg*), property ['prɒpətɪ] (⚠ *sg*)
Immobilienhändler(in) *m(f)*, **Immobilienmakler(in)** *m(f)* estate agent [ɪ'steɪtˌeɪdʒənt], *US* Realtor ['rɪəltə]
Immobilienmarkt *m* property ['prɒpətɪ] market
immun immune [ɪ'mjuːn] (**gegen** to)
Immunschwäche *f* immunodeficiency [ˌɪmjʊ-

nəʊdɪˈfɪʃnsi]

Immunsystem n immune system [ɪˈmjuːn,sɪstəm]

Imperativ m imperative [⚠ɪmˈperətɪv]

Imperfekt n Grammatik: past (tense)

Imperialismus m imperialism [ɪmˈpɪərɪəlɪzm]; **der Imperialismus** imperialism (⚠ohne the)

impfen vaccinate [ˈvæksɪneɪt], inoculate [ɪˈnɒkjʊleɪt]; **ich muss mich gegen Pocken impfen lassen** I've got to have a smallpox vaccination, I've got to get myself vaccinated against smallpox (⚠sg)

Impfpass m vaccination card [,væksɪˈneɪʃn_ˌkɑːd]

Impfstoff m vaccine [ˈvæksiːn]

★ **Impfung** f vaccination [,væksɪˈneɪʃn], inoculation [ɪ,nɒkjʊˈleɪʃn]

imponieren: **jemandem imponieren** impress someone

imponierend impressive

★ **Import** m **1** (≈ Einfuhr von Waren) import [⚠ˈɪmpɔːt] **2** (≈ die eingeführten Waren) imports (⚠pl)

★ **importieren** import [ɪmˈpɔːt]

impotent impotent [ˈɪmpətənt]

imprägnieren 1 impregnate [ˈɪmpregneɪt] **2** waterproof (Stoff usw.)

improvisieren improvise [ˈɪmprəvaɪz], beim Reden usw. auch: ad-lib [,ædˈlɪb]

Impuls m impulse [⚠ˈɪmpʌls]

impulsiv 1 impulsive [ɪmˈpʌlsɪv] **2 impulsiv handeln** act on impulse

★ **imstande**: **imstande sein, etwas zu tun** be* capable of doing something, be* able to do something

★ **in¹ 1** auf die Frage „wo?": in, at, (≈ innerhalb) within; **sie ist in der Kirche** (≈ im Kircheninneren) she's in (oder inside) the church, (≈ beim Gottesdienst) she's at church; **in der Schule** (≈ beim Unterricht) at school; **in der Stadt** in town (⚠ohne the); **sie lebt in London** she lives in London; **wir waren in der Kneipe** we were at the pub; **er studiert in Oxford** he's studying at Oxford; **waren Sie schon in Irland?** have you ever been to Ireland? **2** auf die Frage „wohin?": into, in; **sie ging in die Kirche** ins Innere der Kirche: she went into the church, (≈ zum Gottesdienst) she went to church; **er geht in die Schule** als Schüler: he goes to school **3** zeitlich: in, (≈ während) during, (≈ innerhalb) within; **noch in dieser Woche** by the end of this week; **in diesem Jahr** this year; **heute in acht Tagen** a week (from) today; **in der Nacht** at night, during the night; **in diesem Alter** (bzw. **Augenblick**) at this age (bzw. moment) **4** zur Angabe eines Zustands usw.: in, at; **im Kreis** in a circle; **in Reparatur** under repair; → **ins, im**

in² (≈ in Mode, aktuell) in; **Surfen ist in** surfing is in, surfing is the fashion now

Inbegriff m epitome [⚠ɪˈpɪtəmɪ], paragon [ˈpærəgən]; **die Göttin Venus ist der Inbegriff der Schönheit** the goddess Venus is the epitome of beauty

inbegriffen: **Mahlzeiten inbegriffen** meals included, including meals

★ **indem**: **sie gewann, indem sie mogelte** she won by cheating

★ **Inder** m Indian; **er ist Inder** he's (an) Indian

★ **Inderin** f Indian woman (oder lady bzw. girl); **sie ist Inderin** she's (an) Indian

Indianer m American Indian, Native American

Indianerin f American Indian (oder Native American) woman (oder lady bzw. girl); **sie ist Indianerin** she's a Native American

indianisch Native American, American Indian

Indie m Musik: indie

★ **Indien** n India [ˈɪndɪə]

Indikativ m indicative [⚠ɪnˈdɪkətɪv]

indirekt indirect [,ɪndəˈrekt]; **in der indirekten Rede** Grammatik: in indirect (oder reported) speech (⚠ohne the)

★ **indisch** Indian [ˈɪndɪən]

indiskutabel out of the question

Individualist(in) m(f) individualist [,ɪndɪˈvɪdʒʊəlɪst]

★ **individuell 1** individual [,ɪndɪˈvɪdʒʊəl], personal [ˈpɜːsnəl] **2 individuell gestalten** personalize [ˈpɜːsnəlaɪz], individualize [,ɪndɪˈvɪdʒʊəlaɪz]; **das ist individuell verschieden** that varies from person to person

Individuum n individual [,ɪndɪˈvɪdʒʊəl]

Indonesien n Indonesia [,ɪndəʊˈniːzɪə]

Indonesier(in) m(f), **indonesisch** Indonesian

Induktionsherd m induction hob, US induction stove top

industrialisieren industrialize [ɪnˈdʌstrɪəlaɪz]

Industrialisierung f industrialization [ɪn,dʌstrɪəlaɪˈzeɪʃn]

★ **Industrie** f industry [ˈɪndəstrɪ], einzelne: (branch of) industry

Industriegebiet n industrial area, (≈ Gewerbegebiet) industrial estate [⚠ɪˈsteɪt]

Industriekauffrau f, **Industriekaufmann** m qualified white-collar worker working in an industrial company

Industrieland n industrialized country
Industriestaat m industrial nation
Industrie- und Handelskammer f chamber of commerce
Industriezweig m branch of industry
ineinander ◼ into one another, into each other ◼ **sie sind ineinander verliebt** they're in love (with each other); → ineinanderfließen, ineinandergreifen
ineinanderfließen ◼ (*Farben, Konturen usw.*) merge (into one another) ◼ (*Farben*) *beim Malen*: run* into one another
ineinandergreifen ◼ (*Zahnräder usw.*) interlock [ˌɪntəˈlɒk] ◼ (*Maßnahmen usw.*) be* interconnected [ˌɪntəkəˈnektɪd]
ineinanderstecken ◼ insert into one another ◼ *Stecker*: plug into one another
Infektion f infection [ɪnˈfekʃn]
Infektionsgefahr f risk of infection
Infektionskrankheit f infectious disease [ɪnˌfekʃəs dɪˈziːz]
Infinitiv m infinitive [ɪnˈfɪnətɪv]
infizieren ◼ **jemanden infizieren** infect someone ◼ **sich mit etwas infizieren** become* infected with something
★**Inflation** f inflation
Inflationsrate f rate of inflation
Info f *umg* (≈ *Information*) info (*pl auch* info, *ohne* s)
Informatik f computer science [kəmˈpjuːtə-ˌsaɪəns], informatics (△ *sg*), IT, (≈ *Schulfach*) computer studies (△ *pl*)
Informatiker(in) m(f) computer scientist [kəmˌpjuːtəˈsaɪəntɪst], information scientist
★**Information** f ◼ information (**über** about, on) (△ **Informationen** *wird im Englischen ebenfalls mit* information *wiedergegeben*); **die neuesten Informationen** the latest information (△ *sg*); **ich brauche Informationen über das neue Textverarbeitungsprogramm** I need some information on the new word processing program ◼ (≈ *Auskunftsschalter*) information desk
Informationsmaterial n information
Informationsschalter m information desk
Informationstechnologie f information technology [ˌɪnfəˈmeɪʃn tekˌnɒlədʒɪ] (*abk* IT [ˌaɪˈtiː])
Informationszentrum n information centre, *US* information center
informativ informative
★**informieren** ◼ **das Buch informiert über Radfahren in Holland** the book offers information on cycling in Holland ◼ **jemanden**

informieren let* someone know, tell* (*oder* inform) someone (**über** about) ◼ **sich informieren** find* out (**über** about)
Infostand m information stand
Infotainment n infotainment
infrage ◼ **das** (*bzw.* **er** *usw.*) **kommt nicht infrage** that's (*bzw.* he's *usw.*) out of the question ◼ **etwas infrage stellen** question (*oder* query [△ ˈkwɪərɪ]) something, *stärker*: challenge something
infrarot infrared
Infrastruktur f infrastructure [ˈɪnfrəˌstrʌktʃə]
Infusion f infusion [ɪnˈfjuːʒn]
★**Ingenieur(in)** m(f) engineer [ˌendʒɪˈnɪə]
Ingwer m ginger [ˈdʒɪndʒə]
★**Inhaber(in)** m(f) ◼ (≈ *Eigentümer*) owner, proprietor [prəˈpraɪətə], *Frau auch*: proprietress [prəˈpraɪətrəs] ◼ *eines Amts, Titels, einer Urkunde, eines Kontos, von Aktien usw., auch im Sport*: holder ◼ *eines Ausweises*: bearer [ˈbeərə]
Inhalator m *medizinisch* inhaler [ɪnˈheɪlə]
★**Inhalt** m ◼ *eines Pakets usw.*: contents [△ ˈkɒntents] ◼ (△ *pl*) (≈ *Rauminhalt*) capacity, volume [ˈvɒljuːm] ◼ (≈ *gedanklicher Inhalt*) content ◼ *Überschrift in Buch*: contents (△ *pl*) ◼ **den Inhalt eines Romans erzählen** summarize the plot of a novel ◼ (≈ *Sinn*) meaning
Inhaltsangabe f ◼ *allg.*: summary [ˈsʌmərɪ]; **eine Inhaltsangabe von einer Kurzgeschichte machen** summarize a short story ◼ *bes. von Film, Drama, längerem Roman*: synopsis [sɪˈnɒpsɪs]
Inhaltsverzeichnis n ◼ *in einem Buch usw.*: table of contents [△ ˈkɒntents] ◼ *als beigefügte Liste*: list of contents
Initiativbewerbung f unsolicited job application
Initiative f ◼ initiative [ɪˈnɪʃətɪv]; **die Initiative ergreifen** take* the initiative; **auf seine Initiative hin** on his initiative; **aus eigener Initiative** on one's own initiative, of one's own accord ◼ (≈ *Bürgerinitiative*) action group
Injektion f injection [ɪnˈdʒekʃn]
Inklusion f (≈ *Integration Behinderter*) inclusion [ɪnˈkluːʒn]
inklusive ◼ including, *nachgestellt*: included; **das Zimmer kostet 40 Euro inklusive Frühstück** the room costs forty euros, including breakfast (*oder* breakfast included) ◼ **bis zum 3. Mai inklusive** up to and including May 3rd (*gesprochen* the third of May)
inkompatibel incompatible [ˌɪnkəmˈpætəbl]

inkompetent incompetent [ɪnˈkɒmpɪtənt]
Inkompetenz f incompetence [ɪnˈkɒmpɪtəns]
inkonsequent inconsistent [ˌɪnkənˈsɪstənt]
Inkubationszeit f Medizin: incubation period [ˌɪŋkjʊˈbeɪʃnˌpɪəriəd]
Inland n **1** im In- und Ausland at home and abroad [əˈbrɔːd]; **im Inland hergestellte Ware(n)** domestic [dəˈmɛstɪk] product(s) **2** (≈ Landesinnere) interior [ɪnˈtɪəriə]; **im Inland** inland; **weiter ins Inland hinein** bzw. **weiter im Inland** further inland [ɪnˈlænd]
★**inländisch 1** Waren, Handel: domestic [dəˈmɛstɪk] **2** Markt: domestic, home
Inlandsflug m domestic flight, internal flight
inlineskaten go* in-line skating
Inlineskaten n in-line skating
Inlineskater(in) m(f) in-line skater
Inlineskates pl in-line skates
★**innen 1** (≈ drinnen) inside [ɪnˈsaɪd] **2** (≈ auf der Innenseite) on the inside [ˈɪnsaɪd] **3** nach innen inwards [ˈɪnwədz]; **die Tür geht nach innen auf** the door opens inwards **4** von innen from (the) inside [ɪnˈsaɪd]
Innenarchitekt(in) m(f) interior designer
Innenhof m (inner) courtyard [ˈkɔːtjɑːd]
★**Innenminister(in)** m(f) **1** minister of the interior **2** in GB: Home Secretary [ˌhəʊmˈsɛkrətərɪ] **3** in USA: Secretary of the Interior
Innenministerium n **1** ministry of the interior **2** in GB: Home Office **3** in USA: Department of the Interior
★**Innenpolitik** f **1** allg.: home affairs (⚠ pl; ohne the) **2** bestimmte: domestic policy [ˈpɒləsɪ]
innenpolitisch domestic [dəˈmɛstɪk], internal; **innenpolitische Auseinandersetzung** dispute over domestic policy
★**Innenseite** f inside [ɪnˈsaɪd, falls Gegensatz zu Außenseite betont werden soll: ˈɪnsaɪd]
★**Innenstadt** f town centre, in Großstadt: city centre, US downtown area [ˌdaʊnˈtaʊn]
Innentasche f inside pocket
Innere(s) n **1** allg.: interior (auch eines Gebäudes, Landes usw.) **2** eines Hauses, einer Frucht usw.: inside [ɪnˈsaɪd]
★**innere(r, -s) 1** allg.: inner **2** (≈ auf der Innenseite) inside [ˈɪnsaɪd] **3** Räume usw.: interior **4** Angelegenheiten usw.: internal, domestic [dəˈmɛstɪk] **5** Verletzungen, Krankheiten usw.: internal
Innereien pl **1** eines Schlachttieres: innards [ˈɪnədz], entrails [⚠ ˈɛntreɪlz] **2** als Essen: offal [ˈɒfl] (⚠ nur im sg verwendet)

★**innerhalb 1** örtlich: inside [ɪnˈsaɪd], förmlicher within [wɪˈðɪn]; **innerhalb des Hauses** inside the house; **innerhalb Europas** within Europe **2** zeitlich: within, in; **innerhalb einer Woche** within a week
innerlich: **er wirkt zwar ruhig, aber innerlich ist er sehr nervös** he seems calm, but inwardly [ˈɪnwədlɪ] he's quite nervous
innerste(r, -s) innermost
innert bes. ⓒⱧ (≈ innerhalb von) within
innig 1 Beziehung usw.: close [⚠ kləʊs], intimate [ˈɪntɪmət] **2** **sie lieben sich heiß und innig** they're madly in love (with each other) **3** **ihr innigster Wunsch ist es, einmal um die Welt zu segeln** her most fervent wish is one day to sail round the world
Innovation f innovation
innovativ innovative [ˈɪnəvətɪv]
Innung f (trade) guild
inoffiziell 1 unofficial [ˌʌnəˈfɪʃl] **2** (≈ zwanglos) informal [ɪnˈfɔːml]; **inoffizielle Gespräche** informal talks
Input m/n input
ins 1 (≈ in das); → in¹ **2** **ins Kino gehen** go* to the cinema, US go* to the movies **3** **ins Bett gehen** go* to bed **4** **ins Englische übersetzen** translate into English
Insasse m, **Insassin** f **1** Bus usw.: passenger **2** Gefängnis usw.: inmate [ˈɪnmeɪt]
Inschrift f inscription
★**Insekt** n insect [ˈɪnsɛkt], US bug
Insektenspray n insect spray
Insektenstich m **1** insect bite **2** von Biene, Wespe: (insect) sting
★**Insel** f **1** island [⚠ ˈaɪlənd] **2** **die Britischen Inseln** the British Isles [⚠ aɪlz]; **die Insel Wight** the Isle of Wight
Inselbewohner(in) m(f) islander [⚠ ˈaɪləndə]
Inserat n advertisement [⚠ ədˈvɜːtɪsmənt], umg ad, Br auch advert [⚠ ˈædvɜːt]; **ein Inserat aufgeben** put* an ad in the paper
insgeheim secretly [ˈsiːkrətlɪ]
★**insgesamt 1** altogether, in all; **sie erhielt insgesamt 200 Briefe** she received a total of 200 letters **2** (≈ als Ganzes) as a whole **3** (≈ insgesamt gesehen) on the whole
Insider(in) m(f) insider
★**insofern 1** (≈ in dieser Hinsicht) as far as that goes, from that point of view **2** **er hat insofern Glück gehabt, als er sich nur die Hand brach** he was lucky in so far (oder inasmuch) as he only broke his hand
Insolvenz f insolvency

instabil unstable [ʌnˈsteɪbl]
Installateur(in) m(f) **1** (≈ Klempner) plumber [ˈplʌmə] **2** (≈ Elektroinstallateur) electrician [ɪˌlekˈtrɪʃn] **3** für Gas: gas fitter
installieren install
instand 1 etwas instand halten keep* something in good condition **2 etwas instand setzen** repair something, (≈ renovieren) renovate [ˈrenəveɪt] something
Instandhaltung f upkeep [ˈʌpkiːp], maintenance [ˈmeɪntənəns]
Instandsetzung f **1** repair **2** (≈ Renovierung) renovation [ˌrenəˈveɪʃn]
Instinkt m instinct [ˈɪnstɪŋkt]
instinktiv instinctive [ɪnˈstɪŋktɪv]
★**Institut** n institute [ˈɪnstɪtjuːt]
★**Instrument** n **1** instrument [ˈɪnstrəmənt] (auch übertragen) **2** (≈ Werkzeug) tool
Insulin n insulin [ˈɪnsjʊlɪn]
inszenieren stage (ein Theaterstück usw.)
Inszenierung f production
intakt 1 intact (auch Verhältnis usw.) **2 der Motor usw. ist noch intakt** the engine usw. is still in good working order
Integral n Mathematik: integral
Integration f integration [ˌɪntɪˈgreɪʃn]
Integrationskurs m German course for immigrants
integrieren 1 integrate [ˈɪntɪgreɪt] (**in** into) **2 sich integrieren** integrate (oneself), become* integrated (**in** into)
intellektuell, Intellektuelle(r) m/f(m) intellectual [ˌɪntəˈlektʃʊəl], umg highbrow [ˈhaɪbraʊ]
★**intelligent** intelligent [ɪnˈtelɪdʒənt]
Intelligenz f intelligence [ɪnˈtelɪdʒəns]
Intelligenzquotient m intelligence quotient [ɪnˈtelɪdʒənsˌkwəʊʃnt], IQ [ˌaɪˈkjuː]
Intelligenztest m intelligence test [ɪnˈtelɪdʒəns ˌtest]
intensiv 1 (≈ gründlich) intensive [ɪnˈtensɪv], thorough [ˈθʌrə] **2** Gefühl, Schmerz usw.: intense [ɪnˈtens] **3 sich intensiv vorbereiten** study hard (**auf** for)
Intensivkurs m crash course
Intensivmedizin f intensive care
Intensivstation f intensive care unit; **auf der Intensivstation** in the intensive care unit
interaktiv interactive [ˌɪntərˈæktɪv]
Interdentalbürste f interdental brush
★**interessant** interesting [ˈɪntrəstɪŋ]
★**Interesse** n interest (**an, für** in); **Interesse haben** be* interested (**an** in); **das Interesse verlieren** lose* interest (△ ohne the)

Interessenkonflikt m conflict of interests
Interessent(in) m(f) **1** an Kauf: prospective (oder potential) buyer; **drei Interessenten haben angerufen** three people have rung up (US have called) **2** an einer Mitgliedschaft: prospective member **3 Interessenten bitte melden bei …** anyone (oder those) interested please contact …
★**interessieren 1 sich interessieren für** be* interested in, take* an interest in; **er interessiert sich für gar nichts** he's not interested in anything **2 das Thema interessiert mich** I'm interested in this topic **3 es wird dich interessieren – Sue und Fred heiraten** you'll be interested to know that Sue and Fred are getting married
interessiert 1 an etwas interessiert sein be* interested in something **2** (≈ wissbegierig) inquisitive, curious **3 interessiert zuhören** listen with interest
Internat n boarding school
★**international** international
Internatsschüler(in) m(f) boarder
★**Internet** n Computer: Internet, umg net, Net; **im Internet** on the (Inter)net; **etwas ins Internet stellen** post something on the Internet; **im Internet surfen** surf the (Inter)net (△ ohne in oder on)
Internetadresse f Internet address
Internetanschluss m Internet connection
Internetauftritt m website
Internetbetrug m Internet fraud
Internetcafé n Internet café, cybercafé [ˈsaɪbəˌkæfeɪ]
Internetdating n Internet dating
Internetfirma f dot-com (company) [ˈdɒtkɒm (ˌdɒtkɒmˈkʌmpəni)]
Internethandel m e-commerce [ˌiːˈkɒmɜːs]
Internethandy n mobile phone (US cellphone) with Internet access, Internet-ready mobile phone (US cellphone)
Internetmobbing n cyberbullying
Internetplattform f Internet platform
Internetportal n web (oder Internet) portal
Internetseite f Internet site, web page
Internetsicherheit f Internet security
internetsüchtig internet-addicted; **internetsüchtig sein** be* addicted to the Internet
Internettelefonie f Internet telephony
Internetzugang m Internet access [ˈækses]
Interpretation f interpretation [ɪnˌtɜːprɪˈteɪʃn] (auch von Gedicht usw.)
interpretieren 1 interpret [ɪnˈtɜːprɪt] (auch

Interpunktion f punctuation
Interrogativpronomen n interrogative [ɪntə'rɒgətɪv] pronoun
Intervall n interval ['ɪntəvl]
★**Interview** n interview ['ɪntəvju:]
interviewen interview ['ɪntəvju:]
intim ◼ *Freund, Angelegenheit, Gedanken, Gespräch usw.*: intimate ['ɪntɪmət] ◼ *Freundschaft*: close [kləʊs], intimate
intolerant intolerant [ɪn'tɒlərənt] (**gegenüber, gegen** towards, *bei Sache auch*: of)
Intoleranz f intolerance [ɪn'tɒlərəns] (**gegenüber, gegen** towards, *bei Sache auch*: of)
Intranet n Intranet
intransitiv intransitive [ɪn'trænsətɪv]
Intrige f scheme [ski:m]
introvertiert introverted ['ɪntrəvɜ:tɪd]
Intuition f intuition [ˌɪntjʊ'ɪʃn]
intuitiv ◼ intuitive [ɪn'tju:ətɪv] ◼ **ich habe intuitiv das Richtige getan** intuitively I did the right thing
Invalide m, **Invalidin** f invalid ['ɪnvəli:d], disabled [dɪs'eɪbld] person
Invasion f invasion [ɪn'veɪʒn]
Inventur f stocktaking; **Inventur machen** stocktake*
investieren invest (**in** in)
★**Investition** f investment; **die Investitionen haben nachgelassen** investment has gone down (▲ sg; ohne the)
inwiefern ◼ in what way, how ◼ (≈ *inwieweit*) to what extent
inwieweit to what extent
Inzest m incest ['ɪnsest]
Inzucht f inbreeding ['ɪnˌbri:dɪŋ]
★**inzwischen** ◼ *allg*.: in the meantime, meanwhile ◼ (≈ *bis dahin*) till (*oder* before) then ◼ (≈ *bis spätestens dann*) by then ◼ **es ist inzwischen 10 Uhr** it's now 10 o'clock ◼ **ich habe inzwischen hundert CDs** I've got a hundred CDs so far
i-Punkt m ◼ dot over the i [aɪ] ◼ **bis auf den i--Punkt** *übertragen* down to the last detail ['di:teɪl]
IQ m abk (abk für Intelligenzquotient) IQ [ˌaɪ'kju:]
Irak m Iraq [ɪ'rɑ:k]
Iran m Iran [ɪ'rɑ:n]
★**Ire** m Irishman ['aɪrɪʃmən]; **er ist Ire** he's Irish, he's an Irishman; **die Iren** the Irish
irgend ◼ **irgend so ein Schauspieler** *auch im negativen Sinn* one of those actors, some actor (or other) ◼ **wenn irgend möglich** if at all possible
★**irgendein** ◼ some, *bei Frage, im Bedingungssatz*: any; **ruf mich an, wenn es irgendein Problem gibt** if there's any problem, ring me up; **gib mir bitte irgendeine Tasse** can you give me a cup - any old cup ◼ **irgendein anderer** someone else, *bei Frage, im Bedingungssatz*: anyone else
irgendeine(r) ◼ someone, somebody, *bei Frage, Verneinung*: anyone, anybody ◼ „**Welchen Wagen hätten Sie gerne?**" – „**Irgendeinen.**" 'What car would you like?' – 'Any of them.' *oder* 'I don't mind.'
irgendeines, irgendeins any of them, *bei zweien*: either ['aɪðə] (of them); „**Welches Zimmer willst du haben?**" – „**Irgendeines.**" 'Which room would you like?' – 'Any of them.', 'It doesn't matter.', *bei zweien auch*: 'Either (of them).'
irgendetwas ◼ something (or other), *bei Fragen meist*: anything; **aber bring bitte nicht einfach irgendetwas!** but don't just bring anything! ◼ (≈ *egal was*) anything
irgendjemand ◼ someone, somebody, *bei Fragen meist*: anyone, anybody ◼ **irgendjemand** (≈ *egal wer*) anyone, anybody; **sie ist ja schließlich nicht irgendjemand** I mean, she isn't just anybody
irgendwann ◼ sometime, some time or other ◼ (≈ *egal wann*) any time, whenever you *usw.* like ◼ **ruf mich an, falls du irgendwann mal nach Bonn kommst!** give me a ring if you're ever in Bonn
irgendwas something, *in Fragen, im Bedingungssatz*: anything
irgendwelche any; **ohne irgendwelche Kosten** without any expense(s) (at all)
irgendwer ◼ someone, somebody, *bei Fragen meist*: anyone, anybody ◼ **irgendwer** (≈ *egal wer*) anyone, anybody; **sie ist ja schließlich nicht irgendwer** I mean, she isn't just anybody
★**irgendwie** ◼ somehow (or other) ◼ **irgendwie tut sie mir leid** I can't help feeling sorry for her
★**irgendwo** somewhere (or other), *in Fragen, im Bedingungssatz*: anywhere
irgendwoher from somewhere (or other), *in Fragen, im Bedingungssatz*: from anywhere
irgendwohin somewhere (or other), *in Fragen, im Bedingungssatz*: anywhere

★**Irin** f Irishwoman (*oder* Irish lady *bzw*. girl); **sie ist Irin** she's Irish

Iris f ◼︎ (≈ *Schwertlilie*) iris ['aɪrɪs] ◼︎ (≈ *Regenbogenhaut des Auges*) iris ['aɪrɪs]

★**irisch, Irisch** n Irish ['aɪrɪʃ]

★**Irland** n Ireland ['aɪələnd]

Ironie f irony ['aɪrənɪ]

ironisch ironic [aɪ'rɒnɪk]

irre ◼︎ (≈ *geistesgestört*) mad, *umg* crazy ◼︎ **irres Zeug reden** rave ◼︎ **wie irre schuften** *umg* work like mad ◼︎ (≈ *sagenhaft*) terrific [tə'rɪfɪk]; **ein irrer Typ** an amazing guy ◼︎ **sie ist irre schnell** she's incredibly quick

irreführend misleading [mɪs'li:dɪŋ]

irremachen: **lass dich von ihm nicht irremachen!** don't let him confuse you

irren[1] ◼︎ **sich irren** be* wrong [<u>A</u> rɒŋ], be* mistaken; **da irrst du dich aber!** you're wrong; **ich kann mich auch irren** I may be wrong; **wenn ich mich nicht irre** if I'm not mistaken ◼︎ **sich in der Nummer irren** get* the wrong number; **ich hab mich in der Tür geirrt** I went to the wrong door

irren[2] (≈ *ziellos umherschweifen*) wander ['wɒndə], roam [rəʊm]; **durch die Stadt irren** wander <u>about in</u> town

Irrenhaus n: **hier geht's zu wie im Irrenhaus** it's like a madhouse (in) here

irrsinnig ◼︎ (≈ *verrückt*) mad (**vor** with) ◼︎ (≈ *unvorstellbar*) incredible; **ich hab irrsinnig geschuftet** I worked like mad ◼︎ *Tempo, Sturm*: terrific ◼︎ (≈ *äußerst*) incredibly; **irrsinnig reich** incredibly rich

★**Irrtum** m mistake, error ['erə]

irrtümlich wrong [<u>A</u> rɒŋ]

irrtümlicherweise by mistake

Ischias m/n *Medizin*: sciatica [<u>A</u> saɪ'ætɪkə]

ISDN *abk Telefon*: ISDN [,aɪesdi:'en] (*abk für* <u>in</u>tegrated services digital network)

ISDN-Anschluss m ISDN [,aɪesdi:'en] connection (*oder* access ['ækses]); **hast du einen ISDN-Anschluss?** have you got ISDN access (*oder* an ISDN connection)?

★**Islam** m Islam [<u>A</u> 'ɪzlɑ:m] ((<u>A</u> *ohne the*)

islamfeindlich Islamophobic

islamisch Islamic [ɪz'læmɪk]

islamisieren Islamize

Islamisierung f Islamization

Islamist(in) m(f), **islamistisch** Islamist ['ɪzlæmɪst]

Island n Iceland ['aɪslənd]

Isländer m Icelander ['aɪsləndə]; **er ist Isländer** he's from Iceland

Isländerin f woman (*oder* lady *bzw*. girl) from Iceland; **sie ist Isländerin** she's from Iceland; **die Isländerinnen sind Kälte gewohnt** the women <u>of</u> Iceland are used to low temperatures

isländisch, Isländisch n Icelandic [aɪs'lændɪk]

Isolation f ◼︎ (≈ *Abgeschnittensein*) isolation ◼︎ *von elektrischen Leitungen usw*. (≈ *Isolierung*) insulation [,ɪnsjʊ'leɪʃn]

Isolierband n insulating ['ɪnsjʊleɪtɪŋ] tape

isolieren ◼︎ *allg*., *auch politisch*, *chemisch*: isolate ['aɪsəleɪt] (*auch Kranken, Häftling usw*.) ◼︎ *technisch*: insulate ['ɪnsjʊleɪt] (*Stromleitung, eine Wand usw*.)

Isolierkanne f Thermos® flask, *US* Thermos®

Isolierung f ◼︎ *allg*., *auch politisch, eines Kranken usw*.: isolation ◼︎ *von Leitungen usw*.: insulation [,ɪnsjʊ'leɪʃn]

Isomatte f thermomat ['θɜ:məʊmæt], *aus Schaumstoff*: foam mattress [,fəʊm'mætrəs]

Israel n Israel [<u>A</u> 'ɪzreɪl]

Israeli m/f Mann *oder* Frau: Israeli [<u>A</u> ɪz'reɪlɪ]; **sie ist Israeli** she's (an) Israeli

israelisch Israeli [<u>A</u> ɪz'reɪlɪ]

israelitisch Israelite [<u>A</u> 'ɪzrɪəlaɪt]

IT-Abteilung f IT department

★**Italien** n Italy ['ɪtəlɪ]

★**Italiener** m ◼︎ Italian [ɪ'tæljən]; **er ist Italiener** he's (an) Italian ◼︎ *umg* (≈ *italienisches Lokal*) Italian place, Italian restaurant ['restərɒnt]

★**Italienerin** f Italian woman (*oder* lady *bzw*. girl); **sie ist Italienerin** she's (an) Italian

★**italienisch, Italienisch** n Italian [ɪ'tæljən]; **die italienische Schweiz** Italian-<u>speaking</u> Switzerland (<u>A</u> *ohne the*)

IT-Dienstleister m IT support company

i-Tüpfelchen n: **bis aufs i-Tüpfelchen** *übertragen* down to the last (*oder* tiniest) detail ['di:teɪl]

IWF m *abk* (*abk für* Internationaler Währungsfonds) IMF [,aɪem'ef] (*abk für* International Monetary Fund ['mʌnətrɪ,fʌnd])

J

★ja ◼ *Antwort, allg.*: yes, *umg* yeah [▲ jeə]; **ja sagen** → **Ja** ◼ **aber ja!** *beruhigend*: yes, of course ◼ *beim Nachdenken*: well; **ja, wissen Sie** well, you know ◼ **du kommst doch, ja?** you're coming, aren't you? ◼ **ich glaube, ja** I think so ◼ **ja?** (≈ *tatsächlich?*) really?, *umg* oh yeah? ◼ **ja?** *am Telefon*: hello? ◼ **da bist du ja!** 'there you are! ◼ **ich hab's dir ja gesagt** didn't I tell you?, I told you so ◼ **das ist ja unglaublich** that really is incredible ◼ **sag's ihr ja nicht!** don't you dare tell her!; **lass sie ja in Ruhe!** just leave her alone!; **vergiss es ja nicht!** be sure not to forget it! ◼ **ja so eine Überraschung!** well, this really is a surprise ◼ **er ist ja schließlich mein Freund** after all, he's my friend ◼ **wenn ja, ...** if so, ... ◼ **du weißt ja gar nicht ...** you have no idea ... ◼ **das sag ich ja** that's what I'm saying

Ja *n* yes; **Ja sagen** say* yes, (≈ *zustimmen*) agree (**zu** to); **mit Ja antworten** answer yes; **sie haben mit Ja gestimmt** they voted yes

Jacht *f* yacht [▲ jɒt]

★Jacke *f* ◼ jacket ['dʒækɪt], *US auch* coat ◼ (≈ *Strickjacke*) cardigan ['kɑːdɪgən]

★Jackett *n* jacket ['dʒækɪt], *US auch* coat

Jagd *f* ◼ hunt, hunting, *mit Gewehr auch*: shooting; **auf die Jagd gehen** go* hunting ◼ (≈ *Verfolgung*) chase, pursuit [pə'sjuːt]; **die Jagd auf Terroristen** the hunt for terrorists; **die Polizei macht Jagd auf Temposünder** the police are chasing (after) *oder* hunting (for) speeders

Jagdhund *m* hound

★jagen ◼ hunt, *mit Gewehr auch*: shoot* (*Rotwild usw.*); **er jagt (gerade) Hasen** he's hunting hare ◼ (≈ *verfolgen*) chase (after) (*Flüchtige usw.*) ◼ (≈ *suchen*) hunt (for) (*Mörder usw.*) ◼ **eine Brücke** *usw.* **in die Luft jagen** *umg* blow* up a bridge *usw.* ◼ **sie hat sich eine Kugel durch den Kopf gejagt** she blew her brains out

Jäger *m* hunter, huntsman ['hʌntsmən]

Jaguar *m* jaguar ['dʒægjʊə]

★Jahr *n* year; **ein halbes Jahr** half [▲ hɑːf] a year, six months; **ein dreiviertel Jahr** nine months; **anderthalb Jahre** a year and a half; **im Jahr 1789** in (the year) 1789; **bis 31. Mai dieses Jahres** until May 31st (of) this year (*gesprochen* the thirty-first of May); **Anfang** (*bzw.* **Ende**) **der Neunzigerjahre** (*oder* **neunziger Jahre**) in the early (*bzw.* late) nineties; **heute vor einem Jahr** a year ago today; **sie ist 10 Jahre alt** she's ten (years old); **mit 16 Jahren** at (the age of) sixteen; **ein 8 Jahre altes Auto** an eight-year-old car; **einmal im Jahr** once a year; **Jahr für Jahr** year after year

★jahrelang ◼ **wir mussten jahrelang warten** we had to wait (for) years ◼ **nach jahrelangem Warten** after years of waiting

Jahresabschluss *m im Handel*: annual accounts (▲ *pl*)

Jahrestag *m* anniversary [,ænɪ'vɜːsəri]

★Jahreszeit *f* season ['siːzn], time of the year; **zu jeder Jahreszeit** (in) any season

Jahrgang *m* ◼ **der Jahrgang 2003** *Personen*: those born in 2003 ◼ **was ist das für ein Jahrgang?** *Wein*: what vintage ['vɪntɪdʒ] (*oder* year) is it?; **ein Portwein Jahrgang 1970** a 1970 port

★Jahrhundert *n* century ['sentʃəri]

...jährig ◼ **ein fünfjähriges Kind** a five-year-old child ◼ **eine dreijährige Ausbildung** three years of training; **mit zweijähriger Verspätung** two years late

★jährlich ◼ annual, yearly; **ein jährliches Gehalt von 50 000 Dollar** an annual salary of $50,000 (*gesprochen* fifty thousand dollars) ◼ **einmal jährlich** once a year

Jahrmarkt *m* fair

★Jahrtausend *n* millennium [mɪ'lenɪəm] *pl*: **millennia** [mɪ'lenɪə]

★Jahrzehnt *n* decade [▲ 'dekeɪd], ten years

jähzornig hot-tempered; **er ist sehr jähzornig** he's got a violent temper

Jalousie *f* (venetian) blind [(və,ni:ʃn)'blaɪnd]

Jamaika *n* Jamaica [▲ dʒə'meɪkə]

jämmerlich ◼ *Leben usw.*: wretched [▲ 'retʃɪd] ◼ *Anblick*: pitiful ◼ *Zustände usw.*: miserable ['mɪzrəbl] ◼ **jämmerlich wenig** *usw.* terribly little *usw.*

jammern ◼ moan, *laut*: wail; **hör auf, zu jammern!** stop moaning! ◼ **er jammert immer darüber, dass er so allein ist** he's always moaning that he's so lonely

Jammern *n* moaning, *lautes*: wailing

jammerschade: **es ist jammerschade, dass ...** it's a terrible shame that ...

Janker *m bes.* Ⓐ ◼ (≈ *Jackett*) jacket ◼ (≈ *Strickjacke*) cardigan ['kɑːdɪgən]

Jänner *m* Ⓐ January ['dʒænjʊəri]

★Januar *m* January ['dʒænjʊəri]; **im Januar** in

★**Japan** n Japan [dʒə'pæn]
★**Japaner** m Japanese [ˌdʒæpə'niːz]; **er ist Japaner** he's Japanese; **die Japaner** the Japanese
★**Japanerin** f Japanese woman (oder lady bzw. girl); **sie ist Japanerin** she's Japanese
★**japanisch, Japanisch** n Japanese [ˌdʒæpə'niːz]
Japanspachtel m Japanese spatula
Jasmin m Zierstrauch: jasmine ['dʒæzmɪn]
Jastimme f yes-vote, Br auch aye [⚠ aɪ], US auch yea [⚠ jeɪ]
jäten 1 weed (out) **2 Unkraut jäten** weed, do* the (oder some) weeding
Jauche f liquid manure [mə'njʊə]
jaulen 1 (Hund usw.) howl **2** (bes. Katze) yowl
Jause f ⒶⓋ (break for a) snack; **eine Jause machen** have* a snack, have* a bite to eat
jausnen ⒶⓋ have* a (break for a) snack
jawohl beim Militär usw.: yes, sir, bei der Marine: aye aye, sir [aɪ'aɪ, sɜː]
★**Jazz** m Musik: jazz [dʒæz]
Jazzband f jazz band
Jazzsänger(in) m(f) jazz singer
★**je¹ 1** (≈ jemals) ever; **ohne sie je gesehen zu haben** without ever having seen her **2** (≈ jeweils) **sie kosten je ein Pfund** they cost a pound each **3 je nach Größe** usw. according to size usw.; **je nachdem!** it (all) depends; **…, je nachdem, was du willst** …, depending on what you want **4 je schneller** usw., **desto besser** usw. the quicker usw. the better usw.
je²: **o je!** oh no!, oh dear!
★**Jeans** pl jeans (⚠ pl); **ich brauche (eine) Jeans** I need a pair of jeans
Jeansanzug m denim suit [ˌdenɪm'suːt]
Jeansjacke f denim jacket [ˌdenɪm'dʒækɪt]
★**jede(r, -s) 1** insgesamt gesehen: every; **jeden Tag** every day; **das Schiff fährt jeden Tag zweimal** the boat goes twice a day; **jeden zweiten Tag** every other day **2** einzeln gesehen: each; **sie hat an jedem Finger einen Ring** she's got a ring on each finger; **hier sind ein paar alte Münzen - jede ist äußerst wertvoll** here are some old coins - each one is extremely precious **3** vor "of": each; **jeder von euch** (bzw. **uns**) each of you (bzw. us) **4** von zweien: either **5** (≈ jede, -er, -es beliebige) any; **jeder Computer reicht aus** any computer will do; **jeden Moment** any minute; **bei jedem Wetter** in any weather **6 du kannst jeden fragen** (you can) ask anyone **7** **jede(r) von ihnen ist verheiratet** they're all married **8 jeder weiß das** everyone (oder everybody) knows (that) **9 jeder hat seine Fehler** we all have our faults **10 jeder, der** whoever **11 jedes Mal** every time, (≈ immer) always; **jedes Mal, wenn ich lesen will** every time (oder whenever) I want to read
★**jedenfalls 1** nun, ich ging jedenfalls nach Hause well, anyhow, I walked home; **ich geh jedenfalls nicht hin** I'm not going there, anyway **2** (≈ wenigstens) at least; **ich war's jedenfalls nicht** it wasn't me, anyway
jederzeit any time, always
★**jedoch** though [ðəʊ] (⚠ immer nachgestellt), however (⚠ meist nachgestellt); **sie ist ziemlich frech, ich mag sie jedoch** she's a bit cheeky (US sassy) - I like her, though
★**jemals** ever; **wirst du das jemals lernen?** will you ever learn (that)?
★**jemand** somebody, someone, fragend, im Bedingungssatz: anybody, anyone; **ist jemand da?** is there anybody here?; **sonst noch jemand?** anyone else?
★**jene(r, -s) 1** that pl: those; **seit jenem Tag** from that day on **2** substantivisch: that one pl: those **3** (≈ der, die, das vorher bzw. zuerst Erwähnte bzw. pl) the former
jenseits 1 on the other side of **2** weiter weg: beyond [bɪ'jɒnd]; **jenseits aller Kritik** beyond all criticism
Jenseits n hereafter; **er glaubt nicht an ein Jenseits** he doesn't believe in the hereafter
Jesus Christus m Jesus Christ [ˌdʒiːzəs'kraɪst]
Jetlag m Flugreise: jet lag
jetzige(r, -s) present ['preznt]; **ihr jetziger Freund** her present boyfriend
★**jetzt 1** now; **erst jetzt** only now; **jetzt gleich** right now, right away; **jetzt eben** just now **2** (≈ heutzutage) nowadays **3 bis jetzt** so far, up to now, bei Verneinung auch: as yet **4 von jetzt an** from now on
jeweilige(r, -s) 1 wendet euch an die jeweiligen Klassenleiter contact the relevant ['reləvənt] form masters **2 die jeweiligen Umstände** the particular circumstances
★**jeweils 1 für die Fragen gibt es jeweils drei Punkte** there are three points for each question; **Übungen mit jeweils zehn Fragen** exercises with ten questions each **2 die Miete ist jeweils am Monatsersten zu zahlen** the rent is due on the first of every month **3 wir nehmen jeweils nur zwei neue Lehrlinge auf** we only take on two new apprentices at a

time
Job m umg job
jobben job (around); **als Kurier jobben** work (oder do* temporary work) as a courier ['kʊriə]
Jobbörse f employment website
Jobcenter n job centre, US employment office
Jobsharing n job sharing
Jobverlust m job loss; **Tausenden droht der Jobverlust** thousands of people are threatened with losing their jobs
Jod n iodine ['aɪədiːn]
jodeln yodel ['jəʊdl]
Jodsalz n iodized salt [,aɪədaɪzd'sɔːlt]
Joga m/n yoga ['jəʊɡə]; **Joga machen** do* yoga
joggen jog, go* jogging
Jogger(in) m(f) jogger
★ **Jogging** n jogging
Jogginganzug m tracksuit ['træksuːt], US sweat suit
Jogginghose f jogging pants, joggers, US sweatpants ['swetpænts] (▲ alle pl)
Joggingschuh m jogging shoe
Joghurt m/n yog(h)urt ['jɒɡət]
Johannisbeere f 1 **Rote Johannisbeere** redcurrant 2 **Schwarze Johannisbeere** blackcurrant
Joker m 1 Spielkarte: joker 2 übertragen trump card
Jongleur(in) m(f) juggler
jonglieren juggle (**mit** with)
Jordanien n Jordan ['dʒɔːdn]
Journal n Buchführung: daybook
Journalismus m journalism ['dʒɜːnəlɪzm] (▲ ohne the)
★ **Journalist(in)** m(f) journalist ['dʒɜːnəlɪst]
Joystick m Computerspiele: joystick
Jubel m 1 cheering, cheers (▲ pl) 2 (≈ Freude) (great) joy, rejoicing; **es herrschte großer Jubel** there was great rejoicing
jubeln 1 cheer, shout with joy 2 **über etwas jubeln** rejoice at (oder over) something, celebrate ['selɪbreɪt] something
Jubiläum n 1 allg.: anniversary [,ænɪ'vɜːsərɪ]; **heute ist ihr 25-jähriges Jubiläum** it's her twenty-fifth anniversary today 2 einer bedeutenden Person: jubilee ['dʒuːbɪliː]; **25-jähriges (bzw. 50-jähriges) Jubiläum** silver (bzw. golden) jubilee
jucken 1 **mich juckt's am Arm** usw. my arm usw. is itching; **mich juckt's hier** I've got an itch here 2 **Mückenstiche jucken fürchterlich** mosquito bites itch terribly

★ **Jude** m historisch, politisch: Jew [dʒuː], höflicher: Jewish person; **die Juden** historisch, politisch: the Jews, heute auch: the Jewish people (▲ the Jews kann beleidigend wirken); **er ist Jude** he's Jewish (▲ he's a Jew wirkt heute oft beleidigend)
Judenverfolgung f persecution [,pɜːsɪ'kjuːʃn] of the Jews, Jewish persecution
★ **Jüdin** f Jewish woman (oder lady bzw. girl); **sie ist Jüdin** she's Jewish (▲ she's a Jewess ['dʒuːes] wirkt heute oft beleidigend)
jüdisch Jewish ['dʒuːɪʃ]
Judo n judo
★ **Jugend** f 1 (≈ Jugendzeit) youth [juːθ]; **in meiner Jugend** when I was young [jʌŋ] 2 **die Jugend** (the) young people; **die heutige Jugend** young people today, today's youth
Jugendarbeitslosigkeit f youth unemployment
Jugendbuch n book for young people
jugendfrei suitable for young people
Jugendherberge f youth hostel ['juːθ,hɒstl]
Jugendherbergsausweis m youth hostelling card, US youth hostel ID
Jugendkriminalität f juvenile crime [,dʒuːvə-naɪl'kraɪm]
Jugendlager n youth camp
★ **jugendlich** 1 Aussehen usw.: youthful ['juːθfl] 2 Publikum usw.: young [jʌŋ] 3 **jugendlich aussehen** look young
★ **Jugendliche(r)** m/f(m) young person, männlicher auch: youth [juːθ] pl: youths (▲ juːðz]; **die Jugendlichen** (the) young people, the young ones
Jugendmannschaft f junior (oder youth) team
Jugendmeisterschaften pl junior (oder youth) championships (▲ pl)
Jugendrichter(in) m(f) magistrate (in a juvenile court)
Jugendzentrum n youth centre (US center)
Jugoslawien n Yugoslavia [,juːɡəʊ'slɑːvɪə] (▲ nur bis 2003)
★ **Juli** m July [dʒʊ'laɪ]; **im Juli** in July (▲ ohne the)
★ **jung** 1 allg.: young [jʌŋ] 2 Staat, Firma usw.: new; → jungverheiratet 3 **von jung auf** from childhood; → jünger, jüngste(r, -s)
★ **Junge** m 1 boy 2 (≈ junger Mann) lad
★ **Junge(s)** ² n 1 umg baby; **Junge bekommen have** ² young (ones) (oder babies bzw. puppies, kittens usw., je nach Tierart) 2 Hund: puppy; **unser Hund kriegt Junge** our dog is going to have puppies 3 Katze: kitten 4 Rind, Elefant, Seehund: calf [▲ kɑːf] pl: calves [▲ kɑːvz] 5

Bär, Löwe usw.: cub ▆ *Reh, Rotwild*: fawn ▇ *Vogel*: nestling ['nes(t)lɪŋ]

jünger ▌ younger ['jʌŋɡə]; **er ist zwei Jahre jünger als ich** he's two years younger than me; **sie sieht jünger aus als sie ist** she looks younger than her age ▐ (≈ *eher jung als alt*) youngish ['jʌŋɪʃ] ▍ *Entwicklung*: (more) recent ['riːsnt]

Jünger *m* von Jesus usw.: disciple [▲dɪ'saɪpl]

Jüngere(r) *m/f(m)* younger person; **die Jüngeren (unter euch)** the younger ones (among you)

Jungfer *f*: **alte Jungfer** old maid, spinster

Jungfrau *f* ▌ virgin ['vɜːdʒɪn] ▐ *Sternzeichen*: Virgo ['vɜːɡəʊ]; **er ist (eine) Jungfrau** he's (a) Virgo

Junggeselle *m* bachelor ['bætʃələ]

Junggesellenabschied *m* stag night, stag party, *US* bachelor party

Junggesellin *f* bachelor girl, *US* bachelorette [ˌbætʃələˈret]

Junggesellinnenabschied *m* hen night, hen party, *US* bachelorette party

Jüngste(r, -s) *m/f(m, n)* **unser Jüngster, unsere Jüngste, unser Jüngstes** our youngest (one *oder* child) ▐ **sie ist nicht mehr die Jüngste** she's no spring chicken any more

jüngste(r, -s) ▌ youngest ['jʌŋɡɪst] ▐ *zeitlich*: latest; **die jüngsten Ereignisse** the latest (*oder* most recent ['riːsnt]) events ▍ **in jüngster Zeit** lately, recently ▎ **der Jüngste Tag** the Day of Judg(e)ment

★ **Juni** *m* June [dʒuːn]; **im Juni** in June (▲*ohne* the)

Junior *m* ▌ *allg.*: junior ['dʒuːnɪə] (*auch Sport*) ▐ (≈ *Juniorchef*) son of the boss

junior: **John F. Kennedy junior** (*abk* **jun.** *oder* **jr.**) John F. Kennedy Junior (*abk* **Jr** *oder* **Jnr** *oder* **Jun.**)

Junkmail *f* Computer, Internet: junk mail, spam

★ **Jupe** *m* ⓈⒸ (≈ *Rock*) skirt

Jupiter *m* Planet: Jupiter ['dʒuːpɪtə] (▲*ohne* the)

Jura *ohne Artikel* Fachrichtung an Universität: law; **sie studiert Jura** she's studying law, *US auch* she goes to law school

Jurist(in) *m(f)* lawyer [▲'lɔːjə]

juristisch legal ['liːɡl]

Jury *f* jury ['dʒʊərɪ]

Jus *n* Ⓐ Fachrichtung an Universität: law; **sie studiert Jus** she's studying law, *US auch* she's at law school

★ **Justiz** *f*: **die Justiz** the legal authorities (▲*pl*), (≈ *die Gerichte*) the courts [kɔːts]

Justizminister(in) *m(f)* ▌ minister of justice ▐ *in GB etwa*: Lord Chancellor [ˌlɔːd'tʃɑːnsələ] ▍ *in USA etwa*: Attorney General [əˌtɜːnɪ'dʒenrəl]

Justizministerium *n* ▌ ministry of justice ▐ *in USA*: Department of Justice

Juwel *m/n* jewel ['dʒuːəl], gem [dʒem] (*auch Bauwerk, Ortschaft usw.*)

Juwelen *pl* jewellery ['dʒuːəlrɪ], *US* jewelry

Juwelier(in) *m(f)* ▌ jeweller ['dʒuːələ], *US* jeweler ▐ (≈ *Geschäft*) jewel(l)er's (shop)

Juweliergeschäft *n* jeweller's ['dʒuːələz] shop, *US* jeweler(s)

Jux *m* umg (practical) joke; **aus (lauter) Jux** (just) for fun, (just) for kicks

K

Kabarett *n* cabaret ['kæbəreɪ]; **ein politisches Kabarett** a satirical political revue [rɪ'vjuː]

Kabarettist(in) *m(f)* cabaret ['kæbəreɪ] artist

★ **Kabel** *n elektrisch*: wire, (≈ *Telefonkabel*) cord, (≈ *Stromleitung, Stahlkabel*) cable

Kabelanschluss *m* TV, Radio: cable connection; **haben Sie Kabelanschluss?** do you get cable?

Kabelfernsehen *n* cable TV

Kabeljau *m* cod

Kabelkanal *m* TV, Radio: cable channel

Kabeltrommel *f* cable reel

★ **Kabine** *f* ▌ *Schiff, Flugzeug*: cabin ['kæbɪn] ▐ *in Schwimmbad, beim Arzt*: cubicle ['kjuːbɪkl] ▍ *Sport*: dressing room

★ **Kabinett** *n* ▌ *politisch*: cabinet ['kæbɪnət] ▐ Ⓐ (≈ *kleines Zimmer*) closet ['klɒzɪt], small room

Kabrio *n* Auto: convertible [kən'vɜːtəbl], *US auch* cabriolet ['kæbrɪəleɪ]

Kachel *f* tile

Kachelofen *m* ceramic stove [səˌræmɪk'stəʊv]

Kacke *f*, **kacken** vulgär, salopp shit

Käfer *m* beetle, *US* bug

Kaff *n* salopp dump, hole, one-horse town

★ **Kaffee** *m* coffee; **Kaffee kochen** make* (some *oder* the) coffee; **eine Tasse** (*bzw.* **ein Kännchen**) **Kaffee** a cup (*bzw.* a pot) of coffee; **Kaffee mit Milch** white coffee, *US* coffee with milk (*oder* cream); **wir waren bei ihnen zum Kaffee eingeladen** they had invited us for afternoon coffee

Kaffeeautomat *m* coffee machine

★ **Kaffeehaus** *n* Ⓐ coffee house, café ['kæfeɪ]

Kaffeekanne f coffee pot
Kaffeekapsel f coffee capsule ['kæpsju:l], coffee pod
Kaffeemaschine f ① *im Haushalt*: coffeemaker ② (≈ *Kaffeeautomat*) coffee machine
Kaffeepad n coffee pad, coffee pod
Kaffeepause f coffee break
Kaffeesatz m coffee grounds (⚠ *pl*)
Kaffeetasse f coffee cup
Käfig m cage
kahl ① (≈ *glatzköpfig*) bald [bɔːld] ② *Ast, Baum*: bare, leafless ③ *Landschaft*: barren [⚠ 'bærən], bleak ④ *Wand, Felsen*: bare ⑤ **er ließ sich kahl rasieren** (*oder* **scheren**) he had his head shaved ⑥ **kahl geschoren** *Kopf*: shaven ['ʃeɪvn]
kahlgeschoren → kahl 6
kahlrasieren → kahl 5
kahlscheren → kahl 5
Kahn m ① *mit Rudern*: rowing boat ② (≈ *Lastkahn*) barge
Kai m quay [⚠ kiː], wharf [wɔːf] *pl*: wharfs *oder* wharves
Kaiser m emperor ['empərə]
Kaiserin f empress ['emprəs]
Kaiserreich n empire
Kaiserschmarrn m *bes*. Ⓐ cut-up and sugared pancake with raisins
Kaiserschnitt m *Medizin*: Caesarean (section) [sɪˈzeərɪən]
Kajak m/n kayak
Kajüte f *auf Boot, Schiff*: cabin ['kæbɪn]
Kakao m ① cocoa [⚠ 'kəʊkəʊ] (*auch Pulver*) ② *Getränk*: (hot) chocolate ['tʃɒklət]
Kakerlake f cockroach ['kɒkrəʊtʃ], *US umg auch* roach
Kaki f *Frucht*: Japanese persimmon [pəˈsɪmən]
Kaktee f, **Kaktus** m cactus ['kæktəs] *pl*: cactuses *oder* cacti ['kæktaɪ]
Kalauer m ① (≈ *dummer Witz*) corny joke ② (≈ *dummes Wortspiel*) terrible pun
Kalb n *lebendes Tier*: calf [⚠ kɑːf] *pl*: calves
Kalbfleisch n veal [viːl]
Kalbsschnitzel n ① veal cutlet ② *paniertes*: escalope [⚠ 'eskəlɒp] of veal
Kalender m calendar ['kæləndə], (≈ *Terminkalender*) diary, *US* planner
Kalenderwoche f calendar week; **in Kalenderwoche 14** in week 14
Kaliber n ① *einer Kugel, eines Gewehrs usw.*: calibre, *US* caliber ['kælɪbə] ② *übertragen* type, sort, kind
Kalifornien n California

Kalium n potassium [pəˈtæsɪəm]
Kalk m ① *Baustoff*: lime ② *in Knochen*: calcium ['kælsɪəm] ③ *zum Tünchen*: whitewash ④ *Geologie*: (≈ *Kalkstein*) limestone, (≈ *Kreide*) chalk [tʃɔːk]
kalkhaltig ① *Wasser*: hard ② *Boden, Erde*: chalky ['tʃɔːkɪ]
Kalkstein m limestone
Kalorie f calorie ['kælərɪ]
kalorienarm ① **ein kalorienarmer Joghurt** *usw*. a low-calorie yoghurt *usw*. ② **diese Getränke sind kalorienarm** these drinks are low in calories
★**kalt** ① *allg*.: cold; **mir ist kalt** I'm cold; → **kaltlassen** ② **sie zeigte ihm die kalte Schulter** *übertragen* she gave him the cold shoulder ③ **heute Abend bleibt die Küche kalt** we're (*bzw*. I'm) having a cold meal this evening ④ **den Wein kalt stellen** chill [tʃɪl] the wine
kaltblütig ① *Mord usw*.: cold-blooded ['kəʊldˌblʌdɪd] ② **er hat sie kaltblütig umgebracht** he murdered her in cold blood
★**Kälte** f ① *von Wetter usw*.: cold, (≈ *Kälteperiode*) cold spell; **fünf Grad Kälte** five degrees below freezing; **vor Kälte zittern** shiver with cold ② *einer Person*: coldness, coolness
Kälteperiode f cold spell ['kəʊld ˌspel]
Kältetechnik f refrigeration technology
Kältewelle f cold spell ['kəʊld ˌspel]
kaltlassen: **das lässt mich kalt** that leaves me cold
Kaltluft f cold air; **polare Kaltluft** polar air
kaltmachen: **jemanden kaltmachen** *umg* (≈ *töten*) bump someone off
Kaltmiete f rent exclusive of heating
Kaltstart m *Computer*: cold start [ˌkəʊldˈstɑːt], cold boot
kaltstellen → kalt 4
Kalzium n calcium ['kælsɪəm]
Kambodscha n Cambodia [kæmˈbəʊdɪə]
Kamel n ① *Tier*: camel ['kæml] ② *übertragen* (≈ *Dummkopf*) fool, idiot, *Br auch* clot
★**Kamera** f camera
★**Kamerad(in)** m(f) ① *als Begleiter usw*.: companion [kəmˈpænjən] ② *Schule, Sport*: mate ③ *beim Militär*: comrade ['kɒmreɪd]
Kamerafrau f camerawoman ['kæmrəˌwʊmən]
Kameramann m cameraman ['kæmrəmæn]
Kamerun n Cameroon [ˌkæməˈruːn]
Kamille f *Pflanze*: camomile ['kæməmaɪl]
Kamillentee m camomile tea [ˌkæməmaɪlˈtiː]
Kamin m ① (≈ *offene Feuerstelle*) fireplace; **am**

Kamin sitzen sit* by the fireside [2] (≈ *Schornstein*) chimney ['tʃɪmnɪ]
Kaminfeger(in) m(f), **Kaminkehrer(in)** m(f) chimney sweep
★**Kamm** m *zum Kämmen*: comb [⚠ kəʊm]
★**kämmen**: **sich (die Haare) kämmen** comb [⚠ kəʊm] one's hair
Kammer f [1] (≈ *Zimmer*) (small) room [2] (≈ *Abstellraum*) box room
Kammerorchester n chamber orchestra ['tʃeɪmbə,ɔːkɪstrə]
Kampagne f campaign [kæm'peɪn]; **eine Kampagne starten** launch a campaign
★**Kampf** m [1] *allg.* fight [faɪt] (**für, um** for; **gegen** against) [2] *übertragen* fight, battle, *schwerer*: struggle ['strʌɡl] (**für, um** for; **gegen** against) [3] *im Krieg usw.*: combat ['kɒmbæt], (≈ *Schlacht*) battle; **die Kämpfe einstellen** stop fighting [4] *innerer*: struggle, inner conflict [5] (≈ *Wettkampf*) contest ['kɒntest]
★**kämpfen** [1] fight* (**für, um** for); **gegen jemanden** *bzw.* **etwas kämpfen** fight* (against) someone *bzw.* something (*auch übertragen*); **mit jemandem** *bzw.* **etwas kämpfen** fight* (with) someone *bzw.* something (*auch übertragen*); **sie kämpfte mit den Tränen** she was fighting back her tears [2] **sie hat mit großen Schwierigkeiten zu kämpfen** she's facing tremendous difficulties [3] (≈ *ringen*) struggle (**mit** with; **gegen** against), wrestle [⚠ 'resl] (**mit** with) (*auch übertragen*); **mit dem Schlaf kämpfen** struggle to keep awake [4] **sich durch etwas kämpfen** fight* one's way through something
Kämpfer(in) m(f) fighter (**für** for)
Kampfhubschrauber m (helicopter) gunship [(,helɪkɒptə)'ɡʌnʃɪp]
Kampfhund m fighting dog
Kampfrichter(in) m(f) [1] *bei Ballsportarten*: referee [,refə'riː] [2] *beim Tennis*: umpire ['ʌmpaɪə] [3] *beim Schwimmen, Skilaufen*: judge [dʒʌdʒ]
Kampfsport m *Judo, Karate usw.*: martial arts [,mɑːʃl'ɑːts] (⚠ *pl*)
Kampfsportart f martial art [,mɑːʃl'ɑːt]; **Karate ist eine Kampfsportart** *auch* karate [kə'rɑːtɪ] is one of the martial arts
kampfunfähig [1] *Person, Truppen*: unfit for action (⚠ *nie vor dem Subst.*); **er ist kampfunfähig** he's out of action [2] **jemanden kampfunfähig machen** put* someone out of action
★**Kanada** n Canada ['kænədə]

Kanadier m Canadian [kə'neɪdɪən]; **er ist Kanadier** he's (a) Canadian
Kanadierin f Canadian woman (*oder* lady *bzw.* girl); **sie ist Kanadierin** she's (a) Canadian
kanadisch Canadian [kə'neɪdɪən]
★**Kanal** m [1] *für Schifffahrt, zum Wassertransport*: canal [kə'næl] [2] *zur Be- und Entwässerung*: channel ['tʃænl] [3] **der Kanal** (≈ *Ärmelkanal*) the (English) Channel [4] *Fernsehen, Radio*: channel; **auf Kanal fünf** on channel five [5] *für Abwässer*: drain, sewer ['suːə]
Kanalinseln pl: **die Kanalinseln** the Channel Islands [⚠ ,tʃænl'aɪləndz]
Kanalisation f [1] *für Abwässer*: sewerage ['suːərɪdʒ] system [2] *eines Flusses*: canalization [,kænəlaɪ'zeɪʃn]
Kanaltunnel m *Ärmelkanal*: Channel Tunnel [,tʃænl'tʌnl]
Kanarienvogel m canary [kə'neərɪ]
Kanarische Inseln pl: **die Kanarischen Inseln** the Canary Islands [⚠ kə,neərɪ'aɪləndz]
Kandidat(in) m(f) [1] candidate ['kændɪdeɪt] [2] *in Quizsendung usw.*: contestant [kən'testənt] [3] *bei Bewerbung*: applicant ['æplɪkənt] [4] **jemanden als Kandidaten aufstellen** *bei Wahl usw.*: nominate ['nɒmɪneɪt] someone
Kandidatur f candidacy ['kændɪdəsɪ], *Br auch* candidature ['kændɪdətʃə]
kandidieren run*, stand* (**für** for); **für das Amt des Präsidenten kandidieren** run* for the presidency ['prezɪdənsɪ]; **für das Amt des Bürgermeisters kandidieren** run* for mayor ['meɪə] (*oder* the office of mayor)
kandiert *Früchte*: candied ['kændɪd]
Kandis(zucker) m rock candy ['rɒk,kændɪ]
Känguru n kangaroo [,kæŋɡə'ruː]
★**Kaninchen** n rabbit
Kanister m can, (≈ *Blechkanister*) jerry can
★**Kanne** f [1] *für Kaffee, Tee*: pot [2] *für Milch auf dem Tisch*: jug, (≈ *Milchkanne*) (milk) can [3] *für Milchtransport zur Molkerei*: churn [tʃɜːn] [4] *für Öl*: can
Kannibale m cannibal ['kænɪbl]
★**Kanone** f [1] (big) gun, cannon ['kænən] *pl*: cannons *oder* cannon [2] *salopp* (≈ *Revolver*) gun, iron [⚠ 'aɪən], *US* rod [3] *salopp* (≈ *Könner*) wizard [⚠ 'wɪzəd], *bes. Sport*: ace [4] **das war unter aller Kanone** *umg* that was lousy ['laʊzɪ]
★**Kante** f edge, (≈ *Rand*) border
kantig [1] *Stein, Holz*: square-edged [2] *Fels*: jagged [⚠ 'dʒæɡɪd] [3] *Gesicht*: angular ['æŋɡjʊlə] [4] *Kinn*: square

★**Kantine** f cafeteria [ˌkæfəˈtɪərɪə], Br auch canteen [kænˈtiːn]
★**Kanton** m der Schweiz: canton [ˈkæntɒn]
Kanu n canoe [⚠ kəˈnuː]; **Kanu fahren** go* canoeing
Kanzel f in der Kirche: pulpit [ˈpʊlpɪt]
★**Kanzler(in)** m(f) chancellor [ˈtʃɑːnsələ]
Kap n cape
★**Kapelle** f ❶ kleine Kirche: chapel [ˈtʃæpl] ❷ (≈ Musikkapelle) band
kapern capture [ˈkæptʃə], seize [siːz] (Schiff usw.)
kapieren: **etwas kapieren** umg get* something; **ich kapier das einfach nicht!** I just don't get it; **kapiert?** got it?
Kapital n ❶ capital [ˈkæpɪtl] ❷ übertragen (≈ Vorzug) asset [ˈæset]
Kapitalanlage f (capital) investment
★**Kapitalismus** m capitalism [ˈkæpɪtəlɪzm] (⚠ ohne the)
Kapitalist(in) m(f), **kapitalistisch** capitalist [ˈkæpɪtəlɪst]
Kapitalverbrechen n capital crime [ˌkæpɪtlˈkraɪm]
★**Kapitän(in)** m(f) ❶ Schiff, Flugzeug: captain [ˈkæptɪn] ❷ auf kleinerem Schiff: skipper ❸ Sport: captain, umg skipper
★**Kapitel** n ❶ eines Buches: chapter [ˈtʃæptə] ❷ **das ist ein anderes Kapitel** übertragen that's another story
kapitulieren ❶ (≈ aufgeben) give* up; **vor etwas kapitulieren** give* up in the face of something ❷ (≈ sich ergeben) capitulate [kəˈpɪtʃʊleɪt], surrender [səˈrendə]
Kappe f ❶ Kopfbedeckung: cap ❷ Verschluss von Flasche, Schreibstift: cap, top ❸ eines Schuhs: toecap [ˈtəʊkæp], cap
Kapsel f ❶ allg.: capsule [ˈkæpsjuːl] (auch Arzneimittel, einer Pflanze) ❷ (≈ Raumkapsel) capsule, module [ˈmɒdjuːl]
Kapstachelbeere f Frucht: Cape gooseberry [ˌkeɪpˈɡʊzbrɪ], physalis [ˈfɪsəlɪs]
★**kaputt** ❶ **der Fernseher ist kaputt** allg.: there's something wrong with the TV, umg the TV's on the blink, (≈ funktioniert überhaupt nicht mehr) the TV doesn't work, the TV's broken ❷ **die Birne ist kaputt** (≈ brennt nicht mehr) the light bulb's gone ❸ **der Lift (die Maschine** usw.) **ist kaputt** the lift (the machine usw.) is out of order (oder doesn't work) ❹ **ich bin kaputt** umg (≈ erschöpft) I'm shattered ❺ **ein kaputter Typ** umg a wreck [rek] ❻ **er hat eine kaputte Leber** he's got a bad (oder ruined) liver ❼ **eine kaputte Ehe** a broken marriage; **ihre Ehe ist kaputt** their marriage has broken up

---
GETRENNTSCHREIBUNG

kaputt machen ❶ allg.: break* [breɪk] (Gerät, Uhr usw.) ❷ ruin [ˈruːɪn] (Hose usw.); → kaputtmachen

---

kaputtgehen ❶ (Computer usw.) break* [breɪk] ❷ (Maschine, Auto) break* down ❸ (Ehe, Freundschaft) break* up
kaputtlachen: **sich kaputtlachen** kill oneself laughing [ˈlɑːfɪŋ], die laughing
kaputtmachen ruin [ˈruːɪn] (Ruf usw.)
Kapuze f hood [⚠ hʊd]
Kapuzenjacke f hooded jacket [ˌhʊdɪdˈdʒækɪt]
Kapuzenpulli m hooded jumper [ˌhʊdɪdˈdʒʌmpə], hooded sweater [ˈswetə]
Karabinerhaken m carabiner [ˌkærəˈbiːnə]
Karaffe f carafe [kəˈræf]
Karambole f Frucht: starfruit, carambola [ˌkærəmˈbəʊlə]
Karamell m caramel
Karaoke n karaoke [ˌkærɪˈəʊki]
Karate n Sport: karate [kəˈrɑːtɪ]
Karawane f caravan [ˈkærəvæn]
Kardamom n Pflanze, Gewürz: cardamom [ˈkɑːdəməm]
Kardinal m cardinal [ˈkɑːdɪnl]
Kardinalzahl f cardinal number
Karfiol m Ⓐ cauliflower [⚠ ˈkɒlɪˌflaʊə]
Karfreitag m Good Friday; **am Karfreitag** on Good Friday
karg ❶ Mahlzeit, Leben: frugal [ˈfruːɡl] ❷ Boden: poor, barren [ˈbærən] ❸ Lohn usw.: meagre ❹ Raum: bare
kärglich ❶ Leben, Mahlzeit: frugal [ˈfruːɡl] ❷ Lohn usw.: meagre
Karibik f: **die Karibik** the Caribbean [⚠ ˌkærəˈbiːən]
karibisch Caribbean [⚠ ˌkærəˈbiːən]
kariert ❶ Hemd, Muster usw.: checked, chequered, US checkered, Hemd, Jacke usw. auch: check (⚠ nur vor dem Subst.) ❷ Heft, Papier: squared
Karies f der Zähne: tooth decay, caries [ˈkeərɪːz]
Karikatur f ❶ caricature [ˈkærɪkətʃʊə] ❷ (≈ Witzzeichnung) cartoon
★**Karneval** m carnival [ˈkɑːnɪvl]
Kärnten n Carinthia [kəˈrɪnθɪə]
Karo n ❶ im Stoff: check, square ❷ Spielkartenfarbe: diamonds (⚠ pl), Einzelkarte: diamond
Karosserie f (car) body, bodywork

★**Karotte** f carrot ['kærət] (⚠ *Schreibung*)
Karpfen m carp
Karre f ① cart ② (≈ *Schubkarre*) wheelbarrow ③ *salopp* (≈ *Auto*) jalopy [dʒəˈlɒpɪ]
Karren m → **Karre**
★**Karriere** f career; **sie will Karriere machen** she wants to get ahead (*oder* to the top)
Karrierefrau f career woman
★**Karte** f ① *allg.*: card (*auch Post-, Kredit-, Scheck-, Visitenkarte*) ② (≈ *Landkarte*) map (⚠ *nicht* card) ③ (≈ *Fahr-, Eintrittskarte*) ticket (⚠ *nicht* card) ④ (≈ *Speisekarte*) menu ['menjuː] ⑤ (≈ *Spielkarte*) (playing) card; **Karten spielen** play cards ⑥ **alles auf 'eine Karte setzen** *übertragen* put* all one's eggs in one basket
Kartei f card index
Karteikarte f index card
Karteikasten m file-card (*oder* index-card) box
Kartenlesegerät n card reader
Kartenspiel n ① card game (⚠ *nicht* play) ② (≈ *Spielkarten*) pack of cards
Kartenverkauf m ① *Vorgang*: ticket sales (⚠ *pl*); **der Kartenverkauf beginnt nächste Woche** ticket sales start next week ② *Verkaufsstelle*: box office
Kartenvorverkauf m ① *Vorgang*: advance booking ② *Verkaufsstelle*: box office
Kartenzahlung f *mit Kreditkarte*: card payment
★**Kartoffel** f potato [pəˈteɪtəʊ] *pl*: potatoes; **im Backofen gebratene Kartoffeln** roast potatoes
Kartoffelbrei m mashed potatoes (⚠ *pl*)
Kartoffelchips *pl* potato crisps (*US* chips)
Kartoffelpuffer m *pl*: potato fritters
Kartoffelpüree n mashed potatoes (⚠ *pl*)
Kartoffelsalat m potato salad [pəˌteɪtəʊˈsæləd]
Kartoffelstock m ⓒⒽ mashed potatoes (⚠ *pl*)
Karton m ① (≈ *Schachtel*) (cardboard) box ② (≈ *Pappe*) cardboard; **ein Karton** a piece of cardboard
Karussell n merry-go-round, *Br auch* roundabout, *US auch* car(r)ousel [ˌkærəˈsel]
Karwoche f: **die Karwoche** Holy Week (⚠ *ohne* the)
Kasachstan n Kazakhstan [ˌkæzækˈstɑːn]
★**Käse** m ① *Milchprodukt*: cheese ② *umg* (≈ *Unsinn*) rubbish, *US* garbage
Käsekuchen m cheesecake
Kaserne f barracks (⚠ *pl*)
Kasino n ① (≈ *Spielkasino*) casino [kəˈsiːnəʊ] ② *in Firma, Br*: canteen, *US* cafeteria [ˌkæfəˈtɪərɪə] ③ *für Offiziere*: officers' mess
Kasper m, **Kasperl(e)** n ① Punch ② *übertragen, umg* clown
Kasper(l)etheater n *etwa*: Punch and Judy show [ˌpʌntʃ__ənˈdʒuːdɪ__ʃəʊ]
★**Kassa** f ⓐ → **Kasse**[1]
★**Kasse**[1] f ① (≈ *Zahlstelle*) cash register, counter, *Br* cash desk **an der Kasse** *in Geschäft*: at the counter, *Br* at the desk ② (≈ *Geldkasten*) *in Laden*: cash register, *Br* till, *einfache*: cashbox ③ *im Supermarkt*: checkout (counter) ④ (≈ *Zahlraum*) cashier's [⚠ kæˈʃɪəz] office ⑤ *in Bank*: counter ⑥ *für Eintrittskarten*: ticket office, *Theater usw.*: box office ⑦ *Sport usw.*: ticket window ⑧ (≈ *Bargeld*) cash; **gegen Kasse** for cash; **bei Kasse sein** *umg* be* in the money *umg*; **knapp bei Kasse sein** *umg* be* short of cash; **jemanden zur Kasse bitten** ask someone to pay up
★**Kasse**[2] f (≈ *Krankenkasse*) health insurance scheme [skiːm] (*bzw.* company)
Kassenarzt m, **Kassenärztin** f doctor who treats patients who are members of health insurance schemes
Kassenautomat m *im Parkhaus*: (car park) pay machine
Kassenbeleg m sales receipt [rɪˈsiːt], *US* sales check
Kassenbon m receipt [rɪˈsiːt], *US* sales check
Kassenpatient(in) m(f) health plan patient
Kassenzettel m receipt [rɪˈsiːt]
Kassette f ① *mit Tonband*: cassette [kəˈset] ② *für Bücher*: slipcase ③ *mit CDs, Schallplatten*: (box<u>ed</u>) set ④ *für Geld*: cashbox ⑤ *für Schmuck*: case, box
Kassettendeck n cassette deck
★**Kassettenrekorder** m cassette recorder
kassieren ① *persönlich abholen*: collect (*Miete usw.*) ② *umg* (≈ *kriegen*) get* ③ (≈ *verdienen*) make* (*Geld*) ④ (≈ *verlangen*) charge (*viel Geld usw.*) ⑤ **die Polizei hat seinen Führerschein kassiert** *umg* the police took away his driving (*US* driver's) licence ⑥ **dürfte ich jetzt kassieren?** *im Lokal*: do you mind if I give you the bill now?
Kassierer(in) m(f) cashier [⚠ kæˈʃɪə]; (≈ *Bankkassierer*) clerk
Kastanie f ① chestnut [⚠ ˈtʃesnʌt] ② *Baum*: chestnut (tree)
Kästchen n ① *Formular*: box ② *in Quadratmuster*: square ③ *aus Holz usw.*: small box
★**Kasten** m ① *Behälter*: box, case ② *für Flaschen*: crate ③ *in Zeitung usw.*: box ④ *Turngerät*: box ⑤ *umg* (≈ *hässliches Gebäude*) barn, box ⑥ *bes.* ⓐ, ⓒ (≈ *Schrank*) cupboard [⚠ ˈkʌbəd] ⑦

(≈ *Schublade*) drawer [⚠ drɔ:]
kastrieren castrate
Kasus *m Grammatik*: case
Katalog *m* catalogue ['kætəlɒg], *US auch* catalog
★**Katalysator** *m* **1** *Chemie*: catalyst ['kætəlɪst] (*auch übertragen*) **2** *Auto*: catalytic converter [ˌkætəlɪtɪk_kən'vɜːtə], catalyst ['kætəlɪst], *umg* cat
katastrophal disastrous [dɪ'zɑːstrəs]
★**Katastrophe** *f* disaster [dɪ'zɑːstə], catastrophe [⚠ kə'tæstrəfɪ]
Katastrophengebiet *n* disaster area
Kategorie *f* category ['kætɪgərɪ]
Kater[1] *m* tomcat, male cat, *umg* tom
Kater[2] *m nach zu viel Alkohol*: hangover
Kathedrale *f* cathedral [kə'θiːdrəl]
Katholik(in) *m(f)* (Roman) Catholic ['kæθlɪk]
★**katholisch** (Roman) Catholic ['kæθlɪk]
Kätzchen *n* **1** (≈ *junge Katze*) kitten **2** (≈ *Katze*) pussy [⚠ 'pʊsɪ] **3** *Botanik* (≈ *Weidenkätzchen usw.*) catkin
★**Katze** *f* cat
Kauderwelsch *n* gibberish ['dʒɪbərɪʃ]
kauen **1** chew [tʃuː] **2 hör auf, an den Nägeln zu kauen!** stop biting your nails!
kauern **1** crouch, squat [skwɒt] (**auf** on) **2 sich kauern** crouch (*oder* squat) down (**auf** on)
★**Kauf** *m* **1** purchase [⚠ 'pɜːtʃəs], *umg* buy [baɪ] **2** (≈ *das Kaufen*) purchasing, buying **3 günstiger Kauf** bargain ['bɑːgɪn], *umg* good buy **4 etwas in Kauf nehmen** *übertragen* accept [ək'sept] something
★**kaufen** **1** buy* [baɪ] **2 jemanden kaufen** *salopp* (≈ *bestechen*) bribe (*oder* buy*) someone **3 den werd ich mir kaufen!** *umg* I'll tell him what's what **4** (≈ *einkaufen*) shop (**bei** at)
★**Käufer(in)** *m(f)* **1** buyer **2** (≈ *Kunde*) customer
Kauffrau *f* businesswoman; management assistant (*who has undergone training in commerce*); **Kauffrau im Einzelhandel** retail management assistant; **Kauffrau für Büromanagement** office management assistant; **Kauffrau im Groß- und Außenhandel** management assistant in wholesale and foreign trade
★**Kaufhaus** *n* department store
Kaufkraft *f* **1** *einer Währung*: purchasing [⚠ -'pɜːtʃəsɪŋ] (*oder* buying) power **2** *einer Käuferschicht*: spending power
käuflich **1** for sale (⚠ *immer hinter dem Verb*) **2 er ist käuflich** (≈ *bestechlich*) he's open to bribery

Kaufmann *m* **1** (≈ *Geschäftsmann*) businessman; *gelernter*: management assistant (*who has undergone training in commerce*); (≈ *Händler*) trader, merchant; **Kaufmann im Einzelhandel** retail management assistant; **Kaufmann für Büromanagement** office management assistant; **Kaufmann im Groß- und Außenhandel** management assistant in wholesale and foreign trade **2** *im Einzelhandel* retailer; **zum Kaufmann gehen** go* to the shop, *US* go* to the store
kaufmännisch commercial, business; **kaufmännische Berufe** commercial professions; **kaufmännischer Angestellter** commercial assistant; **sie ist kaufmännisch tätig** she is a businesswoman
Kaufvertrag *m* bill of sale
Kaugummi *m/n* chewing gum ['tʃuːɪŋ_gʌm], *US mst.* gum
Kaulquappe *f* tadpole
★**kaum** **1** hardly; **es ist kaum zu sehen** you can hardly see it; **sie hatte kaum noch Wasser** she had hardly any water left **2 ich glaube kaum, dass …** I hardly think (that) … **3 wohl kaum!** I doubt it very much **4 er hatte kaum gegessen, da musste er schon wieder arbeiten** he had hardly finished his meal when he had to start working again
Kaution *f* **1** *für Wohnung, Mietauto usw.*: deposit [dɪ'pɒzɪt] **2** *für Entlassung aus Untersuchungshaft*: bail; **er wurde gegen Kaution entlassen** he was released on bail
Kavalier *m* gentleman ['dʒentlmən]
KB *abk* (= *Kilobyte*) KB [ˌkeɪ'biː]
Kefir *m* kefir
Kegel *m* **1** *geometrische Figur*: cone **2** *beim Kegeln*: skittle, *Bowling*: pin
Kegelbahn *f* bowling alley ['bəʊlɪŋˌælɪ]
kegeln play skittles (*oder* ninepins); **sie sind kegeln gegangen** *Bowling*: they've gone bowling
Kegeln *n* bowling ['bəʊlɪŋ], *Br auch* skittles, ninepins (⚠ *beide mit Verb im sg*)
Kehle *f* throat
Kehlkopf *m* larynx ['lærɪŋks]
kehren[1] (≈ *fegen*) sweep* (up)
kehren[2]: **jemandem den Rücken kehren** turn one's back on someone
Kehrmaschine *f* **1** *für Straße*: road sweeper **2** *für Teppich*: carpet sweeper
Kehrschaufel *f* dust pan
Kehrseite *f* **1** other side, reverse [rɪ'vɜːs], reverse side **2 das ist die Kehrseite der Me-**

daille that's the other side of the coin

Kehrwert m Mathematik: reciprocal [rə'sɪprəkl]

Keil m ◼︎ wedge ◼︎ Halteteil unter dem Rad: chock

Keilriemen m in Automotor: fan belt

Keim m ◼︎ mst. pl: (≈ Krankheitserreger) germ [dʒɜːm] ◼︎ von Pflanze: (≈ Trieb) shoot, (≈ Samen) seed ◼︎ übertragen bud, seed, seeds pl; **etwas im Keim ersticken** nip something in the bud

keimen ◼︎ germinate ◼︎ (≈ treiben) sprout

keimfrei sterile ['sterail]; **keimfrei machen** sterilize ['sterəlaɪz]

★**kein** ◼︎ vor Subst.: no, not any; **ich habe kein Geld** I haven't got any money ◼︎ **du bist kein Kind mehr** you're not a child any more

keine(r, -s), keins allein stehend ◼︎ von Personen: no-one, nobody; **keiner war da** there was no-one there ◼︎ **keine(r) von ihnen** bei zwei Personen bzw. Sachen: neither of them, bei mehreren Personen: none of them, zur Betonung: not one of them ◼︎ **keiner von uns** bei zwei Personen: neither of us, bei mehreren Personen: none of us ◼︎ von Sachen: not any, none; **ich will keins von beiden** I don't want either (of them)

★**keinerlei: sie nimmt keinerlei Rücksicht** she doesn't show any consideration at all

★**keinesfalls** on no account, under no circumstances ['sɜːkəmstənsɪz]

keineswegs by no means, not at all

Keks m biscuit [▲'bɪskɪt], US cookie ['kʊkɪ]

Kelch m ◼︎ cup, goblet ['gɒblət] ◼︎ in der Kirche: chalice ['tʃælɪs]

★**Keller** m cellar ['selə] (auch Weinkeller)

Kellergeschoss n, Ⓐ **Kellergeschoß** n basement

★**Kellner** m waiter

Kellnerin f waitress

Kelte m, **Keltin** f Celt [kelt]

keltisch Celtic ['keltɪk]

Kenia n Kenya ['kenjə]

★**kennen** ◼︎ know* [nəʊ] (▲nie in der Verlaufsform); **wir kennen uns seit 2014** we've known each other since 2014; **das kennen wir!** we know all about that ◼︎ **wir kennen uns schon** we've already met ◼︎ **kennst du mich noch?** do you remember me? ◼︎ **kennst du den (Witz schon)?** have you heard this one? ◼︎ kennen lernen → kennenlernen

★**kennenlernen** ◼︎ get* to know; **die neue Lehrerin braucht etwas Zeit, um ihre Schüler kennenzulernen** the new teacher needs some time to get to know her pupils ◼︎ (≈ zum 1. Mal treffen) meet*; **als ich ihn kennenlernte** when I first met him

Kenner(in) m(f) ◼︎ Weinkenner usw.: connoisseur [ˌkɒnə'sɜː] ◼︎ (≈ Experte) expert ['ekspɜːt]

★**Kenntnis** f ◼︎ **gute Kenntnisse in Chemie** usw. **haben** have* a good knowledge [▲'nɒlɪdʒ] (▲sg) of chemistry usw.; **Kenntnisse erwerben/vermitteln** gain/impart knowledge; **über Kenntnisse von etwas verfügen** know* about something; **ausreichende** (oder **brauchbare) Kenntnisse** working knowledge ◼︎ **etwas zur Kenntnis nehmen** take* note of something, note something; **jemanden von etwas in Kenntnis setzen** inform someone about something; **das entzieht sich meiner Kenntnis** I have no knowledge of it

Kennwort n password (auch beim Computer)

Kennzeichen n ◼︎ mark, sign [saɪn] ◼︎ **besondere Kennzeichen** distinguishing marks ◼︎ **am Auto:** registration number, US license plate number

kennzeichnen ◼︎ (≈ markieren) mark, identify [aɪ'dentɪfaɪ] ◼︎ brand (Tiere) ◼︎ (≈ charakteristisch sein für) reflect

kentern (Schiff) capsize [kæp'saɪz], overturn [ˌəʊvə'tɜːn]

Keramik f ◼︎ auch Material: ceramics (▲pl), als Gebrauchsgegenstände: pottery ◼︎ (≈ Kunstgegenstand) ceramic, (≈ Gebrauchsgegenstand) piece of pottery

Kerl m guy, fellow; **ein netter Kerl** a nice guy; **blöder Kerl!** idiot!

Kern m ◼︎ Obst: seed ◼︎ Apfel: pip ◼︎ Pfirsich usw.: (≈ Stein) stone ◼︎ (≈ Zentrum, Hauptteil) core ◼︎ Zelle, Atom: nucleus ['njuːklɪəs] pl: nuclei ['njuːklɪaɪ]

Kernenergie f nuclear energy [ˌnjuːklɪər'enədʒɪ]; **die Kernenergie** nuclear energy (▲ohne the)

Kernfach n core subject

Kernfusion f nuclear fusion [ˌnjuːklɪə'fjuːʒn]

Kerngehäuse n Frucht: core

kerngesund in perfect health; **ich bin doch kerngesund!** (but) I'm as fit as a fiddle

Kernkompetenz f Wirtschaft, Schule: core competency

Kernkompetenzfach n Schule: core subject

Kernkraft f nuclear power [ˌnjuːklɪə'paʊə]; **die Kernkraft** nuclear power (▲ohne the)

Kernkraftgegner(in) m(f) opponent of nuclear power, bei Demonstrationen usw.: anti-nuclear protester (oder campaigner)

Kernkraftwerk *n* nuclear power station [ˌnjuː-klɪəˈpaʊəˌsteɪʃn], nuclear power plant
Kernpunkt *m* übertragen essential point [ɪ-ˌsenʃlˈpɔɪnt], central issue [ˈɪʃuː]
Kernspaltung *f* nuclear fission [ˌnjuːklɪəˈfɪʃn]
Kernwaffe *f* nuclear weapon [ˌnjuːklɪəˈwepən]
★**Kerze** *f* **1** candle **2** *Turnen:* shoulder stand
Kerzenständer *m* candle holder
★**Kessel** *m* **1** (≈ *Teekessel*) kettle **2** (≈ *Heizkessel*) boiler **3** *Behälter:* tank
Ketschup *m/n* ketchup, *bes. Br* tomato sauce
★**Kette** *f* **1** chain (*auch Ladenkette und übertragen*) **2** (≈ *Halskette*) necklace [ˈnekləs] **3** *von Kettenfahrzeug:* track **4** **sie bildeten eine Kette** they formed a line (*oder* a human chain)
Kettenraucher(in) *m(f)* chain smoker
Kettenreaktion *f* chain reaction
Ketzer(in) *m(f)* heretic
keuchen pant [pænt], gasp [gɑːsp]
Keuchhusten *m* whooping cough [⚠ ˈhuː-pɪŋ_kɒf]
Keule *f* **1** *Waffe:* club **2** *vom Lamm usw.:* leg **3** *vom Hähnchen usw.:* leg, drumstick
Keyboard *n* keyboard
Kfz *n abk* (*abk für* Kraftfahrzeug) motor vehicle [⚠ ˈməʊtəˌviːɪkl]
Kfz-Mechatroniker(in) *m(f)* automotive mechatronics engineer
Kfz-Werkstatt *f* garage, *US* car repair shop
KI *abk* (*abk für* künstliche Intelligenz) AI, artificial intelligence
kichern giggle (**über** at); **hört auf, zu kichern!** stop gigg<u>ling</u>!
Kickboard *n* (skate) scooter, kickboard (scooter)
Kiefer[1] *m* jaw
Kiefer[2] *f* **1** *Baum:* pine **2** *Holz:* pine, pinewood; **ein Bücherregal aus Kiefer** a pine bookshelf
Kiel *m am Schiff:* keel
Kieme *f:* **Kiemen** *eines Fisches:* gills [⚠ gɪlz]
Kies *m* **1** gravel [⚠ ˈgrævl] **2** *salopp* (≈ *Geld*) dough [⚠ dəʊ]
Kieselstein *m* pebble
kiffen *umg* smoke pot (*oder* hash)
★**Kilo** *n*, **Kilogramm** *n* kilo [ˈkiːləʊ], kilogram [ˈkɪləgræm]; **sie wiegt 50 Kilo** she weighs 50 kilo<u>s</u> *oder* (*US*) 110 pounds
Kilobyte *n* kilobyte, KB [ˌkeɪˈbiː]
Kilohertz *n* kilohertz [ˈkɪləhɜːts], kilocycle [ˈkɪləˌsaɪkl]
★**Kilometer** *m* kilometre [ˈkɪləˌmiːtə]; **es sind ungefähr 600 Kilometer von Berlin nach München** it <u>is</u> (⚠ *sg*) about 600 kilometres / 370 miles from Berlin to Munich

Kilometerstand *m* mileage [ˈmaɪlɪdʒ]; **wie ist der Kilometerstand?** what's the mileage?
Kilometerzähler *m* mileage indicator, mileometer [⚠ maɪˈlɒmɪtə], *US* odometer [əʊˈdɑː-mətər]
Kilowatt *n* kilowatt [ˈkɪləwɒt]
★**Kind** *n* **1** *auch übertragen:* child *pl:* children, *umg* kid **2** (≈ *Kleinkind*) baby *pl:* babies; **ein Kind bekommen** <u>have</u>* a baby; **sie erwartet** (*oder* **bekommt**) **ein Kind** she's expecting (*oder* she's going to have) a baby
Kinderarbeit *f* child labour (*US* labor)
Kinderarmut *f* **1** *Armut bei Kindern* child poverty **2** (≈ *Kindermangel*) shortage of children
Kinderarzt *m*, **Kinderärztin** *f* paediatrician, *US* pediatrician [ˌpiːdɪəˈtrɪʃn]
Kinderausweis *m* child identity card
Kinderbetreuung *f* childcare, *Br* childminding
Kinderbett *n*, **Kinderbettchen** *n* cot, *US* crib
Kinderbuch *n* children's book
Kinderermäßigung *f* reduction for children
kinderfeindlich **1** hostile to children; **eine kinderfeindliche Stadt** a town which does not cater for children **2 kinderfeindlich sein** (*Mensch*) hate children
kinderfreundlich **1** child-friendly **2** *Mensch:* fond of children
★**Kindergarten** *m für Kinder unter 5 Jahren:* nursery school, *seltener:* kindergarten
Kindergärtner(in) *m(f)* kindergarten teacher, *Br* nursery-school teacher
Kindergeld *n* child benefit
Kinderheim *n* children's home
Kinderkrankheit *f* **1** children's disease **2 Kinderkrankheiten** *übertragen* teething troubles; **der neue Drucker hat noch ein paar Kinderkrankheiten** we're having a few teething troubles with the new printer
Kinderkrippe *f* crèche [kreɪʃ], day nursery, *US* daycare (center)
Kinderlähmung *f* polio [ˈpəʊlɪəʊ]; **er hatte Kinderlähmung** he had polio
kinderleicht dead easy, *US* really easy
kinderlieb very fond of children
Kinderlied *n* **1** children's song **2** *traditionelles Lied für Kleinkinder:* nursery rhyme
kinderlos childless; **ein kinderloses Ehepaar** a married couple with no children
Kindermädchen *n* nurse(maid), *bes. Br* nanny
Kinderpfleger(in) *m(f)* childcare assistant
kinderreich: eine kinderreiche Familie a large family
Kindersendung *f* children's programme (*US*

kindersicher childproof

Kindersitz *m Auto*: child seat, car seat

Kindersoldat *m* child soldier *pl*: child soldiers

Kinderspiel *n*: **das ist (für ihn) ein Kinderspiel** that's child's play (for him) (⚠ *ohne a*)

Kinderspielplatz *m* children's playground

Kindertagesstätte *f* day nursery, *US* daycare center

Kinderwagen *m* pram, *US* baby carriage

Kinderzimmer *n* children's room

Kindesmisshandlung *f* child abuse ['tʃaɪld‿ə,bjuːs]

kindgerecht suitable ['suːtəbl] for children (*bzw. for a child*)

★**Kindheit** *f* ① childhood; **ich habe von Kindheit an Musik gemocht** I've loved music (ever) since I was a child ② *frühe Kindheit*: infancy ['ɪnfənsɪ]

kindisch childish

kindlich ① childlike; **ein kindliches Gesicht** a childlike face ② (≈ *kindisch*) childish

★**Kinn** *n* chin

Kinnhaken *m* hook to the chin

★**Kino** *n* ① *Gebäude*: cinema ['sɪnəmə], *US* movie theater ② *als Ort, wo man hingeht*: cinema, *US umg* the movies ['muːvɪz] (⚠ *pl*); **ins Kino gehen** go* to the cinema (*oder US* the movies) ③ **ganz großes Kino** *umg* (≈ *großartig*) awesome

Kinoprogramm *n* ① film programme, *US* movie program ② *Vorschau* cinema guide, *US* movie guide

★**Kiosk** *m* ① kiosk ['kiːɒsk] ② (≈ *Zeitungsstand*) newsstand

★**Kipferl** *n bes.* Ⓐ croissant ['kwæsā]

Kippe¹ *f* (≈ *Zigarettenstummel*) cigarette butt (*oder end*), *Br umg* fag end

Kippe² *f* (≈ *Müllkippe*) dump

Kippe³ *f*: **es steht auf der Kippe (,ob ...)** *umg, übertragen* it's touch and go (whether ...)

kippen ① tilt (*Fenster*) ② (≈ *schütten*) tip (*Sand, Wasser usw.*), *umg. oder um etwas loszuwerden*: dump (*Müll usw.*) ③ (*Stuhl usw.*) tip over ④ (*Boot*) capsize [kæp'saɪz]

★**Kirche** *f* church; **in der Kirche** (≈ *beim Gottesdienst*) at church; **in die** (*oder* **zur**) **Kirche gehen** *zur Messe*: go* to church (⚠ *ohne the*)

Kirchenlied *n* hymn [⚠ hɪm]

Kirchensteuer *f* church tax

kirchlich ① church ..., ecclesiastical [ɪ,kliːzɪ'æstɪkl] ② **sich kirchlich trauen lassen** have* a church wedding, get* married in church

Kirchturm *m* ① *allg.*: church tower ② *mit Spitze*: (church) steeple

Kirsch... *in Zusammensetzungen* cherry ..., cherry...; **Kirschbaum** cherry tree, *Holz*: cherrywood; **Kirschblüte** cherry blossom; **Kirschkern** cherry stone, *US* cherry pit; **Kirschlikör** cherry brandy [,tʃerɪ'brændɪ]; **Kirschkuchen** cherry cake; **Kirschsaft** cherry juice; **Kirschtomate** cherry tomato [,tʃerɪ‿tə'mɑːtəʊ]; **Kirschtorte** cherry gateau [,tʃerɪ'gætəʊ]

★**Kirsche** *f* cherry

Kirschtomate *f* cherry tomato

Kirtag *m* Ⓐ parish fair

★**Kissen** *n* ① cushion [⚠ 'kʊʃn] ② (≈ *Kopfkissen*) pillow

★**Kiste** *f* ① (≈ *Lattenkiste*) crate ② *kleinere*: box; **eine Kiste Zigarren** a box of cigars; **eine Kiste Tomaten** a box (*oder* crate) of tomatoes ③ *für empfindliche Ware*: case ④ *salopp* (≈ *Auto, Flugzeug*) crate

Kita *f abk* (*abk für* Kindertagesstätte) day nursery, *US* daycare center

Kitaplatz *m Br* nursery place, *US* daycare-center place

Kiteboard *n Sportgerät*: kiteboard

Kitsch *m* ① kitsch ② (≈ *minderwertige Ware usw.*) trash, junk

kitschig kitschy, trashy

Kittel *m* ① (≈ *Arbeitskittel*) overall, *US* work coat, *von Arzt usw.*: (white) coat ② Ⓐ (≈ *Damenrock*) skirt ③ Ⓒ (≈ *Jacke, Jackett*) jacket ['dʒækɪt]

kitzeln tickle; **jemanden an den Zehen kitzeln** tickle someone's toes; **mich kitzelts am Fuß** my foot's tickling

kitzlig ① ticklish ② *Angelegenheit usw.*: ticklish, tricky

Kiwi *f Frucht*: kiwi ['kiːwiː] (fruit)

klaffen (*Abgrund, Spalte usw.*) gape; **eine klaffende Wunde** a gaping wound

kläffen yap

★**Klage** *f* ① (≈ *Beschwerde*) complaint (**über** about); **(keinen) Grund zur Klage haben** have* (no) cause for complaint ② *vor Gericht*: lawsuit ['lɔːsuːt], suit [suːt], action

★**klagen** ① (≈ *sich beschweren*) complain (**über** about, of; **bei** to) **sie klagt seit Jahren über heftige Kopfschmerzen** *usw.* she's been complaining of terrible headaches *usw.* for years

klamm ① (≈ *feucht*) clammy ② (≈ *steif vor Kälte*) numb [⚠ nʌm] (**vor** with)

Klammer *f* ① (≈ *Büroklammer*) paper clip ② (≈ *Heftklammer*) staple ③ (≈ *Wäscheklammer*) (clothes [kləʊ(ð)z]) peg, *US* (clothes) pin ④ *in*

Text; *beim Rechnen*: bracket; **in Klammern** in brackets, *bes. US* in parentheses [⚠ pəˈrenθəsiːz]; **Klammer auf/zu** open/close brackets; **runde/spitze Klammern** round/pointed brackets; **eckige Klammern** square brackets, *US* brackets; **geschweifte Klammern** braces 5 (≈ *Zahnklammer*) brace

Klammeraffe *m Computer*: at sign

klammern 1 clip, attach (**an** to) 2 **sich klammern an** cling* **to** (*auch übertragen*)

Klamotten *pl* (≈ *Kleider*) *salopp* gear, clobber (⚠ *beide sg*)

Klang *m* 1 sound 2 (≈ *Ton*) tone

Klapp... *in Zusammensetzungen* folding ...; **Klappstuhl** folding chair

Klappe *f* 1 *lose*: flap (*z.B. an Hose oder Tasche*) 2 *am Lastwagen hinten*: tailboard, *US* tailgate 3 *salopp* (≈ *Mund*) trap; **halt die Klappe!** shut up

★**klappen** 1 fold; **der Sitz lässt sich nach hinten klappen** the seat folds back 2 **es klappt!** it's working; **wenn alles klappt** if all goes well

klappern 1 (*Fenster usw.*) rattle; **mit etwas klappern** rattle something 2 (*Geschirr usw.*) clatter

Klapperschlange *f* rattlesnake

Klapphandy *n* flip phone, *umg* flip

klapprig 1 shaky, *Person auch*: doddery 2 *Stuhl usw.*: rickety

Klappstuhl *m* folding chair

Klaps *m* 1 (≈ *Schlag*) slap 2 **du hast ja einen Klaps!** *umg* you're off your nut (*US* rocker)

★**klar** 1 clear 2 *Entscheidung, Ziel usw.*: clear (-cut), definite [⚠ ˈdefənət] 3 *Wendungen*: **es ist klar, dass** it's obvious (that); **ich bin mir noch nicht klar (darüber), was ich tun soll** I'm not quite sure what to do; **ist dir klar, dass ...?** do you realize (that) ...?; **alles klar?** everything okay?

Kläranlage *f* sewage [⚠ ˈsuːɪdʒ] plant

★**klären** 1 *übertragen* clear up, clarify (*Sache*) 2 (≈ *reinigen*) purify 3 **eine Frage klären** settle (*oder* resolve) a question 4 **ein Problem klären** solve a problem

klargehen: **geht klar!** *umg* that's OK (*oder* okay)

Klarheit *f allg.*: clarity

Klarinette *f* clarinet [ˌklærəˈnet]

klarkommen 1 **mit etwas klarkommen** cope with something; **kommst du klar?** are you managing all right? 2 **mit jemandem klarkommen** get* along with someone

klarmachen: **jemandem etwas klarmachen** make* something clear to someone

Klarsichtfolie *f* clear plastic film

klarstellen: **etwas klarstellen** get* something straight, make* something clear

★**Klasse** *f* 1 *allg.*: class (*auch Schulklasse*); **die Klasse macht morgen einen Ausflug** the class is (*oder* are) going on an outing tomorrow 2 (≈ *Klassenstufe*) form, *US* grade; **in welche Klasse gehst du?** which form (*oder* class) are you in? 3 (≈ *Klassenzimmer*) classroom 4 *im Fußball*: division, league [liːg] 5 **erster Klasse reisen** travel first-class 6 **große Klasse!** great, fantastic

★**klasse**: **klasse (sein)** (be) great, fantastic

★**Klassenarbeit** *f* (class) test

Klassenbeste(r) *m/f(m)*: **sie ist Klassenbeste** she's top of the class

Klassenbuch *n* (class) register [ˈredʒɪstə]

Klassenfahrt *f* school trip

Klassengemeinschaft *f* 1 (≈ *Klasse*) class 2 (≈ *Klassengeist*) class spirit

Klassenkamerad(in) *m(f)* classmate

Klassenkonferenz *f* meeting attended by members of school staff and pupil representatives from a particular class held to discuss matters of discipline

Klassenlehrer(in) *m(f)*, **Klassenleiter(in)** *m(f)* Ⓐ **Klasslehrer(in)** *m(f) etwa*: form teacher, *US* class (*oder* homeroom) teacher

Klassenpflegschaft *f* council made up of representatives of the parents of pupils in a particular class, pupil representatives and the class teacher

Klassensprecher(in) *m(f)* form captain, *US* class president

Klassenzimmer *n* classroom

Klassik *f* 1 *Zeitalter*: classical period (*oder* age) 2 *Musik*: classical music

★**klassisch** 1 *die Antike und die Musik betreffend*: classical 2 *übertragen* classic, typical (*auch Fehler, Beispiel usw.*)

Klatsch *m* 1 *Geräusch*: splash 2 (≈ *Geschwätz*) gossip

klatschen 1 (≈ *Beifall klatschen*) applaud 2 **in die Hände klatschen** clap one's hands 3 (≈ *schwatzen*) gossip

klatschnass soaking (wet); **klatschnass werden** get* soaked (to the skin)

Klaue *f* 1 claw 2 *umg* (≈ *schlechte Handschrift*) scrawl

klauen *umg* pinch, steal*, *salopp* nick (*Geld, Autos usw.*); **hier wird geklaut** things get pinched (oder nicked) here; **er hat schon wieder geklaut** he's been stealing again

Klausur f exam [ɪgˈzæm], paper; **eine Klausur schreiben** sit* an exam

★**Klavier** n piano [pɪˈænəʊ]; **Klavier spielen** play the piano (▲ *mit* the)

Klavierspieler(in) m(f) pianist [ˈpiːənɪst]

Klavierunterricht m piano lessons (▲ *pl*)

Klebeband n adhesive tape, sticky tape

★**kleben** ■ stick*; **es klebt nicht** it won't stick ■ glue (*Holz usw.*), stick* (*Papier usw.*) (**an** to) ■ (≈ *klebrig sein*) be* sticky

Klebepistole f hot-glue gun

Kleber m glue [gluː], adhesive [ədˈhiːsɪv]

Klebestift m glue stick

Klebestreifen m adhesive tape [ədˌhiːsɪvˈteɪp]

klebrig sticky

Klebstoff m adhesive, glue

kleckern ■ make* a mess ■ **ich hab mir Suppe aufs Hemd gekleckert** I've spilled (oder spilt) soup on my shirt

Klecks m ■ *festgetrocknet*: mark, blotch ■ *von nasser Farbe*: blob

klecksen ■ **du hast gekleckst** *mit Tinte*: you've made a blot *bzw.* ■ (*Füller*) smudge

Klee m clover [▲ ˈkləʊvə]

Kleeblatt n ■ cloverleaf ■ **vierblättriges Kleeblatt** four-leaf(ed) clover [▲ ˈkləʊvə]

★**Kleid** n ■ dress ■ **Kleider** (≈ *Kleidung*) clothes [▲ kləʊ(ð)z]

★**kleiden** ■ **die gelbe Bluse** *usw.* **kleidet dich gut** that yellow blouse [blaʊz] *usw.* suits [suːts] you, *US* the yellow blouse looks good on you ■ **sich modern** *usw.* **kleiden** dress fashionably *usw.*

★**Kleiderbügel** m hanger, clothes [▲ kləʊ(ð)z] hanger, coat hanger

★**Kleiderschrank** m wardrobe [ˈwɔːdrəʊb]

★**Kleidung** f clothes [▲ kləʊ(ð)z] (▲ *pl*)

Kleidungsstil m style of dress

Kleidungsstück n piece (*oder* article) of clothing [▲ ˈkləʊðɪŋ]

★**klein** ■ *allg.*: small ■ *bes. vor dem Subst. und gefühlsbetont*: little (▲ **kleiner** smaller, **kleinst-** smallest) ■ (≈ *von geringer Körpergröße*) short ■ (≈ *unbedeutend*) small, little ■ *Fehler, Vergehen usw.*: little, minor ■ *Buchstabe*: small ■ *Finger, Zehe*: little ■ **mein kleiner Bruder** my little (*oder* younger) brother ■ **der kleine Mann** *übertragen* the man in the street ■ **als ich noch klein war** when I was a little boy *bzw.* girl ■ **klein gedruckt** in small print

Kleinanzeige f *in Zeitung*: classified ad [ˌklæsɪfaɪdˈæd], small ad [ˈsmɔːlˌæd]

Kleinbuchstabe m small letter

Kleingedruckte(s) n: **das Kleingedruckte** the small print

★**Kleingeld** n (small) change

Kleinigkeit f ■ little thing ■ (≈ *unwichtige Sache*) minor detail ■ **eine Kleinigkeit** (≈ *Geschenk*) a little something ■ *zu essen*: snack, bite (to eat)

Kleinkind n toddler, small child

kleinkriegen: **jemanden kleinkriegen** *übertragen* cut* someone down to size

kleinlich ■ (≈ *engstirnig*) petty ■ (≈ *pingelig*) fussy ■ (≈ *geizig*) stingy [ˈstɪndʒɪ]

kleinschreiben: **etwas kleinschreiben** (≈ *mit kleinem Anfangsbuchstaben schreiben*) write* something with a lowercase initial letter, ▲ *als Verb*: lowercase [ˈləʊkeɪs]

Kleinstadt f small town

Kleister m (≈ *Klebstoff*) paste

Klementine f *Frucht*: clementine [ˈkleməntaɪn, ˈklemäntiːn]

Klemme f ■ *zum Befestigen*: clamp ■ *für Papiere, Haar usw.*: clip; *elektrisch*: crocodile clip ■ *Wendungen*: **in der Klemme sein** (*oder* **sitzen**) *umg* be* in a fix; **jemandem aus der Klemme helfen** *umg* help someone out of a fix

klemmen ■ **die Tür klemmt** *immer wieder*: the door sticks, (≈ *lässt sich nicht mehr öffnen*) the door is stuck ■ (≈ *zwängen*) wedge, jam (**hinter** behind) ■ **klemm doch die Bücher einfach unter den Arm** just tuck the books under your arm

Klempner(in) m(f) ■ metal roofer ■ (≈ *Installateur*) plumber [▲ ˈplʌmə]

Klette f ■ *Pflanze*: burr ■ **sich wie eine Klette an jemanden hängen** *übertragen* cling* to someone like a leech

Kletterausrüstung f climbing gear [▲ ˈklaɪmɪŋˌgɪə]

Kletterer m, **Kletterin** f climber [▲ ˈklaɪmə]

Klettergurt m climbing harness [▲ ˈklaɪmɪŋˌhɑːnɪs]

★**klettern** climb [▲ klaɪm], go* climbing; **auf einen Baum** (**Berg** *usw.*) **klettern** climb (up) a tree (mountain *usw.*)

Kletterseil n climbing rope [▲ ˈklaɪmɪŋˌrəʊp]

Kletterwand f climbing [▲ ˈklaɪmɪŋ] wall

Klettverschluss® m velcro® fastening [▲ ˈfɑːsnɪŋ]

★**klicken** *Computer*: click; **wenn du auf dieses Symbol klickst, kommst du ins Internet** if you click (on) that icon ['aɪkɒn] you can get onto the Internet

Klient(in) m(f) client ['klaɪənt]

★**Klima** n **1** climate ['klaɪmət] **2** übertragen atmosphere ['ætməsfɪə], climate

★**Klimaanlage** f air conditioning; **sie haben eine Klimaanlage** they've got air conditioning (⚠ ohne an); **mit Klimaanlage** air-conditioned

Klimakatastrophe f climate catastrophe ['klaɪmətkə,tæstrəfi]

Klimakiller m umg contributor to climate change

Klimaschutz m climate protection

Klimatechnik f air conditioning, air-conditioning technology

klimatisiert air-conditioned

Klimaveränderung f, **Klimawandel** m climate change ['klaɪmət,tʃeɪndʒ]

Klimazone f climatic zone [klaɪˌmætɪk'zəʊn]

Klimmzug m: **Klimmzüge machen** do* pull-ups ['pʊlʌps] (bes. US chin-ups)

klimpern **1** (Schlüssel, Geld) jingle, jangle **2** auf dem Klavier tinkle

Klinge f blade

★**Klingel** f bell

★**klingeln** ring*; **es hat geklingelt** there's somebody at the door, in der Schule usw.: the bell has gone

Klingelton m eines Handys: ringtone

klingen sound; **das klingt verrückt** it sounds crazy

★**Klinik** f clinic ['klɪnɪk], (≈ Krankenhaus) hospital ['hɒspɪtl]

Klinke f Tür: (door)handle

Klippe f **1** cliff **2** Fels: rock **3** übertragen obstacle [⚠ 'ɒbstəkl]

klirren **1** (Teller, Fensterscheiben usw.) rattle **2** (Gläser) clink **3** (brechendes Glas) tinkle **4** (Ketten, Schlüsselbund) jingle, jangle

★**Klo** n umg loo, US umg john

klobig **1** Nase, Hände usw.: big **2** (≈ unförmig, grob) bulky **3** Schuhe: heavy

Klon m Pflanzen, Tiere: clone

klonen clone (Pflanzen, Tiere)

★**Klopapier** n umg toilet paper, Br umg auch loo paper

★**klopfen** **1** knock [⚠ nɒk] (an, auf at, on); **es klopft** there's somebody (knocking) at the door **2** (Herz) beat* **3** (Motor) knock **4** beat* (Fleisch, Teppich) **5** **einen Nagel in die Wand klopfen** knock (US bang) a nail into the wall

★**Kloß** m **1** Essen: dumpling **2** (≈ Fleischkloß) meatball **3** **ich hatte einen Kloß im Hals** I had got a lump in my throat

Kloster n **1** (≈ Mönchskloster) monastery ['mɒnəstəri] **2** (≈ Nonnenkloster) convent ['kɒnvənt] **3** **ins Kloster gehen** (≈ Mönch bzw. Nonne werden) enter a monastery (bei Frauen: convent)

Klotz m **1** (≈ Holzklotz) block (of wood) **2** **jemandem ein Klotz am Bein sein** be* a millstone around someone's neck

klotzig umg **1** (≈ groß) huge [hju:dʒ], massive **2** Möbel usw.: unwieldy [ʌn'wi:ldɪ]

★**Klub** m club

Kluft[1] f **1** übertragen (≈ Gegensatz) gap, gulf **2** übertragen (≈ Feindschaft) rift **3** zwischen Felsen: (≈ Spalt) crevice [⚠ 'krevɪs] **4** (≈ Abgrund) chasm [⚠ 'kæzm], abyss [⚠ ə'bɪs] (auch übertragen)

Kluft[2] f salopp **1** Kleidung: gear [gɪə] **2** (≈ Uniform) uniform ['ju:nɪfɔ:m]

★**klug** **1** (≈ intelligent) clever (z.B. Verhandlungspartner, Frage), intelligent [ɪn'telɪdʒənt] (z.B. Gesicht, Augen) **2** (≈ weise) wise **3** **das Klügste wäre, zu ...** the best idea would be to (+ inf) **4** Wendungen: **hinterher ist man immer klüger** it's easy to be wise after the event; **er ist ein kluger Kopf** he's clever (oder bright), he's got brains, he's smart

Klugheit f **1** cleverness, intelligence [ɪn'telɪdʒəns] **2** (≈ Weisheit) wisdom ['wɪzdəm]

Klumpen m **1** lump; **ein Klumpen Erde** a lump (oder clod) of earth **2** **ein Klumpen Gold** a gold nugget ['nʌgɪt]

KMU [ka:ʔɛm'ʔu:] pl (abk für kleine und mittlere Unternehmen) SME

knabbern **1** nibble (an at) **2** **hätten Sie gern was zu knabbern?** would you like a little something to eat?

Knabe m **1** boy **2** **alter Knabe** old chap (oder boy)

Knäckebrot n crispbread

knacken **1** crack (open) (Nüsse, Geldschrank usw.) **2** break* into (Auto) **3** break* open (Schloss) **4** (brechendes Holz) snap

knackig **1** Brötchen, Apfel usw.: crisp, crunchy **2** Po: firm **3** salopp; Mädchen: gorgeous ['gɔ:dʒəs], scrumptious ['skrʌmpʃəs]

Knacks m **1** (≈ knackender Ton; Sprung) crack **2** **ihre Ehe hat einen Knacks** their marriage is in trouble (oder difficulties)

Knall m **1** bang **2** (≈ Schuss) shot **3** **einen Knall haben** salopp be* nuts, be* crazy

knallen **1** bang; **plötzlich knallte es** suddenly there was a loud bang (bei Schuss: shot) **2**

(*Peitsche*) crack ▌3 (*Sektkorken*) pop ▌4 **sie knallte das Buch auf den Tisch** she banged the book on the table

Knallkörper *m* banger, *US* firecracker

knallrot bright red; **knallrot werden** go* bright red

★**knapp** ▌1 (≈ *kaum ausreichend*) scarce [skeəs]; **Lebensmittel** *usw*. **sind knapp** food *usw*. is in short supply (*oder* is scarce) ▌2 **ich bin zurzeit etwas knapp bei Kasse** I'm a bit short of money) at the moment, *US* I'm a bit short on cash at the moment ▌3 *Sieg*: narrow ▌4 **eine knappe Mehrheit** a slim (*oder* small) majority ▌5 *Rente usw*.: (≈ *niedrig*) low, meagre ▌6 **knapp zwei Stunden** just under two hours

knarren (*Tür usw.*) creak

Knast *m salopp* (≈ *Gefängnis*) clink, *US* cooler; **im Knast** *salopp* in (the) clink

Knäuel *m/n Wolle*: ball

knauserig stingy ['stɪndʒɪ], mean

Knautschzone *f Auto*: crumple zone

knebeln gag (*auch übertragen* ≈ *zum Schweigen bringen*)

Knecht *m* ▌1 farmhand ▌2 *übertragen* slave

kneifen[1] pinch; **jemanden in den Arm kneifen** pinch someone's arm

kneifen[2] *umg* chicken out (**vor etwas** of something); **willst du etwa kneifen?** you're not chickening out, are you?

Kneifzange *f* pliers (△ *pl*), *kleine*: pincers (△ *pl*); **eine Kneifzange** (a pair of) pliers/pincers

★**Kneipe** *f* pub, *US* bar

Knete *f* ▌1 (≈ *Knetgummi*) plasticine ['plæstəsi:n], *US* modeling clay ▌2 (≈ *Geld*) *salopp* dough [△ dəʊ]

kneten knead [△ niːd] (*Teig; den Rücken usw. von jemandem*)

knickerig, knickrig (≈ *geizig*) *umg* stingy [△ 'stɪndʒɪ], mean, tight-fisted

★**Knie** *n* ▌1 knee [△ niː] ▌2 *Rohrstück*: elbow ['elbəʊ], knee ▌3 *Wendungen*: **jemanden übers Knie legen** *übertragen*, *umg* give* someone a good hiding; **in die Knie gehen** bend* one's knees, *übertragen* (≈ *nachgeben müssen*) submit [səb'mɪt] (**vor** to)

Kniebeuge *f Sport*: knee bend [△ 'niː_bend]

knien ▌1 kneel [△ niːl] ▌2 (≈ *niederknien*) kneel down

Knieschoner *m*, **Knieschützer** *m Sport*: knee pad [△ 'niː_pæd]

Kniestrumpf *m* (knee-length) sock [△ (,niː_leŋθ)'sɒk]

Kniff *m* ▌1 (≈ *Trick*) trick ▌2 (≈ *Kneifen*) pinch

knifflig *Problem, Frage usw.*: tricky

knipsen ▌1 take* photos (*oder Br* snaps); **sie knipst gern** she likes to take (*oder* she likes taking) photos ▌2 **jemanden** *bzw.* **etwas knipsen** take* a photo (*oder Br* snap) of someone *bzw.* something

Knirps *m* (≈ *kleiner Junge*) little lad, *umg, abwertend* squirt

knirschen ▌1 (*Sand, Kies usw.*) crunch ▌2 **mit den Zähnen knirschen** grind* one's teeth

knistern ▌1 (*Feuer*) crackle ▌2 (*Papier usw.*) rustle [△ 'rʌsl] ▌3 **mit etwas knistern** rustle something

knittern ▌1 crease [kriːs]; **dieser Stoff knittert leicht** this material creases (*US* wrinkles) easily ▌2 **etwas knittern** crease (*US* wrinkle something

Knoblauch *m* garlic ['gɑːlɪk]

Knoblauchbrot *n* garlic bread

Knoblauchpresse *f* garlic press

Knoblauchzehe *f* clove of garlic [,kləʊv_əv-'gɑːlɪk]

Knöchel *m* ▌1 *am Fuß*: ankle ▌2 *am Finger*: knuckle [△ 'nʌkl]

★**Knochen** *m* ▌1 bone ▌2 *Wendungen*: **mir tun sämtliche Knochen weh** every bone in my body is aching; **das sitzt mir noch in den Knochen** I still haven't (quite) got over it

Knochenbruch *m* fracture

Knochenmark *n* bone marrow ['bəʊn,mærəʊ]

★**Knödel** *m* dumpling

★**Knopf** *m* ▌1 button (*auch als Schalter*); **auf den Knopf drücken** press the button ▌2 *an der Tür*: knob [△ nɒb]

Knopfdruck *m*: **auf Knopfdruck** at the touch of a button

Knopfloch *n* buttonhole

Knopfzelle *f* (≈ *Batterie*) round cell [,raʊnd'sel]

Knorpel *m* ▌1 *im Körper*: cartilage ['kɑːtəlɪdʒ] ▌2 *im Fleisch*: gristle ['grɪsl]

Knospe *f* bud

★**Knoten** *m* ▌1 knot [△ nɒt] (*auch Geschwindigkeitsmaß*) ▌2 *Geschwulst*: lump

Know-how *n*, **Knowhow** *n* know-how ['nəʊhaʊ], expertise [△ ,ekspɜː'tiːz]

Knüller *m umg* ▌1 sensation (*auch Meldung*) ▌2 *Film, Buch usw.*: blockbuster

knüpfen ▌1 tie, make* (*Knoten, Netz*) ▌2 (≈ *befestigen*) attach [ə'tætʃ], fasten [△ 'fɑːsn] (**an** to) ▌3 **Bedingungen an etwas knüpfen** attach conditions (to something) ▌4 **Kontakte zu jemandem knüpfen** make* contact (△ *sg*) with someone, get* in touch with someone

Knüppel m **1** (heavy) stick, club **2** (≈ *Polizeiknüppel*) truncheon ['trʌnʃn], *US* billy (club) **3** (≈ *Steuerknüppel*) control stick, *umg* joystick

knurren **1** (*Tier*) growl [graʊl] **2** (*Magen*) rumble

knusprig *Brot, Gebäck usw.*: crunchy, crisp

knutschen *salopp* snog, *bes. US* smooch

Knutschfleck m *umg* love bite, *US umg* hickey

K. o. m knockout [⚠ 'nɒkaʊt], k.o. [ˌkeɪ'əʊ]

k. o. **1 ich bin völlig k. o.** *umg* I'm whacked [wækt] **2 jemanden k. o. schlagen** knock [nɒk] someone out, k.o. [ˌkeɪ'əʊ] someone

★**Koalition** f coalition [ˌkəʊəˈlɪʃn]

★**Koch** m, **Köchin** f cook; *von Restaurant usw.*: chef; **viele Köche verderben den Brei** too many cooks spoil the broth

Kochbuch n cookery book, *bes. US* cookbook

★**kochen** **1** cook, do* the cooking; **sie kocht gut** she's a good cook **2** make*, cook (*Abendessen usw.*) **3** boil (*Wasser, Eier*) (⚠ *nicht* cook); **das Wasser kocht!** the water's (*oder* kettle's) boiling **4** make* (*Kaffee, Tee*) (⚠ *nicht* cook) **5 er kocht vor Wut** he's seething ['siːðɪŋ] with rage

★**Köchin** f cook, *in Restaurant*: chef

Kochlöffel m wooden spoon

Kochrezept n recipe [⚠ 'resəpɪ]

Kochtopf m stockpot

Kode m code

Köder m bait (*auch übertragen*)

kodieren code, encode

Koffein n caffeine ['kæfiːn]

★**Koffer** m **1** case, suitcase ['suːtkeɪs] **2 seine Koffer packen** pack (one's bags), *übertragen* pack one's bags (and leave) **3** Ⓐ *umg* (≈ *Idiot*) jerk

Kofferkuli m luggage trolley, *US* baggage cart

★**Kofferraum** m boot, *US* trunk

Kofferwaage f luggage scales (⚠ *pl*)

★**Kohl** m cabbage ['kæbɪdʒ]

Kohldampf m: **ich habe Kohldampf** *umg* I'm starving

★**Kohle** f **1** coal **2** (≈ *Verkohltes, Holzkohle, Zeichenkohle*): charcoal ['tʃɑːkəʊl] **3** (≈ *Kohlenstoff*) carbon **4** *umg* (≈ *Geld*) cash

Kohlekraftwerk n coal-fired power station

Kohlenbergbau m: (**der**) **Kohlenbergbau** coal-mining (⚠ *ohne the*), the coal-mining industry

Kohlendioxid n carbon dioxide [ˌkɑːbən daɪˈɒksaɪd]

Kohlensäure f carbonic acid [kɑːˌbɒnɪkˈæsɪd]; **ohne Kohlensäure** *Getränk*: still, *US* non carbonated; **mit Kohlensäure** fizzy, *US* carbonated ['kɑːbəneɪtɪd]

Kohlenstoff m carbon ['kɑːbən]

Kohlmeise f great tit

Kohlrabi m kohlrabi [ˌkəʊlˈrɑːbɪ]

Kohlsprossen pl Ⓐ (≈ *Rosenkohl*) Brussels sprouts [ˌbrʌslˈspraʊts] pl

Kokain n cocaine [⚠ kəʊˈkeɪn]

Kokosnuss f coconut ['kəʊkənʌt]

Kokospalme f coconut palm [⚠ ˈkəʊkənʌt pɑːm], coconut tree

Koks m **1** coke **2** *salopp* (≈ *Kokain*) coke

Kolben m **1** *beim Motor*: piston **2** (≈ *Gewehrkolben*) butt **3** (≈ *Destillierkolben*) retort **4** *salopp* (≈ *Nase*) conk

Kolik f colic ['kɒlɪk]

★**Kollege** m colleague ['kɒliːɡ]; **ein Kollege sagte mir** someone at work told me

kollegial **1** (≈ *nett*) friendly **2** (≈ *hilfsbereit*) helpful **3** (≈ *aufrichtig*) loyal ['lɔɪəl]

★**Kollegin** f colleague ['kɒliːɡ]

Kollegstufe f *etwa*: sixth-form college, *US* junior college

Kollektion f collection, (≈ *Sortiment*) *auch* range

Kollision f **1** collision [kəˈlɪʒn] **2** *übertragen* conflict ['kɒnflɪkt]

Kolloquium n **1** *wissenschaftlich*: colloquium **2** Ⓐ, Ⓒ (≈ *mündliche Prüfung*) oral exam(ination)

Köln n Cologne [kəˈləʊn]

Kolonial... *in Zusammensetzungen* colonial [kəˈləʊnɪəl]; **Kolonialherrschaft** colonial rule; **Kolonialmacht** colonial power; **Kolonialzeit** colonial age

Kolonialismus m: **der Kolonialismus** colonialism [kəˈləʊnɪəlɪzm] (⚠ *ohne the*)

Kolonie f colony ['kɒlənɪ]

kolossal gigantic [dʒaɪˈɡæntɪk]

Koma n coma ['kəʊmə]; **im Koma liegen** be* in a coma; **ins Koma fallen** fall* into a coma

Komasaufen n extreme binge drinking

Kombi m *Auto*: estate car [⚠ ɪˈsteɪt kɑː], *US* station wagon ['steɪʃnˌwæɡən]

★**Kombination** f **1** combination (*auch beim Schach und eines Schlosses*) **2** *Anzug*: matching jacket and trousers **3** (≈ *Folgerung*) deduction

kombinieren **1** (≈ *verbinden*) combine **2** (≈ *folgern*) deduce [dɪˈdjuːs]; **da hast du falsch kombiniert!** you thought wrong there

Kombizange f: **eine Kombizange** (combination) pliers ['plaɪəz] (⚠ *pl, ohne* a), a pair of pliers

Komet m comet ['kɒmɪt]

Komfort m ◼︎ conveniences [kənˈviːnɪənsɪz] (⚠ pl); **mit allem Komfort** Wohnung: with all (the) conveniences (Br auch mod cons) ◼︎ (≈ Luxus) luxury [ˈlʌkʃərɪ]

komfortabel ◼︎ Hotel, Wohnung: well-appointed, nur hinter dem Subst.: with all (the) conveniences (Br auch mod cons) ◼︎ (≈ luxuriös) luxurious [lʌgˈzjʊərɪəs]

Komik f humour [ˈhjuːmə]

Komiker(in) m(f) comedian [kəˈmiːdɪən], comic

★**komisch** ◼︎ funny (auch im Sinn von merkwürdig) ◼︎ **das Komische daran ist** the funny thing (about it) is

Komitee n committee [kəˈmɪtɪ] (⚠ Schreibung)

Komma n ◼︎ comma; **hier fehlt ein Komma** there's a comma missing here ◼︎ **drei Komma vier (3,4)** three point four (3.4) (⚠ mit Punkt geschrieben) ◼︎ **null Komma drei (0,3)** (nought, US O [əʊ]) point three (0.3) (⚠ mit Punkt geschrieben; nought wird mündlich oft weggelassen)

Kommafehler m punctuation mistake

Kommandeur(in) m(f) commander [kəˈmɑːndə]

kommandieren (≈ befehlen) command

★**Kommando** n ◼︎ (≈ Befehl) command [kəˈmɑːnd], order ◼︎ **das Kommando haben** be* in command (**über** of) ◼︎ (≈ Einheit mit Sonderauftrag) commando [kəˈmɑːndəʊ]

★**kommen** ◼︎ allg.: come*; **ich komme!** (I'm) coming!; **es kommt jemand** someone's coming; **na komm schon!** come on! ◼︎ (≈ ankommen) arrive ◼︎ (≈ hinkommen, gelangen) get*; **wie komme ich von hier zum Bahnhof?** how do I get to the station?; **er ist nicht weit gekommen** he didn't get far ◼︎ **sie kommt aus Schottland** she's from Scotland ◼︎ **wann kommt der nächste Bus?** when is the next bus (due)? ◼︎ **sie wird bald kommen** she won't be long ◼︎ **jemanden kommen sehen** see* someone coming ◼︎ **ich komme bald aufs Gymnasium** I'm starting grammar school (US high school) soon ◼︎ **er kommt morgen ins Krankenhaus** he's going (in)to hospital tomorrow ◼︎ **ich glaube, es kommt ein Gewitter** I think there's a storm coming (up) ◼︎ **wie kommt es, dass …?** how is it that …?, how come …? ◼︎ **woher kommt es, dass …?** why is it that …? ◼︎ **sie kommt immer zu spät** she's always late ◼︎ **jemanden kommen lassen** send* for someone ◼︎ **da kommst du nie drauf!** umg you'll never get it! ◼︎ **wie kommst du darauf?** what gives you that idea? ◼︎ **ich bin nicht dazu gekommen, den Brief zu schreiben** I didn't get round to writing the letter ◼︎ **so kommst du nie zu etwas!** you'll never get anywhere if you go on like that! ◼︎ **hinter etwas kommen** find* something out

Kommen n: **Sneakers sind wieder im Kommen** sneakers are coming back into fashion

kommend ◼︎ coming, (≈ zukünftig) auch future [ˈfjuːtʃə] ◼︎ Wendungen: **kommende Woche** next week; **in den kommenden Jahren** in the years to come; **die kommende Generation** the rising generation

★**Kommentar** m ◼︎ (≈ Stellungnahme) comment [ˈkɒment] (**zu** on) ◼︎ zu Fußballspiel im Fernsehen usw.: commentary [ˈkɒməntərɪ] ◼︎ in Zeitung: opinion column (⚠ əˈpɪnjən,kɒləm)

kommerziell commercial [kəˈmɜːʃl]

★**Kommissar(in)** m(f) ◼︎ Polizei: superintendent [ˌsuːpərɪnˈtendənt], US captain [ˈkæptən] ◼︎ (≈ Bevollmächtigter) commissioner

Kommode f chest of drawers [ˌtʃest əvˈdrɔːz], US auch bureau [ˈbjʊərəʊ]

kommunal local, (≈ städtisch) municipal [mjuːˈnɪsɪpl]

Kommunalwahlen pl local (government) elections

Kommune f (≈ Gemeinde) community

★**Kommunikation** f communication

Kommunikationsmittel n: **ein modernes Kommunikationsmittel** a modern means of communication

Kommunion f Sakrament: (Holy) Communion

★**Kommunismus** m communism [ˈkɒmjʊnɪzm] (⚠ ohne the)

Kommunist(in) m(f) communist [ˈkɒmjʊnɪst]

★**kommunistisch** communist [ˈkɒmjʊnɪst]

kommunizieren communicate [kəˈmjuːnɪkeɪt]

★**Komödie** f ◼︎ comedy [ˈkɒmədɪ] ◼︎ übertragen farce ◼︎ **sie spielt nur Komödie** übertragen she's just play-acting

kompakt compact [kəmˈpækt]

Komparativ m comparative

Kompass m compass (⚠ ˈkʌmpəs)

kompatibel compatible [kəmˈpætəbl]

kompetent competent

Kompetenz f (area of) competence; **da hat er ganz eindeutig seine Kompetenzen überschritten** he has quite clearly exceeded his authority here; **soziale/emotionale Kompetenz** soft skills (⚠ pl)

komplett complete, Unsinn usw. auch: utter

komplex complex [ˈkɒmpleks]

Komplex m complex [ˈkɒmpleks]; **er hat**

Komplexe he's full of complexes
Komplikation f complication
Kompliment n ◨ compliment ['kɒmplɪmənt]; **jemandem ein Kompliment machen** pay* someone a compliment ◨ **Kompliment!** congratulations!
Komplize m, **Komplizin** f accomplice [⚠ ə-'kʌmplɪs]
★**kompliziert** ◨ *Problem*: complicated, complex ['kɒmpleks] ◨ *Gerät usw.*: complicated, intricate ['ɪntrɪkət] ◨ *Mensch*: difficult ◨ **ein komplizierter Knochenbruch** a compound fracture [,kɒmpaʊnd'fræktʃə]
Komplott n plot, conspiracy [kən'spɪrəsɪ]; **ein Komplott schmieden** plot, conspire [kən-'spaɪə] (**gegen** against)
Komponente f component [kəm'pəʊnənt]
komponieren ◨ *allg.*: compose [kəm'pəʊz] ◨ write [raɪt] (*ein Lied usw.*)
★**Komponist(in)** m(f) composer [kəm'pəʊzə]
Komposition f composition [,kɒmpə'zɪʃn] (*auch übertragen*)
Kompost m compost
Kompott n stewed fruit [,stju:d'fru:t]
komprimieren ◨ compress [kəm'pres] (*auch Daten*) ◨ condense [kən'dens] (*Gase, auch Text usw.*)
★**Kompromiss** m compromise ['kɒmprəmaɪz]; **einen Kompromiss schließen** make* a compromise, compromise (**über** on, about)
kondensieren (*Wasser, Gas usw.*) condense [kən'dens]
Kondensmilch f evaporated milk [ɪ,væpəreɪ-tɪd'mɪlk] (⚠ condensed milk = **gezuckerte Dosenmilch**; *zum Kochen*)
Kondition f (≈ *Leistungsfähigkeit*) condition, shape, form; **sie hat eine gute Kondition** she's very fit, she's in good shape (*oder* form); **er hat keine** (*oder* **eine schlechte**) **Kondition** he's very unfit, US he's out of shape
Konditional n conditional
Konditionalsatz m conditional clause
Konditionstraining n Sport: fitness training
Konditor(in) m(f) pastry ['peɪstrɪ] chef
Konditorei f cake shop
★**Kondom** m/n condom ['kɒndəm]
Kondukteur(in) m(f) ⓒ (≈ *Schaffner*) conductor, *Frau*: conductress, Br *auch* guard [gɑːd]
★**Konferenz** f conference ['kɒnfrəns], *in kleinerem Rahmen*: meeting
Konferenzraum m conference room
Konfession f religion, denomination
Konfetti n confetti [kən'fetɪ]

Konfirmand(in) m(f) confirmand ['kɒnfəmænd]
Konfirmation f confirmation [,kɒnfə'meɪʃn]
★**Konfitüre** f jam
★**Konflikt** m conflict ['kɒnflɪkt]
Konfrontation f confrontation [,kɒnfrʌn'teɪʃn]
konfrontieren: **jemanden konfrontieren mit** confront [⚠ kən'frʌnt] someone with
konfus confused, *Gedanken usw. auch*: muddled
★**Kongress** m congress ['kɒŋgres], conference ['kɒnfrəns], *bes. US auch* convention
kongruent *Geometrie*: congruent, *Ansichten*: concurring
★**König** m ◨ king (*auch Schach, Kartenspiel und übertragen*) ◨ **die Heiligen Drei Könige** the Three Wise Men (from the East), the Magi [⚠ 'meɪdʒaɪ]
★**Königin** f queen
königlich royal ['rɔɪəl]
★**Königreich** n kingdom
Königshaus n royal dynasty ['dɪnəstɪ, US 'daɪ-nəstɪ]
Konjugation f conjugation
Konjugation f conjugation
konjugieren conjugate
Konjunktion f conjunction
Konjunktiv m subjunctive [səb'dʒʌŋktɪv]
Konjunktur f ◨ (≈ *Wirtschaftslage*) economic situation ◨ (≈ *Hochkonjunktur*) boom
★**konkret** (*Beispiel, Vorschlag usw.*) concrete ['kɒnkriːt]
Konkurrent(in) m(f) rival ['raɪvl], *Wirtschaft, Handel, Sport*: competitor [kəm'petɪtə]
★**Konkurrenz** f (≈ *Wettbewerb*) competition [,kɒmpə'tɪʃn], (≈ *Konkurrenzbetrieb*) competitors pl, (≈ *Gesamtheit der Konkurrenten*) competition; **jemandem Konkurrenz machen** compete with someone; **zur Konkurrenz (über)gehen** go* over to the competition
konkurrenzfähig competitive [kəm'petətɪv]
Konkurrenzkampf m ◨ *allg.*: competition, *stärker*: rivalry ['raɪvlrɪ] ◨ *bes. beruflich, umg*: rat race
Konkurs m bankruptcy ['bæŋkrʌptsɪ]; **in Konkurs gehen**, **Konkurs machen** go* bankrupt
★**können** ◨ **ich kann es** I can do it; **ich kann es nicht** I can't [kɑːnt] do it; **sie hätte es machen können** she could have done it ◨ (≈ *die Fähigkeit oder Möglichkeit haben*) be* able to (⚠ be to wird im Futur, im Present Perfect sowie im Past Perfect als Ersatz für eine fehlende Form von can verwendet); **wird sie morgen kommen können?** will she be able to come tomorrow? ◨ (≈ *fähig sein zu*) be* ca-

pable of (+ Gerund) (auch im negativen Sinn); **er könnte sie umbringen** he's capable of killing her, *vor Wut*: he could kill her **4** (≈ *dürfen*) may, can, be* allowed to (⚠ be allowed to *wird im Futur, im Past Tense, Present Perfect sowie im Past Perfect als Ersatz für eine fehlende Form von* may *verwendet*); **kann ich mal?** may I?; **sie kann gehen** she can go; **du kannst es mir glauben** take my word for it; **kannst du machen** go ahead **5 es kann sein** it may be **6 ich kann nicht mehr** *beim Essen*: I can't eat any more, *umg* (≈ *ich bin erschöpft*) I've had it, *nervlich, psychisch*: I can't take any more; **wir konnten nicht mehr** *vor Lachen*: we were rolling about (*US* around) **7 heute kann ich nicht** I can't (manage) today **8 es könnte sein, dass ...** it might (*oder* could) be that ...; **es kann etwas länger dauern** it might (*oder* could) take a while; **ich kann mich auch täuschen** I may be wrong, of course; **das kann schon sein** it's possible, (≈ *das kann stimmen*) that may be true **9 kannst du schwimmen?** can you swim?, do you know how to swim?; **sie kann gut schwimmen** she's a good swimmer, she can swim well **10 er kann Französisch** he speaks (*oder* knows) French; **sie kann gut Englisch** she speaks good English, she speaks English well **11** *Wendungen*: **man kann nie wissen** you never know; **der kann mich mal!** *Br umg* he can get stuffed, *US umg* he can go stuff himself

Könner(in) *m(f)* expert ['ekspɜːt], *salopp* ace

★**konsequent 1** (≈ *folgerichtig*) consistent [kənˈsɪstənt], logical **2** (≈ *unbeirrbar*) firm, resolute [ˈrezəluːt]; **konsequent bleiben** remain firm **3** (≈ *kompromisslos*) uncompromising [ˌʌnˈkɒmprəmaɪzɪŋ]

★**Konsequenz** *f* **1** (≈ *Folge*) consequence [ˈkɒnsɪkwəns] **2 die Konsequenzen ziehen** take* the necessary steps

★**konservativ 1** conservative [kənˈsɜːvətɪv] **2** *Parteimitglied in GB*: Tory, Conservative

Konserve *f* **1** can, *Br auch* tin; **sich von Konserven ernähren** live on canned (*Br auch* tinned) food(s) **2 Musik aus der Konserve** canned music

Konservenbüchse *f*, **Konservendose** *f* can, *bes. Br* tin

konservieren 1 *allg.*: preserve (*Blut, Gebäude usw.*) **2** *in Büchsen*: can, *Br auch* tin

Konservierungsmittel *n*, **Konservierungsstoff** *m* preservative [prɪˈzɜːvətɪv]

Konsonant *m* consonant [ˈkɒnsənənt]

konstant 1 *Geschwindigkeit, Größe*: constant [ˈkɒnstənt] **2** *Wachstum, Anstieg, Geschwindigkeit usw.*: steady [ˈstedɪ] **3** *Leistung*: steady, consistent [kənˈsɪstənt]

konstruieren 1 *allg.*: construct (*auch in der Geometrie*); **ein konstruierter Fall** a hypothetical case **2** (≈ *entwerfen*) design

★**Konstruktion** *f* **1** *allg.*: construction (*auch eines Satzes*) **2** (≈ *Entwurf*) design

Konsulat *n* consulate [ˈkɒnsjʊlət]

Konsum *m* consumption

Konsument(in) *m(f)* consumer

konsumieren consume [kənˈsjuːm]

★**Kontakt** *m* **1** *allg.*: contact [ˈkɒntækt] (*auch elektrisch*) **2 mit jemandem Kontakt aufnehmen** get* in touch (*oder* contact) with someone, contact someone **ich habe keinen Kontakt mehr zu ihr** I'm not in contact with her any more (*oder US* anymore); **Kontakt halten, in Kontakt bleiben** keep* in touch; **Kontakte knüpfen** network; **mit jemandem Kontakt aufnehmen** (*oder* **in Kontakt treten**) get* in contact (*oder* touch) with someone; **die Kontakte abbrechen** break* (**mit, zu** with); **den Kontakt wieder löschen** *im Internet*: unfriend

kontaktfreudig sociable [ˈsəʊʃəbl]

Kontaktlinsen *pl* contact lenses [ˈkɒntækt ˌlenzɪz], *umg* contacts

★**Kontinent** *m* continent [ˈkɒntɪnənt]; **der (europäische) Kontinent** *bes. Br* the Continent

★**Konto** *n* **1** (≈ *Bankkonto*) account; **ein Konto eröffnen** open an account; **auf mein Konto** in my account **2 die Getränke gehen auf mein Konto** *übertragen* the drinks are on me; **das geht auf 'ihr Konto** *übertragen* that's 'her doing

Kontoauszug *m* (bank) statement

Kontoauszugsdrucker *m* statement printer

Kontoinhaber(in) *m(f)* account holder

Kontonummer *f* account number

Kontostand *m* balance (of an account); **den Kontostand abfragen** check my bank balance

Kontra *n* **1 Kontra geben** *beim Kartenspiel*: double [ˈdʌbl] **2 jemandem Kontra geben** *übertragen* hit* back at someone **3 (das) Pro und Kontra** the pros and cons [ˌprəʊz_ənˈkɒnz] (⚠ *pl*)

Kontrabass *m* double bass [ˌdʌblˈbeɪs]

Kontrast *m* contrast [ˈkɒntrɑːst]; **einen Kontrast bilden zu** contrast (⚠ kənˈtrɑːst) with, form a contrast [ˈkɒntrɑːst] to

★**Kontrolle** f **1** (≈ Überwachung, Beherrschung) control; **er hat die Kontrolle über seinen Wagen verloren** he lost control of his car (⚠ ohne the); **etwas unter Kontrolle bringen** get* something under control **2** von Eintrittskarte: check **3** von Fahrkarte: inspection, check **4** von Gepäck usw.: check(ing) **5** von Maschinen, Lebensmitteln usw.: inspection **6** (≈ Aufsicht) supervision **7** **Kontrollen machen** (oder **durchführen**) make* (oder carry out) checks

Kontrolleur(in) m(f) inspector

kontrollieren 1 (≈ überprüfen, prüfen) check (auch Gepäck) **2** (≈ beherrschen, überwachen, steuern, regeln) control **3** inspect (Maschine, Lebensmittel) **4** (≈ beaufsichtigen) supervise, ab und zu: check; **jemanden kontrollieren** check up on someone

Konventionalstrafe f penalty (for breach of contract)

konventionell conventional

★**Konzentration** f concentration

Konzentrationslager n concentration camp

★**konzentrieren 1** concentrate (**auf** upon) (seine Bemühungen, Gedanken usw.) **2** focus (**auf** on) (seine Aufmerksamkeit usw.) **3** **sich auf etwas konzentrieren** concentrate on something; **ich kann mich nur schwer konzentrieren** I have difficulty concentrating **4** **die Fahndung konzentriert sich auf München** the search is concentrated on the Munich area

Konzept n **1** (≈ Entwurf) rough draft [ˌrafˈdraːft], für Rede auch: notes (⚠ pl) **2** (≈ Plan) plan, plans pl **3** Wendungen: **jemanden aus dem Konzept bringen** put* someone off; **das passt ihr nicht ins Konzept** it doesn't fit in with her plans, (≈ gefällt ihr nicht) it doesn't suit her

Konzern m group (of companies)

Konzernchef(in) m(f) CEO [ˌsiːiːˈəʊ], chief executive officer

★**Konzert** n **1** Veranstaltung: concert [ˈkɒnsət]; **ins Konzert gehen** go* to a concert **2** (≈ Musikstück für Soloinstrument und Orchester) concerto (⚠ kənˈtʃeətəʊ]

Konzertsaal m concert hall [ˈkɒnsətˌhɔːl]

Kooperation f cooperation [kəʊˌɒpəˈreɪʃn], collaboration [kəˌlæbəˈreɪʃn]

Koordinate f Mathematik: coordinate

Koordinatensystem n Mathematik: coordinate system

★**Kopf** m **1** allg.: head [hed] auch übertragen, Anführer, eines Briefes usw.; **von Kopf bis Fuß** from head to foot, from top to toe [təʊ]; **es steht auf dem Kopf** it's upside down **2** **ein kluger Kopf** übertragen an intelligent person **3** **es gab nur einen Teller Suppe pro Kopf** we were given only a plateful of soup each (oder per person) **4** Wendungen: **sich den Kopf zerbrechen** rack one's brains (**wegen**, **über** over); **die Melodie** usw. **geht mir nicht mehr aus dem Kopf** I can't get the tune usw out of my head; **sich etwas durch den Kopf gehen lassen** think* something over; **sie hat andere Dinge als die Schule im Kopf** she's got other things besides school on her mind; **er hat nur Fußball im Kopf** all he ever thinks about is football; **das kannst du dir gleich aus dem Kopf schlagen!** you can forget (about) that; **Kopf hoch!** chin up!

Kopfball m Sport: header [ˈhedə]

Köpfchen n: **Köpfchen (muss man haben)!** umg it's brains you need

köpfen 1 Fußball: head (auch **den Ball**); **und X köpft den Ball ins Tor** and X heads the ball in **2** **er wurde geköpft** Hinrichtung: he was beheaded [bɪˈhedɪd]

Kopfhaut f scalp [skælp]

Kopfhörer m headphones, earphones (⚠ pl); **ich hab die Musik mit Kopfhörer gehört** I listened to the music on headphones

Kopfkissen n pillow

Köpfler m Ⓐ **1** **einen Köpfler machen** dive headfirst **2** (≈ Kopfball) header [ˈhedə]

Kopfnote f marks or grades which take into account a pupil's behaviour and participation in class

Kopfrechnen n mental arithmetic [ˌmentl̩ əˈrɪθmətɪk]

★**Kopfsalat** m lettuce [ˈletɪs]

★**Kopfschmerzen** pl: **sie hat Kopfschmerzen** she's got a headache [ˈhedeɪk] (⚠ sg)

Kopfsprung m: **einen Kopfsprung machen** dive in headfirst

Kopfstand m headstand; **einen Kopfstand machen** stand* on one's head

Kopfstütze f headrest

Kopftuch n headscarf pl: headscarfs oder headscarves

Kopfweh n headache; → Kopfschmerzen

★**Kopie** f **1** allg.: copy (auch übertragen) **2** (≈ Fotokopie) (photo)copy **3** eines Fotos: print **4** eines Gemäldes usw.: reproduction [ˌriːprəˈdʌkʃn], besonders sorgfältige: replica [⚠ ˈreplɪkə]

★**kopieren 1** allg.: copy **2** (≈ fotokopieren)

(photo)copy ■ (≈ *nachahmen*) imitate
★**Kopierer** *m*, **Kopiergerät** *n* (photo)copier [(ˈfəʊtəʊ)ˈkɒpɪə]
Kopierschutz *m* copy protection; **mit Kopierschutz** copy-protected
Kopilot(in) *m(f)* copilot [ˈkəʊˌpaɪlət]
Koppel *f für Pferde*: paddock [ˈpædək]
koppeln ■ **die Raumfähre an die Raumstation koppeln** link up the space shuttle with the space station, dock the space shuttle to the space station ■ **den Anhänger ans Auto koppeln** hitch the trailer to the car
Koralle *f* coral [ˈkɒrəl]
Korallenriff *n* coral reef [ˌkɒrəlˈriːf]
★**Koran** *m* Koran
★**Korb** *m* ■ *allg*.: basket ■ **sie hat ihm einen Korb gegeben** *übertragen, umg* she gave him the brush-off [ˈbrʌʃɒf]
Korbstuhl *m* wicker chair
Kord *m* corduroy [⚠ ˈkɔːdərɔɪ]
Kordhose *f* cords (⚠ *pl*), cord (*oder* corduroy [ˈkɔːdərɔɪ]) trousers (⚠ *pl*), *US mst*. corduroy pants (⚠ *pl*); **eine Kordhose** a pair of cords, a pair of cord(uroy) trousers (*US mst*. pants)
Korea *n* Korea [kəˈrɪə]
Koreaner *m* Korean [kəˈrɪən]; **er ist Koreaner** he's (a) Korean
Koreanerin *f* Korean [kəˈrɪən] woman (*oder* lady *bzw*. girl); **sie ist Koreanerin** she's (a) Korean
koreanisch, Koreanisch *n* Korean [kəˈrɪən]
Koriander *m* coriander
Kork *m*, **Korken** *m* cork
Korkenzieher *m* corkscrew
★**Korn**[1] *n* ■ *von Sand, Getreide usw*.: grain ■ (≈ *Getreide*) grain, *Br auch* corn ■ (≈ *Samenkorn*) seed ■ **jemanden** *bzw*. **etwas aufs Korn nehmen** *übertragen* keep* tabs on someone *bzw*. something
Korn[2] *m* (≈ *Kornschnaps*) schnapps
Körner *m* centre punch, *US* center punch
★**Körper** *m* ■ body (*auch in Physik*); **sie zitterte am ganzen Körper** she was trembling all over ■ *Geometrie*: solid, solid body
Körperbau *m* build [bɪld], physique [fɪˈziːk]
körperbehindert (physically) disabled [dɪsˈeɪbld], (physically) handicapped
Körperbehinderte(r) *m/f(m)* handicapped person; **die Körperbehinderten** the handicapped
Körpergeruch *m* body odour [ˈbɒdɪˌəʊdə], *umg* BO [ˌbiːˈəʊ]
Körpergröße *f* height [⚠ haɪt]
körperlich physical [ˈfɪzɪkl]; **körperliche Arbeit** physical labour, manual work; **körperliche Betätigung** physical exercise
Körperpflege *f* personal hygiene [ˈhaɪdʒiːn]
Körperteil *m* part of the body (*oder* anatomy [əˈnætəmɪ])
★**korrekt** ■ (≈ *richtig*) correct [kəˈrekt] ■ (≈ *angemessen*) proper, correct; **er ist sehr korrekt im Benehmen**: he's very correct; **sich korrekt verhalten** behave correctly
★**Korrektur** *f* correction
Korrekturzeichen *n des Lehrers usw*.: correction mark
Korrespondent(in) *m(f)* correspondent [ˌkɒrəˈspɒndənt]
Korridor *m* ■ (≈ *Gang*) corridor (*auch übertragen*) ■ (≈ *Flur*) hall
★**korrigieren** ■ correct ■ (≈ *benoten*) mark, *US auch* grade (*einen Aufsatz usw*.) ■ revise (*seine Meinung usw*.)
korrupt corrupt [kəˈrʌpt]
Korruption *f* ■ corruption ■ (≈ *Bestechung*) bribery
Korsika *n Insel*: Corsica [ˈkɔːsɪkə]
Kosename *m* pet name
Kosmetik *f* ■ (≈ *Kosmetika*) cosmetics [kɒzˈmetɪks] ■ (≈ *Schönheitspflege*) beauty treatment
Kosmetiker(in) *f* beautician [bjuːˈtɪʃn]
Kosmetiktasche *f* make-up bag
Kosmos *m* cosmos [ˈkɒzmɒs], universe [ˈjuːnɪvɜːs]
Kosovo *m* Kosovo [ˈkɒsəvəʊ]
Kost *f* (≈ *Nahrung, Essen*) food [fuːd]; **magere Kost** low-fat diet [ˈdaɪət]; **leichte Kost** light food (*oder* foods *pl*), *Buch usw*.: light reading
★**kostbar** precious [ˈpreʃəs], valuable [ˈvæljʊbl] (*auch Zeit usw*.)
★**kosten**[1] ■ *allg*.: cost*; **wie viel kostet es?** how much is it?, how much does it cost?; **koste es, was es wolle** whatever the price ■ **es hat mich viel Zeit gekostet** it took me a lot of time ■ **sie hat es sich viel kosten lassen** she spent a lot of money on it
★**kosten**[2] (≈ *probieren*) taste, try (*Speisen usw*.); **darf ich mal kosten?** may I have a taste (*oder* try)?
★**Kosten** *pl* ■ *allg*.: cost (⚠ *sg*), costs; **ohne Kosten** at no cost (**für** to) ■ (≈ *Gebühren*) fees, charges ■ (≈ *Unkosten*) expenses ■ *Wendungen*: **auf jemandes Kosten** at someone's expense (⚠ *sg*); **keine Kosten scheuen** spare no expense (⚠ *sg*); **die Kosten tragen** bear* the cost(s); **die Kosten senken** cut* costs
★**kostenlos** ■ **ein kostenloser Stadtplan** a

free city map **2** **ich hab's kostenlos bekommen** I got it for nothing

köstlich **1** Essen usw.: delicious [dɪˈlɪʃəs] **2** (≈ sehr komisch) priceless **3** **sich köstlich amüsieren** have* a great time

Kostprobe f sample [ˈsɑːmpl], taster

★**Kostüm** n **1** für Damen: suit [suːt] **2** als Verkleidung: costume [ˈkɒstjuːm], im Karneval usw. auch: fancy dress [ˌfænsɪˈdres] (⚠ ohne a), US costume

Kot m excrement [ˈekskrɪmənt], faeces, US feces [⚠ ˈfiːsiːz] (⚠ pl)

Kotangens m Mathematik: cotangent

★**Kotelett** n **1** vom Schwein, Lamm: chop **2** vom Kalb, auch Lamm: cutlet [ˈkʌtlət]

Koteletten pl (≈ Backenbart) sideburns

Kotflügel m wing, bei älteren Automodellen: mudguard [ˈmʌdgɑːd], US fender

kotzen vulgär **1** puke, barf, Br auch throw* up **2** **es ist zum Kotzen** it's absolutely sickening

Krabbe f **1** crab **2** (≈ Garnele) shrimp, US prawn, größere: prawn, US shrimp

krabbeln (Baby, Insekt usw.) crawl

Krach m **1** (≈ Lärm) noise, umg racket; **mach nicht so viel Krach!** stop making such a racket! **2** (≈ Knall, Schlag) crash **3** (≈ Streit) row [⚠ raʊ]; **Krach haben mit** have* a row with; **Krach bekommen mit** get* into trouble with

krachen **1** crash (auch Donner) **2** (Schuss) ring* out, bang **3** (≈ bersten) burst*, explode, (Eis) crack **4** Tür beim Zufallen: bang, slam **5** **das Auto krachte gegen die Wand** the car crashed into the wall **6** **da hat's gekracht** Unfall: there's been a crash

Kracherl n bes. Ⓐ (fizzy) pop

krächzen **1** (Rabe usw.) caw **2** **mit krächzender Stimme** in a croaking voice

★**Kraft** f **1** strength; **du hast aber nicht viel Kraft!** you're not very strong, are you? **2** Naturkraft: force **3** (≈ Macht, Wirksamkeit) power (auch Heilkraft) **4** (≈ Tatkraft) energy [ˈenədʒɪ] **5** (≈ Machtgruppe) force, power; **politische Kräfte** political forces **6** Wendungen: **sie konnte sich mit letzter Kraft retten** she just managed to escape with her last ounce of strength; **mit frischer Kraft** with renewed strength

Kraftfahrzeug n motor vehicle [ˈməʊtəˌviːɪkl]

★**kräftig** **1** allg.: strong **2** Schlag usw.: heavy [ˈhevɪ], powerful **3** (≈ gesund) healthy **4** Mahlzeit: nourishing [ˈnʌrɪʃɪŋ], substantial **5** Farben: bright, strong **6** Händedruck: firm **7** Baby, Beine usw.: sturdy **8** **kräftig schütteln** shake* well **9** **kräftig zuschlagen** mit den Fäusten: hit* out hard

Kraftstoff m fuel, (≈ Benzin) petrol, US gas

★**Kraftwerk** n power station, US auch power plant

★**Kragen** m **1** collar **2** **jetzt geht es ihr an den Kragen** übertragen she's in for it now

Krähe f **1** crow [krəʊ] **2** (≈ Saatkrähe) rook

krähen crow [krəʊ]

krakelig Schrift: scrawly; **krakelig schreiben** scrawl

Kralle f claw

Kram m **1** umg stuff, Br auch rubbish, US auch junk **2** **den ganzen Kram hinschmeißen** umg chuck the whole thing

Krampf m **1** von Muskeln: cramp **2** (≈ Zuckungen) spasms, convulsions **3** **so ein Krampf!** umg (≈ Unsinn) (what) nonsense!, (what) rubbish!

Krampfader f varicose vein [ˌværɪkəʊsˈveɪn]

krampfhaft **1** Versuch usw.: desperate [ˈdespərət] **2** Lachen: forced [fɔːst]

Kran m **1** für Lasten: crane **2** (≈ Wasserhahn) tap, US auch faucet [ˈfɔːsɪt]

Kranich m crane

★**krank** **1** allg.: sick, nach dem Verb auch: ill (⚠ ill wird im US sehr selten gebraucht); **ein kranker Mann** a sick man; **sie wurde krank** she fell ill (US sick); **er ist schwer krank** he's seriously ill (US sick); **du siehst krank aus** you don't look well **2** Pflanze, Organ: diseased [dɪˈziːzd] **3** **er macht mich krank!** umg he's driving me nuts

★**Kranke(r)** m/f(m) sick person; **die Kranken** the sick (⚠ pl)

kränken **1** **jemanden kränken** hurt* someone's feelings **2** **es hat sie schwer gekränkt, dass ...** it really upset her that ...

Krankengymnastik f physiotherapy [ˌfɪzɪəʊˈθerəpɪ], US mst. physical therapy

★**Krankenhaus** n hospital [ˈhɒspɪtl]; **sie liegt im Krankenhaus** she's in (US in the) hospital; **er muss ins Krankenhaus** als Patient: he has to go to (US to the) hospital, im Krankenwagen usw.: he has to be taken to (US to the) hospital

Krankenkasse f, Ⓐ **Krankenkassa** f **1** als Vorsorgeeinrichtung: health insurance (scheme [skiːm]); **bei welcher Krankenkasse bist du?** what kind of health insurance have you got? **2** als Firma: health insurance company [⚠ ˈkʌmpənɪ]

★**Krankenpfleger** m orderly, mit Schwestern-

Krankenschein m health insurance certificate ['helθ ɪn,ʃʊərəns ˌsə,tɪfɪkət]

★**Krankenschwester** f nurse

Krankenversicherung f **1** medical insurance; **private Krankenversicherung** private medical insurance **2** Firma: health insurance company [▲ 'kʌmpəni]

★**Krankenwagen** m ambulance ['æmbjələns]

krankhaft 1 Wucherung usw., auch Verhalten usw.: pathological [,pæθə'lɒdʒɪkl] **2 krankhaft eifersüchtig** chronically jealous

★**Krankheit** f **1** illness, sickness; **wegen Krankheit** due to illness **2** bestimmte: disease [dɪ'ziːz] (auch von Pflanzen)

krankmachen → krank 3

krankmelden: **sich krankmelden** telefonisch: ring* in sick

Krankmeldung f notification of illness

Kranz m **1** aus Blumen, Zweigen: garland ['gɑːlənd], wreath [▲ riːθ] **2** als Grabschmuck: wreath

krass 1 ein krasser Fall a blatant ['bleɪtnt] case **2 ein krasser Gegensatz** a stark contrast [,stɑːk'kɒntrɑːst] **3 krass gesagt** to put it bluntly **4** salopp (≈ extrem gut, bemerkenswert) cool, wicked [▲ 'wɪkɪd], US phat [fæt], (≈ extrem schlecht) gross [grəʊs]; **die Fete war voll krass** (≈ extrem gut) the party was really cool (US really phat)

Krater m crater ['kreɪtə]

★**kratzen 1 jemanden** (bzw. **sich) kratzen** scratch someone (bzw. oneself) **2 etwas vom Tisch** usw. **kratzen** scrape something off the table

Kratzer m (≈ Kratzspur) scratch

kraulen¹ 1 fondle (Katze usw.) **2 sie kraulte ihm das Haar** she ran her fingers through his hair

kraulen² Schwimmstil: do* the crawl

kraus Haar: (very) curly, stärker: frizzy ['frɪzɪ]

kräuseln 1 frizz [frɪz] (Haar), mit Lockenstab: crimp **2 die Stirn kräuseln** frown **3 sich kräuseln** (Haar) curl, (Wasser) ripple

Kraut n **1** (≈ Heil-, Würzkraut) herb **2** (≈ Sauerkraut) sauerkraut ['saʊəkraʊt] **3** (≈ Kohl) cabbage ['kæbɪdʒ]

Kräutertee m herb tea [,hɜːb'tiː], herbal tea [,hɜːbl'tiː]

Krawall m **1** umg (≈ Krach) row [▲ raʊ], racket **2 Krawalle** riots ['raɪəts], rioting (▲ sg)

★**Krawatte** f tie (▲ engl. cravat = Halstuch)

Kreation f in der Mode usw.: creation

kreativ creative [kriː'eɪtɪv]; **kreativ begabt** creative

Kreativität f creativity [,kriːeɪ'tɪvətɪ]

Krebs¹ m Krankheit: cancer [▲ 'kænsə]

Krebs² m **1** (≈ Flusskrebs) crayfish, US crawfish **2** (≈ Krabbe) crab **3** Sternzeichen: Cancer [▲ 'kænsə]; **sie ist (ein) Krebs** she's (a) Cancer

krebskrank suffering from cancer [▲ 'kænsə]; **krebskrank sein** have* cancer

Krebsvorsorge f cancer screening

Kredenz f Ⓐ (≈ Anrichte) sideboard

★**Kredit** m **1** credit ['kredɪt]; **auf Kredit** on credit **2** Darlehen: loan; **einen Kredit aufnehmen** take* out a loan

★**Kreditkarte** f credit card ['kredɪt ˌkɑːd]

Kreditkartennummer f credit card number ['kredɪt ˌkɑːd ˌnʌmbə]

Kreide f chalk [tʃɔːk]

★**Kreis** m **1** circle (auch übertragen); **einen Kreis bilden** form a circle; **im Kreis** sitzen usw.: in a circle; **weite Kreise der Bevölkerung** wide sections of the population; **im Kreise seiner Familie** with his family **2** (≈ Stromkreis) circuit ['sɜːkɪt] **3** Bezirk: district ['dɪstrɪkt]

kreischen 1 screech (auch Bremsen), shriek **2 vor Vergnügen kreischen** squeal with pleasure ['pleʒə]

Kreisel m Spielzeug: (spinning) top

kreisen 1 (Vogel, Flugzeug) circle (**um** round) **2** (Planet, Satellit) orbit; **die Erde kreist um die Sonne** the earth revolves around (oder orbits) the sun

kreisförmig 1 circular **2 kreisförmig angeordnet** arranged in a circle bzw. in circles

Kreislauf m **1** des Blutes, von Geld usw.: circulation **2** des Lebens usw.: cycle ['saɪkl]

Kreislaufstörungen pl: **ich habe Kreislaufstörungen** I've got problems with my circulation

Kreissäge f circular saw

Kreisverkehr m **1** Stelle: roundabout, US traffic circle, rotary ['rəʊtərɪ] **2** Verkehr: roundabout traffic, US rotary traffic; **im Kreisverkehr** on a roundabout

Krematorium n crematorium [,kremə'tɔːrɪəm], US auch crematory ['kriːmətərɪ]

Kreml m: **der Kreml** the Kremlin ['kremlɪn] (auch übertragen für Regierung Russlands)

Krempel m **1** umg stuff, Br auch rubbish, US auch junk **2 den ganzen Krempel hinschmeißen** umg chuck the whole thing

Kren m bes. Ⓐ **1** horseradish ['hɔːsˌrædɪʃ] **2**

seinen Kren zu etwas geben have* one's say about something

krepieren ◼1 (*Mensch*) *umg* kick the bucket, snuff it ◼2 (*Tier*) perish ◼3 (*Granate usw.*) burst*, explode

Kresse *f* cress

★**Kreuz** *n* ◼1 cross ◼2 (≈ *Kruzifix*) crucifix ['kru:-səfıks] ◼3 **ein Kreuz machen** (*oder* **schlagen**) make* the sign [saın] of the cross ◼4 *Rücken*: lower back, small of the back; **mir tut das Kreuz weh** I've got (a) backache ['bækeık] ◼5 (≈ *Autobahnkreuz*) intersection ◼6 *Spielkartenfarbe*: clubs (⚠ *pl*), *Einzelkarte*: club ◼7 *Musik*: sharp ◼8 **jemanden aufs Kreuz legen** *umg* take* someone for a ride

kreuz: **wir sind kreuz und quer durch Wales gefahren** we drove all over Wales

kreuzen ◼1 **die Straße kreuzt die Bahnlinie** the road crosses the railway (*US* railroad tracks) ◼2 crossbreed, cross (*Tiere, Pflanzen*) ◼3 **sich kreuzen** cross, (*Interessen usw.*) clash, (*Blicke*) meet*; **die Straßen kreuzen sich** the streets intersect (*oder* cross) ◼4 (*Schiff*) cruise [kru:z]

Kreuzerder *m* earthing electrode

Kreuzfahrt *f* cruise [kru:z]; **eine Kreuzfahrt machen** go* on a cruise

kreuzigen crucify ['kru:sıfaı]

Kreuzschlüssel *m* cross wrench ['krɒs‿rentʃ]

★**Kreuzung** *f* ◼1 *von Straßen*: crossroads (⚠ *sg*), *US* intersection; **eine gefährliche Kreuzung** a dangerous crossroad**s** ◼2 *beim Züchten*: cross-breeding, *als Zuchtergebnis*: crossbreed, cross

Kreuzworträtsel *n* crossword (puzzle); **ein Kreuzworträtsel machen** do* a crossword

Kreuzzug *m* crusade

kribbelig nervous ['nɜ:vəs], *umg* jittery; **das macht mich ganz kribbelig** *umg* it gives me the heebie-jeebies [,hi:bı'dʒi:bız]

kribbeln ◼1 (≈ *prickeln*) tingle ◼2 (≈ *jucken*) itch ◼3 **mir kribbelt's in den Fingern** *wörtlich*: my fingers are tingling, *etwas zu tun*: I'm itching to do it

Kricket *n* cricket ['krıkıt]

Kricketspieler(in) *m(f)* cricketer ['krıkıtə], cricket player

★**kriechen** ◼1 (*Baby, Käfer usw.*) crawl ◼2 *verstohlen, Schutz suchend*: creep* ◼3 (*Schlange, Schnecke*) crawl, slither ['slıðə] ◼4 *übertragen* (≈ *sich langsam fortbewegen*) crawl, *im Auto usw. auch*: creep* ◼5 **vor jemandem kriechen** *übertragen*, *umg* suck up to someone

★**Krieg** *m* ◼1 war [wɔ:]; **im Krieg** at war (**mit** with); **Krieg führen gegen** be* at war **with**, wage war **on** (*auch übertragen*); **einem Land den Krieg erklären** declare war **on** a country ◼2 **totaler Krieg** total warfare

★**kriegen** *umg* ◼1 (≈ *bekommen*) get* ◼2 (≈ *erwischen*) catch* (*Zug usw., Kriminellen*) ◼3 **wir kriegen morgen Besuch** we've got visitors (*bzw.* a visitor) coming tomorrow ◼4 **sie kriegt ein Baby** (≈ *sie ist schwanger*) she's having a baby ◼5 **ich krieg noch Geld von dir** you still owe [əʊ] me some money, don't you?; → bekommen

Krieger(in) *m(f)* warrior ['wɒrıə]

Kriegsausbruch *m* outbreak of (the) war; **bei Kriegsausbruch** when the war broke out

Kriegsdienst *m* military service [,mılıtrı'sɜ:vıs]

Kriegsdienstverweigerer *m* conscientious objector [⚠ kɒnʃı,enʃəs‿əb'dʒektə]

Kriegserklärung *f* declaration [,deklə'reıʃn] of war

Kriegsfilm *m* war film

Kriegsgefangene(r) *m/f(m)* prisoner ['prıznə] of war (*abk* POW)

Kriegsgericht *n* court martial [,kɔ:t'mɑ:ʃl]; **er wurde vor ein Kriegsgericht gestellt** he was tried by court martial

Kriegsschiff *n* warship

Kriegsverbrechen *n* war crime

Kriegsverbrecher(in) *m(f)* war criminal ['wɔ:-,krımınl]

★**Krimi** *m* ◼1 *Buch*: (crime) thriller, detective story (*oder* novel) [dı'tektıv,stɔ:rı, dı'tektıv-,nɒvl] ◼2 *Film*: crime thriller

Kriminalbeamte(r) *m*, **Kriminalbeamtin** *f* detective [dı'tektıv]

Kriminalität *f* ◼1 crime ◼2 (≈ *Ziffer*) crime rate

Kriminalpolizei *f Br* CID [,si:aı'di:] (*abk für* Criminal Investigation Department *bzw.* Division), *US etwas* detective [dı'tektıv] force, Criminal Division ['krımınl‿dı,vıʒn]

Kriminalroman *m* crime novel

kriminell, **Kriminelle(r)** *m/f(m)* criminal ['krımınl]

Kripo *f bes. Br* CID [,si:aı'di:], *US etwa* detective [dı'tektıv] force, Criminal Division ['krımınl‿dı,vıʒn]

Krippe *f* ◼1 (≈ *Weihnachtskrippe*) crib, *US* crèche [kreʃ] ◼2 (≈ *Kinderkrippe*) crèche, day nursery, *US* daycare center

Krippenplatz *m* crèche place, *US* daycare-center place

★**Krise** *f* crisis ['kraısıs] *pl*: crises ['kraısi:z]

krisensicher crisis proof

Kristall[1] *m* crystal ['krıstl]

Kristall² n **1** *Material*: crystal ['krɪstl]; **ein Leuchter aus Kristall** a crystal chandelier [,ʃændə'lɪə] **2** (≈ *Glaswaren aus Kristall*) crystal

★**Kritik** f **1** (≈ *das Kritisieren*) criticism ['krɪtɪsɪzm] (**an** of) (⚠ engl. critic = Kritiker, -in) **2** *Buch- oder Filmbesprechung*: review [rɪ'vjuː]; **der Film usw. hat gute Kritiken** the film *usw*. got good reviews **3 was sagt die Kritik?** what do the critics ['krɪtɪks] say?

Kritiker(in) m(f) critic ['krɪtɪk], *von Buch, Film auch*: reviewer [rɪ'vjuːə]

★**kritisch 1** critical (**gegenüber** of) **2** *Publikum usw.*: (≈ *aufmerksam*) discriminating **3** *Lage usw.*: (≈ *bedenklich*) critical

kritisieren 1 (≈ *Kritik äußern an*) criticize ['krɪtɪsaɪz] **2** *in Zeitung usw.* (≈ *rezensieren*) review (*Buch, Film usw.*)

kritzeln scribble, *malend*: doodle

Kroate m Croatian [krəʊ'eɪʃn]; **er ist Kroate** he's Croatian

Kroatien n Croatia [krəʊ'eɪʃə]

Kroatin f Croatian woman (*oder* lady *bzw*. girl); **sie ist Kroatin** she's Croatian

kroatisch, Kroatisch n Croatian [krəʊ'eɪʃn]

Kroketten pl croquettes [krɒ'kets]

Krokodil n crocodile ['krɒkədaɪl]

Krokus m crocus

Krone f **1** *eines Königs*: crown **2** (≈ *Baumkrone*) top **3** (≈ *Zahnkrone*) crown

krönen 1 *jemanden zum König usw*. **krönen** crown someone king *usw*. **2** (≈ *den Höhepunkt bilden*); **der krönende Abschluss** the culmination

Kronkorken m crown cork

Kronleuchter m chandelier [,ʃɑːndə'lɪə]

Kronprinz m **1** crown prince **2** (*in GB*) Prince of Wales

Kronprinzessin f **1** crown princess **2** (*in GB*) Princess Royal [,prɪnses'rɔɪəl]

Krönung f **1** *eines Königs usw.*: coronation [,kɒrə'neɪʃn] **2** *übertragen* (≈ *Höhepunkt*) climax, high point, crowning event

Kropf m **1** *krankhafte Wucherung*: goitre ['gɔɪtə] **2** *bei Vögeln*: crop

Kröte f toad

Krücke f **1** crutch; **an Krücken gehen** walk on crutches **2** *umg* (≈ *Versager, -in*) washout

Krug m **1** *allg.*: jug, *US auch* pitcher; **er hat einen Krug Wein getrunken** he drank a jug (*oder* jugful) of wine **2** (≈ *Bierkrug*) (beer) mug, *großer*: stein [staɪn], *aus Metall, mit Deckel*: tankard ['tæŋkəd]

Krümel m crumb (⚠ krʌm)

krumm 1 *Zweig, Nase usw.*: crooked [⚠ 'krʊkɪd] **2 krumme Beine** bandy legs **3** (≈ *verbogen*) bent **4** (≈ *verdreht*) twisted

krümmen 1 bend* (*Zweig usw.*) **2 sie hat keinen Finger gekrümmt** she didn't even lift a finger **3 sich vor Schmerzen krümmen** be* doubled up **with** pain

Krümmung f **1** *Straße, Fluss usw.*: bend **2** *Wirbelsäule, Kurve*: curvature ['kɜːvətʃə]

Krüppel m **1** cripple **2 zum Krüppel werden** be* crippled

Kruste f **1** *am Brot, Gebäck, aus Eis usw.*: crust **2** *eines Bratens*: crackling

Kruzifix n crucifix ['kruːsəfɪks]

★**Kuba** n Cuba ['kjuːbə]

Kübel m bucket, *US auch* pail, *größer*: tub

Kubikmeter m/n cubic ['kjuːbɪk] metre, *US* cubic meter

Kubikzentimeter m/n cubic centimetre, *US* cubic centimeter

★**Küche** f **1** *Raum*: kitchen ['kɪtʃən] **2** (≈ *Kochart*) cooking, cuisine [⚠ kwɪ'ziːn]; **die italienische Küche** Italian cuisine (⚠ ohne the)

★**Kuchen** m **1** *allg.*: cake **2** *mit Obst- oder anderer Füllung*: pie

Kuchenblech n baking tray, *US* cookie sheet

Küchenmaschine f food processor ['fuːd,prəʊsesə]

Küchenmesser n kitchen knife (⚠ naɪf)

Kuckuck m cuckoo (⚠ 'kʊkuː]

★**Kugel** f **1** *allg.*: ball (*auch Billard usw.*) **2** *Kugelstoßen*: shot **3** (≈ *Kegelkugel*) bowl **4** *Geschoss*: bullet (⚠ 'bʊlɪt]; *für Luftgewehr*: pellet; (≈ *Kanonenkugel*) (cannon)ball **5** *geometrischer Körper*: sphere [sfɪə] **die Erde ist eine Kugel** the earth is a sphere **6** (≈ *Erdkugel*) globe

Kugellager n ball bearing [,bɔːl'beərɪŋ]

★**Kugelschreiber** m ballpoint (pen), *oft auch*: pen, *Br auch* biro® ['baɪrəʊ]

Kugelstoßen n shot-put, putting the shot

★**Kuh** f cow

★**kühl 1** *allg.*: cool (*auch übertragen*), *Wetter, Raum auch*: chilly **2 mir ist kühl** I feel a bit chilly **3 etwas kühl lagern** keep* something in a cool place

Kühlbox f cooler

kühlen 1 *allg.*: cool **2** refrigerate [rɪ'frɪdʒəreɪt] (*Lebensmittel*) **3** chill (*Getränke*) **4 die Salbe kühlt** the ointment has a cooling effect

Kühler m **1** *Auto*: radiator ['reɪdɪeɪtə] **2** *umg* (≈ *Kühlerhaube*) bonnet, *US* hood

Kühlregal n refrigerated display unit

★**Kühlschrank** m fridge, refrigerator [rɪ'frɪ-

dʒəreɪtə]
Kühltasche f cooler bag
Kühltheke f refrigerated display unit
Kühltruhe f deep freeze, (chest) freezer
Kühlung f cooling; **zur Kühlung des Motors** to cool the engine
Kuhmilch f cow's milk
kühn **1** bold (*auch Entwurf*) **2** (≈ *riskant*) daring **3 das übertrifft meine kühnsten Träume** it's beyond my wildest dreams
Kuhstall m cowshed ['kaʊʃed]
Küken n (≈ *junges Huhn*) chick
Kukuruz m Ⓐ maize [meɪz], *US* corn
Kuli m (≈ *Kugelschreiber*) ballpoint (pen), *oft auch:* pen, *Br auch* biro® ['baɪrəʊ]
Kulisse f **1** *im Theater, einzelne:* piece of scenery ['siːnərɪ]; **die Kulissen** the set, the scenery (⚠ *beide sg*) **2** (≈ *Hintergrund*) backdrop, background **3 hinter den Kulissen** *übertragen* behind the scenes [siːnz]
Kult m cult [kʌlt] (*auch übertragen*); **einen Kult treiben mit** make* a cult out of
Kultfigur f cult figure [ˌkʌltˈfɪgə]
Kultfilm m cult film [ˌkʌltˈfɪlm], *bes. US* cult movie [ˌkʌltˈmuːvɪ]
kultig (≈ *sehr im Trend, ganz dem Kult entsprechend*) trendy
★**Kultur** f **1** (≈ *künstlerische und geistige Werte und Tätigkeiten als Ganzes*) culture ['kʌltʃə] **2** (≈ *Gesellschafts- und Lebensform*) civilization; **die abendländische Kultur** western civilization (⚠ *ohne the*) **3** (≈ *Anbauen*) cultivation (*von Getreide, Pflanzen*) **4** *von Bakterien usw.:* culture
Kulturbeutel m toilet bag, *US* washbag
kulturell cultural ['kʌltʃrəl]
Kulturgeschichte f **1** *des Menschen:* history of civilization **2** *eines Landes:* cultural history [ˌkʌltʃrəlˈhɪstrɪ]
Kulturschock m culture ['kʌltʃə] shock
Kulturzentrum n *Gebäude:* arts centre (*US* center)
Kultusminister(in) m(f) minister (*US* secretary) for education and cultural affairs
Kümmel m caraway ['kærəweɪ] (seeds *pl*)
Kummer m **1** (≈ *große Sorgen*) grief, sorrow **2** (≈ *Verdruss*) worry [⚠ 'wʌrɪ], trouble; **Kummer haben mit** have* problems with
kümmerlich **1** *Leben usw.:* miserable ['mɪzərəbl], wretched [⚠ 'retʃɪd] **2** *Lohn, Mahlzeit usw.:* measly ['miːzlɪ], paltry ['pɔːltrɪ] **3** *Wissen:* scanty, poor
kümmern **1 sich um jemanden** (*bzw. etwas*) **kümmern** take* care **of** someone (*bzw.* something); **du musst dich um Karten kümmern** you'll have to see about getting tickets **2 sich darum kümmern, dass** see* to it that **3 sich nicht kümmern um** (≈ *nicht beachten*) not bother ['bɒðə] (*oder* care) about, ignore, (≈ *vernachlässigen*) neglect **4** *Wendungen:* **kümmere dich um deine eigenen Sachen!** (just) mind your own business; **was kümmert das mich?** it's not 'my problem
Kumpel m **1** *umg* (≈ *Freund*) mate, *US* buddy **2** (≈ *Bergmann*) miner
Kumquat f *Frucht und Strauch:* kumquat ['kʌmkwɒt]
★**Kunde** m **1** *in Geschäft:* customer ['kʌstəmə] **2** *einer Bank, Versicherung usw.:* client ['klaɪənt]
★**Kundendienst** m **1** *Leistungen:* after-sales service, customer service **2** *Stelle:* after-sales (*oder* customer) service department; **morgen kommt der Kundendienst** they're sending someone from the customer service department tomorrow **3** *für Auto:* servicing; **mein Auto muss zum Kundendienst** my car needs a service
Kundenkarte f loyalty card, *von Bank:* bank card
Kundenkreditkarte f charge card
Kundenservice m customer service, after-sales service, (≈ *Abteilung*) customer (*oder* after-sales) service department
★**Kundgebung** f *politische:* rally
★**kündigen** **1** *als Arbeitnehmer, Mieter:* hand (*oder* give*) in one's notice (**bei** to; **zum +** *Datum* for); **die Stelle kündigen** hand in one's notice; **habt ihr schon gekündigt?** *als Mieter:* have you already given notice (that you're moving out)? **2 jemandem kündigen** *als Arbeitgeber oder Vermieter:* give* someone notice; **mir wurde gekündigt** I've been given (my) notice; **jemandem die Stellung kündigen** give* someone his/her notice **3 er hat uns die Wohnung gekündigt** he gave us notice to quit our flat **4** cancel ['kænsl] (*Abo, Mitgliedschaft*) **5** terminate (*Vertrag usw.*)
Kündigung f **1** notice; **die Kündigung erhalten** be* given notice; **ich drohte (dem Chef) mit der Kündigung** I threatened to hand in my notice (to my boss) **2** (≈ *Entlassung*) dismissal **3** (≈ *Mitteilung von Vermieter*) *Br* notice to quit, *US* notice to vacate one's apartment **4** *Schreiben:* written notice (⚠ *ohne* a), *einer Firma:* letter of dismissal; **schriftliche Kündi-**

gung *notice in writing* **5** *von Mitgliedschaft, Abo:* cancellation [ˌkænsəˈleɪʃn] **6** *eines Vertrags:* termination; **Vertrag mit vierteljährlicher Kündigung** contract with three months' notice on either side

★**Kundin** *f* **1** *in Geschäft:* customer [ˈkʌstəmə] **2** *einer Bank, Versicherung usw.:* client [ˈklaɪənt]

Kundschaft *f* **1** *in Geschäft:* customers (⚠ *pl*) **2** *einer Bank usw.:* clients (⚠ *pl*)

★**künftig** **1** *Leben usw.:* future [ˈfjuːtʃə] **2** (≈ *von jetzt an*) from now on, in future

★**Kunst** *f* **1** (≈ *schöne Kunst*) art; **die Kunst** art (⚠ *ohne the*); **die griechische Kunst** Greek art; **die schönen Künste** the fine arts **2** (≈ *Fertigkeit, Geschicklichkeit*) skill, art; **die Kunst, zu schreiben** the art of writing

Kunstausstellung *f* art exhibition

Kunstdünger *m* (artificial) fertilizer [ˈfɜːtəlaɪzə]

Kunsterziehung *f Schulfach:* art

Kunstfaser *f* synthetic fibre [sɪnˌθetɪkˈfaɪbə], *US* synthetic fiber

Kunstgalerie *f* art gallery (⚠ *Schreibung*)

Kunstgeschichte *f* history of art, art history

Kunsthandwerk *n* craft industry

Kunstleder *n* imitation leather [ˌɪmɪteɪʃnˈleðə]

★**Künstler(in)** *m(f)* **1** *allg.:* artist [ˈɑːtɪst], *Musik, Theater auch:* performer **2** *Zirkus usw.:* performer, artiste [⚠ ɑːˈtiːst]

künstlerisch artistic; **künstlerische(r) Leiter(in)** artistic director [dəˈrektə]

Künstlername *m* **1** *eines Schauspielers, Sängers usw.:* stage name **2** *eines Schriftstellers:* pen name

★**künstlich** **1** *Licht, Blume, See usw.:* artificial **2** *Zähne usw.:* false [fɔːls] **3** **künstliches Leder** imitation leather **4** (≈ *künstlich hergestellt*) synthetic [sɪnˈθetɪk] **5** *Lachen usw.:* forced

★**Kunststoff** *m* plastic [ˈplæstɪk]; **es ist aus Kunststoff** it's (made of) plastic

Kunststück *n* **1** *von Zauberer, Akrobat usw.:* trick **2** **wie hast du denn 'das Kunststück fertiggebracht?** *humorvoll* how on earth did you manage that?

Kunstwerk *n* work of art

★**Kupfer** *n* copper

Kuppe *f* **1** (≈ *Bergkuppe*) hilltop **2** (≈ *Fingerkuppe*) fingertip [ˈfɪŋətɪp]

Kuppel *f* dome, *kleine:* cupola [⚠ ˈkjuːpələ]

kuppeln **1** (≈ *die Kupplung betätigen*) operate the clutch **2** **einen Anhänger ans Auto kuppeln** hitch a trailer to the car

Kupplung *f von Waggons usw.:* coupling [ˈkʌplɪŋ] (*auch Vorgang*); *Auto usw.:* clutch; **die Kupplung treten** operate the clutch

★**Kur** *f* **1** *Behandlung:* (course of) treatment **2** *in Kurort:* (health) cure; **auf Kur gehen** go* for a cure

Kür *f* **1** *Eiskunstlauf:* free skating **2** *Turnen:* optional exercises **3** *Tanzen:* free section

Kurbel *f* **1** *allg.:* crank **2** *zum Aufziehen, auch für Rollo usw.:* winder [⚠ ˈwaɪndə]

kurbeln **1** wind* [waɪnd] **2** *bei Auto:* crank the engine

Kürbis *m* pumpkin, squash [skwɒʃ]

Kurde *m*, **Kurdin** *f* Kurd [kɜːd]

Kurier *m* **1** courier [ˈkʊrɪə], messenger [ˈmesndʒə] **2** *auf Motorrad:* dispatch rider

Kurierdienst *m* courier [ˈkʊrɪə] service

Kurort *m* **1** health resort **2** (≈ *Kurbad*) spa [spɑː]

Kurpfuscher(in) *m(f)* quack [kwæk] (doctor)

★**Kurs**[1] *m* **1** *von Schiff, Flugzeug:* course [kɔːs]; **Kurs nehmen auf** head for **2** *politisch:* course; **ein harter Kurs** a hard line **3** *Aktien usw.:* price **4** (≈ *Wechselkurs*) exchange rate **5** **Fußball steht bei uns hoch im Kurs** football's very popular here

★**Kurs**[2] *m* (≈ *Lehrgang*) course [kɔːs], class; **sie macht einen Kurs in Volkstanz** she's taking a class in folk dance [ˈfəʊk ˌdɑːns] (*oder* dancing)

★**Kursleiter(in)** *m(f)* course tutor

Kursteilnehmer(in) *m(f)* (course) participant [pɑːˈtɪsɪpənt]

Kurswagen *m Eisenbahn:* through coach

★**Kurve** *f* **1** *einer Straße:* bend; **die Straße macht eine Kurve** the road bends; **er ist zu schnell in die Kurve gegangen** he took the corner too fast **2** *Mathematik:* curve **3** *einer Grafik:* graph [grɑːf, græf]

★**kurz** **1** short, *zeitlich auch:* brief; **eine kurze Hose** shorts (⚠ *pl*); **ein Hemd mit kurzen Ärmeln** a short-sleeved shirt; **kurze Zusammenfassung** brief summary **2** *Blick:* brief, quick **3** **kürzer machen** shorten (*Hose usw.*) **4** **seit Kurzem geht's ihr besser** she's been feeling better lately; **vor Kurzem** recently [ˈriːsntlɪ], not long ago **5** **kurz vorher** shortly before (this); **kurz darauf** shortly after (this) **6** **könntest du kurz kommen?** could you come here for a minute?; **kurz weggehen** go* away for a moment **7** **ich werde mich kurz fassen** I'll try to make it short **8** **kurz gesagt** in short, in a word **9** **schreib ihr doch kurz** why don't you drop her a line? **10** **kurz angebunden**

curt; → kürzertreten, kurzfassen

Kurzarbeit f short time (work); **sie macht Kurzarbeit** she's on short time

kurzarbeiten be* on short time

kurzärmelig Hemd, Bluse: short-sleeved

Kürze f ❶ shortness, *eines Berichts usw. auch*: brevity ['brevətɪ] ❷ **in Kürze** shortly

Kürzel n ❶ (≈ Abkürzung) abbreviation (**für** of) ❷ Stenografie: shorthand symbol

★**kürzen** ❶ allg.: shorten (auch Hose usw.) (**um** by) ❷ abridge [əˈbrɪdʒ] (Buch usw.) ❸ cut* (Film, Rolle in Theaterstück) ❹ reduce, cut* (Arbeitszeit, Gehälter) ❺ Mathematik: reduce (Bruch)

kürzermachen → kurz 3

kürzertreten ❶ dann müssen wir eben etwas kürzertreten finanziell: we'll have to tighten our belts a bit then ❷ er muss etwas kürzertreten aus gesundheitlichen Gründen: he's got to take things a bit slower (oder easier)

kurzfassen: fass dich bitte kurz! please be brief

Kurzfassung f abridged [əˈbrɪdʒd] version

Kurzfilm m short film

★**kurzfristig** ❶ Lösung, Planung usw.: (≈ für eine kurze Zeitspanne) short-term (⚠ nur vor dem Subst.) ❷ Ersatz usw.: (≈ sofortig) immediate [ɪˈmiːdɪət] ❸ (≈ vorübergehend) for a short time ❹ das Konzert wurde kurzfristig abgesagt the concert was called off at short notice

Kurzgeschichte f short story

kurzlebig short-lived

★**kürzlich** recently [ˈriːsntlɪ]; **erst kürzlich** just the other day

Kurzschluss m short circuit [ˌʃɔːtˈsɜːkɪt]

kurzsichtig short-sighted (auch übertragen)

Kurzstreckenflugzeug n short-haul aircraft [ˌʃɔːthɔːlˈeəkrɑːft]

Kurzstreckenrakete f short-range missile [ˌʃɔːtreɪndʒˈmɪsaɪl]

Kürzung f ❶ eine Kürzung der Gehälter usw. a cut (oder cutback) in salaries usw. ❷ von Ausgaben, Löhnen, auch beim Bruchrechnen: reduction

Kurzwelle f short wave

Kurzzeitgedächtnis n short-term memory [ˌʃɔːttɜːmˈmeməri]

kuschelig ❶ soft and cuddly ❷ Sessel usw.: cosy

kuscheln ❶ sich an jemanden kuscheln snuggle (oder cuddle) up to someone ❷ sich ins Bett usw. kuscheln snuggle up in bed usw.

kuschen knuckle [ˈnʌkl] under (**vor** to)

★**Kusine** f cousin (⚠ ˈkʌzn)

★**Kuss** m kiss

★**küssen** ❶ kiss ❷ sie küssen sich they're kissing (each other) ❸ sie hat ihn auf den Mund geküsst she kissed him on the lips

★**Küste** f ❶ coast; **an der Küste** on the coast ❷ (≈ unmittelbarer Uferbereich) shore; **an die Küste vom Meer her**: ashore [əˈʃɔː]

Küstengewässer pl coastal waters

Küstenstraße f coast road

Küstenwache f coastguard [ˈkəʊstgɑːd]

Küster m sacristan [ˈsækrɪstən], sexton

Kutsche f coach, carriage [ˈkærɪdʒ]

Kutscher(in) m(f) coach (oder carriage) driver

Kutte f (monk's bzw. nun's) habit

Kutteln pl bes. ⒶⒼ tripe (⚠ sg)

★**Kuvert** n envelope [ˈenvələʊp]

Kuwait n Kuwait [kʊˈweɪt]

KW (abk für Kalenderwoche) calendar week; **in KW 14** in week 14

KZ n abk historisch: concentration camp

KZ-Häftling m historisch: concentration camp prisoner [ˈprɪznə]

L

labern umg ❶ babble on ❷ dummes Zeug labern talk nonsense

labil ❶ Lage usw.: unstable ❷ Gesundheitszustand: frail, delicate [ˈdelɪkət] ❸ ein labiler Mensch an unstable person

Labor n laboratory [ləˈbɒrətrɪ], umg lab

Laborant(in) m(f) lab(oratory) technician

Labyrinth n ❶ labyrinth [ˈlæbərɪnθ] ❷ (≈ Irrgarten) maze (auch übertragen)

Lachanfall m laughing [ˈlɑːfɪŋ] fit; **sie bekam einen Lachanfall** she went into fits (of laughter)

Lache¹ f (≈ Lachen) laugh [lɑːf]

Lache² f ❶ nach Regen: puddle ❷ von Bier, Blut, Öl usw.: pool

★**lächeln** ❶ smile (**über** at) ❷ spitzbübisch: grin (**über** at) ❸ höhnisch: sneer (**über** at)

Lächeln n ❶ smile ❷ spitzbübisches: grin ❸ höhnisches: sneer

★**lachen** ❶ laugh [lɑːf] (**über** at); **laut lachen** laugh out loud ❷ Wendungen: **dass ich nicht lache!** don't make me laugh; **was gibt's da zu lachen?** what's so funny about that?; **bei ihr hat er nichts zu lachen** she really gives him a hard time; **wer zuletzt lacht, lacht am bes-**

ten he who laughs last, laughs loudest (*US* best)

Lachen *n* **1** laugh [lɑːf], laughing, laughter ['lɑːftə] **2** **das ist ja zum Lachen** that's ridiculous; **das ist nicht zum Lachen** it's no joke **3** **vor Lachen brüllen** shriek <u>with</u> laughter; **wir haben uns vor Lachen gebogen** we (nearly) killed ourselves laughing

lächerlich **1** ridiculous [rɪ'dɪkjʊləs]; **jemanden lächerlich machen** make* a fool of someone; **du machst dich nur lächerlich** you'll only make a fool of yourself **2** **lächerlich wenig** ridiculously little

lachhaft **1** ridiculous [rɪ'dɪkjʊləs], laughable ['lɑːfəbl] **2** **das ist doch lachhaft!** that's ridiculous

Lachkrampf *m*: **einen Lachkrampf bekommen** go* off into fits of laughter

Lachs *m* salmon ['sæmən] *pl*: salmon

Lack *m* **1** *für Holz, Finger- und Zehennägel*: varnish **2** *für Metall, Lackarbeiten*: lacquer ['lækə] **3** *an Autos usw.*: paint, paintwork, *US* paint job

Lackerl *n* Ⓐ **1** **ein Lackerl** *in Glas*: a little, a drop of (*Wein, Milch usw.*) **2** (≈ *Pfütze*) small puddle

lackieren **1** varnish (*bes. Holz*) **2** paint, spray (*Auto usw.*) **3** **sie hat sich die Fingernägel lackiert** she's painted her nails

Lackierer(in) *m(f)* varnisher, painter, *von Autos*: sprayer

Lackiermaske *f* paint mask

Lackierpistole *f* spray gun

Lackierung *f* **1** *von Auto*: paintwork, (≈ *Holzlackierung*) varnish **2** *für Lackarbeiten*: lacquer

Lackschuhe *pl* patent leather shoes [ˌpeɪtnt-'leðə ˌʃuːz]

Ladegerät *n* charger ['tʃɑːdʒə]

laden **1** (≈ *beladen*) load; **der Lastwagen hat Früchte geladen** the lorry is loaded up with fruit; **der Lastwagen hat zu viel geladen** the lorry is overloaded **2** *mit Strom*: charge (*Batterie, Akku usw.*) **3** *mit Munition*: load (*Pistole usw.*) **4** boot, boot up (*Computer*) **5** **der Chef ist ganz schön geladen** *umg* (≈ *wütend*) the boss is really fuming

★**Laden** *m* **1** shop, *US* store (Ⓐ *Im amerikanischen Englisch wird mit shop ein kleiner Laden, eine Abteilung im Kaufhaus oder ein Handwerksbetrieb bezeichnet.*) **2** *umg* (≈ *Unternehmen*) business ['bɪznəs]; **der Laden läuft (gut)** business is good **3** (≈ *Fensterladen*) shutter

Ladendieb(in) *m(f)* shoplifter ['ʃɒpˌlɪftə]

Ladendiebstahl *m* shoplifting ['ʃɒpˌlɪftɪŋ]

Ladenschluss *m* **1** closing time **2** **nach Ladenschluss** after hours

Ladentisch *m* counter; **unter dem Ladentisch übertragen** under the counter

Ladestation *f* **1** *für Gerät*: charger, charging (*oder* base) unit **2** *für Elektroauto*: charging point, charging station

Ladung *f* **1** (≈ *Fracht*) load, freight [freɪt], *eines Schiffes, Flugzeugs*: cargo, freight **2** (≈ *Lieferung*) shipment; **eine Ladung Bananen** a shipment of bananas **3** **eine Ladung Dynamit** a charge [tʃɑːdʒ] of dynamite **4** (≈ *Vorladung*) summons (⚠ *sg*) **5** *elektrische*: charge

★**Lage** *f* **1** *räumliche, auch des Körpers*: position **2** *eines Gebäudes usw.*: site, location **3** (≈ *Lebenslage usw.*) situation, (≈ *Umstände*) circumstances ['sɜːkəmstənsɪz] (⚠ *pl*); **die wirtschaftliche Lage** the economic situation **4** **in der Lage sein zu** be* able to, be* in a position to **5** (≈ *Schicht*) layer **6** **eine Lage Bier ausgeben** buy* a round of beer

★**Lager** *n* **1** (≈ *Warenbestand*) stock **2** (≈ *Lagerhaus*) warehouse, (≈ *Lagerraum*) storeroom **3** (≈ *Militär-, Flüchtlings-, Ferienlager usw.*) camp **4** **sie hat eine Menge Witze auf Lager** she's got a huge stock of jokes **5** *politisch*: camp; **ins andere Lager überwechseln** change sides **6** *von Bodenschätzen*: deposit [dɪ'pɒzɪt] **7** *einer Maschine usw.*: bearing ['beərɪŋ]

Lagerbestand *m* stock

Lagerfeuer *n* campfire

Lagerhalle *f*, **Lagerhaus** *n* warehouse

Lagerist(in) *m(f)* storeman, *Frau*: storewoman, *in Lagerhaus auch*: warehouseman, *Frau*: warehousewoman

Lagerlogistik *f* stock logistics (⚠ *sg*), *in Lagerhaus auch* warehouse logistics (⚠ *sg*)

lagern **1** (≈ *rasten*) rest, camp, *liegend*: lie* **2** be* stored (*Waren*) **3** **etwas lagern** store (*oder* keep*) something; **etwas kühl lagern** keep* something in a cool place **4** (≈ *hinlegen*) lay* down (*Person*); to rest; **das Bein hoch lagern** put* one's leg up; **5** season (*Holz*)

Lagerung *f* storage

lahm **1** (≈ *gelähmt*) lame **2** (≈ *langweilig*) dull **3** (≈ *langsam, träge*) slow, sluggish; **lahme Ente** *Mensch*: sluggard ['slʌɡəd], *Auto*: crawler **4** *Witz usw.*: tame, feeble; → **lahmlegen**

Lahmarsch *m* *salopp* drip

lahmarschig *salopp* (damn) slow [ⓐ (ˌdæm) 'sləʊ]

lähmen paralyze ['pærəlaɪz]

lahmlegen ① *allg.*: paralyze ② bring* to a standstill (*Verkehr*) ③ (*Stromausfall, Sturm usw.*) put* out of action (*Gerät usw.*)

Lähmung f paralysis [⚠ pəˈræləsɪs] (*auch übertragen, des Handels usw.*)

Laib m loaf pl: loaves [ləʊvz]; **ein Laib Brot** a loaf of bread

Laiberl n *bes.* Ⓐ ① (≈ *Teiggebackenes in runder Form*) round loaf ② *aus Fleisch*: meatball ③ **ein Laiberl Brot** a loaf of bread

Laie m ① layman [leɪmən] (*auch als Gegensatz zu Priestern*) ② **da bin ich absoluter Laie** I don't know the first thing about it

Laken n (≈ *Bettlaken*) sheet

Lakritze f liquorice, *US* licorice [ˈlɪkərɪs]

laktosefrei *Milch*: lactose-free

lallen ① **er konnte nur noch lallen** he was slurring [ˈslɜːrɪŋ] his words ② (*Baby*) babble

Lametta n ① *etwa*: (silver) tinsel [ˈtɪnsl] ② *ironisch* (≈ *Orden*) fruit salad [ˌfruːtˈsæləd], gongs [gɒŋz] (⚠ *pl*)

★**Lamm** n lamb [læm] (*auch Fleisch*)

★**Lampe** f ① *als Gegenstand*: lamp ② *als Lichtquelle*: light ③ (≈ *Glühlampe*) bulb

Lampenfieber n stage fright

Lampion m Chinese lantern [ˌtʃaɪniːˈzlæntən]

★**Land** n ① *allg.*: land (*auch Festland*); **an Land gehen** go* ashore [əˈʃɔː], disembark [ˌdɪsɪmˈbɑːk] ② (≈ *Staat*) country [⚠ ˈkʌntrɪ] ③ (≈ *Grundbesitz*) land, property ④ *Gegensatz zur Stadt*: country, countryside; **auf dem Land** in the country; **aufs Land ziehen** move to the country(side) ⑤ (≈ *Landschaft*) country ⑥ (≈ *Bundesland*) federal state, Land

Landbevölkerung f rural population

Landeanflug m landing approach

Landebahn f runway, *kleinere*: landing strip

★**landen** ① *allg.*: land ② *Schiff*: dock ③ (≈ *ankommen*) arrive ④ **schließlich sind wir an der Nordsee gelandet** *umg* we finally got to (*oder* ended up on) the North Sea coast ⑤ **im Gefängnis** *usw.* **landen** end (*oder* land) up in prison *usw.* ⑥ **sie ist auf dem dritten Platz gelandet** *umg, Sport*: she came third ⑦ **bei ihr kannst du damit nicht landen** *umg* that won't get you anywhere with her ⑧ **ein Flugzeug landen** land a plane

Länderspiel n international match

Landesgrenze f national border, frontier [ˈfrʌntɪə]

Landesinnere(s) n interior [ɪnˈtɪərɪə]

Landeskunde f cultural studies (⚠ *pl*)

landeskundlich cultural

★**Landesregierung** f *eines Bundeslandes*: federal state government; **die bayrische Landesregierung** the Bavarian state government

landesweit nationwide

Landflucht f drift to the cities

Landgericht n *etwa*: district court [ˌdɪstrɪktˈkɔːt], regional court

★**Landkarte** f map

Landkreis m district [ˈdɪstrɪkt]

Landleben n country life, life in the country

ländlich rural, *nur vor dem Subst.*: country

Landmaschine f agricultural (*oder* farm) machine; **Landmaschinen** *pl* agricultural (*oder* farm) machinery (⚠ *sgl*)

★**Landrat** m, **Landrätin** f *etwa*: (elected) regional administrator [ədˈmɪnɪstreɪtə]

★**Landschaft** f ① *allg.*: landscape ② *als hübsch empfundene*: scenery [⚠ ˈsiːnərɪ] (⚠ *ohne* a) ③ *als Gegend*: countryside (⚠ *ohne* a)

Landsmann m fellow countryman [ˈkʌntrɪmən], compatriot [kəmˈpætrɪət]

Landsmännin f fellow countrywoman [ˈkʌntrɪˌwʊmən], compatriot [kəmˈpætrɪət]

★**Landstraße** f country road

Landung f ① landing ② (≈ *Ankunft*) arrival

Landwirt(in) m(f) farmer

★**Landwirtschaft** f ① agriculture [ˈægrɪkʌltʃə], farming; **die Landwirtschaft** agriculture, farming (⚠ *ohne the*); **in der Landwirtschaft arbeiten** work in agriculture; **Landwirtschaft betreiben** farm ② **wir haben eine Landwirtschaft** we've got a (small) farm

landwirtschaftlich ① agricultural [ˌægrɪˈkʌltʃrəl] ② **landwirtschaftlicher Betrieb** farm

★**lang**¹ ① long (*auch zeitlich*); **ein zwei Meter langer Tisch** a table two metres long (*oder* in length); **vier Meter lang und zwei Meter breit** four metres by two; **sie sind gleich lang** they're the same length ② *Mensch*: tall ③ **drei Jahre lang** for three years; **den ganzen Tag lang** all day long; **seit Langem** for a long time; **vor langer Zeit** a long time ago ④ **lang ersehnt** long-awaited; → lange

lang²: **die Straße lang** along the street

langärmelig long-sleeved

★**lange** ① **ich musste lange warten** I had to wait (for) a long time; **ich bleib nicht lange weg** I won't be (away) long; **es dauert nicht lange** it won't take long ② **es ist schon lange her, dass wir uns gesehen haben** it's ages since we last met ③ **wie lange noch?** how much longer? ④ **da kannst du lange warten** *umg* you can wait till the cows come home ⑤

ich hab nicht erst lange gefragt I didn't want to ask

★**Länge** f **1** length (*auch zeitlich, mathematisch*); **eine Länge von 10 Metern haben** be* 10 metres long, *US* be* 10 meters long; **sich in die Länge ziehen** go* on and on **2** (≈ geografische Länge) longitude [⚠ 'lɒndʒɪtjuːd] **3** (≈ Körpergröße) height [⚠ haɪt] **4 Bauarbeiten auf einer Länge von vier Kilometern** roadworks for four kilometres **5** *in Buch:* long-drawn-out passage; *in Film:* long-drawn-out scene **6 Cambridge hat mit drei Längen Vorsprung gewonnen** Cambridge won (the boat race) by three lengths

langen¹ **1 nach etwas langen** reach for something **2 er langte in seine Tasche** he reached into his pocket

langen² **1 das langt** that's enough [ɪ'nʌf] **2 mir langt's** I've had enough, *stärker:* I'm sick of it

Längengrad m degree (*oder* line) of longitude [⚠ 'lɒndʒɪtjuːd]

Längenmaß n measure of length [⚠ ˌmeʒər-əv'leŋθ]

länger 1 longer **2** (≈ ziemlich lang) fairly long **3 längere Zeit** for quite a while

Langeweile f boredom ['bɔːdəm]; **aus Langeweile** out of sheer boredom; **Langeweile haben** be* (*oder* feel*) bored

★**langfristig 1** *Planung, Anleihe usw.:* long-term (⚠ *nur vor dem Subst.*) **2 langfristig (gesehen)** in the long term

langjährig 1 *Freundschaft usw.:* longstanding **2 langjährige Erfahrung** many years of experience (**in** in)

Langlauf m cross-country skiing [ˌkrɒsˌkʌntrɪ-'skiːɪŋ]

länglich oblong ['ɒblɒŋ]

längs¹: **die Bäume längs der Straße** the trees along (*oder* alongside) the road

längs²: **die Streifen laufen längs über das Hemd** the stripes run lengthways (*oder* lengthwise) down the shirt

★**langsam 1** slow (*auch geistig*); **langsamer werden** slow down **2** (≈ allmählich) gradually; **es wird langsam Zeit, dass wir gehen** we'd better be thinking about going

Langschläfer(in) m(f) late riser, *umg* sleepyhead

★**längst 1 das hab ich längst gewusst** I've known that for a long time **2 das ist längst vorbei** that's long past **3 sie sollte längst da sein** she should have been here long ago **4 als sie kam, waren wir längst weg** when she arrived we had long since left **5 es war längst nicht so heiß, wie ich gedacht hatte** it wasn't nearly as hot as I had expected **6 am längsten** longest

Langstreckenflugzeug n long-haul aircraft [ˌlɒŋhɔː'eəkrɑːft]

Langstreckenrakete f long-range missile [ˌlɒŋreɪndʒ'mɪsaɪl]

langweilen 1 jemanden langweilen bore someone **2 sich langweilen** be* (*oder* feel*) bored (**zu Tode** to death)

★**langweilig 1** boring, tedious ['tiːdɪəs] **2 es** (*bzw.* **er, sie**) **war so was von langweilig** *umg* it (*bzw.* he, she) was a crushing bore **3 ein langweiliger Mensch** a bore

langwierig 1 *allg.:* lengthy **2** (≈ mühselig) tedious ['tiːdɪəs]

Langzeitarbeitslose(r) m/f(m) long-term unemployed person; **die Langzeitarbeitslosen** the long-term unemployed

LAN-Kabel n LAN cable
LAN Tester m LAN cable tester
Lanze f **1** lance [lɑːns] **2** (≈ Wurflanze) spear [⚠ spɪə]
Laos n Laos [laʊs]
Lappalie f trifle, trivial ['trɪvɪəl] matter
Lappen m **1** piece of cloth **2** (≈ Putzlappen) cloth
läppern: es läppert sich it all adds up
läppisch *Summe usw.:* ridiculous [rɪ'dɪkjʊləs]; **reg dich doch nicht wegen läppischer fünf Euro auf!** don't make a fuss about a measly ['miːzlɪ] five euros!
Laptop m *Computer:* laptop
Laptoptasche f laptop case
Lärche f *Baum:* larch [lɑːtʃ]
★**Lärm** m **1** *allg.:* noise **2** (≈ Krach) racket, din; **mach nicht so einen Lärm!** stop that racket (, will you)!
Lärmbelästigung f noise pollution ['nɔɪzˌpə-ˌluːʃn]
lärmen 1 make* a (lot of) noise **2** (*Radio, Musik*) blare (away)
lärmend noisy
Lärmschutz m noise prevention
Lärmschutzwall m noise barrier ['nɔɪzˌbærɪə]
Larve f *von Insekt:* larva *pl:* larvae ['lɑːviː]
lasch 1 (≈ schlaff) limp **2** (≈ lässig, disziplinlos) slack, lax; **lascher Typ** *umg* wimp
Laser m laser
Laser... *in Zusammensetzungen* laser ...; **Laserdrucker** laser printer; **Laserpistole** laser gun;

Lasershow laser show; **Laserstrahl** laser beam; **Lasertechnik** laser technology ['leɪzə_tek,nɒlədʒɪ]

lasern *medizinisch*: laser

★**lassen** ❶ (≈ *erlauben, zulassen*) let* (⚠ *Zustand ändert sich*); **jemanden gehen** *usw.* **lassen** let* someone go *usw.*; **lass mich mal sehen!** let me see, let me have a look; **sie ließ ihn ins Haus** she let him in ❷ (≈ *an einem Ort, in einem bestimmten Zustand lassen bzw. zurücklassen*) leave* (⚠ *Zustand bleibt unverändert*); **jemanden** (*bzw.* **etwas**) **zu Hause lassen** leave* someone (*bzw.* something) at home; **das Licht brennen lassen** leave* the light(s) on; **die Tür offen lassen** leave* the door open; **ich hab alles so gelassen, wie es war** I left everything as it was; **lass mich in Ruhe!** leave me alone!; *aber*: **wo hab ich nur meinen Schirm gelassen?** where did I put my umbrella? ❸ (≈ *veranlassen, dass etwas gemacht wird*) have*; **sie hat sich die Haare schneiden lassen** she had her hair cut; **ich hab es mir schicken lassen** I had it sent (to me); *aber*: **sie haben den Arzt kommen lassen** they sent for the doctor, they called the doctor ❹ (≈ *veranlassen, dass jemand etwas macht*) get*, make*; **er hat sie alles alleine machen lassen** he got her to do everything on her own, *stärker*: he made her do everything on her own ❺ *bei Vorschlägen*: let*; **lass uns gehen!** let's go ❻ (≈ *mit etwas aufhören*) stop; **sie kann das Rauchen** *usw.* **nicht lassen** she can't stop smoking *usw.*; **lass das!** stop it! ❼ **etwas fallen lassen** drop something ❽ **jemanden warten lassen** keep* someone waiting ❾ **X lässt dich grüßen** X sends his (*bzw.* her) regards ❿ **die Kamera lässt sich gut bedienen** the camera is easy to operate ⓫ **das lässt sich schon machen** (that's) no problem ⓬ **lass mich nur machen** just leave it to me

lässig ❶ *Kleidung usw.*: casual ['kæʒʊəl]; **lässig gekleidet** in casual clothes, dressed casually ❷ **er ist total lässig** *umg* he's so laid-back ❸ **das mache ich lässig** *umg* I can do that no problem

Last f ❶ load (*auch übertragen*) ❷ (≈ *Gewicht*) weight [weɪt] (*auch übertragen*) ❸ (≈ *Bürde*) burden

Lastenheft n requirements specification

Laster¹ m (≈ *Lastwagen*) lorry, *bes. US* truck

Laster² n (≈ *Untugend*) vice

lästern be* nasty ['nɑːstɪ], *umg* bitch (**über** about); **über jemanden lästern** *auch*: run* someone down

lästig ❶ **ein lästiger Mensch** a pest ❷ *Aufgabe, Arbeit*: tiresome, irksome ['ɜːksəm] ❸ **es** *usw.* **ist (so) lästig** it's *usw.* a (real) nuisance ['njuːsns]; **es** *usw.* **wird mir langsam lästig** it's *usw.* beginning to get on my nerves

Last-Minute-Flug m last-minute flight

Lastschrift f debit, *Eintrag*: debit entry

★**Lastwagen** m lorry, *bes. großer und US* truck

Latein n, **lateinisch** Latin ['lætɪn]; **auf Lateinisch** in Latin

★**Lateinamerika** n Latin America

Laterne f ❶ lantern ['læntən] ❷ (≈ *Straßenlaterne*) streetlamp

latschen *umg* ❶ (≈ *gehen*) traipse; **durch die Stadt latschen** traipse through the town ❷ (≈ *schlurfend gehen*) shuffle, drag one's feet ❸ **auf die Bremse latschen** slam on the brakes

Latte f ❶ *allg.*: slat ❷ *Fußball usw.*: crossbar; **an die Latte!**: it's hit the bar ❸ **eine ganze Latte von Fragen** *usw.* a whole string of questions *usw.*

Latz m, **Lätzchen** n bib

Latzhose f dungarees [,dʌŋɡəˈriːz], overalls (⚠ *beide pl*); **er trug eine Latzhose** he was wearing overalls (*oder* (a pair of) dungarees [,dʌŋɡəˈriːz])

lau ❶ lukewarm [,luːkˈwɔːm] (*auch übertragen*) ❷ *Wind, Luft usw.*: mild

Laub n leaves (⚠ *pl*), an Baum *usw. auch*: foliage ['fəʊlɪɪdʒ]

Laubbaum m deciduous tree [dɪˌsɪdjʊəsˈtriː]

Laubbläser m *Gerät*: leaf blower

Laubfrosch m tree frog

Laubsäge f fretsaw

Laubwald m deciduous [dɪˈsɪdjʊəs] forest

Lauch m leek, *als Beilage*: leeks (⚠ *pl*)

Lauchzwiebeln pl spring onions [⚠ ˌsprɪŋˈʌnjənz], *US mst.* green onions

Lauer f: **auf der Lauer liegen** be* lying in wait

lauern ❶ (≈ *gespannt warten*) lie* in wait (**auf** for) ❷ *auf eine Gelegenheit usw.*: be* on the lookout (**auf** for) ❸ (*Gefahr*) lurk

Lauf m ❶ *Sport*: run, *Durchgang auch*: heat ❷ (≈ *Wettlauf*) race, *über kurze Distanz*: dash, sprint; **100-Meter-Lauf** 100-metre dash (*oder* sprint), 100 metres (⚠ *sg*) ❸ (≈ *Verlauf*) course [kɔːs]; **im Lauf der nächsten Woche** some time next week; **im Lauf der Zeit** in (the course of) time, *Vergangenheit*: as time went on; **sie ließ ihren Gefühlen freien Lauf** she let her emotions run wild ❹ *Gewehr usw.*: barrel ['bærəl]

Laufbahn f career [kəˈrɪə]

★**laufen** ◼ *allg.*: run*, *in Eile auch*: rush, race ◼ (≈ *zu Fuß gehen*) walk; **laufen lernen** learn* to walk; **wir laufen viel zu Fuß** we do a lot of walking ◼ (*Motor usw.*) run*, (≈ *eingeschaltet sein*) be* running, (≈ *funktionieren*) work ◼ (*Linie, Grenze*) run* ◼ **der Fernseher** *usw.* **läuft** the TV *usw.* is on ◼ **der Film läuft noch bis Ende der Woche** the film is on (*oder* runs) till the end of the week ◼ **Ski laufen** ski [skiː]; **wir gehen Ski laufen** we're going skiing ◼ (*Vertrag usw.*) be* valid, run* ◼ **wie läuft's so?** *umg* how are things? ◼ **sich warm laufen** warm up

———— GETRENNTSCHREIBUNG ————
laufen lassen (≈ *in die Freiheit entlassen*) ◼ **jemanden laufen lassen** let* someone go, *straffrei*: let* someone off ◼ **ein Tier laufen lassen** set* an animal free

laufend ◼ *Jahr, Monat, Nummer einer Zeitschrift usw.*: current [ˈkʌrənt] ◼ *Verhandlungen usw.*: ongoing ◼ **laufende Kosten** overheads [ˈəʊvəhedz] ◼ **sie beschwert sich laufend** she's always complaining (**über** about) ◼ **jemanden auf dem Laufenden halten, jemanden am Laufenden halten** Ⓐ keep* someone informed (*oder* posted); **sich auf dem Laufenden halten, sich am Laufenden halten** Ⓐ keep* up with things

laufenlassen → laufen lassen
Läufer m ◼ *Teppich*: rug ◼ *Schach*: bishop
Läufer(in) m(f) *Sport*: runner
Laufmasche f ladder, *bes. US* run
Laufpass m: **er hat ihr den Laufpass gegeben** he gave her the boot
Laufschuh m running shoe
Laufsteg m catwalk (*auch bei Modenschau*)
★**Laufwerk** n *CD-Spieler, Computer*: (disk) drive
Laufzeit f ◼ *von Vertrag*: term, *von Kredit*: period ◼ *von Maschine, DVD*: running time
Lauge f ◼ (≈ *Salzlauge*) brine ◼ (≈ *Seifenlauge*) suds (▲ *pl*), soapy water
★**Laune** f ◼ (≈ *Stimmung*) mood; **gute** (*bzw.* **schlechte**) **Laune haben** be* in a good (*bzw.* bad) mood ◼ *plötzliche*: whim; **aus einer Laune heraus** on a whim
launenhaft, launisch ◼ *Person*: moody ◼ (≈ *sprunghaft, unbeständig*) fickle, capricious [kəˈprɪʃəs]
Laus f louse [laʊs] *pl*: lice
Lausbub m young (*oder* little) rascal [ˈrɑːskl]
Lauschangriff m bugging operation

lauschen ◼ *heimlich*: eavesdrop ◼ (≈ *aufmerksam zuhören*) listen [ˈlɪsn]; **sie lauschten der Musik** they were listening to the music
★**laut¹** ◼ *Musik, Stimme, Gelächter usw.*: loud; **lautes Geräusch** loud noise ◼ *Straße, Person, Auto usw.*: (≈ *lärmend*) noisy; **laute Nachbarn** noisy neighbours ◼ **dann wurde er laut** then he raised his voice, *stärker*: then he started shouting ◼ **laut vorlesen** read* (out) aloud ◼ **lauter, bitte!** speak up, please
★**laut²**: **laut Fahrplan** (**Vertrag** *usw.*) according to the timetable (contract *usw.*)
★**Laut** m sound
★**lauten** ◼ (*Text*) read*, run* ◼ (*Satz, Ausspruch usw.*) go* ◼ (*Antwort, Bitte, Meinung usw.*) be*; **ihre Antwort lautet: „Nein"** her answer is 'no'
★**läuten** ◼ ring* (*auch klingeln*) ◼ **es hat geläutet** *an der Tür*: there's somebody at the door, *in der Schule*: the bell has gone (*US* rung) ◼ (*Wecker*) go* off ◼ (*Glöckchen*) tinkle ◼ **eine Glocke läuten** ring* a bell
lauter (≈ *nichts als*) ◼ **lauter Probleme (Lügen** *usw.*) nothing but trouble (lies *usw.*) ◼ **lauter Unsinn** *usw.* a lot of nonsense *usw.* ◼ **aus lauter Bosheit** out of sheer spite ◼ **in diesem Haus sind lauter 1-Zimmer-Wohnungen** there are only one-room apartments in this building
lautlos ◼ silent, (≈ *geräuschlos*) *auch*: noiseless ◼ **lautlose Stille** complete (*oder* absolute) silence
Lautschrift f ◼ *alle Zeichen*: phonetic alphabet [fəˌnetɪkˈælfəbet] ◼ (≈ *Text in Lautschrift*) phonetic transcription
★**Lautsprecher** m ◼ loudspeaker ◼ *in Stereoanlage*: speaker
Lautsprecherbox f speaker
Lautstärke f ◼ *allg.*: loudness ◼ *eines Radios, Verstärkers*: volume [ˈvɒljuːm]
Lautstärkeregler m volume control
lauwarm lukewarm [ˌluːkˈwɔːm]
Lava f lava [ˈlɑːvə]
Lavabo n Ⓒ washbasin [ˈwɒʃˌbeɪsn], *US* sink
Lavendel m lavender [▲ ˈlævəndə]
Lawine f avalanche [▲ ˈævəlɑːntʃ]
Lazarett n military hospital [ˌmɪlɪtərɪˈhɒspɪtl]
Leader(in) m(f) Ⓐ (≈ *Erste(r)*) leader
leasen lease [liːs] (*Auto, Bürogeräte usw.*)
★**leben** ◼ live (*auch wohnen*); **wie lange leben Sie schon hier?** how long have you been living here? ◼ (≈ *am Leben sein*) be* alive [əˈlaɪv] ◼ **sie leben hauptsächlich von Obst und Ge-**

müse they mainly live on fruit and vegetables; **von ihrem Gehalt kann sie kaum leben** her salary is hardly enough to live on [4] **sie lebt vegetarisch** she's a vegetarian [5] **es lebt sich ganz gut hier** life's not bad (over oder around) here

★**Leben** n [1] allg.: life pl: lives [▲ laɪvz]; **so ist das Leben** that's life, such is life (▲ beide ohne the); **das Leben in der Großstadt** life in a big city, big city life (▲ beide ohne the); **das Leben genießen** enjoy life (▲ ohne the) [2] **am Leben sein** be* alive [əˈlaɪv]; **am Leben bleiben** stay alive [3] **er hat sich das Leben genommen** he took his own life, he committed suicide [ˈsuːɪsaɪd] [4] **sie ist bei einem Unfall ums Leben gekommen** she was killed (oder she lost her life) in an accident [5] **sie hat ihr Leben lang gearbeitet** she's worked all her life [6] **nie im Leben!** never!, umg (≈ auf gar keinen Fall) not on your life! [7] **jetzt bringen wir mal etwas Leben in die Bude** salopp let's hot (US heat) things up a bit!

lebend [1] allg.: living (auch Sprachen); **er ist der größte lebende Schriftsteller** usw. he's the greatest living writer usw. [2] Tiere, Ziele: live [▲ laɪv] (▲ nur vor dem Subst.)

★**lebendig** [1] übertragen (≈ lebhaft) lively [▲ -ˈlaɪvlɪ], Schilderung auch: vivid [ˈvɪvɪd] [2] Farben: cheerful [3] (≈ lebend) living [4] **immer noch lebendig** still alive [▲ əˈlaɪv] (auch Erinnerung usw.)

Lebensbedingungen pl living conditions

Lebensdauer f bes. von Menschen: lifespan, von Maschinen, Batterien usw. meist: life

Lebenserwartung f life expectancy [ˈlaɪf ɪkˌspektənsɪ]

★**Lebensgefahr** f [1] **Lebensgefahr!** danger! [ˈdeɪndʒə] [2] **in Lebensgefahr schweben** bei Krankheit, Verletzung: be* in a critical condition [3] **außer Lebensgefahr sein** be* out of danger [4] **sie hat ihn unter Lebensgefahr gerettet** she risked her life to save him

lebensgefährlich [1] eine Aktion usw.: extremely dangerous [2] Krankheit, Verletzung: very serious, critical [3] **lebensgefährlich verletzt** very seriously hurt, critically injured [▲ ˈɪndʒəd]

Lebensgefährte m, **Lebensgefährtin** f (life--time) partner (oder companion)

lebenslänglich: **er hat „lebenslänglich" bekommen** umg he got life

★**Lebenslauf** m [1] schriftlicher: curriculum vitae [kəˌrɪkjʊləmˈviːtaɪ] (abk CV) [ˌsiːˈviː], US mst. résumé [ˈrezjʊmeɪ] [2] im Rückblick: life; **sein Lebenslauf** auch: the story of his life

lebenslustig: **sie ist sehr lebenslustig** she really enjoys life

★**Lebensmittel** pl als Plural: food (▲ sg), foodstuffs

Lebensmittelgeschäft n food store, grocery (shop oder US store)

Lebensmittelskandal m food scandal

Lebensmittelvergiftung f food poisoning [ˈfuːdˌpɔɪznɪŋ]

lebensmüde [1] tired of life (▲ nur nach dem Verb) [2] **du bist wohl lebensmüde!** are you trying to kill yourself?

lebensnotwendig vital [ˈvaɪtl], essential

Lebenspartner(in) m(f) partner

Lebenspartnerschaft f: **eingetragene Lebenspartnerschaft** civil partnership, US civil union

Lebensraum m [1] von Tieren, Pflanzen: habitat [ˈhæbɪtæt] [2] als Platzproblem: living space

Lebensstandard m standard of living

Lebensstil m lifestyle

lebenstüchtig: **sie ist nicht sehr lebenstüchtig** she just can't cope with life

Lebensunterhalt m livelihood [ˈlaɪvlɪhʊd]; **sie verdient ihren Lebensunterhalt als Taxifahrerin** (bzw. **mit Nachhilfestunden**) she earns (oder makes) a living as a taxi driver (bzw. by giving private lessons); **für jemandes Lebensunterhalt sorgen** support someone

Lebensversicherung f life insurance (Br auch assurance); **eine Lebensversicherung abschließen** take* out a life insurance policy, take* out life insurance (▲ ohne a)

lebenswichtig [1] allg.: essential (**für** to, for) [2] Organ, Stoff, auch Frage usw.: vital [ˈvaɪtl] (**für** to, for)

Leber f liver [ˈlɪvə] (auch als Gericht)

Leberfleck m mole

Lebertran m cod-liver oil

Leberwurst f liver sausage, US liverwurst [ˈlɪvəwɜːst]

★**Lebewesen** n [1] allg.: living being [2] (≈ Kleinstlebewesen) living organism [ˈɔːgənɪzm]

lebhaft [1] Interesse, Person usw.: lively [▲ ˈlaɪvlɪ]; **eine lebhafte Fantasie** a lively imagination [2] Schilderung: vivid [ˈvɪvɪd] [3] Diskussion: lively, (≈ hitzig) heated [4] **sich lebhaft unterhalten** have* a lively conversation [5] Verkehr: heavy [ˈhevɪ]

Lebkuchen m etwa: (piece of) gingerbread [ˈdʒɪndʒəbred]

leck ① leaky ② **das Fass ist leck** the barrel leaks (*oder* is leaking)

Leck *n* leak

lecken ① lick; **an etwas lecken** lick something ② **leck mich doch!** *vulgär* piss off!, up yours!

lecker ① *Essen usw.*: tasty, *stärker*: delicious [dɪˈlɪʃəs]; **lecker!** *umg* yum!, yummy! ② **riecht lecker!** smells good

Leckerbissen *m* ① *Essen*: tasty titbit (*US* tidbit) ② *übertragen* (real) treat

★**Leder** *n* leather [ˈleðə]; **es ist aus Leder** it's (made of) leather; **eine Tasche aus Leder** a leather bag

Lederhose *f* leather trousers [ˌleðəˈtraʊzəz], lederhosen [ˈleɪdəˌhəʊzn], *US* leather pants (▲ *alle pl*); **eine Lederhose** a pair of leather trousers (*oder* lederhosen); → **Hose**

Lederjacke *f* leather jacket [ˌleðəˈdʒækɪt]

★**ledig** ① single; **sie ist ledig** she's single ② **ledige Mütter** unmarried mothers

Lee *f/n* ① lee ② **nach Lee** leeward [ˈliːwəd]

★**leer** ① *allg.*: empty; → **leerlaufen** ② (≈ *unmöbliert*) unfurnished ③ **ein leeres Blatt Papier** a blank sheet of paper ④ **die Batterie ist leer** the battery has run out, *eines Autos*: the battery is flat (*oder* dead)

GETRENNTSCHREIBUNG
leer stehend *Haus, Wohnung*: unoccupied

Leere *f* emptiness (*auch übertragen*)

leeren empty (*Mülleimer, Glas usw.*)

Leerlauf *m eines Autos usw.*: neutral (gear); **es ist im Leerlauf** it's in neutral (▲ *ohne the*)

Leerstelle *f beim Tippen*: blank, space

Leertaste *f* space-bar

Leerung *f* ① *allg.*: emptying ② *eines Briefkastens*: collection, *US* mail pick-up

Leerzeichen *n Computer*: blank, space

legal legal [ˈliːɡl]

Legasthenie *f* dyslexia [dɪsˈleksɪə]

Legastheniker(in) *m(f)* dyslexic [dɪsˈleksɪk]

★**legen** ① *allg.*: put*; **leg es auf den Tisch** put it on the table ② *vorsichtig*: lay* (*auch Eier*); **sie legten ihn aufs Sofa** they laid him on the sofa ③ (≈ *verlegen*) lay* (*Leitung, Mine, Teppich usw.*) ④ **sich auf den Sand** *usw.* **legen** lie* down on the sand *usw.* ⑤ **sich legen** (*Sturm, Begeisterung usw.*) die down, (*Spannung*) ease off ⑥ **das legt sich schon wieder** *humorvoll über jemands Benehmen*: don't worry - it'll blow over

legendär legendary [▲ ˈledʒəndərɪ]

Legende *f* legend [▲ ˈledʒənd] (*auch auf Landkarte*)

leger ① *Benehmen usw.*: informal, casual [ˈkæʒʊəl] ② *Mensch*: relaxed ③ **leger gekleidet** casually dressed

Leggings *pl*, **Leggins** *pl* leggings

Legierung *f* alloy [▲ ˈælɔɪ]; *Verfahren*: alloying

Leguan *m* iguana

Lehm *m* ① loam ② (≈ *Ton*) clay

Lehne *f* ① (≈ *Rückenlehne*) back, backrest ② (≈ *Armlehne*) arm, armrest

lehnen ① **etwas an etwas lehnen** lean* something against something ② **(sich) lehnen** lean* (**an, gegen** against; **auf** on) ③ **sich aus dem Fenster lehnen** lean* out of (*US auch* out) the window

Lehrbuch *n* textbook

★**Lehre** *f* ① *eines Lehrlings*: apprenticeship [əˈprentɪʃɪp], *in nicht handwerklichem Beruf*: training; **eine Lehre machen** train; *in Handwerk*: do* an apprenticeship ② (≈ *abschreckende Erfahrung*) lesson; **lass dir das eine Lehre sein** let that be a lesson to you ③ (≈ *Wissenschaft*) science ④ (≈ *Theorie*) theory [ˈθɪərɪ] ⑤ *eines Glaubensgründers usw.*: teachings (▲ *pl*) ⑥ *der katholischen usw. Kirche*: doctrine [ˈdɒktrɪn]

★**lehren** ① teach*, instruct; **jemanden etwas lehren** teach* someone (how to do) something ② **die Erfahrung lehrt** experience shows (us), experience tells us

★**Lehrer(in)** *m(f)* ① *in Schule*: teacher ② *für bestimmte Dinge, z. B. Skilaufen*: instructor ③ *für Privatstunden*: tutor [ˈtjuːtə]

Lehrerkonferenz *f* staff meeting, *US* faculty meeting

Lehrerzimmer *n* staff room, *US* staff lounge

Lehrgang *m* course [kɔːs]

Lehrjahr *n* year of training; *in handwerklichem Beruf*: year as an apprentice; **erstes/zweites/drittes Lehrjahr** first/second/third year of training; *in handwerklichem Beruf*: first/second/third year as an apprentice

★**Lehrling** *m* apprentice [əˈprentɪs], *in nicht handwerklichem Beruf*: trainee [treɪˈniː]

Lehrplan *m* (teaching) curriculum [kəˈrɪkjələm]; *für ein Schuljahr*: syllabus [ˈsɪləbəs]

lehrreich instructive [ɪnˈstrʌktɪv]

Lehrstelle *f* ① trainee position, traineeship; *in handwerklichem Beruf*: apprenticeship [əˈprentɪʃɪp], position as an apprentice ② *offene*: vacancy for a trainee (*oder* an apprentice)

Lehrtochter *f* ⊕ (≈ *weiblicher Lehrling*) apprentice [əˈprentɪs]

Lehrzeit f *eines Lehrlings*: apprenticeship

★**Leib** m **1** (≈ *Körper*) body **2 mit Leib und Seele** heart [hɑːt] and soul (**△** *ohne* with) **3 sich jemanden vom Leib halten** keep* someone at arm's length; **halt sie mir bloß vom Leib!** just don't let her come near me

Leibchen n Ⓐ, ⓒⒽ **1** (≈ *Unterhemd*) vest, *US* undershirt **2** *Sport*: (≈ *Trikot*) shirt, jersey ['dʒɜːzɪ]

Leiberl n Ⓐ → Leibchen

Leibgericht n, **Leibspeise** f favourite (*US* favorite) dish [ˌfeɪvrət'dɪʃ]

Leibwächter(in) m(f) bodyguard ['bɒdɪgɑːd]

★**Leiche** f **1** corpse, (dead) body **2 sie geht über Leichen** she'll stop at nothing; **nur über meine Leiche!** over my dead body!

leichenblass deathly pale, as white as a sheet (*oder* ghost)

Leichenhalle f mortuary ['mɔːtjʊərɪ], *US auch* funeral home ['fjuːnrəl ˌhəʊm]

Leichenschauhaus n mortuary ['mɔːtjʊərɪ], *bes. für unbekannte Tote*: morgue [mɔːg]

Leichenwagen m hearse (**△** hɜːs)

★**leicht 1** *Essen, Kleidung, Lektüre, Musik, Wein, Zigarette usw.*: light; **sie hat einen leichten Schlaf** she's a light sleeper **2** *an Gewicht*: light, lightweight ['laɪtweɪt] **3** *Arbeit, Aufgabe usw.* (≈ *einfach*) easy **4** (≈ *nicht schlimm*) slight (*auch Erkältung*); *Entzündung usw. auch*: mild; *Verletzung*: minor, slight; **sie hat eine leichte Bronchitis** she's got a mild case of bronchitis **5** *Fehler*: minor, small **6 er hat's nicht leicht** he doesn't have an easy time of it; **sie hat's nicht leicht mit ihm** she has a hard time with him **7** (≈ *mühelos, schnell*) easily; **es geht ganz leicht** it's easy; **das ist leicht gesagt** it's not as easy as that **8 das ist leicht möglich** that's quite possible **9** (≈ *geringfügig*) slightly; **ihr Zustand hat sich leicht gebessert** her condition has improved slightly **10 du kannst dir leicht vorstellen …** you can well imagine … **11 jemandem etwas leicht machen** make* something easy for someone **12 es sich leicht machen** take* the easy way out; **du machst es dir zu leicht** *allgemein*: you're taking things too lightly, *in diesem Fall*: it's not as easy as that **13 er nimmts zu leicht** he doesn't take it seriously enough; → leichtfallen, leichtnehmen *usw.*

Leichtathlet(in) m(f) athlete ['æθliːt]

Leichtathletik f athletics [æθ'letɪks] (**△** *meist mit sg*), *bes. US* track and field

leichtfallen: **es fällt ihr nicht leicht, das Rauchen aufzugeben** it isn't easy for her to give up (*oder* quit) smoking

leichtgläubig gullible ['gʌləbl], credulous ['kredjʊləs]

Leichtigkeit f **1** (≈ *Mühelosigkeit*) easiness, ease; **mit Leichtigkeit** with ease, effortlessly; **es ist für sie eine Leichtigkeit** it's the easiest thing in the world for her **2** (≈ *Leichtheit*) lightness

leichtmachen → leicht 12, 13

leichtnehmen 1 sie nimmt das Leben leicht she takes life as it comes **2 nimm's leicht!** *umg* don't worry ['wʌrɪ] about it; → leicht 14

Leichtsinn m carelessness, *stärker*: recklessness; **aus purem Leichtsinn** out of sheer recklessness

★**leichtsinnig 1** careless, *stärker*: reckless **2 leichtsinnig umgehen mit** be* careless with

leichttun: **sich mit etwas leichttun** have* no difficulties with something, have* no difficulty doing something

leichtverdaulich → verdaulich 2

★**Leid** n **1** (≈ *Leiden*) suffering **2** (≈ *Kummer*) sorrow, grief **3 es wird dir kein Leid geschehen** you won't come to any harm; → leidtun

★**leiden 1** suffer (**an, unter** from) **2 Hunger leiden** starve **3 ich kann sie nicht leiden** I can't stand her

Leiden n **1** *allg.*: suffering **2** (≈ *Krankheit*) illness, *bestimmte*: disease [dɪ'ziːz]; **ein Herzleiden (Leberleiden usw.)** a heart (liver *usw.*) condition

Leidenschaft f **1** passion **2 Angeln ist seine Leidenschaft** he's a passionate angler

leidenschaftlich 1 *allg.*: passionate ['pæʃnət], *Mensch auch*: very emotional **2 sie ist eine leidenschaftliche Skifahrerin** she loves skiing **3 ich gehe leidenschaftlich gern ins Kino** I love going to the movies

★**leider 1** unfortunately [ʌn'fɔːtʃnətlɪ] **2 wir müssen jetzt leider gehen** I'm afraid we have to go now; **leider ja** I'm afraid so; **leider nein** I'm afraid not

Leidtragende(r) m/f(m): **sie ist die Leidtragende** she's the one who suffers

leidtun 1 (es) tut mir leid (I'm) sorry; **tut mir leid, dass ich so spät komme** sorry for being so late; **sie tut mir wirklich leid** I really feel sorry for her; **das tut mir aber leid** *mitfühlend*: I'm (really) sorry to hear that; **es wird dir leidtun** you'll be sorry, you'll regret it **2 es tut mir leid, aber ich kann nicht kommen** I'm

Leierkasten m barrel organ
Leiharbeiter(in) m(f) temporary worker
Leihbücherei f lending library ['lendɪŋ,laɪbrərɪ]
★**leihen** 1 **jemandem etwas leihen** lend* (US: loan) someone something; **sie hat's mir geliehen** she lent (US loaned) it to me; **kannst du mir dein Fahrrad leihen?** could you lend (US loan) me your bike? 2 **sich etwas von jemandem leihen** borrow something from someone; **es ist (nur) geliehen** I (only) borrowed it
Leihgebühr f 1 für Auto usw.: rental fee, Br auch hire charge 2 für Bücher: lending fee
Leihwagen m hire (US rental) car
Leim m 1 Klebstoff: glue 2 **aus dem Leim gehen** umg (auch Beziehung) fall* apart
Leine f 1 allg.: (thin) rope 2 für Hund: lead [li:d], bes. US leash [li:ʃ]; **den Hund an die Leine nehmen** put* the dog on the lead 3 einer Angel, für Wäsche: line
Leinen n Stoff: linen [⚠ 'lɪnɪn]
Leinwand f 1 Film: screen 2 eines Malers: canvas ['kænvəs]
★**leise** 1 allg.: quiet 2 Musik, Ton: soft 3 Stimme: soft, low; **mit leiser Stimme** in a low voice 4 Geräusch, Hoffnung, Ahnung: faint 5 Bewegung, Verdacht: slight 6 **die Musik leiser stellen** turn the music down 7 singen, klopfen usw.: softly 8 **leise sprechen** speak* in a low voice; **sprich leiser!** keep your voice down!
Leiste f 1 aus Holz, Metall usw.: strip (of wood bzw. metal usw.) 2 (≈ Fußbodenleiste) skirting board 3 Umrandung: border 4 Verzierung: trim 5 zum Aufhängen von Bildern usw.: rail 6 am Unterkörper: groin
★**leisten** 1 allg.: do*; **du hast gute Arbeit geleistet** you've done a good job 2 (≈ vollbringen) achieve [ə'tʃi:v], accomplish [⚠ ə'kʌmplɪʃ] 3 **Hilfe leisten** help 4 **das kann ich mir nicht leisten** wegen des Preises: I can't afford that, wegen meiner Stellung usw.: I can't afford to do that 5 **da hast du dir ja wieder mal was geleistet!** abwertend what have you been up to this time? 6 **komm, heute leisten wir uns mal ein gutes Essen** come on, let's treat ourselves to a decent ['di:snt] meal today
★**Leistung** f 1 bei der Arbeit, in der Schule, bei Prüfung, beim Sport usw.: performance; **schwache Leistung!** poor show!, US bad job! 2 besondere: achievement [ə'tʃi:vmənt] 3 (≈ Großtat) feat 4 Produktionsleistung einer Maschine usw.: output 5 in der Physik, Arbeitsleistung eines Gerätes: power 6 des Gehirns usw.: capacity 7 (≈ Dienstleistung) service 8 als Zahlung: payment
Leistungsdruck m pressure, stress
leistungsfähig 1 efficient (auch Maschine) 2 körperlich: fit 3 schulisch usw.: capable
Leistungskontrolle f in der Schule: assessment
Leistungsnachweis m 1 von Handwerker: performance record 2 über erbrachte Qualifikation: record of achievement 3 für BAföG: proof of academic achievement
Leistungssport m competitive sport [kəm,petətɪv'spɔːt] (oder sports pl)
Leistungszeitraum m time taken (oder required)
Leitartikel m bes. Br leading article [,li:dɪŋ'ɑːtɪkl], leader, bes. US editorial [,edɪ'tɔːrɪəl]
★**leiten** 1 (≈ führen) lead* [li:d] (auch Mannschaft, Partei usw.) 2 (≈ anführen) head [hed] 3 run*, be* in charge of (Firma, Abteilung), manage (Firma) 4 head, be* in charge of (Projekt usw.) 5 chair (Versammlung, Diskussion usw.) 6 conduct [kən'dʌkt] (Orchester) 7 **eine Band leiten** be* (the) leader of a band, be* (the) bandleader 8 referee (Fußballspiel usw.) 9 als Moderator: host [həʊst] (Sendung, Show) 10 direct [də'rekt] (Verkehr) 11 pass on (ein Schreiben usw.) (an to) 12 **sie ließ sich von ihren Gefühlen leiten** she was guided ['gaɪdɪd] by her emotions
leitend 1 allg.: leading 2 **leitende Stellung** managerial [,mænə'dʒɪərɪəl] position 3 **leitende(r) Angestellte(r)** executive [ɪg'zekjʊtɪv] 4 **leitende(r) Ingenieur(in)** chief engineer
★**Leiter**¹ f 1 ladder (auch übertragen) 2 mit Stütze: (≈ Trittleiter) stepladder
Leiter² m Physik: (≈ Strom leitender Stoff) conductor
★**Leiter(in)** m(f) 1 einer Firma: director [də'rektə], manager, Frau auch: manageress 2 einer Abteilung: head of department 3 eines Projekts: head 4 einer Versammlung: chairperson, chair, Mann auch: chairman, Frau auch: chairwoman 5 eines Orchesters: conductor 6 einer Band: leader 7 eines Instituts, Teilbereichs usw.: director; **technischer Leiter, technische Leiterin** technical director
Leitplanke f crash barrier ['kræf,bærɪə], US guardrail ['gɑːdreɪl]
★**Leitung** f 1 einer Firma: management (auch die leitenden Personen), Büro: head office 2 eines Projekts, Instituts usw.: (≈ Führung) direction (auch künstlerische usw.) 3 (≈ Aufsicht)

control, supervision [,su:pə'vɪʒn] **4** *bei Veranstaltungen*: management commi<u>tt</u>ee [kə'mɪtɪ] **5** (≈ *Vorsitz*) chairmanship **6 die Leitung haben** be* in charge; **unter der Leitung von X** *Orchester*: conducted by X; **die Leitung hatte X** *als Dirigent*: the conductor was X **7** *Hauptleitung für Wasser, Gas oder Strom*: main, *Br auch*: mains (▲ *mit sg oder pl*) **8** *für Telefon, Strom*: line **9** (≈ *Rohrleitung*) *im Haus*: pipes (▲ *pl*), *Fernleitung*: pipeline **10** (≈ *Kabel*) lead **11** (≈ *Draht*) wire **12** (≈ *Stromkreis*) circuit [▲ 'sɜːkɪt]

Leitungsrohr *n* pipe
Leitungswasser *n* tap water
Lektion *f* **1** *in Schulbuch*: chapter ['tʃæptə], unit **2 jemandem eine Lektion erteilen** *übertragen* teach* someone a lesson
Lektüre *f* **1** (≈ *Lesestoff*) reading (matter) (▲ *ohne a*), something to read **2** *in der Schule*: reader
Lende *f* **1** *als Speise*: loin, *vom Rind*: sirloin ['sɜːlɔɪn] **2 die Lenden** *des Menschen*: the lumbar ['lʌmbə] region, the lower back (▲ *beide sg*)
lenken 1 steer (*Auto usw.*) **2** guide (*Flugzeug, Rakete, auch jemanden*) **3** übertragen control (*den Staat, die Wirtschaft usw.*) **4 jemands Aufmerksamkeit auf etwas lenken** draw* someone's attention to something
Lenker *m* **1** *Motorrad, Fahrrad*: handlebars (▲ *pl*) **2** (≈ *Lenkrad*) steering wheel
Lenker(in) *m(f) bes.* Ⓐ driver
Lenkerberechtigung *f* Ⓐ *förmlich* (≈ *Führerschein*) driving licence, *US* driver's license
Lenkrad *n* steering wheel
Leopard *m* leopard [▲ 'lepəd]
Lerche *f* lark
★**lernen 1** (≈ *sein Wissen erweitern*) learn* (**aus** from); **Kinder lernen schnell** children learn quickly (*oder* are quick learners) **2 lesen** *bzw.* **Auto fahren** *usw.* **lernen** learn* (how) to read *bzw.* drive *usw.* **3** *für die Schule usw.*: study, *für Prüfung auch*: revise, *US* review; **fleißig lernen** work (*oder* study) hard **4 ein Gedicht auswendig lernen** learn* a poem by heart **5 sie lernt Französisch** *freiwillig oder in der Schule*: she's learning French, *im Augenblick, für den Unterricht usw.*: she's studying French
Lernziel *n* learning goal
lesbar 1 *Buch usw.*: readable; **das Buch ist gut lesbar** the book is easy to read **2** (≈ *leserlich*) legible [▲ 'ledʒəbl]
Lesbe *f umg, oft abwertend* dyke

Lesbierin *f*, **lesbisch** lesbian ['lezbɪən]
Lesebuch *n* reader
★**lesen**¹ read*; **viel lesen** read* a lot, do* a lot of reading
lesen² pick (*Beeren, Trauben*)
★**Leser(in)** *m(f)* reader
Leserbrief *m* letter to the editor ['edɪtə]
Lese-Rechtschreib-Schwäche *f* dyslexia [dɪs'leksɪə]
leserlich *Schrift usw.*: legible [▲ 'ledʒəbl]
Lesespeicher *m Computer*: read-only memory (*abk* ROM)
Lesezeichen *n* bookmark
Lesung *f* reading (*auch von Gesetzentwurf*), *von Gedichten auch*: recital [▲ rɪ'saɪtl]; **eine Lesung halten** give* a reading
Lette *m*, **Lettin** *f* **lettisch** Lettish **Lettisch** *n* Latvian ['lætvɪən]
★**Lettland** *n* Latvia ['lætvɪə]
★**letzte(r, -s) 1** *in einer Reihe*: last; **am letzten Mittwoch** last Wednesday; **im letzten Augenblick** at the last minute; **zum letzten Mal** for the last time; **beim letzten Mal** last time; **er kam als Letzter** he arrived last; **sie kam als Letzte ins Ziel, sie wurde Letzte** she came in last **2** (≈ *endgültig*) final; **das letzte Angebot** the final offer **3** (≈ *neueste*) latest; **die letzten Nachrichten** the latest news (▲ *sg*) **4 mit letzter Kraft erreichte sie das Auto** she got to the car with her last ounce of strength **5 letzten Endes** in the end **6 in letzter Zeit** lately **7 bis ins Letzte** down to the last detail **8 das ist ja wohl das Letzte!** *umg* that really is the limit **9 sie gab ihr Letztes** she made an all-out effort, she gave her all
letztere(r, -s) the latter
★**leuchten 1** *allg.*: shine* **2** (≈ *glühen*) glow **3** (*Augen*) glow, gleam **4 die Lampe leuchtet nur schwach** the lamp doesn't give much light **5 sie leuchtete mit ihrer Taschenlampe ins Zimmer** she shone [▲ ʃɒn] her torch (*US* flashlight) into the room
leuchtend 1 *Farben*: vivid ['vɪvɪd], brilliant ['brɪljənt] **2 leuchtende Augen** gleaming (*oder* shining) eyes **3 ein leuchtendes Vorbild** a shining example
Leuchter *m* **1** (≈ *Kerzenleuchter*) candlestick **2** *für viele Glühlampen oder Kerzen*: candelabra [,kændə'lɑːbrə] **3** (≈ *Kronleuchter*) chandelier [▲ ,ʃændə'lɪə]
Leuchtfarbe *f* luminescent paint [,luːmɪnesnt'peɪnt]
Leuchtmarker *m* highlighter

Leuchtmittel *n förmlich* light bulb
Leuchtreklame *f* neon lights [ˌniːɒnˈlaɪts], neon signs [ˌniːɒnˈsaɪnz] (▲ *beide pl*)
Leuchtstift *m zum Textmarkieren:* highlighter
Leuchtturm *m* lighthouse
★**leugnen** deny [dɪˈnaɪ]
Leukämie *f* leuk(a)emia [luːˈkiːmɪə]
★**Leute** *pl* **1** *allg.* people [ˈpiːpl], *einzelne auch:* persons; **die Leute sagen** they say, people say (▲ *ohne* the) **2 meine Leute** *umg* (≈ *meine Familie*) my folks [fəʊks] **3 vor allen Leuten** in front of everyone
Leutnant *m* (second) lieutenant [▲ lefˈtenənt; *US* luːˈtenənt]
Level *m* level *auch bei Computerspielen*
Lexikon *n* **1** *allg.:* encyclop(a)edia [ɪnˌsaɪkləˈpiːdɪə] **2** (≈ *Wörterbuch*) dictionary [ˈdɪkʃənrɪ]
Libanese *m* Lebanese [ˌlebəˈniːz]; **er ist Libanese** he's Lebanese
Libanesin *f* Lebanese woman (*oder* lady *bzw.* girl); **sie ist Libanesin** she's Lebanese
Libanon *m:* **der Libanon** (the) Lebanon [ˈlebənən]
Libelle *f* dragonfly [ˈdrægənflaɪ]
★**liberal** open-minded, liberal
Liberale(r) *m/f(m) politisch:* Liberal
Liberia *n* Liberia [laɪˈbɪərɪə]
liberianisch Liberian; **unter liberianischer Flagge** under a Liberian flag
Libero *m Fußball:* sweeper
Libyen *n* Libya [ˈlɪbɪə]
Libyer(in) *m(f)*, **libysch** Libyan [ˈlɪbɪən]
★**Licht** *n* **1** *allg., auch elektrisches:* light; **Licht machen** switch (*oder* turn) the light *bzw.* lights on; **das Licht ausmachen** switch (*oder* turn) the light *bzw.* lights off; **etwas gegen das Licht halten** hold* something up to the light **2** (≈ *Lampe*) lamp
Lichtblick *m umg* ray of hope, bright spot on the horizon [həˈraɪzn]
lichtempfindlich 1 sensitive to light (▲ *nur nach dem Verb, meist am Satzende*) **2** *Film:* fast
Lichtempfindlichkeit *f eines Films:* speed
Lichtgeschwindigkeit *f* speed of light
Lichthupe *f:* **sie gab uns Zeichen mit der Lichthupe** *als Warnung:* she flashed her lights to warn us
Lichtjahr *n* light year
Lichtschalter *m* light switch
Lichtschutzfaktor *m* sun protection factor, SPF
Lichtung *f im Wald:* clearing
★**Lid** *n* eyelid
Lidschatten *m Kosmetik:* eye shadow

★**lieb 1** (≈ *nett*) nice, *stärker:* sweet; **das war lieb von dir** that was nice (*stärker:* sweet) of you; **etwas Liebes** *sagen usw.:* something nice; **sie sieht lieb aus** she looks sweet; **jemanden lieb behandeln** be* nice to someone; **das hast du lieb gesagt** you've said (*oder* put) that very nicely **2** (≈ *brav*) good; **warst du auch lieb?** *zu Kind:* have you been a good girl (*bzw.* boy)? **3** (≈ *teuer, geliebt*) dear; **Lieber Herr X** *in Brief:* Dear Mr X **4 sei so lieb und hol mir ein Glas** do me a favour and get me a glass, will you? **5 jemanden lieb haben** love someone; → liebste(r, -s)
★**Liebe** *f* **1** *allg.:* love (**zu** *Person meist* for, *Sache meist* of); **aus Liebe** for love; **aus Liebe zu** for the love of (▲ *mit*); **Liebe auf den ersten Blick** love at first sight; **Liebe macht blind** love is blind **2** (≈ *Zuneigung*) liking (**zu, für** for) **3** (≈ *geliebter Mensch*) love, sweetheart
★**lieben 1** *allg.:* love **2 er liebt sie** he loves her, he's in love with her **3 sie lieben sich** they love each other (*oder* one another), they're in love (with each other) **4 sich lieben** (≈ *miteinander schlafen*) make* love **5 sie liebt gutes Essen** she's very fond of (*oder* she loves) good food **6 sie liebt es nicht, wenn jemand zu spät kommt** she doesn't like people to be late
liebend: etwas liebend gern tun love doing (*oder* to do) something; **ich würde es ja liebend gern tun, wenn ich Zeit hätte** I'd love to do it if I had (the) time
liebenswert lovable
liebenswürdig 1 (very) kind **2** (≈ *gewandt und höflich*) charming
★**lieber 1 ich würde lieber ins Kino gehen** I'd rather go and see a film; **ich möchte lieber nicht** I'd rather not **2 du solltest lieber gehen** you'd better go **3 lass es lieber** (you'd) better leave it **4 machen wir es lieber gleich** I think we should do it now **5 ich mag Englisch lieber als Bio** I like English better than biology **6 es wäre mir lieber, wenn du nicht mitkommen würdest** I'd prefer it if you didn't come (with me *bzw.* us) **7 welches** *usw.* **ist dir lieber?** which one do you prefer?
Liebesbrief *m* love letter
Liebeskummer *m:* **Liebeskummer haben** (≈ *unglücklich verliebt sein*) be* lovesick
Liebeslied *n* love song
Liebespaar *n* lovers *pl*, couple [ˈkʌpl]
liebevoll 1 liebevoll zubereitet prepared with loving care **2 sie sah ihn liebevoll an** she

gave him a tender look
liebhaben → lieb 5
Liebhaber m ❶ *einer Frau*: lover ❷ (≈ *Kenner*) connoisseur [ˌkɒnəˈsɜː]; **das ist etwas für Liebhaber** it's something for the connoisseur (⚠ *sg*) ❸ **er ist ein großer Liebhaber der Musik** he's a great music lover
Liebhaberin f lover, enthusiast [ɪnˈθjuːzɪæst]; **sie ist eine große Liebhaberin des Jazz** she's a great lover of jazz (*oder* jazz lover *oder* jazz enthusiast)
★**Liebling** m ❶ darling, *als Anrede auch*: love ❷ (≈ *Günstling*) favourite [ˈfeɪvrət]
★**Lieblings...** *in Zusammensetzungen oft* favourite [ˈfeɪvrət]; **Lieblingsstück** *Musik*: favourite piece of music; **Lieblingsthema** favourite subject
Lieblingsschüler(in) m(f) teacher's pet [ˌtiː-tʃəzˈpet]
★**liebste(r, -s)** ❶ **meine liebste Katze** *usw*. my favourite cat *usw*. ❷ **am liebsten würde ich bleiben** I'd really like to stay; **am liebsten schwimme ich, Schwimmen ist mir am liebsten** I like swimming best
Liechtenstein n Liechtenstein [ˈlɪktənstaɪn]
★**Lied** n song
Liedermacher(in) m(f) singer-songwriter [ˌsɪŋə-ˈsɒŋˌraɪtə]
Lieferant(in) m(f) supplier, provider; (≈ *Auslieferer*) deliveryman/-woman; **Lieferant(in) für Speisen und Getränke** caterer
lieferbar available; **nicht lieferbar** not available, out of stock; **die Ware ist sofort lieferbar** the item is available for immediate delivery
★**liefern** ❶ *allg*.: deliver [dɪˈlɪvə] **jemandem etwas liefern** deliver something to someone ❷ (≈ *beschaffen*) supply [səˈplaɪ]; **sie liefern ihnen Waffen** they supply them with weapons ❸ **sie haben sich einen harten Kampf geliefert** *Fußball usw*.: they really went at each other, *Boxen*: it was a tough fight ❹ **wenn das mein Vater erfährt, bin ich geliefert** *umg* if my father finds out I'm done for
Lieferschein m delivery note [dɪˈlɪvərɪ ˌnəʊt]
Lieferservice m delivery service
Liefertermin m delivery date
Lieferung f ❶ *als Vorgang*: delivery [dɪˈlɪvərɪ], (≈ *Beschaffung*) supply [səˈplaɪ]; **Lieferung nach Hause** home delivery; **bei Lieferung zu bezahlen** payable on delivery ❷ *als Ware*: consignment [kənˈsaɪnmənt]
Lieferwagen m delivery van
★**Liege** f ❶ *beim Arzt*: couch ❷ *Notbett für Gäste*: campbed ❸ (≈ *Gartenliege*) sunbed, lounger [ˈlaʊndʒə]
★**liegen** ❶ *allg*.: lie*; **auf dem Tisch lag alles Mögliche** all sorts of things were lying on the table; **sie muss flach liegen** she has to lie flat ❷ **sie liegt im Bett** she's in bed (⚠ *ohne* the) ❸ **der Boden lag voller Zeitungen** the floor was covered with papers ❹ **Genf liegt in der Schweiz** Geneva is in Switzerland; **das Haus liegt auf einem Hügel** the house is (situated) on a hill ❺ **mein Zimmer liegt nach Süden** my room faces south ❻ **es liegt viel Schnee** there's a lot of snow ❼ **an der Spitze liegen** be* in front ❽ **die Temperatur liegt bei 30 Grad** temperatures are around 30 degrees (⚠ *meist pl*) ❾ **da liegt der Fehler!** that's where the trouble lies ❿ **das liegt mir nicht** I'm not very good at that, *umg* it's not my thing ⓫ **mir liegt sehr viel daran** it means a lot to me ⓬ **woran liegt es wohl?** I wonder what the reason is; **es liegt daran, dass ...** it's because ... ⓭ **es liegt an dir** *es zu tun*: it's up to you, *Schuld*: it's your fault ⓮ **an mir soll's nicht liegen** (≈ *ich werde aktiv mitarbeiten*) I'll certainly do all I can, (≈ *ich werde keine Schwierigkeiten machen*) I won't stand in the way

———— GETRENNTSCHREIBUNG ————

liegen bleiben ❶ (≈ *nicht aufstehen*) just lie* there ❷ *im Bett*: stay in bed ❸ (*Sachen*) be* left (**auf** on), (≈ *vergessen werden*) be* left behind ❹ (*Arbeit*) be* left unfinished ❺ (*Fahrzeug*) break* down
liegen lassen ❶ (≈ *vergessen*) leave* behind, forget* (*Schirm usw*.) ❷ **lass das liegen!** leave it alone! ❸ **jemanden links liegen lassen** give* someone the cold shoulder [ˈʃəʊldə] ❹ **er lässt immer alles einfach liegen** he always just leaves things lying around

liegenbleiben → liegen bleiben
liegenlassen → liegen lassen
Liegestuhl m deckchair, *US* beachchair, *zum Liegen*: lounger [ˈlaʊndʒə]
Liegestütz m press-up, *bes. US* push-up; **20 Liegestütze machen** do* twenty press-ups
Liegewagen m *Bahn*: couchette [kuːˈʃet] coach
Liegewagenplatz m couchette [kuːˈʃet]
★**Lift** m ❶ *allg*.: lift, *US* elevator [ˈelɪveɪtə] ❷ (≈ *Skilift*) (ski) lift
Liga f league [liːg], *Sport auch*: division
liken *Internet*: like
Likör m liqueur (⚠ lɪˈkjʊə] (⚠ *US* liquor [ˈlɪkə] = **Spirituosen**)

Lila n, **lila** lilac ['laɪlək], dunkler: mauve [məʊv]
Lilie f lily [▲ 'lɪlɪ]
Liliputaner(in) m(f) midget ['mɪdʒɪt], dwarf [▲ dwɔːf] pl: dwarfs oder dwarves
Limo f, **Limonade** f ￼1 allg.: lemonade ￼2 (≈ Orangenlimonade) orangeade [ˌɒrɪndʒ'eɪd] ￼3 (≈ Zitronenlimonade) lemonade
Limousine f ￼1 saloon (car), US sedan [sɪ'dæn] ￼2 luxuriöse: limousine [ˌlɪmə'ziːn], umg limo ['lɪməʊ]
Linde f ￼1 Baum: lime (tree) ￼2 Holz: limewood
lindern ￼1 relieve [rɪ'liːv], ease (Schmerzen) ￼2 relieve (Not, Armut)
Lineal n ruler
linear linear
★**Linie** f ￼1 allg.: line ￼2 Route eines Linienbusses usw.: route [ruːt], von Eisenbahn, Tram meist: line ￼3 **nehmen Sie die Linie 5** Bus, Tram: take the number 5 (bus bzw. tram), U-Bahn, S-Bahn: take the number 5 (train) ￼4 **ich muss auf meine Linie achten** I've got to watch my weight [weɪt] ￼5 **in erster Linie** first of all, first and foremost
Linienbus m public service bus [ˌpʌblɪk'sɜː-vɪs ˌbʌs], regular bus [ˌregjʊlə'bʌs]
Linienflug m scheduled flight [ˌʃedjuːld'flaɪt]
Linienrichter(in) m(f) Sport: linesman ['laɪnz-mən], lineswoman ['laɪnzˌwʊmən]
liniert, **liniiert** Heft usw.: ruled, lined
Link m Computer, Internet: link (**zu** to)
Linke f ￼1 Hand: left hand, beim Boxen: left ￼2 politisch: left, einer Partei: left wing
Linke(r) m/f(m) politisch: leftist, left-winger
★**linke(r, -s)** ￼1 (↔ rechte(r, -s)) left; **am linken Ufer** on the left bank ￼2 **auf der linken Seite** on the left, on the left-hand side ￼3 Partei usw.: left-wing
★**links** ￼1 on the left (auch politisch), on the left-hand side ￼2 **nach links** left, to the left; **links abbiegen** turn left ￼3 **links von** to the left of; **links von ihr** to her left ￼4 **links oben** on the top left (in of); **links unten** on the bottom left (in of) ￼5 **sich links halten** keep* to the left ￼6 **links der Themse** on the left bank of the Thames [temz]
Linksaußen m Fußball: left wing(er)
Linkshänder(in) m(f) left-hander; **sie ist Linkshänderin** she's left-handed
Linkskurve f left-hand bend
linksradikal ￼1 extreme left-wing (▲ nur vor dem Subst.) ￼2 **er ist linksradikal** he's a left-wing extremist [ɪk'striːmɪst]
Linksverkehr m: **in Irland ist Linksverkehr** in Ireland they drive on the left(-hand side)
Linse f ￼1 Nahrungsmittel: lentil ['lentɪl] ￼2 im Auge, im Fotoapparat usw.: lens [▲ lenz]
★**Lippe** f lip
Lippenbalsam m lip balm [▲ bɑːm]
Lippenstift m lipstick
lispeln: **er lispelt** he's got a lisp, he lisps
Lissabon n Lisbon ['lɪzbən]
List f ￼1 (≈ Trick) trick ￼2 **mit List und Tücke** with a great deal of cunning
★**Liste** f ￼1 allg.: list ￼2 **schwarze Liste** blacklist
listig cunning, crafty ['krɑːftɪ]
★**Litauen** n Lithuania [ˌlɪθju:'eɪnɪə]
Litauer(in) m(f), **litauisch Litauisch** n Lithuanian [ˌlɪθjuː'eɪnɪən]
★**Liter** m/n litre ['liːtə]; **3 Liter Wein** 3 litres of wine
★**Literatur** f literature ['lɪtrətʃə]; **die moderne Literatur** modern literature (▲ ohne the)
Literaturverzeichnis n bibliography [ˌbɪblɪ'ɒ-grəfɪ]
Litfaßsäule f advertising column ['ædvətaɪzɪŋ-ˌkɒləm]
Litschi f Frucht und Baum: lychee ['laɪtʃiː]
live live [laɪv]
Live... in Zusammensetzungen live ...; **Live--Aufnahme** live recording [ˌlaɪv ˌrɪ'kɔːdɪŋ]; **Live-Berichterstattung** live coverage [ˌlaɪv-'kʌvərɪdʒ]; **Live-Sendung** live broadcast [ˌlaɪv'brɔːdkɑːst]; **Live-Übertragung** live transmission
Livestream m livestream ['laɪvstriːm]
Lizenz f licence ['laɪsns]
★**Lkw** m abk (abk für Lastkraftwagen) lorry, bes. großer und US: truck
Lkw-Fahrer(in) m(f) Br lorry driver, truck driver
Lkw-Führerschein m Br HGV licence; US commercial driver's license
★**Lob** n praise; **großes Lob ernten** earn a lot of praise; **sie hat viel Lob bekommen** she was highly praised (**für** for); **dafür hast du wirklich ein Lob verdient** you really deserve praise for that (▲ ohne a)
★**loben**: **jemanden** (bzw. **etwas**) **loben** praise someone (bzw. something), gegenüber anderen: speak* very highly of someone (bzw. something)
Location f location
Loch n ￼1 allg.: hole (auch übertragen) ￼2 im Reifen: puncture ￼3 (≈ Öffnung) opening ￼4 (≈ Lücke) gap
lochen punch
Locher m (≈ Gerät) punch

★**Locke** f ◼ *im Haar*: curl ◼ *abgeschnittene*: lock ◼ **sie hat blonde Locken** she's got curly blonde hair (▲ *sg*)

locken ◼ **jemanden** (*bzw.* **ein Tier**) **in eine Falle locken** lure someone (*bzw.* an animal) into a trap ◼ **es lockt mich sehr** (*Angebot usw.*) I feel very tempted

Lockenwickler m (hair) curler

★**locker** ◼ *Schraube, Knopf, Zahn usw.*: loose [luːs] ◼ *Seil usw.*: slack ◼ *Teig, Schaum*: light ◼ *Haltung, Regelung*: relaxed ◼ *Person*: easygoing ◼ *Beziehung*: (very) casual ['kæʒʊəl] ◼ **lockerer werden** *Person, Muskeln*: loosen up ◼ **sie macht das ganz locker** she does it just like that ◼ **das schaffe ich locker** *umg* I'll manage it no problem ◼ **dort geht es sehr locker zu** it's all very relaxed (there) ◼ **bleib locker!** *beruhigend*: calm the beans!

lockerlassen: **sie ließ nicht locker, bis** she wouldn't give up until

lockern ◼ *allg.*: loosen ['luːsn] ◼ slacken (*Seil usw.*) ◼ loosen up, relax (*Muskeln*) ◼ relax (*Regeln usw.*) ◼ **sich lockern** *allg.*: loosen, (*Zahn, Schraube usw.*) come* loose, *körperlich*: loosen up, *beim Sport auch*: limber up

lockig ◼ *Haar*: curly ◼ *Kind*: curly-haired

★**Löffel** m ◼ spoon ◼ **einen Löffel Mehl zugeben** add a spoonful of flour ◼ *eines Baggers*: scoop

Loge f ◼ *Oper usw.*: box ◼ (≈ *Pförtnerloge, Freimaurerloge*) lodge

Logik f logic ['lɒdʒɪk] (▲ *ohne e*)

logisch ◼ logical ◼ **ist doch logisch!** logical, isn't it?, *salopp* (≈ *na klar!*) you bet!

logischerweise ◼ (≈ *selbstverständlich*) naturally ◼ *als offensichtliche Folge*: obviously ['ɒbvɪəslɪ]

Logistik f logistics [lə'dʒɪstɪks] (▲ *pl*)

Logistikzentrum n logistics centre (*US* center)

logistisch ◼ logistical ◼ logistically

logo *salopp* sure thing!, (≈ *klar!*) you bet!

Logopäde m, **Logopädin** f speech therapist ['spiːtʃˌθerəpɪst]

★**Lohn** m ◼ *für Arbeit*: wage, wages *pl*, pay; **2% mehr Lohn verlangen** demand a 2% pay rise (*oder US* pay raise) ◼ (≈ *Belohnung*) reward; **als Lohn** as a reward (**für** for), *übertragen* in return (**für** for)

Lohnabrechnung f ◼ *Vorgang*: payroll accounting ◼ *Beleg*: wage (*oder* pay) slip

Lohndumping n wage dumping

Lohnempfänger(in) m(f) wage earner

lohnen ◼ **das lohnt sich wirklich** it's really worth it ◼ **die Mühe lohnt sich** it's worth the trouble ◼ **das lange Warten hat sich gelohnt** it was worth waiting all that time; **es lohnt sich nicht zu warten** (≈ *es ist zwecklos*) it's no use waiting; **der Film lohnt sich** the film's worth seeing

lohnend ◼ *Tätigkeit, Erfahrung, Aufgabe*: rewarding ◼ *Umweg usw.*: worthwhile ◼ (≈ *rentabel*) profitable ['prɒfɪtəbl]

Lohnerhöhung f wage increase ['ɪŋkriːs], pay rise (*US* raise)

Lohnforderung f wage claim

Lohngruppe f wage bracket

Lohnkürzung f pay cut

Lohnsteuer f income tax (*paid on earned income*)

Lohnsteuerjahresausgleich m annual adjustment of income tax

Lohnsteuerkarte f (income) tax card

Lohnstopp m wage freeze

Loipe f ◼ *Piste*: trail, course [kɔːs] ◼ *Rundkurs*: circuit ['sɜːkɪt]

★**Lokal** n ◼ (≈ *Gaststätte*) restaurant ['restərɒnt]; **kennst du ein gutes Lokal?** do you know a good place to eat? ◼ (≈ *Kneipe*) pub, *US* bar

Lokalsender m local radio (*bzw.* TV) station

★**Lokomotive** f engine ['endʒɪn]

Lokomotivführer(in) m(f) engine driver, *US* engineer [ˌendʒɪ'nɪə]

London n London [▲ 'lʌndən]

Lorbeer m ◼ *Baum*: laurel [▲ 'lɒrəl] ◼ *als Gewürz*: bay leaf (*bzw.* leaves)

Los n ◼ (≈ *Lotterielos*) lottery ticket ◼ **sie hat das große Los gezogen** *übertragen* she's hit the jackpot ◼ **durch Los (entscheiden)** (decide) by drawing lots

★**los**[1] ◼ **der Knopf ist los** the button has come off ◼ **was ist los?** what's up?, what's the matter?, *hier*: what's going on here?; **was ist los mit ihr?** what's wrong with her? ◼ **den wären wir endlich los** thank goodness he's gone; **ich bin den alten Fernseher immer noch nicht los** I still haven't got rid of my old TV ◼ **hier ist nicht viel los** there's nothing much going on here ◼ **als ich mit dem Zeugnis nach Hause kam, war vielleicht was los!** when I brought my report home, they gave me merry hell

los[2] ◼ **los!** go on!, *bei Wettkampf usw.*: go! ◼ **los jetzt!** (≈ *mach schnell!*) let's go!, come on! ◼ **also los!** okay, let's go!

losbinden ◼ untie [ˌʌn'taɪ] (*Gefangenen usw.*) ◼ set* free (*Tier*)

Löschblatt n: **ein Löschblatt** a piece of blotting paper

löschen **1** put* out (*Feuer, Brand*) **2** put* out, switch off, turn off (*oder* out) (*Licht*) **3** **den Durst löschen** quench one's thirst **4** *Computer*: delete (*Zeile, Daten usw.*) **5** *Tonband*: erase [ɪˈreɪz] **6** delete (*Eintragung*) **7** wipe out (*Erinnerungen, Spuren*) (*aus* of)

Löschpapier n blotting paper

Löschtaste f *Computer*: delete key [dɪˈliːt_kiː]

★**lose** **1** (≈ *locker, unbefestigt*) loose [luːs]; **ein loses Blatt** *aus Buch usw.*: a loose leaf; **ein loses Mundwerk** a loose tongue [tʌŋ] **2** **lose Teile** separate [ˈsepɹət] parts

Lösegeld n ransom [ˈrænsəm]

losen **1** draw* lots (**um** for) **2** *mit Münze*: toss (**um** for)

★**lösen** **1** solve (*Problem, Aufgabe, Rätsel usw.*) **2** break* off (*Verbindung, auch Verlobung*) **3** cancel [ˈkænsl] (*Vertrag*) **4** resolve, settle (*Konflikt usw.*) **5** buy* (*Fahrkarte usw.*) **6** **etwas von etwas lösen** take* something off something **7** (≈ *lockern*) loosen [ˈluːsn] (*Schraube usw.*) **8** release (*Bremse*) **9** undo* (*Knoten*) **10** **sich lösen** (*Tapete usw.*) come* off, (*Schraube usw.*) come* loose [luːs], (*Spannung*) ease **11** **sich von etwas lösen** *von Vorstellung usw.*: free oneself from something

losfahren **1** (≈ *abfahren*) leave* (*auch Zug usw.*) **2** *mit Auto usw.*: drive* off

losgehen **1** (≈ *aufbrechen*) leave*; **ich geh jetzt los** I'm off now **2** (*Schuss*) go* off **3** **auf jemanden losgehen** go* for someone **4** (≈ *beginnen*) start; **jetzt geht's los** here we go; **wann geht's endlich los?** *Film, Aufführung usw.*: when is it going to start?

loslassen **1** **lass bloß nicht los!** don't let go! **2** **lass mich los!** let (me) go! **3** **er ließ den Hund auf mich los** he set his dog on me

loslegen **1** *umg* (≈ *anfangen*) get* cracking **2** **dann legte sie richtig los** (≈ *redete, schimpfte*) then she really got going

löslich *in Wasser usw.*: soluble [ˈsɒljʊbl]

losmachen **1** **den Hund von der Leine losmachen** take* (*oder* let*) the dog off the lead [liːd] **2** *unmoor* (*Boot usw.*); **das Boot losmachen** *und gleichzeitig ablegen*: cast* [kɑːst] off

losreißen **1** **sich losreißen** (*Tier*) break* loose [luːs], (*Mensch*) break* away (**von** from) **2** **sie kann sich von dem Buch gar nicht mehr losreißen** she can't tear [teə] herself away from that book

★**Lösung** f **1** *allg.*: solution (*auch chemische*); **die Lösung des Problems** the solution to the problem **2** (≈ *Antwort*) answer [ˈɑːnsə] **3** *eines Konflikts usw.*: settlement **4** *einer Verlobung*: breaking off; *einer Verbindung*: severance; *einer Ehe*: dissolving

Lösungsansatz m *Mathematik*: approach

Lösungsmittel n solvent

Lösungsweg m *Mathematik*: approach

Lösungswort n answer

loswerden **1** get* rid of (*lästigen Menschen usw.*) **2** *umg* (≈ *ausgeben*) spend* (*Geld*) **3** *umg* (≈ *verlieren*) lose* (▲ luːz) (*Geld*)

Lot n (≈ *Senkblei*) plumb line; *Schifffahrt* sounding line; *Mathematik* perpendicular; **die Sache ist wieder im Lot** things have been straightened out

löten solder (▲ ˈsɒldə)

Lotion f lotion [ˈləʊʃn]

Lötkolben m soldering iron (▲ ˈsɒldərɪŋˌaɪən)

Lotse m, **Lotsin** f **lotsen** **1** *Schifffahrt*: pilot **2** *übertragen* guide [gaɪd]

Lotterie f lottery

Lotto n **1** *in GB*: national lottery **2** *in deutschsprachigen Ländern*: lotto; **Lotto spielen** do the lotto; **sie hat nie (etwas) im Lotto gewonnen** she's never won (anything) in the lotto

Lottoannahmestelle f, Ⓐ **Lottokollektur** f lottery outlet

Lottoschein m lottery ticket

Lottozahlen pl winning (lottery) numbers

★**Löwe** m **1** *Tier*: lion **2** *Sternzeichen*: Leo [ˈliːəʊ]; **sie ist (ein) Löwe** she's (a) Leo

Löwenzahn m dandelion [ˈdændɪlaɪən]

Löwin f lioness [ˈlaɪənes]

LRS *abk* (*abk für* Lese-Rechtschreib-Schwäche) dyslexia [dɪsˈleksɪə]

Luchs m lynx [lɪŋks]

★**Lücke** f **1** *allg.*: gap **2** *in Gesetz usw.*: loophole **3** (≈ *leere Stelle*) empty space

lückenhaft **1** *allg.*: full of gaps (▲ *nur hinter dem Subst. bzw. Verb*) **2** *Bericht*: incomplete **3** *Wissen, Gedächtnis*: sketchy

lückenlos **1** *allg.*: complete **2** **ein lückenloses Gebiss** a full set of teeth **3** *Wissen*: perfect [ˈpɜːfɪkt] **4** *Alibi*: watertight

★**Luft** f **1** air; **frische Luft schnappen** *umg* get* some fresh air **2** **tief Luft holen** *wörtlich* take* a deep breath [breθ], *vor Erstaunen usw.*: swallow hard; **ich musste die Luft anhalten** I had to hold my breath **3** **ich bekam keine Luft mehr** I could hardly breathe [briːð] **4** **die Tankstelle flog in die Luft** the filling station

blew up **5** **sich in Luft auflösen** disappear into thin air **6** **mir blieb die Luft weg** it took my breath away
Luftballon *m* balloon [bəˈluːn]
luftdicht **1** airtight **2** **luftdicht verschlossen** airtight
Luftdruck *m* **1** *Wetterkunde*: atmospheric [ˌætməˈsferɪk] pressure **2** *in Reifen usw.*: air pressure **3** (≈ *Explosionsdruck*) blast [blɑːst]
lüften **1** air (*Raum usw.*) **2** **hier muss mal gelüftet werden** this place needs airing
Luftfahrt *f*: **die Luftfahrt** aviation [ˌeɪvɪˈeɪʃn] (△ *ohne* the)
Luftfeuchtigkeit *f* humidity [hjuːˈmɪdəti]
Luftfracht *f* air freight
Luftgewehr *n* airgun
luftig **1** *Raum usw.*: airy **2** *Platz*: breezy **3** *Kleidung*: light; **luftig gekleidet sein** be* wearing light clothes
Luftkissenfahrzeug *n* hovercraft [△ ˈhɒvəkrɑːft]
Luftkurort *m* health resort
luftleer **1** completely airless **2** **ein luftleerer Raum** a vacuum [ˈvækjʊəm]
Luftlinie *f*: **es sind 500 km Luftlinie** it's 500 kilometres as the crow [krəʊ] flies
Luftloch *n* **1** *Öffnung*: air hole, vent **2** *beim Fliegen*: air pocket
Luftmatratze *f* airbed, *Br auch* Lilo®, *umg* lilo [ˈlaɪləʊ]
★**Luftpost** *f* airmail; **mit Luftpost** (by) airmail
Luftpumpe *f* *für Fahrrad*: (bicycle) pump
Luftraum *m* airspace
Luftröhre *f* windpipe
Lüftung *f* **1** *als Vorgang*: airing, *künstliche*: ventilation **2** (≈ *Lüftungsanlage*) ventilation, ventilation system
Luftveränderung *f* change of air
Luftverschmutzung *f* air pollution [ˈeə pəˌluːʃn]; **die Luftverschmutzung** air pollution (△ *ohne* the)
★**Luftwaffe** *f* air force
Luftweg *m* **1** (≈ *Flugweg*) air route; **etwas auf dem Luftweg befördern** transport something by air **2** (≈ *Atemweg*) respiratory tract
Luftzug *m* draught [△ drɑːft], *US* draft
★**Lüge** *f* **1** lie; **alles Lüge** all lies (△ *pl*) **2** **jemanden bei einer Lüge ertappen** catch* someone lying
★**lügen** **1** lie, tell* a lie (*oder* lies); **sie lügt** she's lying **2** **das ist gelogen!** that's a lie
Lügner(in) *m(f)* liar [ˈlaɪə]
Luke *f* **1** (≈ *Einstiegsluke, Ladeluke*) hatch **2** (≈ *Dachluke*) skylight
Lümmel *m* **1** (≈ *Flegel*) lout **2** (≈ *Schlingel*) rascal [ˈrɑːskl]
Lumpen *m* rag; **in Lumpen** *gekleidet*: in rags
Lunchpaket *n* packed lunch, *US* box lunch
★**Lunge** *f* **1** *als Organ*: lungs (△ *pl*) **2** (≈ *Lungenflügel*) lung **3** **er hat's auf der Lunge** he's got lung trouble
Lungenbraten *m* Ⓐ *etwa*: fillet [ˈfɪlɪt] of beef
Lungenentzündung *f* pneumonia [△ njuːˈməʊnɪə]; **sie hat (eine) Lungenentzündung** she's got pneumonia (△ *ohne* a)
Lungenkrebs *m* lung cancer [ˈlʌŋˌkænsə]
Lupe *f* **1** magnifying glass [ˈmægnɪfaɪɪŋ ˌglɑːs] **2** **etwas unter die Lupe nehmen** have* a close look [ˌkləʊsˈlʊk] at something
★**Lust** *f* **1** (≈ *Verlangen*) desire (△ *engl.* lust = Begierde) **2** (≈ *starkes Verlangen*) appetite (**auf** for) **3** **ich hab Lust auf ein Stück Kuchen** I feel like a piece of cake; **ich hab keine Lust** I don't feel like it; **sie hat keine Lust, die Hausfrau zu spielen** she doesn't feel like playing housewife; **ich hätte Lust auf ein Bier** I wouldn't mind a beer **4** **hast du Lust, bei uns mitzumachen?** would you like to join us? **5** **ich hab keine Lust mehr** I've had enough **6** **die Lust verlieren** lose* interest (**an** in) **7** **mir ist die Lust vergangen** I don't feel like it any more **8** **du kannst schlafen, solange du Lust hast** you can sleep as long as you like
★**lustig** **1** (≈ *komisch*) funny; **ein lustiger Film** a funny film **2** *Person*: jolly; **er ist ein lustiger Typ** he's good fun **3** **es war sehr lustig** it was great fun **4** **sich lustig machen über** laugh [lɑːf] at, *offen*: make* fun of **5** **das ist ja lustig!** (≈ *merkwürdig*) that's funny (*oder* strange) **6** **das kann ja lustig werden!** *im negativen Sinn* looks like we're in for some fun and games; **du bist lustig!** *im negativen Sinn* you're a right one
lustlos **1** *allg.*: listless **2** (≈ *gleichgültig*) indifferent
lutschen **1** **etwas lutschen** suck (away at) something (*Bonbon usw.*) **2** **an etwas lutschen** suck something
Lutscher *m* lollipop, *umg* lolly
Luv *f/n* **1** windward [ˈwɪndwəd] **2** **nach Luv** windward
Luxemburg *n* Luxemb(o)urg [ˈlʌksəmbɜːg]
Luxemburger[1] *m* *Person*: Luxemb(o)urger; **er ist Luxemburger** he's from Luxemb(o)urg
Luxemburger[2] (≈ *luxemburgisch*) Luxem-

b(o)urgian, *nachgestellt*: from Luxemb(o)urg

Luxemburgerin *f* woman (*oder* lady *bzw.* girl) from Luxemb(o)urg; **sie ist Luxemburgerin** she's from Luxemb(o)urg

luxemburgisch Luxemb(o)urgian, *nachgestellt*: from Luxemb(o)urg

luxuriös ◼ luxurious [lʌɡˈzjʊərɪəs] ◼ **ein luxuriöses Leben** a life of luxury [ˈlʌkʃərɪ]

Luxus *m* ◼ *allg.*: luxury [ˈlʌkʃərɪ] ◼ **das ist reiner Luxus** that's sheer extravagance [ɪkˈstrævəɡəns], that's pure luxury

Luxusausführung *f* de luxe model [dəˈlʌksˌmɒdl]

Luzern *n* Lucerne [luːˈsɜːn]

Lymphdrüse *f* lymph(atic) gland [ˈlɪmfˌɡlænd (lɪmˌfætɪkˈɡlænd)]

Lymphknoten *m* lymph node [ˈlɪmfˌnəʊd]

lynchen ◼ lynch ◼ *übertragen* kill

★**Lyrik** *f* poetry [ˈpəʊətrɪ]; **die Lyrik** poetry (⚠ *ohne* the)

M

machbar doable [ˈduːəbl]

★**machen** ◼ (≈ *tun, erledigen*) do*; **was machst du?** *gerade*: what are you doing?, *beruflich*: what do you do?; **sie macht ihre Hausaufgaben** she's doing her homework ◼ (≈ *herstellen, verursachen*) make*; **das Essen machen** make* dinner (*bzw.* lunch *usw.*) (⚠ *meist ohne* the); **einen Fehler machen** make* a mistake ◼ **das Bett machen** make* the bed; **das Zimmer machen** do* (*oder* tidy up) the room, *US* clean up the room ◼ **ein Foto machen** take* a photo; **eine Prüfung machen** sit* (*oder* take* *oder* do*) an exam ◼ **einen Kurs machen** do* (*oder* take*) a course ◼ **einen Spaziergang machen** go* for a walk; **eine Reise machen** go* on a trip (**nach** to) ◼ **Pause machen** have* (*oder* take*) a break; **eine unangenehme Erfahrung machen** have* an unpleasant experience ◼ **wir haben Peter zu unserem Klassensprecher gemacht** we've made Peter our form captain (*US* class president) ◼ **was macht das?** (≈ *wie viel kostet das?*) how much is that?; **das macht zwei Pfund fünfzig** that's (*oder* that'll be) £2.50 (*gesprochen* two pounds fifty) ◼ **das macht nichts** it doesn't matter, never mind; **das macht mir nichts (aus)** I don't mind; **mach dir nichts draus!** don't worry about it ◼ **da kann man nichts machen** it's just one of those things ◼ **mach, was du willst** do what you like ◼ **mach's gut!** *als Gruß*: see you, take care (of yourself)! ◼ **macht's euch bequem** make yourselves at home ◼ **lass mich nur machen** just leave it to me ◼ **Wandern macht hungrig** hiking makes you hungry ◼ **das lässt sich schon machen** that can be arranged, that's no problem ◼ **unsere neue Mitschülerin macht sich gut** our new classmate is doing fine (*oder* is coming along well) ◼ **wir machten uns an die Arbeit** we got down to work ◼ **sie machten sich früh auf den Weg** they set out (*oder* off) early ◼ **mach schon!** hurry up!, *umg* get a move on! ◼ **er macht den Künstler** he's acting the artist ◼ **gut gemacht!** well done!

Macho *m* macho [ˈmætʃəʊ]

★**Macht** *f* power; **die Macht ergreifen** seize [siːz] power; **an die Macht kommen** come* into (*oder* to) power (⚠ *beide ohne* the)

Machthaber(in) *m(f)* ruler

mächtig ◼ *allg.*: powerful ◼ (≈ *gewaltig groß*) massive, huge, enormous ◼ **sie hat sich mächtig angestrengt** *umg* she worked like mad

Machtkampf *m* power struggle

machtlos: **da ist man machtlos** there's nothing you can do (about it)

Machtprobe *f* trial of strength [⚠ strenθ]

Macke *f* ◼ **er hat ne Macke** he's got a screw loose [⚠ (≈ *Fehler*) fault

Macker *m* ◼ *umg* (≈ *Freund, Typ*) guy, fella, *bes. Br* bloke ◼ **er spielt den großen Macker** he's acting the tough [tʌf] guy

★**Mädchen** *n* ◼ *allg.*: girl ◼ (≈ *Dienstmädchen*) maid

Mädchenname *m* ◼ girl's name ◼ *einer Frau vor der Ehe*: maiden name

Made *f* *in Käse, Fleisch usw.*: maggot [ˈmæɡət], *in Obst auch*: worm [⚠ wɜːm]

Madrid *n* Madrid [məˈdrɪd]

Maf(f)ia *f* mafia [ˈmæfɪə]

Magazin *n* ◼ (≈ *Zeitschrift*) magazine [ˌmæɡəˈziːn] ◼ *TV, Radio*: magazine program(me) ◼ *für Patronen, Dias usw.*: magazine ◼ (≈ *Lager*) depot [ˈdepəʊ], *Raum*: storeroom ◼ *einer Bibliothek*: stacks (⚠ *pl*)

★**Magen** *m* stomach [⚠ ˈstʌmək]; **ich hab mir den Magen verdorben** I've got an upset stomach; **auf nüchternen Magen** on an empty stomach

Magenbeschwerden pl: **er hat Magenbeschwerden** he's got stomach trouble

Magengeschwür n stomach ulcer ['stʌmək-ˌʌlsə]

Magenschmerzen pl: **er hat Magenschmerzen** he's got (a) stomachache ['stʌmək_ˌeɪk]

Magenverstimmung f: **er hat eine Magenverstimmung** he's got an upset stomach ['stʌmək]

★**mager 1** Person: thin, umg skinny **2** Fleisch, Wurst: lean **3** Essen, Joghurt, Wurst usw.: low-fat **4** Ergebnis, Leistung usw.: poor

Magermilch f skimmed milk

Magerquark m low-fat curd (US cottage) cheese, low-fat quark [▲ kwɑːk]

Magersucht f anorexia [ˌænəˈreksɪə]

magersüchtig anorexic [ˌænəˈreksɪk]

Magie f magic [ˈmædʒɪk]

magisch 1 Künste, Kräfte: magic **2** Anziehungskraft, Atmosphäre: magical

Magister m als Titel etwa: MA [ˌemˈeɪ] (▲ ansonsten unübersetzbar)

Magnesium n magnesium

Magnet m magnet [ˈmægnɪt]

magnetisch magnetic (auch übertragen)

Magnetstreifen m magnetic stripe (oder strip)

Mahagoni n Holz: mahogany [▲ məˈhɒɡənɪ]

mähen 1 mow* [məʊ] (Rasen) **2** cut* (Gras, Getreide)

★**mahlen 1** grind* [ɡraɪnd], mill (Getreide) **2** grind* (Kaffee)

★**Mahlzeit** f **1** meal **2 Mahlzeit!** als Spruch beim Essen: bon appetit, (bes. von Bedienung zu hören) enjoy your meal

Mähne f mane (auch humorvoll für Haare)

mahnen 1 (≈ auffordern) urge **2 jemanden (schriftlich) mahnen** send* someone a reminder

Mahnung f **1** (≈ Ermahnung) exhortation; warnend: admonition **2** (≈ warnende Erinnerung, Mahnbrief) reminder

★**Mai** m May; **im Mai** in May (▲ ohne the); **der Erste Mai** May Day (▲ ohne the), the first of May

Maiglöckchen n lily of the valley

Maikäfer m cockchafer

Mail f/n e-mail, mail

Mail-Account m e-mail account

Mailbox f mailbox; **jemandem auf die Mailbox sprechen** leave* someone a voicemail (message); **die Mailbox abhören** listen to one's voicemail (messages)

mailen e-mail, mail; **jemandem (etwas) mailen** e-mail (oder mail) (something) to someone

Mailing n mailing

Mailserver m mail server

Mais m maize [meɪz], US corn

Maiskolben m **1** an der Pflanze: corncob, cob **2** als Gericht: corn on the cob

Majestät f: Majesty; **Eure (Ihre) usw.) Majestät** Your (bzw. Her, His usw.) Majesty

Majonäse f mayonnaise [ˌmeɪəˈneɪz], US umg mayo [ˈmeɪəʊ]

Majoran m marjoram [ˈmɑːdʒərəm]

Make-up n makeup [ˈmeɪkʌp] (▲ Betonung)

Makkaroni pl macaroni (▲ sg)

★**Makler(in)** m(f) (≈ Grundstücksmakler) estate agent [ɪˈsteɪtˌeɪdʒənt], US real estate agent [ˈrɪəl_ˌɪˌsteɪtˌeɪdʒənt], Realtor [ˈrɪəltə]

Makrele f mackerel [ˈmækrəl]

Makro n Computer: macro [ˈmækrəʊ]

★**mal 1** beim Rechnen: times; **vier mal fünf ist zwanzig** four times five is twenty, four fives are (US make) twenty **2 das Zimmer ist vier mal fünf Meter groß** the room is four metres (US meters) by five **3** Wendungen: **komm mal her** come here a minute(, will you?); **guck mal!** look, have a look at this; **hör mal** listen; **sag mal** tell me; → **einmal**

★**Mal¹** n **1 zum ersten (bzw. letzten) Mal** for the first (bzw. last) time; **letztes Mal** (the) last time; **ein anderes Mal** some other time; **nur das eine Mal** just this once; **das einzige Mal** the only time; **ein einziges Mal** just once; **kein einziges Mal** not once; **das nächste Mal** next time; **beim ersten Mal** the first time **2 für dieses Mal** for now

Mal² n auf der Haut: mark, braunes: mole

Malaria f malaria [məˈleərɪə]

Malaysia n Malaysia [məˈleɪzɪə]

★**malen 1** paint (Bild usw.), mit Stiften: draw* **2 sich malen lassen** have* one's portrait [▲ ˈpɔːtrət] done

★**Maler(in)** m(f) painter (auch Handwerker)

Malerei f Kunst: painting

Malerfarbe f paint

Malerrolle f (paint) roller

Malkasten m paintbox

Mallorca n Majorca [məˈjɔːkə]

malnehmen multiply (Zahl usw.) (**mit** by)

Malta n Malta [ˈmɔːltə]

Malz n malt [mɔːlt]

Malzeichen n Mathematik: multiplication sign

Mama f mummy, mum, US mommy, mom (▲ als Anrede mit Großschreibung: Mummy, Mum usw.)

mampfen *umg* munch

★**man** ① you, *förmlicher*: one; **man kann nicht alles haben** you can't 'have your cake and eat it; **wie schreibt man das?** how do you spell it?; **man kann nie wissen** you can never tell ② **man trägt jetzt wieder kurze Röcke** miniskirts are in again ③ **man hat mir gesagt** I've been told; **hat man dir das denn nicht gesagt?** didn't anybody tell you?; **man sagt** they say

Management *n* management

managen *umg* ① *allg.*: manage ② (≈ *deichseln*) wangle

★**Manager(in)** *m(f)* manager ['mænɪdʒə]

manch(e, -er, -es) ① **manche sind eben unbelehrbar** some people just won't learn ② **an manchen Tagen kann ich mich einfach nicht konzentrieren** on 'some days I just can't concentrate ③ **in manchem hat er recht** he's right about 'some things ④ **sie hat so manches zu erzählen** she's got a few things to tell us; **ich hab schon so manches erlebt** I've seen a fair bit, *mitgemacht*: I've been through a fair bit

★**manchmal** sometimes, occasionally

Mandant(in) *m(f) eines Rechtsanwalts*: client ['klaɪənt]

Mandarine *f* tangerine [ˌtændʒə'riːn], mandarin ['mændərɪn]

Mandatar(in) *m(f)* Ⓐ (≈ *Abgeordneter*) elected representative [ɪˌlektɪd‚reprɪ'zentətɪv]

Mandel *f* ① *Frucht*: almond [⚠ 'ɑːmənd] ② **die Mandeln** *im Hals*: the tonsils ['tɒnslz]

Mandelentzündung *f* tonsillitis [ˌtɒnsə'laɪtɪs]; **sie hat (eine) Mandelentzündung** she's got tonsillitis (⚠ *ohne* a)

Manege *f im Zirkus*: ring

★**Mangel** *m* ① (≈ *Knappheit*) lack, shortage (**an** of); **ein Mangel an Vitaminen** a lack of vitamins; **aus Mangel an** *for* lack of ② (≈ *Fehler*) defect ['diːfekt], fault, *inhaltlicher, charakterlicher*: flaw; **einen Mangel beseitigen** correct a fault ③ (≈ *Unzulänglichkeit*) weakness

Mangelerscheinung *f* deficiency symptom [dɪ'fɪʃnsɪˌsɪmptəm]

mangelhaft ① *Waren*: faulty ② *Qualität, Gedächtnis, Leistung*: poor ③ *Wissen*: inadequate [ɪn'ædɪkwət] ④ *im Zeugnis*: unsatisfactory

mangelnd: **wegen mangelnder Nachfrage** due to lack of demand; **mangelndes Selbstvertrauen** lack of self-confidence

mangels *allg.*: for lack of

Mangelware *f*: **gute Lehrer sind Mangelware** good teachers are scarce [⚠ skeəs] (*oder* are in short supply)

Mango *f* mango

Mangold *m* (Swiss) chard [tʃɑːd]

Manieren *pl* manners; **er hat keine Manieren** he has no manners

Maniküre *f* manicure ['mænɪkjʊə]

Manipulation *f* manipulation [məˌnɪpjʊ'leɪʃn]

manipulieren manipulate [mə'nɪpjʊleɪt]

★**Mann** *m* ① man *pl*: men; **drei Mann** three men (*oder* people) ② (≈ *Ehemann*) husband ['hʌzbənd] ③ **wir brauchen noch einen vierten Mann** *für ein (Karten)Spiel*: we need a fourth player ④ **wir kriegten 10 Euro pro Mann** we got ten euros each (*oder* a head) ⑤ (**Mann o Mann!**) *überrascht oder bewundernd*: wow!, *verärgert*: hey! [heɪ] ⑥ **typisch Mann!** *abwertend* typical male!

Männchen *n* ① (≈ *kleiner Mann*) little man ② **es ist ein Männchen** *Tier*: it's a he ③ **Männchen machen** *Tier*: stand* on its hind [haɪnd] legs, *Hund auch*: sit* up and beg

Mannequin *n* model ['mɒdl]

★**männlich** ① *biologisches Geschlecht*: male ② *Wesen, Auftreten, Aussehen, auch einer Frau*: masculine ['mæskjʊlɪn] ③ *Grammatik*: masculine ④ *Verhalten*: (≈ *mannhaft*) manly, (≈ *für Männer typisch*) male

Männlichkeit *f* manliness, masculinity [ˌmæskjʊ'lɪnətɪ]

★**Mannschaft** *f* ① *Sport, bei der Arbeit*: team ② (≈ *Besatzung*) crew ③ **vor versammelter Mannschaft** *umg* in front of everyone

Mannschaftsaufstellung *f Sport*: lineup ['laɪnʌp]

Mannschaftskamerad(in) *m(f) Sport*: teammate ['tiːmˌmeɪt]

Mannschaftskapitän(in) *m(f)* (team) captain ['kæptɪn], *umg* skipper

Manöver *n* ① *des Militärs*: exercise, manoeuvres [mə'nuːvəz], *US* maneuvers [mə'nuːvəz] (⚠ *pl*) ② **ein geschicktes Manöver** a clever move

manövrieren manoeuvre [mə'nuːvə], *US* maneuver [mə'nuːvə]

Mansarde *f* ① attic ② *Zimmer*: attic room

Mansardenfenster *n* dormer window

Mansardenwohnung *f* attic flat, *US* attic apartment

Manschette *f an Hemd, Bluse*: cuff

Manschettenknopf *m* cufflink

★**Mantel** *m* ① *Kleidungsstück*: coat ② *eines Autoreifens*: casing ③ *von Fahrradreifen*: tyre

Manteltarifvertrag *m* framework agreement

on pay and conditions
Manuskript n **1** manuscript ['mænjʊskrɪpt] **2** **ohne Manuskript sprechen** speak* without notes

Mäppchen n (≈ Federmäppchen) pencil case

Mappe f **1** für Dokumente: folder **2** (≈ Aktenmappe) document (oder portfolio) case **3** (≈ Bewerbungsmappe) application documents (⚠ pl) **4** für Zeichnungen usw.: portfolio **5** (≈ Aktentasche) briefcase (⚠ engl. map = **Landkarte, Stadtplan**) **6** (≈ Schultasche) (school) bag **7** des Sprachenportfolios: dossier

Maracuja f passion fruit ['pæʃnfruːt]

Marathonlauf m marathon ['mærəθɒn]

★**Märchen** n **1** für Kinder: fairytale **2** umg (≈ Lüge) story; **erzähl doch keine Märchen!** don't tell me stories

Märchenprinz m Prince Charming (⚠ ohne the bzw. a)

Marder m marten (⚠ 'mɑːtɪn]

★**Margarine** f margarine [,mɑːdʒəˈriːn]

Marge f Handel: margin

Margerite f in der Natur: ox-eye daisy, kultiviert: marguerite [,mɑːɡəˈriːt]

Marienkäfer m ladybird, US ladybug

Marihuana n marijuana [⚠ ,mærəˈwɑːnə], salopp grass, pot

★**Marille** f bes. Ⓐ apricot (⚠ 'eɪprɪkɒt]

★**Marine** f navy (⚠ engl. marine [məˈriːn] = **Marineinfanterist**)

Marionette f **1** wörtlich puppet, marionette [,mærɪəˈnet] **2** übertragen: Person: puppet

Mark[1] f historisch, Münze und Währung: mark; **die Deutsche Mark** the German mark, the deutschmark; **zehn Mark** ten mark<u>s</u>

Mark[2] n **1** (≈ Knochenmark) marrow **2** von Früchten: pulp **3** im Stängel von Pflanzen: pith [pɪθ] **4** **ihr Schreien ging mir durch Mark und Bein** her screams set my teeth on edge

★**Marke**[1] f **1** Auto, Gerät usw.: (≈ Fabrikat) make; **was ist das für eine Marke?** what make is it? **2** (≈ Markenzeichen) trademark **3** Lebensmittel, Zigaretten usw.: (≈ Warenname) brand

★**Marke**[2] f **1** (≈ Briefmarke) stamp **2** (≈ Essenmarke) voucher **3** (≈ Rabattmarke) (trading) stamp **4** (≈ Lebensmittelmarke) coupon

Marke[3] f (≈ Messmarke, Messpunkt) mark

Markenartikel m proprietary [prəˈpraɪətərɪ] article

Markenschutz m protection of trademarks

Markenzeichen n trademark

Marker m **1** (≈ Markierstift) marker pen **2** Technik, Medizin: marker; **molekularer Marker** genetic marker

Marketing n marketing

Marketingabteilung f marketing department

★**markieren** **1** (≈ kennzeichnen) mark **2** (≈ vortäuschen) act, play; **sie markiert eine Grippe** usw. she's pretending she's got flu usw.; **sie markiert nur** she's just putting it on, US she's just faking it

Markierung f **1** (≈ das Markieren) marking **2** Zeichen: mark

Markise f als Sonnenschutz: awning ['ɔːnɪŋ]

★**Markt** m **1** market; (≈ Jahrmarkt) fair; (≈ Warenverkehr) trade; **auf dem** (oder **am**) **Markt** on the market; **etwas auf den Markt bringen** put* something on the market; release (CD, Film); **auf den Markt kommen** come* on the market **2** (≈ Marktplatz) marketplace

Marktforschung f market research

Markthalle f covered market

Marktlücke f gap in the market

Marktnische f market niche; **eine Marktnische besetzen** fill a gap in the market

Marktplatz m marketplace, market square

Marktwirtschaft f market economy; **die freie Marktwirtschaft** free enterprise (⚠ ohne the); **soziale Marktwirtschaft** social market economy

★**Marmelade** f **1** allg.: jam **2** aus Orangen, Zitronen: marmalade ['mɑːməleɪd]

Marmor m marble ['mɑːbl]

Marokkaner m Moroccan [məˈrɒkən]; **er ist Marokkaner** he's a(n) Moroccan

Marokkanerin f Moroccan woman (oder lady bzw. girl); **sie ist Marokkanerin** she's (a) Moroccan

marokkanisch Moroccan [məˈrɒkən]

Marokko n Morocco [məˈrɒkəʊ]

Marone f (sweet) chestnut (⚠ 'tʃesnʌt]

Marotte f (≈ Eigenart) funny habit, quirk, vorübergehende: fad

Mars m Planet: M<u>a</u>rs (⚠ mɑːz] (⚠ ohne the)

Marsch[1] m **1** march (auch Musikstück) **2** (≈ Wanderung) walk, längere: trek

Marsch[2] f fruchtbares Küstengebiet: marsh

★**marschieren** **1** Militär: march **2** (≈ laufen) walk, über längere Strecke: trek

Marschmusik f military marches (⚠ pl)

Marsmensch m Martian ['mɑːʃn]

Marterpfahl m stake

Märtyrer(in) m(f) martyr (⚠ 'mɑːtə]

Marxismus m Marxism ['mɑːksɪzm] (⚠ ohne the)

Marxist(in) m(f), **marxistisch** Marxist ['mɑːksɪst]

März *m* March; **im März** in March (⚠ *ohne the*)
Marzipan *n* marzipan ['mɑːzɪpæn]
Masche *f* **1** *beim Stricken*: stitch **2** *eines Netzes*: mesh **3** (≈ *Trick*) trick; **komm mir nicht mit 'der Masche!** don't try that one on me **4** (≈ *Modeerscheinung*) fad, craze; **das ist die neueste Masche** it's the latest fad
★**Maschine** *f* **1** *allg.*: machine [mə'ʃiːn]; **etwas in der Maschine waschen** machine-wash something **2** (≈ *Motor*) engine ['endʒɪn] **3** (≈ *Flugzeug*) plane; **ich fliege mit der nächsten Maschine** I'm catching the next plane **4** *umg* (≈ *Motorrad*) bike **5** **etwas mit der Maschine schreiben** type something; **mit der Maschine geschrieben** typewritten, typed
maschinell **1** machine-... [məˈʃiːn], mechanical [mɪˈkænɪkl], mechanized ['mekənaɪzd] **2** by machine, machine-...; **maschinell bearbeiten** machine; **maschinell betrieben** machine-driven, machine-operated; **maschinell hergestellt** machine-made
Maschinenbau *m* mechanical engineering [mɪˌkænɪkl‿endʒɪˈnɪərɪŋ]
Maschinenbauer(in) *m(f)*, **Maschinenbauingenieur(in)** *m(f)* mechanical engineer
Maschinengewehr *n* machine gun
Maschinenpistole *f* submachine gun
Maschinenschlosser(in) *m(f)* machine fitter
Masern *pl* measles ['miːzlz] (⚠ *sg*); **sie hat Masern** she's got (the) measles
Maserung *f im Holz*: grain
Maske *f* **1** *allg.*: mask [mɑːsk] (*auch Computer und übertragen*) **2** (≈ *Gesichtsschminke von Schauspielern*) makeup ['meɪkʌp]
Maskenball *m* fancy-dress ball, *US* costume ball
maskieren **1** **sich maskieren** (≈ *eine Maske aufsetzen*) put* on a mask; **zwei maskierte Männer** two masked men **2** **sich maskieren** (≈ *sich verkleiden*) dress up
maskiert masked [mɑːskt]
Maskottchen *n* mascot ['mæskət]
maskulin, **Maskulinum** *n* masculine ['mæskjʊlɪn]
★**Maß¹** *n* **1** (≈ *Maßeinheit*) unit of measurement ['meʒəmənt] (**für** of); **Maße und Gewichte** weights (⚠ weɪts) and measures **2** (≈ *Ausmaß*) extent, degree; **ein gewisses Maß an** a certain degree of, some **3** **Maße** (≈ *Körpermaße*) measurements, *eines Zimmers, Kartons usw.*: dimensions
Maß² *f regional* (≈ *Maß Bier*) litre of beer
Massage *f* massage ['mæsɑːʒ]
Massaker *n* massacre ['mæsəkə]; **ein Massaker anrichten** carry out a massacre
Maßanzug *m* tailor-made suit [suːt], *US* custom-made suit
Maßband *n* tape measure ['teɪpˌmeʒə]
★**Masse** *f* **1** (≈ *ungeformter Stoff*) mass [mæs] **2** (≈ *Brei, Mischung*) mixture (**aus** of) **3** (≈ *Menschenmasse*) crowd, crowds *pl*; **die breite Masse** the masses (⚠ *pl*) **4** *umg* (≈ *große Menge*) masses (⚠ *pl*), loads (⚠ *pl*), *US* tons (⚠ *pl*, **an, von** of); **eine Masse Geld** loads of money **5** (≈ *Großteil*) majority [məˈdʒɒrətɪ]; **die Masse der Fernsehzuschauer will synchronisierte Filme** the majority of TV viewers prefer(s) dubbed films
Maßeinheit *f* unit of measurement ['meʒəmənt]
Massenarbeitslosigkeit *f* mass unemployment
massenhaft **1** **am See gibt es massenhaft Mücken** there are masses ['mæsɪz] of mosquitos at the lake; **sie hat massenhaft CDs** she's got masses (*oder* piles) of CDs **2** **es gab massenhaft Entlassungen** a huge number of people lost their jobs
Massenkarambolage *f umg* pileup ['paɪlʌp]
Massenmedien *pl* mass media [ˌmæsˈmiːdɪə] (⚠ *mit sg oder pl*)
Massentierhaltung *f* factory farming
Massentourismus *m* mass tourism
massenweise → massenhaft
Masseur *m* masseur [mæˈsɜː]
Masseurin *f* masseur, masseuse [mæˈsɜːz]
maßgeschneidert **1** *Lösung usw.*: tailor-made **2** *Kleid usw.*: made-to-measure
massieren: **jemanden massieren** give* someone a massage ['mæsɑːʒ]
mäßig **1** *Tempo, Ansprüche, Preise usw.*: moderate ['mɒdərət] **2** (≈ *ziemlich schlecht*) fairly poor; **es war mäßig** *auch*: it wasn't very good
massiv **1** *Eisen, Holz usw.*: solid ['sɒlɪd] **2** *Widerstand, Angriff*: massive ['mæsɪv], heavy **3** *Drohung, Kritik, Druck*: severe [sɪˈvɪə]
Maßkrug *m* **1** litre beer mug **2** *aus Ton*: stein [⚠ staɪn]
maßlos: **das ist maßlos übertrieben** that's a gross exaggeration ['ɡrəʊsˌɪɡˌzædʒəˈreɪʃn]
★**Maßnahme** *f* measure ['meʒə], step; **Maßnahmen ergreifen gegen** take* steps (*oder* action *sg*) against
★**Maßstab** *m* **1** *von Karten, Plänen usw.*: scale; **im Maßstab 1:5** on a scale of 1:5 (*gesprochen* one to five) **2** **einen Maßstab setzen** set* a (*oder* the) standard
Mast¹ *m* **1** *auf Schiffen, für Antenne*: mast

[mɑːst] **2** *einer Stange, Flagge*: pole **3** (≈ *Strommast*) pylon ['paɪlən]

Mast² *f von Geflügel*: fattening

mästen 1 fatten (*Gänse, Hühner usw.*) **2** **jemanden mästen** *umg* stuff someone

masturbieren masturbate ['mæstəbeɪt]

Match *n* match, *US* game

Matchball *m Tennis*: match point

★**Material** *n* **1** *allg.*: material [mə'tɪərɪəl] (*auch für Buch, Referat usw.*) **2** (≈ *Arbeitsmittel, Material zum Bauen, Schreiben usw.*) materials (△ *pl*)

Materie *f* matter (*auch übertragen*)

Mathe *f* maths (△ *sg*), *US* math; **Mathe ist mein Lieblingsfach** maths is my favourite subject

★**Mathematik** *f* mathematics [,mæθə'mætɪks] (△ *sg*); **Mathematik ist ein Fach, das ich hasse** mathematics is a subject I hate

Mathematiker(in) *m(f)* mathematician [,mæθəmə'tɪʃn]

mathematisch mathematical

Matinee *f* (≈ *Morgenvorstellung*) morning performance

Matjeshering *m* matjes herring ['maːtjəs,herɪŋ]

Matratze *f* mattress ['mætrəs]

★**Matrose** *m* sailor, seaman ['siːmən] *pl*: seamen ['siːmən]

Matsch *m* **1** (≈ *aufgeweichter Boden*) mud **2** (≈ *Schneematsch*) slush

matschig 1 *Boden*: muddy, sludgy **2** *Schnee*: slushy

matt 1 sich matt fühlen feel* weak, feel* worn out **2** *Oberfläche, Farbe, Augen*: dull **3** *Foto, Lack*: matt **4** *Glühbirne*: pearl [pɜːl] (△ *nur vor dem Subst.*) **5** *Glas*: frosted **6** *Licht*: dim **7** *Stimme, Lächeln*: faint, weak **8** *Schachspiel*: checkmate; **jemanden matt setzen** checkmate someone

Matte *f* mat

Mattscheibe *f umg* **1** (≈ *Fernseher*) telly, *US* tube **2 ich hatte eine Mattscheibe** *umg* I had a mental block

★**Matura** *f*: **Matura machen** Ⓐ, Ⓒ *etwa*: take* one's school-leaving exams (*oder Br* A levels), *US* graduate ['grædʒʊeɪt] from high school

Maturand(in) *m(f)* Ⓒ, **Maturant(in)** *m(f)* Ⓐ *etwa*: sixth former, *US* highschool graduate

maturieren Ⓐ, Ⓒ *etwa*: take* one's school--leaving exams (*oder Br* A levels), *US* graduate from high school

Mätzchen *pl* **1** (≈ *Unsinn*) nonsense (△ *sg*) **2** tricks *pl*; **keine Mätzchen!** none of your tricks!

Mauer *f* wall (*auch übertragen und im Sport*)

mauern 1 *Fußball usw.*: play defensively **2** *mit Steinen und Mörtel*: build* [bɪld]

Mauerwerk *n* (≈ *Steinmauer*) stonework; (≈ *Ziegelmauer*) brickwork

Maul *n* **1** *bei Tieren*: mouth **2** *umg*; *eines Menschen*: trap, gob; **er hat ein großes Maul** he's a bigmouth; **halt's Maul!** *salopp* shut up!, shut your trap!

Maulesel *m* mule [mjuːl]

Maulkorb *m* **1** muzzle **2 jemandem einen Maulkorb verpassen** muzzle someone

Maultier *n* mule [mjuːl]

Maul- und Klauenseuche *f* foot-and-mouth disease, *umg* foot-and-mouth

Maulwurf *m* mole

Maulwurfshügel *m* molehill

Maurer(in) *m(f)* bricklayer

Maurerhammer *m* mason's hammer

Maurerkelle *f* brick trowel ['brɪk,traʊəl]

Maurerschnur *f* mason's cord

★**Maus** *f* mouse [maʊs] *pl*: mice (△ *pl* für „Computermäuse" *oft* mouses)

Mausefalle *f* mousetrap

mausern 1 sich mausern zu (≈ *sich entwickeln zu*) develop into **2 die Vögel mausern sich gerade** the birds are moulting ['məʊltɪŋ]

Mausklick *m* mouse click; **per Mausklick** by clicking the mouse

Mauspad *n* mouse pad (*oder* mat)

Maustaste *f* mouse key (*oder* button)

Mauszeiger *m* mouse pointer

Maut *f*, **Mautgebühr** *f* toll [təʊl]

Mautstelle *f* toll gate

maximal 1 ihr habt maximal zwei Stunden Zeit you've got two hours at (the) most **2 in den Lift passen maximal sechs Leute** a maximum of six people fit into the lift

Maximum *n* maximum *pl*: maxima *oder* maximums (**an** of)

Mayonnaise *f* mayonnaise [,meɪə'neɪz], *US umg* mayo ['meɪəʊ]

Mazedonien *n* Macedonia [,mæsɪ'dəʊnɪə]

MB *abk* (= **Megabyte**) MB [,em'biː]

★**Mechaniker(in)** *m(f)* mechanic [mɪ'kænɪk]

mechanisch 1 *allg.*: mechanical (△ *engl.* mechanic = **Mechaniker**) **2 etwas mechanisch herunterleiern** reel (*oder* rattle) something off

Mechanismus *m* mechanism ['mekənɪzm]

Mechatronik *f* mechatronics (△ *sg*)

Mechatroniker(in) *m(f)* mechatronic(s) engineer (*oder* technician)

meckern 1 (≈ *sich aufregen*) moan (**über** about), *US auch* bitch (**über** about) **2** (*Ziege*) bleat (auch übertragen)

Mecklenburg-Vorpommern n Mecklenburg-Western Pomerania ['meklənbɜːg,westən-,pɒməˈreɪnɪə]

Medaille f medal ['medl]

Medaillengewinner(in) m(f) medallist ['medlɪst]

Medien pl ◼ Fernsehen, Presse usw.: media ['miːdɪə] (⚠ mit sg oder pl); **soziale Medien** social media ◼ (≈ Unterrichtsmittel) teaching aids, audio-visual aids ['ɔːdɪəʊ,vɪʒʊəl'eɪdz]

★**Medikament** n medicine ['medsn], drug, medication; **er nimmt Medikamente** he's taking medication (⚠ sg)

Mediothek f media library ['miːdɪə,laɪbrərɪ]

Meditation f meditation [,medɪˈteɪʃn]

meditieren meditate (**über** on)

Medium n ◼ (≈ Person mit übersinnlichen Fähigkeiten) medium pl: mediums ◼ → Medien

★**Medizin** f medicine ['medsn] (⚠ meist ohne a), Heilmittel auch: remedy ['remədɪ] (**gegen** for)

medizinisch ◼ Behandlung, Versorgung: medical ['medɪkl]; **medizinische Fakultät** faculty of medicine; **medizinisch-psychologische Untersuchung** medical and psychological examination (for people convicted of speeding or drink-driving); **jemanden medizinisch behandeln** treat someone (medically) ◼ (≈ arzneilich) medicinal [məˈdɪsnəl]; (Shampoo) medicated; **medizinisch wirksame Kräuter** medicinal herbs

medizinisch-technische(r) Assistent(in) medical laboratory assistant, US medical technologist [tekˈnɒlədʒɪst]

Medizinmann m ◼ allg.: witchdoctor ◼ bei Indianern: medicine man ['medsn‿mæn]

★**Meer** n ◼ allg.: sea, bes. US ocean ['əʊʃn]; **am Meer** by the sea, Urlaub auch: at the seaside; **auf dem Meer** (out) at sea (⚠ ohne the) ◼ **ans Meer fahren** go* to the seaside

Meerenge f strait, häufig: straits pl

Meeresboden m, **Meeresgrund** m sea bed, seafloor, bottom of the sea, US ocean floor

Meeresfrüchte pl seafood (⚠ sg)

Meereshöhe f, **Meeresspiegel** m: **10 m über Meereshöhe** (oder **über dem Meeresspiegel**) ten metres above sea level (⚠ ohne the)

Meerrettich m horseradish ['hɔːs,rædɪʃ]

Meerschweinchen n guinea pig ['gɪnɪ‿pɪg]

Megabyte n megabyte ['megəbaɪt], MB [,emˈbiː]

Megafon n megaphone

Megahertz n megahertz ['megəhɜːts], megacycle ['megə,saɪkl]

Megaphon n megaphone

★**Mehl** n flour ['flaʊə]

mehlig Apfel, Kartoffel: mealy

Mehlspeise f ⓐ ◼ (≈ Süßspeise) sweet dish ◼ (≈ Kuchen) cake

★**mehr** ◼ allg.: more; **immer mehr** more and more; **mehr als zehn Leute** more than [ðən] ten people; **je mehr …, desto besser** usw. the more …, the better usw.; **noch mehr** even more; **umso mehr** all the more; **ich kann nicht mehr stehen** I can't stand any more (oder any longer); **ich hab keins** (bzw. **keine**) **mehr** I haven't got any more; **was will er mehr?** what more does he want? ◼ **nie mehr** never again ◼ **es ist kein Brot mehr da** there's no bread left; **es ist niemand mehr da** there's no one left; **ich hab nichts mehr** I've got nothing left ◼ **ich kann nicht mehr** vor Erschöpfung: I've had it, beim Essen: I couldn't eat another thing, (≈ ich ertrage es nicht mehr) I can't take it any more ◼ **er ist mehr ein praktischer Mensch** he's more of a practical man

Mehrbettzimmer n multi-bedded room

mehrdeutig ambiguous [æmˈbɪgjʊəs]

★**mehrere** ◼ Dinge, Personen, Stunden usw.: several ['sevrəl] ◼ **es war nicht nur einer, es waren mehrere** it wasn't just one person - it was several

★**mehrfach** ◼ **sie ist mehrfache deutsche Meisterin** she's been German champion several times; **B. B., mehrfacher deutscher Meister** B. B., several times German champion ◼ **ein mehrfacher Millionär** a multimillionaire [,mʌltɪmɪljəˈneə]

Mehrfahrtenkarte f multi-journey ticket

Mehrfamilienhaus n multigenerational house (US apartments)

mehrfarbig multicolour ['mʌltɪ,kʌlə], multicoloured [,mʌltɪˈkʌləd]

Mehrgenerationenhaus n multigenerational house

★**Mehrheit** f majority [məˈdʒɒrətɪ]; **mit zehn Stimmen Mehrheit** by a majority of ten; **mit knapper** (bzw. **großer**) **Mehrheit gewinnen** win by a narrow (bzw. large) majority

★**mehrmals** several times

mehrsprachig ◼ multilingual ◼ **sie ist mehrsprachig aufgewachsen** she grew up speaking several languages

mehrstellig Zahl, Summe: multidigit [,mʌltɪˈdɪdʒɪt]

mehrstöckig *Gebäude*: multistor(e)y ... [ˈmʌltɪˌstɔːrɪ], multistoried [ˌmʌltɪˈstɔːrɪd]

Mehrwegflasche f returnable bottle

Mehrwertsteuer f value-added tax, VAT [ˌviːeɪˈtiː], *US* sales tax

Mehrzahl f **1** *eines Wortes*: plural **2** (≈ *Mehrheit*) majority [məˈdʒɒrətɪ]

Mehrzweck... *in Zusammensetzungen* multipurpose ... [ˈmʌltɪˌpɜːpəs]

meiden: **jemanden** (*bzw.* **etwas**) **meiden** avoid someone (*bzw.* something)

Meile f mile

★**mein** **1** *allg.*: my **2** **meine Damen und Herren** ladies and gentlemen **3** **das ist meine(r, -s)** that's mine **4** **ich hab das Meine** (*oder* **Meinige**) **getan** I've done my share (*umg* my bit), **mein Möglichstes**: I've done my best, I've done all I can

Meineid m perjury [⚠ ˈpɜːdʒərɪ]; **er hat einen Meineid geschworen** he swore a false oath

★**meinen** **1** (≈ *glauben, der Ansicht sein*) think*; **was meinst 'du dazu?** what do 'you think (*oder* say)?; **meinst du?** do you 'think so? **2** (≈ *sagen wollen, beabsichtigen*) mean*; **wie meinst du das?** how do you mean?, *stärker*: what do you mean by that?; **meinst du das im Ernst?** do you really mean that?; **es war nicht so gemeint** I *usw.* didn't mean it (like that); **er meint es gut mit dir** he's only thinking of your own good **3** **meinst du ihn?** do you mean him?; **sie hat dich gemeint** she meant you **4** **'was meinen Sie?** 'what did you say?, *höflicher*: I beg your pardon? **5** **wenn du meinst** if you say so **6** **ich meine ja nur** it was just a thought

★**meinetwegen** **1** (≈ *wegen mir*) because of me, (≈ *mir zuliebe*) for my sake, (≈ *für mich*) for me **2** **meinetwegen!** (≈ *von mir aus*) I don't mind; **meinetwegen kann er gehen** he can go as far as I'm concerned, I don't mind if he goes

★**Meinung** f opinion [əˈpɪnjən] (**zu** about, on; **über** about; **von** of) (⚠ *engl.* meaning = **Bedeutung**); **meiner Meinung nach** in my opinion; **ich bin der Meinung, dass er gehen sollte** I think he should go; **ich bin anderer Meinung** I disagree; **sie hat ihre Meinung geändert** (≈ *sie hat es sich anders überlegt*) she's changed her mind, (≈ *sie ist jetzt anderer Meinung*) she's changed her views *pl* (*oder* opinion)

Meinungsforscher(in) m(f) opinion pollster [əˈpɪnjənˌpəʊlstə]

Meinungsfreiheit f freedom of opinion (*oder* speech)

Meinungsumfrage f opinion poll

Meinungsverschiedenheit f difference of opinion, disagreement

Meise f **1** **du hast wohl ne Meise!** *salopp* you must be out of your mind! **2** *Vogel*: tit, *US* titmouse

Meißel m chisel [⚠ ˈtʃɪzl]

meißeln **1** *allg.*: chisel [⚠ ˈtʃɪzl] **2** carve (*Statue usw.*)

meist (≈ *gewöhnlich*) usually, mostly

meiste(n) **1** most (⚠ *meist ohne* the); **die meisten (Leute)** most people; **die meiste Zeit** most of the time; **die meisten von ihnen** most of them; **das meiste** most of it; **sie ist schneller als die meisten** she's quicker than most; **wer die meisten Punkte gewinnt** whoever has the most points wins **2** **am meisten** (the) most; **sie hat am meisten** *Geld usw.*: she's got (the) most; **sie spricht am meisten** she's the one that speaks (the) most; **das hat mich am meisten geärgert** that annoyed me most of all

★**meistens** (≈ *gewöhnlich*) usually, mostly

★**Meister** m **1** (≈ *großer Könner oder Künstler*) master **2** (≈ *Handwerksmeister*) master craftsman, *in Zusammensetzungen*: master; *in Fabrik*: foreman; **Bäckermeister** *usw.* master baker *usw.*; **seinen Meister machen** take* one's master craftsman's diploma **3** *Sport*: champion *Mannschaft* champions (⚠ *pl*)

Meisterbrief m master craftsman's diploma

★**Meisterin** f **1** (≈ *große Könnerin oder Künstlerin*) master **2** (≈ *Handwerksmeisterin*) master craftswoman, *in Fabrik*: forewoman, *in Zusammensetzungen*: master; **Schneidermeisterin** *usw.* master tailor *usw.* **3** *Sport*: (women's) champion

meistern master (*eine Aufgabe usw.*), cope with (*das Leben usw.*)

Meisterprüfung f examination for master craftsman's diploma

Meisterschaft f *Sport*: championship

Meisterstück n *von Handwerker*: work done to qualify as master craftsman; *übertragen* masterpiece; (≈ *geniale Tat*) master stroke

Meisterwerk n masterpiece

melancholisch melancholy [ˈmelənkəlɪ]

Melange f ⓐ latte (*comprising 50% coffee and 50% milk*)

Melanzani *pl* ⓐ aubergines [ˈəʊbəʒiːnz], *US* eggplants

★**melden** **1** (≈ *berichten*) report; **etwas bei jemandem melden** report something to someone **2** **sich bei jemandem melden** get* in touch with someone, contact ['kɒntækt] someone; **ich werd mich melden!** I'll be in touch **3** **es meldet sich niemand** *am Telefon*: nobody's answering, there's no answer (*oder* reply) **4** **sich melden** *im Unterricht*: put* one's hand up **5** **sich melden** *zu einer Prüfung usw.*: sign up (**zu, für** for) **6** **sich freiwillig melden** volunteer [ˌvɒlənˈtɪə] (**zu, für** for) **7** **sich auf ein Inserat (hin) melden** answer an ad

Meldung *f* **1** *in Presse usw.*: report, (≈ *Nachricht*) news (⚠ *sg, ohne a*); **es gab eine Meldung über das Erdbeben** there was news of (*oder* a report on) the earthquake **2** (≈ *Mitteilung*) announcement

melken milk (*Kuh usw.*)

★**Melodie** *f* melody ['melədɪ], tune

Melone *f* **1** *Frucht*: melon ['melən] **2** *Hut*: bowler [⚠ 'bəʊlə], bowler hat, *US* derby ['dɜːbɪ, *Br* 'dɑːbɪ]

Memoiren *pl* memoirs ['memwɑː]

Memorystick *m Computer*: memory stick

★**Menge** *f* **1** *bestimmte*: quantity ['kwɒntətɪ], amount **2** (≈ *große Menge*) a lot (of), *umg* lots (of); **eine Menge Autos** lots of cars; **eine Menge zu essen** a lot (*oder* lots) to eat; **er hat eine Menge gegessen** he ate [⚠ et] a lot, *umg* he ate lots **3** (≈ *Menschenmenge*) crowd **4** *Mengenlehre*: set

Mengenangabe *f* quantity ['kwɒntətɪ]

Mengenlehre *f* **die Mengenlehre** *Mathematik*: set theory (⚠ *ohne the*)

Mensa *f einer Universität usw.*: refectory [rɪ-ˈfektərɪ], cafeteria [ˌkæfəˈtɪərɪə]

★**Mensch** *m* **1** *als Lebewesen*: human being; **ich bin auch nur ein Mensch** I'm only human **2** **der Mensch** (≈ *die Menschheit*) man, mankind [mænˈkaɪnd] (⚠ *ohne the*) **3** **die Menschen** people (⚠ *ohne the*) **4** **als Mensch ist sie in Ordnung** from a personal point of view she's okay **5** **kein Mensch** nobody, not a soul **6** **Mensch!** *umg*; *erstaunt*: goodness!, *Br auch* crumbs! [krʌmz], *positiv*: wow!, *vorwurfsvoll*: hey!

Mensch, ärgere dich nicht *n Spiel*: ludo, *US* Parcheesi® [pɑːˈtʃiːzɪ]

Menschenfresser(in) *m(f)* cannibal ['kænɪbl]

Menschenhändler(in) *m(f)* body trader

Menschenkenntnis *f*: **sie hat eine gute Menschenkenntnis** she's a good judge of character

menschenleer deserted [⚠ dɪˈzɜːtɪd]

Menschenmenge *f* crowd

Menschenrechte *pl* human rights

Menschenrechtsverletzung *f* violation of human rights

menschenscheu **1** shy **2** (≈ *ungesellig*) unsociable [ʌnˈsəʊʃəbl]

Menschenseele *f*: **keine Menschenseele war zu sehen** there wasn't a living soul to be seen

Menschenverstand *m*: **das sagt einem doch der gesunde Menschenverstand** common sense tells you that

Menschenwürde *f*: **die Menschenwürde** human dignity (⚠ *ohne the*)

menschenwürdig **1** *Behandlung*: humane [hjuːˈmeɪn] **2** *Zustände*: fit for human beings [ˌhjuːmənˈbiːɪŋz]

Menschheit *f*: **die Menschheit** mankind [mænˈkaɪnd], the human race, humanity

★**menschlich** **1** human; **die menschliche Natur** human nature (⚠ *ohne the*); **menschliches Versagen** human error **2** (≈ *human*) humane [hjuːˈmeɪn]; **jemanden menschlich behandeln** treat someone humanely (*oder* like a human being)

Mentalität *f* mentality, way of thinking

★**Menü** *n* **1** *Essen*: fixed(-price) menu ['menjuː], *Br auch* set meal, *mittags auch*: set lunch (⚠ *engl.* menu = **Speisekarte**) **2** *Computer*: menu

Menüleiste *f Computer*: menu bar ['menjuː ˌbɑː]

Merkblatt *n* **1** leaflet ['liːflət] **2** *mit Erläuterungen*: instructions (⚠ *pl*)

★**merken** **1** (≈ *bemerken*) notice; **ich hab nichts gemerkt** I didn't notice a thing **2** (≈ *spüren*) feel*, sense; **sie hat was gemerkt** *umg* she smelled a rat **3** (≈ *erkennen*) realize, see* **4** **merkt man es?** can you tell? (⚠ *ohne it*), does it show? **5** **sich etwas merken** remember something **6** **das merke ich mir!** I won't forget that

merklich **1** *Veränderung, Besserung usw.*: noticeable ['nəʊtɪsəbl] **2** **ihr Zustand hat sich merklich gebessert** her condition has improved a lot

Merkmal *n* **1** *allg.*: (characteristic) feature **2** **besondere Merkmale** distinguishing marks (*oder* features)

Merkur *m Planet*: Mercury ['mɜːkjʊrɪ] (⚠ *ohne the*)

★**merkwürdig** strange, odd, *stärker*: curious ['kjʊərɪəs]

merkwürdigerweise strangely enough

messbar measurable ['meʒərəbl]
Messbecher m measuring jug ['meʒərɪŋ-ˌdʒʌg]
Messe¹ f (≈ Gottesdienst) Mass, mass [⚠ mæs]; **zur Messe gehen** go* to Mass (⚠ ohne the)
Messe² f (≈ Ausstellung) trade fair
Messegelände n exhibition site [ˌeksɪ'bɪʃn-ˌsaɪt], exhibition centre (oder US center)
Messehalle f exhibition hall [ˌeksɪ'bɪʃn ˌhɔːl]
★**messen** ◼ measure ['meʒə] (Höhe, Breite usw.) ◼ take* (Blutdruck, Puls usw.); **hast du schon Fieber gemessen?** have you taken your temperature yet? ◼ **gemessen an** compared with ◼ **er kann sich nicht mit ihr messen** he's no match for her
★**Messer** n knife [naɪf] pl: knives [naɪvz]
Messerstich m ◼ Vorgang: stab ◼ Wunde: stab wound [stæb ˌwuːnd]
Messestand m stand (at a bzw. the trade fair)
Messie m/f (≈ zugemüllter Mensch) messy person
Messing n brass [brɑːs]
Messschieber m in der Metallbearbeitung: vernier caliper; **digitaler Messschieber** digital caliper
Messung f measurement ['meʒəmənt]
★**Metall** n metal ['metl]; **Metall verarbeitend** metal-processing, metal-working
metallisch metallic [me'tælɪk]
Metapher f metaphor ['metəfɔː, 'metəfə]
Metastase f Medizin: metastasis [ˌmetə'steɪsɪs]
Meteor m/n meteor ['miːtɪə]
Meteorit m meteorite ['miːtɪəraɪt]
Meteorologe m meteorologist [ˌmiːtɪə'rɒlədʒɪst], umg weatherman ['weðəmæn]
Meteorologie f meteorology [ˌmiːtɪə'rɒlədʒɪ]
Meteorologin f meteorologist [ˌmiːtɪə'rɒlədʒɪst], umg weather lady
★**Meter** m/n metre; **es ist zwei Meter lang** it's two metres long
meterhoch ◼ **meterhohe Wellen** metre-high waves, (≈ sehr hoch) waves several metres high ◼ **meterhoher Schnee** waist-deep snow, (≈ sehr hoch) snow several metres deep; **in den Bergen liegt der Schnee meterhoch** there are several metres of snow (up) in the mountains
Metermaß n ◼ Band: tape measure ['teɪpˌmeʒə] ◼ Stab: metre rule
Meterstab m metre rule, US meter rule
Methadon n methadone ['meθədəʊn]
★**Methode** f method ['meθəd]
★**Metzger(in)** m(f) butcher [⚠ 'bʊtʃə]; **zum Metzger gehen** go* to the butcher's (US butcher)
★**Metzgerei** f butcher's shop [⚠ 'bʊtʃəzˌʃɒp], butcher's, US butcher shop
Meuterei f ◼ in Gefängnis usw.: revolt [rɪ'vəʊlt] ◼ auf Schiff: mutiny ['mjuːtənɪ]
meutern ◼ (Seeleute) mutiny ['mjuːtənɪ] ◼ (Schüler, Gefangene usw.) revolt [rɪ'vəʊlt]
★**Mexikaner** m Mexican ['meksɪkən]; **er ist Mexikaner** he's a Mexican
Mexikanerin f Mexican woman (oder lady bzw. girl); **sie ist Mexikanerin** she's (a) Mexican
★**mexikanisch** Mexican
★**Mexiko** n Mexico ['meksɪkəʊ]
MEZ abk CET [ˌsiːiː'tiː] (abk für Central European Time)
miau Katze: miaow [miː'aʊ], meow [miː'aʊ]
miauen miaow [miː'aʊ]
★**mich** ◼ me; **meinst du mich?** do you mean me? ◼ myself, nach Präposition: me; **ich habe mich gefragt** I asked myself; **stell dich hinter mich** stand behind me ◼ ohne Übersetzung: **ich setzte mich** I sat down
mickrig Sache: measly ['miːzlɪ], stärker: lousy ['laʊzɪ]
Mief m umg ◼ fug, Br auch pong, stärker: stink ◼ übertragen stuffy atmosphere
miefen umg stink*; **hier mieft es** it stinks in here
Miene f ◼ allg.: expression, look ◼ (≈ Gesicht) face ◼ **gute Miene zum bösen Spiel machen** umg grin and bear* it
mies umg lousy ['laʊzɪ], rotten; → miesmachen
miesmachen ◼ **du musst aber auch alles miesmachen!** you're always running things down ◼ **von dir lass ich mir den Urlaub nicht miesmachen!** I'm not going to let you spoil my holiday (US vacation)
Miesmuschel f mussel
★**Miete** f für Wohnung: rent; für Gegenstände: rental; **zur Miete wohnen** live in rented accommodation
★**mieten** ◼ rent (Wohnung, Haus usw.) ◼ hire, US rent (Auto, Boot usw.)
★**Mieter(in)** m(f) tenant; (≈ Untermieter) lodger
Mietshaus n block of flats, US apartment house
Mietvertrag m ◼ für Wohnung usw.: lease [liːs] ◼ für Sachen: hire (US rental) contract
Mietwagen m ◼ hire car, US rental car ◼ **sich einen Mietwagen nehmen** hire (US rent) a car
Mietwohnung f rented flat (US apartment)
Migräne f migraine ['miːgreɪn]
Migrant(in) m(f) migrant ['maɪgrənt]

Migrationshintergrund m: **mit Migrationshintergrund** with (oder from) a migrant background

Mikrochip m microchip ['maɪkrətʃɪp]

Mikrofaser f microfibre ['maɪkrə,faɪbə], US microfiber

Mikrofon n microphone ['maɪkrəfəʊn]

Mikroskop n microscope ['maɪkrəskəʊp]

Mikrowelle f microwave ['maɪkrəweɪv]

Mikrowellenherd m microwave (oven ['ʌvn])

Milbe f mite

★**Milch** f milk

Milchflasche f milk bottle

milchig milky

Milchkaffee m milky coffee, US coffee with cream

Milchprodukte pl dairy ['deərɪ] products

Milchpulver n powdered milk, milk powder

Milchreis m rice pudding [,raɪs'pʊdɪŋ]

Milchschokolade f milk chocolate ['tʃɒklət]

Milchshake m milkshake, milk shake

Milchstraße f Milky Way [,mɪlkɪ'weɪ]

Milchzahn m milk tooth

★**mild** ❶ allg.: mild (auch Klima) ❷ Strafe, Richter: mild, lenient ['liːnɪənt] ❸ Licht: soft

milde: **milde gesagt** to put it mildly

mildern ❶ soothe [suːð], ease (Schmerzen) ❷ reduce, soften (Wirkung) ❸ **er hat mildernde Umstände bekommen** he was given mitigating ['mɪtɪgeɪtɪŋ] circumstances

Milieu n ❶ allg.: environment [ɪn'vaɪrənmənt] ❷ Herkunft: social background

★**Militär** n ❶ allg.: armed forces (⚠ pl), military ['mɪlɪtərɪ] (⚠ mit pl oder sg); **er ist beim Militär** he's in the army ❷ (≈ Soldaten) soldiers pl

Militärdienst m military service [,mɪlɪtərɪ'sɜːvɪs]

Militärdiktatur f military dictatorship [,mɪlɪtərɪ_dɪk'teɪtəʃɪp]

militärisch military ['mɪlɪtərɪ]

Milliardär(in) m(f) multimillionaire [,mʌltɪmɪljə'neə], US billionaire [,bɪljə'neə]

★**Milliarde** f billion ['bɪljən] (geschriebene abk Br bn); **zwei Milliarden Pfund** two billion pounds (£2bn)

Milligramm n milligram(me)

Millimeter m/n millimetre; **es ist vierzehn Millimeter hoch** it's fourteen millimetres high

Millimeterarbeit f: **das war Millimeterarbeit** that was a precision job [prɪ,sɪʒn'dʒɒb]

Millimeterpapier n graph [grɑːf] paper

★**Million** f million ['mɪljən]; **fünf Millionen Dollar** five million dollars; **der Schaden geht in die Millionen** the damage runs into millions (of dollars usw.)

Millionär(in) m(f) millionaire [,mɪljə'neə], Frau auch: millionairess [,mɪljə'neərɪs]

Millionenstadt f city with over a million inhabitants

millionstel, Millionstel n millionth

Millisekunde f millisecond

Milz f spleen

Minarett n minaret [,mɪnə'ret]

★**Minderheit** f minority [maɪ'nɒrətɪ]

minderjährig: **sie ist noch minderjährig** she's still underage [,ʌndər'eɪdʒ]

Minderjährige(r) m/f(m) minor ['maɪnə]

minderwertig ❶ allg.: inferior [ɪn'fɪərɪə] ❷ Ware, Material: low-quality, low-grade, nachgestellt: of inferior quality ❸ Qualität: low, inferior

Minderwertigkeitskomplex m inferiority complex [ɪn,fɪərɪ'ɒrətɪ,kɒmpleks]

Mindest... in Zusammensetzungen minimum ['mɪnɪməm]; **Mindestgehalt** an Früchten usw.: minimum content ['kɒntent]; **Mindestlohn** minimum wage

mindeste(r, -s) ❶ **er hat nicht die mindeste Ahnung von Musik** he doesn't know the first thing about music ❷ **das ist doch wohl das Mindeste, das man von dir erwarten kann** that's the very least that can be expected of you ❸ **nicht im Mindesten** not in the least, not at all

★**mindestens** at least

Mindesthaltbarkeitsdatum n best-before date, US expiration [,ekspə'reɪʃn] date

Mindestlohn m minimum wage; **gesetzlicher Mindestlohn** statutory minimum wage

Mine f ❶ Bergwerk: mine ❷ Sprengkörper: mine ❸ Bleistift: lead [led] ❹ Kugelschreiber: cartridge, als Ersatz: refill ['riːfɪl]

Minenfeld n minefield

Mineral n mineral ['mɪnrəl]

★**Mineralwasser** n mineral water

Minibus m minibus

Minigolf n crazy golf ['kreɪzɪ_gɒlf], US miniature golf [,mɪnətʃə'gɒlf]

Minijob m job paying less than 450 euros a month

minimal ❶ Schaden, Unterschied usw.: minimal ❷ **ein minimaler Vorsprung** a marginal lead [,mɑːdʒɪnl'liːd] (**gegenüber, vor** over)

Minimum n minimum ['mɪnɪməm] pl: minima oder minimums (**an** of)

Minirock m miniskirt ['mɪnɪskɜːt]

★**Minister(in)** m(f) ❶ allg.: minister ['mɪnɪstə] ❷

in GB: Secretary ['sekrətrı] of State (**für** *oder* + *Genitiv* for) ▪ *in USA*: Secretary (**für** *oder* + *Genitiv* of)

Ministerium *n* ▪ ministry ['mınıstrı], *in GB in Zusammensetzungen auch*: Office ▪ *in USA*: department

★**Ministerpräsident(in)** *m(f)* prime minister (*auch eines Bundeslandes*), premier ['premıə]

Ministrant(in) *m(f)* server, *bes. US* acolyte ['ækəlaıt]

minus ▪ minus ['maınəs]; **acht minus zwei ist sechs** eight minus two is six ▪ **bei zehn Grad minus** at ten (degrees) below zero

Minus *n* ▪ (≈ *Fehlbetrag*) deficit ['defəsıt] ▪ *auf dem Konto*: overdraft ▪ **im Minus sein** be* in the red; **Minus machen** make* a loss

Minuspunkt *m* ▪ *Sport*: penalty point ['penltı‿pɔınt] ▪ *übertragen* minus ['maınəs], drawback

Minuszeichen *n Rechnen*: minus sign ['maınəs‿saın]

★**Minute** *f* ▪ *allg.*: minute ['mınıt]; **in letzter Minute** at the last minute ▪ **sie kam auf die Minute genau** she came on the dot

Minutenzeiger *m* minute hand ['mınıt‿hænd]

★**mir** ▪ *allg.*: (to) me; **sie gab es mir** she gave it to me ▪ (≈ *mir selbst*) myself; **ich genehmigte mir eine Pizza** I treated myself to a pizza ▪ *nach Präposition*: me; **über mir** above me ▪ **ein Freund von mir** a friend of mine ▪ **mir ist kalt** I feel cold ▪ **bei mir (zu Hause)** at my place ▪ **von mir aus** it's fine with 'me; **von mir aus könnt ihr bleiben** you can stay as far as I'm concerned

Mirabelle *f Obst*: yellow plum, mirabelle plum [,mırə'bel‿plʌm]

★**mischen** ▪ *allg.*: mix ▪ shuffle (*Karten*) ▪ blend (*Tabak, Tee*) ▪ **sich mischen** mix, (*Geruch usw.*) blend (**mit** with) ▪ **sich unter die Leute mischen** mingle (with the crowd) ▪ **misch dich nicht in meine Angelegenheiten!** keep (your nose) out of my business

Mischling *m* ▪ *Mensch; meist abwertend*: half-caste [▲ 'hɑːfkɑːst] ▪ *Hund*: mongrel ['mʌŋgrəl]

Mischmasch *m umg* mishmash, hotchpotch ['hɒtʃpɒtʃ], hodgepodge ['hɑːtʃpɑːtʃ]

Mischpult *n* mixer

★**Mischung** *f* ▪ *allg.*: mixture; **eine Mischung aus ...** a mixture of ... ▪ *von Tabak, Tee usw.*: blend (**aus** of) ▪ *von Pralinen usw.*: assortment (**aus** of)

miserabel ▪ terrible ['terəbl], dreadful ['dredfl], *umg* lousy ['laʊzı] ▪ **eine miserable Leistung** a pathetic performance [pə,θetık‿pə'fɔːməns]

missachten ▪ (≈ *nicht beachten*) disregard [,dısrı'gɑːd] ▪ (≈ *verachten*) disdain [dıs'deın]

Missbildung *f* deformity

missbilligen disapprove of

Missbrauch *m* abuse [▲ə'bjuːs]; **der Missbrauch von Medikamenten** drug abuse (▲ *ohne* the)

missbrauchen *sexuell*: abuse [ə'bjuːz] (*Kind*)

missen: **das möchte ich nicht (mehr) missen** I wouldn't like to be without it

★**Misserfolg** *m* failure, *eines Buchs usw.*: flop

Missgeburt *f* ▪ *Kind*: deformed child ▪ *als Schimpfwort*: scab ▪ *Tier*: freak

Missgeschick *n* (≈ *Unfall*) mishap ['mıshæp]

missglücken ▪ *allg.*: fail, be* a failure ▪ **der Kuchen ist mir missglückt** the cake didn't turn out ▪ **ein missglückter Versuch** an unsuccessful (*oder* a failed) attempt

misshandeln ▪ **jemanden misshandeln** to mistreat someone [,mıs'triːt] someone ▪ **eine misshandelte Frau** a battered woman

Misshandlung *f* mistreatment [,mıs'triːtmənt]

Mission *f* mission (*auch übertragen*)

Missionar(in) *m(f)* missionary ['mıʃnərı]

misslingen ▪ *allg.*: fail, turn out a failure ▪ **es ist mir misslungen** I didn't manage it

misstrauen *allg.*: distrust, mistrust; **meine Oma misstraut der Computertechnik** *auch*: my grandma has no confidence in computers

★**Misstrauen** *n* ▪ distrust, mistrust (**gegen** of) ▪ **sie ist voller Misstrauen** she's very distrustful (*oder* suspicious) (**gegen** of)

misstrauisch ▪ distrustful (**gegen** of) ▪ **misstrauisch werden** become* (*oder* get*) suspicious [sə'spıʃəs]

missverständlich unclear, misleading; **das ist etwas missverständlich formuliert** it's a bit misleading

★**Missverständnis** *n* misunderstanding, (≈ *Streit*) *auch*: disagreement

★**missverstehen** misunderstand*; **du hast mich missverstanden** *umg; auch*: you've got me wrong [rɒŋ]

Misswahl *f* beauty contest ['bjuːtı,kɒntest]

Mist *m* ▪ *umg* (≈ *Unsinn*) nonsense ▪ **sie hat Mist gebaut** *umg* she's botched it up; **mach keinen Mist!** don't do anything stupid ▪ **(so ein) Mist!** damn it! ['dæm‿ıt] ▪ *von Kühen usw.*: dung, *zum Düngen*: manure [▲mə'njʊə], (≈ *Tierkot*) droppings (▲*pl*) ▪ *umg* (≈ *wertloses*

Mistel f mistletoe [▲ 'mɪsltəʊ]

Mistelzweig m *Weihnachtsschmuck*: (sprig of) mistletoe [▲ 'mɪsltəʊ]; **ein Mistelzweig** a sprig of mistletoe

Mistkerl m umg bastard ['bɑːstəd]

★**Mistkübel** m Ⓐ rubbish bin, US trashcan

Miststück n umg *Frau*: bitch

★**mit** ❶ *allg.*: with; **ein Mann mit Hund** a man with a dog ❷ **ein Korb mit Obst** a basket of fruit ❸ **mit der Bahn fahren** go* by train; **mit dem Auto kommen** come* by car ❹ **es ist mit Bleistift geschrieben** it's written in pencil ❺ **mit Bargeld** (*bzw*. **Kreditkarte**) **bezahlen** pay* in cash (*bzw*. by credit card) ❻ **mit Gewalt** by force ❼ **mit dem nächsten Bus fahren** (*bzw*. **kommen**) take* the next bus (*bzw*. arrive on the next bus) ❽ **mit Verlust verkaufen** *usw.*: at a loss ❾ **mit einer Mehrheit von** by a majority of ❿ **wie wär's mit einer Partie Schach?** how about a game of chess? ⓫ **was ist mit ihr?** what's the matter with her?, (≈ *wie steht's mit ihr?*) what about her? ⓬ **mit 15 (Jahren)** (at) the age of fifteen ⓭ **sie war mit die Beste** she was one of the very best

Mitarbeit f ❶ *an einem Werk*: cooperation, collaboration, (≈ *Hilfe*) *auch*: assistance [əˈsɪstəns] (**bei** in); **unter Mitarbeit von** (*oder +Genitiv*) in collaboration with ❷ (≈ *Beteiligung*) participation; **mündliche Mitarbeit** *im Unterricht*: participation

mitarbeiten ❶ **sie arbeitet im Geschäft mit** she works in the shop too ❷ **er arbeitet an dem neuen Projekt mit** he's involved in the new project

★**Mitarbeiter(in)** m(f) ❶ *einer Firma*: employee [ɪmˈplɔɪiː]; *Teil des Personals*: member of staff, US staff member; **Mitarbeiter** pl staff ▲pl ❷ *einer Zeitung usw. für einzelne Artikel*: contributor [kənˈtrɪbjʊtə] (**bei** *oder* + *Genitiv* to); **sie ist Mitarbeiterin beim „Spiegel"** *usw.* she writes for 'Spiegel' magazine *usw.* ❸ (≈ *Kollege*) colleague ['kɒliːɡ] ❹ **freier Mitarbeiter, freie Mitarbeiterin** *einer Firma*: freelance ['friːlɑːns], *bei Projekt*: collaborator [kəˈlæbəreɪtə] ❺ **einer ihrer Mitarbeiter** one of her assistants [əˈsɪstənts]

mitbekommen umg ❶ (≈ *aufschnappen*) catch* ❷ (≈ *hören*) hear* ❸ (≈ *bemerken*) realize ❹ (≈ *verstehen, kapieren*) get*

mitbenutzen: **er benutzt unser Bad mit** he shares the bathroom with us

★**Mitbestimmung** f *im Betrieb*: co-determination, worker participation; **Mitbestimmung am Arbeitsplatz** worker participation

Mitbewerber(in) m(f) competitor [kəmˈpetɪtə]; *um Stelle*: fellow applicant [ˈæplɪkənt]

Mitbewohner(in) m(f) fellow occupant [ˌfeləʊˈɒkjʊpənt]

mitbringen ❶ **ich habe dir etwas mitgebracht** I've brought something for you, *Geschenk*: I've brought you a little something ❷ *übertragen* have* (*Fähigkeit usw.*)

Mitbringsel n ❶ *Geschenk*: little present ['preznt] ❷ *von Reise*: souvenir [ˌsuːvəˈnɪə]

Mitbürger(in) m(f) *allg.*: fellow citizen ['sɪtɪzn]; **ausländische Mitbürger(innen)** immigrant--residents [ˌɪmɪɡrəntˈrezɪdənts], US resident aliens

mitdenken ❶ (≈ *mitkommen*) follow the argument ❷ (≈ *mit Überlegung vorgehen*) think* things through

mitdürfen: **der Hund darf nicht mit** the dog can't come (*oder* go); **darf ich mit?** can I come (*oder* go) too?

★**miteinander** ❶ *allg.*: with each other, with one another ❷ (≈ *zusammen*) together ❸ **alle miteinander** everyone ❹ **sie sind miteinander bekannt** they know each other

miterleben: **sie hat den Krieg noch miterlebt** *in ihrer Jugend*: she was a young girl during the war, *im Alter*: she was still alive during the war

Mitesser m *in der Haut*: blackhead

mitfahren: (**mit jemandem) mitfahren** go* (*oder* drive*) with someone; **fährst du mit?** are you coming with me (*bzw*. us)?, are you going with him (*bzw*. her *bzw*. them)?

Mitfahrgelegenheit f lift, US *auch* ride; **suche Mitfahrgelegenheit nach Köln** seeking lift (US ride) to Cologne [kəˈləʊn]

Mitfahrzentrale f car pool(ing) service

mitfühlen: **ich kann mit dir mitfühlen** I (can) sympathize ['sɪmpəθaɪz] with you

mitgeben: **kann ich dir das Buch für Thomas mitgeben?** can I give you this book to give to Thomas?

Mitgefühl n sympathy ['sɪmpəθi]

mitgehen go* (*oder* come*) along (**mit** with); **ich geh mit** I'll come with you

mitgenommen ❶ umg, *übertragen* worn out, exhausted [ɪɡˈzɔːstɪd] ❷ **mitgenommen aussehen** *auch Person*: look the worse for wear [weə]

★**Mitglied** n member; **ich bin Mitglied beim**

Sportverein I'm a member of the sports club
Mitgliedsausweis *m* membership card
Mitgliedsbeitrag *m* (membership) fee (*US meist* dues ▲*pl*)
mithaben: **ich habe den Ausweis nicht mit** I haven't got my ID [ˌaɪˈdiː] (card) with me
mithelfen help; **ich muss zu Hause mithelfen** *im Haushalt*: I've got to help with the housework, *bei anderer Aufgabe*: I've got to help out at home
mithilfe *einer Person, eines Werkzeugs usw.*: with the help of, *einer Sache, Handlung usw.*: by means of
mithören ◨ *absichtlich*: listen in on, listen to (*Gespräch usw.*) ◨ **ich hab's zufällig mitgehört** I overheard [ˌəʊvəˈhɜːd] ◨ **man hört von oben alles mit** you can hear everything that goes on from upstairs
mitkommen ◨ *wörtlich* come* along; **kommt ihr mit?** are you coming (too)? ◨ **da komm ich nicht mehr mit** (≈ *das kapiere ich nicht*) I don't get it, it's beyond me ◨ **sie kommt in der Schule gut** (*bzw.* **schlecht**) **mit** she's doing well (*bzw.* badly) at school
mitkriegen ◨ (≈ *bekommen*) get* ◨ *umg* (≈ *verstehen*) get*, understand*
Mitlaut *m* consonant [ˈkɒnsənənt]
Mitleid *n* pity; **aus Mitleid für** out of pity for; **Mitleid mit jemandem haben** have* (*oder* take*) pity on someone
mitleiderregend pitiful
mitleidig ◨ (≈ *mitfühlend*) compassionate [kəmˈpæʃənət], sympathetic [ˌsɪmpəˈθetɪk] ◨ **ein mitleidiges Lächeln** a contemptuous [kənˈtemptjʊəs] smile
mitlesen: **ich spiele euch den Text vor und ihr lest mit** I'll play the text to you, and you can read along with it
mitmachen ◨ **willst du mitmachen?** do you want to join in? ◨ **bei etwas mitmachen** take* part in something ◨ **da mache ich nicht mit!** (≈ *ich bin nicht einverstanden*) I can't go along with that ◨ **sie hat schon einiges mitgemacht** *umg* she's been through a lot
Mitmensch *m* ◨ *allg.*: fellow human being ◨ **die lieben Mitmenschen** *ironisch* people!
mitmischen *salopp* be* in on the action; **sie will überall mitmischen** she wants to be in on everything, she wants to be involved in everything
mitnehmen ◨ **ich nehme es** (*bzw.* **ihn** *usw.*) **mit** I'll take it (*bzw.* him *usw.*) with me ◨ **er hat mich mitgenommen** he took me along, *im Auto*: he gave me a lift (**nach to**) ◨ **das hat sie ziemlich mitgenommen** it's really got to her ◨ **Essen zum Mitnehmen** takeaway (*US* carryout) food
mitreden ◨ **mitreden können** be* able to join in the conversation; **da kann ich nicht mitreden** I don't know enough about it to comment ◨ **ein Wörtchen mitzureden haben** have* a say
mitreißen ◨ **er wurde von einer Lawine mitgerissen** he was swept away by an avalanche [ˈævəlɑːntʃ] ◨ **wir wurden alle mitgerissen** (≈ *wir waren begeistert*) we were all carried away (by it)
mitreißend ◨ *Rede usw.*: rousing [ˈraʊzɪŋ] ◨ *Rhythmus*: infectious ◨ *Spiel*: exciting
mitschicken: (**jemandem**) **etwas mitschicken** *in Brief usw.*: enclose something
mitschneiden *als Tonaufnahme*: record [rɪˈkɔːd]
mitschreiben ◨ make* notes ◨ **etwas mitschreiben** write* (*oder* take*) something down ◨ **eine Schularbeit mitschreiben** do* (*oder* take*) a test
Mitschüler(in) *m(f)* schoolmate, classmate
mitsingen ◨ *allg.*: join in (the singing), sing* along ◨ **er singt beim Kirchenchor mit** he sings in the church choir [▲ˈkwaɪə]
mitspielen ◨ **willst du mitspielen?** *beim Spiel*: do you want to join in? ◨ *Sport*: play (**bei for**), be* on the team ◨ *bei Theaterstück*: play (**bei in**); **spielt sie mit?** is she in it? ◨ *in Orchester*: play (**in in**)
Mitspieler(in) *m(f)* ◨ *allg.*: player, *Sport auch*: team-mate ◨ *Theater*: member of the cast
★ **Mittag** *m* ◨ midday, noon, lunchtime; **heute Mittag** at noon today; **sie haben über Mittag geschlossen** they're closed at lunchtime (*oder* for lunch) ◨ **zu Mittag essen** have* lunch; **was esst ihr zu Mittag?** what are you having for lunch?
★ **Mittagessen** *n* lunch; **was gibt's heute zum Mittagessen?** what's for lunch today?
mittagessen: **mittagessen gehen** go* to have lunch, go* for lunch
★ **mittags** ◨ at midday, at noon, at lunchtime ◨ **(um) 12 Uhr mittags** (at) 12 noon
Mittagsmenü *n* lunch menu [ˈmenjuː]
Mittagspause *f* lunch break, lunch hour; **wir haben Mittagspause** it's our lunch break
Mittagsschlaf *m* afternoon nap; **(einen) Mittagsschlaf halten** have* an afternoon nap

Mittagszeit f: **zur Mittagszeit** at lunchtime

★ **Mitte** f ■ allg.: middle ■ (≈ Mittelpunkt) centre ■ **Mitte Juni** in the middle of June, (in) mid-June ■ **sie ist Mitte zwanzig** she's in her mid-twenties

★ **mitteilen**: **jemandem etwas mitteilen** inform someone of (oder about) something

★ **Mitteilung** f ■ (≈ Benachrichtigung) notification ■ (≈ Bekanntgabe) announcement

Mitteilungsheft n notebook used for notifying parents about homework and other school-related issues

★ **Mittel** n ■ (≈ Hilfsmittel) means (▲sg) (**zu, um zu** of + -ing-Form); **ein Mittel zum Zweck** a means to an end ■ (≈ Weg, Methode) method ['meθəd] (**zu, um zu** for + -ing-Form), way (**zu, um zu** of + -ing-Form); **Mittel und Wege finden** find* ways and means ■ (≈ Durchschnitt) average ['ævərɪdʒ] ■ (≈ Geldmittel) means (▲pl); öffentliche, einer Stiftung usw.: funds (▲pl); **öffentliche Mittel** public funds ■ **als letztes Mittel** as a last resort ■ **ihr ist jedes Mittel recht** she'll stop at nothing ■ (≈ Heilmittel) cure, remedy ['remədɪ] (**gegen** for); **ein Mittel gegen Kopfschmerzen** usw. something for a headache usw.; **ein starkes Mittel** (≈ Medizin) strong medicine ['medsn] (▲ohne a) ■ (≈ Putzmittel) cleaner

★ **Mittelalter** n: **im Mittelalter** in the Middle Ages (▲pl), in medi(a)eval times (▲pl)

mittelalterlich medi(a)eval, [ˌmedɪˈiːvl]

Mittelamerika n Central America

Mitteleuropa n Central Europe ['jʊərəp]

Mitteleuropäer(in) m(f) Central European

mitteleuropäisch Central European; **mitteleuropäische Zeit** (abk MEZ) Central European Time (abk CET)

Mittelfeld n Fußball: midfield ['mɪdfiːld]

Mittelfeldspieler(in) m(f) Fußball: midfielder

Mittelfinger m middle finger [▲ˈfɪŋɡə]

Mittelgebirge n highlands (▲pl), low mountain range

mittelgroß ■ allg.: medium-sized ■ **sie ist mittelgroß** Person: she's (of) medium height [▲haɪt]

mittelmäßig ■ Leistung: mediocre [ˌmiːdɪˈəʊkə] ■ (≈ durchschnittlich) average ['ævərɪdʒ] ■ (≈ so la la) middling

Mittelmeer n Mediterranean (Sea) [ˌmedɪtəˈreɪnɪən('siː)]

Mittelpunkt m ■ allg.: centre ■ **sie will immer im Mittelpunkt stehen** she always wants to be at the centre of attention

★ **Mittelschule** f ■ ⓓ **die (neue) Mittelschule**: etwa: secondary school ['sekndərɪˌskuːl], US etwa: junior high school [ˌdʒuːnɪəˈhaɪskuːl] (▲ eine Entsprechung zur Mittelschule gibt es weder in GB noch in den USA); ■ ⓐ (≈ Fachoberschule, berufliches Gymnasium) type of secondary school for pupils aged from 15-18 offering general education and preparation for technical college ■ ⓒ type of secondary school for pupils aged from 10-14 of mixed ability

Mittelstand m ■ middle classes (▲pl) ■ Firmen: medium-sized enterprises (▲pl)

Mittelstreckenflugzeug n medium-haul aircraft

Mittelstreckenrakete f medium-range missile

Mittelstreifen m Autobahn usw.: central reservation, US median ['miːdɪən] strip

Mittelstufe f ■ Kurs usw.: intermediate [ˌɪntəˈmiːdɪət] stage ■ Schule, etwa: middle school, US auch junior high school

Mittelstürmer(in) m(f) Fußball: striker, centre-forward [ˌsentəˈfɔːwəd]

Mittelweg m middle course

Mittelwelle f Radio: medium wave, AM [ˌeɪˈem]

Mittelwert m mean (value ['væljuː])

★ **mitten** ■ **mitten in** (bzw. **auf** bzw. **unter**) in the middle of; **mitten in der Nacht** in the middle of the night ■ **mitten in etwas hinein** right into something

★ **Mitternacht** f midnight; **um Mitternacht** at midnight

★ **mittlere(r, -s)** ■ allg.: middle; **sie ist im mittleren Alter** she's middle-aged; **der Mittlere Osten** the Middle East ■ (≈ durchschnittlich) average ['ævərɪdʒ] ■ Größe, Qualität: medium ■ ⓒ **mittlere Reife** Schulabschluss: intermediate secondary school certificate, in GB etwa: GCSEs [ˌdʒiːsiːesˈiːz] (▲pl)

mittlerweile ■ meanwhile, in the meantime ■ (≈ seitdem) since then

★ **Mittwoch** m Wednesday ['wenzdeɪ]; **am Mittwoch** (on) Wednesday; **wir sehen uns dann (am) Mittwoch** see you (on) Wednesday

Mittwochabend m: **(am) Mittwochabend** (on) Wednesday evening, (on) Wednesday night

mittwochabends (on) Wednesday evenings

Mittwochmorgen m: **(am) Mittwochmorgen** (on) Wednesday morning

Mittwochnachmittag m: **(am) Mittwochnachmittag** (on) Wednesday afternoon

★ **mittwochs** on Wednesday, on Wednesdays; **mittwochs abends** usw. (on) Wednesday evenings usw.

mitwirken ◳ (≈ *teilnehmen*) take* part (**bei** in) ◳ *bei Projekt*: be* involved (**bei, an** in)

Mitwirkende(r) *m/f(m) im Theater*: actor ['æktə], player (*auch in Orchester*); **Mitwirkende** *pl* cast (⚠ *sg*); **Mitwirkende sind …** the cast includes …

mitzählen ◳ **ich hab nicht mitgezählt** I wasn't counting ◳ **das zählt nicht mit** (≈ *gilt nicht*) that doesn't count

mixen mix (*Getränk usw.*)

Mixer *m* (≈ *Mixgerät*) blender, liquidizer

mobben bully [⚠ 'bʊli], harass ['hærəs]

Mobbing *n* bullying ['bʊlɪŋ] (⚠ *das Wort* mobbing *wird in der englischen Alltagssprache nicht verwendet!*); *am Arbeitsplatz auch*: workplace bullying

★**Möbel** *n* ◳ *einzelnes*: piece of furniture ['fɜː-nɪtʃə] ◳ **die Möbel sollen morgen geliefert werden** the furniture is to be delivered tomorrow (⚠ furniture *steht nie im pl*)

Möbelschreiner(in) *m(f)* cabinet-maker

Möbelwagen *m* furniture van, *bei Umzug*: removal van, *US* moving van

mobil ◳ *allg.*: mobile ['məʊbaɪl] ◳ **mobil machen** mobilize ['məʊbəlaɪz] (*Truppen*)

Mobilfunk *m Telefon*: mobile (*oder* wireless *oder* cellular) communications *pl*, cellular radio

Mobilfunknetz *n Telefon*: cellular radio network [ˌseljʊləˈreɪdɪəʊˌnetwɜːk]

Mobilgerät *n* mobile device

mobilisieren mobilize ['məʊbəlaɪz] (*Truppen*, *übertragen auch Kräfte usw.*)

Mobiltelefon *n* mobile phone [ˌməʊbaɪlˈfəʊn], *US* cell phone

möblieren ◳ furnish (*Zimmer usw.*); **möbliertes Zimmer** furnished room ◳ **neu möblieren** refurnish [riːˈfɜːnɪʃ] (*Zimmer*)

möchte(n) → **mögen**

★**Mode** *f* fashion; **die neueste Mode** the latest fashion; **sie geht mit der Mode** she follows (*oder* keeps up with) the fashions (⚠ *pl*); **aus der Mode kommen** go* out of fashion; **(in) Mode sein** *umg* be* 'in

modebewusst fashion-conscious, trendy

Modedesigner(in) *m(f)* fashion designer

★**Modell** *n* ◳ (≈ *Muster, Nachbildung*) model ['mɒdl] ◳ *Kunst*: model; **jemandem Modell stehen** sit* (*oder* pose) for someone ◳ *Auto usw.*: model

modellieren model ['mɒdl]

Modem *n Computer*: modem ['məʊdem]

Modenschau *f* fashion show

Moderator(in) *m(f)* presenter [prɪˈzentə], *bes.* *US* host [həʊst], *US auch* (news) anchor, *Mann:* anchorman, *Frau:* anchorwoman

moderieren ◳ present [prɪˈzent] (*Sendung*, *Show*) ◳ **bei etwas moderieren** present something; **heute moderiert …** your presenter today is …

moderig *Keller, Geruch usw.*: mouldy ['məʊldɪ], musty

★**modern**[1] ◳ *allg.*: modern ['mɒdn]; **die moderne Kunst** (**Musik** *usw.*) modern art (music *usw.*) (⚠ *ohne the*) ◳ (≈ *modisch*) fashionable; **Hosenträger sind wieder modern** braces are in again

modern[2] (≈ *faulen*) rot (away)

modernisieren modernize ['mɒdənaɪz] (*Firma usw.*)

Modeschmuck *m* costume jewellery [ˌkɒstjuːmˈdʒuːəlrɪ]

modisch fashionable, stylish

Modul *n Technik, Computer usw.*: module ['mɒdjuːl]

modular modular ['mɒdjʊlə]

Mofa *n* moped ['məʊped]

mogeln cheat

★**mögen** ◳ (≈ *wollen*) want; **ich mag nicht** I don't want to, (≈ *ich hab keine Lust*) I don't feel like it; **ich möchte, dass du's weißt** I'd like you to know ◳ (≈ *wünschen*) want; **was möchten Sie (bitte)?** what would you like? ◳ (≈ *gern mögen*) like, be* fond of; **sie mag ihn nicht** she doesn't like him; **wir mögen ihn sehr** we're very fond of him; **ich mag Spinnen (überhaupt) nicht** I don't like spiders (at all) ◳ **ich möchte wissen** I'd like to know, (≈ *ich frage mich*) I wonder ['wʌndə] ◳ **etwas lieber mögen** like something better, prefer [prɪˈfɜː] something; **sie mag dich lieber als mich** she likes you better than me, she prefers you to me; **ich möchte lieber bleiben** I'd rather stay; **möchtest du lieber Kaffee (als Tee)?** would you prefer coffee (to tea)?

★**möglich** ◳ *allg.*: possible ◳ (≈ *durchführbar*) doable ['duːəbl] ◳ *Folgen usw.*: potential ◳ **es ist möglich, dass sie kommt** she may (*oder* might) come ◳ *Wendungen*: **so bald** (*bzw.* **schnell** *usw.*) **wie möglich** as soon (*bzw.* quickly *usw.*) as possible; **nicht möglich!** *überrascht*: no kidding!; **alles Mögliche** all sorts of things; **alles Mögliche tun** do everything possible; **ich hab mein Möglichstes getan** I've done my best

★**möglicherweise** ◳ *allg*: possibly ◳ **möglicherweise ist sie schon da** she may (*oder*

★**Möglichkeit** f ① *allg.*: possibility ② (≈ *Gelegenheit*) opportunity ③ (≈ *Aussicht, Chance*) chance, possibility ④ **nach Möglichkeit** as far as possible

★**möglichst** ① **möglichst bald** (**wenig** *usw.*) as soon (little *usw.*) as possible ② **ein möglichst billiges Zimmer** the cheapest possible room

Mohn m ① *Pflanze, Blume*: poppy ② *Körner*: poppy seed, *in Kuchen auch*: poppy seeds

★**Möhre** f carrot ['kærət]

Mohrrübe f carrot ['kærət]

Mokka m ⓐ *Kaffee*: mocha ['mɒkə]

Mole f mole, jetty

Molekül n molecule ['mɒlɪkjuːl]

Molkerei f dairy ['dεərɪ]

Moll n ① minor, minor key; **die Melodie geht in Moll über** the tune changes into minor ② **a--Moll** A minor (⚠ A *usw. wird hier großgeschrieben*); → Dur

mollig ① (≈ *dicklich*) plump ② **mollig warm** warm and cosy ['kəʊzɪ]

★**Moment** m moment, instant; (**einen**) **Moment bitte!** just a minute!; **Moment mal!** just a moment (*oder* minute)!; **im Moment** at the moment; **sie kann jeden Moment kommen** she could be here any minute (now)

★**momentan**: **ich hab momentan sehr viel zu tun** I'm very busy at the moment

Monaco n Monaco [⚠ 'mɒnəkəʊ]

Monarchie f monarchy ['mɒnəkɪ]

★**Monat** m ① *allg.*: month [mʌnθ] ② **sie verdient 2500 Euro im Monat** she earns 2,500 euros a month ③ **sie ist im dritten Monat schwanger**: she's two months pregnant

★**monatelang** ① **monatelange Diskussionen** months of discussion (⚠ *sg*) ② **monatelang warten** wait for months

★**monatlich** ① *Raten, Zahlung usw.*: monthly ② **monatlich 100 Euro zahlen** pay* a hundred euros a month (*oder* every month)

Monatskarte f monthly (season) ticket

Mönch m monk [mʌŋk]

★**Mond** m ① moon ② **du lebst wohl hinter dem Mond!?** where have you been all your life?

Mondfinsternis f eclipse [ɪ'klɪps] of the moon, lunar eclipse [ˌluːnər ɪ'klɪps]

Mondlandefähre f lunar module [ˌluːnə'mɒdjuːl]

Mondlandschaft f lunar ['luːnə] landscape

Mondlandung f moon landing

Mondschein m moonlight

Mongolei f Mongolia [mɒŋ'gəʊlɪə]

Monitor m *Computer usw.*: monitor ['mɒnɪtə]

Monolog m monologue ['mɒnəlɒg]

Monopol n monopoly (mə'nɒpəlɪ] (**auf** on, of)

monoton monotonous [⚠ mə'nɒtənəs]

Monster n monster

Monsun m *Wind*: monsoon [mɒn'suːn]

Monsunzeit f monsoon season [mɒn'suːnˌsiːzn]

★**Montag** m Monday; **wir sehen uns dann (am) Montag** see you on (*oder* Monday)

Montagabend m: **(am) Montagabend** (on) Monday evening, (on) Monday night

montagabends (on) Monday evenings

Montage f ① (≈ *Aufstellung, Anbringen*) installation [ˌɪnstə'leɪʃn], *von Gerüst*: erection [ɪ'rekʃn] ② (≈ *Zusammenbau*) assembly ③ **er ist auf Montage** he's away on a (building) job

Montagmorgen m: **(am) Montagmorgen** (on) Monday morning

Montagnachmittag m: **(am) Montagnachmittag** (on) Monday afternoon

★**montags** on Monday, on Mondays; **montags abends** *usw.* (on) Monday evenings *usw.*

Montenegro n Montenegro [ˌmɒntɪ'niːgrəʊ]

Monteur(in) m(f) ① *allg.*: fitter ② *bei Autos, Flugzeugen usw.*: mechanic [mɪ'kænɪk]

montieren ① (≈ *zusammenbauen*) assemble ② (≈ *anbringen*) fit, attach (**an** to); (*Dachantenne*) put* up ③ (≈ *aufstellen*) set* up ④ (≈ *einrichten, einbauen*) install [ɪn'stɔːl] (*Heizung usw.*)

Moor n ① *allg.*: bog ② (≈ *Hochmoor*) moor [mʊə]

moorig marshy, boggy

Moos n ① *Pflanze*: moss ② (≈ *Moorgebiet*) moorland ['mʊələnd] (⚠ *ohne* a), moorlands *pl*, bog ③ *salopp* (≈ *Geld*) cash, *Br auch* brass [brɑːs]

★**Moped** n moped ['məʊped]

Mops m *Hund*: pug

Moral f ① (≈ *sittliche Werte*) morals ['mɒrəlz] (⚠ *pl*), moral standards (⚠ *pl*) ② **Moral predigen** moralize ③ *einer Geschichte*: moral ④ (≈ *Stimmung*) morale [⚠ mə'rɑːl]; **die Moral der Mannschaft ist gut** (the) morale in the team is high

moralisch *allg.*: moral ['mɒrəl]

Moralpredigt f: **deine Moralpredigten kannst du dir sparen!** none of your sermons please!

★**Mord** m ① murder (**an** of); **einen Mord begehen** commit (a) murder ② *durch Attentat*: assassination [əˌsæsɪ'neɪʃn]

Mordanschlag m assassination attempt

★**Mörder(in)** m(f) ① *allg.*: murderer, killer ②

(≈ *Attentäter*) assassin [əˈsæsɪn]

mörderisch ① *allg.*: murderous [ˈmɜːdərəs] ② *Kampf usw.*: deadly ③ *Hitze usw.*: terrible, scorching [ˈskɔːtʃɪŋ] ④ *Rennen*: gruel(l)ing, *Tempo*: breakneck ⑤ *Konkurrenz usw.*: cut-throat

Mordfall *m* murder case

Mordshunger *m*: **ich hab einen Mordshunger** I'm famished [ˈfæmɪʃt]

Mordskerl *m umg* ① (≈ *riesenhafter Mann*) great hulk ② *bewundernd*: great guy

Mordsspaß *m*: **das war ein Mordsspaß** *umg* it was terrific fun

Mordversuch *m* attempted murder (▲*ohne an*)

★ **Morgen** *m* ① morning; **guten Morgen!** good morning!; **am Morgen** in the morning, (≈ *jeden Morgen*) *auch*: in the mornings *pl*; **heute Morgen** this morning; **gestern Morgen** yesterday morning; **am nächsten Morgen** the next morning ② **es wird Morgen** it's getting light

★ **morgen** tomorrow; **morgen Abend** tomorrow evening (*bzw.* night); **morgen früh** tomorrow morning; **morgen in acht Tagen** a week (from) tomorrow, tomorrow week; **morgen um diese Zeit** this time tomorrow

★ **Morgenessen** *n* ⓈⒸ breakfast [▲ˈbrekfəst]

Morgengrauen *n*: **bei** (*bzw.* **im**) **Morgengrauen** at dawn, at daybreak [ˈdeɪbreɪk]

Morgenmuffel *m*: **sie ist ein Morgenmuffel** she's not a morning person

Morgenrock *m* dressing gown

★ **morgens** in the morning, (≈ *jeden Morgen*) *auch*: in the mornings; **um 4 Uhr morgens** at 4 (o'clock) in the morning, at 4 am

Mormone *m*, **Mormonin** *f* Mormon [ˈmɔːmən]

Morphium *n* morphine [ˈmɔːfiːn]

morsch ① rotten ② **morsch werden** (start to) rot

Morsezeichen *n* Morse signal [ˈmɔːsˌsɪɡnəl]

Mörtel *m* mortar [ˈmɔːtə], *Putz*: stucco [ˈstʌkəʊ]

Mosaik *n* mosaic [▲məʊˈzeɪɪk]

Moschee *f* mosque [ˈmɒsk]

Mosel *f Fluss*: Moselle [məʊˈzel]

mosern *umg* grumble, gripe (**über** about)

Moskau *n* Moscow [▲ˈmɒskəʊ]

Moskito *m* mosquito [məˈskiːtəʊ]

Moskitonetz *n* mosquito net [məˈskiːtəʊ ˌnet]

★ **Moslem** *m*, ★ **Moslemin** *f* Moslem [▲ˈmɒzləm], Muslim [▲ˈmʊzləm]

★ **moslemisch** Moslem [▲ˈmɒzləm], Muslim [▲ˈmʊzləm]

Most *m* ① (≈ *Traubenmost*) grape juice [dʒuːs], (≈ *Apfel- bzw. Birnensaft*) apple (*bzw.* pear) juice ② *vergorener*: fruit wine; (≈ *Apfelmost*) cider

★ **Motiv** *n* ① (≈ *Grund*) motive [ˈməʊtɪv] ② *Kunst usw.*: motif [▲məʊˈtiːf], *Musik auch*: theme [θiːm]

Motivation *f* motivation

Motivationsschreiben *n zur Bewerbung*: motivation letter, personal statement

motivieren ① **jemanden motivieren** motivate someone (**zu** to + *inf*) ② **sehr motiviert** highly motivated

★ **Motor** *m* ① *eines Autos, Flugzeugs usw.*: engine [ˈendʒɪn] ② (≈ *Elektromotor, Außenbordmotor usw.*) motor [ˈməʊtə]

Motorboot *n* motorboat

Motorbremse *f* engine brake

Motorhaube *f* bonnet [ˈbɒnɪt], *US* hood [hʊd]

★ **Motorrad** *n* motorbike, motorcycle [ˈməʊtəˌsaɪkl]; **Motorrad fahren** ride* a motorbike

Motorradfahrer(in) *m(f)* motorcyclist [ˈməʊtəˌsaɪklɪst], *umg* biker

Motorroller *m* scooter, motor scooter

Motorsäge *f* power saw

Motorschaden *m* engine trouble [ˈendʒɪnˌtrʌbl]; **wir hatten einen Motorschaden** we had (some) engine trouble

Motte *f* moth [mɒθ]

Motto *n* ① *allg.*: motto; **... steht unter dem Motto ...** ... has as its motto ... ② **nach dem Motto ...** according to the principle (that)

motzen *umg* moan, beef

Mountainbike *n* mountain bike

Möwe *f* gull, seagull

MP3-Player *m* MP3 player [ˌempiːˈθriːˌpleɪə]

Mücke *f* midge, mosquito [məˈskiːtəʊ]

Mückenstich *m* mosquito bite, midge bite

mucksmäuschenstill: **es war mucksmäuschenstill** you couldn't hear a sound

★ **müde** ① *allg.*: tired; **Schwimmen macht müde** swimming makes you tired ② *Lächeln*: weary [ˈwɪərɪ]; **müde lächeln** give* a weary smile ③ (≈ *schläfrig*) sleepy ④ **keine müde Mark** *umg* not a penny

Müdigkeit *f* tiredness

muffelig (≈ *unfreundlich*) grumpy, sullen

muffig ① *Keller, Luft*: musty ② (≈ *mürrisch*) grumpy

Muffin *m Gebäck*: muffin

★ **Mühe** *f* ① *allg.*: trouble ② (≈ *Anstrengung*) effort [ˈefət] ③ **mit Müh(e) und Not** with great difficulty, (only) just ④ **sie hat sich große Mühe gegeben** she's gone to a lot of trouble (**mit** over)

mühelos 1 *allg.*: easy 2 **sie hat's mühelos geschafft** she managed it without any difficulty

Mühle *f* 1 *Gebäude*: mill 2 *für Kaffee*: grinder ['graɪndə] 3 *für Pfeffer*: mill 4 *Spiel*: nine men's morris

★ **mühsam** 1 (≈ *anstrengend*) strenuous ['strenjʊəs] 2 (≈ *ermüdend*) tiring

★ **Müll** *m* 1 (≈ *bes. Hausmüll*) rubbish, *US* garbage ['gɑːbɪdʒ], trash (*alle auch übertragen*); **den Müll hinausbringen** take* out the rubbish *usw.* 2 *in Massen, Industriemüll*: waste

Müllabfuhr *f* 1 refuse [⚠'refjuːs] disposal (*oder* collection), *US* garbage ['gɑːbɪdʒ] disposal 2 *als Dienstleistung*: refuse (*US* garbage) collection service

Müllabladeplatz *m* rubbish tip (*oder* dump), *US* (garbage) dump

Müllbeutel *m* (dust)bin liner, *US* garbage bag

Mullbinde *f* gauze bandage [ˌɡɔːzˈbændɪdʒ]

Müllcontainer *m* skip, *US* Dumpster®

Mülldeponie *f* waste disposal site, *US* sanitary (land)fill

★ **Mülleimer** *m* rubbish bin, *an öffentlichem Ort*: litter bin, *US* garbage can, trash can

Müller(in) *m(f)* miller

Müllkippe *f* rubbish tip (*oder* dump), *US* (garbage) dump

Müllmann *m* dust(bin)man, *US* garbage man

Müllschlucker *m* rubbish (*US* garbage) chute [ʃuːt]

Mülltonne *f* dustbin, *US* trash can, garbage can

★ **Mülltrennung** *f* waste separation

Müllverbrennungsanlage *f* waste incineration [ɪnˌsɪnərˈeɪʃn] plant

Müllwagen *m* dustbin lorry, *US* garbage truck

mulmig: **beim Fliegen wird mir immer mulmig** I always feel uneasy when I'm flying

multikulturell multicultural [ˌmʌltɪˈkʌltʃərəl]

Multimedia *pl* multimedia [ˌmʌltɪˈmiːdɪə]

★ **Multimedia...** *in Zusammensetzungen* multimedia ...

Multimeter *n* universal measuring device ['meʒərɪŋ ˌdɪˌvaɪs]

Multimillionär(in) *m(f)* multimillionaire [ˌmʌltɪˌmɪljəˈneə]

Multiplikation *f* multiplication [ˌmʌltɪplɪˈkeɪʃn]

multiplizieren multiply ['mʌltɪplaɪ] (**mit** by)

Multivitaminsaft *m* multivitamin juice [dʒuːs]

Mumie *f* mummy

Mumm *m umg* (≈ *Mut*) guts (⚠*pl*); **dazu fehlt ihm der Mumm** he hasn't got the guts for it (*oder* to do it)

Mumps *m* mumps [mʌmps] (⚠*mit sg*); **sie hat Mumps** she's got (the) mumps

München *n* Munich ['mjuːnɪk]

★ **Mund** *m* 1 *allg.*: mouth 2 **halt den Mund! shut up!**; **halt bloß deinen Mund!** (≈ *verrate bloß nichts*) just make sure you keep your mouth shut 3 **sie ist nicht auf den Mund gefallen** *übertragen* she's got the gift of the gab 4 **er hat sie auf den Mund geküsst** he kissed her on the lips

Mundart *f* dialect ['daɪəlekt]

Munddusche *f* dental water jet, *bes. US* waterpick

münden: **der Rhein mündet in die Nordsee** the Rhine flows into the North Sea

Mundgeruch *m* bad breath [breθ]

Mundharmonika *f* mouth organ, harmonica

mündig: **ein mündiger Bürger** a responsible citizen

★ **mündlich** 1 *Schilderung, Aussage usw.*: verbal ['vɜːbl] 2 **mündliche Prüfung** oral ['ɔːrəl] (exam) 3 **alles Weitere mündlich** I'll tell you the rest when I see you

Mundschutz *m* 1 *eines Arztes usw.*: mask 2 *Boxen*: gumshield

Mundstück *n* 1 *eines Instrumentes*: mouthpiece 2 *einer Zigarette usw.*: tip

Mündung *f* 1 *eines Flusses*: mouth, *den Gezeiten ausgesetzte*: estuary [⚠'estjʊrɪ] 2 *eines Gewehrs usw.*: muzzle

Mundwasser *n* mouthwash, gargle

Mund-zu-Mund-Beatmung *f* mouth-to-mouth resuscitation [⚠rɪˌsʌsɪˈteɪʃn], **the** kiss of life

Munition *f* ammunition [ˌæmjʊˈnɪʃn]

Münster *n Kirche*: minster, cathedral [kəˈθiːdrəl]

munter 1 *Baby usw.*: happy 2 (≈ *lebhaft*) lively ['laɪvlɪ] 3 **sie ist schon wieder munter** (≈ *aufgestanden*) she's up and about again 4 (≈ *wach*) awake; **das macht dich wieder munter** *Kaffee usw.*: that'll wake (*oder* perk) you up

★ **Münze** *f* coin

Münztelefon *n* pay phone

mürbe *Kuchen, Gebäck*: crumbly

Murks *m umg* botch-up; **er hat Murks gemacht** he's botched it (up)

Murmel *f* marble

★ **murmeln** murmur ['mɜːmə], mutter

Murmeltier *n* 1 marmot ['mɑːmət], *US auch* woodchuck 2 *übertragen, umg*: **schlafen wie ein Murmeltier** sleep* like a log

mürrisch sullen, grumpy

Mus n/m **1** (≈ *Brei*) mush **2** *aus Früchten*: puree ['pjʊəreɪ]
Muschel f **1** *Tier*: mussel **2** (≈ *Muschelschale*) shell, seashell
★**Museum** n museum [mju:'zi:əm]
Musical n musical
★**Musik** f **1** *allg.*: music **2** (≈ *Kapelle*) band
musikalisch musical; **er ist sehr musikalisch** *auch*: he's got musical talent
Musikant(in) m(f) musician
Musikbox f jukebox (⚠ *engl.* music box *oder* musical box = **Spieldose**)
Musiker(in) m(f) musician [mju:'zɪʃn]
Musikinstrument n musical instrument
Musikkapelle f band
Musikschule f music school
musizieren play music
Muskatnuss f nutmeg ['nʌtmeg]
★**Muskel** m muscle (⚠ 'mʌsl]; **Muskeln kriegen** develop [dɪ'veləp] muscles
Muskelkater m sore (*oder* stiff) muscles pl; **ich habe Muskelkater in den Beinen** my legs are sore (*oder* stiff)
Muskelzerrung f pulled muscle; **sie hat eine Muskelzerrung** she's pulled a muscle
Muskulatur f muscular ['mʌskjʊlə] system
muskulös muscular ['mʌskjʊlə]
Müsli n muesli (⚠ 'mju:zlɪ]
Muslim m, **Muslima** f, **Muslimin** f Muslim (⚠ 'mʊzləm], Moslem (⚠ 'mɒzləm]
muslimisch Muslim (⚠ 'mʊzləm], Moslem (⚠ -'mɒzləm]
Muss n: **es ist ein Muss** it's a must
★**müssen** **1** *bei Verpflichtung, Notwendigkeit*: have* to, have* got to; **du musst nicht hingehen** *weil kein Zwang besteht*: you don't have to go; *weil ich es dir sage*: you needn't go (⚠ you mustn't go = **du darfst nicht hingehen**); **ich muss jetzt meine Hausaufgaben machen** I've got to do my homework now **2** *bei innerer Überzeugung, sicherer Annahme*: must (⚠ have to *wird im Futur und im Past Tense als Ersatz für die fehlenden Formen von* must *verwendet*); **du musst den Film sehen!** you must see this film; **ich muss es gesehen haben** I must have seen it; **er muss es gewesen sein** it must have been him **3** **sie hätte nicht gehen müssen** (≈ *brauchen*) she needn't have gone **4** **es müsste sofort gemacht werden** it ought to be done straightaway; **das müsstest du doch wissen** you ought to know that; **sie hätte hier sein müssen** she ought to have been here **5** **sie müssen bald kommen** they should be here any minute (now); **der Zug müsste längst hier sein** the train should have arrived long ago **6** **ich musste lachen** I couldn't help laughing **7** **ich muss!** I've got no choice; **ich muss nach Hause** I have to (*oder* I've got to) go home; **sie muss zur Schule** she has to (*oder* she's got to) go to school; **er muss schnell ins Krankenhaus** *zur Behandlung*: he has to (*oder* he's got to) be taken to hospital straightaway **8** **ich muss mal** *aufs Klo*: I must (*oder* need to) go to the loo, US I have to go to the bathroom (*oder* umg to the john), *humorvoll* nature calls **9** *Wendungen*: **muss das sein?** is that really necessary?, do we (you *usw.*) really have to?, *verärgert*: (≈ *hör auf damit!*) stop it!; **wenn es unbedingt sein muss** (≈ *wenn es getan werden muss*) if there's no other way, (≈ *wenn du es für richtig hältst*) if you insist
★**Muster** n **1** *in Stoff usw.*: pattern ['pætn], *bes. unregelmäßiges*: design **2** (≈ *Probe, Warenmuster*) sample ['sɑ:mpl], specimen (⚠ 'spesəmɪn] **3** (≈ *Schema*) pattern **4** *eines Formulars, eines Geschäftsbriefs usw.*: specimen **5** *zum Stricken usw.*: (≈ *Vorlage*) pattern **6** (≈ *Beispiel*) example **7** (≈ *Vorbild*) model ['mɒdl] (**an** of)
Musterbeispiel n classic example (**für** of)
Musterformular n sample (*oder* specimen) form
mustern **1** **jemanden mustern** (≈ *genau betrachten*) look someone up and down **2** **etwas mustern** (≈ *genau betrachten*) have* a close look at something **3** **jemanden mustern** *vor dem Wehrdienst*: give* someone a medical ['medɪkl]
Musterschüler(in) m(f) **1** model pupil [,mɒdl-'pju:pl] **2** *abwertend* swot, teacher's pet
Musterung f *vor dem Wehrdienst*: medical ['medɪkl], US *auch* physical ['fɪzɪkl]
★**Mut** m **1** (≈ *Tapferkeit*) courage ['kʌrɪdʒ], bravery (⚠ *beide ohne* the); **den Mut verlieren** lose* courage (*oder* heart) (⚠ *ohne* the); **es gehört schon Mut dazu** it takes a fair bit of courage **2** **er hat mir Mut gemacht** he bucked up my courage
mutig brave, courageous (⚠ kə'reɪdʒəs]
mutlos disheartened [dɪs'hɑ:tnd]
Mutprobe f test of courage ['kʌrɪdʒ]
★**Mutter**[1] f (↔*Vater*) mother (⚠ *als Anrede mit Großschreibung*: Mother); **sie wird Mutter** she's expecting a baby; **sie ist Mutter von zwei Kindern** she's a (*oder* the) mother of two

Mutter² f (≈ *Schraubenmutter*) nut
Muttergottes f Virgin Mary, Madonna
mütterlich ◼1 *Gefühle, Liebe*: maternal ◼2 *Fürsorge, Frau, Kuss, Liebe*: motherly
mütterlicherseits: **mein Großvater mütterlicherseits** my maternal grandfather, my grandfather on my mother's side
Muttermal n birthmark
Mutterschaftsurlaub m maternity leave
Mutterschutz m legal protection of expectant and nursing mothers
mutterseelenallein all alone
Muttersöhnchen n: **er ist ein Muttersöhnchen** he's (a) mummy's boy, *US* he's mama's boy, (≈ *ein Weichling*) he's a sissy
★**Muttersprache** f mother tongue [▲ tʌŋ]
Muttersprachler(in) m(f) native speaker
Muttertag m Mother's Day; **am Muttertag** on Mother's Day
Mutti f mum(my), *US* mom [mɑːm], mommy (▲ als Anrede mit Großschreibung: Mum, Mummy *usw*.)
★**Mütze** f ◼1 *allg*.: cap ◼2 (≈ *Wollmütze*) woolly hat [,wʊlɪˈhæt], *US* knit cap [ˈnɪt,kæp]
mysteriös mysterious [mɪˈstɪərɪəs]
mystisch ◼1 *Symbol, Lehre usw*.: mystic [ˈmɪstɪk] ◼2 *Handlung usw*.: mystical
Mythologie f mythology [▲ mɪˈθɒlədʒɪ]
Mythos m ◼1 (≈ *Sage*) myth [mɪθ] (*auch übertragen*) ◼2 *Sache, Person*: (≈ *Legende*) legend [ˈledʒənd]

N

na ◼1 well!; **na, Peter ...** well, Peter ... ◼2 *überrascht, verärgert*: hey! [heɪ] ◼3 **na, na!** come on now ◼4 **na also!, na bitte!** see?, what did I tell you? ◼5 **na ja** well, *verlegen*: well, you know ◼6 **na gut** all right, OK ◼7 **na, ich weiß nicht** I'm not so sure ◼8 **na warte!** just you wait ◼9 **na und?** so (what)? ◼10 **na endlich!** about time too ◼11 **na so was!** well, I'm blowed! [blaʊd]
Nabe f hub
Nabel m *am Körper*: navel [ˈneɪvl]
Nabelschnur f umbilical cord
★**nach** ◼1 *räumlich*: to, *als Richtungsangabe auch*: towards; **nach rechts** to the right; **nach vorn** (*bzw.* **hinten**) **gehen** go* to the front (*bzw.* to the back); **nach oben** up, *im Haus*: upstairs; **nach Süden** *usw.* **fahren** go* south *usw*.; **nach Hause** home ◼2 (≈ *mit dem Ziel*) for, bound for; **der Zug nach London** the train for (*oder* to) London, the London train; **das Schiff fährt nach Genua** the ship is sailing for Genoa [ˈdʒenəʊə] ◼3 *zeitlich*: after, *bei Uhrzeit*: past, *US* after; **nach zwei Stunden** *zurückliegend*: after two hours, two hours later, *von jetzt an*: in two hours, in two hours' time; **es ist fünf (Minuten) nach sechs** it's five (minutes) past six (*US* after six) ◼4 *bei Reihenfolge*: after; **(immer) der Reihe nach** one after the other ◼5 (≈ *entsprechend*) according to; **nach dem, was sie sagt** going by what she says; **seinem Namen** *usw*. **nach** judging by his name *usw*.; **nach Bedarf** as required; **nach Gewicht verkaufen** sell* by weight; **nach 'meiner Uhr ist es zehn** it's ten o'clock by my watch ◼6 **hier riechts nach Rauch** it smells of smoke (*in Zimmer usw*.: in here); **es schmeckt nach Zitrone** it tastes of lemon ◼7 **nach jemandem fragen** (*bzw.* **suchen**) ask (*bzw.* look) for someone ◼8 *Wendungen*: **mir nach!** follow me!; **nach und nach** gradually [ˈɡrædʒʊəlɪ]; **ihr geht's nach wie vor gut** she's still doing fine
★**nachahmen** ◼1 imitate (*Person, Stimme usw.*) ◼2 *auf komische Weise*: mimic [ˈmɪmɪk], take* off; **sie kann ihre Lehrerin sehr gut nachahmen** she does a good impression of her teacher ◼3 copy (*Mode, Verhalten*)
Nachahmung f ◼1 *einer Person usw*.: imitation, mimicking [ˈmɪmɪkɪŋ] ◼2 (≈ *Kopie*) imitation, copy [ˈkɒpɪ]
★**Nachbar(in)** m(f) ◼1 *allg*.: neighbour [▲ ˈneɪbə] ◼2 *direkt nebenan*: next-door neighbour ◼3 **mein Nachbar** (*bzw.* **meine Nachbarin**) **auf Sitzplatz**: the man (boy *usw*.) *bzw*. woman (girl *usw*.) sitting next to me
Nachbarhaus n house next door
Nachbarschaft f neighbourhood
nachbestellen ◼1 *allg*.: order some more ◼2 (*Firma*) place a repeat order for
nachblicken: **jemandem nachblicken** watch someone go *usw*.
★**nachdem** ◼1 *zeitlich*: after, when; **nachdem sie das gesagt hatte** having said that, after saying that, when she had said that ◼2 *begründend*: since, as; **nachdem du es nicht gewollt hast** since (*oder* as) you didn't want it ◼3 **je nachdem!** it (all) depends; **je nachdem, was er sagt** depending on what he says

nachdenken ◼1 think* (über about); **ich hab darüber nachgedacht, wie ...** I was thinking about how ... ◼2 **denk mal scharf nach** think hard ◼3 **ich brauche Zeit zum Nachdenken** I need time to think it (*oder* things) over

nachdenklich ◼1 **jemanden nachdenklich machen** set* someone thinking ◼2 **sie machte ein sehr nachdenkliches Gesicht** she was looking very thoughtful

nachdrücklich ◼1 *allg.*: emphatic ◼2 (≈ *ausdrücklich*) explicit [ɪkˈsplɪsɪt] ◼3 **ich habe ihn nachdrücklich davor gewarnt** I expressly warned him not to do it *usw.*

nacheifern: **jemandem nacheifern** try to emulate [⚠ ˈemjʊleɪt] someone

nacheinander ◼1 *allg.*: one after the other ◼2 **kurz nacheinander** in quick succession, at short intervals ◼3 **drei Tage nacheinander** three days running, three days in a row

nacherzählen: **etwas nacherzählen** *in der Schule*: give* a summary of something

Nacherzählung *f schriftliche*: reproduction

Nachfahr(e) *m* descendant [dɪˈsendənt]

nachfahren: **jemandem nachfahren** go* after someone, *mit Auto auch*: drive* after someone

★**Nachfolger(in)** *m(f)* successor [səkˈsesə]

nachforschen investigate, try to find out

Nachforschungen *pl* investigations, inquiries, enquiries [⚠ ɪnˈkwaɪərɪz]

★**Nachfrage** *f nach Waren*: demand (**nach** for); **eine starke Nachfrage** a great demand; **eine geringe Nachfrage** little demand (⚠ *ohne* a); **danach besteht keine Nachfrage** there is no demand for it

nachfragen inquire [ɪnˈkwaɪə] (**wegen** about), ask (**bei** *jemandem* someone; **bei** *einem Amt usw.*: at; **wegen** about)

nachfühlen: **das kann ich dir nachfühlen** I know exactly how you feel

nachfüllen ◼1 refill (*etwas Leeres*) ◼2 top up, *US* fill up (*etwas halb Leeres usw.*); **darf ich nachfüllen?** may I top up your glass?

Nachfüllpackung *f Waschmittel usw.*: refill [ˈriːfɪl]

★**nachgeben** ◼1 (*Person*) give* **in** (**jemandem** to someone); **du gibst immer zu schnell nach** you always give in too easily ◼2 (*Material*) give*; **das Brett gab unter dem Gewicht nach** the board began to give under the weight

nachgehen[1]: **die Uhr geht (zehn Minuten) nach** this watch (*bzw.* clock) is (ten minutes) slow

nachgehen[2] ◼1 **jemandem nachgehen** follow someone ◼2 **etwas nachgehen** *einem Vorfall usw.*: look into (*oder* investigate) something

nachgemacht ◼1 (≈ *gefälscht*) forged [fɔːdʒd] ◼2 (≈ *unecht*) fake ◼3 (≈ *künstlich*) artificial [ˌɑːtɪˈfɪʃl], imitation (*leather usw.*)

Nachgeschmack *m* aftertaste

nachgiebig ◼1 *Material*: pliable [ˈplaɪəbl] ◼2 *Mensch*: indulgent [ɪnˈdʌldʒənt]; **du bist zu nachgiebig mit deinen Kindern** you're too soft on your children

nachhause → Haus 3

Nachhauseweg *m* way home; **auf dem Nachhauseweg** on the way home

nachhelfen ◼1 **jemands Gedächtnis etwas nachhelfen** jog someone's memory ◼2 **dem Zufall** (*bzw.* **Glück**) **etwas nachhelfen** give* fate (*bzw.* fortune) a helping hand

★**nachher** ◼1 *allg.*: afterwards [ˈɑːftəwədz] ◼2 (≈ *später*) later (on); **bis nachher!** see you later

Nachhilfe *f* ◼1 **sie bekommt Nachhilfe in Englisch** she gets private lessons in English, she's being coached [kəʊtʃt] (*US* tutored) in English ◼2 **sie gibt ihm Nachhilfe in Physik** she coaches (*US* tutors) him in physics, she helps him with his physics

Nachhilfelehrer(in) *m(f)* coach, private tutor

Nachhilfestunde *f* private lesson

nachholen ◼1 catch* up **on** (*Lernstoff usw.*); **nachholen, was in der Schule durchgenommen wurde** catch* up on what was done at school ◼2 **sie hat das Abitur mit 30 nachgeholt** she did her A-levels at thirty

Nachkomme *m* ◼1 *allg.*: descendant [dɪˈsendənt], offspring (⚠ *das ist auch pl*) ◼2 **ohne Nachkommen sterben** *förmlich* die without issue [ˈɪʃuː]

nachkommen (≈ *später kommen*) follow (on) later

Nachlass[1] *m* (≈ *Preisermäßigung*) discount [ˈdɪskaʊnt] (**auf** on), reduction (**auf** on)

Nachlass[2] *m bei Todesfall*: estate [ɪˈsteɪt]

nachlassen ◼1 (*Wirkung*) wear* off [ˌweərˈɒf] ◼2 (*Schmerz*) ease, wear* off ◼3 (*Gehör, Augen*) get* bad ◼4 **sein Interesse lässt nach** he's beginning to lose interest ◼5 (*Konzentration, Leistung, Qualität*) drop (off) ◼6 (*Regen, Sturm*) let* up ◼7 **sie hat in letzter Zeit nachgelassen** *in der Schule*: she's not been doing so well in school recently ◼8 **allmählich lässt er ganz schön nach** *aus Altersgründen*: he's slowing down quite a bit now ◼9 **sie hat mir zwanzig Pfund (vom Preis) nachgelassen** she gave me

£20 off (gesprochen twenty pounds)

nachlässig ▪ allg.: careless ▪ **nachlässig gekleidet** untidily dressed

Nachlässigkeit f allg.: carelessness

nachlaufen: **jemandem** (bzw. **etwas) nachlaufen** run* after someone (bzw. something)

nachlösen: (**eine Fahrkarte) nachlösen** buy* a (oder the) ticket on the bus (oder train usw.) bzw. at the other end (nach Ankunft)

nachmachen ▪ **etwas nachmachen** copy something (auch Verhalten) ▪ **jemanden nachmachen** (≈ nachahmen) imitate someone, auf komische Art: mimic someone, take* someone off, US do* a takeoff on someone ▪ (≈ fälschen) forge (Unterschrift usw.) ▪ **das soll mir erst mal einer nachmachen!** I'd like to see anyone do better ▪ **ich muss die Prüfung nachmachen** I've got to do the exam later

Nachmieter(in) m(f) ▪ allg.: new (oder next) tenant ['tenənt] ▪ **mein Nachmieter** the person taking over my flat (US apartment)

★**Nachmittag** m afternoon [ˌɑːftəˈnuːn]; **am Nachmittag** in the afternoon; **heute Nachmittag** this afternoon; **morgen Nachmittag** tomorrow afternoon

★**nachmittags** ▪ bestimmter Tag: in the afternoon ▪ regelmäßig: in the afternoons ▪ **um 3 Uhr nachmittags** at 3 (o'clock) in the afternoon, at 3 pm [ˌpiːˈem]

Nachmittagsbetreuung f afternoon care [ˌɑːftənuːnˈkeə]

Nachmittagsvorstellung f Kino usw.: matinée ['mætɪneɪ] (performance)

Nachnahme f cash (US collect) on delivery, COD [ˌsiːəʊˈdiː]; **per Nachnahme** COD

Nachname m surname, last name

nachplappern parrot ['pærət]

nachprüfen: **etwas nachprüfen** check something

Nachprüfung f in Schule: re-examination

★**Nachricht** f ▪ (≈ Mitteilung) message; (≈ Meldung) news [njuːz] (▲sg) (von of, about); **eine Nachricht** a piece of news; **ich habe eine gute Nachricht für dich** I've got good news for you (▲ohne a); jemandem eine Nachricht hinterlassen leave* someone a message; **Nachricht erhalten, dass ...** receive (the) news that ...; wir geben Ihnen Nachricht we'll let you know ▪ **Nachrichten** Radio, Fernsehen: news (▲sg); **Nachrichten hören** (bzw. **sehen)** listen to (bzw. watch) the news; **Sie hören jetzt Nachrichten** Radio: here is the news ▪ (≈ Botschaft) message

Nachrichtensatellit m communications satellite ['sætəlaɪt]

Nachrichtensprecher(in) m(f) newsreader, US newscaster

Nachruf m obituary [əˈbɪtʃʊərɪ] (**auf** on)

nachrüsten ▪ militärisch: close the armament gap ▪ technisch: retrofit ['retrəʊfɪt] ▪ upgrade (Computer usw.)

nachsagen (≈ nachsprechen) repeat

Nachsaison f end of the season

nachschauen ▪ **jemandem** (bzw. **etwas) nachschauen** gaze after someone (bzw. something), jemandem beim Weggehen: watch someone go ▪ **ich schau mal nach** I'll (go and) have a look, zur Sicherheit: I'll go and check (**ob** whether)

nachschenken ▪ **darf ich (dir) nachschenken?** can I pour you some more coffee (bzw. wine usw.)? ▪ **er hat uns immer wieder nachgeschenkt** he kept on topping us up (US filling up our glasses)

nachschicken: **ich schick's dir nach** I'll send it on to you, I'll forward ['fɔːwəd] it to you

★**nachschlagen** ▪ look up (Wort, Stelle) ▪ **ich hab in einem Buch nachgeschlagen** I looked it up (oder I checked it) in a book

Nachschlagewerk n reference book

nachschreiben: **eine Arbeit (später) nachschreiben** do* (oder sit*) a test later

Nachschub m ▪ Material für Militär: supplies (▲pl) ▪ übertragen supply (**an** of)

nachsehen ▪ **jemandem** (bzw. **etwas) nachsehen** gaze after someone (bzw. something), jemandem beim Weggehen: watch someone go ▪ **ich seh mal nach** I'll (go and) have a look, zur Sicherheit: I'll go and check (**ob** whether) ▪ **du hättest ja in einem Wörterbuch nachsehen können** you could have looked it up (oder have checked it) in a dictionary

nachsenden ▪ **bitte nachsenden!** auf Brief usw.: please forward ['fɔːwəd] ▪ **wir senden es Ihnen nach** we'll forward it to you

Nachsilbe f suffix ['sʌfɪks]

nachsitzen be* kept in, have* detention [dɪˈtenʃn]; **jemanden nachsitzen lassen** keep* someone in; **nachsitzen müssen** be* kept in, have* detention

★**Nachspeise** f dessert [▲dɪˈzɜːt], sweet

nachspielen ▪ **der Schiedsrichter lässt schon fünf Minuten nachspielen** the referee has already added on five minutes for injuries and stoppages ▪ auf Instrument: play; **ich musste es nachspielen** (then) I had to play it (myself)

Nachspielzeit f *beim Fußball usw.*: injury time ['ɪndʒərɪtaɪm], stoppage time ['stɒpɪdʒtaɪm]

nachspionieren: jemandem nachspionieren spy on someone

nachsprechen: sprecht es mir nach! repeat (it) after me

nachspülen ▨ rinse [rɪns] (*Gläser usw.*) ▨ *im Abfluss*: run* some water (to wash it down)

nächstbeste(r, -s) ▨ wir gingen ins nächstbeste Hotel we went into the first hotel we could find ▨ bei der nächstbesten Gelegenheit as soon as I (you *usw.*) get a chance

★**nächste(r, -s)** ▨ *zeitlich*: next; (am) nächsten Sonntag next Sunday; am nächsten Tag the next (*oder* following) day; in den nächsten Tagen in the next few days; nächstes Mal, das nächste Mal next time ▨ (≈ nächstgelegen, nächststehend) nearest; wo ist das nächste Postamt? where's the nearest post office?; meine nächsten Verwandten my nearest relatives ['relətɪvz] ▨ *in der Reihenfolge*: next; was kommt als Nächstes? what's next?; der Nächste, bitte! next, please!; du bist als Nächste(r) dran it's your turn next

Nächstenliebe f charity ['tʃærəti]

★**Nacht** f night; in der Nacht at night (⚠ *ohne* the); heute Nacht *vergangene*: last night, *kommende*: tonight; gestern Nacht last night; über Nacht overnight; Tag und Nacht night and day (⚠ *Wortstellung*); die ganze Nacht all night (long); bis tief in die Nacht hinein till late at night

Nachtdienst m night duty; Nachtdienst haben *bei Schichtarbeit*: be* on night duty, *Apotheke usw.*: be* open all night

★**Nachteil** m ▨ *allg.*: disadvantage [,dɪsəd'vɑːntɪdʒ]; sie ist (ihm gegenüber) im Nachteil she's at a disadvantage (compared with him); zum Nachteil von to the disadvantage of ▨ er hat sich zu seinem Nachteil verändert he's changed for the worse

nachteilig ▨ disadvantageous (⚠ ,dɪsædvən'teɪdʒəs] ▨ nachteilige Folgen negative consequences ['kɒnsɪkwənsɪz]

Nachtessen n ⓒⒽ supper

Nachtflug m night flight

Nachthemd n ▨ *für Frauen*: nightdress, *umg* nightie, *US* nightgown ['naɪtɡaʊn] ▨ *für Männer*: nightshirt

Nachtigall f nightingale

★**Nachtisch** m ▨ dessert (⚠ dɪ'zɜːt], *Br* sweet ▨ was gibt's zum Nachtisch? what's for afters (*US* dessert) ?, *Br auch* what's for pudding? [⚠ 'pʊdɪŋ]

Nachtleben n nightlife

Nachtlokal n nightclub, *US auch* nightspot

Nachtmahl n ⒶⒷ supper

nachtragen ▨ jemandem etwas nachtragen (≈ übel nehmen) hold* something against someone ▨ etwas nachtragen *schriftlich*: add something (later)

nachtragend unforgiving

nachträglich ▨ *Änderung usw.*: later (⚠ *nur vor dem Subst.*) ▨ etwas nachträglich ändern change something later (on) ▨ nachträglich herzlichen Glückwunsch! belated [bɪ'leɪtɪd] best wishes

nachtrauern: dem (der *usw.*) trauert keiner nach! nobody'll be sorry to see him (her *usw.*) go

★**nachts** ▨ at night, during the night ▨ (um) 11 Uhr nachts at 11 (o'clock) at night, at 11 pm [,piː'em]; um zwei Uhr nachts at two o'clock in the morning, at 2 am [,eɪ'em]

Nachtschicht f night shift; Nachtschicht haben be* on night shift

Nachttisch m bedside table, bedside locker

Nachttopf m chamber pot ['tʃeɪmbə‿pɒt]

Nachtwächter m ▨ *Wachperson*: night watchman ▨ *übertragen, umg* (≈ träger Mensch) dope

Nachtzug m night train

Nachuntersuchung f follow-up check

nachvollziehbar understandable, comprehensible [,kɒmprɪ'hensəbl]; leicht nachvollziehbar easy to understand; schwer nachvollziehbar difficult to understand

nachvollziehen understand, comprehend [,kɒmprɪ'hend]

nachwachsen grow* (back) again

Nachweis m ▨ (≈ Beweis) proof, evidence ['evɪdəns] (für of) ▨ (≈ Beleg) certificate ▨ als (*oder* zum) Nachweis as proof; den Nachweis für etwas erbringen furnish proof of something

nachweisen ▨ prove [⚠ pruːv]; sie konnten ihr nichts nachweisen they couldn't prove anything (against her) ▨ *chemisch usw.*: detect

Nachwirkung f ▨ *einer Medizin usw.*: aftereffect, aftereffects pl ▨ Nachwirkungen *einer Krise usw.*: aftermath ['ɑːftəmæθ] (⚠ *sg*) ▨ Nachwirkungen (≈ Folgen) consequences ['kɒnsɪkwənsɪz]

Nachwort n epilogue ['epɪlɒɡ]

Nachwuchs m ▨ *einer Familie usw.*: offspring (⚠ *mit sg oder pl*); sie bekommen Nachwuchs they're expecting a baby ❷ *beruflicher:* new recruits [rɪˈkruːts] (⚠ *pl*) ❸ **der ärztliche** (*bzw.* **wissenschaftliche**) **Nachwuchs** the new generation of doctors (*bzw.* academics)

nachzahlen pay* extra

nachzählen *allg.:* check

nachziehen ❶ trace (*Strich, Linie*) ❷ pencil [ˈpensl] (*Augenbrauen*) ❸ tighten up (*Schraube*) ❹ *mit Preiserhöhung, neuen Produkten usw.:* follow suit (*A*)

Nachzügler(in) *m(f)* straggler, latecomer

Nacken *m* neck, nape (*oder* back) of the neck

Nackenkissen *n* neck pillow, *zum Reisen:* travel pillow

Nackenstütze *f* headrest

★**nackt** ❶ *allg.:* naked [ˈneɪkɪd], *bes. in der Kunst:* nude [njuːd]; **völlig nackt stark** naked ❷ *Arme usw.:* bare ❸ *Wand, Boden usw.:* bare ❹ *Wahrheit:* plain ❺ **nackt baden** swim* (*oder* bathe [beɪð]) in the nude, US *umg* skinnydip ❻ **mit nacktem Oberkörper** stripped to the waist

★**Nadel** *f* ❶ needle (*auch von Spritze, Nadelbaum*) ❷ (≈ *Steck-, Haar-, Hutnadel*) pin ❸ *eines Plattenspielers:* stylus, needle

Nadelbaum *m* conifer [⚠ ˈkɒnɪfə], coniferous [⚠ kəˈnɪfərəs] tree

Nadelöhr *n* ❶ eye of a (*bzw.* the) needle ❷ (≈ *Engpass*) bottleneck

Nadelwald *m* coniferous [⚠ kəˈnɪfərəs] forest

★**Nagel** *m allg.:* nail (*auch an Finger, Zehe*); **sie kaut immer an den Nägeln** she's always biting her nails

Nageleisen *n* crowbar

Nagelfeile *f* nail file

Nagellack *m* nail varnish, US nail polish

Nagellackentferner *m* nail-varnish remover

nageln nail (**an, auf** to)

nagelneu brand-new

Nagelschere *f* (pair of) nail scissors [ˈsɪzəz]; **wo ist meine Nagelschere?** where are my nail scissors?

Nagelstudio *n* nail salon, nail bar

nagen gnaw [⚠ nɔː] (**an at**)

★**nah** ❶ *hinter dem Verb:* near, close [⚠ kləʊs]; **es ist ganz nah** *Entfernungsangabe:* it's quite near (*oder* close), it's not very far; **nah bei** (*oder* **an**) near (to), close to; **von Nahem** from close up ❷ *vor dem Subst.:* nearby [ˈnɪəbaɪ]; **der nahe Park** the nearby park; **der Nahe Osten** the Middle East ❸ *zeitlich:* near ❹ *Verwandte:* close; **nah verwandt** closely related ❺ **den Tränen nah** close to tears

★**nahe** → nah, naheliegend

★**Nähe** *f* ❶ **in der Nähe** nearby [ˌnɪəˈbaɪ] ❷ **in der Nähe von** near (to) (⚠ *nicht* nearby), close [⚠ kləʊs] to ❸ **der Park in der Nähe** the nearby park ❹ **bei uns in der Nähe** near (to) where we live ❺ **es muss hier in der Nähe sein** it must be somewhere around here ❻ **bleib in meiner Nähe** stay near me ❼ **sich etwas aus der Nähe ansehen** take* a closer look at something

naheliegend *Grund usw.* obvious [ˈɒbvɪəs]

★**nähen** ❶ *allg.:* sew [⚠ səʊ] ❷ make* (*Kleid*) ❸ stitch up (*Wunde*); **ich musste genäht werden** *bei Fleischwunde:* I had to have stitches

★**näher** ❶ **es ist näher, als du denkst** it's closer (*oder* nearer) than you might think ❷ **nähere Informationen** further information (⚠ *sg*) ❸ **es gibt einen näheren Weg** there's a shorter way (*oder* route) ❹ **die nähere Umgebung** the immediate [ɪˈmiːdɪət] area ❺ **näher herankommen** (≈ *herantreten*) come* closer, (≈ *sich nähern*) get* closer ❻ **sich etwas näher ansehen** have* a closer look at something ❼ **Ostern rückt immer näher** Easter is getting closer and closer ❽ **kennst du sie näher?** do you know her well?; → **näherkommen**

Nähere(s) *n* (further) details, particulars (⚠ *beide pl*)

Naherholungsgebiet *n* local (*oder* nearby) recreational area [rekrɪˌeɪʃnəlˈeərɪə]

näherkommen: auf dem Ausflug sind sie sich nähergekommen they were brought together by the outing

★**nähern: sich jemandem** (*bzw.* **etwas**) **nähern** approach someone (*bzw.* something)

Näherungswert *m Mathematik:* approximate value

nahezu virtually [ˈvɜːtʃʊəlɪ], almost; **nahezu unmöglich** virtually impossible

Nahkampf *m* ❶ *Militär:* close combat [ˌkləʊsˈkɒmbæt] ❷ *Boxen, Fechten:* infighting

Nähmaschine *f* sewing [ˈsəʊɪŋ] machine

Nähnadel *f* needle

Nahost *m* the Middle East

nahrhaft ❶ nutritious [njuːˈtrɪʃəs], nourishing [⚠ ˈnʌrɪʃɪŋ] ❷ **eine nahrhafte Mahlzeit** a good square meal

Nährstoff *m* nutrient [ˈnjuːtrɪənt]

Nahrung *f* food [fuːd]

Nahrungsergänzungsmittel *n* food supplement [ˌfuːdˈsʌplɪmənt]

Nahrungskette *f* food chain [ˈfuːd ˌtʃeɪn]

★**Nahrungsmittel** n food [fu:d] pl: food (⚠ mit sg), bestimmte auch: foods
Nährwert m nutritional [nju:'trɪʃnəl] value
Nähseide f sewing [⚠ 'səʊɪŋ] silk
Naht f **1** allg.: seam **2** einer Wunde: stitches (⚠ pl) **3** **aus allen Nähten platzen** be* bursting at the seams
nahtlos **1** (≈ ohne Naht) seamless (auch technisch) **2** **ein nahtloser Übergang** übertragen a smooth transition **3** **eine nahtlose Bräune** übertragen an all-over tan **4** **nahtlos ineinander übergehen** merge into one another
Nahverkehr m local traffic
Nahverkehrszug m local train
Nähzeug n sewing [⚠ 'səʊɪŋ] kit
naiv naive [naɪ'iːv] (auch Kunst, Maler)
Naivität f naivety [naɪ'iːvətɪ]
★**Name** m **1** allg.: name; **eine Frau mit Namen Liz** a woman by the name of Liz; **ich musste ihm meinen Namen sagen** I had to give him my name; **ich möchte jetzt keine Namen nennen** I wouldn't like to mention any names; **ich kenne sie** usw. **nur dem Namen nach** I only know her usw. by name **2** **in Gottes Namen** for heaven's sake, for God's sake
Namensschild n **1** an Tür, Eingang: nameplate **2** an Kleidung: name tag
Namenstag m name day; **ich hab morgen Namenstag** tomorrow's my name day
★**nämlich** **1** **der Fahrer, nämlich Herr X** the driver, namely (oder that is) Mr X **2** **sie war nämlich krank** she was ill, you see
Nanopartikel n nanoparticle
nanu nanu, wer kommt denn da? well, look who's here!; **nanu, wo ist denn mein Schirm geblieben?** well, I wonder what's happened to my umbrella
Napf m für Tiere: bowl
Narbe f scar [skɑː]
Narkose f **1** Mittel: anaesthetic [ˌænəs'θetɪk]; **in Narkose** under anaesthetic; **eine Narkose bekommen** be* given an anaesthetic **2** als Zustand: anaesthesia [ˌænəs'θiːzɪə]; **aus der Narkose aufwachen** come* round
Narr m **1** allg.: fool; **ich lass mich von dir nicht zum Narren halten** I'm not going to let you make a fool of me **2** (≈ Hofnarr) jester
narrensicher foolproof
Närrin f fool
närrisch **1** umg crazy (auf about) **2** **närrisch vor Freude** mad with joy **3** **närrisches Treiben** carnival celebrations (⚠ pl)
Narzisse f **1** allg.: narcissus pl: narcissi [nɑː'sɪsaɪ] **2** gelbe: daffodil ['dæfədɪl]

naschen **1** nibble (between meals) (an, von at), snack; **gern naschen** like to nibble things, Süßes: have* a sweet tooth **2** **wer hat von dem Kuchen genascht?** who's been at the cake?
★**Nase** f **1** allg.: nose; **ich muss mir die Nase putzen** I've got to blow my nose; **auf die Nase fallen** auch übertragen fall* flat on one's face **2** **die Nase voll haben** übertragen be* fed up (von with) **3** **die Amerikaner haben bei Computersoftware meist die Nase vorn** the Americans are usually one step ahead when it comes to computer software
Nasenbluten n nosebleed, nosebleeds pl; **sie hat Nasenbluten** she's got a nosebleed
Nasenloch n nostril ['nɒstrəl]
Nasenspitze f tip of the (oder one's) nose
Nasenspray m/n nose spray
Nashorn n rhinoceros [raɪ'nɒsərəs], umg rhino ['raɪnəʊ]
★**nass** **1** wet; **triefend nass** dripping wet, soaking; **ich bin ganz nass geworden** I got all wet **2** **sich nass rasieren** wet-shave
Nässe f **1** wet, wetness **2** **vor Nässe schützen!** keep dry, keep in a dry place
nässen (Wunde) weep*
nasskalt cold and damp
Nastuch n (⚠ (≈ Taschentuch) handkerchief [⚠ 'hæŋkətʃɪf], umg hankie
★**Nation** f nation ['neɪʃn]
★**national** national ['næʃnəl]
★**Nationalfeiertag** m national holiday
Nationalhymne f national anthem ['ænθəm]
Nationalität f nationality [ˌnæʃə'nælətɪ]
Nationalmannschaft f national team, Br auch national side
Nationalpark m national park
★**Nationalrat** m ⚠, ⚠ **1** (≈ gewählte Volksvertretung) Austrian bzw. Swiss Parliament **2** (≈ Abgeordneter) member of the Austrian bzw. Swiss Parliament
Nationalrätin f ⚠, ⚠ (≈ Abgeordnete) member of the Austrian bzw. Swiss Parliament
Nationalsozialismus m National Socialism (⚠ ohne the)
Nationalsozialist(in) m(f), **nationalsozialistisch** National Socialist, Nazi ['nɑːtsɪ]
Nationalspieler(in) m(f) international (player)
NATO f abk, **Nato** f abk: **die NATO** (oder **Nato**) NATO, Nato ['neɪtəʊ] (⚠ ohne the)
Natrium n sodium ['səʊdɪəm]
★**Natur** f **1** **die Natur** nature ['neɪtʃə] (⚠ ohne

the) ② (≈ *naturbelassene Umgebung*) natural surroundings (▲ *pl*) ③ **in der freien Natur** out in the open, *Tiere*: in their natural habitat ['hæbɪtæt] ④ **Eiche** *usw*. **Natur** *bei Möbeln*: natural oak *usw*.

naturbelassen ① (≈ *im Naturzustand*) natural (*auch Lebensmittel*) ② (≈ *unbehandelt*) untreated ③ *Landschaft*: unspoilt

Naturfreund(in) *m(f)* nature lover

naturgetreu ① true to nature (▲ *nur am Satzende*), realistic, lifelike ② **sie hat es naturgetreu nachgebaut** she made a true-to-life copy of it

Naturheilkunde *f* naturopathy [▲ ‚neɪtʃə'rɒ-pəθɪ]

Naturkatastrophe *f* natural disaster

Naturkostladen *m* health food shop (*oder* store)

Naturlehrpfad *m* nature trail

★ **natürlich** ① *allg*.: natural ['nætʃrəl] ② **natürliche Größe** actual (*oder* full) size ③ **sich natürlich verhalten** act natural(ly) ④ **aber natürlich!** but of course! ⑤ **er kam natürlich nicht** (≈ *wie zu erwarten*) of course (*oder* needless to say) he didn't come

Naturpark *m* nature reserve

Naturschutz *m* ① conservation (▲ *ohne the*) ② **es steht unter Naturschutz** it's protected by law, *Gebiet*: it's a nature reserve

Naturschützer(in) *m(f)* conservationist

Naturschutzgebiet *n* nature reserve, *US* nature preserve

Naturtalent *n* ① **er ist ein Naturtalent** he's a natural ['nætʃrəl] ② *Begabung*: natural talent (*oder* gift)

Naturwissenschaft *f einzelne*: (natural) science ['saɪəns]; **die Naturwissenschaften** science (▲ *sg*; *ohne the*), the (natural) sciences

Naturwissenschaftler(in) *m(f)* scientist ['saɪəntɪst]

naturwissenschaftlich ① scientific [‚saɪən'tɪ-fɪk] ② **die naturwissenschaftlichen Fächer** the science subjects

Navi *n umg* sat-nav, *US umg* GPS

Navigation *f* navigation

Navigationsgerät *n* satellite navigation system

Navigationssystem *n* navigation system

navigieren *auf Schiff, im Internet*: navigate

Nazi *m umg, abwertend* Nazi

n. Chr. AD [‚eɪ'diː] (*abk für* Anno Domini), in the year of our Lord; **100 n. Chr.** 100 AD (▲ *gesprochen* a hundred AD)

★ **Nebel** *m* ① *allg*.: fog; **bei dichtem Nebel** in thick fog ② *leichter*: mist

nebelig foggy, misty

Nebelscheinwerfer *m* fog lamp, *US meist* fog lights

★ **neben** ① *örtlich*: next to, beside; **setz dich neben mich** (come and) sit next to me; **ich saß neben ihr** I was sitting beside (*oder* next to) her; **neben dem Fenster** by (*oder* next to) the window; **dicht neben ihr** (*bzw.* **sie**) right next to her ② (≈ *verglichen mit*) compared with (*oder* to) ③ (≈ *zusätzlich zu*) besides, apart (*bes. US* aside) from; **neben anderen Dingen** among [ə'mʌŋ] other things

★ **nebenan** ① (≈ *im Haus, Zimmer usw. nebenan*) next door ② **bei uns nebenan** next-door to us

★ **nebenbei** ① (≈ *beiläufig*) in passing; **nebenbei bemerkt** by the way ② (≈ *außerdem*) besides ③ *verdienen*: on the side

Nebeneffekt *m* side effect

★ **nebeneinander** ① next to each other, *existieren usw.*: side by side; → **nebeneinandersitzen** ② *zeitlich*: at the same time

nebeneinandersitzen sit* next to each other

Nebenfach *n* subsidiary (subject), *US* minor

Nebenfluss *m* tributary ['trɪbjʊtərɪ], branch

nebenher ① *verdienen, arbeiten*: on the side ② (≈ *gleichzeitig*) at the same time

nebenherlaufen: **sie fährt Rad und ihr Hund läuft nebenher** she cycles and her dog runs along beside her

Nebenjob *m* job on the side, sideline

Nebenkosten *pl einer Wohnung usw.*: extra costs, extras

Nebenrolle *f Theater usw.*: minor part

Nebensache *f* ① minor consideration, minor point ② **das ist Nebensache** that's not so important

nebensächlich unimportant, trivial ['trɪvɪəl]

Nebensächlichkeit *f* triviality [‚trɪvɪ'ælətɪ]

Nebensaison *f* low season, off-peak season

Nebensatz *m* subordinate [sə'bɔːdɪnət] clause

Nebenstelle *f* ① *eines Geschäftes usw.*: branch [brɑːntʃ] (office) ② *Telefon*: extension

Nebenstraße *f* ① *in einem Ort*: side street ② *auf dem Land*: minor road

Nebentisch *m* next table; **am Nebentisch** at the next table

Nebenverdienst *m* extra earnings (▲ *pl*) (*oder* income)

Nebenwirkung *f* side effect

Nebenzimmer *n in Lokal*: side room

★ **neblig** foggy, *schwächer*: misty

nee (≈ *nein*) no, *umg* nope

★**Neffe** m nephew ['nefjuː]
★**negativ** ◼ *allg.*: negative ['negatɪv] ◼ **sie sieht alles nur negativ** she always looks on the negative side of things
Negativ n *Foto*: negative ['negatɪv]
Neger m *oft abwertend*: Negro ['niːgrəʊ] *pl*: Negroes; → Schwarze(r)
Negerin f *oft abwertend*: Negro ['niːgrəʊ], Negress ['niːgres]; → Schwarze
★**nehmen** ◼ *allg.*: take* ◼ **sich etwas nehmen, etwas an sich nehmen** take* something ◼ **nimm dir bitte** *beim Essen usw.*: please help yourself ◼ **jemandem etwas nehmen** take* something away from someone ◼ **man nehme** *Rezept*: take ◼ **das nehme ich auf mich** I'll take responsibility (for that) ◼ **sie ließ es sich nicht nehmen, persönlich zu kommen** she insisted on coming herself ◼ **wir haben Oma zu uns genommen** we took Granny into our house ◼ **wie man's nimmt** it depends
Neid m envy (⚠ 'envi) (**auf jemanden** of someone, **auf etwas** at something)
neidisch envious (⚠ 'envɪəs), jealous (⚠ -'dʒeləs) (**auf** of)
neigen ◼ bend* (*Kopf*) ◼ **sich neigen** (*Gebäude, Person usw.*) lean*, (*Boden*) slope, (*Ebene*) slant [slɑːnt]; **sich nach vorne** (*bzw.* **hinten**) **neigen** lean* forward (*bzw.* backward)
Neigung f ◼ *allg.*: inclination ◼ *Straße*: gradient ['greɪdɪənt] ◼ *übertragen* (≈ *Hang*) inclination (**zu** to, towards) ◼ *übertragen* (≈ *Veranlagung*) disposition (**zu** for)
★**nein** ◼ no ◼ **aber nein!** of course not ◼ „**Hast du gerufen?**" - „**Nein!**" 'Did you call?' - 'No(, I didn't).'
Nein n no; **ein klares Nein** a straight no
Neinstimme f no *pl*: noes, *US* nay
Nektarine f nectarine ['nektəriːn]
Nelke f ◼ *Blume*: carnation, *rosafarbene auch*: pink ◼ *Gewürz*: clove [kləʊv]
★**nennen** ◼ **sie hat mich eine Ratte genannt** she called me a rat; **er nennt sich Dagi** he calls himself Dagi ◼ **ich musste ihr meinen Namen nennen** I had to give her my name ◼ **kannst du mir den höchsten Berg der Welt nennen?** can you name (me) the world's highest mountain? ◼ **ich möchte jetzt keine Namen nennen** I wouldn't like to mention any names ◼ **das nenne ich eine Überraschung!** that's what I call a surprise ◼ **und so etwas nennt sich Lehrer!** and he (*bzw.* she) calls himself (*bzw.* herself) a teacher

nennenswert worth mentioning (⚠ *nur hinter dem Subst.*)
Nenner m *Mathematik*: denominator; **kleinster gemeinsamer Nenner** lowest common denominator; **etwas auf einen (gemeinsamen) Nenner bringen** reduce something to a common denominator
Neonazi m neo-Nazi ['niːəʊˌnɑːtsɪ]
Neonlicht n neon ['niːɒn] light
Nepal n Nepal [nɪˈpɔːl]
Nepp m daylight robbery; **das ist der reinste Nepp** it's a complete rip-off
Neptun m *Planet*: Neptune ['neptjuːn] (⚠ *ohne* the)
★**Nerv** m ◼ *allg.*: nerve ◼ **du gehst mir auf die Nerven** you're getting on my nerves ◼ **sie hat die Nerven verloren** she lost her nerve (⚠ *sg*) (*oder* head), *im Zorn*: she lost her temper ◼ **es kostet Nerven** it's nerve-racking ◼ **die hat vielleicht Nerven!** she's got a nerve (*oder* cheek)!
nerven ◼ **der nervt mich vielleicht!** he's really getting on my nerves ◼ **das nervt** it's a pain in the neck
Nervenarzt m, **Nervenärztin** f neurologist [njʊˈrɒlədʒɪst]
Nervenkitzel m thrill
Nervenklinik f psychiatric (⚠ ˌsaɪkɪˈætrɪk) hospital
nervenkrank ◼ **nervenkrank sein** have* a nervous disease [ˌnɜːvəs_dɪˈziːz] ◼ (≈ *geisteskrank*) mentally ill
Nervensache f: **das ist reine Nervensache** it's just a question of nerve (⚠ *sg*)
Nervensäge f *Person*: pain in the neck
Nervenzusammenbruch m nervous breakdown
nervig *umg* (≈ *lästig*) pesky
nervlich ◼ **nervliche Belastung** strain on the (*bzw.* his, her, their) nerves ◼ **sie ist nervlich am Ende** she's a nervous wreck (⚠ rek)
★**nervös** ◼ *allg.*: nervous ◼ (≈ *aufgeregt*) tense, on edge (⚠ *nur nach dem Verb*) ◼ (≈ *unruhig*) fidgety ['fɪdʒətɪ] ◼ (≈ *ängstlich*) nervous
Nervosität f ◼ *allg.*: nervousness ◼ (≈ *Aufgeregtheit*) tenseness, edginess ◼ (≈ *Ängstlichkeit*) nervousness
nervtötend ◼ *Arbeit*: mindless ◼ *Lärm usw.*: nerve-racking
Nest n ◼ *eines Vogels usw.*: nest ◼ *umg* (≈ *kleiner Ort*) little place, *elendes*: dump
★**nett** ◼ *allg.*: nice (*auch ironisch*); **das war sehr**

nett von dir that was very nice of you ② (≈ *niedlich, hübsch*) sweet, cute ③ (≈ *freundlich*) kind, nice ④ **sei so nett und hol mir den Hammer** do me a favour and fetch me the hammer, will you?

netto net; **wie viel verdienst du netto?** what's your take-home salary (*oder* pay)?
Nettogehalt n net (*oder* take-home) salary
Nettogewicht n net weight
Nettolohn m take-home pay
Nettoverdienst m net income (⚠ *sg*)
★**Netz** n ① *allg.*: net (*auch übertragen*) ② (≈ *Streckennetz, Telefonnetz usw.*) network; **ich habe kein Netz** *beim Handy*: I can't get any reception [rɪ'sepʃn] ③ (≈ *Stromnetz*) mains (⚠ *pl*), *US* (power) main ④ (≈ *Einkaufsnetz*) string bag
Netzaktivist(in) m(f) *Internet*: online activist
Netzgerät n power supply unit
Netzhaut f retina ['retɪnə]
Netzkarte f *für Bahn usw.*: runaround ticket, *US* (unlimited) rail pass
Netzprovider m *Internet*: Internet service provider, ISP
Netzteil n power supply unit
Netzwerk n *allg.*: network (*auch Computernetzwerk*); **soziales Netzwerk** *im Internet*: social networking site
Netzwerker(in) m(f) networker
Netzwerktechniker(in) m(f) *Computer*: network technician
★**neu** ① *allg.*: new; **das ist neu für mich** that's new to me; **das ist mir neu** that's new (*oder* news) to me ② *Entwicklung usw.*: (≈ *vor Kurzem geschehen*) new, recent ['riːsnt] ③ *Hemd usw.*: (≈ *frisch*) clean ④ (≈ *neuzeitlich*) modern ['mɒdn]; **die neuere Literatur** modern literature (⚠ *ohne* the) ⑤ **ganz neu** brand-new ⑥ **ein neuer Anfang** a <u>fresh</u> start ⑦ **die neueste Mode** the <u>latest</u> fashion; **die neuesten Nachrichten** the <u>latest</u> news (⚠ *sg*) ⑧ **neue Schwierigkeiten** <u>more</u> difficulties ⑨ **die Skier sind noch so gut wie neu** the skis are as good as new ⑩ **seit Neuestem gibt es Computer, die sprechen können** the latest thing <u>is</u> computers that can speak ⑪ **neu anfangen** make* a <u>fresh</u> start ⑫ **wir haben die Diele neu tapeziert** we've redecorated the hall ⑬ **was gibt's Neues?** what's new?; **das Neue daran ist ...** what's new about it is ... ⑭ **der Neue** *in der Klasse*: the new boy (*umg* guy) ⑮ **das Neueste** the latest thing; **weißt du schon das Neueste?** have you heard the latest?

Neuankömmling m newcomer
neuartig new; **ein neuartiger Treibstoff** a new type (*oder* kind) of fuel
★**Neubau** m ① *Gebäude*: new building ② *Vorgang*: reconstruction
Neubaugebiet n new housing estate ['haʊzɪŋ ɪˌsteɪt], *US* development
Neubearbeitung f ① *Vorgang*: revision [rɪ'vɪʒn] ② *Endprodukt*: revised [rɪ'vaɪzd] version, *Buch auch*: revised edition
Neuenburg n Neuchâtel [ˌnjuːʃæ'tel]
★**neuerdings** ① **neuerdings raucht er wieder** he's recently ['riːsntli] started smoking again ② **neuerdings gibt es Direktflüge zum Nordkap** the latest thing is you can fly direct [də'rekt] to the North Cape
Neuerscheinung f ① *Buch*: new publication ② *CD usw.*: new release [rɪ'liːs]
Neuerung f innovation
neugeboren ① *Kind*: new-born ② **ich fühle mich wie neugeboren** I feel a different person
Neugeborene(s) n newborn child (*oder* baby), newborn
★**Neugier** f, **Neugierde** f curiosity [ˌkjʊərɪ'ɒsətɪ]; **aus reiner Neugier** out of sheer curiosity
★**neugierig** ① *allg.*: curious ['kjʊərɪəs] (**auf** about) ② *Kind usw.*: inquisitive [ɪn'kwɪzətɪv]; **sei nicht so neugierig!** don't be so nosy! ③ **ich bin wahnsinnig neugierig auf den neuen Wagen** I can't wait to see the new car ④ **ich bin neugierig, ob ...** I wonder whether (*oder* if) ... ⑤ **ich bin neugierig, was du dazu sagst** I'll be interested to hear what you have to say about it
Neugierige *pl Plural* inquisitive people; (≈ *Gaffer bei Unfall*) *umg* rubberneckers
Neugriechisch n, **neugriechisch** modern Greek
Neuguinea n New Guinea (⚠ ˌnjuː'gɪnɪ]
Neuheit f ① *allg.*: newness, novelty ['nɒvltɪ] ② *konkret*: innovation
★**Neuigkeit** f piece of news [njuːz]; **Neuigkeiten** news (⚠ *sg*); **ich hab eine Neuigkeit für dich** I've got <u>some</u> news for you
★**Neujahr** n ① *Tag*: New Year's Day ② **prosit Neujahr!** happy New Year!
Neujahrstag m New Year's Day
★**neulich** the other day, recently ['riːsntlɪ]
Neuling m newcomer
Neumond m new moon
★**neun** nine
Neun f ① *Zahl*: (number) nine ② *Bus, Straßen-*

bahn usw.: number nine <u>bus</u>, number nine <u>tram</u> *usw.*

neunfach **1** **die neunfache Menge** nine times the amount **2** **der neunfache deutsche Meister X** nine times German champion X (⚠ *ohne* the)

neunhundert nine hundred

neunjährig **1** (≈ *neun Jahre alt*) nine-year-old **2** (≈ *neun Jahre dauernd*) nine-year; **eine neunjährige Auseinandersetzung** a dispute lasting nine years

neunmal nine times

neuntausend nine thousand

★**neunte(r, -s)** ninth [naɪnθ]; **9. April** 9(th) April, April 9(th) (*gesprochen* the ninth of April); **am neunten April** on 9(th) April, on April 9(th) (*gesprochen* on the ninth of April)

Neunte(r) *m/f(m)* **1** (the) ninth **2** **er war Neunter** he was ninth **3** **Papst Johannes IX.** Pope John IX (*gesprochen* John the Ninth; IX *ohne Punkt!*) **4** **heute ist der Neunte** it's the ninth today

Neuntel *n* ninth [naɪnθ]

neuntens ninthly ['naɪnθlɪ]

★**neunzehn** nineteen [ˌnaɪn'tiːn]

Neunzehnjährige(r) *m/f(m)* nineteen-year-old

★**neunzehnte(r, -s)** nineteenth [ˌnaɪn'tiːnθ]

★**neunzig** ninety ['naɪntɪ]

Neunzigerjahre *pl*: **in den Neunzigerjahren** in the nineties

neunzigste(r, -s) ninetieth ['naɪntɪəθ]

Neuregelung *f von Bestimmung, der Verkehrsführung*: new scheme [skiːm]

Neurodermitis *f* neurodermatitis [ˌnjʊərəʊ-ˌdɜːməˈtaɪtɪs]

Neurose *f* neurosis [njʊˈrəʊsɪs]

neurotisch neurotic [njʊˈrɒtɪk]

Neuschnee *m* fresh snow

Neuseeland *n* New Zealand [ˌnjuːˈziːlənd]

Neuseeländer *m* New Zealander [ˌnjuːˈziːləndə]; **er ist Neuseeländer** he's from New Zealand

Neuseeländerin *f* New Zealander [ˌnjuːˈziːləndə], woman (*oder* lady *bzw.* girl) from New Zealand; **sie ist Neuseeländerin** she's from New Zealand

neusprachlich: **ich bin auf einem neusprachlichen Gymnasium** I'm at a grammar school (*US* high school) which specializes in modern languages

Neustart *m* restart, reboot

★**neutral** **1** *allg.*: neutral ['njuːtrəl]; **sich neutral verhalten** remain neutral **2** (≈ *unparteiisch*) impartial [ɪmˈpɑːʃl]

Neutralität *f* neutrality [njuːˈtrælətɪ]

Neutron *n* neutron ['njuːtrɒn]

Neutrum *n Grammatik*: neuter ['njuːtə]

neuwertig as new, as good as new

Neuzeit *f Geschichte*: modern age

★**nicht** **1** *allg.*: not; **sie kommt nicht** überhaupt nicht: she doesn't come, *diesmal*: she isn't coming; **sie wohnen nicht mehr hier** they don't live here <u>any</u> more; **es ist gar nicht schwer** it isn't difficult at all; **überhaupt nicht** not at all; **nicht einmal** not even; **ich kenne sie auch nicht** I don't know her either **2** „**Ich kenne ihn nicht.**" - „**Ich auch nicht.**" 'I don't know him.' - 'Nor (*oder* Neither) do I.' **3** **er ist noch nicht da** he hasn't come (*oder* arrived) yet **4** **du bist nicht besser als die anderen!** you're <u>no</u> better than the others! **5** **ich glaube nicht** I don't think <u>so</u> **6** **bitte nicht!** please don't! **7** **was du nicht sagst!** you don't say! **8** **du kennst ihn doch, nicht (wahr)?** you know him, don't you?

GETRENNTSCHREIBUNG

nicht rostend **1** *allg.*: rustproof **2** *Stahl*: stainless

---

★**Nichte** *f* niece [niːs]

Nichtraucher... *in Zusammensetzungen* non--smoking ..., no-smoking ...

★**Nichtraucher(in)** *m(f)* **1** nonsmoker (*auch Abteil*) **2** **ich bin Nichtraucher** I don't smoke

Nichtraucherabteil *n* non-smoking compartment, *umg* non-smoker

Nichtraucherschutz *m* protection from the dangers of passive smoking; **dieses Gesetz dient dem Nichtraucherschutz** this law serves to protect people from the dangers of passive smoking

Nichtraucherschutzgesetz *n* law banning smoking

Nichtraucherzone *f* no-smoking area

★**nichts** **1** *allg.*: nothing; **nichts (anderes) als** nothing but; **überhaupt nichts** nothing at all **2** *mit verneintem englischem Verb*: not <u>any</u>thing; **du hast ja gar nichts gekauft!** but you didn't buy <u>any</u>thing; **haben Sie nichts anderes?** haven't you got <u>any</u>thing else? **3** **das ist nichts für mich** that's not my kind of thing **4** **nichts ahnend** → nichtsahnend **5** **nichts sagend** → nichtssagend **6** *Wendungen*: **macht nichts!** never mind; **nichts wie weg!** let's get out of here!; **nichts wie hin!** what are we waiting for?

Nichts n: **aus dem Nichts** from nowhere
nichtsahnend ▮ Person usw.: unsuspecting ▮ **sie ging nichtsahnend die Treppe hoch** she went upstairs not suspecting a thing
Nichtschwimmer(in) m(f) non-swimmer; **ich bin Nichtschwimmer** I'm a non-swimmer
nichtssagend ▮ Worte usw.: empty, meaningless ▮ Antwort: vague [veɪg]
Nichtstun n: **wir haben die meiste Zeit mit Nichtstun verbracht** we spent most of our (oder the) time doing nothing
Nickel n nickel
Nickelbrille f: **eine Nickelbrille** (a pair of) steel-rimmed glasses; **diese Nickelbrille ist schön** these steel-rimmed glasses are nice
★**nicken** nod; **sie nickte mit dem Kopf** she nodded (her head) (⚠ ohne with)
Nidel m/f ⌖ (≈ Rahm, Sahne) cream
Nidwalden n Nidwalden ['nɪdwɒldən]
★**nie** ▮ never; **nie wieder** never again; **noch nie** never (before) ▮ **fast nie** hardly ever
niedere(r, -s) ▮ Klasse usw.: lower ▮ Wert, Rang: low ▮ Instinkte, Lebensformen: primitive ['prɪmətɪv]
Niedergang m ▮ allg.: decline ▮ eines Reiches usw.: (decline and) fall
niedergeschlagen depressed
niederknien kneel* [⚠ niːl] down
★**Niederlage** f defeat; **eine Niederlage einstecken müssen** be* defeated; **eine 0:1-Niederlage** a 1-0 defeat (gesprochen one-nil (US one-zero) defeat)
★**Niederlande** pl: **die Niederlande** the Netherlands ['neðələndz]
Niederländer m Dutchman ['dʌtʃmən]; **er ist Niederländer** he's Dutch; **die Niederländer** the Dutch
Niederländerin f Dutchwoman, Dutch lady (bzw. girl); **sie ist Niederländerin** she's Dutch
niederländisch, **Niederländisch** n Dutch
niederlassen ▮ **sich niederlassen** um dort zu leben: settle (down) ▮ **sich als Arzt** usw. **niederlassen** set* (oneself) up as a doctor usw.
Niederlassung f ▮ (≈ das Niederlassen) settling, settlement, eines Arztes usw.: establishment ▮ (≈ Siedlung) settlement ▮ Handel: registered office, (≈ Zweigstelle) branch
niederlegen ▮ **die Arbeit niederlegen** stop work ▮ **sein Amt niederlegen** resign one's office ▮ **einen Kranz niederlegen** lay* a wreath [riːθ]
niedermachen: **jemanden niedermachen** mit Worten: give* someone a roasting

Niederösterreich n Lower Austria ['ɒstrɪə]
Niedersachsen n Lower Saxony ['sæksənɪ]
niederschießen: **jemanden niederschießen** shoot* someone down
Niederschlag m ▮ (≈ Regen) rain(fall), (≈ Schnee) snow(fall) ▮ **radioaktiver Niederschlag** (nuclear) fallout
niederschlagen ▮ **jemanden niederschlagen** knock [⚠ nɒk] someone down ▮ put* down, crush (Aufstand usw.)
niedlich sweet, cute
★**niedrig** ▮ allg.: low (auch Preis, Gehalt), Qualität auch: inferior ▮ **etwas niedrig halten** keep* something down
Niedrigenergiehaus n low-energy house
Niedrigwasser n ▮ des Meeres bei Ebbe: low tide ▮ eines Flusses usw.: low water
★**niemals** ▮ allg.: never ▮ als Ausruf: never!, not on your life!
★**niemand** ▮ nobody, no one, no-one; **es war niemand da** there was nobody (oder no one) there ▮ mit Verneinung beim englischen Verb: not anybody, not anyone; **es war niemand da** there wasn't anybody there ▮ **sie hat niemanden gehört** she didn't hear anybody ▮ **das kann niemand anderer als John** nobody but John can do that
Niemandsland n no-man's-land (⚠ ohne the)
Niere f ▮ Organ: kidney ['kɪdnɪ] ▮ **künstliche Niere** kidney machine
nieseln drizzle
Nieselregen m drizzle
niesen sneeze
Niespulver n sneezing powder
Niete[1] f, **Niet** m Technik: rivet ['rɪvɪt], an Kleidung auch: stud
Niete[2] f ▮ (≈ Los ohne Gewinn) blank ▮ umg (≈ Versager, -in) dead loss
Nigeria n Nigeria [naɪ'dʒɪərɪə]
Nikolaustag m St Nicholas' [snt'nɪkləs] Day
Nikotin n nicotine ['nɪkətiːn]
nikotinarm vor dem Subst.: low-nicotine, hinter dem Verb: low in nicotine ['nɪkətiːn]
Nilpferd n hippopotamus [ˌhɪpə'pɒtəməs] pl: hippopotamuses oder hippopotami [ˌhɪpə'pɒtəmaɪ], umg hippo ['hɪpəʊ]
nimmer ▮ no longer; **ich werds nimmer tun** I won't do it any more ▮ **nie und nimmer** never ever
nippen sip (an at)
★**nirgends**, **nirgendwo** nowhere ['nəʊweə]
Nische f ▮ Wand: niche [niːʃ] (auch übertragen) ▮ eines Raums: recess [rɪ'ses, 'riːses]

nisten nest
Nitrat *n* nitrate ['naɪtreɪt]
Nitroglyzerin *n* nitroglycerine [,naɪtrəʊ'glɪsərɪn]
★**Niveau** *n* **1** *allg.*: level (*auch von Preisen*) **2** (≈ *Bildungsniveau*) level, standard **3** **sie hat Niveau** she's got class (*oder* style)
nix *umg* zilch [zɪltʃ]
Nixe *f* water nymph [nɪmf], mermaid ['mɜːmeɪd]
nobel **1** (≈ *großzügig*) generous ['dʒenrəs] **2** *umg* (≈ *luxuriös*) classy ['klɑːsɪ], posh
Nobelpreis *m* Nobel Prize [nəʊ,bel'praɪz]
Nobelpreisträger(in) *m(f)* Nobel prize winner [,nəʊbel_praɪz'wɪnə], Nobel laureate [,nəʊbel'lɔːrɪət]
★**noch** **1** still; **immer noch, noch immer** still **2** **noch nicht** not yet; **sie ist noch nicht da** she hasn't arrived yet **3** **noch nie** never (before) **4** **noch besser** even better; **noch mehr** even more; **noch jetzt** even now **5** **noch gestern** only yesterday **6** **ich hab nur noch 10 Dollar** I've only got 10 dollars left **7** **ich hol nur noch (schnell) meine Tasche** I'll just go and get my bag **8** **wie heißt sie noch?** what's her name again? **9** **da haben wir ja noch Glück gehabt** we were lucky there **10** **noch am selben Tag** that (very) same day; **ich werd das noch heute erledigen** I'll do it today **11** **nur noch zwei Tage** only two more days **12** **noch einer** one more, another one; **noch ein Bier, bitte** another beer (*oder* the same again), please **13** **nimmst du noch Tee** *usw.*? would you like some more tea *usw.*? **14** **noch dazu** on top of it **15** **noch (ein)mal** once more, one more time; **noch einmal so viel** as much again **16** **noch etwas?** anything else?; **wer kommt noch?** who else is coming? **17** **sie ist noch schlauer als du** she's even smarter than you **18** **nur noch eine Minute** only a minute to go, only another minute
★**nochmals** once more, once again, again
Nockerl *n bes.* Ⓐ; *pl*; *etwa*: pieces of dough [Δ dəʊ] with pointed ends
Nomade *m*, **Nomadin** *f* nomad ['nəʊmæd]
Nomen *n* (≈ *Substantiv*) noun
Nominativ *m* nominative ['nɒmənətɪv] (case)
Nonne *f* nun
Nonstop-Flug *m* nonstop flight
★**Nord** *m* **1** north; **aus Nord** from the north; **Duisburg Nord** North Duisburg **2** **nach Nord** north, northwards ['nɔːθwədz]
Nordafrika *n* North Africa
Nordamerika *n* North America

norddeutsch, **Norddeutsche(r)** *m/f(m)* North German
Norddeutschland *n* North (*oder* Northern ['nɔːðən]) Germany
★**Norden** *m* **1** *Himmelsrichtung*: north; **von Norden** from the north **2** *Landesteil*: North **3** **nach Norden** north, northwards ['nɔːθwədz], *Verkehr usw.*: northbound
Nordeuropa *n* North (*oder* Northern) Europe ['jʊərəp]
Nordeuropäer(in) *m(f)* North (*oder* Northern) European
nordeuropäisch North (*oder* Northern) European
Nordirland *n* Northern Ireland [,nɔːðən'aɪələnd]
nordisch **1** (≈ *skandinavisch*) Nordic **2** **die nordische Kombination** *Skisport*: the Nordic combined
Nordkorea *n* North Korea [kə'rɪə]
★**nördlich** **1** *allg.*: northern ['nɔːðən] (Δ *nur vor dem Subst.*) **2** *Wind, Richtung*: northerly ['nɔːðəlɪ] **3** **in nördlicher Richtung** north, northwards ['nɔːθwədz], *Verkehr usw.*: northbound **4** **nördlich von** (to the) north of **5** **weiter nördlich** further (to the) north
nördlichste(r, -s): der nördlichste Punkt Irlands Ireland's northernmost ['nɔːðənməʊst] point
Nordlicht *n* **1** **das Nordlicht** the northern lights (Δ *pl*) **2** *salopp* (≈ *Person aus Norddeutschland*) Northerner
Nordost *m*, **Nordosten** *m* northeast
nordöstlich northeast (**von** of)
Nord-Ostsee-Kanal *m* Kiel Canal [kə'næl]
Nordpol *m* North Pole [,nɔːθ'pəʊl]
Nordrhein-Westfalen *n* North-Rhine/Westphalia [,nɔːθraɪn_west'feɪlɪə]
Nordsee *f*: **die Nordsee** the North Sea [,nɔːθ'siː]
Nordstaaten *pl*: **die Nordstaaten** *der USA*: the Northern ['nɔːðən] States, the North
nordwärts north, northwards ['nɔːθwədz]
Nordwest *m*, **Nordwesten** *m* northwest
nordwestlich northwest (**von** of)
Nordwind *m* north(erly) wind
nörgeln grumble, moan (**über** about)
Nörgler(in) *m(f)* grumbler, niggler
Norm *f* **1** *allg.*: norm, standard **2** **technische Normen** technical standards (*oder* specifications) **3** (≈ *Leistungssoll*) quota **4** **die Norm sein** be* (considered) normal
★**normal** **1** *allg.*: normal; **das ist doch ganz normal** that's perfectly normal (*oder* natural)

2 (≈ *gewöhnlich*) ordinary ['ɔːdnərɪ] **3 er ist nicht ganz normal** he's not quite right in the head

Normalbenzin *n* regular (petrol), *US* regular (gas)

★**normalerweise** normally

normalisieren 1 sich (wieder) normalisieren return to normal **2** normalize (*Beziehungen, Situation usw.*)

Normalität *f* normality [nɔːˈmælɪtɪ]

normen standardize ['stændədaɪz]

★**Norwegen** *n* Norway ['nɔːweɪ]

Norweger *m* Norwegian [nɔːˈwiːdʒn]; **er ist Norweger** he's Norwegian

Norwegerin *f* Norwegian woman (*oder* lady *bzw*. girl); **sie ist Norwegerin** she's Norwegian

norwegisch, Norwegisch *n* Norwegian [nɔːˈwiːdʒn]

Nostalgie *f* nostalgia [nɒˈstældʒə]

★**Not** *f* **1** (≈ *Armut*) poverty (**▲** 'pɒvətɪ) **2** (≈ *Notlage*) plight; **in Zeiten der Not** in times of need **3** (≈ *Schwierigkeiten*) difficulties, trouble (**▲** *sg*); **in Not sein** be* in trouble; **in Not geraten** run* into difficulties **4 seine liebe Not haben mit** have* a hard time with **5 zur Not** if necessary ['nesəsrɪ], if need be

Notar(in) *m(f)* notary ['nəʊtərɪ]

notariell 1 *allg*., *Aufgaben usw.*: notarial [nəʊˈtæriəl] **2 notariell beglaubigt** attested by a notary ['nəʊtərɪ]

Notarzt *m*, **Notärztin** *f* **1** emergency [ɪˌmɜːdʒənsɪ] doctor **2 wir haben den Notarzt holen müssen** we had to call an ambulance ['æmbjələns]

Notarztwagen *m* emergency [ɪˌmɜːdʒənsɪ] doctor's car

★**Notaufnahme** *f* im *Krankenhaus*: casualty ['kæʒʊəltɪ], *US* emergency [ɪˈmɜːdʒənsɪ] room

★**Notausgang** *m* emergency [ɪˈmɜːdʒənsɪ] exit

Notbremse *f* emergency [ɪˈmɜːdʒənsɪ] brake

Notbremsung *f* emergency [ɪˈmɜːdʒənsɪ] stop

Notdienst *m* **1** standby duty; **Notdienst haben** be* on standby, *Arzt* be* on call **2** *einer Apotheke*: out-of-hours service **3** *eines Handwerksbetriebs*: emergency [ɪˈmɜːdʒənsɪ] call-out service

★**Note** *f* **1** (≈ *Schulnote*) mark, *bes. US* grade (**▲** *Br* note = *Geldschein*) **2** *Musik*: note; **er kann keine Noten lesen** he can't read music

Notebook *m/n* *Computer*: notebook

Notebooktasche *f* notebook bag

Notendurchschnitt *m* average mark [ˌævərɪdʒˈmɑːk], *bes. US* average (grade)

Notenschlüssel *m* *Musik*: clef

Notepad *n* *Computer*: notepad

★**Notfall** *m* **1** emergency [ɪˈmɜːdʒənsɪ] **2 für den Notfall** just in case; **im Notfall** if necessary; **bei einem Notfall** in case of emergency

notfalls if necessary ['nesəsrɪ], if need be

notgedrungen: **etwas notgedrungen tun** be* forced to do something

notieren: **(sich) etwas notieren** make* a note of something

★**nötig 1** *Dinge, Personen usw.*: necessary ['nesəsrɪ]; **wenn nötig** if necessary, if need be **2 etwas dringend nötig haben** badly need something

Nötigste(s) *n* **1 das Nötigste** the essentials [ɪˈsenʃlz] (**▲** *pl*) **2 nimm nur das Nötigste mit** take only what you absolutely need

★**Notiz** *f* **1** note; **sich Notizen machen** make* notes **2** *in Zeitung*: item ['aɪtəm]

Notizblock *m* notepad, *US auch* memo ['meməʊ] pad

★**Notizbuch** *n* notebook

Notlage *f* *allg.*: crisis ['kraɪsɪs] (situation)

Notlandung *f* emergency [ɪˈmɜːdʒənsɪ] (*oder* forced) landing

Notlösung *f* stopgap (solution)

Notlüge *f* white lie

★**Notruf** *m* **1** emergency [ɪˈmɜːdʒənsɪ] call **2** (≈ *Notrufnummer*) emergency number

Notrufnummer *f* emergency [ɪˈmɜːdʒənsɪ] number

Notrufsäule *f* emergency [ɪˈmɜːdʒənsɪ] telephone

Notstandshilfe *f* ⓐ (≈ *Arbeitslosengeld II*) reduced-rate unemployment benefit

Notwehr *f*: **aus** (*oder* **in**) **Notwehr handeln** act in self-defence

★**notwendig 1** *allg.*: necessary ['nesəsrɪ] **2** (≈ *unausbleiblich*) inevitable [ɪnˈevɪtəbl]

Notwendigkeit *f* necessity [nəˈsesɪtɪ]

Novelle *f* *Erzählung*: novella [nəˈvelə]

★**November** *m* November; **im November** in November (**▲** *ohne the*)

Nr. *abk* No., no. *pl* Nos., nos. (*abk für* number; *oft auch ohne Punkt geschrieben*)

Nu *m*: **im Nu** in no time

nüchtern 1 (↔ *nüchtern*) sober; **wieder nüchtern werden** sober up **2 auf nüchternen Magen** on an empty stomach **3** *Urteil usw.*: sober, rational ['ræʃnəl] **4** *Bau, Einrichtung*: functional **5** *Tatsachen*: plain, bare

nuckeln suck (an at); **er nuckelt immer am Daumen** he's always sucking his thumb

★**Nudel** f **1** *zum Essen*: noodle **2** **Nudeln** pasta ['pæstə] (⚠ *sg*), *bes. in Suppe*: noodles **3** **eine ulkige Nudel** *umg* a funny character
Nudelsalat m pasta salad
Nudelsuppe f noodle soup
Nugat m/n chocolate nut cream [ˌtʃɒklət-'nʌt ˌkriːm]
nuklear nuclear
★**null** **1** *Zahl*: nought [nɔːt], *US* zero, *nach Dezimalkomma*: 0 [əʊ]; **fünf Komma null** five point 0 **2** **null Komma fünf** (nought) point five, *US* (zero) point five **3** *beim Wählen am Telefon*: 0 [əʊ], *US auch* zero **4** *Spielstand*: nil, *US* zero, *Tennis*: love [lʌv]; **zwei zu null** two-nil, *US* two-zero, *US* two-nothing **5** **null Fehler** no mistakes **6** **null Grad** zero degrees (*auch im Br*); **zehn Grad unter** (*bzw.* **über**) **null** ten degrees below (*bzw.* above) zero **7** **um null Uhr zehn** at ten past (*US auch* after) midnight **8** **der Zeiger steht auf null** *Messinstrument*: the needle is at zero **9** **die Chancen sind gleich null** the chances are nil **10** (**wieder**) **bei null anfangen** start from scratch **11** **sie hat null Bock auf Schule** she has absolutely no interest in school
★**Null** f **1** *Ziffer*: nought [nɔːt], *US* zero; **wie viele Nullen hat 1000?** how many noughts (*US* zeros) are there in 1,000 (*gesprochen* a thousand)? **2** *Telefon, beim Wählen*: 0 [əʊ], *US* zero **3** (≈ *Versager*) dead loss
Nullpunkt m **1** *allg.*: zero **2** (≈ *Gefrierpunkt*) freezing point
Nulltarif m: **zum Nulltarif** free
★**Nummer** f **1** *Zahl*: number (*abk* No., no. *pl* Nos., nos.; *oft auch ohne Punkt geschrieben*); **sie ist die Nummer eins** she's number one (⚠ *ohne* the) **2** (≈ *Größe*) size **3** *einer Zeitung usw.*: number, issue ['ɪʃuː] **4** *in Show usw.*: number, routine [ruːˈtiːn] **5** **du erreichst ihn unter der Nummer 15189** you can ring (*bes. US* call) him on 15189 **6** **auf Nummer sicher gehen** play it safe
nummerieren number
Nummerierung f numbering
Nummernblock m *auf Tastatur*: number (*oder* numeric [njuːˈmerɪk]) keypad ['kiːpæd]
Nummernschild n *Auto usw.*: number plate, *US* license plate
★**nun** **1** now; **von nun an** from now on, (≈ *seitdem*) from that time on; **was nun?** what now?, what next? **2** *vor einer Äußerung*: (≈ *also*) well **3** **nun gut!** all right, then **4** **wenn sie nun nicht kommt?** (and) what if she doesn't come? **5** **was sagst du nun?** what do you say to that? **6** **es ist nun mal so** that's the way it is
★**nur** **1** *allg.*: only; **nur wenn** only if; **nicht nur ..., sondern auch ...** not only ..., but also ... **2** (≈ *bloß*) just; **nur einmal** just once; **nur weil** just because **3** (≈ *nichts als*) nothing but **4** **nur Anna nicht** except Anna **5** **nur so zum Spaß** just for fun; „**Warum hast du das gemacht?**" - „**Nur so.**" 'Why did you do that?' - 'I don't know.', 'I just felt like it.' **6** **sie tut nur so** she's just pretending **7** **mach nur!, nur zu!** go on! **8** **nur für Erwachsene** (for) adults only
Nürnberg n Nuremberg ['njʊərəmbɜːg]
nuscheln mumble
★**Nuss** f **1** *Frucht*: nut **2** **das ist eine harte Nuss** *übertragen* that's a tough [tʌf] one
Nussbaum m **1** walnut ['wɔːlnʌt] tree **2** *Holz*: walnut
Nussknacker m nutcracker
Nüsslisalat m ⓢ lamb's lettuce [⚠ 'læmzˌletɪs], corn salad
Nüstern pl nostrils
Nutte f *umg, abwertend* tart, *US* hooker
nütze: **er ist zu nichts nütze** he's a dead loss
Nutzen m **1** (≈ *Wert, Nützlichkeit*) use [⚠ juːs]; **praktischer Nutzen** practical use **2** (≈ *Vorteil*) advantage [ədˈvɑːntɪdʒ], benefit ['benɪfɪt]; **zum Nutzen von** for the benefit of **3** (≈ *Gewinn*) profit ['prɒfɪt], gain
★**nutzen, nützen** **1** **nützt dir das?** is that (of) any use [juːs] to you? **2** **das nützt nichts** that's no use, that's no good **3** **Heulen nützt nichts** it's no use crying **4** **das nützt nicht viel** that doesn't help much, that's not much help **5** **etwas nutzen** use [juːz] something, make* use [juːs] of something **6** **die Gelegenheit nutzen** take* (advantage of) the opportunity
Nutzer(in) m(f) *Internet, Computer usw.*: user
★**nützlich** **1** *allg.*: useful [⚠ 'juːsfl]; **sich nützlich machen** make* oneself useful **2** *Rat, Person*: helpful **3** **es (er** *usw.*) **könnte dir nützlich sein** it (he *usw.*) might be of some use [juːs] to you
★**nutzlos** **1** *allg.*: useless [⚠ 'juːsləs] **2** **es ist nutzlos, ihr einen Rat zu geben** it's no use [juːs] (*oder* useless) giving her advice
Nutzung f **1** (≈ *Verwendung*) use [⚠ juːs] **2** *des Bodens*: cultivation **3** *von Bodenschätzen*: exploitation **4** **die Nutzung der Sonnenenergie** *usw.* the utilization of solar energy *usw.* (⚠ *ohne* the) **5** **jemandem etwas zur**

Nutzung überlassen give* someone the use of something
Nymphe f nymph [nɪmf]

O

o als Ausruf: oh! [əʊ]
Oase f oasis [▲əʊˈeɪsɪs]
★**ob** ① whether [ˈweðə], if ② (**so**) **als ob** as if, as though [ðəʊ] ③ **er tut so, als ob er krank wäre** he's pretending to be sick ④ **und ob!** umg you bet!
obdachlos homeless
Obdachlose(r) m/f(m) homeless person; **die Obdachlosen** the homeless, homeless people
Obdachlosenasyl n shelter for the homeless
O-Beine pl bandy legs, bow [bəʊ] legs
★**oben** ① at the top ② (≈ obenauf) on (the) top; **oben links** on the top left ③ **da oben** up there; **hier oben** up here; **weiter oben** further up, in einem Text: above ④ im Haus: upstairs ⑤ **nach oben** up, upwards, im Haus: upstairs ⑥ **von oben** from above, im Haus: from upstairs ⑦ **von unten bis oben** from top to bottom ⑧ **mit dem Gesicht nach oben** face up ⑨ **jetzt ist sie ganz oben** beruflich: she's made it to the top now ⑩ **oben ohne** umg topless ⑪ **siehe oben** (abk s. o.) in Büchern usw.: see above [əˈbʌv] ⑫ **von oben herab** (≈ überheblich) condescendingly [ˌkɒndɪˈsendɪŋlɪ]
obendrein on top of that, to top it all
Oben-ohne-... in Zusammensetzungen : topless (dress, bar usw.)
★**Ober** m ① Bedienung: waiter; **Herr Ober!** waiter! ② Spielkarte: queen
Oberarm m upper arm; **sie hat eine Tätowierung am Oberarm** she's got a tattoo on her upper arm
Oberbefehlshaber(in) m(f) supreme [sʊˈpriːm] commander, commander-in-chief
Oberbegriff m generic term, sprachlich: group word
Oberbürgermeister(in) m(f) mayor [ˈmeɪə], in GB: Lord Mayor
★**obere(r, -s)** ① Ränge, Sitzreihen, Stockwerk, Flussabschnitt usw.: upper ② ganz oben: top ③ **die oberen Zehntausend** the upper crust; → oberste(r, -s)
★**Oberfläche** f ① surface [ˈsɜːfɪs]; Technik, Mathematik: surface area; **an** (bzw. **unter**) **der Oberfläche** on (bzw. below) the surface; **an der Oberfläche schwimmen** float ② **an die Oberfläche steigen** (Gase, Grundwasser usw.) surface
oberflächlich ① superficial, Mensch auch: shallow ② **ich kenne ihn nur sehr oberflächlich** I don't know him very well at all
Obergeschoss n, Ⓐ **Obergeschoß** n: (**im**) **Obergeschoss** (on the) upper floor [ˌʌpəˈflɔː]
Obergrenze f upper limit, ceiling [ˈsiːlɪŋ]
★**oberhalb** ① above [əˈbʌv] ② **oberhalb von** (oder + Genitiv) above, Fluss: upstream from
Oberhaupt n ① der Familie usw.: head ② (≈ Anführer) leader
Oberhaus n in GB: House of Lords
Oberhemd n shirt
Oberin f ① im Kloster: Mother Superior [sʊˈpɪərɪə] ② im Krankenhaus usw.: matron [ˈmeɪtrən], US head nurse
oberirdisch ① Leitungen: surface [ˈsɜːfɪs] (▲nur vor dem Subst.); **oberirdische Stromleitung** overhead line ② **das Kabel verläuft oberirdisch** the cable runs above ground
Oberkellner(in) m(f) head [hed] waiter, Frau: head waitress
Oberkiefer m upper jaw
Oberkörper m ① upper part of the body, chest ② **den Oberkörper frei machen** strip to the waist
Oberlippe f upper lip
Oberösterreich n Upper Austria [ˈɒstrɪə]
Obers n Ⓐ ① (≈ Sahne, Rahm) cream ② (≈ Schlagsahne) whipped cream
Oberschenkel m thigh [θaɪ]
Oberschicht f der Gesellschaft: upper class, upper classes pl
Oberschwester f senior nurse
Oberseite f top (oder upper) surface [ˈsɜːfɪs], top
Oberst m colonel [▲ˈkɜːnl]
oberste(r, -s) ① Teil usw.: uppermost ② (≈ ganz oben befindlich) top, topmost ③ (≈ höchstgelegen) highest ④ Behörde usw.: highest; **das Oberste Gericht** the High (US Supreme [sʊˈpriːm]) Court ⑤ einer Rangordnung: chief [tʃiːf]
Oberstufe f ① in Schule: upper school, US higher grades (▲pl), senior high school; **gymnasiale Oberstufe** upper school of a Gymnasium comprising the 10th/11th to 12th/13th school years; **reformierte Oberstufe** final two years at a Gymnasium during which pupils have a more flexible choice of subjects and style of course ② Kurs: advanced level

Oberteil n das top (auch von Bikini usw.)
Oberweite f bust (measurement)
Objekt n object ['ɒbdʒɪkt] (auch Satzobjekt)
Objektiv n einer Kamera: lens [⚠ lenz]
★**objektiv** **1** allg.: objective [əb'dʒektɪv] **2** Bericht usw.: (≈ unparteiisch) impartial **3** Urteil usw.: unbias(s)ed [ˌʌn'baɪəst]
Oblate f wafer
Oboe f Instrument: oboe ['əʊbəʊ]
Observatorium n observatory [əb'zɜːvətrɪ]
★**Obst** n fruit [fruːt]
Obstbaum m fruit tree
Obstgarten m orchard ['ɔːtʃəd]
Obsthändler(in) m(f) fruit seller
Obstkuchen m fruit flan, US fruit pie
Obstsalat m fruit salad
O-Bus m trolley bus, US trolley bus, streetcar
Obwalden n Obwalden ['ɒbwɒldən]
★**obwohl** although [ɔːl'ðəʊ], though [ðəʊ]
Occasion f ⓢ **1** (≈ Gebrauchtartikel) second-hand article **2** (≈ Gebrauchtfahrzeug) second-hand car (bzw. motorbike usw.) **3** (≈ Gelegenheitskauf) second-hand bargain ['baːɡɪn]
★**Ochse** m **1** Tier: bullock [⚠ 'bʊlək], ox pl: oxen **2** als Schimpfwort: oaf, dope
Ocker m/n, **ocker(farben)** ochre ['əʊkə], US ocher
öde **1** Gegend: desolate ['desələt], deserted [⚠ dɪ'zɜːtɪd] **2** (≈ kahl) barren [⚠ 'bærən] **3** (≈ eintönig) dull [dʌl]
★**oder** **1** allg.: or; **oder auch** or even; **oder so** or something like that **2** **oder aber** or else **3** **du bleibst doch, oder?** you're staying, aren't you?; **sie kommt doch, oder?** she's coming, isn't she?
★**Ofen** m **1** für Holz, Kohle usw.: stove [stəʊv] **2** (≈ Backofen) oven [⚠ 'ʌvn] **3** (≈ Brenn-, Dörrofen) kiln **4** **heißer Ofen** Motorrad: hot rod
Ofenhandschuh m oven glove
★**offen** **1** allg.: open (auch Gesicht, Frage, Brief usw.); **bei offenem Fenster** with the window open; **offen bleiben** (oder **stehen**) (Fenster, Tür usw.) stay (oder be*) open; (Frage usw.) → offenbleiben, offenlassen usw. **2** **sie ist für alles offen** (≈ aufgeschlossen) she's open to anything **3** **es ist noch alles offen** nothing has been decided yet **4** **ich will ganz offen mit dir sein** I'll be quite frank with you **5** **offen zugeben** openly admit **6** **er hat ganz offen seine Meinung gesagt** he said exactly what he thought; **offen gesagt** to be perfectly honest (oder frank)
★**offenbar** **1** Lüge, Absicht usw.: obvious [⚠ -'ɒbvɪəs] **2** **sie ist offenbar krank** she seems to be sick, it seems she's sick
offenbleiben (Frage usw.) remain open
Offenheit f **1** frankness **2** (≈ Ehrlichkeit) honesty [⚠ 'ɒnəstɪ]
offenlassen: **etwas offenlassen** leave* something open (Frage usw.)
★**offensichtlich** **1** allg.: obvious ['ɒbvɪəs] **2** (≈ klar) clear, plain **3** **sie ist offensichtlich krank** she's obviously sick
offensiv offensive [ə'fensɪv]
Offensive f offensive [ə'fensɪv]; **die Offensive ergreifen, in die Offensive gehen** take* the offensive
Offensivspieler(in) m(f) Fußball usw.: attacker
offenstehen (Frage, Möglichkeit) be* open
★**öffentlich** **1** allg.: public **2** **öffentliche Schule** state school, US public school (⚠ Br public school = Privatschule) **3** **der öffentliche Dienst** the public sector **4** **öffentlich auftreten** appear in public
★**Öffentlichkeit** f (general) public; **an die Öffentlichkeit treten** appear (oder go*) before the public; **etwas an die Öffentlichkeit bringen** bring* something before the public, make* something public; **in aller Öffentlichkeit** publicly, openly
Öffentlichkeitsarbeit f public relations pl
★**offiziell** official [ə'fɪʃl]
★**Offizier(in)** m(f) officer ['ɒfɪsə]; **ein hoher Offizier** a high-ranking (oder senior) officer
offline Computer: offline; **offline arbeiten** work offline
Offlinebetrieb m Computer: offline operation (oder mode)
★**öffnen** **1** **(sich) öffnen** open **2** **niemand hat geöffnet** nobody answered (oder came to) the door
Öffner m opener
Öffnung f allg.: opening (auch übertragen)
Öffnungszeiten pl allg.: opening hours, business hours, Bank auch: banking hours
★**oft** **1** often ['ɒfn, 'ɒftn]; **ziemlich oft** quite often **2** **schon oft** many times **3** **das ist mir schon so oft passiert** I don't know how many times that's happened to me
öfter **1** more often ['ɒfn] **2** (≈ des Öfteren, schon öfter) quite often
öfters quite often ['ɒfn]
oftmals often ['ɒfn], frequently ['friːkwəntlɪ]
★**ohne** **1** without; **ohne ein Wort zu sagen** without saying a word **2** **ohne mich!** count me out! **3** **ohne Weiteres** just like that,

(≈ *mühelos*) easily, *umg* no problem; **das geht nicht so ohne Weiteres** that's not so easy

★**Ohnmacht** *f* **1** (≈ *Ohnmachtsanfall*) faint, fainting fit **2 in Ohnmacht fallen** faint, pass out **3** (≈ *Machtlosigkeit*) total helplessness (**gegenüber** in the face of)

★**ohnmächtig** **1** (≈ *bewusstlos*) unconscious [ʌnˈkɒnʃəs]; **ohnmächtig werden** faint, pass out **2** (≈ *machtlos*) totally helpless (**gegenüber** in the face of)

★**Ohr** *n* **1** ear **2 die Ohren aufmachen** *übertragen* listen [ˈlɪsn] carefully **3 jemanden übers Ohr hauen** *umg* rip someone off

ohrenbetäubend deafening [ˈdefnɪŋ]

Ohrenschmerzen *pl*: **ich hab Ohrenschmerzen** I've got (an) earache [ˈɪəreɪk] (⚠ *sg*)

Ohrenschützer *pl gegen Kälte*: earmuffs

Ohrfeige *f* **1** clip round (*oder US on*) the ear, slap in the face **2 jemandem eine Ohrfeige geben** box someone's ear, slap someone's face

ohrfeigen: **er hat sie geohrfeigt** he slapped her (face)

Ohrhörer *m* earphones, earbuds (⚠ *pl*)

Ohrläppchen *n* earlobe

Ohropax® *n etwa*: earplugs (⚠ *pl*)

Ohrring *m* earring [ˈɪərɪŋ]

Ohrstecker *m* (ear) stud

Ohrstöpsel *m* ear plug

Ohrwurm *m* **1** *Tier*: earwig **2** *umg* (≈ *eingängige Melodie*) catchy tune

oje: **oje!** oh dear!

okay OK, okay

Ökobauer *m*, **Ökobäuerin** *f* organic farmer

Ökobilanz *f* lifecycle [ˈlaɪfˌsaɪkl] assessment

Ökolabel *m* eco-label [ˈiːkəʊˌleɪbl]

Ökoladen *m* health food shop (*US* store)

Ökologe *m*, **Ökologin** *f* ecologist [iːˈkɒlədʒɪst]

Ökologie *f* ecology [iːˈkɒlədʒi]

ökologisch ecological [ˌiːkəˈlɒdʒɪkl]; **das ökologische Gleichgewicht** the ecological balance [ˈbæləns]

★**ökonomisch** **1** economic [ˌiːkəˈnɒmɪk] **2** (≈ *sparsam*) economical

Ökosiegel *n* eco-label [ˈiːkəʊˌleɪbl] (*used in Germany*)

Ökostrom *m* electricity from renewable sources

Ökosystem *n* ecosystem [ˈiːkəʊˌsɪstəm]

Ökotourismus *m* ecotourism [ˈiːkəʊˌtʊərɪzm] (⚠ *ohne the*)

Oktave *f Musik*: octave (⚠ ˈɒktɪv)

★**Oktober** *m* October; **im Oktober** in October (⚠ *ohne the*)

ökumenisch *Gottesdienst usw.*: ecumenical [ˌiːkjʊˈmenɪkl]

★**Öl** *n* **1** *allg.*: oil **2** (≈ *Erdöl*) petroleum **3 in Öl malen** paint in oils (⚠ *pl*)

Ölbaum *m* (≈ *Olivenbaum*) olive [ˈɒlɪv] tree

Oldie *m* Song: golden oldie

Oldtimer *m Auto*: classic (car), *zwischen 1919 und 1930 gebaut*: vintage car [ˌvɪntɪdʒˈkɑː], *vor 1905 gebaut*: *Br* veteran car [ˌvetrənˈkɑː] (⚠ *engl.* oldtimer = „alter Hase")

ölen 1 oil (*Fahrrad usw.*) **2** lubricate [ˈluːbrɪkeɪt] (*Maschine usw.*)

Ölfarbe *f* oil paint; **Ölfarben** oils, oil paints

Ölfeld *n* oilfield

Ölförderland *n* oil-producing country

Ölgemälde *n* oil painting

Ölheizung *f* oil heating

ölig oily (*auch Wein usw.*)

Olive *f* **1** *Frucht*: olive [ˈɒlɪv] **2** *Baum*: olive (tree)

Olivenbaum *m* olive [ˈɒlɪv] tree

Olivenöl *n* olive [ˈɒlɪv] oil

olivgrün olive [ˈɒlɪv], olive-green

Ölkanister *m* oil can

Ölleitung *f* oil pipeline

Ölofen *m* oil stove [stəʊv], oil heater

Ölpest *f* oil spill

Ölquelle *f* oil well

Ölsardine *f* canned sardine [sɑːˈdiːn], *Br auch* tinned sardines

Öltank *m* oil tank

Öltanker *m* (oil) tanker

Ölteppich *m im Meer usw.*: oil slick

Ölwechsel *m Auto usw.*: oil change

Olympiade *f* Olympic Games [əˌlɪmpɪkˈgeɪmz] (⚠ *pl*), Olympics (⚠ *pl*)

olympisch *Sport*: Olympic [əˈlɪmpɪk]; **Olympische Spiele** Olympic Games, Olympics

Oma *f* grandma [ˈgrænmɑː], granny (⚠ *als Anrede mit Großschreibung*: Grandma, Granny)

Omelett *n* omelette [ˈɒmlət]

Omnibus *m* **1** bus **2** *Br* (≈ *Reisebus*) coach

Omnibusbahnhof *m* bus station; **zentraler Omnibusbahnhof** main bus station

onanieren masturbate [ˈmæstəbeɪt]

★**Onkel** *m* **1** uncle **2 der Onkel Doktor** the (nice) doctor **3 sag danke zu dem Onkel** *zu Kind*: say thank you to the nice man

online *Computer*: online; **online ordern** order *something* online; **online arbeiten** work online; **das habe ich online gekauft** I bought it online

Onlineangebot *n Warenangebot*: online products (⚠ *pl*); *Dienste*: online services (⚠ *pl*)

Onlineauktion f Internet auction [ˈɔːkʃn]
Onlinebanking n online (oder Internet) banking
Onlinebetrieb m Computer: online operation (oder mode)
Onlinebewerbung f online application
Onlinebörse f internet auction site [ˈɔːkʃn_ˌsaɪt]
Onlinedienst m Internet: online service
Onlineformular n online form
Onlinekatalog m online catalogue (US catalog)
Onlinereservierung f online reservation
Onlineshop m online shop (US store)
Onlinespiel n online game
Onlineticket n e-ticket [ˈiːtɪkɪt]
Opa m grandpa [ˈɡrænpɑː], grandad [ˈɡrændæd] (⚠ als Anrede mit Großschreibung: Grandpa, Grandad)
★**Oper** f ◼ opera [⚠ ˈɒprə]; **in die Oper gehen** go* to the opera ◼◼ Gebäude: opera (house)
★**Operation** f ◼ medizinische: operation, surgery [ˈsɜːdʒərɪ]; **eine größere Operation** a major operation, major surgery (⚠ ohne a) ◼◼ militärische: operation
Operationssaal m operating theatre (US room)
Operette f operetta [⚠ ˌɒpəˈretɑ]
★**operieren** ◼ **jemanden operieren** operate on someone (**wegen** for) ◼◼ **sie ist am Herzen** usw. **operiert worden** she had a heart usw. operation ◼◼◼ **er muss sofort operiert werden** he needs immediate surgery (⚠ ohne an) ◼◼◼◼ **ich muss mich operieren lassen** I've got to have an operation
Opernsänger(in) m(f) opera singer
★**Opfer** n ◼ sacrifice [ˈsækrɪfaɪs]; **ein Opfer bringen** make* a sacrifice ◼◼ eines Unfalls, Verbrechens, Betrugs usw.: victim, (≈ Unfall-, Kriegsopfer) auch: casualty [ˈkæʒʊəltɪ] ◼◼◼ umg (≈ Verlierer) loser
opfern ◼ sacrifice [ˈsækrɪfaɪs] (Dinge, Tier, seine Gesundheit usw.) ◼◼ **er hat sich geopfert und das Geschirr gespült** he nobly volunteered [ˌvɒlənˈtɪəd] to do the dishes
Opium n opium [ˈəʊpɪəm]
Opportunist(in) m(f) opportunist [ˌɒpəˈtjuːnɪst]
★**Opposition** f opposition
Optiker(in) m(f) optician [ɒpˈtɪʃn], US optometrist [ɒpˈtɒmətrɪst]
optimal ◼ best possible, optimum (⚠ beide nur vor dem Subst.) ◼◼ **die Mannschaft hat heute optimal gespielt** the team played brilliantly today
Optimismus m optimism [ˈɒptɪmɪzm]
Optimist(in) m(f) optimist [ˈɒptɪmɪst]
optimistisch optimistic [ˌɒptɪˈmɪstɪk]
optisch ◼ optical; **eine optische Täuschung** an optical illusion ◼◼ **ein optisches Signal** a visual sign [ˌvɪʒʊəlˈsaɪn]
Orakel n oracle [ˈɒrəkl]
★**Orange** f orange [ˈɒrɪndʒ]
orange, orangefarben orange [ˈɒrɪndʒ]
Orangenmarmelade f marmelade
Orangensaft m orange juice
Orang-Utan m orang-utan [ɔːˈræŋətæn, ɔːˌræŋuːˈtæn]
★**Orchester** n orchestra [ˈɔːkɪstrə]
Orchidee f orchid [⚠ ˈɔːkɪd]
Orden m ◼ Auszeichnung: medal [ˈmedl]; **einen Orden bekommen** receive (oder be* given) a medal ◼◼ Gemeinschaft: order
★**ordentlich** ◼ Mensch, Zimmer usw.: neat, tidy ◼◼ **das war ordentlich** that was pretty good; **seine Sache ordentlich machen** do* a good job (of it) ◼◼◼ Leben usw.: (≈ geregelt) ordered ◼◼◼◼ **eine ordentliche Tracht Prügel** a good old thrashing ◼◼◼◼◼ **ich mag's ordentlich** I like everything neat and tidy ◼◼◼◼◼◼ **sich ordentlich benehmen** behave properly ◼◼◼◼◼◼◼ **ich hab erst mal ordentlich gegessen** the first thing I did was have a proper (US meist decent) meal ◼◼◼◼◼◼◼◼ **sie hat's ihm ordentlich gegeben** umg she really let him have it
Ordinalzahl f ordinal [ˈɔːdənəl] number
ordinär ◼ Person, Verhalten: common ◼◼ Witz, Lachen: dirty
★**Ordination** f Ⓐ ◼ (≈ Arztpraxis) surgery [ˈsɜːdʒərɪ] ◼◼ (≈ Sprechstunde) surgery hours (⚠ pl), US office hours (⚠ pl)
★**ordnen** ◼ (≈ sortieren) sort out, arrange (Bücher usw.) ◼◼ **etwas alphabetisch ordnen** arrange something alphabetically
Ordner m ◼ für Akten usw.: file ◼◼ Computer: folder ◼◼◼ bei Veranstaltung: steward
★**Ordnung** f ◼ order; **Ordnung halten** keep* things (neat and) tidy ◼◼ **mit dem Drucker ist was nicht in Ordnung** there's something wrong with the printer ◼◼◼ **etwas in Ordnung bringen** (≈ reparieren) fix something; **das bring ich schon wieder in Ordnung** nach Streit usw.: don't worry, I'll sort it out ◼◼◼◼ **(geht) in Ordnung!** (that's) all right, (that's) okay; **sie ist in Ordnung** she's okay, she's all right ◼◼◼◼◼ **das finde ich nicht in Ordnung** I don't think that's right ◼◼◼◼◼◼ **Ordnung schaffen** sort things out, in Zimmer: tidy up
ordnungsgemäß ◼ allg.: proper, orderly ◼◼ **sie hat es ordnungsgemäß erledigt** she

settled it in accordance with the regulations
ordnungswidrig ◼︎1 against the regulations (▲ nur <u>hinter</u> dem Verb) ◼︎2 Parken, Verhalten: illegal [ɪˈliːgl] ◼︎3 **sich ordnungswidrig verhalten** act in breach [briːtʃ] of the regulations (oder rules)
Ordnungszahl f ordinal [ˈɔːdɪnl] (number)
Oregano m oregano [ˌɔːrɪˈgɑːnəʊ, əˈregənəʊ]
Organ n im Körper: organ [ˈɔːgən]
Organigramm n diagram of the (company's) organisational structure
★**Organisation** f organization [ˌɔːgənaɪˈzeɪʃn]
Organisationstalent n: **er hat** (oder **ist ein**) **Organisationstalent** he's got organizational talent [ˈtælənt] (▲ ohne an), he's a great organizer [ˈɔːgənaɪzə]
organisatorisch ◼︎1 allg.: organizational ◼︎2 **organisatorische Fähigkeit(en)** organizational ability [ɔːgənaɪˌzeɪʃnəl_əˈbɪlɪti]
organisch organic
★**organisieren** ◼︎1 organize, arrange (Veranstaltung) ◼︎2 **etwas organisieren** umg (≈ beschaffen) rustle [▲ ˈrʌsl] something up
Organismus m organism [ˈɔːgənɪzm]
Organspender(in) m(f) organ donor [ˈɔːgənˌdəʊnə]
Organverpflanzung f Operation: organ transplant [ˈɔːgənˌtrænsplɑːnt] (oder transplantation)
Orgasmus m orgasm [ˈɔːgæzm]
Orgel f organ [ˈɔːgən]
Orgie f orgy [▲ ˈɔːdʒɪ]; **Orgien feiern** <u>have</u>* orgies
Orient m im weiteren Sinn: East, umg Middle East; **der Vordere Orient** the Middle East
orientalisch oriental [ˌɔːrɪˈentl]
orientieren ◼︎1 **sich orientieren** in Stadt usw.: find* one's way around ◼︎2 **sich an den Straßennummern orientieren** follow the street numbers ◼︎3 **sich beruflich orientieren** find* out about career opportunities; **sich beruflich neu orientieren** pursue a new career ◼︎4 (≈ unterrichten) **jemanden orientieren** put* someone in the picture (**über** about)
Orientierung f ◼︎1 (≈ Unterrichtung) information; **zu Ihrer Orientierung** for your information ◼︎2 (≈ das Zurechtfinden, Ausrichtung) orientation ◼︎3 **sie haben im Wald die Orientierung verloren** they lost their bearings (oder way) in the forest ◼︎4 **berufliche Orientierung** career orientation ◼︎5 **sexuelle Orientierung** sexual orientation
orientierungslos disoriented (▲ kein Adverb); **orientierungslos herumirren** wander around in a disoriented state; **orientierungslose Jugendliche** young people lacking in direction
Orientierungssinn m sense of direction
★**Original** n ◼︎1 Bild usw.: original [əˈrɪdʒnəl] ◼︎2 **sie ist ein Original** Person: she's a real character [ˈkærəktə], she's quite a character
original: **original Schweizer Käse** genuine [ˈdʒenjuɪn] Swiss cheese
Originalfassung f original [əˈrɪdʒnəl] version; **in der deutschen Originalfassung** in the original German (version)
originell ◼︎1 Idee, Erfindung usw.: original [əˈrɪdʒnəl] ◼︎2 (≈ geistreich) witty
Orkan m hurricane [ˈhʌrɪkən]
★**Ort** m ◼︎1 (≈ Ortschaft) place, (≈ Dorf) auch: village ◼︎2 (≈ Platz, Stelle) place ◼︎3 **der Ort der Handlung** (bzw. des Verbrechens) the <u>scene</u> [siːn] of the action (bzw. of the crime) ◼︎4 **an Ort und Stelle** on the spot
orten locate [ləʊˈkeɪt] (Flugzeug usw.)
orthodox orthodox [ˈɔːθədɒks]
Orthografie f, **Orthographie** f orthography [ɔːˈθɒgrəfɪ]
Orthopäde m, **Orthopädin** f orthopaedist [ˌɔːθəˈpiːdɪst]
örtlich ◼︎1 allg.: local ◼︎2 **ich bin nur örtlich betäubt worden** I was only given a local anaesthetic [ˌænəsˈθetɪk]
Ortschaft f ◼︎1 place ◼︎2 (≈ Dorf) village ◼︎3 **geschlossene Ortschaft** built-up area
★**Ortsgespräch** n Telefon: local call
Ortsschild n town sign [saɪn], place-name sign
Ortstarif m local rate; **zum Ortstarif** at the local rate, <u>at</u> local rates pl
Ortszeit f local time
Öse f ◼︎1 allg.: eye ◼︎2 am Schuh: eyelet
Ossi m salopp Easterner, East German, Ossi
Ost m ◼︎1 east; **aus Ost** from <u>the</u> east; **München Ost** East Munich ◼︎2 **nach Ost** east, eastwards [ˈiːstwədz]
ostdeutsch, **Ostdeutsche(r)** m/f(m) ◼︎1 geografisch: Eastern German ◼︎2 politisch: East German
Ostdeutschland n ◼︎1 als Landesteil: Eastern Germany ◼︎2 politisch: East Germany
★**Osten** m ◼︎1 Himmelsrichtung: east; **von Osten** from <u>the</u> east; → fern, mittlere(r, -s) ◼︎2 Landesteil: East ◼︎3 **nach Osten** east, eastwards [ˈiːstwədz], Verkehr usw.: eastbound
Osterei n Easter egg
Osterferien pl Easter holidays (US vacation (▲ sg))

Osterglocke f daffodil
Osterhase m Easter bunny
Ostermontag m Easter Monday
★**Ostern** n Easter; **an** (*oder* **zu**) **Ostern** at Easter; **frohe Ostern!** Happy Easter!
★**Österreich** n Austria ['ɒstrɪə]
★**Österreicher** m Austrian ['ɒstrɪən]; **er ist Österreicher** he's Austrian, he's from Austria
★**Österreicherin** f Austrian woman (*oder* lady *bzw.* girl); **sie ist Österreicherin** she's Austrian, she's from Austria
★**österreichisch** Austrian ['ɒstrɪən]
Ostersonntag m Easter Sunday
Osteuropa n East (*oder* Eastern) Europe ['jʊərəp]
Osteuropäer(in) m(f) East(ern) European
osteuropäisch East(ern) European
★**östlich** ◼ *allg.*: eastern (⚠ *nur vor dem Subst.*) ◼ *Wind, Richtung*: easterly ◼ **in östlicher Richtung** east, eastwards ['iːstwədz], *Verkehr usw.*: eastbound ◼ **östlich von** (to the) east of ◼ **weiter östlich** further (to the) east
östlichste(r, -s): **der östlichste Punkt von Italien** Italy's easternmost point
Ostsee f: **die Ostsee** the Baltic ['bɔːltɪk], the Baltic Sea [,bɔːltɪk'siː]
ostwärts east, eastwards ['iːstwədz]
Ostwind m east(erly) wind
Otter[1] f *Schlangenart*: viper ['vaɪpə], adder
Otter[2] m (≈ *Fischotter*) otter
out: **das ist out** *Mode usw.*: that's out
outen out (*prominente Person usw.*); **sich outen als homosexuell**: come* out; **sich als Raucher outen** come* out as a smoker
Outfit n (≈ *Kleidung*) outfit
outsourcen outsource ['aʊtsɔːs] (*Arbeiten, Aufträge*)
Outwachler(in) m(f) Ⓐ *umg* (≈ *Schiedsrichterassistent*) referee's assistant
oval, Oval n oval ['əʊvl]
Ovation f ovation [əʊ'veɪʃn]; **jemandem eine stehende Ovation bereiten** give* someone a standing ovation
Overall m ◼ *normales Kleidungsstück*: jumpsuit ['dʒʌmpsuːt] ◼ *als Arbeitshose*: overalls (⚠ *pl*), US overall
Overheadprojektor m overhead projector [,əʊvəhed_prə'dʒektə]
oxidieren, oxydieren oxidize ['ɒksɪdaɪz]
★**Ozean** m ◼ *allg.*: ocean ['əʊʃn] ◼ **der Stille Ozean** the Pacific [pə'sɪfɪk]
Ozon n ozone ['əʊzəʊn]
Ozonalarm m ozone alert ['əʊzəʊn_ə,lɜːt]
Ozonbelastung f ozone ['əʊzəʊn] level (s *pl*); **eine hohe Ozonbelastung** high ozone levels (⚠ *pl*)
★**Ozonloch** n hole in the ozone ['əʊzəʊn] layer, ozone hole
Ozonschicht f ozone ['əʊzəʊn] layer
Ozonwerte *pl* ozone ['əʊzəʊn] levels

P

★**paar** ◼ **ein paar hundert Leute** a few (*umg* couple of) hundred people; **ein paar Äpfel** *usw.* some apples (⚠ sm'æplz) *usw.*, a few (*oder* a couple ['kʌpl] **of**) apples *usw.*; **die paar Euro wirst du wohl noch ausgeben können** surely you can spare a couple of euros ◼ **alle paar Minuten** every few minutes ◼ **ein paar Mal** a couple ['kʌpl] of times
★**Paar** n ◼ (≈ *zwei Leute, Tiere oder Dinge*) pair; **ein Paar Socken** a pair of socks ◼ (≈ *Ehepaar, Liebespaar*) couple ['kʌpl] ◼ **ein Paar Frankfurter** *Würstchen*: two frankfurters ◼ **beim Tanzen**: pair
paaren: **sich paaren** *Tiere*: mate
paarweise in pairs, in twos
Pacht f *Geld*: rent
pachten lease [liːs]
Pächter(in) m(f) ◼ *allg.*: leaseholder ◼ *eines Bauernhofs*: tenant ['tenənt] (farmer) ◼ *einer Gaststätte*: tenant
★**Päckchen** n ◼ *zum Verschicken*: parcel ['pɑːsl], package; *Postpäckchen*: small parcel; (≈ *Geschenk*) parcel ◼ **ein Päckchen Zigaretten** *usw.* a packet (US pack) of cigarettes *usw.* ◼ (≈ *Portionspackung, Tütchen*) packet, US sachet ['sæʃeɪ]
★**packen**[1] ◼ pack (*Koffer, Sachen*) ◼ wrap [ræp] up (*Paket usw.*) ◼ **pack es in den Koffer!** pack (*oder* put) it into the suitcase
★**packen**[2] ◼ **jemanden** (*bzw.* **etwas**) **packen** grab (hold of) someone (*bzw.* something) ◼ **der Film hat mich wirklich gepackt** I was totally gripped by the film ◼ **jemanden am Arm packen** grab someone by the arm, grab someone's arm
packen[3]: **es packen** (≈ *es schaffen*) make* it, do* it; **wir haben es gerade noch gepackt** *zeitlich*: we just made it (in time)
packen[4] ◼ **packen wir's?** (≈ *sollen wir gehen?*) shall we go?, shall we push off? ◼ **los, packen**

wir's! come on, let's go!
Packpapier n wrapping ['ræpɪŋ] paper
Packstation f der Post: self-service parcel delivery and dispatch station
Packung f **1** (≈ Schachtel) packet, US pack, package; von Pralinen: box; **eine Packung Zigaretten** a packet (US pack) of cigarettes **2** **große Packung** large pack **3** Kosmetik, Fango usw.: pack
Packungsbeilage f package insert ['pækɪdʒˌɪnsɜːt], patient information leaflet [ˌpeɪʃnt ɪnfəˈmeɪʃnˌliːflət]
Paddel n paddle
Paddelboot n canoe [kəˈnuː]
paddeln paddle
paffen umg (≈ rauchen) puff away, smoke
Pagenkopf m Frisur: pageboy cut
Pager m für kurze Textnachrichten: pager
★**Paket** n **1** zum Verschicken: parcel ['pɑːsl], package **2** (≈ große Packung) large pack **3** Maßnahmen: package
Paketbombe f parcel bomb
Paketschalter m parcel(s) counter
Pakistan n Pakistan [ˌpɑːkɪˈstɑːn]
Pakistani m, **pakistanisch** Pakistani [ˌpɑːkɪˈstɑːniː]
Pakt m pact; **einen Pakt schließen** make* a deal (oder pact) (**mit** with)
Palast m palace ['pæləs]
Palästina n Palestine ['pæləstaɪn]
Palästinenser m Palestinian [ˌpæləˈstɪnɪən]; **er ist Palästinenser** he's (a) Palestinian
Palästinenserin f Palestinian woman (oder lady bzw. girl); **sie ist Palästinenserin** she's (a) Palestinian
palästinensisch Palestinian [ˌpæləˈstɪnɪən], nur vor Subst.: Palestine ['pæləstaɪn]
★**Palatschinke** f, meist pl ⒶⒶ: **Palatschinken** filled pancakes
Palette f **1** zum Malen: palette ['pælɪt] **2** zum Stapeln: palet ['pælɪt] **3** übertragen: **eine ganze Palette an ...** a whole range of ...
paletti: **(es ist) alles paletti** umg everything's just fine (oder hunky dory)
Palme f **1** Baum: palm [⚠ pɑːm] (tree) **2** **das bringt mich auf die Palme** it drives me mad
Palmtop® m Computer: palmtop [⚠ 'pɑːmtɒp]
Pampe f umg, abwertend stodge
Pampelmuse f grapefruit
pampig **1** (≈ frech) shirty, stroppy, US fresh **2** (≈ breiig) mushy ['mʌʃɪ], Br auch stodgy ['stɒdʒɪ]
Pandemie f pandemic

paniert Schnitzel usw.: breaded ['brɛdɪd]
Panik f **1** panic **2** **in Panik geraten** start panicking **3** **keine Panik!** don't panic!
Panikmache f **1** scaremongering ['skɛəˌmʌŋɡərɪŋ] **2** **das ist die reinste Panikmache!** that's just scare tactics
panisch: **er hat (eine) panische Angst vor großen Hunden** he's terrified **of** big dogs
★**Panne** f **1** technische: breakdown; **wir haben eine Panne gehabt** mit dem Auto: our car broke down **2** (≈ Reifenpanne) puncture (auch bei Fahrrad), flat tyre, US flat **3** (≈ Problem) hitch
Pannendienst m für Autos: breakdown service
Panorama n panorama [ˌpænəˈrɑːmə]
panschen water down, adulterate [əˈdʌltəreɪt] (Wein usw.)
Panter m, **Panther** m panther [⚠ 'pænθə]
Pantoffel m **1** Schuh: slipper **2** **er steht unter dem Pantoffel** he's a henpecked husband
Pantomime f Theater: mime, US auch pantomime ['pæntəmaɪm]
pantschen water down, adulterate [əˈdʌltəreɪt] (Wein usw.)
Panzer m **1** Kettenfahrzeug: tank **2** (≈ Panzerung) armour ['ɑːmə] (plating) **3** von Schildkröte, Krabbe usw.: shell
Panzerglas n bulletproof ['bʊlɪtpruːf] glass
Panzerschrank m safe
Papa m dad, daddy, US auch pa [pɑː] (⚠ als Anrede mit Großschreibung: Dad usw.)
Papagei m parrot ['pærət]
Papaya f Frucht: papaya [pəˈpaɪə]
★**Papier** n **1** allg.: paper **2** **Papiere** (≈ Ausweispapiere) papers **3** **Papiere** (≈ Urkunden) papers, documents
★**Papierkorb** m wastepaper basket, US auch wastebasket
Papierstau m paper jam
Papiertaschentuch n paper tissue ['tɪʃuː]
Pappbecher m paper cup
Pappe f cardboard
Pappel f poplar ['pɒplə]
Pappkarton m cardboard box, kleiner: carton ['kɑːtn]
Pappnase f false nose [ˌfɔːlsˈnəʊz]
Pappteller m paper plate
Paprika m/f **1** (≈ Paprikaschote) pepper, US bell pepper **2** Pulver: paprika ['pæprɪkə]
Paprikaschote f pepper, US bell pepper
★**Papst** m pope
päpstlich papal ['peɪpl]
Parabel f Mathematik: parabola

Parabolantenne f parabolic aerial [pærəˌbɒ-lɪkˈɪərɪəl] (bes. US antenna), satellite [ˈsætəlaɪt] dish, umg dish

Parade f ◨ Militär usw.: parade [pəˈreɪd] ◨ von Torhüter: save ◨ Fechten usw.: parry

★**Paradeiser** m Ⓐ tomato pl: tomatoes

Paradies n ◨ allg.: paradise [ˈpærədaɪs] ◨ **das Paradies auf Erden** heaven on earth

paradiesisch ◨ paradisiac(al) [ˌpærəˈdɪzɪæk (ˌpærədɪˈsaɪəkl)], heavenly ◨ **hier ist es paradiesisch schön** it's like paradise [ˈpærədaɪs] here

paradox paradoxical

★**Paragraf** m, **Paragraph** m Vertrag usw.: article [ˈɑːtɪkl], section

parallel ◨ parallel [ˈpærəlel] (zu to, with) ◨ **die Bahnlinie läuft parallel zur Straße** the railway runs parallel to the road ◨ **parallel schalten** connect in parallel

Parallele f parallel [ˈpærəlel]

Parallelklasse f parallel [ˈpærəlel] class

Parallelogramm n parallelogram [ˌpærəˈleləgræm]

Parallelstraße f road running parallel [ˈpærəlel]; **die nächste Parallelstraße** the road running parallel to this one

Parameter m parameter

Parasit m parasite [ˈpærəsaɪt] (auch Mensch)

Pärchen n couple [ˈkʌpl]

Parfüm n perfume [ˈpɜːfjuːm]

parfümieren ◨ **sich parfümieren** put* (some) perfume on ◨ **eine parfümierte Seife** a piece of scented [ˈsentɪd] soap

parieren¹ (≈ gehorchen) knuckle [ˈnʌkl] under, do* what one is told

parieren² (≈ abwehren) parry (Schlag, Stoß, auch Frage usw.)

Paris n Paris [ˈpærɪs]

Pariser m umg (≈ Kondom) rubber

Pariser(in) m(f) Person: Parisian [pəˈrɪzɪən]

★**Park** m park

Park-and-ride-System n park-and-ride; **das Park-and-ride-System** park-and-ride (⚠ ohne the)

Parkbank f park bench

★**parken** ◨ park (Auto usw.) ◨ **Parken verboten!** no parking

Parkett n ◨ Fußboden: parquet [⚠ ˈpɑːkeɪ] floor ◨ (≈ Tanzparkett) dance floor ◨ im Theater usw.: stalls (⚠ pl), US orchestra [ˈɔːkɪstrə], parquet [⚠ pɑːˈkeɪ]

Parkgebühr f parking fee

★**Parkhaus** n multi-storey car park, US parking garage [ˈgærɑːʒ]

parkieren Ⓗ park

Parkkralle f wheel clamp

Parklücke f parking space

★**Parkplatz** m ◨ größerer: car park, US parking lot ◨ (≈ freier Platz zum Parken eines Autos usw.) parking space

Parkscheibe f parking disc (US disk)

Parkschein m car-parking ticket

Parkscheinautomat m ticket machine (in a car park)

Parksünder(in) m(f) parking offender

★**Parkuhr** f parking metre

Parkverbot n ◨ **hier ist Parkverbot** there's no parking here ◨ **mein Wagen steht im Parkverbot** my car's on a double yellow line, US I parked my car in a no-parking zone

★**Parlament** n parliament [ˈpɑːləmənt] (⚠ Schreibung mit i, Aussprache ohne)

Parlamentarier(in) m(f) parliamentarian [ˌpɑːləmenˈteərɪən] (⚠ Schreibung mit i, Aussprache ohne)

parlamentarisch parliamentary [ˌpɑːləˈmentərɪ] (⚠ Schreibung mit i, Aussprache ohne)

Parodie f parody (auf on)

Parole f ◨ (≈ Motto) motto ◨ beim Militär: password

★**Partei** f ◨ politisch, vor Gericht, bei Vertragsabschluss: party ◨ bei Debatte, Streitgespräch: side; **für jemanden Partei ergreifen** side with someone ◨ (≈ Mietpartei) tenant [ˈtenənt], bei mehreren Personen pro Wohnung: tenants pl, party; **hier wohnen acht Parteien** there are eight (different) tenants living in this house

parteiisch partial, biased [ˈbaɪəst]

parteilos independent

Parteimitglied n party member

★**Parterre** n eines Gebäudes: ground floor, US first floor; **im Parterre** → parterre

Partie f ◨ Sport: game; **eine Partie Tennis** a game of tennis; **eine Partie Schach** a game of chess ◨ Musik: part ◨ **mit von der Partie sein** be* in on it

Partikel f particle [ˈpɑːtɪkl]

Partisan(in) m(f) partisan [ˌpɑːtɪˈzæn]

Partizip n participle [ˈpɑːtɪsɪpl]; **Partizip Präsens** present [ˈpreznt] participle; **Partizip Perfekt** past participle

★**Partner(in)** m(f) partner

Partnerlook m matching clothes [kləʊ(ð)z] (⚠ pl); **sie tragen Partnerlook** they're wearing matching clothes

Partnerschaft f partnership

Partnerstadt *f* ① twin town, *US* sister city ② **Glasgow ist die Partnerstadt von Nürnberg** Glasgow is twinned with Nuremberg

★**Party** *f* party; **auf eine Party gehen** go* to a party

Partymeile *f* nightlife district, *einmalig:* party zone

Partyservice *m* catering ['keɪtərɪŋ] service

Partyzelt *n* party tent, *bes. Br* marquee [mɑːˈkiː]

★**Pass¹** *m* (≈ *Reisepass*) passport ['pɑːspɔːt]

★**Pass²** *m* (≈ *Gebirgspass*) pass [pɑːs]

Pass³ *m* ① *bei Ballspielen:* pass [pɑːs] ② **ein langer Pass** a long ball

passabel ① **das Hotel war ganz passabel** the hotel wasn't too bad ② **sie hat es ganz passabel gemacht** she did a reasonably good job of it

Passage *f* ① (≈ *Einkaufspassage*) shopping arcade [ɑːˈkeɪd] ② (≈ *Durchgang*) passageway ['pæsɪdʒweɪ]

★**Passagier(in)** *m(f)* ① *allg.:* passenger ['pæsɪndʒə] ② **blinder Passagier** stowaway ['stəʊəweɪ]

Passant(in) *m(f)* passerby [ˌpɑːsəˈbaɪ] *pl:* passersby

Passat(wind) *m* trade wind

Passbild *n* passport photo(graph)

★**passen** ① *größenmäßig:* fit; **es passt genau** it fits perfectly; **zu** (*bzw.* **auf, für**) **etwas passen** fit something ② **die Hose passt gut zu dir** the trousers suit [suːt] you, *US meist* the trousers look good on you ③ *farblich, im Stil usw.:* match, go* with; **die Krawatte passt nicht zur Jacke** the tie doesn't go with the jacket ④ **der Schlüssel passt nicht** the key doesn't fit ⑤ **der Schrank passt nicht ins Zimmer** (≈ *ist zu groß*) the cupboard won't fit into the room, (≈ *sieht nicht gut aus*) the cupboard doesn't look right in this room ⑥ **seine Frage hat überhaupt nicht gepasst** his question was totally out of place ⑦ **das passt zu ihr** *im Verhalten, Reaktion usw.:* that's just like her ⑧ **passt (es) dir morgen Abend?** does tomorrow evening suit you?; **das passt mir gut** that suits me fine ⑨ **das passt ihrem Vater überhaupt nicht** her father doesn't like it at all; **das könnte dir so passen!** you'd like that, wouldn't you? ⑩ **zueinander passen** → zueinanderpassen

★**passend** ① *Bemerkung:* apt, fitting ② *Worte, Moment:* right ③ *Frau usw.:* suitable ['suːtəbl] ④ **haben Sie's nicht passend?** *Geld:* have you got the right change at all?

Passfoto *n* passport photo(graph)

★**passieren** ① **was ist passiert?** what's happened? ② **das kann jedem mal passieren** it happens to the best of us ③ **mir ist nichts passiert** I'm fine ④ **hör bloß auf (damit), sonst passiert was!** just stop it, or else!

★**passiv** ① *allg.:* passive ['pæsɪv] ② **sich passiv verhalten** remain passive

Passiv *n Grammatik:* passive, passive voice

Passivrauchen *n* passive smoking, second-hand smoking

Passkontrolle *f* ① *Stelle:* passport ['pɑːspɔːt] control; **durch die Passkontrolle gehen** go* through passport control (⚠ *ohne the*) ② *das Kontrollieren:* passport check

Passwort *n Computer usw.:* password

Pasta *f* (≈ *Nudelgericht*) pasta

Paste *f* paste

Pastellfarbe *f* pastel [⚠ 'pæstl] colour (*oder* shade)

Pastete *f* ① *aus Teig, gefüllt:* pie ② *aus fein geriebenem Fleisch usw.:* pâté [⚠ 'pæteɪ]

pasteurisieren pasteurize ['pɑːstʃəraɪz] (*Milch usw.*)

Pastor(in) *m(f)* pastor ['pɑːstə], minister ['mɪnɪstə], *anglikanische Kirche:* vicar ['vɪkə]

Patchworkfamilie *f* patchwork family

Pate *m* godfather ['gɒdˌfɑːðə]

Patenkind *n* godchild ['gɒdˌtʃaɪld]

Patenonkel *m* godfather ['gɒdˌfɑːðə]

Patenschaft *f* ① *finanzielle, auch für Kind:* sponsorship ② **die Patenschaft für ein Kind übernehmen** sponsor a child

Patent *n* ① *für Erfindung:* patent ['peɪtnt, 'pætnt]; **etwas zum Patent anmelden** apply for a patent on something ② *für Kapitän, Offizierslaufbahn usw.:* commission

Patentante *f* godmother ['gɒdˌmʌðə]

patentieren: (sich) etwas patentieren lassen take* a patent out on something

Patentlösung *f* ready-made solution

Pater *m* father; **Pater Paul** Father Paul

★**Patient(in)** *m(f)* patient ['peɪʃnt]

Patin *f* godmother ['gɒdˌmʌðə]

Patriot(in) *m(f)* patriot [⚠ 'pætrɪət]

patriotisch ① patriotic [ˌpætrɪˈɒtɪk] ② **patriotisch gesinnt** patriotic

Patrone *f* cartridge (*auch für Film*)

Patsche *f:* **sie sitzt ganz schön in der Patsche** she's in a real mess

patschnass ① *Person usw.:* soaked to the skin, drenched [drentʃt] ② *Kleidungsstück usw.:* soaking (wet), drenched

Patt n Schach: stalemate ['steɪlmeɪt] (auch übertragen, politisch), übertragen auch deadlock ['dedlɒk]

patzen fluff it, Br auch make* a boob

Patzer m boob, US blooper

patzig (≈ frech) snotty

Pauke f kettledrum pl auch: timpani ['tɪmpəni]

pauken ◼ für Schule: cram, Br auch swot, US auch grind* ◼ Englisch usw. **pauken** swot up on one's English usw.

Pauker(in) m(f) ◼ Musik: drummer ◼ umg (≈ Lehrer) teacher

pausbackig, **pausbäckig** chubby-cheeked

Pauschale f ◼ (≈ Einmalzahlung) lump sum ◼ (≈ Pauschalgebühr) flat rate ◼ in Hotel usw.: all-inclusive price

Pauschalreise f package tour

★**Pause** f ◼ allg.: break [breɪk]; **in der Pause** Schule: during break (▲ meist ohne the); **eine Pause machen** take* (oder have*) a break ◼ Theater, Sport: interval ['ɪntəvl], US intermission ◼ beim Reden usw.: pause [pɔːz]; **eine Pause machen** pause (for a moment) ◼ Musik: rest

Pausenaufsicht f ◼ Dienst: break duty, US recess duty ◼ Mensch: teacher on break duty, US teacher on recess duty

Pausenbrot n snack for breaktime (US recess)

Pausenhof m Ⓐ (≈ Schulhof) schoolyard

pausenlos ◼ **pausenlos auf jemanden einreden** keep* on and on at someone ◼ **pausenlos arbeiten** work nonstop

Pausenstand m Sport: half-time score

Pavian m baboon [bə'buːn]

Pavillon m pavilion [pə'vɪliən] (auch Messepavillon)

Pay-TV n pay TV

Pazifik m: **der Pazifik** the Pacific [pə'sɪfɪk] (Ocean)

pazifisch Pacific [pə'sɪfɪk]; **der Pazifische Ozean** the Pacific (Ocean)

Pazifist(in) m(f), **pazifistisch** pacifist ['pæsɪfɪst]

PC m abk PC [ˌpiː'siː] (abk für personal computer)

PC-Arbeitsplatz m computer workplace

★**Pech**[1] n (≈ Missgeschick) bad luck; **Pech gehabt!** bad luck; **sie hat Pech gehabt** she was unlucky (**mit**, **bei** with); **so ein Pech!** that's too bad

Pech[2] n schwarze Masse: pitch

pechschwarz ◼ Haare: jet-black ◼ Nacht: pitch-dark

Pechsträhne f run (oder streak [striːk]) of bad luck

Pechvogel m unlucky person; **sie** (bzw. **er**) **ist ein richtiger Pechvogel** some people are just born unlucky

Pedal n pedal ['pedl] (auch eines Klaviers)

pedantisch pedantic [pɪ'dæntɪk]

Peeling n ◼ Pflege: peeling, exfoliation [ˌeksfəʊlɪ'eɪʃn] ◼ Mittel für Gesicht: facial scrub ◼ Mittel für Körper: body scrub

Pegel m ◼ allg., auch von Lärm usw.: level ◼ (≈ Wasserstand) water level ◼ (≈ Wasserstandsmesser) water gauge [▲ geɪdʒ]

Pegelstand m von Wasser: water level

peilen ◼: **die Lage peilen** see* how the land lies ◼ umg (≈ verstehen) get*; **es nicht peilen** be* out of it

★**peinlich** ◼ (≈ unangenehm) embarrassing, Situation, Fragen auch: awkward ['ɔːkwəd] ◼ **es war mir sehr peinlich** I was (oder felt) really embarrassed ◼ **peinlich genau** very exact (**bei** about)

Peinlichkeit f ◼ allg.: awkwardness ['ɔːkwədnəs] ◼ bestimmte Situation, Handlung: awkward situation (oder remark usw.)

Peitsche f whip

Pelikan m pelican ['pelɪkən]

Pelle f ◼ von Kartoffeln, Orangen, Zitronen, Äpfeln, bes. abgeschält: peel, ungeschält auch: skin ◼ von Tomaten, Bananen, Zwiebeln und bei den meisten Früchten mit sehr dünner Haut: skin (auch von Wurst) ◼ **jemandem auf die Pelle rücken** hassle someone

pellen ◼ peel (bes. Kartoffeln, Apfel, Ei) ◼ skin (bes. Tomaten) ◼ **sich pellen** (Haut, Rücken usw.) peel

Pellkartoffeln pl potatoes [pə'teɪtəʊz] boiled in their skins

★**Pelz** m ◼ fur [fɜː] ◼ unbearbeitet: skin

pelzig ◼ allg.: furry ['fɜːrɪ] ◼ Zunge: furred, US coated

Pelzmantel m fur coat [ˌfɜː'kəʊt]

Penalty m Ⓐ, Ⓒ (≈ Strafstoß, Elfmeter) penalty ['penltɪ] (kick)

Pendel n pendulum ['pendjʊləm]

pendeln ◼ (≈ langsam hin und her schwingen) swing* to and fro [frəʊ] ◼ zwischen Wohnung und Arbeitsplatz: commute [kə'mjuːt] (**zwischen X und Y** from X to Y)

Pendler(in) m(f) commuter [kə'mjuːtə]

penibel Mensch: fussy

Penis m penis ['piːnɪs] pl: penises ['piːnɪsɪz]

Penizillin n penicillin [ˌpenə'sɪlɪn]

pennen umg (≈ schlafen) kip, have* a kip

Penner(in) m(f) **1** abwertend, umg (≈ obdachlose Person) tramp, dosser, US hobo, bum **2** (≈ träger Mensch) dreamer

★**Pension**¹ f (≈ Gästehaus) boarding house

★**Pension**² f **1** (≈ Ruhegehalt für ehemalige Beamte) pension ['penʃn] **2 in Pension gehen** retire; **in Pension sein** be* retired

pensionieren 1 sich pensionieren lassen vorzeitig: take* early retirement **2 er wurde mit 57 pensioniert** he was pensioned off at 57

pensioniert retired [rɪˈtaɪəd], nachgestellt: in retirement

Pensionierung f retirement

Pensum n quota; **schaffst du dein Pensum?** are you managing your (daily) quota?

Peperoni pl chilli pl: chillies, US chili (⚠ engl. pepperoni = **Paprikasalami**)

per 1 by; **per Bahn** by train, by rail **2 per Luftpost** airmail **3 sie sind per du** they're on first-name terms (with each other)

★**perfekt 1** allg.: perfect ['pɜːfɪkt] **2 sie spricht perfekt Englisch** she speaks perfect English

Perfekt n Grammatik: perfect ['pɜːfɪkt] (tense), present perfect

Perfektionist(in) m(f) perfectionist [pəˈfekʃənɪst]

Pergamentpapier n greaseproof paper

Periode f period ['pɪərɪəd] (auch einer Frau)

Peripherie f **1** von Stadt: outskirts (⚠ pl) **2** Computer: peripherals [pəˈrɪfərəlz] (⚠ pl)

★**Perle** f **1** echte: pearl [pɜːl] (auch übertragen) **2** aus Glas, Holz usw.: bead [biːd]

Perlenkette f pearl necklace [,pɜːlɪˈneklɪs]

Perlmutt n mother-of-pearl

Perser m **1** (≈ Bewohner Persiens) Persian ['pɜːʃn]; **er ist Perser** he's Persian **2** Teppich: Persian carpet

persisch, Persisch n Persian ['pɜːʃn]

Perso m abk (abk für Personalausweis) umg ID [,aɪˈdiː]

★**Person** f **1** allg.: person ['pɜːsn] **2 zwei** usw. **Personen** two usw. people **3** in Theaterstück usw.: character ['kærəktə] **4 ich möchte einen Tisch für drei Personen reservieren lassen** I'd like to book a table for three **5 wir sind vier Personen** there are four of us

★**Personal** n **1** staff [stɑːf] (⚠ meist mit pl); **das Personal war sehr freundlich** the staff were (US was) very nice **2** in größeren Firmen: personnel [,pɜːsəˈnel] **3 sie haben viel zu wenig, zu viel Personal** they're totally understaffed (bzw. overstaffed)

Personalabbau m staff cuts (⚠ pl)

Personalabteilung f personnel (department), human resources (⚠ pl)

Personalausweis m identity card, ID [,aɪˈdiː] (card)

Personalchef(in) m(f) personnel manager

Personalien pl particulars [pəˈtɪkjʊləz], personal data ['pɜːsnəl,deɪtə] pl

Personalleiter(in) m(f) personnel manager

Personalpronomen n personal pronoun [,pɜːsnəlˈprəʊnaʊn]

Personenwaage f bathroom scales ⚠ pl

Personenwagen m car

Personenzug m (↔ Güterzug) passenger train

★**persönlich 1** allg.: personal ['pɜːsnəl] **2 nimm das bitte nicht persönlich** please don't take it personally

Persönlichkeit f personality

★**Peru** n Peru [pəˈruː]

★**Peruaner(in)** m(f), **peruanisch** Peruvian [pəˈruːvɪən]

Perücke f wig; **sie trägt eine Perücke** momentan: she's wearing a wig, immer: she wears a wig

pervers 1 Verhalten, Idee: perverse [pəˈvɜːs] **2** sexuell: perverted, umg kinky

Pessimist(in) m(f) pessimist ['pesɪmɪst]

pessimistisch pessimistic

Pest f: **die Pest** the plague [pleɪg] (⚠ engl. pest = **Schädling, Quälgeist**)

Petersilie f parsley ['pɑːslɪ]

Petroleum n paraffin ['pærəfɪn], US kerosene ['kerəsiːn] (⚠ engl. petroleum = **Erdöl**)

Petroleumlampe f paraffin ['pærəfɪn] (US kerosene ['kerəsiːn]) lamp

petzen tell* tales, US tattle; **er petzt immer alles dem Lehrer** he's always telling things to the teacher, US he's always tattling to the teacher

Pfad m path (auch Computer), track

Pfadfinder m boy scout

Pfadfinderin f girl guide, US girl scout

Pfahl m **1** allg.: stake **2** (≈ Pfosten) post **3** von Pfahlbauten, einer Brücke: pile

Pfahlbau m pile dwelling (oder structure)

Pfalz f: **die Pfalz** the Palatinate [pəˈlætɪnət]

Pfand n **1** für Flasche: deposit [dɪˈpɒzɪt]; **ist auf der Flasche Pfand drauf?** is there a deposit on the bottle? **2** als Sicherheit für Ausgeliehenes: security

pfänden seize [⚠ siːz] (Möbel usw.)

Pfandflasche f deposit [dɪˈpɒzɪt] (oder returnable) bottle

★**Pfanne** f **1** zum Braten: (frying) pan, US skillet

802 Pfannkuchen — Pflegeeltern

2 jemanden in die Pfanne hauen *übertragen* (≈ *absichtlich Schaden zufügen*) give* someone hell, (≈ *vernichtend kritisieren*) tear* [teə] someone to shreds

★ **Pfannkuchen** *m* pancake

Pfarrei *f* (≈ *Pfarrbezirk*) parish ['pærɪʃ]

★ **Pfarrer** *m* 1 *katholisch, evangelisch*: (parish) priest 2 *anglikanisch*: vicar [⚠ 'vɪkə] 3 *andere Kirchen und US*: minister [⚠ 'mɪnɪstə]

★ **Pfarrerin** *f* 1 *evangelisch*: (woman) parish priest 2 *anglikanisch*: (woman) vicar 3 *andere Kirchen und US*: (woman) minister

Pfarrhaus *n* 1 *katholisch*: presbytery ['prezbɪtrɪ] 2 *bes. anglikanisch*: rectory, vicarage [⚠ 'vɪkərɪdʒ] 3 *in Schottland*: manse 4 *andere Kirchen in USA*: parsonage

Pfau *m* peacock

★ **Pfeffer** *m* pepper

Pfefferminze *f* peppermint ['pepəmɪnt]

Pfefferminztee *m* (pepper)mint tea

pfeffern pepper, put pepper in (*bzw.* on)

★ **Pfeife** *f* 1 *zum Rauchen*: pipe 2 (≈ *Trillerpfeife*) whistle [⚠ 'wɪsl] 3 *Orgel*: pipe 4 *umg* (≈ *Versager, -in*) dead loss

pfeifen 1 *allg.*: whistle [⚠ 'wɪsl] (*auch Lied*) 2 *ein Spiel als Schiedsrichter*: referee [ˌrefə'riː]; **wer pfeift das Spiel?** who's refereeing? 3 **der Schiedsrichter hat gepfiffen** the referee has blown the whistle 4 *Wendungen*: **ich pfeif drauf!** I don't give a damn [dæm]; **ich pfeif aufs Geld!** to hell with the money

Pfeifenraucher(in) *m(f)* pipe smoker

Pfeil *m* 1 *allg.*: arrow 2 **Pfeil und Bogen** bow [baʊ] and arrow (⚠ *Wortstellung*)

Pfeiler *m* 1 (≈ *Säule*) pillar (*auch übertragen*) 2 *einer Brücke*: pier [⚠ pɪə]

Pfennig *m* 1 *historisch, Münze*: pfennig 2 **sie müssen jeden Pfennig umdrehen** *umg, übertragen* they have to count every penny 3 **bis auf den letzten Pfennig** *umg, übertragen* down to the last penny

Pfennigabsatz *m an Schuh*: stiletto heel [stɪˌletəʊ'hiːl]

pferchen: **dreißig Leute in ein Zimmer pferchen** cram thirty people into a room

★ **Pferd** *n* 1 horse (*auch Turngerät*) 2 **auf ein Pferd steigen** mount a horse; **vom Pferd steigen** dismount 3 **da bringen mich keine zehn Pferde hin** wild horses couldn't drag me there

Pferderennbahn *f* racecourse ['reɪskɔːs], racetrack

Pferderennen *n* 1 *einzelnes*: horserace 2 **sie liebt Pferderennen** she loves horseracing

Pferdeschwanz *m Frisur*: ponytail

Pferdestall *m* stable

Pferdestärke *f* horsepower (*abk* HP, hp), brake horsepower (*abk* bhp)

Pfiff *m* 1 *wörtlich* whistle [⚠ 'wɪsl] 2 **es gab viele Pfiffe** there was a lot of whistling 3 **ein Mantel mit Pfiff** a very stylish coat

Pfifferling *m Pilz*: chanterelle [⚠ ˌʃɒntə'rel]

pfiffig smart

★ **Pfingsten** *n* 1 Whitsun ['wɪtsn], US Pentecost ['pentɪkɒst]; **zu** (*oder* **an**) **Pfingsten** at Whitsun, US at Pentecost 2 *als kirchlicher Feiertag*: Pentecost

Pfingstferien *pl* Whit(sun) holiday (*oder* holidays *pl*), US Pentecost holiday

Pfingstmontag *m* Whit Monday

Pfingstsonntag *m* 1 Whit Sunday, US Pentecost ['pentɪkɒst] 2 *als kirchlicher Feiertag*: Pentecost

Pfirsich *m* peach

Pflanz *m* Ⓐ (≈ *Schwindel*) cheat, fake

★ **Pflanze** *f* plant

★ **pflanzen** 1 plant (*Baum, Salat usw.*) 2 **Blumen** *usw.* **in Töpfe pflanzen** pot flowers *usw.* 3 **jemanden pflanzen** Ⓐ (≈ *auf den Arm nehmen*) take* the mickey out of someone, US put* someone on

Pflanzenfett *n* vegetable fat [ˌvedʒtəbl'fæt]

Pflanzenfresser *m Tier*: herbivore ['hɜːbɪvɔː]

Pflanzenkunde *f* botany ['bɒtənɪ]

pflanzlich *Fette, Öle usw.*: vegetable ['vedʒtəbl] (⚠ *nur vor dem Subst.*)

★ **Pflaster**¹ *n für Wunden*: plaster ['plɑːstə], US Band-Aid®, US adhesive bandage

★ **Pflaster**² *n* 1 (≈ *Straßenpflaster*) road surface, US pavement 2 *auf Bürgersteig usw.*: pavement 3 **Venedig ist ein teures Pflaster** Venice ['venɪs] is an expensive place

Pflasterstein *m* paving stone

★ **Pflaume** *f* 1 *allg.*: plum 2 *gedörrte*: prune 3 *umg* (≈ *Dummkopf, Versager, -in*) twit

Pflaumenmus *n* plum jam

★ **Pflege** *f* 1 *der Haut usw.*: care 2 *von Kranken*: nursing care 3 *eines Kindes*: care 4 *eines Autos, von Maschinen usw.*: maintenance ['meɪntənəns] 5 **Haustiere brauchen viel Pflege** pets need a lot of care and attention

pflegebedürftig in need of (*oder* needing) care (⚠ *immer hinter dem Subst.*)

Pflegeberuf *m* caring profession

Pflegedienst *m* homecare service

Pflegeeltern *pl* foster parents

Pflegefall *m* person in need of permanent ['pɜːmənənt] care, invalid ['ɪnvəliːd]; **ein Pflegefall sein** need permanent care; **zum Pflegefall werden** end up needing permanent care, become* an invalid

Pflegeheim *n* nursing home

Pflegekind *n* foster child

pflegeleicht ◘ *Kleidung*: easy-care (▲*immer vor dem Subst.*) ▣ **er ist sehr pflegeleicht** *übertragen, umg* he's easy to get along with

Pflegemutter *f* foster mother

★**pflegen** ◘ **jemanden pflegen** look after someone (*auch Kind*), nurse someone (*Kranken usw.*) ▣ take* care of (*Fingernägel, Gesicht usw.*) ▣ cultivate (*Beziehungen usw.*) ▣ **er pflegt sich nicht besonders** he doesn't bother ['bɒðə] much about his appearance

Pfleger(in) *m(f)* ◘ (≈ *Krankenpfleger*) orderly, staatlich geprüft, Frau: nurse, Mann: male nurse ▣ (≈ *Tierpfleger*) keeper

Pflegevater *m* foster father

Pflegeversicherung *f* long-term care insurance [ɪnˈʃʊərəns]

★**Pflicht** *f* ◘ (≈ *Verpflichtung*) duty; **die Pflicht ruft** duty calls (▲*ohne the*) ▣ *Sport* (↔ *Kür*) compulsory exercises (▲*pl*)

pflichtbewusst conscientious [ˌkɒnʃɪˈenʃəs]

Pflichtbewusstsein *n* sense of duty

Pflichtenheft *n* statement of work (*drawn up in response to client's requirement specifications*)

Pflichtfach *n* in Schule: compulsory subject

pflichtversichert compulsorily insured

Pflock *m* ◘ (≈ *Pfahl*) post, stake ▣ (≈ *Zeltpflock*) peg

pflücken pick (*Blumen, Obst usw.*)

Pflug *m* plough [plaʊ], *US* plow [plaʊ]

pflügen plough [plaʊ], *US* plow [plaʊ]

Pforte *f* ◘ (≈ *Eingang*) entrance ['entrəns] ▣ (≈ *Tür*) door

Pförtner(in) *m(f)* ◘ doorkeeper, *bes. Br auch* porter ▣ *eines Fabriktors usw.*: gatekeeper

Pfosten *m* ◘ *allg.*: post (*auch von Tor bei Ballspielen*) ▣ schmaler: pole

Pfote *f* ◘ *Hund usw.*: paw ▣ humorvoll oder abwertend (≈ *Hand*) mitt, paw; **Pfoten weg!** hands off!, get your dirty mitts off!

Pfropfen *m* ◘ *auf Flasche*: stopper, cork ▣ (≈ *Stöpsel, Wattepfropfen usw.*) plug

pfui ◘ **pfui!** *weil man sich ekelt*: ugh! [ɜːə]; **pfui Teufel!** ugh!, *entrüstet*: that's disgusting! ▣ **pfui!** *zu Hund, Kind*: no! ▣ *im Sport usw.*: boo! [buː]

★**Pfund**[1] *n in Gewicht*: pound (*abk* lb *pl*: lbs); **drei Pfund Kirschen** three pounds of cherries; **ein halbes Pfund Butter** half a pound of butter (▲*Wortstellung*)

★**Pfund**[2] *n in Geld*: pound (*abk* £); **zwei Pfund zehn** £2.10 (*gesprochen* two pounds ten)

Pfusch *m* Ⓐ (≈ *Schwarzarbeit*) illicit [ɪˈlɪsɪt] work, *umg* moonlighting

pfuschen ◘ **er hat gepfuscht** (≈ *schlecht gearbeitet*) he bungled it, *salopp* he cocked it up, *US, umg* he messed it up ▣ Ⓐ *umg* (≈ *schwarzarbeiten*) moonlight

Pfütze *f* puddle

Phänomen *n* phenomenon [fəˈnɒmənɒn]

Phantasie *usw.* → Fantasie *usw.*

phantastisch → fantastisch

Phantom *n* phantom ['fæntəm]

Pharao *m* pharaoh ['feərəʊ]

Pharmaindustrie *f* pharmaceutical industry [faːməˌsjuːtɪkl ˈɪndəstrɪ]

★**Phase** *f* ◘ phase (*auch des Mondes, in Stromleitung*); **in dieser Phase** during this phase ▣ einer Entwicklung, eines Vorgangs: stage; **in dieser Phase** at this stage

Phasenprüfer *m* voltage tester; **zweipoliger Phasenprüfer** bipolar voltage tester

Philippinen *pl*: **die Philippinen** the Philippines ['fɪlɪpiːnz]

Philippiner(in) *m(f)* Filipino [ˌfɪlɪˈpiːnəʊ]; **sie ist Philippinerin** she's a Filipino

philippinisch Philippine ['fɪlɪpiːn], *bes. bei Menschen*: Filipino [ˌfɪlɪˈpiːnəʊ]

Philologe *m*, **Philologin** *f* language and literature teacher (*bzw.* student *bzw.* expert)

Philosoph *m* philosopher [fɪˈlɒsəfə]

★**Philosophie** *f* philosophy [fɪˈlɒsəfɪ]

Philosophin *f* philosopher [fɪˈlɒsəfə]

philosophisch philosophical [ˌfɪləˈsɒfɪkl]

pH-neutral pH-balanced [ˌpiːˈeɪtʃˌbælənst]

Phonetik *f* phonetics (▲*sg*)

Phosphat *n* phosphate ['fɒsfeɪt]

phosphatfrei phosphate-free

Phosphor *m* phosphorus ['fɒsfərəs]

Photo *usw.* → Foto *usw.*

Phrase *f* ◘ *allg.*: phrase ▣ abgedroschene: cliché ['kliːʃeɪ] ▣ **leere Phrasen** claptrap (▲*sg*)

pH-Wert *m* pH factor [ˌpiːˈeɪtʃˌfæktə], pH value

Physalis *f* Frucht: physalis ['fɪsəlɪs]

★**Physik** *f* physics ['fɪzɪks] (▲*mit sg*); **Physik ist mein Lieblingsfach** physics is my favourite subject

physikalisch ◘ *Vorgang usw.*: physical ▣ **physikalische Therapie** physiotherapy, *US* physical therapy ▣ **physikalisches Institut**

department of physics
Physiker(in) m(f) physicist ['fɪzɪsɪst] (⚠ engl. physician = **Arzt**)
physisch (≈ körperlich) physical
Pi n Mathematik: pi; **die Zahl Pi** the number represented by pi
Pianist(in) m(f) pianist ['piːənɪst]
picheln 1 booze **2 wir haben ganz schön gepichelt** we have had a bit of a booze-up
Pick m Ⓐ (≈ Klebstoff) glue [gluː]
Pickel¹ m (≈ Pustel) pimple
Pickel² m **1** (≈ Spitzhacke) pickaxe, pick, US pickax, pick **2** (≈ Eispickel) ice pick
pickelig Gesicht usw.: spotty, pimply
picken 1 (Vogel) peck **2 etwas aus etwas picken** pick something out of something **3** Ⓐ (≈ haften) stick* **4 etwas auf etwas picken** Ⓐ stick something on something
Pickerl n Ⓐ (≈ Aufkleber) **1** sticker **2** für Autobahn: motorway sticker (oder permit ['pɜː-mɪt])
★**Picknick** n picnic; **ein Picknick machen** have* (oder go* for) a picnic
picknicken (have* a) picnic
picobello 1 perfect ['pɜːfɪkt] **2 es war alles picobello aufgeräumt** everything was perfectly neat and tidy
Piefke m Ⓐ etwa: arrogant German
pieken umg prick
piekfein 1 smart, umg posh, bes. Restaurant: swish **2 sie war piekfein angezogen** she'd put some smart gear (US fancy clothes) on
piepegal: das ist mir piepegal umg I couldn't give a damn (about that)
piepen 1 (bes. Vögel) chirp, cheep **2** (Maus) squeak **3 bei dir piepts wohl!** have you gone mad?
piepsen 1 (bes. Vögel) chirp, cheep **2** (Maus) squeak
Pier m jetty ['dʒetɪ], pier [pɪə]
piercen pierce; **sie hat sich die Zunge piercen lassen** she had her tongue pierced
Piercing n body piercing
piesacken umg **1** (≈ quälen) torment **2** (≈ belästigen) pester; **die Kinder haben mich so lange gepiesackt, bis ich ...** the children kept pestering me until I ...
Pik n Spielkartenfarbe: spades (⚠ pl), Einzelkarte: spade
pikant Essen, Soße usw.: spicy ['spaɪsɪ]
Pilger(in) m(f) pilgrim
pilgern 1 wörtlich go* on a pilgrimage (**nach, zu** to) **2 pilgern nach** (oder **zu**) übertragen

(≈ gehen usw.) trek off to
★**Pille** f pill (auch Antibabypille); **sie nimmt die Pille** she's on the pill
★**Pilot(in)** m(f) pilot ['paɪlət]
Pilotprojekt n pilot project ['paɪlət,prɒdʒekt]
Pils n Bier: Pils
★**Pilz** m **1** essbarer: mushroom; **Pilze suchen gehen** go* mushrooming **2** giftiger: toadstool **3** als Pilzerkrankung: fungus pl: fungi ['fʌŋɡiː] (auch bei Pflanzen)
Pimmel m umg willy, US weenie
PIN f abk (≈ Geheimzahl) PIN (abk für Personal Identification Number)
pingelig fussy
Pinguin m penguin ['peŋɡwɪn]
Pinie f pine
pink, Pink n shocking pink (⚠ engl. pink = **rosa**)
pinkeln 1 umg have* a pee **2 pinkeln gehen** go* for a pee **3 ich muss pinkeln** I need a pee
Pinnwand f pinboard
★**Pinsel** m paintbrush, brush
Pinzette f: **eine Pinzette** (a pair of) tweezers; **wo ist die Pinzette?** where are the tweezers?
Pipi n/m umg, Kindersprache wee-wee (s pl) ['wiːwiː(z)], US pee-pee; **Pipi machen** do* a wee(-wee), US go* pee-pee (oder wee-wee)
Pirat(in) m(f) pirate ['paɪrət]
Piratensender m pirate station
PISA-Studie f PISA study ['piːzə,stʌdɪ]
Pistazie f pistachio [pɪ'stɑːʃɪəʊ]
Piste f **1** bei Rennen: track **2** Skisport: ski run, piste [piːst] **3** für Flugzeuge: runway **4** umg **er geht gern auf die Piste** he likes going out on the town, he likes to paint the town red
★**Pistole** f pistol ['pɪstl], gun
pitschnass umg soaking wet
Pizza f pizza [⚠ 'piːtsə]
Pizzeria f pizza house, umg pizza place
Pkw m abk car, US auch auto ['ɔːtəʊ]
Pkw-Maut f toll charge for cars
Plädoyer n vor Gericht: (final) speech
Plafond m **1** bes. Ⓐ (≈ Zimmerdecke) ceiling ['siːlɪŋ] **2** Ⓒ übertragen (≈ Obergrenze) upper limit, ceiling
Plage f **1** (≈ Ärgernis) (real) nuisance ['njuːsns] **2** (≈ harte Arbeit) (real) grind
plagen 1 (Sorgen usw.) bother ['bɒðə], worry [⚠ 'wʌrɪ] **2 sich mit etwas plagen** Arbeit usw.: slave away at something **3 jemanden mit Fragen** usw. **plagen** pester someone with questions usw. **4 sie muss sich mit ihren Schülern ganz schön plagen** her pupils give

her a pretty hard time

★**Plakat** n ① angeklebtes: poster ② bei Demonstrationen usw.: placard [⚠ 'plæka:d]

Plakette f ① (≈ Abzeichen) badge ② (≈ Aufkleber) sticker

★**Plan** m ① allg.: plan; **Pläne schmieden** make* plans ② (≈ Entwurf) plan, (≈ Zeichnung) draft ③ (≈ Lage-, Stadtplan) map

Plane f ① tarpaulin [tɑː'pɔːlɪn] ② als Überdachung: awning

★**planen** ① allg.: plan ② **ich hab nichts geplant** I haven't made any plans

★**Planet** m planet ['plænɪt]

Planetarium n planetarium [ˌplænə'teərɪəm]

Planierraupe f Fahrzeug: bulldozer ['bʊldəʊzə]

Planke f plank, board

Plankton n plankton ['plæŋktən]

planlos aimless, haphazard [hæp'hæzəd]

planmäßig ① **planmäßige Ankunft** scheduled ['ʃedjuːld] time of arrival; **planmäßige Abfahrt** (bzw. **planmäßiger Abflug**) scheduled time of departure ② (≈ nach Plan) as planned, according to plan ③ **planmäßig ankommen** arrive on schedule

Planschbecken n paddling pool, US wading pool

planschen splash (around)

Plantage f plantation [plɑːn'teɪʃn]

Plantschbecken n paddling pool, US wading pool

★**Planung** f ① allg.: planning ② zeitliche: timing

plappern babble

plärren ① (Person) bawl ② (Radio usw.) blare

★**Plastik**¹ n Material: plastic ['plæstɪk]

Plastik² f Kunstwerk: sculpture ['skʌlptʃə]

Plastikbeutel m plastic bag

Plastikflasche f plastic bottle

Plastikfolie f polythene sheet ['pɒlɪθiːn ˌʃiːt], US polyethylene sheet [pɒlɪ'eθəliːn ˌʃiːt]

Plastiktüte f plastic bag

plastisch ① (≈ räumlich) three-dimensional ② Schilderung usw.: vivid ['vɪvɪd], graphic

Platane f Baum: plane tree, US meist sycamore ['sɪkəmɔːr]

Platin n platinum ['plætɪnəm]

plätschern ① (Regen) patter (**gegen** against) ② (Wellen) lap (**gegen** against) ③ (Bach) gurgle ④ (Brunnen) splash

platt ① (≈ flach) flat ② (≈ eben) level ③ (≈ nichtssagend) boring ④ vor Staunen: flabbergasted ['flæbəˌgɑːstɪd]; **na, da bist du platt!** I thought that would surprise you

Platt n, **Plattdeutsch** n Low German

★**Platte** f ① (≈ Schallplatte) record ['rekɔːd] ② (≈ großer Teller usw.) dish, (≈ Servierplatte) serving dish ③ **kalte Platte** mit Wurst usw.: cold cuts (⚠ pl) ④ aus Glas, dünnem Kunststoff usw: sheet ⑤ aus dickerem Glas, Stahl, Metall usw.: plate ⑥ aus Stein, Beton: slab ⑦ aus Holz: board ⑧ (≈ Herdplatte) hotplate ⑨ (≈ Tischplatte) tabletop ⑩ **er hat ne Platte** (≈ Glatze) he's bald [bɔːld] ⑪ **die Platte kenn ich!** übertragen I've heard that one before

Platte(r) m: **einen Platten haben** have* a flat

★**Plattenspieler** m record player ['rekɔːdˌpleɪə]

Plattform f platform

Plättli n ⓢ (≈ Kachel (≈ Fliese) tile

★**Platz** m ① (≈ freier Raum) room, space; **Platz machen** make* room (**für** for), (≈ jemanden vorbeilassen, den Platz räumen) make* way (**für** for); **es ist kein Platz mehr** there's no room left; **Platz sparen** save space; **hier ist noch Platz für den Koffer** here's a space for the case ② **in dem Saal ist Platz für 300 Leute** the hall seats 300 people ③ (≈ Sitzplatz) seat; **nehmen Sie doch Platz** please sit down, have (oder take) a seat (⚠ engl. take place = stattfinden); **ist der Platz frei?** is this seat taken?; **sind hier noch zwei Plätze frei?** are there two seats free here? ④ (≈ richtige oder bestimmte Stelle) place; **sind die Gläser an ihrem richtigen Platz?** are the glasses in the right place? ⑤ für Picknick, Urlaub usw.: spot, place ⑥ (≈ Ort, Stadt) place ⑦ (≈ Lage, Bau-, Zeltplatz usw.) site ⑧ **ein freier Platz** (≈ eine unbebaute Fläche) an open space ⑨ **großer Platz in Stadt**: square ⑩ (≈ Spielfeld) field, Br auch pitch, beim Tennis: court ⑪ **jemanden vom Platz stellen** Sport: send* someone off ⑫ (≈ Rangfolge bei Wettkampf) place; **sie ist auf Platz drei** während eines Rennens usw.: she's in third place; **sie landete auf Platz drei** she came in third ⑬ **auf die Plätze (- fertig - los)!** on your marks (- get set - go)! ⑭ (≈ Rang, Stellung) position

Platzangst f ① (≈ Engegefühl) claustrophobia [ˌklɔːstrə'fəʊbɪə] ② auf der Straße, auf Plätzen usw.: agoraphobia [ˌægərə'fəʊbɪə]

Platzanweiser m Kino usw.: usher

Platzanweiserin f usherette [ˌʌʃə'ret]

Plätzchen¹ n Gebäck: biscuit [⚠ 'bɪskɪt], US cookie ['kʊkɪ]

Plätzchen² n ① wörtlich: little place, spot ② **ist hier noch ein Plätzchen frei?** is there room for me here?

platzen ① (Naht, Reifen usw.) burst*; **mir ist**

eine Ader geplatzt I burst a blood vessel **2** (≈ *reißen*) crack, split **3 platzen vor** *Ungeduld, Neugier*: be* bursting **with 4** *umg* (*Vorhaben, Plan*) fall* through **5 ich platze fast** (≈ *bin total satt*) I'm ready to burst **6 das Konzert** *usw*. **ist geplatzt** (≈ *kann nicht stattfinden*) the concert *usw*. is off **7 vor Wut platzen** *umg* be* about to explode

platzieren 1 *allg*.: place **2 sich als Dritter** *usw*. **platzieren** *Sport*: be* placed third *usw*.

Platzkarte *f im Zug*: reservation (ticket)

Platzpatrone *f* blank (cartridge)

Platzreservierung *f* reservation [ˌrezə'veɪʃn]

Platzverweis *m*: **X erhielt einen Platzverweis** X was sent off

Platzwunde *f* laceration [ˌlæsə'reɪʃn], *umg* cut

plaudern chat [tʃæt], have* a chat

plausibel 1 *allg*.: plausible ['plɔːzəbl] **2 jemandem etwas plausibel machen** make* something clear to someone

Play-back *n* miming; **es ist Play-back** he's (she's *usw*.) just miming

Pleite *f* **1** (≈ *totaler Misserfolg*) failure, *umg* flop **2** (≈ *Bankrott*) bankruptcy; **Pleite machen** go* bankrupt, *umg* go* bust

pleite 1 ich bin pleite I'm broke **2 er ist total pleite** he's stone broke, *US* he's flat broke

plemplem: **plemplem sein** *umg* be* nuts

Plombe *f Zahn*: filling; **mir ist eine Plombe rausgefallen** I've lost a filling

plombieren fill (*Zahn*)

★**plötzlich 1** *Entschluss usw*.: sudden **2 plötzlich ging die Tür auf** suddenly the door opened **3 das kommt mir alles zu plötzlich** it's all happening too fast for me **4 aber ein bisschen plötzlich!** *umg* and make it snappy!

plump 1 (≈ *unbeholfen, schwerfällig*) clumsy, awkward ['ɔːkwəd] (⚠ *engl*. plump = **rundlich, mollig**) **2** *Person*: (≈ *taktlos*) very direct [də-'rekt], blunt

plumpsen (≈ *fallen*) fall* (**auf** on), *ins Wasser auch*: plop (**in** into)

Plunder *m* rubbish, junk, *US auch* trash

plündern 1 *allg*.: loot **2** *humorvoll* raid (*Kühlschrank, Konto usw*.)

Plural *m* plural

Plus *n* **1** (≈ *Pluszeichen*) plus (sign) **2** plus; **ein Plus von zehn Stunden** ten hours plus **3** *Handel*: (≈ *Zuwachs*) increase **4** (≈ *Überschuss*) surplus ['sɜːpləs] **5** (≈ *Gewinn*) profit ['prɒfɪt] **6** (≈ *Vorteil*) advantage [əd'vɑːntɪdʒ]

plus 1 *allg*.: plus; **fünf plus sieben ist zwölf** five plus seven is (*oder* are) twelve **2 bei zehn Grad plus** at ten degrees above zero

Plüschtier *n* soft (*oder* cuddly) toy

Pluspunkt *m* **1** *für Leistung*: credit point **2** (≈ *Vorteil*) plus, advantage [əd'vɑːntɪdʒ]

Plusquamperfekt *n* past perfect, pluperfect

Pluszeichen *n Mathematik*: plus sign ['plʌs_-saɪn]

Pluto *m Planet*: Pluto ['pluːtəʊ] (⚠ *ohne the*)

Plutonium *n* plutonium [pluː'təʊnɪəm]

★**Pneu** *m* ⓢ (≈ *Reifen*) tyre, *US* tire

Po *m* **1** bottom, backside **2** *zum Kind*: botty

Pöbel *m* rabble, mob

Pocken *pl Medizin*: smallpox (⚠ *sg*)

Podcast *m Beitrag zum Herunterladen*: podcast

Podest *n/m* platform, *bes. übertragen* pedestal ['pedɪstl]

Podium *n* platform, podium ['pəʊdɪəm]

Podiumsdiskussion *f* panel discussion

poetisch poetic(al), lyrical ['lɪrɪkl]

Pokal *m* **1** *Sport*: cup **2** *Becher*: goblet

Pokalsieger(in) *m(f)* cup winner

Pokalspiel *n Fußball*: cup tie, cup match

pokern 1 play poker **2** *übertragen* gamble (**um** over)

★**Pol** *m allg*.: pole

polar polar ['pəʊlə], *Kaltluft usw*.: *auch* arctic

Polargebiet *n* polar region (*oder* regions *pl*)

Polarkreis *m* **1 der nördliche Polarkreis** the Arctic Circle **2 der südliche Polarkreis** the Antarctic [ˌænt'ɑːktɪk] Circle

Polarlicht *n*: **nördliches (südliches) Polarlicht** northern (southern) lights (⚠ *pl*), aurora borealis [əˌrɔːrə_bɔːrɪ'eɪlɪs] (australis [ɒ'streɪlɪs])

Polarstern *m* Pole Star

★**Pole** *m* Pole; **er ist Pole** he's Polish; **die Polen** the Polish

★**Polen** *n* Poland ['pəʊlənd]

polieren polish ['pɒlɪʃ] (*Auto, Spiegel usw*.)

★**Polin** *f* Pole, Polish ['pəʊlɪʃ] woman (*oder* lady *bzw*. girl); **sie ist Polin** she's Polish

Politesse *f* traffic warden, *US* meter maid

★**Politik** *f* **1** *allg*.: politic̲s̲ (⚠ *meist mit sg*); **ich finde Politik langweilig** I think politic̲s̲ i̲s̲ boring **2** *bestimmte Linie*: policy ['pɒləsɪ] (**gegenüber** towards)

★**Politiker(in)** *m(f)* politician [ˌpɒlə'tɪʃn]

★**politisch** political [pə'lɪtɪkl] **politisch korrekt** politically correct [pəˌlɪtɪklɪə'rekt]

★**Polizei** *f* police [pə'liːs] (⚠ *mit pl*); **die Polizei hat ihn gefasst** the police have caught him **2 er ist bei der Polizei** he's in the police force

Polizeiauto *n* police car, patrol [pə'trəʊl] car

Polizeibeamte(r) m, **Polizeibeamtin** f police officer
Polizeifunk m police radio
Polizeikontrolle f **1** police check **2** (≈ Kontrollpunkt) police checkpoint
polizeilich 1 allg.: police ..., by the police; **polizeiliche Ermittlungen** police investigations **2** **sie wird polizeilich gesucht** the police are looking for her **3** **sich polizeilich anmelden** register ['redʒɪstə] with the authorities; **sich polizeilich abmelden** inform the authorities that one is moving
Polizeirevier n **1** Dienststelle: police station **2** Bezirk: district, US precinct ['pri:sɪŋkt]
Polizeistunde f closing time
★**Polizist** m policeman [pə'li:smən]
Polizistin f policewoman [pə'li:s‚wʊmən]
Pollen m (≈ Blütenpollen) pollen ['pɒlən]
Pollenflug m pollen count
★**polnisch, Polnisch** n Polish ['pəʊlɪʃ]
Polo n Sport: polo
Polohemd n polo shirt
★**Polster** n **1** (≈ Kissen) cushion ['kʊʃn] **2** in Kleidung: padding, für Schultern: pad **3** auf Sessel usw.: upholstery [ʌp'həʊlstərɪ] **4** finanzielles: reserves (⚠ pl)
Polstergarnitur f living room suite [swi:t]
Polstermöbel pl upholstered furniture (⚠ nur im sg verwendet)
Polterabend m vor Hochzeit: eve-of-the-wedding party
poltern 1 (≈ herumlärmen) make* a racket **2** **zu Boden poltern** crash to the floor **3** **es hat gepoltert** gerade: something's fallen down **4** (≈ schimpfen) rant [rænt] and rave
Polyester m polyester [‚pɒlɪ'estə]
Polyp m Wucherung: polyp ['pɒlɪp]; **Polypen** pl in der Nase: adenoids ['ædɪnɔɪdz]
Pomade f pomade [pə'meɪd]
Pommes frites pl chips, US (French) fries (⚠ US chips = **Chips**)
★**Pony**¹ n Pferd: pony ['pəʊnɪ]
★**Pony**² m Frisur: fringe, US bangs (⚠ pl)
Pool m (≈ Schwimmbecken) pool
Poolbillard n pool
Pop m Musik: pop
Popcorn n popcorn
Popel m umg bog(e)y, US booger
popelig umg **1** (≈ armselig, lausig) miserable ['mɪzrəbl], lousy ['laʊzɪ] **2** (≈ ganz gewöhnlich) Kleinigkeit, Erkältung usw.: lousy, piffling
popeln: **hör auf, in der Nase zu popeln** stop picking your nose

Popgruppe f pop group
Popmusik f pop music
Popo m **1** allg.: bottom **2** zum Kind: botty
Popstar m pop star
populär popular ['pɒpjʊlə]
Pop-up-Fenster n Computer: pop-up window
Pop-up-Menü n Computer: pop-up menu [‚pɒp-ʌp'menju:]
Pore f pore
Porno m **1** Heft: porn magazine **2** Film: porn film, US meist porn movie
Pornoheft n porn (oder girlie) magazine
porös porous ['pɔ:rəs]
Porree m **1** leek **2** als Essen: leeks (⚠ pl)
Portal n im Internet: portal ['pɔ:tl], von Gebäude auch: main entrance
★**Portemonnaie** n wallet, für Frauen: Br purse (⚠ US purse = **Handtasche**), US wallet
Portfolio n **1** Finanzen: portfolio **2** Schule: portfolio
Portier m porter, doorman
★**Portion** f **1** Essen: helping **2** im Restaurant: portion ['pɔ:ʃn] **3** **eine Portion Kaffee** a pot of coffee **4** **dazu gehört eine gehörige Portion Mut (Frechheit** usw.**)** it takes some courage ['kʌrɪdʒ] (cheek usw.)
Portmonee n purse, US change purse
★**Porto** n postage (**für** on, for)
Porträt n portrait ['pɔ:trət]
porträtieren: **jemanden porträtieren** paint someone's portrait ['pɔ:trət], übertragen portray [pɔ:'treɪ] someone
★**Portugal** n Portugal ['pɔ:tʃʊgl]
★**Portugiese** m Portuguese [‚pɔ:tʃʊ'gi:z]; **er ist Portugiese** he's Portuguese
★**Portugiesin** f Portuguese woman (oder lady bzw. girl); **sie ist Portugiesin** she's Portuguese
★**portugiesisch, Portugiesisch** n Portuguese [‚pɔ:tʃʊ'gi:z]
Porzellan n **1** Material: porcelain ['pɔ:slɪn], china ['tʃaɪnə] **2** Geschirr: china
Posaune f trombone [trɒm'bəʊn]
★**Position** f position [pə'zɪʃn] (auch berufliche)
★**positiv 1** allg.: positive ['pɒzətɪv] **2** **sie hat nur Positives über dich erzählt** she only had nice things to say about you **3** **sich positiv auf etwas auswirken** have* a positive effect on something
Possessivpronomen n possessive pronoun [pə‚zesɪv'prəʊnaʊn]
Post®¹ f **1** als Organisation: mail, Br auch postal system, post **2** (≈ Postamt) post office **3** (≈ Postdienst) postal service **4** **mit der Post** by

mail, **by** post **5** **jemandem etwas mit der Post schicken** post (*oder* mail) something to someone **6** **ist Post für mich da?** is there any mail for me?; **ich warte auf die Post** I'm waiting for the mail to come; **ich lese gerade meine Post** I'm just going through my mail **7** **elektronische Post** e-mail **8** **sie arbeitet bei der Post** she works for the post office

Post² *m im Internet*: post

★**Postamt** *n* post office

Postbank *f* post office girobank ['dʒaɪraʊbæŋk]

Postbote *m* postman ['pəʊstmən] *pl*: postmen, *US* mailman, mail carrier

Postbotin *f* postwoman ['pəʊst,wʊmən] *pl*: postwomen ['pəʊst,wɪmɪn], *US* mail carrier

posten *Internet*: **einen Kommentar posten** post a comment

Posten¹ *m* (≈ *Arbeitsstelle*) post, job; (≈ *Anstellung*) position

Posten² *m* **1** (≈ *Wache*) guard **2** (≈ *Streikposten*) picket

Posten³ *m* **1** (≈ *Warenmenge*) quantity **2** *im Etat*: item

Poster *n* poster

Postfach *n* post office box, PO box ['piːəʊ_bɒks]

Post-it® *n* Post-it® note

★**Postkarte** *f* postcard

Postkutsche *f* *in Western usw*.: stagecoach

★**postlagernd** *schicken*: poste restante [ˌA-,pəʊst'restɒnt], *US* general delivery

★**Postleitzahl** *f* postcode, *US* zip code

postmodern postmodern(ist) [ˌpəʊst'mɒdn(ɪst)]

Poststempel *m* postmark

Potenz *f* **1** *eines Mannes*: potency ['pəʊtnsɪ] **2** *Mathematik*: power; **zweite Potenz** square; **dritte Potenz** cube; **acht in die zweite** (*bzw*. **dritte**) **Potenz erheben** square (*bzw*. cube) eight; **die zweite** (*bzw*. **dritte**) **Potenz zu vier** four squared (*bzw*. cubed)

Potenzial *n* potential

potenzieren: **acht mit zwei** (*bzw*. **drei**) **potenzieren** square (*bzw*. cube) eight; **acht mit vier** (**fünf** *usw*.) **potenzieren** raise eight to the power of four (five *usw*.)

potthässlich *umg* **1** *Mensch*: fugly, *Br auch* minging **2** *Gebäude, Kleid, Frisur*: disgusting, *Br auch* minging **3** **potthässlich sein** be* gross [ɡrəʊs]

Power *f* **1** *allg*.: power ['paʊə] **2** **ihm fehlt (die richtige) Power** *umg* he's got no oomph [ʊmf]

PowerPoint®-Folie *f* PowerPoint® slide

Powidl *m* Ⓐ plum jam

Pracht *f* **1** *allg*.: splendour ['splendə] **2** *von Farben*: richness

prächtig **1** *allg*.: splendid (*auch Wetter*) **2** (≈ *großartig*) brilliant, great (*beide auch Wetter, Leistung usw*.) **3** *Person*: great **4** **sie verstehen sich prächtig** *umg* they get on like a 'house on fire

Prädikat *n* *Grammatik*: predicate ['predɪkət]

Präfix *n* prefix

prägen **1** **Indien hat ihn sehr stark geprägt** India had a deep influence on him **2** mint (*Münzen*) **3** emboss (*Leder, Metall usw*.)

pragmatisch **1** pragmatic **2** **wir müssen hier ganz pragmatisch vorgehen** we've got to be pragmatic here

prähistorisch prehistoric [ˌpriːhɪˈstɒrɪk]

prahlen boast, brag (**mit** about)

Prahlerei *f* showing-off, boasting ['bəʊstɪŋ], *konkrete Äußerung*: boast (s *pl*)

★**Praktikant(in)** *m(f)* trainee [ˌtreɪˈniː], *US meist* intern ['ɪntɜːn]

Praktiker(in) *m(f)* practical person, expert ['ekspɜːt]

★**Praktikum** *n* (period of) practical training, work experience, *US meist* internship; **ein Praktikum machen bei ...** do* some work experience at ...

Praktikumsplatz *m*, **Praktikumsstelle** *f* placement, *US* internship

Praktikumszeugnis *n* letter of recommendation (*relating to a period of work experience*)

★**praktisch** **1** *allg*.: practical; **diese Schuhe sind sehr praktisch zum Wandern** these shoes are very practical for hiking **2** *Tipps, Gerät usw*.: handy **3** **praktische Erfahrung** practical experience; **Praktisches Jahr** final year of medical training in Germany which focuses on practical experience **4** **praktisches Beispiel** concrete ['kɒŋkriːt] example **5** **praktische Ausbildung** on-the-job training **6** **praktischer Arzt, praktische Ärztin** general practitioner **7** (≈ *so gut wie*) practically, virtually; **praktisch nichts** *auch*: next to nothing; **praktisch nie** very rarely, hardly ever **8** **praktisch veranlagt** practical

Praline *f* **1** chocolate ['tʃɒklət] **2** **Pralinen** chocolates, a box of chocolates

prall **1** *Schenkel usw*.: firm **2** *Brüste*: full **3** *Hintern*: well-rounded **4** **in der prallen Sonne** in the blazing sun **5** **prall gefüllt** bulging (**mit** with)

prallen **1** **gegen** (*oder* **auf**) **etwas prallen** bang (*stärker*: crash) into something **2** **gegen die Wand prallen** hit* the wall

Prämie *f* **1** *für Leistung*: bonus (*auch für Sparer*) **2** *für Werbung eines neuen Lesers usw.*: reward [rɪˈwɔːd] **3** (≈ *Versicherungsprämie*) premium **4** *Lotterie*: prize

Präparat *n* **1** *Medikament*: preparation **2** *für Mikroskop*: slide preparation

Präposition *f* preposition [ˌprepəˈzɪʃn]

Prärie *f* prairie [ˈpreərɪ]

Präsens *n* present [ˈpreznt], present tense

Präsentation *f* presentation

präsentieren present; **jemandem etwas präsentieren** present someone with something

Präsenzdiener *m* Ⓐ military service recruit

Präsenzdienst *m* Ⓐ military service

Präser *m*, **Präservativ** *n* condom [ˈkɒndəm] (⚠ *engl.* preservative = Konservierungsmittel)

★**Präsident(in)** *m(f)* **1** *eines Staates*: president [ˈprezɪdənt] **2** (≈ *Vorsitzender*) chairman [ˈtʃeəmən], *Frau*: chairwoman, *neutral*: chairperson, chair **3** *eines Gerichts*: presiding [prɪˈzaɪdɪŋ] judge

prasseln **1** (*Regen*) patter, *stärker*: hammer (**auf** on; **gegen** against) **2** (*Feuer*) crackle

Präteritum *n Grammatik*: past tense

★**Praxis**[1] *f* **1** (↔ *Theorie*) practice; **in der Praxis** in practice (⚠ *ohne* the) **2** (≈ *Erfahrung*) experience; **die Praxis zeigt ...** experience shows ... (⚠ *ohne* the)

★**Praxis**[2] *f* **1** *eines Arztes, Rechtsanwalts usw.*: practice **2** (≈ *Behandlungsräume eines Arztes*) surgery, *US* (doctor's) office

präzise precise [prɪˈsaɪs], exact [ɪɡˈzækt]

Präzision *f* precision [prɪˈsɪʒn]

predigen *in Kirche*: preach, give* a sermon

Predigt *f* sermon [ˈsɜːmən]; **eine Predigt halten** give* a sermon (**über** on)

★**Preis**[1] *m* **1** *zu zahlender*: price (**für** of); **die Preise vergleichen** compare prices (⚠ *ohne* the) **2** **ich mach dir einen guten Preis** I'll make you a good offer **3** **zum halben Preis verkaufen** sell* (at) half-price **4** **weit unter Preis verkaufen** sell* (at) cut-price **5** **um keinen Preis** *übertragen* not for anything in the world **6** **um jeden Preis** *übertragen* at all costs, come what may

★**Preis**[2] *m* **1** *in Wettbewerb*: prize [praɪz] (⚠ *Schreibung mit* z); **den ersten Preis gewinnen** win* first prize (⚠ *ohne* the) **2** *für Film usw.*: award [əˈwɔːd] **3** (≈ *Belohnung*) reward [rɪˈwɔːd]

Preisangabe *f* price quote; **ohne Preisangabe** not priced, not marked

Preisanstieg *m* rise in prices

Preisausschreiben *n* competition

Preiselbeere *f* cranberry [ˈkrænbərɪ]

Preiserhöhung *f* price increase [ˈɪŋkriːs]

preisgekrönt prize-winning (⚠ *immer vor dem Subst.*)

preisgünstig **1** very reasonable **2** **sie kauft immer sehr preisgünstig ein** she always manages to find bargains

Preis-Leistungs-Verhältnis *n* price-performance ratio [ˈreɪʃɪəʊ], *umg* value for money

Preisliste *f* price list

Preisnachlass *m* discount [ˈdɪskaʊnt]

Preisrichter(in) *m(f)* **1** judge **2** **die Preisrichter** the jury (⚠ *mit sg oder pl*)

Preisschild *n* price tag

Preissenkung *f* price cut

Preissteigerung *f* rise in prices; **Preissteigerungen** rising prices; **es gab Preissteigerungen von zehn Prozent** there was a ten per cent increase [ˈɪŋkriːs] in prices

Preisträger(in) *m(f)* prize [praɪz] winner

Preisvergleich *m* price comparison; **einen Preisvergleich machen** compare prices

Preisverleihung *f* presentation (of prizes) [ˌpreznˈteɪʃn(ˌəvˈpraɪzɪz)]

★**preiswert** **1** very reasonable **2** **das ist preiswert** that's good value (for money) **3** **dort kann man preiswert übernachten** (*bzw.* **essen**) they have rooms (*bzw.* you can eat) at reasonable prices there

prellen **1** **jemanden um etwas prellen** cheat someone out of something **2** **die Zeche prellen** go* off without paying

Prellung *f Verletzung*: bruise [bruːz]

Premiere *f* first night [ˌfɜːstˈnaɪt], opening night [ˈəʊpənɪŋˌnaɪt]; **der Film hat im Juli Premiere** the film will be released (*oder* is opening) in July

Premierminister(in) *m(f)* prime minister

Prepaidkarte *f* top-up card

★**Presse**[1] *f* (≈ *Zeitungen usw.*) press (⚠ *im Br auch mit pl*)

★**Presse**[2] *f für Obst, Säfte usw.*: squeezer

Pressefreiheit *f* freedom of the press

Pressekonferenz *f* press conference [ˈkɒnfrəns]

pressen **1** *allg.*: press (*auch CDs, Blumen, Trauben*) **2** **etwas an sich pressen** hold* something tightly **3** **sie presste sich an die Wand** she pressed herself against the wall **4** **Luft durch etwas pressen** force air through

something
Pressesprecher(in) m(f) press spokesman, Frau: press spokeswoman
★ **pressieren** bes. Ⓐ, ⒷⒶ **1 es pressiert** it's urgent **2 mir pressiert's** I'm in a hurry
Presszange f crimping tool
Preuße m Prussian ['prʌʃn]
Preußen n Prussia ['prʌʃə]
Preußin f Prussian ['prʌʃn] (woman)
preußisch Prussian ['prʌʃn]
prickeln 1 (Haut usw.) tingle **2** (Sekt usw.) sparkle **3 ein prickelndes Gefühl** bei Erregung: a tingling, a tingle down the (bzw. my, your usw.) spine
★ **Priester** m priest
Priesterin f **1** christliche Religionen: priest **2** frühere Kulturen und andere Religionen: priestess
★ **prima 1** umg super, great **2** „Wie geht's?" - „Prima!" 'How are things?' - 'Really good.' **3 man kann dort prima essen** they have great food there
Primararzt m, **Primarärztin** f **Primarius** m **Primaria** f Ⓐ (senior) consultant, US medical director
Primel f **1** (≈ Waldprimel) primrose **2** (≈ farbige Gartenprimel) primula ['prɪmjələ]
primitiv primitive ['prɪmətɪv]
Primzahl f Mathematik: prime number
Prinz m prince; **Prinz Albert** Prince Albert
Prinzessin f princess [ˌprɪn'ses]; **Prinzessin Anne** Princess Anne [▲ˌprɪnsesˈæn]
★ **Prinzip** n principle ['prɪnsəpl] **2** Wendungen: **im Prinzip** basically ['beɪsɪkli], in principle; **aus Prinzip** on principle
prinzipiell 1 (≈ grundlegend) basic, fundamental **2** (≈ aus Prinzip) on principle ['prɪnsəpl]; **so etwas tut er prinzipiell nicht** he doesn't do things like that on principle
Priorität f priority [praɪˈɒrəti] (**über, vor** over); **Prioritäten setzen** establish priorities
Prise f: **eine Prise Salz** a pinch of salt
Prisma n prism
★ **privat 1** allg.: private ['praɪvət] **2** Meinung usw.: personal ['pɜːsnəl] **3** (≈ in Privatbesitz) privately owned **4 wir sind privat versichert** we're privately insured **5 privat ist unser Lehrer ja ganz nett** our teacher seems quite a nice person in private
Privatangelegenheit f **1** private matter **2 das ist meine Privatangelegenheit** that's my affair, that's my own business
Privatbesitz m, **Privateigentum** n private property
privatisieren privatize ['praɪvətaɪz] (Firma usw.)
Privatleben n private life
Privatpatient(in) m(f) private patient
Privatsache f: **das ist meine Privatsache** that's my affair, that's my (own) business
Privatschule f private ['praɪvət] school, Br (≈ Eliteschule) auch public school
Privatstunde f private lesson (US class)
Privatunterricht m private tuition [tjʊˈɪʃn], Br auch private lessons (▲pl)
Privileg n privilege ['prɪvɪlɪdʒ]
★ **pro 1** allg.: per **2 pro Tag (Woche** usw.) a (oder per) day (week usw.); **pro Jahr** a year, förmlicher per annum; **10 Euro pro Stunde** ten euros an hour **3 100 Euro pro Stück** a hundred euros each **4 5 Euro pro Person** five euros each (oder per person)
Pro n: **das Pro und Kontra** the pros and cons (▲pl)
★ **Probe** f **1** (≈ Prüfung) test; **er ist auf Probe angestellt** he's on probation; **ein Auto Probe fahren** test-drive a car; **jemanden/etwas auf die Probe stellen** put* someone/something to the test; **zur Probe** to try out **2** Theater, Musik usw.: rehearsal [rɪˈhɜːsl]; **zur Probe gehen** go* to rehearsals **3** Chor: choir [▲ˈkwaɪə] practice **4** (≈ Test) test, trial; **eine Probe machen** do* a test, mit Maschine usw.: do* a trial run; **die Probe bestehen** pass the test **5** (≈ Muster, Beispiel, auch Blutprobe usw.) sample ['sɑːmpl] **6** (≈ Kostprobe) taste
Probefahrt f Auto usw.: test drive; **eine Probefahrt machen** go* for a test drive
proben 1 rehearse [rɪˈhɜːs] (Theater-, Musikstück) **2** practise [▲ˈpræktɪs], US practice (Einsatz, Notfall usw.)
Probezeit f **1** probation, trial period **2** (**noch) in der Probezeit sein** be* (still) on probation
★ **probieren 1** etwas probieren allg.: try something; **probier's noch mal** try again (▲ ohne it); **ich probier's noch mal** I'll try again **2 ich probier's mal** (≈ versuche es zu tun) I'll have a try **3 probier's mal mit einem Hammer** (bzw. Trick) try a hammer (bzw. try using a trick) **4** (≈ kosten) try, taste (Speise, Getränk); **kann ich mal probieren?** can I have a taste?
★ **Problem** n problem; **kein Problem!** no problem
problematisch problematic
problemlos 1 allg.: unproblematic [ˌʌnprɒbləˈmætɪk] **2 das lässt sich problemlos erledi-

gen it can be done without difficulty ['dɪfɪkltɪ]

★ **Produkt** n product ['prɒdʌkt], *landwirtschaftlich produce;* **landwirtschaftliche Produkte** agricultural produce; **ein Produkt seiner Fantasie** a figment of his imagination

★ **Produktion** f **1** *allg.:* production [prə'dʌkʃn] **2** (≈ *produzierte Menge*) output

produktiv *allg.:* productive [prə'dʌktɪv]

Produktlinie f product line

Produktmanager(in) m(f) product manager

Produzent(in) m(f) producer [prə'djuːsə]

★ **produzieren** produce [prə'djuːs]

professionell professional [prə'feʃnəl]

★ **Professor(in)** m(f) **1** professor; **sie ist Professorin für Geografie** she's Professor of Geography, she's a geography professor **2** *bes.* Ⓐ (≈ *Gymnasiallehrer*) teacher at a Gymnasium

★ **Profi** m *umg* pro [prəʊ]

Profi... *in Zusammensetzungen* ... pro, professional ...; **Profiboxer(in)** professional boxer, boxing pro; **Profifußballer(in)** professional footballer, football pro, *US* professional soccer player, soccer pro

...profi *in Zusammensetzungen:* ... pro, professional ...; **Boxprofi** professional boxer, boxing pro; **Fußballprofi** professional footballer, football pro, *US* professional soccer player, soccer pro; **Tennisprofi** professional tennis player, tennis pro

Profil n **1** (≈ *Seitenansicht*) profile ['prəʊfaɪl] **2** *Reifen, auch Schuhsole:* tread [tred] **3** **im Profil** in profile; **Profil haben** *übertragen* have* a (distinctive) image

Profilfoto n profile photo, profile picture

profilieren: sie muss sich noch profilieren she's still got to make her mark

★ **Profit** m profit ['prɒfɪt]; **Profit aus etwas schlagen** *wörtlich* make* a profit from something; *übertragen* profit from something; **Profit machen** make* a profit; **ohne/mit Profit arbeiten** work unprofitably/profitably

profitieren profit ['prɒfɪt] (**von** from)

Prognose f **1** *allg.:* prediction **2** *bes. Wetter:* forecast ['fɔːkɑːst]

★ **Programm** n **1** *allg.:* programme ['prəʊgræm], *US* program **2** (≈ *Tagesordnung*) agenda **3** *Computer:* program **4** (≈ *Fernsehkanal*) channel ['tʃænl]; **der Film kommt im ersten Programm** the film's on (channel) one **5** (≈ *gedrucktes TV-Programm*) TV guide **6** (≈ *Sortiment*) range

Programmänderung f change of program (me *Br*)

Programmheft n program (me *Br*)

programmieren program ['prəʊgræm] (*Computer*)

Programmierer(in) m(f) programmer

Programmierfehler m bug

Programmiersprache f programming language ['prəʊgræmɪŋˌlæŋgwɪdʒ]

Programmkino n art-house cinema (*US* movie theater)

progressiv progressive [prəʊ'gresɪv]

★ **Projekt** n project ['prɒdʒekt] (**über, zu** on, about); **ein Projekt machen** (*oder* **durchführen**) do* a project

Projektion f projection (*auch Mathematik*)

Projektmanagement n project management

Projektor m (slide) projector [prə'dʒektə]

Projekttage pl *in der Schule:* days of project work

Projektwoche f *in der Schule:* week of project work

Prolet(in) m(f) *abwertend* pleb, prole

Proletarier(in) m(f) proletarian [ˌprəʊlə'teərɪən]

Promenadenmischung f *Hund:* mongrel [⚠ 'mʌŋgrəl]

Promi m *umg* celebrity [sə'lebrətɪ]

Promille n: **er ist mit zu viel Promille erwischt worden** *umg* he was done for drink-driving

prominent prominent ['prɒmɪnənt]; **prominente Persönlichkeit** well-known personality, prominent figure

Prominente(r) m/f(m) **1** public figure, VIP [ˌviːaɪ'piː] **2** *bes. Film usw.:* celebrity [sə'lebrətɪ]

Prominenz f VIPs [ˌviːaɪ'piːz], big names, *umg* top nobs (*alle pl*); **die gesamte Prominenz** *auch:* all the important people

prompt 1 prompt, *Antwort auch:* quick **2** **er ist prompt darauf hereingefallen** of course he fell for it straightaway (*US meist* rightaway) **3** **sie hat's prompt vergessen** she went and forgot (⚠ **ohne** it)

Pronomen n pronoun ['prəʊnaʊn]

★ **Propaganda** f propaganda [ˌprɒpə'gændə]

Propeller m propeller [prə'pelə], *umg* prop

Prophet(in) m(f) **1** prophet ['prɒfɪt] **2** **ich bin doch kein Prophet!** I can't see into the future

prophezeien 1 prophesy ['prɒfəsaɪ] (*Zukunft, Unglück usw.*) **2** **das kann ich dir prophezeien!** I can promise you that!

Proportion f proportion

proportional proportional; **umgekehrt pro-**

portional *Mathematik:* in inverse proportion
proppenvoll *umg* packed
Prosa *f* prose
prosit ◻1 *beim Anstoßen:* your health!, *umg* cheers!; ◻2 **prosit Neujahr!** happy New Year!; → prost
★**Prospekt** *m* (≈ *Reklameschrift*) brochure ['brəʊʃə] (+ *Genitiv* about), (≈ *Werbezettel*) leaflet, (≈ *Verzeichnis*) catalogue, *US* catalog (⚠ *engl.* prospect = *Aussicht, Zukunftsaussichten*)
★**prost** ◻1 *beim Anstoßen:* cheers! ◻2 **na denn prost!** *ironisch* that's just great; → prosit
Prostituierte *f* prostitute ['prɒstɪtjuːt]
Prostitution *f* prostitution [ˌprɒstɪ'tjuːʃn]
Protein *n* protein ['prəʊtiːn]
★**Protest** *m* protest ['prəʊtest]; **aus Protest** in (*oder* as a) protest (**gegen** against)
Protestant(in) *m(f)* Protestant ['prɒtɪstənt]
★**protestantisch** Protestant ['prɒtɪstənt]
★**protestieren** protest [prə'test]; **sie protestieren dagegen, dass die Fahrpreise erhöht werden** they're protesting against an increase in fares
Prothese *f* ◻1 *an Arm, Bein:* artificial arm (*bzw.* leg) ◻2 *Gebiss:* dentures (⚠ *pl*)
Protokoll *n* ◻1 *einer Sitzung usw.:* minutes ['mɪnɪts] (⚠ *pl*); **wer macht Protokoll?** who's taking the minutes?; **etwas ins Protokoll aufnehmen** put* something into the minutes; **(das) Protokoll führen** *bei Sitzung:* take* the minutes ◻2 (≈ *Niederschrift*) record ['rekɔːd], (≈ *Bericht*) report ['rɪkɔːd], *bei Gericht:* record ['rekɔːd], transcript ['trænskrɪpt] ◻3 *diplomatisch:* protocol ◻4 (≈ *Strafzettel*) ticket ◻5 **etwas zu Protokoll geben** have* something put on record; *bei Polizei:* say* something in one's statement; **etwas zu Protokoll nehmen** take* something down
protzen *umg* show off; **er protzt immer mit seinem Wissen** *usw.* he's always showing off (with) his knowledge *usw.*
protzig ◻1 *Auto:* flash(y) ◻2 *Haus:* posh
Proviant *m* food
Provider *m Internet:* (access ['ækses]) provider
Provinz *f* ◻1 **die Provinz** (↔ *Hauptstadt*) the provinces ['prɒvɪnsɪz] (⚠ *pl*); **das ist hier (ja) tiefste Provinz** *umg* we're really out in the sticks here ◻2 *Verwaltungsgebiet:* province ['prɒvɪns]
provinziell provincial [prə'vɪnʃl]
Provision *f* commission; **auf Provision** on commission

provisorisch ◻1 *Regierung usw.:* provisional ◻2 (≈ *vorübergehend*) temporary ◻3 (≈ *behelfsmäßig*) makeshift ◻4 **ich hab's provisorisch repariert** I've just patched it up
provozieren provoke [prə'vəʊk]
Prozedur *f* procedure [prə'siːdʒə]; **das war vielleicht eine Prozedur!** *umg* what a rigmarole ['rɪgmərəʊl] (that was)
★**Prozent** *n* ◻1 **zehn Prozent** ten per cent [pə'sent] (*US* percent); **zu zehn Prozent** at ten per cent, *US* at ten percent ◻2 **ich kriege sechs Prozent Zinsen** I get six per cent interest ◻3 (≈ *prozentualer Anteil*) percentage; **wie viel Prozent der Bevölkerung haben ein Auto?** what percentage of the population has (*oder* have) a car? ◻4 **der Wein hat zwölf Prozent** this wine contains twelve per cent alcohol ◻5 **Prozente bekommen** (≈ *Rabatt*) get* a discount; **er hat mir zehn Prozent nachgelassen** he gave me a ten per cent discount ◻6 **die Verkäufer kriegen Prozente** (≈ *eine Gewinnbeteiligung*) the salespeople get a share of the profits
Prozentrechnung *f* percentage calculation
Prozentsatz *m* percentage
Prozentzeichen *n* percentage sign
★**Prozess**¹ *m* ◻1 (≈ *Rechtsstreit*) lawsuit ['lɔːsuːt] ◻2 (≈ *Strafverfahren*) trial ◻3 **einen Prozess gegen jemanden führen** take* legal action against someone, sue [suː] someone ◻4 **sie hat den Prozess gewonnen** (*bzw.* **verloren**) she won (*bzw.* lost) her case
★**Prozess**² *m* (≈ *Vorgang*) process ['prəʊses]
prozessieren ◻1 go* to court [kɔːt] ◻2 **gegen jemanden prozessieren** take* someone to court; → Prozess¹ 3
Prozession *f* procession [prə'seʃn]
Prozessor *m Computer:* processor ['prəʊsesə]
prüde ◻1 *allg.:* prudish ['pruːdɪʃ] ◻2 **tu doch nicht so prüde** don't be such a prude
★**prüfen** ◻1 examine [⚠ ɪg'zæmɪn], test (*Bewerber, Schüler usw.*) ◻2 (≈ *kontrollieren*) check (*Ölstand usw.*) ◻3 **etwas prüfen** (≈ *erproben*) test something, (≈ *untersuchen, genau betrachten*) examine (*oder* study) something ◻4 consider (*Vorschlag, Angebot*) ◻5 investigate, look into (*Beschwerde usw.*) ◻6 *auf Richtigkeit:* check (*Behauptung, Angaben usw.*)
Prüfer(in) *m(f)* ◻1 *bei Examen:* examiner [ɪg'zæmɪnə] ◻2 *technisch:* tester ◻3 (≈ *Buchprüfer*) auditor ['ɔːdɪtə] ◻4 (≈ *Wirtschaftsprüfer*) inspector
Prüfling *m* examinee [ɪgˌzæmɪ'niː], exam can-

didate [ɪgˈzæm,kændɪdət, -deɪt]

★**Prüfung** f **1** *von Kenntnissen*: exam [⚠ ɪgˈzæm], test, *förmlich* examination; **schriftliche** (*bzw.* **mündliche) Prüfung** written (*bzw.* oral) exam; **eine Prüfung machen** take* an exam; **eine Prüfung bestehen** (*bzw.* **nicht bestehen) pass** (*bzw.* fail) an exam **2** (≈ *Untersuchung*) examination, investigation **3** (≈ *Überprüfung*) checking **4** (≈ *Erprobung*) trial, test

Prüfungsaufgabe f examination (*oder* test) paper

Prügel m **1 Prügel bekommen** get* a thrashing **2** (≈ *Knüppel*) club

Prügelei f fight

prügeln 1 jemanden prügeln beat* someone up **2 sich (mit jemandem) prügeln** have* a fight (with someone) (**um** over)

Prunk m **1** splendour **2** *bei Feier usw.*: pomp

PS *abk am Briefende*: PS (*abk für* postscript)

Psychiater(in) m(f) psychiatrist [⚠ saɪˈkaɪətrɪst]

psychisch 1 *Belastung, Krankheit*: mental [ˈmentl] (⚠ *engl.* psychic = **übersinnlich**) **2** *Probleme usw.*: (≈ *psychisch bedingt*) psychological [⚠ ˌsaɪkəˈlɒdʒɪkl] **3 psychisch krank** mentally disturbed

Psychologe m, **Psychologin** f psychologist [⚠ saɪˈkɒlədʒɪst]

★**Psychologie** f psychology [⚠ saɪˈkɒlədʒɪ]

psychologisch psychological [⚠ ˌsaɪkəˈlɒdʒɪkl]

Psychopath(in) m(f) psychopath [ˈsaɪkəpæθ]

Psychoterror m psychological blackmail

Psychotherapeut(in) m(f) psychotherapist [ˌsaɪkəʊˈθerəpɪst]

Pubertät f puberty [ˈpjuːbətɪ]; **in die Pubertät kommen** reach puberty (⚠ *ohne the*)

Public Viewing n big-screen event

★**Publikum** n **1** (≈ *Zuschauer, Zuhörer*) audience [ˈɔːdɪəns] (⚠ *mit sg oder pl*), *Fernsehen auch*: viewers (⚠ *pl*), *Radio auch*: listeners [⚠ ˈlɪsnəz] (⚠ *pl*) **2** *Sport*: spectators [spekˈteɪtəz] (⚠ *pl*), crowd **3** *in Gaststätte usw.*: clientele [⚠ ˌkliːɒnˈtel] **4** (≈ *Interessenten usw.*) public (⚠ *mit sg oder pl*)

Publikumsliebling m everybody's darling; **sie ist ein Publikumsliebling** she's everybody's darling (⚠ *ohne an*)

★**Pudding** m *etwa*: blancmange [⚠ bləˈmɒndʒ], *US* pudding [ˈpʊdɪŋ] (⚠ *Br* pudding = **süße Nachspeise** - *auch Mehlspeise oder mit Brot, Reis, Obst usw.*)

Pudel m poodle

Pudelmütze f woolly hat [ˌwʊlɪˈhæt], *US* knit cap [ˈnɪtˌkæp]

Puder m powder

pudern 1 powder (*Nase, Wunde usw.*) **2 sich pudern** powder one's face (*oder* nose)

Puderzucker m icing sugar, *US* confectioner's sugar

Puff¹ m **1** (≈ *Stoß*) thump **2** *in die Rippen*: poke, dig, *vertraulicher*: nudge

Puff² m (≈ *Bordell*) brothel [ˈbrɒθl]

Puffer m **1** *allg.*: buffer **2** (≈ *Kartoffelpuffer*) potato fritter

Pull-down-Menü n *Computer*: pull-down menu [ˌpʊldaʊnˈmenjuː]

Pulle f **1** *umg* (≈ *Flasche*) bottle **2 volle Pulle fahren** *umg* drive flat out; **(die Anlage) volle Pulle aufdrehen** *umg* turn the stereo [ˈsterɪəʊ] up full blast

Pulli m *umg*, **Pullover** m sweater [⚠ ˈswetə], pullover [ˈpʊl,əʊvə], *Br auch* jumper

Puls m **1** pulse; **der Doktor hat mir den Puls gefühlt** the doctor felt (*oder* took) my pulse **2 ein hoher** (*bzw.* **niedriger) Puls** a high (*bzw.* low) pulse rate

Pulsader f artery [ˈɑːtərɪ]

Pulswärmer m *röhrenförmig*: wrist warmer [⚠ ˈrɪstˌwɔːmə], *gewickelt*: wrist scarf [⚠ ˈrɪstˌskɑːf]

★**Pult** n **1** *allg.*: desk **2** (≈ *Lese-, Rednerpult*) lectern [ˈlektən]

★**Pulver** n **1** powder **2** *umg* (≈ *Geld*) cash, dough [⚠ dəʊ]

Pulverschnee m powder snow

Puma m puma [ˈpjuːmə], *US* cougar [ˈkuːgə]

pummelig *umg* dumpy, chubby

Pump m: **auf Pump kaufen** buy* on credit, *Br umg* buy* on tick

★**Pumpe** f pump

pumpen¹ pump (**in** into)

pumpen² (≈ *leihen*) lend*, *bes. US* loan; **kannst du mir etwas Geld pumpen?** can you lend me a bit of cash?

Pumpenzange f pipe wrench [⚠ ˈpaɪpˌrentʃ]

Punker(in) m(f) punk (⚠ *engl. ohne* -er)

★**Punkt** m **1** (≈ *runder Fleck*) dot, spot **2** *am Satzende*: full stop, *US* period; *auf dem i, von Punktlinie*: dot; **einen Punkt machen** (*oder* **setzen)** put* (*oder* add) a full stop **3** *in Internetadressen*: dot **4** *bei Verkehrsvergehen*: penalty point; **er hat drei Punkte in Flensburg bekommen** he was given three (penalty) points on his licence **5 Punkt 12 Uhr** at 12 o'clock on the dot **6** (≈ *Ort, Stelle*) point, place, spot **7** (≈ *Stelle, Zeitpunkt in einer Entwicklung, einem Vorgang usw.*) point **8** (≈ *Thema*) point, subject ⑨ *Wettbewerb, Sport*: point; **nach Punkten siegen** (*bzw.* **verlieren**) win* (*bzw.* lose*) on points; **einen Punkt machen** score ⑩ **nun mach aber 'nen Punkt!** *umg* give it a break

Pünktchen *n* ① *allg.*: little dot (*bzw. pl* dots) ② *auf Buchstaben wie i usw. oder hinter einem Wort oder Wortteil*: dot; **Pünktchen** *pl*; *als Anweisung beim Diktat usw.*: three dots, *umg* dot, dot, dot

punkten *Sport*: score (points)

punktieren ① puncture (*Rückenmark usw.*) ② dot; **eine punktierte Linie** a dotted line

★ **pünktlich** ① *Mensch, Beginn usw.*: punctual ② **pünktlich ankommen** arrive on time; **er war pünktlich** he was on time; **sie ist nicht pünktlich** she's late ③ **pünktlich um 10 Uhr** at ten o'clock sharp

Pünktlichkeit *f* punctuality

Punktrichter(in) *m(f) Sport*: judge [dʒʌdʒ]

Punktzahl *f* ① number of points ② *Sport, Wettbewerb* score

Punsch *m* punch

Pupille *f* pupil [⚠ˈpjuːpl]

★ **Puppe** *f* ① *zum Spielen*: doll ② (≈ *Marionette*) puppet [ˈpʌpɪt] ③ *umg* (≈ *Mädchen*) doll ④ *von Insekten*: pupa [ˈpjuːpə] *pl*: pupae [ˈpjuːpiː], *von Schmetterling usw.*: chrysalis [ˈkrɪsəlɪs] *pl*: chrysalises

pur ① **purer Zufall** sheer (*oder* pure) coincidence [kəʊˈɪnsɪdəns] ② **aus purer Bosheit** out of sheer nastiness ③ **ein Whisky pur** a neat (*US* straight) whisk(e)y

Püree *n* puree [⚠ˈpjʊəreɪ], mash

Purpur *m*, **purpurrot** *etwa*: crimson [ˈkrɪmzn]

Purzelbaum *m* somersault [ˈsʌməsɔːlt]; **einen Purzelbaum machen** do* a somersault

purzeln fall*, tumble (*auch Preise*)

Puste *f* breath [⚠breθ], *umg* puff; **außer Puste sein** be* out of breath, *umg* be* puffed; **mir ging die Puste aus** I ran out of breath

Pustel *f* pimple

pusten ① (≈ *blasen*) blow* ② (≈ *keuchen*) puff ③ **er musste pusten** *bei Alkoholtest*: he was breathalyzed [⚠ˈbreθəlaɪzd]

Pute *f* ① *allg.*: turkey ② *weibliches Tier*: turkey hen

Puter *m* turkey (cock)

Putsch *m* (≈ *politischer Umsturz*) putsch [pʊtʃ], coup [kuː]

putschen stage a coup [kuː]

Putz *m* ① *einer Wand*: plaster ② **auf den Putz hauen** (≈ *sich beschweren*) kick up a row [⚠raʊ], *US* kick up a fuss, (≈ *ausgelassen feiern*) have* a fling

★ **putzen** ① *allg.*: clean (*auch Fenster, Gemüse usw.*) ② clean, polish, *US* shine (*Schuhe*) ③ **ich muss mir die Zähne putzen** I've got to brush my teeth ④ **du solltest dir die Nase putzen** you should blow (*oder* wipe) your nose ⑤ **er putzt gerade** he's doing the cleaning ⑥ **sie geht putzen** *regelmäßig*: she works as a cleaner

Putzfrau *f* cleaning lady, cleaner

putzig *Tier*: cute, funny

Putzlappen *m*, **Putzlumpen** *m* cloth, rag, *US auch* cleaning rag

Putzmittel *n* ① *allg.*: cleaning agent [ˈeɪdʒnt] ② (≈ *Poliermittel*) polish [ˈpɒlɪʃ]

putzmunter *umg* ① (≈ *lebhaft*) lively ② (≈ *bester Laune*) perky [ˈpɜːkɪ]

Putztuch *n* (≈ *Wischlappen*) cloth, (≈ *Staubtuch*) duster

Putzzeug *n* cleaning things *pl*

Puzzle *n* jigsaw [ˈdʒɪgsɔː] (puzzle) (⚠*engl.* puzzle = *Rätsel*); **ein Puzzle machen** do* a jigsaw

Pyjama *m* pyjamas [pəˈdʒɑːməz] (⚠*pl*), *US* pajamas (⚠*pl*); **ein Pyjama** a pair of pyjamas; **wo ist mein Pyjama?** where are my pyjamas?

Pyramide *f* pyramid [ˈpɪrəmɪd]

Pyrenäen *pl*: **die Pyrenäen** the Pyrenees [ˌpɪrəˈniːz]

Q

QR-Code® *m* QR code® (*abk für* Quick Response code)

Quader *m Mathematik*: cuboid

★ **Quadrat** *n* ① *Fläche*: square; **drei Meter im Quadrat** three metres square, *US* three meters square ② *Potenz*: square; **vier zum Quadrat** four squared

quadratisch square

Quadratkilometer *m* square kilometre

Quadratmeter *m/n* square metre

★ **Quadratmeter** *m/n* square metre, *US* square meter

Quadratwurzel *f* square root

Quadratzentimeter *m* square centimetre

Quai *m/n* ⓈⒸ (≈ *Uferstraße*) riverside (*bzw. an See*: lakeside) road

quaken ① (*Ente*) quack ② (*Frosch*) croak

quäken ① (*Lautsprecher usw.*) squawk ② (*Kind*)

whine

Qual f ■ *allg., auch seelische:* torture ['tɔ:tʃə], agony ['ægənɪ]; **es ist eine Qual** it's torture (*oder* agony) (▲*ohne* a *bzw.* an) ■ **ihr Leben war eine einzige Qual** life was unbearable [ʌn'beərəbl] for her ■ **wir haben die Qual der Wahl** we're spoilt for choice

quälen ■ **jemanden quälen** torment [tɔ:-'ment] someone, *mit Fragen, etwas Unangenehmem:* pester (*oder* plague [▲pleɪg]) someone (**mit** with); **quäl sie nicht so!** stop tormenting her ■ **jemanden zu Tode quälen** torture someone to death ■ **sich mit etwas quälen** (≈ *abmühen*) struggle with something

quälend ■ *Schmerz:* excruciating [ɪk'skru:ʃɪeɪtɪŋ] ■ *Hitze:* unbearable [ʌn'beərəbl] ■ *Gedanke:* agonizing ['ægənaɪzɪŋ]

Quälerei f ■ **das Halten von Tieren in Käfigen ist für mich eine Quälerei** I think keeping animals in cages is really cruel ■ **Radrennen sind eine echte Quälerei** cycle races are absolute torture

Qualifikation f ■ (≈ *erworbene Fähigkeiten*) qualifications (▲*pl*) ■ (≈ *Ausscheidungswettkampf*) qualifying round; **sie haben die Qualifikation für die WM geschafft** *Fußball:* they've made it into (*oder* they've qualified for) the World Cup

qualifizieren: sie haben sich für die Europameisterschaft qualifiziert they've qualified for the European championship

★ **Qualität** f ■ *allg.:* quality; **schlechte Qualität** poor quality ■ **sie hat auch ihre Qualitäten** she's got her good points

Qualitätskontrolle f quality control

Qualitätsmanagement n quality management

Qualitätsmanager(in) m(f) quality manager

Qualle f jellyfish

Qualm m (thick) smoke

qualmen ■ (*Schornstein, Feuer, Motor usw.*) smoke, give* off smoke ■ **aus dem Auspuff qualmt es!** there's thick smoke coming out of the exhaust! [ɪg'zɔ:st] ■ *umg* (≈ *Zigaretten usw. rauchen*) smoke

Quarantäne f quarantine [▲'kwɒrənti:n]; **der Hund kommt ein halbes Jahr in Quarantäne** the dog will be put into quarantine for half a year

★ **Quark** m ■ *Milchprodukt:* curd, curds *pl*, *Br auch* quark [kwɑːk] ■ *umg* (≈ *Unsinn*) rubbish, US garbage

Quartal n quarter

Quartett n ■ *Musik:* quartet [ˌkwɔː'tet] ■ *übertragen* (≈ *vier Personen*) group of four, foursome ['fɔ:səm] ■ *Kartenspiel:* happy families (▲*nur im sg verwendet*), US go fish

Quartier n ■ (≈ *Unterkunft*) accommodation (▲*Br nur im sg*) ■ ⊕ (≈ *Stadtviertel*) quarter

Quarz m quartz [kwɔ:ts]

quasseln ■ *umg* yak; **hör auf zu quasseln!** stop yakking ■ **er quasselt nur dummes Zeug** *immer:* he talks a lot of drivel ['drɪvl]

Quast m wide paintbrush

Quatsch m ■ *umg* rubbish, US garbage, trash ■ *Wendungen:* **so ein Quatsch!** what a load of rubbish (US garbage); **lass den Quatsch!** stop it!, cut it out!; **mach bloß keinen Quatsch!** don't try anything silly!

quatschen ■ (≈ *dumm daherreden*) talk rubbish; **quatsch doch keinen Blödsinn!** stop talking rubbish (US garbage) ■ (≈ *über Unwichtiges plaudern*) chat, *Br auch* natter ■ (≈ *klatschen, tratschen*) gossip ■ (≈ *etwas ausplaudern*) talk; **er hat wieder mal gequatscht** he's been talking again

Quatschkopf m *umg, abwertend* waffler ['wɒflə], windbag

Quecksilber n mercury ['mɜ:kjʊrɪ]

Quellcode m *Computer:* source code ['sɔ:s_-kəʊd]

Quelldatei f *Computer:* source file ['sɔ:s_faɪl]

★ **Quelle** f ■ *kleine:* spring ■ *eines Flusses:* source [sɔːs] ■ (≈ *Ursprung, Informationsquelle*) source ■ *eines Zitats:* source ■ **du sitzt doch an der Quelle** you're in the right place (for that)

quellen ■ pour [pɔ:], (*Blut*) *auch:* gush (**aus** out of, from) ■ (*Rauch*) billow (**aus** from, out from) ■ (≈ *anschwellen*) swell ■ **quellen lassen** soak (*Bohnen, Erbsen*)

Quellwasser n spring water

Quengelei f *umg* whing(e)ing ['wɪndʒɪŋ], US grousing ['graʊsɪŋ], *eines Kindes:* whining, niggling

quengelig *Kind:* whining, niggly

quengeln ■ (≈ *klagen*) whine, *bes. Br auch* whinge [wɪndʒ] (**über** about) ■ (*Kleinkind*) whine

★ **quer** ■ **quer durch den Garten** straight [streɪt] through the garden; **quer über den Rasen** straight across the lawn ■ **die Balken laufen quer über die Decke** the beams run at right angles across the ceiling ■ **kreuz und quer durch die Stadt** all over town (▲*ohne* the)

Quere f: **jemandem in die Quere kommen**

get* in someone's way
Quereinsteiger(in) *m(f)* career changer
querfeldein across country
Querflöte *f* flute; **Querflöte spielen** play the flute
Querlatte *f Fußball usw.*: crossbar
Querpass *m Fußball*: cross pass
Querschnitt *m* **1** *allg.*: cross-section (**durch** of) (*auch übertragen*) **2** *eines Musicals usw.*: highlights (⚠ *pl*)
querschnittsgelähmt paraplegic [ˌpærəˈpliːdʒɪk], *umg* paralyzed [ˈpærəlaɪzd] from the waist (*bzw.* neck) down
Querstraße *f* **1** side street; **eine Querstraße zur Bahnhofstraße** a road (*oder* side street) off Station Road **2** **zweite Querstraße rechts** second turning right
Quersumme *f Mathematik*: sum of the digits (of a number)
Quertreiber(in) *m(f) umg* obstructionist [əbˈstrʌkʃnɪst]
quetschen **1** **ich hab mir den Finger gequetscht** I squashed my finger **2** **wir haben uns zu acht ins Auto gequetscht** eight of us squeezed into the car
Quetschung *f Verletzung*: bruise [bruːz], *förmlich* contusion [kənˈtjuːʒn]
quieken, quieksen (*Schwein*) squeal (*auch vor Vergnügen*), (*Maus*) squeak
quietschen **1** (*Tür usw.*) squeak **2** (*Reifen, Bremsen*) squeal **3** *vor Freude, Vergnügen usw.*: squeal (**vor** with)
Quinte *f Tonintervall*: fifth
Quintett *n Musik*: quintet [kwɪnˈtet]
Quirl *m Küchengerät*: whisk
quirlen *v/t* whisk, beat* (*Eier usw.*)
quirlig **1** *Mensch*: bubbly **2** *Kind*: very lively
quitt: **jetzt sind wir quitt** now we're even (*oder* quits)
Quitte *f* quince [kwɪns]
★**Quittung** *f* **1** receipt [rɪˈsiːt] (**über** for); **gegen Quittung** on production of a receipt; **jemandem eine Quittung für etwas ausstellen** give* someone a receipt for something **2** **die Quittung für etwas bekommen** (*oder* **erhalten**) *übertragen* pay* the penalty for something
Quiz *n* quiz [kwɪz] *pl*: quizzes
Quizmaster(in) *m(f)* quizmaster [ˈkwɪzˌmɑːstə]
Quizsendung *f* **1** quiz show **2** *mit Spielen*: game show
Quote *f* **1** (≈ *zulässige bzw. zu erzielende Menge*) quota **2** (≈ *Anteil*) share **3** (≈ *verhältnismäßiger Anteil*) proportion
Quotient *m Mathematik*: quotient [ˈkwəʊʃnt]

R

Rabatt *m* discount [ˈdɪskaʊnt] (**auf** on); **Rabatt kriegen** get* a discount; **mit 10 Prozent Rabatt** at ten per cent (*US* percent) discount
Rabbi *m*, **Rabbiner** *m* rabbi [⚠ ˈræbaɪ]
Rabe *m* raven [ˈreɪvn]
rabenschwarz **1** *Haare*: jet-black [ˈdʒetblæk] **2** *Nacht*: pitch-black [ˈpɪtʃblæk] **3** **ein rabenschwarzer Tag** a very black day
rabiat **1** (≈ *grob*) rough [rʌf], brutal [ˈbruːtl] **2** **rabiat werden** go* wild
Rache *f* revenge [rɪˈvendʒ]; **Rache nehmen** take* revenge (**an** on); **aus Rache** out of (*oder* in) revenge
Racheakt *m* act of revenge [rɪˈvendʒ]
Rachen *m* **1** *Mensch*: throat **2** *Tier*: mouth, jaws (⚠ *pl*)
rächen **1** **sich rächen** get* one's revenge [rɪˈvendʒ] (**an jemandem** on someone) **2** **sich an jemandem für etwas rächen** take* one's revenge on someone for something **3** **jemanden rächen** avenge [əˈvendʒ] someone
rachsüchtig revengeful [rɪˈvendʒfʊl]
★**Rad** *n* **1** *allg.*: wheel (*auch übertragen*) **2** (≈ *Fahrrad*) bicycle [ˈbaɪsɪkl], *umg* bike; **Rad fahren** cycle; **sie fährt gern Rad** she likes to go cycling; **ich fahr mit dem Rad** I'll go by bike (⚠ *ohne* the) **3** **ein Rad machen** *Turnen*: do* a cartwheel
Radar *m/n*, **Radargerät** *n* radar [⚠ ˈreɪdɑː]
Radarkontrolle *f* radar [ˈreɪdɑː] speed check
Radarschirm *m* radar [ˈreɪdɑː] screen
Radau *m* row [⚠ raʊ], racket; **Radau machen** make* a racket (*oder* row)
radeln cycle; **wir radeln gern** we like to go cycling
Radeln *n* cycling
Radfahrer(in) *m(f)* **1** cyclist **2** (≈ *Speichellecker*) toady, *US* apple polisher
Radfahrweg *m* cycle track, cycle path, cycleway, *US* bikepath, bikeway
Radicchio *m* radicchio [ræˈdɪtʃiəʊ]
radieren rub out, erase [ɪˈreɪz]
Radiergummi *m* rubber, *bes. US* eraser [ɪˈreɪzə] (⚠ *US* rubber = **Präservativ**)
Radierung *f Kunst*: etching [ˈetʃɪŋ]

Radieschen n radish ['rædɪʃ]; **ein Bund Radieschen** a bunch of radishes
radikal 1 *allg.*: radical 2 **radikal vorgehen gegen** take* radical steps against
★**Radio** n 1 *Gerät*: radio 2 (≈ *Rundfunk*) radio, broadcasting ['brɔːdkɑːstɪŋ]; **im Radio** on the radio; **Radio hören** listen to the radio 3 **es wird im Radio übertragen** it's going to be (*gerade*: it's being) broadcast on the radio
radioaktiv 1 *allg.*: radioactive 2 **radioaktive Strahlung** radiation [ˌreɪdɪˈeɪʃn] 3 **radioaktiver Müll** radioactive waste 4 **radioaktiver Niederschlag** fallout 5 **radioaktiv verseucht** contaminated with radioactivity
Radioaktivität f radioactivity
Radiorekorder m radio recorder
Radiosender m radio station ['steɪʃn]
Radiowecker m radio alarm
Radius m radius ['reɪdɪəs] (*auch übertragen*)
Radkappe f hubcap
Radkreuz n cross wrench [⚠ 'krɒs ˌrentʃ]
Radler n/m *Getränk*: shandy
Radler(in) m(f) cyclist ['saɪklɪst]
Radlerhose f cycling shorts (⚠ *pl*)
Radrennbahn f cycling track
Radrennen n cycle race
Radrennfahrer(in) m(f) racing cyclist
Radtour f cycling tour ['saɪklɪŋ ˌtʊə]
Radtrikot n cycling jersey ['saɪklɪŋ ˌdʒɜːzɪ]
Radweg m cycle track, cycle path, *US* bikepath, bikeway
raffen 1 **etwas an sich raffen** snatch (*oder* grab) something 2 *umg* (≈ *verstehen*) get*; **sie hat es immer noch nicht gerafft** she still hasn't got it
Raffinerie f refinery [rɪˈfaɪnərɪ]
raffiniert 1 (≈ *geschickt*) clever; **raffiniert!** very clever 2 (≈ *schlau*) crafty ['krɑːftɪ]
Rafting n white-water rafting [ˌwaɪtˌwɔːtəˈrɑːftɪŋ]
Rahm m cream
rahmen 1 frame (*Bild*) 2 mount (*Dias*)
Rahmen m 1 *Bild, Spiegel, Tür, Bett, Fahrrad usw.*: frame 2 *Auto*: chassis ['ʃæsɪ] *pl* chassis ['ʃæsɪz, 'ʃæsɪ] 3 **im Rahmen der Fimfestspiele** *usw.* as part of the film festival *usw.* 4 **aus dem Rahmen fallen** *übertragen* (≈ *sehr ungewöhnlich sein*) be* unusual, (≈ *sich schlecht benehmen*) step out of line
★**Rakete** f 1 *Raumfahrt*: rocket 2 *Militär* (≈ *Lenkflugkörper*) missile ['mɪsaɪl] 3 **wie eine Rakete davonrasen** *usw.*: like a shot
Rallye f *Sport*: (motor *oder* car) rally

RAM n *abk* RAM (*abk für* random access memory)
rammen 1 ram (*Auto, Schiff usw.*) 2 **er hat ein Verkehrsschild gerammt** he hit (*oder* drove into) a road sign 3 **Pfähle** *usw.* **in den Boden rammen** ram (*oder* drive*) stakes *usw.* into the ground
Rampe f 1 *schräge*: ramp 2 (≈ *Laderampe*) loading ramp
ramponiert 1 *allg.*: battered 2 *Haus, Wohnung*: run-down 3 **er hat ziemlich ramponiert ausgesehen** he looked pretty rough
Ramsch m junk, trash
ran 1 ran an up (*oder* close) to 2 **mehr links ran** more (*oder* closer) to the left 3 **ran!** let's go!
★**Rand** m 1 *eines Tisches, des Wassers, einer Schlucht, des Waldes, eines Feldes usw.*: edge 2 *auf Blatt Papier*: margin ['mɑːdʒɪn]; **einen Rand lassen** leave* a margin; **sie hat es an den Rand geschrieben** she wrote it in the margin 3 *eines runden Gegenstands, z.B. Brille, Teller, Tasse*: rim; **am Rand** on the rim 4 **das Glas war bis an den Rand gefüllt** the glass was filled to the top (*oder* brim) 5 *Straße usw.*: side, verge; **am Rand** on the side (*oder* verge) 6 *einer Stadt*: outskirts (⚠ *pl*); **am Rand der Stadt** on the outskirts of town (⚠ *ohne* the) 7 **am Rand des Ruins** *usw.* on the verge (*oder* brink) of ruin *usw.* 8 **Briefpapier mit Rand** edged notepaper 9 **ohne Rand** *Fotos*: without borders (⚠ *pl*)
randalieren riot ['raɪət], go* on the rampage ['ræmpeɪdʒ]
Randalierer(in) m(f) hooligan ['huːlɪɡən], rioter ['raɪətə]
Randgruppe f *soziale*: fringe group
Randstein m *bes.* Ⓐ kerb, *US* curb
★**Rang** m 1 *allg.*: rank 2 (≈ *gesellschaftliche Stellung*) status ['steɪtəs] 3 *Theater usw.*: circle, *US* balcony ['bælkənɪ]; **auf dem obersten Rang** in the gallery 4 **auf den Rängen** *Sportstadion*: in the stands, *Br auch* on the terraces ['terəsɪz]
rangehen 1 **der geht aber ran!** *bei Frau*: he's a fast worker 2 **gehst du mal ran?** *ans Telefon*: can you get that?
Rangelei f wrangling ['ræŋɡlɪŋ] (**um** over)
Rangierbahnhof m shunting yard, *US* switchyard
rangieren 1 manoeuvre, *US* maneuver [⚠ məˈnuːvə] (*Auto in Parklücke usw.*) 2 shunt, *US* switch (*Waggons, Züge*) 3 **der Urlaub ran-**

giert bei uns ganz oben holidays have top priority <u>with</u> us
Rangordnung f hierarchy ['haɪrɑːkɪ]
ranhalten 🔢 **sich ranhalten** zeitlich: get* a move on, (≈ nicht nachlassen, etwas zu erreichen) keep* at it 🔢 **haltet euch ordentlich ran!** beim Essen: dig in!, tuck in!
ranken (≈ bewerten) rank
ranklotzen beim Arbeiten: work like mad
Ranzen m 🔢 (≈ Schulranzen) schoolbag, satchel ['sætʃl] 🔢 (≈ Bauch) paunch [pɔːntʃ]
ranzig Butter, Öl: rancid ['rænsɪd]
Rap m Popmusik: rap
rappelvoll umg jam-packed [ˌdʒæmˈpækt]
rappen Popmusik: rap
★**Rappen** m ⓈⒸ Geldstück: centime ['sɒntiːm]
Rapper(in) m(f) rapper
Raps m 🔢 Pflanze: rape 🔢 Samen: rapeseed
rar rare, scarce [⚠ skeəs]
rarmachen: **sich rarmachen** make* oneself scarce [skeərs]
rasant Entwicklung usw.: rapid ['ræpɪd]
★**rasch** 🔢 Fortschritte, Entscheidung usw.: quick 🔢 Antwort: swift, prompt 🔢 **ich geh nur rasch zum Bäcker** I'm just going to pop round to the baker's, US I'm just going to run down to the bakery 🔢 **rasch!** quick!
rascheln rustle [⚠ ˈrʌsl]
rasen 🔢 mit Auto, Fahrrad usw.: race (along), speed* (along) 🔢 zu Fuß: dash (along), rush (along) 🔢 **gegen einen Baum rasen** mit Auto usw.: crash <u>into</u> a tree 🔢 vor Zorn usw.: rave
Rasen m lawn
rasend 🔢 **mit rasender Geschwindigkeit** <u>at</u> breakneck speed, <u>at a</u> terrific speed 🔢 **rasende Kopfschmerzen** a splitting headache ['hedeɪk] (⚠ sg) 🔢 **sie war rasend** vor Wut: she was wild <u>with</u> rage
Rasenmäher m lawnmower ['lɔːnˌməʊə]
Raser(in) m(f) mit Auto usw.: speeder
Raserei f umg 🔢 mit Auto usw.: speeding 🔢 (≈ Wut) fury ['fjʊərɪ] 🔢 (≈ Wahnsinn) frenzy ['frenzɪ], madness
★**Rasierapparat** m (electric) shaver (oder razor)
★**rasieren** 🔢 **sich rasieren** shave; **rasierst du dich nass oder trocken?** do you shave wet or do you use an electric shaver? 🔢 **sich rasieren lassen** have* a shave 🔢 **sie rasiert sich die Beine** (bzw. **unter den Armen**) she shaves <u>her</u> legs (bzw. armpits)
★**Rasierklinge** f razor blade
Rasiermesser n (cutthroat ['kʌtθrəʊt]) razor, US (straight) razor

Rasierschaum m shaving foam
Rasierwasser n 🔢 vor Rasur: pre-shave lotion 🔢 nach Rasur: aftershave (lotion)
raspeln grate (Äpfel, Käse, Nüsse usw.)
★**Rasse** f 🔢 bei Menschen: race 🔢 bei Tieren: breed
Rassehund m pedigree dog [ˌpedɪgrɪːˈdɒg]
Rassel f rattle
rasseln 🔢 (Kette usw.) rattle 🔢 **er rasselt mit dem Schlüsselbund** he's rattling his bunch of keys 🔢 **er ist durch die Prüfung gerasselt** he flunked the exam
Rassenhass m racial hatred ['heɪtrɪd]
Rassismus m racism ['reɪsɪzm] (⚠ ohne the)
Rassist(in) m(f), **rassistisch** racist ['reɪsɪst]
★**Rast** f 🔢 rest; **Rast machen** beim Wandern usw.: have* a rest 🔢 (≈ Pause) break; **Rast machen** beim Autofahren usw.: stop for (oder have*) a break
Rastalocken pl Frisur: dreadlocks ['drɛdlɒks]
rasten rest, take* (oder have*) a break
Raster n 🔢 Foto, Buchdruck: screen 🔢 TV, Computer: raster ['ræstə] 🔢 übertragen (≈ Muster) pattern [⚠ ˈpætn], scheme [⚠ ˈskiːm]
Rastplatz m an Straße: lay-by, US rest area
Raststätte f 🔢 allg.: service area 🔢 Gaststätte: motorway restaurant, US highway (oder roadside) restaurant
Rasur f shave
★**Rat** m (≈ Ratschlag) advice (⚠ immer im sg, niemals mit an); **sie hat mir einen Rat gegeben** she gave me <u>some</u> (oder a piece of) advice; **ich möchte dir einen guten Rat geben** let me give you some (good) advice; **er hat mich um Rat gefragt** he asked me for advice
Rate f 🔢 (≈ Geldbetrag) instalment, US installment; **auf Raten kaufen** Br buy* on hire purchase, US buy* on the installment plan; **in Raten zahlen** pay* in instal(l)ments 🔢 (≈ Verhältnis) rate
★**raten¹** 🔢 **jemandem raten, etwas zu tun** advise someone to do something 🔢 **er hat mir zu einer Diät geraten** he recommended [ˌrekəˈmendɪd] a diet ['daɪət], he advised me to go on a diet
★**raten²** (≈ erraten) guess [ges]; **da muss ich raten** I'd have to guess; **rate mal!** have a guess!; **dreimal darfst du raten** I'll give you three guesses
Ratespiel n guessing ['gesɪŋ] game
Ratgeber m Buch usw.: guide

Rathaus n town hall, US auch city hall
Ration f ration [ˈræʃn]
rational rational [ˈræʃnəl]
rationalisieren rationalize [ˈræʃnəlaɪz]
rationell Arbeitsweise, Methode usw.: efficient [ɪˈfɪʃnt], economical [ˌiːkəˈnɒmɪkl]
rationieren ration [⚠ ˈræʃn] (Benzin usw.)
ratlos 1 allg., auch Blick: helpless 2 **ziemlich ratlos dastehen** be* at a complete loss
ratsam 1 allg.: advisable [ədˈvaɪzəbl] 2 **das halte ich nicht für ratsam** I don't think that would be a good idea
Ratsche f ratchet
Rätsel n 1 (≈ unerklärliche Sache) mystery [ˈmɪstrɪ]; **es ist mir ein Rätsel, wie sie sich so ein Auto leisten kann** it's a mystery to me how she can afford a car like that 2 (≈ Kreuzworträtsel) crossword (puzzle [ˈpʌzl]) 3 (≈ Bilderrätsel) (picture) puzzle 4 Denkaufgabe: riddle
rätselhaft (≈ geheimnisvoll) mysterious [mɪsˈtɪərɪəs]
rätseln puzzle [ˈpʌzl] (**über** over), speculate [ˈspekjʊleɪt] (**über** about, on)
Ratte f rat (auch übertragen)
rattern rattle, clatter
rau 1 allg., auch Haut, See, Wetter, Ton, Sitten usw.: rough [rʌf] 2 Klima: harsh 3 Stimme: harsh, (≈ heiser) hoarse [hɔːs] 4 **ein rauer Hals** a sore throat 5 Hände: chapped 6 **es gab Steaks** (bzw. Wein) **in rauen Mengen** there were masses (US meist tons) of steaks (bzw. there was masses of wine)
Raub m 1 Tat: robbery 2 Beute: booty, loot
rauben 1 steal* (Geld usw.) 2 **jemandem etwas rauben** rob someone of something 3 kidnap (Kind usw.)
Räuber(in) m(f) robber
Raubfisch m predatory [⚠ ˈpredətrɪ] fish
Raubkatze f big cat
Raubkopie f pirate [ˈpaɪrət] copy, bootleg [ˈbuːtleg]
Raubmord m robbery with murder [ˈmɜːdə]
Raubtier n predator [⚠ ˈpredətə]
Raubüberfall m 1 in Bank usw.: armed robbery, holdup 2 auf Einzelperson: mugging
Raubvogel m bird of prey [preɪ]
Rauch m 1 allg.: smoke 2 von Abgasen: fumes (⚠ pl)
rauchen 1 allg.: smoke 2 **er raucht Zigaretten** he smokes cigarettes 3 **zu rauchen anfangen** start smoking; **sie raucht viel** she's a heavy smoker; **ich rauche wenig** I don't smoke very much 4 **das Rauchen aufgeben** stop (oder quit*) smoking 5 **Rauchen verboten!** no smoking

Raucher(in) m(f) smoker; **eine starke Raucherin** a heavy smoker
Raucherkneipe f smoking pub (US bar)
Räucherlachs m smoked salmon [⚠ ˈsæmən]
räuchern smoke (Fleisch, Fisch)
Raucherpause f **eine Raucherpause einlegen** have* a cigarette break
Räucherstäbchen n incense stick [ˈɪnsens stɪk], joss stick [ˈdʒɒs stɪk]
Rauchfang m Ⓐ (≈ Schornstein) chimney [ˈtʃɪmnɪ]
Rauchfangkehrer(in) m(f) Ⓐ (≈ Schornsteinfeger(in)) chimney sweep
rauchig 1 allg.: smoky 2 Stimme: husky
Rauchmelder m smoke alarm (oder detector)
Rauchverbot n ban on smoking; **hier ist Rauchverbot!** there's no smoking here
Rauchwolke f cloud of smoke
rauf allg.: up; **da rauf** up there, up here; **bis rauf zu** up to; **den Berg rauf** up the hill; **die Treppe rauf** up the stairs, upstairs
rauf... umg → herauf usw., hinauf usw.
raufen: (sich) raufen scuffle, fight* (**um** over)
Rauferei f fight, scuffle
Raum m 1 (≈ Zimmer) room 2 (≈ Platz für Gepäck usw.) space, room 3 (≈ Gebiet) area [ˈeərɪə], region [ˈriːdʒən]; **im Raum Zürich** in the Zurich [ˈzʊərɪk] area 4 als Dimension: space 5 als Fläche: space; **ein freier** (oder **offener**) **Raum** an open space
Raumanzug m spacesuit [ˈspeɪs suːt]
räumen 1 **etwas vom Tisch usw. räumen** clear something off the table usw. 2 **sie räumt ihre Wäsche in den Schrank** she's putting her underwear away in the cupboard (US closet) 3 clear (Saal, Straße usw., auch Lager) (**von** of) 4 move out of (Wohnung usw.) 5 check out of (Hotelzimmer) 6 evacuate [ɪˈvækjʊeɪt] (Gebiet) 7 (Militär) leave*, retreat from (Stellung usw.) 8 clear (Minen)
Raumfähre f space shuttle
Raumfahrt f: **die Raumfahrt** space travel (⚠ ohne the)
Räumfahrzeug n 1 für Erdmassen: bulldozer [ˈbʊldəʊzə] 2 für Schnee: snow clearer
Raumkapsel f space capsule [ˈspeɪs kæpsjuːl]
Raumlabor n space lab
räumlich 1 **etwas räumlich sehen** see* something three-dimensionally 2 **das Bild hat eine räumliche Wirkung** the picture has a

three-dimensional effect
Raumschiff *n* spacecraft ['speɪskrɑːft] *pl*: spacecraft, *bes. im Roman usw.*: spaceship
Raumsonde *f* space probe
Raumstation *f* space station
Raumtemperatur *f* room temperature
Räumung *f* **1** (≈ *Leermachen*) clearing **2** *von Wohnung, Haus*: vacating [vəˈkeɪtɪŋ], *zwangsweise*: eviction **3** *von Lagerbeständen*: clearance **4** *eines Gebietes*: evacuation
Räumungsverkauf *m bei Geschäftsaufgabe*: clearance sale, closing-down sale
raunzen *bes.* Ⓐ (≈ *nörgeln*) grouch
Raupe *f* **1** *Schmetterling*: caterpillar [ˈkætəpɪlə] **2** (≈ *Planierraupe*) caterpillar®
Raureif *m* white frost, hoarfrost
raus 1 raus! (get) out! **2 (so,) raus mit euch!** *in den Garten usw.*: out you go!, *aus dem Auto usw.*: out you get!
raus... *umg* → heraus *usw.*, hinaus *usw.*
Rausch *m* **1** *von Alkohol*: (state of) drunkenness **2 einen Rausch haben** (*bzw.* **kriegen**) be* (*bzw.* get*) drunk
rauschen 1 (*Blätter, Seide usw.*) rustle (⚠ 'rʌsl] **2** (*Tonband, Aufnahme*) hiss **3** (*Wasser*) rush **4** (*Bach*) murmur [ˈmɜːmə] **5** (*Brandung, Wind*) roar
Rauschgift *n* **1** *allg.*: drugs (⚠ *pl*); **Rauschgift nehmen** take* drugs, be* on drugs **2** *einzelne Droge*: drug
Rauschgiftsüchtige(r) *m/f(m)* drug addict [ˈædɪkt]
rausfliegen *umg* be* kicked (*oder salopp* booted *oder* chucked) out, *bes. aus einer Stellung*: get* the boot (*Br auch* sack)
raushalten: **du hältst dich da raus!** *drohend*: you (just) keep out of it!
rauskriegen 1 (≈ *herausbekommen*) find* out **2 ich krieg die Aufgabe nicht raus** *Mathe usw.*: I can't do this problem
räuspern: **er räusperte sich** he cleared his throat
rausschmeißen 1 jemanden rausschmeißen *aus Restaurant usw.*: throw* (*umg* chuck) someone out (**aus** of) **2 jemanden rausschmeißen** (≈ *entlassen*) kick someone out (**aus** of), give* someone the boot (*Br auch* sack)
Raute *f* **1** *als Teil eines Musters, auch auf Spielkarten*: diamond [ˈdaɪəmənd] **2** *geometrische Figur*: rhombus [ˈrɒmbəs] *pl*: rhombi [ˈrɒmbaɪ], rhombuses
Razzia *f* (police) raid, police roundup; **hier gibt's oft Razzien** the police often raid this place

Reagenzglas *n* test tube [ˈtest̩tjuːb]
★**reagieren 1** react (**auf** to); **sie hat blitzschnell reagiert** she reacted instantly **2 sie haben überhaupt nicht reagiert** there was no reaction (from them) **3** *auf Behandlung, Medizin*: respond (**auf** to)
★**Reaktion** *f* **1** reaction (**auf** to) **2** *auf Behandlung, Medizin*: response [rɪˈspɒns] (**auf** to), *negative*: reaction (**auf** to)
Reaktionsfähigkeit *f* **1** *allg.*: reactions *pl* **2** *Chemie*: reactivity [ˌriːækˈtɪvəti]
Reaktor *m* reactor [rɪˈæktə]
real 1 real [rɪəl] **2** (≈ *realistisch*) realistic [rɪəˈlɪstɪk]
★**realisieren** realize
Realist(in) *m(f)* realist [ˈrɪəlɪst]
★**realistisch** *Schilderung usw.*: realistic
Realität *f* reality [rɪˈælətɪ], (≈ *Tatsachen*) facts *pl*; **in der Realität** in real life
Realschulabschluss *m* leaving certificate from a Realschule
★**Realschule** *f etwa*: secondary school [ˈsekəndərɪ ˌskuːl], *US etwa*: junior high school [ˌdʒuːnɪəˈhaɪskuːl] (⚠ *eine Entsprechung zur Realschule gibt es weder in GB noch in den USA*)
Realschüler(in) *m(f)* secondary-school pupil [ˈsekəndərɪskuːlˌpjuːpl], *US* junior high school student [ˌdʒuːnɪəˈhaɪskuːlˌstjuːdənt]
Rebe *f* **1** (≈ *Weinranke*) shoot **2** (≈ *Weinstock*) vine [vaɪn]
Rebell(in) *m(f)* rebel [ˈrebl]
rebellieren rebel [rɪˈbel] (**gegen** against)
rebellisch 1 sie wurden rebellisch (≈ *haben sich lautstark aufgeregt*) they were up in arms **2 die Leute** *usw.* **rebellisch machen** cause an uproar [ˈʌprɔː]
Rebhuhn *n* partridge
Rechen *m*, **rechen** rake
Rechenaufgabe *f einfache*: sum, *schwierigere*: problem [ˈprɒbləm]; **eine Rechenaufgabe machen** do* a sum (*bzw.* solve a problem)
Rechenfehler *m* miscalculation [ˌmɪskælkjəˈleɪʃn]
Rechenschaft *f*: **jemanden zur Rechenschaft ziehen** call someone to account [əˈkaʊnt]
Rechenzentrum *n* computer centre (*US* center) [ˈsentə]
★**rechnen 1** *mit Zahlen*: calculate [ˈkælkjʊleɪt] **2** *in der Schule*: do* sums, *schwierigere Aufgaben*: do* arithmetic [əˈrɪθmətɪk] **3 er kann gut rechnen** he's good at figures [ˈfɪɡəz] **4 wir rechnen mit 20 Leuten** *als Gäste*: we're expecting twenty people; **damit hab ich nicht**

gerechnet I wasn't expecting that **5** **mit mir brauchst du nicht zu rechnen!** count me out

Rechnen n Schulfach: arithmetic [əˈrɪθmətɪk]

Rechner m **1** Gerät: calculator **2** (≈ Computer) computer

★**Rechnung** f **1** in Restaurant: bill, US meist check; **die Rechnung, bitte!** can I (bzw. we) have the bill, please?; **das geht auf meine Rechnung** that's on me **2** (≈ schriftliche Kostenforderung) bill, US check, bes. von Firma: invoice [ˈɪnvɔɪs]; **(jemandem) etwas in Rechnung stellen** charge (someone) for something **3** (≈ Rechnen, Berechnung) calculation, als Aufgabe: sum; **die Rechnung geht nicht auf** wörtlich the sum doesn't work out; übertragen it won't work (out)

Rechnungsdatum n billing (oder invoice) date

Rechnungslegung f accounting

★**recht**¹ **1** Ort, Zeitpunkt usw.: (≈ richtig, passend) right; **am rechten Ort** in the right place **2** **ist es dir recht, wenn er kommt?** do you mind if he comes?; **mir ist's recht** it's all right with me, I don't mind; **es war ihr nicht recht** she didn't seem very pleased **3** **schon recht!** it's all right **4** **nach dem Rechten sehen** look after things

★**recht**² **1** (≈ sehr) very **2** (≈ ziemlich) quite; **es gefällt mir recht gut** I quite like it **3** **dem kann man nichts recht machen** you can't do anything right for him **4** **du kommst mir gerade recht** (you're) just the person I want; **der kommt mir gerade recht!** ironisch he's the last person I wanted (to see) **5** **das geschieht dir recht!** it serves you right **6** Wendungen: **ich weiß nicht recht** I'm not sure; **ich seh wohl nicht recht!** am I seeing things?; **dann war sie erst recht sauer** then she really 'did get angry; **dann macht sie's erst recht nicht** then she really 'won't do it

★**recht**³ **1** **recht haben** be* right **2** **da muss ich ihr recht geben** I agree with her there

★**Recht** n **1** (≈ Rechtsanspruch, Berechtigung) right; **im Recht sein** be* in the right; **ich hab doch wohl ein Recht darauf, meine Meinung zu äußern** don't I have the right to express my opinion? **2** **gleiches Recht für alle** equal [ˈiːkwəl] rights for all **3** (≈ die Gesetze) law; **nach deutschem Recht** under German law

Rechte f **1** Hand: right hand, Boxen: right **2** politisch: right, einer Partei: right wing

Rechte(r) m/f(m) politisch: rightist, right-winger

★**rechte(r, -s)** **1** (↔ linke(r, -s)) right; **am rechten Ufer** on the right bank **2** **auf der rechten Seite** on the right, on the right-hand side **3** Partei usw.: right-wing **4** (≈ richtig, passend) right, proper [ˈprɒpə], suitable [ˈsuː-təbl]

Rechteck n rectangle [ˈrektæŋgl]

rechteckig rectangular [rekˈtæŋgjʊlə]

rechtfertigen **1** justify (Verhalten, Tat usw.) (vor to) **2** **sich rechtfertigen** justify oneself; **du brauchst dich nicht dafür zu rechtfertigen, dass du einen behinderten Bruder hast** you don't have to justify the fact that you've got a disabled brother

Rechtfertigung f justification [ˌdʒʌstɪfɪˈkeɪʃn]

rechthaberisch: **er ist sehr rechthaberisch** he thinks he knows it all

rechtlich Folgen usw.: legal [ˈliːgl]

rechtlos without rights (⚠ nur hinter dem Subst. oder Verb)

rechtmäßig Erbe, Erbin, Besitzer, -in: legitimate [⚠ lɪˈdʒɪtəmət], rightful

★**rechts** **1** on the right (auch politisch), on the right-hand side **2** **nach rechts** right, to the right; **rechts abbiegen** turn right **3** **rechts von** to the right of; **rechts von ihr** to her right **4** **rechts oben** on the top right (in of); **rechts unten** on the bottom right (in of) **5** **sich rechts halten** keep* to the right **6** **rechts der Donau** on the right bank of the Danube

Rechtsabteilung f einer Firma: legal department

★**Rechtsanwalt** m, **Rechtsanwältin** f **1** allg.: lawyer, Br auch solicitor [səˈlɪsɪtə], US auch attorney [⚠ əˈtɜːnɪ] **2** bei Gericht: barrister [ˈbærɪstə], US attorney

Rechtsaußen m Fußball: right wing(er)

Rechtschreiben n spelling

Rechtschreibfehler m spelling mistake

Rechtschreibprogramm n Computer: spellchecker

Rechtschreibreform f spelling reform

★**Rechtschreibung** f spelling, orthography [⚠ ɔːˈθɒgrəfɪ]; **sie ist gut** (bzw. **schlecht**) **in Rechtschreibung** she's good (bzw. bad) at spelling

Rechtsextremismus m right-wing extremism [ˌraɪtwɪŋ ekˈstriːmɪzm] (⚠ ohne the)

Rechtshänder(in) m(f) right-hander; **sie ist Rechtshänderin** she's right-handed

Rechtskurve f right-hand bend

rechtsradikal **1** extreme right-wing (⚠ nur vor dem Subst.) **2** **er ist rechtsradikal** he's a right-wing extremist [ɪkˈstriːmɪst]

Rechtsradikale(r) m/f(m) right-wing extremist

Rechtsverkehr m: **in der Schweiz ist Rechtsverkehr** in Switzerland they drive on the right(-hand side)

rechtswidrig illegal [ɪˈliːgl], unlawful

rechtwinklig right-angled [ˈraɪtˌæŋgld]; **rechtwinklig auf etwas** at right angles to something, perpendicular to something

★**rechtzeitig** ◼ *zu bestimmtem Ereignis*: in time; **gerade rechtzeitig zu Ostern** just in time for Easter ◼ **wir sollten rechtzeitig dort sein** (≈ *früh genug*) we should try to get there in good time ◼ (≈ *pünktlich*) on time, punctually

Reck n *Turnen*: horizontal [ˈhɒrɪzɒntl] bar

recken: **sich recken und strecken** have* a good stretch

recycelbar recyclable [ˌriːˈsaɪkləbl]

recyceln recycle [ˌriːˈsaɪkl]

Recycling n recycling [ˌriːˈsaɪklɪŋ]

Redakteur(in) m/f(f) editor [ˈedɪtə]

★**Redaktion** f ◼ *Personen*: editorial staff (⚠ *meist mit pl*) ◼ *Büroräume*: editorial office (*oder* department) ◼ **die politische Redaktion** *Abteilung*: the politics department ◼ *Tätigkeit*: editing, editorial work

★**Rede** f ◼ (≈ *Ansprache*) speech; **eine Rede halten** make* a speech ◼ **das ist doch nicht der Rede wert** it's not worth mentioning ◼ **in der direkten** *bzw.* **indirekten Rede** *Grammatik*: in direct [ˈdaɪrekt] *bzw.* indirect [ˈɪndərekt] (*oder* reported) speech (⚠ *ohne the*)

★**reden** ◼ *allg.*: speak* (**mit** to, with) ◼ (≈ *sich unterhalten*) talk (**mit** to, with; **über** about); **er möchte mit dir reden** he'd like to talk to you; **über Fußball reden** talk (about) football ◼ **sie hat kein Wort geredet** she didn't say a word ◼ **sie reden nicht miteinander** they're not on speaking terms ◼ **sie lässt nicht mit sich reden** she won't listen [ˈlɪsn] ◼ **kannst 'du mal mit ihr reden?** can 'you have a word with her? ◼ **er kann gut reden** he's a good speaker ◼ **du hast gut reden!** 'you can talk

Reden n talking; **sie haben ihn zum Reden gebracht** they made him talk

Redensart f saying

Redewendung f *idiomatische*: idiom [ˈɪdɪəm]

★**Redner(in)** m/f(f) speaker

Rednerpult n lectern [ˈlektən]

redselig talkative [ˈtɔːkətɪv]

reduzieren ◼ reduce (**auf** to) ◼ **sich reduzieren** decrease [ˌdiːˈkriːs] (**auf** to)

Reeder(in) m/f(f) shipowner

Reederei f shipping company [ˈkʌmpənɪ]

reell ◼ *Chance*: real [rɪəl] ◼ *Person*: honest [ˈɒnɪst] ◼ *Preis*: fair

Referat n *Universität*: seminar paper; *Schule*: project; (≈ *Vortrag*) paper, talk; **ein Referat halten** give* a paper (**über** on)

Referee m Ⓐ, Ⓑ (≈ *Schiedsrichter*) referee

Referendar(in) m/f(f) *in Schule*: trainee teacher [ˌtreɪnɪˈtiːtʃə], *US auch* intern [ˈɪntɜːn]

Referent(in) m/f(f) (≈ *Sprecher*) speaker

reflektieren ◼ reflect (*Licht, Strahlen usw.*) ◼ **ein reflektierendes Nummernschild** a light-reflecting number plate

Reflex m ◼ *körperlich, psychisch*: reflex [⚠ ˈriːfleks] ◼ *von Licht*: reflection

Reflexivpronomen n reflexive (pronoun)

★**Reform** f reform

Reformator(in) m/f(f) reformer

Reformhaus n health food shop

reformieren reform

Reformkost f health food (s *pl*)

Refrain m refrain [rɪˈfreɪn], chorus [ˈkɔːrəs]

★**Regal** n ◼ shelves (⚠ *pl*), *einzelnes Brett*: shelf ◼ **etwas ins Regal stellen** put* something on the shelf (⚠ *sg*) ◼ **Regale einräumen** (re)stock shelves

Regatta f regatta, boat race

★**Regel** f ◼ (≈ *Vorschrift*) rule ◼ (≈ *Normalfall*) rule; **in der Regel** as a rule ◼ (≈ *Monatsblutung*) period; **wann kriegst du deine Regel?** when's your period (due)?

★**regelmäßig** ◼ regular; **in regelmäßigen Abständen** at regular intervals (*zeitlich und räumlich*); **wir treffen uns regelmäßig** we meet regularly ◼ (≈ *immer*) always; **der Bus kommt regelmäßig zu spät** the bus is always late

★**regeln** ◼ regulate (*Temperatur usw.*) ◼ control (*Verkehr*) ◼ settle (*Angelegenheit*) ◼ **das wird sich schon regeln** it'll sort itself out

★**Regelung** f ◼ (≈ *Regulierung*) regulation ◼ (≈ *Vereinbarung*) arrangement ◼ (≈ *Richtlinie*) rule ◼ **gesetzliche Regelungen** legal (*oder* statutory) regulations

regelwidrig *Sport*: against the rules; **sich regelwidrig verhalten** *Sport*: act (*oder* play *usw.*) against the rules, *im Verkehr*: break* (*US meist* violate) the traffic regulations, *Br auch* breach [briːtʃ] the Highway Code

regen: **sich regen** *allg.*: move [muːv], stir, (*Gefühle usw.*) stir, arise

★**Regen** m ◼ rain; **bei strömendem Regen** in (the) pouring rain ◼ **es wird heute noch Regen geben** it's going to rain today ◼ **ein**

warmer Regen *übertragen* a windfall ▲ **vom Regen in die Traufe kommen** jump out of the frying pan into the fire

Regenbogen *m* rainbow ['reɪnbəʊ]

Regenfälle *pl*: **starke Regenfälle** heavy rain (fall) (▲ *sg*)

★**Regenmantel** *m* raincoat, *Br umg* mac

Regenrinne *f* gutter

Regenschauer *m* shower

Regenschirm *m* umbrella

Regentag *m* rainy day

Regentropfen *m* raindrop

Regenwald *m* rainforest

Regenwetter *n* rainy weather [,reɪnɪ'weðə]

Regenwurm *m* earthworm ['ɜːθwɜːm]

Regenzeit *f* rainy season, *tropische auch*: the rains *pl*

Reggae *m Musik*: reggae [▲ 'regeɪ]

Regie *f* ◨ *Film, Theater usw.*: direction [də'rekʃn] ◩ **unter der Regie von ...** directed by ...; **Regie: ...** *im Vorspann usw.*: Directed by ...

★**regieren** ◨ (≈ *herrschen*) rule ◩ govern ['gʌvn], rule over (*Staat*)

★**Regierung** *f* ◨ *eines Staates*: government ['gʌvnmənt]; **die Regierung plant neue Steuererhöhungen** the Government is (*oder* are) planning new tax increases ◩ (≈ *Amtszeit*) term of office ◪ **an der Regierung sein** be* in government (*oder* office)

Regierungsbezirk *m* administrative district [əd,mɪnɪstrətɪv'dɪstrɪkt]

★**Regierungschef(in)** *m(f)* head of government [,hedəv'gʌvnmənt]

Regierungserklärung *f* ◨ statement of government policy ◩ *GB*: Queen's (*bzw.* King's) Speech, *USA*: State of the Union Address

Regierungssprecher *m* government spokesman (*oder* spokesperson)

Regierungssprecherin *f* government spokeswoman (*oder* spokesperson)

Regierungswechsel *m* change of government

Regime *n* regime [reɪ'ʒiːm]

Regiment *n* ◨ (≈ *Herrschaft*) rule, government ◩ **das Regiment führen** *übertragen* be* the boss ◪ *Truppenverband*: regiment

Region *f* region ['riːdʒən]

regional regional ['riːdʒnəl]

Regional... *in Zusammensetzungen* regional ['riːdʒnəl]

Regionalliga *f Sport*: regional league [,riːdʒnəl'liːg]

★**Regisseur(in)** *m(f)* ◨ *beim Film*: director [də'rektə] ◩ *im Theater, Fernsehen*: director, producer

Register *n* ◨ *eines Buchs*: index ◩ (≈ *Verzeichnis*) register ['redʒɪstə] ◪ *bei Musikinstrument*: register

registrieren ◨ *allg.*: register ['redʒɪstə] ◩ (≈ *bemerken*) notice

reglementiert regulated

Regler *m Technik*: regulator, *Elektrotechnik*: control (knob [▲ nɒb])

reglos motionless, (completely) still

★**regnen** rain; **es regnet in Strömen** it's pouring ['pɔːrɪŋ] (with rain)

★**regnerisch** rainy

regulär ◨ *allg.*: regular ◩ (≈ *üblich*) usual ['juːʒʊəl], normal

regulieren ◨ (≈ *regeln*) regulate ◩ settle (*Schaden usw.*)

Reh *n* ◨ *Tier*: deer ◩ *Fleisch*: venison ['venɪsən]

Rehabilitation *f allg.*: rehabilitation [,riː(h)əbɪlɪ'teɪʃn]

Rehkitz *n* fawn

Reibach *m*: **einen (kräftigen) Reibach machen** *umg* make* a killing

Reibeisen *n* grater

★**reiben** ◨ rub; **sich die Augen reiben** rub one's eyes ◩ grate (*Käse, Obst, Gemüse*)

Reibereien *pl* (constant) friction (▲ *sg*)

Reibung *f* ◨ rubbing ◩ *Physik*: friction

reibungslos smooth [smuːð]; **alles ist reibungslos verlaufen** everything went off smoothly

★**reich** ◨ (≈ *vermögend*) rich, wealthy ['welθɪ] ◩ **reich heiraten** *umg* marry (into) money ◪ **in reichem Maße** in abundance ◫ **das Land ist reich an Bodenschätzen** the country is rich in minerals

Reich *n* ◨ empire (*auch übertragen*) ◩ *eines Königs*: kingdom ◪ *Wendungen*: **das Arbeitszimmer ist 'mein Reich** the study is 'my place; **das gehört ins Reich der Fantasie** that belongs to the realm (▲ relm) of fantasy

Reiche *f* rich woman

★**reichen** ◨ *räumlich*: reach (**bis** to); **sie reicht mir gerade bis an die Schulter** she just about comes up to my shoulder ◩ *zeitlich*: last (**von ... bis** from ... till) ◪ (≈ *ausreichen*) be* enough; **es reicht für alle** there's enough for everyone ◫ **das reicht!** that'll do!, *ärgerlich*: that's enough! ◬ **mir reicht's!** *umg* I've had enough ◭ (≈ *geben*) give*, hand; **reichst du mir bitte das Salz** could you pass (me) the salt, please

Reiche(r) *m* ◨ rich man ◩ **die Reichen** the rich

reichhaltig ① *Essen*: rich ② *Angebot*: wide

★**reichlich** ① (≈ *sehr viel, genügend*) plenty of; **es gab reichlich Kuchen** there was plenty of cake ② **ein reichliches Trinkgeld** a generous tip ③ **du kommst reichlich spät!** *umg* you're rather late(, aren't you?)

Reichtum *m* ① (≈ *Vermögen*) wealth [welθ]; **zu Reichtum kommen** become* rich ② **Reichtümer** riches ③ (≈ *Überfluss*) abundance [əˈbʌndəns] (**an** of)

Reichweite *f* ① **in Reichweite** within reach; **außer Reichweite** out of reach ② *eines Senders*: range

★**reif** ① *Obst, Getreide*: ripe ② *Käse*: ripe, mature [məˈtʃʊə] ③ *Mensch*: mature ④ **reif sein für** *übertragen* be* ready for ⑤ **reife Leistung!** *umg* good show!, US great job!

Reife *f* ① *von Obst usw.*: ripeness ② *eines Menschen, Plans usw.*: maturity [məˈtʃʊərətɪ] ③ **mittlere Reife** intermediate [ˌɪntəˈmiːdɪət] high school certificate [səˈtɪfɪkət], *in GB etwa*: GCSEs [ˌdʒiːsiːˈiːz] (⚠ *pl*)

reifen ① (*Obst usw.*) ripen ② (*Mensch, Plan usw.*) mature [məˈtʃʊə]

★**Reifen** *m beim Fahrrad usw.*: tyre, US tire

Reifenpanne *f* flat tyre (US tire), *umg* flat

Reifeprüfung *f* school leaving exam (s *pl*)

Reifezeugnis *n* „Abitur" certificate [səˈtɪfɪkət], *Br etwa*: A-levels [ˈeɪˌlevlz] (⚠ *pl*), *US etwa*: (senior high school) graduation diploma

Reifglätte *f auf Straßen*: slippery frost

★**Reihe** *f* ① *allg.*: row [rəʊ], line; **sich in einer Reihe aufstellen** stand* in a line, line up; **in der ersten** (*bzw.* **letzten**) **Reihe** in the front (*bzw.* back) row ② (≈ *Reihenfolge*) series [ˈsɪəriːz]; **wer ist an der Reihe?** whose turn is it?; **immer der Reihe nach** one after the other ③ (≈ *Anzahl*) number; **eine ganze Reihe von jungen Leuten** a whole lot of young people ④ **etwas auf die Reihe kriegen** *umg* (≈ *lösen können*) get* something sorted; (≈ *schaffen*) get* something done **er kriegt nichts auf die Reihe** he's useless

★**Reihenfolge** *f* order; **in alphabetischer Reihenfolge** in alphabetical order

Reihenhaus *n* terrace(d) house, US row [rəʊ] house

Reiher *m Vogel*: heron [ˈherən]

Reim *m* ① rhyme [raɪm] ② **kannst du dir darauf einen Reim machen?** *übertragen* does it make any sense to you?

reimen (*auch* **sich reimen**) rhyme [raɪm]

★**rein** ① (≈ *pur, unverfälscht*) pure **reine Baumwolle** pure cotton ② *Wäsche usw.* (≈ *sauber*) clean ③ *verstärkend*: pure, sheer; **das ist die reine Wahrheit** that's the plain truth; **es war der reinste Wahnsinn** *umg* it was sheer madness; **reiner Zufall** pure coincidence [kəʊˈɪnsɪdəns]; **rein zufällig** purely by chance; **rein gar nichts** absolutely nothing ④ **etwas ins Reine bringen** sort something out; **mit jemandem ins Reine kommen** get* things straightened [ˈstreɪtnd] out with someone

rein... *umg* → **herein** *usw.*, **hinein** *usw.*

Rein *f* ⓐ (≈ *flacher Topf*) casserole [ˈkæsərəʊl]

Reindl *f* ⓐ small casserole [ˈkæsərəʊl]

Reinfall *m umg* flop, washout

reinfallen *umg*: **wir sind darauf reingefallen** we fell for it

reinhängen *umg* ① **sich reinhängen** (≈ *sich anstrengen*) get* stuck in; **sich in etwas reinhängen** throw* oneself into something ② **sich reinhängen** (≈ *sich einmischen*) get* involved; **sich in etwas reinhängen** get* involved in something

reinhauen *umg* ① *bei Essen, Arbeit*: get* stuck in ② **ich hab ihm eine reingehauen** I hit (*oder* punched) him in the face

Reinheit *f* ① *der Luft usw.*: purity ② (≈ *Unverfälschtheit*) pureness, purity ③ (≈ *Sauberkeit*) cleanness

★**reinigen** ① *allg.*: clean ② (≈ *waschen*) clean, wash

Reiniger *m* cleaner, cleaning agent

★**Reinigung** *f* ① cleaning ② *Firma*: (dry) cleaners (⚠ *mit sg*)

Reinigungskraft *f* cleaner

Reinigungsmittel *n* cleaner, cleaning agent

reinlegen *umg*: **sie hat mich ganz schön reingelegt** (≈ *an der Nase herumgeführt*) she's really taken me for a ride, *finanziell*: she's really taken me to the cleaner's

reinrassig ① *Hund usw.*: pedigree [ˈpedɪgriː] ② *Pferd*: thoroughbred [⚠ ˈθʌrəbred]

★**Reis** *m* rice

★**Reise** *f* ① journey [ˈdʒɜːnɪ], US *meist* trip ② *kürzere Urlaubs- oder Geschäftsreise*: trip ③ *mit dem Schiff*: voyage [ˈvɔɪɪdʒ] ④ **gute Reise!** have a good trip! ⑤ **wohin geht die Reise?** where are you off to? ⑥ **er ist auf Reisen** he's travelling, *abwesend*: he's away

Reiseandenken *n* souvenir [ˌsuːvəˈnɪə]

Reisebericht *m Buch, Film, Vortrag*: travelog (ue Br) [ˈtrævəlɒg]

★**Reisebüro** *n* travel agency, travel agent('s)

Reisebus *m* bus, *Br auch* coach
Reiseführer *m Buch*: guide [gaɪd], guidebook
Reisegepäck *n* luggage, *bes. US* baggage
Reisegeschwindigkeit *f bes. Flugzeug, Schiff*: cruising ['kruːzɪŋ] speed
Reiseleiter(in) *m(f)* courier (⚠ ˈkʊrɪə), *US* tour guide (*oder* manager)
★**reisen** 1 travel (**nach** to) 2 **ins Ausland reisen** go* abroad [əˈbrɔːd]
Reisen *n* 1 *als konkrete Reise*: travel ['trævl] 2 *als Vorgang*: travelling, *US* traveling
Reisende(r) *m/f(m)* 1 (≈ *Person auf Reisen*) traveller, *US* traveler, *im weiteren Sinn*: tourist ['tʊərɪst] 2 (≈ *Fahrgast*) passenger ['pæsɪndʒə]
Reisepass *m* passport ['pɑːspɔːt]
Reiseroute *f* route [ruːt], itinerary [aɪˈtɪnərərɪ]
Reisetasche *f* travel bag
Reiseveranstalter(in) *m(f)* tour operator ['tʊərˌɒpəreɪtə]
Reiseversicherung *f* travel insurance
Reisewarnung *f* travel warning; **eine Reisewarnung herausgeben** issue a travel warning
Reiseziel *n* destination [ˌdestɪˈneɪʃn]
★**reißen** 1 (≈ *zerreißen*) tear* [teə], rip; **eine Seite aus einem Buch reißen** tear (*oder* rip) a page out of a book; **sich die Kleider vom Leibe reißen** tear* (*oder* rip) one's clothes off 2 (*Seil, Kette, Saite*) break* 3 **wenn alle Stricke reißen** *übertragen* if the worst comes to the worst 4 (≈ *ziehen, zerren*) pull, drag; **jemanden zu Boden reißen** drag (*oder* pull) someone to the ground 5 kill (*Tier*) 6 **sich um etwas reißen** *übertragen* fight* over something 7 **sie hat die 2,02 Meter gerissen** *Hochsprung*: she failed to clear 2.02 metres
reißerisch 1 *Schlagzeilen*: sensational 2 **reißerische Werbung** hype
Reißnagel *m* drawing pin, *US* thumbtack (⚠ ˈθʌmtæk)
★**Reißverschluss** *m* zip, *US* zipper; **mach den Reißverschluss an deiner Jacke zu** (*bzw. auf*) zip up (*bzw.* unzip) your jacket ['dʒækɪt]
Reißzwecke *f* drawing pin, *US* thumbtack (⚠ ˈθʌmtæk)
★**reiten** ride*, go* riding; **gut** (*bzw.* **schlecht**) **reiten** be* a good (*bzw.* bad) rider
Reiten *n*: (**das**) **Reiten** riding (⚠ *ohne the*)
Reiter *m* rider, horseman [ˈhɔːsmən]
Reiterin *f* rider, horsewoman [ˈhɔːsˌwʊmən]
Reithose *f*: **eine Reithose** (riding) breeches (⚠ ˈbrɪtʃɪz) (⚠ *pl, ohne* a)
Reitpferd *n* saddle (*oder* riding) horse
Reitsattel *m* saddle

Reitsport *m* riding
Reitstall *m* riding stable
Reitstiefel *m* riding boot
Reitturnier *n* horse show
Reitunterricht *m* riding lessons (⚠ *pl*)
Reiz *m* 1 *körperlicher, optischer*: stimulus *pl*: stimuli ['stɪmjʊlaɪ] (*auch übertragen*) 2 (≈ *Anziehungskraft*) appeal, attraction, charm; **ihre weiblichen Reize** her female charms 3 **der Reiz des Neuen** the novelty (appeal)
reizbar irritable ['ɪrɪtəbl], touchy ['tʌtʃɪ]
reizen 1 (≈ *ärgern*) annoy [əˈnɔɪ], tease 2 (≈ *provozieren*) provoke 3 **jemanden bis aufs Blut** (*oder* **bis zur Weißglut**) **reizen** make* somebody's blood boil 4 (≈ *verlocken*) tempt, appeal to; **reizt es dich, im Ausland zu arbeiten?** does the idea of working abroad appeal to you?; **es reizt mich, was ganz Neues zu machen** I'm tempted to do something completely different
reizend 1 charming 2 **das ist ja reizend!** *ironisch* charming!
Reizung *f* 1 *allg. und medizinisch*: (≈ *Verärgerung, Irritation; leichte Beeinträchtigung*) irritation 2 (≈ *Anregung*) stimulation
reizvoll 1 (≈ *hübsch*) charming 2 (≈ *interessant*) attractive; **eine reizvolle Aufgabe** a challenging ['tʃælən dʒɪŋ] task
Reizwäsche *f* sexy underwear ['ʌndəweə]
rekeln: **sich rekeln** (≈ *sich strecken*) stretch, have* a stretch
★**Reklame** *f* 1 (≈ *Werbung*) advertising ['ædvətaɪzɪŋ]; **für etwas Reklame machen** advertise something 2 (≈ *Anzeige*) advertisement [ədˈvɜːtɪsmənt], *umg* ad, *Br auch* advert ['ædvɜːt] 3 *im Fernsehen*: commercials *pl*, *einzelne*: commercial
reklamieren 1 complain; **bei jemandem wegen etwas reklamieren** complain to someone about something 2 (≈ *bemängeln*) complain about (**etwas bei jemandem** something to someone) **ich hab's reklamiert** (*Ware*) I took (*bzw.* sent) it back and complained
★**Rekord** *m* record [ˈrekɔːd]; **einen Rekord aufstellen** (*bzw.* **brechen**) set* up (*bzw.* break*) a record
Rekordgeschwindigkeit *f* record speed [ˌrekɔːdˈspiːd]
Rekordzeit *f* record time [ˌrekɔːdˈtaɪm]
Rekrut(in) *m(f)* recruit [rɪˈkruːt]
Rektor(in) *m(f)* 1 *an Schule*: headmaster [ˌhedˈmɑːstə], *Frau*: headmistress [ˌhedˈmɪstrəs], *US für Mann und Frau*: principal

['prɪnsəpl] **2** *an Universität*: vice-chancellor, principal, *US* president

★**relativ** **1** *allg.*: relative ['relətɪv] **2** **es ging** (*oder* **verlief**) **relativ gut** it went reasonably (*oder* relatively) well

Relativitätstheorie *f von Einstein*: theory of relativity ['θɪərɪ‿əv ˌreləˈtɪvətɪ]

Relativpronomen *n* relative pronoun [ˌrelətɪvˈprəʊnaʊn]

Relativsatz *m* relative clause [ˌrelətɪvˈklɔːz]

relaxen relax, take* it easy, *bei Party, Rave auch*: chill (out)

Relief *n* relief [rɪˈliːf]

★**Religion** *f* **1** *allg.*: religion [rɪˈlɪdʒən] **2** *Glaube*: faith **3** *Schulfach*: religious instruction, religious education

Religionsunterricht *m* religious [rɪˈlɪdʒəs] instruction

Religionszugehörigkeit *f* religion [rɪˈlɪdʒən]

★**religiös** religious [rɪˈlɪdʒəs]

Reling *f* (≈ *Schiffsgeländer*) railing

Reliquie *f* relic ['relɪk]

Remis *n Schach*: (≈ *Unentschieden*) draw

Remmidemmi *n umg* **1** (≈ *Krach*) rumpus ['rʌmpəs] **2** (≈ *Trubel*) to-do [ˌtəˈduː]

Remoulade *f* tartar sauce [ˌtɑːtəˈsɔːs]

rempeln **1** (≈ *schubsen*) jostle [⚠ ˈdʒɒsl] **2** *Sport*: push

Renaissance *f* **1** *historisch*: Renaissance [rɪˈneɪsns] **2** *übertragen* renaissance, revival

Rendezvous *n* **1** *date*, rendezvous [⚠ ˈrɒndɪvuː] **2** *Raumfahrt*: docking

Rendite *f* yield, return (on capital)

Rennbahn *f* **1** (≈ *Pferderennbahn*) racecourse, turf, *US* racetrack **2** (≈ *Radrennbahn*) (cycling) track **3** *Laufsport*: track **4** (≈ *Autorennbahn*) racetrack, circuit [ˈsɜːkɪt], *bes. für Motorräder*: speedway

Rennboot *n* speedboat

★**rennen** **1** (≈ *schnell laufen*) run* **2 gegen etwas rennen** run* (*oder* bump) into something **3 um die Wette rennen** have* a race **4 er rennt wegen jeder Kleinigkeit zum Chef** he goes running to the boss for every little thing **5 jemanden über den Haufen rennen** knock someone over

★**Rennen** *n* **1** *allg.*: running **2** *Sport*: race **3 totes Rennen** dead heat **4** *Wendungen*: **das Rennen machen** *übertragen* come* out on top; **das Rennen ist gelaufen** *übertragen* it's all over; **er ist aus dem Rennen** *übertragen* he's out of the running

Renner *m umg* (≈ *Erfolg*) hit, winner

Rennfahrer(in) *m(f)* racing driver

Rennpferd *n* racehorse

Rennrad *n* racing bike

Rennsport *m* racing

renommiert famous ['feɪməs], noted (**wegen, für** for)

renovieren **1** renovate ['renəveɪt], *umg* do* up (*Gebäude*) **2** (≈ *streichen, tapezieren*) redecorate [riːˈdekəreɪt] (*Zimmer*)

Renovierung *f* **1** renovation [ˌrenəˈveɪʃn] **2** *von Zimmer*: redecorating [riːˈdekəreɪtɪŋ]; **die Renovierung des Zimmers war teuer** redecorating the room was expensive

rentabel *Geschäft usw.*: profitable ['prɒfɪtəbl]; **rentabel wirtschaften** show a profit

★**Rente** *f* **1** pension ['penʃn]; *aus Versicherung*: annuity; *aus Vermögen*: income; (⚠ *engl.* rent = **Miete**) **2 in Rente gehen** retire

Rentenanspruch *m* pension entitlement

Rentenbeitrag *m* pension contribution

Rentenversicherung *f* pension scheme ['penʃn ˌskiːm], *US* retirement plan

Rentenversicherungsnummer *f* National Insurance number, *US* Social Security number

Rentier *n* reindeer ['reɪndɪə]

rentieren: **sich rentieren** be* profitable ['prɒfɪtəbl], *auch im weiteren Sinn*: pay*, be* worthwhile [ˌwɜːθˈwaɪl]

★**Rentner(in)** *m(f)* pensioner, senior citizen

★**Reparatur** *f* repair (*oft pl*); **Reparaturen am Auto** car repairs; **in Reparatur** being repaired; **etwas in Reparatur geben** have* something repaired

Reparaturwerkstatt *f* **1** *für Autos*: garage ['gærɑːʒ] **2** *für Fahrräder usw.*: workshop, *US* repair shop

★**reparieren** repair, mend, *umg* fix

Reportage *f* report

Reporter(in) *m(f)* reporter

repräsentativ **1** (≈ *typisch*) representative [ˌreprɪˈzentətɪv] (**für** of) **2** *Auto, Haus usw.*: prestige ... [preˈstiːʒ] (⚠ *nur vor dem Subst.*)

Reproduktion *f* **1** *allg.*: (≈ *Nachbildung*) reproduction [ˌriːprəˈdʌkʃn] **2** (≈ *Bild*) *auch* print

Reptil *n* reptile ['reptaɪl]

★**Republik** *f* republic [rɪˈpʌblɪk]

Republikaner(in) *m(f) allg.*: republican [rɪˈpʌblɪkən]

republikanisch republican

resch *bes.* Ⓐ (≈ *knusprig*) crunchy, crisp

Reservat *n* **1** (≈ *Naturschutzgebiet*) nature reserve (*US meist* preserve) **2** *für Ureinwohner*: reservation

Reserve f ◻1 (≈ *Vorrat*) reserve supply; **etwas in Reserve haben** have* something in reserve ◻2 *Sport*: reserve team, reserves (▲ *pl*) ◻3 (≈ *Zurückhaltung*) reserve; **jemanden aus der Reserve locken** bring* someone out of his (*bzw.* her) shell

Reservebank f *Sport*: substitutes' bench
Reservekanister m spare can, jerrycan, *US* gas can
Reserverad n spare wheel
Reservespieler(in) m(f) *Sport*: reserve, substitute
★**reservieren** reserve, book (*Platz, Tisch*)
reserviert reserved (*auch übertragen*)
Reservierung f reservation
Residenz f (≈ *Wohnsitz eines Staatsoberhauptes usw.*) residence ['rezɪdəns]
Resignation f resignation [ˌrezɪgˈneɪʃn]
resignieren give* up
resigniert resigned [rɪˈzaɪnd]
resolut resolute [ˈrezəluːt], determined [dɪˈtɜːmɪnd], *Persönlichkeit*: forceful
Resonanz f ◻1 *Musik usw.*: resonance [ˈrezənəns] ◻2 *übertragen* response [rɪˈspɒns]
resozialisieren rehabilitate [ˌriː(h)əˈbɪlɪteɪt] (*einen Straffälligen, Alkoholiker usw.*)
★**Respekt** m ◻1 respect (**vor** for) ◻2 **vor jemandem Respekt haben** respect someone ◻3 **jemandem Respekt einflößen** teach* someone a bit of respect ◻4 **bei allem Respekt** with all due respect
respektabel respectable [rɪˈspektəbl]
★**respektieren** respect
respektlos disrespectful [ˌdɪsrɪˈspektfl]
Respektsperson f figure of authority
respektvoll respectful [rɪˈspektfl]
★**Rest** m ◻1 rest ◻2 **der letzte Rest** the last bit *bzw.* bits *pl* ◻3 **der Rest ist für Sie** *zu Bedienung*: keep the change ◻4 **das gab ihm den Rest** *umg* that finished him off ◻5 **Reste von** Bauwerk, Kultur usw.: remains [rɪˈmeɪnz] ◻6 **Reste von** Essen: leftovers [ˈleftˌəʊvəz] ◻7 *Mathematik*: remainder
★**Restaurant** n restaurant [ˈrestərɒnt]; **im Restaurant** at the restaurant
restaurieren restore
Restaurierung f restoration [ˌrestəˈreɪʃn]
restlich ◻1 remaining ◻2 **der restliche Zucker** (*bzw.* **Abend** *usw.*) the rest of the sugar (*bzw.* evening *usw.*)
restlos ◻1 complete, total ◻2 **restlos zufrieden** completely (*oder* perfectly) satisfied ◻3 **restlos ausverkauft** completely sold out ◻4 **restlos erledigt** *umg* done for, *körperlich*: absolutely whacked [wækt], *US* absolutely wrecked *oder* wiped (out)
Restmüll m non-recyclable waste
★**Resultat** n result
resultieren result (**aus** from)
Résumé n résumé, summary
Retortenbaby n test-tube baby
Retoure f (≈ *zurückgeschickte Ware*) return
Retourgang m Ⓐ (≈ *Rückwärtsgang*) reverse gear
Retourgeld n Ⓐ (≈ *Wechselgeld*) change
retro *umg Mode* retro [ˈretrəʊ]
★**retten** ◻1 save, *bes. aus Gefahr*: rescue [ˈreskjuː] (*beide* **aus, vor** from) ◻2 **jemandem das Leben retten** save someone's life; **jemanden vor dem Ertrinken retten** save someone from drowning ◻3 **sich retten** escape (**vor** from) ◻4 **ich kann mich vor Arbeit nicht mehr retten** I'm snowed under with work
Rettich m radish [ˈrædɪʃ]
★**Rettung** f ◻1 *aus Gefahr*: rescue [ˈreskjuː] ◻2 Ⓐ (≈ *Rettungsdienst*) ambulance service ◻3 Ⓐ (≈ *Rettungswagen*) ambulance [ˈæmbjələns]
Rettungsaktion f rescue [ˈreskjuː] operation (*auch übertragen*)
Rettungsboot n lifeboat
Rettungsdienst m ambulance service
Rettungsgasse f emergency lane; **eine Rettungsgasse bilden** clear a path for emergency vehicles
Rettungshubschrauber m rescue helicopter [ˈreskjuːˌhelɪˌkɒptə]
Rettungsmannschaft f rescue [ˈreskjuː] party (*oder* team)
Rettungsring m lifebelt, *US meist* life preserver
Rettungssanitäter(in) m(f) paramedic
Rettungsschwimmer(in) m(f) lifeguard
Rettungswagen m ambulance [ˈæmbjələns]
Rettungsweg m emergency exit
Return-Taste f *Computer*: return key
retuschieren touch up [ˌtʌtʃˈʌp] (*Foto usw.*)
Reue f ◻1 remorse [rɪˈmɔːs] (**über** for) ◻2 *religiös*: repentance [rɪˈpentəns] (**über** for)
reuevoll, reumütig repentant [rɪˈpentənt]
Revanche f revenge [rɪˈvendʒ]
revanchieren ◻1 **sich revanchieren** *als Rache*: take* revenge ◻2 **ich werde mich revanchieren** *als Dank*: I'll pay you back
Revier n ◻1 (≈ *Polizeibezirk*) district [ˈdɪstrɪkt] ◻2 (≈ *Polizeiwache*) police station ◻3 *eines Tiers*: territory ◻4 (≈ *Waldgebiet*) district, range
★**Revolution** f revolution [ˌrevəˈluːʃn]

revolutionär revolutionary [ˌrevəˈluːʃənrɪ]
Revolutionär(in) m(f) revolutionary [ˌrevəˈluːʃənrɪ]
Revolver m revolver, *umg* gun
★**Rezept** n ① *vom Arzt*: prescription [prɪˈskrɪpʃn] (⚠ *engl.* receipt = *Quittung*); **das gibt's nur auf Rezept** you can only get that on prescription ② (≈ *Kochrezept*) recipe [⚠ ˈresəpɪ] ③ *übertragen* remedy [ˈremədɪ], cure
rezeptfrei ① **rezeptfreies Medikament** over-the-counter (*oder* non-prescription) medicine [ˈmedsn] ② **es ist rezeptfrei** you can get it without a prescription
★**Rezeption** f *in Hotel usw.*: reception (desk)
rezeptpflichtig prescription-only (⚠ *meist vor dem Subst.*); **es ist rezeptpflichtig** *auch* it's only available on prescription
Rezession f (≈ *Konjunkturabschwung*) recession, economic downturn; **das Land steckt in einer Rezession** the country is in recession (⚠ *ohne* a)
R-Gespräch n reverse charge call [rɪˌvɜːsˈtʃɑːd͡ʒ kɔːl], *US* collect call
Rhabarber m rhubarb [ˈruːbɑːb]
Rhein m: **der Rhein** the Rhine [raɪn]
Rheinland-Pfalz n Rhineland-Palatinate [ˌraɪnlændˌpəˈlætɪnət]
rhetorisch rhetorical
Rheuma n rheumatism [ˈruːmətɪzm]
Rhinozeros n *Tier*: rhinoceros [raɪˈnɒsərəs], *umg* rhino [ˈraɪnəʊ]
rhythmisch rhythmic(al) [ˈrɪðmɪk(l)]; **rhythmische Gymnastik** rhythmic gymnastics [dʒɪmˈnæstɪks] (⚠ *nur im sg verwendet*); **rhythmische Bewegungen** rhythmic(al) movements
★**Rhythmus** m rhythm [ˈrɪðəm]
Ribisel f Ⓐ (≈ *Johannisbeere*) redcurrant [ˌredˈkʌrənt] *bzw.* blackcurrant
richten¹ ① (≈ *lenken*) direct [dəˈrekt] (**auf** at, towards); **eine Frage an jemanden richten** put a question to someone ② point (*Waffe, Kamera*) (**auf** at) ③ (≈ *adressieren*) address (*Brief, Anfrage usw.*) (**an** to) ④ *umg* (≈ *reparieren*) repair, fix ⑤ **sich richten nach** (*Regel, Bestimmungen usw.*) keep* to; **sich nach der Mode richten** follow the fashion(s); **ich richte mich ganz nach dir** whatever suits you best, *US* whatever works best for you ⑥ **sich nach etwas richten** (≈ *abhängen von etwas*) depend on ⑦ **sich an jemanden richten** (≈ *wenden*) turn to someone
richten² (≈ *ein Urteil fällen*) judge [dʒʌdʒ] (**über** on); **über jemanden richten** *auch* pass judgment **on** someone
★**Richter(in)** m(f) judge [dʒʌdʒ]
Richter-Skala f Richter scale; **das Beben erreichte Stärke acht auf der Richter-Skala** the earthquake registered eight on the Richter scale
Richtgeschwindigkeit f *im Verkehr*: recommended speed [ˌrekəmendɪdˈspiːd]
★**richtig** ① *allg.*: right; **sehe ich das richtig? am I right?; du kommst gerade richtig** (≈ *zum richtigen Zeitpunkt*) you've come just at the right moment, *ironisch* you're the last thing I need ② (≈ *fehlerfrei*) correct ③ **mach es richtig!** do it properly! ④ (≈ *echt, wirklich*) genuine [ˈdʒenjʊɪn], true ⑤ **er ist richtig nett** he's really nice ⑥ (≈ *gerecht*) fair; **ich finde das nicht richtig** I don't think it's right; → **richtigstellen**
Richtige(r, -s) m/f(m, n) ① **er ist der Richtige** he's the right man ② **du bist mir der Richtige!** you're a fine one! ③ **ich habe seit Tagen nichts Richtiges gegessen** I haven't eaten properly for days
richtigstellen: **etwas richtigstellen** put something right, correct something
Richtlinie f guideline [ˈɡaɪdlaɪn]
★**Richtung** f ① direction [dəˈrekʃn]; **aus allen Richtungen** from all directions; **in Richtung auf** in the direction of, towards; **ich ging in südlicher Richtung** I was walking south ② (≈ *Trend, Tendenz*) trend, tendency [ˈtendənsɪ]; **ein Schritt in die richtige Richtung** a step in the right direction
Richtwert m ① *allg.*: index, *Zahlenwert*: guide [ɡaɪd] number (s *pl*) ② *übertragen* guideline
★**riechen** ① smell* (**nach** of); **es riecht nach Brathähnchen** *auch*: I can smell roast chicken; **du riechst aus dem Mund** your breath smells ② **an etwas riechen** smell* (*oder* sniff) at something ③ **riech mal!** smell this ④ **ich kann ihn nicht riechen** *übertragen* I can't stand him ⑤ **das konnte ich nicht riechen** how was I to know?
Riecher m *umg* nose; **einen guten Riecher für etwas haben** have* a good nose for something
Riege f *beim Turnen*: squad [skwɒd] (*auch übertragen*)
Riegel m ① *an Tür*: bolt; **den Riegel vorlegen** bolt the door ② **einer Sache einen Riegel vorschieben** *übertragen* put* a stop to something ③ *Schokoriegel usw.*: bar
Riemen m ① *aus Leder usw.*: strap ② *in Motor*,

Maschine: belt
Riese *m* giant ['dʒaɪənt] (*auch übertragen*)
rieseln 1 (*Wasser, Sand*) trickle 2 (*Schnee*) fall* softly
Riesen... *in Zusammensetzungen* giant ['dʒaɪənt] ..., gigantic [dʒaɪ'gæntɪk] ..., huge [hjuːdʒ] ..., tremendous [trə'mendəs] ...; **Riesenappetit** huge appetite; **Riesenerfolg** huge success; **Riesenfehler** huge blunder; **Riesenslalom** giant slalom
riesengroß gigantic [dʒaɪ'gæntɪk], enormous [ɪ'nɔːməs], huge [hjuːdʒ] (*alle auch übertragen*)
Riesenrad *n* Ferris wheel ['ferɪs‿wiːl], big wheel
★**riesig** 1 gigantic [dʒaɪ'gæntɪk], enormous, huge [hjuːdʒ] (*alle auch übertragen*) 2 **sich riesig freuen** be* delighted 3 **das ist ja riesig!** *umg* that's tremendous! [trə'mendəs], *Br auch* that's brilliant!
Riff[1] *n im Meer*: reef
Riff[2] *m Musik*: riff
Rille *f* groove
★**Rind** *n* 1 *Kuh*: cow 2 *Stier*: bull [▲ bʊl] 3 *Fleisch*: beef 4 **Rinder** cattle (▲ *mit pl*)
Rinde *f* 1 (≈ *Baumrinde*) bark 2 (≈ *Brotrinde*) crust 3 (≈ *Käserinde*) rind [raɪnd]
Rinderbraten *m* roast beef [ˌraʊst'biːf]
Rinderwahn(sinn) *m Krankheit*: mad cow disease [ˌmæd'kaʊ‿dɪˌziːz]; → BSE
★**Rindfleisch** *n* beef
Rindsuppe *f* Ⓐ (≈ *Fleischbrühe*) broth, consommé [kɔn'sɒmeɪ]
Rindsvögerl *n* Ⓐ (≈ *Roulade*) beef olive
Rindvieh *n* 1 cattle (▲ *mit pl*) 2 *umg* (≈ *Idiot*) blockhead, stupid ass, idiot
★**Ring** *m* 1 *allg.*: ring 2 *Straße*: ring road
Ringbuch *n* ring binder ['rɪŋˌbaɪndə]
Ringelnatter *f* grass snake
Ringelspiel *n* Ⓐ (≈ *Karussell*) merry-go-round ['merɪgəʊˌraʊnd], *Br auch* roundabout, *US auch* car(r)ousel [ˌkærə'sel]
ringen 1 *Sport*: wrestle [▲ 'resl] 2 **ringen mit** *übertragen* wrestle with, grapple with; **mit sich ringen** wrestle with oneself; **nach Atem ringen** gasp [ɡɑːsp] for breath [breθ]; **nach Worten ringen** struggle for words
Ringen *n Sport*: wrestling [▲ 'reslɪŋ]
Ringer(in) *m(f) Sport*: wrestler [▲ 'reslə]
Ringfinger *m* ring finger [▲ 'fɪŋɡə]
Ringkampf *m* wrestling [▲ 'reslɪŋ] (match)
Ringrichter(in) *m(f) Boxen*: referee [ˌrefə'riː]
rings: **rings um** all around, all the way round
ringsum 1 round about; **ein Tümpel mit einem Zaun ringsum** a pond surrounded by a fence 2 (≈ *überall*) everywhere
Rinne *f* 1 (≈ *Rille*) groove 2 (≈ *Furche, Abflussrinne*) channel 3 (≈ *Dachrinne, Rinnstein*) gutter
rinnen 1 *allg.*: run*, flow 2 (≈ *tröpfeln*) drip, trickle 3 (≈ *lecken*) leak
Rinnstein *m* gutter
Rippe *f* rib
Rippenfellentzündung *f Krankheit*: pleurisy ['plʊərəsɪ]
★**Risiko** *n* risk; **ein Risiko eingehen** take* a risk; **auf dein eigenes Risiko** at your own risk
Risikofaktor *m* risk factor ['fæktə]
risikofreudig venturesome, prepared to take a risk (*oder* risks) (▲ *Letzteres immer hinter dem Subst.*)
Risikogruppe *f* high-risk group
riskant risky
★**riskieren** risk; **etwas riskieren** take* a risk; **riskier's!** go on, risk it!; **er riskiert seinen Job** he risks losing his job
Riss *m* 1 *in Papier, Stoff usw.*: tear [▲ teə] 2 (≈ *Sprung*) crack 3 *übertragen; in Freundschaft usw.*: rift
rissig *allg.*: cracked, *Haut*: chapped [tʃæpt]; **rissig werden** crack, *Haut*: chap; **rissige Hände** chapped hands
Ritt *m* ride (on horseback)
Ritter *m* knight [▲ naɪt]
Ritterrüstung *f* knight's armour (*US* armor) [▲ ˌnaɪts'ɑːmə]
Ritual *n* ritual ['rɪtʃʊəl]
Ritze *f* crack, gap, chink
ritzen carve (*Buchstaben in Baum usw.*); **sich ritzen** (≈ *sich selbst verletzen*) self-harm
Rivale *m*, **Rivalin** *f* rival ['raɪvl]
rivalisieren: **mit jemandem rivalisieren** compete with someone
Rivalität *f* rivalry ['raɪvlrɪ]
Roaming *n Telefon*: roaming
Roastbeef *n* roast beef
Robbe *f* seal
Roboter *m* robot ['rəʊbɒt]
robust 1 *allg.*: robust [rəʊ'bʌst], *Person auch*: sturdy 2 *Schuhe*: stout, sturdy 3 *Gerät, Maschine, Fahrzeug, Flugzeug usw.*: rugged [▲ 'rʌɡɪd]
★**Rock**[1] *m Kleidungsstück*: skirt [skɜːt]
Rock[2] *m Musikrichtung*: rock, rock music
Rockgruppe *f* rock group
Rockmusik *f* rock music
Rocksänger(in) *m(f)* rock singer

Rodel m/f toboggan [təˈbɒgən], sledge
Rodelbahn f toboggan run [təˈbɒgən_rʌn]
rodeln toboggan [təˈbɒgən], go* tobogganing, go* sledging, US go* sledding
roden clear (Wald, Land)
Rogen m einesFisches: roe [rəʊ]
Roggen m rye [raɪ]
Roggenbrot n rye bread [ˈraɪ_bred]
★**roh** ① Lebensmittel: raw [rɔː]; **roher Schinken** uncooked ham ② Entwurf usw.: rough [rʌf] ③ Person: rough, coarse [kɔːs]; **mit roher Gewalt** with brute force
Rohbau m von Gebäude: shell; **im Rohbau fertig** structurally complete
Rohkost f raw vegetables and fruit (▲ pl)
Rohling m ① aus Holz oder Metall: blank ② CD: blank CD [ˌblæŋk_siːˈdiː]
Rohöl n crude oil
★**Rohr** n ① (≈ Leitungsrohr) pipe ② (≈ Schilfrohr) reed; für Stühle usw.: cane, wicker kein pl ③ bes. Ⓐ (≈ Backofen) oven [ˈʌvn]
Röhrchen n: **ins Röhrchen blasen (müssen)** umg be* breathalyzed (▲ ˈbreθəlaɪzd)
Röhre f ① tube ② (≈ Leitungsröhre) pipe ③ (≈ Bratröhre) oven [▲ ˈʌvn] ④ **in die Röhre gucken** umg (≈ fernsehen) sit* in front of the box (US tube) ⑤ **in die Röhre gucken** umg (≈ leer ausgehen) be* left high and dry
Rohrleitung f conduit, pipe, Gesamtheit der Rohre: piping
Rohrzange f pipe wrench [▲ ˈpaɪp_rentʃ]
Rohstoff m raw [rɔː] material
Rollbahn f auf Flughafen: taxiway
Rollband n am Flughafen: luggage carousel, US baggage carousel [ˌkærəˈsel]
★**Rolle** f ① in Film, Theaterstück: role, part; **er lernt seine Rolle** he's learning his lines pl (oder part) ② **eine Rolle spielen** übertragen play a part (oder role) (**bei, in** in); **das spielt keine Rolle** it doesn't matter, it doesn't make any difference ③ (≈ Walze) roller, cylinder [ˈsɪlɪndə] ④ Malerwerkzeug: roll ⑤ an Möbeln: caster, castor ⑥ etwas Zusammengerolltes: roll; (≈ Garnrolle) reel; **eine Rolle Toilettenpapier** a toilet roll ⑦ Turnen: roll; **eine Rolle rückwärts** a backward roll
★**rollen** ① allg.: roll; **sie rollte die Augen** she rolled her eyes ② (Flugzeug zum Start usw.) taxi ③ (Donner) rumble
Rollenspiel n im Unterricht usw. ① konkretes Spiel: role play ② **das Rollenspiel** als Methode: role playing (▲ ohne the)
Roller m scooter; **Roller fahren** ride* a scooter
Rollkoffer m trolley case, US roller
Rollkragenpullover m polo neck, polo neck jumper (oder pullover), US turtleneck (sweater)
Rollladen m shutters (▲ pl)
Rollo n blind, US shade
Rollschuh m roller skate; **Rollschuh laufen** roller-skate, go* roller-skating
Rollschuhläufer(in) m(f) roller-skater
★**Rollstuhl** m wheelchair
Rollstuhlfahrer(in) m(f) wheelchair user; **er ist Rollstuhlfahrer** he's in a wheelchair
Rolltreppe f escalator [ˈeskəleɪtə]
Rom n in Italien: Rome [rəʊm]
ROM n abk Computer: ROM, read only memory (abk für read only memory)
★**Roman** m novel [ˈnɒvl]
romanisch ① Sprache, Literatur: Romance [rəʊˈmæns] ② Stil: Romanesque [ˌrəʊməˈnesk]
Romantik f ① Kunstepoche: Romanticism [rəʊˈmæntɪsɪzm] ② Stimmung usw.: romantic atmosphere, romance [rəʊˈmæns]
romantisch ① Kunst: Romantic ② Stimmung, Person usw.: romantic
Römer m historisch: Roman [ˈrəʊmən]
Römerin f Roman (woman bzw. girl)
römisch Roman [ˈrəʊmən]; **römische Ziffer** Roman numeral [ˈnjuːmrəl]
Rommé n, **Rommee** n Kartenspiel: rummy
röntgen X-ray [ˈeksreɪ]
Röntgenaufnahme f, **Röntgenbild** n X-ray
Röntgenstrahlen pl X-rays [ˈeksreɪz]
Rosa n pink (▲ deutsch **Pink** = shocking pink)
★**rosa**, **rosafarben**, **rosarot** ① pink ② **die Dinge durch eine rosarote Brille sehen** see* the world through rose-tinted spectacles (US rose-colored glasses) [ˈspektəklz]
★**Rose** f rose
Rosenkohl m Brussels sprouts (▲ pl)
Rosenkranz m rosary
Rosenmontag m Monday before Ash Wednesday
Roséwein m rosé wine
rosig ① Wangen usw.: rosy ② übertragen rosy; **es sieht nicht gerade rosig aus** things look pretty grim
Rosine f ① raisin ② **sich die Rosinen herauspicken** umg take* the pick of the bunch
Rosmarin m Gewürzpflanze: rosemary [ˈrəʊzmərɪ]
★**Rost**[1] m an Metall: rust; **Rost ansetzen** auch übertragen get* rusty
Rost[2] m ① (≈ Feuerrost) grate ② (≈ Gitterrost) grille, grating ③ (≈ Bratrost) grill

Rostbraten m bes. Ⓐ side of beef
Rostbratwurst f barbecue sausage [ˌbɑːbə-kjuːˈsɒsɪdʒ]
rosten ◼ rust, go* (oder get*) rusty ◼ übertragen get* rusty
rösten ◼ roast, grill (Fleisch) ◼ toast (Brot) ◼ fry (Kartoffeln)
rostfrei ◼ rustproof ◼ Stahl: stainless
Rösti pl Ⓒ fried shredded potatoes with onion [ˈʌnjən], roesti potatoes
rostig rusty
Röstkartoffeln pl fried potatoes
Rostschutzfarbe f antirust paint
Rostschutzmittel n rustproofer
★**rot** ◼ red; **rot werden** vor Verlegenheit blush, go* red ◼ ginger [ˈdʒɪndʒə] (Haare) ◼ **Rote Karte** Sport: red card ◼ **das Rote Kreuz** the Red Cross; **die** (oder **eine**) **rote Linie überschreiten** cross the (oder a) line
Rot n ◼ allg.: red ◼ an Verkehrsampel: red, red light; **bei Rot über die Ampel fahren** jump the lights, US run a red light
Rotation f rotation
rotblond ginger [ˈdʒɪndʒə] (Haare), ginger--haired (Mensch)
Rote(r) m/f(m) politisch: Red, umg commie
Röteln pl German measles [ˈmiːzlz] (▲ mit Verb im Singular); **sie hat Röteln** she's got German measles
röten ◼ (≈ rot machen) redden ◼ **sich röten** redden, turn red
rothaarig red-haired
Rothaarige(r) m/f(m) redhead
rotieren ◼ (≈ sich drehen) rotate, revolve ◼ umg (≈ durchdrehen) get* into a flap; **ich bin voll am Rotieren** umg I don't know whether I'm coming or going
Rotkehlchen n robin [ˈrɒbɪn]
Rotkohl m, **Rotkraut** n red cabbage [ˈkæbɪdʒ]
rötlich reddish
rotsehen umg see* red
Rotstift m ◼ Malstift: red pencil ◼ Kugelschreiber usw.: red pen ◼ Wendungen: **den Rotstift ansetzen** make* cuts
Rötung f reddening
Rotwein m red wine
Rotz m ◼ vulgär snot ◼ **er hat Rotz und Wasser geheult** umg he bawled his eyes out
rotzfrech umg cheeky, cocky
Rouge n rouge [ruːʒ]
Roulade f (≈ Fleischrolle) etwa beef (pork usw.) olive [ˈɒlɪv]
Route f route [ruːt]; **wir nehmen immer die Route über den Brenner** we always go via the Brenner Pass
Routenplaner m route planner
Routine f ◼ routine (auch in der EDV) ◼ (≈ Erfahrung, Übung) practice, experience
Routineuntersuchung f ◼ routine check ◼ beim Arzt: routine check-up
routiniert experienced
Rowdy m lout [laʊt], hooligan, Br auch yob
Rubbellos n scratchcard
rubbeln ◼ (≈ reiben) rub ◼ Lotterie: scratch, buy* scratchcards
Rübe f ◼ Pflanze: turnip ◼ **Rote Rübe** beetroot ◼ **Gelbe Rübe** carrot [ˈkærət] ◼ umg (≈ Kopf) nut; **eins auf die Rübe kriegen** get* bashed on the nut
Rubel m ◼ rouble [ˈruːbl] ◼ **der Rubel rollt** umg the money's rolling in
rüber umg ◼ → herüber ◼ → hinüber
Rubin m ruby [ˈruːbɪ]
Rubrik f ◼ in Zeitung: heading [ˈhedɪŋ], (≈ Spalte) column [▲ ˈkɒləm] ◼ (≈ Klasse, Kategorie) category [ˈkætəɡərɪ]
Ruck m ◼ jerk [dʒɜːk] ◼ **sich einen Ruck geben** übertragen pull oneself together
ruckartig ◼ jerky [ˈdʒɜːkɪ] ◼ **er blieb ruckartig stehen** he stopped with a jerk
Rückblende f Film usw.: flashback (**auf** to)
Rückblick m look back (**auf** at)
rücken ◼ move [muːv], shift (Tisch, Stuhl usw.); **das Bett an die Wand rücken** move the bed against the wall ◼ (≈ Platz machen) move over; **könntest du bitte ein bisschen rücken?** could you move over a bit, please? ◼ **er ist nicht von der Stelle gerückt** he wouldn't budge
★**Rücken** m ◼ back ◼ **jemandem in den Rücken fallen** übertragen stab someone in the back ◼ **es lief ihr (heiß und) kalt über den Rücken** it sent shivers down her spine
Rückendeckung f übertragen backing, support [səˈpɔːt]
Rückenlehne f back, backrest
Rückenmark n spinal cord [ˌspaɪnlˈkɔːd] (oder marrow)
Rückenschmerzen pl backache [ˈbækeɪk] (▲ sg); **ich habe Rückenschmerzen** I've got (a) backache
Rückenschwimmen n backstroke
Rückenwind m tailwind; **wir hatten Rückenwind** we had the wind behind us
Rückfahrkamera f reversing camera
★**Rückfahrkarte** f return ticket, US round-trip

ticket
- **Rückfahrt** f return journey, return trip; **auf der Rückfahrt** on the way back
- **Rückfall** m [1] *eines Kranken*: relapse [rɪˈlæps]; **einen Rückfall bekommen** have* a relapse [2] *eines Verbrechers*: repetition [ˌrepəˈtɪʃn] of a (*oder* the) offence [əˈfens]
- **rückfällig** relapsing [rɪˈlæpsɪŋ], *förmlich* recidivist [rɪˈsɪdɪvɪst] (⚠ *beide nur vor dem Subst.*); **rückfällig werden** relapse [rɪˈlæps]
- **Rückfenster** n rear window
- **Rückflug** m return flight
- **Rückfrage** f further inquiry [ɪnˈkwaɪrɪ]; **bitte wenden Sie sich bei Rückfragen an ...** if you have any queries, please contact ...
- **Rückgabe** f [1] (≈ *das Zurückgeben*) return [2] *Fußball*: back pass
- **Rückgang** m decline, drop; **ein Rückgang der Arbeitslosenzahlen** a drop in unemployment figures (⚠ *ohne the*)
- **rückgängig**: **etwas rückgängig machen** undo* something, *Bestellung, Termin*: cancel something, *Entscheidung*: go* back on something, *Verlobung*: call something off
- **Rückgrat** n [1] (≈ *Wirbelsäule*) spine, vertebral column [ˌvɜːtɪbrəlˈkɒləm] [2] **er hat kein Rückgrat** *übertragen* he's got no backbone
- **Rückhand** f *im Tennis usw.*: backhand
- **Rückkehr** f return; **bei ihrer Rückkehr** on her return, when she got back (*Vergangenheit*), when she gets back (*Zukunft*)
- **Rückkopp(e)lung** f *zwischen Mikro und Lautsprecher*: feedback (*auch übertragen*)
- **rückläufig** falling, declining; **rückläufige Tendenz** downward tendency [ˈtendənsɪ]
- **Rücklicht** n *bei Auto usw.*: rear light, taillight
- **Rückporto** n return postage [ˈpəʊstɪdʒ]
- **Rückreise** f return journey, return trip; **auf der Rückreise** on the way back
- **Rucksack** m backpack, *Br auch* rucksack (⚠ ˈrʌksæk)
- **Rucksacktourist(in)** m(f) backpacker
- **Rückschlag** m [1] (≈ *Misserfolg*) setback [2] *nach Krankheit*: relapse [rɪˈlæps] [3] *im Tennis usw.*: return
- **Rückschritt** m step back (ward [ˈbækwəd])
- **Rückseite** f [1] (↔ *Vorderseite*) back; **bitte unterschreiben Sie auf der Rückseite** please sign (on) the back [2] *hinterer Teil eines Autos usw.*: rear [ˈrɪə] [3] **siehe Rückseite!** see overleaf (⚠ *engl.* backside = *umg* Hintern)
- **Rücksicht** f consideration; **aus (*oder* mit) Rücksicht auf** out of consideration for; **auf jemanden Rücksicht nehmen** show consideration for someone
- **rücksichtslos** [1] inconsiderate [ˌɪnkənˈsɪdərət], thoughtless [2] **ein rücksichtsloser Autofahrer** a reckless driver
- **Rücksichtslosigkeit** f lack of consideration
- **rücksichtsvoll** considerate [kənˈsɪdərət] (**gegen** to, towards)
- **Rücksitz** m [1] *im Auto*: back seat [2] *von Motorrad*: pillion [ˈpɪljən] (seat)
- **Rückspiegel** m [1] *innen*: rear-view mirror [2] *außen*: side mirror
- **Rückspiel** n *Sport*: return match
- **Rückstand** m [1] *von chemischen Stoffen*: residue [ˈrezɪdjuː] [2] **sie sind zwei Tore im Rückstand** they're two goals down [3] **im Rückstand sein mit** (*Arbeit, Miete usw.*) be* behind with [4] **einen Rückstand wieder aufholen** *Sport*: catch* up (with someone)
- **rückständig** *allg.*: backward [ˈbækwəd], *Land auch*: underdeveloped
- **Rückstrahler** m *an Fahrzeug*: reflector [rɪˈflektə]
- **Rücktaste** f [1] *Computer*: backspace key, backspacer [2] *Tonbandgerät usw.*: rewind key [ˈriːwaɪnd kiː]
- **Rücktritt** m *vom Amt*: resignation [ˌrezɪɡˈneɪʃn]; **er erklärte seinen Rücktritt** he handed in his resignation
- **Rücktrittbremse** f *am Fahrrad*: backpedal [ˈbækˌpedl] brake, *US* coaster brake
- **rückwärts** [1] backwards [ˈbækwədz] [2] **rückwärts einparken** reverse (*oder* back) into a parking space
- **Rückwärtsgang** m *im Auto*: reverse [rɪˈvɜːs], reverse gear; **im Rückwärtsgang** in reverse (⚠ *ohne the*)
- **Rückweg** m way back (*oder* home); **auf dem Rückweg** on the way back (*oder* home)
- **rückwirkend** [1] *Steuererhöhung usw.*: retrospective [ˌretrəʊˈspektɪv] [2] **... gilt rückwirkend ab** will be (*bzw.* has been) backdated to ...
- **Rückzieher** m [1] *im Fußball*: overhead kick [2] **er hatte versprochen zu helfen, doch dann machte er einen Rückzieher** he had promised to help, but then he backed out
- **Rückzug** m retreat [rɪˈtriːt] (*auch übertragen*)
- **Rucola** m *Salatsorte*: rocket, *US* arugula [əˈruːɡjulə]
- **Rüde** m [1] *Hund*: dog [2] *Wolf, Fuchs*: male (wolf [wʊlf] *bzw.* fox)
- **Rudel** n [1] *Hirsche*: herd [hɜːd] [2] *Wölfe*: pack [3]

übertragen swarm [swɔːm], horde [hɔːd]
Ruder n ▮ (≈ *Paddel*) oar [ɔː] ▮ (≈ *Steuerruder*) helm, wheel
Ruderboot n rowing boat, *US* rowboat
Ruderer m rower, oarsman [ˈɔːzmən]
Ruderin f rower, oarswoman [ˈɔːz‚wʊmən]
★**rudern** row [rəʊ]
Rudern n rowing [ˈrəʊɪŋ]
Ruderregatta f boat race, (rowing) regatta [rɪˈɡætə (ˈrəʊɪŋ ‚rɪ‚ɡætə)]
Ruf m ▮ (≈ *Schrei*) shout, cry ▮ *von Tier*: call ▮ *übertragen* call; **der Ruf nach Frieden** the call for peace ▮ (≈ *Ansehen*) reputation; **er ist besser als sein Ruf** he's better than people make him out to be
★**rufen** ▮ shout; **um Hilfe rufen** call (*oder* cry) for help ▮ (*Vögel usw.*) call ▮ **die Pflicht** (*bzw.* **die Arbeit**) **ruft** duty calls (⚠ *ohne* the) ▮ **jemanden rufen lassen** send* for, call (*Arzt usw.*)
Rufnummer f telephone number
Rufzeichen n Ⓐ exclamation mark, *US* exclamation point
★**Ruhe** f ▮ (≈ *Stille*) silence [ˈsaɪləns]; **Ruhe, bitte!** quiet, please!; **im Klassenzimmer herrschte absolute Ruhe** there was total silence in the classroom ▮ (≈ *wohltuende Ruhe*) peace and quiet ▮ (≈ *Frieden, Beschaulichkeit*) peace, quiet, peacefulness ▮ **Ruhe und Ordnung** law and order ▮ (≈ *Gelassenheit*) calm [kɑːm], composure; **Ruhe bewahren** keep* calm; **immer mit der Ruhe!** relax!, *umg* (take it easy! ▮ **lass mich in Ruhe!** leave me alone! ▮ (≈ *Erholung*) rest; **er gönnt mir keine Ruhe** he doesn't give me a minute's rest
ruhen ▮ *allg.*: rest ▮ **die Arbeit ruht** work has come to a standstill
Ruhepause f rest, *umg* breather [ˈbriːðə]; **eine Ruhepause einlegen** have* (*oder* take*) a break
Ruhestand m: **der Ruhestand** retirement (⚠ *ohne* the); **sie sind im Ruhestand** they've retired; **in den Ruhestand treten** retire
Ruhestörung f disturbance of the peace
Ruhetag m: **Dienstag Ruhetag** closed (on) Tuesdays
★**ruhig**[1] ▮ (≈ *leise*) quiet; **ruhig werden** quieten down; **wir wohnen sehr ruhig** we live in a very quiet area ▮ *Wetter, Meer*: calm [kɑːm] ▮ (≈ *gelassen*) calm; **sei ganz ruhig** (≈ *unbesorgt*) there's no need to worry [ˈwʌrɪ] ▮ (≈ *friedlich*) quiet, peaceful ▮ **ein ruhiges Gewissen** a clear conscience

★**ruhig**[2] *verstärkend*: **das kannst du mir ruhig glauben** you can take my word for it; **du kannst ruhig dableiben** you can stay if you like
Ruhm m ▮ (≈ *Glanz, Ehre*) glory ▮ (≈ *Ansehen*) fame
Rühreier pl scrambled eggs
★**rühren** ▮ (≈ *umrühren*) stir [stɜː] ▮ **sich rühren** (≈ *sich bewegen*) stir, move; **er rührte sich nicht vom Fleck** he didn't budge ▮ **sich rühren** (≈ *sich bemerkbar machen*) say* (*oder* do*) something; **wenn du was willst, musst du dich rühren** if you want anything, let me know; **sie hat sich seit einem Jahr nicht mehr gerührt** *umg* I haven't heard from her for a year ▮ *gefühlsmäßig*: touch, move; **der Film rührte mich zu Tränen** the film moved me to tears
rührend ▮ *Film, Buch, Szene*: touching, moving ▮ **das ist ja rührend!** that's really nice (of you, them *usw.*), *auch ironisch* that's absolutely charming!
rührselig sentimental [‚sentɪˈmentəl], maudlin [ˈmɔːdlɪn]; **rührselige Geschichte** *umg* sob story
Rührung f emotion; **vor Rührung konnte er nichts sagen** he was choked (with emotion)
Ruin m ruin [ˈruːɪn]; **du bist noch mein Ruin** you'll be the ruin of me
Ruine f ruin [ˈruːɪn], ruins pl
★**ruinieren** ruin [ˈruːɪn]
rülpsen, **Rülpser** m *umg* burp
Rum m *Branntwein*: rum
rum... *umg* → **herum** *usw.*
Rumäne m Romanian [⚠ ruːˈmeɪnɪən]; **er ist Rumäne** he's Romanian
Rumänien n Romania [⚠ ruːˈmeɪnɪə]
Rumänin f Romanian [⚠ ruːˈmeɪnɪən] woman (*oder* lady *bzw.* girl); **sie ist Rumänin** she's Romanian
rumänisch, **Rumänisch** n Romanian [⚠ ruːˈmeɪnɪən]
rumkriegen *umg* ▮ **jemanden rumkriegen** talk someone round, *sexuell*: get* someone into bed ▮ **die Zeit rumkriegen** manage [ˈmænɪdʒ] to pass the time
Rummel m ▮ (≈ *Trubel*) hustle and bustle [‚hʌsl‿ənˈbʌsl] ▮ (≈ *Aufheben*) fuss, *umg* to-do [təˈduː]; **einen großen Rummel um etwas machen** make* a big fuss (*oder* to-do) about something ▮ (≈ *Jahrmarkt*) fair
Rummelplatz m fairground, amusement park [əˈmjuːzmənt‿pɑːk]

rumoren ■1 *Person*: bang (around) ■2 **es rumort in meinem Bauch (Kopf)** my stomach ['stʌmək] is rumbling (my head is spinning)
Rumpelkammer f junk room
rumpeln rumble
Rumpf m ■1 *des Körpers*: trunk ■2 *einer Statue und übertragen*: torso ■3 (≈ *Schiffsrumpf*) hull ■4 (≈ *Flugzeugrumpf*) fuselage ['fju:zəlɑ:ʒ], body
rümpfen: die Nase rümpfen turn one's nose up (**über** at)
rumtreiben: sich rumtreiben hang* around
Run m *salopp* run (**auf** on)
★**rund** ■1 *Summe, Zahl, Form*: round ■2 **ein rundes Dutzend** a dozen ['dʌzn] or so ■3 (≈ *ungefähr*) about, around; **es kostete rund 50 Euro** it cost about 50 euros ■4 **rund um** round, around; **rund um die Welt** round (*oder* around) the world
Rundbrief m circular ['sɜ:kjələ]
Runde f ■1 *Sport*: lap (*eines Rennens*) ■2 *Sport*: round (*eines Boxkampfs*) ■3 *Getränke*: round; **die Runde geht auf mich** this round's on me ■4 (≈ *Rundgang*) walk, *dienstlich*: round; **eine Runde ums Haus machen** go* for a walk round the house ■5 **wir kommen gerade über die Runden** *übertragen* we're just about surviving
Rundfahrt f tour (**durch** of)
★**Rundfunk** m ■1 radio, broadcasting ['brɔ:dkɑ:stɪŋ]; **im Rundfunk** on the radio ■2 **im Rundfunk übertragen** broadcast*
Rundfunkgebühr f radio licence fee, US radio license fee
Rundfunksender m radio station
Rundgang m round, tour (**durch** of)
rundgehen *umg* ■1 **heute geht's wieder rund** it's all go again today ■2 **auf der Party ging's rund** it was some party!
rundherum round about, all around
rundlich *Figur*: plump [plʌmp], chubby
Rundreise f tour (**durch** of)
Rundschreiben n circular ['sɜ:kjələ]
rundum ■1 (≈ *ringsum*) all (a)round ■2 (≈ *vollkommen, ganz*) completely; **rundum glücklich** perfectly ['pɜ:fɪktlɪ] happy, happy as can be
Rundwanderweg f circular path [,sɜ:kjələ'pɑ:θ]
runter *umg* (≈ *herunter, hinunter*) down
runter... *umg* → **herunter** *usw.*, **hinunter** *usw.*
runterhauen: jemandem eine runterhauen *umg* give* someone a clip round (US on) the ear
runz(e)lig *Gesicht*: wrinkled [▲ 'rɪŋkld], wrinkly

runzeln: die Stirn runzeln wrinkle [▲ 'rɪŋkl] one's forehead, *missbilligend*: frown [fraʊn]
Rüpel m lout, *umg* yob
ruppig (≈ *grob*) gruff
Rüsche f *an Kleid*: frill
Ruß m soot [▲ sʊt]
★**Russe** m Russian ['rʌʃn]; **er ist Russe** he's Russian
Rüssel m ■1 *von Elefant*: trunk ■2 *umg* (≈ *Nase*) conk, hooter
rußen (*Kerze*) smoke
★**Russin** f Russian ['rʌʃn] woman (*oder* lady *bzw.* girl); **sie ist Russin** she's Russian
★**russisch, Russisch** n Russian ['rʌʃn]
★**Russland** n Russia ['rʌʃə]
rüstig *alter Mensch*: sprightly, fit
Rüstung f ■1 *eines Ritters*: armour ['ɑ:mə] ■2 *Vorgang*: arming ■3 *Waffen usw.*: armaments (▲ *pl*)
Rüstungsindustrie f armaments industry
Rüstungswettlauf m arms race
Rute f ■1 (≈ *Stock*) switch, rod ■2 (≈ *Angelrute*) fishing rod ■3 *Jägersprache*: (≈ *Schwanz*) tail, *bes. des Fuchses*: brush
Rutsch m: **guten Rutsch (ins neue Jahr)!** Happy New Year!
Rutschbahn f slide
rutschen ■1 (≈ *gleiten*) slide* ■2 (≈ *ausrutschen*) slip ■3 (*Hose, Rock*) be* slipping ■4 **rutsch mal ein Stück!** *umg* can you move up a bit?
Rutscher m Ⓐ ■1 (≈ *kurzer Ausflug, Abstecher*) short trip; **einen Rutscher zu jemandem machen** pop over to someone's (house) ■2 **zu euch ist es ja nur ein Rutscher** you're just a stone's throw away
rutschig slippery
rütteln ■1 shake* ■2 **an der Tür rütteln** rattle at the door ■3 **daran ist nicht zu rütteln** *übertragen* that's the way it is

S

★Saal *m* **1** *allg.:* hall **2** *für Konferenz:* room **3 der Saal tobte** *umg* the audience went wild

Saarland *n:* **das Saarland** the Saarland ['sɑː-lænd]

Saat *f* **1** (≈ *Säen*) sowing ['səʊɪŋ] **2** (≈ *Samen*) seed, seeds *pl* **3** *von Getreide:* crops (▲ *pl*)

Sabbat *m* Sabbath ['sæbəθ]

sabbern *umg* dribble

Säbel *m* sabre, *US* saber ['seɪbə]

Sabotage *f* sabotage ['sæbətɑːʒ]

Sachbearbeiter(in) *m(f)* **1** *Beamte:* official in charge [ə,fɪʃlɪn'tʃɑːdʒ] (**für** of) **2** (≈ *Experte*) specialist, expert ['ekspɜːt]

Sachbuch *n* non-fiction book

★Sache *f* **1** (≈ *Gegenstand*) thing; **sind das deine Sachen?** are these your things? **2 Sachen gibt's, die gibt's gar nicht** *umg* would you credit it **3** (≈ *Angelegenheit*) affair, matter **4 für eine gute Sache** for a good cause **5 bei der Sache bleiben** keep* to the point **6 das ist nicht jedermanns Sache** it's not everybody's cup of tea **7** (≈ *Aufgabe*) job; **seine Sache gut** (*bzw.* **schlecht**) **machen** do* a good (*bzw.* bad) job; **er versteht seine Sache** he knows his stuff **8 was machst du denn für Sachen?** *umg* what have you been up to then? **9 mach keine Sachen!** *umg* you're kidding!, *warnend:* no funny business now! **10 mit 200 Sachen** *umg* at 125 (miles an hour)

Sachgebiet *n* subject ['sʌbdʒekt], field

Sachkenntnis *f* expert ['ekspɜːt] knowledge

Sachkunde *f* *Schule:* general knowledge [,dʒenrəl'nɒlɪdʒ]

sachkundig 1 *Person:* competent ['kɒmpɪtənt], well-informed; *Beratung:* expert **2 sich sachkundig machen** inform oneself **3 sachkundiges Urteil** expert ['ekspɜːt] opinion

★sachlich 1 (≈ *objektiv*) objective [əb'dʒektɪv] **2** (≈ *nüchtern*) matter-of-fact, down-to-earth; **nun bleib mal sachlich!** don't get carried away! **3 aus sachlichen Gründen** for practical reasons **4 das ist sachlich falsch** that's factually wrong

sächlich *Sprache:* neuter ['njuːtə]

Sachregister *n eines Buchs:* (subject) index

Sachschaden *m* material damage; **es entstand nur geringer Sachschaden** only slight damage (to property) was caused

Sachse *m* Saxon ['sæksn]; **er ist Sachse** he's (a) Saxon

Sachsen *n* Saxony ['sæksənɪ]

Sachsen-Anhalt *n* Saxony-Anhalt [,sæksənɪ-'ænhælt]

Sächsin *f* Saxon ['sæksn]; **sie ist Sächsin** she's (a) Saxon

sächsisch, **Sächsisch** *n* Saxon ['sæksn]

sacht 1 (≈ *behutsam*) gently **2 immer sachte!** *umg* easy does it!

Sachverhalt *m* facts (▲ *pl*), circumstances ['sɜːkəmstənsɪz] (▲ *pl*)

Sachverständige(r) *m/f(m)* **1** expert ['ekspɜːt] **2** *vor Gericht:* expert witness

★Sack *m* **1** sack **2** *umg* (≈ *Hoden*) balls (▲ *pl*) **3** *umg* **alter Sack** old codger; **blöder Sack** stupid jerk **4** Ⓐ (≈ *Hosentasche, Manteltasche*) pocket **5** Ⓐ (≈ *Papiertüte, Plastiktüte*) bag

★Sackerl *n* Ⓐ (≈ *Tüte*) bag

Sackgasse *f* **1** dead-end street, cul-de-sac ['kʌldəsæk] **2 in eine Sackgasse geraten** *übertragen* reach a dead end, (*Gespräche*) reach deadlock (▲ *ohne* the)

Sackkarre *f* sack truck

Sacktuch *n* Ⓐ (≈ *Taschentuch*) handkerchief [▲ 'hæŋkətʃɪf]

Sadist(in) *m(f)* sadist ['seɪdɪst]

sadistisch sadistic [sə'dɪstɪk]

★säen 1 sow* [səʊ] **2 dünn gesät sein** *übertragen* be* few and far between

Safari *f* safari [sə'fɑːrɪ]

Safe *m/n* (≈ *Geldschrank*) safe

★Saft *m allg.:* juice [dʒuːs] (*auch übertragen*); **jemanden im eigenen Saft schmoren lassen** *übertragen* let* someone stew in his (*bzw.* her) own juice

saftig 1 *Obst:* juicy **2** *umg; Rechnung, Preise:* steep **3 eine saftige Niederlage** *umg* a crushing defeat **4 eine saftige Ohrfeige** *umg* a real thump on the ear

Saftladen *m umg* hopeless setup; **das ist ja ein Saftladen hier!** *auch:* what a (hopeless) place this is

Saftpresse *f* **1** squeezer **2** *mit Hebel:* juice [dʒuːs] press **3** *elektrisch:* juicer ['dʒuːsə], juice extractor ['dʒuːs_ek,stræktə]

Saftschorle *f* fruit juice mixed with sparkling mineral water

Sage *f* legend ['ledʒənd]

Säge *f* saw [sɔː]

Sägemehl *n* sawdust

★sagen 1 (≈ *äußern*) say*; **jemandem etwas sagen** say* something to someone; **da sage**

ich nicht Nein I won't say no; **das kann man wohl sagen** you can say that again; **du sagst es** you said it; **wie sagt man ... auf Englisch?** what's ... in English?, how do you say ... in English?; **sag bloß!** you don't say! **2** (≈ *ausrichten, mitteilen*) **jemandem etwas sagen** tell* someone something; **sag mir die Wahrheit** tell me the truth; **ich will dir mal was sagen** let me tell you something; **das sag ich deinem Lehrer** I'll tell your teacher; **ich habe mir sagen lassen, ...** I've been told ...; **ich hab's dir ja gleich gesagt** I told you so **3** (≈ *eine Meinung äußern*): say*; **was sagst du dazu?** what do you say?, what do you think about it? **4** (≈ *befehlen*) **du hast mir nichts zu sagen** you can't tell me what to do; **hat er hier etwas zu sagen?** does he have a say around here? **5 aber dann hab ich mir gesagt ...** but then I said to myself ... **6 das sagt sich so leicht** it's easier said than done

Sagen n: **das Sagen haben** have* the (final) say (**bei, in** in)

★**sägen 1** saw* [sɔː] **2** umg (≈ *schnarchen*) saw* wood

sagenhaft 1 legendary ['ledʒəndrɪ], mythical ['mɪθɪkl] **2** umg incredible, fantastic **3 sagenhaft teuer** incredibly expensive

Sägespäne pl wood shavings

Sägewerk n sawmill

Sahara f: **die Sahara** the Sahara [sə'hɑːrə]

★**Sahne** f cream

Sahnetorte f cream gateau [ˌkriːm'gætəʊ]

★**Saison** f season; **außerhalb der Saison** out of season (⚠ *ohne* the); **Saison haben** (Obst, Gemüse) be* in season

saisonbedingt seasonal

Saite f **1** von Geige usw.: string **2 andere Saiten aufziehen** umg take* a tougher line

Saiteninstrument n string (ed [strɪŋd]) instrument ['ɪnstrəmənt]; **die Saiteninstrumente** im Orchester: the strings, the string section

Sakko m/n (sportlich: sports) jacket ['dʒækɪt]

Sakrament n religiös: sacrament ['sækrəmənt]

Sakristei f vestry ['vestrɪ]

Salamander m salamander ['sælə,mændə]

Salami f salami [sə'lɑːmɪ]

Salär n bes. Ⓐ, Ⓒ (≈ *Gehalt*) salary ['sælərɪ]

★**Salat** m **1** Gericht: salad ['sæləd] **2** (≈ *Kopfsalat*) lettuce ['letɪs] **3 da haben wir den Salat** umg we're in a right (US total) mess now

Salatschüssel f salad bowl

Salatsoße f salad dressing

★**Salbe** f ointment

Salbei m Gewürzpflanze: sage [seɪdʒ]

Salmonellen pl salmonella [ˌsælmə'nelə] (⚠ sg)

Salon m **1** (≈ *Raum für Empfänge*) drawing room, US parlor ['pɑːlə] **2** auf Schiff: saloon [sə'luːn] **3** (≈ *Kosmetiksalon usw.*) salon ['sælɒn]

salopp 1 Kleidung: casual ['kæʒʊəl] **2** Ausdrucksweise: very colloquial, slangy

Salsa f Musik: salsa ['sælsə]

Salto m somersault [⚠ 'sʌməsɔːlt]

salü Ⓒ **1** Begrüßung: hi, hello **2** Abschied: bye, see you

Salve f **1** (≈ *Gewehrsalve*) volley ['vɒlɪ] (auch übertragen) **2** (≈ *Geschützsalve*) salvo ['sælvəʊ] **3** (≈ *Ehrensalve*) salute [sə'luːt]

★**Salz** n salt [sɔːlt]

salzarm: **salzarme Kost** low-salt diet ['daɪət]

Salzburg n Salzburg ['sɒltsbɜːg]

salzen salt [sɔːlt]

salzig salty ['sɔːltɪ]

Salzkartoffeln pl boiled potatoes

Salzstange f pretzel stick

Salzstreuer m salt cellar ['sɔːlt,selə], US salt shaker

Salzwasser n **1** (≈ *Meerwasser*) salt [sɔːlt] water **2** zum Kochen: salted water

Samba f Musik: samba

★**Samen** m **1** von Pflanzen: seed **2** von Mensch, Tier: sperm [spɜːm], semen ['siːmən]

Samenerguss m ejaculation [ɪˌdʒækjʊ'leɪʃn]

Samenkorn n seed

Sammelband m Buch: anthology [æn'θɒlədʒɪ]

Sammelmappe f folder

★**sammeln 1** collect (Briefmarken usw.) **2** gather (Erfahrungen, Informationen) **3** pick (Beeren, Pilze) **4 sich sammeln** (≈ *konzentrieren*) collect one's thoughts **5 für wohltätige Zwecke sammeln** collect for charity

Sammelsurium n conglomeration [kənˌglɒmə'reɪʃn]

Sammler(in) m(f) collector

★**Sammlung** f collection

★**Samstag** m **1** Saturday ['sætədeɪ]; **wir sehen uns dann (am) Samstag** see you (on) Saturday **2 diese Woche ist langer Samstag** the shops are open all day this Saturday

Samstagabend m: **(am) Samstagabend** (on) Saturday evening, (on) Saturday night

samstagabends (on) Saturday evenings

Samstagmorgen m: **(am) Samstagmorgen** (on) Saturday morning

Samstagnachmittag m: **(am) Samstagnachmittag** (on) Saturday afternoon

★**samstags** on Saturday, on Saturdays; **samstags abends** usw. on Saturday evenings usw.
Samt m velvet ['velvɪt]
samt ◨ (≈ zusammen mit) together with, along with; **300 Schüler samt Eltern kamen zum Schulfest** 300 students along with their parents turned up for the school fete [feɪt] ◪ **samt und sonders** each and every one of them, umg the whole lot
★**sämtlich** all; **sämtliche Dateien waren zerstört** all the files were destroyed
Sanatorium n sanatorium [ˌsænə'tɔːrɪəm], US auch sanitarium [ˌsænə'teərɪəm]
★**Sand** m ◨ sand ◪ **er hat CDs wie Sand am Meer** he's got masses (US tons) of CDs ◩ **jemandem Sand in die Augen streuen** übertragen throw* dust in someone's eyes
Sandale f sandal ['sændl]
Sandalette f (high-heeled) sandal ['sændl]
Sandbank f sandbank
Sandburg f ◨ sandcastle ['sænd,kɑːsl] ◪ (≈ Sandwall)) beach shelter (made from sand)
sandig sandy
Sandkasten m sandpit, US sandbox
Sandpapier n zum Schleifen: sandpaper
Sandplatz m Tennis: clay court
Sandsack m ◨ sandbag ◪ zum Boxtraining: punching bag
Sandstein m sandstone
Sandstrand m sandy beach
Sanduhr f ◨ hourglass ◪ (≈ Eieruhr) egg timer
sanft ◨ allg. gentle; **mit sanfter Gewalt** gently but firmly ◪ Stimme, Musik: soft; **mit sanfter Stimme** softly, in a soft voice ◩ **dann versuchte ich es auf die sanfte Tour** umg then I tried a more gentle approach
★**Sänger(in)** m(f) singer
sanieren ◨ redevelop [ˌriːdɪ'veləp] (Stadtteil) ◪ renovate ['renəveɪt], umg do* up (Gebäude) ◩ clean up (Umwelt, Fluss) ◪ Wirtschaft: put* (back) on its feet, rehabilitate; Haushalt: turn (a)round
Sanierung f ◨ eines Stadtteils: redevelopment ◪ eines Gebäudes: renovation [ˌrenə'veɪʃn] ◩ der Umwelt: cleaning up ◪ Wirtschaft: rehabilitation
Sanierungsgebiet n redevelopment area [ˌriːdɪ'veləpmənt,eərɪə]
sanitär sanitary ['sænɪtrɪ]; **sanitäre Anlagen** sanitary facilities
Sanitär-, Heizungs- und Klimatechnik f plumbing, heating and air-conditioning technology

Sanitärinstallateur(in) m(f) plumber
Sanitärtechnik f plumbing
Sanitäter(in) m(f) first-aid attendant; beim Militär: (medical) orderly; paramedic [ˌpærə'medɪk], Br auch ambulance man/-woman
Sankt Saint [seɪnt] (abk St); **Sankt Petrus** Saint [snt] Peter
Sankt Gallen n St Gall [ˌsæn'gæl]
Sardelle f anchovy (⚠ 'æntʃəvɪ)
Sardine f sardine [sɑː'diːn]
Sardinien n Insel: Sardinia [sɑː'dɪnɪə]
Sarg m coffin
sarkastisch sarcastic
Satan m Satan ['seɪtn]; **der Satan** Satan (⚠ ohne the)
Satellit m satellite ['sætəlaɪt]; **über Satellit** by (oder via) satellite
Satellitenbild n satellite ['sætəlaɪt] picture
Satellitenfernsehen n satellite TV
Satellitenschüssel f satellite dish
Satire f satire ['sætaɪə] (**auf** on)
satirisch satirical [sə'tɪrɪkl]
★**satt** ◨ (≈ gesättigt) full; **bist du satt geworden?** have you had enough?; **ich bin davon nicht satt geworden** that wasn't enough for me; **das macht satt** it's very filling ◪ Farben: rich ◩ **das war eine satte Leistung** that was quite a feat ◪ **satte Preise** umg steep prices
→ satthaben
Sattel m saddle
satteln saddle (Pferd usw.)
Sattelschlepper m ◨ (≈ Zugfahrzeug) (road) tractor ◪ (≈ Sattelzug) articulated [ɑː'tɪkjʊleɪtɪd] lorry, umg artic [ɑː'tɪk], US tractor-trailer, semitrailer (truck), umg semi ['semɪ]
Satteltasche f für Fahrrad usw.: saddlebag
satthaben: **ich habe es satt!** umg I'm sick and tired of it
sättigend filling
Saturn m Planet: Saturn ['sætɜːn] (⚠ ohne the)
★**Satz** m ◨ Sprache: sentence; **in einem Satz zusammenfassen** usw.: in one sentence, briefly ◪ Tennis usw.: set; **Graf gewinnt mit 2:1 Sätzen** Graf wins 2 sets to 1 ◩ (≈ Sprung) leap; **einen Satz machen** take* a (oder one) leap ◪ Briefmarken usw.: set
Satzball m ◨ Tennis, Volleyball: set point ◪ Tischtennis, Badminton: game point
Satzbau m syntax
Satzgefüge n complex sentence
Satzung f statute ['stætʃuːt]; **Satzungen** eines Vereins usw.: statutes and articles [ˌstætʃuːts ənd'ɑːtɪklz]

Satzzeichen n punctuation mark
Sau f **1** *Tier:* sow [saʊ] **2** *umg als Schimpfwort:* swine, *Frau:* bitch **3** *Wendungen:* **unter aller Sau** lousy ['laʊzɪ]; **jemanden zur Sau machen** tear* a strip off someone; **die Sau rauslassen** let* one's hair down; **keine Sau war da** not one lousy person was there; **er fährt wie eine gesengte Sau** he drives like a maniac ['meɪnɪæk]
★**sauber** **1** *allg.* clean **2** *Luft, Wasser:* clean, unpolluted [ˌʌnpə'luːtɪd] **3** **sauber machen** clean, clean up **4** **er ist nicht ganz sauber** *umg* he isn't quite kosher ['kəʊʃə], *Br auch* he's a bit dodgy, *US* he's kind of a shady character
sauber halten keep* clean (*auch Umwelt*)
Sauberkeit f cleanliness [▲ 'klenlɪnəs]
säuberlich neatly; **alles fein säuberlich ordnen** put* everything in its right place
saubermachen → sauber 3
säubern clean
★**Sauce** f → Soße
Saudi-Arabien n Saudi Arabia [ˌsaʊdɪ_ə'reɪbɪə]
★**sauer** **1** *allg.* sour ['saʊə]; **sauer werden** turn sour **2** *Chemie:* acid ['æsɪd]; **saurer Regen** acid rain **3** *umg* (≈ *verärgert*) mad (**auf** at, with); **sauer werden** get* annoyed (*oder* cross) **4** **sauer verdientes Geld** hard-earned money
Sauerei f → Schweinerei
Sauerkirsche f sour cherry [ˌsaʊə'tʃerɪ]
Sauerkraut n sauerkraut ['saʊəkraʊt]
säuerlich (a bit *oder* slightly) sour (*auch übertragen*) (*oder* acidic) [ə'sɪdɪk]
Sauerstoff m oxygen ['ɒksɪdʒən]
Sauerstoffflasche f oxygen cylinder ['ɒksɪdʒənˌsɪlɪndə]
saufen **1** (*Tier*) drink* **2** *umg* (*Person*) drink*, booze; **sie säuft wie ein Loch** she drinks like a fish
Säufer(in) m(f) (heavy) drinker, *umg* boozer
Sauferei f *umg* **1** *Gewohnheit, Sucht:* boozing **2** (≈ *Saufgelage*) booze-up, *US* drunken bash
saugen **1** suck; **saugen an** suck **2** *mit Staubsauger:* vacuum ['vækjʊəm], *Br umg* hoover®
säugen breastfeed ['brestfiːd]
Sauger m **1** *am Milchfläschchen:* teat [tiːt], *US* nipple **2** (≈ *Staubsauger*) vacuum ['vækjʊəm]
Säugetier n mammal ['mæml]
saugfähig absorbent [əb'zɔːbənt]
Säugling m baby, infant ['ɪnfənt]
Säuglingsnahrung f baby food
Sauhaufen m *umg; Personen:* bunch of no--goods

saukalt *umg* damn [dæm] (*Br auch* bloody ['blʌdɪ]) cold
Saukerl m *umg* swine, bastard ['bɑːstəd]
Säule f column [▲ 'kɒləm], pillar
Saum m **1** *allg.:* hem(line) **2** (≈ *Naht*) seam **3** *auch übertragen* (≈ *Rand*) border, edge
saumäßig *umg* **1** (≈ *sehr schlecht*) lousy ['laʊzɪ] **2** **saumäßiges Glück haben** be* damn [dæm] lucky **3** **es tut saumäßig weh** it hurts like hell
säumen **1** *durch Nähen:* hem **2** *übertragen* line, (≈ *umgeben*) skirt
Sauna f sauna ['sɔːnə]
Säure f *Chemie:* acid ['æsɪd]
Saure-Gurken-Zeit f **1** *allg.:* off season **2** *Journalismus:* silly season
Saurier m dinosaur [▲ 'daɪnəsɔː]
sausen **1** (≈ *sich schnell bewegen*) rush, *umg* whizz; **ich saus mal schnell zum Supermarkt!** I'll just pop (*US* run) down to the supermarket **2** **durch eine Prüfung sausen** fail (*oder umg* flunk) an exam
Saustall m **1** pigsty ['pɪɡstaɪ] (*auch umg für Zimmer*) **2** (≈ *Unordnung*) absolute mess
Sauwetter n: **so ein Sauwetter!** *umg* what lousy weather! (▲ *ohne* a)
sauwohl: **ich fühl mich sauwohl** *umg* I feel really great
Saxofon n, **Saxophon** n saxophone ['sæksəfəʊn]
S-Bahn f **1** *System:* suburban railway **2** *Zug:* suburban train
S-Bahnhof m, **S-Bahn-Station** f suburban (train) station
scannen *Computer:* scan
Scanner m **1** *Computer:* scanner **2** *von Strichkodes auch:* bar-code reader
schaben scrape
schäbig **1** (≈ *abgenutzt*) shabby **2** (≈ *geizig*) mean, stingy ['stɪndʒɪ] **3** (≈ *gemein*) mean **4** **sich schäbig verhalten** act shamefully (*oder* shabbily)
Schablone f **1** stencil ['stensɪl] **2** (≈ *Muster*) template
Schach n **1** *Spiel:* chess **2** *Spielsituation:* check; **Schach!** check!; **Schach und matt!** checkmate! **3** **jemanden in Schach halten** *übertragen* hold* someone in check
Schachbrett n chessboard
Schachfigur f **1** chess piece, chessman **2** *übertragen* pawn
schachmatt **1** checkmate; **jemanden schachmatt setzen** checkmate someone (*auch übertragen*) **2** (≈ *erschöpft*) exhausted [ɪɡ'zɔːs-

tɪd], shattered
Schachspiel *n* **1** game of chess **2** (≈ *Brett und Figuren*) chess set
Schacht *m* **1** *allg.*: shaft [ʃɑːft] (*auch im Bergbau*) **2** *Kopierer, Drucker*: (≈ *Papierschacht*) (paper) tray
★**Schachtel** *f* **1** box; **eine Schachtel Zigaretten** a packet (*US* pack) of cigarettes **2** **alte Schachtel** *umg, abwertend* old bag
Schachzug *m*: **ein geschickter Schachzug übertragen** a clever move
★**schade** **1** **es ist sehr schade** it's a real pity (*oder* shame) **2** **wie schade!** what a pity! **3** **schade, dass du schon gehen musst** (it's a) pity you have to go so soon
Schädel *m* **1** *von Skelett*: skull **2** *umg* (≈ *Kopf*) head; **jemandem eins über den Schädel geben** hit* someone over the head; **geht das nicht in deinen Schädel hinein?** can't you get it into your head?
★**schaden** **1** damage, harm **2** **das schadet deiner Gesundheit** it's bad for your health **3** **ein Versuch kann nicht schaden** there's no harm in trying **4** **das schadet nichts** (≈ *macht nichts*) it doesn't matter
★**Schaden** *m* **1** *allg.*: damage (**an** to); **einen Schaden verursachen** cause damage (▲*ohne* a) **2** *körperlich*: injury ['ɪndʒərɪ], harm; **zu Schaden kommen** be* injured, be* hurt **3** **aus Schaden wird man klug** you learn from your mistakes
Schadenersatz *m* **1** compensation **2** *Geldbetrag*: damages (▲*pl*)
Schadenfreude *f* **1** malicious glee, gloating **2** **voller Schadenfreude** gloatingly
schadenfroh: **sie lachte schadenfroh** she laughed with malicious glee
schadhaft **1** *allg.*: (≈ *beschädigt*) damaged ['dæmɪdʒd], faulty, defective [dɪ'fektɪv] **2** *Zähne*: decayed [dɪ'keɪd] **3** *Rohr usw.*: leaking
schädigen **1** *allg.*: damage (*Gesundheit, Ruf usw.*), *gesundheitlich auch*: harm, injure ['ɪndʒə] **2** **jemanden schädigen wollen** try to harm (*oder* hurt) someone **3** cause losses to (*Firma usw.*); **wir sind schwer geschädigt worden** we have suffered heavy losses **4** impair [ɪm'peə] (*Ruf, Ohren, Augen usw.*)
Schädigung *f* (+ *Genitiv*) **1** *der Gesundheit, des guten Rufes usw.*: damage (to) **2** *des Gehörs usw.*: impairment (of) **3** *gesundheitliche*: injury (to), harm (to)
schädlich harmful; **es ist schädlich für die Gesundheit** it's harmful to your health

Schädling *m bes. von Pflanzen*: pest
Schädlingsbekämpfung *f in der Landwirtschaft*: pest control
Schadstoff *m* harmful substance ['sʌbstəns], *für die Umwelt*: pollutant [pə'luːtnt]
schadstoffarm *Auto*: low-emission (▲*nur vor dem Subst.*), clean
Schadstoffbelastung *f* level of pollution
schadstofffrei emission-free
★**Schaf** *n* sheep *pl*: sheep
Schäfer(in) *m(f)* shepherd [▲'ʃepəd]
Schäferhund *m* Alsatian [æl'seɪʃn], German shepherd [▲'ʃepəd]
★**schaffen** **1** create (*Arbeitsplätze usw.*) **2** **er ist für den Posten wie geschaffen** he's perfect for the job **3** (≈ *verursachen*) cause (*Ärger, Probleme*) **4** (≈ *bringen*) take*; **ich schaff den Koffer auf den Dachboden** I'll take the suitcase up into the loft; **schaff die Katze aus dem Zimmer!** get that cat out of the room! **5** (≈ *bewältigen*) manage; **eine Prüfung schaffen** pass an exam; **wir haben es geschafft!** we made it!; **das ist nicht zu schaffen** it can't be done **6** *Wendungen*: **jemandem zu schaffen machen** give* someone a hard time; **was hast du hier zu schaffen?** what d'you think you're doing here?; **er schafft mich** *umg* he's getting me down; **damit habe ich nichts zu schaffen** I've got nothing to do with it
Schaffhausen *n* Schaffhausen [ʃæ'faʊzən]
Schaffner(in) *m(f)* **1** *im Bus*: conductor **2** *im Zug*: guard [ɡɑːd], *US* conductor
Schafherde *f* flock of sheep
Schafskäse *m* feta (cheese), sheep's milk cheese
Schafwolle *f* sheep's wool [▲'ʃiːps_wʊl]
Schakal *m* jackal [▲'dʒækɔːl, 'dʒækl]
schal **1** *Getränk*: flat **2** *Gerede, Witz*: stale
Schal *m* scarf *pl*: scarfs *oder* scarves
Schale *f* **1** *von Eiern, Nüssen*: shell **2** *von Obst*: skin, *abgeschält*: peel **3** *Gefäß*: bowl [bəʊl], *flacher*: dish **4** **sich in Schale werfen** *umg* dress up, *Frau auch*: doll oneself up
schälen **1** peel (*Obst, Kartoffeln, Eier usw.*) **2** **sich schälen** (*Haut, Lack*) peel, peel off
Schall *m* sound
Schalldämpfer *m* **1** *an Waffe*: silencer **2** *am Auto*: silencer, *US* muffler
schalldicht soundproof
schallend **1** **schallend lachen** roar with laughter; **schallendes Gelächter** loud laughter **2** **eine schallende Ohrfeige** *übertragen* a slap in the face
Schallgeschwindigkeit *f* speed of sound

Schallmauer f: **die Schallmauer durchbrechen** break* the sound barrier ['saʊnd,bærɪə]

★**Schallplatte** f record ['rekɔ:d]

★**schalten** [1] *mit einem Schalter*: switch [2] **die Ampel schaltete auf Rot** the traffic lights changed to red [3] *beim Autofahren*: change gears, *US meist* shift gears; **in den 3. Gang schalten** change (*oder* shift) into third gear [4] *umg* (≈ *begreifen*): catch* on; **ich hab zu spät geschaltet** I didn't react quickly enough; **er schaltet schnell** he's quick on the uptake

★**Schalter** m [1] *Hebel, Knopf*: switch [2] *in Post, Bank*: counter

Schalterhalle f *Post, Bank usw.*: main hall, *Bahnhof auch*: booking hall

Schalterstunden pl *in Bank usw.*: business hours

Schalthebel m *im Auto*: gear stick ['gɪə,stɪk], *US* gear shift

Schaltjahr n leap year

Schaltkasten m switchbox, switch box

Schaltknüppel m *im Auto*: gear lever ['gɪə,li:və], *US* gear shift

Schaltkreis m *elektrischer*: circuit [⚠ 'sɜ:kɪt]

Schalttafel f control panel, switchboard

Schalttag m leap day

Schaltung f switching, *elektrisch*: wiring, *im Auto*: gear change, *US* gearshift

Scham f [1] shame; **vor Scham erröten** blush (*oder* go* red) with shame [2] (≈ *Genitalien*) genitals ['dʒenɪtlz] (⚠ *pl*), private parts (⚠ *pl*)

★**schämen** [1] **sich schämen** be* ashamed, feel* ashamed (**wegen** of) [2] **schäm dich!** shame on you!

Schamgefühl n sense of shame

Schamhaare pl pubic ['pju:bɪk] hair (⚠ *sg*)

schamlos (≈ *frech, dreist*) shameless

Schande f [1] disgrace; **mach uns keine Schande** *umg* try not to disgrace us [2] **zu meiner Schande muss ich gestehen, dass ...** I'm ashamed to admit that ...

Schandfleck m *Gebäude usw.*: eyesore

Schandtat f: **er ist zu jeder Schandtat bereit** *umg, humorvoll* he's game for anything

Schanigarten m ⓐ (≈ *Biergarten*) beer garden

Schanze f (≈ *Sprungschanze*) ski jump

Schar f [1] *Menschenmenge*: crowd [kraʊd], horde [2] **die Fans kamen in Scharen** thousands of fans flocked there [3] *Vögel*: flock

scharenweise in droves

★**scharf** [1] *allg.*: sharp (*auch übertragen Kritik, Protest usw.*) [2] (≈ *genau, deutlich*) sharp; **scharf sehen** have* sharp eyes [3] **scharf**

einstellen focus (*Bild, Kamera*) [4] **denk mal scharf nach!** put your thinking cap on! [5] (≈ *hart, schonungslos*) fierce [fɪəs], tough [tʌf]; **jemanden scharf anfassen** be* strict with someone; **der neue Lehrer ist ein ganz scharfer** *umg* (≈ *ist sehr streng*) the new teacher is a really tough sort, *US* the new teacher is really strict [6] *Gewürz*: hot; **das ist ja ein scharfes Zeug** that really burns your throat; **etwas scharf würzen** make* something hot [7] **scharfe Sachen** *Alkohol*: hard stuff ['hɑ:d ˌstʌf] (⚠ *sg*) [8] *umg* (≈ *großartig*) great; **das ist ja scharf** get a load of that! [9] *umg* (≈ *geil*) randy, horny; **auf jemanden scharf sein** be* keen on (*oder* hot for) someone; → **scharfmachen** [10] *umg*; *Bilder, Film, Video*: sexy, hot [11] *umg, Person* (≈ *sexy*) fit *Br, salopp*

Schärfe f [1] *eines Messers usw.*: sharpness [2] (≈ *Genauigkeit, Klarheit*) sharpness, clarity [3] (≈ *Härte*) toughness ['tʌfnəs], strictness [4] *von Gewürz*: hotness

Scharfeinstellung f *bei optischem Gerät* [1] *Vorgang*: focus(s)ing ['fəʊkəsɪŋ] [2] *Vorrichtung*: focus(s)ing ring (*oder* control)

schärfen sharpen (*Messer, Blick usw.*)

Scharfmacher(in) m(f) *umg* (≈ *Demagoge*) rabble-rouser

Scharfschütze m sharpshooter, marksman, sniper

Scharfsinn m astuteness, shrewdness

scharfsinnig astute [ə'stju:t], shrewd

Scharlach m *Krankheit*: scarlet fever; **ich habe Scharlach** I've got scarlet fever

Scharnier n hinge

scharren [1] scrape; **mit den Füßen scharren** scrape one's feet (⚠ *ohne* with) [2] (*Huhn*) scratch [3] (*Hund, Pferd usw.*) paw the ground

Scharriereisen n drove chisel

Schaschlik n shish kebab ['ʃɪʃ kəˌbæb]

★**Schatten** m [1] *schattige Stelle*: shade; **30 Grad im Schatten** 30 degrees in the shade [2] *Wendungen*: **Licht und Schatten** light and shade; **das stellt alles bisher Dagewesene in den Schatten** that puts everything in the shade [3] *Schattenbild*: shadow; **einen Schatten auf etwas werfen** *auch übertragen* cast* a shadow on something [4] *Wendungen*: **in jemandes Schatten stehen** live in someone's shadow; **über seinen eigenen Schatten springen** overcome* oneself

Schattenkabinett n *Politik*: shadow cabinet [ˌʃædəʊ'kæbɪnət]

Schattenseite f ❶ shady side ❷ (≈ *Nachteil*) drawback ❸ **die Schattenseiten des Lebens** the dark side of life

schattig shady

Schatz m ❶ (≈ *Kostbarkeiten*) treasure ['treʒə] ❷ **ein Schatz an Erfahrungen** a wealth [welθ] of experience (⚠ sg) ❸ (≈ *Liebling*) sweetheart ❹ *Anrede:* love, darling

★**schätzen** ❶ (≈ *grob berechnen*) estimate ['estɪmeɪt], guess [ges]; **wie alt schätzt du sie?** how old do you think she is?; **ich hätte sie älter geschätzt** I'd have said she's older; **grob geschätzt** at a rough guess ❷ (≈ *vermuten*) reckon, think*; **ich schätze, es dauert zwei Tage** I reckon (*oder* I'd say) it's going to take two days ❸ (≈ *mögen*) think* highly of ❹ **ich weiß es zu schätzen** I appreciate [əˈpriːʃieɪt] it ❺ **du kannst dich glücklich schätzen** you can think yourself lucky ❻ value ['vælju:], assess [əˈses] (*Schmuck, Auto usw.*) (**auf** at)

Schätzung f ❶ (≈ *grobe Berechnung*) estimate ['estɪmət], guess [ges] ❷ **nach meiner Schätzung ...** I reckon (that) ... ❸ *eines Wertgegenstands, Gebäudes:* valuation ❹ (≈ *Hochachtung*) esteem [ɪˈstiːm]

schätzungsweise ❶ roughly ['rʌflɪ], approximately [əˈprɒksɪmətlɪ] ❷ **schätzungsweise zwei Millionen Deutsche** an estimated two million Germans ❸ **sie hat schätzungsweise 300 CDs** I reckon she's got about 300 CDs

Schau f ❶ (≈ *Ausstellung*) exhibition [⚠ ˌeksɪˈbɪʃn] ❷ *zur Unterhaltung:* show ❸ *Wendungen:* **nur zur Schau** just for show; **eine Schau abziehen** *umg* put* on a show; **er macht nur auf Schau** *umg* he's just out to pull off a show; **er hat mir die Schau gestohlen** *umg* he stole the show from me

Schaubild n diagram, (≈ *Kurve*) graph

★**schauen** ❶ (≈ *blicken*) look (**auf** at); **was schaust du so?** why are you looking like that? ❷ (≈ *nachsehen*) have* a look; **ich schau mal, ob ...** I'll go and have a look whether ... ❸ **schau, dass ...** see (to it) that

★**Schauer** m shower ['ʃaʊə]; **vereinzelt(e) Schauer** scattered showers

Schauermärchen n horror story

Schaufel f ❶ shovel [⚠ ˈʃʌvl] ❷ *für Zucker usw.:* scoop ❸ **Schaufel und Besen** dustpan and brush ❹ *von Wasserrad, Turbine:* vane

schaufeln ❶ *allg.:* shovel [⚠ ˈʃʌvl] ❷ **Schnee schaufeln** clear the snow away ❸ dig* (*Loch, Grube usw.*)

★**Schaufenster** n shop window, *US* store window

Schaufensterbummel m: **einen Schaufensterbummel machen** go* window-shopping

Schaufensterpuppe f shop-window dummy, mannequin ['mænəkɪn]

Schaukasten m showcase

Schaukel f ❶ swing ❷ (≈ *Wippe*) seesaw

schaukeln ❶ *mit Schaukel:* swing* ❷ *Schiff,* (*mit*) *Schaukelstuhl:* rock ❸ **wir werden die Sache** (*oder* **das Kind**) **schon schaukeln** *umg* we'll manage it somehow

Schaukelpferd n rocking horse

Schaukelstuhl m rocking chair, *US auch* rocker

Schaulustige(r), m/f(m) gawper ['gɔːpə], *bes. US* rubbernecker, *US* gawker

Schaum m ❶ *allg.:* foam ❷ *von Seife usw.:* lather ['lɑːðə] ❸ *von Bier usw.:* froth

Schaumbad n bubble bath

schäumen ❶ foam, froth ❷ (*Seife*) lather ['lɑːðə] ❸ (*Bier usw.*) froth (up) ❹ **er schäumte vor Wut** *umg* he was foaming

Schaumfestiger m mousse [muːs]

Schaumgummi n/m foam rubber

schaumig ❶ *allg.:* frothy ['frɒθɪ] (*auch Bier*) ❷ *Seife usw.:* lathery ['lɑːðərɪ] ❸ *nach Quirlen usw.:* fluffy

Schaumkuss m chocolate-covered marshmallow on a biscuit base

Schaumstoff m foam material

Schauplatz m scene [⚠ siːn]; **am Schauplatz** at the scene

Schauspiel n ❶ *im Theater:* drama, play ❷ *übertragen* spectacle ['spektəkl], sight

★**Schauspieler** m actor

Schauspielerin f actress

Schausteller(in) m(f) *auf Jahrmärkten usw.:* (fairground) showman (showwoman)

★**Scheck** m cheque [tʃek], *US* check; **einen Scheck auf jemanden ausstellen** make* a cheque out to someone

★**Scheckkarte** f cheque [tʃek] card, *US* check cashing card

★**Scheibe** f ❶ disc (*auch CD, Schallplatte*) ❷ *aus Glas:* pane ❸ *von Wurst, Käse usw.:* slice ❹ **von ihm kannst du dir eine Scheibe abschneiden** *umg* you could learn a thing or two from him

Scheibenbremse f *Auto usw.:* disc brake ['dɪskbreɪk]

Scheibenwaschanlage f *Auto:* windscreen (*US* windshield) washer system (*oder* washers pl)

Scheibenwischer m windscreen wiper, *US* windshield wiper

Scheich *m* sheik(h) [▲ ʃeɪk]
Scheide *f* ◼ *einer Waffe*: sheath [ʃiːθ] *pl*: sheaths [▲ ʃiːðz] ◼ *der Frau*: vagina [▲ vəˈdʒaɪnə]
★**scheiden** ◼ **sich scheiden lassen** get* a divorce [dɪˈvɔːs], get* divorced; **sie will sich scheiden lassen** she wants a divorce; **sie hat sich von ihm scheiden lassen** she divorced him ◼ **hier scheiden sich die Geister** opinions are divided on that
Scheidung *f* divorce [dɪˈvɔːs]; **wir leben in Scheidung** we're getting a divorce
★**Schein**¹ *m* (≈ *Geldschein*) note, *US* bill
★**Schein**² *m* (≈ *Anschein*) appearance [əˈpɪərəns]; **dem Schein nach** to all appearances; **er hat es zum Schein getan** he pretended to do it; **der Schein trügt** appearances are deceptive [dɪˈseptɪv]
★**Schein**³ *m* (≈ *Lichtschein*) light
scheinbar ◼ *Widerspruch usw.*: seeming, apparent ◼ **es hat ihn scheinbar nicht berührt** it didn't seem to bother him ◼ **er gab nur scheinbar nach** he only pretended to give in
★**scheinen** ◼ (*Sonne*) shine* ◼ (≈ *den Anschein haben*) seem, appear; **es scheint nur so** it only seems like it; **er scheint da zu sein** it looks as if he's there
scheinheilig hypocritical [ˌhɪpəˈkrɪtɪkl]; **scheinheilig tun** act the innocent
scheintot seemingly dead
★**Scheinwerfer** *m* ◼ *allg.*: floodlight [ˈflʌdlaɪt] ◼ *am Auto*: headlight
Scheinwerferlicht *n* ◼ spotlight ◼ **im Scheinwerferlicht der Öffentlichkeit stehen** be* very much in the public eye
Scheiß... *in Zusammensetzungen vulgär* bloody ... [ˈblʌdɪ], fucking ...
Scheiße *f vulgär* ◼ (≈ *Kot*) shit ◼ (≈ *Mist*) crap ◼ **Scheiße!** shit!, *Br auch* bloody hell!
scheißegal: **das ist mir scheißegal!** *umg* I don't give a damn! [▲ dæm]
scheißen *vulgär* shit*
Scheitel *m von Frisur*: parting, *US* part
Scheitelpunkt *m* vertex
Scheiterhaufen *m* (funeral [ˈfjuːnrəl]) pyre; **auf dem Scheiterhaufen verbrannt werden** be* burnt at the stake
★**scheitern** ◼ fail (**an** because of) ◼ (*Ehe, Verhandlungen*) break* down ◼ (*Plan, Projekt*) fail, fall* through
Scheitern *n* failure [ˈfeɪljə], breakdown **es war zum Scheitern verurteilt** it was doomed to fail; **zum Scheitern bringen** frustrate [frʌˈstreɪt], thwart [θwɔːt] (*Plan, Vorhaben*)

schellen ◼ ring* (the bell) ◼ **es hat geschellt** there's someone at the door
Schellfisch *m* haddock [ˈhædək]
Schelm *m* rogue [ˈrəʊɡ], *bes. Kind*: rascal [ˈrɑːskl]
Schema *n* ◼ (≈ *System*) pattern [ˈpætn], system; **er lässt sich in kein Schema pressen** he doesn't fit into any pattern ◼ **nach Schema F** without putting any real thought into it ◼ (≈ *Entwurf*) sketch, plan ◼ (≈ *Grafik*) diagram
schematisch ◼ *Zeichnung*: schematic [skɪˈmætɪk] ◼ **etwas schematisch darstellen** illustrate something in a diagram ◼ *Arbeit usw.*: mechanical ◼ **schematisch arbeiten** work by rote
Schemel *m* (foot)stool
Schenkel *m* ◼ (≈ *Oberschenkel*) thigh [θaɪ]; **er schlug sich vor Vergnügen auf die Schenkel** he slapped his thighs with delight ◼ *eines Winkels*: side
★**schenken** ◼ (≈ *geben*) give*; **er hat's mir geschenkt** he gave it to me (as a present [ˈpreznt]); **ich muss ihr was zum Geburtstag schenken** I've got to get her a birthday present; **wir schenken uns nichts zu Weihnachten** we don't give each other Christmas presents ◼ **jemandem Aufmerksamkeit schenken** pay* attention to someone ◼ *umg* **das können wir uns schenken** (≈ *weglassen*) we can give that a miss; **den Film kannst du dir schenken** you can forget that film; **deine Ausreden kannst du dir schenken** you can keep your excuses ◼ **geschenkt!** *nach Entschuldigung usw.*: forget it!
Schenkung *f* donation (**an** to)
Scherbe *f Glas*: piece of (broken) glass, *Porzellan*: piece of (broken) china [ˈtʃaɪnə]; **in Scherben schlagen** smash to pieces; **in Scherben gehen** get* smashed, *übertragen (Beziehung, Ehe)* break* up
★**Schere** *f* scissors [ˈsɪzəz] (▲ *pl*); **ist das deine Schere?** are those your scissors?
Scherereien *pl umg* trouble (▲ *sg*); **jemandem Scherereien machen** give* someone trouble
Schermaus *f* ⊕, ⊛ (≈ *Maulwurf*) mole
★**Scherz** *m* ◼ joke ◼ *Wendungen*: **mach keine Scherze!** you're kidding!; **Scherz beiseite** seriously though; **ich hab's doch nur als Scherz gemeint** I was only joking
scherzen joke, make* jokes; **ich scherze nicht** I'm not joking, I'm not kidding
scheu ◼ (≈ *schüchtern*) shy ◼ *Tier*: timid [ˈtɪmɪd] ◼ **mach mir nicht die Pferde scheu!** *über-*

tragen keep your shirt on!
Scheu f shyness, timidity [tɪˈmɪdətɪ]
scheuen ◼ (*Pferd usw.*) shy, take* fright (**vor** at) ◻ shun, avoid, shy away from (*etwas Unangenehmes*); **keine Kosten (Mühe) scheuen** spare no expense (▲ *sg*) (pains *pl*) ◼ **sich scheuen, etwas zu tun** be* afraid of (*oder* shrink* from) doing something; **sie scheut sich nicht davor, zu** (+ *inf*) she's not afraid to (+ *inf*), *abwertend, umg* she has the nerve to (+ *inf*)
scheuern ◼ scrub (*Topf, Boden usw.*) ◻ **sie hat ihm eine gescheuert** *umg* she socked him one
Scheune f barn
Scheunendrescher m: **er isst wie ein Scheunendrescher** *umg* he eats like a horse
Scheusal n ◼ monster (*auch übertragen*) ◻ *übertragen* (≈ *Ekel*) beast, *bes. Kind*: horror [ˈhɒrə], little beast
scheußlich *allg.*: horrible [ˈhɒrəbl]
★**Schi** m → Ski
★**Schicht** f ◼ (≈ *Lage*) layer ◻ *der Gesellschaft*: class ◼ *bei der Arbeit*: shift; **Schicht arbeiten** work shifts (▲ *pl*); **er hat Schicht** he's on shift
Schichtarbeit f, **Schichtdienst** m shiftwork
Schichtwechsel m change of shifts
★**schick** ◼ (≈ *elegant*) smart, *US* sharp; **sich schick anziehen** dress smartly (*US* sharply) ◻ (≈ *modisch, beliebt*) trendy
★**schicken** ◼ (≈ *versenden*) send* (**an, nach** to) ◻ **jemanden ins Bett schicken** send* someone to bed ◼ **sich schicken** *umg* hurry up; **schick dich!** get a move on!
Schickimicki m *umg*; *Person*: trendy
Schicksal n fate, destiny [ˈdestənɪ]; **das Schicksal herausfordern** tempt fate; **(das ist) Schicksal** that's the luck of the draw
Schicksalsschlag m (bad *oder* tragic *oder* terrible) blow, stroke of fate
Schiebedach n *Auto*: sliding roof, sunroof
Schiebefenster n sliding (*nach oben verschiebbar*: sash) window
★**schieben** ◼ push (*Auto, Fahrrad usw.*); **wir mussten den Wagen schieben** we had to push the car, we had to give the car a push ◻ **kannst du mal schieben?** will you have a push? ◼ **den Ball ins Tor schieben** slip the ball into the net ◼ **etwas auf jemanden schieben** *übertragen* (try to) blame someone for something ◼ **sich nach vorn schieben** *in Menschenmenge*: push (one's way) to the front, *in Tabelle*: move to the top ◼ push (*Drogen usw.*)

Schieber m ◼ *Vorrichtung*: slide ◻ *Tanz*: one--step ◼ (≈ *Schwarzhändler*) black marketeer [ˌmɑːkɪˈtɪə] ◼ (≈ *Drogenhändler*) pusher
Schiebetür f sliding door
Schiebung f: **das war Schiebung** it was all rigged [rɪgd], *Sport*: it was a fix
schiech *bes.* Ⓐ (≈ *hässlich*) ugly
Schiedsgericht n ◼ court of arbitration [ˌkɔːt-_əv,ɑːbɪˈtreɪʃn] ◻ **internationales Schiedsgericht** international tribunal [traɪˈbjuːnl] ◼ *Sport usw.*: jury [ˈdʒʊərɪ]
★**Schiedsrichter(in)** m(f) ◼ *Fußball, Basketball usw.*: referee [ˌrefəˈriː] ◻ *Tennis, Tischtennis usw.*: umpire [ˈʌmpaɪə] ◼ (≈ *Preisrichter*) judge
Schiedsrichterassistent(in) m(f) *Fußball*: referee's assistant, assistant referee
Schiedsspruch m (arbitral [ˈɑːbɪtrəl]) award [əˈwɔːd], arbitration; **einen Schiedsspruch fällen** make* an award
★**schief** ◼ (↔ *gerade*) crooked (▲ ˈkrʊkɪd), not straight [streɪt]; **schiefe Absätze** worn-down heels; **das Bild hängt schief** the picture isn't hanging straight ◻ **der Schiefe Turm von Pisa** the Leaning Tower of Pisa ◼ *übertragen* (≈ *verzerrt*) distorted; **schiefes Bild** false [fɔːls] impression; **schiefer Vergleich** false comparison ◼ **jemanden schief ansehen** *umg* look askance [əˈskæns] at someone; → **schiefgehen**
Schiefer m ◼ *Gestein*: slate ◻ *Dialekt*: (≈ *Splitter*) splinter
schiefgehen go* wrong [▲ rɒŋ]; **wird schon schiefgehen!** you'll be all right
schieflachen: **ich habe mich schiefgelacht** *umg* I was laughing my head off
schielen ◼ squint, have* a squint ◻ **schielen auf** (≈ *heimlich blicken*) squint at ◼ **auf diesen Job schielt er schon lange** he's had his eye on this job for some time
Schienbein n shin(bone)
★**Schiene** f ◼ *Eisenbahn usw.*: rail; **aus den Schienen springen** come* off the rails ◻ *bei Knochenbruch usw.*: splint
schienen put* in a splint (*oder* in splints) (*Bein, Arm*)
schier ◼ **es ist schier unmöglich** it's virtually impossible ◻ **es ist schierer Wahnsinn** (*bzw.* Unsinn *usw.*) it's sheer madness (*bzw.* nonsense *usw.*)
Schießbude f shooting gallery [ˈgæləri]
★**schießen** ◼ *mit Schusswaffe*: shoot*, fire (**auf** at); **gut** (*bzw.* **schlecht**) **schießen** be* a good (*bzw.* bad) shot; **er hat sich eine Kugel durch**

den Kopf geschossen he put a bullet through his head ❷ *Fußball usw.*: shoot* ❸ **den Ball ins Netz schießen** put* the ball in the net ❹ **gegen jemanden schießen** *übertragen* have a go at someone ❺ *umg* (≈ *fotografieren*) shoot* ❻ **eine Aufnahme schießen** take* a shot ❼ **ein Gedanke schoss mir durch den Kopf** a thought suddenly occurred to me ❽ **in die Höhe schießen** (*Pflanze, Kind*) shoot* up

Schießen *n* ❶ shooting ❷ **es ist zum Schießen** *umg* it's a real scream

Schießerei *f* ❶ (≈ *das Schießen*) shooting ❷ *Kampf*: shootout, *bes. US auch* gunfight

Schießstand *m* ❶ shooting range [reɪndʒ] ❷ (≈ *Schießbude*) shooting gallery ['gælərɪ]

★**Schiff** *n* ship; **auf dem Schiff** on board ship (⚠ *ohne* of the)

schiffbar *Fluss usw.*: navigable ['nævɪgəbl]

Schiffbau *m* shipbuilding

Schiffbruch *m* shipwreck [⚠ 'ʃɪprek]; **sie haben Schiffbruch erlitten** they were shipwrecked

Schiffbrüchige(r) *m/f(m)* shipwrecked [⚠ 'ʃɪprekt] person, *auf einsamer Insel auch*: castaway ['kɑːstəweɪ]

Schifffahrt *f*: **die Schifffahrt** shipping (⚠ *ohne* the)

Schikane *f* ❶ harassment ['hærəsmənt] ❷ **aus reiner Schikane** out of sheer spite ❸ **mit allen Schikanen** *übertragen* with all the trimmings, *Haus, Küche*: with all the mod cons ❹ *Motorsport*: chicane [ʃɪ'keɪn]

schikanieren jemanden schikanieren mess someone about (*US* around), bully [⚠ 'bʊlɪ] someone about (*Schüler usw.*)

Schikoree *f* chicory ['tʃɪkərɪ], *US* endive (*s pl*) ['endaɪv(z), 'ɑːndiːv(z)]

★**Schild**[1] *n* ❶ *allg.*: sign [saɪn]; **was steht auf dem Schild?** what does the sign say? ❷ (≈ *Wegweiser*) signpost ❸ (≈ *Verkehrsschild*) road (*oder* traffic) sign ❹ (≈ *Namensschild*) nameplate ❺ (≈ *Preisschild*) ticket; (≈ *Etikett*) label ❻ (≈ *Plakette*) badge, (≈ *Plakat*) placard, *an Haus*: plaque

Schild[2] *m* ❶ *Rüstung*: shield [ʃiːld] ❷ **etwas im Schilde führen** be* up to something

Schilddrüse *f* thyroid gland ['θaɪrɔɪd ˌglænd]

★**schildern** ❶ (≈ *beschreiben*) describe; **etwas detailliert schildern** give* a detailed description of something ❷ (≈ *skizzieren*) outline, sketch ❸ (≈ *erzählen*) tell*; **er schilderte sein Erlebnis** he told us *usw.* about his experience

★**Schilderung** *f* ❶ description ❷ (≈ *Bericht*) account

Schildkröte *f* ❶ (≈ *Landschildkröte*) tortoise [⚠ 'tɔːtəs], *US auch* (land) turtle ❷ (≈ *Meeresschildkröte*) turtle, *US auch* sea turtle (*oder* tortoise)

Schilf *n* ❶ *einzelne Pflanze*: reed ❷ *als Gürtel am Wasser*: reeds *pl*

Schilling *m* Ⓐ *ehemalige Währung*: schilling

Schimmel[1] *m Pferd*: white horse

Schimmel[2] *m Belag*: mould [məʊld]

schimm(e)lig ❶ *Lebensmittel, Wand*: mouldy ['məʊldɪ] ❷ *Leder, Bucheinband, Papier usw.*: mildewy ['mɪldjuːɪ]

schimmeln go* mouldy ['məʊldɪ]

Schimmelpilz *m* mould [məʊld]

Schimmer *m* ❶ (≈ *Glanz*) gleam ❷ **ich habe keinen blassen Schimmer** *umg* I haven't got a clue

Schimpanse *m* chimpanzee [ˌtʃɪmpæn'ziː], *umg* chimp

★**schimpfen** ❶ **jemanden** (*oder* **mit jemandem**) **schimpfen** tell* someone off ❷ (≈ *sich beklagen*) grumble, *bes. Br* moan, *bes. US* grouse, complain; **über etwas schimpfen** complain about something ❸ **und so was schimpft sich Lehrer** *umg* and he calls himself a teacher

Schimpfwort *n* (≈ *Fluch*) swearword ['sweəwɜːd]

Schindeldach *n* shingle roof

schinden ❶ drive* someone hard ❷ (≈ *quälen*) maltreat [ˌmæl'triːt] someone ❸ (≈ *herausschinden*) *umg*, *übertragen* wangle; **Eindruck schinden (wollen)** try* to impress, show off; **Zeit schinden** *Sport*: play for time ❹ **sich schinden** slave away

★**Schinken** *m* ❶ *Wurstart*: ham ❷ *umg* (≈ *dickes Buch*) fat tome

Schiri *m umg* (≈ *Schiedsrichter*) ref

★**Schirm** *m* ❶ (≈ *Regenschirm*) umbrella ❷ (≈ *Bildschirm*) screen ❸ (≈ *Fallschirm*) parachute ['pærəʃuːt], *umg* chute [ʃuːt]

Schirmherr(in) *m(f)* patron(ess) ['peɪtrən (ˌpeɪtrə'nes)]

Schirmmütze *f* peaked cap

Schirmständer *m* umbrella stand

Schiss *m*: **Schiss haben** *umg* be* scared stiff

schizophren *Person*: (≈ *geisteskrank*) schizophrenic [ˌskɪtsə'frenɪk] *Sache*: (≈ *absurd, total verrückt*) absurd [əb'sɜːd], *umg* crazy

schlabbern slobber

★**Schlacht** *f* battle (**bei** of)

schlachten ❶ slaughter ['slɔːtə] (*Kuh, Schwein*) ❷ kill (*Huhn, Hase*) ❸ (≈ *niedermetzeln*) mas-

sacre ['mæsəkə], slaughter
Schlachtenbummler(in) m(f) Sport: fan, supporter
Schlachter(in) m(f) (≈ Metzger) butcher [⚠ 'bʊtʃə]
Schlachtfeld n ◨ battlefield ◨ **hier siehts ja aus wie auf einem Schlachtfeld** this place looks as if it's been hit by a bomb
Schlachthof m abattoir [⚠ 'æbətwɑː], slaughterhouse ['slɔːtəhaʊs]
Schlachtschiff n battleship
Schlacke f ◨ von Erzen, Vulkangestein: slag ◨ von Kohle: cinders (⚠ pl), größer: clinker ◨ **Schlacken** pl (≈ Ballaststoffe) roughage ['rʌfɪdʒ], fibre, US fiber ['faɪbə] (⚠ sg) ◨ **Schlacken** pl (≈ Abfallstoffe des Körpers) waste products

★**Schlaf** m ◨ sleep; **einen leichten** (bzw. **festen**) **Schlaf haben** be* a light (bzw. sound) sleeper; **aus dem Schlaf gerissen werden** be* rudely awakened ◨ **das mach ich doch im Schlaf** umg I can do that with my eyes closed
Schlafanzug m pyjamas, US pajamas [pəˈdʒɑːməz] (⚠ pl); **wo ist mein Schlafanzug?** where are my pyjamas?
Schlafcouch f sofa bed
Schläfe f temple

★**schlafen** ◨ sleep*, be* asleep; **schlaf gut!** sleep well!; **hast du gut geschlafen?** did you sleep all right?; **sie schläft fest** she's fast asleep ◨ **schlafen gehen** go* to bed (⚠ engl. go to sleep = einschlafen) ◨ **in der Schule schläft er nie** he never pays attention at school ◨ **mit offenen Augen schlafen** daydream* ◨ **Entschuldigung, jetzt habe ich geschlafen** sorry, I was miles away ◨ **mit jemandem schlafen** sleep* with someone
Schläfer(in) m(f) ◨ (≈ Schlafender) sleeper ◨ übertragen (≈ Agent, Terrorist, der auf seinen Einsatz wartet) sleeper
schlaff ◨ Haut, Muskeln: flabby ◨ Körper, Händedruck: weak, limp ◨ Moral, Disziplin: lax ◨ (≈ träge) sluggish ◨ **so ein schlaffer Typ!** what a wimp!
schlaflos Nächte: sleepless
Schlaflosigkeit f sleeplessness
Schlafmaske f eye mask
Schlafmittel n sleeping pill
Schlafmütze f umg ◨ allg.: sleepyhead ◨ (≈ träger Typ) dope; **he, du Schlafmütze!** hey, dozy!

★**schläfrig** sleepy, drowsy ['draʊzɪ]
Schlafsack m sleeping bag
Schlafstörungen pl disturbed sleep (sg), sleep disorder (s pl) sg; **an Schlafstörungen leiden** suffer from disturbed sleep, umg have* trouble sleeping
Schlaftablette f sleeping pill
Schlafwagen m sleeper, sleeping car
schlafwandeln sleepwalk
Schlafwandler(in) m(f) sleepwalker, förmlich somnambulist [sɒmˈnæmbjʊlɪst]

★**Schlafzimmer** n bedroom
Schlag¹ m ◨ (≈ Faustschlag) punch, blow; **Schläge bekommen** get* a good hiding ◨ (≈ Klaps) smack ◨ (≈ Stromschlag) electric shock ◨ Tennis usw.: shot ◨ (≈ Unglück) blow; **das war ein schwerer Schlag für sie** it was a real blow to her ◨ (≈ Schlaganfall) stroke; **mich trifft der Schlag!** umg don't give me a heart attack! ◨ Wendungen: **sie hat einen Schlag** umg she's got a screw loose somewhere; **dann ging es Schlag auf Schlag** then things really got moving; **auf einen Schlag** (≈ plötzlich) suddenly, from one minute to the next; **es war ein Schlag ins Wasser** it was a flop (oder washout)
Schlag² m Ⓐ (≈ Schlagsahne) (whipped) cream [ˌwɪptˈkriːm]
Schlagader f artery ['ɑːtərɪ]
Schlaganfall m (≈ Gehirnschlag) stroke
schlagartig from one minute to the next
Schlagbohrer m hammer drill

★**schlagen** ◨ allg.: hit* ◨ **gegen die Tür schlagen** hammer at the door; **einen Nagel in die Wand schlagen** hammer a nail into the wall ◨ (≈ verprügeln) beat*; **sie schlugen sich** they had a fight ◨ mit der Faust: hit*, punch ◨ **jemanden zu Boden schlagen** knock [nɒk] someone down ◨ (≈ besiegen) beat*, defeat; **sich geschlagen geben** admit defeat; **ich gebe mich geschlagen** okay, you win ◨ (Herz, Puls) beat* ◨ Wendungen: **schlag dir das aus dem Kopf!** forget it!; **Stress schlägt mir auf den Magen** stress is making me ill; **du hast dich gut geschlagen** you did well

★**Schlager** m ◨ Lied: pop song ◨ (≈ Hit) hit ◨ Buch: bestseller ◨ Ware: winner, sales hit
Schläger m ◨ Tennis, Squash: racket ◨ Golf: club ◨ Tischtennis, Baseball, Cricket: bat
Schläger(in) m(f) (≈ Raufbold) thug
Schlägerei f fight
Schlagersänger(in) m(f) pop singer
schlagfertig ◨ Person: quick off the mark ◨ **schlagfertige Antwort** good answer
Schlagfertigkeit f quick wit

Schlaginstrument *n* percussion instrument ['ɪnstrəmənt], *pl auch* percussion *(anschließendes Verb auch im pl)*

Schlagloch *n in Straße:* pothole

★**Schlagobers** *n* ⒶⒷ, **Schlagsahne** *f* (whipped) cream

Schlagschrauber *m* impact wrench [⚠ rentʃ]

Schlagwort *n* ❶ *in Katalog, für Suchmaschine usw.:* catchword ❷ (≈ *Parole*) slogan

★**Schlagzeile** *f* headline ['hedlaɪn]; **Schlagzeilen machen** make* (*oder* hit*) the headlines

Schlagzeug *n* ❶ *in einer Band:* drums (⚠ *pl*); **Schlagzeug spielen** play (the) drums ❷ *im Orchester:* percussion [pəˈkʌʃn]; **Schlagzeug spielen** play percussion

Schlagzeuger(in) *m(f)* ❶ *in einer Band:* drummer ❷ *in einem Orchester:* percussionist

★**Schlamm** *m* mud

schlammig muddy

Schlammschlacht *f Fußballspiel:* mudbath

schlampen ❶ be* sloppy ❷ **du hast bei den Hausaufgaben geschlampt** you've done a sloppy job of your homework

Schlamperei *f* ❶ (≈ *das Schlampen*) sloppiness ❷ (≈ *schlechte Arbeit*) mess

schlampert Ⓐ, **schlampig** sloppy

★**Schlange** *f* ❶ *Tier:* snake ❷ (≈ *Menschenschlange*) line, *Br auch* queue [kju:]; **Schlange stehen** line up, *Br auch* queue (up) (**um, nach** for)

schlängeln: sich schlängeln ❶ *(Schlange usw.)* snake (its *usw.* way), wriggle [⚠ 'rɪgl] ❷ *(Weg, Fluss usw.)* wind [waɪnd], *(Fluss) auch:* meander [mɪˈændə]

Schlangenlinie *f* wavy line; **in Schlangenlinien fahren** zigzag (along the road)

★**schlank** ❶ *allg.:* slim; **das Kleid macht dich schlank** that dress makes you look slim ❷ **ich muss auf meine schlanke Linie achten** I've got to watch what I eat

schlapp ❶ (≈ *erschöpft*) washed out ❷ *ohne Schwung:* listless

Schlappe *f* setback; **eine Schlappe erleiden** (*oder* **einstecken**) suffer a setback

schlappmachen ❶ *körperlich:* flake out ❷ (≈ *aufgeben*) give* up

Schlappschwanz *m umg* wimp, drip

schlau ❶ (≈ *klug*) clever, smart; **das hast du dir schlau ausgedacht** very clever indeed ❷ **ich werde aus ihm nicht schlau** I can't make him out ❸ (≈ *raffiniert*) crafty

Schlauberger *m umg* smart aleck ['ælɪk], *Br auch* clever dick

★**Schlauch** *m* ❶ *von Autoreifen usw.:* tube ❷ (≈ *Gartenschlauch*) hose ❸ *umg* (≈ *Strapaze*) hard slog; **das war ein Schlauch!** that was tough going! ❹ **auf dem Schlauch stehen** *umg* be* completely clueless

Schlauchboot *n* rubber dinghy ['dɪŋɪ]

schlauchen: das hat mich ganz schön geschlaucht that really took it out of me, that was tough [tʌf] going; **das schlaucht (ganz schön)** it's tough going

Schlaukopf *m*, **Schlaumeier** *m* → Schlauberger

★**schlecht** ❶ *allg.:* bad (⚠ **schlechter** worse, **schlechtest-** worst); **nicht schlecht!** not bad!; **ich habe eine schlechte Nachricht** I've got bad news (⚠ *sg*) ❷ **schlechte Zeiten** hard times ❸ *Leistung, Qualität:* bad, poor; **in Sport ist sie schlechter als ich** she's worse at sports than I am ❹ *Luft:* stale ❺ (≈ *böse*) bad, wicked [⚠ 'wɪkɪd]; **er ist kein schlechter Kerl** he's not a bad sort (*US meist* person); **das war schlecht von dir** *umg* that was rotten of you ❻ *Lebensmittel:* bad, *Br auch* off; **schlecht werden** go* bad (*Br auch* off); **die Milch ist schlecht** the milk has gone off ❼ **mir ist schlecht** I feel sick; **mir wird schlecht** I think I'm going to be sick ❽ **du siehst schlecht aus** you don't look too good ❾ **es geht ihm schlecht** he's having a hard time, *gesundheitlich:* he's in a bad way, *finanziell:* he's pretty hard up; **wenn er das erfährt, geht's dir schlecht** if he finds out, you'll be in for it ❿ **schlecht gelaunt** grumpy; **ich bin schlecht gelaunt** I'm in a bad mood ⓫ *Wendungen:* **ich kann schlecht Nein sagen** I can't really say no; **das kann ich schlecht sagen** I can't really say; **ich habe nicht schlecht gestaunt** I wasn't half surprised; **im Moment geht es schlecht** (≈ *passt es nicht*) it's a bit awkward at the moment; → schlechtmachen

schlechtmachen: mach ihn nicht dauernd schlecht! stop knocking him!

schlecken lick *(Eis usw.)*; **schlecken an** lick

★**schleichen** ❶ creep*, sneak ❷ (≈ *langsam fahren*) crawl ❸ **schleich dich!** *umg* get lost!, get out of here!

Schleichwerbung *f umg* plug; **Schleichwerbung machen für** *ein Produkt usw.* plug a product *usw.*

Schleier *m aus Stoff:* veil [veɪl]

schleierhaft ❶ (≈ *rätselhaft*) mysterious [mɪˈstɪərɪəs]; **das ist mir völlig schleierhaft** it's a complete mystery to me ❷ (≈ *unbegreiflich*) incomprehensible

Schleife *f* ◼ *im Haar:* ribbon ◼ *von Band:* bow [bəʊ] ◼ (≈ *Kurve*) loop

schleifen¹ ◼ (≈ *schärfen*) sharpen ◼ (≈ *glätten*) grind* [graɪnd] ◼ *mit Sandpapier:* sand, sandpaper ◼ *Glas:* cut*

schleifen² ◼ (≈ *ziehen*) drag ◼ **sie schleifte mich ins Kino** she dragged me along to the cinema (*US* movie theater *oder* movies)

Schleifklotz *m* sanding block

Schleifpapier *n* sandpaper

Schleim *m* ◼ *von Schnecken usw.:* slime ◼ *im Hals:* phlegm [⚠ flem]

Schleimer(in) *m(f) umg* toady ['təʊdɪ]

Schleimhaut *f* mucous membrane [ˌmjuːkəs-'membreɪn]

schleimig *auch übertragen* slimy ['slaɪmɪ]

Schlemmer(in) *m(f)* (≈ *Feinschmecker*) gourmet ['gʊəmeɪ]

schlendern stroll [strəʊl]

Schlendrian *m* ◼ **(das ist) der alte Schlendrian** it's back to the the same old ways (⚠ *pl*) ◼ (≈ *Bummelei*) dawdling

Schlenker *m* ◼ *von Auto usw.:* swerve ◼ *umg* (≈ *Abstecher*) detour ['diːtʊə]

schlenkern swing*, dangle ['dæŋgl]; **sie schlenkerte mit den Armen** (*bzw.* **Beinen**) she swung her arms (*bzw.* legs)

Schleppe *f an Kleid:* train

★**schleppen** ◼ drag (*Last*) ◼ (≈ *mühsam tragen*) lug (*Koffer usw.*) ◼ **sie schleppte mich mit ins Kino** she dragged me along to the cinema (*US* movie theater *oder* movies) ◼ (≈ *abschleppen*) tow [təʊ] ◼ **sich schleppen** (*Person*) drag oneself along

schleppend ◼ *Gang, Tempo:* sluggish, slow ◼ *Sprache:* slow, drawling ◼ **die Arbeit geht nur schleppend voran** work is making very slow progress

Schlepper *m* ◼ *Schiff:* tug ◼ (≈ *Traktor*) tractor

Schlepper(in) *m(f)* ◼ (≈ *Flüchtlingsschleuser*) people smuggler ◼ (≈ *Kundenwerber*) tout [taʊt]

Schlepplift *m* T-bar lift, ski tow ['skiː_təʊ]

Schlesier(in) *m(f)*, **schlesisch** Silesian [saɪˈliːzɪən]

Schleswig-Holstein *n* Schleswig-Holstein [ˌʃlɛzvɪɡˈhɒlstaɪn]

Schleuder *f* ◼ (≈ *Wäscheschleuder*) spin-dryer [ˌspɪnˈdraɪə] ◼ *mit Gummizug:* catapult ['kætəpʌlt], *US* slingshot

schleudern ◼ (*Fahrzeug*) skid, swerve [swɜːv]; **ins Schleudern kommen** go* into a skid, start skidding ◼ **sie gerieten ins Schleudern** *übertragen* they ran into trouble ◼ spin-dry (*Wäsche*) ◼ (≈ *werfen*) sling*; **er schleuderte es in die Ecke** he slung it into the corner

Schleuderpreis *m* give-away price; **sie verkaufen es zu Schleuderpreisen** *umg* they're selling it dirt cheap

Schleudersitz *m* ◼ *in Flugzeug:* ejection [ɪ-'dʒekʃn] (*oder* ejector) seat ◼ *umg, übertragen* (≈ *unsichere Arbeitsstelle*) hot seat

schleunigst ◼ at once ◼ **aber schleunigst!** and be quick about it!

Schleuse *f* ◼ *in kleinerem Fluss:* sluice [sluːs], floodgate ['flʌdgeɪt] (*auch übertragen*) ◼ (≈ *Kanalschleuse*) lock

schleusen ◼ **Flüchtlinge über die Grenze schleusen** smuggle refugees [ˌrefjʊˈdʒiːz] across the border ◼ **eine Reisegruppe durch den Zoll schleusen** *langsam:* filter a tour group through customs *pl*

schlicht ◼ (≈ *einfach*) simple, plain ◼ (≈ *bescheiden*) modest ['mɒdɪst] ◼ **schlicht und einfach** (*oder* **ergreifend**) purely and simply

schlichten ◼ settle (*Streit*) ◼ mediate ['miːdɪeɪt] (**zwischen** between)

Schlichter(in) *m(f)* mediator ['miːdɪeɪtə]

Schlichtung *f* (≈ *Vermittlung*) mediation, *bes in der Industrie:* arbitration, (≈ *Beilegung*) settlement

Schlick *m* sludge

Schließe *f* ◼ *von Gürtel usw.:* fastening [⚠ 'faːsnɪŋ] ◼ *von Kleid, Handtasche, altem Buch usw.:* clasp [klɑːsp]

★**schließen** ◼ close [kləʊz], shut* (*Tür, Fenster usw.*) ◼ (≈ *zumachen*) close; **das Büro schließt um 16 Uhr** the office closes at 4 p.m. ◼ (≈ *stilllegen*) close down, shut* down (*Firma*) ◼ end (*Brief, Rede*) ◼ (≈ *folgern*) conclude (**aus** from); **von sich auf andere schließen** judge others by oneself ◼ **Frieden schließen** make* peace ◼ **sich schließen** (*Tür, Fenster*) close, shut*

Schließfach *n* ◼ *locker, für Gepäck:* luggage locker ◼ (≈ *Bankschließfach*) safe-deposit box

★**schließlich** ◼ (≈ *zuletzt*) finally ['faɪnəlɪ], in the end ◼ (≈ *immerhin*) after all

Schließung *f eines Betriebs usw.:* closure ['kləʊʒə], shutdown

Schliff *m:* **einem Aufsatz den letzten Schliff geben** put* the finishing touches (⚠ *pl*) to an essay

★**schlimm** ◼ *allg.:* bad (⚠ **schlimmer** worse, **schlimmst-** worst) ◼ (≈ *böse*) evil ['iːvl], wicked

[▲ˈwɪkɪd]; **er ist ein ganz Schlimmer** he's really wicked (*auch scherzhaft*) **3** (≈ *schwer wiegend*) bad, serious [ˈsɪərɪəs]; **das ist ja eine schlimme Sache** that's awful (*oder* terrible [ˈterəbl]) **4 es wird immer schlimmer** things are going from bad to worse **5 auf das Schlimmste gefasst sein** be* prepared for the worst **6** *Wunde, Krankheit*: bad, nasty; **schlimmer Husten** bad (*oder* nasty) cough [kɒf]; → schlecht

Schlinge *f* **1** (≈ *Schlaufe*) loop **2** *am Galgen*: noose [nuːs] **3** (≈ *Armbinde*) sling; **er trägt den rechten Arm in einer Schlinge** he's got his right arm in a sling

Schlingel *m* rascal [ˈrɑːskl]

schlingen 1 sich einen Schal um den Hals schlingen wrap [▲ræp] a scarf around one's neck **2 sich um etwas schlingen** (*Schlange usw.*) wind* [waɪnd] (*oder* coil) itself round something **3** (≈ *gierig essen*) bolt one's food, gobble **4** gobble (*Essen*)

schlingern (*Schiff*) roll, lurch [ˈlɜːtʃ]

Schlips *m* **1** tie **2 jemandem auf den Schlips treten** *umg* tread* [tred] on someone's toes

schlitteln ⊕ (≈ *rodeln*) toboggan [təˈbɒɡən], go* sledging (*oder* tobogganing), US go* sledding

Schlitten *m* **1** sledge, US sled **2** (≈ *Rodelschlitten*) sledge, toboggan [təˈbɒɡən], US *auch* sled; **Schlitten fahren** go* sledging, go* tobogganing, US go* sledding **3** (≈ *Pferdeschlitten*) sleigh [▲sleɪ] **4 toller Schlitten** *umg* (≈ *Auto*) (really) flash car

schlittern 1 slide (**in** into *auch übertragen*) **2** (≈ *ausgleiten*) *auch* slip, (*Auto*) skid; **ins Schlittern kommen** start to slip, (*Auto*) start skidding, go* into a skid

Schlittschuh *m* ice skate; **Schlittschuh laufen** ice-skate, go* (ice-)skating

Schlittschuhlaufen *n* (ice) skating

Schlittschuhläufer(in) *m(f)* (ice) skater

Schlitz *m* **1** *in Kleid usw.*: slit **2** (≈ *Hosenschlitz*) flies (▲*pl*), US fly; **dein Schlitz ist offen** your flies are undone, US your fly is open **3** (≈ *Münzeinwurf*) slot

Schlitzohr *n umg* **1** sly dog **2** (≈ *Betrüger, -in*) crook [krʊk]

★**Schloss**[1] *n* **1** *an Tür usw.*: lock **2 hinter Schloss und Riegel sitzen** be* (sitting) behind bars

★**Schloss**[2] *n* **1** castle [▲ˈkɑːsl] **2** (≈ *Palast*) palace [ˈpæləs]

Schlosser(in) *m(f)* locksmith, (≈ *Maschinen-*

schlosser) fitter

Schlot *m* **1** chimney [ˈtʃɪmnɪ], smokestack **2 rauchen wie ein Schlot** *umg* smoke like a chimney

schlottern 1 (≈ *zittern*) shake*, tremble; **vor Angst schlottern** tremble with fear **2** *vor Kälte*: shake*, shiver

Schlucht *f* **1** gorge [ɡɔːdʒ], ravine [▲rəˈviːn] **2** *große*: canyon

schluchzen 1 sob **2 schluchz!** *umg* sniff!

Schluchzen *n* sobbing, sobs *pl*

Schluck *m* **1** gulp [ɡʌlp], mouthful **2 ich möchte einen Schluck trinken** I'd like something to drink

Schluckauf *m*: **ich hab Schluckauf** I've got (the) hiccups [ˈhɪkʌps] (▲*pl*)

schlucken 1 swallow [ˈswɒləʊ] (*auch umg glauben*) **2** absorb (*Schall, Licht*)

Schluckimpfung *f* oral vaccination [ˌɔːrəl‿-væksɪˈneɪʃn]

schlud(e)rig 1 (≈ *nachlässig*) sloppy, *Arbeit auch*: slipshod [ˈslɪpʃɒd] **2** *dem Aussehen nach*: slovenly [ˈslʌvnlɪ], scruffy **3 schludrig arbeiten** work sloppily, *ständig*: be* a sloppy worker

schlüpfen 1 slip (**aus** out of, **in** into) **2** (*Vögel*) hatch, hatch out

Schlüpfer *m* (≈ *Damenunterhose*) briefs (▲*pl*), panties [ˈpæntɪz] (▲*pl*)

Schlupfloch *n* **1** *in Mauer usw.*: gap **2** (≈ *Versteck*) hideout **3** *übertragen* loophole

schlüpfrig 1 *Straße usw.*: slippery **2** *Witz usw.*: risqué [ˈrɪskeɪ]

schlurfen (≈ *schlurfend gehen*) shuffle along, drag one's feet

schlürfen slurp

★**Schluss** *m* **1** (≈ *Ende*) end; **am Schluss** at the end; **zum Schluss** finally, in the end **2 Schluss machen** *mit der Arbeit*: finish work; **machen wir Schluss für heute** let's call it a day; **mit dem Rauchen Schluss machen** stop smoking; **mit jemandem Schluss machen** finish with someone; **ich muss jetzt Schluss machen** *am Telefon*: I'll have to go now **3** (≈ *Folgerung*) conclusion; **einen Schluss ziehen** draw* a conclusion, conclude (**aus** from); **zu dem Schluss kommen, dass ...** come* to the conclusion that ...

★**Schlüssel** *m* key (*auch übertragen*); **der Schlüssel zum Erfolg** the key to success

Schlüsselanhänger *m* keyring pendant

Schlüsselbein *n* collarbone

Schlüsselbund *m/n* bunch of keys

Schlüsseldienst *m* key cutting and locksmith

service

Schlüsselerlebnis n crucial experience [ˌkruː-ʃl̩ˈeksˈpɪərɪəns]

Schlüsselloch n keyhole; **durchs Schlüsselloch gucken** peep (US meist peek) through the keyhole

Schlüsselring m keyring

Schlüsselsatz m set of spanners

Schlussfolgerung f conclusion

schlüssig ◼ Argument, Folgerung: logical [ˈlɒdʒɪkl] ◼ Beweis: conclusive ◼ **sich schlüssig werden** make* up one's mind (**über** about); **ich bin mir noch nicht schlüssig** I haven't made up my mind yet

Schlusslicht n ◼ an Fahrzeug: tail light ◼ umg Sport: tail-ender, Mannschaft: bottom-of-the--table team

Schlusspfiff m Sport: final whistle [ˌfaɪnlˈwɪsl]

Schlussstrich m: **einen Schlussstrich unter etwas ziehen** draw* a line under something

Schlussverkauf m (end-of-season) sale, US season close-out sale; **es ist Schlussverkauf** the sales (▲ pl) are on

schmächtig frail

schmackhaft ◼ tasty ◼ **wir müssen ihm die Idee schmackhaft machen** we've got to make the idea sound appealing to him

Schmäh m ⓐ ◼ (≈ Trick) con ◼ **Wiener Schmäh** Viennese patter

★**schmal** ◼ allg.: narrow ◼ (≈ dünn) thin, slim; **er ist schmal geworden** he's lost weight [weɪt], he's gone (US gotten) thin

schmälern ◼ (≈ einschränken, verringern) curtail [kɜːˈteɪl], cut* (Gewinne usw.) ◼ (≈ beeinträchtigen) impair [ɪmˈpeə] (Rechte usw.) ◼ detract from, belittle (Verdienste usw.)

Schmalspurbahn f narrow gauge [▲ ɡeɪdʒ] railway (US railroad)

Schmalz¹ n (≈ Fett) lard

Schmalz² m umg (≈ Sentimentalitäten) schmaltz [▲ ʃmɔːlts]

schmalzig umg, übertragen schmaltzy [ˈʃmɔːltsɪ]

schmarotzen scrounge (**von jemandem etwas** something off oder from someone), sponge [spʌndʒ] (**bei** off)

Schmarotzer(in) m(f) ◼ Tier, Pflanze: parasite [ˈpærəsaɪt] ◼ umg; Person: scrounger [ˈskraʊndʒə], sponger [▲ ˈspʌndʒə]

Schmarren m, **Schmarrn** m ◼ bes. ⓐ etwa: chopped-up pancake ◼ umg (≈ Unsinn) rubbish; **so ein Schmarrn!** what a load of rubbish! ◼ **das geht dich einen Schmarrn an!** umg that's none of your business

schmatzen: **er schmatzt** he's a noisy eater; **schmatz nicht so!** close your mouth when you're eating

★**schmecken** ◼ **schmecken nach** taste of; **gut schmecken** taste good ◼ **lass es dir schmecken** enjoy it; **schmeckt es dir?** do you like it?; **also dann - lassen wir's uns schmecken!** right then - let's tuck in!, US okay, let's eat! ◼ (≈ kosten) taste, try ◼ **ich schmecke gar nichts** I can't taste a thing

Schmeichelei f flattery

schmeichelhaft flattering

schmeicheln ◼ **jemandem schmeicheln** flatter someone ◼ **das Foto ist aber geschmeichelt** that's a very flattering photo

Schmeichler(in) m(f) flatterer

schmeißen umg ◼ (≈ werfen) throw*; **mit Steinen nach jemandem schmeißen** throw* stones at someone; **mit Geld um sich schmeißen** throw* one's money around ◼ **eine Runde schmeißen** umg (≈ spendieren) stand* a round ◼ **den Laden schmeißen** umg run* the show

★**schmelzen** ◼ (Eis, Metall usw.) melt ◼ melt, smelt (Erz, Metalle)

Schmelzkäse m cheese spread [spred], soft cheese

Schmelzpunkt m melting point

★**Schmerz** m ◼ pain; **Schmerzen haben** be* in pain; **Schmerzen im Rücken haben** have* a pain in one's back, have* (a) backache ◼ (≈ Kummer) pain, grief; **jemandem Schmerzen bereiten** cause someone pain

schmerzen ◼ hurt* ◼ (Magen, Kopf) ache [eɪk]; **mir schmerzen alle Glieder** all my limbs [lɪmz] are aching ◼ seelisch: hurt*; **es schmerzt mich, das zu hören** it hurts (me) to hear that

Schmerzensgeld n compensation (for injuries [ˈɪndʒərɪz] suffered), US smart money

★**schmerzhaft** painful [ˈpeɪnfl]

schmerzlich painful; **ein schmerzlicher Verlust** a sad loss; **jemanden schmerzlich vermissen** miss someone badly

schmerzlos ◼ painless ◼ **mach es kurz und schmerzlos** get it over and done with

Schmerzmittel n painkiller

Schmerztablette f painkiller

★**Schmetterling** m butterfly (auch Schwimmstil)

schmettern ◼ **etwas in Stücke schmettern** smash something to pieces ◼ Tennis, Volleyball usw.: smash ◼ umg belt out (Lied)

Schmied(in) m(f) (black)smith

Schmiedeeisen n als Geländer, Gitter, Tor: wrought iron [▲ˌrɔːtˈaɪən]
Schmiege f bevel
schmieren **1** mit Schmiermittel: lubricate [ˈluːbrɪkeɪt], grease; **das läuft ja wie geschmiert** umg it's going like clockwork **2** (≈ verstreichen) spread* [spred] (Brotaufstrich): **Butterbrote schmieren** butter slices of bread **3** (≈ unsauber schreiben) scribble, scrawl [skrɔːl] **4** **jemanden schmieren** umg (≈ bestechen) grease someone's palm [pɑːm] **5** **soll ich dir eine schmieren?** umg do you want my fist in your face?
Schmiererei f (≈ Gekritzel) scribble, scrawl
Schmierereien pl an Wänden usw.: graffiti [grəˈfiːtɪ] (▲pl)
Schmiergeld n bribe money
schmierig **1** (≈ fettig) greasy [ˈgriːsɪ] **2** (≈ schmutzig) grubby, Küche usw.: grimy **3** übertragen (≈ unanständig) smutty **4** übertragen; Typ, Charakter: smarmy
Schmierpapier n scrap paper
Schmierzettel m piece of scrap paper
Schminke f makeup [ˈmeɪkʌp]
schminken **1** **sich schminken** put* one's makeup on; **sie schminkt sich nie** she never wears makeup **2** make* up (Gesicht)
schmirgeln sand
Schmirgelpapier n sandpaper
Schmöker m: **ein dicker Schmöker** umg a thick tome
schmökern: **in einem Buch schmökern** browse [braʊz] through a book
schmollen sulk
schmoren **1** braise, stew (Bratenfleisch) **2** **in der Sonne schmoren** roast in the sun **3** **jemanden schmoren lassen** umg let* someone stew in his (bzw. her) own juice
Schmortopf m casserole [ˈkæsərəʊl]
★**Schmuck** m **1** allg. jewellery [ˈdʒuːəlrɪ], US jewelry **2** Verzierung: ornamentation, decoration
schmücken **1** decorate [ˈdekəreɪt] (Wohnung, Weihnachtsbaum usw.) **2** **sich schmücken** (≈ fein anziehen) dress up
Schmuckstück n **1** (≈ Schmuck) piece of jewellery (US jewelry) [ˈdʒuːəlrɪ] **2** übertragen gem [dʒem]
schmuddelig umg grubby
Schmuggel m smuggling
schmuggeln smuggle
Schmuggler(in) m(f) smuggler
schmunzeln smile (to oneself)
schmusen **1** (≈ zärtlich sein) cuddle **2** (Liebespaar) kiss and cuddle, smooch
★**Schmutz** m **1** allg.: dirt **2** **in den Schmutz ziehen** übertragen drag through the mud
★**schmutzig** **1** (≈ unsauber) dirty; **sich schmutzig machen** get* dirty **2** (≈ unanständig) dirty, smutty; **er hat eine schmutzige Fantasie** he's got a dirty mind
Schnabel m **1** eines Vogels: beak **2** umg (≈ Mund) mouth; **halt den Schnabel!** shut up!; **sie spricht, wie ihr der Schnabel gewachsen ist** she says whatever comes into her head
Schnake f mosquito [məˈskiːtəʊ]
Schnalle f **1** am Gürtel: buckle **2** Ⓐ (≈ Türklinke) doorhandle
schnallen¹ **1** mit einem Riemen: strap (**auf** onto) **2** **enger schnallen** tighten
schnallen² umg (≈ begreifen) get*; **hast du's immer noch nicht geschnallt?** you still don't get it?
schnalzen **1** **sie schnalzte mit der Zunge** she clicked her tongue **2** **er schnalzte mit den Fingern** he snapped his fingers
Schnäppchen n snip, (real) bargain [ˈbɑːgɪn]; **ein Schnäppchen machen** get* a real bargain
schnappen **1** (≈ erwischen) catch* **2** **der Hund schnappte nach ihr** the dog snapped at her **3** **nach etwas schnappen** (≈ greifen) grab at something **4** **nach Luft schnappen** gasp for breath [breθ] **5** **gehen wir ein bisschen frische Luft schnappen** let's go and get some fresh air
Schnappschuss m (≈ Foto) snapshot
Schnaps m **1** als Sammelbegriff: spirits pl **2** einzelner: (≈ Klarer) schnapps [ʃnæps]; **ich nehme einen Schnaps** Br umg I'll have a short
Schnapsidee f umg crazy idea
schnarchen snore
schnattern **1** (Gans) cackle **2** (Ente) quack [kwæk] **3** umg (≈ reden) gabble (away)
schnaufen **1** umg (≈ atmen) breathe [briːð] **2** vor Anstrengung: pant, puff
Schnauz m bes. ⓈⒽ, **Schnauzbart** m → Schnauzer
Schnauze f **1** eines Tiers: snout [snaʊt], von Hund, Katze auch: nose **2** vulgär (≈ Mund) snout, trap; **halt die Schnauze!** shut your trap!; **auf die Schnauze fallen** fall* flat on one's face (auch übertragen)
schnäuzen: **sich schnäuzen** blow* one's nose
Schnauzer m umg (≈ Schnurrbart) moustache [▲məˈstɑːʃ], US auch mustache [ˈmʌstæʃ]
Schnecke f **1** mit Haus: snail (▲engl. snake =

Schlange) 2 *ohne Haus:* slug 3 **jemanden zur Schnecke machen** *umg* have* a real go at someone

Schneckenhaus *n* snail shell

Schneckenpost *f humorvoll, im Gegensatz zu E--Mail:* snail mail ['sneɪl‿meɪl]

Schneckentempo *n:* **im Schneckentempo fahren** crawl [krɔːl] along

★**Schnee** *m* 1 snow 2 **das ist Schnee von gestern** *umg* that's ancient ['eɪnʃənt] history

Schneeball *m* snowball

Schneeballschlacht *f* snowball fight

Schneebesen *m* whisk [wɪsk]

Schneeflocke *f* snowflake

schneefrei free (*oder* clear) of snow (▲*immer hinter dem Subst.*)

Schneegestöber *n* snow flurry ['snəʊˌflʌrɪ]

Schneeglöckchen *n* snowdrop

Schneekette *f* snow chain

Schneemann *m* snowman

Schneematsch *m* slush

Schneepflug *m* snowplough ['snəʊplaʊ], *US* snowplow

Schneeregen *m* sleet

Schneeschmelze *f* thaw [θɔː]

Schneesturm *m* snowstorm, blizzard ['blɪzəd]

schneeweiß 1 *allg.:* snow-white 2 *im Gesicht:* (as) white as a sheet

Schneewittchen *n* Snow White

Schneide *f* (sharp *oder* cutting) edge, *von Messer:* blade

★**schneiden** 1 cut*; **in Stücke schneiden** cut* up; **ich habe mich in den Finger geschnitten** I've cut my finger 2 **jemanden schneiden** (≈ *nicht beachten*) cut* someone dead 3 **da hast du dich geschnitten** *umg* you're very much mistaken there

schneidend 1 *Schmerz:* sharp 2 *Kälte, Wind:* biting 3 *Stimme, Ton:* shrill

★**Schneider(in** *m(f)* 1 tailor 2 *für Damenmode:* dressmaker 3 **aus dem Schneider sein** *umg* be* out of the wood(s)

Schneidersitz *m:* **im Schneidersitz sitzen** sit* crosslegged ['krɒslegd]

Schneidezahn *m* incisor [ɪnˈsaɪzə]

★**schneien** snow

Schneise *f* 1 *im Wald:* open strip 2 (≈ *Flugschneise*) approach corridor

★**schnell** 1 *allg.:* quick; **auf schnellstem Weg** as quickly as possible; **das ging ja schnell** that was quick 2 **mach schnell!** hurry up! [ˌhʌrɪˈʌp] 3 *Auto, Läufer:* fast [fɑːst] 4 **schneller werden** speed* up 5 *Erwiderung, Erledigung:* prompt; **danke für Ihre schnelle Antwort** thanks for replying so promptly; **das habe ich schnell erledigt** I'll have that done in no time 6 (≈ *plötzlich*) sudden, abrupt 7 **die Lage kann sich sehr schnell ändern** things could suddenly change 8 (≈ *hastig*) rushed; **auf die schnelle Tour** in a rush

Schnellboot *n* speedboat

Schnelle *f:* **etwas auf die Schnelle machen** (≈ *hastig*) do* something in a hurry ['hʌrɪ]; **das geht nicht auf die Schnelle** it takes time

Schnellhefter *m* loose-leaf binder

Schnelligkeit *f* 1 *allg.:* speed 2 *von Antwort usw.:* promptness

Schnellimbiss *m* snack bar, fast-food place

Schnellkochtopf *m* pressure cooker ['preʃəˌkʊkə]

schnelllebig 1 *Zeit:* fast-moving 2 (≈ *kurzlebig*) *Mode usw.:* short-lived

schnellstens as quickly (*oder* as soon) as possible

Schnellstraße *f* expressway

Schnickschnack *m* (≈ *Kinkerlitzchen*) knick-knacks ['nɪknæks] (▲*pl*); **technischer Schnickschnack** gadgets ['gædʒəts] (▲*pl*)

schniefen *umg* sniff, sniffle

Schnippchen *n:* **jemandem ein Schnippchen schlagen** *umg* get* the better of someone

schnippisch pert, saucy ['sɔːsɪ]; **schnippisch antworten** give* a saucy reply

Schnipsel *m/n* 1 *allg.:* piece, bit 2 (≈ *Papierschnipsel*) bit, scrap

Schnitt *m* 1 *Wunde:* cut 2 *eines Kleides:* style; (≈ *Schnittmuster*) pattern 3 (≈ *Schnittpunkt*) (point of) intersection; (≈ *Schnittfläche*) section 4 (≈ *Durchschnitt*) average ['ævərɪdʒ]; **im Schnitt** on average 5 *Film, TV:* editing, cutting 6 *umg* (≈ *Gewinn*) profit; **einen guten Schnitt machen** make* a packet, *US* make* a bundle

★**Schnitte** *f* 1 *Brot, Fleisch, Kuchen usw.:* slice 2 (≈ *belegtes Brot*) open (*US* open-faced) sandwich

Schnittkäse *m* cheese slices *pl*

Schnittlauch *m* chives [tʃaɪvz] (▲*pl*), *US* chive

Schnittmenge *f Mathematik:* intersection

Schnittmuster *n* pattern

Schnittpunkt *m* (point of) intersection

Schnittstelle *f Computer:* interface *auch übertragen*

Schnittwunde *f* 1 cut 2 *größere:* gash

★**Schnitzel** *n* 1 *vom Schwein:* pork cutlet 2 *vom Kalb:* veal cutlet 3 **Wiener Schnitzel** Wiener schnitzel [ˌwiːnəˈʃnɪtsl]

Schnitzeljagd *f* paper chase

schnitzen carve
Schnitzer m ■1 Künstler: wood carver ■2 umg (≈ Fehler) howler ['haʊlə]
Schnitzerin f wood carver
schnodd(e)rig umg snotty
Schnorchel m snorkel
schnorcheln snorkel, go* snorkelling (US snorkeling)
Schnörkel m ■1 beim Schreiben: flourish ['flʌrɪʃ] ■2 (≈ Krakel) squiggle ['skwɪgl] ■3 an Säulen usw.: scroll [skrəʊl]
schnorren umg scrounge (**bei** off, from), sponge [▲ spʌndʒ] (**bei** on, off)
Schnorrer(in) m(f) umg, abwertend scrounger ['skraʊndʒə], sponger [▲ 'spʌndʒə]
Schnösel m umg prig, snot-nose, US snot
schnuckelig umg ■1 Person: cute, sweet ■2 (≈ gemütlich) cosy ['kəʊzi]
Schnüffelei f umg snooping
schnüffeln ■1 (≈ riechen) sniff ■2 umg (≈ spionieren) snoop around
Schnüffelsoftware f Internet: spyware
Schnüffler(in) m(f) umg snoop, snooper
Schnuller m dummy, US pacifier ['pæsɪfaɪə]
Schnulze f ■1 Film, Buch: tearjerker ['tɪə,dʒɜːkə] ■2 Lied: soppy song
★**Schnupfen** m cold
schnuppe: **das ist mir schnuppe** umg I couldn't care less
schnuppern sniff (**an** at)
Schnur f ■1 zum Binden: (piece of) string; **eine Schnur** some string, a piece of string ■2 umg (≈ Kabel) lead [liːd]
Schnürl n Ⓐ (piece of) string
schnurlos: **schnurloses Telefon** cordless phone
Schnürlregen m bes. Ⓐ pouring ['pɔːrɪŋ] rain
Schnurrbart m moustache [▲ məˈstɑːʃ], US auch mustache ['mʌstæʃ]
schnurren (Katze, Motor usw.) purr, (≈ surren) auch whirr
Schnürsenkel m ■1 für Schuhe: shoelace ■2 für Stiefel: bootlace
★**Schock** m shock; **einen Schock bekommen** get* a shock; **unter Schock stehen** be* in a state of shock
schocken umg → schockieren
★**schockieren** shock; **über etwas schockiert sein** be* shocked **at** something
Schöffe m, **Schöffin** f bei Gericht: lay assessor [,leɪ_əˈsesə]
Schokokuss m chocolate-covered marshmallow on a biscuit base
★**Schokolade** f chocolate ['tʃɒklət]; **eine Tafel Schokolade** a bar of chocolate
Schokoriegel m chocolate ['tʃɒklət] bar
Scholle¹ f ■1 (≈ Erdscholle) clod (of earth) ■2 (≈ Eisscholle) (ice) floe [fləʊ]
Scholle² f Fisch: plaice [pleɪs] (auch als pl verwendet)
★**schon** ■1 (≈ bereits) already [ɔːlˈredɪ]; **ich hab schon eins** I've already got one; **es ist schon 1 Uhr** it's one o'clock already; oft unübersetzt: **werden Sie schon bedient?** are you being served?; **da du schon mal da bist** since you're here; **wartest du schon lange?** have you been waiting long? ■2 (≈ jemals) ever; **bist du schon einmal in England gewesen?** have you ever been to England? ■3 in Fragen oft: yet; **ist er schon da?** is he here yet? ■4 (≈ sogar) even; **schon damals** even then ■5 positiv verstärkend: **sie wird es schon schaffen** she'll make it all right; **das ist schon möglich** that's quite possible ■6 auffordernd: **mach schon!** umg get a move on!; **nun sag schon!** come on, tell me! ■7 (≈ allein) **schon der Anblick** just to see it; **schon der Gedanke** the very idea ■8 als rhetorische Floskel: **was macht das schon?** what does it matter?
★**schön** ■1 (≈ ansehnlich) nice [naɪs], stärker: lovely ['lʌvlɪ]; **eine schöne Jacke** a nice (oder lovely) jacket ■2 Mädchen, Frau: pretty ['prɪtɪ], beautiful ['bjuːtəfl]; **das schöne Geschlecht** the fair sex ■3 Junge, Mann: handsome ['hænsəm], good-looking ■4 (≈ angenehm) nice; **schönes Wochenende!** have a nice weekend!; **schöner, heißer Tee** nice hot tea, a nice hot cup of tea; **schön warm** nice and warm ■5 Wetter: fine; **bei schönem Wetter frühstücken wir draußen** if the weather's fine, we'll have breakfast outside ■6 umg (≈ beträchtlich) **wir sind ein schönes Stück gelaufen** we walked quite a way; **wir sind ein schönes Stück vorangekommen** we've made a fair bit (US amount) of progress; **es kostet eine schöne Stange Geld** it costs a fair bit (US amount) ■7 **es kommt noch schöner** umg there's more to come ■8 umg; verstärkend: **das sind mir schöne Sachen!** that's a fine kettle of fish!; **du bist mir ein schöner Freund!** a fine friend you are!; **der Test war ganz schön schwer** the test was pretty tough [tʌf]; **ich hab mich schön gelangweilt** I was bored stiff ■9 umg **wie man so schön sagt** as they say; **wie es so schön heißt** as the saying goes ■10 **sich schön machen** (≈ fein machen) dress up, get* done up; (≈ schminken) put* one's makeup on

schonen ◼ (≈ *pfleglich behandeln*) look after, *US* take* care of (*Bücher, Kleider, Gesundheit, Augen usw.*) ◼ **jemanden schonen** (≈ *nachsichtig behandeln*) be* easy **on** someone; **ich wollte dich schonen** I didn't want you to get upset ◼ **sich schonen** take* it easy; **du musst dich schonen** you must look after (*US* take care of) yourself

schonend ◼ **etwas schonend behandeln** treat something with care ◼ **jemanden schonend auf etwas vorbereiten** prepare someone gently for something

Schönheit f beauty ['bjuːtɪ]

Schönheitskönigin f beauty queen, Miss America *usw.*

Schonkost f ◼ *als Essen*: light food (*oder* diet ['daɪət]) ◼ *als Diät*: special diet

schönmachen: **sich schönmachen** → schön 10

Schonung f ◼ *von Sachen*: care, careful treatment ◼ (≈ *Ruhe*) rest; **er braucht Schonung** he needs to take things easy

schonungslos ◼ *Kritik usw.*: merciless ◼ **jemandem schonungslos die Wahrheit sagen** tell* someone the truth straight out

Schonzeit f *Jagd*: close season ['kləʊsˌsiːzn]

Schopf m ◼ *Haare*: mop of hair ◼ **die Gelegenheit beim Schopf packen** seize [siːz] the opportunity, jump at the chance

schöpfen ◼ *allg.*: scoop, *mit einer Kelle*: ladle ◼ draw* (*Wasser*), *aus dem Boot*: bale out ◼ *übertragen* draw*, derive (*Kraft, Mut*) (**aus** from); **neue Kräfte schöpfen** build* up one's strength again ◼ **Verdacht schöpfen** become* suspicious (səˈspɪʃəs) (**gegen** of)

Schöpfer m ◼ (≈ *Kelle*) ladle ◼ (≈ *Erschaffer*) creator [kriːˈeɪtə] ◼ **der Schöpfer** (≈ *Gott*) the Creator (⚠ *Großschreibung*)

Schöpferin f creator [kriːˈeɪtə]

schöpferisch ◼ *allg.*: creative [kriːˈeɪtɪv] ◼ **schöpferisch tätig sein** do* creative work

Schöpflöffel m ladle ['leɪdl]

Schöpfung f ◼ *Kunstwerk usw.*: creation, work (**von** by) ◼ **die Schöpfung** *biblisch*: the Creation (⚠ *Großschreibung*)

Schorf m *auf Wunde*: scab, crust

Schornstein m chimney ['tʃɪmnɪ], *einer Fabrik auch*: smokestack

Schornsteinfeger(in) m(f) chimney ['tʃɪmnɪ] sweep

Schoß m ◼ lap; **auf jemandes Schoß sitzen** sit* on someone's knee (*oder* lap) ◼ **die Hände in den Schoß legen** *übertragen* sit* back and take* things easy

Schote f ◼ *bei Erbsen, Bohnen, Vanille*: pod ◼ **zwei Schoten Paprika** two peppers, *US* two bell peppers

Schotte m Scot, Scotsman; **er ist Schotte** he's Scots, he's a Scot; **die Schotten** the Scots

Schotter m ◼ *allg.*: gravel ['grævl], (≈ *Straßenschotter*) *auch* (road) metal ['metl] ◼ *Geologie*: detritus [dɪˈtraɪtəs]

Schottin f Scotswoman, Scottish lady (*bzw.* girl); **sie ist Schottin** she's Scots, she's a Scot

schottisch Scottish, Scots (⚠ *engl.* Scotch *meint den Whisky*)

Schottland n Scotland ['skɒtlənd]

schraffieren hatch

schräg ◼ *Dach*: sloping ◼ *Linie*: diagonal [daɪˈægnəl] ◼ **jemanden schräg ansehen** *übertragen* look askance [əˈskæns] at someone

Schräge f ◼ (≈ *Dachschräge*) pitch of a (*oder* the) roof ◼ *als Fläche*: slope [sləʊp]

Schrägstrich m oblique, slash

Schramme f scratch (*auch an Möbelstück, Auto usw.*)

schrammen scratch

★**Schrank** m ◼ *allg., bes. für Sachen, Geschirr und Lebensmittel*: cupboard (⚠ ˈkʌbəd) ◼ (≈ *Kleiderschrank*) wardrobe ['wɔːdrəʊb], *US* closet (⚠ ˈklɒzɪt) ◼ *umg; Person*: great hulk

Schranke f *auch übertragen* barrier ['bærɪə]

Schrankwand f (large) wall unit ['wɔːlˌjuːnɪt]

★**Schraube** f ◼ screw ◼ **die Schrauben anziehen** *übertragen* put* the screws on ◼ **bei ihm ist eine Schraube locker** *umg* he's got a screw loose somewhere ◼ *am Schiff*: propeller

schrauben screw; → höherschrauben

Schraubendreher m screwdriver

Schraubenschlüssel m spanner, *US* wrench (⚠ rentʃ)

Schraubenzieher m *umg* screwdriver

Schreck m fright [fraɪt], *US meist* scare; **er hat einen Schreck bekommen** he got (*oder* it gave him) a fright (*US meist* scare); **jemandem einen Schreck einjagen** give* someone a fright (*US meist* scare)

★**Schrecken** m ◼ *plötzlicher*: fright; **ich bin mit dem Schrecken davongekommen** I got a fright, that was all ◼ **zu meinem Schrecken hörte ich** … I was shocked to hear … ◼ **der Hund ist der Schrecken der ganzen Nachbarschaft** that dog terrorizes the whole neighbourhood

schreckhaft nervous, jumpy

★**schrecklich** ◼ *allg.*: terrible ◼ **es tut mir**

★**Schrei** m ❶ *freudig, warnend*: shout, cry ❷ *brüllend*: yell ❸ *durchdringend*: scream ❹ *von Vögeln, wilden Tieren*: cry, call ❺ **es ist der letzte Schrei** *Mode*: it's all the rage

Schreibblock m writing pad ['raɪtɪŋ‿pæd]

★**schreiben** ❶ write* [raɪt] (**über** on, about); **jemandem schreiben** write* to someone, drop someone a line; **wir schreiben uns seit Jahren** we've been writing to each other for years ❷ write* out (*Rechnung, Scheck*) ❸ **richtig schreiben** *ein Wort*: spell* right; **falsch schreiben** misspell*; **wie schreibt er sich?** how do you (*oder* does he) spell his name? ❹ **eine Klassenarbeit schreiben** <u>do</u>* a class test ❺ **einen Aufsatz ins Reine schreiben** write* an essay out in neat

★**Schreiben** n ❶ writing ['raɪtɪŋ] ❷ (≈ *Brief*) letter; **Ihr Schreiben vom …** your letter of … ❸ (≈ *kurze Notiz*) note

schreibfaul lazy (about letter writing); **ich bin schreibfaul** I'm not a great letter writer

Schreibfehler m spelling mistake

schreibgeschützt *Computer*: write-protected, read-only …

★**Schreibmaschine** f typewriter ['taɪp‿raɪtə]; **mit der Schreibmaschine schreiben** type; **mit der Schreibmaschine geschrieben** typewritten (▲ *meist vor dem Subst.*), typed

Schreibschutz m *Computer*: write protection

★**Schreibtisch** m desk

Schreibtischlampe f desk lamp

Schreibung f *eines Wortes*: spelling; **falsche Schreibung** misspelling [ˌmɪs'spelɪŋ]

Schreibwarengeschäft n stationery shop ['steɪʃnəri‿ʃɒp], *US* stationery store ['steɪʃəneri‿stɔːr]

★**schreien** ❶ shout; **sich heiser schreien** shout oneself hoarse [hɔːs]; **schrei nicht so, ich bin nicht taub** no need to shout, I'm not deaf ❷ *gellend*: yell ❸ *kreischend*: scream, shriek [ʃriːk] ❹ (*kleines Kind*) howl [haʊl], *stärker*: scream ❺ (≈ *brüllen*) roar ❻ (*Vögel usw.*) call

Schreihals m noisy ['nɔɪzi] little brat

Schreiner(in) m(f) *bes. süddeutsch* carpenter, *bes. Br* joiner

Schreinerei f joiner's workshop, carpenter's workshop

★**Schrift** f ❶ (≈ *Handschrift*) writing ['raɪtɪŋ], handwriting; **eine miserable Schrift** awful handwriting (▲ *ohne* an) ❷ **in lateinischer Schrift** in Roman characters ❸ (≈ *Veröffentlichung*) publication ❹ **die Heilige Schrift** the Bible

★**schriftlich** ❶ written ['rɪtn]; **eine schriftliche Prüfung** a written exam ❷ **würden Sie uns das bitte schriftlich geben?** could we have that in writing, please? ❸ **das kann ich dir schriftlich geben** *übertragen, umg* I'll tell you that for nothing

Schriftsprache f ❶ written language [▲ 'rɪtn-ˌlæŋɡwɪdʒ] ❷ (≈ *Hochsprache*) standard ['stændəd] language

★**Schriftsteller(in)** m(f) author ['ɔːθə], writer [▲ 'raɪtə]

schrill ❶ *Stimme*: shrill ❷ *Farbe*: garish ['ɡeərɪʃ] ❸ *salopp* (≈ *ausgefallen, aber gut*) wiz, ace, *Kleidung usw.*: flashy

★**Schritt** m ❶ *allg.*: step ❷ **als er 12 Monate alt war, machte er die ersten Schritte** he first started walking at the age of 12 months ❸ **es sind nur ein paar Schritte** it's not far, it's just a few steps from here ❹ *in Maßangaben*: pace, step ❺ **Schritt für Schritt** step <u>by</u> step; **der erste Schritt zum Erfolg** the first step to success (▲ *ohne* the) ❻ **Schritte gegen etwas unternehmen** take* measures ['meʒəz] against something

schrittweise gradually ['ɡrædʒəli], step by step

schroff ❶ *Felsen*: jagged [▲ 'dʒæɡɪd] ❷ *Person, Verhalten*: gruff, brusque [▲ brʊsk, bruːsk] ❸ **eine schroffe Ablehnung** a flat refusal [rɪ'fjuːzl]

schröpfen: **jemanden schröpfen** *übertragen* fleece (*oder* milk) someone (**um** for)

Schrott m ❶ scrap metal ❷ **ein Auto zu Schrott fahren** wreck [▲ rek] a car ❸ *umg* (≈ *Ramsch*) junk ❹ *umg* (≈ *Blödsinn*) rubbish, nonsense, *US* garbage ['ɡɑːbɪdʒ]; **red keinen Schrott!** don't talk rubbish (*oder* nonsense (*US* garbage)!

schrotten *umg* wreck [▲ rek] (*Auto*)

Schrotthändler(in) m(f) scrap dealer (*oder* merchant ['mɜːtʃnt])

schrottreif: **ihr Auto ist schrottreif** her car's ready for the scrapheap

schrubben scrub

Schrubber m scrubbing brush

schrumpfen shrink*; **es ist geschrumpft** it's (= it has) shrunk

Schub m ❶ *eines Triebwerks usw.*: (≈ *Schubkraft*) thrust [θrʌst] ❷ *einer Krankheit*: phase, (≈ *Anfall*) attack ❸ *von Adrenalin usw.*: rush ❹ **in Schüben** intermittent(ly) [ˌɪntə'mɪtnt(lɪ)] (*auch übertragen*)

Schubhaft f Ⓐ (≈ *Abschiebehaft*) remand

pending deportation

Schubkarre f **Schubkarren** m wheelbarrow ['wiːlˌbærəʊ]

★**Schublade** f drawer [⚠ drɔː]

Schubs m push [pʊʃ]

schubsen umg push [pʊʃ], shove [⚠ ʃʌv]

★**schüchtern** ◼ shy ◼ (≈ zaghaft) timid ['tɪmɪd]

Schüchternheit f shyness

schuften umg slave away, sweat [swet] away

★**Schuh** m ◼ shoe [ʃuː] ◼ **er versuchte, es mir in die Schuhe zu schieben** übertragen he tried to put the blame on me ◼ **wo drückt der Schuh?** übertragen what's the trouble? ◼ **den Schuh ziehe ich mir nicht an** umg (≈ fühle mich nicht verantwortlich) it's not my fault

Schuhband n Ⓐ (≈ Schnürsenkel) shoelace

Schuhcreme f shoe cream, shoe polish

Schuhgröße f shoe size

Schuhkarton m shoebox

Schuhlöffel m shoe horn

Schuhmacher(in) m(f) shoemaker, cobbler

Schuhsohle f sole (of one's shoe)

Schulabbrecher(in) m(f) school dropout

Schulabgänger(in) m(f) school leaver, US etwa high school graduate

Schulabschluss m school-leaving qualifications (⚠ pl), US etwa high school diploma; **ohne Schulabschluss** with no qualifications; **den Schulabschluss machen** graduate; **den Schulabschluss nachholen** (oder **nachmachen**) go* back to school to get a school-leaving qualification

Schulanfang m ◼ in der Grundschule: first day at school ◼ nach den Ferien: beginning of term ◼ morgens: start of school; **Schulanfang ist um acht Uhr** school starts at eight o'clock

★**Schularbeit** f ◼ **Schularbeiten** homework (⚠ sg); **sie macht gerade Schularbeiten** she's doing her homework ◼ bes. Ⓐ (≈ Klassenarbeit) (written class) test

Schulaufgabe f ◼ **Schulaufgaben** (≈ Hausaufgaben) homework (⚠ sg) ◼ Ⓐ (≈ Klassenarbeit) (class) test

Schulausflug m school outing

Schulbank f desk

Schulbuch n (school) textbook

Schulbus m school bus

schuld: **du bist schuld** it's your fault [fɔːlt]; **wer ist daran schuld?** whose fault is it?

★**Schuld** f ◼ (≈ Verantwortung) blame; **sie gibt mir die Schuld an dem Unfall** she blames me for the accident ◼ **es ist deine Schuld** it's your fault

★**schulden** owe [əʊ]; **wie viel schuld ich dir?** how much do I owe you?

Schulden pl debts [⚠ dets]; **Schulden haben** be* in debt (⚠ sg); **Schulden machen** run* into debt (⚠ sg); **seine Schulden bezahlen** pay* (off) one's debts

Schuldenbremse f debt ceiling [ˌdetˈsiːlɪŋ]

Schuldgefühle pl: **Schuldgefühle haben** have* a guilty conscience [ˌgɪltɪˈkɒnʃəns] (⚠ sg), have* a feeling (⚠ sg) of guilt

Schuldienst m: **der Schuldienst** teaching; **sie ist im Schuldienst** she's a teacher

★**schuldig** ◼ moralisch, juristisch: guilty ['gɪltɪ]; **jemanden schuldig sprechen** pronounce (US find*) someone guilty; **sich schuldig bekennen** plead (US plead*) guilty ◼ **das bist du ihr schuldig** you owe it to her; **du bist mir noch eine Antwort schuldig** I'm still waiting for an answer ◼ **was bin ich Ihnen schuldig?** beim Bezahlen: how much do I owe you?

Schuldige(r) m/f(m) ◼ culprit ['kʌlprɪt] ◼ zivilrechtlich: guilty party [ˌgɪltɪˈpɑːtɪ] ◼ **ich bin immer die Schuldige, wenn etwas nicht klappt** I'm always the one to blame when something goes wrong

★**Schule** f school [skuːl]; **auf** (oder **in**) **der Schule** at school (⚠ ohne the); **zur Schule gehen** go* to school (⚠ ohne the); **in welche Schule gehst du?** which school do you go to?; **die höhere Schule** secondary school, US auch senior high school (⚠ beide ohne the)

schulen train (auch Auge, Gedächtnis usw.); **wir wurden in WORD geschult** we were taught (oder trained) to use WORD

Schulenglisch n school English; **dazu reicht mein Schulenglisch** the English I learnt at school is good enough for that

★**Schüler** m schoolboy, bes. US student ['stjuːdnt], einer bestimmten Schule: pupil ['pjuːpl], einer Berufsschule, Fachschule: student; **Schüler bekommen Ermäßigung** there is a reduction for schoolchildren/students

Schüleraustausch m school exchange, student exchange

Schülerausweis m student identity card

★**Schülerin** f schoolgirl, bes. US student ['stjuːdnt], einer bestimmten Schule: pupil ['pjuːpl], einer Berufsschule, Fachschule: student

Schülerlotse m lollipop man bzw. lady, US school crossing guard [gɑːd]

Schülermitverwaltung f ◼ (≈ Schülerbeteili-

gung) student participation in school administration **2** (≈ *Gremium*) school (*oder bes. US* student) council

Schülersprecher(in) *m(f)* pupils' representative, *bes. US* student representative

Schülervertretung *f* **1** (≈ *das Vertreten*) pupils' (*oder bes. US* student) representation **2** (≈ *Gremium*) pupils' (*oder bes. US* student) representative committee

Schülerzeitung *f* school magazine

Schulfach *n* subject ['sʌbdʒekt]

Schulferien *pl* school holidays, *US* vacation [veɪˈkeɪʃn] (▲ *sg*)

Schulfest *n* **1** (≈ *Schulfeier*) school function, school party **2** (≈ *offener Tag*) school open day

schulfrei: schulfrei haben have* the (*oder* a) day off; **morgen ist schulfrei** there's no school tomorrow

Schulfreund(in) *m(f)* schoolmate, friend from school

Schulgebühren *pl* school fees

Schulheft *n* exercise book, *US* notebook

Schulhof *m* schoolyard, *Br auch* school playground; **auf dem Schulhof in** the schoolyard

Schulhort *m* after-school club, *US* after-school daycare

schulisch: ihre schulischen Leistungen her performance (▲ *sg*) at school

Schuljahr *n* school year, (≈ *Klasse*) year

Schuljahresbeginn *m* beginning of the school year

Schuljahresende *n* end of the school year

Schulkamerad(in) *m(f)* schoolmate, school friend ['skuːlfrend]

Schulkenntnisse *pl*: **Schulkenntnisse in Französisch** *usw.* school French, school-level French (*sg*) *usw.*

Schulklasse *f* class, form, *US* grade

Schulkonferenz *f* meeting held between the staff, parents and pupils of a school

Schulleiter *m* headmaster [ˌhedˈmɑːstə], *US meist* principal ['prɪnsəpl]

Schulleiterin *f* headmistress [ˌhedˈmɪstrəs], *US* principal ['prɪnsəpl]

Schulleitung *f* school management

Schulnote *f* mark, *bes. US* grade

Schulorchester *n* school orchestra [ˌskuːlˈɔːkɪstrə]

schulpflichtig *Kind*: required to attend school; **im schulpflichtigen Alter** of school age

Schulpsychologe *m*, **Schulpsychologin** *f* educational psychologist [edjʊˈkeɪʃnəl saɪˈkɒlədʒɪst]

Schulranzen *m* satchel ['sætʃl], schoolbag

Schulsachen *pl* school things; **pack deine Schulsachen** get your things ready for school

Schulschluss *m allg.*: end of school (*vor den Ferien*: of term); **nach Schulschluss** after school; **wann ist heute Schulschluss?** when does school finish today?

Schulspeisung *f* school meals (▲ *pl*)

Schulsprecher(in) *m(f)* pupils' representative, *US* student representative

Schulstress *m* school stress, pressures (▲ *pl*) of school; **im Schulstress sein** be* under stress at school

Schulstunde *f* school period ['pɪːrɪəd], *Br auch* school lesson

Schultasche *f* **1** *allg.*: schoolbag **2** *Schultertasche*: satchel ['sætʃl], shoulder bag

★**Schulter** *f* shoulder ['ʃəʊldə]; **sie zuckte mit den Schultern** she shrugged <u>her</u> shoulders

schulterlang *Haar*: shoulder-length ['ʃəʊldəleŋθ]

Schultüte *f* cardboard cone filled with presents and sweets and given to children on their first day at school

Schultyp *m* type of school

Schulung *f* **1** (≈ *Lehrgang*) training **2** (≈ *Übung*) practice ['præktɪs] **3** *politische*: political instruction

Schulwart(in) *m(f)* Ⓐ (≈ *Hausmeister(in)*) caretaker, *bes. US*: janitor

Schulweg *m*: **auf dem Schulweg** on the way to school; **er hat einen langen Schulweg** he's got a long way to school

Schulzeit *f* **1** schooldays (▲ *pl*); **während meiner Schulzeit** when I was at school **2** **nach Beendigung der Schulzeit** after leaving school; **neun Jahre Schulzeit sind Pflicht** nine years of schooling are compulsory

Schulzeitung *f* school newspaper

Schulzeugnis *n* school report, *US* report card

schummeln 1 cheat **2** **das ist geschummelt!** that's cheating; **es wird nicht geschummelt!** no cheating!

schummrig dim

Schund *m* trash, *Br auch* rubbish

Schuppe *f* **1** *von Fisch usw.*: scale **2** **Schuppen auf der Kopfhaut** dandruff ['dændrʌf] (▲ *sg*); **ein Shampoo gegen Schuppen** a shampoo for dandruff

Schuppen *m* **1** *Gebäude*: shed, *US auch* shack **2** *umg* (≈ *Lokal*) joint; **ein vornehmer Schuppen** *umg* a fancy joint **3** **ein hässlicher Schuppen** *umg* a real eyesore

Schuppenflechte f psoriasis [⚠ səˈraɪəsɪs]

schürfen **1** (≈ *graben*) dig* (**nach** for) **2 ich hab mir das Knie geschürft** I've scraped (*oder* grazed) my knee

Schürfwunde f graze

Schurke m *bes. im Film usw.*: villain [⚠ ˈvɪlən]

Schurkenstaat m rogue [rəʊg] state (*oder* nation)

Schurwolle f virgin wool

Schürze f apron [ˈeɪprən], (≈ *Kittelschürze*) overall

Schuss m **1** *allg.*: shot; **einen Schuss abgeben** fire (a shot), shoot*; **ein Schuss vor den Bug übertragen** a warning shot **2** *im Fußball*: shot, strike **3** (≈ *Drogeninjektion*) shot, fix **4 mit einem Schuss Wodka** with a dash of vodka **5 gut in Schuss sein** be* in good shape

★**Schüssel** f **1** bowl [⚠ bəʊl] **2** *zum Servieren*: dish, bowl

Schusswaffe f firearm [ˈfaɪərɑːm]

Schuster(in) m(f) shoemaker, (≈ *Flickschuster*) cobbler

Schutt m rubble, debris [⚠ ˈdebriː]

Schüttelfrost m shivering fit; **Schüttelfrost haben** be* shivering violently

★**schütteln** **1** shake*; **sie schüttelte den Kopf** she shook her head; **er schüttelte ihr die Hand** he shook her hand, he shook hands with her **2 sich vor Kälte schütteln** shiver with cold

schütten **1** (≈ *gießen*) pour [pɔː] **2 es schüttet** it's pouring

Schüttstein m ⌖ (≈ *Ausguss*) sink

★**Schutz** m **1** protection (**gegen**, **vor** against, from) **2 in Schutz nehmen** protect; **da muss ich ihn in Schutz nehmen** I have to take his side there **3** *Obdach, Zuflucht*: shelter, refuge [⚠ ˈrefjuːdʒ]; **Schutz suchen vor Regen**: look for shelter

Schutzanzug m protective suit [suːt]

Schutzblech n mudguard [ˈmʌdgɑːd], *US* fender

Schutzbrille f protective (*oder* safety) goggles (⚠ *pl*)

Schütze m **1 ein guter Schütze** a good shot **2** *Fußball usw.*: scorer **3** *Sternzeichen*: Sagittarius [ˌsædʒɪˈteərɪəs]; **sie ist (ein) Schütze** she's a Sagittarius

★**schützen** **1 jemanden gegen** (*oder* **vor**) **etwas schützen** protect (someone) against (*oder* from) something; **sich vor etwas schützen** protect oneself from something **2 ein Sturzhelm schützt vor schwereren Verletzungen** a crash helmet protects (you) against serious injuries; **diese Vitamintabletten schützen vor Erkältungen** these vitamin pills will protect you against colds **3** protect, preserve (*Umwelt*) **4 geschützte Tiere** protected animals

Schutzengel m guardian angel [ˌgɑːdɪənˈeɪndʒəl]

Schutzgeld n protection money

Schutzhelm m hard hat, *Br* safety helmet

Schutzimpfung f **1** inoculation [ɪˌnɒkjʊˈleɪʃn] **2** *bes. gegen Pocken, Kinderlähmung*: vaccination [ˌvæksɪˈneɪʃn]

Schützin f **1 eine gute Schützin** a good shot **2** *Fußball usw.*: scorer **3** *Sternzeichen*: Sagittarius [ˌsædʒɪˈteərɪəs]; **sie ist (eine) Schützin** she's (a) Sagittarius

Schutzkleidung f protective clothing

Schutzumschlag m *von Buch*: dust cover [ˈkʌvə]

Schwabe m Swabian [ˈsweɪbɪən]

Schwaben n Swabia [ˈsweɪbɪə]

Schwäbin f Swabian [ˈsweɪbɪən] (girl *bzw.* woman)

schwäbisch Swabian [ˈsweɪbɪən]

★**schwach** **1** *allg.*: weak; **das schwache Geschlecht** the weaker sex; **schwächer werden** grow* weaker; **die Zahl der Geburten wird schwächer** the birthrate is decreasing **2 schwache Augen** poor eyesight (*sg*) **3** (≈ *nachgiebig*) soft; **sie hat einen schwachen Willen** she's weak-willed; **bei dem Anblick wurde ich schwach** *umg* I melted at the sight; **Schokolade ist eine meiner schwachen Seiten** chocolate is one of my weaknesses **4 schwach in** *einem Fach usw.*: poor in; **er ist in Englisch sehr schwach** *auch*: he's very bad at English **5 die Mannschaft spielte schwach** the team played badly **6 das ist ein schwaches Bild** that's a poor show, *US* that's a bad job **7** *Wendungen*: **mir wird ganz schwach, wenn ich daran denke** I go weak in the knees just at the thought of it; **etwas schwach auf der Brust** *umg* a bit short; → **schwachmachen**

Schwäche f weakness, *von Stimme*: feebleness, *von Licht*: dimness, *von Wind*: lightness; **jemandes Schwächen** someone's weaknesses (*oder* weak points)

Schwächeanfall m sudden feeling of weakness; **sie hatte einen Schwächeanfall** she suddenly felt weak

schwächen weaken

Schwachheit f **1** weakness **2 bilde dir bloß keine Schwachheiten ein** umg don't kid yourself

Schwachkopf m umg idiot ['ɪdɪət], twit

Schwächling m weakling

schwachmachen: mach mich nicht schwach! umg don't say things like that!

Schwachsinn m **1** umg (≈ Blödsinn) nonsense **2** Krankheit: feeble-mindedness

schwachsinnig 1 umg (≈ blödsinnig) idiotic, crazy **2** geisteskrank: feeble-minded

Schwachstelle f weak spot

schwafeln waffle ['wɒfl], go on (**von**, **über** about)

★**Schwager** m brother-in-law pl: brothers-in-law

★**Schwägerin** f sister-in-law pl: sisters-in-law

Schwalbe f **1** Vogel: swallow ['swɒləʊ]; **eine Schwalbe macht noch keinen Sommer** one swallow doesn't make a summer **2** Fußball: dive

Schwall m von Wasser, Worten: flood, torrent

★**Schwamm** m **1** sponge [⚠ spʌndʒ] **2 Schwamm drüber!** umg let's forget it

★**Schwammerl** n bes. Ⓐ (≈ Pilz) mushroom

schwammig 1 Ausdrucksweise, Begriff: woolly ['wʊlɪ] **2** Gesicht: puffy

Schwan m swan [swɒn]

★**schwanger** pregnant ['pregnənt]; **im dritten Monat schwanger** two months pregnant

schwängern: er hat sie geschwängert he made (oder got) her pregnant

Schwangerschaft f pregnancy ['pregnənsɪ]

Schwangerschaftsabbruch m abortion

Schwangerschaftstest m pregnancy ['pregnənsɪ] test

schwanken 1 (Boden) sway, shake* **2** (Boot, Schiff) rock; **das Schiff geriet ins Schwanken** the ship started to rock **3** (≈ unsicher gehen) stagger, totter; **ein Betrunkener schwankte um die Ecke** a drunk staggered round the corner **4** (≈ zögern) hesitate ['hezɪteɪt]; **ich schwanke noch** I'm still undecided **5** (Temperatur usw.) fluctuate ['flʌktʃʊeɪt]

Schwankung f fluctuation [,flʌktʃʊ'eɪʃn] (auch im Ertrag, der Konjunktur, des Klimas), variation (beide + Genitiv **in**)

★**Schwanz** m **1** von Tier, Flugzeug usw.: tail **2** vulgär (≈ Penis) prick, cock **3 kein Schwanz war da** salopp not one lousy person was there

schwänzen 1 (die Schule) schwänzen play truant ['truːənt], US play hooky **2 die Sportstunde schwänzen** skip sports

Schwarm m **1** Insekten: swarm [swɔːm] **2** Vögel: flock **3** Fische: shoal **4** umg (≈ angehimmelte Person) heartthrob ['hɑːtθrɒb]

schwärmen 1 (Insekten, Menschen) swarm [swɔːm] **2 schwärmen von** (≈ begeistert sein) rave about **3 für etwas schwärmen** be* mad (oder crazy) about something **4 für jemanden schwärmen** umg (≈ verliebt sein) have* a crush on someone

★**schwarz 1** Farbe, Kaffee, Tee usw.: black **2 mir wurde es schwarz vor den Augen** everything went black **3 da hast du's schwarz auf weiß** there it is in black and white **4 da kannst du warten, bis du schwarz bist** umg you can wait till the cows come home **5 es steht auf dem Schwarzen Brett** it's up on the notice board **6 schwarzer Humor** black humour **7** (≈ ungesetzlich) illegal [ɪ'liːgl]; **der schwarze Markt** the black market **8 in ein Land schwarz einreisen** enter a country illegally **9** umg (≈ konservativ) conservative [kən'sɜːvətɪv]; → **schwarzsehen**

Schwarzarbeit f **1** illicit [ɪ'lɪsɪt] work **2** nach Feierabend, umg moonlighting

Schwarzarbeiter(in) m(f) **1** person doing illicit [ɪ'lɪsɪt] work **2** nach Feierabend, umg moonlighter

schwarzärgern: sich schwarzärgern umg kick oneself

Schwarzbeere f Ⓐ (≈ Heidelbeere) blueberry, Br bilberry ['bɪlbərɪ]

Schwarzbrot n **1** braun: brown rye bread **2** schwarz: black bread

Schwarze f das: **ins Schwarze treffen** hit* the bull's eye (auch übertragen)

Schwarze(r) m **1** black, black man (bzw. boy), Frau: black, black woman (oder lady bzw. girl); **die Schwarzen** the Blacks **2** umg (≈ konservativer Mensch) conservative [kən'sɜːvətɪv] **3** Ⓐ black mocha

schwarzfahren 1 im Bus usw.: travel without a ticket, dodge the fare; **sie haben mich beim Schwarzfahren erwischt** I was caught fare-dodging **2** ohne Führerschein: drive* without a licence

Schwarzfahrer(in) m(f) fare-dodger

Schwarzgeld n illegal earnings [ɪ,liːgəl'ɜːnɪŋs] (⚠ pl)

schwarzhaarig black-haired

Schwarzmarkt m black market

schwarzsehen (≈ pessimistisch sein) be* pessimistic (**für** about); **sie sieht immer schwarz** she always looks on the dark side of things

Schwarzwald m: **der Schwarzwald** the Black

Forest

schwarz-weiß black <u>and</u> white

Schwarz-Weiß-... *in Zusammensetzungen* black-<u>and</u>-white (*Film usw.*)

schwatzen, schwätzen **1** (≈ *plaudern*) chat **2** (≈ *klatschen*) gossip **3** *im Unterricht*: talk; **hört auf zu schwatzen!** stop talking!

Schwätzer(in) *m(f)* **1** *umg* gasbag **2** (≈ *Klatschtante*) gossip

Schwebebalken *m* beam

schweben **1** *an Seil*: hang*, be* suspended (**an** on) **2** *frei in Luft oder Wasser*: float **3** *über etwas*: hover [⚠ 'hɒvə] **4** **in Gefahr schweben** be* in danger **5 zwischen Leben und Tod schweben** hover between life and death **6 er schwebt in höheren Sphären** he's got his head in the clouds

Schwede *m* Swede [swiːd]; **er ist Schwede** he's <u>a</u> Swede, he's Swedish; **die Schweden** the Swedish

★**Schweden** *n* Sweden ['swiːdn]

Schwedin *f* Swedish woman (*oder* lady *bzw.* girl); **sie ist Schwedin** she's <u>a</u> Swede, she's Swedish

schwedisch **1** Swedish ['swiːdɪʃ] **2 hinter schwedischen Gardinen** behind bars

Schwefel *m* sulphur ['sʌlfə], *US* sulfur

Schwefeldioxid *n* sulphur (*US* sulfur) dioxide [ˌsʌlfə ˌdaɪ'ɒksaɪd]

Schweigeminute *f*: **eine Schweigeminute** one (*oder* a) minute's silence

★**schweigen** **1** (≈ *still sein*) be* silent ['saɪlənt]; **schweig!** be quiet! **2** (≈ *nicht antworten*) say* nothing; **sie schwieg auf die Frage** she didn't answer **3** (≈ *etwas für sich behalten*) keep* mum; **darüber sollten wir lieber schweigen** we'd better keep quiet about it

Schweigen *n* silence ['saɪləns]; **jemanden zum Schweigen bringen** silence someone

schweigend **1** silent ['saɪlənt] **2 sie hörte schweigend zu** she listened in silence **3 schweigende Mehrheit** silent majority

Schweigepflicht *f* pledge of secrecy; **die ärztliche Schweigepflicht** medical confidentiality

★**schweigsam** **1** *allg*.: quiet; **du bist heute aber schweigsam** you're not saying much today **2** (≈ *nicht gesprächig*) quiet, uncommunicative [ˌʌnkə'mjuːnɪkətɪv]

★**Schwein** *n* **1** *Tier*: pig; **bluten wie ein Schwein** *umg* bleed* like a stuck pig **2** (≈ *Schweinefleisch*) pork **3** *umg* (≈ *Schmutzfink*) (filthy) pig **4** (≈ *Lump*) swine, bastard ['bɑːstəd] **5** *Wendungen*: **kein Schwein war da** not one lousy person was there; **das glaubt dir kein Schwein** you don't think anyone's going to buy that, do you?; **Schwein gehabt!** that was a stroke of luck

Schweinebraten *m* roast pork

★**Schweinefleisch** *n* pork

Schweinegrippe *f* swine flu ['swaɪn ˌfluː]

Schweinerei *f* **1** (≈ *Unordnung*) mess **2 so eine Schweinerei!** (≈ *Gemeinheit*) that's really rotten

Schweineschmalz *n* dripping

Schweineschnitzel *n* pork cutlet

★**Schweiß** *m* sweat [⚠ swet]; **ihm stand der Schweiß auf der Stirn** there were beads of sweat on his forehead [⚠ 'fɒrɪd]; **nach Schweiß riechen** smell* of sweat, have* BO [ˌbiː'əʊ] (*abk für* body odour)

Schweißbrenner *m Gerät*: welding torch [tɔːtʃ]

schweißen weld

Schweißfüße *pl* sweaty ['swetɪ] (*oder* smelly) feet

schweißgebadet bathed in sweat [ˌbeɪðdɪn'swet]

Schweißgerät *n* welding machine

Schweißnaht *f* weld

★**Schweiz** *f*: **die Schweiz** Switzerland ['swɪtsələnd] (⚠ *ohne* the)

★**Schweizer** Swiss; **er ist Schweizer** he's Swiss; **die Schweizer** the Swiss

Schweizerdeutsch *n* Swiss German

★**Schweizerin** *f* Swiss woman (*oder* lady *bzw.* girl); **sie ist Schweizerin** she's Swiss

★**schweizerisch** Swiss

Schwelle *f* threshold ['θreʃhəʊld]; **an der Schwelle des neuen Jahrtausends** on the threshold of the new mille<u>nn</u>ium

Schwellenland *n* newly industrialized country, emerging economy

Schwellung *f* swelling

Schwemme *f* (≈ *Überangebot*) glut (**an** of)

schwenken **1** wave (*Fahne, Taschentuch, Hut*) **2** *beim Kochen*: toss **3 nach links** (*bzw.* **rechts**) **schwenken** (*Auto usw.*) turn left (*bzw.* right)

★**schwer** **1** *gewichtsmäßig*: heavy ['hevɪ] (*auch übertragen Musik, Parfüm usw.*); **wie schwer bist du?** how much do you weigh? [⚠ weɪ] **2** (≈ *anstrengend*) hard, tough [⚠ tʌf]; **es war ein schwerer Tag** it was hard going today **3** (≈ *schwierig*) difficult, hard, tough; **schwer zu sagen** it's hard to say; **er ist schwer zu verstehen** it's difficult to hear what he's saying **4** (≈ *ernst*) *Unfall, Verletzung, Problem usw.*: serious ['sɪərɪəs]; **schwer krank** seriously ill, very ill **5** **jemandem das Leben schwer machen** give* someone a hard time **6** *umg; verstärkend*: **ich bin schwer erkältet** I've got a bad cold; **ich bin schwer enttäuscht** I'm really (*oder* deeply) disappointed; **das will ich schwer hoffen!** I jolly well hope so!; → schwerbehindert, schwerfallen *usw*.

schwerbehindert severely disabled [sɪˈvɪəlɪ dɪsˈeɪbld]

Schwerbehinderte(r) *m/f(m)* severely disabled person

Schwere *f* **1** (≈ *Gewicht*) weight [weɪt] **2** *von Verletzung, Straftat usw*.: seriousness [ˈsɪərɪəsnəs] **3** *von Strafe, Unwetter usw*.: severity [sɪˈverətɪ]

Schwerelosigkeit *f* weightlessness [ˈweɪtləsnəs]

schwerfallen **1** **es fällt ihm schwer** he finds it difficult, it isn't easy for him **2** **es fällt mir schwer, das zu glauben** I find it hard to believe that **3** **auch wenn's dir schwerfällt** whether you like it or not

schwerfällig **1** (≈ *langsam*) slow, lumbering (⚠ *nur vor dem Subst*.) **2** (≈ *unbeholfen*) clumsy [ˈklʌmzɪ], awkward [ˈɔːkwəd]

Schwergewicht *n*, **Schwergewichtler** *m* heavyweight [⚠ ˈhevɪweɪt]

schwerhörig **1** hard of hearing **2** **auf 'dem Ohr ist er schwerhörig** *übertragen* he doesn't want to know about it

Schwerkraft *f* (force of) gravity [ˈɡrævətɪ]

schwerkrank → schwer 4

schwermachen → schwer 5

schwernehmen: **nimm's nicht so schwer** don't take it to heart [hɑːt]

★**Schwerpunkt** *m* **1** *Physik*: centre of gravity [ˈɡrævətɪ] **2** **der Schwerpunkt ihrer Arbeit liegt auf ...** the main focus of her work is ...

Schwert *n* sword [⚠ sɔːd]

schwertun: **sich mit etwas schwertun** have* a hard time with something, find* something difficult; **mit Latein tu ich mich schwer** *auch*: I'm not very good at Latin

Schwerverbrecher(in) *m/f* serious [ˈsɪərɪəs] offender

Schwerverletzte(r) *m/f(m)* seriously injured person [ˌsɪərɪəslɪˌɪndʒədˈpɜːsn], serious casualty [ˈkæʒʊəltɪ]

schwerwiegend **1** *Angelegenheit, Problem*: serious [ˈsɪərɪəs] **2** *Entscheidung*: momentous [məʊˈmentəs]

★**Schwester** *f* **1** sister **2** (≈ *Krankenschwester*) nurse **3** (≈ *Nonne*) nun, *in Anrede*: Sister

Schwiegereltern *pl* parents-in-law

★**Schwiegermutter** *f* mother-in-law *pl*: mothers-in-law

★**Schwiegersohn** *m* son-in-law *pl*: sons-in-law

★**Schwiegertochter** *f* daughter-in-law *pl*: daughters-in-law

★**Schwiegervater** *m* father-in-law *pl*: fathers-in-law

Schwiele *f* callus [ˈkæləs]

★**schwierig** **1** *allg*.: difficult (*auch Person*) **2** *Problem, Aufgabe*: difficult, hard, tough [⚠ tʌf] **3** (≈ *unangenehm*) difficult, awkward [ˈɔːkwəd]

★**Schwierigkeit** *f* **1** difficulty **2** **in Schwierigkeiten kommen** run* into trouble (⚠ *sg*) **3** **jemandem Schwierigkeiten machen** (*Person*) make* things difficult for someone

★**Schwimmbad** *n* (swimming) pool

Schwimmbecken *n* (swimming) pool

★**schwimmen** **1** swim*; **schwimmen gehen** go* swimming, go* for a swim **2** (≈ *treiben*) float **3** **im Geld schwimmen** *umg* be* rolling in money

Schwimmen *n* **1** *allg*.: swimming **2** **ins Schwimmen kommen** *übertragen* (begin* to) flounder

Schwimmer(in) *m/f* swimmer

Schwimmflosse *f Sportgerät*: flipper

Schwimmflügel *m* water wing

Schwimmreifen *m* **1** rubber ring **2** *umg* (≈ *Hüftspeck*) spare tyre, *US* spare tire

Schwimmweste *f* life jacket

Schwindel *m* **1** (≈ *Schwindelgefühl*) dizziness **2** (≈ *Schwindelanfall*) dizzy spell **3** *umg* (≈ *Betrug*) swindle **4** *umg* (≈ *Lüge*) lie, fib

schwindelfrei: **schwindelfrei sein** have* a good head for heights [⚠ haɪts], *US* have* no fear of heights; **nicht schwindelfrei sein** be* afraid of heights

schwindeln **1** (≈ *lügen*) fib, lie, tell* a fib (*oder* lie) **2** **das ist geschwindelt** that's a lie **3** **sich durch eine Prüfung schwindeln** bluff one's way through an exam

Schwindler(in) *m/f* **1** swindler, *umg* con man (woman) **2** (≈ *Lügner*) liar [ˈlaɪə]

schwindlig dizzy; **mir wird** (*bzw*. **ist**) **schwindlig** I feel dizzy

schwingen **1** wave (*Fahne, Tuch, Axt usw*.) **2** (≈ *pendeln*) swing* **3** (*Ton*) vibrate [vaɪˈbreɪt] **4** **sie schwang sich aufs Fahrrad** she jumped onto her bicycle

Schwingung *f* **1** *Technik, Akustik*: vibration; **etwas in Schwingungen versetzen** set* something vibrating **2** *Physik, Elektrotechnik*:

oscillation [▲ ˌɒsɪ'leɪʃn]

Schwips *m*: **einen Schwips haben** *umg* be* tipsy

schwirren **1** (*Insekten*) buzz **2** **in der Schule schwirrt es nur so von Gerüchten** the school's buzzing with rumours **3** (*Pfeil*) whiz(z) **4** (*Flügel*) whirr, *US* whir **5** **mir schwirrte der Kopf** my head was spinning

★**schwitzen** **1** sweat [▲ swet], **ich schwitze am ganzen Körper** I'm sweating all over; **ins Schwitzen kommen** start sweating, *übertragen* get* into a sweat **2** **er schwitzt über seinen Hausaufgaben** *übertragen* he's sweating over his homework

★**schwören** **1** swear* [sweə] (*Freundschaft, Treue, Rache*); **ich habe mir geschworen, ihm nie wieder zu glauben** I've sworn never to believe him again **2** **vor Gericht**: take* the oath [əʊθ]; **einen Eid schwören** take* an oath

★**schwul** *umg* gay, *abwertend* queer

schwül *Klima*: close [kləʊs], muggy, sticky

Schwule(r) *m/f(m)* *umg* gay, *abwertend* queer; **zwei Schwule** two gay men

Schwund *m* **1** (≈ *Abnahme*) decrease (+ *Genitiv* in) **2** *von Material*: shrinkage **3** *durch Diebstahl, Verlust*: loss **4** *Medizin*: atrophy

Schwung *m* **1** *Bewegung*: swing (*auch beim Turnen, Skifahren usw.*) **2** (≈ *Elan, Energie*) energy ['enədʒɪ], drive; **in Schwung kommen** get* going; **eine Tasse Tee bringt dich wieder in Schwung** a cup of tea will get you going again; **jetzt bringen wir den Laden in Schwung!** let's get things going! **3** **ein Schwung neuer CDs** *usw.* a batch of new CDs *usw.*

schwungvoll **1** (≈ *lebhaft*) lively ['laɪvlɪ] **2** (≈ *energisch*) full of drive (*oder* go); **schwungvoll sein** have* plenty of drive

Schwur *m* oath [əʊθ]; **einen Schwur leisten** take* an oath

Schwyz *n* Schwyz [ʃvɪts]

scrollen *Computer*: scroll

★**sechs** six [sɪks]

Sechs *f* **1** *Zahl*: (number) six **2** **eine Sechs schreiben** *etwa*: get* an F **3** *Bus, Straßenbahn usw.*: number six bus, number six tram *usw.*

Sechseck *n* hexagon ['heksəɡən]

sechseckig hexagonal [hek'sæɡənl]

sechseinhalb six and a half [▲ hɑːf]

sechsfach **1** **die sechsfache Menge** six times the amount **2** **der sechsfache deutsche Meister X** six times German champion X (▲ *ohne the*) **3** **ein Formular in sechsfacher Ausfertigung** six copies of a form

sechshundert six hundred

sechsjährig **1** (≈ *sechs Jahre alt*) six-year-old **2** (≈ *sechs Jahre dauernd*) six-year; **nach sechsjährigen Verhandlungen** after six years of negotiations

sechsmal six times

sechsstellig six-figure ['fɪɡə]

sechstausend six thousand

★**sechste(r, -s)** sixth [sɪksθ]; **6. April** 6(th) April, April 6(th) (*gesprochen* the sixth of April); **am 6. April** on 6(th) April, on April 6(th) (*gesprochen* on the sixth of April)

Sechste(r, -s) *m/f(m, n)* **1** (the) sixth; **sie war Sechste** she was sixth **2** **Heinrich VI.** Henry VI (*gesprochen* Henry the Sixth; VI *ohne Punkt!*) **3** **heute ist der Sechste** it's the sixth today

Sechstel *n* sixth [sɪksθ]

sechstens sixthly ['sɪksθlɪ]

★**sechzehn** sixteen [ˌsɪks'tiːn]

Sechzehnjährige(r) *m/f(m)* sixteen-year-old

sechzehnte(r, -s) sixteenth [ˌsɪks'tiːnθ]

★**sechzig** sixty

Sechzigerjahre *pl*: **in den Sechzigerjahren** in the sixties

★**sechzigste(r, -s)** sixtieth ['sɪkstɪəθ]

Secondhandladen *m* second-hand shop, *US* thrift [θrɪft] store

★**See**[1] *f* (≈ *Meer*) sea, *US meist* ocean; **an die See fahren** go* to the seaside; **die Stadt liegt an der See** the town is on the sea

★**See**[2] *m* *Binnengewässer*: lake; **ein Haus am See** a house by the lake; **wir haben ein Ferienhaus am See** we've got a lakeside cottage

Seefahrt *f* **1** (≈ *einzelne Seereise*) sea journey ['dʒɜːnɪ] (*oder* voyage ['vɔɪdʒ]), (≈ *Kreuzfahrt*) cruise **2** **die Seefahrt** *als Beruf usw.*: seafaring (▲ *ohne the*)

Seefracht *f* sea freight; **per Seefracht befördern** transport by sea

Seegang *m* waves (▲ *pl*); **hoher Seegang** rough seas (▲ *pl*); **schwerer Seegang** heavy seas (▲ *pl*); **leichter Seegang** light seas (▲ *pl*)

Seehafen *m* seaport

Seehund *m* **1** *Tier*: seal **2** *Fell*: sealskin

Seeigel *m* sea urchin ['siːˌɜːtʃɪn]

seekrank seasick; **ich werde leicht seekrank** I get seasick easily, I'm a bad sailor

Seekrankheit *f* seasickness

★**Seele** *f* **1** *allg*.: soul [səʊl] (*auch im religiösen Sinn*) **2** **du sprichst mir aus der Seele** that's exactly how I feel (about it) **3** (≈ *Mensch*) soul; **sie ist eine Seele von Mensch** she's a good soul; **er ist die Seele der Mannschaft** he's the life and soul of the team

Seelenruhe f: **in aller Seelenruhe** → seelenruhig

seelenruhig ❶ *positiv*: calmly [⚠ 'kɑːmlɪ] ❷ (≈ *ungerührt*) without batting an eyelid

Seeleute pl seamen ['siːmən], sailors

seelisch ❶ (≈ *psychisch*) mental, psychological [⚠ ˌsaɪkəˈlɒdʒɪkl]; **eine seelische Belastung** a mental strain; **ich bin gerade an einem seelischen Tiefpunkt** I'm feeling very low at the moment ❷ *im religiösen Sinn*: spiritual ['spɪrɪtʃʊəl]

Seelöwe m sea lion

Seeluft f sea air

Seemann m sailor, seaman ['siːmən] pl: seamen

Seemeile f nautical mile

Seemöwe f seagull ['siːgʌl]

Seenot f: **in Seenot sein** be* in distress; **in Seenot geraten** get* into distress

Seepferdchen n sea horse

Seeräuber(in) m(f) pirate ['paɪrət]

Seerose f water lily ['wɔːtəˌlɪlɪ]

Seestern m *Tier*: starfish

Seetang m seaweed

seetüchtig seaworthy ['siːˌwɜːðɪ]

Seeufer n: **am Seeufer** on the lakeside

Seevogel m sea bird

Seezunge f *Fisch*: sole

Segel n ❶ sail ❷ **jemandem den Wind aus den Segeln nehmen** take* the wind out of someone's sails

Segelboot n sailing boat, *US* sailboat, *größer*: yacht [⚠ jɒt]

Segelfliegen n gliding

Segelflugzeug n glider

★**segeln** ❶ (*Schiff, Boot*) sail ❷ (*Flugzeug*) glide ❸ (*Vogel*) glide, soar [sɔː] ❹ **er ist durch die Fahrprüfung gesegelt** *umg* he flunked his driving test

Segelohren pl *umg* bat ears

Segelschiff n sailing ship

Segen m ❶ *religiös*: blessing ❷ **er hat seinen Segen zu dem Projekt gegeben** *umg* (≈ *Zustimmung*) he's given the project his blessing; **meinen Segen hast du!** I've got no objections ❸ (≈ *Wohltat*) blessing; **ein wahrer Segen** a real blessing

segnen ❶ bless; **Gott segne dich** God bless you ❷ **mein Fernseher hat das Zeitliche gesegnet** *ironisch* my TV has given up the ghost

sehbehindert partially sighted, visually handicapped

★**sehen** ❶ *allg.*: see*; **wenn ich recht gesehen habe, ...** if I saw right ...; **siehe oben** (*bzw.* **unten**) see above (*bzw.* below) ❷ **gut** (*bzw.* **schlecht**) **sehen** have* good (*bzw.* bad) eyesight; **ich sehe nicht gut** I can't see very well ❸ (≈ *hinsehen*) look; **auf die Uhr sehen** look at one's watch; **sieh mal!** look! ❹ **kann ich das mal sehen?** can I have a look at it? ❺ (≈ *sich ansehen, zuschauen bei*) watch; **hast du gestern den Film gesehen?** did you watch (*oder* see) the film yesterday? ❻ (≈ *beurteilen*) see*; **das sehe ich anders** I see it differently; **du siehst es falsch** you've got it wrong; **wie ich die Sache sehe** as I see it ❼ (≈ *treffen*) **wir sehen uns morgen!** see you tomorrow!; **wir sehen uns zum ersten Mal** we've never met before ❽ **lass dich mal wieder sehen** come and see me again some time ❾ *Wendungen*: **sieh mal einer an!** well, what do you know!; **das werden wir schon sehen** let's wait and see; **wie seh ich denn das!** what's that supposed to mean!; **na siehst du!** there you are!, what did I tell you?; **da sieht man's mal wieder!** it's the same old story; → Sehen

Sehen n: **ich kenne sie nur vom Sehen** I only know her by sight, I've never actually spoken to her

sehenswert worth seeing, *Stadt usw.*: worth a visit

★**Sehenswürdigkeit** f sight; **(die) Sehenswürdigkeiten besichtigen** go* sightseeing

Sehne f ❶ *im Körper*: tendon ['tendən] ❷ *an einem Bogen*: string

★**sehnen**: **sich sehnen nach** long for, *stärker*: yearn [jɜːn] for

Sehnsucht f longing, yearning ['jɜːnɪŋ]; **Sehnsucht haben nach jemandem** long (*oder* yearn) to see someone

sehnsüchtig *Blick usw.*: longing, yearning

★**sehr** ❶ *allg.*: very; **sehr bald** very soon; **er ist sehr beliebt** he's very popular ❷ **sehr viel** a lot; **nicht sehr viel** not very much ❸ *mit Verben*: **ich liebe sie sehr** I love her very much; **ich freue mich sehr** I'm very glad; **ich habe mich sehr geärgert** I was very annoyed; **danke sehr!** thank you very much, thanks very much

Sehtest m eye test

seicht shallow

Seide f silk; **reine Seide** pure silk

★**Seife** f soap

Seifenblase f soap bubble

Seifenoper f soap opera, soap

Seiher *m* ⊛ (≈ *Sieb*) colander

Seil *n* **1** rope **2** *aus Draht*: cable **3** **in den Seilen hängen** *übertragen, umg* be* knackered [⚠ 'nækəd], *US* be* pooped

Seilbahn *f* **1** cable car, *US* cableway, *bes. auf Schienen*: cable railway **2** **mit der Seilbahn fahren** go* by cable car

seilhüpfen, seilspringen skip, *US* jump rope

Seilspringen *n* skipping, *US* jumping rope

Seiltänzer(in) *m(f)* tightrope walker ['taɪtrəʊp‿ˌwɔːkə]

★**sein**[1] **1** be*; **ich bin müde** I'm (*oder* I am) tired; **du bist doof** you're (*oder* you are) stupid; **er ist alt** he's (*oder* he is) old; **sie ist krank** she's (*oder* she is) ill; **es ist kalt** it's (*oder* it is) cold; **wir sind zu Hause** we're (*oder* we are) at home; **ihr seid eingeladen** you're (*oder* you are) invited; **sie sind hier** they're (*oder* they are) here **2** **wie ist es mit dir?** what about you? **3** **was ist mit ihr?** what's the matter with her? **4** **lass das sein!** stop it! **5** **was soll das sein?** what's that supposed to be? **6** **das kann sein** that's possible **7** **5 und 3 ist 8** five and three are (*oder* is *oder* make *oder* makes) eight, *US* five plus three are (*oder* is) eight **8** *mit Vergangenheitsform anderer Verben*: **er ist gegangen** he's (*oder* he has) gone; **ich bin ihm schon begegnet** I've (*oder* I have) met him before; **die Sonne ist untergegangen** the sun's (*oder* sun has) gone down

★**sein**[2] *besitzanzeigend* **1** *bei Männern*: his **2** *bei Mädchen*: her **3** *bei Sachen*: its **4** *bei Tieren*: its, *oft auch* her *bzw.* his **5** *bei Schiffen oft*: her **6** *unbestimmt*: one's (⚠ *mit Apostroph*), *auch*: their; **sein Glück machen** make* one's fortune; **jeder hat seine Sorgen** everybody's got their (*oder* his or her) problems (⚠ *trotz Verb im sg wird oft pl* their *verwendet*)

seinetwegen **1** (≈ *wegen ihm*) because of him **2** (≈ *ihm zuliebe*) for his sake

seinlassen → **sein**[1] 4

★**seit** **1** *bei Zeitpunkt*: since; **seit 2010** since 2010; **seit sie wegging** since she left **2** *bei Zeitraum*: for; **ich warte seit zwei Stunden** I've been waiting for two hours **3** (≈ *seitdem*) since; **es ist ein Jahr her, seit er gegangen ist** it's (been) a year since he left

★**seitdem** **1** since then; **seitdem hab ich ihn nicht gesehen** I haven't seen him since **2** **seitdem ich jogge, geht's mir besser** since I've been jogging (⚠ *Zeitform beachten*) I feel better

★**Seite** *f* **1** *im Buch usw.*: page **2** *Aspekt, Eigenschaft usw.*: side; **er hat eine großzügige Seite** he's got a generous side (to him) **3** **die Seiten wechseln** *Sport*: change ends, *übertragen* change sides (⚠ *ohne* the) **4** **zur Seite gehen** step aside **5** **von meiner Seite gibt es keine Bedenken** there are no objections on my part

Seiteneinsteiger(in) *m(f)* career changer

Seitenfenster *n* side window

seitenlang *Bericht usw.*: long; **sie schreibt seitenlange Briefe** she writes pages and pages

Seitenlinie *f Sport*: sideline, *Fußball*: touchline

Seitenschiff *n Kirche*: (side) aisle [⚠ aɪl]

Seitenschneider *m* wire cutters (⚠ *pl*)

Seitensprung *m eines Ehepartners*: extramarital affair [ˌekstrəˌmærɪtl‿əˈfeə], *salopp* bit on the side; **einen Seitensprung machen** have* a bit on the side

Seitenstechen *n* stitch; **Seitenstechen haben** have* a stitch

Seitenstraße *f* side street; **eine Seitenstraße der Manzostraße** a side street off Manzostraße

Seitenstreifen *m einer Straße*: (hard) shoulder, *Br auch* verge

seitenverkehrt the wrong way round (⚠ *nur hinter dem Subst.*)

Seitenzahl *f* **1** *einzelne*: page number **2** *Gesamtzahl*: number of pages

seither since then, since that time (⚠ *meist am Satzanfang*); **ich habe ihn seither nicht gesehen** I haven't seen him since; **seither geht es mir besser** since that time I've been feeling better

★**Sekretär** *m* **1** male secretary ['sekrətrɪ] **2** (≈ *Schreibtisch*) bureau ['bjʊərəʊ] *pl*: bureaux ['bjʊərəʊz]

Sekretariat *n* (secretary's) office

Sekretärin *f* secretary ['sekrətrɪ]

Sekt *m* **1** (≈ *Schaumwein*) sparkling wine, *umg* champagne [ˌʃæmˈpeɪn] **2** (≈ *Champagner*) champagne

Sekte *f* sect

Sektor *m* **1** *allg.*: sector **2** *übertragen* area, field

★**Sekundarstufe** *f* **Sekundarstufe I** first stage of secondary education from age 10-15; **Sekundarstufe II** second stage of secondary education from age 16-19

★**Sekunde** *f* **1** second ['sekənd] (*auch Tonintervall*) **2** **(eine) Sekunde!** *umg* just a sec! **3** **zehn Uhr auf die Sekunde** ten o'clock on the dot

Sekundenkleber *m* superglue® ['suːpəgluː]

Sekundenschnelle f: **es geschah alles in Sekundenschnelle** it was all over in a matter of seconds

Sekundenzeiger m second hand

★**selber** → selbst¹

★**selbst¹** ◨ **ich selbst** I myself [maɪˈself]; **er selbst** he himself; **sie selbst** she herself; **wir möchten es selbst machen** we want to do it ourselves; **mach es selbst!** do it yourself!; **selbst gemacht** homemade; **das muss ich mir selbst ansehen** I'll have to see that for myself; **sie spricht oft mit sich selbst** she often talks to herself; **ich habe ihn nicht selbst gesprochen** I didn't talk to him personally ◪ *Wendungen*: **das versteht sich von selbst** that goes without saying; **er ist die Ruhe selbst** he's unflappable; **selbst ist der Mann** (*bzw.* **die Frau**) there's nothing like doing it yourself

★**selbst²** (≈ *sogar*) even; **selbst meinen Eltern gefiel der Film** even my parents enjoyed the film

selbständig → selbstständig

Selbstbedienung f self-service

Selbstbedienungsrestaurant n self-service restaurant

Selbstbefriedigung f masturbation [ˌmæstəˈbeɪʃn]

Selbstbeherrschung f self-control; **sie verlor die Selbstbeherrschung** *auch* she lost her temper (*umg* cool)

selbstbewusst self-confident [ˌselfˈkɒnfɪdənt]

Selbstbewusstsein n self-confidence [ˌselfˈkɒnfɪdəns]

Selbstdisziplin f self-discipline [ˌselfˈdɪsəplɪn]

Selbsterhaltungstrieb m survival instinct

Selbstgespräch n: **sie führt Selbstgespräche** she talks to herself

Selbsthilfegruppe f self-help group

Selbstkritik f self-criticism [ˌselfˈkrɪtɪsɪzm]

selbstkritisch self-critical

Selbstlaut m vowel [ˈvaʊəl]

selbstlos selfless

Selbstmitleid n self-pity [ˌselfˈpɪti]

★**Selbstmord** m suicide [ˈsuːɪsaɪd]; **Selbstmord begehen** commit suicide; **Rauchen ist Selbstmord auf Raten** smoking is a form of slow suicide

Selbstmordanschlag m, **Selbstmordattentat** n suicide attack [ˈsuːɪsaɪd əˌtæk]

Selbstmordattentäter(in) m(f) suicide bomber [⚠ ˌsuːɪsaɪdˈbɒmə], suicide attacker

Selbstmörder(in) m(f) suicide (victim)

selbstmordgefährdet suicidal [ˌsuːɪˈsaɪdl]

Selbstmordversuch m suicide attempt

selbstsicher self-confident [ˌselfˈkɒnfɪdənt]; **sie wirkt sehr selbstsicher** she seems very sure of herself

Selbstsicherheit f self-confidence [ˌselfˈkɒnfɪdəns]

★**selbstständig** ◨ (≈ *unabhängig*) independent; **sie ist an selbstständiges Arbeiten gewöhnt** she's used to working on her own ◪ *beruflich*: self-employed; **er will sich selbstständig machen** he wants to start up his own business ◫ *Journalist, -in usw.*: (≈ *freiberuflich*) freelance [ˈfriːlɑːns]; **er ist selbstständig** he's a freelance(r)

Selbstständige(r) m/f(m) self-employed person

Selbstständigkeit f independence, *eines Landes auch*: autonomy [ɔːˈtɒnəmi]

Selbststudium n self-study; **sie hat's im Selbststudium gelernt** she taught herself

selbsttätig ◨ automatic ◪ **die Tür schließt selbsttätig** the door closes automatically

Selbstverpflegung f *im Urlaub*: self-catering

★**selbstverständlich** ◨ (≈ *natürlich*) (perfectly) natural [ˈnætʃrəl] ◪ **das ist doch selbstverständlich** (≈ *nicht der Rede wert*) that goes without saying

Selbstverständlichkeit f: **das war doch eine Selbstverständlichkeit!** not at all!

Selbstverteidigung f self-defence

Selbstvertrauen n self-confidence [ˌselfˈkɒnfɪdəns]

Selbstwertgefühl n self-esteem [ˌself_ɪˈstiːm], ego [ˈiːɡəʊ]

Selfie n *umg Foto*: selfie

selig ◨ *im religiösen Sinn*: blessed [⚠ ˈblesɪd] ◪ **wer's glaubt, wird selig!** tell me another! ◫ (≈ *überglücklich*) overjoyed ◬ **sie lächelte selig** she smiled happily

Sellerie m ◨ *als Staude*: celery [ˈseləri] ◪ *als Knolle*: celeriac [səˈleriæk]

★**selten** ◨ *Pflanzen, Tiere usw.*: rare ◪ **in den seltensten Fällen** very rarely ◫ **wir sehen uns nur noch selten** we hardly ever see each other these days; **zum Frühstück esse ich nur sehr selten etwas** I rarely have any breakfast

Seltenheit f ◨ *Eigenschaft*: rareness; **es ist eine Seltenheit, dass …** it's rare that … ◪ *Sache*: rarity [ˈreərəti]

Selters n, **Selterswasser** n mineral water

★**seltsam** ◨ strange, peculiar [pɪˈkjuːliə]; **es ist schon seltsam** it's very strange ◪ **das Fleisch schmeckt irgendwie seltsam** somehow this meat tastes peculiar (US meist strange)

seltsamerweise strangely enough [ɪˈnʌf]

★**Semester** n semester; **er ist im dritten Semester** he's in his third semester; **während des Semesters** during term-time, US during the semester

Semesterferien pl vacation (⚠ sg)

Semifinale n Sport: semifinal [ˌsemɪˈfaɪnl]

Semikolon n semicolon [ˌsemɪˈkəʊlən]

Seminar n **1** Lehrveranstaltung: seminar [ˈsemɪnɑː], zur Fortbildung: workshop **2** Institut: department, institute [ˈɪnstɪtjuːt]

★**Semmel** f **1** (≈ Brötchen) roll [rəʊl] **2 das Buch ging weg wie warme Semmeln** the book sold like hot cakes

Semmelbrösel pl breadcrumbs [⚠ ˈbredkrʌmz]

sempern Ⓐ (≈ nörgeln) moan, grumble

★**Senat** m in den USA, in deutschen Stadtstaaten: senate [ˈsenət]

★**senden** **1** Radio, TV: broadcast* [ˈbrɔːdkɑːst] **2** über Funk: transmit [trænzˈmɪt] **3** (≈ übermitteln) send*, forward [ˈfɔːwəd] (Brief usw.)

Sendepause f **1** Radio, TV: intermission **2 du hast jetzt mal Sendepause!** umg put a sock in it, will you?

Sender m **1** Anlage, Gerät: transmitter [trænzˈmɪtə] **2** (≈ Radiosender) radio station **3** (≈ Fernsehsender) television station

Sendeschluss m close-down [ˈkləʊzdaʊn]

★**Sendung** f **1** (≈ Programm) programme [ˈprəʊɡræm], US program **2 auf Sendung sein** be* on the air **3** (≈ das Senden) sending **4** (≈ Postsendung) letter; (≈ Paket) parcel [ˈpɑːsl], US meist package; Handel: consignment

Senf m **1** mustard [ˈmʌstəd] **2 er muss immer seinen Senf dazugeben** umg he always has to have his say

senil senile [ˈsiːnaɪl]

Senior m **1 Senioren** (≈ Rentner) senior [ˈsiːnɪə] citizens **2** im Sport: senior [ˈsiːnɪə]

senior: **John F. Kennedy senior** (abk **sen.** oder **sr.**) John F. Kennedy Senior (abk Sr oder Snr oder Sen.)

Seniorenheim n home for the elderly, retirement home

★**senken** **1** lower [ˈləʊə] (Stimme, Blutdruck usw.) **2** lower, reduce, cut* (Preise, Steuern) **3 sich senken** (Stimme, Temperatur) drop

★**senkrecht** **1** vertical [ˈvɜːtɪkl]; Mathematik: perpendicular [ˌpɜːpənˈdɪkjələ] **2** im Kreuzworträtsel: down

Senkrechte f vertical; Mathematik: perpendicular [ˌpɜːpənˈdɪkjələ]

Senkrechtstarter m **1** Flugzeug: vertical take-off plane **2** umg, übertragen whizz-kid [ˈwɪzkɪd]

Senkung f von Blutdruck, Preisen, Stimme usw.: lowering [ˈləʊərɪŋ]

Sensation f sensation [senˈseɪʃn]

sensationell sensational [senˈseɪʃnəl]

Sense f Gerät: scythe [⚠ saɪð]

sensibel sensitive (⚠ engl. sensible = **vernünftig**)

sentimental sentimental; **nun werd nicht gleich sentimental!** don't get soppy!

separat **1** (≈ getrennt) separate [ˈsepərət] **2** (≈ extra) separately [ˈsepərətlɪ]; **etwas separat waschen** wash something separately; **etwas separat aufbewahren** keep* something separate

★**September** m September; **im September** in September (⚠ ohne the)

Serbe m Serbian [ˈsɜːbɪən]; **er ist Serbe** he's (a) Serbian

Serbien n Serbia [ˈsɜːbɪə]

Serbin f Serbian woman (oder lady bzw. girl); **sie ist Serbin** she's (a) Serbian

serbisch, **Serbisch** n Serbian [ˈsɜːbɪən]

★**Serie** f **1** allg.: series [ˈsɪəriːz] (⚠ sg und pl gleiche Form) **2 in Serie hergestellt werden** be* mass-produced **3** Radio, TV: series, serial [ˈsɪərɪəl] **4** Briefmarken, Münzen usw.: set

Serienbrief m mail-merge letter

Seriennummer f serial number

seriös **1** (≈ ernsthaft) serious [ˈsɪərɪəs] **2** (≈ anständig) respectable **3** Firma: reputable [⚠ -ˈrepjʊtəbl] **4 seriös auftreten** appear respectable

Serpentine f (≈ scharfe Kurve) double bend, hairpin bend, US meist hairpin turn

Server m für Computernetzwerk: server

★**Service**¹ m **1** (≈ Bedienung) service **2** (≈ Kundendienst) after-sales service **3** Tennis usw.: service, serve

★**Service**² n (≈ Satz Geschirr) dinner (bzw. tea bzw. coffee) service [ˈsɜːvɪs]

servieren **1** serve; **etwas zum Frühstück servieren** serve something for breakfast; **Wein zum Essen servieren** serve wine with the meal **2** Tennis usw.: serve

Serviertochter f Ⓒ (≈ Kellnerin) waitress

Serviette f napkin, Br auch serviette [ˌsɜːvɪˈet]

Servolenkung f power steering

servus bes. Ⓐ **1** Begrüßung: hello, umg hi **2** Abschied: bye, see you, Br auch cheers

Sesam m: **Sesam öffne dich!** open sesame [⚠

'sesəmɪ]

★**Sessel** m **1** easy chair **2** mit Armlehne: armchair **3** Ⓐ (≈ Stuhl) chair

Sessellift m chairlift

sesshaft 1 Bauern, Völker usw.: settled **2** (≈ ansässig) resident ['rezɪdənt] **3** **sesshaft werden** settle (down)

★**setzen 1** **sich setzen** sit* down; **setz dich!** sit down!, have a seat!; **sich ans Fenster setzen** sit* down at (oder next to) the window; **komm, setz dich zu mir** come and sit next to me **2** **sich setzen auf** get* on, förmlicher: mount (Pferd, Rad); **sich setzen in** get* into (Auto usw.) **3** **sich setzen** (≈ einen Bodensatz bilden) settle **4** (≈ legen, hintun) put*; **er setzte es auf den Tisch** he put it on the table **5** **setzen Sie mich bitte auf die Liste** could you put me (oder my name) down on the list, please; **etwas in die Zeitung setzen** put* something in the paper **6** (≈ einpflanzen) plant [plɑːnt] (Tomaten, Zwiebeln usw.) **7** (≈ wetten) bet* (auf on); **Geld auf ein Pferd setzen** bet* on a horse; **wir setzen auf dich!** übertragen we're relying on you **8** **jemandem ein Denkmal setzen** set* up a monument to someone **9** **seinen Namen unter einen Brief setzen** sign a letter

Seuche f epidemic [ˌepɪˈdemɪk]

seufzen sigh [saɪ] (**über** at, over)

Seufzer m sigh [saɪ]; **einen Seufzer der Erleichterung ausstoßen** heave a sigh of relief

Sex m sex; **Sex haben** (oder **machen**) have* sex

sexistisch sexist

Sexualität f sexuality [ˌsekʃʊˈælətɪ]

Sexualkunde f sex education

sexuell sexual [ˈsekʃʊəl]

Shampoo n shampoo [ʃæmˈpuː]

Shitstorm m umg (≈ heftige Kritik im Internet) Internet shitstorm

shoppen shop

Shopping n shopping

Shorts pl (a pair of) shorts pl

Show f **1** show **2** **eine Show abziehen** umg put* on a show

Showmaster(in) m(f) im Fernsehen: host, compere [ˈkɒmpeə], US emcee [ˌemˈsiː]

Sibirien n Siberia [saɪˈbɪərɪə]

★**sich 1** je nach Geschlecht und Zahl: oneself, yourself, männlich: himself, weiblich: herself, sächlich: itself, Mehrzahl: thems_el_ves; **er** (bzw. **sie**) **nahm die Schuld auf sich** he (bzw. she) took the blame (on himself bzw. herself); **er denkt nur an sich** he only thinks of himself **2** him, her, it, Mehrzahl: them; **sie blickte um sich** she looked around (her); **hat er die Tür hinter sich zugemacht?** did he shut the door behind him? **3** (≈ einander) each other, one another; **sie kennen sich** they know each other

Sichel f **1** Werkzeug: sickle **2** des Mondes: crescent [ˈkrezənt]

★**sicher 1** (≈ geschützt, geborgen) safe, secure (**vor** from); **sich sicher fühlen** feel* safe **2** (≈ gewiss) certain, sure; **so viel ist sicher** one thing is certain; **ein sicherer Sieg** certain victory (⚠ ohne a) **3** **sicher ist sicher!** better safe than sorry **4** (≈ überzeugt, wissend) sure, certain; **einer Sache sicher sein** be* sure of something; **„Bist du sicher?" - „Ganz sicher!"** 'Are you sure?' - 'I'm positive!' **5** (≈ gesichert) secure (auch Einkommen, Existenz usw.) **6** (≈ geübt) good; **ein sicherer Fahrer** a good (oder safe) driver **7** **aber sicher!** of course!, sure!

sichergehen: **um sicherzugehen** to be on the safe side, to make sure

★**Sicherheit** f **1** (≈ Sichersein, Schutz) safety; **die öffentliche Sicherheit** public safety (⚠ ohne the) **2** **sich in Sicherheit bringen** get* out of danger **3** **in Sicherheit sein** be* safe (and sound) **4** **die innere Sicherheit** politisch: internal security (⚠ ohne the) **5** (≈ Gewissheit) certainty [ˈsɜːtntɪ]; **mit Sicherheit** definitely; **ich weiß es mit Sicherheit** I know it for sure (oder for a fact); **mit ziemlicher Sicherheit** almost certainly **6** (≈ Selbstvertrauen) (self-)confidence [(ˌself)ˈkɒnfɪdəns] **7** (≈ Bürgschaft, Pfand) security

Sicherheitsabstand m safe distance; **den Sicherheitsabstand einhalten** keep* a safe distance

Sicherheitsbeamte(r) m, **Sicherheitsbeamtin** f am Flughafen: security guard

Sicherheitsbestimmungen pl safety regulations

Sicherheitsdienst m am Flughafen: security guards (⚠ pl)

Sicherheitsgurt m seat belt

sicherheitshalber (≈ um sicherzugehen) just to be on the safe side

Sicherheitslücke f security gap

Sicherheitsnadel f safety pin

Sicherheitsschloss n safety (oder security) lock

★**sicherlich**: **sie wird sicherlich kommen** I'm sure she'll come; **„Schaffst du's?" - „Sicherlich!"** 'Can you manage?' - 'Of course (I can).'

★**sichern 1** secure [sɪˈkjʊə] (Tür, Auto usw.)

(**gegen** against) **2** save (*Daten*) **3 sich vor** (*oder* **gegen**) **etwas sichern** protect oneself against something **4** lock, put* the safety catch on (*Schusswaffe*)

Sicherung *f* **1** *Strom*: fuse [fju:z]; **die Sicherung ist durchgebrannt** the fuse has blown **2 bei ihr ist die Sicherung durchgebrannt** *umg* she blew a fuse **3** (≈ *das Sichern*) safeguarding; *von Daten*: backing-up; (≈ *Absicherung*) protection **4** *von Waffe*: safety catch

Sicherungskasten *m* fuse box

Sicherungskopie *f* Computer: backup, backup copy

Sicht *f* **1** visibility [ˌvɪzəˈbɪlətɪ]; **die Sicht war schlecht** visibility was bad (*oder* poor) (⚠ *ohne* the) **2 in Sicht kommen** come* into view **3 außer Sicht** out of sight **4 auf lange Sicht** (≈ *auf Dauer*) in the long run

★**sichtbar** visible [ˈvɪzəbl] (*auch übertragen*); **sichtbar werden** *übertragen* become* apparent

sichtlich **1** *Freude, Trauer*: visible [ˈvɪzəbl] **2 er war sichtlich nervös** he was clearly (*oder* obviously) nervous

Sichtweite *f* visibility [ˌvɪzəˈbɪlətɪ] (⚠ *ohne* the); **in Sichtweite** in sight; **außer Sichtweite** out of sight

★**sie¹** **1** *für eine Frau*: she, *als Objekt*: her; **da ist sie** there <u>she</u> is; **wir müssen sie finden** we've got to find <u>her</u>; **er weiß mehr als sie** he knows more than <u>she</u> does, he knows more than <u>her</u> **2** *für eine Sache*: it, *für englische Pluralformen wie* glasses *usw.*: them; **da ist sie** there it is (*die Uhr usw.*), there <u>they</u> are (*die Brille, Badehose usw.*); **wir müssen sie finden** we've got to find it (*die Uhr usw.*), we've got to find <u>them</u> (*die Brille, Badehose usw.*)

★**sie²** **1** *für mehrere Personen*: they, *als Objekt*: them; **da sind sie** there <u>they</u> are; **wir müssen sie finden** we've got to find <u>them</u>; **wir arbeiten länger als sie** we work longer than <u>they</u> do, we work longer than <u>them</u> **2** *für Sachen*: they, *als Objekt*: them; **da sind sie** there <u>they</u> are; **wir müssen sie finden** we've got to find <u>them</u> **3** (≈ *man*) they; **sie haben ihn gefragt, ob ...** they asked him whether ...

★**Sie** *pron* **1** *Anrede*: you; **was glauben Sie?** what do you think? **2** ⚠ *in der Befehlsform unübersetzt*: **hören Sie!** listen!; **machen Sie schnell!** hurry up!

Sieb *n* **1** sieve (⚠ sɪv), (≈ *Teesieb*) strainer, (≈ *Gemüsesieb*) colander **2 ein Gedächtnis wie ein Sieb** a memory like a sieve

★**sieben¹** *Zahl*: seven [ˈsevn]
★**sieben²** sieve (⚠ sɪv), pass through a sieve
Sieben *f* **1** *Zahl*: (number) seven [ˈsevn] **2** *Bus, Straßenbahn usw*.: <u>number</u> seven <u>bus</u>, <u>number</u> seven <u>tram</u> *usw*.

siebeneinhalb seven and a half (⚠ hɑːf)
siebenfach **1 die siebenfache Menge** seven times the amount **2 die siebenfache deutsche Meisterin X** seven-times German champion X (⚠ *ohne* the)
siebenhundert seven hundred
siebenjährig **1** (≈ *sieben Jahre alt*) seven-year-old **2** (≈ *sieben Jahre dauernd*) seven-year; **nach einer siebenjährigen Auseinandersetzung** after a dispute lasting seven years
siebenmal seven times
siebentausend seven thousand
★**siebente(r, -s)** → **siebte(r, -s)**
Siebente(r, -s) *m/f(m, n)* → **Siebte(r, -s)**
Siebentel *n* seventh [ˈsevnθ]
★**siebte(r, -s)** seventh [ˈsevnθ]; **7. April** 7(th) April, April 7(th) (⚠ *gesprochen* the seventh of April); **am 7. April** on 7(th) April, on April 7(th) (⚠ *gesprochen* on the seventh of April)
Siebte(r, -s) *m/f(m, n)* **1** (the) seventh [ˈsevnθ]; **er war Siebter** he was seventh **2 Heinrich VII.** Henry VII (*gesprochen* Henry the Seventh; VII *ohne* Punkt!) **3 heute ist der Siebte** it's the seventh today
Siebtel *n* seventh [ˈsevnθ]
siebtens seventhly [ˈsevnθlɪ]
★**siebzehn** seventeen [ˌsevnˈtiːn]
Siebzehnjährige(r) *m/f(m)* seventeen-year-old
siebzehnte(r, -s) seventeenth [ˌsevnˈtiːnθ]
★**siebzig** seventy [ˈsevntɪ]
Siebzigerjahre *pl*: **in den Siebzigerjahren** in the seventies
★**siebzigste(r, -s)** seventieth [ˈsevntɪəθ]
Siedepunkt *m* boiling point (*auch übertragen*)
Siedler(in) *m(f)* settler
★**Siedlung** *f* **1** (≈ *Wohngebiet*) housing estate [ˈhaʊzɪŋ ɪˌsteɪt], *US* development **2** (≈ *Niederlassung*) settlement
Sieg *m* **1** *auch übertragen* victory; **ein Sieg der Vernunft** a victory <u>for</u> common sense **2** *Sport*: win, victory; **ein leichter Sieg** a walkover, *US auch* a walkaway
★**siegen** **1** *allg.*: win*; **Hamburg siegte mit 3:1** Hamburg won <u>by</u> three goals to one **2 siegen über** defeat, *bes. im Sport*: beat*
★**Sieger(in)** *m(f)* **1** *in einem Kampf usw.*: victor **2** *Sport*: winner; **Sieger nach Punkten** winner <u>on</u> points **3 zweiter Sieger** runner-up

Siegerehrung f Sport: presentation ceremony ['serəməni]

Siegertreppchen n im Sport: podium ['pəʊdɪəm]

siezen **1** jemanden siezen use the formal 'Sie' with someone **2** sie siezen sich they are on 'Sie' terms

Siezen n use of the polite "Sie" form

Signal n **1** (≈ Alarmsignal usw.) signal ['sɪɡnəl]; **das Signal stand auf „Halt"** the signal was at 'stop' **2** übertragen sign [saɪn]; **das war das Signal zum Aufbruch** that was the sign to leave

signieren sign [saɪn] (Bücher, Dokumente)

Silbe f **1** syllable ['sɪləbl] **2** **er sagte keine Silbe** he didn't say a word; **sie erwähnte ihn mit keiner Silbe** she didn't even mention him

Silbentrennung f am Zeilenende: word division, hyphenation [ˌhaɪfəˈneɪʃn]

★**Silber** n **1** Metall: silver **2** Sport: (≈ Silbermedaille) silver, silver medal; **er hat Silber geholt** he won the silver medal

Silbermedaille f silver medal [ˌsɪlvəˈmedl]

Silbermedaillengewinner(in) m(f) silver medallist [ˌsɪlvəˈmedlɪst]

silbern **1** aus Silber: silver **2** (≈ wie Silber) silvery **3** **silberne Hochzeit** silver wedding anniversary [ˌænɪˈvɜːsərɪ]

Silberstreifen m: **ein Silberstreifen am Horizont** übertragen a ray of hope

Silhouette f silhouette [ˌsɪluːˈet]

Silikon n silicone ['sɪlɪkəʊn]

Silizium n silicon ['sɪlɪkən]

★**Silvester** m/n New Year's Eve; **an** (oder **zu**) **Silvester** on New Year's Eve

SIM-Karte f für Handy: SIM card

simpel **1** (≈ einfach) simple **2** in Wendungen: **es fehlt an den simpelsten Dingen** some of the most basic things are missing; **er ist nur ein simpler Angestellter** abwertend he's just a lowly clerk [ˌləʊlɪˈklɑːk]

simsen Handy: text; **ich werd dir simsen** I'll text you

Simulant(in) m(f) malingerer [məˈlɪŋɡərə]

simulieren **1** sham, feign [▲ feɪn] (Krankheit) **2** simulate (Vorgang, Situation, Ablauf) **3** (≈ Krankheit vortäuschen) malinger [məˈlɪŋɡə], sham, umg put* it on, US fake it; **sie simuliert nur** she's just putting it on, US she's just faking it

Sinfonie f symphony ['sɪmfənɪ]

★**singen** **1** sing*; **richtig singen** sing* in tune; **falsch singen** sing* out of tune **2** umg (≈ bei der Polizei auspacken) squeal [skwiːl]

Single m (≈ einzeln lebende Person) single (person)

Singular m singular ['sɪŋɡjʊlə]

Singvogel m songbird

★**sinken** **1** allg.: sink*; **zu Boden sinken** sink* (oder drop) to the ground **2** (Schiff) sink*, go* down **3** (Aktien, Temperatur usw.) fall*, drop, go* down; **das Thermometer sinkt** the temperature is falling **4** **er ist tief gesunken** moralisch: he has sunk very low

★**Sinn** m **1** zur Wahrnehmung: sense; **die fünf Sinne** the five senses; **den** (oder **einen**) **sechsten Sinn haben** have* a sixth sense **2** (≈ Denken, Gemüt) mind; **aus den Augen, aus dem Sinn** out of sight, out of mind **3** (≈ Verständnis, Empfänglichkeit) sense (**für** of), feeling (**für** for); **Sinn für Humor** a sense of humour; **sie hat keinen Sinn für gute Musik** she can't appreciate [əˈpriːʃɪeɪt] good music **4** (≈ Bedeutung) meaning; **das ergibt keinen Sinn** it doesn't make sense; **im wahrsten Sinne des Wortes** in the true sense of the word, (≈ buchstäblich) literally **5** (≈ Zweck) point; **das ist nicht der Sinn der Sache** that's not the point; **das hat keinen Sinn** it's no use [juːs] **6** (≈ tiefere Bedeutung) meaning; **der Sinn des Lebens** the meaning of life **7** **in diesem Sinne, tschüs!** umg on that note I'll be off

Sinnesorgan n sense organ

Sinnestäuschung f hallucination [həˌluːsɪˈneɪʃn]

Sinneswandel m change of heart

sinngemäß **1** **eine sinngemäße Wiedergabe des Romans** a rough [rʌf] summary of the novel **2** **sinngemäß übersetzt** roughly translated **3** **sinngemäß schreibt er: …** the gist [dʒɪst] of what he writes is: …

sinnlich **1** **die sinnliche Wahrnehmung** sensory ['sensərɪ] perception (▲ ohne the) **2** (≈ sinnenfroh) sensuous ['sensʊəs] **3** (≈ erotisch) sensual ['sensʊəl]

sinnlos **1** (≈ zwecklos) pointless, useless ['juːsləs]; **es ist sinnlos, länger zu warten** auch: there's no point in waiting any longer **2** (≈ unsinnig) stupid **3** **sinnlose Gewalt** mindless violence **4** **es ist alles so sinnlos** (≈ bedeutungslos) it's all so meaningless **5** **sinnlos betrunken** blind drunk

★**sinnvoll** **1** (≈ vernünftig) sensible ['sensəbl]; **es wäre sinnvoll, jetzt aufzupassen** it would be a good idea to pay attention now **2** (≈ nützlich)

useful ['ju:sfl] **3** *Satz, Aussage*: meaningful; **diese Übersetzung ist nur sinnvoll, wenn ...** this translation only makes sense if ...

Sintflut *f* **1 die Sintflut** *biblisch*: the Flood [flʌd] **2** (≈ *starke Regenfälle*) torrential [təˈrenʃl] rain(fall) (⚠ *ohne a*)

Sinus *m* **1** *Mathematik*: sine **2** *Anatomie*: sinus

Siphon *m unter Waschbecken*: siphon [ˈsaɪfn]

Sirene *f* siren [ˈsaɪrən]

Sirup *m* treacle [ˈtriːkl], *US* molasses (⚠ *sg*), (≈ *Fruchtsirup*) syrup [ˈsɪrəp]

Sitte *f* **1** (≈ *Brauch*) custom [ˈkʌstəm]; **das ist bei uns nicht Sitte** we don't do that around here **2 was sind das für neue Sitten?** who taught you that? **3 Sitten** (≈ *Moral*) morals [ˈmɒrəlz]; **lockere Sitten** loose [luːs] morals

★**Situation** *f allg.*: situation [ˌsɪtjʊˈeɪʃn]

★**Sitz** *m* **1** *allg.*: seat (*auch übertragen Amtssitz, Parlamentssitz usw.*) **2 es hat die Zuschauer von den Sitzen gerissen** the audience were swept off their feet **3** *eines Unternehmens*: seat, head office; **der Sitz der Firma ist in München** *auch*: the company is (*oder* are) based in Munich

★**sitzen 1** (≈ *dasitzen*) sit*; **bleib sitzen!** don't get up; **wir sitzen gerade beim Frühstück** we're just having breakfast **2 die Bank sitzt in Luxemburg** the bank has its head office in Luxembourg **3** *umg; im Gefängnis*: do* time; **er saß sechs Monate** he did six months **4 sie sitzt im Parlament** she has a seat in Parliament (⚠ *ohne the*) **5** (*Kleidung*) fit; **der Rock sitzt gut** the skirt is a good fit **6** *in Wendungen*: **er hat einen sitzen** *umg* he's had one too many; **das hat gesessen!** that hit home; **das lasse ich nicht auf mir sitzen** I'm not just going to sit here and take that

GETRENNTSCHREIBUNG

sitzen bleiben: **er ist sitzen geblieben** *Schule*: he's got to repeat a year

sitzen lassen: **sie hat ihn sitzen lassen** (≈ *verlassen*) she walked out on him

sitzenbleiben → sitzen bleiben
sitzenlassen → sitzen lassen
Sitzgelegenheit *f* seat, place to sit
Sitzordnung *f* seating plan
★**Sitzplatz** *m* seat; **das Stadion hat 10 000 Sitzplätze** the stadium seats 10,000
★**Sitzung** *f* **1** (≈ *Besprechung*) meeting; **bei** (*oder* **auf**) **einer Sitzung** at a meeting **2** (≈ *Gerichtsverhandlung*) session **3** *des Parlaments*: session **4 eine Sitzung beenden** *Computer*: end a session

Sizilien *n* Sicily [ˈsɪsəlɪ]
★**Skala** *f allg.*: scale [skeɪl]
Skandal *m* scandal [ˈskændl]
skandalös scandalous [ˈskændləs]
Skandalpresse *f* gutter press
Skandinavien *n* Scandinavia [ˌskændɪˈneɪvɪə]
skandinavisch Scandinavian [ˌskændɪˈneɪvɪən]
Skateboard *n* skateboard; **Skateboard fahren** go* skateboarding
Skateboarder(in) *m(f)* skateboarder
Skatepark *m*, **Skateranlage** *f* skatepark [ˈskeɪtpɑːk]
Skelett *n* skeleton [ˈskelɪtən]
skeptisch sceptical [ˈskeptɪkl]; **ich bin da skeptisch** *auch*: I'm not so sure (about it)
★**Ski** *m* ski [skiː]; **Ski laufen** (*oder* **fahren**) ski, go* skiing
Skianzug *m* ski suit [ˈskiːˌsuːt]
Skibrille *f* ski goggles [ˈskiːˌgɒglz] (⚠ *pl*)
Skifahren *n* skiing [ˈskiːɪŋ]
Skifahrer(in) *m(f)* skier [ˈskiːə]
Skigebiet *n* skiing area [ˈskiːɪŋˌeərɪə]
Skihang *m* ski [skiː] slope
Skikurs *m* skiing course [ˈskiːɪŋˌkɔːs]
Skilanglauf *m* cross-country skiing [ˈskiːɪŋ]
Skilehrer(in) *m(f)* skiing [ˈskiːɪŋ] instructor
Skilift *m* ski lift [ˈskiːˌlɪft]
Skipiste *f* ski slope, piste [piːst]
Skischanze *f* ski jump [ˈskiːˌdʒʌmp]
Skispringen *n* ski [skiː] jumping
Skistiefel *m* ski [skiː] boot
Skistock *m* ski [skiː] pole
Skizze *f* **1** (≈ *Zeichnung*) sketch; **eine Skizze anfertigen** make* a sketch **2** (≈ *Entwurf*) outline
skizzieren 1 (≈ *zeichnen*) sketch **2** (≈ *kurz darstellen*) outline; **könnten Sie das kurz skizzieren?** could you give me a brief outline (of it)?
Sklave *m* slave (*auch übertragen*)
Sklaventreiber(in) *m(f) auch übertragen* slave-driver
Sklavin *f* slave
Skonto *n/m* cash discount
Skorpion *m* **1** *Tier*: scorpion [ˈskɔːpɪən] **2** *Sternzeichen*: Scorpio [ˈskɔːpɪəʊ]; **ich bin (ein) Skorpion** I'm (a) Scorpio
Skrupel *m* scruple [ˈskruːpl]; **ich habe Skrupel, es zu tun** I have scruples about doing it; **er hat** (*oder* **kennt**) **keine Skrupel** he has no scruples
skrupellos unscrupulous [ʌnˈskruːpjʊləs]
Skulptur *f* sculpture [ˈskʌlptʃə]

skypen® (≈ *mit Skype® telefonieren*) skype
Slalom *m* Skisport: slalom [ˈslɑːləm]
Slawe *m* Slav [slɑːv]
Slawin *f* Slav [slɑːv]
slawisch Slav [slɑːv], Slavic [ˈslɑːvɪk]
★**Slip** *m* ▮ *für Männer*: underpants (⚠ *pl*) ▯ *für Frauen*: knickers [ˈnɪkəz] (⚠ *pl*), *US* panties [ˈpæntɪz] (⚠ *pl*); **ist das dein Slip?** are those your panties? (⚠ *engl*. slip = *Unterrock*)
Slipeinlage *f* panty [ˈpæntɪ] liner
Slowake *m* Slovak [ˈsləʊvæk]
Slowakei *f* Slovakia [sləʊˈvækɪə]
Slowakin *f*, **slowakisch Slowakisch** *n* Slovak [ˈsləʊvæk]
Slowene *m* Slovene [ˈsləʊviːn]
Slowenien *n* Slovenia [sləʊˈviːnɪə]
Slowenin *f*, **slowenisch Slowenisch** *n* Slovene [ˈsləʊviːn]
Small Talk *m* (≈ *unverbindliche Unterhaltung*) small talk; **Small Talk machen** make* small talk
Smaragd *m* emerald [ˈemrəld]
Smartphone *n* smartphone
Smiley *m* Internet, E-Mail: smiley [ˈsmaɪlɪ]
★**Smog** *m* smog [smɒg]
Smogalarm *m* smog alert [ˈsmɒg‿əˌlɜːt]
Smogwarnung *f* smog warning
Smoking *m* dinner jacket, *US* tuxedo [tʌkˈsiː-dəʊ], tux
Smoothie *m* Getränk: smoothie
SMS *f abk* ▮ *System*: text messaging, SMS (*abk für* Short Message Service) ▯ *Nachricht*: SMS, text message; **ich schicke dir eine SMS** I'll text you (something)
SMS-Nachricht *f* SMS (message), text message; **ich schicke dir eine SMS-Nachricht** I'll text you (something)
SMV *abk* (*abk für* Schülermitverwaltung) ▮ (≈ *Schülerbeteiligung*) pupil participation in school administration ▯ (≈ *Gremium*) school (*oder US* student) council
Snack *m* (≈ *kleine Mahlzeit*) snack
Snackbar *f* snack bar
Sneaker *m* trainer, *US* sneaker
Snowboard *n* snowboard
snowboarden snowboard
Snowboarder(in) *m(f)* snowboarder
★**so** ▮ *allg*.: so; **und so weiter** and 'so on ▯ (≈ *auf diese Weise*) like this, like that; **nun sei doch nicht so!** don't be like 'that!; **so geht es nicht** it doesn't work like that, *übertragen*; *als Tadel*: that's just not on ▰ **so (et)was** something like that; **sie ist einkaufen oder so (was)** *umg* she's gone shopping or something (like that); **so etwas hatte ich noch nie gesehen** I'd never seen anything like it ▰ **oder so** *bei Mengenangaben usw*.: or so; **fünf Euro oder so** five euros or so ▰ *vergleichend*: **so ... wie** as ... as; **es ist nicht so kalt wie gestern** it's not as cold as yesterday ▰ *verstärkend*: **es ist so kalt!** it's so cold!; **er ist so was von blöd!** he's so stupid! ▰ **so ein Idiot!** what an idiot!; **so ein schönes Geschenk!** what a lovely present! ▰ **so ein ...** such a(n) ...; **er ist so ein strenger Lehrer** he's such a strict teacher ▰ **er ist nicht so dumm, das öffentlich zu sagen** he's not so stupid as to say that in public ▰ **so genannt** so-called ▰ (≈ *ungefähr*) about, around; **sie kommt so in einer Stunde** she'll be here in an hour or so (*oder* in about an hour) ▰ *Wendungen*: **so ist das Leben** that's life; **wie du mir, so ich dir** tit for tat; **was treibst du denn so?** what are you up to these days?

GETRENNTSCHREIBUNG
so viel ▮ so much; **red nicht so viel** don't talk so much ▯ **so viel wie** as much as; **doppelt** (*bzw*. **halb**) **so viel** twice (*bzw*. half) as much ▰ **so viel für heute** that's it for today; → **soviel**
so weit ▮ (≈ *bis jetzt, bis hierher*) so far; **so weit ging alles gut** *auch*: up to now everything's gone well ▯ **es geht mir so weit gut** I'm doing all right on the whole ▰ **wir sind so weit** (≈ *bereit*) we're ready [ˈredɪ]; **es ist so weit, wir können reingehen** they're *usw*. ready now, so we can go in; **es ist so weit, wir können essen** dinner's (*bzw*. lunch is) ready; → **soweit**

★**sobald**: **ich komme, sobald ich kann** I'll come as soon as I can (⚠ *Zukunftsform im Hauptsatz bei* as soon as)
★**Socke** *f* ▮ sock ▯ **ich muss mich auf die Socken machen** *umg* I'd better get a move on
Sockel *m* ▮ *von Säule, Statue*: plinth ▯ *von Gebäude, Mauer, Möbelteil*: base
★**soeben** just
★**Sofa** *n* sofa, *Br auch* settee [seˈtiː], *US auch* couch [kaʊtʃ]
★**sofort** ▮ straightaway [ˌstreɪtəˈweɪ], immediately [ɪˈmiːdɪətlɪ], at once [ətˈwʌns]; **er ging sofort ins Bett** *auch*: he went straight to bed ▯ **ich komme sofort!** I'll be with you right away
sofortig immediate [ɪˈmiːdɪət], instant
Softeis *n* soft ice cream

Softie m softie, softy
★**Software** f software
Softwarepaket n software package
★**sogar** ① even; **sogar (der) Peter war da** even Peter was there ② **das ist billig, sogar sehr billig** it's cheap - very cheap, in fact
sogenannt so-called
Sohle f sole
★**Sohn** m son [sʌn]
Soja f soy, Br auch soya ['sɔɪə]
Sojasoße f soy sauce ['sɔɪˌsɔːs]
solang(e) ① as long as; **das vergesse ich nicht solange ich lebe** I won't forget that for the rest of my life ② (≈ *während*) as long as, while; **solange er schläft, ist es ruhig** it's quiet as long as (oder while) he's asleep ③ (≈ *vorausgesetzt*) as long as; **ich mach's, solange du mir dabei hilfst** I'll do it as long as you help me
Solaranlage f solar ['səʊlə] power plant, auf Dach: solar panels (⚠ pl)
★**Solarenergie** f solar energy [ˌsəʊlər'enədʒɪ]
Solarium n solarium [sə'leərɪəm], US tanning studio
Solarzelle f solar cell [ˌsəʊlə'sel]
★**solch** ① that kind of; **ich mag solchen Käse nicht** I don't like that kind of cheese ② Plural: those kind of (⚠ meist im gesprochenen Englisch); **solche Leute** auch: people like that, people of that kind ③ verstärkend: **solch ein(e)** such a, such an; **es war solch ein schönes Fest** it was such a nice party ④ Plural: such; **es sind solch nette Leute** they're such nice people; **ich habe solche Kopfschmerzen** I've got <u>such</u> a headache (⚠ sg) ⑤ **ich habe solchen Hunger** I'm <u>so</u> hungry
★**Soldat** m ① soldier ['səʊldʒə], serviceman ['sɜːvɪsmən] ② **er ist Soldat** he's in the army ③ **Soldat werden** join the army
Soldatin f (woman) soldier
solidarisch showing solidarity (**mit** with)
Solidarität f solidarity
solide ① Haus, Bauweise, Möbel: solid ② **solide gebaut** well-built [ˌwel'bɪlt] ③ Person, Firma: respectable [rɪ'spektəbl]; **er ist solide geworden** he's settled down ④ **solide Kenntnisse in Wirtschaft** <u>a</u> sound knowledge <u>of</u> economics ⑤ **eine solide Arbeit** a sound <u>piece</u> <u>of</u> work
Solist(in) m(f) soloist ['səʊləʊɪst]
Soll n ① (≈ *Schulden*) debit; **Soll und Haben** debit and credit ② (≈ *Ziel, Produktionsnorm*) target; **sein Soll erfüllen** reach (oder meet*) one's target
★**sollen** ① bei Anordnung, Anweisung, Auftrag: be* to, be* supposed to; **du sollst nach Hause kommen** you're to come home; **du solltest längst im Bett sein** you're supposed to be in bed, you should have been in bed long ago; **ich soll dir ausrichten, dass ...** I'm to tell you that ... ② **soll ich mitkommen?** shall I come?, do you want me to come? ③ bei Absicht, Vorhaben: **hier soll eine Straße gebaut werden** they're planning to build a street here; **was soll das sein?** what's that supposed to be?; **das sollte ein Witz sein** it was meant as a joke; **das sollst du mir büßen!** you'll pay for that! ④ bei Ratschlag, Vorwurf usw.: should, ought [ɔːt] to; **du solltest das Buch mal lesen** you should (oder ought to) read the book; **man hätte es ihm sagen sollen** he ought to (oder should) have been told; **ich hätte es wissen sollen** I should have known; **du solltest lieber nach Hause gehen** I think you'd better go home ⑤ bei Unentschlossenheit: **was soll ich tun?** what shall (oder should) I do?; **was soll ich sagen?** what can I say?, ratlos: what am I supposed to say? ⑥ bei Gerüchten: be* supposed to, be* said to; **sie soll sehr reich sein** she's said (oder supposed) to be very rich, they say she's very rich ⑦ bei Schicksal, Bestimmung: **sie sollte einmal eine berühmte Sängerin werden** she was to become a famous singer; **es hat nicht sein sollen** it wasn't meant to be ⑧ in Fragen: **was soll das?** what's all this about?, verärgert: what's the idea?; **was soll ich damit?** what am I supposed to do with it?; **was soll's** umg who cares
Sollseite f debit side
Sollzinsen pl debtor interest (⚠ sg)
Solo n ① Musik: solo ② Sport: solo run
solo ① Musik: solo ② **ich lebe solo** umg I live alone
Solothurn n Solothurn ['zəʊləʊtɜːn]
somit ① (≈ *also*) therefore; **sie ist älter und somit vernünftiger** she's older and therefore more sensible ② (≈ *hiermit*) so; **..., und somit komme ich zum Ende** ... and that brings me to the end
★**Sommer** m summer; **der Sommer** summer (⚠ ohne the); **im Sommer** in (the) summer
Sommerferien pl summer holidays, US summer vacation [veɪ'keɪʃn] (⚠ sg)
sommerlich ① summery ② **sich sommerlich anziehen** put* on one's summer clothes [kləʊ(ð)z]
Sommerloch n in der Presse usw.: silly season
Sommerreifen m normal tyre ['taɪə], US nor-

mal tire

Sommersachen pl Kleidung: summer clothes [kləʊ(ð)z]

Sommerschlussverkauf m summer sales (⚠ pl), July sales (⚠ pl); **es ist Sommerschlussverkauf** the July sales are on

Sommerspiele pl: **die Olympischen Sommerspiele** the Summer Olympics [əˈlɪmpɪks]

Sommersprossen pl freckles

Sommerzeit f **1** Jahreszeit: summertime; **zur Sommerzeit** in (the) summertime **2** Uhrzeit: daylight saving time, Br auch summer time (⚠ zwei Wörter); **wann fängt die Sommerzeit an?** when does daylight saving time begin?, Br auch when does summer time begin?

★**Sonderangebot** n special offer

sonderbar strange, odd

Sondermüll m hazardous (⚠ ˈhæzədəs) waste, toxic waste

★**sondern** but; **nicht nur ..., sondern auch ...** not only ..., but also ...

Sonderpreis m special price; **ich hab's zum Sonderpreis bekommen** I got it on special offer

Sonderschule f special school (**für Behinderte** usw. for the handicapped usw.)

Sondersendung f special broadcast

Sonderzeichen n für Computer: special character [ˈkærəktə], symbol [ˈsɪmbl]

★**Sonnabend** m Saturday [ˈsætədeɪ]; **am Sonnabend** (on) Saturday; → Samstag

★**sonnabends** on Saturday, on Saturdays; → samstags

★**Sonne** f **1** sun; **an der Sonne** in the sun **2** (≈ Sonnenlicht) sun, sunlight; **die Wohnung hat wenig Sonne** the flat doesn't get much sun (oder sunlight)

sonnen: **sich sonnen** lie* in the sun, sunbathe [ˈsʌnbeɪð]

Sonnenallergie f sun allergy

Sonnenanbeter(in) m(f) umg sun-worshipper

Sonnenaufgang m sunrise; **bei Sonnenaufgang** at sunrise, when the sun comes up

Sonnenblume f sunflower

Sonnenbrand m **1** sunburn; **sie hat einen Sonnenbrand** she's got sunburn (⚠ ohne a) **2** **einen Sonnenbrand bekommen, sich einen Sonnenbrand holen** get* sunburnt

Sonnenbrille f sunglasses (⚠ pl); **wo ist meine Sonnenbrille?** where are my sunglasses?

Sonnencreme f suncream

Sonnenenergie f solar energy [ˌsəʊlərˈenədʒɪ]

Sonnenfinsternis f eclipse [ɪˈklɪps] of the sun, solar eclipse

Sonnenhut m sunhat

sonnenklar umg crystal-clear [ˌkrɪstlˈklɪə]

Sonnenkollektor m solar panel [ˌsəʊləˈpænəl]

Sonnenlicht n sunlight

Sonnenmilch f suntan lotion

Sonnenöl n suntan oil

★**Sonnenschein** m sunshine

Sonnenschirm m sunshade

Sonnenschutzmittel n suntan lotion (bzw. cream), sun cream

Sonnenspray n/m sun spray

Sonnenstich m sunstroke; **sie hat einen Sonnenstich** she's got (oder she's suffering from) sunstroke (⚠ ohne a)

Sonnensystem n solar [ˈsəʊlə] system

Sonnenuhr f sundial [ˈsʌndaɪəl]

Sonnenuntergang m sunset; **bei Sonnenuntergang** at sunset, when the sun goes down

★**sonnig** sunny

★**Sonntag** m Sunday; **wir sehen uns dann (am) Sonntag** see you (on) Sunday

Sonntagabend m: **(am) Sonntagabend** (on) Sunday evening, (on) Sunday night

sonntagabends (on) Sunday evenings

Sonntagmorgen m: **(am) Sonntagmorgen** (on) Sunday morning

Sonntagnachmittag m: **(am) Sonntagnachmittag** (on) Sunday afternoon

★**sonntags** on Sunday, on Sundays; **sonntags abends** usw. (on) Sunday evenings usw.

Sonntagsfahrer(in) m(f) im negativen Sinn Sunday driver

★**sonst** **1** (≈ andernfalls) otherwise, or (else); **beeil dich, sonst kommen wir zu spät** hurry up or we'll be late; **benimm dich, sonst setzt es was!** behave yourself, or else! **2** **sonst noch etwas?** anything else?; **war außer dir sonst noch jemand da?** was there anyone (else) there apart from you?; **sonst noch Fragen?** any more questions? **3** (≈ für gewöhnlich) usually [ˈjuːʒʊəlɪ], normally; **sonst ist er nicht so** he isn't usually like that

sooft **1** (≈ jedesmal wenn) whenever **2** (≈ wann auch immer) whenever, as often as; **sooft du willst** as often as you like

Sopran m **1** Stimmlage, Sängerin: soprano [səˈprɑːnəʊ] **2** Teil eines Chors: soprano section, sopranos (⚠ pl)

★**Sorge** f **1** (≈ Besorgnis, innere Unruhe) worry (⚠ ˈwʌrɪ), concern (**um** about, over); **sich um jemanden Sorgen machen** be* worried about someone; **er macht mir Sorgen** I'm worried about him; **das lass mal meine Sorge sein** leave that to me ☒ **Sorgen** (≈ *Probleme*) worries, problems; **finanzielle Sorgen** financial worries, money problems ☒ *Wendungen*: **keine Sorge!** don't worry!; **deine Sorgen möchte ich haben!** if that's all you've got to worry about

★**sorgen** ☒ **sich sorgen** be* worried [⚠ 'wʌrɪd], worry (**um, wegen** about) ☒ **für jemanden sorgen** look after someone, take* care of someone ☒ **ich sorge für die Getränke** I'll see to the drinks ☒ **dafür sorgen, dass** make* sure that, see* to it that; **dafür werd ich sorgen** I'll see to it, *drohend*: I'll make sure of that

Sorgenkind *n* problem child
Sorgerecht *n* custody ['kʌstədɪ]
★**Sorgfalt** *f* care; **mit der größten Sorgfalt** with the utmost ['ʌtməʊst] care
★**sorgfältig** ☒ *allg.*: careful ['keəfl] ☒ (≈ *gründlich*) thorough [⚠ 'θʌrə]
sorglos ☒ (≈ *sorgenfrei*) free from worries, carefree ☒ (≈ *nachlässig*) careless
Sorte *f* ☒ sort, type, (≈ *Klasse*) grade, (≈ *Marke*) brand; **diese Sorte Äpfel** this sort of apple; **welche Sorten Käse haben Sie?** what kinds of cheese have you got? ☒ *Finanzen*: foreign currency
sortieren ☒ *allg.*: sort (**nach** according to) (*auch Computer*) ☒ *nach Qualität*: grade ☒ (≈ *ordnen*) arrange
Sortiment *n* ☒ assortment, range, (≈ *Sammlung*) collection; **etwas im Sortiment haben** have* something in one's range; **etwas ins Sortiment aufnehmen** add something to one's range; **etwas aus dem Sortiment nehmen** drop something from one's range ☒ (≈ *Buchhandel*) retail book trade
★**Soße** *f* ☒ *allg.*: sauce [sɔːs] ☒ *zum Braten*: gravy ['greɪvɪ] ☒ *zum Salat*: dressing
Soundkarte *f Computer*: sound card
Soundtrack *m* soundtrack
★**Souvenir** *n* souvenir [ˌsuːvə'nɪə]
souverän ☒ (≈ *überlegen*) superior [suː'pɪərɪə]; **ein souveräner Sieg** a convincing victory ☒ *Staat*: sovereign [⚠ 'sɒvrɪn]
★**soviel** ☒ **soviel ich weiß** as far as I know ☒ **soviel ich gehört habe** from what I've heard; → **so**
★**soweit**: **soweit ich es beurteilen kann** as far as I can judge; → **so**
sowie ☒ (≈ *wie auch*) as well as ☒ (≈ *sobald*) as soon as

★**sowieso** anyway; **sie kommt sowieso nicht** she isn't coming anyway
Sowjetunion *f* Soviet Union [ˌsəʊvjət'juːnɪən]
★**sowohl**: **er kann sowohl Englisch als auch Russisch** he knows English as well as Russian, he can speak both English and Russian
★**sozial** social ['səʊʃl]
Sozialabbau *m* social cuts (⚠ *pl*)
Sozialamt *n* social security office, *US* social welfare office
Sozialarbeit *f* social work
Sozialarbeiter(in) *m(f)* social worker
Sozialdemokrat(in) *m(f)* social democrat ['deməkræt]
sozialdemokratisch social democratic
Sozialdumping *n* social dumping
Sozialhilfe *f Br* income support, *US* welfare; **Sozialhilfe beziehen** be* on income support, *US* be* on welfare
★**Sozialismus** *m* socialism ['səʊʃəlɪzm] (⚠ *ohne* the)
Sozialist(in) *m(f)* socialist ['səʊʃəlɪst]
★**sozialistisch** socialist
Sozialkunde *f* social studies (⚠ *pl*)
Sozialpädagoge *m*, **Sozialpädagogin** *f* social education worker
Sozialpolitik *f* social policy
Sozialstaat *m* welfare state
Sozialversicherung *f* social security, *Br* national insurance [ɪn'ʃʊərəns]
Sozialversicherung *f* social security, *Br* national insurance
Sozialversicherungsnummer *f Br* National Insurance number, *US* Social Security number
Sozialwohnung *f Br etwa*: council flat, *US* public housing unit
★**sozusagen** so to speak
Spachtel *m zum Gipsen usw.*: spatula ['spætʃʊlə]
Spagetti *pl*, **Spaghetti** *pl* spaghetti (⚠ *sg*); **meine Spaghetti werden kalt** my spaghetti's getting cold
Spalt *m* ☒ (≈ *Öffnung*) gap, opening ☒ **die Tür einen Spalt offen lassen** leave* the door open slightly
Spalte *f in der Zeitung*: column [⚠ 'kɒləm]
spalten ☒ split* (*auch Atome*) ☒ **sich spalten** (*Gruppe, Partei usw.*) split*, split* up
Spaltung *f* ☒ *allg.*: splitting ☒ *von Atomen*: splitting, fission ☒ *von Partei usw.*: split
Spam *m Internet*: spam
Spamfilter *m Software*: spam filter
Spange *f* (≈ *Haarspange*) slide
★**Spanien** *n* Spain [speɪn]

★**Spanier** m **1** Spaniard ['spænjəd]; **er ist Spanier** he's Spanish; **die Spanier** the Spanish **2** umg (≈ spanisches Lokal) Spanish place, Spanish restaurant ['restərɒnt]

★**Spanierin** f Spanish woman (oder lady bzw. girl); **sie ist Spanierin** she's Spanish

★**spanisch 1** Spanish ['spænɪʃ] **2** **das kommt mir spanisch vor** that's (very) strange

★**Spanisch** n Spanish ['spænɪʃ]

Spannbetttuch n fitted sheet

spannen 1 stretch (Stoff, Plane usw.) **2** tighten (Saite, Seil) **3** draw* (Bogen) **4** **das Hemd spannt** the shirt's too tight **5** umg (≈ verstehen) **er hat's endlich gespannt** the penny's dropped at last, US he finally gets it

★**spannend 1** exciting [ɪkˈsaɪtɪŋ] **2** **das Buch ist spannend geschrieben** it's an exciting book **3** **mach's nicht so spannend!** umg come on, get on with it!

★**Spannung** f **1** (≈ gespannte Stimmung) excitement, tension; **etwas mit Spannung erwarten** wait for something excitedly **2** nervlich: tension **3** in Film, Roman: suspense [səˈspens] **4** **Spannungen** (≈ Konflikt) tension (⚠ sg) **5** elektrisch: voltage [ˈvəʊltɪdʒ]; **unter Spannung stehen** (Leitung) be* live **6** von Seil, Muskel usw.: tautness (Mechanik: stress)

Spannungsprüfer m voltage detector

Sparbuch n savings book

Sparbüchse f moneybox

★**sparen 1** save (Geld, Kosten, Zeit usw.); **ich habe mir einiges gespart** I've managed to save (up) a bit **2** **spar dir deine Worte!** save your breath; **das hättest du dir sparen können** you could have saved yourself the trouble **3** **für** (oder **auf**) **etwas sparen** save up for something **4** (≈ sich einschränken) economize [ɪˈkɒnəmaɪz] (**mit** on); **wir müssen sehr sparen** we have to save hard

Spargel m asparagus [⚠ əˈspærəgəs]

Sparkasse f savings bank

Sparkonto n savings account

spärlich 1 Beleuchtung, Mahlzeit, Vorrat usw.: scanty ['skæntɪ] **2** **spärliche Kenntnisse** scant [skænt] knowledge (⚠ sg) (**in** of) **3** **er hat einen spärlichen Haarwuchs** he's got thinning hair **4** **spärlich bekleidet** scantily dressed

★**sparsam 1** Person: thrifty [ˈθrɪftɪ]; **er ist sehr sparsam** meist he's very careful [ˈkeəfl] with his money **2** **sparsam leben** live economically [ˌiːkəˈnɒmɪklɪ] **3** Auto, Motor, Verbrauch: economical **4** **sparsam mit etwas umgehen** go* easy on something

Sparsamkeit f **1** einer Person: thrift [θrɪft], thriftiness **2** eines Autos usw.: economy [ɪˈkɒnəmɪ]

Sparschwein n piggy bank

★**Spaß** m, Ⓐ **Spass** m **1** (≈ Scherz) joke; **ich mach nur Spaß** I'm only joking; **sie versteht keinen Spaß** she can't take a joke **2** (≈ Vergnügen) fun; **das hat Spaß gemacht** that was fun; **es macht mir keinen Spaß mehr** I'm fed up with it; **viel Spaß!** have fun!, enjoy yourself (bzw. yourselves)! **3** **was kostet der Spaß?** umg how much is that going to set me back? **4** **ein teurer Spaß** umg an expensive business

Spaßbremse f umg party pooper, killjoy, spoilsport; **du bist heute wieder voll die Spaßbremse** you're being a real spoilsport again today

spaßen 1 joke **2** **damit ist nicht zu spaßen** it's no joking matter **3** **mit ihm ist nicht zu spaßen** he won't stand for any nonsense

Spaßverderber(in) m(f) spoilsport

★**spät 1** late; **spät am Abend** late in the evening; **es wird spät** it's getting late **2** **zu spät kommen** be* late; **sie kam fünf Minuten zu spät** she was five minutes late (⚠ ohne too) **3** **von früh bis spät** from morning till night **4** **wie spät ist es?** what time is it?

Spätdienst m late duty; **Spätdienst haben** be* on late duty

★**Spaten** m spade

★**später 1** later; **früher oder später** sooner or later; **bis später!** see you later; **ich hab's erst später gemerkt** I only realized later (on) **2** (≈ zukünftig) future [ˈfjuːtʃə]; **ihr späterer Mann** her future husband **3** **an später denken** think* of the future

★**spätestens** at the latest (⚠ am Satzende); **der Aufsatz muss bis spätestens Freitag fertig sein** the essay has to be ready by Friday at the latest

Spätschicht f late shift

Spätsommer m late summer, Indian summer

Spätvorstellung f late-night performance

Spatz m **1** Vogel: sparrow **2** **das pfeifen die Spatzen von den Dächern** it's all over town, everybody knows about it **3** Kosewort: darling

spazieren 1 walk **2** **spazieren gehen** go* for a walk; **ich war spazieren** I went for a walk

Spaziergang m **1** walk, stroll [strəʊl]; **einen Spaziergang machen** go* for a walk **2** **die Matheprüfung war der reinste Spaziergang** umg the maths exam was a cinch [sɪntʃ] (oder Br pushover)

Specht m woodpecker

★**Speck** m **1** *vom Schwein*: bacon ['beɪkən] fat **2** *durchwachsener Schinkenspeck*: bacon ['beɪkən] **3** *beim Menschen*: fat, flab; **Speck ansetzen** *umg* put* it on, get* fat

Spediteur(in) m(f) haulier, *US* hauler, (≈ *Umzugsfirma*) removal company, *US* moving company

Spedition f **1** (≈ *Transportfirma*) forwarding (*oder* shipping) agency, haulage company ['hɔːlɪdʒ ˌkʌmpənɪ] **2** (≈ *Möbelspedition*) removal firm [rɪˈmuːvl ˌfɜːm], *US* moving company

Speer m **1** *Waffe*: spear [⚠ spɪə] **2** *Sportgerät*: javelin ['dʒævəlɪn]

Speerwerfen n *Sport*: javelin ['dʒævəlɪn], the javelin; **er wurde Zweiter beim Speerwerfen** he came second in the javelin

Speiche f *am Fahrrad usw*.: spoke

Speichel m saliva [səˈlaɪvə]

Speicher[1] m *Computer*: memory

Speicher[2] m (≈ *Dachboden*) attic ['ætɪk], loft

Speicherkapazität f *Computer*: memory; **was hat dein PC für eine Speicherkapazität?** how much memory has your PC got?

Speicherkarte f *Computer, Telefon*: memory card

★**speichern** **1** store (*Ware usw.*) **2** *Computer*: save (**auf** onto, to)

★**Speise** f (≈ *Gericht*) dish; **Speisen und Getränke** food and drink (⚠ *beide sg*); **warme und kalte Speisen** hot and cold dishes; **kalte und warme Speisen** hot and cold meals

Speisekammer f pantry ['pæntrɪ]

★**Speisekarte** f menu ['menjuː] (⚠ **Menü** = set meal)

Speiseröhre f gullet ['gʌlɪt]

Speisesaal m **1** *allg.*: dining hall **2** *im Hotel*: dining room **3** *auf Schiff*: dining saloon **4** *in College, Kloster*: refectory [rɪˈfektərɪ]

Speisewagen m dining car, *Br auch* restaurant ['restərɒnt] car

spektakulär spectacular [spekˈtækjʊlə]

Spekulation f (≈ *Vermutung*) speculation [ˌspekjʊˈleɪʃn]; **das ist reine Spekulation, das sind reine Spekulationen** that's pure speculation (⚠ *sg*)

spekulieren **1** speculate ['spekjʊleɪt] (**über** on) **2** *an der Börse*: play the stock market

spendabel *umg* generous ['dʒenrəs]

Spende f (≈ *Gabe*) donation [dəʊˈneɪʃn]; **bitte eine kleine Spende!** would you like to give something to charity? **2** (≈ *Beitrag*) contribution [ˌkɒntrɪˈbjuːʃn]

spenden **1** give*, donate [dəʊˈneɪt] (*Lebensmittel, Geld usw.*); **großzügig spenden** give* generously **2** **Blut spenden** give* blood **3** give* (*Licht usw.*) (⚠ *engl.* spend = **ausgeben**)

Spender(in) m(f) **1** (≈ *Blut-, Organspender*) donor ['dəʊnə] **2** (≈ *Wohltäter*) donator [dəʊˈneɪtə]

Spenderausweis m donor card

spendieren: **jemandem ein Bier spendieren** buy* someone a beer

Sperma n sperm

sperrangelweit: **sperrangelweit offen** wide open

Sperre f **1** (≈ *Schranke*) barrier ['bærɪə] **2** (≈ *Straßensperre*) roadblock **3** *Technik*: locking device **4** (≈ *Verbot*) ban; (≈ *Blockierung*) blockade; *Handel*: embargo **5** *Sport*: suspension; **er erhielt eine dreiwöchige Sperre** he was suspended for three weeks

sperren **1** cut* off (*Gas, Strom, Telefon*) **2** block, freeze* (*Konto*) **3** stop (*Scheck*) **4** *Sport*: suspend [səˈspend] (*Spieler*) **5** close [kləʊz] (*Straße*)

Sperrholz n plywood

Sperrmüll m bulk(y) waste, *US* heavy trash

Sperrstunde f closing time

Sperrung f *einer Straße*: closing (off)

Spesen pl expenses; **Spesen abrechnen** claim expenses; **auf Spesen reisen** travel on expenses

Spesenabrechnung f expenses claim

Spezi[1] m *bes.* Ⓐ (≈ *Freund*) pal, *US* buddy

Spezi®[2] n *Getränk*: cola and lemonade mix

Spezialgebiet n special ['speʃəl] field

spezialisieren: **sich auf etwas spezialisieren** specialize ['speʃəlaɪz] in something; **wir sind auf Wörterbücher spezialisiert** we specialize in dictionaries

spezialisiert specialized

Spezialist(in) m(f) specialist ['speʃlɪst]

Spezialität f speciality [ˌspeʃɪˈælətɪ], *US* specialty ['speʃltɪ]

speziell **1** *allg.*: special **2** *Frage, Problem*: specific [spəˈsɪfɪk]; **in diesem speziellen Fall** in this particular case **3** **speziell angefertigt** *Anzug usw.*: made-to-measure, *US meist* custom-made

spicken *umg* (≈ *abschreiben*) cheat

Spicker m, **Spickzettel** m *umg etwa*: crib

★**Spiegel** m mirror ['mɪrə] (*auch übertragen*)

Spiegelbild n **1** mirror image [ˌmɪrəˈɪmɪdʒ] **2** *übertragen* mirror, reflection

Spiegelei n fried egg [ˌfraɪdˈeg]
spiegelglatt Straße, Fußboden: very slippery
spiegeln 1 (≈ reflektieren) reflect (auch übertragen) 2 **sich spiegeln** be* reflected
Spiegelung f 1 reflection, (≈ Luftspiegelung) mirage 2 Mathematik: reflection, mirror image
spiegelverkehrt back-to-front; **eine spiegelverkehrte Abbildung** a mirror image
★**Spiel** n 1 (≈ das Spielen) play, playing; **den Kindern bei ihrem Spiel zuschauen** watch the children play(ing) 2 Schach, Dame, Mühle usw.: game 3 Sport: (≈ Partie) game, match; **wie steht das Spiel?** what's the score? 4 Wendungen: **auf dem Spiel stehen** be* at stake; **etwas aufs Spiel setzen** risk something; **lass mich aus dem Spiel** count me out; **die Hand im Spiel haben** have* a finger in the pie
Spielautomat m 1 ohne Geldgewinn: gaming (oder amusement) machine 2 mit Geldgewinn: slot machine, umg one-armed bandit [ˈbændɪt]
Spielball m 1 Ball: ball [bɔːl] 2 Billardkugel: cue ball [ˈkjuː_ bɔːl] 3 beim Tennis: game point 4 beim Volleyball: match ball
★**spielen** 1 allg.: play (Schach, Karten, Fußball usw.) 2 um Geld: gamble; → falschspielen 3 Sport: **gut** (bzw. **schlecht**) **spielen** play well (bzw. badly); **wir haben unentschieden gespielt** the match ended in a draw 4 Musik: **Klavier spielen** play the piano; **sie spielt hervorragend Geige** she's an outstanding violinist 5 Theater: play, act; **er spielt den Hamlet** he plays (the part of) Hamlet; **den Beleidigten spielen** übertragen act offended 6 **der Roman spielt um die Jahrhundertwende** the novel is set at the turn of the century 7 Wendungen: **mit dem Feuer spielen** play with fire (⚠ ohne the); **seine Beziehungen spielen lassen** pull a few strings; **seinen Charme spielen lassen** turn on the charm
spielend 1 **wir haben es spielend leicht geschafft** we managed it very easily 2 **es ist spielend leicht** it's child's play
★**Spieler(in)** m(f) 1 Sport: player 2 Glücksspiel: gambler
Spielfeld n 1 Fußball, Hockey usw.: field, pitch 2 Basketball, Tennis, Squash usw.: court [kɔːt]
Spielfilm m feature [ˈfiːtʃə] film
Spielhalle f amusement arcade [ɑːˈkeɪd], US arcade
Spielkamerad(in) m(f) playmate
Spielkarte f playing card
Spielkasino n casino, gambling casino

Spielmacher(in) m(f) Sport: key player
Spielplatz m playground
Spielregel f rule; **sich an die Spielregeln halten** auch übertragen stick* to the rules
Spielsachen pl toys
Spielsalon m amusement arcade [əˈmjuːzmənt_ ɑːˌkeɪd], gaming room
Spielverderber(in) m(f) spoilsport
Spielverlängerung f Sport: extra time
Spielzeit f 1 Sport, Theater: (≈ Saison) season [ˈsiːzn] 2 eines einzelnen Spiels: playing time 3 eines Films usw.: (≈ Laufzeit) run, (≈ zeitliche Länge) duration [djʊˈreɪʃn]
★**Spielzeug** n 1 toy; **die Fernbedienung ist kein Spielzeug!** the remote control isn't meant for playing with 2 (≈ Spielsachen) toys (⚠ pl)

Spieß m 1 (≈ Bratspieß) spit; **am Spieß braten** roast on the spit 2 (≈ Fleischspieß) skewer [ˈskjuːə] 3 umg, übertragen **den Spieß umdrehen** turn the tables (⚠ pl) (**gegen** on) 4 umg **schreien wie am Spieß** scream blue (US bloody) murder
Spießer(in) m(f) 1 petty bourgeois [⚠ ˌpetɪˈbʊəʒwɑː]; **mein Vater ist ein Spießer** my father is very middle-class 2 **die Spießer** the petty bourgeoisie [ˌbʊəʒwɑːˈziː]
spießig petty bourgeois [⚠ ˌpetɪbʊəʒwɑː], very middle-class
Spikes pl 1 Sport: (≈ Metallstifte in Laufschuh) spikes 2 in Autoreifen: studs 3 (≈ Autoreifen pl mit Spikes) studded tyres (US tires)
Spinat m spinach [⚠ ˈspɪnɪdʒ]
Spind m/n locker
Spinne f spider
spinnen¹ 1 umg (≈ verrückt sein) be* mad, be* crazy; **du spinnst wohl!** have you gone mad? 2 umg (≈ Unsinn reden) talk rubbish, US talk garbage [ˈgɑːbɪdʒ]; **hör auf zu spinnen!** stop talking rubbish (oder US garbage)!
spinnen² spin* (Garn, Netz)
Spinner(in) m(f) umg, im negativen Sinn nutcase, loony, Br auch nutter
Spinnwebe f cobweb
★**Spion** m 1 (≈ Spitzel) spy 2 (≈ Guckloch) spyhole, peephole
Spionage f spying, espionage [⚠ ˈespɪənɑːʒ]
spionieren 1 als Spion: spy 2 übertragen snoop around
★**Spionin** f spy
Spiralblock m shorthand (oder reporter's) notebook
Spirale f 1 Linie, Form: spiral [ˈspaɪrəl] 2 zur

Empfängnisverhütung: coil, IUD [,aɪjuː'diː] (*abk für* intrauterine device)

Spirituosen *pl* spirits, *US* liquor ['lɪkə] (⚠ *sg*)

Spiritus *m* spirit

★**Spital** *n* ⓐ, ⓒ hospital ['hɒspɪtl]

★**spitz** ❶ *Nase, Kinn usw.*: pointed ❷ *Bleistift*: sharp ❸ **spitze Bemerkung** cutting remark ❹ **sie hat eine spitze Zunge** she's got a sharp tongue ❺ **er ist spitz drauf** *umg* he's got his eye on it ❻ **er ist spitz wie Nachbars Lumpi** *umg* he's a randy (*US* horny) old goat

★**Spitze** *f* ❶ *eines Pfeils, Messers usw.*: point ❷ *eines Berges*: peak, top, summit ❸ **die Spitze des Eisbergs** *auch übertragen* the tip of the iceberg ❹ *eines Turms*: spire ❺ *Sport*: (≈ *Führung*) lead; **sich an die Spitze setzen** take* the lead ❻ *Fußball*: (≈ *Stürmer, -in*) striker ❼ *eines Unternehmens usw.*: top position; **an der Spitze** in top position (⚠ *ohne the*) ❽ (≈ *Höchstwert*) maximum, peak ❾ **das Auto macht 160 Spitze** the car has a top speed of 100 miles per hour ❿ **das ist einsame Spitze** *umg* that's absolutely brilliant ⓫ (≈ *Stichelei*) dig (**gegen** at) ⓬ *Gewebe*: lace

spitze *umg* great, *Br auch* magic, ace

Spitzel *m* ❶ (≈ *Informant, -in*) informer ❷ (≈ *Spion, -in*) spy

spitzen ❶ sharpen (*Bleistift*) ❷ **die Ohren spitzen** prick up one's ears

Spitzengeschwindigkeit *f* top speed

Spitzenkandidat(in) *m(f)* top candidate ['kændədət]

Spitzenpolitiker(in) *m(f)* leading (*oder* top) politician

Spitzenposition *f* top position

Spitzenreiter(in) *m(f) Sport*: front runner

Spitzer *m* pencil sharpener ['ʃɑːpnə]

spitzfindig ❶ (≈ *kleinlich*) pedantic ❷ (≈ *haarspalterisch*) hair-splitting

Spitzhacke *f* pickaxe ['pɪkæks], *US* pickax

Spitzkehre *f* ❶ *Kurve*: hairpin bend (*US meist* ❷ *Skisport*: kick turn

Spitzname *m* nickname

Spleen *m* ❶ *umg; Idee*: cranky idea ❷ *Gewohnheit*: strange habit ❸ **du hast wohl einen Spleen!** you must be off your nut! (*US* rocker) (⚠ *engl.* spleen = **Milz**)

Splitter *m* ❶ *aus Holz*: splinter ❷ *aus Glas, Porzellan*: fragment ['frægmənt], splinter

splitternackt *umg* stark naked

sponsern sponsor ['spɒnsə]

Sponsor(in) *m(f)* sponsor ['spɒnsə]

spontan spontaneous [spɒn'teɪnɪəs]

Spontaneität *f* spontaneity [,spɒntə'neɪətɪ]

sporadisch ❶ sporadic ❷ **ich sehe ihn nur sporadisch** I only see him once in a while

★**Sport** *m* ❶ *allg.*: sport; **ich treibe viel Sport** I do a lot of sport (*oder* sports) ❷ *als Schulfach*: physical education, PE [,piː'iː] (*abk für* physical education), *Br auch* sport, *umg* gym [dʒɪm], games (⚠ *mit Verb im sg*)

★**Sportart** *f* sport; **er hat alle möglichen Sportarten betrieben** he did all kinds of sports

Sportbekleidung *f* sportswear ['spɔːtsweə]

sporteln ⓐ (≈ *Sport treiben*) do* sports

Sportfest *n* ❶ *einer Schule*: sports day, *US* field day ❷ *eines Vereins*: sports (*oder* athletics) meet, *US* track meet

Sporthalle *f* gymnasium [dʒɪm'neɪzɪəm], gym [dʒɪm] (⚠ **Gymnasium** = *etwa*: grammar school, *US* high school)

Sporthemd *n* polo shirt

Sporthose *f* *kurz*: shorts (⚠ *pl*), *lang*: jogging pants (⚠ *pl*), *US* sweatpants ['swetpænts] (⚠ *pl*)

Sportjacke *f* tracksuit top

Sportlehrer(in) *m(f)* ❶ *Schule*: PE [,piː'iː] teacher (*abk für* physical education), *Br auch* games teacher ❷ *im Verein*: sports instructor

★**Sportler** *m* athlete ['æθliːt], *Br auch* sportsman ['spɔːtsmən]

★**Sportlerin** *f* athlete ['æθliːt], *Br auch* sportswoman ['spɔːts,wʊmən]

★**sportlich** ❶ *Erfolg, Leistung usw.*: sporting ❷ **auf sportlichem Gebiet** in the field of sport ❸ **sportlich sein** do* a lot of sports, be* keen on (*US* into) sports; **sich sportlich betätigen** do* sport(s) ❹ *Verhalten*: sportsmanlike, sporting ❺ *Figur*: athletic [æθ'letɪk]

★**Sportplatz** *m* sports grounds (⚠ *pl*), sports field

Sportreporter(in) *m(f)* sports reporter, *US auch* sportscaster

Sportschuh *m* trainer, *US* sneaker

Sportshirt *n* sports T-shirt

Sporttasche *f* sports bag

Sportunfall *m* sporting accident ['æksɪdənt]

Sportveranstaltung *f* sporting event [ɪ'vent]

Sportverein *m* sports club

Sportwagen *m* ❶ *Auto*: sports car ❷ *Kinderwagen*: pushchair, *US* stroller ['strəʊlə]

Sportzentrum *n* sports centre

Spott *m* ❶ ridicule ['rɪdɪkjuːl] ❷ *bes. in der Schule*: teasing ['tiːzɪŋ]

spottbillig *umg* dirt cheap

spotten ❶ laugh [⚠ lɑːf] (**über** at) ❷ (≈ *sich*

lustig machen) make* fun (**über** of) **3** **es spottet jeder Beschreibung** I can't find words to describe it

spöttisch 1 *Bemerkung usw.*: mocking **2** (≈ *höhnisch*) sneering

Sprachausgabe f *Computer*: speech output, voice output

★**Sprache** f **1** *eines Volkes*: language ['læŋ-wɪdʒ]; **die gleiche Sprache sprechen** speak* the same language (*auch übertragen*) **2 in englischer Sprache** in English **3** *Sprechfähigkeit, Sprechen*: speech; **die Sprache verlieren** lose* one's speech **4 mir blieb die Sprache weg** I was speechless

Sprachenschule f language school
Sprachfehler m speech defect ['spiːtʃ‿dɪˌfekt]
Sprachführer m phrasebook
Sprachgefühl n feel(ing) for (the) language, linguistic instinct [lɪŋˌgwɪstɪk'ɪnstɪŋkt]
Sprachgemeinschaft f speech community
Sprachkenntnisse pl **1** knowledge [⚠ 'nɒlɪdʒ] (⚠ sg) of languages **2 er hat gute englische Sprachkenntnisse** he has a good knowledge (*oder* command) of English
Sprachkurs m language course
Sprachlabor n language laboratory [ləˈbɒrətrɪ], language lab
sprachlich 1 sprachlicher Fehler language mistake **2** (≈ *stilistisch*) stylistic; **sprachlich ist der Aufsatz gut** the essay is written in good style
sprachlos 1 speechless (**vor** *Wut, Überraschung* with) **2 ich bin sprachlos!** I don't know what to say
Sprachunterricht m language teaching
Spray m/n spray
Spraydose f spray can, aerosol ['eərəsɒl]
Sprayer(in) m(f) graffiti [grəˈfiːtɪ] artist

★**sprechen 1** *allg.*: speak* (**mit** to, with; **über** about); **sprechen Sie Englisch?** do you speak English?; **das spricht für sich selbst** it speaks for itself **2** (≈ *sich unterhalten*) talk; **sie sprechen nicht miteinander** they're not talking (*oder* speaking) to each other **3** (≈ *sagen*) say*; **er spricht nicht viel** he doesn't say much **4** (≈ *eine Rede halten*) speak*, give* a talk (**über** on); **im Fernsehen sprechen** speak* on television **5** (≈ *sprechen mit*) see*, talk to; **kann ich bitte Herrn X sprechen?** may I speak to Mr X, please?; **kann ich dich kurz sprechen?** can I have a quick word with you? **6 wir sprechen uns noch** *drohend*: you haven't heard the last of this **7 schlecht auf jemanden zu sprechen sein** be* on bad terms with someone

Sprechen n **1** speaking, talking **2 jemanden zum Sprechen bringen** get* someone to talk, *mit Zwang*: make* someone talk

★**Sprecher(in)** m(f) **1** (≈ *Redner*) speaker **2** (≈ *Ansager*) announcer **3** (≈ *Nachrichtensprecher*) newsreader, US newscaster **4** *einer Gruppe, Partei usw.*: spokesman ['spəʊksmən], *Frau*: spokeswoman ['spəʊksˌwʊmən], *Mann oder Frau*: spokesperson

★**Sprechstunde** f **1** *einer Behörde usw.*: office hours (⚠ pl) **2** *beim Arzt*: surgery ['sɜːdʒərɪ] hours (⚠ pl), US office hours

Sprechstundenhilfe f doctor's receptionist [rɪˈsepʃənɪst]

Sprechzimmer n surgery ['sɜːdʒərɪ], US (doctor's) office

sprengen 1 *mit Sprengstoff*: blow* up; **etwas in die Luft sprengen** blow* something up **2** blast (*Fels, Gestein*) **3 die Spielbank sprengen** break* the bank **4** break* up (*Versammlung*) **5** sprinkle (*Wäsche*) **6** water (*Rasen, Beet*)

Sprengkopf m *an Rakete*: warhead ['wɔːhed]
Sprengladung f explosive charge [ɪkˌspləʊsɪv-'tʃɑːdʒ]
Sprengstoff m **1** explosive [ɪkˈspləʊsɪv] **2** *übertragen* dynamite ['daɪnəmaɪt]
Sprengung f **1** blowing up **2 die Terroristen drohten mit der Sprengung des Flugzeugs** the terrorists threatened to blow up the aircraft **3** *im Steinbruch*: blasting **4** *einer Versammlung*: breaking up

★**Sprichwort** n proverb [⚠ 'prɒvɜːb]
Springbrunnen m fountain ['faʊntɪn]

★**springen 1** *allg.* jump (*auch im Sport, bei Brettspielen usw.*); *Schwimmsport*: dive*; **er sprang einen Salto** he did (*oder* performed) a somersault ['sʌməsɔːlt] **2** (*Glas, Porzellan*) crack **3** (*Saite*) break* **4** (*Ball*) bounce; **der Ball sprang ins Aus** the ball went out **5 wenn sie ruft, springt er** *übertragen* he's at her beck and call **6 eine Runde springen lassen** *umg* stand* a round **7 er ließ tausend Euro springen** *umg* he coughed [kɒft] up a thousand euros

Springer m *Schach*: knight [⚠ naɪt]
Springer(in) m(f) **1** jumper, (≈ *Stabhochspringer*) vaulter **2** *Industrie*: stand-in
Springreiten n show jumping
Springseil n skipping rope, US jump rope
sprinten sprint
Sprinter(in) m(f) sprinter

Sprit *m umg* (≈ *Benzin*) petrol ['petrəl], *salopp* juice [dʒuːs], *US* gas

★**Spritze** *f* **1** *zum Spritzen einer Medizin*: syringe ['sɪrɪndʒ] **2** (≈ *Injektion*) injection [ɪn'dʒekʃn], *US* shot; **eine Spritze bekommen** get* (*oder* have*) an injection

spritzen **1** squirt [skwɜːt], spray (*Flüssigkeit*) (**auf** at, on) **2** spray (*Parfüm, Pflanzenmittel usw.*) **3** water (*Garten*) **4** *Medizin*: inject [ɪn'dʒekt] (*Mittel*); **jemanden spritzen** give* someone an injection **5** (*Wasser, Fett*) splash, spray

Spritzer *m* **1** splash **2** *kleiner*: drop

Spritzmittel *n Landwirtschaft*: spray

Spritzpistole *f* spray gun

Spritztour *f umg* spin, jaunt; **eine Spritztour machen** go* for a spin

spröde **1** *allg.*: brittle **2** *Haut*: rough [rʌf], chapped **3** *Mädchen*: aloof [ə'luːf], standoffish ['stændˈɒfɪʃ]

Spross *m* (≈ *Nachkomme*) offspring; **das ist unser jüngster Spross** he's our youngest

Spruch *m* **1** saying **2** **alles Sprüche!** it's all talk; **Sprüche machen** talk big

Sprudel *m* **1** (mineral) water **2** *gesüßt*: lemonade, *US* lemon soda

sprudeln **1** bubble; (*Getränk*) fizz **2** **vor Begeisterung sprudeln** übertragen bubble (over) with enthusiasm [ɪn'θjuːzɪæzm]

Sprühdose *f* spray can, aerosol ['eərəsɒl]

sprühen **1** spray **2** (*Funken*) fly* **3** **er sprüht vor Witz** he's incredibly witty

Sprühregen *m* drizzle

★**Sprung**[1] *m* jump; *Wendungen*: **es ist nur ein Sprung** it's only a stone's throw away; **komm doch (mal) auf einen Sprung vorbei** why don't you drop by (some time)?; **jemandem auf die Sprünge helfen** give* someone a helping hand; **damit kann ich keine großen Sprünge machen** I won't get very far on that

★**Sprung**[2] (≈ *Riss*) crack

Sprungbecken *n* diving pool

Sprungbrett *n* diving board

Sprungschanze *f* ski jump ['skiːˌdʒʌmp]

Sprungturm *m* diving platforms (*pl*)

Spucke *f umg* spit; **da blieb ihm die Spucke weg** *umg* he was flabbergasted ['flæbəɡɑːstɪd] (*Br auch* gobsmacked)

spucken **1** spit* (**nach** at); **große Töne spucken** übertragen talk big; **ich spuck drauf!** übertragen to hell with it! **2** cough up [ˌkɒfˈʌp] (*Blut*) **3** *umg* (≈ *sich erbrechen*) throw* up

Spuk *m* **1** (≈ *Geistererscheinung*) apparition [ˌæpəˈrɪʃn], ghost **2** **nächtlicher Spuk** humorvoll things that go bump in the night

spuken **1** **hier spukt es** this place is haunted **2** **der Gedanke spukt ihr immer noch im Kopf** she's still obsessed with it

Spukgeschichte *f* ghost story

Spülbecken *n* sink

Spule *f* **1** spool, reel **2** *Industrie*: bobbin **3** *elektrische*: coil

Spüle *f* sink unit

★**spülen** **1** rinse [rɪns] (*Wäsche usw.*) **2** (≈ *abwaschen*) do* the dishes **3** *Toilette*: flush the toilet

Spülkasten *m* cistern ['sɪstən]

Spülmaschine *f* dishwasher

Spülmittel *n* washing-up liquid, *US* dishwashing liquid

Spülung *f* **1** rinsing **2** *WC allg.*: flush, *Spülkasten*: cistern ['sɪstən] **3** (≈ *Haarspülung*) conditioner **4** (≈ *Darmspülung*) irrigation

Spülwasser *n* **1** *für Geschirr*: washing-up water **2** *schmutziges*: dishwater

★**Spur** *f* **1** *im Schnee usw.*: track, tracks *pl* **2** (≈ *Fährte, Blutspur usw.*) trail **3** (≈ *Fahrspur*) lane; **in der Spur bleiben** keep* in lane; **die Spur wechseln** switch lanes, *US meist* change lanes (*pl*) **4** *Magnetband, EDV*: track **5** (≈ *kleine Menge*) trace (*auch übertragen Anzeichen*) **6** *Wendungen*: **jemandem auf der Spur sein** be* after someone; **auf der falschen Spur sein** be* on the wrong track; **keine Spur!** *umg* not a bit!

spürbar **1** (≈ *merklich*) noticeable ['nəʊtɪsəbl] **2** (≈ *deutlich*) distinct [dɪ'stɪŋkt] **3** **es wird spürbar kälter** it's definitely getting colder

★**spüren** **1** feel*; **ich spüre nichts** I can't feel a thing; **ich spürs wieder im Rücken** my back's playing me up (*US* bothering me) again **2** (≈ *merken*) notice ['nəʊtɪs], *intuitiv*: sense; **von Begeisterung war nichts zu spüren** there was no sign of enthusiasm [ɪn'θjuːzɪæzm]

Spürhund *m* sniffer dog

spurlos: **spurlos verschwinden** disappear without (a) trace

Spürsinn *m* **1** *eines Tieres*: sense of smell **2** *übertragen* nose, instinct ['ɪnstɪŋkt]

Spurt *m* **1** sprint **2** **zum Spurt ansetzen** make* a dash for it

spurten **1** *Sport*: sprint **2** (≈ *schnell laufen*) run*, dash; **ich bin ganz schön gespurtet** you should have seen me run*

Squash *n Sport*: squash

Squashschläger *m* squash racket

Sri Lanka n Sri Lanka [,sriːˈlæŋkə]

★**Staat** m ❶ (≈ *Institution*) state ❷ (≈ *Land*) country [ˈkʌntri], nation ❸ (≈ *Regierung*) government [ˈgʌvnmənt] ❹ **großen Staat machen** lay* on the whole works

★**staatlich** ❶ state ..., government ..., national [ˈnæʃnəl] ❷ *Industrie usw.*: nationalized ❸ **staatlich geprüft** certified, qualified

Staatsangehörige(r) m/f(m) citizen [ˈsɪtɪzn]

★**Staatsangehörigkeit** f nationality [,næʃə-ˈnælətɪ]; **doppelte Staatsangehörigkeit** dual nationality; **welche Staatsangehörigkeit hat sie?** which nationality is she?

★**Staatsanwalt** m, ★**Staatsanwältin** f public prosecutor [ˈprɒsɪkjuːtə], *US* district attorney [,dɪstrɪkt ̣ əˈtɜːnɪ]

Staatsbesuch m state visit

Staatsbürger(in) m(f) citizen [ˈsɪtɪzn]

Staatsbürgerkunde f civics [ˈsɪvɪks] (⚠ *sg*)

Staatsdienst m civil [ˈsɪvl] (*US auch* public) service

Staatseigentum n state property [ˈprɒpətɪ]

Staatsexamen n state exam, state exams *pl*; **er macht im Mai sein Staatsexamen** *auch*: he's taking his finals in May

Staatsgeheimnis n ❶ state secret ❷ **das ist kein Staatsgeheimnis** *übertragen* it's no secret

Staatsgrenze f border, *Br auch* frontier [⚠ ˈfrʌntɪə]

Staatshoheit f sovereignty [⚠ ˈsɒvrəntɪ]

Staatsmann m statesman [ˈsteɪtsmən]

Staatsoberhaupt n head of state

Staatszugehörigkeit f nationality [,næʃəˈnælətɪ]

Stab m ❶ (≈ *Stange*) rod ❷ (≈ *Gitterstab*) bar ❸ (≈ *Hirtenstab*) staff [stɑːf] ❹ *des Dirigenten und beim Staffellauf*: baton [ˈbætɒn] ❺ *Stabhochsprung*: pole ❻ (≈ *Mitarbeiterstab*) staff (⚠ *mit sg oder pl*)

Stäbchen n (≈ *Essstäbchen*) chopstick

Stabhochspringer(in) m(f) pole vaulter

Stabhochsprung m pole vault [ˈpəʊl ̣ vɔːlt]

★**stabil** ❶ *allg.*: stable ❷ (≈ *robust*) sturdy ❸ **stabil gebaut** solidly built [,sɒlɪdlɪˈbɪlt]

stabilisieren ❶ stabilize [ˈsteɪbəlaɪz] (*Gerüst, die Preise usw.*) ❷ **ihr Gesundheitszustand hat sich stabilisiert** her condition has stabilized

Stabilität f stability [stəˈbɪlətɪ]

Stachel m ❶ *einer Pflanze*: prickle ❷ (≈ *Dorn*) thorn ❸ *eines Insekts*: sting ❹ *eines Tiers*: spine

Stachelbeere f gooseberry [ˈgʊzbərɪ]

Stacheldraht m barbed wire

stachelig prickly

Stachelschwein n porcupine [ˈpɔːkjʊpaɪn]

Stadel m *bes.* Ⓐ, ⒸⒽ (≈ *Scheune*) barn

★**Stadion** n stadium [ˈsteɪdɪəm] *pl*: stadiums *oder* stadia [ˈsteɪdɪə]

Stadium n stage, phase; **in diesem Stadium** at this stage, during this phase (⚠ *engl.* stadium = Stadion)

★**Stadt** f ❶ town; **in der Stadt** in town (⚠ *ohne* the) ❷ (≈ *größere Stadt, Großstadt*) city; **die Stadt Dresden** the city of Dresden ❸ **bei der Stadt arbeiten** work for the (city) council (*bzw. bei Großstadt*: the corporation)

Stadtbevölkerung f: **die Stadtbevölkerung** the city's (*oder* town's) inhabitants *pl*

Stadtbummel m: **einen Stadtbummel machen** go* for a wander through the town

Städtebau m ❶ urban development ❷ *Planung*: town planning

Städtepartnerschaft f town twinning; **zwischen München und Edinburgh besteht eine Städtepartnerschaft** Munich [ˈmjuːnɪk] and Edinburgh [⚠ ˈedɪnbrə] are twinned (*oder* twin towns)

Städter(in) m(f) city dweller, *umg* city slicker, *Br auch* townie

Städtetour f, **Städtetrip** m city break [breɪk]

Stadtflucht f exodus [ˈeksədəs] to the country

Stadtführer m *Buch*: city guide

★**städtisch** town ..., city ... (⚠ *beide nur vor dem Subst.*)

Stadtmauer f city wall

Stadtmitte f city centre, town centre, *US auch* downtown (area); **es liegt in der Stadtmitte** it's in the city centre, *US* it's downtown

★**Stadtplan** m (city) map, map of the city

Stadtplanung f town (*oder* urban) planning

Stadtrand m outskirts (⚠ *pl*) of town (*oder* of the city); **am Stadtrand leben** live on the outskirts of town (*oder* of the city), live in the suburbs [ˈsʌbɜːbz]

★**Stadtrat**¹ m *gesamte Ratsversammlung*: municipal council [mjuːˌnɪsɪplˈkaʊnsl]

★**Stadtrat**² m *einzelnes Mitglied*: town councillor, *US* city council member

★**Stadträtin** f town councillor, *US* city council member

Stadtrundfahrt f city sightseeing tour

Stadtteil m ❶ *allg.*: part of town ❷ *Verwaltungsbezirk*: district [ˈdɪstrɪkt]

Stadtviertel n → Stadtteil

Stadtwerke *pl* utilities [juːˈtɪlətɪz]

Stadtzentrum n → Stadtmitte

Staffelei f easel ['iːzl]
Staffellauf m relay ['riːleɪ] (race)
Staffelläufer(in) m(f) relay ['riːleɪ] runner
staffeln 1 scale (*Löhne, Steuern*) 2 stagger (*Miete, Arbeitszeit*)
★**Stahl** m steel; **Nerven aus** (*oder* **wie**) **Stahl** nerves of steel
Stahlbeton m reinforced concrete [ˌriːɪnfɔːstˈkɒŋkriːt]
staksen 1 walk like a stork 2 *unsicher:* totter
staksig gawky [ˈɡɔːkɪ]
Stalagmit m stalagmite [ˈstæləɡmaɪt]
Stalaktit m stalactite [ˈstæləktaɪt]
★**Stall** m 1 (≈ *Pferdestall*) stable 2 (≈ *Kuhstall*) cowshed [ˈkaʊʃed] 3 (≈ *Schweinestall*) pigsty [ˈpɪɡstaɪ] 4 **ein ganzer Stall voll Kinder** a house full of kids
★**Stamm** m 1 (≈ *Volksstamm*) tribe 2 (≈ *Baumstamm*) trunk 3 (≈ *Wortstamm*) root
Stammbaum m 1 *eines Menschen:* family tree 2 *eines Tieres:* pedigree [ˈpedɪɡriː]
stammeln stammer
stammen 1 **stammen von** (*bzw.* **aus**) come* from 2 *zeitlich:* date (*oder* go*) back to 3 **das Bild stammt von Picasso** the picture is by Picasso 4 **das stammt nicht von mir!** I'm innocent! [ˈɪnəsnt], don't blame me!
Stammgast m regular
stämmig 1 *Person:* stocky 2 *Beine:* sturdy
Stammkneipe f favourite haunt [hɔːnt], *Br auch* local [ˈləʊkl]
Stammkunde m, **Stammkundin** f regular customer [ˈkʌstəmə]
Stammplatz m: **das ist sein Stammplatz** that's his seat, that's where he always sits
Stammtisch m 1 table reserved for regulars 2 **freitags ist Stammtisch** we all meet at the pub on Fridays
Stammzelle f *Biologie:* stem cell
Stammzellenforschung f *Biologie:* stem-cell research
stampfen 1 stamp (*Erde, Lehm usw.*) 2 **mit dem Fuß auf den Boden stampfen** stamp one's foot 3 mash (*Kartoffeln usw.*) 4 (*Maschine*) pound 5 (*Schiff*) pitch 6 **ich kann's doch nicht aus dem Boden stampfen** I can't just produce it out of thin air
Stand m 1 (≈ *Verkaufsstand*) stand, (≈ *Bude*) stall [stɔːl] 2 (≈ *Entwicklungsstufe*) stage; **was ist der neueste Stand der Dinge?** what's the latest?; **etwas auf den neuesten Stand bringen** bring* something up to date 3 *eines Wettkampfs:* score; **beim Stand von 3:1 wurde das Spiel abgebrochen** the game was abandoned with X leading 3-1 (*gesprochen:* three-one) 4 (≈ *das Stehen*) standing position; **aus dem Stand** from standing, *übertragen* off the cuff 5 (≈ *soziale Stellung*) social standing, status [ˈsteɪtəs] 6 **einen schweren Stand haben** be* in a difficult position 7 Ⓐ **einen Stand haben auf** (≈ *mögen*) like, *Br* fancy [ˈfænsɪ] (*jemanden*)
Standard m standard, (≈ *Niveau*) *auch:* level [ˈlevl]; **einen hohen Standard aufweisen** be* of a high standard
Standardausführung f basic model [ˈmɒdl]
Standardbrief m standard letter
standardisieren standardize
Standardwerk n standard textbook
Ständer[1] m *Gestell:* stand
★**Ständerat** m Ⓢ *etwa:* Federal Cantonal Chamber [ˌfedərəlˌkæntənlˈtʃeɪmbə]
Standesamt n registry [ˈredʒɪstrɪ] office, *US* marriage license bureau [ˈbjʊərəʊ]
standesamtlich: **standesamtliche Trauung** civil [ˈsɪvl] marriage, *Br auch* registry-office wedding
standhalten 1 *einer Kritik, schwierigen Situation usw.:* stand* up to 2 *einer Versuchung:* resist [rɪˈzɪst]
★**ständig** 1 (≈ *fortwährend*) constant 2 **er macht ständig irgendwas kaputt** he's always (*oder* constantly) breaking things 3 (≈ *dauerhaft, fest*) permanent [ˈpɜːmənənt]
Standl n Ⓐ (≈ *Verkaufsstand*) stand
Standlicht n parking light
Standort m position, location
Standpauke f: **jemandem eine Standpauke halten** give* someone a lecture
Standplatz m 1 *allg.:* stand 2 *für Taxis: Br auch* (taxi) rank
★**Standpunkt** m point of view [vjuː], standpoint
Standspur f hard shoulder [ˈʃəʊldə]
Standuhr f grandfather clock
Stange f 1 pole 2 (≈ *Leiste*) rod 3 (≈ *langes Stück Lakritz usw.*) stick 4 **eine Stange Zigaretten** a carton [ˈkɑːtn] of cigarettes 5 **eine Stange Geld** *umg* a fair bit of money 6 **von der Stange** *Kleidung:* off the peg, *US* off the rack
Stängel m stem, stalk [stɔːk]
Stangenbrot n French stick
stänkern stir [stɜː] things up, make* trouble
Stanniol n tin foil
Stapel m 1 (≈ *Haufen*) stack, pile 2 *Schifffahrt:* stocks (▲ *pl*); **vom Stapel laufen** be*

launched; **vom Stapel lassen** launch; *übertragen* come* out with *umg*
Stapelfahrer(in) *m(f)* fork-lift truck driver
stapeln **1** stack, pile up **2** **sich stapeln** pile up
stapelweise: **sie hat stapelweise CDs** *umg* she's got piles (*oder* stacks) of CDs
stapfen: **durch den Schnee stapfen** trudge through the snow
Staplerschein *m* fork-lift truck driving licence, *US* fork-lift truck driver's license
★**Star** *m* **1** (≈ *Filmstar usw.*) star **2** *Vogel*: starling **3** **grauer Star** *Augenkrankheit*: cataract, cataracts *pl* **4** **grüner Star** *Augenkrankheit*: glaucoma [glɔː'kaʊmə]
Starbesetzung *f* star cast [kɑːst]
Stargast *m* celebrity guest [səˌlebrətɪ'gest]
★**stark** **1** *allg.*: strong (*auch Kaffee, Tabak usw.*) **2** (≈ *mächtig*) powerful **3** (*Mauer usw.*: ≈ *dick*) thick **4** *Frost, Regen, Sturm, Verkehr, Raucher, -in usw.*: heavy ['hevɪ] **5** *umg* (≈ *großartig*) great, *salopp* cool, *US* neat
Stärke *f* **1** (≈ *Kraft*) strength **2** (≈ *starke Seite*) strong point, strength, *US auch* forte [fɔːrt]; **es gehört nicht zu ihren Stärken** it's not one of her strong points; **jemandes Stärken und Schwächen** someone's strengths and weaknesses; **meine Stärke ist ...** my strong point is ... **3** (≈ *Dicke*) thickness **4** (≈ *Heftigkeit*) *von Strömung, Wind*: strength, *von Schmerzen*: intensity, *von Regen, Verkehr*: heaviness, *von Sturm*: violence **5** (≈ *Leistungsfähigkeit*) *von Motor*: power **6** (≈ *Anzahl*) size, *von Nachfrage*: level **7** (≈ *Wäschestärke, Speisestärke*) starch [stɑːtʃ]
stärken **1** strengthen ['streŋθn] **2** **ich muss mich unbedingt stärken** I'm desperate ['despɹət] for something to eat
Starkstrom *m* heavy current ['kʌrənt]
starr **1** (≈ *steif*) stiff **2** **starrer Blick** fixed gaze
★**starren** stare (**auf** at)
starrsinnig stubborn ['stʌbən]
★**Start** *m* **1** *allg.*: start (*auch im Sport, beim Autofahren usw.*); **einen guten Start haben** get* off to a good start **2** *eines Flugzeugs*: takeoff ['teɪkɒf] **3** *einer Rakete*: lift-off ['lɪftɒf] **4** **ein guter Start ins Leben** a good start in life (▲ *ohne the*)
Startbahn *f* runway
★**starten** **1** (*Flugzeug*) take* off **2** (*Rakete*) lift off **3** launch [lɔːntʃ] (*Rakete, Satelliten*) **4** *im Sport*: (≈ *teilnehmen*) take* part (**bei** in); **drei Läufer starten für China** there are three runners competing [kəm'piːtɪŋ] for China **5** (*Motor, Auto*) start; **der Motor startet nicht** the engine won't start **6** **morgen starten wir nach Nairobi** tomorrow we set off for Nairobi **7** start (*Veranstaltung usw.*)
Starterlaubnis *f* **1** *im Sport*: permission to enter the race (▲ *permission immer ohne* the) **2** *zum Fliegen*: takeoff clearance
Startlinie *f* starting line
Startpistole *f* starting pistol ['pɪstl]
Startschuss *m* **1** starting signal ['sɪɡnl] **2** **den Startschuss geben** fire the gun, *übertragen* give* the green light
Startseite *f* *im Internet*: start page
Start-up-Unternehmen *n* *Wirtschaft*: start-up business, start-up company, *umg* start-up ['stɑːtʌp]
Stasi *f abk* (*abk für* Staatssicherheit) *DDR*: Stasi, (East German) secret police (▲ *beide mit pl*)
Stasimitarbeiter(in) *m(f)* member of the Stasi
★**Station** *f* **1** (≈ *Haltestelle*) stop; **das ist drei Stationen von hier** that's three stops further on **2** (≈ *kleiner Bahnhof*) station **3** (≈ *Krankenhausstation*) ward [wɔːd]; **auf welcher Station liegt er?** which ward is he in? **4** **wir machen in Rom Station** we're stopping over in Rome
stationär **1** *allg.*: stationary **2** *Medizin*: **stationäre Behandlung** inpatient treatment; **stationärer Patient** inpatient; **jemanden stationär behandeln** treat someone as an inpatient
stationieren **1** *allg.*: station (*auch Soldaten*) **2** deploy [dɪ'plɔɪ] (*Raketen, Waffen usw.*)
Statist(in) *m(f)* *im Film usw.*: extra
★**Statistik** *f* statistic, *Fach*: statistics (▲ *sg*)
statistisch **1** *allg.*: statistical **2** **statistische Erhebung** survey ['sɜːveɪ]
Stativ *n* tripod ['traɪpɒd]
★**statt** instead of [ɪn'sted əv]; **statt zu schreiben, rief er an** instead of writing, he rang up
★**stattfinden** **1** **das Konzert findet am 13. statt** the concert will be (*oder* will take place *oder* will be held) on the 13th **2** **das Spiel gegen Irland findet nicht statt** the game with Ireland has been cancelled
Statue *f* statue ['stætʃuː]
★**Status** *m* status ['steɪtəs]
Statussymbol *n* status symbol ['steɪtəsˌsɪmbl]
Statuszeile *f* *Computer*: status bar ['steɪtəs bɑː]
★**Stau** *m* traffic jam; **ein zehn Kilometer langer Stau** a ten-kilometre tailback (*US* backup); **im Stau stehen** be* stuck in a traffic jam
★**Staub** *m* **1** dust; **Staub wischen** dust, do* the dusting; **Staub saugen** → staubsaugen **2**

sich aus dem Staub machen *umg* run* for it

Staubbesen *m* broom

staubig dusty

staubsaugen hoover®, do* the hoovering, vacuum ['vækjʊəm], do* the vacuuming

Staubsauger *m* vacuum ['vækjʊəm] cleaner, *Br* Hoover®

Staubtuch *n* duster

Staubwolke *f* cloud of dust

Staudamm *m* dam

stauen ▮ **sich stauen** (*Wasser, Verkehr, usw.*) build* up [,bɪld'ʌp] ▮ **die Fans stauten sich am Eingang** the fans were crowding the entrance ▮ dam up (*Wasser*)

★**staunen** ▮ be* amazed (**über** at) ▮ **da kann man nur noch staunen** it's absolutely amazing ▮ **da staunst du, was?** what do you say to that, then?

Staunen *n* ▮ amazement ▮ **sie sind aus dem Staunen nicht mehr herausgekommen** they couldn't believe their eyes (*bzw.* ears)

Stausee *m* reservoir ['rezəvwɑː], artificial lake

Stechbeitel *m*, **Stecheisen** *n* chisel

★**stechen** ▮ (*Nadel, Dorn usw.*) prick ▮ (*Wespe usw.*) sting*, (*Mücke*) bite* ▮ *mit einem Messer:* stab ▮ **ich hab mich in den Finger gestochen** I've pricked my finger ▮ **mich sticht's im Arm** I've got a sharp (*oder* stabbing) pain in my arm ▮ *Kartenspiel:* trump, play a trump; **mit dem König den Buben stechen** take* (*oder* trump) the jack with the king

Stechen *n* sharp pain, stabbing pain

Stechmücke *f* midge, mosquito [məˈskiːtəʊ]

Stechpalme *f* holly

Stechzirkel *m* dividers [dɪˈvaɪdəz] (▲*pl*)

Steckbrief *m* ▮ 'wanted' poster ▮ (≈ *Beschreibung*) description

★**Steckdose** *f* (wall) socket ['sɒkɪt]

★**stecken** ▮ *in die Hose, durch eine Öffnung usw.:* put*; **er hat sich eine Feder ins Haar gesteckt** he put a feather in his hair; **den Kopf aus dem Fenster stecken** pop one's head out of the window ▮ (≈ *festsitzen*) be* stuck ▮ **mitten in den Hausaufgaben stecken** be* in the middle of (doing) one's homework ▮ **wo steckst du denn wieder?** where have you been hiding away again? ▮ **dahinter steckt etwas** there's something behind it ▮ **es steckt viel Arbeit darin** a lot of work has gone into it ▮ **der Schlüssel steckt** the key's in the door ▮ **stecken bleiben** get* stuck

Stecken *m* (≈ *Stock*) stick

steckenbleiben get* stuck

★**Stecker** *m* ▮ *elektrisch:* plug ▮ (≈ *Ohrstecker*) stud

Stecknadel *f* pin

Steg *m* ▮ (≈ *Brücke*) bridge ▮ (≈ *Brett*) plank ▮ (≈ *Landesteg*) jetty ['dʒetɪ] ▮ (≈ *Brillensteg*) bridge ▮ *am Musikinstrument:* bridge

Stegreif *m* ▮ **aus dem Stegreif** off the cuff ▮ **aus dem Stegreif spielen** (*bzw.* **dichten** *usw.*) improvise ['ɪmprəvaɪz] ▮ **aus dem Stegreif reden** ad-lib [,æd'lɪb]

Stehen *n* ▮ **etwas im Stehen machen** do* something standing (up) ▮ **zum Stehen bringen** bring* to a standstill

★**stehen** ▮ *allg.:* stand*, (≈ *sich befinden*) *auch:* be* ▮ (≈ *aufrecht stehen*) stand* up ▮ **was steht im Brief?** what does it say in the letter? ▮ **da muss ein Komma stehen** there should be a comma there ▮ **die Küche steht voll Wasser** the kitchen has flooded ['flʌdɪd] ▮ **hier steht die Luft** it's very stuffy in here ▮ **wie steht es?** *in Spiel:* what's the score?; **es steht drei zu eins für Italien** Italy are (*oder* is) leading three-one ▮ **er steht auf null Zähler** *usw.:* it's on zero ▮ **stehen auf** (≈ *mögen*) like, fancy ['fænsɪ] (*jemanden*), be* into (*Techno, moderne Kunst usw.*) ▮ **stehen für** stand* for ▮ **hinter etwas** (*bzw.* **jemandem**) **stehen** *übertragen* be* behind something (*bzw.* someone) ▮ **ich stehe zu ihm** I'm standing by him ▮ **wie stehst du dazu?** what do you think? ▮ **ich stehe dazu** I'm sticking by it ▮ **sie steht über solchen Dingen** she's above [əˈbʌv] that kind of thing ▮ **die Sache steht gut** it's looking good ▮ **sich gut mit jemandem stehen** get* on well with someone ▮ (*Kleidung usw.*) suit [suːt], *US meist* look good on; **die Jacke steht dir** that jacket suits you; **die Farbe steht dir nicht** that colour doesn't suit you, it's not your colour

---
GETRENNTSCHREIBUNG

stehen bleiben ▮ *allg.:* stop ▮ (*Herz*) stop beating; **mir ist das Herz fast stehen geblieben** my heart [hɑːt] skipped a beat ▮ **es ist, als ob die Zeit stehen geblieben wäre** it's as if time (▲*ohne* the) had stood still ▮ **soll das so stehen bleiben?** is it supposed to stay like that? ▮ **wo war ich stehen geblieben?** where was I?, what was I saying?

stehen lassen ▮ (≈ *nicht wegnehmen*) leave* (*das Geschirr usw.*) ▮ *ohne es anzurühren:* leave* (*Essen usw.*) ▮ (≈ *vergessen*) leave* (*Schirm usw.*) ▮ **alles stehen und liegen lassen** drop everything ▮ **sie hat ihn einfach**

stehen lassen she just left him standing ▌6 (≈ *übersehen*) miss, overlook (*Fehler usw.*) ▌7 **sich einen Bart stehen lassen** grow* a beard [brəd]

---

stehenbleiben → stehen bleiben 2 — 5
stehenlassen → stehen lassen 2 — 7
Stehimbiss *m* stand-up snack bar
Stehlampe *f* standard lamp (⚠ *nicht* standing), US floor lamp
★**stehlen** ▌1 steal*; **sie haben mir meine Uhr gestohlen** they stole my watch ▌2 **sich aus dem Haus stehlen** sneak out of the house
Stehplatz *m im Konzert usw.*: standing ticket; (**nur noch**) **Stehplätze** *auch im Bus usw.*: standing room (only) (⚠ *nicht* place; room *im sg*)
Steiermark *f*: **die Steiermark** Styria ['stɪrɪə] (⚠ *ohne* the)
steif ▌1 *allg.*: stiff ▌2 **steif gefroren** frozen stiff ▌3 **er behauptet steif und fest, dass** he swears [sweəz] that
Steigeisen *n* ▌1 *für Baumklettern, Gletscherwandern*: climbing iron [⚠ 'klaɪmɪŋˌaɪən] ▌2 *für Bergsteiger*: crampon ['kræmpɒn]
★**steigen** ▌1 **auf etwas steigen** climb [klaɪm] onto something; **auf einen Baum steigen** climb (up) a tree ▌2 **auf ein Motorrad** (*bzw.* **Pferd**) **steigen** get* on a motorbike (*bzw.* horse) ▌3 **aus dem Bett steigen** *umg* get* out of bed ▌4 **auf die Bremse steigen** slam on the brakes (⚠ *pl*) ▌5 **Treppen steigen** climb stairs ▌6 **in die Luft**: go* up, (*Flugzeug*) climb (**auf** to) ▌7 **einen Ballon steigen lassen** send* a balloon up ▌8 (*Preise, Temperatur usw.*) go* up, rise* ▌9 **die Spannung steigt** (the) tension is mounting
steigend *Preise, Inflation usw.*: rising
★**steigern** ▌1 *allg.*: increase [ɪn'kriːs] ▌2 give* the comparative and superlative (forms) of (*Adjektiv, Adverb*) ▌3 **sich steigern** increase, (*Spannung*) mount ▌4 **er kann sich noch steigern** there's room for improvement yet
★**Steigerung** *f* ▌1 (≈ *Zunahme*) rise, increase ['ɪŋkriːs] ▌2 (≈ *Verbesserung, Leistungssteigerung*) improvement (+ *Genitiv* in) ▌3 *eines Adjektivs*: comparison [kəm'pærɪsn]
Steigerungsfaktor *m* increase factor
Steigung *f* ▌1 *allg.*: rise, ascent [ə'sent] ▌2 *einer Bahnstrecke, Strasse*: gradient ['greɪdɪənt], *bes.* US grade (*auch Mathematik*); **negative Steigung** *Mathematik*: negative gradient, *bes.* US negative grade ▌3 *eines Hanges*: slope

★**steil** ▌1 steep; **steiler Hang** steep slope ▌2 **steil abfallen** drop sharply
★**Stein** *m* ▌1 stone ▌2 *kleiner, glatter*: pebble ▌3 *im Obst*: stone ▌4 *beim Brettspiel*: piece ▌5 **mir fällt ein Stein vom Herzen** that's a load off my mind ▌6 **den Stein ins Rollen bringen** get* the ball rolling
Steinbock *m* ▌1 *Sternzeichen*: Capricorn ['kæprɪkɔːn]; **ich bin** (**ein**) **Steinbock** I'm a (a) Capricorn ▌2 *Tier*: ibex ['aɪbeks]
Steinbruch *m* quarry ['kwɒrɪ]
steinhart (as) hard as rock
Steinpilz *m* cep [sep], porcini [pɔː'tʃiːnɪ]
steinreich *umg* filthy rich, loaded (⚠ *nur hinter dem Verb*)
Steinschlag *m* falling rocks (⚠ *pl*)
Steinzeit *f* Stone Age
Steinzeitmensch *m*: **der Steinzeitmensch** Stone Age man (⚠ *ohne* the)
Steißbein *n* coccyx [⚠ 'kɒksɪks]
Stellage *f bes.* Ⓐ (≈ *Regal, Gestell*) shelves [ʃelvz] (⚠ *pl*), shelving
★**Stelle** *f* ▌1 place, *genauer*: spot; **an dieser Stelle** right here, at this spot, *zeitlich*: at this point; **an passender Stelle** at an appropriate moment ▌2 **wunde Stelle** sore, (≈ *Schnitt*) cut ▌3 *im Buch usw.*: place, (≈ *Passage*) passage ['pæsɪdʒ] ▌4 *in einer Rangordnung*: position, place ▌5 (≈ *Posten*) job; (≈ *Praktikumsstelle*) placement; **eine freie** (*oder* **offene**) **Stelle** a vacancy ['veɪkənsɪ] ▌6 (≈ *Dienststelle, Beratungsstelle usw.*) office, department; **an welche Stelle soll ich mich wenden?** where should I go? ▌7 *in einer Zahl*: place; **zwei Stellen hinterm Komma** two places after the decimal point ▌8 *kahl, brüchig, schmutzig usw.*: patch ▌9 *Wendungen*: **an erster Stelle** firstly; **an Stelle von** instead of; **ich an deiner Stelle** if I were you; **auf der Stelle** straightaway; **sie war auf der Stelle tot** she died on the spot; **zur Stelle sein** be* on the spot, (≈ *am Ort*) be* on the scene; (≈ *bereit, etwas zu tun*) be* at hand; **ich komme nicht von der Stelle** I'm getting nowhere
★**stellen** ▌1 *irgendwohin*: put*, place, set* ▌2 (≈ *einstellen*) set* (**auf** to); **den Wecker auf sieben stellen** set* the alarm for seven; **leiser** (*bzw.* **lauter**) **stellen** turn down (*bzw.* up) ▌3 **kalt stellen** put* in the fridge (*Getränk usw.*) ▌4 **sich in die Ecke usw. stellen** (go* and) stand* in the corner usw. ▌5 **er hat sich der Polizei gestellt** he's given himself up to the police ▌6 **sich gut mit jemandem stellen** keep* in with

someone, be* (*oder* stay) in someone's good books ⁷ **sich krank** (*bzw.* **tot**) **stellen** pretend to be ill (*bzw.* dead); **stell dich nicht so dumm!** stop pretending you don't know

Stellenabbau *m* job cuts (⚠ *pl*), (≈ *Rationalisierung*) downsizing

Stellenangebot *n* ❶ *allg.*: job offer ❷ **Stellenangebote** *pl, als Überschrift in der Zeitung*: vacancies ['veɪkənsɪz], situations vacant

Stellenanzeige *f*, **Stellenausschreibung** *f* job advertisement

Stellenbeschreibung *f* job description

Stellenbörse *f* employment website

Stellenmarkt *m* job market, *in Zeitung*: job section

Stellensuche *f*: **auf Stellensuche sein** be* looking for a job, be* job-hunting

Stellenwert *m* ❶ (relative) importance ❷ **es nimmt einen hohen Stellenwert ein** it plays an important role

Stellplatz *m* parking space

Stellschmiege *f* bevel

★**Stellung** *f* ❶ *allg.*: position; **eine Stellung einnehmen** take* up a position ❷ **soziale Stellung** social standing ❸ (≈ *berufliche Stelle, Posten*) position, post, job ❹ **möchtest du dazu Stellung nehmen?** would you like to comment ['kɒment] on that?

★**Stellungnahme** *f* (≈ *Meinung*) opinion [ə'pɪnjən], (≈ *Erklärung*) comment ['kɒment], statement; **eine Stellungnahme abgeben** make* a statement (**über** on)

stellvertretend ❶ acting ..., deputy ... ['depjʊtɪ] (⚠ *beide nur vor dem Subst.*) ❷ **stellvertretend für** (≈ *anstelle von*) in place of, (≈ *im Namen von*) on behalf [bɪ'hɑːf] of

★**Stellvertreter(in)** *m(f)* ❶ representative [ˌreprɪ'zentətɪv] ❷ *amtlicher*: deputy ['depjʊtɪ] ❸ *von Arzt*: locum

Stelze *f* ⓐ *Essen*: pickled knuckle (⚠ 'nʌkl] of pork

Stelzen *pl* ❶ stilts ❷ *umg* (≈ *Beine*) pins

Stemmeisen *n* crowbar ['krəʊbɑː]

stemmen: **sich gegen etwas stemmen** brace oneself against something, *übertragen* oppose something

★**Stempel** *m* ❶ *allg.*: stamp ❷ (≈ *Poststempel*) postmark ❸ (≈ *Prägestempel*) die, *auf Silber, Gold*: hallmark

stempeln ❶ *allg.*: stamp ❷ cancel ['kænsl] (*Fahrkarte*) ❸ **stempeln gehen** (≈ *arbeitslos sein*) be* on the dole

Steno *f umg* (≈ *Stenografie*) shorthand

Stenotypistin *f* shorthand typist

Steppdecke *f* duvet (⚠ 'duːveɪ], quilt [kwɪlt]

Steppe *f* (≈ *Trockenlandschaft*) steppe (⚠ step]

steppen¹ *beim Nähen*: backstitch

steppen² (≈ *Stepp tanzen*) tap-dance

Stepptanz *m* tap dancing

Sterbehilfe *f* euthanasia [ˌjuːθə'neɪzɪə]; **bei jemandem Sterbehilfe leisten** carry out euthanasia on someone

★**sterben** ❶ die (**an** of) ❷ *Wendungen*: **vor Neugier** *usw.* **sterben** die of curiosity *usw.*; **ich bin vor Langeweile fast gestorben** I was bored to tears [tɪəz]; **davon wirst du nicht gleich sterben!** it won't kill you; **der ist für mich gestorben** I just don't want to know about him

Sterben *n* ❶ *allg.*: dying, death [deθ] ❷ **im Sterben liegen** be* dying

Sterbeurkunde *f* death certificate [sə'tɪfɪkət]

sterblich mortal ['mɔːtl]; **seine sterblichen Überreste** his mortal remains

Sterbliche(r) *m/f(m)* mortal ['mɔːtl]; **wir gewöhnlichen Sterblichen** we lesser mortals

Sterblichkeit *f* mortality (⚠ *immer ohne* the)

Sterblichkeitsrate *f* mortality rate

Stereo *n* stereo ['sterɪəʊ]

Stereoanlage *f* hi-fi ['haɪfaɪ] (system), stereo ['sterɪəʊ] (system)

steril sterile ['steraɪl] (*auch übertragen*)

sterilisieren sterilize ['sterəlaɪz]

★**Stern** *m* ❶ *allg.*: star; **mein guter Stern** my lucky star; **das steht noch in den Sternen** that's still (written) in the stars; **Sterne sehen** *umg* see* stars ❷ **ein Hotel mit vier Sternen** a four-star hotel

Sternbild *n* ❶ constellation ❷ → Sternzeichen

Sternchen *n im Text*: asterisk ['æstərɪsk]

Sternenbanner *n der USA*: Star-Spangled Banner, Stars and Stripes (⚠ *mit sg*)

sternklar: **sternklarer Himmel** starry ['stɑːrɪ] (*oder* starlit) sky

Sternschnuppe *f* shooting star

Sternsingen *n* carol ['kærəl] singing (at Epiphany [ɪ'pɪfənɪ])

Sternstunde *f* ❶ **eine Sternstunde der Menschheit** a turning point in the history of mankind [mæn'kaɪnd] ❷ **das war ihre Sternstunde** that was her great moment (in life)

Sternwarte *f* observatory [əb'zɜːvətrɪ]

Sternzeichen *n* ❶ (star) sign, sign of the zodiac ['zəʊdɪæk]; **was hast du für ein Sternzeichen** what's your star sign? ❷ **er ist im Sternzeichen der Waage geboren** he was born under

Libra [▲ˈliːbrə]
Stethoskop n stethoscope [ˈsteθəskəʊp]
stets always
★**Steuer**¹ n ■ *im Auto:* (steering) wheel, *im Flugzeug:* controls (▲pl); **am Steuer sitzen** be* at (*oder* behind) the wheel ■ **das Steuer fest in der Hand haben** *übertragen* be* firmly in control
★**Steuer**² f tax, *an Gemeinde:* council tax, *US* local tax, *von Firmen:* rates (▲pl), *US* corporate property tax; **Steuern zahlen** pay* tax (▲ *meist sg*); **Gewinn vor/nach Steuern** pre-/after-tax profit
Steuerberater(in) m(f) tax adviser (*oder* consultant)
Steuerbescheid m tax assessment
Steuerbord n starboard
Steuererhöhung f tax increase
Steuererklärung f tax return
Steuerfachangestellte(r) m/f(m) assistant tax advisor
Steuerfreibetrag m tax-free income
Steuerhinterziehung f tax evasion
Steuerklasse f tax bracket
Steuerknüppel m control column [▲ˈkɒləm]
Steuermann m ■ helmsman [ˈhelmzmən] ■ *beim Rudern:* cox
steuern ■ *allg.:* steer ■ drive*, steer (*Auto*) ■ (≈ *leiten*) control, run*
Steuernummer f tax identification number
Steueroase f, **Steuerparadies** n tax haven [ˈheɪvn]
Steuerprüfer(in) m(f) tax inspector, *bes US* tax auditor
Steuerprüfung f tax audit
Steuersatz m rate of taxation
Steuersenkung f tax cut
Steuerung f ■ (≈ *das Steuern*) steering, *von Flugzeug:* piloting, *von Politik, Wirtschaft:* running, (≈ *Regulierung*) regulation, (≈ *Bekämpfung*) control ■ *Computer:* control ■ *Steuervorrichtung beim Flugzeug:* controls (▲pl) ■ *Technik:* steering mechanism, *elektronisch:* control
Steuerungstaste f *Computer:* control key
Steuerzahler(in) m(f) taxpayer
stibitzen *umg* pinch
Stich m ■ (≈ *Wespenstich usw.*) sting ■ (≈ *Mückenstich*) bite ■ (≈ *Nadelstich*) prick ■ (≈ *Messerstich*) stab ■ (≈ *Stichwunde*) stab wound [wuːnd] ■ (≈ *Nähstich*) stitch ■ *Schmerz:* sharp (*oder* stabbing) pain; **Stiche in der Seite haben** have* a stitch ■ **ein Stich ins Grüne** *usw.* a tinge [tɪndʒ] of green *usw.* ■ **jemanden im Stich lassen** leave* someone in the lurch [lɜːtʃ] ■ **du hast wohl einen Stich!** have you gone mad?
stichhaltig ■ *allg.:* sound ■ **die Theorie ist nicht stichhaltig** that theory doesn't hold water
Stichprobe f spot check, *Soziologie:* (random) sample survey; **Stichproben machen** carry out spot checks, *Soziologie:* carry out a (random) sample survey
Stichsäge f jigsaw
Stichtag m effective date
Stichwahl f runoff, deciding ballot [dɪˌsaɪdɪŋ-ˈbælət]
Stichwort n ■ *in Nachschlagewerken:* headword ■ (≈ *Schlüsselwort*) key word ■ **sich ein paar Stichworte aufschreiben** jot down a few notes
Stichwunde f stab wound [wuːnd]
Stick m (≈ *USB-Stick*) stick; **etwas auf Stick speichern** save something to (*oder* on) a stick
sticken embroider [ɪmˈbrɔɪdə]
Sticker m (≈ *Aufkleber*) sticker
stickig stuffy, *Außenluft:* sticky, close [▲kləʊs]
Stickstoff m nitrogen [ˈnaɪtrədʒən]
Stiefbruder m stepbrother
★**Stiefel** m ■ boot ■ **das sind doch zwei Paar Stiefel** *übertragen* they're two completely different things
Stiefelette f ankle boot
Stiefeltern pl stepparents [ˈstepˌpeərənts]
Stiefkind n stepchild
Stiefmutter f stepmother
Stiefmütterchen n *Blume:* pansy [ˈpænzɪ]
Stiefschwester f stepsister
Stiefsohn m stepson
Stieftochter f stepdaughter [ˈstepˌdɔːtə]
Stiefvater m stepfather
★**Stiege** f ■ *allg.:* steps (▲pl) ■ Ⓐ stairs (▲pl), staircase
Stiegenhaus n Ⓐ (≈ *Treppenhaus*) staircase
★**Stiel** m ■ (≈ *Griff*) handle ■ *eines Glases:* stem ■ *einer Blume:* stalk [stɔːk] ■ **ein Eis am Stiel** an ice lolly, *US* a Popsicle® [ˈpɒpsɪkl], an ice pop
Stielaugen pl: **die hat vielleicht Stielaugen gemacht!** *umg* she just goggled, her eyes nearly popped out of her head
Stieltopf m saucepan [ˈsɔːspən]
Stier m ■ *Tier:* bull [▲bʊl] ■ *Sternzeichen:* Taurus [ˈtɔːrəs]; **ich bin (ein) Stier** I'm (a) Taurus

Stierkampf m bullfight [▲'bʊlfaɪt]
Stierkämpfer(in) m(f) bullfighter [▲'bʊl,faɪtə]
Stift m **1** zum Schreiben: pen; **hast du einen Stift?** auch: have you got something to write with? **2** längliches Metallstück: pin **3** längliches Holzstück: peg **4** (≈ Malstift) crayon ['kreɪən]
stiften 1 donate [dəʊ'neɪt] (Geld) **2** found (Kirche)
Stifter(in) m(f) einer Kirche usw.: founder
Stil m style
stilistisch 1 stylistic **2** es ist stilistisch gut Aufsatz usw.: it's written in good style
★ **still 1** (≈ ruhig) quiet ['kwaɪət] **2** (≈ bewegungslos) still **3** der Stille Ozean the Pacific [pə'sɪfɪk] (Ocean)

───────── GETRENNTSCHREIBUNG ─────────
still bleiben 1 ruhig: keep* quiet ['kwaɪət] **2** bewegungslos: keep* still
still sitzen sit* still
─────────────────────────────────────

Stille f **1** (≈ Ruhe) peace **2** absolute: silence ['saɪləns] **3** in aller Stille (≈ heimlich) on the quiet ['kwaɪət]
stillen 1 breastfeed* ['brestfiːd] (Baby) **2** quench [kwentʃ] (Durst) **3** satisfy (Hunger, Neugier, Verlangen usw.)
stillhalten 1 wörtlich: keep* still **2** übertragen (≈ nicht reagieren) keep* quiet
Stillleben n still life pl: still lifes
stilllegen close down (Fabrik usw.)
Stilllegung f closure ['kləʊʒə], shutdown
stillsitzen sit* still
Stillstand m standstill; **zum Stillstand bringen** bring* to a halt, stop (auch Blutung), bring* to a standstill (Verkehr, Produktion usw.)
stillstehen 1 (≈ stehen bleiben) stop **2** (Verkehr usw.) be* at a standstill **3** die Zeit schien stillzustehen time seemed to be standing still
Stimmbänder pl vocal cords [,vəʊkl'kɔːdz]
Stimmbruch m: **er ist im Stimmbruch** his voice is breaking
★ **Stimme** f **1** allg.: voice **2** (≈ Wahlstimme) vote; **seine Stimme abgeben** cast* one's vote
★ **stimmen 1** (≈ richtig sein) be* right; **stimmt's?** is that right?; **stimmt!** that's right; **stimmt's, oder hab ich recht?** am I right or am I right? **2** (≈ wahr sein) be* true **3** hier **stimmt was nicht** there's something wrong [rɒŋ] here **4** das stimmt ja hinten und vorne **nicht!** umg it's completely up the creek, (≈ ist gelogen) it's a pack of lies **5** stimmt so! beim Bezahlen: keep the change **6** bei dir stimmt's

wohl nicht! umg have you gone completely mad? **7** (≈ wählen) vote (für for; **gegen** against); **mit Ja** (bzw. **Nein**) **stimmen** vote for (bzw. against) **8** tune (Instrument)
Stimmenmehrheit f: **die Stimmenmehrheit erzielen** gain a majority of votes
Stimmgabel f tuning fork
stimmhaft Konsonant: voiced [vɔɪst]
stimmlos Konsonant: voiceless
Stimmrecht n right to vote
★ **Stimmung** f **1** (≈ Atmosphäre) atmosphere ['ætməsfɪə], mood; **es herrschte eine gute Stimmung** it was a good atmosphere; **Stimmung machen** auf einer Feier: get* things going **2** (≈ Laune) mood; **in guter** (bzw. **schlechter**) **Stimmung** in a good (bzw. bad) mood; **ich bin nicht so in Stimmung** I'm not really in the mood (for it) **3** von Truppen usw.: morale [▲məˈrɑːl]
Stimmungskanone f: **sie ist eine richtige Stimmungskanone** she's always the life and soul of the party
Stimmzettel m ballot (paper)
Stinkbombe f stink bomb [▲bɒm]
★ **stinken 1** allg.: stink*, smell* (**nach** of); **das stinkt aber!** umg what a stink (Br auch pong) ! **2** mir stinkt's! salopp I'm pissed off with it; **was mir am meisten stinkt** umg what really gets up my nose **3** irgendwas stinkt an der **Sache** there's something fishy about it
stinkfaul umg bone-idle, bone-lazy
stinkig 1 (≈ übel riechend) smelly, stärker: stinking **2** umg. (≈ verärgert) pissed off
stinklangweilig umg dead boring, US totally boring
stinknormal umg dead ordinary ['ɔːdnrɪ], US totally ordinary
stinksauer umg fuming
Stinktier n skunk
Stinkwut f: **eine Stinkwut haben** umg be* really mad (**auf** at)
Stipendium n **1** allg.: grant [grɑːnt] **2** für Begabte: scholarship ['skɒləʃɪp]
★ **Stirn** f **1** forehead [▲'fɒrɪd, auch: 'fɔːhed] **2** **die Stirn über etwas runzeln** frown [fraʊn] at something
Stirnband n headband
stöbern rummage ['rʌmɪdʒ] around (**nach** for)
stochern 1 im Essen stochern pick at one's food **2** in den Zähnen stochern pick one's teeth **3** im Feuer stochern poke the fire
★ **Stock** m **1** stick; **er geht am Stock** he walks with a stick, übertragen (≈ ist am Ende) he's on

his last legs ❷ (≈ *Stockwerk*) floor, storey, *US* story; **im ersten** (*bzw.* **zweiten** *usw.*) **Stock** on the first (*bzw.* second *usw.*) floor, *US* on the <u>second</u> (*bzw.* third *usw.*) floor (*oder* story)
Stockbett *n* bunk bed
stockdunkel *umg* pitch dark
Stöckelschuhe *pl* high-heeled shoes
stocken ❶ (≈ *zögern*) hesitate ['hezɪteɪt] ❷ (≈ *innehalten*) stop short ❸ **der Verkehr stockte** there was congestion on the roads; **stockender Verkehr** stop-go traffic ❹ **mir stockte das Herz** my heart skipped a beat
Stockerl *n* Ⓐ (≈ *Hocker*) stool
Stockfisch *m* dried cod
stocksauer fuming, furious ['fjʊərɪəs]
★**Stockwerk** *n* → Stock 2
Stockzahn *m bes.* Ⓐ, Ⓒ molar ['məʊlə]
★**Stoff** *m* ❶ (≈ *Textilstoff*) material, fabric ['fæb-rɪk] ❷ *in der Schule*: subject ['sʌbdʒekt] matter, (≈ *Thema*) topic ❸ (≈ *Substanz*) substance ['sʌbstəns]
Stofftier *n* soft toy
Stoffwechsel *m* metabolism [mə'tæbəlɪzm]
stöhnen ❶ *allg*.: groan (**vor** with) ❷ *lustvoll*: moan ❸ (≈ *sich beklagen*) moan (*US* groan) (**über** about)
Stöhnen *n* ❶ *allg*.: groaning ❷ *vor Lust*: moaning ❸ *als Klage*: moaning, complaining
Stollen *m* ❶ *Bergbau*: tunnel ['tʌnl], gallery ['gælərɪ] ❷ *am Schuh*: stud ❸ *Gebäck*: stollen ['stɒlən], fruit loaf
stolpern ❶ trip; **über etwas stolpern** trip over something ❷ **über etwas stolpern** *übertragen* (≈ *etwas entdecken*) stumble across something
★**stolz** proud (**auf** of)
Stolz *m* ❶ *allg*.: pride ❷ **es ist ihr ganzer Stolz** it's her pride and joy
stopfen ❶ darn (*Strümpfe usw.*) ❷ fill, plug (*Loch, Lücke*) ❸ (≈ *hineinstopfen*) stuff (**in** into) ❹ **das stopft** (≈ *verstopft*) that gives you constipation ❺ **jemandem den Mund stopfen** *umg* shut* someone up
Stopp *m* ❶ (≈ *Anhalten*) stop ❷ (≈ *Pause*) stop ❸ (≈ *Verbot*) ban, freeze (**für** on) ❹ (≈ *Stoppball*) drop shot
Stoppelbart *m* stubbly beard [bɪəd]
★**stoppen** ❶ *allg*.: stop ❷ *mit der Stoppuhr*: time, do* the timing; **kannst du** (**für**) **mich stoppen?** could you time me?
Stopplicht *n am Auto*: brake light, *US* stoplight
Stoppschild *n* stop sign
Stopptaste *f* stop button
Stoppuhr *f* stopwatch
Stöpsel *m* ❶ *allg*.: stopper ❷ *im Waschbecken usw*.: plug ❸ (≈ *Stecker*) plug
Storch *m* stork
★**stören** ❶ *allg*.: disturb [dɪ'stɜːb], (≈ *ablenken*) distract, bother ['bɒðə]; **stört es dich, wenn ich fernsehe?** will it disturb (*oder* bother) you if I watch TV?; **das stört mich nicht** that doesn't bother me, I don't mind; (**bitte**) **nicht stören!** *auf Schild*: (please) do not disturb ❷ (≈ *unterbrechen*) interrupt; **darf ich kurz stören?** can I interrupt (*oder* can I bother you) for a minute? ❸ disrupt (*den Unterricht usw.*) ❹ spoil* (*den Effekt usw.*) ❺ **was stört dich daran?** what don't you like about it?
Störenfried *m* troublemaker
Störfall *m* ❶ *technischer*: fault [fɔːlt] ❷ (≈ *Zwischenfall*) incident ['ɪnsɪdənt]
stornieren cancel ['kænsl]
Storno *m/n* cancellation
★**Störung** *f* ❶ (≈ *Ruhestörung usw.*) disturbance [dɪ'stɜːbəns] ❷ (≈ *Unterbrechung*) interruption; **entschuldigen Sie die Störung!** (I'm) sorry to bother ['bɒðə] you ❸ *des Unterrichts usw.*: disruption ❹ *im Radio usw.*: interference [ˌɪntə'fɪərəns] ❺ *in Gerät usw.*: (≈ *Fehler*) fault [fɔːlt]
Stoß *m* ❶ (≈ *Schubser*) push ❷ *in die Rippen*: dig ❸ (≈ *Stich*) stab ❹ (≈ *Stapel*) pile, (≈ *größere Menge*) *auch*: stack
Stoßdämpfer *m* shock absorber
★**stoßen** ❶ *allg*.: push ❷ **jemanden in die Rippen stoßen** dig* someone in the ribs ❸ **gegen etwas stoßen** bump into something ❹ **sich stoßen** knock (▲ nɒk) oneself; **er hat sich am Kopf gestoßen** he knocked (*oder* bumped) <u>his</u> head ❺ **stoßen auf** *zufällig*: come* across
Stoßspachtel *m* scraper
Stoßstange *f* bumper
Stoßverkehr *m* rush-hour traffic
Stoßzahn *m von Elefant usw*.: tusk
Stoßzeit *f* ❶ *allg*.: peak period ['pɪərɪəd] (*oder* hours *pl*) ❷ *Verkehr*: rush hour
stottern ❶ stutter, stammer ❷ **sie stottert** *immer*: she's got a stutter
Stövchen *n zum Warmhalten*: warmer
Strafarbeit *f* ❶ extra work ❷ *als Hausaufgabe*: extra homework (▲ *ohne* a *und nur im sg*)
Strafbank *f* ❶ *Fußball usw.*: penalty ['penltɪ] bench ❷ *Eishockey*: penalty box ❸ **er muss zwei Minuten auf die Strafbank** he's been sent off for two minutes
strafbar ❶ **strafbare Handlung** (criminal *oder*

punishable) offence [ə'fens] **2** **sich strafbar machen** commit an offence

★**Strafe** f **1** allg.: punishment; **zur Strafe** as a punishment **2** **das ist die Strafe dafür** that's what you get **3** **Strafe muss sein!** there's nothing like a bit of discipline ['dɪsəplɪn] **4** **das ist für mich eine Strafe** übertragen it's a real pain **5** (≈ Geldstrafe) fine; **Strafe zahlen** pay* a fine **6** Sport: penalty ['penltɪ]

strafen **1** punish **2** **mit dieser Klasse ist sie wirklich gestraft** she couldn't have picked a worse class

Strafentlassene(r) m/f(m) ex-convict [ˌeks'kɒnvɪkt], ex-prisoner [ˌeks'prɪznə]

straff **1** allg.: (≈ gespannt) tight **2** Seil, Muskel: taut [tɔːt] **3** Haut: firm, taut **4** Disziplin, Kontrolle usw.: tight

straffällig: **straffällig werden** commit an offence [ə'fens]

straffen **1** tighten, pull tight (Seil usw.) **2** streamline (Organisation usw.) **3** **sich die Gesichtshaut straffen lassen** have* a facelift

Strafgefangene(r) m/f(m) prisoner ['prɪznə]

sträflich: **sträflich vernachlässigt werden** be* badly neglected

Sträfling m prisoner ['prɪznə], convict ['kɒnvɪkt]

Strafminute f: **er erhielt zwei Strafminuten** he was sent off for two minutes

Strafpredigt f: **jemandem eine Strafpredigt halten** give* someone a lecture

Strafprozess m trial, criminal case

Strafpunkt m Sport: penalty ['penltɪ] point

Strafraum m Sport: penalty ['penltɪ] area

Strafrecht n criminal law

Strafstoß m Fußball: penalty ['penltɪ] kick

Straftat f (criminal) offence [ə'fens]

Straftäter(in) m(f) offender

Strafverfahren n criminal proceedings (▲ pl)

Strafzettel m ticket ['tɪkɪt]

Strahl m **1** (≈ Lichtstrahl) beam **2** (≈ Sonnenstrahl) ray **3** von Flüssigkeit oder Gas: jet **4** **kosmische Strahlen** cosmic rays (oder radiation ▲ sg)

Strahlemann m umg smiley ['smaɪlɪ]

strahlen **1** (≈ glänzen) gleam **2** (Person) beam; **er strahlte übers ganze Gesicht** he was beaming from ear to ear **3** (Uran usw.) be* radioactive **4** **strahlender Sonnenschein** bright sunshine **5** **strahlendes Wetter** glorious weather **6** **strahlend weiße Zähne** pearly ['pɜːlɪ] white teeth

Strahlenbelastung f **1** als Messgröße: radiation level **2** als Vorgang: exposure to radiation **3** **die natürliche Strahlenbelastung** natural (background) radiation (▲ ohne the)

Strahlensatz m Mathematik: intercept theorem

Strahlenschutz m radiation protection

strahlenverseucht contaminated (with radiation)

Strahler m Lampe: spotlight, am Fahrrad: reflector

Strahlung f radiation

Strähne f **1** (≈ Haarsträhne) strand (of hair) **2** **blonde Strähne** blond streak [striːk] **3** **sich Strähnen ins Haar machen lassen** have* highlights put in(to one's hair)

stramm **1** Figur, Beine usw.: sturdy **2** Disziplin usw.: strict **3** **stramm sitzen** Kleidung: fit tightly

Strampelhose f rompers (▲ pl), stretchsuit ['stretʃsuːt]

strampeln **1** (Baby) kick its legs, auf dem Schoß: jump up and down **2** mit dem Fahrrad: pedal ['pedl]

★**Strand** m beach; **am Strand** on the beach

Strandcafé n seaside café ['kæfeɪ]

stranden (Schiff) run* aground

Strandmatte f beach mat

Strandurlaub m beach holiday, US beach vacation

Strapaze f strain; **Strapazen** strain (▲ sg)

strapazieren **1** strain (Augen, Nerven usw.); **du strapazierst allmählich meine Geduld** you're testing my patience to the limit **2** be* hard on (Haare, Haut usw.) **3** **der Tisch ist arg strapaziert worden** that table has had some rough [rʌf] treatment

strapazierfähig **1** allg.: tough [tʌf] **2** Kleidung: hardwearing [ˌhɑːd'weərɪŋ]

strapaziert **1** Haar, Haut: mistreated (▲ nur vor dem Subst.) **2** Nerven, Beziehung usw.: strained **3** Kleidung, Teppich usw.: worn **4** **er ist ganz schön strapaziert** he's pretty worn out

Straps m suspender belt, US garter belt

★**Straße¹** f **1** mit Betonung auf dem Verkehr: road **2** mit Bürgersteig und Gebäuden, Betonung auf dem Straßenleben: street **3** **jemanden auf die Straße setzen** throw* someone out onto the street **4** **auf offener Straße** in broad daylight

Straße² f (≈ Meerenge) strait, straits pl; **die Straße von Dover** the Straits of Dover

Straßenarbeiten pl roadworks, US road construction (▲ sg) (oder repairs)

Straßenarbeiter(in) m(f) roadworker

★**Straßenbahn** f tram, US streetcar

Straßencafé n pavement café ['kæfeɪ], US sidewalk café

Straßenecke f **1** street corner **2 wir wohnen drei Straßenecken weiter** we live three blocks further up

Straßenfeger(in) m(f) street cleaner

Straßenfest n street party

Straßengraben m (roadside) ditch

Straßenkarte f road map

Straßenkehrer(in) m(f) street cleaner

Straßenlaterne f streetlight

Straßenrand m: **am Straßenrand** at the roadside, on the kerb, US on the curb

Straßenräuber(in) m(f) mugger

Straßenschlacht f street riot

Straßensperre f road block

Straßenverhältnisse pl road conditions

Straßenverkauf m Br takeaway sales (▲pl), US takeout sales (▲pl)

Straßenverkehrsordnung f traffic regulations (▲pl)

Strategie f strategy ['strætədʒɪ]

strategisch strategic [strə'tiːdʒɪk]

sträuben 1 sich sträuben (≈ sich widersetzen) resist [rɪ'zɪst]; **sich sträuben gegen** resist, fight* (against) **2 sich sträuben, etwas zu tun** refuse to do something **3 sich sträuben** (Haare, Fell usw.) stand* on end

Strauch m shrub, bush [bʊʃ]

★**Strauß**[1] m Blumen: bunch of flowers

Strauß[2] m Vogel: ostrich ['ɒstrɪtʃ]

strawanzen bes. Ⓐ hang* around, bum around

streben: **streben nach** strive* for

Streber(in) m(f) swot, US grind [graɪnd]

strebsam hardworking, ambitious

★**Strecke** f **1** (≈ Route) route [ruːt]; **die Strecke Brüssel-Paris** the Brussels-Paris route **2** (≈ Entfernung) distance ['dɪstəns]; **es ist noch eine ganze Strecke** it's still quite a way (oder distance) **3** (≈ Abschnitt von Straße, Fluss) stretch **4** einer Bahnlinie: section; **auf freier Strecke stehen bleiben** stop between stations **5** Geometrie: line (between two points) **6 auf der Strecke bleiben** übertragen come* to grief, Br auch come* a cropper

strecken 1 allg.: stretch **2 er streckte die Beine** he stretched his legs **3 sich strecken** stretch, have* a stretch

streckenweise 1 (≈ teilweise) in parts **2** (≈ zeitweise) at times

Streckung f Mathematik: scaling

Streetworker(in) m(f) community worker

Streich m **1** trick, practical joke; **sie spielten ihr einen Streich** they played a trick on her **2 das Wetter spielte uns einen Streich** übertragen the weather let us down **3 auf einen Streich** in one go

Streicheleinheit f stroke, (≈ Lob) pat on the back; **jeder braucht seine Streicheleinheiten** everyone needs a little stroke (bzw. a pat on the back) once in a while

streicheln stroke; **sie streichelte ihm über den Kopf** she stroked his head

★**streichen 1** mit Farbe: paint; → **gestrichen 2** spread* (Butter usw.) **3 die Salbe auf die Wunde streichen** rub the ointment gently into the wound [wuːnd] **4 er strich sich die Haare aus der Stirn** he brushed his hair out of his face **5** (≈ ausstreichen) cross out; **von der Liste streichen** cross off the list **6** cut* (Gelder usw.) **7** cancel ['kænsl] (Flug, Programm usw.)

Streicher pl: **die Streicher** im Orchester: the strings

★**Streichholz** n match

Streichholzschachtel f matchbox

Streichinstrument n string(ed) instrument ['ɪnstrəmənt]

Streichmaß n scratch gauge ['skrætʃ ˌgeɪdʒ]

Streifen 1 allg.: stripe **2** (≈ schmales Stück) strip **3 weißer Streifen** white line

streifen 1 (≈ leicht berühren) brush against **2** mit dem Auto: scrape (Mauer usw.) **3** touch (Person) **4 die Kugel hat sie am Kopf gestreift** the bullet ['bʊlɪt] grazed her head **5** touch on (Thema)

Streifendienst m patrol [pə'trəʊl] duty

Streifenwagen m patrol [pə'trəʊl] car, Br umg auch panda car

★**Streik** m strike; **wilder Streik** wildcat strike, unofficial strike; **zum Streik aufrufen** call a strike; **in (den) Streik treten** go* on strike

Streikbrecher(in) m(f) strikebreaker ['straɪkˌbreɪkə]

★**streiken 1** strike (▲die Vergangenheitsform *struck* ist hier nicht gebräuchlich, stattdessen weicht man auf Umschreibungen wie *they went on strike* aus), go* on strike (**über** over), (≈ sich im Streik befinden auch) be* on strike **2 der CD-Spieler streikt mal wieder** umg the CD player has gone wrong again **3 ich streike!** umg I'm going on strike!

Streikkasse f strike fund

Streikposten m picket ['pɪkɪt]

★**Streit** m **1** allg.: argument ['ɑːgjʊmənt] (**um, wegen** about, over); **ich hab mit meinem Vater Streit** umg I'm having a row [raʊ] with my dad **2** *heftiger, auch handgreiflich*: fight **3** **suchst du Streit?** are you looking for trouble?

★**streiten** **1** streiten, sich streiten argue ['ɑːgjuː] (**über, wegen** about, over) **2** **sich um etwas streiten** fight* for (*oder* over) something **3** **die zwei streiten sich andauernd** those two are always arguing (*oder* fighting) **4** **hört auf zu streiten!** stop arguing!

Streitigkeiten *pl* quarrelling ['kwɒrəlɪŋ] (▲*nur im sg*)

streitsüchtig **1** aggressive [ə'gresɪv] **2** **sie ist sehr streitsüchtig** she's always looking for trouble

★**streng** **1** *Eltern, Lehrer, Regeln, Disziplin usw.*: strict **2** *Blick, Aussehen, Haarschnitt usw.*: severe [sɪ'vɪə] **3** *Winter*: severe, harsh **4** **er bekam eine strenge Strafe** he was severely punished **5** **strenge Worte** harsh words **6** **streng(stens) verboten** strictly forbidden **7** **streng geheim** top secret ['siːkrət] **8** **streng genommen** strictly speaking

strenggläubig (very) orthodox ['ɔːθədɒks]; **ein strenggläubiger Muslim** a strict (*oder* orthodox) Muslim ['mʊzlɪm]

★**Stress** *m* **1** stress **2** **es ist ein furchtbarer Stress** it's really stressful **3** **sie ist schwer im Stress** she's under real pressure ['preʃə]

stressen: **die Schule stresst mich zurzeit** school is stressing me out (*oder* is getting to me) at the moment

stressig stressful ['stresfl]

streuen **1** *allg.*: scatter **2** sprinkle (*Zucker, Salz usw.*) **3** (≈ *die Straßen streuen*) sand (*Br auch* grit) the roads, *mit Salz*: put* salt down on the roads

Streufahrzeug *n* gritter lorry, *US* salt truck

★**Strich** *m* **1** (≈ *Linie*) line **2** *auf einer Waage usw.*: mark **3** **er macht keinen Strich** *umg* he doesn't lift a finger **4** **das geht mir gegen den Strich** it goes against the grain (for me) **5** **nach Strich und Faden** *umg* thoroughly **6** **unter dem Strich** *übertragen* all in all **7** **auf den Strich gehen** *umg* be* on the game, *US* hustle [hʌsl]

Strichcode *m* bar code, barcode

Strichmännchen *n* stick figure ['stɪk,fɪɡə]

Strichpunkt *m* semicolon [,semɪ'kəʊlən]

Strick *m* **1** rope; **wir brauchen einen Strick** we need some rope (*oder* a piece of rope) **2** *dünner*: cord **3** **wenn alle Stricke reißen** if the worst comes to the worst

★**stricken** knit [▲nɪt]

Strickjacke *f* cardigan ['kɑːdɪɡən]

Strickleiter *f* rope ladder

Stricknadel *f* knitting [▲'nɪtɪŋ] needle

Strickzeug *n* knitting [▲'nɪtɪŋ] things (▲*pl*)

Striemen *m auf der Haut*: weal [wiːl], welt

strikt **1** *allg.*: strict **2** **die Regeln** *usw.* **strikt befolgen** stick* closely to the rules *usw.*

String *m*, **Stringtanga** *m* G-string, thong

Strippe *f* **1** (≈ *Kabel*) cord **2** (≈ *Schnur*) (piece of) string **3** **er hängt dauernd an der Strippe** *umg* he's never off the phone

strippen strip, do* a strip

Stripper(in) *m(f)* stripper

Striptease *m/n* striptease

Stripteaselokal *n umg* strip club

Stroh *n* **1** straw **2** **er hat nur Stroh im Kopf** *umg* he's got sawdust between his ears

strohblond *Haar*: straw-coloured

Strohdach *n* thatched roof

strohdumm *umg* as thick as two short planks, *US* as dumb [▲dʌm] as a box of rocks

Strohhalm *m* straw

Strohhut *m* straw hat

Strolch *m* (≈ *Schlingel*) rascal ['rɑːskl]

Strolchenfahrt *f* ⊛ *mit gestohlenem Auto usw.*: joyride

★**Strom**¹ *m* **1** (≈ *Elektrizität*) electricity [ɪ,lek'trɪsəti] **2** **es steht unter Strom** it's live [laɪv]

★**Strom**² *m* **1** (≈ *Fluss*) river (▲*engl.* stream = Bach) **2** (≈ *Strömung*) current ['kʌrənt] **3** **ein endloser Strom von Touristen** *usw.* an endless stream of tourists *usw.* **4** **es gießt in Strömen** it's pouring ['pɔːrɪŋ] (with rain) **5** **mit dem** (*bzw.* **gegen den**) **Strom schwimmen** *übertragen* swim* with (*bzw.* against) the tide [taɪd]

Stromausfall *m* power cut, blackout

strömen **1** (*Flüssigkeit, Blut, Tränen, Gas usw.*) stream, pour [pɔː] (**aus** out of, from); **das Blut strömte ihr übers Gesicht** the blood was streaming down her face **2** **die Leute strömten ins** (*bzw.* **aus dem**) **Stadion** people were streaming (*oder* pouring) into (*bzw.* out of) the stadium

strömend: **strömender Regen** pouring rain

Stromkabel *n* electric cable

Stromkreis *m* (electrical) circuit ['sɜːkɪt]

stromlinienförmig streamlined

Stromschlag *m* electric shock

Strömung *f* **1** *im Wasser, in der Luft*: current ['kʌrənt] **2** *politische usw.*: movement

Stromverbrauch *m* power consumption

Stromversorgung *f* power supply [sə'plaɪ]

Strophe f verse [vɜːs]
strotzen ◼ sein Aufsatz usw. **strotzt vor Fehlern** his essay usw. is full of mistakes ◼ **du strotzt ja vor Dreck!** you're covered in muck!
strubbelig Haar, Fell: tousled ['taʊzld]
Strudel m ◼ in Fluss usw.: whirlpool, größerer: maelstrom [▲ 'meɪlstrɒm] ◼ Gebäck: strudel ['struːdl]
★**Struktur** f structure ['strʌktʃə], von Stoff usw.: texture, (≈ Webart) weave
★**Strumpf** m ◼ (≈ Socke) sock; **sie läuft in Strümpfen herum** she walks around in socks ◼ (≈ Damenstrumpf) stocking
Strumpfhose f tights (▲ pl), US pantyhose (▲ pl); **eine Strumpfhose** a pair of tights, US a pair of pantyhose
Stube f (≈ Wohnzimmer) living room
Stubenhocker(in) m(f) stay-at-home ['steɪ‿ət‑ˌhəʊm]
stubenrein Hund usw.: house-trained
★**Stück**[1] n ◼ allg.: piece; **ein Stück Käse** a piece of cheese; **zwei Stück Kuchen** two pieces of cake ◼ **ein Stück Zucker** a lump of sugar ◼ **ein Stück Seife** a bar of soap ◼ **ich nehme zehn Stück** I'll have ten (of them); **sie kosten 5 Euro das Stück** they're 5 euros each ◼ in einer Sammlung: piece; **ein seltenes Stück** a rare specimen ['spesəmɪn] ◼ (≈ Teil) part, eines Textes auch: passage ['pæsɪdʒ] ◼ **in Stücke schlagen** smash to pieces ◼ **ein ganzes Stück größer** usw. quite a bit bigger usw. ◼ **er hält große Stücke auf seinen Bruder** he thinks the world of his brother
★**Stück**[2] n ◼ (≈ Theaterstück) (stage) play ◼ (≈ Musikstück) piece; **ein Stück von Mozart** a piece by Mozart
Stückchen n ◼ little piece (oder bit) ◼ **ich begleite dich ein Stückchen** I'll walk part of the way with you
★**Student** m student ['stjuːdnt]
Studentenfutter n nuts and raisins ['reɪznz] pl
Studentenheim n ◼ allg.: student(s') hostel ['hɒstl] ◼ auf dem Universitätsgelände: hall of residence ['rezɪdəns], US meist dormitory ['dɔːmətrɪ]
★**Studentin** f (female) student ['stjuːdnt]
Studienabschluss m degree [dɪ'griː]
Studienfach n subject ['sʌbdʒekt]
Studienfahrt f study trip
Studiengebühren pl tuition fees [tjuː'ɪʃnfiːz]
Studienplatz m place at university, US admission (as a student in college usw.)
Studienrat m, **Studienrätin** f etwa: secondary school teacher, US meist high school teacher
★**studieren** ◼ (≈ an der Uni usw. sein) study; **sie studiert an der Uni Köln** she's (studying) at Cologne University ◼ study (Fach, Thema usw., auch Fahrplan usw.)
★**Studio** n studio ['stjuːdɪəʊ]
★**Studium** n ◼ allg.: studies (▲ pl) ◼ **während seines Studiums** Gegenwart: while he's studying, Vergangenheit: while he was studying (oder a student) ◼ **er hat sein Studium der Biologie im vorigen Jahr abgeschlossen** he finished (oder got) his degree in biology last year ◼ **was macht dein Studium?** how are you getting on at university bzw. college?, US how are you getting along in college ◼ **das Studium der Pflanzen** usw. the study of plants usw.
★**Stufe** f ◼ einer Treppe: step ◼ (≈ Ebene im Gelände usw.) level ◼ (≈ Niveau) level ◼ einer Entwicklung: stage ◼ (≈ Schritt) step; **die nächste Stufe** the next step
stufenlos: **stufenlos verstellbar** infinitely variable [ˌɪnfɪnətlɪ'veərɪəbl]
stufenweise step by step
★**Stuhl**[1] m ◼ chair (▲ engl. stool = **Hocker**) ◼ **der elektrische Stuhl** the electric chair ◼ **mich hat's fast vom Stuhl gehauen** umg I nearly fell over backwards ◼ **es hat uns nicht gerade vom Stuhl gerissen** it wasn't exactly scintillating ['sɪntɪleɪtɪŋ]
Stuhl[2] m (≈ Kot) stool, stools pl (▲ meist wird die Pluralform verwendet)
Stuhlgang m bowel ['baʊəl] movement; **Stuhlgang haben** have* a bowel movement
Stulle f piece of bread and butter (oder cheese usw.), sandwich [▲ 'sænwɪdʒ]
★**stumm** ◼ (≈ unfähig zu sprechen) dumb [▲ dʌm] ◼ **sie blieb stumm** she remained silent ['saɪlənt] ◼ **stumm dasitzen** sit* in silence ['saɪləns]
Stumme(r) m/f(m) mute [mjuːt]
Stummel m ◼ von Zigarette, Bleistift: stub ◼ von Zahn: stump
Stummfilm m silent ['saɪlənt] movie
Stümper(in) m(f) bungler ['bʌŋglə]
★**stumpf** Bleistift, Messer usw.: blunt
Stumpfsinn m: **das ist der reinste Stumpfsinn** Arbeit: it's completely mindless ['maɪndləs] work
stumpfsinnig dull, mindless ['maɪndləs]
★**Stunde** f ◼ (≈ 60 Minuten) hour [▲ aʊə]; **eine halbe Stunde** half an hour (▲ Wortstellung); **wir verdienen 15 Euro die Stunde** we earn

[ɜːn] 15 euros an hour ❷ (≈ *Unterrichtsstunde*) lesson; **was habt ihr in der ersten Stunde?** what's your first lesson? ❸ **die Stunde der Wahrheit ist gekommen** the moment of truth has come

stunden jemandem etwas stunden give* someone time to pay something

Stundenkilometer *pl*: **80 Stundenkilometer** 80 kilometres an hour, *umg* 80 k [keɪ]

★**stundenlang: sie sitzt stundenlang am Computer** she sits in front of the computer for hours (on end)

Stundenlohn *m* hourly wage

★**Stundenplan** *m* timetable, *US* schedule ['skedʒuːl]; **ein voller Stundenplan** a heavy timetable; **wie sieht dein Stundenplan aus?** what's your timetable like?

Stundenzeiger *m* hour hand

stündlich: der Bus fährt stündlich the bus runs every hour

Stunk *m*: **Stunk machen** kick up a row [▲raʊ] (*oder* stink); **es gab großen Stunk** there was a big row [raʊ] (*oder* a real stink)

Stups *m* nudge

stupsen nudge

Stupsnase *f* snub nose

stur ❶ stubborn ['stʌbən], *stärker*: pigheaded [ˌpɪgˈhedɪd] ❷ **das ist ein sturer Bock** he's so pigheaded

Sturheit *f* stubbornness ['stʌbənnəs]

★**Sturm** *m* ❶ (≈ *starker Wind*) gale, gale-force wind; **starker Sturm** heavy gale ❷ **ein Sturm der Begeisterung** a wave of enthusiasm [ɪnˈθjuːziæzm] ❸ **ein Sturm des Protests** a storm of protest ['prəʊtest]

★**stürmen** ❶ **die Bühne stürmen** storm the stage ❷ **die Geschäfte stürmen** invade the shops (*US* stores) ❸ storm (*eine Stellung usw*.) ❹ *Sport*: attack

Stürmer(in) *m(f) Fußball usw*.: striker, forward

sturmfrei: heute Abend hab ich sturmfreie Bude I've got the place to myself tonight

stürmisch ❶ *Wetter, Überfahrt*: stormy ❷ **ein stürmischer Liebhaber** a passionate ['pæʃnət] lover

Sturmschaden *m* storm damage ['dæmɪdʒ]

★**Sturz** *m* ❶ *allg*.: fall ❷ *eines Politikers usw*.: downfall, *gewaltsamer*: overthrow ❸ **der Sturz des Dollars** the collapse [kəˈlæps] of the dollar

★**stürzen** ❶ *allg*.: fall* [fɔːl]; **er ist schwer gestürzt** he had a bad fall ❷ **das Flugzeug ist ins Meer gestürzt** the aircraft crashed into the sea ❸ **er kam ins Zimmer gestürzt** he burst into the room ❹ **sich aufs Essen stürzen** attack the food ❺ **sie stürzte sich in die Arbeit** she threw herself into the (*oder* her) work

Sturzhelm *m* crash helmet

Stuss *m umg* rubbish, *US* bull; **so ein Stuss!** what a load of rubbish (*US* bull)!

Stute *f* mare

Stutz *m* ⓈⒽ (≈ *steiler Hang*) steep slope

Stütze *f* ❶ *allg*.: support ❷ *umg* (≈ *Arbeitslosengeld*) dole money, *US* welfare; **er lebt von der Stütze** he's on the dole

stutzen ❶ (≈ *zögern*) hesitate ['hezɪteɪt] ❷ *vor Schreck usw*.: stop short ❸ (≈ *zweimal hingucken*) do* a double take

★**stützen** ❶ *allg*.: support ❷ **er stützte die Arme auf den Tisch** he rested his arms on the table ❸ **sie stützte sich auf ihren Stock** she leaned on her stick ❹ **sich auf etwas stützen** *Verdacht, Theorie usw*: be* based on something

stutzig: ich wurde ganz stutzig I couldn't figure it out [ˌfɪgərˈɪtˈaʊt]

Stützpunkt *m militärisch usw*.: base (*auch übertragen*)

Styling *n* styling

Styropor® *n* polystyrene [ˌpɒlɪˈstaɪriːn], *US* styrofoam® ['staɪrəfəʊm]

Subjekt *n* subject ['sʌbdʒekt]

subjektiv subjective [səbˈdʒektɪv]

Substantiv *n* noun

Substanz *f* ❶ *allg*.: substance ['sʌbstəns] ❷ **es geht allmählich an die Substanz** it's beginning to get to me (him, her, us *usw*.)

subtrahieren *Mathematik*: subtract [səbˈtrækt]

Subtraktion *f Mathematik*: subtraction [səbˈtrækʃn]

subtropisch subtropical [ˌsʌbˈtrɒpɪkl]

Subvention *f* subsidy

subventionieren subsidize ['sʌbsɪdaɪz]

Suchaktion *f* search [sɜːtʃ]; **eine Suchaktion durchführen** carry out (*oder* conduct) a search

★**Suche** *f* search [sɜːtʃ] (**nach** for); **auf der Suche nach etwas sein** be* in search of something, be* looking for something; **sich auf die Suche nach etwas machen** start looking for something

★**suchen** ❶ *auch*: **suchen nach** look for ❷ **er sucht Streit** he's looking for trouble ❸ **du wirst gesucht** you're wanted ❹ **da kannst du lange suchen** you won't find it (in) there ❺ **was hast du hier zu suchen?** what are you after?; **du hast hier nichts zu suchen** you've got no business [ˈbɪznəs] being here ❻ **suche und ersetze** *Computer*: find and replace

Sucher *m einer Kamera*: viewfinder
Suchlauf *m Video usw.*: search (function)
Suchmaschine *f Internet*: search engine ['sɜːtʃˌendʒɪn]
Sucht *f* **1** addiction (**nach** to) **2 es wird bei ihr zur Sucht** *übertragen* it's becoming an obsession [əbˈseʃn] with her
süchtig addicted [əˈdɪktɪd]; **nach etwas süchtig werden** become* addicted to something, *umg* get* hooked on something; **das macht süchtig** it's addictive (*auch übertragen*)
Süchtige(r) *m/f(m)* addict ['ædɪkt]
Suchtmittel *n* addictive substance ['sʌbstəns]
★**Süd** *m* **1** south; **aus Süd** from the south; **München Süd** South Munich **2 nach Süd** south, southwards ['saʊθwədz]
Südafrika *n* **1** *die Republik*: South Africa **2** *das Gebiet*: southern [⚠ 'sʌðn] Africa
Südafrikaner *m* South African; **er ist Südafrikaner** he's South African
Südafrikanerin *f* South African woman (*oder* lady *bzw.* girl); **sie ist Südafrikanerin** she's South African
südafrikanisch South African
Südamerika *n* South America
südamerikanisch South American
süddeutsch, Süddeutsche(r) *m/f(m)* South German
Süddeutschland *n* South (*oder* Southern [⚠ 'sʌðn]) Germany
★**Süden** *m* **1** *Himmelsrichtung*: south; **von Süden** from the south **2** *Landesteil*: South **3 nach Süden** south, southwards ['saʊθwədz], *Verkehr usw.*: southbound
Südeuropa *n* South (*oder* Southern [⚠ 'sʌðn]) Europe ['jʊərəp]
Südeuropäer(in) *m/f* South (*oder* Southern [⚠ 'sʌðn]) European
südeuropäisch South (*oder* Southern [⚠ 'sʌðn]) European
Südkorea *n* South Korea [kəˈrɪə]
Südküste *f* south coast
★**südlich** **1** *allg.*: southern [⚠ 'sʌðn] (⚠ *nur vor dem Subst.*) **2** *Wind, Richtung*: southerly [⚠ 'sʌðəlɪ] **3 in südlicher Richtung** south, southwards ['saʊθwədz], *Verkehr usw.*: southbound **4 südlich von** (to the) south of **5 weiter südlich** further (to the) south
südlichste(r, -s): **der südlichste Punkt Europas** Europe's southernmost ['sʌðnməʊst] point
Sudoku *n* sudoku
Südost *m* southeast
Südostasien *n* Southeast Asia
Südosten *m* southeast
südöstlich southeast (**von** of)
Südpol *m* South Pole [ˌsaʊθˈpəʊl]
Südsee *f* South Pacific [pəˈsɪfɪk]
Südstaaten *pl*: **die Südstaaten** *der USA*: the Southern [⚠ 'sʌðn] States, the South (*sg*)
Südtirol *n* South Tyrol [tɪˈrəʊl]
Südtiroler(in) *m(f)* man (*bzw.* woman *oder* lady *bzw.* girl) from South Tyrol [tɪˈrəʊl], South Tyrolean [ˌtɪrəˈliːən]; **sie ist Südtirolerin** she's from South Tyrol
südwärts south, southwards ['saʊθwədz]
Südwest *m*, **Südwesten** *m* southwest
südwestlich southwest (**von** of)
Südwind *m* south wind, southerly ['sʌðəlɪ] wind
Suff *m umg* **1** boozing **2 er hat es im Suff gesagt** he was drunk when he said it
Sülze *f* **1** jellied ['dʒelɪd] meat **2** (≈ *Aspik*) meat in aspic ['æspɪk]
Sümmchen *n*: **ein hübsches Sümmchen** *umg* a tidy little sum
★**Summe** *f* **1** *beim Rechnen*: sum, (≈ *Gesamtsumme*) *auch*: total ['təʊtl] **2** (≈ *Betrag*) amount
summen **1** (*Person*) hum; **er summte vor sich hin** he was humming (away) to himself **2** (*Insekt*) buzz **3** (*Gerät usw.*) hum
summieren: **es summiert sich** it all adds up
Sumpf *m* **1** *allg.*: marsh **2** *subtropischer*: swamp [swɒmp]
sumpfig **1** *allg.*: marshy **2** *weitläufiger*: swampy ['swɒmpɪ]
★**Sünde** *f* **1** sin; **eine schwere Sünde** a serious ['sɪərɪəs] sin **2 das ist doch keine Sünde** *übertragen* it's no crime
Sündenbock *m* scapegoat ['skeɪpgəʊt]; **sie wurde zum Sündenbock gemacht** she was used as a scapegoat
Sünder(in) *m(f)* sinner
sündhaft **1** sinful, wicked [⚠ 'wɪkɪd] **2 sündhaft teuer** incredibly expensive
sündigen **1** *allg.*: sin (**gegen** against) **2** *humorvoll* (≈ *zu viel essen usw.*) indulge, *umg* sin
★**super** *umg* great, fantastic, *Br auch* ace, *US auch* cool
Super *n Benzin*: four-star, *US* premium
Superding *n*: **es ist ein Superding** *umg* it's really amazing
Superlativ *m* superlative [suːˈpɜːlətɪv]
superleicht *umg* (≈ *sehr einfach*) dead easy
Supermacht *f* superpower
Supermann *m umg* superman; **ich bin doch kein Supermann** I'm not Superman (⚠ *ohne* a)

★**Supermarkt** m supermarket ['su:pə,mɑ:kɪt]; **er kauft gerade im Supermarkt ein** he's shopping at the supermarket
superschnell umg incredibly fast
★**Suppe** f **1** allg.: soup **2** (≈ dicker Nebel) umg peasouper [,pi:'su:pə], US peasoup **3** **da hast du dir eine schöne Suppe eingebrockt** you've got yourself into a nice little mess there **4** **du musst jetzt die Suppe auslöffeln** you'll have to face the music **5** **er hat mir die Suppe versalzen** he's spoilt things for me
Suppenkelle f soup ladle ['leɪdl]
Suppenlöffel m soup spoon
Suppenschüssel f soup bowl
Suppenteller m soup plate
Surfbrett n surfboard
surfen **1** mit Segel: go* windsurfing **2** ohne Segel: go* surfing **3** **im Internet surfen** surf the Internet
Surfer(in) m(f) surfer (auch im Internet)
surren **1** (Insekt) buzz [bʌz] **2** (Kamera, Motor) whirr, US whir, leiser hum
suspekt **1** meist von Dingen: suspect ['sʌspekt]; **das ist mir etwas suspekt** it seems a bit suspect to me **2** **er kam mir etwas suspekt vor** he seemed a bit suspicious [sə'spɪʃəs] to me
suspendieren suspend [sə'spend]
★**süß** **1** allg. sweet **2** übertragen; Baby, Kleid usw.: sweet, US auch cute [kju:t]; **oh wie süß!** oh, isn't it sweet! **3** **ich esse gern süße Sachen** I've got a sweet tooth **4** **ein süßes Lächeln** im negativen Sinn a sugary smile **5** **träum süß!** sweet dreams!
Süße(r) m/f(m) umg sweetie(-pie)
süßen sweeten, put* sugar (oder sweetener ['swi:tnə]) in
Süßigkeiten pl sweets, US candy (meist sg)
Süßkartoffel f sweet potato
süßlich **1** sweet, (≈ unangenehm süß) sickly (sweet) **2** (≈ kitschig) sickly (sweet) **3** Lächeln usw.: sugary ['ʃʊgərɪ]
süßsauer **1** Gericht: sweet-and-sour **2** **süßsaure Gurken** pickled cucumbers ['kju:kʌmbəz], US meist sweet pickles **3** **süßsaures Lächeln** forced smile
Süßspeise f dessert [⚠dɪ'zɜ:t], sweet
Süßstoff m sweetener ['swi:tnə]
Süßwasser n fresh (oder sweet) water
SV f abk (abk für Schülervertretung) **1** (≈ das Vertreten) pupils' (oder US student) representation **2** (≈ Gremium) pupils' (oder US student) representative committee

Sweatshirt n sweatshirt ['swetʃɜ:t]
Swimmingpool m (swimming) pool; **am Swimmingpool** by the pool
★**Symbol** n symbol ['sɪmbl] (**für** of)
symbolisch symbolic [sɪm'bɒlɪk] (**für** of)
Symbolleiste f Computer: toolbar
Symmetrie f symmetry ['sɪmətrɪ]
symmetrisch symmetrical [sɪ'metrɪkl]
★**sympathisch** **1** pleasant ['pleznt], nice **2** **er ist mir sehr sympathisch** I really like him, I think he's really nice; **er ist mir überhaupt nicht sympathisch** I just don't like him (⚠ engl. sympathetic = mitleidsvoll)
Symptom n symptom ['sɪmptəm] (**für** of)
Synagoge f synagogue ['sɪnəgɒg]
synchron synchronous
synchronisiert Film: dubbed
Synchronsprecher(in) m(f) dubber
Synchronstimme f dubbing voice
Synergie f synergy
Synonym n synonym ['sɪnənɪm]
Syntax f syntax ['sɪntæks]
Synthese f synthesis ['sɪnθəsɪs] pl: syntheses ['sɪnθəsi:z]
Synthetik f synthetic (fibre ['faɪbə])
synthetisch **1** synthetic [sɪn'θetɪk] **2** **etwas synthetisch herstellen** make* something synthetically
Syrien n Syria ['sɪrɪə]
★**System** n **1** system ['sɪstəm] **2** (≈ Methode) method ['meθəd] **3** **es steckt überhaupt kein System drin** there's no system to it
systematisch **1** systematic **2** **systematisch zerstören** systematically destroy
Systemsteuerung f Computer: system control ['sɪstəm ˌkən,trəʊl]
★**Szene** f **1** allg., auch politische usw.: scene [si:n] **2** **sich in der Szene auskennen** know* the scene **3** **jemandem eine Szene machen** make* a scene (⚠ ohne someone) **4** **sie hat sich wieder in Szene gesetzt** she had to be the centre of attention again
Szenekneipe f trendy bar
Szenenwechsel m **1** im Theater: scene change **2** übertragen change of scene

T

★**Tabak** m tobacco [təˈbækəʊ]

Tabakladen m tobacconist's [təˈbækənɪsts], US cigar [sɪˈgɑː] store

★**Tabelle** f **1** allg.: table **2** (≈ Diagramm) chart [tʃɑːt] **3** Sport: league [liːg] table, US standings (▲ pl)

Tabellenerste(r) m/f(m): **sie sind Tabellenerster** they're top of the league [liːg]

Tabellenletzte(r) m/f(m): **sie sind Tabellenletzter** they're bottom of the league [liːg]

Tablet m **Tablet-PC/Tablet-Computer** tablet (PC), tablet computer

Tablett n tray (▲ engl. tablet = **Tablette**)

★**Tablette** f tablet [ˈtæblət], pill

tabu **1** taboo [təˈbuː]; **das ist tabu** it's a taboo **2** **das Thema ist für ihn tabu** it's a taboo topic with him

Tabu n taboo [təˈbuː]; **ein Tabu brechen** break* a taboo

Tabulator m tabulator [ˈtæbjʊleɪtə], umg tab stop

Tabulatortaste f tab key

Tabuwort n taboo word (oder expression)

Tacho(meter) m speedo, speedometer [spɪˈdɒmɪtə]

Tacker m umg stapler

tadellos **1** perfect [ˈpɜːfɪkt] **2** **das ist doch tadellos** umg what's wrong [rɒŋ] with it?

★**Tafel** f **1** (≈ Schultafel) board, schwarze: board, blackboard [ˈblækbɔːd]; **etwas an die Tafel schreiben** write* [▲ raɪt] something (up) on the board **2** **eine Tafel Schokolade** a bar of chocolate [ˈtʃɒklət]

Tafeldienst m: **wer hat Tafeldienst?** who's the blackboard monitor?

Tafelladen m für Bedürftige: food bank

Tafelrunde f: **König Artus und die Tafelrunde** King Arthur and the Knights [naɪts] of the Round Table

★**Tag** m **1** day; **dreimal am Tag** three times a day; **am Tag** (≈ tagsüber) during the day; **den ganzen Tag** all day long; **was haben wir heute für einen Tag?** what day is it today?; **von einem Tag auf den andern** from one day to the next; **auf den Tag genau** to the day; **es müsste jeden Tag da sein** it should be here any day; **heute in acht Tagen** a week from today **2** **(guten) Tag!** hello!, umg hi!, morgens auch: (good) morning!, nachmittags auch: (good) afternoon!; **jemandem Guten Tag sagen** say* hello to someone **3** **er hat seinen guten** (bzw. **schlechten**) **Tag** he's in a good (bzw. bad) mood today **4** **sie hat ihre Tage** she's got her period [ˈpɪərɪəd] **5** **Tag der offenen Tür** open day, US open house **6** **Tag der deutschen Einheit** German Unity Day **7** **eines Tages** one day **8** **es ist ein Unterschied wie Tag und Nacht** there's no comparison **9** **man soll den Tag nicht vor dem Abend loben** don't count your chickens before they're hatched

tagaus: tagaus, tagein day in, day out

Tagdienst m day duty; **Tagdienst haben** be* on day duty

Tagebau m Bergbau: opencast mining, US strip mining

Tagebuch n diary [ˈdaɪərɪ]

★**tagelang** for days (on end)

Tagesablauf m daily routine [ˌruːˈtiːn]

Tagesausflug m day trip

Tagescreme f day cream

Tageskarte f **1** (≈ Fahrkarte) day ticket **2** **die Tageskarte** im Restaurant: today's menu [ˈmenjuː]

Tageslicht n **1** daylight; **bei Tageslicht** in the daylight **2** **etwas ans Tageslicht bringen** übertragen bring* something to light

Tagesmenü n today's specials (▲ pl)

Tagesmutter f childminder [ˈtʃaɪldˌmaɪndə], US childcare worker

Tagesordnung f agenda [əˈdʒendə]; **auf der Tagesordnung stehen** be* on the agenda; **etwas auf die Tagesordnung setzen** put* something on the agenda; **zur Tagesordnung übergehen** (≈ wie üblich weitermachen) carry on as usual; **an der Tagesordnung sein** übertragen be* the order of the day

Tagesordnungspunkt m item on the agenda

Tagesschau f (television) news (▲ sg)

Tagesstätte f daycare centre

Tagestour f **1** day trip **2** bei Betonung der Länge: day's journey [ˈdʒɜːnɪ]

Tageszeit f time of (the) day; **zu jeder Tageszeit** any time of the day; **um diese Tageszeit** at this time of day (▲ ohne the)

Tageszeitung f daily (news)paper

★**täglich** **1** (≈ jeden Tag) every day; **zweimal täglich** twice [twaɪs] a day **2** **die täglichen Pflichten** usw. the daily chores [▲ tʃɔːz] usw.

tags, tagsüber during the day

Tagschicht f day shift; **Tagschicht haben** be* on day shift

tagtäglich (≈ *jeden Tag*) every day

Tagung f conference ['kɒnfrəns], convention

Taifun m typhoon [taɪ'fuːn]

Taille f waist

tailliert *Hemd usw.*: waisted

Takt¹ m ① (≈ *Rhythmus*) beat ② *eines Walzers usw.*: time; **im Takt bleiben** keep* in time (⚠ ohne the); **im 3/4-Takt** in 3-4 (*gesprochen* three-four) time ③ (≈ *Takteinheit*) bar; **ein paar Takte spielen** play a couple ['kʌpl] of bars

Takt² m, **Taktgefühl** n tact, tactfulness

Taktik f tactics (⚠ *pl*); **das war eine gute Taktik** that was good tactics

Taktiker(in) m(f) *auch im Sport*: tactician [tæk-'tɪʃn]

taktisch ① tactical ② **du musst taktisch vorgehen** you've got to use tactics

taktlos tactless; **er ist total taktlos** he's got no sense of tact

Taktlosigkeit f ① *allg.*: tactlessness ② **das war aber eine Taktlosigkeit** that was a tactless thing to say (*bzw.* do)

Taktstock m baton (⚠ 'bætɒn]

taktvoll tactful ['tæktfl]

★**Tal** n valley ['vælɪ]

Talent n ① (≈ *Begabung*) talent ['tælənt] ② *Person*: talented person; **er ist ein echtes Talent** he's got real talent

talentiert talented ['tæləntɪd]

Talisman m lucky charm

Talkmaster(in) m(f) chat show host [həʊst], *US* talk show host (⚠ *das Wort* **Talkmaster** *gibt es im Englischen nicht*)

Talkshow f chat show, *US* talk show

Tampon m tampon

Tandem n tandem; **Tandem fahren** ride* tandem

Tandler(in) m(f) *bes.* Ⓐ (≈ *Trödler*) second-hand dealer

Tang m seaweed

Tangens m *Mathematik*: tangent

Tangente f ① *Geometrie*: tangent ② (≈ *Straße*) ring road, *US* beltway

tangieren: **das tangiert mich nicht** that's got nothing to do with me

Tango m tango

Tank m *allg.*: tank

Tanke f *umg* petrol (*US* gas) station

★**tanken** ① (≈ *Benzin tanken*) get* some petrol ['petrəl] (*US* gas) ② **er hat ganz schön getankt** *umg* (≈ *zu viel getrunken*) he's had too much to drink

Tanker m *Schiff*: (oil) tanker

Tanklastzug m tanker (lorry, *US* truck)

★**Tankstelle** f petrol ['petrəl] station, *US* gas station

Tankwagen m tanker

Tankwart(in) m(f) petrol ['petrəl] pump (*US* gas station) attendant

Tanne f fir [fɜː] tree

Tannenbaum m ① fir [fɜː] tree ② (≈ *Weihnachtsbaum*) Christmas ['krɪsməs] tree

★**Tante** f aunt [ɑːnt], *umg* auntie

Tante-Emma-Laden m corner shop, *US* corner store, mom-and-pop store

★**Tanz** m dance [dɑːns]

★**tanzen** dance; **tanzen gehen** go* dancing

Tänzer(in) m(f) dancer ['dɑːnsə]

Tanzfläche f dance floor

Tanzkurs m: **einen Tanzkurs machen** do* a dancing ['dɑːnsɪŋ] course

Tanzmusik f dance [dɑːns] music

Tanzpartner(in) m(f) (dancing) partner

Tanzschule f dance [dɑːns] school

Tanzstunde f dancing ['dɑːnsɪŋ] lesson; **ich muss zur Tanzstunde gehen** I've got to go to my dancing ['dɑːnsɪŋ] class

Tapete f wallpaper

Tapetenwechsel m change of scenery ['siːnərɪ]

Tapeverband m *bei Verletzungen*: adhesive bandage

tapezieren wallpaper (*Wände*); **neu tapezieren** repaper

Tapeziertisch m trestle table

tapfer ① *allg.*: brave ② **er hat es tapfer ertragen** he put on a brave front [frʌnt]

Tapferkeit f (≈ *Mut*) courage ['kʌrɪdʒ]

tappen ① **nach etwas tappen** grope around for something ② **im Dunkeln tappen** *übertragen* grope in the dark

tapsig clumsy

Tara f *Handel*: tare

★**Tarif** m rate, (≈ *Fahrpreis*) fare; **über/unter Tarif bezahlen** pay* above/below the rate agreed in the collective agreement

Tarifvertrag m collective (*oder* pay) agreement

tarnen *bes. militärisch*: camouflage ['kæməflɑːʒ]; **sich tarnen** camouflage oneself

★**Tasche** f ① *allg.*: bag ② (≈ *Hosentasche usw.*) pocket; **sie hat es in die Tasche gesteckt** she put it in her pocket ③ **ich hab's aus eigener Tasche bezahlt** I paid for it out of my own pocket ④ **er musste tief in die Tasche greifen** he had to dig deep into his pockets (⚠ *pl*)

5 sie steckt alle in die Tasche she's head and shoulders ['ʃəʊldəz] above [ə'bʌv] everyone else **6** du lügst dir in die eigene Tasche *umg* stop kidding yourself

★**Taschenbuch** *n* paperback

Taschendieb(in) *m(f)* pickpocket ['pɪk,pɒkɪt]

Taschengeld *n* pocket money, *US* allowance; **ich kriege dreißig Euro Taschengeld** I get thirty euros pocket money, *US* my allowance is thirty euros

Taschenlampe *f* torch [tɔːtʃ], *US* flashlight

Taschenmesser *n* pocketknife ['pɒkɪtnaɪf], penknife ['pennaɪf]

Taschenrechner *m* (pocket) calculator ['kælkjʊleɪtə]

★**Taschentuch** *n* handkerchief [⚠ 'hæŋkətʃɪf], *umg* hankie

★**Tasse** *f* **1** *allg.*: cup; **eine Tasse Kaffee** a cup of coffee **2** **sie hat nicht alle Tassen im Schrank** *umg* she's got a screw [skruː] loose [luːs]

★**Tastatur** *f* keyboard

★**Taste** *f allg.*: key; **eine Taste drücken** press a key

tasten **1** grope (**nach** for) **2** **sich tasten** feel* (*oder* grope) one's way

Tastenfeld *n Computer*: keypad

Tasteninstrument *n* keyboard instrument ['ɪnstrəmənt]

Tastenkombination *f Computer*: hot key

Tastentelefon *n* pushbutton (tele)phone

★**Tat** *f*: **eine gute Tat vollbringen** do* a good deed

★**Täter(in)** *m(f)* **1** *allg.*: culprit ['kʌlprɪt] **2** (≈ *Straftäter*) offender [ə'fendə]

tätig **1** **als Schauspieler** *usw*. **tätig sein** work as an actor *usw*. **2** *Vulkan*: active

★**Tätigkeit** *f* **1** (≈ *Arbeit*) job **2** (≈ *Beschäftigung*) occupation

Tatort *m* scene [siːn] of the crime

tätowieren: **sie hat sich am Arm tätowieren lassen** she's had (*US* she got) her arm tattooed

Tätowierung *f* tattoo [tæ'tuː] (**an** on)

★**Tatsache** *f* fact; **Tatsache ist, dass** the fact is (that)

★**tatsächlich** **1** **er schläft tatsächlich** he really is asleep **2** **tatsächlich?** really?

tätscheln pat

Tattoo *m/n* (≈ *Tätowierung*) tattoo [tæ'tuː]

Tatze *f allg.*: paw [pɔː]

Tau¹ *n* (≈ *Strick*) rope

Tau² *m* (≈ *Morgentau*) dew [djuː]

★**taub** **1** deaf [def]; **taub werden** go* deaf; **sie ist auf dem linken Ohr taub** she's deaf in her left ear **2** **er stellt sich einfach taub** he just pretends not to hear **3** *Füße usw.*: numb [⚠ nʌm] (**vor Kälte** with cold)

★**Taube** *f* **1** pigeon ['pɪdʒən] **2** *als Symbol des Friedens usw.*: dove [⚠ dʌv]

Taubenschlag *m* **1** dovecote [⚠ 'dʌvkəʊt, 'dʌvkɒt] **2** **hier geht's zu wie im Taubenschlag** it's like Piccadilly Circus (*US* Times Square) around (*bzw.* in) here, *US auch* it's like Grand Central Station around here

Taubheit *f* deafness ['defnəs]

taubstumm deaf and dumb [⚠ ,def_ən'dʌm]

Taubstumme(r) *m/f(m)* deaf-mute [,def'mjuːt]

★**tauchen** **1** *allg.*: dive* (**in** into; **nach** for), *als Sport auch*: skin-dive* **2** *mit Gerät*: scuba-dive* ['skuːbədaɪv] **3** **sie tauchte den Fuß in den Pool** she dipped her foot in the pool

Taucher(in) *m(f)* (skin) diver

Taucheranzug *m* diving suit [suːt], wetsuit

Taucherbrille *f* diving goggles (⚠ *pl*)

tauen thaw [θɔː], melt; **es taut** it's thawing

Taufe *f* **1** *allg.*: baptism **2** (≈ *christliche Namenstaufe*) christening [⚠ 'krɪsnɪŋ]

taufen **1** *in Kirche*: baptize [bæp'taɪz], christen [⚠ 'krɪsn] (*auch Schiff usw.*) **2** (≈ *nennen*) call

Taufpate *m* **1** godfather **2** **meine Taufpaten** my godparents

Taufpatin *f* godmother

taugen **1** **es taugt nichts** it's no good (*oder* use [juːs]) **2** **taugt es was?** is it any use? **3** **es taugt nicht für Kinder** it isn't meant for children **4** **wenn's dir nicht taugt** *bes.* Ⓐ if you don't like it **5** **dast taugt mir** *bes.* Ⓐ I like it

Taugenichts *m* good-for-nothing

tauglich **1** *allg.*: suitable ['suːtəbl] (**für, zu** for) **2** *fürs Militär*: fit (for service)

taumeln reel, stagger

Tausch *m* **1** *allg.*: exchange, *umg* swap [swɒp] **2** **das war ein guter Tausch** that was a good deal

★**tauschen** **1** *allg.*: exchange, *umg* swap [swɒp] **2** exchange (*Worte, Blicke*) **3** **mit ihr möchte ich nicht tauschen** I wouldn't like to be in her shoes

täuschen **1** (≈ *irreführen*) deceive [dɪ'siːv] **2** **es täuscht** it's deceptive [dɪ'septɪv] **3** **wenn mich nicht alles täuscht** if I'm not very much mistaken **4** **da täuschst du dich** you're wrong [rɒŋ] there

Täuschung *f* **1** *allg.*: deception [dɪ'sepʃn] **2** (≈ *bes. Selbsttäuschung*) delusion [dɪ'luːʒn] **3**

(≈ *Irrtum*) mistake **4** **optische Täuschung** optical illusion

★**tausend** **1** *allg.*: a thousand, *betont*: one thousand; **tausend Euro** a thousand euros (⚠ *pl*) **2** (≈ *sehr viele*) thousands of **3** **tausend Dank!** thanks a million!

Tausender *m* **1** *Mathematik*: (the) thousand **2** (≈ *Geldschein*) thousand (euro/dollar *usw.* note *oder* bill)

tausendmal a thousand times

★**tausendste(r, -s)** thousandth ['θaʊznθ]

tausendstel thousandth; **eine tausendstel Sekunde** a thousandth of a second

Tausendstel *n* thousandth ['θaʊznθ]

Tauwetter *n* thaw [θɔː]

Tauziehen *n* tug-of-war [ˌtʌɡəv'wɔː]

★**Taxi** *n* taxi, cab; **mit dem Taxi fahren** go* by taxi

Taxifahrer(in) *m(f)* taxi (*oder* cab) driver

Taxistand *m* cab *oder* taxi rank, *US* taxi stand, cabstand

Taxler(in) *m(f)* ⓐ (≈ *Taxifahrer(in)*) taxi (*oder* cab) driver

★**Team** *n* team; **im Team arbeiten** work in a team, work as part of a team

Teamarbeit *f* teamwork

★**Technik**[1] *f* **1** **die Technik** technology [tekˈnɒlədʒɪ] (⚠ *ohne* the) **2** *als Fach mst*: engineering [ˌendʒɪˈnɪərɪŋ] **3** (≈ *Maschinen, Geräte*) technology, equipment [ɪˈkwɪpmənt] **4** *eines Geräts usw.*: mechanics [mɪˈkænɪks] (⚠ *pl*) **5** **ich verstehe nichts von der Technik** I'm hopeless when it comes to technical matters **6** (≈ *Verfahren, Methode*) technique [tekˈniːk]

★**Technik**[2] *f im Sport, in der Kunst usw.*: technique [tekˈniːk]

★**Techniker(in)** *m(f)* engineer, (≈ *Labortechniker*) technician [tekˈnɪʃn]

★**technisch** **1** *allg.*: technical ['teknɪkl] **2** *Fortschritt, Wandel usw.*: technological **3** (≈ *mechanisch*) mechanical **4** **technische Berufe** technical professions; **technische Hochschule** (*oder* **Universität**) technical (*oder* technological) university; **technischer Leiter** technical director; **technische Daten** technical specifications; **technisches Zeichnen** technical drawing; **er ist technisch begabt** he is technically minded

Techno *m Musikstil*: techno ['teknəʊ]

Technologie *f* technology [tekˈnɒlədʒɪ]

technologisch technological [ˌteknəˈlɒdʒɪkl]

Techno-Party *f* rave

★**Tee** *m* tea; **möchtest du einen Tee trinken?** would you like a cup of tea?

Teebeutel *m* teabag

Teekanne *f* teapot

Teeküche *f* kitchenette

Teelöffel *m* teaspoon; **zwei Teelöffel Honig** two teaspoons of honey

Teenager *m* teenager

Teepause *f* tea break

Teer *m* tar

teeren tar (*Straße usw.*)

Teetasse *f* teacup

★**Teich** *m* pond

Teig *m* dough [⚠ dəʊ]

★**Teil**[1] *n* **1** *eines Ganzen, einer Maschine, Ersatzteil*: part, (≈ *Bestandteil*) component; **etwas in seine Teile zerlegen** *Motor, Möbel usw.*: take* something apart; **ein Teil davon** part of it (⚠ *ohne* a), some of it **2** (≈ *Stück*) piece **3** **zum Teil** partly; **er war zum Teil schuld** it was partly his fault; **es war zum Teil langweilig** there were some boring bits **4** **der größte Teil des Films** most of the film **5** **ich hab's zum größten Teil gelesen** I've read most of it; **es war zum größten Teil gut** it was mostly good

★**Teil**[2] *m* (≈ *Anteil*) share **2** **ich hab meinen Teil beigetragen** I've done my bit (*US meist* part)

teilbar divisible (**durch** by)

Teilchen *n* **1** *allg.* particle (*auch Physik*) **2** *bes. norddeutsch* (≈ *Gebäckstück*) pastry ['peɪstrɪ], tart

★**teilen** **1** *in Teile*: divide (up) (**in** into) **2** **sich etwas mit jemandem teilen** share something with someone **3** **er teilt nicht gern** he doesn't like sharing **4** share (*eine Meinung, Gefühle*) **5** **20 durch 4 teilen** divide 20 by 4 **6** **sich teilen** divide, (*Straße*) fork

Teiler *m Mathematik*: factor

Teilmenge *f Mathematik*: subset

Teilnahme *f* participation [pɑːˌtɪsɪˈpeɪʃn] (**an** in)

★**teilnehmen** **1** *allg.*: take* part (**an** in) **2** **am Unterricht teilnehmen** attend class(es)

★**Teilnehmer(in)** *m(f)* participant [pɑːˈtɪsɪpənt]

teils **1** **es war teils gut, teils schlecht** it was partly good, partly bad **2** „**Hat es dir gefallen?**" - „**Teils, teils.**" 'Did you like it?' - 'It was all right in parts.'

Teilung *f* division [dɪˈvɪʒn]

★**teilweise** partly

Teilzeit *f* part-time: **Teilzeit arbeiten** work part--time, do* part-time work

Teilzeitarbeit *f* part-time work

Teilzeitstelle f part-time job
Teint m complexion, skin
Telearbeit f teleworking, telecommuting [ˌtelɪkəˈmjuːtɪŋ]
★**Telefon** n telephone, phone; **er ist am Telefon** he's on the phone; **ans Telefon gehen** answer the phone
Telefonat n (tele)phone call
Telefonauskunft f directory enquiries [dəˈrektərɪ ɪnˌkwaɪərɪz] (⚠ pl), US directory assistance (⚠ beide ohne the), information
★**Telefonbuch** n phone book, telephone directory [dəˈrektrɪ]
Telefongebühren pl telephone charges (oder rates)
Telefongespräch n (tele)phone call, (≈ Unterhaltung) (tele)phone conversation; **ein Telefongespräch führen** make* a call
★**telefonieren** ◨ make* a phone call, phone **ich telefoniere gerade** I'm on the phone; **ins Ausland telefonieren** make* an international call ◨ **sie telefoniert mit Martin** she's on the phone to Martin ◨ **ich gehe eben telefonieren** I'm just going to make a phone call
Telefonkonferenz f (tele)phone conference
Telefonleitung f telephone line
Telefonnummer f phone number
Telefonrechnung f phone bill
Telefonseelsorge f crisis [ˈkraɪsɪs] line, in GB auch: Samaritans [səˈmærɪtənz] (⚠ pl), US auch (advice) hotline
Telefonterror m malicious [məˈlɪʃəs] phone calls (⚠ pl), telephone harassment [ˈhærəsmənt]
★**Telefonzelle** f phone box, US phone booth
Telefonzentrale f switchboard; **über die Telefonzentrale** through the switchboard
★**Telegramm** n telegram [ˈtelɪɡræm]
Teleobjektiv n telephoto lens (⚠ ˌtelɪfəʊtəʊˈlenz]
Telepathie f telepathy [təˈlepəθɪ]
Teleprompter® n TV, bes. Br: Autocue® [ˈɔːtəʊkjuː], US teleprompter
Teleshopping n teleshopping [ˈtelɪˌʃɒpɪŋ]
Teleskop n telescope [ˈtelɪskəʊp]
★**Teller** m ◨ plate ◨ **zwei Teller Suppe** two plates of soup ◨ **drei Teller voll Spaghetti** three platefuls of spaghetti!
Tempel m temple
Temperament n ◨ (≈ Wesensart) temperament [ˈtemprəmənt] ◨ **sie hat kein Temperament** there's no life in her ◨ **er hat Temperament** he's very lively ◨ **sein Temperament ging mit ihm durch** he lost control
temperamentvoll lively [ˈlaɪvlɪ]
★**Temperatur** f temperature [ˈtemprətʃə]; **bei Temperaturen von 30 Grad** at a temperature of 30 degrees
★**Tempo**¹ n ◨ (≈ Geschwindigkeit) speed ◨ in der Musik: tempo
Tempo®² umg (paper) tissue [ˈtɪʃuː]
Tempolimit n speed limit
Tendenz f ◨ (≈ Neigung) tendency [ˈtendənsɪ]; **die Tendenz haben zu** have* a tendency to; **die Tendenz zur Übertreibung** a tendency to exaggerate ◨ wirtschaftliche usw.: trend (**zu** towards)
tendieren tend (**zu** towards)
★**Tennis** n tennis; **Tennis spielen** play tennis
Tennisball m tennis ball
Tennisplatz m tennis court
Tennisschläger m tennis racket
Tenor m tenor (⚠ ˈtenə]
★**Teppich** m ◨ carpet ◨ **fliegender Teppich** magic carpet ◨ **bleib auf dem Teppich!** keep your feet on the ground
Teppichboden m fitted carpet (oder carpets pl), wall-to-wall carpeting
Terabyte n IT terabyte
Term m Mathematik: term
★**Termin** m date, für Fertigstellung: deadline [ˈdedlaɪn], bei Arzt, Besprechung usw.: appointment, (≈ Verhandlung) hearing; **sich einen Termin geben lassen, einen Termin vereinbaren** make* an appointment
Terminkalender m diary [ˈdaɪərɪ], US planner; **einen Terminkalender führen** keep* a diary; **ein voller Terminkalender** a busy schedule
Terminplaner m ◨ in Buchform: personal organizer, Filofax® [ˈfaɪləfæks] ◨ Computer: personal digital assistant [əˈsɪstənt] (abk PDA [ˌpiːdiːˈeɪ])
Terpentin n turpentine [ˈtɜːpəntaɪn]
Terrasse f patio (⚠ ˈpætɪəʊ], terrace [ˈterəs]
Terror m ◨ allg.: terror ◨ (≈ Terrorismus) terrorism ◨ **mach keinen Terror!** umg don't make such a fuss
Terroranschlag m terrorist attack
terrorisieren terrorize
Terrorismus m terrorism (⚠ ohne the)
Terrorist(in) m(f) terrorist
Tesafilm® m adhesive tape
Tessin n: **das Tessin** Ticino [tɪˈtʃiːnəʊ]
★**Test** m test, US Schule: test, quiz pl: quizzes; **einen Test schreiben** do* a test
★**Testament** n ◨ will; **sein Testament machen**

make* a will **2 da kannst du gleich dein Testament machen!** *umg* you may as well sign your own death certificate ['deθ‿sə,tɪfɪkət] **3 Altes** (*bzw.* **Neues**) **Testament** Old (*bzw.* New) Testament ['testəmənt]

Testbild *n TV*: test card, *US* test pattern

testen test; **eine Uhr auf Wasserfestigkeit testen** test whether a watch is waterproof

Testergebnis *n* test results (▲ *pl*)

Testlauf *m Technik*: trial run

Tetanusschutzimpfung *f* tetanus injection

Tetraeder *m Geometrie*: tetrahedron

Tetrapak *m* carton

★**teuer 1** *Preis*: expensive; **wie teuer ist es?** how much 'is it?; **ganz schön teuer!** pretty expensive **2 es kam ihn teuer zu stehen** *übertragen* he had to pay dearly for it

★**Teufel** *m* **1** devil ['devl] **2 der Teufel** the Devil, Satan ['seɪtn] **3 du kleiner Teufel!** you little devil **4** *Wendungen*: **was** (*bzw.* **wo** *usw.*) **zum Teufel** what (*bzw.* where *usw.*) the devil (*oder* hell); **weiß der Teufel** God knows; **den Teufel werd ich tun** the hell I will; **dort ist der Teufel los** it's like all hell let loose there; **er übt auf Teufel komm raus** he's practising ['præktɪsɪŋ] like mad; **wenn man vom Teufel spricht** speak of the devil

Teufelskreis *m* vicious circle [,vɪʃəs'sɜːkl]

teuflisch 1 es ist teuflisch kalt it's bitterly cold; **es tut teuflisch weh** it hurts like hell **2** *Plan usw.*: devilish ['devlɪʃ]

★**Text** *m* **1** *allg.*: text **2** (≈ *Liedertext*) lyrics ['lɪrɪks], words (▲ *beide pl*) **3** *eines Schauspielers*: part, lines (▲ *pl*) **4 weiter im Text!** go on!

Textaufgabe *f Mathematik*: problem

Textbaustein *m Computer*: text module ['tekst,mɒdjuːl]

texten 1 write* the text for (*Werbung*) **2** write* the lyrics ['lɪrɪks] for (*Lied*)

Texter(in) *m(f)* (≈ *Schlagertexter*) lyricist ['lɪrɪsɪst]; **er ist der Texter** he writes the lyrics

Textilien *pl* textiles ['tekstaɪlz]

Textmarker *m* highlighter ['haɪlaɪtə]

★**Textverarbeitung** *f Computer*: word processing ['wɜːd,prəʊsesɪŋ]

Thailand *n* Thailand ['taɪlænd]

Thailänder(in) *m(f)* Thai [taɪ]

thailändisch, Thailändisch *n* Thai [taɪ]

★**Theater** *n* **1** *allg.*: theatre ['θɪətə]; **ins Theater gehen** go* to the theatre; **im Theater** at the theatre **2 er ist beim Theater** he works for the theatre **3 mach kein Theater!** don't make (such) a fuss!; **es ist immer das gleiche Theater** it's always the same carry-on (*US* drama)

★**Theaterstück** *n* (stage) play

Theke *f* **1** *in einer Gaststätte usw.*: bar **2** *im Laden*: counter

★**Thema** *n* **1** *allg.*: subject ['sʌbdʒekt] **2** (≈ *Gesprächsthema*) subject, topic; **wechseln wir das Thema** let's change the subject; **er kommt nie zum Thema** he never gets to the point **3 Thema Nummer eins** the number one topic **4 das ist für mich kein Thema mehr** I don't want to hear any more about it **5** *Musik*: theme [θiːm]

Thematik *f* subject ['sʌbdʒekt] (matter)

Themaverfehlung *f*: **er fiel wegen Themaverfehlung durch** he was failed for not answering the question

Themse *f*: **die Themse** the Thames (▲ temz]

Theologie *f* theology [θɪ'ɒlədʒɪ]

theoretisch 1 theoretically [,θɪə'retɪklɪ] **2 theoretisch stimmt das** that's right in theory ['θɪərɪ]

★**Theorie** *f* theory ['θɪərɪ] (**über** on); **in der Theorie** in theory (▲ *ohne* the)

Therapeut(in) *m(f)* therapist ['θerəpɪst]

Therapie *f* therapy ['θerəpɪ]

Thermalquelle *f* thermal spring [,θɜːml'sprɪŋ]

Therme *f* **1** (≈ *Thermalquelle*) thermal spring [,θɜːml'sprɪŋ] **2** *für Heizung und Warmwasser*: gas heater, *Br auch* geyser ['giːzə]

★**Thermometer** *n* thermometer [θə'mɒmɪtə]

Thermosflasche® *f* thermos® flask ['θɜː-məs‿flɑːsk], *US* thermos® bottle

Thermoskanne® *f* thermos® jug (*oder* can)

Thermostat *m* thermostat ['θɜːməstæt]

★**These** *f* thesis ['θiːsɪs] *pl*: theses (▲ 'θiːsiːz]

Thon *m* ⊕ (≈ *Thunfisch*) tuna ['tuːnə] (fish)

Thron *m* throne

Thronfolger(in) *m(f)* successor to the throne

Thunfisch *m* tuna ['tjuːnə] (fish)

Thurgau *m*: **der Thurgau** Thurgau ['tɜːgaʊ]

Thüringen *n* Thuringia [θjʊ'rɪndʒɪə]

Thymian *m Gewürzpflanze*: thyme (▲ taɪm]

Tibet *n* Tibet [tɪ'bet]

Tick *m* **1** (≈ *Angewohnheit*) (strange) quirk [kwɜːk] **2 er hat einen Tick** *umg* he's a bit mad, *US* he's a little crazy **3 sie hat einen Tick mit Vitaminen** she's got a thing about vitamins ['vɪtəmɪnz]

ticken 1 tick **2 bei dir tickt's nicht richtig** you've got a screw loose (somewhere)

★**Ticket** *n* ticket

Tiebreak *m Tennis*: tiebreak ['taɪbreɪk], tie-

★**tief** ▌ allg.: deep; **2 Meter tief** 2 metres (▲ pl) deep ▐ auch Ton, Sonne: (≈ niedrig) low ▌ Stimme: deep ▐ **ein Stockwerk tiefer** one floor (lower) down ▌ **tief atmen** take* a deep breath [breθ] ▐ **bis tief in die Nacht** till the small (US wee) hours ▌ **tief in Gedanken** deep in thought (▲ sg) ▐ **das lässt tief blicken** that's very revealing

Tief n ▌ im Wetter: low, low-pressure area ▐ **sie hat ein seelisches Tief** she's feeling pretty low (at the moment)

Tiefbau m civil engineering

tiefblau deep blue

★**Tiefe** f allg.: depth [depθ]; **in hundert Meter Tiefe** at a depth of a hundred metres

Tiefebene f lowland plain

Tiefenregler m Radio usw.: bass [▲ beɪs] control

Tiefenschärfe f Fotografie: depth of field (oder focus)

Tiefgarage f underground car park, US underground (parking) garage

tiefgekühlt frozen

Tiefkühlfach n freezer compartment

Tiefkühlkost f frozen foods (▲ pl)

Tiefkühltruhe f freezer

Tiefpunkt m low; **wir sind zurzeit auf einem Tiefpunkt** we've reached a low

Tiefschnee m deep (powder) snow

Tiefschneefahren n deep powder skiing

tiefschwarz deep black, jet-black

Tiefsee f deep sea

Tiefsttemperatur f lowest temperature ['temprətʃə] (**um** around)

★**Tier** n ▌ animal ['ænɪml], (≈ wildes Tier) animal, beast ▐ **er ist ein Tier** übertragen he's a real brute

Tierart f animal species [▲ 'spiːʃiːz]

Tierarzt m, **Tierärztin** f vet

Tierasyl n animal shelter

Tierfreund(in) m(f) animal lover; **bist du ein Tierfreund?** auch: do you like animals?

Tierhandlung f pet shop

Tierheim n animal shelter

tierisch[1] umg ▌ **tierisch ernst** deadly serious ▐ **ich hatte tierisch Angst** I was dead scared ▌ **es hat tierisch wehgetan** it hurt like hell ▐ **echt tierisch** brilliant, US awesome ['ɔːsəm]

tierisch[2] allg.: animal (nur vor dem Subst.); **tierische Fette** animal fats

Tierklinik f veterinary ['vetərənərɪ] clinic

Tierkreiszeichen n sign of the zodiac ['zəʊdɪæk]

Tierkunde f zoology [zəʊ'ɒlədʒɪ]

tierlieb (very) fond of animals

Tiermedizin f veterinary medicine [,vetərənərɪ'medsn]

Tierpark m zoo [zuː]

Tierpfleger(in) m(f) animal keeper, im Zoo: zoo keeper

Tierquälerei f cruelty to animals

Tierschützer(in) m(f) animal rights activist

Tierschutzverein m society for the prevention of cruelty to animals, in GB: RSPCA [,ɑːrespiːsiː'eɪ] (R steht für Royal)

Tierversuch m animal experiment

Tiger m tiger ['taɪɡə]

Tigerin f tigress ['taɪɡrəs]

tigern: **durch die Straßen tigern** ziellos: mooch (US knock) around town

timen time; **gut (schlecht) getimt** well-timed (badly timed)

Timing n: **das war perfektes Timing** that was perfect timing

★**Tinte** f ▌ ink ▐ **jetzt sitzt du aber in der Tinte** now you're in the soup

Tintenfisch m ▌ kleiner: squid ▐ (≈ Krake) octopus ['ɒktəpəs]

Tintenfleck m ▌ auf Papier: ink blot ▐ auf Kleidung usw.: ink stain

Tintenkiller m correction pen

★**Tipp** m ▌ (≈ Rat) tip ▐ an die Polizei: tip-off ▌ Lotto usw.: bet; **ein sicherer Tipp** a sure bet

★**tippen** ▌ type (Brief usw.) ▐ **tippen an** (oder **auf**) (≈ berühren) tap (on) ▌ Lotto: do* (oder play) the lotto, in GB: do* (oder play) the national lottery ▐ Toto: do* (oder play) the pools ▌ **ich tippe auf Italien** I fancy Italy

Tippfehler m typing error, typo ['taɪpəʊ]

tipptopp ▌ (≈ ausgezeichnet) first-rate ▐ **tipptopp sauber** spotless

Tipse f abwertend typist

Tirol n Tyrol [tɪ'rəʊl]

Tiroler(in) m(f) Tyrolean [,tɪrə'liːən]

★**Tisch** m ▌ table; **sich an den Tisch setzen** sit* down at the table ▐ **vom Tisch aufstehen** leave* the table ▌ **den Tisch decken** lay* (US set*) the table ▐ **du isst, was auf den Tisch kommt!** you'll eat what's on your plate ▌ **unter den Tisch fallen** übertragen go* by the board

Tischdecke f tablecloth ['teɪblklɒθ]

Tischgebet n grace; **das Tischgebet sprechen** say* grace

Tischlampe f table lamp

Tischler(in) m(f) carpenter, bes. Br joiner, (≈ Möbeltischler) cabinet-maker

Tischlerhammer m pin hammer

Tischtennis n table tennis, US meist Ping-Pong®

Tischtennisschläger m table tennis bat (US paddle)

★**Tischtuch** n tablecloth ['teɪblklɒθ]

★**Titel** m title, auf einer CD: track

Titelbild n cover picture (oder photo)

Titelblatt n cover ['kʌvə]

Titelmusik f theme ['θiːm] music

Titelrolle f title role

Titelseite f einer Zeitung: front page

Titelsong m title song, title track

Titelstory f cover story

Titelverteidiger(in) m(f) defending champion, Team: defending champions (⚠ pl)

Titten pl vulgär tits, boobs

tja hm, well

TO abk (abk für Tagesordnung) agenda

Toast m allg.: toast

Toastbrot n sliced white bread for toasting

toasten allg.: toast

Toaster m toaster

Tobel m/n bes. Ⓐ, Ⓒ (≈ Schlucht) ravine [⚠ rə'viːn]

toben 1 (Kinder) jump around, wild: run* wild 2 vor Wut, Freude usw.: go* wild

Tobsuchtsanfall m tantrum ['tæntrəm]; **einen Tobsuchtsanfall bekommen** throw* a tantrum

★**Tochter** f daughter ['dɔːtə]

★**Tod** m 1 allg.: death [deθ] 2 **bei einem Unfall** usw. **zu Tode kommen** die (oder be* killed) in an accident usw. 3 **ich hab mich zu Tode erschrocken** I got the fright of my life

todernst 1 dead serious ['sɪərɪəs] 2 **ich meine es todernst** I'm dead serious (about it)

Todesangst f 1 fear of death 2 **ich hab Todesängste ausgestanden** I was frightened out of my mind (oder wits)

Todesfall m death [deθ]

Todesgefahr f: **sie hat sich in Todesgefahr begeben** she put her life at risk

Todesopfer n 1 casualty ['kæʒʊəltɪ] 2 **Zahl der Todesopfer** death toll ['deθˌtəʊl]

Todesstrafe f capital punishment (⚠ immer ohne the), bes. als Urteil: death penalty

Todesurteil n death sentence

Todfeind(in) m(f) deadly (oder mortal) enemy ['enəmɪ]

todkrank seriously ill, terminally ill

todlangweilig deadly ['dedlɪ] boring

★**tödlich** 1 Krankheit, Unfall, Verletzung: fatal ['feɪtl] 2 Waffe, Gift, Wirkung: lethal ['liːθl], deadly ['dedlɪ] 3 **er ist tödlich verunglückt** he was killed in an accident 4 **es war tödlich übertragen** it was deadly

todmüde shattered, dog-tired

todsicher 1 dead certain ['sɜːtn] 2 **todsichere Sache** dead certainty, Br umg auch dead cert

Todsünde f deadly ['dedlɪ] sin, mortal sin

todtraurig really unhappy

Töff m Ⓒ (≈ Motorrad) motorbike, motorcycle ['məʊtəˌsaɪkl]

Tofu m tofu ['tɒfuː, 'təʊfuː]

★**Toilette** f 1 toilet ['tɔɪlət], US bathroom, Br auch lavatory ['lævətrɪ], Br umg loo, US umg john; **er ist auf der Toilette** he's gone to the toilet usw. 2 Br; öffentliche: public convenience [kən'viːnɪəns], US; öffentliche: restroom

Toilettenpapier n toilet paper ['tɔɪlətˌpeɪpə]

toi, toi, toi 1 toi, toi, toi! (≈ viel Glück) good luck! 2 (≈ hoffen wir's) let's hope so, touch wood, US knock on wood

★**tolerant** tolerant ['tɒlərənt] (**gegen** towards, about)

Toleranz f tolerance (**gegen** towards, of)

★**toll** 1 great, fantastic 2 **es war nicht so toll** it wasn't all that good

tollpatschig clumsy ['klʌmzɪ]

Tollwut f rabies [⚠ 'reɪbiːz]

Tölpel m silly oaf [əʊf]

★**Tomate** f 1 tomato [tə'mɑːtəʊ] pl: tomatoes 2 **er wurde rot wie eine Tomate** he went red as a beetroot (US beet)

Tomatenmark n tomato purée [təˌmɑːtəʊ'pjʊəreɪ] (US paste)

Tomatensaft m tomato juice [tə'mɑːtəʊˌdʒuːs]

Tombola f raffle ['ræfl]

Ton[1] m 1 allg.: sound 2 in der Musik: note 3 (≈ Sprechweise) tone 4 **er hat keinen Ton rausgebracht** he didn't say a word 5 **er hat in den höchsten Tönen von dir geredet** he praised you to the skies

Ton[2] m (≈ Farbton) shade, tone

Ton[3] m (≈ Erde) clay

Tonart f key [kiː]

Tonbandgerät n tape recorder

tönen (≈ färben) tint

Toner m toner

Tonleiter f scale

Tonnage f Schifffahrt: tonnage

★**Tonne**[1] f 1 (≈ Fass) barrel ['bærəl]; aus Metall: drum 2 (≈ Mülltonne) dustbin, US trashcan

★**Tonne**² f *Gewicht*: tonne [tʌn], metric ton [ˌmetrɪkˈtʌn]

Tontechniker(in) m(f) sound engineer [ˈsaʊndˌendʒɪˌnɪə], sound technician [ˈsaʊndˌtekˌnɪʃn]

Tönung f **1** (≈ *Farbton*) hue [hjuː], shade, tint **2** (≈ *Tönungsmittel*) *für Haar*: rinse, *US* haircolor **3** *Vorgang*: tinting

Top n *Kleidungsstück*: top

TOP *abk* (*abk für* Tagesordnungspunkt) item on an/the agenda

★**Topf** m **1** pot, *zum Kochen auch*: saucepan [ˈsɔːspən] **2 alles in einen Topf werfen** *übertragen* lump everything together

★**Topfen** m *bes.* Ⓐ (≈ *Quark*) curd, curds *pl, Br auch* quark [kwaːk]

Töpfer(in) m(f) potter

Töpferei f **1** *Handwerk*: pottery **2** (≈ *Töpferwerkstatt*) potter's workshop

töpfern do* pottery

topfit: **ich bin topfit** I'm in top form (*US* shape)

Topflappen m oven cloth [ˈʌvənˌklɒθ]

Topfpflanze f potted plant

★**Tor**¹ n **1** *Sport*: goal [gəʊl] **2 im Tor stehen** be* in goal (⚠ *ohne the*) **3 ein Tor schießen** score a goal **4 immer noch kein Tor** no score yet

★**Tor**² n **1** *allg.*: gate **2** *einer Garage*: door **3** (≈ *Torbogen*) archway [ˈɑːtʃweɪ]

Torchance f chance [tʃɑːns] to score

Torf m peat; **Torf stechen** cut* peat

Torhüter(in) m(f) goalkeeper, goalie [ˈgəʊli]

Torjäger(in) m(f) striker, goalscorer

torkeln stagger, reel

Torlatte f crossbar

Torlinie f goal line

Tornado m tornado [⚠ tɔːˈneɪdəʊ], *US umg auch* twister

Torpfosten m goalpost

Torraum m goal area, box

Torschlusspanik f: **er heiratete sie aus Torschlusspanik** he married her because he was afraid of being left on the shelf

Torschütze m, **Torschützin** f (goal)scorer

Torte f cake, (≈ *Sahnetorte*) *auch*: gateau [ˈgætəʊ], (≈ *Obsttorte*) *auch*: (fruit) flan

Tortenheber m cake slice

Tortenmesser n pie knife

Torverhältnis n *Sport*: goal difference

Torwart(in) m(f) goalkeeper, *umg* goalie [ˈgəʊli]

★**tot** **1** *allg.*: dead [ded] (*auch Telefonleitung, Sprache, Saison, Vulkan*) **2 er war sofort tot** he died instantly [ˈɪnstəntli] **3 tot umfallen** drop dead **4 toter Winkel** blind spot **5 tot geboren** stillborn

★**total** **1** complete, total [ˈtəʊtl] **2 ich war total überrascht** it came as a complete surprise **3 du machst es total falsch** you're doing it all wrong **4 total besoffen** *umg* plastered, *Br auch* completely pissed **5 total pleite** *umg* completely broke

Totalschaden m: **er hatte Totalschaden** his car was a (complete) write-off [ˈraɪtɒf], *US* his car was totaled [ˈtəʊtəld]

Totalüberwachung f total surveillance

totärgern: **ich hab mich totgeärgert** I was hopping mad, *über mich selbst*: I could have kicked myself

★**Tote(r)** m/f(m) **1** dead man (*bzw.* woman) **2** (≈ *Leiche*) corpse [kɔːps], dead body **3 es gab 7 Tote** 7 people were killed **4 die Toten** the dead (⚠ *pl, ohne* -s)

★**töten** kill

Totenkopf m **1** skull [skʌl] **2** *als Giftzeichen usw.*: skull and crossbones (⚠ *sg*)

totlachen: **wir haben uns totgelacht** we (nearly) killed ourselves laughing

totschlagen **1 jemanden totschlagen** beat* someone to death **2 die Zeit totschlagen** kill time (⚠ *ohne the*)

Touch m: **er hat einen philosophischen Touch** he's got a philosophical touch

Touchpad n *am Computer*: touchpad

Touchscreen m touchscreen

Toupet n toupee [ˈtuːpeɪ]

toupieren backcomb [⚠ ˈbækˌkəʊm]

Tour¹ f **1** trip, *längere*: tour; **eine Tour nach York machen** go* on a trip to York; **eine Tour durch Italien machen** tour (around) Italy **2 auf Tour** on the road

Tour² f: **komm mir nicht auf diese Tour!** *umg* don't try that one on me

Tour³ f **1 auf vollen Touren laufen** *übertragen* be* in full swing **2 jemanden** (*bzw.* etwas) **auf Touren bringen** get* someone (*bzw.* something) going **3 in einer Tour** incessantly [ɪnˈsesntli]

Tourenrucksack m daypack

Tourismus m tourism [ˈtʊərɪzm] (⚠ *ohne the*)

★**Tourist(in)** m(f) tourist [ˈtʊərɪst]

Touristenstrom m **1** stream of tourists **2 abseits vom Touristenstrom** off the tourist track

Tournee f tour; **auf Tournee sein** be* on tour

Trab m **1 jemanden auf Trab bringen** get* someone moving **2 sie ist immer auf Trab**

she's always on the go

Tracht¹ f national (oder traditional) costume ['kɒstjuːm]

Tracht² f: **eine Tracht Prügel** a good hiding

trächtig Tier: pregnant ['pregnənt]

Trackball m Computer: trackball

★**Tradition** f tradition

traditionell traditional [trə'dɪʃnəl]

★**Trafik** f ⓐ tobacconist's [tə'bækənɪsts] shop, US cigar store

Trafikant(in) m(f) ⓐ tobacconist [tə'bækənɪst]

Tragbahre f stretcher

tragbar portable ['pɔːtəbl]

träge Person: lethargic [lə'θɑːdʒɪk]

★**tragen** ❶ allg.: carry; **sie trug es in der Hand** (bzw. **auf dem Rücken** usw.) she carried it in her hand (bzw. on her back usw.) ❷ **ich trage meinen Ausweis immer bei mir** I always have my ID [ˌaɪ'diː] on me ❸ **das trägt sich leicht** it's very light (to carry) ❹ wear* [weə] (Kleidung, Schmuck, Brille usw.); **sie trägt die Haare lang** she wears her hair (ⓐ sg) long ❺ **er trägt einen Bart** he's got a beard ❻ **die Verantwortung tragen** take* responsibility (ⓐ ohne the)

Tragetasche f carrier ['kærɪə] bag, US plastic bag

Tragfläche f wing

Tragflächenboot n hydrofoil ['haɪdrəfɔɪl]

tragisch ❶ tragic ['trædʒɪk] ❷ **nimm's nicht so tragisch!** don't take it to heart [hɑːt]

Tragödie f ❶ allg.: tragedy ['trædʒədɪ] ❷ **mach nicht gleich eine Tragödie draus** no need to make a major drama out of it

★**Trainer(in)** m(f) ❶ coach, trainer ❷ Fußball: manager

★**trainieren** ❶ train (**auf** for), US auch practice ❷ coach (jemanden) (**auf** for) ❸ Diskuswerfen usw. **trainieren** practise ['præktɪs] the discus usw.

★**Training** n ❶ training, US practice ['præktɪs] ❷ **er ist beim Training** he's gone (US out) training

Trainingsanzug m tracksuit ['træksuːt], US sweatsuit

Trainingshose f tracksuit trousers (ⓐ pl), US sweats (ⓐ pl)

Trainingsjacke f tracksuit top, US sweatjacket

★**Traktor** m tractor

★**Tram** f, **Trambahn** f tram, US streetcar

trampeln ❶ allg.: trample ❷ **er trampelte vor Wut** usw.: he stamped (his feet)

trampen hitchhike ['hɪtʃhaɪk], hitch it

Tramper(in) m(f) hitchhiker

Trampolin n trampoline ['træmpəliːn]

Trance f trance [trɑːns]; **in Trance fallen** go* into a trance

★**Träne** f ❶ tear [tɪə]; **in Tränen ausbrechen** burst* into tears; **den Tränen nah** on the verge of tears ❷ **ich hab Tränen gelacht** I laughed till I cried ❸ **mir kommen die Tränen** humorvoll don't make me weep

tränen: **mir tränen die Augen** my eyes are watering

Tränengas n tear [tɪə] gas

Transfersumme f transfer fee ['trænsfɜːˌfiː]

Transformator m Elektrotechnik: transformer

transitiv transitive ['trænsətɪv]

transparent transparent [ⓐ træns'pærənt]

Transplantation f transplant ['trænsplɑːnt]

transplantieren transplant [ˌtræns'plɑːnt]

★**Transport** m ❶ Vorgang: transport(ation) ['trænspɔːt (ˌtrænspɔː'teɪʃn)], Wirtschaft: shipment ❷ (≈ Straßentransport) haulage ['hɔːlɪdʒ]; **während des Transports** in transit ['trænzɪt] ❸ (≈ Filmtransport) winding (mechanism) ['waɪndɪŋ(ˌmekənɪzm)]

Transporter m Schiff: cargo ship, Flugzeug: transport plane, Auto: van

Transportflugzeug n ❶ transport ['trænspɔːt] plane, US cargo plane ❷ (≈ Truppentransporter) troop carrier

★**transportieren** ❶ allg.: transport [træns'pɔːt] ❷ **der Film transportiert nicht** the film won't wind [waɪnd] on

Transportmittel n means (ⓐ sg und pl) of transport ['trænspɔːt]

Transuse f slowcoach, US auch slowpoke

Trapez n ❶ Zirkus: trapeze [trə'piːz] ❷ Geometrie: trapezium [trə'piːzɪəm], US trapezoid ['træpɪzɔɪd]

Tratsch m (≈ Klatsch) gossip ['gɒsɪp]

tratschen umg gossip ['gɒsɪp]

★**Traube** f ❶ einzelne Beere: grape ❷ mehrere am Stiel: bunch of grapes

Traubensaft m grape juice ['greɪpˌdʒuːs]

Traubenzucker m glucose ['gluːkəʊz]

trauen¹ ❶ allg.: trust; **ich trau ihr nicht** I don't trust her ❷ **ich traute meinen Ohren** (bzw. **Augen**) **nicht** I couldn't believe my ears (bzw. eyes) ❸ **ich trau mich nicht (raus)** I'm scared (to go out) ❹ **die traut sich was!** bewundernd: she's got nerve!, im negativen Sinn she's got a nerve!

trauen² ❶ marry (Brautpaar) ❷ **sich trauen lassen** get* married

★**Trauer** f sorrow, grief (**um, wegen** at, over)
Trauerkloß m umg wet blanket ['blæŋkɪt]
trauern ◨ be* in mourning ['mɔːnɪŋ] ◩ **sie trauert um ihre Mutter** she's mourning for her mother
★**Traum** m ◨ allg.: dream; **ein böser Traum** a bad dream ◩ übertragen dream; **mein Traum ist es, Schauspieler zu werden** it's my dream to be an actor ◪ **aus der Traum!** well, that's the end of that ◫ **das fällt mir nicht im Traum ein** I wouldn't dream of doing it
traumatisch traumatic [trɔːˈmætɪk]
Traumauto n dream car
Traumberuf m dream job [ˌdriːmˈdʒɒb]
★**träumen** ◨ allg.: dream* (**von** of, about) ◩ **ich hab schlecht geträumt** I had a bad dream ◪ **sie träumt davon, Dirigentin zu werden** it's her dream to be a conductor ◫ beim Unterricht usw.: daydream*
Träumer(in) m(f) dreamer
Traumfrau f dream girl; **meine Traumfrau** auch: the woman of my dreams
traumhaft ◨ (≈ wunderbar) fantastic ◩ **traumhaft schön** absolutely beautiful
Traummann m: **mein Traummann** the man of my dreams
Traumnote f ◨ Schule: perfect mark (US grade) ◩ Turnen, Eiskunstlauf usw.: perfect score (oder mark)
★**traurig** allg.: sad (**über** about, at)
★**Trauung** f ◨ marriage ceremony ['serəməni] ◩ **kirchliche Trauung** church wedding; → standesamtlich
Trauzeuge m, **Trauzeugin** f witness (to a marriage)
Treff m place to meet
★**treffen**[1] ◨ meet* (jemanden) ◩ **wo treffen wir uns?** where shall we meet? ◪ **das trifft sich gut** that fits in well
★**treffen**[2] ◨ (Schuss usw.) hit* (jemanden, etwas) ◩ **nicht treffen** beim Schießen usw.: miss ◪ **da hast du genau das Richtige getroffen** übertragen you've picked just the right thing ◫ **du hast sie gut getroffen** auf Foto: that's a really good photo of her ◱ **es hat ihn schwer getroffen** he took it quite badly
★**Treffen** n ◨ meeting ◩ geselliges: get-together ◪ **wir haben ein Treffen ausgemacht** we've arranged to meet
Treffer m ◨ (≈ Tor) goal ◩ Boxen usw.: hit
Treffpunkt m ◨ meeting place ◩ **einen Treffpunkt ausmachen** arrange a place to meet

★**treiben**[1] ◨ **Sport treiben** do* sport ◩ **was treibst du (denn so)?** what are you up to (these days)? ◪ **treib's nicht zu toll!** don't overdo it! ◫ **er treibt's mit ihr** salopp he's having it off with her, US he's getting off with her
★**treiben**[2] ◨ **ich lass mich nicht treiben** I'm not going to be pushed ◩ **was hat ihn dazu getrieben?** what made him do it?
★**treiben**[3] ◨ im Wasser: float, drift ◩ **sich treiben lassen** drift (auch übertragen) ◪ **die Dinge treiben lassen** übertragen let* things drift
Treiben n ◨ activity ◩ im negativen Sinn goings-on (▲pl)
Treiber m für Computermaus usw.: driver
Treibhaus n hothouse, greenhouse
Treibhauseffekt m greenhouse effect
Treibhausgas n greenhouse gas
Treibstoff m fuel ['fjuːəl]
Trekking n trekking
Trekkingrad n trekking bike
Trekkingtour f trekking expedition
★**Trend** m trend (**zu** towards); **der Trend zum Sparen** the trend towards saving
trendig, trendy umg trendy
Trendwende f change in trend, trend reversal
★**trennen** ◨ allg.: separate ['sepəreɪt] ◩ **sich trennen** split* up, separate ◪ **sich von jemandem trennen** split* up with someone ◫ **sich von etwas trennen** give* something up ◱ **er kann sich von seinem Computer** usw. **nicht trennen** he can't tear [teə] himself away from his computer usw. ◲ **trennen zwischen** (≈ unterscheiden) distinguish [dɪˈstɪŋgwɪʃ] between
★**Trennung** f ◨ allg.: separation ◩ **seit der Trennung** since they (bzw. we) split up
Trennungszeichen n hyphen ['haɪfn]
★**Treppe** f ◨ stairs (▲pl), staircase ◩ aus Stein: steps (▲pl) ◪ **eine Treppe** a flight of stairs (bzw. steps) ◫ (≈ einzelne Stufe) stair, aus Stein: step ◱ **sie wohnen zwei Treppen höher** they live two floors (higher) up
Treppenhaus n staircase; **im Treppenhaus** on the staircase, am Eingang: in the hall(way)
Tresor m ◨ allg.: safe ◩ einer Bank: bank vault
Tretboot n pedal boat ['pedlbəʊt], pedalo ['pedələʊ]
★**treten** ◨ allg.: step; **auf etwas treten** step (oder tread) [▲tred] on something ◩ **mit dem Fuß**: kick*; **nach jemandem** (bzw. **etwas**) **treten** kick (out) at someone (bzw. something) ◪

aufs Gas treten *umg* step on the gas
Tretmühle *f übertragen* treadmill ['tredmɪl]
Tretroller *m aus Leichtmetall:* (skate) scooter
★**treu** ■ *gegenüber dem Partner:* faithful ['feɪθfl] ■ *Freund, Kunde usw.:* loyal ['lɔɪəl]
Treue *f* ■ *allg.:* loyalty ['lɔɪəltɪ] ■ *eheliche usw.:* faithfulness
treulos ■ disloyal ■ **du treulose Tomate!** *umg* what kind of friend are you?
Triangel *m* triangle ['traɪæŋgl]
Triathlon *m* triathlon [traɪ'æθlən]
Tribüne *f für Zuschauer:* stand
Tribünenplatz *m* seat in the stand, stand seat
Trichter *m* funnel
★**Trick** *m* ■ *allg.:* trick; **fauler Trick** dirty trick ■ **das ist der ganze Trick dabei** that's all there is to it ■ *im Film:* special effect
Trickfilm *m* ■ animated film ■ (≈ *Zeichentrickfilm*) cartoon
Trickfilmzeichner(in) *m(f)* cartoonist
Trickkiste *f* box of tricks
trickreich artful, *bes. im negativen Sinn:* wily ['waɪlɪ]
tricksen ■ *im Sport:* swerve ■ **das werden wir schon tricksen** *umg* we'll fix it (*durch Mogelei:* wangle ['wæŋgl] it) somehow
Trickskilauf *m* freestyle skiing, hotdogging
Trieb *m* ■ (≈ *Instinkt*) drive ■ (≈ *Geschlechtstrieb*) sex drive ■ (≈ *Drang*) urge
Triebtäter *m* sex offender
Triebwerk *n* engine ['endʒɪn]
triefen ■ *allg.:* drip (**vor** with) ■ **mir trieft die Nase** my nose keeps running ■ **vor Charme** *usw.* **triefen** ooze charm *usw.*
Trikot *n* ■ (≈ *Sporthemd*) shirt, jersey; **das Gelbe Trikot** *Tour de France:* the yellow jersey ■ *beim Ballett:* leotard ['liːətɑːd]
Trillerpfeife *f* (pea) whistle ['wɪsl]
Trimm-dich-Pfad *m* fitness trail
★**trinken** ■ drink* (*auch übermäßig Alkohol*) ■ **einen Saft trinken** have* (a glass of) juice; **einen Tee trinken** have* a cup of tea
Trinkflasche *f* water bottle
★**Trinkgeld** *n* tip
Trinkhalm *m* drinking straw [strɔː]
Trinkschale *f* bowl [⚠ bəʊl]
Trinkwasser *n* drinking water
Trip *m* ■ (≈ *kurze Reise*) trip ■ (≈ *Drogenrausch*) trip
Tritt *m* kick; **ein Tritt in den Hintern** *umg* a kick up the backside; **ich hab ihm einen Tritt versetzt** I gave him a kick ■ (≈ *Schritt*) step, *hörbar auch:* footstep

Triumph *m* triumph ['traɪʌmf]
trivial trivial ['trɪvɪəl]
★**trocken** ■ *allg.:* dry ■ **trockener Humor** dry sense of humour ■ **da blieb kein Auge trocken** we (*bzw.* they) just couldn't stop laughing ■ **auf dem Trockenen sitzen** (≈ *kein Geld haben*) be* on the rocks ■ **sich trocken rasieren** dry-shave
Trockenhaube *f* drying hood, hairdryer
Trockenheit *f* dryness
Trockenobst *n* dried fruit [fruːt]
Trockenzeit *f* dry season
★**trocknen** dry
Trockner *m* (≈ *Wäschetrockner*) drier
Trödelmarkt *m* flea market
trödeln dawdle ['dɔːdl]
Trödler(in) *m(f)* ■ junk dealer ■ *umg* (≈ *langsamer Mensch*) slowcoach, *US* slowpoke
Trog *m* trough [⚠ trɒf]
Trojaner *m,* **trojanisches Pferd** *Computer:* trojan ['trəʊdʒən], Trojan horse
Trolley *m Koffer:* trolley case, *US* roller
Trommel *f* drum; **Trommel spielen** play (the) drums, play the drum
Trommelbremse *f Auto usw.:* drum brake
Trommelfell *n im Ohr:* eardrum
trommeln *allg.:* drum
Trommler(in) *m(f)* drummer
Trompete *f* trumpet ['trʌmpɪt]; **Trompete spielen** play (the) trumpet (⚠ *meist mit* the)
Trompeter(in) *m(f)* trumpet player
Tropen *pl Geografie:* tropics
Tropf *m Medizin:* drip; **am Tropf hängen** be* on the drip
tröpfeln ■ *allg.:* trickle, (*auch Wasserhahn*) drip ■ **es tröpfelt** (≈ *regnet leicht*) it's drizzling (*Br auch* spitting)
★**Tropfen** *m* ■ *allg.:* drop ■ *pl, Medizin:* drops ■ **es ist ein Tropfen auf den heißen Stein** it's a drop in the ocean ['əʊʃn]
tropfen drip
Tropfsteinhöhle *f* stalactite ['stæləktaɪt] cave
Trophäe *f* trophy ['trəʊfɪ], cup
tropisch tropical ['trɒpɪkl]
Trost *m* ■ *allg.:* consolation [ˌkɒnsə'leɪʃn], comfort [⚠ 'kʌmfət]; **zum Trost** as a consolation ■ **er sucht Trost** he's looking for a shoulder ['ʃəʊldə] to cry on ■ **das ist ein schöner Trost!** some consolation! ■ **du bist wohl nicht ganz bei Trost!** *umg* have you gone mad?
trösten ■ *allg.:* console [kən'səʊl], comfort [⚠ 'kʌmfət] ■ (≈ *aufmuntern*) cheer up ■ **tröste**

dich, ich hab noch weniger bekommen if it's any consolation, I got even less **4 das tröstet mich aber** that's some consolation (at least)

trostlos 1 *allg.*: depressing, *Aussicht auch*: hopeless **2** *Wetter*: miserable ['mızrəbl]

Trostpreis *m* consolation prize

Trott *m*: **es ist wieder der alte Trott** it's back to the same old rut

Trottel *m* idiot ['ɪdɪət], dope

Trottinett *n* ⓢ (≈ *Kinderroller*) scooter

★**trotz** in spite of, despite (⚠ *ohne* of)

Trotz *m* **1** stubbornness ['stʌbənnəs] **2 aus Trotz** just to be stubborn

★**trotzdem** still; **er ist trotzdem gekommen** he still came, he came anyway

trotzig stubborn ['stʌbən]

Trotzkopf *m*: **er ist ein Trotzkopf** he's just stubborn ['stʌbən]

trüb 1 *Wetter, Tag, Farben usw.*: dull [dʌl] **2** *Flüssigkeit*: cloudy **3 du trübe Tasse!** *umg* you're a wet blanket ['blæŋkɪt]

Trubel *m* (≈ *Gewirr*) chaos ['keɪɒs]

trüben: **sich trüben** (*Flüssigkeit*) go* cloudy

Truhe *f* chest [tʃest]

Trümmer *pl* **1** *allg.*: ruins (⚠ *pl*) **2** *eines Flugzeugs usw.*: wreckage (⚠ 'rekɪdʒ]

Trumpf *m* **1** trump (card) **2 was ist Trumpf?** what's trumps?

Trunkenheit *f* **1** drunkenness **2 Trunkenheit am Steuer** drink-driving, *US* drunk driving

Trupp *m* **1** *allg.*: troop, gang **2** *Militär*: detachment **3** *Polizei*: squad [skwɒd]

★**Truppe** *f* **1** troops (⚠ *pl*) **2** (≈ *Einheit*) unit ['juːnɪt] **3** *Theater usw.*: company (⚠ 'kʌmpənɪ]

Truthahn *m* turkey

Tscheche *m* Czech [tʃek]; **er ist Tscheche** he's Czech; **die Tschechen** the Czechs

Tschechien *n* Czechia ['tʃekɪə], the Czech [tʃek] Republic

Tschechin *f* Czech [tʃek] woman (*oder* lady *bzw.* girl); **sie ist Tschechin** she's Czech

tschechisch, **Tschechisch** *n* Czech [tʃek]

Tschick *m* ⓐ *umg* (≈ *Zigarette*) *Br umg* fag, *US* smoke; (≈ *Zigarettenstummel*) *Br umg* fag end, *umg* butt

tschüs(s) bye, see you

★**T-Shirt** *n* T-shirt, tee-shirt

★**Tube** *f* **1** tube [tjuːb]; **eine Tube Zahnpasta** a tube of toothpaste **2 drück mal auf die Tube!** *umg* put your foot down!

Tuberkulose *f* tuberculosis [tjuːˌbɜːkjʊˈləʊsɪs], TB [ˌtiːˈbiː]

★**Tuch** *n* **1** (≈ *Kopftuch*) scarf *pl*: scarfs *oder*, *bes*. *Br*, scarves [skaːvz] **2** (≈ *Stoff*) cloth [klɒθ] **3 das ist für sie ein rotes Tuch** *übertragen* it's like a red rag (*US* flag) to a bull for her

tüchtig 1 (≈ *fleißig*) hard-working **2 die haben tüchtig zugelangt** *beim Essen*: they had a real go at the food

Tücke *f*: **es hat so seine Tücken** *Gerät usw.*: it's a bit tricky (to work)

tuckern 1 (*Fahrzeug*) chug along **2** (*Motor*) put--put ['pʌtpʌt]

tückisch 1 malicious [məˈlɪʃəs], spiteful **2** (≈ *hinterlistig*) insidious [ɪnˈsɪdɪəs] (*auch Krankheit usw.*) **3** (≈ *gefährlich*) dangerous ['deɪndʒərəs], treacherous ['tretʃərəs]

Tüftelei *f* **1** fiddly (*US* finicky) work (⚠ *ohne* a) **2** (≈ *Denkarbeit*) tricky problem, brainteaser

tüfteln: **an etwas tüfteln** work on something, *einer Denkaufgabe*: try to work something out

Tüftler(in) *m(f)* tinkerer; (≈ *Erfinder*) inventor; **er ist ein Tüftler** *auch*: he likes to fiddle about with things

Tugend *f* virtue ['vɜːtʃuː]

Tulpe *f* tulip ['tjuːlɪp]

tummeln: **sich tummeln** romp around, *im Wasser*: splash around

Tummelplatz *m* playground

Tumor *m* tumour ['tjuːmə]

Tümpel *m* **1** pond **2** *kleiner*: puddle

★**tun¹ 1** *allg.*: do*; **was tust du da?** what are you doing?; **das tut man nicht** you don't do that; **es gibt viel zu tun** there's lots to do; **ich hab noch zu tun** I'm still busy ['bɪzɪ]; **man tut, was man kann** I (*oder* we) do our best **2 sie kann tun und lassen was sie will** she can do whatever she likes **3 ein Bleistift** *usw.* **tut's auch** a pencil *usw.* will do **4 ich hab ihr nichts getan** I didn't touch her; **er tut dir schon nichts** he won't hurt you **5** *umg* (≈ *stellen, legen usw.*) put*; **tu's da hin** put it there

★**tun² 1** *vortäuschend*: **er tut nur so** he's just pretending; **tu doch nicht so!** stop pretending, (≈ *mach kein Aufhebens*) don't make (such) a fuss **2 sie tut sehr selbstsicher** *usw.* she acts very confident ['kɒnfɪdənt] *usw.* **3 das hat damit nichts zu tun** that has nothing to do with it **4 es tut sich was** things are happening

tünchen whitewash

Tuner *m* tuner

Tunesien *n* Tunisia [tjuːˈnɪzɪə]

Tunesier m Tunisian [tjuːˈnɪzɪən]; **er ist Tunesier** he's Tunisian

Tunesierin f Tunisian [tjuːˈnɪzɪən] woman (oder lady bzw. girl); **sie ist Tunesierin** she's Tunisian

tunesisch Tunisian [tjuːˈnɪzɪən]

Tunfisch m tuna [ˈtuːnə] (fish)

Tunnel m tunnel [ˈtʌnl]

Tunte f im negativen Sinn **1** (≈ Homosexueller) fairy **2** (≈ Frau) bitch

Tüpfelchen n: **das ist das Tüpfelchen auf dem i** that's the icing [ˈaɪsɪŋ] on the cake

tupfen allg.: dab

Tupfen m dot

★**Tür** f **1** allg.: door; **vor der Tür at the door**; **es ist jemand an der Tür** there's somebody at the door; **an die Tür gehen** answer [ˈɑːnsə] the door; **ich bin gerade zur Tür rein** I've just this minute come in **2** **sie wohnen zwei Türen weiter** they live two doors along **3** **Tag der offenen Tür** open day, US open house **4** **Weihnachten steht vor der Tür** Christmas is just round the corner **5** **mit der Tür ins Haus fallen** blurt it out

Turban m turban [ˈtɜːbən]

Turbine f turbine [ˈtɜːbaɪn]

turbulent turbulent [ˈtɜːbjʊlənt]; **es ging turbulent zu** things got quite hectic (oder heated)

Turbulenzen pl turbulence [ˈtɜːbjʊləns] (⚠ nur im sg verwendet)

Türfalle f ⓗ (≈ Türklinke) doorhandle

Türgriff m doorhandle, doorknob [⚠ ˈdɔːnɒb]

★**Türke** m **1** Turk [tɜːk]; **er ist Türke** he's Turkish **2** umg (≈ türkisches Lokal) Turkish place, Turkish restaurant [ˈrestərɒnt]

★**Türkei** f Turkey [ˈtɜːkɪ]

türken (≈ fälschen) fake, fiddle (Zahlen)

★**Türkin** f Turkish woman (oder lady bzw. girl); **sie ist Türkin** she's Turkish

Türkis n, **türkis**, **Türkisblau** n, **türkisblau** turquoise [ˈtɜːkwɔɪz]

★**türkisch**, **Türkisch** n Turkish

★**Türklinke** f doorhandle

★**Turm** m **1** allg.: tower [ˈtaʊə] **2** Schach: castle [⚠ ˈkɑːsl], rook [rʊk]

türmen[1]: **sich türmen** (Hefte usw.) pile up

türmen[2] umg (≈ ausreißen) skedaddle [skɪˈdædl], Br auch do* a bunk

Turnbeutel m gym bag [ˈdʒɪmˌbæɡ], PE bag [ˌpiːˈiːˌbæɡ]

★**turnen** do* gymnastics [dʒɪmˈnæstɪks]

Turnen n **1** allg.: gymnastics [dʒɪmˈnæstɪks] (⚠ mit sg) **2** in der Schule: gym [dʒɪm], PE [ˌpiːˈiː] (abk für physical education)

Turner(in) m(f) gymnast [ˈdʒɪmnæst]

Turnhalle f gym [dʒɪm], gymnasium [dʒɪmˈneɪzɪəm] (⚠ dt. **Gymnasium** = grammar school, US high school)

Turnhemd n gym [dʒɪm] shirt

Turnhose f gym [dʒɪm] shorts (⚠ pl); **meine Turnhose ist dreckig** my gym shorts are dirty

Turnier n tournament [ˈtʊənəmənt]

Turnlehrer(in) m(f) gym [dʒɪm] teacher

Turnschuhe pl **1** aus Leder: trainers, US sneakers, US tennis shoes **2** aus Segeltuch: pumps [pʌmps], US sneakers, US tennis shoes

Turnübung f exercise

Turnverein m gymnastics [dʒɪmˈnæstɪks] club, US athletic club

Turnzeug n gym [dʒɪm] kit, US gym gear

Türschild n doorplate

Tusche f **1** Indian (US India) ink **2** (≈ Wasserfarbe) watercolour [ˈwɔːtəˌkʌlə]

tuscheln whisper; **über jemanden tuscheln** gossip behind someone's back

Tuschkasten m paintbox

Tussi f abwertend chick, bes. Br bird

★**Tüte** f **1** (plastic oder paper) bag **2** aus Karton: carton [ˈkɑːtn]; **eine Tüte Milch** a milk carton **3** umg **komm mir nicht in die Tüte!** no way!

TÜV m abk: **er muss zum TÜV** Br he's got to go for an MOT [ˌeməʊˈtiː] (US an inspection)

TÜV-Plakette f Br MOT certificate, US inspection certificate

Tweet n/m Nachricht beim sozialen Netzwerk: tweet

twittern (≈ den Internetdienst Twitter® nutzen) tweet

★**Typ**[1] m **1** (≈ Menschentyp) type; **ein ruhiger Typ** a quiet sort (of person) **2** **sie ist nicht der Typ dafür** she's not the right kind of person (for it) **3** **er ist nicht mein Typ** he's not my type **4** **sie sind vom Typ her völlig unterschiedlich** they are totally different types of person **5** umg (≈ Mann) guy [ɡaɪ], Br auch bloke **6** umg (≈ Freund) man, Br auch bloke; **das ist ihr neuester Typ** he's her latest man **7** **dein Typ wird verlangt** umg you're wanted

★**Typ**[2] m (≈ Modell) model [ˈmɒdl]

Typhus m typhoid [ˈtaɪfɔɪd]

★**typisch** **1** allg.: typical [ˈtɪpɪkl] **2** **ein typischer Fehler** a common mistake **3** **das ist wieder mal typisch!** that's just typical **4** **typisch Markus!** that's just like Markus; **typisch amerikanisch!** that's typically (oder so) American

Tyrann m tyrant [ˈtaɪrənt]

tyrannisieren (≈ *quälen*) tyrannize [ˈtɪrənaɪz], bully [ˈbʊlɪ] (about)

U

★**U-Bahn** f **1** *als Transportmittel*: underground, *in London auch*: Tube, *US* subway; **mit der U-Bahn fahren** go* by (*oder* take* the) underground *usw*. **2** (≈ *Zug*) (underground) train, *US* (subway) train

★**übel** **1** (≈ *widerlich*) horrible [ˈhɒrəbl] **2** **mir ist übel** I feel sick; **dabei kann einem übel werden** it's enough to make you sick **3** **nicht übel** *umg* not bad **4** **er ist ein übler Kerl** *umg* he's a nasty customer **5** **sie ist übel dran** *umg* she's in a bad way **6** **du nimmst es mir doch nicht übel, oder?** you're not offended, are you?

Übel n: **ein notwendiges Übel** a necessary evil [ˌnesəsrɪˈiːvl]; **das kleinere Übel** the lesser of (the) two evils

★**Übelkeit** f sick feeling, nausea [ˈnɔːsɪə]

übelnehmen → übel 6

Übeltäter(in) m(f) *meist humorvoll* offender

★**üben** practise [ˈpræktɪs], *US* practic**e**; **Klavier üben** practise <u>the</u> piano; **fleißig üben** practise hard

★**über**[1] **1** (≈ *oberhalb von*) above [əˈbʌv], over **2** *werfen, springen usw.*: over **3** (≈ *quer über*) across; **über den Ärmelkanal** across the Channel; **über die Straße gehen** cross the road

★**über**[2] (≈ *mehr als*) over, more than; **sie ist über vierzig** she's over forty

★**über**[3] **1** **ein Buch** *usw.* **über Eisbären** a book *usw*. about polar bears **2** **ein Scheck über 3000 Euro** a cheque <u>for</u> 3,000 euros **3** **wir haben über dich geredet** we were talking <u>about</u> you **4** **er ist über seinen Hausaufgaben eingeschlafen** he fell asleep <u>over</u> his homework **5** **übers Wochenende** *usw*. <u>over</u> the weekend *usw*. **6** **wir sind über Frankfurt gefahren** we went <u>via</u> [ˈvaɪə] Frankfurt **7** **es geht nichts über ein Schokoladeneis** there's nothing like a choc-ice (*US* Fudgesicle® [ˈfʌdʒsɪkəl]) **8** **sie hat Freunde über Freunde** she's got masses [ˈmæsɪz] of friends

★**überall 1** *allg*.: everywhere **2** **überall in der Stadt** *usw*. all over town *usw*.

überallher: **sie kamen von überallher** they came from all over the place

überängstlich 1 overly concerned **2** **sie ist überängstlich** *von Natur aus*: she's always worried [ˈwʌrɪd] about things

überanstrengen: **sie hat sich überanstrengt** she's been overdoing it

Überanstrengung f overexertion [ˌəʊvərɪgˈzɜːʃn]

überarbeiten 1 **einen Aufsatz** *usw*. **überarbeiten** go* over an essay *usw*. again **2** **sich überarbeiten** overwork [ˌəʊvəˈwɜːk]

überbacken 1 *im Backofen*: put* in the oven **2** *im Grill*: put* under the grill **3** **mit Käse überbacken** au gratin [əʊˈgrætæn]

überbelichten overexpose (*Film, Foto*)

überbieten 1 *bei Auktion*: outbid [ˌaʊtˈbɪd] **2** **an Frechheit ist er kaum zu überbieten** when it comes to cheek, he's hard to beat

Überbleibsel n pl (≈ *Essensreste*) leftovers

★**Überblick** m **1** *allg*.: overview (**über** of) **2** **den Überblick behalten** keep* track; **ich hab den Überblick verloren** I've lost track (of things) **3** **mir fehlt der Überblick** I don't know what's going on

überborden *bes*. Ⓐ **1** (*Freude, Erregung, Temperament*) be* exuberant [ɪgˈzjuːbrənt] **2** (*Fluss*) break* its banks **3** **überbordender Verkehr** excessive [ɪkˈsesɪv] (*oder* ever-increasing) traffic

überbrücken: **er überbrückte die Zeit mit Lesen** he filled in the time <u>by</u> reading

überbuchen overbook (*Flug, Hotel usw.*)

überdacht covered [ˈkʌvəd]

überdehnen stretch, pull (*Muskel usw.*)

überdenken: **etwas überdenken** think* something over

überdimensional outsized, *US* oversized

Überdosis f overdose [ˈəʊvədəʊs]; **an einer Überdosis Schlaftabletten sterben** die <u>of</u> an overdose <u>of</u> sleeping tablets (*US* pills)

überdreht wound [waʊnd] up, overexcited [ˌəʊvərɪkˈsaɪtɪd]

überdurchschnittlich above average [əˌbʌvˈævərɪdʒ]

übereifrig overkeen, *US* overeager

übereinander on top of each other; → **übereinanderstapeln**

★**übereinstimmen 1** **mit jemandem übereinstimmen** agree with someone (**über** on); **wir stimmen überein** we agree, we're in agreement **2** (*Aussagen usw.*) agree

überempfindlich hypersensitive (**gegen** to)

Überempfindlichkeit f hypersensitivity

[ˌhaɪpəˌsensəˈtɪvətɪ]
überessen: **sich überessen** overeat*
überfahren **1** knock [nɒk] down, run* over (Tier, Person) **2** **die Ampel überfahren** shoot* the lights (⚠ pl)
Überfahrt f crossing
Überfall m **1** allg.: attack (**auf** on) **2** auf der Straße: mugging **3** mit Waffe: holdup **4** **ein Überfall auf eine Bank** a bank robbery
überfallen **1** allg.: attack **2** auf der Straße: mug **3** raid (Bank) **4** invade (Land, auch übertragen: Freunde usw.) **5** mit Fragen usw.: bombard [bɒmˈbɑːd]
überfällig overdue [ˌəʊvəˈdjuː]; **längst überfällig** long overdue; **das ist seit einer Woche überfällig** it's a week overdue
überfliegen **1** (≈ schnell lesen) skim (through) **2** (Flugzeug) fly* over, tief: buzz
überfließen overflow
Überfluss m abundance [əˈbʌndəns] (**an** of); **im Überfluss** in abundance; **im Überfluss leben** live in luxury
★**überflüssig** **1** allg.: superfluous [⚠ suːˈpɜːflʊəs] **2** (≈ unnötig) unnecessary
überfluten flood [flʌd] (auch übertragen)
überfordern: **sie überfordern ihn** they expect too much of him
überfordert **1** **damit ist sie überfordert** it's too much for her **2** **ich fühle mich überfordert** I don't think I can manage
überfragt: **da bin ich überfragt** you've got me there
überfressen: **überfriss dich nicht!** umg don't stuff yourself!
überführen **1** (≈ bringen, transportieren) take*, transport [trænˈspɔːt] (beide auch Toten) **2** (≈ als schuldig erweisen) find* someone guilty [ˈɡɪltɪ], convict someone [kənˈvɪkt] (beide + Genitiv of)
Überführung f (≈ Brücke) flyover [ˈflaɪˌəʊvə], US overpass
überfüllt **1** Bus usw.: (over)crowded **2** Regale usw.: crammed
Übergangslösung f temporary solution
Übergangszeit f transition (al period [ˈpɪərɪəd])
★**übergeben**¹ **1** hand over (**an** to) **2** feierlich: present [prɪˈzent] (**an** to)
★**übergeben**²: **sich übergeben** be* sick, throw* up; **ich muss mich übergeben** I'm going to be sick (bzw. throw up)
übergehen **1** (≈ ignorieren) ignore **2** (≈ auslassen) leave* out **3** **ich fühlte mich übergangen** I felt left out

übergenau over-meticulous, pernickety umg
Übergepäck n excess [⚠ ˈekses] baggage
übergeschnappt umg cracked (up), crazy
Übergewicht n: (**10 Kilo**) **Übergewicht haben** be* (10 kilograms) overweight [ˌəʊvəˈweɪt]
überglücklich over the moon (**über** about)
übergriffig abwertend interfering (Mensch, Benehmen)
Übergröße f outsize; **Kleidung in Übergröße** outsize clothes [kləʊ(ð)z] (⚠ pl)
überhaben: **ich hab die Sache über** I'm sick and tired of it
überhäufen: **er überhäuft sie mit Geschenken** he showers her with presents
überhaupt **1** **überhaupt nicht** not at all; **das interessiert mich überhaupt nicht** I'm not in the least bit interested **2** **sie hat überhaupt keine Interessen** she hasn't got any interests at all **3** **überhaupt nichts** nothing at all, not a thing **4** **hast du ihn überhaupt gesehen?** did you actually see him? **5** **wo wohnt sie überhaupt?** where does she live anyway?
überheblich overbearing [ˌəʊvəˈbeərɪŋ], arrogant [ˈærəɡənt]
überhöht **1** Preise usw.: excessive [ɪkˈsesɪv] **2** **mit überhöhter Geschwindigkeit fahren** speed*, break* the speed limit
★**überholen** **1** im Auto usw.: overtake* [ˌəʊvəˈteɪk], pass **2** leistungsmäßig: overtake* **3** overhaul [ˌəʊvəˈhɔːl] (Maschine usw.)
Überholspur f overtaking (US passing) lane; **auf der Überholspur** in the overtaking (US passing) lane
überholt **1** (≈ veraltet) outdated **2** **das ist längst überholt** that's ancient [ˈeɪnʃənt]
überhören **1** **den Satz hab ich überhört** I didn't catch (oder I missed) that sentence (⚠ engl. overhear = **zufällig mitbekommen**) **2** absichtlich: ignore **3** **das will ich überhört haben!** I didn't hear that
überirdisch supernatural; **ein überirdisches Wesen** a supernatural being
überkochen **1** (Milch usw.) boil over **2** **er kochte vor Wut über** he blew his top
überkreuzen: **sich überkreuzen** (Termine usw.) clash
überkriegen: **etwas überkriegen** umg (≈ satthaben) get* fed up with something
überkritisch overcritical [ˌəʊvəˈkrɪtɪkl]
überladen¹ overload [ˌəʊvəˈləʊd] (Auto usw.)
überladen² **1** (≈ übermäßig verziert) cluttered **2** Schreibstil: flowery
★**überlassen** **1** **überlass das mir** leave that to

me; **das überlass ich dir** that's up to you, I'll leave that to you **2 jemandem etwas überlassen** let* someone have something **3 dem Zufall überlassen** leave* to chance (⚠ *ohne* the)

überlastet **1 überlastet sein** *Person*: be* under strain, *durch Arbeit*: be* overworked **2** *Gerät usw.*: overloaded

Überlastung *f* **1** *einer Person*: strain **2** *eines Geräts usw.*: overloading

überlaufen[1] **1** *Flüssigkeit*: run* over, *Kochendes*: boil over **2 das brachte das Fass zum Überlaufen** that was the last straw

überlaufen[2] *Ort*: (over)crowded; **mit Touristen überlaufen** overrun with tourists

überleben **1** *allg.*: survive [səˈvaɪv] **2 das überlebe ich nicht** *umg* that'll be the death of me; **du wirst es schon überleben** you'll live

Überleben *n* survival [səˈvaɪvl]

Überlebende(r) *m/f(m)* survivor [səˈvaɪvə]

überlebensgroß larger than life, larger-than-life (⚠ *nur vor dem Subst.*)

★**überlegen**[1] **1 sich etwas (genau) überlegen** think* (carefully) about something; **ich überleg's mir** I'll think about it **2 er hat sich's anders überlegt** he's changed his mind **3 das würde ich mir zweimal überlegen** I'd think twice about that **4 das hättest du dir vorher überlegen sollen** you should have thought about that before **5 er sagte zu, ohne lange zu überlegen** he accepted without thinking twice

★**überlegen**[2]: **jemandem überlegen sein** be* superior [suːˈpɪərɪə] to someone (**an, in** in)

★**Überlegung** *f*: **ohne Überlegung** without thinking

überlesen **1** (≈ *übersehen*) overlook [ˌəʊvəˈlʊk] **2 ein Heft** *usw.* **überlesen** skim through a magazine *usw.*

überliefert **1** *Bräuche, Kenntnisse usw.*: traditional; **überlieferte Bräuche** *auch* customs which have been passed down **2 aus dieser Zeit ist nichts überliefert** no records [ˈrekɔːdz] of this period have survived **3 es ist überliefert, dass …** records indicate that

überlisten outwit [ˌaʊtˈwɪt]

übermitteln **1** transmit, send* (*Daten usw.*) (+ *Dativ* to) **2** convey [kənˈveɪ] (*Grüße usw.*) (+ *Dativ* to)

★**übermorgen** the day after tomorrow

übermüdet overtired [ˌəʊvəˈtaɪəd]

übermütig **1** high-spirited; **die Kinder waren übermütig** the children were in high spirits **2 übermütig herumtollen** romp around in high spirits

übernächste(r, -s): **übernächste Woche** *usw.* the week *usw.* after next

★**übernachten** **1** stay overnight **2 ich übernachte bei Bernd** I'm staying (*US meist* spending) the night at Bernd's (place)

übernächtigt tired (from lack of sleep)

Übernachtung *f* overnight stay; **zwei Übernachtungen (mit Frühstück)** two nights (with breakfast)

Übernahme *f* **1** takeover, (≈ *das Übernehmen*) taking over, *von Ansichten*: adoption; **freundliche/feindliche Übernahme** friendly/hostile takeover **2** *in eine Anstellung* **auf eine Übernahme hoffen** hope to be taken on **3** *von Amt* assumption

★**übernehmen** **1** *allg.*: take* over (⚠ overtake = *überholen*) **2** take* on (*Arbeit usw.*) **3 sich übernehmen** *mit Arbeit*: take* on too much **4** (≈ *sich überanstrengen*) overdo* it; **sich beim Joggen übernehmen** do* too much jogging

★**überprüfen** check; **er überprüfte, ob alles in Ordnung sei** he checked to see whether everything was okay

★**Überprüfung** *f* **1** *allg.*: check(up) **2** *genaue*: scrutiny [ˈskruːtɪnɪ] **3** *einer Entscheidung*: reconsideration [ˌriːkənsɪdəˈreɪʃn], review [rɪˈvjuː] **4** *von Projektentwürfen, Ausgaben usw.*: revision, *US* review

überqualifiziert overqualified [ˌəʊvəˈkwɒlɪfaɪd]

★**überqueren** cross

★**überraschen** **1** surprise [səˈpraɪz] **2 er wurde beim Klauen überrascht** he was caught stealing **3 wir wurden vom Regen überrascht** we were caught in the rain **4 lassen wir uns überraschen** let's wait and see

überraschend **1** *allg.*: surprising [səˈpraɪzɪŋ] **2** (≈ *unerwartet*) unexpected **3 es kam für uns ganz überraschend** it took us completely by surprise

überrascht surprised [səˈpraɪzd] (**von** by); **er war ganz überrascht** it was a complete surprise (for him)

★**Überraschung** *f* **1** surprise [səˈpraɪz]; **so eine Überraschung!** what a surprise! **2 eine kleine Überraschung** (≈ *Geschenk*) a little something

überreagieren overreact (**auf** to)

★**überreden** persuade [pəˈsweɪd]; **ich überredete ihn (dazu,) mitzukommen** I persuaded him to come; **er lässt sich nicht überreden** he won't be persuaded

Überredungskünste pl powers of persuasion
überregional (≈ national) national; **überregionale Zeitung** national newspaper
★**überreichen**: **jemandem etwas überreichen** present [prɪˈzent] someone with something
überrumpeln: **jemanden überrumpeln** take* someone by surprise
überrunden im Sport: lap
Überschallgeschwindigkeit f supersonic speed [ˌsuːpəsɒnɪkˈspiːd]
überschätzen ◻1 overestimate [ˌəʊvə(r)ˈestɪmeɪt] ◻2 **er überschätzt sich** he's not as good as he thinks
überschaubar ◻1 clear ◻2 Folgen, Risiko usw.: calculable [ˈkælkjʊləbl]
überschlafen: **ich werd's überschlafen** I'll sleep on it
Überschlag m ◻1 Turnen: somersault [⚠ ˈsʌməsɔːlt] ◻2 eines Flugzeugs usw.: loop
überschlagen[1] ◻1 **sich überschlagen** do* a somersault [⚠ ˈsʌməsɔːlt], (Auto) overturn [ˌəʊvəˈtɜːn] ◻2 **seine Stimme überschlug sich** his voice cracked ◻3 **er überschlug sich vor Freundlichkeit** usw. he was falling over himself to be friendly usw. ◻4 **ich muss das kurz überschlagen** let me do a quick calculation
überschlagen[2]: **mit übergeschlagenen Beinen** with her (his, my usw.) legs crossed
überschnappen umg flip, crack up
überschneiden ◻1 **sich überschneiden** (Linien usw.) intersect [ˌɪntəˈsekt] ◻2 **sich überschneiden** (Termine) clash
Überschreibemodus m Computer: overwrite [⚠ ˈəʊvəraɪt] (oder overstrike) mode
★**Überschrift** f ◻1 heading ◻2 (≈ Zeitungsüberschrift) headline
Überschuss m ◻1 allg.: surplus [ˈsɜːpləs] (**an** of) ◻2 (≈ Gewinn) profit [ˈprɒfɪt]
überschütten: **sie überschüttet ihn mit Geschenken** she showers him with presents
überschwappen ◻1 (Flüssigkeit) slop over (the edge) ◻2 (Glas usw.) slop over
überschwemmen flood [flʌd] (auch übertragen)
Überschwemmung f flooding [ˈflʌdɪŋ], floods [flʌdz] (⚠ pl)
★**übersehen** ◻1 overlook [ˌəʊvəˈlʊk] (Fehler usw.) ◻2 **ich hab dich übersehen** I didn't see you ◻3 (≈ ignorieren) ignore
★**übersetzen** translate [trænsˈleɪt] (**aus** from, **in** into); **falsch übersetzen** translate wrong(ly); **es soll ins Englische übersetzt werden** it's to be translated into English (⚠ ohne the)

Übersetzer(in) m(f) translator [trænsˈleɪtə]
★**Übersetzung** f translation [trænsˈleɪʃn]; **eine Übersetzung aus dem Deutschen ins Englische** a translation from German into English (⚠ ohne the)
Übersicht f ◻1 allg.: overview [ˈəʊvəvjuː] ◻2 (≈ Tabelle) chart [tʃɑːt] ◻3 **die Übersicht verlieren** lose* [luːz] track
übersichtlich clear
★**übersiedeln** bes. Ⓐ (≈ umziehen) move [muːv] (**nach** to)
überspielen ◻1 (≈ verdecken) cover up ◻2 **eine Kassette überspielen** record over a cassette
überspringen ◻1 **eine Pfütze** usw. **überspringen** jump over a puddle usw. ◻2 (≈ auslassen) skip
überstehen ◻1 get* over (Krankheit usw.) ◻2 **er hat das Schlimmste überstanden** he's over the worst ◻3 (≈ überleben) survive (auch übertragen) ◻4 **das wäre überstanden!** thank goodness that's out of the way
übersteigen: **das übersteigt meine Kräfte** (bzw. **Fähigkeiten** usw.) that's beyond me
übersteigert exaggerated [ɪɡˈzædʒəreɪtɪd]
überstimmen outvote [ˌaʊtˈvəʊt] (jemanden)
überstrapazieren: **sich überstrapazieren** wear* [weə] oneself out
überstreichen: **eine Wand** usw. **überstreichen** paint over a wall usw.
Überstunde f hour of overtime [ˈəʊvətaɪm]; **Überstunden** overtime (⚠ sg); **zwei Überstunden machen** do* two hours overtime
überstürzen: **etwas überstürzen** rush things
überstürzt Entscheidung usw.: rash
übertölpeln: **jemanden übertölpeln** take* someone in
übertönen drown out
★**übertragen**[1] ◻1 allg.: transfer [trænsˈfɜː] (**in**, **auf** to) ◻2 **eine Krankheit auf jemanden übertragen** pass a disease on to someone ◻3 TV, Radio: broadcast* [ˈbrɔːdkɑːst]; **live übertragen** broadcast* live [⚠ laɪv] ◻4 **ins Englische übertragen** translate into English (⚠ ohne the) ◻5 **das kann man nicht auf alle übertragen** you can't apply it to everyone
★**übertragen**[2]: **in übertragener Bedeutung** in the figurative [ˈfɪɡərətɪv] sense
★**Übertragung** f ◻1 allg.: transfer [ˈtrænsfɜː] (**auf** to) ◻2 TV, Radio: broadcast [ˈbrɔːdkɑːst]
Übertragungsgeschwindigkeit f Internet: transfer speed
übertreffen ◻1 allg.: excel [ɪkˈsel]; **sich selbst übertreffen** excel oneself ◻2 **sie ist nicht zu**

übertreffen she's unbeatable ❸ **es übertraf alle Erwartungen** it exceeded [ɪk'siːdɪd] all expectations

übertreiben ❶ exaggerate [ɪɡ'zædʒəreɪt]; **übertreib nicht so!** stop exaggerating ❷ overdo* [ˌəʊvə'duː] (*Tätigkeit*); **er hat's mit dem Tennis übertrieben** he's been overdoing the tennis ❸ **sie übertreibt's mit ihren Witzen** she goes too far with her jokes ❹ **man kann's auch übertreiben** you can take things too far

Übertreibung *f* exaggeration [ɪɡˌzædʒə'reɪʃn]

übertrieben ❶ exaggerated [ɪɡ'zædʒəreɪtɪd] ❷ *Verhalten*: over the top, over-the-top (*Letzteres nur vor dem Subst.*)

übervorsichtig overcautious [ˌəʊvə'kɔːʃəs]

überwachen ❶ *Polizei*: keep* under surveillance [⚠ sə'veɪləns] ❷ *über Video usw.*: monitor ['mɒnɪtə] ❸ control (*Verkehr*)

Überwachungsanlage *f im Geschäft usw.*: closed-circuit [ˌkləʊzd'sɜːkɪt] television, CCTV

überwältigen ❶ overpower (*Dieb usw.*) ❷ **überwältigt werden von** *einem Gefühl usw.*: be* overwhelmed [ˌəʊvə'welmd] by

überwältigend ❶ *allg*.: overwhelming ❷ **es war nicht gerade überwältigend** it was nothing to write home about

überweisen ❶ transfer [træns'fɜː] (*Geld*); **er hat ihr das Geld überwiesen** he transferred the money to her account ❷ refer (*Patienten*) (**an** to)

★**Überweisung** *f* ❶ *von Geld*: transfer ['trænsfɜː], *per Post*: remittance [rɪ'mɪtəns] (*beide*: **an** to) ❷ *eines Falles, Patienten usw.*: referral [rɪ'fɜːrəl] (**an** to)

Überweisungsschein *m* referral [rɪ'fɜːrəl] slip

★**überwiegend** ❶ **es waren überwiegend Frauen** it was mainly women ❷ **die überwiegende Mehrheit** the vast majority

überwinden ❶ overcome* (*Hindernis usw.*) ❷ **ich musste mich dazu überwinden** I had to force myself to do it ❸ **er konnte sich nicht überwinden, es zu tun** he couldn't bring himself to do it

überwintern ❶ spend* the winter (**in** in, at) ❷ (*Tier*) hibernate ['haɪbəneɪt]

überwuchert overgrown

★**überzeugen** ❶ convince [kən'vɪns] (**von** of); **jemanden davon überzeugen, dass** convince (*oder* persuade [pə'sweɪd]) someone that; **sie lässt sich nicht überzeugen** she won't be persuaded ❷ **ich will mich selbst überzeugen** I want to see for myself

überzeugend convincing, *Argument auch*: persuasive [pə'sweɪsɪv]

überzeugt ❶ **sie ist sehr von sich selbst überzeugt** she has a high opinion of herself ❷ **ich bin noch nicht ganz überzeugt** I'm not completely persuaded [pə'sweɪdɪd] (*oder* convinced) yet

überzeugte(r, -s) convinced [kən'vɪnst], *stärker*: ardent ['ɑːdnt] (*Sozialist usw.*)

★**Überzeugung** *f* ❶ **ich bin der (festen) Überzeugung, dass** I'm (firmly) convinced that ❷ **aus Überzeugung** out of conviction

überziehen¹ ❶ overdraw* [ˌəʊvə'drɔː] (*Konto*) (**um** by); **er hat sein Konto um 100 Euro überzogen** he's overdrawn his account by 100 euros ❷ **es überzieht sich** it's clouding over

überziehen² ❶ put* on (*Jacke usw.*) ❷ **er hat ihm eins übergezogen** *umg* he landed him one

Überziehungskredit *m* overdraft facility ['əʊvədrɑːft fəˌsɪlətɪ]

überzogen: **total überzogen** completely over the top

Überzug *m* ❶ *allg*.: cover ['kʌvə] ❷ *von Kissen*: pillowcase, pillowslip ❸ (≈ *dünne Schicht*) coat(ing) ❹ (≈ *Schokoladenüberzug usw.*) coating

★**üblich** ❶ (≈ *gewöhnlich*) usual ['juːʒʊəl]; **wie üblich** as usual ❷ (≈ *normal*) normal ['nɔːml]; **es ist ganz üblich, dass alle kommen** it's quite normal for everyone to come ❸ **es ist bei ihm so üblich** that's his way of doing it

Übliche(s) *n*: **das Übliche** the usual ['juːʒʊəl] thing

üblicherweise usually ['juːʒʊəlɪ], normally

U-Boot *n* submarine [ˌsʌbmə'riːn], *deutsches auch*: U-boat ['juːbəʊt]

★**übrig** ❶ **ist noch Saft übrig?** is there any juice left? ❷ **alles** (*oder* **das**) **Übrige** the rest (of it) ❸ **alle** (*oder* **die**) **Übrigen** the rest (of them); → übrighaben

GETRENNTSCHREIBUNG

übrig bleiben ❶ be* left ❷ **es blieb mir nichts anderes übrig** (**,als zu**) I had no choice (**but** to); **was blieb mir anderes übrig?** what else could I do?

übrig lassen ❶ **jemandem etwas übrig lassen** leave* something for someone ❷ **ein paar Kartoffeln** (*bzw. etwas Wein usw.*) **übrig lassen** *für später*: leave* a few potatoes (*bzw.* some wine *usw.*)

übrigbleiben → übrig bleiben 2

★übrigens by the way (*meist am Satzanfang*)
übrighaben: **er hat nichts für Tiere übrig** he doesn't like animals
★Übung f **1** (≈ *das Üben bzw. Geübtsein*) practice ['præktɪs] (⚠ *ohne* the); **ich bin aus der Übung** I'm out of practice; **aus der Übung kommen** get out of practice; **Übung macht den Meister** practice makes perfect **2** *Turnen, im Unterricht*: exercise ['eksəsaɪz]
Übungsbuch n book of exercises (⚠ exercise book = Schulheft)
Übungssache f: **das ist reine Übungssache!** it's all a matter of practice (*oder* training)
★Ufer n **1** (≈ *Flussufer*) bank **2** (≈ *Meeresufer*) shore, (≈ *Seeufer*) *auch*: shores (⚠ *pl*) **3** **am Ufer** on the riverbank *bzw.* on the edge of the lake *bzw.* on the shore
Ufo n UFO [ˌjuːˈefˈəʊ, ˈjuːfəʊ], unidentified flying object
★Uhr f **1** *allg.*: clock **2** (≈ *Armbanduhr*) watch [wɒtʃ] **3** **wie viel Uhr ist es?** what time is it?; **um wie viel Uhr?** what time? **4** **rund um die Uhr** around the clock; **rund um die Uhr geöffnet** open 24 hours **5** **biologische Uhr** biological clock; **innere Uhr** body clock
Uhrzeiger m (clock *oder* watch) hand
Uhrzeigersinn m **1** **im Uhrzeigersinn** clockwise **2** **entgegen dem Uhrzeigersinn** anticlockwise [ˌæntɪˈklɒkwaɪz], US counterclockwise
Uhrzeit f time
Uhu m *Vogel*: eagle-owl [ˈiːglˌaʊl]
Ukraine f: **die Ukraine** (the) Ukraine [juːˈkreɪn]
UKW *abk* FM [ˌefˈem] (*abk für* frequency modulation)
ulkig funny
Ulme f elm
Ultimatum n ultimatum [ˌʌltɪˈmeɪtəm]; **jemandem ein Ultimatum stellen** give* someone an ultimatum, *Militär auch*: deliver [dɪˈlɪvə] an ultimatum to someone
ultrahochauflösend ultra high definition (*Fernsehen, Gerät*)
ultrahocherhitzt *bes. Br; Milch*: long-life (⚠ *nur vor dem Subst.*)
Ultraschall m ultrasound [ˈʌltrəsaʊnd]; **einen Ultraschall machen** do* an ultrasound
★um 1 *räumlich*: around, round; **um etwas herum** around something **2** **um zehn (Uhr)** at ten (o'clock); **um zehn (herum)** around ten **3** **es stieg um zwölf Euro** it went up by twelve euros **4** **um drei Meter länger** three metres longer **5** **es waren um die 50 da** there were around 50 people there **6** (≈ *in Bezug auf*) about; **es geht um ...** it's about ... **7** (*um ehrlich zu sein* to be honest **8** **um sein** (≈ *zu Ende sein*) be* over; **die Zeit ist um** time's up (⚠ *ohne* the)

★umarmen: **(sich) umarmen** embrace [ɪmˈbreɪs], hug (each other)
Umarmung f embrace, hug
Umbau m rebuilding, renovation, *zu etwas anderem*: conversion (**zu** into), (≈ *Umänderung*) alterations (⚠ *pl*); **das Gebäude befindet sich im Umbau** the building is being renovated
umbauen 1 *allg.*: (≈ *ändern*) alter [ˈɔːltə], *völlig*: rebuild [riːˈbɪld] **2** **umbauen zu** (*oder* **in**) turn into **3** redesign [ˌriːdɪˈzaɪn] (*Maschine usw.*) **4** (≈ *neu gestalten*) remodel [ˌriːˈmɒdl], convert (*auch Wohnung*) (**in, zu** into) **5** übertragen reorganize [riːˈɔːɡənaɪz] **6** *im Theater, auf Bühne*: change the set
umbenennen rename [riːˈneɪm]
umbiegen 1 bend* (*Rohr usw.*) **2** *im Auto*: turn round
umbilden reshuffle [riːˈʃʌfl] (*Kabinett, Regierung usw.*)
Umbildung f *von Kabinett, Regierung usw.*: reshuffle [ˈriːˌʃʌfl]
umblättern turn (over) the page
umbringen 1 kill, murder **2** **sich umbringen** kill oneself, commit suicide [ˈsuːɪsaɪd] **3** **du wirst dich noch umbringen** *umg* you'll kill yourself
umbuchen 1 alter one's booking for (*Flug, Termin*) **2** transfer (*Betrag*)
★umdrehen 1 *allg.*: turn round **2** turn (*Schlüssel usw.*) **3** **jemandem den Arm umdrehen** twist someone's arm **4** **er dreht jede Mark um** *umg* he counts every penny **5** **sich nach jemandem umdrehen** turn round to look at someone **6** (≈ *umkehren*) turn back
Umdrehung f **1** *einer Schraube usw.*: turn **2** *technisch, eines Motors usw.*: revolution [ˌrevəˈluːʃn]; **1000 Umdrehungen pro Minute** 1,000 revolutions per minute (*abk* rpm) **3** *eines Planeten*: rotation
umfahren knock [nɒk] down
Umfahrung f ⓐ **1** (≈ *Umgehungsstraße*) bypass **2** (≈ *Umleitung*) diversion, US detour [ˈdiːtʊə]
umfallen 1 *allg.*: fall* over **2** (≈ *zusammenbrechen*) collapse [kəˈlæps] **3** **tot umfallen** drop dead **4** **ich bin zum Umfallen müde** I'm ready to drop
★Umfang m **1** *eines Kreises, der Erde*: circumference [səˈkʌmfrəns] **2** (≈ *Bauchumfang*) girth

3 (≈ *Größe*) size **4** *eines Schadens usw.*: extent [ɪkˈstent] **5** (≈ *Reichweite*) range **6** *von Untersuchung usw.*: scope, *von Verkauf usw.*: volume **7 in großem Umfang** on a large scale; **in vollem Umfang** fully, entirely

★**umfangreich** extensive [ɪkˈstensɪv]

umfassen (*Werk usw.*) comprise, consist of

umfassend comprehensive, extensive

Umfeld *n* environment [ɪnˈvaɪrənmənt]

umformulieren reword, rephrase

Umfrage *f* survey [ˈsɜːveɪ], *bes. Politik*: poll [pəʊl]

Umgang *m* **1** (≈ *Bekanntenkreis*) friends (⚠ *pl*) **2 er ist kein Umgang für dich** he's no fit company [ˈkʌmpəni] for you **3 der Umgang mit jemandem** (*bzw. etwas*) dealing with someone (*bzw.* something); **im Umgang mit** (in) dealing with

umgänglich easy to get along with

Umgangsformen *pl* **1** manners **2 sie hat keine Umgangsformen** she doesn't know how to behave

Umgangssprache *f* colloquial [kəˈləʊkwɪəl] language; **die englische Umgangssprache** colloquial English (⚠ *ohne the*)

umgangssprachlich colloquial [kəˈləʊkwɪəl]

Umgangston *m* tone; **ein freundlicher/schroffer Umgangston** a friendly/brusque tone

umgeben[1] surround [səˈraʊnd] (*ein Haus mit einer Hecke usw.*)

umgeben[2] surrounded [səˈraʊndɪd] (**von** by)

★**Umgebung** *f* surroundings (⚠ *pl*)

★**umgehen**[1] **1** go* round (*Hindernis usw.*) **2** bypass [ˈbaɪpɑːs] (*Stadt*) **3** get* round (*Schwierigkeit usw.*)

★**umgehen**[2]: **umgehen mit** handle (*Ding, Maschine, Person, Tier*), use (*Maschine usw.*); **sie weiß mit ihnen umzugehen** she knows how to handle them

Umgehungsstraße *f* **1** bypass [ˈbaɪpɑːs] **2** (≈ *Ringstraße*) ring road

★**umgekehrt** **1** the other way round **2 und umgekehrt** and vice versa [ˌvaɪs(ɪ)ˈvɜːsə]

umgucken **1 sich umgucken** (≈ *sich umsehen*) look round, have* a look round **2 du wirst dich noch umgucken!** you're in for a surprise or two!

Umhang *m* cape

umhängen put* on (*Schal usw.*)

umhauen **1 jemanden umhauen** knock [nɒk] someone flying **2 es hat mich fast umgehauen** *Alkohol, Gestank usw.*: it knocked me out, *Nachricht usw.*: I was floored [ˈflɔːd]

umhören: **ich werd mich umhören** I'll keep my ears open, I'll ask around

umkehren (≈ *zurückkehren*) turn back

Umkehrung *f* Mathematik: inversion

umkippen **1** (*Vase usw.*) tip over **2** (*Boot*) overturn **3** (≈ *ohnmächtig werden*) faint, keel over **4** (≈ *umstoßen*) knock [nɒk] over **5** (*Gewässer*) die

umklammern **1** (≈ *festhalten*) cling* onto **2** *mit den Fingern*: clutch

umklappen fold (back)

Umkleide *f umg* fitting room

Umkleidekabine *f* cubicle [ˈkjuːbɪkl], *US* dressing room

Umkleideraum *m* changing room

umknicken **1** (≈ *brechen*) snap **2** (≈ *biegen*) bend* **3 ich bin (mit dem Fuß) umgeknickt** I twisted my ankle

umkommen **1** die, be* killed **2 wir sind vor Hunger usw. fast umgekommen** we nearly died of hunger usw.

Umkreis *m*: **im Umkreis von 10 Kilometern** within a radius [ˈreɪdɪəs] of 10 kilometres

umkreisen circle (round), orbit [ˈɔːbɪt]

umkrempeln **1** turn up (*Ärmel usw.*) **2 einen Strumpf** *usw.* **umkrempeln** turn a sock *usw.* inside out **3 du kannst ihn nicht völlig umkrempeln** *umg* you can't make a new person out of him

Umlaufbahn *f eines Planeten, Satelliten*: orbit; **auf seine Umlaufbahn bringen** (*bzw.* **gelangen**) put* (*bzw.* enter) into orbit

Umlaut *m* **1** umlaut [ˈʊmlaʊt] **2** *Laut*: vowel with an umlaut

umlegen *umg* (≈ *töten*) bump off

umleiten divert [daɪˈvɜːt]

★**Umleitung** *f* diversion, *US* detour [ˈdiːtʊə]

umlernen **1** (≈ *umschulen*) retrain **2 umlernen müssen** (≈ *umdenken müssen*) have* to change one's ideas

umliegend surrounding [səˈraʊndɪŋ]

ummelden: **sich ummelden** register [ˈredʒɪstə] one's change of address

umorganisieren reorganize [riːˈɔːɡənaɪz]

umquartieren *umg* shift

umranden edge [edʒ]; **etwas rot umranden** circle [ˈsɜːkl] something in red

umräumen **1** (≈ *woanders hintun*) move **2** rearrange (*Zimmer, Möbel usw.*)

umrechnen **1** convert [kənˈvɜːt] (**in** into) **2 in Pfund umrechnen** in (terms of) pounds

Umrechnung *f von Währungen usw.*: conver-

sion
Umrechnungskurs *m* exchange rate
Umrechnungstabelle *f* conversion table
Umriss *m*, **Umrisse** *pl* ◼ outline (*sg*) ◼ **in groben Umrissen** in rough outline (▲ *sg*)
★**umrühren** stir [stɜː]
umrüsten adapt (*Computer, Gerät usw.*) (**auf** to)
umsatteln ◼ *im Studium:* switch subjects ◼ *im Beruf:* change jobs ◼ **umsatteln auf** switch to
★**Umsatz** *m Wirtschaft:* turnover
Umsatzsteuer *f* VAT, *US* sales tax
Umsatzsteuererklärung *f* VAT return, *US* sales tax return
Umsatzsteueridentifikationsnummer *f* VAT number, *US* sales tax number
umsatzsteuerpflichtig subject to VAT, *US* subject to sales tax
umschalten ◼ switch (**auf** to) ◼ *beim Fernsehen:* switch over, switch channels
Umschalttaste *f Computer:* shift key
umschauen → umsehen
Umschlag *m* ◼ (≈ *Briefumschlag*) envelope ['envələʊp] ◼ (≈ *Buchumschlag*) cover ◼ **kalter Umschlag** cold compress ['kɒmpres]
umschlagen (*Wetter*) turn, change
umschmeißen ◼ *allg.:* knock [nɒk] down ◼ upset* (*Pläne*) ◼ **das hat mich total umgeschmissen** *übertragen* it really threw me
umschreiben[1] (≈ *anders ausdrücken*) paraphrase ['pærəfreɪz]
umschreiben[2] (≈ *neu schreiben*) rewrite* [ˌriː-'raɪt]
Umschreibung *f* paraphrase ['pærəfreɪz]
umschulen ◼ **er wird umgeschult** he's being sent to another school ◼ (≈ *einen anderen Beruf lernen*) retrain [ˌriː'treɪn]
Umschulung *f* ◼ transfer ['trænsfɜː] (to another school) ◼ *berufliche:* retraining [ˌriː-'treɪnɪŋ]
umschütten spill*, knock [nɒk] over (*Glas usw.*)
Umschwung *m* sudden change
umsehen ◼ **sich umsehen** look round, have* a look round; **sie sah sich im Zimmer um** she looked round the room ◼ **er hat sich nach dem Mädchen umgesehen** he looked round at (*suchend:* for) the girl ◼ **er sieht sich nach Arbeit um** he's looking for work ◼ **du wirst dich noch umsehen!** you're in for a surprise or two!
umsetzen: etwas in die Praxis umsetzen put* something into practice
Umsiedler(in) *m(f)* resettler [riː'setlə]
★**umso** ◼ **je später** *usw.*, **umso schlechter** *usw.* **the later** *usw.* **the worse** *usw.* ◼ **umso besser** so much the better
★**umsonst** ◼ (≈ *kostenlos*) free; **er macht es umsonst** he does it for nothing (*oder* for free) ◼ **es war umsonst** (≈ *vergeblich*) it was all for nothing
umspringen ◼ (*Ampel usw.*) change (**auf** to) ◼ **mit jemandem grob** *usw.* **umspringen** treat someone roughly *usw.*
Umstände *pl* circumstances ['sɜːkəmstənsɪz]; **unter diesen** (*bzw.* **keinen**) **Umständen** under the (*bzw.* no) circumstances ◼ **unter Umständen geht das** it might (possibly) work ◼ **mach dir keine Umstände!** don't go to any trouble
umständlich ◼ (≈ *ungeschickt*) awkward ['ɔːkwəd] ◼ (≈ *verwickelt*) complicated ◼ (≈ *langatmig*) longwinded (▲ ˌlɒŋ'wɪndɪd) ◼ **umständlicher geht's wohl nicht!** *umg* you can't get much more complicated than that!
Umstandswort *n* adverb ['ædvɜːb]
★**umsteigen** ◼ change (trains *bzw.* buses *usw.*); **Sie müssen auf die 19 umsteigen** you've got to change to the 19 ◼ (≈ *wechseln*) switch (**auf** to) (*Fach, Diät usw.*)
umstellen ◼ **sich umstellen** adjust [ə'dʒʌst] (**auf** to); **man muss sich umstellen** you've got to get used to it ◼ adjust (*Gerät usw.*)
Umstellung *f* adjustment [ə'dʒʌstmənt]
umstimmen: kannst du ihn nicht umstimmen? can't you change his mind?, can't you talk him out of it?
umstoßen knock [nɒk] down (*oder* over)
umstritten controversial [ˌkɒntrə'vɜːʃl]
Umsturz *m einer Regierung usw.:* overthrow ['əʊvəθrəʊ]
umstürzen ◼ fall* over ◼ (≈ *umwerfen*) knock [nɒk] over ◼ overthrow* [ˌəʊvə'θrəʊ] (*Regierung usw.*)
★**umtauschen** ◼ exchange (**gegen** for), take* back to the shop (*US* store) ◼ exchange (*Währung*) (**in** into, for)
umtun ◼ (≈ *umbinden*) put* on ◼ **sich nach etwas umtun** look round for something
U-Musik *f* light (*oder* popular ['pɒpjʊlə]) music
Umwälzung *f politische usw.:* upheaval [ʌp-'hiːvl]
umwandeln ◼ convert, transform [træns'fɔːm] (**in, zu** into) ◼ **sie ist wie umgewandelt** she's a different person
Umwandlung *f* conversion (**in** into), transformation [ˌtrænsfə'meɪʃn] (**in** into)
umwechseln exchange (*Währung*) (**in** for),

change (**in** into)

Umweg *m* **1** detour ['diːtʊə] (**über** via ['vaɪə]); **einen Umweg machen** (*oder* **fahren**) make* a detour **2 ich hab's auf Umwegen erfahren** I found out in a roundabout way

★**Umwelt** *f* environment [ɪn'vaɪrənmənt]

umweltbelastend environmentally [ɪn,vaɪrən'mentəli] (*oder* ecologically [,iːkə'lɒdʒɪkli]) harmful, harmful to the environment

★**Umweltbelastung** *f* environmental pollution [ɪn,vaɪrənmentəlpə'luːʃn]

★**umweltbewusst** environmentally [ɪn,vaɪrən'mentəli] aware, environment-conscious [ɪn'vaɪrənmənt,kɒnʃəs]

umweltfreundlich environment(ally)-friendly, eco-friendly ['iːkəʊˌfrendli]

Umweltkatastrophe *f* environmental disaster [ɪn,vaɪrənmentl_dɪ'zɑːstə]

Umweltorganisation *f* environmental organization

Umweltpapier *n* recycled paper

Umweltpolitik *f* environmental policy ['pɒləsi]

umweltschädlich harmful to the environment, environmentally (*oder* ecologically [,iːkə'lɒdʒɪkli]) harmful, polluting (pə'luːtɪŋ)

★**Umweltschutz** *m* conservation, care of the environment, environmentalism

Umweltschützer(in) *m(f)* environmentalist [ɪn,vaɪrən'mentlɪst], conservationist

Umweltsünder(in) *m(f)* (environmental) polluter [pə'luːtə]

★**Umweltverschmutzung** *f* (environmental) pollution [pə'luːʃn]

umweltverträglich environment(ally)-friendly, environmentally compatible [kəm'pætəbl], eco-friendly ['iːkəʊˌfrendli]

Umweltverträglichkeit *f* eco-friendliness

Umweltzerstörung *f* destruction of the environment, *völlige*: ecocide ['iːkəʊsaɪd]

umwerfen 1 (≈ *umstoßen*) knock [nɒk] over **2 er warf sich eine Jacke um** he threw a jacket over his shoulders ['ʃəʊldəz] **3** throw* (*Pläne usw.*) **4 es hat ihn umgeworfen** *übertragen* it threw him

umwerfend 1 (≈ *sehr beeindruckend*) incredible [ɪn'kredəbl] **2 es war umwerfend komisch** it was hilarious [hɪ'leərɪəs]

★**umziehen¹: sich umziehen** get* changed

★**umziehen²** move [muːv] (**nach** to)

Umzug *m* **1** (≈ *Wohnungswechsel*) move (**nach** to) **2** (≈ *Straßenumzug*) parade, *feierlicher*: procession

★**unabhängig 1** independent [,ɪndɪ'pendənt] (**von** of) **2** unabhängig voneinander independently of one another **3 unabhängig davon, ob ...** regardless of whether ...

★**Unabhängigkeit** *f* independence (**von** of)

Unabhängigkeitstag *m* *USA*: Independence Day (▲ *ohne* the), Fourth of July (▲ *mit* the)

unabsichtlich 1 unintentionally [,ʌnɪn'tenʃnli] **2 es war unabsichtlich** it wasn't intentional, it wasn't done deliberately

unachtsam careless

unangemeldet: unangemeldet aufkreuzen turn up without warning

★**unangenehm 1** *allg.*: unpleasant [ʌn'pleznt] **2 es ist mir unangenehm** I feel awkward ['ɔːkwəd] about it **3 unangenehm auffallen** make* a bad impression

Unannehmlichkeiten *pl* **1** *allg.*: trouble ['trʌbl] (▲ *sg*); **jemandem Unannehmlichkeiten bereiten** cause someone (a lot of) trouble **2 Unannehmlichkeiten bekommen** run* into difficulties

unansehnlich ugly

unanständig obscene [əb'siːn], *bes. Witz*: dirty; **unanständiges Wort** *auch*: four-letter word

Unanständigkeit *f* obscenity (▲ əb'senəti]

unappetitlich 1 *Essen usw.*: unappetizing **2** (≈ *abstoßend*) off-putting

unartig naughty ['nɔːti]

unauffällig 1 (≈ *unbemerkt*) inconspicuously [,ɪnkən'spɪkjʊəsli] **2 sich unauffällig verhalten** keep* a low profile ['prəʊfaɪl] **3** *Signal usw.*: discreet [dɪ'skriːt] **4** *Farbe, Kleidung usw.*: discreet

unaufgefordert without being asked

unaufhörlich 1 incessant [ɪn'sesnt] **2 es regnete unaufhörlich** it wouldn't stop raining

unaufmerksam 1 *allg.*: inattentive **2** (≈ *gedankenlos*) thoughtless

unausstehlich unbearable [ʌn'beərəbl]

unbeabsichtigt unintentional

unbedarft (≈ *naiv*) naive [naɪ'iːv]

unbedenklich 1 (≈ *sicher, risikolos*) safe, harmless **2 sein Zustand ist unbedenklich** his condition gives no cause for concern [kən'sɜːn]

unbedeutend insignificant [,ɪnsɪɡ'nɪfɪkənt]

★**unbedingt 1 du musst unbedingt kommen** *usw.* you've got to come *usw.* **2 ich brauch es unbedingt** I need it very badly **3 er will es unbedingt wissen** he's desperate ['despərət] to know **4 du musstest ja unbedingt den Mund aufmachen** of course you had to open your mouth, didn't you? **5 unbedingt!** abso-

lutely! [ˌæbsəˈluːtlɪ] **6 nicht unbedingt** not necessarily [ˌnesəˈserəlɪ] **7** Ⓐ, Ⓖ *Strafe:* (≈ *ohne Bewährung*) unconditional; **er wurde zu zwei Jahren Gefängnis unbedingt verurteilt** he was sentenced to two years in prison
unbeeindruckt unimpressed
unbefangen (≈ *ungehemmt*) uninhibited [ˌʌnɪnˈhɪbɪtɪd]
unbefriedigend unsatisfactory [ˌʌnsætɪsˈfæktərɪ]
unbefriedigt dissatisfied [ˌdɪsˈsætɪsfaɪd]
unbefristet *Arbeitsverhältnis*: permanent, *Visum*: permanent; **etwas unbefristet verlängern** extend something indefinitely
Unbefugte(r) *m/f(m)* unauthorized [ʌnˈɔːθəraɪzd] person
unbegabt untalented [ʌnˈtæləntɪd]; **er ist total unbegabt** he's got no talent (at all)
unbegreiflich: es ist mir unbegreiflich I can't understand it; **es ist mir unbegreiflich, dass ...** I can't understand why (*oder* how) ...
unbegrenzt 1 unlimited [ʌnˈlɪmɪtɪd] 2 **es ist zeitlich unbegrenzt** there's no time limit
unbegründet unfounded [ʌnˈfaʊndɪd]
unbehaglich: mir war ganz unbehaglich zumute I felt very uneasy [ʌnˈiːzɪ]
unbehandelt *Obst usw.:* untreated
unbeherrscht 1 *Reaktion:* uncontrolled 2 **er ist so unbeherrscht** he has no self-control [ˌselfˈkənˈtrəʊl]
Unbeherrschtheit *f* lack of (self-)control
unbeholfen 1 (≈ *ungeschickt*) clumsy [ˈklʌmzɪ] 2 (≈ *hilflos*) helpless
★**unbekannt** 1 *allg.:* unknown; **sie ist mir unbekannt** I don't know her 2 (≈ *nicht vertraut*) unfamiliar [ˌʌnfəˈmɪlɪə]; **das ist mir unbekannt** I'm not familiar with that 3 **eine unbekannte Größe** an unknown quantity [ˌʌnnəʊnˈkwɒntətɪ]
Unbekannte *f Mathematik:* unknown
unbekannterweise: grüß ihn von mir unbekannterweise say hello to him from me, even though we haven't met
unbeliebt unpopular [ʌnˈpɒpjʊlə] (**bei** with); **sich bei jemandem unbeliebt machen** make* oneself unpopular with someone
unbemannt: unbemanntes Raumschiff unmanned spacecraft
unbemerkt unnoticed [ʌnˈnəʊtɪst]
unbenutzt *Handtuch usw.:* clean
unbequem 1 *allg.:* uncomfortable [⚠ʌnˈkʌmftəbl] 2 *Frage usw.:* awkward [ˈɔːkwəd]
unberechenbar unpredictable [ˌʌnprɪˈdɪktəbl]

unberechtigt *Kritik usw.:* unjustified
unberührt 1 *allg.:* untouched 2 **die unberührte Natur** unspoilt nature (⚠ *ohne* the) 3 **es ließ mich unberührt** it left me cold
unbeschränkt unlimited [ʌnˈlɪmɪtɪd]
unbeschreiblich 1 indescribable [ˌɪndɪˈskraɪbəbl] 2 **unbeschreiblich gut** (*bzw.* **langweilig** *usw.*) incredibly [ɪnˈkredəblɪ] good (*bzw.* boring *usw.*)
unbeschwert 1 carefree 2 **unbeschwert leben** live a carefree life
unbespielt *Kassette usw.:* blank, empty
unbeständig 1 *Wetter, Lage:* changeable [ˈtʃeɪndʒəbl] 2 *Mensch:* erratic [ɪˈrætɪk]
unbestimmt 1 (≈ *vage*) vague [veɪg] 2 (≈ *ungewiss*) uncertain 3 **auf unbestimmte Zeit** indefinitely [ɪnˈdefənətlɪ]
unbestritten: es ist unbestritten, dass ... nobody denies [dɪˈnaɪz] the fact that ...
unbeteiligt 1 (≈ *nicht dazugehörig*) uninvolved 2 (≈ *innerlich unbeteiligt*) indifferent, unconcerned
Unbeteiligte(r) *m/f(m)* innocent [ˈɪnəsnt] bystander
unbetont unstressed
unbewaffnet unarmed
unbeweglich 1 (≈ *regungslos*) motionless 2 *Gelenk usw.:* stiff 3 (≈ *geistig unflexibel*) rigid [ˈrɪdʒɪd], inflexible
unbewohnbar uninhabitable [ˌʌnɪnˈhæbɪtəbl], unfit for human [ˈhjuːmən] habitation
unbewohnt unoccupied, empty
unbewusst 1 *allg.:* unconscious [ʌnˈkɒnʃəs] 2 *Bewegung usw.:* involuntary 3 **jemanden unbewusst beleidigen** *usw.* offend someone *usw.* without realizing it
unbezahlbar 1 (≈ *zu teuer*) unaffordable 2 (≈ *nicht mit Geld zu bezahlen*) priceless 3 *Humor, witzige Person usw.:* priceless
unbezahlt unpaid
unbrauchbar *allg.:* useless [ˈjuːsləs]
unbürokratisch 1 unbureaucratic [ˌʌnbjʊərəʊˈkrætɪk] 2 **eine Angelegenheit unbürokratisch beilegen** settle a matter unbureaucratically
★**und** 1 *allg.:* and 2 **und?** well? 3 **na und?** so what? 4 **und und und** I could go on 5 **wir überlegten und überlegten** we racked our brains; **ich suchte und suchte** I searched high and low 6 **du und Kochen** (*bzw.* **Joggen** *usw.*)? you do the cooking (*bzw.* go jogging *usw.*)?; **der und hilfreich?** him helpful?
undankbar 1 *Person:* ungrateful 2 **undank-**

bare Aufgabe thankless task
undefinierbar indefinable [ˌɪndɪˈfaɪnəbl]
undemokratisch undemocratic
undenkbar unthinkable
undeutlich **1** *Schrift*: illegible [ɪˈledʒəbl] **2** (≈ *vage*) vague (**A** veɪɡ] **3** (≈ *verschwommen*) blurred [blɜːd] **4** **undeutlich sprechen** mumble
undicht **1** *Leitung, Dach usw.*: leaking; **das Dach** *usw.* **ist undicht** the roof *usw.* leaks **2** **die Uhr ist undicht** the watch isn't waterproof (*oder* watertight) **3** **die Verpackung** *usw.* **ist undicht** the packaging *usw.* isn't airtight
Unding *n*: **das ist ein Unding** that's absurd
undiszipliniert undisciplined [ʌnˈdɪsɪplɪnd]
undurchdringlich **1** *allg.*: impenetrable [ɪmˈpenətrəbl] **2** *Miene*: inscrutable [ɪnˈskruːtəbl]
undurchsichtig **1** **der Stoff** *usw.* **ist undurchsichtig** you can't see through the material *usw.* **2** **undurchsichtiger Mensch** shady character [ˈkærəktə] **3** *Pläne usw.*: obscure [əbˈskjʊə]
uneben uneven, *Straße, Weg auch*: bumpy
Unebenheit *f* *in der Straße usw.*: bump
unecht **1** *Schmuck usw.*: fake **2** **es ist unecht** *Haar usw.*: it's not real **3** (≈ *nicht ehrlich*) insincere [ˌɪnsɪnˈsɪə]
unehelich *Kind*: illegitimate [ˌɪləˈdʒɪtəmət]
unehrlich dishonest (**A** dɪsˈɒnɪst]
Unehrlichkeit *f* dishonesty (**A** dɪsˈɒnəstɪ]
uneinig **1** **sie sind (sich) uneinig** they disagree (**über** on) **2** **ich bin mit mir selbst noch uneinig** I'm still undecided
Uneinigkeit *f* disagreement; **es herrscht Uneinigkeit zwischen ...** there's disagreement between ...
uneinsichtig stubborn [ˈstʌbən]
unempfindlich **1** *allg.*: insensitive (**gegen, für** to) **2** (≈ *abgehärtet*) hardened (**gegen** to) **3** (≈ *strapazierfähig*) tough [tʌf]
unendlich **1** *allg.*: infinite [ˈɪnfɪnət], *zeitlich*: endless, *zeitlich auch*: never-ending **2** **das Warten schien unendlich** the waiting seemed to go on forever **3** **unendlich lang** endless **4** **unendlich viele Leute** *usw.* countless people *usw.* **5** **unendlich viel Arbeit** *usw.* no end of work *usw.* **6** **unendlich glücklich** (*bzw.* wütend *usw.*) incredibly [ɪnˈkredəblɪ] happy (*bzw.* angry *usw.*) **7** **unendliche Zahl** infinite [ˈɪnfɪnət] number **8** **auf unendlich einstellen** *Kamera*: focus on infinity [ɪnˈfɪnətɪ]
Unendlichkeit *f*: **die Unendlichkeit** infinity [ɪnˈfɪnətɪ] (**A** *ohne the*)

unentbehrlich indispensable [ˌɪndɪˈspensəbl] (**für** to)
unentschieden **1** **unentschieden enden** end in a draw (*US meist* tie) **2** *Frage*: open
Unentschieden *n Sport*: draw, *US meist* tie
unentschlossen **1** undecided [ˌʌndɪˈsaɪdɪd] (**ob** as to whether) **2** **er ist so unentschlossen** he can never make up his mind
Unentschlossenheit *f* indecisiveness
unentschuldigt: **unentschuldigt fehlen** be* absent without an excuse
unerfahren **1** inexperienced **2** **da bin ich unerfahren** I don't know anything about that
Unerfahrenheit *f* lack of experience
unerfreulich unpleasant [ʌnˈpleznt]
unerhört **1** *Frechheit usw.*: incredible [ɪnˈkredəbl] **2** **er hatte unerhörtes Glück** he was incredibly lucky **3** (≈ *empörend*) outrageous [aʊtˈreɪdʒəs], scandalous [ˈskændləs] **4** **unerhört!** what a cheek!
unerklärlich **1** inexplicable [ˌɪnɪkˈsplɪkəbl] **2** **es ist (mir) unerklärlich** it's a mystery [ˈmɪstrɪ] (to me)
unerlaubt without permission
unermüdlich untiring [ʌnˈtaɪərɪŋ]
unerreichbar **1** *Ziel usw.*: unattainable, out of reach (**A** *nur nach dem Verb*) **2** **sie ist unerreichbar** I can't get hold of her
unersättlich *allg.*: insatiable (**A** ɪnˈseɪʃəbl]
unerschwinglich beyond my *usw.* means
unersetzlich irreplaceable [ˌɪrɪˈpleɪsəbl]
unerträglich unbearable [ʌnˈbeərəbl]
★**unerwartet** unexpected; **es kam ganz unerwartet** *auch*: it took us all *usw.* by surprise
unerwünscht **1** undesirable [ˌʌndɪˈzaɪərəbl], unwelcome **2** **du bist hier unerwünscht** you're not welcome around here
unfähig **1** **er ist unfähig, still zu sitzen** he's incapable **of** sitting still **2** *Schüler, Mitarbeiter usw.*: incompetent [ɪnˈkɒmpɪtənt]
Unfähigkeit *f* incompetence [ɪnˈkɒmpɪtəns]
unfair **1** unfair [ˌʌnˈfeə] (**gegenüber** to) **2** **das ist unfair** that's not fair
★**Unfall** *m* accident [ˈæksɪdənt]; **einen Unfall bauen** cause an accident; **bei einem Unfall verletzt werden** be* hurt **in** an accident
unfallfrei **1** accident-free [ˈæksɪdənt ˌfriː] **2** **er ist jetzt zwanzig Jahre lang unfallfrei gefahren** he's been driving for twenty years now without a single accident
Unfallort *m* scene of an (*oder* the) accident
Unfallstation *f* casualty [ˈkæʒʊəltɪ] (ward), *US* emergency [ɪˈmɜːdʒənsɪ] room, ER

Unfallstelle f scene of an (*oder* the) accident

unfassbar: **das ist für mich unfassbar** I just can't believe (*oder* grasp) it

unfreiwillig **1** (≈ *gezwungen*) forced **2** **er musste unfreiwillig gehen** he was forced to go **3** *Witz usw.*: unintentional

★**unfreundlich** unfriendly (*auch Wetter usw.*)

Unfreundlichkeit f **1** *allg.*: unfriendliness **2** (≈ *Unhöflichkeit*) rudeness

unfruchtbar **1** *Boden*: barren ['bærən], infertile **2** *Diskussion, Bemühungen usw.*: fruitless ['fru:tləs]

Unfug m **1** (≈ *Unsinn*) nonsense, Br *auch* rubbish **2** **Unfug treiben** get* up to mischief [▲ - 'mɪstʃɪf]

Ungar m Hungarian [hʌŋˈɡeərɪən]; **er ist Ungar** he's Hungarian, he's from Hungary ['hʌŋɡərɪ]

Ungarin f Hungarian [hʌŋˈɡeərɪən] woman (*oder* lady *bzw.* girl); **sie ist Ungarin** she's Hungarian, she's from Hungary ['hʌŋɡərɪ]

ungarisch, **Ungarisch** n Hungarian

★**Ungarn** n Hungary ['hʌŋɡərɪ]

ungebildet uneducated [ʌnˈedjʊkeɪtɪd]

ungeboren unborn

ungebräuchlich uncommon, unusual [ʌnˈjuːʒʊəl]

ungedeckt **1** *Scheck*: uncovered [ʌnˈkʌvəd] **2** *Spieler im Sport*: unmarked

Ungeduld f impatience [ɪmˈpeɪʃns]; **voller Ungeduld** impatiently

ungeduldig impatient [ɪmˈpeɪʃnt]

ungeeignet **1** *Bewerber, Buch, Auto usw.*: unsuitable [ʌnˈsuːtəbl] (**für, zu** for) **2** **er ist fürs Studium** (denkbar) **ungeeignet** he's (totally) unsuited [ʌnˈsuːtɪd] to studying

★**ungefähr** **1** (≈ *in etwa*) approximately [əˈprɒksɪmətlɪ] **2** **wo ungefähr?** whereabouts? **3** **wann ungefähr?** what sort of time? **4** **ungefähr um neun** around nine **5** **kannst du es ungefähr beschreiben?** can you give a rough [rʌf] description? **6** **es kommt nicht von ungefähr (, dass …)** it's no accident ['æksɪdənt] (that …)

ungefährlich **1** harmless, not dangerous ['deɪndʒərəs] **2** **es ist nicht ganz ungefährlich** it's not without its dangers

ungefragt: **sie tat es ungefragt** she did it unasked (*oder* without being asked)

ungehalten annoyed (**über** about)

ungeheuer **1** (≈ *enorm, riesig*) incredible [ɪnˈkredəbl]; **ungeheure Schmerzen** *usw.* incredible pain (▲ *sg*) *usw.* **2** **ungeheuer wichtig** *usw.* incredibly important *usw.*

Ungeheuer n monster (*auch übertragen*)

ungehorsam disobedient [ˌdɪsəˈbiːdɪənt] (**gegenüber** to)

Ungehorsam m disobedience (**gegenüber** to)

ungeklärt **1** *Problem usw.*: unsolved **2** **die Ursache ist noch ungeklärt** we *usw.* still don't know the reason (why)

ungekürzt **1** *Roman usw.*: unabridged **2** **ungekürzte Fassung** *Film*: uncut version

ungelernt *Arbeiter*: unskilled

ungelogen **1** **ungelogen!** *umg* I'm not kidding! **2** **ich bin ungelogen den ganzen Weg gerannt** I ran the whole way, no kidding

ungemütlich **1** *allg.*: uncomfortable [ʌnˈkʌmftəbl] **2** **langsam wird's mir ungemütlich** *übertragen* I'm beginning to feel a bit uncomfortable **3** **er kann schon ungemütlich werden** he can get nasty ['nɑːstɪ]

ungenau **1** (≈ *nicht exakt*) imprecise [ˌɪmprɪˈsaɪs], inaccurate [ɪnˈækjərət] **2** (≈ *schlampig*) careless

Ungenauigkeit f inaccuracy [ɪnˈækjərəsɪ] (*auch konkret*)

ungeniert **1** uninhibited **2** **sie fragte mich ganz ungeniert** she asked me quite openly

ungenießbar **1** inedible [ɪnˈedəbl] (*auch übertragen*) **2** **er ist ungenießbar** he's hard to take

ungenügend **1** *allg.*: insufficient [ˌɪnsəˈfɪʃnt] **2** *Note, Leistung*: unsatisfactory [ˌʌnsætɪsˈfæktərɪ]

ungepflegt untidy, *stärker*: scruffy

ungerade *Zahl*: odd (▲ *nur vor dem Subst.*)

ungerecht unjust (**gegen** towards)

ungerechtfertigt unjustified

Ungerechtigkeit f injustice [ɪnˈdʒʌstɪs]

ungern **1** **er macht es ungern** he's not very keen to do it **2** „**Machst du's also?**" - „**Ungern.**" 'Will you do it then?' - 'I'd rather not.'

ungesalzen unsalted [ʌnˈsɔːltɪd]

ungeschehen: **du kannst es nicht ungeschehen machen** it can't be undone [ʌnˈdʌn]

ungeschickt **1** *allg.*: clumsy ['klʌmzɪ] **2** (≈ *taktlos*) tactless

ungeschminkt **1** without makeup ['meɪkʌp]; **ich bin noch ungeschminkt** I haven't put my makeup on yet **2** **die ungeschminkte Wahrheit** the plain truth

ungeschoren: **ungeschoren davonkommen** (≈ *straffrei*) get* off scot-free [ˌskɒtˈfriː], (≈ *unverletzt*) escape unscathed [ʌnˈskeɪðd]

ungeschützt unprotected

ungesellig unsociable [ʌnˈsəʊʃəbl]

ungestört **1** undisturbed **2** *Ort*: peaceful

ungestraft: **er ist ungestraft davongekommen** he went unpunished
ungesund unhealthy [ʌnˈhelθɪ]
ungewiss **1** uncertain **2** **jemanden im Ungewissen lassen** keep* someone in the dark
Ungewissheit f uncertainty [ʌnˈsɜːtntɪ]
★**ungewöhnlich** unusual [ʌnˈjuːʒʊəl]
ungewohnt **1** unfamiliar **2** **es ist noch alles ungewohnt** I haven't got used to it yet
ungewollt **1** unintentional **2** **ungewollte Schwangerschaft** unwanted pregnancy
Ungeziefer n vermin [ˈvɜːmɪn] (⚠ pl)
ungezogen naughty [ˈnɔːtɪ]
ungezwungen relaxed
ungiftig non-poisonous
unglaublich incredible [ɪnˈkredəbl]
unglaubwürdig implausible [ɪmˈplɔːzəbl]
ungleich **1** dissimilar, unalike; *Socken usw.*: odd (⚠ nur vor dem Subst.) **2** *Größe, Farbe*: different **3** *Mittel, Kampf*: unequal **4** *Mathematik*: not equal **5** **ungleiches Paar** *Menschen*: odd match **6** **sie sind ungleich lang** *usw.* they're a different length *usw.*
ungleichmäßig **1** *allg.*: irregular **2** **ungleichmäßig verteilen** divide unevenly
★**Unglück** n **1** (≈ *Unfall*) accident [ˈæksɪdənt], (≈ *Katastrophe*) disaster [dɪˈzɑːstə] **2** (≈ *Unheil*) misfortune [mɪsˈfɔːtʃən] **3** (≈ *Pech*) bad luck; **das bringt Unglück!** that's unlucky **4** **zu allem Unglück** to crown it all **5** **ein Unglück kommt selten allein** it never rains but it pours [pɔːz]
★**unglücklich** **1** (≈ *traurig*) unhappy **2** **du machst aber ein unglückliches Gesicht!** you don't look too happy **3** *Zufall, Bewegung usw.*: unfortunate [ʌnˈfɔːtʃənət] **4** **unglücklich stürzen** have* a bad fall
unglücklicherweise unfortunately [ʌnˈfɔːtʃənətlɪ]
ungrammatisch ungrammatical
ungültig invalid [ɪnˈvælɪd]; **es ist ungültig** *auch*: it's no longer valid, it has run out
ungünstig **1** *Termin usw.*: inconvenient; *Zeitpunkt auch*: bad **2** *Bedingungen usw.*: unfavourable [ʌnˈfeɪvrəbl] **3** *Wetter*: bad
ungut: **ungutes Gefühl** funny feeling
unhaltbar *Schuss*: unstoppable
unhandlich unwieldy [ʌnˈwiːldɪ]
unheilbar **1** incurable [ɪnˈkjʊərəbl] **2** **unheilbarer Krebs** terminal cancer [ˈkænsə] **3** **unheilbar krank sein** be* terminally ill
★**unheimlich** **1** *allg.*: weird [wɪəd], scary [ˈskeərɪ] **2** **es usw. ist mir unheimlich** it *usw.* scares me **3** **ich hatte unheimlich Angst** *usw.* I was incredibly [ɪnˈkredəblɪ] scared *usw.* **4** **ich hab einen unheimlichen Hunger** (*bzw.* **Durst**) I'm dying of hunger (*bzw.* thirst) **5** **er hat sich unheimlich gefreut** he was tickled to death, *Br auch* he was over the moon
★**unhöflich** **1** impolite **2** *stärker*: rude
Unhöflichkeit f **1** impoliteness [ˌɪmpəˈlaɪtnəs] **2** *stärker*: rudeness
unhygienisch unhygienic [ˌʌnhaɪˈdʒiːnɪk]
Uni f university; **an der Uni** at university (⚠ ohne the); **er geht auf die Uni** he goes to university (⚠ ohne the)
uni self-coloured, *US* self-colored; plain
★**Uniform** f uniform [ˈjuːnɪfɔːm]
Unikum n **1** *Person*: original [əˈrɪdʒnəl], real character [ˈkærəktə] **2** *Gegenstand*: unique specimen [juːˌniːkˈspesəmɪn]
uninteressant **1** uninteresting **2** **es ist für mich uninteressant** it doesn't interest me
uninteressiert uninterested (**an** in); **sie ist uninteressiert** *auch*: she lacks interest
Union f union [ˈjuːnɪən]
★**Universität** f university [ˌjuːnɪˈvɜːsətɪ]; → Uni
Universum n universe [ˈjuːnɪvɜːs]
Unkenntlichkeit f: **bis zur Unkenntlichkeit entstellt** disfigured [dɪsˈfɪɡəd] beyond recognition [ˌrekəɡˈnɪʃn]
unklar **1** *allg.*: unclear; **es war unklar** *auch*: wasn't clear **2** **es ist mir völlig unklar, wie** *usw.* I've no idea how *usw.* **3** (≈ *ungewiss*) uncertain **4** **ich bin mir noch im Unklaren, ob** *usw.* I haven't yet decided whether *usw.* (⚠ ohne Komma)
Unklarheit f lack of clarity, *über Tatsachen*: uncertainty; **darüber herrscht noch Unklarheit** this is still uncertain (*oder* unclear)
unklug unwise
unkompliziert uncomplicated
unkontrolliert uncontrolled
unkonventionell unconventional
unkonzentriert: **er ist unkonzentriert** he lacks concentration
★**Unkosten** pl costs, (≈ *Ausgaben*) expenses; **sich in Unkosten stürzen** *umg* go* to a lot of expense
Unkostenbeitrag m contribution (towards expenses)
Unkraut n **1** weeds (⚠ *meist pl*) **2** **Unkraut vergeht nicht!** *umg* you can't keep a good man (*bzw.* woman) down
unkritisch uncritical (**gegenüber** of)
unkündbar **1** *Stellung*: permanent [ˈpɜːmə-

nənt] **2** *Vertrag usw.*: irrevocable [ɪˈrevəkəbl], binding **3 sie ist unkündbar** *umg* she can't be sacked (*US* fired), they can't sack (*US* fire) her
★**unleserlich** illegible [ɪˈledʒəbl]
unliniert, unliniiert *Papier*: plain, unruled
unlogisch illogical
unlösbar *Problem*: insoluble [ɪnˈsɒljʊbl]
Unmenge *f* **1 eine Unmenge von** a huge number of **2 es gab Eis** *usw.* **in Unmengen** there were vast amounts of ice cream *usw.*
Unmensch *m* **1** brute, monster **2 sei kein Unmensch!** *umg* have a heart!
unmenschlich 1 *Behandlung*: inhuman **2** *Hitze, Schmerzen*: unbearable [ʌnˈbeərəbl] **3 jemanden unmenschlich behandeln** treat someone cruelly
Unmenschlichkeit *f* inhumanity [ˌɪnhjuːˈmænətɪ]
unmissverständlich 1 unmistakable **2 ich hab ihm unmissverständlich die Meinung gesagt** I told him exactly what I thought
unmittelbar 1 *allg.*: immediate [ɪˈmiːdɪət] **2 unmittelbar darauf** immediately afterwards **3 in unmittelbarer Nähe von** right next to
unmöbliert unfurnished
unmodern old-fashioned
★**unmöglich 1** *allg.*: impossible; **das geht unmöglich** that's impossible **2 wir können ihn unmöglich einladen** we can't possibly invite him **3 sie kleidet sich unmöglich** she wears [weəz] such impossible clothes **4 er hat sich (vor ihr) unmöglich gemacht** he made a fool of himself (in front of her)
unmoralisch immoral [ɪˈmɒrəl]
unmündig under-age
unmusikalisch unmusical [ʌnˈmjuːzɪkl]
unnahbar unapproachable [ˌʌnəˈprəʊtʃəbl]
unnatürlich unnatural [ʌnˈnætʃrəl]
unnötig 1 unnecessary [ʌnˈnesəsərɪ] **2 sich unnötig Sorgen machen** worry needlessly
★**unnütz 1** useless [ˈjuːsləs] **2 unnützes Zeug** rubbish
UNO *f abk* UN [ˌjuːˈen] (*abk für* United Nations)
unordentlich untidy [ʌnˈtaɪdɪ]
Unordentlichkeit *f* untidiness
★**Unordnung** *f* disorder, *im Zimmer auch* mess; **in seinem Zimmer herrscht eine fürchterliche Unordnung** his room is in a terrible mess
unparfümiert fragrance-free [ˌfreɪɡrənsˈfriː]
unparteiisch impartial [ɪmˈpɑːʃl]
unpassend unsuitable [ʌnˈsuːtəbl]
unpersönlich impersonal [ɪmˈpɜːsnəl]
unpraktisch 1 impractical **2 er ist ziemlich unpraktisch** he isn't very practical
unproblematisch unproblematical
unpünktlich 1 *allg.*: unpunctual [ˌʌnˈpʌŋktʃʊəl] **2 du kommst unpünktlich** you're late **3 der Flug ist unpünktlich** the flight has been delayed
Unpünktlichkeit *f* **1** unpunctuality [ˌʌnpʌŋktʃʊˈælətɪ] **2 diese Unpünktlichkeit!** he *usw.* never turns up on time
unqualifiziert unqualified [ˌʌnˈkwɒlɪfaɪd]
unrasiert unshaven
unrealistisch unrealistic
unrecht wrong [⚠ rɒŋ]; **zur unrechten Zeit** at the wrong moment [ˈməʊmənt] (*oder* time); **unrecht haben** be* wrong; **etwas Unrechtes tun** do* something wrong; **jemandem unrecht tun** do* someone wrong, do* someone an injustice [ɪnˈdʒʌstɪs]
★**Unrecht** *n* **1 im Unrecht sein** be* (in the) wrong [rɒŋ] **2 zu Unrecht** wrongly
★**unregelmäßig** irregular [ɪˈreɡjʊlə]
unreif 1 *allg.*: unripe **2** *Person*: immature
unrein 1 *allg.*: impure [ˌɪmˈpjʊə], *Luft*: polluted [pəˈluːtɪd] **2 eine unreine Haut haben** have* bad skin (⚠ *ohne* a) **3 etwas ins Unreine schreiben** make* a rough [rʌf] copy of something
unrichtig incorrect, wrong [⚠ rɒŋ]
★**Unruhe** *f* **1** (≈ *Nervosität*) restlessness **2** (≈ *Besorgnis*) anxiety [æŋˈzaɪətɪ] **3** (≈ *Lärm*) noise; **ich kann bei dieser Unruhe nicht schlafen** *usw.* I can't sleep *usw.* with all this noise going on **4 politische Unruhen** political unrest [ʌnˈrest] (⚠ *sg*)
Unruheherd *m bes. Politik*: trouble spot
Unruhestifter(in) *m(f)* troublemaker
unruhig 1 *Person*: restless **2** (≈ *besorgt*) worried [ˈwʌrɪd] (**wegen** about) **3** (≈ *laut*) noisy
★**uns 1** (to) us; **lass uns in Ruhe** leave us alone; **er schickte es uns** he sent it to us **2 bei uns** at our place **3 unter uns gesagt** between you and me **4** ourselves; **wir haben uns amüsiert** we enjoyed ourselves **5** (≈ *einander*) each other
unschädlich harmless (**für** to)
unscharf *Foto*: blurred [blɜːd], out of focus
unscheinbar (≈ *unauffällig*) inconspicuous [ˌɪnkənˈspɪkjʊəs]
unschlüssig undecided (**über** about)
Unschuld *f* innocence [ˈɪnəsns]
unschuldig innocent [ˈɪnəsnt] (**an** of)
Unschuldige(r) *m/f(m)* innocent [ˈɪnəsnt] person

Unschuldsengel m *humorvoll* innocent little angel ['eɪndʒəl]

unselbständig, unselbstständig (≈ *hilflos*) helpless

★**unser** our

unsereiner, unsereins people like us

unseretwegen ❶ (≈ *uns zuliebe*) for our sake ❷ (≈ *wegen uns*) because of us

unseriös dubious ['djuːbɪəs]

unsicher ❶ (≈ *ungewiss*) uncertain [ʌn'sɜːtntɪ] ❷ (≈ *nicht sicher*) unsafe, not safe ❸ (≈ *gehemmt*) self--conscious [ˌself'kɒnʃəs] ❹ **ich bin mir unsicher, ob** *usw.* I'm not sure whether *usw.* (⚠ *ohne Komma*) ❺ **unsicher auf den Beinen** a bit shaky ❻ **die Gegend unsicher machen** *humorvoll* terrorize the neighbourhood

Unsicherheit f ❶ *allg.*: uncertainty [ʌn'sɜːtntɪ] ❷ *einer Person*: self-consciousness [ˌself'kɒnʃəsnəs]

unsichtbar invisible [ɪn'vɪzəbl]

★**Unsinn** m ❶ nonsense ['nɒnsəns]; **Unsinn!** nonsense!, *Br auch* rubbish!; **red keinen Unsinn!** stop talking nonsense (*oder* rubbish) ❷ **Unsinn machen** fool around

unsinnig silly, *stärker*: ridiculous [rɪ'dɪkjʊləs]

unsozial *Verhalten usw.*: antisocial

unsportlich ❶ **ich bin total unsportlich** I'm not the sporting type ❷ (≈ *unfair*) unfair

unsterblich ❶ *allg.*: immortal ❷ **unsterblich verliebt** hopelessly in love (**in** with)

Unsterblichkeit f immortality [ˌɪmɔː'tælətɪ]

Unstimmigkeit f ❶ **Unstimmigkeit, Unstimmigkeiten** disagreement, disagreements *pl* ❷ (≈ *Fehler*) inconsistency [ˌɪnkən'sɪstənsɪ]

unsympathisch ❶ unpleasant [ʌn'pleznt] ❷ **er ist mir unsympathisch** I don't like him

untätig ❶ *allg.*: inactive [ɪn'æktɪv], *Vulkan auch*: dormant ['dɔːmənt] ❷ (≈ *müßig, träge*) idle ❸ **untätig herumstehen** stand* aroung doing nothing

untauglich unsuitable [ʌn'suːtəbl] (**für, zu** for)

★**unten** ❶ down below; **da unten** down there ❷ *in einer Kiste usw.*: at the bottom ❸ *im Haus*: downstairs [ˌdaʊn'steəz]; **nach unten gehen** go* downstairs ❹ **der ist bei mir unten durch** *umg* I'm through with him

★**unter** ❶ *allg.*: under, *räumlich auch*: underneath [ˌʌndə'niːθ]; **unter der Erde** under the earth; **unter Wasser stehen** be* flooded ['flʌdɪd] ❷ *weiter unterhalb*: below [bɪ'ləʊ]; **in the compartment below the boots** im Fach unter den Stiefeln ❸ **unter 16 Jahren** under 16 (years of age); **unter 10 Euro** under (*oder* less than) 10 euros ❹ (≈ *bei, zwischen*) among [ə'mʌŋ]; **es waren einige gute unter ihnen** there were a few good ones among them ❺ **unter der Woche** during the week ❻ **was verstehst du unter ...?** what do you understand by ...? ❼ **er ist unter der Nummer ... erreichbar** you can call (*oder* ring) him on ...

Unterarm m forearm ['fɔːrɑːm]

unterbelichtet ❶ *Foto*: underexposed [ˌʌndərɪk'spəʊzd] ❷ **ein bisschen unterbelichtet** *übertragen, umg* a bit dim

Unterbewusstsein n the subconscious [sʌb'kɒnʃəs]: **im Unterbewusstsein** subconsciously

unterbezahlt underpaid

★**unterbrechen** ❶ *allg.*: interrupt [ˌɪntə'rʌpt] ❷ cut* off (*Telefonleitung, Stromversorgung usw.*)

Unterbrechung f ❶ interruption ❷ (≈ *Pause*) break ❸ **ohne Unterbrechung** nonstop

unterbringen ❶ find* a place for, put* (*Dinge*) ❷ **jemanden unterbringen** put* someone up, *bes. im Hotel usw.*: accommodate [ə'kɒmədeɪt] someone

Unterbringung f (≈ *Unterkunft*) accommodation

unterbuttern: **lass dich nicht unterbuttern** don't let them *usw.* mess you about

unterdrücken ❶ suppress [sə'pres], stifle ['staɪfl] (*Lachen usw.*) ❷ oppress (*Volk*)

★**untere(r, -s)** ❶ *Ränge, Sitzreihen, Stockwerk, Flussabschnitt usw.*: lower ❷ *ganz unten*: bottom; → unterste(r, -s)

★**untereinander** ❶ (≈ *miteinander*) among themselves (*bzw.* yourselves *usw.*), together; **sie verstehen sich gut untereinander** they get along well together ❷ (↔ *übereinander*) one below [bɪ'ləʊ] the other

unterentwickelt underdeveloped [ˌʌndədɪ'veləpt]

unterernährt malnourished [ˌmæl'nʌrɪʃt]

Unterernährung f malnutrition [ˌmælnjʊ'trɪʃn]

unterfordert: **ich fühl mich unterfordert** I'm not being challenged (enough)

Unterführung f ❶ *für Fußgänger*: subway, *US* pedestrian [pə'destrɪən] underpass (⚠ *US* subway = U-Bahn) ❷ *für den Verkehr*: underpass

Untergang m ❶ *eines Reichs*: fall ❷ *einer Kultur*: extinction ❸ *einer Person*: ruin ['ruːɪn], downfall

★**untergehen** ❶ (*Sonne usw.*) go* down, set* ❷ (*Schiff*) sink*, go* down ❸ (*Reich*) fall*, (*Kultur*) die out ❹ **es ging im Lärm völlig unter** it was drowned out by the noise **5 in der Menge untergehen** be* lost in the crowd

Untergeschoss n, Ⓐ **Untergeschoß** n basement

Untergewicht n: **(3 Kilo) Untergewicht haben** be* (3 kilograms) underweight [ˌʌndəˈweɪt]

Untergrund m politisch usw.: underground

★**Untergrundbahn** f underground, US subway

unterhalb 1 below **2 unterhalb von** (oder + Genitiv) below, Fluss: downstream from

Unterhalt m **1** support, maintenance **2** eines Gebäudes: upkeep, maintenance

★**unterhalten 1 sich unterhalten** talk, chat [tʃæt] (**mit jemandem über etwas** to someone about something) **2 sich gut unterhalten** (≈ amüsieren) have* a good time

unterhaltsam entertaining [ˌentəˈteɪnɪŋ]

Unterhaltskosten pl maintenance [ˈmeɪntənəns] costs

★**Unterhaltung** f **1** (≈ Gespräch) conversation **2** (≈ Vergnügen) entertainment

Unterhaltungssendung f (TV) show

Unterhaus n in GB: House of Commons (sg), Commons (Ⓐ pl); **das Unterhaus debattiert heute ...** the Commons are debating ... today

★**Unterhemd** n vest, US undershirt

★**Unterhose** f **1** underpants (Ⓐ pl); **meine Unterhose hat ein Loch** my underpants have got a hole in them **2** (≈ Damenunterhose) knickers (Ⓐ pl), US panties (Ⓐ pl)

unterirdisch 1 underground; **unterirdischer Gang** usw. underground passageway [ˈpæsɪdʒweɪ] usw. **2 das Kabel verläuft unterirdisch** the cable runs underground [ˌʌndəˈɡraʊnd] **3** umg (≈ sehr schlecht) kronik

unterjubeln: **jemandem etwas unterjubeln** land someone with something

Unterkiefer m lower jaw [dʒɔː]

unterkommen: **wir sind bei Bekannten untergekommen** friends of ours put us up

Unterkörper m lower part of the body

unterkriegen: **lass dich nicht unterkriegen!** don't let it (bzw. them usw.) get you down

★**Unterkunft** f: **(eine) Unterkunft** accommodation [əˌkɒməˈdeɪʃn] (Ⓐ ohne an), a place to stay, für länger: a place to live

★**Unterlage** f **1** für Computermaus usw.: mat **2** für Teppich: underlay **3** zum Schreiben: something to rest on **4** im Bett: draw sheet **5 Unterlagen** papers, documents [ˈdɒkjʊmənts]

★**unterlassen**: **das unterlässt du sofort** stop it this minute

unterlaufen: **mir ist ein Fehler unterlaufen** I've made a mistake

unterlegen 1 allg.: inferior (auch Technik usw.) **2 er ist dir unterlegen** he isn't up to you (oder your skills)

Unterleib m abdomen [ˈæbdəmən]

Unterleibchen n Ⓐ vest, US undershirt

Unterleibsschmerzen pl **1** abdominal [æbˈdɒmɪnl] pains **2** bei der Menstruation: period [ˈpɪərɪəd] pains

Unterlippe f lower lip

Untermiete f: **er wohnt in Untermiete** he lives in lodgings, he rents a room

★**Untermieter(in)** m(f) subtenant [ˌsʌbˈtenənt], lodger

★**unternehmen**: **etwas unternehmen** allg.: do* something (**gegen** about)

Unternehmen n **1** (≈ Firma) company [ˈkʌmpəni], business, enterprise, großes: corporation; **kleine und mittlere Unternehmen** small and medium-sized enterprises **2** (≈ Vorhaben) venture, (≈ Projekt) project [ˈprɒdʒekt]

Unternehmensberater(in) m(f) management consultant [ˈmænɪdʒmənt kənˌsʌltənt]

★**Unternehmer(in)** m(f) Arbeitgeber: employer, Selbstständiger: entrepreneur, (≈ Industrieller) industrialist (Ⓐ undertaker = **Leichenbestatter**); **die Unternehmer** the employers

unternehmungslustig active [ˈæktɪv], stärker: adventurous [ədˈventʃərəs]

Unteroffizier(in) m(f) **1** allg.: non-commissioned officer **2** Dienstgrad: sergeant [ˈsɑːdʒnt]

Unterprivilegierte(r) m/f(m) underprivileged [ˌʌndəˈprɪvəlɪdʒd] person; **die Unterprivilegierten** the underprivileged (Ⓐ mit pl)

★**Unterricht** m **1** classes, lessons (Ⓐ beide pl); **was hast du heute für Unterricht?** what classes have you got today?; **der Unterricht fällt aus** classes are cancelled; **während des Unterrichts** (≈ einzelne Stunde) during class (Ⓐ hier sg und ohne the) **2 er gibt mir Unterricht in Englisch** he's giving me English lessons [ˈɪŋɡlɪʃˌlesnz]

★**unterrichten 1** an der Schule usw.: teach*, be* a teacher **2** (≈ informieren) inform

Unterrichtsfach n subject

unterrichtsfrei 1 unterrichtsfreie Stunde free period **2 morgen haben wir unterrichtsfrei** there are no lessons tomorrow

★**Unterrichtsstunde** f class [klɑːs], Br auch lesson

★**Unterrock** m slip (Ⓐ dt. **Slip** = engl. pants)

Untersatz m **1** für Gläser: coaster **2 fahrbarer**

Untersatz *humorvoll* wheels (▲ *pl*)
unterschätzen underestimate [ˌʌndə(r)'estɪmeɪt]
★**unterscheiden** ◼ distinguish [dɪ'stɪŋgwɪʃ] (**von** from, **zwischen** between) ◻ **er kann Rot und Grün nicht unterscheiden** he can't tell the difference ['dɪfrəns] between red and green; **sie sind kaum zu unterscheiden** you can hardly tell the difference ◼ **sich unterscheiden von** differ from ◻ **sie unterscheiden sich dadurch, dass ...** the difference is that ...
Unterschenkel *m* lower leg
Unterschicht *f der Gesellschaft*: lower class, lower classes *pl*
★**Unterschied** *m* ◼ difference ['dɪfrəns] (**zwischen** between) ◻ **im Unterschied zu dir** unlike you ◼ **einen Unterschied machen** make* a distinction (**zwischen** between) ◼ **es ist ein Unterschied wie Tag und Nacht** there's no comparison
★**unterschiedlich** ◼ *Meinungen usw.*: differing ◻ **sie sind unterschiedlich (groß** *usw.*) they vary (in size *usw.*) ◼ **er behandelt sie unterschiedlich** he treats them differently
unterschlagen ◼ embezzle [ɪm'bezl] (*Geld*) ◻ (≈ *verheimlichen*) hold* back (*Fakten usw.*)
★**unterschreiben** sign [saɪn]
★**Unterschrift** *f* ◼ signature [▲ 'sɪgnətʃə]; **seine Unterschrift unter etwas setzen** sign something ◼ (≈ *Bildunterschrift*) caption
Unterschriftensammlung *f* petition [pə'tɪʃn]
Unterseeboot *n* submarine [ˌsʌbmə'riːn], *deutsches auch*: U-boat ['juːbəʊt]
Unterseite *f* underside, bottom
Untersetzer *m für Gläser*: coaster
unterste(r, -s) ◼ *Teil, Ebene usw.*: bottom (▲ *nur hinter dem Subst.*), lowest ◻ *Dienstgrad usw.*: lowest
Unterste(s) *n*: **das Unterste zuoberst kehren** turn everything upside down
unterstellen[1] ◼ **stells im Keller** *usw.* **unter** put it in the cellar ['selə] *usw.* ◻ **sich unterstellen** *zum Schutz*: shelter (**vor** from)
unterstellen[2]: **willst du mir eine Lüge unterstellen?** are you saying I lied?
unterstreichen *allg.*: underline
Unterstufe *f* lower grades (▲ *pl*)
★**unterstützen** support [sə'pɔːt] (**bei** in)
★**Unterstützung** *f* ◼ support [sə'pɔːt]; **zur Unterstützung von** in support of ◻ (≈ *Zuschuss*) assistance; **staatliche Unterstützung** state aid

★**untersuchen** ◼ *allg.*: examine [ɪg'zæmɪn] (*auch Patienten*) ◻ (≈ *erforschen*) look into, explore ◼ **sich untersuchen lassen** have* a checkup ['tʃekʌp] ◼ investigate (*Kriminalfall usw.*) ◼ (≈ *testen*) test (**auf** for)
★**Untersuchung** *f* ◼ *allg.*: examination [ɪgˌzæmɪ'neɪʃn] ◻ *medizinische*: checkup ['tʃekʌp] ◼ *polizeiliche*: investigation ◼ (≈ *Probe, Test*) test
Untersuchungshaft *f*: **in Untersuchungshaft sein** be* in prison awaiting trial
★**Untertasse** *f* saucer ['sɔːsə]; **fliegende Untertasse** flying saucer
untertauchen ◼ dive ◻ *U-Boot*: submerge [səb'mɜːdʒ] ◼ *übertragen* (*Verbrecher, politisch Verfolgter usw.*) disappear [ˌdɪsə'pɪə], go* into hiding, go* underground ◼ **jemanden untertauchen** *ins Wasser*: duck someone
Unterteil *n* lower part, bottom
unterteilen divide (**in** into)
Untertitel *m* subtitle ['sʌb,taɪtl]
untertreiben play down
Untertreibung *f* understatement
untervermieten sublet [ˌsʌb'let]
★**Unterwäsche** *f* underwear ['ʌndəweə]
Unterwasser... *in Zusammensetzungen* underwater (*camera, massage usw.*)
★**unterwegs** ◼ on the way (**nach, zu** to); **unterwegs sah ich ...** on the way there I saw ... ◻ (≈ *außer Haus*) out (and about) ◼ **er ist (geschäftlich) viel unterwegs** he's away a lot (on business) ◼ **bei ihr ist was Kleines unterwegs** *umg* she's expecting
Unterwelt *f* underworld (*auch übertragen*)
unterzeichnen sign [saɪn]
Unterzucker *m medizinisch*: hypoglycaemia, US hypoglycemia [ˌhaɪpəʊglaɪ'siːmɪə], low blood sugar; **Unterzucker haben** be* hypoglycaemic, US be* hypoglycemic
Untiefe *f* (≈ *seichte Stelle*) shallow
Untier *n* monster (*auch übertragen*)
untrennbar inseparable [ɪn'seprəbl]
untreu: **er war ihr untreu** he was unfaithful [ʌn'feɪθfl] to her
Untreue *f* unfaithfulness, *bes. in der Ehe*: infidelity (**gegenüber** to, towards)
untröstlich inconsolable [ˌɪnkən'səʊləbl] (**über** about)
untypisch atypical [eɪ'tɪpɪkl] (**für** of)
unüberhörbar unmistakable; **es war unüberhörbar** *auch*: you couldn't miss it
unüberlegt ◼ rash ◻ **unüberlegt handeln** behave rashly

unübersehbar 1 *Menschenmenge usw.*: vast 2 **unübersehbarer Fehler** glaring mistake 3 **die Folgen sind noch unübersehbar** we can't foresee the consequences

unübersetzbar untranslatable

unübersichtlich 1 (≈ *verwirrt*) confused 2 **unübersichtliche Kurve** blind [blaɪnd] corner

unübertrefflich, unübertroffen unmatched

unüblich unusual [ʌnˈjuːʒʊəl]

ununterbrochen 1 *allg.*: uninterrupted 2 (≈ *ständig*) continuous [kənˈtɪnjʊəs] 3 **es regnete ununterbrochen** it wouldn't stop raining; **er redet ununterbrochen** he never stops talking

unverantwortlich irresponsible [ˌɪrɪˈspɒnsəbl]

unverbesserlich incorrigible [ɪnˈkɒrɪdʒəbl]

unverbindlich 1 *Angebot usw.*: without obligation (⚠ *immer hinter dem Subst. oder Verb*) 2 *Auskunft usw.*: without guarantee [ˌgærənˈtiː] (as to correctness) (⚠ *immer hinter dem Subst. oder Verb*) 3 **er hat nur ganz unverbindlich geantwortet** he gave a rather non-committal answer

unverblümt: ich hab ihm unverblümt meine Meinung gesagt I told him exactly [ɪgˈzæktlɪ] what I thought

unverdient undeserved

unverdünnt undiluted [ˌʌndaɪˈluːtɪd]

unverfroren brazen [ˈbreɪzn]

Unverfrorenheit f 1 brazenness [ˈbreɪznnəs] 2 **diese Unverfrorenheit!** the nerve!

unvergesslich unforgettable [ˌʌnfəˈgetəbl]

unvergleichlich incomparable [⚠ ɪnˈkɒmprəbl]

unverhältnismäßig *groß usw.*: disproportionately; **es war unverhältnismäßig viel** it was a disproportionately large amount

unverheiratet unmarried, single

unverhofft 1 unexpected 2 **es kam ganz unverhofft** I just wasn't expecting it

unverkäuflich: es ist unverkäuflich it's not for sale

unverletzt unhurt

unvermeidbar, unvermeidlich unavoidable

unvernünftig silly

unverschämt 1 *allg.*: impudent [ˈɪmpjʊdənt]; **sie ist unverschämt** *auch*: she's got some nerve 2 **wir hatten unverschämtes Glück** we were incredibly [ɪnˈkredəblɪ] lucky 3 **unverschämt teuer** incredibly expensive 4 **er sieht unverschämt gut aus** he's brutally handsome [⚠ ˈhænsəm]

Unverschämtheit f: **sie hatte die Unverschämtheit, zu …** she had the nerve to …

unversöhnlich irreconcilable [ˌɪrekənˈsaɪləbl]

unverständlich 1 (≈ *unbegreiflich*) incomprehensible [ɪnˌkɒmprɪˈhensəbl]; **es ist mir unverständlich** I can't understand it 2 **er murmelt so unverständlich vor sich hin** you can't understand a word he's saying

unversucht: wir ließen nichts unversucht we left no stone unturned (**um zu** in our attempt to)

unverträglich 1 *Person*: quarrelsome [ˈkwɒrəlsəm] 2 *Essen*: indigestible [ˌɪndɪˈdʒestəbl]

Unverträglichkeit f 1 quarrelsomeness 2 *von Medizin*: intolerance [ɪnˈtɒlərəns]

unverwechselbar unmistakable

unverwundbar invulnerable

unverwüstlich *allg.*: indestructible

unverzeihlich inexcusable [ˌɪnɪkˈskjuːzəbl]

unvollendet unfinished

unvollständig incomplete

Unvollständigkeit f incompleteness

unvorbereitet unprepared; **unvorbereitet in die Prüfung gehen** go* into the exam unprepared (*oder* without any preparation [ˌprepəˈreɪʃn])

unvoreingenommen unbiased [ʌnˈbaɪəst]

Unvoreingenommenheit f impartiality [ˌɪmpɑːʃɪˈælətɪ]

unvorhergesehen unforeseen, unexpected

★**unvorsichtig** careless

Unvorsichtigkeit f carelessness

unvorstellbar unimaginable

unvorteilhaft *Kleidung usw.*: unbecoming

unwahr untrue

Unwahrheit f 1 *allg.*: untruth [ʌnˈtruːθ] 2 **er sagt die Unwahrheit** there's no truth in what he says

unwahrscheinlich 1 unlikely; **ich halte es für unwahrscheinlich** I think it's unlikely 2 **wir hatten unwahrscheinliches Glück** we were incredibly lucky 3 **es war unwahrscheinlich gut** it was incredibly good

Unwahrscheinlichkeit f unlikelihood

Unwesen n: **sein Unwesen treiben** be* on the rampage [ˈræmpeɪdʒ]

unwesentlich irrelevant, unimportant

Unwetter n storm, storms pl

unwichtig 1 *Detail usw.*: unimportant 2 **es ist unwichtig** it's not important

unwiderstehlich irresistible [ˌɪrɪˈzɪstəbl]

unwillkürlich 1 involuntary [ɪnˈvɒləntrɪ] 2 **ich musste unwillkürlich lachen** *usw.* I couldn't help laughing *usw.*

unwirklich unreal [ʌnˈrɪəl]

Unwirklichkeit f unreality [ˌʌnrɪˈælətɪ]
unwirksam ineffective [ˌɪnɪˈfektɪv]
unwirtschaftlich uneconomical
unwissend ignorant [ˈɪgnərənt]
Unwissenheit f ignorance [ˈɪgnərəns]
unwissentlich unknowingly [ʌnˈnəʊɪŋlɪ]
unwohl **1** mir ist unwohl I don't feel well **2** mir war dabei ganz unwohl I felt very uneasy (about it) **3** ich fühl mich bei ihr unwohl I don't feel comfortable [⚠ ˈkʌmftəbl] with her
Unzahl f: **eine Unzahl von** a huge number of
unzählbar, unzählige countless, innumerable [ɪˈnjuːmərəbl]
Unze f ounce
unzerbrechlich unbreakable [ʌnˈbreɪkəbl]
unzerstörbar indestructible [ˌʌndɪˈstrʌktəbl]
unzertrennlich inseparable [ɪnˈseprəbl]
unzufrieden dissatisfied [ˌdɪsˈsætɪsfaɪd]
Unzufriedenheit f dissatisfaction
unzumutbar unacceptable [ˌʌnəkˈseptəbl]
unzurechnungsfähig: **für unzurechnungsfähig erklärt werden** be* certified (insane)
unzustellbar: **falls unzustellbar, bitte zurück an Absender** if undelivered please return to sender
unzuverlässig unreliable [ˌʌnrɪˈlaɪəbl]
Unzuverlässigkeit f unreliability [ˌʌnrɪlaɪəˈbɪlətɪ]
Update n für Software usw.: update
üppig **1** Vegetation, Wachstum: lush, luxuriant [lʌgˈzjʊərɪənt] **2** **üppige Mahlzeit** sumptuous [ˈsʌmptʃʊəs] meal **3** Lebensstil: luxurious [lʌgˈzjʊərɪəs] Frau: buxom [ˈbʌksəm], voluptuous [vəˈlʌptʃʊəs]
ups **1** bei einem Fehler: oops **2** bei Überraschung, Erstaunen wow
Urabstimmung f strike ballot [ˈstraɪkˌbælət]
Urahn m, **Urahne** f (earliest) ancestor [ˈænsestə]; **unsere Urahnen** auch: our forefathers
uralt **1** ancient [ˈeɪnʃənt] **2** **seit uralten Zeiten** since time immemorial [ˌɪməˈmɔːrɪəl]
Uran n uranium [jʊˈreɪnɪəm]
Uranus m Planet: Uranus [ˈjʊərənəs] (⚠ ohne the)
uraufführen: **es wurde 1953 uraufgeführt** it was first performed in 1953
Uraufführung f premiere [ˈpremɪeə]
urchig ⓢ **1** Mensch: unspoilt, rugged [⚠ ˈrʌgɪd], (≈ bodenständig) earthy [ˈɜːθɪ]; **ein urchiger Typ** a real original [əˈrɪdʒnəl] **2** Essen: traditional **3** Lokal usw.: rustic
Ureinwohner pl **1**: native [ˈneɪtɪv] inhabitants

2 **die Ureinwohner Australiens** the Australian aborigines [ˌæbəˈrɪdʒɪniːz], aboriginal Australians
Urenkel m **1** great-grandson [ˌgreɪtˈgrænsʌn] **2** pl: great-grandchildren [ˌgreɪtˈgrænˌtʃɪldrən]
Urenkelin f great-granddaughter
Urgeschichte f: **die Urgeschichte** prehistory [ˌpriːˈhɪstrɪ] (⚠ ohne the)
urgeschichtlich prehistoric [ˌpriːhɪˈstɒrɪk]
Urgroßeltern pl great-grandparents
Urgroßmutter f great-grandmother
Urgroßvater m great-grandfather
Uri n Uri [ˈjuːrɪ]
urig **1** Mensch: unspoilt, rugged [ˈrʌgɪd], (≈ bodenständig) earthy; **ein uriger Typ** a real original [əˈrɪdʒnəl] **2** Essen: traditional **3** Lokal usw.: rustic
Urin m urine [ˈjʊərɪn]
Urinprobe f urine specimen [ˈjʊərɪnˌspesəmɪn]
Urknall m big bang, Big Bang
★**Urkunde** f **1** document [ˈdɒkjʊmənt] **2** (≈ Siegerurkunde) certificate [səˈtɪfɪkət]
★**Urlaub** m **1** (≈ Ferien) holidays [ˈhɒlədeɪz] (⚠ pl), US vacation **2** **im Urlaub** on holiday, US on vacation (⚠ beide ohne the); **in Urlaub gehen** (oder **fahren**) go* on holiday, US go* on vacation
Urlauber(in) m(f) holidaymaker, US vacationer
Urlaubsfoto n holiday (US vacation) snap
Urlaubspläne pl holiday (US vacation) plans
Urlaubszeit f holiday season, US vacation period
Urne f **1** (≈ Graburne) urn [ɜːn] **2** (≈ Wahlurne) ballot box
Uroma f great-granny [ˌgreɪtˈgrænɪ], US great-grandma
Uropa m great-grandad [ˌgreɪtˈgrændæd], US great-grandpa
urplötzlich (completely) out of the blue
★**Ursache** f **1** cause, reason; **die Ursache des Streiks** the cause of the strike, the reason for the strike **2** **Ursache und Wirkung** cause and effect **3** **keine Ursache!** not at all, you're welcome, bei Entschuldigung: that's all right
★**Ursprung** m **1** origin [ˈɒrɪdʒɪn], origins pl **2** **wir sind türkischen Ursprungs** we're of Turkish origin; **das Wort ist russischen Ursprungs** the word goes back to Russian
★**ursprünglich** **1** original [əˈrɪdʒnəl] **2** **die ursprüngliche Begeisterung** usw. the initial enthusiasm [ɪˌnɪʃl_ɪnˈθjuːzɪæzm] usw. **3** **ursprünglich wollte ich nicht** at first I didn't want to **4** Natur: unspoilt
Ursprünglichkeit f **1** einer Landschaft usw.:

unspoilt state ▨ *von Lebensweise usw.*: naturalness ['nætʃrəlnəs]

★**Urteil** *n* ▨ (≈ *Strafurteil*) sentence ['sentəns] ▨ (≈ *Bewertung*) judgement ['dʒʌdʒmənt] ▨ (≈ *Meinung*) opinion (**über** on)

urteilen ▨ *allg.*: judge [dʒʌdʒ]; **über jemanden (etwas) urteilen** judge someone (something); **über etwas urteilen** *auch* give* one's opinion on something; **darüber kannst du nicht urteilen!** you're no judge of that ▨ **urteilen Sie selbst!** see for yourself ▨ **nach seinem Aussehen (seinen Worten) zu urteilen** judging by his looks (by what he says)

urtümlich ▨ (≈ *ursprünglich*) original [ə'rɪdʒnəl] ▨ *Landschaft usw.*: unspoilt

Urtümlichkeit *f* ▨ (≈ *Ursprünglichkeit*) original [ə'rɪdʒnəl] state ▨ *einer Landschaft usw.*: unspoilt state

Urwald *m* jungle

Urzeit *f*: **die Urzeit** primeval [praɪ'miːvl] times (⚠ *pl*)

★**USA** *pl* USA [ˌjuːes'eɪ] (*abk für* United States of America), US [ˌjuː'es] (*abk für* United States); **die USA sind Mitglied der Vereinten Nationen** the US is a member of the United Nations

US-Amerikaner(in) *m(f)* American (citizen)

USB-Anschluss *m* *Computer*: USB port [ˌjuːes-'biː‿ pɔːt], *am Kabel*: USB connector, *Verbindung*: USB connection

USB-Kabel *n* *Computer*: USB cable

USB-Stick *m* *Computer*: USB stick [ˌjuːes'biː‿stɪk], USB key [ˌjuːes'biː‿kiː], pen drive

US-Dollar *m* U.S. dollar

User(in) *m(f)* *Computer, Internet*: user

Utopie *f* impossible dream

UV-Strahlen *pl* ultraviolet rays [ˌʌltrəˌvaɪələt-'reɪz]

V

vage vague [⚠ veɪg]
Vagina *f* vagina [⚠ və'dʒaɪnə]
Vakuum *n* vacuum ['vækjʊəm] (*auch übertragen*)
Valentinstag *m* St Valentine's [snt'væləntaɪnz] Day (⚠ *ohne the*)
Vampir *m* vampire ['væmpaɪə]
Vandale *m* vandal ['vændl]; **wie die Vandalen** like vandals (⚠ *ohne the*)

Vandalismus *m* vandalism ['vændəlɪzm] (⚠ *ohne the*)
Vanille *f* vanilla [və'nɪlə]
Vanilleeis *n* vanilla ice cream
Vanillepudding *m* thick vanilla custard ['kʌstəd], *US* vanilla pudding
variabel variable ['veərɪəbl]
Variable *f* *Mathematik*: variable ['veərɪəbl]
Variante *f* variant ['veərɪənt]
variieren vary ['veərɪ]
Vase *f* vase [⚠ vɑːz]

★**Vater** *m* ▨ *allg.*: father ['fɑːðə] (⚠ *als Anrede mit Großschreibung*: Father, Dad *usw.*); **wie der Vater, so der Sohn** like father, like son (⚠ *ohne the*) ▨ *Anrede für Priester*: Father ▨ **Vater Staat** the State

Vaterfigur *f* father figure ['fɑːðəˌfɪgə]
Vaterland *n* home (*oder* native) country
väterlicherseits: **mein Großvater väterlicherseits** my paternal grandfather, my grandfather on my father's side
Vaterschaft *f* ▨ *allg.*: fatherhood ▨ *juristisch*: paternity [pə'tɜːnətɪ]
Vaterschaftsurlaub *m* paternity leave
Vatertag *m* Father's Day
Vaterunser *n*: **das Vaterunser (beten)** (say*) the Lord's Prayer [ˌlɔːdz'preə]
Vati *m* Daddy, Dad, *US auch*: Pa [pɑː]
Vatikan *m*: **der Vatikan** the Vatican ['vætɪkən]
V-Ausschnitt *m* V-neck; **Pullover mit V-Ausschnitt** V-neck sweater [ˌviːnek'swetə]
v. Chr. BC [ˌbiː'siː] (*abk für* Before Christ); **100 v. Chr.** 100 BC (⚠ *gesprochen* a hundred BC [ə'hʌndrɪdˌbiː'siː])
Veganer(in) *m(f)* vegan ['viːgən]
Vegetarier(in) *m(f)* vegetarian [ˌvedʒə'teərɪən], *umg* veggie ['vedʒɪ]

★**vegetarisch** vegetarian [ˌvedʒə'teərɪən]; **vegetarische Kost** vegetarian food

Vegetation *f* vegetation [ˌvedʒə'teɪʃn]
vegetieren vegetate ['vedʒəteɪt]
Veilchen *n* violet ['vaɪələt]
Vektor *m* *Mathematik*: vector

★**Velo** *n* ⓢ bicycle ['baɪsɪkl], *umg* bike

Vene *f* vein [veɪn]
Venedig *n* Venice ['venɪs]
Ventil *n* ▨ valve ▨ *für Aggressionen*: outlet
Ventilator *m* fan
Venus *f* *Planet*: Venus ['viːnəs] (⚠ *ohne the*)
verabreden ▨ **ich hab mich mit Peter verabredet** I'm meeting Peter, *zum Ausgehen*: I've got a date with Peter; **ich bin schon verabredet** I'm already meeting someone (*oder* a

friend bzw. some friends) **2** **verabreden, etwas zu tun** arrange (oder agree) to do something

★**Verabredung** f **1** (≈ Termin) appointment **2** zum Ausgehen: date

verabschieden **1** **sich (von jemandem) verabschieden** say* goodbye (to someone) **2** **ich muss mich leider verabschieden** I'm afraid I've got to go now

verachten **1** despise [dɪˈspaɪz] **2** **nicht zu verachten** not to be sneezed at; **ein Eis wäre nicht zu verachten** I won't say no to an ice cream

Verachtung f contempt [kənˈtempt]

veralbern: jemanden veralbern pull someone's leg

verallgemeinern generalize [ˈdʒenrəlaɪz]

Verallgemeinerung f generalization

veralten **1** allg.: become* (out)dated (oder obsolete [ˈɒbsəliːt]) **2** (Ansichten usw.) become* antiquated [ˈæntɪkweɪtɪd]

veraltet out-of-date; **es ist veraltet** it's out of date (nach dem Verb ohne Bindestriche)

Veranda f veranda [vəˈrændə], US auch: porch

veränderlich **1** allg.: changeable (auch Wetter usw.) **2** Mathematik, Sprachwissenschaft: variable [ˈveərɪəbl]; **veränderliche Größe** variable

★**verändern: (sich) verändern** change

★**Veränderung** f change

verängstigt frightened [ˈfraɪtnd]

veranlagt **1** **musikalisch** usw. **veranlagt** musically usw. talented [ˈtæləntɪd] **2** **praktisch** usw. **veranlagt** practically usw. minded

Veranlagung f: **es ist Veranlagung** it's in the genes [dʒiːnz]

★**veranlassen: was hat ihn wohl dazu veranlasst?** I wonder [ˈwʌndə] what made him do it

veranschaulichen illustrate [ˈɪləstreɪt]

Veranschaulichung f: **zur Veranschaulichung** by way of illustration [ˌɪləˈstreɪʃn]

★**veranstalten** organize [ˈɔːɡənaɪz]

Veranstalter(in) m(f) organizer

★**Veranstaltung** f sportliche usw.: event

verantworten **1** **etwas verantworten** be* responsible [rɪˈspɒnsəbl] for something **2** **du hast einiges zu verantworten** you've got a lot to answer [ˈɑːnsə] for

★**verantwortlich** responsible [rɪˈspɒnsəbl] **(für** for)

★**Verantwortung** f **1** responsibility **(für** for); **die Verantwortung übernehmen** take* responsibility (⚠ ohnethe); **die Verantwortung (für etwas) tragen** take* responsibility (for something) (⚠ ohne the) **2** **auf eigene Verantwortung** at your usw. own risk

verantwortungsbewusst responsible

verantwortungslos irresponsible

Verantwortungslosigkeit f irresponsibility

verantwortungsvoll responsible [rɪˈspɒnsəbl]

veräppeln umg **1** **jemanden veräppeln** pull someone's leg **2** (≈ verspotten) make fun of someone, Br auch take* the mickey out of someone, US auch put* someone on

verarbeiten **1** process [ˈprəʊses] (auch Daten) **2** **Abfallprodukte zu Baustoffen verarbeiten** make* (oder turn) waste products into building materials **3** digest [daɪˈdʒest] (Lehrstoff usw.)

verärgern annoy [əˈnɔɪ], stärker: upset* [ʌpˈset]

verärgert annoyed [əˈnɔɪd], stärker: upset

verarmen grow* poor

verarschen salopp take* the piss out of, US make* a sucker out of; **willst du mich verarschen?** are you taking the piss?

verarzten see* to, fix up

Verb n verb [vɜːb]

★**Verband**[1] m bandage [ˈbændɪdʒ]; **einen Verband anlegen** put* a bandage on

★**Verband**[2] m (≈ Vereinigung) association

Verband(s)kasten m first-aid box

Verbandszeug n **1** first-aid kit **2** (≈ Binde) a bandage [ˈbændɪdʒ]

verbannen exile [ˈeksaɪl] **(nach** to)

verbarrikadieren **1** barricade [ˌbærɪˈkeɪd] **2** **sich verbarrikadieren** barricade oneself **(in** in)

verbauen **1** ruin [ˈruːɪn], spoil* (Gegend) **2** **ich hab mir die Sache verbaut** übertragen I've spoilt my chances

verbeißen **1** **ich konnte mir das Lachen nicht verbeißen** I couldn't keep a straight face **2** **er hat sich in seine Arbeit verbissen** he's become obsessed with his work

★**verbergen** hide* **(vor** from)

★**verbessern** **1** **(sich) verbessern** improve [ɪmˈpruːv] **2** correct (Fehler) **3** **sich verbessern** beim Sprechen: correct oneself

★**Verbesserung** f improvement [ɪmˈpruːvmənt]

Verbesserungsvorschlag m suggestion [səˈdʒestʃən] for improvement

verbeugen: sich verbeugen bow [⚠ baʊ]

verbeulen dent

verbiegen: (sich) verbiegen bend*

★**verbieten** **1** forbid*, amtlich auch: prohibit [prəˈhɪbɪt] **2** **sie hat's mir verboten** she won't let me (do it)

verbilligt reduced [rɪˈdjuːst]

★**verbinden** ◻1 connect (*Kabel usw.*) ◻2 link (*Orte usw.*) ◻3 **jemandem die Augen verbinden** blindfold [ˈblaɪndfəʊld] someone ◻4 combine (*Ausflug mit Besuch usw.*) ◻5 **womit verbindest du das?** what do you associate [əˈsəʊʃɪeɪt] it with? ◻6 **ich verbinde** *Telefon*: I'm putting you through, *US meist* I'll connect you ◻7 **(sich) verbinden** (*Substanzen*) combine

verbindlich ◻1 obliging ◻2 (≈ *verpflichtend*) obligatory, *Zusage*: binding [ˈbaɪndɪŋ] ◻3 (≈ *bindend*) **etwas verbindlich vereinbart haben** have* a binding agreement (regarding something); **verbindlich zusagen** accept definitely ◻4 *Worte usw.*: friendly ◻5 (≈ *freundlich*) **verbindlich lächeln** give* a friendly smile

★**Verbindung** f ◻1 *zwischen Orten, Personen usw.*: link ◻2 *telefonische usw.*: connection ◻3 (≈ *Zusammenhang*) connection; **in Verbindung mit** in connection with ◻4 *chemische usw.*: compound [ˈkɒmpaʊnd] ◻5 **in Verbindung bleiben** keep* in touch

Verbindungstür f connecting door

verbissen ◻1 (≈ *hartnäckig*) dogged [⚠ ˈdɒgɪd] ◻2 **ein verbissenes Gesicht machen** have* a look of determination

verbittert bitter, embittered

verblassen ◻1 *allg.*: turn (*oder* grow*) pale ◻2 (*Farbe usw.*) fade

verbleit *Benzin*: leaded [⚠ ˈledɪd]

verblöden *umg* ◻1 (≈ *senil werden*) go* gaga [ˈgɑːgɑː] ◻2 **dabei verblödet man ja** it's totally moronic [məˈrɒnɪk]

verblödet ◻1 demented [dɪˈmentɪd] ◻2 (≈ *senil*) senile [ˈsiːnaɪl]

verblüffen ◻1 *allg.*: amaze, astound [əˈstaʊnd] ◻2 (≈ *verwirren*) baffle, bewilder [bɪˈwɪldə] ◻3 (≈ *sprachlos machen*) dumbfound [⚠ ˌdʌmˈfaʊnd], stupefy [ˈstjuːpɪfaɪ], *umg* flabbergast [ˈflæbəgɑːst]

verblüffend amazing [əˈmeɪzɪŋ]; **sie sind sich verblüffend ähnlich** they're amazingly alike

verblüfft amazed [əˈmeɪzd]; **ich war ganz verblüfft** *auch*: I was completely taken aback [əˈbæk]

verblühen wither [ˈwɪðə], fade (away) (*auch übertragen*)

verbluten bleed* to death

verbohrt pigheaded [ˌpɪgˈhedɪd]

Verbohrtheit f pigheadedness

verborgen hidden

★**Verbot** n *offizielles*: ban (**für** *oder* **von etwas** on something)

verboten ◻1 **es ist verboten** it's not allowed; **es ist verboten zu …** you're not allowed to … ◻2 **Rauchen** *usw.* **verboten** no smoking *usw.* ◻3 **du siehst ja verboten aus!** *umg* you look a real sight!

verbrannt ◻1 burnt ◻2 *von der Sonne*: sunburnt

Verbrauch m consumption (**von, an** of), *von Geld*: expenditure; **zum baldigen Verbrauch bestimmt** to be used immediately

★**verbrauchen** use (up)

★**Verbraucher(in)** m(f) consumer [kənˈsjuːmə]

verbraucht ◻1 *allg.*: used up ◻2 *Batterie*: flat ◻3 *übertragen*; *Person*: worn out

Verbrechen n ◻1 crime ◻2 **das ist doch kein Verbrechen!** it's not a crime(, is it?)

verbrechen ◻1 **was hab ich denn verbrochen?** what have I done (wrong)? ◻2 **was hast du wieder verbrochen?** what have you been up to this time? ◻3 **wer hat diesen Aufsatz verbrochen?** who cooked up this essay?

★**Verbrecher(in)** m(f) criminal [ˈkrɪmɪnl]

verbreiten: **(sich) verbreiten** spread* [spred] (*auch Nachricht, Angst usw.*)

verbreitet widespread [ˈwaɪdspred]

★**verbrennen** ◻1 *allg.*: burn*; **ich hab mir die Zunge verbrannt** I've burnt my tongue ◻2 cremate [krəˈmeɪt] (*Leiche*) ◻3 **sich verbrennen** *aus Unachtsamkeit*: burn* oneself, get* burnt

Verbrennung f ◻1 (≈ *das Verbrennen*) burning, *von Leiche*: cremation, *von Treibstoff*: burning, combustion ◻2 (≈ *Brandwunde*) burn (**an** on)

Verbrennungsmotor m internal combustion engine

★**verbringen** *allg.*: spend*; **ich hab den ganzen Tag mit Einkaufen verbracht** I spent the whole day shopping

verbrühen: **sich die Hand** *usw.* **verbrühen** scald [skɔːld] one's hand *usw.*

Verbrühung f (≈ *Wunde*) scald [skɔːld]

verbuchen enter (up) (in a/the book); **einen Betrag auf ein Konto verbuchen** credit a sum to an account; **einen Erfolg (für sich) verbuchen** notch up a success *umg*

verbummeln *umg* ◻1 **den Morgen** *usw.* **verbummeln** waste the (whole) morning *usw.* ◻2 **ich hab's total verbummelt** *Verabredung usw.*: I completely forgot [fəˈgɒt] about it

verbunden: **(Sie sind) falsch verbunden** I'm afraid you've got the wrong [rɒŋ] number

verbünden: **sich verbünden (mit)** ally [əˈlaɪ] oneself (with, to), form an alliance [əˈlaɪəns] (with)

★**Verbündete(r)** *m/f(m)* ally [⚠ 'ælaɪ] *pl*: allies; **Amerika und seine Verbündeten** America and her allies

Verbundstoff *m* composite (material)

★**Verdacht** *m* **1** suspicion; **ich habe den (starken) Verdacht, dass ...** I have a (strong) suspicion that ...; **Verdacht erregen** arouse suspicion **2** **etwas auf Verdacht tun** *umg* do* something on spec [spek]

★**verdächtig** **1** suspicious [səˈspɪʃəs]; **es kommt mir etwas verdächtig vor** it seems a bit suspicious to me **2** **wenn Ihr etwas Verdächtiges seht** if you see anything suspicious

Verdächtige(r) *m/f(m)* suspect [⚠ ˈsʌspekt]

★**verdächtigen** suspect [səˈspekt]; **sie verdächtigen ihn, es gestohlen zu haben** they suspect him of having stolen it

verdammt *umg* **1** **verdammt (nochmal)!** damn it! [⚠ ˈdæm ɪt] **2** **verdammte Scheiße!** *salopp* bloody hell! [ˌblʌdɪˈhel], *US* holy shit! **3** **es tut verdammt weh!** it hurts like hell **4** **du hattest verdammtes Glück** you were damn lucky [ˌdæmˈlʌki]

verdampfen evaporate [ɪˈvæpəreɪt]

★**verdanken** **1** **dir habe ich es zu verdanken, dass ...** *auch kritisch* it's thanks to you that ... **2** **das hast du mir zu verdanken** you can thank me for it **3** **das hast du dir selber zu verdanken!** it's your own fault

verdattert *umg* flabbergasted [ˈflæbəɡɑːstɪd]

verdauen **1** digest [daɪˈdʒest] (*Essen*) **2** *emotional*: digest, come* to terms with

verdaulich **1** **schwer verdaulich** hard to digest [daɪˈdʒest] **2** **schwer verdaulich** *übertragen*; *Buch usw.*: heavy-going [ˌheviˈɡəʊɪŋ]; **leicht verdaulich** *übertragen*; *Buch usw.*: light

Verdauung *f* digestion [daɪˈdʒestʃn]

verdecken cover up [ˌkʌvərˈʌp]

verderben **1** *allg.*: spoil*; **es hat mir den Tag verdorben** it spoilt my day **2** **das hat mir die Laune verdorben** that's put me in a bad mood **3** **ich hab mir den Magen verdorben** I've got an upset stomach [ˌʌpsetˈstʌmək] **4** **du wirst dir die Augen verderben** you'll ruin your eyes **5** **mit mir hat er sich's verdorben** I'm through with him **6** (*Lebensmittel*) go* bad, (*Milch, Fleisch*) go* off

verdeutlichen (≈ *erklären*) explain

★**verdienen** **1** earn [ɜːn] (*Geld*) **2** (≈ *Gewinn machen*) make* **3** deserve (*Lob, Strafe usw.*); **womit hab ich das verdient?** what did I do to deserve that?

★**Verdienst**[1] *m* **1** earnings [⚠ *pl*) **2** (≈ *Gewinn*) profit

Verdienst[2] *n* achievement; **es ist ihr Verdienst, dass ...** it's thanks to her that ...

verdonnern: **jemanden dazu verdonnern, etwas zu tun** make* someone do something

verdoppeln **1** *allg.*: double [ˈdʌbl] (*auch Preis*) **2** redouble (*Anstrengungen usw.*) **3** **sich verdoppeln** double

Verdoppelung *f* doubling [ˈdʌblɪŋ]

verdorben **1** *allg.*: spoilt **2** *Magen*: upset **3** **der Reissalat usw. ist verdorben** the rice salad usw. has gone off

verdorren dry up, wither [ˈwɪðə]

verdrängen **1** *psychisch*: suppress [səˈpres] **2** push out (*jemanden*) (**aus** of)

verdreckt filthy

verdrehen **1** *allg.*: twist (*auch die Wahrheit usw.*) **2** **er hat die Augen verdreht** he rolled his eyes **3** **sie hat ihm den Kopf verdreht** *umg* she's turned his head

verdreht *umg* (≈ *durcheinander*) mixed up

Verdrehung *f* *der Tatsachen usw.*: twisting

verdreifachen **1** treble [ˈtrebl], triple [ˈtrɪpl] **2** **sich verdreifachen** treble, triple

verdreschen: **jemanden verdreschen** *umg* give* someone a thrashing

verdrücken *umg* **1** polish off (*Essen*) **2** **sich verdrücken** sneak off

Verdruss *m* **1** *allg.*: annoyance [əˈnɔɪəns], displeasure [dɪsˈpleʒə] **2** **er hat ihr viel Verdruss bereitet** he caused her a lot of trouble [ˈtrʌbl]

verduften *umg* clear off

verdummen: **zu viel Fernsehen verdummt** too much television dulls the mind

verdünnen **1** *allg.*: dilute [daɪˈluːt] **2** thin (down) (*Farbe, Lack usw.*)

Verdünnungsmittel *n* thinner

verdunsten evaporate [ɪˈvæpəreɪt]

Verdunstung *f* evaporation [ɪˌvæpəˈreɪʃn]

verdursten die of thirst

verdutzt: **sie war ganz verdutzt** she was completely taken aback

verehren **1** admire **2** (≈ *anbeten*) worship

Verehrer(in) *m(f)* **1** *allg.*: admirer [ədˈmaɪrə] **2** *eines Stars*: fan

vereidigen swear* in

★**Verein** *m* **1** association [əˌsəʊsɪˈeɪʃn] **2** (≈ *Klub*) club **3** **das ist ein seltsamer Verein** they're a funny lot

★**vereinbaren** **1** agree, arrange (*Zeit, Treffen, Tag*) **2** **mit etwas zu vereinbaren sein** be* compatible with something, *Aussagen*: be* consistent with something, *Ziele, Ideale*: be* reconcilable with something; **Familie und Arbeit miteinander vereinbaren** balance work and family life

★**Vereinbarung** *f* (≈ *Abmachung*) agreement; **laut Vereinbarung** as agreed; **nach Vereinbarung** by arrangement

vereinfachen simplify

vereinfacht: **vereinfacht ausgedrückt** put simply

vereinheitlichen standardize ['stændədaɪz]

vereinigen ◨ unite ◨ **sich vereinigen** unite

vereinigt united [juːˈnaɪtɪd]; **die Vereinigten Staaten (von Amerika)** the United States (of America) (⚠ *mit sg*)

vereinsamen become* isolated (*oder* lonely)

vereinsamt lonely (and isolated)

Vereinskamerad(in) *m(f)* clubmate; **sie sind Vereinskameraden** *auch* they belong to the same club

vereint: **die Vereinten Nationen** the United Nations (⚠ *meist mit sg*); **das vereinte Europa** united Europe (⚠ *ohne* the)

vereinzelt ◨ (≈ *gelegentlich*) occasional [əˈkeɪʒnəl] (⚠ *nur vor dem Subst.*) ◨ (≈ *hin und wieder*) now and then

vereist ◨ (≈ *zugefroren*) frozen over ◨ *Fenster usw.*: iced up

vereitern go* septic

vereitert septic

vererben ◨ **jemandem etwas vererben** leave* something to someone ◨ pass on (*Krankheit usw.*) (**auf** to) ◨ **es vererbt sich** *Krankheit, Eigenschaft usw.*: it's hereditary [həˈredətrɪ]

Vererbung *f* ◨ *von Besitz*: leaving ◨ *von Krankheit usw.*: passing on ◨ **das ist Vererbung** it's hereditary [həˈredɪtərɪ]

verewigen: **sich verewigen in** *Baumstamm usw.*: carve one's name into

verfahren: **sich verfahren** get* lost, lose* one's way

★**Verfahren** *n* ◨ *technisches*: process [ˈprəʊses] ◨ (≈ *Methode*) method (⚠ ˈmeθəd)

verfallen¹ (*Fahrkarte usw.*) expire [ɪkˈspaɪə]

verfallen² *Gebäude usw.*: dilapidated [dɪˈlæpɪdeɪtɪd]

Verfallsdatum *n* expiry [ɪkˈspaɪərɪ] date, *US* expiration [ˌekspəˈreɪʃn] date, *von Gütern auch*: sell-by date, *von Lebensmitteln auch*: best-before date

verfälschen distort (*Wahrheit usw.*)

verfärben ◨ **sich verfärben** change colour ◨ **die Wäsche hat sich verfärbt** the washing has been dyed ◨ **deine Socken haben die Wäsche verfärbt** the dye from your socks has come off onto all the washing

verfassen ◨ write* (⚠ raɪt), compose (*beide auch Gedicht usw.*) ◨ draw* up (*Resolution usw.*)

★**Verfasser(in)** *m(f)* author [ˈɔːθə]

★**Verfassung** *f* *staatliche*: constitution

verfassungswidrig unconstitutional [ˈʌnˌkɒnstɪˈtjuːʃnəl]

verfaulen rot (away)

verfault *Lebensmittel, Zähne usw.*: rotten

verfehlen: **sich verfehlen** miss each other

verfeindet: **sie sind (vollkommen) verfeindet** they're (sworn) enemies

verfeinern ◨ *allg.*: refine ◨ round off (*Soße usw.*)

verfilmen: **die Geschichte wurde verfilmt** they made a film out of the story

Verfilmung *f* screen version

verfilzt *Haar*: matted

verflixt *umg* ◨ **verflixt!** darn! ◨ **diese verflixte Katze** *usw.***!** that darn cat *usw.*!

verfluchen curse

verflucht ◨ **verflucht!** damn! (⚠ dæm) ◨ **diese verfluchte Arbeit!** this damn work!

verfolgen ◨ pursue [pəˈsjuː] (*Person*) ◨ hunt (*Kriminellen*) ◨ *politisch usw.*: persecute [ˈpɜːsɪkjuːt] ◨ follow (*Nachrichten, Spiel usw.*) ◨ **der Gedanke** *usw.* **verfolgt mich** I'm haunted [ˈhɔːntɪd] by the thought *usw.*

Verfolgungsjagd *f* ◨ *allg.*: wild chase ◨ *im Auto*: car chase

Verfolgungswahn *m*: **an Verfolgungswahn leiden** suffer from a persecution complex

verformen ◨ *unabsichtlich*: deform ◨ *technisch, durch Bearbeitung*: form, shape ◨ **sich verformen** deform, go* out of shape, (*Metall*) *auch* buckle, (*Holz*) warp [wɔːp]

verfressen greedy

Verfressenheit *f* greediness

verfügbar available [əˈveɪləbl]

Verfügung *f* ◨ **zur Verfügung stehen** be* available ◨ **ich stelle mich zur Verfügung!** at your service!

verführen ◨ *sexuell*: seduce [sɪˈdjuːs] ◨ **jemanden zu etwas verführen** tempt someone to do something, *zu Drogen usw.*: lead* someone into (doing) something

verführerisch ◨ *Frau usw.*: seductive [sɪˈdʌktɪv] ◨ *Angebot usw.*: tempting

Vergabe *f* *von Arbeiten*: allocation, *von Auftrag usw.*: award

vergammelt ❶ *Person*: scruffy ❷ **vergammelter Typ** scruff, *stärker*: slob

vergangen ❶ **am vergangenen Wochenende** *usw.* last weekend *usw.* ❷ **in vergangenen Zeiten** in times past (▲ *Wortstellung*)

★**Vergangenheit** *f allg.*: past

Vergangenheitsform *f* past tense

vergänglich ❶ passing, transient ['trænziənt] ❷ **alles ist vergänglich** nothing lasts forever

vergasen gas

Vergasung *f* (≈ *Tötung*) gassing

vergeben[1] (≈ *verzeihen*) forgive* [fə'gɪv]; **jemandem etwas vergeben** forgive someone for something

vergeben[2] ❶ give* away (*Stelle usw.*); **ist die Stelle schon vergeben?** has the vacancy been filled already? ❷ award [ə'wɔːd] (*Preis, Stipendium usw.*) (**an** to) ❸ **eine Chance vergeben** miss an opportunity

vergeben[3] ❶ **vergeben sein** be* taken ❷ **er** (*bzw.* **sie**) **ist schon vergeben** he's (*bzw.* she's) already spoken for

★**vergeblich** ❶ (≈ *umsonst*) in vain ❷ **es war vergeblich** (≈ *sinnlos*) it was no use [juːs]

vergehen ❶ (*Zeit*) pass; **wie die Zeit vergeht!** time flies! ❷ (*Schmerzen*) pass, go* away ❸ **dabei vergeht einem der Appetit** it's enough to make you lose your appetite ❹ **dir wird das Lachen bald vergehen!** you'll soon be laughing on the other side of your face ❺ **ich vergehe (fast) vor Hunger** *usw.* I'm dying of hunger *usw.*

Vergehen *n* offence, *US* offense [ə'fens]

Vergeltung *f* retaliation [rɪˌtælɪ'eɪʃn], retribution [ˌretrɪ'bjuːʃn]; **als Vergeltung für** in retaliation for; **Vergeltung üben** retaliate, take* revenge [rɪ'vendʒ] (*beide*: **an** on)

★**vergessen** ❶ *allg.*: forget*; **ich hab meinen Schirm vergessen** *auch*: I've left my umbrella behind ❷ **er vergisst leicht** he's very forgetful [fə'getfl] ❸ *Wendungen*: **das kannst du vergessen!** forget it; **den kannst du vergessen!** he's useless ['juːsləs]; **das werd ich dir nie vergessen** I won't ever forget that

vergesslich forgetful [fə'getfl]

Vergesslichkeit *f* forgetfulness [fə'getflnəs]

vergewaltigen rape (*eine Frau*)

Vergewaltigung *f* rape

vergewissern: **sich vergewissern** make* sure, check (**ob** that)

vergiften poison ['pɔɪzn]

Vergiftung *f* poisoning ['pɔɪznɪŋ]

Vergissmeinnicht *n* forget-me-not

★**Vergleich** *m* ❶ comparison [kəm'pærɪsn] ❷ **im Vergleich zu** compared with (*oder* to) ❸ **das ist ja überhaupt kein Vergleich!** there's no comparison

vergleichbar ❶ comparable ['kɒmpərəbl] (**mit** to, with) ❷ **das ist überhaupt nicht vergleichbar** you can't compare (the two)

★**vergleichen** ❶ compare (**mit** to, with); **die Preise vergleichen** compare prices (▲ *ohne* the) ❷ **er ist mit Peter nicht zu vergleichen** he and Peter are completely different

vergleichsweise relatively ['relətɪvlɪ]

vergnügen: **sich vergnügen** enjoy oneself

★**Vergnügen** *n* ❶ pleasure ['pleʒə], enjoyment; **mit (dem größten) Vergnügen!** with (the greatest) pleasure!; **vor Vergnügen lachen** *usw.* laugh *usw.* with pleasure ❷ (≈ *Spaß*) fun; **viel Vergnügen!** have fun! (*auch ironisch*) ❸ **es war kein reines Vergnügen** it was no picnic ❹ **ein teures Vergnügen** an expensive business

Vergnügungspark *m* ❶ *allg.*: amusement park ❷ *mit einem Thema, z. B. Raumfahrt*: theme [θiːm] park

Vergnügungsviertel *n* ❶ entertainments district ['dɪstrɪkt] ❷ *mit Bordellen*: red-light district

vergolden ❶ *allg.*: gild [▲ gɪld] (*auch übertragen*) ❷ gold-plate (*Metall, Schmuck usw.*)

vergoldet gold-plated, gilt [gɪlt]

vergraben ❶ bury [▲ 'berɪ] ❷ **sie hat sich in ihre Bücher vergraben** she's buried herself in her books

vergraulen ❶ put* off (*Leute*) ❷ **vergraul's mir doch nicht** don't spoil it for me

vergriffen *Buch*: out of print

★**vergrößern** ❶ *allg.*: enlarge (*auch Foto, Kopie*) ❷ **ein Foto vergrößern lassen** get* an enlargement of a photo ❸ extend (*Raum, Fläche usw.*) ❹ *mit einer Lupe*: magnify ['mægnɪfaɪ] ❺ **sich vergrößern** grow*

★**Vergrößerung** *f Foto*: enlargement

Vergrößerungsglas *n* magnifying glass

vergucken: **sich in jemanden vergucken** *umg* fall* for someone

Vergütung *f* ❶ *von Unkosten*: reimbursement ❷ *von Preis*: refunding ❸ *für Arbeit*: payment

★**verhaften** arrest

Verhaftung *f* arrest

★**verhalten** ❶ **sich verhalten** act, behave, be*; **er verhielt sich etwas merkwürdig** he was acting (*oder* behaving) a bit strange (▲ *hier nicht* strangely) ❷ **ich weiß nicht, wie ich**

mich verhalten soll I'm not sure what to do
★**Verhalten** n behaviour [bɪˈheɪvjə]
verhaltensgestört maladjusted [ˌmælə'dʒʌstɪd]
★**Verhältnis**¹ n **1** (≈ *Beziehung*) relationship (**zu** with) **2** (≈ *Affäre*) affair; **er hat mit ihr ein Verhältnis** he's having an affair with her
★**Verhältnis**² n **1** (≈ *Proportion*) proportion; *Mathematik*: ratio [ˈreɪʃɪəʊ]; **im Verhältnis von 1:2** in a ratio of 1:2 (*gesprochen* one to two); **im Verhältnis zu** in relation to; **im Verhältnis zu früher** (≈ *verglichen mit*) in comparison with earlier times; **in keinem Verhältnis zu etwas stehen** be* out of all proportion to something **2 im Verhältnis zu dir** *usw.* compared with you *usw.*
★**verhältnismäßig** relatively [ˈrelətɪvlɪ]
Verhältnisse pl **1** (≈ *Umstände*) circumstances [ˈsɜːkəmstənsɪz] **2** (≈ *Herkunft*) background **3 sie leben über ihre Verhältnisse** they're living beyond their means
★**verhandeln** negotiate [nɪˈgəʊʃɪeɪt]
Verhandlungen pl negotiations [nɪˌgəʊʃɪˈeɪʃnz]
verharmlosen play down
verhärten: **sich verhärten** *allg.*: harden
verhaspeln: **sie hat sich verhaspelt** *umg* she got her words muddled
verhasst hated
verhätscheln coddle, pamper
verhätschelt pampered, spoilt
Verhau m *umg* mess; **das ist ja ein Verhau!** what a mess!
verhauen¹ (≈ *verprügeln*) beat* up
verhauen² **1** *umg* fluff (*Test usw.*) **2 sich verhauen** get* it wrong [rɒŋ]
verheddern 1 sich verheddern get* tangled up **2 sich verheddern** *beim Sprechen*: get* in a muddle
verheerend 1 *umg* (≈ *scheußlich*) dreadful [ˈdredfl] **2** *Folgen usw.*: disastrous [dɪˈzɑːstrəs]
verheilen heal (up) (completely); **die Wunde verheilt schlecht** the wound isn't healing very well
verheimlichen: **er hat es (mir) verheimlicht** he kept it a secret (from me)
★**verheiratet** married (**mit** to); **glücklich verheiratet** happily married
verheult 1 *Augen*: red (from crying) **2** *Gesicht*: tear-stained [ˈtɪə_steɪnd]
verhext: **es ist wie verhext** it's jinxed [dʒɪŋkst]
★**verhindern 1** prevent [prɪˈvent] **2 wir konnten nicht verhindern, dass sie wegging** we couldn't stop her from leaving

verhindert 1 sie ist leider verhindert unfortunately she's unable to come (**wegen** due to) **2 ein verhinderter Maler** *umg*; *negativ*: (≈ *Möchtegernmaler*) a would-be painter, *positiv, der seinen Beruf verfehlte*: a painter manqué [ˈmɒŋkeɪ]
verhöhnen: **jemanden verhöhnen** deride someone, jeer at someone
verhökern *umg* flog (off)
Verhör n interrogation [ɪnˌterəˈgeɪʃn]
verhören 1 jemanden verhören interrogate [ɪnˈterəgeɪt] (*oder* question) someone **2 sich verhören** mishear* [ˌmɪsˈhɪə]
verhungern 1 die of starvation **2 ich bin am Verhungern** *umg* I'm starved
verhunzen *umg* make* a botch of
verhüten prevent [prɪˈvent]
Verhüterli n *umg* rubber
Verhütung f **1** *allg.*: prevention [prɪˈvenʃn] (*auch von Verbrechen, Krankheiten usw.*) **2** (≈ *Empfängnisverhütung*) contraception [ˌkɒntrəˈsepʃn]
Verhütungsmittel n contraceptive [ˌkɒntrəˈseptɪv]
verirren: **sich verirren** get* lost
verjagen chase away
verjähren (*Vergehen, Verbrechen*) come* under the statute [ˈstætʃuːt] of limitations
verjubeln *umg* blow* (*Geld*)
Verjüngungskur f rejuvenation cure [rɪˌdʒuːvəˈneɪʃn_kjʊə]
verkabeln *für Fernsehen*: cable up
verkabelt: **seid ihr verkabelt?** have you got cable TV? [ˌtiːˈviː]
verkalken 1 (*Leitung, Kaffeemaschine usw.*) fur up, *bes. US* clog up **2** (*Arterien*) harden, *förmlich* calcify [ˈkælsɪfaɪ] **3** (*Person*) go* senile [ˈsiːnaɪl]
verkalkt 1 *Kessel usw*: furred, *bes. US* clogged **2** *umg* senile [ˈsiːnaɪl]; **er ist verkalkt** he's (going) senile
verkalkulieren: **sich verkalkulieren** miscalculate [ˌmɪsˈkælkjʊleɪt]
Verkalkung f *umg*; *bei älterer Person*: senility [səˈnɪlətɪ]
verkappt: **ein verkappter Nazi** *usw.* a closet Nazi [ˌklɒzɪtˈnɑːtsɪ] *usw.*
verkatert *umg* hung over
★**Verkauf** m **1** sale; **zum Verkauf** for sale **2** (≈ *Verkaufsabteilung*) sales department
★**verkaufen 1** *allg.*: sell*; **er hat es mir verkauft** he sold it to me **2 es verkauft sich gut** it's selling well **3 er verkauft sich gut** über-

tragen he's good at selling himself
★Verkäufer(in) *m(f)* shop assistant, *US* salesclerk
verkäuflich for sale
Verkaufsstand *m* stand
★Verkehr *m* **1** *auf Straße*: traffic **2** (≈ *Geschlechtsverkehr*) intercourse ['ɪntəkɔːs]
Verkehrsberuhigung *f* traffic calming [⚠ 'træfɪkˌkɑːmɪŋ]
Verkehrschaos *n* traffic chaos ['keɪɒs]
Verkehrsfunk *m* travel news (⚠ *sg*)
Verkehrsinsel *f* traffic island ['aɪlənd]
Verkehrsmeldung *f* traffic report
★Verkehrsmittel *n* **1** ein Verkehrsmittel a means of transport ['trænspɔːt] (*US* transportation [ˌtrænspɔːˈteɪʃn]) **2** öffentliche Verkehrsmittel public transport, *US* public transportation (⚠ *beide sg*)
Verkehrsschild *n* traffic sign [saɪn]
verkehrssicher *Auto*: roadworthy ['rəʊdˌwɜːði]
Verkehrssünder(in) *m(f)* traffic offender
Verkehrstote(r) *m/f(m)* **1** road casualty ['kæʒʊəltɪ] **2** Verkehrstote *pl*; *Statistik*: road deaths
Verkehrsunfall *m* traffic (*oder* road) accident
★Verkehrszeichen *n* traffic sign [saɪn]
verkehrt **1** wrong (⚠ rɒŋ]; du machst es verkehrt you're doing it wrong; da liegst du verkehrt you're wrong there **2** meine Uhr geht verkehrt my watch is wrong **3** wir sind hier verkehrt we've come to the wrong place, *im Auto*: we've come the wrong way **4** das ist gar nicht verkehrt that's not such a bad idea **5** verkehrt herum the wrong way round, (≈ *mit der Innenseite nach außen*) inside out
verklagen **1** jemanden verklagen sue [suː] someone, take* someone to court (**wegen** for) **2** jemanden auf Schadenersatz *usw.* verklagen sue someone for damages *usw.*
Verklappung *f von Gift ins Meer*: marine [məˈriːn] (*oder* ocean ['əʊʃn]) dumping
verklebt **1** *allg.*: sticky **2** *Haar*: matted
verkleiden¹: sich verkleiden dress up; sich als Cowboy *usw.* verkleiden dress up as a cowboy *usw.*; sie haben sich verkleidet they're dressed up, they're in fancy dress (⚠ *ohne* a)
verkleiden² **1** *an Außenseite*: (en)case (*Wand usw.*) **2** *innen*: line **3** (≈ *vertäfeln*) panel ['pænl] **4** face (*Fassade*)
Verkleidung¹ *f* **1** *um nicht erkannt zu werden*: disguise [dɪsˈɡaɪz] **2** *Kostüm für Karneval usw.*: fancy dress [ˌfænsɪˈdres], *US* costume
Verkleidung² *f* **1** *an Außenseite*: casing **2** (≈ *Innenverkleidung*) lining **3** (≈ *Holzverkleidung*) panelling, *US* paneling ['pænlɪŋ] **4** (≈ *Fassadenverkleidung*) facing

verkleinern **1** reduce [rɪˈdjuːs] (in size) (*auch Fotokopie usw.*) **2** einen Raum verkleinern make* a room smaller **3** sich verkleinern *allg.*: grow* smaller **4** dadurch verkleinert sich das Zimmer it makes the room look smaller
verkleinert reduced
Verkleinerung *f allg.*: reduction
verklemmt *Person*: inhibited [ɪnˈhɪbɪtɪd]
verklickern: jemandem etwas verklickern *umg* put* someone straight on something
verknacksen: ich hab mir den Fuß verknackst *umg* I've sprained my ankle
verknallen: sich in jemanden verknallen *umg* fall* for someone
verknallt: sie ist in ihn verknallt *umg* she's got a crush on him
verkneifen: ich konnte mir das Lachen nicht verkneifen I couldn't keep a straight face
verkniffen *Gesicht*: pinched; verkniffener Mund pinched lips
verknüpfen **1** (≈ *zusammenbinden*) tie (*oder* knot [⚠ nɒt]) together **2** *übertragen* connect (**mit** to, with), link (**mit** to, with), combine (**mit** with) **3** *EDV*: link (**mit** to, with), integrate ['ɪntɪɡreɪt] (**mit** with) **4** *übertragen* mit Kosten (Schwierigkeiten *usw.*)verknüpft sein involve costs (difficulties *usw.*) **5** *übertragen* eng verknüpft sein mit be* (closely) bound up with
verkohlen: er verkohlt dich he's having you on
verkommen **1** *Haus usw.*: dilapidated [dɪˈlæpɪdeɪtɪd] **2** *Person*: seedy **3** *moralisch*: depraved [dɪˈpreɪvd]
verkomplizieren: das verkompliziert die Sache nur that just makes things more complicated
verkorkst *umg*; *Mensch*: screwed up
verkrachen: sie haben sich verkracht *umg* they've fallen out (with each other)
verkracht *umg* **1** *Politiker usw.*: failed **2** eine verkrachte Existenz *Mensch*: a human wreck [⚠ ˌhjuːmənˈrek]
verkraften **1** (≈ *bewältigen*) cope with **2** sie hat es nur schwer verkraftet she took it very hard **3** das wirst du schon noch verkraften! you'll manage (all right)
verkrampfen **1** die Muskeln haben sich verkrampft the muscles ['mʌslz] are cramped **2** sich verkrampfen (*Person*) tense up
verkrampft **1** *Person, innerlich*: uptight ['ʌp-

tait] **2** *Lächeln*: forced
verkriechen 1 sich verkriechen disappear **2 sich ins Bett verkriechen** creep* away into bed **3 sie verkriecht sich hinter ihren Büchern** she hides away behind her books
verkrümeln: sich verkrümeln *umg* sneak off
verkrüppelt crippled
★**verkühlen: sich verkühlen** catch* a chill (*oder* cold) (**beim Schwimmen** *usw.* [while] swimming *usw.*)
verkühlt verkühlt sein Ⓐ have* a cold
verkünden 1 *allg.*: announce [əˈnaʊns] **2** *feierlich*: proclaim **3** pronounce [prəˈnaʊns] (*Urteil*)
★**verkürzen 1** *allg.*: shorten **2** reduce (*Arbeitszeit usw.*) **3 sich die Zeit mit Kartenspielen verkürzen** while away the time (by) playing cards
verladen 1 load (*Güter*) (**auf** onto, **in** into) **2 jemanden verladen** *umg* (≈ *verschaukeln*) take* someone for a ride, (≈ *sitzen lassen*) leave* someone in the lurch [lɜːtʃ]
★**Verlag** *m* publishing company; **er arbeitet in einem Verlag** *auch*: he works in publishing
★**verlangen 1** *allg.*: demand [dɪˈmɑːnd] **2 sie haben meinen Ausweis verlangt** they asked to see my ID [ˌaɪˈdiː] **3 wie viel verlangen Sie?** *als Bezahlung*: how much do you charge? **4 das ist zu viel verlangt** that's asking too much **5 du wirst am Telefon verlangt** you're wanted on the phone **6 sie verlangte nach meinem Vater** she asked to speak to my father
Verlangen *n* **1** (≈ *Begierde*) desire (**nach** for) **2 auf Verlangen des Rektors** at the headmaster's request [rɪˈkwest]
★**verlängern 1** extend (*Urlaub, Pass, Spielzeit usw.*) (**um** by) **2** lengthen (*Rock usw.*)
verlängert 1 *allg.*: extended **2 verlängertes Wochenende** long weekend, *mit Feiertag, in GB*: bank holiday weekend
Verlängerte(r) *m* Ⓐ small black mocha with extra hot water
Verlängerung *f Sport*: extra time
Verlängerungsschnur *f* extension cord
Verlass *m*: **auf sie ist kein Verlass** you can't rely [rɪˈlaɪ] on her
★**verlassen**[1] *allg.*: leave*
★**verlassen**[2] **1 sich verlassen auf** rely [rɪˈlaɪ] on; **ich verlass mich auf dich!** I'm relying on you **2 worauf du dich verlassen kannst** you can take my word for it
★**verlassen**[3] **1** (≈ *einsam*) lonely **2** (≈ *menschenleer*) deserted [dɪˈzɜːtɪd] (*auch Haus*)
verlässlich dependable [dɪˈpendəbl]
★**Verlauf** *m* **1** *einer Straße, eines Flusses usw.*: course [kɔːs] **2** (≈ *Ablauf*) course, run; **im Verlauf von** in the course of **3** (≈ *Entwicklung*) progress [ˈprəʊgres], development [dɪˈveləpmənt]
★**verlaufen**[1] **1** (*Weg, Grenze usw.*) run* (**entlang** along) **2** (*Ereignis usw.*) go*; **es verlief alles glatt** everything went smoothly
★**verlaufen**[2] **1** (*Farbe usw.*) run* **2** (*Butter usw.*) melt, run*
★**verlaufen**[3]: **sich verlaufen** get* lost
★**verlegen**[1] **1** embarrassed [ɪmˈbærəst] **2 sie sah verlegen weg** she looked away in embarrassment **3 verlegen machen** embarrass
★**verlegen**[2] **1** mislay* [mɪsˈleɪ] (*Schlüssel usw.*) **2** lay* down (*Kabel, Teppichboden usw.*) **3 das Spiel wurde auf morgen verlegt** the game has been postponed (*oder* until) tomorrow
Verlegenheit *f* **1** embarrassment [ɪmˈbærəsmənt]; **er wurde rot vor Verlegenheit** he went red with embarrassment **2 du bringst mich in Verlegenheit** you're embarrassing me
★**verleihen** (≈ *vermieten*) hire (out), *US* rent (out)
verleiten: du hast ihn dazu verleitet, das Zeug zu nehmen you talked him into taking the stuff
verlernen: hast du dein Englisch verlernt? have you forgotten how to speak English?
★**verletzen 1** (≈ *verwunden*) hurt*, injure [ˈɪndʒə]; **sie wurde tödlich verletzt** she was fatally [ˈfeɪtli] injured **2 sie hat sich verletzt** she's hurt (*oder* injured) herself **3 ich hab mich am Finger verletzt** I've hurt my finger **4** hurt* (*jemandes Gefühle, Stolz usw.*); **das hat sie sehr verletzt** she was very hurt (by it)
verletzlich very sensitive [ˈsensətɪv]
Verletzte(r) *m/f(m)* injured [ˈɪndʒəd] person, casualty [ˈkæʒʊəlti]
★**Verletzung** *f* injury [ˈɪndʒəri]; **es ist nur eine leichte Verletzung** it's not a serious injury
verleumden slander [ˈslɑːndə]
Verleumdung *f* slander [ˈslɑːndə]
★**verlieben 1 sich verlieben** fall* in love (**in** with) **2 sich (ineinander) verlieben** fall* in love (with each other)
★**verliebt: er ist verliebt** he's in love (**in** with)
★**verlieren 1** *allg.*: lose* [Ⓐ luːz] (Ⓐ *Schreibung mit einem* o) **2 die Geduld** *usw.* **verlieren** lose* patience *usw.* (Ⓐ *ohne* the) **3 du hast hier nichts verloren** *umg* you've got no business being here

Verlierer(in) *m(f)* loser [▲ 'luːzə]
verlinken *Internet*: (miteinander) verlinken link (to one another); **auf etwas verlinken** link to something
★**verloben**: **sich verloben** get* engaged [ɪnˈgeɪdʒd] (**mit** to)
verlobt engaged [ɪnˈgeɪdʒd] (**mit** to)
Verlobte *f Frau*: fiancée [▲ fɪˈɒnseɪ]
Verlobte(r) *m Mann*: fiancé [▲ fɪˈɒnseɪ]
Verlobung *f* engagement [ɪnˈgeɪdʒmənt]
verlockend tempting, enticing [ɪnˈtaɪsɪŋ]
verlogen ① **sie ist verlogen** she's a liar [ˈlaɪə] ② **ein verlogener Typ** a (real) liar
Verlogenheit *f* ① lying ② **diese Verlogenheit!** he's *usw.* such a liar
verloren ① *allg.*: lost ② **ohne ihre Brille ist sie verloren** she's lost without her glasses ③ **der verlorene Sohn** the prodigal son [ˌprɒdɪglˈsʌn] ④ **verloren gehen** get* lost, be* lost
verlosen: **etwas verlosen** draw* lots for something, *in e-r Tombola*: raffle something (off)
Verlosung *f* (≈ *Lotterie*) raffle
★**Verlust** *m* loss (**an** of)
vermarkten market (*Produkt*)
vermasseln *umg* mess up
vermehren ① **sich vermehren** (≈ *sich fortpflanzen*) reproduce [ˌriːprəˈdjuːs], breed* ② **sich vermehren** (≈ *zunehmen, anwachsen*) increase [ɪnˈkriːs]
★**vermeiden** avoid (**etwas zu tun** doing something); **es lässt sich nicht vermeiden** it can't be avoided
Vermerk *m* note
vermerken note, make* a note of
Vermesser(in) *m(f)* surveyor [səˈveɪə]
vermiesen: **jemandem etwas vermiesen** *umg* spoil* something for someone
★**vermieten** ① rent (out) (*Wohnung usw.*) ② hire (out), *US* rent (out) (*Fahrrad usw.*)
★**Vermieter** *m* lessor, *von Wohnung usw.*: landlord
★**Vermieterin** *f* lessor, *von Wohnung usw.*: landlady
verminen mine, lay* mines in
vermischen ① mix ② **sich vermischen** mix
Vermischte(s) *n als Aufschrift*: miscellaneous [▲ ˌmɪsəˈleɪnɪəs] (*abk* misc.)
★**vermissen** ① miss (*Person usw.*) ② **ich vermisse meinen Schal** I can't find my scarf
vermisst missing; **jemanden als vermisst melden** report someone missing
Vermisste(r) *m/f(m)* ① missing person ② **die Vermisste** the missing woman (*bzw*. girl); **der Vermisste** the missing man (*bzw*. boy)
Vermisstenanzeige *f* missing persons report
vermitteln ① arrange (**jemandem** for someone), find* (*Stelle, Partner*) (**jemandem** for someone); **wir vermitteln Geschäftsräume** we are agents for business premises ② convey, give* (*Gefühl, Einblick*) (**jemandem** to someone) ③ impart (*Wissen*) (**jemandem** to someone) ④ *zwischen Menschen*: mediate; **vermittelnd eingreifen** intervene
Vermittler(in) *m(f)* ① (≈ *Schlichter*) mediator [ˈmiːdɪeɪtə], arbitrator [ˈɑːbɪtreɪtə] ② (≈ *Mittelsmann*) intermediary [ˌɪntəˈmiːdɪərɪ], go-between [ˈgəʊ_bɪˌtwiːn] ③ *Wirtschaft*: agent [ˈeɪdʒənt], *von Aufträgen*: negotiator [nɪˈgəʊʃɪeɪtə]
Vermittlungsgebühr *f* commission
vermodern decay [dɪˈkeɪ]
★**Vermögen** *n* ① fortune [ˈfɔːtʃən] ② **ein Vermögen an Münzen** *usw.* a fortune in coins *usw.* ③ **es hat mich ein Vermögen gekostet** *umg* it cost me a (small) fortune
vermummt *Demonstrant*: masked [mɑːskt]
vermurksen *umg* make* a hash of
★**vermuten** ① *allg.*: suppose [səˈpəʊz], presume [prɪˈzjuːm], (≈ *argwöhnen*) suspect [səˈspekt] ② **ich vermute, dass er krank ist** I imagine [ɪˈmædʒɪn] (*oder* suspect) he's ill; **ich vermute: ja** I imagine so, I would think so ③ **das habe ich fast vermutet** I had an idea that would happen (*oder* that was the case *usw.*)
vermutlich: **vermutlich war sie es** it was probably her
Vermutung *f* ① **meine Vermutung ist, dass** my guess [ges] is that ② (≈ *Verdacht*) suspicion [səˈspɪʃn]
★**vernachlässigen** neglect [nɪˈglekt]
Vernachlässigung *f* neglect [nɪˈglekt]
vernarbt ① scarred [skɑːd] ② *durch Akne, Pocken usw.*: pockmarked [ˈpɒkmɑːkt]
Vernarbung *f* (≈ *Narbe*) scar
vernarrt: **vernarrt in** *umg* crazy about
vernaschen ① *umg* lay* (*Mädchen*) ② **er will sie** (*bzw*. **dich**) **doch nur vernaschen** he just wants to get a leg over, *US* all he wants is a roll in the hay ③ **er vernascht sein ganzes Taschengeld** he spends all his pocket money (*US* allowance) on sweets (*US* candy)
verneigen: **sich verneigen** bow [baʊ] (**vor** to), (*Dame*) curtsey [ˈkɜːtsɪ] (**vor** to)
verneinen: **sie verneinte die Frage** she answered no (to the question)

Verneinung f ① (≈ *Leugnung*) denial, *von These usw.*: disputing ② *Grammatik*: negation; (≈ *verneinte Form*) negative ['negətɪv]
vernetzen link up, *Computer*: network; link, integrate (*Systeme, Computer*)
vernetzt ① *allg.*: linked-up ② *Computer*: networked; **nicht vernetzt** stand-alone ③ **ein eng vernetztes System** a closely linked-up (*oder* connected) system ['sɪstəm] ④ **gut vernetzt sein** *übertragen* have* a lot of contacts
vernichten destroy [dɪ'strɔɪ]
vernichtend ① *Blick, Antwort*: withering ['wɪðərɪŋ] ② **vernichtender Schlag** crushing blow ③ **vernichtende Kritik** damning criticism [ˌdæmɪŋ'krɪtɪsɪzm]
Vernichtung f destruction
verniedlichen play down
★**Vernunft** f: **ich kann ihn nicht zur Vernunft bringen** I can't bring him to his senses
★**vernünftig** ① sensible ['sensəbl] (⚠ *dt.* **sensibel** = *engl.* sensitive) ② **jeder vernünftige Mensch** anyone with a bit of sense ③ *Preis usw.*: reasonable ④ (≈ *ordentlich*) decent ['di:snt]; **ich will was Vernünftiges essen** I want something decent to eat
veröden ① (*Land usw.*) become* desolate ['desələt] ② (*Dorf usw.*) become* deserted [dɪ'zɜ:tɪd] ③ *Medizin*: treat by injection, obliterate [ə'blɪtəreɪt], sclerose ['sklɪərəʊs] (*Blutgefäße usw.*)
★**veröffentlichen** publish
★**Veröffentlichung** f publication
Verordnung f ① *Medizin*: prescription ② *förmlich* (≈ *Verfügung*) decree, (≈ *behördliche Anordnung*) regulation
★**verpachten** lease [li:s] (**an** to)
verpacken ① *in Karton usw.*: pack ② (≈ *einwickeln*) wrap up [⚠ ˌræp'ʌp]
Verpackung f ① packaging ['pækɪdʒɪŋ]; **eine hübsche Verpackung** attractive packaging (⚠ *ohne* an) ② (≈ *das Verpacken*) packing; (≈ *das Einwickeln*) wrapping
Verpackungsgewicht n tare weight
Verpackungskosten pl packing charges
Verpackungsmaterial n packaging (material)
Verpackungsmüll m packaging waste
★**verpassen**¹ miss (*Bus, Chance usw.*)
verpassen²: **ich hab ihm eine verpasst** *umg* I landed him one
verpatzen *umg* mess up, make* a botch of
verpeilen *umg* (≈ *vergessen*) forget*
verpeilt **verpeilt sein** *umg* (≈ *keine Ahnung haben*) be* out of it

verpennen *umg* ① (≈ *verschlafen*) oversleep* ② forget* (*Verabredung usw.*); **ich hab's total verpennt** *auch*: I clean forgot
verpesten ① pollute [pə'lu:t] (*die Umwelt usw.*) ② **die Luft im Zimmer** *usw.* **verpesten** *umg* stink* the place out
verpetzen: **jemanden verpetzen** *umg* tell* on (*Br auch* sneak on) someone
verpfeifen: **jemanden verpfeifen** *umg; bei der Polizei*: blow* the whistle on someone
verpflanzen transplant [ˌtræns'plɑ:nt] (*Pflanze, Organ*)
verpflegen ① feed* ② **er verpflegt sich selbst** he cooks for himself
★**Verpflegung** f food (and drink)
★**verpflichten**: **sich zu etwas verpflichten** commit oneself to (doing) something
verpflichtet: **ich fühl mich verpflichtet** I feel obliged [ə'blaɪdʒd]
Verpflichtung f ① commitment ② *moralische*: obligation [ˌɒblɪ'ɡeɪʃn]
verpfuschen *umg* ① bungle ② **er hat sein Leben verpfuscht** he's wrecked [⚠ rekt] his life
verpissen: **verpiss dich!** *salopp* piss off!
verplant ① **nächste Woche ist schon verplant** I'm already fixed up for next week ② *umg* (≈ *konfus*) scatty
verplappern: **sich verplappern** *umg* blab
verplempern waste (*Zeit, Geld*)
verpönt: **das ist verpönt** it's frowned on
verprügeln beat* up
Verputz m plaster, (≈ *Rauputz*) roughcast ['rʌfkɑ:st]
verputzen *umg* polish off [ˌpɒlɪʃ'ɒf] (*Essen*)
verqualmen *umg* ① smoke up (*Zimmer usw.*) ② spend* on cigarettes (*Geld*)
verqualmt *umg* ① smoky ② **der Saal war total verqualmt** the hall was filled with smoke
verquollen *Gesicht usw.*: swollen ['swəʊlən]
verrammeln *umg* barricade [ˌbærɪ'keɪd] (*Tür usw.*)
verramschen: **er verramscht seine CDs** *umg* he's flogging his CDs (dirt cheap)
Verrat m betrayal [bɪ'treɪəl]
★**verraten** ① give* away (*Geheimnis usw.*) ② **du darfst es keinem verraten** you mustn't tell anyone ③ **soll ich dir was verraten?** shall I tell you a secret? ④ **kannst du mir verraten, wie das geht?** can you tell me how it's supposed to work? ⑤ betray (*Person*)
Verräter(in) m(f) traitor (**an** to)
verräuchert, **verraucht** → verqualmt

verrechnen ◼︎ sich verrechnen miscalculate (um by) ◼︎ das verrechnen wir mit den anderen Sachen we'll settle it all together

Verrechnungsscheck m crossed cheque [tʃek], US check for deposit [dɪˈpɒzɪt] only

verrecken salopp ◼︎ (Tier) perish ◼︎ (Mensch) kick the bucket, Br auch snuff it ◼︎ (Auto usw.) conk out ◼︎ nicht ums Verrecken! not on your life!

verregnet rainy

★**verreisen** ◼︎ go* away ◼︎ sie ist nach Berlin verreist she's gone to Berlin

verreist away

verrenken ◼︎ ich hab mir den Arm verrenkt I've twisted my arm ◼︎ sich den Hals verrenken crane one's neck (nach to see)

Verrenkung f ◼︎ dislocation ◼︎ (≈ Verstauchung) sprain

verriegeln bolt [bəʊlt]

verringern ◼︎ allg.: reduce [rɪˈdjuːs] ◼︎ das Tempo verringern slow down ◼︎ sich verringern diminish [dɪˈmɪnɪʃ], decrease [ˌdiː-ˈkriːs], go* down

Verriss m umg scathing [ˈskeɪðɪŋ] review

verrosten rust

verrostet rusty

verrotten rot (auch übertragen)

★**verrückt** umg ◼︎ allg.: mad, crazy ◼︎ verrückt nach (oder auf) crazy about ◼︎ wie verrückt like crazy ◼︎ es macht mich allmählich verrückt it's driving me mad (oder crazy) ◼︎ mach dich nicht verrückt! don't get into a state ◼︎ ich werd verrückt! well, I'll be damned [dæmd], Br auch well blow me!; → verrücktspielen

Verrückte f madwoman [ˈmædˌwʊmən], maniac [ˈmeɪnɪæk]

Verrückte(r) m madman [ˈmædmən], maniac [ˈmeɪnɪæk]

verrücktspielen act up

verrühren mix

verrutschen slip

Vers m verse [vɜːs], (≈ Zeile) auch: line

versagen ◼︎ allg.: fail ◼︎ seine Stimme versagte his voice failed him

Versagen n ◼︎ allg.: failure [ˈfeɪljə] ◼︎ das Unglück ging auf menschliches Versagen zurück the accident was caused by human error [ˌhjuːmənˈerə]

Versager(in) m(f) failure [ˈfeɪljə]

versalzen[1] Essen: too salty [ˈsɔːltɪ]

versalzen[2]: jemandem etwas versalzen spoil* something for someone

versammeln: sich versammeln meet*

★**Versammlung** f meeting, assembly [əˈsemblɪ]

Versand m ◼︎ (≈ das Versenden) dispatch, forwarding [ˈfɔːwədɪŋ], shipment ◼︎ (≈ Versandhaus, Versandhandel) mail-order business

Versandhandel m mail-order business

Versandhaus n mail-order company [ˈkʌmpə-nɪ], US mail-order house

Versandhauskatalog m mail-order catalogue

versauen umg ◼︎ allg.: mess up ◼︎ er hat mir den Tag versaut he ruined my day

versaufen umg booze away

★**versäumen** ◼︎ allg.: miss ◼︎ da hast du nichts versäumt you didn't miss much; da hast du was versäumt you really missed something

verschaffen ◼︎ sich etwas verschaffen get* hold of something ◼︎ was verschafft mir die Ehre? humorvoll what have I done to deserve this honour?

verschämt bashful [ˈbæʃfl]

verschärfen ◼︎ tighten up (Gesetze, Kontrollen, Maßnahmen usw.) ◼︎ aggravate [ˈægrəveɪt] (die Lage, Spannungen usw.) ◼︎ stiffen (Strafe) ◼︎ das Tempo verschärfen increase [ɪnˈkriːs] the pace ◼︎ sich verschärfen (Lage) become* tenser, umg hot up, US heat up, (Rezession usw.) aggravate, tighten its grip, (Spannungen usw.) mount, increase; die Spannungen verschärfen sich tension is mounting

verschätzen: sich verschätzen misjudge (um by)

verschaukeln: jemanden verschaukeln umg take* someone for a ride

verscheißern: jemanden verscheißern salopp take* the mickey out of someone, US make* a sucker out of someone; → verarschen

verschenken give* away

verscherbeln umg flog

verscherzen ◼︎ sich eine Chance usw. verscherzen throw* away a chance usw. ◼︎ bei ihm hast du's dir verscherzt you've spoilt your chances with him

verscheuchen scare off

★**verschieben** ◼︎ zeitlich: postpone (auf to, till) ◼︎ die Feier hat sich verschoben the party has been postponed (auf to, till) ◼︎ move (Möbel usw.)

★**verschieden** ◼︎ allg.: different [ˈdɪfrənt] (von from, to, US than) ◼︎ verschiedener Meinung sein disagree (über on, about) ◼︎ die Schuhe usw. sind verschieden groß the shoes usw. are a different size ◼︎ das ist von Tag zu Tag verschieden that varies [ˈveərɪz] from day to day

Verschiedene(s) n **1** various things (▲ pl) **2** als Überschrift: miscellaneous [ˌmɪsəˈleɪnɪəs] (abk misc.)

verschießen: **einen Elfmeter verschießen** miss a penalty [ˈpenltɪ]

verschimmeln go* mouldy [ˈməʊldɪ]

Verschiss m: **in Verschiss sein** salopp be* in the doghouse (**bei** with)

verschlafen¹ **1** oversleep* **2** (≈ versäumen) miss, (≈ vergessen) auch: forget*

verschlafen² (≈ schläfrig) sleepy

verschlampen umg **1** (≈ verlegen) mislay* **2** **ich hab's total verschlampt** (≈ vergessen) I clean forgot

★**verschlechtern**: **sich verschlechtern** get* worse

Verschlechterung f deterioration [dɪˌtɪərɪəˈreɪʃn], worsening [ˈwɜːsnɪŋ]

Verschleiß m **1** wear and tear [ˌweərˍənˈteə] **2** **einen großen Verschleiß an Schuhen** usw. **haben** get* through a lot of shoes usw.

verschleißen wear out [ˌweərˈaʊt]

verschleudern: **etwas verschleudern** sell* something off cheap

verschließen **1** close **2** mit Schlüssel: lock

verschlimmbessern humorvoll **1** disimprove [ˌdɪsɪmˈpruːv] **2** **er hat es nur verschlimmbessert** he's made it even worse than it was

verschlimmern: **sich verschlimmern** get* worse [wɜːs]

verschlingen **1** gobble up (auch übertragen Geld) **2** übertragen devour [dɪˈvaʊə] (Buch usw.)

verschlissen Kleidung: shabby, Br auch tatty, US auch ratty

verschlossen **1** Raum usw.: locked **2** Person: withdrawn

verschlucken **1** swallow [ˈswɒləʊ] **2** **sich verschlucken** choke (**an** on)

verschlungen: **ineinander verschlungen** entwined [ɪnˈtwaɪnd]

Verschluss m **1** mit Schloss: lock **2** für Flasche: stopper **3** einer Kamera: shutter

verschlüsselt coded

verschmerzen: **das wirst du noch verschmerzen** umg you'll get over it

verschmieren **1** (≈ verstreichen) spread* (**auf** over) **2** aus Versehen: smear [smɪə]

verschmiert smeared [smɪəd] (**mit** with)

verschmitzt mischievous [▲ ˈmɪstʃɪvəs]

verschmust: **er ist verschmust** he likes cuddling

verschmutzen **1** allg.: (≈ schmutzig machen) dirty, soil **2** pollute [pəˈluːt] (Wasser, Luft) **3** (≈ schmutzig werden) get* dirty **4** (Wasser, Luft) become* polluted

verschmutzt **1** allg.: dirty **2** Luft: polluted [pəˈluːtɪd]

Verschmutzung f von Luft usw.: pollution [pəˈluːʃn]

verschnaufen: **ich muss mal verschnaufen** umg I need to get my breath [breθ] back

Verschnaufpause f umg breather [ˈbriːðə]

verschneit **1** allg.: snowy **2** **es ist alles verschneit** everything's covered in snow

verschnörkelt Schrift: fancy [ˈfænsɪ]

verschnupft **1** **ich bin verschnupft** I've got a cold **2** umg (≈ beleidigt) miffed

verschonen: **verschone mich!** spare me!

verschönern **1** **etwas verschönern** make* something look nicer **2** (≈ verzieren) embellish [ɪmˈbelɪʃ] **3** **sich verschönern** (≈ schöner werden) improve [ɪmˈpruːv] in appearance, (≈ sich schöner machen) prettify [ˈprɪtɪfaɪ] oneself

verschränken **1** **die Arme verschränken** fold one's arms **2** **die Beine verschränken** cross one's legs

verschrecken scare, frighten

verschreckt frightened

★**verschreiben** **1** **jemandem etwas verschreiben** prescribe something **for** someone **2** **sich verschreiben** make* a mistake

verschreibungspflichtig: **das ist verschreibungspflichtig** you need a prescription for it

verschrien: **sie ist als Lügnerin verschrien** she's a notorious liar [nəʊˌtɔːrɪəsˈlaɪə]

verschroben strange

verschrotten scrap

verschulden: **sich verschulden** run* into debt [▲ det]

verschuldet: **er ist (hoch) verschuldet** he's got (huge) debts [▲ dets]

verschütten **1** spill* **2** **verschüttet werden** be* buried [▲ ˈberɪd] (**von** under)

verschwägert related by marriage (**mit** to)

verschweigen: **etwas verschweigen** keep* something a secret

★**verschwenden** waste

verschwenderisch **1** wasteful **2** Lebensstil usw.: extravagant [ɪkˈstrævəgənt]

Verschwendung f waste

verschwiegen **1** Mensch: discreet [dɪˈskriːt] **2** **verschwiegener Ort** secluded place [sɪˌkluːdɪdˈpleɪs]

Verschwiegenheit f discretion [⚠ dɪˈskreʃn], secrecy [ˈsiːkrəsɪ]

★**verschwinden** **1** disappear [ˌdɪsəˈpɪə] **2** **ich muss mal verschwinden** umg I'm just going to pay a visit, US I'm just going to check the plumbing [⚠ ˈplʌmɪŋ] **3** **verschwinden lassen** umg walk off with **4** **verschwinde!** umg get lost!

verschwitzen: **ich hab's total verschwitzt** umg I clean forgot

verschwitzt **1** sweaty [ˈswetɪ] **2** **total verschwitzt** soaked in sweat [swet]

verschwommen **1** Foto, Sicht: blurred [blɜːd] **2** Vorstellung, Erinnerung: hazy

Verschwörung f conspiracy [kənˈspɪrəsɪ]

verschwunden missing

Versehen n: **aus Versehen** accidentally [ˌæksɪˈdentlɪ]

versehentlich by mistake

versenden send*, dispatch [dɪˈspætʃ], Wirtschaft auch: ship

versenken **1** sink* (Schiff, Schatz usw.) **2** **in die Erde**: lower [ˈləʊə] **3** dump (Abfall, Giftmüll) (**im Meer into** the sea, **at** sea) **4** **sich versenken in** übertragen immerse oneself in, become* absorbed in

versessen **1** **versessen auf** mad about **2** **darauf versessen, zu ...** desperate [ˈdesprət] to ...

versetzen **1** **versetzt werden** als Schüler: be* moved up (a class), US be* promoted, beruflich: be* transferred (**nach to**) **2** **er hat mich versetzt** (≈ ist nicht gekommen) he stood me up **3** **jemandem einen Tritt versetzen** give* someone a kick **4** **versetz dich mal in ihre Lage** try to put yourself in her shoes (oder position)

Versetzung f **1** in der Schule: moving up, US promotion [prəˈməʊʃn] **2** dienstlich: transfer

verseucht contaminated [kənˈtæmɪneɪtɪd]

★**versichern** **1** **ich kann dir versichern, dass ...** I can assure [əˈʃʊə] you that ... **2** **ich möchte mich bloß versichern** I just want to make sure **3** insure [ɪnˈʃʊə] (Eigentum) (**bei with**)

versichert insured [ɪnˈʃʊəd]

★**Versicherung** f **1** (≈ Feuerversicherung usw.) insurance [ɪnˈʃʊərəns] **2** Firma: insurance company **3** (≈ Bestätigung) assurance

versickern seep away (**im Sand** into the sand)

versieben: **ich hab's versiebt** umg (≈ verpatzt) I've blown it

versilbern **1** Technik: silver-plate **2** umg, übertragen **etwas versilbern** turn something into cash

versilbert silver-plated

versinken allg.: sink* (**in** into)

Version f version (**von** of)

versklaven enslave [ɪnˈsleɪv] (auch übertragen)

versoffen salopp **1** Stimme: boozy **2** **versoffener Typ** boozer, dipso [ˈdɪpsəʊ], US auch wino [ˈwaɪnəʊ]

versöhnen: **sich versöhnen** make* (it) up

Versöhnung f reconciliation [ˌrekənsɪlɪˈeɪʃn]

★**versorgen** **1** take* care of (Familie, Kranken usw.) **2** provide, supply (**mit** with)

verspannt allg.: tense, tensed up

★**verspäten**: **sich verspäten** be* late; **sie hat sich um eine halbe Stunde verspätet** she was half an hour late

verspätet **1** allg.: late **2** Glückwünsche usw.: belated [bɪˈleɪtɪd] **3** **(um zwei Stunden) verspätet ankommen** be* (two hours) late

★**Verspätung** f delay [dɪˈleɪ]; **Verspätung haben** be* (running) late; **eine Stunde Verspätung haben** be* an hour late (oder behind schedule [ˈʃedjuːl]); **mit Verspätung ankommen** arrive late; **bitte entschuldigen Sie meine Verspätung** please excuse my being late (oder my lateness)

versperren: **sie haben uns den Weg versperrt** they blocked our way

verspielen **1** gamble away (Geld) **2** **er hat bei mir verspielt** umg I'm through with him **3** **sich verspielen** am Klavier usw.: make* a mistake

verspielt Tier, Kind usw.: playful [ˈpleɪfl]

verspotten make* fun of, ridicule [ˈrɪdɪkjuːl]

★**versprechen**[1] **1** promise [ˈprɒmɪs]; **du hast es mir versprochen** you promised (me), bei Geschenk usw.: you promised it to me; **versprichst du's mir?** will you promise (to do it)? **2** **ich versprech mir nicht viel davon** I'm not very hopeful

★**versprechen**[2]: **ich hab mich** usw. **versprochen** it was a slip of the tongue [tʌŋ]

Versprechen n promise [ˈprɒmɪs]

Versprecher m slip of the tongue [tʌŋ]

Versprechung f promise [ˈprɒmɪs]; **alles Versprechungen!** promises, promises!

verstaatlichen nationalize [ˈnæʃnəlaɪz]

★**Verstand** m **1** (≈ Vernunft) common sense; **der Verstand** common sense (⚠ **ohne** the) **2** (≈ Denkkraft) mind [maɪnd] **3** **den Verstand verlieren** go* mad, lose* [luːz] one's mind; **hast du den Verstand verloren?** umg are you out of your mind? **4** **er ist nicht ganz bei Verstand** *umg* he's not all there **5** **mit Verstand** *tun usw.*: intelligently [ɪn'telɪdʒəntlɪ] **6** **ohne Verstand** mindlessly

verständigen **1** **sich verständigen** communicate (**durch** through) **2** **wir konnten uns nicht verständigen** (≈ *verstehen*) we couldn't get through to each other **3** **jemanden verständigen** let* someone know

★**Verständigung** *f* **1** (≈ *das Sichverständigen*) communication (△ *ohne* the) **2** (≈ *Einigung*) understanding **3** (≈ *Benachrichtigung*) notification

Verständigungsschwierigkeiten *pl*: **wir hatten Verständigungsschwierigkeiten** we had difficulty communicating

★**verständlich** **1** (≈ *einsichtig*) understandable; **vollkommen verständlich** perfectly understandable **2** *Aussprache usw.*: intelligible [ɪn'telɪdʒəbl]; **es war kaum verständlich** you could hardly understand a word **3** **ich konnte mich kaum verständlich machen** *wegen Lärm*: I could hardly make myself heard **4** (≈ *bedeutungsmäßig zu verstehen*) comprehensible; **schwer verständlich** difficult to understand (*oder* grasp)

verständlicherweise understandably

★**Verständnis** *n* **1** *allg.*: understanding (**für** of) **2** (≈ *Mitgefühl*) sympathy ['sɪmpəθɪ]; **ich hab Verständnis für dein Problem** I can appreciate [ə'pri:ʃɪeɪt] (*oder* sympathize with) your problem **3** **für solche Leute** *usw.* **hab ich kein Verständnis** I have no time for people *usw.* like that

verständnisvoll understanding

★**verstärken** **1** *zahlenmäßig, materialmäßig*: reinforce [ˌriːɪn'fɔːs] (*Truppen, Konstruktion usw.*) (**um** by) **2** enlarge (*Chor, Orchester usw.*) (**um** by) **3** (≈ *steigern*) increase [ɪn'kriːs], intensify [ɪn'tensɪfaɪ], step up (*Bemühungen usw.*) **4** add to (*Eindruck usw.*) **5** **durch elektronischen Verstärker**: amplify ['æmplɪfaɪ] **6** **sich verstärken** increase, (*Verdacht usw.*) grow*

Verstärker *m* amplifier ['æmplɪfaɪə]

verstaubt **1** dusty **2** *Ideen usw.*: ancient ['eɪnʃənt]

verstauchen sprain; **ich hab mir den Fuß verstaucht** I've sprained my ankle

verstauen stow [stəʊ] away, *umg* stash away

Versteck *n* **1** hiding place **2** **Versteck spielen** play hide-and-seek

★**verstecken** **1** hide* **2** **sich verstecken** hide* (**vor** from)

★**verstehen** **1** understand*; **was verstehst du unter ...?** what do you understand **by** ...?; **verstanden?** understand? **2** **falsch verstehen** misunderstand* **3** (≈ *hören*) hear*; **ich versteh kein Wort** *wegen Lärm*: I can't hear a word **4** **ich kann es gut verstehen** I can understand it (*Verhalten usw.*) **5** **sie versteht was davon** she knows a thing or two about it; **was verstehst du schon davon?** what do 'you know about it? **6** **sich mit jemandem verstehen** get* on with someone **7** **wir verstehen uns schon** *drohend*: we understand each other **8** **das versteht sich von selbst** that goes without saying

versteifen **1** **sich versteifen** (*Gelenk usw.*) stiffen ['stɪfn] **2** **er hat sich darauf versteift** he's set on (doing) it

versteigern auction ['ɔːkʃn]

Versteigerung *f* auction ['ɔːkʃn]; **auf einer Versteigerung** at an auction

versteinert **1** fossilized **2** **er stand wie versteinert da** he was rooted to the spot

verstellbar adjustable [ə'dʒʌstəbl]

verstellen **1** adjust [ə'dʒʌst] (*Stuhl, Gerät usw.*) **2** **der Kleine hat das Video verstellt** the little one's been playing around with the video **3** disguise [dɪs'ɡaɪz] (*Stimme usw.*) **4** **sich verstellen** (*Person*) put* on an act

versteuern pay* tax on; **versteuerte Waren** taxed goods; **das zu versteuernde Einkommen** taxable income

verstimmt **1** *Instrument*: out of tune, out-of-tune (△ *Letzteres nur vor dem Subst.*) **2** *Person*: peeved **3** *Magen*: upset

verstohlen **1** *Blick usw.*: furtive ['fɜːtɪv] **2** **verstohlen anblicken** sneak a look at

verstopft **1** *Nase*: blocked (up) **2** *Abfluss, Straße*: clogged up **3** *Person*: constipated

Verstopfung *f* **1** *des Darms*: constipation [ˌkɒnstɪ'peɪʃn] **2** **Verstopfung haben** be* constipated ['kɒnstɪpeɪtɪd]

verstört distraught [dɪ'strɔːt]; **einen verstörten Eindruck machen** look distraught

Verstoß *m* violation [ˌvaɪə'leɪʃn] (**gegen** of)

★**verstoßen** **1** **verstoßen gegen** offend against (*die Ordnung, die guten Sitten usw.*), infringe [ɪn'frɪndʒ] (*Letzteres auch das Gesetz*); **das verstößt gegen die Regeln (die Gesetze)** that's against the rules (the law △ *sg*) **2** disown [dɪs'əʊn] (*Kind, Ehegatten*) **3** **jemanden verstoßen aus** expel [ɪk'spel] someone from, cast* someone out of

verstrahlt (radioactively) contaminated [kən-

'tæmɪneɪtɪd]
verstreichen spread* [spred] (*Salbe usw.*)
verstricken: **sich in Lügen** *usw.* **verstricken** get* caught up in a web of lies *usw.*
verstümmelt **1** *Arm usw.*: mutilated ['mjuːtɪleɪtɪd] **2** *Nachricht usw.*: garbled
verstummen: **plötzlich verstummte alles** suddenly everything went quiet
★**Versuch** *m* **1** attempt **2** **es ist einen Versuch wert** it's worth a try **3** *im Labor usw.*: experiment [ɪkˈsperɪmənt] (**an** on)
★**versuchen** **1** try **2** **versuch's doch mal!** have a go, give it a try; **versuch's mal mit Öl** try some oil; **lass mich mal versuchen!** let me try, let me have a go **3** (≈ *kosten*) try (*ein Gericht, Getränk*)
Versuchskaninchen *n* guinea pig ['ɡɪnɪ ˌpɪɡ]
Versuchsperson *f* **1** test person **2** **Versuchspersonen** (a) test group (▲ *sg*)
Versuchstier *n* laboratory [ləˈbɒrətrɪ] animal
Versuchung *f* **1** temptation **2** **in Versuchung kommen** be* tempted
versunken: **in Gedanken versunken** lost in thought (▲ *sg*)
versüßen sweeten
vertauschen *aus Versehen*: mix up; **du hast unsere Mäntel vertauscht** *auch*: you've got our coats mixed up
★**verteidigen** **1** defend (*auch im Sport*) **2** **sich verteidigen** defend oneself
★**Verteidiger(in)** *m(f)* **1** defender (*auch im Sport*) **2** *bei Gericht*: defence counsel
Verteidigung *f* **1** *allg.*: defence **2** **zu meiner Verteidigung** in my defence
★**verteilen** **1** hand out (*Geschenke usw.*) (**an** to) **2** *gleichmäßig*: share out (**an** to) **3** distribute [dɪˈstrɪbjuːt] (*Flugblätter usw.*) **4** *räumlich*: spread* [spred] out **5** spread* (*Farbe usw.*) **6** **sich verteilen** spread* out
vertelefonieren: **ein Vermögen vertelefonieren** spend* a fortune on phone calls
verteuern **1** raise the price of **2** **sich verteuern** go* up (in price)
vertiefen: **er hat sich in seine Arbeit vertieft** he's totally absorbed in his work
vertikal vertical ['vɜːtɪkl]
vertippen: **sich vertippen** make* a mistake, *auch am Computer usw.*: hit* the wrong key
★**Vertrag** *m* contract ['kɒntrækt], (≈ *Abkommen*) agreement, *Politik*: treaty; **befristeter/unbefristeter Vertrag** temporary/permanent contract; **einen Vertrag abschließen/kündigen** enter into/terminate a contract; **es steht im Vertrag** it's in the contract

★**vertragen**¹ **1** **ich vertrag die Sonne** *usw.* **nicht** I can't take the sun *usw.*, (≈ *bin allergisch dagegen*) I'm allergic [əˈlɜːdʒɪk] to the sun *usw.* **2** **er verträgt keinen Spaß** he can't take a joke **3** **sie verträgt nichts** she can't take any alcohol
★**vertragen**² **1** **sie vertragen sich nicht** they don't get on (with each other) **2** **sie vertragen sich wieder** they've made (it) up **3** **die Farben** *usw.* **vertragen sich nicht** the colours *usw.* don't go together
verträglich *Person*: easy-going
Vertragsabschluss *m* conclusion of a/the contract
Vertragsstrafe *f* penalty for breach of contract
★**vertrauen** **1** **jemandem vertrauen** trust someone **2** **auf die Zukunft vertrauen** have* faith in the future
Vertrauen *n* **1** trust (**zu, in** in) **2** **ich hab kein Vertrauen zu ihm** I don't trust him **3** **Vertrauen in die Technologie** *usw.* faith in technology *usw.* **4** **ich hab's ihm im Vertrauen gesagt** I told him in confidence ['kɒnfɪdəns] **5** **Vertrauen erweckend** → vertrauenerweckend
vertrauenerweckend: **es ist nicht gerade vertrauenerweckend** it doesn't exactly inspire confidence ['kɒnfɪdəns]
Vertrauenslehrer(in) *m(f)* liaison teacher [lɪˈeɪzɒn ˌtiːtʃə] (*between pupils and staff*)
vertraulich **1** confidential [ˌkɒnfɪˈdenʃl]; **streng vertraulich** strictly confidential **2** **vertraulich werden** (≈ *zudringlich*) get* familiar [fəˈmɪlɪə]
★**vertraut** **1** **sich mit etwas vertraut machen** familiarize [fəˈmɪlɪəraɪz] oneself with something **2** **sich mit dem Gedanken vertraut machen, dass ...** get* used to the thought that ...
Vertrautheit *f* familiarity [fəˌmɪlɪˈærətɪ]
vertreiben **1** **jemanden vertreiben** drive* (*oder* chase) someone away; **sie ist aus ihrer Heimat vertrieben worden** she was driven ['drɪvn] out of her home country **2** **sich die Zeit mit Fernsehen vertreiben** pass the time watching TV [ˌtiːˈviː]
Vertreibung *f* expulsion [ɪkˈspʌlʃn] (**aus** from)
★**vertreten**¹ **1** stand* in for (*Kollegen usw.*) **2** represent [ˌreprɪˈzent] (*Interessen usw.*)
★**vertreten**²: **sich die Beine vertreten** stretch one's legs
★**Vertreter(in)** *m(f)* *einer Firma*: sales rep

Vertretung f **1** *von Menschen*: stand-in; **die Vertretung (für jemanden) übernehmen** stand* in for someone; **in Vertretung** *in Briefen*: on behalf of **2** *in der Schule*: supply teacher, *US* substitute ['sʌbstɪtjuːt] (teacher) **3** *von Interessen, Wahlkreis*: representation; **die Vertretung meiner Interessen** representing my interests **4** (≈ *das Verfechten*) supporting, *von Meinung*: holding **5** (≈ *Firma*) agency **6** (≈ *Botschaft*) **diplomatische Vertretung** embassy

Vertriebene(r) m/f(m) displaced person, exile ['eksaɪl]

Vertriebsabteilung f sales department

Vertriebsweg m channel of distribution

vertrocknen dry up

vertrödeln dawdle away, waste

vertrösten 1 jemanden vertrösten feed* someone with hopes (**auf** of) **2 jemanden auf später vertrösten** put* someone off until later

vertrottelt 1 dopey ['dəʊpɪ] **2 er ist ziemlich vertrottelt** *älterer Mensch*: he's past it

vertun: **sich (schwer) vertun** make* a (big) mistake (**bei** with)

vertuschen cover up

verübeln 1 er hat's mir verübelt, dass ich kam he took offence at my coming **2 ich kann's ihr nicht verübeln** I can't blame her

verulken *umg* make* fun of

verunglücken 1 have* an accident ['æksɪdənt] **2 sie ist tödlich verunglückt** she died in an accident

verunsichern 1 jemanden verunsichern (≈ *verwirren*) throw* someone **2 du hast mich verunsichert** I don't know what to think now **3** (≈ *Angst machen*) unnerve

verunsichert: **ich bin total verunsichert** that's really thrown me

★**verursachen** cause [kɔːz]

★**verurteilen 1** *gerichtlich*: sentence ['sentəns] (**zu** to) **2** (≈ *scharf kritisieren*) condemn [kənˈdem]

verurteilt: **zum Scheitern verurteilt** doomed to fail

Verurteilte(r) m/f(m) convict ['kɒnvɪkt]

vervielfältigen copy (*Text usw*.)

vervollständigen complete

verwackelt *Foto*: blurred [blɜːd]

verwählen 1 sich verwählen misdial [ˌmɪs-ˈdaɪəl], dial ['daɪəl] the wrong number **2 Sie müssen sich verwählt haben** I think you've got the wrong number

verwahrlost 1 *Haus usw*.: neglected, *Garten auch*: overgrown **2** *Person*: scruffy

verwalten 1 *allg*.: administer [ədˈmɪnɪstə] (*auch Nachlass, Konkursmasse*) **2** manage, run* (*Firma usw*.)

★**Verwaltung** f administration [ədˌmɪnɪˈstreɪʃn]

★**verwandeln 1** transform (**in** into); **verwandeln in** *auch*: turn into **2 sich verwandeln** change **3 sich verwandeln in** turn into **4 den Elfmeter usw. verwandeln** score (**zum 1:0** to make it 1-0; *in GB gesprochen*: one-nil, *in den USA gesprochen*: one to nothing)

★**verwandt** *allg*.: related (**mit** to)

★**Verwandte(r)** m/f(m) relative ['relətɪv], relation

Verwandtschaft f **1 meine Verwandtschaft** (≈ *Verwandten*) my relations (▲ *pl*) **2 die ganze Verwandtschaft** the whole clan

verwarnen 1 *allg*.: warn, give* someone a warning **2** *Sport*: caution ['kɔːʃn], book **3** *Polizei*: caution

Verwarnung f **1** *allg*.: warning **2** *im Sport*: caution, *bes. Fußball*: yellow card; **eine Verwarnung bekommen** *bes. Fußball*: get* a yellow card, be* booked **3** *Polizei*: caution ['kɔːʃn]

verwaschen *Jeans usw*.: faded

★**verwechseln 1** confuse (*Personen*), mix up (*auch Jacken usw*.); **ich hab sie verwechselt** *auch*: I got them mixed up **2 ich hab ihn mit jemand anderem verwechselt** I mistook him for someone else; **sie hat das Salz mit dem Zucker verwechselt** she mistook the salt for the sugar

Verwechslung f mistake; **es gab eine Verwechslung** *auch*: there's been a mix-up

verweichlicht 1 sie sind verweichlicht they've grown soft **2 verweichlichter Typ** wimp, softie

★**verweigern 1** *allg*.: refuse [rɪˈfjuːz] **2 jemandem seine Hilfe verweigern** refuse to help someone **3 die Nahrung verweigern** refuse to eat **4 er hat den Kriegsdienst verweigert** he refused to do his military service

verweint 1 *Gesicht*: tear-stained ['tɪəsteɪnd] **2 er hatte verweinte Augen** his eyes were red from crying

Verweis m **1** *in der Schule*: reprimand ['reprɪmænd]; **jemandem einen Verweis erteilen** reprimand someone **2** (≈ *Hinweis*) reference ['refrəns] (**auf** to)

verweisen 1 expel; **von der Schule verwiesen werden** be* expelled from school (▲ *ohne* the)

2 des Platzes verwiesen werden be* sent off
verwelken (*Blumen*) wilt
verwelkt *Blumen*: wilted
★**verwenden** **1** use [ju:z] (*für* for) **2** **ich hab's zum Putzen verwendet** I used it to clean with (*oder* for cleaning)
★**Verwendung** *f* **1** use [△ ju:s] **2** **dafür hab ich keine Verwendung** it's no use to me **3** **es wird schon irgendwo eine Verwendung finden** we'll find a use for it somewhere
verwertbar **1** *allg.*: usable ['ju:zəbl] **2** *Wirtschaft*: (≈ *veräußerbar*) realizable ['rɪəlaɪzəbl]
verwerten **1** use [ju:z] **2** **kannst du es irgendwie verwerten?** can you make any use [△ ju:s] of it?
Verwesung *f* decay [dɪ'keɪ]
verwickeln **1** **sich verwickeln** (*Schnur usw.*) get* tangled (up) **2** **in etwas verwickelt werden** get* involved in something
verwickelt (≈ *kompliziert*) complicated
★**verwirklichen** **1** realize (*Idee usw.*) **2** **sich verwirklichen** (*Person*) fulfil oneself
★**Verwirklichung** *f* realization, fulfilment
verwirren confuse [kən'fju:z]
verwirrend confusing
verwirrt confused
Verwirrung *f* confusion [kən'fju:ʒn]
verwischen **1** (≈ *verschmieren*) smear [smɪə], smudge (*Schrift*) **2** cover up (*Spuren*)
★**verwitwet** widowed ['wɪdəʊd]
★**verwöhnen** **1** spoil* **2** **er lässt sich gern verwöhnen** he likes to be spoilt
verwöhnt spoilt
verworren (*Situation, Idee usw.*) confused, muddled
verwundbar vulnerable (*auch übertragen*)
verwunden wound [△ wu:nd]
verwundet wounded; **er war am Bein** *usw.* **verwundet** he had a wounded leg *usw.*
Verwundete(r) *m/f(m) im Kampf*: casualty ['kæʒʊəltɪ], *präziser*: wounded ['wu:ndɪd] (person) (△ casualties *sind auch die* **tödlich Verwundeten**, *die* **Gefallenen**)
verwunschen *Schloss usw.*: enchanted [ɪn'tʃɑ:ntɪd]
verwüsten: **etwas verwüsten** devastate ['devəsteɪt] something, lay* waste to something
verzählen: **sich verzählen** miscount
verzapfen: **er hat wieder einen Unsinn verzapft** *umg* he came up with a lot of nonsense again
verzaubern cast* a spell on
verzaubert enchanted [ɪn'tʃɑ:ntɪd]

Verzeichnis *n* list
★**verzeihen** **1** forgive*; **er wird dir nicht verzeihen, dass du gelogen hast** he won't forgive you for lying **2** **verzeihen Sie bitte, ...** *vor Frage usw.*: excuse me, ... **3** **verzeihen Sie die Störung** sorry to disturb you
★**Verzeihung** *f* **1** **Verzeihung!** (≈ *es tut mir leid*) (I'm) sorry!, *US auch* excuse me! **2** **Verzeihung, ...** *vor Frage usw.*: excuse me, ... **3** **um Verzeihung bitten** apologize [ə'pɒlədʒaɪz] (*jemandem* to someone)
verzerren distort (*Gesicht, Klang, Tatsachen usw.*)
verzerrt *Gesicht, Klang usw.*: distorted
Verzerrung *f* distortion
★**verzichten** **1** **auf etwas verzichten** do* without something **2** **danke, ich verzichte** thanks, but 'no thanks
verziehen **1** **das Gesicht verziehen** pull a face **2** **er verzog den Mund** he twisted his mouth **3** **sie verzog keine Miene** she didn't bat an eyelid **4** **sich verziehen** *umg* (≈ *verschwinden*) disappear [ˌdɪsə'pɪə] (*in* into); **verzieh dich!** push off! **5** **sich verziehen** (*Wolken usw.*) pass over, (*Gewitter*) blow* over
verzieren decorate ['dekəreɪt]
Verzierung *f* decoration [ˌdekə'reɪʃn], *in der Architektur auch*: ornamentation; **Verzierungen** decoration *bzw.* ornamentation (△ *sg*)
verzogen *Kind*: spoilt
verzögern **1** delay [dɪ'leɪ] **2** **sich verzögern** be* delayed
★**Verzögerung** *f* delay [dɪ'leɪ]
★**verzollen** **1** **etwas verzollen** pay* duty on something **2** **haben Sie etwas zu verzollen?** have you anything to declare?
Verzugszinsen *pl* interest (△ *sg*) payable, *bes. Br* interest payable on arrears
verzweifeln **1** despair [dɪ'speə] **2** **nur nicht verzweifeln!** don't give up!
Verzweifeln *n*: **ich bin am Verzweifeln** I just don't know what to do
★**verzweifelt** **1** desperate ['desprət] **2** **ich bin total verzweifelt** I just don't know what to do
★**Verzweiflung** *f* desperation; **aus Verzweiflung** in (*oder* out of) desperation
verzweigen: **sich verzweigen** branch out [ˌbrɑ:ntʃ'aʊt], *bes. übertragen* ramify ['ræmɪfaɪ]
verzwickt *umg*; *Problem usw.*: tricky
Veteran *m* **1** *militärisch*: ex-serviceman [ˌeks'sɜ:vɪsmən], *US und übertragen* veteran ['vetərən] **2** (≈ *Oldtimerwagen*) vintage car [ˌvɪn-

tɪdʒˈkɑː]

Veterinärmedizin f veterinary medicine [ˌvetərənərɪˈmedsn]

★**Vetter** m cousin [▲ ˈkʌzn]

Vetternwirtschaft f nepotism

VHS abk → Volkshochschule

vibrieren vibrate [vaɪˈbreɪt]

★**Video** n **1** allg.: video [ˈvɪdɪəʊ] **2** **auf Video aufnehmen** videotape [ˈvɪdɪəʊteɪp], umg video

Videoclip m video clip [ˈvɪdɪəʊ ˌklɪp]

Videodatei f video file

Videofilm m video

★**Videokamera** f camcorder, video camera

Videokassette f video cassette [ˈvɪdɪʊ kəˌset]

Videokonferenz f video conference [ˈvɪdɪəʊˌkɒnfrəns]

★**Videorekorder** m video [ˈvɪdɪəʊ] recorder, VCR [ˌviːsiːˈɑː], umg video

Videothek f video shop, US video store

Videoüberwachung f closed-circuit [ˌkləʊzdˈsɜːkɪt] television, CCTV [ˌsiːsiːtiːˈviː], video surveillance [səˈveɪləns]

★**Vieh** n **1** (≈ Nutztiere) livestock (▲ mit sg oder pl) **2** (≈ Rinder) cattle (▲ pl) **3** umg (≈ Tier) creature [ˈkriːtʃə] **4** **er behandelt sie wie ein Stück Vieh** he treats her like dirt

Viehzeug n umg creatures [ˈkriːtʃəz] (▲ pl)

Viehzucht f stock farming (oder breeding), cattle breeding

★**viel** **1** a lot of (▲ mehr more, meist- most), lots of (▲ beide nur vor einem Subst.); **viel Arbeit** a lot of work, lots of work; **viele Autos** a lot of cars, lots of cars **2** a lot (▲ ohne Subst.); **sie liest viel** she reads a lot **3** bei Frage und Verneinung im sg: much (▲ mehr more, meist- most); **nicht viel** not much; **sie hat nicht viel Geld** she hasn't got much money; **hast du viel Geld?** have you got much money? **4** bei Frage und Verneinung im pl: many (▲ mehr more, meist- most); **nicht viele** not many; **er hat nicht viele Freunde** he hasn't got many friends; **hast du viele Freunde?** have you got many friends? **5** **zu viel** too much; **so viel** so much **6** **zu viele** too many; **so viele** so many **7** **viel besser** much better; **viel zu klein** much too small **8** **viele** (≈ viele Leute) a lot of people, lots of people, many people **9** **es war alles ein bisschen viel** it was all a bit too much **10** **viel sagend** → vielsagend

Vielfache(s) n Mathematik: multiple; **um ein Vielfaches besser** usw. many times better usw.

Vielfalt f (great) variety [vəˈraɪətɪ], diversity [daɪˈvɜːsətɪ]

Vielfliegerprogramm n frequent flyer programme (US program)

Vielfraß m umg glutton [ˈglʌtn]

★**vielleicht** **1** maybe, perhaps [pəˈhæps]; **vielleicht ist sie krank** maybe (oder perhaps) she's ill, she might be ill **2** **weißt du vielleicht, wo er ist?** do you know where he is (by any chance)? **3** **sie war vielleicht 16** she would have been about sixteen **4** **glaubst du vielleicht, dass ich es war?** you don't think it was me, do you? **5** **die hat vielleicht geguckt!** you should have seen her face!; **die haben vielleicht gelacht!** you should have heard them laugh!; **das war vielleicht peinlich!** it was so embarrassing **6** **kannst du vielleicht mal ruhig sein?** do you think you could be quiet?

vielmehr rather; **er war schlank, oder vielmehr mager** auch: he was slim, or I should say thin

vielsagend Blick usw.: meaningful

vielseitig **1** (≈ abwechslungsreich) very varied [ˈveərɪd] **2** Mensch, Gerät usw.: versatile [ˈvɜːsətaɪl]

★**vier** **1** four **2** **vor vier Tagen** four days ago **3** **alle vier Tage** (once) every four days **4** **auf allen vieren (kriechen)** umg (crawl) on all fours **5** **alle viere von sich strecken** umg flop onto the bed usw. **6** **er will dich unter vier Augen sprechen** he wants to talk to you privately

Vier f **1** Zahl: (number) four **2** **eine Vier schreiben** etwa: get a D **3** Bus, Straßenbahn usw.: number four bus, number four tram usw.

Vierbettzimmer n four-bed room

vierblättrig: **vierblättriges Kleeblatt** four-leaf clover [ˈkləʊvə]

Viereck n quadrangle [ˈkwɒdræŋgl]

viereckig quadrangular [kwɒˈdræŋgjʊlə]

viereinhalb four and a half [▲ hɑːf]

Vierer m Rudern: four

vierfach **1** **die vierfache Menge** four times the amount **2** **der vierfache deutsche Meister X** four times (US four-time) German champion X (▲ ohne the) **3** **ein Formular in vierfacher Ausfertigung** four copies of a form

Vierfüßer m quadruped [ˈkwɒdrʊped]

vierhändig: **vierhändig Klavier spielen** play duets, play pieces for four hands

vierhundert four hundred

450-Euro-Job m job paying less than 450 euros per month

Vierlinge pl quadruplets ['kwɒdrʊpləts], quads

viermal four times; **viermal am Tag** (bzw. **im Monat**) four times a day (bzw. a month)

viermotorig four-engine(d) [,fɔːrˈendʒɪn(d)]

vierspurig Straße: four-lane

viert: **wir waren zu viert** there were four of us

viertausend four thousand

★**vierte(r, -s)** fourth; **4. März** 4(th) March, March 4(th) (⚠ gesprochen the fourth of March); **am 4. März** on 4(th) March, on March 4(th) (⚠ gesprochen on the fourth of March)

Vierte(r) m/f(m) **1** fourth **2 er wurde Vierter** he was fourth, bei Rennen: he came in fourth **3 Heinrich IV.** Henry IV (gesprochen Henry the Fourth; IV ohne Punkt!) **4 heute ist der Vierte** it's the fourth today

viertel **1 ein viertel Liter** (a) quarter of a litre **2 viertel acht** (a) quarter past (US after) seven; **drei viertel acht** (a) quarter to (US auch of) eight

★**Viertel** n **1** quarter (⚠ wenn man Wein bestellt, sagt man im Englischen a glass of white wine usw., also nicht 'a quarter' usw.) **2 es ist Viertel vor acht** it's (a) quarter to (US auch of) eight; **es ist Viertel nach acht** (a) quarter past (US after) eight

Viertelfinale n Sport: quarter-final [,kwɔːtəˈfaɪnl]

Vierteljahr n three months pl, quarter

Viertelliter m/n quarter of a litre (US liter)

Viertelnote f Musik: crotchet ['krɒtʃɪt], US quarter note

★**Viertelstunde** f quarter of an hour

★**viertens** fourthly ['fɔːθlɪ]

★**vierzehn** **1** fourteen [,fɔːˈtiːn] **2 in vierzehn Tagen** in two weeks(' time), Br auch in a fortnight('s time)

Vierzehnjährige(r) m/f(m) fourteen-year-old

vierzehnte(r, -s) fourteenth [,fɔːˈtiːnθ]

★**vierzig** forty ['fɔːtɪ]

Vierzigerjahre pl: **in den Vierzigerjahren** in the forties

vierzigste(r, -s) fortieth ['fɔːtɪəθ]

Vierzimmerwohnung f three-bedroom flat (US apartment)

Vietnam n Vietnam [,viːetˈnæm]

Vietnamese m Vietnamese [vɪ,etnəˈmiːz]; **er ist Vietnamese** he's a Vietnamese; **die Vietnamesen** the Vietnamese

Vietnamesin f Vietnamese [vɪ,etnəˈmiːz] woman (oder lady bzw. girl); **sie ist Vietnamesin** she's (a) Vietnamese

vietnamesisch Vietnamese [vɪ,etnəˈmiːz]

Vignette f (≈ Gebührenmarke für Autobahn) motorway sticker (oder permit ['pɜːmɪt])

Villa f **1** villa **2** bes. auf dem Land: mansion

Violett n, **violett** purple ['pɜːpl], heller: violet ['vaɪələt]

Violine f violin [,vaɪəˈlɪn]

Viper f viper ['vaɪpə]

Virenschutz m Computer: virus protection ['vaɪrəsprə,tekʃn]

Virenschutzprogramm n Computer: anti-virus program [,æntɪˈvaɪrəs,prəʊɡræm]

Virensuchprogramm n Computer: virus ['vaɪrəs] scanner

virtuell Computer: virtual ['vɜːtʃʊəl]; **virtuelle Realität** virtual reality [rɪˈælətɪ]

Virus n/m virus ['vaɪrəs]

Visage f umg mug

visieren ⓈⒸ (≈ beglaubigen, abzeichnen) certify ['sɜːtɪfaɪ] (Dokument usw.)

Vision f vision ['vɪʒn]

Visitenkarte f, ⒶVisitkarte f **1** business card **2** bes. übertragen visiting card, US calling card

visuell visual ['vɪzʊəl]

★**Visum** n **1** für Reise: visa ['viːzə] **2** ⓈⒸ (≈ Unterschrift) signature ['sɪɡnətʃə]

vital **1** (≈ tatkräftig, voller Energie) vigorous ['vɪɡərəs], energetic [,enəˈdʒetɪk] **2** (≈ rüstig) spry **3** (≈ lebenswichtig) vital ['vaɪtl], essential [ɪˈsenʃl]

Vitamin n **1** vitamin ['vɪtəmɪn] **2 Vitamin B** umg (≈ Beziehungen) connections (⚠ pl)

Vitamintablette f vitamin pill ['vɪtəmɪn‿pɪl]

Vitrine f **1** (≈ Schrank) glass cabinet ['kæbɪnət] **2** im Museum: showcase, display cabinet [dɪˈspleɪˌkæbɪnət]

Vize m umg **1** allg.: number two **2** Sport: runner-up, Team: runners-up (⚠ pl)

Vizekanzler(in) m(f) vice-chancellor [,vaɪsˈtʃɑːnsələ]

Vizemeister(in) m(f) runner-up, Team: runners-up (⚠ pl)

Vizepräsident(in) m(f) vice president [,vaɪsˈprezɪdənt]

Vizeweltmeister(in) m(f) runner-up (bzw., falls Team: runners-up pl) in the World Cup

★**Vogel** m **1** allg.: bird **2 komischer Vogel** umg strange character ['kærəktə] **3 du hast einen Vogel** umg you've got a screw loose [luːs] **4 er hat ihr den Vogel gezeigt** umg he tapped his forehead (⚠ 'fɒrɪd) at her **5 da**

hast du den Vogel abgeschossen! *umg* that really takes the cake!
Vogeldreck *m* bird droppings (▲ *pl*)
Vogelgrippe *f* bird flu ['bɜːdfluː]
Vogelkäfig *m* birdcage
vögeln *salopp* screw [skruː]; **mit jemandem vögeln** screw someone
Vogelnest *n* bird's nest
Vogelperspektive *f*: **etwas aus der Vogelperspektive sehen** have* a bird's-eye view of something
Vogelscheuche *f* ◼ scarecrow ['skeəkrəʊ] ◼ *abwertend*; *Frau*: frump
Vogerlsalat *m* ⓐ (≈ *Feldsalat*) lamb's lettuce [▲ 'læmz,letɪs], corn salad
Vokabel *f* word (▲ *engl.* vocabulary = **Wortschatz**)
Vokabelheft *n* vocabulary book
Vokabeltest *m* vocabulary test
Vokabular *n* vocabulary
Vokal *m* vowel ['vaʊəl]
★**Volk** *n* ◼ (≈ *Nation*) people ['piːpl] (▲ *meist pl*), nation; **das deutsche Volk** the German people, the Germans (▲ *beide pl*); **ein freies Volk** a free people, a free nation; **die Völker Asiens** the people(s) of Asia ◼ **das Volk** (≈ *die Masse*) the people (▲ *mit pl*) ◼ **das ist ein komisches Volk** *umg* they're a strange lot
Völkermord *m* genocide ['dʒenəsaɪd]
Völkerverständigung *f* understanding among (the) nations
Volksabstimmung *f* referendum [,refə'rendəm]
Volksbegehren *n* petition [pɪ'tɪʃn] for a referendum [,refə'rendəm]
Volksfest *n* ◼ public festival ◼ (≈ *Rummel*) funfair
★**Volkshochschule** *f* ◼ *Institution*: adult education institute ◼ *Kurse*: (adult) evening classes (▲ *pl*); **in die Volkshochschule gehen** go* to evening classes
Volkslied *n* folk [▲ fəʊk] song
Volksmusik *f* folk [▲ fəʊk] music, traditional music
Volksrepublik *f* people's republic; **die Volksrepublik China** the People's Republic of China
★**Volksschule** *f* ⓐ (≈ *Grundschule*) primary school, *US* elementary (*oder* grade) school
volkstümlich ◼ *Musik, Politiker usw.*: (≈ *einfach und beliebt*) popular ['pɒpjʊlə]; **sich volkstümlich geben** act folksy [▲ 'fəʊksɪ], act the man of the people ◼ (≈ *herkömmlich*) traditional ◼ *Gegenstände, Kunst*: folk [fəʊk] ... (▲ *immer vor dem Subst.*), abwertend folksy
Volkswirtschaft *f*, **Volkswirtschaftslehre** *f* economics [,iːkə'nɒmɪks] (▲ *mit sg*)
★**voll** ◼ *allg.*: full; **voller, voll von** full of; **ein Koffer voll(er) Schuhe** a case full of shoes; **red nicht mit vollem Mund!** don't speak with your mouth full! ◼ **vier volle Wochen** four whole weeks ◼ *umg* (≈ *satt*) full ◼ *umg* (≈ *betrunken*) plastered ['plɑːstəd] ◼ **den kannste nicht für voll nehmen** *umg* you can't take him seriously ◼ **voll bepackt** loaded (down with luggage); **voll besetzt** (completely) full; → **vollfressen, vollgefressen, vollgestopft** *usw.*
vollautomatisch fully automatic
vollbepackt → voll 6
vollbesetzt → voll 6
Vollbremsung *f*: **eine Vollbremsung machen** slam on the brakes
Volldampf *m*: **mit Volldampf voraus** *umg* full steam ahead [ə'hed]
voller: **voller Wasser** *usw.* full of water *usw.*
Volleyball *m* volleyball ['vɒlɪbɔːl] (match); **Volleyball spielen** play volleyball
Vollgas *n* ◼ **Vollgas geben** step on it, *Br auch* put* one's foot down ◼ **mit Vollgas fahren** drive* full tilt
Vollidiot(in) *m(f) umg* complete idiot, *Br* total div, *US* total jerk
★**völlig** ◼ complete, total ◼ **völlig unmöglich** *usw.* absolutely impossible *usw.*
volljährig: **sie ist volljährig** she's of age; **volljährig werden** come* of age
Vollkaskoversicherung *f* fully comprehensive insurance [ɪn'ʃʊərəns]
Vollkoffer *m* ⓐ *umg* (≈ *Vollidiot*) complete idiot, total jerk
★**vollkommen** ◼ **vollkommener Unsinn** *usw.* complete nonsense *usw.* ◼ **das ist vollkommen irrelevant** *usw.* that's completely irrelevant [ɪ'relənənt] *usw.* ◼ (≈ *perfekt*) perfect ['pɜːfɪkt]
Vollkornbrot *n* wholemeal (*US* wholegrain) bread [bred]
vollkotzen: **etwas vollkotzen** *salopp* spew all over something
volllaufen: **sich volllaufen lassen** *umg* get* tanked up
vollmachen ◼ fill (up) (*Eimer usw.*) ◼ *umg* (≈ *beschmutzen*) mess up ◼ *umg* **ich hab mich mit Öl vollgemacht** I've got oil all over me ◼ *umg* **sich (die Hosen) vollmachen** fill one's pants
Vollmacht *f* ◼ full power (*s pl*), authority [ɔː-

'θɒrətɪ], *juristisch*: power of attorney [ə'tɜːnɪ] **2** (≈ *Urkunde*) proxy ['prɒksɪ] **3** **Vollmacht haben** be* authorized; **jemandem eine Vollmacht erteilen** grant someone power of attorney

Vollmilch *f* full-cream milk, *US* whole milk

Vollmilchschokolade *f* milk chocolate

Vollmond *m* full moon; **heute ist Vollmond** there's a full moon tonight

Vollnarkose *f* general anaesthetic [ˌænəsˈθetɪk]; **in** (*oder* **unter**) **Vollnarkose** under a general anaesthetic

vollpacken: **etwas vollpacken** pack something full (**mit** of)

Vollpension *f* full board and lodging

Vollrausch *m*: **einen Vollrausch haben** be* blind drunk

vollschreiben: **er hat sechs Seiten vollgeschrieben** he wrote six whole pages

★**vollständig** **1** complete **2** **vollständig zerstört** *usw.* completely destroyed *usw.*

Vollständigkeit *f*: **der Vollständigkeit halber** for the sake of completeness

vollstopfen **1** stuff (**mit** full of) **2** **sich (den Bauch) vollstopfen** *umg* stuff oneself

volltanken **1** *allg.*: fill up **2** *umg* (≈ *sich betrinken*) get* tanked up

Volltextsuche *f Computer*: full-text search

Volltreffer *m* **1** *beim Schießen usw.*: direct hit **2** *umg* (≈ *Hit*) (absolute) hit

Vollversammlung *f* general meeting

Vollwertkost *f* wholefood, wholefoods *pl*

vollzählig **1** (≈ *vollständig*) complete **2** **vollzählig sein** be* present ['preznt] in full number **3** **vollzählig erscheinen** turn out (*oder* up) in full strength

Vollzeit *f* full-time work (*oder* employment); **Vollzeit arbeiten** work full-time; **auf Vollzeit gehen** go* full-time

Volontär(in) *m(f)* unpaid trainee [ˌtreɪ'niː]

Volontariat *n* **1** (unpaid) traineeship, *US meist* internship **2** **er macht ein Volontariat** he's on work experience (△ *ohne* a), *US* he's doing an internship

Volt *n* (≈ *elektrische Spannung*) volt [vəʊlt]

Volumen *n* **1** *allg.*: volume ['vɒljuːm] **2** (≈ *Größe*) size **3** (≈ *Inhalt*) *auch* capacity [kə'pæsətɪ]

vom **1** *räumlich, örtlich*: from; **sie ist vom Land** she's from the country; **der Wind weht vom Meer her** the wind is blowing from the sea **2** *zeitlich*: from; **vom 1. bis zum 10. Januar** from 1 - 10 January (*gesprochen* from the first to the tenth of January) **3** *Ursache, Grund*: from; **das kommt vom vielen Arbeiten** that's from working too much, that's because I've (you've *usw.*) been working so much **4** **er hat keine Ahnung vom Segeln** he doesn't know the first thing about sailing **5** **ich kenne sie nur vom Sehen** I only know them by sight **6** **links vom Bahnhof** to the left of the (train) station

★**von** **1** *räumlich und zeitlich*: from; **von rechts** from the right; **von hinten** from the back; **von oben** from above; **von wo(her) kommt das?** where does that come from?; **von zehn bis drei** from ten till three **2** **zwei von ihnen** two of them; **ein Freund von mir** a friend of mine; **das ist nett von ihr** that's nice of her **3** **ein Film von Hitchcock** a film by Hitchcock **4** **das Haus von meiner Tante** my aunt's [ɑːnts] house

★**voneinander** from each other

★**vor** **1** *zeitlich*: before; **vor zehn Uhr** before ten o'clock; **fünf vor drei** five to (*US auch* of) three **2** **vor zwei Tagen** two days ago; **heute vor acht Tagen** a week ago today **3** *räumlich*: in front [frʌnt] of; **stells vors Bett** put it in front of the bed; **er steht vor der Tür** he's at the door **4** **er hat's vor uns gesagt** he said it in front of us **5** **vor Angst zittern** shake* with fear; **ich konnte vor Lachen kaum sprechen** I could hardly talk for laughing; **vor lauter Arbeit komm ich zu nichts** I can't do anything with all this work

vorab **1** (≈ *zunächst*) first, to begin with (△ *immer am Satzanfang*) **2** (*im Voraus*) in advance [əd'vɑːns]

Vorahnung *f* premonition [ˌpriːmə'nɪʃn]; *schlimme*: *auch* foreboding [fɔː'bəʊdɪŋ]

vorangehen **1** (*Person*) lead* the way **2** (*Projekt usw.*) make* progress ['prəʊgres]; **es geht gut** (*bzw.* **schlecht**) **voran** things are going well (*bzw.* things aren't going too well)

vorankommen **1** (**gut**) **vorankommen** make* progress; **wie kommst du voran?** how are you getting on (*US* along)? **2** **im Leben** (*bzw.* **im Beruf**) **vorankommen** get* on in life (*bzw.* in one's career)

Vorarlberg *n* Vorarlberg [fɔː'ɑːlbɜːg]

★**voraus**: **jemandem weit voraus sein** be* streets ahead [ə'hed] of someone

Voraus *n*: **im Voraus** in advance [əd'vɑːns]

vorausdenken think* (*oder* look) ahead [ə'hed]

vorausfahren drive* (on) ahead [ə'hed]

vorausgesetzt: **vorausgesetzt, dass** provided (that)

vorauslaufen run* (on) ahead [əˈhed]
Voraussage f **1** allg.: prediction **2** bei Wetter, Wirtschaft: forecast* [ˈfɔːkɑːst]
voraussagen **1** allg.: predict [prɪˈdɪkt] **2** forecast* [ˈfɔːkɑːst] (Wetter, Wahlergebnis usw.)
vorausschauend **1** Mensch, Planung usw.: foresighted [ˈfɔːsaɪtɪd] **2** **vorausschauend handeln** usw. act usw. with foresight
voraussehen **1** foresee* [fɔːˈsiː] **2** **es war vorauszusehen** you could see it coming
voraussetzen **1** (≈ annehmen) assume [əˈsjuːm] (**dass** that) **2** (≈ erwarten) expect; **sie setzt gute Englischkenntnisse voraus** she expects a good knowledge of English **3** require [rɪˈkwaɪə] (Qualifikationen usw.)
★**Voraussetzung** f **1** condition (**für** of, for); **unter der Voraussetzung, dass** on condition that (▲ ohne the) **2** **die Voraussetzungen erfüllen** meet* the requirements
★**voraussichtlich** probably; **er kommt voraussichtlich morgen** he'll probably come tomorrow, he's expected to come tomorrow
vorauszahlen: **hundert Euro vorauszahlen** pay* a hundred euros in advance [ədˈvɑːns]
Vorauszahlung f advance payment, advance
★**vorbei** **1** zeitlich: over; **es ist vorbei** it's all over; **vorbei ist vorbei** what's past is past **2** **die Schmerzen sind vorbei** the pain has gone **3** **es ist sechs Uhr vorbei** it's past (Br auch gone) six **4** **vorbei (an)** past
vorbeibringen: **etwas vorbeibringen** drop something by (oder in)
vorbeidürfen: **darf ich mal vorbei?** could I get past, please?, excuse me, please
★**vorbeifahren** **1** drive* past **2** **vorbeifahren an** pass, auch absichtlich: drive* past
★**vorbeigehen** **1** pass, *go past; **vorbeigehen an** pass, go* past **2** **im Vorbeigehen** in passing **3** (Schuss usw.) miss **4** (≈ aufhören) pass, (Schmerzen) auch: go* away
★**vorbeikommen** **1** zu Besuch: drop by; **bei jemandem vorbeikommen** drop in on someone; **komm doch mal vorbei** why don't you drop by some time? **2** **vorbeikommen an** pass, Hindernis: get* past; **ich komm nicht vorbei** I can't get past
vorbeilassen **1** **kannst du mal eben die Leute vorbeilassen?** would you let these people pass (US meist get by), please? **2** **lässt du mich bitte mal vorbei?** can I get past, please?
vorbeimüssen **1** **du musst am Bahnhof vorbei** you have to go past the station **2** **ich muss sowieso an der Post vorbei** I'll be passing the post office anyway
vorbeireden: **aneinander vorbeireden** talk at cross-purposes
vorbeischauen **1** drop by **2** **bei jemandem vorbeischauen** drop in on someone
vorbeischießen **1** mit Schusswaffe: miss; **vorbeischießen an** miss **2** (≈ vorbeisausen) shoot* past
Vorbemerkung f preliminary remark [prɪˌlɪmɪnərɪ rɪˈmɑːk]
★**vorbereiten** **1** **etwas vorbereiten** prepare something, get* something ready [ˈredɪ] **2** **sich vorbereiten** get* ready, prepare oneself (**auf, für** for) **3** **sich auf eine Prüfung vorbereiten** revise [rɪˈvaɪz] for an exam
vorbereitet: **vorbereitet sein auf** be* ready [ˈredɪ] (oder prepared) for
★**Vorbereitung** f preparation (**auf, für, zu** for)
vorbestellen **1** book ahead [əˈhed] **2** **einen Platz** usw. **vorbestellen** book a seat usw. in advance [ədˈvɑːns], reserve a seat usw.
Vorbestellung f booking, reservation
vorbestraft: **vorbestraft sein** have* a criminal record [ˈrekɔːd]
vorbeugen[1] **1** prevent [prɪˈvent] **2** **vorbeugen ist besser als heilen** prevention is better than cure
vorbeugen[2]: **sich vorbeugen** bend* forward
Vorbeugung f prevention [prɪˈvenʃn]
Vorbeugungsmaßnahme f preventative measure [prɪˌventətɪvˈmeʒə]
★**Vorbild** n **1** model [ˈmɒdl] **2** (≈ Beispiel) example [ɪgˈzɑːmpl]
vorbildlich **1** exemplary [ɪgˈzemplərɪ] **2** **ein vorbildlicher Schüler** usw. a model pupil [ˌmɒdlˈpjuːpl] usw.
Vorderachse f Auto: front axle (▲ ˌfrʌntˈæksl)
Vorderbein n front leg [ˌfrʌntˈleg]
★**vordere(r, -s)** **1** front [frʌnt]; **die vorderen Wagen** Eisenbahn: the front coaches (US cars) **2** **die vorderen Zimmer** the rooms at the front
Vordereingang m front [frʌnt] entrance
★**Vordergrund** m **1** von Bild usw.: foreground **2** **im Vordergrund stehen** (≈ im Blickpunkt) be* in the limelight
Vorderlicht n front light
Vordermann m **1** **mein Vordermann** the person (bzw. driver oder car usw.) in front of me **2** **etwas auf Vordermann bringen** get* something shipshape
Vorderrad n front wheel [ˌfrʌntˈwiːl]

Vorderradantrieb *m Auto:* front-wheel drive [▲ ˌfrʌntwiːlˈdraɪv]

★**Vorderseite** *f* front [frʌnt]

Vordersitz *m* front [frʌnt] seat

vorderste(r, -s) front [frʌnt], first; **die vorderste Reihe** the front row

Vorderteil *n* front [frʌnt], front part

Vorderzahn *m* front [frʌnt] tooth

vordrängeln ◼ **sich vordrängeln** push (forward) ◼ *in einer Schlange:* push in

voreilig: voreilige Schlüsse ziehen jump to conclusions

voreinander: sie haben Angst voreinander they're scared of each other

voreingenommen prejudiced [ˈpredʒʊdɪst]

vorerst for the time being

Vorfahre *m* ancestor [ˈænsestə]

vorfahren ◼ **vor das Haus** *usw.* **vorfahren** drive* up to the house *usw.* ◼ **fahren Sie bis zur Ampel vor** drive as far as the traffic lights ◼ (≈ *vorausfahren*) drive* on ahead [əˈhed]

★**Vorfahrt** *f:* **er hat die Vorfahrt** he has (the) right of way

Vorfahrtsstraße *f* major [ˈmeɪdʒə] road

Vorfall *m* ◼ (≈ *Ereignis*) incident [ˈɪnsɪdənt], occurrence [əˈkʌrəns] ◼ *einer Bandscheibe usw.:* prolapse [ˈprəʊlæps]

vorfinden find*

Vorfreude *f* anticipation [ænˌtɪsɪˈpeɪʃn] (**auf** of)

vorführen ◼ **(jemandem) etwas vorführen** demonstrate [ˈdemənstreɪt] something (to someone) (*Gerät usw.*) ◼ show (*Film usw.*) ◼ perform [pəˈfɔːm] (*Theaterstück, Trick usw.*)

Vorführung *f* ◼ *eines Geräts usw.:* demonstration ◼ *eines Stücks usw.:* performance

Vorgabe *f* ◼ *Sport:* handicap, start ◼ (≈ *Richtlinie*) guideline [ˈgaɪdlaɪn], instructions *pl*

★**Vorgang** *m* ◼ (≈ *Ablauf, Hergang*) proceedings [prəˈsiːdɪŋz] (▲ *pl*) ◼ *Biologie, Chemie, Technik:* (≈ *Prozess*) process [ˈprəʊses] ◼ (≈ *Ereignis*) event, occurrence [əˈkʌrəns]

★**Vorgänger(in)** *m(f)* predecessor [ˈpriːdɪsesə]

Vorgarten *m* front garden, *US* front yard

vorgehen[1] ◼ **meine Uhr geht fünf Minuten vor** my watch is five minutes fast ◼ (≈ *Vorrang haben*) have* priority [praɪˈɒrətɪ] ◼ **er ging zum Lehrer vor** he went up to the teacher

vorgehen[2] ◼ **was geht hier vor?** what's going on here? ◼ **was ging wohl in ihr vor?** I wonder what came over her

Vorgeschmack *m* foretaste (**von, auf** of)

Vorgesetzte(r) *m/f(m)* superior [sʊˈpɪərɪə], *umg* boss, (≈ *Aufseher*) supervisor

★**vorgestern** ◼ the day before yesterday ◼ **er ist von vorgestern** he's behind the times

vorglühen *umg* down a few before setting off

★**vorhaben** ◼ **was hast du heute vor?** what are you doing today? ◼ **ich hab einiges vor** I've got quite a lot planned ◼ **ich hab vor, nach Rom zu gehen** I'm planning to go to Rome ◼ **was hast du damit vor?** what are you going to do with that? ◼ **was hat er wieder vor?** what's he up to now?

Vorhaben *n* ◼ *allg.:* intention, plan (*s pl*); **sein Vorhaben durchführen** carry out one's plans ◼ (≈ *Projekt usw.*) project [ˈprɒdʒekt]

vorhalten[1]**: halt beim Gähnen die Hand vor!** put your hand in front of your mouth when you're yawning

vorhalten[2]**: jemandem etwas vorhalten** accuse [əˈkjuːz] someone of something

Vorhand *f Tennis:* forehand

vorhanden available

★**Vorhang** *m* curtain [ˈkɜːtn]

Vorhaut *f* foreskin

★**vorher** ◼ before; **zwei Tage vorher** two days before ◼ (≈ *zuerst*) first; **vorher essen wir** first we eat

vorherbestimmen ◼ *allg.:* determine [dɪˈtɜː-mɪn] in advance, predetermine [ˌpriːdɪˈtɜːmɪn] ◼ (*Schicksal usw.*) predestine [ˌpriːˈdestɪn]

vorherig previous [ˈpriːvɪəs]

Vorherrschaft *f* predominance [prɪˈdɒmɪnəns], *politische auch:* supremacy [sʊˈpreməsɪ]

Vorhersage *f* ◼ *allg.:* prediction ◼ *Wetter, Wirtschaft:* forecast [ˈfɔːkɑːst]

vorhersagen predict [prɪˈdɪkt]

vorhersehen ◼ foresee* [fɔːˈsiː] ◼ **wie vorherzusehen** as expected ◼ **es war vorherzusehen** you could see it coming

vorheucheln: sie heuchelt euch doch nur was vor she's just putting on an act

★**vorhin** ◼ earlier on ◼ (≈ *gerade*) just now

vorige(r, -s) ◼ previous [ˈpriːvɪəs] ◼ **vorige Woche** *usw.* last week *usw.*

vorinstalliert *beim Computer:* pre-installed

vorkauen: jemandem etwas vorkauen *umg* give* someone a long, boring description (*oder* explanation) of something

★**Vorkenntnisse** *pl* ◼ previous knowledge [ˌpriːvɪəsˈnɒlɪdʒ] (▲ *sg*) (**in** of) ◼ (≈ *Erfahrung*) previous experience [ɪkˈspɪərɪəns] (▲ *sg*) (**in** of)

vorknöpfen: sich jemanden vorknöpfen *umg* take* someone to task

★**vorkommen**[1] ◼ (≈ *geschehen*) happen; **sowas ist mir noch nie vorgekommen** that's never happened to me before ❷ (≈ *existieren*) be* found; **sie kommen nur in Europa vor** they're only found in Europe ❸ (*Wort usw.*) appear [əˈpɪə], crop up ❹ **es kam mir komisch** *usw.* **vor** it seemed strange *usw.* to me; **es kam mir vor, als ob** it seemed as if; **es kommt dir nur so vor** you're just imagining [ɪˈmædʒɪnɪŋ] it ❺ **ich kam mir ziemlich dumm vor** I felt pretty stupid ❻ **er kommt sich klug vor** he thinks he's clever

vorkommen² ❶ *nach vorn*: come* forward ❷ *in der Klasse*: come* to the front of the class

Vorlage f ❶ (≈ *Muster*) pattern [ˈpætn] ❷ **etwas als Vorlage nehmen** copy from something

vorlassen: **jemanden vorlassen** let* someone go first, let* someone in front

Vorläufer(in) m(f) *übertragen* precursor [prɪˈkɜːsə]

★**vorläufig** ❶ (≈ *vorerst*) for the time being ❷ *Maßnahme usw.*: temporary [ˈtemprəri]

vorlaut cheeky

★**vorlesen** read* out; **jemandem etwas vorlesen** read* something out <u>to</u> someone

Vorlesung f lecture (**über** on)

vorletzte(r, -s) ❶ last but one, *US meist* next to last ❷ **am vorletzten Samstag** (on the) Saturday before last; **vorletzte Nacht** the night before last

Vorliebe f ❶ preference [ˈprefrəns] ❷ **eine Vorliebe für etwas haben** be* very fond of something

vorm → **vor**

vormachen ❶ **jemandem etwas vormachen** (≈ *zeigen*) show someone how to do something ❷ **er macht dir was vor** *zur Täuschung*: he's fooling you ❸ **ich lass mir nichts vormachen** he's (they're *usw.*) not going to make a fool of me ❹ **machen wir uns nichts vor** let's not kid ourselves

Vormarsch m *militärisch*: advance [ədˈvɑːns] (*auch übertragen*); **auf dem Vormarsch sein** be* on the advance, be* advancing (**auf** on), *übertragen*: be* gaining ground, be* spreading [ˈspredɪŋ]

vormerken ❶ **sich etwas vormerken** make* a note of something ❷ **sich vormerken lassen** put* one's name down (**für** for)

Vormieter(in) m(f) ❶ *allg.*: previous [ˈpriːvɪəs] (*oder* last) tenant [ˈtenənt] ❷ **mein Vormieter** the tenant before me

★**Vormittag** m morning; **am Vormittag** <u>in</u> the morning; **heute Vormittag** <u>this</u> morning; **gestern Vormittag** yesterday morning

★**vormittags** ❶ *bestimmter Tag*: in the morning ❷ *regelmäßig*: in the mornings ❸ **um 9 Uhr vormittags** at 9 (o'clock) in the morning, at 9 am [ˌeɪˈem]

★**vorn** ❶ *allg.*: at the front (⚠ frʌnt), in front, **nach vorn** to the front, *fallen usw.*: forward [ˈfɔːwəd]; **von vorn** from the front ❷ **weiter vorn** further up, *im Buch usw.*: further back ❸ **wieder von vorn anfangen** start (all over) again ❹ **von vorn bis hinten** from beginning to end; **das ist von vorn bis hinten erlogen** it's a pack of lies ❺ **vorn liegen** *im Rennen*: be* in front

★**Vorname** m first name; **wie heißt du mit Vornamen?** what's your first name?

★**vorne** → **vorn**

vornehm posh

vornehmen ❶ **sich vornehmen zu ...** decide to ... ❷ tackle (*Aufgabe, Buch usw.*) ❸ **nimm dir nicht zu viel vor!** don't take on too much ❹ **sich jemanden vornehmen** *umg* have* a word with someone

vornherein: **von vornherein** from the start

★**Vorort** m ❶ suburb [ˈsʌbɜːb] ❷ **er wohnt in einem Vorort** he lives in <u>the</u> suburbs (⚠ *pl*)

vorprogrammieren preprogram(me) (*Videorekorder*)

★**Vorrang** m ❶: **Vorrang haben** have priority (**vor** over) ❷ Ⓐ (≈ *Vorfahrt*) right of way

vorrangig priority (⚠ *nur vor dem Subst.*)

Vorrangstraße f Ⓐ (≈ *Vorfahrtstraße*) major [ˈmeɪdʒə] road

★**Vorrat** m ❶ supply [səˈplaɪ] (**an** of) ❷ **etwas auf Vorrat kaufen** stock up on something

vorrätig ❶ available [əˈveɪləbl] ❷ **nicht mehr vorrätig** out of stock

Vorratsglas n jar

Vorratskammer f pantry [ˈpæntri]

Vorrichtung f device [dɪˈvaɪs]

vorrücken ❶ move [muːv] forward ❷ **auf den zweiten Platz vorrücken** move up to second place (⚠ *ohne the*)

Vorrunde f qualifying round

vors → **vor**

vorsagen ❶ **jemandem vorsagen** whisper the answer to someone ❷ **sie sagt das Wort vor, und wir sagen es nach** she says the word first and we repeat it

Vorsaison f start (*oder* beginning) of the season

Vorsatz m resolution [ˌrezəˈluːʃn]; **einen (guten) Vorsatz fassen** make* a (good) resolution; **bei seinem Vorsatz bleiben** stick* to one's resolution

vorsätzlich **1** *allg.*: intentional, deliberate [dɪ-ˈlɪbərət] **2** *juristisch*: wilful, *US* willful; **vorsätzlicher Mord** premeditated [ˌpriːˈmedɪteɪtɪd] murder **3 er hat es vorsätzlich getan** he did it intentionally (*oder* deliberately)

Vorschau *f* preview [ˈpriːvjuː] (**auf** of)

vorschicken **1** send* ahead (*Koffer usw.*) **2 warum werd ich immer vorgeschickt?** why do I always have to go?

vorschieben **1** *nach vorn*: push forward **2** stick* out (*Kopf, Kinn usw.*) **3 sich vorschieben** *in der Schlange*: push in

★**Vorschlag** *m* suggestion [səˈdʒestʃən], proposal [prəˈpəʊzl] (*Letzteres auch geschäftlich*)

★**vorschlagen** **1** suggest [səˈdʒest]; **ich schlage vor, dass wir gehen** I suggest we go (△ *meist ohne* that); **er schlug vor, zu warten** he suggested waiting **2 ich möchte dir etwas vorschlagen** I'd like to propose [prəˈpəʊz] (*oder* suggest) something to you **3** nominate (*jemanden als Kandidaten*)

vorschreiben: **ich lass mir nichts vorschreiben** nobody's going to tell me what to do

★**Vorschrift** *f* rule, regulation; **sich an die Vorschriften halten** stick* to the rules

Vorschule *f* nursery school, *US* preschool

Vorschuss *m* advance [ədˈvɑːns] (**auf** on)

vorschwärmen: **jemandem von etwas vorschwärmen** rave (on) about something to someone; **jemandem vorschwärmen, wie ...** rave (on) about how ...

vorschweben: **mir schwebt ... vor** *umg* I'm thinking of ...

vorsehen: **das war nicht vorgesehen** that wasn't planned

vorsetzen¹ **1 er hat uns wieder Nudeln vorgesetzt** he served up noodles again **2 was haben die uns diesmal vorgesetzt?** *übertragen* what have they cooked up for us this time?

vorsetzen²: **sich vorsetzen** move up to the front [frʌnt], go* and sit* at the front

★**Vorsicht** *f* **1** care, caution **2 Vorsicht!** careful!, look out! **3 es ist mit Vorsicht zu genießen** it has to be taken with a pinch of salt **4 er ist mit Vorsicht zu genießen** you have to watch him

★**vorsichtig** **1** careful [ˈkeəfl]; **sei vorsichtig, dass du nicht fällst** be careful you don't fall (△ *ohne* that) **2 vorsichtig fahren** *usw.* drive* *usw.* carefully

vorsichtshalber to be on the ˈsafe side

Vorsilbe *f* prefix [ˈpriːfɪks]

vorsingen **1 kannst du uns das Lied vorsingen?** can you sing the song to us? **2 morgen muss sie bei der Oper vorsingen** she's got an audition [ɔːˈdɪʃn] with the opera [ˈɒprə] tomorrow

★**Vorsitzende(r)** *m/f(m)* chairperson, *Mann auch*: chairman [ˈtʃeəmən], *Frau auch*: chairwoman

vorsorgen **1** *allg.*: make* provisions, provide [prəˈvaɪd] (*beide*: **für** for) **2 vorsorgen, dass ...** see* to it that

Vorspann *m Film*: credits [ˈkredɪts] (△ *pl*)

Vorspeise *f* appetizer, *Br auch* starter

Vorspiel *n* **1** *im Theater*: prologue [ˈprəʊlɒg] **2** *sexuelles*: foreplay

vorspielen **1** play (*Musikstück*); **jemandem etwas vorspielen** play something to someone **2 er spielt (dir) das nur vor** *übertragen* he's just putting on an act

vorsprechen: **sie hat uns den Satz vorgesprochen** she said the sentence for us to repeat

Vorsprung *m* **1 einen Vorsprung von 15 Sekunden haben** lead* by 15 seconds **2 sie haben ein Tor Vorsprung** they're one goal ahead [əˈhed] **3 jemandem 20 Meter Vorsprung geben** give* someone a 20-metre start

vorspulen wind* [waɪnd] (the tape) forward

Vorstand *m* **1** *Wirtschaft*: board of management (*oder* directors); **im Vorstand sitzen** be* on the board **2** *eines Vereins*: managing (*oder* executive [ɪgˈzekjʊtɪv]) committee [kəˈmɪtɪ] **3** *einer Partei*: executive **4** *eines Instituts*: board of governors [ˈgʌvnəz] (*oder* trustees [ˌtrʌsˈtiːz]) **5** *einer Kirche*: (church) council [ˈkaʊnsl] **6** (≈ *Person*) *Wirtschaft*: director, board member, *einer Gesellschaft*: chairman, *Frau*: chairwoman, *US* chief executive, CEO (*abk für* chief executive officer), *eines Instituts*: trustee, (≈ *Kirchenvorstand*) councillor, *US auch* council member, *einer Partei*: member of the executive

vorstehend: **vorstehende Zähne** protruding teeth [prəˌtruːdɪŋˈtiːθ], buck teeth

★**vorstellen¹** **1** introduce [ˌɪntrəˈdjuːs]; **sie hat uns den neuen Lehrer vorgestellt** she introduced the new teacher to us **2 sich vorstellen** introduce oneself **3 sich etwas vorstellen** imagine [ɪˈmædʒɪn] something; **stell dir vor, ...** just imagine, ...; **stell dir das mal vor!** can you imagine it? **4 wie stellst du dir das vor?** how do you think that's going to work? **5 so stelle ich mir eine Party** *usw.* **vor** that's my idea of a party *usw.* **6 was stellst du dir darunter vor?** what does it mean to you?;

ich kann mir nichts darunter vorstellen it doesn't mean a thing to me

★**vorstellen**² put* forward (*Uhr*) (**um** by)

★**Vorstellung** *f* **1** (≈ *Begriff*) idea [aɪˈdɪə]; **du hast manchmal komische Vorstellungen** you 'do have some strange ideas; **du machst dir keine Vorstellung** you've no idea **2** *bei Bewerbung*: interview (**bei** with) **3** *Film*: showing **4** *Theater usw.*: performance

Vorstellungsgespräch *n* (job) interview; **jemanden zu einem Vorstellungsgespräch einladen** invite someone for an interview

Vorstellungskraft *f* imagination [ɪˌmædʒɪˈneɪʃn], powers (▲ *pl*) of imagination

Vorsteuer *f* (≈ *Mehrwertsteuer*) input tax

Vorstrafe *f* previous [ˈpriːvɪəs] conviction

vorstrecken **1** stretch out (*Arme usw.*) **2** stick* out (*Hals, Kopf usw.*) **3** **er hat mir das Geld vorgestreckt** he advanced me the money

Vortag *m*: **am Vortag** the day before; **am Vortag des Spiels** the day before the match

vortäuschen fake (*Krankheit usw.*)

★**Vorteil** *m* **1** advantage [ədˈvɑːntɪdʒ]; **es hat den Vorteil, dass es klein ist** it has the advantage of being small; **er ist dir gegenüber im Vorteil** he has the advantage over you **2** **die Vor- und Nachteile** the pros and cons [ˌprəʊzˈənˈkɒnz] **3** **sie ist nur auf den eigenen Vorteil bedacht** she only thinks of her own interests (▲ *pl*)

vorteilhaft **1** advantageous [▲ ˌædvənˈteɪdʒəs] (**für** to) **2** *Kleid usw.*: flattering

Vortrag *m* **1** (≈ *Rede*) lecture (**über** on), (≈ *Bericht*) talk, (≈ *Präsentation*) presentation; **einen Vortrag halten** give* a talk (*oder* lecture) **2** *Finanzen*: balance carried forward **3** (≈ *Art des Vortragens*) performance **4** *Musik usw.*: recital [rɪˈsaɪtl]

vortragen **1** recite (*Gedicht*) **2** perform [pəˈfɔːm] (*Musik-, Theaterstück usw.*)

Vortragssaal *m* lecture hall

vortreten step forward, come* forward

★**Vortritt** *m* **1** **jemandem den Vortritt lassen** let* someone go first **2** ⊕ (≈ *Vorfahrt*) right of way; **er hat den Vortritt nicht beachtet** ⊕ he failed to give way

vorüber: **vorüber sein** be* over

vorübergehen (*Schmerzen usw.*) pass

★**vorübergehend** temporary [ˈtemprərɪ]

★**Vorurteil** *n* prejudice [▲ ˈpredʒʊdɪs]; **voller Vorurteile** full of prejudice (▲ *sg*)

Vorväter *pl* forefathers

Vorverkauf *m*: **Karten im Vorverkauf besorgen** buy* tickets in advance, book ahead

vorverlegen bring* forward

vorvorgestern three days ago

Vorwahl *f Telefon*: dialling code, *US* area code

Vorwand *m* excuse [ɪkˈskjuːs]; **unter dem Vorwand, dass …** with the excuse that …

vorwarnen: **jemanden vorwarnen** warn someone (in advance)

Vorwarnung *f* (advance) warning

★**vorwärts** forward(s); → **vorwärtsfahren, vorwärtskommen**

vorwärtsfahren go* forward(s)

vorwärtskommen **1** (**langsam**) **vorwärtskommen** make* (slow) progress [ˈprəʊgres] **2** **im Leben vorwärtskommen** get* on in life

Vorweihnachtszeit *f* pre-Christmas period [ˌpriːˈkrɪsməsˌpɪərɪəd], *Br auch* run-up [ˈrʌnˌʌp] to Christmas

vorwerfen: **er warf ihr vor, dass sie faul sei** he accused her of being lazy

★**vorwiegend** mainly

vorwitzig cheeky

Vorwort *n* preface [▲ ˈprefəs]

★**Vorwurf** *m* **1** reproach **2** **er macht sich Vorwürfe** he blames himself (**wegen** for) **3** (≈ *Beschuldigung*) accusation

vorwurfsvoll reproachful

Vorzeichen *n* **1** (≈ *Omen*) omen [ˈəʊmen] **2** *Medizin*: early symptom **3** *Mathematik*: sign **4** **unter umgekehrtem Vorzeichen** *übertragen* under different circumstances

vorzeigbar presentable [prɪˈzentəbl]

vorzeigen show

Vorzeitmensch *m*: **der Vorzeitmensch** prehistoric man [ˌpriːhɪstɒrɪkˈmæn] (▲ *ohne* the)

★**vorziehen** **1** pull forward (*Gegenstand*) **2** *zeitlich*: bring* forward **3** (≈ *bevorzugen*) prefer [prɪˈfɜː] **4** **er wird immer vorgezogen** he always gets special treatment

Vorzimmer *n* **1** *Büro*: outer office **2** ⒶⓈ (≈ *Diele*) hall, *US* hall(way)

Vorzugsbehandlung *f* special treatment

Voyeur(in) *m(f)* voyeur [vwaɪˈɜː], peeping Tom

vulgär vulgar [ˈvʌlgə]

Vulkan *m* volcano [vɒlˈkeɪnəʊ]

Vulkanausbruch *m* volcanic eruption [vɒlˌkænɪkɪˈrʌpʃn]

W

Waadt f Vaud [vəʊ]

★**Waage** f **1** scales (⚠ pl), US scale (⚠ sg); **eine Waage** a pair of scales; **sich auf die Waage stellen** step on the scales **2** Sternzeichen: Libra ['liːbrə]; **ich bin (eine) Waage** I'm a Libra

★**waagerecht 1** horizontal [ˌhɒrɪˈzɒntl] **2** im Kreuzworträtsel: across

wabbelig wobbly

Wabe f honeycomb [ˈhʌnɪkəʊm]

★**wach 1** awake; **die ganze Nacht wach liegen** lie* awake all night **2** **wach werden** wake* up; **ist er schon wach?** has he woken up yet?; **sie ist morgens nicht wach zu kriegen** you can't wake her up in the mornings **3** (≈ aufgeweckt) alert

Wachablösung f changing of the guard [gɑːd]

Wache f **1** guard [gɑːd] **2** (≈ Revier) police station

wachen 1 **bei jemandem wachen** sit* up with someone **2** **sie wachte an seinem Bett** she sat at his bedside

Wachhund m watchdog

wachkriegen → wach 2

wachliegen → wach 1

Wachmann m **1** watchman [ˈwɒtʃmən] **2** Ⓐ (≈ Polizist) policeman [pəˈliːsmən]

Wacholder m juniper [ˈdʒuːnɪpə]

Wachs n wax [wæks]; **er ist weich wie Wachs** he's like putty [ˈpʌtɪ]

★**wachsen**¹ (≈ größer werden) grow* [grəʊ]

wachsen² wax (Boden, Skier usw.)

Wachsfigur f wax figure [ˌwæksˈfɪgə], waxwork

Wachsfigurenkabinett n waxworks [ˈwækswɜːks] (⚠ meist mit sg)

Wachstum n growth [grəʊθ]

Wachtel f **1** quail [kweɪl] **2** **alte Wachtel** umg old crow [krəʊ]

Wächter(in) m(f) **1** allg.: guard [gɑːd] **2** (≈ Parkwächter usw.) attendant

Wachtmeister(in) m(f) constable [ˈkʌnstəbl]

Wach- und Schließgesellschaft f etwa: security company

Wachzimmer n Ⓐ (≈ Wache) police station

Wackelkontakt m loose contact [ˌluːsˈkɒntækt]

wackeln 1 (Stuhl usw.) be* wobbly **2** (Zahn, Schraube) be* loose [luːs] **3** (Haus usw.) shake* **4** **mit dem Kopf (bzw. den Ohren) wackeln** waggle one's head (bzw. one's ears) **5** **der Hund wackelte mit dem Schwanz** the dog wagged its tail

wacklig 1 Stuhl usw.: wobbly **2** Zahn, Schraube: loose [luːs] **3** **er ist ein bisschen wacklig auf den Beinen** he's a bit unsteady [ʌnˈstedɪ] on his feet

Wade f calf [kɑːf] pl: calves [kɑːvz]

★**Waffe** f **1** weapon [ˈwepən] **2** **Waffen** weapons, von Streitkräften meist: arms

Waffel f **1** waffle [ˈwɒfl] **2** (≈ Eiswaffel) wafer [ˈweɪfə]; **der hat doch einen an der Waffel** umg he's off his head

Waffeleisen n waffle iron [ˈwɒflˌaɪən]

Waffenstillstand m armistice [ˈɑːmɪstɪs], ceasefire [ˈsiːsˌfaɪə], truce [truːs]

★**wagen 1** (≈ sich getrauen) dare; **er wagt es nicht, sie anzurufen** he daren't [ˈdeənt] (US doesn't dare to) ring her up (⚠ Br ohne to); **er wagte es, nicht sie anzurufen** he didn't dare (to) ring her up; **wie kannst du es wagen, das zu sagen?** how dare you say that? **2** **er hat es nicht gewagt** he didn't have the nerve **3** **sie wagt sich nicht aus dem Haus** she daren't (US doesn't dare to) leave the house **4** (≈ riskieren) risk; **ich wag's** I'll risk it, I'll take the risk

★**Wagen** m **1** (≈ Auto) car **2** (≈ Kinderwagen) pram, US baby carriage [ˈkærɪdʒ] **3** eines Zugs: carriage **4** einer Straßenbahn: car **5** **der Große Wagen** Sternbild: the Plough [plaʊ], the Big Dipper; **der Kleine Wagen** the Little Dipper

Wagenheber m (car) jack

Waggon m **1** carriage [ˈkærɪdʒ], US car **2** (≈ Güterwaggon) (goods) waggon [ˈwægən], US (freight) car

waghalsig daredevil ... [ˈdeəˌdevl] (⚠ immer vor dem Subst.), risky

Wagon m → Waggon

Wähe f Ⓢ (≈ dünner, flacher Kuchen) (Swiss) flan

★**Wahl**¹ f **1** choice; **ich hab keine andere Wahl** I have no choice; **wenn ich die Wahl hätte** if I could choose; **es stehen vier Kuchen zur Wahl** there's a choice of four cakes **2** **er ist in die engere Wahl gekommen** he made it onto the shortlist

★**Wahl**² f **1** politische usw.: election, elections pl **2** **zur Wahl gehen** (go*) to vote

wahlberechtigt: **wahlberechtigt sein** be* entitled [enˈtaɪtld] to vote

Wahlbeteiligung f **1** (voter) turnout **2** **eine hohe** bzw. **geringe Wahlbeteiligung** heavy bzw. poor (oder light) polling (⚠ ohne a)

★**wählen**¹ **1** choose* [tʃuːz] **2** **hast du schon**

gewählt? bei Essen: have you decided yet?
★**wählen**[2] Telefon: dial ['daɪəl]
★**wählen**[3] [1] (≈ seine Stimme abgeben) vote [2] **jemanden** (bzw. **eine Partei**) **wählen** vote for someone (bzw. for a party) [3] **sie wählten ihn zum Präsidenten** they elected him President
Wähler(in) m(f) voter
wählerisch choosy ['tʃuːzɪ]
Wahlfach n optional subject, US elective
★**Wahlkampf** m election campaign [kæm'peɪn]
Wahllokal n polling ['pəʊlɪŋ] station
Wahlrecht n [1] der Wähler: right to vote [2] System: electoral law
wahlweise: es gibt wahlweise Eis oder Obst there's a choice of ice cream or fruit
Wahlwiederholung f redial [ˌriːˈdaɪəl]
Wahnsinn m [1] madness [2] **das ist der reinste Wahnsinn!** umg it's absolutely crazy [3] **ja Wahnsinn!** umg incredible [ɪnˈkredəbl] [4] **jemanden zum Wahnsinn treiben** umg drive* someone mad (oder crazy)
★**wahnsinnig** [1] mad; **wahnsinnig werden** go* mad (**vor** with) [2] **es macht mich wahnsinnig** it's driving me mad [3] **wahnsinnige Schmerzen** usw. incredible pain (⚠ sg) usw. [4] **es ist wahnsinnig heiß** usw. it's incredibly hot usw. [5] **sie hat sich wahnsinnig gefreut** she was really pleased
Wahnsinnige f [1] madwoman [2] **wie eine Wahnsinnige** like a maniac ['meɪnɪæk]
Wahnsinnige(r) m [1] madman ['mædmən], lunatic ['luːnətɪk] [2] **wie ein Wahnsinniger** like a maniac ['meɪnɪæk]
Wahnsinnsidee f umg crazy idea
Wahnsinnspreis m ridiculous price
★**wahr** [1] true [truː], (≈ wirklich) auch: real [rɪəl]; **der wahre Grund** the real reason; **davon ist kein Wort wahr** it's completely untrue; **da hast du ein wahres Wort gesprochen** umg that's very true [2] **wahr werden** come* true [3] **das darf doch nicht wahr sein!** umg I don't believe it [4] **nicht wahr?** that's right, isn't it? [5] **so wahr ich hier stehe!** umg I swear it ['sweər ɪt]
★**während** [1] vor Subst.: during; **während des Spiels** during the match [2] vor Nebensatz: while; **während wir spielten** while we were playing [3] bei Gegensatz: whereas, while; **er ging, während ich zu Hause blieb** he went whereas I stayed at home
wahrhaben: sie wollte es nicht wahrhaben she refused to believe it
★**Wahrheit** f [1] truth [truːθ]; **die Wahrheit sagen** tell* the truth [2] **er nimmt's mit der Wahrheit nicht so genau** he's not the most honest ['ɒnɪst] of persons
wahrnehmbar perceptible [pəˈseptəbl], noticeable ['nəʊtɪsəbl]
wahrsagen [1] prophesy ['prɒfəsaɪ] (die Zukunft usw.) [2] tell (people's) fortunes ['fɔːtʃənz]; **jemandem wahrsagen** tell* someone's fortune; **er hat sich von ihr wahrsagen lassen** he had his fortune told by her
Wahrsager(in) m(f) fortune-teller ['fɔːtʃən,telə]
währschaft ⓗ [1] Bauer usw., Mensch: hard-working, reliable [2] Essen: hearty ['hɑːtɪ], substantial [3] **einen währschaften Hunger haben** be* very hungry [4] Haus usw.: (≈ gediegen aussehend) solidly built
★**wahrscheinlich** [1] probably ['prɒbəblɪ]; **wahrscheinlich sind sie verreist** they're probably away [2] **das ist sehr wahrscheinlich** that's very likely
Wahrscheinlichkeit f probability, likelihood; **aller Wahrscheinlichkeit nach** in all probability (oder likelihood)
★**Währung** f currency ['kʌrənsɪ]
Wahrzeichen n symbol ['sɪmbl]
Waise f orphan ['ɔːfn]
Waisenhaus n orphanage ['ɔːfənɪdʒ]
Waisenkind n orphan ['ɔːfn]
Wal m whale [weɪl]
★**Wald** m [1] woods pl, wood [2] großer: forest ['fɒrɪst] [3] **ich seh den Wald vor lauter Bäumen nicht** I can't see the wood (US forest) for the trees
Waldbrand m forest fire
Waldgebiet n wooded area, woodland
Waldhorn n French horn; **ich spiele Waldhorn** I play (the) French horn
waldig wooded
Waldlehrpfad m nature trail
Waldorfschule f Rudolf Steiner school
Waldschäden pl forest damage (⚠ sg)
Waldsterben n forest dieback, dying forests pl
Wales n Wales [weɪlz]
Walfang m whaling ['weɪlɪŋ]
Waliser m Welshman ['welʃmən]
Waliserin f Welsh woman bzw. girl
walisisch, Walisisch n Welsh
★**Walkman**® m Walkman® ['wɔːkmən] pl: **Walkmans**® ['wɔːkmənz], personal stereo [ˌpɜːsnlˈsterɪəʊ]
Wall m [1] (≈ Damm) dam, embankment [2] militärisch: rampart ['ræmpɑːt] [3] übertragen bulwark [⚠ 'bʊlwək]

Wallfahrer(in) m(f) pilgrim
Wallfahrt f pilgrimage ['pɪlɡrɪmɪdʒ]
Wallfahrtsort m place of pilgrimage
Wallis n: **das Wallis** Valais ['væleɪ]
Walnuss f walnut ['wɔːlnʌt]
Walross n walrus ['wɔːlrəs]
wälzen ◼ (≈ *rollen*) roll ◼ **sich wälzen** roll ◼ **sich wälzen vor** *Schmerz*: writhe [⚠ raɪð] (**vor** with) ◼ **sich im Dreck wälzen** wallow ['wɒləʊ] in the dirt ◼ **sich im Bett wälzen** toss and turn (in bed) ◼ **Bücher wälzen** pore over books ◼ **die Schuld auf jemanden wälzen** shift the blame onto someone
Walzer m waltz [wɔːls]; **Walzer tanzen** dance the (*oder* a) waltz, waltz
Wampe f *umg* paunch [pɔːntʃ]
★**Wand** f ◼ *allg*.: wall [wɔːl] ◼ *Wendungen*: **in meinen eigenen vier Wänden** within my own four walls; **da redet man gegen eine Wand** it's like talking to a brick wall
wandelnd: **ein wandelndes Lexikon** a walking encyclop(a)edia [ɪn,saɪkləˈpiːdɪə]
Wanderer m, **Wanderin** f ◼ *allg*.: wanderer ['wɒndərə] ◼ *bes. sportlich*: hiker, rambler
★**wandern** ◼ walk, go* on a walk (*oder* hike); **wir wandern gern** we like walking, we like going on walks (*oder* hikes) ◼ (*Gedanken, Blick*) wander ['wɒndə] ◼ **es ist in den Müll** *usw*. **gewandert** it ended up in the dustbin (*US* garbage can) *usw*.
Wanderpokal m challenge ['tʃælɪndʒ] cup
Wanderschuhe pl hiking shoes, walking shoes
Wanderstiefel pl hiking (*oder* walking) boots
Wanderstöcke pl hiking poles
Wandertag m *Schule*: day's hiking trip
Wanderung f ◼ walk, hike ◼ **eine Wanderung machen** go* on a walk (*oder* hike)
Wanderurlaub m walking holiday, *US* walking vacation
Wanderweg m walking trail, hiking trail
Wandschrank m built-in cupboard [⚠ ,bɪltnˈkʌbəd], *US* closet [⚠ ˈklɒzɪt]
Wange f cheek
★**wann** when; **seit wann ist sie da?** since when (*oder* how long) has she been here?; **bis wann bleibt ihr?** when are you staying till?, how long are you staying?
Wanne f (≈ *Badewanne*) bath [bɑːθ] tub; **er sitzt in der Wanne** he's in the bath
Wanze f ◼ *Insekt*: bug, *US* bedbug ◼ (≈ *Abhörgerät*) bugging device, bug
Wappen n coat of arms, arms pl
★**Ware** f ◼ product ['prɒdʌkt] ◼ *einzelne Ware*: article ◼ **Waren** goods
Warenangebot n range of goods (for sale)
Warenbestand m stock
★**Warenhaus** n department store (⚠ warehouse = **Lagerhaus**)
Warenlager n ◼ warehouse ◼ (≈ *Bestand*) stock
Warenprobe f trade sample
Warensendung f consignment of goods, *Post*: trade sample
Warenwert m goods value, commodity value
Warenzeichen n trademark
★**warm** ◼ *allg*.: warm [wɔːm]; **mir ist zu warm** I'm too warm; **sich warm anziehen** dress warmly ◼ **warm werden** warm up, get* warm ◼ *Essen, Getränk*: hot; **das Essen warm stellen** keep* the food hot ◼ **warm machen** heat up (*Essen usw*.) ◼ **ich kann mit ihr nicht warm werden** I can't warm to her

―――――――――――――― GETRENNTSCHREIBUNG
warm laufen: **sich warm laufen** warm up, do* a warm-up run
――――――――――――――

★**Wärme** f ◼ *allg*.: warmth ◼ *Physik*: heat
wärmen ◼ warm up (*jemanden, die Hände usw*.) ◼ heat up (*Essen, Getränk*) ◼ **sich wärmen** warm up ◼ **ich wärm mir die Füße** I'm warming my feet
Wärmflasche f hot-water bottle
warmhalten: **du solltest ihn dir warmhalten** you should keep in with him
warmherzig warm-hearted [,wɔːmˈhɑːtɪd]
Warmluft f warm air; **subtropische Warmluft** subtropical air
warmmachen → **warm 4**
Warmmiete f rent including heating
Warmstart m *Computer*: warm start [,wɔːmˈstɑːt]
warmstellen → **warm 3**
Warmwasserhahn m hot-water tap (*US auch* faucet ['fɔːsɪt])
warmwerden → **warm 5**
Warndreieck n warning triangle ['traɪæŋɡl]
★**warnen** ◼ *allg*.: warn [wɔːn] (**vor** about, of); **ich warnte ihn davor, rauszugehen** I warned him not to go out; **ich warne dich** I'm warning you; **du bist gewarnt** you've been warned ◼ **kannst du mich rechtzeitig warnen?** (≈ *Bescheid geben*) can you give me plenty of warning?
Warnhinweis m (≈ *Aufdruck*) warning
Warnschild n warning sign
Warnsignal n warning signal
Warnstreik m token strike

★**Warnung** f warning ['vɔ:nɪŋ]; **lass dir das eine Warnung sein** let that be a warning to you
Warnweste f high-visibility vest
Warschau n Warsaw ['vɔ:ʂɔ:]
Wartehäuschen n shelter, *für Bus:* bus shelter
Warteliste f waiting list; **auf der Warteliste stehen** be* on the waiting list
★**warten** 1 *allg.:* wait (**auf** for); **ich warte schon seit einer Stunde** I've been waiting for an hour; **jemanden warten lassen** keep* someone waiting; **warte mal!** wait a minute! 2 **das Essen wartet (auf euch)** dinner's ready 3 **worauf wartest du noch?** what are you waiting for? 4 **da kannst du lange warten** you could be in for a long wait 5 **darauf hab ich schon lange gewartet** I've been waiting for that to happen 6 **na warte!** just you wait!
Wärter(in) m(f) 1 *allg.:* attendant [ə'tendənt] 2 *im Gefängnis:* warder, *US* guard [ɡɑ:d]
Warteschlange f queue [kju:], *US* line
★**Wartezimmer** n waiting room
Wartung f *einer Maschine usw.:* maintenance ['meɪntənəns], servicing
★**warum** 1 why; **warum (auch) nicht?** why not? 2 **warum nicht gleich so?** that's it!
Warze f wart [wɔ:t]
★**was¹** 1 *allg.:* what 2 **was?** what? 3 **was für ein Auto ist das?** what kind of car is that? 4 **was kostet das?** how much is it? 5 **was weiß ich** how should I know? 6 **das war toll, was?** it was great, wasn't it?; **es schmeckt gut, was?** it tastes good, doesn't it? 7 **was, du kennst ihn nicht?** what, you (mean you) don't know him? 8 **was musst du auch plappern!** why do you have to blab?
★**was²** 1 **du weißt, was ich meine** you know what I mean (⚠ *ohne Komma*) 2 **alles, was er hat** everything he's got (⚠ *ohne what*); **das Beste, was ich kenne** the best I know (⚠ *ohne what*) 3 **das, was du gelernt hast** what you learnt (⚠ *ohne that*) 4 **was auch immer** whatever
★**was³** (≈ *etwas*) something; **ich will dir mal was sagen** let me tell you something
Waschbär m raccoon, racoon [rə'ku:n], *US auch* coon
Waschbecken n washbasin ['wɒʃ,beɪsn]
Waschbrett n *auch als Musikinstrument:* washboard ['wɒʃbɔ:d]
Waschbrettbauch m washboard stomach [⚠ ,wɒʃbɔ:d'stʌmək], *umg* washboard abs ['æbz] (⚠ *pl*), *umg* six-pack

★**Wäsche** f 1 (≈ *Schmutzwäsche*) laundry ['lɔ:ndrɪ], *Br meist* washing; **es ist in der Wäsche** it's in the wash 2 (≈ *Tisch-, Bettwäsche*) linen [⚠ 'lɪnɪn] 3 (≈ *Unterwäsche*) underwear ['ʌndəweə]; **die Wäsche wechseln** change one's underwear 4 **da hat sie dumm aus der Wäsche geguckt** *umg* you should have seen her face
Wäscheklammer f clothes [kləʊ(ð)z] peg (*US* pin)
Wäscheleine f clothes line; **es hängt an der Wäscheleine** it's hanging on the line
★**waschen** 1 wash 2 **sich waschen** wash, get* washed 3 **sie wäscht sich die Haare** *usw.* she's washing her hair *usw.*
★**Wäscherei** f laundry ['lɔ:ndrɪ]
Wäscheständer m clothes [kləʊ(ð)z] horse
Wäschetrockner m tumble drier ['draɪə]
Waschlappen m 1 flannel ['flænl], *US* washcloth ['wɒʃklɒθ] 2 *umg* (≈ *Weichling*) wimp
★**Waschmaschine** f washing machine
★**Waschmittel** n (laundry) detergent
Waschpulver n washing powder, *US* soap powder
Waschraum m washroom
Waschsalon m launderette [,lɔ:ndə'ret], *US* laundromat ['lɔ:ndrəmæt]
★**Wasser** n 1 water; **unter Wasser stehen** be* flooded 2 **ins Wasser fallen** *übertragen* fall* through 3 **er kann ihr das Wasser nicht reichen** he can't hold a candle to her
Wasserball m 1 *Sport:* water polo 2 *Ball:* beach ball
Wässerchen n: **er sieht aus, als könne er kein Wässerchen trüben** he looks as if butter wouldn't melt in his mouth
wasserdicht waterproof, *Schiff, Technik auch:* watertight
Wassereis n water ice
Wasserfall m 1 waterfall 2 **wie ein Wasserfall reden** talk nineteen to the dozen ['dʌzn]
Wasserfarbe f water colour
wasserfest waterproof
★**Wasserhahn** m tap, *US auch* faucet ['fɔ:sɪt]
Wasserkessel m kettle
Wasserkocher m (electric) kettle
Wasserkraftwerk n hydroelectric ['haɪdrəʊɪ-,lektrɪk] power plant
Wasserleitung f water pipe, water pipes *pl*
Wassermann m *Sternzeichen:* Aquarius [ə'kweərɪəs]; **ich bin (ein) Wassermann** I'm (an) Aquarius, I'm an Aquarian

Wassermelone f watermelon ['wɔːtə,melən]
Wasserpistole f water pistol ['wɔːtə,pɪstl]
Wasserratte f **1** **sie ist eine Wasserratte** umg she loves the water **2** Tier: water rat
Wasserrutsche f water slide
wasserscheu scared of water
Wasserski[1] n Sportart: water-skiing ['wɔːtə,skiːɪŋ] **Wasserski fahren** water-ski, go* water-skiing
Wasserski[2] m Gerät: water-ski;
Wassersport m allg water sports (⚠ pl); Sportart: water sport
Wasserstand m water level
Wasserstoff m hydrogen ['haɪdrədʒən]
Wasserverbrauch m water consumption
Wasserverschmutzung f water pollution
Wasserwaage f spirit level ['spɪrɪt,levl], US level
Wasserzeichen n watermark
waten wade
Watsche f bes. Ⓐ umg clip round (US on) the ear
watscheln waddle [⚠ 'wɒdl]
Watschen f bes. Ⓐ; → Watsche
watschen: **jemanden watschen** bes. Ⓐ slap someone's face
Watt[1] n elektrische Leistung: watt [wɒt]; **1000 Watt** 1,000 watts
Watt[2] n (≈ Wattenmeer) mud flats (⚠ pl)
Watte f **1** cotton wool [,kɒtn'wʊl], US cotton **2** **jemanden in Watte packen** übertragen handle someone with kid gloves [glʌvz]
Wattebausch m cotton-wool [,kɒtn'wʊl] ball, US cotton ball
Wattepad n cotton pad
Wattestäbchen n cotton bud, US Q-tip® ['kjuːtɪp]
★**WC** n toilet ['tɔɪlət], US bathroom, restroom
Web n Web; **im Web on** the Web; **im Web surfen** surf the Web
Webadresse f web address
Webcam f Kamera, die Bilder übers Internet überträgt: webcam
Webdesigner(in) m(f) web designer
weben weave*
Webmaster m webmaster
Webportal n web portal
Webseite f web page
Webshop m online shop (US store)
Website f website; **Websites gestalten** build* websites
Webstuhl m loom
★**Wechsel** m **1** allg.: change **2** (≈ Stabwechsel) baton ['bætn] change **3** (≈ Spielerwechsel) substitution
Wechselautomat m change dispenser, US change machine
★**Wechselgeld** n change
wechselhaft changeable ['tʃeɪndʒəbl]
Wechselkurs m exchange rate, rate of exchange
★**wechseln** **1** allg.: change **2** **das Zimmer** (bzw. **die Schule** usw.) **wechseln** change rooms (bzw. schools usw.) (⚠ mit pl und ohne the) **3** **die Wohnung wechseln** move house (⚠ ohne the) **4** **das Thema wechseln** change the subject **5** **das Hemd** usw. **wechseln** put* on a clean shirt usw. **6** **Geld wechseln** in andere Währung: change some money, in Kleingeld: get* some change; **kannst du wechseln?** can you change this? **7** **Euro in Pfund wechseln** change euros into pounds **8** **sie hat den Freund gewechselt** she's got a new boyfriend
Wechselstrom m alternating current ['ɔːltə-neɪtɪŋ,kʌrənt] (abk AC)
Wechselstube f bureau de change [,bjʊər-əʊ_də'ʃɒndʒ], currency exchange office, kleiner: exchange booth
Weckdienst m in Hotel: alarm call service, bes. US wake-up service
★**wecken** wake* (up)
Wecken m bes. Ⓐ **1** (≈ längliches Brot) loaf pl: loaves [ləʊvz] **2** (≈ kleines längliches Gebäck) etwa: Viennese roll [,viːəniːz'rəʊl]
★**Wecker** m **1** alarm clock **2** **er geht mir auf den Wecker** umg he gets on my wick, US he's a pain in the ass
Weckruf m alarm call, wake-up call
wedeln **1** **der Hund wedelte mit dem Schwanz** the dog wagged its tail **2** Skisport: wedel ['wedl, 'veɪdl], do* parallel turns
★**weder** **1** **weder ... noch ...** neither ... nor ...; **er kann weder Englisch noch Französisch** he speaks neither English nor French, he doesn't speak either English or French **2** **weder noch** als Antwort auf Frage: neither(, I'm afraid)
★**Weg** m **1** allg.: way (auch Richtung und übertragen); **es ist ein langer Weg** it's a long way; **auf dem Weg sein** be* on the way; **ich muss mich auf den Weg machen** I must be on my way; **jemanden nach dem Weg fragen** ask someone the way; **im Weg sein** be* in the way; **geh mir aus dem Weg!** get out of my way! **2** (≈ Pfad) path [pɑːθ] **3** befahrbarer: road **4** Wendungen: **jemandem über den**

Weg laufen bump into someone; **er geht mir aus dem Weg** he's trying to avoid me; **ich trau ihm nicht über den Weg** I don't trust him an inch

★**weg** 1 (≈ *nicht mehr da*) gone [gɒn]; **meine Schuhe sind weg** my shoes have gone; **er ist schon weg** he's already gone (*oder* left) 2 **nichts wie weg!** let's get out of here! 3 **Hände** (*oder* **Finger) weg!** hands off! 4 **weit weg** a long way away 5 **sie war ganz weg** (≈ *begeistert*) she was tickled pink 6 **er ist weg** *umg* (≈ *weggetreten*) he's away with the fairies, *nach Alkohol usw.*: he's out for the count 7 **ich bin darüber weg** I've got (*oder* I'm) over it

wegbleiben stay away

wegbringen take* away

wegdürfen: **ich darf nicht weg** I'm not allowed out

★**wegen** 1 because of 2 **von wegen!** *umg* you must be joking!

wegfahren 1 (*Auto*) drive* off 2 (*Person*) leave* 3 *in Urlaub usw.*: go* away

weggeben give* away

★**weggehen** 1 *allg.*: go* away 2 **der Fleck geht nicht weg** the stain won't come out

weggetreten *umg* away with the fairies, *US* he's off in la-la land

weggucken look away

weghaben 1 **er hat einen weg** *umg* (≈ *ist betrunken*) he's had one too many 2 **er hat einen (Knacks) weg** *umg* he's a bit screwy

weghören 1 try not to listen 2 **könnt ihr mal weghören?** could you shut your ears for a minute?

wegjagen chase away

wegklicken click to close

wegkommen 1 get* away 2 **gut** (*bzw.* **schlecht) wegkommen** *übertragen* come* off well (*bzw.* badly) 3 **mach, dass du wegkommst!** *umg* get out of here!

wegkriegen 1 get* rid of (*Fleck usw.*) 2 **eine Grippe** *usw.* **wegkriegen** (≈ *bekommen*) get* the flu *usw*.

weglassen leave* out

weglaufen run* away

weglegen put* *something* aside

wegmachen 1 (≈ *entfernen*) remove [rɪˈmuːv] 2 get* rid of (*auch Baby*) 3 **sich wegmachen** *umg* clear off

wegmüssen: **ich muss weg** I've got to go

★**wegnehmen** take* away

wegräumen clear away

wegrennen run* away

wegschicken send* away

wegschließen lock *something* away

wegschmeißen throw* away

wegschnappen 1 **jemandem etwas wegschnappen** snatch something away from someone 2 **sie hat mir den Freund weggeschnappt** she pinched my boyfriend

wegschütten pour away [ˌpɔːr‿əˈweɪ]

wegsehen look away

wegstecken 1 put* away 2 **sie kann einiges wegstecken** *umg* she can take a lot

wegtun put* away

Wegweiser *m* signpost [ˈsaɪnpəʊst], (road) sign

wegwerfen throw* away

Wegwerfflasche *f* non-returnable bottle

Wegwerfgesellschaft *f* throwaway society

wegziehen 1 (≈ *umziehen*) move [muːv], leave* 2 **etwas wegziehen** pull something away

weh: **weh tun** → **wehtun**

wehe: **wehe dir, wenn du es ihm sagst!** if you tell him you'll be sorry!

★**wehen** 1 (*Wind*) blow*; **es weht ein kalter Wind** there's a cold wind blowing 2 (*Fahne*) flutter

Wehen *pl vor Geburt*: labour pains

wehleidig 1 self-pitying 2 **sei nicht so wehleidig!** stop feeling so sorry for yourself

wehmütig 1 melancholy [ˈmelənkəlɪ], (≈ *sehnsüchtig*) wistful 2 **wehmütig an etwas zurückdenken** have* wistful memories of something, remember something with nostalgia [nɒˈstældʒə]

Wehr *n im Fluss usw.*: weir [wɪə], dam

Wehrdienst *m* military [ˈmɪlɪtrɪ] service

Wehrdienstverweigerer *m* conscientious objector [⚠ kɒnʃɪˌenʃəs‿əbˈdʒektə]

★**wehren** 1 **sich wehren** defend oneself (**gegen** against) 2 **sich mit Händen und Füßen wehren** put* up a real struggle

wehrlos defenceless

Wehrpflicht *f*: **die Wehrpflicht** compulsory [kəmˈpʌlsrɪ] military service

wehrpflichtig liable for military service

★**wehtun** 1 **es tut weh** it hurts; **mir tut der Fuß weh** my foot hurts 2 **ich hab mir wehgetan** I've hurt myself 3 **du tust mir weh!** you're hurting me!

Wehwehchen *n*: **sie rennt wegen jedem Wehwehchen zum Arzt** she runs to the doctor for every little thing

Weib *n* woman [ˈwʊmən] *pl*: women [ˈwɪmɪn]

Weibchen *n Tier*: female [ˈfiːmeɪl]; **es ist ein Weibchen** it's a she

Weiberheld *m* lady-killer

weibisch effeminate [ɪˈfemɪnət]

★**weiblich** **1** *allg.*: female [ˈfiːmeɪl] **2** *Grammatik*: feminine [ˈfemənɪn]

★**weich** **1** *allg.*: soft **2** *Ei*: soft-boiled **3** **weich werden** (≈ *nachgeben*) give* in **4** **mir wurden die Knie ganz weich** I went all weak in the knees

Weiche *f* **1** *einer Gleisanlage*: points *pl*, US switch **2** **die Weichen stellen** *übertragen* set* the course [kɔːs] (**für** for)

Weichkäse *m* **1** *allg.*: soft cheese **2** (≈ *Streichkäse*) cheese spread [ˈtʃiːzˌspred]

weichlich *Person*: soft, weak

Weichling *m abwertend* weakling, *umg* softie, sissy

weichwerden → **weich** 3, 4

Weide[1] *f Grasfläche*: meadow [ˈmedəʊ]

Weide[2] *f Baum*: willow

★**weigern**: **sich weigern** refuse [rɪˈfjuːz]

Weiher *m* pond

★**Weihnachten** *n* Christmas [⚠ ˈkrɪsməs]; **frohe Weihnachten!** merry Christmas!; **an** (*oder* **zu**) **Weihnachten** at (*oder* over) Christmas; **was möchtest du zu Weihnachten?** what would you like for Christmas?

weihnachtlich *Atmosphäre usw.*: Christmassy [⚠ ˈkrɪsməsɪ]

Weihnachtsbaum *m* Christmas tree [ˈkrɪsməsˌtriː]

Weihnachtsfeier *f* Christmas party

Weihnachtsfeiertag *m* Christmas Day

Weihnachtsferien *pl* Christmas holidays (⚠ *pl*), US Christmas vacation [veɪˈkeɪʃn]

Weihnachtsgeschenk *n* Christmas present [ˈkrɪsməsˌpreznt]

Weihnachtskarte *f* Christmas card [ˈkrɪsməsˌkɑːd]

Weihnachtslied *n* Christmas carol [ˈkrɪsməsˌkærəl]

Weihnachtsmann *m*: **der Weihnachtsmann** Father Christmas [⚠ ˈkrɪsməs], Santa Claus [ˈsæntəˌklɔːz]

Weihnachtsmarkt *m* Christmas fair [ˌkrɪsməsˈfeə]

Weihnachtstag *m* **1** **der erste Weihnachtstag** Christmas Day [ˌkrɪsməsˈdeɪ] **2** **der zweite Weihnachtstag** Boxing Day [ˈbɒksɪŋˌdeɪ], US the day after Christmas

Weihrauch *m* incense [ˈɪnsens]; *in der Bibel*: frankincense [ˈfræŋkɪnˌsens]

Weihwasser *n* holy water

★**weil** because [bɪˈkɒz] (⚠ **while** = **während**)

Weilchen *n*: **es dauert noch ein Weilchen** it'll take a little while (yet)

★**Weile** *f* **1** while; **eine Weile** for a while; **vor einer Weile** a while ago **2** **es kann noch eine Weile dauern** it could take some time

★**Wein** *m* wine; **ein Glas Wein** a glass of wine

Weinberg *m* vineyard [⚠ ˈvɪnjəd]

★**weinen** **1** cry **2** **er hat sie zum Weinen gebracht** he made her cry

weinerlich *Kind, Stimme usw.*: whining

Weinglas *n* wine glass

Weingummi *n/m* wine gum

Weinhauer(in) *m(f)* Ⓐ (≈ *Winzer*) wine grower, vintner [ˈvɪntnə]

Weinkeller *m* wine cellar [ˈwaɪnˌselə]

Weinschorle *f* spritzer, wine with soda water

Weintrauben *pl* grapes

★**weise** wise

Weise *f* **1** **auf diese Weise** this way **2** **in gewisser Weise** in a way **3** **in keinster Weise!** *umg* no way!

Weise(r) *m* wise man

Weisheit *f* **1** wisdom [ˈwɪzdəm]; **ich bin mit meiner Weisheit am Ende** I'm at my wits' end **2** (≈ *Spruch*) saying

Weisheitszahn *m* wisdom [ˈwɪzdəm] tooth

weismachen: **willst du mir weismachen, dass …?** are you trying to tell me (that) …?

★**weiß** **1** *allg.*: white **2** **er wurde ganz weiß** he turned white as a sheet **3** **das Weiße vom Ei** the white of an egg **4** **das Weiße im Auge** the whites of one's eyes

Weißbier *n* weissbier, wheat beer

weißblond *Haar*: ash-blond(e)

Weißbrot *n* **1** white bread [bred] **2** **ein Weißbrot** a white loaf

Weiße(r) *m/f(m)* white, white man (*bzw.* boy), *Frau*: white, white woman (*oder* lady *bzw.* girl); **die Weißen** the whites

weißen **1** *allg.*: paint white **2** (≈ *tünchen*) whitewash (*Wände*)

weißhaarig white-haired

Weißrussland *n* Belarus [ˌbeləˈruːs]

Weißtee *m* white tea

Weißwein *m* white wine

Weißwurst *f* veal sausage [ˈsɒsɪdʒ]

★**weit** **1** far; **weit weg** far away **2** **ich sah ihn von Weitem kommen** I could see him coming in the distance **3** **fünf Meter weit springen** jump five metres a long way **4** **ein weiter Weg** a long way **5** *Kleid usw.*: wide, loose [luːs] **6** **weit offen** wide open **7** **so weit, so gut** so far so good **8** **das geht zu weit** that's going too far

9 **die große weite Welt** the big wide world **10** **es war weit und breit keiner zu sehen** there was nobody in sight **11** **er ist bei Weitem der Beste** he's by far the best **12** **wie weit bist du?** how far have you got? **13** **ich bin so weit** I'm ready **14** **weit gefehlt!** far from it **15** **weit gereist** widely-travelled **16** **weit verbreitet** widespread ['waɪdspred]

weitaus: **weitaus besser** *usw.* far (*oder* much) better *usw.*; **die weitaus schlimmsten** *usw.* the worst *usw.* by far

Weite *f* **1** *allg.*: width [wɪdθ] **2** (≈ *Durchmesser*) diameter [daɪ'æmɪtə]

★**weiter** **1** **weiter!** (≈ *weitermachen!*) go on!, (≈ *weitergehen!*) keep moving! **2** **es ging immer weiter** it just went on and on **3** **und so weiter** and so on **4** **weiter nichts?** is that all?; **wenn's weiter nichts ist** if that's all **5** **ein weiteres Problem** *usw.* another problem *usw.*; → **Weitere(s)**

weiterarbeiten carry on (working)

★**Weiterbildung** *f* continuing education; *beruflich*: continuing development, further training

weiterbringen: **das bringt uns nicht weiter** that doesn't help us at all

Weitere(s) *n* **1** *allg.*: **das** (*oder* **alles**) **Weitere** the rest, further information *usw.*; **alles Weitere später** I'll tell you the rest later **2** **bis auf Weiteres** for the time being, *offiziell*: until further notice **3** **ohne Weiteres** without further ado [ə'duː], *umg* just like that; **das kann ich ohne Weiteres machen** I can do that 'no problem

weitererzählen: **nicht weitererzählen!** don't tell anyone!

weiterfahren go* on, drive* on (**nach** to; **bis** as far as)

weitergeben pass on

★**weitergehen** **1** go* on, walk on **2** **weitergehen!** keep moving! **3** **wie soll es weitergehen?** where do we go from here?

weiterhelfen: **jemandem weiterhelfen** help someone (along)

weiterkämpfen continue fighting, fight* on (*beide auch übertragen*)

weiterkommen get* ahead; **ich komm nicht weiter** I'm not getting anywhere

weiterleiten **1** *allg.*: pass *something* on (**an** to) **2** forward (*Brief usw.*) (**an** to) **3** refer (*Antrag usw.*)

weiterlesen carry on reading; **lies weiter!** go on!

weitermachen **1** carry on (**mit** with) **2** **mach nur so weiter!** see where it gets you

weiters Ⓐ (≈ *ferner, weiterhin*) furthermore

weitersagen **1** pass on **2** **nicht weitersagen!** don't tell anyone!

weiterschlafen sleep* on (**bis** till)

weitersehen: **dann sehen wir weiter** and we'll take it from there

weiterverarbeiten process ['prəʊses]

weiterwissen: **ich weiß nicht mehr weiter** I don't know what to do (now)

weiterwollen: **sie wollte nicht weiter** she didn't want to go on

weitgereist → **weit 15**

weitsichtig **1** *Augendefekt*: longsighted, *bes. US* farsighted **2** *übertragen* (≈ *vorausschauend*) farsighted

Weitspringer(in) *m(f)* long jumper

Weitsprung *m* long jump

weitverbreitet → **weit 16**

Weitwinkel *m* **Weitwinkelobjektiv** *n* wide-angle lens ['waɪd͵æŋgl͵lenz]

Weizen *m* wheat [wiːt]

Weizenbier *n* wheat beer, weissbier

welch **1** (≈ *was für*) what; **welche Farbe?** what colour?; **welch ein Anblick** *usw.***!** what a sight *usw.***!** **2** *auswählend*: which; **welchen Mann meinst du?** which man do you mean?; **welchen hättest du gern?** which <u>one</u> would you like? **3** **ich hab welches** I've got <u>some</u>; **hast du welches?** have you got <u>any</u>? (▲ *in Fragen* any)

welken (*Blume*) wilt

Wellblech *n* corrugated iron [͵kɒrəgeɪtɪd'aɪən]

Welle *f* **1** *allg.*: wave **2** *im Stadion*: Mexican wave **3** **wir haben grüne** (*bzw.* **rote**) **Welle** we've caught the green (*bzw.* red) phase

wellen: **mein Haar wellt sich** my hair's gone wavy

Wellenbad *n* wave pool

Wellenlänge *f* wavelength; **wir haben die gleiche Wellenlänge** we're on the same wavelength

Wellenlinie *f* wavy line

Wellensittich *m* budgerigar ['bʌdʒərɪgɑː], *umg* budgie ['bʌdʒɪ], *US* parakeet

wellig wavy

Wellnesszentrum *n* wellness centre (*US* center)

Welpe *m* puppy

★**Welt** *f* **1** *allg.*: world; **auf der Welt** <u>in</u> the world; **die schönste Frau der Welt** the most beautiful woman <u>in</u> the world **2** **auf die Welt kommen** be* born **3** **er ist in der Welt**

herumgekommen he's been around [4] **er wohnt am Ende der Welt** he lives at the back of beyond [5] **nicht um alles in der Welt!** not on your life! [6] **es kostet doch nicht die Welt** it won't break the bank

★**Weltall** n universe ['juːnɪvɜːs]; **das Weltall** auch: space (⚠ ohne the)

Weltanschauung f philosophy (of life), outlook on life, world view

Weltausstellung f world exhibition

weltbekannt, weltberühmt world-famous

weltbewegend: es war nichts Weltbewegendes it was nothing to write home about

weltfremd Ansichten usw.: out-of-touch ..., out of touch (⚠ Letzteres nur <u>hinter</u> dem Verb), unworldly, naive [naɪˈiːv]; Gelehrter usw.: auch ivory-tower ...

Weltfriede(n) m world peace

Weltkarte f map of the world

Weltklasse f: **sie gehören zur Weltklasse** they're world class players usw.

★**Weltkrieg** m [1] world war [2] **der Zweite Weltkrieg** World War II (gesprochen World War Two), the Second World War

weltlich [1] Freuden usw.: (≈ irdisch, sinnlich) worldly [2] (↔ geistlich) secular ['sekjʊlə]

Weltmacht f superpower, world power

Weltmeister(in) m(f) world champion; **sie ist Weltmeisterin im Fechten** she's the world fencing champion

Weltmeisterschaft f [1] allg.: world championship, world championships pl [2] Fußball: World Cup

Weltraum m: **der Weltraum** (outer) space (⚠ ohne the)

Weltraummüll m space debris ['speɪsˌdebriː, US 'speɪs‿dəˌbriː], space junk

Weltreich n (world) empire ['empaɪə]

Weltreise f round-the-world trip; **eine Weltreise machen** go* on a round-the-world trip

Weltrekord m world record ['rekɔːd]

Weltrekordler(in) m(f) world record holder

Weltsprache f world language

Weltuntergang m end of the world

weltweit worldwide, global ['gləʊbl]

Weltwunder n: **die sieben Weltwunder** the Seven Wonders ['wʌndəz] of the World

Weltzeit f Greenwich (⚠ 'grenɪtʃ] Mean Time

★**wem** → wer[1]

★**wen** → wer[1], wer[3]

Wende f [1] (≈ Wendepunkt) turning point [2] **die Wende** the fall of Communism in Eastern Europe, im engeren Sinn: the opening of the Berlin Wall [ˌbɜːlɪnˈwɔːl]

Wendekreis m [1] Auto: turning circle [2] Breitengrad: tropic

Wendeltreppe f spiral ['spaɪrəl] staircase

★**wenden**[1] [1] allg.: turn [2] turn over (Seite, Laken usw.); **bitte wenden!** PTO (abk für please turn over) [3] mit Auto usw.: turn round, um 180° : make a U-turn ['juːtɜːn]

★**wenden**[2]: **an wen soll ich mich wenden?** who should I ask (oder get in touch with)?

wendig [1] Person: agile ['ædʒaɪl] [2] Auto usw.: manoeuvrable [məˈnuːvrəbl], US maneuverable [məˈnuːvərəbl], agile

Wendung f (≈ Redewendung) expression

★**wenig** [1] little (⚠ **weniger** less, **wenigst-** least), not much; **wir haben wenig Zeit** (bzw. Chancen usw.) we haven't got much time (bzw. chance sg usw.) [2] **zu wenig** not enough [ɪˈnʌf] [3] **wenige** few, not many; **nur wenige sind gekommen** not many (people) came, only a few (people) came [4] **ein wenig** a little [5] **nur ein wenig Zucker** just a little sugar [6] **mit weniger auskommen** get* by on less [7] **du wirst immer weniger** humorvoll you're fading away

★**wenigstens** at least; **du hättest wenigstens was sagen können** you could at least have said something; **glaube ich wenigstens** at least I think so

★**wenn** [1] (≈ falls) if; **wenn er fragt, sag nichts** if he asks don't say anything; **wenn du meinst** if you say so [2] zeitlich: when; **wenn du zurück bist, ruf mich an** when you're back give me a call [3] **immer wenn** whenever, every time

Wenn n: **ohne Wenn und Aber!** no ifs and buts!, US no ifs, ands, or buts

wennschon: und wennschon! so what; **wennschon, dennschon** umg in for a penny, in for a pound

★**wer**[1] in Fragen [1] who; **wer war das?** who was that? [2] (≈ welcher?) which (one); **wer von euch?** which of you? [3] **wen meinst du?** who do you mean? [4] **an wen hast du es geschickt?** who did you send it to? [5] **wem hast du's gegeben?** who did you give it to?; **wem hat er's gesagt?** who did he tell? [6] **von wem hast du das?** who gave you that? [7] **von wem redest du?** who are you talking about?

★**wer**[2] relativ [1] **ich weiß nicht, wer das ist** I don't know who it is [2] **wer so was glaubt, ist dumm** anyone who believes that is stupid

★**wer**[3] umg [1] (≈ jemand) somebody ['sʌmbədɪ], someone; **da ist wer für dich** there's somebody to see you **2** *in Fragen*: anybody ['enɪˌbɒdɪ], anyone *usw*; **hast du wen gesehen?** did you see anybody? **3 sie ist wer** she's not just anybody

Werbeagentur *f* advertising agency ['ædvətaɪzɪŋ,eɪdʒənsɪ]

Werbebanner *n* banner, *im Internet*: banner ad

Werbefernsehen *n* TV commercials (△ *pl*)

Werbegeschenk *n* promotional gift

Werbegrafiker(in) *m(f)* commercial artist

werben **1** advertise ['ædvətaɪz] **2 sie werben für Käse** they're advertising cheese

Werbespot *m Radio, TV*: commercial [kə'mɜːʃl]

★Werbung *f* **1** advertising ['ædvətaɪzɪŋ] **2** *im Fernsehen usw.*: commercials (△ *pl*) **3** *im Internet*: banner ad, banner ads *pl* **4** (≈ *Werbeaktionen*) promotion **5** *Politik*: pre-election publicity *von Kunden, Stimmen*: winning, *von Mitgliedern*: recruitment [rɪ'kruːtmənt] **7 das ist eine gute Werbung für ... übertragen** that's good publicity for ... (△ *ohne a*)

★werden[1] **1** *allg.*: get*, become*; *alt (bzw. müde, reich usw.)* werden get* old (*bzw.* tired, rich *usw.*); **es wird immer schlimmer** *usw.* it's getting worse and worse *usw.* **2** (≈ *sich wandeln*) **blind (*bzw.* grau, verrückt** *usw.*) **werden** go* blind (*bzw.* grey, mad *usw.*) **3 sie wurde Erste** she came (in) first **4 mir wird kalt** I feel cold; **mir wird schlecht** I feel sick, I'm going to be sick **5 was willst du werden?** what do you want to be? (△ *nicht* become); **er wird Lehrer** he's going to be a teacher **6 ich werde 15** I'll be 15 in May *bzw.* August *usw.* (△ *meistens wird das aktuelle Alter angegeben, also* I'm 14 *usw.*) **7 das wird doch nichts!** that's not going to work

★werden[2] **1** *allgemeine Vorhersage*: 'll (*abk für* will); **es wird schon klappen** it'll work out; **er wird uns fahren** he'll drive us **2** *in der Verneinung*: **er wird nicht da sein** he won't be there **3** *bei spontaner Entscheidung*: 'll (*abk für* will); **ich werde kommen** I'll come; **wir werden warten** we'll wait **4** *in der Verneinung*: **ich werde nichts essen** I won't eat anything **5** *bei feststehendem Entschluss*: going to; **wir werden siegen!** we're going to win!; **er wird uns abholen** he's going to pick us up

★werden[3] *Passiv* **1 wir werden dafür bezahlt** we're paid for it; **er wird geprüft** *jetzt gerade*: he's being tested **2 es wird jeden Tag geduscht** we (*bzw.* they) have a shower every day

★werfen **1** throw* (**nach** at) **2 sie haben mit Steinen nach uns geworfen** they threw stones at us **3 sie werfen mit Geld um sich** they throw their money about

Werft *f* **1** *für Schiffe*: shipyard **2** *für Flugzeuge*: hangar [△ 'hæŋə]

★Werk *n* **1** (≈ *Arbeit, Buch usw.*) work, (≈ *Gesamtwerk*) works (△ *pl*); **das ist sein Werk** this is his doing **2** (≈ *Betrieb*) works (△ *sg oder pl*) (△ *mit Verb im Singular oder Plural*), factory; **ab Werk** *Handel*: Br ex works, ex factory **3** (≈ *Triebwerk*) mechanism

Werkbank *f* workbench

Werksgelände *n* factory premises (△ *pl*)

★Werkstatt *f* **1** *allg.*: workshop, *für Reparaturen auch*: repair shop **2** (≈ *Autowerkstatt*) garage ['gærɑːʒ, *US* gə'rɑːʒ]

Werkstoff *m* material

Werkstofftechnik *f* materials engineering

★Werktag *m* working day, *bes. US* workday

★werktags on weekdays, during the week

★Werkzeug *n* **1** tool **2 mein Werkzeug** *insgesamt*: my tools (△ *pl*)

Werkzeuggürtel *m* tool belt

Werkzeugkasten *m*, Werkzeugkiste *f* toolbox

Wermut *m* **1** *Wein*: vermouth ['vɜːməθ, *US* vɜː'muːθ] **2** *Pflanze*: wormwood ['wɜːmwʊd]

★Wert *m* **1** value ['væljuː] **2** *von Test, Analyse*: result **3 Schuhe im Wert von 1000 Euro** 1000 euros worth of shoes **4 Wert auf etwas legen** *bes. Br* set* great store by something **5 das hat keinen Wert** (≈ *Sinn*) that's pointless

★wert **1 es ist etwa 50 Euro wert** it's worth about 50 euros; **es ist nicht viel wert** it isn't worth much; **es ist viel wert** it's worth a lot, it's very valuable [△ 'væljʊbl] **2 das ist nichts wert** it's worthless

...wert *in Zusammensetzungen nur im positiven Sinn*: worth ...; **besuchenswert** worth visiting; **lesenswert** worth reading

wertlos **1** worthless ['wɜːθləs] **2** (≈ *nutzlos*) useless [△ 'juːsləs]

Wertminderung *f* reduction in value

Wertpaket *n* insured package

Wertsachen *pl* valuables [△ 'væljʊblz]

Wertschätzung *f* esteem, high regard

Wertsteigerung *f* increase in value

Wertstoff *m* recyclable [ˌriː'saɪkləbl] material

Wertstoffhof *m* *für Sondermüll*: recycling [ˌriː'saɪklɪŋ] centre (*US* center)

Wertung *f* **1** (≈ *Bewertung*) assessment [ə'sesmənt], evaluation [ɪˌvæljʊ'eɪʃn] **2** (≈ *Beurteilung*) judg(e)ment ['dʒʌdʒmənt] **3** (≈ *Güteklassifizierung*) rating **4** *Sport*: (≈ *Punktezahl*) score,

points pl, (≈ Wettbewerb) competition [ˌkɒmpəˈtɪʃn]
★**wertvoll** valuable [⚠ ˈvæljʊbl]
Wertzuwachs m **1** allg.: increase in value [ˌɪŋkriːs_ɪnˈvæljuː] **2** von Kapital: appreciation [əˌpriːʃɪˈeɪʃn]
Werwolf m werewolf [⚠ ˈweəwʊlf]
Wesen n **1** (≈ Art) nature [ˈneɪtʃə]; **sie hat ein freundliches Wesen** she has a friendly nature **2** (≈ Lebewesen) being, creature [ˈkriːtʃə]; **er ist ein armes Wesen** he's a poor soul
★**wesentlich 1 das ist ein wesentlicher Unterschied** that's a big difference **2 nichts Wesentliches** nothing important
★**weshalb 1** (≈ warum) why **2** ..., **weshalb er dann auch zustimmte** which is why he finally agreed
Wespe f wasp [ˈwɒsp]
Wespenstich m wasp [ˈwɒsp] sting
Wespentaille f wasp [ˈwɒsp] waist
★**wessen** Person: whose [huːz]; **wessen Geld ist das?** whose money is this?
Wessi m salopp Westerner, West German, Wessi
★**West** m **1** west; **aus West** from the west; **München West** West Munich **2 nach West** west, westwards [ˈwestwədz]
westdeutsch, **Westdeutsche(r)** m/f(m) **1** geografisch: Western German **2** politisch: West German
Westdeutschland n **1** als Landesteil: Western Germany **2** politisch: West Germany
Weste f waistcoat [⚠ ˈweɪskəʊt], US vest (⚠ Br vest, US undershirt = **Unterhemd**), für draußen: gilet [dʒɪˈleɪ]
★**Westen** m **1** Himmelsrichtung: west; **von Westen** from the west **2** Landesteil: West **3 nach Westen** west, westwards [ˈwestwədz], Verkehr usw.: westbound **4 der Wilde Westen** the Wild West
Westentasche f: **er kennt es wie seine Westentasche** übertragen he knows it like the back of his hand
Westeuropa n West (oder Western) Europe [ˈjʊərəp]
Westeuropäer(in) m(f) West(ern) European
westeuropäisch West(ern) European
Westfalen n Westphalia [westˈfeɪlɪə]
★**westlich 1** allg.: western (⚠ nur vor dem Subst.) **2** Wind, Richtung: westerly **3 in westlicher Richtung** west, westwards [ˈwestwədz], Verkehr usw.: westbound **4 westlich von** (to the) west of **5 weiter westlich** further (to the) west

westlichste(r, -s): der westlichste Punkt von Irland Ireland's westernmost point
westwärts west, westwards [ˈwestwədz]
Westwind m west(erly) wind
Wettbewerb m **1** competition [ˌkɒmpəˈtɪʃn]; **unlauterer** (oder **unfairer**) **Wettbewerb** unfair competition **2** (≈ Wettkampf, Schönheitswettbewerb) contest
Wettbewerber(in) m(f) competitor
wettbewerbsfähig competitive [kəmˈpetətɪv]
Wette f bet; **eine Wette abschließen** make* a bet **2 die Wette gilt!** you're on! **3 wir sind um die Wette gerannt** we raced each other, we had a race
★**wetten** bet* (**auf** on); **ich hab mit ihm gewettet, dass ...** I bet him that ...; **was wettest du?** how much do you (want to) bet?; **ich wette (mit dir um) 50 Euro** I'll bet you 50 euros; **ich wette, es regnet** I bet it's going to rain; **wetten, dass?** wanna [ˈwɒnə] bet?
★**Wetter** n weather [ˈweðə]; **bei diesem Wetter** in this sort of weather; **bei gutem Wetter gehen wir** we'll go if the weather's good
Wetteraussichten pl weather outlook (⚠ sg)
★**Wetterbericht** m weather report
Wetterfrosch m umg; Person: weatherman
Wetterkarte f weather map
Wettervorhersage f weather forecast
★**Wettkampf** m contest [ˈkɒntest] (**gegen** against; **um** for)
Wettlauf m **1** race **2 ein Wettlauf mit der Zeit** a race against the clock
wettmachen make* up for (**durch** with, by)
Wettrennen n race
Wettstreit m **1** contest [ˈkɒntest] (**um** for) **2** (≈ Wettbewerb) competition
wetzen 1 sharpen (Messer usw.) **2** (≈ schleifen) grind* [graɪnd] **3** (Vogel) scratch, rub (Schnabel)
WG f abk (abk für **Wohngemeinschaft**) shared flat bzw. house; **in einer WG wohnen** share a flat bzw. house
Whisky m schottischer: whisky [ˈwɪski], irischer: amerikanischer: whiskey [ˈwɪski]
Whistleblower(in) m(f) whistleblower
Whiteboard n (≈ Weißwandtafel) whiteboard; **interaktives Whiteboard** interactive whiteboard, smartboard
wichsen 1 vulgär (≈ onanieren) (have* a) wank [wæŋk], bes. US jerk off **2** (≈ polieren) polish [ˈpɒlɪʃ]
Wichser m vulgär, auch Schimpfwort: wanker
★**wichtig 1** important [ɪmˈpɔːtnt]; **es ist mir**

sehr wichtig it's very important to me **2 sich** (*bzw.* **etwas**) **sehr wichtig nehmen** take* oneself (*bzw.* something) very seriously **3 hast du nichts Wichtigeres zu tun(, als es allen zu sagen)?** haven't you got anything better to do (than tell everybody)?; → **wichtigmachen**

Wichtigkeit *f* importance [ɪmˈpɔːtns]

wichtigmachen: **sie macht sich gern wichtig** she likes to think she's somebody special

Wichtigtuer(in) *m(f)* busybody [ˈbɪzɪbɒdɪ]

★**wickeln 1** wind* [waɪnd] (*Schnur usw.*) (**um** round) **2** wrap [⚠ ræp] (*Papier, Schal, Decke*); **einen Schal um den Hals wickeln** wrap a scarf round one's neck **3 sich in eine Decke wickeln** wrap oneself up in a blanket **4 ein Baby wickeln** change a baby's nappy (*bzw.* US diaper [ˈdaɪəpə])

Wickler *m* curler

Widder *m* **1** *Tier:* ram **2** *Sternzeichen:* Aries [ˈeəriːz]; **ich bin (ein) Widder** I'm (an) Aries

wider: **sie hat es wider Willen getan** she did it against her will

Widerhaken *m* **1** *allg.:* barbed hook **2** *an Pfeil usw.:* barb

widerlich revolting, sickening

Widerling *m umg* creep

widerrufen 1 *allg.:* (≈ *zurücknehmen*) withdraw* **2** cancel [ˈkænsl] (*Auftrag, Vertrag, Befehl*) **3** retract (*Äußerung*) **4** *gesetzlich:* annul [əˈnʌl]

widerspiegeln *auch übertragen* **1** reflect **2 sich widerspiegeln** be* reflected

★**widersprechen** contradict [ˌkɒntrəˈdɪkt]; **jemandem** (*bzw.* **sich**) **widersprechen** contradict someone (*bzw.* oneself)

★**Widerspruch** *m* **1** contradiction (**in sich** in terms) **2** (≈ *Protest*) protest, (≈ *Ablehnung*) opposition, *bei Gericht:* appeal; **kein Widerspruch!** don't argue!; **Widerspruch erheben** protest; **Widerspruch einlegen** *bei Gericht:* appeal

widersprüchlich 1 *allg.:* contradictory [ˌkɒntrəˈdɪktərɪ], inconsistent [ˌɪnkənˈsɪstənt] **2** *Gefühle usw.:* conflicting [kənˈflɪktɪŋ]

★**Widerstand** *m* resistance [rɪˈzɪstəns]

widerstehen 1 resist [rɪˈzɪst] **2 bei Kuchen kann ich nicht widerstehen** I can't resist when it comes to cakes

widerwillig (≈ *ungern*) reluctantly

widmen: **jemandem etwas widmen** dedicate [ˈdedɪkeɪt] something to someone

Widmung *f* dedication [ˌdedɪˈkeɪʃn]

★**wie¹** *in Fragen* **1** how; **wie geht's?** how are you? **2 wie ist er so?** *als Typ:* what's he like?; **wie ist die neue Schule?** what's the new school like? **3 wie nennt man …?** what do you call …? **4 wie das?** how come? **5 wie, du kommst nicht?** what, (you mean) you're not coming? **6 wie bitte?** sorry?, pardon?, US excuse me?, *überrascht:* say that again! **7 das war klasse, wie?** that was great, wasn't it?; **er ist nett, wie?** he's nice, isn't he?

GETRENNTSCHREIBUNG

★**wie viel 1** how much **2** (≈ *wie viele*) how many? **3 wie viel wiegst du?** how much do you weigh? **4 wie viel Uhr ist es?** what's the time? **5 wie viel größer usw.?** how much bigger *usw.*?

★**wie²** **1** *in Vergleichen:* as; **so … wie** as … as; **du bist so alt wie ich** you're as old as me (*oder* as I am) **2 in Ländern wie Belgien** *usw.* in countries like Belgium *usw.* **3 wie gesagt** as I was saying **4 Fremdsprachen, wie z. B. …** foreign languages, such as …

★**wie³** **1** (≈ *als*) when; **wie ich das hörte** when I heard that **2** (≈ *während*) as, when; **wie sie den Wagen parkte, lief er weg** as she was parking the car, he ran away **3 ich sah, wie er rauskam** I saw him coming out **4 wie er auch heißt** whatever he's called **5 wie du mir, so ich dir** two can play at that game

★**wieder 1** again [əˈgen]; **sie ist wieder da** she's back again **2 immer wieder** again and again **3 schon wieder!** not again! **4 was hast du wieder gemacht?** what have you been up to this time? → **wiederauftauchen, wiederentdecken** *usw.*

GETRENNTSCHREIBUNG

wieder beleben (*Wirtschaft*) revive [rɪˈvaɪv]; → **wiederbeleben**

wieder herstellen 1 re-establish (*Verbindung usw.*) **2** (≈ *erneut produzieren*) produce [prəˈdjuːs] again; → **wiederherstellen**

Wiederaufbau *m* **1** *allg.:* reconstruction **2** *wirtschaftlicher:* recovery [rɪˈkʌvərɪ]

Wiederaufbereitungsanlage *f* *für abgebrannte atomare Brennstäbe:* reprocessing plant [riːˈprəʊsesɪŋˌplɑːnt]

wiederbekommen get* *something* back

wiederbeleben (*Person*) revive [rɪˈvaɪv]; → **wieder beleben**

Wiederbelebungsversuch *m* attempt at resuscitation [⚠ rɪˌsʌsɪˈteɪʃn]

wiederbringen bring* back

Wiedereinstieg *m* return to work; **der Wiedereinstieg in den Beruf** return to work; **den Wiedereinstieg erleichtern** make* it easier to return (*oder* go* back) to work

wiedererkennen recognize [▲ 'rekəgnaɪz]; **es ist nicht wiederzuerkennen** you won't recognize it

wiederfinden: **etwas wiederfinden** find* something again

Wiedergabe *f* **1** *von Ton*: sound (quality) **2** *von Bild*: picture (quality)

wiedergeben give* back

wiedergewinnen win* back

wiedergutmachen **1** **etwas wiedergutmachen** make* up for something **2** **wie kann ich's dir wiedergutmachen?** how can I make it up to you?

wiederhaben: **ich hab's wieder** I've got it back

wiederherstellen **1** *allg.*: restore, *gesundheitlich auch*: cure **2** *Computer*: undelete [ˌʌndɪ-'liːt] (*Text, Datei usw.*); → **wieder herstellen**

★**wiederholen** **1** repeat (*auch Prüfung usw.*) **2** revise (*Lernstoff*) **3** **sich wiederholen** repeat oneself (*bzw.* itself)

wiederholt repeated

★**Wiederholung** *f* **1** *allg.*: repetition [ˌrepə-'tɪʃn] **2** *einer Sendung*: repeat **3** *von Lernstoff*: revision **4** *in Zeitlupe*: replay ['riːpleɪ]

Wiederholungsprüfung *f Schule*: resit

Wiederholungsspiel *n* replay ['riːpleɪ]

Wiederhören *n*: **auf Wiederhören** bye [baɪ]

Wiederkäuer *m Tier*: ruminant ['ruːmɪnənt]

wiederkommen come* back

★**wiedersehen** **1** **jemanden wiedersehen** see* someone again **2** **wann sehen wir uns wieder?** when can we meet up again?

★**Wiedersehen** *n*: **(auf) Wiedersehen!** goodbye!, bye!

Wiedervereinigung *f* reunification [riːˌjuːnɪfɪ-'keɪʃn]; **seit der Wiedervereinigung** since reunification (▲ *ohne* the)

Wiedervorlage *f* resubmission

Wiege *f* cradle ['kreɪdl]

★**wiegen¹** **1** *allg.*: weigh [▲ weɪ] **2** **was wiegst du?** how much do you weigh?

wiegen² rock (*Baby*)

wiehern (*Pferd*) neigh [▲ neɪ]

Wien *n* Vienna [vɪ'enə]

Wiener(in) *m(f)* Viennese [viːə'niːz]; **sie ist Wienerin** she's from Vienna

wienerisch Viennese [ˌviːə'niːz]

Wiener Würstchen *n* frankfurter ['fræŋkˌfɜːtə]

★**Wiese** *f* meadow ['medəʊ]

Wiesel *n* weasel

★**wieso** **1** *allg.*: why **2** *umg*; *bei Fragen*: how come?

wievielte(r, -s) **1** **zum wievielten Mal?** how many times? **2** **zu wievielt wart ihr?** how many of you were there? **3** **den Wievielten haben wir heute?** what's the date today?; **am Wievielten hast du Geburtstag?** which day is your birthday? **4** **der wievielte Wagen ist das?** how many cars is that (now)?

Wikinger(in) *m(f)* Viking ['vaɪkɪŋ]

wild **1** *allg.*: wild [waɪld] **2** **das macht sie wild** (≈ *wütend*) it drives her wild **3** **wild sein auf etwas** be* crazy about something **4** **wie wild schreien** *usw.* scream *usw.* like crazy **5** **es ist halb so wild** not to worry

★**Wild** *n* **1** game (*auch Fleisch*) **2** (≈ *Reh, Rehe*) deer **3** (≈ *Fleisch von Rotwild*) venison ['venɪsən]

Wilde(r) *m/f(m)* savage ['sævɪdʒ]

Wilderer *m* poacher ['pəʊtʃə]

wildfremd: **ein wildfremder Mensch** a complete stranger

Wildleder *n* suede [▲ sweɪd], suede leather

wildmachen → **wild 2**

Wildnis *f* wilderness [▲ 'wɪldənəs]

Wildpark *m* **1** game park **2** *mit Rotwild*: deer park

Wildschwein *n* wild boar [ˌwaɪld'bɔː]

Wille *m* **1** will; **ein eiserner Wille** an iron will **2** **er setzt immer seinen Willen durch** he always gets his own way **3** **es war kein böser Wille** it wasn't deliberate [dɪ'lɪbərət] **4** **beim besten Willen nicht** not with the best will in the world **5** **Letzter Wille** will

willen **1** **um seiner Mutter willen** for his mother's sake **2** **um Gottes willen!** *vorwurfsvoll*: for heaven's sake!, *betroffen*: goodness me!

willig willing

★**willkommen** **1** **willkommen!** welcome!; **willkommen in Österreich** welcome to Austria **2** **du bist immer willkommen** you're always welcome

wimmeln: **es wimmelte von Fliegen** (*bzw.* **Menschen** *usw.*) the place was swarming with flies (*bzw.* people *usw.*)

Wimmerl *n bes.* Ⓐ (≈ *Pickel*) pimple

Wimpel *m* pennant ['penənt]

Wimper *f* **1** eyelash **2** **ohne mit der Wimper zu zucken** without batting an eyelid

Wimperntusche *f* mascara [mæ'skɑːrə]

★**Wind** *m* **1** *allg.*: wind **2** **viel Wind um etwas**

machen make* a big fuss about something

Windel f nappy, US diaper ['daɪpə]

windelweich: **er schlug ihn windelweich** he made mincemeat out of him

winden ◼ **sich vor Schmerz winden** writhe [▲'raɪð] with pain (▲ sg) ◼ **sich vor Scham winden** squirm with embarrassment

Windenergie f wind power

windgeschützt wind-sheltered ['wɪnd,ʃeltəd], sheltered, _hinter_ dem Verb: sheltered from the wind

Windhund m greyhound

windig windy

Windjacke f windcheater ['wɪnd,tʃiːtə], US windbreaker

Windkraft f ◼ allg.: wind power ◼ **mit Windkraft betrieben** wind-powered

Windkraftanlage f wind power station

Windmühle f windmill

Windpocken pl chickenpox (▲ sg); **sie hat Windpocken** she's got chickenpox

Windrad n wind turbine ['tɜːbaɪn]

Windschatten m ◼ Sport usw.: slipstream ◼ Schifffahrt: lee ◼ Luftfahrt: sheltered zone ◼ **im Windschatten von etwas** in (oder under) the lee of something

Windschutzscheibe f windscreen, US windshield ['wɪndʃiːld]

windstill: **es ist windstill** there's no wind

Windsurfen n windsurfing

Windsurfer(in) m(f) windsurfer

Windung f ◼ eines Weges, Flusses usw.: bend; **die Windungen des Weges** auch the winding (▲ sg) of the path ◼ einer Spirale, Schnecke: whorl [wɜːl] ◼ einer Schraube: worm [wɜːm], thread [θred] ◼ des Darms usw.: convolution [,kɒnvə'luːʃn]

Winkel m ◼ angle; **ein Winkel von 60°** a 60° (gesprochen sixty-degree) angle; **im rechten Winkel zu** at right angles to ◼ Instrument: square ◼ (≈ Ecke) corner

Winkelmesser m protractor [prə'træktə]

★**winken** ◼ wave ◼ **sie winkte mit dem Schal** she waved her scarf ◼ **dem Kellner winken** attract the waiter's attention

winklig ◼ Wohnung: full of nooks [nʊks] and crannies ◼ Altstadt: full of winding ['waɪndɪŋ] streets ◼ Gasse: winding

winseln whine

★**Winter** m winter; **der Winter** winter (▲ ohne the); **im Winter** in (the) winter

Winterferien pl winter holidays, US winter vacation [veɪ'keɪʃn] (▲ sg)

Winterjacke f winter jacket

winterlich ◼ wintery ◼ **sich winterlich anziehen** put* on one's winter clothes [kləʊ(ð)z]

Winterreifen m winter tyre, US snow tire

Wintersachen pl Kleidung: winter things, winter clothes [kləʊ(ð)z]

Winterschlaf m hibernation [,haɪbə'neɪʃn] (▲ ohne the); **Winterschlaf halten** hibernate

Winterschlussverkauf m winter sales (▲ pl), January sales (▲ pl); **es ist Winterschlussverkauf** the January sales are on

Winterspiele pl: **die Olympischen Winterspiele** the Winter Olympics [ə'lɪmpɪks]

Wintersport m ◼ winter sport ◼ (≈ Wintersportarten) winter sports (▲ pl)

Winterzeit f ◼ Jahreszeit: wintertime; **zur Winterzeit** in (the) wintertime ◼ Uhrzeit: winter time (▲ zwei Wörter), US standard time; **wann fängt die Winterzeit an?** Br when does winter time begin?, US when does standard time begin?

Winzer(in) m(f) wine grower, vintner ['vɪntnə]

★**winzig** tiny ['taɪnɪ]

Winzling m tiny man (bzw. woman)

Wippe f seesaw ['siːsɔː]

wippen ◼ auf und ab: jig up and down ◼ (≈ schaukeln) rock

★**wir** ◼ we ◼ **wir beide** both of us; **wir drei** the three of us; **wir alle** all of us

Wirbel¹ m der Wirbelsäule: vertebra ['vɜːtɪbrə] pl: vertebrae ['vɜːtɪbreɪ]

Wirbel² m: **mach keinen solchen Wirbel um ...!** don't make such a fuss about ...

Wirbel³ m im Haar: crown

Wirbel⁴ m im Wasser: eddy, größerer: whirlpool

wirbeln (Schnee, Blätter usw.) whirl [wɜːl]

Wirbelsäule f spine

Wirbelsturm m whirlwind

Wirbeltier n vertebrate ['vɜːtɪbrət]

wirken ◼ beruhigend usw. wirken have* a calming usw. effect ◼ **wirkt es?** is it working? ◼ **es wirkt schnell** it takes effect quickly ◼ **das hat gewirkt!** that did the trick (oder job)! ◼ **sie wirkt schüchtern** (bzw. älter usw.) she seems shy (bzw. older usw.) ◼ **es wirkt Wunder** it works wonders

★**wirklich** ◼ **wirklich?** really? ['rɪəlɪ] ◼ **sie hat es wirklich gesagt** she really 'did say it ◼ **ich weiß es wirklich nicht** I really don't know; **es tut mir wirklich leid** I'm really sorry ◼ (≈ echt, wahr) real [rɪəl]; **der wirkliche Grund** the real reason

★**Wirklichkeit** f ◼ **die Wirklichkeit** reality (▲

ohne the) **2 in Wirklichkeit** in actual fact
★**wirksam 1** effective **2 es ist wirksam gegen ...** it's good for ...
★**Wirksamkeit** f effectiveness
★**Wirkung** f effect
wirkungslos: es war (total) wirkungslos it had no effect (at all)
wirr 1 confused **2 sie redete wirres Zeug** she was talking gibberish
Wirrwarr m confusion; **es war ein totaler Wirrwarr** it was complete chaos ['keɪɒs] (△ *ohne* a)
Wirsing m, **Wirsingkohl** m savoy [sə'vɔɪ] (cabbage [sə,vɔɪ'kæbɪdʒ])
★**Wirt** m (≈ *Gastwirt*) landlord
Wirtin f (≈ *Gastwirtin*) landlady
★**Wirtschaft** f **1** economy **2** (≈ *Wirtshaus*) pub
wirtschaften 1 *allg.*: manage (one's affairs) **2 sparsam wirtschaften** economize [ɪ'kɒnəmaɪz], be* economical (**mit** with) **3 gut wirtschaften** be* economical; **schlecht wirtschaften** mismanage [,mɪs'mænɪdʒ]
★**wirtschaftlich 1** economic **2** (≈ *sparsam*) economical [,iːkə'nɒmɪkl]
Wirtschaftsprüfer(in) m(f) accountant, *zum Überprüfen der Bücher*: auditor
Wirtschaftsprüfung f (financial) audit
Wirtshaus n pub
Wisch m *umg* bumf
★**wischen 1** wipe **2** (≈ *aufwischen*) mop up **3 wisch dir die Milch vom Mund** wipe that milk off your mouth **4 sie hat ihm eine gewischt** *umg* she landed him one **5** ⊕ (≈ *fegen, kehren*) sweep* (the floor)
Wischer m (≈ *Scheibenwischer*) wiper
Wischiwaschi n *umg* blah-blah
★**wissen 1** know* (**von** about) **2 ich weiß schon** I know, you don't have to tell me; **weißt du schon, ...?** did you know ...? **3 woher weißt du das? how** do you know that? **4 weißt du, ...** *als Satzeinleitung*: you know, ... **5 ich weiß genau, dass ...** I know for a fact that ... **6 sie weiß immer alles besser** she always knows best **7 was weiß ich!** how should I know? **8 das musst du selbst wissen** that's up to you **9 nicht, dass ich wüsste** not that I know of **10 soviel ich weiß** as far as I know **11 man kann nie wissen** you never know **12 weißt du noch?** can you remember? **13 ich will von ihm nichts mehr wissen** I don't want anything more to do with him
★**Wissen** n **1** knowledge (△ 'nɒlɪdʒ] (**über** of) **2 meines Wissens** as far as I know

★**Wissenschaft** f **1 die Wissenschaft** (≈ *Forschung*) research ['riːsɜːtʃ, rɪ'sɜːtʃ], *naturwissenschaftliche*: science (△ 'saɪəns] (△ *beide ohne* the); **die Wissenschaft hat bewiesen ...** research has proved ... **2** (≈ *einzelne Disziplin, z.B. Biologie*) science
★**Wissenschaftler(in)** m(f) **1** *allg.*: academic [,ækə'dɛmɪk] **2** (≈ *Naturwissenschaftler*) scientist (△ 'saɪəntɪst] **3** (≈ *Forscher*) researcher [rɪ'sɜːtʃə]
★**wissenschaftlich 1** (≈ *naturwissenschaftlich*) scientific [,saɪən'tɪfɪk] **2** (≈ *akademisch, geisteswissenschaftlich*) academic [,ækə'dɛmɪk]; **wissenschaftliche Laufbahn** academic career **3** (≈ *gelehrt-wissenschaftlich*) scholarly ['skɒləlɪ] **4** *Arbeitsweise*: methodical [mɪ'θɒdɪkl] **5 wissenschaftliche(r) Assistent(in)** *etwa*: assistant lecturer [ə,sɪstənt'lɛktʃərə] **6 das ist wissenschaftlich nicht haltbar** that isn't scientifically tenable ['tɛnəbl]
Wissensgebiet n field of knowledge (△ 'nɒlɪdʒ]
Wissenswerte(s) n useful ['juːsfl] facts (**über** about)
★**Witwe** f widow; **sie ist Witwe** she's a widow
★**Witwer** m widower ['wɪdəʊə]
★**Witz** m **1** joke **2 Witze machen** crack jokes **3 mach keine Witze!** you're kidding! **4 das soll wohl ein Witz sein** is that supposed to be some kind of joke? **5 das ist ja wohl ein Witz** it's ridiculous [rɪ'dɪkjʊləs] **6 der Witz an der Sache ist ...** the funny thing about it is ...
Witzbold m **1** joker **2** *abwertend* wise guy ['waɪz‿gaɪ] **3 der ist vielleicht ein Witzbold!** *ironisch* he's a joke
witzig 1 *allg.*: funny **2** (≈ *geistreich*) witty
witzlos: es ist (total) witzlos it's useless
WLAN n *abk Internet*: WiFi ['waɪfaɪ], wireless network
★**wo¹ 1** where; **wo bist du?** where are you? **2 ich weiß, wo er ist** I know where he is **3 zu einer Zeit, wo ich kommen kann** at a time when I can come **4 wo ich dich gerade spreche** while I'm talking to you **5 jetzt, wo er zu Hause ist** now that he's at home
wo²: ach wo! *umg* oh no, no no
woanders, woandershin somewhere else
★**wobei 1 wobei mir einfällt** which reminds me **2 wobei du schauen musst, dass ...** but you've got to watch that ...
★**Woche** f week; **während** (*oder* **unter**) **der Woche** during the week; **zweimal die Woche** twice a week
★**Wochenende** n weekend; **am Wochenende**

on (*Br auch* at) the weekend; **wir fahren übers Wochende weg** we're going away for the weekend

Wochenkarte *f* weekly (season) ticket

★**wochenlang** *warten usw.*: for weeks

★**Wochentag** *m* weekday; **an einem Wochentag** on a weekday

★**wöchentlich** ■ *Aufsatz usw.*: weekly ■ *schwimmen usw.*: every week, once a week

Wochenzeitung *f* weekly (paper *oder* newspaper)

Wodka *m* vodka ['vɒdkə]

★**wodurch** ■ how; **wodurch kam das?** how did it happen? ■ **wodurch er gewann** by which he won

wofür ■ **wofür ich ihm dankte** for which I thanked him ■ **wofür ich mich interessiere** what I'm interested in ■ **wofür macht er das?** what's he doing it for? ■ **wofür hältst du mich?** who do you think I am?

★**woher** ■ **woher hast du das?** where did you get it from? ■ **woher weiß sie das?** how does she know (that)?

★**wohin** ■ **wohin geht er?** where's he going? ■ **wohin damit?** where does this go?

★**wohl**[1] ■ **mir ist nicht wohl dabei** I don't feel happy about it ■ **sich wohl fühlen** → **wohlfühlen** ■ **wohl oder übel** whether we *bzw.* you *usw.* like it or not

★**wohl**[2] ■ **das kann man wohl sagen!** you can say that again ■ **du weißt sehr wohl, was ich meine** you know very well what I mean ■ **das ist wohl das Beste** I suppose that's the best thing ■ **er kommt wohl nicht** I don't suppose he'll come ■ **was wohl?** *ungeduldig*: what do you think?

★**Wohl** *n*: **zum Wohl!** cheers!

Wohlfahrtsmarke *f* charity ['tʃærəti] stamp

Wohlfahrtsverband *m* association of welfare organizations

wohlfühlen ■ **ich fühl mich nicht wohl** I don't feel well ■ **ich fühl mich hier sehr wohl** I feel quite happy here

wohlgemerkt mind you (⚠ *nur am Satzanfang oder -ende*)

wohlig ■ *Gefühl usw.*: pleasant ['plɛznt] ■ (≈ *behaglich, gemütlich*) cosy, *US* cozy ['kəʊzɪ]

Wohlstand *m der Wohlstand* prosperity [prɒ'spɛrətɪ] (⚠ *ohne the*) ■ **ist bei dir der Wohlstand ausgebrochen?** *umg* have you won the lottery or what?

Wohltat *f*: **das ist eine Wohltat!** ooh [uː], that's good!

Wohltäter(in) *m(f)* benefactor ['bɛnɪfæktə], *Frau auch: förmlich* benefactress ['bɛnɪfæktrəs]

wohltätig: **für einen wohltätigen Zweck** for a good cause, for charity ['tʃærəti]

Wohltätigkeitsspiel *n* charity ['tʃærəti] match

★**Wohnblock** *m* block of flats, *US* apartment house

★**wohnen** ■ live; **ich wohne in der Schillerstraße** I live in Schillerstraße (*ohne the*) ■ *vorübergehend*: stay (**bei** with)

Wohngemeinschaft *f*: **in einer Wohngemeinschaft leben** share a flat (*bzw. US* an apartment) *bzw.* a house with other people

Wohnheim *n* ■ *für Studenten*: hall (of residence ['rɛzɪdəns]), *US* dormitory ['dɔːmətrɪ], *umg* dorm ■ *für Flüchtlinge, Obdachlose*: hostel ['hɒstl], shelter

Wohnküche *f* kitchen-cum-living room, *US* combined kitchen and living room

Wohnmobil *n* ■ camper, *US auch* RV [ˌɑːˈviː] (*abk für* recreational vehicle) ■ *größeres*: motorhome

★**Wohnung** *f* flat, *US* apartment

Wohnungsmarkt *m* housing market

Wohnungsnot *f* housing ['haʊzɪŋ] shortage

Wohnungssuche *f* house-hunting, flat-hunting, *US* apartment-hunting; **auf Wohnungssuche sein** be* house-hunting, be* flat-hunting, *US* be* apartment-hunting

Wohnviertel *n* residential area [ˌrɛzɪˈdɛnʃl-ˌɛərɪə]

Wohnwagen *m* ■ caravan ['kærəvæn], *US* trailer ■ *zum Dauerwohnen*: mobile home

★**Wohnzimmer** *n* living room, sitting room

Wok *m* wok [wɒk]

wölben ■ *technisch*: curve ■ *Architektur*: vault [vɔːlt] ■ **sich wölben** arch [ɑːtʃ], (*Bauch, Stirn usw.*) bulge [bʌldʒ], (≈ *sich verbiegen*) bend*

★**Wolf** *m* ■ wolf [⚠ wʊlf] *pl*: wolves [wʊlvz] ■ **ein Wolf im Schafspelz** *übertragen* a wolf in sheep's clothing ['kləʊðɪŋ]

Wölfin *f* she-wolf [⚠ ˈʃiːwʊlf] *pl*: she-wolves

★**Wolke** *f* ■ cloud ■ **ich bin aus allen Wolken gefallen** *umg* it knocked me sideways

Wolkenbruch *m* cloudburst

Wolkenkratzer *m* skyscraper

wolkenlos: **ein wolkenloser Himmel** a cloudless sky, clear skies (⚠ *pl*)

wolkig cloudy

Wolldecke *f* (woollen) blanket, *US meist* wool blanket

★**Wolle** *f* ■ wool [wʊl] ■ **sie hat sich mit ihm in die Wolle gekriegt** *umg* she's got into an argument with him

★**wollen**[1] **1** (≈ *beabsichtigen*) want; **ich will in England studieren** I want to study in England (⚠ I will = **ich werde**); **ich will sie nicht sehen** I don't want to see her **2** **ich wollte mal fragen, ...** I just wanted to ask ... **3** **was ich sagen wollte** what I was going to say, *berichtigend*: what I meant to say **4** **was willst du damit sagen?** what do you mean by that? **5** **und du willst Griechisch können?** and you think you know Greek? **6** **willst du aufhören!** will you stop it! **7** **es will nicht aufgehen** it won't open

★**wollen**[2] **1** (≈ *wünschen*) want; **er will eine Katze** he wants a cat **2** **ich will nach Hause** I want to go home **3** **wo willst du hin?** *jetzt gerade*: where are you going? **4** **sie will, dass ich es mache** she wants me to do it **5** **was wollt ihr von uns?** what do you want? **6** **mach, was du willst** do what you like **7** **es will nicht mehr** it won't work

wollen[3] (≈ *aus Wolle*) woollen [⚠ 'wʊlən], *US meist* woolen *oder* wool

Wolljacke *f* cardigan ['kɑːdɪɡən]

Wollmütze *f* woolly hat [⚠ ˌwʊlɪˈhæt]

★**womit** **1** what ... with; **womit hast du das gemacht?** what did you do it with? **2** **womit hab ich das verdient?** what did I do to deserve that?

womöglich: **womöglich ist er verreist** he may (possibly) be away

★**wonach** **1** **wonach ist dir?** what do you feel like? **2** **wonach hat er gefragt?** what was he asking about?

woran **1** **woran denkst du?** what are you thinking about?; **woran arbeitest du gerade?** what are you working on right now?; **woran ist er gestorben?** what did he die of? **2** **woran sieht man das?** how can you tell?; **woran hast du sie erkannt?** how did you recognize her? **3** **ich weiß nicht, woran ich (mit ihm) bin** I don't know where I stand (with him)

worauf **1** **worauf wartest du (noch)?** what are you waiting for? **2** **worauf du dich verlassen kannst** just wait and see

woraus: **woraus ist es (gemacht)?** what's it made of?

Workshop *m* workshop

★**Wort** *n* **1** *allg.*: word **2** **mit anderen Worten** in other words **3** **eine Zahl in Worten schreiben** write* a figure out in words **4** **kein Wort drüber!** don't breathe [briːð] a word! **5** **mir fehlen die Worte** words fail me (⚠ *ohne* the) **6** **ich leg für dich ein gutes Wort ein** I'll put in a good word for you **7** **ich glaub ihm kein Wort** I don't believe a word he says **8** **du nimmst mir das Wort aus dem Mund** you've taken the words right out of my mouth **9** **er dreht mir das Wort im Mund um** he's twisted my words **10** **hast du Worte!** would you believe it? **11** **sie brachte kein Wort raus** she was completely tongue-tied ['tʌntaɪd]

Wortart *f* part of speech, word class

★**Wörterbuch** *n* dictionary ['dɪkʃənrɪ]; **schau im Wörterbuch nach** look it up in the dictionary

★**wörtlich** **1** *Übersetzung usw.*: literal ['lɪtrəl] **2** → wortwörtlich

Wortschatz *m* vocabulary [vəˈkæbjʊlərɪ]

Wortspiel *n* play on words, pun

wortwörtlich **1** **das hat er wortwörtlich gesagt** those were his exact words **2** **nimm nicht alles wortwörtlich** don't take everything literally

worüber: **worüber redet** (*bzw.* **lacht**) **sie?** what's she talking (*bzw.* laughing) about?

worum: **worum geht's?** what's it about?, *bei einem Problem*: what's the problem?

worunter: **worunter leidet er?** what's he suffering from?

wovon **1** **wovon redest du?** what are you talking about? **2** **wovon leben sie?** what do they live on?

★**wozu**: **wozu?** what for?; **wozu brauchst du das?** what do you need it for?; **wozu soll das gut sein?** what's it for?

★**Wrack** *n* wreck [⚠ rek] (*auch übertragen*)

Wucher *m* **1** profiteering [ˌprɒfɪˈtɪərɪŋ] **2** *bei Schuldzinsen*: usury ['juːʒərɪ]

Wucherpreis *m* exorbitant [ɪɡˈzɔːbɪtənt] (*oder* extortionate [ɪkˈstɔːʃnət]) price; **das sind ja Wucherpreise!** *umg* it's daylight robbery! [ˌdeɪlaɪtˈrɒbərɪ]

Wucht *f* **1** **sie ist mit voller Wucht aufs Gesicht gefallen** she fell flat on her face **2** **mit voller Wucht gegen eine Mauer rennen** run* smack into a wall **3** **das ist ne Wucht!** *umg* it's brilliant!

wühlen **1** (*Person*) rummage ['rʌmɪdʒ] **2** **in der Schublade** *usw.* **wühlen** rummage around in the drawer *usw.* (**nach** for) **3** **im Dreck wühlen** mess around in the dirt **4** (*Tier*) burrow ['bʌrəʊ]

Wühltisch *m* bargain ['bɑːɡɪn] counter

Wulst *m* **1** (≈ *Verdickung*) bulge **2** (≈ *Fettwulst*) roll of fat **3** *an Flasche, Reifen*: bead [biːd]

wulstig *Lippen*: thick

wund ◼1 sore; **ich hab mir die Füße wund gelaufen** my feet are sore from all that walking ◼2 (≈ *offen*) raw [rɔː]; **ich hab mir (beim Waschen) die Hände wund gerieben** I've rubbed my hands raw (doing the washing)

★**Wunde** *f* ◼1 wound [wuːnd] ◼2 (≈ *Schnitt*) cut

★**Wunder** *n* ◼1 miracle ['mɪrəkl] ◼2 **kein Wunder!** no wonder; **es ist doch kein Wunder, dass er abhaut** it's no wonder he's leaving ◼3 **du wirst noch dein blaues Wunder erleben** *umg* you're in for a surprise ◼4 **er glaubt, er sei wunder wer** *umg* he thinks he's it

★**wunderbar** wonderful ['wʌndəfl]

Wunderkerze *f* sparkler

Wunderkind *n* child prodigy ['prɒdədʒɪ]

Wundermittel *n* miracle cure ['mɪrəkl̩ ˌkjʊə]

★**wundern** ◼1 **es wundert mich** I'm surprised [sə'praɪzd]; **es würde mich wundern, wenn ...** I'd be surprised if ...; **mich wundert gar nichts mehr** nothing surprises me any more ◼2 **ich hab mich gewundert, wer das war** I wondered who that was ◼3 **du wirst dich noch wundern** you're in for a surprise

wunderschön wonderful ['wʌndəfl], beautiful ['bjuːtəfl]

Wundertüte *f* lucky bag [ˌlʌkɪ'bæg]

wundlaufen → **wund** 1

wundreiben → **wund** 2

★**Wunsch** *m* ◼1 wish (**nach** for) ◼2 **das war schon immer mein Wunsch** that's what I've always wanted ◼3 **hast du 'noch einen Wunsch?** *ironisch* anything else? ◼4 **die besten Wünsche zum Geburtstag** best wishes for your birthday (⚠ *ohne* the)

Wunschdenken *n* wishful thinking

★**wünschen** ◼1 **ich wünsche mir** I would like, I want; **was wünschst du dir zum Geburtstag?** what do you want for your birthday? ◼2 **ich wünsch dir alles Gute** I wish you all the best ◼3 **alles, was man sich wünschen kann** everything you could wish for ◼4 **das wünsche ich meinem schlimmsten Feind nicht** I wouldn't wish that on my worst enemy ◼5 **es lässt viel zu wünschen übrig** it leaves much to be desired

wünschenswert desirable [dɪ'zaɪrəbl]

Wunschliste *f* wish list

wunschlos: **wunschlos glücklich** perfectly happy

Wunschzettel *m* Christmas [⚠ 'krɪsməs] list

Würde *f* ◼1 dignity ◼2 **unter aller Würde** beneath contempt [kən'tempt]

würdevoll dignified ['dɪgnɪfaɪd]

würdigen: **er würdigte mich keines Blickes** he didn't even look at me

Wurf[1] *m* ◼1 *allg.*: throw ◼2 **es ist dein Wurf** *bei Brettspiel*: it's your go, it's your throw

Wurf[2] *m*: **ein Wurf Katzen** (*bzw.* **Hunde**) a litter of cats (*bzw.* dogs)

Würfel *m* ◼1 *Geometrie*: cube ◼2 (≈ *Spielwürfel*) dice *pl*: dice ◼3 *aus Eis*: cube ◼4 **etwas in Würfel schneiden** dice something

Würfelbecher *m* (dice) shaker, *US* dice cup

würfeln ◼1 throw*; **hast du schon gewürfelt?** have you thrown yet? ◼2 (≈ *Würfel spielen*) play dice ◼3 *um Geld usw.*: throw* dice (**um** for)

Würfelspiel *n* ◼1 (≈ *Spiel mit Würfeln*) dice game ◼2 *Partie*: game of dice ◼3 (≈ *Brettspiel mit Würfeln*) (board) game with dice

Würfelzucker *m* lump sugar, *US* sugar cubes

Wurfsendung *f* ◼1 circular ['sɜːkjʊlə] ◼2 **Wurfsendungen** junk mail (⚠ *sg*)

würgen ◼1 strangle ['stræŋgl] (**zu Tode** to death) ◼2 **der Kragen würgt mich** this collar is choking ['tʃəʊkɪŋ] me ◼3 *beim Essen*: choke ◼4 *beim Erbrechen*: retch

★**Wurm** *m* ◼1 worm [⚠ wɜːm] ◼2 **kleiner Wurm** *umg* (≈ *kleines Kind*) little mite, *US* little tyke

wurmen: **es wurmt mich** *umg* it gets to me

wurmstichig worm-eaten [⚠ 'wɜːmˌiːtn]

Wurscht *umg* ◼1 **es ist mir Wurscht** I couldn't care less ◼2 **jetzt geht's um die Wurscht!** this is it!

★**Wurst** *f* ◼1 sausage ['sɒsɪdʒ] ◼2 → **Wurscht**

★**Würstchen** *n* ◼1 (small) sausage ['sɒsɪdʒ] ◼2 **Frankfurter Würstchen** frankfurter ['fræŋkfɜːtə] ◼3 **Wiener Würstchen** wiener ['wiːnə], vienna [vɪ'enə] (sausage) ◼4 **ein armes Würstchen** *umg* a poor soul [səʊl]

Würstchenbude *f etwa* hot dog (*oder* sausage ['sɒsɪdʒ]) stand

Wurstfinger *pl* podgy (*US* pudgy) fingers

Würze *f* ◼1 (≈ *Gewürz*) spice, seasoning (⚠ *nur im sg verwendet*) ◼2 (≈ *Gewürzmischung*) seasoning, spices *pl* ◼3 (≈ *Geschmack*) flavour ['fleɪvə], aroma

★**Wurzel** *f* ◼1 *allg.*: root ◼2 **Wurzeln schlagen** take* root (⚠ *sg*) (*auch übertragen*) ◼3 **willst du hier Wurzeln schlagen?** *umg* are you going to stand around here all day?

würzen spice, season ['siːzn]

Wuschelkopf *m* ◼1 *Haar*: fuzz [fʌz], mop of curly (*oder* fuzzy ['fʌzɪ]) hair ◼2 *Person*: curlyhead ['kɜːlɪhed]

Wust *m* (≈ *Riesenmenge*) pile (**an, von** of)

wüst ◼1 (≈ *wirr*) chaotic [keɪ'ɒtɪk] ◼2 **es war ein**

wüstes Durcheinander it was complete chaos ['keɪɒs] (▲ ohne a) **3** **du siehst ja wüst aus!** you look a real fright

★**Wüste** f desert [▲ 'dezət]

★**Wut** f **1** fury ['fjʊərɪ] **2** **sie platzt vor Wut** she's hitting the roof **3** **ich hab eine Wut auf ihn** I'm really mad at him **4** **ich krieg die Wut, wenn ich so was sehe** it makes me mad to see it **5** **ich hab eine Wut im Bauch!** I'm absolutely furious

Wutanfall m fit of rage (oder anger); **einen Wutanfall bekommen** blow* one's top

★**wütend** furious ['fjʊərɪəs], mad (**auf** at)

X

x **1** **x Leute haben angerufen** umpteen people have called **2** **Herr X** Mr X [eks]

x-Achse f x-axis

X-Beine pl **1** knock-knees [▲ ˌnɒk'niːz] **2** **sie hat X-Beine** she's knock-kneed

x-beliebig **1** any (... you like); **du kannst eine x-beliebige Farbe auswählen** you can choose any colour (you like) **2** **nenn mir eine x-beliebige Zahl** give me a number - any number **3** **an einem x-beliebigen Ort** anywhere

x-fach **1** **die x-fache Menge** n [en] times the amount **2** **es ist x-fach geprüft worden** it's been tested umpteen times **3** **das x-fache** umpteen times the amount

x-mal **1** umpteen times **2** **ich hab's dir doch schon x-mal gesagt** I've told you a hundred times

x-te(r, -s) **zum x-ten Mal** for the hundredth time

Xylofon n xylophone [▲ 'zaɪləfəʊn]

Y

y-Achse f y-axis

Yacht f yacht [▲ jɒt]

Yeti m: **der Yeti** yeti ['jetɪ] (▲ ohne the), the Abominable [ə'bɒmɪnəbl] Snowman

Yoga m/n yoga

Ypsilon n Y [waɪ], the letter Y

Yuppie m yuppie ['jʌpɪ]

Z

zack umg **1** **zack, war's weg** it was gone just like that **2** **zack, zack!** chop-chop!

Zack m umg **1** **er ist auf Zack** he's on the ball **2** **jemanden** (bzw. **etwas**) **auf Zack bringen** knock [nɒk] someone (bzw. something) into shape

Zacke f **1** eines Sterns: point **2** einer Gabel: prong **3** eines Kamms: tooth

zackig **1** jagged [▲ 'dʒægɪd] **2** **ein bisschen zackig!** umg and make it snappy!

zaghaft **1** (≈ ängstlich) timid ['tɪmɪd] **2** (≈ vorsichtig) cautious ['kɔːʃəs] **3** (≈ zögernd) hesitant ['hezɪtənt], slow **4** (≈ auf zaghafte Weise) gingerly ˈ[dʒɪndʒəlɪ], timidly, cautiously, hesitantly

★**zäh** **1** Fleisch: tough [▲ tʌf]; **zäh wie Leder** tough as leather **2** **er ist ziemlich zäh** he's pretty tough

★**Zahl** f **1** (≈ Nummer) number; **achtstellige Zahl** eight-figure number **2** (≈ Ziffer) figure

★**zahlen** **1** pay* (Summe, Preis) **2** pay* **for** (Ware, Dienstleistung) **3** **zahlen, bitte!** could I (bzw. we) have the bill (US meist check), please? **4** **sie zahlen gut** (bzw. **schlecht**) they pay well (bzw. badly) **5** **was hast du dafür gezahlt?** what did you pay for it? **6** **bar zahlen** pay* cash

★**zählen** **1** allg.: count; **bis hundert zählen** count to a hundred **2** **das zählt nicht** im Spiel: that doesn't count **3** **die Dame zählt drei Punkte** beim Kartenspiel: the queen counts as three points **4** im Sport: keep* score **5** **für ihn zählt nur noch Geld** all he cares about is money **6** **bei dieser Arbeit zählt Schnelligkeit** what counts in this job is speed **7** **kann**

ich auf dich zählen? can I count on you? **8 es zählt zu den Säugetieren** it belongs to the class of mammals ['mæmlz] **9 er zählt zu den besten Rockgitarristen** he's one of the best rock guitarists around

Zahlengedächtnis n: **du hast ein gutes** (bzw. **schlechtes) Zahlengedächtnis** you're good (bzw. bad) at remembering figures

Zahlenschloss n combination lock

Zähler m **1** Mathematik: numerator **2** (≈ Messgerät) meter

Zahlkarte f giro transfer form

★**zahlreich 1** numerous ['nju:mərəs], a large number of **2 um zahlreiches Erscheinen wird gebeten** we usw. hope to see as many of you as possible

Zahltag m pay day

★**Zahlung** f **1** payment **2 etwas in Zahlung geben** trade something in, give* something in part exchange; **etwas in Zahlung nehmen** take* something in part exchange

Zählung f **1** allg.: count **2** Vorgang: counting **3** (≈ Volkszählung) census ['sensəs] **4** (≈ Verkehrszählung) (traffic) census

Zahlungsbedingungen pl terms (of payment)

Zahlungsfrist f time allowed for payment

zahlungskräftig Kunden, Publikum usw.: solvent ['sɒlvənt]

Zahlungsunfähigkeit f inability to pay, von Firma: insolvency

Zahlungsziel n due date

Zahlwort n numeral ['nju:mrəl]

★**zahm** tame (auch übertragen)

zähmen tame (Tier)

★**Zahn** m **1** allg.: tooth pl: teeth **2 er hat schon die dritten Zähne** he's got false teeth already **3 sie hatte einen irren Zahn drauf** umg she was going at some lick, US she was balling the jack

★**Zahnarzt** m, ★**Zahnärztin** f dentist; **beim Zahnarzt** at the dentist

★**Zahnbürste** f toothbrush; **electric toothbrush** elektrische Zahnbürste

★**Zahncreme** f toothpaste ['tu:θpeɪst]

zähneknirschend: sie hat zähneknirschend zugesagt she grudgingly agreed

Zahnfleisch n **1** gums (▲ pl) **2 er geht auf dem Zahnfleisch** umg he's on his last legs

Zahnfleischbluten n bleeding gums (▲ pl)

Zahnklammer f braces (▲ pl), Br auch brace

Zahnkranz m Technik: gear rim

★**Zahnpasta** f toothpaste

Zahnrad n cogwheel

Zahnradbahn f rack (oder cog) railway (US railroad)

★**Zahnschmerzen** pl toothache ['tu:θeɪk] (▲ sg); **ich hab Zahnschmerzen** I've got (a) toothache

Zahnseide f zum Reinigen der Zwischenräume: dental floss [,dentl'flɒs]

Zahnspange f brace

Zahnstein m tartar ['tɑ:tə]

Zahnstocher m toothpick

Zahntechniker(in) m(f) dental technician

Zahnweh n → Zahnschmerzen

Zange f (pair of) pliers, (≈ Beißzange) (pair of) pincers (▲ pl), (≈ Greifzange, Zuckerzange) (pair of) tongs (▲ pl), Medizin: forceps (▲ pl) **hast du eine Zange?** have you got a pair of pliers?

zanken (auch **sich zanken**) fight*, argue ['ɑ:gju:] (**über, um** about)

Zäpfchen n suppository [sə'pɒzɪtrɪ]

zapfen tap, draw* (Bier usw.)

Zapfen m (≈ Tannenzapfen usw.) cone

Zapfenstreich m **1** militärisch, Signal: tattoo [tæ'tu:], Br auch last post, US auch taps pl **2 der große Zapfenstreich** Zeremonie: the ceremonial tattoo **3** (≈ Ende der Ausgehzeit) curfew ['kɜ:fju:]

Zapfsäule f an Tankstelle: petrol ['petrəl] (US gas) pump

zappelig fidgety ['fɪdʒətɪ]

zappeln 1 wriggle [▲ 'rɪgl] (around); **hör auf zu zappeln!** keep still! **2 jemanden zappeln lassen** keep* someone guessing

Zappelphilipp m umg fidget ['fɪdʒɪt]

zappen: sie zappt immer durch die Fernsehkanäle she's always hopping (oder zapping ['zæpɪŋ]) from one channel to another

★**zart 1** Haut: soft **2** Fleisch usw.: tender **3 ein zarter Kuss** usw. a gentle kiss usw.

zartbitter Schokolade: plain, dark

★**zärtlich 1** Kuss, Berührung usw.: tender **2** Mutter usw.: affectionate **3 zärtlich werden** start getting intimate ['ɪntɪmət]

Zärtlichkeit f **1** (≈ liebevolles Gefühl) affection **2** (≈ Sanftheit) tenderness **3 Zärtlichkeiten austauschen** become* intimate

Zauber m **1** magic ['mædʒɪk] (auch übertragen) **2** (≈ Bann) (magic) spell

Zauberei f magic ['mædʒɪk]

Zauberer m **1** im Märchen: magician [mə'dʒɪʃn] **2** → Zauberkünstler(in)

Zauberformel f **1** eines Zauberers: (magic) spell, charm [tʃɑ:m] **2** übertragen magic formula [,mædʒɪk'fɔ:mjʊlə]

Zauberin f im Märchen: sorceress ['sɔːsərəs]
Zauberkünstler(in) m(f) conjurer [⚠ 'kʌndʒərə]
Zaubermittel n magic cure
zaubern ■ do* magic ■ **ich kann doch nicht zaubern!** I'm not a magician ■ **ein leckeres Essen zaubern** conjure up [,kʌndʒər'ʌp] a delicious meal (**aus** out of)
Zauberspruch m (magic) spell
Zaum m, **Zaumzeug** n bridle ['braɪdl]
Zaun m fence
z. B. (abk für **zum Beispiel**) eg, e.g. [,iː'dʒiː] (abk für lateinisch exempli gratia = for example)
Zebra n zebra ['zebrə, 'ziːbrə]
Zebrastreifen m zebra crossing, US crosswalk
Zecke f tick
Zeckenbiss m tick bite
★**Zeh** m, ★**Zehe** f ■ toe [təʊ] ■ **jemandem auf die Zehen treten** tread* [⚠ tred] (US meist step) on someone's toes
Zehennagel m toenail ['təʊneɪl]
Zehenspitze f ■ tip of one's toe ■ **auf Zehenspitzen gehen** übertragen tiptoe
★**zehn** ■ ten ■ **vor zehn Tagen** ten days ago ■ **alle zehn Tage** (once) every ten days
Zehn f ■ (number) ten ■ Bus, Straßenbahn usw.: number ten bus, number ten tram usw.
Zehncentstück n ten-cent piece, in den USA: dime
Zehneuroschein m ten-euro note, US ten-euro bill
zehnfach ■ **die zehnfache Menge** ten times the amount ■ **der zehnfache deutsche Meister X** ten times German champion X (⚠ ohne the)
Zehnfingersystem n: **das Zehnfingersystem** touch-typing (⚠ ohne the)
zehnjährig ■ (≈ zehn Jahre alt) ten-year-old ■ (≈ zehn Jahre dauernd) ten-year; **nach einer zehnjährigen Auseinandersetzung** after a dispute lasting ten years
Zehnkampf m decathlon [⚠ dɪ'kæθlɒn]
Zehnkämpfer(in) m(f) decathlete [⚠ dɪ'kæθliːt]
zehnmal ten times
zehntausend ■ ten thousand ■ **die oberen zehntausend** the upper crust
★**zehnte(r, -s)** tenth; **10. Juni** 10(th) June, June 10(th) (gesprochen the tenth of June); **am 10. Juni** on 10(th) June, on June 10(th) (gesprochen on the tenth of June)
Zehnte(r, -s) m/f(m, n) ■ tenth ■ **er war Zehnter** he was tenth ■ **Pius X.** Pius ['paɪəs] X (gesprochen Pius the Tenth; X ohne Punkt!) ■ **heute ist der Zehnte** it's the tenth today

Zehntel n tenth
Zehntelsekunde f tenth of a second
zehntens tenthly
★**Zeichen** n ■ allg.: sign [saɪn] ■ Naturwissenschaft, auf Landkarte: symbol ■ Computer: icon, (≈ Schriftzeichen) character ['kærəktə] ■ (≈ Hinweis, Signal) signal ■ (≈ Vermerk) mark ■ auf Briefköpfen: reference; **unser/Ihr Zeichen** our/your reference ■ **als Zeichen der Freundschaft** as a mark of friendship ■ (≈ Symptom) symptom ['sɪmptəm]
Zeichenblock m sketch pad
Zeichenbrett n drawing board
Zeichendreieck n set square
Zeichenlehrer(in) m(f) art teacher
Zeichenprogramm n Computer: drawing program
Zeichensetzung f: **die Zeichensetzung** punctuation (⚠ ohne the)
Zeichensprache f sign language ['saɪn,læŋgwɪdʒ]
Zeichentrickfilm m cartoon
★**zeichnen** ■ draw* ■ (≈ entwerfen) draw* up (Plan, Grundriss) ■ förmlich (≈ unterzeichnen) sign ■ (≈ kennzeichnen) mark ■ subscribe (for) (Aktien); **gezeichnet Kapital:** subscribed
Zeichner(in) m(f) ■ Kunst: draughtsman ['drɑːftsmən] pl: draughtsmen ['drɑːftsmən], US draftsman ['drɑːftsmən] pl: draftsmen ['drɑːftsmən], Frau: draughtswoman ['drɑːfts,wʊmən] pl: draughtswomen ['drɑːfts,wɪmɪn], US draftswoman ['drɑːfts,wʊmən], pl: draftswomen ['drɑːfts,wɪmɪn] ■ von Aktien, Anleihen: subscriber [səb'skraɪbə] (+ Genitiv for, to)
zeichnerisch ■ graphic; **sein zeichnerisches Können** his drawing ability ■ **zeichnerisch begabt sein** have* a talent for drawing; **etwas zeichnerisch darstellen** represent something in a drawing
★**Zeichnung** f ■ drawing, (≈ Entwurf) draft ■ (≈ Muster) patterning, von Gefieder, Fell: markings (⚠ pl) ■ Finanzen: subscription
Zeigefinger m forefinger, index finger
★**zeigen** ■ show; **jemandem etwas zeigen** show someone something ■ **sie zeigte uns die Stadt** she showed us around town ■ **zeig mal!** let me see ■ **zeig mal, was du kannst!** show us what you can do ■ **dem werd ich's zeigen!** umg I'll show him! ■ **ich zeigte ihm, wie man den Drucker benutzt** I showed him how to use the printer ■ **es zeigt die Temperatur** usw. it shows (oder gives) you the temperature usw. ■ **die Uhr zeigte zehn**

nach zwei the clock said ten past two [9] **auf etwas zeigen** point at something [10] **es zeigte sich, dass ...** it turned out that ... [11] **es wird sich schon zeigen** we'll see [12] **so kann ich mich nicht zeigen** I can't go out like that

Zeiger *m* [1] *von Uhr*: hand [2] *von Messinstrument*: needle

★**Zeile** *f* [1] line; **ich hab jede Zeile gelesen** I read [red] every word [2] **ich muss ihr ein paar Zeilen schreiben** I must drop her a line [3] **zwischen den Zeilen lesen** *übertragen* read* between the lines

Zeilenabstand *m beim Schreiben, Eintippen*: (line) spacing

★**Zeit¹** *f* [1] *allg.*: time; **ich hab keine Zeit** I haven't got time; **das kostet Zeit** it takes time; **mir fehlt die Zeit** I haven't got the time; **lass dir Zeit!** take your time; **vor langer Zeit** a long time ago [2] **das hat Zeit** there's no rush; **das hat bis morgen Zeit** that can wait till tomorrow [3] **hast du ein paar Stunden Zeit?** can you spare a couple of hours? [4] **Zeit zum Essen** time to eat [5] **es ist höchste Zeit, dass er anruft** it's high time he rang (⚠ *Vergangenheitsform*) [6] **er ist in letzter Zeit krank gewesen** he's been ill lately [7] **seit ewigen Zeiten** for ages [8] **Zeit raubend** → **zeitraubend** [9] **Zeit sparend** → **zeitsparend** [10] **eine Zeit lang** for a while; → **zurzeit**

★**Zeit²** *f* (≈ *Epoche*) time, age; **eine Zeit der Armut** a time of poverty; **in der heutigen Zeit** these days; **zu Mozarts Zeit** in Mozart's day; **die Zeit des Barock** the baroque [bəˈrɒk] age (*oder* era [ˈɪərə])

★**Zeitalter** *n* age, era [ˈɪərə]; **in unserem Zeitalter** in our day and age

Zeitansage *f* [1] time check, *US* correct time [2] *telefonische*: speaking clock, *US* dial-up time service

Zeitarbeit *f* temporary [ˈtɛmpərəri] work

zeitaufwendig time-consuming

Zeitbombe *f* time bomb [⚠ bɒm] (*auch übertragen*)

Zeitdruck *m* [1] time pressure [2] **ich steh unter Zeitdruck** I'm under pressure (to get this done)

Zeitfenster *n* time slot

Zeitfrage *f*: **es ist eine reine Zeitfrage** it's just a question of time

Zeitgeist *m*: **der Zeitgeist** the spirit of the times, the zeitgeist [ˈzaɪtɡaɪst]

zeitgemäß [1] *allg.*: in keeping with the times, *bei Handlung in der Vergangenheit auch*: in keeping with the period [ˈpɪərɪəd] (⚠ *beide immer hinter dem Verb*) [2] (≈ *modern*) modern [ˈmɒdn], up-to-date, *hinter dem Verb*: up to date [3] (≈ *aktuell*) current [ˈkʌrənt], topical [ˈtɒpɪkl]

Zeitgenosse *m*, **Zeitgenossin** *f* contemporary [kənˈtɛmprəri]

zeitgenössisch contemporary [kənˈtɛmprəri]

zeitgleich [1] *allg.; Abläufe usw.*: simultaneous [ˌsɪmlˈteɪnɪəs] [2] *Sport*: with the same time; **zeitgleich ins Ziel kommen** be* clocked at the same time [3] *ablaufen, sich ereignen usw.*: simultaneously, at the same time

zeitig early [ˈɜːlɪ]

Zeitkarte *f* season ticket [ˈsiːzn̩ˌtɪkɪt]

Zeitlang *f* → **Zeit¹** 10

zeitlich [1] **es passt zeitlich nicht** it doesn't fit in (timewise) [2] **ich schaff es zeitlich nicht** I can't fit it in, *bei Termin*: I'm not going to make it

Zeitlupe *f*: **in Zeitlupe** in slow motion

Zeitlupentempo *n*: **im Zeitlupentempo** in slow motion (⚠ *ohne* the)

Zeitlupenwiederholung *f einer Spielszene*: *Br* action replay [ˌækʃnˈriːpleɪ]

zeitnah (≈ *baldig*) immediate, prompt; **zeitnah reagieren** react promptly (immediately); **die Ware wird zeitnah geliefert** the goods will be delivered when needed

Zeitplan *m* timetable, *US* schedule [ˈskɛdʒuːl]

★**Zeitpunkt** *m* [1] **zu dem Zeitpunkt** at that (point in) time [2] **jetzt ist nicht der richtige Zeitpunkt** this isn't the right moment [ˈməʊmənt]

zeitraubend time-consuming

★**Zeitraum** *m* period [ˈpɪərɪəd] (of time)

Zeitrechnung *f* calender [ˈkæləndə]; **unserer Zeitrechnung** of our time; **vor unserer Zeitrechnung** before the Christian era [ˌkrɪstʃənˈɪərə], BC [ˌbiːˈsiː] (= Before Christ); **nach unserer Zeitrechnung** after the birth of Christ, AD [ˌeɪˈdiː] (= Anno Domini)

★**Zeitschrift** *f* magazine [ˌmæɡəˈziːn]

zeitsparend time-saving

★**Zeitung** *f* paper, newspaper [ˈnjuːsˌpeɪpə]; **die Zeitung lesen** read* the paper(s); **es steht in der Zeitung** it's in the paper(s)

Zeitungsanzeige *f* (newspaper) advertisement [ədˈvɜːtɪsmənt], *umg* (newspaper) ad [æd]

Zeitungsartikel *m* newspaper article [ˈɑːtɪkl]

Zeitungsausschnitt *m* newspaper cutting (*oder* clipping)

Zeitungsbericht *m* newspaper report

Zeitungskiosk *m* newsstand

Zeitungspapier n altes: newspaper
Zeitunterschied m time difference
Zeitverschwendung f waste of time
Zeitvertrag m temporary contract
Zeitvertreib m: **zum Zeitvertreib** to pass the time
Zeitwort n verb
Zeitzeichen n time signal
Zeitzone f time zone
Zeitzünder m time fuse
Zelle f **1** allg.: cell [sel] **2** (≈ Telefonzelle) telephone box, US (telephone) booth
Zellstoff m cellulose
Zellteilung f cell division ['sel‿dɪˌvɪʒn]
Zellulose f cellulose ['seljʊləʊs]
★**Zelt** n **1** allg.: tent, (≈ Festzelt) marquee [mɑːˈkiː] **2 seine Zelte abbrechen** übertragen pack one's bags and leave
zelten camp, go* camping
Zelten n camping
Zeltlager n camp
Zeltplatz m campsite, US campground
Zement m cement [səˈment]
Zenit m zenith [ˈzenɪθ]; **die Sonne steht im Zenit** the sun is at its zenith
zensieren 1 censor [ˈsensə] (Film usw.) **2** grade (Schularbeit usw.)
Zensur f **1** (≈ Note) mark, bes. US grade **2** censorship [ˈsensəʃɪp]; **die Zensur** censorship (⚠ ohne the); **die Zensur der Presse** press censorship
zensurieren Ⓐ (≈ zensieren) censor [ˈsensə] (Film usw.)
★**Zentimeter** m/n centimetre [ˈsentɪˌmiːtə]; **zwanzig Zentimeter** twenty centimetres
Zentimetermaß n tape measure [ˈteɪpˌmeʒə]
Zentner m metric hundredweight [ˌmetrɪkˈhʌndrədweɪt], US 50 bzw. 100 kilograms (⚠ ein Zentner hat in Deutschland 50 kg, in Österreich und der Schweiz 100 kg)
★**zentral 1** allg.: central **2 wir wohnen sehr zentral** we're very central
Zentrale f **1** einer Firma: head office **2** für Taxis: headquarters (⚠ sg oder pl) (⚠ mit Verb im Singular oder Plural) **3** Telefon: exchange, einer Firma: switchboard
Zentraleinheit f Computer: CPU [ˌsiːpiːˈjuː] (abk für central processing unit)
Zentralheizung f central heating
zentrieren centre (Zeile usw.)
★**Zentrum** n allg.: centre [ˈsentə]
Zepter n sceptre, US scepter [ˈseptə]
zerbeult battered

zerbomben bomb [⚠ bɒm] (to pieces)
zerbombt bombed-out [⚠ ˈbɒmd‿aʊt], _hinter dem Verb_: bombed out [⚠ ˌbɒmdˈaʊt]
★**zerbrechen 1** allg.: break* **2 sich den Kopf zerbrechen** rack one's brains (**über** over)
zerbrechlich fragile [ˈfrædʒaɪl]; „**Vorsicht, zerbrechlich!**" 'fragile, handle with care'
zerdrücken 1 allg.: squash [skwɒʃ] **2** mash (Kartoffeln)
Zeremonie f ceremony [ˈserəmənɪ]
zerfallen (Bauwerk usw.) fall* apart
zerfetzt Kleidung usw.: tattered
zerfleischen: **etwas zerfleischen** tear* [teə] something to pieces
zerfressen 1 von Motten: moth-eaten **2** von Würmern: worm-eaten [⚠ ˈwɜːmˌiːtn]
zergehen melt; **es zergeht auf der Zunge** it melts in your mouth
zerkleinern 1 (≈ zerhacken) chop up **2** (≈ zermahlen) grind* [graɪnd]
zerklüftet Berge, Küste usw.: jagged [⚠ ˈdʒægɪd], rugged [⚠ ˈrʌɡɪd]
zerknautschen crumple, squash [skwɒʃ]
zerknirscht remorseful [rɪˈmɔːsfl]
zerknittert crumpled, creased [kriːst]
zerknüllen crumple up (Papier usw.)
zerkratzen scratch
zerkrümeln crumble
zerlegen: **etwas zerlegen** take* something apart
zermürben: **jemanden zermürben** wear* [weə] someone down
zermürbend wearing [ˈweərɪŋ], stärker: nerve--racking
zerplatzen burst*
zerquetschen crush
Zerquetschte pl: **80 Euro und ein paar Zerquetschte** umg just over 80 euros
zerreiben 1 allg.: grind*, crush **2** zu Pulver: pulverize **3** **etwas mit** (oder **zwischen**) **den Fingern zerreiben** rub something with (oder between) one's fingers
★**zerreißen 1** tear* up [ˌteərˈʌp] (Brief usw.) **2 ich hab mir den Rock zerrissen** I've torn my skirt **3 etwas zerreißen** umg (≈ kritisieren) tear* something to pieces **4 da hätt's mich fast zerrissen** umg; vor Lachen: I nearly ruptured myself **5 ich kann mich doch nicht zerreißen!** umg I can't be in two places at the same time
zerren 1 sich einen Muskel usw. **zerren** pull a muscle [⚠ ˈmʌsl] usw. **2 zerren an** pull at
Zerrung f **1** Muskel: pulled muscle [⚠ ˈmʌsl] **2**

Sehne: pulled tendon ['tendən]
zersägen saw* up
zerschellen ① *allg.*: be* smashed (to pieces) ② (*Flugzeug*) crash; **an einem Berg zerschellen** crash into a mountainside ③ (*Schiff*) be* wrecked [⚠ rekt]
zerschlagen smash (to pieces)
zerschlissen *Kleider usw.*: worn-out
zerschmettern smash (to pieces), shatter
zerschneiden cut* up
zersetzen: **sich zersetzen** decompose
zersiedeln overdevelop [,əʊvədɪ'veləp] (*eine Gegend usw.*)
zersplittern (*Holz usw.*) splinter
zerspringen (*Glas, Tasse usw.*) crack
Zerstäuber *m* ① *allg.*: spray ② *für Parfüm*: atomizer ['ætəmaɪzə]
zerstochen *von Insekten*: covered in bites
★**zerstören** destroy; **durch Feuer** *usw.* **zerstört werden** be* destroyed by fire *usw.*
Zerstörung *f* destruction
zerstreiten ① **sich zerstreiten** fall* out (with each other) ② **sich mit jemandem zerstreiten** fall* out with someone
zerstreuen ① scatter (*Asche usw.*) ② **sich zerstreuen** (*Menge*) disperse, break* up
zerstreut ① *ständig*: absent-minded, scatter-brained ② *vorübergehend*: distracted
zerstückeln cut* up (into pieces)
★**Zertifikat** *n* certificate [sə'tɪfɪkət]
zertrümmern smash (up)
zerzaust *Haar*: dishevelled [dɪ'ʃevld]
★**Zettel** *m* ① piece of paper ② *beschrieben*: note
★**Zeug** *n* ① *umg allg.*: stuff ② **dummes Zeug reden** talk rubbish, talk nonsense ③ **sie hat das Zeug dazu** she's got what it takes
★**Zeuge** *m* ① witness ② **er war Zeuge eines Unfalls** he witnessed an accident
zeugen[1]: **ein Kind zeugen** father a child
zeugen[2]: **zeugen von** testify ['testɪfaɪ] to; **das zeugt nicht gerade von Takt** that isn't exactly the height [⚠ haɪt] of tact
Zeugenaussage *f* testimony ['testɪmənɪ]
★**Zeugin** *f* witness
★**Zeugnis** *n* ① (≈ *Schulzeugnis*) report, *US* report card ② (≈ *Arbeitszeugnis*) reference ['refrəns]
Zicke *f umg* ① **blöde Zicke** silly cow ② **mach keine Zicken!** no nonsense!
zickig *umg* ① (≈ *launisch*) bitchy ② (≈ *prüde*) prim, prudish
Zicklein *n* kid
Zickzack *m*: **im Zickzack fahren** zigzag ['zɪɡzæɡ] (across the road)
Zickzacklinie *f* zigzag ['zɪɡzæɡ] (line)
★**Ziege** *f* ① goat, *weibliche auch*: nanny goat ② *umg Frau*: cow; **blöde Ziege** silly old cow
★**Ziegel** *m* ① *allg.*: brick ② (≈ *Dachziegel*) tile
Ziegenbock *m* billy goat
Ziegenpeter *m* mumps [mʌmps] (⚠ *sg*)
★**ziehen**[1] ① *allg.*: pull (**aus** out of) ② **ziehen an** pull (at); **jemanden an den Haaren ziehen** pull someone's hair (⚠ *sg*) ③ draw* (*Los*) ④ take* (*Karte*) ⑤ pull (*Messer usw.*) ⑥ **eine Linie ziehen** draw* a line ⑦ **er hat mir zwei Zähne gezogen** he pulled two (of my) teeth out ⑧ **zieh dir diesen Pulli übers T-Shirt** put this jumper on over your T-shirt ⑨ **ein Gesicht ziehen** pull a face ⑩ **einen ziehen lassen** *salopp* fart, *Br auch* let* off, *US auch* let* one
★**ziehen**[2]: **ziehen nach** move to
★**ziehen**[3]: **hier zieht's** there's a draught [⚠ drɑːft] (here)
Ziehharmonika *f* concertina [,kɒnsə'tiːnə], accordion [ə'kɔːdɪən] (⚠ *Schreibung*)
Ziehung *f Lotterie*: draw
★**Ziel** *n* ① *Sport*: finish, finishing line; **als Zweiter durchs Ziel gehen** finish second ② (≈ *Reiseziel usw.*) destination ③ (≈ *Zielscheibe*) target ['tɑːɡɪt] ④ (≈ *Absicht usw.*) aim, goal; **sich ein Ziel setzen** set* oneself a goal; **mein Ziel ist es, zu …** it's my aim (*oder* goal) to …; **wir haben unser Ziel erreicht** we've reached our goal
Zieldatei *f* target file
zielen ① aim (**auf** at) ② **er kann gut zielen** he's got a good aim
zielführend carefully targeted (*Maßnahme*); (≈ *Erfolg versprechend*) successful; (≈ *sinnvoll*) useful; **die Diskussion ist nicht zielführend** there's no point in discussing it
Zielgerade *f* home straight, *US* home stretch
Zielgruppe *f* target ['tɑːɡɪt] group
Ziellinie *f Sport*: finishing line
ziellos *umherirren usw.*: aimlessly
Zielscheibe *f* target ['tɑːɡɪt]
zielstrebig ① purposeful ['pɜːpəsfl], single--minded, determined [dɪ'tɜːmɪnd] ② **er kümmert sich zielstrebig um seine Karriere** he's pursuing [pə'sjuːɪŋ] his career with determination, he's very single-minded [,sɪŋɡl'maɪndɪd] about his career
★**ziemlich** ① quite [kwaɪt]; **ziemlich klein** *usw.* quite small *usw.* ② **ziemlich viel** quite a lot ③ **ziemlich viele** quite a few ④ **ein ziemliches Durcheinander** quite a mess ⑤ **ich weiß es mit ziemlicher Sicherheit** I'm pretty sure

about it ◐ **so ziemlich** *umg* pretty well; **ich bin so ziemlich kaputt** I'm pretty well shattered (*US* worn out)

zieren: zier dich nicht! don't be shy!

Zierfisch *m* ornamental fish

zierlich ◐ *Finger usw.*: delicate ['delɪkət] ◐ *Mädchen*: dainty, *Frau auch*: petite [pə'tiːt]

Zierpflanze *f* ornamental [ˌɔːnə'mentl] plant

Ziffer *f* ◐ figure ['fɪɡə] ◐ (≈ *Zahlzeichen*) digit ◐ **eine Zahl mit fünf Ziffern** a five-figure number ◐ **arabische** (*bzw.* **römische**) **Ziffern** Arabic ['ærəbɪk] (*bzw.* Roman) numerals ['njuːmrəlz]

Zifferblatt *n* ◐ (clock)face ◐ *einer Armbanduhr*: (watch)face

zig *umg* umpteen; **ich hab's in zig Geschäften versucht** I tried umpteen shops

★**Zigarette** *f* cigarette [ˌsɪɡə'ret]

Zigarettenautomat *m* cigarette machine

Zigarettenpause *f* cigarette break

Zigarettenschachtel *f* cigarette packet, *US* cigarette pack

Zigarettenstummel *m* cigarette end, cigarette butt

Zigarillo *m/n* cigarillo [ˌsɪɡə'rɪləʊ]

★**Zigarre** *f* cigar [sɪ'ɡɑː]

Zigfache(s) *n*: **das Zigfache** *umg* umpteen times [ˌʌmptiːn'taɪmz] the amount

zigmal *umg* umpteen times

zigtausend: zigtausend Leute *usw.* *umg* tens of thousands of people *usw.*

★**Zimmer** *n* ◐ room; **sie ist auf ihrem Zimmer** she's in her room ◐ **Zimmer mit Frühstück** bed and breakfast [ˌbed_ən'brekfəst] (*abk* B & B [ˌbiː_ən'biː])

Zimmerantenne *f* indoor aerial ['eərɪəl], *bes. US* indoor antenna

Zimmerdecke *f* ceiling ['siːlɪŋ]

Zimmereinrichtung *f* ◐ furnishings (▲ *pl*), (≈ *Möbel*) furniture ['fɜːnɪtʃə] ◐ (≈ *Innenausstattung*) interior [ɪn'tɪərɪə], décor ['deɪkɔː]

Zimmermädchen *n* chambermaid ['tʃeɪmbəmeɪd], room maid

Zimmermann *m* carpenter

Zimmermannsbleistift *m* carpenter's pencil

Zimmerpflanze *f* indoor plant, houseplant

zimperlich: sei nicht so zimperlich! don't make such a fuss!

Zimt *m* cinnamon ['sɪnəmən]

Zink *n* zinc [zɪŋk]

Zinn *n* ◐ tin ◐ *Becher usw.*: pewter ['pjuːtə]

Zinne *f* ◐ *einzelne*: merlon ['mɜːlən] ◐ **die Zinnen der Burg** the battlements of the castle

Zinnsoldat *m* tin soldier [ˌtɪn'səʊldʒə]

★**Zins**¹ *m für geliehenes Geld*: interest ['ɪntrəst]; **die Zinsen** the interest (▲ *sg*); **Zinsen bringen** earn interest

Zins² *m* Ⓐ, *auch* Ⓑ (≈ *Miete*) rent

Zinseszins *m* compound interest

Zinssatz *m* interest rate, *bei Darlehen*: lending rate

Zipfel *m* ◐ *eines Tuchs usw.*: corner ◐ *umg* (≈ *Penis*) willy

Zipfelmütze *f* pointed hat

zippen zip (*Datei*)

★**zirka** about, approximately (*abk* c.)

Zirkel *m* ◐ *mit einer Bleistiftspitze*: (pair of) compasses [▲ 'kʌmpəsɪz] (▲ *pl*), *US auch* compass; **dieser Zirkel ist kaputt** these compasses are broken ◐ *mit zwei Metallspitzen*: (pair of) dividers [dɪ'vaɪdəz] (▲ *pl*)

Zirkumflex *m* circumflex ['sɜːkəmfleks]

Zirkus *m* ◐ circus ['sɜːkəs] ◐ **so ein Zirkus!** *übertragen* what a circus! ◐ **mach keinen Zirkus!** don't make such a fuss!

Zirkuszelt *n* big top

zirpen chirp

zischen ◐ (*Sprudel*) fizz ◐ (*entweichende Luft*) hiss ◐ (*Fett*) sizzle ◐ *beim Sprechen*: hiss ◐ (*Schlange*) hiss ◐ **durch die Luft zischen** whizz through the air ◐ **einen zischen** *umg* (≈ *trinken*) knock one back

Zitat *n* quotation, quote (**aus** from)

Zither *f* zither ['zɪðə]

zitieren quote (**aus** from)

★**Zitrone** *f* lemon ['lemən]

Zitronenbaiser *n* lemon meringue [ˌlemənmə'ræŋ]

Zitronensaft *m* lemon juice ['lemən_dʒuːs]

Zitronenscheibe *f* slice of lemon

★**zittern** ◐ (*auch Stimme*) tremble, *stärker*: shake* (**vor Angst** *usw.* with fear *usw.*); **er zitterte am ganzen Körper** he was trembling (*oder* shaking) all over ◐ **ich hab ganz schön gezittert** *umg* I was scared as anything ◐ **vor jemandem zittern** be* scared of someone

zittrig shaky; **er hat eine zittrige Schrift** he's got shaky handwriting (▲ *ohne* a)

Zitze *f* teat

Zivi *m* *umg* → Zivildienstleistender

zivil ◐ (↔ *militärisch*) civilian ◐ **die zivile Luftfahrt** civil aviation [ˌsɪvlˌeɪvɪ'eɪʃn] (▲ *ohne* the) ◐ *Preise*: (≈ *annehmbar*) reasonable

Zivil *n* ◐ **in Zivil** in plain clothes [kləʊ(ð)z] ◐ **ein Polizist in Zivil** a plainclothes policeman

Zivilbevölkerung *f* civilian population

Zivildienst m community service (for conscientious [ˌkɒnʃɪ'enʃəs] objectors); **Zivildienst leisten** do* (one's) community service

Zivildienstleistende(r) m/f(m) conscientious [ˌkɒnʃɪ'enʃəs] objector doing community service

Zivilisation f civilization [ˌsɪvəlaɪ'zeɪʃn]

zivilisiert civilized ['sɪvəlaɪzd]

Zivilist(in) m(f) civilian [sə'vɪlɪən]

Znüni m ⓈⒸ (≈ Vormittagsimbiss) mid-morning snack, Br etwa: elevenses [ɪ'levnzɪz]

ZOB m abk (abk für zentraler Omnibusbahnhof) main bus station

zocken umg gamble ['gæmbl]

Zocker(in) m(f) umg gambler

Zoff m umg trouble ['trʌbl], strife; **er hat mit ihr Zoff** he's having a bit of a row [raʊ] with her

★**zögern** hesitate ['hezɪteɪt]; **ohne zu zögern** without hesitating

zögernd ❶ allg.: hesitating ['hezɪteɪtɪŋ] ❷ Worte, Schritte, Fortschritt, Geständnis usw.: halting ['hɔːltɪŋ] ❸ **nur zögernd über etwas reden** be* reluctant [rɪ'lʌktənt] to talk about something

Zölibat n/m ❶ celibacy ['selɪbəsɪ] ❷ **im Zölibat leben** be* celibate ['selɪbət]

★**Zoll¹** m ❶ (≈ Steuer) (customs) duty; **einem Zoll unterliegen** carry duty ❷ Stelle: customs (⚠ mit sg); **etwas durch den Zoll bringen** get* something through customs (⚠ ohne the)

Zoll² m Maßeinheit: inch

zollfrei duty-free

Zollgebühr f (customs) duty

Zollkontrolle f customs check

Zollstock m metre rule, US meter rule

★**Zone** f zone

★**Zoo** m zoo [zuː]

Zoohandlung f pet shop (US store)

Zoologie f zoology [zəʊ'ɒlədʒɪ]

Zoomobjektiv n zoom lens [lenz]

Zopf m ❶ plait (⚠ plæt], US braid ❷ **Zöpfe** pigtails ❸ **das ist doch ein alter Zopf** umg that's old hat (⚠ ohne an)

★**Zorn** m anger, rage

★**zornig** ❶ angry (**über etwas** at oder about something; **auf jemanden** with someone), furious ['fjʊərɪəs] (**über etwas** about something; **auf jemanden** with someone) ❷ **sie wird immer gleich zornig** she loses (⚠ 'luːzɪz] her temper easily, she's quick to lose her temper

Zote f: **Zoten reißen** tell* dirty jokes

zottelig, zottig Haare: shaggy, straggly

★**zu¹** ❶ to; **zur Post gehen** go* to the post office; **zur Schule gehen** go* to school (⚠ ohne the); **zu einem Konzert gehen** go* to a concert; **er ist zu Stefan gegangen** he's gone to Stefan's (place) ❷ **zum Schwimmen gehen** go* swimming ❸ **zu Hause** at home ❹ **zu Fuß** on foot, US auch by foot ❺ **zu Weihnachten usw.** at Christmas usw. ❻ **zu Beginn** at the beginning ❼ **sie haben zwei zu eins gewonnen** they won two to one (oder two-one) ❽ **wir waren zu dritt** there were three of us ❾ **CDs zu fünf Euro** CDs for five euros ❿ **was möchtest du zum Geburtstag?** what would you like for your birthday? ⓫ **zum Braten brauchst du Fett** you need fat for frying ⓬ **setz dich zu ihr** go and sit with (oder next to) her

★**zu²** (≈ übermäßig) too; **zu sehr** too much

─────────── GETRENNTSCHREIBUNG ───────────

zu viel ❶ too much; **viel zu viel** far too much ❷ **es war einer zu viel** there was one too many ❸ **es war des Guten zu viel** it was too much of a good thing ❹ **es wurde mir zu viel** it got too much for me ❺ **ich krieg zu viel!** umg well blow me!, US I'll be darned! [daːrnd]

zu wenig ❶ allg.: not enough [ɪ'nʌf]; **viel zu wenig** not nearly enough; **du isst zu wenig** you don't eat enough ❷ **es war einer zu wenig** we usw. were one short

───

★**zu³** (↔ offen) shut; **Tür zu!** shut the door!; **zu sein** be* closed, be* shut

zu⁴: **nur zu!** go on!

zuallererst first of all

Zubehör n/m equipment; (≈ Kleidung) accessories [ək'sesərɪz] (⚠ pl); **Küche mit allem Zubehör** fully equipped kitchen

zubeißen ❶ (Tier) bite* ❷ (≈ die Zähne zusammenbeißen) bite* hard

★**zubereiten** ❶ allg.: prepare ❷ **das Essen zubereiten** make* lunch (bzw. dinner)

★**Zubereitung** f allg.: preparation [ˌprepə'reɪʃn], eines Essens auch: cooking; **die Zubereitung dauert ...** (the) preparation time is ...

zubleiben stay closed, stay shut

Zubringerbus m ❶ allg.: shuttle bus ❷ zum Flughafen: airport bus, shuttle bus

Zucchini f courgettes [kʊə'ʒet] (⚠ pl), US zucchini [zuː'kiːnɪ] (⚠ sg und pl)

Zucht f ❶ (≈ Züchten) breeding, von Tieren auch: rearing ['rɪərɪŋ], raising ['reɪzɪŋ] ❷ von Pflanzen: cultivation, growing ❸ von Bienen, Bakterien usw.: culture ❹ (≈ Zuchtergebnis) von Tieren: breed, stock, von Pflanzen: variety [və-

'raɪətɪ], *von Bienen, Bakterien*: culture **5 Zucht und Ordnung** strict discipline ['dɪsəplɪn], law and order
★**züchten 1** breed* (*Tiere*) **2** grow* (*Pflanzen*)
Züchter(in) *m(f)* **1** *von Vieh*: breeder **2** *von Pflanzen*: grower **3** *von Bienen*: keeper
zuckeln *umg* **1** (*Auto*) chug [tʃʌg] along **2** (*Person*) trundle along
zucken 1 *nervös*: twitch **2** *vor Schmerz*: wince **3 sie zuckte mit den Schultern** she shrugged her shoulders ['ʃəʊldəz]
zücken 1 pull out (*Messer usw.*) **2** *umg* whip out (*Kuli, Geldbeutel usw.*)
★**Zucker** *m* **1** sugar ['ʃʊgə] **2 ein Löffel Zucker** one teaspoon of sugar **2 sie hat** (*oder* **leidet an**) **Zucker** she's got diabetes [ˌdaɪəˈbiːtiːz]
Zuckerhut *m* **1** *allg.*: sugar loaf **2 der Zuckerhut** *in Rio de Janeiro*: Sugarloaf Mountain (▲ *ohne* the)
zuckerkrank: sie ist zuckerkrank she's got diabetes [ˌdaɪəˈbiːtiːz], she's (a) diabetic [ˌdaɪəˈbetɪk]
Zuckerkrankheit *f* diabetes [ˌdaɪəˈbiːtiːz]
Zuckerl *n bes.* Ⓐ **1** (≈ *Bonbon*) sweet, *US* candy **2** (≈ *zusätzliches Gebotenes*) goody
Zuckerlecken *n*: **das ist kein Zuckerlecken** *umg* it's no fun and games
Zuckerrübe *f* sugar beet
Zuckerwatte *f* candy floss, *US* cotton candy
Zuckung *f* **1** *allg.*: twitch(ing), jerk [dʒɜːk] **2** *krampfhafte*: convulsion [kənˈvʌlʃn], spasm ['spæzm] **3** *eines Muskels*: twitch; **nervöse Zuckungen** a nervous twitch (▲ *sg*)
★**zudecken** cover up
zudrehen 1 turn off (*Hahn, Wasser*) **2 jemandem den Rücken zudrehen** *abweisend*: turn one's back on someone
zudringlich 1 pushy **2 er wurde zudringlich** *einer Frau gegenüber*: he started making passes
zueinander to each other, to one another; → **zueinanderpassen, zueinanderstehen**
zueinanderpassen: die beiden passen gut zueinander they suit each other
★**zuerst 1** (≈ *als erste, -r, -s*) first; **geh du zuerst** you go first **2** (≈ *anfangs*) at first; **zuerst klappte es nicht** at first it didn't work
Zufahrt *f* **1** access ['ækses] **2** (≈ *Zufahrtsstraße*) access road, *zu Haus*: drive(way)
Zufahrtsstraße *f* **1** *allg.*: access ['ækses] road **2** *zu Haus*: drive(way)
★**Zufall** *m* **1** coincidence [kəʊˈɪnsɪdəns]; **so ein Zufall!** what a coincidence!; **es war reiner Zufall** it was pure coincidence (*oder* chance) **2** **durch Zufall** by chance; **wie es der Zufall wollte** as chance would have it (▲ *ohne* the)
zufallen 1 (*Tür*) slam shut **2 mir fallen die Augen zu** I can't keep my eyes open
★**zufällig 1** by chance; **zufällig sah ich ihn** by chance I saw him, I (just) happened to see him **2 weißt du zufällig, ob** *usw.*? do you happen to know whether *usw.*? **3 es war rein zufällig** it was pure coincidence [kəʊˈɪnsɪdəns]
Zufallsgenerator *m* random generator
Zufallstreffer *m* **1** *Sport usw.*: fluke **2** (≈ *Erfolg*) lucky strike
zufliegen (*Tür usw.*) slam shut
Zufluss *m* **1** influx ['ɪnflʌks] (*auch von Leuten, Kapital usw.*) **2** (≈ *Nebenfluss*) tributary ['trɪbjʊtrɪ]
zuflüstern: jemandem etwas zuflüstern whisper something to someone
★**zufrieden 1** satisfied; **sie ist mit nichts zufrieden** she's never satisfied; **bist du jetzt endlich zufrieden?** are you quite satisfied (*oder* happy) now? **2 ich bin damit zufrieden** I'm happy with it; → **zufriedengeben, zufriedenlassen** *usw.*
zufriedengeben: sich mit etwas zufriedengeben settle for something
Zufriedenheit *f* satisfaction; **zur vollsten Zufriedenheit** to our *usw.* full satisfaction
zufriedenlassen: lass sie zufrieden leave her alone (*oder* in peace)
zufriedenstellen 1 satisfy **2 sie ist schwer zufriedenzustellen** she's hard to please
zufriedenstellend satisfactory
zufrieren freeze* over
zufügen add; **dem Essen etwas Salz zufügen** add some salt to the food
★**Zug**[1] *m* **1** train; **mit dem Zug** by train (▲ *ohne* the); **im Zug** on the train **2 Peter bringt mich zum Zug** Peter's seeing me off at the station **3 du sitzt im falschen Zug** *übertragen* you're barking up the wrong tree **4 der Zug ist abgefahren** *übertragen* you've *usw.* missed the boat
★**Zug**[2] *m* **1** (≈ *Luftzug*) draught [drɑːft]; **im Zug sitzen** sit* in a draught **2 er nahm einen Zug an der Zigarette** he took a drag on the cigarette **3** (≈ *Schluck*) gulp (**aus** from); **sein Glas auf einen Zug leeren** empty one's glass in one go **4 in einem Zug** (≈ *ohne Unterbrechung*) at one stroke, *Br auch* in one go **5** *Schach usw.*: move (*auch übertragen*) **6 ich kam nicht zum Zug(e)** I never got a chance **7 ein paar Züge schwimmen** do* a few strokes

(in the pool) **8** **etwas in groben Zügen beschreiben** give* a rough [rʌf] description of something
Zugabe f encore ['ɒŋkɔː]; **Zugabe!** encore!
Zugabteil n train compartment
Zugang m **1** allg.: access ['ækses] (**zu** to) **2** **kein Zugang!** no entry, no admittance
zugänglich: es ist nicht zugänglich it's not open to the public
Zugangscode m access code
Zugangsdaten pl access data
★**zugeben 1** (≈ zugestehen) admit; **jemandem gegenüber etwas zugeben** confess something to someone; **er gab zu, es getan zu haben** he admitted having done it; **zugegeben** admittedly; **gib's zu!** admit it! **2** (≈ zusätzlich geben) **jemandem etwas zugeben** give* someone something extra **3** Küche: add
zugefroren 1 See usw.: frozen over **2** Tür, Deckel usw.: frozen shut
zugegeben: zugegeben, es war nichts Besonderes okay, it wasn't anything special
zugehen 1 (Fenster usw.) shut*; **es geht nicht zu** it won't shut **2** **es ging sehr laut** usw. **zu** it was very noisy usw. **3** **sie ging geradewegs auf ihn zu** she went straight up to him **4** **geh zu!** umg get a move on!
zugehörig 1 (≈ dazugehörend) allg.: accompanying [ə'kʌmpənɪɪŋ] **2** **zugehörige Teile** accessory [ək'sesərɪ] parts **3** bei Kleidungsstücken, in Farbe, Form: matching **4** **er fühlt sich uns nicht mehr zugehörig** he doesn't feel he belongs to us any longer
zugeknöpft Person: uncommunicative [ˌʌnkə'mjuːnɪkətɪv]
Zügel m **1** an Pferd: rein [reɪn] **2** übertragen **die Zügel (fest) in der Hand haben** have* things (firmly) under control; **die Zügel lockern** loosen ['luːsn] the reins
zugelassen: für Jugendliche nicht zugelassen (for) adults only
zugelaufen: zugelaufener Hund stray dog
zügeln 1 (≈ zurückhalten, beherrschen) control (Eifer, Wut usw.) **2** ⓢ (≈ umziehen) move (house)
zugerichtet: er war ziemlich übel zugerichtet he was in a pretty bad way
zugeschneit snowed in
Zugeständnis n **1** concession (+ Dativ to) **2** **Zugeständnisse machen** übertragen make* allowances (**an** for)
zugetan: sie ist Schokolade ziemlich zugetan she's very partial to chocolate

zugig draughty [⚠'drɑːftɪ], US drafty [⚠'drɑːftɪ]
zügig 1 **wir sind zügig vorangekommen** we made fast progress ['prəʊgres] **2** ⓖ (Schlagwort, Kandidat usw.) (≈ zugkräftig) persuasive [pə'sweɪsɪv]
Zugluft f draught [⚠'drɑːft]
zugreifen 1 **greift zu!** help yourselves! **2** (≈ die Gelegenheit ergreifen) go* for it; **ich hab sofort zugegriffen** I didn't wait to be asked twice **3** **zugreifen auf** Computer: access ['ækses]
Zugrestaurant n dining car, US auch diner
Zugriff m **1** auch Computer: access (**auf, zu** to) **2** **durch raschen Zugriff** by stepping in quickly; **sich dem Zugriff der Polizei/Gerichte entziehen** evade justice
Zugriffszeit f access ['ækses] time
zugrunde 1 zugrunde gehen (Person) go* to rack and ruin, (≈ sterben) die (**an** of) **2** **er ist an Drogen zugrunde gegangen** his life was ruined by drugs
zugucken → **zusehen**
Zugunglück n train crash
zugunsten: zugunsten der Obdachlosen usw. in aid of the homeless usw.
zugutekommen: es kommt dem Kinderheim zugute it'll go to the children's home
Zugverbindung f train connection
Zugvogel m migratory ['maɪgrətrɪ] bird
zuhaben 1 sie haben zu they're closed **2 sie hat die Tür zu** she's shut the door
zuhalten 1 halt dir die Nase zu! hold your nose!; **er hielt sich die Ohren zu** he held his hands over his ears **2 die Tür** usw. **zuhalten** hold* the door usw. shut
Zuhälter m pimp
★**Zuhause** n: **er hat kein Zuhause** he hasn't got a home, he hasn't got anywhere to live
zuhause → **Haus 3**
★**zuhören** listen [⚠'lɪsn]; **hör mir mal zu** listen to me; **genau zuhören** listen carefully; **du hast nicht zugehört** you weren't listening
Zuhörer(in) m(f) listener [⚠'lɪsnə]
zuklappen 1 (Tür, Deckel usw.) fall* shut **2 ein Buch zuklappen** shut* a book
zukleben seal (Umschlag usw.)
zuknallen 1 (Tür usw.) slam shut **2 er knallte die Tür zu** he slammed the door
zukneifen: er kniff die Augen zu he narrowed his eyes
zuknöpfen button up (Mantel usw.)
zukommen 1 es kam direkt auf mich zu Auto usw.: it came straight towards me **2 es**

kommt einiges auf uns zu *an Arbeit*: we're in for quite a bit of work **3** **er hatte keine Ahnung, was auf ihn zukam** he had no idea what was coming his way

zukriegen **1** **ich krieg den Koffer** *usw.* **nicht zu** I can't shut the case *usw.* **2** **ich krieg die Hose** *usw.* **nicht zu** I can't do these trousers *usw.* up

★**Zukunft** *f* **1** future ['fjuːtʃə]; **in Zukunft** in future **2** **ein Beruf mit Zukunft** a job with a future; **die Arbeit hat keine Zukunft** there's no future in that kind of work

zukünftig **1** (≈ *in Zukunft*) in future **2** **ihr zukünftiger Mann** her future husband

Zukunftsaussichten *pl* future prospects

Zukunftsmusik *f*: **das ist alles noch Zukunftsmusik** that's all still up in the air

Zukunftspläne *pl* plans for the future

Zukunftssicherung *f* securing (of) the future

Zulage *f* **1** *allg.*: allowance, extra pay (△ *Letzteres immer ohne* an) **2** (≈ *Prämie*) bonus **3** (≈ *Gehaltszulage im Sinne von Gehaltserhöhung*) increase ['ɪŋkriːs]

zulangen **1** **langt zu!** *beim Essen*: help yourselves!; **er hat kräftig zugelangt** he really tucked (*US* dived) in **2** (≈ *mithelfen*) lend* a hand **3** **jemand, der zulangen kann** someone who's not afraid of hard work

★**zulassen**: **zum Studium zugelassen werden** get* a place at university, *US* be* admitted to a college *usw.*

zulässig **1** *allg.*: permissible [pəˈmɪsəbl]; **zulässige (Höchst)Belastung** maximum permissible (*oder* safe) load; **zulässige Höchstgeschwindigkeit** maximum (permissible) speed **2** *amtlich*: authorized ['ɔːθəraɪzd] **3** **das ist (nicht) zulässig** that is (not) allowed (*oder* permitted *oder* permissible)

Zulassung *f* **1** (≈ *Gewährung von Zugang*) admittance, admission, *amtlich*: authorization; **die Zulassung für etwas erhalten** get* authorization for something **2** *von Kfz*: licensing **3** *als praktizierender Arzt*: registration **4** *Dokument*: papers (△ *pl*), *bes. von Kfz*: vehicle registration document **5** (≈ *Lizenz*) licence, *US* license

Zulassungsbedingung *f* admission requirement

Zulassungsprüfung *f* entrance exam

Zulauf *m* **1** **großen Zulauf haben** be* very popular **2** (≈ *Zufluss*) inflow

zulaufen: **uns ist ein Hund zugelaufen** we've got a stray dog

Zulaufsrohr *n* inflow pipe

zulegen **1** **er hat sich ein Handy zugelegt** he's got himself a mobile phone **2** **er hat sich einen Bart zugelegt** he's grown a beard **3** **ich hab mir eine Erkältung zugelegt** I've landed myself with a cold **4** *umg* (≈ *schneller laufen usw.*) step on it **5** **er hat ziemlich zugelegt** *umg* (≈ *zugenommen*) he's been putting the pounds on

zuleide: **er würde niemandem was zuleide tun** he wouldn't hurt anyone

★**zuletzt** **1** last; **wir machen das zuletzt** we'll do that last **2** **sie kommt immer zuletzt** she's always the last to arrive **3** **wann warst du zuletzt da?** when were you last there?; **ich hab ihn zuletzt am Freitag gesehen** I last saw him on Friday (△ *Wortstellung*) **4** **bis zuletzt** till the (very) end

zuliebe: **ihr zuliebe** for her sake

Zulieferer *m*, **Zulieferin** *f von Bauteilen usw.*: (outside) supplier [səˈplaɪə]

zum → **zu**¹

★**zumachen** **1** shut*, close (*Tür, Geschäft usw.*) **2** do* up (*Mantel usw.*) **3** put* down (*Schirm*) **4** **ich hab kein Auge zugemacht** I didn't sleep a wink **5** **mach zu!** *umg* (≈ *beeil dich*) get a move on!

★**zumindest** at least; **er ist krank - glaube ich zumindest** he's ill - at least I think <u>he is</u>

zumute **1** **mir ist nicht wohl zumute** I don't feel good **2** **mir ist nicht nach Tennis zumute** I don't feel like (playing) tennis

zumuten **1** **das kannst du ihm nicht zumuten** you can't expect him to do that **2** **sich zu viel zumuten** take* on too much

Zumutung *f*: **das ist eine Zumutung!** it's a damn [dæm] cheek!, it's a bit much!

★**zunächst** **1** (≈ *anfangs*) at first **2** (≈ *als erstes*) first (of all)

★**Zunahme** *f* increase ['ɪŋkriːs] (+ *Genitiv oder* **an** in)

★**Zuname** *m* (↔ *Vorname*) surname ['sɜːneɪm], last (*oder* second) name

zündeln *bes.* Ⓐ play with matches, play with fire

zünden **1** (*Motor*) ignite, fire **2** **das Streichholz zündet nicht** the match won't light **3** **hat's bei dir endlich gezündet?** *umg* has the penny finally dropped?

Zunder *m* **1** **brennen wie Zunder** burn* like tinder **2** **es gibt Zunder** *umg* she's (*bzw.* they're *usw.*) in for it

Zünder *m Bombe, Mine*: detonator ['detəneɪtə]

Zündflamme f pilot light
★**Zündholz** n match
Zündholzschachtel f matchbox
Zündkerze f spark plug
Zündschlüssel m ignition [ɪɡˈnɪʃn] key
Zündung f ignition [ɪɡˈnɪʃn]; **die Zündung einstellen** Auto: adjust the timing
★**zunehmen** ◼ an Gewicht: put* on weight ◼ (Zahl, Probleme usw.) increase, grow*
Zuneigung f affection (**für, zu** for)
★**Zunge** f ◼ tongue [ʌ tʌŋ]; **er streckte (mir) die Zunge raus** he poked his tongue out (at me) ◼ **sie hat eine spitze Zunge** übertragen she's got a sharp tongue ◼ **es liegt mir auf der Zunge** Wort: it's on the tip of my tongue
Zungenbrecher m tongue-twister
Zungenkuss m French kiss
zunicken ◼ **jemandem zunicken** nod at someone ◼ **sie nickte uns freundlich zu** she gave us a friendly nod
zuordnen ◼ **den Bildern die richtigen Begriffe zuordnen** match the right words up with the pictures ◼ **die Eidechse wird den Reptilien zugeordnet** the lizard ['lɪzəd] is classified ['klæsɪfaɪd] as a reptile ['reptaɪl] ◼ **sie lässt sich schwer zuordnen** zu einer bestimmten Kunstrichtung usw. she's hard to place (oder categorize ['kætɪɡəraɪz])
zupacken ◼ grab hold of it (bzw. him usw.) ◼ **wir haben alle zugepackt** we all rolled up our sleeves (and helped)
zuparken block (Eingang usw.)
zupfen ◼ **sie zupfte mich am Ärmel** she tugged at my sleeve ◼ pluck (Saite, Instrument, Augenbrauen)
Zupfinstrument n plucked instrument ['ɪnstrəmənt]
zuprosten: **sie haben mir zugeprostet** they raised their glasses to me
zur → **zu**¹
zurechnungsfähig (≈ bei klarem Verstand) accountable, of sound mind
zurechtbiegen ◼ bend* into shape ◼ **er hat die Sache wieder zurechtgebogen** he got things straightened out again
zurechtfinden ◼ **ich hab mich schnell zurechtgefunden** in einer Stadt usw.: I found my way around quickly ◼ **findest du dich zurecht?** bei Arbeit usw.: are you managing all right? ◼ **ich find mich überhaupt nicht mehr zurecht** I don't know what's going on any more
zurechtkommen ◼ mit einer Sache: manage, cope (**mit** with) ◼ **mit jemandem (gut) zurechtkommen** get* on (well) with someone
zurechtmachen ◼ **sich zurechtmachen** (≈ sich herausputzen) do* oneself up ◼ do* up (Zimmer)
zurechtweisen ◼ rebuke [rɪˈbjuːk] ◼ reprimand [ˈreprɪmɑːnd] (Schüler usw.)
zureden: **kannst du ihm nicht gut zureden?** can't you persuade [pəˈsweɪd] him?
Zürich n Zurich [ˈzʊərɪk]
zurichten: **sie haben ihn übel zugerichtet** they really made a mess of him
★**zurück** ◼ allg.: back ◼ **London und zurück, bitte** a return (US a round trip) to London, please ◼ **zurück!** get back! ◼ **fünf Punkte zurück sein** be* five points behind ◼ **zurück sein** in der Schule: be* behind
Zurück n: **es gibt kein Zurück (mehr)** there's no turning back (now)
zurückbekommen get* back
zurückbleiben ◼ stay behind ◼ (≈ nicht mithalten) be* lagging behind
zurückblenden flash back (**auf** to)
zurückblicken look back (**auf** to)
zurückbringen ◼ hierher: bring* back ◼ woandershin: take* back
zurückdenken think* back (**an** to)
zurückdrehen ◼ turn back (Zeiger, Hahn usw.) ◼ turn down (Lautstärke)
zurückerstatten refund [rɪˈfʌnd]; **haben sie dir das Geld zurückerstattet?** did they refund you the money?
zurückfahren ◼ go* back, mit dem Auto auch: drive* back ◼ **jemanden zurückfahren** drive* someone back
zurückfinden: **findest du den Weg zurück?** will you find your way back?
★**zurückgeben** give* back, return
zurückgeblieben backward [ˈbækwəd]
★**zurückgehen** ◼ go* back ◼ **zwei Schritte zurückgehen** take* two steps back ◼ **es geht aufs Mittelalter zurück** it goes back to the Middle Ages (⚠ pl)
zurückgezogen ◼ Dasein, Leben: secluded [sɪˈkluːdɪd] ◼ **zurückgezogen leben** lead* a secluded life, live in seclusion
zurückhalten ◼ **sich zurückhalten** hold* back ◼ **sich mit dem Essen** usw. **zurückhalten** go* easy on the food usw. ◼ (≈ nicht freigeben) hold* onto
zurückhaltend reserved
zurückholen fetch back, retrieve
zurückkaufen buy* back

★**zurückkehren** go* (bzw. come*) back, return
zurückkommen ▌1▐ come* back ▌2▐ **zurückkommen auf** come* back to (*ein Thema*)
zurückkönnen: **wir konnten nicht zurück** we couldn't get back
zurückkriegen get* back
zurücklassen ▌1▐ leave* behind ▌2▐ **lass ihn zurück** (≈ *zurückgehen*) let him go back
zurücklaufen run* back
zurücklegen ▌1▐ *an seinen Platz*: put* back ▌2▐ *für jemanden*: put* aside, keep* ▌3▐ **leg den Kopf zurück** put your head back ▌4▐ **fünf Kilometer zurücklegen** walk (*bzw.* run*) five kilometres
zurücklehnen: **sich zurücklehnen** lean* back
zurückliegen ▌1▐ **das liegt weit** (*bzw.* **zwei Jahre**) **zurück** that was a long time (*bzw.* two years) ago ▌2▐ **sie liegen 5:3 zurück** they're 5-3 (*gesprochen* five-three) down
zurückmelden: **sich zurückmelden** report back (**bei** to)
zurückmüssen ▌1▐ **ich muss zurück** I've got to go back ▌2▐ **das Fahrrad muss zurück** the bicycle's got to be taken back
zurücknehmen take* back (*auch Gesagtes*)
zurückrufen call back; **ich ruf (dich) zurück** I'll call (you) back
zurückschauen look back (**auf** at)
zurückscheuen: **er scheut vor nichts zurück** he'll stop at nothing
zurückschicken send* back
zurückschieben push back
zurückschlagen ▌1▐ *nach einem Schlag*: hit* (someone) back ▌2▐ *übertragen* fight* back ▌3▐ **den Ball zurückschlagen** hit* the ball back
zurückschrecken: **er schreckt vor nichts zurück** he'll stop at nothing
zurückschreiben write* back; **hast du ihr zurückgeschrieben?** did you write back to her?
zurückspulen rewind* [riːˈwaɪnd]
zurückstehen ▌1▐ **das Haus steht zehn Meter von der Straße zurück** the house is set back ten metres from the road ▌2▐ **er steht hinter den anderen zurück** he's lagging behind the others, (≈ *hintanstehen*) he takes second place
zurückstellen ▌1▐ put* back (*Gegenstand*) ▌2▐ put* aside (*Ware*) ▌3▐ **seine Uhr zurückstellen** put* one's watch back
zurücktreten ▌1▐ step back ▌2▐ *von einem Amt*: resign [rɪˈzaɪn]
zurückweichen step back (**vor** from)
zurückweisen reject [rɪˈdʒekt]
zurückwerfen throw* back

zurückwollen want to go back
zurückzahlen pay* back; **ich zahl's dir zurück** I'll pay you back
zurückziehen ▌1▐ *allg.*: pull back (*auch Vorhänge*) ▌2▐ withdraw* (*Antrag, Versprechen usw.*) ▌3▐ **sich zurückziehen** *allg.*: withdraw* ▌4▐ **er hat sich auf sein Zimmer zurückgezogen** he's disappeared into his room
Zuruf *m* ▌1▐ *allg.*: shout ▌2▐ **Zurufe** *anfeuernde*: cheers, cheering (▲*sg*)
zurufen: **jemandem zurufen** call someone, call out to someone
zurzeit at the moment
Zusage *f* ▌1▐ (≈ *Versprechen*) promise [▲ˈprɒmɪs] ▌2▐ (≈ *Annahme*) acceptance
zusagen ▌1▐ *bei Einladung*: accept [əkˈsept]; **alle haben zugesagt** they've all said they'll come ▌2▐ **jemandem zusagen** (≈ *gefallen*) appeal to someone; **wird es ihr zusagen?** *auch*: will she like it?; **das würde ihr eher zusagen** she'd prefer that
★**zusammen** ▌1▐ *allg.*: together; **wir waren zusammen in Italien** we went to Italy together ▌2▐ **das macht zusammen 35 Euro** that's 35 euros all together ▌3▐ **bestellen wir die gemischte Grillplatte zusammen** let's order the mixed grill between us ▌4▐ **Morgen zusammen!** *Gruß*: morning everyone! ▌5▐ **zusammen sein** be* together; **sie sind wieder zusammen** they're back together again
★**Zusammenarbeit** *f* ▌1▐ cooperation [kəʊˌɒpəˈreɪʃn]; **in Zusammenarbeit mit** in cooperation with ▌2▐ *im Team*: teamwork
★**zusammenarbeiten** work together; **ich kann mit ihm nicht zusammenarbeiten** I can't work with him
zusammenballen: **die Hände zusammenballen** clench one's fists
zusammenbauen put* together, assemble
zusammenbeißen: **die Zähne zusammenbeißen** clench one's teeth, *übertragen* grit one's teeth
zusammenbekommen ▌1▐ get* together (*eine Mannschaft usw.*) ▌2▐ raise, *umg* scrape together (*Geld*)
zusammenbleiben stay together
★**zusammenbrechen** ▌1▐ (*Person, Gebäude usw.*) collapse ▌2▐ *psychisch*: break* down
zusammenbringen ▌1▐ **er brachte die beiden zusammen** he brought the two of them together ▌2▐ raise (*Geld*) ▌3▐ **er bringt keinen Satz zusammen** he can't string a sentence together
Zusammenbruch *m* collapse [kəˈlæps]

zusammenfahren 1 *umg* smash into (*Ampel usw.*) 2 run* over, drive* into (*Person*) 3 (*zwei Autos, Züge usw.*) collide 4 *erschrocken*: jump, start (**vor** with)

zusammenfallen 1 (≈ *einstürzen*) collapse 2 *zeitlich*: coincide [ˌkəʊɪn'saɪd]

zusammenfalten 1 fold up 2 **die Hände zusammenfalten** fold one's hands

★**zusammenfassen** summarize, sum up

Zusammenfassung *f* summary ['sʌmərɪ]

zusammenfügen 1 *allg.*: join (together), fit together 2 *Technik*: assemble [ə'sembl]

zusammengehören belong together

zusammengerechnet: **alles zusammengerechnet** all in all

zusammengesetzt 1 **zusammengesetzt aus** made up of 2 **zusammengesetztes Wort** compound ['kɒmpaʊnd] (word)

zusammenhaben: **wir haben eine Mannschaft** (*bzw. das Geld*) **zusammen** we've got a team (*bzw.* the money) together

zusammenhalten 1 (*zwei Teile usw.*) hold* together 2 (*Gruppe usw.*) stick* together

★**Zusammenhang** *m* 1 connection; **im Zusammenhang mit** in connection with (⚠ *ohne* the) 2 **etwas im Zusammenhang sehen** see* something in context

zusammenhängen: **es hängt damit zusammen, dass ...** it's to do with the fact that ...

zusammenhauen 1 **jemanden zusammenhauen** beat* someone up 2 **etwas zusammenhauen** smash something to pieces

zusammenklappen 1 fold up (*Stuhl usw.*) 2 **ein Buch zusammenklappen** clap a book shut 3 *umg* (*Person*) collapse

zusammenkleben 1 stick* together 2 **die Seiten kleben zusammen** the pages are stuck together

zusammenknüllen screw up (*Papier usw.*)

zusammenkommen 1 (*Personen*) get* together 2 **es kam alles zusammen** everything happened at the same time 3 **es ist eine Menge Geld zusammengekommen** quite a bit of money came in

zusammenkrachen *umg* 1 (*Gebäude usw.*) collapse [kə'læps] 2 (*Autos*) crash

zusammenkratzen scrape together (*Geld*)

zusammenläppern: **es läppert sich zusammen** it all adds up

zusammenleben 1 live together 2 **sie lebt mit ihm zusammen** she lives with him

★**zusammenlegen** 1 (≈ *falten*) fold up 2 (≈ *Geld sammeln*) club together

zusammennehmen 1 **ich musste meinen ganzen Mut zusammennehmen** I had to muster (up) all my courage 2 **nimm dich zusammen!** pull yourself together!

zusammenpacken pack (one's things) up

zusammenpassen 1 (*Kleider usw.*) go* together 2 **sie passen nicht zusammen** *Personen*: they aren't suited ['suːtɪd], *US* they aren't right for each other 3 **es passt alles zusammen** *ins Bild*: it all adds up

zusammenprallen 1 (*Autos usw.*) crash 2 (*Personen*) run* into each other 3 **zusammenprallen mit** (*Auto usw.*) crash into, (*Person*) run* into

zusammenpressen press together; **die Lippen zusammenpressen** press one's lips together

zusammenrechnen add up

zusammenreißen: **reiß dich zusammen!** pull yourself together!

zusammenrollen roll up

zusammenrücken 1 **rücken wir die Tische zusammen** let's move the tables together 2 (*Personen*) move up, make* room

zusammenscheißen: **er hat sie zusammengeschissen** *salopp* he gave her a rocket, *US* he chewed her ass out

zusammenschlagen: **jemanden zusammenschlagen** *umg* clobber someone

zusammenschließen: **sich zusammenschließen** (≈ *sich vereinigen*) unite [juː'naɪt], *um etwas zu erreichen*: join forces, *zu einer Gruppe*: team up

zusammenschreiben 1 **das wird zusammengeschrieben** it's (written as) one word 2 **einen Unsinn zusammenschreiben** write* a lot of nonsense 3 **das hat er aus anderen Aufsätzen zusammengeschrieben** he's pinched that from other essays

zusammensetzen 1 **sich zusammensetzen** sit* together 2 **sie hat uns zusammengesetzt** she put us next to each other

Zusammensetzung *f* 1 (≈ *Struktur*) composition, (≈ *Mischung*) mixture (**aus** of) 2 *Wort*: compound ['kɒmpaʊnd]

zusammensitzen sit* together

zusammenstauchen: **ich hab ihn zusammengestaucht** *umg* I gave him a roasting, *US* I gave him a talking-to

zusammenstecken 1 **die Haare zusammenstecken** put* one's hair up 2 **dauernd zusammenstecken** be* inseparable

zusammenstellen 1 put* together, *nach einem Muster*: arrange 2 compile (*Daten*) 3 draw* up (*Liste, Fahrplan*) **4** pick (*Mannschaft*)

Zusammenstellung *f* **1** arrangement **2** *von Berichten, Aufsätzen usw.*: compilation [ˌkɒmpɪˈleɪʃn] **3** (≈ *Übersicht*) survey [ˈsɜːveɪ], synopsis [sɪˈnɒpsɪs] **4** (≈ *Tabelle*) table **5** (≈ *Liste*) list

★**Zusammenstoß** *m* **1** *allg.*: crash **2** **Zusammenstöße** *von Personen*: clashes

zusammenstoßen **1** crash (into each other) **2** **zusammenstoßen mit** crash into

zusammentreiben round up

zusammentrommeln *umg* round up

zusammentun: **sich zusammentun** team up, get* together

zusammenwachsen **1** grow* together **2** (*Knochen*) knit [⚠ nɪt] (together), *US* heal up

zusammenwirken **1** (*Kräfte, Faktoren usw.*) combine **2** (*Menschen*) cooperate [kəʊˈɒpəreɪt], collaborate [kəˈlæbəreɪt], work together

zusammenzählen add up

zusammenziehen **1** *in eine Wohnung*: move in together **2** **sich zusammenziehen** (*Muskeln usw.*) contract [kənˈtrækt]

zusammenzucken **1** *vor Schreck*: start, jump **2** *vor Schmerz*: wince [wɪns]

Zusatz *m* **1** *allg.*: addition **2** *zu Nahrungsmitteln usw.*: additive [ˈædətɪv], (≈ *Beimischung*) admixture [ədˈmɪkstʃə]; **Wein mit einem Zusatz von Glykol** wine with added glycol [ˈɡlaɪkɒl] **3** *schriftlicher*: addendum, *pl*: addenda

Zusatzbeitrag *m* additional contribution

Zusatzgerät *n* *für Computer*: add-on [ˈædɒn]

★**zusätzlich** **1** additional, extra; **zusätzliche Arbeit** extra work **2** (≈ *außerdem*) in addition **3** **zusätzlich etwas verdienen** earn [ɜːn] a bit extra

Zusatzspeicher *m* extended memory

Zusatzstoff *m* additive

Zusatzversicherung *f* supplementary insurance

★**zuschauen** → zusehen

★**Zuschauer(in)** *m(f)* **1** *Sport*: spectator; **die Zuschauer** the spectators, the crowd (⚠ *mit Verb im sg oder pl*) **2** *TV*: viewer [ˈvjuːə] **3** **die Zuschauer** *Kino, Theater usw.*: the audience [ˈɔːdɪəns] (⚠ *mit sg oder pl*); **ein Zuschauer** somebody in the audience

Zuschauerraum *m* auditorium [ˌɔːdɪˈtɔːrɪəm]

zuschieben: **jemandem die Schuld zuschieben** put* the blame on someone

zuschießen: **sie haben mir 200 Euro zum Fahrrad zugeschossen** they gave me 200 euros towards the bike

Zuschlag *m* *zur Fahrkarte*: supplement [ˈsʌplɪmənt]

zuschlagen **1** **die Tür zuschlagen** slam the door **2** **die Tür ist zugeschlagen** the door slammed (shut) **3** **plötzlich schlug er zu** suddenly he hit out **4** **ich hab sofort zugeschlagen** *bei Angebot usw.*: I grabbed it *usw.* straightaway

zuschließen **1** lock up **2** **den Koffer** *usw.* **zuschließen** lock the case *usw.* (up)

zuschnüren **1** lace up (*Schuhe*) **2** tie up (*Paket usw.*)

★**Zuschrift** *f* letter, *als Antwort auch*: reply [rɪˈplaɪ]

Zuschuss *m* **1** *allg.*: subsidy [ˈsʌbsədi] **2** *von Eltern usw.*: contribution (**zu** towards)

zuschütten **1** fill *something* up (*oder* in) (*Graben usw.*) **2** fill in, close (*Grab*)

★**zusehen** **1** watch **2** **wir sahen ihm bei der Arbeit zu** we watched him working; **ich sah zu, wie er es machte** I watched how he did it **3** **ich kann nicht mehr zusehen** I can't look any more **4** **sieh zu, dass du's nicht vergisst!** make sure you don't forget! **5** **allein vom Zusehen wird mir schlecht** I feel sick just watching

★**zusperren** **1** lock (*Tür usw.*) **2** **hast du zugesperrt?** have you locked up?

zuspielen: **jemandem den Ball zuspielen** pass the ball to someone

zuspitzen: **sich zuspitzen** (*Lage*) come* to a head [hed]

★**Zustand** *m* **1** condition; **in was für einem Zustand ist es?** what sort of condition is it in? **2** **in was für einem Zustand ist sie?** what sort of state is she in? **3** *umg* **da kriegt man ja Zustände!** it's enough to drive you nuts (*Br auch* spare); **er kriegt Zustände, wenn er das sieht!** he'll have a fit if he sees that

★**zustande**: **wie hast du zustande gebracht?** how did you manage that?

★**zuständig**: **ich bin dafür nicht zuständig** it's not my job (*oder* responsibility)

zustecken: **er steckte mir einen Zettel zu** he slipped me a note

zusteigen get* on

zustellen **1** deliver [dɪˈlɪvə] (*Waren, eine Sendung usw.*) **2** *juristisch*: serve (**jemandem etwas** someone with something) **3** (≈ *blockieren*) block (*den Eingang usw.*)

Zustellung *f* **1** *von Waren usw.*: delivery [dɪˈlɪvəri] **2** *juristisch*: service (of a writ)

zustimmen: **jemandem zustimmen** agree <u>with</u> someone

Zustimmung *f* (≈ *Einverständnis*) agreement, (≈ *Einwilligung*) consent, (≈ *Beifall*) approval; **allgemeine Zustimmung finden** meet* with general approval; **mit Zustimmung** (+ *Genitiv*) with the agreement of

zustoßen **1** push *something* shut, *laut*: slam *something* (shut) (*Tür usw.*) **2** *mit einem Messer usw.*: thrust, stab **3** **ihr muss etwas zugestoßen sein** something must have happened to her, *Unfall*: she must have had an accident; **falls mir etwas zustoßen sollte** if anything should happen to me

Zustrom *m* **1** *von Besuchern, Käufern*: stream, (≈ *Andrang*) rush **2** *von Flüchtlingen, Touristen, Kapital*: influx ['ɪnflʌks] **3** **Zustrom kühler Meeresluft** inflow of fresh sea air

Zutaten *pl* ingredients [ɪn'griːdɪənts]

zuteilen **1** give*, *förmlicher*: assign [ə'saɪn], allot [ə'lɒt] (*alle* + *Dativ* to) (*eine Arbeit, Aufgabe, Rolle*) **2** allocate ['æləkeɪt] (+ *Dativ* to) (*Geld, eine Wohnung*) **3** **sie ist einer anderen Abteilung zugeteilt worden** *im Vergleich zu bisher*: she's been moved [muːvd] to a different department

zutexten *umg* **jemanden zutexten** go* on and on at someone

zutrauen **1** **traust du ihm das zu?** do you think he can do it? **2** **ich trau's ihr glatt zu** I wouldn't put it past her **3** **das hätte ich ihm nicht zugetraut** *bei etwas Negativem*: I didn't think he was like that, *anerkennend*: I didn't think he had it in him

Zutrauen *n* **1** confidence ['kɒnfɪdəns], trust (**zu** in) **2** **ich hab kein Zutrauen zu ihm** I don't trust him

zutraulich **1** trusting **2** *Tier*: friendly

zutreffen **1** **zutreffen auf** apply to **2** **das trifft genau auf ihn zu** that's him exactly

Zutritt *m* **1** *allg.*: access ['ækses] **2** **Zutritt verboten!** no entry

zutun: **ich hab kein Auge zugetan** I didn't sleep a wink

★**zuverlässig** **1** reliable [rɪ'laɪəbl] **2** **sie sind absolut zuverlässig** you can rely on them totally

Zuverlässigkeit *f* reliability [rɪˌlaɪə'bɪlətɪ]

Zuversicht *f* confidence ['kɒnfɪdəns]; **er ist voller Zuversicht** he's quite confident (**dass** that)

zuversichtlich confident ['kɒnfɪdənt], optimistic

zuvor **1** before; **nie zuvor** never before; **besser als je zuvor** better than ever before **2** **am Tag zuvor** the day before, the previous ['priːvɪəs] day

zuvorkommen: **sie ist mir zuvorgekommen** she beat me 'to it (△ *betont ist* to)

zuvorkommend **1** *allg.*: (very) obliging [ə'blaɪdʒɪŋ], accommodating **2** (≈ *höflich*) courteous [△ 'kɜːtɪəs]

Zuwachs *m*: **sie haben Zuwachs bekommen** *umg* they've had a new arrival

Zuwanderung *f* immigration [ˌɪmɪ'greɪʃn], influx ['ɪnflʌks]

zuwenden **1** **jemandem den Rücken zuwenden** turn one's back to (*bewusst abweisend*: <u>on</u>) someone **2** **jemandem das Gesicht zuwenden** turn round to face (*oder* look at) someone **3** *übertragen* **sich jemandem zuwenden** turn to someone **4** *übertragen* **sich zuwenden** *e-r Aufgabe usw.* devote oneself to *a task usw.*

zuwerfen **1** **wirf mir den Ball zu!** throw me the ball! **2** slam (*Tür*)

zuwider: **es ist mir zuwider** I find it revolting

zuwinken: **jemandem zuwinken** wave at (*oder* to) someone

zuzahlen: **ich musste 20 Euro zuzahlen** I had to pay <u>an</u> extra 20 euro<u>s</u>

zuzeln *bes.* Ⓐ **1** (≈ *lutschen, saugen*) suck **2** **er zuzelte stundenlang an einem Glas Wein** he sipped away at his glass of wine for hours

zuziehen: **er hat sich eine Erkältung zugezogen** he's come down with a cold

Zuzüger(in) *m(f)* Ⓒ **1** (≈ *neues Mitglied*) newcomer **2** (≈ *Zuwanderer*) incomer

Zuzügler(in) *m(f)* (≈ *Zuwanderer*) incomer

zuzüglich plus, not including

zuzwinkern: **jemandem zuzwinkern** wink <u>at</u> someone

Zvieri *m/n* Ⓒ (≈ *Nachmittagsimbiss*) afternoon snack

Zwang *m* **1** pressure; **etwas unter Zwang tun** do* something under pressure **2** **innerer Zwang** inner compulsion **3** **tu dir nur keinen Zwang an!** be my guest!, *bes. Br auch* don't mind me!

zwängen: **sich in** (*bzw.* **durch**) **etwas zwängen** squeeze into (*bzw.* through) something

zwanglos *Treffen usw.*: relaxed

Zwangsernährung *f* force-feeding

Zwangsidee *f* obsession

Zwangsjacke *f* straitjacket (*auch übertragen*)

zwangsläufig **1** *Ergebnis usw.*: inevitable [ɪ-

'nevɪtəbl] **2 es musste zwangsläufig so kommen** it was bound to happen
★**zwanzig** twenty
Zwanzigcentstück n twenty-cent piece
Zwanzigerjahre pl: **in den Zwanzigerjahren** in the twenties
Zwanzigeuroschein m twenty-euro note, US twenty-euro bill
zwanzigste(r, -s) twentieth; **20. April** 20(th) April, 20(th) April (gesprochen the twentieth of April); **am 20. April** on 20(th) April, on 20(th) April (gesprochen on the twentieth of April)
★**zwar** (⚠ wird oft nicht übersetzt und durch Wortbetonung wiedergegeben) **1 ich bin zwar müde, aber ...** I 'am tired, but ...; **sie hat zwar gegessen, aber ...** she 'did eat, but ... **2 er kommt morgen, und zwar um sieben** he's coming tomorrow – he'll be here at seven; **sie will essen, und zwar sofort** she wants to eat – right now
★**Zweck** m **1** purpose ['pɜːpəs]; **seinen Zweck erfüllen** (Gerät usw.) serve its purpose **2 für private** usw. **Zwecke** for private usw. use [juːs] (⚠ sg) **3 das hat wenig Zweck** that won't be much good; **was hat es für einen Zweck?** what's the point?; **was hat es für einen Zweck, mit ihr zu reden?** what's the point of talking to her?
zwecklos 1 es ist zwecklos it's useless ['juːsləs], it's no use **2 es ist zwecklos, ihn zu fragen** there's no point in asking him
★**zwei 1** two; **vor zwei Tagen** two days ago **2 wir zwei** the two of us **3 dazu gehören zwei** you need two people for that
Zwei f **1** Zahl: (number) two **2 eine Zwei schreiben** etwa: get a B **3** Bus, Straßenbahn usw.: number two bus, number two tram usw.
Zweibettzimmer n twin-bedded room
Zweicentstück n two-cent piece
zweideutig ambiguous [æmˈbɪɡjʊəs]
zweieinhalb two and a half (⚠ hɑːf]
Zweier m Rudern: two [tuː]
zweierlei: **das ist zweierlei** they're two completely different things
zweifach 1 die zweifache Menge double the amount, twice as much **2 der zweifache deutsche Meister X** two-times German champion X (⚠ ohne the) **3 ein Formular in zweifacher Ausfertigung** two copies of a form
Zweifamilienhaus n two-family house, US auch duplex ['duːpleks]
★**Zweifel** m **1** doubt [daʊt] **2 ohne Zweifel** undoubtedly **3 ich hab da meine Zweifel** I've got my doubts **4 ich bin mir noch im Zweifel, ob ...** I'm still not sure whether ...
zweifelhaft 1 allg.: doubtful ['daʊtfl] **2** (≈ verdächtig) dubious ['djuːbɪəs]
★**zweifellos** undoubtedly [ʌnˈdaʊtɪdlɪ], no doubt
★**zweifeln 1 an etwas zweifeln** have* one's doubts about something **2 er zweifelt an sich selbst** he's lost faith in himself
Zweifelsfall m: **im Zweifelsfall** if there's any doubt, if you're not sure
★**Zweig** m **1** branch **2** kleiner: twig **3** übertragen (≈ Bereich) branch
zweigleisig Bahnstrecke: double-track ..., hinter dem Verb: double-tracked
Zweigstelle f branch [brɑːntʃ] (office)
★**zweihundert** two hundred
Zweihunderteuroschein m two-hundred-euro note, US two-hundred-euro bill
zweijährig 1 (≈ zwei Jahre alt) two-year-old **2** (≈ zwei Jahre dauernd) two-year; **nach zweijährigen Verhandlungen** after two years of negotiations
Zweikampf m **1** allg.: duel ['djuːəl] **2** Fußball: **einen Zweikampf gewinnen** win* a tackle; **der Zweikampf ist nicht seine Stärke** he's not much of a tackler, he's not very good at tackling
zweimal 1 twice; **zweimal am Tag** twice a day **2 das würd ich mir zweimal überlegen** I'd think twice about it **3 ich hab's mir nicht zweimal sagen lassen** I didn't wait to be asked twice
zweimotorig twin-engine(d) [ˌtwɪnˈendʒɪn(d)]
Zweireiher m double-breasted jacket [ˌdʌblˈbrestɪdˈdʒækɪt]
zweiseitig Fotokopie: double-sided
zweisprachig 1 bilingual [baɪˈlɪŋɡwəl] **2 ich bin zweisprachig aufgewachsen** I grew up bilingually
zweispurig Straße: two-lane (⚠ nur vor dem Subst.)
zweistellig 1 zweistellige Ziffer two-digit number ['tuːˌdɪdʒɪt'nʌmbə]; **zweistellige Inflation** double-digit inflation **2 zweistelliger Dezimalbruch** two-place decimal [ˌtuːpleɪsˈdesəml]
zweistimmig Lied: two-part (⚠ nur vor dem Subst.)
zweistündig two-hour (⚠ nur vor dem Subst.)
zweit 1 wir waren zu zweit there were two of us **2 wir gingen zu zweit hin** we went there

together

Zweitälteste(r) m/f(m) second eldest (oder oldest)

zweitausend two thousand

Zweitbeste(r) m/f(m) second best

zweitbeste(r, -s): der zweitbeste Schüler the second best pupil

★**zweite(r, -s)** second; **2. April** 2(nd) April, April 2(nd) (⚠ gesprochen the second of April); **am 2. April** on 2(nd) April, on April 2(nd) (⚠ gesprochen on the second of April)

Zweite(r, -s) m/f(m, n) **1** second **2 er wurde Zweiter** he was second, bei Rennen: he came in second **3 jeder Zweite** every other person **4 Elizabeth II.** Elizabeth II (gesprochen Elizabeth the Second; II ohne Punkt!) **5 heute ist der Zweite** it's the second today

★**zweitens** secondly

zweitgrößte(r, -s) second largest (bzw. biggest, tallest)

zweitletze(r, -s) last but one

zweitrangig second-rate

Zweitschlüssel m spare key

Zweizimmerwohnung f one-bedroom flat (US apartment)

Zwerchfell n diaphragm (⚠ 'daɪəfræm]

Zwerg m **1** dwarf [dwɔːf] pl: dwarfs oder dwarves [dwɔːvz] **2** (≈ kleiner Mensch) midget ['mɪdʒɪt]

Zwetschge f, **Zwetsche** f ⓐ, **Zwetschke** f plum

zwicken 1 pinch; **er zwickte mich in den Arm** he pinched my arm **2 das Hemd zwickt mich** the shirt is pinching me **3** bes. ⓐ (≈ entwerten) cancel (Fahrkarte)

Zwickmühle f: **in einer Zwickmühle sein** be* in a fix

Zwieback m rusk, US auch zwieback ['zwiːbæk, 'zwaɪbæk]

★**Zwiebel** f **1** onion (⚠ 'ʌnjən] **2** (≈ Blumenzwiebel) bulb

Zwiebelsuppe f onion (⚠ 'ʌnjən] soup

Zwielicht n twilight ['twaɪlaɪt]

zwielichtig: eine zwielichtige Gestalt a shady character ['kærəktə]

Zwilling¹ m twin; **eineiige Zwillinge** identical twins; **zweieiige Zwillinge** fraternal twins

Zwilling² m: **Zwillinge** Sternzeichen: Gemini ['dʒemɪnaɪ]; **ich bin (ein) Zwilling** I'm (a) Gemini

Zwillingsbruder m twin brother

Zwillingsschwester f twin sister

★**zwingen 1** force; **jemanden zwingen, etwas zu tun** force someone to do something, make* someone do something (⚠ ohne to); **jemanden zum Reden zwingen** force someone to talk **2 ich lass mich nicht zwingen** I won't be forced **3 ich musste mich zwingen** I had to force myself

Zwinger m (≈ Hundezwinger) kennel ['kenl]

zwinkern 1 zum Zeichen: wink **2** nervös usw.: blink

★**zwischen 1** allg.: between **2** (≈ mitten unter) among; **ich fand's zwischen den Zeitungen** I found it among the papers

Zwischenablage f Computer: clipboard

Zwischenblutung f irregular bleeding; **Zwischenblutungen** irregular bleeding (⚠ sg, ohne an)

Zwischending n **1 es ist so ein Zwischending** it's a bit of both **2 es ist ein Zwischending zwischen einem Löwen und einem Tiger** it's somewhere between a lion and a tiger

zwischendrin (≈ dazwischen) right in the middle, in amongst them (oder it)

zwischendurch in between

Zwischenfall m **1** incident (⚠ 'ɪnsɪdənt] **2 es verlief ohne Zwischenfälle** it went off smoothly (⚠ 'smuːðlɪ]

Zwischenfrage f: **darf ich eine Zwischenfrage stellen?** can I throw in a question?

Zwischenhändler(in) m(f) middleman

Zwischenlager n **Zwischenlagerstätte** f temporary (oder interim ['ɪntərɪm]) storage site

zwischenlagern: radioaktive Abfälle zwischenlagern store radioactive waste temporarily

Zwischenlagerung f: **Zwischenlagerung von radioaktivem Material** temporary storage of nuclear waste

zwischenlanden stop over

Zwischenlandung f **1** stopover **2 ohne Zwischenlandung** nonstop

Zwischenlösung f temporary ['temprərɪ] solution

Zwischenmahlzeit f **1** snack (between meals) **2 du musst mit diesen Zwischenmahlzeiten aufhören** you must stop eating between meals

zwischenmenschlich: zwischenmenschliche Beziehungen human relations

Zwischenprüfung f intermediate [,ɪntə'miːdɪət] exam; **wann machst du die Zwischenprüfung?** when are you taking your intermediate exam?

Zwischenraum m space

Zwischenruf *m* (loud) interruption; **Zwischenrufe** heckling (▲ *sg*)
Zwischenrunde *f* intermediate round
Zwischenstadium *n* intermediate stage [ˌɪntəˈmiːdɪətˌsteɪdʒ]
Zwischenstation *f* ▌1▐ stop ▌2▐ **wir haben in Berlin Zwischenstation gemacht** we stopped over in Berlin
Zwischenzeit *f* ▌1▐ **in der Zwischenzeit** in the meantime ▌2▐ *Sport*: intermediate time
Zwischenzeugnis *n* ▌1▐ *Schule*: end of term report, *US* report card ▌2▐ *von Arbeitgeber*: performance appraisal
zwitschern (*Vogel*) chirp [tʃɜːp]
Zwitter *m* hermaphrodite [hɜːˈmæfrədaɪt]
★**zwölf** *Zahl*: twelve [twelv]
Zwölf *f* ▌1▐ (number) twelve ▌2▐ *Bus, Straßenbahn usw.*: <u>number</u> twelve bus, <u>number</u> twelve tram *usw.*
zwölfjährig ▌1▐ (≈ zwölf Jahre alt) twelve-year-old ▌2▐ (≈ zwölf Jahre dauernd) twelve-year; **nach einer zwölfjährigen Auseinandersetzung** after a dispute lasting twelve years
Zwölfjährige(r) *m/f(m)* twelve-year-old
★**zwölfte(r, -s)** twelfth [twelfθ]; **12. April** 12(th) April, April 12(th) (▲ *gesprochen* the twelfth of April); **am 12. April** on 12(th) April, on April 12(th) (▲ *gesprochen* on the twelfth of April)
Zwölfte(r, -s) *m/f(m, n)* ▌1▐ twelfth [twelfθ] ▌2▐ **Gustav XII.** Gustav XII (*gesprochen* Gustav the Twelfth; XII *ohne Punkt!*) ▌3▐ **heute ist der Zwölfte** it's the twelfth today
Zyankali *n* potassium cyanide [pəˌtæsɪəmˈsaɪənaɪd]
Zyklus *m* cycle [ˈsaɪkl]
Zylinder *m* ▌1▐ *allg.*: cylinder [ˈsɪlɪndə] ▌2▐ *Hut*: top hat
zylindrisch cylindrical [səˈlɪndrɪkl]
zynisch cynical [ˈsɪnɪkl]
Zypern *n* Cyprus [ˈsaɪprəs]
Zypresse *f* *Baum*: cypress [ˈsaɪprəs] (tree)
Zypriot(in) *m(f)*, **zypriotisch** Cypriot [▲ ˈsɪprɪət]
Zyste *f* cyst [sɪst]

Extras

Verbtabellen
Regelmäßige Verbformen: accept   994
   Passiv   995
   Tipps   995
   Verneinung   995

Unregelmäßige Verbformen: see   996

Wichtige Hilfsverben
   be, have, can   997
   do, must, will, shall, may   998

Unregelmäßige englische Verben, alphabetisch   999

Abkürzungen
Abkürzungen und Symbole   1006

Regelmäßige Verbformen: accept

accept annehmen, akzeptieren

Present tense

Simple		Progressive	
I	accept	I	am accepting
you	accept	you	are accepting
he/she/it	accepts*	he/she/it	is accepting
we	accept	we	are accepting
you	accept	you	are accepting
they	accept	they	are accepting

*siehe auch die Tipps auf Seite 995

Past tense

Simple		Progressive	
I	accepted	I	was accepting
you	accepted	you	were accepting
he/she/it	accepted	he/she/it	was accepting
we	accepted	we	were accepting
you	accepted	you	were accepting
they	accepted	they	were accepting

Present Perfect

Simple		Progressive	
I	have accepted	I	have been accepting
you	have accepted	you	have been accepting
he/she/it	has accepted	he/she/it	has been accepting
we	have accepted	we	have been accepting
you	have accepted	you	have been accepting
they	have accepted	they	have been accepting

Das *Pluperfect* wird mit **had** gebildet:
I had accepted, he had accepted, they had been accepting

Future

Simple		Progressive	
I	will accept	I	will be accepting
you	will accept	you	will be accepting
he/she/it	will accept	he/she/it	will be accepting
we	will accept	we	will be accepting
you	will accept	you	will be accepting
they	will accept	they	will be accepting

⚠ In aller Regel wird beim Futur die Kurzform **I'll**, **she'll** usw. verwendet:
I'll accept, you'll accept, they'll accept

Passiv

Present

I	am accepted
you	are accepted
he/she/it	is accepted
we	are accepted
you/they	are accepted

Simple Past

I	was accepted
you	were accepted
he/she/it	was accepted
we	were accepted
you/they	were accepted

Present Perfect

I	have been accepted
you	have been accepted
he/she/it	has been accepted
we	have been accepted
you/they	have been accepted

Future

I	will be accepted
you	will be accepted
he/she/it	will be accepted
we	will be accepted
you/they	will be accepted

Tipps

- Verben, die auf Konsonant plus -y enden, bilden die 3. Person Singular mit -ies:
  try – he tries, carry – she carries, worry – it worries me
  Ebenso die einfache Vergangenheitsform: **I tried, she carried**

- Verben, die auf -s, -z, -sh, -ch und -x enden, bilden die 3. Person Singular mit -es:
  kiss – she kisses, wash – he washes, watch – it watches me

- In einigen Fällen wird beim *Simple Past* und bei der ing-Form der letzte Konsonant verdoppelt, ein e am Ende fällt immer weg: **run – she is running, panic – you panicked, make – we are making, raise – she raised**

- ie wird bei der ing-Form immer zu y: **die – he is dying, lie – she's lying**

- Das *Conditional* wird mit would gebildet: **I would accept, they would accept**

- Der *Imperativ* der 2. Person entspricht der Präsensform: **accept!, be happy!**
  Die 1. Person Plural bildet den *Imperativ* mit let's: **Let's accept that ...!**

Verneinung

- Die einfachen verneinten Formen werden immer mit don't, doesn't usw. gebildet:
  Present: **I don't accept, she doesn't accept**
  Past: **we didn't accept, you didn't accept**
  Future: **I/you/she/they won't accept**

- Nur Hilfsverben wie be, can, have, may, must, will werden mit not oder mit der Kurzform n't verneint:
  I can't accept, he hasn't been accepted, they won't accept

Unregelmäßige Verbformen: see

see sehen

Present tense

Simple
I	see
you	see
he/she/it	sees
we	see
you/they	see

Progressive
I	am seeing
you	are seeing
he/she/it	is seeing
we	are seeing
you/they	are seeing

Past tense

Simple
I	saw
you	saw
he/she/it	saw
we	saw
you/they	saw

Progressive
I	was seeing
you	were seeing
he/she/it	was seeing
we	were seeing
you/they	were seeing

Present Perfect

Simple
I/you	have seen
he/she/it	has seen
we	have seen
you/they	have seen

Progressive
I/you	have been seeing
he/she/it	has been seeing
we	have been seeing
you/they	have been seeing

Das *Pluperfect* wird immer mit **had** gebildet.

Future

Simple
I	will see
you	will see
he/she/it	will see
we	will see
you/they	will see

Progressive
I	will be seeing
you	will be seeing
he/she/it	will be seeing
we	will be seeing
you/they	will be seeing

⚠ In aller Regel wird beim Futur die Kurzform **I'll**, **she'll** usw. verwendet:
I'll see, you'll see, we'll see

Passive

Present
I	am seen
you	are seen
he/she/it	is seen
we	are seen
you/they	are seen

Past
I	was seen
you	were seen
he/she/it	was seen
we	were seen
you/they	were seen

Wichtige Hilfsverben

be sein

Simple Present		Present Progressive		Present Perfect	
I	am	I	am being	I	have been
you	are	you	are being	you	have been
he/she/it	is	he/she/it	is being	he/she/it	has been
we	are	we	are being	we	have been
you/they	are	you/they	are being	you/they	have been

Verneinung: **I'm not, he/she/it isn't, we/you/they aren't**

Simple Past		Future	
I	was	I	will be*
you	were	you	will be
he/she/it	was	he/she/it	will be
we	were	we	will be
you/they	were	you/they	will be

*übliche Kurzform: **I'll be** usw., Verneinung: **I/he/she/it wasn't, we/you/they weren't**

have haben

Simple Present		Present Progressive		Present Perfect	
I	have	I	am having	I	have had
you	have	you	are having	you	have had
he/she/it	has	he/she/it	is having	he/she/it	has had
we/you/they	have	we/you/they	are having	we/you/they	have had

Simple Past		Future	
I/you	had	I/you	will have*
he/she/it	had	he/she/it	will have
we	had	we	will have
you/they	had	you/they	will have

*übliche Kurzform: **I'll have** usw., Verneinung: **I don't have, he doesn't have, we didn't have**
⚠ have als Hilfsverb: **I/we haven't, he hasn't, they hadn't**

can können

Simple Present		Simple Past	
I/you	can	I/you	could
he/she/it	can	he/she/it	could
we/you/they	can	we/you/they	could

Verneinung: **I can't, she can't, they couldn't**

do tun (⚠ auch bei Fragen und bei der Verneinung)

Simple Present		Simple Past	
I/you	**do**	I/you	**did**
he/she/it	**does**	he/she/it	**did**
we/you/they	**do**	we/you/they	**did**

Verneinung: **I don't, she doesn't, they didn't**

must müssen

Simple Present		Simple Past	
I/you	**must**	I/you	**had to***
he/she/it	**must**	he/she/it	**had to***
we/you/they	**must**	we/you/they	**had to***

*In allen anderen Zeiten außer Präsens wird **must** durch **have to** ersetzt. Die verneinte Form **I mustn't, they mustn't** etc. bedeutet ‚nicht dürfen'.

will werden (*beim Futur*)

Present		Past/Conditional	
I/you	**will**	I/you	**would**
he/she/it	**will**	he/she/it	**would**
we/you/they	**will**	we/you/they	**would**

Kurzform: **you'll, he'll, they'll**
Verneinung: **I won't, they wouldn't**

shall sollen, werden (*beim Futur, besonders Br*)

Present		Past/Conditional	
I/you	**shall**	I/you	**should**
he/she/it	**shall**	he/she/it	**should**
we/you/they	**shall**	we/you/they	**should**

Kurzform: **I'll, we'll**
Verneinung: **I shan't, we shouldn't**

may können

Present		Past/Conditional	
I/you	**may**	I/you	**might**
he/she/it	**may**	he/she/it	**might**
we/you/they	**may**	we/you/they	**might**

Verneinung: **I may not, I mightn't**

Unregelmäßige englische Verben, alphabetisch

simple present	simple past	past participle	Deutsch
arise	arose	arisen	entstehen; aufkommen
awake	awoke	awoken, awaked	aufwachen; wecken
babysit	babysat	babysat	babysitten
be (am, is, are)	was, were	been	sein
bear	bore	born(e)	(er)tragen; gebären
beat	beat	beaten	schlagen
become	became	become	werden
begin	began	begun	beginnen, anfangen
behold	beheld	beheld	erblicken
bend	bent	bent	(sich) biegen; (sich) beugen
beseech	besought, beseeched	besought, beseeched	anflehen
beset	beset	beset	heimsuchen
bet	bet, betted	bet, betted	wetten
bid[1]	bad(e)	bidden	bitten, sagen
bid[2]	bid	bid	bieten (*Auktion*); reizen (*Karten*)
bind	bound	bound	binden
bite	bit	bitten	beißen; stechen (*Insekt*)
bleed	bled	bled	bluten
blow	blew	blown	blasen; wehen (*Wind*)
break	broke	broken	(zer)brechen
breed	bred	bred	züchten
bring	brought	brought	bringen
broadcast	broadcast, broadcasted	broadcast, broadcasted	senden, (*im Radio/Fernsehen*) übertragen
build	built	built	bauen
burn	burned, *Br auch* burnt	burned, *Br auch* burnt	brennen; verbrennen
burst	burst	burst	platzen
bust	bust	bust	kaputt machen
buy	bought	bought	kaufen
can	could	(been able)	können
cast	cast	cast	werfen
catch (catches)	caught	caught	fangen; erwischen
choose	chose	chosen	(aus)wählen
cling	clung	clung	sich festklammern

simple present	simple past	past participle	Deutsch
clothe	clothed, clad	clothed, clad	bekleiden
come	came	come	kommen
cost	cost	cost	kosten
creep	crept	crept	kriechen, schleichen
cut	cut	cut	schneiden
deal	dealt	dealt	geben (*Karten*); handeln
dig	dug	dug	graben
dive	dived, *US* dove	dived	tauchen
do (does)	did	done	machen, tun
draw	drew	drawn	zeichnen; ziehen
dream	dreamed, *Br auch* dreamt	dreamed, *Br auch* dreamt	träumen
drink	drank	drunk	trinken
drive	drove	driven	fahren; treiben
dwell	dwelt	dwelt	wohnen
eat	ate	eaten	essen
fall	fell	fallen	fallen
feed	fed	fed	füttern; ernähren
feel	felt	felt	(sich) fühlen
fight	fought	fought	kämpfen
find	found	found	finden
fit	fitted, *US auch* fit	fitted, *US auch* fit	passen
flee	fled	fled	fliehen
fling	flung	flung	werfen
fly (flies)	flew	flown	fliegen
forbid	forbad(e)	forbidden	verbieten
forecast	forecast, forecasted	forecast, forecasted	vorhersagen
forego (foregoes)	forewent	foregone	verzichten auf
foresee	foresaw	foreseen	vorhersehen
foretell	foretold	foretold	vorhersagen
forget	forgot	forgotten	vergessen
forgive	forgave	forgiven	verzeihen
freeze	froze	frozen	(ge)frieren
get	got	got, *US auch* gotten	bekommen
give	gave	given	geben
go (goes)	went	gone	gehen, fahren
grind	ground	ground	mahlen; schleifen (*Messer*)
grow	grew	grown	wachsen

Unregelmäßige englische Verben

simple present	simple past	past participle	Deutsch
hang[1]	hung	hung	hängen, aufhängen (*Bild*)
hang[2]	hanged	hanged	(auf)hängen, erhängen
have (has)	had	had	haben
hear	heard	heard	hören
hew	hewed	hewn, hewed	hauen
hide	hid	hid, hidden	verstecken
hit	hit	hit	schlagen; treffen
hold	held	held	halten
hurt	hurt	hurt	verletzen, wehtun
keep	kept	kept	behalten
kneel	knelt, kneeled	knelt, kneeled	knien
knit	knitted, knit	knitted, knit	stricken
know	knew	known	wissen; kennen
lay	laid	laid	legen
lead	led	led	(an)führen
lean	leaned, *Br auch* leant	leaned, *Br auch* leant	lehnen; sich neigen
leap	leaped, *Br auch* leapt	leaped, *Br auch* leapt	springen
learn	learned, *Br auch* learnt	learned, *Br auch* learnt	lernen; erfahren
leave	left	left	(ver)lassen
lend	lent	lent	(ver)leihen
let	let	let	(zu)lassen
lie	lay	lain	liegen
aber lie	lied	lied	lügen
light	lit, lighted	lit, lighted	anzünden
lose	lost	lost	verlieren
make	made	made	machen
mean	meant	meant	bedeuten, meinen
meet	met	met	treffen
mislead	misled	misled	irreführen
misread	misread	misread	falsch lesen, falsch verstehen
misspell	misspelled, *Br auch* misspelt	misspelled, *Br auch* misspelt	falsch schreiben
mistake	mistook	mistaken	falsch verstehen; sich irren
misunderstand	misunderstood	misunderstood	missverstehen
mow	mowed	mown, mowed	mähen

simple present	simple past	past participle	Deutsch
offset	offset	offset	ausgleichen, wettmachen
outbid	outbid	outbid	überbieten
outdo (outdoes)	outdid	outdone	übertreffen
outgrow	outgrew	outgrown	herauswachsen; entwachsen
outrun	outran	outrun	davonlaufen
outshine	outshone	outshone	in den Schatten stellen
overcome	overcame	overcome	überwältigen, überwinden
overdo (overdoes)	overdid	overdone	übertreiben
overdraw	overdrew	overdrawn	überziehen (*Konto*)
overeat	overate	overeaten	sich überessen
overhear	overheard	overheard	zufällig mit anhören
overpay	overpaid	overpaid	überbezahlen
override	overrode	overridden	aufheben
oversee	oversaw	overseen	beaufsichtigen
oversleep	overslept	overslept	verschlafen
overtake	overtook	overtaken	einholen; überholen
overthrow	overthrew	overthrown	stürzen (*Diktator*)
overwrite	overwrote	overwritten	überschreiben (*Daten*)
pay	paid	paid	(be)zahlen
plead	pleaded, *schottisch / US auch* pled	pleaded, *schottisch / US auch* pled	bitten
prove	proved	proved, proven	beweisen
put	put	put	setzen, stellen, legen
quit	quit, quitted	quit, quitted	aufhören (mit), verlassen
read	read	read	lesen
rebuild	rebuilt	rebuilt	wieder aufbauen
redo (redoes)	redid	redone	noch einmal machen, neu machen
remake	remade	remade	neu machen
repay	repaid	repaid	zurückzahlen
reread	reread	reread	nochmals lesen
rerun	reran	rerun	wiederholen (*Programm*)
reset	reset	reset	rücksetzen; neu stellen
resit	resat	resat	wiederholen (*Prüfung*)
retake	retook	retaken	wiederholen (*Prüfung*)
retell	retold	retold	wiederholen
rethink	rethought	rethought	überdenken

simple present	simple past	past participle	Deutsch
rewind	rewound	rewound	zurückspulen
rewrite	rewrote	rewritten	neu schreiben; umschreiben
rid	rid, ridded	rid, ridded	befreien; loswerden
ride	rode	ridden	reiten; fahren (*Fahrrad*)
ring	rang	rung	klingeln; läuten
rise	rose	risen	steigen; aufstehen
run	ran	run	laufen, rennen
saw	sawed	sawed, sawn	sägen
say	said	said	sagen
see	saw	seen	sehen
seek	sought	sought	suchen
sell	sold	sold	verkaufen
send	sent	sent	schicken
set	set	set	setzen, stellen, legen
sew	sewed	sewn	nähen
shake	shook	shaken	schütteln; wackeln; zittern
shave	shaved	shaved, shaven	(sich) rasieren
shear	sheared	shorn, sheared	scheren
shed	shed	shed	vergießen (*Tränen*); verbreiten (*Licht*)
shine[1]	shone	shone	scheinen, glänzen
shine[2]	shined	shined	putzen (*Schuhe*)
shit	shit, shat	shit, shat	scheißen
shoe	shoed, shod	shoed, shod	beschlagen (*Pferd*)
shoot	shot	shot	schießen
show	showed	shown	zeigen
shrink	shrank	shrunk	schrumpfen
shut	shut	shut	schließen
sing	sang	sung	singen
sink	sank	sunk	sinken
sit	sat	sat	sitzen, sich setzen
slay	slew	slain	ermorden
sleep	slept	slept	schlafen
slide	slid	slid	gleiten, rutschen
sling	slung	slung	schleudern; (*über die Schulter*) hängen
slink	slunk	slunk	schleichen
slit	slit	slit	(auf)schlitzen

simple present	simple past	past participle	Deutsch
smell	smelt, *Br auch* smelled	smelt, *Br auch* smelled	riechen
sneak	sneaked, *US auch* snuck	sneaked, *US auch* snuck	schleichen
sow	sowed	sown, sowed	säen
speak	spoke	spoken	sprechen, reden
speed[1]	sped	sped	rasen, schnell fahren
speed[2]	speeded	speeded	beschleunigen
spell	spelled, *Br auch* spelt	spelled, *Br auch* spelt	buchstabieren, schreiben (*Wort*)
spend	spent	spent	ausgeben (*Geld*); verbringen (*Zeit*)
spill	spilled, *Br auch* spilt	spilled, *Br auch* spilt	verschütten
spin	spun	spun	spinnen; (sich) drehen
spit	spat	spat	spucken
split	split	split	(auf)teilen; spalten
spoil	spoiled, *Br auch* spoilt	spoiled, *Br auch* spoilt	verderben
spread	spread	spread	ausbreiten
spring	sprang, *US auch* sprung	sprung	springen
stand	stood	stood	stehen
steal	stole	stolen	stehlen
stick	stuck	stuck	kleben; stecken
sting	stung	stung	stechen
stink	stank	stunk	stinken
strew	strewed	strewed, strewn	(be)streuen
stride	strode	stridden	schreiten
strike	struck	struck	schlagen; treffen
string	strung	strung	besaiten (*Geige*)
strive	strove	striven	sich bemühen
sublet	sublet	sublet	untervermieten
swear	swore	sworn	schwören; fluchen
sweep	swept	swept	fegen; kehren
swell	swelled	swollen, swelled	(an)schwellen
swim	swam	swum	schwimmen
swing	swung	swung	schwingen

simple present	simple past	past participle	Deutsch
take	took	taken	nehmen
teach (teaches)	taught	taught	lehren, unterrichten
tear	tore	torn	(zer)reißen
tell	told	told	erzählen, sagen
think	thought	thought	denken; meinen
throw	threw	thrown	werfen
thrust	thrust	thrust	stoßen
tread	trod	trodden	treten
undercut	undercut	undercut	unterbieten (*Preis*)
undergo (undergoes)	underwent	undergone	durchmachen (*Entwicklung*)
underlie	underlay	underlain	zugrunde liegen
underpay	underpaid	underpaid	unterbezahlen
understand	understood	understood	verstehen
undertake	undertook	undertaken	übernehmen (*Aufgabe*)
underwrite	underwrote	underwritten	bürgen für; versichern
undo (undoes)	undid	undone	aufmachen; rückgängig machen
unwind	unwound	unwound	abwickeln; abschalten
upset	upset	upset	ärgern; umkippen
wake	woke, waked	woken, waked	(auf)wecken; aufwachen
wear	wore	worn	tragen (*Kleidung*)
weave	wove	woven	weben
wed	wedded, wed	wedded, wed	heiraten
weep	wept	wept	weinen
wet	wetted, wet	wetted, wet	nass machen
win	won	won	gewinnen
wind	wound	wound	drehen, wickeln
withdraw	withdrew	withdrawn	(sich) zurückziehen; abheben (*Geld*)
withhold	withheld	withheld	verweigern, vorenthalten
withstand	withstood	withstood	standhalten
wring	wrung	wrung	auswringen
write	wrote	written	schreiben

Abkürzungen und Symbole

abk	Abkürzung
adj	Adjektiv
allg.	allgemein
bes.	besonders
Br	britisches Englisch
brit.	britisch
bzw.	beziehungsweise
dt.	deutsch
engl.	englisch
f	Femininum, weiblich
GB	Großbritannien
gen	Genitiv
inf	Infinitiv
m	Maskulinum, männlich
m(f)	Maskulinum mit Femininendung in Klammern (z. B. Dozent(in) = der Dozent, die Dozentin)
m/f(m)	Maskulinum oder Femininum (z. B. Angestellte(r) = der Angestellte, die Angestellte, ein Angestellter, eine Angestellte)
n	Neutrum, sächlich
mst.	meist, meistens
pl	Plural
®	eingetragene Marke
sg	Singular
Subst.	Substantiv
umg	umgangssprachlich
US	amerikanisches Englisch
USA	Vereinigte Staaten von Amerika
usw.	und so weiter
≈	ist in etwa gleich
→	Verweis auf
↔	Gegenteil von
⚠	Achtung, aufgepasst!
Ⓐ	Österreich
Ⓗ	Schweiz
★	englischer bzw. deutscher Grundwortschatz
*	unregelmäßiges englisches Verb

Langenscheidt

„Das Must-have für erfolgreiches Vokabellernen!"

Die thematische Gliederung nach Interessens- und Lebensbereichen motiviert und erleichtert das systematische Lernen.

- Ca. 9000 Wörter, Wendungen und Beispielsätze
- Auswahl nach Häufigkeit und Aktualität bzw. Gebrauchswert
- Farbliche Kennzeichnung der Niveaus für Anfänger und Fortgeschrittene
- Mit grammatikalischen Angaben und wertvollen Tipps

GRATIS Audio-Download mit Vertonung fürs Aussprache-Training!

Langenscheidt Grund- und Aufbauwortschatz Englisch

www.langenscheidt.de

Langenscheidt

„Nachschlagen und üben."

Die Komplett-Grammatik mit all[en] **wichtigen Grammatikthemen un**[d] **passenden Übungen zum Downl**[oad]

- Einfache Erklärungen und viel[e] Beispiele
- Mit Originaltexten und Tipps & Tricks zum Grammatiklernen
- Zwischentests zu jedem Kapit[el] sowie Einstufungs- und Abschlu[ss]tests
- Der perfekte Begleiter fürs Sprachenlernen

DAS STANDARD-WERK BIS NIVEAU C2

Langenscheidt
Komplett-Grammatik
Englisch

Das Standardwerk zum Nachschlagen und Trainieren

www.langenscheidt.de